北京社会科学年鉴

Beijing Social Sciences Yearbook

2022

北 京 市 社 会 科 学 界 联 合 会
北京市哲学社会科学规划办公室 编

北 京 出 版 集 团
北 京 出 版 社

图书在版编目（CIP）数据

北京社会科学年鉴. 2022 / 北京市社会科学界联合会，北京市哲学社会科学规划办公室编. — 北京：北京出版社，2023.6

ISBN 978-7-200-17926-2

Ⅰ. ①北… Ⅱ. ①北… ②北… Ⅲ. ①社会科学—北京—2022—年鉴 Ⅳ. ①C121-54

中国国家版本馆 CIP 数据核字(2023)第 082048 号

策划编辑　杜冬梅
责任编辑　杜冬梅
责任印制　武绽蕾
版式设计　品欣工作室

北京社会科学年鉴　2022
BEIJING SHEHUI KEXUE NIANJIAN　**2022**
北京市社会科学界联合会
北京市哲学社会科学规划办公室　编
*
北京出版集团
北京出版社　出版
（北京北三环中路 6 号）
邮政编码：100120
网　址：www.bph.com.cn
北京出版集团总发行
新华书店经销
北京建宏印刷有限公司印刷
*
787 毫米×1092 毫米　16 开本　52.75 印张　16 页彩插　1671 千字
2023 年 6 月第 1 版　2023 年 6 月第 1 次印刷

ISBN 978-7-200-17926-2
定价：280.00 元
如有印装质量问题，由本社负责调换
质量监督电话：010-58572393

《北京社会科学年鉴2022》编纂委员会名单

编辑说明

一、《北京社会科学年鉴》是一部全面系统记述首都北京哲学社会科学事业发展状况和学术动态的年度资料性文献学术工具书，由北京市社会科学界联合会、北京市哲学社会科学规划办公室（简称北京市社科联、北京市社科规划办）主持编纂。

二、本年鉴高举中国特色社会主义伟大旗帜，以马克思列宁主义、毛泽东思想、邓小平理论、“三个代表”重要思想、科学发展观、习近平新时代中国特色社会主义思想为指导，坚持为人民服务、为社会主义服务的方向，坚持百花齐放、百家争鸣的方针，坚持立足中国、借鉴国外，挖掘历史、把握当代，关怀人类、面向未来，解放思想、实事求是，与时俱进、开拓创新，客观翔实和较全面地记述北京地区哲学社会科学领域的基本情况，力求年鉴编纂的科学性、客观性、全面性。

三、本年鉴从2000年创刊起，每年出版一卷。当年编纂出版记述上一年度北京哲学社会科学事业各方面的发展状况，收录的资料来自在京的党政机关，社会科学教学、研究和科研管理机构，市社科联所属社科类社会组织等。

四、本年鉴宗旨：体现市社科联、市社科规划办秉持的“学者为本、学术为根、学会为基、繁荣学术、服务首都”宗旨。努力为党和政府科学决策提供哲学社会科学方面的参考，为哲学社会科学工作者从事学术研究及教学提供资料和借鉴，为国内外了解首都北京哲学社会科学领域的现状和前沿热点提供新的有价值的信息，努力促进首都北京哲学社会科学的繁荣发展。

五、本年鉴采用分类编辑法，包括文章和条目，行文力求规范、准确、简练、流畅。全书除文字表述外，配以彩色照片、表格，力求具体、形象、生动地反映首都北京哲学社会科学的发展面貌。

六、本卷年鉴栏目设置为特载、学科综述、科研课题、获奖成果、学术活动、大事记、附录、索引。

本年鉴在资料收集、编写、出版、发行过程中，得到了有关单位领导、学者、同仁的大力支持，谨在此表示衷心感谢！

《北京社会科学年鉴》编辑部

2023年5月

Editing Specification

I, *Beijing Social Sciences Yearbook* is an annual informative academic reference book, compiled by Beijing Federation of Social Science Circles, Beijing Planning Office of Philosophy and Social Science, accounting comprehensively and systematically the development of philosophy and social sciences in Beijing.

II, This yearbook holds high the great banner of socialism with Chinese characteristics, guided by Marxism–Leninism, Mao Zedong Thought, Deng Xiaoping Theory, the important thought of Three Represents, the Scientific Outlook on Development, and Xi Jinping Thought on Socialism with Chinese Characteristics for the New Era. The Yearbook adheres to the direction of serving the people and socialism, the policy of letting a hundred flowers bloom and a hundred schools of thought contend, and the principle of basing itself on China and learning from foreign countries. It excavates history, grasps the contemporary, cares for mankind, faces the future, emancipates the mind, seeks truth from facts, keeps pace with the times, pioneers and innovates. It objectively, accurately and comprehensively describes the basic situation in the field of philosophy and social sciences in Beijing, and strives to be scientific, objective and comprehensive in its compilation.

III, This yearbook from the publication in 2000, published a volume every year. It was compiled and published to record the development of philosophy and social sciences in Beijing in the previous year. The materials came from Party and government organs, academic societies, institutions for teaching, research and scientific research management of social sciences in Beijing.

IV, Purpose of the yearbook: embody the tenet of "scholar oriented, academic rooted, society based, prompting academic prosperity and serving the capital" upheld by Beijing Federation of Social Science Circles and Beijing Planning Office of Philosophy and Social Science, strive to provide reference for the scientific decision–making of the Party and the government in philosophy and social sciences, provide materials and reference for philosophy and social scientists engaged in academic research and teaching, provide new and valuable information for domestic and foreign scholars to understand the current situation and cutting–edge hot spots in the field of philosophy and social sciences in Beijing, and do our best to promote the prosperity and development of philosophy and social sciences in Beijing.

V, This yearbook adopts classified editing method, including articles and entries, words and writing should be standardized, accurate, concise and fluent. In addition to the written expression, the book is accompanied by color photos and tables, and strives to reflect the development of philosophy and social sciences in the capital Beijing concretely, figuratively and vividly.

VI, The columns of the yearbook of this volume are set as Special Reprints, Discipline Overview, Lists of Research Topics, Award–Winning Academic Achievements, Academic Activities, Chronicle, Appendix and Index.

In the process of data collection, compilation, publication and distribution, this yearbook has received the strong support from leaders, scholars and colleagues of relevant units. We would like to express our sincere thanks !

Editorial Department of *Beijing Social Sciences Yearbook*
May 2023

11 月 19 日，北京市委宣传部、北京市习近平新时代中国特色社会主义思想研究中心、北京市社科联、北京市社科规划办共同举办“首都理论界学习贯彻党的十九届六中全会精神座谈会”

12 月 4 日，北京市习近平新时代中国特色社会主义思想研究中心与中央财经大学共同举办“中国共产党百年财经思想与实践”研讨会

12 月 7 日，北京市委宣传部、北京市习近平新时代中国特色社会主义思想研究中心、北京市中国特色社会主义理论体系研究中心、北京市社科联等单位共同举办首都当代中国马克思主义论坛·2021，主题为“马克思主义中国化的百年探索与展望”

学术

9 月 18 日，由北京市社科联、北京市社科规划办主办的 2021 · 学术前沿论坛在京举办，论坛主题为“首都哲学社会科学学科学术发展报告”

9 月 25 日，由北京市委宣传部，北京市社科联、北京市社科规划办主办的第十五届北京中青年社科理论人才“百人工程”学者论坛在京举办，论坛主题为“新阶段、新理念、新格局与首都发展”

10 月 25 日，由北京市科协、北京市社科联主办，北京市学习科学学会、北京土木建筑学会承办的 2021 年北京自然科学界和社会科学界联席会议高峰论坛在北京科学中心举办，论坛主题为“冬奥：科技、人文与可持续发展”

9 月 23 日，2021 · 北京社会科学普及周开幕，北京市政协副主席、北京市社科联主席牛青山出席开幕式并致辞

2021 年，北京周末社区大讲堂在全市范围内开展讲座 100 余场，受众近万人次

4月20—22日，由中国社会科学院经济学部、科研局、智库建设协调办公室主办的中国社会科学院国家高端智库论坛暨2021年经济形势座谈会在京举行

6月25日，由中国社会科学评价研究院主办的“制定完善中国哲学社会科学评价标准 推动中国哲学社会科学评价体系建设”研讨会在京召开

7 月 16 日，由中国社会科学院马克思主义研究院、国际合作局、世界社会主义研究中心、习近平新时代中国特色社会主义思想研究中心、当代中国出版社共同主办的《共同见证百年大党——百位国外共产党人的述说》新书发布会暨国际研讨会在京举行。会议主题为“百年中国共产党与 21 世纪世界社会主义”

7 月 30 日， 由中国社会科学院主办的弘扬脱贫攻坚精神 全面推进乡村振兴理论与实践研讨会在京召开

11 月 3 日，中国社会科学院习近平新时代中国特色社会主义思想文库数据库上线仪式在京举行

12 月 21 日，由中国社会科学院主办的第十二届世界社会主义论坛在京举行，论坛主题为“21 世纪马克思主义的守正与创新”

6 月 16 日，北京市社会科学院庆祝中国共产党成立 100 周年暨党史学习教育高端论坛在京举办

高校

3月2日，教育部组织召开第八届高等学校科学研究优秀成果奖（人文社会科学）颁奖会

4月23—24日，由中国区域金融年会理事会与中国区域经济学会区域金融专业委员会联合主办的第十届中国区域金融年会在北京工商大学召开

5月7日，由中国人民大学主办的中共党史学科建设高层论坛在京举办，主题为“中国共产党百年历程与中共党史学科建设”

6月5日，由中国政治学会青年工作专业委员会与中国政法大学政治与公共管理学院共同主办的大变局时代的政治发展和理论前沿学术研讨会在京召开

6月8日，由中共中央对外联络部、人民日报社、北京大学共同主办，北京大学社会科学部和国际关系学院承办的“辉煌百年与崭新征程：中国共产党对外工作100年”研讨会在京举行

6月11—12日，“辉煌与使命：百年交汇点上的中国共产党与世界”国际学术会议在中国人民大学召开

6月19日，北京交通大学马克思主义学院、北京市习近平新时代中国特色社会主义思想研究中心北京交通大学研究基地、《党史研究与教学》编辑部、《北京教育（德育）》编辑部联合主办庆祝中国共产党百年华诞暨中共党史研究与教学学术研讨会

7月10日，由首都经济贸易大学和社会科学文献出版社共同举办的“2021京津冀蓝皮书信息发布会——产业链与创新链融合发展”在京举行

7月10日，由中央团校、共青团中央中国特色社会主义理论体系研究中心、共青团与青年工作高端智库主办的学习习近平总书记在庆祝中国共产党成立100周年大会上的重要讲话精神理论研讨会在京举行

7月11日，由经济研究杂志社、北京工商大学国际经管学院、中国人民大学国家经济学教材建设重点研究基地和香樟经济学术平台共同发起的首届中国经济学思想与理论研讨会在北京工商大学举办

7月17日，以“马克思主义与现代化”为主题的第三届世界马克思主义大会在北京大学开幕

7月17日，由北京信息科技大学、北京科技人才研究会主办的2021智能决策与大数据应用国际会议(The 2021 International Conference on Intelligent Decision-Making and Big Data Application)在京召开

7 月 18 日，“加强国际传播能力建设　培养卓越国际传播人才”主题论坛在中国传媒大学举办

7 月 19 日，由中国传媒大学科学研究处主办，学术平台发展中心、《现代传播》编辑部联合承办的“传媒与影视学术期刊高质量发展论坛暨《现代传播——中国传媒大学学报》出刊 300 期纪念座谈会”在京举行

7 月 22 日，由中国农业大学人文与发展学院和浙江省开化县人民政府共同主办的“开化论坛”举办

7 月 23 日，中国高等教育学会劳动教育专业委员会成立大会在北京劳动关系学院召开

9 月 5 日，北京第二外国语学院与中国国际贸易学会共同主办中国国际服务贸易交易会·第十五届国际服务贸易论坛，论坛主题为“新发展格局下中国服务贸易改革创新与开放”

9 月 16 日，京津冀印刷业协同发展北京创新示范园区开园仪式在北京印刷学院举行

9 月 17 日，清华大学举办 2021 年文科工作会议

9 月 17—18 日，对外经济贸易大学举办中外大学校长论坛，该活动是学校建校七十周年重要学术活动之一

9 月 19 日，对外经济贸易大学全球贸易治理论坛暨建校 70 周年庆祝大会举行

9 月 24 日，由北京联合大学主办的“北京出土古代服饰形象动态展示”在首届北京公众考古季开幕式上亮相

9 月 26 日，由北京联合大学承办的第六届京台学者共研会举行

10 月 16 日，北京林业大学举办“学习阐释习近平生态文明思想，引领生态文明建设生动实践”高端论坛

11 月 13 日，北京大学经济学院和《经济科学》编辑部联合举办第二届中国百家经济学重要期刊主编论坛

12 月 9—10 日，北京大学举办“中国法治发展与世界贸易组织——纪念中国加入世界贸易组织 20 周年法治研讨会”

12 月 12 日，由中国农业大学马克思主义学院、农村基层党建研究中心主办的中国共产党百年农村基层党建高端论坛在京举行

12 月 16 日，世界人文社会科学高校联盟年会暨“共享、教育与未来：2021 奥林匹克教育国际论坛”在中国人民大学以线上线下结合形式举办

12 月 16 日，教育部语言文字信息管理司、首都师范大学共建中国语言智能研究中心签约仪式举行

12 月 18—19 日，2021 年中国社会工作教育协会年会学校与青少年分论坛、中国社会工作教育协会学校与青少年社会工作专业委员会年会、中国社会工作学会学校与家庭社会工作专业委员会年会暨第四届学校与青少年社会工作理论与实践研讨会及“青少年与创伤疗愈”主题工作坊在中国青年政治学院举行

12 月 22 日，北京市习近平新时代中国特色社会主义思想研究中心首都经济贸易大学研究基地举办贯彻党的十九届六中全会精神，推动习近平新时代中国特色社会主义思想在京华大地的生动实践研讨会

12 月 25 日，由首都师范大学和教育部学校规划建设发展中心主办的第二届首都未来教育论坛在京举行，论坛主题为“从概念到实践”

3月31日，由北京市工商联、北京市科学技术研究院与北京政和民营经济发展研究中心共同主办的2021新年经济高峰论坛在京召开，主题为“重构增长——数字经济与独角兽”

6月6日，由北京市经济学总会主办，中国人民大学全国中国特色社会主义政治经济学研究中心、中国人民大学经济学院承办的中国共产党百年经济思想研讨会暨北京市经济学总会2021年年会在京举行

6月11日，由中国人民大学首都发展与战略研究院与北京博物馆学会共同举办的“首都文化论坛：北京如何建设博物馆之城”高峰论坛在京召开

10月22—23日，由北京圣陶教育发展与创新研究院、中国教育技术协会中学教育信息化专委会主办的2021年第八届全国中小学校长论坛在京举办

目 录

·学术活动·

经济学

法　学

政治学　国际关系

社会学 民族学

教育学　体育学

语言学　文学　艺术学

历史学

管理学

新闻传播学

综　合

Contents

Appendix

Scientific Projects and Topics

Award winning achievements

Academic activities

·特　载·

习近平在庆祝中国共产党成立100周年大会上的讲话

（2021年7月1日）

同志们，朋友们：

今天，在中国共产党历史上，在中华民族历史上，都是一个十分重大而庄严的日子。我们在这里隆重集会，同全党全国各族人民一道，庆祝中国共产党成立一百周年，回顾中国共产党百年奋斗的光辉历程，展望中华民族伟大复兴的光明前景。

首先，我代表党中央，向全体中国共产党员致以节日的热烈祝贺！

在这里，我代表党和人民庄严宣告，经过全党全国各族人民持续奋斗，我们实现了第一个百年奋斗目标，在中华大地上全面建成了小康社会，历史性地解决了绝对贫困问题，正在意气风发向着全面建成社会主义现代化强国的第二个百年奋斗目标迈进。这是中华民族的伟大光荣！这是中国人民的伟大光荣！这是中国共产党的伟大光荣！

同志们、朋友们！

中华民族是世界上伟大的民族，有着5000多年源远流长的文明历史，为人类文明进步做出了不可磨灭的贡献。1840年鸦片战争以后，中国逐步成为半殖民地半封建社会，国家蒙辱、人民蒙难、文明蒙尘，中华民族遭受了前所未有的劫难。从那时起，实现中华民族伟大复兴，就成为中国人民和中华民族最伟大的梦想。

为了拯救民族危亡，中国人民奋起反抗，仁人志士奔走呐喊，太平天国运动、戊戌变法、义和团运动、辛亥革命接连而起，各种救国方案轮番出台，但都以失败而告终。中国迫切需要新的思想引领救亡运动，迫切需要新的组织凝聚革命力量。

十月革命一声炮响，给中国送来了马克思列宁主义。在中国人民和中华民族的伟大觉醒中，在马克思列宁主义同中国工人运动的紧密结合中，中国共产党应运而生。中国产生了共产党，这是开天辟地的大事变，深刻改变了近代以后中华民族发展的方向和进程，深刻改变了中国人民和中华民族的前途和命运，深刻改变了世界发展的趋势和格局。

中国共产党一经诞生，就把为中国人民谋幸福、为中华民族谋复兴确立为自己的初心使命。一百年来，中国共产党团结带领中国人民进行的一切奋斗、一切牺牲、一切创造，归结起来就是一个主题：实现中华民族伟大复兴。

——为了实现中华民族伟大复兴，中国共产党团结带领中国人民，浴血奋战、百折不挠，创造了新民主主义革命的伟大成就。我们经过北伐战争、土地革命战争、抗日战争、解放战争，以武装的革命反对武装的反革命，推翻帝国主义、封建主义、官僚资本主义三座大山，建立了人民当家作主的中华人民共和国，实现了民族独立、人民解放。新民主主义革命的胜利，彻底结束了旧中国半殖民地半封建社会的历史，彻底结束了旧中国一盘散沙的局面，彻底废除了列强强加给中国的不平等条约和帝国主义在中国的一切特权，为实现中华民族伟大复兴创造了根本社会条件。中国共产党和中国人民以英勇顽强的奋斗向世界庄严宣告，中国人民站起来了，中华民族任人宰割、饱受欺凌的时代一去不复返了！

——为了实现中华民族伟大复兴，中国共产党团结带领中国人民，自力更生、发愤图强，创造了社会主义革命和建设的伟大成就。我们进行社会主义革命，消灭在中国延续几千年的封建剥削压迫制度，确立社会主义基本制度，推进社会主义建设，战胜帝国主义、霸权主义的颠覆破坏和武装挑衅，实现了中华民族有史以来最为广泛而深刻的社会变革，实现了一穷二白、人口众多的东方大国大步迈进社会主义社会的伟大飞跃，为实现中华民族伟大复兴奠定了根本政治前提和制度基础。中国共产党和中国人民以英勇顽强的奋斗向世界庄严宣告，中国人民不但善于破坏一个旧世界，也善于建设一个新世界，只有社会主义才能救中国，只有社会主义才能发展中国！

——为了实现中华民族伟大复兴，中国共产党团结带领中国人民，解放思想、锐意进取，创造了改革开放和社会主义现代化建设的伟大成就。我们实现新中国成立以来党的历史上具有深远意义的伟大转折，确立党在社会主义初级阶段的基本路线，坚定不移推进改革开放，战胜来自各方面的风险挑战，开创、坚持、捍卫、发展中国特色社会主义，实现了从高度集中的计划经济体制到充满活力的社会主义市场经济体制、从封闭半封闭到全方位开放的历史性转变，实现了从生产力相对落后的状况到经济总量跃居世界第二的历史性突破，实现了人民生活从温饱不足到总体小康、奔向全面小康的历史性跨越，为实现中华民族伟大复兴提供了充满新的活力的体制保证和快速发展的物质条件。中国共产党和中国人民以英勇顽强的奋斗向世界庄严宣告，改革开放是决定当代中国前途命运的关键一招，中国大踏步赶上了时代！

——为了实现中华民族伟大复兴，中国共产党团结带领中国人民，自信自强、守正创新，统揽伟大斗争、伟大工程、伟大事业、伟大梦想，创造了新时代中国特色社会主义的伟大成就。党的十八大以来，中国特色社会主义进入新时代，我们坚持和加强党的全面领导，统筹推进“五位一体”总体布局、协调推进“四个全面”战略布局，坚持和完善中国特色社会主义制度、推进国家治理体系和治理能力现代化，坚持依规治党、形成比较完善的党内法规体系，战胜一系列重大风险挑战，实现第一个百年奋斗目标，明确实现第二个百年奋斗目标的战略安排，党和国家事业取得历史性成就、发生历史性变革，为实现中华民族伟大复兴提供了更为完善的制度保证、更为坚实的物质基础、更为主动的精神力量。中国共产党和中国人民以英勇顽强的奋斗向世界庄严宣告，中华民族迎来了从站起来、富起来到强起来的伟大飞跃，实现中华民族伟大复兴进入了不可逆转的历史进程！

一百年来，中国共产党团结带领中国人民，以“为有牺牲多壮志，敢教日月换新天”的大无畏气概，书写了中华民族几千年历史上最恢宏的史诗。这一百年来开辟的伟大道路、创造的伟大事业、取得的伟大成就，必将载入中华民族发展史册、人类文明发展史册！

同志们、朋友们！

一百年前，中国共产党的先驱们创建了中国共产党，形成了坚持真理、坚守理想，践行初心、担当使命，不怕牺牲、英勇斗争，对党忠诚、不负人民的伟大建党精神，这是中国共产党的精神之源。

一百年来，中国共产党弘扬伟大建党精神，在长期奋斗中构建起中国共产党人的精神谱系，锤炼出鲜明的政治品格。历史川流不息，精神代代相传。我们要继续弘扬光荣传统、赓续红色血脉，永远把伟大建党精神继承下去、发扬光大！

同志们、朋友们！

一百年来，我们取得的一切成就，是中国共产党人、中国人民、中华民族团结奋斗的结果。以毛泽东同志、邓小平同志、江泽民同志、胡锦涛同志为主要代表的中国共产党人，为中华民族伟大复兴建立了彪炳史册的伟大功勋！我们向他们表示崇高的敬意！

此时此刻，我们深切怀念为中国革命、建设、改革，为中国共产党建立、巩固、发展做出重大贡献的毛泽东、周恩来、刘少奇、朱德、邓小平、陈云同志等老一辈革命家，深切怀念为建立、捍卫、建设新中国英勇牺牲的革命先烈，深切怀念为改革开放和社会主义现代化建设英勇献身的革命烈士，深切怀念近代以来为民族独立和人民解放顽强奋斗的所有仁人志士。他们为祖国和民族建立的丰功伟绩永载史册！他们的崇高精神永远铭记在人民心中！

人民是历史的创造者，是真正的英雄。我代表党中央，向全国广大工人、农民、知识分子，向各民主党派和无党派人士、各人民团体、各界爱国人士，向人民解放军指战员、武警部队官兵、公安干警和消防救援队伍指战员，向全体社会主义劳动者，向统一战线广大成员，致以崇高的敬意！向香港特别行政区同胞、澳门特别行政区同胞和台湾同胞以及广大侨胞，致以诚挚的问候！向一切同中国人民友好相处，关心和支持中国革命、建设、改革事业的各国人民和朋友，致以衷心的谢意！

同志们、朋友们！

初心易得，始终难守。以史为鉴，可以知兴替。我们要用历史映照现实、远观未来，从中国共产党的百年奋斗中看清楚过去我们为什么能够成功、弄明白未来我们怎样才能继续成功，从而在新的征程上更加坚定、更加自觉地牢记初心使命、开创美好未来。

——以史为鉴、开创未来，必须坚持中国共产党坚强领导。办好中国的事情，关键在党。中华民族近代以来180多年的历史、中国共产党成立以来100年的历史、中华人民共和国成立以来70多年的历史都充分证明，没有中国共产党，就没有新中国，就没有中华民族伟大复兴。历史和人民选择了中国共产党。中国共产党领导是中国特色社会主义最本质的特征，是中国特色社会主义制度的最大优势，是党和国家的根本所在、命脉所在，是全国各族人民的利益所系、命运所系。

新的征程上，我们必须坚持党的全面领导，不断完善党的领导，增强“四个意识”、坚定“四个自信”、做到“两个维护”，牢记“国之大者”，不断提高党科学执政、民主执政、依法执政水平，充分发挥党总揽全局、协调各方的领导核心作用！

——以史为鉴、开创未来，必须团结带领中国人民不断为美好生活而奋斗。江山就是人民、人民就是江山，打江山、守江山，守的是人民的心。中国共产党根基在人民、血脉在人民、力量在人民。中国共产党始终代表最广大人民根本利益，与人民休戚与共、生死相依，没有任何自己特殊的利益，从来不代表任何利益集团、任何权势团体、任何特权阶层的利益。任何想把中国共产党同中国人民分割开来、对立起来的企图，都是绝不会得逞的！9500多万中国共产党人不答应！14亿多中国人民也不答应！

新的征程上，我们必须紧紧依靠人民创造历史，坚持全心全意为人民服务的根本宗旨，站稳人民立场，贯彻党的群众路线，尊重人民首创精神，践行以人民为中心的发展思想，发展全过程人民民主，维护社会公平正义，着力解决发展不平衡不充分问题和人民群众急难愁盼问题，推动人的全面发展、全体人民共同富裕取得更为明显的实质性进展！

——以史为鉴、开创未来，必须继续推进马克思主义中国化。马克思主义是我们立党立国的根本指导思想，是我们党的灵魂和旗帜。中国共产党坚持马克思主义基本原理，坚持实事求是，从中国实际出发，洞察时代大势，把握历史主动，进行艰辛探索，不断推进马克思主义中国化时代化，指导中国人民不断推进伟大社会革命。中国共产党为什么能，中国特色社会主义为什么好，归根到底是因为马克思主义行！

新的征程上，我们必须坚持马克思列宁主义、毛泽东思想、邓小平理论、“三个代表”重要思想、科学发展观，全面贯彻新时代中国特色社会主义思想，坚持把马克思主义基本原理同中国具体实际相结合、同中华优秀传统文化相结合，用马克思主义观察时代、把握时代、引领时代，继续发展当代中国马克思主义、21世纪马克思主义！

——以史为鉴、开创未来，必须坚持和发展中国特色社会主义。走自己的路，是党的全部理论和实践立足点，更是党百年奋斗得出的历史结论。中国特色社会主义是党和人民历经千辛万苦、付出巨大代价取得的根本成就，是实现中华民族伟大复兴的正确道路。我们坚持和发展中国特色社会主义，推动物质文明、政治文明、精神文明、社会文明、生态文明协调发展，创造了中国式现代化新道路，创造了人类文明新形态。

新的征程上，我们必须坚持党的基本理论、基本路线、基本方略，统筹推进“五位一体”总体布局、协调推进“四个全面”战略布局，全面深化改革开放，立足新发展阶段，完整、准确、全面贯彻新发展理念，构建新发展格局，推动高质量发展，推进科技自立自强，保证人民当家作主，坚持依法治国，坚持社会主义核心价值体系，坚持在发展中保障和改善民生，坚持人与自然和谐共生，协同推进人民富裕、国家强盛、中国美丽。

中华民族拥有在5000多年历史演进中形成的灿烂文明，中国共产党拥有百年奋斗实践和70多年执政兴国经验，我们积极学习借鉴人类文明的一切有益成果，欢迎一切有益的建议和善意的批评，但我们绝不接受“教师爷”般颐指气使的说教！中国共产党和中国人民将在自己选择的道路上昂首阔步走下去，把中国发展进步的命运牢牢掌握在自己手中！

——以史为鉴、开创未来，必须加快国防和军队现代化。强国必须强军，军强才能国安。坚持党指挥枪、建设自己的人民军队，是党在血与火的斗争中得出的颠扑不破的真理。人民军队为党和人民建立了不朽功勋，是保卫红色江山、维护民族尊严的坚强柱石，也是维护地区和世界和平的强大力量。

新的征程上，我们必须全面贯彻新时代党的强军思想，贯彻新时代军事战略方针，坚持党对人民军队的绝对领导，坚持走中国特色强军之路，全面推进政治建军、改革强军、科技强军、人才强军、依法治军，把人民军队建设成为世界一流军队，以更强大的能力、更可靠的手段捍卫国家主权、安全、发展利益！

——以史为鉴、开创未来，必须不断推动构建人类命运共同体。和平、和睦、和谐是中华民族5000多年来一直追求和传承的理念，中华民族的血液中没有侵略他人、称王称霸的基因。中国共产党关注人类前途命运，同世界上一切进步力量携手前进，中国始终是世界和平的建设者、全球发展的贡献者、国际秩序的维护者！

新的征程上，我们必须高举和平、发展、合作、共赢旗帜，奉行独立自主的和平外交政策，坚持走和平发展道路，推动建设新型国际关系，推动构建人类命运共同体，推动共建“一带一路”高质量发展，以中国的新发展为世界提供新机遇。中国共产党将继续同一切爱好和平的国家和人民一道，弘扬和平、发展、公平、正义、民主、自由的全人类共同价值，坚持合作、不搞对抗，坚持开放、不搞封闭，坚持互利共赢、不搞零和博弈，反对霸权主义和强权政治，推动历史车轮向着光明的目标前进！

中国人民是崇尚正义、不畏强暴的人民，中华民族是具有强烈民族自豪感和自信心的民族。中国人民从来没有欺负、压迫、奴役过其他国家人民，过去没有，现在没有，将来也不会有。同时，中国人民也绝不允许任何外来势力欺负、压迫、奴役我们，谁妄想这样干，必将在14亿多中国人民用血肉筑成的钢铁长城面前碰得头破血流！

——以史为鉴、开创未来，必须进行具有许多新的历史特点的伟大斗争。敢于斗争、敢于胜利，是中国共产党不可战胜的强大精神力量。实现伟大梦想就要顽强拼搏、不懈奋斗。今天，我们比历史上任何时期都更接近、更有信心和能力实现中华民族伟大复兴的目标，同时必须准备付出更为艰巨、更为艰苦的努力。

新的征程上，我们必须增强忧患意识、始终居安思危，贯彻总体国家安全观，统筹发展和安全，统筹中华民族伟大复兴战略全局和世界百年未有之大变局，深刻认识我国社会主要矛盾变化带来的新特征新要求，深刻认识错综复杂的国际环境带来的新矛盾新挑战，敢于斗争，善于斗争，逢山开道、遇水架桥，勇于战胜一切风险挑战！

——以史为鉴、开创未来，必须加强中华儿女大团结。在百年奋斗历程中，中国共产党始终把统一战线摆在重要位置，不断巩固和发展最广泛的统一战线，团结一切可以团结的力量、调动一切可以调动的积极因素，最大限度凝聚起共同奋斗的力量。爱国统一战线是中国共产党团结海内外全体中华儿女实现中华民族伟大复兴的重要法宝。

新的征程上，我们必须坚持大团结大联合，坚持一致性和多样性统一，加强思想政治引领，广泛凝聚共识，广聚天下英才，努力寻求最大公约数、画出最大同心圆，形成海内外全体中华儿女心往一处想、劲往一处使的生动局面，汇聚起实现民族复兴的磅礴力量！

——以史为鉴、开创未来，必须不断推进党的建设新的伟大工程。勇于自我革命是中国共产党区别于其他政党的显著标志。我们党历经千锤百炼而朝气蓬勃，一个很重要的原因就是我们始终坚持党要管党、全面从严治党，不断应对好自身在各个历史时期面临的风险考验，确保我们党在世界形势深刻变化的历史进程中始终走在时代前列，在应对国内外各种风险挑战的历史进程中始终成为全国人民的主心骨！

新的征程上，我们要牢记打铁必须自身硬的道理，增强全面从严治党永远在路上的政治自觉，以党的政治建设为统领，继续推进新时代党的建设新的伟大工程，不断严密党的组织体系，着力建设德才兼备的高素质干部队伍，坚定不移推进党风廉政建设和反腐败斗争，坚决清除一切损害党的先进性和纯洁性的因素，清除一切侵蚀党的健康肌体的病毒，确保党不变质、不变色、不变味，确保党在新时代坚持和发展中国特色社会主义的历史进程中始终成为坚强领导核心！

同志们、朋友们！

我们要全面准确贯彻“一国两制”、“港人治港”、“澳人治澳”、高度自治的方针，落实中央对香港、澳门特别行政区全面管治权，落实特别行政区维护国家安全的法律制度和执行机制，维护国家主权、安全、发展利益，维护特别行政区社会大局稳定，保持香港、澳门长期繁荣稳定。

解决台湾问题、实现祖国完全统一，是中国共产党矢志不渝的历史任务，是全体中华儿女的共同愿望。要坚持一个中国原则和“九二共识”，推进祖国和平统一进程。包括两岸同胞在内的所有中华儿女，要和衷共济、团结向前，坚决粉碎任何“台独”图谋，共创民族复兴美好未来。任何人都不要低估中国人民捍卫国家主权和领土完整的坚强决心、坚定意志、强大能力!

同志们、朋友们!

未来属于青年，希望寄予青年。一百年前，一群新青年高举马克思主义思想火炬，在风雨如晦的中国苦苦探寻民族复兴的前途。一百年来，在中国共产党的旗帜下，一代代中国青年把青春奋斗融入党和人民事业，成为实现中华民族伟大复兴的先锋力量。新时代的中国青年要以实现中华民族伟大复兴为己任，增强做中国人的志气、骨气、底气，不负时代，不负韶华，不负党和人民的殷切期望!

同志们、朋友们!

一百年前，中国共产党成立时只有50多名党员，今天已经成为拥有9500多万名党员、领导着14亿多人口大国、具有重大全球影响力的世界第一大执政党。

一百年前，中华民族呈现在世界面前的是一派衰败凋零的景象。今天，中华民族向世界展现的是一派欣欣向荣的气象，正以不可阻挡的步伐迈向伟大复兴。

过去一百年，中国共产党向人民、向历史交出了一份优异的答卷。现在，中国共产党团结带领中国人民又踏上了实现第二个百年奋斗目标新的赶考之路。

全体中国共产党员!党中央号召你们，牢记初心使命，坚定理想信念，践行党的宗旨，永远保持同人民群众的血肉联系，始终同人民想在一起、干在一起，风雨同舟、同甘共苦，继续为实现人民对美好生活的向往不懈努力，努力为党和人民争取更大光荣!

同志们、朋友们!

中国共产党立志于中华民族千秋伟业，百年恰是风华正茂!回首过去，展望未来，有中国共产党的坚强领导，有全国各族人民的紧密团结，全面建成社会主义现代化强国的目标一定能够实现，中华民族伟大复兴的中国梦一定能够实现!

伟大、光荣、正确的中国共产党万岁!

伟大、光荣、英雄的中国人民万岁!

《人民日报》(2021年7月2日第2版)

习近平在党史学习教育动员大会上强调

学党史悟思想办实事开新局　以优异成绩迎接建党一百周年

李克强栗战书汪洋赵乐际韩正王岐山出席　王沪宁主持

■在全党开展党史学习教育，是党中央立足党的百年历史新起点、统筹中华民族伟大复兴战略全局和世界百年未有之大变局、为动员全党全国满怀信心投身全面建设社会主义现代化国家而作出的重大决策。全党同志要做到学史明理、学史增信、学史崇德、学史力行，学党史、悟思想、办实事、开新局，以昂扬姿态奋力开启全面建设社会主义现代化国家新征程，以优异成绩迎接建党一百周年

■我们党历来重视党史学习教育，注重用党的奋斗历程和伟大成就鼓舞斗志、明确方向，用党的光荣传统和优良作风坚定信念、凝聚力量，用党的实践创造和历史经验启迪智慧、砥砺品格。党的十八大以来，党中央高度重视学习党的历史，提出了一系列要求。在庆祝我们党百年华诞的重大时刻，在“两个一百年”奋斗目标历史交汇的关键节点，在全党集中开展党史学习教育，正当其时，十分必要

■我们党的历史，就是一部不断推进马克思主义中国化的历史，就是一部不断推进理论创新、进行理论创造的历史。一百年来，我们党坚持解放思想和实事求是相统一、培元固本和守正创新相统一，不断开辟马克思主义新境界，产生了毛泽东思想、邓小平理论、“三个代表”重要思想、科学发展观，产生了新时代中国特色社会主义思想，为党和人民事业发展提供了科学理论指导。要教育引导全党从党的非凡历程中领会马克思主义是如何深刻改变中国、改变世界的，感悟马克思主义的真理力量和实践力量，深化对中国化马克思主义既一脉相承又与时俱进的理论品质的认识，特别是要结合党的十八大以来党和国家事业取得历史性成就、发生历史性变革的进程，深刻学习领会新时代党的创新理论，坚持不懈用党的创新理论最新成果武装头脑、指导实践、推动工作

■我们党的百年历史，就是一部践行党的初心

使命的历史，就是一部党与人民心连心、同呼吸、共命运的历史。历史充分证明，江山就是人民，人民就是江山，人心向背关系党的生死存亡。赢得人民信任，得到人民支持，党就能够克服任何困难，就能够无往而不胜。要教育引导全党深刻认识党的性质宗旨，坚持一切为了人民、一切依靠人民，始终把人民放在心中最高位置、把人民对美好生活的向往作为奋斗目标，推动改革发展成果更多更公平惠及全体人民，推动共同富裕取得更为明显的实质性进展，把14亿中国人民凝聚成推动中华民族伟大复兴的磅礴力量

■旗帜鲜明讲政治、保证党的团结和集中统一是党的生命，也是我们党能成为百年大党、创造世纪伟业的关键所在。要教育引导全党从党史中汲取正反两方面历史经验，坚定不移向党中央看齐，不断提高政治判断力、政治领悟力、政治执行力，自觉在思想上、政治上、行动上同党中央保持高度一致，确保全党上下拧成一股绳，心往一处想、劲往一处使

■在全党开展党史学习教育，是党的政治生活中的一件大事。全党要高度重视，提高思想站位，立足实际、守正创新，高标准高质量完成学习教育各项任务。一是要加强组织领导。二是要树立正确党史观。三是要切实为群众办实事解难题。四是要注重方式方法创新

本报北京2月20日电 党史学习教育动员大会20日上午在北京召开。中共中央总书记、国家主席、中央军委主席习近平出席会议并发表重要讲话。他强调，在全党开展党史学习教育，是党中央立足党的百年历史新起点、统筹中华民族伟大复兴战略全局和世界百年未有之大变局、为动员全党全国满怀信心投身全面建设社会主义现代化国家而作出的重大决策。全党同志要做到学史明理、学史增信、学史崇德、学史力行，学党史、悟思想、办实事、开新局，以昂扬姿态奋力开启全面建设社会主义现代化国家新征程，以优异成绩迎接建党一百周年。

中共中央政治局常委李克强、栗战书、汪洋、赵乐际、韩正，国家副主席王岐山出席会议，中共中央政治局常委王沪宁主持会议。

习近平强调，我们党历来重视党史学习教育，注重用党的奋斗历程和伟大成就鼓舞斗志、明确方向，用党的光荣传统和优良作风坚定信念、凝聚力量，用党的实践创造和历史经验启迪智慧、砥砺品格。党的十八大以来，党中央高度重视学习党的历史，提出了一系列要求。在庆祝我们党百年华诞的重大时刻，在“两个一百年”奋斗目标历史交汇的关键节点，在全党集中开展党史学习教育，正当其时，十分必要。

习近平指出，我们党的一百年，是矢志践行初心使命的一百年，是筚路蓝缕奠基立业的一百年，是创造辉煌开辟未来的一百年。回望过往的奋斗路，眺望前方的奋进路，必须把党的历史学习好、总结好，把党的成功经验传承好、发扬好。在全党开展党史学习教育，是牢记初心使命、推进中华民族伟大复兴历史伟业的必然要求，是坚定信仰信念、在新时代坚持和发展中国特色社会主义的必然要求，是推进党的自我革命、永葆党的生机活力的必然要求。党中央已经印发了《关于在全党开展党史学习教育的通知》，对这项工作作出了部署，各级党委（党组）要认真贯彻落实。

习近平强调，我们党的历史，就是一部不断推进马克思主义中国化的历史，就是一部不断推进理论创新、进行理论创造的历史。一百年来，我们党坚持解放思想和实事求是相统一、培元固本和守正创新相统一，不断开辟马克思主义新境界，产生了毛泽东思想、邓小平理论、“三个代表”重要思想、科学发展观，产生了新时代中国特色社会主义思想，为党和人民事业发展提供了科学理论指导。要教育引导全党从党的非凡历程中领会马克思主义是如何深刻改变中国、改变世界的，感悟马克思主义的真理力量和实践力量，深化对中国化马克思主义既一脉相承又与时俱进的理论品质的认识，特别是要结合党的十八大以来党和国家事业取得历史性成就、发生历史性变革的进程，深刻学习领会新时代党的创新理论，坚持不懈用党的创新理论最新成果武装头脑、指导实践、推动工作。

习近平指出，在一百年的奋斗中，我们党始终以马克思主义基本原理分析把握历史大势，正确处理中国和世界的关系，善于抓住和用好各种历史机遇。要教育引导全党胸怀中华民族伟大复兴战略全局和世界百年未有之大变局，树立大历史观，从历史长河、时代大潮、全球风云中分析演变机理、探究历史规律，提出因应的战略策略，增强工作的系统性、预见性、创造性。

习近平指出，我们党的百年历史，就是一部践行党的初心使命的历史，就是一部党与人民心连心、同呼吸、共命运的历史。历史充分证明，江山就是人民，人民就是江山，人心向背关系党的生死存亡。赢得人民信任，得到人民支持，党就能够克服任何困

难，就能够无往而不胜。要教育引导全党深刻认识党的性质宗旨，坚持一切为了人民、一切依靠人民，始终把人民放在心中最高位置、把人民对美好生活的向往作为奋斗目标，推动改革发展成果更多更公平惠及全体人民，推动共同富裕取得更为明显的实质性进展，把14亿中国人民凝聚成推动中华民族伟大复兴的磅礴力量。

习近平强调，我们党一步步走过来，很重要的一条就是不断总结经验、提高本领，不断提高应对风险、迎接挑战、化险为夷的能力水平。要更好应对前进道路上各种可以预见和难以预见的风险挑战，必须从历史中获得启迪，从历史经验中提炼出克敌制胜的法宝。要抓住建党一百年这个重要节点，从具有许多新的历史特点的伟大斗争出发，总结运用党在不同历史时期成功应对风险挑战的丰富经验，做好较长时间应对外部环境变化的思想准备和工作准备，不断增强斗争意识、丰富斗争经验、提升斗争本领，不断提高治国理政能力和水平。党的百年历史，也是我们党不断保持党的先进性和纯洁性，不断防范被瓦解、被腐化的危险的历史。要教育引导全党通过总结历史经验教训，着眼于解决党的建设的现实问题，不断提高党的领导水平和执政水平、增强拒腐防变和抵御风险能力。

习近平指出，在一百年的非凡奋斗历程中，一代又一代中国共产党人顽强拼搏、不懈奋斗，涌现了一大批视死如归的革命烈士、一大批顽强奋斗的英雄人物、一大批忘我奉献的先进模范，形成了一系列伟大精神，构筑起了中国共产党人的精神谱系，为我们立党兴党强党提供了丰厚滋养。要教育引导全党大力发扬红色传统、传承红色基因，赓续共产党人精神血脉，始终保持革命者的大无畏奋斗精神，鼓起迈进新征程、奋进新时代的精气神。

习近平强调，旗帜鲜明讲政治、保证党的团结和集中统一是党的生命，也是我们党能成为百年大党、创造世纪伟业的关键所在。要教育引导全党从党史中汲取正反两方面历史经验，坚定不移向党中央看齐，不断提高政治判断力、政治领悟力、政治执行力，自觉在思想上、政治上、行动上同党中央保持高度一致，确保全党上下拧成一股绳，心往一处想、劲往一处使。

习近平指出，在全党开展党史学习教育，是党的政治生活中的一件大事。全党要高度重视，提高思想站位，立足实际、守正创新，高标准高质量完成学习教育各项任务。一是要加强组织领导。各级党委（党组）要承担主体责任，主要领导同志要亲自抓、率先垂范，成立领导机构，切实把党中央部署和要求落到实处。中央党史学习教育领导小组要加强指导，省区市党委和行业系统主管部门党委（党组）要加强对所属地区、部门和单位的督导检查。党员、干部不管处在哪个层次和岗位，都要全身心投入，做到学有所思、学有所悟、学有所得。二是要树立正确党史观。要坚持以我们党关于历史问题的两个决议和党中央有关精神为依据，准确把握党的历史发展的主题主线、主流本质，正确认识和科学评价党史上的重大事件、重要会议、重要人物。要旗帜鲜明反对历史虚无主义，加强思想引导和理论辨析，更好正本清源、固本培元。三是要切实为群众办实事解难题。要把学习党史同总结经验、观照现实、推动工作结合起来，同解决实际问题结合起来，开展好“我为群众办实事”实践活动，把学习成效转化为工作动力和成效，防止学习和工作“两张皮”。四是要注重方式方法创新。要发扬马克思主义优良学风，明确学习要求、学习任务，推进内容、形式、方法的创新，不断增强针对性和实效性。要以县处级以上领导干部为重点，坚持集中学习和自主学习相结合，坚持规定动作和自选动作相结合，开展特色鲜明、形式多样的学习教育。要在全社会广泛开展党史、新中国史、改革开放史、社会主义发展史宣传教育，普及党史知识，推动党史学习教育深入群众、深入基层、深入人心。要鼓励创作党史题材的文艺作品特别是影视作品，抓好青少年学习教育，让红色基因、革命薪火代代传承。要坚决克服形式主义、官僚主义，注意为基层减负。

王沪宁在主持会议时表示，习近平总书记的重要讲话，高屋建瓴，视野宏大，思想深邃，深刻阐述了开展党史学习教育的重大意义，深刻阐明了党史学习教育的重点和工作要求，对党史学习教育进行了全面动员和部署，为我们开展好党史学习教育指明了方向，提供了根本遵循。各级党委（党组）要认真学习领会习近平总书记重要讲话精神，切实增强“四个意识”、坚定“四个自信”、做到“两个维护”，提高思想认识和政治站位，抓好本地区本部门本单位的学习教育工作。

中共中央政治局委员、中央书记处书记，全国人大常委会党员副委员长，国务委员，最高人民法院院长，最高人民检察院检察长，全国政协党员副主席，以及中央军委委员出席会议。

会议以电视电话会议形式召开，党史学习教育领导小组成员，各省区市和副省级城市、新疆生产建设兵团领导班子成员，中央和国家机关各部门、各人民团体，中管金融企业、中管企业、中管高校，军队有关单位主要负责同志，党史学习教育中央宣讲团成员等参加会议。

《人民日报》(2021年2月21日第1版)

习近平给《文史哲》编辑部全体编辑人员回信

《文史哲》编辑部的同志们：

你们好！来信收悉。《文史哲》创刊70年来，在党的领导下，几代编辑人员守正创新、薪火相传，在弘扬中华文明、繁荣学术研究等方面做了大量工作，在国内外赢得一定声誉，你们付出的努力值得肯定。

增强做中国人的骨气和底气，让世界更好认识中国、了解中国，需要深入理解中华文明，从历史和现实、理论和实践相结合的角度深入阐释如何更好坚持中国道路、弘扬中国精神、凝聚中国力量。回答好这一重大课题，需要广大哲学社会科学工作者共同努力，在新的时代条件下推动中华优秀传统文化创造性转化、创新性发展。高品质的学术期刊就是要坚守初心、引领创新，展示高水平研究成果，支持优秀学术人才成长，促进中外学术交流。希望你们再接再厉，把刊物办得更好。

习近平

2021年5月9日

(新华社北京5月10日电)

新华社北京5月10日电　中共中央总书记、国家主席、中央军委主席习近平5月9日给《文史哲》编辑部全体编辑人员回信，对办好哲学社会科学期刊提出殷切期望。

习近平在回信中说，《文史哲》创刊70年来，在党的领导下，几代编辑人员守正创新、薪火相传，在弘扬中华文明、繁荣学术研究等方面做了大量工作，在国内外赢得一定声誉，你们付出的努力值得肯定。

习近平指出，增强做中国人的骨气和底气，让世界更好认识中国、了解中国，需要深入理解中华文明，从历史和现实、理论和实践相结合的角度深入阐释如何更好坚持中国道路、弘扬中国精神、凝聚中国力量。回答好这一重大课题，需要广大哲学社会科学工作者共同努力，在新的时代条件下推动中华优秀传统文化创造性转化、创新性发展。高品质的学术期刊就是要坚守初心、引领创新，展示高水平研究成果，支持优秀学术人才成长，促进中外学术交流。希望你们再接再厉，把刊物办得更好。

山东大学《文史哲》杂志创办于1951年5月，是新中国成立后创刊的首家高校文科学报，也是我国目前刊龄最长的综合性人文社科学术期刊。近日，《文史哲》编辑部全体编辑人员给习近平总书记写信，汇报了70年来的办刊成绩，表达了担负起时代使命、发挥好期刊作用、为民族复兴贡献力量的决心。

《人民日报》(2021年5月11日第1版)

习近平致仰韶文化发现和中国现代考古学诞生100周年的贺信

值此仰韶文化发现和中国现代考古学诞生100周年之际，我代表党中央，向全国考古工作者致以热烈的祝贺和诚挚的问候！

100年来，几代考古人筚路蓝缕、不懈努力，取得一系列重大考古发现，展现了中华文明起源、发展脉络、灿烂成就和对世界文明的重大贡献，为更好认识源远流长、博大精深的中华文明发挥了重要作用。

希望广大考古工作者增强历史使命感和责任感，发扬严谨求实、艰苦奋斗、敬业奉献的优良传统，继续探索未知、揭示本源，努力建设中国特色、中国风格、中国气派的考古学，更好展示中华文明风采，弘扬中华优秀传统文化，为实现中华民族伟大复兴的中国梦作出新的更大贡献！

习近平

2021年10月17日

新华社北京10月17日电　在仰韶文化发现和中国现代考古学诞生100周年之际，中共中央总书记、国家主席、中央军委主席习近平发来贺信，代表党中央向全国考古工作者致以热烈的祝贺和诚挚的问候。

习近平指出，100年来，几代考古人筚路蓝缕、不懈努力，取得一系列重大考古发现，展现了中华文明起源、发展脉络、灿烂成就和对世界文明的重大贡献，为更好认识源远流长、博大精深的中华文明发挥了重要作用。

习近平希望广大考古工作者增强历史使命感和责任感，发扬严谨求实、艰苦奋斗、敬业奉献的优良传统，继续探索未知、揭示本源，努力建设中国特色、中国风格、中国气派的考古学，更好展示中华文明风采，弘扬中华优秀传统文化，为实现中华民族伟大复兴的中国梦作出新的更大贡献。

仰韶文化发现暨中国现代考古学诞生100周年纪念大会17日在河南省三门峡市开幕，由中国社会科学院、国家文物局、河南省人民政府共同主办。1921年10月，河南省渑池县仰韶遗址发掘，揭开了中国现代考古学的序幕。

《人民日报》（2021年10月18日第1版）

习近平在清华大学考察时强调

坚持中国特色世界一流大学建设目标方向 为服务国家富强民族复兴人民幸福贡献力量

■百年大计，教育为本。今年是中国共产党成立100周年，我国开启了全面建设社会主义现代化国家新征程。党和国家事业发展对高等教育的需要，对科学知识和优秀人才的需要，比以往任何时候都更为迫切。我们要建设的世界一流大学是中国特色社会主义的一流大学，我国社会主义教育就是要培养德智体美劳全面发展的社会主义建设者和接班人。我国高等教育要立足中华民族伟大复兴战略全局和世界百年未有之大变局，心怀“国之大者”，把握大势，敢于担当，善于作为，为服务国家富强、民族复兴、人民幸福贡献力量。广大青年要肩负历史使命，坚定前进信心，立大志、明大德、成大才、担大任，努力成为堪当民族复兴重任的时代新人，让青春在为祖国、为民族、为人民、为人类的不懈奋斗中绽放绚丽之花

■一个国家的高等教育体系需要有一流大学群体的有力支撑，一流大学群体的水平和质量决定了高等教育体系的水平和质量。一流大学建设要坚持党的领导，坚持马克思主义指导地位，全面贯彻党的教育方针，坚持社会主义办学方向，抓住历史机遇，紧扣时代脉搏，立足新发展阶段、贯彻新发展理念、服务构建新发展格局，把发展科技第一生产力、培养人才第一资源、增强创新第一动力更好结合起来，更好为改革开放和社会主义现代化建设服务

■当代中国青年是与新时代同向同行、共同前进的一代，生逢盛世，肩负重任。广大青年要爱国爱民，从党史学习中激发信仰、获得启发、汲取力量，不断坚定“四个自信”，不断增强做中国人的志气、骨气、底气，树立为祖国为人民永久奋斗、赤诚奉献的坚定理想。要锤炼品德，自觉树立和践行社会主义核心价值观，自觉用中华优秀传统文化、革命文化、

社会主义先进文化培根铸魂、启智润心，加强道德修养，明辨是非曲直，增强自我定力，矢志追求更有高度、更有境界、更有品位的人生。要勇于创新，深刻理解把握时代潮流和国家需要，敢为人先、敢于突破，以聪明才智贡献国家，以开拓进取服务社会。要实学实干，脚踏实地、埋头苦干，孜孜不倦、如饥似渴，在攀登知识高峰中追求卓越，在肩负时代重任时行胜于言，在真刀真枪的实干中成就一番事业

■教师是教育工作的中坚力量，没有高水平的师资队伍，就很难培养出高水平的创新人才，也很难产生高水平的创新成果。大学教师对学生承担着传授知识、培养能力、塑造正确人生观的职责。教师要成为大先生，做学生为学、为事、为人的示范，促进学生成长为全面发展的人。要研究真问题，着眼世界学术前沿和国家重大需求，致力于解决实际问题，善于学习新知识、新技术、新理论。要坚定信念，始终同党和人民站在一起，自觉做中国特色社会主义的坚定信仰者和忠实实践者

新华社北京4月19日电　在清华大学建校110周年校庆日即将来临之际，中共中央总书记、国家主席、中央军委主席习近平来到清华大学考察。习近平代表党中央，向清华大学全体师生员工和海内外校友致以节日的祝贺，向全国广大青年学生致以诚挚的问候。

习近平强调，百年大计，教育为本。今年是中国共产党成立100周年，我国开启了全面建设社会主义现代化国家新征程。党和国家事业发展对高等教育的需要，对科学知识和优秀人才的需要，比以往任何时候都更为迫切。我们要建设的世界一流大学是中国特色社会主义的一流大学，我国社会主义教育就是要培养德智体美劳全面发展的社会主义建设者和接班人。我国高等教育要立足中华民族伟大复兴战略全局和世界百年未有之大变局，心怀“国之大者”，把握大势，敢于担当，善于作为，为服务国家富强、民族复兴、人民幸福贡献力量。广大青年要肩负历史使命，坚定前进信心，立大志、明大德、成大才、担大任，努力成为堪当民族复兴重任的时代新人，让青春在为祖国、为民族、为人民、为人类的不懈奋斗中绽放绚丽之花。

上午9时30分许，习近平在中共中央政治局常委、中央书记处书记王沪宁，清华大学党委书记陈旭、校长邱勇陪同下，首先来到美术学院，参观美术学院校庆特别展。美术展馆内，一块块展板图文并茂，一件件展品各具特色。习近平详细了解重大主题和国家形象设计作品创作、展示等情况介绍，仔细观看展品。习近平指出，美术、艺术、科学、技术相辅相成、相互促进、相得益彰。要发挥美术在服务经济社会发展中的重要作用，把更多美术元素、艺术元素应用到城乡规划建设中，增强城乡审美韵味、文化品位，把美术成果更好服务于人民群众的高品质生活需求。要增强文化自信，以美为媒，加强国际文化交流。

清华大学成像与智能技术实验室成立于2001年，主要开展计算摄像、脑科学与人工智能国际前沿交叉科学等基础理论与关键技术的研究。习近平来到这里，结合展板、电子屏幕察看实验室开展计算光学、脑科学与人工智能交叉科学实验研究和开发新科技应用场景情况，听取实验室理论研究、技术攻关、成果转化应用等情况介绍。习近平指出，中国教育是能够培养出大师来的。我们要有这个自信，开拓视野、兼收并蓄，扎扎实实把中国教育办好。重大原始创新成果往往萌发于深厚的基础研究，产生于学科交叉领域，大学在这两方面具有天然优势。要保持对基础研究的持续投入，鼓励自由探索，敢于质疑现有理论，勇于开拓新的方向。

清华大学主楼二层，展示了学校近年来重点教学科研成果。习近平听取了关于增强自主创新能力、助力世界主要科学中心和创新高地建设、提高人文社会学科教育研究水平等情况介绍，对清华大学取得的成绩给予充分肯定。习近平指出，要坚持中国特色社会主义教育发展道路，充分发挥科研优势，增强学科设置的针对性，加强基础研究，加大自主创新力度，并从我国改革发展实践中提出新观点、构建新理论，努力构建中国特色、中国风格、中国气派的学科体系、学术体系、话语体系。

在主楼二层大厅，习近平看望部分老教授、中青年骨干教师代表并同他们亲切交谈。习近平感谢在教学科研岗位上默默耕耘、辛勤奉献、做出突出贡献的老师们，向老教授们表示敬意，勉励中青年教师继续在教书育人和科研创新上不断有新进步。他强调，清华大学秉持自强不息、厚德载物的校训，深化改革、加快创新，各项事业欣欣向荣，科研创新成果与国家发展需要丝丝相扣，展现了清华人的勇毅和担当。面向未来，清华大学要坚持把立德树人作为根本任务，把服务国家作为最高追求，把学科建设作为发展根基，把深化改革作为强大动力，把加强党的建设作为坚强保证，不忘初心、牢记使命，为党育人、为

国育才，为实现第二个百年奋斗目标、实现中华民族伟大复兴的中国梦、推动人类文明进步做出新的更大的贡献。

位于校园西北部的西体育馆，是清华早期四大建筑之一。在馆内篮球场，校篮球运动员正在进行训练。习近平走进体育馆，同他们亲切交谈，并在体育荣誉室察看历史照片、实物展览，了解体育馆保护利用、学校继承发扬优良传统、开展体育教育等情况。习近平表示，重视体育是清华大学的光荣传统，希望同学们发扬好清华大学的优良学风和体育传统，坚持德智体美劳全面发展，努力成为祖国建设的栋梁之才。

11时20分许，习近平来到清华大学西体育馆后馆，出席师生代表座谈会。清华大学党委书记陈旭、校长邱勇、土木系教师聂建国、公管学院教师梅赐琪、工物系应届博士毕业生孙启明、人文学院二年级本科生李润凤分别发言。习近平认真听取他们的发言，现场气氛轻松、热烈。

最后，习近平发表了重要讲话。他指出，清华大学诞生于国家和民族危难之际，成长于国家和民族奋进之中，发展于国家和民族振兴之时。110年来，清华大学深深扎根中国大地，培育了爱国奉献、追求卓越的光荣传统，形成了又红又专、全面发展的教书育人特色，为国家、为民族、为人民培养了大批可堪大任的杰出英才。这是一代代清华人拼搏奋斗、勇攀高峰、争创一流的结果。

习近平强调，清华大学的发展历程，是我国高等教育发展的一个生动缩影。新中国成立以来，我国高等教育走过了从小到大、从弱到强的极不平凡历程，办学规模、培养质量、服务能力实现历史性跃升。特别是党的十八大以来，我国高等教育与祖国共进、与时代同行，创造了举世瞩目的发展成就。

习近平指出，一个国家的高等教育体系需要有一流大学群体的有力支撑，一流大学群体的水平和质量决定了高等教育体系的水平和质量。一流大学建设要坚持党的领导，坚持马克思主义指导地位，全面贯彻党的教育方针，坚持社会主义办学方向，抓住历史机遇，紧扣时代脉搏，立足新发展阶段、贯彻新发展理念、服务构建新发展格局，把发展科技第一生产力、培养人才第一资源、增强创新第一动力更好结合起来，更好为改革开放和社会主义现代化建设服务。

习近平强调，追求一流是一个永无止境、不断超越的过程，要明确方向、突出重点。要培养一流人才方阵。建设一流大学，关键是要不断提高人才培养质量。要想国家之所想、急国家之所急、应国家之所需，抓住全面提高人才培养能力这个重点，坚持把立德树人作为根本任务，着力培养担当民族复兴大任的时代新人。要构建一流大学体系。高等教育体系是一个有机整体，其内部各部分具有内在的相互依存关系。要用好学科交叉融合的“催化剂”，加强基础学科培养能力，打破学科专业壁垒，对现有学科专业体系进行调整升级，瞄准科技前沿和关键领域，推进新工科、新医科、新农科、新文科建设，加快培养紧缺人才。要提升原始创新能力。一流大学是基础研究的主力军和重大科技突破的策源地，要完善以健康学术生态为基础、以有效学术治理为保障、以产生一流学术成果和培养一流人才为目标的大学创新体系，勇于攻克“卡脖子”的关键核心技术，加强产学研深度融合，促进科技成果转化。要坚持开放合作。加强国际交流合作，主动搭建中外教育文化友好交往的合作平台，共同应对全球性挑战，促进人类共同福祉。

习近平指出，当代中国青年是与新时代同向同行、共同前进的一代，生逢盛世，肩负重任。广大青年要爱国爱民，从党史学习中激发信仰、获得启发、汲取力量，不断坚定“四个自信”，不断增强做中国人的志气、骨气、底气，树立为祖国为人民永久奋斗、赤诚奉献的坚定理想。要锤炼品德，自觉树立和践行社会主义核心价值观，自觉用中华优秀传统文化、革命文化、社会主义先进文化培根铸魂、启智润心，加强道德修养，明辨是非曲直，增强自我定力，矢志追求更有高度、更有境界、更有品位的人生。要勇于创新，深刻理解把握时代潮流和国家需要，敢为人先、敢于突破，以聪明才智贡献国家，以开拓进取服务社会。要实学实干，脚踏实地、埋头苦干，孜孜不倦、如饥似渴，在攀登知识高峰中追求卓越，在肩负时代重任时行胜于言，在真刀真枪的实干中成就一番事业。

习近平强调，教师是教育工作的中坚力量，没有高水平的师资队伍，就很难培养出高水平的创新人才，也很难产生高水平的创新成果。大学教师对学生承担着传授知识、培养能力、塑造正确人生观的职责。教师要成为大先生，做学生为学、为事、为人的示范，促进学生成长为全面发展的人。要研究真问题，着眼世界学术前沿和国家重大需求，致力于解决实际问题，善于学习新知识、新技术、新理论。要坚定信念，始终同党和人民站在一起，自觉做中国特色社会主义的坚定信仰者和忠实实践者。

习近平离开学校时，操场上、道路旁站满了师生，大家纷纷向总书记问好，齐声高喊“总书记好”“学长好”，高呼“祖国万岁”“清华加油”，习近平满怀深情地同大家挥手致意，掌声、问候声在校园里久久回荡。

丁薛祥、孙春兰、陈希、蔡奇及中央和国家机关有关部门负责同志参加有关活动。

《人民日报》(2021年4月20日第1版)

中办印发《意见》
加强新时代马克思主义学院建设

新华社北京9月21日电 近日，中共中央办公厅印发了《关于加强新时代马克思主义学院建设的意见》(以下简称《意见》)，并发出通知，要求各地区各部门结合实际认真贯彻落实。

《意见》指出，马克思主义是我们立党立国的根本指导思想，马克思主义学院是学习研究宣传马克思主义的主阵地，思想政治理论课是马克思主义学院坚持用习近平新时代中国特色社会主义思想铸魂育人的主渠道。加强马克思主义学院建设，是深化马克思主义理论研究和建设的重要举措，是培养担当民族复兴大任时代新人的内在要求，对于构建以马克思主义为指导的中国特色哲学社会科学，建设具有强大凝聚力和引领力的社会主义意识形态，进一步丰富和发展当代中国马克思主义、21世纪马克思主义，对于彰显中国大学社会主义底色，引导青年学生牢固树立共产主义远大理想和中国特色社会主义共同理想，培养一代又一代社会主义建设者和接班人，具有重要意义。

《意见》指出，党的十八大以来，各地区各有关部门和单位贯彻落实党中央要求，推动马克思主义学院建设取得长足进展，各方面工作迈上新台阶。同时，与新时代新要求相比，马克思主义学院在教育教学、研究宣传、队伍建设、人才培养等方面还存在差距，马克思主义理论学科建设亟待加强。必须适应新形势新任务的迫切需要，立足党和国家事业全局，把加强马克思主义学院建设作为基础性、战略性工程，推动实现高质量发展。

《意见》明确，加强新时代马克思主义学院建设，要坚持以马克思列宁主义、毛泽东思想、邓小平理论、“三个代表”重要思想、科学发展观、习近平新时代中国特色社会主义思想为指导，全面贯彻党的教育方针，坚持社会主义办学方向，落实立德树人根本任务，把马克思主义中国化最新成果的教学和研究作为重中之重，进一步明确职责使命，推动内涵式发展，强化政策保障，着力打造马克思主义理论教育教学、研究宣传和人才培养的坚强阵地，为全面建设社会主义现代化国家、实现中华民族伟大复兴的中国梦提供坚实学理支撑和人才支持。要坚持正确方向、坚持铸魂育人、坚持守正创新、坚持系统谋划，积极探索马克思主义理论教育教学规律、学科发展规律和人才培养规律，更好服务党和国家工作大局。

《意见》指出，要扎实推动马克思主义学院内涵式发展。加强马克思主义理论学科建设，把准学科定位方向，充分发挥马克思主义理论学科引领作用。大力推进思想政治理论课改革创新，在政治引导、学理阐释和价值塑造上下功夫，提升教学实效。强化课程体系和教材体系建设，将党的理论创新成果全面贯穿、有机融入各门课程，切实提升教材的政治性、时代性、科学性、可读性。立足新时代中国特色社会主义鲜活实践，找准切入点、聚焦点、结合点，加强马克思主义理论研究宣传。着力打造一支信仰坚定、理论功底扎实、数量充足、结构优化的高素质教师队伍，切实增强使命感、认同感、获得感。提高专业人才培养质量，源源不断培养马克思主义理论后备人才。

《意见》指出，要强化马克思主义学院建设政策支撑机制。以育人成效为标准，完善体现马克思主义理论学科特点、符合思想政治理论课教学内在要求、有利于教师职业发展的考核评价体系。以培养真学真懂真信真用马克思主义的教师为目标，完善培训体系，加大支持力度，健全教师成长激励机制。牢固树立全员、全程、全方位育人理念，建立协同育人机制，实现课程思政与思政课程同向同行、日常思政工作与思政课程同频共振。加强马克思主义理论学术阵地建设，培育和夯实发展平台，构建平台支持体系。建强建优全国重点马克思主义学院，提升发展质量，强化示范辐射，加强建设管理，以全国重点马克思主义学院为牵引，推动形成各类马克思主义学院相互促进、共同发展、一体推进的局面。

《意见》强调，要切实加强党对马克思主义学院建设的领导。各级党委要把马克思主义学院建设工作摆在重要位置，加强领导和统筹规划。宣传、教育等部门要为马克思主义学院建设提供有力政策指导、组织保障和经费支持。马克思主义学院所在单位要将马克思主义学院作为重点学院、马克思主义理论学科作为重点学科、思想政治理论课作为重点课程加强建设，给予优先保障。要严格督导考核，在结合巡视巡察开展的意识形态工作责任制专项检查中，加大对马克思主义学院建设情况的检查力度。把马克思主义学院建设列为所在单位党的建设工作考核、办学质量评估的重要内容，作为所在单位领导班子、主要领导和分管领导综合考核评价的重要参考，推动建好建强马克思主义学院。

《人民日报》(2021年9月22日第1版)

丁薛祥在全国党史和文献部门主要负责人会议上强调

深入学习贯彻习近平新时代中国特色社会主义思想 不断开创党史和文献工作新局面

本报北京2月7日电 （记者孟祥夫）全国党史和文献部门主要负责人会议7日在京召开。中共中央政治局委员、中央办公厅主任丁薛祥出席会议并讲话。

丁薛祥指出，党的十九大以来，全国党史和文献部门认真贯彻落实党中央决策部署，深化机构改革，聚焦主责主业，主动担当作为，为推动用党的创新理论武装全党、教育人民发挥了重要作用。

丁薛祥强调，今年是中国共产党成立100周年。百年大党继往开来再出发，党史和文献工作任重道远、大有可为。要深入学习贯彻习近平新时代中国特色社会主义思想，准确把握党史和文献工作的政治属性、重要作用、主要任务、正确方向、科学方法，更好发挥以史鉴今、资政育人作用，更好为党和国家工作大局服务，不断开创党史和文献工作新局面。要把完成建党100周年庆祝活动筹办任务作为今年工作的重中之重，积极发挥职能作用，推动党史学习教育扎实深入开展，引导广大党员干部不断增强“四个意识”、坚定“四个自信”、做到“两个维护”。要进一步深化对习近平新时代中国特色社会主义思想的研究阐释，加强党的历史和理论研究，统筹做好宣传教育、资料征集、信息化建设等工作，不断提升党史和文献工作科学化水平。

会议以电视电话会议形式召开，各省区市和新疆生产建设兵团设分会场。

《人民日报》(2021年2月8日第4版)

黄坤明在国家社科基金项目评审工作会议上强调

立足伟大实践　推动创新创造　谱写哲学社会科学繁荣发展新篇章

新华社北京7月29日电　2021年度国家社科基金项目评审工作会议28日在京召开。中共中央政治局委员、中宣部部长黄坤明出席会议并讲话，强调要深入学习贯彻习近平总书记“七一”重要讲话精神，牢牢把握构建中国特色哲学社会科学的战略任务，立足伟大实践，推动创新创造，在新的征程上谱写哲学社会科学繁荣发展新篇章。

黄坤明指出，我们党带领人民不懈奋斗的一百年，也是高举真理火炬、引领哲学社会科学开拓创新的一百年，以马克思主义为指导是中国特色哲学社会科学的鲜明底色。在全面建设社会主义现代化国家的历史进程中，要更加自觉地以习近平新时代中国特色社会主义思想为统领，坚持推进马克思主义中国化时代化，全面提升学科体系、学术体系、话语体系建设水平，以高度的理论自信、学术自信构建中国自己的学术理论。

黄坤明强调，要紧紧围绕党和国家工作大局，加强战略研究、对策研究，为立足新发展阶段、贯彻新发展理念、构建新发展格局提供学理支撑。要坚定文化自信，传承中华优秀传统文化，赓续历史文脉、弘扬民族精神。要加强对哲学社会科学工作的领导，强化学术发展的统筹和规划，深入实施重大学术工程，深化科研管理体制改革，营造富有活力、有利于出成果出人才的体制机制环境。

《人民日报》(2021年7月30日第4版)

中宣部、教育部、科技部印发意见
推动学术期刊繁荣发展

新华社北京6月25日电　(记者史竞男)中宣部、教育部、科技部近日联合印发《关于推动学术期刊繁荣发展的意见》。意见指出，学术期刊是开展学术研究交流的重要平台，是传播思想文化的重要阵地，是促进理论创新和科技进步的重要力量。加强学术期刊建设，对于提升国家科技竞争力和文化软实力，构筑中国精神、中国价值、中国力量具有重要作用。

意见指出，学术期刊出版工作要以习近平新时代中国特色社会主义思想为指导，紧紧围绕党和国家重大决策部署和宣传思想工作根本任务，坚持正确政治方向、出版导向、价值取向，加快提升内容质量和传播力影响力，不断完善把社会效益放在首位、社会效益和经济效益相统一的体制机制，为社会主义现代化建设提供强大精神动力和智力支持，为建设世界科技强国和社会主义文化强国作出更大贡献。

意见强调，学术期刊要提高围绕中心、服务大局能力，引导学术研究立足中国实际，回应现实关切，把论文写在祖国的大地上。要创新内容载体、方法手段、业态形式、体制机制，加快向高质量发展阶段迈进，努力打造一批世界一流、代表国家学术水平的知名期刊。要加强作风学风建设，有效发挥在学术质量、学术规范、学术伦理和科研诚信建设方面的引导把关作用。要坚持一手抓繁荣发展，一手抓引导管理，完善扶持措施，优化发展环境，改进评价体系，规范出版秩序，深化改革创新，推动学术期刊出版良性健康发展。

意见提出了学术期刊出版的重点任务，包括加强出版能力建设、优化出版资源配置、推进集群化集团化建设、加快融合发展、提升国际传播能力、规范学术期刊出版秩序、完善相关评价体系、加强人才队伍建设等。

意见要求，相关管理部门、各主管主办单位要及时出台相关引导措施，加强对学术期刊工作的经常性指导，结合实际对优秀学术期刊予以积极支持。

《人民日报》(2021年6月26日第4版)

·学科综述·

概　　述

本栏目收录由北京地区哲学社会科学基础学科学会、特约课题组撰写的学科综述文章，以及由基础学科学会推出的“年度推荐论文和著作”。这些学科综述文章和推荐论文、著作较为客观地记述、分析、总结、呈现了本年度相关研究领域的学科发展情况、学术研究状况、学术热点难点问题及前瞻思考等。本栏目还收录了《光明日报》载《2021年度中国十大学术热点》和《北京日报》载《2021年理论学术研究观点要览》《2021年理论视野中的重大时政热点》等文章。

马克思主义理论

摘　要

2021年是党和国家历史上具有里程碑意义的一年。这一年，我们隆重召开了庆祝中国共产党成立100周年大会，“两个一百年”奋斗目标在这里交汇；“十四五”规划开始实施，全面建设社会主义现代化国家踏上新征程；党的十九届六中全会正式召开，通过了《中共中央关于党的百年奋斗重大成就和历史经验的决议》，对中国共产党百年的发展历程、历史经验进行了深刻总结。本年度相关研究成果呈现三个方面的鲜明特点，一是高度关注马克思主义中国化历程中的重大理论问题，重点揭示马克思主义中国化的基本特征、内在规律和主要经验；二是深入推进习近平新时代中国特色社会主义思想的原创性研究，坚持大历史观、正确党史观和唯物史观，注重将其置于党史、新中国史、改革开放史、社会主义发展史和中华民族发展史中进行审视；三是在历时性和共时性中研究重大时代课题，尤其是聚焦实践遇到的新问题、改革发展稳定存在的深层次问题、人民群众急难愁盼问题、国际变局中的重大问题、党的建设面临的突出问题，秉承问题意识和系统观点，对相关热点焦点难点问题进行学理性、系统性分析。

一、围绕重要时间节点开展的研究

2021年，马克思主义理论相关领域围绕着重要时间节点开展的研究主要包括两个方面，分别是围绕重要历史事件开展的研究和围绕重要经典著作开展的研究。

一是围绕重要历史事件开展的研究，2021年是中国共产党成立100周年、中华苏维埃共和国成立90周年、九·一八事变爆发90周年、红军长征胜利85周年、西安事变85周年、党的八大召开65周年、苏联解体30周年、中国加入世界贸易组织20周年等。

本年度我们还召开了全国脱贫攻坚总结表彰大会等。2021年学者们将这些重大历史事件与党史、新中国史、改革开放史、社会主义发展史紧密结合起来，形成了一系列的研究成果。

二是围绕重要经典著作开展的研究。2021年是毛泽东的《改造我们的学习》发表80周年、《论十大关系》发表65周年，党的十一届六中全会通过《关于建国以来党的若干历史问题的决议》40周年等。这些著作、党和国家的重要文献，不仅具有深远的历史价值，而且具有诸多的当代启示。学界对这些著作开展研究，进一步厘清了一些历史事实，更为重要的是为当下的社会发展、国家治理、文明进步提供宝贵经验启示，尤其是有相当一部分成果从三个历史决议对比的视角进行了较为深入的研究。

三是学术界还将马克思主义基本理论研究与当前的时代课题结合起来，形成了一系列的研究成果。在马克思主义发展规律与研究方法方面，就马克思主义发展的本质、规律、主体、实现环节、主题与分期等基础理论和文本文献研究法、综合法等方法进行了讨论；在马克思恩格斯思想发展历程方面，就马克思恩格斯的合作契机与思想关系，历史唯物主义、自然观、生态观、社会形态观、过渡阶段观、革命观、人权观等具体理论进行了讨论；在列宁思想发展历程方面，就社会主义运动的战略与策略、社会革命理论、对社会主义的认识、对马克思主义的态度等进行了讨论；在马克思主义中国化百年历程和成就方面，就马克思主义中国化命题的提出、中国化的本质内涵、实践论基础、与列宁主义的关系及马克思主义中国化取得的成果等进行了讨论；在马克思主义在中国的传播史方面，就传播阶段划分、各阶段主要成就、编译出版的作用等进行了讨论。

二、围绕重大理论和现实问题研究

一是围绕中国共产党百年奋斗的重大成就和历史经验开展的研究。2021年北京地区的马克思主义理论学科学术发展围绕重大理论问题、实践课题进行了广泛系统深入的研究，相关学术成果颇多。《中共中央关于党的百年奋斗重大成就和历史经验的决议》是总结党的历史经验的生动典范，决议聚焦总结党的百年奋斗重大成就和历史经验，突出中国特色社会主义新时代这个重点，对重大事件、重要会议、重要人物的评价注重同党中央已有结论相衔接，是新时代中国共产党人牢记初心使命、坚持和发展中国特色社会主义的政治宣言，是以史为鉴、开创未来、实现中华民族伟大复兴的行动指南。学术界、理论界注重在历史逻辑分析的基础上对党的历史经验进行学理分析。相关研究成果主要聚焦在以下几个方面。一是历史决议本身的研究，包括历次历史决议的制定、主要内容、历史意义；二是三个历史决议之间的对比研究，主要侧重宏观领域和文本分析；三是关于历史决议与党内教育、重大历史事件、重要领导人物等之间的关系研究。仍需进一步拓展的领域和内容主要包括：中国共产党的历史叙事、坚持正确党史观、坚定历史自信和把握历史主动以及三个历史决议间的逻辑等。

二是围绕马克思主义中国化新的飞跃开展的研究。中国共产党的历史就是一部不断推进马克思主义中国化的历史，马克思主义中国化在接续发展中实现了新的飞跃，成为学界研究的热点课题。习近平新时代中国特色社会主义思想对关系新时代党和国家事业发展的一系列重大理论和实践问题进行了深邃思考和科学判断，是当代中国马克思主义、21世纪马克思主义，是中华文化和中国精神的时代精华，实现了马克思主义中国化新的飞跃。当前围绕着马克思主义中国化新的飞跃的研究成果主要集中在三个方面，一是关于马克思主义中国化历史阶段、内在规律、一般标准的研究；二是习近平新时代中国特色社会主义思想在马克思主义中国化历史进程中的地位和原创性贡献研究；三是对党的十八大以来提出的一系列新概念、新命题、新论断的专题化研究。仍需深入研究的方面主要包括："两个结合" 命题的演进逻辑研究，"两个结合" 与马克思主义中国化的内在逻辑研究，马克思主义中国化历史性飞跃与新的飞跃之间的关系研究，等等。

三是围绕中国式现代化道路开展的研究。习近平总书记在庆祝中国共产党成立100周年大会上的讲话中正式提出了这一概念，旋即成为学界研究的热点。中国特色社会主义道路、理论、制度、文化不断发展，走出一条人类前所未有的现代化道路，中国式现代化既具有自己的鲜明特征和独特优势，又开拓了人类文明发展进步的崭新形态和广阔空间，是特殊性和普遍性、中国特色和世界意义的有机统一。相关研究成果主要聚焦在3个方面，一是关于中国式现代化的内涵及价值的研究；二是关于中国式现代化道路与人类文明新形态之间的逻辑关系研究；三是关于"两个创造"的中国意义和世界意义研究。中国式现代化道路是一个崭新的重大命题，当前学术界进行了多视角、多维度研究，但是仍然缺乏具有理论深度的标志性成果，尤其是要深入研究如下几个方面，包括中国式现代化理论对西方现代化理论的突破，中国式现代化发展经验对于广大发展中国家的借鉴意义，中国式现代化的基本属性、本质要求、发展规律等。

四是围绕人类文明新形态开展的研究。"人类文明新形态"是习近平新时代中国特色社会主义思想中具有原创性、标识性的概念，对人类文明新形态作出准确深刻的理论阐释，是马克思主义理论学科的重大学术命题。相关研究成果主要从三个维度展开，一是从发展形态的视角，认为人类文明新形态是对中国特色社会主义发展形态特征的新概括；二是从文明形态的视角，认为人类文明新形态是一套内含物质文明、政治文明、精神文明、社会文明、生态文明的文明体系；三是从共同体视角，认为人类文明新形态与坚持推动构建人类命运共同体过程相联结，体现了它所具有的广泛世界意义及其蕴含的共同价值观和普遍性特征。目前，这一重大创新概念和理论命题正在逐渐破题，从理论与实践、历史与现实、中国与世界相结合的视角，对这一命题进行学理化深度分析仍然是一项十分艰巨的任务，特别是深入分析中国式现代化与人类文明新形态之间的逻辑关系，对于深刻把握中华文明与马克思主义内在契合之处具有重要启发意义，为此，学界有必要坚持整体思维对其进行深入研究。

五是围绕"四史"开展的研究。注重坚持唯物史观和正确党史观，对党史、新中国史、改革开放史和社会主义发展史进行整合研究。学术界对百年党史的分期进行了系统研究，并基于不同维度、不同学科对百年党史进行了深度解读，主要包括四种划分类型。从历史学维度看，可分为革命、建设、改革三个阶段；从现代化和民族复兴维度看，可分为站起来、富起来、强起来三个阶段；从社会主义在中国的发展维度看，可分为建立、巩固和完善三个阶段，也可分为建立制度和完善制度两个阶段，还可以分为救国、兴国、富国、强国四个阶段；从马克思主义中国化维度看，可分为毛泽东思想、中国特色社会主义理论体系、习近平新时代中国特色社会主义思想三个阶段。同时，学术界将党史学习教育与思想政治教育相结合，进行了深入学理探讨，主要聚焦于建党百年党的思想政治教育经验研究、党史学习教育融入思想政治教育建设研究、党的精神谱系与思想政治教育研究等方面。四史研究涉及内容广泛、研究领域多样，今后学术界要提高跨学科研究能力，注重思想史、制度史、运动史、文化史之间的融通，注重党的理论创新、实践创新、制度创新的整体审视。

六是围绕新时代推进共同富裕开展的研究。实现共同富裕不仅是经济问题，而且是关系党的执政基础的重大政治问题。本年度，学术界和理论界围绕推动全体人民共同富裕取得实质性进展开展了系统多维研究。相关研究成果就中国共产党百年经济理论创新及其历史经验、中国特色社会主义政治经济学创新与中国式现代化道路、马克思主义经济学原理及其对西方经济学的评析等进行了深入研究，回答了中国共产党关于共同富裕的百年探索，中国共产党百年经济探索的历程研究，中国特色社会主义政治经济学的理论和现实问题，马克思主义经济学的原理、方法和范畴、对西方经济理论的批判借鉴等问题。共同富裕是一个长期性、复杂性的重大课题，在不同历史时期基于不同的发展阶段有着不同的认识和理解，这就要求我们要客观审视当前推进共同富裕的现实阶段、目标任务、路径要求等，深入把握共同富裕与全面建设社会主义现代化国家、中华民族伟大复兴、中国式现代化等之间的关系，为推动全体人民共同富裕取得更为明显的实质性进展提供智慧成果。

七是围绕全过程人民民主开展的研究。习近平总书记在"七一"重要讲话中提出，民主是全人类共同价值，全过程人民民主是全链条、全方位、全覆盖的民主，实现了过程民主和成果民主、程序民主和实质民主、直接民主和间接民主、人民民主和国家意志相统一。当前，研究全过程人民民主已经成为学界的重要使命。相关研究成果主要集中在运行机制、制度优势、时代价值等方面，就其运行机制而言，主要包括价值引领机制、联动协商机制、吸纳整合机制与环节贯通机制，有效地落实了人民民主的价值取向与制度框架；就其制度优势而言，与西式民主相比，全过程人民民主能够有效制约公共权力、及时回应人民需求、公平公正分配利益、充分发挥多方合力、彻底超越资本主宰，具有代表范围广泛、覆盖领域全面、参与过程完整的显著优势；就其时代价值而言，维系了人民民主的性质，丰富了人民民主的形式，提升了人民民主的绩效。但当前关于全过程人民民主的研究仍然处于初步研究向纵深研究的过渡阶段，虽然取得了一定的研究成果，但是仍然以理论解读性的文章为主，缺乏深度诠释、规律揭示、话语突破的标志性成果。今后学术界应进一步聚焦以下几个方面：全过程人民民主与社会主义之间的辩证关系、全过程人民民主理论建构的世界意义、全过程人民民主相较于西方民主的独特优势等。

八是围绕伟大建党精神和中国共产党精神谱系开展的研究。2021年7月1日，习近平总书记在庆祝中国共产党成立100周年大会上概括提出伟大建党精神概念，并对其内涵进行了明确阐述，即坚持真理、坚守理想，践行初心、担当使命，不怕牺牲、英勇斗争，对党忠诚、不负人民。学术界和理论界围绕着伟大建党精神和中国共产党精神谱系进行了全面深入研究，相关成果主要围绕两个方面展开：一是关于党的精神谱系育人价值的研究。有学者系统分析了党的精神谱系生成发展的脉络与育人价值，指出党的精神谱系的内在属性与时代新人精神面貌塑造相契合，能够为时代新人成长成才提供精神动力，并探讨了以精神谱系引领时代新人培育的具体路径：将精神谱系融入课程教育教学、校园文化打造、网络文化建设、社会实践教育等。二是关于伟大建党精神融入思想政治教育的研究。有学者强调伟大建党精神对于大学生思想政治教育具有积极的启发意义。大力弘扬伟大建党精神有利于坚定大学生的理想信念、强化大学生的责任担当、提升大学生的精神风貌、培育大学生的崇高情怀。新时代实现伟大建党精神对大学生思想政治教育的课堂融入、实践融入与文化融入具有现实的必要性和紧迫性。关于伟大建党精神和中国共产党精神谱系的研究正处于向纵深挖掘、向多维拓展的阶段，仍然存在一定薄弱点的方面主要包括：伟大建党精神在中国共产党精神谱系的地位，中国共产党精神谱系与中华优秀传统文化、革命文化、社会主义先进文化之间的内在关系，中国共产党精神谱系与中国成就、中国奇迹、中国之治等之间的逻辑关系等。

本年度，马克思主义理论学科发展和学术研究取得了新进展，既注重基础理论研究，又注重前沿课题研究；既注重解读现实具体问题，又注重回应时代重大课题；既重视总结本土历史经验，又重视借鉴不同文明精华；既注重国内理论创新研究，也注重理论国际传播研究。相关研究成果，有的注重从思想整体性、系统性展开，有的注重分专题、分领域、分视角研究，有的注重阐释其中国价值和当代意义，有的注重阐释其世界影响和历史价值，有力推动了马克思主义理论学术研究的发展。但对重大理论问题进行整体性、系统性、学理性研究方面仍然存在薄弱之处，在推动构建中国特色哲学社会科学学科体系、学术体系、话语体系方面仍然有很长的路要走。

马克思主义基本原理

一、马克思主义基本原理研究概述

2021年，中国马克思主义研究热潮进一步增强，首都学界在马克思主义基本原理方面的成就主要体现在所召开的学术会议、当年出版的马克思主义学术专著和学术刊物上发表的学术理论文章中。

（一）学术会议对马克思主义基本原理的研究

1. 北京大学举办第三届世界马克思主义大会

大会以“马克思主义与现代化”为主题，下设13个分论坛和4个高端对话专场，共有60多位国际学者和200多位中国学者以线上或线下形式参加了大会。在为期两天的大会中，与会学者围绕“马克思主义现代化理论”“中国共产党与中国现代化”“世界现代化的历史和理论”“贫困治理与发展中国家现代化”“习近平新时代中国特色社会主义思想的世界意义”“学习习近平总书记‘七一’重要讲话精神”“百年中国共产党与中华民族伟大复兴”等议题展开深入广泛研讨[1]。

2. 中国科学社会主义学会2021年学术年会

年会以“中国共产党百年奋斗与科学社会主义在中国的实践”为主题，学者们从中国共产党百年奋斗与科学社会主义在中国的实践、中国共产党百年奋斗的历史意义与历史经验、习近平新时代中国特色社会主义思想的历史地位和理论贡献、《中共中央关于党的百年奋斗重大成就和历史经验的决议》的解读、新时代中国特色社会主义的伟大实践等视角对十九届六中全会精神进行了深入研讨和交流[2]。

3. 中国国际共产主义运动史学会2021年学术年会

年会以“中国共产党的百年与国际共产主义运动”为主题，从学习贯彻党的十九届六中全会精神、学习领会习近平新时代中国特色社会主义思想、马克思主义中国化、弘扬历史主动精神等角度进行了阐述，有助于科学认识新时代中国特色社会主义所处的历史方位，对进一步推进国际共产主义运动和世界社会主义运动的研究具有理论价值[3]。

4.中国马克思主义哲学史学会2021年年会

年会立足建党百年新起点新征程，以“马克思主义哲学与中国共产党一百年”为主题，就马克思主义哲学经典文本、马克思主义哲学研究发展历程、马克思主义哲学指导中国特色社会主义等问题进行了探讨。年会站在建党百年的历史起点上，既梳理了中国马克思主义哲学百年发展历程的基本经验，又以强烈的问题意识，将马克思主义哲学与中国乃至世界发展的问题紧密结合，有助于推动马克思主义哲学史研究的创新和发展[4]。

再者，比较重要的学术会议还有中国高等教育学会马克思主义研究分会2021年年会。该年会以“庆祝中国共产党成立100周年党史学习教育”为主题，学者围绕“21世纪的马克思主义”“伟大建党精神”“学习习近平总书记‘七一’重要讲话精神”“中华民族伟大复兴”“马克思主义中国化”“习近平关于批判历史虚无主义的重要论述”“共同富裕”“全面建成小康社会”“党的廉政建设”“中国特色社会主义道路”等议题展开研讨[5]，取得积极成果。

此外，首都各高校马克思主义学科带头人及马克思主义学院在疫情期间也频繁组织讲座，对马克思主义基本原理的教学科研多有裨益。

（二）主要学术著作对马克思主义基本原理的研究

2021年北京学者从多视角推出了诸多马克思主义基本原理方面的研究著作，对马克思主义基本原理作了创新性研究。

1.《当马克思遇见新时代》

该著作在阐述历史唯物主义和辩证唯物主义内涵的基础上，将理论与实践、历史与现实相结合，运用马克思主义的思维方式对时代问题进行了分析，凸显新时代中国特色社会主义的鲜明特征，彰显了马克思主义的强大生命力和持久影响力。该著作还解答了马克思主义为什么行、中国共产党为什么能、中国特色社会主义为什么好[6]。

2.《从历史中汲取智慧：为什么要学习中国近代史》

该书以近代以来中国的历史大事件为脉络，以中国的道路抉择为目标，阐述了中国近代史。该书深刻剖析了中国近代历史大事件发生的条件、原因及其带来的后果，阐释了中国人选择和接受马克思主义的历史必然性[7]。从大历史观出发，把握历史主动，汲取历史智慧，是本书的宗旨所在。

3.《不忘初心》

党的十八大以来，以习近平同志为核心的党中央提出了“不忘初心、牢记使命”的重大命题，睿智地回答了这个问题。该著作紧扣习近平新时代中国特色社会主义思想，全方位解读中国共产党自我净化、自我完善、自我革新、自我提高等相关内容，诠释了党的初心内涵，探寻中国共产党成功之道，深入回答国内外关注和困惑的重大问题[8]。

此外，有些学者还针对社会建设、乡村振兴、教育、民生等现实问题，从马克思主义视域进行阐述。

整体看来，2021年首都学界马克思主义基本原理著述较2020年数量少，聚焦不多，一些较著名的学者在这方面的研究成果没能及时出版。

（三）报刊杂志中对马克思主义基本原理的研究

通过对期刊网北大核心期刊搜索，按照列宁对马克思主义三个组成部分的分类，报刊杂志中2021年马克思主义基本原理研究主要聚焦以下方面：对马克思主义哲学的研究主要集中在马克思主义唯物史观、历史唯物主义、历史虚无主义、异化、历史观、传统文化、社会形态等方面。

对马克思主义政治经济学的研究主要集中在《资本论》、生产方式、党的百年经济经验、社会主义市场经济、集体经济、脱贫、共同富裕、数字经济、双循环格局、政治经济学的整体研究等方面。

对科学社会主义的研究主要集中在社会主义、中国特色社会主义、习近平新时代中国特色社会主义思想、党的百年、巴黎公社、经典作家研究、中国式现代化等方面。

二、马克思主义基本原理研究主要内容

（一）马克思主义哲学方面的研究

2021年学界对马克思主义哲学的研究既有原有研究论题的延续，又有新的研究领域的突破。

1.马克思主义唯物史观研究

对马克思恩格斯完成历史唯物主义建构的研究。在《德意志意识形态》中，马克思通过政治经济学批判来探究资本主义社会的特殊运动规律，从而实现了对历史唯物主义关于人类社会历史发展规律的具体论证。恩格斯从经验的社会批判道路出发，厘清和明晰历史唯物主义的建构道路，对于进一步深化历史唯物主义的哲学研究具有重要意义[9]。

对实践唯物主义中的“实践”概念考察。实践的观点是马克思主义唯物论的重要内容，厘清实践概念具有重要价值。研究马克思的实践观，需要对人的感性活动和对象性活动的形式与结构加以解读，探究二者本身以及其间从抽象上升到具体的辩证关系。感性

活动和对象性活动作为实践，都是特殊性范畴，是连接主客体关系及其现实化的中介和环节，因此，具体化在生产劳动中的对象性，在形式上又可分为抽象对象性和具体对象性[10]。

上层建筑一定要适应经济基础和生产力发展要求。马克思在《〈政治经济学批判〉序言》阐释了这个“经典原理”。它不仅仅适用于民族国家，而且也适用于整个国际社会或世界秩序，后者是由国际经济基础、国际政治上层建筑和国际意识形态共同构成的世界性现实结构[11]。因此要站在世界历史高度把握时代，从生产力与生产关系、经济基础与上层建筑的矛盾运动出发揭示世界秩序的变革。

2.历史观研究

历史唯物主义的世界历史视野。历史唯物主义的诞生离不开经典作家对世界历史的分析，并由此确立的生产力和生产关系、经济基础和上层建筑矛盾运动规律，其蕴含的科学辩证法是审视民族性与世界性、历史性与人文性关系的不二法则[12]。显然，坚定马克思主义世界历史观是认识当今世界的有力武器。

大历史观的理论内涵与思想价值。对于大历史观的内涵，学者认为它是一种观察历史和社会的思维、视野和科学方法，是对历史唯物主义的运用和发展。大历史观从纵向的时间维度来分析和把握历史事件的发生、发展和变化的历史过程，从横向的空间视野来审视和把握该历史事件和与之相联系的不同地区及民族之间的相互关系，从总体的视角来研究和把握历史事件在其所处的综合网络中的历史坐标，从而得出客观科学的结论[13]。

对历史虚无主义的批判。历史虚无主义罔顾事实，给社会主义事业带来极大的负面影响，祛除思想理论中的这个毒瘤是学者的责任。学者认为，历史虚无主义思想认识基础是历史唯心论、价值虚无论。其手法：用支流冲淡主流，用枝节取代主题，割断历史的主线、历史的逻辑，宣扬现象化、表象化的历史观。马克思主义理论和方法，特别是唯物史观的理论和方法，揭示了历史虚无主义的实质与危害[14]。因此，我们要汲取历史虚无主义泛滥教训，牢牢把握意识形态工作领导权。

此外，有学者关注马克思的异化问题研究，认为马克思在分析资本主义经济关系中并没有完全放弃异化概念，马克思在后期则认为异化的产生和消灭都要受制于生产力的发展及其所引起的分工的发展；异化及其克服本身不再是历史的力量，而只是一种现象学层面上的描述性因素[15]。对社会形态问题，马克思主义关于社会形态的划分及更替的理论是唯物史观的核心思想，是共产主义学说的重要依据，是共产主义运动依以立足的理论支撑[16]。

（二）马克思主义政治经济学方面的研究

1.《资本论》研究

《资本论》对中国共产党经济思想百年演变的影响。《资本论》作为马克思主义政治经济学经典著作和工人阶级的“圣经”，伴随着中国共产党从幼年走向成熟。

《资本论》中的“自然力”理论。《资本论》中的“自然力”包括自然界、人身与社会劳动自然力三大类别，而且三者间具有相互转化关系。《资本论》中的“自然力”揭示出生态破坏与自然力危机的资本主义政治经济危机本质，证伪了生态资本主义解决环境问题的幻想，明确了建设社会主义生态文明的重大理论意义[17]。

《资本论》在英美的传播。《资本论》能够在欧美传播，缘于理论在该地区的需要。《资本论》反映了19世纪后期以来资本主义社会经济文化发展现实与马克思主义理论文本之间最为激烈的碰撞和交锋。自1887年首个英译本出版发行以来，《资本论》在英美的传播经历了从被“冷落”到逐渐走到“台前”的过程，并在20世纪国外马克思主义诸学派的理论纷争中得到蓬勃发展。21世纪以来，随着全球化进程的不断加深，以及以资本主义为主导的现代社会陷入有史以来最为严重的动荡与危机，《资本论》再次成为大众热捧的读物和学界热议的焦点[18]。

2.中国特色社会主义政治经济学研究

中国特色社会主义政治经济学构建问题。构建中国特色社会主义政治经济学理论体系，一方面，需要坚持从抽象到具体、逻辑与历史相统一的方法论原则；另一方面，理论体系的构建需要在概念范畴上进行一次术语革命，从直接继承、批判改造及自主创新三个层次进行相关概念范畴的充实与完善[19]。按此逻辑，中国特色社会主义政治经济学体系的构建离不开社会主义市场经济、基本经济制度、分配制度、市场配置资源的主要方式、宏观调控和其他相关匹配概念。

中国特色社会主义政治经济学的研究内容。中国特色的政治经济学包含对中国特色社会主义经济关系和经济事实、当代资本主义经济关系和经济事实、以现时代经济全球化为背景的政治经济学的三方面研究[20]。该研究拓展了中国特色社会主义政治经济学局限于国内问题的研究视域，既研究国内社会主义政治经济问题，也研究资本主义和全球化问题。

中国特色社会主义政治经济学的研究要义。一是以马克思列宁主义及其中国化经济理论为研究导引，二是以初级社会主义物质和文化领域的经济关系或经济制度为研究对象，三是以唯物史观和唯物辩证法为研究要法，四是以揭示初级社会主义社会不同的经济规律为研究任务，五是以公私商品及其内部矛盾运动为研究起点，六是以劳动为研究元概念、以公有剩余价值理论为研究主线，七是以主体性公有资本与自由联合劳动的关系为研究轴心，八是以维护工人阶级和劳动人民利益为研究立场，九是以不断满足全体人民日益增长的美好生活需要为研究目的，十是以完善初级社会主义经济关系促进生产力和上层建筑现代化发展为研究方针[21]。这十个方面为开展中国特色社会主义政治经济学研究提供了指南。

3.中国共产党的百年经济思想总结

首先，党的经济模式变迁。党能取得巨大的经济成就，与党不懈进行经济活动有关。党的经济发展思想从过去执着地向往计划经济，到改革开放以来赞同和坚持市场经济的转变，体现了极大的理论勇气[22]。中国经济模式的变迁，也为中国特色社会主义经济理论的学术基础从计划经济的范式思维转向市场经济的范式思维提供了条件。

其次，百年党的经济发展思想创新。百年经济发展的主线是中国共产党的初心和使命与经济思想不断发展的统一。百年来，中国共产党经济思想的发展创新，从毛泽东经济思想到邓小平经济思想，再到习近平新时代中国特色社会主义经济思想，为中国共产党人继往开来树立了传承和创新的路标[23]。

其他方面，学者对双循环格局、新发展理念、反贫困、全面建成小康社会等现实问题作了马克思主义政治经济学分析。

（三）科学社会主义方面的研究

1.科学社会主义基本问题研究

科学社会主义基本原则的判断标准。科学社会主义基本原则是科学社会主义理论体系中体现社会主义本质要求、贯穿社会主义发展全过程的根本性原理。对科学社会主义基本原则的判断要根据马克思主义创始人的经典论述、党的历史上对这一原则的阐述、习近平总书记对这一原则的阐述来概括[24]。

科学社会主义对中国的影响。科学社会主义是中国社会主义的思想源头、理论基础。中国共产党人建立社会主义制度、开创中国特色社会主义的全部理论和实践，都体现着对科学社会主义的坚持、发展和创新。中国共产党人的理想信念、价值追求，也是源于科学社会主义。科学社会主义在中国的成功实践，改变了中国，也影响了世界，具有重大的世界意义[25]。

对共产主义科学内涵的新理解。理解共产主义离不开经典作家的本意。在马克思主义话语体系中，共产主义的科学内涵可以从三个维度来阐明：共产主义既是科学性和革命性统一的理论学说，也是阶级性和正义性相统一的远大理想，还是现实性与探索性相统一的历史运动[26]。

2.习近平新时代中国特色社会主义思想研究

关于人类文明新形态。习近平同志在“七一”讲话中提出了中国创造了人类文明新形态命题，对于人类文明新形态何以可能在中国产生，学者认为，它是根据马克思主义社会发展和文明演进理论、取代现代资本主义文明而建构的现代社会主义文明，而且扎根于中华大地形成的新型文明[27]。此外，人类文明新形态命题是中国共产党伟大历史创造最高层次的政治表达，在彰显中国道路普遍性意义的同时，开启了世界社会主义新的历史叙事[28]。

关于中国式现代化道路。就理论基础而言，它是在马克思主义视角下，资本主义是世界现代化的“阶段性重合”、社会主义终将取代资本主义、世界现代化旨在实现“人的自由而全面发展”的理论基础上产生[29]，它是马克思主义的现代化。就中国式现代化新道路而言，它诞生于中国共产党领导人民为实现国家富强、民族振兴、人民幸福的百年奋斗历程中，拥有坚持人民主体、实现共同富裕、坚持独立自主、适合中国国情、坚持开放合作、维护世界和平、坚持绿色发展、保护生态环境、具有欧美资本主义现代化无可比拟的本质特征和显著优势等特质，中国式现代化证明了国家发展模式和现代化道路的多种多样性，使处于低潮的世界社会主义运动充满了新的动力，为广大发展中国家走向现代化开辟了新路[30]。

关于全过程人民民主。发展全过程人民民主是习近平同志在“七一”讲话中提出的命题。就其运行机制和优势而言，它的主要运行机制包括价值引领机制、联动协商机制、吸纳整合机制与环节贯通机制，有效地落实了人民民主的价值取向与制度框架；与西式民主相比，全过程人民民主能够有效制约公共权力、及时回应人民需求、公平公正分配利益、充分发挥多方合力、彻底超越资本主宰，具有代表范围广泛、覆盖领域全面、参与过程完整的显著优势，维系了人民民主的性质，丰富了人民民主的形式，提升了人民民主的绩效[31]。

3. 巴黎公社研究

2021年是巴黎公社建立150周年，学界以多种方式对巴黎公社进行了纪念。

就巴黎公社运动的思想史价值而言，工人阶级具有历史主动性和首创性，工人阶级必须打碎旧的国家机器而建立自己的政权，无产阶级专政是以民主集中制为基础的新型国家，也是向共产主义过渡的阶段，工人阶级在革命中必须争取、团结和领导其他阶级阶层，必须建立马克思主义政党并发挥领导核心作用，形成一系列理论创新成果[32]。

巴黎公社的影响。巴黎公社影响了中国特色社会主义和无产阶级解放事业。之后150年，公社未竟的事业经历了历史的考验，中国特色社会主义是公社事业的继承和发展；纪念巴黎公社150周年，就是要坚持公社原则，坚持和发展中国特色社会主义，推动无产阶级解放事业[33]。

《〈法兰西内战〉导言》中的国家治理思想。导言是恩格斯对巴黎公社新型国家治理经验教训的最后总结，它科学论证了巴黎公社新型治理的主体是代表工人利益的社会公仆，治理的方式是民主选举、民主管理、民主监督，治理的实质是无产阶级专政的廉价政府，治理的前进方向是社会主义；同时，公社未能以马克思主义统一领导层思想和缺乏权威统一的领导核心，是巴黎公社治理失效的两个重要原因[34]。

4. 苏联解体研究

2021年是苏联解体30年，探究苏联解体的教训一直是学界的使命。学界关注主要在以下方面：

苏联政治蜕变、制度崩溃与国家分裂的缘由。苏共后期思想变质和组织蜕变，党内高层放弃思想信仰，否定历史，追捧西式自由民主，鼓吹民主化、公开性是导致苏共败亡、制度崩溃与国家分裂的重要原因[35]。

苏联共产党解散与脱离人民的教训。借鉴苏共脱离群众亡党亡国的教训，必须以制度为屏障根本消除共产党脱离人民的隐患；以人民性保证党的先进性是马克思主义政党永久的历史使命；马克思主义政党的领导人必须是“最有威信、最有影响、最有经验、被选出担任最重要职务而称为领袖的人们”[36]。

三、马克思主义基本原理研究存在的主要问题与未来趋势

马克思主义基本原理研究存在的主要问题体现在以下方面：

一是对马克思主义基本原理各个组成部分缺乏整体研究。通过梳理2021年的相关研究资料发现，研究者对马克思主义基本原理三大组成部分——马克思主义哲学、马克思主义政治经济学和科学社会主义仍然缺乏整体性研究，因此对三者的关联度缺乏足够认识，这是马克思主义基本原理研究中的短板。二是对马克思主义基本原理缺乏开放性研究。马克思主义理论是个开放的理论体系，吸收和借鉴先进文明成果是其本质要求，对于自然科学的新成就、中国和世界出现的新问题、资本主义中的新现象的研究缺乏一定的开放度。三是对经典作家的思想缺乏深度研究。马克思主义基本原理的理论来源主要是经典作家的思想，按照“老祖宗”的本来面目作文本研究，尽管耗时费力，仍然需要迎难而上。

未来马克思主义基本原理研究要补短板强弱项，将马克思主义基本原理三个组成部分作为有机整体进行研究；要关注现实问题研究。当今世界，各国共同面临的现实问题很多，如粮食危机、气候变化、南北问题、局部战争等。资本主义和社会主义都有新变化，科技革命深刻影响人类社会，需要马克思主义给予创新性认识和解决。要继续创新21世纪中国马克思主义。马克思主义中国化产生了三大历史性飞跃，诞生了三大理论成果。在中国实现伟大复兴的征程中，需要我们不断推进马克思主义中国化。

注：

[1]《北京大学举办第三届世界马克思主义大会》,《北京大学学报（哲学社会科学版）》，2021年第5期。

[2] 戴辉礼、户珊:《“中国共产党百年奋斗与科学社会主义在中国的实践”理论研讨会暨中国科学社会主义学会2021年年会会议综述》,《科学社会主义》，2022年第1期。

[3]《中国国际共产主义运动史学会举行2021年年会暨“中国共产党的百年与国际共产主义运动”学术研讨会》,《当代世界与社会主义》，2021年第6期。

[4] 陈惠莲、王婧薇:《“马克思主义哲学与中国共产党一百年”学术研讨会暨“中国马克思主义哲学史学会2021年年会”综述》,《教学与研究》，2022年

第1期。

[5]《中国高等教育学会马克思主义研究分会成立30周年纪念大会暨2021年年会召开》,《中国高教研究》,2021年第9期。

[6]祝和军:《当马克思遇见新时代》,中国人民大学出版社,2021年版。

[7]戴逸:《从历史中汲取智慧:为什么要学习中国近代史》,中国人民大学出版社,2021年版。

[8]黄相怀:《不忘初心》,中国人民大学出版社,2021年版。

[9]陈永盛:《历史唯物主义的建构道路》,《哲学动态》,2021年第9期。

[10]张秀琴:《实践唯物主义中的"实践"概念》,《社会科学辑刊》,2021年第6期。

[11]唐爱军:《"世界怎么了、我们怎么办"——基于历史唯物主义的解答》,《中共中央党校(国家行政学院)学报》,2021年第6期。

[12]沈江平、金星宇:《"世界体系"学派与历史唯物主义"重释"——兼论历史唯物主义的世界历史视野》,《马克思主义理论学科研究》,2021年第2期。

[13]路宽:《大历史观的理论内涵与思想价值》,《科学社会主义》,2021年第1期。

[14]汪亭友、吴深林:《历史虚无主义的思想认识基础、理论本质及其批判》,《马克思主义理论学科研究》,2021年第9期。

[15]文兵:《马克思的异化观:从早期到后期》,《北京大学学报(哲学社会科学版)》,2021年第3期。

[16]吕薇洲、刘海霞:《社会形态更替的"五形态论"与"三形态"说》,《史学理论研究》,2021年第4期。

[17]赵睿夫:《〈资本论〉中的"自然力"理论及其当代启益》,《经济学家》,2021年第5期。

[18]张秀琴、王志岸:《马克思〈资本论〉在英美的传播历程研究》,《国外理论动态》,2021年第4期。

[19]刘谦、裴小革:《中国特色社会主义政治经济学理论体系构建若干问题研究》,《经济纵横》,2021年第11期。

[20]顾海良:《不断发展中国特色的马克思主义政治经济学》,《红旗文稿》,2021年第7期。

[21]程恩富:《中国特色社会主义政治经济学研究十大要义》,《理论月刊》,2021年第1期。

[22]金碚:《中国共产党经济发展思想百年变革研探》,《当代经济科学》,2021年第4期。

[23]张雷声:《中国共产党经济思想百年发展研究》,《政治经济学评论》,2021年第3期。

[24]辛向阳:《科学社会主义基本原则的科学内涵及其现实意义》,《江西社会科学》,2021年第5期。

[25]秦刚:《科学社会主义在中国的创新发展及其深远影响》,《人民论坛·学术前沿》,2021年第11期。

[26]耿仁杰、孙来斌:《共产主义科学内涵的三个维度及其当代意义》,《湖北大学学报(哲学社会科学版)》,2021年第2期。

[27]刘晨光:《"人类文明新形态"何以可能?》,《科学社会主义》,2021年第4期。

[28]吴波:《人类文明新形态视域下的中国道路》,《中国特色社会主义研究》,2021年第6期。

[29]张占斌、王学凯:《中国式现代化:理论基础、思想演进与实践逻辑》,《行政管理改革》,2021年第8期。

[30]李龙强、罗文东:《中国式现代化新道路:历程、特征和意义》,《马克思主义与现实》,2021年第5期。

[31]李笑宇:《全过程人民民主:运行机制与显著优势》,《科学社会主义》,2021年第5期。

[32]金民卿:《巴黎公社运动的思想史价值及其当代启示》,《当代世界与社会主义》,2021年第2期。

[33]胡振良:《巴黎公社、中国特色社会主义与人类解放事业的发展》,《当代世界与社会主义》,2021年第2期。

[34]徐斌、李霁帆:《〈法兰西内战〉导言》新型国家治理思想及启示,《山东师范大学学报(社会科学版)》,2021年第4期。

[35]张树华:《政治蜕变、制度崩溃与国家分裂》,《政治学研究》,2021年第5期。

[36]李瑞琴:《苏联共产党解散与脱离人民的教训》,《马克思主义与现实》,2021年第3期。

(北京市科学社会主义学会供稿)

马克思主义发展史

一、学术研究概况

2021年，北京地区马克思主义发展史研究主要在以下六个方面取得了突出成绩：第一，对马克思主义发展史基础理论进行了深入研究，提出了马克思主义发展的本质是创新；发展的主体是个人、群众、阶级、政党和领袖；发展的主题是发展人类解放理论等新鲜观点，对"什么是马克思主义发展"的基本问题形成了初步回答。第二，对马克思、恩格斯早期合作契机和社会形态观、革命和国家学说、生态观和自然观等具体思想的形成发展进行了深入探讨，提出了马克思、恩格斯初次合作的契机在于两人在对鲍威尔兄弟的批驳中体现出对社会主义理解的相似性；马克思恩格斯提出的"三形态"和"五形态"社会形态观为后来马克思主义者提出完整"五形态"论奠定了理论基础；恩格斯晚年将马克思的"打碎国家机器"理解为打碎旧政权的反人民职能但保留其社会职能，发展了马克思的国家学说；马克思、恩格斯虽然没有明确提出生态思想，但在早期著作中多次探讨了人与自然的关系和生态环境问题，构建了马克思主义生态思想的逻辑理路等理论观点。第三，对列宁晚年社会主义观、社会革命理论及社会主义运动战略与策略等进行深入分析，提出列宁在实行新经济政策之后对社会主义的理解发生了改变，提出了工人阶级可以通过改良方式推进社会革命，并据此进行了经济、政治和文化改革，对无产阶级革命运动的战略与策略理论做了极大丰富和发展。第四，学者们围绕中国共产党成立一百周年对马克思主义中国化的百年历程与成就进行了热烈讨论，提出毛泽东不但提出了马克思主义中国化的命题还为回答这一命题提供了坚实理论基础和认识论保证，中国共产党在各个时期对马克思主义哲学、政治经济学、科学社会主义、政治学、政党制度和党建理论都进行了重大创新，不断实现飞跃。第五，对于马克思主义在中国的传播，提出了传播历程可以分为中国共产党成立之前、新民主主义革命时期、社会主义革命和建设时期、改革开放和社会主义现代化建设新时期以及中国特色社会主义新时代五个时期，马克思主义经典作家著作的翻译出版对推动马克思主义传播和马克思主义中国化起到了重要作用。第六，对于马克思主义发展史研究方法，提出既要重视方法的科学性，又要重视研究成果的创新性。等等。

二、主要研究成果

（一）马克思主义发展史基础理论

基础理论研究涉及马克思主义发展史研究的根本目的和马克思主义发展的本质、主体、实现环节、主题和分期等问题。

1. 关于马克思主义发展史研究的根本目的和马克思主义发展的本质

有学者认为，马克思主义发展史研究的根本目的，在于总结马克思主义发展经验，认识和揭示马克思主义发展的本质与规律，回答"什么是马克思主义发展"；马克思主义发展的本质可以从不同方面理解和定义，但概括起来是创新。[1] 也有学者从现代阐释学的角度提出，马克思主义的发展是不同时代和不同社会的人带着由时代和社会提出的问题所决定的前见，对马克思主义形成创造性的理解并运用这种理解去解决时代和社会提出的问题的过程。[2]

2. 关于马克思主义理论发展的主体和实现环节

有学者认为，马克思主义发展的主体是参与马克思主义事业、对马克思主义发展起积极推动作用和做出一定贡献的人物，包括个人、群众、阶级和政党；领袖是马克思主义发展的杰出主体，是实现马克思主义理论创新发展的个人主体与群体主体的统一。[3] 对于关于马克思主义发展的实现环节，有学者认为，马克思主义发展的实现包括矛盾、形势、问题和机制四个环节；所谓矛盾指社会基本矛盾、阶级矛盾及思想体系之间的矛盾，形势是社会矛盾运动的结果，问题是社会矛盾的反映或时代之问，而机制是条件实现的关键环节。[4]

3. 关于马克思主义发展的主题和历史分期

有学者提出，马克思主义发展史是人类解放理论主题不断展开、价值目标不断实现的历史；综合考虑时代特点、历史任务、时间跨度等因素，可以把马克思主义发展史大致分为四个50年：第一个50年，马克思主义在科学论证人类解放的过程中创立和发展；第二个50年，马克思主义在追求人类解放的社会革命中发展前进；第三个50年，马克思主义在追求人类解放的社会主义建设和改革实践中曲折前进；第四个50年，马克思主义在追求人类解放的中国式现代化强国实践推动下开拓前进。[5]

（二）马克思恩格斯思想发展

马克思恩格斯思想发展研究涵盖马克思恩格斯的早期合作与思想关系，社会形态观、革命和国家学说、自然观和生态观等具体理论发展。

1.关于马克思恩格斯的早期合作与思想关系

有学者认为，马克思与恩格斯初次合作的契机，是他们在批驳鲍威尔兄弟的过程中体现出对社会主义理解的相近性；而理解之所以相近，又是因为两人都拥有立足群众活动的历史观。[6]对于恩格斯和马克思的思想关系，有学者认为，恩格斯与马克思是理论各有千秋而才能相当的“独立合作者”；就马克思主义理论体系的整体而言，马克思是主创者，恩格斯是辅助者，而就某些部分如“自然观”而言，马克思是提出者，恩格斯是系统总结者和充分阐释者。[7]有学者提出，在唯物史观的创立过程中，恩格斯走的路径和马克思不同，马克思走的是哲学批评的现实批判路径，恩格斯走的是以资本批判为明线、以探求人的自由全面发展和人类解放为隐线的路径，但殊途同归，得到了与马克思一样的结论。[8]

2.关于社会形态论

针对近年来在马克思主义社会形态理论上出现的争论，有学者提出，人类社会必然由原始社会、奴隶社会、封建社会、资本主义社会经过社会主义社会达到共产主义社会的“五形态”论是由马克思、恩格斯提出，列宁、斯大林和毛泽东等人加以明确和完善的理论学说；马克思、恩格斯虽无专著论述社会形态问题，但“五形态”在《德意志意识形态》《〈政治经济学批判〉序言》《家庭、私有制和国家的起源》中有清晰发展脉络；[9]以人的发展状况为标准，将人类社会分为“人的依赖性”（自然经济社会）、“物的依赖性”（商品经济社会）和“个人全面发展”（产品经济社会）三种社会形态，三种社会形态依次演进的“三形态”说是马克思基于探讨不同时期人的发展程度提出的；“五形态”论与“三形态”说内在一致且互为补充，不能以“三形态”说替代“五形态”论。[10]

3.关于革命和国家学说

有学者提出，恩格斯晚年发展了马克思提出的“打碎国家机器”和无产阶级专政的思想：当无产阶级取得政权之时，“打碎”或废除的是旧政权的反人民职能，留下的是它的社会职能；打碎国家的社会职能是共产主义社会的事情；无产阶级专政是如巴黎公社这样不排斥宪法和法律、采用共和国的政治统治形式，而非单纯依靠暴力的政治统治形式。[11]

4.关于生态观和自然观

有学者提出，马克思和恩格斯尽管没有明确提出生态思想，但却在早期著作中多次探讨人与自然的关系，用许多相关概念论述生态问题；作为唯物史观创立的标志性著作《德意志意识形态》不仅蕴含丰富的生态思想，描绘了人与自然辩证统一的图景，而且构建了马克思主义生态思想的逻辑理路。[12]有学者提出，马克思主义自然观是在坚实的自然科学基础上形成的；马克思和恩格斯充分吸收了19世纪的三大科学发现的成果，让自然界的物质统一性得到科学层面的证实；在扬弃达尔文进化论学说的基础上，揭示了不同物种在自然界中的辩证地位，为打破人类中心主义的自然观奠定了基础。[13]

另有学者提出，恩格斯自然辩证法的产生可以追溯到对黑格尔哲学的批判性改造。恩格斯既继承了黑格尔哲学中的辩证法思想，肯定自然与社会不是割裂的而是密切地联系的，劳动在人成为人的过程中发挥着重要作用，又以唯物主义取代了唯心主义，打破了黑格尔形而上学的封闭体系，完成了对黑格尔哲学的超越，在马克思之后进一步阐发了唯物辩证法的内容。[14]

（三）列宁思想发展

对列宁思想发展的研究涉及社会革命理论、对社会主义的认识和社会主义运动的战略与策略等重要方面。

1.关于社会革命理论和对社会主义的认识

有学者认为，列宁通过总结新经济政策实践，在世界社会主义史上第一次阐明了工人阶级可以用改良的渐进的行动方式推进社会革命，从而丰富和发展了马克思主义社会革命论。[15]另有学者认为，列宁在1921年实行新经济政策后，对社会主义的理解发生了改变，正是基于这种改变，列宁对苏俄社会主义进行改革：在经济方面，打破国家垄断，引入市场机制；在政治方面，反对官僚主义，加强社会主义民主与法制建设；在文化方面，提高民众的文化水平，加强对知识人才的尊重。[16]

2.关于社会主义运动的战略与策略

有学者认为，列宁提出了要制定社会主义革命运动战略与策略，对时代问题做正确判断，注重区分社会主义革命不同阶段的目标任务与斗争方式，关注殖民地半殖民地国家的革命运动，大力加强社会主义建设，灵活处理与资本主义国家的政治经济关系，巩固和发展无产阶级政权等思想，极大地丰富并发展了无产阶级革命运动的战略与策略理论。[17]

（四）马克思主义中国化百年历程和成就

2021年是中国共产党诞辰一百周年，学者们对百年马克思主义中国化的历程与成就进行了热烈讨论，内容涉及马克思主义中国化的理论基础、实现方式、历史分期和理论成就。

1. 马克思主义中国化的理论基础与实现方式

有学者认为，毛泽东在长期的实践和理论创新过程中，提出了马克思主义中国化的科学命题，并从马克思主义中国化的根本原则和理论任务等维度对马克思主义中国化的内涵进行了多维阐释：根本原则是将马克思主义基本原理同中国具体实际相结合，理论任务是使马克思主义在中国具体化和将中国革命的丰富实际马克思主义化。毛泽东的这些贡献为马克思主义中国化进程奠定了坚实理论基础。[18]有学者认为，毛泽东实践概念的提出为马克思主义哲学的中国化进程提供了认识论保证，而且在马克思主义哲学中国化的当代推进中发挥着不可替代的作用。[19]

2. 百年马克思主义中国化理论成就

有学者根据党的十九届六中全会通过的《中共中央关于党的百年奋斗重大成就和历史经验的决议》提出，中国共产党一百年来围绕实现中华民族伟大复兴这一主题，面对不同阶段历史任务进行理论创新，实现了马克思主义中国化一次又一次飞跃。在新民主主义革命、社会主义革命和建设时期，面临为实现中华民族伟大复兴创造根本社会条件、奠定根本政治前提和制度基础的主要任务，创立了毛泽东思想。进入改革开放和社会主义建设时期，面临为实现中华民族伟大复兴提供体制保证和物质条件的主要任务，创立邓小平理论、“三个代表”重要思想和科学发展观，形成了中国特色社会主义理论。中国特色社会主义进入新时代，面临实现第一个百年奋斗目标，开启实现第二个百年奋斗目标新征程，朝着实现中华民族伟大复兴的宏伟目标继续前进的主要任务，创立了习近平新时代中国特色社会主义思想。[20]

有学者提出，百年马克思主义政治经济学中国化历程形成三项主要成果：在新民主主义革命时期形成新民主主义经济理论，在社会主义建设、改革时期形成中国特色社会主义政治经济学，在中国特色社会主义新时代形成习近平新时代中国特色社会主义经济思想。[21]也有学者认为，中国共产党将马克思主义政治经济学理论和中国具体实际相结合形成了新民主主义经济理论、社会主义经济制度、中国特色社会主义基本经济制度和新时代中国特色社会主义政治经济学四大理论成果。[22]

有学者提出，中国共产党提出经济文化相对落后的国家在走上社会主义道路后完全可以巩固、建设和发展社会主义，社会主义社会要经历一个相当长的初级阶段，改革是社会主义社会发展的重要动力，社会主义市场经济体制是社会主义基本经济制度，社会主义革命和建设兴衰成败关键在党等诸多原创性理论观点，发展了科学社会主义。[23]

有学者提出，中国共产党创造性地将马克思主义政治学的基本原理与中国的实际相结合，形成了具有鲜明中国特色、中国风格、中国气派的社会主义政治学理论体系，促进马克思主义政治学进入新境界。在政治观方面，提出了“政治工作是一切经济工作的生命线”“政治问题主要是对人民群众的态度问题、同人民群众的关系问题”“民心是最大的政治，正义是最强的力量”等基本观点；在阶级理论方面，提出了如何进行阶级斗争和处理阶级、阶层关系的理论；在国家理论方面，根据中国实际对国体与政体、民主与专政、国家职能与国家治理目标和方略进行了阐述；在党的建设方面，提出中国共产党是全中国人民的领导核心，并将党建工程从思想、组织、作风“三位一体”发展到思想、组织、作风、制度、反腐倡廉“五位一体”；在社会主义民主建设方面，第一次明确提出了“没有民主就没有社会主义，就没有社会主义的现代化”“人民民主是社会主义的生命，没有民主就没有社会主义”“加强协商民主制度建设，形成完整的制度程序和参与实践，保证人民在日常政治生活中有广泛持续深入参与的权利”；等等。[24]

有学者提出，中国共产党在百年革命、建设和改革过程中，不断丰富和发展马克思主义多党合作思想，形成了具有中国特色的中国共产党领导、多党合作和政治协商的社会主义新型政党制度。[25]有学者认为，毛泽东党建思想确立了党的领导核心地位，强调从思想上建党，重视用党的政治路线指引党的建设，实现民主集中制原则中国化，重视党的作风建设，探索执政党建设规律，是中国化马克思主义党建理论的开篇之作。[26]

3.习近平新时代中国特色社会主义思想和21世纪马克思主义

有学者认为，习近平新时代中国特色社会主义思想创新发展了马克思主义唯物辩证法：坚持以人民为中心、推进高质量发展的思想，开辟发展辩证法的时代新内容；准确判断社会主要矛盾转化，全面把握经济社会发展的矛盾体系，赋予了矛盾辩证法的时代新内涵；立足实际、实践，开创了实践辩证法的时代新境界；运用和贯彻战略思维、创新思维、辩证思维、法治思维、底线思维，彰显了马克思主义辩证思维（思维辩证法）时代新风范。[27]

有学者认为，习近平新时代中国特色社会主义经济思想将马克思主义政治经济学基本原理与时代具体实际相结合，深入研究世界经济和中国经济面临的新情况新问题，揭示新特点新规律，提出新理念新战略，赋予马克思主义政治经济学新的时代特征、中国元素和全球视野，彰显出马克思主义政治经济学与时俱进的理论品格和当代价值，开拓了马克思主义政治经济学的新境界。[28]

有学者认为，习近平继承和发展了马克思主义人民史观的核心要义，并且根据新时代的形势要求，从为了人民、依靠人民、由人民共建共享的三重维度阐证了马克思主义人民史观与当代中国马克思主义的论域联结，对马克思主义人民史观作出了新诠释。[29]还有学者提出，习近平提出的人类命运共同体思想反映并引导当今人类历史的大变革，实现了马克思主义历史观的重大理论创造。[30]

有研究者认为，21世纪马克思主义是原创的中国概念，习近平新时代中国特色社会主义思想作为当代中国马克思主义、21世纪马克思主义，为改写资本逻辑提供了强大的思想武器，为世界文明注入了新的时代内涵，为发展科学社会主义做出了中国的原创性贡献。[31]有学者认为，21世纪马克思主义不是纪事的编年史范畴，而是揭示时代本质和历史规律的科学理论范畴，是引领中国共产党人守正创新，开辟当代中国马克思主义发展创新方向的科学论断；发展21世纪马克思主义能否成立，不在于该世纪过去了多少年，而在于对其所处的时代特征是否已经能够作出准确的观察和科学的解读，是否具有划时代的意义。[32]

（五）马克思主义在中国的传播史

研究主要涉及马克思主义在中国百年传播的阶段划分、编译出版工作在马克思主义中国化传播中的作用以及台湾地区马克思主义研究与传播状况等。

1.关于马克思主义在中国百年传播的阶段划分

有学者认为，马克思主义在中国的百年传播历程可以分为中国共产党成立之前、革命时期、建设时期、改革开放时期以及新时代五个时期并取得相应成就。[33]另有学者提出，一百多年来，我国翻译并出版了马克思主义经典作家的全集、选集以及大量经典著作的单行本和专题文集，成为全世界马克思主义经典著作翻译和研究大国，对于马克思主义在中国的传播起到了重要推动作用。[34]

2.台湾地区马克思主义研究与传播

有学者认为，台湾地区马克思主义研究与传播状况可以分为从严厉禁止到有所松动（1949—1987）、从快速兴起到曲折发展（1987年以来）两大时期，和严厉禁止、有所松动、快速兴起、迅速降温、曲折发展五个阶段；台湾地区马克思主义研究与传播状况反映了不同时期台湾地区的政治经济形势和社会发展状况，及岛内外各种政治经济力量的消长变化。[35]

（六）马克思主义发展史研究方法

对马克思主义发展史研究方法的研究主要涉及一般方法和文献学方法。

1.关于一般方法

有学者认为，研究方法的科学性对于马克思主义研究非常重要，科学的马克思主义发展研究应运用文本文献研究法、实证性与思辨性结合研究法、发展史研究法、理论与实践统一研究法，并将科学性与创新性统一起来。[36]还有学者提出，要从定义性、综括性、统一性、层次性、发展性、三化性、分类性、学科性、分科性、破立性、致用性、互动性等十二个视角对马克思主义发展进行全方位的整体研究，全景式地展示其科学性、真理性、实践性和影响力。[37]

2.关于文献学方法

有学者提出，从近百年的《德意志意识形态》文献学研究史角度看，《德意志意识形态》手稿的编排逻辑经历了一个建构—解构—重构的演进过程，在这一过程中，文本编辑者的编排逻辑可能会遮蔽马克思和恩格斯的写作逻辑，因此，我国学者在开展马克思主义文献研究时要从中获得启示，独立地确立所用文本，并以《马克思恩格斯全集》历史考证版第二版为中介和国外学者开展对话交流。[38]

三、问题思考与未来展望

2021年，北京地区马克思主义发展史学科在学术研究上取得了长足进步，也存在缺少研究人才和学术团体的问题。推动北京地区马克思主义发展史学科和学术进一步发展，需要在巩固现有成绩的同时，尽快补长短板。

首先，巩固现有学术研究成绩。在基础理论方面，学者们已在马克思主义发展的本质、规律、主体、实现环节和主题等一系列问题上取得初步研究成果，初步回答了“什么是马克思主义发展”。接下来需要对这个初步回答进行优化和完善。在发展史内容方面，目前对于马克思恩格斯思想和习近平新时代中国特色社会主义思想的形成与发展研究较多，而对列宁、斯大林、毛泽东、邓小平、江泽民、胡锦涛时期马克思主义发展研究较少，今后要加强这些方面的研究，使马克思主义发展史通史、国别史、阶段史、专题史、传播史和文献学研究都能取得新进展。在研究方法方面，要坚持论从史出，以史服人，以逻辑服人；避免用存论去理解文本，按照结论去利用史实。

其次，加快补足研究人才和学术共同体方面的短板。目前，北京地区以马克思主义发展史为主要研究方向的人才较少，也没有成立全市性的马克思主义发展史学术团体。和其他马克思主义二级学科相比，存在既缺研究人才又缺学术团体的问题。以北京地区高校而论，各校马克思主义学院普遍设有马克思主义基本原理、马克思主义中国化和思想政治教育等学科，而很少设置马克思主义发展史学科，所以从事马克思主义发展史研究的教师很少。因此，加快北京地区马克思主义发展学科建设，当务之急是推动有条件的学术机构建立马克思主义发展史学科，并成立全市性的马克思主义发展史学术团体，将更多人才聚拢到马克思主义学科和学术团体中来。

注：

［1］梁树发:《马克思主义发展的本质与形态》,《中国高校社会科学》，2021年第1期。

［2］谭清华:《论“什么是马克思主义”的追问——从马克思主义发展史上的一个现象谈起》,《马克思主义理论学科研究》，2021年第10期。

［3］梁树发，赵丹蕾:《关于马克思主义发展主体及其类型》,《教学与研究》，2021年第12期。

［4］梁树发:《试论马克思主义发展的实现环节》,《理论视野》，2021年第5期。

［5］孙来斌:《马克思主义发展的历史阶段及其主题演进》,《马克思主义研究》，2021年第3期。

［6］韩蒙:《什么是“群众的社会主义”——论马克思与恩格斯初次合作的思想契机》,《哲学研究》，2021年第4期。

［7］毕秋:《质疑与回应：马克思与恩格斯自然观的思想关系——兼论恩格斯“第二小提琴手”的理论地位》,《学术探索》，2021年第2期。

［8］侯衍社:《青年恩格斯在创立唯物史观中的重要贡献》,《教学与研究》，2021年第5期。

［9］谭星:《“五形态”与“三形态”说论争辨析》,《史学理论研究》，2021年第4期。

［10］吕薇洲，刘海霞:《社会形态更替的“五形态”论与“三形态”说》,《史学理论研究》，2021年第4期。

［11］王中汝:《恩格斯对马克思主义国家学说的原创性贡献》,《理论视野》，2021年第1期。

［12］庄忠正，陆君瑶:《马克思主义生态思想的逻辑构建——基于〈德意志意识形态〉的考察》,《思想教育研究》，2021年第6期。

［13］毕丞:《论马克思主义自然观形成的自然科学基础》,《思想理论教育导刊》，2021年第4期。

［14］史婉婷:《继承与超越：恩格斯自然辩证法对黑格尔哲学的批判性改造》,《马克思主义理论学科研究》，2021年第2期。

［15］奚广庆:《列宁改良渐进革命思想与中国改革开放伟大革命》,《当代世界社会主义问题》，2021年第2期。

［16］房静雅:《历史视域下列宁晚年社会主义改革的思想精髓》,《学习论坛》，2021年第4期。

［17］周淼:《列宁关于社会主义运动战略与策略的理论与启示》,《世界社会主义研究》，2021年第2期。

［18］金民卿:《毛泽东对马克思主义中国化本质内涵的多维阐释》,《毛泽东研究》，2021年第1期。

［19］欧阳英:《毛泽东实践概念与马克思主义哲学中国化》,《理论视野》，2021年第5期。

［20］秦宣:《中国共产党百年与马克思主义中国化的“三大飞跃”》,《教学与研究》，2021年第12期。

［21］闫茂旭，董莹:《中国共产党推进马克思主义政治经济学中国化时代化的历史进程》,《经济社会体制比较》，2021年第4期。

［22］刘伟:《经济理论与实践的伟大创造——中国共产党推进马克思主义政治经济学中国化的历史进程》,《政治经济学评论》，2021年第4期。

［23］严书翰:《中国共产党人百年来坚持和发展马克思主义的原创性贡献》,《马克思主义研究》，2021年第9期。

［24］杨海蛟:《坚持与发展：中国共产党对马克

思主义政治学的贡献》,《社会科学战线》,2021年第2期。

[25] 吕楠:《新型政党制度对马克思主义多党合作思想的发展及其世界意义》,《当代世界与社会主义》,2021年第6期。

[26] 肖贵清:《毛泽东党建思想是中国化马克思主义党建理论的开篇之作》,《毛泽东研究》,2021年第3期。

[27] 翟俊刚:《习近平新时代中国特色社会主义思想对唯物辩证法的发展创新》,《长白学刊》,2021年第6期。

[28] 胡乐明:《论马克思主义政治经济学的新境界》,《马克思主义研究》,2021年第8期。

[29] 尚娜娜,康沛竹:《马克思主义人民史观的演进逻辑、建构途径及时代诠释》,《广西社会科学》,2021年第7期。

[30] 荣鑫:《马克思主义历史观变革与人类命运共同体思想》,《科学社会主义》,2021年第2期。

[31] 蒋永发:《21世纪马克思主义的理论图谱、价值意蕴与实践原则》,《学校党建与思想教育》,2021年第6期。

[32] 侯惠勤:《试论当代中国马克思主义、21世纪马克思主义》,《天津师范大学学报(社会科学版)》,2021年第5期。

[33] 熊若愚:《马克思主义在中国的传播研究述要》,《重庆社会科学》,2021年第4期。

[34] 杨金海,杨佳明:《马克思主义在中国百年传播的深远历史意义》,《中国青年社会科学》,2021年第5期。

[35] 冯道杰,程恩富:《不同时期台湾马克思主义研究的特征及其影响因素》,《科学社会主义》,2021年第4期。

[36] 梁树发:《科学的马克思主义研究何以可能》,《马克思主义与现实》,2021年第6期。

[37] 程恩富:《论马克思主义研究的整体观——基于十二个视角的全方位分析》,《马克思主义研究》,2021年第11期。

[38] 赵玉兰:《〈德意志意识形态〉百年文献学研究的逻辑、主题与启示》,《哲学研究》,2021年第4期。

(北京市科学社会主义学会供稿;执笔人:钟爱军)

马克思主义中国化

一、学科发展基本情况

2021年是中国共产党成立100周年,这一年党中央围绕建党百年举行了一系列隆重的庆祝活动,特别是在全党深入开展了党史学习教育、召开了党的十九届六中全会并通过了《中共中央关于党的百年奋斗重大成就和历史经验的决议》(以下简称《决议》),习近平总书记也多次就推进马克思主义中国化时代化作出新的重要论述。建党百年的特殊背景及百年来党的事业的发展与马克思主义中国化的关系,使得2021年北京地区的马克思主义中国化研究,呈现以下几个突出特点:

第一,以习近平总书记关于马克思主义中国化的一系列新论述和党的十九届六中全会通过的《决议》为对象和遵循开展研究。如在年初举行的党史学习教育动员大会上,习近平总书记强调的“我们党的历史,就是一部不断推进马克思主义中国化的历史,就是一部不断推进理论创新、进行理论创造的历史”,“七一”讲话提出的中国特色社会主义创造了中国式现代化新道路、人类文明新形态、伟大建党精神,以及《决议》提出的马克思主义中国化的三次飞跃等,都既是本年度马克思主义中国化的重要研究阐释对象,又是进行马克思主义中国化研究的重要理论遵循。

第二,紧紧围绕习近平新时代中国特色社会主义思想这一马克思主义中国化最新成果开展研究。尤其是《决议》对习近平新时代中国特色社会主义思想的新阐释及其作为当代中国马克思主义、21世纪马克思主义、中华文化和中国精神的时代精华、实现了马克思主义中国化新的飞跃等历史定位,都成为该年度马克思主义中国化研究的重点和热点。

第三,与党中央在建党百年的重大庆祝活动相一致,全年形成了三个阶段性研究小高潮。一是随着党史学习教育的启动,年初围绕习近平总书记在党史学习教育动员大会上的重要讲话进行的研究;二是

"七一"之后，围绕习近平总书记在庆祝中国共产党成立100周年大会上的讲话进行的研究；三是十九届六中全会之后，围绕《决议》进行的研究。但这种划分也是相对的，因为这些研究是接续推进并逐步深入的。

总地看，2021年北京地区马克思主义中国化研究呈现出历史性与现实性相结合、理论性与实践性相结合、延续性与突破性相结合、宏大叙事与专题研究相结合、国内研究与世界视野相结合的鲜明特征。年度研究成果主要呈现于学术会议、学术著作及学术期刊和重要报纸。在代表性著作方面，中共中央党史和文献研究院编著的《马克思主义中国化一百年大事记：1921—2021年》，采用编年体形式，以翔实的文献资料，系统记述了百年来党不断开辟马克思主义新境界的光辉历程，全面反映了马克思主义中国化既一脉相承又与时俱进的理论品质和宝贵经验，成为马克思主义中国化研究的重要文献；由杨金海、李惠斌、艾四林等主编的100卷本《马克思主义经典文献传播通考》，也在中国共产党百年华诞之际出版，成为马克思主义中国化研究的一项经典性、基础性、标志性成果。

二、学术研究状况

（一）关于马克思主义中国化的基本问题研究

1. 关于马克思主义中国化的内涵和本质

陈培永指出，"马克思主义中国化"是化马克思主义与化中国的统一，是包含过程与结果的统一，是"马克思主义的中国化"与"中国化的马克思主义"的统一。"马克思主义中国化"不是通过纯粹文本研究、理论逻辑推演能提出来的，它实质上反对的是对马克思主义进行教条化理解的教条主义，以及过于看重经验而看不到思想、理论价值的经验主义，本身包含着对待马克思主义的科学方法论。[1]金民卿聚焦毛泽东对马克思主义中国化的理论贡献，提出马克思主义中国化是一个多要素互动的自主创造性过程，这个过程内在地包含着马克思主义中国化的发展主体、理论客体、实际客体、结合过程、理论方向、发展成果等核心要素。[2]顾海良认为，马克思主义中国化的内在禀赋是理论自觉和历史自觉，二者成就了中国共产党思想的百年辉煌。[3]十九届六中全会决议中"两个结合"的提出丰富了马克思主义中国化的内涵。杨凤城围绕"中国道路"提出，马克思主义中国化的核心在民主革命时期是"开展什么样的革命、怎样革命"，在新中国成立后是建设"什么样的"社会主义和"怎样建设"社会主义，在党的十八大之后是"什么是中国特色社会主义、怎样建设中国特色社会主义"。[4]

2. 关于党的百年与马克思主义中国化的关系

结合习近平总书记2021年2月20日在党史学习教育动员大会上的讲话，理论界全面回顾马克思主义中国化与中国共产党的百年历史，概括其特点，总结其经验，涌现了一批以百年为标尺的具有影响力的研究成果。

顾海良认为，"党的历史""马克思主义中国化的历史""推进理论创新、进行理论创造的历史"这三个"历史"及其内在联系问题，是贯穿中国共产党百年奋斗历程的主线。[5]中国共产党的百年思想历程，以马克思主义中国化为主线，马克思主义中国化的理论精粹，以中国共产党百年历程中的理论创新和理论创造为标识。[6]薛庆超认为，中国共产党百年历史就是一部将马克思主义基本原理与中国实际相结合进行实践创造和理论创新、推进马克思主义中国化、创造马克思主义新辉煌的历史；"对中国共产党来说，马克思主义中国化是一个永恒的主题"。[7]裴植认为，马克思主义中国化的历史进程是一个包含理论进程、实践进程且两个进程之间交相互动的过程。[8]李海青提出，中国共产党是马克思主义中国化的核心主体，是马克思主义中国化最为重要的组织者、推动者、领导者；马克思主义中国化的历史，就是中国共产党把马克思主义基本原理同中国具体实际相结合、不断在理论创新中推进中华民族伟大复兴、实现其政党使命的历史。[9]

王炳林认为，中国共产党的百年奋斗对马克思主义的历史贡献就是不断推进马克思主义中国化，使马克思主义的科学性和真理性在中国得到充分检验，马克思主义的人民性和实践性在中国得到充分贯彻，马克思主义的开放性和时代性在中国得到充分彰显。[10]有学者聚焦马克思主义中国化的"起点"。陈培永提出，中国选择马克思主义，是历史的选择，不是指特定历史时间点的选择，而是具有历史必然性的选择，是从受资本逻辑主导的附属国家走向主动追求社会主义现代化国家的必然选择；当时先进的知识分子带有偶然性的主体选择在其后的历史阶段呈现出必然性。金民卿聚焦毛泽东，认为在长期的实践和理论创新过程中，毛泽东提出了马克思主义中国化的科学命题，揭示了马克思主义中国化的总体性内涵；辨析了两种马克思主义观的根本区别，阐发了马克思主义中国化的科学态度；揭示了理论与实际相结合的丰富内涵，阐发了马克思主义中国化的根本原则；强调了使马克思主义在中国具体化的任务，强调了使中国革命丰富的实际马克思主义化的任务，强调了中国化马克思主义国际性传播的任务。

十九届六中全会后，秦宣从理论创新的角度对全会决议进行解读，认为《决议》总结了我们党紧紧围绕实现中华民族伟大复兴这一主题，在不同历史阶段不断推进实践基础上的理论创新、推进马克思主义中国化的历史经验；深入学习、准确把握《决议》的精神实质，必须结合党的百年不懈奋斗史，全面了解我们党不断推进马克思主义中国化的百年历程，深化对新时代党的创新理论的理解和掌握。[11]林建华提出，中国共产党的一百年也是通过理论建设立党兴党强党的一百年，党百年理论建设的主题主线就是理论传承、理论创新、理论创造和理论武装。[12]

3.关于马克思主义中国化的经验和规律

陈占安提出，建党百年马克思主义中国化的历史经验包括：准确把握马克思主义基本原理，真切了解中国具体实际，批判继承中华优秀传统文化，注意吸收人类文明进步成果，善于集中党和人民集体智慧。[13]董振华、张恺提出，中国共产党推进马克思主义中国化的基本经验是，坚持马克思主义基本原理不动摇、坚持中国共产党的领导、坚持实事求是的思想路线、坚持从传统文化中汲取智慧、坚持面向群众推动大众化、坚持兼容并蓄交流互鉴。[14]裴植提出，马克思主义的理论特质和中国共产党坚持把马克思主义作为行动指南、坚持在实践中丰富和发展马克思主义，是在马克思主义中国化的历史进程中得以发生质量互变的原因所在；马克思主义中国化的历史进程是理论层面的质量互变与实践层面的质量互变的统一。

辛向阳认为，中国共产党之所以能够持续不断地推进理论创新，就在于有一系列科学的创新机制，包括：中央领导层建立学习制度，以制度化的学习为动力不断推进理论创新；以代表大会政治报告为基础深入推进理论创新；以全会《决定》和重要讲话为依托持续推进理论创新；以各种重大纪念活动为载体大力推进理论创新；以应对化解重大风险为契机着力推进理论创新；利用重要国际会议、论坛以及各种对外交流的平台积极推动理论创新。[15]尤其是比较系统地研究了重大突发事件对于推动马克思主义中国化理论创新的作用，提出重大突发事件会以以下四种方式提出理论创新的诉求，从而推进马克思主义中国化，即：最不可回避的方式、最直接的方式、最紧迫的方式、最反常的方式。[16]陶文昭提出了推进理论创新、进行理论创造的四个要素，分别是：保持高度的理论自觉、立足坚实的实践基础、坚持鲜明的问题导向、运用科学的创新机制。[17]辛鸣认为，“时代课题是理论创新的驱动力”，世界百年未有之大变局加速演化、中国社会主要矛盾发生变化、中国特色社会主义制度和道路的成功使社会主义优越性得到彰显，这些都是习近平新时代中国特色社会主义思想所回应的时代课题。[18]夏莹认为，“学以致用”是中国思想界在接受马克思主义的时候所特有的吸纳方式，即带着全部独属于中国现实社会问题的视角来反观马克思，以探寻问题之解答的方式来重构马克思的哲学思想，由此，形成了以革命推动建设、在建设中完成革命的中国道路。[19]肖贵清从制度建构的基本逻辑视角指出，中国特色社会主义制度是中国共产党人百年制度接续探索的成果，具有深刻的理论逻辑、历史逻辑和实践逻辑。[20]李海青从使命型政党角度提出，中国共产党作为马克思主义使命型政党，其具有的六个特点能帮助我们更好地理解马克思主义中国化的历史进程。

4.关于如何深化马克思主义中国化研究

顾海良认为，在学科和学术研究中，要加强马克思主义中国化史的理论主题以及相应的思想内涵、理论创新和学术意蕴的研究，并提出从“两个结合”及其内在联系上，把握马克思主义中国化史的实践逻辑、历史逻辑和理论逻辑，是马克思主义中国化史学科研究的重大课题和学理要求。陈培永提出，马克思主义中国化研究宣传应该抓住的主线是：品鉴中国共产党人治国理政的智慧，感悟中国化马克思主义的力量；应该坚持的学术旨趣是：面向中国的现实问题，进行学理的回应，推进思想的发展，助推实践的进步。韩庆祥提出，研究马克思主义中国化最新理论成果要在研究的系统性、深入性、核心性上继续深化，并列出相应的研究问题，强调在挖掘、提炼和提升习近平新时代中国特色社会主义思想方面下功夫，要做到理论研究能“上得去”和“下得来”。[21]程恩富从定义性、综括性、统一性、层次性、发展性、三化性、分类性、学科性、分科性、破立性、致用性、互动性等十二个视角探讨马克思主义研究的整体观，认为面对与时俱进的马克思主义庞大深邃的理论体系、方法体系和概念体系，我们只有全方位整体性加以系统梳理和研究，才能全景式地展示其科学性、真理性、实践性和影响力。张城提出，马克思主义中国化并不仅仅是马克思主义作为内容与中华文明作为形式这样一种“内容+形式”的理论结构，而是其中既有马克思主义“化”中国，亦有中国“化”马克思主义，互化互融，二者的结合是一种既有马克思主义指导又有中华文化立场的一种新型理论建构，新时代要构建“以中国为中心，以中国为方法”的中国道路方法论。[22]

（二）关于中国式现代化新道路与人类文明新形态

在庆祝中国共产党成立100周年大会的讲话中，习近平总书记提出，中国特色社会主义“创造了中国式现代化新道路，创造了人类文明新形态”。“七一”讲话之后，相关成果大量涌现，主要有：

1.关于中国式现代化的内涵及价值

辛向阳认为，中国式现代化是在不断回应国际社会的质疑中发展着的现代化，是为人类发展找寻新路的现代化，是在破解发展中国家现代化面临的各种悖论中成长的现代化，是能够解决世界性难题的现代化，是在创造人类奇迹过程中壮大的现代化，是不断为人类发展做出更大贡献的现代化。[23]唐爱军认为，中国式现代化是社会主义条件下的现代化，是驾驭资本的现代化，是以人的全面发展为核心的全面现代化，构建了蕴含五大文明的人类文明新形态，形成了全面协调现代化战略。[24]臧峰宇认为，中国式现代化道路具有丰富的哲学内涵，体现了现代化的普遍性和中国发展的特殊性，体现了历史规律的决定性和历史主体的选择性，体现了社会发展的系统性与实践探索的创新性。[25]韩庆祥认为，中国式现代化道路是符合中国国情的道路，是社会主义道路，是不断与时俱进的开放性道路，是坚持中国共产党领导的道路，是注重解放和发展社会生产力、逐步实现共同富裕、不断促进人的全面发展的道路，是整合党的领导力量、市场配置力量、人民主体力量的道路，是注重构建人类命运共同体的道路，是把动力、平衡和治理有机统一起来的道路，是把尊重人的生命、实现人民美好生活、保持持续有序生产、保护生态统一起来的道路。[26]张雷声提出“中国特色社会主义现代化”的概念，认为中国共产党探索实现现代化的历史过程，是一个从被动现代化走向主动现代化、从实现工业化走向实现“四个现代化”、从“中国式的现代化”走向中国特色社会主义现代化的艰辛曲折过程，具有鲜明的原创性和独特性。[27]

2.关于人类文明新形态的内涵及特征

张太原提出，“人类文明新形态”是一套内含“物质文明、政治文明、精神文明、社会文明、生态文明”的文明体系，它们相互联系、相互制约、协调发展；其中政治文明是核心内容，决定和制约着其他四种文明。[28]顾海良提出，“人类文明新形态”以党的十八大以来社会主要矛盾变化为根据，是对中国特色社会主义发展形态特征的概括；是实现全面建成小康社会目标后，对中国式现代化发展方向和目标的科学概括，也是中华民族伟大复兴进程中的新形态；是在新发展阶段“量变”向“部分质变”转变过程中，对中国特色社会主义道路发展和制度完善特征的全面概括；“人类文明新形态”与坚持推动构建人类命运共同体过程相联结，体现了它所具有的广泛世界意义及其蕴含的共同价值观和普遍性特征。[29]

3.关于中国式现代化道路与人类文明新形态之间的逻辑关系

姜辉认为，中国式现代化道路既具有鲜明特征和独特优势，又开拓了人类文明发展进步的崭新形态和广阔空间，是特殊性和普遍性、中国特色和世界意义的有机统一。[30]韩庆祥认为，人类文明新形态是中国式现代化道路的世界成果，集中展现了中国式现代化道路的世界意义。顾海良认为，提出“人类文明新形态”这一思想，以中国特色社会主义道路发展为基本前提，以“五个文明”进步为主体内容，以“中国式现代化新道路”的探索和发展为基本过程和目标。

4.关于“两个创造”的意义

姜辉认为，中国式现代化道路以全新文明形态拓展了人类文明发展进步的广阔空间，历史性地解决了中国的绝对贫困问题，为人类发展做出了巨大贡献；带领14亿多中国人民进入现代化国家行列，彻底改写了世界现代化的版图；重塑了现代化性质和方向，拓展了人类现代化的途径，为广大发展中国家提供了全新选择。孙代尧认为，“两个创造”重大论断是对中国特色社会主义的世界历史性意义的新概括。中国式现代化新道路是中国共产党思想解放所形成的精神传统的逻辑结果，赋予了现代化的新内涵、新的结构功能和新的精神境界。中国特色社会主义创造了人类文明新形态，是一种总体性历史叙述，需要从总体上把握才能深刻理解。[31]王灵桂认为，“走出中国式现代化道路，创造了人类文明新形态”是对中国实践、中国创造的历史意义和世界意义的高度概括，标注了中国现代化道路的新定位和中华文明发展的新高度。[32]傅正从比较视野阐释了中国式现代化道路对于发展中国家所面临的发展困境的超越，指出中国现代化建设中的独立自主和群众路线，使中国人民开辟了一条迥异于西方掠夺式的现代化道路，同时成功解决了发展中国家现代化的普遍难题，因此中国特色社会主义既为发展中国家提供了现代化的新道路，又为人类文明提供了和平发展的新形态。[33]吴汉勋、孙来斌提出，中国的现代性建构和现代化建设完成了对西方现代性逻辑的超越，中国现代化道路在推动世界反贫困事业、推动新型国际关系构建、推动全球生态文明实践等方面，具有广泛、深远的世界意义。[34]

（三）关于马克思主义基本原理同中国的“两个结合”

“坚持把马克思主义基本原理同中国具体实际相结合、同中华优秀传统文化相结合，用马克思主义观察时代、把握时代、引领时代，继续发展当代中国马克思主义、21世纪马克思主义”，是“七一”讲话中习近平总书记作出的又一重要新论断。“七一”讲话之后，相关研究成果也很丰富，主要有：

1.关于“两个结合”的内涵与关系

陈培永提出，“同具体实际相结合”本身就是马克思主义的基本原理。中国具体实际相对于具有抽象性的马克思主义理论而言，凸显的是具体性和实践性；相对于马克思主义立足的各个国家的普遍性而言，凸显的是中国这个国家的特殊性；相对于马克思主义整个人类解放的视野而言，凸显的则是中华民族解放的民族性。中国具体实际包括中国的基本国情、中国的具体实践与中国的奋斗目标，也包括中国历史与中国传统文化，以及由文化价值观念所塑造的中国人的实际。中国传统文化是中国历史的一部分，但又有着超越于中国具体实际的外延，可以作为解决中国实际问题的思想文化资源。同中国具体实际、中华优秀传统文化相结合的主体是马克思主义基本原理，不是马克思主义。马克思主义基本原理同中国具体实际相结合，本质上处理的是理论与实践、主观与客观的关系；同中华优秀传统文化相结合，更加突出的是古与今、中与西的先进思想理论、文化价值观念融合的问题。[35]刘建军认为，“马克思主义基本原理同中华优秀传统文化相结合”的命题是从“马克思主义基本原理同中国具体实际相结合”中分化派生出来的，并与后者共同形成“两个结合”的新格局，第二个“相结合”与第一个“相结合”经历了从派生到并列再到递进的逻辑关系。[36]李捷认为，在一定意义上，马克思主义同中国优秀传统文化相结合的过程，也是马克思主义大众化的过程[37]；第一个“相结合”是基础、是关键，决定着马克思主义中国化的基本问题、根本方向和历史方位，第二个“相结合”是前一个结合在文化层面的延伸、发展与深化，决定着马克思主义中国化深入人心、掌握群众、影响社会的程度，决定着马克思主义深刻改变中国命运、改变民族面貌的程度，同时又为在实践中充分发挥马克思主义思想伟力提供着深厚的、源源不断的文化支撑。[38]张允熠、张弛认为，马克思主义中国化的“两个结合”起源于“一个结合”的提法，“一个结合”隐含着“两个结合”的思想内容；“两个结合”具有实际应用层面和思想文化层面的双重蕴含，开启了马克思主义中国化新叙事的逻辑起点。[39]金民卿聚焦毛泽东与马克思主义中国化的提出过程，提出马克思主义普遍原理同中国具体实际的结合是马克思主义中国化的根本原则，其特点是结合的自主性和结合的创造性；毛泽东推进了中国文化的马克思主义化和马克思主义中国文化化的良性互动，在实现中国传统文化理论提升的同时实现了马克思主义世界观的中国化转化。赵金刚提出，在马克思主义中国化的实践过程中，马克思主义因为同中国具体实际、中华优秀传统文化相结合而不断发展，进而形成中国马克思主义；而马克思主义同时也激活了中华优秀传统文化，使其获得了时代价值。[40]

2.关于“两个结合”的意义

姜辉认为，“两个结合”的重要论述体现了习近平总书记的深邃理论思考和宽广历史视野，集中反映了新时代中国共产党人对马克思主义发展规律的深刻把握，拓展了马克思主义中国化的内涵和途径，对于新时代继续推进马克思主义中国化、实现理论发展新飞跃具有非常重要的指导意义。[41]顾海良认为，马克思主义中国化过程中的“两个结合”，不仅是对马克思主义中国化基本原则的科学概括，也是对马克思主义发展史学理依循的凝练。韩庆祥提出要从现实、历史和理论三个维度理解“两个结合”，认为“两个结合”是创新发展马克思主义的根本路径。[42]沈湘平认为，“两个结合”的重要论述澄明了中国特色社会主义和中华民族的关系：中国特色社会主义是对五千多年中华文明的传承发展中得来的，中华文明与社会主义有着内在关系，中华文明赋予了社会主义以本质性的品质；传承发展中华文明的中国特色社会主义不仅是中华民族伟大复兴的正确道路，而且创造了人类文明的新形态，代表着人类前进的方向。[43]郭建宁认为，“两个结合”的重要论述进一步揭示了马克思主义中国化的实质，丰富了马克思主义中国化的内涵，拓宽了马克思主义中国化的研究视域，凸显了马克思主义中国化的文化意涵。[44]王炳林、李盖启提出，坚持马克思主义基本原理同中华优秀传统文化相结合，能为发展当代中国马克思主义、21世纪马克思主义提供文化资源，能为拓展中国特色社会主义道路、推进马克思主义中国化、坚持完善和发展中国特色社会主义制度、推动社会主义文化繁荣兴盛提供丰厚滋养，能为创造人类文明新形态提供文化沃土。[45]

三、问题思考与未来展望

2021年北京地区学者关于马克思主义中国化的研究取得了显著成绩，尤其是对马克思主义中国化的基本理论、历史进程、理论成果等方面的研究，可以说是上了一个大台阶。主要体现在：一是加强了整体性研究，突出表现是将党的百年历史与马克思主义中国化的历程相结合，在长时段的回顾中总结马克思主义中国化的经验与规律，与过去对马克思主义中国化的阶段性研究一起，完善了马克思主义研究的基础。二是丰富了研究视角，尤其是对马克思主义中国化最新理论成果方面的研究，突出了研究中的历史维度，一定程度上弥补了过去注重理论维度与实践维度、缺乏历史维度的短板。三是挖掘了习近平新时代中国特色社会主义思想的世界逻辑，使之成为除历史逻辑、实践逻辑、理论逻辑之外研究最新理论成果的新视角。

同时我们也注意到，关于马克思主义中国化的研究仍存在一些需要加强和改进之处。一是宣传性、解读性研究成果偏多，一些成果的学术性和理论深度不够；二是研究成果的同质化现象较为严重；三是从马克思主义中国化三次飞跃的角度看，对第二次飞跃的理论成果尤其是“三个代表”重要思想和科学发展观的研究偏少；四是对于党治国理政实践的研究不足，导致一些研究成果的问题意识和建设性不足。对于这些情况，我们期待着未来能有所改观。

注：

[1]陈培永:《“马克思主义中国化”若干基本问题——基于中国共产党百年历程的思考》,《浙江社会科学》，2021年第6期。

[2]金民卿:《毛泽东对马克思主义中国化本质内涵的多维阐释》,《毛泽东研究》，2021年第1期。

[3]顾海良:《马克思主义中国化史学术和学理的创新性研究》,《北京大学学报（哲学社会科学版）》，2021年第5期。

[4]杨凤城:《马克思主义中国化与中国道路百年探索》,《历史研究》，2021年第2期。

[5]顾海良:《马克思主义中国化历史与理论的创新性探索》,《马克思主义理论学科研究》，2021年第11期。

[6]顾海良:《马克思主义中国化与中国共产党思想的百年辉煌》,《马克思主义与现实》，2021年第3期。

[7]薛庆超:《百年大党与马克思主义中国化》,《中央社会主义学院学报》，2021年第5期。

[8]裴植:《马克思主义中国化历史进程中的质量互变规律论析》,《思想理论教育导刊》，2021年第6期。

[9]李海青:《马克思主义使命型政党与马克思主义中国化》,《观察与思考》，2021年第1期。

[10]王炳林:《深刻领会马克思主义中国化新的飞跃》,《思想理论教育导刊》，2021年第12期。

[11]秦宣:《中国共产党百年与马克思主义中国化的“三大飞跃”》,《教学与研究》，2021年第12期。

[12]林建华:《中国共产党百年理论建设的逻辑机理和宝贵经验》,《人民论坛·学术前沿》，2021年第16期。

[13]陈占安:《建党百年马克思主义中国化的回顾与历史经验》,《思想理论教育》，2021年第5期。

[14]董振华，张恺:《百年大党推进马克思主义中国化的历程及经验》,《中共杭州市委党校学报》，2021年第2期。

[15]辛向阳:《马克思主义中国化百年历程中理论创新的机制研究》,《思想教育研究》，2021年第5期。

[16]辛向阳:《百年历史进程中重大突发事件在马克思主义中国化理论创新中的作用》,《新疆社会科学（汉文版）》，2021年第2期。

[17]陶文昭:《推进理论创新、进行理论创造的四个要素》,《党的文献》，2021年第3期。

[18]辛鸣:《马克思主义中国化的历史新飞跃》,《理论导报》，2021年第12期。

[19]夏莹:《“学以致用”：中国化马克思主义阐释路径与“中国道路”的形成》,《中央社会主义学院学报》，2021年第2期。

[20]肖贵清:《中国共产党百年制度建构的基本逻辑》,《江海学刊》，2021年第1期。

[21] 韩庆祥:《新发展阶段如何深化习近平新时代中国特色社会主义思想研究》,《中共中央党校(国家行政学院)学报》,2021年第2期。

[22] 张城:《中国道路的方法论——以中国为中心,以中国为方法》,《开放时代》,2021年第2期。

[23] 辛向阳:《中国式现代化对世界发展的重大影响》,《理论与评论》,2021年第5期。

[24] 唐爱军:《唯物史观视域中的中国式现代化新道路》,《哲学研究》,2021年第9期。

[25] 臧峰宇:《中国式现代化新道路的哲学内涵》,《中国人民大学学报》,2021年第4期。

[26] 韩庆祥:《深刻把握"中国式现代化新道路"丰富内涵》,《学习时报》,2021年8月30日。

[27] 张雷声:《从现代化走向中国特色社会主义现代化——中国共产党的百年探索》,《马克思主义理论学科研究》,2021年第5期。

[28] 张太原:《"人类文明新形态"的内涵与核心支撑》,《中国党政干部论坛》,2021年第10期。

[29] 顾海良:《"人类文明新形态"的理论意蕴和思想智慧》,《理论与现代化》,2021年第6期。

[30] 姜辉:《中国式现代化道路的鲜明特征和重大意义——深入把握习近平总书记提出的"两个创造"的重大论断》,《财贸经济》,2021年第8期。

[31] 孙代尧:《论中国式现代化新道路与人类文明新形态》,《北京大学学报(哲学社会科学版)》,2021年第5期。

[32] 王灵桂:《中国式现代化新道路与人类文明新形态》,《经济日报》,2021年12月2日。

[33] 傅正:《"两个创造"对发展中国家现代化道路的启示》,《哲学研究》,2021年第8期。

[34] 吴汉勋,孙来斌:《现代化道路的中国逻辑及其世界意义》,《湘潭大学学报(哲学社会科学版)》,2021年第1期。

[35] 陈培永:《马克思主义中国化"两个相结合"的深层意蕴》,《高校马克思主义理论研究》,2021年第3期。

[36] 刘建军:《论马克思主义基本原理同中华优秀传统文化相结合》,《中国人民大学学报》,2021年第6期。

[37] 李捷:《马克思主义中国化百年历程与主要理论成果》,《马克思主义研究》,2021年第7期。

[38] 李捷:《"马克思主义行"与马克思主义中国化的根本经验》,《现代哲学》,2021年第5期。

[39] 张允熠,张弛:《从"一个结合"到"两个结合":马克思主义中国化的新叙事》,《思想理论教育》,2021年第9期。

[40] 赵金刚:《继往开来,继续发展当代中国马克思主义》,《哲学研究》,2021年第8期。

[41] 姜辉:《"两个结合"是马克思主义中国化的必然途径》,《当代中国史研究》,2021年第5期。

[42] 韩庆祥:《全面深入理解"两个结合"的核心要义和思想精髓》,《马克思主义研究》,2021年第10期。

[43] 沈湘平:《坚持把马克思主义基本原理同中华优秀传统文化相结合》,《中国高校社会科学》,2021年第5期。

[44] 郭建宁:《论马克思主义中国化的"两个结合"》,《高校马克思主义理论研究》,2021年第3期。

[45] 王炳林,李盖启:《马克思主义同中华优秀传统文化相结合的时代价值》,《教学与研究》,2021年第11期。

(北京市科学社会主义学会供稿)

国外马克思主义

一、国外马克思主义研究的基本内容

(一)各国马克思主义理论发展动态的持续追踪

2021年,北京学界国外马克思主义研究始终着眼于中国现实及全球资本主义最新情势,对于世界各国和地区马克思主义理论发展的热点持续保持着追踪态势,研究的基本内容主要包括国外马克思主义文献研究、国外马克思主义传播研究、世界社会主义研究、世界政党研究等问题,对朝鲜、越南、老挝、古巴等其他社会主义国家的最新党代会精神及党的建设情况和对南亚、拉美地区的马克思主义状况研究也有所深入。

(二)国外马克思主义资本主义批判进路的研究

2021年,国外马克思主义研究始终着眼于中国现实及全球资本主义最新情势,从关注国外马克思主义对资本主义进行的批判过程和对社会主义的展望、对历史上和现实中社会主义的评价中，吸取了许多理论观点和思想经验。主要包括现代语境下对经典理论及著作的再解读、资本—劳动新批判、政治哲学批判研究、当代资本主义批判的社会问题与理论回应、国外马克思主义相关理论观点批判等，这对于分析全球资本主义及其现代性问题，拓展马克思主义的当代话语空间具有重要的参考价值。

（三）“数字资本主义”等前沿问题研究

2021年，北京学界在吸收国外马克思主义相关资本主义批判的基础上做出理论推进，对数字时代资本主义的生产生活方式进行深入反思。对数字资本逻辑批判问题有了进一步研究，从资本逻辑的角度，数字资本与数字技术合谋，引起社会关系变化，对数字殖民主义理论的价值有了进一步研究。数字资本主义具有一定进步性，但它导致了更为严重的数据监视。对于从马克思主义的科学立场上看待当代资本主义的特殊困境以及出路具有较强的借鉴价值。

二、国外马克思主义研究的热点议题

（一）现代语境下对经典理论及著作的再解读

这方面的研究主要聚焦批判理论的发展动态与新视域下对经典理论的再解读。围绕代表性学派以及技术理性展开微观探讨，从横向与纵向的宏观维度探究批判理论的关联性，主要研究了卢卡奇、福柯、黑格尔、葛兰西等人的具体观点，并有新的理论阐释。中国人民大学张秀琴认为卢卡奇的代表作《现代戏剧发展史》使用了与“异化”相关的概念，该概念的使用可部分投射出这一时期的卢卡奇是如何从其康德化时期借助齐美尔《货币哲学》的“方法论眼镜”去观察马克思的[1]。北京大学张翼星通过探讨卢卡奇思想的发展过程和理论是非，揭示了卢卡奇的理论立场和思想实质[2]。清华大学刘敬东、郭军炜认为卢卡奇的法律物化思想表现为对资产阶级社会的法律物化和资产阶级法学的双重批判，对于理解、批判和扬弃法律现代性的影响，创建文明有序的社会主义市场经济仍有启示和借鉴意义[3]。中国人民大学张旭认为福柯《无名之辈的生平》一文深入分析了规训和治理术的权力技术的起源以及无名之辈坦白日常生活错失和现代文学中讲述日常真实的话语实践的权力配置，从独特的事件化视角揭示了现代社会对无名之辈的日常生活治理如何自下而上地构建现代生命权力[4]。中国人民大学欧阳谦认为福柯的思想魅力在于立足当下和跨越学科的实践哲学，将哲学当作一种新闻工作，重构一种批判存在论[5]。中国人民大学胡耀辉认为福柯的权力话语既是特定历史情境中意识形态的分析方法，同时也具有意识形态批判的意涵，福柯的整体计划呈现对历史限度的批判[6]。中国人民大学叶仁杰研究了例外状态的神学起源，通过从福柯到阿甘本的主权—治理问题进行了辨析，福柯在法兰西学院的系列演讲代表着权力研究范式的彻底转变，从宏观权力到微观权力，从主权权力到治理术，主权研究似乎已然过时，但阿甘本在“神圣人”系列研究中思考一种由主权的例外状态带来的治理观念[7]。清华大学夏莹研究了启蒙哲学的双重属性与马克思的解放逻辑，启蒙对超验性的批判却同时带来超验的思辨神学的建构，动态的理性在后康德时代的德国古典哲学中走向了启蒙的自我悖论[8]。夏莹还研究了马克思批判颠倒了德国观念论的意义与方式，马克思的哲学变革并非对德国观念论的颠倒，而是对这一哲学形而上学之同一性原则的拆解[9]。张秀琴基于概念史研究了实践唯物主义中的“实践”概念，认为抽象对象性和具体对象性是理解以资本主义为主导的现代性实践的核心，也是科学认识马克思的资本主义批判思想的关键点[10]。北京大学仰海峰认为卢卡奇从总体性出发形成了对现存资本主义物化社会及其思想上的二律背反的批判；柯尔施则重新回到马克思的哲学、政治经济学与科学社会主义的内在联系，力图重新理解马克思的哲学；葛兰西则将总体性作为领导权理论的重要规定性[11]。中国人民大学罗骞、唐解云研究了葛兰西实践哲学的历史内在性概念，将历史内在性概念看成葛兰西展开实践哲学的基本线索，以理论重构的方式呈现这一概念的深刻内涵，认为它科学揭示了历史唯物主义超越一般唯物主义的本质特征[12]。

（二）资本—劳动新批判

这方面的研究主要从社会经济结构、政治经济学批判的角度解读当代西方资本主义批判理论新动态，从政治经济学批判的维度认识当代资本主义批判新视角。还包括对代表性人物观点进行讨论，对当代资本新特征、再生产环节批判展开分析，以及对西方马克思主义政治经济学批判脉络进行整体把握与全景认识，批判性分析代表性人物观点对马克思资本主义批判相关思想的理论贡献与认识局限性。北京大学梅沙白认为当代原始积累问题研究的核心关切在于揭示资本主义在诞生和发展过程中普遍存在的暴力和强制，并运用马克思的原始积累概念激活对新自由主义的批判[13]。夏莹认为巴塔耶独具特色的黑格尔研究与他的一般经济学的思想架构包含隐性的思想关联，其中隐含某种独特的法国马克思主义底色[14]。中央党校张雪琴认为垄断资本学派立足于剩余价值生产和剩余价值，并将当代资本主义金融化界定为“经济重心从生产转向金融”，构建了分析当代经济金融化理论的基本框架[15]。夏莹、牛子牛认为20世纪70年代以来工人阶级政治力量的衰落、资本过剩导致的劳动过程重构、金融化趋势的扩散、劳动力市场环境的变化、国际产业分工的变化等，共同为“主体性过剩”的现象提供了制度条件，这些变化也是资本主义秩序的历史性衰落的表征[16]。清华大学王代月认为内格里通过重新解读马克思的《1857—1858年经济学手稿》，从生产关系的视角出发，揭示了活劳动所具有的反抗性和生产性的双重维度，并立足他所处的时代，引申出活劳动的生命政治生产内涵，论证了革命主体由社会工人向诸众的转变[17]。北京师范大学李娉认为莫伊舍·普殊同结合资本主义不同阶段的历史转型，从劳动和时间两个角度对马克思政治经济学批判范畴进行了重释，但过于弱化从阶级角度把握资本主义统治形式的意义，忽视了对革命主体的探寻[18]。

（三）政治哲学批判研究

这方面的研究主要关注主体性建构以及个体性与社会性的交互关系问题。一是主体性的恢复与建构，二是理想共同体的塑造与解放路径的探讨，三是个体性与社会性的内在关联与对当前叙事逻辑的反思。除此之外还聚焦上层建筑的合理性构筑，展开与正义、民主、国家有关问题的探讨。中国人民大学王莅认为作为自然法学说的核心概念，“自然状态”不仅奠定了西方近代政治哲学的理论基础，而且它的历史化进程彰显了早期人类秩序与现代政治制度建构之间的辩证张力[19]。夏莹认为马克思的唯物史观涵盖着马克思对于法的和政治的批判，但这种哲学源出于德意志民族所特有的“法哲学”传统，要求将各种“应当”层面上的设定置于社会关系当中，为它们给出前提性的批判和说明[20]。

（四）当代资本主义批判的社会问题与理论回应

这方面的研究主要从世界体系、数字资本、新共产主义、生态、伦理等视角解读现代性问题，同时从现代性视角对西方资本主义批判理论进行整体把握。中国人民大学郑吉伟、宋鑫认为西方左翼学者研究世界体系理论仅从国家内部分析欠发达国家落后原因的研究视角、所有国家的发展道路具有统一性的研究观点及其非历史性的研究特点[21]。中央财经大学向东旭认为马克思主义唯物史观视域下的数字资本具有双重效应，一是提升社会生产力、促进社会发展进步的文明效应，二是追求价值增值、获取巨额利润的野蛮效应[22]。清华大学刘皓琰认为数字殖民主义理论有其独特的理论价值，但一些学者的观点和方法也存在着对马克思主义的曲解和偏离[23]。中央财经大学张苏、张美文认为尽管数字资本主义表现出一定的历史进步性，但它导致了数据监视、阶级对立、贫富分化加剧等问题[24]。北京航空航天大学巩永丹认为激进左翼“新共产主义”抛弃了唯物史观的理论基座和政治经济学批判的理论界域，极力割断社会主义与共产主义的内在关联[25]。清华大学晏扩明、李义天认为哈贝马斯提出商谈伦理学是战后西方马克思主义伦理学发展的重要转折，一方面摆脱了传统马克思主义者关于道德理论的历史主义理解，另一方面也超越了二战后西方马克思主义者对马克思主义伦理学的人道主义阐释[26]。北京大学郇庆治对资本主义经济的反生态本质的揭示批判和对社会主义经济的生态特征的阐释构想，包含着丰富的关于抗拒或替代资本主义反生态的经济制度及其国际秩序的生态社会主义选择的理论论证与愿景构想[27]。郇庆治还认为“马克思主义生态学”作为一个伞形概念既可以在涵盖更宽广理论流派范围的意义上来理解，也可以在更具灵活性的研究方法论的意义上来理解[28]。中国社会科学院王红艳认为内外因素合力催生欧洲环境民粹主义，一方面由于环境问题是属于科学范畴的议题，因未经政治裁剪的话语而具有草根性，另一方面由于民粹主义内涵丰富、边界灵活，具有与环境等诸多议题发生关联的潜能[29]。

（五）国外马克思主义相关理论观点批判

这方面研究主要从发展现状与意义评析方面对国外马克思主义进行整体把握和阐释，主要以微观视角认识、解读思想理论及理论关系，尤其是站在马克思主义的立场上辨识西方学者眼中的马克思及马克思主义。有的学者对西方马克思主义的概念、理论进行当代解读。中国社会科学院梁孝认为以柏克为代表的英美保守主义者的“革命虚无论”认为社会变革应该通过渐进的方式进行，必须对其进行深入分析和批判[30]。中国人民大学兰洋认为英国左翼历史学家霍布斯鲍姆提出的“生产力尺度”和“价值尺度”对于新的时代背景下进一步阐发十月革命的历史意义和当代价值具有重要启示[31]。中国人民大学黄斐认为社会主义人道主义思想的提出是英国新左翼构建有英国特色的马克思主义、探索符合本国实际的社会主义道路的理论尝试，但这一思想带有较为浓厚的乌托邦主义和伦理社会主义的痕迹[32]。北京大学李旸认为回应“伍德难题”，既需要从文本和逻辑上对其论证进行归谬反驳，又需要在历史唯物主义视域下澄明正义观念生成的辩证机制[33]。北京师范大学周凡认为博比奥1967年的论文《葛兰西和市民社会观》开启了把葛兰西理解为市民社会理论家的新路向[34]。北京师范大学罗松涛、陈科宇认为弗洛姆沿着马克思批判异化劳动的思路，着重揭批了自由异化、爱的异化、消费异化三种异化状况[35]。

（六）国外马克思主义文献研究

这方面研究主要对《德意志意识形态》等文献进行整体把握和阐释，对于提升我国编译和研究马克思主义经典文献的水平具有重要价值。清华大学韩立新对《德意志意识形态》文献学研究的新起点进行了探索。随着新MEGA I/5卷正式问世和《德意志意识形态》第一章“费尔巴哈”的Online版上线，对《德意志意识形态》的文献学研究将进入一个新阶段[36]。中国人民大学魏博认为施蒂纳的“唯一者的联盟”构想打破了青年黑格尔派的自我异化理论的框架，开辟了一个从主体间性出发解释个人与社会之间关系的新维度。这一构想对马克思产生了巨大的冲击，《德意志意识形态》在某种意义上可以被视为批判“唯一者的联盟”构想而取得的成果[37]。清华大学崔琳菲认为新MEGA将《德意志意识形态》第一卷明确界定为论战性质的文本，强化了青年黑格尔派作为论敌的意义；广松涉的“赫斯压倒说”和兹维·罗森的“鲍威尔与马克思对比研究”等成果则开启了从马克思思想发展史内部探寻青年黑格尔派影响唯物史观形成的新视域[38]。

（七）国外马克思主义传播研究

这方面研究主要从马克思主义及马克思主义经典著作在英国、德国、美国、日本、印度等不同地区的传播历程进行研究并进行整体把握和阐释。中国人民大学张秀琴、王志岸认为，《资本论》在英美的传播经历了从被“冷落”到逐渐走到“台前”的过程，并在20世纪国外马克思主义诸学派的理论纷争中得到蓬勃发展[39]。中国人民大学王瞻认为21世纪以来，伴随着“马克思—秋季学校”“《资本论》阅读课程”等活动的兴起，《资本论》再度受到德国社会的广泛关注，学院研究与大众阅读之间的联系得到进一步加强[40]。中国人民大学商紫君认为2000年以来日本学者深度参与了MEGA2第Ⅱ部分的编辑工作，在文本研究的基础上对日本社会发展和资本主义制度展开了再思考[41]。北京理工大学张雷、刘昉认为马克思主义通过欧洲、苏俄、中国、共产国际等多个地区和组织传入印度后，经历了党内传播、进步组织传播再到广大群众的传播[42]。

（八）世界社会主义研究

这方面的研究主要包括对世界社会主义综述性研究、当代社会主义运动研究以及对苏联问题的反思性研究。中国社会科学院贺钦认为2021年，朝鲜劳动党、老挝人民革命党、越南共产党和古巴共产党先后召开了党的八大、十一大、十三大和八大，四国执政党围绕各国社会主义建设与改革取得的成就和问题进行了深入讨论，并通过了新的国家发展目标和全面从严治党的相关决议[43]。中国社会科学院袁东振认为“争取社会主义运动”表明玻利维亚新型左翼政党社会根基较为深厚，其政治和社会理念赢得了广泛认同[44]。中国人民大学汪亭友认为戈尔巴乔夫时期的历史虚无主义以“公开性”为突破口，以否定列宁、斯大林等苏共领袖为切入点，以偏概全，混淆是非，全面否定苏共与苏联的历史，教训极其深刻[45]。中国社会科学院李瑞琴认为导致苏联共产党走向覆亡的主要原因在于脱离人民的隐患没有从制度上、根本上加以消除，失去人民的拥护，丧失马克思主义政党的先进性，党的领导人背离马克思主义[46]。

（九）世界政党研究

这方面的研究主要包括对世界政党政治研究、新冠肺炎疫情下外国共产党研究，特别是对于欧洲地区政党、拉美地区政党的研究呈现较多研究角度。北京第二外国语学院石晓虎认为当前大数据、算法、人工智能与政治的相互结合日益加深，一方面对资本主义国家政党传统的联系民众、沟通民众及宣传和决策机制产生直接影响，促进了相关政党的不断转型升级；另一方面加剧了不同政党的相互斗争及政治力量的此消彼长[47]。

三、国外马克思主义研究的鲜明特点

基于国外马克思主义研究的基本内容可以看出，2021年北京学界国外马克思主义研究具有三个鲜明特点。

一是具有鲜明的时代性。2021年国外马克思主义研究紧跟时代前沿，关注近年来的前沿性重大理论问题、实践问题与最新重大事件，结合新冠肺炎疫情，关注各种时代性的挑战与风险并探究其解决之道。具体来说，主要关注了法兰克福学派的最新成果，进一步研究了卢卡奇、福柯、黑格尔、葛兰西等人的具体观点，并有新的理论阐释。关注数字劳动、数字资本主义，关注了有关国家的马克思主义研究以及国外马克思主义学者对于资本主义的批判性研究。此外，国外马克思主义研究还关注了社会主义国家的新发展和西方国家的政治与社会运动，深入研究了朝鲜劳动党八大、老挝人民革命党十一大、越南共产党十三大、古巴共产党八大等新内容。在世界社会主义运动和党的建设方面关注了现实社会主义国家的发展，如意大利、玻利维亚、智利、古巴等国的社会主义运动及政党建设。这些都是非常具有时代性、前沿性的课题。

二是具有视野的宽广性。2021年的国外马克思主义研究视野非常宏阔，涉及多个领域、多个方面、多个维度，这在以上内容的分析中已体现得非常明显。国外马克思主义研究学科的研究范围极为广泛、涉及的问题多样。国外马克思主义研究逐步开始建构属于中国自己的理论体系，走向“问题式”的研究。这个维度的核心不再是研究西方学者具体说了什么，而是要从马克思主义理论、学术创新的角度来思考他们的研究视角、观点、立场等。许多学者是以国外马克思主义对资本主义之批判为参考，作出了富有价值的讨论。综观2021年北京学界国外马克思主义研究的总体状况，可以发现，国外马克思主义研究工作者最重要的理论和现实的任务，就是扎根于中国现实，深切把握世界马克思主义理论的基本动态，开展一种以全人类福祉为指向的切实有效的资本主义批判和社会主义图景建构。

三是具有学科的交叉性。2021年的国外马克思主义研究其实已经存在非常明显的学科交叉的特点。国外马克思主义研究学科本身就包含众多问题，而这些问题中有相当多也可以从其他学科进行研究。在不同学科视野下，主动审视国外马克思主义研究的范式困局，有效分析当代中国马克思主义与国外马克思主义思潮的内涵差异、范式特色，广泛吸收借鉴世界马克思主义思潮的思想资源和方法论等。

四、国外马克思主义研究的问题思考与未来展望

国外马克思主义研究是马克思主义理论学科的重要组成部分，对于开阔马克思主义理论研究的视野，深化对马克思主义理论时代性特征的认识，推进马克思主义中国化的理论创新，具有重要的意义和价值。

目前国外马克思主义研究在问题意识、全球视野、学科综合化以及理论研究质量方面都有较大进展，反映了2021年北京学界国外马克思主义研究在这方面的新贡献。2021年，北京学界关于国外马克思主义研究也存在一些不足之处。主要在于国外马克思主义研究对象有些宽泛，对重大问题关注有待加强，与中国现实问题结合有待进一步提升。北京学界需要不断提高学术能力，强化中国立场和使命担当，不断开创当代国外马克思主义研究新局面，需要在以下三个方面继续深入研究。

一是深化对国外马克思主义思想史研究。对于当代资本主义新变化新特征和当代资本主义变化趋势的理解有待加强。正确认识资本主义发展趋势和命运，准确把握当代资本主义新变化新特征，加深对当代资本主义变化趋势的理解，密切关注和研究当代国外马克思主义研究新成果。继续夯实深化对国外马克思主义思想史的理论研究，在一个主题论域下进行追溯，基于已有的国别史、学派史等思想史研究，结合当下正在延展着的概念史、批判史、观念史的研究路径，并深化国外马克思主义研究的研究史反思。

二是加强对国外马克思主义思潮的研究。当今世界正处于百年未有之大变局、新冠肺炎疫情、国际关系突变的历史关节点，需要进一步加强对国外马克思主义理论的前沿研究，深化对当代资本主义走向的理论认识。正确感知国外新人物、新著作、新思想的内涵实质。要更加突出问题导向，更加注重理论联系实际，更加注重理论的多角度分析。特别是要加强对东欧新马克思主义的研究，开辟新的研究视角，走向“问题式”的理论创新。

三是强化以唯物史观为基础的文明史论研究。要从文本研究出发超越文本研究，回归马克思主义基本原理体系的当代建构。挖掘马克思主义因地制宜本土化发展所遵循的原则、内在规律，加强中国式现代化道路的世界意义研究，增强资本主义现代性批判研究。加强在文明史论研究中合理研判人类文明前途的理路，为当代中国马克思主义创新发展拓展多元文化视野以及与民族文化传统相结合的有关经验。

注：

［1］张秀琴：《论卢卡奇“物象化”（Versachlichung）概念的源起——以〈现代戏剧发展史〉为例》，《现代哲学》，2021年第1期。

［2］张翼星：《简述卢卡奇与列宁主义、斯大林

主义的关系》,《国外理论动态》, 2021年第4期。

［3］刘敬东、郭军炜:《法律物化：卢卡奇物化理论的一个透视》,《马克思主义与现实》, 2021年第2期。

［4］张旭:《现代生命权力的构建——福柯论无名之辈》,《马克思主义与现实》, 2021年第3期。

［5］欧阳谦:《福柯的新哲学观：作为一种新闻工作的实践哲学》,《国外理论动态》, 2021年第5期。

［6］胡耀辉:《身体、权力—话语和历史：福柯的意识形态批判》,《国外理论动态》, 2021年第5期。

［7］叶仁杰:《例外状态的神学起源——从福柯到阿甘本的主权—治理问题辨析》,《马克思主义与现实》, 2021年第2期。

［8］夏莹:《启蒙哲学的双重属性与马克思的解放逻辑》,《学术月刊》, 2021年第10期。

［9］夏莹:《西方观念论的嬗变与马克思的哲学变革》,《厦门大学学报（哲学社会科学版）》, 2021年第1期。

［10］张秀琴:《实践唯物主义中的"实践"概念：基于概念史的考察》,《社会科学辑刊》, 2021年第6期。

［11］仰海峰:《总体性思想：从黑格尔、马克思到国外马克思主义的奠基者》,《教学与研究》, 2021年第6期。

［12］罗骞、唐解云:《葛兰西实践哲学的历史内在性概念——〈狱中札记〉对历史唯物主义的理论贡献》,《马克思主义与现实》, 2021年第3期。

［13］梅沙白:《〈资本论〉中的原始积累问题：西方学界的研究及当代争论》,《国外理论动态》, 2021年第2期。

［14］夏莹:《试论巴塔耶的黑格尔阐释及其一般政治经济学的建构——兼论巴塔耶思想中的马克思思想底色》,《马克思主义哲学评论》, 2021年。

［15］张雪琴:《垄断资本学派论当代经济金融化》,《马克思主义与现实》, 2021年第1期。

［16］夏莹、牛子牛:《主体性过剩：当代新资本形态的结构性特征》,《探索与争鸣》, 2021年第9期。

［17］王代月:《反抗与生产：内格里对马克思活劳动概念的重新解读》,《马克思主义与现实》, 2021年第3期。

［18］李娉:《莫伊舍·普殊同对马克思政治经济学批判的重释》,《马克思主义与现实》, 2021年第6期。

［19］王莅:《自然状态的历史化及其政治哲学效应——马克思"人类学笔记"对西方近代政治哲学的超越》,《教学与研究》, 2021年第4期。

［20］夏莹:《马克思社会政治哲学的研究进路与方法论问题》,《中国社会科学评价》, 2021年第2期。

［21］郑吉伟、宋鑫:《21世纪以来西方左翼学者关于世界体系理论的研究》,《新视野》, 2021年第4期。

［22］向东旭:《研究唯物史观视域下的数字资本逻辑批判》,《当代世界与社会主义》, 2021年第6期。

［23］刘皓琰:《当代左翼数字殖民主义理论评介》,《当代世界与社会主义》, 2021年第2期。

［24］张苏、张美文:《研究国外学者关于数字资本主义与数字异化问题的研究进展》,《马克思主义研究》, 2021年第1期。

［25］巩永丹:《对激进左翼"新共产主义"的批驳与回应》,《马克思主义研究》, 2021年第4期。

［26］晏扩明、李义天:《话语、交往与政治转向：哈贝马斯商谈伦理学的思想历程及其反思》,《国外理论动态》, 2021年第6期。

［27］郇庆治:《欧美生态社会主义学派视域下的生态经济：学术文献史的视角》,《山东大学学报（哲学社会科学版）》, 2021年第4期。

［28］郇庆治:《马克思主义生态学导论》, 鄱阳湖学刊, 2021年第4期。

［29］王红艳:《环境民粹主义在欧盛行的原因及其政治影响》,《当代世界》, 2021年第9期。

［30］梁孝:《柏克的保守主义革命虚无论批判》,《马克思主义研究》, 2021年第9期。

［31］兰洋:《霍布斯鲍姆论十月革命的三重逻辑》,《国外理论动态》, 2021年第6期。

［32］黄斐:《"社会主义人道主义"是否可能——英国新左翼早期理论的历史演变及其经验教训》,《当代世界与社会主义》, 2021年第1期。

［33］李旸:《历史唯物主义视域下的正义观念——兼评艾伦·伍德对马克思正义思想的根本性误解》,《国外理论动态》, 2021年第6期。

［34］周凡:《论博比奥对葛兰西市民社会概念的批判性阐释》,《国外理论动态》, 2021年第1期。

［35］罗松涛、陈科宇:《从劳动异化到生存异化批判——基于弗洛姆对马克思人学思想的思考》,《国外理论动态》, 2021年第3期。

［36］韩立新:《〈德意志意识形态〉文献学研究

的新起点》,《国外理论动态》,2021年第6期。

［37］魏博:《“施蒂纳冲击”与〈德意志意识形态〉的形成》,《国外理论动态》,2021年第6期。

［38］崔琳菲:《〈德意志意识形态〉中的“青年黑格尔派问题”》,《国外理论动态》,2021年第6期。

［39］张秀琴、王志岸:《马克思〈资本论〉在英美的传播历程研究》,《国外理论动态》,2021年第4期。

［40］王瞻:《马克思〈资本论〉在德国的传播历程研究》,《国外理论动态》,2021年第4期。

［41］商紫君:《马克思〈资本论〉在日本的传播历程研究》,《国外理论动态》,2021年第4期。

［42］张雷、刘昉:《印度早期马克思主义的梯次传播及启示》,《绵阳师范学院学报》,2021年第3期。

［43］贺钦:《从2021年党代会看社会主义四国新动向》,《当代世界社会主义问题》,2021年第4期。

［44］袁东振:《玻利维亚“争取社会主义运动”重新执政:挑战与前景》,《当代世界》,2021年第2期。

［45］汪亭友:《戈尔巴乔夫时期苏联历史虚无主义的表现、实质及危害》,《政治学研究》,2021年第5期。

［46］李瑞琴:《苏联共产党解散与脱离人民的教训》,《马克思主义与现实》,2021年第3期。

［47］石晓虎:《资本主义国家政党政治中的算法政治:特点、影响及前景》,《当代世界与社会主义》,2021年第1期。

(北京市科学社会主义学会供稿;执笔人:张雷)

思想政治教育

一、学科发展情况

思想政治教育学科是中国共产党思想政治工作的重大创举,是马克思主义中国化的重要理论成果和实践成果。思想政治教育学科发展是对社会现实问题的理论回应。2021年,北京地区思想政治教育学科建设成效斐然,将外延式发展与内涵式发展相结合,取得了令人瞩目的成绩。

(一)学科建设日趋深化

学科建设是推动学科发展的必然要求,也是提升本学科理论实践性的基本途径。而思想政治教育学科具有系统内涵,需要通过系统建设来推进学科的发展。从学科现实来看,2021年北京地区思想政治教育学科建设持续向纵深发展,在系统性建构方面进展显著。

一是学科导向更加明确。思想政治教育学科是一门实践性很强的学科,思想政治教育学科建设的目的、宗旨和任务是为中国特色社会主义建设实践服务。2021年北京地区在推进思想政治教育学科建设时坚持为党的路线方针政策服务、为中国特色社会主义事业服务的根本导向,重视实践中提出的重大理论问题和实际问题,立足实践,“开门办思政”,譬如北京市委教育工委曾联合国家大剧院打造了19场“大剧院里的思政课”等,有效提高了思想政治教育学科的地位与功能。

二是学科体系更加完备。体系化是思想政治教育学科建设的必然趋向。2021年,北京地区思想政治教育学科的体系建构明显增强。经过一年的努力,思想政治教育学科建设从分散走向系统,成功建立了本学科的基本理论体系、教材体系、教学体系,比较完备的学科管理体系,以及各级学术研究组织,在课程结构、教学内容、实践活动、发展机制等方面实现集成创新,较快地适应了社会对思想政治教育学科的需要。其中,北京市以大中小学思政课一体化为关键抓手,构筑的“大思政课”育人新格局就是体系化建设的典型案例。

三是学科视野更加开放。2021年,北京地区思想政治教育学科建设过程中没有因循守旧,极大拓宽了本学科的学科视野,为思想政治教育学科的发展提供了新的增长点。一方面,坚持学科内部整合发展,对学科的内涵、学科边界、学科建设任务和思路等进行探讨,逐渐解决了原来学科属性不清、层次较低等问题,确保了学科发展的生命力。另一方面,加强与其他学科专业的融合,不断融入其他学科的一些内容,比如政治学、法学、哲学、管理学、社会学等,通过学科交叉融合,借鉴与渗透其他学科成果,拓宽了学科发展的空间。

(二)人才培养明显增强

思想政治教育学科及其发展,离不开专门的人才队伍。队伍建设是学科发展的关键,决定着人才培养的质量。2021年，北京地区思想政治教育学科队伍建设不断推进，在人才培养方面得到明显增强，形成了一大批专业性的学术与科研人才，不断壮大学科发展的人才队伍。

一是人才培养结构愈发健全。人才培养结构是影响人才培养的核心要素，直接决定着人才培养的成效。2021年，北京地区思想政治教育学科人才培养结构愈发健全，形成了系统完整的人才培养体系。在这种健全的结构驱动下，北京地区思想政治教育学科的人才培养更加科学、覆盖面更加广泛，还成立了全国首个大中小学思政课一体化教研组、全学段德育研究会，构建了一整套本科、硕士和博士一体化的人才培养模式。

二是人才培养质量愈发提高。2021年，北京地区高度重视并深入推进思想政治教育学科人才队伍建设工作，人才培养的质量得以提高，人才队伍规模和素质也得到稳步提升。在一系列创新举措的作用下，北京地区思政教师队伍力量得到有效补充，不仅解决了人才短缺的难题，而且打造了一支以长江学者、国家“万人计划”领军人才、全国文化名家、北京高校思政课特级教授等为核心的本领过硬的人才团队，为思想政治教育学科的提质增效奠定了有利基础。

三是人才培养制度愈发完善。制度建设是人才培养的基础性工作，也是人才培养的必要保障。2021年，北京地区思想政治教育学科建设过程中十分注重人才培养制度的建构，已经建立健全了相关的各项薪资制度、晋升制度、培养制度、奖惩制度、激励制度等，形成系统性的人才培养制度体系，为人才培养确立了基本的制度保障。其中，让思政课教师“看北京、看变化、看成就”是较为突出的创新之举，思政课教师走进市国资委、冬奥组委、市人大、市政协等单位现场备课和观摩学习，进一步将首都“四个中心”资源优势转化为育人动能。

（三）学科支撑更加巩固

任何学科的生存与发展需要具备一定的学科支撑，思想政治教育学科也不例外。综观2021年全年，北京地区思想政治教育学科在取得长足进步与发展的同时，因应社会发展的新情况与新条件，从技术性、理论性、实践性三个维度入手，统筹兼顾，有效巩固了自身的学科支撑。

一是不断巩固思想政治教育学科的技术支撑。2021年，北京地区思想政治教育学科建设还自觉构建与数智时代相适应的学科新形态，开始运用数智技术揭示社会思潮和行为者价值观念的变化、监测社会舆论和国民心态的发展态势、实施更有个性化和针对性的教育方案等。此外，北京市充分整合网络平台优势，大力建设“思政课教学重难点问题库”，为教师提供“解惑”功能；持续加大课程资源供给，精心打造“名师大家讲党史”系列可视化教材，大力推进了思想政治教育学科的科学化与现代化。

二是不断巩固思想政治教育学科的学理支撑。思想政治教育学科的发展离不开思想政治教育学理的支撑，建构好思想政治教育学科的学理支撑，是推进思想政治教育学科不断发展的重要举措。思想政治教育学科的学理支撑涵盖了思想政治教育领域内的学理成果以及与其相关的研究活动等内容。2021年，北京地区在进行思想政治学科建设中着力巩固其学理支撑，不仅发表了大量论著，而且建立了以本学科研究对象为前提的比较严密的理论知识体系和方法体系，形成了初步的具有普遍性影响的研究范式，投入产出比明显提升。

三是不断巩固思想政治教育学科的实践支撑。思想政治教育学科是适应思想政治教育实践需要而产生的，思想政治教育学科的实践支撑是思想政治教育学科发展的前提和基础。2021年，北京地区思想政治教育学科建设继续突出本学科的实践特性，将思想政治教育学科建设作为党的建设和意识形态工作的标志性工程。北京市委常委会和市委教育工作领导小组还专门研究思政课建设，将其作为加强高校党的政治建设的重要举措。随着庆祝中国共产党成立100周年这堂实践型“大思政课”在京华大地上隆重“开讲”，更是进一步巩固并夯实了首都思想政治教育学科的实践支撑。

二、学术研究概况

思想政治教育内蕴科学化与学科化同向偕行的发展向度，其中思想政治教育研究是推进思想政治教育学科建设的根本所在。整体审视，2021年北京地区学者持续深耕思想政治教育相关领域的理论研究，取得了较为丰硕的研究成果，并涌现出一系列具有代表性的热点议题。

（一）百年党史背景下的思想政治教育研究

2021年恰逢中国共产党百年华诞，北京地区学界围绕建党百年这一重大历史节点，将党史学习教育与思想政治教育相结合，进行了积极的学理探讨，主要聚焦于建党百年党的思想政治教育经验研究、党史学习教育融入思想政治教育建设研究、党的精神谱系与思想政治教育研究等。

第一，建党百年的思想政治教育经验研究。在党的百年华诞之际，总结百年来党领导思想政治教育的基本经验，既有助于把握思想政治教育的内在规律，也有助于推动思想政治教育学科理论体系的完善，同时也将极大推进新时代思想政治教育工作的创新发展。在此背景下，北京地区学界对建党百年思想政治教育经验进行了较为深入的探讨。有学者强调总结党领导思想政治教育基本经验，必须遵循科学的方法论原则，在坚持整体性、普遍性、基础性、科学性与时代性等原则基础上，将思想政治教育的基本经验归结为四条，即坚持以马克思主义为指导、为党的中心工作服务、以人民为中心的思想以及坚持与时俱进的创新精神。[1]有学者总结了五条关于党领导思想政治教育的经验，分别为：党的领导与指导思想与时俱进、实践探索与理论创新良性互动、组织机构与队伍建设协调推进、教育对象与内容方法辩证统一、服务大局与人的发展同向同行，并认为这些经验具有普遍性与规律性价值。[2]还有学者首先梳理了党领导思想政治教育的历程，之后以此为出发点从思想、定位、方法、原则四个方面总结了党领导思想政治教育的经验。[3]

第二，党史学习教育融入思想政治教育建设研究。北京地区有学者指出，中国共产党百年奋斗历程蕴含着丰富的思想精华和经验智慧，展现了丰富的历史底蕴，是全党全社会研究总结、学习借鉴的重要宝库。对于思想政治教育而言，深入挖掘百年党史的丰厚底蕴，将有助于推动学科内容深化、研究方法创新、学科评价系统化，强化思想政治教育建设的历史思维、辩证思维、创新思维与对象思维，进而引领思想政治教育学科的高质量发展。[4]还有学者对党史学习教育融入思想政治理论课的历史发展进行了系统梳理，指出中国共产党在创办与领导高等教育的历史进程中，一以贯之而又与时俱进地推进党史学习教育融入高校思政课。这主要表现为集中教育与经常教育的交替发展，推动党史学习教育的课程化与思政课程体系的科学化，在战略定位与功能导向、教学目标与内容构建、课程设置与改革创新等方面积累了丰厚经验。[5]

第三，党的精神谱系与思想政治教育研究。党的精神谱系与思想政治教育之间的关联是北京地区学者共同关注的热点议题，主要围绕两个方面展开：一是关于党的精神谱系育人价值的研究。有学者系统分析了党的精神谱系生成发展的脉络与育人价值，指出党的精神谱系的内在属性与时代新人精神面貌塑造相契合，能够为时代新人成长成才提供精神动力，并探讨了以精神谱系引领时代新人培育的具体路径：将精神谱系融入课程教育教学、校园文化打造、网络文化建设、社会实践教育等。[6]二是关于伟大建党精神融入思想政治教育的研究。有学者强调伟大建党精神对于大学生思想政治教育具有积极的启发意义。大力弘扬伟大建党精神有利于坚定大学生的理想信念、强化大学生的责任担当、提升大学生的精神风貌、培育大学生的崇高情怀。因此，新时代实现伟大建党精神对大学生思想政治教育的课堂融入、实践融入与文化融入具有现实的必要性和紧迫性。[7]

（二）中国共产党与思想政治教育发展研究

中国共产党是思想政治教育生成与发展的领导力量，党的领导直接决定着思想政治教育建设的成效。2021年，北京地区学者在对思想政治教育进行研究时，坚持高度自觉的政治站位，从学理上对中国共产党与思想政治教育发展的相关内容进行了分析和阐释。

第一，思想政治工作与党的治国理政研究。2021年，中共中央、国务院印发了《关于新时代加强和改进思想政治工作的意见》，对新时代思想政治工作进行了系统谋划、作出了战略部署，是新时代加强和改进思想政治工作的重要遵循。值此之际，北京学界对思想政治工作与党的治国理政的相关内容进行了研究，普遍认为思想政治工作对于治党治国具有重要意义。例如，有学者从理论逻辑入手，认为思想政治工作在治党治国中发挥着显著的社会动员优势、政治引领优势、思想教育优势、文明培育优势和自我革命优势，因而是治党治国的重要方式。[8]还有学者具体阐述了把思想政治工作作为治党治国重要方式的现实举措：首要的是要守护与发展好思想政治工作这条“生命线”，关键是要把思想政治工作贯穿党的建设和国家治理各领域各方面各环节，还要通过稳根基、扬优势、补短板、强弱项，在加强和改进新时代思想政治工作中落实治党治国的重要使命。[9]

第二，党的建设与思想政治教育研究。思想教育的提高对于团结全党有重要作用，如果思想政治难以完成，则党的政治任务就难以进行。要想完善党的进一步领导，就要加强思想政治工作。提升党建的力度，才能在思想政治教育方面具有一定的感染力，才能为新时代的思想政治工作探究出新的方式和方法。

2021年，北京地区学者对于党建工作与思想政治教育之间的内在关联进行了研讨，认为思想政治教育与党建工作相互依赖、相互促进、相得益彰，故此需要以党建工作深化思想政治教育的发展。例如，有学者结合中国传媒大学办学治校的具体案例，提出要以一流党建引领现代大学治理，把党建工作和思想政治工作优势转化为治理效能，全面提高育人质量和办学水平，努力为新时代推进教育高质量发展和大学治理现代化贡献力量。[10]

第三，党的理论与思想政治教育研究。中国共产党历来高度重视加强思想政治教育，无论是革命战争年代，还是社会主义建设和改革时期，都视其为“生命线”的中心环节。在此过程之中，中国共产党人不断深化对思想政治教育规律的认识，做出一系列重要论述，并留下大量经典著作，其中蕴含宝贵的理论财富。2021年，学者们从历史与现实出发，对党的理论与思想政治教育进行了新的阐发。有学者指出，《人的正确思想是从哪里来的》是毛泽东哲学思想的重要篇章，文中包含丰富的思想政治教育论断：人的正确思想，只能从社会实践中来；无产阶级认识世界的目的，只是改造世界等，对于推进思想政治教育科学化大有裨益。[11]还有学者从整体性视角出发，系统研究习近平关于思想政治教育的重要论述，认为其根植于马克思主义基本原理的理论精髓，核心思想表现在思想政治教育的目标、任务、内容、原则、方法五个方面，是新时代开展思想政治教育的行动指南。

（三）高校思想政治教育研究

高校作为意识形态工作前沿阵地，对大学生的人格的塑造起着至关重要的作用，是否能恰如其分地在政治方向、理想信念等问题上凝聚最具活力群体的力量，直接关系到党的教育事业的成败。2021年，关于高校思想政治教育的探讨也成为北京学界高度关注的话题。

第一，高校思想政治教育范畴研究。范畴的精确化、规范化，是任何一门学科持续发展的客观要求。范畴是把事物进行归类的依据，有了范畴，才可以把我们的观察资料归属到一个秩序井然的符号系统中去，以便使它们相互间系统连贯起来并能用科学的概念来解释。作为思想政治教育理论研究的重要领域，范畴研究关系到学科建设的方方面面，是促进学科向高水平发展的重要一环。对此，北京地区学者也投入了大量精力。有学者就指出，新时代给深化高校思想政治教育范畴研究提出了新要求，也提供了动力和契机。高校思想政治教育研究者和从业者要做有思想的行动者，明确深化范畴研究的时代意义，这是推动实践成果转化的必然要求、指导实践创新的客观需要、创新话语体系的内在要求。推进高校思想政治教育范畴研究应着力理论思维与实践导向，立足思想政治教育范畴研究的基本论域，推动多学科视野融合，聚焦学科改革创新需求。[12]

第二，高校思想政治教育工作研究。新时代，思想政治教育在高校中的作用愈发重要，思想政治教育工作也成为高校工作中不可或缺的重要组成部分。随着社会的发展，传统的思想政治教育工作在新形势下面临着巨大冲击。为适应新的时代要求，加强高校思想政治教育工作迫在眉睫。有学者就指出，面对新时代的新任务，高校思想政治工作要始终坚持党对思想政治工作的全面领导，着力破解思想政治工作中的瓶颈和难题，深化思想政治工作以文化人的价值导向，进一步形成合力育人、协同育人的工作格局，深入推进新时代高校思想政治工作的守正创新。[13]还有学者结合时下流行的数字技术，认为面对当前阶段高校思想政治工作者信息权威性削弱、大数据思维缺乏、信息专业化程度较低的现实境遇，应从加强大数据相关制度建设、构建大数据应用工作体系、开展大数据专业化培训、优化大数据教育整体环境等路径，提升高校思想政治工作者的大数据素养。[14]

第三，大学生思想政治教育研究。教育部公布的《2017年高校思想政治理论课教学质量年专项工作总体方案》明确提出要切实增强大学生对思想政治理论课的获得感。由此，“获得感”一词被引入思想政治教育领域，大学生思想政治教育获得感逐渐成为思想政治教育研究领域内的热点与焦点。2021年，北京地区学者也针对大学生思想政治教育获得感这一命题进行了探讨。例如，有学者指出，作为思想政治教育质量水平的现实反映，大学生思想政治教育获得感提升是体现学科发展成果、提升教育质量层次、落实育人使命任务的迫切需要。大学生思想政治教育获得感是多种因素共同作用的结果，是学生、供给和环境等多重维度交织影响的产物。[15]还有学者认为，提升大学生思想政治教育获得感，要在掌握大学生群体的认知规律和心理特征的基础上实现，需要引导大学生消解对思想政治教育的固化印象、通过思想政治教育不断达成对未来预期的自我实现、自觉接受思想政治教育、悦纳思想政治教育。[16]

（四）“课程思政”相关问题研究

自习近平总书记在2016年12月举办的全国高校思想政治工作会议上提出“课程思政”概念以来，思想政治理论界就对此展开了持续性研究。2021年，北京地区的学者也对课程思政相关问题进行了详细阐释，并把研究重点放在“课程思政”建设，即如何开展“课程思政”这一方面。

第一，“课程思政”改革研究。在当前大思政建设背景下，“课程思政”很大程度上决定着高校课堂主渠道的育人实效。虽然绝大多数高校都已出台相关实施方案或指导意见，但在细节设计上还或多或少存在一些需要解决的问题，因而有必要进行改革与创新。有学者就指出，高校“课程思政”改革是落实党的教育方针和立德树人根本任务的必然选择。推动高校“课程思政”改革，需要坚持正确方向，以制度建设夯实改革基础；坚持整体推进，以实践创新提升改革效能；坚持教师主体，以队伍提升保障改革质量；坚持特色发展，以文化创新注入改革活力。[17]还有学者认为，实践导向是提升“课程思政”质量、优化专业人才培养的重要着力点。推动“课程思政”改革，需要把握中国特色社会主义实践进展，关切高校思想政治教育实践需要，尊重人的生产生活实践新特点，不断丰富专业课程内容，并通过专题式课程、实践式课程、文献式课程等丰富专业课程方式。[18]

第二，“课程思政”高质量发展研究。“十四五”时期，我国教育进入高质量发展阶段。在新的历史阶段，推动“课程思政”高质量发展是落实立德树人根本任务、抓好后继有人根本大计的关键环节，具有不可替代的重要作用。有学者从系统视域出发，认为促进“课程思政”高质量发展要注意四个方面，一是从意识形态前沿阵地的高度认识思政课的重要地位，培养合格的社会主义建设者和接班人；二是加强党对思政课建设的领导，推动全社会形成重视思政课的风尚；三是加强思政课教师队伍的素质建设，发挥教师的积极性；四是增强思政课的针对性和亲和力，增强思政课的实效性。[19]还有学者指出，要以“三个关键”为基本遵循，通过坚持品质为先、讲求精实工作、运用现代信息技术等基本要求，在建设教学资源、助力教师成长、提升教研方法等方面凝心聚力，真正打造出“高精尖”水平的思想政治理论“金课”，从而推进“课程思政”的内涵式发展。[20]

第三，“课程思政”教师队伍建设研究。落实立德树人根本任务需要打造一支素质过硬的思想政治理论课教师队伍。当前思想政治理论课教师队伍后备人才的供给面临多而不强、多而不优的现实困境，也反映出培养过程中制度建设的一些短板。因此，需要采取有效措施，奋力推动“课程思政”的教师队伍建设。有学者指出，高校教师作为“课程思政”的主要承担者，其“课程思政”能力的培养对“课程思政”建设具有重要意义。当前，高校教师的“课程思政”能力建设仍然存在一定问题。只有从加强教育培训、提升教师综合素质、建立有效的评价机制等方面入手，才能根本提升教师的“课程思政”能力。[21]还有学者指出，需要深刻认识思政课改革创新所处的历史方位，统筹设计后备人才培养和发展的体系化制度方案，激发思政课教师创新的内在动力，从而实现思政课教师队伍后备人才培养从高速发展向高质量发展的升级，激活“课程思政”在新阶段的改革创新。

（五）网络思想政治教育研究

随着科学技术的发展，网络在社会生活中得到普及和深化，它以自身的独特优势成为大众传媒发展的重要部分。网络不仅与我们生活息息相关，更为思想政治教育提供了丰富的资源。与此相伴，网络思想政治教育研究得到了很多关注，也已成为2021年北京地区学者的重点观照对象之一。

第一，网络思想政治教育发展历程研究。网络思想政治教育虽然是一种新兴事物，但其产生与发展并非一蹴而就的，而是经历了一个逐渐演化的过程，是经过实践积累所得出的成果。因此，学者们对于网络思想政治教育的发展历程进行了深入的探究。正如有学者所指出的，回顾梳理20多年来网络思想政治教育理论研究的发展历程，是深入推进网络思想政治教育理论研究传承与创新相结合的基础性工作。自1994年中国接入互联网以来，网络思想政治教育逐渐兴起并快速发展，先后经历了1994—2004年的入网适应阶段，2004—2012年的范式转换阶段，2012年至今的融合拓展阶段。在不同的发展时期中，网络思想政治教育理论研究具有不同的阶段性特征，总体上经历了理论准备与初步探索、探讨定位与拓展建构、持续推进与深化细化三大阶段，并呈现出明显的科学化、学科化、融合化和体系化发展趋势。

第二，网络思想政治教育话语研究。网络思想政治教育话语表达在本质上是对思想政治教育内容的呈现，关乎思想政治教育话语权的构建，直接影响思想政治教育的效果。优化网络思想政治教育的话语表达对提升思想政治教育的实效性具有至关重要的作用。有学者就指出，新媒体时代网络思想政治教育话语表达呈现出新的特点：话语表达主体日益走向多元协作，话语表达内容既有统一性要求又有多样性选择，话语表达的媒介迭代升级、优化融合，话语表达的语境复杂多变、利弊共存。这些新特点对思想政治教育提出了新的要求，即必须充分把握和积极运用新媒体，不断提升思想政治教育的感染力、吸引力、亲和力和针对性。还有学者指出，短视频的出场促使网络思想政治教育话语面临着话语权威地位降低、话语逻辑思维弱化、话语传播内容遭漠视、话语价值认同淡化等多重挑战。由此，应在议题、理念、内容、方式上勇于突破寻求进路，让短视频语境为网络思想政治教育话语创新赋能。

第三，网络思想政治教育建设路径研究。随着互联网技术发展，具有新时代特色的思想政治教育网络载体应运而生，与此同时，运用过程中存在的问题也相伴而生并日益突出。积极探索网络思想政治教育的优化措施，对于提升其实效性具有重大意义。有学者强调，应当积极探索新时代背景下思想政治教育网络载体运用的主要形式及其运用过程中存在的问题，从规范思想政治教育网络载体运用、推动思想政治教育网络载体的分众化发展、探索思想政治教育网络载体运用导向机制与预警反馈机制等方面入手解决问题，从而达到优化思想政治教育网络载体、提升其运用实效性的目的。还有学者着眼于高校场域，认为高校要充分利用移动互联时代的新型技术，树立教育生态系统思想，创新发展新时代高校思想政治教育理念；创新高校科研育人、实践育人机制，巩固协同育人功效；完善高校网络育人机制保障，构建良好的高校思政教育环境，从而推动高校网络思想政治教育的发展。

（六）爱国主义教育研究

爱国主义是中华民族的文化传统，也是激励民族复兴与发展的精神力量。为了发挥爱国主义的影响力，应从爱国主义教育身上挖掘革命传统，用爱国主义教育诠释革命精神的含义。2021年，北京地区学者从爱国主义教育的价值角度出发，将爱国主义教育当作爱国主义传承的载体，对其进行了详细的研究。

第一，爱国主义教育历史逻辑研究。爱国主义是一个历史范畴，不同历史时期爱国主义教育有不同的具体内容。回望爱国主义教育的历程，总结和探索爱国主义教育经验和规律，对于推动新时代爱国主义教育的深入发展，具有重要的意义。对此，有学者结合百年党史，详尽地梳理了中国共产党百年爱国主义教育的发展历程。他指出，建党百年来，中国共产党始终是爱国主义精神最坚定的传承者、弘扬者和实践者。在波澜壮阔的百年征程中，中国共产党把爱国主义教育贯穿于中国革命、建设和改革的全过程，开创了以“救国”“兴国”“富国”“强国”为主题的爱国主义教育历程。一百年来，爱国主义教育的任务、内容、方法随着时代的发展不断被赋予新的内涵，但爱国主义与爱党、爱社会主义有机统一，爱国主义与中国革命、建设和改革相一致，爱国主义与国际主义相融合的基本原则没有变；爱国主义教育与马克思主义理论教育、社会主义教育相结合的内容没有变。

第二，习近平总书记关于爱国主义的重要论述研究。党的十八大以来，习近平总书记以集大成的理论气度、原创性的理论贡献丰富和发展马克思主义关于爱国主义教育的思想观点，提出了一系列思想深刻的重要论述。深刻认识和把握习近平总书记爱国主义教育重要论述，是推进爱国主义教育理论发展和实践深化的应有之义。有学者指出，习近平爱国主义教育重要论述形成了独具时代特色和深厚哲理意蕴的爱国主义教育理论体系。习近平爱国主义教育重要论述的认识论、实践论、方法论三重阐释既相互联系又相互区别，它们统一于习近平爱国主义教育重要论述的形成发展之中，其实质是新时代爱国主义教育的定位、定路和定法问题。还有学者聚焦习近平总书记五四系列讲话，习近平总书记每年在五四青年节前后发表重要讲话，为青年爱国主义教育提供了思想引领和行动方案，以历史文化积淀精神追求，形塑青年爱国记忆，是推动青年爱国主义教育理论发展和实践创新的根本指针。

第三，疫情防控形势下爱国主义教育研究。爱国主义教育有效推进需要结合时势发展，深入具体领域和重点人群。2021年，在面对新冠肺炎疫情时，中国人民用自己的爱国行为谱写了壮丽的爱国篇章，爱国主义教育的作用再次凸显。有学者指出，爱国主义是中华民族最重要的精神财富。新时代爱国主义精神在抗击新冠肺炎疫情的大考中发挥了重要作用。加强新时代爱国主义教育，首先要理解新时代爱国主义的主要内涵。其次要充分利用中国战“疫”这个特殊教材，化疫情“危机”为教育“契机”，探索疫情防控斗争中加强爱国主义教育的有效路径：营造爱国氛围，厚植家国情怀；涵养国民心态，促进合作共赢；践行知行合一，坚定“四个自信”。我们不仅要立足当前，让爱国主义精神激励我们夺取抗击疫情的全面胜利，同时要放眼未来，将这场伟大斗争中凝聚起来的中国战“疫”精神一并融入新时代爱国主义教育实践之中，为实现中华民族伟大复兴提供强大动能。[22]

三、问题思考

从2021年北京地区关于思想政治教育学科建设与学术研究可以看出已有的研究和实践已经取得一系列成果，为进一步探索奠定了基础，并提供了新的思维空间。但同时，这一领域的学科建设与学术研究还存在一些不足之处。

（一）关于思想政治教育学科的问题思考

第一，学科边界较为模糊。学科边界是学科之间区分的关键，也是学科深化发展的核心要素。2021年北京地区思想政治教育学科发展还存在边界模糊的问题。一是学科向外开拓研究领域迅猛，导致思想政治教育学科辐射疆域过宽，主干学科发展受到制约，严重影响了思想政治教育学科的科学发展。通过对北京地区一些高校思想政治教育专业毕业论文的调研和整理，发现有些学校的本科生、硕士研究生、博士研究生毕业论文的选题已经超出学科的研究领域，有些毕业生论文的选题偏离学科甚远，有些选题甚至与思想政治教育学科毫无关系。二是思想政治教育学科研究方向设置随意。通过对北京地区一些招生单位思想政治教育学科硕士研究生、博士研究生招生目录、招生方向的分析，可以发现学科研究方向多种多样，与其他学科重叠现象严重，有些方向与思想政治教育学科关系并不紧密，如“全球化与全球治理研究”“社会主义治国理论”等。

第二，学科导向仍需加强。思想政治教育学科是适应社会实践而产生的，社会实践是学科发展的现实动力。因此，思想政治教育学科发展必须坚持实践导向，从实践中来，最终回到实践中去。一方面，思想政治教育实践经验只有上升为科学的理论，才能回到实践中更好地指导实践。另一方面，实践是检验真理的唯一标准。思想政治教育学科演进是否合理，学科体系是否完备，只有在思想政治教育实践中才能得到检验。2021年，北京地区思想政治教育学科规模不断扩大，但是问题意识较为淡薄，重书本轻实践成为思想政治教育学科发展中存在的突出问题。这固然与学科发展的历史较短有关，但更重要的是因为思想政治教育学科与实践的融合不够，需要进一步改进。

第三，学科队伍存在短板。在学科人才培养方面，关键是教师队伍。综观2021年北京地区思想政治教育学科的发展，首先需要肯定的是学科队伍建设取得了显著成效，已经培养了大批优秀的教师人才，他们为思想政治教育学科的发展呕心沥血、贡献了自己的力量。然而，客观来讲，北京地区思想政治教育学科教师队伍仍存在良莠不齐的情况，导致人才培养效果不佳。一方面，北京地区一些高校思想政治教育学科的教师有些是从其他专业或者行政管理人员转过来的，由于学科背景存在专业化程度不高等问题，导致队伍人员比较杂、不稳定，学术整体力量不强；另一方面，梯队建设上存在年龄结构不合理、知识结构老化等现象，这就导致教师在与学生交流沟通上存在一定的障碍，与推进学科建设发展的要求还存在不小的距离。此外，由于当前高校评价体系的问题，部分教师在如何处理好专业教学和科研上存在矛盾，导致出现重科研轻教学的现象，这样既不利于教师的成长，也不利于人才培养。

（二）关于思想政治教育研究的问题思考

第一，概念范畴仍需厘清。在思想政治教育研究中，基本范畴和概念系统占据重要地位。思想政治教育自诞生以来，在理论发展中逐渐形成了一批具有学科特色的学术话语，如思想和行为、内化与外化、言传和身教、疏通与引导、物质鼓励与精神鼓励等，这些基本的学术话语已经逐渐为学界内外所使用、所认同。但是纵览2021年北京地区思想政治教育研究领域，基本概念、范畴的严谨度仍然欠缺，自洽性不足。一些基本范畴的使用随意，一些重要概念带有较大的含混性。如关于思想政治教育的基本方法、根本方法、原则方法，关于思想政治教育的基本原则、根本原则、具体原则，思想政治教育方法、方法论等概念的区分缺少严格的、科学的界定、阐释和区别论证。因而不同的研究者虽然使用相同的概念，但是对这些基本概念含义的理解却不一致、用法也不统一。思想政治教育术语的随意使用、随意替换和有意无意的混用倾向，正在危害着学术的严谨性和严肃性。

第二，研究方式有待创新。随着社会的不断发展与学科研究的日渐深化，思想政治教育研究面临着研究方式的重审与创新。2021年，北京地区思想政治教育研究的方式主要为理论式研究，即从抽象的、理论的层次和角度对思想政治教育学科进行研究。但是，这种对学术探索活动起重要作用的方式并没有成为思想政治教育学界借以指导其研究活动的“一种公认的模型或模式”。这就造成思想政治教育研究中的核心理论问题尚没有得到充分的讨论和清理；部分专业研究者陶醉于自我思辨，从概念中来到概念中去，论题越来越玄、论证越来越烦琐，越来越小众化；对实践中的问题还没有从经验中进行理论抽象和理论思考的思维习惯，研究论文缺少相应的理论深度。这些问题表明，研究方式创新已经成为北京地区思想政治教育研究的急需改进之处。

第三，学科视野亟待拓展。通过对2021年北京地区思想政治教育理论研究成果的梳理发现，虽然其研究领域不断扩充，但是研究视野还比较局限，有待拓展。一方面，基础研究需要补足。在学术研究上，思想政治教育的一些基础问题仍莫衷一是，“杂乱化”“碎片化”现象较为突出，思想政治教育基本范畴问题、研究范式问题、原理体系问题等有待深化。另一方面，比较研究需要加强。有比较才有鉴别，作为一门综合性比较强的学科，对思想政治教育进行比较研究具有极强的学术必要性。但是很可惜的是，相对于思想政治教育学科论、学科史的研究，思想政治教育的比较研究还很薄弱，还处于基本建设阶段，今后要对这一方面的研究进行拓展。

四、未来展望

随着国家发展进入提质期，思想政治教育发展也进入新的历史时期。针对2021年思想政治教育发展面临的形势以及在发展过程中遇到的问题，北京学界应当不断结合现实，探索新的出路，推动思想政治教育的学科建设和学术创新。

（一）思想政治教育学科的发展建议

第一，坚持统筹发展的基本原则。所谓统筹发展，就是要在思想政治教育学科发展中一方面采百家之长、为我所用，另一方面注重学科之间的统筹发展。在学科发展中既要坚持古为今用，从古代传统文化资源和教育思想中加以批判吸收，不断丰富和完善学科的理论和方法体系，又要坚持洋为中用，汲取世界各国在促进思想进步、提升道德素质方面取得的成功经验，积极借鉴人类文明创造的优秀成果，着力打造融通中外的新概念新范畴新表述。同时，要跨越学科界限，采用多学科研究方法，注重吸收人文社会科学各学科的研究成果，并坚持思想政治教育学科与马克思主义理论一级学科下二级学科的交叉发展，推动思想政治教育学科理论研究的深化，从学科发展的角度促进相互之间协调平衡发展，整体推动学科的发展。

第二，努力夯实实践根基。思想政治教育学科有其形成的实践基础，面对当前复杂的社会环境，学科发展要坚持马克思主义与时俱进的理论品质，聚焦国家重大需求，回应社会期待，因事而化、因时而进、因势而新。首先，积极回应现实关切。思想政治教育学科既具有理论性又具有实践性，脱离实践，学科建设就会成为“无源之水，无本之木”。因此，学科发展必须紧密联系实际，跟上时代发展步伐，紧扣时代发展脉搏，把理论研究与现实问题相结合，注重回应社会重大问题，不断增强学科时代性与针对性。其次，要坚持在实践中形成理论、运用理论、创新理论。面对国际国内复杂的环境，思想政治教育学科建设受到全球化、网络化、信息化的影响与挑战，西方国家企图用本国的价值观代替其他民族的文化，具体表现在意识形态领域的渗透与同化。思想政治教育的有效性削弱，这就要求学科研究与中国特色社会主义实践相结合，时刻关注社会实践中出现的新情况、新问题。

第三，大力加强人才队伍建设。学科的发展关键在于人，人才是学科发展最宝贵的资源。培养一支高素质、能长期从事思想政治教育研究和教学的人才队伍是促进学科发展的关键。针对当前思想政治教育学科人才队伍的现状，要健全相关的制度，切实保障思想政治教育学科人才队伍与其他学科享有同等的权益；要提供学科人才队伍互相进行学术交流、研讨和课题攻关的平台，加强学科人才队伍整合，改变单兵作战的局面，并提供更多的学习、参观机会，让学科队伍能够走出去，参与国内国际学术交流，为学科发展增添更多的动力。

（二）思想政治教育研究的发展建议

第一，以习近平新时代中国特色社会主义思想为引领，开发中国共产党思想政治教育的理论资源。首先，马克思主义中国化的历史进程中的思想政治教育资源主要有：马克思主义经典文本，例如《共产党宣言》《德意志意识形态》《反杜林论》等著作中的思想政治教育内涵；马克思主义中国化的过程中，所形成的理论成果——毛泽东思想、邓小平理论、“三个代表”重要思想、科学发展观和习近平新时代中国特色社会主义思想中的思想政治教育内涵等。其次，中共党史中的思想政治教育资源。党史教育本身就属于思想政治教育的重要内容，此外，如党在不同历史时期的思想政治教育方法和原则的思想政治教育价值，党的百年历史上与中国共产党思想政治教育相关的文献资料等。再次，中华传统文化中的思想政治教育理论资源等。

第二，探索和构建具有新时代特点的中国共产党思想政治教育研究范式。新时期学术界应围绕中国共产党思想政治教育研究范式的内涵、构建模式以及构建路径等问题开展深入研究，积极探索回应新时代课题、满足新时代需求的中国共产党思想政治教育的规律性。

第三，借鉴相关学科的最新成果，凭借“合力”拓展研究领域，在多学科交流互鉴中实现创新发展。无论是马克思主义理论的下属学科还是中共党史的分支学科，中国共产党思想政治教育均是多学科交叉视野下的产物。党的十九届五中全会提出要推进国家治理体系和治理能力现代化，因而治理现代化就成为当前多学科研究的主题。思想政治教育治理研究应借鉴哲学、社会学、政治学等学科的方法，既要体现党的思想政治教育历程的普遍性，又要观照思想政治教育实践中的特殊性，探索思想政治教育治理的一般规律，为推进国家治理体系和治理能力的现代化提供精神动力和智力支持。

注：

[1] 刘建军，许庆华：《中国共产党百年思想政治教育的基本经验》，《西北大学学报（哲学社会科学版）》，2021年第3期。

[2] 王树荫：《中国共产党百年思想政治教育基本经验》，《教学与研究》，2021年第5期。

[3] 洪向华、冯文燕：《中国共产党成立一百年以来思想政治教育的历程、经验和启示》，《北京联合大学学报（人文社会科学版）》，2021年第1期。

[4] 冯刚：《以百年党史丰厚底蕴引领思想政治教育学科高质量发展》，《思想理论教育导刊》，2021年第10期。

[5] 刘雨亭：《党史学习教育融入高校思想政治理论课的沿革、经验与优化路径》，《思想理论教育导刊》，2021年第11期。

[6] 冯刚、张发政：《中国共产党百年红色精神谱系引领时代新人培育》，《中国高等教育》，2021年第5期。

[7] 刘萍：《伟大建党精神融入大学生思想政治教育的现实考量》，《学校党建与思想教育》，2021年第19期。

[8] 张智：《论思想政治工作是治党治国的重要方式》，《思想理论教育》，2021年第10期。

[9] 王易：《把思想政治工作作为治党治国的重要方式》，《学校党建与思想教育》，2021年第15期。

[10] 廖祥忠：《构建以党建为引领的思想政治教育体系　提高新时代育人质量和办学水平》，《党建》，2021年第8期。

[11] 张智、谢康凯：《〈人的正确思想是从哪里来的〉中的思想政治教育论断及其启示》，《毛泽东研究》，2021年第6期。

[12] 冯刚：《深化高校思想政治教育范畴研究》，《马克思主义理论学科研究》，2021年第9期。

[13] 冯刚：《论新时代高校思想政治工作守正创新》，《上海交通大学学报（哲学社会科学版）》，2021年第5期。

[14] 阮一帆、李静思：《高校思想政治工作者大数据素养提升路径探析》，《思想教育研究》，2021年第4期。

[15] 朱宏强：《大学生思想政治教育获得感提升研究》，《思想政治教育研究》，2021年第1期。

[16] 张守连、张星亮：《大学生思想政治教育获得感的心理机制和提升路径探析》，《学校党建与思想教育》，2021年第14期。

[17] 于成文：《新时代高校“课程思政”改革的探索与实践》，《中国高等教育》，2021年第23期。

[18] 王振：《新时代思想政治教育专业课程创新的实践导向》，《学校党建与思想教育》，2021年第22期。

[19] 刘书林：《高质量思政课建设的四个突出问题》，《马克思主义与现实》，2021年第3期。

[20] 王易：《推动高校思政课建设内涵式发展的思考》，《马克思主义理论教学与研究》，2021年第1期。

[21] 邓丽娜：《新时代高校教师提升“课程思政”能力研究》，《思想政治教育研究》，2021年第3期。

[22] 李蕉、王博伟：《完善思想政治理论课教师队伍后备人才培养制度的新思考》，《思想理论教育导刊》，2021年第11期。

（北京市科学社会主义学会供稿）

中共党史

摘　要

2021年，中国共产党成立100周年纪念推动中共党史学科取得突破性发展。在学术研究方面，中共党史专题研究取得重要进展，尤其是中国共产党创建史研究成为研究热点；资料整理、理论方法创新也产生一些重要成果。围绕党史学习教育实践和庆祝中国共产党成立100周年，党史学科在讲好中国共产党故事、学习教育常态化长期化方面充分发挥资政育人功能，全面总结党的百年奋斗历史经验，探讨中国共产党百年历史叙事的构建问题。在学科发展方面，设立中共党史党建一级学科突破了中共党史学科的发展瓶颈，开辟了中共党史学科化的新篇章。

在学术研究方面，中共创建史研究成为学术热点。从整体上看，中共党史研究的重心仍然在新民主主义革命时期，但也有下移研究重心的呼吁和趋向。新民主主义革命时期的中共党史研究成果最多，主要分布于中国共产党创建史、大革命史、抗日战争史等方面，从组织史、经济史、军事史、社会史层面拓展研究领域，日益注重国际背景下的考量和与国民党的比较研究，展现共产国际和中国革命的矛盾关系以及中共与国民党斗争的复杂面向，特点是资料相对充足、分工日趋细致、创新成果突出。其中，中国共产党创建史研究成为热点，围绕早期马克思主义传播、五四运动与中国共产党成立、共产国际与中国革命等问题展开探究。中国共产党与抗日战争研究依然是重要学术生长点。关于社会主义革命和建设时期党史的研究成果相对较少，有关研究主要集中于新中国成立后党的政治建设、经济建设、文化建设、社会建设、外交工作等领域。当然，研究者开始呼吁加强改革开放史研究。关于改革开放和社会主义现代化建设新时期的党史研究，注重考察经济改革等实践过程和总结成功经验。关于中国特色社会主义新时代的研究，主要关注全面建成小康社会、脱贫攻坚和共同富裕等话题。概括来看，目前的研究问题是开拓新领域，特别是加强社会主义革命和建设时期党史的研究，推动研究重心的下移。

创新中共党史研究理论方法，提升党史研究的科学化水平。以建党百年为契机，立足新时代发展新方向，党史学界围绕中共党史研究理论与方法的创新发展进行探讨。一是主张大力加强方法论创新，改造传统史观影响下形成的党史学术体系，特别是吸收和消化历史学、社会学等学科的学术规范和理论方法。二是回顾和总结中共党史学者关于中共党史研究经验的提炼。《中共党史研究》设立“新民主主义革命时期党史研究的继续深化与发展方向”“中国抗战史研究的理论与方法”等笔谈栏目，《北京党史》开设“党史研究与方法”笔谈栏目，对中共党史研究理论与方法进行专题探讨。三是关注和借鉴海外中共党史研究，在批判和反思中完善中共党史学术体系建设。此外，运用概念史、阅读史等方法探究中国共产党思想理论活动和马克思主义传播现象，取得一些成果。总的来看，理论方法的研究固然取得了重要进展，但并未满足繁荣中共党史研究的迫切需要，应继续开拓视野、加强探索。更为重要的是，新中国成立以来中共党史学者的治学经验应当予以重视和提炼，加以理论化表述，形成符合中共党史研究特点的理论方法体系。

设立中共党史党建一级学科，学科建设取得突破性进展。随着党史学习教育活动的开展，党史学科建设问题引发关注。《中共党史研究》《历史研究》《抗日战争研究》《北京党史》设立学科建设笔谈栏目，一些高校、党校也召开了相关学科建设研讨会，呼吁建立一级学科、提高学科建设科学化水平。2021年12月，国务院学位委员会公布《博士、硕士学位授予和人才培养学科专业目录（征求意见稿）》，“中共党史党建”被列入法学门类新增的一级学科目录（专业代码为0307）。围绕这一重大变化，党史党建学界探讨中共党史党建一级学科建设的相关问题，一致认为必须认真学习习近平新时代中国特色社会主义思想，聚焦习近平总书记关于党的历史与党的建设的重要论述，以此作为学科建设的根本遵循。在学科理论与方法上，学界深入研究《中共中央关于党的百年奋斗重大成就和历史经验的决议》，在探究百年党史的历史主题、历史分期和历史评价标准的基础上，党史学界深入探讨了百年中共党史叙事的构建原则、叙事方式和问题把握等问题，对于构建百年党史叙事体系具有重要意义。此外，围绕构建中共党史党建学科的教材体系、学科体系、学术体系等问题展开了讨论。就发展趋势来看，中共党史党建学科建设需要反映学科对象的全部属性和特点，充分研究中国共产党治国理政的实践全貌、内在结构和运作逻辑，以此作为构建中共党史党建学科体系的基本依据。

加强党史资料的整理出版，夯实中共党史教学与研究基础。中共党史资料整理出版主要表现为档案资料展览、马克思主义经典著作传播资料汇编以及电子数据资源建设等。这些资料为社会各界开展党史研究和党史学习教育提供了珍贵素材。在档案资料展览方面，“中国共产党历史展览馆”通过2600多幅图片、3500多件（套）文物实物，第一次全方位、全过程、全景式地展现出中国共产党波澜壮阔的百年历程。重视发掘海外中共党史资料是近年来中共党史资料整理利用的重要特点。中国历史研究院“海外近代中国珍稀文献搜集、整理与研究”项目经过近十年努力，从十余个国家和中国台湾地区，收集、复制1000万余页珍稀档案文献，其中包括近百万页中共党史文献，在不少方面填补了党史研究领域的空白。在马克思主义传播史资料汇编方面，北京大学《马藏》编纂与研究中心主编的《马藏》第二部第1卷和第2卷、《马藏》第三部第1卷和第2卷出版，收录、影印了马克思主义在中国传播起始阶段出版的相关著作、译著类文献、报刊等资料，呈现了马克思主义在中国早期传播的思想过程和文本特征。杨金海、李惠斌、艾四林主编的《马克思主义经典著作传播通考》系列丛书陆续出版，通过收集、整理、考证1949年以前马克思主义在中国传播的主要经典文本，用翔实的文献史料充分展示五四运动到中华人民共和国成立30年间马克思主义在中国传播的光辉历程及其对新民主主义革命胜利的深刻影响。

发挥党史学科资政育人功能，服务党史学习教育实践活动。围绕党史学习教育活动，出版《习近平论中国共产党历史》和《毛泽东　邓小平　江泽民　胡锦涛关于中国共产党历史论述摘编》。中央宣传部组织编写的《中国共产党简史》《中华人民共和国简史》《改革开放简史》《社会主义发展简史》四本简明读本，成为以中共党史为重点的“四史”学习教育的权威书目。学术著作方面，产生一些重要成果，如李捷著《奋斗与梦想——近代以来中国人的百年追梦历程》、曲青山著《中国共产党百年辉煌》《中国共产党百年历史经验》等等。通俗资料方面，出版《中国共产党历史通览》《中共党史知识问答》《中国共产党100年100事》《写给中学生的中国共产党历史》等读物，出品《百炼成钢：中国共产党的100年》等纪录片和“了不起的百年”“党史微课”等系列公开课，录制《党课开讲啦》等宣讲节目。围绕庆祝中国共产党成立100周年而展开了回顾和总结百年党史的研究，从政治制度、经济发展、文化建设、社会建设等专题梳理历史脉络与经验启示，从理论创新、理论教育、思想传播等层面回顾发展过程与历史作用。目前研究的问题是需要进一步深化相关史实的研究，实事求是地认识主流和支流、经验和教训，注意具体研究对象的自身规定性，避免出现千篇一律的“套路化”现象，同时，需要深度探究中共党史百年的内在逻辑整体性，深入研究历史主题、主线和经验，加强百年党史叙事的研究。

中共党史

2021年，党史学习教育活动、庆祝中国共产党成立100周年和学习研究党的十九届六中全会精神成为推动党史学科学术发展的强劲动力。习近平总书记在中国共产党成立100周年大会上发表重要讲话，全面总结了党领导民族复兴伟业的历史经验，领导起草并主持通过《中共中央关于党的百年奋斗重大成就和历史经验的决议》（以下简称“第三个历史决议”），系统总结党的奋斗成就、历史经验和历史意义，形成关于中共党史研究的历史分期、历史主题、历史经验等问题的新认识，为中共党史学科学术发展提供根本遵循。总的来看，服务党史学习教育活动、拓展中共党史学术研究、设置中共党史党建一级学科，构成本年度中共党史学科学术发展的关键内容。

一、学科发展情况

2021年2月20日，党史学习教育动员大会在北京召开，习近平总书记发表重要讲话，号召开展党史学习教育实践活动，深入总结历史经验，学史明理、学史增信、学史崇德、学史力行。为推动各地扎实开展党史学习教育各项工作，中央决定由中央宣传部会同中央有关部门，组成党史学习教育中央宣讲团，在全国各省开展宣讲，宣讲团由中共党史领域资深专家组成。除中央宣讲团外，高校、党校和社科院、中共中央党史和文献研究院等机构的教师也积极参与企业、行政机关、学校等机构的党史宣讲；中国人民大学、北京大学、清华大学、北京师范大学等高校组织博士生宣讲团，赴企业、中小学、街道等开展数百场党史知识宣讲活动，辐射数百万听众。2021年3月起，北京市委教育工委联合北京高校思想政治理论课高精尖创新中心、中国人民大学马克思主义学院，打造每周一期的“首都百万师生同上一堂党史课”系列网络公开课活动，活动同时作为北京高校“形势与政策”市级示范课，供全市高校参考使用。4月至5月，教育部社科司与人民网联合举办“全国大学生‘同上一堂思政大课’四史讲堂”，为四史教育融入思想政治理论课程提供了宏大视角和丰富素材。

这也为探讨中共党史学科建设问题提供新契机。《中共党史研究》2021年第1期设立“面向新时代的中共党史学科建设”笔谈。“编者按”指出“打造面向新时代的中共党史学科体系，继续提升党史学科建设的科学化水平，更好地发挥党史研究资政育人的功能和作用，并为构建中国特色哲学社会科学及知识体系作出源自党史学科的独特贡献，就成为党史学界普遍关注的一个理论问题”。杨凤城在《关于中共党史学科定位与建设的若干思考》中指出，中共党史学科建设必须强化新时代站位，中共党史及其相关学科在构建中国特色哲学社会科学学科体系、学术体系、话语体系中具有独特的优势和基础，可以在法学门类下设置包含中共党史、党的建设、马克思主义中国化等二级学科在内的“中国共产党历史与理论”或“中共党史党建”一级学科，同时进行相应的政治理论课程调整[1]。吴志军指出必须以更加广阔的胸怀看待中共党史的学科属性，中共党史内涵丰富、体量巨大，必须具备独立的学科地位、健全的学术规范和方法体系[2]。何志明认为解决中共党史学科属性争议，必须明确制度归属、淡化边界意识[3]。刘雨亭认为面向新时代，必须从中共党史研究实践的自身特点来建构中共党史学科建设理论，确保研究对象的客观性、知识产品的通约性以及知识生产的协作性，从自身的理论与方法论建设实现学科的内生增长[4]。

党史学习教育活动对党史教学与研究人才提出更高要求，也暴露了党史学科在人才培养、教学体系、发展空间等方面的不足。在师资培训方面，2021年3月20日，中国人民大学组织以“思政课教学中的百年党史教育”为主题的思想政治理论课青椒论坛。4月19日至23日，中央党校举办全国党校（行政学院）系统“中共党史”专题师资培训班，采取网络直播、集中收看和自学研讨交流相结合的方式，围绕党史学习教育的重点内容，开设5个讲题。7月19日至23日，教育部社科司主办，全国高校思想政治理论课教师研修基地和北京大学马克思主义学院承办“百年党史专题研修班”，来自全国五十多所高校的60名思政课教师参加本期研修；10月15日，全国高校中国共产党历史专业建设研讨会暨全国高校中国共产党历史专业骨干教师培训班（第一期）开班式在中国人民大学举办。不过，人才培养与师资建设问题，归根到底还是要加强学科建设。耿化敏、吕晓莹的《建党百年形势下高校中共党史师资队伍建设研究》提出建设“中共党史党建”一级学科、恢复中共党史公共思政课地位、优化教师队伍发展体制机制、完善师资队伍培养与引进体系等对策建议[5]。

截至2021年，“中国共产党历史”专业在中国人民大学、湘潭大学、广西民族大学、延安大学、井冈山大学、河南师范大学、渭南师范学院、贵州安顺学院、黑龙江工业学院等9个高校招收本科生。2021年12月，教育部公布《2021年度普通高等学校本科专业备案和审批结果》，审核通过了武汉大学和山东师范大学申报的“中国共产党历史（030502）”本科专业。在党史学习教育活动的推动下，北京新增一批中共党史党建相关教研机构，党史学科建设平台显著增强。对外经贸大学成立“中共党史党建研究中心”（2021年3月）、北京大学成立“中共党史研究中心”（2021年5月）、北京师范大学成立“中共党史党建研究院”（2021年7月）。至2021年底，北京市已有8所高校和科研机关设立中共党史党建研究院（中心）、中共党史研究院（中心）等教学研究机构，承担着培养中共党史专门人才的职责和发挥中共党史学科资政育人的战略功能。以中国人民大学为例。自2017年建立中共党史党建研究院以来，依托中国共产党历史本科专业和硕博培养，通过胡华大讲堂、中共党史学科青年教师工作坊、《中共历史与理论研究》集刊等，形成中共党史学术研究与资政育人的核心阵地。2021年，中国人民大学中共党史党建研究院举办“庆祝中共建党百年系列学术活动”，包括5期“中共党史学科青年教师工作坊”和6期“中国共产党思想史系列讲座”，出版《青年党史学者论坛·第8辑》等等。

2021年5月7日，在教育部有关司局指导下，中国人民大学举办“中国共产党百年历程与中共党史学科建设——首届中共党史学科建设高层论坛”，发布《关于全面加强新时代中共党史学科建设的倡议书》，提出建立党史学科建设共同体，立足新时代新要求发挥资政育人功能。5月26日，教育部党组与中国人民大学党委理论学习中心组举行党史学习教育联学活动，聚焦“党史资政育人”开展深入研讨。时任教育部党组书记、部长陈宝生提出党史教育要树立大目标、塑造大先生、善用大课堂、建设大学科、构建大格局、实现大作为，将“党史育人”要求覆盖所有教师，持续推动党史学习教育与思政课充分融合，明确要求加快论证设置党史党建一级学科。6月1日，有关部门部署完成新增中共党史党建一级学科专家论证工作。12月10日，国务院学位委员会公布《博士、硕士学位授予和人才培养学科专业目录（征求意见稿）》，“中共党史党建”被列入法学门类新增的一级学科目录（专业代码为0307）。12月30日，北京师范大学召开“中共党史党建一级学科建设研讨会”，与会专家围绕一级学科建设的主要内容、目标定位、学科体系、学术体系、话语体系等展开讨论。

设立“中共党史党建”一级学科是本年度中共党史学科学术发展的突破性成就。中共党史学科的创立与发展，与党的事业发展是密切相联的。改革开放以来，中共党史学科学位点建设不断增加、人才队伍逐步成型，但作为政治学一级学科的二级学科，中共党史学科建设需要适应政治学理论体系。事实上，中共党史学科的研究对象、知识体系与理论基础，与政治学具有显著差别，因而在学科化上陷入困惑和争议。随着马克思主义中国化研究、中国近现代史基本问题研究、党的建设二级学科硕博学位点建设快速发展，中共党史学科出现生源萎缩甚至被迫中断招生的现象，引发各界关注。中国人民大学中共党史系教授耿化敏在回顾党史学科发展历史的基础上指出，中共党史学科建设存在的主要问题是学科设置同党和国家工作大局要求不完全适应，学科体系不够健全，学科发展基础有所削弱[6]。可以说，设立中共党史党建一级学科，从学科性质上厘清了功能定位、从学科制度上塑造发展空间，对于扭转党史学科“边缘化”态势具有决定作用，开辟了独立探索反映中国共产党实践活动规律的学术体系、学科体系和话语体系的广阔空间。

二、学术研究状况

（一）中共党史领域主要期刊的学术论文情况

本部分主要依托《中共党史研究》《党的文献》《当代中国史研究》《北京党史》《抗日战争研究》《近代史研究》等党史专业相关期刊概述2021年度中共党史学术研究状况。从研究选题来看，中共党史各个历史时期均有体现，但以新民主主义革命时期的选题最多，尤其是中共创建史研究成果较为突出；同时，中共党史研究的重心正在下移，越来越多专家学者呼吁加强改革开放时期的中共党史研究。应当指出，中共党史研究亟待扩大视野，重新审视和适应研究对象，必须从中共党史自身特点出发建构研究理论与方法，着力提高中共党史研究的科学化水平。

学界对中国共产党创建史、国共合作以及大革命进行多角度探析。王奇生的《权力机制与联络技术：莫斯科与早期中共》一文从高度集权的体制和通信联络技术角度考察了共产国际与中共早期历史发展的复杂关系，指出高度管控的体制与各国国情千差万别之间的矛盾、信息联络技术滞后与瞬息万变的革命形势之间的矛盾普遍存在，1927年中共革命的失败是其中一个个案[7]。马楠在《中共在浙江的早期组织与两个国民党省党部之争（1922—1926）》中考察了杭州一师网络从党务工作样板到瓦解的变化，浙江因此成为中共与西山会议派主战场的历史过程和重要影响[8]。周良书、袁超乘在《“寸铁”与中共对国民革命的宣传动员》中阐述了中共如何通过刊物专栏“寸铁”为国民革命构建思想舆论环境。虽然国民革命未获成功，但中共关于革命宣传动员的历史记忆和“寸铁”的话语传统得以保留，为中共革命实践提供宝贵思想资源[9]。

抗日战争史呈现整体史研究和个案实证研究并行的态势。《中共党史研究》2021年第5期以“中国抗战史研究的理论与方法”为主题刊登5篇笔谈文章，强调要关注抗日战争的整体史叙事问题，关注民众声音，并对军事史、区域史和组织形态研究的现状、发展路径等进行考察，对深化抗战史研究起到引领作用。《抗日战争研究》2021年第3期以“中国共产党与抗日战争”为主题刊登5篇笔谈文章，考察了中共在抗日根据地的政权建设、抗日战争与中共军事力量的增长、抗日战争时期的党组织、全面抗战时期的中国共产党与华北乡村以及抗日民族统一战线的发展历程等[10]。除笔谈文章外，陈海懿和郭昭昭在《九一八事变中的“共产主义”因素研究——基于李顿调查团的视角》中指出，包括中共在内的“共产主义”因素是日本发动九一八事变及后续行动的借口之一。日本和国民政府利用多种方式对共产主义进行诋毁，误导调查团，并使欧美等国对九一八事变后的“共产主义”产生忧虑，逐步形成九一八事变与“共产主义”存在关联性的刻板印象[11]。左玉河在《全面抗战爆发前后中国共产党政策调整中的理论思考》中指出，民族矛盾与阶级矛盾变化引发的民族斗争与阶级斗争关系及相应的国共关系问题，成为中共当时必须正视和解决的重大理论问题[12]。张燚明的《一九四〇年至一九四二年的国共货币斗争》和陈默的《从组织形态看战时国民党部队和中共武装》分别从财政经济斗争和军队组织形态等层面呈现出中共与国民党的复杂斗争状态[13]。

对解放战争时期的中共党史、国共关系等问题进行了探究。于化民在《中国共产党在战后国共和谈中的“让”与“不让”——兼及中国共产党谈判策略的阶段性转换》中阐述了中共在国共谈判中的策略，成功地将谈判转化为政治战和宣传战，谈判之于中国共产党更深远的意义在于教育了人民和赢得了人心[14]。仲伟民和李叶鹏在《从华北到华东：解放战争前后山东省大区归属的演变》一文中，从山东在抗日战争、解放战争中的地位出发，分析了对山东在中共政治版图中的地域认知变化，并追溯“华东”概念的形成史，代表着正在兴起的政治地理学研究的新风尚[15]。朱佳木在《陈云在东北解放战争中的贡献》中从领导建立北满根据地、领导对沈阳的接收、解决东北财经工作问题等五个方面概述了陈云在东北解放战争中的贡献[16]。葛静波在《黑暗中的光明：解放战争时期北平地下党往事》中指出，解放战争时期北平地下党下辖学生、工人、平民、铁路、文化五个工作委员会，从伪装身份、构建城市地下联络网、加强理论学习、争取革命进步力量等方面讲述了解放战争时期北平地下党的突出贡献[17]。

探讨社会主义革命和建设时期的工业建设、经济管理等问题。萧冬连的《计划经济时代影响中共经济决策的主要因素》阐析了计划经济时代影响中共经济决策及其演变的四个影响因素：一是对社会主义的理解和目标追求，二是赶超意识和赶超型工业化模式，三是外部环境及其变化，四是经济决策中的战略安全因素。深化了新中国从计划经济走向市场经济的历史转型机制的思考向度[18]。游正林在《合作型劳动关系的形成——“郝建秀工作法”的总结与推广过程及其意义》中，将“郝建秀工作法”置于在国营企业中贯彻依靠工人阶级的思想这个宏大的历史进程中进行解读，提出“郝建秀工作法”的总结推广不仅是工作经验的技术交流，也是思想改造的过程，促进了合作型劳动关系的形成[19]。徐晓光在《正确评价中国共产党百年史上的社会主义改造问题——关于社会主义改造“否定论”的驳议》中提出，社会主义改造的开展及其提前完成既有历史必然性，又有充分有利的历史条件，是一种历史合力的结果。社会主义改革不是对社会主义改造的否定，而是在此基础上进一步对社会主义制度进行完善、优化和发展，二者是一脉相承的。在评价社会主义改造时既要坚持政治性原则，也要坚持历史性原则[20]。

加强了改革开放史研究，注重考察经济改革过程和总结经验。陈金龙在《阐释改革开放史的思路与视域》一文中提出，学习改革开放史应明确改革开放发生的原因、厘清改革开放演进的过程、总结改革开放取得的成就、揭示改革开放蕴含的经验[21]。萧冬连在《乡镇企业“异军突起”的历史和机制分析》中，从历史和机制两个角度探讨了乡镇企业“异军突起”的原因，提出计划经济时代留下的结构性因素和改革开放带来的新机遇等各种因素的耦合，成就了乡镇企业异军突起的景观[22]。李嘉树在《“大包干”政策内涵的历史流变——基于安徽省凤阳县的考察》中考察了“大包干”政策内涵历史流变的三个大阶段，丰富了学界对这一概念及其运行等问题的认知[23]。黄宗良、项佐涛在《以改革开放史为中心融合“四史”认识中国共产党、中国特色社会主义》一文中强调，中国改革开放取得伟大成就的一个极为重要经验是，中共学习并吸取苏共执政的经验教训，成功地维护了苏联模式中社会主义的因素及其体制的优势，革除其弊端，使中国从苏联模式向社会主义现代化刚性转变，走向全面建设社会主义现代化国家[24]。

学界围绕中共党史研究理论与方法的创新发展进行探讨。欧阳军喜在《新时代中共党史研究应该注意的两个问题》中提出，除了在方法论层面大胆创新外，还需对传统史观影响下形成的党史学术体系加以改造，新时代中共党史研究应注意问题意识的转换和话语体系的创新[25]。郭若平在《百年党史书写：时间、记忆与阐释》中从时间、记忆、阐释三个层面分析了中共党史学利用史学理论的可能性、有效性和有限性[26]。汪兵在《胡绳对中共党史学理论和方法的阐释》中提出，胡绳在党史研究的指导思想、史学范式、历史主义和社会功能等方面的思考，丰富了党史学理论和方法内容，完善了党史研究“中介理论体系”[27]。此外，《中共党史研究》设立“新民主主义革命时期党史研究的继续深化与发展方向”“中国抗战史研究的理论与方法”等笔谈栏目，《北京党史》开设“党史研究与方法”笔谈栏目，对中共党史研究理论与方法进行专题探讨。

从“他者”视角审思中国共产党的实践成为中共党史研究的重要路径。一是评述国外学界关于中国共产党实践和理论研究。耿化敏、罗健男的《英国学界习近平新时代中国特色社会主义思想研究的动态与评析》，高晓林、黄冰琼的《海外关于中国共产党治国理政智慧的认识与评析》，付正和刘纯一的《海外视域下的中国贫困治理研究》，梅长青的《海外人士对中国共产党凝聚力的认知评析》，王鸿铭的《70年来美国学界中国政治研究的范式转变及其问题——兼论“以中国共产党为方法”的中国政治研究》等系统考察了海外关于中国共产党的认识[28]。二是探讨其他历史主体对中国共产党的认知。张太原在《从蒋介石日记看中国共产党的优胜之处》中指出，蒋介石日记真实之意、言外之意、不尽之意、未言之意体现出了中共的优胜之处[29]。祁建民的《抗日战争期间日本对中国共产党的情报调查及对策》指出，虽然日本对中国共产党进行广泛的情报调查，但没有认识到抗日战争时期中国共产党已经更加成熟、日军建立统治秩序的计划不符合华北农村实际，特别是没有看到近代以来中国人思想观念的进步，未能挽回其失败命运[30]。

运用概念史方法探讨中共党史研究。一是通过对马克思主义经典文本和党的历史文献中的核心概念，如“消灭私有制”“意识形态”“社会革命”等概念话语的研究，丰富了中共思想史研究的维度。譬如，陈红娟的《〈共产党宣言〉中“消灭私有制”的译法演化与诠释转移》、李放春的《瞿秋白与“领导权”的定名——Hegemony概念的中国革命旅程（1923—1927）》[31]。二是考察“现代化”等中国共产党特色核心概念的演变过程。如程莎莎、周游在《“民族解放”概念在近代中国的生成与初步使用研究》中指出，“民族解放”概念是在中国固有“解放”一词基础上，随着中日文化交流的深入、一战后世界民族解放运动的蓬勃发展、中国民族主义的不断高涨，因应中国人民对民族独立自由的时代要求出现的[32]。王辛刚在《百年以来中国共产党推进国家现代化的历史演进——基于概念史研究的论析》中考察了百年来“现代化”概念内涵和外延的演变等[33]。

（二）中共党史著作的出版情况

运用大历史观，在中华民族伟大复兴的视角下，总结百年大党的奋斗历程、伟大成就和历史经验。代表著作有：李捷著《奋斗与梦想——近代以来中国人的百年追梦历程》（中国社会科学出版社）、曲青山著《中国共产党百年辉煌》《中国共产党百年历史经验》（人民出版社）、何毅亭著《百年大党的光辉实践与历史启示》（人民出版社）、张志明著《百年大党：走向最强大政党》（中国财政经济出版社）、张太原著《中国共产党百年成功的方法论》（人民出版社），等等。围绕中国共产党各领域的百年探索形成研究论著，代表著作有：中共中央组织部编《中国共产党组织建设一百年》（党建读物出版社）、中华人民共和国审计署编《中国共产党领导下的审计工作史》（中共党史出版社）、宋涛著《中国共产党对外工作100年》（当代世界出版社）以及沈春耀、许安标主编《经国之本：中国共产党对国家制度和法律制度的百年探索》（法律出版社）等论著。顾海良等主编《中国共产党经济思想史（1921—2021）》4卷（经济科学出版社）以史论结合的方式呈现一百年来中国共产党经济思想的发展历程和理论精粹。赵凌云等著《为了人民的利益——中国共产党经济工作100年》（北京大学出版社）系统整理和阐发了中国共产党各阶段的经济理论与思想、发展战略与策略，回答了中国经济发展的枢纽是什么和中国特色社会主义政治经济学的根源在哪里两个主要问题。闫坤主编《中国共产党百年财政史：思想与实践》（中国社会科学出版社）总结百年来中共财政思想与实践经验，展现其规律性和历史变迁特征。

在阶段史层面亦有一些新著问世。关于新民主主义革命时期，何中华著《马克思与孔夫子：一个历史的相遇》（中国人民大学出版社）以马克思与孔夫子自晚清特别是五四新文化运动以来在中国的“相遇”为主线，考察了马克思主义与儒学会通的历史文化条件和契机。杨胜群、李良主编“北大红楼与中国共产党创建历史丛书”（北京人民出版社）展现早期马克思主义者以北大红楼为革命起点，共同建党的历史。谢从高著《共产国际与马克思主义在中国的传播》（人民出版社）挖掘俄罗斯、日本、英国等国家档案资料，揭示中国共产党人在共产国际的指导下传播马克思主义的历史进程。李颖等著《民主革命时期党的历次全国代表大会研究》（人民出版社）对民主革命时期党的历次全国代表大会的进程和经验进行了梳理和回顾。金冲及著《1927：生死转折》（社会科学文献出版社）围绕这一年内的重大事件揭示政治、经济、社会等多重因素的合力及各派力量的此消彼长。在改革开放史研究方面，中国社会科学出版社推出中国（海南）改革发展研究院30年改革研究成果《改革开放建言录》《海南自由贸易港建言录》《迟福林改革研究文选》，具有一定的史料价值。

在党史研究理论与方法方面，王炳林等著《中共党史学科基本理论问题研究》（北京人民出版社）运用史论结合方法阐释了中共党史学科的基本理论问题，对党史学科能否成为一级学科，党史研究应该遵循什么原则、采用什么方法，党史资料如何搜集与整理，党史学科应恪守什么样的学术规范以及如何吸收借鉴其他学科的经验等重大问题进行了深入探讨。周良书著《党史书谈：阅读与写作的技艺》（广西师范大学出版社）讲述党史研究和学术训练的方法，关注由理论到实践的环节——通过“文本阅读”“学术训练”“研究选题”“史料运用”“立论方式”五个方面，系统探讨党史研究者必须认真修炼的基本功。在党史人物研究方面，李捷著《中国有个毛泽东》（人民出版社）以信史为凭，以档案为据，勾勒毛泽东不平凡的人生轨迹，尤其注重对毛泽东思想变化的分析和重要历史关头所思所行的呈现。中国中共文献研究会著《刘少奇与安源》《刘少奇与豫西》《刘少奇与西柏坡》等“追寻刘少奇足迹”系列丛书（中共党史出版社）讲述了刘少奇新民主主义革命时期在安源、豫西、西柏坡等地领导工人罢工、从事革命活动，新中国成立后关心该地建设发展的革命足迹。中国人民大学中共党史党建研究院编《生就是奋斗——胡华百年诞辰纪念文集》（人民出版社）则有助于推进党史学家思想的研究。

日本学者石川祯浩著、袁广泉译《“红星”——世界是如何知道毛泽东的?》（北京大学出版社）从1937年日本政府公报刊登的一幅相片入手，追寻外界逐渐认识中国革命领袖的历史过程，以及其间所发生的误解、巧合与意蕴；后半部分致力复原《红星照耀中国》的诞生过程与版本流变，详细梳理它在中国、苏联、日本等国的历史命运，澄清了后世的诸多误解和不实指控。香港中文大学出版社推出美国周锡瑞著、石岩译《意外的圣地：陕甘革命的起源》，该书在广泛搜集同时代的文献、亲历者的回忆录和口述访谈等资料的基础上，从不同角度观察清代以来这一地区社会、政治、经济、军事力量的此消彼长，对关键人物在历史关口的大小抉择给予客观之认识与同情之理解，解析革命圣地之所以能够出现的种种机缘、意外与偶然，和共产革命如何在“一系列因缘际会的长期过程”中生长起来。这些海外学者的研究既吸收运用了中国学界的研究成果和文献资料，也为国内研究提供了他山之石的借鉴。

（三）中共党史研究的学术会议情况

中共中央党史和文献研究院依托“中国中共党史学会”“中国中共文献研究会”“中国毛泽东诗词研究会”“中国国际共产主义运动史研究会”等学术团体和《中共党史研究》《党的文献》等杂志主办了“邓小平与中国特色社会主义——庆祝中国共产党成立100周年”理论研讨会，“庆祝中国共产党成立100周年中共创建史”学术研讨会，“毛泽东等党史人物与百年大党”理论研讨会，“百年中共思想史研究的学术展望”座谈会等。中国人民大学举办“习近平总书记‘七一讲话’与中共党史研究创新”等5期“中共党史学科青年教师工作坊”；清华大学举办“新时代如何书写中共党史”学术工作坊；北京大学举办“北京大学中共党史研究中心成立仪式暨中共党史研究与党史教育理论研讨会”和“中国共产党百年奋斗与中华民族伟大复兴　学习十九届六中全会精神高端论坛”；北京师范大学举办“学习习近平总书记‘七一’重要讲话精神座谈会暨首届党史党建学科建设研讨会”“中共党史党建一级学科建设研讨会”；首都师范大学举办“纪念中国共产党成立100周年暨中共党史专题研讨会”；等等。中共中央党校（国家行政学院）主办主题为“百年大党建设的历史经验”的第一届党建高端论坛，“百年中国共产党推进政治建设法治建设的伟大成就与宝贵经验”理论研讨会，“中国共产党百年奋斗与科学社会主义在中国的实践”理论研讨会等；中国社会科学院主办以“中国共产党百年辉煌与中国现代化”为主题的全国马克思主义院长论坛专题研讨会和“中国式现代化道路理论研讨会”等百年党史主题的学术会议。北京市社会科学院举办“庆祝中国共产党成立100周年暨党史学习教育高端论坛”。

高校、党政科研机构与期刊杂志社联合办会是2021年中共党史学科建设的一个突出特点。2021年4月，中国中共党史学会、中国人民大学联合主办“百年大党的初心使命：历程、成就与经验”学术研讨会暨第2届“中国共产党与中国道路”论坛；2021年5月，教育部学位管理与研究生教育司指导中国人民大学承办“中国共产党百年历程与中共党史学科建设——首届中共党史学科建设高层论坛”；2021年6月，北京大学与北京市哲学社会科学中国化马克思主义发展研究基地联合举办“中国共产党百年学术研讨会”；2021年7月，中央宣传部、中央组织部、中共中央党校（国家行政学院）、中央党史和文献研究院、教育部、中国社会科学院、中央军委政治工作部等主办“庆祝中国共产党成立100周年理论研讨会”；2021年11月，北京师范大学与教育部社科中心《中国高校社会科学》编辑部等联合举办“中国共产党百年奋斗的重大成就和历史经验”理论研讨会；等等。这些会议加强了党史学界在中共历史与理论研究领域的交流与合作，深入推进中共党史学科建设创新发展。

三、学术热点难点问题

（一）中国共产党创建史研究与资料出版成为热点

刘辉在《早期中国共产党人关于辛亥革命的阶级分析》中指出，关于辛亥革命的研讨起源于陈独秀、瞿秋白等人对中国资产阶级特性的思考。国共合作和国民革命开始后，中共更自觉地以阶级观点来分析辛亥革命的性质与起因、参与者构成、结局与得失等问题，形成了具有创发性的思想成果，为新民主主义理论的最终形成作出基础性贡献[34]。刘雨亭在《中国共产党创建初期关于马克思主义整体性的认识》中提出，在创建与发展党组织的进程中，中国共产党把整体性地接受和传播马克思主义作为进行理论武装和指导革命实践的必要条件，持续探求马克思主义的逻辑结构，依托译著、课程、讲义等方式整体地呈现马克思主义，这些探索蕴含着科学把握马克思主义整体性的方法论[35]。李畔在《五四运动与马克思主义传播关系再认识——历史因果、思想逻辑及必然性问题》中提出，二者之间的关系实际上具有不同的阐释和意象，五四运动与社会主义、共产主义、马克思主义各自的关系并不是一回事。试图厘清五四运动与马克思主义传播之间的历史因果关联，把握中国近现代社会转型中的思想史脉络[36]。

北京市档案馆开放100余件有关北京（平）地区党组织活动的档案，其中约70件为当年的革命传单，涉及五四运动中陈独秀、李大钊等共产党人及革命群众在北京的革命活动情况，编辑出版了《中国共产党北京（平）党组织活动纪实》丛书，并举办“播火——李大钊革命活动档案史料展”和“破晓——中国共产党北平党组织活动展”。中国历史研究院“民族复兴的百年旗帜——中国历史研究院征集海外中共珍稀文献展”在北京开幕，以时间为脉络，设立“中国共产党的成立”“第一次国共合作”“土地革命”“抗日战争”“解放战争”五个板块，汇集了从俄国、美国、荷兰、日本等国家和地区收集、复制的珍贵资料，绝大部分档案、照片是首次公开展出。在马克思主义传播史资料汇编方面，北京大学《马藏》编纂与研究中心主编的《马藏》第二部第1卷和第2卷、《马藏》第三部第1卷和第2卷出版，收录、影印了马克思主义在中国传播起始阶段出版的相关著作、译著类文献、报刊等资料，呈现了马克思主义在中国早期传播的思想过程和文本特征。杨金海、李惠斌、艾四林主编《马克思主义经典著作传播通考》系列丛书陆续出版，通过收集、整理、考证1949年以前马克思主义在中国传播的主要经典文本，用翔实的文献史料充分展示五四运动到新中国成立30年间马克思主义在中国传播的光辉历程及其对新民主主义革命胜利的深刻影响。

中共北京市委党史研究室注重挖掘北京市的特色党史资源。在文献出版方面，编写出版《追梦百年路：党史学习二十六讲》《人民政协诞生记》《中国共产党北京历史大事记（2019）》《中国共产党北京历史大事记（2020）》等；策划并组织编写“北大红楼与中国共产党创建历史丛书”；制作视频《京华红色百年历程》《见证初心·百集京华党史故事》等。中共北京市委党史研究室编辑的期刊《北京党史》围绕“党史学习教育”“党史人物研究”“党史研究与方法”“党的思想史研究”“党的历史经验研究”等主题刊发学术论文。值得一提的是，各区县党史办编写当地百年党史资料汇编、组织党史纪念活动。比如，丰台区推出《丰台党史百年》《光辉历程——共产党早期革命活动在丰台》等党史资料汇编，出版《中国共产党北京市丰台区历史（1921—2012）》；朝阳区党史办出版《党史理论与实践研究（2018—2019）》；

西城区党史办推出《北京西城：足迹系列之深藏在“京报馆”中103号文件的秘密》等系列视频。2021年，中国中共党史学会、中国中共党史人物研究会、北京市中共党史学会等学术团体围绕庆祝中国共产党成立100周年主题举行“中共创建史”“毛泽东等党史人物与百年大党”等学术研讨会。

（二）从多维视角审视中国共产党百年发展史

杨凤城在《以实现中华民族伟大复兴为主题，全面认识中国共产党百年奋斗史》中阐述了从民族复兴角度探察中共百年史的理论创新价值和对于党史研究的重大意义[37]。张雷声在《从现代化走向中国特色社会主义现代化——中国共产党的百年探索》中指出，中国共产党探索实现现代化的历史过程是一个从被动现代化走向主动现代化、从实现工业化走向实现“四个现代化”、从“中国式的现代化”走向中国特色社会主义现代化的艰辛曲折过程[38]。秦宣在《中国共产党百年历史分期的多维解读——以党的文献为依据》中提出，对中共百年历程可以从历史学维度、现代化和民族复兴维度、社会主义在中国的发展维度、马克思主义中国化维度等作不同维度和不同学科的解读[39]，等等。学界还从政治、经济、文化、社会等角度考察中国共产党的百年奋斗。

此外，学界还关注了马克思主义经典著作的百年传播史。付文军在《〈资本论〉在中国：百年汉译出版与研究考释》中指出，国内《资本论》的译介研究始终与“时代课题”紧密相联[40]。韩保江的《〈资本论〉对中国共产党经济思想百年演变的影响》指出，在《资本论》与百年实践结合的历程中，变的是时代主题，不变的是初心使命，不断解放和发展生产力从而推动社会进步的马克思主义政治经济学传统，“人民性、科学性、实践性和开放性”的理论品格[41]。于安龙、徐晨雨在《中国共产党人〈共产党宣言〉百年阅读史考察》中提出，中国共产党的百年历史是一部不断阅读《共产党宣言》并持续从中汲取智慧和力量的百年历史[42]。樊宪雷、施梦在《百年视野中党的经典文献与思想理念的传播》中提出，党的经典文献在增进全党的思想统一、指引党和人民坚定前行、促进党对发展规律的探求、推动党的理论创新发展等方面发挥了重要作用[43]。王东红在《百年党史视域下李大钊译述马克思〈中国革命和欧洲革命〉考略》中分析了译述《中国革命和欧洲革命》在李大钊思想史和中国共产党思想史上的重要地位[44]。

（三）探讨中共党史研究的创新路径成为热点与难点问题

《中共党史研究》推出“构建中国特色哲学社会科学及知识体系”系列笔谈。2021年第5期“中国抗战史研究的理论与方法”笔谈，刊发《关于抗日战争整体史的叙事问题》《倾听静默的声音》《抗日战争军事史研究中的问题及可能突破的路径》《区域抗战史研究的关怀与路向》《从组织形态看战时国民党部队和中共武装》。2021年第6期“新民主主义革命时期党史研究的继续深化与发展方向”笔谈，刊发《理论创新是研究创新的前提与先导》《对于广义和狭义“五四”的一点浅见》《觅求“真实”与理论反思——对百年中共党史研究的两点思考》《战时环境、人性、长时段：苏区史研究应有的维度》《组织的血脉：党内交通研究的再检视》等。《党的文献》设置“庆祝中国共产党成立一百周年”系列笔谈，主题分别为“党的建设的百年宝贵经验研究”“党推动马克思主义中国化的百年历史经验研究”“党在实践中总结科学思想方法、工作方法、领导方法的百年宝贵经验研究”。

《北京党史》开辟的名家主持栏目是通过中共党史专家领衔主持某一专题的研究论文，以发挥传帮带的学术传承作用。第1期主题是“党史学习教育”，由左玉河主持，刊发《党史学习需要把握的基本线索》《改革开放以来中国经济建设的突破性进展》《改革开放以来中国政治建设的历程与成就》《改革开放以来中国文化建设的辉煌成就》。第2期主题是“党史人物研究”，由周良书主持，刊发《不平衡发展的历史辩证法：毛泽东半殖民地半封建思想新论》《新中国环境保护事业起步的历史回顾——兼论周恩来对中国环境保护事业的突出贡献》《陈云对党史存史工作的重视与贡献》。第3期主题是“党史研究与方法”，由郑谦主持，刊发《〈党史〉二卷与群众史观》《目标导向：建设社会主义现代化国家的艰辛探索（1949—1978）》《与时俱进的党史书写——从第二个〈历史决议〉到〈七十年〉和〈党史〉二卷》。第4期主题是“党的思想理论史研究”，由侯且岸主持，刊发《以学术史为基，深化李大钊思想研究——写在〈李大钊与近世中国的思想变动〉出版之前》《张闻天对中国革命史、中共党史研究教学的奠基性贡献》《胡绳对中共党史学理论和方法的阐释》。第5期主题是“党的历史经验研究”，由武力主持，刊发《中国共产党对青年政治引领的百年历程与基本经验》《抗美援朝运动中大学生思想动员的举措、成效与启示——以北京市高校为考察对象》《“开赴劳动前线”：十三陵水库建设中的北大力量》。第6期主题是“改革开放史研究”，由刘国新主持，刊发《20世纪90年代中国特色高新技术武器装备建设发展道路探究》《十八大以来党对网络文艺发展的正确引导及其成效》《北京“两轴”与全国文化中心建设》。

《历史研究》第2期设置“中国共产党与中国历史道路”笔谈，刊登《中国共产党执政的历史经验》《百年来中国共产党对理想社会的追求》《马克思主义中国化与中国道路百年探索》《中国共产党与中国现代化》《中国共产党对世界社会主义的历史性贡献》。第6期设置“以史为鉴 开创未来”笔谈，刊登《从大历史视角看民族复兴进程之不可逆转》《马克思主义同中华优秀传统文化相结合的百年实践》《中国式现代化新道路的历史演进及前瞻》《历史大变局中的人类文明新形态》《人类命运共同体理念的外交意义》。《近代史研究》第3期设立“庆祝中国共产党成立100周年”笔谈，刊登《建党初心与革命救国》《中国共产党与中国历史道路的选择》《中华民族复兴史上具有根本转折意义的大事变》《游击战略与抗日根据地史研究的再思考》《全面抗战爆发前后中国共产党政策调整中的理论思考》《从蒋介石日记看中国共产党的优胜之处》《苏维埃革命与中国共产党百年历程》《百年党史书写：时间、记忆与阐释》。《抗日战争研究》第3期设立“中国共产党与抗日战争”笔谈，刊发《破旧立新：中共在抗日根据地的政权建设》《立足敌后：抗日战争与中共军事力量的成长》《发展与改造：抗战时期的中共党组织》《中国共产党与抗日民族统一战线》《村庄里的抗战：全面抗日战争时期的中国共产党与华北乡村》。

四、前瞻性思考

（一）加强学术研究理论与方法探索，推动中共党史学创新发展

党的十八大以来，以习近平同志为核心的党中央十分重视总结历史经验、深化党史研究。习近平总书记在中国共产党成立95周年、中国人民解放军成立90周年、改革开放40周年、中华人民共和国成立70周年等历史节点从多个维度总结了党的历史经验。在此基础上，习近平在中国共产党成立100周年大会上发表重要讲话，全面总结了党领导民族复兴伟业的历史经验，领导起草并主持通过了《中共中央关于党的百年奋斗重大成就和历史经验的决议》，系统总结党的百年奋斗成就、历史经验和历史意义。这就形成了关于中共党史研究的基本内涵、历史分期、历史主题、“大历史观”方法论、历史评价理论、正确党史观等内容，为中共党史研究的创新发展提供了根本遵循。

学界必须以习近平新时代中国特色社会主义思想为指导，以解放思想、实事求是的态度对待中共党史研究对象的丰富内涵和庞大体量，与时俱进地更新中共党史研究的实践格局和理论方法，讲好中国共产党历史故事。随着中国特色社会主义事业繁荣发展和中国共产党政党规模的扩大，中共党史本身具有了庞大体量。从纵向上来看，包含了新民主主义革命时期、社会主义革命和建设时期、改革开放和社会主义现代化建设时期、中国特色社会主义新时代这样四个紧密相连但又各具特点的历史阶段，每个历史阶段党的建设、任务和事业都具有丰富而独特的内涵与特征，已经成长为一个具有百年历史的“世界第一大执政党”。从横向上看，党的建设包含政治建设、思想建设、组织建设、作风建设、制度建设和反腐败斗争，党领导的中国特色社会主义事业包含政治建设、经济建设、文化建设、社会建设、生态建设，还有党领导的国防军队建设和外交工作。

学界必须坚持唯物史观和树立正确党史观，深入研究中国共产党百年奋斗的历史主题、历史分期、历史经验和历史意义。坚持唯物史观和树立正确党史观，要求坚持党性和科学性相统一，坚持党的政治纪律、宣传纪律和充分发挥个人创造性相统一，“既要坚持和发展马克思主义史学研究的优良传统，坚持和发展党史工作积累的成功经验和方法，也要吸收借鉴古今中外史学研究的有益经验和方法，还要积极运用现代科学技术，创新党史研究的手段、方法”[45]。由此，必须运用中华民族伟大复兴历史主题贯通百年党史，深刻分析党的“一切奋斗、一切牺牲、一切创造”的整体意蕴和内在逻辑，科学探究百年党史的历史分期，结合历史经验和历史意义揭示中国共产党的成功密码。这就要求深入探究各个历史时期之间的内在关联，特别是正确处理好改革开放前后两个历史时期的关系，正确把握主题和主线、主流和本质，形成百年党史的叙事体系。

学界必须着眼于加强中共党史党建学科资政育人功能，依托三个“历史决议”，从学理层面上推进中国共产党基础研究，构建中共党史党建研究的学科体系、学术体系和话语体系。当今世界正处于百年未有之大变局，而中华民族伟大复兴事业依然面临着

严峻考验和挑战。中国共产党作为一个百年大党，不仅需要总结领导中国人民进行不懈奋斗的百年历史经验，还需要研究一个拥有9500多万名党员的执政党建设问题。这要求中共党史党建研究提供具有科学性的深度研究成果，为应对风险挑战提供智慧，发挥智库作用。由此而论，中共党史党建一级学科是一门探究中国共产党发展历史及其内在规律的科学，是中国特色哲学社会科学的标识性学科。为达到这一目标，不仅要重视现实性、前沿性的研究和宣传，提升党史育人、党建实务等工作的科学化水平；而且要重视基础性、学理性的研究，从历史经验与理论逻辑层面总结党的各项工作实践的内在规律，形成基础性、常态性的学科知识体系。

（二）系统研究学科发展规律，推进中共党史党建一级学科建设

系统研究学科发展规律，首先应当充分考量研究对象的全部属性与特殊结构。从历史到现在，“党的建设”是一个关键的结构性要素，对于党的实践发挥重要作用，理应成为中共党史研究的重要领域。这不仅要求加强党的建设史研究，还应当探索研究历史上“党的建设”对党的事业的重要作用及其内在机制。由于处于二级学科地位，且获得的发展资源有限，各个单位依据各自优势，或发展党史方向，或重视党的建设方向。事实上，党的历史研究与党的建设研究是密不可分的，不懂党史就很难把党的建设研究深、研究透，不懂党建也很难准确把握和全面理解党的历史。党的历史是党加强自身建设、坚持和完善党的领导的历史，党的建设是党汲取历史经验、解决历史任务的过程，二者相互支撑。

这需要增强党史党建学科共同体意识，推动党史党建深度融合发展。党史党建学科的融合发展是历史与现实相统一、理论与实际相统一的必然要求，有助于拓展党史党建学科的内涵，形成一体化的培养体系、话语体系和学术体系。党史党建学科建设必须增强学科共同体意识，自觉增进学科建设的协同互助，把办出特色与普遍推进结合起来，一体化统筹党史党建学科的理论与方法建设、资政育人制度建设与思政课程建设，实现党性与科学性的有机结合，为探索形成党史党建学科体系、学术体系、话语体系提供学理支撑。党史党建学科建设既要从各自实际出发、挖掘红色资源、办出有特色的党史党建学科，又要重视合作交流与集体协作，避免千篇一律和重复建设，推动形成有序推进、协同互助的学科建设规划。进而言之，党史党建学科不仅需要解决学科属性、政策支持等外部条件问题，更需要加强自身理论与方法建设，提升学理性与科学性。

系统研究学科发展规律，应当着力解决人才培养体系建设问题。立足中共党史党建一级学科，加强本硕博学位建设一体化的制度设计。中共党史党建一级学科建设从制度上解决了以往囿于二级学科地位而带来的培养标准混乱、学位体系脱节的问题。中共党史党建一级学科建设是一个系统工程，而本硕博学位建设一体化则是其中一个关键环节。本硕博学位建设一体化关乎人才培养和师资队伍建设，更是学科建设水准的直接体现。一方面，应当厘清隶属关系，依托马克思主义学院进行本硕博学位建设一体化。马克思主义学院具有建设马克思主义理论一级学科的实践经验，也是高校思政课教学的平台。依托马克思主义学院，可以实现中共党史党建与马克思主义理论两个一级学科的协同发展原则。从学理互补上看，只有马克思主义经典理论研究、党史研究、党建研究等实现同步共进，马克思主义理论才能持续提高解释世界和改造世界的能力，马克思主义学院才能真正建设成保障我们党意识形态安全的主阵地。另一方面，本硕博学位建设一体化既要根据实际条件来分步骤实施，又要从整体确立中共党史党建学科的培养方案、知识体系和课程体系，做到本硕博循序渐进、逐次深入、避免重复，提升人才培养的系统性和完整性。

注：

[1] 杨凤城:《关于中共党史学科定位与建设的若干思考》,《中共党史研究》，2021年第1期。

[2] 吴志军:《无妨以更广阔的胸怀来认识党史研究的学科属性——兼论学术观念的自我反思意识》,《中共党史研究》，2021年第1期。

[3] 何志明:《明确归属和淡化边界——中共党史学科建设“再出发”刍议》,《中共党史研究》,2021年第1期。

[4] 刘雨亭:《新时代中共党史学科建设理论的三重意涵及其科学化问题》,《中共党史研究》，2021年第1期。

[5] 耿化敏、吕晓莹:《建党百年形势下高校中共党史师资队伍建设研究》,《济南大学学报（社会科学版）》，2021年第6期。

[6] 耿化敏:《中共党史学科建设的回顾与展望》,《大学与学科》，2021年第3期。

[7] 王奇生:《权力机制与联络技术：莫斯科与

早期中共》,《民国档案》，2021年第2期。

［8］马楠:《中共在浙江的早期组织与两个国民党省党部之争（1922—1926）》,《中共党史研究》，2021年第1期。

［9］周良书、袁超乘:《“寸铁”与中共对国民革命的宣传动员》,《历史研究》，2021年第3期。

［10］李金铮:《关于抗日战争整体史的叙事问题》,《中共党史研究》，2021年第5期；黄道炫:《倾听静默的声音》,《中共党史研究》，2021年第5期；袁成毅:《抗日战争军事史研究中的问题及可能突破的路径》,《中共党史研究》，2021年第5期；吴敏超:《区域抗战史研究的关怀与路向》,《中共党史研究》，2021年第5期；陈默:《从组织形态看战时国民党部队和中共武装》,《中共党史研究》，2021年第5期。

［11］陈海懿、郭昭昭:《九一八事变中的“共产主义”因素研究——基于李顿调查团的视角》,《中共党史研究》，2021年第4期。

［12］左玉河:《全面抗战爆发前后中国共产党政策调整中的理论思考》,《近代史研究》，2021年第3期。

［13］张燚明:《一九四〇年至一九四二年的国共货币斗争》,《中共党史研究》，2021年第2期；陈默:《从组织形态看战时国民党部队和中共武装》,《中共党史研究》，2021年第5期。

［14］于化民:《中国共产党在战后国共和谈中的“让”与“不让”——兼及中国共产党谈判策略的阶段性转换》,《近代史研究》，2021年第4期。

［15］仲伟民、李叶鹏:《从华北到华东：解放战争前后山东省大区归属的演变》,《中共党史研究》，2021年第5期。

［16］朱佳木:《陈云在东北解放战争中的贡献》,《党的文献》，2021年第5期。

［17］葛静波:《黑暗中的光明：解放战争时期北平地下党往事》,《北京档案》，2021年9期。

［18］萧冬连:《计划经济时代影响中共经济决策的主要因素》,《中共党史研究》，2021年第3期。

［19］游正林:《合作型劳动关系的形成——“郝建秀工作法”的总结与推广过程及其意义》,《中共党史研究》，2021年第5期。

［20］徐晓光:《正确评价中国共产党百年史上的社会主义改造问题——关于社会主义改造“否定论”的驳议》,《当代世界与社会主义》，2021年第5期。

［21］陈金龙:《阐释改革开放史的思路与视域》,《思想理论教育导刊》，2021年第5期。

［22］萧冬连:《乡镇企业“异军突起”的历史和机制分析》,《中共党史研究》，2021年第5期。

［23］李嘉树:《“大包干”政策内涵的历史流变——基于安徽省凤阳县的考察》,《中共党史研究》，2021年第4期。

［24］黄宗良、项佐涛:《以改革开放史为中心融合“四史”认识中国共产党、中国特色社会主义》,《中央社会主义学院学报》，2021年第2期。

［25］欧阳军喜:《新时代中共党史研究应该注意的两个问题》,《史学集刊》，2021年第1期。

［26］郭若平:《百年党史书写：时间、记忆与阐释》,《近代史研究》，2021年第3期。

［27］汪兵:《胡绳对中共党史学理论和方法的阐释》,《北京党史》，2021年第4期。

［28］耿化敏、罗健男:《英国学界习近平新时代中国特色社会主义思想研究的动态与评析》,《教学与研究》，2021年第2期；高晓林、黄冰琼:《海外关于中国共产党治国理政智慧的认识与评析》,《当代中国史研究》，2021年第2期；付正、刘纯一:《海外视域下的中国贫困治理研究》,《当代中国史研究》，2021年第2期；梅长青:《海外人士对中国共产党凝聚力的认知评析》,《当代中国史研究》，2021年第4期；王鸿铭:《70年来美国学界中国政治研究的范式转变及其问题——兼论“以中国共产党为方法”的中国政治研究》,《教学与研究》，2021年第7期。

［29］张太原:《从蒋介石日记看中国共产党的优胜之处》,《近代史研究》，2021年第3期。

［30］祁建民:《抗日战争期间日本对中国共产党的情报调查及对策》,《近代史研究》，2021年第1期。

［31］陈红娟:《〈共产党宣言〉中“消灭私有制”的译法演化与诠释转移》,《中共党史研究》，2021年第2期；李放春:《瞿秋白与“领导权”的定名——Hegemony概念的中国革命旅程（1923—1927）》,《近代史研究》，2021第5期。

［32］程莎莎、周游:《“民族解放”概念在近代中国的生成与初步使用研究》,《民族研究》，2021年第5期。

［33］王辛刚:《百年以来中国共产党推进国家现代化的历史演进——基于概念史研究的论析》,《北京行政学院学报》，2021年第2期。

［34］刘辉:《早期中国共产党人关于辛亥革命的阶级分析》,《中共党史研究》，2021年第6期。

［35］刘雨亭:《中国共产党创建初期关于马克思

主义整体性的认识》,《马克思主义理论学科研究》, 2021年第6期。

[36]李晔:《五四运动与马克思主义传播关系再认识——历史因果、思想逻辑及必然性问题》,《中共党史研究》, 2021年第1期。

[37]杨凤城:《以实现中华民族伟大复兴为主题,全面认识中国共产党百年奋斗史》,《中国人民大学学报》, 2021年第4期。

[38]张雷声:《从现代化走向中国特色社会主义现代化——中国共产党的百年探索》,《马克思主义理论学科研究》, 2021年第5期。

[39]秦宣:《中国共产党百年历史分期的多维解读——以党的文献为依据》,《中国人民大学学报》, 2021年第3期。

[40]付文军:《〈资本论〉在中国:百年汉译出版与研究考释》,《出版发行研究》, 2021年第5期。

[41]韩保江:《〈资本论〉对中国共产党经济思想百年演变的影响》,《经济学动态》, 2021年第7期。

[42]于安龙、徐晨雨:《中国共产党人〈共产党宣言〉百年阅读史考察》,《中国编辑》, 2021年第7期。

[43]樊宪雷、施梦:《百年视野中党的经典文献与思想理念的传播》,《北京党史》, 2021年第3期。

[44]王东红:《百年党史视域下李大钊译述马克思〈中国革命和欧洲革命〉考略》,《北京党史》, 2021年第3期。

[45]习近平:《在全国党史工作会议上的讲话(摘要)》,《中共党史研究》, 2010年第8期。

（北京市中共党史学会供稿；主要执笔人：杨凤城、吴起民、刘雨亭）

哲　学

摘　要

面对世界百年未有之大变局和中华民族伟大复兴战略全局，置身“两个一百年”奋斗目标的历史交汇期，北京哲学界精耕学术，不辱使命。2021年，虽然继续受到新冠疫情的冲击，但北京哲学界创新学术活动方式，深入开展学术研究，不断开拓新领域，提出新问题，深化理论创新，取得一系列富有特色的高质量研究成果，在若干前沿热点问题研究上取得明显突破，进一步保持和巩固了在全国的领先地位。

一、主要研究进展

（一）马克思主义哲学

1.方法论研究。北京大学哲学系教授仰海峰认为，哲学是时代精神的精华，是对时代问题的追问，因此问题意识是哲学作为活的思想的起点。对所处时代的分析、反思与批判是马克思主义哲学的问题意识，也是推动着马克思主义哲学不断发展的动力。而在马克思主义哲学当代发展过程中，通过对思想转型的探讨，可以展现马克思主义哲学对传统哲学的变革；通过建构新的知识地图，可以展示马克思主义哲学当代发展的可能路径，从而勾勒从马克思走向当代的学术理路，形成具有自身特点的知识谱系和话语表达方式。北京大学哲学系教授聂锦芳基于对《资本论》创作史、传播史的考察从结构、术语、引证、表述、修订、翻译、辩驳、理解等八个方面，对《资本论》的叙述方法做了归纳和概述。首都师范大学马克思主义学院教授黄志军主要通过学术史的考察，论证为什么马克思说从抽象上升到具体是科学上正确的方法。

2.文本文献研究。清华大学哲学系教授韩立新认为，随着新MEGA I/5卷正式问世和《德意志意识形态》第一章“费尔巴哈”的Online版的上线，对《德意志意识形态》的文献学研究将进入一个新阶段。他提出，在这一新阶段，以下四个文献学问题值得特别关注:（1）新MEGA I/5卷的去体系化编辑;（2）Online版对成稿过程的再现;（3）如何编译《德意志意识形态》中文版;（4）重新评价广松涉版的价值。中国人民大学马克思主义学院教授赵玉兰对《德意志意识形态》百年文献学研究的逻辑、主题与启示做了系统探讨。她指出，在近百年的文献学研究历程中，《德意志意识形态》的文本经历了“建构—解构—重构”的辩证演进过程，与之相关的理论主题如编排方式、性质判定和历史定位等亦得到了深入的考察。有两篇将马克思经典文本研究与重大现实问题有机结合的论文引人注目。北京师范大学哲学学院教授鲁克俭通过分析比较《1844年经济学哲学手稿》和《德意志意识形态》，论证了“美好生活”理念在这两个文本中证成方式的差别。北京大学哲学系教授聂锦芳在《遭逢危机之际向马克思请益》一文中指出，每当世界上出现普遍性的危机的时候，人们总会想起马克思。这位毕生致力于资本批判和对现代社会进行探索的思想家总能给我们以坚定的信念和深刻的启迪。马克思生前出版和修订过的《资本论》第一卷的“序言”和“跋”昭示，他注目于“以铁的必然性发生作用并且正在实现的趋势”，通过清理和辨析古典经济学所提供的思路、体系和方案进而实现了“突围”和超越，体现和贯彻“不崇拜任何东西”、本质上是“批判的和革命的”辩证法，并将其推进和提升到现代形态和新的水准。

3.《资本论》哲学研究。北京大学马克思主义学院教授宋朝龙认为，在《资本论》中，马克思抓住了资本本质自身的矛盾来剖析资本主义的历史。顺着《资本论》的逻辑来分析西方金融资本，可以发现正是金融资本本质自身的矛盾及其自我否定的必然性造成了西方金融资本主义大萧条。中国社会科学院哲学所研究员周丹认为，社会主义公有制及其资本形态从生产关系这一中介入手，驾驭传统的资本逻辑，既激活“资本的文明面”，又克服资本的生产性矛盾，同时避免陷入资本形而上学。以社会主义市场经济和公有资本为基本标识的中国现代化，为人类社会走出现代性困境，实现人的解放，开拓人类文明新形态，提供了可行性方案。中央民族大学哲学与宗教学学院教授王海锋试图通过学术史的梳理和研究，以21世纪以来学界关于《资本论》这一经典文本的相关研究为例，就“视角转换与激发经典文本的思想活力”的关系问题作出阐释，对经典文本解读问题作出方法论的反思。

4.人学研究。2021年，北京哲学界的人学研究的进展主要体现在以下方面：一是对美好生活的人学意义的当代揭示；二是关于人的发展实现路径的思考；三是从方法论的角度揭示马克思“人类学笔记”写作动机之谜的“破解之道”；四是从生存异化的角度反思弗洛姆对马克思人学的研究；五是对介于个人自由和伦理自由之间的公民自由的思考。北京大学哲学系教授丰子义指出，将“美好生活”作为一个重要命题提出并作为我们党的奋斗目标，这是一大理论自觉，所显示的人学意义是重大而深远的。要推进美好生活建设，需要对一些基本概念和问题作出深入的理解和把握：其一，对于“美好生活”，应避免纯粹心理体验或功利主义的极端化理解，要从“全面生活”予以把握；其二，对于“需要”，应具体、历史地看待，在其合理性、正当性上坚持内在尺度与外在尺度的统一、合目的性与合规律性的统一；其三，对于需要的“主体”，应当突出人民主体地位，处理好个体需要与社会需要的关系，同时处理好人作为目的与手段的关系；其四，对于需要的“满足方式”，应将其作为“文明”问题来看待。首都师范大学马克思主义学院教授陈新夏认为，马克思、恩格斯创立人的发展理论既确立了人的发展价值取向，也确立了人的发展科学认识。在价值取向方面，他们提出了人的发展的目标和含义，即人的发展是人的本质力量的实现和发展、人的社会关系的合理化以及人的个性的发展。在科学认识方面，他们揭示了人的发展的现实条件，并在此基础上阐明了环境改变与人的改变之间的关系，认为环境改变与人的改变是一个在实践基础上统一的过程，为理解人的发展问题提供了科学的理论遵循，指明了人的发展的实现途径。北京大学马克思主义学院教授林锋认为，破解晚年马克思写作“人类学笔记”的真实动机，有三个重要的方法论原则：其一，从“人类学笔记”的文本中探寻“真相”；其二，从19世纪中后期世界学术背景及马克思19世纪40年代以后的学术历程中探寻“真相”；其三，从晚年恩格斯的相关说明中探寻“真相”。这三者相辅相成，相互支持，将三者有机整合，系统地思索和判断笔记的写作动机，将使学术问题的“真相”逐渐呈现。北京师范大学哲学学院副教授罗松涛等认为，弗洛姆沿着马克思批判异化劳动的思路，着重揭批了自由异化、爱的异化、消费异化等三种异化状况。弗洛姆的生存异化批判虽然发人深省，却仍带有非历史的抽象人性论色彩。清华大学哲学系长聘副教授陈浩认为，黑格尔在《法哲学原理》“国家”章中，不仅论述了亲自由主义立场、不受政治权力干预的“个体自由”，而且强调了亲共同体主义立场、将国家权力视同自由之体现的“伦理自由”。不过值得关注的是，除了上述两种自由，黑格尔还构想了一种以公民对公共事务和政治生活的积极参与为关注点的“公民自由”。相比个体自由和伦理自由，公民自由以及作为实现公民自由之保障的政治建制，强调公民积极主动参与公共事务的必要性，重视公共权利的不可褫夺性，在某种意义上更能体现黑格尔政治立场的现代性，理应引起我们的关注。

5.价值论研究。价值论研究一直是新时期我国马克思主义哲学研究的热点，2021年北京哲学界的研究进展主要体现在中西价值观比较、唯物史观价值取向当代建构的路径、中国特色社会主义的价值解读、改革开放以来中国价值观的变迁和转型等方面。北京大学哲学系教授杨学功探讨了中西价值观比较研究的前提和方法论问题。他认为，从明清之际西学东渐以来，人们围绕中西方文化及其价值观念问题争论不休，其中蕴含着中国人看待中西文化的概念和思维方式的深刻变化，但其背后的深层逻辑则是“中化”与“西化”的相互冲突和纠结。新一轮中西文化和价值观比较研究要取得实质性突破，必须首先有一种前提反思和方法论自觉。具体而言，就是要在批判性反思近代以来中西文化和价值观比较的各种方案的基础上，突破长期主导中国思想界的“中化”与“西化”之争的旧框架。着眼于中国历史与文化发展的未来大方向，中西价值观比较研究应以普遍性为归属和导向，规避离开文化的时代性孤立地强调文化的民族性的误区。首都师范大学马克思主义学院教授陈新夏指出，唯物史观价值取向当代建构的一个重要前提是确定其建构路径，他强调以下三点：一要体现在唯物史观变革内容上，阐明唯物史观对历史上优秀价值观念的继承和发展；二要体现在唯物史观历史演变上，阐明以人的发展为核心的价值取向在唯物史观演变过程中地位和作用的变化；三要体现在唯物史观理论体系的建构中，将以人的发展为核心的价值取向确立为唯物史观理论的基本价值维度。北京师范大学哲学学院副教授郑伟认为，改革开放以来中国价值观的变迁和转型，实际上是20世纪初期社会主义启蒙的延续和深化，是一种“再启蒙”。它的一个重要支撑点在于对“什么是社会主义、怎样建设社会主义”的“再认识”和“再评价”，这也构成了与西方启蒙的核心区别。社会主义价值立场的“实践展开”性质，使得中国价值观“再启蒙”具有强烈的阶段性特征，客观上需要社会主义核心价值观作为一种制度力量渗入各种主体的行为领域，并行使价值引导的职能。

6.政治哲学研究。2021年北京哲学界集中探讨了以下议题：一是马克思对洛克财产权理论的批判；二是关于马克思是否有政治哲学的辨析；三是罗尔斯与马克思关于正义问题的讨论；四是英美马克思主义者对资本主义剥削是否正义的考察。中国人民大学哲学院教授段忠桥认为，洛克的财产权理论是为私有财产的正当性做辩护的理论，马克思把洛克的财产权理论定性为一种为基于个人劳动的私有制辩护的理论，并批判地继承了其中的劳动的自我所有权思想。首都师范大学政法学院教授程广云认为，当今中国学界关于马克思是否有政治哲学的争论，无论肯定的观点还是否定的观点，都共享着一种“前见”：凡政治哲学都属于规范理论。他试图把《资本论》从被误读为规范理论的逻辑还原为唯物史观的逻辑，认为在政治哲学的意义上，马克思《资本论》的核心不是正义概念，而是分工概念。中国人民大学哲学院教授臧峰宇认为，罗尔斯在《政治哲学史讲义》中关于马克思思想的三篇讲稿，明确呈现了他对马克思政治哲学特别是马克思正义论的基本看法。重思罗尔斯对马克思的解读，有助于我们在比较语境中深化对马克思正义论的理解，呈现解决公平正义问题时所应持有的马克思主义哲学基本原理和方法论原则。北京大学马克思主义学院讲师李旸认为，在当代围绕资本主义剥削是否正义的辩论中，罗默、莱曼、科恩等英美马克思主义者分别基于初始分配不平等、强迫劳动和自我所有权原则对剥削的不正义性做出论证，但由于严格遵循西方道德哲学的范式，忽视马克思、恩格斯讨论剥削和道德问题的历史唯物主义方法，这三种论证路径都陷入了理论困境。这是当代马克思主义者在探究马克思主义理论的道德内涵时需要反思和避免的。

7.现代化道路研究。改革开放以来，现代化道路问题一直是中国学术理论界研究的热点之一。2021年，随着“中国式现代化新道路”的提出，兴起了新一轮研究高潮。北京大学哲学系教授丰子义认为，中国共产党的历史命运是和中国道路紧密联系在一起的。对于中国道路，不仅要从“特色”的角度来看待，而且要从历史观上来把握。首先要从历史发展普遍规律来看待中国道路；其次要从世界历史来看中国道路；再次要从社会基本矛盾来看中国道路；最后要从实践观点看待中国道路。道路不同于模式，本质上是一种实践过程；道路不是完成时，而是进行时。北京大学哲学系教授杨学功认为，现代化是近现代中国所面临的最大时代课题。如果从大的历史尺度来看，可以把中国现代化的历史进程划分为两个阶段：一是从洋务运动到民国时期在学习和采借西方过程中开启中国现代化的阶段；二是中华人民共和国成立后开始独立探索中国式现代化的新阶段。这两个历史阶段也可以称为中国现代化的两次浪潮，它们具有非常不同的历史条件和具体特点。经过一百多年为现代化而持续探索和奋斗的过程，中国已经走过了“西天取经”的阶段，开启了独立探索“中国式现代化”的新阶段，这无论对中国和世界的未来发展都具有重大意义。中国人民大学哲学院教授臧峰宇概括了中国式现代化新道路的哲学内涵。首先，中国式现代化新道路体现了现代化的普遍性和中国发展的特殊性；其次，中国式现代化新道路体现了历史规律的决定性和历史主体的选择性；再次，中国式现代化新道路体现了社会发展的系统性与实践探索的创新性。中国式现代化新道路凝结了我们党百年奋斗的历史经验。清华大学人文学院哲学系教授夏莹探讨了中国化马克思主义阐释路径与“中国道路”的形成问题。她认为，如果说近代中国的核心问题在于“革命”，那么，当代中国的核心问题则是“建设”。而这样两个看似截然相反的主题却因为马克思主义在中国独特的传播得到了一个可兼容的思想场域。这一可兼容的场域形成的原因，一方面固然在于马克思思想的特质，另一方面却在于中国思想界在接受马克思主义的时候所特有的吸纳方式，即带着全部独属于中国现实社会问题的视角来反观马克思，以探寻问题之解答的方式来重构马克思的哲学思想，从而形成了独特的中国化的马克思主义阐释路径。

8.国家治理研究。随着国家治理现代化的推进，北京哲学界在这方面的研究也取得了重要进展。《山西大学学报》2021年第2期刊发了北京哲学界李景源、李德顺、郭湛的一组题为“21世纪马克思主义哲学与国家治理现代化”笔谈。中国社会科学院学部委员李景源研究员认为，“以人民为中心”是习近平依道治国的核心，它全面深化了党的群众路线和群众史观，它突出强调党性与人民性的内在统一、自觉坚持思想路线与群众路线的内在统一、自觉坚持党群关系的辩证法、坚持“依道治国”理念与具体制度建设的有机统一。中国政法大学终身教授李德顺认为，包括经济、政治、社会、文化和生态“五位一体”的国家治理，是一个全面、系统、长期的社会改造过程。从治理理念来说，要明确以下三个问题：首先，关键是主体定位，国家治理是人民来治理国家，即绝大多数人自我组织、自我治理，而不是某些少数人的专利；其次，正确理解“人民民主专政”，人民民主专政实际上已经超越了单一阶级专政，实质是现代条件下适合中国国情的新型国家形态；再次，社会主义民主与法治不可分，国家治理的方向就是人民的权利和责任统一、社会主义民主与法治统一。中国人民大学哲学院荣誉一级教授郭湛认为，正确理解我们所处过渡时期的历史性质，唯物而又辩证地处理现实的具体矛盾，涉及“道”和“术”的关系。我们要坚持社会主义之“道”，即社会历史发展之“道”，同时又要把握过渡时期发展中的方法或技术之“术”。这样，在同美国等西方国家的竞争中，才能真正显现我们的优势。中共中央党校教授韩庆祥等认为，从哲学思维总结中国共产党治国理政，可以提升出诸多哲学智慧：从指导思想看就是坚持“实事求是、人民中心、知行合一”相统一；从基本思路看就是坚持“定位、定标、定法”相统一；从方法论看就是坚持“主要矛盾、根本问题、工作重点”相统一；从治理机制看就是坚持“动力机制、平衡机制、治理机制”相统一；从发展方略看就是坚持“发挥比较优势、补齐发展短板、打牢发展支点”相统一；从推动力量看就是坚持“整合党的领导力量、市场配置力量、人民主体力量”相统一。中共中央党校教授董德刚认为，国家治理是一类特殊的实践活动，应当归入马克思主义哲学的社会历史观即历史唯物主义。具体说来，它应当与物质生产、精神生产并列，属于标志历史主客体相互作用和有机统一的实践过程的范畴。中国政法大学人文学院教授文兵认为，马克思关于国家与法的思考，是从对黑格尔法哲学的批判开始的，而其中最为重要的问题就是要处理市民社会与政治国家的关系问题。自由主义的法治理念与治理理念是与马克思的思想根本不同的。马克思对于国家与法律的思考，对于我们今天中国特色社会主义法治理论体系与国家治理理论的建构具有十分重要的指导意义。

（二）中国哲学

1.中国哲学史学科理论。清华大学国学研究院教授陈来发表了《中国哲学史的学科属性与方法》，对中国哲学史的学科属性与方法作了论述。他强调，中国哲学最重要的训练就是哲学史的训练。“中国哲学史”的学科名称已包含着潜藏的“哲学观”。他认为，“哲学”不应局限于西方的传统中，而应是全球多元文化中的普遍概念，中国哲学便是中国的义理学问。中国哲学史的研究一方面要求在“接着讲”的过程中进行创新，另一方面还要求学者能够“好学深思，心知其意”，理解中国哲学中各种概念的准确含义。这篇文章高屋建瓴，对于当下的中国哲学研究具有指导意义。

2. 中国哲学史书写范式创新。清华大学哲学系教授丁四新在“中国哲学的主体性”观念下重新书写了秦汉哲学，由他主撰的《中国哲学通史·秦汉卷》具有五方面的新意：其一，积极评价与梳理秦汉思想，清除了以往秦汉思想论述中的启蒙心态和买办心态；其二，摆脱了旧范式与话语，以新观念彰显了秦汉哲学的主体性；其三，突出了秦汉哲学中“政治哲学”的主题；其四，重视包括易学哲学在内的经学哲学的梳理；其五，强调“天道观”概念对于汉代思想的贯通性。与同类秦汉哲学史著作相比，该书取得明显突破，无论是在书写观念还是在具体论述上都发生了质的变化。从整体上来看，本书是近二三十年来秦汉哲学研究取得的最重要成果。

3. 儒道释哲学研究整体提升。本年度北京的中国哲学研究在儒家哲学、道家道教哲学和佛教哲学三个领域都取得了一定进展，具体表现在：①儒家哲学研究主要体现在天人关系、心性论、社会伦理、政治哲学和经学研究五个方面。其中，北京师范大学哲学学院教授李祥俊从宏观上探讨了“天”这一重要观念，论述了其在儒学中的演进和思想特征。他认为，儒学的“天”包括主宰之天、物化之天和生命之天三层含义，其中第三义是最重要的，它奠定了儒学乃至传统中国社会的基本世界观和价值观，宋明儒学即以生命之天为核心。清华大学哲学系教授丁四新对“性”这一关键概念的生成及其早期论域的开展作了深入的研究和探索。②道家道教哲学研究主要体现在《老子》与黄老学、《庄子》与庄学、道教文本及其思想三个方面。中国社会科学院哲学研究所副研究员匡钊出版了一本专门探讨先秦道家的心论和心术的新书，该书是学界第一次集中探讨此学术问题的专著。他认为，在先秦道家的学术谱系中，心观念的地位始终与道、气等观念相互纠缠，尤其是有关心气关系的思想通过稷下黄老学而对诸子产生广泛的影响。③中国佛教及其哲学研究主要体现在佛教哲学与历史、佛教中国化理论的探讨上。清华大学哲学系圣凯出版了《南北朝地论学派思想史》。他还发表文章，认为应当从观念史的角度来研究佛教。此外，魏道儒、尕藏加、班班多杰都撰文探讨了“佛教中国化”的理论问题。而对于“佛教中国化”理论问题的探讨，也是近年来学界的一个热点议题。

（三）外国哲学

1. 古希腊罗马哲学研究。柏拉图和亚里士多德仍然是学者们关注的重心。无论是柏拉图和亚里士多德的形而上学、知识论还是政治哲学，都受到了学界普遍的重视。一些学者对亚里士多德的定义问题比较关注。中国人民大学哲学院教授聂敏里和吕纯山分别撰文讨论了亚里士多德的定义问题。聂敏里在《亚里士多德论定义的统一性》一文中指出，亚里士多德在《后分析篇》中提出了定义的统一性的理论难题，但却把这个问题放到了《形而上学》中来予以解决，这就是《形而上学》Z卷的第12章。吕纯山的论文《亚里士多德论复合实体的定义——从自然哲学著作出发》，联系了《形而上学》《物理学》《论动物的部分》《论天》等著作中的质料和形式分别具有必然性和目的性的特征，以及定义的两个部分必须为一的理论来说明，就对质形复合物的定义而言，对质料的描述和对定义的描述二者都不可或缺。

2. 中世纪和文艺复兴时期哲学研究。这方面一直是我们的短板，一是相关科研人员较少，二是相关科研成果，尤其是优秀的成果相对较少。但是可喜的是，近年来这一状况正得到逐步的改善。2021年，北京大学哲学系教授赵敦华在《中世纪建筑与柏拉图几何学》一文中，深入地探讨了中世纪各种建筑艺术形式与柏拉图的几何学之间的紧密关系。目前，学术界对这个主题的讨论还是非常少见的。因此，赵敦华教授的这篇论文具有某种突破性的意义。另外，中国人民大学哲学院副教授孙帅出版了专著《抽空：加尔文与现代秩序的兴起》，该书专门讨论了加尔文新教改革的意义。在作者看来，加尔文的新教改革通常被理解为从阿奎那经院传统向奥古斯丁教父传统的回归。但如果细究从奥古斯丁、阿奎那，经司各脱、唯名论和人文主义到宗教改革的转变，这一回归叙事就显得不够全面和准确了。该书的目的之一就在于表明，这位抛弃阿奎那及其经院道路的日内瓦改革家并未严格遵循奥古斯丁的道路；相反，对奥古斯丁的回归或利用，最终推动他像威腾堡的改革家一样在更深的意义上背离了奥古斯丁。

3. 德国哲学研究。在近现代哲学研究中，德国哲学的研究历来是重点。而在德国哲学中，康德和海德格尔又是近些年来研究的热点。2021年的情况仍然是如此。中国人民大学哲学院教授张志伟在论文《重思伦理学与形而上学之间的关系：以海德格尔为视域》中重新审视了海德格尔对传统形而上学的批判，以及他在伦理学方面的缺失。北京大学哲学系教授韩水法在《胡塞尔现象学中的“先验性”与“超验性”——兼论“transzendental”和“transzendent”的汉译》一文中，详细地分析了在康德哲学、胡塞尔的现象学中这两个重要概念的基本内涵，并且反驳了王炳文、倪梁康、王庆节的看法。北京大学哲学系教授吴增定在论文《实体与事物：重思斯宾诺莎对亚里士多德主义的批评》中指出，斯宾诺莎的实体（substance）概念虽然来自亚里士多德的哲学，但是斯宾诺莎同笛卡尔一样，恰恰是用这个亚里士多德的概念批评了以亚里士多德主义为代表的前现代形而上学。

（四）美学

1.美的本体研究。在坚持美的本体研究方面，有学者开辟了新的视角。中国人民大学哲学院教授张法的《美的本体论：中西印美学的不同建构》，将中国、西方、印度对美的本质理解进行比较研究，他认为美的本体论关系到世界的存在方式。

2.中国美学研究。中国美学如何独立发展，其历程特点是怎样的，是每一位中国美学学者都关心的问题。中国社会科学院文学所研究员高建平所著《他律、介入、为民——百年中国马克思主义美学历程》关注马克思美学在中国的情况，他认为在过去的一百年中，中国美学有了很大的发展，其中属于马克思主义美学线索的三个概念，即“他律”“介入”“为民”，对推动这种发展起到了很大的作用。中国美学有着怎样的传统与精神，北京师范大学哲学学院教授刘成纪在《礼乐美学与传统中国》中认为，礼乐概念对中国历史形成了既深且巨的影响，人们可以用它界定中国文明、文化、政治、制度的性质，相应把中国文明称为礼乐文明，文化称为礼乐文化，政治制度称为礼乐政治和礼乐制度，但从本质上看，它却奠基于美和艺术。在借鉴西方研究方法分析中国美学上，王德胜《现代中国美学发生问题考略》考察了现代中国美学经历了汉译定名、大学课程设置、初期传播与理论创构活动三方面演变过程。寇鹏程的《中国古典美学精神》关注中国美学精神，作者认为中国传统文化中包含自由精神与超越境界符合美学的精神实质，因此，将中国传统文化界定为一种具有美学精神的文化。

3.西方美学研究。英语美学是西方美学独特板块，周宪所著《英语美学的历史谱系》认为，在现代性的历史进程中，随着民族国家和民族语文的兴起，西方美学体系中英、德、法三种语言的美学理论彼消此长，构成三足鼎立之势。

4.艺术美学研究。关于艺术本身的审美特点、审美规律与审美现象，陈旭光在《“电影工业美学”与“中层理论”的观念及方法论》中提出“电影工业美学”理论。傅谨在《戏曲表演美学体系的历史基础与研究方法》中认为，戏曲理论家、美学家对戏曲表演理论的深入研究，是戏曲表演美学体系研究的坚实基础。在舞蹈美学上，吕艺生的《舞蹈美学的逻辑起点》提出人体既然是舞蹈艺术的感性材料，它理所当然地成为舞蹈美学的逻辑起点。

5.当代美学研究。王一川的《文化现代性中的异文化角色——跨文化学视域中的审美生命政治》认为，文化现代性过程中诞生了新的审美生命政治，这使得各种后发现代性国家的民族文化都自觉或不自觉地获得了借助异文化启迪而实现再生的生命权力。生态美学以《曾繁仁文集》的第一卷《生态美学导论》与第二卷《生态存在论美学论稿》为代表，它们是曾繁仁多年来关于生态美学研究的结集。

6.美育研究。在学校美育改革发展上，叶朗、顾春芳的《“互联网+教育”时代的美育观念及媒介形式探索》，探讨互联网时代在MOOC的新媒介条件下的美育观念和课程建设。宋瑾的《美育视野下艺术课程的特点与效能阐释》认为，《高中艺术课程标准》明确提出艺术课程培养四个核心素养，即“艺术感知、创意表达、审美情趣、文化理解”。北京中小学美育领先全国，史红的《北京中小学美育发展状况研究》认为，北京学校美育具有整体思维、基本原则、独特理念，形成了学校美育模式。

总的来看，2021年北京的美学研究，在主题、内容、分支领域上都呈现出多元性，且多闪光之作。“多元”“跨界”等以交互发展的态势共同推进美学学科的深度掘进与横向铺陈，打开一个丰富、多姿、饱满的精神向度。

（五）科学技术哲学

2021年，北京科学技术哲学学科学者潜心学术研究，在科技哲学各具体领域都取得了骄人的成就。

1.科学哲学。在科学哲学方面，李建会在《生物学哲学为当代科学哲学贡献了什么?》中阐述了当代生物学哲学对科学哲学的重要贡献。清华大学科学史系再度出版一系列著作，其中吴彤与孟强编著的《科学实践哲学：基本问题与多重视角》一书，聚焦于科学实践哲学的基本问题，并从多个视角展现科学实践哲学的不同侧面，内容涵盖科学解释学、科学史、心灵哲学、认知科学哲学、政治学等。

2.技术哲学。在技术哲学方面，刘永谋出版了《技术的反叛》一书，以技术时代为主题，直面高新技术迅速推进导致的诸多挑战。王伯鲁在《当代科学技术及其实践基础演进剖析》一文中，从科学技术史的“内史论”视角切入，梳理以高新技术研发为轴心的当代科学技术演变。段伟文在《深度科技化与中国技术哲学的未来之路》一文中指出，从生态环境的不可逆改变到“基因编辑”与“人类增强”，其实质是科技对世界与人的全方位深度介入。王小伟在《中国技术哲学的国际化思考》一文中讨论了技术哲学领域中“荷兰学派”的工作，并试图调用儒家传统资源考察技术伦理问题。

3.工程哲学。在工程哲学方面，李伯聪在《工程哲学：回顾与展望》一文中明确指出，21世纪初工程哲学开始逐步在多国形成。他认为当代工程哲学领域中已经形成了“中国学派”，并主张21世纪哲学界需要实现一场“转出语言”和“转向工程（实践）”的“再转向”，技术哲学和工程哲学应该在这一“新转向”中努力从哲学的“边缘”走向“哲学的中心区域”。

4.科学、技术与社会。在科学、技术与社会（STS）方面，李醒民出版了《科学与伦理》一书，针对科学的善恶、科学与伦理的关系、科学家对社会的道德责任等问题进行了全面深入的剖析与探讨。刘永谋在《智能治理社会的蓝图：丹尼尔·贝尔的技术治理思想》一文中指出，20世纪未来主义学派的代表人物丹尼尔·贝尔所预测的后工业社会，实质上是以“智能技术”为基础的技治社会，即智能治理社会。李晓洁、丛亚丽在《健康医疗大数据公平问题研究》中提出健康医疗大数据面临的公平问题，认为需要权衡个体权利和共同善，在关注公共健康发展的共同利益的同时，也要注重个体隐私权、知情同意权的保护。

5.自然哲学。在自然哲学方面，复杂系统研究再次成为热点。董春雨、熊华俊在《论作为复杂系统演化推力的涨落及其意义》一文中，从“对称疑难”入手，考察了过去被人们常常忽视的非对称涨落在系统演化中的重要地位。吴彤、于金龙在《新系统哲学：多元与地方性系统观念及其意义》一文中指出，贝塔朗菲的传统系统观念具有抽象主义特征和认识论及方法论上的局限性，并提出了提出一种新系统哲学的可能。刘劲杨的《论整体、部分及其构成——整体论视角的形式分析》一文聚焦自然观问题，认为整体论的基本问题是整体与部分的含义，且不同整体论呈现出整体与部分及其关系的不同界定，要想推进整体论研究，首先要澄清整体与部分。

6.科技思想史。在科技思想史方面，刘大椿长期致力于西学东渐与中国近现代科技转型问题研究，并取得重要成果。在《西学东渐与中国近现代科技转型的若干问题》一文中，刘大椿指出，“西学东渐”即把西方科技和文化传入中国。人们通常认为西学东渐、师夷长技之事肇始于晚清。刘大椿则把这一历史事件大大前推，并且一直追溯到明末第一批耶稣会传教士所开启的西学东渐。他认为传教士1583年开始将西方科技大规模传入中国，中西方科技和文化真正出现交集，由此为西学东渐的开端。在梳理以上历史演变的基础上，刘大椿进一步分析了中国近现代科技转型存在的问题。

二、发展态势和问题反思

综上所述，2021年北京哲学学科成绩可喜，分支学科成果丰硕亮点突出。从发展态势来看，有以下几点比较明显：

（1）马克思主义哲学研究的现实性增强。这当然是在保证学术性的前提下实现的，但对于以往片面和狭隘理解的学术性在一定程度上有纠偏的作用。诸如人学研究、价值论研究、政治哲学研究，特别是现代化道路研究、国家治理研究等，都具有鲜明的现实针对性，有些成果也实现了理论上的突破。这种以现实问题研究带动基础理论研究的趋势值得高度肯定和提倡。

（2）中国哲学研究的学科自觉和主体性凸显。学者们总结了学科的属性和方法，在中国哲学史的书写范式上实现了以主体性为特点的创新，进一步凸显了中国哲学的特色。值得重视的是儒家经学哲学研究和从概念史转入观念史的中国佛教研究，二者同时在一定程度上影响着中国哲学学科的理论建设和学术发展。

（3）西方哲学研究优势明显亮点突出。在古希腊哲学和近现代哲学这两个传统优势方向，学者们的研究进一步深化。在中世纪哲学和文艺复兴时期哲学这两块短板上，也取得了一些可喜的新成绩。

（4）美学研究进一步分化和深化。基于学科惯性，美学学术脉络在美学本体论基础上，不断向中国美学、西方美学、艺术美学、当代美学、美育等研究领域扩展深入，在前沿问题上也持续推进，美学学术研究因此迎来了丰富的多样的课题，美学知识生产和理论供给越来越丰富。

（5）科学技术哲学研究全面推进。在继续深化基础理论研究的同时，聚焦“自动驾驶”、“脑机接口”等新技术应用所带来的科技伦理问题，大数据、人工智能技术应用所引发的技术治理问题以及“负责任创新”等问题，开展深入的理论探讨与学术交流。与此同时，继续发挥学科优势，注重重大社会和现实问题研究，服务首都及国家经济社会发展。

总体来看，2021年北京的哲学研究继续走在全国前列，而中国哲学研究甚至处于国际领先水平，带领着全国哲学学科不断走向进步和新的发展阶段。

不过，如果从更高的标准来看，北京哲学学科学术发展尚存在有待改进的地方，还有进一步提升的空间：①学科交叉融合有待进一步加强。虽然近年来学科对话有所进步，但长期形成的二级学科各自为政的局面很难打破。②学术体系和话语体系有待进一步更新。这就需要真正聚焦于前沿性问题研究，同时对中国传统哲学话语和西方哲学话语进行创造性转化，形成一系列适应时代和实践发展需要的概念术语，为学术体系创新奠定坚实基础。③哲学研究的原创性必须提升。虽然我们取得的成果很多，但真正具有原创性的成果却是凤毛麟角。只有走出“从文本到文本”的观念论误区，调动和凝聚丰富的哲学智慧资源，破解“世界百年未有之大变局”的重大难题，才能为实现中华民族的伟大复兴做出无愧于时代的新贡献。这也是北京乃至全国哲学界应该为之而努力的方向。

年度推荐论文和著作

论　文

1. 仰海峰，《问题意识、思想型与知识地图——关于马克思主义哲学研究方法论的思考》，《中国社会科学评价》，2021年第1期。
2. 李德顺，《国家治理的主体向度》，《山西大学学报》，2021年第2期。
3. 陈来，《中国哲学史的学科属性与方法》，《中国哲学史》，2021年第4期。
4. 李祥俊，《儒学“天”观念的含义演进与思想特征》，《社会科学战线》，2021年第2期。
5. 赵敦华，《中世纪建筑与柏拉图几何学》，《社会科学战线》，2021年第1期。
6. 张志伟，《重思伦理学与形而上学之间的关系——以海德格尔为视域》，《道德与文明》，2021年第1期。
7. 高建平，《他律、介入、为民——百年中国马克思主义美学历程》，《文艺研究》，2021年第7期。
8. 刘成纪，《礼乐美学与传统中国》，《学术月刊》，2021年第6期。
9. 段伟文，《深度科技化与中国技术哲学的未来之路》，《哲学动态》，2021年第1期。
10. 刘大椿，《西学东渐与中国近现代科技转型的若干问题》，《天津社会科学》，2021年第7期。

著　作

1. 陈新夏，《唯物史观价值取向当代建构》，首都师范大学出版社，2021年。
2. 韩蒙，《马克思思想变迁的社会主义线索》，江苏人民出版社，2021年。
3. 丁四新、龚建平，《中国哲学通史·秦汉卷》，江苏人民出版社，2021年。
4. 匡钊，《先秦道家的心论与心术》，中国社会科学出版社，2021年。
5. 孙帅，《抽空：加尔文与现代秩序的兴起》，商务印书馆，2021年。
6. 寇鹏程，《中国古典美学精神》，科学出版社，2021年。
7. 曾繁仁，《曾繁仁文集》，中国社会科学出版社，2021年。
8. 吴彤、孟强，《科学实践哲学：基本问题与多重视角》，科学出版社，2021年。
9. 刘永谋，《技术的反叛》，北京大学出版社，2021年。

马克思主义哲学

2021年，虽然继续受到新冠疫情的影响，但北京中国哲学学科仍呈现出高质量发展的态势，各大高校和研究机构的学者持续开展了众多学术活动和学术交流，不断开拓新领域，提出新问题，深化理论创新。

一、方法论研究

方法论是马克思主义哲学的重要前提性问题，关系到对马克思主义哲学基本原理的理解和把握。2021年，北京哲学界有几篇关于方法论研究的论文值得重视。北京大学哲学系教授仰海峰的《问题意识、思想型与知识地图》[1]一文，对马克思主义哲学研究方法论做了总体性探讨。他认为，自20世纪以来，马克思主义哲学研究在问题意识、理论逻辑、现代视野上都有了长足发展。就马克思哲学本身的阐释而言，人们越来越意识到要在学科融合中理解马克思的思想，并在当代发展马克思主义。在马克思主义哲学的当代发展中，如何真正做到从马克思走向当代，有效地整合当代思潮，形成具有本土特色的理论逻辑与话语体系，这是大家普遍关心的问题。这些问题的讨论，固然需要对马克思、对当代思潮以及当代社会发展进程的思考，但自觉的问题意识和方法论反思也必不可少，因为方法论反思与自觉恰恰是推进具体研究的前提条件。他强调，哲学是时代精神的精华，是对时代问题的追问，问题意识是哲学作为活的思想的起点。对所处时代的分析、反思与批判是马克思主义哲学的问题意识，也是推动马克思主义哲学不断发展的动力。而在马克思主义哲学当代发展过程中，一方面，我们需要打破学科壁垒，从跨学科的总体语境中理解马克思。通过对思想型的探讨，即透过不同学科的话语，在马克思的文本中看到这些不同学科所共享的基本思想构型，可以展现马克思主义哲学对传统哲学的变革——思想型的转换；另一方面，通过建构新的知识地图，可以展示马克思主义哲学当代发展的可能路径，不仅指向不断变化的外部世界及相应的思想观念，而且也对自身的存在方式展开反思，从而勾勒从马克思走向当代的学术理路，形成具有自身特点的知识谱系和话语表达方式，真正获得从马克思出发来面对当代的哲学智慧和历史眼光。所以，问题意识、思想型与知识地图，体现了当代马克思主义哲学研究中的方法论自觉。

仰海峰的另一篇论文《总体性思想：从黑格尔、马克思到国外马克思主义的奠基者》[2]，则具体地考察了体现在这些思想家中的总体性方法。他认为，总体性思想构成了黑格尔、马克思哲学的重要组成部分，也是他们考察社会历史的重要方法。国外马克思主义的第一代学者卢卡奇、柯尔施、葛兰西，为了走出第二国际时代的马克思主义研究传统，重新回到马克思与黑格尔的内在联系，将总体性作为重新解读马克思哲学的重要内容。卢卡奇从总体性出发，形成了对现存资本主义物化社会及其思想上的二律背反的批判；柯尔施重新回到马克思的哲学、政治经济学与科学社会主义的内在联系，力图重新理解马克思的哲学；葛兰西则将总体性作为领导权理论的重要规定性。

北京大学哲学系教授聂锦芳基于创作史和传播史的考察，具体阐释了《资本论》中的叙述方法。[3]他指出，在《资本论》第一卷第二版跋中，马克思强调“叙述方法”和“研究方法”之间既具有内在关联，又在途径和形式上彼此不同。但对于作为“从抽象到具体”的“叙述方法”如何体现、具体关涉哪些方面，马克思并没有做出非常明确和系统的阐释。基于对《资本论》复杂的创作史、传播史的考察，聂文从结构、术语、引证、表述、修订、翻译、辩驳、理解等八个方面做出归纳和概述。并且强调，由于马克思对现代社会卓绝的批判，其思想具有不可超越的当代价值，《资本论》因其“叙述方法”的科学性毫无愧色地成为永恒的经典。

首都师范大学马克思主义学院教授黄志军同样探讨了“从抽象到具体”的叙述方法，主要论证为什么马克思说“从抽象上升到具体”是科学上正确的方法。[4]他认为，相关学术史的考察和分析表明，马克思所指认的“从抽象上升到具体是科学上正确的方法”这一判断，不能简单地将其理解为对从具体到抽象的否定，更不能由此简单地否定从实在和具体出发这一历史唯物主义的前提和政治经济学研究的基础。通过辨析相关争议，可以揭示其至少包含以下两个方面的内涵：其一，从抽象到具体是建构政治经济学理论体系的正确方法，但它本身的运用已经就包含了从具体到抽象的过程，更内含了以实在和具体为前提的方法论原则；其二，无论是在政治经济学的研究过程还是在叙述过程中，从具体到抽象和从抽象到具体这两条道路都是彼此交织并相互作用的，它们无法被割裂开来运用于政治经济学理论中。他由此总结说，开拓当代中国马克思主义政治经济学研究，应当注意秉持从实在和具体出发与从抽象上升到具体的原则，这对于中国特色社会主义政治经学的研究和叙述都具有重要的启示意义。

二、文本文献研究

文献学研究是马克思主义哲学研究和学科建设的永恒性基础，同时也是21世纪以来马克思主义哲学研究的一大亮点。2021年，北京哲学界在这方面的研究取得了比较突出的成就和明显进展。

中国人民大学马克思主义学院教授赵玉兰发表专文，对《德意志意识形态》百年文献学研究的逻辑、主题与启示做了系统探讨。[5]她指出，在近百年的文献学研究历程中，《德意志意识形态》的文本经历了“建构—解构—重构”的辩证演进过程，与之相关的理论主题如编排方式、性质判定和历史定位等亦得到了深入的考察。在新时代中国特色社会主义的背景下，我们不仅要批判地吸收前人的研究成果，而且要以高度的理论自觉开展深入而独立的中国《德意志意识形态》研究，从而为建设具有中国风格、中国气派、中国特色的马克思主义理论贡献力量。

清华大学哲学系教授韩立新认为，随着新MEGA Ⅰ/5卷正式问世和《德意志意识形态》第一章“费尔巴哈”的Online版的上线，对《德意志意识形态》的文献学研究将进入一个新阶段。[6]他提出，在这一新阶段，作为《德意志意识形态》理论研究的前提，以下四个文献学问题值得特别关注：（1）新MEGA Ⅰ/5卷的去体系化编辑；（2）Online版对成稿过程的再现；（3）如何编译《德意志意识形态》中文版；（4）重新评价广松涉版的价值。弄清楚这些问题，对于提升我国编译和研究《德意志意识形态》的水平具有重要价值。

《马克思致库格曼书信集》在马克思主义理论史和国际共产主义运动史的研究方面都具有重要的价值。中央党史和文献研究院研究员姚颖通过梳理马克思与库格曼的通信史，对这部书信集的形成及其在中俄两国出版传播的情况作了翔实的考察，强调其对于人们了解《资本论》创作时期和欧洲工人运动风起云涌时期马克思的思想发展和革命斗争策略具有重要的启示意义，并分析了其在中俄两国传播的特点。

有两篇将马克思经典文本研究与重大现实问题有机结合的论文引人注目。北京师范大学哲学学院教授鲁克俭通过分析比较《1844年经济学哲学手稿》和《德意志意识形态》，论证了“美好生活”理念在这两个文本中证成方式的差别。他认为，“美好生活”（good life）是马克思共产主义的核心理念，主要包含人的自我实现、自我完善与人的全部才能的自由发展，消灭分工与谋生劳动的扬弃，人的需要的满足与完整的、丰富的人，以及个体与类（社会）的同一、超越近代政治哲学权利范式等方面的内容。马克思的思想演变有一个从哲学共产主义的“人的解放”到哲学共产主义和科学共产主义的“美好生活”转变的过程。马克思在《1844年经济学哲学手稿》中对“美好生活”的证成有两条逻辑，即笔记本Ⅰ的应然批判的逻辑和笔记本Ⅲ的实然的历史性逻辑。而在《德意志意识形态》中，马克思首次提出了自由与生产力的关系问题，把自由看作是由生产力发展水平决定的，从而完成了对共产主义“美好生活”理念的科学证成。[7]

北京大学哲学系教授聂锦芳在《遭逢危机之际向马克思请益——重读〈资本论〉第一卷〈序言〉和〈跋〉》[8]中指出，人类的发展愈益复杂而艰难，前些年由金融危机所引发的世界经济衰退还未得到根本缓解，新冠疫情又蔓延起来，把整个世界推向了更为莫测的境地。每当世界上出现普遍性危机的时候，人们总会想起马克思。这位毕生致力于资本批判和对现代社会进行探索的思想家总能给我们以坚定的信念和深刻的启迪。他试图通过对《资本论》第一卷各种版本的《序言》（Vorwort）和《跋》（Nachwort）内容的具体解读，考察马克思是如何把握那个时代的问题和趋势，从而实现理论创新的。这些文献包括：马克思撰写的德文第一版（1867）、法文版（1872）《序言》和第二版（1873）、法文版（1875）《跋》，以及恩格斯撰写的第三版（1883）、英文版（1886）、第四版（1890）《序言》。他认为，在这些作品中，以下三个方面是非常值得关注的：一是马克思注目于“以铁的必然性发生作用并且正在实现的趋势”；二是马克思通过清理和辨析古典经济学所提供的思路、体系和方案，进而实现了理论“突围”和超越；三是马克思的研究体现和贯彻了“不崇拜任何东西”、本质上是“批判的和革命的”辩证法，并将其推进和提升到现代形态和新的水准。在漫长的政治经济学研究和《资本论》写作中，马克思身上所体现出的宽广的视野、整体性的思维、深刻的历史感、顽强的意志力等是人类最宝贵的精神财富，在当今时代值得人们倍加珍视和弘扬。

中央民族大学哲学与宗教学学院教授王海锋认为，改革开放以来，中国马克思主义哲学以学术的方式实质性介入中国革命、建设、改革的历史进程之中，在回应重大现实问题和重大理论问题中发掘马克思主义哲学经典文本的思想资源，激发其内蕴的思想活力，实现了马克思主义哲学的理论创新，推动了社会主义现代化建设的伟大实践变革。他试图通过学术史的梳理和研究，以21世纪以来学界关于《资本论》这一经典文本的相关研究为例，就“视角转换与激发经典文本的思想活力”的关系问题作出阐释，对经典文本解读问题作出方法论的反思。如过分注重文本经典，可能导致思想的自我迷失甚至陷入本本主义的泥沼；忽略马克思主义哲学经典文本而转向执迷于“西方哲学经典文本”或“国外马克思主义哲学经典文本”的问题；部分学者以“国外马克思主义学者所解读的马克思主义哲学”为标准和尺度，回过头来重新审视马克思主义哲学并做出“理所当然”的阐释的问题等。[9]

中国社会科学院哲学所副研究员杨洪源通过具体的例证，阐明了文本学研究何以能够实现马克思主义哲学研究中“史”“论”“著”的统一。他认为，以版本考证、文本解读和思想阐释为内容的文本学研究，延续了中国马克思主义哲学研究的“史”“论”“著”相统一的学术传统，实现了文本、历史、理论、现实之间的有机结合。遵循文本学研究的思路及方法，从《1844年经济学哲学手稿》“原始顺序版”出发，具体解读马克思对共产主义所作的七条论证，清晰地揭示出它们之间的内在逻辑，即共产主义的最初形态、政治形态、完成形态、实现途径、历史方位，以及理解共产主义所需借助的理论资源、共产主义扬弃私有财产的内容补充。进而指出，从历史维度看，马克思延续了《莱茵报》时期和克罗茨纳赫时期对于当时各种共产主义学说的批判与定位，在巴黎时期进一步明确了作为私有财产的积极扬弃的共产主义的主要内容，并在其后的思想发展中得以深化。

总的来看，北京哲学界2021年度在马克思文本文献研究方面收获颇丰，并且体现出以下几个特点：第一，马克思经典文本研究与重大现实问题有机结合（鲁文、聂文）；第二，关注国际马克思研究界的前沿动态和中国当代马克思研究的基础（韩文、赵文）；第三，马克思文本研究与中国传播编译史的有机结合（姚文、赵文）；第四，文本文献研究的方法论反思与自觉（王文、杨文）。北京学界的两代学者协同互动，在实质上推进了马克思文本文献研究。

三、《资本论》哲学研究

《资本论》是近些年马克思主义哲学的一个重要研究对象和研究领域，学界对此展开了诸多较有成效的研究。2021年，北京哲学界主要在以下几方面取得了较大进展：一是从《资本论》的视角来理解西方金融资本主义的大萧条；二是在社会主义条件下如何正确发挥资本的作用，既要激活资本的文明面，也要限制资本自身所具有的野蛮性，规范和引导资本健康有序发展；三是对《资本论》及其手稿中的认识论问题的重新重视。

北京大学马克思主义学院教授宋朝龙认为，在《资本论》中，马克思抓住了资本本质自身的矛盾来剖析资本主义的历史。他指出，从《资本论》的逻辑视域来看，金融资本是资本主义生产关系矛盾运动的产物，是资本主义生产关系的集中表现。一方面，从对社会化大生产的推动中肯定金融资本的积极职能，比如金融资本加速了科学技术在生产上的应用、金融资本加速了资本周转、金融资本加速了货币资本的充分动员、金融资本加速小资本向大资本的集中、金融资本加速了生产的社会化等；另一方面，从金融资本寄生性积累的膨胀中揭示危机的必然性，比如金融资本基于经营垄断的寄生性积累、基于地产寻租的寄生性积累、基于国债制度的寄生性积累。由此，金融资本的寄生性积累导致了制造业的衰落、工薪阶层的贫困化、公共权力的孱弱、社会福利的削减，推动了右翼民粹主义的崛起，而右翼民粹主义不但解决不了危机，反而有把金融资本帝国引向总危机的趋势。他认为，顺着《资本论》的逻辑来分析西方金融资本，可以发现正是金融资本本质自身的矛盾及其自我否定的必然性造成了西方金融资本主义大萧条。[10]

中国社会科学院哲学所研究员周丹认为，社会主义公有制及其资本形态从生产关系这一中介入手，驾驭传统的资本逻辑，既激活“资本的文明面”，又克服资本的生产性矛盾，同时避免陷入资本形而上学。第一，只有社会主义市场经济和公有资本，从生产这一根本性环节入手，而不是局限于分配环节，才能克服资本的“利己主义”，为大多数人谋利。第二，社会主义市场经济和公有资本能够克服资本主义条件下的物化逻辑，有助于实现人的全面发展的统一。他指出，从根本目标看，驾驭传统的资本逻辑，发挥社会主义制度与市场经济的双重优势，是为了更好地为人民群众服务，为人民群众谋利益，实现共同富裕。由此，公有资本的逻辑，适应和促进社会生产力的发展，加速资本的自我否定和自我超越，确保社会主义的本质属性，维护和实现绝大多数人的根本利益。以社会主义市场经济和公有资本为基本标识的中国现代化，为人类社会走出现代性困境，实现人的解放，开拓人类文明新形态，提供了可行性方案。[11]

北京大学哲学系助理教授张梧认为，马克思对“自然假象”的种种表现形式展开了认识论批判，其批判的重心在于揭示“自然假象”的社会历史根源。以孤立个体为起点的自然状态假象，其根源是“抽象成为表象”。以“看不见的手”为基础的自发秩序假象，其根源是社会关系的物化。以非暴力同意为核心的自由意志假象，其根源是强制暴力的形式转变。《资本论》及其手稿的认识论在如下两个关键问题上决定性地突破了传统教科书认识论理论的反映论模式：第一，传统的反映论模式无条件地信任认识客体，它根本无法意识到，作为认识对象的资本主义社会现实本身就是头足倒置的颠倒存在。第二，传统的反映论模式只能无条件地摹写认识客体，结果只能获得认识客体进入认识主体后的表象，而无法把握认识客体的本质。资本主义社会现实的表象与实质二重化的特点在根本上决定了，要想真正把握认识客体的本质，只能通过辩证法去“透过现象看本质”。正是在一点上，传统的反映论模式无法与满足于感性直观的经验主义划清原则性的界限。重建马克思认识论理论的可能性恰恰在于传统反映论模式的不可能性，此即我们重返《资本论》及其手稿重新开启认识论研究的缘由所在。[12]

四、人学研究

2021年，北京哲学界人学研究的进展主要体现在以下方面：一是对美好生活的人学意义的当代揭示；二是关于人的发展实现路径的思考；三是从方法论的角度揭示马克思“人类学笔记”写作动机之谜的“破解之道”；四是从生存异化的角度反思弗洛姆对马克思人学的研究；五是对介于个人自由和伦理自由之间的公民自由的思考。

北京大学哲学系教授丰子义指出，将“美好生活”作为一个重要命题提出并作为我们党的奋斗目标，这是一大理论自觉，所显示的人学意义是重大而深远的。要推进美好生活建设，需要对一些基本概念和问题作出深入的理解和把握：其一，对于“美好生活”，应避免纯粹心理体验或功利主义的极端化理解，而从“全面生活”予以把握，不仅包括物质生活，而且包括政治、文化、社会等生活。只有这些生活都得到充实和提高，才能称得上“美好”；其二，对于“需要”，应具体地、历史地看待，在其合理性、正当性上坚持内在尺度与外在尺度的统一、合目的性与合规律性的统一；其三，对于需要的“主体”，应当突出人民主体地位，处理好个体需要与社会需要的关系，同时处理好人作为目的与手段的关系；其四，对于需要的“满足方式”，应将其作为“文明”问题来看待，重点是增强消费的文明意识、转变消费方式、确立健康的生活方式。美好生活需要应加强发展的引导、价值观的引导、生活逻辑的引导以及人们自身素质提升的引导。他认为，美好生活创造的过程也是新人成长的过程。人的自由全面发展就是在劳动过程、实践过程中进行的。[13]

首都师范大学马克思主义学院教授陈新夏认为，马克思、恩格斯创立人的发展理论，既确立了人的发展价值取向，也确立了人的发展科学认识。在价值取向方面，他们提出了人的发展的目标和含义，即人的发展是人的本质力量的实现和发展、人的社会关系的合理化以及人的个性的发展。基于这一理解并推而广之，人的发展归根结底就在于人生活得更加幸福、更加美好、更有意义。在科学认识方面，他们揭示了人的发展的现实条件，并在此基础上阐明了环境改变与人的改变之间的关系，认为环境改变与人的改变是一个在实践基础上统一的过程，为理解人的发展问题提供了科学的理论遵循，指明了人的发展的实现途径。根据马克思和恩格斯对人的发展条件和途径的理解，人的发展既有赖于外部环境的改善，又有赖于人自身的改变，是人在实践基础上改变环境与改变自身的统一。[14]

北京大学马克思主义学院教授林锋认为，晚年马克思写作“人类学笔记”的真实动机，是学界研究中的疑难问题，迄今未有定论。要破解这一难题，需从方法论问题的探讨入手。这里有三个重要的方法论原则，需要进入笔记研究者的视域，它们将对根本解决此问题产生助益：其一，从“人类学笔记”的文本中探寻“真相”；其二，从19世纪中后期世界学术背景及马克思19世纪40年代以后的学术历程中探寻“真相”；其三，从晚年恩格斯的相关说明中探寻“真相”。这三者相辅相成，相互支持，将三者有机整合，系统地思索和判断笔记的写作动机，将使学术问题的“真相”逐渐呈现。基于上述方法论原则而进行的细致探讨，可以得出如下结论：晚年马克思耗费大量笔墨，对人类学家的著作写下详细的读书笔记，是为了实现其晚年萌生的一个重大的唯物史观创新计划——“根据世界人类学最新成果，系统探索和制定唯物史观的原始社会、文明起源理论”。就其功能和作用而言，笔记是为配合晚年马克思上述“哲学创新计划”，写出一部相关的唯物史观著作而作的材料和思想的准备。澄清这一重要事实，有助于还原马克思主义思想史的本来面目，正确界定与评价马克思“人类学笔记”的主题和历史地位。[15]

北京师范大学哲学学院副教授罗松涛等认为，作为西方马克思主义中新弗洛伊德主义的代表，弗洛姆强调在西方人道主义传统中理解马克思的人学思想。在《马克思关于人的概念》一文中，弗洛姆深入解读了马克思《1844年经济学哲学手稿》中的“人的本质”和“异化劳动”这两个关键问题。针对现代西方资本主义社会中人的生存异化困境，弗洛姆沿着马克思批判异化劳动的思路，着重揭批了自由异化、爱的异化、消费异化等三种异化状况。弗洛姆的生存异化批判虽然发人深省，却仍带有非历史的抽象人性论色彩。他指出，弗洛姆强调马克思《手稿》中所说的自由的、有意识的活动是人的类本质，把人的本质理解为人们的生产劳动，这显示出他与西方传统人道主义的原则性区别。但是，由于弗洛姆不能全面地把握人的物质生活条件以及人与人结成的特定社会关系，没有认识到不同物质生活条件赋予人的活动方式具有差异性，因而将人的现实性直接等同于一定社会中的包括心理、生理、理性、情感等诸多因素在内的生命状况。在弗洛姆看来，人的生命状况的变化决定不同类型的人格，不同的人格决定不同个体生命活动的动机。由此可见，弗洛姆的解读预设了一种从现实中抽象而出的人的性格结构，并将这种先验的性格结构视为构成人的本质的实体性因素，这样做就无法深入人的社会生活，并带有抽象的思辨色彩，因而最终难逃西方人道主义抽象人性论的窠臼。[16]

清华大学哲学系长聘副教授陈浩认为，黑格尔在《法哲学原理》“国家”章中，不仅论述了亲自由主义立场、不受政治权力干预的“个体自由”，而且强调了亲共同体主义立场、将国家权力视同为自由之体现的“伦理自由”。不过值得关注的是，除了上述两种自由，黑格尔还构想了一种以公民对公共事务和政治生活的积极参与为关注点的“公民自由”（civic freedom），并且为了保障这种自由的实现，黑格尔在国家理论中为其专门配备了相应的政治建制。相比个体自由和伦理自由，公民自由以及作为实现公民自由之保障的政治建制，强调公民积极主动参与公共事务的必要性，重视公共权利的不可褫夺性，在某种意义上更能体现黑格尔政治立场的现代性，理应引起人们的关注。同时，黑格尔在论证公民自由时，既未诉诸公民所可能具有的专业治理能力，亦未诉诸公民所可能持有的善好意图，而仅仅基于公民作为主体所保有的不可剥夺的无限权利本身，这一点对认识黑格尔思想也非常有启发性。他指出，与自由主义和共同体主义不同，对于公民自由的尊重与维护，在黑格尔那里被剥除了一切实用的考虑，变成了一种无关智慧、无关功利、无关动机的纯粹权利取向，即黑格尔所谓的“主观性的无限权利”本身。恐怕也正是基于这层考虑，与柏拉图同样信仰精英政治的黑格尔，才会指责柏拉图的理想国未曾留意到“主观性的无限权利”，转而在其自身的国家设计中为公民自由保留一席之地。[17]

五、价值论研究

价值论研究一直是新时期中国马克思主义哲学研究的热点。2021年，北京哲学界的研究进展主要体现在中西价值观比较、唯物史观价值取向当代建构的路径、中国特色社会主义的价值解读、改革开放以来中国价值观的变迁和转型等方面。

北京大学哲学系教授杨学功探讨了中西价值观比较研究的前提和方法论问题。他认为，从明清之际西学东渐以来，人们围绕中西方文化及其价值观念问题争论不休，其中蕴含着中国人看待中西文化的概念和思维方式的深刻变化，但其背后的深层逻辑则是“中化”与“西化”的相互冲突和纠结。新一轮中西文化和价值观比较研究要取得实质性突破，必须首先有一种前提反思和方法论自觉。具体而言，就是要在批判性反思近代以来中西文化和价值观比较的各种方案的基础上，突破长期主导中国思想界的“中化”与“西化”之争的旧框架。着眼于中国历史与文化发展的未来大方向，中西价值观比较研究应以普遍性为归属和导向，规避离开文化的时代性孤立地强调文化的民族性的误区。[18]

首都师范大学马克思主义学院教授陈新夏在《唯

物史观价值取向当代建构的路径》[19]中指出，唯物史观价值取向当代建构的一个重要前提是确定其建构路径，他强调以下三点：一要体现在唯物史观变革内容上，阐明唯物史观对历史上优秀价值观念的继承和发展；二要体现在唯物史观历史演变上，阐明以人的发展为核心的价值取向在唯物史观演变过程中地位和作用的变化；三要体现在唯物史观理论体系的建构中，将以人的发展为核心的价值取向确立为唯物史观理论的基本价值维度。此外，陈新夏还从马克思主义理论与中国特色社会主义的关系角度，对中国特色社会主义作了价值解读。他认为，马克思主义理论与中国特色社会主义的关系，既体现在发展道路上又体现在价值取向上，这种普遍与特殊的关系是由社会主义初级阶段和社会主义市场经济等因素决定的。理解和处理社会主义普遍价值取向与其在当代中国特殊表现之间的关系，要从社会主义的普遍价值与其特殊实现方式的辩证关系出发，既要符合社会主义的普遍规定和本质要求，又要基于国情并体现特色。[20]

北京师范大学哲学学院副教授郑伟探讨了改革开放以来中国价值观的变迁和转型问题。她认为，改革开放以来中国价值观的变迁和转型，实际上是20世纪初期社会主义启蒙的延续和深化，是一种“再启蒙”。它的一个重要支撑点在于对“什么是社会主义、怎样建设社会主义”的“再认识”和“再评价”，这也构成了其与西方启蒙的核心区别。社会主义价值立场的“实践展开”性质，使得中国价值观“再启蒙”具有强烈的阶段性特征，客观上需要社会主义核心价值观作为一种制度力量渗入到各种主体的行为领域，并行使价值引导的职能。[21]

六、政治哲学研究

在政治哲学研究方面，2021年北京哲学界主要探讨了以下议题：一是关于洛克与马克思财产权理论的关系；二是从马克思政治哲学的角度把握现代政党概念及组织的必要性；三是关于马克思是否有政治哲学的思想考察；四是罗尔斯与马克思关于正义问题的讨论；五是英美马克思主义者对资本主义剥削是否正义的考察。

中国人民大学哲学院教授段忠桥认为，洛克的财产权理论是为私有财产的正当性做辩护的理论，它包括前后衔接的四个论证，即基于人类生存的论证、基于劳动的自我所有权的论证、基于不损害他人权利和利益的论证、基于使土地增值的论证。马克思把洛克的财产权理论定性为一种为基于个人劳动的私有制辩护的理论，并批判地继承了其中的劳动的自我所有权思想。在关于资本主义剥削的论述中，马克思从工人是自己的劳动力所有者这一前提出发，说明了资本主义剥削的产生、本质及其非正义；在关于社会主义按劳分配的论述中，马克思以生产者对自己劳动力的所有权为前提，说明了按劳分配的进步性及其两个弊病。在他看来，马克思认为同资本主义剥削相比，按劳分配是一个进步。按劳分配意味着除了自己的劳动以外，谁都不能提供其他任何东西；另一方面，除了自己的劳动，没有任何东西可以转化为个人的财产，因此，它消除了资本家对工人剩余劳动时间的无偿占有，使生产者获得了他应得的与其劳动量相等的生活资料。然而，由于按劳分配中通行的是商品等价物的交换中通行的同一原则，它又存在两个弊病：一是它默认了因生产者个人天赋不同而导致的人们实际所得的不平等；二是它无视因劳动者家庭状况的不同而导致的人们实际所得的不平等。[22]

中国人民大学哲学院教授张文喜认为，探讨现代政党概念以及组织的必要性问题，通常是从政治或技术的方面去阐明的。人们总是错误地单方面地憧憬着个人英雄主义，或单方面地沉醉于集体主义的历史思维中，故而总是无法看到历史合力所推动的整体的、超个人的统一体运动。在人类社会中，个体的多样性和特殊性必然不仅仅与一个自然或地域形成的共同体有关，而且也与一种生产方式和交往方式的权力以及社会结构的权力至关重要的普遍形式相关。不同于任何其他关于政治统一体的形成和维持的根据，共产党概念以及组织问题的探讨取决于社会主义（共产主义）革命和建设的独特性要求。社会主义（共产主义）革命本质上是一种具有自觉性的改造社会的革命。当共产党人就那些有关政治行动的社会物质基础和条件做出决断时，他就已经在进行具有广泛社会基础的政治革命了。因此，对社会物质基础和条件的改造并非完全是政治性的，它以由共同利益而凝聚成为统一的、由全体社会成员参与或控制各种经济关系为前提。其本质不仅仅是规范论或秩序论的，也是生存性决断论的。共产党领导的革命是拥有能动性和自我组织能力的革命。马克思主义必然要求把历史发展作为一个整体来把握，这乃是共产党享有领导权的基础。由此，可以从这些基本点出发并寻求领会马克思政治哲学中的共产党概念及其组织问题。[23]

首都师范大学政法学院教授程广云认为，当今中国学界的一个争论是马克思有没有政治哲学，对此形成了两种观点：一种观点由肯定马克思拥有政治哲学而理所当然地将其理解为规范理论；另一种观点则相反，由质疑规范理论属于马克思而理所当然地否定马克思有政治哲学。无论肯定的观点还是否定的观点，都共享着一种“前见”：凡政治哲学都属于规范理论。诚然，即使支持者也会采纳反对者所提供的某种“证据”，马克思注重“事实性”、“经验性”和“实证性”，然而只要论及马克思政治哲学，这一切都会与“规范性”相链接。由此，他试图把《资本论》从被误读为规范理论的逻辑还原为唯物史观的逻辑，并且认为，在政治哲学意义上，马克思《资本论》的核心不是正义概念，而是分工概念。[24]

中国人民大学哲学院教授臧峰宇认为，罗尔斯在《政治哲学史讲义》中关于马克思思想的三篇讲稿，明确呈现了他对马克思政治哲学特别是马克思正义论的基本看法。他在这里分析了马克思关于资本主义制度的基本观点、马克思关于正当与正义的概念以及马克思关于自由生产者联合体的理想，其中既包括他对马克思思想之深刻性的明确肯定，以及对马克思关于正当与正义的主张的深入分析，也包括他在评述中提出的对马克思某些观点的不同意见。重思罗尔斯在《政治哲学史讲义》中对马克思的解读，有助于我们在比较语境中深化对马克思正义论的理解，呈现解决复杂而深刻的公平正义问题时所应持有的马克思主义哲学基本原理和方法论原则。[25]

北京大学马克思主义学院李旸认为，在当代围绕资本主义剥削是否正义的辩论中，罗默、莱曼、科恩等英美马克思主义者分别基于初始分配不平等、强迫劳动和自我所有权原则对剥削的不正义性做出论证，对“劳资之间不存在不平等交换”“工人自愿为资本家工作”“剩余价值是资本家应得的”等当代资本主义意识形态做出了理论上的反击。但由于严格遵循西方道德哲学的范式，忽视马克思、恩格斯讨论剥削和道德问题的历史唯物主义方法，这三种论证路径都陷入了理论困境。该文指出，马克思、恩格斯用以批判资本主义剥削关系不正义的规范性依据，并非抽象建构出来的普遍的道德原则，而是依凭资本主义这一具体的、现实的生产方式中所产生的道德观念。他们既对资产阶级的道德观念及其对资本主义雇佣劳动关系正义性的辩护进行瓦解和颠覆，又基于无产阶级的道德要求批判资本主义剥削的不正义性。而当代英美马克思主义者由于忽视马克思、恩格斯处理道德问题的历史唯物主义立场而寻找超历史的规范依据，反而在论证剥削的不正义性时陷入困境。这是当代马克思主义者在探究马克思主义理论的道德内涵时需要反思和避免的。[26]

七、现代化道路研究

改革开放以来，现代化道路问题一直是学术理论界的研究热点之一。2021年是中国共产党成立100周年，随着“中国式现代化新道路”的提出，兴起了新一轮研究高潮。

北京大学哲学系教授丰子义认为，中国共产党的历史命运是和中国道路紧密联系在一起的。对于中国道路，不仅要从“特色”的角度来看待，而且要从历史观上来把握。首先，要从历史发展普遍规律来看待中国道路。中国道路正是遵循历史发展普遍规律走出来的，无论是中国革命道路的选择，还是中国建设、改革道路的开创，都是历史发展普遍规律同中国具体实际相结合的产物。其次，要从世界历史来看中国道路。中国道路是在与世界错综复杂的关系中形成和发展起来的，同时又对世界具有重大影响，因而有其深远的世界意义。再次，要从社会基本矛盾看中国道路。中国革命、建设、改革道路的必然性和合理性的根据就在于不同时期中国社会本身的基本矛盾。随着新时代社会主要矛盾的变化，社会主义现代化发展道路的具体内容也会发生新的变化。最后，要从实践观点看待中国道路。道路不同于模式，本质上是一种实践过程。道路不是完成时，而是进行时。中国道路是在实践中不断探索开创出来的，其发展同样必须探索开创。[27]

北京大学哲学系教授杨学功认为，现代化是近现代中国所面临的最大时代课题，是中国道路的必然应有之义。如果从大的历史尺度来看，可以把中国现代化的历史进程划分为两个大的阶段：一是从洋务运动到民国时期在学习和采借西方过程中开启中国现代化的阶段；二是中华人民共和国成立后开始独立探索中国式现代化的新阶段。这两个历史阶段也可以称之为中国现代化的两次浪潮，但它们具有非常不同的历史条件和具体特点。经过一百多年为现代化而持续探索和奋斗的过程，中国已经走出了“西天取经”的阶段，开启了独立探索“中国式现代化”的新阶段。这无论对中国和世界的未来发展都具有重大意义。[28]

中国人民大学哲学院教授臧峰宇概括了中国式现代化新道路的哲学内涵。首先，中国式现代化新道路体现了现代化的普遍性和中国发展的特殊性；其次，中国式现代化新道路体现了历史规律的决定性和历史主体的选择性；最后，中国式现代化新道路体现了社会发展的系统性与实践探索的创新性。中国式现代化新道路凝结了我们党百年奋斗的历史经验。[29]

清华大学哲学系教授夏莹探讨了中国化马克思主义阐释路径与“中国道路”的形成问题。她认为，如果说近代中国的核心问题在于“革命”，那么，当代中国的核心问题则在于“建设”。而这样两个看似截然相反的主题，却因为马克思主义在中国独特的传播得到了一个可兼容的思想场域。这一可兼容的场域形成的原因，一方面固然在于马克思思想的特质，另一方面却在于中国思想界在接受马克思主义的时候所特有的吸纳方式，即带着全部独属于中国现实社会问题的视角来反观马克思，以探寻问题之解答的方式来重构马克思的哲学思想，从而形成了独特的中国化的马克思主义阐释路径。这一阐释路径所发挥的作用，从来不是书斋中的革命，而是直接开辟了中国革命与建设的实践道路。[30]

八、国家治理研究

随着国家治理现代化的推进，北京哲学界在这方面的研究也取得了重要进展：一是对中国特色社会主义国家治理理念的研究，如以人民为中心的理念、人民主体的定位、人民民主专政等；二是从哲学思维高度总结中国共产党治国理政的实践经验，提升治国理政的哲学智慧；三是从马克思对国家与法律的思考入手，考察中国特色社会主义法治理论体系与国家治理理论建构的关系；四是探讨国家治理在历史唯物主义中的定位。

《山西大学学报》2021年第2期刊发了北京哲学界一组题为“21世纪马克思主义哲学与国家治理现代化”笔谈，中国社会科学院学部委员李景源研究员、中国政法大学终身教授李德顺、中国人民大学哲学院荣誉一级教授郭湛，对此分别发表了重要见解。李景源认为，“以人民为中心”是习近平依道治国的核心。习近平的依道治国理念全面深化了党的群众路线和群众史观，它突出强调党性与人民性的内在统一、自觉坚持思想路线与群众路线的内在统一、自觉坚持党群关系的辩证法、坚持“依道治国”理念与具体制度建设的有机统一。[31]

李德顺认为，包括经济、政治、社会、文化和生态等“五位一体”的我国国家治理，是一项全面、系统、长期的社会改造过程。从治理理念来说，要明确以下三个问题：首先，关键是主体定位。中国特色社会主义国家治理是人民来治理国家，即绝大多数人自我组织、自我治理，而不是某些少数人的专利。这是社会主义国家的根本原则，更是中国特色社会主义国家治理的根本标志。其次，“人民民主专政”的时代意义。“人民民主专政”实际上已经超越了单一阶级专政，并把其他阶级都当作对象的理念，实质是现代条件下适合中国国情的新型国家形态，是无产阶级专政的发展了的现代实践方式。最后，社会主义民主与法治不可分。国家治理的方向就是人民的权利和责任统一、社会主义民主与法治统一。中国特色社会主义的国家治理现代化，应该是以人民民主为国体，以社会主义法治为政体，即“民主其内，法治其外”的政治结构。它不仅适合中国国情并切实体现社会主义特色，也是适合当代世界潮流的一个基础理念和基本目标。[32]

郭湛认为，正确理解我们所处过渡时期的历史性质，唯物而又辩证地处理现实的具体矛盾，涉及“道”和“术”的关系。我们要坚持社会主义之“道”，即社会历史发展之“道”，同时又要把握过渡时期发展中的方法或技术之“术”。这样，在同美国等西方国家的竞争中，才能真正显现我们的优势。中国有重“道”的传统，这有助于我们更好地把握中国和世界发展的大势，处理好国家治理以至全球治理中的“道”和“术”的关系。对此，我们的哲学，特别是马克思主义哲学，是可以有所作为的。[33]

中共中央党校教授韩庆祥等认为，从哲学思维总结中国共产党治国理政，可以提升出诸多哲学智慧。其中主要包括以下方面：从指导思想看治国理政哲学智慧，就是坚持“实事求是、人民中心、知行合一”相统一；从基本思路看治国理政哲学智慧，就是坚持“定位、定标、定法”相统一；从方法论看治国理政哲学智慧，就是坚持“主要矛盾、根本问题、工作重点”相统一；从治理机制看治国理政哲学智慧，就是坚持“动力机制、平衡机制、治理机制”相统一；从发展方略看治国理政哲学智慧，就是坚持“发挥比较优势、补齐发展短板、打牢发展支点”相统一；从推动力量看治国理政哲学智慧，就是坚持“整合党的领导力量、市场配置力量、人民主体力量”相统一。[34]

中共中央党校教授董德刚认为，国家治理是一类特殊的实践活动，属于社会历史领域，应当归入马克思主义哲学的社会历史观即历史唯物主义。具体说来，它应当与物质生产、精神生产并列，属于标志历史主客体相互作用和有机统一的实践过程的范畴。它们的成果即物质文明（包括生态文明）、精神文明、制度文明（政治文明和社会文明），也应当并列。把握国家治理的理论定位对于丰富和发展历史唯物主义、加强历史唯物主义与具体科学的联盟、促进社会主义国家治理具有重要意义。[35]

中国政法大学人文学院教授文兵认为，马克思关于国家与法的思考，是从对黑格尔法哲学的批判开始的，而其中最为重要的问题就是要处理市民社会与政治国家的关系问题。“市民社会”作为马克思早期的一个重要概念，具有“狭义”与“广义”之分：前者特指作为一种特定历史阶段即资本主义的物质关系与社会形态；后者是指作为所有社会阶段皆存在的、上层建筑与意识形态建立于其上的经济关系。马克思思想的形成过程，深刻体现了他对“市民社会”在两个方面上的扬弃：一是扬弃了对作为现实具体的存在而被“狭义”理解的“市民社会”，二是扬弃了作为理论分析工具而被“广义”理解的“市民社会”。而对前者的摒弃，对于马克思来说，既在于变革资本主义的生产关系，又在于打碎资本主义的国家机器。自由主义的法治理念与治理理念，是与马克思的思想根本不同的。马克思对于国家与法律的思考，对于我们今天中国特色社会主义法治理论体系与国家治理理论的建构具有十分重要的指导意义。[36]

注：

［1］仰海峰：《问题意识、思想型与知识地图》，《中国社会科学评价》，2021年第1期。

［2］仰海峰：《总体性思想：从黑格尔、马克思到国外马克思主义的奠基者》，《教学与研究》，2021年第6期。

［3］聂锦芳：《究竟什么是〈资本论〉的“叙述方法”——基于创作史、传播史的考察》，《世界哲学》，2021年第6期。

［4］黄志军：《为什么马克思说从抽象上升到具体是科学上正确的方法——一个学术史的考察及启示》，《山东社会科学》，2021年第5期。

［5］赵玉兰：《〈德意志意识形态〉百年文献学研究的逻辑、主题与启示》，《哲学研究》，2021年第4期。

［6］韩立新：《〈德意志意识形态〉研究的新起点》，《国外理论动态》，2021年第6期。

［7］鲁克俭：《马克思的“美好生活”理念及其证成》，《广州大学学报》，2021年第3期。

［8］聂锦芳：《遭逢危机之际向马克思请益——重读〈资本论〉第一卷〈序言〉和〈跋〉》，《北京大学学报》，2021年第5期。

［9］王海锋：《视角转换与激发经典文本的思想活力：基于〈资本论〉研究史的检视》，《求索》，2021年第1期。

［10］宋朝龙：《〈资本论〉对认识西方金融资本主义大萧条的方法论价值》，《思想理论教育导刊》，2021年第2期。

［11］周丹：《社会主义市场经济条件下的资本价值》，《中国社会科学》，2021年第4期。

［12］张梧：《马克思对资本主义“自然假象”的认识论批判：以〈资本论〉及其手稿为中心的讨论》，《哲学门》第二十一卷第一册（总第四十一辑），北京大学出版社，2021年6月。

［13］丰子义：《人学视域中的“美好生活需要”》，《学术界》，2021年第11期。

［14］陈新夏：《关于人的发展实现路径的思考》，《马克思主义理论学科研究》，2021年第12期。

［15］林锋：《“人类学笔记”写作动机之谜的“破解之道”——一种基于方法论的探讨》，《马克思主义与现实》，2021年第1期。

［16］罗松涛、陈科宇：《从劳动异化到生存异化批判——基于弗洛姆对马克思人学思想的思考》，《国外理论动态》，2021年第3期。

［17］陈浩：《作为无限权利的“主观性”——试析黑格尔〈法哲学原理〉“国家”章中的公民自由》，《复旦学报》，2021年第2期。

［18］陆晓娇、杨学功：《超越“中化”与“西化”之争——中西价值观比较研究的前提和方法论反思》，《湖北大学学报》，2021年第4期。

［19］陈新夏：《唯物史观价值取向当代建构的路径》，《北京师范大学学报》，2021年第4期。

［20］陈新夏：《中国特色社会主义的价值解读》，《马克思主义理论教学与研究》，2021年第4期。

［21］郑伟：《改革开放以来中国价值观“再启蒙”的性质及其使命》，《现代哲学》，2021年第4期。

［22］段忠桥：《马克思对洛克财产权理论的定性与继承》，《武汉大学学报（哲学社会科学版）》，2021年第3期。

［23］张文喜：《马克思政治哲学与共产党组织的本质》，《浙江社会科学》，2021年第8期。

［24］程广云：《基于唯物史观的政治哲学——规范理论还是境况理论？》，《社会科学》，2021年第8期。

［25］臧峰宇：《正当与正义：马克思对资本主义

制度的批判与超越——重思罗尔斯在〈政治哲学史讲义〉中对马克思的解读》,《吉林大学社会科学学报》，2021年第2期。

[26] 李旸、杨晓芳:《英美马克思主义视域中剥削的不正义性：三种论证路径及其反思》,《思想理论教育导刊》，2021年第1期。

[27] 丰子义:《从唯物史观看中国道路的百年历程》,《北京师范大学学报》，2021年第4期。

[28] 杨学功:《从“现代化在中国”到“中国式现代化”——重思全球化背景下的中国现代化道路》,《中国文化研究》，2021年秋之卷。

[29] 臧峰宇:《中国式现代化新道路的哲学内涵》,《中国人民大学学报》，2021年第4期。

[30] 夏莹:《“学以致用”：中国化马克思主义阐释路径与“中国道路”的形成》,《中央社会主义学院学报》2021年第2期。

[31] 李景源:《依道治国是习近平治国理政的精髓》,《山西大学学报（哲学社会科学版）》，2021年第2期。

[32] 李德顺:《国家治理的主体向度》,《山西大学学报（哲学社会科学版）》，2021年第2期。

[33] 郭湛:《从唯物史观看国家治理之“道”与“术”》,《山西大学学报（哲学社会科学版）》，2021年第2期。

[34] 韩庆祥、虞海波:《中国共产党治国理政的哲学智慧》,《江海学刊》，2021年第3期。

[35] 董德刚:《论国家治理在历史唯物主义中的定位》,《党政干部学刊》，2021年第8期。

[36] 文兵:《扬弃市民社会，坚持中国特色社会主义的国家治理——马克思国家理论与法哲学及其当代意义》,《马克思主义哲学论丛》，2020年第4期（注：2021年出版）。

（北京市哲学会供稿；执笔人：杨学功、黄志军）

中国哲学

2021年，北京各大高校和学术研究机构从事中国哲学研究的学者发表了大量学术论著，取得了一系列学术成绩，带领全国中国哲学学科走向新的发展阶段。

一、儒家哲学研究

1.天人关系

“天”是中国哲学的核心概念之一。北京师范大学教授李祥俊发表了《儒学“天”观念的含义演进与思想特征》一文，探讨了“天”这一观念的含义在儒学中的演进和思想特征。他指出,“天”是儒学最高的观念，含义十分丰富，并随着儒学与社会的发展而变化。儒学的“天”观念源自三代，包括有主宰之天、物化之天和生命之天三层含义。先秦儒学中的“天”依此三种含义次第展开，汉唐儒学呈现出主宰之天与物化之天的双向演进态势，而宋明儒学则确立了生命之天的核心地位。他认为，生命之天是儒学“天”这一观念最主导的含义和演进趋向，为儒学乃至传统中国社会奠定了基本的世界观和价值观，是我们理解并实现儒学现代转化的思想前提。[1]

中国人民大学教授梁涛发表了《“天生人成”与政治形上学——荀子天论发微》一文，分析了荀子之“天”的内涵。在他看来，荀子天论有两个目的，一是为了否定神学之天及批判迷信，二是为寻找礼义的形上根据。荀子一方面提出了“天行有常”的观点，批判了意志性之天的思想，肯定了“治乱非天”；另一方面又提出了“天职”“天功”的概念，以作为经验世界秩序的根据。这两个方面的“天”有所区别，前者是经验性的天，后者是本体性的天。荀子从本体之“天”出发，提出了天君、天官、天情、天养与天政五者。其中，前四者是“天赋予人的禀赋与能力”，而“天政”是天的法则，是人类社会中政治的形上依据与礼法的价值原则，它包括生养原则、差异原则与和顺（和谐）原则。梁教授继承老一辈学者的说法，将荀子的天论概括为“天生人成”,“人成”是建立在“天生”基础上的。[2]

中国社会科学院哲学所研究员李存山发表了《天地信仰与儒家的普世道德》一文，考察了天地信仰与儒家普世道德之间的关系。他认为，西周时期已存在祭祀天地的“郊社之礼”，这体现了中华文化视域中天地如同夫妇与为万物父母的特质。这证明中国文化信仰的最高神不在于超越的“彼岸”，而在于“此岸”世界之中，与人类的生活世界具有“存有的连续性”。这一思想将天道自然与人伦道德相统一，使得自然界与人类社会成为了“天人合德”的共同体。儒家的人性论、工夫论等思想，尤其是“仁民爱物”“民胞物与”的这种普世道德的价值取向便是建立在这样的天人关系之上的。[3]

清华大学哲学系教授唐文明发表了《气化、形化与德化——周敦颐太极图再论》一文，对周敦颐太极图所体现的天人关系进行了探析。他认为，太极图的五层圈分别对应太极、天道、地道、人道和万物化生之道。第一层圈代表着太极本体，是天地之心与天地之理的结合；第二层圈代表着天道，万物通过气化而初生；第三层圈代表着地道，万物通过形化而再生；第四层圈表征人道，人类文明的开端与确立肇始于伏羲，而完成于孔子；第五层圈则代表着可能被人文力量所转化的宇宙与盛德之下才有的大业。唐文明认为这五层含义的观点可“衡之于《易》、核之于《太极图说》、验之于《通书》，并比之于《太极解义》”。[4]

2.心性论

“心”“性”是中国哲学的两个关键概念。清华大学哲学系教授丁四新发表了《作为中国哲学关键词的“性”概念的生成及其早期论域的开展》一文，对“性”这一关键概念的生成及其早期论域的开展作了深入的研究和探索。他指出，“性”这一概念产生于天命论及宇宙生成论的双重思想背景中。此一概念的提出，是为了追问生命体之所以如此及在其自身之本原的问题。“性”是天地万物在己在内的潜在本原与质体，是“天命”的下落与转化。“天命”与“性”虽然有位格的不同，但其实体并无二致。古人对人、物之“性”内含的天赋类本质有所了解，孟子进一步指出人性不同于禽兽之性，它是善的。丁教授认为，“性”概念正式形成于春秋末期，而将其理解为“天命”之下降、转化及其赋予，这很有可能是孔子的思想贡献。与“性”概念相关的论域包括性命论、心性论、性情论、人性善恶论和人性修养论，这在春秋末至战国时期已经展开。自春秋末期以来，人性善恶论是中国古代思想史的核心议题。[5]

北京大学哲学系教授郑开发表了《试论孟子心性论哲学的理论结构》一文，分析了孟子心性哲学中的理论构架。文章回顾了思孟学派《五行》等书篇的相关论述，认为孟子对子思理论有大的转变与创造。孟子心性论可分为“心”“性”两个部分，孟子的“性”具有双重性，有“性善”的“性”与“生之谓性”的“性”两种用法。孟子将仁义等价值理性置入人性本身，这是孟子哲学的核心所在。孟子继承了子思“诚”的观念，并借由此一概念重新诠释了“心”，对“心”进行了深层次的揭示。总之，孟子关于“心”“性”的论述是儒家心性论思想最核心的组成部分。[6]

中国社会科学院哲学所副研究员匡钊发表了《早期儒家“为己之学”以“心术为主”的意义——以心观念的起源和身心关系为线索》一文，对早期儒家“心”的观念及身心关系进行了研究。在他看来，“心术”尚未成为孔子思想的核心；但是随着思想的演进与儒学的发展，“心”得到了孔子后学的重视，“心”观念及其相关的“心术”逐渐成为战国思想世界的关键议题。在战国时期，“心”与“德”被紧密地联系在一起，体现了从“仪式伦理”到“心志伦理”的转变。而就心与身的关系而言，心作为身体的主宰，自然也获得了支配身的地位。匡钊进一步认为，这种对身心关系中心地位的强调在后世儒学发展中逐渐成为主流，“心术”逐渐遮蔽了孔子曾强调的“博文”与“约礼”的修身方式。[7]

“情”也是中国心性论哲学的一个重要概念。中国社会科学院研究员赵法生发表了《从性情论到性理论——程朱理学对原始儒家性情关系的诠释与重构》一文，对儒家“性”“情”关系作了历史的考察。他认为，在先秦儒学中，以气本论为核心的宇宙观是心性论的基础，因此性、情两者不具有形上、形下的分别，其关系是“一本”而非“二本”，不是异质性的。在这一阶段，“情”可以说是“道”的初始，《性自命出》曰：“道始于情。”而随着程朱理学的不断发展以及本体论的不断推进，先秦儒学所主张的气本论宇宙观逐渐被理学的理本论所取代。由此，“性”“情”也就有了形而上与形而下的区分，从而具有了异质性。“情”也沦为了理学话语体系中“复性”工夫所要克服的障碍。赵法生将这一转变类比为西方哲学中“存在论到形而上学的转变”，儒家工夫论也因此产生了剧烈的转向。[8]

3.社会伦理

“忠”“孝”等是近十余年来部分学者很关注的伦理观念。清华大学教授陈壁生发表了《从家国结构论孝的公共性》一文，从家国结构论述了儒家“孝”思想的公共性。他回顾了“孝”在近代以来被私德化的过程。由于近百余年来民族主权国家的形成，“孝”逐渐被认为是属于私领域的家的问题，并在五四以来受到了严厉的批判，甚至被认为是专制的基础。但传统道德并未有这种明显的公私区别，相反，“孝”具有相当的公共性，是政治与社会结构构建中的核心基础。《孝经·圣治》"周公郊祀后稷以配天，宗祀文王于明堂以配上帝"展现出"严父配天"这一天道与道德的双重合法性。而在古代法律中，"孝"也具有典型的公共性。古代的法律将不孝列为严重的恶罪，体现了不孝这一行为超越了个体人伦对共同体道德的破坏。因此，不理解这种"孝"的公共性，也就不能理解传统中国的古典文明。[9]

清华大学哲学系教授丁四新发表了《三纲说的来源、形成与异化》一文，对"三纲"观念作了历史追溯和概念辨析，阐述了"位分伦理学"的重要思想。丁教授指出，郭店简《六德》提出了"三大法"说或"六位"说的位分伦理学，《成之闻之》篇则以"天常"或者"大常"肯定了这一伦理学系统。孔子是三大法说或六位说的集大成者，是此一理论系统的正式提出者和构建者。三大法说是汉人的三纲说的直接来源，是其第一个阶段。"三纲"一词到汉初才正式出现，三纲说的提出是位分伦理学纲常化的结果。董仲舒不是三纲说的提出者，但在论证上作出了突出的贡献。丁教授认为，"三纲"包括多方面的含义，作为位分伦理的主干或基本结构是"三纲"最明显的含义。而"君为臣纲，父为子纲，夫为妻纲"其实出自《礼纬·含文嘉》，是对于汉人正统三纲说的扭曲与异化，因其不符合现代的价值观念，丁四新主张，应当对其进行否定与批判。[10]

4.政治哲学

《洪范》是《尚书》中非常重要的一篇文献。清华大学哲学系教授丁四新发表了《论〈尚书·洪范〉福殛畴：手段、目的及其相关问题》一文，对《洪范》福殛畴进行了深入研究。"福"为"福报"义，"极"应读为"殛"，义为"诛罚"。福殛畴论述了以"修好德"为核心的五种福报和六种惩罚。五福与六殛具有个体层面的趋吉、避凶以及政治层面的统治手段两层含义。五福与六殛的对应关系在汉儒与宋儒的论述中存在差异。在《洪范》本身的文本中，存在"五事""五纪"与"庶征"、"皇极""三德"与"福殛"两组系列。而汉儒则将"五事""皇极""庶征""福殛"关联起来，由此贯通了洪范九畴，从而在天人感应的框架下将《洪范》转变为如何展现与制约君权、如何谴告与赏罚人君的一篇经典文献。[11]

"民"是儒家政治哲学关注的重点对象，北京大学哲学系教授王中江发表了《权力的正当性基础：早期儒家"民意论"的形态和构成》一文，对儒家"民意论"的形成与构成进行了分析。他认为，传统观点所重视的"民本论"并非就政治权力、目的及其基础而论的，"民意论"才是儒家关于公共权力目的的论述。从儒家对于建立政权与设立君主、权力运用须合乎民意与民心等方面来看，"民意"是儒家政治理论的核心。因此，儒家的"民意论"是其关于政治权力正当性与合法性的理论，对于这一理论的研究将有助于改变儒家政治思想的图景。[12]

北京大学哲学系教授干春松发表了《民族、国民与国家——康有为、章太炎关于建立现代国家的分歧》一文，对儒家政治哲学有关现代国家建立的历史案例进行了考察。在维新运动失败以后，康有为、章太炎就如何建立现代国家的问题作了交锋。在民族问题上，康有为主张"文化民族"的观点，呼吁满汉融合，而章太炎则坚持"历史民族"观，强调满汉两者的历史差异性，认为汉族才应是新国家的主体。在革命问题上，康有为据公羊学的"三世说"，认为革命民主属于未来社会，而当时的国情只适合君主立宪制。而章太炎借助于公羊学的复仇说来论证排满革命的合法性。康有为与章太炎的政治立场差异，与二人在经学上的古今之别有着紧密联系。在论战后，章太炎对革命建国的现实策略提出了更多超越性的价值思考，在理想社会的层面与康有为趋于一致。[13]

5.经学研究

经学是儒学研究领域的一个重要课题，2021年度北京学术界在经学研究上取得了丰硕成果，特别是在利用出土新材料来考察和考证传统认识上取得了重要进展。

中国社会科学院助理研究员杨博发表了《海昏侯墓出土简牍与儒家"六艺"典籍》一文，全面介绍了南昌海昏侯墓出土的六艺类简牍，并由此梳理了两汉儒家典籍的传习情况、刘贺父子所传承的学术谱系以及竹简所见儒家经典的学脉渊源问题。竹简所载内容验证了学界对于两汉经学授受的传统认识，如通经之前皆先通《论语》《孝经》等说法。杨博还指出，"汉博士皆专经教授"的论断有误，"西汉学者专守一经"似属于昭宣以降家法兴起后的通例。此外，他认为，对于简文中尚未固化又相对稳定的经典文本，必须加以历史的眼光考察以还原西汉中期的经学面貌，而非用后世学者所述的家法等固有印象来作概括。[14]

中国社会科学院研究员任蜜林发表了《西汉礼学的分化、特征与明堂阴阳说》一文，对学界关注不多的西汉礼学传承过程、各家关系和内容特点等问题作了新的探讨。他指出，尽管西汉中期以后，礼学分化为大戴、小戴和庆氏三派，但是三派所传《仪礼》思想内容并无太大差别，而反映各家礼学特征者在于《礼记》。庆普没有编排《礼记》，说明其固守师法，在礼学理论上并无创新。二戴《礼》的革新在于，在庆氏今文礼的基础之上增加了与“天子之礼”辟雍有关的明堂制度的论述。《汉志》关于“明堂”文献甚多，反映出西汉今文经学与《春秋》公羊学的灾异思想、齐诗学的“五际”说、易学的象数思想一样，也是一种规范政治的方式，即通过强调自然法则的重要性，将国家政治的好坏归结于君主治理方式的优劣。[15]

北京师范大学教授许家星发表了《“吾之深信者〈书〉”——从〈尚书〉之论管窥象山学的经学底色》一文，以陆象山的《尚书》学研究为例，提出了一条从经学角度出发、以同情的理解来重新认识理学的基本研究途径。他指出，象山《尚书》学孕育于宋代经学与理学互动的学术氛围中，体现了宋学“就经典阐明义理”的特点，包含着内外两种面向，即学以成圣的为学工夫和以德性教化为宗旨的治国之道。象山学所体现出的反求六经、悉心体认的经学底色，是当时“经学义理化”这一时代精神的产物，对重新认识象山思想、反思当代中国哲学研究所要求的归本工作皆具有借鉴意义。[16]

北京师范大学教授姜海军发表了《朱、陆异同的学理差异及其经学展现》一文，从对群经思想内涵即道的认知、经学解释学范式、经学旨趣等三个方面深入探讨了朱陆异同这一学术公案。他认为，正是由于朱陆对待知识、价值的不同态度与进路，从而造成了朱陆在经学解释学上的分歧和异同。朱熹注重概念的分解，将知识的获取作为道德境界提升的重要手段，而陆九渊则主张内求于心，以实现对道体的体认与践履，不甚重视经学的学习、知识的积累。在体道方式上，朱熹强调道问学与尊德性的分离与转化，分为“致知”“涵养”两端，与程颐思想一脉相承；而陆九渊则强调“体悟本心”，一以贯之程颢的“识仁”。尽管二人借助经学所建构的理论不同，但他们都希望通过道学的兴盛和指导，重建孟子所言的王道政治。[17]

中国人民大学教授韩星发表了《熊十力：以经学为基础的新儒家哲学建构——以〈读经示要〉为中心》一文，以《读经示要》为中心探讨了熊十力以经学为学术基础，重建儒家道统、学统、治统，以建构新儒家哲学体系的工作。在道统方面，熊氏以《六经》为本源，《四书》《孝经》为衍流，以阐发经典常道和重建道统。在学统方面，他主张以六经为本，尽摄义理、经济、考据和辞章四科，并旁及诸子、道佛、西学等。在治道方面，他详细阐发了六经的言治之义：仁以为体，格物为用，诚恕均平为经，随时更化为权，利用厚生本之正德，道政齐刑归于礼让，始乎以人治人，极于万物各得其所，终之以群龙无首。在境界方面，他向往圣贤境界，提出学贵立志、下学而上达的实践工夫。[18]

二、道家道教哲学研究

1.《老子》、老学与黄老学

清华大学哲学系教授丁四新发表了《出土简帛四古本〈老子〉研究及其展望》一文，认为出土简帛古本《老子》的整理和释文注释都已趋于完善，并指出了相应的代表作。此文是今后学者研究《老子》文本及其相关问题的指导性文献。该文指出，高明《帛书老子研究》、郑良树《老子新校》是在帛书本《老子》校勘、校注上的代表作。尹振环在帛书《老子》的研究上成果较多但也招致了许多批评。围绕郭店楚简本产生的论著众多，其中校注以廖名春《郭店楚简老子校释》和丁四新《郭店楚竹书〈老子〉校注》为代表，研究以《郭店老子：国际会议论文集》《道家文化研究》第十七辑及裘锡圭《郭店〈老子〉初探》等为代表。汉学家的简帛《老子》研究以韩禄伯和池田知久为代表。在早期《老子》文本变化及文本观念上，以刘笑敢、宁镇疆和丁四新的研究为代表。同时丁四新教授还指出，汉简本《老子》及四古本《老子》的综合研究，是未来早期《老子》文本研究的重要方向。[19]

在《〈老子〉首章中的相关问题考证》一文中，北京大学哲学系教授郑开指出，《老子》文本内容有不同的思想，比如“道德”与“物”的关系有好几种模式，它有多元思考的特质，放到经典化的演变中是非常合理的。“道”本身是要出现在思想世界里的，或者说它只能首先出现在思想世界里；强调“无名”，意味着“道”超出了思想世界。《老子》中的政治哲学研究，一条线索是“道”“物”二分的上下结构，从这个结构可以读出主宰与被主宰、本与末、一与多、独立与分散、个体与整体等关系，这些关系后来在王弼那里得到了极大的发挥。另一条线索是“道”“无为”而“万物”“自然”，“圣人”“无为”而“百姓”“自然”。“道”“物”二分引发的是主张君主集权的政治哲学，而第二条“道”“无为”，“万物”“自然”引发的是清静无为、与民休息的政治哲学。[20]

中国人民大学国学院教授李若晖发表了《〈老子〉

八十一章本早期形态探索》一文，他认为，八十一章本作为《老子》的标准本对《老子》文本的形成与思想定型起到了巨大作用。近年来关于八十一章本的形成，产生了若干争议。他认为，北大汉简七十七章本与河上公八十一章本的重要中介是《淮南子》所引据的《老子》，该本《老子》的《道经》部分分章同于（或近于）河上公八十一章本,《德经》部分分章同于（或近于）北大汉简七十七章本。与这一特征相符的最有可能的是《老子傅氏经说》，可将该本理解为仅编成了《道经》三十七章（篇）。至于宋人所引刘歆《七略》刘向定著《老子》语，他认为是后人的伪造。[21]

"自然"观念的研究是近二十年来相关学界研究的热点。北京师范大学哲学学院教授刘笑敢发表了《"自然"的蜕变：从〈老子〉到郭象》一文，指出虽然关于《老子》之"自然"或道家之"自然"的文章已经很多，但多数文章没有注意到《老子》之"自然"与后来诸家、诸书之"自然"有重要不同。他提出严遵《老子指归》、《老子河上公注》、《老子想尔注》、王弼《老子道德经注》、郭象对《老子》和《庄子》的注疏和阐发这五部重要的注释类著作对"自然"一词有着各具特色的解释、运用、乃至改造和创发。人们应当看到老子之"自然"与后来各家的注解、诠释之"自然"都有重要不同，应当重新认识《老子》之"自然"，真正发掘其独特价值。[22]在《什么是老子之自然的"体系义"》一文中，刘笑敢进一步解释了他早前提出的老子之"自然"乃是人文自然的观点，老子的"自然"具有"体系义"，可分为最高义、整体义和价值义三个主要意义。从价值义中又可以引申出自觉义。这种体系义凸显了老子之自然在思想史上的独特贡献和地位。这种分析可以帮助人们更全面地理解老子之自然的思想意义和理论贡献，并有利于人们重新思考老子之人文自然的概念在现代世界可能的贡献。[23]

北京师范大学教授李锐发表了《〈老子〉"夫佳兵者"释读》一文，从文字训诂提出了一些新观点，如今本《老子》第31章"夫佳兵者"，李教授综合考察了学者们的不同意见，认为"兵"当读为"雱"，义为"盛"，诸本文义相近，都是反对盛美事物。此外，《庄子·徐无鬼》"凡成美，恶器也"含义与《老子》此章一致。[24]今本《老子》第16章有"致虚极，守静笃"一句，历来释读就存在争议，或以"虚极""静笃"为合成词，或在"极""笃"前句读。马王堆帛书、郭店简、北大汉简等出土材料相继公布后，此句又出现了与今本差别较大的异文。其中，马王堆帛书甲本整理者隶定文字作"至虚极也，守情表也"，北大汉简本作"至虚极，积正督"，差别尤甚。过去学者多将"表"视为"裻"之误字，由此调和诸本。而在《〈老子〉第28、29章解读》一文中，李锐认为，诸本虽有异文，但意义相近，可读为："致虚，极也；守静，督也。""守静"的异文"守中""积正"与其均为义近关系。帛书甲本整理者隶定为"表"之字，当隶定作"衽"，读为"程"，训为"标准"，与"督"同义。[25]在《老子〈道〉〈德〉篇历时研究》一文中，李锐还指出，老子《道》《德》篇有一些历时差别的现象，由《德》篇的第67章"天下皆谓我道大，似不肖"，以及《德》篇对《道》篇某些问题的补充来看，《德》篇可能比《道》篇晚，甚至《德》篇第67章之后的某些内容是《德》篇内部比较晚形成的文本，由此《德》篇在早期是《老子上经》。这种历时性认识，对研究《老子》或有一定帮助，带来了新的看法。[26]

在老学研究方法的反思上，学者也发表了几篇重要论文。北京师范大学哲学学院副教授蒋丽梅发表了《理解、解释和运用：论瓦格纳的老学研究方法》一文，分析了瓦格纳先生遗稿《现代中国学术困境的全球背景：疑古还是信古》中文版，围绕民国时期疑古思潮下《老子》文本研究的看法，并结合瓦格纳先生的其他著述，集中梳理和讨论了瓦格纳在老学研究方法上的看法：如他主张《老子》文本在演变过程具有高度的稳定性，并且文本内部章节存在内部关联；他使用解释学和语言学的方法，通过链体结构，建立了单元的逻辑关联，并将这一方法拓展至战国时期的其他文献研究中；他肯定了老子注释本的价值，解读了他们的理解策略，并以语言分析和历史分析的立场将个人视域与文本视域融合在一起，形成自身独特的老学研究方法。[27]

中国人民大学国学院副教授林光华发表了《本体与境界——冯友兰的〈老子〉诠释及其推进》一文，认为当代对《老子》之道的诠释方法与种类很多，但在思维方式上还是以客观论的解释为主流，以冯友兰为代表。冯友兰将道诠释为"总原理"，在哲学史上源于韩非子，在诠释方法上源于西方的本体论与共相论。但冯友兰又提出了"四个境界"说，将"道"境解释为"天地境界"，超越了主客对立的思维，"境界"比"本体"更契合《老子》之道的含义。张岱年的"本根论"克服了冯友兰本体论的局限，牟宗三的"大客观境界"更明确地揭示了道境超越主客对立的特性，从诠释史的角度看是一个进展。[28]

随着马王堆《黄帝四经》的发现，“黄老道家”也成为近年来道家思想研究的一个重点。清华大学哲学系教授曹峰发表了《黄老道家研究的几个基本问题》一文，指出我们需要进一步厘清黄老道家研究的一些基础性问题。“黄老学”与“黄老道家”的概念可以成立，这既是一种现实存在的思想现象，也是一种对于共同思想倾向的概括。《史记》所见“黄老”可以分为“清静无为”“君道至上”“黄老刑名”“黄老道德”“养生成仙”五类，探究这五类的性质，有助于上溯黄老思想的来源，下探黄老思想的去向。养生思想是黄老道家的底色，贯穿于黄老思想发生、发展乃至转变的所有时期，不能将“道法”融合视为判定黄老道家的唯一标准。在黄老道家中，托名“黄帝”的知识思想系统和老子思想系统是互补关系，不能将黄老学说仅仅视为老子思想的转化。正是通过“黄帝”这个媒介，为社会普遍遵循的规则、禁忌系统才得以导入黄老道家，使之具有实操性和权威性。[29]

2.《庄子》与庄学

《齐物论》是《庄子》中极其重要的一篇，一直以来都是《庄子》注疏和研究的重点。北京大学哲学系教授王中江发表了《“差异性”和“多样性”的世界：庄子的“物之不齐论”》一文，指出庄子思想中的“齐物”或“齐同”产生了广泛的影响，并一直为研究者所关注。但是，与之相对的万物殊异的差异性和多样性概念同样包含于庄子思想之中。庄子不仅提供了一幅世界丰富多彩的多样性和差异性图像，而且从不同方面说明了万物为什么具有差异性，为什么是多样的和不同的。这不仅取决于万物的内在之德和内在之理等，而且也取决于人们如何观察和看待万物以及如何运用万物的眼光和价值观。完整呈现庄子的“万物异同观”，需要对庄子的世界差异性和多样性论域进行整体性的考察，揭示庄子与“齐物论”相对的“物之不齐论”。[30]

中国人民大学国学院教授黄克剑发表了《〈齐物论〉指归甄辨》一文，认为庄子所言的“物谓之而然”，此“物”之“然”并不存在于人“谓之”之外，而“谓之”即是“物论”。齐“物”之契机在于齐人的“谓之”或齐其“物论”，除却这样的齐“物论”，并不存在另一条齐“物”的路径。《齐物论》由“照之于天”而明“丧我”之旨，其多设譬以言：“天籁”以声之所发设譬，“天钧”以形之所塑设譬，“天府”以府之所藏设譬，“天倪”以端倪之隐显设譬。如此设譬以喻人“丧”（忘）其“我”，乃在于诱导人“入于天”（化之于自然）。“照之于天”以“丧我”，必至因任于天（自然）而“忘乎物”，而“忘乎物”的极致是“未始有物”。“物”不可能在未“丧我”时独忘，“我”也不可能在未“忘物”时独“丧”；“物化”诚然是“忘乎物”，却也意味着“丧我”或“忘乎“我”，因此其适可恰切地理解为入于自然大化之境而“物”“我”双忘。庄子学说以“逍遥”之“游”为终极导向，而以忘乎“物”“我”的“齐‘物论’”而“齐物”为达于此虚灵的真实之境的不二蹊径。人“应于化而解于物”而有“游”，唯此“游”乃称得上“逍遥游”。[31]

“有待无待”问题是《逍遥游》诠释的关键之一。中国人民大学孔子研究院副研究员罗祥相发表了《庄子“有待”“无待”思想新诠》一文，在总结前人研究的基础上，提出对“有待无待”问题的新解，指出《庄子》中存在两种不同的依待意义上的“待”：一是人根本无法摆脱的“物物间”“物道间”对其存在前提的依待；二是人可以摆脱的对生命本然无用且无益之物的依待。《逍遥游》所谓的“无待”，并非全称的无任何依待，而是特指无对“己、功、名”的依待。故庄子“无待逍遥”的思想主旨实际上是让人摆脱对生命本然无用且无益之物对人的拘限，从而实现不为不当依待之物所系缚，无所拘碍，逍遥自在的人生超越境界。[32]

中国政法大学哲学系教授王威威发表了《〈淮南子〉对〈庄子〉“齐物”观念的阐发——以〈齐俗训〉为中心》一文，阐述了《淮南子》对《庄子》“齐物”观念的阐发。《淮南子》对《庄子》中不同层次的“齐物”观念均有吸收、改造和发展。如在是非问题上，《淮南子·齐俗》从《齐物论》出发，在论证中走向了《秋水》，区别了“至是”“至非”与“一是一非”，在一定程度上肯定了出自个体的“己”“心”和特定视角的对物的是非判断的相对价值。[33]

此外，中国社会科学院哲学所副研究员匡钊出版了专著《先秦道家的心论与心术》。他认为，在先秦道家的学术谱系中，心观念的地位始终与道、气等观念相互纠缠，尤其是有关心气关系的思想通过稷下黄老学而对诸子产生广泛的影响。他在揭示心观念思想深度的同时聚焦于修身功夫问题，辨析心与相关诸观念之结构性关系，最终服务于对哲学之共性而非某种特殊的“中国性”的揭示。[34]

3.道教文本及思想

道教是中国本土的宗教，其文献研究、历史研究始终是道教学研究的重点。中国人民大学哲学院教授姜守诚发表了《“业秤”小考》一文，认为近年发现的《解真三十八代天师圹志》是研究张与材的第一手资料，对于弥补传世史料记载的缺失和不足有重要意义。[35]他又发表了《“业镜”小考》和《宋元道教黄箓斋中的童子科》两文。前一文与《“业秤”小考》乃着眼于佛、道经书及民间宗教宝卷中出现的“业秤”“业镜”，讨论其宗教含义，并从图像学角度分析“业秤”“业镜”之演变、种类及异同，并与古希腊、古罗马神话中的形象作对比，提示我们东西方虽分属异质文化，在选择代表公正之图像时却有异曲同工之妙。[36]后一文介绍了晚唐以降随着黄箓斋的兴起而产生的一种仪式性法术——童子科，还分析了其在宋元道教中流行以及并未形成一套独立、完整的仪式流程，而遭到批评和抵制的原因。[37]

北京师范大学哲学学院教授强昱发表了《早期道教的性观念与婚姻态度》一文。此文认为，与儒家对性与婚育问题的暧昧态度不同，道教自创立以来即逐步对此展开了十分系统、深入的探索。从未将正常生理本能的满足视为洪水猛兽的道教理论家与修行者，为后人留下了一份重要的精神财富。汉武帝时期的女仙灵妃形象被推崇塑造，俨然为传统的贤妻良母的女性观注入了贴近人情需求的积极成分。历来被刻板的道德教条扭曲的生命真相，在道教思想的冲击下发生了精神气质焕然一新的改变。[38]

中国社会科学院世界宗教研究所副研究员刘志发表了《古代道教写本经藏的社会文化功用》一文，认为道教经书有着独具特色的经藏体系，其形成是以写本的形式实现的。道教教内的经书写本，对于道教教派的产生、传承和发展具有特别重要的意义。作为古代官方经籍制作的一个组成部分，道教写本经藏对于参与古代国家文化治理和传承中国传统文化，曾经发挥着重要的作用。[39]他又发表了《丹青之信——早期〈太平经〉写本特色及其政治思想意蕴》一文，指出早期道教经典《太平经》是以赤色、青色为主色的缣素写本。“丹青之信”象征的是在君臣民社会体系中施行仁政和教化的思想。君王施行仁政是道德仁三统之一，仁政主要是注重民生、减少刑罚，以民为本。教化主要是使臣民“孝、忠、顺”并以孝为第一。《太平经》以阴阳五行学说，论述丹青之信，阐明君臣民在施行仁政和教化中的地位和发挥的作用。[40]

北京大学哲学系教授程乐松出版新著《耽玄与尘居：唐宋道教思想与社会研究》。这部专著以唐宋时期的道教信仰为主题，分别从隋唐时期的道教信仰思想与唐宋时期的律法及信仰关联两个视角展开专题研究，展示信仰既疏离日常生活又实践于世俗世界的一体两面的信仰史框架。[41]

四、佛教哲学研究

1.佛教哲学与历史

北京地区的中国佛教研究力量强大，机构众多，2021年度在中国佛教哲学、佛教中国化和藏传佛教的研究上取得了一些新进展。

佛教的思想观念与哲学理论研究是佛学研究的核心。清华大学哲学系教授圣凯出版了《南北朝地论学派思想史》一书，弥补了中国佛教思想史中南北朝唯识古学论述不足的缺憾。在方法论层面，该书突破了传统的“南北二道”叙事模式，采用区域史、思想史的研究视野，深入梳理了敦煌遗书中地论学派的文献以及法上、灵裕、净影慧远等人的著作。同时，该书依据地论学派“五门”的思想传统，改变了以往佛教思想论述中“本体论”“认识论”等解释框架，以地论学派本身的思想纲要为核心展开，重现了地论学派“佛性、心识、修道、缘集、圆融”的递进观念体系。[42]另外，圣凯还发表了《佛教观念史的方法论传统与建构意义》一文，对佛教观念史的方法论传统以及建构意义作了论述，指出佛教观念史作为一种研究方法虽然是缘起于西方的史学理论，但却能够兼顾学术传统与佛教的特殊性。相较于“概念史”，观念史的研究方法可以更好地呈现“佛学”兼具宗教与哲学两义的特质，从而避免了概念史研究中静态与抽象化的弊病，有助于还原生活世界中具体的情境。[43]

北京大学哲学系教授姚卫群发表了《佛教中的无神与有神观念》一文，分析了佛教中的“无神”及“有神”观念。他指出，这两种观念在佛教中都广泛存在，这一现实与佛教初创时期的核心理念以及佛教发展过程中传教的需求有关。在佛教理念中，无常、无我以及性空等思想均支持“无神”论；而在传教过程中一个具有超越性主宰者的设立则有助于吸引教徒。因此，佛教兼有“有神”与“无神”两种观念，这是有其历史与理论原因的。[44]

佛教哲学史研究也有一定进展。中国社会科学院哲学所研究员成建华发表了《论僧肇的思想及其对“六家七宗”般若学的批判》一文，对僧肇的思想及其对“六家七宗”般若学的批判进行了梳理。成建华首先回顾了僧肇的思想渊源。僧肇通达老玄，在玄学上具有极高修养；后又在罗什门下博览群书，对般若妙义有着深刻证解。僧肇思想可分为“动静相即”的物不迁论和“空有不二”的不真空论两方面。其动静关系的理论强调动静的关联以及求静之必要，有很强的辩证色彩。另外，僧肇批判了“六家七宗”的般若学，会通龙树的中观哲学和玄学，开创了佛教中国化的新阶段。[45]

北京大学哲学系教授李四龙发表了《〈大乘义章〉与北朝佛教释义学》一文，论述了《大乘义章》以及北朝佛教释义学。在北朝晚期的邺城，佛教义学十分兴盛，净影慧远《大乘义章》是其中的代表作品。《大乘义章》用不甚地道的法相唯识思想整合了小乘与大乘阿毗达磨的论义形式。“义章”继承了中国传统的文体形式以及佛教“抉择宗义”的问答传统。[46]

中国人民大学哲学院教授张文良发表了《从“体用”到“体相用”——〈大乘起信论〉“三大”说思想渊源考》一文，考察了《大乘起信论》“三大”说的思想渊源，认为其实现了从“体用”到“体相用”的发展。以往的研究对《起信论》“三大”说与印度佛教经论的关联已有论述，但对其中国佛教的思想背景则着墨不多。张文良认为，《大乘起信论》吸收了《金刚仙论》的“法相”思想。在此基础上，《大乘起信论》对“相”作了进一步的改造，提出了“相大”的概念，并将其与南北朝时期流行的“体大”“用大”观念结合，从而构建出了其独特的“三大”说，实现了由“体用”到“体相用”的发展。[47]

中国人民大学哲学院教授温金玉发表了《道宣律师研究回顾与展望》一文，对道宣律师的思想研究作了回顾与展望。道宣律师是中国佛教南山律的创始人，也是中国少数的佛教史家与文献学家。在以往的研究中，对道宣律师的身份定位有律僧、史传僧、经录僧、护法僧、感通僧等多种不同类型。温金玉指出，对于道宣律师的研究应该从多层面进行解读，不能仅仅局限在他的戒律思想或是行持中。另外，他指出，三教关系、“三宝格局”、信仰化导机制是研究道宣律师思想的重要突破口。[48]

2.佛教中国化理论探讨

研究佛教的中国化具有重大意义，这不仅有利于人们了解中国佛教的发展脉络，促进对佛教思想的理解，而且有利于佛教在当代的融合和发展。

中国社会科学院世界宗教研究所研究员魏道儒发表了《旧课题与新理论：研究“佛教中国化”的脉络》一文，对改革开放以来数十年间“佛教中国化”研究的兴起进行了考察，从原因、内容、成果与分歧四个层面作了详细论述。据魏道儒的概括，学者关于佛教的中国化可分为“两个时期说”“一个时期说”和“三个时期说”。“两个时期说”认为，中国佛教史可分为宋以前的佛教中国化和宋以后的中国佛教持续发展阶段。“一个时期说”认为，中国佛教的历史就是佛教中国化的历史。“三个时期说”认为，存在古印度佛教在中国、佛教中国化和中国佛教的发展三个阶段。在此基础上，魏道儒进一步指出，对“佛教中国化”的“旧课题”进行研究，是对使用“宗教本土化”研究范式分析中国佛教哲学的深化与提高。[49]

清华大学教授沈卫荣发表了《确立汉藏佛教为中国佛教的身份认同是推进藏传佛教中国化的重要途径》一文。他指出，推进藏传佛教的中国化不仅对于藏族、蒙古族等民族同胞中的藏传佛教信徒了解中华优秀传统文化有着重要帮助，而且对于实现西藏地区的长治久安也有着重大与迫切的意义。他又认为，整合与圆融汉藏佛教传统、强调二者的一体性以及汉藏佛教同作为中国佛教的身份认同是“推进藏传佛教中国化”的重要途径。[50]

中国社会科学院世界宗教研究所研究员尕藏加发表了《从历史视域中管窥宗教信仰与文化认同——以早期汉藏佛教交流为中心》一文，以早期汉藏佛教交流为中心，对中国佛教传统中的宗教信仰与文化认同进行了考察。尕藏加认为，宗教信仰和文化认同是对立统一的辩证关系，理解这一关系有助于我们认识汉藏佛教在历史上的交流以及佛教的中国化。尕藏加梳理了汉藏佛教历史上创制文字以及翻译佛经的崇尚佛教信仰的行为、汉藏佛经互译、金城公主兴佛以及赤松德赞推崇佛教等追求大同文化的行为以及大、小昭寺等凸显文化信守的行为，重新显现了唐代中央王朝与西藏地区两地佛教的交流历史，还原了汉藏文化历史交流的情形，显示汉藏系佛教间源远流长的亲密关系。作者最后强调，正是汉藏等各民族的交流和认同铸就了中华文明。作者的观点对于“推进藏传佛教中国化”有一定参考价值。[51]

中央民族大学教授班班多杰发表了《藏传佛教般若中观中国化的诠释学解读》一文，对藏传佛教般若中观的中国化进行了解读。班班多杰对大量尚未有汉译的藏传佛教相关的般若中观论藏文史料作了研究，指出“佛教中国化”主要经历两个阶段，即尊重印度佛教“文本原义与作者原意”的“我注六经”式阶段和以中国读者及文本为主体的“六经注我”式阶段。藏传佛教“般若中观论”中的六个颇具特色的命题及其解读便是上述两种诠释的典型案例。作者认为，这两种诠释途径应当并重，并由此提出了“共殊本体诠释学”。[52]

中国佛教文化研究所研究员伍先林发表了《从蕅益智旭融会天台学与净土教的思想看佛教的中国化》一文，从明代高僧蕅益智旭大师融会天台学与净土教的思想案例出发，对佛教中国化的历史作了案例探析。他指出，蕅益智旭法师以天台宗的“一念无明法性心”等命题为思想资源，从中提炼出了作为统摄禅教律依据的“现前一念心”，并以此统摄诸对概念。他又认为，蕅益智旭法师以“信愿行”的修行方法扬弃、超越了传统佛教与禅宗中的观想、参究的修行方法。通过《佛说阿弥陀经要解》，蕅益智旭法师成功融合了天台教理和净土法门，是中国化佛教的重要人物。[53]

注：

[1]李祥俊：《儒学“天”观念的含义演进与思想特征》，《社会科学战线》，2021年第2期。

[2]梁涛：《“天生人成”与政治形上学——荀子天论发微》，《中国哲学史》，2021年第5期。

[3]李存山：《天地信仰与儒家的普世道德》，《国际儒学》，2021年第1期。

[4]唐文明：《气化、形化与德化——周敦颐太极图再论》，《清华大学学报（哲学社会科学版）》，2021年第4期。

[5]丁四新：《作为中国哲学关键词的“性”概念的生成及其早期论域的开展》，《中央民族大学学报（哲学社会科学版）》，2021年第3期。

[6]郑开：《试论孟子心性论哲学的理论结构》，《国际儒学》，2021年第2期。

[7]匡钊：《早期儒家“为己之学”以“心术为主”的意义——以心观念的起源和身心关系为线索》，《湖北社会科学》，2021年第9期。

[8]赵法生：《从性情论到性理论——程朱理学对原始儒家性情关系的诠释与重构》，《广西师范大学学报（哲学社会科学版）》，2021年第5期。

[9]陈壁生：《从家国结构论孝的公共性》，《船山学刊》，2021年第2期。

[10]丁四新：《三纲说的来源、形成与异化》，《衡水学院学报》，2021年第3期。

[11]丁四新：《论〈尚书·洪范〉福殛畴：手段、目的及其相关问题》，《四川大学学报（哲学社会科学版）》，2021年第6期。

[12]王中江：《权力的正当性基础：早期儒家“民意论”的形态和构成》，《学术月刊》，2021年第3期。

[13]干春松：《民族、国民与国家——康有为、章太炎关于建立现代国家的分歧》，《孔子研究》，2021第4期。

[14]杨博：《海昏侯墓出土简牍与儒家“六艺”典籍》，《江西社会科学》，2021年第3期。

[15]任蜜林：《西汉礼学的分化、特征与明堂阴阳说》，《国际儒学论丛》，2021年第3期。

[16]许家星：《“吾之深信者〈书〉”——从〈尚书〉之论管窥象山学的经学底色》，《中国哲学史》，2021年第5期。

[17]姜海军：《朱、陆异同的学理差异及其经学展现》，《国学学刊》，2021年第1期。

[18]韩星、倪超：《熊十力：以经学为基础的新儒家哲学建构——以〈读经示要〉为中心》，《湖南大学学报（社会科学版）》，2021年第3期。

[19]丁四新：《出土简帛四古本〈老子〉研究及其展望》，《国学学刊》，2021年第1期。

[20]郑开：《〈老子〉首章中的相关问题考证》，《中原文化研究》，2021年第3期。

[21]李若晖：《〈老子〉八十一章本早期形态探索》，《浙江大学学报（人文社会科学版）》，2021年第6期。

[22]刘笑敢：《“自然”的蜕变：从〈老子〉到郭象》，《文史哲》，2021年第4期。

[23]刘笑敢：《什么是老子之自然的“体系义”》，《福建论坛（人文社会科学版）》，2021年第10期。

[24]李锐、王晋卿：《〈老子〉“夫佳兵者”释读》，《中国文字研究》第33辑，臧克和主编，华东师范大学出版社，2021年。

[25]李锐：《〈老子〉第28、29章解读》，《中华文化论坛》，2021年第1期。

[26]李锐：《老子〈道〉〈德〉篇历时研究》，《江淮论坛》，2021年第5期。

[27]蒋丽梅：《理解、解释和运用：论瓦格纳的老学研究方法》，《国学学刊》，2021年第3期。

[28]林光华：《本体与境界——冯友兰的〈老子〉诠释及其推进》，《人文杂志》，2021年第8期。

[29]曹峰：《黄老道家研究的几个基本问题》，《四川大学学报（哲学社会科学版）》，2021年第5期。

[30]王中江：《“差异性”和“多样性”的世界：庄子的“物之不齐论”》，《社会科学战线》，2021年

第4期。

［31］黄克剑：《〈齐物论〉指归甄辨》，《东南学术》，2021年第2期。

［32］罗祥相：《庄子“有待”“无待”思想新诠》，《哲学研究》，2021年第12期。

［33］王威威：《〈淮南子〉对〈庄子〉“齐物”观念的阐发——以〈齐俗训〉为中心》，《四川大学学报（哲学社会科学版）》，2021年第5期。

［34］匡钊：《先秦道家的心论与心术》，中国社会科学出版社，2021年。

［35］姜守诚：《“业秤”小考》，《艺术收藏与鉴赏》，2021年第5期。

［36］姜守诚：《“业镜”小考》，《艺术收藏与鉴赏》，2021年第5期。

［37］姜守诚：《宋元道教黄箓斋中的童子科》，《中华文化论坛》，2021年第4期。

［38］强昱：《早期道教的性观念与婚姻态度》，《中国本土宗教研究》第4辑，汪桂平主编，社会科学文献出版社2021年版。

［39］刘志：《古代道教写本经藏的社会文化功用》，《周口师范学院学报》，2021年第3期。

［40］刘志：《丹青之信——早期〈太平经〉写本特色及其政治思想意蕴》，《世界宗教研究》，2021年第2期。

［41］程乐松：《耽玄与尘居：唐宋道教思想与社会研究》，宗教文化出版社，2021年。

［42］圣凯：《南北朝地论学派思想史》，宗教文化出版社2021年版。

［43］圣凯：《佛教观念史的方法论传统与建构意义》，《清华大学学报（哲学社会科学版）》，2021年第6期。

［44］姚卫群：《佛教中的无神与有神观念》，《科学与无神论》，2021年第2期。

［45］成建华：《论僧肇的思想及其对“六家七宗”般若学的批判》，《世界宗教研究》，2021年第6期。

［46］李四龙：《〈大乘义章〉与北朝佛教释义学》，《北京大学学报（哲学社会科学版）》，2021年第2期。

［47］张文良：《从“体用”到“体相用”——〈大乘起信论〉“三大”说思想渊源考》，《东亚佛学评论》，2021年第1期。

［48］温金玉：《道宣律师研究回顾与展望》，《普陀学刊》，2021年第2期。

［49］魏道儒：《旧课题与新理论：研究“佛教中国化”的脉络》，《内蒙古师范大学学报（哲学社会科学版）》，2021年第2期。

［50］沈卫荣：《确立汉藏佛教为中国佛教的身份认同是推进藏传佛教中国化的重要途径》，《中国宗教》，2021年第2期。

［51］尕藏加：《从历史视域中管窥宗教信仰与文化认同——以早期汉藏佛教交流为中心》，《世界宗教研究》，2021年第4期。

［52］班班多杰：《藏传佛教般若中观中国化的诠释学解读》，《中央民族大学学报（哲学社会科学版）》，2021年第5期。

［53］伍先林：《从蕅益智旭融会天台学与净土教的思想看佛教的中国化》，《中国佛学》，2021年第1期。

（北京市哲学会供稿；执笔人：赵乾男、王政杰、胡晓晓；审稿人：丁四新）

外国哲学

一、概述

2021年北京的外国哲学研究在古希腊罗马哲学、中世纪和文艺复兴时期哲学、近现代哲学等不同领域都取得了不少优秀的成果。在古希腊哲学和德国哲学这两个传统优势方向，学者们的研究进一步深化。在中世纪哲学和文艺复兴时期哲学这两块短板上，也取得了一些可喜的新成绩。由于受新冠疫情的影响，一些学术活动虽然推迟或者采取线上形式，但是北京的外国哲学学术研究气氛仍然是非常活跃的。通过对外国哲学各个领域的深入研究以及举办各种形式的学术研讨活动，北京的外国哲学学科建设也取得了积极进步。但是，在看到成绩的同时，也必须清醒地看到目前学界外国哲学研究仍然存在的一些问题和不足。

在古希腊罗马哲学研究方面，柏拉图和亚里士多德仍然是学者们关注的重心。无论是柏拉图、亚里士多德的形而上学，知识论还是政治哲学，都受到了学界普遍的重视。不足之处是对于柏拉图和亚里士多德哲学的古代注疏，尤其是公元200—600年的文献，重视仍然不够。柏拉图哲学和亚里士多德哲学在西方传统学术中处于某种类似“经学”的地位，他们的著作在漫长的学术历史中得到了非常细致和专业的注释研究。20世纪以来，中国学人才开始比较专业的研究古希腊哲学，而当时最容易利用的西方研究资料就是20世纪的。虽然20世纪西方的古希腊哲学研究也取得了很多重要成果，但是缺陷也是明显的。公元200—600年这批希腊文的柏拉图、亚里士多德哲学注释，在20世纪的西方也没有受到足够的重视，很多西方学者的研究甚至是直接“略过”(不是超越)了这些注释。20世纪学者们争论的很多问题，其实1500多年前都已经得到过非常详尽的讨论了。当代中国学人如果要在古希腊哲学方面取得更大的进步，仅仅依靠西方20世纪的某些资料显然是不够的。

中世纪和文艺复兴时期哲学的研究一直是我们的短板，一是相关科研人员较少，二是相关科研成果尤其是优秀的成果相对较少。可喜的是，近年来这一状况正得到逐步的改善。近几年在中世纪和文艺复兴时期哲学方面，每年都有一些优秀的论文或专著面世。中世纪和文艺复兴时期哲学有自身独特的宗教文化背景。很多中世纪哲学的问题，并不是“纯粹”的哲学问题，它牵涉到复杂的神学和社会背景。但是我们中国社会以及学术从来就没有过这种强烈的宗教背景，而且中国学者历来对于纯粹智性的问题更感兴趣，这些因素都导致长期以来我们在中世纪哲学研究方面投入较少。西方文艺复兴时期出现了一批多才多艺的伟大天才，哲学只是他们思想的一个方面，而如何从哲学的高度来审视那个天才的时代一直是我们的一项重要任务。

近现代哲学研究方面，笛卡尔、斯宾诺莎以及德国古典哲学的研究仍然是重点。相比较而言，英国和法国的哲学研究还是偏少。目前，在德国哲学方面，康德和海德格尔研究仍然是“显学”。中国学者之所以偏重德国哲学，或许跟中国人偏好理智思辨有关，我们对于那些偏重经验和情感的东西兴趣就较少。2021年，在斯宾诺莎、康德、海德格尔等哲学研究上，都取得了不少成果。可以说，我们对西方近现代哲学某些人物和领域的研究已经达到了相当的深度和水平，一些研究已经不逊色于西方学界了。但是，在近现代哲学研究方面，莱布尼茨始终没有受到应有的重视。莱布尼茨是西方近代第一流的哲学家，他在形而上学、逻辑学、数学等众多领域都取得了杰出成就。但是这位第一流的哲学家在中国却长期受到冷落，这不能不说是一种遗憾。莱布尼茨哲学是一种彻底的唯心论，在这点上他比笛卡尔、斯宾诺莎更彻底，当然也比后来的康德和胡塞尔走得更远。中国学人如果要真正理解西方哲学，就必须真正地领会唯心论，而莱布尼茨是近代唯心论者中不能被忽略的重要人物。可以说，在近现代哲学研究方面，莱布尼茨哲学的研究还是一个短板，这是未来应该加强的。

二、主要研究进展

1.古希腊罗马哲学

在古希腊罗马哲学领域，柏拉图和亚里士多德毫无疑问地居于核心地位。学者们的研究也主要聚焦于这两位伟大的哲学家，从发表的成果上来看，2021年对亚里士多德的研究则更多一些。

吕纯山在论文《亚里士多德论复合实体的定义——从自然哲学著作出发》[1]中讨论了亚里士多德的定义理论。作者指出，古希腊定义理论在苏格拉底、柏拉图和亚里士多德那里得到了长足的发展，尤其在亚里士多德那里。他不仅在逻辑学著作中把柏拉图提出的“人是两足动物”作为标准定义而使用，还大力发展并详细讨论了“属加种差”的分类法定义，使得这一定义方式及划分法成为哲学史上最为著名的定义和方法。而多为人所忽视的是，他在自然哲学和《形而上学》中专门针对质形复合物还提出了一种由潜在的质料和现实的形式构成的质形复合定义。然而，在对亚里士多德哲学的研究中，许多研究者认为这种定义方式是分类法定义的扩展和深化，而非针对不同对象的全新的定义方式，即潜在的质料就是属，现实的形式就是种差。然而，在作者看来，这样的理解恐怕忽视了亚里士多德对后一定义方式的重视。因此该文联系《形而上学》《物理学》《论动物的部分》《论天》等著作中的质料和形式分别具有必然性和目的性的特征，以及定义的两个部分必须为一的理论来说明，就对质形复合物的定义而言，对质料的描述和对定义的描述二者都不可或缺。与属加种差的定义相比较，质形复合定义是亚里士多德专门针对不同于一般概念的普遍的质形复合物而提出的一种全新的定义方式，有其独有的运用领域和对象。该文还联系柏拉图的《泰阿泰德》指出，柏拉图那里已经有对个别事物的集合或“可知的复合物”进行描述的思想，而这一概念与亚里士多德的“普遍的质形复合物”概念很有渊源，因此在一定程度上，亚里士多德的质形复合定义也是对柏拉图定义理论的发展。

该文强调了质形复合定义在亚里士多德哲学中

的独特性，指出它是一种不同于属加种差定义方式的一种全新的定义方式，应该予以重视。同时为研究者所讨论的有关灵魂的定义提供了基础的理论背景，肯定灵魂的定义实际上是质形复合定义的一种应用，因为亚里士多德强调对灵魂的定义不能离开躯体。该文从亚里士多德的逻辑学著作、自然哲学著作、《形而上学》出发，并联系柏拉图的《泰阿泰德》等对话进行问题研究的做法，也是整体研究方法的一个范例。

吕纯山在论文《〈形而上学〉Z卷与柏拉图哲学——以对人和灵魂的定位为例》[2]中，分别讨论了亚里士多德和柏拉图对人以及灵魂的定位。作者指出，亚里士多德的《形而上学》是一部不同时期创作、主题并不单一、书名也是后世编辑者而非他本人赋予的论文集，以晦涩而复杂著名，而争议最大的当数Z卷，因为其结构、主题、成型时间不同等的复杂性，究竟应该被系统地看待，还是以发生学的观点看待，在当代的研究中也颇多争议。如《形而上学》Z卷讨论的主题是实体是什么，并论证形式是第一实体的问题。如果以人、灵魂、躯体作为质形复合物、形式和质料的典型，并且像《论灵魂》II卷那样，给出灵魂的定义，对实体进行明确的定位，那么Z卷的很多争议将根本不会产生。但我们知道的是，Z4—6讨论的实体，竟然连形式也没有提及，强调的只是苏格拉底这样的个别的人；Z7—9也没有提及人的第一实体灵魂，反而强调的是柏拉图的理念“人”，还把理念、种和形式完全画了等号；却在Z10—11重新定位“人”是普遍地看待个别的灵魂和躯体之后产生的概念，强调灵魂是人的第一实体。因此，Z10之前不明确灵魂是第一实体的做法，表明Z卷的思想并非如传统所认为的是亚里士多德的成熟期思想，相反，是与柏拉图的理念论对话的结果，是伴随着他自己的灵魂学说和定义学说而逐步成熟的。可以说，Z卷呈现的正是把柏拉图的理念放入质料之后，有形之物在存在论上的个别性如何体现的问题。因此引入柏拉图哲学的视角，更有助于我们把握Z卷既有柏拉图哲学的立场，又体现亚里士多德本人立场的双重特征——既在存在论上突破柏拉图理念的分离，肯定了形式不脱离质料，又在知识论上与柏拉图哲学立场一致，肯定定义的对象是不包括质料的形式；进而使得形式呈现出不同的面相——形式就是理念放在质料之中的种、对质形复合物的定义只描述不脱离质料的普遍的形式、个别事物就是个别形式和质料的复合物、种是普遍的质形复合物概念，正是这些不同时期的思想的交织，以及种与形式、存在论和知识论的混淆，造成了这一卷的诸多争议。

该文具有三方面的重要意义，其一，强调了发生学在一定范围内使用的必要性；其二，明确Z卷并非传统所认为的是亚里士多德最成熟的思想；其三，肯定Z卷大部分章节是在与柏拉图哲学对话中展开的，强调了联系柏拉图哲学的必要性。

中国人民大学哲学院教授聂敏里在论文《〈理想国〉中哲学家论证的内在结构和困难》[3]中详细分析了哲学理论和实践生活在哲学家身上的冲突。作者指出，《理想国》中的哲学家论证无疑是为柏拉图在其中所勾勒的理想政治蓝图服务的，但却由于其主题的相对集中和特殊，构成了《理想国》全篇之中相对独立的一个部分。它从第五卷提出的“那个最大的怪论之浪”开始，一直到第七卷末尾才宣告结束。篇幅之大、论述之集中、主题之鲜明都属罕见。如果说亚里士多德曾经写过一部已经佚失的《论哲学》，那么《理想国》中以“哲学家”为主题的这一篇幅长达两卷半的论证可以说就是柏拉图的“论哲学”。从总体上说，柏拉图从《理想国》第五卷474 C开始一直持续到第七卷结束的哲学家论证可以大致分成五个部分：（1）什么是哲学家（第五卷474C—480A）；（2）哲学家都有哪些美德（第六卷484A—487A）；（3）哲学家为什么对城邦是无用的（第六卷487A—489D）；（4）哲学家败坏的原因是什么（第六卷489D—502D）；（5）如何通过教育造就一位真正的哲学家（第六卷502D—第七卷541B）。该文详细地分析了这些问题，并且给出了自己的观点。作者指出，哲学家论证既体现了哲学生活与实践生活的紧张，也体现了理想政治与现实政治的张力，而根源则是柏拉图超越的“理念世界”和可感世界的对立。只要设定了理念世界的绝对真实和可感世界的绝对虚假，那么，这种分离与对立就是不可避免的。它始终渗透在柏拉图的论证逻辑中，作为一道时隐时现的裂隙不断干扰着柏拉图的论证，使得他只能借助于言辞而非逻辑来遮盖它、回避它或淡化它。在对柏拉图的哲学家论证做出上面的说明和分析之后，面对这个根本的问题，该文认为解决这个问题的办法实际上很简单，这就是始终从现实出发，不离开现实，推动现实自身的改善。在这里，没有丝毫超出现实的欲求和企图，而是让现实自身开展除旧布新的运动。就此而言，将现实看成完全消极负面的存在和离开现实的理想主义，实际上是一个硬币的两面。但现实既不是僵死的东西，也并非任人团塑的质料，它自身就在开展自我更新的运动。

作者的解决之道显然是要否定柏拉图的形而上学，而回归生活世界本身。这似乎也符合现代哲学的基本取向。但是，如果取消了形而上学，那么哲学何为？这似乎是一个随之而来的根本性问题。

聂敏里在《亚里士多德论定义的统一性》[4]一文中指出，亚里士多德在《后分析篇》中提出了定义的统一性的理论难题，但却把这个问题放到了《形而上学》中来予以解决，这就是《形而上学》Z卷的第12章。该文通过对这一章的深入分析表明，在这一章里，亚里士多德通过指出属加种差的定义中的属与种差的关系是一种潜能和现实的关系，定义在本质上是由种差构成的描述，种差才是针对于所定义的东西的现实的知识，从根本上解决了定义的统一性难题。最后作者还就亚里士多德的解决方案所启发的有关个体知识可能性的问题做了探讨。该文认为，亚里士多德关于定义的论述，从最初的属开始，通过“种差的种差”的方式一路下降，直至到达不再有种差的最终的种差，而这也就获得了事物的实体、形式和定义，并且他还对它们之间的关系实际上是一种质料和形式、潜能和现实的关系做了断言，所有这些都向我们暗示了一些非常富有意味的关于定义的思想。这就是，按照这一思路，我们甚至可以最终定义个体本身。因为，最低的种、最低的种差，不再有种差的种差，这个思路显然可以一直通到个体。因为，在一个意义上，一个最终的不可分的个体本身就是一个种，是那个最低的种。从而，按照亚里士多德提供的这一把握定义的理论模式，严格来说，我们关于个体也可以形成定义，只不过这不再是作为潜能的知识意义上的普遍的定义，而是作为现实的知识的对个体实体的直接认识。

一般认为，在逻辑学上个别事物是无法被定义的，因为一方面定义总是具有某种普遍性的知识，另一方面个别事物的偶性是千差万别的，数量是无穷的。该文的意义是通过亚里士多德哲学中最低的种差这个概念，揭示了个别事物可以被“定义”的某种可能性。当然，这里面还有一些重要的理论困难需要进一步阐明，比如亚里士多德认为不同的认识能力对应的对象是不同的，科学知识的对象只能是普遍必然的，不能是个别的特殊事物。只有感觉和想象的对象才是个别事物，因此亚里士多德不承认有关于某个个别事物的真正“知识”。但是“定义”则属于科学知识。无论如何，关于个别事物能否被“定义”的问题既是一个重要的逻辑学问题，也是一个重要的哲学问题。

2.中世纪和文艺复兴时期哲学

2021年的中世纪哲学研究在一些方面取得了新的突破。北京大学哲学系教授赵敦华撰文专门讨论了中世纪的建筑和柏拉图主义的数学之间的关系，学术界对这个主题的讨论还是非常少见的。另外，中国人民大学哲学院副教授孙帅出版专著《抽空：加尔文与现代秩序的兴起》，专门讨论了加尔文新教改革的意义。加尔文是16世纪加尔文宗的创始人，他的新教改革是建立在对中世纪奥古斯丁和阿奎那双重背离的基础上的，他本人生活在文艺复兴时代，虽然他本人不主张回到希腊的人文主义，但是他的新教改革仍然强烈地影响了近代以来的人文主义。

赵敦华在《中世纪建筑与柏拉图几何学》[5]一文中深入地探讨了中世纪各种建筑艺术形式与柏拉图的几何学之间的紧密关系。哲学界很少有人专门讨论中世纪的建筑，在对柏拉图哲学的研究中，他的几何学思想也少有人专门讨论。因此，赵敦华教授的这篇论文具有某种突破性的意义。该文写作的动机是因为2019年4月15日巴黎圣母院的火灾，整座建筑毁坏严重。这座历史著名建筑遭此大难，实在令人痛心不已。作者结合自己以前参观巴黎圣母院的亲身经历，以及雨果的世界名著《巴黎圣母院》中的细致描述，深入地讨论了中世纪的建筑美学，以及其中包含的柏拉图主义数学思想。该文主体分为六个部分：(1)《巴黎圣母院》的美学启示；(2)柏拉图几何学对建筑体系的影响；(3)感受上帝的比例：罗曼式建筑与新柏拉图主义几何学；(4)哥特式建筑艺术风格和几何力学原理；(5)文艺复兴的复合；(6)数学与建筑术：一个隐秘的柏拉图主义中世纪传统。该文图文并茂，既富有艺术美感，又科学严谨。作者认为，柏拉图主义数学传统与建筑艺术的结合有不同途径和方式，但始终在同一范式中运作。这就是由柏拉图《蒂迈欧篇》建立的“几何创世论”范式。这个范式确定宇宙和人的结构和元素，区分了天体的圆周运动和地上的直线运动、组成天体的“以太”元素和组成地上万物的四元素。虽然有天界和地界的区分，但两个世界都是按照同一几何学比例和Λ数列构造出来的和谐整体，而不是如亚里士多德批判的两相分离。在漫长的中世纪，柏拉图主义范式在不同时期的运作方式不同，由此产生了几个有代表性的建筑结构。

孙帅出版了专著《抽空：加尔文与现代秩序的兴起》[6]。该书包含三个部分，第一部分从整体上考察上帝、自我与世界问题，从中可以看到加尔文对这三个问题的独特理解，其中的关键是关于自我与上帝的双重认识、自然本性的空无化、上帝的力量化，以及上帝在世界中的显现。现有研究多是关注关于“造物主与救主”的双重认识，却很少讨论关于“自我与上帝”的双重认识，虽然对于理解整本《要义》和加尔文神学而言，后者比前者更基础更具结构意义。作者认为，在自我与上帝的双重认识问题上，加尔文在利用奥古斯丁哲学的同时无情地抽空了内在自我的深度内容。

第二部分作者以《要义》第一卷最后三章为中心，详细分析加尔文如何用神意重构被路德解构的世界秩序。与通常的研究不同，该书通过细读文本发现加尔文不仅没有明确区分特殊神意与一般神意，反而在对“活力论”的批判中将所有神意都理解为特殊神意。结果就是神意统治下的加尔文世界与机运统治下的马基雅维里世界极为类似。在一个没有目的且异常危险的偶然世界里，加尔文需要重新讲出行为筹划的道理，让个体积极谨慎地投身到不确定的生活之中。如何克服决定论造成的虚无主义，是加尔文神意论所要解决的关键问题。

第三部分作者围绕《要义》第二卷展开，旨在全面分析信心、称义、成圣与预定等问题，在这部分的考察中，不仅可以看到加尔文对路德因信称义学说的继承，而且可以看到加尔文在此基础上所作的一系列创造性发挥，尤其是对成圣问题的突出和构造。作者在第三部分的考察试图揭示救赎伦理蕴含的内在张力：一方面，加尔文毫无保留地抽空行为的内在价值与功德，在将尘世生活变成否定性的虚无生活；另一面他又用“呼召”赋予生活以一种无目的的目的性，将基督徒的在世存在构造为荣耀上帝的“圣洁生活”。第三部分最后的考察表明，无论是自我与上帝的关系，世界秩序的基础，尘世生活的筹划，还是称义、成圣与呼召，最终都必须还原为唯独意志的预定论上来。没有任何理性根据的双重预定，既是个体命运的终极保障，也是足以吞没一切的“恐怖之渊”。

在作者看来，根据基督教思想史的主流叙事之一，这场从礼教到心教的宗教改革运动，通常被理解为从阿奎那经院传统向奥古斯丁教父传统的回归。如果仅从基督教思想的发展趋势来看，这一从阿奎那到奥古斯丁的回归叙事当然没有太大问题，尤其是考虑到中世纪晚期的奥古斯丁主义复兴，以及路德本人的奥古斯丁修会背景。但如果细究从奥古斯丁、阿奎那，经司各脱、唯名论和人文主义到宗教改革的转变，这一回归叙事就显得过于粗略了。将宗教改革简单理解为向奥古斯丁道路的回归，不仅遮蔽了奥古斯丁与阿奎那之间的共性，而且遮蔽了新教与奥古斯丁之间的差异，同时忽视了唯名论或新路派（via moderna）与人文主义思潮的深刻影响。该书研究加尔文的目的之一就在于表明，这位抛弃阿奎那及其经院道路的日内瓦改革家并未严格遵循奥古斯丁的道路；相反，对奥古斯丁的回归或利用，最终推动他像威腾堡的改革家一样在更深的意义上背离了奥古斯丁。《基督教要义》这部旨在培育现代心性、重构世界秩序的新教巨著，既不同于通过类比逐层搭建起来的《神学大全》，也不同于对自我进行深度剖析的《忏悔录》。加尔文的思想必须被视为对奥古斯丁与阿奎那的双重背离，只有着眼于此，才能明白加尔文的思想道路何以意味着“内在性的抽空”，才能明白从礼教的制度规定中解放出来的自由人何以会成为不自由的空无个体。

3. 近现代哲学

相比较于中世纪和文艺复兴时期哲学，我们对近现代哲学的研究投入要更多，每年的成果也更丰硕。而在近现代哲学中，德国哲学的研究又是重点。在德国哲学中，康德和海德格尔又是研究的热点。2021年的情况仍然是如此。

中国人民大学哲学院教授张志伟在论文《重思伦理学与形而上学之间的关系：以海德格尔为视域》[7]中指出，19世纪以前的古典哲学时代，形而上学是伦理学的根基，但是随着现代哲学的兴起，形而上学逐渐式微，伦理学则面临着相对主义的危险。海德格尔激烈地批判传统形而上学遗忘了存在本身，把存在与存在者相混淆，但是他的新的存在论中却没有伦理学的位置。在作者看来，当我们讨论伦理学与形而上学之间关系的时候，海德格尔哲学恰恰起了一个凸显其困境的作用。19世纪以后的哲学家在伦理学问题上往往面临着类似于“布里丹的驴子”面对两堆青草时的困境：一边是形而上学的绝对主义，另一边是主观主义和相对主义。当我们以形而上学作为伦理学的基础的时候，这个基础是“自由因”，而以之为基础的伦理学却无法解释人的自由和独立性。当我们抛弃形而上学的基础之后，伦理学则面临着主观主义和相对主义的困境。海德格尔试图跳出布里丹驴子的困境，他一方面批判形而上学，把存在问题从形而上学中拯救了出来，另一方面则试图以存在的“尺度”或“秩序”取代人间的“尺度”或“秩序”，这不仅没有允诺为伦理学重建基础，甚至当他以存在论作为“源始的伦理学”的时候，实际上取消了通常意义上的伦理学。

作者的分析无疑是非常准确的，伦理学如何摆脱绝对主义与相对主义的两难困境也是一个重要的问题。在这个问题上，亚里士多德的伦理学或许比较有启发性的意义。因为亚里士多德的伦理学既不是绝对主义的，也没有走向相对主义。原因在于亚里士多德伦理学的核心是建立在“实践智慧”的基础上的，实践智慧不同于理论性的沉思，它的对象总是具体的人或者实践行为，因此亚里士多德的伦理学虽然是理性主义的，但却不是普世主义的，当然也不是相对主义的。这是亚里士多德的伦理学和后来的斯多亚派，托马斯主义以及康德主义伦理学的重要区别。在亚里士多德那里，指导我们实践行为的只是“实践智慧”，不是普遍性的理论理性或者“自然法”“绝对命令”等等。

北京大学哲学系教授韩水法在《胡塞尔现象学中的“先验性”与“超验性”——兼论“transzendental”和“transzendent”的汉译》[8]一文中详细地分析了在康德哲学、胡塞尔的现象学中这两个重要概念的基本内涵，并且反驳了王炳文、倪梁康、王庆节的看法。“transzendental”与“transzendent”是康德哲学，也是胡塞尔现象学中的两个基本概念，如何准确地理解它们的内涵直接关涉到如何理解他们的基本哲学主张，因此其重要性不言而喻。作者指出，在德国唯心主义的汉语文献中，尤其在康德文献中“transzendental”和“transzendent”早有成译，前者译为“先验的”，后者译为“超验的”。在现象学引入汉语哲学界之初，胡塞尔著作中这两个术语，尤其是前者大体也沿袭这样的成译，似乎没有产生多大的争议。大约在20多年前，王炳文在汉译《欧洲科学的危机和先验现象学》中将“transzendental”译成“超越论的”，与其直接相关的“a priori”则被翻译为“先验的”，先前的传统于是就被打破。后来的主要趋势是将“transzendental”译为“超越论的”，将“transzendent”译成“超越的”，而“a priori”则有各种译法。韩水法在文章中详细地批评了这种理解和翻译，而坚持把“transzendental”翻译为“先验的”，把“transzendent”翻译为“超验的”。作者强调，“先验的”“超验的”与“超越论的”“超越的”译法之争的要害，并不在于汉语词语的选用，也无关修辞，而在于如何理解和认识胡塞尔理论的实质。如果把胡塞尔现象学理解为一种认识论，它旨在为一切科学提供可靠的基础，与此同时将哲学建立为严格科学，那么，这样的理解就切中了胡塞尔现象学的核心和宗旨。于是，“超越论的”译法的失据和不当就是一望而知的。“超越论的”译法无论在字面意义上，还是就有关采用这个译法的理由而言，都表明了对胡塞尔现象学核心的失焦。因为，作为认识论的现象学原则和内容是内在性的，而这种内在性正是先验的态度之下的视域。

胡塞尔的现象学虽然与康德哲学有很大的差异，但是它们之间的联系也是非常明显而紧密的。韩水法这篇重要的论文可帮助学界澄清了胡塞尔现象学的基本旨趣和特征，也让我们看到了胡塞尔现象学对康德哲学的因袭及其区别。

北京大学哲学系教授吴增定在论文《实体与事物：重思斯宾诺莎对亚里士多德主义的批评》[9]中指出，斯宾诺莎的实体（substance）概念是来自于亚里士多德的哲学。但是，斯宾诺莎同笛卡尔一样，恰恰是用这个亚里士多德的概念批评了以亚里士多德主义为代表的前现代形而上学，甚至比笛卡尔更彻底。如果说实体在亚里士多德哲学中首先是指独立存在的个别事物，那么斯宾诺莎则反过来认为个别事物并不是实体，而是最低层次的样态，即有限样态；真正和唯一的实体是符合因果必然法则的无限力量。这一实体超越了日常的感性经验，只能为抽象的理智所认识。从根本上说，斯宾诺莎的实体学说意味着现代科学的世界图景对于作为亚里士多德主义之基础的前科学的日常经验的根本否定。

在作者看来，从哲学精神上说，亚里士多德以及中世纪亚里士多德主义者的实体学说代表了一种非常典型的前现代形而上学，其基本原则是：有很多东西客观、独立、自在地存在着，它们有各种各样的属性，其中有些属性是根本性的规定（本质），有些属性是非根本性的规定（偶性）。在斯宾诺莎的实体学说以及形而上学之中，实体不再是指我们在日常生活中所见所闻的一个个具体存在的事物，而是意味着一个最高和唯一的形而上学终极实在或本原：“自因”（self-cause）。按照斯宾诺莎的形而上学界定，亚里士多德那里作为个别事物的“实体”就不再是真正的实体，而是变成了不折不扣的“样态”，甚至变成了形而上学的等级秩序中最低层次的样态——有限样态

（finite modes），也就是在时间中绵延（生成和消逝）的事物。因此，斯宾诺莎就彻底颠覆了亚里士多德的哲学。

与柏拉图相比，亚里士多德虽然更加注重经验和自然，但是他的哲学并非是唯物论的，和他的老师柏拉图一样，其实他们都是唯心论者。他们哲学上的这种根本一致性是不可忽视的。尤其是亚里士多德的“神学”完全是柏拉图主义的。斯宾诺莎是近代重要的哲学家，讨论他和传统的亚里士多德哲学之间的关系无疑具有重要意义。通过这种研究可以让我们看到近代哲学在何种程度上继承了古代哲学，又在何种意义上背离了古代传统。斯宾诺莎把“实体”看作“自因”这点是来自于传统的亚里士多德主义的，因为亚里士多德承认存在着“不动的推动者”，神是自足的。但是在亚里士多德哲学中，“无限的广延”只是最低的“原始质料”，斯宾诺莎却把它看作了与“思想”平行的实体的“属性”，这是颠覆性的。

首都师范大学哲学系副教授尹景旺在论文《〈国王的两个身体〉的历史书写：在尼采与韦伯之间》[10]中指出，希腊哲学传统和希伯来宗教传统，一般被视作西方现代文明的摇篮，但现在越来越多的学者倾向于把后起的罗马法传统单列为推动西方现代文明的第三极，与前两种传统并立。不可否认，罗马法传统很大程度上脱胎于前两大传统，但自12世纪以来，罗马法异军突起，它与教会法、经院哲学的互动，孕育了意大利文艺复兴和西欧人文主义。因此，有学者进一步指出，西欧文明真正区别于其他文明的时间是在罗马法复兴的12—15世纪，而这一时期发展起来的以基督教为中心的法律神学和注释法学，正是造成这种文明分野的重要原因。11世纪博洛尼亚大学和13世纪那不勒斯大学的创建，尤其是法律科学在两所大学的专门化，为12、13世纪罗马帝国皇帝（尤其是腓特烈二世）与教皇之间的论战提供了法律武器；与腓特烈二世几乎同一时期、南意大利出身的阿奎那，正是受益于这股法学之风，将亚里士多德哲学引入基督教神学，打开了之后经院哲学和自然法思潮的繁荣局面。始于意大利并进而影响整个欧洲的这一系列政治法律变革，带来了城市共和国的繁荣和人文精神的新气象，但它同时也为后来的绝对主义、民族主义埋下了伏笔。民族国家在王权与教权的较量中渐露端倪，法律神学在此较量中催生出国家理性和绝对主义；其中，尤其是基督教“神秘体”思想的发展，以及从“神秘体”向“国王的两个身体”理论的发展，奠定了西方早期以法律为中心的王权和民族国家学说的基础。《国王的两个身体：中世纪政治神学研究》，正是追溯这段发展历程的一部力作。

坎托洛维奇（Ernst H.Kantorowicz）首版于1957年的这部著作，副标题虽是“中世纪政治神学研究”，但实质上也是一部中世纪法律神学研究之作。在坎托洛维奇看来，要回溯绝对主义谱系、“国家的神话”，要揭开中世纪政治神学，就要理解教会—国家关系的深刻变革，以及相伴而来的教会法和罗马法等法系的融合互鉴。他明确指出，中世纪教会—国家的交错关系，形成了一种属灵世界和世俗世界的混合态（hybridism），而绝对主义恰恰是这种圣俗混合态的后期产物。事实上，坎托洛维奇早在1927年出版的第一部著作《腓特烈二世》中，就详细考察了腓特烈二世治下神圣罗马帝国的教会—国家关系，以及教皇制对腓特烈世俗国家的影响。《国王的两个身体》则致力于探究，属灵的“教会神秘”通过什么途径转移到了国家，产生了新的世俗的绝对主义的“国家神秘”。坎托洛维奇认为，通过对法律史料的重新梳理，圣俗之间这种新的交换方式可以得到澄明。在教会注释法学家和罗马法注释法学家交互作用下，某种（早期中世纪完全不存在）“后来被称作‘国家的神话’的东西形成了，今天在更广泛的意义上经常被称作政治神学”。正是看到这一点，坎托洛维奇着力强调，注释法学家们抓住自己时代的圣俗之争和法律神学，引申出了对“自然法”“公共善”“公法”乃至“国家理性”的新理解，把古典基督教思想与绝对主义思潮勾连了起来。13—14世纪圣俗两界的注释法学家们，把以法律为中心的王权以及更广泛意义上的法律神学抬升到了新的高度，这些学说或礼仪实践，成为后来16—17世纪绝对主义王权的先声。

该文主要围绕《腓特烈二世》和《国王的两个身体》两个文本，结合坎托洛维奇的几篇论文，尽可能还原他前后历史书写的差异，并将这种差异置于尼采和韦伯两种思潮下来观照，在澄清坎托洛维奇历史书写前后变化的同时，尽可能去揭示其中蕴含的国家观和法律观。该文认为，坎托洛维奇在不同时期对历史书写如何表达政治理念有不同立场。坎托洛维奇前期主要受尼采、布克哈特和德国“中世纪主义”的影响，后期主要受韦伯、布莱克曼和英美学界的影响，但他前后期历史书写又有着一种连续性。

注：

［1］吕纯山：《亚里士多德论复合实体的定义——

从自然哲学著作出发》,《世界哲学》,2021年第2期。

［2］吕纯山:《〈形而上学〉Z卷与柏拉图哲学——以对人和灵魂的定位为例》,《上饶师范学院学报》,2021年第4期。

［3］聂敏里:《〈理想国〉中哲学家论证的内在结构和困难》,《道德与文明》,2021年第6期。

［4］聂敏里:《亚里士多德论定义的统一性》,《哲学家》,2021年第1期。

［5］赵敦华:《中世纪建筑与柏拉图几何学》,《社会科学战线》,2021年第1期。

［6］孙帅:《抽空:加尔文与现代秩序的兴起》,商务印书馆2021年版。

［7］张志伟:《重思伦理学与形而上学之间的关系:以海德格尔为视域》,《道德与文明》,2021年第1期。

［8］韩水法:《胡塞尔现象学中的“先验性”与“超验性”——兼论“transzendental”和“transzendent”的汉译》,《学术月刊》,2021年第2期。

［9］吴增定:《实体与事物:重思斯宾诺莎对亚里士多德主义的批评》,《世界哲学》,2021年第1期。

［10］尹景旺:《〈国王的两个身体〉的历史书写:在尼采与韦伯之间》,《中外人文精神研究》,人民出版社,2021年。

（北京市哲学会供稿;执笔人:王玉峰）

美　学

2021年,美学学科自主性进化到研究领域进一步分化、深化阶段,出于学科惯性,美学学术脉络在美学本体论等基础上,不断向中国美学、西方美学、艺术美学、当代美学、美育等研究领域扩展、深入,在前沿问题上也持续推进,美学学术研究因此迎来了丰富的、复杂的课题,美学知识生产和理论供给越来越丰富,取得了新的进展。

一、马克思主义美学:基础研究、特性凸显与中国化

马克思主义美学主导我们对美的基本认识,帮助我们理解人类审美意识、美与艺术的本质及其历史发展。它是美学研究的最为基础、最为关键的内容,2021年在马克思主义美学研究方面开辟了新的视角。高建平《他律、介入、为民——百年中国马克思主义美学历程》关注马克思美学在中国的情况,他认为在过去的一百年中,中国美学有了很大的发展,其中属于马克思主义美学线索的三个概念,即“他律”“介入”“为民”,对推动这种发展起到了很大的作用。“他律”与“自律”相对,“他律”带动“自律”,两个概念在美学史上循环出现;“介入”与“静观”相对,用实践、生产和活动来克服“静观”;“为民”有一个变化过程,从“国民”“庶民”“平民”,发展到“人民”,不同时代的“人民”内涵有所不同。对这三个概念在中国的状况做具体分析,能够从侧面反映和阐述马克思主义美学在中国的发展历程。[1]

1979年至1983年是马克思主义文学反映论的恢复与反思阶段。此间,学界对文学的“形象反映论”“特殊意识形态论”等原有基本理论命题存在的诸多问题进行了深刻反思,取得了文学反映现实的形式不只是认识还是情感、文学反映是包括政治在内的内容丰富的反映、文学反映是符合审美特性的情感反映等理论共识。张永清《“审美特性”的凸显——“恢复与反思阶段”的马克思主义文学反映论》认为审美特性、情感特质在文学的“形象反映论”与“特殊意识形态论”这两大基本理论命题中的孕育、萌生,为文学的“审美反映论”“审美意识形态论”这两个新理论命题在“发展与深化阶段”的正式提出、系统论证奠定了坚实的知识基础。[2]

二、中国美学:精神探求、概念解析与问题反思

中国美学如何独立发展,其历程特点是怎样的,是每一位中国美学学者都关心的问题。中国美学有着怎样的传统与精神,刘成纪在《礼乐美学与传统中国》中认为,礼乐概念对中国历史形成了既深且巨的影响,人们可以用它界定中国文明、文化、政治、制度的性质,相应把中国文明称为礼乐文明,文化称为礼乐文化,政治制度称为礼乐政治和礼乐制度,但从本质上看,它却奠基于美和艺术。其中,礼主要指人行为的雅化、典礼艺术和礼仪美术,乐指涉诗、乐、舞。礼乐概念是对两种美和艺术形式的综合。以此为背景,美之于传统中国的价值被彰显出来。可以认为,以礼乐为标识的美学传统是中华民族最具奠基性

的传统，以尚文为宗旨的礼乐精神构成了民族精神的灵魂。据此，设置一个礼乐美学，有助于申明美学之于中国人文历史的主干地位，并可使中国美学史研究摆脱种种窠臼，变得与国家历史等量齐观起来。[3]

自19世纪末西方美学传入中国，我国就开始借鉴西方研究方法分析中国美学。王德胜《现代中国美学发生问题考略》考察了现代中国美学经历了汉译定名、大学课程设置、初期传播与理论创构活动三方面演变过程。他认为从文献梳理出发具体考察美学在现代中国"从无到有"的早期历史，是探讨现代中国美学发生问题的基础，有助于从学术史角度进一步厘清现代中国美学的理论缘起。他的这一研究从"美学"汉译的固定化、大学美学课程的最初设置中寻获现代中国美学的学科确立形态，以及中国学者在传播和接受西方美学之际，如何以主动寻求的理论姿态而推动着现代中国美学理论双向创构路径的形成，为中国美学进一步展开提供了理论参考。[4]

中国美学领域重视民族文化传统和美学精神的探源性研究，中国古代美学思想资源有着丰富而独特的内涵，是人类共同的精神财富。中国美学"气韵"可以与当下的中西文艺理论和美学对接并形成对话，并在此过程中生成新的理论内涵，完善当下的文学艺术创作和审美理论。在中国古典文论和美学长河中，《文心雕龙》闪耀着明亮而深刻的思想光辉。张晶《〈文心雕龙〉创作论中的审美主体性及其现代启示》，认为创作论部分中的"神思""物色"和"风骨"等范畴，涉及审美主客体关系、艺术构思、艺术风格等重要的理论问题，体现出独特的中华美学精神。中国古代虽无"审美主体性"的现代美学概念，但刘勰其实已经自觉或不自觉地关注到了审美主体性的重要作用。《文心雕龙》是一部有着丰富思想内涵的文化宝库，探究其创作论中的审美主体性，对当今现实仍有着重要的启示意义，这意味着对人的自由全面发展的重视，是增强中国文化自信的题中之义。[5]

魏晋时期的人物品藻以审美性的观看经验，形成一种极具中国传统特色的视觉美学。余开亮《魏晋人物品藻的观看之道与传统视觉艺术精神》认为，这一视觉美学蕴含三大要素：在视觉方式上，魏晋人物品藻受中国文化形神生命观的影响，采用"以形观神"与"遗形取神"这两种基本观看方式；在视觉趣味上，魏晋人物品藻旨在体会观看对象生命本性所绽放的虚灵性、本质性之神；在视觉意义上，魏晋人物品藻是对观看对象生命本性的探询，凭借"眼见先于心想"的审美经验打开观者的生命之性，使观者与被观者之间的生命交汇得以可能。魏晋人物品藻的观看之道促使中国美学由哲学美学向艺术美学转换。这种观看之道深深嵌入传统视觉艺术的创作与欣赏经验中，成为以古典绘画为代表的传统视觉艺术坚守的一种美学精神。[6]

中国艺术如何走向世界？最重要的是要用现代的艺术语言体现中国优秀传统文化。彭吉象《用现代的艺术语言体现中国优秀传统文化》认为，现代的艺术语言既具有时代特征，又能与国际接轨，还具有时代性（时尚性）、国际性、创新性的特点。纵观现代中国艺术在世界的发展概况，在电影、动漫、绘画、建筑、舞蹈、音乐、文学等领域都很好地展示了中国优秀传统文化作品，这些优秀的艺术作品无不体现着"用现代的艺术语言体现中国优秀的传统文化"。如何使中国艺术走向世界应注意对中国传统美学的现代化艺术表达，中国艺术美学体现的是以儒家美学、道家美学和禅宗美学作为根基的中国传统美学，与西方传统美学相比有明显的差异性和独特性。[7]

关于儒家文化对中国美学的影响，干春松在《教化与感动：儒家与中国美学传统》一文中说，儒家强调审美活动的教化指向，在制礼作乐的过程中，乐要服从于礼仪秩序建构的需要，从孔子的"尽善尽美"到《荀子·乐论》与《礼记·乐记》，都体现出道德目标对审美体验的优先性。但在实际的艺术创作中，伟大的艺术作品总是会突破美学偏向，在教化的目标下，吸收道家和佛教的超越性、非功利性思想，从而呈现出儒释道圆融合一的倾向。[8]

三、西方美学：历史追溯、中西比较与语境考量

徐辉《维特根斯坦美学批判——兼论重返"美本身"之探讨的可能性》，认为早期维特根斯坦美学将"美本身"置于"神秘之域"，主张对此"保持沉默"。但这一观点要么因其中的悖论而无意义，要么只是对"美本身"问题的一种有前提的悬置，据此并不能导出放弃"美本身"之探索的结论。后期维特根斯坦美学在否弃"美的本质"探讨的基础上，将美学导向"语法"或"生活形式"研究，开辟了新的美学方向。但"美本身"和"美的本质"不是一回事，美学的"语法"研究或"生活形式"研究也不能取代促使"语法"或"生活形式"变动的"动力"研究。这样的动力追寻恰可将我们引向对"美本身"的探讨。因此，维特根斯坦美学不是我们遗忘或放弃探讨"美本身"的根据。重返“美本身”的探讨，不但可能，而且必要。[9]

直观是德国观念论美学中的一个重要而复杂的概念，围绕这个概念展开的各种论述关系到现代美学的合理性、意义及限度等基本问题。陈剑澜《德国观念论美学中的直观理论》认为康德从批判主义立场把直观限于感性的范围，同时将更高级的直观排除在审美活动之外，从而止步于审美内在价值的原则主张。康德之后的观念论者持续拓展这一论题，并逐渐转向审美、艺术与真理的问题，由此形成一种影响深远的审美主义思潮。在此过程中，费希特代表从批判观念论到主观观念论的转变，而荷尔德林、诺瓦利斯、F.施勒格尔和谢林则开辟了绝对观念论或客观唯心主义的方向。谢林的审美直观论把艺术当作真理唯一的、最高的显现方式，把艺术哲学看作整个体系的枢纽，赋予早期德国浪漫派的艺术宗教信念以系统哲学的形式，因此成为后启蒙时代审美主义持续扩张的动力。[10]

俄罗斯著名思想家别尔嘉耶夫对“历史、生存、艺术创造”关系的理解是他重要的美学思想遗产之一。李一帅《历史、生存与艺术创造——别尔嘉耶夫的时间美学之维》认为，别尔嘉耶夫提出历史哲学时间概念的三种类型——宇宙时间、历史时间、生存时间，并强调生存时间的重要性，他的美学思想和生存时间有深入的关联。别尔嘉耶夫提出积极的末世论，认为艺术在历史时间内会终结，但是会在生存时间内永生。别尔嘉耶夫的美学思想从宗教观出发，但最终指向人的生存——人应不断进行美的创造，产生精神意义，来抵抗瓦解与毁灭。别尔嘉耶夫的艺术创造论在历史哲学、文化哲学与美学中具有一定的现实意义。[11]

对于西方现代形式美学，新批评几乎是国内学界唯一主动译介的西方形式美学流派。马草重点研究了中国当代形式美学的发展历程与境遇，他认为当代形式美学研究在不同时期的境遇，典型地体现了中国当代美学的发展及学科建构历程。新中国成立后的十七年间，形式美学研究带有很强的政治意识形态色彩，内容与形式的关系研究成为唯一具有合法性的形式美学研究领域，苏联的认知模式主导了国内对此问题的认知；20世纪70年代末80年代初，形式美学研究回归学术视野，形式美学成为审美独立的重要支撑，西方形式美学资源成为美学学科建设的重要来源和推动力；80年代中期以来，形式美学研究进入深入探索阶段；90年代，西方形式美学、形式美学原理研究的体系化成果陆续出现。美学原理教材采取新的思维方式与理论资源重新思考形式问题，显示了当代形式美学新的发展与突破。[12]

四、艺术美学：理论思考、体系建构和批评实践

艺术美学是美学最丰富多彩的研究领域，艺术本身的审美特点、审美规律与审美现象，纷纷吸引学者从审美视野去分析艺术。陈旭光《“电影工业美学”与“中层理论”的观念及方法论——“电影工业美学”的理论资源与方法论阐述之一》，提出“电影工业美学”理论，它在方法论上与大卫·鲍德韦尔主张的电影理论“中间层面”研究有相通性。“中层理论”对文化批评的“大理论”模式进行深刻反思，表现出强烈的问题意识以及对技术、产业、电影语言等内容的重视，具有务实的、经验主义的、实用主义的精神特质，这对于当下电影产业发展和理论建构均具有启示价值。“电影工业美学”正是试图融合“艺术至上”的艺术电影研究、“作者电影”研究模式与专注市场、受众的产业研究或文化研究模式，同时避免悬空、高蹈、抽象的“大理论”式的文化研究，力图回到产业现状、电影本体与现实需求中，在工业/美学这一对“二元对立”的矛盾中，开辟理论建构的可能性。“电影工业美学”思维上的“中层理论”定位、本土化意识、开放性立场与创作紧密结合的“接地气”等特征，决定了此一理论的开放性、包容性及延展性，即话语、知识再生产的潜力。[13]潘源《中国电影学派建设的国际视野、学术基础与路径探索》认为中国以2017年北京电影学院成立“中国电影学派研究部”为标志，掀起了中国电影学派建设热潮，努力通过学派内的历时性承继和学派间的共时性对话，健全电影的“学科体系”，完善电影的“学术体系”，并将之作为贯彻落实党的十九大精神、弘扬社会主义核心价值观的重要举措，推进中国由电影大国向电影强国迈进。[14]林琳以《走向共情的意指叙事——中国动画电影的美学嬗变》一文纵观了中国动画电影发展历程，认为对叙事及意指内容的纵深延展明显弱于对形式和技术的开掘，有碍其长足发展。21世纪以来，中国动画电影自觉回归艺术本体谋求发展，体现出叙事戏剧性增强、角色塑造人性化的美学变化。在振兴之路上，中国动画电影既要以叙事为核心，借鉴国外成熟的叙事理论模型设计情节与人物关系，以加强戏剧性表现，有效激发共情；又要深耕优秀传统文化艺术资源，特别是中国美学思想与精神，将其运化

在动画电影的主题、造型、表演等各创作环节，以提升艺术特色和美学价值。[15] 戏曲电影是中国独有的一种电影类型，戏曲电影如何以恰到好处的叙事和形式提升舞台所不能达到的审美境界；如何在记录优秀的表演艺术的同时弥补影像转译后舞台光韵的损失，让戏曲的意境和韵味得到最大程度的体现，是顾春芳《中国戏曲电影的美学特性与影像创构》关注的问题所在。该文聚焦于中国戏曲电影的美学特性和影像创构，从“媒介转换：消融两个世界的对立和冲突”“虚实相生：确立戏曲电影的真实观念”“镜头结构：心灵世界的直接显现”三个方面思考戏曲电影的媒介转换、真实观念、镜头语言等关键的美学问题。[16]

戏曲诞生以来，与戏曲表演美学相关的资源与论述极其丰富，但建构戏曲表演美学的完整体系还需要努力。傅谨《戏曲表演美学体系的历史基础与研究方法》认为，古往今来的戏曲理论家、美学家对戏曲表演理论的深入研究，是戏曲表演美学体系研究的坚实基础。戏曲表演美学体系研究的重点，是更好地归纳、总结戏曲表演的特色，从中提炼具有美学意蕴的范畴，使之既符合中国戏曲表演特点与规律，又区别于一般意义上的戏曲表演理论。这就需要在方法论上体现美学特有的历史和逻辑相统一的理论格局，从戏曲艺术本体出发，发现内在地蕴含于不同时代戏曲表演和欣赏中的审美意识，立足舞台表演和观众欣赏的实际，将抽象的美学原理落实到具体的艺术语汇层面。[17]

在舞蹈美学上，吕艺生《舞蹈美学的逻辑起点》提出人体既然是舞蹈艺术的感性材料，它理所当然地成为舞蹈美学的逻辑起点，而这个人体不是身心分离的人体，是在意识支配下的一个整体，因此舞蹈美学研究必须坚持身心一元论。只有坚持身心一元论，才能准确地把握舞蹈艺术的本质特性，也才能防止舞蹈训练滑向单纯的技术技能的道路上去。对原始舞蹈的生命意识、宗教意识、象征意识、社会意识与审美意识作考察，以探寻舞蹈最本质的意义，将舞蹈美定义为“意识的肢体表现”。[18]

美学学者对绘画风格的研究不少，但对绘画类型的研究不多。彭锋的《之间与之外——兼论绘画的类型与写意绘画的特征》，从沃尔海姆的“双重性”理论和波兰尼的“身心关系”理论出发，将西方绘画分为幻觉绘画、照相写实、具象绘画、具象表现、表现绘画和抽象绘画六种类型。在这种分类的基础上，他通过比较沃尔海姆的“双重性”与中国画家推崇的“似与不似之间”，确定写意绘画的结构，认为写意绘画是一种特殊的绘画类型。[19]

人类社会进入工业时代后，工业技术被用在日用品的生产上，新的生产方式和新材料带来了日用品在造型和装饰上的革命，也意味着我们必须改进对人造物美观的传统看法。现代设计的造型由其功能所决定，产品在形式上以突出使用功能为特点，由此形成的功能主义美学成了现代设计美学的核心。梁梅《功能主义美学与现代设计的意义》一文揭示，功能主义美学认为，物品因为符合功能需求，呈现出符合形式美法则的造型，从而具备了审美价值。从美学意义上讲，一个完全满足了功能的物品，自然也会是美的。这一现代设计观顺应了时代的发展，为现代工业产品的美学评价提供了标准，它所包含的社会责任感和道德伦理价值对人类文明的进步做出了重大贡献。功能主义美学的现代设计给社会和民生问题提供了解决方式，既反映了经济现实，也体现了一种文化抱负。[20]

五、当代美学：跨界视域、分支学说与前沿探触

文化现代性过程中诞生了新的审美生命政治，王一川《文化现代性中的异文化角色——跨文化学视域中的审美生命政治》认为，这使得各种后发现代性国家民族文化都自觉或不自觉地获得了借助异文化启迪而实现再生的生命权利。文化现代性的重要工作之一在于确立普遍性审美生命政治原则，将后发现代国家个体的生命力从对异文化的拒绝、抵抗态度转化为仿佛自觉欢迎并从中获得快乐的热情。异文化会向本文化打开其多层次而又相互交融的错综复杂面貌，为个体生命的未来开拓展现多重可能性，从而与本文化之间形成错综复杂的相互涵摄关系。处在个体生命体验中的异文化常常被个体主动或者不知不觉地内化于本文化结构中，表现为多种不同而又相互交织的情形，进而转化、化生或再生为新型本文化即中国现代文化。应当认真研究异文化的角色，关注审美生命政治运行体制，为本文化的更生作出预案，这涉及知往鉴今、合理应变、以本化异和以本访异等。[21]

全球对“生活美学”都抱有一种研究热情，如何看待从全球美学的视野来定位“生活美学”的问题？刘悦笛《中国“生活美学”翻身为全球美学》探讨了中国的“生活美学”如何翻身为全球美学。在其看来，欧美所建构的“生活美学”，是一种否定分析传统（“分析美学”以艺术作为美学唯一的研究中心）的新构，但是，中国美学本然就具有起码两千年的

"生活美学"传统，所以对我们而言，更多是"反本开新"，而非无本而创。[22]

人工智能时代已经来临，人类劳动将是怎样的，王惠民《人工智能时代的美学劳作》乐观认为，未来，尚未具备自主意识的人工智能依然不会脱离马克思定义的机器范畴。但是人工智能时代意味着机器大工业的最高阶段，它预示了资本主义的终结与共产主义的到来。为了考察人工智能时代的劳动问题，文章总结了亚里士多德、康德、黑格尔与马克思的实践与劳动理论，并从行为结构的角度定义劳动是以行为对象的善为目的的活动。在人工智能时代的共产主义社会，劳动不会消失，摆脱了异化劳动的人们将从事合目的且合规律的自由劳动，本文称之为"美学劳作"。[23]

21世纪以来，"美学复兴"的呼声日渐高涨，这反映了美学界对技术崇拜和欲望狂欢挤压了人性空间、加剧了人性异化这一不良态势的积极应对。美学不同理论学派开始积极探索个体如何克服异化走向自由人生的审美路径。身体作为审美实践的重要因素，成为美学界争论的焦点之一。杨杰、段超的《走向"后身体美学"——"身体美学"问题论争及其理论辨析》认为，"新实践美学"与"身体美学"围绕"身体与实践谁是本体"的问题展开了富有建设性的探讨和论争，但也存在进一步深化的空间。身体与实践并不存在非此即彼的对立，而是辩证统一的。在后人类时代，身体问题已经转变为"身体—技术—世界"三位一体的"后身体"问题。鉴于此，当下美学研究有必要将身体视角切换为后身体视角，在永续发展的后人类伦理框架下，突破人类中心主义的"为人而美"，而倡导后人类主义的"因人而美"，从身体美学走向后身体美学。[24]

中国大运河历史悠久，不仅具有重要的政治、军事、经济等功能，更具有重要的文化意义和美学价值。李修建在《试论大运河美学及其美育价值》里提出了大运河美学这一概念，将其区分为景观美学、文艺美学、生活美学等几个方面进行了论述。大运河丰富的审美内涵，可以有效地推动新时代美育。它不仅能给人带来审美享受，更能增强民族自豪感，提升文化自信。[25]

六、美育：学科建构、媒介形式与评价政策

党的十八大以来，国家出台专门美育文件，制定美育改革政策，切实推进学校美育改革发展。叶朗、顾春芳《"互联网+教育"时代的美育观念及媒介形式探索》，探讨互联网时代，在MOOC的新媒介条件下的美育观念和课程建设。作者从"'艺术与审美'人文通识网络共享学分课建设的实践与成效"、"美育在21世纪的新的机遇与使命"、"互联网时代美育课程的人文品格和文化守望"等三个方面深入思考，探讨了当代美育依托"互联网+教育"的理念和新媒介形式的探索，以及网络慕课在"互联网+教育"的媒介环境对于当代中国人文通识教育和美育的划时代意义。[26]

中小学艺术课程为美育注入了鲜活力量，但艺术课程有没有自身的特殊知识和能力？宋瑾《美育视野下艺术课程的特点与效能阐释》认为，《高中艺术课程标准》明确提出艺术课程培养四个核心素养，即"艺术感知、创意表达、审美情趣、文化理解"。《课标》提出了3个层次，即艺术门类之间的关联，艺术学科与其他学科之间的关联以及艺术与社会的关联。《艺术》教材修订的"顶层设计"，应按"艺术综合—综合艺术—整体艺术"顺序建构高中艺术课程的知识系统或教学内容序进。该文从释义学视角对"关联/综合/融合效能"的哲学基础作初步探讨——阐释艺术综合、综合艺术和整体艺术何以能产生"1+1＞2"的原理。美育是艺术教育、审美教育和德育融合一体的教育。[27]

北京中小学美育领先全国，史红《北京中小学美育发展状况研究》认为，北京学校美育具有整体思维、基本原则、独特理念，形成了学校美育模式。北京中小学美育的发展现状是美育课程标准高，教学质量高，特色学校多；教师队伍稳定，学历层次高，专业能力强；学生学习艺术课程比例大，满意度高，参加艺术社团多。北京中小学美育也存在一些问题，其原因与教育体制、教育价值观、美育资源等因素有关。北京学校美育要进一步发展，应彰显首都特色，完善机制，深潜发展，横向联合，起到辐射带动、创新引领的作用。[28]

总的来说，2021年北京的美学研究，在主题、内容、分支领域上都呈现出多元性，且多闪光之作。"多元""跨界"等以交互发展的态势共同推进美学学科的深度掘进与横向铺陈，打开一个丰富、多姿、饱满的精神向度。但是也还存在一些问题，主要是系统深入的学理论证需要加强。美学学科要有美好未来，还需要在基础建设上下大功夫。当美学的时代来临之时，我们要做的事，就是乘势而上，把美学基础研究做好。

注：

［1］高建平：《他律、介入、为民——百年中国

马克思主义美学历程》,《文艺研究》，2021年第7期。

[2] 张永清:《“审美特性”的凸显——“恢复与反思阶段”的马克思主义文学反映论》,《中国人民大学学报》，2021年第5期。

[3] 刘成纪:《礼乐美学与传统中国》,《学术月刊》，2021年第6期。

[4] 王德胜、杨国龙:《现代中国美学发生问题考略》,《东岳论丛》，2021年第3期。

[5] 张晶:《〈文心雕龙〉创作论中的审美主体性及其现代启示》,《河北学刊》，2021年第3期。

[6] 余开亮:《魏晋人物品藻的观看之道与传统视觉艺术精神》,《文艺研究》，2021年第10期。

[7] 彭吉象:《用现代的艺术语言体现中国优秀传统文化》,《吉林艺术学院学报》，2021年第3期。

[8] 干春松、Wang Keyou:《教化与感动：儒家与中国美学传统》,《孔学堂》，2021年第2期。

[9] 徐辉:《维特根斯坦美学批判——兼论重返“美本身”之探讨的可能性》,《首都师范大学学报（社会科学版）》，2021年第2期。

[10] 陈剑澜:《德国观念论美学中的直观理论》,《北京大学学报（哲学社会科学版）》，2021年第6期。

[11] 李一帅:《历史、生存与艺术创造——别尔嘉耶夫的时间美学之维》,《湖北大学学报（哲学社会科学版）》，2021年第5期。

[12] 马草:《中国当代形式美学的发展历程与境遇研究》,《美育学刊》，2021年第3期。

[13] 陈旭光:《“电影工业美学”与“中层理论”的观念及方法论——“电影工业美学”的理论资源与方法论阐述之一》,《民族艺术研究》，2020年第5期。

[14] 潘源:《中国电影学派建设的国际视野、学术基础与路径探索》,《社会科学文摘》，2021年第12期。

[15] 林琳:《走向共情的意指叙事——中国动画电影的美学嬗变》,《首都师范大学学报（社会科学版）》，2021年第6期。

[16] 顾春芳:《中国戏曲电影的美学特性与影像创构》,《电影理论研究》，2021年第3期。

[17] 傅谨:《戏曲表演美学体系的历史基础与研究方法》,《复旦学报（社会科学版）》,2021年第2期。

[18] 吕艺生:《舞蹈美学的逻辑起点》,《文化艺术研究》，2021年第2期。

[19] 彭锋:《之间与之外——兼论绘画的类型与写意绘画的特征》,《南京大学学报（哲学・人文科学・社会科学）》，2021年第5期。

[20] 梁梅:《功能主义美学与现代设计的意义》,《外国美学》，2021年第1期。

[21] 王一川:《文化现代性中的异文化角色——跨文化学视域中的审美生命政治》,《人文杂志》，2021年第1期。

[22] 刘悦笛:《中国“生活美学”翻身为全球美学》,《文艺争鸣》，2021年第1期。

[23] 王惠民:《人工智能时代的美学劳作》,《哲学研究》，2021年第8期。

[24] 杨杰、段超:《走向“后身体美学”—“身体美学”问题论争及其理论辨析》,《探索与争鸣》，2021年第3期。

[25] 李修建:《试论大运河美学及其美育价值》,《美术观察》，2021年第10期。

26] 叶朗、顾春芳:《“互联网+教育”时代的美育观念及媒介形式探索》,《中国文化研究》，2021年第2期。

[27] 宋瑾:《美育视野下艺术课程的特点与效能阐释》,《人民音乐》，2021年第1期。

[28] 史红、徐春生:《北京中小学美育发展状况研究》,《湖南师范大学教育科学学报》,2021年第3期。

（北京市哲学会供稿；执笔人：史红）

科学技术哲学

一、概述

2021年，北京科学技术哲学学科学者潜心学术研究，举办高质量学术活动，广泛开展国内外学术交流，学科建设与学术研究成果显著。

第一，北京“科学技术哲学”学科继续深化基础理论研究。学者们在科学哲学、技术哲学、工程哲学、科学技术与社会（STS）、自然哲学以及科学思想史领域深入耕耘，持续钻研，举办多场高端学术论坛、学术会议与学术讲座，出版多部学术著作，发表大量学术论文。《科学实践哲学：基本问题与多重视角》《西学东渐与中国近现代科技转型的若干问题》等著作和论文相继出版与发表，进一步夯实了科学技术哲学研究的学科基础。

第二，北京“科学技术哲学”学科高度关注学科前沿问题和热点问题研究。学者们聚焦“自动驾驶”“脑机接口”等新技术应用所带来的科技伦理问题，大数据、人工智能技术应用所引发的技术治理问题以及“负责任创新”等问题，开展深入的理论探讨与学术交流。在《功利主义在无人驾驶设计中的道德算法困境》《脑机接口的伦理问题研究》《人工智能框架问题的情境表征》等论文中，以及中国人民大学哲学与认知科学跨学科交叉平台主办的“机器人伦理1.0”学术研讨会上，学者们进行了富有启发性的研究与探讨，进一步推进了相关问题研究。

第三，北京“科学技术哲学”学科继续发挥学科优势，注重重大社会与现实问题研究，服务首都及国家经济社会发展。学者们针对科技伦理治理、科技创新发展战略、数字经济发展面临的诸多问题进行学术研讨、社会调研和理论研究。“国家科技创新中心发展战略综合性论坛”成果以及“关于借鉴日本筑波科学城高精尖成果就地转化经验促进北京三大科学城发展的建议”等决策咨询建议对于首都及国家经济社会高质量发展发挥了重要作用。

第四，北京“科学技术哲学”学科学术研讨与交流活动形式多样、内容丰富、质量高端，学术影响力不断提升。中国科学院大学人文学院开设的“科学与人文”系列讲座一如既往地体现出精品意识，中国自然辩证法研究会庆祝建党100周年、研究会成立40周年大会暨2021年学术年会，全面展现了科技哲学学科的特色与进展，北京自然辩证法研究会承办的“开放科学与科学教育国际论坛”彰显了科技哲学学科研究的国际视野。

二、学术研究成果与进展

2021年，北京科学技术哲学各领域学术研究各有侧重，但都取得了丰富的研究成果和较大的研究进展。

1.科学哲学

学者们在继续深化学科基础问题研究的同时，加强了科学的历史哲学、科学实践哲学、生物学哲学研究范式等方面研究。

首都师范大学樊姗姗、北京航空航天大学徐治立关注自然规律观问题，指出范·弗拉森沿袭逻辑实证主义拒斥形而上学传统，并采取语义经验论的反实在论立场，从自然规律存在的动机及其所面临的问题两个方面，批判了传统实在论的自然规律观，提出了语义学方案，以解决自然规律面临的推理与识别问题，呈现西方科学哲学领域中研究自然规律问题的新样本。他们认为，范·弗拉森的观点有失偏颇，片面强调逻辑分析而忽略了哲学与科学实践之间的联系，具有不可知论、主观主义与相对主义倾向，主张一种主客互动论的自然规律建构观。[1]

北京师范大学哲学学院李建会阐述了当代生物学哲学对科学哲学的重要贡献。首先，生物学哲学改变了传统科学哲学把物理科学作为科学标准范式的看法，使人们重新思考科学的理论结构和解释方式等问题；其次，功能和目的概念以及功能解释和目的性解释等成为科学中继因果概念和因果解释之后的重要概念和解释方式；再次，在生物学中不仅存在描述性解释，而且存在规范性解释，事实和价值在生物学的一些领域纠缠在一起；最后，信息成为生物学解释生命现象的一个不可或缺的量。他认为，生物学哲学还讨论了传统科学哲学不涉及而只在生物学哲学中才讨论的问题，比如适应主义到底正不正确？自然选择的单位是什么？物种是自然类还是自然个体？进化论能不能解释利他主义的进化？进化是偶然的吗？劳动是如何创造出人的？语言、意识如何能从进化中产生？这些都丰富了当代科学哲学的研究，为科学哲学提供新的思想源泉。[2]

中国科学院自然科学史研究所袁江洋、佟艺辰认为，科学的历史哲学，更广泛地说，科学史—科学哲学联合研究，一直面临着历史独特性与哲学普遍性之间的不相容问题。解析库恩与柯瓦雷、哈金与克隆比之间的哲学—历史型的方法论链接，区分共时分析优先与历时分析优先两种不同的史学理解进路，有助于解释何以科学哲学的历史转向最终蜕变为社会学转向、何以这种历史转向始终未能引导科学哲学真正走出相对主义或历史虚无主义的非此即彼的怪圈，进而辨明发展科学的历史哲学、推进科学史—科学哲学联合研究，须以历时分析优先的史学理解模式为基础。[3]

清华大学科学史系再度出版一系列著作，其中清华大学吴彤教授、中国社会科学院研究员孟强编著的《科学实践哲学：基本问题与多重视角》[4]一书，聚焦于科学实践哲学的基本问题，并从多个视角展现科学实践哲学的不同侧面，内容涵盖科学解释学、科学史、心灵哲学、认知科学哲学、政治学等，反映了近几年国内相关研究的最新进展。科学实践哲学从实践与行动出发，并在此基础上尝试提出不同的科学观念与知识观念。该书指出，20世纪90年代以来，科学实践哲学逐渐受到重视。该书是了解近几年国内关于科学实践哲学研究的基本问题与前沿进展必不可少的著作之一。

2.技术哲学

随着技术迅猛发展，技术突破应用于社会生活所带来的影响与挑战日益严重。2021年，学者们一方面高度关注具体的高新科技造成的哲学挑战，另一方面立足于哲学旨趣，探寻中国技术哲学的未来之路。

对颠覆性技术创新的哲学反思始终是技术哲学关注的重点。中国人民大学哲学院刘永谋的《技术的反叛》[5]一书，以技术时代为主题，直面高新技术迅速推进导致的诸多挑战。收录的文章分为“人类的命运”“技—艺新世界”“新技术治理”“新冠启示录”“工程与科学”五个部分。该书表明技术虽然能帮助有效地组织并动员社会，但技术治理也会导致技术的反叛，并进一步导致人们发展起反技术治理术。人们应该通过对技术的不断反思，使技术应该真正为人所用，不能变成异己的力量、奴役人的工具。

中国人民大学哲学院王伯鲁以科学、技术与生产的一体化为背景，从科学技术史的“内史论”视角切入，梳理以高新技术研发为轴心的当代科学技术演变，讨论技术试验与科学实验的分化与融合，以及在技性科学和知识生产新模式扩张过程中所发挥的双重功能，指出当代科学技术及其实践的组织从R&D中心到国家创新系统演变，出现了技性科学形态、知识生产新模式以及科学实验与技术试验的渗透融合趋势。[6]

北京大学哲学系隋婷婷、东南大学哲学与科学系张学义关注电车难题作为无人驾驶面临的关键道德困境，指出依照符合大众偏好的功利主义设计的无人驾驶车无人问津。通过设置选择与道德接受度并行的三情境实验，人们发现被试的选择与道德偏好并不构成联动关系，电车难题的既有偏好不足以作为无人驾驶采取功利主义算法的支持论据；主张无人驾驶算法的未来方向应当是跳出功利主义与利己主义框架，发展出兼容应然与实然需求的第三种方向的算法。[7]

北京大学哲学系顾心怡、陈少峰聚焦脑机接口技术的伦理问题，认为脑机接口技术（Brain-Computer Interface，以下简称BCI）目前呈现出三种并行发展态势，即治疗型BCI（神经系统疾病的诊断、预防和治疗）、服务型BCI（“脑控”与“读心”功能）和增强型BCI（跨脑认知、复合体能、实现永生）。这一技术在给人类未来描绘了无限可能的同时也带来了诸如安全性与有效性、人格同一性与真实性、脑隐私保护、决策自主权、责任归属等伦理问题。他们主张建立健全技术安全性原则、脑隐私保护原则、自主决策原则、分配正义原则和政策保障原则，以助于客观理性地看待脑机接口技术为人类带来的风险与收益，推动其以合伦理性的方式全面健康发展。[8]

北京理工大学徐源指出，目前人工智能技术研究领域更多关注人工智能自身的实现，忽视了随时随地与智能体交互作用的环境，认为实现人工智能的进一步发展，必须要包含一个更广阔的生态系统，进而主张从科学实践哲学的视角出发，将“人工智能+情境”作为研究对象。人工智能是应对复杂情境的举一反三、随机应变的情境化选择结果，是一种动态维度的地方性产物，人工智能框架问题表征的规范性，是通过实践内化的因果性得以发挥作用的。[9]

对技术哲学发展方向与道路的全面思考是关系到技术哲学学科建设的重要问题。中国社会科学院哲学所研究员段伟文认为，从生态环境的不可逆改变到“基因编辑”与“人类增强”，其实质是科技对世界与人的全方位深度介入。因此，可以用“深度科技化时代”或“科技世代”来概括我们这一代人与技术关系的特殊性。在走向深度科技化的进程中，世界与人的技术重构在认知与存在的意义上涌现出诸多革命性的变化，由此产生了若干值得关注的技术新形态。一是技术空间与技术圈的出现；二是虚拟认知与实践方兴未艾；三是技术日渐成为无形的自动化过程；四是人与机器间的差异呈现出日渐弥合的趋势。适应这一新变化，对于深度科技化时代所展示出的诸多技术新形态的反思、批判和审度将成为技术哲学的关键主题。由于历史的原因，深度科技化时代对于中国哲学和技术哲学的挑战将远比海德格尔等人的技术时代更为直接，更具冲击力。要探寻中国技术哲学的未来之路，需要从以下方面着力：第一，要反思中国技术哲学所走过的道路，探寻超越之道；第二，要面向中国当代科技创新实践中的复杂性问题和真实的冲突，寻求一种既具有批判性、建设性、预见性的思想功能，又能使之融会、协调的智慧；第三，走出文本解读和理论评述的窠臼，拿出本土思想方案；第四，将技术哲学上升到一般哲学和智慧层面，以揭示人与技术相处之道和技术活动之道；第五，要走出技术哲学的小圈子，迈向问题导向、学科交叉和知识融合。[10]

负责任创新研究持续引发兴趣。清华大学社会治理与创新中心李平、长沙理工大学社会治理研究中心廖苗指出，负责任创新是具体情境下多元主体及主体间的实践活动，负责任创新的“反思”需要一种情景敏感性。他们提出一个启发式框架，一是明确反身性反思（reflexivity）与反映性反思（reflection）的不同，突出反身性反思在培养创新者认知风险的不确定性，以及提高反思性治理能力中的作用；二是基于“反思”对情境的敏感性，厘清负责任创新实践中创新者在独处、产品设计、创新的社会治理、国际间跨文化合作这四种情景中的责任概念拓展。他们强调负责任创新的“反思”维度不仅体现在创新者在具体情境中的价值敏感性上，更体现在其通过“自反性反思”提升参与式治理能力上。[11]

技术哲学研究的国际化趋势不断加强。中国人民大学哲学院副教授王小伟极为关注国际技术哲学领域中“荷兰学派”的工作，指出总体而言“荷兰学派”有三个研究思路：一是以克罗斯（P.Kroes）为代表的分析技术哲学，二是以维贝克（P.Verbeek）为代表的现象学路径，三是以拜克尔（W.Bijker）为代表的社会建构论路径。技术哲学国际化工作主要有：现象学路径、后现象学路径、技术伦理学-STS路径、分析的技术哲学。[12]在此基础上，尝试建构儒家的技术伦理学。

3.工程哲学

2021年，工程哲学研究不断推进。工程哲学研究的“中国学派”逐步形成，工程哲学的研究领域在不断扩展。

工程哲学的学科地位日益凸显。中国科学院大学李伯聪明确指出，21世纪初工程哲学开始逐步在多国形成，无论在中文和英语中，“科学”“技术”“工程”概念各自有明晰内涵；工程解释经历了从“工程派生论”到“工程本体论”的演变，“工程本体论”解释认为工程哲学的核心问题是如何从本体论高度，而非仅从工程学角度认识工程，进而从工程本体论出发考察“工程方法”“工程知识”；认为当代工程哲学领域中已经形成了“中国学派”，并主张21世纪哲学界需要实现一场“转出语言”和“转向工程（实践）”的“再转向”，技术哲学和工程哲学应该在这一“再转向”中努力从哲学的“边缘”走向“哲学的中心区域”。[13]

工程哲学研究尝试扩展到美学、医学领域。殷瑞钰、李伯聪等认为，真善美实际上也是一种现实的工程实践。真是工程活动不可或缺的思想前提和基础；善是工程实践内在蕴含的目的与动机；美贯穿于人类工程造物过程始终，是工程美不竭的源泉和动力。他们指出，以往的美学研究主要是关注“自然美”和“艺术美”，而忽视了“工程美”；认为在工程活动和工程哲学中，工程美的追求都是一种最高价值，一个最高范畴和终极性理念；在社会的工程实践和工程演化发展过程中，对于真善美统一的理想追求和工程异化现象是同时现实存在着的，工程实践是在二者的对立统一中不断前进、不断发展的。工程哲学不仅应当反思和研究工程美，而且应当研究不同工程美的境界问题。[14]

李伯聪还进一步推进医学工程研究。他指出现代社会中存在着对科学、技术、工程和医学的混淆。“科学技术工程三元论”并不否认三者间的密切联系，而是强调三者“各自有其身体特性”。他从名实关系和语言分析角度对“医”提出了双重“三维论”观点：第一重“三维论”认为“医”之含义包括医疗活动之“医”、医疗角色之“医”、社会医事制度之“医”；第二重“三维论”则是医疗活动之中包含的医理、医术、医疗实践。[15]

4.科学、技术与社会（STS）

STS始终是科学技术哲学研究的重要领域，学者们围绕科学与伦理、技术治理等重要问题和热点问题展开深入研究，既注重把握STS研究的总体趋势，又关注跨学科的实践研究。

科学与伦理相关问题得到全面梳理与阐释。中国科学院大学教授李醒民的《科学与伦理》[16]一书，紧紧围绕科学与伦理这一中心，针对其中包括的主要议题，如科学的善恶、科学与伦理的关系、科学家对社会的道德责任、科学与军事和政治的关系、爱因斯坦的伦理思想、基因技性科学与伦理、人工智能与伦理、中国学界的学术不端行为等问题，进行了全面深入的剖析与探讨。该书的出版不仅极大地深化了科学与伦理研究的理论探讨，其中关于一些重要问题的独到见解对于相关科学和技术政策的制定具有较大的现实意义。

技术治理的理论与实践研究进一步深化。刘永谋指出，20世纪未来主义学派的代表人物丹尼尔·贝尔所预测的后工业社会，实质上是以“智能技术”为基础的技治社会，即智能治理社会。智能治理社会的问题在于技治社会的文化冲突，文化反抗是技治社会最重要的冲突形式。他认为，贝尔从社会、政治和文化三大结构的变迁描绘智能治理社会的蓝图，提出了许多有价值的观点和问题。但是，其对技术理性与民主政治、人的解放之间存在的矛盾关系考虑得还不够深入，虽然考虑到了智能治理的一些问题，但基本上赞同技术治理的总体主义推进，即将整个社会按照技术治理的逻辑来安排，这种看法过于乐观。智能治理社会将是高效社会，但同时是高风险社会，这种风险并不局限于文化领域，因而对智能技术运用于公共治理的后果，必须要做研究、预测和防范，谨慎推进，妥善处理，引导智能治理向造福社会的方向前进。[17]

刘永谋还细致分析了20世纪最著名的心理学家斯金纳的技术治理乌托邦思想，指出斯金纳的社会改造方案并非典型意义的技治主义乌托邦，其行为主义立场、行为控制方法以及文化设计理论，是美国历史文化的传承，具有很强的清教主义情绪和乌托邦传统，极度推崇理想化的科学技术，启发性很强；但也存在诸多问题，如将价值并归于事实，无视人的价值与尊严，使每个人彻底原子化等。斯金纳的社会改造方案属于技术治理“个体改造路径”，有一定的现实意义，但必须谨慎选择和实施，避免忽略意义工程。[18]

STS的总体研究持续推进。北京大学哲学系教授刘华杰认为，对科技的探究成为“科技元勘”，也叫科学技术论，它包含一系列先后发展起来的学科。科学传播学、科学伦理学和科学政治学将成为其中的新三论，以区别于原来科学哲学、科学史、科学社会学之老三论。受笛卡尔“普遍数学”的影响，从多种初级学科逐渐蒸馏出当下主流的西方科学。此科学与同期出现的“万能等价物”思想相结合，在帝国主义时代表现出一种权力意志，威胁着天人系统的可持续生存。新三论瞄准的是科学治理而非对“科技做大”的膜拜。[19]

中国人民大学彭家锋、刘永谋尝试对STS第三波浪潮的转向进行较为精准的定位。STS的“第三波浪潮”研究提出已近二十载，但较前两波浪潮，它究竟发生了哪些方面的转变，学界对此仍意见不一。在他们看来，第三波浪潮研究主要完成两大转向：一是在认识论上主张知识基础的实践转向，即从以命题性知识为基础转向以技能性知识为基础；二是在价值立场上主张科学争论研究的规范性转向，即从对科学争论进行价值中立的描述性研究转向重视科学价值的规范性研究。第三波浪潮开启了极具愿景的研究方向，但面临诸多挑战。当前第三波浪潮深入推进，对转向做出最终评价还为时尚早。[20]

STS研究也越发呈现出跨学科交叉的趋向，学者们愈加关注具体的社会实践问题。北京大学医学人文学院李晓洁助理研究员、丛亚丽教授认为，健康医疗大数据面临的公平问题，已经由小数据时代关注对风险和负担的公正分配转向关注机遇（受益）的公正分配。因而，需要权衡个体权利和共同善，在关注公共健康发展的共同利益的同时，也要注重个体隐私权、知情同意权的保护。[21]

5. 自然哲学

自然哲学问题是科学技术哲学研究的经典问题，学者们的相关研究不断取得进展。

2021年诺贝尔物理学奖颁给三位在复杂系统研究领域做出重大贡献的科学家，以褒奖他们的研究推进了气候和地球系统科学的进一步发展。受这一学术界重大事件影响，国内科学技术哲学领域对系统科学、复杂性科学的讨论掀起了热潮。2021年《自然辩证法研究》杂志围绕系统科学研究组织了“当代系统观念与系统科学哲学”专题，发表多篇论文，深化了这一学科热点问题的研究。北京师范大学董春雨教授、熊华俊博士从系统演化过程的对称与非对称关系即“对称疑难”入手，着重强调了过去被人们常常忽视的非对称涨落在系统演化中的重要地位，认为涨落借助于“初值敏感”这一杠杆，作为演化的动力，不仅可以打破系统演化过程的对称僵局，而且体现出其特有的随机特征，表明我们所在的这个世界并不是最优世界，而是一系列对称的可能世界中最幸运的一个，是在涨落的推动作用下显示出来的，在本质上是“被冻结的偶然事件”；进而指出，考虑到系统演化在绝大多数情况下的不可逆性，是可以承认我们世界的独特性的，这样就可以说涨落本身就成为一种不断创造的源泉和工具，即没有非对称的涨落，世界将是停滞不前的和死气沉沉的。这也就意味着，系统的演化是对称与非对称的统一，是必然性与随机性的统一。[22]

清华大学科学史系吴彤、北京航空航天大学人文与社会科学高等研究院于金龙认为，贝塔朗菲的传统系统观念具有抽象主义特征和认识论和方法论上的局限性。基于对系统定义的再理解、新科学哲学思想以及马克思主义哲学对传统系统观念的批判和对系统本质的反思，他们提出一种新系统哲学的可能。新系统哲学主张多元性与地方性系统观，体现为介入主义的实践性、多元主义的地方性、建构主义的动态性以及整体与破碎的相容性等特征。新系统哲学对思维观念的转换和多元价值的尊重与重塑具有理论启发和实践意义。[23]

中国人民大学哲学学院刘劲杨聚焦自然观问题，认为整体论的基本问题是整体与部分的含义，且不同整体论呈现出整体与部分及其关系的不同界定，而这些界定的混淆往往导致了整体论讨论难以深入。因此，要想推进整体论研究，首先要澄清整体与部分；其次，分析整体与部分界定的词项、关系、维度的多层关联；最后，在构成维度下，分析一与多对立导致的“组合难题”的三种形式，进而提出要解决组合难题，其可能路径是由构成转向生成。[24]

中国社会科学院哲学研究所朱科夫梳理了量子力学的历史进程，指出矩阵力学和波动力学是量子力学的两种早期形态，前者由海森堡、约当、玻恩提出，后者由薛定谔提出。1926年，薛定谔给出二者之间等价性的证明。随后，泡利、狄拉克、约当、冯·诺伊曼等人或是为等价性证明给出新的版本，或是给出了间接的论证。这两种力学已被表述为海森堡绘景和薛定谔绘景。他还提出了在当代数学物理研究中从量子化问题出发对其等价性做出的新考察。[25]

北京工业大学马克思主义学院计彤、李傲挺关注人与自然关系问题，认为“生命共同体”论是生态危机视角下关于人与自然关系的科学论断。他们通过对“生命共同体”概念及其理论的历史溯源，探索“生命共同体”的方法论建构过程，分析“生命共同体”对传统方法的超越，进而主张生命共同体方法论的建构不仅仅是合逻辑的思维运动，也在实践中不断验证与完善；同时生命共同体方法论关注生命个体的有机属性与生命群体的共荣状态，既描摹系统内部结构的有序性，也观照以生命为要素构成的系统整体功能的“活性”。[26]

6.科技思想史

科技思想史是科技哲学研究中的重要组成部分，为科技哲学研究提供重要的哲学史思路，其研究在理工院校作为一个理学学科有着举足轻重的作用。近年来随着新工科思路的提出，科技思想史研究也得到更多关注。

中国人民大学哲学院刘大椿长期致力于西学东渐与中国近现代科技转型问题研究，并取得重要成果。“西学东渐”即把西方科技和文化传入中国，人们通常认为西学东渐、师夷长技之事肇始于晚清。刘大椿把这一历史事件大大前推，并且一直追溯到明末第一批耶稣会传教士所开启的西学东渐。他认为传教士1583年开始将西方科技大规模传入中国，中西方科技和文化真正出现交集，由此为西学东渐的开端。1583—1949年的中国科技转型可以概括为两波西学东渐浪潮。第一波是1583—1840年，其间利玛窦与徐光启的合作是西学东渐的成果标杆。在1700—1853年进入所谓康乾盛世，使得西学东渐提出的学习西方近代科技、实现近现代科技转型的愿望夭折。1840年鸦片战争爆发，正式成为西学东渐的转折点，进入1860—1949年的第二波西学东渐浪潮。从1860年发起的自强运动成为中国近代科技转型开始的主要标志。1911年辛亥革命结束后，北洋政府和国民政府持续推动了科技和教育的现代转型。[27]

在梳理以上历史演变的基础上，刘大椿进一步分析了中国近现代科技转型存在的问题：一是认为传教士为中国科技发展确实带来了积极的影响，耶稣会士与中国士人的互动为西学东渐的重要潮流；二是进一步追本溯源回答了“李约瑟问题”，指出了在爱因斯坦说法之外的、自清中叶开始的故步自封的问题；三是认为17世纪中国科技转型的可能性是存在的，亦同样受困于闭关锁国、文化专制；四是明确肯定嘉乾学派在文本和历史上的卓著成果，同时也指出了其在自然科学领域上的渐行渐远；五是指出尽管师夷长技的内涵是不断变化和深化的，但依旧可以捋出一条清晰的线索，即坚定的思变求进、变中有常。他认为当代学人应以史为鉴，从科学社会史的角度去思考中国近现代科技转型，乃至中国近现代社会转型，科技传播对中国近现代社会变革所产生的影响，应当是一个全新的视角。

作为市科协智库建设重点基地，北京自然辩证法研究会积极组织专家学者围绕关于首都建设与发展的重大现实问题和热点问题开展决策咨询服务。本年度智库基地先后向市科协提交了包括研究报告、决策咨询建议共计20项研究成果。其中，《关于借鉴日本筑波科学城高精尖成果就地转化经验促进北京三大科学城发展的建议》《关于推进北京高校工程伦理教育社会共建的建议》转化为北京市政协十三届四次会议的委员提案；《关于以数字产业技术促进北京红色遗迹保护和宣传的建议》以“利用数字经济和技术优势加快推进我市红色资源数字化提升保护利用和宣传水平”为题刊发在北京市政府研究室主编的《市长参阅》上，并获北京市委领导批示。此外，智库基地的专家还先后在相关期刊和报纸发表了十余篇有关“党建、科技伦理、科技创新、数字乡村、数字素养”等文章，为推动首都经济社会发展做出了贡献。

三、问题与展望

尽管2021年科学技术哲学学科学术研究取得了显著成就，但仍有以下方面需要改进与提高。

首先，我国科学技术哲学研究已经基本上摆脱了长期跟随的局面，但是还没有完全建立健全属于自己的学科体系、学术体系和话语体系。当下科技哲学研究已经高度分化，朝向具体问题研究。例如心灵哲学和生物学哲学等研究领域，虽然学者云集，已然不大可能出现像卡尔纳普、库恩这样的泰斗人物。人们对宏大叙事和完美知识论建构相对失去了兴趣。从这个角度上来说，前沿的科技哲学讨论不再是一边倒的输入，仅仅是简单的翻译和转译工作很大程度上失去了重要性。在这种情况下，科学技术哲学研究的范式需要保持反身性，积极从中国传统文化资源当中寻找新思路。尤其是在技术哲学和STS的研究中，地方性内容应该成为研究的构成性要素，使研究能够扎根大地，研究中国的具体的情况，给国际学界提供新的参照，新的思路。借此推动真正意义上的双向互动，促进思想交流。

其次，科学技术哲学研究虽然能够及时关注一些科技发展的新现象，例如人工智能、元宇宙等问题都在学界引起了热议，但针对这些问题的专门研究著作还没有出现。尤其是针对这些问题开展起来的交叉科学研究工作仍然凤毛麟角。基本情况仍然是科技哲学人做哲学，很少和人工智能专家、元宇宙工程师一起开展深入合作，走入实验室和产业中去。大多数工作仍是对前沿技术可能面临的挑战进行概念澄清和未来展望，其讨论带有一定程度上的科幻特征。真正地深入到技术的本质当中，打开技术的黑箱，在此基础上进行深度哲学反思的工作仍显不足。例如元宇宙研究，该技术不是一个简单的虚拟现实，也不是一个增强现实。元宇宙依托区块链技术、加密货币技术和感官模拟技术，长远来看它的技术底层逻辑将对当下的现实造成巨大的挑战。深入研究元宇宙的本体论意蕴及其所带来的各种具体的伦理风险，势必要充分了解它的底层技术逻辑架构和工程可能。这必然要求科技哲学研究学者同相关领域的专家进行广泛深入的研究合作。要实现这种深入的实质性联动和互动，光靠科学技术哲学研究者的主动性是不够的，仍然需要从高层进行设计，通过特定的交叉研究项目的设置，打破学科壁垒，充分鼓励哲学和相关的具体科学的深入实质性合作。

最后，随着人类社会的深度科技化，科技伦理风险突出，科技伦理问题得到国家前所未有的重视。可惜的是科技伦理相关研究还没能进入深水区，基础理论未有突破。科技伦理的定位尚不清楚。科技伦理问题目前很大程度上是被当成了一个应用伦理问题，尚没有特别系统的、新颖的专门著作出版。科技伦理研究被还原为应用伦理研究，意味着考察的对象被限定为特定技术对社会规范和价值所带来的具体挑战。这样一来，科技伦理就被当成了伦理学的应用。在此视域下，科技伦理研究必然完全侧重对既有伦理学理论的继承，将其应用在分析科技所带来的挑战上。科技哲学研究者的优势只体现在对前沿科学技术有较为深入的了解，但在规范性资源方面，还是要依靠传统的伦理学。

这一思路并无不妥，但如果被当成是唯一的思路，则容易忽视科技伦理的科技特性。科技特性指的不是科学技术的工程特点，指的是科学技术活动和实践本身的价值维度。在旧有思路中，科学技术仅仅被当作中立的工具来使用，科技伦理蜕化成一种后见之明，无法预见科技使用可能的风险。鉴于此，科技伦理研究需要把自身当作一个崭新对象，就其方法论和问题域进行深入研究。科技伦理研究要建构自己的科技伦理理论，就势必要求我们从科学技术哲学角度进一步深挖科技和工程活动的价值维度。近年来，已经有学者从“道德物化”“负责任创新”等角度剖析了技术的价值和政治内涵。但如何能够重构这些西方前沿理论，将之同中国传统资源相结合，尝试建构富有中国特色的科技伦理学话语体系，还没有出现专门的尝试，研究还未进入深水区。

注：

［1］樊姗姗、徐治立:《范·弗拉森反实在论的“自然规律”语义学思想及其出路》,《科学技术哲学研究》，2021年第6期。

［2］李建会:《生物学哲学为当代科学哲学贡献了什么?》,《广东社会科学》，2021年第6期。

［3］袁江洋、佟艺辰:《回到历史还是穿越历史？——科学的历史哲学的反思》,《科学技术哲学究》，2021年第2期。

［4］吴彤、孟强:《科学实践哲学：基本问题与多重视角》，科学出版社，2021年。

［5］刘永谋:《技术的反叛》，北京大学出版社，2021年。

[6] 王伯鲁:《当代科学技术及其实践基础演进剖析》,《中国人民大学学报》，2021年第11期。

[7] 隋婷婷、张学义:《功利主义在无人驾驶设计中的道德算法困境》,《自然辩证法研究》，2021年第10期。

[8] 顾心怡、陈少峰:《脑机接口的伦理问题研究》,《科学技术哲学研究》，2021年第8期。

[9] 徐源:《人工智能框架问题的情境表征》,《自然辩证法研究》，2021年第1期。

[10] 段伟文:《深度科技化与中国技术哲学的未来之路》,《哲学动态》，2021年第1期。

[11] 李平、廖苗:《对负责任创新“反思”维度的再思考》,《自然辩证法通讯》，2021年第3期。

[12] 王小伟:《中国技术哲学的国际化思考》,《哲学动态》，2021年第1期。

[13] 李伯聪:《工程哲学：回顾与展望》,《哲学动态》，2021年第1期。

[14] 殷瑞钰、李伯聪等:《工程哲学与真善美》,《工程研究——跨学科视野中的工程》，2021年第4期。

[15] 李伯聪:《“医”之双重“三维论”和“医学工程”的双重含义》,《医学与哲学》，2021年第7期。

[16] 李醒民:《科学与伦理》，中国人民大学出版社，2021年。

[17] 刘永谋:《智能治理社会的蓝图：丹尼尔·贝尔的技术治理思想》,《晋阳学刊》，2021年第5期。

[18] 刘永谋:《行为科学与社会工程：斯金纳的技术治理思想》,《山东科技大学学报（社会科学版）》，2021年第8期。

[19] 刘华杰:《科技元勘或科学技术论：从学术探究到社会治理》,《自然辩证法通讯》，2021年第8期。

[20] 彭家锋、刘永谋:《论STS第三波浪潮的两大转向》,《科学与社会》，2021年第1期。

[21] 李晓洁、丛亚丽:《健康医疗大数据公平问题研究》,《自然辩证法通讯》，2021年第7期。

[22] 董春雨、熊华俊:《论作为复杂系统演化推力的涨落及其意义》,《自然辩证法研究》，2021年第11期。

[23] 吴彤、于金龙:《新系统哲学：多元与地方性系统观念及其意义》,《自然辩证法研究》，2021年第11期。

[24] 刘劲杨:《论整体、部分及其构成——整体论视角的形式分析》,《中国人民大学学报》，2021年第7期。

[25] 朱科夫:《矩阵力学与波动力学等价性证明的历史分析》,《自然辩证法通讯》，2021年第3期。

[26] 计彤、李傲挺:《科学方法论视野中“生命共同体”的创新性研究》,《自然辩证法研究》，2021年第11期。

[27] 刘大椿:《西学东渐与中国近现代科技转型的若干问题》,《天津社会科学》，2021年第7期。

[28] 赵月刚:《中国共产党百年与自然辩证法——中国自然辩证法研究会庆祝建党100周年、研究会成立40周年大会暨2021年学术年会综述》,《自然辩证法研究》，2021年第12期。

（北京市哲学会供稿；执笔人：王小伟、程倩春）

逻 辑 学

2021年，北京地区逻辑学学科建设和发展总体上取得了一定进步。不仅在逻辑学学科基本研究领域成果丰硕，并且大力发展逻辑与其他学科的交叉与应用，涉及人工智能的逻辑基础、博弈逻辑与策略推理、道义逻辑和法律逻辑等方面。同时深入研究中国古代逻辑经典著作，注重逻辑理论的应用与推广。

一、学术研究成果

2021年，北京市逻辑学界对国内外逻辑学相关问题、热点问题的研究，成果丰硕。

1.哲学逻辑与逻辑哲学

杜国平在《合舍系统及其定理的能行证明》中以合舍作为唯一初始联结词，在括号表示法中，只需要使用一对左右括号“⌈ ⌋”就可以无歧义地表达所有的逻辑函数，进而建立包括括号“⌈ ⌋”的引入规则和消去规则在内的自然推演系统NPD1，从而证明该系统与通常的命题逻辑推理系统相等价。通过定义可以给出常见的其他联结词并证明相关定理。受亚里士多德化归思想的启发，构建了系统NPD1的7组化归规则，并给出化归程序；依据此程序，可以将系统内的任一定理能行地化归为一个形如〈A（A）〉的公式。[1]

刘新文在《再论逻辑常项的归约》中通过研究皮尔士“带一个常项的布尔代数”手稿，指出其中建立的推理系统存在的问题，并发现了2010年提出的“肖菲克尔（型）算子”的最早表述；在此基础上，他结合维特根斯坦在《逻辑哲学论》中的思想，对逻辑常项的镜像性问题进行研究，给出部分回答，从而试图为逻辑常项问题提出“第三种”进路。[2]

贾青在《连续行动的分类和逻辑刻画》中将连续行动区分为活动类和完成类，她指出这两类的区别在于“是否具有目的性”和“是否具有重复性”。此外，她利用STIT逻辑，使用算子d-act和算子d-ach分别给出了活动类连续行动和完成类连续行动的逻辑刻画。她没有引入更为复杂的算子（如时间逻辑中的算子Until等）或者理论（如决策论等）来帮助刻画连续行动，而是在界定清楚所选择的连续行动刻画方案的基础上，尽量使用最为简易的参数来将不同类型的连续行动解释出来，以便于保证方案的直观性，进而为后续的那些更为精细的逻辑形式刻画工作打下基础。[3]

王建芳在《驳“不存在限定摹状词的真正指称性用法”》一文中，探讨了挪威学者阿斯海姆对限定摹状词的认识存在的问题。文章指出，阿斯海姆对实质性指称用法的分析存在着不清晰性和不彻底性，将归属性用法与罗素对限定摹状词的分析相对应的做法不正确。同时，其立足塞尔的主要方面和次要方面思想对限定摹状词的指称性用法的反驳不充分，认为限定摹状词的前指参照用法与指称性用法、归属性用法只不过是不同视角的解读，其间并不存在实质性冲突或矛盾，前指参照用法并不如阿斯海姆所认为的那样，可以替代或否定指称性用法。[4]

胡义昭在《如何理解蒯因的说谎者?》中指出，蒯因的说谎者，因为看起来没有经典说谎者当中的那种自我指称，对那种把说谎者悖论归咎于无意义或者非法的自我指称的解决方案提出了严峻挑战。但是，蒯因本人和后来为数不多的评论者大多并没有对此给予足够的关注。文章通过跨越语形和语义的分析，发现蒯因的说谎者也有可以归咎的自我指称形式，只不过它不是经典说谎者当中的明确形式，而是另外一种经常遇到却从未留意的隐含形式。[5]

王海若在《模糊性与语义敏感性》中指出，在对模糊性现象的研究中，威廉姆森提出模糊语词的语义相对使用是敏感的。模糊语词的语义敏感性是认知主义的语义不可辨别观点的重要内容之一，在这个条件下，容错边际原则可以解释边界情形所导致的无知。然而，包括威廉姆森在内的认知主义者很少对模糊语词的语义敏感性进行辩护。这似乎暗示模糊语词的语义敏感性是自明的。但由于边界情形的缓冲作用，这种自明性的说法站不住脚。不仅如此，通过进一步加深凯伊对语义不可辨别观点的批评，可以发现模糊语词的语义敏感性应该被模糊语词的邻近语义稳定性所取代。[6]

2.逻辑学交叉研究

魏涛、杜国平在《人工智能中因果定义的探索》中指出，基于统计学的视角，珀尔等人构建了一套能够将预测、干预和反事实算法化的因果语言，通过因果模型表征因果知识，进而给出因果关系的形式化、数学式的定义。HP定义是一种应用性定义，在一定程度上符合因果定义的基本要求：时序性、相关性和不间断性。HP定义可为人工智能领域表征因果知识提供方法，为确立实际原因提供一般性原则。但是，在一定模型中成立的实际因果关系须依赖于语境，模型的选择具有主观性，而并不是在普遍意义上成立的因果关系。在构建模型的过程中，面临着变量是否合理的问题和非递归性因果关系表征等困境。[7]

何霞、杜国平、宗慧在《基于中介真值程度度量的模糊语义翻译研究》中指出，自然语言的语义具有与生俱来的模糊性，这增添了人们相互理解的困难；特别在使用不同语言的人群之间的交流中，这更易产生误解。中介逻辑揭示出语义模糊性的本质体现为语义的中介状态，中介真值程度的度量（MMTD）则从量的侧面度量这种中介状态。从词性上来看，语义的模糊性主要体现在形容词、动词和副词这三种词性上。文中运用MMTD，根据各词性的独立性建立量化其模糊语义程度的度量函数，在此基础上，提出叶词、词链接等概念，以建立量化语句模糊语义程度的方法，并将其运用于英、汉语句的互译。[8]

杨召富、郭佳宏在《多人合作博弈的核心解、应用及其启示——兼论“分配正义”的哲学阐释》中提到，多人合作博弈是博弈参与人之间具有约束力协议的联盟性质的博弈。核心解是研究联盟博弈解的过程中较早出现的非常重要的解之一，与古代塔木德分配方案的实质是一样的，能够比较合理地解决诸如破产决算等经济纠纷问题，体现了博弈思维的智慧性和人文关怀。将这一逻辑方法成功运用在国家或区域性事务的分配机制设计理论上，或将能够实现双赢甚至多赢的局面。这一思想充分体现出分配正义的哲学意蕴，在儒家经典著作《荀子》和美国政治哲学家罗尔斯的《正义论》中都有理论根据，对于构建和谐的福祉社会具有理论意义与现实意义。[9]

3.中西方逻辑史研究

孙中原在《因明绝学抢救性研究的意义》中指出，因明、墨辩名列亟须抢救性研究的濒危学科，意义重大。文章从世界逻辑整体观、研究范式转换观和逻辑传统比较观等方面阐释了这些绝学抢救性研究的方法。[10]孙中原在《论先秦名家学派的学术特质与表达方式》中用现代科学观点论述先秦名家学派的产生、性质与作用。公孙龙子是先秦名家学派的集大成者，解读公孙龙子等先秦名家学者的哲学、逻辑学与诡辩论，阐发其智辩舌战技巧，总结其理论思维的经验教训，对今人的思维表达有重要的启示与借鉴作用。[11]

杨武金在《儒与墨的殊途与同归》中指出，墨家和儒家所代表的阶级立场、所主张的社会伦理都是不同的，因而他们在政治思想、经济思想和宗教思想，以及人的主观能动作用等诸多方面，都形成了对立和论争。不过他们的目的和初心是完全一致的，都是为了给统治者提供治国的方略，都是为了从根本上实现国家和社会的长治久安。二者只是从不同的路径、以不同的方式，思考了同样的问题。然而，儒与墨的同归，应不是同一，而是相互为用为补充。论文从仁爱与兼爱、亲亲用贤与平等尚贤、厚葬与节葬、宿命论与非命观、疑鬼与明鬼、逻辑论证等方面做了全面探讨。[12]

冯艳、刘小力合作发表了《莱布尼茨普遍语言思想与〈周易〉象数思想比较》一文，文章指出，构造“普遍语言”是莱布尼茨终生追求的目标，这一构想对后世影响深远。李约瑟认为，莱布尼茨的普遍语言思想受到了汉字会意特征的启发。莱布尼茨从学生时代起，终其一生对汉字和八卦保持着强烈兴趣，自认为发现了伏羲的“秘密”。伏羲的“秘密”在我国古代称为象数。从现代逻辑的角度比较莱布尼茨的普遍语言思想与《周易》的象数思想，可以发现，它们都使用数学计算与符号表意相结合的方法，包含着原始的数理逻辑思想。[13]

邢滔滔出版《名家》(“诸子百家普及丛书”)。名家，即析辞言物，察类辨名，“奇辞怪说”的哲学家。先秦的名家考察名与实的关系，其核心问题是类名之实，这与希腊哲学类似。但中国的名实问题，关系到古汉语的语义及其描述世界的方式，而名家、墨家所确定的类名之实，是某种特别的“类”或“指”，不能以西方的世界观进行解读。名家独树一帜的名实观，可解释名家的“奇辞怪说”，和它所支撑的思维和论辩方式。它在一些地方超出了西方逻辑学的表达，值得我们探究。[14]

三、问题思考与未来展望

根据对北京地区逻辑学界2021年研究问题的总结，以及通过与多名逻辑学领域著名学者的交流沟通，本部分选取了五个当代逻辑学领域中的热点难点问题：

1.中国逻辑史和因明研究

中国古代逻辑有丰富的内涵，需挖掘其中瑰宝，丰富并弘扬中华优秀传统文化。

例如，因明已成为中国传统的一部分，孙中原提到从世界逻辑整体观研判，有助于深刻认知印度因明、中国墨辩与西方逻辑共同的逻辑本质。不同地区民族文化环境不同，导致印度因明、中国墨辩与西方逻辑盛衰中命运的殊异。印度因明与中国墨辩，长期沦为冷门绝学，亟须抢救性研究。而西方逻辑，独占鳌头，绵延不断，蓬勃发展。西方逻辑，发达完善，树为范例，是研究因明、墨辩冷门绝学的合用钥匙。因明、墨辩名列亟须抢救性研究的濒危学科，从“世界逻辑整体观”与国家文化战略考察，致力于完善因明墨辩冷门绝学的抢救性研究，恰逢其时。

再如，《墨经》绝学的名辞逻辑，孙中原提到《墨经》是墨学发展到高峰时期的惊世硕果。

《墨经》绝学的名辞逻辑，即概念与命题的逻辑。“名”的逻辑，即概念的逻辑；“辞”的逻辑，即命题的逻辑。“名”“辞”是中国语言逻辑核心范畴，有数千年漫长的形成发展史与丰富的学术信息积累。

以上都是当前中国逻辑思想史研究的热点也是难点问题。越来越多的学者开始研究中国逻辑学，试图拓宽该领域的研究范围，扩大中国逻辑学的影响。而其他逻辑主题研究者则可能通过借助中国逻辑史或因明中的观点或者方法，获得实现某些领域创新的重要灵感。

2.具有统一性的逻辑基础理论研究

逻辑学是一门基础性学科，然而，从逻辑学的发展初衷来看，它又是一门普遍性的学科。虽然按照我国目前的学科分类，把其看作是哲学门类下的一个二级学科，但实际上很多学科建立在逻辑学或者逻辑基础之上，涉及多学科的各类逻辑学分支的发展也充分说明了这一点。如果不同的“领域”按照不同的“逻辑”来运行，显然不符合逻辑学的初衷。所以有必要在更抽象、更深刻的视角为现在各类丰富的“逻辑”构建统一的基础理论。

从历史的角度看逻辑学的发展，同时并存着多种不同的逻辑类型，它们相互独立，有各自的演变过程。蒯因提出了整体论的知识观，根据这一观点，知识系统（物理学，数学和逻辑学）的边缘与经验的冲突引起对某些陈述真值的重新分配，按照这些陈述与其他陈述的逻辑关系，或许改变后者的真值，或者改变逻辑关系本身，包括逻辑定理在内的任何陈述都无法免于修正。随后，蒯因进一步批判了逻辑经验主义，论证了逻辑的可修正性，在此基础上为逻辑多元性进行了辩护。

清晰地描述数学的表达和推理方式，为数学奠定基础是逻辑学发展的基本目标。作为追求上述目标的结果，人们给出了一系列以“数理逻辑”一词标记的逻辑系统及其元理论。它们的核心是形式公理系统。这类逻辑被称为基于数学方法的逻辑。经典逻辑作为形式逻辑的现代类型，取代了以亚里士多德的词项逻辑为核心的形式逻辑的古典类型，在20世纪初开始成为逻辑研究的主流。不争的事实是离开经典逻辑不可能有当代逻辑学，以及当代数学中重要的组成部分，离开它更不可能有计算机理论以及计算机带给人类的一切。但是，数学只是人类知识的一部分，数学的表达方式只是人类所拥有的许多表达方式中的一种。正如当今非经典逻辑所表明的那样，采用经典逻辑对其他领域的知识进行表达和推理是不恰当的。因此，逻辑学本身要求经典逻辑继续寻找新的发展方向，在其建立之初，人们就认识到这一点。

不过，在数字信息时代上述观点又被赋予新的含义，激励逻辑学家们继续深入探究逻辑学的基础理论。

3. 逻辑与知识论等其他哲学领域的交叉研究

知识论作为现代哲学的一个重要分支，如果能够借助逻辑工具尽可能地表述和分析清楚，将有助于某些哲学领域比如分析哲学的发展。反过来，哲学本身的进步和新问题的出现可能成为推进逻辑丰富和深化的动力。

例如，石辰威结合证据的拓扑语义与形式论辩理论对知识概念进行了逻辑分析，形式化了用于解决盖梯尔问题的克拉克的无伪引理理论，并研究了其逻辑。通过形式化表明，克拉克提出的两个知识概念中的一个——具有真实根据的正当信念——满足斯托纳克的信念和知识公理系统（除了合取下的闭包公理）。并且还提出了一个新的知识概念，一个有充分根据的真理性的信念，它进一步完善了克拉克的两个知识概念。这指出了一个看似合理的条件，它使得这三个知识概念合而为一，并解释了为什么这个结果看起来与直觉相反。从技术的角度来看，由哲学问题驱动的形式分析揭示了论证理论中扎根语义学的逻辑结构。

再例如，回到金岳霖的《知识论》来探讨知识和真命题的关系。桂海斌提到在金岳霖所著的《知识论》中，知识是一个核心的概念。由于书中提及“所谓有知识就是能够断定真命题”，因而引发了将知识等同于真命题的误解。基于金先生对命题的划分，真命题可分为积极性的真命题和消极性的真命题。金先生所谓的知识指的是积极性的真命题而不是消极性的真命题。消极性的真命题虽真，但金先生因其以所有可能为可能的特性而不将它视为知识。澄清知识是积极性的真命题，还有助于理解金先生的真之符合论思想。“所谓有知识就是能够断定真命题”，被断定的真命题或与事实相符，或与历史总结相符，或与固然的理相符。消极性的真命题虽是普遍的真命题，但是它的真无所谓被断定，它所表达的理仅是必然的理而不是固然的理，故而有知识不是断定消极性的真命题而是断定积极性的真命题。

以上都是当前逻辑与知识论等哲学领域交叉研究的路径，或从现代逻辑技术角度对知识概念逻辑分析，或归根溯源回到知识与逻辑的本质进行深入剖析。

4. 逻辑与数学、计算机科学等其他学科的交叉研究

现代逻辑的核心特征就是数学化的思维方式，数学和逻辑是许多学科的基础，而人工智能的快速发展和多方面应用对数学和逻辑提出了更高要求。数学、逻辑与计算、计算机、人工智能之间的关系很像是理论和实践的关系，在当今大数据背景下，我们更需要考虑它们之间的有机融合。认知机制的逻辑表述、语言认知和理解中的结构和规律、自然语言和逻辑论证的互动研究等，应该是下一阶段逻辑学科的重要研究课题。

数学方法作为一种横断的科学研究方法，以它自身的完美性，已成为一切科学进步所必乘的“诺亚方舟”，并被人们推崇为科学方法论王国中最迷人的“王后”。因此，分析数学方法的表现形态、语义实

质及其功能特征，从而揭示数学方法的真正意义便是一项有价值的工作了，这也是现代逻辑应用的重要组成部分。

在将哥德尔“不完全性”定理的提出作为一个历史转折点之前，罗素、怀特海等许多数学家，将数学本质地看作是一种具有内在一致性的、完备的、排除了一切“奇异环”的逻辑体系，以至于希尔伯特试图在“有限的”推理模式的基础上构造一个证明数学逻辑的一致性和完备性的“纲领”，从而表明数学方法作为一种真正逻辑演算的纯洁、完美和永真。

随着数学的发展，数学和逻辑学之间的联系更加紧密：由哥德尔“不完全性”定理的提出而导致的所谓“后现代主义时代”的数学怀疑论，以及由此而发生的各种不同数学哲学流派之间的争论，为当代数学方法论的产生做了哲学上的理性准备。这些主要的数学哲学流派是由弗雷格和罗素开始的逻辑主义，认为“数学是乔装的逻辑”；以维也纳学派为核心的逻辑实证主义，试图借助于“语言规则”来判定数学真理或逻辑真理的确定性；以希尔伯特为代表的形式主义及其继承者，企图从结构上来分析数学本质的“新唯名论”，它要给出数学的理想的（但无意义的）范围；以哥德尔为代表的“柏拉图主义”，这是数学哲学中某种“理念实在论”的再现；以蒯因为首的整体主义，认为数学不仅应被看作是其自身，而且是“整个科学集团中的一部分”；模型论的主张，欲从结构上来探索数学的“可能性或不可能性”问题，从而构筑一幅数学对象的图景；布劳威尔的直觉主义，认为数学陈述是在直觉上有意义的，但反对实在论的真理假设，其本质是一种数学语言的操作主义的扩展；以普特南为典范的拟经验实在论，主张数学是“先验性经验性相统一”的知识系统。这些数学哲学流派各有所长，各有疵瑕，它们的争论并不表明数学自身研究的“危机”，而在于一方面是对数学自身发展的历史所做出的深刻“反思”和方法论意义上的“重建”，另一方面，这是不同哲学价值取向的迷茫在数学基础研究中的表现。尽管如此，这些争论刺激了数学自身结构的发展，启迪了数学方法论的完善，为数学方法在科学革命、技术革命、管理革命和思维革命中发挥它的功能做了哲学上和方法论上的准备。因此，将哲学与数学相结合，所具有的历史进步意义是客观且重要的。

当前，许多前沿数学领域如代数拓扑、模糊代数及数论图论领域的问题，吸引了大量逻辑学家的关注，采用数学研究的方法进行逻辑学研究逐渐被更多逻辑学学者所接受，运用逻辑学的研究成果与知识，也在一定程度上构建了数学知识体系的完整性。

与数学领域不同，计算机科学的发展使得人们更有理由认为对于任何一个知识领域，只要严格地给出它的表达方式和推理方式，我们便可利用计算机解决它的一些问题。计算机系统的严谨性正是逻辑学家们所需要的。此外，在计算机科学领域，人工智能更是近年来的热点领域，人工智能的研究离不开大数据，离不开计算机，也就离不开逻辑。人工智能是指围绕大数据智能、群体智能、跨媒体智能、人机混合增强智能和自主智能系统等新型人工智能应用领域，以云计算、大数据和机器学习等为核心要素，以伦理和规制为健康发展要求的人工智能新理论、新方法和新技术。逻辑学有望在人工智能的不同层面发挥基础性作用，尤其是关于人工智能伦理、法律和多智能体社会等的形式化分析和建模。

人工智能领域逻辑学相关内容的研究涉及计算机、哲学、伦理、语言学等多学科，是一个研究内容非常丰富、前景非常明朗的交叉研究学科。在2021年中，围绕逻辑学与计算机、人工智能领域，北京市逻辑学会也开展了大量工作，并取得一定成果。北京师范大学举办了题为“机器认识中的不透明性及其意义”的讲座，北京师范大学哲学学院教授董春雨讨论了有关人工智能与人类智能的关系问题，讲座从认识的不透明性或者说认识黑箱的角度，从本体论和认识论两个维度，探讨人工智能面临的可解释性问题和限度问题等。中国人民大学举办了“从脑和机器看人性”的主题论坛，主要讨论了构成人性的基本要素、目前的挑战是机器变成人还是人变成机器、人工智能的误区，以及人在新技术条件下所呈现的“上瘾”和“及时享受”行为倾向等诸多问题。

认知逻辑从20世纪以来就一直是逻辑学中的热门领域，逻辑学家们也一如既往地在认知逻辑领域不断探究与探索。

例如，动态认知逻辑研究。将逻辑视为信息驱动主体和许多主体之间智能交互的理论——以对话、论证和游戏作为指导示例。它为推理、观察、问题和交流的行为提供了一个统一的动态逻辑说明，可以处理知识的更新和信念的修正。然后，它扩展了动态分析风格，包括不断变化的偏好和目标、时间过程、群体行动和游戏中的战略互动。

再例如，多主体认知逻辑，逻辑信息动力学研究。理性主体以微妙的方式利用世界上可用的信息，采用广泛的认知态度，并在此过程中不断地改变世界本身。逻辑信息动力学是关于将此类活动置于中心舞台的逻辑系统，关注我们获取信息和改变态度的事件，这显示了当前工作中的许多信息和变化逻辑，通常在社会行为必不可少的多主体环境中。约翰·范本特姆（Johan van Benthem）在建立该计划方面进行了一系列开创性工作，诸如信息更新、信念改变、偏好，随着时间的推移学习，以及游戏中的战略互动。[15]

5.逻辑在法律、医疗、教育、经济等领域的应用研究

逻辑在法律、医疗、教育、经济等领域的应用前景十分广阔。可以考虑在现阶段的实践基础上，增加理论和科学测试层面上的工作，比如，可以研究逻辑学用于认知能力测试方面的理论分析和实际效果；可以从实践中进一步总结经验和规律，例如，根据医护工作者的临床病例和医学知识，借助逻辑工具和人工智能技术，尝试构建相应领域可能的模式识别判断方案和智能诊断系统，作为医生诊断和决策的重要辅助手段和参考。

例如，道义逻辑与规范推理系统研究。法律冲突在现实中非常常见，国内外法律体系中有大量这样的例子。法律冲突大量存在有多种原因。首先，立法者很难在了解了所有现存的法律之后再制定新的法律。其次，立法者很难预测所制定的法律的所有适用场景。最后，不引入某些类型的法律冲突（例外），制定新的法律会非常困难。经典的逻辑学如果没有办法直接刻画有冲突的推理，如何发展出能够很好地捕捉涉及法律冲突的逻辑？

在过去几十年中，法律、逻辑、人工智能领域的研究发展迅速。1982年开始，国际“逻辑、信息学、法律”大会每四年举行一次，许多会议论文是关于道义逻辑在法律自动化即人工智能领域中的应用。1987年5月，第一次国际人工智能与法律大会举行，此后每两年举行一次。在欧洲，1988年法律知识与信息系统年会（JURIX）开始举办。目前在人工智能研究领域，人工神经元网络进路的研究比较成功，而传统的、以逻辑为基础的研究进路则相对沉寂。

但对于与法律、政策规范、价值评判等有关的问题的解决方案，人们会要求它们具有高度的透明性和可问责性，因此在这些应用领域我们可能不得不采用传统的、以逻辑为基础的人工智能系统，而不能接受具有黑箱操作特征的人工神经元网络深度学习系统。因此道义逻辑与规范推理系统及其在人工智能中的应用研究也许有比较好的发展前景。

例如，描述逻辑在医疗诊断中的应用研究。描述逻辑二十多年来受到人们的特别关注，主要原因在于以下三点：(1)它们有清晰的模型—理论机制；(2)它们很适合于通过概念分类学来表示应用领域；(3)它们提供了有效的推理服务、推理算法、推理器等。描述逻辑可以被认为是从基于框架的表示形式化向着精确的语义特征方向发展。此外，描述逻辑将分类学中表示和推理（专业推理）与在分类学中项的事实或实例的表示和推理（断言推理）区别开来。一个描述逻辑系统包含三个基本组成部分：(1)表示概念和关系的构造集；(2)一个基于描述逻辑的知识库由TBox和ABox组成：Knowledgebase=Tbox+Abox，符号表示为：K = ⟨T，A⟩；(3)Tbox（Terminology Box），描述领域结构的公理集，包含概念定义及公理。

例如，科学逻辑理论应用于经济研究中。一种方法来自Charles S.Peirce的科学方法概念，他用溯因法、演绎法和归纳法详细说明了这一概念。重点是通过归纳中的误差减少来研究溯因推理和自我修正的经济性这一中心问题。展示了皮尔士的科学逻辑如何从计算神经科学的现代突破中获得支持，更具体地说，从卡尔·弗里斯顿的积极推理和自由能原理的陈述中获得支持，即生物体减少期望值和实际结果之间的差异的能力如何使其关于世界的假设中的错误最小化。对有机体选择政策和形成预期的能力的科学解释与皮尔士的诱导和归纳理论相一致，特别是与研究的经济性相一致。

逻辑推理模式用于分析集体主体与社会行为也是当前的热门研究方向，涉及逻辑学、哲学、经济学等多个学科领域。如何理解作为主体的集体及其与个体的关系，是该方向的基础问题。在这一话题下，解决思路分别有哲学解释与博弈论解释两种路径。因循不同的解释方法，该问题有两个更为具体的问题，分别体现了逻辑与哲学和博弈论的交叉。(1)逻辑与哲学交叉：是否存在集体意向性（Collective Intentionality)？如果是，如何对其进行形式刻画？(2)逻辑与博弈论交叉：是否存在一种不同于个体推理的群体推理模式——联盟推理（TeamReasoning)？如何去表达这种群体推理模式，它需要满足怎样的性质？这些开放性问题都值得继续深入研究探索。

以上研究方向都很好地将逻辑应用到人类日常

生活不可或缺的领域，如法律冲突、医疗诊断、批判性思维教育、社会经济行为等，在人工智能和大数据时代，逻辑也将为人工智能在社会生活领域的应用发展架构桥梁。

注：

[1]《重庆理工大学学报（社会科学）》，2021年第6期。

[2] 刘放桐、陈亚军主编：《皮尔士思想的当代回响——实用主义研究（第三辑）》，华东师范大学出版社，2021年。

[3]《科学技术哲学研究》，2021年第4期。

[4]《自然辩证法研究》，2021年第1期。

[5]《重庆理工大学学报（社会科学）》，2021年第12期。

[6]《河北学刊》，2021年第6期。

[7]《重庆理工大学学报（社会科学）》，2021年第9期。

[8]《南京邮电大学学报（自然科学版）》，2020年第6期。

[9]《河南社会科学》，2021年第7期。

[10]《中国社会科学评价》，2020年第3期。

[11]《燕山大学学报（哲学社会科学版）》，2021年第2期。

[12]《文史哲》，2021年第4期。

[13]《江淮论坛》，2021年第4期。

[14]《名家》（“诸子百家普及丛书”），中国人民大学出版社，2021年8月。

[15] Johan van Benthem on Logic and Information Dynamics Alexandru Baltag & Sonja Smets（eds.）Cham，Switzerland：Springer International Publishing（2014）.

（北京市逻辑学会供稿）

年度推荐论文和著作

论　文

1. Li，Y.，Wang，Y. Neighborhood semantics for logic of knowing how（2021）Synthese.

2. Chen，B. Xunzi’s politicized and moralized philosophy of language（2021）Journal of Chinese Philosophy，36（1）.

3. F.Ju，K.Nygren，T.Xu. Modeling legal conflict resolution based on dynamic logic（2021）Journal of Logic and Computation，vol.31.

4. Johan van Benthem，Fenrong Liu，Sonja Smets. Logico-computational aspects of rationality，in The Handbook of Rationality，The MIT Press，2021.

5. 冯艳：《莱布尼茨普遍语言思想与〈周易〉象数思想比较》，《江淮论坛》，2021年第4期。

6. 张炎：《实践推理：从信念和愿望应该形成什么目标》，《逻辑学研究》，2021年第2期。

7. 刘新文：《论〈逻辑〉中的“所以”》，《哲学动态》，2021年第5期。

8. 贾青：《连续行动的分类和逻辑刻画》，《科学技术哲学研究》，2021年第4期。

9. 杜国平：《“不可得兼”型命题逻辑自然推演系统》，《广西大学学报（哲学社会科学版）》，2021年第3期。

10. 王建芳：《驳“不存在限定摹状词的真正指称性用法”》，《自然辩证法研究》，2021年第1期。

著　作

1. 邢滔滔：《名家》“诸子百家普及丛书”，中国人民大学出版社，2021年。

2. 杨武金：《逻辑哲学新论》，中国社会科学出版社，2021年。

伦　理　学

一、学科发展基本情况

北京地区的伦理学学科发展与建设居于全国领先地位。北京高校和科研机构具有伦理学博士学位点7家，分别是中国人民大学、北京大学、清华大学、中国社会科学院、中央党校、北京师范大学和首都师范大学。教育部人文社会科学重点研究基地1家，即中国人民大学伦理学与道德建设中心。除此之外，北京市委党校、中国建筑大学、北京航空航天大学、中国政法大学、北京中医药大学等都有特色鲜明的伦理学研究方向。

（一）中国人民大学伦理学学科发展

2021年中国人民大学伦理学本科专业获评“双万计划”国家级一流本科专业，“应用伦理”专业首次被国务院学位委员会增列为硕士专业学位授权点，中国人民大学成为哲学门类首个专业硕士学位设立高校。

2021年，中国人民大学伦理学与道德建设研究中心在京主办了第三届国杰论坛暨第三届罗国杰伦理学教育基金颁奖大会。来自中国人民大学、清华大学、中国社科院、中山大学等高校和科研院所的著名专家学者，以及中国前驻外大使、知名非遗传承人、艺术家等共聚一堂，就“文明交流互鉴与全人类共同价值”这一主题展开了对话与探讨，人民日报等主流媒体做了相关报道。

2021年，中国人民大学伦理学与道德建设研究中心主编的“新时代马克思主义伦理学丛书”（第一辑）获国家出版基金资助，由重庆出版社出版；学术集刊《马克思主义与伦理学》第2辑和第3辑出版，并首次被中国人民大学出版社作为外译项目在国外出版；该中心主编的全英文国际刊物《East Asia Journal of Philosophy》在瑞士出版一本主刊创刊号和两本专刊《The Values of Local Food》《Philosophy of the City》，在国际学术界产生了一定影响。除此之外，学科教师围绕伦理学基本理论、马克思主义伦理思想、中国传统伦理思想、西方伦理思想、应用伦理等发表系列有社会影响力的文章。

（二）北京大学伦理学学科发展

2021年，北京大学伦理学研究具有鲜明特色。在中国传统伦理思想研究方面，论著《正义的公平》，重视发挥传统儒家、法家、道家的基本价值观的现代影响，提出以新仁学价值体系为依据，建立中国社会正义制度。在西方伦理思想研究方面，论著《自然社会：自然法与现代道德世界的形成》专注于研究自然法问题，聚焦于现代自然法学派的第一代人物，以此来论述西方现代道德世界的形成。论著《尼采与柏拉图主义》，通过对尼采的哲学基理及其内在性格的矛盾性分析，最大程度地凸现了其哲学思想的复杂性。论文《分裂之家的友谊：柏拉图〈法律篇〉中的共同体》，关注城邦如何在具有不同德性的公民之间建立互惠性的友谊，并考察了城邦如何建立有助于友谊的统治关系，以及如何通过节制实现城邦的完全德性。论文《卢梭论自爱和同情——从尼采的观点看》，从尼采的视角理解和评价卢梭的道德哲学，认为尼采主张卢梭的同情学说及其道德哲学最终体现了一种虚无主义。在伦理学与政治哲学研究方面，论著《从政治到哲学的运动：〈尼各马可伦理学〉解读》，对古希腊名著《尼各马可伦理学》进行系统解读，并以这部伦理学名著为切入点，透视亚里士多德思想的整体架构。论文《亚里士多德论目的、功能与幸福——对包容论的新辩护》，认为亚里士多德在“功能论证”中采用的目的概念更加强调其整全而非终极的意涵，因此，该论证最终得出幸福生活应该是具有整全的实践视野的政治生活，而非实现终极的人类可能性的哲学生活的结论。

（三）清华大学伦理学学科发展

清华大学伦理学学科以清华大学道德与宗教研究院、马克思恩格斯文献研究中心等为平台，发挥智库作用，服务国家战略，为政策法规和战略规划制定建言献策。多位教师的研究成果实现国际化，如陈来教授的《中华文明的核心价值》签约外文版权近20个语种；陈来教授的专著《古代宗教与伦理》、唐文明教授的专著《与命与仁》入选2021年度国家社科基金中华学术外译项目。

2021年，清华大学伦理学学术研究团队，主要围绕五个问题展开深入研究：一是儒家伦理思想的研究，相关论文有《朱子论羞恶》《一个国家或者一个社会不能先利而后义》《精神突破与教化模式——沃格林中国文明分析的三个遗留问题》等。二是马克思主义伦理学前置问题的研究。论文《马克思主义伦理学的前置问题》提出，与初始问题相比，马克思主义伦理学还存在着一个知识合法性问题，这是马克思主义伦理学研究实际成立并不断拓展的真正起点。三是应用伦理学研究领域的新拓展。学科教师在2021年获批国家社科基金重大项目“构建人类卫生健康共同体的伦理路径研究”，将清华大学应用伦理学拓展到了公共健康领域。四是美德伦理学的心理基础探究。论著《美德之心》将美德伦理学的研究建立在对其心理基础的探究中，力图在古今融通的视域中建构道德心理学体系。五是女性主义伦理学研究的新突破。论文《女性主义伦理学对于生命的认知：一种整合性思考》认为，人类对于生命的缘身性体验是有性别差异的，人类需要重新刷新对于生命的认知。

（四）中国社会科学院伦理学学科发展

中国社会科学院伦理学学科设置在哲学研究所伦理学研究室，拥有伦理学专业博士、硕士学位授予点，是中国伦理学特别是应用伦理学的研究重镇之一。2021年度，伦理学学科研究人员在报刊发表学术论文和理论文章15篇，主要围绕三个研究方向：一是道德基本原理研究，如《个体的崛起与道德的主体》等；二是应用伦理研究，如《第三次分配的伦理阐释》《难民伦理的理由：道德义务、人道关怀与体系责任》等；三是外国伦理思想研究，如《论福泽谕吉对人的理解及其意义》《“亏欠”“姿态”与共同体——阿甘本的生命伦理思想研究》《斯坎伦对于人类道德地位平等性的论证》《作为社会自律的自由——对卢梭的自由观念的阐释》等。该学科研究人员目前承担了2项国家社会科学基金一般项目、2项中国社会科学院创新工程项目。中国社会科学院伦理学学科于2021年5月15—16日在北京召开“伦理学中的自由问题”研讨会，来自中国社会科学院、中国人民大学、澳门科技大学等14所高校和科研院所的30余位专家学者与会。

（五）中共中央党校伦理学学科发展

中共中央党校伦理学教研室拥有一支知识结构和年龄结构都比较合理的教学与科研队伍。2021年，本学科科研成果丰硕，学科教师发表了40余篇学术论文并出版了2部学术专著。研究成果主要围绕三方面展开：其一，伦理学基础理论研究。学科教师以推进公民道德建设为切入点，探讨了道德规范、道德教育、道德楷模以及家风家教等伦理学基本问题和范畴。发表了《守公德强化为民服务的担当精神》《重视道德教育对法治的支撑作用》《新时代焦裕禄精神的基本内涵》《周恩来邓颖超红色家风的“八互”原则》《家国情怀的精神境界与历史文化内涵》等学术文章，译著《关于善恶的对话》，从不同角度分析论证了道德教育在新时代公民道德建设、家风家教中的重要作用。其二，马克思主义伦理思想研究。主要成果有《中国共产党建党精神的道德底蕴》《中国特色社会主义对人类文明形态的多维创新》《中国共产党人道德的人民性》，揭示了中国共产党之所以“能”、中国道路之所以“行”的道德支撑。其三，中国传统伦理思想。学科教师围绕传统文化的时代价值，发表了《论孔子的历史伦理思想》《淡泊明志，潜心经教——郑玄的治学之道》《古人如何注重家教家风》《〈群书治要〉对构建新时代人才治理体系的启示》《贞观之治与〈群书治要〉》《〈群书治要〉与百年大党》《〈中庸〉“素其位而行，不愿乎其外”的领导智慧》《从〈群书治要〉治道思想看儒家圣贤政治体系》《古人举善进贤的教化之功》《坚持胸怀天下》《典籍中的盛衰说》《中华文化和中国精神的时代精华》等学术论文多篇，出版专著《领导干部读〈群书治要〉》（3卷本）。

（六）北京师范大学伦理学学科发展

2021年北京师范大学伦理学团队在学术研究上，围绕当代社会科技伦理的诸多问题，展开深入系统的研究，共发表CSSCI期刊论文10篇和译文1篇。研究成果主要围绕四个方面展开：其一，伦理学基础理论研究。廖申白教授以理论研究与文本译注相结合的方式，完成重大项目“希腊罗马伦理学综合研究”课题的初稿，既全景式又专题性地推进了国内古希腊伦理思想研究。其二，中国传统伦理思想的研究。在现代性视域下探究儒家义命观与理想人格培养，发表《论儒家义命观的二重批判性》《儒家人格伦理学的理论自觉》《恕与推：孔孟仁爱情感养成理论及其启示》，揭示了儒家伦理学蕴示未来伦理学的更优建构路径，推动了儒家伦理思想在当代语境下的有效哲学重构。其三，西方伦理思想的研究。围绕实践理性和审美判断力这两种高级认识能力，发表《美作为德性的象征》《论康德审美情感的意向性》，确定了美是道德作为理性概念在类比方式上的直观化，明晰了道德教化和审美教化之间的促进关系。其四，实践伦理学的研究。在当代科技革命背景下，围绕科技伦理与人类幸福两大主题，发表《人类增强的完美悖论及其伦理旨趣》《亚里士多德关于“幸福”原理的“实践”论证》

《“我们”在何意义上“能够是幸福的”》，深度审视了人类改造技术的道德前景，探索了人类幸福的实践道路。

（七）首都师范大学伦理学学科发展

2021年首都师范大学伦理学学科教师围绕道德价值、社会公正、科研诚信、信用教育、教师道德等伦理问题，发表10余篇学术论文。研究成果主要集中于五个方面：一是伦理学原理方面的研究，如《提升国家治理效能需要发挥道德的支撑作用》《“选树诚信榜样”引领诚信风尚》《中国共产党百年辉煌的道德密码》等；二是中国传统伦理问题的研究，如《中国传统文化中政德建设的特点及现代启示》等；三是西方伦理问题的研究，如《优绩主义错在何处》《罗尔斯的“民主的平等”及其隐性屏障——从性别分工的角度看》等；四是应用伦理学问题的研究，如《科研信用建设的两个维度》《社会信用教育的实现路径研究》等；五是教师职业道德建设研究，如《师德建设的三重维度》等。

二、学术研究状况

2021年北京地区的伦理学研究，呈全面发展、多点开花的态势，不仅对马克思主义伦理思想、伦理学基本原理、中西方伦理思想持续展开多维视角的研究，而且对应用伦理学相关问题的研究更加具体和深入。

（一）马克思主义伦理思想研究

2021年北京地区伦理学理论工作者，以中国的发展与世界关系的变化为主要考察对象，立足世界百年未有之大变局与中华民族伟大复兴战略全局，紧紧围绕马克思主义伦理思想、建党百年与建党精神、政治伦理等问题，进行了深入研究。

学者们对马克思伦理思想的相关问题进行了研究。有学者对马克思主义伦理学本身的知识合法性问题进行了探讨，李义天在《马克思主义伦理学的前置问题》[1]一文中指出，与初始问题相比，马克思主义伦理学还存在着一个更具前提性和基础性的前置性问题，即马克思主义伦理学本身的知识合法性问题。学者们还研究了马克思的经济道德思想、正义观、自由观以及马克思的“事实—价值”关系的辩证法和对“社会进步与道德演进”问题的超越等。闫远凤在《马克思经济道德思想研究及其现实价值》[2]一文中认为，马克思虽未直接研究经济道德问题，但在其哲学、政治经济学和科学社会主义理论视野中包含着非常丰富的经济道德内容，而且被提升到人类解放的高度。臧峰宇在《苏格兰情感正义论与马克思的正义观念》[3]一文中指出，马克思的正义论并非主要面向市民社会，而是立足于社会化的人类的实际需要。这种正义论基于政治经济学批判，将道义的实现置于经济生产、分配、消费、交换的过程。李旸在《历史唯物主义视域下的正义观念——兼评艾伦·伍德对马克思正义思想的根本性误解》[4]一文中指出，回应“伍德难题”，既需要从文本和逻辑上对其论证进行归谬反驳，还需要在历史唯物主义视域下澄明正义观念生成的辩证机制。王洪波、严松在《超越理性主义的形式自由何以可能——马克思自由观的现代阐释》[5]一文中指出，予自由以理性形式是西方自由观的显著特征，以“批判—革命—解放”为基本逻辑，马克思实现了对西方形式主义理性自由观的超越。张霄在《马克思理解“事实—价值”关系的辩证法：一个早期视角》[6]一文中指出，马克思的辩证法把事实和作为事实应然状态的价值理解为同一历史过程的不同环节，把事实和事实某种应然状态的对立理解为历史活动的内在动力，最终在特定的社会理论中理解这些环节和动力的历史变化和发展。张雯在《论马克思对“社会进步与道德演进”问题的超越——以代价理论为环扣》[7]一文中指出，马克思批判地继承了前人的成果，从辩证唯物主义和历史唯物主义的高度有效地解决了社会进步与道德演进中的代价问题，因而也弥合了启蒙哲学家关于“文明与道德的悖反”的思想张力。

（二）伦理学原理研究

2021年伦理学界对伦理学原理的研究，主要聚焦于道德功能、道德与法律关系、道德教育、伦理学与形而上学的关系、伦理学知识体系的构建、现代性视域中个体道德以及个人与社会的关系等问题。

其一，道德功能的研究。肖群忠的《论“个体品德”及其培育的当代意义》[8]认为，注重个体品德培育符合古今中外人类道德生活的内在规律，有利于提升中华民族特别是干部的道德素质。王淑芹在《提升国家治理效能需要发挥道德的支撑作用》[9]中指出，国家治理效能的提升有赖于多种因素融通互促、同频共振形成的合力。道德是提升国家治理效能不可或缺的重要因素，不仅为制度提供价值导向，也为制度执行提供精神保障。曹刚在《当代社会团结的伦理反思》[10]中指出，要解决面临的现实问题，既需要重新树立以道德的集体主义为内容的道德共识，重新巩固社会的精神纽带，也需要在确保自由竞争的同时，给自由竞争确立边界，确认和维护社会的共同利益，还需要用友谊拯救社会冷漠，通过个体、组织和制度化的友爱来重塑社会的情感纽带。王江伟在《论“好人”观念》[11]中指出，“好人”与“好心”“好事”“好报”等共同构成了一个自相融洽的观念群，从而使自身得到道义论和功利论的双重支撑，在总体上提供了对“陌生人问题”的一种可能回应。

其二，道德与法律关系的研究。曹刚在《立法促德如何可能——关于文明行为促进条例的伦理学思考》[12]中指出，文明行为促进条例是关于道德的专门、系统的立法，在国家治理和道德建设中发挥着越来越重要的作用；文明行为促进条例中文明行为的规范应包括倡导性规范、禁止性规范和重点治理三个部分；文明行为促进工作的开展应遵循以人为本、德法兼治和社会共治三个原则。孙海波在《道德立法的法哲学省思》[13]一文中指出，面对道德多样化的生活实践，立法要遵守不应强人所难的基本原则；在尊重价值多元的前提下，道德立法可采用鼓励和强制并重的方式，从不同角度引导人们弃恶扬善；道德在本质上是一种反思性的善，决定道德立法应有必要的限度。曹刚对《民法典》的伦理精神进行了解读。

其三，道德教育的研究。冯刚在《立德树人与时代新人培育的内在逻辑》[14]中阐明，要围绕培育时代新人主题分析立德树人思想的发展和演进，把握立德树人与时代新人的内涵和逻辑，优化立德树人与时代新人的培育路径。中国特色社会主义进入新时代，公民道德建设既要靠“教育倡导”，也离不开“有效治理”。王维国在《深化新时代公民道德领域有效治理的着力点》[15]中指出，应树立系统意识和整体观念，确立公民道德领域有效治理的目标，加强公民道德领域的重点治理，推进道德自律与道德他律的内外结合，坚持正式制度与非正式制度协同，构建政治引领与法治、德治、自治、智治相结合的现代化道德治理体系。谢惠媛在《深化道德教育引导的道德情感进路探析》[16]中认为，激发与培育道德情感是深化道德教育引导的必然要求与有效方法。李佳金在《中国共产党立德树人理念的百年演变及经验》[17]中指出，中国共产党百年历程中，立德树人理念经历了五个阶段的演变。这种既有继承，又根据时代有所发展的特质，是中国共产党保持马克思主义政党强大生命力的思想源泉。

其四，伦理学与形而上学关系的研究。张志伟在《重思伦理学与形而上学之间的关系——以海德格尔哲学为“视阈”》[18]中指出，在全球化的时代背景下，或许我们首要应该考虑的是人与人之间、国家之间乃至文化之间能够和平共存而作为“底线”的基本规则。魏犇群在《历史与道德辩护的限度——内格尔和威廉斯之争》[19]一文认为，“历史错误论证”不仅挑战了普遍主义的道德辩护观，还会对普遍主义的道德观以及道德实在论构成威胁。

其五，伦理学知识体系的构建研究。如何实现伦理学知识体系的转换与发明，是当代伦理学必须面对和解决的一大难题。在《当代伦理学知识体系的转换与发明——如何构建具有问题意识和方法论特点的伦理学对话》中[20]，何怀宏的伦理学理论创新的进路和理论体系的构建具有四个方面的特点：一是自觉地做到了伦理学问题意识和话语的转换与调适；二是与时俱进地保持着其伦理学理论体系的不断创新；三是构建了富有时代特点的理性主义的纯粹伦理学理论；四是在伦理学的方法层面实现了转识成智。

其六，现代性视域中个体道德以及个人与社会关系的研究。现代性呈示出一种不可逆转的个体崛起的趋势，这一趋势以前所未有的规模与速度提升了人之个体的尊严与价值，为每一个人内在潜力的迸发和自主生命的展现提供了历史性的机遇。甘绍平在《个体的崛起与道德的主体》[21]一文中指出，在这种风险与挑战面前，每一个人想要证明自己是一位理性、成熟的行为主体，就必须基于人性需求，通过对自身整体利益及长远利益、他者利益及社会利益的全盘统一的研判与考量，自觉主动地与他人建构起一种对于自身福祉与社会秩序均有保障作用并体现出自主、理性、普适的契约道德。刘爱玲、王梦瑶在《社会现代化转型中的道德两难与应对》[22]中指出，消解社会现代化转型中道德两难困境的有效路径为：引导社会现代化转型中的个体认知，构建理性道德；引导人与自然统合，构建生态道德；引导个体与社会融合，构建社会公德。

（三）中国传统伦理思想研究

中华优秀传统文化是中华民族的精神命脉，是涵养社会主义核心价值观的重要源泉，也是我们在世界文化激荡中站稳脚跟的坚实根基。学界围绕中国传统伦理思想进行了系列研究，呈现出两方面的研究态势：一方面，对传统伦理思想理论问题进行新的解读与梳理，集中在儒家历史伦理、儒家责任伦理、传统宗教伦理、君臣遇合伦理等；另一方面，基于新时代国家和社会关注的重大道德问题以及道德关切，学者们试图在阐明传统伦理思想基础上，对其进行创造性转化，阐发其当代价值。

其一，传统儒家伦理思想研究。学者们对儒家历史伦理、儒家责任伦理、君臣遇合伦理、儒家美德论等进行了系统研究。靳凤林在《论孔子的历史伦理思想》[23]中认为，孔子评述历史事件所采用的“寓褒贬，别善恶”的春秋笔法作为一种历史伦理观，奠定了两千多年来中国史学的理论根基，并成为历代史学家修纂史书的指导思想和中国史书反复阐明的“史义”。田旭、王云萍在《儒家责任伦理与有效治理》[24]中指出，儒家责任伦理使我们注意到，有效治理需要兼容美德和规则。一个脱离责任心的治理体系，无论其制度设计多么严谨与精细，都未能穷尽有效治理的应有之义。刘子珍的《清华简〈治政之道〉〈治邦之道〉之君臣遇合伦理探论》[25]一文认为，清华简《治政之道》《治邦之道》所载君臣观既注重君主教化，上下各有其修，同时也强调君臣政治主体地位平等，尊重双方正当利益，跳出了诸子义利之辨学理上的讨论，注重从现实政治实践出发。王楷的《君子上达：儒家人格伦理学的理论自觉——以陈来先生〈儒学美德论〉为中心》[26]一文认为，儒家理想人格不仅追求道德上的完满，更进而寻求在天人关系中安顿生命与价值，具有深切的形上意蕴。整体而言，在反思和批判现代性的背景之下，儒家伦理学蕴示着一种相对更优的未来伦理学的建构路径。

其二，朱熹伦理思想的专题研究。学者们对朱熹伦理思想中的道德动力、道德形态、道德认知、道德勇气等问题进行了探讨。陈来的《朱子论羞恶》[27]认为，按朱子哲学体系，义与仁礼智一样，属于性之理。孟少杰的《朱子的“诚意”论及其道德动力》[28]一文，对朱熹的诚意说及其道德动力进行了探讨；高海波的《自律还是他律——反思牟宗三对朱子格物致知理论的定位》[29]一文认为，在朱子那里，格物致知就是克服气禀、物欲的影响，从而使主体充分认识自身性理并使其现实呈现的过程；赵金刚的《朱熹浩然之气、道德认知与道德勇气述论》[30]一文指出，朱熹在其理学构架内重新对“浩然之气”进行了诠释。

其三，中华优秀传统文化的整体特质与当代价值研究。学者们就中国传统道德伦理体系的特质、优秀传统文化的核心价值等进行了探讨。金德楠在《中国传统道德伦理体系的整体主义特质及其时代价值》[31]一文中指出，中国传统道德伦理体系具有整体主义特质，中国传统道德伦理体系也展现为以整体主义为指向的价值原则。肖群忠在《优秀传统文化的核心价值与当代中国社会文化发展》[32]一文中认为，中华优秀传统文化的核心价值理念以及社会秩序整合与政治治理的精神原则对主体修养与安身立命的精神滋养具有重要影响。肖群忠在《论中华传统美德的当代地位与作用——兼论传统美德与社会主义道德的关系》[33]中认为，中华传统美德与社会主义道德在本质上是同质的，它们之间是本来与未来、基础与导向的关系。不忘本来，吸收外来，面向未来，准确表达了对这三种道德资源的应有态度。

（四）西方伦理思想研究

西方伦理思想研究主要集中在两个方面：一是西方传统伦理思想研究持续推进；二是罗尔斯道德理论、赫斯特豪斯的美德伦理得到关注。基于理论与现实的双重维度，各种理论争锋激烈。其中，美德伦理与平等正义问题成为学界关注的一大主流方向。

其一，西方传统伦理思想研究。学者们对古希腊德性伦理、密尔伦理思想、康德伦理思想中的重要议题进行研究。刘玮在《用智慧驯化勇敢：古希腊德性政治的演进》[34]一文中指出，古希腊德性的发展演进特点是用理智和智慧驯化勇敢，把勇敢纳入智慧的轨道。杨伟清在《后果、动机与意图——论密尔的道德评价理论》[35]一文中指出，后果、动机与意图是理解密尔道德评价理论的三个关键词。龚群在《休谟的自然主义情感论》[36]一文中指出，休谟基于人的自然先天结构探讨人的情感及其发生。叶骏在《人关于动物是否有义务？——从康德义务论体系谈起》[37]一文中指出，康德所论述的“人对动物负有间接义务”在整个康德义务论体系中是融洽且一致的，且我们有出于自然的可传达性而对动物的同情，这可以支撑人关于动物的间接义务还原为对人的直接义务。

其二，罗尔斯道德理论专题研究。罗尔斯的公平正义理论继续受到学者们的关注。周濂在《自尊与自重——罗尔斯正义理论的伦理学承诺》[38]一文中，从语用学、道德心理学以及规范理论三个层面区分“自尊”“自重”概念，借此重构罗尔斯的自尊解释，进而阐明“平等待人”的真正内涵以及政治哲学的伦理学承诺。李义天、刘畅在《超越差别原则——凯·尼尔森对罗尔斯正义理论的批判》[39]一文中指出，尼尔森对差别原则的批判，揭示出自由主义平等主义理论的局限性，进一步凸显了马克思主义平等观念与自由主义平等立场之间的根本差异与分歧。朱慧玲在《罗尔斯的“民主的平等”及其隐性屏障——从性别分工的角度看》[40]中认为，一些批评意见和公民共和主义相关理论，如对共同体和公共善的强调、结合公共善理论对分配标准的重新反思，可以为“民主的平等”给出几种矫正性的进路。

其三，赫斯特豪斯的美德伦理专题研究。学者们围绕赫斯特豪斯的美德伦理学理论，对美德伦理学的动机理论、美德伦理学的行为理论以及美德伦理学中的重要问题进行了一系列探讨。李义天在《美德伦理学的行为理论：误解与回应——重访罗莎琳德·赫斯特豪斯的新亚里士多德主义论证》[41]中认为，通过将正确的行为奠基于有美德的行为者及其美德品质，美德伦理学提供了一种与规则伦理学的行为理论之间具有逻辑同构性的说明。关于美德伦理学的动机问题，李义天在《美德伦理学的动机理论——对赫斯特豪斯的新亚里士多德主义方案的梳理与重构》[42]中认为，美德伦理学持有一种经过改造和扩充的动机概念，美德行为者被认为“出于品质”而实施正确的行动。张霄、冉越在《容纳“超义务”概念的美德伦理学进路：从降低标准到考验美德》[43]中认为，赫斯特豪斯提出的“考验美德”的超义务标准是目前最有力的辩护。李义天在《何种品质堪称美德？——论赫斯特豪斯的新亚里士多德主义美德标准理论》[44]中指出，赫斯特豪斯奠基于亚里士多德的人性理论，不仅回应了既有挑战，而且为其新亚里士多德主义的美德标准理论提供了相应的论证与辩护。

其四，现代伦理思想相关议题的研究。学界关注哈贝马斯、弗洛姆、弗兰克等人的伦理思想。晏扩明、李义天在《话语、交往与政治转向：哈贝马斯商谈伦理学的思想历程及其反思》[45]中认为，哈贝马斯提出商谈伦理学是战后西方马克思主义伦理学发展的重要转折。晏扩明在《弗洛姆人道主义伦理学探究：人性、规范与社会主义》[46]中对弗洛姆的人道主义伦理学做了探究。徐凤林在《弗兰克对道德命令的本体论阐释》[47]中对弗兰克的道德义务思想进行了本体论解释。

（五）应用伦理学研究

2021年，北京地区伦理学理论工作者，对政治伦理、科技伦理、经济伦理、医学伦理、环境伦理、核威慑伦理等问题进行了具体研究。

其一，政治伦理问题研究。学者们以建党百年为契机，围绕中国共产党的人格理想、精神谱系、共产主义道德、执政伦理等问题进行了深入研究。沈永福在《中国共产党百年辉煌的道德密码》[48]中指出，百年来中国共产党从领导人民进行革命、夺取政权的党，发展为领导人民取得政权并长期执政的党，在其百年辉煌的伟大历程中，道德“精气神”的“密码”发挥着不可替代的重要作用。靳凤林在《中国共产党建党精神的道德底蕴》[49]中认为，要全面把握建党精神的深刻内涵，就必须对建党精神所蕴含的道德伦理意旨予以深入挖掘和科学梳理。石中英在《中国共产党百年来的人格理想与人格教育》[50]中认为，围绕着理想人格的培育，党在过去一百年间形成了比较丰富的人格教育思想与实践，党的人格教育思想和实践，使党的人格理想得到广泛传播，成为一百年来党自身不断发展壮大的一种重要机制。王易在《中国共产党精神谱系的百年流变、精髓要义及赓续发展》[51]一文中认为，中国共产党精神谱系以独特的精神形态标明了中国共产党在实现民族复兴实践中的精神特质，连缀起中国共产党百年伟大奋斗历程的内在精神理路。鄯爱红在《立政德赓续共产党人的精神血脉》[52]一文认为，以信念教育、宗旨教育和品行修养为主要内容的政德建设，是中国共产党实现自我净化、自我完善、自我革新、自我提高的重要途径。徐斌在《共产党员如何准确理解和践行共产主义道德》[53]中认为，共产党员应该有共产主义道德追求，这是由党的性质、党的历史使命和道德的本质、功能决定的。戴木才、彭隆辉在《论中国共产党执政伦理建设的首要问题》[54]中指出，党群关系是中国共产党执政的首要政治伦理关系，这一首要政治伦理关系决定了中国共产党领导和执政的根本问题是中国共产党与人民群众的关系问题即党群关系问题。

其二，科技伦理问题研究。学界主要对科技伦理基本问题、人工智能伦理问题、算法数据伦理问题等给予了关注和研究。李正风、刘诗谣在《建构科技伦理治理共同体的信任关系》[55]一文中指出，科技伦理有效治理的实现需要多元主体的共同参与，需要构建科技伦理治理共同体。田海平在《人类增强的完美悖论及其伦理旨趣》[56]中指出，人类增强技术在人类改造和增强自身的“功能完美性”方面表现得越是卓越或者越是不容置疑，它所遭遇到的伦理合法性质疑就会越大。张兆翔、张吉豫、谭铁牛的《人工智能伦理问题的现状分析与对策》[57]，在阐释当前人工智能伦理风险的基础上，分析了当前对人工智能伦理准则、治理原则和治理进路的一些共识，提出了以“共建共治共享”为指导理论，逐渐建设形成包含教育改革、伦理规范、技术支撑、法律规制、国际合作在内的多维度伦理治理体系等对策建议。章文光、贾茹的《人工智能的社会伦理困境：提升效率、辅助与替代决策》[58]认为，人工智能的社会伦理问题解决需要政府、企业和公众树立情景式的人机关系价值观，建立健全信息管理、失业保障和智能服务共享机制，确保公共干预以不侵害个体权利为前提，提升人类自主实践能力并构建健康有序新型社会关系。顾心怡、陈少峰的《脑机接口的伦理问题研究》[59]认为，建立健全技术安全性原则、脑隐私保护原则、自主决策原则、分配正义原则和政策保障原则，有助于客观理性地看待脑机接口技术为人类带来的风险与收益，推动其以合伦理性的方式全面健康发展。邱仁宗在《数据伦理学的基本问题》[60]中指出，科技伦理学的研究应该从科技创新、研发和应用的实践中提出的规范性问题出发，而不是从哲学原则或概念出发。匡文波的《智能算法推荐技术的逻辑理路、伦理问题及规制方略》[61]认为，在数据采集、数据计算、算法模型中应当提升人的主导作用，寻找效率导向的“算法”与公平导向的“新闻”之间的平衡点，在此基础上建构算法推荐新闻的伦理规范原则及应用细则。

其三，经济伦理问题研究。孙春晨在《第三次分配的伦理阐释》[62]中指出，慈善事业和志愿服务是第三次分配的主要实现形式，基于慈善事业的第三次分配，更多地指向物质生活方面的共同富裕和财富分配正义；立足于志愿服务的第三次分配，更多地指向精神生活的共同富裕和社会道德风尚的改善。李欣隆的《功利论及其交易伦理观》[63]一文，基于功利主义的思想主旨，凝练概括了功利论交易伦理观的主要特征，为新时代正确评价交易行为提供道德性的前提。闫瑞峰的《数字资本的伦理逻辑及其规范》[64]认为，对数字资本的恶性伦理规训，需要以符合公共善的正义制度、权责一致的公正规则以及主体德性的职业善作为三大抓手，以此实现惩恶扬善、趋利避害的伦理治理效能。李欣隆、王露璐在《交易的道德性与我国法律规制研究》[65]一文中指出，富有成效的交易道德建设，需要坚持法治与德治相结合的原则，实行内规与外治的有机结合，尤其需要发挥好法律的惩恶扬善作用，为交易伦理秩序的形成提供法律保障。

其四，医学伦理问题研究。肖巍、孔舒的《构建人类卫生健康共同体的伦理蕴涵》[66]认为，“人类卫生健康共同体”理念不仅包含着人民至上、生命至上、追求公平正义，以及维护人类健康安全共同责任的伦理蕴涵，也为促进全球团结抗疫并取得最终胜利提供了伦理价值观指导。姚新中、尼莎的《新冠疫情与全球化进程中的关系伦理》[67]，从历史层面的关系性、现实层面的关系性和方法层面的关系性视角，探讨了后疫情时代人类命运共同体的话语构建和全球化关系伦理的表达方式。甘绍平在《稀缺医疗资源的分配伦理》[68]中指出，在稀缺医疗资源的分配问题上，公正原则要求我们对同等者应同等对待，对不同等者应不同对待。杨晓征、丛亚丽的《新冠疫情中卫生资源分配的伦理原则概述》[69]，梳理了卫生资源分配涉及的公正问题，分析了分配实践中原则的应用等。王慧媛、李鹏飞等人的《基因编辑技术伦理治理探讨》[70]，概述了近年来涉及伦理问题的基因编辑技术研究和应用进展，重点梳理国际上相关问题的讨论及在伦理治理方面的态度和探索。

其五，环境伦理问题研究。秦红岭在《新型城镇化背景下城市更新的伦理审视》[71]中指出，聚焦城市更新伦理价值维度，从空间人本伦理看，应超越增长范式，向宜居城市目标迈进。王妍在《论环境伦理与人的辩证本性之耦合关系》[72]中指出，从人的辩证本性出发对环境伦理的内在结构进行审视可以清晰地呈现环境伦理的理论属性，形成二者相互认同的内在逻辑与理论关系，揭示环境伦理存在的合理性，展现其理论的应然状态，敞开其面向未来发展的可能性，能够进一步发展马克思主义环境伦理学。

其六，核威慑伦理问题研究。甘绍平在《外生冲突与威慑伦理》[73]中指出，核威慑伦理关涉到对核战略的道德价值的分析研判，是一般威慑伦理的一种特殊的表现形式。刘利乐在《威慑的伦理意涵》[74]中指出，威慑通过激发共同意志来厚植理性基础，增强主体自由能力和提升抑制恶的道德能力，它为合作培植群体性思维与相互依赖关系，增强合作互信与正义感，也为正义提供外在执行机制。

三、问题思考与研究建议

2021年，北京伦理学界贯彻百家争鸣的方针，坚持实事求是的科学态度，对伦理学领域的重大理论和实践问题进行了深入研究，为加强新时代公民道德建设，淳化社会风气，推进物质文明与精神文明相协调的中国式现代化发挥了重要的学理支撑和精神引领作用，但同时也要看到理论研究的薄弱环节。

学术研究无止境。北京地区伦理学今后的研究方向，应侧重对如下重要基础理论和重大实践问题的研究：一是深耕伦理学基础理论。对道德需要、道德本质、道德功能、道德范畴、道德二难选择处境等伦理学基础理论问题的研究，需要结合中西方伦理思想和当代社会实践进行综合研究，推动形成中国特色伦理学学科体系、学术体系、教材体系和话语体系。二是重点研究中华优秀传统道德文化的创造性转化和创新性发展。在对中国传统伦理思想进行系统挖掘的基础上，梳理与条陈好中国人民在长期生产生活中积累的道德观，突出中国传统伦理的道义论特色，尤其是阐释好中国优秀传统道德文化，在我国现代市场经济健康发展中和现代化强国建设中，发挥重要文化支撑作用。三是重点研究中国式现代化蕴含的伦理精神。需要深入研究共同富裕的伦理基础；需要深入研究在现代化建设中如何加强道德建设，为经济社会发展提供精神动力；需要深化对环境伦理的研究。四是重点研究政治伦理，尤其是需要系统论述自我革命的伦理学基础，构建政德建设的有效路径。五是加强平台经济伦理的研究。平台经济是一种新业态，数据成为重要生产要素，需要深入研究数据伦理问题及其规制。六是加强科技伦理的深入研究。科学技术是第一生产力，创新是第一动力，处理好科技利益与道德的关系问题，至关重要，需要伦理学人系统研究科技伦理规范及科技工作者良好道德品德的培育等问题。七是提高解决首都精神文明建设中的重大实践问题的能力。基于首都“四个中心”建设，需要对“首善之都精神文明建设”“公共文明指数提升”等实践问题，给予特别关注和重点研究，使伦理学的研究成果能够为首都精神文明建设的科学布局和路径选择提供理论支撑和参考依据。

注：

[1] 李义天:《马克思主义伦理学的前置问题》,《中国社会科学评价》，2021年第4期。

[2] 闫远凤:《马克思经济道德思想研究及其现实价值》,《苏州大学学报（哲学社会科学版）》，2021年第5期。

[3] 臧峰宇:《苏格兰情感正义论与马克思的正义观念》,《道德与文明》，2021年第2期。

[4] 李旸:《历史唯物主义视域下的正义观念——兼评艾伦·伍德对马克思正义思想的根本性误解》,《国外理论动态》，2021年第6期。

[5] 王洪波、严松:《超越理性主义的形式自由何以可能——马克思自由观的现代阐释》,《哲学动态》，2021年第6期。

[6] 张霄:《马克思理解“事实—价值”关系的辩证法：一个早期视角》,《哲学研究》，2021年第5期。

[7] 张雯:《论马克思对“社会进步与道德演进”问题的超越——以代价理论为环扣》,《福建论坛（人文社会科学版）》，2021年第3期。

[8] 肖群忠:《论“个体品德”及其培育的当代意义》,《伦理学研究》，2021年第5期。

[9] 王淑芹:《提升国家治理效能需要发挥道德的支撑作用》,《光明日报》，2021年1月21日。

[10] 曹刚:《当代社会团结的伦理反思》,《伦理学研究》，2021年第4期。

[11] 王江伟:《论“好人”观念》,《伦理学研究》，2021年第4期。

[12] 曹刚:《立法促德如何可能——关于文明行为促进条例的伦理学思考》,《湖北大学学报（哲学社会科学版）》，2021年第2期。

[13] 孙海波:《道德立法的法哲学省思》,《学术月刊》，2021年第5期。

[14] 冯刚:《立德树人与时代新人培育的内在逻辑》,《四川师范大学学报（社会科学版）》，2021年第5期。

[15] 王维国:《深化新时代公民道德领域有效治理的着力点》,《思想理论教育导刊》，2021年第3期。

[16] 谢惠媛、岳红:《深化道德教育引导的道德情感进路探析》,《北京航空航天大学学报（社会科学版）》，2021年第3期。

[17] 李佳金:《中国共产党立德树人理念的百年演变及经验》,《科技导报》，2021年第12期。

[18] 张志伟:《重思伦理学与形而上学之间的关系——以海德格尔哲学为“视阈”》,《道德与文明》，2021年第1期。

[19] 魏犇群:《历史与道德辩护的限度——内格尔和威廉斯之争》,《哲学研究》，2021年第3期。

[20] 何怀宏、戴兆国:《当代伦理学知识体系的转换与发明——如何构建具有问题意识和方法论特点的伦理学对话》,《求是学刊》，2021年第5期。

[21] 甘绍平:《个体的崛起与道德的主体》,《哲学动态》，2021年第8期。

[22] 刘爱玲、王梦瑶:《社会现代化转型中的道德两难与应对》,《教育理论与实践》，2021年第1期。

[23] 靳凤林:《论孔子的历史伦理思想》,《中国人民大学学报》，2021年第3期。

[24] 田旭、王云萍:《儒家责任伦理与有效治理》,《世界哲学》，2021年第3期。

[25] 刘子珍:《清华简〈治政之道〉〈治邦之道〉之君臣遇合伦理探论》,《伦理学研究》，2021年第

6期。

［26］王楷：《君子上达：儒家人格伦理学的理论自觉——以陈来先生〈儒学美德论〉为中心》，《道德与文明》，2021年第1期。

［27］陈来：《朱子论羞恶》，《国际儒学（中英文）》，2021年第1期。

［28］孟少杰：《朱子的“诚意”论及其道德动力》，《哲学研究》，2021年第10期。

［29］高海波：《自律还是他律——反思牟宗三对朱子格物致知理论的定位》，《道德与文明》，2021年第3期。

［30］赵金刚：《朱熹浩然之气、道德认知与道德勇气述论》，《伦理学研究》，2021年第2期。

［31］金德楠：《中国传统道德伦理体系的整体主义特质及其时代价值》，《理论探索》，2021年第3期。

［32］肖群忠：《优秀传统文化的核心价值与当代中国社会文化发展》，《中国特色社会主义研究》，2021年第5期。

［33］肖群忠：《论中华传统美德的当代地位与作用——兼论传统美德与社会主义道德的关系》，《中国特色社会主义研究》，2021年第1期。

［34］刘玮：《用智慧驯化勇敢：古希腊德性政治的演进》，《道德与文明》，2021年第1期。

［35］杨伟清：《后果、动机与意图——论密尔的道德评价理论》，《人文杂志》，2021年第4期。

［36］龚群：《休谟的自然主义情感论》，《北京师范大学学报（社会科学版）》，2021年第2期。

［37］叶骏：《人关于动物是否有义务？——从康德义务论体系谈起》，《自然辩证法研究》，2021年第7期。

［38］周濂：《自尊与自重——罗尔斯正义理论的伦理学承诺》，《伦理学研究》，2021年第1期。

［39］李义天、刘畅：《超越差别原则——凯·尼尔森对罗尔斯正义理论的批判》，《湖北大学学报（哲社版）》，2021年第3期。

［40］朱慧玲：《罗尔斯的“民主的平等”及其隐性屏障——从性别分工的角度看》，《道德与文明》，2021年第3期。

［41］李义天：《美德伦理学的行为理论：误解与回应——重访罗莎琳德·赫斯特豪斯的新亚里士多德主义论证》，《学术研究》，2021年第5期。

［42］李义天：《美德伦理学的动机理论——对赫斯特豪斯的新亚里士多德主义方案的梳理与重构》，《江海学刊》，2021年第5期。

［43］张霄、冉越：《容纳“超义务”概念的美德伦理学进路：从降低标准到考验美德》，《江苏行政学院学报》，2021年第3期。

［44］李义天：《何种品质堪称美德？——论赫斯特豪斯的新亚里士多德主义美德标准理论》，《华东师范大学学报（哲学社会科学版）》，2021年第6期。

［45］晏扩明、李义天：《话语、交往与政治转向：哈贝马斯商谈伦理学的思想历程及其反思》，《国外理论动态》，2021年第6期。

［46］晏扩明：《弗洛姆人道主义伦理学探究：人性、规范与社会主义》，《齐鲁学刊》，2021年第2期。

［47］徐凤林：《弗兰克对道德命令的本体论阐释》，《求是学刊》，2021年第4期。

［48］沈永福、郭敏科：《中国共产党百年辉煌的道德密码》，《伦理学研究》，2021年第4期。

［49］靳凤林：《中国共产党建党精神的道德底蕴》，《道德与文明》，2021年第5期。

［50］石中英：《中国共产党百年来的人格理想与人格教育》，《中国教育学刊》，2021年第5期。

［51］王易：《中国共产党精神谱系的百年流变、精髓要义及赓续发展》，《马克思主义研究》，2021年第5期。

［52］鄯爱红：《立政德赓续共产党人的精神血脉》，《前线》，2021年第5期。

［53］徐斌：《共产党员如何准确理解和践行共产主义道德》，《人民论坛》，2021年第11期。

［54］戴木才、彭隆辉：《论中国共产党执政伦理建设的首要问题》，《伦理学研究》，2021年第4期。

［55］李正风、刘诗谣：《建构科技伦理治理共同体的信任关系》，《科学与社会》，2021年第4期。

［56］田海平：《人类增强的完美悖论及其伦理旨趣》，《江苏行政学院学报》，2021年第2期。

［57］张兆翔、张吉豫、谭铁牛：《人工智能伦理问题的现状分析与对策》，《中国科学院院刊》，2021年第11期。

［58］章文光、贾茹：《人工智能的社会伦理困境：提升效率、辅助与替代决策》，《东岳论丛》，2021年第8期。

［59］顾心怡、陈少峰：《脑机接口的伦理问题研究》，《科学技术哲学研究》，2021年第4期。

［60］邱仁宗：《数据伦理学的基本问题》，《医学与哲学》，2021年第7期。

[61] 匡文波:《智能算法推荐技术的逻辑理路、伦理问题及规制方略》,《深圳大学学报(人文社会科学版)》,2021年第1期。

[62] 孙春晨:《第三次分配的伦理阐释》,《中州学刊》,2021年第10期。

[63] 李欣隆:《功利论及其交易伦理观》,《南京师大学报(社会科学版)》,2021年第5期。

[64] 闫瑞峰:《数字资本的伦理逻辑及其规范》,《海南大学学报(人文社会科学版)》,2021年第4期。

[65] 李欣隆、王露璐:《交易的道德性与我国法律规制研究》,《理论视野》,2021年第3期。

[66] 肖巍、孔舒:《构建人类卫生健康共同体的伦理蕴涵》,《人民论坛》,2021年第29期。

[67] 姚新中、尼莎:《新冠疫情与全球化进程中的关系伦理》,《中州学刊》,2021年第8期。

[68] 甘绍平:《稀缺医疗资源的分配伦理》,《道德与文明》,2021年第2期。

[69] 杨晓征、丛亚丽:《新冠疫情中卫生资源分配的伦理原则概述》,《医学与哲学》,2021年第9期。

[70] 王慧媛、李鹏飞、徐丽娟、张丽雯、贺彩红、范月蕾、于建荣、许智宏:《基因编辑技术伦理治理探讨》,《中国科学院院刊》,2021年第11期。

[71] 秦红岭:《新型城镇化背景下城市更新的伦理审视》,《伦理学研究》,2021年第3期。

[72] 王妍:《论环境伦理与人的辩证本性之耦合关系》,《自然辩证法研究》,2021年第4期。

[73] 甘绍平:《外生冲突与威慑伦理》,《东南大学学报(哲学社会科学版)》,2021年第2期。

[74] 刘利乐:《威慑的伦理意涵》,《东南大学学报(哲学社会科学版)》,2021年第2期。

(北京伦理学会供稿)

经济学(一)

摘　要

2021年,北京地区理论经济学界继续围绕“习近平新时代中国特色社会主义经济思想”“中国特色社会主义政治经济学”“马克思主义政治经济学的基本理论”“国外马克思主义政治经济学”“当代资本主义经济与当代世界经济”等领域重大理论问题取得了一系列重要成果,而且就“共同富裕”“数字经济发展”“对外开放与新发展格局”“新型城镇化建设”“现代化经济体系建设”等改革开放领域时代命题取得重要新进展。

一、习近平经济思想研究

2021年,北京学界对习近平经济思想的主要内容和发展创新进行了归纳和探讨,并进一步对习近平经济思想的逻辑架构和理论品格进行了研究和阐释。主要包括:

1.新发展阶段、新发展理念和新发展格局的研究。一是对新发展阶段的依据、意义、内涵、特征、目标和路径等方面的研究。二是新发展理念的内涵及其在习近平经济思想中的主导作用,以及如何完整、准确、全面贯彻落实新发展理念的探讨。三是新发展格局的理论基础、历史和现实逻辑、深刻内涵、实现路径和时代价值等方面的研究。

2.坚持和完善社会主义基本经济制度特别是基本经济制度的总体特征和具体内容的研究。首先,所有制是社会主义基本经济制度的核心,主要从三个方面展开:一是不断发展壮大公有制经济,巩固公有制的主体地位;二是充分发挥公有制经济和非公有制经济的比较优势,构建“国民共进”的共同发展格局;三是稳步深化混合所有制改革,促进多种所有制经济在融合中实现高质量发展。其次,对收入分配制度改革的分析。最后,对社会主义市场经济体制实现形式和实现载体的研究。

3.经济高质量和建设现代化经济体系的研究。一是关于经济高质量发展的现实背景和内涵的分析;二是关于现代化经济体系的内涵和路径;三是关于经济高质量发展与现代化经济体系的关系。

4.中国式现代化道路的研究。主要包括中国式现代化道路的生成逻辑、丰富内涵、鲜明特质和走好中国式现代化道路的经验举措。

二、中国特色社会主义政治经济学

2021年度，中国特色社会主义政治经济学仍然是学界的研究重点，又适逢中国建党百年，学界还就中国共产党建党百年历程与中国的新民主主义革命、社会主义建设与改革，以及马克思主义中国化等进行了深入研究。

1.中国特色社会主义政治经济学学科体系构建。学界从中国特色社会主义政治经济学的研究目的、研究对象、研究方法、逻辑起点、逻辑主线、核心内容以及理论体系等方面展开研究，深化了认识，但存在一定争议，如何形成由相互联系的概念、范畴和原理所组成的、逻辑严谨的系统化学理化的中国特色社会主义政治经济学知识体系，有待进一步努力。

2.中国共产党建党百年与政治经济学。学者们对中国共产党百年奋斗史进行了总结，从工业化、对外开放、国有企业改革、农业现代化、扶贫开发等视角对中国共产党百年经济道路进行了总结；从土地制度、市场经济体制等视角对中国共产党百年经济制度进行了总结；从马克思主义政治经济学中国化所体现的四次创造性结合、中国共产党的初心和使命等视角对中国共产党百年经济思想进行了总结；学界普遍认为中国共产党的百年奋斗史彰显了中国智慧。

三、马克思主义政治经济学的基本理论

马克思主义政治经济学基本理论研究是中国特色社会主义政治经济学创新发展的基础和源泉。2021年度学术界在基本理论方面的研究成果很多，其中较为突出的是劳动价值论与剩余价值理论、资本有机构成提高与一般利润率下降、资本积累与经济危机、马克思恩格斯经典著作研究等四个方面。主要包括：

1.关于劳动价值论和剩余价值理论研究。2021年，针对劳动价值论的研究进展主要集中在从理论和模型角度对价值转型问题的完善、劳动价值论在数字经济时代的新发展。在剩余价值方面，主要集中在对剩余价值概念的辨析以及超额剩余价值的来源问题。

2.关于资本有机构成提高与一般利润率下降理论研究。争论的焦点还是置盐定理是否与利润率趋于下降理论相矛盾，或一般利润率下降趋势能否成立问题。

3.关于资本积累与经济危机的研究。主要围绕资本积累理论及当代经济金融化研究展开，探讨了当前资本主义经济的新变化，和对当代资本主义矛盾与危机的深刻反思。

4.关于马克思恩格斯经典著作的研究。学者们围绕《资本论》手稿及重要理论、恩格斯著作及思想对马克思主义理论的贡献、马克思主义理论与当代发展等方面展开了深入探讨。

四、国外马克思主义政治经济学

2021年，国外马克思主义政治经济学经典理论辨析和现实问题研究的最新进展，主要包括：

1.国外马克思主义政治经济学对经典问题的研究。学界从资本主义经济与周期、资本积累、剥削理论、货币与金融化理论、利润率下降规律与价值转形几个方面对于马克思主义政治经济学经典问题进行系统评述。国外马克思主义经济学经典问题的时代价值和适用性越来越高，古典马克思主义学派与后凯恩斯主义经济学派合流的趋势更加明显，理论分析与经验分析开始交叉。但还需要形成相对统一的理论体系，在辩证批判国外学者研究的基础上对其进行扩展。

2.国外马克思主义政治经济学对当代资本主义批判的现状与趋势。国外马克思主义政治经济学对当代资本主义的研究较为全面，基本涵盖了当代资本主义批判命题下主要的几个方面，在对资本主义积累模式和运行机制的分析上取得了较为丰硕的研究成果。

3.国外马克思主义经济学流派。国外马克思主义经济学流派的研究内容非常丰富，既详细介绍了国外马克思主义流派的相关理论，还运用马克思主义理论深入分析了相关流派的理论局限和最新进展。

五、当代资本主义经济与当代世界经济

2021年，世界经济经历了动荡、充满不确定因素的一年。新冠肺炎疫情仍在肆虐，由于主要资本主义国家应对疫情不力，导致经济受到拖累，让尚未走出低迷状态的世界经济雪上加霜。在此背景下，当代资本主义经济发展呈现何种特征、其矛盾有何变化，经济全球化及世界经济发展有何趋势，成为2021年经济学界学者们关注的重点话题。主要包括：

1.新冠肺炎疫情下的资本主义经济。学者们认为，在疫情影响下西方国家经济低迷的根源在于：新自由主义全球化形成的国际产业链、价值链存在结构性缺陷；新自由主义对公共福利的攻击造成灾难性后果。这促进了西方“工人阶级意识觉醒”和共产主义话语的重归，西方社会抵抗运动重新“回归激进政治传统”。

2.数字经济与数字资本主义的特征和矛盾。学者们认为，数字资本主义正在以新的生产方式重新塑造着资本主义的形态，但在根本上，数字资本主义仍然

没有背离资本主义发展的基本规律，它仍然面对着资本主义的主要矛盾。

3.新帝国主义批判。学者们认为，以美国为主要代表的资本主义国家企图通过政治霸权、经济霸权、文化霸权、军事霸权等手段控制世界，这是新帝国主义的基本表现。列宁的帝国主义论并未过时，当前资本主义的资本输出和赢利方式与列宁时代相比有所转变，但本质依旧。

4.经济金融化和金融动荡。学者们认为，金融化过程中，美国的宏观经济政策、经济增长模式随之调整，金融资本不仅通过传统信贷的间接方式分配剩余价值，而且直接从工人的工资中获得收益，导致工人阶级面临巨大的财务压力。美国政府也利用金融化操作削弱了国家的作用，使得政府在劳资矛盾调解中的政策失去效果。美国的阶级结构仍处在中产阶级被不断压缩而金融资本家阶级和工人阶级力量在不断积聚的变化过程中。

5.无上限量化宽松下的财政货币政策及其效果。学者们认为，美国财政与货币政策对其他国家宏观经济的影响主要体现在以下三个方面：第一，需求外溢渠道，此次美国财政政策侧重刺激需求，疫情约束下其国内供需缺口扩大。第二，价格渠道，疫情下全球经济政策同步扩张导致大宗商品供需错位，叠加充裕的美元流动性推动其价格快速上行。第三，国际资本流动渠道，美联储的宽松货币政策促使美元外流。

六、共同富裕研究进展

2021年，北京市专家学者在共同富裕研究领域的研究与经济政策制定的现实密切对照，反映出社会发展的新变化。主要包括：

1.共同富裕的内涵及特征。共同富裕的内涵兼具一般性和特殊性，共同富裕在新的历史方位上具有新的内涵。

2.共同富裕的评价测算。学界就构建共同富裕量化方法的原则与指标的稳定性、实用性与简便性方面进行了研究。

3.共同富裕思想的理论探索与历史经验。共同富裕彰显中国共产党的初心和使命，中国共产党的百年历史就是一部团结带领中国人民为实现中华民族伟大复兴不懈奋斗的历史。在新时代，以习近平同志为核心的党中央以对共同富裕思想的伟大创新，开创了新时代中国共产党带领全体人民走向共同富裕的新境界。学界总结了中国共产党探索实现共同富裕的理论与实践逻辑，梳理了改革开放以来党对于收入分配问题总体认识的演进过程。

4.推动共同富裕的现实路径。学者们就共同富裕实现路径的理念及制度基础、完善社会保障体系、优化收入分配格局、加强生态文明建设等方面进行了丰富的研究。

5.共同富裕与乡村振兴。实现巩固拓展脱贫攻坚成果同乡村振兴有效衔接，是全面建设社会主义现代化国家和实现全体人民共同富裕的需要。

七、数字经济发展研究

1.当代资本主义在数字经济时代的发展演变。数字帝国主义是帝国主义在数字时代的发展新阶段，是当代资本主义的最新表现形式，北京经济学界从形成、特征和掠夺方式等方面对数字帝国主义展开了研究。其中，数字资本主义的劳动过程和价值生产是研究的重要内容，数字劳动的性质引起了学者们的争论。

2.数字经济与经济发展。学者们对数据要素的研究比以往更加深入，研究主题更加多元化。较少关注数字技术及数据要素自身的演化路径，以及其他经济范畴对数字经济发展的影响机制等问题。

3.数字经济与反垄断问题研究。垄断问题引起了北京学者们的高度关注，研究的跨学科性较强，而且更加强化了对垄断理论的研究。但目前的大多数研究往往从平台经济外部特征的特殊性出发，对平台经济进行现象描述，揭示平台经济积累方式及其特殊运动规律不够。

八、对外开放与新发展格局

2021年，在中国积极推进更高水平对外开放，加快构建新发展格局的现实背景下，大量学者就中国对外开放的历史逻辑、理论逻辑和实践逻辑进行了研究和探讨。内容主要涵盖以几个方面：

1.关于中国共产党对外开放思想的研究。学者系统梳理了中国共产党对外开放思想的演进逻辑，总结了党的对外开放思想的历史进程、鲜明特征和宝贵经验。

2.关于开放型经济新体制的研究。学者深入分析当前我国建设更高水平开放型经济新体制面临的主要挑战，积极探索建设更高水平开放型经济新体制的实现路径。

3.关于新发展格局的研究。学者阐释了新发展格局的核心要义、本质和构建的政策重点。新发展格局的核心要义在于统筹发展和安全。只有站在统筹发展和安全的高度，才能找准构建新发展格局的着力点、出发点和落脚点。

九、新型城镇化建设研究

2021年是中国“十四五”规划的开局之年，新型城镇化是我国“十四五”规划中的重要内容。2021年研究主题主要涵盖户籍制度改革、城乡融合发展与土地制度改革、城市高质量发展等几个方面。

研究发现，随着中国新型城镇化建设的持续推进，中国城镇化质量和水平都有了进一步提高，户籍制度改革继续深化，公共服务均等化水平进一步提高，流动人口就业质量和工资水平持续改善，城市治理和城市更新不断推进，以京津冀为代表的城市群建设持续升级。但是，中国新型城镇化建设仍存在诸多问题，尤其是在建设全国统一大市场的背景下需要进一步加强城乡融合程度，加大土地制度改革力度，尤其是农村土地流转制度需要继续完善，提高城市更新效率，加大户籍制度改革，全面放开超大型城市以下城市的落户限制，促进劳动力在区域和城乡间的优化配置。

十、现代化经济体系建设研究

在中国特色社会主义进入新时代的背景下，坚持新发展理念，适应经济新常态，建设现代化经济体系，实现经济由高速增长到高质量发展的转型是目前经济建设的重中之重。本年度学术研究深化了对现代化经济体系学理认识，结合时代主题和背景。主要内容包括：

1.创新引领、协同发展的产业体系。在对产业体系探讨中，深化了对借力国内大循环实现转型升级的认识，并就一揽子促进创新微观政策进行了评估。

2.统一开放、竞争有序的市场体系。在对市场体系探讨中，创新研究方法，深入论证了交通可达性、法规完善度等因素对建立现代市场体系的影响。

3.体现效率、促进公平的收入分配体系。在对收入分配体系探讨中，充分利用最新数据，丰富了收入分配测算维度，检验了许多传统理论，为提高分配过程效率、提升公平性提供了有力理论支撑。

4.彰显优势、协调联动的城乡区域发展体系。在对城乡区域发展体系探讨中，从历史、现实等视角多维度解析，引入了网络分析等手段，为区域协调发展提供了有益的借鉴。

5.资源节约、环境友好的绿色发展体系。在对绿色发展体系的探讨中，通过经济学与环境理论的学科交叉，开阔了研究思路，创新了研究方法，形成别开生面的研究环境。

6.多元平衡、安全高效的全面开放体系。在对全面开放体系的探讨中，关注了全球化、全球价值链、全球贸易网络等问题，在如何推进互联互通、加快融合发展，如何保持独立自主、规避安全风险以及如何加快构建双循环发展格局等方面取得了一定的成果。

7.充分发挥市场作用、更好发挥政府作用的经济体制。在对经济体制的探讨中，除对改革历程的客观分析外，在理论上为深化改革、充分发挥政府和市场作用提供了支撑。

通过本年度研究情况梳理可发现由于现代化经济体系庞杂，对其不同细分经济领域研究尚有纵向深化的空间，并且有赖于更多更新可靠的数字统计，未来研究离不开基础统计工作，仍需完善数据与创新理论齐发力。

（北京市经济学总会供稿）

年度推荐论文和著作

论　文

1. 张占斌:《新时代中国特色社会主义政治经济学的创新发展》,《马克思主义与现实》，2021年第3期。

2. 刘伟、邱海平:《中国特色社会主义政治经济学》,《经济研究》，2022年第1期。

3. 余斌:《“数字劳动”与“数字资本”的政治经济学分析》,《马克思主义研究》，2021年第5期。

4. 乔晓楠、李欣:《异质性资本与技术变迁：反思罗默定理的理论缺陷》,《世界经济》，2021年第11期。

5. 魏旭:《数字资本主义下的价值生产、度量与分配——对“价值规律失效论”的批判》,《马克思主义研究》，2021年第2期。

6. 杨耀武、张平:《中国经济高质量发展的逻辑、测度与治理》,《经济研究》，2021年第1期。

7. 蔡跃洲、牛新星:《中国数字经济增加值规模测算及结构分析》,《中国社会科学》，2021年第11期。

8. 江小涓、孟丽君:《内循环为主、外循环赋能与更高水平双循环——国际经验与中国实践》,《管理世界》,2021年第1期。

9. 呼倩、夏晓华、黄桂田:《中国产业发展的流动劳动力工资增长效应——来自流动人口动态监测的微观证据》,《管理世界》,2021年第10期。

10. 刘元春、刘晓光:《在三大超越中准确把握共同富裕的理论基础、实践基础和规划纲领》,《经济理论与经济管理》,2021年第12期。

著 作

1. 顾海良等:《中国共产党经济思想史:1921—2021》(第四卷),经济科学出版社,2021年。

2. 樊纲等:《双循环》,中信出版社,2021年。

3. 王昌林:《新发展格局》,中信出版社,2021年。

4. 刘元春:《读懂双循环新发展格局》,中信出版社,2021年。

5. 贾康、刘薇:《双循环新发展格局》,中译出版社,2021年。

6. 蒋庆哲、夏文斌:《对外开放蓝皮书:北京对外开放发展报告(2021)》,社会科学文献出版社,2021年。

7. 王小鲁:《市场经济与共同富裕 中国收入分配研究》,中国对外翻译出版社,2022年。

8. 王琳:《共同富裕的探索:中国特色反贫困理论与实践》,光明日报出版社,2021年。

9. 李清彬:《迈向共同富裕的分配行动探究》,人民出版社,2021年。

10. 周弘:《促进共同富裕的国际比较》,中国社会科学出版社,2021年。

习近平经济思想研究

2021年是中国共产党成立100周年,中国共产党第十九届中央委员会第六次全体会议通过了《中共中央关于党的百年奋斗重大成就和历史经验的决议》。《决议》指出,以习近平同志为主要代表的中国共产党人,坚持把马克思主义基本原理同中国具体实际相结合、同中华优秀传统文化相结合,坚持毛泽东思想、邓小平理论、"三个代表"重要思想、科学发展观,深刻总结并充分运用党成立以来的历史经验,从新的实际出发,创立了习近平新时代中国特色社会主义思想,这是党对中国特色社会主义建设规律认识深化和理论创新的重大成果。2021年,北京地区学界进一步深化对于习近平经济思想的研究,取得了一系列新成果。

一、习近平经济思想的主要内容和创新发展

自2017年中央经济工作会议首次提出习近平经济思想以来,习近平经济思想的内容随着实践发展不断拓新。2021年,北京学术界对习近平经济思想的主要内容和发展创新进行了归纳和探讨。

关于习近平经济思想的主要内容。邱海平认为,习近平经济思想具有以新发展理念为主要内容的完整理论体系。新发展理念丰富发展了中国特色社会主义政治经济学方法论和理论体系,五大发展理念相互贯通、相互促进,是具有内在联系的集合体。[1]王明生认为,习近平经济思想全面系统深刻地回答了我国经济发展的时代之问,科学回答了中国在新时代实现什么样的发展、怎样实现发展这个重大理论问题。[2]

关于习近平经济思想的创新发展。刘伟认为,习近平经济思想呼应了新时代的主题,指明了新时代经济发展需要坚持的原则,凝练了一批重要的新概念新范畴,构建严密的系统的学说体系,提升了马克思主义政治经济学与中国特色社会主义相结合的境界。[3]胡乐明认为,习近平经济思想发展了马克思主义政治经济学的分析方法,拓展了马克思主义政治经济学的理论内容和社会主义经济制度的内涵,创新了社会主义经济运行体制机制理论、社会主义经济发展理论全球经济及国家经济互动关系的理论。[4]张营广认为,习近平经济思想在"综合""交汇""交叉"已有经济学范式的基础上,整体建构起新时代中国特色

社会主义政治经济学的主体框架，不仅改变了西方经济学范式在理论界的主导地位，而且将当代经济学理论推向全新高度，具有重要的理论性、实践性、历史性、世界性意义。[5]

二、习近平经济思想的逻辑架构和理论品格

2021年，北京学术界进一步对习近平经济思想的逻辑架构和理论品格进行了研究和阐释。

刘伟认为习近平经济思想具有系统的学说体系：一是明确开拓当代中国马克思主义政治经济学新境界应当坚持的基本原则；二是概括开拓当代中国马克思主义政治经济学新境界的重要理论成果；三是阐释中国特色社会主义政治经济学的学说体系；四是凝练出中国特色社会主义政治经济学基本概念和范畴，推动中国特色社会主义政治经济学的“术语革命”。[6]

邱海平指出习近平经济思想具有鲜明的马克思主义理论品格，体现了系统的辩证思维方法，蕴含守正创新的科学精神。坚持以人民为中心的马克思主义立场和发展思想，是习近平新时代中国特色社会主义经济思想的“根”和“魂”；坚持从生产力与生产关系、经济基础与上层建筑的对立统一运动出发认识和把握经济社会发展规律，并运用于新时代经济改革和发展实践，是习近平新时代中国特色社会主义经济思想的根本方法论特征；坚持马克思主义的科学社会主义根本原则，坚持加强党对经济工作的集中统一领导，整体推进中国特色社会主义经济制度和经济发展不断迈向新阶段，是习近平新时代中国特色社会主义经济思想的政治原则。[1]张占斌认为习近平经济思想具有鲜明的理论品格，主要体现在：一是强调新时代中国“强起来”，凸显发展主题的时代性；二是坚持以人民为中心的发展思想，凸显发展目的的人民性；三是正确处理经济基础和上层建筑的关系，凸显发展方式的科学性；四是用新发展理念实现经济高质量发展，凸显发展理念的创新性；五是构建新发展格局，凸显发展格局的自主性；六是全面推进社会主义现代化建设，凸显发展路径的系统性；七是与时俱进推动开放创新，凸显发展内容的开放性；八是推动构建人类命运共同体，凸显发展维度的全球性。[7]

三、新发展阶段、新发展理念与新发展格局

新发展阶段、新发展理念和新发展格局明确了我国发展的历史方位、现代化建设的指导原则、经济现代化的路径选择。2021年，北京学术界对“三新”展开深入的研究。

（一）新发展阶段明确了中国发展的历史方位。

1.新发展阶段的依据和意义。胡怀国认为，从初级阶段到新发展阶段，是我们对社会主义发展的阶段性的认识不断深化的过程，也是社会主义初级阶段理论不断发展完善的过程。[8]王立胜指出，新发展阶段就是我国社会主义初级阶段的一个高级阶段，不但是我国社会主义初级阶段的必然环节和最后阶段，而且是实现我国社会主义初级阶段向社会主义更高阶段发展的过渡性阶段。[9]

新发展阶段的提出具有重要的意义。钟瑛认为，从理论和实践意义而言，“新发展阶段”最新论断拓展了对社会主义初级阶段基本特征的认识，深化了对社会主义初级阶段基本国情和发展环境的认识，明晰了把握社会主要矛盾新变化全局的发展方略。[10]魏志奇指出，新发展阶段是中华民族伟大复兴历史进程的“大跨越”，是中国特色社会主义现代化道路不断成熟并取得历史性成就的阶段，也是党的初心使命得到历史验证、党的执政地位得到历史性巩固的阶段。[11]

2.新发展阶段的内涵和特征。学者们普遍认为新发展阶段是社会主义初级阶段的新阶段，也是更高的阶段，并从不同角度诠释新发展阶段的内涵。李毅指出新发展阶段是社会主义初级阶段中量的积累的阶段，也必然迈向更高阶段。[12]左鹏指出新发展阶段是我们党带领人民从站起来、富起来到强起来历史性跨越的新阶段。[13]陶文昭阐述了新发展阶段与新时代的关系，指出新发展阶段既是社会主义初级阶段中的一个新阶段，也是向社会主义更高阶段迈进的必经阶段，丰富了社会主义发展阶段理论。[14]

新发展阶段具有新的特征，余淼杰指出高质量发展是中国新发展阶段最核心的特征。[15]高培勇用“新”来诠释新发展阶段的特征：一是体现在发展目标的阶梯式递进上，二是体现在发展环境所发生的深刻复杂变化上，三是体现在我们面临的机遇和挑战所发生的新变化上，四是体现在对新发展理念的完整准确全面贯彻上，五是体现在构建新发展格局上。[16]

3.关于新发展阶段的目标和路径。新发展阶段意味着新的发展目标，刘伟认为新发展阶段有了新的经济增长目标，即新发展阶段以人均GDP为标志的经济发展水平将达到新高度。[17]马建堂认为新发展阶段的任务是全面建设社会主义现代化国家，实现具有中国特色、符合中国实际的社会主义现代化。[18]

如何实现新发展阶段的发展目标？李思涵认为一是善用五大思维分析发展大局；二是贯彻新发展理念引领发展方向；三是构建新发展格局践行发展路

径。[19]张保军认为一要坚决落实全方位的高质量发展的发展主题；二要深刻把握安全发展的底线要求；三要牢牢抓住新发展阶段的重要导向即实现全体人民的共同富裕；四要坚定推进全面建设社会主义现代化国家的战略目标。[20]张强认为新发展阶段要统筹发展和安全，需要从系统思维、创新驱动、结果导向、国际合作、人才培养这五个方面入手。[21]

（二）新发展理念明确了中国现代化建设的指导原则。

1.新发展理念的内涵。陈理指出，坚持以人民为中心的发展思想的基本内涵和核心要义，是新发展理念的出发点和落脚点。[22]郑新业、张阳阳指出，新发展理念和伟大实践是人类文明新形态的重要内容。[23]

2.新发展理念对习近平经济思想的主导作用。学者们普遍认为新发展理念对习近平经济思想具有主导作用。张占斌认为，新发展理念拓宽了马克思主义政治经济学的研究对象，标志着党对发展规律的认识达到了新的高度。[7]郭冠清对新发展理念生成的理论逻辑、历史逻辑和现实逻辑进行了研究。[24]

3.新发展理念的实践意义。顾海良指出，新发展理念不仅贯穿于决胜全面建成小康社会的发展过程，是最后实现第一个一百年奋斗目标的主导力量；而且也是向第二个一百年奋斗目标进发，实现全面建设社会主义现代化国家战略目标的主导力量和指导原则。[25]韩保江、罗霈指出，必须把新发展理念作为引领中国经济高质量发展、建设现代化经济体系、构建新发展格局的“指挥棒”“风向标”，统领全面建设社会主义现代化国家全过程。[26]

4.完整准确全面贯彻新发展理念。张占斌认为应从根本宗旨、问题导向、忧患意识来把握新发展理念[27]。李春华认为应从根本宗旨、问题导向、忧患意识、系统性、实践主体等角度科学把握新发展理念。[28]孙业礼指出，深入把握新发展理念对发展经验教训的深刻总结，把政治性和学理性结合起来，注重构建与之相适应的话语知识体系，进一步深化对新发展理念的研究和宣传阐释工作。[29]

（三）新发展格局明确了中国经济现代化的路径选择。

1.新发展格局的理论基础。学者们普遍认为马克思主义政治经济学、西方经济学和中国传统文化等为新发展格局提供了理论来源，新发展格局思想丰富发展了中国特色社会主义政治经济学。

2.新发展格局思想的理论依据。裴长洪、刘洪愧指出，马克思的剩余价值理论是建立在资本主义国内生产、分配、流通、消费的经济循环分析基础之上，揭示了社会化大生产的一般规律。新发展格局重要论述正是这一科学原理在社会主义市场经济条件下的运用和创新发展。[30]刘洪愧指出，剩余价值理论揭示了资本主义“国内大循环”的实现逻辑；马克思的世界市场理论则揭示“国内国际双循环相互促进”的必要性。[31]

3.新发展格思想的实践依据。程恩富、张峰指出，加快形成新发展格局，是中国经济大国地位产生的内生需要；是提升经济、科技自主权，促进高质量发展的需要；是维护国家经济安全，防范化解重大经济风险的需要；是有效应对新冠肺炎疫情对国内国际经济循环冲击的需要；是应对美国等国家逆全球化、去中国化的需要。[32]张燕生指出，大国经济不能再继续依靠出口导向和招商引资驱动。面向未来，加快构建以国内大循环为主体、国内国际双循环相互促进的新发展格局已时不我待、迫在眉睫。[33]胡磊指出，支撑我国社会再生产的要素条件发生深刻变化，要求我国更新需求拉动主引擎，主动调整内外循环的结构和关系，强化内循环在双循环中的主导作用。[34]

4.新发展格局的优势条件和深刻内涵。林毅夫指出，中国以国内大循环为主体的同时，一定要坚持国内国际双循环相互促进。[35]夏诗园、郑联盛指出，经济活动和要素循环从来都不是孤立存在的，国内循环是国际循环的前提，国际循环为国内循环迈向高层次发展提供动力。[36]李俊强调，国内循环的生产、流通、消费全环节都在开放的环境中运行，提高国内市场供给质量，释放国内经济潜力。[37]

5.新发展格局的实现路径。曾宪奎指出，构建新发展格局重点是实现科技自立自强、提高供给质量和效率、持续扩大内需、优化提升国际大循环四个战略任务。[38]高惺惟指出，新发展格局下，更要发挥我国社会主义制度能够集中力量办大事的显著优势，补齐产业链供应链中的短板，全面提升自主创新能力，既要发挥好市场在资源配置中的决定性作用，又要让政府不越位、不缺位、不错位，建设高标准市场体系。[39]刘伟、刘瑞明指出，新发展格局的战略支撑是创新引领，战略基点是扩大内需，战略方向是深入推进供给侧结构性改革，战略重点是“一带一路”，战略突破口是区域改革开放新高地，战略目标是现代化经济体系。[40]

（四）新发展阶段、新发展理念与新发展格局的内在逻辑。

中央党校（国家行政学院）课题组指出新发展阶段、新发展理念、新发展格局之间具有严密清晰的内在逻辑关联。新发展阶段明确了我国发展的历史方位和现实坐标，是贯彻新发展理念的现实依据、构建新发展格局的现实基础。新发展理念明确了我国现代化建设的指导原则，为构建新发展格局提供了战略遵循。构建新发展格局明确了我国经济现代化的路径选择，是应对新发展阶段机遇和挑战的战略部署、贯彻新发展理念的实践安排。[41]

四、坚持和完善社会主义基本经济制度

2021年，北京学术界围绕社会主义基本经济制度的总体特征和具体内容展开深入研究。

1.所有制是社会主义基本经济制度的核心。杨新铭、杜江认为，公有制主体地位是保障中国共产党执政和国家社会主义性质的经济基础。要积极探索公有制的多种实现形式，推进国有经济布局优化和结构调整，在关系国计民生的关键领域占据主导地位。[42]彭宏伟指出，公有制经济和非公有制经济是我国经济社会发展的重要基础。在我国正处于并将长期处于社会主义初级阶段的历史条件下，二者相辅相成、相得益彰。[43]杨瑞龙强调将做强做优做大国有企业与大力发展民营企业有机结合起来，促进经济结构和经济布局的优化，构建国有经济与民营经济共同发展的“国民共进”微观基础。[44]胡家勇指出，混合所有制经济不仅是公有制的主要实现形式，也是非公有制经济的重要实现形式。[45]何瑛、杨琳认为通过发展混合所有制使国有经济与市场经济完美相容，有效破解国有经济与市场经济相结合的世界性难题。[46]

2.按劳分配为主体、多种分配方式并存是社会主义基本经济制度的重要内容。顾海良等学者指出收入分配制度是我国经济体制改革中的重要环节。要注重分配结果，完善分配制度，调节分配政策，构建橄榄型分配格局，防止出现贫富分化，切实保障全社会大部分成员都能够获得相对富足的收入与平等的发展机会。[47]

3.社会主义市场经济体制既是我国基本经济制度的重要内容，也是其重要的实现形式和实现载体。杨英杰指出，将社会主义市场经济体制作为社会主义基本经济制度的重要构成，是习近平新时代中国特色社会主义经济思想的独特贡献。[48]

五、在经济高质量发展中建设现代化经济体系

高质量发展是新时代经济社会发展的主题，建设现代化经济体系是高质量发展的战略目标。2021年，北京学者们对经济高质量和建设现代化经济体系进行了深入的研究。

一是关于经济高质量发展。丁守海、徐政指出，我国经济从高速发展转向高质量发展和国际国内背景息息相关。[49]杨耀武、张平将经济发展质量定义为相对于经济增长的一国（或地区）在一定时期内因经济发展使居民当期所享受的福利水平变化，以及未来福利水平可持续提升的能力。[50]

二是关于建设现代化经济体系。杜秦川指出，现代化经济体系是一个有机联系的整体，以满足人的需求为核心。[51]庄贵阳、窦晓明认为，现代化经济体系的建设包含了绿色低碳循环发展的内在要求。[52]周维富认为，建设现代化经济体系要坚持创新驱动，打造经济发展新动能。[53]韩军徽、李哲认为建设现代化经济体系的筋骨是发展国家创新体系。[54]

三是关于经济高质量发展与现代化经济体系的关系。季正聚等指出，高质量发展是新时代经济社会发展的主题，建设现代化经济体系是战略目标。[55]

六、中国式现代化道路

一是关于中国式现代化道路的生成逻辑。刘洪森、李昊天从宏伟目标、总体布局、内生动角度来分析中国式现代化道路的逻辑意蕴。[56]冯俊从中国特色社会主义、中国式现代化道路、人类文明新形态分析内在逻辑分析出发，认为它们是对同一个历史过程、历史发展变化的不同描述维度，其内在逻辑是一致的，本质特征是共同的。[57]陈志刚从马克思对不发达国家现代化发展探索的启示，分析中国式现代化道路的规律性和多样性。[58]

二是关于中国式现代化道路的丰富内涵。人民日报理论部邀请了张车伟[59]、孙来斌[60]、艾四林[61]、欧阳雪梅[62]、潘家华[63]等许多专家学者对习近平提出的“人口规模巨大的现代化、全体人民共同富裕的现代化、物质文明和精神文明相协调的现代化、人与自然和谐共生的现代化、走和平发展道路的现代化”分别进行了深入而具体的分析，对中国式现代化道路的内涵进行了充分阐释。臧峰宇认为中国式现代化道路体现了现代化的普遍性和中国发展的特殊性，历史规律的决定性和历史主体的选择性，和社会发展的系统性与实践探索的创新性。[64]

三是关于中国式现代化道路的鲜明特质。艾四林从社会主义初级阶段、社会主义制度与资本主义制度两种制度并存、全球化三种条件出发，认为中国式

现代化道路逐渐呈现出新的面貌，特别是体现在自主性、全面性、协调性、和平性、包容性等方面。[65]刘洪森、李昊天分析了中国式现代化道路的鲜明特质：价值维度上具有社会主义性质，时间维度上具有接续推进特质，以及空间维度上具有人类关怀特质。[66]

四是关于走好中国式现代化道路的经验举措。张占斌认为，创造中国式现代化道路最重要的历史经验和启示就是依靠中国共产党的全面领导和关键作用，同时概括了十条具体的历史经验。[67]韩保江认为，走好中国式现代化道路首先必须坚持正确方向，并在我国发展的方针政策、战略战术、政策举措、工作部署中得到体现；其次，必须坚持党的基本理论、基本路线、基本方略不动摇；最后，需要立足新发展阶段，完整、准确、全面贯彻新发展理念，构建新发展格局，推动高质量发展，推进科技自立自强。[68]

注：

[1] 邱海平:《系统把握习近平新时代中国特色社会主义经济思想》,《理论导报》，2021年第7期。

[2] 王明生:《中国特色社会主义政治经济学的最新成果——深入学习习近平新时代中国特色社会主义经济思想》,《理论导报》，2021年第4期。

[3] 刘伟:《经济理论与实践的伟大创造》,《政治经济学评论》，2021年第4期。

[4] 胡乐明:《论马克思主义政治经济学的新境界》,《马克思主义研究》，2021年第8期。

[5] 张营广:《习近平新时代中国特色社会主义经济思想的原创性贡献》,《北方论丛》，2021年第1期。

[6] 刘伟:《当代中国马克思主义政治经济学新境界》,《政治经济学评论》，2021年第1期。

[7] 张占斌:《新时代中国特色社会主义政治经济学的创新发展》,《马克思主义与现实》，2021年第3期。

[8] 胡怀国:《新发展阶段的理论逻辑：一种思想史的视角》,《改革与战略》，2021年第5期。

[9] 王立胜:《深刻把握新发展阶段的历史逻辑》,《人民论坛》，2021年第7期。

[10] 钟瑛:《中国共产党对社会主义初级阶段理论的原创性探索与新时代创新发展》,《毛泽东邓小平理论研究》，2021年第6期。

[11] 魏志奇:《新发展阶段：科学内涵、主要特征与重大意义》,《科学社会主义》，2021年第3期。

[12] 李毅:《认识把握新发展阶段的几个问题》,《经济日报》，2021年8月16日。

[13] 左鹏:《正确认识新发展阶段的历史方位》,《红旗文稿》，2021年第11期。

[14] 陶文昭:《理解新发展阶段的两个重点问题》,《前线》，2021年第12期。

[15] 余淼杰:《新发展阶段、新发展理念与新发展格局》,《金融论坛》，2021年第6期。

[16] 高培勇:《正确认识和把握新发展阶段》,《人民日报》，2021年12月30日。

[17] 刘伟:《经济发展新阶段的新增长目标与新发展格局》,《北京大学学报（哲学社会科学版）》，2021年第2期。

[18] 马建堂:《完整、准确、全面地把握新发展阶段 贯彻新发展理念构建新发展格局》,《发展研究》，2021年第6期。

[19] 李思涵:《正确认识和把握新发展阶段》,《理论建设》，2021年第2期。

[20] 张保军:《内涵·价值·路径：新发展阶段的三维探析》,《学理论》，2021年第6期。

[21] 张强:《新发展阶段统筹发展和安全的新思路》,《国家治理》，2021年第3期。

[22] 陈理:《深刻理解把握新发展理念的由来、内涵和要义》,《当代世界与社会主义》，2021年第3期。

[23] 郑新业、张阳阳:《新发展理念推动开创人类文明新形态》,《当代中国与世界》，2021年第4期。

[24] 郭冠清:《新发展理念生成逻辑及其对新发展格局的引领作用研究》,《河北经贸大学学报》，2021年第4期。

[25] 顾海良:《贯彻新发展理念是我国现代化建设的指导原则》,《政治经济学研究》，2021年第3期。

[26] 韩保江、罗霈:《共享发展理念与全面建成小康社会和全面建设社会主义现代化国家》,《党的文献》，2021年第2期。

[27] 张占斌:《贯彻新发展理念要更加注重价值导向》,《中国经济报告》，2021年第4期。

[28] 李春华:《完整准确全面贯彻新发展理念》,《人民论坛》，2021年第7期。

[29] 孙业礼:《新时代新阶段的发展必须贯彻新发展理念》,《马克思主义与现实》，2021年第1期。

[30] 裴长洪、刘洪愧:《构建新发展格局科学内涵研究》,《中国工业经济》，2021年第6期。

[31] 刘洪愧:《“双循环”新发展格局的政治经济学分析》,《西南民族大学学报（人文社会科学版）》，2021年第7期。

[32] 程恩富、张峰:《“双循环”新发展格局的

政治经济学分析》,《求索》,2021年第1期。

［33］张燕生:《构建国内国际双循环新发展格局的思考》,《河北经贸大学学报》,2021年第1期。

［34］胡磊:《社会再生产视域下我国构建新发展格局的本质与路径》,《理论导刊》,2021年第9期。

［35］林毅夫:《百年未有之大变局下的中国新发展格局与未来经济发展的展望》,《北京大学学报（哲学社会科学版）》,2021年第5期。

［36］夏诗园、郑联盛:《双循环新发展格局的逻辑阐释、"堵点"及实践路径》,《甘肃社会科学》,2021年第6期。

［37］李俊:《全面准确理解"双循环"新发展格局的深刻内涵》,《人民论坛》,2021年第2期。

［38］曾宪奎:《构建新发展格局:背景、重点与战略路径》,《马克思主义研究》,2021年第10期。

［39］高惺惟:《构建新发展格局的优势与途径》,《中国金融》,2021年第1期。

［40］刘伟、刘瑞明:《新发展格局的本质特征与内在逻辑》,《宏观经济管理》,2021年第4期。

［41］中共中央党校（国家行政学院）课题组:《新的赶考之路:全面建成社会主义现代化强国——兼论新发展阶段、新发展理念、新发展格局的逻辑关系、理论特质和时代特征》,《学术前沿》,2021年第14期。

［42］杨新铭、杜江:《所有制结构调整的演进逻辑、现实基础与政策取向》,《政治经济学评论》,2021年第5期。

［43］彭宏伟:《论民营经济是我国社会主义基本经济制度的"内在要素"》,《理论视野》,2021年第2期。

［44］杨瑞龙:《探索国有制与市场经济相兼容的中国特色改革道路》,《中国人民大学学报》,2021年第3期。

［45］胡家勇:《奠定高质量发展的所有制基础》,《南开经济研究》,2021年第1期。

［46］何瑛、杨琳:《改革开放以来国有企业混合所有制改革:历程、成效与展望》,《管理世界》,2021年第7期。

［47］顾海良等主编:《中国共产党经济思想史:1921—2021》(第四卷),经济科学出版社,2021年。

［48］杨英杰:《建立和完善社会主义市场经济体制是中国共产党对马克思主义的重大原创性贡献》,《科学社会主义》,2021年第2期。

［49］丁守海、徐政:《双循环格局下经济高质量发展路径探索》,《宁夏社会科学》,2021年第1期。

［50］杨耀武、张平:《中国经济高质量发展的逻辑、测度与治理》,《经济研究》,2021年第1期。

［51］杜秦川:《系统理解现代化经济体系,准确把握经济体系的短板》,2021年第11期。

［52］庄贵阳、窦晓明:《新发展格局下碳排放达峰的政策内涵与实现路径》,《新疆师范大学学报(哲学社会科学版)》,2021年第6期。

［53］周维富:《科学把握现代产业体系建设着力点》,《中国经济报告》,2021年第5期。

［54］韩军徽、李哲:《推动国家创新体系治理数字化主力现代化经济体系建设》,《科技中国》,2021年第4期。

［55］季正聚、徐向梅、秦悦、裴文:《习近平经济思想研究评述》,《经济日报》,2021年11月29日。

［56］刘洪森、李昊天:《中国式现代化新道路的历史、逻辑与特质》,《现代哲学》,2021年第5期。

［57］冯俊:《中国式现代化新道路展现人类文明新形态》,《中国社会科学报》,2021年10月9日。

［58］陈志刚:《中国式现代化及其规律性和多样性》,《马克思主义理论学科研究》,2021年第5期。

［59］张车伟:《人口规模巨大的现代化》,《人民日报》,2021年4月2日。

［60］孙来斌:《更加重视人的全面发展》,《人民日报》,2021年4月2日。

［61］艾四林:《坚定不移走共同富裕道路》,《人民日报》,2021年4月9日。

［62］欧阳雪梅:《推动物质文明和精神文明协调发展》,《人民日报》,2021年4月16日。

［63］潘家华、黄承梁:《建设人与自然和谐共生的现代化》,《人民日报》,2021年6月9日。

［64］臧峰宇:《中国式现代化新道路的哲学内涵》,《中国人民大学学报》,2021年第4期。

［65］艾四林:《中国式现代化新道路"新"在哪》,《机构与行政》,2021年第8期。

［66］刘洪森、李昊天《中国式现代化新道路的历史、逻辑与特质》,《现代哲学》,2021年第5期。

［67］张占斌:《中国共产党领导中国式现代化的经验启示》,《人民智库》,2021年12月28日。

［68］韩保江:《中国式现代化新道路"新"在哪里》,《光明日报》,2021年7月21日。

（北京市经济学总会供稿;主要执笔人:王娜）

中国特色社会主义政治经济学

2021年度，中国特色社会主义政治经济学依旧是政治经济学学科研究的重点，理论界继续围绕中国特色社会主义政治经济学学科体系建设展开讨论。另外，2021年适逢中国共产党建党百年，学者们从政治经济学视角，对中国共产党建党百年历程与中国的新民主主义革命、社会主义建设与改革，以及马克思主义中国化等方面进行了深入研究。同时，对习近平经济思想及其对马克思主义政治经济学的原创性贡献的研究，一直是政治经济学和中国特色社会主义政治经济学研究的重点。

一、中国特色社会主义政治经济学学科体系

2021年，国内学者继续围绕中国特色社会主义政治经济学的研究目的、研究对象、研究方法、逻辑起点、逻辑主线、核心内容以及理论体系等方面展开研究，深化了认识，但是仍然存在较大争议。

（一）中国特色社会主义政治经济学的研究目的、研究对象和方法

关于中国特色社会主义政治经济学的研究目的，学者们大都认为是揭示经济规律，但是对于揭示什么样的经济规律仍然存在不同的看法。

刘伟、邱海平认为，中国特色社会主义政治经济学的研究对象就是社会主义生产方式以及与之相适合的生产关系体系。作为马克思主义政治经济学研究对象的生产方式，包含着社会生产力。中国特色社会主义政治经济学的根本任务是为坚持和发展中国特色社会主义提供理论支撑和政策服务。中国特色社会主义政治经济学在理论任务上体现着科学性、现实性与建设性的有机统一。要坚持运用马克思主义的唯物辩证法和历史唯物主义的世界观和方法论。[1]程恩富认为中国特色社会主义政治经济学要以揭示初级社会主义社会不同的经济规律为研究任务，以初级社会主义物质和文化领域的经济关系或经济制度为研究对象，以唯物史观和唯物辩证法为研究要法。[2]刘谦、裴小革认为，需要坚持从抽象到具体、逻辑与历史相统一的方法论原则，同时需要在概念范畴上进行一次术语革命，从直接继承、批判改造及自主创新三个层次进行相关概念范畴的充实与完善。[3]

（二）中国特色社会主义政治经济学的逻辑起点、主线和理论体系

程恩富认为，中国特色社会主义政治经济学要以公私商品及其内部矛盾运动为研究起点，逻辑主线则要以劳动为研究元概念，以公有剩余价值理论为研究主线。[2]李炳炎把人的需要的最简单的规定——需要一般作为中国特色社会主义政治经济学的逻辑起点。[4]

张卓元认为，中国特色社会主义政治经济学的核心内容就是社会主义市场经济理论，这是同资本主义政治经济学和传统社会主义政治经济学有根本区别的崭新的政治经济学。[5]刘谦、裴小革认为“社会主义市场经济”为中国特色社会主义政治经济学理论体系的核心。可以从所有制逻辑起点出发，以社会主义市场经济为核心，以社会主义公有制、按劳分配、宏观调控及改革开放为主体，以其他相关概念为前导和拓展，在不同概念运动及相互转化中构建和完善中国特色社会主义政治经济学理论体系。[3]

二、中国共产党建党百年与政治经济学

中国共产党一百年来的经济奋斗史是科学社会主义在中国的实践探索的伟大历史，也是中国共产党领导中国人民探索适合中国发展的经济道路、经济制度的伟大历史，形成了内涵丰富的经济思想，彰显了中国智慧。

（一）中国共产党百年奋斗的经济道路

刘伟认为，一百年来，中国共产党的伟大实践，在纵向的历史演进上，展现为一个由新民主主义革命、社会主义革命和建设、改革开放和社会主义现代化建设、新时代中国特色社会主义构成的前后相继、开拓创新的四个发展阶段；在横向的结构维度上，展现为党的不懈奋斗史、不怕牺牲史、理论创新史、为民造福史、自身建设史的“五史合一”的统一体。[6]刘元春认为中国道路是党和人民百年奋斗史开辟出来的正确道路，是百年马克思主义中国化、不断进行理论创新的产物。中国道路已经踏上了不可逆的历史进程，必将在不断创新与完善中完成中华民族伟大复兴的伟大目标；中国道路在创造人类文明新形态中为人类现代化提供了新的选择和新的启示，具有伟大的世界意义。[7]黄泰岩等认为我国要实现的社会主义现代

化，既要符合世界通行的现代化一般标准和性质，更要具有社会主义的独特属性，体现社会主义制度的巨大优势。[8] 贺耀敏认为中国道路就是要始终坚持中国共产党的坚强领导，擘画全面建设社会主义现代化国家宏伟蓝图，立足新发展阶段、贯彻新发展理念、构建新发展格局，始终坚持独立自主、创新发展，引领全国各族人民创造美好生活、实现共同富裕。[9] 黄群慧认为在中国共产党领导下，中国人民经过艰苦卓绝的积极探索和努力奋斗，成功走出了一条适合自己国情的社会主义工业化道路，并对中国共产党领导中国工业化建设的历史经验进行了总结。[10] 杨瑞龙认为我国国有企业改革的历史，就是中国共产党领导全国人民坚持把马克思主义普遍原理与中国的具体实践结合起来，探索一条国有制与市场经济相兼容的中国特色改革道路的历史。[11] 温铁军等认为中国政府对不同发展阶段造成的发展不平衡以举国体制进行内部化处理，实现了一定历史阶段制度成本和制度收益的相对均衡，形成了结合中国自身制度优势的特殊减贫经验。[12]

（二）中国共产党百年奋斗的经济制度

刘伟、刘守英认为，中国共产党领导的百年土地制度演变史，是一部以土地赢得农民和富裕农民、以土地稳固和壮大江山的历史，是马克思主义与中国革命和建设具体实践相结合的伟大创造。[13] 高培勇认为社会主义市场经济体制是中国特色社会主义的重大理论和实践创新，是在百年的艰辛探索和历史变革中被证明做对了的、正确的制度选择。[14] 金碚认为“实事求是”和“集体主义”这两个基因密码，贯穿于中国共产党百年奋斗的全部历史过程，形成了中国市场经济制度逻辑的基本底色。[15]

（三）中国共产党百年奋斗的经济思想

刘伟认为，我们党推进马克思主义政治经济学中国化的探索，集中体现在四次创造性的结合上：新民主主义经济理论与实践，社会主义经济制度建立和发展的经济理论与实践，中国特色社会主义基本经济制度的理论和实践，新时代中国特色社会主义政治经济学的形成和发展。[16] 顾海良认为，中国共产党百年经济思想的理论自觉和历史自觉，使得中华民族伟大复兴必然生成为马克思主义政治经济学中国化的主题。[17] 邱海平认为，以“实现中华民族伟大复兴”为总主题和主线，更加有利于构建起中国特色社会主义政治经济学的理论体系，需要通过构建中国特色社会主义政治经济学的国家理论来实现。[18] 张雷声认为中国共产党经济思想百年发展的主线是中国共产党的“初心”“使命”与经济思想不断发展的统一。马克思主义经济思想的中国化和中国化马克思主义经济思想的形成，与中国共产党经济思想发展的阶段性相交织，构成了中国共产党经济思想百年发展的脉络。[19] 谢富胜等认为马克思主义是中国共产党百年经济思想的理论源泉。中国共产党运用马克思主义立场、观点与方法并结合中国具体实际，准确把握社会基本矛盾和主要矛盾，明确中国社会发展的历史方位，形成了中国特色的历史方位论；统筹国内和国际两个大局，形成了中国特色的社会主义经济建设论和中国特色的社会主义与世界资本主义经济关系论，创造了中国式现代化新道路。[20] 董志勇等认为中国共产党对经济现代化的认知经历了从依附借鉴到自立探索的转变，“站起来”“富起来”“强起来”的历史任务决定了思想的历史发展方向。[21]

（四）中国共产党百年奋斗彰显了中国智慧

裴长洪认为中国共产党百年来不仅牢牢扎根中华民族深厚的历史文化传统，而且还包容、吸收和消化世界上的一切先进事物。不仅把中华民族的伟大复兴作为自己的使命，而且还把全人类社会的发展和进步作为自己的使命，把构建人类命运共同体与共产主义远大理想紧密联系在一起。[22]

注：

[1] 刘伟、邱海平:《中国特色社会主义政治经济学》,《经济研究》，2022年第1期。

[2] 程恩富:《中国特色社会主义政治经济学研究十大要义》,《理论月刊》，2021年第1期。

[3] 刘谦、裴小革:《中国特色社会主义政治经济学理论体系构建若干问题研究》,《经济纵横》，2021年第11期。

[4] 李炳炎:《略论中国特色社会主义政治经济学范畴体系的创新》,《政治经济学研究》，2021年第1期。

[5] 张卓元:《努力构建中国特色社会主义政治经济学》,《经济思想史学刊》，2021年第1期。

[6] 刘伟:《深入学习党的十九届六中全会精神 深刻领会党的百年奋斗历史经验》,《教学与研究》，2021年第12期。

[7] 刘元春:《在总结中国共产党百年奋斗史中认识中国道路》,《教学与研究》，2021年第12期。

[8] 黄泰岩、刘宇楷:《科学认识我国社会主义现代化的内涵及其实现途径》,《中国特色社会主义研

究》，2021年第1期。

［9］贺耀敏：《中国道路的历史经验与实践要求》，《中国人民大学学报》，2021年第6期。

［10］黄群慧：《中国共产党领导社会主义工业化建设及其历史经验》，《中国社会科学》，2021年第7期。

［11］杨瑞龙：《探索国有制与市场经济相兼容的中国特色改革道路》，《中国人民大学学报》，2021年第3期。

［12］温铁军、王茜、罗加铃：《脱贫攻坚的历史经验与生态化转型》，《开放时代》，2021年第1期。

［13］刘伟、刘守英：《建党百年与土地制度变迁的理论和实践探索》，《经济日报》，2021年07月5日第10版。

［14］高培勇：《为什么说促进共同富裕要正确处理效率和公平的关系》，《光明日报》，2021年10月6日。

［15］金碚：《中国共产党百年探索：市场经济的制度逻辑》，《海南大学学报〈人文社会科学版〉》，2021年11月第39卷第6期。

［16］刘伟：《经济理论与实践的伟大创造——中国共产党推进马克思主义政治经济学中国化的历史进程》，《政治经济学评论》第12卷第4期，2021年7月。

［17］顾海良：《马克思主义政治经济学中国化的理论自觉和历史自觉——中国共产党百年经济思想的历程及其特质》，《当代世界与社会主义》，2021年第3期。

［18］邱海平：《中国共产党百年实践的政治经济学理论逻辑——习近平总书记“七一”重要讲话学习体会》，《政治经济学评论》第12卷第5期，2021年9月。

［19］张雷声：《中国共产党经济思想百年发展研究》，《政治经济学评论》第12卷第3期2021年5月。

［20］谢富胜、匡晓璐、赵敏：《中国共产党百年历程中对马克思主义政治经济学的理论创造》，《经济研究》，2021年第10期。

［21］董志勇、沈博：《百年中国共产党经济现代化思想的形成渊源与演进逻辑》，《经济科学》，2021年第4期。

［22］裴长洪：《融合世界一切先进事物推进人类共命运——中国共产党百年对外开放观》，《教学与研究》，2021年第6期。

（北京市经济学总会供稿；主要执笔人：李琼、张耀军）

马克思主义政治经济学基本理论

马克思主义政治经济学基本理论研究是中国特色社会主义政治经济学创新发展的基础和源泉。2021年度学术界在基本理论方面的研究方面成果很多，其中较为突出的是劳动价值论与剩余价值理论、资本有机构成提高与一般利润率下降、资本积累与经济危机、马克思恩格斯经典著作研究四个方面。

一、关于劳动价值论和剩余价值理论研究

2021年，针对劳动价值论的研究进展主要集中在从理论和模型角度对价值转形问题的完善、劳动价值论在数字经济时代的新发展。在剩余价值方面，主要集中在对剩余价值概念的辨析以及超额剩余价值的来源问题。

从理论上完善价值转形方面，张红山、孙晓迪详细介绍了《资本论》新发表手稿对“生产价格”理论的补充和完善。[1] 王庚等将商业资本考虑到价值转形问题研究中，将商业资本加入利润平均化研究分为层层递进的三个层次，对商业资本加入后一般利润率如何通过部门间竞争形成的问题做出了解释，从数理模型角度对价值转形问题进行拓展。[2]

魏旭将数字劳动及其结果置于“资本主义直接生产过程”“固定资本积累规律”“生产劳动与非生产劳动分类”等马克思的分析框架后发现，数字资本的辉煌成就应该理解为创新的剩余价值占有或分配模式，而不是新的剩余价值创造方法，价值规律失效的结论及其依据是对马克思劳动价值论的误读或误解。当代数字资本主义数字经济的运行逻辑并未摆脱价值规律的作用范围，价值规律仍然有效，只不过价值规律作用的形式发生了变化，由抽象的价值规律转化为生产价格规律。[3]

赵义良、田英认为剩余价值概念具有多重内涵，且这些内涵相互之间存在紧密关联。马克思在《资本论》中对剩余价值概念所做的多重界定遵循从抽象上

升到具体的方法论，这一过程从思想整体上完整展现了资本主义的社会现实，对于我们理解资本主义、处理人民至上与资本利用之间的关系具有现实启示。[4]

二、关于资本积累与经济危机的研究

赵峰、张建堡认为，随机演化技术进步模型为马克思的技术进步理论提供了一个有力的经验研究工具。[5]

张雪琴认为，理解垄断资本主义需要强调资本积累的实体层面和金融层面相互关系。生产性部门的停滞使得资本积累主要取决于金融部门的增长，从而金融成为吸收过剩资本的重要力量。而国家和金融机构放松管制的中介作用，使得资本主义发生由生产性资本主义转向了金融资本主义的结构性变化，由此导致当代资本主义经济金融化。[6] 段雨晨、田佳禾认为20世纪80年代以来，金融化对收入分配、企业投资、家庭债务和消费、全球账户平衡等四个方面的影响相互交错，增强了宏观经济的脆弱性，为危机的爆发提供了土壤。当流动性危机爆发，债务再融资困难将引致金融危机，而金融部门通过资本积累将危机从金融体系转移到实体经济，进一步在金融全球化和贸易全球化发展下跨国传染和蔓延。[7]

李彬和张建堡梳理了马克思关于中央银行的经典文本，结合英格兰银行的具体政策实践，认为中央银行具有国家货币管理和信用枢纽的双重属性，因此得以通过增加货币供给来缓解危机。然而，由于资本主义生产方式的固有矛盾无法通过中央银行的政策得以根本性消除，在延缓危机爆发的应对中也可能引发货币囤积、信用停滞、金融恐慌等状况，从而使危机形势进一步恶化。[8] 王森垚认为，由于资本主义制度的历史局限性，资本主义经济逐渐衍生出经济、社会、政治和意识形态等领域相互交织的当代资本主义系统性危机。当代资本主义系统性危机的出现，本质上是由金融资本主导的新自由主义制度合乎逻辑的结果。延续新自由主义制度只是减轻或转嫁危机而无法从根本上克服资本主义的固有矛盾，其内在悖论必然导致资本主义固有矛盾以系统性危机的表现形式爆发。[9]

三、关于马克思恩格斯经典著作的研究

张旭认为，《资本论》充分体现了“抽象上升到具体”的方法，是抽象分析和经验研究完美结合的典范，是历史唯物主义的运用和充实，是辩证方法的具体化和实例化。[10] 赵磊、赵晓磊也认为，辩证逻辑的矛盾分析在《资本论》中是一以贯之的，马克思拒绝在现象层面兜圈子，以解释资本主义生产方式的内在本质为根本任务。[11] 赵睿夫分析《资本论》中的自然力理论，认为自然界自然力、人身自然力与社会劳动自然力三者之间存在相互转化关系，自然力所蕴含的巨大生产潜能是社会生产力发展与阶级矛盾解决的重要资源性条件。[12] 朱天涛认为，根源于“物质性—社会性”二分法的生产过程分析方式，“生产方式”也呈现多义性，从多义性出发，有助于理解生产力、生产关系与生产方式之间的双向相互适应的关系。[13] 张方波认为，借贷资本范畴的二重性图式体现在它具有独立派生资本和特殊商品的双重属性，运动二重性体现在具有双重支出和双重回流的闭环特征，积累二重性体现在它兼具“生产性积累”和“非生产性积累”，增殖二重性体现在具有“质”和“量”的历史规定性。[14]

顾海良认为，“序言”标格最突出表现为对马克思思想精髓中两个“伟大发现”的坚持和把握，捍卫和发展马克思剩余价值理论，着力阐发马克思思想方法和科学品质。[15] 王峰明认为，要将经济和经济因素区别开来，经济是一种本质抽象，经济因素是一种现象具体。[16] 沈江平认为，恩格斯以资本空间布展逻辑和主体生成逻辑为理论经纬，以“生产方式”论述了资本主义工业城市的空间生产功能，以“城乡关系”结构切入了资本主义工业城市的空间间隔功能，以“阶级分析”工具诠释资本主义工业城市的空间变革功能，从以上三个层面科学回答了城市与资本运动、分工体系、阶级革命等问题，揭示出资本主义工业城市忽视人的宜居却专注资本增值致使空间正义丧失的实质。[17]

李连波和黄泽清认为，20世纪资本主义住房政策的演变印证了恩格斯的观点。恩格斯批判了蒲鲁东主义和资产阶级改良主义的住房问题解决方案，指出住宅本质上是商品，住房短缺是资本主义生产方式的必然产物，资本主义生产方式必然会造成工人的贫困化，周期性经济波动则反复吸引大批工人进入城市并随后将之抛上街头。因此，资本主义制度下无法根本上解决住房问题。[18]

熊晓琳和孙希芳认为，“机器论片段”的论述与马克思劳动价值论并不矛盾。随着自动化机器和人工智能等科技因素和管理者在生产过程中提供的非物质劳动等知识要素在生产中的作用，科研人员提供的复杂劳动在生产体系中组合形成生产自动化过程的环节，融入总体工人的劳动是创造价值的。[19]

周丽群认为，马克思的消费思想是建立在生产、交换、分配、消费相互作用及其有机联系所构成的整体基础上的辩证的、系统的消费观。[20]

注：

［1］张红山、孙晓迪:《〈资本论〉新发表手稿对“生产价格”理论的完善》,《当代经济研究》，2021年第5期。

［2］王庚、刘向东、李陈华:《考虑商业资本加入的利润平均化研究——基于转形问题各体系的理论拓展》,《政治经济学评论》，2021年第1期。

［3］魏旭:《数字资本主义下的价值生产、度量与分配——对“价值规律失效论”的批判》,《马克思主义研究》，2021年第2期。

［4］赵义良、田英:《〈资本论〉中“剩余价值”概念多重界定的内在逻辑及其现实启示》,《中共中央党校（国家行政学院）学报》，2021年第6期。

［5］赵峰、张建堡:《技术进步、资本积累与经济增长——一个马克思主义随机演化的视角》,《当代经济研究》，2021年第12期。

［6］张雪琴:《垄断资本学派论当代经济金融化》,《马克思主义与现实》，2021年第1期。

［7］段雨晨、田佳禾:《新卡莱茨基学派对当代资本主义金融危机的研究》,《政治经济学评论》，2021年第2期。

［8］李彬、张建堡:《中央银行在应对经济危机中的作用及局限——马克思的论述及其当代价值》,《政治经济学评论》，2021年第1期。

［9］王森垚:《当代资本主义的系统性危机：表现形式、制度成因及发展趋势》,《江西社会科学》，2021年第9期。

［10］张旭:《再论〈资本论〉是光辉的政治经济学著作——兼答雪婷“论〈资本论〉的哲学根基”中的困惑》,《当代经济研究》，2021年第7期。

［11］赵磊、赵晓磊:《马克思的实证何以如此特别？——计量分析与〈资本论〉研究方法的比较》,《政治经济学评论》，2021年第4期。

［12］赵睿夫:《〈资本论〉中的“自然力”理论及其当代启益》,《经济学家》，2021年第5期。

［13］朱天涛:《〈资本论〉中“生产方式”概念再研究——基于物质性与社会性二分的视野》,《学习与探索》，2021年第8期。

［14］张方波:《借贷资本二重性图式的四维解读及其意义——基于〈资本论〉的文本分析》,《中共宁波市委党校学报》，2021第6期。

［15］顾海良:《恩格斯晚年的“序言”标格及其思想智慧》,《马克思主义与现实》，2021年第1期。

［16］王峰明:《物质生产、人口生产与历史发展——对恩格斯“两种生产”理论的互文性解读》,《马克思主义研究》，2021年第10期。

［17］沈江平:《恩格斯关于城市功能的研究及其当代启示》,《马克思主义研究》，2021年第4期。

［18］李连波、黄泽清:《住房金融化与〈论住宅问题〉的时代价值》,《当代经济研究》，2021年第4期。

［19］熊晓琳、孙希芳:《对〈政治经济学批判大纲〉“机器论片断”几个争议的辨析》,《理论视野》，2021年第6期。

［20］周丽群:《马克思消费思想及其现实意蕴》,《理论视野》，2021年第6期。

（北京市经济学总会供稿；主要执笔人：徐丹丹）

国外马克思主义政治经济学

国外马克思主义政治经济学在2021年取得了长足的进步，专家学者围绕国外马克思主义政治经济学流派研究展开了热烈的讨论。

一、国外马克思主义政治经济学对经典问题的研究

进入21世纪20年代后，随着主要资本主义国家的矛盾日益加深，世界经济形势也发生了深刻的变化，资本主义经济危机与周期、资本积累、地租理论、剥削理论、货币与金融化理论、利润率下降规律与价值转形理论几个方面对马克思主义政治经济学经典问题重新被关注。

（一）资本主义经济危机与周期

张蕙莹和车艳秋编译了内森·约翰逊的《资本主义发展长波周期的实证评估》一文，认为长波可以追溯至自由竞争资本主义危机时期，借助实证研究而非单纯的统计数据，证实了长波周期的确存在。[1]

王戈、杨文和唐永概述了SSA自美国大卫·戈登首次提出以来的阶段性发展。[2]段雨晨和田佳禾梳理了新卡莱茨基学派关于金融危机的研究，并指出该理论没有将危机的原因简单归结于新古典主义经济学的“政府放松管制”上，而是直指当前资本主义的内在矛盾，为理解金融危机诱因提供了一种有益的思路。[3]

（二）资本积累

梅沙白总结了西方学界对于《资本论》中原始积累问题的三个争论点，指出当今资本主义仍存在暴力和强制，资本主义生产关系占据主导地位，复兴马克思原始积累理论具有很大的理论和现实意义。[4]

赵峰、田佳禾和段雨晨从马克思再生产理论的视角对新卡莱茨基模型进行分析，发现新卡莱茨基模型存在着三方面的理论缺陷，导致新卡莱茨基模型片面强调经济中需求侧的因素，而在无形之中忽略了供给侧的作用，导致其在解释经济长期增长方面受到制约。[5]

（三）剥削理论

刘新刚、石秀以马克思的剥削理论为基础展开研究和挖掘，并在其后续研究基础上突出论述了苏万迪对《资本论》中剥削理论的新发展。[6]李旸、杨晓芳认为，罗默、莱曼、科恩等英美马克思主义者分别基于初始分配不平等、强迫劳动和自我所有权原则对剥削的不正义性做出论证，但他们在构筑剥削不正义的道德原则时，严格遵循西方道德哲学与伦理学的基本范式，却忽视了对马克思主义理论特质的把握，特别是忽视了理论创始人马克思、恩格斯在审视剥削和道德问题时的历史唯物主义视角，最终致使这三种论证路径都陷入了理论困境。[7]

（四）货币与金融化理论

在货币金融理论的研究上，马慎萧、田佳禾、黄德威和区铭彦对大卫·哈维将货币视作权力的观点进行评析，认为现代货币理论可以从研究方法和结论这两个层次上为政治经济学研究者提供启发。[8]金梦迪指出了后凯恩斯主义存量—流量一致性模型的缺陷，提出要基于马克思货币信用和社会再生产理论，才能说明货币信用在社会再生产过程中发挥协调作用的机制。[9]

在金融资本理论方面，张超颖指出，当代金融资本垄断的弊端是对列宁批判金融资本垄断的最好证明。[10]宋朝龙对美国学者赫德森的资本主义批判理论进行评析。[11]张雪琴总结了垄断资本学派的金融化理论的两大特色，强调“推力”和“拉力”的共同作用下，资本积累从生产性资本积累转向了金融资本积累，导致了当代经济金融化。[12]

在对金融资本的积累模式及运行机制进行的分析方面，戴维来肯定了美国左派社会思想家诺姆·乔姆斯基“新自由主义的一个基本信条就是金融”的观点，[13]余斌对罗伯特·库珀及塞巴斯蒂安·马拉比等学者所鼓吹的“新帝国主义”观点进行了批判，并指出，在新帝国主义的统摄下，金融寡头作为食利者完全脱离了生产，并通过滥发纸币白条、掌控知识产权和碳排放权等方式进行资本积累。[14]王森垚对美国学者大卫·哈维、因坦·苏万迪等学者关于金融资本积累机制的观点进行了概括，并指出，金融资本的积累方式可以通过现代金融体系直接投机于虚拟资本领域，利用国债、股票、金融衍生品等进行积累。[15]

谢富胜认为经典的金融化研究仅单方面考察了发达国家的金融化，忽视了发展中国家与发达国家的区别。近年来，随着发达国家金融化的影响在全球范围内不断扩大，研究对象也逐渐转向发展中国家，出现了大量以“（半）外围国家金融化”“依附性金融化”“发展中国家金融化”等为题的研究。这些研究的重要贡献在于突出了发展中国家与发达国家的区别，更加关注在世界经济核心—外围体系中的依附性地位对发展中国家金融化进程的影响，并认为核心—外围体系在限制发展中国家生产性积累的同时加速了金融扩张。他指出，中国经济发展应重视金融化风险，引导资金“脱虚向实”，中国经济未来的发展仍需要政府制定行之有效的政策积极引导金融和实体经济的协调发展。[16]

（五）利润率下降规律与价值转形

王庚、刘向东和李陈华将考虑商业资本加入的利润平均化与转形问题各体系的理论拓展相结合，对商业资本加入后工商和部门之间的利润平均化问题作了进一步回答，给出了一个模拟的算法案例，肯定了价值转形问题与置盐定理及其背后的利润率下降规律相关互联的意义和重要性。[17]

关于价值转形问题的方向，孟捷认为，在研究置盐定理的时候，学者们往往肯定了置盐信雄的思路，却忽视了置盐定理以鲍特凯维茨的转形为前提。因此，需要克服这一谬误，尽可能地还原马克思的本意和思路。[18]

杨帅泓、朱安东针对置盐定理的实物工资不变假设这一条件进行研究，说明置盐定理和一般利润率规律兼容。[19]乔晓楠、李欣从置盐定理拓展版本罗默定理出发，还基于中国2001—2014年的数据进行经验分析，发现一些年份发生了“马克思偏向型技术变迁”，也证实了罗默定理不能解释全部情况的猜想，从而说明不能彻底否定马克思关于一般利润率规律的科学论断。[20]

二、国外马克思主义经济学流派

近年来，国外马克思主义研究逐步多元化，对马克思主义理论进行了许多新的探索，有助于我们准确认识和把握当代资本主义新变化和发展趋势。

（一）国外马克思主义经济学流派对新自由主义的批判与反思

张杨对宇野弘藏现状分析论的现代发展进行了研究，并指出了现状分析论对资本主义发展现阶段及所带来的问题、马克思主义经济学的核心问题及解决资本主义基本矛盾、社会主义的实现路径及发展阶段三个方面的认识存在明显的局限性。[21]

当代资本主义在阶级结构、分配方式、国家与市场的关系、社会运动等方面发生了深刻的变化，除了批判资本主义制度外，许多学派开始了对未来社会秩序的构想。刘慧和武海宝分析了西方左翼学者迪梅尼尔和莱维为了解决新自由主义危机、超越新自由主义秩序所提出的“新管理资本主义”方案。[22]吕守军、阎颖超介绍了北欧模式学派基于北欧五国的经济政策并在对其他北欧模式理论批判基础上所构建的“北欧经济政策模式”。[23]

李娉指出，莫伊舍·普殊同在对教条主义的马克思主义的阐释框架进行批判性审视的基础上，结合资本主义不同阶段的历史转型，从劳动和时间两个角度创造性地对马克思政治经济学批判范畴做了全新的再阐释。[24]王金宝指出，哈特和奈格里基于当代资本主义现实发展特别是劳动范式的转型，从共产主义的内涵、当代可能性、革命主体以及革命策略等方面，对马克思主义的共产主义思想进行了系统性重构，但是由于他们对非物质劳动的过度强调以及其抽象化、浪漫化的理解，因此他们的未来社会筹划带有明显的乌托邦色彩。[25]

（二）马克思主义空间理论研究

王松梳理了大卫·哈维的城市地租理论，认为哈维的城市地租理论发展了马克思地租理论对土地虚拟资本化的看法，扩展了对地租来源的认识，为理解房地产金融化的内生性及其背后的地租与土地所有权作用提供了一种供给侧的分析视角。[26]

林烨认为，大卫·哈维的时空修复理论重新阐释了资本主义的过度积累危机。他的理论注重使用价值的生产、资本的流通过程以及价值生产与价值实现的矛盾，是一种空间批判，根本不同于马克思的生产方式批判和历史批判。[27]

陈硕和董坤指出，列斐伏尔开创了空间政治经济学，大卫·哈维进一步发展了空间政治经济学。[28]张晶晶通过批判列斐伏尔的“空间生产”、哈维的“时空压缩”、卡斯特的“流动空间”与苏贾的“第三空间”理论，剖析了空间资本化和资本空间化的生产实质，资本主义以“时间消灭空间”实现了历时性的资本积累和共时性的空间集聚，并按照生产关系的内在要求进行空间重组，本质上是以资本为核心的同质性空间的生产与再生产。[29]

赫曦滢认为，次贷危机爆发后国外马克思主义城市批判理论在理论格局方面，依据现实的阶级结构变化，运用新唯物主义地理学和空间辩证法，结合各种“后”学思潮，对新自由主义和空间资本化进行了批判。但是，国外马克思主义城市批判理论还存在着唯心主义、后现代主义的局限性，无法提供现实的解决方案。[30]

谢富胜、王松、李直对国外马克思主义城市地租研究进行系统梳理，指出国外马克思主义城市地租的研究争论源于对马克思地租理论一般性与特殊性的混淆。[31]齐昊、问严锴批判性地回顾了20世纪70年代以来国外政治经济学研究中出现的三种绝对地租形成机制理论，认为以特定制度环境为基础的机制无法解释绝对地租的再生产，应当引入开发资本家与食利者地主之间的互动这一条件，并探讨了绝对地租再生产的基本条件。[32]

（三）生态马克思主义研究

郇庆治分析了欧美生态社会主义学派生态经济批判的三个维度和四个阶段，认为未来社会主义的“生态经济”应该具备社会主义的、生态可持续的特征，欧美生态社会主义学派所设想的生态社会改革缺乏现实可操作性。[33]李伟玲对比了福斯特、奥康纳和高兹的生态马克思主义思想。[34]张剑梳理了生态社会主义对生态危机、气候问题的分析与资本主义制度批判之间的内在联系。[35]

南开大学国外政治经济学研究新进展课题组指出，目前政治经济学学者倾向于将资本主义尤其是新自由主义条件下的全球不平等问题和生态环境恶化等现象相联系，体现了其研究的进步性与深刻性。[36]

韩秋红认为，生态学马克思主义主张构建“少而好”的生态理性超越资本增值逻辑的经济理性，通过生态型的需求和消费观念取缔资本主义的消费异化观念，在实践上号召通过政治斗争调节生产条件以实现生态经济。但是，生态学马克思主义不可避免地带有片面性、改良主义、乌托邦色彩等局限。[37]

（四）马克思主义女性主义研究

戴雪红认为，弗雷泽针对当代资本主义社会的女性主义面临的新自由主义化危机，构建起一种“波兰尼女性主义”理论，但她对政治变革的可能性过于乐观，且过于关注西方中产阶级女性和文化的力量，对资本主义的“经济体系”和危机机制缺乏深入的研究，没有建构起一套成熟的资本主义批判理论。[38]

贺娜娟和戴雪红指出，斯皮瓦克认为伴随着资本全球化扩张，帝国主义结构性的劳资矛盾也已经全球化，在认识论领域也存在着帝国主义的“认知暴力”，女性受到了经济领域和意识形态领域的双重压迫，这些都是资本主义经济竞争、转移劳资矛盾、追求价值增殖的直接后果。[39]

注：

[1] 张蕙莹、车艳秋：《资本主义发展长波周期的实证评估》，《国外理论动态》，2021年第3期。

[2] 王弋、杨文、唐永：《中国积累的社会结构：特殊性、阶段划分及演化规律》，《改革与战略》，2021年第1期。

[3] 段雨晨、田佳禾：《新卡莱茨基学派对当代资本主义金融危机的研究》，《政治经济学评论》，2021年第2期。

[4] 梅沙白：《〈资本论〉中原始积累问题：西方学界的研究及当代争论》，《国外理论动态》，2021年第2期。

[5] 赵峰、田佳禾、段雨晨：《对新卡莱茨基增长体制理论的反思：马克思再生产理论的视角》，《教学与研究》，2021年第9期。

[6] 刘新刚、石秀：《苏万迪对〈资本论〉中的剥削理论的新发展及其启示——评〈价值链：新经济帝国主义〉》，《国外理论动态》，2021年第3期。

[7] 李旸、杨晓芳：《英美马克思主义视域中剥削的不正义性：三种论证路径及其反思》，《思想理论教育导刊》，2021年第1期。

[8] 马慎萧、田佳禾、黄德威、区铭彦：《货币金融理论与实践问题研究》，《政治经济学评论》，2021年第3期。

[9] 金梦迪：《货币信用在社会再生产平衡中的作用：协调与冲突——基于后凯恩斯主义存量—流量一致性模型视角》《当代经济研究》，2021年第3期。

[10] 张超颖：《列宁帝国主义论对金融资本垄断的批判及其当代价值》，《世界社会研究》，2021年第4期。

[11] 宋朝龙：《西方金融资本主义下的寄生阶级、债务通缩与大萧条——兼评迈克尔·赫德森的金融资本主义批判理论》，《政治经济学评论》，2021年第2期。

[12] 张雪琴：《垄断资本学派论当代经济金融化》，《马克思主义与现实》，2021年第1期。

[13] 戴维来：《西方新自由主义谱系、评析与危机转向》，《国外社会科学》，2021年第5期。

[14] 余斌：《新帝国主义是帝国主义的最后阶段》，《世界社会主义研究》，2021年第4期。

[15] 王森垚：《当代资本主义的系统性危机：表现形式、制度成因及发展趋势》，《江西社会科学》，2021年第9期。

[16] 谢富胜、吴越：《平台竞争、三重垄断与金融融合》，《经济学动态》，2021年第10期。

[17] 王庚、刘向东、李陈华：《考虑商业资本加入的利润平均化研究——基于转形问题各体系的理论拓展》，《政治经济学评论》，2021年第1期。

[18] 孟捷：《价值转形与置盐定理：一个批评和自我批评》，《经济思想史学刊》，2021年第2期。

[19] 杨帅泓、朱安东：《马克思—斯拉法生产价格体系下的利润率下降规律——对置盐定理的一个修正》，《当代经济研究》，2021年第4期。

[20] 乔晓楠、李欣：《异质性资本与技术变迁：反思罗默定理的理论缺陷》，《世界经济》，2021年第11期。

[21] 张杨：《宇野弘藏现状分析论的现代发展及局限性研究》，《日本文论》，2021第2期。

[22] 刘慧、武海宝：《“新管理资本主义”方案是否可行？——评法国左翼学者迪梅尼尔和莱维的新自由主义危机解决方案》，《教学与研究》，2021年第11期。

[23] 吕守军、阎颖超：《北欧模式学派的“北欧经济政策模式”理论》，《政治经济学评论》，2021年第12期。

[24] 李娉：《莫伊舍·普殊同对马克思政治经济学批判的重释》，《马克思主义与现实》，2021年第

6期。

[25]王金宝:《论哈特和奈格里对共产主义思想的重构》,《国外社会科学》,2021年第2期。

[26]王松:《城市地租与房地产金融化积累:对大卫·哈维理论的探析》,《当代经济研究》,2021年第11期。

[27]林烨:《大卫·哈维的时空修复理论探析》,《天府新论》,2021年第2期。

[28]陈硕、董坤:《空间政治经济学中的土地作用问题探析》,《当代世界与社会主义》,2021年第6期。

[29]张晶晶:《马克思空间批判思想的内在机理及启示——基于〈资本论〉及其手稿的研究》,《理论导刊》,2021年第11期。

[30]赫曦滢:《后危机时代国外马克思主义城市批判理论的变迁与启示》,《世界哲学》,2021年第3期。

[31]谢富胜、王松、李直:《当代国外马克思主义城市地租理论:研究进展与前景展望》,《中国人民大学学报》,2021年第6期。

[32]齐昊、问严锴:《绝对地租的形成机制:理论评析与当代意义》,《教学与研究》,2021年第4期。

[33]郇庆治:《欧美生态社会主义学派视域下的生态经济:学术文献史的视角》,《山东大学学报(哲学社会科学版)》,2021第4期。

[34]李伟玲:《西方生态学马克思主义理论反思》,《中国社会科学报》,2021年10月28日第5版。

[35]张剑:《2020年生态社会主义发展前沿动态》,《世界社会主义研究》,2021年第1期。

[36]南开大学国外政治经济学研究新进展课题组:《国外政治经济学研究新进展(2020)》,《政治经济学评论》,2021年第3期。

[37]韩秋红:《生态学马克思主义解放理论批判》,《马克思主义研究》,2021年第2期。

[38]戴雪红:《弗雷泽"波兰尼女性主义"探究》,《马克思主义理论学科研究》,2021年第2期。

[39]贺娜娟、戴雪红:《斯皮瓦克的后殖民女性主义批判新探——基于帝国主义危机控制理论的视角》,《国外理论动态》,2021年第4期。

(北京市经济学总会供稿;主要执笔人:邰丽华)

当代资本主义经济与当代世界经济

2021年,世界经济经历了动荡、充满不确定因素的一年。新冠肺炎疫情仍在肆虐,在多重不确定因素下,当代资本主义经济发展呈现何种特征、其矛盾有何变化,经济全球化及世界经济发展有何趋势,成为2021年政治经济学界学者们关注的重点话题。

一、新冠肺炎疫情下的资本主义经济

(一)新冠肺炎疫情对资本主义经济的冲击

杨盼盼等梳理和回顾了新冠疫情发生以来美国的货币政策和财政政策,认为,美国应对新冠疫情的货币政策和财政政策具有快速、密集和大规模出台的特征,但应对疫情冲击的宏观经济政策的侧重点与以往有明显不同。美国未来应对新冠疫情的宏观经济政策力度,将取决于新冠疫情控制的有效性和疫情持续的时间。[1]

扈大威认为,新冠肺炎疫情暴发后,发达国家为应对疫情冲击出台的大力度财政干预措施,让其本已捉襟见肘的公共财政状况进一步恶化,债务失控风险上升,严重的债务负担将诱发滞胀危机和债务危机,损害福利计划的财政基础,并削弱发达国家的国际行动力和影响力。[2]

(二)新冠肺炎疫情对不同国家的不同影响

刘洪铎等研究发现,新冠肺炎疫情对跨国进、出口贸易活动均具有显著的抑制作用,新冠肺炎疫情主要通过加剧供需端冲击、引发贸易壁垒、催生不确定性风险等渠道对全球贸易造成负面影响;消除新冠肺炎疫情在跨国范围内能够带来贸易福利改善效应,中等收入经济体从中获得的贸易收益略大于高收入经济体。[3]

吴殿廷认为,2020年新冠疫情对世界各国造成普遍灾难,总体疫情最严重的国家是人口大国,相对疫情较大的是欧美发达国家,病死率较高的是人口较多的发展中国家;疫情造成经济损失总量较大的是经济大国,经济损失程度较大的是对外依赖强、经济基础差的小国;影响总疫情的是人口和经济规模,影响相对疫情的主要因素是城镇化率;人均经济损失较大的是欧美发达国家;工业化率和服务业占比对人均经济损失的影响相反相成。[4]

对于国际社会关于新冠肺炎疫情爆发后，美国政府出台了史无前例的巨额财政货币救市政策将导致美元国际地位下降的观点，张明认为，本次疫情后，美元国际地位可能再度不降反升，理由包括：疫情同样重创了其他主要发达经济体；疫情结束后美国经济可能率先反弹；未来全球金融市场持续动荡有望继续强化美元与美国国债的避险资产地位；美联储主导的双边美元互换机制在疫情暴发之后再度得以扩展与强化。[5]

（三）疫情中资本主义制度危机

卫灵等认为，受新冠疫情的冲击，当前美国社会正面临日益严重的社会内部危机，但资本全球流动的趋利性及其所带来的产业空心化与产能下降，货币资本化所导致的过度金融化和财富分配不公，以及资本主义框架下催生的白人“精英至上”文化价值观念和种族偏见，才是导致美国社会矛盾激化、国民情绪走向失控边缘的深层诱因。[6]

资言文认为，新自由主义作为国际垄断资本主义的主流意识形态，长期推行“小政府”“大市场”的原则，崇尚利润至上，支持金融资本剥削劳动者阶层，是造成西方抗疫不力、公共卫生系统衰落、不平等现象加剧、政府治理危机凸显等问题的制度性原因。[7]

二、数字经济与数字资本主义

（一）数字霸权与“数字鸿沟”

温旭认为，数字技术诱发数字劳动的产生，数字劳动促成了数字霸权的实现。数字帝国主义借助数字霸权在全球剥夺“剩余数据”，并构建数字殖民体系，从而掌握对数字政治、数字平台和数字产权的全球控制权。[8]在数字经济全球化进程中，西方数字资本主义发达国家必然利用自身数字技术先发优势，设定一系列的数字技术壁垒和制度障碍，制造数字鸿沟，剥削发展中国家的无酬性数字劳动，攫取高额垄断利润，独占数字经济红利，加剧着全球政经济不公正和不平衡的发展趋势。具有技术和资本优势的数字公司凭借市场竞争中的垄断地位，耽于瓜分数字劳动创造垄断利润而疏于数字技术创新。[9]肖宛晴等认为，在数字时代，全球化与国家主权的相互关系表现为信息全球化与数字主权的关系。[10]

刘皓琰认为，通过半个多世纪以来社会量化部门的发展和大规模监控体系的构建，以美国为代表的发达资本主义国家建立起了数据霸权，并以此为基础进入了数字帝国主义阶段。数字帝国主义凭借对数据的垄断，通过创新霸权、平台垄断、制造需求等方式在多个领域施行了新型的对外经济掠夺方式。[11]高海波概括了数字帝国主义的垄断性特征[12]。

（二）数字资本主义与资本主义基本矛盾

贾振博认为，数字资本主义获取利益的方式是隐蔽的，通过人们不经意的浏览促进资本的运作；数字资本家使人们在不自觉中自动增加使用数字平台的时间，而且打破了数字劳动主体的年龄限制，小孩和老人都可以成为被剥削的主体；数字资本家还利用大数据将人们的工作时间与日常生活时间之间的界限模糊化，在无形中占有人们的元数据，这些方式都加深了对劳动力的剥削程度。[13]温旭指出数字资本主义依托数字平台把数字资本对数字劳动的剥削延伸到所有生活领域，将数字劳动者的闲暇时间转化成为数字平台的无偿劳动时间。[14]

孟飞、程榕认为，尽管数字资本以共享、非排他、普惠为外衣，但共享的主体只是少数群体，生产的无限扩大与劳动者有支付能力的需求相对缩小之间的矛盾会进一步加剧。[15]向东旭认为，马克思主义唯物史观视域下的数字资本具有双重效应：一是提升社会生产力、促进社会发展进步的文明效应，二是追求价值增殖、获取巨额利润的野蛮效应。[16]

三、新帝国主义批判

（一）新帝国主义的形成

新帝国主义是在资本主义强国之间缺乏制衡、超级大国实力不断扩张的基础上产生的，1991年苏联的解体意味着美国单极霸权模式的世界秩序形成，这为美国利用政治实力赚取经济利益奠定了基础。[17]

张超颖认为，以美国为主要代表的资本主义国家企图通过政治霸权、经济霸权、文化霸权、军事霸权等手段控制世界，这是新帝国主义的基本表现。[18]石逢健等指出，新帝国主义作为一种在经济全球化条件下国际垄断资本主义衍生的特殊发展形态，其理念、主张虽经过多年推行，不但未能如愿地建立所谓的普世性的全球秩序，却凸显出“划时代”的多重危机，新帝国主义危机成为“百年未有之大变局”中的重大影响因素。[19]

（二）美元霸权与知识垄断

余斌认为，布雷顿森林体系解体之后，美元已经成为一纸白条，这个时候的帝国主义出现了不同于旧帝国主义的具有典型意义的经济特征——白条输出。美国凭借其在国际经济、军事甚至思想领域的霸权地位，一方面迫使其他国家不能兑现美元白条，反而要大量储存美元白条；另一方面，美国以近似无偿的方式收回一些美元白条，进行重复性利用。[20]

王晋斌等认为，美元指数作为国际金融市场上的货币汇率指数，本质上是一个利益集团，在很大程度上代表了全球货币体系的治理结构。美元霸权在全球的运行不仅是指美元本身在全球的运行，更是通过美元指数的集体绑定相对定价权、集体储备权、金融市场优先定价权与提供安全资产形成国际金融市场资金大循环的闭环来共同完成的，且美元在其中扮演了主导性的角色。[21]

张文木认为，高利贷帝国主义是当今美帝国主义的鲜明特征，美国政府总债务与GDP的比重已接近美国历史的最高点即二战结束时的水平，美国异化为华尔街的债奴，美国政府从一个独立自主的为美国国家利益服务的机构异化为为华尔街债权人服务的买办集团，并于20世纪下半叶从军工帝国主义转变为以金融产品赢利为目的的帝国主义，也就是高利贷帝国主义。[22]

李妍认为，世界范围的科学技术知识垄断是当代垄断资本实现积累的决定性因素，国际垄断资本将知识垄断与生产的全球化相结合，在世界范围推进知识产权保护加强知识垄断，加剧了资本主义世界分工体系不平衡发展。[23]

（三）新帝国主义的积累方式及其发展动向

冯旺舟指出，当前，新帝国主义正越来越多地运用政治、经济、军事和文化等手段进行扩张，霸权实践仍然是在资本逻辑的操控下进行，并不断突破民族国家地理空间的界限，但是也会随着内部矛盾的全面爆发和全球正义力量的强大而不断被削弱。[24]

蔡万焕认为，金融化过程中，美国的宏观经济政策、经济增长模式随之调整。从当前美国的经济结构看，金融资本的优势地位还将保持相当长的时期，美国的阶级结构仍处在中产阶级被不断压缩而金融资本家阶级和工人阶级力量在不断积聚的变化过程中。[25]鲁春义认为，技术创新和制度创新大大提高了金融化时间扩张机制的运转范围和效率，使布雷顿森林体系转变为全球金融化体系，由此导致微观主体间恶化的金融关系演变成为国与国之间的矛盾与冲突。全球金融化体系不仅带来国家层面的“贸易战”，还有可能引发“金融战”。[26]

王曙光等认为，尽管美国近年来备受传统制造业衰落以及贸易巨额逆差等问题的困扰，但这并不意味着美国产业技术优势的丧失。发达国家企业生产本地化倾向的增强以及发达国家日益明确的再工业化政策意味着全球制造业格局的新一轮调整。[27]马慎萧等考察了危机后美国政府的系列“再工业化”政策、新自由主义持续强劲的势头、新形势下美国经济的新矛盾与新变化，认为危机后美国经济金融化趋势尚未逆转，新型积累模式尚不可得，其实质是资本主义内部的经济调节机制无法解决其持续激化的基本矛盾，而矛盾的激化酝酿着新的变革。[28]

四、无上限量化宽松政策及其效果

（一）量化宽松政策面临的困境

程恩富等指出，财政赤字货币化是资本主义私有制下政治、经济发展的产物，是金融垄断寡头通过经济渗透实现对政治控制的方式和途径。财政赤字货币化将会加快美国的财政赤字和国家债务的增长，并对美联储和美国政府之间的关系产生影响。尽管美联储对这些国债目前处于容忍状态，但是随着其对经济发展状况预测和与政府之间博弈结果的变化，一旦美联储的态度发生变化，伴随而来的将会是货币政策的巨大调整和大规模金融危机的爆发。[29]

张文宗认为，美国社会近年来极为严重的不平等，与新自由主义泛滥、全球化、技术进步和2008年金融危机息息相关。民主党缓解美国社会不平等的国内议程体现了进步主义改良的思路，但面临政治阻力、债务膨胀和科技负效应等问题，而发动对华“新冷战”只会增加其国内施政的困难。[30]

张晨等认为，2008年国际金融危机后的量化宽松措施和近期的美国执行的政府支出无约束、货币政策财政化等政策已经引起和加剧了全球对美元的不信任，去美元化、去美债化和去美国化暗流涌动，国际货币体系动荡加剧。[31]

刘明远等认为，美国量化宽松政策的实践表明，最初的非常规政策已经转变为常规政策，是在传统反危机政策失效条件下的一种无奈选择，但美联储的资产与美国政府财政赤字也必然持续积累，美元贬值与对世界经济的掠夺也将持续。[32]

刘通等认为，美国无限量化宽松政策以印钞模式注入了大量流动性，这些流动性之所以在短期内尚未导致本国核心通货膨胀指数（PCE）大幅上升，一旦经济开始复苏，长期国债收益率上升，基准利率不得不上调，无限印钞模式就不得不收敛，泡沫就会被捅破，股票等金融产品、房地产、大宗商品等投资品价格就会进入下行通道，大量资金就会涌向基本消费品领域，尤其是大量美元回流将进一步推波助澜，本国核心通货膨胀指数的持续上升不可避免。[33]

（二）美国量化宽松对其他国家的影响

樊少华等认为，美国财政与货币政策对其他国家宏观经济的影响主要通过三个渠道：需求外溢渠道，价格渠道，和国际资本流动渠道。[34] 钟红等认为，当前美国已明确释放出缩减QE的信号，美国货币政策转向对我国经济金融体系带来的外部冲击有限。[35]

梁斯通过对2008年全球金融危机和新冠肺炎疫情暴发后美联储使用的操作方式进行对比分析发现，美联储再次使用了大规模资产购买、降低基准利率及前瞻性指引等工具，在稳定市场波动的同时，给予了市场足够的信心和充分的政策预期，但宽松政策也会造成影响市场正常运转和价格发现功能、引发全球金融市场动荡、导致市场主体出现过度风险承担等负面影响。[36]

注：

［1］杨盼盼、徐奇渊、杨子荣：《复盘新冠疫情下的美国宏观经济政策》，《当代美国评论》，2021年第1期。

［2］扈大威：《新冠肺炎疫情下的发达国家公共债务问题》，《国际问题研究》，2021年第6期。

［3］刘洪铎、张铌、卢阳、陈晓珊：《新冠肺炎疫情对全球贸易的影响研究》，《统计研究》，2021年第12期。

［4］吴殿廷：《新冠疫情对世界各国经济影响的系统分析》，《东北亚经济研究》，2021年第6期。

［5］张明：《新冠肺炎疫情会显著削弱美元的国际地位吗？—— 基于美国次贷危机后特征事实的分析》，《国际经济评论》，2021年第1期。

［6］卫灵、杜吟滔：《新冠疫情下美国社会矛盾加剧的深层原因透视——基于经济全球化发展视域的分析》，《北京联合大学学报（人文社会科学版）》，2021年第1期。

［7］资言文：《新冠肺炎疫情：透视新自由主义弊端的多棱镜》，《马克思主义与现实》，2021年第2期。

［8］温旭：《数字资本主义下数字劳动的意识形态批判》，《马克思主义研究》，2021年第9期。

［9］邢海晶：《数字劳动的新变数及对中国的启示》，《人民论坛》，2021年第23期。

［10］肖宛晴、刘传平：《欧美数字主权与数字贸易政策比较分析》，《世界经济与政治论坛》，2021年第6期。

［11］刘皓琰：《数据霸权与数字帝国主义的新型掠夺》，《当代经济研究》，2021年第2期。

［12］高海波：《数字帝国主义的政治经济学批判——基于数字资本全球积累结构的视角》，《经济学家》，2021年第1期。

［13］贾振博：《数字资本主义的智能技术批判及其当代启示》，《当代经济研究》，2021年第10期。

［14］温旭：《数字劳动、数字资本主义与数字资本积累——基于大卫·哈维的剥夺性积累理论》，《学术论坛》，2021年第4期。

［15］孟飞、程榕：《如何理解数字劳动、数字剥削、数字资本？——当代数字资本主义的马克思主义政治经济学批判》，《教学与研究》，2021年第1期。

［16］向东旭：《唯物史观视域下的数字资本逻辑批判》，《当代世界与社会主义》，2021年第6期。

［17］冯旺舟：《资本的霸权与正义的诉求——21世纪新帝国主义的批判性探析》，《国外理论动态》，2021年第4期。

［18］张超颖：《列宁帝国主义论对金融资本垄断的批判及其当代价值》，《世界社会主义研究》，2021年第4期。

［19］石逢健、纽维敢：《“百年未有之大变局”：新帝国主义危机》，《学术探索》，2021年第2期。

［20］余斌：《论新帝国主义》，《马克思主义研究》，2021年第1期。

［21］王晋斌、厉妍彤：《美元指数：国际货币体系利益格局的政治经济学》，《国际金融》，2021年第12期。

［22］张文木：《美国帝国主义是资本主义的没落阶段（一）——兼谈新冠肺炎全 球流行对国际战略格局的影响》，《世界社会主义研究》，2021年第4期。

［23］李妍：《知识垄断是当代资本主义的重要特征——以美国科技霸权为例》，《马克思主义研究》，2021年第6期。

［24］冯旺舟：《资本的霸权与正义的诉求——21世纪新帝国主义的批判性探析》，《国外理论动态》，2021年第4期。

［25］蔡万焕：《经济金融化下美国劳资关系新变化及其发展趋势》，《高校马克思主义理论研究》，2021年第7期。

［26］鲁春义：《经济金融化的理论机制及其实践——基于资本积累理论的视角》，《山东社会科学》，2021年第8期。

［27］王曙光、王丹莉：《美国工业化、去工业化

和再工业化进程对中国双循环新发展格局的启示》,《山西师范大学学报(社会科学版)》,2021年第7期。

[28]马慎萧、兰楠:《次贷危机后美国经济金融化趋势是否逆转?》,《政治经济学评论》,2021年第2期。

[29]任传普、程恩富:《财政赤字货币化与美国金融危机的政治经济学分析》,《上海经济研究》,2021年第3期。

[30]张文宗:《美国社会不平等与拜登政府改革的前景》,《美国研究》,2021年第6期。

[31]张晨、张敏:《现代货币理论的政策实践及其现实影响》,《经济纵横》,2021年第12期。

[32]刘明远、刘通:《对美国量化宽松政策理论基础的政治经济学分析》,《武汉科技大学学报(社会科学版)》,2021年第6期。

[33]刘通、肖备:《美国量化宽松政策与PCE变化趋势的政治经济学分析》,《经济研究参考》,2021年第23期。

[34]樊少华、吕谦、蔡宏宇:《新冠疫情下美国宏观经济政策溢出效应几何?》,《金融市场研究》,2021年第9期。

[35]钟红、赵雪情、邹子昂:《美联储货币政策转向与新兴经济体风险研判》,《国际金融》,2021年第11期。

[36]梁斯:《金融危机和新冠肺炎疫情中美联储货币政策的异同、影响及我国应对》,《金融理论与实践》,2021年第5期。

(北京市经济学总会供稿;主要执笔人:蔡万焕)

共同富裕研究

2021年适值中国共产党百年华诞,中华大地上全面建成了小康社会,历史性地解决了绝对贫困问题。本年度北京市理论经济学专家学者产出大量相关研究成果,以王小鲁著《市场经济与共同富裕:中国收入分配研究》,姜辉、何显明编《百年大党和共同富裕(上下)》,王琳著《共同富裕的探索:中国特色反贫困理论与实践》,李清彬《迈向共同富裕的分配行动探究》,周弘等著《促进共同富裕的国际比较》等为代表的学术著作多部,北大核心、CSSCI收录的高水平期刊上发表文章一百余篇。研究成果受到国家自然科学基金项目、国家社会科学基金项目、教育部人文社会科学重点研究基地项目、北京市哲学社会科学规划项目、北京市习近平新时代中国特色社会主义思想研究中心项目、在京高校科研项目等多种形式的资助。

一、共同富裕的内涵及特征

"共同富裕是社会主义的本质要求,是中国式现代化的重要特征。"[1]张占斌认为共同富裕的内涵兼具一般性和特殊性。从一般内涵看,共同富裕指物质文明更加丰富,精神文明更大发展;从特殊内涵看,共同富裕具有非同步性、非同等性、非剥夺性、非享受性的特征。中国式现代化的共同富裕继承和发扬了马克思主义关于共同富裕的理论,其核心在于实现"人的自由而全面发展"。[2]顾海良认为共同富裕是社会主义本质理论在新时代的赓续和拓新,是对新发展阶段社会主要矛盾发展趋势的深刻把握,是对"中国式现代化"特征的深邃探索,是对"人类文明新形态"内涵的深湛论证,是对中华民族伟大复兴主题的深入探索。[3]万海远、陈基平认为在开启推动共同富裕新征程的新阶段,必须全面理解共同富裕理论内涵,要从"发展"和"共享"两个维度界定。[4]黄泰岩认为作为整体利益的共同富裕,是全民共享,全面共享,和共建共享。[5]李军鹏认为社会整体进入富裕社会、全体人民都富裕、全面富裕、消除了两极分化但存在合理差距的普遍富裕,是共同富裕的四个重要特征,可以通过人均国内生产总值指标、人均可支配收入指标等12个指标来进行衡量。[6]

二、共同富裕的评价测算

杨宜勇认为测算共同富裕系数应采用体现差异性、共享性的双维指标来评价;"富裕"用来表征全国人民的平均生活水平达到发达国家生活丰裕的程度,应采用涵盖物质生活富裕、精神生活富足、生活环境宜居的三维指标体系来评价。[7]万海远、陈基平根据"发展"和"共享"两个维度界定共同富裕内涵,并采用几何平均的函数关系式来进行测量。从结果导向角度,利用数据最全的人均国民收入来衡量"发展"维度,使用最具可比性的人均可支配收入基尼系数来衡量"共享"维度。[8]

三、共同富裕思想的理论探索与历史经验

张雷声认为以习近平同志为核心的党中央对共同富裕作出了创新性的理解，并以形成中国特色社会主义的橄榄型分配结构，丰富和发展了中国特色社会主义分配理论，将推动分配实践实现重大创新。[9] 许洪位认为，对贫穷与富裕、贫富之间的关系以及如何摆脱贫困落后、实现全体人民共同富裕的理论思考和实践探索始终贯穿着中国共产党领导革命、建设和改革的全过程。[10] 王颂吉、白永秀总结了中国共产党探索实现共同富裕的理论与实践逻辑，认为马克思和恩格斯论证了共产主义社会实现共同富裕的一般理论原则，列宁和斯大林在此基础上探索了经济落后国家开展社会主义革命、向社会主义过渡、建设社会主义并向共同富裕的共产主义社会过渡的一般模式，这为中国共产党探索实现共同富裕提供了理论遵循。各国国情差异决定了建设社会主义的路径不同，中国共产党必须根据国情走中国特色社会主义的共同富裕之路。在100年的实践中，中国共产党探索了一条既符合马克思主义基本原理又符合中国国情的共同富裕道路。[11] 李全喜、王美玲认为党对收入分配问题总体认识的演进经历了主体论、主体—补充论、主体—并存论、重点论、双同步论等阶段，党对收入分配问题总体认识的演进过程呈现出一些共性特点，即对社会主义初级阶段社会生产力历史发展现实的关切、对以人为本与共同富裕价值取向的坚持、对社会主义初级阶段长期性的清醒认识。[12]

四、共同富裕的实现路径

1.实现路径的理念及制度基础。王立胜认为共同富裕的实现需要以共享发展理念为先导，从制度层面坚持发展成果全民共享，从而为实现共同富裕打下坚实基础。[13] 刘元春、刘晓光认为新时期扎实推动共同富裕，必须超越简单的社会运动，从经济、社会和政治等层面认识到共同富裕具有坚实的经济理论、社会理论和政治理论基础；超越简单的理论逻辑推演，从历史实践的角度来全面把握当前推进共同富裕是中国特色社会主义在完成全面建设小康目标、乘势而上全面实现现代化的必然选择，具有坚实的历史基础和实践基础；超越一般的思想争论，在理论的批判中通过构建科学的实施方案和可实施的路径，在实践中不断深化对于共同富裕的认识，在高质量发展中扎实推进共同富裕示范区建设，构建三大分配协调配套的基础性制度安排。[14] 推进共同富裕要辩证认识增量与存量、显性与隐性、总量与结构、均值与方差、可量化与不可量化等五大关系，立足缩小收入差距、财富差距、显性差距、隐性差距等十大政策取向，重点辨析收入财富差距与市场化程度的关系、收入财富差距与科学技术发展的关系、收入财富差距与社会发展的关系、穷人与富人的关系、共同富裕的求解范围等五大理论问题。[15]

2.完善社会保障体系。万海远、陈基平认为我国推进共同富裕的政策路径应该是通过提高居民所得比重，同时提高税收调节能力，加大社会保障力度，不断提高基本公共服务水平与质量，渐进提高居民福利水平。[16] 王若磊认为，一要健全覆盖全民、统筹城乡、公平统一、可持续的多层次社会保障体系；二要强化公共服务的均等化供给，优待弱势群体、防止福利倒挂、保障实质平等；三要提高民生福祉，不断提升就业、教育、医疗、卫生等公共服务水平，着力解决托幼、养老、家政、住房等影响生活品质的新问题；四是畅通社会流动、防止阶层固化，让人民享有更多公平感、幸福感和认同感。[17]

3.优化收入分配格局。推进全体人民共同富裕取得实质性进展，不仅要构建收入分配的橄榄型格局，也要注重财产分配的合理化和相对均等化。[18] 方福前认为促进共同富裕，需要实现“三个共同”，即共同提高、共同奋斗和共同发展。[19] 税收调节收入和财富分配，体现的是促进共同富裕中的“共同”，体现的是收入和财富差距的缩小。[20] 侯为民认为扎实推动共同富裕要正确看待三次分配之间的关系，区分主从关系、原生和衍生因素间的关系；要正确看待公有制经济的重要作用，确立政府在分配公平中的重要调节地位，在完善所有制结构和深化收入分配制度改革中进一步促进公平分配。[21] 杨立雄认为实现低收入群体的共同富裕，关键是要实现低收入群体收入的快速增长，缩小低收入群体与其他群体的收入差距。[22] 邓国胜对第三次分配有两种看法，其一，第三次分配与市场、政府的失灵有关；其二，第三次分配与人类道德、文化和精神的需求有关。[23]

五、共同富裕与乡村振兴

实现巩固拓展脱贫攻坚成果同乡村振兴有效衔接，不仅是社会主义现代化国家建设进程中的必然选择，也是解决当前中国社会主要矛盾的现实需要。[24] 张晖认为脱贫攻坚与乡村振兴两大战略的有效衔接，是解决发展不平衡不充分问题的客观需要，是加快构建新发展格局的需要，是全面建设社会主义现代化国家和实现全体人民共同富裕的需要。脱贫攻坚是全

面实施乡村振兴战略的优先任务，乡村振兴是巩固和深化脱贫攻坚成果的最佳手段，二者作为新时代解决“三农”问题的两个方面，相辅相成，有机统一。[25]两者之间战略耦合的角色主体分别是国家、政府、乡村，三者通过政治逻辑、行政逻辑和治理逻辑实现彼此之间的互动关系。[26]脱贫攻坚是国家经济发展到一定阶段后社会主义国家性质所要求的侧重方面，而乡村振兴则是在确保社会主义共同富裕原则基础上对农业农村现代化的进一步推进。[27]目前我国正处于脱贫攻坚与乡村振兴两大战略的历史交汇区和政策衔接的过渡期，在过渡期内的重要任务就是加快实现巩固拓展脱贫攻坚成果同乡村振兴的有效衔接。[28]黄承伟从历史逻辑、理论逻辑和实践逻辑等三个方面论述了脱贫攻坚乡村振兴之间有效衔接的必然性。目前脱贫攻坚有效衔接乡村振兴呈现出巩固脱贫攻坚成果成效明显、有效衔接工作有力有序推进、乡村振兴重点工作初见成效等特点。[29]

王春光认为农业农村现代化是迈向共同富裕的要求，并从农村社会学的角度深入分析了农业农村现代化的多元实践行动主体及其关系，揭示了未来实现农业农村现代化的可能路径。[30]邢成举等认为，在新的阶段，工业扶贫不仅不可弱化，反而应该通过更多方面的政策与制度进行扶持，这不仅是持续相对贫困治理的需要，也是新时期中国乡村振兴战略的内在要求，更是构建共同富裕道路的内在要求。从间接性溢出效应减贫，到直接性就业吸纳减贫，再到工业反哺农业的开发式扶贫，最终到全面介入的工业精准扶贫，工业扶贫走出了一条脱胎于乡村而后又以高质量多样化方式回馈乡村的扶贫发展之路。[31]黄承伟从理论、历史、现实和国际4个方面阐述了乡村振兴与共同富裕的4重内在逻辑，并围绕高质量乡村振兴促进共同富裕提出了需要加强研究的理论议题。[32]

注：

[1]《在高质量发展中促进共同富裕统筹做好重大金融风险防范化解工作》,《人民日报》，2021年8月18日。

[2]张占斌:《中国式现代化的共同富裕：内涵、理论与路径》,《当代世界与社会主义》，2021年第6期。

[3]顾海良:《共同富裕是社会主义的本质要求》,《红旗文稿》，2021年第20期。

[4]万海远、陈基平:《共同富裕的理论内涵与量化方法》,《财贸经济》，2021年第12期。

[5]黄泰岩:《“人民至上”百年历史经验的政治经济学原理》,《经济学动态》，2021年第11期。

[6]李军鹏:《共同富裕，概念辨析、百年探索与现代化目标》,《改革》，2021年第10期。

[7]杨宜勇、王明姬:《更高水平的共同富裕的标准及实现路径》,《人民论坛》，2021年第23期。

[8]万海远、陈基平:《共同富裕的理论内涵与量化方法》,《财贸经济》，2021年第12期。

[9]张雷声:《新时代中国共产党共同富裕思想的伟大创新》,《当代世界与社会主义》，2021年第5期。

[10]许洪位:《中国共产党贫富观的百年历史演进、基本特点与当代价值》,《理论月刊》，2021年第4期。

[11]王颂吉、白永秀:《中国共产党探索实现共同富裕的理论与实践逻辑》,《贵州社会科学》，2021第9期。

[12]李全喜、王美玲:《党对收入分配问题总体认识的历史演进及其特点——基于党的十二大至十九大报告的分析》,《长白学刊》，2021第1期。

[13]王立胜:《以共享发展促共同富裕：理念、挑战与路径》,《当代世界与社会主义》，2021年第6期。

[14]刘元春、刘晓光:《在三大超越中准确把握共同富裕的理论基础、实践基础和规划纲领》,《经济理论与经济管理》，2021年第12期。

[15]李海舰、杜爽:《推进共同富裕若干问题探析》,《改革》，2021年第12期。

[16]万海远、陈基平:《共享发展的全球比较与共同富裕的中国路径》,《财政研究》，2021年第9期。

[17]王若磊:《完整准确全面理解共同富裕内涵与要求》,《人民论坛·学术前沿》，2021年第6期。

[18]赵峰、谭璇:《收入分配、政府支出结构和增长体制的政治经济学分析》,《经济学动态》，2021年第11期。

[19]方福前:《中国经济的三个趋势性变化：原因与对策》,《北京工商大学学报（社会科学版）》，2021年第6期。

[20]杨志勇:《实现共同富裕的税收作用》,《税务研究》，2021年第11期。

[21]侯为民:《共同富裕取得实质性进展的若干理论问题》,《当代经济研究》，2021年第12期。

[22]杨立雄:《低收入群体共同富裕问题研究》,《社会保障评论》，2021年第4期。

[23] 邓国胜:《第三次分配的价值与政策选择》,《人民论坛》, 2021年第24期。

[24] 左停、原贺贺、李世雄:《巩固拓展脱贫攻坚成果同乡村振兴有效衔接的政策维度与框架》,《贵州社会科学》, 2021年第10期。

[25] 张晖:《脱贫攻坚与乡村振兴有效衔接的内在意蕴与实践进路》,《思想理论教育导刊》, 2021年第7期。

[26] 卫志民、吴茜:《脱贫攻坚与乡村振兴的战略耦合: 角色、逻辑与路径》,《求索》, 2021年第4期。

[27] 叶敬忠:《从脱贫攻坚到乡村振兴: 脱贫地区内的衔接抑或发展时代间的转型?》,《社会发展研究》, 2021年第3期。

[28] 孙久文、李方方、张静:《巩固拓展脱贫攻坚成果 加快落后地区乡村振兴》,《西北师范大学学报(社会科学版)》, 2021年第3期。

[29] 黄承伟:《脱贫攻坚有效衔接乡村振兴的三重逻辑及演进展望》,《兰州大学学报(社会科学版)》, 2021年第6期。

[30] 王春光:《迈向共同富裕——农业农村现代化实践行动和路径的社会学思考》,《社会学研究》, 2021年第2期。

[31] 邢成举、李小云、石宝峰等:《城乡关系变迁、工业扶贫变革与共同富裕道路的构建》,《中国农业大学学报(社会科学版)》, 2021年第4期。

[32] 黄承伟:《论乡村振兴与共同富裕的内在逻辑及理论议题》,《南京农业大学学报(社会科学版)》, 2021年第6期。

(北京市经济学总会供稿; 主要执笔人: 张春敏、王娴娴、谢奋羽)

数字经济发展研究

数字经济正在成为重组全球要素资源、重塑全球经济结构、改变全球竞争格局的关键力量。2021年，北京经济学界围绕数字经济与经济发展、国家治理、反垄断问题等方面深入开展研究，取得了丰富研究成果，深化了对数字经济的发展变化和前景趋势的认识。

一、数字经济与经济发展

(一) 数据要素及其作用

范欣等研究指出，数据作为知识和信息的一种特殊存在形式，是由知识和信息转化而来，从根本上派生于自然和劳动要素，应当从属于资本；数据在生产过程中显然能提高生产效率，促进社会再生产过程顺利进行；数据是现代社会发展的产物，是现代生产要素。[1] 李海舰、赵丽强调数据的生产力属性，把数据要素的特征概括为虚拟替代性、多元共享性、跨界融合性、智能即时性。[2]

(二) 数字经济与经济发展的关系

蔡跃洲、马文君研究了数据要素对高质量发展影响与制约。比特数据是数字经济时代的新生产要素，具备关键要素低成本、大规模可获得的基本特性和非竞争性、低复制成本、非排他性、外部性、即时性等技术—经济特征。这些特性和技术—经济特征是数据要素提升企业生产经营效率、实现价值创造能力倍增、增加消费者剩余和福利、支撑高质量发展的微观基础。同时，这些特征也衍生出隐私泄露、数据垄断等问题，对增长和福利造成负面影响。在经济增长方面，网络外部性会强化领导企业既有优势形成数据垄断，进而减少数据流动共享，抑制数据要素提升微观运行效率和宏观增长潜力的作用。在社会福利方面，具有数据垄断优势的企业进行歧视定价往往会倾向于抬高价格，从而导致消费者剩余和福利的下降。[3]

王凯从经验研究的角度证实了数字技术发展可以促进产业结构优化升级。[4] 左鹏飞、陈静研究发现，数字经济发展对经济增长的影响主要表现为推动经济运行系统重构、推动经济效率和创新力提升三方面。[5] 夏杰长等认为，数字技术不仅可以有效提高公共服务的服务效率和公平程度，还可以通过数据资源的有效利用来消除公共服务的获得性壁垒、促进城乡公共服务一体化发展，进而促进公共服务的高质量发展。[6]

蔡跃洲、牛新星通过研究测算发现，数字经济显著促进了中国经济增长与高质量发展。据此他们提出，“十四五”时期应将产业数字化作为重点，可依托制造业数字化转型和工业互联网建设，着力推动传统产业数字化改造。[7] 范合君、吴婷研究了数字经济对高质量发展的影响机制，研究结果表明，数字化对全要素生产率和技术效率增长具有显著正向影响，而对技术进步的发展没有显著影响。加强数字化建设是实现经济增长与高质量发展的必由之路。[8]

数字技术会衍生出个人隐私泄露、数据垄断等问题，进而对微观个体权益乃至宏观发展带来负面影响。数字技术的网络外部性带来的正反馈马太效应将强化既有领先企业的优势，形成难以被打破的寡头垄断局面，消费者福利被损害。[9]数字技术的发展还可能加剧地区间发展差距，发达地区相对于欠发达地区从数字技术发展中受益更多。数字技术一旦在发达地区形成了先发优势，落后地区将越来越难以赶超，“南强北弱、东强西弱”是目前数字技术发展空间分布特征。[10]

二、数字经济与国家治理

数字技术的发展需要国家治理理念相应发生变化。范欣认为，除了需要解决要素流通不畅、资源错配等共性问题外，数据要素市场改革还需要解决数据权属确定、数据交易定价等特性问题。[11]魏成龙、郭诚诚指出，数字经济成为经济发展的主流形态，对传统政府治理结构产生了极大冲击，推动着政府治理变革。技术—经济范式的理论框架为数字经济时代政府治理提供了“技术赋能—价值重塑—治理变革”的理论逻辑。通过充分利用数字经济中技术工具的高效性、精准性和价值思维的服务性、跨界性及开放合作性，实现政府治理的共建共治共享。[12]

数字技术的发展为国家治理提供了更高效的形式。数字技术推动政府职能由社会管理向社会服务方向转变，大数据、物联网、云计算、区块链、人工智能等数字技术进一步丰富和完善了国家治理方式，节约了治理成本。[13]数字技术的发展有机融合政府数字治理和传统平台治理的经验，将技术应用和数据使用等活动放在相应制度规则的监督下，提升数字治理质效。[14]

三、数字经济与反垄断

随着数字技术催生的新业态、新模式表现出越来越显著的垄断特征，传统反垄断理论在数字经济时代面临严峻挑战。当前反垄断问题的研究主要集中于平台经济领域，其垄断的原因、对经济的影响、以及反垄断机制等问题越来越得到学术界关注。

（一）平台经济的垄断机制

谢富胜通过分析平台经济的竞争模式，研究了平台企业存在的三个递进的垄断层次。首先，由于需求、供给和企业行为逻辑三方面的特征，平台经济领域呈现天然横向垄断倾向。其次，核心平台企业凭借跨行业可转化的影响力实施纵向一体化和跨行业扩张策略，形成用户规模庞大、涉及行业众多、业务互为补充的垄断性平台复合体。更进一步地，平台复合体基于技术和需要的层级性，投资并购大量中小型创新平台，构建以自身为核心的层级嵌套式平台生态系统，进行持久的动态垄断竞争。大型平台复合体借助数字技术实现平台业务与金融业务的融合，加强了平台实施垄断行为、巩固垄断地位的动机。稳定且丰厚的金融利润支持平台复合体跨行业经营与大规模并购，与平台业务的垄断相互促进、相互巩固，造成了金融风险的扩大化、集中化和隐蔽化。[15]

何哲指出，平台经济一旦成为事实上的群体商业规则的制定者，就拥有了传统经济时代只有政府等公权力部门才有的对市场的控制能力，能够直接和间接控制数千万人的就业和数亿的用户。[16]

黄尹旭、杨东研究发现，平台经济的垄断手段和工具不仅比传统垄断方式更高效，而且具有更强的隐蔽性。[17]王世强认为，数字经济时代引起反垄断领域高度重视的行为模式具有垄断工具的极度高效性、对消费者与反垄断规制部门的较强隐蔽性、策略应用的高度组合性等特征。[18]

（二）平台经济垄断的特殊性

胡继晔等分析了数字平台垄断形成的特征，认为数据市场通常具有进入壁垒的特征，数字经济的双边甚至是多边市场产生了正反馈循环，使得具有先进入市场优势的数字平台能够更加轻易地在某个领域获得垄断地位。[19]齐昊等研究发现，全球前20家“独角兽”平台企业接受了美国、日本、英国等地的风险资本和股权私募基金。平台经济技术发展的巨大潜力、后危机时代资本过剩以及风险资本制度日益成熟等因素促使大量金融资本投入到平台经济领域。在金融资本的支持下，平台经济可以以非常低的融资成本在短期内筹集到大量资金击退其他竞争者、不断开拓新的业务领域增强用户黏性、掠夺式地生产和利用平台用户的数据信息。[20]

石先梅等指出，数字资本垄断与传统产业资本领域的垄断从作用形式看存在一定差异，数字资本垄断并没有绝对地提高最低资本规模，甚至在一定范围内降低了最低资本额，相比任何其他形式的资本，数字资本对社会生产的控制更加深刻。[21]平台经济垄断不仅遏制了平台企业本身的创新动力，而且阻碍甚至破坏其他行业企业健康发展，牺牲消费者利益，对国民收入分配构成新的挑战。[20]

（三）平台经济反垄断方式

由于以数字技术为基础的平台经济垄断具有不同于传统垄断企业的特殊性，垄断行为往往涉及多个领域，为审查、判断、评估平台经济垄断程度、垄断行为等方面的反垄断工作增加了难度，需要多部门、多主体参与反垄断。倪红福、冀承提出，针对数字经济时代平台反垄断政策面临的新难题与新挑战，中国应从监管机构、互联网平台、第三方主体等层面着力，以强化平台反垄断规制，营造公平竞争的市场环境，并且要统筹国内国际两个市场，深刻认识中国与发达国家数字平台在市场力量与技术创新上的差距，积极借鉴发达国家平台反垄断的有益经验，从全球视角审视和修订平台反垄断政策，为畅通国内大循环和促进经济社会发展提供重要支撑。在监管机构层面，要推动监管前置，实现关口前移，对平台垄断问题由事后的静态监管转向强化事前、事中的动态监管。[22]

曾雄认为对平台经济的反垄断规制应该回归反垄断规则的初心，即通过保护竞争机制来保障消费者福利，需要对传统的分析工具进行调试，对原有的分析要素进行扩充，开展更加全面的竞争分析，实现平台监管与发展的平衡。[23]还有学者提出了对数字经济反垄断规制的七条政策建议：升级新业态规制工具；通过完善法规优化数据监管；引导企业增加质量投入；在数字经济背景下健全公平竞争审查制度；适度提高反垄断违法处罚；鼓励政府部门间在规制工作中合作；加强数字科技创新扶持力度。[24]

注：

[1] 宋冬林、孙尚斌、范欣：《数据成为现代生产要素的政治经济学分析》，《经济学家》，2021年第7期。

[2] 李海舰、赵丽：《数据成为生产要素：特征、机制与价值形态演进》，《上海经济研究》，2021年第8期。

[3] 蔡跃洲、马文君：《数据要素对高质量发展影响与数据流动制约》，《数量经济技术经济研究》，2021年第3期。

[4] 王凯：《数字经济、资源配置与产业结构优化升级》，《金融与经济》，2021年第4期。

[5] 左鹏飞、陈静：《高质量发展视角下的数字经济与经济增长》，《财经问题研究》，2021年第9期。

[6] 夏杰长、王鹏飞：《数字经济赋能公共服务高质量发展的作用机制与重点方向》，《江西社会科学》，2021年第10期。

[7] 蔡跃洲、牛新星：《中国数字经济增加值规模测算及结构分析》，《中国社会科学》，2021年第11期。

[8] 范合君、吴婷：《数字化能否促进经济增长与高质量发展——来自中国省级面板数据的经验证据》，《管理学刊》，2021年第6期。

[9] 苏敏、夏杰长：《数字经济中竞争性垄断与算法合谋的治理困境》，《财经问题研究》，2021年第11期。

[10] 夏杰长、刘诚：《数字经济赋能共同富裕：作用路径与政策设计》，《经济与管理研究》，2021年第9期。

[11] 范欣：《新时代要素市场化配置改革：内在逻辑、基本原则与制度保障》，《马克思主义与现实》，2021年第1期

[12] 魏成龙、郭诚诚：《赋能与重塑：数字经济时代的政府治理变革》，《理论学刊》，2021年第5期；王孟嘉：《数字政府建设的价值、困境与出路》，《改革》，2021年第4期。

[13] 乔岳：《数字经济促进高质量发展的内在逻辑》，《人民论坛·学术前沿》，2021年第6期。

[14] 蒋国银：《平台经济数字治理：框架、要素与路径》，《人民论坛·学术前沿》，2021年第Z1期。

[15] 谢富胜、吴越：《平台竞争、三重垄断与金融融合》，《经济学动态》，2021年第10期。

[16] 何哲：《数字剩余价值：透视数字经济体系的核心视角及治理思路》，《电子政务》，2021年第3期。

[17] 黄尹旭、杨东：《超越传统市场力量：超级平台何以垄断——社交平台的垄断源泉》，《社会科学》，2021年第9期。

[18] 王世强：《数字经济中的反垄断：企业行为与政府监管》，《经济学家》，2021年第4期。

[19] 胡继晔、杜牧真，《数字平台垄断趋势的博弈分析及应对》，《管理学刊》，2021年第2期。

[20] 齐昊、李钟瑾：《平台经济金融化的政治经济学分析》，《经济学家》，2021年第10期。

[21] 闫境华、石先梅：《数字经济时代竞争与垄断的政治经济学分析》，《经济纵横》，2021年第3期。

[22] 倪红福、冀承：《中国平台反垄断政策的过去、现在与未来》，《改革》，2021年第11期

[23] 曾雄：《平台"二选一"反垄断规制的挑战与应对》，《经济学家》，2021年第11期。

[24] 任保平、秦华：《中国共产党百年开放思想的实践探索与理论创新》，《政治经济学评论》，2021年第4期。

（北京市经济学总会供稿；主要执笔人：姬旭辉）

对外开放与新发展格局

2021年，在我国积极推进更高水平对外开放，加快构建新发展格局的现实背景下，大量学者就我国对外开放的历史逻辑、理论逻辑和实践逻辑进行了研究和探讨。内容主要涵盖中国共产党对外开放思想、开放型经济新体制、自贸区与自贸港建设、RCEP和CPTPP等方面。

一、关于中国共产党对外开放思想的研究

2021年是中国共产党成立一百周年，同时是中国全面建成小康社会并开启全面建设社会主义现代化国家新征程的历史交汇点。回顾建党百年的光辉历程，对外开放取得了举世瞩目的成就，这充分彰显了中国共产党的政治生命力、理论创新力和实践创造力。学者系统梳理了中国共产党对外开放思想的演进逻辑，总结了党的对外开放思想的鲜明特征和宝贵经验，并阐释了党的对外开放思想的历史启示。

（一）中国共产党对外开放思想的演进逻辑

中国共产党自成立以来，牢牢把握世界经济全球化的一般规律和中国与世界关系的动态变化，逐渐形成了一系列重要的开放思想。赵伟洪和张旭系统梳理了中国共产党对外开放思想的历史进程，主要包括改革开放前“自力更生为主，争取外援为辅”的开放思想，改革开放新时期“利用两个市场、两种资源”的开放思想，以及进入新时代“建设开放型世界经济”的开放思想。[1]任保平和秦华梳理了中国共产党百年开放思想的发展轨迹，总结了新时代中国共产党开放思想的理论创新。[2]夏先良着重阐释了习近平总书记开放发展观的丰富内涵。[3]周跃辉分析了习近平总书记提出构建“双循环”新发展格局的时代背景，梳理了习近平总书记关于构建“双循环”新发展格局的论述脉络。[4]

（二）中国共产党对外开放思想的特征、宝贵经验和历史启示

赵伟洪和张旭总结了党的对外开放思想的三个主要特征：一是在不同历史阶段，依据不同的历史任务，中国共产党的开放思想和政策各有侧重；二是党的对外开放思想兼有原则性、包容性和创造性；三是始终坚持为推动世界经济的和平与发展做出贡献。[1]

杨丹辉深入论述了中国共产党对外开放思想探索历程中积累的宝贵经验。[5]叶静回顾了中国共产党领导对外开放的百年历史，将党领导对外开放的宝贵经验归纳为以下几个方面：一是坚持党对对外开放的集中统一领导；二是坚持独立自主与对外开放相统一；三是点线面多维度、渐进式推进开放进程；四是与时俱进创新对外开放政策和方略；五是始终遵循中国特色社会主义制度。[6]

二、关于开放型经济新体制的研究

建设更高水平开放型经济新体制，是事关战略全局的系统性深层次变革，更是构建新发展格局的必由之路。基于此，学者深入分析当前我国建设更高水平开放型经济新体制面临的主要挑战，积极探索建设更高水平开放型经济新体制的实现路径。

裴长洪和彭磊总结了我国构建和完善开放型经济治理体系的基本实践和基本经验，认为开放型经济治理体系的成熟定型还面临诸如“一带一路”陆路贸易规则、数字经济治理、以人民币为主的国际货币体系建立等新课题和新任务，需从这些方面加强我国开放型经济治理体系的建立与完善。[7]王晓红提出，建设更高水平开放型经济新体制需要推动更大范围、更宽领域、更深层次开放，推动合作共赢开放，统筹好开放和安全的关系。[8]

卢江和郭采宜认为，我国建设更高水平开放型经济新体制的理念路径包括：始终坚持合作共赢的开放理念；加快推进内陆自贸区建设；继续推进“一带一路”建设；努力构建双循环的新发展格局。[9]王海峰指出，建设开放型经济新体制是实行高水平对外开放的制度保证。[10]夏友仁提出，“十四五”时期加快建设更高水平开放型经济新体制的主要路径包括：推进贸易高质量发展；提升外商投资管理水平；优化海外经济布局；推进“一带一路”高质量发展；积极参与全球经济治理；加快建设对外开放新高地。[11]

三、学术著作概述

2021年，我国学者聚焦对外开放与新发展格局编写了一系列重要的学术著作，主要有：樊纲等主编的《双循环》由中信出版社出版，王昌林主编的《新发展格局》由中信出版社出版，刘元春主编的《读懂双循环新发展格局》由中信出版社出版，贾康和刘薇

主编的《双循环新发展格局》由中译出版社出版，蒋庆哲和夏文斌主编的《对外开放蓝皮书：北京对外开放发展报告（2021）》由社会科学文献出版社出版。这些著作从不同视角阐释了双循环新发展格局提出的时代背景、理论基础和深刻内涵，分析了双循环过程中存在的问题和挑战，并就如何实施双循环战略提出相关建议。

注：

［1］赵伟洪、张旭：《百年来中国共产党对外开放思想的理论基础、历史进程与实践超越》，《经济纵横》，2021年第5期。

［2］任保平、秦华：《中国共产党百年开放思想的实践探索与理论创新》，《政治经济学评论》，2021年第4期。

［3］夏先良：《完整、准确、全面把握习近平开放发展观 化解当前中国面临的新挑战》，《人民论坛·学术前沿》，2021年第13期。

［4］周跃辉：《习近平关于“双循环”新发展格局重要论述研究》，《中共党史研究》，2021年第2期。

［5］杨丹辉：《对外开放的理论创新与伟大实践——建党百年的历史回溯和当代使命》，《当代经济管理》，2021年第6期。

［6］叶静：《中国共产党领导对外开放的百年历程与基本经验》，《科学社会主义》，2021年第6期。

［7］裴长洪、彭磊：《中国开放型经济治理体系的建立与完善》，《改革》，2021年第4期。

［8］王晓红：《建设更高水平开放型经济新体制》，《人民日报》，2021年4月15日。

［9］卢江、郭采宜：《国际经济格局新变化与中国开放型经济体制构建研究》，《政治经济学评论》，2021年第3期。

［10］王海峰：《构建开放型经济新体制是实行高水平对外开放的制度保证》，《中国发展观察》，2021年第6期。

［11］夏友仁：《推动各类开放平台创新发展》，《全球化》，2021年第1期。

（北京市经济学总会供稿；主要执笔人：徐则荣）

新型城镇化建设研究

2021年，北京学者对于新型城镇化问题，围绕户籍制度改革、土地制度与城乡融合发展、城市高质量发展等主题展开研究。

一、户籍制度改革

田明、刘悦美研究流动人口城市落户意愿更高，随时间变化的中介因素是落户意愿变化的关键变量。[1]李沛霖提出了户籍制度的三重本质内涵：人口登记、迁移限制、竞争性福利行政限制，社会公平视角下户籍制度三大改革的理论依据。提出因时制宜强化三大政策工具、因地制宜优化户改政策结构、精准匹配完善“人地钱挂钩”三大政策建议。[2]董志勇、戴圣涛研究发现，户籍转换能够提升农村群体的社会地位认同感。提出了降低农村进城群体的户籍约束，出台针对性帮扶措施等政策建议。[3]高跃光等基于“农转非”政策研究发现，户籍可以通过影响学校所在地类型、校领导与家长的人力资本水平、教师队伍质量和流失问题、教学质量等方面，影响人力资本差异。[4]

赵扶扬、陈斌开针对土地配置中存在的“效率”和“公平”两难问题，结合“新发展格局下畅通国内市场生产、分配、流通环节”的政策内涵展开了政策模拟，提出了土地配置与户籍制度改革结合、畅通国内贸易的政策建议。[5]纪珽，张国峰研究发现，户籍制度改革、城市化进程对于提高劳动生产率的作用十分明显。[6]陈润提出未来需要重点落实户籍制度改革，促进基本公共服务均等化，完善技术技能评价制度，推进档案服务改革等。[7]陈昊等研究发现，市民化通过人口效应增加地方政府的教育支出总额，还将提高人均和生均教育投入水平。[8]

赵军洁、张晓旭提出户籍制度改革经历了五个阶段，呈现出明显的渐进式、分类化的特点，提出要更加注重统筹户籍利益差别，构建一元户籍制度，真正实现居住地公共服务的均衡化和普惠化。[9]欧阳慧、李智总结了我国户籍制度改革成效，提出了户籍制度改革目标和方向。[10]

二、城乡融合发展与土地制度改革

实现共同富裕，是我国城镇化的重要目标。魏后凯提出，是否有利于共同富裕，是构建城镇化规模格局的重要度量标准，超大城市急剧扩张是当前城镇化格局的重要特征。应当警惕超大城市急剧扩张和小城镇的萎缩，优化都市圈结构和城镇化格局，大力发展城郊县域经济，推动共同富裕。[11]叶璐、王济民测定了我国城乡差距，研究发现2007—2017年，全国层面以及三大区域的城乡差距综合水平呈波动下降趋势，城乡基础设施差距变化是差距减小首要驱动力，城乡产业发展差距作用也不可忽视。[12]

都阳研究发现，我国劳动力市场跨越了刘易斯转折点。这一转折不仅带来劳动力市场的结构性变化，推进城乡融合发展，也成为促进劳动节约型技术进步的重要动力。新技术变革不仅提高劳动生产率，更为城乡融合发展带来机遇。但要考虑新技术变革对于劳动力市场产生的负面冲击，及由此对城乡融合发展带来的不利影响。[13]樊轶侠研究提出，构建城乡融合发展机制需前瞻性地考虑经济数字化趋势。财政政策应"以人为本"，完善城乡基本公共服务供给的体制机制，促进城镇化、工业化、数字化协同发展。并提出了未来发展的具体财政政策。[14]

周振指出，设计了"划分四类地区、聚焦三种交易方式、打通两个通道、配套四项措施"的区域差别化的农民工进城落户土地政策。[15]熊柴等认为，要实现城乡融合发展之路，需要进一步推进城乡土地产权同权化和资源配置市场化改革，构建城乡统一的建设用地市场，让市场在土地资源配置中起决定性作用。[16]安永军认为土地制度的关键在于为农民提供合理补偿，使之能脱离对土地的依赖。[17]陶然提出要对现有城乡土地制度及其背后的工业化、城市化模式和运作机制有一个系统性的理解，以此为基础进行合理的城乡土地制度顶层设计，从中央层面推动整体性改革，逐步扭转既有发展模式下各方博弈所引发的扭曲性格局，最终建立新型城市化、乡村振兴与城乡协调发展，实现中产中国、共同富裕。[18]

三、城市高质量发展

要素市场分割降低了城市生产率，并造成城市规模体系扁平化，既是传统城镇化中城市偏向型制度安排的结果，也已成为阻碍新型城镇化高质量发展的重要原因。集聚经济与消费的"拥挤效应"是要素市场分割影响城市化质量的主要机制。[19]

曹可心、邓羽总结了可持续城市更新的时空演进路径及区域差异，在此基础上解析了其多时空尺度影响因素、驱动机理及典型空间响应模式。[20]姜凯凯等利用三元租差理论归纳了我国城市更新的特殊属性，建立了我国城市更新特征与租差理论关键变量——潜在地租之间的关联。[21]李晓鹏等从产业的视角出发，分析了城市更新与产业发展的互动逻辑和相互作用机制，并围绕规划理念、空间供给、资金平衡和运营监管等方面的内容，剖析当前城市更新工作中与产业发展相关的关键问题，在产业发展层面探索其推动城市更新的理论。[22]

孙久文等的研究结果表明：国家级城市群综合承载能力高于区域性与地方性城市群，同一层级城市群内部，经济发展水平、基础设施完善程度、资源和生态环境也会影响城市群的承载能力。[23]刘婕等研究发现城市群崛起通过马歇尔效应、创新效应和融资效应显著提升了企业在工业增加值、销售产值、利润和固定投资几个方面的竞争力。[24]龚锋等研究发现，城市群能够为企业提供"聚集租金"，对区域内企业形成"锁定"效应，政府无须提供税收优惠来吸引资本流入，进而缓解了地方税收竞争。[25]刘云中等研究发现京津冀的发展使得河北省县域一镇（村）一品模式、专业市场模式以及产业快速发展的逻辑阻断，并提出了解决应对策略。[26]

吴唯佳等从协同发展的历史脉络和进程、协同发展背景下首都都市圈的快速变化、京津冀协同发展对首都都市圈形成的影响三方面，研究和评估了首都都市圈的一体化进展。[27]孙久文分析了都市圈对促进形成新发展格局的重要作用，分析了津冀产业转移及产业结构调整现状，测算了我国三大城市群内部经济联系情况，并提出了京津冀分为三个城市圈的构想。[28]李国平、宋昌耀从六个维度分析京津冀城市群发展的差距与不足，进而从实现京津冀城市群发展目标的角度出发，提出"五个雄安"战略方向。[29]

注：

[1] 田明、刘悦美:《基于户籍类型比较的流动人口城市落户意愿影响机制研究》,《地理科学》,2021年第2期。

[2] 李沛霖:《户籍制度改革区域差异对人口流动影响研究》,《人口与发展年》，2021年第6期。

[3] 董志勇、戴圣涛:《城乡流动、户籍转换与社会地位认同感》,《经济与管理评论》，2021年第3期。

[4] 高跃光、冯晨、唐雅:《户籍的代际关联、"农转非"与长期人力资本》,《世界经济》，2021年第11期。

[5] 赵扶扬、陈斌开:《土地的区域间配置与新

发展格局——基于量化空间均衡的研究》,《中国工业经济》,2021年第8期。

[6] 纪珽、张国峰:《代际间职业流动、劳动力配置与中国的劳动生产率》,《世界经济》,2021年第5期。

[7] 陈润:《推进劳动力要素市场化配置的体制机制研究》,《中国经贸导刊(中)》,2021年第10期。

[8] 陈昊、陈海英、王柏皓:《市民化能提高地方政府教育投入吗?——以户籍制度改革为例》,《财经研究》,2021年第12期。

[9] 赵军洁、张晓旭:《中国户籍制度改革:历程回顾、改革估价和趋势判断》,《宏观经济研究》,2021年第9期。

[10] 欧阳慧、李智:《迈向2035年的我国户籍制度改革研究》,《经济纵横》,2021年第9期。

[11] 魏后凯:《科学合理的城镇化格局有利于共同富裕》,《北京日报》,2021年11月8日。

[12] 叶璐、王济民:《我国城乡差距的多维测定》,《农业经济问题》,2021年第2期。

[13] 都阳:《劳动力市场转折、新技术变革与城乡融合发展》,《人民论坛·学术前沿》,2021年第2期。

[14] 樊轶侠:《数字经济下的城乡融合发展财政政策取向研究》,《人民论坛·学术前沿》,2021年第2期。

[15] 周振:《乡村振兴背景下农民工进城落户的土地政策研究》,《贵州社会科学》,2021年第12期。

[16] 熊柴、蔡继明、刘媛:《城乡融合发展与土地制度改革》,《政治经济学评论》,2021年第5期。

[17] 安永军:《土地制度与农民市民化——征收入市和直接入市制度的比较分析》,《西南大学学报(社会科学版)》,2021年第5期。

[18] 陶然:《新发展格局与城乡土地制度改革的突破》,《中央社会主义学院学报》,2021年第3期。

[19] 陆军、蔡思远:《多元要素市场分割与城市化质量:基于结构式估计的文献综述》,《经济体制改革》,2021年第6期。

[20] 曹可心、邓羽:《可持续城市更新的时空演进路径及驱动机理研究进展与展望》,《地理科学进展》,2021年第11期。

[21] 姜凯凯、高浥尘、宋伟轩:《我国城市更新的三元租差解释及启示》,《城市发展研究》,2021年第9期。

[22] 李晓鹏、张国彪、李伟溪、谢剑波:《产业发展视角下的城市更新相关问题探讨》,《规划师》,2021年第14期。

[23] 孙久文、易淑昶、傅娟:《提升我国城市群和中心城市承载力与资源配置能力研究》,《天津社会科学》,2021年第2期。

[24] 刘婕、姚博、魏玮:《城市群崛起与企业竞争力提升——基于交易成本的分析》,《商业经济与管理》,2021年第7期。

[25] 龚锋、陶鹏、潘星宇:《城市群对地方税收竞争的影响——来自两区制面板空间杜宾模型的证据》,《财政研究》,2021年第4期。

[26] 刘云中、许顺才、靳智超、何海燕:《世界级城市群内县域发展的逻辑变化及空间规划响应研究——以河北省廊坊市大城县为例》,《城市发展研究》,2021年第2期。

[27] 吴唯佳、于涛方、赵亮、武廷海、秦李虎、刘钊启、吴骞、刘艺:《京津冀协同发展背景下首都都市圈一体化评估研究》,《城市规划学刊》,2021年第3期。

[28] 孙久文、高宇杰:《新发展格局与京津冀都市圈化发展的构想》,《北京社会科学》,2021年第6期。

[29] 李国平、宋昌耀:《建设京津冀世界级城市群视野下的雄安新区发展方向》,《河北学刊》,2021年第6期。

(北京市经济学总会供稿;主要执笔人:赵文哲)

现代化经济体系建设研究

2021年度中,在往年已有的文献基础上,北京地区经济学界立足现代化经济体系的“六个体系一个体制”,深入剖析建设现代化经济体系的历史背景、时代蕴含和理论内容,精准把握“六个体系一个体制”的建设重点和难点,旨在提出具体可行的建设路径和应对策略。

一、创新引领、协同发展的产业体系

张辉认为，通过创新引领、协同发展的产业体系构建“双循环”新发展格局的关键在于畅通国内大循环，生产端的升级是畅通国内大循环的基础与保障。他在构建平衡增长路径下多部门经济理论模型的基础上，利用中国省级层面的三次产业数据，实证考察技术进步对以就业结构变动为表征的产业升级的影响，从生产端为畅通国内大循环提供理论参考与经验支持。[1]

刘志彪和凌永辉认为形成双循环的新发展格局，要求供给侧结构性改革的重点转向重塑新的产业链，包括产业基础能力提升、运行模式优化、产业链控制力增强和治理能力提升等在内的产业链现代化过程。[2]赵晓军和王开元使用产业网络模型，考察了部门全要素生产率结合产业网络对宏观经济发展的影响。[3]陈玥卓等认为税收优惠政策是撬动企业转型升级从而建立创新引领产业体系的重要杠杆之一。[4]金田林等认为制造转型升级是近年来中国经济发展方式转型的重中之重，也是建设现代化经济体系的关键所在，对中国制造业的转型升级的路径选择具有非常重要的意义。[5]

二、统一开放、竞争有序的市场体系

张辉等认为，必须建立统一开放、竞争有序的市场体系，挖掘国内市场潜力，克服供需失衡、资源瓶颈、收入分配体系不合理、国内市场分割等结构性问题，实现基于国内大循环的生产要素及产品的高效流通，以推动经济迈入高质量发展。[6]吴群锋等发现，表明国内市场一体化对于具有发展能力和潜力的企业和行业具有更大的促进效果。[7]刘晨冉等利用高速公路“国道主干线系统”这一准自然实验，在市场一体化视角下检验了交通基础设施建设对产业集聚的影响，诠释了强大的国内市场有助于经济增长极的培育。[8]

王磊和梁俊认为从统一性、开放性、竞争性和有序性四个维度，对改革开放以来我国商品市场体系、要素市场体系及整个市场体系成熟度进行全面量化评价，统一开放、竞争有序的现代市场体系已初步建立。[9]

三、体现效率、促进公平的收入分配体系

刘元春认为有效控制两极分化，形成橄榄型的收入分配结构是社会和谐和社会稳定的必要条件，也是赶超型经济体跨越中等收入陷阱进入到高收入文明社会的关键所在。[10]

李海舰和杜爽认为共同富裕是打造体现效率、促进公平的收入分配体系的最终目标，推进共同富裕要构建协调配套的三大分配体系，推进共同富裕要重点辨析五大理论问题：收入财富差距与市场化程度的关系、收入财富差距与科学技术发展的关系、收入财富差距与社会发展的关系、穷人与富人的关系、共同富裕的求解范围。[11]朱青认为，提高直接税比重是必要的，但幅度必须适当，从而有利于在收入分配体系中体现效率、促进公平。[12]卢倩倩等认为新中国成立以来，中国居民收入分配体系的变迁具有明显的阶段性特征，基于现行收入分配体系中存在的问题，从缩小初次分配差距、深化财政体制改革、优化社会保障制度、发挥第三次分配的作用和推进基本公共服务均等化与可及性等方面提出了相应的政策建议。[13]刘乐峥和陆逸飞认为在体现效率、促进公平的收入分配体系建立过程中，应注意再分配手段对消费的影响。他们认为税收促进消费，是转变经济增长方式和保证政策有效性的必然要求。[14]

四、彰显优势、协调联动的城乡区域发展体系

陈雪娟和胡怀国基于现代化的认识逻辑，城乡关系从分离到融合的演变进程中不平衡、不充分问题的存在有其必然性，但是这些问题也必然伴随进入全面建设社会主义现代化的新时代而得到解决。[15]

洪银兴等认为党的十九届五中全会通过的十四五规划建议再次强调深化户籍制度改革，加快农业转移人口市民化。农业转移人口市民化一般可从基本生存条件和基本公共服务两个层面来评价。[16]周心怡和蒋云赟建议逐步统一并适当降低缴费率，加大征缴力度，改善地区间不平衡的现状，实现城乡区域发展的协调联动。[17]

吕指臣和胡鞍钢阐释绿色低碳循环发展的现代化经济体系的本质内涵，中国建设绿色低碳循环发展的现代化经济体系的发展现状与现实意义，指出在产业体系、分配体系、区域发展、技术创新、政策制度方面存在的问题，提出中国实现绿色低碳发展的现代化经济体系建设路径的相关建议。[18]张平淡和屠西伟认为制造业集聚是推动中国经济快速发展的典型特征之一，而制造业集聚能否促进中国绿色经济效率的提升，攸关中国高质量发展的路径选择。[19]

五、多元平衡、安全高效的全面开放体系

张辉等通过对中国与相同人均GDP时期的日本、韩国和欧美国家进行比较发现，同发展水平下，中国的生产、消费和对外贸易等的规模均远大于这些已经

实现工业化的国家。他们从中国规模化经济视角探讨中国全球工业化的贡献，为国内国际双循环相互促进的新发展格局、多元平衡、安全高效的全面开放体系提供了理论支持。[20] 房誉等认为，我国国民经济发展格局是在改革开放进程中形成和转变的，二者相辅相成。[21] 江小涓和孟丽君分析双循环的决定因素、中国经验和国际趋势。从全球价值链下国际分工形态演变、我国要素禀赋改变以及外部竞争与合作关系调整等基础条件出发，研究中国经济发展中内循环与外循环的地位变化及其相互关系。[22]

六、充分发挥市场作用、更好发挥政府作用的经济体制

刘伟和蔡志洲认为建立充分发挥市场作用、更好发挥政府作用的经济体制是一个探索的过程。和世界其他国家相比，中国目前无论在平抑经济周期还是抵御突发事件和外来冲击方面，都有更强的应对能力，表明中国特色社会主义市场经济制度具有实现由高速经济增长向高质量发展的转型能力，这为中国实现社会主义现代化的长期目标提供了坚实的基础。[23]

董志勇认为新发展格局下提升国家治理效能需要从动态思维和系统观念出发，更好发挥政府作用。[24] 王曙光和徐余江回顾了改革开放以来中国政府采购制度演进的四个阶段及其总体表现，探究了政府采购促进技术创新的内在机制，构建了政府采购与技术创新的理论框架并从竞争性机制设计、鼓励中小微企业发展与产业链协同带动、差异化分类分级采购体系构建、注重战略性产业引导、塑造技术分享与技术创新采购生态等五个方面提出了中国政府采购政策融入市场机制的路径设计及未来发展考虑。[25]

［1］张辉:《技术进步与畅通国内大循环：产业结构升级视角》,《上海对外经贸大学学报》，2021年第1期。

［2］刘志彪、凌永辉:《论新发展格局下重塑新的产业链》,《经济纵横》，2021年第5期。

［3］赵晓军、王开元:《全要素生产率、产业网络与经济发展》,《经济科学》，2021年第5期。

［4］陈玥卓、刘冲、侯思捷:《税收红利如何赋能“中国智造”？》,《经济评论》，2021年第4期。

［5］金田林、吴泓毅、王振东:《日本制造业转型升级的经验镜鉴》,《未来与发展》，2021年第4期。

［6］张辉、房誉、唐琦:《中国新发展格局下现代化经济体系建设的结构性问题思考》,《东岳论丛》，2021年第10期。

［7］吴群锋、刘冲、刘青:《国内市场一体化与企业出口行为——基于市场可达性视角的研究》,《经济学（季刊）》，2021年第5期。

［8］刘晨冉、刘冲、牛逸婕:《强大国内市场与经济增长极培育——基于市场一体化视角的分析》,《产业经济评论》，2021年第4期。

［9］王磊、梁俊:《中国现代市场体系建设进程评价研究》,《经济纵横》，2021年第2期。

［10］刘元春:《在三大超越中准确把握共同富裕的理论基础、实践基础和规划纲领》,《中国经济评论》，2021年第9期。

［11］李海舰、杜爽:《推进共同富裕若干问题探析》,《改革》，2021年第12期。

［12］朱青:《论优化我国税制结构的方向》,《税务研究》，2021年第10期。

［13］卢倩倩、许光建、许坤、佘欣艺:《中国居民收入分配体系：演变、特征与展望》,《宏观经济研究》，2021年第7期。

［14］刘乐峥、陆逸飞:《税收促进消费的理论逻辑与政策选择》,《税务研究》，2021年第5期。

［15］陈雪娟、胡怀国:《中国现代化进程透视下的城乡关系演变》,《经济纵横》，2021年第5期。

［16］洪银兴、杨玉珍、王荣:《城镇化新阶段：农业转移人口和农民市民化》,《经济理论与经济管理》，2021年第1期。

［17］周心怡、蒋云赟:《基本养老保险全国统筹、人口流动与地区不平衡》,《财政研究》，2021年第3期。

［18］吕指臣、胡鞍钢:《中国建设绿色低碳循环发展的现代化经济体系：实现路径与现实意义》,《北京工业大学学报（社会科学版）》，2021年第6期。

［19］张平淡、屠西伟:《制造业集聚促进中国绿色经济效率提升了吗?》,《北京师范大学学报（社会科学版）》，2021年第1期。

［20］张辉、吴唱唱、姜峰:《国内国际双循环相互促进研究——中国规模化经济视角》,《政治经济学评论》，2021年第2期。

［21］房誉、唐琦、方敏:《新发展格局与我国改革开放战略的辩证联系》,《政治经济学评论》，2021年第5期。

［22］江小涓、孟丽君:《内循环为主、外循环赋能与更高水平双循环——国际经验与中国实践》,《管

理世界》，2021年第1期。

［23］刘伟、蔡志洲:《中国经济发展的突出特征在于增长的稳定性》,《管理世界》，2021年第5期。

［24］董志勇:《新发展格局与国家治理效能提升》,《人民论坛》，2021年第7期。

［25］王曙光、徐余江:《政府采购与技术创新：政府市场关系视角》,《经济研究参考》，2020年第21期。

（北京市经济学总会供稿；主要执笔人：张辉、王毅航）

经济学（二）

摘 要

政治经济学、经济思想史、经济史、数量经济学、微观经济学、宏观经济学、国际经济学构成了中国经济学学科的基本框架。从发展中国特色社会主义市场经济这一基本问题出发，北京经济学界2021年度研究的重大现实热点问题可总结为以下几个方面：第一，如何在方法论上，确立马克思主义的指导地位，构建中国特色社会主义市场经济的哲学基础。第二，如何认识中国现代化道路的实践逻辑、历史逻辑和理论逻辑。第三，如何认识中国特色社会主义市场经济文明形态的创新性与高质量发展的关系。第四，如何从中国经济微观构成的角度，认识新发展格局下的高质量发展过程。第五，如何在不确定性日益增进的经济环境中控制系统性风险的发生，以便为中国经济的可持续发展提供稳定的宏观环境。第六，如何在百年未有之大变局中，为中国参与世界经济体系的建构提供人才与智力支持。以上现实问题的解决不仅需要不同的研究方法，还需要从不同的角度和层面展开研究。

一、经济思想史：以马克思主义为指导构建中国经济学的哲学基础

北京经济学界2021年度马克思主义经济思想史、外国经济思想史、中国经济思想史的研究成果表明，经济思想史学科在以马克思主义为指导，构建中国特色社会主义市场经济的哲学基础上具有不可或缺的重要作用。北京经济学界阐述了党的百年经济思想从萌发到成熟的不同发展阶段；力图揭示中国共产党百年经济思想的政治经济学逻辑；指出中国共产党的经济思想密切联系实际，具有高度的实践能动性特征，其真理性直接体现为可检验的行动成效，即中国经济发展和民生改善的实际成果；社会主义与市场经济的结合，原本在传统政治经济学和西方主流经济学中并不成立，然而，中国共产党在一百年来，经过不同阶段层次递进的探索，最终形成了中国特色社会主义市场经济的思想，由此完成对传统理论的突破。

本学科未来的发展一方面在对外国经济思想史、马克思主义经济思想史、中国经济思想史的比较研究中，需要加强经济政策史和经济政策思想史关系的研究，使得经济思想史研究更加具有现实与实践意义。另一方面，我国的经济思想史研究深化了马克思主义政治经济学与现代西方经济学的比较研究，我们还需要将这一比较研究与其他经济学学科对中国现实问题、政策实践的研究更好地联系起来，推动中国经济学知识体系的构建。

二、经济史：认识中国现代化道路的实践逻辑、历史逻辑和理论逻辑

2021年，北京经济史学界对中国共产党百年经济实践进行了深入与广泛的研究，既涉及中华人民共和国成立前根据地的建设环节，还涉及中华人民共和国成立后乃至改革开放后的经济实践的思考，同时也对整个百年的实践、历史、理论的关系进行了深入的分析，对于在经济史视野下理解中国共产党领导的中国长期发展历程具有重要意义。经济史报告通过十个议题（含中国共产党百年经济史），对北京经济史学界2021年度的学术研究成果进行了总结，力图体现经济史学科与其他经济学学科广泛的学术联系，体现经济史学科在中国经济学知识体系构建中的基础性作用。经济史报告对本学科提出的建议是：第一，更加关注现实热点与国计民生的重大问题的研究。一方面，经济史研究需要总结中国共产党在经济建设历史过程中的经验，认识中国特色社会主义经济发展道路，另一方面，经济史可以从多学科、多角度的视角对现实热点问题进行深入的探讨，对增进经济史研究的现实价值和促进不同学科研究范式的交流具有重要意义。第二，经济史研究不仅仅局限于国内经济史领域，还要将经济史研究向更富世界性的方向发展。第三，对具体研究领域进行深入探索，避免低质量重复。

三、数量经济学：认识中国市场经济文明形态的创新性与高质量发展的关系

数量经济学不仅对如何认识数字经济文明形态的性质具有基础性的作用，在质与量的关系上，性质与数量的关系上，对认识中国特色社会主义市场经济文明形态的创新性与高质量发展的关系也具有基础性的作用。因此对作为经济学方法论的数量经济学，其基本任务是通过方法创新，助力中国经济学知识体系构建。

计量经济学、数理方法与数学规划、博弈论在数字经济中的应用、算法与实验设计等方面的研究成果表明，北京数量经济学界2021年度的研究在理论方法方面已与国际接轨，着力解决中国的实际问题，对构建中国经济学知识体系起到促进作用。然而，该学科还应该在如下方面加强研究：第一，进一步从现实问题中提炼出适当的量化分析方法。第二，运用各种先进的数量分析方法解决中国现实经济问题。第三，数量经济学相关教材建设有待加强，应积极参与《中国经济学研究手册》建设工程。第四，数量经济学学科还需要加强与其他经济学学科的交流与合作，在质与量的关系上，认识中国特色社会主义市场经济文明形态的创新性与高质量发展的关系。

四、微观经济学：加强新发展格局微观基础的研究

2021年，北京经济学界对微观经济学的研究主要从两个方面开展，一方面是基于供求关系、产权政策、个体决策、市场竞争、价格机制等微观经济学提到的实现资源最优配置的主要条件，对既有经济理论进行深化与发展；另一方面则是统筹当前我国经济社会发展面临的热点问题，基于中国特色经济学的微观分析基础，给出相应的理论解释和政策建议。基于这样的研究倾向，北京经济学界在微观经济学领域主要关注的现实热点问题有：构建新发展格局背景下企业生产行为优化与企业技术创新路径的演变；高质量发展背景下产业结构升级与现代化经济体系构建的实现路径；国民经济持续恢复与疫情多点零星散发背景下的要素市场与收入分配问题；绿色经济与可持续发展问题；房价变化、疫情影响、教育状况、外贸波动、人口老龄化等经济因素影响下家庭消费、储蓄与人力资本形成、积累的演变路径与作用机制。

针对这些现实热点问题，微观经济学未来需要进一步深入研究的问题：第一，在企业生产与企业创新研究领域，中国特色的公有制制度与市场经济如何更好地兼容是微观经济学研究需要回答的问题。第二，在产业经济与市场结构的研究领域，现有微观经济学研究较好地与我国时代背景、大政方针联系了起来，还应该对新发展格局的理论渊源和科学内涵给出微观层面的经济解释。第三，在要素市场和收入分配的研究领域，需要研究的一个问题是如何打造兼具公平与效率的分配体系。第四，在消费、储蓄与家庭经济学的研究领域，后续研究还要充分考虑到我国国情和经济现实。第五，在社会福利与市场规制的研究领域，必须跳出西方微观经济学所强调的政府不干预及政府充当“守夜人”的理念。后续研究要更多讨论政府的定位与角色、如何更好发挥政府的作用，以及如何处理好政府与市场之间的关系等问题。总之，中国经济学界还应该从中国经济微观构成的角度认识新发展格局下的高质量发展过程。

五、宏观经济学：加强百年未有之大变局风险管控的研究

2021年，政府和学界共同关注的宏观经济热点问题主要有：保持宏观政策连续性、稳定性、可持续性，促进经济在合理区间运行；构建以国内大循环为主体，国内国际双循环相互促进的新发展格局；新冠疫情和复杂多变的内外形势下的系统性风险的防控等问题。相关研究成果涉及国民收入核算与分配、经济周期、经济增长、宏观经济政策，以及数字经济、环境问题、乡村问题等议题。这些研究成果表明，我国经济学者自觉从中国特色社会主义市场经济的制度特征和中国经济的现实情况出发，广泛分析我国宏观经济面临的现实问题与政策实践，在经验知识的积累上，为中国特色宏观经济学知识体系的构建做出了贡献。

西方主流的宏观经济学的核心理论是国民收入理论，强调政府宏观调控的作用，在假定西方资本主义经济制度已经确定的条件下，采用实证研究法，一直信奉自我均衡和自我稳定的市场经济体系，始终遵循的是“内在稳定—外部冲击”的研究路径。然而，一方面，这一研究路径不一定符合市场经济自身的性质，例如，马克思主义政治经济学指出了资本主义市场经济的无序性与不稳定性，并对其内在原因进行了分析，另一方面，也不符合中国特色社会主义市场经济制度的性质与优势，例如，在改革、发展与稳定的关系上，中国宏观经济治理还有着中国特色社会主义市场经济的制度优势。中国经济学界应该坚持与加强从中国特色社会主义市场经济制度和中国经济的现实情况出发，对我国宏观经济不稳定性和政策独特性及宏观经济运行机制的研究。

新冠疫情何时结束，疫情防控的成本如何变化，具有高度不确定性，需要科学地制订出中国一揽子的疫情防控、经济救助、经济复苏方案。中美关系在后疫情时代及国际形势动荡的时局中会如何演变具有不确定性，世界经济会不会第二次触底也具有不确定性。这些不确定性都严重影响我国未来一段时期经济的复苏进程和具体路径。然而宏观经济研究中针对中国经济面临不确定性的对策研究不足，对于中国经济复苏规律的讨论也不多。因此需要加强对不确定性与风险管控的研究，以做好预案来对冲风险。

六、国际经济学：为参与世界治理体系的构建提供人才与智力支撑

2021年，政府和学界共同关注的国际经济主要的现实热点问题有："一带一路"高质量发展；实行高水平对外开放，促进外贸外资稳中提质；数字贸易发展及国际贸易规则，促进数字经济高质量发展；加快构建以国内大循环为主体、国内国际双循环相互促进的新发展格局；新冠病毒在全球的传播及其对经济的影响；以中美贸易摩擦为核心特征的贸易保护主义风险等。相关成果显示北京国际经济学界对数字经济、贸易不确定性、环境问题、贸易摩擦、国际贸易规则等议题与中国国际贸易、企业发展、产业结构、经济增长、财政与货币政策、国内经济体制改革之间相互关系的深入研究，显示了对微观经济、宏观经济、国际经济相互关系研究的重要性。

国际经济学对社会的作用不仅是通过学术论文体现，更应为国家治理体系现代化、国际议题争端解决和国际形象建设提供人才与智力支持。为此，培养适应经济全球化趋势，能从事国际经济、贸易、金融、商务等工作的高级专门人才是本学科的重要目的，以及通过智库等学术共同体的建设，服务经济建设。该报告对北京国际经济学界的教学体系、专业体系与人才培养体系进行了较为详尽的调查与介绍。该报告力图把人才培养、现实问题的解决与学科发展结合起来，提出了该学科发展的建议：第一，立足中国问题，服务北京发展。北京国际经济学研究需进一步围绕北京市经济发展的需要，就北京扩大服务贸易对外开放及建设全球数字经济标城市提出可行的路径与措施。第二，增强北京国际经济学研究的国际影响。国际经济学学科应进一步增进与世界一流科研机构、智库和学者的交流合作，讲好中国经济社会发展的故事，参与国际规则制定，提升中国经济学的国际影响力。第三，加强国际经济学新型智库建设。当前国际经济学在智库平台、科研平台及学术共同体等方面的建设仍有待加强。

（北京外国经济学说研究会供稿；执笔人：黄淳、苏剑）

年度推荐论文和著作

论　文

经济思想史

1. 杨春学：《欧美经济思想史的意识形态谱系——基于自由主义类型的分析》，《经济思想史学刊》2021年第3期。

2. 贾根良：《论加强经济政策史和经济政策思想史的研究》，《经济思想史学刊》，2021年第2期。

经济史

3. 周建波、陈皓、孙淑彬：《国家能力与近代以来中国经济发展——基于文献史回顾的视角》，《山东大学学报（哲学社会科学版）》，2021年第4期。

4. 彭慕兰、周琳：《在无为而治与英雄主义的失败之间——清代国家能力与经济发展概论》，《中国经济史研究》，2021年第2期。

数量经济学

5. 李三希、曹志刚、崔志伟等：《数字经济的博弈论基础性科学问题》，《中国科学基金》，2021第

5期。

6. 张红霞、夏明、苏汝劼、林晨:《中国时间序列投入产出表的编制：1981—2018》,《统计研究》,2021年第11期。

微观经济学

7. 蔡昉、张丹、刘雅玄:《新冠肺炎疫情对中国劳动力市场的影响——基于个体追踪调查的全面分析》,《经济研究》,2021年第56（02）期。

8. 郭凯明、余靖雯、龚六堂:《家庭隔代抚养文化、延迟退休年龄与劳动力供给》,《经济研究》,2021年第56（06）期。

宏观经济学

9. 吕冰洋:《现代财政制度的构建：一个公共秩序的分析框架》,《管理世界》,2021年第10期。

国际经济学

10. 铁瑛、黄建忠、徐美娜:《第三方效应，区域贸易协定深化与中国策略：基于协定条款异质性的量化研究》,《经济研究》,2021年第17（01）期。

著　作

经济思想史

1. 顾海良、邹进文:《中国共产党经济思想史（1921—2021）》，经济科学出版社，2021年。

2. 张林:《从多元到新古典霸权——20世纪上半叶经济学在美国的发展及其影响》，商务印书馆，2021年。

经济史

3. 贺耀敏、甄峰:《数字解读中国 中国的发展坐标与发展成就》，中国人民大学出版社，2021年。

4. [英] 詹姆斯·麦克唐纳著，杨宇光译,《债务与国家的崛起：西方民主制度的金融起源》，社科文献出版社，2021年。

数量经济学

5. 赵国庆、范红岗:《计量经济学（第六版）》，中国人民大学出版社，2021年6月。

微观经济学

6. 林毅夫、王勇、赵秋运等:《新结构经济学：理论溯源与经典文献》，格致出版社，2021年。

宏观经济学

7. 中国人民大学经济研究所,《中国宏观经济分析与预测（2020—2021）迈向双循环新发展格局的中国宏观经济》，中国人民大学出版社，2021年。

国际经济学

8. 蒋庆哲、夏文斌:《北京对外开放发展报告（2021）》，社会科学文献出版社，2021年。

经济思想史

按照我国学科分类，“经济思想史”学科系“理论经济学”一级学科下属的二级学科，具体包括“外国经济思想史”、“中国经济思想史”和“马克思主义经济思想史”3个三级学科。

经济思想史学科作为理论经济学中最为基础的学科，对于理论经济学乃至整个经济学的学科发展具有至关重要的作用。“历史使人明智”，对于经济思想和经济学科进行历史的研究，是诊断和解决经济学理论和学科发展问题，探索理论发展前景，开辟理论创新路径，形成新的学术话语体系的基本途径。然而，相对于经济学内的其他学科，经济思想史学科的建设仍然较为薄弱，在很大程度上削弱了该学科的功能。

尽管如此，已有的研究成果仍然显示出经济思想史研究对于推动经济学创新和发展的重大作用。外国经济思想史研究为中国经济学的构建和发展提供重要的思想来源；马克思主义经济思想史的研究则对于推动我国政治经济学的发展和中国特色社会主义政治经济学的加快构建具有重要意义；而中国经济思想史研究中的中国共产党百年经济思想梳理，对于丰富具有中国特色的“中国经济学”话语体系，形成全球经济治理中的中国理念和中国思路具有重要作用。因此，经济思想史学科与其他经济学子学科的良性互动非常关键，而这需要经济思想史学科的持久发展和经济思想史研究的持续繁荣。

一、现实热点问题概述

2021年是中国共产党成立100周年，中国共产党百年经济思想因而成为经济思想史学界本年度的主要研究热点。

习近平总书记在庆祝中国共产党成立100周年大会上的讲话中指出，以史为鉴、开创未来，必须继续推进马克思主义中国化。马克思主义是我们立党立国的根本指导思想，是我们党的灵魂和旗帜。《中共中央关于党的百年奋斗重大成就和历史经验的决议》中指出，坚持理论创新是中国共产党百年奋斗的十大历史经验之一。马克思主义是我们立党立国、兴党强国的根本指导思想。马克思主义理论不是教条而是行动指南，必须随着实践发展而发展，必须中国化才能落地生根、本土化才能深入人心。

在此背景之下，经济思想史学界顺应时代浪潮、回应党的期望，围绕百年来中国共产党的经济思想演变，中国共产党的经济理论创新历程，马克思主义基本原理同中国具体实际相结合、同中华优秀传统文化相结合的经济思想成果等重大问题展开了大量有价值的思想史梳理、总结和探讨。其中最具代表性的成果是顾海良、邹进文主编的四卷本、长达231万字的《中国共产党经济思想史（1921—2021）》，阐释了党的经济思想从萌发到成熟所经历的四个演进阶段，以史论结合的方式呈现了一百年来中国共产党经济思想的百年辉煌与理论精粹。全书包括：第一卷“中国共产党新民主主义革命时期经济思想的发展（1921—1949）”；第二卷“中国共产党新中国社会主义革命和建设时期经济思想的发展（1949—1978）”；第三卷“中国共产党改革开放新时期经济思想的发展（1978—2012）”；第四卷“中国共产党新时代经济思想的发展（2012年以来）”。

除此之外，顾海良、洪银兴、任保平、金碚和韩保江等学者提出了有代表性的观点。顾海良梳理了中国共产党百年经济思想与马克思主义政治经济学中国化历程，认为中国共产党百年经济思想的理论自觉和历史自觉是马克思主义政治经济学中国化的根本特征。洪银兴评述了中国共产党百年经济思想，认为中国共产党百年经济思想史是马克思主义经济学说同中国具体实际相结合的历史。任保平揭示了中国共产党百年经济思想的政治经济学逻辑，认为中国共产党经济思想是中国共产党在运用马克思主义政治经济学解决中国实际问题过程中所形成的经验总结与理论概括。金碚研究中国共产党经济发展思想百年变革发现，中国共产党的经济发展思想密切联系实际，具有高度的实践能动性特征，其真理性直接体现为可检验的行动成效，即中国经济发展和民生改善的实际成果，理论见之于实践，实践哺育着理论。韩保江研究了《资本论》对中国共产党经济思想百年演变的影响，认为《资本论》一直伴随着中国共产党从幼年走向成熟，百年来启迪中国共产党人进行新民主主义革命、社会主义建设、改革开放及推进中华民族伟大复兴。

二、学术研究概况

以下分三级学科分别回顾和剖析2021年度北京市经济思想史领域的学术研究概况。

（一）外国经济思想史

1.经济政策史与经济政策思想史研究

近年来，在过去相对不受重视的经济政策史与经济政策思想史研究成为国内经济思想史学界的新兴研究领域。一直致力于该领域研究的贾根良[1]讨论了加强经济政策史和经济政策思想史研究的必要性，论证了创建经济政策史和经济政策思想史为经济思想史分支学科的必要性。作者认为，经济政策史和经济政策思想史研究的主要目的是解决目前和未来发展中需要解决的经济政策问题，运用“创造解释学”和政策范式的研究方法，对不同国家和不同历史时期相关经济政策的得失进行探讨，挖掘并创新既往实践中蕴含但并非理论化的经济政策思想，直至为现实经济政策制定提供一系列具体的建议。

梅俊杰[2]理清了弗里德里希·李斯特赶超发展政策学说的德国、法国和美国来源，认为李斯特在构建其赶超发展学说时，大量借鉴了德国、法国、美国的经济思想与政策实践。杨先明、邵素军[3]从思想史角度出发，考察了国家赶超过程中的社会能力的重要作用。社会能力是后发国家赶超领先国家的重要前提条件，它和后发国家与前沿技术的距离共同决定了后发国家的赶超潜力。宋磊[4]梳理了发展型国家论中所存在两个研究传统。第一个研究传统重视政商关系和资本形成，流行于政治学和行政学界；第二个研究传统关注政企关系和资源使用，具有经济学和管理学色彩。吕守军和阎颖超[5]总结了北欧模式学派的"北欧经济政策模式"理论，该理论以产业结构为中心建立起了更加立体、全面的北欧分析方法。

2.经济思想史的意识形态谱系研究

经济思想史当中的意识形态谱系及其评价，成为本年度经济思想史学界的一个热门研究话题。《经济思想史学刊》2021年第3期刊登了3篇文章，专门讨论了欧美经济思想史的意识形态谱系问题。

杨春学[6]基于自由主义类型的分析，梳理了欧美经济思想史的意识形态谱系。旨在提炼自由主义的共识，分析和比较自由主义的3种具体历史形态（古典自由主义、新自由主义、新古典自由主义），用它们来识别历代主流经济学派在意识形态类型上的差异；展示这些意识形态类型在经济学中的表现形式，包括与之对应的政策倾向、理论结构及其特色。这些学派都是资本主义市场经济制度的辩护者，脱胎于各自时代的历史困境。它们的理论既受相应的自由主义类型的影响，本身又是构成这种意识形态的重要组成部分。罗卫东[7]对经济自由主义成为西方经济学具有统治地位的意识形态的原因及其未来的趋势做了考察，从学理的正确性、实践上的有效性与接受者的社会支配力这3个方面，解释了古典自由主义、新自由主义和新古典自由主义作为经济学意识形态的变迁的内在机理。伍山林[8]以英国重商主义为例，探讨了对经济思想的"谱系"的认识。

3.经济学家和经济学流派思想研究

后凯恩斯主义成为当今最受关注的异端经济学流派，其经济周期和经济危机理论、增长理论、分配理论、货币理论和企业理论等，成为本年度学界研究的重点。

李黎力[9]在追溯明斯基与后凯恩斯主义之间渊源的基础之上比较了二者之间思想的异同，认为将明斯基划归为后凯恩斯主义学派是正当合理的。李帮喜和顾珊[10]从宏观经济增长、不稳定性及其调节机制方面，对后凯恩斯学派的增长理论展开了批判性综述。认为尽管后凯恩斯学派关于消除经济不稳定性的尝试是失败的，但其在需求不足、收入分配以及投资/储蓄等方面的研究仍然具有一定的启示性。孙小雨[11]结合古典—马克思主义，对后凯恩斯主义的产能利用率调整机制理论进行了批判性述评。袁辉[12]讨论了后凯恩斯主义中的水平主义货币供给理论。袁辉和毛顺宇[13]阐释了后凯恩斯主义关于汇率决定的理论。此外，与后凯恩斯主义密切相关的"现代货币理论"（MMT）去年在学界引发热烈讨论之后，在今年依然获得持续关注。李黎力阐释了现代货币理论的思想误区和学理破解[14]，并探讨了现代货币理论对国家治理体系建设的借鉴和启示[15]。贾根良和刘旭东[16]从拉美经验出发厘清了有关现代货币理论的一些争论。

奥地利学派同样是当今深受关注的异端经济学流派。韦森[17]较为系统地阐述了奥地利学派的货币与商业周期理论。李黎力[18]比较了后凯恩斯主义代表明斯基与奥地利学派的货币和经济周期理论。而制度主义则是在我国学界一直持续受关注的学派。方钦[19]研究了大卫·刘易斯的学术影响，以及他的惯例理论的基本脉络框架，并根据刘易斯的惯例理论，反思当下经济学制度分析理论的发展。唐世平和张雨亭[20]则对关于制度与经济发展的新制度经济学文献提供一个根本性的批判，认为既有的文献有四大缺陷，而其中每个缺陷都包含更具体的不足。

4.当代经济学演变问题研究

20世纪尤其是第二次世界大战以来所谓的"当代经济学"的演变，成为近些年外国经济思想史学界研究的热点。20世纪可谓是美国经济学家的世纪，美国在这个世纪逐渐取代英国，成为世界经济学的研究中心。张林[21]研究了美国在20世纪上半叶所经历的这种由多元主义向新古典经济学霸权的转变过程和深远影响，运用"科学知识社会学"（Sociology of Scientific Knowledge，简称SSK）的方法探讨了一些重要的问题。

而自20世纪中叶以来，实证主义开始在经济学中大行其道，经济学家的世界观和实践受到了实证主义修辞的深刻影响。如今，这种影响虽已经大大减弱，但我们仍然可以从许多经济学家对经济思想史的态度中发现其痕迹。考德威尔[22]探讨了这种实证主义哲学对经济思想史学科的不利影响，在追溯了实证主义在经济学中的影响之后，认为经济思想史对于经济学本科教学和研究生培养具有重要意义，应重新将其纳入经济学课程，并记录了近年来关于经济思想史学科所发生的一些令人鼓舞的变化。李黎力[23]梳理了外国经济思想史学科在中国出现的类似发展趋向。

行为经济学的兴起是当代经济学中的重要事件。但是，学术界对于行为经济学与传统新古典理论之间的关系，及其是如何影响、塑造经济学的未来格局的，存在着认识分歧。赵雷[24]基于科学革命的视角重新考察了行为经济学的学术贡献和发展历程，阐明行为经济学如何发起了新的经济学革命，但由于没能提供具有竞争力的替代性范式，尚不具备推动革命成功的条件。

2008年全球金融危机对当代经济学尤其是宏观经济学产生了冲击。李黎力和张红梅[25]评估了明斯基思潮冲击之下西方宏观经济学的反思和演变。因果推断革命成为当代经济学发展的另一个里程碑事件，以至于2021年诺贝尔经济学奖便被授予为该领域做出贡献的经济学家。洪霓和于冷[26]总结和梳理了诺贝尔经济学奖得主吉多·因本斯对因果关系分析的方法论贡献。

（二）马克思主义经济思想史

1.马克思经济思想研究

马克思本人的经济思想一直是马克思主义经济思想史的研究重点，对马克思本人经济思想的辨析、梳理和阐释是马克思主义经济思想史研究的一项重要工作。2021年度很多学者从不同角度，围绕着不同的文本，推进了这一研究。根据研究类型的不同，这里又可以进一步划分为对马克思著作的文本研究和对马克思本人某一特定经济思想的研究，以下分别予以说明。

（1）对马克思著作的文本研究

马克思一生对政治经济学的研究做出了重大贡献，留下了丰富的经济学著作，这些著作中包含的经济思想具有重要的研究价值，这里可以从对经济学手稿和其他文本的研究中进行考察。

张一兵[27]对马克思的《布鲁塞尔笔记》与《曼彻斯特笔记》进行了文本研究，探讨了历史唯物主义生产话语转换的经济学背景这一问题。王蔚[28]聚焦于马克思的《1857—1858年经济学手稿》与劳动过程理论构建这一问题。宫敬才和安立伟[29]研究了马克思经济哲学语境下《巴黎手稿》的理论缺陷及其弥补问题。

（2）对马克思本人某一特定经济思想的研究

马克思在对政治经济学的研究中形成了丰富的经济思想，因此，学者们对于马克思本人经济思想的研究也较为广泛，内容涉及所有制、劳动、机器、货币、银行信用、宏观等范畴，还有学者讨论了马克思的反贫困思想以及实证研究方法。

段忠桥[30]研究了马克思对洛克财产权思想的批判与继承。冯波从抽象劳动与异化劳动的角度出发，对青年黑格尔与青年马克思的现代社会批判进行了比较研究。伍书颖和王峰明[31]研究了马克思的生产劳动理论。刘伟杰和关春玲[32]研究了马克思“机器的资本主义应用”思想。陈永盛[33]研究了马克思的货币思想。王国刚[34]研究了马克思的银行理论。黄树东[35]研究了马克思的宏观经济思想。

周露平、燕连福和林中伟研究了马克思的反贫困思想。赵磊和赵晓磊[36]从选题、假说、变量、建模、样本以及检验等六个方面对马克思的实证方法和西方经济学的计量分析进行了比较研究。

2.恩格斯、列宁经济思想研究

2020年是恩格斯诞辰200周年，也是列宁诞辰150周年，因此在2020年，很多学者围绕着恩格斯和列宁的经济思想形成了较为丰富的研究成果。2021年又是列宁在苏俄推行的向社会主义过渡的新经济政策百年，一些学者研究了列宁的新经济政策思想。然而，关于恩格斯的研究出现了较大幅度下降。因此，这里将学者们对两位伟人的思想史研究合并予以说明。

张晓波[37]研究了恩格斯在马克思对政治经济学批判性重建中的影响和作用这一问题。陆晓娇和张恒赫[38]研究了列宁晚年关于社会主义商品经济的再认识。房静雅[39]研究了列宁晚年社会主义改革思想。闫娟阐发了列宁关于政府与市场关系思想的当代价值。王进芬和杨秀芹梳理和阐发了列宁新经济政策的理论要点。

3.《资本论》研究

《资本论》是重要的马克思主义政治经济学著作，也是马克思经济思想发展的顶峰，在马克思主义经济思想史的研究中具有特殊地位。学者们围绕着《资本论》进行了相关理论研究，并梳理了《资本论》在德、日、英美等国的传播历程。

李建平和黄瑾以《资本论》第一卷为研究对象，探讨了政治经济学的研究方法问题。张红山和孙晓迪[40]研究了《马克思恩格斯全集》历史考证版（MEGA2）第二部分“《资本论》及其准备著作”最后一卷（即第4.3卷）中发表的马克思围绕《资本论》写作的两篇手稿。李建平[41]阐述了《资本论》的三大理论贡献：一是马克思创立的科学的劳动价值理论具有抽象和具体两种形态；二是《资本论》的辩证法既是一种方法，同时也是一种理论；三是作为“德国科学的辉煌成就”的《资本论》有机结构体系理论。王圆圆[42]研究了《资本论》中马克思的“资本—劳动”关系思想。林密着眼于《资本论》及其手稿中的不平衡发展问题，探讨了马克思政治经济学批判的内在张力。王瞻[43]、商紫君[44]、张秀琴和王志岸[45]分别研究了马克思《资本论》在德国、日本和英美的传播历程。

4. 国外马克思主义经济学研究

马克思主义政治经济学自诞生以来就在世界范围内产生了广泛影响，不同国家的学者们继承和发展了马克思主义政治经济学，我国学者也对国外马克思主义经济学有着密切的关注，对他们的经济思想进行了研究。

何云峰和王绍梁[46]探讨了鲍德里亚对马克思劳动理论的误解。颜岩[47]阐述了马尔库什对马克思生产范式的解读。王松研究了大卫·哈维的城市地租理论，认为该理论为理解房地产金融化的内生性及其背后的地租与土地所有权作用，提供了一种供给侧的分析视角。谢富胜等[48]梳理了国外马克思主义城市地租研究，认为国外学者围绕如何将马克思的地租理论用于城市情况产生争论的根源在于对马克思地租理论一般性与特殊性的混淆。

5. 马克思主义经济思想史史学理论研究

马克思主义经济思想史史学理论是马克思主义经济思想史研究的重要理论构成部分，也是马克思主义经济思想史学科的学科基础理论。2021年在该理论板块形成了一些代表性的研究成果。

顾海良[49]根据马克思对政治经济学“现代史”和“形成史”问题的理解，探讨了中国化马克思主义政治经济学的对象特征。顾海良[50]还探讨了卢森贝的《政治经济学史》对于经济思想史研究的意义。胡莹和卢斯媛以《剩余价值理论》为研究对象，讨论了马克思主义经济思想史的研究方法。

（三）中国经济思想史

1. 建党百年经济思想的概括

围绕百年来马克思主义原理与中国具体国情相结合产生的党的经济思想史，经济科学出版社出版的《中国共产党经济思想史（1921—2021）》阐释了党的经济思想从萌发到成熟所经历的四个演进阶段，以史论结合的方式呈现了一百年来中国共产党经济思想的百年辉煌与理论精粹。[51]

洪银兴[52]指出，中国共产党百年经济思想史是马克思主义经济学说同中国具体实际相结合的历史。中国共产党在新中国成立前的28年形成了新民主主义经济思想。新中国成立开始到1956年创造性地开辟了一条有中国特色的社会主义改造道路。在1956年社会主义改造基本完成、社会主义制度基本建立以后，党的经济思想主线是对社会主义经济建设道路进行探索。1978年党的十一届三中全会后，形成了以邓小平理论、“三个代表”重要思想和科学发展观为代表的中国特色社会主义理论。进入新时代，中国共产党的经济思想可以概括为习近平新时代中国特色社会主义经济思想。顾海良[53]认为，中国共产党百年经济思想的理论自觉和历史自觉，是马克思主义政治经济学中国化的根本特征。中国共产党百年经济思想，实现了马克思主义政治经济学中国化的理论创新和理论创造。中国共产党的经济发展思想密切联系实际，具有高度的实践能动性特征，其真理性直接体现为可检验的行动成效，即中国经济发展和民生改善的实际成果，理论见之于实践，实践哺育着理论。[54]

韩保江[55]认为,《资本论》一直伴随着中国共产党从幼年走向成熟，百年来启迪中国共产党人进行新民主主义革命、社会主义建设、改革开放及推进中华民族伟大复兴。董志勇、沈博[56]认为中国共产党在一百年来，经过不同阶段层次递进的探索，最终形成了中国特色社会主义市场经济思想，由此完成了对传统理论的突破。

2. 现代经济思想的梳理

现代经济思想研究集中于新中国主要领导人的经济思想，改革开放以来经济政策思想以及经济思想与经济现实之间的关联性等问题的探讨与总结。

研究新中国党的经济发展思想随着时代的进步而演进的艰难历程，不仅可以发现习近平新时代中国特色社会主义经济思想产生的渊源，而且可以深刻理解进入新时代后，习近平新时代中国特色社会主义经济思想中的关于经济发展的新思想的重大理论贡献。[57]周绍东等[58]认为，1978—2012年是中国共产党经济思想发展的又一个重要时期。在这一时期，体制、机制和道路三个层面的突破共同构成了经济改革和发展的“中国模式”，也成为该时期中国共产党经济思想创新的集中体现。

新中国70年见证了西方经济学引入中国，在中国大地落地生根、传播发展的历史。李黎力[59]等指出，作为重要的西方经济学流派，新奥地利经济学派自新中国成立以来在我国的传播依次经历了“起步—加速—成熟—发展”四个历史阶段。魏众[60]回顾了中华人民共和国历史上出现的三次包产到户的情况。

3.近代经济思想研究

近代经济思想史的研究着重两个方面：一是由西学东渐引发的相关问题；二是马克思主义中国化相关议题。19世纪中叶，随着中国被迫纳入西方主导的经济全球化体系之中，中国经济思想亦开启了“西学东渐”的进程。伴随着中国近代经济思想的发展，中国经济思想也开始影响西方，对西方经济理论和经济政策的制定产生一定程度的影响。由此，近代中国在经济学“西学东渐”过程中，呈现出中西互鉴的局面。[61]

由于中西社会经济实践与理论发展的时空错位，近代中国无法直接移植西方经济思想与实践，为此近代中国经济学人展开了漫长的经济学中国化探索。张亚光等结合科学现代化与国家现代化的双重因素，将近代中国经济学探索与转型划分为格义、分野与自立三个阶段。[62]

缪德刚[63]在爬梳“国富”账户沿革的前提下，将“国富”账户与国民账户体系中的国家资产负债表账户进行整合，借此从核算项目上厘清“国富”账户与国民账户体系中的国家资产负债表账户之间的渊源关系。刘瑾玉考察了严复翻译《原富》由于案语出处不详及其引起的相关问题。

经历了传播前史和启蒙阶段的先行思想准备，20世纪20年代马克思主义经济学在中国的传播进入一个新的发展阶段。谈敏[64]基于对320余种著作文献的考察，认为这个新的传播历程可分为启蒙之后的建党准备及成立时期、建党初期、革命时期、动荡时期和恢复时期。

深入研究当时学术界对新民主主义经济问题的思考与探索，可为认识新民主主义经济思想提供新的素材，为理解中国共产党百年经济思想脉络提供新的视角，也能够为新时代中国特色社会主义政治经济学的探索提供宝贵的历史镜鉴。[65]

4.古代经济思想的探索

在中国共产党诞生百年之际，在中国社会经济转型升级的今天，在财政已经上升为国家治理基础和重要支柱的背景下，研究和总结中国共产党在土地革命战争时期的财政思想具有重要的现实指导意义。甘小武等[66]认为，土地革命时期特定的社会政治经济背景孕育了中国共产党早期的财政思想，具体包括财政收入、财政支出和财政管理三大方面。古代经济思想史的研究主要探讨了先秦诸子的经济思想、清代经济思想以及区域经济思想对当地社会经济的影响等等。

林同威[67]认为，日本学者一方面非常推崇与井田相关的经济理念，另一方面在实际田制改革的计划中又对“复井田”方案进行了否定。这在某种意义上为后来日本开展资本主义的土地制度改革扫除了思想上的部分障碍。

除上述研究之外，叶坦[68]基于经济学术的“中西互动”理念，在世界经济学术发展的大背景下，较为系统地考察了“中学西渐”对法国重农学派、英国古典政治经济学和德国货币理论的影响；论证经济学术成就也是世界各国的“共同创造”，中国对西方经济学的发展也做出了贡献。

三、问题分析与研究建议

2021年是中国共产党成立100周年，中国共产党的经济思想与理论与其改造中国，创建新中国的社会主义实践与时俱进地发展着。今年，我们主要从实践出发，在历史逻辑、实践逻辑、理论逻辑的关系上，对我国经济思想史学科的问题进行分析，并提出相关研究建议。

首先，2021年我国经济思想史的研究，自觉聚焦党的百年历史的思想发展过程与内容，体现出强烈的现实问题意识与历史感。经济思想史研究需要加强经济政策史和经济政策思想史研究。这个在过去相对不受重视的研究领域，如今成为国内经济思想史学界的重要领地。其中的代表性成果来自一直致力于该领域研究的贾根良。贾根良讨论了加强经济政策史和经济政策思想史研究的必要性，论证了创建经济政策史和经济政策思想史为经济思想史分支学科的必要性。贾根良认为，经济政策史和经济政策思想史研究的主要目的是解决目前和未来发展中需要解决的经济政策问题，运用“创造解释学”和政策范式的研究方法，对不同国家和不同历史时期相关经济政策的得失进行探讨，挖掘并创新既往实践中蕴含但并非理论化的经济政策思想，直至为现实经济政策制定提供一系列具体的建议。

其次，在话语体系建设方面，经济思想史研究已经具有一定的自觉性，从我国自创的一些范畴和概念出发挖掘相关的思想史资源，厘清中国的思想贡献。但就2021年的研究热点而论，思想史学界亟须以欧美经济思想史的各类意识形态谱系为观照，阐释和厘清中国特色经济学意识形态谱系的内涵和外延。一方面，这需要我们加强外国经济思想史、马克思主义经济思想史、中国经济思想史的比较研究，另一方面，这种比较研究不能脱离中国的历史条件下政策实践，需要增强对中国过去的经济政策史和经济政策思想史研究，尤其是需要总结和梳理中国特有的超前于既有思想和理论的政策实践，并将这些政策实践学理化。通过这两大方面的深入研究，可以大大提升中国经济学话语体系建设。

最后，马克思主义政治经济学批判的资产阶级经济学，是以萨伊、约翰·穆勒为代表的自由主义经济学。围绕自由主义经济学与凯恩斯主义经济学的比较研究，后凯恩斯主义经济学与马克思主义政治经济学的比较研究，我国的经济思想史研究深化了马克思主义政治经济学与现代西方经济学的比较研究。我们还需要加强这些比较研究，在方法论上，在学理上推动中国经济学知识体系的构建。

注：

［1］贾根良：《论加强经济政策史和经济政策思想史的研究》，《经济思想史学刊》，2021年第2期。

［2］梅俊杰：《弗里德里希·李斯特学说的德国、法国、美国来源》，《经济思想史学刊》，2021年第2期。

［3］杨先明、邵素军：《国家赶超的社会能力：学说史考察》，《经济思想史学刊》，2021年第1期。

［4］宋磊：《发展型国家论的研究传统与中国悖论》，《公共行政评论》，2021年第2期。

［5］吕守军、阎颖超：《北欧模式学派的“北欧经济政策模式”理论》，《政治经济学评论》，2021年第6期。

［6］杨春学：《欧美经济思想史的意识形态谱系——基于自由主义类型的分析》，《经济思想史学刊》，2021年第3期。

［7］罗卫东：《关于经济自由主义的若干思考——对〈谱系〉一文的补充讨论》，《经济思想史学刊》，2021年第3期。

［8］伍山林：《如何认识经济思想的“谱系”——以英国重商主义为例》，《经济思想史学刊》，2021年第3期。

［9］李黎力：《明斯基与后凯恩斯主义：渊源、比较和启示》，《当代经济研究》，2021年第5期。

［10］李帮喜、顾珊：《宏观经济增长、不稳定性及其调节机制——基于后凯恩斯学派增长理论的批判性综述》，《学习与探索》，2021年第12期。

［11］孙小雨：《后凯恩斯主义和古典—马克思主义产能利用率调整机制理论：一个批判性述评》，《政治经济学评论》，2021年第6期。

［12］袁辉：《水平主义对凯恩斯货币思想的重构及其政策启示》，《当代经济研究》，2021年第1期。

［13］袁辉、毛顺宇：《汇率决定与经济金融危机的后凯恩斯主义分析及其启示》，《经济纵横》，2021年第12期。

［14］李黎力：《危机经济学：现代货币理论的思想误区和学理破解》，《探索与争鸣》，2021年第1期。

［15］李黎力：《现代货币理论视域下的国家治理体系建设》，载于《经济体制改革与国家治理体系的现代化》，苏剑主编，北京：中国经济出版社，2021年。

［16］贾根良、刘旭东：《现代货币理论：来自拉美的经验》，《学术研究》，2021年第10期。

［17］韦森：《奥地利学派的货币与商业周期理论》，《经济思想史学刊》，2021年第1期。

［18］李黎力：《货币与经济周期：明斯基与奥地利学派》，《学术月刊》，2021年第7期。

［19］方钦：《博弈论制度分析的哲学基础——概论大卫·刘易斯及其惯例理论》，《经济思想史学刊》，2021年第4期。

［20］唐世平、张雨亭：《经济发展的新制度经济学：一个根本性的批判》，《经济社会体制比较》，2021年第6期。

［21］张林：《从多元到新古典霸权——20世纪上半叶经济学在美国的发展及其影响》，商务印书馆，2021年。

［22］布鲁斯·考德威尔：《实证主义与经济思想史》，《经济思想史学刊》，2021年第4期。

［23］李黎力：《外国经济思想史学科的世纪流变》，《中国社会科学报》，2021年8月11日第3版。

［24］赵雷：《科学革命视野下的行为经济学：革命性意涵与改良主义发展策略》，《经济思想史学刊》，2021年第2期。

［25］李黎力、张红梅：《明斯基思潮冲击下西方宏观经济学的反思和演变》，《学术研究》，2021年第6期。

［26］洪霓、于冷：《吉多·因本斯对因果关系分析的方法论贡献——2021年度诺贝尔经济学奖得主学术贡献评介》，《经济学动态》，2021年第11期。

［27］张一兵：《历史唯物主义生产话语转换的经济学背景——马克思〈布鲁塞尔笔记〉与〈曼彻斯特笔记〉研究》，《哲学研究》，2021年第12期。

[28] 王蔚:《马克思〈1857—1858年经济学手稿〉与劳动过程理论构建》,《思想理论教育导刊》,2021年第3期。

[29] 宫敬才、安立伟:《马克思经济哲学语境中〈巴黎手稿〉的理论缺陷及其弥补》,《北京行政学院学报》,2021年第4期。

[30] 段忠桥:《马克思对洛克财产权理论的定性与继承》,《武汉大学学报(哲学社会科学版)》,2021年第3期。

[31] 伍书颖、王峰明:《生产劳动理论:马克思对亚当·斯密的批判与超越》,《思想理论教育导刊》,2021年第8期。

[32] 刘伟杰、关春玲:《马克思"机器的资本主义应用"思想研究》,《马克思主义理论学科研究》,2021年第5期。

[33] 陈永盛:《马克思对"货币之谜"的历史唯物主义解答》,《江汉论坛》,2021年第9期。

[34] 王国刚:《马克思的银行理论及其实践价值》,《教学与研究》,2021年第8期。

[35] 黄树东:《马克思的宏观经济思想及其对中国经济政策选择的启示》,《政治经济学研究》,2021年第1期。

[36] 赵磊、赵晓磊:《马克思的实证何以如此特别?——计量分析与〈资本论〉研究方法的比较》,《政治经济学评论》,2021年第4期。

[37] 张晓波:《恩格斯在马克思对政治经济学批判性重建中的影响和作用》,《理论视野》,2021年第4期。

[38] 陆晓娇、张恒赫:《历史的突破与社会主义经济新视野的科学发现——列宁晚年关于社会主义商品经济的再认识》,《河北学刊》,2021年第4期。

[39] 房静雅:《历史视域下列宁晚年社会主义改革的思想精髓》,《学习论坛》,2021年第4期。

[40] 张红山、孙晓迪:《〈资本论〉新发表手稿对"生产价格"理论的完善》,《当代经济研究》,2021年第5期。

[41] 李建平:《论〈资本论〉的三大理论贡献及其当代启示》,《政治经济学评论》,2021年第1期。

[42] 王圆圆:《马克思"资本—劳动"关系思想及其时代价值——基于〈资本论〉的文本研究》,《马克思主义与现实》,2021年第1期。

[43] 王瞻:《马克思〈资本论〉在德国的传播历程研究》,《国外理论动态》,2021年第4期。

[44] 商紫君:《马克思〈资本论〉在日本的传播历程研究》,《国外理论动态》,2021年第4期。

[45] 张秀琴、王志岸:《马克思〈资本论〉在英美的传播历程研究》,《国外理论动态》,2021年第4期。

[46] 何云峰、王绍梁:《鲍德里亚缘何误解马克思的劳动理论》,《北京大学学报(哲学社会科学版)》,2021年第6期。

[47] 颜岩:《马尔库什论马克思的生产范式》,《马克思主义与现实》,2021年第1期。

[48] 谢富胜、王松、李直:《当代国外马克思主义城市地租理论:研究进展与前景展望》,《中国人民大学学报》,2021年第6期。

[49] 顾海良:《中国化马克思主义政治经济学对象特征探析——基于马克思对政治经济学"现代史"和"形成史"问题的理解》,《经济纵横》,2021年第10期。

[50] 顾海良:《卢森贝的〈政治经济学史〉及其经济思想史研究的意义》,《经济思想史学刊》,2021年第1期。

[51] 顾海良、邹进文:《中国共产党经济思想史(1921—2021)》,经济科学出版社,2021年。

[52] 洪银兴:《中国共产党百年经济思想述评》,《东南学术》,2021年第3期。

[53] 顾海良:《中国共产党百年经济思想与马克思主义政治经济学中国化》,《教学与研究》,2021年第6期。

[54] 金碚:《中国共产党经济发展思想百年变革研探》,《当代经济科学》,2021年第4期。

[55] 韩保江:《〈资本论〉对中国共产党经济思想百年演变的影响》,《经济学动态》,2021年第7期。

[56] 董志勇、沈博:《中国共产党关于社会主义市场经济发展的百年探索》,《经济学动态》,2021年第7期。

[57] 洪银兴:《中国共产党领导建设新中国的经济发展思想演进》,《管理世界》,2021年第4期。

[58] 周绍东、陈艺丹、赵付科:《改革开放新时期中国共产党经济改革和经济发展思想研究》,《经济纵横》,2021年第6期。

[59] 李黎力、徐宁鸿慎:《新奥地利经济学派在中国:历史与展望》,《上海经济研究》,2021年第3期。

[60] 魏众:《从"责任田"实践到家庭承包制——

基于安徽的考察》,《中国经济史研究》，2021年第4期。

［61］邹进文:《中国近代经济思想研究在西方的反响》,《中国社会科学》，2021年第5期。

［62］张亚光、沈博:《格义、分野、自立：近代中国经济学的探索与转型》,《财经研究》，2021年第1期。

［63］缪德刚:《中国近代国家资产总量——基于“国富”指标的项目整合与数据考证》,《中国经济史研究》，2021年第5期。

［64］谈敏:《20世纪20年代马克思主义经济学在中国的传播启示》,《经济思想史学刊》，2021年第1期。

［65］张亚光、沈博:《中国共产党新民主主义经济思想的形成与现代意义》,《东南学术》，2021年第4期。

［66］甘小武、邹进文、朱华雄:《土地革命时期中国共产党的财政思想研究》,《经济理论与经济管理》，2021年第9期。

［67］林同威:《日本江户时期对孟子井田构想的解读与否定》,《国际汉学》，2021年第3期。

［68］叶坦:《“中学西渐”对西方经济学的影响——立足于经济学术史的考察》,《经济思想史学刊》，2021年第1期。

（北京外国经济学说研究会供稿；执笔人：李黎力、兰无双、缪德刚）

经　济　史

经济史学科年度报告，加强现实问题与学术研究的联系，力图体现经济史学科与其他学科的广泛的学术联系以及在中国经济学知识体系构建中的基础性作用。

在研究对象选取过程中，以中国经济史学会会员的北京学者的成果为基础，兼之部分高校、研究机构在北京经济史期刊或出版社刊载论文及经济史相关的专著。在收集筛选过程中尽可能地遵循着广泛客观原则，除部分文章确实与经济史学不相关而未收入外，其他的中文期刊文章尽可能全部纳入研究范畴。另外在期刊的选择方面，不局限于核心期刊，只要与经济史相关的文章即纳入研究范畴。在专著的筛选过程中，除教材及再版图书不列入2021年研究成果外，国内翻译者在北京出版社出版的国外著作也列入研究范围，总计资料占有量260篇（本）。需要说明的是，由于篇幅有限，部分研究成果未列入学科综述介绍。

一、现实热点问题概述

在中国共产党百年经济理论方面，张亚光[1]研究了中国共产党早期经济思想的基本特征。张亚光、沈博[2]认为新民主主义经济思想是中国共产党人的重要经济思想结晶。张皓宇、马金华[3]对建党初期的税收主张进行了说明。郑有贵[4]对解放农民、建立和发展农村根据地的战略意义进行了辨析。周建波、陈皓、刘婷[5]认为中国共产党通过分配和财富流通解决贫富分化的问题，实现了国家能力的重构。余永定[6]对陕甘宁边区银行行长朱理治的金融思想进行了分析。李稻葵[7]具体研究了工业化过程中政府与市场经济学的关系。陈大鹏、吴舒钰、李稻葵[8]回顾了新中国成立以来中国构建开放型经济的历程。李由[9]对共同富裕的路径进行了历史性阐释。董志凯[10]探讨了我国固定资产投资理念的改革与创新情况。董志凯[11]还重点研究了数字信息准确的意义。阳宏润、李文[12]对中国共产党改革观的历史进程进行阐释。郑有贵[13]研究了创办经济特区的战略智慧。贺耀敏[14]则对中国道路的历史经验进行了重要说明。毕学进、马金华[15]分析了中国共产党百年财税治理的演化路径和历史经验。李晓[16]具体阐释了中国共产党百年建设中的“两个确立”和“两大奇迹”的内在逻辑。李晓[17]还介绍了“两个结合”的关系。石建国[18]重点研究了中国共产党矢志现代化强国的百年历程。阮明俊、潘金娥、韦丽春[19]对中国共产党建党百年的成功经验进行了总结。王子凤、潘金娥[20]回顾了共产国际与国际共产主义运动和中国革命的关系。

在中国共产党百年经济实践研究中，陈争平、尹秀秀[21]总结了北海银行农贷工作的演化过程。张亚光、毕悦[22]研究了马克思主义经济学中国化早期实践历程。张皓宇、马金华[23]对中国共产党1927年至1937年红色税收的初始情况进行介绍。张皓宇、马金华[24]还说明阐释了937年至1945年抗日根据地的财税制度。彤新春[25]对新民主主义革命时期中国共产党的经济探索进行了探讨。彤新春[26]还发现边区政府以货币支持为基础，最终形成了边区农工商贸运一体的多元化经济结构。仲伟民、李叶鹏[27]具体分析了“华东”概念最重要的塑造过程。庞浩、徐之茵、管汉晖[28]从土改分配数据发现土地改革降低了我国地权分配的不平等。李文[29]对新中国实行统购统销政策进行了思考。郭志炜[30]研究了农业合作化运动中的会计制度。马金华、毕学进、林源[31]说明了中国共产党百年财税治理的演进逻辑、基本向度与当代价值。赵学军[32]认为农村信用合作化支持了农户及农村集体经济的发展，为国家经济建设聚集了资金。郑有贵[33]深入分析贯穿百年的破解“三农”问题主线。郑有贵[34]还对农业税费改革的重大意义进行了研究。王景新[35]梳理了中国共产党乡村建设的历史脉络。李伯重[36]从深圳地区改革开放的历史入手，认为改革开放的重要经验当数主动融入全球化的时代体系。李晓[37]对中国共产党理论中的守正创新的内在关系进行了说明。贺耀敏[38]所著的《数字解读中国·中国的发展坐标与发展成就》一书从不同的维度，详细介绍了中国共产党百年来的经济发展成就。

二、学术研究概况

（一）经济史领域相关理论思考

在中国经济史研究理论研究方面，李华瑞[39]对近二十年对王安石及其变法的研究进行了概述。李华瑞[40]批判了内藤湖南的“唐宋变革论”。倪玉平[41]对“黄宗羲定律”进行了论证。朱浒[42]说明了20世纪以来清代经济史研究的范式演变和前景。倪玉平[43]阐释了《中国运河志》中的编纂情况。魏明孔[44]介绍了《当代中国敦煌学研究（1949—2019）》一书的具体内容。唐艳艳、赵德馨[45]对《盐铁论》和中国经济史学产生的关系进行了研究。仲伟民[46]对如何在全球史视野下研究前现代中国史进行了思考。马烈[47]对“南方多租佃、北方多雇佣”的经济理论进行了阐释。龙登高、丁春燕、马芳[48]对19世纪至20世纪的中国经济转型进行了再分析。欧阳向英[49]分析了社会主义因素内生于西方资本主义国家的机理及其全球治理意义。陈支平、庄琳璘[50]分析了中国纸史研究中的史料运用错误问题。

在整体视角下的经济史理论研究中，林展[51]以量化历史研究为例，详细说明其研究步骤。他[52]还讨论了量化历史研究对历史政治学的潜在价值。陈志武、龙登高、马德斌[53]等主编的《量化历史研究（第六辑）》以量化方法入手，具体研究国家间长期经济发展差异等多个领域。易行等[54]所译的《量化经济史：统计的作用》以量化分析的视角分析企业规模盈利等工业化和不平等相关问题。刘杰等[55]翻译的《献给历史学家的量化方法》为读者介绍了使用定量方法分析和解释历史信息的方法和技术。

（二）财政金融和贸易经济领域

在财政研究领域，刘光临、关棨匀[56]详论宋朝从税收国家向财政国家过渡的历史。丁亮[57]以市场与徭役为角度讨论了明代地方政府的财政流通机制。吴兆庆[58]具体考察了明朝边镇马市情况。倪玉平[59]研究了清代同光时期的贵州隔省捐输情况，他[60]还探索了清代咸丰时期的关税与财政情况。倪玉平[61]从“大分流”视野思考了清朝财政治理能力。周建波、李婧、曾江[62]对票号代办捐纳的业务特征及其作用进行探析。刘巍[63]阐释了熊希龄的财政思想与实践。毕学进、马金华[64]对晚清“平税”思想的引入及影响进行说明。申斌[65]探讨了赋役全书与明清法定财政集中管理体制的形成关系。蒋宝麟[66]研究了清末财政预算体系中的教育经费编制问题。江晓成[67]考证了清乾嘉两朝盐商捐输数额。王梅[68]探讨了清末预算案对民初财政预估的影响。张泰苏[69]分析了清代财政的适用性和局限性。张广翔[70]等所翻译的《俄国税收史（9 ~ 20世纪初）》研究了俄国历史上的税收问题。马金华、毕学进、刘锐[71]阐释从1911年至1949年的中国预算制度演进路径。郝平、张文瀚[72]研究了1912年至1937年民国时期山西契税的征收。于广[73]阐释了近代国家税收体系的形成与发展。

在金融研究领域，周建波、于水婧、沈博、周子超[74]具体研究了中古时期寺院借贷问题。苏金花[75]分析了唐五代时期敦煌地区的丝绸流通特点。杨宇光[76]所译的《债务与国家的崛起：西方民主制度的金融起源》力图证明欧洲民主制度是在金融手段上发展而来。周建波、曾江、李婧[77]探究清代农村金融在农民兼营手工业活动中的具体影响。何平[78]介绍了嘉庆十九年苏楞额的“白银外流论”。同时他也[79]对王茂荫的货币思想和[80]许楣的“有尽故贵”的货币金属论以及[81]王鎏的“钞无尽”思想进行了分析。另外，他[82]还考察了中国货币形态的演进过程。孙丽、袁为鹏[83]对兆成号的账簿名目进行了考释。屈广燕[84]对甲午前清政府对朝鲜贷款进行了辨析。张广翔、高笑[85]所翻译的《俄国金融资本的起源》全面论述了俄国金融资本起源时期的历史。刘群艺[86]考察"中央银行"从出现至20世纪初在中外语言中的演变路径。颜色、辛星[87]研究了中国20世纪30年代银行系统如何传导宏观政策。兰日旭、李昆[88]从政府与银行公会的视角对近代中国银行监管体系进行了探析。兰日旭、丁于芩[89]对近代中国的金融国际化历程进行了说明。武建新、姚遂[90]进行了中国近代公债市场的研究文献综述。贺力平[91]比较了1840年前后的通货学派和银行学派的争论。严跃平、李燕君、黄建军[92]分析了1940年至1948年银行业暗账存在的原因及其表现形式。高蓉芳、刘志英[93]考察了四川省1944年到期粮食库券本息偿还的粮民索债问题。荣晓峰[94]研究了1860年至1933年的近代天津银两制度。黄英伟、袁为鹏[95]编著的《民国中产阶级账本》从微观的视角展示了民国居民的生活情况。林展[96]所著的《高利贷的逻辑·清代民国民间借贷中的市场机制》重点阐释了民间金融中的高利率交易。王珍珍[97]翻译的《资本的旅行：华侨、侨汇与中华网》从亚洲经济圈的视角讨论侨汇与亚洲金融贸易体系的关系。孟庆江[98]翻译的《货币金字塔：从黄金、美元到比特币和央行数字货币》对货币的历史进行了分析。燕红忠[99]所著的《中日货币战争史（1906—1945）》澄清了近代时期中日货币战争的演变等历史事实。李裕威[100]对《中日货币战争史（1906—1945）》一书进行了评价。程麟荪[101]所著的《近代中国的银行业》记录了近代中国银行业的演变。

在贸易领域，李伯重、董经胜[102]主编的《海上丝绸之路全球史视野下的考察》对"海上丝绸之路"研究提供了示范。马建春、李蒙蒙[103]对9—13世纪朝鲜半岛大食蕃商的行迹进行了整理。倪玉平[104]具体讲述了万里茶道形成以及对于北方经济的影响。庞浩、金星晔、管汉晖[105]对1636年至2018年的中国贸易盈余与外汇储备进行了长期考察。何平[106]对康熙年间蓝鼎元提出的开海禁的主张以及"买洋铜鼓铸"解决货币供给的建议进行介绍。张科、赵珍[107]研究了清代中亚回商贸易与多边关系演变。侯彦伯[108]说明了晚清泛珠三角模式的贸易特色。张舒[109]讨论了清代的万里茶道。冯国林[110]研究了甲午战争前朝鲜华商同顺泰号的人参走私贸易。宋纤[111]梳理了晚清香港自由港建立和发展过程。仲伟民[112]所著的《茶叶与鸦片——十九世纪经济全球化中的中国》展现了19世纪茶叶与鸦片贸易对中国社会经济所产生的影响。罗凯[113]研究了20世纪30年代初汉口外商营业税之稽征究。曲韵[114]阐释了新中国对进出口领域外资在华企业的利用情况。杨斌[115]所著的《海贝与贝币》描绘了以贝币为媒介的市场是如何把印度洋世界整合为一体的。

（三）城市地方经济与宗族社团研究领域

在宗族社团的经济史领域方面，龙登高、王明、陈月圆[116]研究了明清时期的民间组织。丁春燕[117]分析了清代基层社会公共品供给。姜成洋、李文[118]以史景迁《王氏之死》为例对区域宗族史和方志的利用进行探讨。王跃生[119]以刑科题本档案为基础对清代中期老年人居住方式及其影响因素进行分析。李亚婧、李楠[120]对近代东北移民乡村社会家庭人口结构及其影响因素进行考察。郭宇、张俊峰[121]研究了民国时期的晋北土盐经济与民众生活。

在城市地方经济史领域，魏明孔[122]探究了隋唐手工业发展与城市建设进步的互动关系。李义琼、张妍妍[123]研究了清代江南城隍信仰的组织化与城市社会经济的发展关系。仲伟民、王正华[124]分析了明清社会经济史视野中的"华北"地域概念。周建波、曾江、周子超[125]研究了清代江南农村手工业生产性借贷的高利率影响。陈思莹、徐晋涛[126]分析了土改前南方六个省份的山林权属。王海港、赵智文、王存同、袁劲秋[127]探讨了20世纪40年代的德格藏族的人口变化。张丽[128]基于《红楼梦》的考察分析对中西富贵人家西方奢侈品消费进行了说明。张丽君、李臻[129]梳理了1998年至2021年民族地区的乡村振兴学术实践。张丽君、李臻、张语涵[130]分析了西部地区小城镇发展的历史政策演进。熊金武[131]以泰州盐业的微观案例为例对传统社会国家治理体系中的盐业管理进行了分析。郑有贵[132]以5年过渡期支持政策为重点研究了脱贫地区创新发展路径。李成[133]以麻城为中心对明代湖广永折漕额的分派进行考证。

（四）国家宏观经济与制度经济领域

在国家能力研究中，龙登高、王明、陈月圆[134]对传统中国的治理能力进行了思考。周建波、陈皓、孙淑彬[135]研究了国家能力与近代以来的中国经济发展。沈艾娣、张丽、杨阳[136]考察了乾隆皇帝的"谕英王敕书"。缪德刚[137]分析了中国近代国家资产总量。和文凯[138]重新评价了清代中国1684年至1911年间国家能力的发展与局限。岸本美绪[139]以"绝卖的土地可否回赎”这一问题说明了明清的“契约正义”问题。彭慕兰、周琳[140]探讨了清代国家能力与经济发展的关系。温春来[141]对清代治理国家的事例原则进行了研究。彭凯翔[142]研究了明清经济史视野中的国家能力。夏明方、朱浒[143]所著的《灾害与历史第二辑》以历史的视野考察灾害。李毅等[144]所著的《强国根基 对当代新兴大国产业转型的再认识》探讨了新兴大国的产业发展问题。

在宏观经济领域中，郝煜[145]测算了中国核心区域不同时期的社会流动性。李海龙、高德步、谢毓兰[146]对“西部大开发”的历史进行了研究。李涛、周君雅、金星晔、史宇鹏[147]系统分析了个人主观经济地位对其社会资本水平的影响。马金华、张皓宇、林源[148]总结梳理了中国公共卫生治理机制对于历次重大疫病冲击的调整。熊金武[149]探讨了中国推动全球不平等水平下降的贡献率。陈宗胜、张杰[150]估算了新中国前30年居民收入差别的总体程度的变动情况。刘壮壮[151]探讨了北方长城地带农牧互动的历史划分。龙登高等[152]所著的《中国市场通史》一书对中国城乡市场的发展变化进行了全面研究。仲伟民[153]所著的《印象·中国历史·清朝卷·近代前夜的王朝》阐释了清朝历史的关键问题。符云玲[154]所译的《繁荣的背后：解读现代世界的经济大增长》探索了19世纪引发当代经济起飞的文化、历史因素。

在制度经济领域，韦欣、李元哲、龚六堂[155]构建了1949—1978年间县升省辖市的数据模型。朱浒[156]探讨了清嘉道期间的社会变迁性质及其动力机制。赵轶峰[157]观察明清时代的土地所有制分层结构、国家与商业和商人的关系、货币体制的演变等。余开亮[158]利用清代粮价数据探讨了清代市场整合及其空间结构情况。张呈忠[159]对蔡京茶盐新法的地方运作方式进行了研究。王明[160]重点探讨了清代地方治理模式的主体、领域及其变迁过程。

（五）工业、技术经济领域

兰日旭、秦奋[161]对本溪湖煤铁公司的历史发展进行分析。李毅[162]研究了安川电机的变革轨迹。彤新春[163]分析了中国自1949年至2019年的铁路技术。赵学军[164]对“156项”建设项目对中国工业化的历史贡献进行说明。郑有贵[165]分析了中国国家现代化在农村发展工业的构想及实践。王大任[166]揭示了铁路引进之前市场网络建构对东北近代经济空间的影响。于广[167]阐释了裁厘改税与近代中国出厂税的演变。黄泳、范金民[168]探讨了清代宫殿金砖的烧造情况。关永强[169]详细梳理了民国以来各种近代中国工业生产指数的情况。张荣杰[170]考察了新中国初期晋西北手工业发展概况。闫天灵[171]探讨了马莲沟煤矿权之争与民初《矿例》的艰难落地。叶鹏[172]以福建建西县为例对集体化时代的林业建设与政区变动进行了分析。

（六）农业经济、土地经济和交通经济领域

在农业经济领域，游彪、周云[173]说明了五代至宋初的“牛革”政策。李春圆[174]对现存元代史料中的粮价数据进行探讨。胡鹏、魏明孔[175]通过对《清实录》对清代粮食干预进行统计分析。兰日旭[176]对《近代中原地区水患与荒政研究》一书进行了评价。魏明孔[177]对《耿长锁与五公村口述史》一书的经济史价值进行了分析。隋福民、吴天彪[178]基于第一、二次对“无锡、保定农村调查”的资料分析了无锡农村经营式农业不发展的原因。隋福民[179]也对中国农业产业升级的模式和路径进行了思考。隋福民[180]还阐释了中国农业农村现代化与乡村振兴的道路。郑有贵[181]认为农村双层经营体制激活了农村经济，进而为经济发展奠定了基础。魏众[182]回顾了中华人民共和国历史上出现的包产到户的情况。常明明[183]研究了中华人民共和国成立初期苏南农家经营。董志凯[184]对《攻坚克难补短板：农村同步迈向全面小康社会之路》一书进行了评价。

在土地经济领域，张文晶、李天石[185]对3—4世纪鄯善王国的财产权法进行研究。侯鹏[186]探讨了16世纪江南田赋征收机制的转变与地域社会关系变动情况。丁春燕、龙登高[187]探讨了清代田宅交易中的官中与基层治理。盛承[188]基于《湖北天门熊氏契约文书》对清代田地交易契约中的税粮制度进行探究。赵思渊[189]以清初江南均田均役制度为例对土地市场与赋役制度的协同演化进行了说明。李一苇、龙登高[190]对近代上海道契进行重点探讨。牟振宇[191]重新估算上海法租界地价演变，发现人口增长是根本驱动力，房地产资本为重要驱动力。杨小燕[192]对《近代上海公共租界的土地制度与市政管理》一书进行了介绍。

在交通经济领域，小林文治[193]对秦代物资输送形态进行了分析。张叶[194]探讨了明末清初淮安的牙行埠头和运河徭役情况。周健[195]对19世纪漕运的变革进行了探讨。董清平、郑成林[196]以盐运安全为研究对象透视近代商运安全保障制度。王苗、龙登高[197]以新中国水运业为研究对象，揭示苏联专家对新中国水运业产生的影响。

（七）企业经济和劳动经济领域

在企业经济史方面，王明、龙登高[198]认为官督商办企业过多的政治活动是其发展和衰落的重要原因。曹树基、李锦彰、王国晋[199]通过对清代丰盛泰账簿的分析建构了一个有关中国传统账簿的逻辑体系。张二刚、高红霞[200]对民国上海传统行业同名字号现象进行研究。王玲强[201]从上海钱庄业所有权与经营权相分离的特点出发分析钱庄经理与职员的投机行为。熊金武[202]以天津航道局为例对中国国有企业治理变迁进行说明。黄蕾[203]研究了民国时期的华资银行家群体。唐晔[204]考察了保定商会的发展。兰日旭[205]所著的《近代中国股份制企业融资研究》说明了近代中国股份制企业的融资情况。岳清唐[206]分析了改革开放前国营企业创造的典型管理经验。马金华、林源、费堃桀[207]以制造业数据为例研究了企业税费对经济高质量发展的影响。陈岜名[208]阐释了国有企业工资分配制度的经验和教训。岳清唐[209]研究了改革开放以来的国有企业劳动用工制度的变迁。巫云仙[210]基于融合与分立的发展逻辑对中国企业史进行了说明。巫云仙[211]还探讨了大革命时期的法国自由企业情况。李晓[212]从企业家理论史的角度对萨伊进行了评述，他也[213]对亚当·斯密的经济理论中为什么没有企业家进行了阐释。岳清唐[214]对企业史的发展脉络进行了分析，他[215]还对企业史的概念进行了辨析。

在劳动经济史领域，周建波[216]对中国古代的收入分配情况进行了研究。黄忠鑫[217]对寄庄户的成立与长期延续进行了分析。邢菁华、龙登高、张洵君[218]通过行动者网络，追踪研究了巴西、澳大利亚、法国、意大利四个国家华侨华人的抗疫行动。刘姝辰、孙圣民[219]研究了婚姻中的房屋产权归属对家庭内部资源的配置影响路径。薛梦真、李文[220]以女性就业史研究为例对其在国史研究中的应用进行了分析。林盼[221]以“大跃进”时期工资制度改革为中心，讨论激励政策对生产活动所产生的实践效果和基层回应问题。欧阳峣、易思维[222]对人力资本影响中国近代产业升级及其内在机制进行了考察。

（八）世界经济史及各国比较经济史研究领域

在中国与世界经济史比较研究领域，李伯重[223]由“丝绸之路”入手，从全球视野对中国的海外贸易进行具体分析。马涛、王嘉[224]比较了中西方传统财富观的特点。邱永志[225]对16至19世纪中日货币流通制度演进路径的分流进行了比较。倪月菊[226]从全球价值链的视角对RCEP对亚太地区生产网络的影响进行了历史性分析。欧阳向英[227]对中俄历史命运共同体建设进行了探讨。欧阳向英[228]从思想史的角度对马克思主义不平等理论与世界政治变迁理论进行了梳理。潘金娥[229]对构建中越命运共同体的理论基础、历史经验和实践动力进行了阐释。韦丽春、潘金娥[230]对自1950年来中越两国关系在过去70年中的发展变化进行了总结。岳云霞[231]对中国和拉丁美洲进行合作的内涵、条件与前景进行了分析。

在世界其他各国经济研究领域，巫云仙、陈岜名[232]分析了英国工业革命时期的保险公司的商业特点。巫云仙[233]探讨了中世纪威尼斯兵工厂的“酒福利”。薛宁、施诚[234]对非洲伏都教在美洲的传播过程进行了说明。施诚、马忠玲[235]重点研究了英国历史学者菲利普·费尔南德兹–阿迈斯托的全球史撰写方式。施诚、倪娜[236]研究了西方学术界重大传染病起源地研究的歧见和偏见。潘金娥[237]对20世纪80年代中期，越南共产党六大启动的越南社会主义革新情况的成效进行了总结。

（九）具体案例研究领域

在事件案例领域，陈月圆、龙登高[238]对清代湖南狮山封禁案为代表的矿产封禁冲突进行考察。李伯重[239]对梁晨所著《民国大学教职工生活水平与社会结构研究——以清华为中心》一书进行了评价。周建波、陈皓[240]梳理了近年来国内外对于东亚同文书院材料的研究成果。樊果[241]分析了1925年上海公共租界停电事件中多方行动。金大陆[242]研究了20世纪六七十年代上海黄浦江水系污染问题。陈明亮[243]探讨了清季芦汉铁路借款信用担保问题。杜恂诚[244]考察了全面抗战前英商上海业广地产公司的发展史。

在个人及物品案例研究领域，崔思朋、仲伟民[245]以酒为角度对其在全球化进程中的作用进行了分析。朱浒[246]对晚清沈敦和如何从一名晚清官场的失意官员转变为红十字会领袖的脉络进行了梳理。马金华[247]对中国古代官吏俸禄制度的历史演化进行了分析。熊金武、余镐[248]梳理了卢作孚的人生经历。熊金武、窦艳杰[249]还对约瑟夫·熊彼特的人生经历和经济学理论进行了说明。戴秋娟[250]所著的《涩泽荣一的精神之路》一书主要关注了日本近代资本主义之父的涩泽荣一的经营思想。

三、问题分析与研究建议

2021年，北京经济史学界研究呈现以下几个特点：一是研究领域广泛，对中国共产党百年来经济理论与实践研究深刻，对财政金融及贸易领域的研究尤为侧重。2021年是建党百年纪念之年，北京经济史学界也对中国共产党在百年来的伟大历程中的经济建设方面进行了深入的研究。二是研究地域范围及历史范围较广，对中外各时期的经济史理论及事件均有涉及，但是对国外经济史专门研究和明清之前的经济史研究略有不足。其中就地域而言，研究国内的期刊和书籍最多，占总体文献的百分比为76.15%，就时期而言，研究现代经济史（新中国成立后）的期刊图书最多，占比最少的是明清之前。三是研究作者来源广泛。

针对北京经济史学界2021年的相关研究情况，未来研究建议如下：一是拓展经济史研究思路，更加关注现实热点与国计民生的重大问题。未来也可以从多学科、多角度的视角对现实热点问题进行深入的探讨。二是开拓经济史研究领域，不仅仅局限于国内经济史领域研究，还要将经济史研究向更富世界意义的方向发展。对于非洲、美洲乃至不同时期的欧洲进行更为深入的研究，有助于理解世界历史的发展脉络，为构建人类命运共同体奠定重要的理论基础。三是对具体研究领域进行深入探索，避免低质量重复。针对较为单薄的某一问题或者某一论点往往会撰写同类低水平的重复文章，造成了一定的科研资源浪费，因此应当注意。四是多领域交流，多渠道沟通，对中国乃至世界中古时代之前的经济史可进行更为深入的研究。部分研究者对于史料的应用仍然存在一手史料研究不深入，二手史料考证不足的现象，对于中国早期经济构建的思考略显不足。因此未来可继续深化。

注：

［1］张亚光:《中国共产党早期经济思想的基本特征》,《经济科学》，2021年第4期。

［2］张亚光、沈博:《中国共产党新民主主义经济思想的形成与现代意义》,《东南学术》，2021年第4期。

［3］张皓宇、马金华:《建立公平、民主的税收制度是中国共产党的初心——建党初期税收主张（1921年—1927年）》,《中国财政》，2021年第11期。

［4］郑有贵:《中国共产党解放农民和赢得农民的统一》,《宁夏社会科学》，2021年第4期。

［5］周建波、陈皓、刘婷:《中国共产党百年艰难探索：走出“宏观缺位”与“微观失效”窘境》,《河北经贸大学学报》，2021年第3期。

［6］余永定:《朱理治的金融思想及其现实意义》,《中国经济史研究》，2021年第4期。

［7］李稻葵:《政府与市场经济学：从中国共产党领导的工业化伟大实践提炼经济学新知》,《中国工业经济》，2021年第7期。

［8］陈大鹏、吴舒钰、李稻葵:《中国构建开放型经济的经验和对新发展阶段的启示——政府与市场经济学的视角》,《国际经济评论》，2021年第6期。

［9］李由:《走向人民主体、公平本位、创新驱动的共同富裕之路》,《中国经济评论》，2021年第9期。

［10］董志凯:《我国固定资产投资理念的改革与创新》,《中共宁波市委党校学报》，2021年第3期。

［11］董志凯:《经济工作唯实有赖数字信息准确——中华人民共和国经济史的启迪》,《经济史》，2021年第2期。

［12］阳宏润、李文:《中国共产党改革观的历史进程与逻辑机理》,《中国井冈山干部学院学报》，2021年第5期。

［13］郑有贵:《创办经济特区的战略智慧和历史地位》,《中国井冈山干部学院学报》，2021年第5期。

［14］贺耀敏:《中国道路的历史经验与实践要求》,《中国人民大学学报》，2021年第6期。

［15］毕学进、马金华:《中国共产党百年财税治理的演化路径、历史经验与现实启示》,《财政监督》，2021年第13期。

［16］李晓:《“两个确立”和“两大奇迹”的内在逻辑》,《人民论坛》，2021年第32期。

［17］李晓:《“两个结合”：中国共产党理论创新的新境界》,《人民论坛》，2021年第27期。

［18］石建国:《中国共产党矢志现代化强国的百年历程及其启示》,《邓小平研究》，2021年第5期。

［19］阮明俊、潘金娥、韦丽春:《中国共产党建党百年的成功经验与启示》,《学术前沿》，2021年第12期。

［20］王子凤、潘金娥:《百年回眸与启示：共产国际及其与中国革命的关系》,《当代世界与社会主义》，2021年第3期。

［21］陈争平、尹秀秀:《抗战时期中国农贷扶贫经验——以红色金融企业北海银行为例》,《中南财经政法大学学报》，2021年第6期。

［22］张亚光、毕悦:《马克思主义经济学中国化早期实践的双重角色与使命——以中国共产党报刊为

研究视角》，《政治经济学评论》，2021年第6期。

［23］张皓宇、马金华：《红色税收肇始（1927年—1937年）》，《中国财政》，2021年第12期。

［24］张皓宇、马金华：《开创革命财税的新纪元——抗日根据地的财税制度（1937—1945年）》，《中国财政》，2021年第14期。

［25］彤新春：《新民主主义革命时期中国共产党的经济探索与发展道路的初步形成》，《经济纵横》，2021年第6期。

［26］彤新春：《陕甘宁边区货币金融实践》，《中国金融》，2021年第6期。

［27］仲伟民、李叶鹏：《从华北到华东：解放战争前后山东省大区归属的演变》，《中共党史研究》，2021年第5期。

［28］庞浩、徐之茵、管汉晖：《土改前后地权分配之比较：基于县志的研究》，《中国经济史研究》，2021年第1期。

［29］李文：《关于新中国实行统购统销政策历史必然性的认识与思考》，《党的文献》，2021年第6期。

［30］郭志炜：《数目字管理：农业合作化运动中会计制度的形成》，《中国经济史研究》，2021年第3期。

［31］马金华、毕学进、林源：《中国共产党百年财税治理的演进逻辑、基本向度与当代价值》，《中央财经大学学报》，2021年第11期。

［32］赵学军：《20世纪50年代的农村信用合作化》，《中国金融》，2021年第1期。

［33］郑有贵：《战略维度和实现路径：中国共产党百年破解“三农”问题的考察》，《中共中央党校学报》，2021年第5期。

［34］郑有贵：《农业税费改革的重大意义与宝贵经验》，《人民论坛》，2021年第31期。

［35］王景新：《中国共产党百年乡村建设的历史脉络和阶段特征》，《中国经济史研究》，2021年第4期。

［36］李伯重：《只有进入全球化的时代，我们才有前途》，《历史教学》，2021年第18期。

［37］李晓：《守正创新的内在关系与文化溯源》，《人民论坛》，2021年第16期。

［38］贺耀敏、甄峰：《数字解读中国·中国的发展坐标与发展成就》，中国人民大学出版社，2021年。

［39］李华瑞：《近二十年对王安石及其变法的重新认识——为王安石诞辰一千周年而作》，《史学月刊》，2021年第11期。

［40］李华瑞：《走出“唐宋变革论”》，《历史评论》，2021年第3期。

［41］倪玉平：《中国历史上为何存在“黄宗羲定律”》，《人民论坛》，2021年第20期。

［42］朱浒：《20世纪以来清代经济史研究的范式演变及其前景》，《中国社会科学文摘》，2021年第1期。

［43］倪玉平：《修史之难，无出于志——〈中国运河志·通运〉编撰体会》，《运河学研究》，2021年第1期。

［44］魏明孔：《百年敦煌学史之学理总结》，《新华文摘》，2021年第9期。

［45］唐艳艳、赵德馨：《〈盐铁论〉与中国经济史学的产生》，《中国经济史研究》，2021年第3期。

［46］仲伟民：《如何在全球史体系中讲述前现代中国史——从中国社会经济史研究的视角》，《历史学》，2021年第7期。

［47］马烈：《为什么近代中国“南方多租佃，北方多雇佣”？》，《中国经济史研究》，2021年第4期。

［48］龙登高、丁春燕、马芳：《近代中国经济落后的根源》，《湖南大学学报（社会科学版）》，2021年第2期。

［49］欧阳向英：《社会主义因素内生于西方资本主义国家的机理分析及其全球治理意义》，《学术前沿》，2021年第8期。

［50］陈支平、庄琳璘：《中国纸史研究中的史料运用错误分析》，《中国经济史研究》，2021年第3期。

［51］林展、陈志武：《量化历史的研究步骤和作为新史学的价值》，《社会科学文摘》，2021年第4期。

［52］林展：《量化历史与历史政治学》，《中国政治学》，2021年第1期。

［53］陈志武、龙登高、马德斌：《量化历史研究第六辑》，科学出版社，2021年。

［54］［美］乔舒亚·L.罗森布卢姆著，易行、汪元盛、张屿涵、王维译：《量化经济史：统计的作用》，社会科学文献出版社，2021年。

［55］［英］罗德里克·弗劳德著，刘杰等译：《献给历史学家的量化方法》，社会科学文献出版社，2021年。

［56］刘光临、关棨匀：《唐宋变革与宋代财政国家》，《中国经济史研究》，2021年第2期。

［57］丁亮：《市场与徭役：明代地方政府的财政

流通机制探论》,《中国经济史研究》,2021年第5期。

［58］吴兆庆:《明后期宣大山西三镇马市市本来源考述——兼述抚赏银在市本中的作用》,《中国经济史研究》,2021年第5期。

［59］倪玉平:《清朝同光时期贵州隔省捐输研究》,《近代史研究》,2021年第4期。

［60］倪玉平:《“旧瓶”“新瓶”:清朝咸丰时的关税与财政》,《南国学术》,2021年第3期。

［61］倪玉平:《“大分流”视野下清朝财政治理能力再思考》,《中国经济史研究》,2021年第1期。

［62］周建波、李婧、曾江:《票号代办捐纳的业务特征及其财政作用探析——以道咸年间蔚泰厚苏州分号代捐业务为例》,《清华大学学报(哲学社会科学版)》,2021年第5期。

［63］刘巍:《西学中用:熊希龄财政思想与实践研究》,《福建论坛(人文社会科学版)》,2021年第1期。

［64］毕学进、马金华:《晚清中国“平税”思想引介及启示》,《税收经济研究》,2021年第3期。

［65］申斌:《赋役全书与明清法定财政集中管理体制的形成——兼论明清国家财政治理焦点之转移》,《中国经济史研究》,2021年第1期。

［66］蒋宝麟:《清末财政预算体系中的教育经费编制研究》,《中国经济史研究》,2021年第1期。

［67］江晓成:《清乾嘉两朝盐商捐输数额新考》,《中国经济史研究》,2021年第4期。

［68］王梅:《“旧案”与“实情”:清末预算案对民初财政预估的影响》,《中国经济史研究》,2021年第4期。

［69］张泰苏:《对清代财政的理性主义解释:论其适用与局限》,《中国经济史研究》,2021年第1期。

［70］［俄］扎哈洛夫·维克多·尼古拉耶维奇、［俄］彼得罗夫·尤里·亚历山德罗维奇、［俄］萨茨洛·米哈伊尔·卡尔内里耶维奇著,张广翔、梁红刚译:《俄国税收史(9～20世纪初)》,社会科学文献出版社,2021年。

［71］马金华、毕学进、刘锐:《从“家国财政”到“国家财政”:近代中国预算制度演进路向(1911—1949)》,《公共财政研究》,2021年第3期。

［72］郝平、张文瀚:《杂税转正:民国时期山西契税的征稽(1912—1937)》,《中国经济史研究》,2021年第5期。

［73］于广:《近代国家税收体系的形成与发展——南京国民政府的裁厘和统税征收(1927—1937)》,《中国经济史研究》,2021年第3期。

［74］周建波、于水婧、沈博、周子超:《中古时期寺院借贷的中国化问题》,《世界宗教研究》,2021年第3期。

［75］苏金花:《“商品”与“货币”——再论唐五代时期敦煌地区丝绸流通的特点》,《中国社会经济史研究》,2021年第4期。

［76］［英］詹姆斯·麦克唐纳著,杨宇光译:《债务与国家的崛起:西方民主制度的金融起源》,社会科学文献出版社,2021年。

［77］周建波、曾江、李婧:《农村金融与清代江南的早期工业化:以农民兼营手工业为中心》,《中国农史》,2021年第2期。

［78］何平:《苏楞额的“白银外流论”与近代中国的货币困境》,《中国钱币》,2021年第6期。

［79］何平:《马克思笔下的王茂荫及其纸币理论》,《中国钱币》,2021年第5期。

［80］何平:《许楣“有尽故贵”的货币金属论与货币的“三极世界”》,《中国钱币》,2021年第4期。

［81］何平:《王瑬“钞无尽”的货币思想与“现代货币理论”》,《中国钱币》,2021年第2期。

［82］何平:《货币形态演进的中国经验与未来走向》,《金融评论》,2021年第1期。

［83］孙丽、袁为鹏:《晚清徽商的资本积累:兆成号盘单中的“堆金”与“财神堂”考释》,《安徽师范大学学报(人文社会科学版)》,2021年第3期。

［84］屈广燕:《甲午前清政府对朝鲜贷款问题浅析》,《中国经济史研究》,2021年第3期。

［85］［俄］鲍维金·瓦列里·伊万诺维奇著,张广翔、高笑译:《俄国金融资本的起源》,社会科学文献出版社,2022年。

［86］刘群艺:《“中央银行”考略》,《中国经济史研究》,2021年第4期。

［87］颜色、辛星:《银行系统如何传导政府的宏观政策?——基于中国20世纪30年代银行数据》,《中国经济史研究》,2021年第2期。

［88］兰日旭、李昆:《近代中国银行监管体系探析——基于政府与银行公会的视角》,《财经研究》,2021年第1期。

［89］兰日旭、丁于芩:《近代中国金融的国际化》,《中国金融》,2021年第2期。

［90］武建新、姚遂:《中国近代公债市场研究》,

《中国经济史研究》，2021年第2期。

［91］贺力平：《再论银行学派与通货学派的历史争论及其当代意义》，《社会科学战线》，2021年第4期。

［92］严跃平、李燕君、黄建军：《金融管制、通货膨胀与民国时期银行的暗账行为（1940—1948）》，《中国经济史研究》，2021年第3期。

［93］高蓉芳、刘志英：《粮民索债问题研究：四川省1944年到期粮食库券本息偿还的考察》，《中国经济史研究》，2021年第3期。

［94］荣晓峰：《近代天津银两制度研究（1860—1933）》，《中国经济史研究》，2021年第5期。

［95］黄英伟、袁为鹏：《民国中产阶级账本·体面地用好每一文钱》，社会科学文献出版社，2021年。

［96］林展：《高利贷的逻辑·清代民国民间借贷中的市场机制》，科学出版社，2021年。

［97］［日］滨下武志著，王珍珍译：《资本的旅行：华侨、侨汇与中华网》，社会科学文献出版社，2021年。

［98］［美］尼克·巴蒂亚著，孟庆江译：《货币金字塔：从黄金、美元到比特币和央行数字货币》，社会科学文献出版社，2021年。

［99］燕红忠：《中日货币战争史（1906—1945）》，社会科学文献出版社，2021年。

［100］李裕威：《燕红忠〈中日货币战争史（1906—1945）〉出版》，《中国经济史研究》，2021年第5期。

［101］［美］程麟荪：《近代中国的银行业》，社会科学文献出版社，2021年。

［102］李伯重、董经胜编：《北京大学海上丝路与区域历史研究丛书·海上丝绸之路全球史视野下的考察》，社会科学文献出版社，2021年。

［103］马建春、李蒙蒙：《9—13世纪朝鲜半岛大食蕃商行迹钩沉》，《中国经济史研究》，2021年第4期。

［104］倪玉平、崔思朋：《万里茶道：清代中俄茶叶贸易与北方草原丝绸之路研究》，《北京师范大学学报（社会科学版）》，2021年第4期。

［105］庞浩、金星晔、管汉晖：《中国贸易盈余与外汇储备的长期考察：1636—2018》，《经济学报》，2021年第2期。

［106］何平：《“贸易的猜忌”、蓝鼎元的开海论与货币的外部供给》，《中国钱币》，2021年第1期。

［107］张科、赵珍：《清代中亚回商贸易与多边关系演变》，《中国经济史研究》，2021年第5期。

［108］侯彦伯：《晚清泛珠三角模式的贸易特色：华商、中式帆船与粤海常关的积极作用（1860—1911）》，《中国经济史研究》，2021年第6期。

［109］张舒：《清代万里茶道述论》，《中国经济史研究》，2021年第6期。

［110］冯国林：《甲午战争前朝鲜华商同顺泰号的人参走私贸易》，《中国经济史研究》，2021年第5期。

［111］宋纤：《晚清香港自由港研究（1841—1911）》，《中国经济史研究》，2021年第1期。

［112］仲伟民：《茶叶与鸦片——十九世纪经济全球化中的中国》，中华书局，2021年。

［113］罗凯：《20世纪30年代初汉口外商营业税之稽征》，《中国经济史研究》，2021年第3期。

［114］曲韵：《新中国对进出口领域外资在华企业的利用与清理（1949—1956）》，《中国经济史研究》，2021年第6期。

［115］杨斌：《海贝与贝币：鲜为人知的全球史》，社会科学文献出版社，2021年。

［116］龙登高、王明、陈月圆：《明清时期中国的民间组织与基层秩序》，《民族研究》，2021年第6期。

［117］丁春燕：《清代基层社会公共品供给——基于民间组织的视角》，《中国经济史研究》，2021年第6期。

［118］姜成洋、李文：《区域史研究与方志利用——论史景迁〈王氏之死〉》，《安徽史学》，2021年第2期。

［119］王跃生：《清代中期老年人居住方式及影响因素分析——以502件刑科题本档案为基础》，《中国经济史研究》，2021年第4期。

［120］李亚婧、李楠：《近代东北移民乡村社会家庭人口结构及其影响因素的考察》，《中国经济史研究》，2021年第1期。

［121］郭宇、张俊峰：《民国时期的晋北土盐经济与民众生活》，《中国经济史研究》，2021年第3期。

［122］魏明孔：《隋唐手工业与城市建设之进步》，《高等学校文科学术文摘》，2021年第1期。

［123］李义琼、张妍妍：《清代江南城隍信仰的组织化与城市社会经济》，《中国经济史研究》，2021年第1期。

［124］仲伟民、王正华：《作为区域的“华北”：

概念渊源及流变——兼析明清社会经济史视野下的“华北”》,《天津社会科学》,2021年第1期。

［125］周建波、曾江、周子超:《清代江南农村手工业生产性借贷的高利率影响探析——兼谈早期工业化走向近代工业化的金融条件》,《清史研究》,2021年第6期。

［126］陈思莹、徐晋涛:《土地改革前夕山林权属的研究——基于南方六省的分析》,《中国经济史研究》,2021年第5期。

［127］王海港、赵智文、王存同、袁劲秋:《西康德格藏族人口增长研究》,《中国经济史研究》,2021年第3期。

［128］张丽:《中西富贵人家西方奢侈品消费之同步——基于《红楼梦》的考察分析》,《海洋史研究》,2021年第2期。

［129］张丽君、李臻:《民族地区乡村振兴的元思考》,《中央民族大学学报(哲学社会科学版)》,2021年第5期。

［130］张丽君、李臻、张语涵:《西部地区小城镇发展再探索——兼论在西部大开发形成新格局中的作用》,《黑龙江民族丛刊》,2021年第5期。

［131］熊金武:《传统社会国家治理体系中的盐业——基于泰州盐业的微观案例》,《泰州职业技术学院学报》,2021年第5期。

［132］郑有贵:《脱贫地区创新发展路径研究——以5年过渡期支持政策为重点》,《学术前沿》,2021年第13期。

［133］李成:《争折:明代湖广永折漕额的分派——以麻城为中心》,《中国经济史研究》,2021年第4期。

［134］龙登高、王明、陈月圆:《论传统中国的基层自治与国家能力》,《山东大学学报(哲学社会科学版)》,2021年第1期。

［135］周建波、陈皓、孙淑彬:《国家能力与近代以来中国经济发展——基于文献史回顾的视角》,《山东大学学报(哲学社会科学版)》,2021年第4期。

［136］沈艾娣、张丽、杨阳:《〈乾隆皇帝谕英王乔治三世敕书〉与有关传统中国对外关系之观点在20世纪早期的形成》,《全球史评论》,2021年第1期。

［137］缪德刚:《中国近代国家资产总量——基于“国富”指标的项目整合与数据考证》,《中国经济史研究》,2021年第5期。

［138］和文凯:《财政制度、国家权力正当性与国家能力:清代国家能力的再考察》,《中国经济史研究》,2021年第1期。

［139］岸本美绪:《民间契约与国家干预——明清时代的“契约正义”问题》,《中国经济史研究》2021年第2期。

［140］彭慕兰、周琳:《在无为而治与英雄主义的失败之间——清代国家能力与经济发展概论》,《中国经济史研究》,2021年第2期。

［141］温春来:《事例原则:清代国家治理的一种模式》,《中国经济史研究》,2021年第2期。

［142］彭凯翔:《明清经济史中的国家:一个对话的尝试》,《中国经济史研究》,2021年第2期。

［143］夏明方、朱浒、杨学新:《灾害与历史 第二辑》,商务印书馆,2021年。

［144］李毅:《强国根基 对当代新兴大国产业转型的再认识》,中国社会科学出版社,2021年。

［145］郝煜:《中国的姓氏、籍贯和长期代际流动性(1645—2012)》,《经济学(季刊)》,2021年第3期。

［146］李海龙、高德步、谢毓兰:《以“大保护、大开放、高质量”构建西部大开发新格局的思路研究》,《宏观经济研究》,2021年第6期。

［147］李涛、周君雅、金星晔、史宇鹏:《社会资本的决定因素:基于主观经济地位视角的分析》,《经济研究》,2021年第1期。

［148］马金华、张皓宇、林源:《近代以来疫病冲击下中国公共卫生治理机制的历史演进与现实启示》,《山东财经大学学报》,2021年第2期。

［149］熊金武:《中国推动全球不平等水平下降的贡献率研究》,《求索》,2021年第3期。

［150］陈宗胜、张杰:《新中国前30年中国居民收入差别估算及影响因素分析——兼及改革开放前后中国居民收入基尼系数总趋势及比较》,《中国经济史研究》,2021年第2期。

［151］刘壮壮:《10—13世纪长城地带农牧社会的协同演进与“中国边疆”》,《中国经济史研究》,2021年第1期。

［152］吴承明、陈争平、龙登高:《中国市场通史》,东方出版中心,2021年。

［153］仲伟民:《印象·中国历史·清朝卷·近代前夜的王朝》,人民教育出版社,2021年。

［154］［美］威廉·J.伯恩斯坦著,符云玲译:《繁荣的背后:解读现代世界的经济大增长》,机械

工业出版社，2021年。

［155］韦欣、李元哲、龚六堂：《升级的优势：中国改革开放以前县升省辖市对经济发展的影响》，《中国经济史研究》，2021年第3期。

［156］朱浒：《盛衰之理：关于清朝嘉道变局性质的不同阐释及其反思》，《史学理论研究》，2021年第2期。

［157］赵轶峰：《权力与财富——对明清社会结构变化的一种侧面观察》，《中国经济史研究》，2021年第1期。

［158］余开亮：《清代的市场整合及其空间结构（1738—1820）》，《中国经济史研究》，2021年第5期。

［159］张呈忠：《招诱商贩与抑配编民——蔡京茶盐新法的地方运作方式研究》，《中国经济史研究》，2021年第5期。

［160］王明：《清代地方治理模式：主体、领域及其变迁》，《中国经济史研究》，2021年第4期。

［161］兰日旭、秦奋：《中国钢铁行业的“活化石”——记本溪湖煤铁公司》，《商业文化》，2021年第19期。

［162］李毅：《高质量发展与“融合式创新”：基于安川电机产业升级的微观比较》，《现代日本经济》，2021年第2期。

［163］彤新春：《从跟随到赶超——中国铁路技术进步的策略分析（1949—2019）》，《经济史》，2021年第1期。

［164］赵学军：《“156项”建设项目对中国工业化的历史贡献》，《中国经济史研究》，2021年第4期。

［165］郑有贵：《中国共产党基于国家现代化在农村发展工业的构想及实践》，《当代中国史研究》，2021年第5期。

［166］王大任：《打破藩篱——试论铁路引进前东北市场网络的建构与近代经济空间的初步形成》，《中国经济史研究》，2021年第6期。

［167］于广：《从机器货物税到统税：裁厘改税与近代中国出厂税的演变》，《中国经济史研究》，2021年第6期。

［168］黄泳、范金民：《清代宫殿金砖的烧造》，《中国经济史研究》，2021年第5期。

［169］关永强：《近代中国工业生产指数探微》，《中国经济史研究》，2021年第5期。

［170］张荣杰：《新中国初期晋西北手工业研究》，《中国经济史研究》，2021年第5期。

［171］闫天灵：《马莲沟煤矿权之争与民初〈矿例〉的艰难落地》，《中国经济史研究》，2021年第1期。

［172］叶鹏：《集体化时代的林业建设与政区变动——以福建建西县为例（1958—1975）》，《中国经济史研究》，2021年第4期。

［173］游彪、周云：《论五代及宋初的牛革政策》，《中国经济史研究》，2021年第2期。

［174］李春圆：《元代粮食价格研究》，《中国经济史研究》，2021年第3期。

［175］胡鹏、魏明孔：《养民与聚民：清代粮食市场中的国家调控（1644—1840）》，《中国农史》，2021年第6期。

［176］兰日旭：《〈近代中原地区水患与荒政研究〉评介》，《中国经济史研究》，2021年第1期。

［177］魏明孔：《〈耿长锁与五公村口述史〉的经济史价值》，《中国经济史研究》，2021年第3期。

［178］隋福民：吴天彪：《为什么历史上经营式农业不发展：以无锡为案例》，《重庆大学学报（社会科学版）》，2021年第5期。

［179］隋福民：《中国农业产业升级的模式和路径思考》，《中共杭州市委党校学报》，2021年第3期。

［180］隋福民：《为什么农业产业升级需要平台赋能——兼论中国农业农村现代化和乡村振兴的独特道路》，《新华文摘》，2021年第1期。

［181］郑有贵：《家庭承包经营激活农村经济》，《中国党政干部论坛》，2021年第5期。

［182］魏众：《从“责任田”实践到家庭承包制——基于安徽的考察》，《中国经济史研究》，2021年第4期。

［183］常明明：《中华人民共和国成立初期苏南农家经营研究》，《中国经济史研究》，2021年第1期。

［184］董志凯：《农村迈向小康社会的历史分析——评〈攻坚克难补短板：农村同步迈向全面小康社会之路〉》，《当代中国史研究》，2021年第6期。

［185］张文晶、李天石：《3—4世纪鄯善王国财产权法初探——以土地产权为重点》，《中国经济史研究》，2021年第6期。

［186］侯鹏：《16世纪江南田赋征收机制的转变与地域社会关系的变动》，《中国经济史研究》，2021年第2期。

［187］丁春燕、龙登高：《清代田宅交易中的官中与基层治理》，《中国经济史研究》，2021年第4期。

[188] 盛承:《清代田地交易契约中的税粮初探——基于〈湖北天门熊氏契约文书〉的研究》,《中国经济史研究》,2021年第6期。

[189] 赵思渊:《土地市场与赋役制度的协同演化:清初江南均田均役再讨论》,《中国经济史研究》,2021年第2期。

[190] 李一苇、龙登高:《近代上海道契土地产权属性研究》,《历史研究》,2021年第5期。

[191] 牟振宇:《民国时期上海法租界地价时空演变规律研究(1924—1934)》,《中国经济史研究》,2021年第5期。

[192] 杨小燕:《〈近代上海公共租界的土地制度与市政管理〉出版》,《中国经济史研究》,2021年第5期。

[193][日] 小林文治:《秦代物资输送形态试析——以“委输”为切入点》,《中国经济史研究》,2021年第6期。

[194] 张叶:《“行夫”与“折夫”:明末清初淮安的牙行埠头和运河徭役》,《中国经济史研究》,2021年第3期。

[195] 周健:《贡赋与市场:19世纪漕运之变革与重构》,《中国经济史研究》,2021年第2期。

[196] 董清平、郑成林:《近代川盐运输安全事故研究》,《中国经济史研究》,2021年第2期。

[197] 王苗、龙登高:《苏联专家与新中国水运事业建设》,《经济史》,2021年第5期。

[198] 王明、龙登高:《官督商办企业的兴与衰:企业治理机制视角》,《中国经济问题》,2021年第4期。

[199] 曹树基、李锦彰、王国晋:《“同一账,记两簿”:清代丰盛泰号账本的复式簿记》,《中国经济史研究》,2021年第5期。

[200] 张二刚、高红霞:《商业习惯与现代经济立法——民国上海传统行业同名字号现象研究》,《中国经济史研究》,2021年第4期。

[201] 王玲强:《薪酬激励、宕账制度与上海钱庄业投机行为》,《中国经济史研究》,2021年第4期。

[202] 熊金武:《中国国有企业治理的百年变迁:基于天津航道局的考察》,《企业史评论》,2021年第1期。

[203] 黄蕾:《民国时期华资银行家群体研究(1912—1945)》,《中国经济史研究》,2021年第3期。

[204] 唐晔:《中国近代中小商会发展之路——以保定商会为中心》,《中国经济史研究》,2021年第6期。

[205] 兰日旭:《近代中国股份制企业融资研究》,经济科学出版社,2021年。

[206] 岳清唐:《改革开放前国营企业创造的典型管理经验》,《企业史评论》,2021年第2期。

[207] 马金华、林源、费堃桀:《企业税费负担对经济高质量发展的影响分析 ——来自我国制造业的证据》,《当代财经》,2021年第3期。

[208] 陈苣名:《新中国成立70年来国有企业工资分配制度的经验和教训》,《企业史评论》,2021年第1期。

[209] 岳清唐:《改革开放以来国有企业劳动用工制度的变迁》,《企业史评论》,2021年第2期。

[210] 巫云仙:《中国企业史百年研究:融合与分立的发展逻辑》,《东南学术》,2021年第6期。

[211] 让-皮埃尔·赫希、巫云仙:《大革命时期法国的自由企业》,《企业史评论》,2021年第2期。

[212] 李晓:《企业家并非资本家——重评企业家理论史上的萨伊》,《清华大学学报(哲学社会科学版)》,2021年第3期。

[213] 李晓:《亚当·斯密经济理论中为什么没有企业家?——基于理论和企业史的考察》,《企业史评论》,2021年第2期。

[214] 阿瑟·约翰逊、岳清唐:《企业史何去何从?》,《企业史评论》,2021年第2期。

[215] 亚瑟·H.科尔、岳清唐:《何谓企业史?》,《企业史评论》,2021年第1期。

[216] 周建波:《古代如何调节收入分配差距》,《人民论坛》,2021年第25期。

[217] 黄忠鑫:《寄庄户的成立与长期延续——徽州富溪程氏家族宋元明文书考析》,《中国经济史研究》,2021年第6期。

[218] 邢菁华、龙登高、张洵君:《抗击新冠疫情中的海外华侨华人——基于行动者网络理论的分析》,《民族研究》,2021年第1期。

[219] 刘姝辰,孙圣民:《房屋产权归属、家庭内部不平等及其代际影响——“房产争夺战”的经济学分析》,《中国经济问题》,2021年第3期。

[220] 薛梦真、李文:《女性主义视角在国史研究中的应用述评——以女性就业史的研究为例》,《晋阳学刊》,2021年第2期。

[221] 林盼:《激励政策的实践效果与基层回

应——以“大跃进”时期工资制度改革为中心》,《中国经济史研究》，2021年第6期。

［222］欧阳峣、易思维:《新式教育、人力资本与中国近代产业升级》,《中国经济史研究》，2021年第6期。

［223］李伯重:《全球经济史视野中的“丝绸之路”研究》,《中国社会科学文摘》，2021年第10期。

［224］马涛、王嘉:《中西方传统财富观的特点及对近代发展分流的影响》,《中国经济史研究》，2021年第6期。

［225］仲伟民、邱永志:《十六至十九世纪中日货币流通制度演进路径的分流》,《日本学刊》，2021年第A1期。

［226］倪月菊:《RCEP对亚太地区生产网络的影响——一个全球价值链视角的分析》,《东北师范大学报（哲学社会科学版）》，2021年第3期。

［227］欧阳向英:《非联盟国家深度合作可行性探究——兼议“十四五”规划与中俄战略合作前景》,《国际经济评论》，2021年第4期。

［228］欧阳向英:《马克思主义不平等理论与世界政治变迁》,《世界政治研究》，2021年第1期。

［229］潘金娥:《构建中越命运共同体的理论基础、历史经验与实践动力》,《马克思主义研究》，2021年第7期。

［230］韦丽春、潘金娥:《中国化马克思主义国际政治理论视域下的中越关系》,《世界马克思主义研究》，2021年第1期。

［231］岳云霞:《中拉共建“一带一路”合作：内涵、条件与前景》,《西南科技大学学报（哲学社会科学版）》，2021年第6期。

［232］巫云仙、陈芑名:《英国工业革命时期基于保险公司的商业网络》,《金融博览》，2021年第10期。

［233］巫云仙:《中世纪威尼斯兵工厂的“酒福利”》,《金融博览》，2021年第7期。

［234］薛宁、施诚:《伏都教在美洲的传播》,《世界宗教文化》，2021年第6期。

［235］施诚、马忠玲:《帝国与文明：菲利普·费尔南德兹—阿迈斯托的全球史书写》,《全球史评论》，2021年第2期。

［236］施诚、倪娜:《西方学术界重大传染病起源地研究的歧见和偏见——以黑死病、美洲天花、梅毒和1918年大流感为例》,《社会科学文摘》，2021年第1期。

［237］潘金娥:《越南社会主义定向的革新》,《人民论坛》，2021年第C1期。

［238］陈月圆、龙登高:《公共利益冲突中的产权交易与基层治理——清代狮山书院与山林封禁的考察》,《中国社会经济史研究》，2021年第1期。

［239］李伯重:《深入认识中国近代化历史的窗口——读梁晨〈民国大学教职员工生活水平与社会结构研究——以清华为中心〉》,《清华大学学报（哲学社会科学版）》，2021年第3期。

［240］周建波、陈皓:《东亚同文书院研究评述及其展望》,《河北经贸大学学报（综合版）》，2021年第4期。

［241］樊果:《1925年上海公共租界停电事件中多方行动分析》,《中国经济史研究》，2021年第5期。

［242］金大陆:《20世纪六七十年代上海黄浦江水系污染问题研究（1963—1976）》,《中国经济史研究》，2021第1期。

［243］陈明亮:《国家应否担责：清季芦汉铁路借款信用担保问题研究》,《中国经济史研究》，2021年第2期。

［244］杜恂诚:《以造房出租为主业的英商业广地产公司》,《中国经济史研究》，2021年第3期。

［245］崔思朋、仲伟民:《浅论酒对近代世界形成的影响》,《济南大学学报（社会科学版）》，2021年第6期。

［246］朱浒:《祸兮福所倚：沈敦和从晚清官场到红十字会的转身之路》,《社会科学研究》，2021年第5期。

［247］马金华:《古代“公务员”的薪资待遇》,《人民论坛》，2021年第34期。

［248］熊金武、余镐:《先贤企业家卢作孚》,《金融博览》，2021年第4期。

［249］熊金武、窦艳杰:《约瑟夫·熊彼特：企业家精神的理论奠基者》,《金融博览》，2021年第1期。

［250］戴秋娟:《涩泽荣一的精神之路》，学苑出版社，2021年。

（北京外国经济学说研究会供稿；执笔人：王珏、白天鹏）

国际经济学

中国经济学学位授予与学科评估中将经济学学科划分为两个一级学科：理论经济学与应用经济学。其中理论经济学的二级学科世界经济和应用经济学的二级学科国际贸易学为本报告国际经济学学科所研究的主要内容。世界经济学科是研究世界经济的基本特点和基本规律的独立学科，通过阐述和分析世界经济的形成过程、发展现状和未来趋势，揭示国际经济关系和世界经济面貌的发展变化及其内在矛盾和运行规律。主要研究对象包括国别与地区经济、国际经济关系和世界经济演变等等。国际贸易学学科是研究国际间商品与劳务交换的理论和方法的学科，涉及国际间贸易产生与发展的原因和贸易利益在各国间进行分配的制约因素，并揭示其中的特点和运动规律。主要研究对象既包括国际贸易的基本理论，也包括国际贸易政策及国际贸易发展的具体历史过程和现实情况。综合这两个学科的研究内容，报告所述国际经济学学科是以经济学的一般理论为基础，研究国际经济关系、国际贸易产生与发展，并在此基础上揭示经济运行的内在规律进而提供政策措施的学科。该学科主要培养适应经济全球化趋势，能从事国际经济、贸易、金融、商务等工作的高级专门人才。

本文采用文献计量软件CiteSpace，以中文图书分类号（F74国际贸易）、JEL（F International Economics）为标准，查找相关文献。本文国内数据均来自中国期刊全文数据库（CNKI），国外数据来自Web of Science（WOS）核心合集。在筛选过程中，将时间范围设置为2021年1月1日至2021年12月31日，并已去除会议综述、期刊目录、报纸、人物专访等非期刊学术论文类文章，检索到该时期国内有效论文1219篇，国外有效论文2509篇。

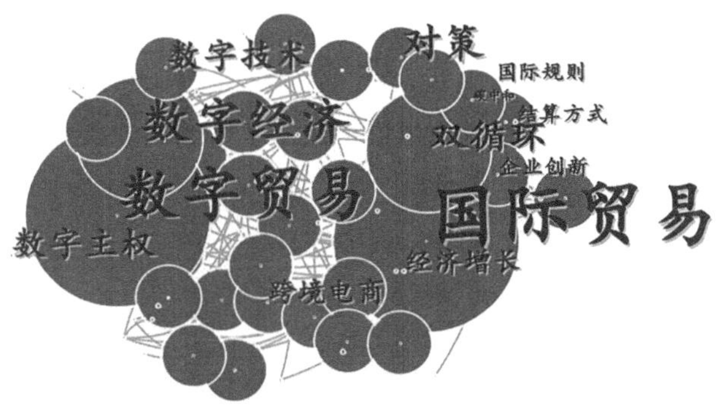

图1 中文文献关键词图谱

一、中文期刊发表的科研成果研究热点

2021年，知网中与“F74：国际贸易”相关期刊学术论文类文章共1219篇，其中被引数较高的主题包括国际贸易中的经济增长、数字贸易、数字经济、碳排放、碳中和。根据CiteSpace分析，出现频率较高的关键词为：“国际贸易”（106）、“数字贸易”（97）、“数字经济”（90）、“经济增长”（32）、“企业创新”（25）、“国际贸易规则”（20）、“碳中和”（14）；中心性较高的关键词为：“国际贸易”（0.56）、“数字贸易”（0.47）、“数字经济”（0.33）、“经济增长”（0.16）、“跨境电商”（0.12）、“贸易不确定性对策”（0.10）。结合关键词出现频率和中心性结果，2021年国际贸易领域四大热点确定为“数字贸易”“贸易不确定性及对策”“碳中和及碳排放”“国际贸易规则协定”。

1.数字贸易

数字贸易已成为新一轮大国竞争的焦点。作为全球数字贸易规模排名前五位的国家之一，中国数字贸易发展前景广阔。中国数字服务贸易规模总体呈上升趋势，由2011年的1648.4亿美元增长至2020年的2939.9亿美元，年均复合增长率达到6.6%。据商务部预测，到2025年，中国可数字化的服务贸易进出口总额将超过4000亿美元，占服务贸易总额的比重达到50%左右。北京在数字贸易发展方面也有诸多成绩。电信、计算机和信息服务业出口是北京服务贸易最大的顺差来源，数字内容是北京市发展数字贸易的优势领域。同时，北京也是全国首批服务外包示范城市和国家跨境电商综合试验区。数字贸易作为国家级战略计划，近年来是我国国际经济学研究的热点问题。

周念利等[1]在《数字服务贸易限制性措施贸易抑制效应的经验研究》一文中对全球45个经济体采取的数字服务贸易限制性措施的贸易效应及其异质性展开经验研究，研究发现数字服务贸易限制性措施对数字服务出口及贸易总额的抑制作用会随该经济体网络发展完备程度的提高而减弱。

刘斌等[2]在《规则融合对数字贸易的影响：基

于WIOD数字内容行业的检验》一文中基于2000—2014年世界投入产出表，分析了规制融合对数字贸易的影响。研究结果表明，规制融合主要通过降低贸易成本，增强双边网络效应和缩短制度距离促进了数字贸易增长。各国之间的数字贸易相关规则具有“模板异质性”，尽管“美式模板”标准更高，但相较于“欧式模板”，美式模板并没有对数字贸易表现出更强的促进作用。

李轩、李珮萍[3]在《“一带一路”主要国家数字贸易水平的测度及其对中国外贸成本的影响》一文中梳理了数字贸易对贸易成本的作用机理，建立了数字贸易竞争力指标体系，并运用层次分析法测算发现数字贸易水平的提升对两国双边贸易成本有显著降低效应，同时稳健性检验还说明数字贸易对中国与中低收入国家的贸易成本的降低程度更加显著。

2. 贸易不确定性及对策

近年来，国内外对于贸易政策不确定性的探究不断深入。不确定性的探索大多指的是经济政策的不确定，比如市场、投资、要素价格等，这些因素会对企业进入和退出市场的决策产生影响。此后，将其扩展到贸易政策不确定性领域，利用异质企业的动态模型，研究得出贸易政策不确定性降低，企业出口产品关税上升，将会延迟入新市场的决策，此后关于贸易政策不确定性的文章逐年增加。

冯业倩等[4]在《贸易不确定性、金融摩擦与经济波动》一文中指出贸易不确定性上升会对我国实体经济带来显著的紧缩效应，但是幅度有限；金融摩擦程度越大，贸易不确定性对产出与企业投资的抑制作用越强。因此，市场要理性看待中美贸易摩擦，不必过度悲观；同时，我国政府应当控制国内的宏观杠杆率，以降低金融摩擦对贸易不确定性负面影响的放大作用。

江春等[5]在《贸易政策不确定性，金融市场化与企业投资行为》一文中以2003—2018年中国非金融上市公司为研究样本，实证分析贸易政策不确定性对企业投资行为的影响。研究发现金融市场化会通过缓解融资约束，降低风险承担及提高全要素生产率、弱化贸易政策不确定性对企业投资的负向冲击。异质性分析表明，金融市场化缓解贸易政策不确定性对企业投资的抑制效应在高融资约束、外部融资依赖、资本密集型、高技术企业中尤为明显。

魏明海、刘秀梅[6]在《贸易环境不确定性与企业创新——来自中国上市公司的经验证据》中通过选取2003—2016年中国2704家上市公司20497个研究样本，运用DID模型分析了贸易环境不确定性对企业创新的影响。贸易环境不确定性对企业创新存在倒逼效应，即随着贸易环境不确定性上升，企业的研发投入和专利申请数量均显著增加；贸易环境不确定性越高，倒逼效应越显著。

3. 碳中和及碳排放

气候变化是当今人类面临的重大全球性挑战。中国是排量第一的碳排放大国，在全球气候治理中起着关键作用。继2015年气候变化巴黎大会之后，中国在2020年联合国大会一般性辩论和气候雄心峰会等重要会议上，首次提出了争取2030年前实现碳达峰，2060年前碳中和，2030年碳强度下降65%、非化石能源比重达到25%等中长期战略目标。这一系列里程碑意义的新目标，彰显了中国负责任的大国担当，也是实现中国高质量发展的客观要求。

王谋等[7]在《欧盟“碳边境调节机制”要点、影响及应对》中测算了《建立碳边境调节机制》和《建立符合世贸组织要求的欧盟碳边境调节机制（CBAM）》对中国的经济影响，得出以下结论：欧洲议会3月CBAM决议经济影响，基于欧盟排放贸易体系（EU ETS）第四阶段“碳泄漏”清单涉及相关行业测算，如果清单中所有对欧出口商品都被征税，征税总额为32.90亿美元。采用全球可计算一般均衡模型测算，中国GDP损失为1.86亿美元。

刘增明等[8]在《中间产品国际贸易内涵能源的核算与国际比较》中在多区域投入产出（MRIO）模型的框架下，创新地推导建立了不受地区、部门限制的双向中间产品国际贸易模型。研究发现国际贸易中的中间产品包含了大量的内涵能源。多数年份中，中国通过中间产品国际贸易进口内涵能源，但付出了巨大的价值逆差。美国、德国等发达经济体通过中间产品国际贸易获得大量的内涵能源，而俄罗斯等发展中经济体输出大量内涵能源。

邓光耀[9]在《“一带一路”沿线各国隐含碳贸易的核算及网络特征研究》中研究发现除2009年和2015年外，其他年度“一带一路”各国隐含碳贸易保持增长的趋势。“一带一路”各国隐含碳贸易网络中，处于核心地位的国家是中国、俄国和印度，隐含碳进出口贸易量位于前三。

4. 国际贸易规则协定

国际经贸规则的形成、创新与变迁是研究国际问题学者关注的重要问题。研究国际经济学、国际经济法学、制度经济学的学者从不同角度对国际经贸规则发展的动力、趋势进行了探讨。然而，这一领域的研究不仅存在急需填补的“交叉的裂缝”，更需要深入的分析框架来透析“规则重塑”的内涵及运动规律。近年来，研究发现利用国际规则能够有效推动国内经济体制改革。国际规则可以提供一套现成的，能够较为便利地模仿、借鉴的，反映市场经济规律的管理体制，有助于中国企业突破国际上既得利益对改革的阻挠、降低改革成本。

铁瑛等[10]在《第三方效应、区域贸易协定深化与中国策略：基于协定条款异质性的量化研究》中依据自由贸易协定（FTA）条款异质性，构建了完整立体的FTA深度指标测度体系，实证研究了区域贸易协定深化的动因与路径。研究发现，相比于同质性的FTA，第三方效应对于深度FTA缔结和深化同样具有很好的解释力，但因FTA的异质性也会表现出显著的差异性。

孙玉红等[11]在《区域贸易协定中知识产权保护对全球价值链嵌入程度的影响》中指出区域贸易协定中知识产权保护的强化显著提升了缔约方GVC嵌入程度，对后向垂直专业化作用更明显。区域贸易协定知识产权保护覆盖率显著提升了缔约方GVC嵌入程度，而执行率则不显著；区域贸易协定中知识产权保护有助于提升中高收入国家GVC嵌入程度，对技术密集型行业的GVC嵌入程度的提升作用更大。

陈鼎庄[12]在《欧盟〈一般数据保护条例〉对国际服务贸易规则的影响》指出欧盟应设法消除任何数据本地化要求的可能性，同时应设法完善GDPR下的充分性决定机制。GDPR客观上对国际服务贸易规则产生了深远而广泛的影响。为了回应国际服务贸易规则的新发展，中国应引导与推动《服务贸易总协定》（GATS）的改进，加速构建促进个人信息保护，数据有序流动和保护公共利益相协调的新型数字贸易规则。

二、英文期刊发表的科研成果研究热点

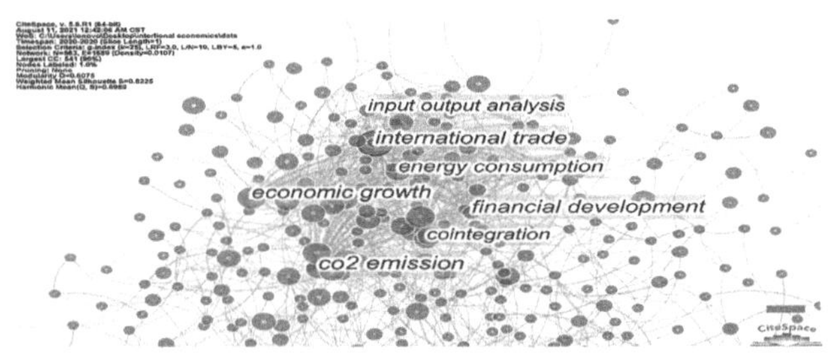

图2　外文文献关键词图谱

2021年，WOS中 与“International Economics”和“International Trade”相关期刊学术论文类文章共2509篇，其中被引数较高的主题包括“碳排放”“能源消费”“经济增长”“国际贸易”。根据CiteSpace分析，出现频率较高的关键词为：“碳排放”（217）、“能源消费”（198）、“经济增长”（152）、“国际贸易”（117）、“贸易摩擦”（102）；中心性较高的关键词为：“国际贸易”（0.16）、“能源消费”（0.06）、“经济增长”（0.06）、“碳排放”（0.05）。结合关键词出现频率和中心性结果，2020年外文文献国际经济领域热点为国际贸易中的“碳排放”“能源消费”，以及“经济增长”和国际贸易中的“贸易摩擦”。

1.碳排放与能源消费

首先，当前研究聚焦于国际贸易中的碳排放和能源消费经济问题。Asif等[13]采用非线性模型，证明了绿色技术创新在巴西、中国、美国的高排放量区间具有明显的减排效果；当一个国家碳排放水平较高时，绿色技术创新会减少排放量。Muhammad等[14]研究发现促进金融发展、减少能源消耗，扩大贸易开发的行为在长期中对减少二氧化碳排放有正向影响。

其次，当前研究还关注了国际贸易中的能源消费。Fujun Hou等[15]探讨了38个国际能源署下属的国家的能源转型、能源消费和可持续经济增长之间的动态联系。通过实证研究发现，能源消费转型对经济增长的影响仅在长期内是显著的，而经济可持续性在短期和长期内都会影响经济增长。Qing Ding等[16]通过分析国际贸易中进口和出口的变化，认为生态创新、可再生能源消费和能源生产率是影响国际贸易中消费型碳排放的主要原因。

2.经济增长和贸易摩擦

CiteSpace对外文文献的分析结果显示，国际贸易中的经济增长和贸易摩擦问题已经成为国际经济和国际贸易领域的研究热点。研究主要集中于两个方面：一方面，研究关注了国际贸易中的经济增长问题。如Umer等[17]运用线性回归分析，证明了国际环境规则和政策的创新对于实现特定可持续发展型经济增长目标有显著促进作用。Arvin等[18]通过对1961—2019年20国集团国家的数据实证分析，发现信息和通信技术（ICT）、国际贸易和对外直接投资（FDI）在经济增长中起到了正向作用，且这些变量在短期中彼此之间存在相互促进的作用。另一方面，研究关注了国际贸易中的贸易摩擦问题。Christian等[19]研究发现国际贸易中发达国家与发展中国家存

在大量贸易摩擦，这体现在生态上的不平等交换使高收入国家占据资源的同时还在国际贸易中产生大量货币盈余，这对全球可持续发展和经济增长都是挑战。Yilang Feng等[20]研究发现中美之间贸易摩擦的原因之一是美国对中国的商业投资动机持怀疑态度，也不信任中国企业投资的动机，这种抵触情绪随着当地与贸易相关的失业率上升而下降。

三、问题分析与研究建议

国际经济学对社会的作用不仅是通过学术论文体现，更应为国家治理体系现代化、国际议题争端解决和国际形象建设等方面提供人才与智力支持。为此，本报告今年提出的该学科的发展建议：第一，立足中国问题，服务北京发展。习近平总书记在多次重要讲话中强调“中国将坚定不移扩大对外开放，同世界和亚太各成员分享中国发展机遇”。因此，研究中国如何实现高水平发展对外开放，推进“一带一路”及全球发展倡议，落实2030全球可持续发展议程，是国际经济学研究的重要目标。推进高水平对外开放，不仅需要中国实现贸易产品的结构升级和全球价值链地位的提升，也需要中国从适应国际经贸规则逐步向参与制定国际经贸规则转变。因此，中国实现高水平对外开放的路径和政策仍有待进一步研究。北京市作为对外开放的重要高地，在“两区”（国家服务业扩大开放综合示范区和中国（北京）自由贸易试验区）建设过程中，需要不断提升对外开放和制度创新水平。服务贸易和数字贸易是北京市对外开放的重点内容。因此，北京市国际经济学研究需进一步围绕北京市经济发展的需要，提出北京市扩大服务贸易对外开放及建设全球数字经济标城市的路径与措施。

第二，增强国际经济学研究的国际影响。国际经济学学科应进一步增进与世界一流科研机构、智库和学者的交流合作，讲好中国经济社会发展的故事，参与国际规则制定，提升中国经济学的国际影响力。2021年9月，中国正式申请加入《全面与进步跨太平洋伙伴关系协定》（CPTPP）。2021年11月，中国正式提出申请加入《数字经济伙伴关系协定》（DEPA）。这都意味着在当前国际经济格局下，中国在不断加深与各国的经济合作，参与各领域的国际经济规则和贸易规则制定。根据《北京市关于促进数字贸易高质量发展的若干措施》发展目标，到2025年，北京将培育一批具有全球数字技术影响力、数字资源配置力和数字规则话语权的数字贸易龙头企业；基本建成与国际高标准经贸规则相衔接的数字贸易发展体系，打造具有国内示范作用和全球辐射效应的数字贸易示范区。这些目标都要求北京市的国际经济学学科加强和深化与国际伙伴的合作，增强国际话语权和影响力。

第三，加强国际经济学新型智库建设。当前国际经济学发展在智库平台、科研平台及学术共同体建设等方面仍有待加强。国际经济学的研究不仅在学术论文中体现，更应在国家治理体系现代化、国际议题争端解决和国际形象建设等方面提供智力支持。在当前经济发展形势下，中国的国际经济学学科应注重师资队伍和人才培养成果在决策支持、社会影响力、国际影响力等方面的体现。积极推动中国的研究成果转化，服务北京市及国家的重大发展战略。加强中国智库与国际机构、国际贸易组织、国际贸易规则团体等方面对话，增强中国智库成果在国际治理中的应用。

注：

[1] 周念利、姚亭亭：《数字服务贸易限制性措施贸易抑制效应的经验研究》，《中国软科学》，2021年第2期。

[2] 刘斌、甄洋、李小帆：《规制融合对数字贸易的影响：基于WIOD数字内容行业的检验》，《世界经济》，2021年第44（07）期。

[3] 李轩、李珮萍：《“一带一路”主要国家数字贸易水平的测度及其对中国外贸成本的影响》，《工业技术经济》，2021年第40（3）期。

[4] 冯业倩、李力、王亚平：《贸易不确定性、金融摩擦与经济波动》，《金融学季刊》，2021年第4期。

[5] 江春、沈春明、杨锐：《贸易政策不确定性，金融市场化与企业投资行为》，《国际金融研究》，2021年第8期。

[6] 魏明海、刘秀梅：《贸易环境不确定性与企业创新——来自中国上市公司的经验证据》，《南开管理评论》，2021年第24（5）期。

[7] 王谋、吉治璇、康文梅、陈迎、张莹：《欧盟“碳边境调节机制”要点、影响及应对》，《中国人口·资源与环境》，2021年第31（12）期。

[8] 刘增明、黄晓勇、李梦洋：《中间产品国际贸易内涵能源的核算与国际比较》，《管理世界》，2021年第37（12）期。

[9] 邓光耀：《“一带一路”沿线各国隐含碳贸易的核算及网络特征研究》，《华北电力大学学报（社会科学版）》，2021年第6期。

[10] 铁瑛、黄建忠、徐美娜：《第三方效应、区域贸易协定深化与中国策略：基于协定条款异质性的

量化研究》,《经济研究》，2021年第17（1）期。

［11］孙玉红、尚玉、汪红敏:《区域贸易协定中知识产权保护对全球价值链嵌入程度的影响》,《经济评论》，2021年第19（6）期。

［12］陈鼎庄:《欧盟〈一般数据保护条例〉对国际服务贸易规则的影响》,《中国流通经济》，2021年第35（4）期。

［13］Razzaq A，Wang Y，Chupradit S，etc.，2021，“Asymmetric inter-linkages between green technology innovation and consumption-based carbon emissions in BRICS countries using quantile-on-quantile framework”，Technology in Society，Vol 66.

［14］Mana B，NPC B，Tnllc D，2021，“Environmental degradation & role of financialization”，economic development，industrialisation and trade liberalization”，Journal of Environmental Management，Vol 277.

［15］Khan I，Hou F，Zakari A，etc.2021，“The Dynamic Links among Energy Transitions，Energy Consumption，and Sustainable Economic Growth：A Novel Framework for IEA Countries”.Energy.

［16］Ding Q，Khattak S I，Ahmad M，2021，“Towards sustainable production and consumption：Assessing the impact of energy productivity and eco-innovation on consumption-based carbon dioxide emissions（CCO2）in G-7 nations”，Sustainable Production and Consumption，Vol 27.

［17］Shahzad U，Radulescu M，Rahim S，etc.，2021，“Does Environmental Related Policy Instruments and Technologies facilitate Renewable Energy Generation：Exploring the Contextual Evidence from the Developed Economies”，Energies，Vol 14（3）.

［18］Arvin M B，Pradhan R P，2021，“Nair M.Uncovering Interlinks Among ICT Connectivity and Penetration，Trade Openness，Foreign Direct Investment，and Economic Growth：The Case of the G-20 Countries”，Telematics and Informatics，Vol 60（5）.

［19］Economics E，2021，“Global patterns of ecologically unequal exchange：Implications for sustainability in the 21st century”.

［20］Feng Y，Kerner A，Sumner J L，2021，“Quitting globalization：trade-related job losses，nationalism，and resistance to FDI in the United States”.

（北京外国经济学说研究会供稿；执笔人：徐丹丹、邸玉娜、郭志超）

宏观经济学

宏观经济学是使用国民收入、经济整体的投资和消费等总体性的统计概念来分析经济运行规律的一个经济学领域。主要研究的是一国经济总量、总需求与总供给、国民收入总量及构成、货币与财政、人口与就业、要素与禀赋、经济周期与经济增长、经济预期与经济政策等宏观经济现象与宏观层面的政府政策，宏观经济学所研究的内容广泛庞杂，基本包含了目前市场环境下经济增长的因素、条件、政策等。因此，本课题组宏观经济学部分涵盖了诸如宏观经济学、财政学、环境经济学、人口经济学、区域经济学、金融、数字经济等涉及国家整体发展的二级学科内容。

西方宏观经济学的核心理论是国民收入理论，强调政府宏观调控的作用。假定社会经济制度已经完善确定进行研究，在对经济理论进行研究的过程中主流学派采用实证研究法。国外主流宏观经济学一直信奉自我均衡和自我稳定的市场经济体系，始终遵循的是“内在稳定—外部冲击”的研究路径。国内学者从我国具体制度情境和现实情况出发，努力探究我国宏观经济不稳定性和政策独特性及宏观经济运行机制。

一、现实热点问题概述

李克强总理在2021年的政府工作报告中指出，保持宏观政策连续性稳定性可持续性，促进经济运行在合理区间；推进能源、交通、电信等基础性行业改革，提高服务效率，降低收费水平。报告指出保持对重点领域和薄弱环节的关注，重点支持战略性新兴产业、小微企业和个体工商户，加强对房地产金融风险等重要风险领域的监管。将继续加大生态环境治理力度，推动快递包装绿色转型，扎实做好碳达峰、碳中和各项工作，制订2030年前碳排放达峰行动方案；优化产业结构和能源结构。具体的措施包括：积极的财政政策要提质增效、更可持续；优化和落实减税政策；

稳健的货币政策要灵活精准、合理适度。根据政府工作报告中的安排，北京地区专家学者给出了丰富的政策分析和建议。

宏观经济的现实问题之一聚焦“双循环”背景下的战略统筹。国研网宏观经济研究部于2021年2月发表《“双循环”战略下产业升级转移宏观思路辨析》报告，5月发表《双循环新发展格局视域下数字经济发展路径探析》。国务院发展研究部关注共同富裕中的贫富差距问题，于8月连发三篇报告探讨南北差距与相关思考，分别从人口流动与结构视角、历史宏观视角研究南北差距问题。面对宏观经济中的不确定性，国研网宏观经济研究部致力于利用模型分析实时预测我国宏观经济指标，分别于3月、4月发表《季度GDP实时预测模型的选择和实证指标选取》和《基于混频大数据的宏观经济实时预测研究》，对宏观经济总量进行实时预测，以防范各种冲击给经济增长、市场波动、投资决策等带来的不确定性，为宏观经济调控、政策制定、风险防控、投资行为等提供决策支持。

中国财政科学研究院院长刘尚希指出，积极财政政策是用来对冲公共风险的。积极财政政策转为“提质增效、更可持续”，其实质是更加强调政策的稳定性、连续性和精准性，不断优化支出结构，提高政策的长期效果。国务院发展研究中心宏观经济研究部张俊伟和戴慧在《2021年财政政策展望：稳步推进提质增效》报告中指出积极的财政政策发挥了独特的、不可替代的作用。中国人民大学财政金融学院李紫薇和公共管理学院董长贵在报告《减税降费对产业升级的影响研究》中提出，提高所得税收入占比、减小社会保险基金收入占比对产业升级有显著正向影响，具体表现为第三产业增加值占比提高、第二产业增加值占比降低；增值税收入占比变动对产业结构的影响不显著。

在货币政策方面，中国人民银行货币政策司司长孙国峰在《健全现代货币政策框架》报告中指出，健全现代货币政策框架是推动高质量发展的内在需要，是推进国家治理体系和治理能力现代化的重大任务，是加强国际宏观经济政策协调的必然要求。中国人民银行行长易纲在中国发展高层论坛上分析了近年来中国实施稳健的货币政策、支持实体经济的高质量发展的做法。提出了在碳中和约束条件下的货币政策任务。他表示金融体系可以在支持绿色转型、管理气候相关风险上发挥积极作用。

“2020中国经济发展高峰论坛暨中国经济影响力人物年会”认为2021年是中国现代化建设进程中具有特殊重要性的一年。着眼于中国经济发展大势，中央经济工作会议提出要加快构建以国内大循环为主体、国内国际双循环相互促进的新发展格局，要紧紧扭住供给侧结构性改革这条主线，注重需求侧管理，提升国民经济体系整体效能。

二、学术研究概况

（一）国民收入衡量、核算与分配

中国GDP生产核算和使用核算分别始于1985年和1989年，国家统计局于2016年开展了研发支出核算方法改革。许宪春[1]对中国GDP核算历史数据的一次重大补充和六次重大修订的情况进行了比较详细的研究和阐述。金红、郭晓雷[2]全面梳理了近年来国家统计局在国民经济核算方面开展的各项工作，介绍《中国国民经济核算体系（2016）》的变化以及组织实施情况。高敏雪[3]结合国际国内研究动态分层次归纳、阐释以国民账户体系2008版（SNA—2008）为起点的前沿研究，SNA中心框架的灵活运用研究，接驳中国国民经济核算体系（CSNA）及其实务的优化和创新研究，国民经济核算数据的综合应用研究。

在国民收入分配问题上，中国宏观政策的关键词是“共同富裕”。张来明、李建伟[4]认为促进共同富裕不仅要推进收入分配公平，而且要着力促进基本公共服务均等化，促进机会均等，健康公平，精神文明建设和文化资源普惠，以及促进人的全面发展和社会全面进步。赖德胜[5]提出共同富裕要紧紧围绕增进经济增长的充分性、发展的平衡性以及提高中等收入群体比重这三个方面做文章。万海远、陈基平[6]从公平与效率、发展与共享的理论框架出发，基于手工收集的162个国家或地区1990—2020年数据，发现我国共同富裕程度取得很大进步，体现了社会主义推动共同富裕的制度优越性。黎蔺娴、边恕[7]指出需要改善家庭间福利分配的不平等，并给出了度量群体间福利变化程度的量化指标，使用2012—2017年中国综合社会调查数据，测度了不同收入群体间福利增长的状况。

许宪春等[8]关注南北方地区发展差距，从经济、社会、生态、民生四个维度出发，构建包括36个基础指标的平衡发展指数指标体系，确定衡量南北方地区平衡发展状态的平衡发展指数，并运用2011—2018年31个省份数据予以测算。王中华、岳希明[9]利用中国家庭收入调查（CHIP）农村住户数据，对1988—

2018年中国农村贫困状况演变以及经济增长过程中收入增长、收入差距对减贫的影响进行综合考察。

（二）经济周期

经济周期一般是指经济活动沿着经济发展的总体趋势所经历的有规律的扩张和收缩。对经济周期的了解、把握与分析一直是学者研究的重点。

分析中国经济周期与全球经济周期的共性与差异点，李跟强、宗志刚[10]利用WIOD数据库从全球价值链的视角实证研究了制造业投入服务化、服务贸易开放与经济周期联动之间的关系。在当前全球经济波动加大和跨境风险传染蔓延背景下，学者们聚焦不同类型的外部冲击对不同周期阶段中国经济的差异化影响。其中王有鑫等[11]选择了疫情、国际金融市场波动、外部产出波动和美国贸易政策这四种不确定性外部冲击。研究发现，当中国经济处于衰退期时，受外部冲击事件影响最大，繁荣期次之，平稳期影响最小。李林玥、路平[12]采用面板数据联立方程模型，运用三阶段最小二乘法研究双边贸易强度、专业化分工、金融一体化及政策协调对中国与“一带一路”沿线国家经济周期协动性的传导机制。赵墨非、徐翔[13]从生产者网络出发，探讨经济周期中政府信贷引导行为的动机与利弊。在关于经济周期的理论梳理方面，李黎力[14]综合明斯基与奥地利学派有关货币与经济周期的洞见，对当前中国防范系统性金融风险和完善宏观经济治理提出了理论启示。

（三）经济增长

对于新发展格局中首次提出的“以国内大循环为主体”，林毅夫[15]进行了分析与佐证，他认为国内循环比重的提高则是一国经济发展、规模扩大后的必然结果。徐翔、吴舒钰、李稻葵[16]对中国宏观经济形势进行了分析与前瞻。建议2021年保持“六稳六保”政策的连续性，力争下半年从根本上完成国内经济的疫后恢复。刘伟、蔡志洲[17]则指出和世界其他国家相比，中国无论在平抑经济周期还是抵御突发事件和外来冲击方面，都有更强的应对能力。

方福前[18]根据2010—2019年相关数据和发展经验估计，提出未来15年中国经济的年均增速须保持在6%左右，相应的最终消费和居民消费年均增长应保持高于经济增速2 ~ 3个百分点。刘伟、陈彦斌[19]指出中国需要明确经济发展的四大阶段性任务，从充分发挥特色优势、合理规划发展路径、贯彻新发展理念与构建新发展格局，以及加快推进中国经济学理论体系建设等四个维度构建迈向第二个百年奋斗目标的新方略。戚聿东、褚席[20]认为以人工智能、区块链、云计算、大数据等数字技术驱动和以数字经济蓬勃兴起为主要内容的第四次工业革命，为中国经济“变道超车”以及跨越中等收入陷阱提供了重要机遇。付才辉、郑洁、林毅夫[21]提出新结构资本积累理论的主要内涵：通过比较优势发展战略实现高储蓄高投资，进而提升禀赋结构促进生产结构升级，是经济发展最重要的机制。梁方等[22]使用组合预测方法，探究以“朗润预测”为代表的专家预测以及计量模型对于中国宏观经济变量的预测效果，并研究对不同预测进行组合预测是否有助于改进预测效果。张生玲等[23]指出后疫情时期我国各项经济指标呈现V型修复态势。

经济增长和结构变迁一直是经济学领域最重要的研究主题之一。王弟海等[24]总结了经济增长和经济结构变迁的经验事实及典型特征，提出要素积累、技术进步和制度变迁等原因，大部分国家的经济都会存在长期稳定的增长趋势等结论。

经济增长模型还着力于考察人口老龄化对经济增长的影响，并着重研究作用的传导机制。苏剑[25]分析了人口老龄化对供给侧和需求侧的影响，基于跨国面板数据的实证研究发现，老年抚养比提高1个百分点，会使GDP显著降低0.23个百分点，即一个国家的老年抚养比的提高会对经济增长产生显著的负面影响。与此同时，结合联合国有关中国的人口预测数据来分析中国人口年龄结构变化对于中国中长期经济增长的影响。研究发现，少年抚养比的逐年递减和老年抚养比的逐年递增将导致中国中长期经济增长率逐年下降。建议制定配套政策鼓励生育、延迟退休年龄等，以缓解人口老龄化对中国经济增长的潜在负面影响。郭凯明、余靖雯、龚六堂[26]研究了退休年龄通过隔代抚养机制对经济增长的影响，提出延迟退休年龄挤出了年老人的隔代抚养时间，对人力资本产生两个方向相反的影响。其姊妹篇文章[27]研究了实施渐进式延迟法定退休年龄对新发展阶段中国劳动力供给的影响。文中实证发现中国家庭隔代抚养提高了家庭生育率和女性劳动供给，这意味着延迟退休年龄可能通过家庭隔代抚养渠道影响劳动力供给。

经济长期发展与环境亦息息相关。牛欢、严成樑[28]构建了一个包含环境税、污染存量和预期寿命的世代交替模型，研究环境税对环境红利和经济发展红利的影响。基于内生增长框架的分析表明，环境税有助于摆脱“环境贫困陷阱”，这为解释国家之间的收入差距提供了一个参考机制。

（四）宏观政策

1.财政政策

宏观政策的热点问题聚焦于减税降费和税收政策的政策效应评估。刘怡[29]认为面向“十四五”，我国税收体系将在引领经济高质量发展中发挥更为显著的作用，减税降费政策的科学性、有效性仍有进一步优化的空间。彭涛等[30]的研究表明，相对于降低企业所得税率，投资抵扣税收优惠更有利于激励风险投资支持创新创业。李昊楠[31]发现结构性减税时期我国小微企业整体应税收入弹性较低。吴怡俐等[32]研究发现“留抵退税”改革降低了制度性交易成本，提升了企业价值。李昊楠和郭彦男[33]将小微企业所得税优惠政策变动作为准自然实验，发现减税能够显著提高企业纳税遵从度，带来刺激经济增长以外的红利。张克中等[34]的研究发现公司税收优惠显著增加了管理层平均工资，但普通员工平均工资未显著增加，从而扩大了公司内部收入不平等。房飞和王大树[35]的文章发现减税降费对激励小微企业加强科技研发投入产生了积极影响，但创新成果尚无明显的同步增长。陈玥卓等[36]以2014年、2015年两次固定资产加速折旧政策为准自然实验，发现税收红利显著提升创新产出，促使企业采取技术多元化策略并提高创新质量。聂卓等[37]围绕2016年“营改增”全面推广的改革，发现随着“营改增”试点推广导致财政压力增强，地方政府支出效率显著提升。王亚柯和李鹏[38]利用2019年实施的《降低社会保险费率综合方案》作为准自然实验，发现降费综合方案增强了我国城镇职工养老保险的精算平衡功能，改善了代际不平衡。田磊和陆雪琴[39]通过构建嵌入进入退出机制的异质性企业动态一般均衡模型，量化研究减税和降费对全要素生产率、企业动态等宏观经济变量的长期影响。研究发现减税能够在一定程度上提高全要素生产率水平和总产出，但会抑制企业动态；降费能够有效提高全要素生产率水平和总产出，活跃企业动态。

2.货币政策

货币政策的效果及传导机制一直都是宏观政策所关注的重点。张成思等[40]基于中国上市公司年报文本信息，首次构建了中国微观企业宏观经济感知指数。姜富伟等[41]的实证研究发现，货币政策报告的文本情绪的改善会引起显著为正的股票市场价格反应，报告文本相似度的增加会引起股票市场波动性的显著降低。林建浩等[42]以M2增长率度量中国的数量型货币政策，基于结构向量自回归模型和随机波动率模型测度货币政策不确定性（MPU）指数，发现其具有明显的反周期特征。宋科等[43]基于1995—2018年43个代表性国家的跨国分析表明，全球失衡通过估值效应在一定程度上整体增强了货币政策传导效果。

学者们还从理论模型的角度阐释了货币政策的影响及传导机制。马勇、姚驰[44]基于有限责任制下银行风险承担行为的理论模型，分析了双支柱框架下的货币政策和宏观审慎政策的调控效应。华玉飞等[45]基于价格超调理论和托宾Q原理，发现货币供应量的增加会直接提高固定资产投资价格，会通过股票市场价格的超调效应影响托宾Q值，进而影响固定资产投资价格。马勇和陈点点[46]构建了一个包含新兴产业和传统产业两类厂商的DSGE模型，发现在仅使用一种政策的情况下，包含状态转变的政策能更快地熨平经济波动；在五种政策工具中，再贷款利率政策最有助于经济稳定，定向降准政策和宏观审慎政策可以较好地兼顾经济稳定和产业升级两个目标。马勇和吕琳[47]通过构建包含多部门和多政策的DSGE模型，发现“债务货币化”可能引发“滞胀”现象，进而导致财政政策无效。王曦和金钊[48]构建了不确定性条件下我国异质性商业银行资金运用的动态优化决策模型，发现同业市场摩擦阻碍了货币政策传导；面对货币政策冲击，不同类型银行反应不一；特殊的同业市场结构进一步阻塞了政策传导。蒋海等[49]在DLM模型中引入流动性变量，结果发现：货币政策存在显著的流动性传导效应，宽松型货币政策明显加剧了银行风险承担，并且这一影响会随着流动性水平的提高而得到加强。

3.其他宏观政策

政府债务问题是当下宏观政策研究的热点问题之一。宋傅天和姚东旻[50]发现在新《预算法》所代表的“防范债务风险”政策冲击中，“城投部门”能够通过更强的议价能力，持续获得地方政府的支持，从而相对提高了债务扩张速度。牛霖琳等[51]通过提取2009—2019年债券交易大数据中隐含的风险溢价，构建省级债务风险指标，发现各省债务风险在2015年后显著上升，风险溢价期限结构倒挂，流动性恶化。李丹和方红生[52]从居民储蓄视角探讨中国政府债务的可持续性，发现现阶段中国居民储蓄会增大财政调整成本，居民储蓄提高了政府负债均衡点。梁若冰和王群群[53]利用2015年开始的地方政府性债务管理改革作为政策冲击，发现地方政府性债务管理改革不仅显著抑制了政府性债务的增长，同时也缓解了企业的融资困境。

许多学者从理论模型的角度分析了政府的债务问题。周世愚[54]围绕现有债务治理权责框架，从表内和表外两个角度考察当前地方政府性债务风险的主要特征。刘蓉和李娜[55]的研究结果显示：地方新增债务通过公共投资和流动性渠道对短期经济增长产生乘数效应和第一重挤出效应。熊琛和金昊[56]构建了新凯恩斯动态随机一般均衡模型来量化分析地方政府性债务累积对信贷配置和宏观经济的影响。戴玲和张佐敏[57]的文章构建了一个包含异质家庭与异质企业的动态随机一般均衡模型，研究发现，当政府通过债务为政府投资融资时，扩张性财政政策对工薪阶层最有利，而当通过货币为政府投资融资时，扩张性财政政策对资本阶层最有利，并对工薪阶层实际财富产生负面影响，加剧收入差距。

（五）其他宏观经济热点问题

2021年数字经济研究方兴未艾。陈国青等提出在数字经济时代，基于数据的管理决策变成了新的决策范式，并为管理实践赋予了创新源动力。[58]戚聿东、杜博、温馨研究构建了国家使命导向下国有企业数字化战略变革的理论模型，试图弥补国有企业数字化战略变革模式整合不足等研究缺口，并揭示数字化战略变革支撑国有企业履行功能使命的中介作用机制。[59]沈艳、王靖一构建了出借人决策模型，利用2013年3月至2018年7月发表的1800万篇新闻文章构成的文本数据构建周度数字金融媒体关注度和新闻文本情绪指数，评估了媒体报道对同时期275家网络借贷平台交易量的影响。[60]龚强、班铭媛、张一林构建了位于供应链网络中的企业向银行抵押融资的理论框架，系统分析了数字供应链金融的经济运行原理以及与传统供应链金融相比的优劣。从理论上揭示了基于区块链技术的数字供应链金融将成为一种更加高效、普惠的金融支持手段。[61]张勋、万广华、吴海涛利用中国家庭追踪调查（CFPS）数据的实证分析发现，由于农村脱贫攻坚的全面胜利，数字金融的发展带来了中国居民收入和消费的显著增加，特别是对于那些无法接触到互联网的家庭。[62]

双碳引发学者对环境问题进一步深入思考。蔡宏波、钟超、韩金镕基于扩展的中心—外围理论模型的分析，以中国城市高铁开通作为准自然实验，实证研究交通基础设施升级对污染型企业选址的影响。[63]王兆华等基于200多万户城区家庭约1亿条智能电表月度数据，构建了区县级的城镇人口迁移指数，采用面板固定效应模型和两阶段最小二乘法分析了空气污染对城镇人口迁移指数的影响，在此基础上，引入门限回归模型探讨了该影响效果在不同经济发展水平下的异质性。[64]倪国华、王赛男、JIN Yanhong构造了未来30年不同时期的粮食政策模拟实验体系，并构造了“粮食安全忧患指数”量化表征中国奔向现代化进程中全社会对粮食安全的“忧患程度”。[65]

乡村问题研究继续保持热度。吕鹏、刘学选取两家企业跨界社会治理的实践作为个案研究发现，这些企业通过“企业项目制”的资源动员方式，缓和了生产目标和治理责任的张力。[66]邱泽奇、乔天宇认为电商技术在乡村的确制造了技术门槛，带来了发展机会的不平等。但有利的乡村内部社会环境可以消解技术变革自然逻辑的消极影响，为数字技能弱势农户提供发展机会，甚至缩小其过去累积的贫富差距。[67]程惠霞梳理金融扶贫政策发现，赋权融资是脱贫攻坚时期金融扶贫政策赋能的主要路径。但融资赋权仅仅是一种机会，不等于实质性赋能。[68]

（六）英文期刊中的宏观经济问题

英文学术研究聚焦绿色能源、收入分配、脱贫、经济增长、碳税、经济结构改革等问题。Li, Yunwei[69]指出我国各地区绿色能源需求和资源之间存在不匹配，导致重污染和无污染企业之间的资本和劳动力错配，并提出了一种新的计量方法：资本与劳动不匹配指数。Chen Yanfeng等[70]利用中国家庭收入项目（CHIP）数据研究了1995—2018年中国农村的消费和收入贫困问题。Kakwani, Nanak and Chuliang, Luo[71]利用中国家庭收入计划（CHIP），分析了2007—2013年中国农村的增长模式。Cao Jing等[72]对中国碳税政策进行了多模型比较，以考察不同模型是如何模拟近期、中期和远期的影响。文章比较了8个具有不同特征的中国CGE模型，发现中国2030年NDC目标在所有模型中都很容易实现，但2060年碳中性目标即使以最高的碳税税率也无法实现。

Cui Xiaoyong等[73]的研究试图回答最优税收政策与要素替代性之间的关系。文章在相对工资内生的环境下研究了差异化的劳动收入税和资本收入税，并着重分析了分部门（行业或企业）的资本税。Wang Yaqi 和Yu Miaojie[74]的文章从理论和实证两方面研究了进口中间品的使用如何影响出口价格的汇率弹性。整体来看，“边际成本渠道”强于“质量改变渠道”。

三、问题分析与研究建议

中国特色经济学知识体系的构建，需要面对解决现实问题的实践，积累大量的经验知识。我国学者从我国具体制度情境和现实情况出发，广泛分析我国经济的现实问题与政策实践，在经验知识的积累上，为中国特色宏观经济学知识体系的构建做出贡献。例如，财政问题的研究聚焦于减税降费、税收的公平与效率、货币政策、政府债务、国际税收以及逃避税问题。学者们从理论和实证两方面出发，以不同的减税降费举措为切入点，结合不同的经济学模型将我国实施的一系列减税降费举措进行了评估。这些研究大多认为我国“十三五”期间实施的减税降费措施能够有效地激发企业活力，总体上取得了积极显著的效果。随着房产税的进一步落地，许多学者对房产税实行中的具体问题进行了分析，全面评估了房产税对我国经济的影响。税收的公平既体现在税收负担上，也体现在税收中性上。不同学者从不同的角度深化财政学理论模型，并结合实证数据研究了税收负担和中性的问题，进一步发展了税收的公平与效率研究。关于货币政策的研究，学者们聚焦于货币政策的影响及传导机制，以及货币政策和财政政策的配合。还有许多学者关注政府债务、国际税收以及逃避税等问题，他们大多将实证数据与理论模型相结合，提供了可靠的政策分析和建议。

然而，中国经济学界的宏观经济学研究也有着明显的不足：第一，中国面临国际政治经济剧变及疫情反复等问题，切实需要理论指导与实践探索。然而宏观经济研究中针对中国经济面临不确定性的对策研究不足，对于中国经济复苏规律的讨论也不多。其中不确定性之一就是疫情。这一波疫情何时结束，疫情防控的成本如何变化，具有高度不确定性。我们需要科学地制订出中国一揽子的疫情防控、经济救助、经济复苏方案，需要宏观经济学者的探索；第二，中美关系在后疫情时代及国际形势动荡的时局中会如何演变也具有不确定性；第三，世界经济会不会第二次触底，这些不确定性都严重影响我们未来一段时期经济的复苏进程和具体路径。面临巨大的不确定性和风险，我国亟须宏观经济学者的建议以做好预案来对冲风险。中国特色社会主义的制度优势是能够更好地解决改革、发展、稳定的关系，如何在市场经济条件下，回答中国特色社会主义解决经济增长与经济波动矛盾的优势是什么，中国经济学界还需要进行更好的研究；最后，总体来看，2021年学者的研究与现实热点问题相比，研究不系统、欠深入，没有形成宏观经济明确的体系，尤其是数字经济研究，虽然多有学者聚焦，但依然有很大的研究空间。

注：

［1］许宪春:《中国国内生产总值核算历史数据的重大补充和修订》.《经济研究》，2021年第4期。

［2］金红、郭晓雷:《近年来我国国民经济核算的改革与实践》,《统计研究》，2021年第10期。

［3］高敏雪:《面向新时代的国民经济核算研究议题及相关问题》,《统计研究》，2021年第10期。

［4］张来明、李建伟:《促进共同富裕的内涵、战略目标与政策措施》,《改革》，2021年第9期。

［5］赖德胜:《在高质量发展中促进共同富裕》,《北京工商大学学报（社会科学版）》，2021年第6期。

［6］万海远、陈基平:《共同富裕的理论内涵与量化方法》,《财贸经济》，2021年第12期。

［7］黎蔺娴、边恕:《经济增长、收入分配与贫困：包容性增长的识别与分解》,《经济研究》，2021年第2期。

［8］许宪春、雷泽坤、窦园园、柳士昌:《中国南北平衡发展差距研究——基于“中国平衡发展指数”的综合分析》,《中国工业经济》，2021年第2期。

［9］王中华、岳希明:《收入增长、收入差距与农村减贫》,《中国工业经济》，2021年第9期。

［10］李跟强、宗志刚:《制造业投入服务化、服务贸易开放与经济周期联动：基于全球价值链的视角》,《世界经济研究》，2021年第10期。

［11］王有鑫、王祎帆、杨翰方:《外部冲击类型与中国经济周期波动——兼论宏观审慎政策的有效性》,《国际金融研究》，2021年第3期。

［12］李林玥、路平:《经济周期、金融一体化与国际政策协调》,《经济学家》，2021年第4期。

［13］赵墨非、徐翔:《经济周期中的信贷引导：基于网络博弈的视角》,《经济研究》，2021年第8期。

［14］李黎力:《货币与经济周期：明斯基与奥地利学派》,《学术月刊》，2021年第7期。

［15］林毅夫:《百年未有之大变局下的中国新发展格局与未来经济发展的展望》,《北京大学学报（哲学社会科学版）》，2021年第5期。

［16］清华大学中国经济思想与实践研究院（ACCEPT）宏观预测课题组，徐翔、吴舒钰、李稻葵:《2021年中国宏观经济形势分析与预测——“十四五”开局之年：加快完成疫后恢复是重中之

重》,《改革》, 2021年第6期。

[17]刘伟、蔡志洲:《中国经济发展的突出特征在于增长的稳定性》,《管理世界》, 2021年第5期。

[18]方福前:《中国居民消费潜力及增长点分析——基于2035年基本实现社会主义现代化的目标》,《经济学动态》, 2021年第2期。

[19]刘伟、陈彦斌:《“两个一百年”奋斗目标之间的经济发展:任务、挑战与应对方略》,《中国社会科学》, 2021年第3期。

[20]戚聿东、褚席:《数字经济发展、经济结构转型与跨越中等收入陷阱》,《财经研究》, 2021年第7期。

[21]付才辉、郑洁、林毅夫:《发展战略与高储蓄率之谜——一个新结构储蓄理论假说与经验分析》,《经济评论》, 2021年第1期。

[22]梁方、沈诗涵、黄卓:《预测中国宏观经济变量:专家与模型的组合预测》,《金融研究》, 2021年第7期。

[23]张生玲、闻晗静、王烨:《中国宏观经济形势回顾与前瞻》,《中国经济报告》, 2021年第1期。

[24]王弟海、李夏伟、龚六堂:《经济增长与结构变迁研究进展》,《经济学动态》, 2021年第1期。

[25]苏剑:《人口老龄化如何影响经济增长——基于总供给与总需求的分析视角》,《北京工商大学学报(社会科学版)》, 2021年第5期。

[26]郭凯明、余靖雯、龚六堂:《退休年龄、隔代抚养与经济增长》,《经济学(季刊)》, 2021年第2期。

[27]郭凯明、余靖雯、龚六堂:《家庭隔代抚养文化、延迟退休年龄与劳动力供给》,《经济研究》, 2021年第6期。

[28]牛欢、严成樑:《环境税率、双重红利与经济增长》,《金融研究》, 2021年第7期。

[29]刘怡:《减税降费仍有进一步优化空间》,《国企管理》, 2021年第11期。

[30]彭涛、黄福广、孙凌霞:《税收优惠能否激励风险投资:基于准自然实验的证据》,《管理世界》, 2021年第1期。

[31]李昊楠:《减税效率的提升路径——来自结构性减税时期小微企业应税收入弹性的证据》,《管理世界》, 2021年第11期。

[32]吴怡俐、吕长江、倪晨凯:《增值税的税收中性、企业投资和企业价值——基于“留抵退税”改革的研究》,《管理世界》, 2021年第8期。

[33]李昊楠、郭彦男:《小微企业减税、纳税遵从与财政可持续发展》,《世界经济》, 2021年第10期。

[34]张克中、何凡、黄永颖、崔小勇:《税收优惠、租金分享与公司内部收入不平等》,《经济研究》, 2021年第6期。

[35]房飞、王大树:《减税降费与小微企业科技创新——基于东部沿海地区面板数据的实证分析》,《税收经济研究》, 2021第2期。

[36]陈玥卓、刘冲、侯思捷:《税收红利如何赋能“中国智造”》,《经济评论》, 2021年第4期。

[37]聂卓、席天扬、李力行:《减税降费能促进地方政府提高财政支出效率吗?——来自“营改增”全面推广的证据》,《世界经济文汇》, 2021年第6期。

[38]王亚柯、李鹏:《降费综合方案下城镇职工养老保险的精算平衡和再分配研究》,《管理世界》, 2021第6期。

[39]田磊、陆雪琴:《减税降费、企业进入退出和全要素生产率》,《管理世界》, 2021年第12期。

[40]张成思、孙宇辰、阮睿:《宏观经济感知、货币政策与微观企业投融资行为》,《经济研究》, 2021年第10期。

[41]姜富伟、胡逸驰、黄楠:《央行货币政策报告文本信息、宏观经济与股票市场》,《金融研究》, 2021年第6期。

[42]林建浩、陈良源、田磊:《货币政策不确定性是中国股票市场的定价因子吗?》,《经济学(季刊)》, 2021年第4期。

[43]宋科、杨雅鑫、苏治:《全球失衡条件下的货币政策传导机制:基于估值效应视角》,《世界经济》, 2021年第4期。

[44]马勇、姚驰:《双支柱下的货币政策与宏观审慎政策效应——基于银行风险承担的视角》,《管理世界》, 2021年第6期。

[45]华玉飞、逯进、杜通:《货币政策对固定资产投资价格的影响:超调理论视角》,《世界经济》, 2021第1期。

[46]马勇、陈点点:《经济转型升级与中央银行的多种政策工具研究》,《世界经济》, 2021年第7期。

[47]马勇、吕琳:《“双支柱”政策、政府债务与财政政策效果》,《经济研究》, 2021年第11期。

[48]王曦、金钊:《同业市场摩擦、银行异质性与货币政策传导》,《经济研究》, 2021年第10期。

［49］蒋海、张小林、唐绅峰、陈创练：《货币政策、流动性与银行风险承担》，《经济研究》，2021年第8期。

［50］宋傅天、姚东旻：《“城投部门”议价能力与地方政府债务扩张》，《管理世界》，2021年第12期。

［51］牛霖琳、夏红玉、许秀：《中国地方债务的省级风险度量和网络外溢风险》，《经济学（季刊）》，2021年第3期。

［52］李丹、方红生：《中国居民储蓄、财政空间与政府债务可持续性》，《世界经济》，2021年第6期。

［53］梁若冰、王群群：《地方债管理体制改革与企业融资困境缓解》，《经济研究》，2021年第4期。

［54］周世愚：《地方政府债务风险：理论分析与经验事实》，《管理世界》，2021年第10期。

［55］刘蓉、李娜：《地方债务密集度攀升的乘数和双重挤出效应研究》，《管理世界》，2021年第3期。

［56］熊琛、金昊：《地方政府债务的宏观经济效应——基于信贷错配视角的研究》，《经济学（季刊）》，2021年第5期。

［57］戴玲、张佐敏：《谁从扩张性财政政策中获利？——基于家庭和企业异质性动态随机一般均衡模型的研究》，《经济学（季刊）》，2021年第4期。

［58］陈国青、张瑾、王聪、卫强、郭迅华：《“大数据—小数据”问题：以小见大的洞察》，《管理世界》，2021年第2期。

［59］戚聿东、杜博、温馨：《国有企业数字化战略变革：.使命嵌入与模式选择——基于3家中央企业数字化典型实践的案例研究》，《管理世界》，2021年第11期。

［60］沈艳、王靖一：《媒体报道与未成熟金融市场信息透明度——中国网络借贷市场视角》，《管理世界》，2021年第2期。

［61］龚强、班铭媛、张一林：《区块链、企业数字化与供应链金融创新》，《管理世界》，2021年第2期。

［62］张勋、万广华、吴海涛：《缩小数字鸿沟：中国特色数字金融发展》，《中国社会科学》，2021年第8期。

［63］蔡宏波、钟超、韩金镕：《交通基础设施升级与污染型企业选址》，《中国工业经济》，2021年第10期。

［64］王兆华、马俊华、张斌、王博：《空气污染与城镇人口迁移：来自家庭智能电表大数据的证据》，《管理世界》，2021年第3期。

［65］倪国华、王赛男、JIN Yanhong：《中国现代化进程中的粮食安全政策选择》，《经济研究》，2021年第11期。

［66］吕鹏、刘学：《企业项目制与生产型治理的实践——基于两家企业扶贫案例的调研》，《中国社会科学》2021年第10期。

［67］邱泽奇、乔天宇：《电商技术变革与农户共同发展》，《中国社会科学》，2021年第10期。

［68］程惠霞：《基于巩固拓展脱贫攻坚成果的金融扶贫政策“三维一体”赋能新路径》，《中国行政管理》，2021年第9期。

［69］Li，Yunwei et al.Green energy mismatch，industrial intelligence and economics growth：theory and empirical evidence from China.Environment，Development and Sustainability，2021：1—32.

［70］Chen Yanfeng，Xia Qingjie，Wang Xiaolin. Consumption and Income Poverty in Rural China：1995－2018.China & World Economy，2021，29（4）：63—88.

［71］Kakwani，Nanak and Chuliang，Luo.How does the Pattern of Growth Impact Poverty Reduction in Rural China？ Journal of Quantitative Economics，2021：1—26.

［72］Cao Jing et al.The general equilibrium impacts of carbon tax policy in China：A multi-model comparison. Energy Economics，2021，Volume 99：105284.

［73］Cui Xiaoyong，Gong Liutang，Li Wenjian. Supply-side Optimal Capital Taxation with Endogenous Wage Inequality.Journal of Public Economics，2021，volume 198.

［74］Wang Y，Yu M. Imports and RMB exchange rate pass-through：The role of quality sorting.Journal of Economic Behavior & Organization，2021，187（1）：470—487.

（北京外国经济学说研究会供稿；执笔人：张巍、马思宇、姚璐）

微观经济学

相对于总体分析的宏观经济学而言，微观经济学从资源是稀缺的这一概念出发，认为市场中个体的经济行为准则都是设法在有限资源的前提下获得最大收益，由于微观经济学所研究的市场主体包括单个的个体、家庭与厂商，作为消费者的个人或家庭将根据市场上各种商品的价格与能给其带来的效用进行选择，从而实现其最大的效用或满足，厂商作为生产要素的需求者与商品的供给者，其在生产中的选择旨在实现成本最小化与利润最大化。

现代微观经济学是基于瓦尔拉斯一般均衡展开个体分析，讨论市场主体如何在市场、制度和政策约束下实现效用、利润和社会福利最优化及其相对应的行为规律，衍生出了包括产业经济学、企业经济学、劳动经济学、消费经济学、福利经济学、家庭经济学、一般均衡理论、收入分配理论等专门的研究领域或学科。如何有鉴别地、有批判地吸收微观经济学分析市场经济运行机制的理论内涵、研究方法和政策思想，结合我国在时代背景、市场运行、微观规制中所存在的新变化、新问题，构建中国特色的微观经济学面临着现实需要与理论挑战。

一、现实热点问题概述

2021年，中国（北京）微观经济学学科学术发展主要从两个方面开展，一方面是基于供求关系、产权政策、个体决策、市场竞争、价格机制等微观经济学提到的实现资源最优配置的主要条件，对既有经济理论进行深化与发展；另一方面则是统筹当前我国经济社会发展面临的热点问题，基于中国特色经济学的微观分析基础，给出相应的理论解释和政策蕴含。在这样的研究取向下，2021年中国（北京）微观经济学主要研究了如下经济热点问题：（1）构建新发展格局背景下企业生产行为优化与企业技术创新路径演变的研究，这涉及如何将社会主义基本经济制度与当前经济社会发展面临的问题结合起来，考虑对微观层面的市场主体进行重塑并切实发挥市场竞争主体对国民经济发展的支撑作用，探求我国税收、法规、环境等政策对企业生产、创新行为的影响机理与效应；（2）“双循环”“国内大市场”的实现路径研究，并就我国数字经济、人工智能等新生事物发展壮大与稳定传统业态产业链、供应链给出产业经济学的解释，尤其是如何在新冠肺炎疫情的持续蔓延背景下保持我国产业链供应链稳定，以及采取何种产业政策实现低端传统产业向高端技术密集型产业转变；（3）在高质量发展中继续贯彻按劳分配为主的原则以构建更加适应现代化经济体制的要素市场，并稳定推进乡村振兴与共同富裕的研究，结合宏观经济政策与微观主体行为深入考察要素配置效率与收入分配问题；（4）结合“绿水青山就是金山银山”的绿色发展理念，考虑在个体、家庭、企业的最优化问题中纳入市场规制与环境约束，对绿色技术创新、家庭社会福利、碳排放权交易政策与“双碳目标”的政策保障展开研究；（5）房价变化、疫情影响、教育状况、外贸波动、人口老龄化等经济因素影响下家庭消费、储蓄与人力资本形成、积累的演变路径与作用机制。

二、学术研究概况

（一）企业生产与企业创新

如何在新发展环境下改善企业生产决策和实现企业生产利润最大化则成为当下研究热点问题。张文魁[1]通过梳理我国企业发展政策的历史逻辑与未来取向认为：改革开放以来，搞活国有企业一度是企业发展政策的主题，促进非国有企业发展政策的重要性日益凸显。蒋冠宏[2]采用中国微观企业研究并购如何提升企业市场势力，结果发现：第一，中国的企业并购显著地提升了并购企业的市场势力；第二，企业并购通过规模经济和范围经济效应、研发和创新协同以及管理协同等传导机制提升了企业市场势力；第三，并购行为表明中国企业的并购一定程度上显著提升资源配置效率。董洁妙和余壮雄[3]研究揭示了出口企业通过调整产品配置利用产品间信息流动的知识溢出以实现绿色发展的微观机制。胡楠等[4]认为管理者短视行为对企业的长期投资行为产生影响，管理者短视会导致企业减少资本支出和研发支出，管理者短视主义对这些长期投资的负向影响越易受到抑制；最终，管理者短视主义导致的研发支出减少和资本投资效率降低会损害企业的未来绩效。易靖韬等[5]研究发现：更高的目的国制度质量显著降低企业的退出概率，并提高退出企业的再进入概率；本国市场需求越高，目的国市场需求越低，企业退出该出口市场的概率越高；企业退出时本国市场需求越低，目的国市场需求越高，企业再进入该市场的概率越低。甄红线等[6]对公司业绩聚集现象研究发现：实施股权激励计划的上市公司存在明显的业绩条件“踩线”达标现象，即实际报告业绩刚刚达到股权激励方案要求的业绩条件，并且随着行权限制的变化，短期权益激励能够抑制目标棘轮效应，长期权益激励能够增强目标棘轮效应和管理者参考点偏好效应。张叶青等[7]为推动实体企业生产经营与大数据的高效融合提供了经验证据和指导建议。

新经济形态和新技术的出现，往往对微观组织的生产经营产生重大影响，特别是以数字经济为代表的新经济形态出现，数字技术正对企业组织生产产生积极作用。袁淳等[8]研究数字化转型对企业分工影响发现：企业数字化转型显著提升了中国上市企业专业化分工水平，数字化转型对企业专业化分工的促进作用主要通过降低企业面临的外部交易成本来实现。邢小强等[9]研究字节跳动扶贫的案例，其结果发现数字平台企业借助平台用户基础、大数据与智能算法的应用，围绕平台来拓展价值网络等手段有效地实现数字平台的履约责任，实现共享价值创造。吴非等[10]为更好地驱动企业数字化转型提供相关有益的政策启示。

企业创新是企业持续发展的重要动力源泉，关于企业创新研究也是学界历来关注的重点。冯根福[11]等根据A股上市公司数据讨论影响中国企业创新因素。崔静波等[12]研究企业出口对企业创新的影响发现：首先，企业出口显著促进了创新投入与创新产出，其次，从行业异质性角度出发，并不是每个行业出口都能促进企业的创新，在有些行业中出口对创新的提升是有限的。刘彦平和王明康[13]研究结果认为孵化器运营效率的提升显著强化了在孵企业的创新能力。陈德球等[14]通过关系网络嵌入、联合创业投资探讨对企业创新效率的影响发现，过往合作经历和共同校友关系嵌入下的联合投资企业创新效率更高，关系网络嵌入在联合投资团队代理冲突较强、自身失败容忍度较低的情况下能对创新发挥更大的促进作用。鲁若愚等[15]简述了中国情景下的企业创新网络研究主题，并对未来研究发展方向提出了建议。王雨飞等[16]研究交通距离、通勤频率与企业创新行为发现，中心城市开通高铁显著提高了非中心城市的企业创新水平；非中心城市企业创新水平随着到中心城市的交通距离增加而衰减。黎文靖等[17]认为知识产权司法保护与企业创新有着深刻联系，知识产权法院显著提高了专利的引用价值、应用价值以及市场价值。孙鲲鹏等[18]认为人才是影响企业发展的重要因素，人才政策出台后，企业的研发投入、专利产出和研发效率也显著提升。江轩宇等[19]研究网络舆论关注对企业创新的影响，研究发现网络舆论关注与企业创新显著负相关；公司信息环境的改善能显著缓解上述不利影响；网络舆论关注对企业创新的负面作用在非国有企业中更显著。

（二）产业经济学与市场结构

当前关于产业发展与市场结构相关研究正处于快速发展阶段，呼倩等[20]研究中国产业发展劳动力流动工资增长效应，提出要大力夯实产业发展基础、发掘城市集聚经济潜力和构建多元劳动力市场格局等政策建议，实现产业持续健康发展。苏丹妮和盛斌[21]探讨产业集聚、集聚外部性对企业减排的影响。洪正等[22]通过构建一个包含国有部门与信贷摩擦的动态一般均衡模型研究国有企业在产业升级中的作用，作者假定产业升级需要大量进入成本和更多资本投入，在发展中国家金融市场普遍不完善情形下民企很难在短期内克服信贷约束完成产业升级，而国有企业可以通过国有银行有效动员储蓄和分配资本绕开跨期预算约束，推动产业跃升进程，实现赶超发展。

部分学者从产业链角度展开系列研究。闫冰倩[23]首次测度分析了中国2002年、2007年、2012年和2017年的产业链间接税的税负及其收入分配效应。韩峰等[24]研究发现要素供给和市场需求的空间外部性可通过降低企业平均成本，提高国内中间品效率和增加国内中间品种类等机制提升制造业企业出口国内附加值率。何韵文和郑捷[25]在互联网产业发展背景下研究拍卖机制与竞价行为。丁元竹[26]认为当前中国是世界上互联网游戏产业发展最快的国家之一。苏丹妮和邵朝对[27]对服务业开放、生产率异质性与制造业就业动态进行研究。苏丹妮和盛斌[28]通过对服务业外资开放如何影响企业环境绩效展开研究，证实了服务业外资开放作为一种绿色、清洁的中间投入要素具有“污染光环”效应的新观点。符大海和鲁成浩[29]通过对服务业的研究发现服务业开放有助于促进中国制造业企业一般贸易额上升，且服务业开放通过降低一般贸易企业的变动成本和固定成本来促进其一般贸易额增加，对实现贸易强国目标具有重要的政策参考价值。高晶晶和史清华[30]基于微观农户视角对中国农业产业生产方式变迁展开了探讨。郭克莎和田潇潇[31]在新发展格局下对制造业转型升级进行研究：作者认为制造业转型升级的路径需要调整和拓展，具体以国内大市场为主要导向重构制造业产业链，积极营造有利于自主创新的良好产业生态环境，协调区域布局促进制造业整体高质量发展，优化营商环境增强制造业发展活力和动力。

市场结构方面，陈少凌等[32]从规制性壁垒、异质不确定性探讨对企业过度投资的影响。张学良等[33]研究发现，国内市场分割迫使低效率企业以出口替代内销，而国内市场一体化则有利于出口企业增加国内销售比例，从而缓解出口对内销的替代。胡聪慧和齐云飞[34]通过对资本市场与企业投融资决策进行研究，研究发现，发行市盈率管制导致公允估值较高的企业通过操纵股本规模、“压线”发行等方式减少上市时出售的股份，上市融资规模显著降低。该文的发现对监管机构全面理解新股定价制度的经济后果，从宏观层面平衡新股定价制度的利弊提供重要的参考价值。邵帅等[35]对资源产业引致僵尸企业发生原因进行研究，研究发现，资源产业依赖显著提高了地区僵尸化程度。

（三）要素市场与收入分配

资源有效合理配置关系着要素市场的有序健康发展，因此学术界对要素市场研究尤为关注。王雅琦等[36]研究发现：人民币升值对企业绩效提升的作用在高要素市场扭曲地区更加明显。尹恒和张子尧[37]的研究认为要素市场和产品市场的扭曲都会导致资源错配，发现产品市场扭曲逐渐成为资源误配置的一个重要来源。唐为[38]研究发现我国要素市场一体化水平在不断提高，其中中西部城市群的市场整合程度相对较低。刘维林[39]从劳动要素报酬视角认为中国劳动要素在全球价值链分工中地位的变迁以及与发达国家存在的差距，凸显了强化劳动要素支撑对于提升中国产业链供应链现代化水平所具有的重要意义。刘志彪和孔令池[40]从构建统一大市场角度出发，认为当前要制定地方政府直接干预市场行为的负面清单。赵扶扬和陈斌开[41]结合“新发展格局下畅通国内市场生产、分配、流通环节”的政策内涵展开政策模拟，为要素有效配置提供可操作的切实建议。李青原和章尹赛楠[42]在金融开放与资源配置效率的研究中主张金融开放是中国经济转型时期市场化改革和对外开放的关键环节。于新亮等[43]以2015年中国养老金并轨改革制度研究其对劳动要素配置的影响。王永进和李宁宁[44]评估了中间品贸易自由化对要素市场扭曲的影响方向和作用机制。蔡昉等[45]通过考察新冠肺炎疫情对中国劳动力要素市场的影响发现：疫情对劳动力就业市场冲击呈V型反转的发展特征，在常态化防疫背景下需要重点实现“保就业、稳就业”工作。

技术变迁对收入和财富积累具有重要的影响，近年来随着数字经济、人工智能技术的发展，正不断塑造和变革着劳动力结构进而对居民收入产生影响。陈利锋等[46]研究机器人、劳动收入份额与货币政策的关系。李磊等[47]研究机器人的就业效应发现，与现有结论相反的是，劳动力需求反而因机器人使用显著上升，行业的差异是工人工资收益重要差异原因。刘骏等[48]讨论机器人发展是否可以缓解老龄化带来我国劳动力短缺问题。宁光杰和张雪凯[49]在劳动力流动成本和资本深化的研究中认为：劳动力成本上升使得企业倾向机器替代劳动力，劳动力流转率升高会间接增加企业成本并导致企业采取降成本措施。郭凯明和罗敏[50]探讨有偏技术进步、产业结构转型对工资收入差距的影响，为实现效率与公平的目标提供了有益的政策参考。

我国坚持按劳分配为主多种分配方式并存的收入分配制度，有效的收入分配制度设计将有助于合理收入分配的实现。寇恩惠和刘柏惠[51]通过研究最低工资制度发现：最低工资能实现高收入家庭对低收入家庭的补贴，但其效果主要来自成本分担，而非人们通常关注的收益分配，消费者成本分担与家庭收入成正比，具有明显累进性。吕冰洋等[52]从财政分权的视角研究收入蛋糕分配问题。郝春虹等[53]在对财政蛋糕分配研究中认为我国财政转移支付均等化存在典型的波段发展趋势，具体在2001年之前转移支付的财力均等化效应不断增强，其后基本处于稳定状态。张玄和岳希明[54]认为个人所得税是重要的分配工具，综合课征有利于提高个人所得税的平均税率、累进性和再分配效应。谢波峰和常嘉路[55]在个税改革研究中认为随着个人月收入的上升，参保人面对政策冲击选择停保的可能性较低。张克中等[56]采用双重差分法研究公司税收优惠对其内部收入不平等的影响及其机制，员工议价能力能够有效抑制税收优惠对公司内部收入不平等的影响。寇璇等[57]研究财政再分配效应在同龄收入不平等中的作用市发现：转移支付具有显著的减贫效应，保证了相对贫困群体的向上流动。

近年来共同富裕逐渐成为学界研究热点。万海远和陈基平[58]认为对共同富裕的内涵和具体量化具有重大理论现实意义。作者设计研制的共同富裕量化方法在权重、门槛、指标设定等方面都具有较好稳定性。刘培林等[59]对共同富裕的内涵、实现路径与测度方法进行研究，如何缩小收入差距和改善收入不平等问题则显得尤为重要。赵峰和谭璇[60]将马克思的社会总资本再生产理论和资本循环模型结合起来，研究政府支出结构的变化对收入分配与经济增长间关系的影响。尹志超等[61]考察收入不平等对家庭杠杆率的影响，收入不平等显著提高中国家庭杠杆率，收入差距提高10%，家庭杠杆率显著提升4.64%；随着收入不平等的扩大，低财富家庭杠杆显著提高，低财富群体的家庭杠杆水平主要是由住房负债所推动。王中华和岳希明[62]对农村贫困状况演变以及经济增长过程中收入增长、收入差距对减贫的影响进行综合考察，研究发现分配因素的影响愈显突出，贫困人口主要从经济增长的涓滴效应中受益，经济增长方式尚需向益贫式增长转变。尹志超等[63]在数字鸿沟影响家庭收入研究中发现：数字鸿沟显著降低了家庭的总收入，进一步研究还发现，家庭数字鸿沟对低收入家庭的收入负向影响更大。

（四）消费与家庭经济学

杜丽群、王欢[64]在家庭经济学视角下对人力资本的理论研究进展进行梳理发现，人力资本作为经济增长的重要引擎，传统宏观经济学鲜有对这一过程的具体讨论，大多采用代表性家庭来加以抽象与简化，近年来，随着家庭经济学研究的深入与发展，相应的研究思路和方法也逐渐被纳入人力资本理论研究中。郭凯明等[65]研究家庭隔代抚养文化、延迟退休年龄与劳动力供给的关系发现：中国家庭隔代抚养提高了家庭生育率和女性劳动供给，如果生育成本的家庭隔代抚养弹性较高，那么劳动力数量增长速度将降低；延迟退休年龄提高了年轻人的生育时间成本。贾俊雪等[66]深入考察生育政策对经济增长、收入分配和社会养老保障负担的影响及其机理。袁扬舟[67]考察生育政策与家庭微观决策及宏观经济结构发现，生育政策会通过人力资本投资和代际收入转移渠道影响代际流动性，虽然生育政策可提高人均产量，但子辈数量受限影响其“消费效应”和“投资效应”的功能充分发挥，造成资源错配，导致父辈期望效用反而下降。王伟同等[68]考察家庭教育投资对子女升学压力和母亲收入的影响发现：子女升学压力会使母亲月收入显著下降 19%，同时父亲收入没有显著变化。杜凤莲和杨鑫尚[69]通过考察子女升学对父母时间配置的影响发现：第一，子女升学会降低父母劳动参与率，减少有酬劳动时间并增加无酬劳动时间；第二，子女升学对父母劳动供给的影响存在性别差异，父亲和母亲分别通过减少有酬劳动时间和降低劳动参与率来适应子女升学。吴贾等[70]研究早期健康投入是否有助于儿童长期认知能力提升发现：早期健康投入增加时，低收入家庭儿童在10~16岁时健康水平显著提高，导致同期教育支出回报率提高7.6个百分点；高收入家庭则会多投入8.2%的资源用于子女的教育。景鹏等[71]考察预期寿命延长和老年照料结构偏好改变对劳动产出和老年照料规模的影响。何凡和张克中[72]研究个人禀赋、学业表现与教育不平等，结果显示，相比禀赋较差的学生，个人禀赋更好的学生受到更多的教师关注与表扬，导致教育资源分配不平等。朱梦冰和邓曲恒[73]通过研究城镇地区家庭结构变动与居民财产分布，利用DFL分解方法考察反事实情况下财产分布差距的变动后发现，家庭结构的变动解释了总体财产差距变动的11.30%~16.9%。杨继生和邹建文[74]通过探讨人口老龄化、老年人消费及其结构异质性发现：在影响老年人消费的两个关键因素中，医疗支出风险会减少老年居民大约1/3的消费，其影响远大于遗赠动机。昌忠泽和姜珂[75]研究了储蓄动机与老年人储蓄之谜，结果发现老年人在赠予动机、健康和长寿动机、应对不确定性的未雨绸缪动机的驱动下会产生提高家庭储蓄率的行为。关楠等[76]研究空气质量与医疗费用支出发现：空气质量更差的地区的人有更高的患病概率，当空气污染指数API超过100、150、200和300的天数每增加 1 天，医疗费用支出分别上涨5.5%、7.6%、9.1% 和10.3%。宋泽和邹红等[77]考察同群效应对家庭消费的影响，要重点解决教育等公共服务供给的相对结构性稀缺，以优质供给激活消费大市场。

（五）社会福利与市场规制

实现国富民强始终作为我们党的实践目标，黄茂兴和叶琪[78]认为中国共产党在“国富民强”思想指导下带领中国人民经过从革命、工业化、改革、发展市场经济、高质量发展等艰苦卓绝的探索实践，实现综合国力显著提升、人民生活从贫困到全面小康的历史性跨越的“国富民强”的伟大成就。徐凤增等[79]研究发现在乡村发展的不同阶段，各种制度逻辑的碰撞和融合促进了乡村治理质量的改进。黄薇和祝伟[80]通过研究精准扶贫效应发现：现有帮扶政策对贫困户收入和劳动能力具有显著的提升作用。

平卫英等[81]从历史演进视角出发，将中华人民共和国成立以来我国就业扶贫实践历程划分为“统包统配”“就地转移”“东西部劳务协作”“精准对接、稳定就业”4个阶段。龚锋等[82]研究大学扩招对社会公平感的影响。张楠等[83]跨方言区流动的外来人群面临卫生公平的文化壁垒，方言障碍显著阻碍了流动人口主动接受和获取公 共卫生服务。费太安[84]认为医疗卫生事业是重大的民生工程，医疗卫生体制改革是世界性难题。周烁和张文韬[85]研究互联网的主观幸福效应发现，互联网的使用会显著提高人们的工作满意度，但同时会降低人们的生活满意度。马超等[86]通过建立理论模型讨论了为什么在缓解医疗负担上，新农保做到了新农合没做到的事。谢康等[87]提出解决效率与公平不完全相悖的技术替代规则、非抑制技术进步的能力提升规则、动态调整的分层分类规则等三种抵消性规则，为社会主体更高效地获取数字经济的社会福利、控制数字经济的不确定性风险提供了政策启示。汪伟和王文鹏[88]通过构建一个包含体制性结构与劳动者退休决策异质性的世代交叠模型，考察了预期寿命、养老保险降费对老年劳动供给的影响。尹恒等[89]考察社会保险降费的就业促进效应发现：社保降费对服务业企业劳动需求的促进作用相当可观。王貂等[90]研究消费保险视角下农村扶贫政策的福利效应发现：中国农村家庭整体上能够分别平滑8.35%的持久性收入冲击和85.43%的暂时性收入冲击。黄彦彦和郭克莎[91]认为家庭债务显著降低中低收入家庭的恩格尔系数。对于中等收入家庭，家庭债务通过资产收入效应和流动性约束效应降低恩格尔系数。对于低收入家庭，家庭债务加强流动性约束和不确定性，从而降低食品支出和恩格尔系数。

伴随人民日益增长的美好生活需要，对环境质量和市场环境要求也提出了更高要求，罗知和齐博成[92]认为严格的环境规制使得污染程较高的企业产值下降，污染程度较低的企业增加了信贷需求进而推动了银行的发展；严格的环境同时也推动了产业转型升级。陶锋等[93]认为环保目标责任制的实施虽然促进了绿色专利申请数量的扩张，但也导致相关创新活动质量的下滑。席鹏辉和周波[94]认为经济下行波动引起重点税源企业的实际税率明显提升，为了减少税负上升对企业的不利影响，地方政府降低了重点税源企业的环境规制水平，这不仅降低了企业的环境治污成本，也最终提高了企业的赢利能力。

（六）英文期刊中的微观经济研究

Han Feng[95]等根据锦标赛理论研究首席执行官（CEO）和首席财务官（CFO）薪酬差距对企业政策的影响，结果发现二者薪酬差距与公司金融和投资政策正相关。具体来说，首席执行官与首席财务官薪酬差距较大的公司往往资本结构激进，倾向于高风险投资。总体而言，二者的薪酬差距为首席财务官提供了锦标赛激励，不仅可以采取积极的公司政策，还有利于选择更好的投资项目。Zhang Dongyang[96]研究发现Covid—19疫情导致的自然资源商品价格波动增加了生产成本进而限制产出，给经济增长带来风险。进一步使用2019Q1—2021Q2期间中国上市公司的季度数据并使用双重差分模型（DID）进行实证估计，估计结发现：首先，创新是企业恢复和获得市场势力的重要的途径，低能耗减税政策能够显著促进企业的创新活动。其次，低能耗减税政策通过缓解企业的融资约束提高了企业的创新投资。Zhang Dongyang[97]采用北京科技园区的综合创业数据研究企业创新与小企业风险管理发现：该文首先对企业的创新战略与风险偏好之间的关系提出质疑。其次，小企业的风险规避水平对创新投资和熟练劳动力雇佣的反应是不同的，小企业在财务决策中更受财务约束，凸显了平衡业务扩张与企业结构优化的重要性。

Xinyu H[98]认为产业经济学是在产业深入发展的基础上产生的。伴随中国互联网技术的成熟的发展，互联网技术主要作用在于优化产业结构、促进产业发展，进而使得我国互联网产业逐渐繁荣壮大。Dan Chen[99]基于产业经济学的视角分析货币政策对国际贸易的影响：作者认为货币政策是宏观调控的重要手段，进出口贸易是宏观经济增长的重要组成部分。传统意义上的国际贸易一般会从宏观角度解释国家的投资活动和贸易流向；但产业经济学在这方面的分析却有独到的见解，其特点就是从产业的微观角度进行分析，即用产业模型来表达市场结构对国际贸易的影响。Zhou Chunbo[100]认为信息和通信技术（ICT）正塑造全球所有行业的数字化革命。如产业融合构成了当代产业发展的新特征和新趋势，受到媒体和公众的广泛关注，作者通过关注文化与旅游的相互关系，探讨和评估ICT对产业融合的影响。最后作者从产业经济学的视角出发，利用2004—2018年中国省级面板数据实证检验发现：通信技术与文化、旅游产业融合之间存在着显著的关系。

Mehdi El Herradi[101]通过研究富人、穷人和中产阶级的收入分配关系发现：银行危机系统性地降低了富裕家庭的收入份额，并对中产阶级家庭产生了积极影响。作者还发现，在银行危机发生之前的时期，收入不平等程度增加。Liqing Huang[102]等通过采用中国数据研究能源脱贫与包容性增长发现：能源脱贫有效实现收入包容性增长，在中国农村，拥有水利基础设施和医疗保险的人比没有能源脱贫的人获得更多的收入。受过良好教育的人比东部和中部地区的人更受益于能源的脱贫。该文为理解能源脱贫对收入包容性增长有着至关重要的作用和提独到见解。

Jin Lee 和 Eunjoo Choi[103]对全国范围内10~69岁购买化妆品个体进行在线问卷调查并实证检验化妆品消费需求对购买定制化妆品动机的影响，其结果发现：第一，化妆品消费意愿和定制化妆品购买动机之间存在显著的正向影响关系。第二，定制化妆品调剂经理的感知能力是品牌的自我表现和自然友好、愉悦需求的购买动机得到合理的满足的重要条件。最终结果表明定制化妆品调剂经理的专业性和信任度，满足产品的有效性是促进消费者消费化妆品欲望的重要因素。

Zhang Xiaohui[104]分析新时期社会福利政策转型路径，作者认为社会政策的本质是为社会福利服务，以适应由于社会结构变化而产生社会需求。同时，关注特定的社会群体，特别是弱势和困难群体，是社会福利的一个显著特征。一个社会的经济、政治、社会因素影响着社会服务政策目标的方向，同时也受到社会发展的大趋势，特别是全球现代化和地方社会结构转型的影响。因此，梳理和分析社会服务发展的外部环境，既有理论意义，也有实践意义。Zheng Xiao 等[105]以社会福利作为调节考察健康和财富对移民定居意愿的影响：进一步采用2017年中国移民动态调查（CMDS）数据和多水平混合效应logistic回归分析了不同移民的空气污染、经济优势和定居意愿与社会福利调节效应之间的关系。结果表明女性、已婚群体、受过高等教育、年龄较大、健康状况与移民定居意愿的可能性相关。健康教育和更多的社会组织参与可以减少空气污染的负面影响，增加经济优势对移民定居意愿的积极影响。但是，在经济条件较差的地区，没有明显的效果。在健康和财富的选择上，移民的定居意愿表现出差异，不公平和社会福利，特别是健康教育，可以缩小这种差异。Hu Jinshuai 等[106]通过研究企业控制对避税的影响发现，所得税是盈利公司的主要支出，通常占税前收入的25%或更多。作者利用公司控制权测试基于竞争代理和公司税务规划解释。利用各国并购法的交错颁布，将其作为一种外生冲击，结果发现收购法通过后，避税显著减少。分析结果表明，收购法影响避税的可能机制是管理层减少私人利益消耗（即提取租金）。

三、问题分析与研究建设

微观经济学体现了西方经济学描述微观层面市场运行机制的理论思想，回答了为什么市场机制能够实现资源配置的帕累托最优这一问题。同时，微观经济学的相关思想能够对当前中国经济在实践上所面临的问题与挑战给出理论解释，这涉及在一定生产关系条件下如何实现更优的资源配置效率，从而回答为什么我们要在大力发展市场经济的政策取向下坚定不移地维护社会主义基本经济制度。

在企业生产与企业创新研究领域，中国特色公有制制度与市场经济如何更好地兼容是微观经济学研究需要回答的问题。微观经济学是建立在完全竞争市场、理性决策、私有产权等假设上的学说，这意味着在构建中国特色微观经济学时，要注重国有企业在社会主义市场经济条件下的角色、定位和功能，而不是简单地将其视作是西方经济学中所说的厂商。

在产业经济与市场结构的研究领域，现有微观经济学研究较好地与中国时代背景、大政方针联系了起来，后续的工作可能是对新发展格局的理论渊源和科学内涵给出的微观层面的经济解释。这意味着微观经济学研究在指导我国产业结构转型的具体问题的同时，要思考如何对新发展格局构建下的中国模式和中国道路给出微观解释。

在要素市场和收入分配的研究领域，构建中国特色经济学需要思考的一个问题是如何打造兼具公平与效率的分配体系。按劳分配为主体、多种分配方式并存是我国基本经济制度，需要进一步强化、坚持和完善，按照西方微观经济学的逻辑，私有产权和竞争市场所对应的分配制度是按生产要素分配的制度，可见坚持按劳分配为主的分配原则在中国特色经济学的理论框架建构中也是一个难题，而只有在理论层面厘清按劳分配该如何通过市场机制来实现，才能进一步讲明如何在社会主义生产关系、分配关系的基础上兼顾公平与效率。

在消费、储蓄与家庭经济学的研究领域，后续研究在运用西方主流微观经济学的研究方法的同时，要充分考虑到我国国情和经济事实。事实上，我国经济仍处于由传统的计划经济向市场经济转化的二元模式中，党的十九大也提出我国社会的主要矛盾是人民日益增长的美好生活需要和不平衡不充分的发展之间的矛盾，反映在经济学分析的微观基础上，中国特色经济学在进行理论探讨时要充分考虑的问题包括区域发展不平衡、城乡发展不平衡、收入分配不平衡和市场结构不平衡等问题。这意味着，在微观基础存在异质性时，理论分析中市场主体的最优化问题也会重构，假设一个市场主体的行为在西方主流经济学的分析框架中实现了效用或利润最大化，但基于中国国情可能并非如此，因此，为解决不平衡不充分的发展等问题提供理论指导，是中国特色经济学的需要研究的重要问题。

在社会福利与市场规制的研究领域，要构建中国特色的经济学理论体系，必须跳出西方微观经济学所强调的政府不干预及政府充当“守夜人”的理念，就中国经济发展的事实而言，无论是现代化经济体系的构建，还是绿色中国、双碳目标和可持续发展的实现，抑或是数字经济和智能化产业的培育壮大与合理布局，都离不开有效市场与有为政府的有机结合。那么，在中国经济学的分析逻辑下，后续研究要更多讨论政府的定位与角色、如何更好发挥政府的作用，以及如何处理好政府与市场之间的关系等问题。

综上，一个能够更好反映中国经济社会发展的微观基础是构建完善中国特色经济学的基石。基于此，我们在创建中国特色经济学理论体系时，要在广泛运用西方微观经济学主流研究方法的同时，基于我国国情和经济实践重构微观分析基础并进行理论创新，从而更好地解释社会主义市场经济条件下的市场运行方式与微观主体行为。

注：

［1］张文魁：《我国企业发展政策的历史逻辑与未来取向》，《管理世界》，2021年第12期。

［2］蒋冠宏：《并购如何提升企业市场势力——来自中国企业的证据》，《中国工业经济》，2021年第5期。

［3］董洁妙、余壮雄：《产品配置如何让出口企业变得更清洁》，《中国工业经济》，2021年第8期。

［4］胡楠、薛付婧、王昊楠：《管理者短视主义影响企业长期投资吗？——基于文本分析和机器学习》，《管理世界》，2021年第5期。

［5］易靖韬、蔡菲莹、蒙双、徐雅君：《制度质量、市场需求与企业出口动态决策》，《财贸经济》，2021年第9期。

［6］甄红线、王玺、史永东：《公司业绩聚集现象研究——基于中国A股上市公司股权激励计划的断点回归分析》，《管理世界》，2021年第6期。

［7］张叶青、陆瑶、李乐芸：《大数据应用对中国企业市场价值的影响——来自中国上市公司年报文本分析的证据》，《经济研究》，2021年第12期。

［8］袁淳、肖土盛、耿春晓、盛誉：《数字化转型与企业分工：专业化还是纵向一体化》，《中国工业经济》，2021年第9期。

［9］邢小强、汤新慧、王珏、张竹：《数字平台履责与共享价值创造——基于字节跳动扶贫的案例研究》，《管理世界》，2021年第12期。

［10］吴非、胡慧芷、林慧妍、任晓怡：《企业数字化转型与资本市场表现——来自股票流动性的经验证据》，《管理世界》，2021年第7期。

［11］冯根福、郑明波、温军、张存炳：《究竟哪些因素决定了中国企业的技术创新——基于九大中文经济学权威期刊和A股上市公司数据的再实证》，《中国工业经济》，2021年第1期。

［12］崔静波、张学立、庄子银、程郁：《企业出口与创新驱动——来自中关村企业自主创新数据的证据》，《管理世界》，2021年第1期。

［13］刘彦平、王明康：《孵化器运营效率对企业创新行为的影响》，《财贸经济》，2021年第5期。

［14］陈德球、孙颖、王丹：《关系网络嵌入、联合创业投资与企业创新效率》，《经济研究》，2021年第11期。

［15］鲁若愚、周阳、丁奕文、周冬梅、冯旭：《企业创新网络：溯源、演化与研究展望》，《管理世界》，2021年第1期。

［16］王雨飞、倪鹏飞、赵佳涵、王雅琦：《交通距离、通勤频率与企业创新——高铁开通后与中心城市空间关联视角》，《财贸经济》，2021年第12期。

［17］黎文靖、彭远怀、谭有超：《知识产权司法保护与企业创新——兼论中国企业创新结构的变迁》，《经济研究》，2021年第5期。

［18］孙鲲鹏、罗婷、肖星：《人才政策、研发人员招聘与企业创新》，《经济研究》，2021年第8期。

［19］江轩宇、朱琳、伊志宏：《网络舆论关注与企业创新》，《经济学（季刊）》，2021年第1期。

［20］呼倩、夏晓华、黄桂田：《中国产业发展的流动劳动力工资增长效应——来自流动人口动态监测的微观证据》，《管理世界》，2021年第10期。

［21］苏丹妮、盛斌:《产业集聚、集聚外部性与企业减排——来自中国的微观新证据》,《经济学（季刊）》，2021年第5期。

［22］洪正、张琳、肖锐:《产业跃升、金融结构与中国经济增长》,《管理世界》，2021年第8期。

［23］闫冰倩:《产业链税负：理论、测度和实证分析》,《财贸经济》，2021年第5期。

［24］韩峰、庄宗武、阳立高:《中国制造业出口价值攀升的空间动力来源——基于要素供给和市场需求的综合视角》,《中国工业经济》，2021年第3期。

［25］何韵文、郑捷:《拍卖机制与竞价行为：基于付费竞价式拍卖的理论与实验》,《经济研究》，2021年第11期。

［26］丁元竹:《促进互联网游戏产业健康有序发展》,《管理世界》，2021年第10期。

［27］苏丹妮、邵朝对:《服务业开放、生产率异质性与制造业就业动态》,《财贸经济》，2021年第1期。

［28］苏丹妮、盛斌:《服务业外资开放如何影响企业环境绩效——来自中国的经验》,《中国工业经济》，2021年第6期。

［29］符大海、鲁成浩:《服务业开放促进贸易方式转型——企业层面的理论和中国经验》,《中国工业经济》，2021年第7期。

［30］高晶晶、史清华:《中国农业生产方式的变迁探究——基于微观农户要素投入视角》,《管理世界》，2021年第12期。

［31］郭克莎、田潇潇:《加快构建新发展格局与制造业转型升级路径》,《中国工业经济》，2021年第11期。

［32］陈少凌、李广众、杨海生、梁伟娟:《规制性壁垒、异质不确定性与企业过度投资》,《经济研究》，2021年第5期。

［33］张学良、程玲、刘晴:《国内市场一体化与企业内外销》,《财贸经济》，2021年第1期。

［34］胡聪慧、齐云飞:《资本市场与企业投融资决策——来自新股定价制度调整的证据》,《经济研究》，2021年第8期。

［35］邵帅、尹俊雅、王海、杨莉莉:《资源产业依赖对僵尸企业的诱发效应》,《经济研究》，2021年第56期。

［36］王雅琦、余淼杰:《汇率对中国加工贸易出口份额的影响：市场需求视角》,《世界经济》，2021年第10期。

［37］尹恒、张子尧:《产品市场扭曲与资源配置效率：异质性企业加成率视角》,《经济研究》，2021年第11期。

［38］唐为:《要素市场一体化与城市群经济的发展——基于微观企业数据的分析》,《经济学（季刊）》，2021年第1期。

［39］刘维林:《劳动要素的全球价值链分工地位变迁——基于报酬份额与嵌入深度的考察》,《中国工业经济》，2021年第1期。

［40］刘志彪、孔令池:《从分割走向整合：推进国内统一大市场建设的阻力与对策》,《中国工业经济》，2021年第8期。

［41］赵扶扬、陈斌开:《土地的区域间配置与新发展格局——基于量化空间均衡的研究》,《中国工业经济》，2021年第8期。

［42］李青原、章尹赛楠:《金融开放与资源配置效率——来自外资银行进入中国的证据》,《中国工业经济》，2021年第5期。

［43］于新亮、张文瑞、郭文光、于文广:《养老保险制度统一与劳动要素市场化配置——基于公私部门养老金并轨改革的实证研究》,《中国工业经济》，2021年第1期。

［44］王永进、李宁宁:《中间品贸易自由化与要素市场扭曲》,《中国工业经济》，2021年第9期。

［45］蔡昉、张丹丹、刘雅玄:《新冠肺炎疫情对中国劳动力市场的影响——基于个体追踪调查的全面分析》,《经济研究》，2021年第2期。

［46］陈利锋、钟春平、李良艳:《机器人、劳动收入份额与货币政策》,《财贸经济》，2021年第2期。

［47］李磊、王小霞、包群:《机器人的就业效应：机制与中国经验》,《管理世界》，2021年第9期。

［48］刘骏、刘涛雄、谢康:《机器人可以缓解老龄化带来的中国劳动力短缺问题吗》,《财贸经济》，2021年第8期。

［49］宁光杰、张雪凯:《劳动力流转与资本深化——当前中国企业机器替代劳动的新解释》,《中国工业经济》，2021年第6期。

［50］郭凯明、罗敏:《有偏技术进步、产业结构转型与工资收入差距》,《中国工业经济》，2021年第3期。

［51］寇恩惠、刘柏惠:《最低工资与城镇减贫：基于一般均衡的视角》,《财贸经济》，2021年第3期。

［52］吕冰洋、马光荣、胡深:《蛋糕怎么分：度量中国财政分权的核心指标》,《财贸经济》，2021年第8期。

［53］郝春虹、王英家、贾晓俊、岳希明:《分好“财政蛋糕”：对转移支付财力均等化效应和效率的考察》,《中国工业经济》，2021年第12期。

［54］张玄、岳希明:《新一轮个人所得税改革的收入再分配效应研究——基于CHIP 2018的测算分析》,《财贸经济》，2021年第11期。

［55］谢波峰、常嘉路:《个税改革如何影响了个人税收递延型商业养老保险的需求》,《财贸经济》，2021年第7期。

［56］张克中、张文涛、万欣:《税收分享与财政失衡：中国增值税分享制度的重构》,《财贸经济》，2021年第3期。

［57］寇璇、张楠、刘蓉:《同龄收入不均等与财政再分配贡献——基于个税和转移支付的实证分析》,《财贸经济》，2021年第8期。

［58］万海远、陈基平:《共同富裕的理论内涵与量化方法》,《财贸经济》，2021年第12期。

［59］刘培林、钱滔、黄先海、董雪兵:《共同富裕的内涵、实现路径与测度方法》,《管理世界》，2021年第8期。

［60］赵峰、谭璇:《收入分配、政府支出结构和增长体制的政治经济学分析》,《经济学动态》，2021年第11期。

［61］尹志超、李青蔚、张诚:《收入不平等对家庭杠杆率的影响》,《财贸经济》，2021年第1期。

［62］王中华、岳希明:《收入增长、收入差距与农村减贫》,《中国工业经济》，2021年第9期。

［63］尹志超、蒋佳伶、严雨:《数字鸿沟影响家庭收入吗》,《财贸经济》，2021年第9期。

［64］杜丽群、王欢:《家庭经济学视角下人力资本理论研究进展》,《经济学动态》，2021年第5期。

［65］郭凯明、余靖雯、龚六堂:《家庭隔代抚养文化、延迟退休年龄与劳动力供给》,《经济研究》，2021年第6期。

［66］贾俊雪、龙学文、孙伟:《人口红利还是人力资本红利：生育政策经济影响的理论分析》,《经济研究》，2021年第12期。

［67］袁扬舟:《生育政策与家庭微观决策及宏观经济结构》,《经济研究》，2021年第4期。

［68］王伟同、周洪成、张妍彦:《看不见的家庭教育投资：子女升学压力与母亲收入损失》,《经济研究》，2021年第9期。

［69］杜凤莲、杨鑫尚:《子女升学对父母时间配置的影响》,《经济学动态》，2021年第8期。

［70］吴贾、吴莞生、李标:《早期健康投入是否有助于儿童长期认知能力提升?》,《经济学（季刊）》，2021年第1期。

［71］景鹏、周佩、胡秋明:《预期寿命、老年照料与经济增长》,《经济学动态》，2021年第2期。

［72］何凡、张克中:《个人禀赋、学业表现与教育不平等》,《经济学（季刊）》，2021年第5期。

［73］朱梦冰、邓曲恒:《城镇地区家庭结构变动与居民财产分布》,《经济学动态》，2021年第7期。

［74］杨继生、邹建文:《人口老龄化、老年人消费及其结构异质性——基于时变消费效用的分析》,《经济学动态》，2021年第11期。

［75］昌忠泽、姜珂:《储蓄动机与老年人储蓄之谜——兼论政府支出的调节效应》,《经济学动态》，2021年第4期。

［76］关楠、黄新飞、李腾:《空气质量与医疗费用支出——基于中国中老年人的微观证据》,《经济学（季刊）》，2021年第3期。

［77］宋泽、邹红:《增长中的分化：同群效应对家庭消费的影响研究》,《经济研究》，2021年第1期。

［78］黄茂兴、叶琪:《100年来中国共产党“国强民富”思想的理论嬗变与实践探索》,《管理世界》，2021年第11期。

［79］徐凤增、袭威、徐月华:《乡村走向共同富裕过程中的治理机制及其作用——一项双案例研究》,《管理世界》，2021年第12期。

［80］黄薇、祝伟:《精准帮扶政策的多维评估：基于G省B市扶贫实践的经验分析》,《管理世界》，2021年第10期。

［81］平卫英、罗良清、张波:《我国就业扶贫的现实基础、理论逻辑与实践经验》,《管理世界》，2021年第7期。

［82］龚锋、李博峰、雷欣:《大学扩招提升了社会公平感吗——基于主观公平感的断点回归分析》,《财贸经济》，2021年第3期。

［83］张楠、高梦媛、寇璇:《卫生公平的文化壁垒——跨方言区流动降低了公共卫生服务可及性吗》,《财贸经济》，2021年第2期。

［84］费太安:《健康中国 百年求索——党领导下

的我国医疗卫生事业发展历程及经验》,《管理世界》,2021年第11期。

［85］周烁、张文韬:《互联网使用的主观福利效应分析》,《经济研究》,2021年第9期。

［86］马超、李植乐、孙转兰、唐润宇:《养老金对缓解农村居民医疗负担的作用——为何补贴收入的效果好于补贴医保》,《中国工业经济》,2021年第4期。

［87］谢康、廖雪华、肖静华:《效率与公平不完全相悖:信息化与工业化融合视角》,《经济研究》,2021年第2期。

［88］汪伟、王文鹏:《预期寿命、养老保险降费与老年劳动供给:兼论中国退休政策改革》,《管理世界》,2021年第9期。

［89］尹恒、张子尧、曹斯蔚:《社会保险降费的就业促进效应——基于服务业的政策模拟》,《中国工业经济》,2021年第5期。

［90］王貂、徐舒、杨汝岱:《消费保险视角下农村扶贫政策的福利效应分析》,《中国工业经济》,2021年第2期。

［91］黄彦彦、郭克莎:《家庭负债与恩格尔系数分化——来自中国家庭追踪调查(CFPS)的证据》,《经济学动态》,2021年第11期。

［92］罗知、齐博成:《环境规制的产业转移升级效应与银行协同发展效应——来自长江流域水污染治理的证据》,《经济研究》,2021年第2期。

［93］陶锋、赵锦瑜、周浩:《环境规制实现了绿色技术创新的“增量提质”吗——来自环保目标责任制的证据》,《中国工业经济》,2021年第2期。

［94］席鹏辉、周波:《经济波动、企业税负与环境规制——来自重点税源企业的证据》,《经济学动态》,2021年第6期。

［95］Han F, Che X, He E.Impact of pay disparities between chief executive officers and chief financial officers on corporate financial and investment policies［J］.Journal of International Financial Management & Accounting, 2022, 33(1): 57—82.

［96］Zhang Dongyang.Does a green-designed fiscal policy optimal firm innovation scheme on volatility? A firm level evidence in the Post-Covid-19 era［J］. Resources Policy.2021, Vol.74.

［97］Zhang Dongyang .Corporate innovativeness and risk management of small firms - evidences from start-ups, Finance Research Letters［J］. Finance Research Letters, 2021, Vol 42.

［98］Xinyu H, Dong H, Yadong L.Development of China’s Internet of Things Industry from the Perspective of Industrial Economics［J］.Journal of Sociology and Ethnology, 2021, 3(5): 50—51.

［99］Dan Chen.The Influence of Monetary Policy on International Trade based on Industrial Economics Analysis［J］,］International Journal of Intelligent Information and Management Science.105(5).

［100］Zhou C, Sotiriadis M.Exploring and evaluating the impact of ICTs on culture and tourism industries’ convergence: Evidence from China［J］. Sustainability, 2021, 13(21): 11769.

［101］Mehdi El Herradi, Aurélien Leroy.The rich, poor, and middle class: Banking crises and income distribution［J］.Journal of International Money and Finance, 2021, 127: 102695.

［102］Liqing Huang, Bangzhu Zhu, Ping Wang, Julien Chevallier.Energy out-of-poverty and inclusive growth: Evidence from the China health and nutrition survey［J］.Structural Change and Economic Dynamics, 2021, 60: 344—352.

［103］Jin Lee, Eunjoo Choi.Creation of PUBLIC VALUE Service: The Effect of Cosmetics Consumption Needs on the Motive to Purchase Customized Cosmetics -With the Perception of Customized Cosmetics Dispensing Managers as a Moderating Effect［J］.Public Value, 2021, 6(4).

［104］Zhang X.Analysis of New Era Social Welfare Policy Transformation Path［J］.Scientific and Social Research, 2021, 3(6): 137—142.

［105］Zheng X, Xue Y, Yin Y, et al.The Impact of Health and Wealth on Settlement Intention of Migrants: The Moderating Effect of Social Welfare［J］.Frontiers in Public Health, 2021, 9.

［106］Hu Jinshuai, Li Siqi, Shevlin, Terry. How does the market for corporate control impact tax avoidance? Evidence from international M&A laws［J］. Review of Accounting Studies, 2021: 1—44.

(北京外国经济学说研究会供稿;执笔人:王军、马骁、张毅)

数量经济学

一、学科发展基本情况

数量经济学作为经济学基础性的理论学科，对我们在思维方式与方法论上，在数量与性质的关系上认识市场经济运行机制与发展规律，把握数字经济这一新的文明形态，认识中国特色社会主义市场经济高质量发展及其在人类文明形态上的创造性，具有重要意义。2021年，本学科呈现出以下几个特点：

第一，2021年以来，在国家一流专业及一流课程的建设中，越来越多的经济学专业培养方案中除计量经济学外，加入了机器学习、人工智能与python程序设计等方法类课程。北京各高校及社科院的数量经济学硕士和博士点，都越来越注重与计算机、统计学、管理科学等学科的交叉。特别是结合数字经济、数据要素、平台经济等新经济问题，数量经济学正在努力建设更加完善及多学科交叉的学科体系。

第二，数量经济学研究呈现出多种方法共同繁荣发展的新趋势。计量经济学理论方法与应用研究依然是数量经济学研究的主要内容，研究成果大约占本学科成果的45%，与2020年相比占比已大幅度下降。经济学研究中的数量分析方法更加多元化，特别是基于一般均衡模型的研究、关于数字经济与大数据技术相关的研究、投入产出方法理论与应用，成为新的研究热点和增长点。

第三，数量经济学研究成果体现了多学科交叉研究的特点，如统计学、应用数学、计算机技术的结合，发表论文也是涵盖了经济学、管理科学、计算机、应用数学等多个领域的期刊，也体现出学者与业界研究相结合的趋势。

第四，2021年的研究成果显示，数量经济学研究更关注中国经济发展的现实问题研究，中文发表大幅上升，大约占73%，主要以中国经济的实证分析为主。英文发表占27%，以理论方法研究为主，其中计量经济学理论方法研究大约占其中的80%。这说明我国数量经济学研究在建立中国特色经济学的学科体系和学术体系的大背景下，逐步实现了理论方法与国际先进水平接轨，研究问题结合中国经济实践。符合习近平总书记提出的建立中国特色哲学社会科学体系的思想。

二、现实热点问题概述

中共十八大以来，党中央高度重视数字经济，将其上升为国家战略。党的十九届四中全会的《决定》，增列“数据”作为生产要素。2021年12月，国务院印发的《“十四五”数字经济发展规划》指出，数字经济是继农业经济、工业经济之后的主要经济形态，是以数据资源为关键要素，以现代信息网络为主要载体，以信息通信技术融合应用、全要素数字化转型为重要推动力，促进公平与效率更加统一的新经济形态。数字经济发展速度之快、辐射范围之广、影响程度之深前所未有，正推动生产方式、生活方式和治理方式深刻变革，成为重组全球要素资源、重塑全球经济结构、改变全球竞争格局的关键力量。“十四五”时期，我国数字经济转向深化应用、规范发展、普惠共享的新阶段。2021年，国务院出台了《关于加强数字政府建设的指导意见》，这是适应国际国内形势变化、实施网络强国战略和大数据战略、引领驱动我国数字经济和数字社会建设的重大战略举措，对于提高政府管理效能和国家治理能力现代化具有重大现实意义。

三、学术研究概况

（一）中文期刊发表的重点科研成果

1.计量经济学

计量经济学研究分为理论计量经济学和应用计量经济学，2021年的研究成果主要集中在以下几个方面：

（1）计量经济学在大数据及数字经济时代面临的机遇与挑战（C0和C1）

洪永森等[1]在《“十四五”经济科学发展战略研究背景与论证思路》一文中，对于计量建模与人工智能方法的有机结合与应用给予高度评价。洪永森和汪寿阳[2]基于大数据时代对现代计量经济学学科框架体系的构建、计量经济学与统计学等学科交叉融合的前景进行了分析。分析表明，大数据等相关技术的使用虽然改变了基于统计显著性的统计建模和统计推断的传统做法，但从随机抽样推断总体分布特征的统计思想没有改变，抽样推断、充分性原则、变量选择、因果推断和样本外预测等基本统计思想仍然适用。与此同时，非结构化数据所带来的很多传统数据不具备的有价值的信息也使得实证研究的范围与边界不断扩大。

（2）理论计量经济学：多个方程以及多个变量的计量模型（C3）

在多变量多方程领域的中文文献重点集中在计量方法的改进和现实经济问题的应用。代表性学者包括中国科学院大学教授汪寿阳、中央财经大学教授王立勇、中国社会科学院数量经济技术经济研究所教授张涛、对外经济贸易大学国际经济贸易学院教授毛捷、北京大学经济学院教授王一鸣、首都经济贸易大学国际经管学院教授李鲲鹏等。

理论计量模型的改进方面，李鲲鹏等[5]将脉冲响应分析的方法应用于动态双重空间自回归模型的计量分析，该研究将效应细分为直接效应、间接效应和总效应，定义了各个效应的动态变化值以及在时间上的累积值，并为这些理论值提供了估计方法和推断理论。

此部分的应用研究主要涉及贸易开放程度、宏观财政政策配合效果、数据生产要素的应用，以及银行体系中的金融风险传导和金融结构优化等。多方程多变量的计量模型在目前备受关注的数字经济、金融风险投资领域等方面也有所应用，此类文章大部分使用面板数据或者时间序列数据进行相关的实证检验。

王立勇等[6]通过方差时变模型测度了中国和其他42个国家的财政政策波动性，证明了贸易开放对财政政策波动性的影响通过“中介效应”和“补偿效应”扩大政府规模这一渠道产生。

毛捷[7]运用强度双重差分法进行实证分析，研究了财力紧缩对土地税收比率的影响，并通过了安慰剂检验和异质性分析，发现了上述效应在土地出让收益较高和实施土地储备制度的地区更为突出。

王一鸣等[8]运用A股市场的数据建立了特质性波动的横截面回归模型，发现了中国股市“特质波动之谜”的主要成因并非价值回归而是短期投机和价值回归的轮动的现象。

（3）理论计量经济学：专题和各类模型的拓展（C4）

专题和各类模型拓展部分的主题包括国民经济核算体系研究、文本分析法及一些特殊专题等，应用大多围绕中国宏观经济政策展开。

高敏雪[9]围绕国民经济核算体系展开研究。卢照地等[10]将文本分析法、政策建模一致性指数模型法等应用于宅基地管理政策中进行评价。在特定分布方面，王明高、孟生旺[11]假设赔款准备金模型中误差分布服从尺度混合偏正态分布构成的厚尾分布，并基于该假设对未决赔款准备金进行评估。

程豪[12]以线性回归和分位回归为基础模型，以完整资料分析法和逆概率加权法为参照，提出一种基于线性回归的分数插补法，以此对城乡职业收入的影响因素进行实证研究。孟生旺等[13]构建了半参数贝叶斯分层分位回归模型，表明有限正态混合误差更能充分捕捉数据的复杂性，并将该模型应用于实证分析，进一步推广了分位回归模型在保险精算领域中的应用。罗楚亮等[14]根据历年中国富豪福布斯榜和胡润榜，推算财富分布高端人群的财富分布特征，并结合住户调查数据重新估算全部人群的财产不平等程度，结果表明中国财产基尼系数已经处在比较高的水平。

另外一个最新的发展是，采用机器学习、神经网络等人工智能方法研究实际经济问题。陈小亮等[15]基于机器学习的视角研究了生产部门通缩与全局性通缩影响因素的差异性。文章考虑到已有文献多采用结构向量自回归等传统线性方法进行研究，从而不能全面考察各个因素对通缩的非线性影响等缺陷，故应用多种非线性及其学习方法来识别通缩的影响因素，结果表明，生产部门通缩和全局性通缩的影响因素存在显著差异。王雷等[16]在定义了信用债的收益率曲面后，以中期票据市场为例，采用卷积神经网络模型对一周后的收益率曲面进行预测，并计算债券的预测理论价格，以实现构建较高收益的投资管理策略目的。

（4）理论计量经济学：各类模型的扩展（C5）

该领域相关研究成果主要集中在模型构建与评估以及预测和模型的应用上，应用领域包括宏观经济、金融、平台经济等方面。

在模型构建与评估方面，陈强远等[17]构建了服务业企业空间选择的理论模型以探寻服务业企业聚集的生产率溢价机制。金蛟等[18]针对回归模型中存在测量误差的情况，研究了当解释变量具有随机缺失时的线性测量误差模型和部分线性测量误差模型的稳健参数估计问题，提出了一种在测量误差服从拉普拉斯分布时参数的损失修正估计，并实证得该估计方法具有偏差小、精度高、稳健性强的优点。黄丹阳等[19]应用高斯混合模型构建交易—交易群体的双模网络，其次借助网络中信息传递的思想构建“商户—交易群体网络”的双模网络，之后使用双模网络聚类方法中的谱聚类方法同时对网络中的两类节点聚类，由此实现区分不同风险类别平台商户的目的。刘刚等[20]则构建了一个整合网络众筹与社交数据的双阶段模型对互联网众筹平台的创业信息分享机制进行研究。

在预测方面，汪寿阳等[21]-[23]研究了原油市场价格预测、汇率预测、北美天然气现货价格预测、期权市场方差风险溢价和收益率预测等问题。陈彦斌等[24]应用LSTM模型对中国通货膨胀率进行预测，文章发现，该模型预测效果要明显优于常用的BVAR模型。姜富伟等[25]应用媒体文本情绪对我国股票回报进行预测，并发现该方法表现出显著的样本内和样本外的预测能力。

2.数理方法与数学规划

数理方法与数学规划的研究主要包括投入产出模型与应用、优化方法与数学规划、一般均衡理论与动态优化。

（1）投入产出模型与应用

2021年本学科发表一个重要的变化是，投入产出模型与应用方面取得了丰硕的成果。主要学者有祝坤福（人大）、夏明（人大）、张红霞（人大）、张可云（人大）、林晨（人大）、杨翠红（国科大）、潘文卿（清华）、李虹（北大）、王帅（北大）、武晓婷（北京物资学院）、张恪渝（北京物资学院）等。研究内容包括：数字经济下的投入产出问题，投入产出序列表的编制以及投入产出数据库建设，应用投入产出方法对全球价值链的研究。

武晓婷、张恪渝[26]基于投入产出法，从融合贡献和融合互动视角，对数字经济产业与制造业的融合进行测度。张思雪等[27]测度了企业数字化的投入产出效率水平，分析了影响企业管理数字化变革的关键要素，从而探索企业提升数字化管理效率的内在运行机制。

中国人民大学应用经济学院投入产出团队关于投入产出序列表及相关数据库的建设是本年度的重要研究成果。张红霞等[28]提出了以各类统计数据和国民经济核算数据为核心的编制时间序列投入产出表的方法，以国家统计局编制投入产出延长表的方法为基础、以必要的数学方法为辅助，编制完成我国1981—2018年期间的序列投入产出表，并与几类我国现有的序列投入产出表进行了对比分析。侯伟凤[29]编制了环境投入产出表，并对其进行结构分解，深入探究减排技术、生产技术以及最终需求变动三种因素对我国七种大气污染物排放的影响，认为排放系数的变化是我国目前节能减排的主要路径。李虹和王帅[30]使用2012、2015和2017年可比价非竞争性投入产出表，从需求侧对我国各行业的隐含能源消费和隐含能源强度进行了测算，并基于行业间投入产出关系编制了行业间能源消费、增加值和能源强度投入产出平衡表。

在投入产出数据库方面，张可云等[31]通过把测度两两配对产业集聚的结对集聚指数和测度两两配对产业关联度的投入产出表相结合，首次构建集聚关联指数和关联集聚指数，以研究不同空间尺度下空间关联性的差异和出现差异的原因。研究表明，现阶段应继续以城市群和长江经济带为引领，补足城市间产业同构、空间关联性差的短板，增强产业在城市间的分工与合作，实现产业在空间的优化布局，推动区域协调发展。

（2）一般均衡理论及应用

越来越多的经济学研究基于一般均衡理论展开，内容多集中于动态随机一般均衡模型和可计算一般均衡模型。

在动态随机一般均衡方面，董兵兵、谭小芬等[32]在两部门新凯恩斯主义动态随机一般均衡模型中引入异质性抵押约束，探讨货币政策如何兼顾稳增长和防风险，进而促进金融更好地服务实体经济。吴立元等[33]学者，基于小国开放动态随机一般均衡模型，梳理了美国货币政策溢出效应的具体传导渠道，研究美国货币政策对中国资本流动、资产价格和宏观经济的影响。陈朴、刘凯等[34]通过构建多部门和多区域动态一般均衡模型，定量研究全国统一大市场建设在过去20年对中国经济增长的影响，发现生产率冲击和投资冲击是经济增长的重要推动力。李戎、田晓晖[35]构建了一个包含基建和非基建两个生产部门，并且引入金融摩擦的动态随机一般均衡模型，将财政支出划分为政府消费、政府投资和民生支出，分析不同类型的财政支出冲击对宏观经济的作用和传导机制。赵扶扬、陈斌开等[36]构建了一个包含宏观调控、地方政府、土地市场和地方政府债务的动态一般均衡模型，研究金融危机等外部冲击影响中国经济发展的内在逻辑机制，强调中国特色的宏观调控和地方政府行为的关键性作用。

在可计算的一般均衡模型应用上，李侨敏、王晓岭[37]学者构建了考虑异质性的可计算一般均衡（CGE）模型，模拟中美贸易摩擦的影响以及我国应对贸易摩擦政策的效果。郑联盛等[38]学者通过劳动力矩阵和投入产出表构建多部门就业数据库，基于可计算的一般均衡（CGE）模型分析新冠肺炎疫情对中国就业市场的冲击以及政府干预的政策效果。赵扶扬和陈斌开[39]基于量化空间模型，将地区数据匹配至一般均衡框架，较好地刻画了中国区域间房价分化的特征事实，并对中国土地的区域间配置进行量化评估。李春顶等[40]构建了一个大型数值一般均衡模型系统，根据研究主题的需要扩展了理论建模，并采用量化模拟的方法定量分析了中国进口关税下降、非关税壁垒下降以及关税和非关税壁垒同时下降对中国和其他经济体的经济影响。颜色等[41]研究了老龄化对服务业发展的影响，在多部门一般均衡模型中引入人口年龄结构，提出由于不同年龄群体消费偏好的需求收入弹性和替代弹性存在差异，老龄化通过收入效应和价格效应两个渠道影响消费需求结构，进而影响服务业发展。

（3）其他优化方法理论及应用

此部分研究成果主要包括动态优化方法和非参数效率分析方法（数据包络分析方法及应用，DEA）。

李研[42]使用DEA-Malmquist指数、Dagum基尼系数、Kernel密度估计、Moran指数、Markov链研究中国各省份及八大经济区数字经济产出效率的地区差异及动态演变，研究发现：各省份及八大经济区数字经济产出效率均存在一定程度的提升，主要是由于技术进步导致；各区域数字经济产出效率差异存在扩大趋势，区域间差异是总体差异的主要来源。

韩松等[43]基于委托代理模型，从风险的视角研究企业治理结构对研发创新能力的影响。通过构建了一个包含创新活动的委托代理模型进行理论分析，利用动态DEA模型测算创新能力，并使用2015—2018年我国上市制造业企业数据进行实证检验。研究指出，上市企业应根据企业自身研发活动特点有针对性地改善企业治理结构，提出了适当延长代理人任期、推动股权激励计划、提升代理人的风险承担能力等建议。

3.博弈论及在数字经济中的应用

2021年博弈论领域新发中文文献大多与数字经济相关，主要集中于区块链、数字平台垄断、数字经济的博弈论基础等方面。

李三希等[44]从信息经济学视角，使用“活动数据化，数据信息化”的框架来讨论数字技术影响信息摩擦的机制和渠道，以及在此过程中产生的问题及监管的逻辑，他以信息摩擦作为研究的出发点，厘清了数字经济的发展逻辑，有助于对数字经济进行科学有效的监管。

聂辉华等[45]从博弈论、市场均衡、网络经济学、交易成本经济学、信息经济学和产业组织理论等多个角度，系统地梳理了关于区块链的经济学和金融学研究成果。同时，基于我国区块链产业的发展需求，提出区块链经济学的下一步发展，应该重点关注联盟链落地机制、参与方信息结构、主权货币实施方案以及区块链在医疗、公益、食品安全等行业的具体应用机制设计等问题。

在数字平台垄断领域，胡继晔等[46]通过构建博弈论模型，模拟数字平台垄断形成的特征，揭示出数字平台自我发展有走向垄断、实现资本无序扩张的趋势；同时，与传统工业时代的垄断相比，数字经济时代的垄断的危害除了损害消费者福利外，还包括抑制创新、侵犯个人隐私甚至威胁国家政治安全，因此数字平台领域反垄断具有必要性和迫切性。

李三希、崔志伟等[47]人从数字经济中最为核心的发展需求出发，从数字经济的基础建设、市场建设和市场交易三个角度，凝练出数据要素市场的顶层设计、区块链技术和央行数字货币应用中的博弈问题、数字经济的平台设计与监管、数字经济中的市场设计理论与应用、数字经济中的竞争与合作、数字经济中的网络博弈问题、数字经济的时间一致性问题等七类数字经济中的博弈论基础性科学问题。

4.算法与实验设计

数量经济学中的算法研究，主要包括与数据收集、估计与组织以及算法相关的内容。该领域的中文期刊研究热点可分为两部分：一是将机器学习、强化学习等计算方法与经济学相结合的综述（洪永淼等，2021a[3]，2021b[4]；孟昌等，2021[48]；李奥等，2021[49]）。如洪永淼等（2021b）[4]从经济学研究范式的历史演变、大数据将如何推动经济学研究范式的转变以及如何利用大数据和机器学习创新经济学的实证研究方法这三个方面进行讨论，分析了数据和机器学习对经济学的研究范式和研究方法带来的机遇和挑战。

第二部分为在算法背景下对金融市场投资组合的优化和股价预测的研究。如许雪晨（2021）[50]提出一种基于金融文本情感分析的指数预测模型SA-BERT-LSTM，对沪深300指数的涨跌进行预测。研究发现情感分析特征能够有效提高模型预测的准确率；相比三种对照模型（BP神经网络、支持向量机、XGBoost），SA-BERT-LSTM模型预测精度更高；且该模型同样适用于个股价格预测。

实验设计方面发表文章近十篇，中文研究热点可主要分为两部分：

一是对于将实验设计引入新领域的综述分析类文章[51]—[54]。实验方法是识别社会现象中因果关系的一种重要手段，在国外经济学界正得到越来越多的应用，国内学界对这一重要方法的应用还处于起步阶段，因此有许多学者关注如何基于具体的问题背景引入实验方法进行研究。如周业安等[51]认为行为与实验经济学中新的理论试图从理性约束视角来理解社会保障系统的性质及其影响，提出了全新的助推机制的设计理念与思路；曹杰[52]认为税收研究实验逐渐由实验室转向田野，税收自然田野实验具有较高的外部效度，以及研究者和税务部门实现“双赢”的特点，符合成本效益原则，有助于提升税收治理效能，这为税收自然田野实验方法在我国的运用和推广提供了较为广阔的前景；代志新等[53]对行为财政学中的实验方法和应用进行梳理，探讨了行为财政学研究的现实意义和未来研究方向。

第二是实地实验方法的具体应用[55]—[57]。实地实验法的具体应用还能划分为两个子类，其一是人工实地实验法，如王一子等[55]利用人工实地实验的研究方法，从社会认同视角出发重新看待群体规则，并以团结规则为例对团结规则强化机制是否能够有效提升群体内部合作进行实验研究；另一个则为随机实地实验法，如何代欣等[56]从随机实地实验方法角度，探讨不同类型的宣传信息对纳税人行为产生了怎样的影响，进一步分析不同形式的税收宣传是否能提升税收遵从、降低征管成本。

（二）英文期刊发表的重点科研成果

1.计量经济学

（1）计量经济学和统计学方法（C0 和 C1）

本领域英文发表多为计量经济学理论方法研究，大多集中在半参数和非参数计量方法的相关领域。

李鲲鹏等[58]首次提出运用非参数的估计方法对动态随机一般均衡模型中的政策函数进行求解，从而替代传统的近似求解法，文章新提出的非参数估计方法具有显性解，且具有最优的收敛速度，放松了金融数据概率分布的任何假设，更适用于当今经济、金融数据时间跨度大和结构复杂的特性。非参数方法同样被应用在分位函数的估计中。

郭绍俊等[59]从最优化的角度探讨了如何为条件分位数函数构造更好的非参数置信区间，应用基于局部多项式平滑的完全数据驱动偏差修正方法估计条件分位数。

涂云东等[60]提出了一种非参数局部常数分位数估计器来估计未知分位函数，并且认为该方法得到的估计量具有普遍的渐近性质。非参数方法同样被应用于测度异质性、分位数中的格兰杰因果关系上（宋晓军等[61]），以及检测因函数系数的协整性而引起的虚假回归（涂云东、王莹[62]）等。

在半参数方法的使用上，胡羽珊等[63]使用半参数方法估计贸易弹性随贸易伙伴人均收入的变化。王钛宁等[64]主要通过半参数方法研究劳动力份额的影响因素，如出口、贸易开放度等，以及负债率对企业生产前沿的影响。

（2）理论计量经济学：单方程和单变量模型（C2）

本部分研究重点集中在面板模型的计量方法改进以及计量模型的应用方面。计量方法的应用方面，研究的问题比较多元化。洪永淼、金赛男等学者在不同的领域均有一定的研究，如石油能源领域的油价波动与能源政策领域、宏观层面经济周期估计的趋势与波动分析以及滤波分析领域，以及热门研究方向中国碳排放中的二氧化碳排放领域、健康保险政策等方面，数据类型主要为面板数据。

计量方法的改进方面，苏良军等[65]研究了面板结构阈值回归（PSTR）模型的最小二乘估计，并在在收缩阈值效应框架下，研究了基于似然比的群体特定阈值参数推理，进一步提出了两种类型的检验。黄宇凡等[66]研究改进了边缘混合采样器的贝叶斯 MCMC 方法，用于扰动遵循随机波动过程的状态空间模型，将改进的方法在时变参数向量自回归模型中进检验，可以减少 MCMC 绘图之间的相关性问题。

（3）理论计量经济学：多个方程和多个变量模型（C3）

在理论方法方面，研究成果在缺失值和面板数据方面有一定进展。金赛男等[67]研究了具有随机缺失值的近似因子模型的估计和推断，通过零代替缺失值来一致地估计因子和因子负荷，对缺失值的适当处理进而改善某些宏观经济变量的样本外预测效果。苏良军[68]提出了一种基于伪似然比的程度校正随机块模型中群落数量的估计方法，当应用在网络稀疏或存在不平衡社区时，该方法具有良好的性能。

在面板数据的性质方面，苏良军等[69]提出了一种新的基于LASSO的方法来处理非平稳面板模型中未观测参数的异质性和截面依赖性，并提供了三种偏差校正程序，该种方法可以应用于国际研发溢出效应的实证研究，为研发溢出的异质影响带来的增长趋同问题提供了令人信服的解释。苏良军[70]研究了三维面板数据中的固定效应，将研究数据领域进一步扩宽。应用方面，洪永淼[71]提出了一种解决平稳和时变观测的资产定价模型的新估计方法，利用改进的模型估计的隐含股息收益率显著地预测了未来现金流的下降和短期利率的上升。

（4）计量经济学和统计学方法：专题（C4）

本部分研究主题主要集中在神经网络与计量经济学结合的相关领域。

代表性论文包括周静等[72]提出一种渐进主成分分析（PCCA）方法来压缩深卷积神经网络，对每个目标层PCCA对估计的核权重进行核主成分分析，从而使得层中内核数量显著减少，用于下一层的通道数量也大量减少，从而在保持预测精度的同时大大压缩模型结构。

朱莹秋、黄丹阳和王汉生等[73]针对深度学习中迭代速率的确定问题，提出了基于局部二次逼近（LQA）的新优化方法，在每一项更新步骤中，学习率的标准二次函数沿梯度方向局部逼近损失函数，随后应用一个近似步骤有效获得近似最佳学习率。该新方法具有自动确定学习速率、动态调整以及在梯度方向固定的情况下使损失函数近似最大化的特征。

在其他相关研究中，刘振亚等[74]研究了如何利用偏矩来改进时间序列动量策略，发现时间序列动量的逆转可以通过商品期货日收益率的尾部分布上、下偏矩进行部分预测，并由此提出改善时间序列动量策略建议的新方法。关于时间序列，石勇等[75]提出一个基于日内金融时间序列的多尺度分析的聚类框架，目的在于更好地构建日内交易策略。

（5）计量经济模型（C5）

本部分的英文文献主要集中在计量模型的构建、估计、应用以及预测。

涂云东等[76]构建了一个变换线性协整模型，通过因变量的单调变换使得模型更加灵活，且适合于非线性协整数据。

李辰旭等[77]研究了随机波动率模型，开发了带跳跃的随机波动模型产生的封闭形式的二元展开隐含波动性表面的形状特征，并利用展开来分析随机波动率模型的各种特征对隐含波动率表面形状的影响，并确定哪些随机波动率模型能够再现隐含波动率市场数据的观测特征。

马莹莹等[78]研究了具有稀疏自回归系数矩阵和外生变量的时空模型的估计问题，文章提出了一种新的估计方法，应用一种自适应前后向贪婪算法来学习自回归系数矩阵的稀疏结构。

在预测相关的研究领域，廖军等[79]对具有发散参数的时间序列模型的模型平均预测展开研究，针对权重解决问题提出一种选择权重的广义Mallow模型平均（GMMA）准则，该方法解决了Hansen（2007）提出的Mallow模型平均准则。另外，李叶等[80]结合固定的Malmquist-Luenberger（ML）指数、SBM模型与不良输出，提出了新方法SBM-ML模型测量GTFP。

2.博弈论及应用

此部分研究集中在利用博弈模型研究平台经济下的消费者行为等方面。李三希和陈彦斌等[81]的研究了一种线性搜索模型，即消费者可以在不产生搜索成本的情况下购买产品来检查匹配值，这种模型称为“盲目购买”。汪紫迦等[82]研究了两阶段模型中的最优动态销售机制。

3.算法应用及实验设计

算法方面，2021年多名学者在Discrete Applied Mathematics、Computer、Algorithmica等SCI国际核心期刊上发表十余篇文章。该部分的英文研究可以分为两大块：一是对于大数据和算法等在经济学上的综述总结，如李新（2021）[83]回顾了2012年至2019年在学术期刊上发表的关于用互联网数据进行旅游预测研究的文章。结果显示，搜索引擎数据被最广泛地纳入旅游预测中；时间序列和计量经济学预测模型仍然占主导地位，而人工智能方法仍在发展。该研究认为互联网数据与预测模型结合将有助于在未来的研究中进一步提高预测精度。

二是对于大数据或算法与经济学相关问题的应用。应用的热点之一是对能源等资源的经济调度问题（胡泽春，2021；苏振奋，2021）。如苏振奋（2021）[84]等人开发了一个基于土地利用强度约束下的的多目标空间优化，利用有约束的多目标遗传算法优化在实际中有效的区域土地利用规划；胡泽春（2021）[85]等据不同定价方案的多个公共充电站的历史充电数据，对充电需求的三种价格弹性进行量化，并研究了一个区域内体积加权平均价格（VWAP）和相应的总充电需求之间的关系，最后建立了一个条件随机场（CRF）模型，它描述了充电需求的时空相关性。

应用的第二个热点为使用大数据或者算法应用到经济金融、旅游等行业优化与预测问题（孙东琪，2021；于亢亢，2021；谢刚，2021）。如孙东琪（2021）[86]以中国南京为研究案例，开展了基于社交媒体评论大数据的人文地理学非聚合性研究方法，探讨了COVID-19疫情对城市游客空间行为的后续影响。谢刚（2021）[87]基于百度的搜索查询数据（SQD）

和经济指数，提出了一个带有引力搜索算法的最小二乘支持向量回归模型（LSSVR-GSA），用于预测大数据下的邮轮旅游需求。于亢亢（2021）[88]通过对2015年至2018年中国移动生产行业FSP的档案数据进行数据挖掘分析（第一阶段采用神经网络，第二阶段采用多元回归），探讨了金融服务机构（FSP）在评估中小企业供应链信用方面的作用，以及他们如何通过一个成熟的数字平台，利用大数据分析（BDA）帮助中小企业获得供应链融资（SCF）。

第三个应用研究热点为算法博弈论（邓小铁，2021）[89]。算法博弈论即在不同问题的背景下，根据实际情况建立模型，构建博弈结构，并使用算法程序模拟博弈双方的行为以得到模拟实验的结果。该部分的代表人物为北京大学的邓小铁老师团队。

实验设计方面，2021年多名学者在Journal of Development Economics、Journal of Economic Behavior & Organization等SCI国际核心期刊上发表五篇文章。目前数量经济学的实验相关研究领域的英文研究热点与中文期刊研究热点稍有不同，主要集中于对实验方法的应用方面，这可能是英文文献对于该领域的理论基础形成得更早更完备的缘故。

英文文献主要使用的研究方法为实地实验法，实验室实验法被应用得较少。如刘潇和陈巍等（2021）[90]在中国广东省进行了一项持续12个月的大规模的实地实验，从广东三个城市随机抽取1064户2539人作为实验对象，以检验告知个人政府养老金计划对其养老金登记决策和家庭消费的影响；刘潇（2021）等[91]通过实地实验的方法研究了货币激励对慕课（MOOCs）中用户参与和学习结果的影响，研究结果表明，货币激励可以抵消参与度的下降，并可能帮助在线用户形成持久的学习习惯；王雅璨（2021）[92]提出了一个综合模型，在中国招募了1722名来自不同职业和地理位置的参与者，研究了个人和社会环境因素对有序停车行为的影响。结果表明，描述性的社会规范在塑造用户对有序停车的态度方面发挥了重要作用，并通过个人规范间接地影响了有序停车的行为意向。

四、问题分析与研究建议

本年度数量经济学研究已呈现理论方法研究与国际接轨，应用研究解决中国实际问题的新趋势，对构建中国经济学自主知识体系起到促进作用。然而，还应该在如下方面加强研究：

第一，进一步从现实问题中提炼出需要解决的量化分析方法。理论方法推进不仅限于经典的计量经济学理论，还应与统计学、计算机技术、数学、管理科学等多学科交叉，发展出能够应用于经济分析的多种量化分析方法，达到国际前沿水平。

第二，运用各种先进的数量分析方法分析解决我国现实经济问题。从2021年研究成果来看，已经呈现出多种方法应用的趋势，除经典的计量经济学方法外，一般均衡模型、人工智能和机器学习方法、实地实验方法、投入产出方法、博弈论等多种方法的应用研究已显著增加。但高水平杂志上的文章相对不多，高水平研究还有待加强。

第三，数量经济学相关教材建设有待加强。目前计量经济学，及相关数量经济学分析方法的国内学者编写教材较少。只有中国人民大学赵国庆教授、中国科学院大学洪永淼教授编写的《计量经济学》（本科和研究生层次），中国人民大学夏明、张红霞编写《投入产出分析》，中国人民大学魏权龄（已去世）编写的《数量经济学》《经济管理中的数学规划》等少数相关教材。2021年10月28日，国家教材委员会办公室正式发布的《关于公布首批中国经济学教材编写入选学校及团队的通知》中，首批中国经济学教材中没有数量经济学或计量经济学相关教材。中国经济学体系下的数量经济学教材建设急需加强。

第四，积极参与《中国经济学研究手册》建设工程。教育部经济学教材基地正在推进《中国经济学研究手册》建设工程。对标国际版的《经济学手册》（Elsevier出版社出版），首部就是1981年出版的《数理经济学手册》，目前已出版一百多部，涵盖经济学各领域。作为经济学研究的方法论，《中国经济学研究手册》中，《数量经济学研究手册》应该是其重要的组成部分。

第五，我国经济进入高质量发展阶段，数量经济学学科还需要加强与其他经济学学科的交流，在数量与性质的关系上，更好地认识中国特色社会主义市场经济的运行机制与发展规律，推动中国经济学知识体系的构建。[1]

注：

[1] 洪永淼、汪寿阳、任之光、薛涧坡、钟秋萍、钟锃光：《“十四五”经济科学发展战略研究背景与论证思路》，《管理科学学报》，2021年第2期。

[2] 洪永淼、汪寿阳：《大数据如何改变经济学研究范式》，《管理世界》，2021年第10期。

[3] 洪永淼：《理解现代计量经济学》，《计量经济学报》，2021年第2期。

［4］洪永淼、汪寿阳:《大数据、机器学习与统计学：挑战与机遇》,《计量经济学报》，2021年第1期。

［5］李欣先、李鲲鹏、李委明:《动态双重空间自回归模型与脉冲分析》,《计量经济学报》，2021年第1期。

［6］王立勇、袁子乾、纪尧:《贸易开放与财政政策波动性》,《经济研究》，2021年第2期。

［7］毛捷、曹婧:《农村税费改革与地方政府筹资模式的转变》,《经济研究》，2021年第3期。

［8］任秋潇、王一鸣:《行业组合视角下的银行信贷优化管理——基于中国商业银行的优化模型设计与实证分析》,《金融论坛》，2021年第26期。

［9］高敏雪:《面向新时代的国民经济核算研究议题及相关问题》,《统计研究》，2021年第10期。

［10］卢照地、张正峰、冀增胜:《基于政策建模一致性指数模型的宅基地管理政策量化评价》,《中国土地科学》，2021年第10期。

［11］王明高、孟生旺:《基于尺度混合偏正态分布的稳健未决赔款准备金评估方法》,《数理统计与管理》，2021年第4期。

［12］程豪:《基于分数插补法的城乡职业收入影响因素研究》,《数理统计与管理》，2021年第4期。

［13］张永霞、孟生旺、田茂再:《半参数贝叶斯分层分位回归模型及其在保险公司成本分析中的应用》,《数理统计与管理》，2021年第3期。

［14］罗楚亮、陈国强:《富豪榜与居民财产不平等估算修正》,《经济学（季刊）》，2021年第1期。

［15］陈小亮、刘玲君、肖争艳、陈彦斌:《生产部门通缩与全局性通缩影响因素的差异性研究——机器学习方法的新视角》,《中国工业经济》，2021年第7期。

［16］王雷、闫红蕾、张自力:《收益率曲面预测及其在信用债投资组合管理中的应用》,《统计研究》，2021年第4期。

［17］陈强远、江飞涛、李晓萍:《服务业空间集聚的生产率溢价：机制与分解》,《经济学（季刊）》，2021年第1期。

［18］金蛟、李瞳辉、徐帅帅、安金兵:《测量误差模型稳健方法及应用研究》,《统计研究》，2021年第11期。

［19］黄丹阳、毕博洋、朱映秋:《基于高斯谱聚类的风险商户聚类分析》,《统计研究》，2021年第6期。

［20］刘刚、张泠然、梁晗、王泽宇:《互联网创业的信息分享机制研究——一个整合网络众筹与社交数据的双阶段模型》,《管理世界》，2021年第2期。

［21］周浩、张逸飞、王震、王珏、汪寿阳:《一种改进的原油价格组合预测优化策略研究》,《系统工程理论与实践》，2021年第10期。

［22］史惠婷、柴建、卢全莹、汪寿阳:《北美天然气现货价格波动机制分析及波动率预测》,《系统工程理论与实践》，2021年第12期。

［23］刘洋、谢栌乐、汪寿阳、孙少龙:《基于EEMD-AWNN集成学习的中国经常账户预测研究》,《系统工程理论与实践》，2021年第5期。

［24］陈彦斌、刘玲君、陈小亮:《中国通货膨胀率预测——基于LSTM模型与BVAR模型的对比分析》,《财经问题研究》，2021年第6期。

［25］姜富伟、孟令超、唐国豪:《媒体文本情绪与股票回报预测》,《经济学（季刊）》,2021年第4期。

［26］武晓婷、张恪渝:《数字经济产业与制造业融合测度——基于投入产出视角》,《中国流通经济》，2021年第11期。

［27］刘淑春、闫津臣、张思雪、林汉川:《企业管理数字化变革能提升投入产出效率吗》,《管理世界》，2021年第5期。

［28］张红霞、夏明、苏汝劼、林晨:《中国时间序列投入产出表的编制：1981—2018》,《统计研究》，2021年第11期。

［29］侯伟凤:《我国污染排放变动趋势及减排路径研究——基于环境投入产出模型结构分解分析》,《环境科学导刊》，2021年第2期。

［30］李虹、王帅:《中国行业隐含能源消费及其强度的变动与影响因素》,《中国人口·资源与环境》，2021年第5期。

［31］张可云、朱春筱:《中国工业结对集聚和空间关联性分析》,《地理学报》，2021年第4期。

［32］董兵兵、徐慧伦、谭小芬:《货币政策能够兼顾稳增长与防风险吗？——基于动态随机一般均衡模型的分析》,《金融研究》，2021年第4期。

［33］吴立元、赵扶扬、王忏、龚六堂:《美国货币政策溢出效应、中国资产价格波动与资本账户管理》,《金融研究》，2021年第7期。

［34］陈朴、林垚、刘凯:《全国统一大市场建设、资源配置效率与中国经济增长》,《经济研究》，2021年第56期。

［35］李戎、田晓晖:《财政支出类型、结构性财政政策与积极财政政策提质增效》,《中国工业经济》,

2021年第2期。

[36]赵扶扬、陈斌开、刘守英:《宏观调控、地方政府与中国经济发展模式转型：土地供给的视角》,《经济研究》，2021年第56期。

[37]李侨敏、王晓岭:《中美贸易摩擦背景下我国稳外资政策有效性评估：基于异质性CGE模型的分析》,《国际经贸探索》，2021年第37期。

[38]郑联盛、范云朋、胡滨、崔琦:《公共卫生危机对就业和工资的总量与结构影响》,《财贸经济》，2021年第42期。

[39]赵扶扬、陈斌开:《土地的区域间配置与新发展格局——基于量化空间均衡的研究》,《中国工业经济》，2021年第8期。

[40]李春顶、张瀚文:《新冠疫情全球蔓延的就业和经济增长效应》,《国际经贸探索》，2021年第37期。

[41]颜色、郭凯明、段雪琴:《老龄化、消费结构与服务业发展》,《金融研究》，2021年第2期。

[42]李研:《中国数字经济产出效率的地区差异及动态演变》,《数量经济技术经济研究》，2021年第2期。

[43]韩松、习媛杰:《风险视角下企业治理结构和研发创新 ——基于委托代理模型的研究》,《经济理论与经济管理》，2021年第4期。

[44]李三希、王泰茗、武玙璠:《数字经济的信息摩擦：信息经济学视角的分析》,《北京交通大学学报（社会科学版）》，2021年第4期。

[45]聂辉华、李靖:《区块链经济学的形成与展望》,《浙江工商大学学报》，2021年第5期。

[46]胡继晔、杜牧真:《数字平台垄断趋势的博弈分析及应对》,《管理学刊》，2021年第2期。

[47]李三希、曹志刚、崔志伟等:《数字经济的博弈论基础性科学问题》,《中国科学基金》，2021年第5期。

[48]孟昌、曲寒瑛:《算法合谋及其规制研究进展》,《经济学动态》，2021年第6期。

[49]李奥、张涛:《为什么大数据能够用于宏观经济预测》,《财经智库》，2021年第3期。

[50]许雪晨、田侃:《一种基于金融文本情感分析的股票指数预测新方法》,《数量经济技术经济研究》，2021年第12期。

[51]周业安、王格非:《行为经济学视角下的社会保障理论演进》,《南方经济》，2021年第2期。

[52]曹杰:《税收自然田野实验方法述评》,《税收经济研究》，2021年第2期。

[53]代志新、陈怡心:《行为财政学：方法和实践》,《财政科学》，2021年第7期。

[54]周业安、孙玙凡:《实验发展经济学：理论、方法和困局》,《中国人民大学学报》，2021年第2期。

[55]王一子、连洪泉、黄国宾:《强化团结规则是否有利于促进群体内部合作？——来自人工实地实验的证据》,《中国人民大学学报》，2021年第2期。

[56]何代欣、周赟媞:《遵从实验研究对税收宣传的启示：如何告知纳税人更有效》,《国际税收》，2021年第4期。

[57]周文、郑继承:《减贫实践的中国贡献与经济学诺奖的迷误》,《政治经济学评论》，2021年第4期。

[58]Ando，Tomohiro，Jushan Bai，and Kunpeng Li，2021，"Bayesian and maximum likelihood analysis of large-scale panel choice models with unobserved heterogeneity"，Journal of Econometrics，Vol.230.

[59]Shaojun Guo，Han Yu，and Qingsong Wang，2021，"Better Nonparametric Confidence Intervals via Robust Bias Correction for Quantile Regression"，Stat，Vol.10.

[60]Yundong Tu，，Han-Ying Liang，and Qiying Wang，2021，"Nonparametric inference for quantile cointegrations with stationary covariates"，Journal of Econometrics.

[61]Xiaojun Song and Abderrahim Taamouti，2021，"A nonparametric measure of heteroskedasticity"，Journal of Statistical Planning and Inference，Vol.212.

[62]Yundong Tu，and Ying Wang，2021，"Spurious functional-coefficient regression models and robust inference with marginal integration"，Journal of Econometrics.

[63]Yushan Hu，and Penglong Zhang，2021，"Semiparametric estimation of varying trade elasticities in gravity"，Economics Letters，Vol.209.

[64]Jinjing Tian，Taining Wang，and Joshua Hall，2021，"The effect of exports on labour share：A semiparametric approach using Chinese manufacturing panel data"，The World Economy.

[65]Ke Miao，Liangjun Su，Wendun Wang，2021，"Panel Threshold Regressions with Interactive Fixed Effects"，Journal of Econometrics，Vol.219（1）.

［66］Yufan Huang，2021，“An efficient exact Bayesian method for state space models with stochastic volatility”，Studies in Nonlinear Dynamics & Econometrics，Vol.25（2）.

［67］Sainan Jin，Ke Miao，Liangjun Su，2021，“On Factor Models with Random Missing：EM Estimation，Inference，and Cross Validation”，Journal of Econometrics，Vol.222.

［68］Shujie Ma，Liangjun Su，Yichong Zhang，2021，“Determining the Number of Communities in Stochastic Block Models”，Journal of Machine Learning Research，Vol.22（69）.

［69］Wenxin Huang，Sainan Jin，Peter C.B.Phillips，Liangjun Su，2021，“Nonstationary Panels with Latent Group Structures and Cross-Section Dependence”，Journal of Econometrics，Vol.221.

［70］Xun Lu，Ke Miao，Liangjun Su，2021，“Specification of Fixed Effects in Three-Dimensional Panels”，Econometric Reviews，Vol.40.

［71］Yuying Sun，Yongmiao Hong，Tae-Hwy Lee，Shouyang Wang，Xinyu Zhang，2021，“Time-varying model averaging”，Journal of Econometrics，Vol.222（2）.

［72］Jing Zhou，Haobo Qi，Yu Chen，Hansheng Wang，2021，“Progressive principle component analysis for compressing deep convolutional neural networks”，Neurocomputing，Vol 440.

［73］Yingqiu Zhu，Danyang Huang，Yuan Gao，Rui Wu，Yu Chen，Bo Zhang，Hansheng Wang，2021，“Automatic，dynamic，and nearly optimal learning rate specification via local quadratic approximation”，Neural Networks，Vol 141.

［74］Zhenya Liu，Shanglin Lu，Shixuan Wang，2021，“Asymmetry，tail risk and time series momentum”，International Review of Financial Analysis，Vol.78.

［75］Yong Shi，Bo Li，Guangle Du，Wei Dai，2021，“Clustering framework based on multi-scale analysis of intraday financial time series”，Physica A：Statistical Mechanics and its Applications，Vol 567.

［76］Yingqian Lin，Yundong Tu，2021，“On transformed linear cointegration models”，Economics Letters，Vol 198.

［77］Yacine Aït-Sahalia，Chenxu Li，2021，“Closed-form implied volatility surfaces for stochastic volatility models with jumps”，Journal of Econometrics，Vol 222（1）.

［78］Yingying Ma，Shaojun Guo，Hansheng Wang，2021，“Sparse spatio-temporal autoregressions by profiling and bagging”，Journal of Econometrics.

［79］Jun Liao，Guohua Zou，Yan Gao，Xinyu Zhang，2021，“Model averaging prediction for time series models with a diverging number of parameters”，Journal of Econometrics，Vol 223（1）.

［80］Ye Li，Yiyan Chen，2021，“Development of an SBM-ML model for the measurement of green total factor productivity：The case of pearl river delta urban agglomeration”，Renewable and Sustainable Energy Reviews，Vol 145.

［81］Yanbin Chen，Sanxi Li，Kai Lin，Jun Yu，2021，“Consumer search with blind buying”，Games and Economic Behavior，Vol 126.

［82］Jingfeng Lu，Zijia Wang，2021，“Optimal selling mechanisms with buyer price search”，Journal of Economic Theory，Vol 196.

［83］Xin Li，Rob Law，Gang Xie，，et al，2021，“Review of tourism forecasting research with internet data”，Tourism Management，Vol 83.

［84］Tingting Pan，Yu Zhang，Zhenfen Su，et al，2021，“Practical Efficient Regional Land-Use Planning Using Constrained Multi-Objective Genetic Algorithm Optimization”，ISPRS International Journal of Geo-Information，Vol 10（2）.

［85］Zhiyuan Bao，Zechun Hu，Daniel M.Kammen，Yifan Su，2021，“Data-driven approach for analyzing spatiotemporal price elasticities of EV public charging demands based on conditional random fields”，IEEE Transactions on Smart Grid，Vol 12（5）.

［86］Yu Gao，Dongqi Sun，Jingxiang Zhang，2021，“Study on the impact of the COVID-19 pandemic on the spatial behavior of urban tourists based on commentary big data：A case study of nanjing，china”，ISPRS International Journal of Geo-Information，Vol 10（10）.

［87］Gang Xie，Yatong Qian，Shouyang Wang，2021，“Forecasting Chinese cruise tourism demand with big data：An optimized machine learning approach”，Tourism Management，Vol 82.

［88］Hua Song，Mengyin Li，Kangkang Yu，

2021, "Big data analytics in digital platforms: how do financial service providers customise supply chain finance ?", International journal of operations & production management.

[89] Xiaotie Deng, Yuhao Li, David Henry, et al, 2021, "On the complexity of computing markov perfect equilibrium in general-sum stochastic games", arXiv preprint arXiv.

[90] Chong-En Bai, Wei Chen, Tracy Xiao Liu, et al, 2021, "Boosting pension enrollment and household consumption by example: A field experiment on information provision", Journal of Development Economics, Vol 150.

[91] Jie Gong, Tracy Xiao Liu, Jie Tang, 2021, "How monetary incentives improve outcomes in MOOCs: Evidence from a field experiment", Journal of Economic Behavior & Organization, Vol 190.

[92] Yacan Wang, Ying Yang, Jiaping Wang, Matthew Douglas, Duan Su, "Examining the influence of social norms on orderly parking behavior of dockless bike-sharing users", Transportation Research Part A: Policy and Practice, Vol 147.

（北京外国经济学说研究会供稿；执笔人：韩松、杨斌）

法　学

摘　要

2021年，北京地区各高校和研究机构的法学研究团队以习近平法治思想为指导，贯彻落实习近平总书记关于全面依法治国的重要论述和中央全面依法治国工作会议精神，立足新发展阶段，贯彻新发展理念，构建新发展格局，在各自的法学研究领域努力耕耘，涌现出许多成就卓然的探索性研究成果，显示出不俗的发展劲头与潜力。

一、法理学：以习近平法治思想为指导深化法学基础理论研究

2021年，北京地区法理学者既关注学术前沿热点，又兼顾传统问题研究，既注重理论探索，又关怀社会现实，对人们所关注的法律问题做出了相应的法理学回应。首先是全力开展对习近平法治思想的理论内涵和理论体系的研究工作，取得了一批有重大影响的学术成果。2020年11月，中央全面依法治国工作会议首次明确习近平法治思想，引发学界的关注与讨论。2021年,《习近平法治思想概论》和《习近平法治思想学习纲要》的相继出版又引发了新一轮的学习和讨论热潮。《习近平法治思想概论》成为法学教育核心课程体系中的“核心”，即成为法学课程体系中的首要基础课。《习近平法治思想概论》由张文显、信春鹰、徐显明、李林担任主编，马怀德、王轶等25位法学家专家参与写作，虽然吸纳了部分首都法学界之外的外省市专家，但主要成果是由北京地区法学界专家完成的，应当视为2021年度北京地区法学界在法学学科体系建设方面取得的重大的理论研究成果。其次，2021年，北京地区法理学者以习近平法治思想的研究和教学为契机，对法理学的热门话题和基础理论问题进行了深入研究，取得了以下几个方面的研究成果：一是中国政法大学教授雷磊在《中国社会科学》杂志上发文阐述了法的渊源理论的视角、性质与任务，主张法的渊源就是司法裁判过程中裁判依据的来源，在法律论证中发挥着权威理由的功能。上述探讨是2021年首都法理学界取得的重大学术成就，具有推陈出新的学术价值。二是中央办公厅法规局宋功德以党内法规制度建设的百年历程为考察对象，认为中国共产党在制度建设、制度变革、制度框架和制度保障等方面走出了特色鲜明的党内法规制度建设之路，形成了卓有成效的政党治理之道。此外，北京地区法理学者积极活跃地发表论文阐述最新理论观点外，在人工智能法学、计算法学、元宇宙法理、依规治党理论、司法体制改革等领域，首都各高等法律院校的法理学者也发表了很多有学术价值的论文，进一步深化了法理学的研究视野。

二、法律史学：继承优秀法律文化传统不断推陈出新

与往年类似，2021年度北京地区法律史领域的研究成果总体上呈现出“对中国的研究多于外国、对中国古代的研究多于近代”的特征。

2021年度法律史学人肩负加快构建中国特色哲学社会科学的时代使命，研究成果注重“古为今用”和“现代价值”的阐发，注重建构新的理论，注重打破“西方中心主义”，注重对所谓“启蒙”的反思，注重对“中国问题意识”的观照，彰显了中国特色、中国风格和中国气派。

三、宪法学：以合宪性审查为切口加大基本权利保护力度

2021年度，北京地区宪法学者以习近平法治思想为指导，除了发文全面和系统地探讨习近平法治思想中的宪法思想之外，还在以下几个方面，对宪法学的基础理论进行了探讨：2021年度北京地区宪法学界尤其关注对基本权利的保障和限制研究，进一步将其精细化、体系化，其中既包括传统的基本权利义务问题，也涉及对通信、算法等新兴技术的反馈。《法学杂志》在2021年第5期特设专栏，探讨合宪性审查制度专题，刊载了中国社会科学院大学马岭教授的《我国的合宪性审查制度及其文化审视》以及翟国强教授的《我国合宪性审查制度的双重功能》的论文，上述学术论文都从不同视角深化了合宪性审查的理论研究视野。

四、行政法学：以建设法治政府推动行政法治建设

2021年，北京地区行政法学者研究成果丰硕，不管是理论研究还是实务研究都取得了长足发展。行政法学理论研究服务于行政法治实践，行政法治实践呼唤行政法学理论创新。总体来看，2021年北京地区行政法学研究呈现出“注重理论与实践结合，立足中国本土国情，积极回应社会现实，坚持体系化研究思路，采取多元化、跨学科的研究方法”的特征。具体而言，行政法学人将研究视野主要聚焦在以下主题：行政法体系化的基础理论研究，以行政处罚为代表的行政行为研究，行政争议的多元化解决与实质性解决研究，数字政府建设的法治保障与个人信息保护研究，公共卫生法治体系与应急法治体系研究，行政法与部门法的对话及涉外行政法研究。

五、民法学：完善以民法典为核心的民事法律制度

2021年，北京地区民法学者学术关注的焦点还是集中在民法典的完善、人格权制度的完善等等社会关注的热点问题领域，比较突出的学术观点有以下几个方面：中国人民大学王利明教授在《民法典的体系化功能及其实现》中指出，《中华人民共和国民法典》的颁行有效地整合了散乱的民事单行法，构建了在统一价值指导下的完整系统规范体系。体系性的特征使得《中华人民共和国民法典》产生了统一法律规则、便利找法用法、便于体系释法和利于查漏补缺的功能。首都民法学界在逐步转向人格权编具体规则适用的研究，尤其是个人信息、人格权禁令、标表型人格权、死者人格权益、人格物、人格权侵害的民事责任等内容成为2021年度研究的热点。此外，随着《民法典》对个人信息权利的关注与《个人信息保护法》等法律的出台，对个人信息权利的保护也受到关注。

六、商法学：深入传统商法学的部门法研究

2021年，北京地区商法学者在公司法、证券法、信托法、破产法、保险法等领域的重大理论和实践问题上都发表了有创新性意义的学术观点。在公司法重大理论问题的探讨方面，商法学者们学术热情异常高涨。

《新华文摘》2021年第15期转载过3篇公司法研究的文章，其中均涉及宏观层面的公司法改革，分别是北京大学法学院教授蒋大兴的《公司法改革的文化拘束》以及中国人民大学法学院教授刘俊海的《新〈公司法〉的设计理念与框架建议》。2021年，北京地区商法学者在传统商法学的部门法领域展开了全面和详细的研究。对证券法的研究主要聚焦证券虚假陈述与内幕交易问题，具体涉及虚假陈述中中介机构的责任问题、中国《证券法》域外适用规则、多层次资本市场的构建问题、公司债券非公开发行的规范问题、内幕交易的规制问题以及投资者保护问题等。

七、经济法学：强化对竞争法的基础理论和实践问题研究

2021年，北京地区经济法学界研究的重点是竞争法。主要的学术观点表现在以下几个方面：竞争法领域的不少研究成果聚焦数字经济时代的反垄断规制和规则构建问题，如中国社会科学院法学研究所王晓晔的《数字经济反垄断监管的几点思考》等，对算法共谋、数据爬取、数据垄断等新兴领域的反垄断问题进行了回应。2021年，北京地区经济法学者对数字经济下的数据信息权保护积极进行理论回应，从权利优化配置角度完善了对信息权、数据权的内容与体系构建，如北京大学法学院教授张守文的《消费者信息权的法律拓展与综合保护》。

八、社会法学：重视对新兴领域劳动关系的新特点研究

2021年，北京地区社会法学者们研究视野进一步拓展，研究议题进一步深化，主要成就体现在以下几个方面：社会法学者多篇文章从论述劳动关系的核心要件由人身从属性转向经济从属性、劳动由从属性转向自治性、继续性履行事实优于明示合意的经典重现、在现行法律框架内通过劳动法典重述新型劳动关系等角度，探讨新时势下劳动关系概念的重述或重塑，或不完全劳动关系（或称“类劳动关系”“非标准劳动关系”）的构建。北京地区社会法学界发文继续关注远程工作的利弊和制度建构，防疫相关的视同工伤补偿、工时制度改造，突发公共卫生事件等的应急救助，传染病免费治疗、疫苗损害补偿等社会补偿制度。此外，还有学者对新时代社会治理法治问题作了系统性研究。

九、知识产权法学：基础与应用领域研究齐头并进

2021年，北京地区知识产权学者在知识产权法基础理论、著作权法、商标法、专利法和新业态知识产权等具体问题上的探讨都取得了较为丰富的学术成果。具体表现为：2021年，北京地区知识产权法学者还在著作权法领域开展了更加广泛议题的研究，例如，清华大学法学院崔国斌的《网络版权内容过滤措施的言论保护审查》（崔国斌）等等。从商标法领域研究热点上看，“商标使用”无疑是首都知识产权学者们一直关注的重点。此外，也有学者从公共领域、符号学、民刑交叉等视角，探讨商标权保护问题，比如中国政法大学冯晓青、李薇的《商标法中公共领域问题研究》等。从专利法领域研究的热点上看，有学者将专利问题与当前公共卫生事件、算法等结合分析。

十、环境法学：对环境法的法典化保持了很高的关注度

2021年度，北京地区环境法学者主要在以下几个方面对环境法学的理论问题与具体实践问题进行了深入的探讨，提出了一系列有学术价值的对策与建议：清华大学吕忠梅教授指出，世界范围内，各国根据自己的国情和法律传统，对环境立法体系化采取了“基本法+单行法”与法典化两种模式。按照建立现代环境治理体系的目标，“适度法典化”成为中国环境法典编纂的合理选择。北京大学教授汪劲以中国民法典框架体系作为借鉴，提出中国环境法典总则编、污染防治编、自然保护编、绿色低碳发展编和生态环境责任编的编体例。中国人民大学教授竺效探讨了《民法典》绿色原则的规范解释司法适用。中国政法大学教授曹明德阐述了中国碳排放交易面临的法律问题，并提出立法建议。

十一、刑法学：深化对刑法与民法交叉关系的研究

观察2021年的北京地区刑法学研究动向可知，在刑法教义学的认识、正当防卫、刑事合规、金融犯罪、网络犯罪等等方面，刑法学者们倾注于大量学术精力来悉心建构刑法学的理论大厦。清华大学张明楷教授发表在《中国社会科学报》上的《中国刑法学的发展方向》一文更是旗帜鲜明地表达了刑法学本土化的学术立场，他指出，中国刑法学当然要解决中国的问题，但如果只讲民族性，刑法学就难以提出具有原创性、普遍性的概念、范畴、原理；如果只讲世界性，就必然忽视回应中国的问题。从2021年度的北京地区刑法界研究成果来看，不论是总则还是分则，不论是刑事立法论抑或刑法解释论，不论是基础理论还是前沿问题，都深深地打上了本土实践的烙印。周光权在《法典化时代的刑法修订》一文中强调指出，刑法是重要的部门法，在推动法典编纂的大背景下，对刑法立法现状及其发展前景进行审视很有必要。2021年度，北京地区刑法学界围绕着刑法与民法之间的关系等的基础理论问题继续进行深入的探讨。北京大学教授陈兴良对刑法与民法之间的关系进行了深入阐述，在《民法对刑法的影响与刑法对民法的回应》指出，随着《中华人民共和国民法典》的颁布实施，我国法律体系臻于完善，由此带来刑民关系的深度融合。刑法对民法的从属性是相对的，刑法在立法中可以基于刑法的目的而做出不同于民法的规定或者界定，刑法对民法具有一定程度的独立性。

十二、民事诉讼法学：程序正义问题仍就是学术关注的重点

2021年度北京地区民事诉讼法学者对民诉基础理论、民诉程序以及相关的法律修订等进行了深入的探讨，取得了可喜的成绩。具体有以下几个特征：民事诉讼法学基础核心问题成为2021年度民事诉讼法学者的研究重点。北京地区民事诉讼法学者研究成果覆盖了诉讼程序的全流程和全类型。在这一方面主要论文研究议题涉及北京大学刘哲玮的《回归与独立：执行和解的私法解释考辨》、国家检察官学院讲师杨会新的《公益诉讼惩罚性赔偿问题研究》等，研究范围含括了民事司法程序的全部领域。

十三、刑事诉讼法学：继续跟踪刑事政策的正当性

2021年度，北京地区刑事诉讼法学者主要对以下五个领域的学术问题和实践应用问题进行了深入的研究和探讨。2021年北京地区刑事诉讼法学界研究的核心命题仍是认罪认罚从宽，相关论文主要聚焦于：（1）被告人与被害人的人权保障问题，包括被告人的律师帮助权、反悔权、上诉权和被害人的参与权等；（2）控、辩、审关系问题，尤以检法关系为主；（3）量刑建议问题等。与企业合规研究相关的论文主要从制度构建、实践观察、域外考察等方面重点关注以下问题：（1）企业合规不起诉问题；（2）合规的模式问题等。2021年北京地区刑诉学界关于合规不起诉的研究基本上承继了先前研究的争论，北京大学陈瑞华教授总结的合规不起诉八大争议问题则完整描绘了当前合规不起诉改革的研究对象。

十四、国际法学：公法、私法和经济法三足鼎立

2021年度，北京地区国际法学者们在全国国际法学界的学术研究成果仍然具有明显的学术领先优势。以下主要从国际公法、国际私法与国际经济法三个角度来对2021年度北京地区国际法学者的学术研究状况进行分析，以显示其学术活动的特点。2021年度，国际公法领域中最引人注目的研究热点就是在国际法治、全球治理领域发出的“中国声音”。而这其中尤为突出的特点是，学者们均选择围绕习近平法治思想涉外法治部分展开论述。中国政法大学教授孔庆江的《习近平法治思想中的全球治理观》与中国政法大学教授黄进、鲁洋的《习近平法治思想的国际法治意涵》两篇文章是这一研究热点中的典型。2021年的首都国际私法界研究兴趣主要呈现在三个领域：对中美贸易冲突引发的相关国际法问题的研究、国际民事诉讼领域的相关制度研究以及冲突法层面的研究。中国社会科学院国际法研究所副研究员孙南翔的《美国法律域外适用的历史源流与现代发展——兼论中国法域外适用法律体系建设》、中国社会科学院大学法学院教授刘敬东在《“一带一路”法治化体系构建的再思考》以及中国社会科学院大学法学院教授廖凡在《比较视角下的不可靠实体清单制度》都产生了较大的学术影响。

年度推荐论文和著作

论　文

1. 张文显：《习近平法治思想的实践逻辑、理论逻辑和历史逻辑》，《中国社会科学》，2021年第3期。
2. 雷磊：《重构“法的渊源”范畴》，《中国社会科学》，2021年第6期。
3. 莫纪宏：《在法治轨道上有序推进“全过程人民民主”》，《中国法学》，2021年第6期。
4. 王锴：《基本权利冲突及其解决思路》，《中国法学》，2021年第6期。
5. 余成峰：《信息隐私权的宪法时刻——规范基础与体系重构》，《中外法学》，2021年第1期。
6. 孙宪忠：《从〈民法典〉看乡村治理中急需关注的十个法治问题》，《中州学刊》，2021年第2期。
7. 蒋大兴：《超越商事交易裁判中的“普通民法逻辑”》，《国家检察官学院学报》，2021年第2期。
8. 王天玉：《工作时间的法理重述及规范构造》，《现代法学》，2021年第6期。
9. 黄进、鲁洋：《习近平法治思想的国际法治意涵》，《政法论坛》，2021年第3期。
10. 张明楷：《刑法的解法典化与再法典化》，《东方法学》，2021年第6期。

著　作

1. 张文显、信春鹰、徐显明、李林：《习近平法治思想概论》，高等教育出版社，2021年。
2. 张明楷：《刑法学》（第6版），法律出版社，2021年。
3. 王利明：《人格权法》（第3版），中国人民大学出版社，2021年。
4. 韩大元等：《宪法》，中国人民大学出版社，2021年。
5. 马怀德：《法治中国新时代》，外文出版社有限责任公司，2021年。
6. 陈卫东、宋英辉：《刑事诉讼法》，法律出版社，2021年。
7. 曹明德等：《生态文明法律体系的建构及实施保障研究》，法律出版社，2021年。
8. 刘仁文：《网络犯罪的司法面孔》，中国社会科学出版社，2021年。
9. 柳华文：《国际法研究导论》，中国社会科学出版社，2021年。
10. 白桂梅、刘骁：《人权法教学参考资料选编》（第2版），北京大学出版社，2021年。

法　学

一、首都法学界的学科发展情况

2021年度，首都法学界在法学各个学科领域都展开了深入研究，特别令人瞩目的有两个方面：一是根据教育部修订版《法学类教学质量国家标准》（2021年版）确立了"1+10+X"的新的法学课程体系。从2021年下学期开始，在首都各高等法律院校本科专业开设《习近平法治思想概论》课程，该课程成为法学教学课程体系的"1"，成为"10+X"课程的基础。二是一些新兴法学学科也正在逐渐走向前台，例如机器人法学、计算法学等等法学学科新名词进入首都法学界法学研究的视野。整体而言，首都法学界基本上在法学各个学科都作出了重要研究成果，不论是成果质量还是数量，都位居中国法学界前茅，引领了法学学科的学术发展方向。

（一）以《习近平法治思想概论》为契机形成法学研究和法学教育的学科发展平台

根据《法学类教学质量国家标准》（2021年版）[1]的要求，法学专业核心课程采取"10+X"分类设置模式。"10"指法学专业学生必须完成的10门专业必修课，包括：法理学、宪法学、中国法律史、刑法、民法、刑事诉讼法、民事诉讼法、行政法与行政诉讼法、国际法和法律职业伦理。"X"指各院校根据办学特色开设的其他专业必修课，包括：经济法、知识产权法、商法、国际私法、国际经济法、环境资源法、劳动与社会保障法、证据法和财税法。"10"门核心课程的学科体系基本上与中国特色社会主义法律体系中所蕴含的七大法律部门相对应，稍微有差别的是在"10"门核心课程中有法理学、中国法律史、国际法和职业法律伦理，缺的是社会法和经济法，但经济法在"X"课程中列入，社会法中的"劳动与社会保障法"在"X"课程中也有明确的体现。很显然，法学教育核心课程体系与中国特色社会主义法律体系中的部门法体系是有差异的。"10+X"课程体系大致上相当于法学理论的"学科体系"，只不过各自在"学科体系"中的层级不同。在新修订的《法学类教学质量国家标准》（2021年版）中，"10+X"课程体系变成了"1+10+X"，很显然，《习近平法治思想概论》[2]成为法学教育核心课程体系中的"核心"，成为法学课程体系中的首要基础课。该书由张文显、信春鹰、徐显明、李林担任主编，马怀德、王轶等25位法学家专家参与写作，虽然吸纳了部分首都法学界之外的外省市专家，但主要成果是由首都法学界专家完成的，应当视为2021年度首都法学界在法学学科体系建设方面取得的重大的理论研究成果。

《习近平法治思想概论》对习近平法治思想的基本理论内涵和核心要义进行了全面和系统的阐述，形成了以"十一个坚持"为基础的习近平法治思想的理论体系。当前，在法学教学中最紧迫的任务就是如何把"1"与"10+X"有机地结合起来，避免把"1"的课程内容与"10+X"割裂开来，这就需要从法学理论的学科体系上下功夫。也就是说，仅有《习近平法治思想概论》课程，在理论上还不足以把习近平法治思想的基本精神融汇到法学的不同学科体系中，必须要从整体上来构建习近平法治思想的理论体系，要把习近平法治思想的理论体系与法学学科体系及法学教学的课程体系有机地统一起来，才能防止因为现有法学课程体系的相对完整和闭环性影响了习近平法治思想对法学理论和法学教学所具有的理论指导作用的发挥。因此，《习近平法治思想概论》中的法治理论、学说和观点如何渗透到法学的各个学科体系中，形成区别于古今中外法治理论和学说的法学理论，同时能够以独特的话语体系来表述符合中国特色社会主义法治道路发展要求的法理和学术思想，这是首都法学界面临的重要研究任务。

中国政法大学、中国人民大学、北京大学、清华大学、中国社会科学院大学在如何上好这门课程上拿出了适合本校教学特点的教学方案，受到学生好评。

（二）首都法学界在法学各个学科领域都取得了领先全国同行的研究成绩

根据2021年CLSCI期刊发文统计分析报告，2021年度全国法学界各大高等院校在CLSCI期刊上发文总数排名前十名的有中国政法大学（315篇）、中国人民大学（134篇）、华东政法大学（110篇）、北京大学（102篇）、清华大学（84篇）、西南政法大学（74篇）、中国社会科学院大学（53篇）、武汉大学（50篇）、吉林大学（44篇）、中南财经政法大学（43

篇）。从上面数据来看，发文前十名单位的首都法学界占了一半，包括中国政法大学、中国人民大学、北京大学、清华大学、中国社会科学院大学，说明首都法学界在法学各学科领域研究力量雄厚、专家队伍人才济济，是全国法学研究领域的"重镇"。再以2021年度法学三大权威期刊单位发文量排名为例，2021年三大刊发文总数为176篇（2020年170篇），排名前六的分别是中国人民大学（17篇）、中国政法大学（16篇）、北京大学（13篇）、清华大学（10篇）、华东政法大学（9篇）、中国社会科学院大学（8篇），其中首都法学界的发文单位占了5席，表明首都法学界的科研成果的学术质量相对要高于全国法学界平均水平一大截。

从培养学生的科研能力角度来看，首都法学界培养的硕士博士科研能力突出。2021年CLSCI来源期刊共刊发论文1884篇，学生发文84篇，占比约为4.5%。位于前四名的学生分别来自于中国人民大学、中国政法大学、北京大学和清华大学。2021年度其中刑法学289篇，学生发文11篇；民法学281篇，学生发文22篇；法理学248篇，学生发文11篇；刑事诉讼法学192篇，学生发文7篇；行政法学175篇，学生发文6篇；商法学140篇，学生发文6篇；经济法学108篇，学生发文9篇；宪法学96篇，学生发文3篇；国际法学94篇，学生发文4篇；民事诉讼法学63篇，学生发文1篇；法律史61篇，学生发文2篇；知识产权法学58篇，学生发文0篇；环境法学45篇，学生发文2篇；社会法学34篇。

从以上数据可以看出，首都法学界在2021年度的各学科CLSCI期刊发文上，不论是发文单位发文总量，还是学生发文数量，都在全国法学界位于前列，这充分说明了2021年度首都法学界的学术研究状况不仅平稳有序，而且引领中国法学界的法学研究方向。

（三）以涉外法治研究、计算法学为先导推动法学学科的创新和发展

为了深入学习和研究习近平法治思想中的"统筹国内法治和涉外法治"的核心要义，首都法学界围绕着"涉外法治"问题积极地展开理论研究，很多高等法律院校相应成立了涉外法治研究机构，其中，以对外经济贸易大学在涉外法治研究方面取得的学术影响力最为显著。对外经济贸易大学通过设立涉外法治研究中心、开设涉外法治大讲堂、出版涉外法治发展报告等方式，积极推动首都法学界对涉外法治问题的全面系统的学科和学术性研究。为深入贯彻落实习近平法治思想，统筹推进国内法治和涉外法治，2021年3月20日，中国首家涉外法治研究中心——"对外经济贸易大学涉外法治研究院"成立大会暨"首届涉外法治高端论坛"在对外经济贸易大学举行。2021年6月9日，对外经济贸易大学"涉外法治大讲堂"启动仪式暨首次讲座在北京举行。首讲题目为"市场化、法治化、国际化营商环境"，由中国法学会副会长、最高人民法院原副院长江必新，中国法学会副会长、司法部原党组成员、国务院法制办副主任甘藏春，对外经济贸易大学党委常委、副校长王敬波担任主讲人。三位专家就市场化、法治化、国际化营商环境的概念内涵、现阶段面临的突出问题、未来制度建设的重点等议题进行了深入细致的分析。对外经济贸易大学还于2022年3月发布《中国涉外法治发展报告（2021）》。这是中国科研院校首次以年度报告形式发布的中国涉外法治发展蓝皮书，也是首都法学界在2021年法学新兴学科领域取得的重大学术创新成果。这份报告涵盖了"一带一路"涉外法治发展、中国数据治理涉外法治发展、国际化营商环境法治发展、涉外环境保护法治发展、反制裁法治发展、出口管制法治发展、对外贸易法治发展、涉外投资法治发展、涉外金融法治发展、反垄断涉外法治发展等14个专题，从参与全球治理、立法、执法、司法、法律服务和法学研究等方面展现了中国涉外法治发展的成果。

2021年度，首都法学界在法学新学科方面继续保持了创新势头。其中清华大学法学院推动的"计算法学"最为引人注目。清华大学法学院为了发展"计算法学"新兴学科，通过"夏令营"方式来吸引学生参与计算法学的各项科研活动，为计算法学的未来发展积极储备人才。2021年7月2—4日，清华大学法学院在清华大学校内举办第四届（2021年）全国优秀大学生"计算法学"主题夏令营活动。夏令营对计算机科学与技术、信息与通信工程、网络空间安全、控制科学与工程、电子科学与技术、电气工程、数学、统计学及其他理工科专业或掌握信息技术相关专业知识的学生优先考虑，并联合清华大学计算机系、电子系、自动化系、软件学院、车辆与运载学院、社科学院等校内单位和政府机关单位、国内知名互联网企业、律师事务所，进行法学与信息科学等方向的交叉研究型学习，致力于培养出一批既精通法律规则、又熟悉信息技术的高端复合型人才，进一步开拓法学的交叉学科范围，提高法学学科体系应对日益发展的科技的适应能力。

（四）首都法学界积极推动纪检监察学、国际法学成为法学门类下的一级学科

纪检监察学科是关于纪检监察制度及其发展规律的系统知识体系，是党的纪律检查活动和国家监察活动实践经验的总结和概括。推进纪检监察学科建设，是党长期执政条件下推进自我革命、丰富中国特色社会主义理论体系、推动纪检监察工作规范化和法治化的必然要求。纪检监察学的研究对象是纪检监察制度与纪检监察活动。纪检监察学有可能，也有必要作为法学门类下独立的一级学科进行建设。

近年来，随着纪检监察体制改革的深入，越来越多的高校、党校（行政学院）和科研院所开始关注和重视纪检监察学科建设。依托政治学、法学、马克思主义等优势学科资源，形成“纪检监察学”“廉政学”“监察法学”“国家监察制度学”等各具特色的研究方向和研究领域。据不完全统计，全国已有100余所高校设立纪检与监察学研究平台，并在法学学科设立纪检监察二级学科博士点，国家社科基金项目立项高达100余项，共投入专兼师资1000余人，专项资金2000余万元。以党风廉政建设和反腐败斗争为主题的科研成果迭出、方兴未艾。这些都为纪检监察学科的进一步发展奠定了良好基础。但从总体上看，纪检监察学科建设还远远滞后于纪检监察实践，特别是在纪检监察学科的学科属性和学科定位、研究取径和研究格局上，在学术命题、学术思想、学术观点、学术标准、学术话语上的阐释、概括、提炼的创新创造等方面还存在较大距离。

纪检监察体制在党和国家权力结构中的监督地位以及承担的党内监督和国家监督专责，决定了纪检监察理论既不专属政治理论，也不专属法学理论，而是融政治、法治、社会、管理等多领域为一体的综合性创新理论。只有创立与政治学、法学、社会学、管理学、公安学等平行的一级学科，构建体现党的纪律检查和国家监察职能特点和实践规律的学科体系，才能适应“反腐败斗争永远在路上”的需要，为“跳出治乱兴衰的历史周期率”提供有力的理论支撑和人才资源保障。

2021年度，围绕着纪检监察学作为一级学科，首都法学界很多高等法律院校给予了高度重视。中国政法大学发挥法学、政治学、马克思主义理论等学科优势，在全国比较早地启动了监察学科建设。2013年，经国务院学位办批准，设立高校首个纪检监察学研究生专业。2018年，经批准纪检监察学专业更名为国家监察学专业，并成立国家监察研究院。根据《中国政法大学国家监察研究院建设方案》，该研究院将与最高人民法院、最高人民检察院、地方国家监察机构合作，建立大型廉政建设数据库，并将与中央和地方的纪检、国家监察机构合作，培养纪检监察人才，培训国家监察系统干部。2021年度，中国政法大学除了按照往年的招生计划继续招收国家监察学方向的研究生之外，还组织了科研和教学力量论证把纪检监察学作为一级学科，所提出的建议经相关部门专家评估向教育主管部门正式提交，成为相关决策的重要依据。[3]

首都法学界在推动国际法学作为一级学科方面也作出重要努力，这一方面的代表人物是中国国际法学会会长、中国政法大学前校长黄进教授以及辽宁大学副校长杨松等。2021年全国两会期间，杨松接受澎湃新闻采访时表示，目前，中国国际法学科及其国际法学人才发展现状，远远不能适应中国的国家发展战略和世界大国地位。她认为，国际法学长期处于法学一级学科之下，国际法学的前沿性、独立性、多科性、交叉性的理论创新和规范体系建设都受到明显的影响，使得中国的国际法学学科体系建设和学术理论引领作用完全没有发挥出来，直接导致我国的国际法学研究始终落后于发达国家和有些新兴国家的水平，严重影响了中国的国际法学国际学术贡献，以及中国在全球治理和国际事务中的作用。在2021年全国两会上，她提交了《关于将国际法学设为法学门类下一级学科的建议》。中国政法大学前校长黄进等首都若干国际法学专家在2021年全国两会期间，也围绕着国际法学成为一级学科提出了很多倡议。黄进指出：中国目前设置有哲学、经济学、法学、教育学、文学、历史学、理学、工学、农学、医学、军事学、管理学和艺术学等13个学科门类。在法学学科门类中，有法学、政治学、社会学、民族学、马克思主义理论、公安学等6个一级学科。法学学科门类下的6个一级学科只有一个法学是一级学科，其他5个均不是严格意义上的法学学科，与经济学（含理论经济学、应用经济学2个一级学科）、教育学（含教育学、心理学、体育学3个一级学科）、文学（含中国语言文学、外国语言文学、新闻传播学3个一级学科）、历史学（含考古学、中国史、世界史3个一级学科）、管理学（含管理科学与工程、工商管理、农林经济管理、公共管理、图书情报与档案管理5个一级学科）等学科门类相比，极不平衡。同时，在普通高等学校

本科专业目录中，哲学类有3个本科专业、经济学类有10个本科专业、教育学类有8个本科专业、中国语言文学类有5个本科专业、历史学类有4个本科专业，管理学类就更多了，仅工商管理类就有10个本科专业，而法学类只有孤零零的一个法学本科专业。黄进教授建议将国际法学确立为法学学科门类下的一级学科，在高校设置国际法学本科专业，设立国际公法、国际私法、国际经济法、国际商法、国际刑法等硕士、博士学位授权点，打造汇聚高素质国际法教师和专门培养涉外法治人才的平台。这样，在法学学科门类下建立法学（以国内法学为主）和国际法学两个严格意义上的法学一级学科。[4]

总的来说，2021年度，首都法学界对纪检监察学和国际法学能够成为法学门类下一级学科表示了高度关切，同时还积极向教育行政主管部门建言献策，并在新闻报刊传媒上积极宣传，对于加强纪检监察学和国际法学在法学学科体系中的地位起到了非常重要的推动作用。

二、首都法学界的学术研究情况

2021年，首都法学界深入研究阐释宣传习近平法治思想，丰富了习近平法治思想的理论内涵。在习近平法治思想指导下，首都法学界对法学主要学科的前沿理论问题进行了深入和系统的学术探讨，产出了丰硕的研究成果。

（一）深入研究阐释宣传习近平法治思想

2020年11月，中央全面依法治国工作会议首次明确习近平法治思想，引发学界的关注与讨论。2021年，《习近平法治思想概论》和《习近平法治思想学习纲要》的相继出版又引发了新一轮的学习和讨论热潮。深入学习宣传贯彻习近平法治思想，是当前和今后一个时期全国法学法律界的一项重大政治任务。首都法学工作者深入开展对习近平法治思想的基本理论问题的研究，提出了很多有学术价值的观点。

1.在习近平法治思想的理论特征、内涵和重大意义方面的探讨。习近平法治思想内涵丰富、论述深刻、逻辑严密、系统完备，是马克思主义法治理论中国化最新成果，是习近平新时代中国特色社会主义思想的重要组成部分，是全面依法治国的根本遵循和行动指南。副委员长王晨从上述四个角度出发，坚持政理、法理和学理相结合，对“习近平法治思想是马克思主义法治理论中国化的新发展新飞跃”这一命题进行了深刻阐述。[5] 中国法学会学术委员会主任张文显认为，习近平法治思想是当代中国马克思主义法治理论，是21世纪马克思主义法治理论，具有鲜明的实践逻辑、科学的理论逻辑和深厚的历史逻辑。[6] 此外，张文显还对习近平法治思想的理论体系、基本精神、核心要义、方法论等内容进行了深入研究。《中国法学》总编辑、中国人民大学法学院教授黄文艺则重点关注习近平法治思想的理论体系分析，将其概括为基本理论、法治推进方略、法治重大关系三大板块。[7] 中央党校（国家行政学院）卓泽渊对习近平法治思想的核心要义，即习近平总书记在中央全面依法治国工作会议上提出的“十一个坚持”进行了法理解读。[8] 此外，中国社会科学院大学法学院李林教授、莫纪宏教授针对习近平法治思想的历史逻辑、理论逻辑、实践逻辑，习近平法治思想的理论体系等最前沿问题发表了多篇学术论文，提出了较为全面和系统的阐释习近平法治思想理论特征的有影响的学术观点。

2.对习近平法治思想的具体理论内涵的深入阐述。除了宏观层面的分析之外，2021年度，首都法理学界还有不少学者对习近平法治思想所涵盖的具体内容进行了更深一步的阐述。例如，全国人大宪法和法律委员会副主任委员江必新对习近平法治思想中的法治监督理论进行了阐释，指出该理论以保障人民利益为根本目的和出发点，其核心是运用法治来制约和监督权力。[9] 中国人民大学法学院教授黄文艺讨论了习近平法治思想中的法治工作队伍建设理论，认为法治工作队伍建设的总要求是建设一支忠于党、忠于国家、忠于人民、忠于法律的社会主义法治工作队伍。[10] 除此之外，中国社会科学院大学法学院李洪雷、翟国强、刘小妹和李忠分别就习近平法治思想中的司法改革理论、法治社会理论、人权理论、立法原则、民主与专政的关系以及反腐败科学要义等内容进行了阐释。

（二）法理学研究取得的学术成果

2021年，法学理论学科在CLSCI期刊上发表论文共计248篇，其中，三大刊发文数量28篇，占比11.29%。本年度的发文情况与2020年度（CLSCI文章共计247篇，其中三大刊27篇）相比基本持平。从2021年度各单位在CLSCI期刊的发文数量来看，排名前二的院校为中国政法大学、中国人民大学。其中，中国政法大学以23篇的发文数量蝉联榜首，中国人民大学以22篇的发文数量紧随其后。与上一年度相比，中国人民大学增长10篇。[11]

2021年的首都法理学者既关注学术前沿热点，又兼顾传统问题研究，既注重理论探索，又关怀社会现实，对人们所关注的法律问题做出了相应的法理学回应。主要在以下几个方面取得了较为显著的学术成果：

1.关于法源概念的研究。2021年首都法理学者专注于对法理学基本问题的研究与思考，有很多学者就旧的问题提出了自己新的观点，法的渊源便是这些基本问题之一。中国政法大学教授雷磊在《中国社会科学》杂志上发文阐述了法的渊源理论的视角、性质与任务，主张法的渊源就是司法裁判过程中裁判依据的来源，在法律论证中发挥着权威理由的功能。雷磊教授由此引申出对宪法渊源的讨论，认为宪法渊源指的是宪法的法律化适用过程中合宪性判断依据的来源。[12]上述探讨是2021年首都法理学界取得的重大学术成就，具有推陈出新的学术价值。

2.关于权利概念的研究。除法源问题之外，权利命题仍受广大法理学者的关注。中国政法大学法学院教授王夏昊从法律权利概念的分析路径着手，认为法律权利概念的分析研究包括基本的语义学承诺、法律权利的基本结构、基本的本体论承诺与法律权利的阶段模式等四方面内容，这是经验问题和规范问题研究必须遵循的前提和基础。[13]中央党校（国家行政学院）教授张恒山关注具体权利概念的结构，认为权利概念由“行为+结构”构成，权利既包含主体选择行为的自由，也包含对外在主体的义务设定。[14]北方工业大学教授刘叶深从情境命题与领域命题出发，认为权利具体化不可能满足新情境中所有确立权利的需求，因此新情境需要新兴权利，由此肯定了新兴权利的存在。[15]不过，有学者对此持相反态度。中国人民大学法学院教授陈景辉认为，新兴权利的情境与领域两个命题存在忽视权利重要性的共同缺陷，我们面对新的社会问题时需要的不是新兴权利，而是权利的重要性，由此对新兴权利持否认态度。[16]

3.人工智能的算法正义问题。2021年的人工智能讨论仍延续着2020年的余温，其中较多的论文集中于算法正义如何实现这一问题上。中国政法大学副教授郑玉双试图通过算法与法律关系的重构来实现算法正义，以此破解法律规制难题。除了算法正义的话题之外，还有学者就人工智能在司法领域的运用、人工智能法律主体地位的证成等内容展开了讨论。[17]

4.案例指导制度下的相关理论研究。自2010年中国案例指导制度建构以来，同案同判一直是法学界讨论的热点之一。中国政法大学教授雷磊对同案同判在司法裁判中的作用进行了讨论，认为同案同判是司法裁判的衍生性义务，有被其他更重要的理由所凌驾的可能。同时，它也具有表征性价值，是司法裁判的一种价值符号。[18]中国政法大学副教授孙海波认为，类案检索有助于法官发现可能的类案但不能直接取代类案判断，检索到的指导性案例应当参照，当它与其他案例蕴含的裁判规则出现冲突时，宜交由法官综合考量加以定夺。[19]

5.党内法规制度建设的经验与完善。治国必先治党，中国共产党历来重视党的队伍建设，并在过去的百年历程里积累了丰富的实践经验，到2021年，中国共产党已经形成了比较完善的党内法规体系。中央办公厅法规局宋功德以党内法规制度建设的百年历程为考察对象，认为中国共产党在制度建设、制度变革、制度框架和制度保障等方面走出了特色鲜明的党内法规制度建设之路，形成了卓有成效的政党治理之道。但是，党内法规制度建设只有进行时，没有完成时，对如何推进党内法规体系进一步走向完善也成为法理学者关注的问题，中国人民大学副教授孟涛为此提供了真知灼见，将推进党内法规体系完善的方法概括为厘清党内法规与规范性文件之间的界限、协调党内法规内部的规范冲突和部门分类、进一步明确党内法规与国家法律的调整界限等。

除了在上述几个方面，首都法理学者积极活跃地发表论文阐述最新理论观点外，在人工智能法学、计算法学、元宇宙法理、依规治党理论、司法体制改革等领域，首都各高等法律院校的法理学者也发表了很多有学术价值的论文，进一步深化了法理学的研究视野。

（三）法律史学研究取得的学术成果

2021年，22种CLSCI期刊上法律史学科发文相对集中。中国政法大学发文9篇，名列第二；清华大学发文4篇，名列第三。发文第一的单位是华东政法大学，说明以上海为中心的华东地区的高等法律院校在法律史学研究方面具有比较深厚的学术积淀。但首都法律史学者仍然是中国法律史学研究的一支最重要的学术力量，其中代表法律史学研究的学术中心中国法律史学会就处于中国社会科学院法学研究所的管辖之下，首都法律史学研究有非常深厚的历史传统和文化底蕴。[20]

与往年类似，2021年度首都法律史领域的研究成果总体上呈现出“对中国的研究多于外国、对中国古代的研究多于近代”的特征。本年度法史学人肩负“加快构建中国特色哲学社会科学”的时代使命，研究成果注重“古为今用”和“现代价值”的阐发、注重建构新的理论、注重打破“西方中心主义”、注重对所谓“启蒙”的反思、注重对“中国问题意识”的观照，彰显了中国特色、风格和气派。

就中国法律史而言，首都法史学界2021年度的研究成果分布在通史、古代、近代、现代等所有历史时期，但主要集中在古代部分，这在某种程度上回应了习近平总书记关于“要注意研究我国古代法制传统和成败得失，挖掘和传承中华法律文化精华，汲取营养、择善而用”的指示精神。其中，在先秦领域，墨子法律思想、法家学说等问题是学界关注的重点；以出土简牍文献研究辞证制度、律典体系、成说以及从现代法理的视角考察“春秋决狱”构成了2021年度秦汉法律史研究的热点与特色。2021年度魏晋法律史的研究围绕《晋书·刑法志》展开，同样侧重对法理观念的发掘。在隋唐领域，法律史学界2021年度主要关注的是法律文明转型、土地法规制度、官吏言论犯罪、《县令箴》等问题。从遵循先例制度的视角考察“故事”是本年度宋代法律史的研究主题，体现了学界融通古今中西之间法政传统的某种尝试。在元代领域，学界2021年度重点关注格例法体系与中华法系的关系。明清时期是中国古代法律史研究的重头戏，2021年自不例外。自理裁判文书、皇帝决策的法律机制、典习俗、土地交易规范及其私法理念、中国传统法以及司法悖论、君臣法外施仁博弈、权宜裁判等问题是本年度明清法律史的研究重点。

近世以降，在“西学东渐”的背景下，中国传统法律开启了“会通中西”的转型之路。2021年度首都法史学界对近代中国法律史的研究成果主要分为宏观、微观两个层面。在宏观层面，国防大学冯争争的晚清战争法[21]、中国人民大学马小红的礼与宪法的关系[22]、北京大学章永乐的“二十世纪之宪法”[23]、清华大学卢增华的不平等条约的修订与国际法运用[24]等论文提出的学术问题是2021年度首都法律史学界关注的焦点。在微观层面，首都法史学界主要侧重于以张之洞、沈家本、梁启超、王宠惠等法政耆宿为中心展开的研究。清华大学法学院陈新宇还在《清华法学》上发文，整理和回顾了清华大学法律学系三次组建的历史，指出：从清华的经验来看，法律教育的建设与发展规律可以总结归纳为国家政策、校方态度和个人作为三个要素，三者是成功的必要条件，不可或缺。[25]

法律儒家化、家族主义与自首制度、传统法中的“王”、传统生态环境法文化及当代价值、传统社会基层治理的法律机制与经验等问题是2021年度首都法律史学界在通史领域的研究热点，中国社会科学院法学研究所杨一凡先生的“重述中国法律思想史”不啻2021年度该领域的研究高峰。[26]

受多重因素的影响，现代领域是中国法律史研究的薄弱环节。2021年度该领域的研究成果共计3篇，主要涉及“四九宪制”、新中国婚姻立法等中华人民共和国成立初期的法律话题。“政策分析”“宣传引导”是理论界关注当代中国法律的出发点。

就外国法律史而言，首先，2021年度通史方面的研究成果最多，首都法史学界主要关注的是法典化、工商文明与法律变革、治外法权等问题。其次，2021年度近代史方面的论文数量位列第二，这些研究成果主要围绕治外法权、领事裁判权等国际法问题展开论述。最后，神圣罗马帝国法政传统、法国习惯法编纂史是2021年度学界对中世纪法律史研究进行探寻的视角。中国政法大学黎敏对现代民主宪制理论思想形态的学术研究构成了唯一一篇2021年度现代西方法律史论文的主题。[27]值得注意的是，或囿于文献与史料，2021年首都法史学界专门对西方古代社会的研究成果付之阙如。作为西方法政思想、文化和典章制度的重要源头，古希腊、古罗马似乎不应成为外国法制史上的“失踪者”。

（四）宪法学研究取得的学术成果

2021年度，首都宪法学领域高产学者的标准是在CLSCI期刊上发文量在3篇及以上。据此，本领域高产学者为：中国人民大学韩大元（3篇），中国社会科学院莫纪宏（3篇），北京大学张翔（3篇），中国人民大学王旭（3篇），外地宪法学者的发文数量未能进入全国宪法学者个人发文总量的前四名。这说明首都宪法学者在中国宪法学研究领域占据了绝对的学术影响地位。

2021年宪法学领域96篇CLSCI论文来自全国36个不同的科研单位。从各科研单位的整体情况来看，以发文量4篇及以上作为高产单位的标准，中国人民大学法学院继2020年来依然独占鳌头，2021年度共发文9篇。中国社会科学院大学紧随其后，发文8篇。与2020年相比较，北京大学法学院异军突起，发文数量7篇。中国政法大学本年度发文6篇。

2021年，中国人民大学法学院在宪法学领域形成了自己独特的研究优势。由韩大元、王旭引领的宪法学研究学术团队，凭借自身发文量的优势确保中国人民大学法学院可以持续保持宪法学研究的头把交椅。

2021年，中国社会科学院大学继续守住了宪法学研究传统重镇的地位，发文8篇，紧随中国人民大学法学院之后。莫纪宏作为高产学者以3篇发文量带动了社科院的整体研究。与2020年相比较，以张翔教授为代表的北京大学法学院团队，依靠自身的研究实力提高了所在科研单位的研究水平。[28]

2021年度，首都宪法学者以习近平法治思想为指导，除了全面系统地探讨习近平法治思想中的宪法思想之外，还在以下几个方面，对宪法学的基础理论问题和其他重要学术问题展开了深入研究和探讨：

1.宪法学的基础理论问题。宪法学研究的重点领域在于宪法的基本概念和基础理论，2021年度宪法学的基础理论研究在前人的铺垫下继续寻求突破，形成了不少突出成果。如中国人民大学王旭的《制宪的二元模式及其秩序同构》[29]、北京大学张翔的《宪法概念、宪法效力与宪法渊源》[30]等。宪法文本和宪法语境中特定术语的规范内涵等问题获得持续关注，如王旭从依宪治国的中国逻辑出发，将“人民共和国宪法观”重新进行了解构和建构。此外还包括张翔的《“共同富裕”作为宪法社会主义原则的规范内涵》[31]等文。中央财经大学于文豪从微观视角关注地方政府双重负责的宪法内涵，针对地方政府面对本级人大与上级政府的不同意志的处理问题进行了探讨[32]，中国政法大学陈征着眼于宪法的基本原则，在与比例原则对比论证的基础上，阐释了宪法中的禁止保护不足原则[33]。

2.对基本权利和基本义务的探讨。公民的基本权利和义务一直以来是宪法学研究的核心问题，2021年度首都宪法学界尤其关注对基本权利的保障和限制研究，进一步将其精细化、体系化，其中既包括传统的基本权利义务问题，也涉及对通信、算法等新兴技术的反馈。北京航空航天大学王锴教授探讨了基本权利冲突及其解决思路，认为可依顺序通过程序设计、实践调和、权利位阶和比例原则以及过度禁止审查和不足禁止审查的方法来解决权利冲突问题。[34]面对科技发展对于基本权利的冲击，宪法学者也提出了自己的见解。北京大学王锡锌和彭錞认为从宪法基本权利的维度分析，应当以《宪法》第38条人格尊严条款内蕴的个人信息受保护权来作为个人信息保护法律体系建构的基础。[35]中国人民大学李忠夏认为应将个人信息保护立足于宪法文本，建立在隐私利益的基础之上，并通过解释学上的建构，发展出层级化的隐私保护体系。[36]北京航空航天大学余成峰则认为信息隐私权的保护应从个人本位转向社会本位，从控制范式转向信任范式，从独占维度转向沟通维度，从二元对峙转向一体多元，从权利视角转向权力视角，从概念独断转向语用商谈。[37]

3.合宪性审查与宪法解释。合宪性审查与宪法解释是健全宪法监督机制的核心，也是宪法学对于法律实践的直接回应，2021年度合宪性审查与宪法解释继续成为首都宪法学者们的研究热点。中国人民大学王旭教授提出了合宪性审查中“相抵触”标准的建构，认为在坚持层级结构理论确立的宪法优先地位前提下，应将“事物的本质”作为合宪性审查判断的内容标准，在宪法规范具体化和个别化两个场景中分别展开法教义学体系建构，最终提炼出这种判断标准运用的一般思维框架。[38]首都师范大学杜强强探讨了法律违宪的类型区分与合宪性解释的功能分配问题，将违宪分为法律的字面违宪和适用违宪，认为字面违宪应交由合宪性审查机关处理，适用违宪应交由法院处理。[39]此外，《法学杂志》在2021年第5期特设专栏，专题探讨合宪性审查制度，刊载了中国社会科学院大学马岭的《我国的合宪性审查制度及其文化审视》以及翟国强的《我国合宪性审查制度的双重功能》的论文，上述学术论文都从不同视角深化了合宪性审查的理论研究视野。

4.伴随法学研究的逐渐深入，宪法与部门法之间的对话与交流成为宪法学发展的重要趋势。在宪法中研究部门法，在部门法中讨论宪法，仍是2021年度首都宪法学界的研究热点。与2020年相比，2021年度部门宪法学研究不再集中于民法学领域，各领域均有建树，且关注部门法本身对于宪法规范性和优位性的回应，如中国政法大学秦奥蕾的《论婚姻保护的立宪目的——兼回应“离婚冷静期”争议》[40]等。

5.比较宪法。2021年度外国宪法学与比较宪法学研究仍方兴未艾。该领域研究主要对象为美国和法国，体现出首都宪法学界对于传统强国的偏爱。中国社会科学院国际法研究所钟瑞华从宪法、政治和文化的多维视野，讨论了美国的政教关系问题。[41]清华大学刘晗则基于美国不成文宪法学说的比较，对“有宪法典的不成文宪法”这一论断进行了考察。[42]此类研究还包括北京大学法学院左亦鲁的《从自由到平等：美国言论自由的现代转型》、[43]中国政法大学王蔚副教授的《基本权利之“基本”的内涵——以法国法为中心》。[44]

（五）行政法学研究取得的学术成果

根据CLSCI期刊统计，2021年度首都行政法学研究领域高产学者的标准是发文量在4篇及以上。据此，本领域高产学者为：中央财经大学刘权（6篇），中国政法大学马怀德（4篇），中共中央党校（国家行政学院）周佑勇（4篇），北京大学王锡锌（4篇），北京大学彭錞助理（4篇），中国人民公安大学苏宇（4篇）。2021年行政法学领域175篇CLSCI论文来自全国56个不同的科研单位。从各科研单位的整体情况来看，以发文量8篇及以上作为高产单位的标准，中国政法大学近几年持续占据第一的位置，且发文数量遥遥领先于其他科研单位，形成了明显对比。2021年度中国政法大学在该领域共发文26篇。北京大学继续保持自己的行政法学研究优势，以13篇发文位居第二。中国政法大学在马怀德的带领下，稳中求进，继续巩固了行政法学研究的地位。以王锡锌为代表的北京大学行政法学研究团队在2021年度也有优异表现，王锡锌以4篇发文量带动了北京大学行政法青年力量的发展，北京大学彭錞在本年度也发文多篇。[45]

总体来看，2021年首都行政法学研究呈现出“注重理论与实践结合，立足中国本土国情，积极回应社会现实，坚持体系化研究思路，采取多元化、跨学科的研究方法”的特征。具体而言，首都行政法学人将研究视野主要聚焦在以下主题：行政法体系化的基础理论研究，以行政处罚为代表的行政行为研究，行政争议的多元化解决与实质性解决研究，数字政府建设的法治保障与个人信息保护研究，公共卫生法治体系与应急法治体系研究，行政法与部门法的对话及涉外行政法研究。

1.行政法学基础理论。中国政法大学马怀德认为在迈向“规划”时代的法治中国建设中，重点工作是推进条件成熟领域的法典编纂、强化涉外法治建设、强化绿色发展的法治保障、推动法治政府建设向纵深迈进、增强对科技创新的法治回应等多个方面。[46]中国社会科学院大学法学院周汉华讨论了全面依法治国与第三方评估制度的完善问题，分析了中国第三方评估的委托评估与独立评估的两种模式，认为只有加深对第三方评估制度的理论认识，才能准确把握其未来发展方向并推进相关制度建设，推动我国的制度型开放进程。[47]在2021年度基础理论研究中，对于行政法基本原则的探讨成为一个显著趋势，尤其是比例原则成为重要关注点，此外还涉及风险预防、过罚相当、善意履职等原则。北京大学法学院彭錞探讨了行政应急性原则问题，认为行政应急性原则具有法律原则的特征，亦符合我国行政法基本原则的标准，能为完善事前应急立法的程序、内容和效力以及应急行为事后审查的渠道和逻辑提供规范性指引。[48]中国人民公安大学苏宇副教授提出了对风险预防原则的结构化阐释，认为风险预防原则的基础性要素主要包括危害预期、不确定性、预防措施和证明机制，四项要素及其相互间关系决定了风险预防原则的内部结构。结构化的风险预防原则，内含积极授权原则、整体比例原则、最小最大值原则、反向证明原则四项子原则。[49]

2.行政法法典化研究。民法典的成功编纂证明了部门法法典化路径是成功的，但与《民法典》的制定比较，行政法法典化的外国参考范本较少，实施更加复杂，因此需要更坚实的理论支撑。对于行政法法典编纂的必要性和可行性，2021年度首都行政法学者们也进行了热烈的探讨。中国政法大学王万华教授提出了我国行政法法典编纂的程序主义进路选择，认为我国行政法法典编纂宜采程序主义进路，更有助于实现政府治理现代化这一法典编纂的根本目的、具备更充分的单行法基础、可增强行政法法典的体系性及突显行政法治基本精神、更有利于克服现代法典编纂面临的“常与变”困境。[50]北京大学湛中乐教授则以部门行政法视角研究了教育法法典化的问题，[51]清华大学陈天昊副教授则以法国行政法法典化为例，讨论其对中国行政法法典化的借鉴。[52]

3.以行政处罚为代表的行政行为理论研究。行政行为作为行政法学研究的重点领域，2021年度继续成为首都行政法学人们最关注的专题之一。首都行政法学者既深入研究行政行为基本原理，又关注法治实践中与具体行政行为相关的热点和重点问题。随着《行政处罚法》的修改与实施，与行政处罚相关的理论与实践引发了学界的热烈讨论。关于行政行为的研究主要聚焦在行政协议、政府信息公开、行政规制及行政许可等几个方面。清华大学余凌云研究了交警非现场执法的规范构建问题，认为对于暂时无法通过技术更新解决的问题，有必要引入或明确更多的制度规范予以回应，并通过道路交通安全法的修改，进一步丰富和完善交警非现场执法规范体系。[53]中国社会科学院大学法学院卢超讨论了行政许可承诺制的程序再造与规制创新问题，认为许可承诺制通过对传统许可程序的简化再造，降低了市场进入门槛与成本负担，将风险防控的行政任务交由信用规制等事中事后监管工具来承担，许可承诺制与事中事后监管在这一行政过程中渐次形成“互动共演”的关系，而许可承诺制的规制创新集中表现为信用承诺元素与“助推型监管”这两个特征。[54]

在行政处罚专题研究中，首都行政法学者格外重视行政处罚的概念研究和法律文本研究，并对《行政处罚法》的实施提出了不同看法。中央党校（国家行政学院）胡建淼则从概念分析的视角对行政处罚进行了解释研究：前者以行政处罚的定义为切入点，阐释了“行政处罚”概念的法律定位。[55]此外，《法律科学》2021年第5期特设专题，刊发了全国人大宪法和法律委员会江必新教授与贺译葶的《贯彻〈行政处罚法〉需重点把握的几个问题》、中央党校（国家行政学院）周佑勇教授的《行政处罚裁量基准的法治化及其限度——评新修订的〈行政处罚法〉第34条》的文章。可以预见，随着新《行政处罚法》的实施，该领域的研究在2022年依然会成为热点。

4.行政诉讼制度理论研究。行政诉讼制度作为保障公民合法权益、监督行政机关依法行政的基础，2021年度仍成为首都行政法学界的关注重点，其内容主要涉及对规范性文件的附带审查、行政公益诉讼以及对行政审判的数据分析等领域。清华大学何海波讨论了法院对规范性文件的附带审查问题，认为一并审查不是一种独立的诉讼类型，而只是法院为正确审理行政案件所做的附带审查。法院对被诉行政行为所依据的行政规范性文件，应当予以“主动、全面、审慎、适度”的审查。[56]与此同时，在研究方法上，2021年度首都行政法学者对行政诉讼研究注重基于司法大数据的实证研究分析，反映了行政诉讼实证研究化的发展趋势。如马超、郑兆祐、何海波的《行政法院的中国试验——基于24万份判决书的研究》[57]、国家法官学院孙晓勇的《农地诉讼案件的审理难点及对策——基于12省30县市区的调研数据》《涉农地案件的诉源分析——以司法大数据为基础的考察》[58]等研究成果。

5.行政复议改革研究。2021年，首都行政法学者对行政复议理论制度的研究持续发力，且主要聚焦在行政复议制度的改革和完善上。中央党校（国家行政学院）周佑勇探讨了行政复议的主渠道作用及其制度选择的问题，认为行政复议制度应以“权利救济”作为其价值基础，通过改革行政复议管辖制度，健全复议机构及人员设置，完善调解、和解制度，增设复议案件繁简分流制度等，将其内在的制度优势充分激发出来。[59]中国政法大学王万华也讨论了“化解行政争议的主渠道”定位与行政复议制度完善的问题，认为“化解行政争议的主渠道”定位基于复议独特的社会治理优势而提出，其基本要求为多数行政争议经由行政复议渠道得到实质化解，行政争议在行政复议中实现程序终结和实体终结。[60]此外，值得注意的是，《法学杂志》于2021年第5期和第6期连续策划了《行政复议法（征求意见稿）》的专题，分别刊载了中国政法大学马怀德的《论我国行政复议管辖体制的完善——〈行政复议法（征求意见稿）〉第30—34条评介》、清华大学余凌云的《取消“双被告”之后法院对行政复议决定的评判》等6篇文章。可以预见，随着《行政复议法》的修改，此领域在之后将持续成为学界研究热点。

6.数字政府建设的法治保障研究。2021年，首都行政法学者对该领域研究重点关注的是公共信用的法治建设与惩戒，兼顾政府信息公开、新技术的行政规制等主题。中央党校（国家行政学院）王伟探讨了社会信用法的立法模式选择问题，认为在立法体例上，采取以私权利主体的信用调整为主、适度衔接公权力主体信用问题的“折中”立法模式，是社会信用法较为理想的立法方案。[61]此外，该领域的研究还有北京大学彭錞的《失信联合惩戒行政诉讼救济困境及出路》《失信联合惩戒制度的法治困境及出路——基于对41份中央级失信惩戒备忘录的分析》[62]等文章。

7.个人信息保护研究。在内容上，2021年度首都行政法学界研究主要集中在个人信息保护的国家责任与义务、个人信息保护的基本原则与构建等领域。北京大学王锡锌教授在2021年度共刊发4篇相关文章，堪称该领域最高产学者。他从国家保护的角度出发，探讨了个人信息权利束问题，并论证了个人信息的国家保护义务及展开路径、个人信息权益的三层构造及保护机制。他认为个人信息权利束指包括个人信息主体知情、决定、查询、更正、复制、删除等权能在内的一组权利集合，从国家保护和规制策略视角理解权利束的性质和功能，有助于更好地建构数据治理公法秩序，促进数据治理体系的结构优化和能力提升。[63]此外，王锡锌还分析了个人信息可携权与数据治理的分配正义问题，中国社会科学院大学法学院周汉华还讨论了个人信息保护与隐私权的关系问题。[64]

8.公共卫生法治体系与应急法治体系研究。坚持理论和实践相结合，关注社会现实中的重点、难点和热点问题，是行政法学研究的基本要求。2021年，随着新冠疫情防控的深入化与常态化，首都行政法学人继续对公共卫生法律制度，特别是传染病防治法与突发事件应对法进行关注。在反思中国相关现行制度的同时，首都行政法学人积极推动公共卫生法治体系与应急法治体系的建构。中国政法大学解志勇探讨了中国公共卫生预警原则和机制建构研究问题，认为公共卫生预警原则以保障生命健康权、风险防控、效率和正当程序为价值取向，具备良好的适法性，应当确立为《传染病防治法》的基本原则。而建构和完善预警机制，需要独立设置专业性预警机构，制定严密高效的信息搜集、风险评估、信息发布程序。[65]

总而言之，2021年首都行政法学界研究成果丰硕，行政法的理论研究和实务研究都取得了可喜成就，为加快法治国家、法治政府、法治社会一体化建设，助推国家治理能力和治理体系现代化发展提供了理论支持。

（六）民法学研究取得的学术成果

根据CLSCI期刊发文统计，2021年度，全国民法学领域高产学者的标准是发文量在4篇及以上。据此，本领域高产学者为：中国人民大学王利明（11篇），中国政法大学李永军（5篇），清华大学程啸（5篇），对外经济贸易大学许可（5篇），中国人民大学张新宝（4篇）。首都民法学者稳居全国民法学界个人发文数量前五名。2021年度民法学界发文量在12篇以上的单位分别是中国人民大学（42篇）、中国政法大学（26篇）、清华大学（17篇）。首都民法学界稳居全国前三名。这一统计数据表明，在民法学学术研究领域，首都民法学界一直是全国民法学学术研究的中心。[66]

2021年度首都民法学者学术关注的焦点还是集中在民法典的完善、人格权制度的完善等等社会关注的热点问题领域，比较突出的学术观点有以下几个方面：

1.《民法典》实施中重大疑难问题的教义分析。制度性研究是首都民法学研究的核心组成部分，是从事其他类型民法学研究的基础和前提，也是从事其他类型民法学研究的最终归宿。中国人民大学王轶在《编纂实施民法典是习近平法治思想的生动实践》中提出编纂民法典与习近平法治思想之间的辩证关系。[67]中国人民大学王利明在《民法典的体系化功能及其实现》中指出:《中华人民共和国民法典》(简称《民法典》) 的颁行有效地整合了散乱的民事单行法，构建了在统一价值指导下的完整系统规范体系。体系性的特征使得《民法典》产生了统一法律规则、便利找法用法、便于体系释法和利于查漏补缺的功能。只有充分发挥这些功能，才能准确理解《民法典》的立法意旨，准确适用和贯彻好《民法典》，并为完善立法、依法行政和法官准确适用法律提供保障。[68]《民法典》实施之后，民法学研究的重点则发生了立法论到解释论的转向，呈现针对具体制度或者规则进行精细化研究和本土化教义学分析的特点，这也展现了理论研究的良性生态。具体而言，除了前述担保制度、土地制度和人格权之外，民法学研究具体制度散诸《民法典》各编。例如，总则编的民事权利能力、法律行为、民事责任、意定监护、代理制度、时效制度，物权编的居住权，合同编的缔约过失、合同僵局、履行障碍、违约责任、不当得利、无因管理及部分典型合同的规范构造，婚姻家庭编的夫妻共同债务的清偿与执行，侵权责任编中侵权责任的损害赔偿的范围及计算、公平责任、自甘风险、高空抛坠物等问题。[69]《民法典》和《农村土地承包法》均对农村土地制度作了立法规定和完善，尤其是对土地承包经营权和土地经营权作了清晰定位，以此为基础，首都民法学者一方面在解释论上进一步阐释和优化土地经营权、土地承包关系、集体经济组织、集体所有权、集体建设用地使用权等内容，另一方面对于改革尚未完成的内容，为相应规则的立法或政策制定提供建议，如土地经营权登记规则的设计、宅基地三权分置的立法表达等。《民法典》对动产和权利担保制度进行了重大革新，扩张了动产担保的范围，与《民法典》一并实施的《最高人民法院适用〈中华人民共和国民法典〉有关担保制度的解释》进一步作了细化规定。由于这些新规与国内此前主流学说存在巨大差异，2021年度首都民法学者针对这些重大立法变化的理解与适用展开了大量的理论研究，产出了一批具有影响力的研究成果。

2.人格权编的价值与规范适用。人格权独立成编是中国《民法典》在立法体例上的重要创制，凸显了对人格权保护的人文主义精神。学界在逐步凝聚这一共识之后，开始转向人格权编具体规则适用的研究，[70]尤其是个人信息、人格权禁令、标表型人格权、死者人格权益、人格物、人格权侵害的民事责任等内容成为2021年度研究的热点。[71]

此外，随着《民法典》对个人信息权利的关注与《个人信息保护法》等法律的出台，对个人信息权利的保护也受到关注。对算法、互联网、数据、人工智能、网络平台等问题的研究，热度虽不如前两年，但仍有新的火花不断迸发。农村、农民、土地问题，一直是党和国家关心的重点，2021年度研究也予以回应。虽然目前民法的法典化工作已经告一段落，但带来的法典化热潮还在继续：商法虽不再寻求独立的商法典，但希望推动商法总（通）则的呼声仍有；环境法典的制定[72]、是否可以有劳动法典、部分行政法的法典化、现行刑法是否是刑法典的讨论等，都体现了《民法典》对其他法学领域影响之大。

（七）商法学研究取得的学术成果

据CLSCI期刊发文统计，2021年度商法学领域高产学者的标准是发文量在3篇及以上，本领域高产学者为：中国政法大学李建伟（7篇），中国人民大学刘俊海（6篇），中国政法大学赵旭东（5篇），北京大学蒋大兴（4篇），位居发文量前四的都是来自首都商法学界。[73]

2021年度，首都商法学者在公司法、证券法、信托法、破产法、保险法等领域的重大理论和实践问题上都发表了有创新性意义的学术观点。

1.关于公司法的探讨。在公司法重大理论问题的探讨方面，首都商法学者们学术热情异常高涨。《新华文摘》2021年第15期转载过3篇公司法研究的文章，其中均涉及宏观层面的公司法改革，分别是北京大学法学院蒋大兴的《公司法改革的文化拘束》[74]以及中国人民大学法学院刘俊海的《新〈公司法〉的设计理念与框架建议》[75]。这种整体主义视角的审视，可以有效避免公司法改革过于关注具体制度，而忽视公司法整体的联动。论文多强调公司法在总体制度设计上回应急剧变革的社会现实需求，基于整体主义的立场和功能主义的视角，全面尊重和鼓励公司理性自治，提升公司法的可诉性和可裁性，优化公司组织类型，重构公司立法体例。简化强制性规范的效力识别规则逐渐成为学界共识。此外，公司类型及其分类规范的立法设计同样引发了学界的关注。公司资本制度是公司法的支撑性制度之一。公司的运营一刻也无法离开资本，资本同样支撑起了公司人格的物质基础，关系着对债权人的保护。2021年的研究主要涉及公司资本的体系化改革、公司资本的前端控制，如中国政法大学李建伟教授的《授权资本发行制与认缴制的融合——公司资本制度的变革及公司法修订选择》[76]；以及公司资本的后段改革，其中最主要的讨论围绕公司偿债能力测试展开，如清华大学朱慈蕴的《公司资本制度的后端改革与偿债能力测试的借鉴》[77]等。此外，对公司担保问题、公司治理和股东权利保护等，首都商法学界也有一定程度上的持续关注。公司治理制度的主要内容是调整公司内部各个机构、成员之间的权利义务配置，涉及公司三会、董监高、经理、股东、职工等。公司治理问题应该是公司法改革中最为关注的话题。从宏观的制度设计，到具体的问题，首都商法学界对此都有相当程度上的关注。具体而言，主要关注的话题包括董事范畴、董事义务与董事行为的约束机制，经理层的法律定位与制度设计，中国公司治理的股东会中心主义与董事会中心主义之争，公司监督权力的配置改革，公司决议行为的效力、企业社会责任问题等。股东权利，包括知情权、分红权、表决权等，对这些权利的保护一直以来就是公司法的重要话题。2021年的研究主要涉及对大股东滥权行为的规制，股权转让行为的属性及其规范，我国类别股创设的法律路径，股东优先购买权的性质与效力，股东知情权、分红权等权利的实现路径，股东派生诉讼制度的完善问题等。[78]

2.关于证券法、信托法、破产法和保险法的探讨。2021年度，首都商法学者在传统商法学的部门法领域展开了全面和详细的研究。对证券法的研究主要聚焦证券虚假陈述与内幕交易问题，[79]具体涉及虚假陈述中中介机构的责任问题、我国《证券法》域外适用规则、多层次资本市场的构建问题、公司债券非公开发行的规范问题、内幕交易的规制问题以及投资者保护问题等。对信托法的研究以探讨信托法的独立性为主，强调信托作为民法的特别法，并对信托财产的所有权归属问题以及委托人的独立性进行探讨。其根本上是对信托法作为英美法系的舶来品在我国与本土民商法制度的融合与协调问题。探讨在缺乏英美衡平法传统的我国，能否存在信托关系作为信义关系，进而使信托财产结构兼容于中国的可能性。学界还关注了信托公司担任慈善信托受托人问题以及信托受益人的诉讼权利等问题。[80]此外，关于个人破产的理论建构、立法条件是否成熟、具体内容等也有学者涉及，对保险法的研究仍主要集中在保险合同法领域，对于《民法典》实施后与保险法相关规定的衔接问题，尤其是保险法作为特别法的特殊规则，如何正确理解两者之间的差异并掌握法律适用尺度就成为学者研究的当务之急。从保险的道德属性再到安全义务的体系重塑，强调保险作为风险控制的工具作用，作为社会稳定的调节器功能。

（八）经济法学研究取得的学术成果

根据CLSCI期刊发文统计，2021年度，在全国39家科研单位中，经济法学领域发文量位居前十位的单位中分别有来自首都经济法学界的中国政法大学（11篇）、北京大学法学院（7篇）、对外经贸大学法学院（5篇）、清华大学法学院（3篇）、中国社会科学院法学研究所（3篇），来自北京大学的张守文为年度发文量最多的经济法学者。2021年度，首都经济法学界研究的重点是竞争法以41篇独占鳌头，远超本学科其他研究领域（金融法16篇、税法11篇、基础理论10篇、消费者保护法2篇）。[81] 主要的学术观点表现在以下几个方面：

1.关于竞争法的研究。竞争法领域的不少研究成果聚焦数字经济时代的反垄断规制和规则构建问题，如中国社会科学院法学研究所王晓晔研究员的《数字经济反垄断监管的几点思考》[82] 等，对算法共谋、数据爬取、数据垄断等新兴领域的反垄断问题进行了回应。与此同时，研究也涉及对一系列竞争法基础理论问题和执法、司法实践问题的反思与拓展，诸如对竞争法的价值定位、基本原则的研究，对不正当竞争和垄断行为的性质认定、反垄断纠纷可仲裁性、反垄断民事诉讼证据开示制度的探讨等。另外，对于创新价值在反垄断立法中的定位问题也引起了学者们的反思。

2.关于经济法与宪法、数字经济等新兴领域的关系的研究。中国政法大学薛克鹏在《建构与宪法相融的经济法——兼论政府与市场经济的关系》一文中，主张"经济法应当从多个维度与宪法深度融合，更要避免违宪"[83]。2021年度首都经济法学者对数字经济下的数据信息权保护积极进行理论回应，不仅从权利优化配置角度完善了对信息权、数据权的内容与体系构建，如北京大学法学院张守文的《消费者信息权的法律拓展与综合保护》[84]；同时也沿循以个体权利为中心的研究范式，进一步探讨了如何在经济活动中，强化对信息与数据运用的合法性与规范性问题，如中国政法大学教授焦海涛的《个人信息的反垄断法保护：从附属保护到独立保护》[85]、中央财经大学邢会强的《大数据时代个人金融信息的保护与利用》[86] 以及中国社会科学院大学法学院席月民的《数据安全：数据信托目的及其实现机制》[87] 等。

（九）社会法学研究取得的学术成果

据CLSCI期刊发文统计，2021年度，全国社会法学领域高产学者的标准是发文量在2篇及以上，高产学者为：中国社会科学院谢增毅（3篇），中国社会科学院王天玉（3篇），中央财经大学沈建峰（3篇），清华大学陈靖远（2篇）。发文量前四名均来自首都社会法学界，其中前二名来自中国社会科学院法学研究所，这说明中国社会科学院法学研究所在社会法学研究领域的学术成果稳居首都和全国社会法学界的前列。就发文总量而言，2020年度发文27篇，2021年度增至34篇。按发文单位统计，中国社会科学院发文量蝉联第一，从去年的4篇增至6篇；中国政法大学和中央财经大学保持第二，均从2020年的2篇增至3篇；2021年发表2篇的单位有北京大学、清华大学。2021年度首都社会法学界的CLSCI单位发文量排名前五的都是来自首都社会法学界的专家所在院校，[88] 这表明中国社会法学理论和学术研究的中心目前仍然聚集在首都圈。

2021年度，首都社会法学者们研究视野进一步拓展，研究议题进一步深化，主要成就体现在以下几个方面：

1.新就业形态相关问题。首都社会法学者多篇文章从论述劳动关系的核心要件由人身从属性转向经济从属性、劳动由从属性转向自治性、继续性履行事实优于明示合意的经典重现、在现行法律框架内通过劳动法典重述新型劳动关系等角度，[89] 探讨新时势下劳动关系概念的重述或重塑，或不完全劳动关系（或称"类劳动关系""非标准劳动关系"）的构建。其后亟须解决的课题，是不完全劳动关系项下劳动者的权益配置，包括最长工作时间和强制性休息、最低工资标准、劳动安全保障、职业伤害保险等方面，社会法学发文中已有文章探讨平台劳动者的社会养老保险建构、[90] 自主性劳动者的工时制度改造。同时，借此出台劳动基准或劳动标准的呼声甚高，有文章就劳动基准法论述其作为强行法的公私法效力，从基础理论上理顺立法思路。后续待研究的问题还有与不完全劳动关系相适应的侵权责任承担、争议主管和管辖、举证责任分配等等。在不完全劳动关系项下，或是在新就业形态项下，有众多新兴的、系统性的问题在学理层面、实务中和立法上有待应对和解决，可以预见此课题在未来几年里仍将是研究的热点和重点。

2.女性职场保护问题。首都社会法学者发表文章专题研究职场性骚扰的雇主义务及责任、女性工作权的"盲区"及修正，[91] 涉及家务与工作、机会与资源、职场空职场信息规制[92]等维度的性别平等诉求。伴随鼓励生育的新国情、新国策，保障和增进女性的就业平等和职场权益，也在社会发展和制度设计上的必要配置和题中之义，可预见此课题将有更多的研究和展开。

3.新冠疫情应对相关问题。首都社会法学界发文继续关注远程工作的利弊和制度建构，[93]防疫相关的视同工伤补偿、工时制度改造，突发公共卫生事件等的应急救助，传染病免费治疗、疫苗损害补偿等社会补偿制度。此外，还有学者对新时代社会治理法治问题作了系统性研究。[94]

总体上，2021年度，首都社会法学领域的研究，从保障平台就业者基本权益、促进就业平等和保护工作权、平衡工作与休息、多方位优化社会保障等角度，契合和奔赴"共富"的时代主题。

（十）知识产权法学研究取得的学术成果

2021年度，知识产权法学研究领域CLSCI发文院校排名前二甲，分别是：清华大学法学院（发文7篇）、中国政法大学（发文7篇）；清华大学蒋舸（3篇），中国政法大学杨利华（3篇）位居个人发文量前五。上述资料表明，首都知识产权法学界仍然具有很强的学术活力和学术潜力，特别是中青年学者更是积蓄实力以待后发。

2021年度，首都知识产权法学者对著作权领域相关的主题关注仍旧是发文热点。通过不完全归类统计，著作权法领域的发文量为25篇，商标法领域发文11篇，知识产权基本理论领域发文7篇，专利法领域发文6篇。此外，新领域新业态知识产权相关主题发文9篇。[95]在知识产权法基础理论、著作权法、商标法、专利法和新业态知识产权等具体问题上的探讨都取得了较为丰富的学术成果。具体表现为：

1.关于知识产权法基本理论的探讨。清华大学刘迪在《论维修权与知识产权之协调》一文中认为，目前，全球范围内创设维修权的立法方兴未艾。近十年来，美国以州级法律的形式，逐渐在各州铺开维修权的立法进程；欧盟以指令和行动计划等形式，在法律文本中添加了维修权条款。虽然在立法目的上存在差异，但欧美维修权立法都面临着与知识产权法的融合问题。在主张知识产权强保护的当下，单一的侵权抗辩形式已经难以承担修理行为的积极含义，消费者等主体的修理行为及其利益可能会受到侵蚀。因此，在与知识产权法相协调的背景下，维修权具有一定正当性。同时，维修权的适用也将为知识产权拥有者设定相应义务，以期达到利益平衡。此外，当前疫情和3D打印技术的发展，可以深化对于设立维修权以应对知识产权扩张问题的思考。[96]

2.关于著作权法问题的探讨。清华大学法学院蒋舸在《深层链接直接侵权责任认定的实质提供标准》中指出：纵观著作权权能的历史发展与现行范围，作品利用行为的责任定性包含两方面的考虑：一方面，权利人开发某种利用行为潜在的社会福利能力越强，该利用行为越可能引发责任；另一方面，利用者对内容和传播方式的干预程度越高，越可能引发直接侵权责任。[97]蒋舸在另一篇论文《著作权直接侵权认定中的"用户感知"因素——从复制权到信息网络传播权》中提出：现有研究将"用户感知"视为信息网络传播权领域的专属话题，但实际上用户感知在著作权各种权能的直接侵权认定中一直发挥着关键作用。"服务器"标准排斥"用户感知"而将直接侵权判断建立在纯粹的技术细节分析之上，有违支配各种权能边界的共同原则，不值得提倡。信息网络传播权的界定应当与其他权能保持一致，在重视"用户感知"的基础上辅以"专家判断"。[98]此外，蒋舸还在《著作权法的"宽进宽出"结构》中主张：著作权直接侵权责任成立的体系化分析框架由客体、权能与限制环节构成。该分析框架应当遵循"宽进宽出"的总体思路。[99]北京大学法学院杨明在《私人复制的著作权法制度应对：从机械复制到云服务》中指出：私人复制长久以来主要表现为手工抄写，因而立法对之一直未有专门的制度安排。从市场原则出发来看，私人复制将更加没有"生存空间"，因而补偿金制度已无构建之必要。我国刚刚完成修订的《著作权法》坚持了过去的正确选择，即使云服务时代仍会有零星的私人复制行为，现行立法也足以应对。[100]2021年度，首都知识产权法学者还在著作权法领域开展了更加广泛议题的研究，例如，清华大学法学院崔国斌的《网络版权内容过滤措施的言论保护审查》[101]，中国人民大学法学院万勇的《著作权法强制性过滤机制的中国选择》[102]，中国政法大学杨利华的《人工智能生成物著作权问题探究》[103]《公共领域视野下著作权法价值构造研究》[104]等等。

3.关于商标法的探讨。从商标法领域研究热点上看，"商标使用"无疑是首都知识产权学者们一直关注的重点。中国政法大学张今在《服务商标之使用和保护的特殊性研究》中提出：就服务商标的保护而言，应正视服务及服务商标在地域范围上的突破，对服务商标的保护应符合商业实践的发展，在处理涉及权利冲突的纠纷时应综合认定服务商标的显著性和知名度、涉案使用行为的正当性等各个因素，以合理保护服务商标并维护市场秩序。[105] 中国政法大学付继存在《注册商标使用中的“未改变显著特征”》一文中也主张：注册商标使用的判定因“未改变显著特征”的语义不精确而有或然性，进而影响与商标专用权确认、维持与保护有关的预期，助长市场机会主义。在形成“未改变显著特征”这一判断时，识别公用性关联元素、替代性关联元素与装饰元素应分别采用竞争必需测试、稳定对应测试与表达需要测试。相同识别效果的判断应衡量明确指代、消费者认知习惯与商标法秩序等因素。[106] 商标侵权相关主题也是2021年度商标法领域持续热门的话题。清华大学法学院崔国斌在《姓名商品化权的侵权认定思路》中提出：利用自然人姓名推销商品或服务已经成为现代商业的重要实践，而姓名商品化权是规范此类商业推销行为的制度工具。在《民法典》仅仅对这一权利作出原则规定的背景下，明确姓名商品化权的侵权认定思路成了当务之急。在适用表达自由抗辩时，法院应该综合考虑推销目的之显著程度、使用行为的言论价值、替代表达的可能性以及产权机制运作的可能性。沿着上述分析框架，法院在认定姓名商品化权侵权时，将具有更清晰的思路。[107] 此外，也有学者从公共领域、符号学、民刑交叉等视角，探讨商标权保护问题，比如中国政法大学冯晓青、李薇的《商标法中公共领域问题研究》[108] 等。

4.关于专利法的探讨。从专利法领域研究的热点上看，有学者将专利问题与当前公共卫生事件、算法等结合分析，比如中国人民大学法学院张吉豫在《智能时代算法专利适格性的理论证成》中主张：立足人工智能产业的现实情况和促进“新基建”的时代背景，应当从算法专利适格性的问题思维转向算法专利权保护的法理思维，破解算法创新与应用实现的绝对二元论及对算法专利权保护过度的犹疑，肯定算法的专利适格性，激励基础算法与核心技术创新。同时，应从法理上确认算法公开换保护的价值意涵，以推动智能时代专利制度的理论创新、功能发展、机制优化，促进知识产权领域的良法善治[109]。

5.关于新领域新业态知识产权的探讨。从新领域新业态知识产权相关主题上看，首都知识产权界许多学者聚焦个人信息相关法律问题，清华大学法学院吴伟光在《平台组织内网络企业对个人信息保护的信义义务》中指出：平台组织是一种新型基本社会组织，平台组织内的个人信息保护问题本质上是网络企业与网络用户在平台组织内的关系问题。将个人信息中的法益视为网络用户对网络企业的信义利益，避免了网络用户和政府部门由于信息失灵造成的个人信息保护的各种困境，符合网络经济动态变化特征对法律规范既要灵活又要有效的特殊要求。[110] 也有学者将数据、数字与信号、算法作为研究对象，比如中国政法大学周长玲、方宇菲的《卫星导航系统信号保护的法理基础与制度完善》。[111]

（十一）环境法学研究取得的学术成果

2021年，CLSCI期刊发表的45篇环境资源法学论文来自23家科研单位，其中，北京大学发文5篇，中国政法大学发文4篇，清华大学发文3篇，位居前三。个人发文量前十中有首都环境法学者3人，分别是清华大学/中国法学会吕忠梅（4篇）、中国人民大学竺效（2篇）以及北京大学吴凯杰（2篇）。吕忠梅以中国法学会为单位，在《当代法学》发表了《中国环境法典的编纂条件及基本定位》，在《东方法学》发表了《中国环境立法法典化模式选择及其展开》。中国人民大学竺效在《中国法学》发表了《论绿色原则的规范解释司法适用》，在《当代法学》发表了《环境法典编纂结构模式之比较研究》。上述统计表明，首都环境法学者在全国环境法学界显得比较活跃以及具有很强的学术潜力。[112]

2021年度，首都环境法学者主要在以下几个方面对环境法学的理论问题与具体实践问题进行了深入的探讨，提出了一系列有学术价值的对策与建议：

1.习近平法治思想及生态文明法治理论。清华大学吕忠梅、田时雨在《在习近平法治思想指引下建设生态文明法治体系》[113] 一文中对习近平法治思想的生态文明法治理论及习近平法治思想指引下生态文明法治体系的建设进行了深入研究论述。文章指出，习近平法治思想的生态文明法治理论是马克思主义法治理论结合中国国情在推进生态文明建设过程中的理论创新，建设中国特色社会主义法治体系，也意味着生态文明法治领域的一场深刻变革，即建设生态文明法治体系。中国政法大学于文轩、胡泽弘研究了生态文明法治理论的理念溯源与实践路径。[114]

2.环境法典编纂。北京大学吴凯杰关注的是环境法典总则的体系功能和规范配置。清华大学教授吕忠梅对中国环境法典的编纂条件及基本定位进行了深入阐释，认为环境法典编纂不仅条件成熟，而且恰逢其时。[115] 对于中国环境法典模式选择，吕忠梅指出，按照建立现代环境治理体系的目标，“适度法典化”成为中国环境法典编纂的合理选择。[116]北京大学汪劲以中国民法典框架体系作为借鉴，探讨了中国环境法典框架体系的构建和创新。文章提出中国环境法典总则编、污染防治编、自然保护编、绿色低碳发展编和生态环境责任编的编体例。[117]中国人民大学竺效还比较了环境法典编纂结构模式。[118]

3.生态环境损害认定和救济、环境公益诉讼。中国政法大学吕梦醒探讨了生态环境损害多元救济机制的衔接问题。文章指出，围绕着生态环境损害救济，我国构建了多元主体参与、多种路径并存的制度体系，为公共利益提供全面保障的同时，也带来了不同机制之间应如何衔接的难题。[119]中国政法大学郑家良探讨了环境公益诉讼中“环境公共利益”的法律表达与解释限缩，认为如何抑制对“环境公共利益”的扩大化解释和限缩“环境公共利益”在法律上的内涵和外延，这是“环境公共利益”法律表达的核心问题和任务。[120]

4.民法典理解与适用的相关问题。中国人民大学竺效探讨了《民法典》绿色原则的规范解释司法适用。文章指出，绿色原则的规范解释适用可依循民事规范识别、冲突价值权衡、解释方法探求和比例原则考量四个主要步骤展开，并应严守利益平衡、充分说理和规范双引三项基本要求。[121]

5.“双碳目标”下的法律问题应对。中国政法大学曹明德阐述了中国碳排放交易面临的法律问题，并提出立法建议。文章主张，应尽快颁布《碳排放交易管理条例》和适时制定《应对气候变化法》。国务院发展研究中心资源与环境政策研究所副所长常纪文关注的是“双碳”目标下，大气污染物与二氧化碳协同减排制度机制的建构。文章指出，我国实现碳达峰目标和碳中和愿景需要大气污染防治制度机制来助力。[122]

6.自然资源管理与自然保护地立法。清华大学邓海峰关注的是生态文明体制改革中自然资源资产分级行使制度。北京大学吴凯杰关注的是生态区域保护法的法典化需求与路径。作为环境法体系的新兴领域，生态区域保护法的法典化需求与路径有待明确。为了充分实现法典编纂的体系化效益，生态区域保护法的法典化需要合理确定应纳入的法律规范内容范围、协调与相关单行法的外部关系、安排内部的逻辑主线与结构，以及设计集中体现法典模式优势的重点制度[123]。

（十二）刑法学研究取得的学术成果

据CLSCI期刊发文统计，2021年度，统计显示，在发文的单位中，前三甲为清华大学与北京大学（并列第一）、中国政法大学，其发文的篇数分别为24、19篇。全国刑法学研究领域高产学者的标准是发文量在4篇及以上。据此，本领域高产学者为：清华大学张明楷（10篇），北京大学陈兴良（9篇），中国政法大学/东南大学刘艳红（8篇），清华大学周光权（6篇），北京大学王新（4篇），首都刑法学者占据个人发文量前七位中的五位，[124]进一步表明首都刑法学界人才济济、大咖云集，是中国刑法学理论与学术研究的重镇和名副其实的中心。

观察2021年的首都刑法学研究动向可知，在刑法教义学的认识、正当防卫、刑事合规、金融犯罪、网络犯罪等等方面，刑法学者们倾注大量学术精力来悉心建构刑法学的理论大厦。

1.刑法学本土化意识进一步增强。清华大学张明楷在《刑法学中的概念使用与创制》一文中强调指出：概念的创造者对相关领域享有高度乃至绝对的话语权。中国的刑法学要想在国际社会获得话语权，就需要通过观察、归纳生活事实创制新的描述性概念，并进一步通过抽象、提炼创制具有影响力的规范性概念。[125]张明楷发表在《中国社会科学报》上的《中国刑法学的发展方向》一文更是旗帜鲜明地表达了刑法学本土化的学术立场，他指出：中国刑法学在这方面存在两个极端：一个极端是只讲民族性，对于源于国外的概念持彻底否认、排斥的态度；一旦借鉴德日学说就会被人扣上“德日化”“照搬德日”等帽子。另一个极端是只讲世界性，甚至将国外学说当作检验中国刑事立法、司法与理论的标准。上述两个极端都不利于刑法学的发展。中国刑法学当然要解决中国的问题，但如果只讲民族性，刑法学就难以提出具有原创性、普遍性的概念、范畴、原理；如果只讲世界性，就必然忽视回应中国的问题。总之，刑法学的研究应当坚持民族性与世界性的并重。[126]

2.刑法学更加注重实践问题导向。从2021年度首都刑法学界研究成果来看，不论是总则还是分则，不论是刑事立法论抑或刑法解释论，不论是基础理论还是前沿问题，都深深地打上了本土实践的烙印。清华大学法学院周光权的《刑事立法进展与司法展望——〈刑法修正案（十一）〉总置评》一文指出：与《民法典》等近十部其他部门法相协调以维护法秩序统一，回应民众对于热点问题的关切，凸显维护公共安全、国家金融安全的重要性等，是《刑法修正案（十一）》的立法考量因素。[127]中国社会科学院法学研究所刘仁文在《刑事案件另案处理的检视与完善》一文中认为，另案处理作为中国司法实践中办理不能或不宜并案处理的案件时采用的一种办案方式，具有一定的合理存在空间。当前中国的另案处理概念纷乱、适用类型宽泛、地区差异大，这主要是法律缺位和规范滞后、适用标准不明确、权力制约和监督不足等所引起的。有必要从统一概念、明晰适用标准、建立权力制约机制以及增强被告人质证权和辩护权的保障等方面入手，构建完善的一元化刑事另案处理制度。[128]

3.强化了对刑法法典化理念的研究。2021年度，刑法法典化的立法理念在首都刑法学者的学术研究中得到了高度重视，很多著名刑法学者通过比较刑法与民法之间的关系，来论证加强刑法法典化的重要性。周光权在《法典化时代的刑法修订》一文中强调指出：刑法是重要的部门法，在推动法典编纂的大背景下，对刑法立法现状及其发展前景进行审视很有必要。[129] 清华大学法学院张明楷在《刑法的解法典化与再法典化》中指出：不管再法典化是否以解法典化为前提，由于涉及刑事立法方向的相关重要问题还没有解决，中国当下不宜对刑法进行再法典化；基于理想主义的法典观、刑法应追随民法典的观念以及刑法修正案立法方式的特点所提出的尽快对刑法进行再法典化的各种主张，均难以成立。民法典并不直接影响刑法典分则的体系安排，并非只有个人法益—社会法益—国家法益的体系安排才可能与民法典相协调；将来对刑法分则实行再法典化时，可以按保护法益的类型采取小章制。[130]

4.刑事立法研究与司法解释研究兼顾。刑事立法论与司法解释论是首都刑法学界研究的“两大阵营”，清华大学张明楷在《〈刑法修正案（十一）〉对司法解释的否认及其问题解决》一文中明确指出：在司法为民的中国，要求面临社会舆论与社会需求巨大压力的司法机关杜绝类推解释，可能并不现实；与其期待司法机关不作类推解释，不如期待立法机关积极修改刑法、迅速增设新罪。立法机关应当从几年通过一个修正案转变为一年通过几个修正案，从5年增加、修改50个左右刑法条文转变到1年增加、修改10个左右刑法条文。对《刑法修正案（十一）》施行前发生的法无明文规定的行为，即使司法解释将其规定为犯罪，也必须严格遵循从旧兼从轻原则，确保罪刑法定原则的贯彻。与《刑法修正案（十一）》相抵触的司法解释，应当在《刑法修正案（十一）》颁布后（而非施行后）自然失效。[131] 中国社会科学院大学法学院何庆仁在《我国〈刑法〉第29条第2款的合宪性解释》中主张：刑法领域内的合宪性解释已经成为刑法学与宪法学在新时代的共同追求，但是刑法学的关注尚停留于理念宣导，宪法学的关注则主要以分则具体问题为中心，刑法教义学本身很少接受合宪性检视。实际上，合宪性检视对刑法教义学的合理化与合法化均具有重要意义。《刑法》第29条第2款规定的教唆犯独立性与从属性之争，在教义学上陷入了多极对峙、自说自话或者将立法者作为挡箭牌的诸多困境。如果引入合宪性的价值视角重新审视围绕该款规定的各种解释结论，可以发现宪法中平等原则和比例原则的指导意义，有助于疏解流于智识之争的该学理僵局。刑法教义学应当自觉接受合宪性检视，贯彻宪法价值，以完善和发展自己的教义学知识体系。[132]

5.基础理论研究与前沿问题研究并重。2021年度，首都刑法学界围绕着刑法与民法之间的关系等基础理论问题继续进行深入的探讨。北京大学陈兴良对刑法与民法之间的关系进行了深入阐述，在《民法对刑法的影响与刑法对民法的回应》中，陈兴良教授指出：随着《中华人民共和国民法典》的颁布实施，我国法律体系臻于完善，由此带来刑民关系的深度融合。在这种情况下，需要进一步考察民法对刑法的创制与适用所带来的影响，同时刑法应当对其做出积极的回应。刑法与民法并不是完全的消长关系，刑法在社会治理过程中仍然应当发挥其作用。重刑轻民的观念以及重刑主义思想应当加以清除，使刑法与民法能够互相协调，成为法治国家建设中的两大法律支柱。[133] 在另一篇讨论民法刑法关系的论文中，陈兴良进一步指出：刑民交叉是当前我国法学界关注的热点问题，该问题同时涉及刑事问题与民事问题，具有一定的疑难复杂性。客观地说，对于刑民交叉问题，更为关注的是刑事法学者。因为相对于刑事法而言，民事法具有前置法的性质，因而刑事法的实施在更大程度上受到民事法的制约。尤其是《民法典》的颁布对刑事法的适用带来较大影响，因此刑法学者及刑事法律工作者不能只知刑事法而不知民事法；在犯罪认定的时候，不仅应当遵循刑法思维，而且应当遵循民法思维。通常认为，民法一般采用的是形式思维。[134] 中国政法大学刘艳红在《法秩序统一原理下未成年人保护制度的刑民衔接适用》一文中也探讨了未成年人保护制度中的刑民衔接问题，刘艳红认为：未成年人保护制度的刑民衔接适用应遵循刑民共治规律。在刑民责任界分中，应充分重视主观要件的作用，并在现行刑法的罪名体系框架内基于刑民一体化视野和最有利于未成年人原则，对行为是否构成犯罪予以实质考量，避免刑法在民事领域的过度介入。通过坚持民法优先原则，恪守刑法谦抑主义，最大限度地实现人性民法与物性刑法的融合发展。[135]

（十三）民事诉讼法学研究取得的学术成果

据CLSCI期刊发文统计，2021年度全国共有18家校级单位登上民事诉讼法学科榜单。北京大学（6篇）位于第二，清华大学、中国政法大学并列第四。北京大学刘哲玮、曹志勋、汪蓓，清华大学陈杭平、任重，中国人民大学肖建国、金印、宋史超，中国政法大学韩波、胡思博、刘君博、史明洲，北京师范大学熊跃敏，国家检察官学院杨会新，中央财经大学曹建军个人发文量位居全国同行前列，[136]说明首都民事诉讼法学界仍然是大咖云集，学术研究对全国民事诉讼法学的学科发展具有引领作用。

在研究内容上，2021年度首都民事诉讼法学者对民诉基础理论、民诉程序以及相关的法律修订等进行了深入的探讨，取得了可喜的成绩。具体有以下几个特征：

1.加强对民事诉讼法学基础理论的研究。民事诉讼法学基础核心问题成为2021年度首都民事诉讼法学者的研究重点。清华大学任重的《论我国民事诉讼标的与诉讼请求的关系》[137]，北京大学曹志勋《民事诉讼中的双重相关事实——“初步证据”向“假定为真”的转变》[138]《民事鉴定程序启动中的职权与权利配置》[139]，中央财经大学曹建军《论书证提出命令的制度扩张与要件重构》[140]等研究从证明的手段、方法、内容和责任分配等多个维度展开讨论，进一步夯实了这一民诉法最具共识之领域。同时，清华大学任重的《民事纠纷一次性解决的限度》着眼纠纷一次性解决理念。上述成果重申基础学理、重析经典问题，显著提升了民事诉讼法学的理论品格。[141]

2.关于民事诉讼程序全过程的法律问题研究。2021年度，首都民事诉讼法学者研究成果覆盖了诉讼程序的全流程和全类型。研究议题涉及北京大学刘哲玮的《回归与独立：执行和解的私法解释考辨》[142]、国家检察官学院讲师杨会新的《公益诉讼惩罚性赔偿问题研究》[143]等，研究范围含括了民事司法程序的全部领域。北京大学曹志勋《民事诉讼依职权审查合同效力规则再认识》[144]的分析丰富了当事人主义的制度安排。

执行程序一如既往地成为学术热点。中国人民大学肖建国的《强制执行形式化原则的制度效应》[145]、中国政法大学刘君博《从“查封”到“诉讼”：无形财产执行的制度逻辑与立法选择》[146]、中国人民大学金印《案外人对执行标的主张实体权利的程序救济》[147]、中国政法大学史明洲《执行财产调查程序的模式选择：为职权主义辩护》[148]等研究为今后执行法的制定提供了完备的理论供给。

3.关注民事诉讼领域相关法律修订工作。2021年民事诉讼法修法进程再启，内容主要包括司法确认程序、小额程序、简易程序、独任制和在线诉讼等，首都民事诉讼法学者围绕上述问题展开分析，为立法工作发挥学术智识、贡献理论之力。新《民事诉讼法》已于2022年1月1日起施行。在上述内容之外，还有不少新兴主题进入研究视野，如北京大学刘哲玮《论民事司法解释的时间效力规则》[149]关注民事司法解释的时间效力、中国政法大学胡思博《民事程序类指导案例的构建与运用》[150]研究程序类指导性案例的构建。

（十四）刑事诉讼法学研究取得的学术成果

据CLSCI期刊发文统计，2021年度，全国刑事诉讼法学领域发文量最多的并列四位中就有首都刑事诉讼法学者两人，分别是北京大学陈瑞华（4篇），北京外国语大学郑曦（4篇）。发文最多的单位是中国政法大学，全年发表论文32篇，占全国刑事诉讼法学发文总量192篇的近17%。[151]这说明，在刑事诉讼法学研究领域，首都刑事诉讼法学者仍然是全国的中坚力量。

2021年度，首都刑事诉讼法学者主要对以下五个领域的学术问题和实践应用问题进行了深入的研究和探讨。

1.认罪认罚从宽研究热度不减，反思论占据主体地位。2021年首都刑事诉讼法学界研究的核心命题仍是认罪认罚从宽，相关论文主要聚焦于：（1）被告人与被害人的人权保障问题，包括被告人的律师帮助权、反悔权、上诉权和被害人的参与权等；（2）控、辩、审关系问题，尤以检法关系为主；（3）量刑建议问题等。相较于之前研究明显呈现出“反思论”倾向，“矛盾”与“化解”、“冲突”与“调和”、“新解”与“重构”、“误释”与“重塑”成为2021年首都刑诉法学界认罪认罚从宽研究中频频出现的热点词语。可以看出，认罪认罚从宽[152]在经历了制度正当性争论、规则解释争论之后，首都刑事诉讼法学界开始通过描绘司法实践中出现的悖反现象，以更宏大的研究视角对其法理基础、实施路径进行理论反思与重新阐释。这种研究立场将认罪认罚从宽的讨论重新拉回到价值层面之上。例如有学者认为，适用于对抗性司法程序的传统程序正义理论无法有效解释协商性司法程序，应基于诉讼主体理论、理性选择理论和功利主义哲学理论发展出协商性程序正义；解决认罪认罚从宽实施矛盾的关键在于“提高程序正当化水平，协调公正与效率价值的关系”；调和认罪认罚案件中控审冲突的思路是“正视认罪认罚从宽制度的激励性价值”[153]；改革认罪认罚从宽制度的关键在于破除“权力主导”的路径依赖等等。

与此同时，认罪认罚从宽的研究内部也形成了“权力调和”与“权利保障”的二元区分，前者通常以“法检冲突或控审构造”为研究起点，辐射出诸如“量刑建议的精准化与高采纳率误区”“法官参与控辩具结活动正当性”“重罪案件适用认罪认罚从宽”等具体命题，“合宪性调控”“控审理性沟通”等理论成为学界解决上述问题的智识贡献。后者以“权利保障”为视角的研究则覆盖了认罪认罚案件中的被告人、被害人以及辩护人等多元主体，其中如何保障被告人的“反悔权”，如何处理“上诉权”与“抗诉权”的关系，如何明确被害人参与认罪认罚的限度以及如何界定值班律师的诉讼权利成为“权利保障”视角下的热议话题。总体而言，认罪认罚从宽主题研究的生命力依旧旺盛，研究者以认罪认罚制度带来的协商性理念、修复性逻辑为改革契机，力图借此机会提升控辩平等原则的诉讼地位，协调控审双方的权力冲突，从而有效预防和规制刑事诉讼中的程序惯性问题。

2.企业合规改革研究逐渐深入，研究主题交叉性凸显。2021年，首都刑事诉讼法学者发表的与企业合规研究相关的论文主要从制度构建、实践观察、域外考察等方面重点关注企业合规不起诉问题[154]；合规的模式问题[155]等。企业合规作为一种重大的法学交叉课题，近年来受到多个领域学者的广泛关注。2021年4月初，最高人民检察院启动了第二期企业合规试点工作，6月最高人民检察院发布第一批企业合规改革试点典型案例，12月8日最高人民检察院发布第二批企业合规典型案例。在短短一年间企业合规制度发展迅速。与之对应的首都刑事诉讼法学研究也逐渐深入，呈现出以合规不起诉和与之相配套的合规监督考察制度为主体的研究格局。2021年首都刑诉学界关于合规不起诉的研究基本上承继了先前研究的争论，北京大学陈瑞华总结的合规不起诉八大争议问题完整描绘了当前合规不起诉改革的研究对象。[156]围绕着上述问题，学界对“合规出罪的正当性基础”“企业合规检察建议”“企业附条件不起诉”分别进行了细致研究。检察建议与企业附条件不起诉模式之争的热度逐渐退却，上述模式之间的利弊探讨逐渐被缩限为“修法成本”的预估与考量。目前首都刑诉法学界提出的附条件不起诉立法建议、增设企业合规特别程序等改革建议均有待后续通过试点地区的实践适用来予以检验。与之相比，刑事合规与认罪认罚从宽的关系再次成为讨论焦点，如有学者以“合规高成本论”论证针对小规模企业应建立专门的企业认罪认罚，合规计划仅限于大规模企业的观点。对此有学者认为合规高成本论所依据的事实是存在的，但得出的结论却是不成立的。在合规成本投入方面，大型企业与中小微企业可以建立规模和复杂程度不同的合规体系，而不必寻求大一统的合规管理模式。[157]

3.法典时代刑事诉讼法亟须完善，监检衔接问题突出。法典化是近百年来中国法学研究的重要命题。2020年《中华人民共和国民法典》的出台成为中国新时代法典化浪潮的开端。在刑事司法领域，之前备受关注的《最高人民法院关于适用〈中华人民共和国刑事诉讼法〉的解释》也于2021年正式开始施行。相较于往年首都刑事诉讼法学界针对刑事诉讼法条文的具体讨论，2021年不仅出现了以刑事诉讼法典化为研究对象的主题探讨，整体研究视角也明显更为宏大，《刑事诉讼法》与《立法法》的关系、刑事诉讼法修改模式、刑事诉讼法与刑事政策以及刑事诉讼法解释学的体系化等主题的研究均为推进中国刑事诉讼法典化提供了理论智识。第一，在刑事诉讼法典化的构建上，有学者提出当前中国《刑事诉讼法》在框架上的弊端集中体现在“分工负责”背后的职能化立法思路，应以审判中心原则为基础构建一个统一的刑事诉讼法律框架。有学者则着眼于法典编纂与司法解释之间的关系，认为应在明确刑事诉讼法典与司法解释效力位差的基础上，将部分重要司法解释的内容整合进刑事诉讼法典。刑事诉讼的法典化必然牵涉到《刑事诉讼法》的修改问题，有学者针对2018年《刑事诉讼法》修改的修正案模式进行分析，认为该模式难以满足诸如人权保障、程序整体流转性的应然要求，未来修改《刑事诉讼法》应坚持以修订模式为基础，以制定准立法式的司法解释为补充。[158]第二，在司法解释的规范性和法解释学的运用问题上，有学者从遵循立法原意的角度出发，对《高法解释》中的关键性变动进行了深入分析。有学者在刑事诉讼法与刑事政策的互动中，提出刑事政策可以为法律解释进行合目的性指引，刑事诉讼教义学应发挥限制刑事政策过度适用功能的观点。有学者则以构建刑事诉讼法的解释学体系为目的，探讨了刑事诉讼法解释学的主体、对象、原则以及具体方法，让沉寂已久的体系化刑事诉讼法解释学再次进入学界视角。

4.技术赋能与正当程序的矛盾初显，规制论成为共识。与西方国家对人工智能持相对保守态度不同，在我国近年刑事司法实践中，人工智能涵盖刑事审前程序、定罪程序及量刑程序，几乎实现对刑事诉讼流程的全覆盖。首都刑事诉讼法学界有人将我国刑事司法中人工智能的发展总结为“发展优位模式”，中国政法大学李训虎在《刑事司法人工智能的包容性规制》中指出：我国刑事司法人工智能走在世界前列，但暴露出数据垄断、算法黑箱以及应用场景设置随意等问题。这些问题及其背后所面临的合法性挑战、正当性隐忧和伦理性风险的科学解决与化解，要求超越传统思维，创新监管模式，引入技术赋权理念和技术正当程序，对刑事司法人工智能进行包容性规制，以实现发展与规制的协调。刑事司法保障人权与人工智能以人为本的深度融合形成技术赋权理念，可以为刑事司法人工智能的研发、应用提供理念层面的宏观指引；在传统正当程序基础上发展而来的技术正当程序，可以对刑事司法人工智能应用进行过程规制，以促进司法数据的公开，提升算法的透明度，并推动刑事司法人工智能问责机制的建立。数据驱动下的司法人工智能应用对司法结构和司法治理模式形成冲击，并对司法运行产生重塑效应，逐渐形成人机协同的司法治理新模式。未来应当秉持以人为本、技术赋权理念，重塑人机关系新格局下的价值取向和行为准则，遵循法律公平正义的价值追求，构建人机协同司法治理新格局。[159]

5.证据研究聚焦于基础理论，证明模式仍是争议焦点。2021年，首都刑事诉讼法学界对刑事证据学研究依旧展现出其对传统理论的反思性和对新兴技术的包容性。在证据法规范体系的研究上，一方面，《高法解释》的颁布为学者从体系化视角审视我国刑事证据制度的提供了契机，有学者从历史性和共时性的角度对《高法解释》中涉及证据的条款进行整体分析，并提出了刑事证据规范体系化的改革构想。另一方面，有学者以证据性基本权利为讨论对象，以证据法求真与求善的双重功能为背景，阐释一种新的证据权利义务观。北京海淀区人民检察院杜邈在《“阶层式”刑事证明思维的司法运用》一文中指出：刑事证明思维是指司法人员根据证据来查明认定案件事实的认识活动，可以划分为证据收集、审查、运用和判断四个前后相继的环节，呈现“若无前者必无后者”的位阶关系。“阶层式”刑事证明思维具有职责性、法律性、日常经验性，为司法人员采信证据、认定事实提供了一种精细化的分析论证工具，呈现鲜明的本土化特征。在以审判为中心刑事诉讼制度改革的背景下，司法人员应当引入规范出发型的证据收集思维，确立情理推断和对比验证交织融合的证据审查思维，探索适应案件繁简分流的证据运用思维，坚持客观公正的证据判断思维，不断提升刑事证明活动的科学化水平，实现案件事实的准确认定。[160]

（十五）国际法学研究取得的学术成果

据CLSCI期刊发文统计，中国政法大学以11篇的数量占据绝对的领先地位，将2020年的学科优势延续到了2021年。中国社会科学院国际法研究所也以5篇发文进入了2021年度全国国际法学发文单位的前五名。在国际法三个学科方向上，中国政法大学与北京理工大学各自发表了4篇国际公法学论文，是国际公法学发文数最多的单位，其中北京理工大学的4篇国际公法学论文更是占到了其发文总量的百分之百，凸显了2021年首都国际法学界在国际公法学科上的优势。国际私法学方面的发文情况呈现较为集中的趋势，中国社会科学院发表了3篇该方向的论文，在数量上排名第一，也有一些单位没有发表国际私法学方面的文章。而在国际经济法方面，中国政法大学以5篇居于榜首，较其他单位有着较大的领先优势。[161]总的来说，2021年度，首都国际法学者们在全国国际法学界的学术研究成果仍然具有明显的学术领先优势。

以下主要从国际公法、国际私法与国际经济法三个角度来对2021年度首都国际法学者的学术研究状况进行分析，以显示其学术活动的特点。

1.国际公法学的研究。2021年度，国际公法领域中最引人注目的研究热点就是在国际法治、全球治理领域发出的中国声音。而这其中尤为突出的特点是，学者们均选择围绕习近平法治思想涉外法治部分展开论述。中国政法大学孔庆江的《习近平法治思想中的全球治理观》[162]与中国政法大学黄进、鲁洋的《习近平法治思想的国际法治意涵》[163]两篇文章是这一研究热点中的典型。前者重点研究了习近平总书记提出的由“构建人类命运共同体”“走和平发展道路”“中国走向世界，以负责任大国参与国际事务”“构建以合作共赢为核心的新型国际关系”“维护以《联合国宪章》宗旨和原则为核心的国际秩序和国际体系”“推动全球治理体系与国际秩序朝着更加公正合理的方向发展”等一系列理念构成的全球治理中国方案；后者则将研究集中在习近平法治思想中的国际立法、执法、司法理念；国内法治与国际法治互动理念；加强国际法教育、研究和运用理念。可以说，在国家层面的国际法治理念研究上，习近平总书记的有关重要思想是毫无争议的主要研究对象。“人类命运共同体”理念格外得到学者们的重视，中国社会科学院国际法研究所何田田的《国际法秩序价值的中国话语——从“和平共处五项原则”到“构建人类命运共同体”》[164]与中国政法大学孔梁成的《从“人类共同关切事项”到“人类命运共同体”——全球治理法学范式的升级和嬗变》[165]分别从两个角度展示了“人类命运共同体”理念的演变进路。前者指出，从“和平共处五项原则”到“构建人类命运共同体”，是中国在对外交往实践中所秉持的立场和价值观的演变过程，也是中国在不同时代背景中开创性地运用国际法解决问题并在国际社会中影响力逐渐扩大的过程。后者认为，针对全球治理的法理阐释，“人类命运共同体”相比“人类共同关切事项”更显解释优势。应在国际法语境下充分挖掘“命运共同体”概念的理论潜能，释放“命运共同体”概念对国际法问题的阐释空间，应将“命运共同体”打造为全球危机应对法的核心范畴，创新国际法理论，实现国际法研究范式的升级和嬗变。

2. 国际私法学的研究。2021年的首都国际私法界研究兴趣主要呈现在三个领域：对中美贸易冲突引发的相关国际法问题的研究、国际民事诉讼领域的相关制度研究以及冲突法层面的研究。北京化工大学邵怿的《网络数据长臂管辖权——从“最低限度联系”标准到“全球共管”模式》认为，以《欧盟一般数据保护条例》为代表的部分专门性数据立法参考保护管辖原则的意涵，极端扩张了国内立法的域外适用，并通过设立具有司法职能的监督机构，为司法管辖权的单方域外行使提供了替代路径。[166]中国社会科学院国际法研究所孙南翔的《美国法律域外适用的历史源流与现代发展——兼论中国法域外适用法律体系建设》认为，美国法律域外适用的基础是争议条款具有域外特征，立法机构具有明确授权，域外对象具有实质关联。而中国在法律域外适用实践中，可引入“真实联系”与“虚假冲突”测试，辅之正当程序权利保障机制，避免国家滥用域外管辖权。[167]

3. 国际经济法学的研究。在国际经济法领域，受新冠疫情以及贸易争端影响最为深远的非国际贸易与国际投资莫属，因此，国际经济法领域的研究者们在2021年度也毫不意外地将目光主要聚焦于含WTO研究在内的国际贸易规则和国际投资法两个方向。关注区域贸易协定的研究有中国政法大学孔庆江的《RCEP争端解决机制：为亚洲打造的自贸区争端解决机制》。这篇文章认为，RCEP争端解决机制的设计不以过高标准为单一标准，而是充分考虑到亚洲地区的特征，特别是不同经济体各异的发展水平和对待争端解决的传统，是一个为亚洲地区打造的自贸区争端解决机制。[168]中国政法大学车路遥的《市场经济的法律尺度：结构分析与评判》是国际经济法领域少见的概念性研究，她深入研究了法律语境中的“市场经济”概念，指出了这一概念在法律形式上的缺陷，并且揭示了欧美等国家和地区通过预设“国家—市场先天相斥论、所有制决定论和统一实体论”忽视这些形式缺陷的事实。[169]国际投资法是与国际贸易法并驾齐驱的另一个研究热点。一方面，学者们围绕投资仲裁实践，研究了诸如投资仲裁中的援引先例，国家豁免对国际投资仲裁裁决有效执行的影响，投资仲裁上诉机制的设立，投资者—国家间仲裁中的东道国当地救济规则，比例原则在仲裁案件中的适用，欧盟的投资法院机制等问题；另一方面，学者们关注对国际投资协定中例外条款对数据跨境流动的规制问题，投资条约中非排除措施条款性质问题，条约控制机制对投资争端的影响，以及RCEP的投资章节特点等问题。2021年度首都国际经济法学者还对法治与“一带一路”的关系进行了探讨。中国社会科学院大学法学院刘敬东在《“一带一路”法治化体系构建的再思考》中明确提出：随着“一带一路”建设的成功推进，其法治化体系构建已进入关键时期。新冠疫情暴发后，地缘政治因素不断加剧了地缘经济关系的紧张，“一带一路”建设面临的法律风险更为复杂并呈现出高度特质性，必须对这些风险开展精准细腻的研究并提出合理的应对方案，从而推动法治化体系高质量构建。[170]除了国际贸易法与国际投资法之外，首都国际法学者们在国际税法、国际金融法、海商法、国际技术转让等领域也都有一定的投入。如对国际税收协定解释和对数字税收法律治理的研究，对人民币国际化的研究，对海事公私法关系的研究，对国际海洋技术转让规则的研究。中国社会科学院大学法学院廖凡在《比较视角下的不可靠实体清单制度》中明确指出：不可靠实体清单制度的基本定位是对他国歧视性的出口管制及其他制裁措施的反制。就否认和抵消他国相关国内法措施的域外适用效力而言，不可靠实体清单与欧盟阻断立法有相通之处，但运作逻辑不尽相同。不可靠实体清单制度在实施过程中应当注意原则性与灵活性相结合，赋予主管部门必要的自由裁量权，重在发挥威慑作用。同时，有关执法部门应特别注意遵照正当行政程序的要求，保障相关外国实体的申辩权和异议权。[171]

总而言之，2021年度，首都法学界以习近平法治思想为指导，积极回应法治实践需求在深入学习和研究习近平法治思想的理论内涵、理论特征、理论体系、原创性理论贡献和世界意义的基础上，对习近平法治思想与中国特色社会主义法治理论之间的关系、习近平法治思想如何与现行的法学学科体系和学术体系相融合形成中国特色的法学话语体系、习近平法治思想与人类法治文明的关系等重大理论问题进行了深入探讨。在部门法学领域，宪法学更多关注合宪性审查的启动机制和宪法解释程序，行政法学开始关注行政法典的编纂价值，民商法学仍然集中在如何推动《民法典》的有效实施，经济法学更多的是关注反垄断和反市场不正当竞争以及如何构建健康的营商环境，社会法学对新兴的劳动用工制度表示了浓厚的兴趣，刑法学比较关注从总体上来完善刑法典，诉讼法学对公益诉讼等问题探讨较为深入，国际法学开始着手研究涉外法治的内涵以及涉外法治与国内法治、国际法治的关系等等。总之，除了沿袭法学各学科传统和规范的研究思路之外，首都法学界在2021年围绕着法学领域的三大体系建设展开了新兴法学学科的框架研究，包括计算法学、数字法学、信息法学等等探讨科技与法相互关系的领域，都已经纳入法学研究的视野。此外，对国家安全法治、公共卫生突发事件应对、军事法治以及法律领域的反制裁、反干涉等等重要的法律问题的研究成果越来越多。

注：

［1］《教育部办公厅关于推进习近平法治思想纳入高校法治理论教学体系的通知教高厅函》〔2021〕17号。

［2］《习近平法治思想概论》编写组编写：《习近平法治思想概论》，高等教育出版社，2021年。

［3］参见中华人民共和国教育部网站，http：//www.moe.gov.cn/jyb_xxgk/xxgk_jyta/jyta_xwb/201812/t20181226_364912.html，2022年7月8日最新访问。

［4］黄进：《加强我国涉外法治人才培养的战略选择》，《光明日报》客户端2021年2月9日，参见https：//legal.gmw.cn/2021—02/09/content_34611217.htm，2022年7月8日最新访问。

［5］王晨：《坚持以习近平法治思想为指导 谱写新时代全面依法治国新篇章》，《求是》，2021年第3期。

［6］张文显：《习近平法治思想的实践逻辑、理论逻辑和历史逻辑》，《中国社会科学》，2021年第3期。

［7］黄文艺：《论习近平法治思想的形成发展、鲜明特色与重大意义》，《河南大学学报（社会科学版）》，2021年第3期。

［8］卓泽渊：《习近平法治思想要义的法理解读》，《中国法学》，2021年第1期。

［9］江必新、张雨：《习近平法治思想中的法治监督理论》，《法学研究》，2021年第2期。

［10］黄文艺：《论习近平法治思想的形成发展、鲜明特色与重大意义》，《河南大学学报（社会科学版）》，2021年第3期。

［11］《CLSCI年度报告（6）|2021年CLSCI法理学论文发表情况与统计分析》，中国法学创新网，参见http：//www.fxcxw.org.cn/dyna/content.php ？ id=24368，2022年7月8日最新访问。

［12］雷磊：《重构“法的渊源”范畴》，《中国社会科学》，2021年第6期。

［13］王夏昊：《本体论同构与法律权利概念观分异——基于分析路径的权利研究》，《法制与社会发展》，2021年第4期。

［14］张恒山：《具体权利概念的结构》，《中国法学》，2021年第6期。

［15］刘叶深：《为新兴权利辩护》，《法制与社会发展》，2021年第5期。

［16］陈景辉：《权利可能新兴吗？——新兴权利的两个命题及其批判》，《法制与社会发展》，2021年第3期。

［17］郑玉双：《计算正义：算法与法律之关系的法理建构》，《政治与法律》，2021年第11期。

［18］雷磊：《司法裁判中的推理与说理》，《中国

应用法学》，2022年第3期。

［19］孙海波：《类案检索在何种意义上有助于同案同判？》，《清华法学》，2021年第1期。

［20］《CLSCI年度报告（7）|2021年CLSCI法律史论文发表情况与统计分析》，中国法学创新网，参见http：//www.fxcxw.org.cn/dyna/content.php？ id=24384，2022年7月8日最新访问。

［21］冯争争：《从“天下”到“世界”：晚清战争法的古今之变》，《环球法律评论》，2021年第5期。

［22］马小红：《清末民初礼与宪法关系的反思——兼论中国古代社会的共识》，《现代法学》，2021年第5期。

［23］章永乐：《发现“二十世纪之宪法”——以20世纪20年代前期为中心的考察》，《清华法学》，2021年第3期。

［24］卢增华：《转译、挪移与反响：20世纪前期中国修订不平等条约过程中的国际法运用》，《法学家》，2021年第4期。

［25］陈新宇：《事不过三——清华法律学系的三次筹建始末》，《清华法学》，2021年第2期。

［26］杨一凡：《重述中国法律思想史》，《华东政法大学学报》，2021年第4期。

［27］黎敏：《现代民主宪制理论的两种思想形态——以韦伯与施密特的差异为焦点》，《比较法研究》，2021年第3期。

［28］《CLSCI年度报告（8）|2021年CLSCI宪法学发表情况与统计分析》，中国法学创新网，参见http：//www.fxcxw.org.cn/dyna/content.php？ id=24386，2022年7月8日最新访问。

［29］王旭：《制宪的二元模式及其秩序同构》，《环球法律评论》，2021年第6期。

［30］张翔：《宪法概念、宪法效力与宪法渊源》，《法学评论》，2021年第4期。

［31］张翔：《“共同富裕”作为宪法社会主义原则的规范内涵》，《法律科学（西北政法大学学报）》，2021年第6期。

［32］于文豪：《地方政府双重负责的宪法内涵》，《中国法学》，2021年第3期。

［33］陈征：《宪法中的禁止保护不足原则——兼与比例原则对比论证》，《法学研究》，2021年第4期。

［34］王锴：《基本权利冲突及其解决思路》，《中国法学》，2021年第6期。

［35］王锡锌、彭錞：《个人信息保护法律体系的宪法基础》，《清华法学》，2021年第3期。

［36］李忠夏：《数字时代隐私权的宪法建构》，《华东政法大学学报》，2021年第3期。

［37］余成峰：《信息隐私权的宪法时刻规范基础与体系重构》，《中外法学》，2021年第1期。

［38］王旭：《合宪性审查中“相抵触”标准之建构》，《中国法学》，2021年第6期。

［39］杜强强：《法律违宪的类型区分与合宪性解释的功能分配》，《法学家》，2021年第1期。

［40］秦奥蕾：《论婚姻保护的立宪目的——兼回应“离婚冷静期”争议》，《法学评论》，2021年第6期。

［41］钟瑞华：《多维视野中的美国政教关系——宪法、政治和文化的分析》，《中外法学》，2021年第3期。

［42］刘晗：《有宪法典的不成文宪法？——基于美国不成文宪法学说的比较考察》，《法学评论》，2021年第4期。

［43］左亦鲁：《从自由到平等：美国言论自由的现代转型》，《比较法研究》，2021年第1期。

［44］王蔚：《基本权利之“基本”的内涵——以法国法为中心》，《比较法研究》，2021年第6期。

［45］《CLSCI年度报告（9）|2021年CLSCI行政法学发表情况与统计分析》，中国法学创新网，参见http：//www.fxcxw.org.cn/dyna/content.php？ id=24388，2022年7月8日最新访问。

［46］马怀德：《迈向“规划”时代的法治中国建设》，《中国法学》，2021年第3期。

［47］周汉华：《全面依法治国与第三方评估制度的完善》，《法学研究》，2021年第3期。

［48］彭錞：《再论行政应急性原则：内涵、证立与展开》，《中国法学》，2021年第6期。

［49］苏宇：《风险预防原则的结构化阐释》，《法学研究》，2021年第1期。

［50］王万华：《我国行政法法典编纂的程序主义进路选择》，《中国法学》，2021年第4期。

［51］湛中乐：《论教育法典的地位与形态》，《东方法学》，2021年第6期。

［52］陈天昊：《法国行政法的法典化：起源、探索与借鉴》，《比较法研究》，2021年第5期。

［53］余凌云：《交警非现场执法的规范构建》，《法学研究》，2021年第3期。

［54］卢超：《行政许可承诺制：程序再造与规制创新》，《中国法学》，2021年第6期。

[55] 胡建淼:《论“行政处罚”概念的法律定位——兼评〈行政处罚法〉关于“行政处罚”的定义》,《中外法学》,2021年第4期。

[56] 何海波:《论法院对规范性文件的附带审查》,《中国法学》,2021年第3期。

[57] 马超、郑兆祐、何海波:《行政法院的中国试验——基于24万份判决书的研究》,《清华法学》,2021年第5期。

[58] 孙晓勇:《农地诉讼案件的审理难点及对策——基于12省30县市区的调研数据》,《现代法学》,2021年第4期;孙晓勇:《涉农地案件的诉源分析——以司法大数据为基础的考察》,《环球法律评论》,2021年第4期。

[59] 周佑勇:《行政复议的主渠道作用及其制度选择》,《法学》,2021年第6期。

[60] 王万华:《“化解行政争议的主渠道”定位与行政复议制度完善》,《法商研究》,2021年第5期。

[61] 王伟:《论社会信用法的立法模式选择》,《中国法学》,2021年第1期。

[62] 彭錞:《失信联合惩戒行政诉讼救济困境及出路》,《东方法学》,2021年第3期。

[63] 王锡锌:《个人信息权益的三层构造及保护机制》,《现代法学》,2021年第5期;王锡锌:《国家保护视野中的个人信息权利束》,《中国社会科学》,2021年第11期;王锡锌:《个人信息可携权与数据治理的分配正义》,《环球法律评论》,2021年第6期。

[64] 周汉华:《平行还是交叉——个人信息保护与隐私权的关系》,《中外法学》,2021年第5期。

[65] 解志勇:《公共卫生预警原则和机制建构研究》,《中国法学》,2021年第5期。

[66]《CLSCI年度报告(11)|2021年CLSCI民法学论文发表情况与统计分析》,中国法学创新网,参见http://www.fxcxw.org.cn/dyna/content.php? id=24392,2022月7月8日最新访问。

[67] 王轶:《编纂实施民法典是习近平法治思想的生动实践》,《中国法学》,2021年第3期。

[68] 王利明:《民法典的体系化功能及其实现》,《法商研究》,2021年第4期。

[69] 参见王利明:《论正常经营买受人规则》,《东方法学》,2021年第4期;王利明:《价金超级优先权探疑——以《民法典》第416条为中心》,《环球法律评论》,2021年第4期;谢鸿飞:《担保财产的概括描述及其充分性》,《法学》,2021年第11期。

[70] 王利明:《人格尊严:民法典人格权编的首要价值》,《当代法学》,2021年第1期。

[71] 程啸:《论我国民法典中的人格权禁令制度》,《比较法研究》,2021年第3期。

[72] 竺效:《环境法典编纂结构模式之比较研究》,《当代法学》,2021年第6期。

[73]《CLSCI年度报告(12)|2021年CLSCI商法学发表情况与统计分析》,中国法学创新网,参见http://www.fxcxw.org.cn/dyna/content.php? id=24396,2022年7月8日最新访问。

[74] 蒋大兴:《公司法改革的文化拘束》,《中国法学》,2021年第2期。

[75] 刘俊海:《新〈公司法〉的设计理念与框架建议》,《法学杂志》,2021年第2期。

[76] 李建伟:《授权资本发行制与认缴制的融合——公司资本制度的变革及公司法修订选择》,《现代法学》,2021年第6期。

[77] 朱慈蕴、皮正德:《公司资本制度的后端改革与偿债能力测试的借鉴》,《法学研究》,2021年第1期。

[78] 赵旭东:《中国公司治理制度的困境与出路》,《现代法学》,2021年第2期。

[79] 陈洁:《证券虚假陈述中审验机构连带责任的厘清与修正》,《中国法学》,2021年第6期。

[80] 赵廉慧:《作为民法特别法的信托法》,《环球法律评论》,2021年第1期。

[81]《CLSCI年度报告(16)|2021年CLSCI经济法学发表情况与统计分析》,中国法学创新网,参见ttp://www.fxcxw.org.cn/dyna/content.php? id=24442,2022年7月8日最新访问。

[82] 王晓晔:《数字经济反垄断监管的几点思考》,《法律科学(西北政法大学学报)》,2021年第4期。

[83] 薛克鹏:《建构与宪法相融的经济法——兼论政府与市场经济的关系》,《法学杂志》,2021年第1期。

[84] 张守文:《消费者信息权的法律拓展与综合保护》,《法学》,2021年第12期。

[85] 焦海涛:《个人信息的反垄断法保护:从附属保护到独立保护》,《法学》,2021年第4期。

[86] 邢会强:《大数据时代个人金融信息的保护与利用》,《东方法学》,2021年第1期。

[87] 席月民:《数据安全:数据信托目的及其实

现机制》,《法学杂志》，2021年第9期。

［88］《CLSCI年度报告（13）|2021年CLSCI社会法学发表情况与统计分析》，中国法学创新网，参见http：//www.fxcxw.org.cn/dyna/content.php ？ id=24439，2022年7月8日最新访问。

［89］王天玉:《工作时间的法理重述及规范构造》,《现代法学》，2021年第6期。

［90］王天玉:《职工基本医疗保险个人账户的权利构造》,《法学》，2021年第8期。

［91］陆海娜:《工作权国际标准的女性主义反思》,《法律科学（西北政法大学学报）》，2021年第6期。

［92］谢增毅:《职场个人信息处理的规制重点——基于劳动关系的不同阶段》,《法学》，2021年第10期。

［93］谢增毅:《远程工作的立法理念与制度建构》,《中国法学》，2021年第1期。

［94］叶静漪、李少文:《新时代中国社会治理法治化的理论创新》,《中外法学》，2021年第4期。

［95］《CLSCI年度报告（18）|2021年CLSCI知识产权法学发表情况与统计分析》，中国法学创新网，参见http：//www.fxcxw.org.cn/dyna/content.php ？ id=24444，2022年7月8日最新访问。

［96］刘迪:《论维修权与知识产权之协调》,《政治与法律》，2021年第9期。

［97］蒋舸:《深层链接直接侵权责任认定的实质提供标准》,《现代法学》，2021年第3期。

［98］蒋舸:《著作权直接侵权认定中的“用户感知”因素——从复制权到信息网络传播权》,《环球法律评论》，2021年第2期。

［99］蒋舸:《著作权法的“宽进宽出”结构》,《中外法学》，2021年第2期。

［100］杨明:《私人复制的著作权法制度应对：从机械复制到云服务》,《中国法学》，2021年第1期。

［101］崔国斌:《网络版权内容过滤措施的言论保护审查》,《中外法学》，2021年第2期。

［102］万勇:《著作权法强制性过滤机制的中国选择》,《法商研究》，2021年第6期。

［103］杨利华:《人工智能生成物著作权问题探究》,《现代法学》，2021年第4期。

［104］杨利华:《公共领域视野下著作权法价值构造研究》,《法学评论》，2021年第4期。

［105］张今:《服务商标之使用和保护的特殊性研究》,《法学杂志》，2021年第6期。

［106］付继存:《注册商标使用中的“未改变显著特征”》,《法学研究》，2021年第6期。

［107］崔国斌:《姓名商品化权的侵权认定思路》,《清华法学》，2021年第1期。

［108］冯晓青、李薇:《商标法中公共领域问题研究》,《法学论坛》，2021年第3期。

［109］张吉豫:《智能时代算法专利适格性的理论证成》,《当代法学》，2021年第3期。

［110］吴伟光:《平台组织内网络企业对个人信息保护的信义义务》,《中国法学》，2021年第6期。

［111］周长玲、方宇菲:《卫星导航系统信号保护的法理基础与制度完善》,《法学杂志》，2021年第2期。

［112］《CLSCI年度报告（17）|2021年CLSCI环境法学发表情况与统计分析》，中国法学创新网，参见http：//www.fxcxw.org.cn/dyna/content.php ？ id=24443，2022年7月8日最新访问。

［113］吕忠梅、田时雨:《在习近平法治思想指引下建设生态文明法治体系》,《法学论坛》，2021年第2期。

［114］于文轩、胡泽弘:《习近平法治思想的生态文明法治理论之理念溯源与实践路径》,《法学论坛》，2021年第2期。

［115］吴凯杰:《论环境法典总则的体系功能与规范配置》,《法制与社会发展》，2021年第3期。

［116］吕忠梅:《中国环境法典的编纂条件及基本定位》,《当代法学》，2021年第6期。

［117］汪劲:《论中国环境法典框架体系的构建和创新——以中国民法典框架体系为鉴》,《当代法学》，2021年第6期。

［118］竺效:《环境法典编纂结构模式之比较研究》,《当代法学》，2021年第6期。

［119］吕梦醒:《生态环境损害多元救济机制之衔接研究》,《比较法研究》，2021年第1期。

［120］郑家良:《“环境公共利益”的法律表达与解释限缩》,《华东政法大学学报》，2021年第6期。

［121］竺效:《论绿色原则的规范解释司法适用》,《中国法学》，2021年第4期。

［122］曹明德:《中国碳排放交易面临的法律问题和立法建议》,《法商研究》，2021年第5期。

［123］邓海峰:《生态文明体制改革中自然资源资产分级行使制度研究》,《中国法学》，2021年第

2期。

[124]《CLSCI年度报告(10)|2021年CLSCI刑法学发表情况与统计分析》，中国法学创新网，参见http://www.fxcxw.org.cn/dyna/content.php?id=24390，2022年7月8日最新访问。

[125]张明楷:《刑法学中的概念使用与创制》，《法商研究》，2021年第1期。

[126]张明楷:《中国刑法学的发展方向》,《中国社会科学报》，2021年10月27日。

[127]周光权:《刑事立法进展与司法展望——〈刑法修正案(十一)〉总置评》,《法学》，2021年第1期。

[128]刘仁文:《刑事案件另案处理的检视与完善》,《政治与法律》，2021年第5期。

[129]周光权:《法典化时代的刑法修订》,《社会科学文摘》，2021年第11期。

[130]张明楷:《刑法的解法典化与再法典化》，《东方法学》，2021年第6期。

[131]张明楷:《〈刑法修正案(十一)〉对司法解释的否认及其问题解决》,《法学》，2021年第2期。

[132]何庆仁:《我国〈刑法〉第29条第2款的合宪性解释》,《政治与法律》，2021年第8期。

[133]陈兴良:《民法对刑法的影响与刑法对民法的回应》,《法商研究》，2021年第2期。

[134]陈兴良:《刑民交叉问题研究》,《华东政法大学学报》，2021年第6期。

[135]刘艳红:《法秩序统一原理下未成年人保护制度的刑民衔接适用》,《现代法学》，2021年第4期。

[136]《CLSCI年度报告(15)|2021年CLSCI民事诉讼法学发表情况与统计分析》，中国法学创新网，参见http://www.fxcxw.org.cn/dyna/content.php?id=24441，2022年7月8日最新访问。

[137]任重:《论我国民事诉讼标的与诉讼请求的关系》,《中国法学》，2021年第2期。

[138]曹志勋:《民事诉讼中的双重相关事实——“初步证据”向“假定为真”的转变》,《环球法律评论》，2021年第1期。

[139]曹志勋:《民事鉴定程序启动中的职权与权利配置》,《当代法学》，2021年第2期。

[140]曹建军:《论书证提出命令的制度扩张与要件重构》,《当代法学》，2021年第1期。

[141]任重:《民事纠纷一次性解决的限度》,《政法论坛》，2021年第3期。

[142]刘哲玮:《回归与独立：执行和解的私法解释考辨》,《法商研究》，2021年第6期。

[143]杨会新:《公益诉讼惩罚性赔偿问题研究》,《比较法研究》，2021年第4期。

[144]曹志勋:《民事诉讼依职权审查合同效力规则再认识》,《法制与社会发展》，2021年第3期。

[145]肖建国:《强制执行形式化原则的制度效应》,《华东政法大学学报》，2021年第2期。

[146]刘君博:《从“查封”到“诉讼”：无形财产执行的制度逻辑与立法选择》,《华东政法大学学报》，2021年第2期。

[147]金印:《案外人对执行标的主张实体权利的程序救济》,《法学研究》，2021年第5期。

[148]史明洲:《执行财产调查程序的模式选择：为职权主义辩护》,《华东政法大学学报》，2021年第2期。

[149]刘哲玮:《论民事司法解释的时间效力规则》,《现代法学》，2021年第2期。

[150]胡思博:《民事程序类指导案例的构建与运用》,《政法论坛》，2021年第2期。

[151]《CLSCI年度报告(14)|2021年CLSCI刑事诉讼法学发表情况与统计分析》，中国法学创新网，参见http://www.fxcxw.org.cn/dyna/content.php?id=24440，2022年7月8日最新访问。

[152]参见王迎龙《认罪认罚从宽制度中的控审构造》,《中国刑事法杂志》，2021年第6期。

[153]韩轶:《认罪认罚案件中的控审冲突及其调和》,《法商研究》，2021年第2期。

[154]李玉华:《企业合规不起诉制度的适用对象》,《法学论坛》，2021年第6期。

[155]杨宇冠:《企业合规案件不起诉比较研究——以腐败案件为视角》,《法学杂志》，2021年第1期。

[156]陈瑞华:《企业合规不起诉改革的八大争议问题》,《中国法律评论》，2021年第4期。

[157]卫跃宁:《由“国家在场”到“社会在场”：合规不起诉实践中的法益结构研究》,《法学杂志》，2021年第1期。

[158]杨宇冠:《企业合规与刑事诉讼法修改》，《中国刑事法杂志》，2021年第6期。

[159]李训虎:《刑事司法人工智能的包容性规制》,《中国社会科学》，2021年第2期。

［160］杜邈：《"阶层式"刑事证明思维的司法运用》，《法学杂志》，2021年第5期。

［161］《CLSCI年度报告（19）| 2021年CLSCI国际法学发表情况与统计分析》，中国法学创新网，参见http：//www.fxcxw.org.cn/dyna/content.php？ id=24445，2022年7月8日最新访问。

［162］孔庆江：《习近平法治思想中的全球治理观》，《政法论坛》，2021年第1期。

［163］黄进、鲁洋：《习近平法治思想的国际法治意涵》，《政法论坛》，2021年第3期。

［164］何田田：《国际法秩序价值的中国话语——从"和平共处五项原则"到"构建人类命运共同体"》，《法商研究》，2021年第5期。

［165］孔梁成：《从"人类共同关切事项"到"人类命运共同体"——全球治理法学范式的升级和嬗变》，《法学论坛》，2021年第4期。

［166］邵怿：《网络数据长臂管辖权——从"最低限度联系"标准到"全球共管"模式》，《法商研究》，2021年第6期。

［167］孙南翔：《美国法律域外适用的历史源流与现代发展——兼论中国法域外适用法律体系建设》，《比较法研究》，2021年第3期。

［168］孔庆江：《RCEP争端解决机制：为亚洲打造的自贸区争端解决机制》，《当代法学》，2021年第2期。

［169］车路遥：《市场经济的法律尺度：结构分析与评判》，《法学评论》，2021年第5期。

［170］刘敬东：《"一带一路"法治化体系构建的再思考》，《环球法律评论》，2021年第3期。

［171］廖凡：《比较视角下的不可靠实体清单制度》，《比较法研究》，2021年第1期。

（北京市法学会供稿；执笔人：莫红宏）

政　治　学

政　治　学

一、学科发展基本情况

（一）政治学一级学科建设情况

作为中国的政治中心，北京的政治学学科建设和发展在全国范围内处于领先水平。在学科点数量、学科评估、研究生培养等各个领域均取得了优异的成绩，是我国政治学学科发展的前沿重镇。

从政治学专业开设情况上看，据课题组调查，至2021年，北京市共有北京大学，清华大学，中国人民大学，中共中央党校，中国社会科学院大学，中国政法大学，对外经济贸易大学，北京外国语大学，中央财经大学，中国传媒大学，中共北京市委党校，外交学院，中央民族大学，中国现代国际关系研究院，国际关系学院，北京第二外国语大学，北京语言大学和中国劳动关系学院等学校开设有政治学一级学科下的相关专业。其中，北京大学，清华大学，中国人民大学，中共中央党校，中国社会科学院大学，中国政法大学，对外经济贸易大学，外交学院，国际关系学院等9所高校具有政治学一级学科博士点。无论从开设相关专业高校的数量或是一级学科博士点的数量上看，北京地区政治学在全国范围内均为第一。

从开设院系上看，根据教育部2012年版本的普通高等学校本科专业目录及后期增补情况，政治学本科专业包括政治学与行政学，国际政治，外交学，国际事务与国际关系，政治学、经济学与哲学和国际组织与全球治理共6个专业[1]。政治学一级学科下的二级学科和相关专业，总体可以被划分为政治学和国际关系两类，两种专业类型的研究侧重有所不同，研究对象，研究方法，理论模型也有一定的差别。北京市各高校各院系的政治学教研，也大体可分为政治学研究和国际政治研究两个方向，部分高校在国际关系学院同时开展两个方向的教学研究，例如中国人民大学；部分高校则将两个方向的教研分散到不同的院系，例如清华大学分别开设了政治学系和国际政治系分别承担两个方向的教学研究。

从学科建设上看，根据2022年2月发布的第二轮"双一流"建设学科名单[2]，北京市有中国人民大学和外交学院的政治学入选双一流学科，另外北京大学和清华大学为自主确定建设学科并自行公布，政治学学科大概率入选两校自主公布的双一流建设学科。在2016年的第四轮学科评估中，北京具有政治学研究生学位授予权的高校和科研院所共有9家参与评定。至2021年，北京师范大学和首都师范大学经过学科调整，已经取消政治学相关专业。剩余的7所高校和科研机构，在第四轮学科评估中，北京大学获得了A+的评估结果，中国人民大学获得A，清华大学获得A-，中国政法大学和中共中央党校获得B+，对外经贸大学获得B，北京外国语大学获得B-。总体上看，北京作为中国首都和政治中心，政治学的研究一直以来走在最前列，无愧于学科重镇。

从学科和专业调整上看，近年来各高校政治学学科进行了多次调整。一方面部分高校在建设马克思主义学院的过程中，将政治学学科迁至马克思主义学院，将政治学研究与马克思主义研究相融合，将政治学科调整为马克思主义理论下的相关专业。例如，首都师范大学将政治学学科迁至马克思主义学院，调整为党的建设、中国近现代史基本问题硕士博士点，实际上取消了政治学的专门教研。另一方面，部分高校紧跟国内国际局势变化，就需要研究和讨论的实际问题，通过自建专业或交叉学科的方式，丰富了学科研究对象和领域。例如，北京大学政府管理学院新建了国家安全战略与管理硕士和博士专业，中国人民大学国际关系学院也正在申请国家安全学一级学科点。

（二）政治学学科（北京地区）的特色和优势

从研究特色和优势上看，北京市各开设政治学学科的高校和科研单位，由于其高校特色和学科优势的不同，形成了各高校政治学学科各自的特色和优势，通过专注于不同的领域，北京地区政治学学科获得了全面的发展，拓宽了中国政治学的研究广度，推进了中国政治学的研究深度。综合类强校开办的政治学学科，在各个专业领域均有所建树，同时具备自身研究特点。具体而言，北京大学在政治学基本理论、国家治理和全球治理等重大问题上均有深入的研究，并提出了以利益政治学、发展政治学、制度政治学为代表的相关理论。中国人民大学则在保持传统研究优势的同时，大力推动历史政治学和世界政治学的学科和理论建设。清华大学在中外政治理论、比较政治学、中国政府与政治、地方治理等多个领域取得了拓展和钻研，并在大数据政治学、实验政治学、信息政治学等分支学科取得了独具特色的成果。专业类学校则结合学校特点和自身优势，选择一些学科细分领域，作为自身发展的重点，从而形成了北京市各具特色的政治学学科研究。例如，对外经济贸易大学结合学校经济学优势学科和对外开放的特色，着力发展经济外交、大数据国际政治研究等特色领域。外交学院则专注于发展自身的优势学科，在外交学和国际政治领域成果颇丰。中央传媒大学的政治传播研究、中央民族大学的民族政治学研究、北京外国语大学的联合国研究，等等也各具特色，在不同的研究领域均取得了丰硕的成果。中共中央党校和中国社会科学院则在马克思主义政治学理论，中国特色社会主义政治建设等等方面深入钻研，硕果累累。

另外，除上述具有政治学学科点的学校之外，还有很多政治学的学者和研究散落在其他学科领域，如行政管理，公共管理、民族学，马克思主义理论和传播学等学科下，有不少学者在研究政治学的相关问题。例如，北京师范大学政府管理学院和中国农业大学人文与发展学院的部分学者在公共管理和行政管理的一级学科下从事政治学问题的研究，中央民族大学的民族政治学则作为民族学下的二级学科关注民族政治的问题，另外各个高校的马克思主义学院，也有大量教师学者在马克思主义理论一级学科下开展政治学问题的研究。由此可见，虽然北京市具有政治学一级学科点和相关专业的高校仅有十数所，具有一级学科博士点的仅有8所，但政治学问题的探索不仅仅局限于具有学科点的高校，而是散布在各个学科门类下，以交叉学科或专门问题研究的方式在不断进行着，从而推动了政治学知识的累进和学科边界的扩展。

二、学术研究概况

（一）政治学理论

2021年度，北京地区政治学界在政治学理论的研究上，主要集中在中国特色社会主义政治学理论、毛泽东政治思想、马克思主义传统政治思想、中国古代政治思想、西方政治学理论等领域。

1.中国特色社会主义政治理论研究

2021年是党和国家历史上具有里程碑意义的一年，中国共产党迎来百年华诞，“两个一百年”奋斗目标历史交汇，在“十四五”开局之际，北京市政治学界围绕中国特色社会主义政治理论展开充分探讨，理论成果丰硕，具体集中在习近平新时代中国特色社会主义思想、全过程人民民主理论和中国共产党领导力等领域。

（1）习近平新时代中国特色社会主义思想研究

于鸿君与尹俊基于2012—2020年CNKI收录文献的计量方法分析了当前学界对习近平新时代中国特色社会主义思想的研究成果。数据显示，在理论溯源、框架体系等方面的研究均汗牛充栋，且成果丰硕，但同时也存在严重忽视实证研究方法、研究的学理性不强等不足。文章认为，研究习近平新时代中国特色社会主义思想，要在解决好“研究什么”“为谁研究”“怎样研究”这三个基本问题的基础上，打开学科边界，以跨学科交叉的研究方法为支点，找准理论研究、实践对策与阐释宣传的结合点。韩庆祥很好地回应了上述三个基本问题，认为在“研究什么”层面，要进一步从历史维度、治国理政方略维度加以深化，在“为谁研究”层面，认为要将习近平新时代中国特色社会主义思想看作引领“两个大局”并为解释当今世界贡献中国理论的21世纪马克思主义，在“怎样研究”层面，要坚持逻辑规范性研究和精准实证性研究相结合。两篇文章在2021年度此领域的研究中起到了一定程度的正本清源作用。

同时，在对习近平新时代中国特色社会主义思想的整体把握上，肖贵清着重分析了其建构逻辑，认为可以分为历史逻辑、理论逻辑和实践逻辑三个方面，对马克思主义理论演进史、中共百年党史作了详细梳理；陈曙光将习近平新时代中国特色社会主义思想定义为是指导中国阔步前进的战略体系，明确了新时代中国的战略主线、战略部署、战略保障和政治战略，在此基础上，李宏伟分析了其理论特质及价值旨归。任洁则概括了习近平新时代中国特色社会主义思想的十个前沿问题，分别是科学体系、原创性贡献、鲜明品格、世界意义、五大重要思想、《习近平谈治国理政》第三卷、世界百年未有之大变局、国家治理与中国特色社会主义制度、决胜全面建成小康社会的成就与意义、海外传播研究。班高杰与张严在整体把握的基础上提炼出了“历史—现实—理想”“治党—治国—治军”“改革—发展—稳定”等关系，系统阐述了习近平新时代中国特色社会主义思想的贯通性与整体性。

另外，在对习近平新时代中国特色社会主义思想的具体把握上，学者们也颇有洞见。其中，孙庆峰对其关于政德建设的论述展开讨论，认为其政德观是对传统“为政以德”思想的吸收和发展，对传统“修身立德”思想的传承和创新，并根植于马克思主义政党建设思想与中国共产党政德建设实践当中。张雷声则对其关于共同富裕思想展开研究，认为习近平丰富发展了邓小平关于共同富裕与社会主义本质的内容，把共同富裕的实现与社会主义现代化相联系，创造性地把“中国共产党的领导”纳入到实现共同富裕和建成社会主义现代化强国的内涵之中。除了对其基本内容的考察与延伸之外，有的学者则聚焦其传播与社会化上，辛向阳的两篇文章对其大众化叙事手法展开研究。他认为，其大众化的方式既有生动的故事、反向的比喻、十分精当的论断，也有可视化表达、绝妙的逻辑把握、实践问题的理论升华，更有简明的设问、历史的叙说、斩钉截铁的话语。这些大众化方式直抵人心，能够以理论的彻底性掌握大众。

（2）全过程人民民主理论研究

2021年3月11日，全国人大十三届四次会议表决通过了《关于修改〈中华人民共和国全国人民代表大会组织法〉的决定》，其中将第四十一条修改为第四十四条：“充分发挥在全过程民主中的作用。”由此“全过程民主”写入了国家法律，也成为了政治学界的研究热点议题。

由于“全过程民主”提出时间不长，学术研究方兴未艾，因此检视整个2021年度对该概念的研究，北京政治学者大多只从其思想渊源、理论逻辑、运行机制、实践路径和显著优势等维度整体把握。肖立辉将其定位为人类政治文明的民主新探索，是对西式民主的超越，并从选举与治理关系中的完整性，劳动与资本关系中的人民性，竞争与合作关系中的共享性三个维度加以论证。李林则从民主理论的发展、民主的本质特征、民主的主体、民主的内容、民主的制度形态、民主的运行、民主的实现方式、民主的评价标准等八个维度展开论述，认为全过程人民民主标志着中国特色社会主义民主政治建设的新高峰。刘九勇则侧重从中国传统思想中探寻其理论渊源，并认为全过程人民民主是从“天下”到“人民”政治观的迭代，是从“民本”到“民主”的发展，是从“贤能政治”到“党的领导”的演进，克服了传统政治的内在困境，开创了以人民根本利益为最高权威来源的责任政治新形态。张君则侧重从微观层面的制度运行视角审视全过程人民民主认为其实现了对国家政治生活和基层社会事务的全覆盖。无独有偶，李笑宇同样从制度运行的视角出发论述全过程民主的显著优势，他认为其主要运行机制包括价值引领、联动协商、吸纳整合与环节贯通机制，能够有效制约公共权力、及时回应人民需求、公平公正分配利益、充分发挥多方合力、彻底超越资本主宰，具有代表范围广泛、覆盖领域全面、参与过程完整的显著优势，维系了人民民主的性质，丰富了人民民主的形式，提升了人民民主的绩效。值得一提的是，除了阐释其理论内涵、制度运行逻辑外，有学者则指出了其在现阶段有待完善的短板。刘军和李洋认为，一是民主治理的制度化规范化程度还需提升，二是人民民主的技术性供给不足，三是各领域民主权利发展还不平衡不充分，四是仍然存在一些脱离群众的现象，并有针对性地给出了疗治方案。

（3）中国共产党领导力研究

回顾百年党史，中国共产党带领中国人民实现从站起来、富起来到强起来的伟大飞跃。在建党百年之际，北京政治学界对中国共产党百年成就的解读集中在其领导力上。李拓将中国共产党的领导力解释为坚如磐石的理想信仰和坚定不移的初心使命、高度组织化和钢铁纪律铸就的军事武装、完整的经济体系和创新驱动发展、最大同心圆的包容性战略、中国特色社会主义制度高效快速动员机制、新型工业化道路与机遇、创新的理论体系与稳定的领导核心等具体方面。项敬尧则将其解释为党的集中统一领导、超强的思想引领、超强的群众组织力和超强的社会号召力。谢春涛认为党的领导力来自人民至上的理念、科学理论的引领、健全的组织体系、严明的纪律规矩、优良的传统作风和广泛的统一战线等方面。陈宗波和雷强则从党的领导力发展史角度进行梳理，并认为新时代强化领导力需要从坚持党的统一领导、坚持以人民为中心的发展思想、建设高素质专业化干部队伍、与时俱进和弘扬“精神谱系”等方面下手。除了从宏观方面探究之外，有一批学者致力于构建一个领导力的围观分析框架，不乏洞见。蔡礼强区分了领导力行为主体与领导力体系构成，前者分为党员领导干部、领导集体、党的领袖和党的组织四个维度，后者分为使命、愿景、价值、领袖、政治、思想、组织、制度、文化、决策、战略、执行、变革、创新和学习领导力等15个维度，从而构建了一个相对完整的分析框架。辛向阳则聚焦于党的理论影响力方面，认为党的理论影响力增强了全党思想的统一性、在理论普及中掌握大众、通过理论创新增强中国在世界的影响力。柴宝勇和李梓琳区分了“党的领导”和“党的领导力”，从历史基础、资源禀赋与党的结构特点三个维度对“党的领导力”的来源进行梳理，锚定“党的领导力”的内涵，从而使“党的领导力”真正成为一个规范性的有解释力的学术概念，颇具理论视野与格局。

值得一提的是，本年度党的十九届六中全会胜利召开，为了深入学习全会精神，京内学者展开充分讨论。《治理研究》第6期特邀重要学者，立足各自研究领域，就《中共中央关于党的百年奋斗重大成就和历史经验的决议》提出的一系列具有重大理论和实践意义的命题进行深度解读，专家们从马克思主义中国化、“人民性”、国家治理现代化、全过程人民民主和发展中国特色社会科学等角度展开论述。另外，燕继荣的《中国共产党领导的中国现代化：探索、成就与经验》一文从宏观视角对党领导的现代化道路的探索、取得的成就和形成的经验作出整体性回答，他认为中国式现代化道路在现代国家建设与治理、人民生活水平改善与提升、国际社会共同进步推进方面取得重大成就，形成了使命型政党领导、发展型政府组织、包容性制度保障、创新型政策推动等四条重要经验。

2. 毛泽东政治思想研究

纵观本年度的毛泽东政治思想研究，京内学者偏向于以文献综述的形式对近年的研究成果加以总结，以期拓宽视域，实现路径创新。陈晴对近五年的毛泽东研究进行述评，她认为近五年毛泽东研究领域成果丰富，初步形成多学科协同的研究生态，但不少研究仍存在重复性强、学理性有待提升等问题。在思想史与著作研究中还原历史语境，在事件研究中注重史料考辨，在理论研究中关注时代问题和哲学经典命题，并且借鉴其他学科与海外研究的方法，是做好“旧题新解”、开拓研究视域的可行经验。车宗凯则对上一年度的毛泽东政治思想研究展开综述，他认为2020年该领域的议题主要有毛泽东与新中国的国家建构研究、新民主主义理论研究、党的建设思想研究等主题。另外，作为对西方自由主义政治哲学话语挑战的回应，学者们从阶级问题、民生问题、党内民主与人民民主等角度出发，形成了一些优秀的成果。

此外，李永进考察了青年毛泽东政治话语的马克思主义转向，他认为青年毛泽东在成长为马克思主义者的过程中，经历了从积极倡导“新民”到疾呼“民众的大联合”，再到坚定主张“无产阶级专政”和“改造中国与世界”的话语演化，实现了政治话语的马克思主义转向。彭付芝和谭桂贤探讨了毛泽东党的政治建设思想，梳理了其理论渊源、主要内容，并将其党的政治建设理论概括为思想建设、“党内生活政治化”“党领导一切”、与政治路线紧密相连、党的干部作用等方面。总而言之，相较于2020年该领域的讨论，本年度京内学者的成果较为有限。

3. 马克思主义传统政治学思想研究

2021年是巴黎公社革命爆发150周年，因此京内学者对马克思主义政党政治和国家理论的学术成果频出。在对其政党政治学说的讨论中，李海青和黄相怀都将马克思主义政党定义为"使命型政党"并与中国共产党的建设加以对勘，认为中国共产党是独具马克思主义"使命型政党"的典范，进而聚焦在中国共产党的建设上概括出了几种特点，其行文逻辑与内核和上文列举的"领导力研究"的些许文章颇为相似，只不过学理性有所欠缺，没有很好地立足于马克思、恩格斯的经典著作及理论。而段光鹏《马克思主义政党理论视野中百年大党的辉煌奥秘探源》一文虽与上文旨趣相近，却难能可贵地梳理和呈现了马克思主义政党理论的基本内核，从无产阶级政党生成动因论和百年大党历史身份的建构出发展开论述。同时，李海青从政党—成员关系的角度，探讨了马克思主义"使命型政党"的使命契约形成背景、基本特征与功能作用，触及了马克思主义政党的核心运行逻辑，启发了对政党—成员契约（纽带）类型的探讨。

在对其国家理论的研究中，有学者基于《家庭、私有制和国家的起源》一书作了"旧题新解"，认为其阐发了"两种生产""国家相对独立性"等基本原理，为马克思主义国家理论的发展开辟了新的起点。有学者则基于列宁《论国家》一文，鲜明指出了当前学术界对列宁国家理论的三重误读，并欲图正本清源，认为《论国家》不是《国家与革命》的附属物，其对于"国家超自然说""自由国家说"的批判是亟待学术界重视的话题。另有学者讨论了马克思对"虚幻共同体"的批判，并认为历史唯物主义国家观的生成过程经历了两个阶段，一是以理性主义国家学说批判神权国家观，二是以历史唯物主义国家观解构理性国家观。历史唯物主义国家观科学揭示了国家的起源、发展和消亡的历史趋势和基本规律，同时在批判"国家哲学"意义上，马克思用"共同体"概念以区别一切剥削性质的"国家"概念，克服以往具有压迫性质的国家哲学和虚幻共同体话语，建构一种"真正的共同体"或"自由人联合体"。还有学者将马克思主义国家理论视为国家治理体系现代化的理论基础，并分析了其历史变迁与发展进路。

4. 中国古近代政治思想研究

检视2021年的中国古近代政治思想研究，虽然京内学者文献有限，然也呈现出主题丰富、洞见深刻、异彩纷呈的态势。总的来看，学者们大多拥有较为宏大的学术视野，对单一思想家的研究较少。杨光斌在2019年发表了一篇《什么是历史政治学》一文，本年再次挖掘，尝试构建一套"历史政治学"的话语体系。他认为，中华文明堪称一种文明基因共同体，又被称为"中华文明基体论"，进一步言之，在政治学学科史或者思想史脉络上，诸多重大命题、概念都是历史研究的结晶。因此，他提倡在政治学的研究中要重视历史研究，凸显知识的"中国性"或主体性。无独有偶，姚中秋同样尝试构建中国特色哲学社会科学体系，并在政治学意义上确定基础性理论假设。他挖掘中国传统的"生生论"，在对霍布斯的自然状态预设进行批判性解读基础上，诠释《论语》《孝敬》等关键语句大义，提出在"生生论"的前提下，人生成、发育出普遍的合作倾向和组织倾向，从而构建出各种社会关系和组织。俞可平将视野聚焦在丁忧制度上，由此管窥中国忠孝一体和家国同构的制度载体。他认为，丁忧是强化家国同构的制度安排，最终都是为了维护以皇权为核心的等级政治统治秩序和以皇帝为代表的官僚统治阶级特权利益。佘文博研究了中国传统政治宣誓制度，从"封禅"与"登极"出发，对中国古代皇帝的"祭天"行为展开解读。他认为，这种政治宣誓制度导源于"礼"，以敬畏"天道"为心理基础，增强了政权的合法性。然而，唐代"封禅"目的的变化折射出政权性质从"神本位"演化成"民本位"。清代以降，经由"三民主义"的政治革命导正，传统民本思想在某种程度上实现了与西方民主精神的对接，意味着中国政治宣誓制度的心理基础从对"天道"的敬畏演变成对"人民"的敬畏。张广生从礼义出发勾画了荀子儒学的核心概念，他认为礼义的核心要义在效法圣王，对礼义法度的执行与阐发，依赖于君子的审慎裁量与推论。荀子政治思想的精髓乃是在"天下无道"的乱世，相对于道家的伦理虚无主义与政治虚无主义，礼义的政治哲学致思于贤贤之伦与尊尊之序有机联系的建构之道，企望着文明秩序的重建。白文刚与赵洁则研究了中国古代政治传播，在回顾了既往研究成果的同时，指出未来研究应着重在学科意识层面处理好明确的政治传播学科意识和多学科介入之间的互动关系；在研究旨趣层面充分理解中国古代政治传播研究的价值和使命；在研究方法层面处理好运用现代理论分析古代实践和思想的中西古今关系，推动多元发展的中国古代政治传播研究逐渐实现整合和突破，体现政治传播历史向度的研究价值。上述对中国古近代政治思想的研究皆呈现了学者的理论视野与现实关怀。

5.西方政治学理论研究

（1）西方政治思想史研究

在近二十年的西方政治思想研究领域，“政治”的回归成为一个重要主题。随着广义上的自由主义对现代多元政治冲突解释力的式微，罗尔斯的政治自由主义同样无法令一众学者满意，因此现代政治思想史更偏向于从更早的历史（甚至是前现代）“找回政治”。段德敏对近二十年西方政治思想的研究做了一个大笔涂绘式的梳理和有主题、有针对性的理论探讨，主要从新自由主义到政治的回归，施密特、阿伦特与政治的概念，马基雅维利与现代政治，“找回国家”到“找回政治”等方面梳理。在此基础上，段德敏在另一篇文章中重新审视当下热议的美国政治中“极化”主题，他认为极化中的冲突本身并不被美国或西方主流政治理念认为是需要被克服的要素，而冲突恰恰是被认为是有助于政治长期稳定的事情，问题的核心乃是在什么样的冲突和对立下才能是良性的从而避免其走向政党恶斗与民粹主义。李石反思了罗尔斯的正义理论，并引入对迈克尔·沃尔泽和大卫·米勒的多元分配正义模式的讨论，他认为，多元分配方案的实现，一方面依赖于多元分配制度的确立，另一方面也有赖于社会中各行各业的人们坚守自身的职业道德。相比于对罗尔斯的反思与批评，有的学者则是探索到罗尔斯正义理论的公民自尊主题，认为该主题居于罗尔斯道德心理学体系的枢纽地位。与“平等”、“正义”主题的讨论相得益彰的是对“自由”的探讨，有学者从马克思的经典典籍中汲取自由观，并加以现代阐释，认为马克思实现了对西方形式主义理性自由观的超越。

通过以上学者的成果，我们业已发现一个西方思想史研究的共同旨归，乃是向历史的纵深处探索从而拓展理论想象力，其热议的话题仍是“自由”“平等”“正义”“民主”等具有强烈现实关怀的概念。

（2）当代西方政治思潮

如果说西方政治思想史领域的研究更偏向文本、更偏向于概念、观念的话，那么当代西方政治思潮的研究则更具现实性。田文林评估了当代西方主流政治思潮对非西方国家的影响，他认为西方大国主要通过强制、交换、灌输等方式对外传播。非西方国家一旦接受这套治理观念，将不同程度出现经济发展失衡、国家权力削弱、社会一盘散沙等弊端。在这个方面，社会主义治理理念和治理模式无疑是一种最佳替代方案，而中国的成功发展也证明了社会主义的可行性和优越性。徐峰研究了近年来西方平民政治的基本内涵、特征及兴起，他认为平民政治的产生既反映了西方代议制民主的内在缺陷，又是精英与平民矛盾冲突爆发的结果，还是西方社会和经济问题的集中反映，并受现代新媒体传播手段的催化。基于此，更有学者认为西方民主的迷思与中国之治的坦途已形成鲜明对比。林红分析了西方民粹主义的威权化问题，她认为从2016年的逆全球化巨变，再到2020年的新冠肺炎疫情，西方社会面临一系列重大危机的打击。在空前的危机打击中，强人政治因聚旗效应而上演、国家威权因政府干预而彰显、民族主义因全球化刺激而复兴，这三方面因素为西方民粹主义的威权化提供了特定的实践形态、权力资源和意识形态资源。谢韬对该问题进行了进一步探索，他认为如果民主党精英继续无视全球化和自由贸易对选民利益的负面影响，同时坚定不移地走身份政治这条他们眼中的“正路”——民粹主义者和保守主义者眼中的“邪路”，那么另一个类似特朗普的非典型性保守派可能会很快崛起。在平民政治、民粹主义这个议题上，胡志伟则将目光放在了法国欧洲生态绿党兴起的现象上，并分析了其勃兴的原因及其面临的困境。值得一提的是，李英桃持续关注女性主义话题，除了对女性政治学进行研究综述外，还在“‘十四五’规划与妇女发展”专家笔谈中对国际合作与性别平等提出了目标设定与方向探讨。

（二）国家治理现代化研究

党的十九届四中全会提出，要坚持和完善中国特色社会主义制度、推进国家治理体系和治理能力现代化，突出坚持和完善支撑中国特色社会主义制度的根本制度、基本制度、重要制度，着力固根基、扬优势、补短板、强弱项，构建系统完备、科学规范、运行有效的制度体系，加强系统治理、依法治理、综合治理、源头治理，把我国制度优势更好转化为国家治理效能，为实现“两个一百年”奋斗目标、实现中华民族伟大复兴的中国梦提供有力保证。这表明了“治理体系和治理能力现代化”成为党和国家的明确奋斗目标，也为中国政治学提出了新议题。

深入研究国家治理、国家治理现代化的基本理论问题，是中国政治学研究的重要任务。针对何为“治理”与“治理现代化”，学者们做出了概念上的讨论与辨析。郑言与李猛提出，国家治理体系指的是在党领导下管理国家的制度体系和各领域体制机制、法律法规相互协调，日趋合理，国家治理能力则是运用国家制度管理社会各方面事务的能力。推进国家治理体系现代化，就是要适应时代变化，通过改革和完善体制机制、法律法规，促进各项制度日趋科学完善，实现国家治理制度化、规范化、程序化。杨雪冬分析了“治理”概念的演变与发展，揭示了多元主体互动是概念生成的基本方式，学术团体、政治领导人在概念生成中发挥着关键作用。学者们普遍认为应当发展有中国特色的学科体系，服务于中国国家治理现代化建设，实现政治学本土化与国际化的有机结合。王浦劬提出，应当加快构建中国特色社会科学体系，促进学科知识体系的完善和进步，建构中国特色学科、学术和话语体系。由燕继荣主编的《北大政治学评论》第9、10、11辑出版，围绕着钱端升先生诞辰120周年、国家治理现代化、政治学基本理论等主题汇集了一系列优秀研究。

一些学者也基于中国独特的治理实践，发展出了创新型的治理研究理论范式与研究方法。杨光斌对历史政治学方法论做了阐述，提出应当重视知识主体性，建立符合自己社会条件的社会科学。他主张政治学研究应当以史为鉴，不但包括从历史汲取的治理智慧，还包括由史观塑造的政治认知标准即政治合法性问题。杨光斌在《中国政治学评论》的“杨光斌与中国政治学研究”专刊发表了一系列研究，对中国政治研究中的重要问题，包括研究范式、研究方法的转变，以及历史政治学的兴起做了论述。在治理研究的技术方法应用上，苏毓淞探讨了计算社会科学兴起背景下于数据驱动性和社会科学的理论指导性之间的研究范式之争。马啸对治理研究中调查研究方法的使用与研究信度的检验做了实证分析。

学者们从多角度出发，围绕着国家治理现代化这一主题开展了诸多有价值的研究。坚持党的集中统一领导是推进国家治理体系和治理能力现代化的首要前提，学者们从完善党的领导制度、加强党的建设、坚持“两个维护”等角度做了阐述；中国特色社会主义制度是我国的根本制度，学者们对人民代表大会制度、政治协商制度等的发展与完善做了分析；国家治理体系现代化是一个内涵广泛的概念，学者们从国家治理、政府治理、社会治理等子领域都做了研究；对于2021年的一些热点问题，如数字治理、国家安全、疫情防控等方面的治理问题，学者们也做了充分的论述与分析。

1.中国共产党的领导制度研究

（1）中国共产党的领导是中国制度的核心特征

中国社会主义现代化建设取得成功的首要前提在于坚持中国共产党的领导制度研究，发扬中国共产党的政治领导力。白钢提出，坚持党的领导、人民当家作主、依法治国的有机统一是建设社会主义政治文明的根本路径和基本框架。杨光斌指出，中国共产党的百年奋斗不仅引领中国走上了现代化道路，更深刻地影响了世界历史进程，创造了人类文明新形态。贠杰分析了中国共产党国家治理历史性成就背后的制度性逻辑，提出卓越的组织领导力是一个政党最应具备的能力，也是中国共产党治理成就的内在动因和制度逻辑。王炳权提出，中国共产党政治领导力表现为以理论力把握政治方向，以前瞻力和自净力防范政治风险，以政治定力和政治决断力驾驭政治局面，以决策力和执行力完成政治任务，以学习力提升政治本领，以凝聚力凝聚政治共识，以群众号召力和紧急动员力动员政治力量。胡柳娟认为，新时代条件下，维护党中央权威需要树立科学的权威观、严明党的纪律、遵循好党的民主集中制原则。

在2021年7月1日建党100周年之际，中国完全实现全面建成小康社会的宏伟目标。孙照红分析了小康社会建设的历史轨迹和现实启示，提出小康社会具有鲜明的中国特色、时代特点、全面特性和过渡性特征。小康社会的全面建成，得益于党作为“定海神针”的坚强领导、“人民至上”的价值导向、“一张蓝图绘到底”的坚持坚守、“一棒接着一棒跑”的接续奋斗以及“一切从实际出发”的务实作风。小康社会建设的历程及成就，不仅是中国共产党百年奋斗路的历史见证，也为开启全面建成社会主义现代化强国新征程创造了重要条件。孙照红指出“中国式”现代化进程的核心经验包括：坚持中国共产党的领导、坚持社会主义的前进方向、坚持以人民为中心、坚持立足于中国国情。

（2）基层党建研究

中共十八大以来，在党和国家社区治理战略及发展导向指导下，在中国城市社区治理内外部环境和诸多结构性关系作用下，社区党组织与基层治理进一步深度融合。王浦劬指出，社区党组织与居委会是中国城市社区治理中最关键的两个组织，两者关系对于构建共建共治共享的社区治理格局具有至关重要的作用。应当实现全面领导与充分保障的有机结合、基础功能与统筹一体的有机协同、权限资源与结构功能的有效匹配，为中国城市社区的良政善治创造条件。周少来提出，乡村振兴是实现中华民族伟大复兴的一项重大任务，也是各级党组织未来一段时间的重要任务，乡村基层党建决定了乡村振兴的实践进程和发展质量。基层党组织作为政治中心、组织中心、资源中心和治理中心，在乡村振兴中具有巨大的组织性优势和制度性优势，同时也面临着一系列组织性挑战和制度性挑战。涂晓芳分析了基层党建与社区治理的联动，发现通过党组织的指引作用与党员的带头作用，辅之以多元化活动的开展让基层党组织更好地协同各方利益点，使社区拥有自组织性集体，实现功能性协同。通过“结构性嵌入”与“功能性协同”实现各种要素的整合，构建管理与服务秩序，体现出新时代基层党建引领社区治理“嵌入式协同”的新型治理模式。

2.中国特色社会主义制度研究

政治制度在国家制度和治理体系中处于关键环节。一个好的政治制度，能够有效促进和保证国家经济社会发展，有效促进和保证国家统一、民族团结和社会和谐稳定，有效保证国家长治久安。李东明和欧世豪分析了国家治理现代化中的制度价值，提出制度的内在价值在国家层面表现为调整社会关系的规范性、正当性和强制性力量，在产生制度绩效过程中表现为以创新治理的国家制度结构为基本目标和衡量标准。杨巧蓉总结了我国制度优势更好转化为治理效能的共识向度研究，应当主要从三个方面展开：一是分析凝聚制度共识在“转化”议题中具有基础性作用的原因；二是探究凝聚制度共识的理论逻辑和实践逻辑；三是探讨新时代凝聚制度共识的主要着力点。

发展中国特色社会主义制度应当坚持立足于中国道路。张树华提出，中国之治取得举世瞩目的成就，一条重要经验就在于，立足本国历史传统和现实国情、借鉴人类政治文明，确立了一套广泛体现人民意志、真实保障人民权益、有效激发人民创造活力的民主政治制度。陈承新指出，群众路线集中体现了中国民主话语与民主治理的结合，准确概括和表达了中国民主的特点，回答了“中国民主是什么”。臧雷振探索了治理研究的多重价值和多维实践，认为应当避免“治理研究的功能主义谬论”，从全球视野和中国情景来理解中国治理的实践特征，为未来中国国家治理研究和实践经验总结提供更全面的学理支撑。李晓寒提出，中国特色社会主义道路拓展了发展中国家走向现代化的途径，为既希望加快发展又希望保持自身独立性的国家和民族提供了全新的理论思想和全新的实践经验，为世界现代化道路做出了独特贡献。郭万超论述了中国道路的独创性，提出中国道路真正彰显人类发展道路的多样性，并将为广大发展中国家提供宝贵经验和强大示范效应。

人民代表大会制度是我国的基本政治制度。习近平总书记在庆祝全国人民代表大会成立60周年大会上的讲话中指出：“各级人大及其常委会要担负起宪法法律赋予的监督职责……要按照总结、继承、完善、提高的原则，推进人民代表大会制度理论和实践创新，推动人大工作提高水平。”学者就人大制度的完善与改进做了许多研究。付宇程提出，人民代表大会制度作为我国的根本政治制度，在立法、监督、代表履职等各项制度的完善中应全面贯彻“全过程人民民主”理念，切实加强同人民的密切联系。周美雷和谢跻琪分析了基层人大专项工作评议制度，指出加强和完善基层人大专项工作评议制度不仅是制度需求，也是现实需要，既是法律监督形式的创新，也是民主切实落地的助推器。

中国共产党领导的多党合作和政治协商制度，是中国的一项基本政治制度。谈火生对中国的协商民主制度做了分析，提出应大力发展社会组织以应对不断涌现的各种新老社会问题，完善以社会组织协商为代表的微型公共领域与决策之间的衔接问题。孙照红指出，应当健全协商机制，培育协商文化，形成既畅所欲言、各抒己见又理性有度、合法依章的良好协商氛围。聚焦人民对美好生活的向往，汇聚共筑中国梦的巨大合力。

3.国家治理研究

（1）国家理论研究

国家是政治学研究中的重要概念，学者们研究了基于中国实践发展和完善了国家建构理论，张长东从韦伯与托克维尔的国家理论出发，辨析了国家能力（State Capacity）和国家权力（State Power）的概念关联与差异。他由密西根大学出版社出版的*Governing and Ruling: The Political Logic of Taxation in China*从税收制度的视角切入，提出在市场转型和税收国家转型的双重转型背景下，经济体制、央地财政关系、税收征管和税收结构都发生了重大变化。中国面临着社会控制、合作、代理人控制三大治理挑战。在这一背景下，中国的税收制度衍生出了三种具体机制：财政联邦制、非制度化的税收制度和半税收国家，从而维系了国家的权力韧性。

政治文化和政治价值的形成与发展是现代国家建构的重要过程。费海汀分析了改革开放以来中国政治文化的变迁，提出在转型国家中，政治文化的发展主要表现在政治亚文化的变迁与互动上，同时，政治亚文化与社会结构和政治制度的变化相互影响，呈现出复杂的发展路径。卢春龙分析了当代中国政治文化变迁的内在逻辑与动力机制，提出两个重要影响因素：一是进步时间观、循环时间观、多元时间观等多重时间观的叠合问题；二是政治倾向、经济倾向、意识形态倾向等多重结构问题。王淑芹提出，提升国家治理效能需要发挥道德的支撑作用，道德不仅为制度提供价值导向，也为制度执行提供精神保障。

（2）国家现代化研究

任剑涛指出，国家治理现代化亦存在“两个大局”，就国内大局而言，国家治理现代化需要建构国家与社会力量的相对关系；从国际大局看，国家治理现代化需要处理国情与全人类共同价值之间的关系。从国内角度看，燕继荣提出，中国的现代化是在中国共产党的领导下，从中国实际出发、解决中国问题、推动中国快速发展，形成了使命型政党领导、发展型政府组织、包容性制度保障、创新型政策推动等四条重要经验。陈红太提出，中国已经初步形成了“四个要”的政治发展道路和“两有特色”的新政体框架，“星火燎原”是中国政治体制改革的实践路径。樊鹏提出，实现人的全面发展与推进国家治理现代化具有统一性、协调性。应当通过“有效市场”与“有为政府”相互补充，“做大蛋糕”和“分好蛋糕”同步推进，不断满足人民日益增长的美好生活需要。从国际形势来看，翟东升指出原本统一的世界市场体系正在逐步分裂为两个相互平行、相互竞争的体系，只有建设双循环新发展格局，才是参与平行时代国家竞争的根基。

学者也分析了实现国家治理现代化的内涵、意义与路径。陆昱提出，基本实现国家治理现代化的具体路径包括以全面从严治党推进政党治理、以完善行政体系改进政府治理、以建立现代化经济体系推动经济治理、以共建共治共享创新社会治理、以构建公正秩序参与全球治理。程波辉研究了国家治理视域下制度现代化的理念塑造，提出了制度人民化、制度民主化、制度法治化、制度公正化、制度科学化、制度合理化、制度协同化、制度公开化、制度稳定化、制度可行化等十大制度现代化价值取向。邵鹏指出，中国特色社会主义的道路探索，为国家治理现代化的理论和实践提供了新的理念和经验，需要通过深化改革，扩大开放，继续完善国家治理现代化的内涵，有助于新发展格局的构建。

也有学者从政治传播学角度研究了国际治理现代化问题。荆学民和赵洁总结了中国共产党百年政治传播的基本经验，包括坚持党管媒体原则、以正面积极的叙事为特色、发挥政治动员机制、形成密实完善的建制，等等。荆学民提出，政治传播对制度权威的建构，是指政治传播致力于使一种以抽象的、拟制的制度为对象的认同关系得以实现。政治传播对制度权威建构的路径可区分为三个层次：在制度层次对民主与法治制度性质的建构，在执政者层次对制度有效性的建构，在共同体层次对制度公共性价值的建构。国家治理过程是一个信息的流动和分享过程，制度效能的前提是制度权威的建构，而制度权威建构的主要路径是政治传播。

4.政府治理研究

（1）行政管理体制改革研究

近年来，政府机构改革与工作机制转型取得了一系列重要进展。“接诉即办”改革是北京市自2019以来主推的一项行政管理体制创新举措。孟天广基于北京接诉即办改革的实践，提出通过党建引领、流程重塑、绩效考核与技术赋能等机制创新，可以重塑科层内部“条块”关系，为政府回应性提供动力。孟天广、黄种滨和张小劲指出北京市“接诉即办”改革是以政务热线为驱动的超大城市治理创新。认为政务热线具有重要的数据价值和独特的数据特征，以政务热线为代表的数据治理范式正在驱动治理能力、治理理念的提升和创新，进而丰富了政府的治理工具。基于北京市“接诉即办”改革的大数据分析则发现，政府官员的晋升激励，譬如年龄、特殊工作经历和晋升路径，均对政府回应性产生显著影响。基于北京市12345政务热线大数据发现，基础民生、基本民生和发展民生是北京市民对城市治理的主要诉求类型，不同类型的市民诉求具有鲜明的时空规律，政府回应在属地和部门分工上均显著存在。

此外，“放管服”也是近几年来一项重要的行政体制改革内容。彭向刚对“放管服”改革推进营商环境优化的实现逻辑做了分析，提出放管服通过技术赋能突破权力规制的阻力与障碍，通过制度供给规范和约束政府的权力，实现了技术赋能与制度供给之间的互为重塑与保障。在公共服务供给方面，陈波分析了中国城市的民生公共物品供给困境，提出PPP模式应用于民生公共物品供给是一条革新途径，明确以可收费的民生公共物品为供给目标、以生产与供给相分离为供给基础、以政社互动为供给机制，政府需要根据自身的财政支付能力和专业管理能力策略性地选择相应的操作模式。在应急管理改革，尚水利分析了突发事件应对中地方政府领导对“非授权”权力的运用原则，提出应确保生命安全、以公共利益为目的、遵循比例原则，公民的生命安全是必须优先考虑的方面。

（2）基层政府治理研究

在基层政府的治理组织与发展方面，王阳亮提出，提高基层治理效能，应调整纵向各层级政府的职责结构，建立行政组织间的协调裁决机制，以增强基层政府对社会服务需求的回应性为导向，将基层“一票否决”刚性要求纳入行政裁决的法治化框架，激励基层干部敢做事、做实事。周庆智指出，基层治理现代化不只是一个制度法治化问题，也是一个制度变迁问题。应当限制基层权威和分割权力，而不是强化基层权威和积累权力，还权于社群，还权于社会，基层自主治理，扩大政治参与，并将其权力置于社会的监督和约束之下。连宏萍、贾平和刘志鹏发现，基层政府的创新离不开对国家政策执行宏观基础条件与微观政策场域的双重评估；在接踵而至的国家战略和持续问责压力背景下，当之前政策绩效与政策要求存在较大差异、产生多维不适应时，基层政府将通过“制度适应”机制而创新开展政策动员，以规避上级政府可能对本地持续的负面注意力。

（3）腐败治理研究

学者们也研究了政府管理存在的腐败、“一刀切”“懒政”等问题。房宁提出，普遍存在的形式主义问题与“顶格管理”模式及其理念有关。所谓“顶格管理”，简言之，就是一切按照上限进行管理的操作模式和理念。它表现为管理工作中的最全事项、最高标准、最严要求、最快速度，也就是追求经济学上的所谓“最优化”目标。在腐败治理研究方面，李莉研究了圈内化、权力距离与腐败风险感知间的关系，指出在中国科层组织“圈内”文化影响下，官员在单位集体中感知到的权力距离越大，个体对上级权威的服从性越明显，服从上级就成为普遍的思维方式和行动逻辑，从而造成大量一把手带头下的“圈内腐败同质化”。李莉也对纪委体制做了分析，提出纪委具有双重属性，一方面呈现出作为政党机构的权威性与政治性，另一方面则体现出作为科层机构的专业性与规范性。任建明研究了相关廉政公署专业化建设经验与启示，提出廉政公署反腐队伍的高度专业化主要得益于其基于“专业本位”理念的一套人事管理制度。内地建立国家监察官制度是国家监察体制改革的一项重要内容，应积极借鉴廉署经验，以切实促进监察官专业化发展。臧雷振则分析了政府效能和政府规模之间的隐性张力，提出政府规模对政府效能和政府腐败控制的边际效应递减。

5.社会治理研究

（1）社会治理理论研究

在社会治理理论方面，燕继荣指出，中国公共政策的核心价值取向在于“以人民为中心”，这是对党和政府长期以来所坚持“人民性”宗旨的继承与发展、自觉与明确。坚持公平优待、需求导向、共治共享、人民满意与引导大众等原则是政策调适实现政策目标与价值目标相统一的关键。臧雷振从历史制度主义视角出发，分析了中国社会治理体制变迁的轨迹、逻辑与动阻力机制，为新时代建设共有共治共享的社会治理格局提供知识储备和理论支持。周庆智提出，创新社会治理体制、改进社会治理方式不仅要完善体制内的社会组织建设，更重要的是将体制外的社会组织制度化、规范化、法治化，以此为基础将其纳入到体制中来。王洛忠和李建呈指出，党在建立健全公共服务体系方面取得的成就，得益于始终坚持党的全面领导、始终坚持以人民为中心、始终坚持理论联系实际、始终坚持统筹兼顾、始终坚持改革创新。王小秀指出，社会治理现代化是一个过程，随着社会矛盾的转化，相较于政府的社会治理来说，更应发挥社会自治的作用。

学者们也对一些新兴社会治理议题做了论述，例如，在女性权益保障方面，李英桃出版的专著《中国妇女、和平与安全：历史进程与当代实践》梳理从新中国成立以来中国妇女关于平等、和平与安全的主张和实践。基于2006—2015年国内硕博学位论文对女性政治学做了研究综述，李英桃发现现有研究中妇女参政、妇女组织问题备受青睐，而女性主义政治哲学、女性主义政治理论及女性主义国际关系等领域的研究仍不充分。

（2）城市社会治理研究

在城市社会治理领域方面，学者也做了一系列有价值的研究。俞可平对中国特大型城市的社会治理问题做了探索，提出特大型城市在中国的崛起具有经济发展规律的必然性，应当科学定位城市的性质和主要功能，促进城乡统筹、区域协同发展，努力弥合户籍人口与常住人口之间的鸿沟，保护城市生态，推进智慧城市战略，引领全国社会治理的现代化。近年来，中国社会治理领域涌现出一系列创新举措，为解决社会问题、促进社会治理现代化提供了宝贵经验。

俞可平主编的《中国城市治理创新案例研究报告》由社会科学文献出版社出版，展示了在公共管理领域的一系列创新，如桐乡市"三治融合"、深圳儿童友好型城市建设、上海市长宁区居民区分类治理清单模式等。

在城市社区治理方面，李兆瑞分析了社区治理结构"逆扁平化"层级扩张的逻辑，提出社区治理具有互动直接性和情感影响等特征，城镇化发展造成社区治理单元内的治理规模双维扩大，社区治理资源仍待进一步整合。张洪武总结了新中国成立以来社区治理的结构转型，提出改革开放后，在单位制解体、社会流动性增加、旧城改造、住房制度改革等因素的推动下，原来单中心的管理体制已经不适应社区居民物质文化生活的需要，多中心治理秩序应运而生。李晓壮和李升做了北京、上海、深圳流动人口的社区融入研究，指出从流动人口社区融合的四个维度看，呈现社区认同较高、社区交往一般、社区服务低、社区参与最低的特征。杨守涛研究了社区协商中的公众参与效能感优化路径，提出为优化社区协商中的公众参与效能感，需要筑牢社区协商基础、深化社区协商实践、提升社区协商素养、整合社区治理机制。谈小燕提出构建基层治理共同体需要包括青年群体在内的各方力量的广泛参与，为青年人提供参与社区治理的组织渠道，培养具有参与素养的青年一代。杨旎和韩海燕分析了共益型社会企业对老旧小区长效治理的驱动机制，提出社会企业理论作为一种可兼顾社会性与市场性双重目标，并能补充商业组织和公益组织间混合地带需求空白的新兴理论。

也有学者分析了城市社会治理中的政府—社会间的互动关系。郑思尧和孟天广分析了中央环保督察如何驱动公众参与，发现中央环保督察并非替代公众参与的作用，反而发挥着动员公众参与的效应，且这种动员效应存在异质性。孟天广发现，互联网在总体上促进了中国城市网民的政治参与，但不同互联网使用方式的影响机制与程度存在差异。在转型过程中的中国社会，互联网兼具公民赋权与政府赋能功能，政府如何应对与引导互联网时代的各类政治参与行为将是今后重要的研究议题。郑建君发现，政治信任感知的增强将有利于公民适度、有序政治参与的发展与质量，公民的政策参与动力的提升受到其政治信任与社会公正交互作用的影响。郑建君和马璇从政治心理学的视角出发，揭示了"村社认同→公民参与→政治信任"这一中介作用路径，对激发公民参与、提升政治信任和推动基层治理转型的治理实践具有启示。胡象明和杨正探究了公民参与在公共信任限定的边界中如何有效推进公共信任的养成和提高。

（3）农村社会治理研究

农村治理体系和治理能力现代化在国家治理现代化的目标中具有基础地位和前提作用，因此，必须给予高度重视。学者们就乡村治理现代化的问题做了论述。赵秀玲则提出要通过乡村善治进一步推进中国农民现代化进程，在人的现代化、协同发展、分别施策、精准对策上下功夫，发挥特色优势和加强制度创新，确立城乡健康发展的新理念。陈明分析了中国乡村现代化的政治经济逻辑，指出在中国乡村现代化进程中，农民形态、土地制度与乡村治理三个问题具有基础性意义。赵秀玲指出，应当确立中国式现代化的治理理念与方法，快速提升政府治理体系和治理能力现代化水平，进行城乡治理制度特别是内部制度创新，强化城乡治理的内在发展动能，以智慧特别是民间智慧提升城乡治理能力。王红艳提出基层治理现代化与乡村生态振兴之间存在多种"天然的契合"，将二者统筹起来加以考量，从而实现双促共赢的目标。张君认为推进乡村振兴，就必须从制度规范和监督体系两方面着手，尽快重新厘定村干部的角色，及时校正越轨行为，保护好政府资金及村集体和村民的利益。李梅指出村级治理行政化的现状虽然有利于管控，也有利于政府民生服务落地，但无法应对乡村社会发展所带来的各种挑战，从长远看不利于形成乡村治理的内生性秩序。

截至2020年年底，中国全部贫困县实现摘帽，精准扶贫工作取得了巨大成就，学者们也对中国减贫治理做了研究。左停梳理了中国减贫治理发展过程，发现不同的阶段反贫困公共治理均通过相应的政治话语的组织嵌入来进行体制动员和外溢性社会导引，进而形成复合性的贫困公共治理模式。中国未来相对贫困治理可以围绕"人民至上""共享发展""人类命运共同体"等政治和社会话语体系引导未来相对贫困公共治理的发展方向。吴茜解释正义性在精准扶贫中的四个维度体现：正义指代的问题是社会基本结构、正义的对象是最少受惠者、正义通过中央—地方—企业—个人四个主体来实现程序的正义，以及正义为了达到稳定的效果。汪大海和李江涛提出第一书记驻村帮扶是打赢脱贫攻坚战、全面推进乡村振兴的中国式治理机制，在实践中呈现出全面帮扶、选择性帮扶、被动帮扶和帮扶悬置等四种行为。刘丽莉和刘志鹏认为，由于精准扶贫带来的持续高问责压力，促使各级官员信息沟通的意愿和方式发生改变，最终使我国纵向政府间信息不对称现象得以缓解。

6.疫情防控治理研究

2021年，伴随着新冠肺炎疫情的蔓延已经步入了第2年，疫情的全球影响已从公共卫生领域扩散到经济、政治、社会、国际关系等诸多领域，是对各国能否在不确定条件下做出理性决策的重大考验。在疫情防控中社会治理体制的设计与运行方面，臧雷振提出，需要将宏观层面的国家治理现代化，与公众可感知的微观层面的社会治理服务体系有机联系，化解二者之间的张力，避免宏大政治叙事对微观社会个体的遮蔽，实现国家治理的政治诉求与社会治理的公民需求之间的平衡，提升不确定条件下国家及社会对突发危机的综合认知能力和应对能力。宁晶提出，需要在疾控体系变革中引入社会治理的理念，让社群机制在疾病控制的专业治理中发挥主导作用，让专业意见在公共政策决策和执行中发挥更大的作用。唐任和伍温馨则分析了重大危机情境下基层官员善治动机的价值取向及影响机制，构建生成基层善治动机的治理路径。高萍和李爱生分析了新冠疫情背景下的政府信息公开，提出了突发公共卫生事件中信息公开优化的对策建议：要以满足公众需求为信息公开的导向，保障公众的生命权、知情权、参与权；将健全和完善管控机制作为信息公开的制度支撑，把信息传播效果管理置于信息治理的重要过程，实现多场域的信息协同治理。

还有学者从国家—社会关系的视角出发，探讨了抗击疫情中政府组织与民间力量的合作。张开平和孟天广发现，社会资本与政府信任共同促进民间互助行为，更信任社会、依赖社交媒体的人倾向通过互联网平台等社会渠道帮助他人，而更信任政府、依赖官方媒体的人倾向通过政府渠道提供帮助。因此，公共卫生的危机应对须加强国家与社会的协同合作。陈宇和崔露心从社会资本三个核心要素出发，采用案例研究法对浙江省新冠肺炎疫情防控过程进行描述与分析，发现浙江省疫情防控呈现社会信任充足、关系网络丰富、互惠规范健全等社会资本存量足的特征。连宏萍探讨了在面对新冠肺炎疫情这一突发重大公共卫生事件，如何作战及网格化管理在其中所发挥的作用。她提出需要厘清管理与自治之间的界限，并在此基础上建立网格链接机制，是基层治理实现积极转变的有效途径。

7.数字治理研究

（1）数字技术赋能社会治理

数字与智能技术通过技术赋能和技术赋权双重机制推动着国家社会关系的数字化转型，因而数字技术被日益广泛地应用于社会治理创新。大数据社会治理旨在搭建政社协同治理平台，基于新兴信息技术赋权，利用丰富的数据资源和先进的分析技术，将复杂多维的社会运行数据化、算法化以把握社会运行规律，依靠政民互动积累社会治理的知识和策略从而提升社会治理的智能化水平。中国市场化、城镇化、数字化“三化叠加”跨越式进步，使得社会各界对于大数据驱动社会治理有着强烈认同和迫切期待，而大数据在社会治理多个方面的实践应用，使得加快构建智能化社会治理体系成为当务之急。

数字技术的快速发展与广泛应用为解决一系列社会治理难题提供了方法支持。涂晓芳分析了大数据助力社会组织参与社区治理的功能、挑战与优化路径，提出应从技术维度上搭建高效网络平台，提升数字治理能力，制度维度上建立数字化参与机制，完善社区治理顶层设计，社会维度上培植广大社会力量，助力数字治理领跑。孟天广提出大数据能够发现数据内在的关联，避免一刀切式的社会治理，能够将政策制定过程精准化，从而提供更加个性化的社会治理。应当建立起一把手权威统筹推动，相应机制配套支持，强化政府主导，协调政企社共建共治，专门机构统一协调，增强回应辅助决策，坚持“以人民为中心”，让数据为公众服务。金炜玲提出，针对各城市发展区域之间差异化的物业管理诉求，政务热线可辅助社区治理决策的精细化和精准化，推动社区治理模式向数字化转型。汪波和安喆对国家治理现代化视角下政府数字协商做了研究，发现求助动机、咨询动机、建言动机、感谢动机、投诉动机构成网民参与数字协商的五种动机，这五种动机在一定条件下可互相转化，可以提升国家的治理能力。

（2）数字技术驱动行政管理改革

数字政府也为行政管理体制改革提供了新的工具，有力地促进了政府治理体系的革新。赵娟和孟天广分析了数字政府的纵向治理逻辑，从治理功能、治理资源、治理工具三个维度的层级差序特征出发，提炼出数字政府建设的三个类型，即“战略型”“枢纽型”“回应型”。臧雷振分析了智慧城市建设中的政府治理转型，提出智慧城市建设为治理现代化转型提供结构化助力的同时，通过现代化技术与传统治理资源相互嵌入，推动治理层级下沉，催生地方政府创新活力，进而发挥出不同治理主体之间的联动、扩散和转化等耦合效应。当然，中国智慧城市建设案例分析中，也需要进一步关注技术赋能背景下的治理创新差异和潜在的风险管控。郭蕾和黄郑恺分析了中国数字政府建设的影响因素，提出数字基础设施和政府投入力度对数字政府建设的促进作用最大，数字技术人才、财政资源水平、数字产业发展、经济开放程度、公众参与水平对数字政府建设具有一定的正向影响。张毅发现数字赋能可以环节基层治理中的公共服务均等化差距。阳军剖析了新技术条件下形式主义、官僚主义的表现方式，分析如何充分利用大数据、人工智能等技术优势，推进政府管理制度的优化和规范化，力求减少形式主义、官僚主义现象的发生，推进国家治理体系和治理能力现代化。

（3）社交媒体时代的社会治理

学者们也分析了对于社交自媒体的社会治理。李红艳和唐薇发现，地方政府政务微博的高绩效实施呈现条件协同、多重并发等特征，其生成逻辑可分为注意力驱动型、组织资源驱动型及经验—竞争驱动型三种模式，并体现出能动性与助推力两种生成机制在其中的渐进性分配与混合作用。政务微博最终实施效果仍有赖于构建以公众需求为导向、以增强公众媒介素养为手段的长期发展布局。宁晶等研究了社交媒体用户的算法推荐内容接受度，数字鸿沟所带来的用户在社交媒体使用技能和心理效能上的差异使得他们对社交媒体平台上的算法推荐内容有着不同的接受倾向，能够在深层次上使用社交媒体抑或对社交媒体有较高心理效能的用户更倾向于接受算法推荐内容。同时，用户对科技公司隐私保护的担忧、对社交媒体信息的准确度认知等因素也会对其接受倾向产生影响。王洛忠和李建呈分析了网络时代突发性公共危机化解的影响因素及作用机制，提出快速反应机制和信息公开是危机化解的关键因素，危机末期的督查问责依然是化解危机的重要手段，但通过制定应急预案预防危机的做法并未获得应有的重视。

8. 国家安全研究

党的十九届五中全会首次把统筹发展和安全纳入“十四五”时期国家经济社会发展的指导思想，充分体现了党中央对国家安全的高度重视，是实现国家治理体系与治理能力现代化的关键环节。在总体国家安全观研究领域，刘跃进提出，习近平总书记于2014年首次提出的总体国家安全观，内容丰富，寓意深刻，具有旗帜鲜明的人民性、统筹全局的总体性、兼收并蓄的兼容性、思维方式的非传统性、指导现实的实践性和不断发展的开放性等六个基本特征。刘跃进认为构建系统思维下的大安全格局，既要坚持以人民安全为宗旨、以政治安全为根本、以经济安全为基础、以军事科技社会文化为保障、以促进国际安全为依托的中国特色国家安全道路，也要确立系统安全理念、共同安全理念、合作安全理念、相对安全理念、有效安全理念、可持续安全理念，从而实现长治久安的国家安全远景目标。于洪君、旷伟霖、何建华、刘跃进等研究了总体国家安全观与高质量经济发展的关系，指出2020年以来的新冠肺炎疫情，加速了百年未有之大变局的演变，新发展格局也是安全发展的格局，以国内大循环为主体内含着安全考量，确保更稳健的发展态势。

学者们也讨论了意识形态安全的重要意义。田改伟提出，意识形态安全是国家安全体系的有机组成部分，是文化安全的主要内容。意识形态的阶级性和实践性的特征决定了它是当今社会主义和资本主义两种制度斗争的主要阵地。意识形态与政党具有内在联系，坚定不移地维护马克思主义对我国意识形态的指导地位、反对意识形态指导思想的多元化是共产党提高执政能力的根本要求。郑建君提出，政治价值观对关系国家稳定的政治参与等政治行为和政治信任、国家认同、群际态度等政治态度具有重要的塑造作用。

（三）中国外交与国际政治研究

1. 中国外交研究

综观2021年世界形势，全球疫情跌宕蔓延，百年变局加速演进。京内学者在习近平新时代中国特色社会主义思想的指导下，对中国外交进行了深入的研究，产出了一些高质量的研究成果，推动了中国外交研究的发展。研究大致可以分为三大类：一是大变局背景下的中国国际战略与外交理论研究；二是习近平外交思想研究；三是中国同美、日等国家以及多边外交研究。

（1）大变局背景下的中国国际战略与外交理论研究

徐步总结了2021年国际形势特点，概括为大国博弈空前激烈，世界大变局向纵深发展，不稳定不确定因素增多，地区局势变幻动荡，新冠疫情仍在肆虐。进而阐述了中国本年度的外交成果，一是稳妥应对中美关系，对美霸凌行径坚决斗争，二是中俄新时代全面战略协作伙伴关系更加充实牢固，三是上合组织扩员提质，四是积极中欧关系健康发展，五是周边外交走实走深，六是亚太区域经贸合作逆势而上，七是与中东、非洲、拉美和加勒比国家合作加强，八是积极参与引领全球治理体系改革。杨光斌认为国际政治学急需转型升级为世界政治学，世界政治学追问的是政治思潮所诱发的国内制度变迁以及由此而塑造的大国关系和世界秩序，是一种兼具过程性结构和现状性结构的研究。发端于中国政治学的历史政治学为建构世界政治史和研究世界政治理论提供了可操作的研究路径。王帆、罗建波、赵可金等学者都对新时代中国特色外交和国际战略提出了不同见解，然学者们均认为中国新时代大国外交一直致力于构建全球伙伴关系，拓展全球发展格局，推动全球治理变革，以“一带一路”为依托，构建人类命运共同体。

面对传统西方国际关系理论和西方中心主义的冲击，程多闻尝试构建一个全球国际关系学视野中的“中国学派”，并认为“超越两分与推动对话”有助于“中国学派”的构建并实现“二元互补”，而“深入地方和走向全球”则可以使其突破“中国中心主义”和“中国例外论”的束缚，从而获得更广范围的普适性。尚伟梳理了中国共产党百年外交路线的演进历程，从“和平共处五项原则”到“三个世界理论”，从“和平与发展”到“人类命运共同体”，均表明了中国外交在实践中与时俱进，逐渐形成自己的话语体系。张颖和潘敬国重新探讨和平共处五项原则与中国对亚洲政策的提出，回溯日内瓦会议，揭示了该原则对新中国外交的积极影响。

除了基于现实外交政策路线的研究外，赵滕另辟蹊径，从中国古代纵横家的理论与实践中汲取营养，以此为基础尝试为中国特色外交理论注入思想养分，他认为战国时期纵横家的思想不仅是绝对“零和博弈”式的现实主义，更有道义与合法性考量，因此将其思想归纳为“道义现实主义”，提供了些许当代借鉴意义。

（2）习近平外交思想研究

徐步认为推动建设相互尊重、公平正义、合作共赢的新型国际关系是习近平外交思想的重要组成部分。刘卿和刘畅则从习近平关于“两个大局”论述的角度把握习近平外交思想，并认为深刻理解和把握“两个大局”的理论逻辑，有助于精准定位中国发展所处的历史方位与世界坐标，为研判国际形势、把准潮流方向、保持战略定力，有效应对各种复杂的风险与挑战提供了根本遵循。于江从习近平外交思想中的“人民立场”出发，认为其集中体现为外交成果惠及人民的思想与外交路线，且“胸怀世界人民”是其思想的鲜明底色，体现了大国担当。吴志成和李佳轩抓住了习近平外交思想中体现的正确义利观，认为这种思想内核丰富发展了马克思主义外交理论，提升了中国外交话语权和软实力，有助于引导全球治理体系向着更加公正合理的方向变革，是引领新时代中国特色大国外交实践的重要指南。

除了理论探讨外，阮宗泽则从抗疫实践看习近平外交思想的重大时代意义，他认为中国成功打赢了针对新冠肺炎病毒的阻击战和针对国际“政治病毒”的遭遇战，捍卫了国家安全，维护了全球稳定。在此期间，习近平密集开展元首外交，提出重要倡议和主张，丰富了中国特色大国外交叙事，提出了大格局、大视野、大胸襟，提升了中国的国际话语权。

（3）中国对外关系研究

2021年度京内学者在中国对外关系研究中依旧异彩纷呈，主题多样，既有对中国大国外交总体形势的研判，也有诸如中美、中欧及周边外交的案例分析，更有基于“一带一路”的国际援助研究。金灿荣和刘丹阳研究了党的十八大以来中国特色大国外交的延续性与开放性，认为近年来中国坚持外交战略的顶层设计与层次划分，既坚持外交基本原则，又根据内外发展的需要不断调整方针和政策，依托“一带一路”建设，推进新基建项目创新方式讲好中国故事，传播改善中国形象，拓展参与全球治理的深度和广度。周永生用“总体稳定、均衡发展”来概括中国特色大国外交特点，他认为中国外交越来越接近国际中心舞台位置，在全球抗疫中肩负起了大国的责任与担当。

在具体的外交研究中，王晓泉研究了中美外交中的博弈，认为中美博弈将出现软实力对抗与“混合战”加剧的趋势，全球治理体系重构和世界格局演进的进程将加快。应霄燕分析了美国对华战略调整及其影响，她认为美国将中国作为战略竞争对手进行全面遏制，对全球经济的健康发展、亚太地区乃至世界的稳定与发展均产生了破坏性影响，在这样的背景下，中国需要继续倡导建设不冲突、不对抗、相互尊重、合作共赢的新型国际关系。王朔研究了中欧关系，认为双方关系正步入新阶段，虽然欧洲对华态度具有两面性，但仍要不断夯实中欧务实合作的基础。面对后疫情时代全球日益增多的不确定性，中欧合作应继续坚持互利共赢的主基调。于游和高飞研究了中俄伙伴关系外交的经验与启示，并认为经过近三十年的发展，中俄伙伴关系外交逐渐形成了和平、平等和包容的特点，不仅为两国关系发展带来了切实利益，也推动国际关系朝着更加多样化、均衡化方向发展，维护了大变局时代世界秩序的基本稳定。在对中印关系的研究中，康晓抓住了两国气候合作的面向，并认为两国应在产学研界联合研发核心低碳技术和开拓地方政府气候合作新空间，中印气候合作不仅应该成为新阶段两国关系的支柱之一，更具有全球意义。在对中国周边外交的研究中，凌胜利以新冠肺炎疫情入手，认为疫情对中国周边地区的影响体现在大国战略竞争加剧、周边经济发展受阻、周边安全合作分化、周边人文交流弱化等方面。在此背景下，他认为积极推进中国周边外交需要增强主动性，推动共建"一带一路"高质量发展，并加强周边安全合作。

在对"一带一路"的研究中，江涛讨论了"一带一路"倡议下中国对柬埔寨的援助，并认为在"一带一路"倡议提出后，中国对柬埔寨的援助总量保持稳定，坚持基础设施建设优先，数量快速增长，援助的深度和广度进一步提高。同时，他也指出援助中还存在着数据和程序不够透明、个别项目与柬埔寨国庆结合不紧密等不足。李永辉以此为基，研究了中阿巴区域合作，构建新的三国战略空间的议题。他认为阿富汗和巴基斯坦是连接中国、南亚、中亚的重要枢纽国家，"中阿巴经济走廊"的构想拥有广阔前景，然而在阿巴矛盾、美国余存势力和印度深度介入等诸多因素的影响下，中国应以安全合作为基础，以政治对话为突破口，以经济合作为主要途径，打造新的三国战略空间。

2.国际政治研究

在2021年度京内学者的国际政治研究中，话题较为丰富，但大多都是以美、俄、法、德等大国为视角进行讨论。张程和赵梓若研究了"后疫情时代"的中美贸易战的起因走向及应对措施，认为中国应认清战略劣势，提高思维和决策能力，利用压力缓解矛盾，实现教育科技自主化并重视非洲的战略地位作用。在对欧盟治理困境的讨论中，有学者认为欧盟的困境本质在于其自身的经济政治、社会结构问题，若要解决问题，需要从缩减"民主赤字"，推进结构和机制改革，建立欧元区预算工具，另外还要加强成员国在安全防务领域的合作。另有学者基于此议题，集中讨论了法德轴心的有限重启和欧洲一体化建设，认为虽然法德轴心的重启具有必要性，但在不平衡性和国内政局走向不确定性等因素的影响下，这种重启势必有限。在对俄罗斯的研究中，江涛从俄罗斯在后卡扎菲时代利比亚转型中的角色入手，认为其在后冲突时代的利比亚转型中扮演了特殊角色，成为影响利比亚和平进程的利益攸关者之一。同时，由于利比亚国内形势复杂以及俄罗斯本身国力的局限，俄罗斯在利比亚的影响力有限。

除了具体的国别政治研究，宋伟站在世界政治变迁的视角上，讨论其根本动力与作用机制，他认为政治思潮兴衰是世界政治变迁的直接动力，同时塑造国际关系和国内政治的基本性质与基本制度。国际政治斗争和国内政治斗争是塑造政治思潮兴衰及将政治思想转变为国际关系和国内政治基本制度的作用机制，包括实力压制、学习内化和政治妥协三种互动模式。

3.国别政治研究

学者们对国外政治体系及运行做了研究。基于东亚四国的比较分析，韩冬临和黄种滨发现，在竞争性的选举体制中，政党竞争导致的反腐败能够有效提升公众的政治信任，但效应在不同国家存在差异，这些差异取决于反腐败自身的合法性。由孟天广、郭凤林翻译的《财富与影响力——美国的经济不平等与政治权力》一书分析了美国政府对于不同群体的回应性，指出当低收入或中等收入的美国人的偏好与富人的偏好不一致时，政策结果与处境较差的群体的愿望之间几乎没有关系，相反，富裕的美国人的偏好与政策结果表现出高度的一致性。涂锋分析了身份政治第三波与西方国家的政治衰败，从国家建构视角出发，提出外部环境和内部制度是西方政治衰败的两个发生机制，而身份政治则是将这两者联系起来的关键一环。郑建君分析了不同类型民主观念对政治机构信任水平的影响，发现政治机构信任不仅受到个体民主观念的影响，还与国家（地区）发展状况等宏观因素相关，更为重要的是，个体民主观念对政治机构信任的影响受到国家（地区）发展状况的调节。

近些年来，性别政治、身份政治、环保政治在欧美等国家方兴未艾，一些学者对这些现象产生的根源及影响做了分析。韩冬临基于1989—2018年149个国家数据，分析了国内经济因素对一国实行性别配额制度的影响，发现经济危机的发生显著提高了一国在立法机关实行性别配额制度的可能性，并基于印度尼西亚的案例展现了从经济危机爆发到实行性别配额制度的具体机制。王丽萍分析了巴西的"肯定性行动"，指出在巴西的国家治理中，"种族民主"向身份政治的转变带来了种族政策的重要转型，使肯定性行动政策成为其种族政策的优先选项，这使得问题重重的肯定性行动仍然会持续存在。史泽华对美国“绿色新政”的兴起、实践与困境做了分析，指出由于“进步派”与“中间派”对民主党领导权的争夺，以及国会预算拨款存在债务上限等因素的制约，被称为“史诗般愿景”的拜登政府“绿色新政”前景暗淡。

新冠疫情的暴发对国际政治经济格局形成了重大冲击，程多闻分析了新冠疫情下国际劳工移民和发展两者的关系，提出此次疫情暴露了全球化背景下“流动的劳工”相对于民族国家和资本的弱势地位，凸显了发达国家和发展中国家的利益分歧。疫情也表明全球性危机将对所有国家产生影响，因而需要各国通过合作构筑移民和发展的良性关系。在国际政治经济学研究中，释启鹏分析了以保护私有产权为核心的“好制度”为何没有让第三世界国家并没有因此走向繁荣，他提出私有产权制度之所以能够推动经济发展，既有赖于贫富分化不那么悬殊的国内社会结构，也有赖于国家在世界体系中所具有的相对独立性。如果缺少这一前提条件，“好制度”不仅很难促进经济发展，反而会巩固甚至加剧既有的不平等秩序。李巍分析了空客崛起的政治基础，指出欧洲一体化在技术整合和市场拓展两个方面为空客克服后发劣势提供了强大的产业支持。空客是欧洲企业战胜美国同侪的重要范例，其实践为欧洲一体化的价值提供了强大的证据支持，也为他国同类企业的发展提供了重要借鉴。韩燕红回顾近几十年来世界各国的政治转型历程，基于转型时期执政党与国家的距离和转型路径之间的关系将政治转型的路径大体划分为三种类型。宁晶分析了经济全球化与地方财政医疗卫生支出间的关系，研究结果显示，经济全球化与地方财政医疗卫生支出呈现倒U型关系，即随着经济全球化的发展，地方财政医疗卫生支出会先增加后减少。这表明经济全球化引致大政府的命题是有条件的，其机制为大政府提供社会保护和促进社会发展，即通过发展型社会政策的实施助力经济发展。

张树华反思了苏共败亡30周年的经验教训，指出苏共后期思想变质和组织蜕变，党内高层放弃思想信仰、否定历史，追捧西式“自由民主”，鼓吹“民主化”“公开性”是导致苏共败亡、制度崩溃与国家分裂的重要原因。苏共执政后期在指导思想、制度建设、作风建设、廉政建设等方面逐渐背离了马克思主义的指导方针，存在严重的党风不正现象。为避免重蹈苏共覆辙，我们应汲取苏共垮台教训，坚持以人民为中心的发展思想，不断加强党的建设，时刻保持与人民群众的血肉联系。

三、问题思考与研究建议

2021年北京地区政治学在新兴学科、交叉学科和研究路径与议题的发展上均有突破。随着社会经济发展和有关政策的发布，学者们对技术政治学、政治传播学、环境政治学（生态政治学）等学科和历史政治学、世界政治学等研究路径与议题的关注与日俱增，产生了一批富有启发性的研究成果，但在研究过程中也存在着一定的不足，有待进一步提升。

（一）技术政治学

自20世纪80年代末以来，技术政治学作为一个交叉学科研究领域，开始受到广泛关注。近年来，云计算、大数据、物联网、人工智能、区块链等新技术的兴起对政治系统产生了广泛而深远的影响，也为国家治理现代化提供了新的思路与方法，再次将技术政治学推向研究的热点与前沿。特别是2021年，随着“健康码”等通过技术途径对新冠疫情的管理趋向常态化，学者们得以从中直观地汲取理论灵感，围绕新技术对应急管理和社会治理开展更多贴近治理实践的经验研究。此外，2021年9月北京市十五届人大常委会第三十三次会审议通过《北京市接诉即办工作条例》，接诉即办也成为围绕大数据开展研究的热点问题。总体而言，北京市2021年的技术政治学研究方兴未艾，在理论构建和应用研究方面均有一定进展。

理论研究方面，北京市2021年的有关研究相对较少。科技革命引发生产力和生产关系的变革，不断推动社会主义的理论和实践向前发展。具体到新技术革命迅猛演进的当下，在国际层面，中国形成了以构建“数字命运共同体”为基本目标的全球数字治理中国方案；在国内层面，技术变革给国家治理现代化同时带来机遇和挑战，学者们认为既要通过“治理好”数字技术规避资本无序扩张、侵犯数据隐私、网络攻击等风险隐患，也要通过“利用好”数字技术推进中国共产党的执政能力、依法治国能力、行政管理能力等国家治理主要领域的现代化。学者们还进入到中观层次，对数字政府的纵向治理逻辑进行了研究，指出数字政府发展既要促使不同层级政府发挥各自的特定功能，更需要构建上下耦合、协同互促的纵向治理体系，依托科技驱动推进国家治理现代化。应用研究方面，现有研究主要围绕政府与技术企业的互动关系、技术对治理的影响和技术对国际关系的影响展开。首先，新技术革命背景下，技术巨头的崛起以及垄断性地位的形成已经发展成为一个世界级的政治现象，国家推动实现自身政治意图的高效行动能力受到阻碍，目前中国已经形成政府引导、企业跟随、依托海量数据、面向应用需求的创新路径，未来还需要进一步通过转变治理思维、创新合作方式和完善权力约束等途径，探索政府与企业协同治理的新路径。其次，技术手段的运用对治理绩效和治理方式产生了重要影响。一方面，新技术提供了数字化公民参与的途径与形态，对居民的政治参与行为和意愿以及对政策的满意度产生显著影响；另一方面，大数据、区块链等新的治理手段能够为创新物业管理、社区减灾建设、反腐败等治理实践赋能。此外，北京市接诉即办政策的实施为学者们提供了重要的学术资源，学者们围绕政务热线作为新的治理手段和政务热线数据所反映的问题展开了诸多研究。再次，技术的发展也对国际关系产生重要影响。新技术产业以信息科技业为核心，具有变革潜力巨大、高度垄断等特点，已经成为大国战略竞争的重要工具与组成部分，未来的大国竞争将是一种“融合国力”的竞争，对于其他国家而言，政权安全是影响技术态度的首要因素。

综上，2021年度北京市关于技术政治学的研究在理论研究和经验研究方面均有所进展，并且能够紧密结合技术发展和社会变化，敏锐捕捉理论内涵，产生了较为细致、丰富的成果。但是，在本年度的大部分研究中，技术仍然处于附属地位，体现为作为客体的治理手段，在研究关怀上呈现出公共管理化的倾向。事实上，技术政治学的关键在于聚焦“技术”本身在政治实践中的实质性地位与作用，将其作为人类文明之构成性元素来加以研究，而不仅仅是窄化的“治理技术”。此外，现有研究往往将与技术有关的政策看作是政府直接做出的结果而加以接受，对技术公司、技术人员如何影响政治过程的研究不足，且较少对不同国家的技术—政治关系进行比较研究。在未来的研究议题选择上，一方面应该关注技术作为主体对政治和社会发展的实质性影响，特别是新技术不同于过往技术的新影响；另一方面，也应更多着眼于技术公司和技术专家与政府之间的关系问题，对其如何影响政治过程、参与公共决策、存在的优势和局限性等问题进行研究。在研究方法上，应注重采用比较分析、质性研究、量化研究等多元化的科学研究方法。

（二）政治传播学

政治传播学是政治学与传播学的交叉学科，严格而言并非新兴学科，但随着技术发展和媒介变革，正体现出不同以往的理论特征与现实意义，对国家治理现代化具有重要影响。2021年北京地区政治传播学的发展较为缓慢，缺乏重大理论突破，其主要研究者基本为传播学学者，政治学学者涉猎较少。中国传媒大学在政治传播领域建设了政府与公共事务学院及政治传播研究所、媒介与公共事务研究院、国家治理研究院“一体三柱”的架构格局，设置了“国家治理与政治传播”专业，是北京地区政治传播学科战略规划和部署较为系统的代表性高校。

2021年政治传播在议题上主要围绕党的传播理论和新技术条件下的政治传播发展等领域展开。党的传播理论方面，学者们指出中国共产党在历史上能够充分把握媒介特征，在不同的历史阶段都及时对新的媒介环境做出反应与调整，经历了从宣传到对话、从陌生到熟悉、从革命到治理几个维度的变革，进入自媒体时代，政党领导是决定中国政治传播运行特质的重要制度力量，是维护交流秩序的主导者。随着新技术的发展，媒介环境变化对政治传播的方式和效果产生重大影响。聚焦新媒体环境下政治传播方式的研究关注到针对中国的“计算宣传”机制对我国的国家形象和声誉形成了严峻挑战，以大数据及精准投放等技术为支撑的新型网络政治广告则为加强政治传播提供了新选择，而时政微视频作为一种新型传播模式也受到了一定关注。聚焦新媒体环境下政治传播效果的研究发现，基于社交网络媒体的政治传播增强了中国网民的内部政治效能感，而基于社交网络媒体的政治互动则削弱了中国网民的外部政治效能感，智能推送、网络平台的汇聚效应塑造的信息茧房诱发了群体认同、内群体极化的形成与融合，诱发了邻避集群行为的产生，共同揭示了新媒体环境下的政治传播对政府工作的重大挑战，并特别指出应当注重激活社交媒体在重大公共事件中政治传播的正向功能。在研究路径上，学者们开始关注到“底层表达”的视角、主体间关系的研究和国家间的比较研究，为进一步发展政治传播学提供了有益方法。

综上所述，2021年北京地区政治传播研究以微观研究为主，缺乏中观理论创新，对业已成熟的国内社交媒体研究较多而对平台媒体特别是跨国平台的政治传播等新发展关注较少，且时代性不足，未能立足于国家治理现代化这一核心议题开展研究。未来，政治传播在研究层面上需要着眼于发展中观理论，开展更加系统化的研究；在研究对象上加强对国内外信息互动和非官方主体的考察；在理论关怀上加强对政治传播如何提升国家治理能力现代化的关切。值得注意的是，政治学者对政治传播的研究较少，且政治传播的文章多刊发在新闻传播类期刊上，缺乏以政治学的问题意识、研究范式和理论架构为导向的研究。应特别注重通过针对性设计期刊栏目、以政治学科为主体筹办学术会议、加强学科点设置等方式，鼓励引导更多政治学学者投身政治传播的有关研究中。

（三）环境政治学（生态政治学）

20世纪中后期，随着绿色政治运动的兴起，环境政治学在西方快速发展，日益系统化、理论化。虽然环境政治学作为一门交叉学科在西方研究中已经较为成熟，但由于我国的经济社会发展水平和生态环境现实状况，环境政治学在我国仍属于新兴学科。2013年前后，城市雾霾现象作为一种社会政治议题广受关注，成为我国环境政治初步萌生的重要标志。2020年9月，习近平在第七十五届联合国大会一般性辩论中提出“碳中和”概念，使中国本土环境政治学研究的意义进一步凸显。2021年北京市环境政治学的研究主要分为针对美欧绿色政治的研究和针对国内碳中和等绿色政策的研究，研究者以国际关系学者为主。

针对美欧绿色政治的研究表明，以应对气候变化为契机，以“清洁能源革命”为引领，旨在推动美国走向经济复苏和社会正义的“绿色新政”成为拜登政府的重要执政方案。虽然受利益集团和政治文化的影响其前景可能并不乐观，但“绿色新政”可能会成为民主党长期的政治纲领，中国需构建起多层次气候治理与危机管控体系以应对变化。而在欧洲，绿党正在迅速崛起，环境及气候政治与民粹主义运动产生关联，环境民粹主义思潮将会刷新欧洲内政外交议程、街头运动机制、环境政策走向与生态治理未来图景。在此背景下，欧洲共产党在理论主张与组织机构设置中正在力图引入绿色元素，这对欧洲共产党的理论革新产生了一定的积极影响，但尚未有效改善欧洲社会主义运动处于低潮的现状。针对国内绿色政策的研究主要围绕碳中和及其国际影响展开。碳中和战略的提出对内为新发展阶段中国低碳发展确立了新目标、注入了新动力，对外则既影响中美战略竞争走向，同时其实现路径也受中美战略竞争关系的约束。在此背景下，中国需要推动国际社会全面应对气候议题，推动发达国家兑现承诺，同时积极提供中国理念与方案，强化自主贡献。

综上所述，2021年北京地区环境政治学研究仍然较少，且主要在国际关系视角下展开，针对本土环境政治学的理论建构和经验研究不足。随着生态文明建设的不断推进，生态质量越来越成为影响人民幸福感、获得感的核心议题。未来，应着重加强环境政治学理论、环境运动与环保组织、环境治理与公共政策三方面的研究。环境政治学理论方面，现有理论建构较少，基本通过国际关系的理论框架进行分析，或“就事论事”地分析，在未来应注重加强基本理论框架的建构。值得注意的是，中国的环境政治在推动主体、制度环境、政治文化等方面与西方都有显著差异，不能直接将西方的环境政治学理论照搬到中国，而应注重进入中国实践中来开展研究。环境运动与环保组织方面，中国民间环保组织自1978年开始起步，已成为政府与企业之外的第三方力量，但从环境政治学角度对其进行的考察仍然较少，在生态环境日趋重要的当下，急需对环保组织如何影响民众认知、政策面向，如何受到政策的影响等议题展开研究。环境治理与公共政策方面，由于环境治理是一个长期、需要多方合作的过程，因而其治理方式选择、效果评估较其他议题更为困难，需要进一步的研究支持。

（四）新兴政治学研究路径与议题

2021年北京地区政治学不仅在新兴学科和交叉学科上有所发展，也产生了对于新兴研究路径和议题的关注，主要体现在历史政治学和世界政治学的有关研究。

随着政治学研究的发展，基于理性人假设的“政治科学”已经难以回答西方的政治难题，更遑论对中国政治发展进行解释。越来越多学者认识到理论—制度—政策的适用性都是就社会条件而言的，中国政治学必须寻找与自己历史文明传统相匹配的方法论，据此而生产、发现政治学的基本概念并重组政治学原理体系。在此背景下，中国人民大学杨光斌、北京大学罗祎楠等都发表了大量方法论文章，提倡政治学研究路径的“历史转向”。历史政治学中的“历史”不仅仅是观念，还是本体论意义上的存在，研究者们通过对“常识”所无法解释的历史现象进行思考，从已有的理论传统中汲取灵感，进而根据新的历史解释重新构建理论。历史政治学开始受到关注意味着中国学者越来越注重基于中国历史文化本身的政治学研究，不再满足于套用源于西方特定历史背景的理论，自以为中立的展开研究，而是真正回归历史事实，为人类所共同关注的政治学问题提供来自中国历史的解答。

在历史政治学研究路径的基础之上，杨光斌还提出了世界政治学的新议题。在杨光斌看来，世界政治学是国际关系学的转型与升级。在传统研究议程已经不能有效认识国际关系的本质、不能理解世界政治现状的情况下，世界政治学指明了一种兼具过程性结构和现状性结构的研究，为理解政治思潮所诱发的国内制度变迁以及由此而塑造的大国关系和世界秩序提供新的认识。世界政治学议题的提出本质上也是基于对“专属美国的社会科学”、基于民族国家行为主体的西方国际关系理论的反思，尝试在巨变时代提出一种基于中国历史文化的世界政治理论。

总体来看，新兴政治学研究路径与议题的提出，均是基于对传统政治学理论抽离历史背景和社会文化条件前提假设的反思。这些研究路径与议题的提出，充分彰显了北京地区政治学科的本土意识和引领作用，为北京地区政治学科的进一步发展以及对中国政治学的推动奠定了坚实基础。

四、社会服务效能

社会服务是高校在教学与科研之外的另一大基本职能。高校必须面向社会，积极争取社会支持，主动回应社会关切，紧密对接社会需求，为社会经济发展培养各类人才并积极贡献智慧。课题组根据各家单位填写的问卷反馈信息、权威出版物与论文数据库的数据以及各单位官网的公告内容，整理得出2021年北京市各高校的政治学科着力提升服务社会效能的主要方式包括：组织或参与服务经济社会发展的重大活动、申请并承担服务国家与地方的实务性课题项目、参与接诉即办立法与首都城市建设等社会服务性质类活动并向上级部门报送智库报告等。

（一）组织或参与服务经济社会发展的重大活动

课题组通过梳理发现，2021年北京市各家单位开展的服务经济社会发展的重大活动的议题主要是中国共产党建党百年、协同治理、数字政府。首先，2021年是中国共产党的百年诞辰，中国共产党的领导力与中国式现代化新道路的形成成为政治学界关注的焦点，因此各家单位主要围绕“建党百年历程”“中国政党制度优势”“党的领导力”等主题开展学术活动。其次，2021年学界持续提炼与升华治理理论，将协同治理的理论与实践作为研究中国治理的主要着力点，从而围绕协同治理主题举办了系列学术会议。最后，2021年数字政府已成为国家治理体系和治理能力现代化的重要举措，因此其建设历程、实践逻辑和建设绩效等受到学界的广泛关注，各家单位组织、参与的诸多重大活动都包含数字政府议题。

第一，政治学是一门与现实紧密结合的学科，2021年各家单位组织并参与的一个重大活动就是纪念中国共产党成立一百周年。各家单位开展的中国共产党建党百年主题活动，具体形式有党史学习教育、党中央会议精神宣讲、党政干部培训、参与建党百年庆祝大会，等等。就党史学习教育来说，各家单位主要通过举办学术论坛、开展师生党团活动的方式进行党史学习。就党中央会议精神宣讲来说，首都师范大学马克思主义学院组织师生宣讲十九届六中全会共170多场。就党政干部培训来说，北京大学组织了以“港澳事务”为主题的北京大学2021年广东省港澳系统干部培训班。就参加各类庆祝活动来说，北京大学、清华大学、中国人民大学等高校设有政治学科的院系均有师生参加建党百年庆祝大会与建党百年文艺晚会，首都师范大学的师生自主报名参与北京卫视庆祝中国共产党成立100周年的大型文献记录片《播“火”》的录制。

第二，2021年各家设有政治学科专业的单位根据“十四五”规划纲要，积极探索数字时代的治理特点和规律，为数字政府的建设提供理论贡献。所调研单位推进数字政府建设的举措主要包括高校之间合作举办论坛和高校与地方政府、企业之间进行共建融合两种方式。其一，高校之间举办论坛。清华大学数据治理研究中心主办第一届新时代首都基层数据治理圆桌论坛，2021年5月25日，中国国际大数据产业博览会数字政府论坛在贵阳召开，论坛重磅发布了清华大学数字治理研究中心孟天广和张小劲两位领衔、团队集体创作完成的《中国数字政府发展研究报告2021》[3]。专家学者参加其他机构主办的“新时代人民幸福指数构建与实证研究”专家咨询会、中国发展高层论坛、第三届中国·数栖大会[4]。中国政法大学政治与公共管理学院与清华大学政治学系、清华大学数据治理中心主办“数据治理”论坛，集中讨论了数字政府建设、数据治理驱动下的权力监督创新两个主题[5]。其二，高校与地方政府、企业之间进行共建。北京大学政府管理学院与百分点集团股份有限公司签订战略合作协议，并召开数字政府建设研讨会；成立北大—开普云“数字化转型”联合实验室，开展“产学研”密切合作。

第三，2021年，协同治理依旧是各家单位组织开展服务社会、经济发展的活动主题之一。课题组所调研的各家单位围绕“协同治理”主题不仅展开了学理讨论，还结合现实案例总结经验模式。其一，2021年各高校政治学科所在院系举办系列学术论坛，开展有关协同治理的学术讨论。比如北京大学政府管理学院20周年院庆系列活动，邀请了多位海内外教授分别在“国家治理基本理论问题”“中国区域协同治理的挑战与应对——财税视角的解释”等主题论坛上发表演讲，论坛获得良好的社会反响[6]。其二，2021年各高校政治学科团队也充分结合实际，加大协同治理相关案例的编写与搜集工作。如中国社会科学院大学政府管理学院通过举办协同治理案例素材分享会、主题论坛等形式探讨国家与社会协同治理的模式与经验[7]，并且组织公共管理案例大赛，促进教师科研与学生案例的联动。

（二）申请并承担服务国家与地方的实务性课题项目

2021年，北京地区政治学科所在院系积极申请并承担国家社科基金、北京市各类基金等资助的课题，并且依托这些课题产出了很多成果。

就申请到的基金、课题性质来说，各家单位的2021年申请并承担的课题与社会现实和经济发展联系紧密。比如，北京大学政府管理学院上一年度申请到的研究课题，包含美国问题研究、基层治理、城市与区域管理等实务性主题。中央财经大学政府管理学院课题的主要来源包括国家社会科学基金、国务院研究室及各级政府部门，研究的主题涉及国际规范传播、“一带一路”建设、国家安全等实务性领域。北京外国语大学国际关系学院2021年申请到了1个民政部项目、2个北京市外办委托项目，均与北京市的发展实际相关。中国人民大学国际关系学院2021年申请到的课题包括中国政党制度优势研究、拜登政府对华政策研究、欧盟发展研究、东盟发展研究、拉美研究、中东研究、中亚研究、东突势力研究、“一带一路”科技合作研究、国家课题申报体系研究、网络时代个人信息管理等等。

就相关课题的署名成果来说，各家单位在2021年产出的成果大多受国家社会科学基金、国家自然科学基金、教育部人文社会科学研究项目、北京市哲学社会科学规划项目等课题的资助。根据中国知网论文检索结果的计量可视化分析[8]，中国人民大学国际关系学院在2021年共发表学术论文238篇，其中署名国家社科基金项目的有44篇，占发表总数的18.5%，署名教育部人文社科项目的有12篇，占发表总数的5.0%，署名中央高校基本科研业务费专项基金项目的有3篇，署名北京市哲学社会科学规划项目的有1篇。北京大学政府管理学院在2021年共发表学术论文161篇，署名国家社会科学基金的有70篇，占发表总数的43.5%；署名国家自然科学基金的有19篇，占发表总数的11.8%，教育部人文社会科学研究项目14篇，占总数的8.7%，署名北京市哲学社会科学规划项目10篇，占6.2%。中国政法大学政治与公共管理学院共发表124篇，署名国家社科基金的有28篇，署名国家自科基金的有8篇，署名教育部人文社科项目的有5篇，署名北京市哲学社会科学规划项目4篇，署名中央高校基本科研业务费专项基金项目的有1篇。中国社会科学院大学政府管理学院共发表115篇，署名国家社科基金的有32篇，署名国家自然科学基金的有2篇，署名中央高校基本科研业务费专项基金项目的有2篇，署名教育部人文社科项目的有2篇。中央财经大学政府管理学院共发表95篇，署名国家社科基金的有21篇，署名国家自然科学基金的有11篇，署名北京市哲学社会科学规划项目的有7篇，署名中央高校基本科研业务费专项基金项目的有1篇，署名教育部人文社科项目的有4篇。北京外国语大学国际关系学院2021年发表中文论文61篇，其中署名国家社科基金的有7篇，署名中央高校基本科研业务费专项基金项目的有4篇，署名教育部人文社科项目的有2篇。

（三）策划并参与社会服务性质类活动

2021年，各单位除了组织或参与服务经济社会发展的重大活动、申请并承担服务国家与地方的实务性课题项目之外，还积极策划并参与各类社会服务性质类的活动，包括参与接诉即办立法、参与首都城市建设、向上级部门报送智库报告，等等。

课题组调研了解到，2021年各家单位的教师积极参与社会服务，就各单位参与的规模来说，中央财经大学政府管理学院参与智库建设、首都城市建设、接诉即办立法等社会服务性质类活动的教师有24人，约占全体教师的一半。北京大学政府管理学院参与智库建设的教师有20人，参与首都城市建设的教师有2人，参与诉访分离的教师和参与基层治理的教师分别有1人。首都师范大学马克思主义学院参与智库建设的教师有3人，参与首都城市建设的教师有15人，接诉即办立法活动的教师有2人。北京外国语大学国际关系学院参与智库建设的教师有10人。国际关系学院参与智库建设、首都城市建设、接诉即办立法等社会服务性质类活动的教师有3至4人。

就各单位参与的活动内容来说，主要包括参与基层治理、参与智库建设。第一，各家单位关注中国基层治理实际，通过举办学术论坛、承担项目课题、参加社会活动等贡献知识力量。比如，2021年5月22

日，清华大学政治学系与河南大学哲学与公共管理学院共同主办第二届“地方治理现代化研究”学术论坛，拟通过年会的方式，努力趋近三个目标：从丰富生动的地方治理实践中形成学术议题、提炼学术概念、推动研究议程；以科学的研究方法和扎实的研究成果，为地方治理实践提供学理支持；以学术平台分享地方治理经验，以学术讲好地方治理的故事。中国政法大学政治与公共管理学院以“基层治理体系建设与治理能力提升”为主题举办公共管理案例大赛，鼓励参赛学生聚焦于城市社区治理、乡村振兴、乡村治理等相关主题领域选题，总结实践经验、提出创新性和可行性的政策建议或实际问题解决方案[9]。北京大学政府管理学院长聘副教授、博士生导师封凯栋老师受邀参与《职教中国》播出的《技能筑牢产业升级之路 夯实共同富裕之基》栏目，与其他嘉宾共同探讨如何让拥有技能、掌握技能的人生活更美好，如何通过技能的提升实现产业升级，支撑经济发展，服务共同富裕，让整个社会的生活更加美好。北大政管还顺利召开北京大学中国人力资源服务业高层论坛暨研究成果发布会；并且该学院承担的重庆市城市管理局委托课题——《重庆“大城细管、大城众管、大城智管”创新研究—提升重庆城市管理水平助力成渝地区双城经济圈建设》结题评审会采用线上与线下相结合的方式召开。

第二，各家单位基本都有参与智库建设，多家单位获省部级（含以上）领导批示。根据各高校有关单位的问卷反馈，中国人民大学国际关系学院大多数教师均参与智库建设。中央财经大学政府管理学院引导和支持师生将科研成果有效转化为决策建议，不断强化智库服务功能，收到了财政部、国家卫健委等多家单位的感谢信。参与智库建设多家单位，它们的研究报告在2021年获得省部级（含）以上领导批示。其中，北京大学政府管理学院2021年向上级部门报送智库报告共20篇，获得上级部门采纳批示的共10篇。中国人民大学国际关系学院2021年共有10篇研究报告获得省部级以上部门采纳或领导批示，其中包括总书记的批示1篇。中央财经大学政府管理学院2021年获得省部级（含）以上领导批示的成果有4项。首都师范大学马克思主义学院2021年获得中央领导批示的成果有2项。北京外国语大学国际关系学院2021年获得省部级以上（含）领导批示的成果有4项。

在参与智库建设的多家单位中，北京大学政府管理学院的表现较为突出，主要体现在：其一，北京大学政府管理学院举办了“国家谈判药品门诊保障政策典型模式研讨会”，对国家和地方医用耗材带量采购政策的进展进行了专题报告，并就完善国家和地方医用耗材带量采购政策开展了深入讨论[10]。其二，挂靠北京大学政府管理学院的北京大学公共政策研究中心2021年主持建设了“中国医改政策数据库”，旨在促进社会各界对中国医疗卫生领域制度建设与完善展开讨论，为本领域科研创新提供政策数据库公共品。数据库资源涵盖了1952年6月至2021年6月，在中央层面出台的医药卫生领域政策共计11688项；涉及六大类医改细分子领域，即公立医院改革、医药、中医药、医疗服务、医保和公共卫生；数据项包括了政策标题、时效性、效力级别、发文部门、发文字号、发布日期、实施日期等[11]。目前，数据库已可实现模糊检索、分类查找、在线阅读与全文下载等功能。其三，学院承担“提高新时代公务员队伍治理能力研究”课题的团队，在2021年3月收到了中共中央组织部公务员二局2021年给北京大学政府管理学院发来的感谢信。其四，全国教材工作会议暨首届全国教材建设奖表彰会在京举行。北京大学政府管理学院王浦劬教授被授予“全国教材建设先进个人”奖。王浦劬、燕继荣教授作为编写组首席专家、高鹏程教授为主要成员编写的《政治学概论（第二版）》荣获全国优秀教材奖（高等教育类）一等奖。

注：

［1］《普通高等学校本科专业目录（2012）》，中华人民共和国教育部，2012年9月14日。

［2］《第二轮“双一流”建设高校及建设学科名单》，中华人民共和国教育部、财政部、国家发展改革委：http：//www.moe.gov.cn/srcsite/A22/s7065/202202/t20220211_598710.html，访问时间：2022年7月5日。

［3］详见清华大学社会科学院政治学系“动态新闻”：https：//www.dps.tsinghua.edu.cn/info/1197/2329.htm.

［4］详见清华大学社会科学院政治学系“动态新闻”：https：//www.dps.tsinghua.edu.cn/info/1197/2389.htm.

［5］详见中国政法大学政治与公共管理学院官网“学术科研咨讯”：http：//zgxy.cupl.edu.cn/info/1030/5794.htm.

［6］详见北京大学政府管理学院“院庆专栏”：https：//www.sg.pku.edu.cn/xygk/yqzl/index.htm.

[7] 详见中国社会科学院大学政府管理学院“科学研究“栏目：https：//sg.ucass.edu.cn/info/1176/3312.htm.

[8] 数据来源于“中国知网”论文检索结果的计量可视化分析。

[9] 见中国政法大学政治与公共管理学院“新闻和公告”：http：//zgxy.cupl.edu.cn/info/1012/5655.htm.

[10] 见北京大学政府管理学院“学院新闻”：https：//www.sg.pku.edu.cn/wzsy/xyxw/1351012.htm.

[11] 见北京大学政府管理学院“学院新闻”：https：//www.sg.pku.edu.cn/wzsy/xyxw/1352359.htm.

（北京市政治学行政学学会供稿；执笔人：燕继荣、张长东、果佳、黄晗、郑寰、张权、彭莹莹、张刚生、王江成、张志原）

年度推荐论文和著作

论　文

1. 燕继荣：《中国共产党领导的中国现代化：探索、成就与经验》，《人民论坛·学术前沿》，2021年第11期。

2. 杨阳：《方法论自觉与学科主体性建构——再论中国政治思想史研究》，《政治学研究》，2021年第5期。

3. 赵新峰、袁宗威、白煜玮：《区域聚合性教育共同体何以达成——整体性治理的新视角》，《中国行政管理》，2021年第12期。

4. 王洛忠、李建呈：《中国共产党建立健全公共服务体系的百年实践与经验》，《中国高校社会科学》，2021年第5期。

5. 林震：《提升碳治理的现代化水平》，《探索与争鸣》，2021年第9期。

6. 李梓琳：《“领导力”的理论溯源与中国共产党领导力的理论观察》，《管理世界》，2021年第8期。

7. 章文光：《中国贫困治理国际合作的观念变迁与实践历程》，《人民论坛》，2021年第11期。

8. 韩冬雪、刘际昕：《从“两个大局”来看中国与世界的协同演进》，《理论探讨》，2021年第4期。

9. 宋雄伟：《中国政府治理话语体系的延续与变迁：一个宏观层面的叙述》，《中国行政管理》，2021年第6期。

10. 果佳、周磊、郭跃：《公众交通合规意愿的政策干预效果：基于北京市行人违章治理的分析》，《公共行政评论》，2021年第4期。

著　作

1. 唐士其：《理性主义的政治学》，北京大学出版社，2021年。

2. 杨光斌：《世界政治理论》，中国社会科学出版社，2021年。

3. 张健：《失序与迷茫——大变局下欧洲的未来》，时事出版社，2021年。

4. 李英桃：《中国妇女、和平与安全：历史进程与当代实践》，社会科学文献出版社，2021年。

5. 曲博、杨毅：《国际政治经济学》，高等教育出版社，2021年。

6. 翟东升：《平行与竞争：双循环时代的中国治理》，东方出版社，2021年。

7. 李石：《正义论讲义》，中国社会科学出版社，2021年。

8. 宋伟：《位置现实主义：一种外交政策理论》，上海人民出版社，2021年。

9. Changdong Zhang，2021.Governing and Ruling：The Political Logic of Taxation in China. University of Michigan Press.

10.（美）马丁·吉伦斯：《财富与影响力：美国的经济不平等与政治权力》，孟天广、郭凤林译，上海人民出版社，2021年。

行　政　学

行　政　学

一、行政学2021年度（北京）学科发展总体状况与重要学术活动概况

（一）学科发展基本情况

北京市在全国公共管理学科研究与建设中占据着重要地位，从公共管理学科排名来看，《2021软科中国最好学科排名》按照人才培养、科研项目、成果获奖、学术论文、高端人才五大体系（下设17个指标维度，包括50余项测量指标）开展了评价。结果显示，公共管理学科排名前十名中，北京4所学校的公共管理学科入榜，依次为：清华大学（1177分，前2%排名）、中国人民大学（1153分，前2%排名）、北京大学（661分，前5%排名）、北京师范大学（635分，前5%排名），位居全国前六，占榜单前十名中的40%。

（二）学术共同体建设情况

学术活动是学者研讨、学术交流、学科建设、学术共同体建设的重要形式。2021年，北京地区的行政学学术共同体建设依托学术会议的交流，召集学科领域专家、研究者等群体围绕多个研究话题开展学术研讨、思想碰撞。北京市行政学学科建设高校召开了多主题、多形式、多环节的学术交流会议。学术会议主题多元，既涉及公共管理学科的前沿话题，同时，也有体现时代特征情境的话题研讨。其中，数字治理、应急管理、治理现代化等备受关注。大部分会议是连续性的会议，也有新设的专题会议，主办方以高校院系或科研机构为主，也有政企产学研结合的良好范例。

在形式上，在新冠疫情的影响下，线上与线下结合的方式较常见，除了传统的论文分论坛汇报、专家主旨报告等，新锐论坛、青年论坛等也很受欢迎。这些学术会议活动的组织与开展有利于北京地区行政学学术共同体的建设与发展。

（三）学科社会服务情况

2021年北京地区行政学科在服务国家战略与北京市政策咨询方面发挥了重要作用，主要表现为：其一，服务于国家重大战略，北京地区行政学学科建设高校的学者积极响应我国科教兴国、人才强国、区域协调发展等国家重大战略，主持并开展了面向乡村振兴、数字政府建设、数字治理、京津冀协同发展等科研项目；其二，服务北京市政策咨询，北京地区行政学学科建设高校在2021年为北京市、辽宁省等政府部门的政策制定提供了有效的咨询建议，各高校积极将科研成果转化为决策建议；其三，服务经济社会发展，北京地区行政学学科建设高校也在积极服务于国家企事业单位，通过开展应用性强的委托项目、联合开办研讨会等政企合作方式服务于城市的高质量发展、体制改革创新、产业发展、数字化建设、营商环境政策效果评估、数字政府协同治理、税收改革、科创成果转化等；其四，服务行政学学科发展。通过撰写教材、学术专著、译作等支持与助力行政学学科的发展，以高水平的智力成果为依托，有效推动了教学与研究的统一，推进了行政学学科的理论研究与实践发展。

二、行政学2021年度（北京）学科主要研究议题及重要观点综述

（一）行政体制与行政责任研究

1.国家行政体制研究

2021年度，北京地区学者关于国家行政体制的研究主要围绕行政体制的发展演化阶段和行政体制改革两个主要维度展开讨论。

（1）行政体制演化

研究者回顾机关事务管理体制在改革开放后近四十年的变迁历程，在对行政体制变革进行历时性梳理和阶段性特征整理后，将这一体制变迁梳理为“去行政化”和“再行政化”两个阶段。1983—1997年为“去行政化”阶段，指改变行政机制在机关事务管理，尤其是在后勤服务供给和保障中的各个方面都发挥决定性作用的旧格局，体制上表现为生产服务职能

的剥离和机构的精简与调整；1998年至今为“再行政化”阶段，指将分散的管理权限集中起来，将涉及机关事务的职能纳入国务院机关事务管理局，对机关事务进行全链条、全环节的自上而下的管理，表现为管理职能的强化。机关事务管理制度在改革开放四十年间的变迁展现了我国政治和经济体制转型期间不同权力间的联合与冲突在制度变迁中的作用，是理解中国政府机构改革的一个切入点[1]。

（2）行政体制改革

对于行政体制改革问题，研究者从价值取向、改革内容和优化路径等方面提出了不同的思考。随着中国公共治理实践的不断深化，扎根本土治理经验的公共行政概念、话语、理论正逐步生成，学科已逐渐超越知识“拿来主义”的阶段，在理论比较、对话的基础上，进入建构具有中国特色公共行政话语时期。

1）行政体制改革的目标。孙柏瑛从管理体制、运行机制和技术治理三个层面，讨论近年来公共行政实践所显示的重要特征，提出新时代公共行政要坚持中国共产党的全面领导，坚持“以人民为中心”的治理宗旨，关注国家治理的公共价值[2]；石亚军提出要将新发展理念落实在行政体制改革中，建设好整体政府、善治政府、具有公信力的政府[3]。此学术研究呈现出本土化的趋势，研究成果更多地扎根于中国公共治理的实践基础上，更加具有中国色彩。

2）行政体制改革的内容与方向。对行政体制改革内容和方向的探讨主要集中在对于条块结合体制下部门分割、职能交叉、权责不清、效率低下和基层政府权责不对等造成的基层治理困境中。对于条款管辖的弊端，马怀德对于建立将“条块管辖”修改为以“块块管辖”为主、“条条管辖”为补充的相对集中的管辖体制等措施的利弊进行探讨[4]；于爱水针对农业管理体制中的问题，提出要立足本国国情并积极借鉴发达国家成功经验[5]。对于基层政府行政改革，刘鹏提出基层政府在机构改革选择时具有行政服从、同级诱导及自身理性自定的综合特征，地方政府会倾向于运用“选择性的行政修辞”和“策略性的绩效论证”来为自身的机构设置方案进行行政辩护，以实现三种逻辑特征的形式统一[6]；李东泉提出真正提升基层治理能力，需以城市为决策单元，将委办局等行政机构实施政策的权力与资源真正下沉到街道（乡镇）和社区，推动责权相配的体制改革[7]。行政体制改革不是无根之萍，无源之水，改革的具体方向与内容往往切中治理的难点痛点，致力于解决自上而下暴露出来的种种问题。

2.行政责任与政府建设研究

良好的政府建设有助于加强政府责任的实现，从而优化政府职能结构、构建政府职责体系。2021年北京学者对行政责任与政府建设的研究主要围绕“服务型政府”“法治政府”“数字政府”三方面展开。总体来说，针对服务型政府、法治政府、数字政府的相关研究分别从政府的回应性、公平性、高效性进行了论述，阐述了政府在这三个方面的应有责任。

（1）服务型政府

服务型政府是在公民本位、社会本位理念的指导下，在整个社会民主秩序的框架下，通过法定程序，按照公民意志建立起来的以为人民服务为宗旨并承担着服务责任的政府。“服务型”政府的概念最早于20世纪末，由研究地方政府行政体制改革实践的学者提出，并始终在实践经验中不断发展。党的十九届四中全会提出：“必须坚持一切行政机关为人民服务、对人民负责、受人民监督，创新行政方式，提高行政效能，建设人民满意的服务型政府。”党的十八大以来，中国政府改革从行政审批改革切入，大量削减行政审批事项；此后，进一步落实事前—事中—事后管理原则，分类施策，大力推进“放管服”改革。党的十九大以来，中国政府则更加注重解决体制性深层次障碍，推出一系列重大改革举措，有效化解了一批结构性矛盾，在诸多领域实现了系统性重塑、整体性重构。纵观“服务型”政府的概念提出与演进过程，可以发现这一概念从地方政府行政体制改革的实践中来，其理论成果又为党和国家制定方针政策提供了理论支持，并进而自上而下推动了国家行政体制改革，学术界针对这一概念开展了广泛讨论与研究。

优化政府责任，需要政府积极回应社会公众的需求，“服务型”政府充分体现了政府对公众需求和利益的回应性。对此，如何加强“服务型”政府的建设，学者从不同维度分别提出了政策建议，既关注政府内部力量的重组与改革，同时也强调外部力量的参与。

1）内部组织优化。在内部组织上呈现出组织结构与治理方式的转变。马德怀对“服务型”政府建设提出了坚持优化政府组织结构与促进政府职能转变、理顺部门职责关系统筹结合，加快推动政府职能转变，全面提升政务服务水平三点要求[8]；价格纠纷行政调解的法治化是建设服务型政府、创新社会治理方式和依法有效化解矛盾的要求，梅帅指出，推进价格纠纷行政调解法治化是转变政府职能、体现政府责任的重要内容，建设服务型政府需要对价格纠纷有效调处，转变以往刚性管理方式，转变政府职能，为民主行政、协商行政的建设提供有力支撑[9]。

2）外部力量参与。外部力量的参与上主要依托市场力量进行调节，处理好政府与市场之间的平衡。黄恒学等指出在市场经济条件下，企业是市场的主体，也是政府监管和服务的对象，完善和创新政府服务企业的形式与内容，是建设服务型政府的重要目标与任务[10]；童峰等学者指出在强调“服务型政府”的风潮下，秉持传统意义上的“非排他性和非竞争性”已经落后于我国的基本国情需求，只有在供给逻辑上有所超越，才能满足我国公共服务的现实需求[11]；湛礼珠等学者则将目光聚焦于“政—社”合作，梳理了“政—社”合作机制，并在契约合作机制中指出在农村环境整治过程中引入市场化力量成为转变政府职能、建设服务型的重要途径[12]。

综上可以看出服务型政府的建设呈现出两条具有差异的路径，既有内部改造，也有外部变革，两条路径合力推动服务型政府的建设。无论是内部的转变政府职能，还是外部处理好与企业、社会的关系，本质上都是加强政府与公众的直接联系，及时、有效地回应公众诉求，从而优化政府责任的实现。

（2）法治政府

法治政府建设是全面依法治国的重点任务和主体工程，是推进国家治理体系和治理能力现代化的重要支撑。习近平总书记指出：“坚持人民主体地位，必须坚持法治为了人民、依靠人民、造福人民、保护人民。”这就提出了回应公众需求、实现人民利益是构建法治政府的根本目的，也是实现政府责任的充分体现。具体而言，政府责任是政府采取积极的措施，公正、高效地实现公众的需求和利益的职责，建设法治政府是一条有效路径。对于如何建设法治政府，研究者围绕着法治理论建设、现实问题解决、重要任务剖析等层面提出了一系列政策建议。学者们追溯历史、立足现实、展望未来，就法治政府的建设提出了具体政策建议。

1）法治政府建设历程。法治政府的发展经历了多个变化时期，改革开放最初十四年，国家法治建设处于初步发展阶段，政府初步建立“有法可依”的决心；随后的十年中，政府从“有法可依”逐步走向“依法行政”；2004年国务院首次明确提出“法治政府”的概念，党中央也同时强调“法治政府”建设的重要性；党的十八大以来，法治政府建设成效显著，依法行政各方面工作不断取得新成就新进展。2021年8月，中共中央、国务院印发了《法治政府建设实施纲要（2021—2025年）》，坚定不移推进法治政府建设。党的十九大报告中，习近平总书记明确对“建设法治政府，推进依法行政，严格规范公正文明执法”作出重要部署，吹响了建设法治政府的冲锋号，开启了建设法治政府的新征程。

周生虎等人通过将法治政府建设与先秦法家思想进行对比分析，提出对先秦法家思想合理扬弃、开拓创新，为法治政府建设注入不竭动力[13]；周鹏龙、王炳林、聂洋等从历史视角出发，将“法治国家”建设分为革命根据地时期、新中国成立后至改革开放前、改革开放后至党的十八大、党的十八大后四个阶段，分析党运用法制手段治国理政的不同措施和国家法制化的发展历程及内涵，总结出丰富的历史经验和“法治政府”建设智慧[14]—[16]。

2）法治政府的重点难点。田为民从我国《民法典》时代法治政府建设的要求以及建设面临的难点进行阐述，从理论层面就法治政府建设的研究进行分析，提出了有为政府、有限政府、守法政府的建设要点[17]；胡家勇等从经济层面探索“法治国家”的建设路径，分析了经济基础与上层建筑的辩证关系，并指出法治政府是社会主义市场经济法治化的核心[18]。

3）法治政府的发展建议。杨伟东、姜明安、应松年等均大致按照法治政府的地位、目标、价值追求、推进思路、主要任务的逻辑推进，从立法、决策、执法、改革创新等方面提出深化政府职能转变等具体建设细节[19]—[21]；戴晓静、孙全胜、王天民、张龑、黄文艺等学者则以内涵丰富、逻辑严谨的习近平法治思想为核心指导思想提出了其巩固党的领导地位和社会主义国家政权，指导中国特色社会主义法治建设的重要意义[22]—[26]；刘艺、陈焘等在国家治理理念引导下对“法治政府”建设进行深入思考，提出了法治政府建设指标体系科学性、系统性和适应性的要求[27]—[28]；潘小娟则提出了从“放管服”改革的实际进程出发，规范清单制度、清理法律法规和加快立法进程三个推进“法治政府”建设的政策建议[29]。

中国具有悠久的法治思想和实践的历史，从中可吸取历史经验；面对当前的现实和问题聚焦，要找出根源，坚定推进法治政府建设，并从立法、决策、改革等方面持续优化。经过扎实的经验沉淀，并持续改善优化，加快法治政府的建设，为公平公正地实现公众利益提供了依据，也为实现政府责任提供了可操作化的路径。

（3）数字政府

建设数字政府，运用新一代信息技术提高公共服务效率、提升公共治理水平，已成为推动我国国家治理体系和治理能力现代化建设的重要方式和必然选择[30]。当前学术界对数字政府的研究主要从数字政府效能、价值理念、建设模式、问题挑战、优化路径和未来方向等方面进行探讨。这些丰富研究为构建数字政府提供了理论依据和建议参考，使政府运转更加有效率，也体现了政府责任中的“高效实现民众需求”的原则。

1）数字政府的建设意义。现实层面，物联网、大数据、人工智能等为代表的新一代信息技术加速商业化应用，不仅改变了人们的生产生活方式，也对政府管理模式、运行机制和治理方式提出了新要求[31]。2020年《中共中央关于制定国民经济和社会发展第十四个五年规划和二〇三五年远景目标的建议》指出：“迎接数字时代，激活数据要素潜能，推进网络强国建设，加快建设数字经济、数字社会、数字政府，以数字化转型整体驱动生产方式、生活方式和治理方式变革。”[32]李克强总理在2021年《政府工作报告》中也指出，“要加快数字化发展，打造数字经济新优势，协同推进数字产业化和产业数字化转型，加快数字社会建设步伐，提高数字政府建设水平，营造良好数字生态，建设数字中国”[33]。

制度层面，新时期的数字政府建设成为打破科层制政府治理局限、突破条块分割治理结构、弥补科层治理漏洞的有效改革路径。2020年新冠疫情防治中数字技术在公共危机治理中的创新应用，体现数字治理的强大能力和治理效能[34]。面向未来，基于治理大数据的数字政府建设将是牵引政府治理深度变革的重要抓手，也是提高治理绩效、加速实现政府治理体系与治理能力现代化的关键引擎[35]。

2）数字政府的价值理念。数字政府建设对内是政务流程再造的过程，在建设数字政府中实现对治理体系和治理能力的现代化；对外践行以人民为中心的理念，通过公民参与提供更优质和便捷的政务服务。

政府在构建人民满意的数字型政府过程中集中体现了“以人民为中心”的价值意蕴，同时，数字政府在促进“社会—技术—人”有机融合的过程中呈现出价值理性与工具理性的统一[36]。在以人民为中心的价值理念驱动下，建立数据驱动与以民为本的政府绩效管理，加快政务热线数据向社会开放，推动政府绩效管理的公众参与[37]；从战略管理、数据共享等方面提升政务热线建设，发挥其提供政务服务及加强公民参与的作业，利用大数据满足公众与企业需求[38]；在实现政府数据开放的过程中要以公共价值的实现作为政府管理和服务的最终目的[39]，应当立足个人信息种类与政府数据开放类型的关联，基于风险管理理念区分不同数据开放类型面临的风险等级，设置差异化、以促进个人信息合理利用为目的的个人信息保护义务体系[40]。

3）数字政府的建设内涵。具体而言，数字政府的建设可以从制度赋能、技术赋能和体制借鉴等方面展开。制度赋能方面，蒋娟敏从宏观到微观的角度提出数字政府建设模式呈现出在顶层设计方面注重战略规划与制度建设，在体制机制方面注重组织结构的重组，在技术与平台方面注重一体化政务服务云和大数据平台建设的特征[41]；焦佳凌总结了数字政府的流程重塑、平台服务与公民参与等三个特点，详细阐述了诞生于提高管理效率、加强监管需要的全国残疾人两项补贴信息系统，如何在建设发展中逐步契合数字政府建设的三个特点，而实现从“以用为始”到“能力重塑”的转变[42]；李文钊基于数字化转型和界面治理理论，提出一个分析城市大脑、数字化转型和智能城市治理的数字界面治理分析框架，认为城市治理数字化转型的实质是建构基于城市大脑的数字界面，核心是实现智能城市治理[43]；赵娟提出数字政府发展既要促使不同层级政府发挥各自的特定功能，更需要构建上下耦合、协同互促的纵向治理体系，依托科技驱动推进国家治理现代化[44]。

技术赋能方面，王慧娟提出新形势下政府应当从治理理念、安全建设、法治规范、制度设计等方面应时而动，推动政府技术治理的创新发展[45]；张冬梅认为数字治理实质上是通过数字技术实现传统公共行政向现代公共治理转变的一种新手段和新工具，要在数字化转型中实现公共服务供给智能化、均等化[46]；孟庆国构建了人工智能支撑下平台型政府的技术框架，揭示人工智能对数字化能力全面升级的促进作用[47]；孟天广提出数字技术的快速迭代与普及推广为政府数字化转型提供了强大的科技驱动力，通过技术赋能和技术赋权双重机制推进数字政府建设[48]。

体制借鉴方面，龙家庆基于对加拿大国家图书档案馆的分析提出我国数字政府中的档案事业需从前瞻设计、系统规划、创新拓展、强化协调、精准防御等方面展开[49]；加拿大数字政府治理改革实现了政府运行方式及其与公民互动方式的改变，将为中国的数字政府治理转型提供有益的启示[50]；吴沈括总结了美国政府数字化转型的路径框架：以"数字政府堆栈"为概念框架，致力于打造一个开放、公平、尊重隐私、灵活的数字政府[51]；张涛认为我国可以引入美国的政府首席数据官制度，通过明确政府首席数据官的权责配置、管理制度、治理目标、治理路线等内容，完善我国政府数据治理体制，为政府数据治理提供有效的组织保障[52]。

4）数字政府的实践问题与优化路径。当前数字政府建设处于起步阶段，实践中仍存在许多问题。对内，不少地方政府在建设过程中，仍存在资金投入、府际关系、人才管理、需求导向等问题[53]，当前，基层政府数字化转型面临诸多结构性困境，包括数据共享过程中部门本位与属地管辖之间的冲突、基层政府职能履行过程中因技术适用导致的权责背离、基层政府"一网通办"的有限运行以及政企合作中的技术挟持、数据风险和数据确权相关制度缺失等[54]；对外，我国数字政府建设面临与国际协同的挑战，我国数字治理标准需与国际标准接轨[55]。

面对机遇与挑战，学术界对数字政府建设优化路径提出思考。省级政府需完善本地数字政府整体联动机制，省域内各级数字政府建设协作配合与互助互促机制并加速县域数字政府的城乡一体化建设[56]；地方政府需制定统一的数据管理规范，健全政策法规体系，加强共享平台建设应用和技术创新，推进跨部门、跨地区数据共享[57]。在建设整体政府过程中，构建行动型组织间网络，采取领导型网络治理结构，精细化管理网络中的责任、冲突、承诺与合法性，促使技术与组织在网络结构下展开有序互构，精准识别与有效化解网络中存在的内生性问题[58]。而治理理论提出了一套不同于整体政府理论的平台化思路来推动今后的数字政府建设，数字化协同治理改变了过去政府主导的社会管理模式，通过标准化和模块化促进多元主体参与协同治理[59]。同时在数字政府建设中不能忽略人的因素，领导干部重视网络问政，加强政府回应制度建设，是推进数字政府建设和提升网络政府回应力的关键策略[60]—[61]。

未来，数字政府的研究议题应重点关注政企共建、跨组织数据共享、政民共用、平台生态系统共治等方面的研究，推动打造共建、共享、共用和共治的数字政府[62]。绩效评估、数据共享、政企共建、影响因素和用户使用，是未来数字政府研究需要关注的主要方向和研究路径；组织理论、技术执行理论、协同治理理论等有助于加深对数字政府建设的理解[63]；基于行为科学和循证决策视角的研究，可为加快数字政府建设提供更加科学可行的政策建议[64]。

综上，数字政府的建设是突破科层制长期弊病的有效改革路径，在公共危机中更凸显了其治理效能，有助于改善政府能力，其根本目的在于更高效地为人民服务。数字政府的建设在技术赋能、制度赋能和体制借鉴方面的深入探索，提供更优质的政务服务，为改善政府绩效、加强公众参与、实现企业和公众的需求等提供了更方便快捷的手段，体现了其高效性和科学性。政府责任的实现不是空谈，数字政府的建设为其打下了坚实的基础。今后，数字政府也要更加重视人的因素，在政企共建、地区联动、数字共享等方面进行重点突破。

3. 简要评价

通过梳理2021年度北京地区学者对国家行政体制与行政责任的研究，发现本年度相关研究成果较为丰富，主要呈现以下特点：

第一，立足中国实际，结合中国特色来看待中国行政体制演化和改革。例如看到我国在经济和政治状况发展的不同阶段，经历了从"去行政化"到"再行政化"的过程，实现了管理职能的优化。特别是关注在新时代下，更要以中国公共治理实践为根本，扎根本土治理经验，学者们从宏观价值取向、具体改革内容和政策优化建议等方面展开了研究，具有更浓厚的中国色彩和实践意义。

第二，国家行政体制与行政责任的相关研究具有侧重性。如很多研究关注基层政府改革，从基层政府行为逻辑、基层政府治理能力的完善、基层政府配套体制改革等方面对完善地方政府职责体系展开了探索。还有很多研究十分注重价值取向，"以人民为中心""人民满意""以人为本""为人民服务"等词汇在诸多研究中出现，体现了推进国家行政体制改革完善和行政责任与政府建设的底层逻辑和根本目的。

第三，在如何实现政府责任，构建有效政府的研究上具有一定的政策针对性和回应性。很多学者对如何构建"服务型政府""法治政府""数字政府"提出了政策建议。从政府内部方面，提出组织结构优化，治理方式转变，"放管服"改革深入化等；从政府外部方面，提出构建良好的政企关系，政社关系等。并用比较的观点看待问题，主张借鉴历史和国外的优秀经验。同时提出的建议更加聚焦，可操作性较强。

第四，关于行政体制和行政责任的内在解释逻辑不足。很多研究提出要提高政府治理能力、推动责权相配的体制改革、优化政府外部环境等政策建议；也有一些研究指出了当前政府建设和政府能力存在的弊端，如权责不一、条块分割等；但这些研究主要还是对现状的分析和建议指导，缺乏对政府存在的问题的背后行为逻辑的深入探讨，学理解释性较弱。理顺政府行为的深层逻辑，是解决问题的关键，也是今后研究应突破的重点。

第五，一些研究以系统性的视角来看待政府建设，但总体来说仍较欠缺。如一些研究认识到了推进价格纠纷行政调解法治化对推进服务型政府的重要作用。但相关研究并未深入探讨“服务型政府”“法治政府”和“数字政府”的内在联系，而是分别展开研究。实际上，它们都是优化政府职能结构、构建政府职责体系发展的重要组成部分。例如，加强数字政府建设是创新政府治理理念和方式的重要举措，对加快转变政府职能，建设法治政府、廉洁政府、服务型政府意义重大。另外，多数研究也是将注重点放在政府建设上，而缺乏对政府建设与行政责任之间联系的深入探索，而这恰恰也是理解“服务型政府”“法治政府”和“数字政府”的内在逻辑链条的重要视角。因此，若能以系统性的视角来看待问题，有助于全面把握行政责任与政府建设，为提高政府行政效率和公信力，推进治理体系和治理能力现代化提供更有价值的研究。因此，今后的研究在关注具体方面的同时，也应对行政责任进行宏观把握。

（二）政府组织机构研究

2017年，党的十九大报告将“推进国家治理体系和治理能力现代化”置于全面建设社会主义现代化的战略安排，站在党和国家事业发展全局视野新高度，提出了“中国特色社会主义进入了新时代，这是我国发展新的历史方位”的重大判断。国家治理体系是党和国家组织体系以及国家制度体系的总和。2018年，党的十九届三中全会决定深化党和国家机构改革，这是推进国家治理体系和治理能力现代化的一次集中行动。2019年10月31日，党的十九届四中全会通过的《中共中央关于坚持和完善中国特色社会主义制度，推进国家治理体系和治理能力现代化若干重大问题的决定》，提出了推进国家治理体系和治理能力现代化的总纲领，以及制度建设和制度创新任务书，应立足于推进国家治理现代化的全局考察中国政府治理体系建构之路；应立足于坚持和完善中国特色社会主义行政体制，进一步完善国家行政体系；应立足于制度建设与制度创新，提升政府治理能力。

习近平总书记指出，党和国家机构职能体系是中国特色社会主义制度的重要组成部分，是我们党治国理政的重要保障，中国特色社会主义进入新时代，党和国家机构职能体系也必须与时俱进，与新时代中国特色社会主义发展的要求相适应[65]。2021年3月，《中华人民共和国国民经济和社会发展第十四个五年规划和2035年远景目标纲要》指出，“十四五”时期要实现经济发展取得新成效，改革开放迈出新步伐，社会文明程度得到新提高，生态文明建设实现新进步，民生福祉达到新水平，国家治理效能得到新提升。在持续深化和巩固机构改革成效的政策背景下，2021年关于政府组织机构的研究主要集中在以下几个方面：

1.聚焦机构改革的价值导向、成效及问题的研究

政府机构改革是国家治理理念在党和政府实际工作中的反映，新中国成立以来的政府机构改革经历了全能型政府、管理服务型政府、现代型政府建设三个阶段，在这三个阶段中，我国的国家治理体系、政府治理架构呈现出了不同图景，有学者总结这三个阶段的机构改革经验是，建立一个什么样的经济体制和社会发展目标是政府机构、国家治理体系重塑要解决的核心问题，机构改革必须坚持和突出问题导向，以目标为引领，从上至下有序推动机构改革和整个国家治理体系改革的深入展开[66]。

2018年新一轮的机构改革是推进国家治理体系和治理能力现代化的一场深刻变革，重塑了党和国家机构职能体系。党的十九届三中全会在党的历史上第一次把深化党和国家机构改革作为全会主题，作出了战略部署。行政体制改革应以新发展理念为指导，习近平总书记强调：“完整、准确，全面贯彻新发展理念，既要以新发展理念指导引领全面深化改革，又要通过深化改革为完整、准确、全面贯彻新发展理念提供体制机制保障。”着眼发挥党的领导这个最大政治优势，从五个方面对加强党的全面领导的制度作出具体部署，由“多头分散”整合为“一头抓总”同步强化一些新兴领域和重点领域的机构职能，对中央和地方各级机构改革统筹部署、一体推进，构建上下贯通

的工作体系[67]。

有学者回顾党组织发展的历史实践过程，指出自我革命精神在政府和党的机构改革过程中的重要性，应积极应对组织生命力兴衰的历史周期率，总结自我革命经验推动政府自身革命[68]。经过新民主主义革命时期一百年来的发展，党带领人民建立政府、结合国情建立了行政层级体系、职能体系、组织机构体系以及配套行政制度体系等重要行政体制。在我国治理主体多元化的当下，行政体制改革的建立完善也要继续发挥党的动员引领功能，将党的治理与国家治理现代化有效结合[69]。一百年来，党领导政府的体制贯穿于党的领导原则、职能体系、央地关系、依法办事等各个要素部分，历次机构改革也是在党的领导下提升政府职能水平的改革，因此今后的机构改革要注重党政机构统筹，推动建立职能现代化体系[70]。

有学者从共治论的角度对政府组织结构体系的优化进行研究。政府在治理体系中的体量最大，在治理能力方面又是最大的执行力载体，实现共治首先要"先大后小"，在优化党和国家机构职能的基础上构建政府治理体系，优化政府组织结构和职责体系；其次要"先内后外"，将市场、社会纳入政府治理体系实现"共治"，构建整体政府、权责一致的有为政府、有效市场、有机社会的新治理格局[71]。

有学者对政府机构变革中存在的问题以组织文化的变革与冲突进行了阐释。组织作为组织文化的载体，其变革必然导致组织文化的变革问题。"组织文化变革—资源分配价值取向""组织文化变革—公共政策过程"以及"组织文化变革—组织结构调整"等三大联动效应引发了各种类型的组织文化冲突，整合组织文化、获得内部公众的理解支持、调整组织结构与职能等则是降低机构改革冲突及运行风险的重要方法[72]。有学者从组织视角出发，对巩固机构改革成效提出建议，机构改革应坚持政治主导、行政推导和文化引导来提高改革动能、势能与效能，通过改革优化资源配置，提高改革组织力，同时也要注重提升系统性、协同性、科学性和民主性[73]。

有学者从法制视角提出如何巩固机构改革成效。现有的国家机构组织法存在一定的脱节、滞后于实践的问题，新时代国家机构组织法的完善要遵循法治、分工负责等原则，将权力行使纳入法治范围之内[74]。具体而言，现有的《人大组织法》过于原则化，需要明确具体机构、职权规定的问题，《国务院组织法》的规定在内容和形式上也都有欠缺，《地方各级人大和地方各级政府组织法》关于行政区划、职权的内容也需进一步得到完善[75]。

2.聚焦央地分权内涵和基层政府机构改革实践的研究

中央与地方关系决定着治理权限在不同层级之间的分配方式，这对于地方政府的治理方式有重要影响。在中央统一领导下充分发挥地方政府的积极性，积极探索新治理模式也是未来机构改革的方向。

有学者针对治理模式下的央地关系新内涵进行了研究。中国特色社会主义进入新时代后，政府形成了模糊性治理模式，这种模式由问责权总领，融合绩效考核、人民承诺和政治责任，进而构建了治理体系中以问责权为核心的新责任体系。央地分权模式由上下分权向任务—责任双维度分权转变，治理下行、权威上行，这是对治理权和统辖权的内在逻辑进行更加精细化的梳理，保证完成各类模糊性任务的同时也重塑了央地分权的新内涵，这些关键变革正是近年来诸多民生工作和其他非量化任务得以完成的关键[76]。

基层治理是国家治理的基石，党的十九届四中全会指出，必须加强和创新社会治理，完善社会治理体系，建设社会治理共同体。国务院在2021年4月出台《关于加强基层治理体系和治理能力现代化建设的意见》，提出健全常态化管理和应急管理动态衔接的基层治理机制，构建开放共享的基层管理服务平台；党的执政基础更加坚实，基层治理体系和治理能力现代化水平明显提高。有学者指出"十四五"时期，中国基层治理面临新形势新挑战，加强基层治理体系与治理能力现代化建设需要加强党的引领作用，促进自治、法治、德治和智治的融合，进一步完善社区服务体系[77]。

各地政府为发展基层治理积极探索实践。有学者研究比较了不同类型的"岗编分离"案例的人员模式、激励形式和实施效果，提出促进政策执行效果提升的有效工具，即柔性的高位推动和复合激励形式[78]。有学者以需求溢出理论分析"街乡吹哨、部门报到"机制的有效治理创新之处，认为其实现了动态应对、机制有效衔接，合作代替单纯分工，实现治理创新[79]。这一机制有效解决了基层治理中的条块分割问题，但也面临着多部门协作的合法性缺乏、党建引领作用不足和绩效评价机制欠佳等问题，需进一步实现规范化和长效化[80]。

中国现在的基层治理能力还不能适应需求，各地在积极探索社会治理和基层体制改革，有研究从基层政府的职能和定位出发研究我国基层政府治理多年来的条块关系失调问题，对北京、安徽等地的6个乡镇进行实证考察，提出未来改革需要上下纵深、厘清权责关系、政府与民众相互协作等内容[81]。

社区连接着政府与社会，是基层治理的关键层级。近年社区日益向行政化趋势发展，政府惯于以行政手段处理基层社会治理事务，应急采用“去行政化”的治理思路，这种“去行政化”的治理思路并没有让社区发挥应有的作用，有学者以浙江社区为案例，提出以需求溢出理论为指导，动态优化社区治理结构，推动居委会根据自身能力承担相应事务[82]。基层组织也是基层治理的重要有生力量，有学者针对北京食品安全执法的基层组织进行研究，归纳以政府、业务和社会为中心的三种主要治理模式，对基层组织在食品安全执法过程中遇到的困难进行分析，指出提升监管能力、核实媒体报道、吸纳公众参与等措施的重要性[83]。基层政府的政策执行一直备受瞩目，在治理水平不断提高的背景下，基层政策执行面临着更高的要求，有学者对政策执行变形的类型及原因进行了研究分析，认为应设置合理的激励结构[84]。

3.聚焦政府组织机构自身行政管理方面的研究

十九届三中全会提出构建系统完备、科学规范、运行高效的党和国家机构的职能体系，研究政府组织机构的行政管理和公务员群体对构建规范性、科学性、高效性的机构职能体系具有重要作用。

有学者对机构改革后的政府运行成本和绩效的关系进行了研究，以生态环境部2018年的机构改革为例，将部门行政成本划分为行政运行与业务履职两种，通过对比改革前后的部门行政成本分析了政府部门行政成本与绩效之间的关系，研究发现行政成本降低，业务履职成本升高，生态环境部的部门绩效提升，这是本轮机构改革将机构调整与职能转变相结合的结果[85]。

公务员群体是政府组织机构的组成主体，有学者对政府雇员规模的成因进行了研究。当前财政形势严峻，政府雇员支出规模庞大。从1978—2019年的序列数据分析发现，自2003年以来政府雇员数量不断增加，因此须从公共财政行为和非公共财政行为两方面入手来抑制政府雇员规模[86]。针对当前公务员的行政动力不足、惰政、怠政、疏政、不作为或乱作为等现象，相关研究从个体、群体、组织和环境四个维度对公务员动力不足的原因进行了分析，提出要想提高公务员的工作效率，需要拓宽组织发展视野，全面审视公务员行政动力，提升组织设计的精细化水平，提高公务员的素质和能力，理顺管理体制，建立良好的群体氛围和激励性的管理制度[87]。

4.聚焦机构改革各项配套措施实施问题的研究

实现机构编制法定化、事业单位改革、“放管服”改革等配套改革措施的同步有效推进，是深化党和国家机构改革的必由之路。

（1）机构编制的作用及法定化研究

机构编制工作在党的长期执政能力建设和国家政权建设中起着重要的基础性作用，是构建中国特色国家治理体系的基干力量。推进机构编制法定化，是深化机构改革、推进国家治理现代化和全面依法治国的必然要求。有学者指出，以往对机构编制法定化的理解限于国家法律层面，但机构编制法定化应当既包括机构编制国家立法，也包括机构编制党内法规制度建设。在机构编制法定化中，应当统筹推进、分工衔接，处理好党的领导与政务公开、制度稳定与机构改革、建章立制与革故除旧的关系[88]。

同时，机构编制法定化要求责任法定化，是落实依法治国、依法执政和依法行政的重要一环。然而我国组织法方面的法律责任制度一直处于相对空白的状态，政府机构设置中法律责任的主体、形式、归责原则等研究还较为薄弱。对此，有学者提出，首先要将自改革开放以来党和国家在机构改革领域的指导思想与取得的诸多成就转化为组织法律法规的内容，然后在此基础上积极修订政府机构设置中法律责任的相关条文，通过对责任条款的规范化，进一步推进我国组织法治的发展[89]。

此外，机构编制法定化要求根据经济社会发展和推进国家治理体系现代化需要，建立编制管理动态调整机制，加强机构编制管理评估，优化编制资源配置。在新冠肺炎疫情防控背景下，有学者对北京市16家区级疾病预防控制中心的科室设置、岗位设置、人力配置、人员流动等情况进行了调查，指出其机构编制不足的问题，提出应严格按照人员编制标准，综合考虑服务人口数、工作量、服务范围和经济社会环境等因素，尽快补足编制数量并动态调整[90]。

（2）事业单位改革研究

加快推进事业单位改革，是统筹党政军群机构改革、实现机构职能优化协同高效的必然要求。

在事业单位国有资产管理方面，我国行政事业单位国有资产总量大、种类多，传统的管理方法已经较难适应现代管理工作的需要。有学者建议行政事业单位以信息化为基础，建立“1+1+N”（一支专业的资产管理队伍、一套完善的资产管理制度、N项资产管理重点工作）的国有资产管理思路，不断提升行政事业单位国有资产管理水平[91]。

在事业单位内部的财会监督和管理制度方面，随着事业单位社会服务和经营活动的广泛开展，其财务管理活动呈现出经费投入多元化、预算管理精细化、项目考核绩效化等新趋势。对此，有学者提出，需要加强党内监督主导，明确内部财会监督权责；完善制度约束，建立内部财会监督长效机制；增强风险意识，营造财会监督良好氛围；推进业财融合，做好财会监督全面覆盖；加强技术手段，推进财会监督信息共享[92]。此外，还有学者针对军工科研事业单位的会计核算与财务管理制度展开研究并指出，近年来，一方面中国大力推进科技创新与技术创新，自主研发无形资产在资产中的比重不断上升；另一方面单位改制进程加快，商标权、专利权等自主研发无形资产越来越重要，使得现行制度难以满足单位自主研发无形资产的会计核算与管理的需求[93]。

在事业单位管理机制方面，有学者通过对气象部门事业单位的科技创新政策现状进行分析，提出科学制定相关政策的必要性，并结合当下实际指出其遇到的瓶颈，分析得出，可以通过“一表、两平台、三机制”实现灵活运用科技创新政策，改善气象部门事业单位管理机制，有机组合人、财、物，全面提升效能，推动气象事业高质量发展[94]。

（3）“放管服”改革研究

“放管服”改革是中国深化行政体制改革、实现政府治理体系和治理能力现代化的最新改革进展和表现形式。一方面，“放管服”改革为应对经济下行压力、避免经济“硬着陆”，优化营商环境、发展壮大新动能、促进经济社会持续健康发展发挥了重要作用；另一方面，目前“放管服”改革附加功能过多、改革政策供给过快，存在谋划不系统、部门不协同、改革不深入和政策不落地等问题和不足。

进一步推进“放管服”改革应做到，第一，深入推进行政许可制度改革，推出务实有力的改革举措；第二，围绕厘清政府和市场边界、为市场主体添活力目标，深入推进简政放权；第三，围绕维护市场公平竞争、促进创业创新目标，构建新型监管体系；第四，围绕利企便民、规范高效目标，持续优化政务服务；第五，围绕确保改革举措取得实效目标，完善配套制度机制[95]。

深入推进“放管服”改革要和落实《法治政府建设实施纲要（2021—2025年）》紧密融合，同频共振[96]。当前“放管服”改革和政府职能转变中还存在一些难啃的“硬骨头”，包括政府部门多头共管、职能边界不清、衔接不畅；“放管服”改革和政府职能转变的类型化不足；改革过度依赖第三方评估，忽视社会感受度；“数据孤岛”依然存在、数据安全受到挑战。应通过健全政府职能体系、依法行政制度体系、创新监管体系，充分运用法治思维和法治方式固化“放管服”改革成果，将优化营商环境的改革目标有机融入法律制度，加快政府诚信建设，在法治轨道上构建“亲清”的政商关系[97]。

深化“放管服”改革可以推进营商环境优化。有学者基于扎根理论的研究方法，对“放管服”改革推进营商环境优化的相关政策文本进行质性分析发现，“放管服”改革推进营商环境优化总体遵循“技术赋能—权力规制—制度供给”的逻辑框架推动营商环境优化目标的实现，三者的关系逻辑为：通过技术赋能突破权力规制的阻力与障碍；通过制度供给规范和约束政府的权力，奠定和巩固权力规制的基础；技术赋能与制度供给之间则互为重塑与保障[98]。还有学者以B市为案例进行实证分析，通过对其企业营商环境满意度的调查研究发现，地方“放管服”改革推进营商环境优化遵循服、管、放的总体逻辑，指出“技术赋能—制度创新—权力规制”是一个可适的逻辑框架，能够解释“放管服”改革视域下地方营商环境优化的实践路径[99]。

5.关注政府单一职能领域的机构建设情况

《中国共产党机构编制工作条例》中要求，一类事项原则上由一个部门统筹、一件事情原则上由一个部门负责，加强相关机构配合联动，避免政出多门、责任不明、推诿扯皮。在此背景下，学者们十分关注机构改革以来政府单一职能领域的机构建设情况。

（1）应急管理机构建设

应急管理领域是2018年党和国家机构改革的“重头戏”。国家安监总局的职责和国务院办公厅、公安部、民政部、国土资源部、水利部、农业部、国家林业局、中国地震局涉及应急管理的职责以及国家防汛抗旱总指挥部、国家减灾委员会、国务院抗震救灾指挥部、国家森林防火指挥部的职责整合，组建应急管理部，作为国务院组成部门[100]。然而机构改革后，在应对跨界突发事件时存在部门职能模糊、跨部门协调困难的问题。影响当前中国应急管理机构职能发挥的关键就在于应急管理部门“梁”的理想职能定位与“柱”的实际机构设置之间存在结构性矛盾；找回“梁”、建好“梁”，是破解中国应急管理机构改革困境的基本策略。具体而言，要设立承担统筹协调职责的国家应急管理委员会，建立统一的应急力量和资源保障体系，加强跨部门沟通协调制度建设[101]。

（2）大数据管理机构建设

大数据管理机构的设立是数字时代背景下政府治理模式探索的结果，第八次机构改革就成为地方政府建设和改革大数据管理机构的关键契机。除港、澳、台外全国31个省份大数据管理机构主要是政府直属机构、部门管理机构、挂牌机构这几类；除以法定机构形式组建的海南省外，组建方式分为在职能整合基础上新设立的机构和原有机构上挂牌成立这两种方式；职能设置既有共同之处也有差异。通过比较分析，发现我国省级政府大数据管理机构存在不足之处，应转变隶属模式，提高部门统筹协调能力；加强数据整合、开放共享；提高在省级大数据管理机构任职人员的技术知识和数据素养[102]。

6.简要评价

总体来看，2021年度关于政府组织机构方面的相关研究成果较为丰富，主要呈现出以下特点：

一是研究选题的实践性较强。很多选题同2020年一样，直接来源于新一轮深化中央和国家机构改革中产生的理论和实践问题，同时新增了较多基层治理的研究内容。十九届三中全会通过《中共中央关于深化党和国家机构改革的决定》，将深化党和国家机构改革纳入推进国家治理体系和治理能力现代化建设体系中去考虑。2021年4月28日，《中共中央 国务院关于加强基层治理体系和治理能力现代化建设的意见》出台，在此期间关于基层治理的相关研究数量较多。

二是不同研究选题的研究热度和深度有差异。在政府组织机构方面的相关研究中，机构改革中党的领导和基层治理的选题研究成果较多，且在去年关注议题较为集中，学者们的观点也较为一致。

三是研究选题存在一定的继承性。有学者在过去对机构改革进行逻辑价值取向研究的基础上继续研究政府治理体系的构建，从推进治理体系和治理能力现代化的价值取向来对机构改革进行研究分析，“放管服”改革和党的领导作用等相关研究也在不断推进。这与机构改革的推进过程密切相关，十九届三中全会通过的《中共中央关于深化党和国家机构改革的决定》是机构改革领域最新的纲领性文件，其后出台了一系列关于治理体系和治理能力现代化建设的相关文件，仅是间接涉及政府组织机构改革。

四是研究方法存在一定差异。总体来说，规范分析较多，实证分析相对增加，其中质性研究以案例分析为主，定量研究也逐渐增多。在关于基层治理的相关研究中，一些学者运用了质性研究方法，通过国内相关案例开展深入比较分析。在关于机构改革实效和相关配套制度改革研究中，一些学者采取了定量分析研究方法。但多数研究侧重从全面、系统的角度对研究选题深入开展理论剖析，其所采用的规范分析方法，与选题本身具有的宏观性存在直接关系。

（三）央地关系研究

党中央指出“要坚持和完善中国特色社会主义行政体制，健全充分发挥中央和地方两个积极性体制机制”，这对于新时代坚持和完善中国特色社会主义制度、推进政府治理现代化具有重要意义。央地关系是国家制度体系中最基础、最重要的制度安排，其本质是国家权力在中央地方之间的纵向配置，内容包括行政区划、政府级次、政府间财政关系等多个方面。央地关系一直是学术界研究的热点，2021年度北京地区学者从国家治理体系现代化视域下的央地关系、央地纵向关系演进的新体制新机制、央地关系的横向逻辑、央地关系与乡村治理、央地关系与城市基层治理、互联网与技术革命下的央地关系新环境、突发性事件与央地关系中的新兴治理体系七个方面展开相关研究。

1.国家治理体系现代化视域下的央地关系

国家治理结构是国家治理体系的重要组织载体，其合理与否关系到国家治理体系的高效稳定以及国家治理能力的有效提升。治理现代化视角下的中央与地方关系的变革，是中央不断向地方、社会下放权力，激发地方政府及社会组织积极性、主动性的过程。2021年度关于宏观国家治理体系现代化视域下的央地关系的研究主要围绕央地机构设置、权力配置与综合授权、从“泛化治理”到“分化治理”、多元利益主体下的政府赋权四个方面展开讨论。

（1）央地关系下的机构设置

组织结构既反映权力配置的组织逻辑，也反映组织管理的层级厚度。优化政府机构设置和职能设置，建构职责明确、依法行政的政府治理体系，是推进国家治理体系和治理能力现代化的应有之义。政府组织结构包括宏观层面上的行政组织、中观层面上的工作部门以及微观层面上的内设机构。当下关于政府机构的研究不仅涉及职能部门间权责体系与机构设置，更逐渐关注到政府职能部门内部业务流程的优化。刘朋朋通过比较近20年以来不同层级政府数量的变化发现，政府纵向组织结构呈现规模缩减与区域均衡的特征，地级政府层级管理幅度区域分布由“东大西小”的梯次递减格局演变为“中大西小”，县级政府层级管理幅度由“东小西大”差序格局演变为“东西齐高”均衡格局。政府横向组织结构呈现层级递减与规模异构的特征，组织层级越低，组织结构规模相对越小[103]。在“同构”式职责配置模式下，中国地方政府部门组织结构空间规模呈现差异性，而不是一致性。

（2）央地权力配置与综合授权

研究主要集中于中央集权与地方分权之间的矛盾。田莉认为央地之间多任务委托代理形成的复杂关系会造成条条之间、块块之间、条块之间整合度低的问题[104]。杨立雄提出由于央地权责划分不合理，形成了“地方掌勺、中央埋单”的兜底保障制度，地方兜底不力、中央对地方监管弱化问题越来越突出[105]。荆永胜提出由于各级政府间尚未形成法治化的分权框架造成了事权关系的交叉、重叠以及越位、缺位等问题，要清晰界定和规范央地事权，以中央为依托推进全国统筹[106]。樊继达和范永茂提出要在法制、政令、市场统一的基础上遵循外部性、信息复杂性和激励相容三大原则，对地方进行精准激励，建立中央和地方之间的良性的利益表达和利益统筹协调机制[107]—[108]。马亮提出了一种由中央全面授权的综合授权模式，并分析其与放权、授权、赋权、分权概念的不同，综合授权不同于单项授权，而是一种完全委托关系，在对风险有完整把控的基础上，探索央地政策对接、对话和沟通机制，有效畅通政策沟通和反馈[109]。

（3）从“泛化治理”到“分化治理”

从“泛化治理”到“分化治理”的转变中，最为关键的是监督问责的完善与深入。宣晓伟指出，由于我国复杂的国情导致陷入权责模糊的“泛化治理”困境，难以形成科学有效的权力监督、制约、协调机制“自上而下”的管控逻辑，监督机制的缺失导致地方主义保护盛行[110]。周婷婷认为“营改增”有助于明确央地的事权与财权，这种集中和规范化的管理划分了中央政府和地方政府的基本公共服务支出责任，督促地方政府按照事权划分履行相应的公共职责，为地方政府创造了公平竞争的环境，有效抑制了地方保护主义与税源之争，促进了央地政府间的沟通与合作，降低了科层制所带来的弊端，从而有效避免了职责重叠、资源浪费的现象[111]。贾洪波从行为策略角度阐述地方政府的核心行动者通过追求经济绩效来实现晋升最大化，使社会总福利损失。因此提出中央政府应该积极践行“放管服”改革，充当“管”的角色，强化监管功能[112]。

（4）多元利益主体下的政府赋权

学者们针对当下的国内、国际“双循环”新发展格局，提出通过推动中国经济的“体内”循环带动全球经济的“体外”循环，从而建立健全新发展格局。尝试性地提出从政治体系之外寻求力量与支持，吸纳市场主体、社会组织以及公民团体的广泛参与进行多元合作，通过重新划分政府的权限范围、职能责任等方式，赋予多元主体适度的治理权限。首先，政府向市场赋权，赵扶扬建议提高资源配置效率，进一步完善地方政府治理体系，打破区域分割，促进市场一体化，畅通国内大循环，推动经济高质量发展[113]。马亮提出要加速供给侧结构性改革，推动各类生产要素的市场流动，真正发挥市场在资源配置中的决定性作用，为此要进一步理顺政府与市场之间的关系，构建新型政商关系，使企业家精神成为引领经济增长和社会发展的关键驱动力[114]。

2. 央地纵向关系演进的新体制与新机制

中央政府与地方政府创新治理体制机制，实现创新理念与创新实践协同互动，是中国实施创新驱动发展战略、建设创新型国家、理解新发展阶段央—地关系的新范式。2021年度关于央—地纵向关系演进的新体制与新机制研究主要从新型压力激励机制、纵向的政策扩散机制、实验主义创新治理机制三个方面进行。

（1）新型压力激励机制

在中国五级行政体系下，中央政府设置的目标、颁布的政策自上而下逐级传递，达到上行下效和全国一盘棋的治理效果。“压力型体制”是对各级政府运行现状的生动描述，而其中最核心的压力源于自上而下的政治行政命令，虽然会导致“上有政策，下有对策”的变通执行的情况，但大量研究中依旧肯定压力型体制在我国治理情境下的适应性。王程伟和马亮以压力型体制与绩效差距理论为切入点，探究压力型体制下政府绩效差距对地方政府的激励作用，提出地方政府的压力有三个来源：一是上级压力，在地方政府治理的考核、问责等运行过程将责任直接落实至各级政府一把手，形成一种自上而下的强烈问责压力，体现出压力型体制的特点；二是同级压力，以地方政府绩效排名为依据进行表扬与通报，这种横向比较可传导同级政府间的竞争压力；三是公众压力，将地方政府考核权转交到群众手中，由群众对地方政府响应率、解决率和满意率进行绩效打分，通过自下而上的绩效考核传导公众治理压力[115]。本质而言，这是一种压力型体制下以绩效管理与问责机制为政策工具的公共服务投诉体系，公平、合理、清晰的绩效考核机制，压力型体制发挥作用的触手与抓手。这种压力型体制为“变压力为动力”的作用过程提供了研究场域。刘丽莉和刘志鹏以脱贫攻坚为例，认为科层系统中存在四类信息的上下流动：一是下派干部实现扶贫标准的沟通；二是下派干部分级反馈资源需求信息；三是地方政府在变通执行中探知上级给予的政策空间；四是上级政府允许基层政府表达工作意图。信息的流动呈现出一种“控制性沟通”的机制，由于精准扶贫带来的持续高问责压力，促使各级官员信息沟通的意愿和方式发生改变，最终使中国纵向政府间信息不对称现象得以缓解[116]。

（2）纵向的政策扩散机制

政策扩散是公共管理领域政策过程研究的重要议题，央地关系是理解国家政策创新与扩散的重要视角。李东泉等建立“政策属性—政策扩散—扩散结果”的分析框架，剖析一项政策的政治优势性、经济优势性、社会优势性和技术优势性的政策属性是否形成地方政府的晋升激励，地方官员对自身政治利益的考量，是影响政策扩散的主要动力机制[117]。还有研究提出横向政府竞争、中央政府压力和激励、国际资源利用和城市形象压力、城市经济发展水平、政府行政级别和政策扩散呈正相关[118]。因此既要调动地方的积极性，实现中央的政策目标，又不能束缚地方主观能动性，选择恰当的政策工具是实现政策目标以及政策执行的基本途径。

（3）实验主义创新治理机制

中央通过学习基层实践或试验进行制度创新，再将新政策向全国扩散推广的政策试验被认为是稳妥的治理模式。中央政府能够在尊重地方自主性的基础上掌控全局，有效平衡改革与稳定间的关系。政策结果并非完全来自技术评估，而是妥协的结果，充分体现了央地关系在创新治理领域的“嵌入”。目前学界认为实验主义创新治理机制是中央与地方创新实践协同互动的结果，可以概括为“地方试点—中央总结—地方推广”模式，是中国实施创新驱动发展战略和建设创新型国家的经验与特色。章文光等以2008—2020年间“国家创新型城市”的政策试验为考察对象对实验主义创新治理的过程进行案例分析，据此构建政策过程央—地关系与创新治理耦合分析框架[119]，研究发现，从试验开始、进入议程、起草方案、适度扩散、普遍推广、上升为国家意志、解释和执行、反馈和跟踪的过程遵循的是“试点先行、积累经验、逐步推开”的原则，体现了中央和地方政府之间权力分配的动态调整与政策过程的整体交互特征。央地间频繁互动不断调适，地方在分散决策下基于自身实际的自我纠偏，使得政策创新的过程中的“集权”与“分权”不断转化，体现了体制“兼容能力”和“整合能力”，央地之间形成相互学习相互依赖的关系。对于实验主义目前存在的困境，朱旭峰等提出中央—地方互动下的中国式实验主义治理框架，首先，政策目标和政策工具由中央和地方政府在互动下分别形成；其次，中央政府肩负着维护中央权威性和合法性的政策绩效的压力；最后，政策试点评估依赖于地方政府的反馈，在此基础上阐述了中国实验主义治理“分层制实验”“对比试验”“选择性认可”“适应性协调”四种模式[120]。卢超认为试点合法性缺失、试验科学性不足以及信息供给匮乏是政策试验面临的难题，在越发强调“顶层设计”的新时代背景下，要推动试点具有复制性与可推广性，首先必须要选取更为合理的试点，增强试点的授权合法性，考核过程中削减不相关要素并进行实证数据的量化，防止地方政府为取得试点绩效而造成“资源内卷”[121]。

3. 央—地关系的横向逻辑：跨域公共治理

理解新发展阶段央地关系的新范式，也需要关注央—地关系的横向逻辑，即跨域行政管理。2021年度学者们针对央地关系的横向逻辑主要从区域协同发展基础之上的区域政策体系重构和从跨层级跨部门视角出发的府际合作两个方面进行探讨。

（1）区域协同发展基础之上的区域政策体系重构

宋准和夏添认为分权化改革的推进调整了央—地关系，“行政性放权”和“经济性放权”成为央—地关系调整的主旋律，具有主体意识的地方政府逐渐从央地关系中析出，围绕经济、政治利益展开竞争，使得区域发展不平衡，地方政府由于政策冲突和重叠造成分割[122]。中央政府出台区域政策时，应充分考虑地方财力、事权和积极性，利用政策“下渗”来协调区际关系，通过区域市场的不断开放来实现区域市场一体化，激发地方政府积极性。要以区际关系转型为导向，构建“政府—市场”框架下的区域政策重构思路，以地方化路径为依据，区域政策的“下渗”合理发挥地方积极性。首先，转变之前严格对立的政策分类，更注重政策的目标和路径，构建以区际关系转型为核心思路的政策体系，打破区域的独立性和市场性的局限，重视政府主导性和政策路径；其次，重视政府角色和府际关系，避免脱离政府财政税收关系空谈区域一体化目标。府际关系是我国区际关系中长期存在的一种关系，重视政府角色，明确中央政府的事权和支出责任；最后，发挥市场化改革的自主性，积极推动两级政府改革来实现市场的一体化。

（2）跨层级跨部门视角下的府际合作

跨部门公共治理需求内在张力及部门分立导致政策执行碎片化，促使不同政府部门间加强合作。刘晓燕等提出中央政府可以凭借其网络核心位置及较强的政策扩散影响力，利用政策倾向的相似性或重叠，推动府际合作，消减和预防政策碎片化，结合政策扩散特征，找到政策交叉点，提高治理的广度，消减政策空白点[123]。李宇军认为要实现国家顶层制度设计和地方实践的不断磨合与良性双向互动，在贯彻中央顶层设计的同时推动地方创新实践，将两者互动引发的功能变化置于相应的结构之内[124]。杨志云等围绕着发展型地方主义的困境分析提出打破发展性地方主义的体制樊篱，需要建立差异化的政绩考核和区域财税激励兼容机制，明确将区域协同发展的职责赋予特定政府层级，建立多样性的非正式制度、积累政府间合作的信任资本，充分发挥市场的基础性作用和社会力量的“软黏和”作用[125]。

4.央地关系与乡村治理

巩固拓展脱贫攻坚成果同乡村振兴有效衔接是当前“三农”工作的重中之重，也对我国乡村治理体系和治理能力提出了更高要求。2021年度针对央—地关系与乡村治理的学术研究主要包含了对脱贫攻坚工作的经验总结、拓展脱贫攻坚成果同乡村振兴有效衔接、乡村振兴战略与农业农村现代化以及政党在乡村振兴中的职责与作用等方面。

（1）脱贫攻坚的经验总结

汪三贵和钟宇发现在脱贫攻坚战中，一种新的央—地关系与干部激励模式在脱贫攻坚战中发挥了巨大作用[126]：中央将项目与资金的审批权下放到县，解决了原来“事权”和“财力”错配的问题；将贫困县主政官员从常规政治锦标赛中退出，并进入一场以贫困县退出摘帽为目标的“脱贫攻坚资格赛”；在这场资格赛中，中央通过脱贫成效考核挂钩晋升等方式充分调动了官员的积极性，此外，中央还引入贫困县退出第三方评估等方式解决了委托代理模式中存在的信息不对称问题。这种针对特殊任务的特殊国家治理模式充分调动了地方官员的积极性、有效提高了目标治理的效率，再次丰富了中国治理的内涵。

（2）脱贫攻坚与乡村振兴的有效衔接

在消除绝对贫困后，脱贫攻坚和乡村振兴战略之间的耦合成为当下“三农”研究关注的重要内容。脱贫攻坚和乡村振兴之间的战略耦合表明了两者之间的逻辑连贯、功能耦合以及彼此之间的递进接续。卫志民和吴茜采取角色理论作为分析工具，脱贫攻坚与乡村振兴之间的战略耦合的角色主体分别是国家、政府、乡村，三者通过政治逻辑、行政逻辑和治理逻辑实现彼此之间的互动关系，得出乡村振兴需要推进国家政治角色、政府执行角色、乡村治理角色之间的互动，防止制度环境、行动过程和行动绩效上的可能梗阻的结论[127]。

（3）农业农村现代化与乡村差异化发展

黄承伟提出在从脱贫攻坚到乡村振兴的历史性转移进程中，梳理辨识、全面分析、深刻理解乡村振兴面临的理论前沿问题具有重要的理论和现实意义，并从推进乡村振兴的历史方位与战略定位、理论指导和基本方略、战略重点和关键路径、治理体系和根本保障四个方面进行深入阐述[128]。姜长云和姜惠宸锚定中国基本实现社会主义现代化的远景目标，基本实现农业农村现代化的目标任务可以分为总体目标、底线要求和主要任务三个层次[129]。周小平等依据乡村振兴目标构建乡村多功能评价指标体系，计算镇域尺度的生态保障、农业生产、经济发展、休闲文化、生活保障5项乡村功能值，分析不同乡村功能发展特征及其原因[130]。

（4）政党整合与驻村第一书记制度

中国共产党在整合国家与社会的关系中发挥了关键作用，而“政党中心”逻辑不仅适用于革命史研究，同样可以用于理解当代中国政治整合的原理。林毅和刘玲提出第一书记驻村帮扶是打赢脱贫攻坚战、全面推进乡村振兴的中国式治理机制[131]。汪大海和李江涛基于四个贫困村庄的案例比较发现，虽然面临基本相同的结构地位和激励条件，但是村级组织的自治治理资源差异、“治权—治责”水平差别，促使第一书记分别采取全面帮扶、选择性帮扶、被动帮扶和帮扶悬置等四种行为[132]。

5.央地关系与城市基层治理

央地关系下的特大城市问题以及首都综合治理、北京城市基层社会治理中的“接诉即办”、城市基层治理中的国家能动性、基层政策执行与敏捷思维等方面成为2021年度城市基层治理的研究热点。

（1）特大城市问题与首都综合治理

由于特殊的政治经济地位，特大型城市的治理创新不仅直接影响其本身的发展，也在很大程度上引领着中国的国家治理现代化。俞可平认为特大型城市不仅存在着一般城市都具有的各种“城市病”，而且还面临着一系列特殊的治理难题，如城市的功能定位、城乡一体化、新移民的户籍管理、公共安全、环境保护和可持续发展等[133]。堵锡忠和李娟通过对首都城市管理的发展方向、模式手段、实践路径等新的机遇要求进行系统研究，梳理总结了城市管理体制机制不断创新调整的发展历程，并从加强党建统领、综合统筹、协作配合、精细管理、科技应用、多元共治、优化创新等方面提出了深化首都城市综合管理体制机制的对策举措[134]。

（2）北京市基层社会治理中的“接诉即办”机制

王亚华和毛恩慧运用奥斯特罗姆夫妇的“多层次嵌套制度分析”，指出我国基层治理主要面临规则缺失、规则不适和规则执行问题[135]。“接诉即办”作为北京市推动城市治理的创新实践，有力促进了民众参与公共事务，提升了社会治理效能，成为当代中国基层治理创新的典型案例。杨子强等认为北京市“吹哨报到、接诉即办”改革，坚持以人民为中心，形成了“六个一”典型经验，为全国城市治理树立了新标杆[136]。

（3）城市基层治理中的国家能动性

在推进国家治理体系和治理能力现代化过程中，提升国家在基层治理中的能力对于政治发展具有重要意义。王铮认为“党建动员社会”作为新时代场景转换中的基层社会动员模式，构建了社会动员的合法性来源、组织基础和技术支撑，从而回应复杂化社会治理[137]。杨宏山认为当前中国城市社区治理对行政手段的依赖性较强，改进城市社区治理，需要厘清政府与社区组织的职责边界，推进社区赋权，公共部门提供协助，引导城市社区构建多元主体参与的常态化议事平台，制定社区规约和议事规则，提升自主治理能力[138]。王中女梳理了中国城市基层治理历经“单位制—街居制”的管控时代到“两级政府—三级管理—四级落实”的管理时代，再到新时代“党建引领—政社合作”的协同时代的发展过程[139]。

（4）基层政策执行

赵静等基于各地城市治理实践案例，揭示了技术应用和制度变革这两条城市治理转型路径的实践情况与发展掣肘，并阐述敏捷思维如何赋能城市治理创新并引领思路转型[140]。刘月怡结合中国的政策执行实际和政策过程的复杂多变，刻画基层政策执行者“软”“硬”兼施的执行逻辑，借助模糊—冲突理论模型，关注基层政策执行“发生了什么”和追寻背后的政策机理，同时对模糊—冲突模型进行深入阐释并做修正[141]。

6.互联网与技术革命下的央地关系新环境

（1）互联网技术在基层治理中的应用

互联网技术在基层治理中的应用，有利于提高政府效率、便利公众参与、增进信息共享。杨宏山认为实施“互联网+基层治理”行动，需要以公众需求为导向，以新技术为驱动，以解决问题为诉求，以互惠合作为引领，以政策支持为助推，拓展应用场景，提升项目建设效果[142]。丁元竹围绕“十四五”规划纲要中把社会治理聚焦在“构建基层社会治理新格局”这一战略部署，对其实践、理论、政策逻辑进行了分析[143]。

（2）智慧城市建设

智慧城市作为一种新型城市发展样态，是提高城市公共服务质量的战略选择。科学评估智慧城市建设对城市公共服务水平极具现实意义。董宴廷和王洛忠将中国2012年启动的智慧城市试点政策视为一次准自然实验，基于180个地级市2007—2016年的面板数据，运用双重差分方法实证检验了智慧城市建设对城市公共服务水平的影响，并对影响的异质性进行拓展分析[144]。张吉豫认为作为城市和社会发展的方向，智慧城市和智慧社会将成为未来人类现代化的重要标志[145]。作为推动数字化转型的重要抓手，城市大脑在我国整体上处于发展起步阶段，胡坚波建议通过构建“四大核心平台”，赋能“七大协同场景”，实现对城市治理和服务领域的全面覆盖，因地制宜推动城市大脑加快落地实施[146]。

（3）平台政府建设

平台型政府正努力迈向数字化能力3.0阶段，即实现数据、业务、协同和交互能力的智能化升级。已有研究主要关注人工智能如何驱动数据能力智能化，缺少对四个能力全面智能化的系统性研究。孟庆国结合平台型政府理念和人工智能创新应用潜在价值，构建了人工智能支撑下平台型政府的技术框架，提出政府实施技术框架可遵循三条实践路径：合理采用技术主导和技术支持两种平台变革模式，加强公众参与以弥补中央集权式平台发展模式的不足，采用与公共管理情境相适应的平台理念和模式[147]。

（4）界面政府建设

人类社会正在进入互联网时代，这对政府的职能、组织和运行提出了新的挑战，李文钊认为其核心是需求一体化与分工专业化之间的矛盾。界面政府理论将政府看作一个界面体系，由界面、内部结构、功能和环境四个要素构成，强调政府通过界面与民众互动，通过内部结构支撑其功能实现和适应环境，有助于理解互联网时代的中国政府改革。中国政府改革很好地利用了互联网时代的技术变革，通过重构政府与民众的互动界面，实现一个政府界面满足民众和企业的所有需求。“互联网+政务服务”是这种界面重构的最典型代表，它通过“一网、一门、一次”来实现一体界面，满足民众和企业需求[148]。

7. 突发性事件与央地关系中的新兴治理体系

2021年度学术研究中代表性观点主要聚焦于突发性公共卫生事件背景下跨界治理的伦理、基层官员的善治动机、社区治理的治理以及农村社会治理等几个方面。

（1）大数据背景下突发性公共卫生事件跨界治理的伦理问题

随着大数据技术发展，越来越多的普通民众掌握大数据处理能力，并日益深度介入突发性公共卫生事件的跨界治理之中。大数据技术使得突发性公共卫生事件跨界治理的伦理价值目标与手段发生改变。然而，大数据为多元治理主体参与突发性公共卫生事件跨界治理提供技术支撑的同时，导致了道德责任缺失、诚信意识错位、主体道德冲突等一系列伦理失范现象。李诗悦在对跨界治理突发性公共卫生事件伦理缺失现象进行归纳的基础上分析了伦理失范的原因，并提出了重建跨界伦理秩序的人本式治理、合作式治理、共享式治理的实践模式建议[149]。

（2）突发性公共卫生事件背景下基层官员善治动机

基层善治是应对重大危机的有效治理模式，其微观基础是激发基层官员善治动机并探索建立善治路径。唐任伍和温馨以天伦锦城社区成功阻击新冠肺炎疫情为研究案例，揭示在重大危机情境下基层官员善治动机的价值取向及影响机制，构建生成基层善治动机的治理路径。案例分析显示：其一，“敢担当”“善作为”是基层官员善治动机的核心价值取向；其二，善治动机的主要影响因素分布在环境层、制度层和个体层；其三，以基层党建构筑善治动机的价值引领、以多元共治维持善治动机的价值协同和以治理创新支撑善治动机的价值创造，是在重大危机中激发基层官员善治动机的关键治理路径[150]。

（3）突发性公共卫生事件背景下社区韧性治理

“十八大”以来，基层社区逐渐成为新时代国家应对突发公共事件的新趋向。探讨社区韧性治理的中国式建构问题，有助于深入理解社区韧性治理的“中国模式”和“中国经验”，推动社区韧性治理概念的本土化应用，加快制定本土化的社区韧性治理学术话语谱系。汪超以系统集成的方式揭示社区韧性不足问题，并试图从政治、法治、自治、德治、智治、软治维度勾勒出中国社区韧性治理的建构路径[151]。

（4）突发性公共卫生事件下农村社会治理

农村社会治理是国家治理体系的重要组成部分，是国家治理体系和治理能力走向现代化的重要一环。突发性公共卫生事件——新冠肺炎疫情暴发后，中国农村迅速开展自我防控，从村民自我防控到政府主导，初步建立了多元防控体系，为中国疫情防控争取了时间。但此次突发性公共卫生事件也暴露了当前农村社会治理还存在自治能力薄弱、村民自治主体地位无法得到保障等问题，因此需要联动基层组织建设、治理主体多元化等，从而推进农村社会治理现代化发展[152]。

8. 简要评价

总之，2021年度北京学者对于央—地关系的研究成果较为丰富，并呈现出以下三个特点：

一是研究选题实践指向性较强。北京学者对央—地关系的研究紧密结合了新时代坚持和完善中国特色社会主义制度、推进政府治理现代化的具体实践，对央—地关系下的机构设置调整、央—地权力配置、乡村治理、城市治理等问题开展深入探讨。

二是研究紧密结合公共行政的前沿问题展开。北京学者对新型压力激励机制、政策扩散机制、实验主义创新治理、府际合作等问题开展深入研究，反映了公共行政研究的最新进展。

三是研究方法结合定性研究和定量研究。在针对政策扩散和政策创新机制研究中，一些学者采取了定量分析研究方法。还有一些学者侧重从全面、系统的角度对央—地关系相关选题开展深入剖析，采用案例研究方法，对央地关系相关问题进行了深入的理论探索。

但是北京地区学者在央—地关系研究中也存在一些不足，如对央—地关系的跨域公共治理研究仍较为薄弱、对突发性事件与央—地关系中的新兴治理体系研究的创新性成果不足等。

（四）京津冀协同发展研究

“首都圈”的概念最早出现在1982年《北京市城市建设总体规划方案》中，这也是京津冀合作发展的雏形。2014年，习近平总书记主持召开专题座谈会，听取有关京津冀协同发展工作报告，自此京津冀协同发展正式上升为国家重大战略。“协同”就意味着突破自家“一亩三分地”的固有观念，在金融、科技、产业、环境治理等领域形成合力，充分发挥区域协同的作用。2018年，中共中央、国务院明确要求以疏解北京非首都功能为“牛鼻子”推动京津冀协同发展，推动河北雄安新区和北京城市副中心建设，探索超大城市、特大城市等人口经济密集地区有序疏解功能、有效治理“大城市病”的优化开发模式。北京作为京津冀协同发展的城市之一，在战略实施的过程中扮演着重要甚至主导角色。在2021年度发表的有关“京津冀协同发展”的文献中，北京地区学者的研究主要集中在政策评估、具体政策领域、立法等多个方面。

1.政策评估

习近平总书记在座谈会上就京津冀协同发展提出了顶层设计、协调协同、优化城市布局和空间结构等具体要求。相应地，北京地区学者从上述领域进行了政策评估。

在对顶层设计的评估中，曹倩、苗润莲和张士远选取了2020年7月以前中共中央、国务院及其相关部门、京津冀地方政府及其相关部门出台的京津冀协同发展相关政策，使用Python软件运用自然语言处理技术对政策文本进行词频统计，绘制京津冀协同发展相关政策关键词云图，并借助UCINET6.0软件得到关键词共现网络关系图，结合政策文本对京津冀协同发展相关政策进行进一步的分析。研究发现，京津冀协同发展相关政策的数量呈现倒“U”型结构，2014年首次发布政策文件后，数量逐年增加，2017年增加至最高点28条，之后呈现出逐年减少的态势；从发文部门上来看，中央部门合作的积极性较高，其中环境保护部、工业和信息化部对京津冀协同发展更为关注，地方部门很少联合发文，合作发布的政策多为协同相关政策；所选政策的类别较多，涉及污染方式、城市规划、保险等多个类别，对政策文本关键词进行分析时发现，政策涉及词逐年增加且细化，对协同机制、协同领域、协同保障措施等进行了更加充分的阐述[153]。

在对协调协同的研究上，吴志萍和王旖琪基于实地考察从技术交易、专利受理与授权、R&D经费投入、平台建设等方面对京津冀协同发展现状进行了阐述并提出了针对性的建议[154]。陈玉玲、路丽和赵建玲则构建了创新环境、创新投入和创新产出的评价指标体系，对京津冀创新要素协同发展水平进行了测度[155]。

在对优化城市布局和空间结构的评估中，常森和曹海青以北京市、天津市以及河北省11个地级市所组成的京津冀城市群为研究对象，发现2011—2020年间京津冀城市群协同发展水平表现为非线性螺旋式波动上升的特点[156]。吴唯佳、于涛方、赵亮等8位学者重点关注京津冀协同背景下首都都市圈一体化的评估，通过研究城区人口规模、人口密度、建设用地开发强度、跨区域通勤人口占就业人口比例以及通勤可达性覆盖范围等衡量指标，发现京津冀地区正在形成以京津为核心、多个都市区组成的首都都市圈，首都都市圈的形成正是受到“巨型项目”推动和“一体两翼”空间格局的影响[157]。

部分学者将政策评估聚焦至教育和经济发展领域。罗启轩和钟秉林认为，京津冀地区高等教育协同发展趋势向好，高等教育资源集聚，高等教育发展失衡的问题得以改观，高等教育协同发展模式日渐多元化[158]。赵新峰、袁宗威和白煜玮则从整体性治理的视角探究雄安新区教育聚合共同体如何实现。在对三种教育治理模式进行比较后，最终构建了区域教育整体性治理的分析框架，提出设定整体性治理价值目标、完善制度保障体系、优化选择教育治理政策工具等政策建议[159]。在对经济发展领域进行评估时，齐明、徐静、谢孟桐和曹洁维选取北京、天津以及河北省的石家庄市、唐山市、保定市、张家口市和秦皇岛市七个地区 2010—2019 年的数据进行检验，京津冀地区金融资源具有较强的流动性，金融一体化程度达到最高值。在对内部各城市金融发展水平进行测度后发现，金融业较薄弱的河北省各市发展迅速，与北京、天津形成协调发展，加强了区域金融联合能力[160]。区域协同也促进了京津冀地区的经济发展，朱小宇选取了2005—2020年的数据，通过双重差分模型检验证实“京津冀协同发展战略对京津冀地区经济发展具有明显的促进作用”[161]。

2.具体政策领域

（1）环境治理的研究

良好的环境是中国得以长期发展的基础和根本利益，然而近年来随着工业进程的加速和人类活动愈加频繁，人类对环境的破坏已经趋近极限。京津冀地区环境质量令人堪忧，根据《2019年中国生态环境状况公报》显示，空气质量综合指数全国排名后十的城市中有四个城市位于京津冀地区。面对如此严峻的环境污染状况，2013年，国家环境保护部和发改委等六部委就联合印发了《京津冀及周边地区落实大气污染防治行动计划实施细则》，这一细则是京津冀协同发展在环保领域的最初应用。2021年《政府工作报告》和“十四五”规划也明确指出，要强化多污染物协同控制与区域协同治理，切实提高环境治理成效。

2021年度北京地区学者主要从两个角度对京津冀地区的环境治理进行研究：对具体污染物如大气污染、水污染的协同治理和生态环境协同治理的机制研究。

在对具体污染物协同治理的研究中，大气污染的协同治理备受关注。燕丽、雷宇和张伟对中国区域大气污染防治的历程进行了回顾和展望[162]。陆小成对以“京津冀低碳发展”为关键词的文献进行检索并计量分析后发现，2015年是“京津冀低碳发展”研究学术关注度和媒体关注度的“鼎盛之年”，与京津冀低碳发展研究最紧密的学科是经济体制改革，认为目前有关京津冀区域雾霾治理的文献并未触及问题的痛处——如何从城市群的角度进行区域治理[163]。谢永乐、王红梅则创造性地从动态空间的视角对京津冀大气污染治理的“协同—绩效”体系进行了探究[164]。

部分学者对京津冀地区大气污染物协同治理进行了总体性的概括：肖周燕、李慧慧从实证角度证实《京津冀及周边地区落实大气污染防治行动计划实施细则》通过人口和经济规模效应、结构效应和技术效应有效降低了区域PM2.5[165]；李玮和包晓斌认为虽然目前京津冀地区大气污染协同治理取得了有效利用、协同适用和客观资源集中等先决条件、确立协同驱动因素与主体衔接机制、构建职责明晰的内部治理结构、实现中央政府主导的横向合作的协作过程等成效，但仍存在协同组织结构性效能欠缺、协同主体多元化和协同形式多样化程度不高、协同主体主动性不足和协同效果可持续性低等困境[166]。相比于大气污染物，针对京津冀区域水污染物协同治理的研究少且概括性强：璩爱玉、董战峰等学者简要介绍了京津冀水污染联防联控机制取得的成效后，指出目前存在缺乏统一的协同治理法律体系、尚未制定统一的排放标准、高层领导机构不完善、长效政策机制不健全等问题并提出了针对性的措施[167]。

在生态环境协同治理的机制研究中，王书平和宋旋对京津冀合作行为策略的动态轨迹进行模拟，发现即使在高压力的科层主导模式下，河北省会因协同中较高的治理成本“退出合作”，从而导致区域协同治理模式失败[168]。针对地方利益分化、产权不明晰、生态补偿单一、缺乏规范性法律等环境协同治理困境，学者提出了府际协同治理机制、多中心协同治理机制和对协同治理机制的约束机制，并提出系统性治理、加大转移支付力度、推动公众参与等建议[169]。

（2）协同创新的研究

协同创新是指通过一定的机制创新和组织安排，突破政府部门、高校科研院所、企业、金融机构和中介机构等创新主体之间的协同障碍，通过多元主体间的创新要素整合和协同互动，产生系统叠加效果和非线性效应[170]。京津冀都市圈作为我国创新资源最集中的地区，必须加强产学研合作，发挥示范引领辐射作用，形成京津冀协同创新共同体，促进京津冀区域经济一体化，打造世界经济城市群增长极。2021年北京地区学者对于京津冀地区协同创新的研究主要集中在协同创新的影响因素、协同创新的现状、效果以及绩效测量方面的研究。

在协同创新影响因素的研究中，学者陈红军和谢富纪得出地理邻近性、制度邻近性对产学主体协同创新具有积极正向作用，技术邻近性对产学协同创新绩效具有显著倒“U”型作用等结论，并基于此提出应该加大交通运输基础设施和网络通信投资以降低地理邻近成本、加大技术研发资源投入并开展产学研多元化合作、加快完善制度和市场一体化实施和管理政策以促进创新要素合理流动等政策启示[171]。王小军等学者研究发现：京津冀农业科技投入要素具有高集聚和弱流动性特征，研究发现京津冀农业科技投入要素具有高集聚和弱流动性特征，并提出建立协同发展长效机制、营造科技人才跨区流动综合环境、细化农业创新资源开放合作清单和路径等方面的政策建议[172]。

在对于产学协同创新的现状、效果和绩效测量的研究方面，杜勇宏和王汝芳认为，在对我国研发枢纽—网络及特征进行分析的基础上提出京津冀研发枢纽—网络中以高端制造业为代表的生产领域不发达制约了京津冀协同创新发展，要以高端制造业协同发展为突破口建设好生产性附域、以科学合理建设园区为切入点完善生产性附域建设[173]。学者孙瑜康和李国平构建了城市群中科创中心城市发挥辐射带动作用的理论框架，从动力、条件和媒介的角度出发分析了京津冀协同发展过程中北京地区对于津冀地区的辐射带动作用以及带动效果，认为制约辐射效果的因素主要有城市能级规模差距过大、产业链不契合、缺乏空间载体等，并针对性地提出了政策建议[174]。还有学者从创新环境、创新投入和创新产出三个维度出发构建了区域创新要素协同水平测量体系并对京津冀地区进行了测评，得出了京津冀三地创新要素有序度和三地之间创新要素融合水平整体上呈现逐年上升的状态[175]。徐泽等学者则基于彼得斯政府治理理论分析了京津冀地区协同发展的历史阶段、现状以及发展要求，并提出重构协同发展新路径，即“由软硬兼施的市场（市场平台和政府效能）、三维协同的主体（地方政府、中央政府和非政府部门）和富有弹性的方式（临时机构和互动机制）”的“3M”策略。

（3）城市群的研究

城市群是承载发展要素的主要空间形式。城市群经济已成为促进我国区域经济发展的新引擎，对完善“两横三纵”城镇化战略格局、优化区域经济布局、推动高质量发展发挥了重要作用。

北京学者对于京津冀城市群发展的研究主要集中在三个方面：京津冀城市群制约因素以及问题对策、当前城市群建设进展以及发展构想、京津冀城市群视野下雄安新区发展。

具体而言，在对于京津冀城市群制约因素以及问题对策的研究中，刘洁等学者通过构建京津冀城市群“产业—人口—空间”发展评价指标体系，从时序和空间上分析了制约京津冀城市群发展的因素，提出需要从系统思维进一步推进产业、人口与空间协调发展的结论[176]；李梅等学者认为城市群内各城市发展及其互动和关联是区域协同创新的主要影响因素，并从构建关联与共享的区域知识网络体系、强化要素流动和主体互动的创新网络组织体系、完善城市分工与融合发展产业协作网络体系和建立协同创新空间网络体系等4个方面提出对策建议[177]。

在对于当前城市群建设进展以及发展构想的研究中，陈迪宇等学者提出了推动高水平创新和高标准开放，增强全球要素配置和创新策源能力、优化城市群内部空间结构、推动城市群一体化发展的对策建议[178]；学者孙久文和高宇杰分析了都市圈在新发展格局构建中的作用，分析了京津冀都市圈构建的产业、空间基础，并分别针对三个城市的都市圈提出了发展构想和政策建议[179]。

在对于雄安新区的研究中，学者李国平和宋昌耀从城市群规模、结构、职能、联系、质量和治理六个维度整理了京津冀世界级城市群发展差距及要求，提出品质雄安、创新雄安、融汇雄安、韧性雄安和数字雄安“五个雄安”的发展方向[180]；学者赵新峰和王鑫阐述了作为京津冀城市群重要增长极的雄安新区建构高质量公共服务体系的现实意义，并在此基础上从个体维度、组织维度和技术维度出发建构了基于合作网络的雄安新区高质量公共服务体系[181]。

（4）京津冀协同中的公共服务研究

公共服务的多元化供给是实现区域经济高质量发展的战略支撑。为了推进京津冀协同发展迈向更高水平，需要以多元化的协同供给机制提升公共服务供给能力。当前，北京学者在京津冀公共服务协同的研究视角主要有以下两个方面：

一是对于公共服务多元化供给的研究。学者侯胜东梳理了当前京津冀公共服务多元化供给的发展现状的梳理并进行了需求分析，指出当前京津冀公共服务供给机制存在服务需求表达机制缺位，公共服务生产机制单一，供需对接反馈渠道受阻，服务标准化建设不完善等不足之处[182]。

二是对京津冀养老服务协同发展的研究。学者曹毅和张贵祥分析了京津冀三城市老龄化的各自情况，以及养老资源的数量、质量和养老主要模式，提出当前京津冀地区养老资源面临总体短缺、结构性矛盾突出、异地养老等挑战，并在最后提出了制度创新、智慧养老、推动医养结合、增强人力资源供给、支持多渠道融资、优化载体建设的养老资源协同创新对策建议[183]。学者张蕾从新制度经济学角度对影响京津冀养老服务协同发展的内在动力因素进行分析，并对京津冀养老一体化发展提出相应改善建议，例如加快养老服务立法速度、发挥政策制定部门之间的协同作用、建设京津冀特色养老产业区等[184]。

（5）对于资源配置的研究

当前，北京学者对于京津冀协同发展过程中资源配置的研究主要关注三个方面：一是对于应急资源配置优化的研究，二是对于科技资源优化配置的研究，三是对人才资源的网络优化研究。

在对于应急资源配置优化的研究方面，曲冲冲等学者从整合京津冀地区应急资源、协同应对突发事件的角度出发，提出了京津冀地区统筹规划下区域协同应对自然灾害的新模式。建立了多阶段、多灾种的京津冀协同应对自然灾害应急资源配置的多目标规划模型，在此基础上设计了一种多目标免疫算法，并结合京津冀地区自然灾害发生的情景概率，验证了模型的科学性与算法的有效性[185]。

在对于科技资源优化配置的研究方面，李梅等学者基于科技资源配置的目标、主体、客体、环境、方式与机制等模块关联和相互作用，构建了京津冀科技资源配置系统分析框架和科技资源优化配置机制，并从产学研合作、科技资源空间优化、科技成果市场化、科技创新服务联动、创新环境协同提升等方面提出对策建议[186]。

在关于人才资源网络优化的研究中，刘亚娜等学者分析了京津冀三地人才政策网络现状和互动关系，提出了京津冀人才政策网络立场及类型，并结合对人才政策网络利益关系及互动的考查，为促进政策网络的良性运行而匹配实用主义类、管制类、激励类、信息传递类等四种政策工具，对应提出优化策略以促进政策网络的良性运行，从而实现京津冀人才政策同步、人才资源和信息共享共用等目标[187]。

（6）对于京津冀协同发展理论与历史脉络的研究

部分北京地区学者致力于研究京津冀协同发展的理论研究与应用，例如学者刘小敏从协同学的基础概念出发，辨析协调与协同内涵异同，梳理协同学的求解方法，重点介绍哈肯模型求解序参量的微观方法，总结当前协同在区域经济协同发展研究中的序参量估算以及协同效应的研究成果。最后，提出应加强京津冀地区协同效应的估算研究，以期为完善京津冀政策制定与研究提供理论借鉴[188]。

另外，还有学者从战略决策、组织领导、体制机制创新、政策保障等方面分析了京津冀产业协同的顶层设计与战略实施发展脉络，并总结了2014—2020年产业协同发展所取得的成效，提出了完善和改进京津冀三地产业链、推动京津冀三地产业数字化转型、体制机制再创新，进一步优化营商环境、完善政策体系，提高政策效率的政策建议[189]。

3.行政立法层面

在阐述京津冀区域协同治理的困境或问题时，大部分学者都会提到法律法规的空缺，针对这一京津冀协同治理中法律法规空缺的问题，于文轩就京津冀区域生态协同法制的实现路径提出了自己的设想。生态环境协同法治的目标定位为“改善区域环境质量、推动区域生态环境法制的内洽与协调、实现利益均衡和利益共享、推动生态环境保护与经济社会协同发展”，法制层面的实施保障是实现生态协同治理的关键一环，而立法是实现社会主义法治的顶层设计[190]。但也有学者对此表示了担忧，林珊珊认为，区域协同立法因缺乏直接的法律依据、立法权限仍未明确、协同立法的主体不明确、经济发展与协同规范间难以取舍等问题仍处于摸索阶段[191]。

4.简要评价

京津冀协同发展研究具有应用性和跨学科特色。应用性体现在研究主题和国家发展战略同频共振，学者们致力于为解决真实问题提供科学建议，针对京津冀协同发展的顶层设计、协调协同、优化城市布局和空间结构等内容进行政策评估，以评促建。研究的政策领域多涉及区域污染防治、生态环境治理、区域协同创新、城市群、雄安新区和公共服务等热点领域。受到法治政府理念的影响，2021年的研究中对于京津冀协同发展的相关立法问题也成为学者研究的新热点。跨学科性体现在研究领域和研究者涉及区域经济学、政治学、公共管理和法学等诸多主干学科领域和各细分政策的学科领域。2021年度，公共管理相关学科学者在京津冀协同发展领域的发文较2020年有所减少，需要进一步提升公共管理学科在本领域的研究广度与深度。

（五）乡村振兴战略实施研究

我国在如期完成打赢脱贫攻坚战目标和整体任务后，彻底解决了绝对贫困问题，开启了社会主义现代化建设的新征程。“十四五”时期我国工作重点转向优先发展农业农村事业、全面推进乡村振兴发展战略。2021年中央一号文件明确指出要“实现巩固拓展脱贫攻坚成果同乡村振兴有效衔接”；2021年3月22日，国务院颁布了《关于实现巩固拓展脱贫攻坚成果同乡村振兴有效衔接的意见》，提出设立5年过渡期，过渡期内，脱贫地区要从解决建档立卡贫困人口“两不愁三保障”为重点转向实现乡村产业兴旺、生态宜居、乡风文明、治理有效、生活富裕，从集中资源支持脱贫攻坚转向巩固拓展脱贫攻坚成果和全面推进乡村振兴。当前，我国正处在两大战略的政策叠加期与历史交汇期，须在脱贫攻坚的基础上进行延续与突破，实现两大战略的平稳过渡与衔接，以推进乡村振兴战略的顺利实施。2021年是从脱贫攻坚到乡村振兴、实现巩固拓展脱贫攻坚成果同乡村振兴有效衔接的第一年，相关研究成果也接踵而至。2021年北京学术研究中代表性的观点主要聚焦巩固拓展脱贫攻坚成果同乡村振兴有效衔接的动因、逻辑、优化路径与实现机制、评估指标体系、对策建议以及未来发展与研究展望等方面。

1.巩固拓展脱贫攻坚与乡村振兴有效衔接逻辑

2021年度北京地区学者解读何为脱贫攻坚与乡村振兴有效衔接逻辑，并探究了巩固拓展脱贫攻坚与乡村振兴有效衔接动因和衔接逻辑本身。

左停等以“位差”与“效度”概念应用性解构“有效衔接”,“位差”是发展进程的时间位差、区域发展的空间位差和发展力量的角色位差;“效度”是时间维度上政策衔接及时不脱节，经济维度上资源配置科学不浪费，需求维度上举措公平不遗漏，即实现效率角度的及时性、效益角度的节约性、效果角度的公平性。由此，可以通过宏观制定包容性公共政策、中观提升产业与劳动力市场益贫性和微观建设主体的能力弥合位差、提升效度，着力细化面向社会大众普惠性的基本公共服务政策、优化面向脆弱群体特惠性的兜底性保护政策、深化以效率为导向兼顾公平的社会市场政策[192]。

在巩固拓展脱贫攻坚同乡村振兴有效衔接的动因方面，张明皓等认为推动脱贫攻坚与乡村振兴有效衔接具有鲜明的时代动因，贫困质态转轨、价值理念转化以及“三农”工作重心的转移是推动二者有效衔接的重要背景因素。贫困质态转轨体现在从绝对贫困到相对贫困的转变，价值理念转化体现在从底线保障到共同富裕的转变，工作重心转移体现在从任务型治理到发展型治理的转变。只有适应新发展阶段的时代理念和实践变革要求，才能为顺利推进脱贫攻坚与乡村振兴有效衔接奠定坚实基础[193]。谢志军等论证了脱贫攻坚与乡村振兴的有效衔接可以减少交易费用、优化产权结构、降低改革成本、避免利益冲突、培育农村人才，从而促进政策效果和经济效益的实现[194]。

在巩固拓展脱贫攻坚同乡村振兴有效衔接逻辑方面，黄承伟从历史、理论与实践三个维度阐述了脱贫攻坚有效衔接乡村振兴的内在逻辑：中国共产党百年大党的初心使命、脱贫地区和脱贫群体加快发展的艰巨性和长期性、两者在国家现代化进程中根本目标的一致构成了衔接的历史逻辑；其对中国特色社会主义本质的体现、坚持以人民为中心发展思想的重要实践、作为迈向共同富裕的关键环节构成了衔接的理论逻辑；其客观必然性和多重接续性构成了衔接的实践逻辑[195]。曹志敏从外部效应内在化处理机制下探讨精准扶贫与乡村振兴的有效衔接逻辑，认为衔接关键在于延长精准扶贫的时效，扩大乡村振兴的范畴，而政府政策的平抑效应离不开对不同主体所持有的效用水平进行合理对比[196]。李博等以欠发达地区为研究对象，认为在衔接过程中，治理模式由探索性的运动式治理向制度性的常态化治理转型；治理主体由政府主导向政府、市场、社会共同参与的多元主体治理过渡；治理对象由贫困治理向乡村社会综合治理全面转型；治理重心实现从上到下的转移；治理方式需要实现梯度化的推进[197]。

2.巩固拓展脱贫攻坚与乡村振兴战略有效实施的路径

本年度北京地区学者分别从经济（产业）、文化、生态、组织管理等方面探讨巩固拓展脱贫攻坚成果同乡村振兴有效衔接的理论与实践层面路径。

许多北京学者从理论层面出发，归纳总结脱贫攻坚成果同乡村振兴有效衔接的路径。张琦、李顺强认为巩固拓展脱贫攻坚成果同乡村振兴有效衔接深化了以人民为中心、农村优先的减贫道路，切中当前世界减贫痛点。他们提出有效衔接的路径规划分为三部分：实现共同富裕是二者有效衔接的总目标；做好五项衔接（领导体制、工作体系、发展规划、政策举措、考核机制）是政策保障；牢固七个坚持（坚持党的全面领导、坚持以人民为中心、坚持集中力量办大事、坚持精准思想、坚持群众路线、坚持依托全社会力量、坚持实事求是和从严治党）是其理念支撑[198]。刘学敏认为脱贫攻坚成果巩固仍然面临着一些问题与窘境，如“空心村”和老龄化、扶贫产业缺乏科技含量和竞争力、消费扶贫语境下有些产品质次价高、一些地方发展主导产业时忽视生态环境等问题。为此，可以通过科技创新支撑巩固脱贫攻坚成果和助力乡村振兴，支撑农村和农业及非农产业发展，实现科技强农、科技助农、科技兴农和科技富农，推进传统资源依附型农业向智能依附型农业转变，最终以科技创新助力脱贫攻坚成果与乡村振兴的有效衔接[199]。董玮等从产业政策、生态政策、文化政策、治理政策、“双基”建设政策等维度，提出脱贫攻坚和乡村振兴有效衔接的公共政策转换与调适路径[200]。刘守英等在构建一个乡村振兴理论框架的基础上，研究了乡村产业兴旺、生态宜居、智慧治理、农民增收、生产要素流动、城乡融合、农业支持保护和巩固脱贫攻坚成果所面临的深层次约束和问题，提出乡村振兴的实施路径、政策建议和体制保障[201]。

此外，也有许多北京学者从地方实践出发，归纳总结脱贫攻坚成果同乡村振兴有效衔接的路径。例如，唐任伍通过介绍贵州省海雀村脱贫攻坚阶段所形成的“党建引领—生态脱贫—产业脱贫”的“脱贫三角”特色模式，构建起巩固脱贫攻坚成果同乡村振兴有效衔接阶段的产业融合、多元文化、绿水青山、基层组织的“四大桥梁”，为实现巩固脱贫攻坚成果同乡村振兴有效衔接提供了贵州特色的经验[202]。古力加马力·阿不力孜、张建玲等以新疆阿瓦提县墩买里村进行个案研究，提出脱贫攻坚与乡村振兴相结合、发挥当地特色产业结构优势、从“输血”变“造血”等可行性方法[203]。黄杰、李冬霞、赵秋菊认为脱贫攻坚在北京市主要体现为低收入农户增收工作，研究立足生计资本框架，梳理并建立产业、生态、文化、人才和组织等方面资源的链接路径，探索北京市如何将低收入农户增收取得的成果向乡村振兴的综合性、长期性战略转移[204]。许剑琴、刘凤华提出通过“中医药+饲料+兽药+养殖+食品”的系统解决方案来促进减贫治理与推进农业农村现代化深度融合[205]。罗德胤、孙娜等学者论述浙江省松阳县近年围绕村落保护和乡村振兴而形成的三大战略，分别是古村战略、山地战略、文化战略，认为松阳县初步找到了一条文化引领区域振兴的发展道路[206]。汪海燕以北京乡村为研究对象，认为推动农村产业融合发展是促进乡村振兴战略实施的有效手段[207]。张晖指出需要从体制机制、政策体系、产业发展、乡村建设、人才队伍等方面做好脱贫攻坚与乡村振兴的衔接[208]。魏后凯等以成都市郫都区为例初步归纳形成了融合共享的内生型乡村振兴模式，推动了工农互促、城乡互补、协调发展、共同繁荣的城乡融合发展新格局的形成[209]。

3. 巩固拓展脱贫攻坚成果同乡村振兴有效衔接的评估指标体系

构建巩固拓展脱贫攻坚成果同乡村振兴有效衔接的科学有效的评估指标体系对于治理过程的监控和治理目标的实现具有基础性作用。乡村振兴评价指标体系可以对乡村振兴发展水平进行测度以厘清发展短板，可以对乡村振兴发展水平进行横向与纵向比较，从而梳理发展优势与薄弱环节，明确现实工作的重点、难点及努力方向，为精准施策、因地制宜、分类指导推进各地乡村振兴进程提供量化管理依据，助力乡村全面振兴。学者对此进行了积极的探索，主要从乡村振兴五个方针的具体细分指标以及各指标权重上进行研究，形成了丰富的成果。

张琦在借鉴已有的评估体系的基础上，根据第六次全国农业普查行政村普查表基本信息，制定巩固拓展脱贫攻坚成果同乡村振兴有效衔接的评估体系。该指标体系由五个维度构成：巩固拓展产业扶贫同产业兴旺衔接、巩固拓展绿色减贫同生态宜居衔接、巩固拓展文化扶贫同乡风文明衔接、巩固拓展基层治理同治理有效衔接、巩固拓展“两不愁三保障”同生活富裕衔接，在这五个维度的一级指标下构建了巩固指标、拓展指标和衔接指标三个二级指标，由此构成衡量一个地区贫困治理绩效水平同乡村振兴发展的综合指数。此外，还对指标体系中指标同向化处理方法、指标标准化处理方法、数据标准化采集、指标权重设置进行了详细的阐述，形成了一套可操作性的脱贫攻坚同乡村振兴有效衔接的评估指标体系[210]。

刘瑾等对四川省21个市（州）的乡村振兴发展情况进行研究，依据综合性、科学性、特殊性、可比性、可操作性原则构建起一套包含5个一级指标（产业兴旺、生态宜居、乡风文明、治理有效、生活富裕）、18个二级指标（农业机械化、基础设施条件、乡村教育环境、乡村自治情况、村民收入情况等）和66个三级指标的乡村振兴指标体系，并创新性地使用四川省乡村振兴监测数据进行实证分析，对数据进行标准化处理以及运用熵权法确定各指标权重，并进行乡村振兴指数变异系数计算和乡村振兴指数聚类分析。结果表明四川省各市（州）乡村振兴发展水平差距较大，尤其是在产业兴旺、生态宜居和治理有效三个方面，各地区乡村振兴发展水平存在“断点”现象[211]。

杜国明等以东北黑土区典型县域为例开展实证研究构建村域乡村振兴评价指标体系和计量模型，构建了包括产业发展等5个维度层、农业生产水平等13个因素层、农业生产综合机械化率等38个指标层的村域乡村振兴评价指标体系。同时，还借鉴土地集约利用评价中的方法引入适度指标，采用层次分析法和熵权法等权重加权平均的方法相加得出综合权重，引入乡村振兴指数综合评价各研究单元的乡村振兴发展水平，通过运用多目标线性综合加权法得到各行政村的乡村振兴评价值[212]。

4.巩固拓展脱贫攻坚成果同乡村振兴有效衔接的对策建议

本年度北京地区学者在完善法律制度政策、加强农村基础设施建设、注重生态保护、坚持城乡融合发展、创新农村基层组织等方面，对于巩固拓展脱贫攻坚成果同乡村振兴有效衔接提出了对策建议。

石林提出当前的脱贫攻坚与乡村振兴缺乏有效衔接，从构建基于农业农村导向的农民长效增收机制、推动小农户适度规模化经营、协同推进农村集体产权制度改革、统筹推进脱贫攻坚与乡村振兴全方位有机衔接、完善并建立乡土“法礼秩序”治理体系五大方面提出乡村振兴的优化路径[213]。李兴洲、侯小雨认为需要坚持“延续和突破”的应对逻辑，从统筹法律政策、注重产业发展、激发农民自觉发展意识、发挥教育人才支撑作用等方面入手应对从脱贫攻坚阶段到乡村振兴阶段的过渡过程[214]。仇焕广认为可以从产业发展、就业保障、生态宜居、基层治理、医疗保障、教育保障六个方面探索实现[215]。张琦、李顺强构建了内生动力和需求强度指标，通过实证发现脱贫攻坚同乡村振兴衔接中，要着重满足农村人口的安全需要和爱的需要；尝试建立村庄建设竞争机制，满足其归属需要和成就需要；打破传统思想，提振农民自信心；根据农村人口需求异质性，制定差异化激励措施[216]。唐任伍以贵州省为例，提出未来贵州省的乡村重点工作应结合当前短板和政策要求，着力解决乡村返贫监测问题、基础设施短板问题、产业发展质量问题、人才供给不足问题以及实现乡村治理现代化的问题[217]。郑风田提出脱贫攻坚与乡村振兴有效衔接的两个关键：一是对已经脱贫人口如何做到扶上马、送一程，做到不返贫；二是全国其他的非贫困县、非贫困村与非脱贫人口如何在乡村振兴中衔接学习脱贫攻坚战中形成的体制机制，加快实施农业农村现代化[218]。张琦等以就业扶贫为主线，在总结已有扶贫路径、取得成就，以及经验和教训的基础上对“建立解决相对贫困长效机制”时代背景下可持续就业扶贫应承担的角色进行了深入探索和讨论，以巩固拓展可持续就业扶贫成果同乡村振兴有效衔接[219]。

5.巩固拓展脱贫攻坚同乡村振兴有效衔接的未来发展与研究展望

叶敬忠等认为当前脱贫攻坚与乡村振兴有效衔接的顶层谋划已初步构建完成，已经回答了关于“是什么”“为什么”“怎么做”(宏观层面)的问题，在基层实践和学理诠释两大方面取得了丰硕的成果。他认为后续讨论不应止于关系辨析和脱贫地区内的衔接，而应该在“小衔接”(脱贫地区内的、过渡期的脱贫攻坚与乡村振兴的有效衔接)之外擘画“大转型”(国家整体层面的、现代化发展进程中的从脱贫攻坚时代到乡村振兴时代的有效转型)，以构建中国特色的转型变迁理论。为了解决实践层面上的经验总结与衔接建议或是因过于“地方化”而缺乏借鉴意义，或是因追求方向上的面面俱到而未能提出具体方案的问题，需要按特征类型对示范性的地方样本建立案例库，应用性研究也需要聚焦微观举措的具体衔接路径[220]。龙花楼等则提出需通过多学科融合与多方法集成构建系统性理论框架并分区分类对巩固拓展脱贫攻坚成果同乡村振兴有效衔接进行研究，研究需要沿着“问题提出—理论分析—实证研究—优化调控”的总体思路开展，可以主要从时空分异、规律机制、实现路径、发展模式与优化调控等维度开展系统研究，研究要努力实现理论创新，助推学科发展，同时也要服务国家战略决策。此外，也需要在方法论、分析工具、话语体系上寻求多维突破。未来研究需要重点关注全球扶贫开发与乡村发展的时空格局与关键问题、相对贫困治理机制与成效提升策略、城乡融合发展与乡村振兴互馈机制以及乡村科学与人地系统科学发展等科学命题[221]。

6.简要评价

总体来说，2021年关于实现巩固拓展脱贫攻坚成果同乡村振兴有效衔接的研究成果较为丰富，主要呈现以下特点。

一是研究选题兼顾理论性和实践性。2021年北京学术研究不仅从理论视角出发关注巩固拓展脱贫攻坚成果同乡村振兴有效衔接的动因、衔接逻辑等理论层面，并且从地方实践出发探索巩固拓展脱贫攻坚成果同乡村振兴有效衔接的优化路径与实现机制，并为二者的有效衔接提供多方面的对策建议。

二是理论研究滞后于实践探索。在2021年度，关于巩固拓展脱贫攻坚成果同乡村振兴的衔接逻辑研究较少，学理层面的解释较弱，多数学者围绕脱贫攻坚与乡村振兴进行衔接中遇到的实际困难进行研究，提出相应的优化路径、政策建议。

三是研究内容视角具有一定的相似性。在巩固拓展脱贫攻坚成果同乡村振兴有效衔接的对策建议方面，多数学者都以乡村振兴的20字总要求：产业兴旺、生态宜居、乡风文明、治理有效、生活富裕为基础进行一定的延展和丰富，例如加强产业发展动力、加强农村基础设施建设、注重生态保护、坚持城乡融合发展、创新农村基层组织等。

四是研究的系统性有待深化。目前，学者们在构建脱贫攻坚与乡村振兴有效衔接的顶层谋划已经基本完成，在理论诠释和地方实践方面的研究成果较为丰硕，但是如何在国家整体层面下、在现代化转型中，建构中国特色的转型变迁理论，推动学科发展，服务国家战略决策，是后续此领域的研究重点。

注：

[1] 朱萌、王浦劬:《从“去行政化”到“再行政化”：机关事务管理体制变迁研究（1983至今）》，《云南大学学报（社会科学版）》，2021年第4期。

[2] 孙柏瑛:《新时代中国公共行政的实践逻辑》,《行政论坛》，2021年第4期。

[3] 石亚军:《以新发展理念落实深化行政体制改革要务》,《人民论坛·学术前沿》，2021年第13期。

[4] 马怀德:《论我国行政复议管辖体制的完善——〈行政复议法（征求意见稿）〉第30—34条评介》,《法学》，2021年第5期。

[5] 于爱水:《国外农业行政管理体制及其启示研究》,《农业经济问题》，2021年第3期。

[6] 刘鹏、钟光耀:《市场所，还是食药所——基层食药监管体制改革选择的行政逻辑》,《学术研究》，2021年第1期。

[7] 李东泉、蓝志勇:《行政体制改革与基层治理能力提升》,《南京社会科学》，2021年第4期。

[8] 马怀德:《落实〈法治政府建设实施纲要〉深化“放管服”改革》,《中国行政管理》，2021年第11期。

[9] 梅帅:《论价格纠纷行政调解的法治化》,《中国物价》，2021年第11期。

[10] 黄恒学、史大宁、冯向阳:《政府服务企业方式变革与创新研究》,《行政管理改革》，2021年第2期。

[11] 童峰、徐林、陈瑞:《政府购买公共服务的福利型治理逻辑研究》,《上海大学学报（社会科学版）》，2021年第6期。

[12] 湛礼珠、罗万纯:《“政—社”以何合作？——一个农村环境整治的案例分析》,《求实》，2021年第4期。

[13] 周生虎、刘铁:《法治政府建设对先秦法家思想的继承与超越探析》,《领导科学》，2021年第2期。

[14] 周鹏龙:《中国共产党探索行政法治的历史逻辑》,《中国领导科学》，2021年第5期。

[15] 王炳林、张甜甜:《中国共产党运用法治思维的百年考察》,《观察与思考》，2021年第6期。

[16] 聂洋:《国家治理法治化刍论》,《领导科学论坛》，2021年第3期。

[17] 田为民:《〈民法典〉时代法治政府面临的困难及建设路径》,《法制博览》，2021年第35期。

[18] 胡家勇、陈健:《构筑社会主义市场经济的法治基础》,《财贸经济》，2021年第12期。

[19] 杨伟东:《法治政府建设的价值追求与重要任务——习近平法治思想深度解读》,《人民检察》，2021年第3期。

[20] 姜明安:《法治政府建设是全面依法治国应率先突破的主体工程》,《中国司法》，2021年第1期。

[21] 应松年:《以行政检察监督推进法治政府建设》,《人民检察》，2021年第16期。

[22] 戴晓静、张茂杰:《理解习近平法治思想中反腐法治理论的三重逻辑》,《云南社会主义学院学报》，2021年第4期。

[23] 孙全胜:《论习近平法治思想的基本要求与时代意义》,《理论研究》，2021年第5期。

[24] 王天民、谢图南:《习近平法治思想的理论特质、内在意蕴与实践要求》,《湖南师范大学社会科学学报》，2021年第5期。

[25] 张龑:《习近平法治思想中的法治观》,《新疆师范大学学报（哲学社会科学版）》,2022年第2期。

[26] 黄文艺:《习近平法治思想中的未来法治建设》,《东方法学》，2021年第1期。

[27] 刘艺:《国家治理理念下法治政府建设的再思考——基于文本、理念和指标的三维分析》,《法学评论》，2021年第1期。

[28] 陈燕、梁平:《新时代国家治理视角下的区域法治及其实践进路》,《河北法学》，2021年第8期。

[29] 潘小娟:《以深化“放管服”改革为抓手 推进法治政府建设》,《中国行政管理》，2021年第10期。

[30] 万相昱、蔡跃洲、张晨:《数字化建设能够提高政府治理水平吗》,《学术研究》，2021年第10期.

［31］王国成:《数字经济视域下的国家治理能力提升》,《天津社会科学》，2021年第6期。

［32］翟云、蒋敏娟、王伟玲:《中国数字化转型的理论阐释与运行机制》,《电子政务》，2021年第6期。

［33］岑朝阳、肖香龙:《数字中国：国内研究现状及其未来发展》,《中共桂林市委党校学报》，2021年第3期。

［34］赵娟、孟天广:《数字技术与公共危机治理：治理能力与治理效能——来自社会公众与公共部门的证据》,《中央社会主义学院学报》，2021年第1期。

［35］江文路、张小劲:《以数字政府突围科层制政府——比较视野下的数字政府建设与演化图景》,《经济社会体制比较》，2021年第6期。

［36］祁志伟:《数字政府建设的价值意蕴、治理机制与发展理路》,《理论月刊》，2021年第10期。

［37］马亮:《数据驱动与以民为本的政府绩效管理——基于北京市"接诉即办"的案例研究》,《新视野》，2021年第2期。

［38］马亮、郑跃平、张采薇:《政务热线大数据赋能城市治理创新：价值、现状与问题》,《图书情报知识》，2021年第2期。

［39］门理想、王丛虎、门钰璐:《公共价值视角下的政府数据开放——文献述评与研究展望》,《情报杂志》，2021年第8期。

［40］宋烁:《论政府数据开放中个人信息保护的制度构建》,《行政法学研究》，2021年第6期。

［41］蒋敏娟:《地方数字政府建设模式比较——以广东、浙江、贵州三省为例》,《行政管理改革》，2021年第6期。

［42］焦佳凌、陶书毅、方云波:《试析数字政府建设视野下的政府治理能力重塑——以全国残疾人两项补贴政策实施为例》,《残疾人研究》，2021年第2期。

［43］李文钊:《数字界面视角下超大城市治理数字化转型原理——以城市大脑为例》,《电子政务》，2021年第3期。

［44］赵娟、孟天广:《数字政府的纵向治理逻辑：分层体系与协同治理》,《学海》，2021年第2期。

［45］王慧娟:《技术治理的革命性与颠覆性：趋势、挑战与对策——以政府治理为研究视域》,《内蒙古大学学报（哲学社会科学版）》，2021年第1期。

［46］张冬梅:《加速地方数字政府与现代财政建设 推进县域治理"三起来"》,《新理财（政府理财）》，2021年第9期。

［47］孟庆国、鞠京芮:《人工智能支撑的平台型政府：技术框架与实践路径》,《电子政务》，2021年第9期。

［48］孟天广:《政府数字化转型的要素、机制与路径——兼论"技术赋能"与"技术赋权"的双向驱动》,《治理研究》，2021年第1期。

［49］龙家庆、姚静、魏彬冰:《加拿大国家图书档案馆（LAC）参与数字政府建设实践与启示》,《兰台世界》，2021年第1期。

［50］谭溪:《加拿大数字政府治理改革实践及反思》,《中国行政管理》，2021年第7期。

［51］吴沈括、黄诗亮:《美国政府数字化转型的路径框架研究——基于NEW AMERICA智库报告的分析》,《信息安全研究》，2021年第2期。

［52］张涛:《数据治理的组织法构造：以政府首席数据官制度为视角》,《电子政务》，2021年第9期。

［53］谢思淼、董超:《我国地方数字政府建设存在问题及对策建议》,《财经界》，2021年第34期。

［54］姚清晨、郁俊莉:《嵌入与变构：数字化技术重塑政府治理体系的逻辑及其基层困境》,《甘肃行政学院学报》，2021年第5期。

［55］安小米、许济沧、王丽丽、黄婕、胡菊芳:《国际标准中的数据治理：概念、视角及其标准化协同路径》,《中国图书馆学报》，2021年第5期。

［56］张冬梅、闫利光:《加速地方政府数字化转型的对策研究》,《北方经贸》，2021年第9期。

［57］王巍、张妮:《西部数字政府建设中政务数据共享问题及对策——以甘肃省兰州市为例》,《开发研究》，2021年第1期。

［58］欧阳航、杨立华:《数字政府建设如何促进整体性政府实现？——基于网络式互构框架的分析》,《电子政务》，2021年第11期。

［59］曾渝、黄璜:《数字化协同治理模式探究》,《中国行政管理》，2021年第12期。

［60］李锋、马亮:《领导重视与数字政府回应力——基于双重差分与合成控制法的实证分析》,《公共管理评论》，2021年第1期。

［61］马亮、刘柳:《领导行为如何影响政务短视频绩效——基于抖音的调查研究》,《甘肃行政学院学报》，2021年第1期。

［62］马亮:《数字政府建设：文献述评与研究展

望》,《党政研究》，2021年第3期。

［63］张权、熊锦:《中国数字政府建设：基于组织与行动者的类型学分析》,《学习论坛》，2021年第3期。

［64］马亮:《中国数字政府建设的理论框架、研究议题与未来展望》,《中共天津市委党校学报》，2021年第2期。

［65］刘昆:《全面落实机构改革任务　切实优化机构职能体系　更好发挥财政在国家治理中的基础和重要支柱作用》,《中国机构改革与管理》，2021年第12期。

［66］谢志强:《从我国政府机构改革历程看国家治理体系现代化》,《国家治理》，2021年第Z4期。

［67］梁远:《治理变革　体制保障——在国家治理发展进程中放眼党的机构编制工作》,《中国机构改革与管理》，2021年第10期。

［68］胡仙芝:《党的自我革命精神指导机构改革的历史经验及启示》,《人民论坛·学术前沿》，2022第3期。

［69］李笑宇:《党的领导嵌入国家治理的三重维度：理论逻辑与实践路径》,《公共治理研究》，2021年第6期。

［70］祝灵君、张博:《人民政府论的建构——党领导政府体制的百年探索与启示》,《中国行政管理》，2021年第7期。

［71］宋世明:《共治论——中国政府治理体系建构之路》,《行政管理改革》，2021年第2期。

［72］傅雨飞:《政府机构改革磨合阶段的组织文化变革与冲突》,《上海行政学院学报》，2021年第5期。

［73］孙洁:《组织力视角下正向配置改革动能、势能与效能的思路》,《领导科学》，2021年第4期。

［74］杨伟东、刘明远:《新时代国家机构组织法面临的问题和完善思路》,《行政管理改革》，2021年第2期。

［75］叶晓川、万其刚:《落实国家机构组织法定原则　修改完善国家机构组织法》,《行政管理改革》，2021年第2期。

［76］何艳玲、肖芸:《问责总领：模糊性任务的完成与央地关系新内涵》,《政治学研究》，2021年第3期。

［77］龚维斌:《“十四五”时期推进基层治理现代化研究》,《中国特色社会主义研究》，2021年第4期。

［78］孙柏瑛、齐子鉴:《岗编分离：吸引专业人才投入乡镇基层治理的四川样本》,《中国行政管理》，2021年第11期。

［79］刘太刚、刘邦宇:《需求溢出理论与基层治理创新——以北京市“街乡吹哨、部门报到”的实践为例》,《理论探索》，2021年第1期。

［80］王丛虎、乔卫星:《基层治理中“条块分割”的弥补与完善——以北京城市“一体两翼”机制为例》,《中国行政管理》，2021年第10期。

［81］过勇、贺海峰:《我国基层政府体制的条块关系：从失调走向协同》,《经济社会体制比较》，2021年第2期。

［82］刘开君、刘太刚:《社区行政化与社区“减负悖论”——基于浙江社区“七多”治理的案例研究》,《湖北行政学院学报》，2021年第3期。

［83］余伟铿、刘鹏、赵智磊、王伊:《治理能力与监管执法：北京市食品安全改革中的基层组织》,《国际行政科学评论》，2021年第2期。

［84］马啸、马佳磊:《科层激励结构的魅影：基层治理中政策执行变形的类型与成因》,《北大政治学评论》，2021年第3期。

［85］王璐璐、唐大鹏:《政府部门行政成本与绩效——基于生态环境部机构改革视角》,《财会通讯》，2021年第6期。

［86］张光、严宇:《中国政府雇员规模扩张及其成因再考：基于1978—2019年时间序列数据的分析》,《公共管理与政策评论》，2021年第5期。

［87］蓝志勇、薛金刚:《当前公务员行政动力不足的根源及应对路径》,《长白学刊》，2021年第4期。

［88］秦奥蕾:《党内法规与国家立法关系中的机构编制法定化》,《法学论坛》，2021年第6期。

［89］宋龙飞:《政府机构设置中的法律责任问题研究》,《江汉学术》，2021年第5期。

［90］李娟、李薇、宋卫萍、安伟、吕若然、吕敏、邵开建、贾予平、刘伟、白霜，吴疆、黄春:《北京市区级疾病预防控制中心机构设置和人员配置现状》,《中国卫生资源》，2021年第3期。

［91］李冲:《浅析行政事业单位国有资产管理模式》,《财务与会计》，2021年第11期。

［92］刘晓静:《新形势下事业单位加强内部财会监督的思考》,《财务与会计》，2021年第7期。

［93］张佩娟、李蕊、金飞飞:《浅谈军工科研事

业单位自主研发无形资产的会计核算与管理》,《财务与会计》，2021年第4期。

[94]桑瑞星、刘文菁、康为、姜玥宏、徐足飞：《气象部门事业单位科技创新政策适用探析》,《中国软科学》，2021年第S1期。

[95]卫鑫:《“放管服”改革的现实问题与完善路径》,《中国行政管理》，2021年第2期。

[96]王敬波:《“放管服”改革与法治政府建设深度融合的路径分析》,《中国行政管理》，2021年第10期。

[97]马怀德:《落实〈法治政府建设实施纲要〉深化“放管服”改革》,《中国行政管理》，2021年第11期。

[98]彭向刚:《技术赋能、权力规制与制度供给——“放管服”改革推进营商环境优化的实现逻辑》,《理论探讨》，2021年第5期。

[99]程波辉:《“放管服”改革视域下地方营商环境优化逻辑——基于B市企业满意度问卷调查的实证分析》,《中州学刊》，2021年第11期。

[100]钟开斌:《找回“梁”——中国应急管理机构改革的现实困境及其化解策略》,《中国软科学》，2021年第1期。

[101]王宏伟:《应急管理部组建三周年纪（下）：以深化改革推动应急管理现代化》,《中国安全生产》，2021年第5期。

[102]廖欣欣:《省级政府大数据管理机构比较分析：隶属模式、组建方式与职能设置》,《中国信息化》，2021年第12期。

[103]刘朋朋:《府际关系视角下中国政府机构规模特点研究》,《治理现代化研究》，2021年第4期。

[104]田莉、夏菁:《土地发展权与国土空间规划：治理逻辑、政策工具与实践应用》,《城市规划学刊》，2021年第6期。

[105]杨立雄:《谁应兜底：相对贫困视角下的央地社会救助责任分工研究》,《社会科学辑刊》，2021年第2期。

[106]荆永胜:《从理顺政府间事权关系入手推进养老保险全国统筹》,《中国人力资源社会保障》，2021年第3期。

[107]樊继达:《发挥中央和地方两个积极性重在“五个精准”》,《中国党政干部论坛》，2021年第8期。

[108]范永茂、马瑶:《中央转移支付和地方财政缺口：制度环境下的省级数据阈值效应分析》,《上海行政学院学报》，2021年第1期。

[109]马亮:《深圳综合授权改革的现状、问题与前景》,《特区实践与理论》，2021年第4期。

[110]宣晓伟:《央地关系改革背景下我国国土空间规划体系的构建》,《区域经济评论》，2021年第5期。

[111]周婷婷、马芳:《中国府际关系及其经济功能：回顾与展望》,《投资研究》，2021年第12期。

[112]贾洪波、杨昊雯:《流动人口养老保险治理现代化——中央、地方政府和用人单位三方博弈视角》,《北京航空航天大学学报（社会科学版）》，2021年第1期。

[113]赵扶扬、陈斌开、刘守英:《土地供给视角下的宏观调控、地方政府与中国经济发展模式转型》,《社会科学文摘》，2021年第11期。

[114]马亮:《新发展格局的国家治理意蕴》,《中国军转民》，2021年第12期。

[115]王程伟、马亮:《绩效反馈如何影响政府绩效？——问责压力的调节作用》,《公共行政评论》，2021年第4期。

[116]刘丽莉、刘志鹏:《纵向政府间信息不对称如何缓解？——以脱贫攻坚为例》,《公共行政评论》，2021年第4期。

[117]李东泉、王瑛、李雪伟:《央地关系视角下的城市规划建设管理政策扩散研究——以历史文化名城保护和城市设计为例》,《城市发展研究》，2021年第3期。

[118]Sun H，Su J，Ma L：*The Diffusion of the Utility Tunnel Policy*：*Evidence from Chinese Cities*，*Utilities Policy*，2021年第5期。

[119]王延安、宋斌斌、章文光:《基于央地关系的中国创新治理政策过程研究》,《新视野》，2021年第4期。

[120]Zhu X，Zhao H：*Experimentalist governance with interactive central–local relations*：*Making new pension policies in China*，*Policy Studies Journal*，2021年第1期。

[121]卢超:《行政复议改革的“政策试验”机制及其反思》,《中国政法大学学报》，2021年第6期。

[122]宋准、夏添:《双“政府—市场”框架下的区域政策路径重构：冲突与分类》,《现代经济探讨》，2021年第6期。

［123］刘晓燕、侯文爽、单晓红：《基于多层网络的科技创新政策府际合作机理》，《科研管理》，2021年第3期。

［124］李宇军：《文旅融合发展中的“文化—旅游”“政府—市场”“中央—地方”三大关系》，《贵州民族研究》，2021年第3期。

［125］杨志云、纪姗姗：《中央集权驱动、地方分级响应与政府间合作的机理：基于京津冀的实证阐释》，《天津行政学院学报》，2021年第2期。

［126］汪三贵、钟宇：《贫困县何以摘帽——脱贫攻坚中的央地关系与干部激励》，《贵州财经大学学报》，2021年第5期。

［127］卫志民、吴茜：《脱贫攻坚与乡村振兴的战略耦合：角色、逻辑与路径》，《求索》，2021年第4期。

［128］黄承伟：《推进乡村振兴的理论前沿问题》，《行政管理改革》，2021年第8期。

［129］姜长云、姜惠宸：《论基本实现农业农村现代化目标任务的三个层次》，《东岳论丛》，2021年第7期。

［130］周小平、郭一嘉、张辉、谷晓坤、李小天：《城市周边乡村多功能评价及治理策略——以宁波市鄞州区和聊城市茌平区为例》，《城市发展研究》，2021年第11期。

［131］林毅、刘玲：《“政党中心”：中国共产党整合乡村社会的现实逻辑及其调适》，《社会科学研究》，2021年第3期。

［132］汪大海、李江涛：《治理资源、“治权—治责”与第一书记差异化帮扶——基于西部N省四个贫困村庄的案例比较》，《行政论坛》，2021年第4期。

［133］俞可平：《中国城市治理创新的若干重要问题——基于特大型城市的思考》，《武汉大学学报（哲学社会科学版）》，2021年第3期。

［134］堵锡忠、李娟：《深化首都城市综合管理体制机制研究》，《城市问题》，2021年第9期。

［135］王亚华、毛恩慧：《城市基层治理创新的制度分析与理论启示——以北京市“接诉即办”为例》，《电子政务》，2021年第11期。

［136］杨子强、孙琳、雷引杰：《聚焦群众需求提升城市治理水平——北京市探索“吹哨报到、接诉即办”改革的重要启示》，《人民论坛》，2021年第7期。

［137］王铮：《旧传统的新机制：城市基层治理中的“党建动员社会”》，《甘肃行政学院学报》，2021年第4期。

［138］杨宏山：《城市社区自主治理能力提升的新路径》，《人民论坛》，2021年第14期。

［139］王中女：《城市基层治理中国家限度与国家能动性研究》，《学习与探索》，2021年第12期。

［140］赵静、薛澜、吴冠生：《敏捷思维引领城市治理转型：对多城市治理实践的分析》，《中国行政管理》，2021年第8期。

［141］刘月怡、谢明：《城市基层治理“软硬兼施”的政策执行逻辑》，《兰州学刊》，2021年第11期。

［142］杨宏山：《“互联网+基层治理”效能提升的行动路径》，《人民论坛》，2021年第34期。

［143］丁元竹：《构建中国特色基层社会治理新格局：实践、理论和政策逻辑》，《行政管理改革》，2021年第11期。

［144］董宴廷、王洛忠：《智慧城市建设与城市公共服务水平——基于智慧城市试点的准自然试验》，《城市问题》，2021年第10期。

［145］张吉豫、刘先华：《新型智慧城市建设与社会治理创新》，《群言》，2021年第3期。

［146］胡坚波：《关于城市大脑未来形态的思考》，《人民论坛·学术前沿》，2021年第9期。

［147］孟庆国、鞠京芮：《人工智能支撑的平台型政府：技术框架与实践路径》，《电子政务》，2021年第9期。

［148］李文钊：《界面政府理论：理解互联网时代中国政府改革的新视角》，《中国人民大学学报》，2021年第4期。

［149］李诗悦：《大数据背景下突发性公共卫生事件跨界治理的伦理意蕴》，《河海大学学报（哲学社会科学版）》，2021年第6期。

［150］唐任伍、温馨：《基层官员善治动机的价值取向、影响机制与治理路径——以天伦锦城社区成功阻击新冠肺炎疫情为例》，《经济与管理研究》，2021年第12期。

［151］汪超：《迈向富有韧性的社区治理研究》，《城市发展研究》，2021年第12期。

［152］梁宏桔、刘元希：《突发性公共卫生事件下农村社会治理探析》，《农村·农业·农民（B版）》，2021年第12期。

［153］曹倩、苗润莲、张士运：《基于社会网络分析法的京津冀协同发展相关政策研究》，《图书情报

导刊》，2021年第8期。

［154］吴志萍、王旖琪：《京津冀协同发展研究》，《合作经济与科技》，2021年第24期。

［155］陈玉玲、路丽、赵建玲：《区域创新要素协同发展水平测度及协同机制构建——以京津冀地区为例》，《工业技术经济》，2021年第4期。

［156］常森、曹海青：《京津冀城市群协同发展水平测评》，《合作经济与科技》，2022年第2期。

［157］吴唯佳、于涛方、赵亮、武廷海、秦李虎、刘钊启、吴骞、刘艺：《京津冀协同发展背景下首都都市圈一体化评估研究》，《城市规划学刊》，2021年第3期。

［158］罗启轩、钟秉林：《京津冀区域高等教育协同发展态势及推进策略研究》，《清华大学教育研究》，2021年第1期。

［159］赵新峰、袁宗威、白煜玮：《区域聚合性教育共同体何以达成——整体性治理的新视角》，《中国行政管理》，2021年第12期。

［160］齐明、徐静、谢孟桐、曹洁维：《京津冀区域金融一体化发展水平测度研究——基于区域金融一体化及其城市间关联强度的分析》，《价格理论与实践》，2021年第3期。

［161］朱小宇：《京津冀协同发展政策对经济的影响——基于面板数据的双重差分模型》，《环渤海经济瞭望》，2021年第12期。

［162］燕丽、雷宇、张伟：《我国区域大气污染防治协作历程与展望》，《中国环境管理》，2021年第5期。

［163］陆小成：《世界级城市群、雾霾治理与京津冀低碳发展研究进展——基于中国知网文献的计量分析》，《企业经济》，2021年第2期。

［164］谢永乐、王红梅：《京津冀大气污染治理“协同—绩效”体系探究——基于动态空间视域》，《中国特色社会主义研究》，2021年第4期。

［165］肖周燕、李慧慧：《京津冀协同发展对大气污染防治的影响及作用机制》，《城市问题》，2021年第2期。

［166］李珒、包晓斌：《京津冀地区大气污染协同治理的实践困境及其破解路径》，《改革》，2021年第2期。

［167］璩爱玉、董战峰、郄晗彤、周全、彭忱：《京津冀地区水污染联防联控联治机制研究》，《环境保护》，2021年第20期。

［168］王书平、宋旋：《京津冀生态环境府际协同治理研究》，《北方工业大学学报》，2021年第3期。

［169］王书平、宋旋：《京津冀生态环境协同治理机制设计》，《经营与管理》，2021年第3期。

［170］陈劲、阳银娟：《协同创新的理论基础与内涵》，《科学学研究》，2012年第2期。

［171］陈红军、谢富纪：《京津冀产学协同创新绩效影响因素分析——基于多维邻近性视角》，《技术经济》，2021年第10期。

［172］王晓君、孙立新、吴敬学、毛世平：《创新要素集聚对京津冀农业科技协同发展的影响》，《地域研究与开发》，2021年第3期。

［173］杜勇宏、王汝芳：《基于研发枢纽—网络的京津冀协同创新效果分析》，《中国流通经济》，2021年第5期。

［174］孙瑜康、李国平：《京津冀协同创新中北京辐射带动作用的发挥效果与提升对策研究》，《河北经贸大学学报》，2021年第5期。

［175］陈玉玲、路丽、赵建玲：《区域创新要素协同发展水平测度及协同机制构建——以京津冀地区为例》，《工业技术经济》，2021年第4期。

［176］刘洁、姜丰、栗志慧：《京津冀城市群产业—人口—空间耦合协调发展研究》，《中国软科学》，2021年第S1期。

［177］李梅、孙艳艳、张红：《京津冀城市群协同创新网络体系构建的问题与对策研究》，《科技智囊》，2021年第10期。

［178］陈迪宇、王政、徐颖、龙茂乾：《我国城市群建设进展及任务举措》，《宏观经济管理》，2021年第11期。

［179］孙久文、高宇杰：《新发展格局与京津冀都市圈化发展的构想》，《北京社会科学》，2021年第6期。

［180］李国平、宋昌耀：《建设京津冀世界级城市群视野下的雄安新区发展方向》，《河北学刊》，2021年第6期。

［181］赵新峰、王鑫：《雄安新区高质量公共服务体系何以实现——合作网络视角的分析建构》，《甘肃行政学院学报》，2021年第3期。

［182］侯胜东：《新时期京津冀公共服务多元化协同供给机制建设》，《中国劳动关系学院学报》，2021年第3期。

［183］曹毅、张贵祥：《京津冀养老资源供需矛

盾和协同创新对策研究》,《科技智囊》，2021年第3期。

［184］张蕾:《京津冀养老服务协同发展思考》,《合作经济与科技》，2021年第5期。

［185］曲冲冲、王晶、何明珂:《京津冀协同应对自然灾害应急资源配置优化研究》,《运筹与管理》，2021年第1期。

［186］李梅、孙艳艳、胡嫣然、张敏:《基于协同视角的京津冀科技资源优化配置机制构建》,《科技管理研究》，2021年第4期。

［187］刘亚娜、谭晓婷，杨艳丽:《协同视角下京津冀人才政策网络研究——基于政策文本内容分析》,《中共宁波市委党校学报》，2021年第3期。

［188］刘小敏:《协同发展的理论基础与应用研究综述》,《时代经贸》，2021年第10期。

［189］赵延文:《京津冀产业协同发展回顾及展望（2014—2020）》,《中国经贸导刊（中）》，2021年第1期。

［190］于文轩:《京津冀生态环境协同法制的实现路径》,《内蒙古社会科学》，2021年第3期。

［191］林珊珊:《区域协同立法的理论逻辑与模式选择》,《理论学刊》，2021年第3期。

［192］左停、原贺贺、李世雄:《巩固拓展脱贫攻坚成果同乡村振兴有效衔接的政策维度与框架》,《贵州社会科学》，2021年第10期。

［193］张明皓、叶敬忠:《脱贫攻坚与乡村振兴有效衔接的机制构建和政策体系研究》,《经济学家》，2021年第10期。

［194］谢志军、张波、杜宸喆:《制度经济学视角下脱贫攻坚与乡村振兴有效衔接的政策研究》,《开发性金融研究》，2021年第2期。

［195］黄承伟:《脱贫攻坚有效衔接乡村振兴的三重逻辑及演进展望》,《兰州大学学报（社会科学版）》，2021年第6期。

［196］曹志敏:《论外部效应内在化处理机制下精准扶贫与乡村振兴的有效衔接》,《中国软科学》，2021年第S1期。

［197］李博、苏武峥:《欠发达地区巩固拓展脱贫攻坚成果同乡村振兴有效衔接的治理逻辑与政策优化》,《南京农业大学学报（社会科学版）》，2021年第6期。

［198］张琦、李顺强:《脱贫攻坚胜利背景下乡村振兴的现实基础、路径规划与世界意义》,《当代中国与世界》，2021年第2期。

［199］刘学敏:《以科技创新助力脱贫攻坚与乡村振兴衔接》,《开放导报》，2021年第3期。

［200］董玮、秦国伟、于法稳:《脱贫攻坚与乡村振兴的有效衔接：转换与调适——基于公共政策的视角》,《农村经济》，2021年第9期。

［201］刘守英、程国强等:《中国乡村振兴之路——理论、制度与政策》，科学出版社，2021年。

［202］唐任伍、温馨:《脱贫到振兴　有效衔接的“海雀”模式》,《民生周刊》，2021年第23期。

［203］古力加马力·阿不力孜、张建玲、吾马尔·索非:《新疆阿瓦提县墩买里村脱贫攻坚路径研究与探索》,《山西农经》，2021年第11期。

［204］黄杰、李冬霞、赵秋菊:《北京市低收入农户增收与乡村振兴衔接路径初探》,《北京农业职业学院学报》，2021年第6期。

［205］刘凤华、许剑琴:《“中医药+畜牧业”乡村振兴战略的新路径》,《中国畜牧业》，2021年第1期。

［206］罗德胤、孙娜、付敔诺:《村落保护和乡村振兴的松阳路径》,《建筑学报》，2021年第1期。

［207］汪海燕:《乡村振兴战略下北京农村产业融合发展探索》,《山西农经》，2021年第24期。

［208］张晖:《脱贫攻坚与乡村振兴有效衔接的内在意蕴与实践进路》,《思想理论教育导刊》，2021年第7期。

［209］魏后凯、苑鹏等:《走融合共享的内生型乡村振兴之路：来自四川省成都市郫都区的探索》，中国社会科学出版社，2021年。

［210］张琦:《巩固拓展脱贫攻坚成果同乡村振兴有效衔接：基于贫困治理绩效评估的视角》,《贵州社会科学》，2021年第1期。

［211］刘瑾、李振、张仲、孟庆庄:《四川省乡村振兴评价指标体系构建及实证分析》,《西部经济管理论坛》，2021年第6期。

［212］杜国明、薛濡壕、王介勇:《村域尺度乡村振兴评价及推进路径——以黑龙江省拜泉县为例》,《经济地理》，2021年第8期。

［213］石林:《新时代背景下乡村振兴实施面临的挑战及优化路径研究》,《现代化农业》，2021年第7期。

［214］李兴洲、侯小雨、赵陶然:《从“脱贫攻坚”到“乡村振兴”：过渡阶段的关键问题与应对策

略》,《教育与经济》,2021年第6期。

［215］仇焕广:《探讨脱贫攻坚与乡村振兴有效衔接意义重大》,《乡村振兴》,2021年第1期。

［216］张琦、李顺强:《内生动力、需求变迁与需求异质性:脱贫攻坚同乡村振兴衔接中的差异化激励机制》,《湘潭大学学报(哲学社会科学版)》,2021年第3期。

［217］唐任伍、温馨:《有效衔接乡村振兴——短板与举措》,《民生周刊》,2021年第19期。

［218］郑风田:《脱贫攻坚与乡村振兴有效衔接的两个关键》,《新西藏(汉文版)》,2021年第5期。

［219］张琦、沈扬扬等:《探索巩固拓展可持续就业扶贫成果同乡村振兴有效衔接的思考》,经济日报出版社,2021年版。

［220］叶敬忠、陈诺:《脱贫攻坚与乡村振兴的有效衔接:顶层谋划、基层实践与学理诠释》,《中国农业大学学报(社会科学版)》,2021年第5期。

［221］龙花楼、陈坤秋:《实现巩固拓展脱贫攻坚成果同乡村振兴有效衔接:研究框架与展望》,《经济地理》,2021年第8期。

(北京市政治学行政学学会供稿;执笔人:章文光、果佳、连宏萍、刘志鹏、刘丽莉、李春秋、章芡、贾平)

年度推荐论文和著作

论　文

1.孙柏瑛:《新时代中国公共行政的实践逻辑》,《行政论坛》,2021年第4期。

2.刘鹏、钟光耀:《市场所,还是食药所——基层食药监管体制改革选择的行政逻辑》,《学术研究》,2021年第1期。

3.潘小娟:《以深化“放管服”改革为抓手 推进法治政府建设》,《中国行政管理》,2021年第10期。

4.马亮:《数据驱动与以民为本的政府绩效管理——基于北京市“接诉即办”的案例研究》,《新视野》,2021年第2期。

5.马怀德:《落实〈法治政府建设实施纲要〉深化“放管服”改革》,《中国行政管理》,2021年第11期。

6.何艳玲、肖芸:《问责总领:模糊性任务的完成与央地关系新内涵》,《政治学研究》,2021年第3期。

7.王丛虎、乔卫星:《基层治理中“条块分割”的弥补与完善——以北京城市“一体两翼”机制为例》,《中国行政管理》,2021年第10期。

8.Zhu, X., Zhao, H.Experimentalist Governance with Interactive Central-local Relations: Making New Pension Policies in China［J］.Policy Studies Journal, 2021, 49(1): 13—36.

9.赵新峰、袁宗威、白煜玮:《区域聚合性教育共同体何以达成——整体性治理的新视角》,《中国行政管理》,2021年第12期。

10.叶敬忠、陈诺:《脱贫攻坚与乡村振兴的有效衔接:顶层谋划、基层实践与学理诠释》,《中国农业大学学报(社会科学版)》,2021年第5期。

11.黄承伟:《脱贫攻坚有效衔接乡村振兴的三重逻辑及演进展望》,《兰州大学学报(社会科学版)》,2021年第6期。

12.龙花楼、陈坤秋:《实现巩固拓展脱贫攻坚成果同乡村振兴有效衔接:研究框架与展望》,《经济地理》,2021年第8期。

13.张明皓、叶敬忠:《脱贫攻坚与乡村振兴有效衔接的机制构建和政策体系研究》,《经济学家》,2021年第10期。

著　作

1.刘守英等:《中国乡村振兴之路:理论、制度与政策》,科学出版社,2021年。

2.北京师范大学中国乡村振兴与发展研究中心、北京师范大学中国扶贫研究院,《全面推进乡村振兴——理论与实践》,人民出版社,2021年。

3. 刘文奎:《乡村振兴与可持续发展之路》，商务印书馆，2021年。

4. 魏后凯、苑鹏等:《走融合共享的内生型乡村振兴之路：来自四川省成都市郫都区的探索》，中国社会科学出版社，2021年。

5. 中国小康建设研究会,《全国乡村振兴优秀案例》，人民出版社，2021年。

社　会　学

摘　要

2021年是中国共产党成立一百周年，也是“十四五”规划和第二个一百年奋斗目标的开局之年。过去一百年来，中国人民在中国共产党的领导下谱写了实践奇迹，有待于中国社会学界对其进行总结和理论提升。对于北京地区社会学界来说，亟须为发展具有中国特色的社会学学科体系、学术体系和话语体系做出贡献。综合来看，2021年，北京社会学界在系统总结中国共产党领导百年中国社会建设伟大成功经验的基础上，学理化地探索和揭示中国式现代化的实践逻辑和理论逻辑，为社会学的新发展提供新思路，为中国式现代化贡献学科智慧。北京地区社会学界扎根于鲜活的当代中国实践，在理论建构和应用社会学等方面，进入一个扎实和系统的发展阶段，表现在理论社会学、应用社会学、人类学、民俗学、社会工作、社会治理与社会政策等七个分支领域并且得到了长足的发展。

一、理论社会学：积极总结“中国式现代化”社会学理论

现代化是人类社会自工业革命以来经历的一场巨大的历史变革过程，在中国社会发展的过程中，实践是最生动、最活跃的现实力量，它可以突破原有理念的框框和束缚，开辟新的境界和前景。中国社会科学院李培林从社会学视角出发，以四个维度阐释“现代化新征程”的含义和意义，即长远发展战略构想的新征程、发展理念变革跃升的新征程、应对新阶段新挑战的新征程和走出现代化诸多陷阱的新征程。中国社会科学院张翼展望了中国未来中长期社会现代化的趋势，认为中国现代化道路的特殊性决定了必须从中国实践中总结中国经验。教育部学位管理与研究生教育司、中国人民大学洪大用认为，增强实践自觉，要求社会学者直面中国社会的实践巨变，科学分析和总结中国式现代化道路，创造兼具中国特色和普遍意义的知识体系。

北京地区社会学的学者不仅积极从中国实践中总结中国式现代化理论，而且视角转向中国传统的优秀文化，为从历史角度解释中国社会发展提供智力资源。例如北京大学周飞舟试图在传统理论资源中建立中国社会理论的基础。他从中国传统的家庭理论入手，以费孝通提出的“反馈模式”为切入点，深入讨论父子关系的性质，并以此为基础形成对差序格局和中国社会关系的基本理解。在社会理论研究中，中央财经大学王建民推进了马克思主义社会学的源流研究，他指出，瞿秋白的唯物史观社会学处在中国传统学术向现代学术转变的阶段，重识其理论视野和方法原则，有助于我们完整地认识中国社会学的源流及其当代发展的得失。

在西方社会理论方面，中国政法大学王楠从伦理人格和生活之道的角度入手，讨论韦伯思想从《新教伦理与资本主义精神》到《经济与社会》及《宗教社会学论文集》的发展。北京大学田耕认为，韦伯的支配学说与他的国家定义有两个特别的关联。一方面，国家概念中的“垄断”有赖于政治经营的“剥离”程度；另一方面，被垄断的强力不会自动构成一种新的“正当性支配”。我们应从支配中的行动者关系而不是正当性支配的信念来重新考察支配社会学。

二、应用社会学：在农村社会学和数字社会研究方面取得重要突破

应用社会学是一个涉及面十分广泛的领域，它具体指把社会学的理论知识，包括观点、方法、原理以及一些新的研究结论应用于社会实际生活、社会现象和社会问题的研究。具体领域包括家庭社会学、城市社会学、性别研究、农村社会学等等。

首先，在农村社会学方面，中国社会科学院王春光从农村社会学的角度深入分析了农业农村现代化的多元实践行动主体及其关系，其中，农业农村现代化的主体是多元的，彼此相互支撑，但核心主体是农民、村民。因此，不论是政策、体制改革还是资源配置、行动实施、产业发展等，其他主体都得围绕着农民、村民这个核心主体进行。中国人民大学陆益龙认为，进入新时代，乡村振兴战略是在党的新发展理念引导下的制度创新，随着这一战略的全面推进与实施，社会主义制度能集中力量办大事的优越性将进一步显现。中国社会科学院罗婧、张书琬认为，乡村振兴需要激发从个人到社会的主体性，让各方在“志同道合”中共同塑造内生可持续的发展模式。经由人们在各个情境下构建的圈层的交叉和碰撞，国家、市场与社会交织在一起，共同寻求乡村的内生发展。

其次，数字社会研究是2021年的一大热点题目。围绕互联网与社会发展的关系，产生了很多颇值得关注的成果。中国经济社会的高速发展与数字时代的来临高度重合。清华大学王天夫认为，当前的中国数字社会研究有着天然的优势，包括巨大的人口规模、各个领域对数字技术的广泛使用以及丰富的社会生活数据。面对历史机遇，社会学界应积极投入数字社会研究，并基于经验研究的积累，提炼新概念、促生新思想、建构新理论。

北京大学邱泽奇、乔天宇通过对淘宝平台小型电商创业组织的研究，讨论了影响互联网电商平台上创业组织退出的因素，提出了组织退出的“竞争—淘汰”机制与“自主退出”机制。中国社会科学院陈华珊探讨了数字时代的政务微博创新扩散及治理问题。在推进政务新媒体发展的大背景下，政务微博成为政府互联网行政的重要平台之一。

三、人类学：强调中国本土知识来源和实践动力

2021年北京地区社会学界的人类学研究主要聚焦于人与社会、人与文化之间的关系。清华大学张小军通过百年来人类学的本土化发展，围绕“文化”对人类学和中国社会研究的深层意义，梳理了老一代清华及中国学者在“文化”上的学术求索，反思近代以来西方社会科学中国化的某些弊端，希望以此促进人类学的自我本土化反省。北京大学朱晓阳讨论了中国人类学的本体论视野，强调中国的本体论人类学研究具有自己的知识来源和实践动力。他认为，对当下的人类学学者来说，更重要的是以本体感知去看见传统人类学的“事情”。

北京大学王铭铭通过电子邮件对法国人类学家乐比雄（Alain Le Pichon）进行访谈，乐比雄是互惠人类学的倡导者。乐比雄叙述了他如何从殖民者的孩子成长为爱好“遥远的目光”的人类学家，界定了“互惠理解”“共同的尺度”“变形”等概念，其所讲的“故事”，有着重要的学术史和理论价值。

四、民俗学：积极探讨民俗融入当代生活的路径

相比人类学，民俗学研究常使用不同地域社会中居民们方言中的民俗语汇来描述他们的生活文化。北京师范大学萧放对非物质文化遗产做了较为深入的民俗学研究。随着21世纪以来对中国非物质文化遗产保护事业的开展，部分传统文化在“非物质文化遗产”的理念下得以保护振兴。但非物质文化遗产仍然面临着如何融入当代生活的现实问题，可以从民众个体和公共生活两个方面探讨非物质文化遗产融入现代生活的路径。

中国社会科学院施爱东的一项民俗学方法论研究指出，民俗学的共时研究将研究对象视为一个自组织系统；系统研究最重要的三个维度是：结构、要素、关系（功能）。坚持系统研究法，本质上就是为了排除个体的、历史的、偶然的干扰项，让我们能够把注意力集中在最具普遍性的结构问题和共性问题上。

五、社会工作：以高质量服务积极推进社会工作事业发展

社会工作事业及其研究通过自身能动性的工作，应对社会发展中出现的一些棘手问题。北京大学王思斌指出，经济社会发展新阶段和新格局向社会工作提出了新任务和新要求，也为社会工作事业发展提供了新机会。政府部门应在制度建设上做出积极努力，畅通和规范社会工作者参与社会治理的途径，社会工作群体则要以高质量服务积极推进社会工作事业的发展。

在社会工作学科发展历程中，“职业化”“专业化”“建制化”与回归“社会性”“志愿性”成为学界争论不休的议题。中国社会科学院大学陈涛、吴芃指出，社会工作“专业化”“职业化”与“社会性”“志愿性”之争的本质是基于模式问题的不同建构。就我

国而言，充分把握整体组织模式意义上的社会工作模式，有利于解决当前制约社会工作发展的内部症结，焕发活力。

六、社会治理：核心内容是调整社会性与公共性间关系

社会治理是当前中国现代化建设中的重大现实问题，迫切需要一个简约而有统摄性的理论阐述。中国人民大学冯仕政以解析“社会”概念为基础，试图整体把握当前中国社会治理的核心内容和中心任务。他发现，“社会”是伴随现代化进程而发生的一种人类生活形态，社会治理则是“社会”之二重性及其内在张力的必然要求和产物，其核心内容是调整社会性与公共性的关系，中心任务则是争取联结与团结的互动共生，最终形成既有活力又有秩序的公共生活。

社区治理研究是社会治理研究的重要领域，也是推进社会治理发展与创新的重要载体。清华大学李强指出，“社区治理”是颇具中国特色的新概念和新领域。从基层社区治理角度看，中国共产党和新中国对于变革中国基层社会、基层社区治理有极其重要的创造。为此必须了解旧中国的社会治理、社区治理体制机制。在学术层面，社会学本来就有深厚的社区研究基础，这些知识可以在社区治理研究中发挥巨大作用。

中国社会科学院肖林、陶孟萍指出，党的十九大以来，中央对加强和创新基层社会治理做出一系列重要部署，包括治理重心下移和资源下沉，加强基层党建引领、完善居民自治、发展基层协商和发挥社会组织作用等，以实现政府治理同社会调节、居民自治良性互动。全国各地在社区治理方面积极探索，从主导力量的角度可以归纳为政府主导、市场主导、社会自治和专家参与四种模式，其各有特点及优劣势。中国社会科学院刘亚秋通过对成都市社区治理实践的研究，发现在由基层政府推动的社区治理中，构建有机的社会性联结是一个重要内容，具体表现为通过自上而下的方式对基层社会力量进行激发和引导，二者构成一股合力，呈现出一种共治的特征。“有机性”指人与人之间的联结不再是松散的，而是可以围绕某个任务凝聚成一股合力，助推社会的良性运转。

七、社会政策：聚焦解决市场经济下民众的社会风险

从社会政策的产生及发展演变看，它更直接同市场经济相联系，可以说是与市场经济相伴而生的。北京大学王思斌提出了“政策共同体”概念。他指出，乡镇社工站看起来是由民政部门推动建立的，实际上它可以承担更多功能，在民生服务和基层社会治理方面能做更多事。这就需要综合相关部门以建立“政策共同体”。现在政府部门都强调做好“主责主业”，但应避免用消极的态度看待主责主业。对于具有综合功能的乡镇社工站的建设和运行来说，建立部门联席会、多部门共同出台政策并认真实施也是建立“政策共同体”的举措。

对生育政策的研究是2021年的社会热点和学术前沿。中国社会科学院张翼指出，第七次人口普查数据显示了中国人口的快速老化趋势。为调整人口结构，政府不断改革计划生育政策，从“单独二孩”到“全面二孩”再到“三孩生育”，这些政策的密集出台基本解决了绝大多数夫妇的生育需求。但在社会转型带动人口转型的大背景下，当前中国的政策生育率已大大高于实际生育率。当前的制度配置，可能会改善生育环境，但却很难迅速提升生育水平。正因为如此，需要设计制度红利的释放目标：第一，短期防止生育率继续下滑；第二，中期维持并波动提升生育率；第三，长期旨在建构生育友好型社会。

中国人民大学房莉杰、陈慧玲的研究发现，我国在近几年放开生育政策的情况下生育率仍不断下降，这与我国家庭生育支持政策的不足不无关系。支持女性平衡工作与家庭的家庭生育支持政策工具包括经济、服务、时间三类。女性就业趋势不可避免，生育支持政策有效性的关键是看它在多大程度上促进了有子女的女性就业以及在多大程度上促进了劳动力市场的性别平等。

综上，2021年，是“十四五”的开局之年，我国即进入全面建设社会主义现代化国家阶段。当下和未来一段时间，我国要加快构建以国内大循环为主体、国内国际双循环相互促进的新发展格局。这对改善民生和社会发展、完善社会治理和社会建设都具有直接而重要的影响。围绕这些时代主题，北京市社会学界尚需进一步以“扎实的社会调查、深入的理论探索”为抓手，坚持将学术论文写在中国大地上，积极探索推进构建共建共治共享社会治理格局的有效路径。面对互联网深刻改变社会结构的信息时代和全球化时代，积极探索“中国式现代化的社会学表达方式”，加快构建中国特色社会学的三大体系。

（北京市社会学学会供稿；主要执笔人：张翼、刘亚秋）

社 会 学

一、学科发展基本情况与重要分支学科的核心议题

2021年是中国共产党成立一百周年，也是“十四五”规划和第二个一百年奋斗目标的开局之年。过去一百年来，中国人民在党的领导下谱写了实践奇迹，有待于中国社会学界对其进行总结和理论提升。这有助于完善学科体系架构、服务学术人才成长、推动中国特色社会学三大体系的建设。

2021年北京地区社会学界扎根于鲜活的当代中国实践，在理论建构和应用社会学等方面，进入一个扎实和系统的发展阶段，表现在理论社会学、应用社会学、人类学、民俗学、社会工作、社会治理与社会政策等七个分支领域并且得到了长足的发展。

（一）理论社会学

北京地区社会学界积极总结“中国式现代化”的社会学理论。现代化是人类社会自工业革命以来经历的一场巨大的历史变革过程，在中国社会发展的过程中，实践是最生动、最活跃的现实力量，它可以突破原有理念的框框和束缚，开辟新的境界和前景。中国社会科学院李培林从社会学视角出发，以四个维度阐释“现代化新征程”的含义和意义，即长远发展战略构想的新征程、发展理念变革跃升的新征程、应对新阶段新挑战的新征程和走出现代化诸多陷阱的新征程。[1]李培林认为，改革开放以来，中国已经从一个“强政府、弱市场、弱社会”的国家，变成“强政府、强市场、弱社会”的国家和逐步走向“强政府、强市场、强社会”的国家。国家—社会对抗框架不适用于中国社会的分析，构建作为中国的学问，要能够为中国未来的发展提供有益的借鉴。[2]中国社会科学院张翼展望了中国未来中长期社会现代化的趋势，认为中国现代化道路的特殊性决定了必须从中国实践中总结中国经验。[3]教育部学位管理与研究生教育司、中国人民大学洪大用认为，增强实践自觉，要求社会学者直面中国社会的实践巨变，科学分析和总结中国式现代化道路，创造兼具中国特色和普遍意义的知识体系。[4]

北京地区社会学的学者不仅积极从中国实践中总结中国式现代化理论，而且视角转向中国传统的优秀文化，为从历史角度解释中国社会发展提供智力资源。例如北京大学周飞舟试图在传统理论资源中建立中国社会理论的基础。他从中国传统的家庭理论入手，以费孝通提出的“反馈模式”为切入点，深入讨论父子关系的性质，并以此为基础形成对差序格局和中国社会关系的基本理解。[5]在社会理论研究中，还包括一批北京青年学者对中国社会学史的进一步研究。中央财经大学王建民推进了马克思主义社会学的源流研究，他指出，瞿秋白的唯物史观社会学处在中国传统学术向现代学术转变的阶段，重识其理论视野和方法原则，有助于我们完整地认识中国社会学的源流及其当代发展的得失。[6]

在西方社会理论方面，中国政法大学王楠从伦理人格和生活之道的角度入手，讨论韦伯思想从《新教伦理与资本主义精神》到《经济与社会》及《宗教社会学论文集》的发展。[7]北京大学田耕认为，韦伯的支配学说与他的国家定义有特别的关联；我们应从支配中的行动者关系而不是正当性支配的信念来重新考察支配社会学。[8]

概言之，从提出中国式现代化的社会学理论角度来看，2021年是中国社会学理论发展的重要年份，在理论构建方面表现出以下特点：

1.试图打通古今中西，贡献文明互鉴的发现

中央民族大学毕向阳通过对社会形态学的理论渊源的追溯指出，在20世纪20—30年代，法国社会形态学的发展历程与中国的社会学中国化密切相关，对于我们今天的时代，更具有解释力的研究需要重返社会形态学的整合框架，在总体性关照下立足本土实践，通过深入的经验研究和多方法结合揭示社会的复杂性。[9]

2.重返中国社会学早期传统，探索中国式现代化的社会学表达

中国人民大学闻翔对“魁阁”社会学家史国衡20世纪40年代在美访学期间的一部未刊稿《个旧矿城》进行了梳理与讨论。史国衡的个旧研究呈现了一个将产业、民情与治理相结合的综合进路。[10]中国农业大学傅春晖通过对早期燕京学派重要人物杨庆堃及其代表作《邹平市集之研究》的再研究，澄清了学

术史上的一个误解，认为许仕廉才是真正促成“派克来华”的人物，并揭示了早期燕京社会学与人文区位学之间的内在关联。[11]

社会学中国化道路，需要回到最初起点。这突出表现一些年轻社会学学者对严复思想的社会学研究。在晚清社会激烈变革之际，严复引进社会进化论、介绍西方社会科学，可谓将西方社会学传入中国的第一人。中国农业大学马学军认为，严复介绍斯宾塞的学说，现实的目的是通过探究西方强盛的缘由，来寻求中国富强的道路。[12]

3.对社会思想史的社会学研究

社会学中国化道路，除了实地研究的一条路径外，近年来，走入中国社会思想史的社会学研究也是一个启示。例如北京大学孙飞宇认为，潘光旦的“冯小青研究”代表了早期中国社会科学研究在思考框架及问题意识方面不同于传统中国文人思考的旨趣与思路，这一研究表明了潘先生的典型研究态度，那就是以问题导向为研究旨趣，而非局限于某个具体的学科或者是“古今中西”之分的学术视野。[13]

（二）应用社会学

应用社会学是一个涉及面十分广泛的领域，它具体指把社会学的理论知识，包括观点、方法、原理以及一些新的研究结论应用于社会实际生活、社会现象和社会问题的研究。具体领域包括家庭社会学、城市社会学、性别研究、农村社会学等。根据2021年北京市社会学发展状况，拟从农村社会学和数字社会两个方面来阐述这一分支学科发展的特点。

1.农村社会学

不论是乡村振兴还是城乡共同富裕，都离不开农村现代化这条道路。中国社会科学院王春光从农村社会学的角度深入分析了农业农村现代化的多元实践行动主体及其关系，其中，农业农村现代化的主体是多元的，彼此相互支撑，但核心主体是农民、村民。因此，不论是政策、体制改革还是资源配置、行动实施、产业发展等，其他主体都得围绕着农民、村民这个核心主体进行。[14]中国人民大学陆益龙认为，进入新时代，乡村振兴战略是在党的新发展理念引导下的制度创新，随着这一战略的全面推进与实施，社会主义制度能集中力量办大事的优越性将进一步显现。[15]中国社会科学院罗婧、张书琬认为，乡村振兴需要激发从个人到社会的主体性，让各方在“志同道合”中共同塑造内生可持续的发展模式。[16]中国社会科学院徐宗阳通过深入的田野调查，以资本下乡后一个公司型农场内收割机的闲置现象切入，展现农业机械化的实现过程及复杂逻辑。农业机械化并非简单依靠购入机械、升级设备就能实现，而是需要充分尊重并考虑村庄的社会结构和农民的观念心态。[17]在农村社会学研究中出现以下特征：

（1）反思农村社会学的理论基础

通过重读费孝通的《江村经济》，叶敬忠指出《江村经济》的核心主题是农政问题，而非土地问题。农政问题是考茨基在1899 年以书名的形式正式提出的学术概念，关注的是在国家现代化发展和社会向更高形态转变的过程中，农业、农地、农民、农村的转型变迁。这一观点是对《江村经济》已有的诸多共识性评价之外的又一重要学术贡献。[18]

（2）深入研究农村社会的发展困境及出路

首先体现在对农村留守儿童的再研究。改革开放以来，大量农村劳动力涌入城市，但是出于城市生活成本相对高昂、农业户籍儿童在城市就学受到政策限制等原因，很多农村外出务工人员难以与子女一起在工作地生活，从而出现了大量的农村留守儿童。中国人民大学韩保庆等指出，父亲外出对农村儿童成年后的工资收入产生显著的正向影响，母亲外出对农村儿童成年后的工资收入产生显著的负向影响。[19]

其次是对农村社会发展面临的新情况的研究。北京科技大学刘凌发现，在环保升级改造决策过程中，农村小微企业整体参与不足和基层政府多层级、多部门共同主导的复杂决策机制阻碍了最优改造方案的实现。[20]中国人民大学刘少杰、林傲耸认为，当前的乡村建设以信息技术为主要推动力，以乡村信息化发展为主要抓手，具有不同于先前乡村建设的崭新内容，开启了农村现代化建设的新局面。[21]

2.数字社会与计算社会学

数字社会的研究是2021年的一大热点题目。围绕互联网与社会发展的关系，产生了很多颇值得关注的成果。中国经济社会的高速发展与数字时代的来临高度重合。清华大学王天夫认为，当前的中国数字社会研究有着天然的优势，面对历史机遇，社会学界应积极投入数字社会研究，并基于经验研究的积累，提炼新概念、促生新思想、建构新理论。清华大学罗家德指出，真实的世界是一个复杂的社会系统，计算机技术的发展和社交网络、移动互联网的普遍使用使得这些用户在不同场景、时间、空间维度的个体动作以及个体之间的互动被记录下来。大数据下的社会计算学的研究范式为研究这些社会现象提供了一个综合而动态的解释方式，为检验不同变量和因素如何共同作用于现象和行为的产生提供了新的可能。[22]

北京大学邱泽奇、乔天宇通过对淘宝平台小型电商创业组织的研究，讨论了影响互联网电商平台上创业组织退出的因素，提出了组织退出的“竞争—淘汰”机制与“自主退出”机制。[23]中国社会科学院陈华珊探讨了数字时代的政务微博创新扩散及治理问题。不同地方政府在互联网媒体上相互学习和借鉴新媒体表达及内容创作方式，促进了政务微博的创新扩散。[24]清华大学常多粉、孟天广基于领导留言板的环保诉求和政府回应数据，发现政府回应的话语模式受政府层级和机构类型的影响。[25]中共中央党校陈氚提出，网络社会和数字社会中的社会行动表现为信息行动（社会行动以信息流的形式展开），信息行动理论为解释新社会现象提供了新视角。数字社会研究在2021年有以下特征：

（1）数字时代对社会学基础理论的挑战。数字时代个人和社会间关系对社会学理论构成很大挑战。在大数据时代，人们在日常生活中遭遇的“个人麻烦”，置身其中的“社会结构”，以及面对的“社会问题”，越来越具有数字化的特征。北京工业大学何祎金指出，在当代万物皆可数据的日常生活中，为了避免在大数据时代迷航，人们亟须一种新的社会学想象力，来批判性地理解和“解锁”我们身处的时代与数字生活。[26]

（2）探索数字社会的运行机制。中央财经大学张樹沁等发现，平台技术以赋予不同类型机会的方式吸纳个体行动者进入平台，创生了一种新的社会情境，规避了过去技术需要与组织适配的局面。不过，应用于服务行业的算法也使得平台不得不保持在多方互动的前台，持续性地接受来自社会的监督，这构成了约束平台技术作恶的一种重要的社会机制。[27]

（三）人类学

2021年北京地区社会学界的人类学研究主要聚焦于人与社会、人与文化之间的关系。清华大学张小军通过百年来人类学的本土化发展，围绕“文化”对人类学和中国社会研究的深层意义，反思近代以来西方社会科学中国化的某些弊端，希望以此促进人类学的自我本土化反省。[28]

中国社会科学院林红对中国人类学百年历史做了进一步梳理。她指出，“他者”作为人类学的研究对象，在学科发展的不同时空语境下有不同的所指，中国社会人类学近百年的发展很大程度上可视为对“他者”的探索历程。[29]北京大学王铭铭通过电子邮件对法国人类学家乐比雄进行访谈，乐比雄是互惠人类学的倡导者。乐比雄叙述了他如何从殖民者的“孩子”成长为爱好“遥远的目光”的人类学家，界定了“互惠理解”“共同的尺度”“变形”等概念，其所讲的“故事”，有着重要的学术史和理论价值。[30]人类学在2021的研究具有如下特点：

1.探索人类学理论发展趋势和特点

朱晓阳以人类学本体论转向为背景和对话对象，讨论与此现象有关的中国人类学及其实践指向。对本体论进路的选择性梳理体现出中国人类学在多源思潮中的特别视角，他认为，本体论转向是由多来源的实践活动引发的运动，本体政治以及当下的积极行动或直接行动是其在现实层面的回响。对当下的人类学学者来说，更重要的是以本体感知去看见传统人类学的“事情”。[31]

2.探索中华民族一体多元命题

北京大学王娟指出，中国近现代民族议题的基本问题意识是探寻在“民族—国家”的背景下建设“多民族中国”的可能路径，而对历史上多民族体系形成和演变过程的描述与阐释则是这项努力的重要组成部分，这正是晚清、民国直至中华人民共和国成立后，汉语知识精英主导或参与的民族史重建工作的意义所在。直到今天依然为我们理解和讨论中国的民族议题提供了基本的分析框架。[32]中国人民大学赵旭东则认为，中华民族共同体意识以一种共同性意识的发生、存续与构建为前提，它具体体现在个人、社会与文化这些根基性的要素构成维度上。[33]

（四）民俗学

相比人类学，民俗学研究更加习以为常地使用不同地域社会中居民们方言中的民俗语汇来描述他们的生活文化。周星指出，经由民俗语汇和本土概念，文化人类学可以实现对既定对象社群之地方性知识及其生活世界的深描，而这也正是本土人类学得以在中国茁壮成长的原因。[34]北京师范大学萧放等对非物质文化遗产做了较为深入的民俗学研究。随着21世纪以来对中国非物质文化遗产保护事业的开展，部分传统文化在“非物质文化遗产”的理念下得以保护振兴。但非物质文化遗产仍然面临着如何融入当代生活的现实问题。[35]

北京师范大学鞠熙指出，“大禹神话”曾被认为是用以建构羌族族群身份的符号，但汶川地震引发了对这一理论的质疑。四川省绵竹县清平乡曾是汶川地震中的极重灾区，震中与震后的若干年中，灾区一些民众的自救行动在一定程度上受到大禹神话所代表的地方性民俗传统的影响。从此意义上讲，大禹神话既是关于地震的知识与记忆，也是社会行动的指南索引。[36]中国社会科学院施爱东的一项民俗学方法论研究指出，民俗学的共时研究将研究对象视为一个自组织系统；系统研究最重要的三个维度是：结构、要素、关系（功能）。坚持系统研究法，本质上就是为了排除个体的、历史的、偶然的干扰项，让我们能够把注意力集中在最具普遍性的结构问题和共性问题上。[37]2021年民俗学研究在以下方面有较为深入的探索。

1.从交叉学科角度探索民俗学的理论和实践的发展

中国人民大学岳永逸认为，现代学科意义上的中国民俗学，在经历了北京大学《歌谣周刊》时期以周作人、胡适为代表的偏重于文学的民俗学、中山大学《民俗周刊》时期以顾颉刚为代表的偏向于史学的民俗学之后，伴随先后蓬勃展开的乡建运动和新生活运动，出现了偏向社会学，也即社会科学化的演进支脉。[38]

2.基于中国实践对西方民俗学理论再研究

北京师范大学鞠熙、许茜紧紧围绕民俗学的实践理论这一主题进行，深化认识了美国民俗学的实践理论。布朗纳提出了以传统为中心的民俗学实践理论，这要求我们重新理解和阐释“实践”和“传统”这些重要概念，并从心意与认知的角度去解释现代社会中究竟是什么激发、活化与生产了传统。[39]

（五）社会工作

社会工作事业及其研究通过自身能动性的工作，应对社会发展中出现的一些棘手问题。北京大学王思斌指出，经济社会发展新阶段和新格局向社会工作提出了新任务和新要求，也为社会工作事业发展提供了新机会。政府部门应在制度建设上做出积极努力，畅通和规范社会工作者参与社会治理的途径，社会工作群体则要以高质量服务积极推进社会工作事业的发展。[40]

在社会工作学科发展历程中，“职业化”“专业化”“建制化”与回归“社会性”“志愿性”成为学界争论不休的议题。中国社会科学院大学陈涛、吴芃指出，社会工作“专业化”“职业化”与“社会性”“志愿性”之争的本质是基于模式问题的不同建构。中央民族大学郭伟和认为，社会工作是一项对案主承担专业价值的实践活动，更需要在规范与使命之间保持好平衡关系，一味地追求实证科学规范，会忽略社会工作与医学的界限。综合来看，2021年社会工作研究在以下方面取得了长足的进展。

1.探索社会工作的本土化理论和方法

中国人民大学房莉杰、刘美洋指出，作为欧美国家的一个专业职业，社会工作自引入中国以来，一直是嵌入在已有的本土行政化社会管理和服务体系中，并受其形塑。中央民族大学郑文换指出，本土化是将源自西方的社会工作专业知识体系引入本土社会时形成的反思性概念。目前，本土化的必要性观点受到中国社会工作学界的广泛接受，但是对于本土化何以可能这一核心的奠基性问题却鲜有充分讨论。

2.探索社会工作实践中的困境与解决途径

民政部政策研究中心刘丽娟等认为，政府购买社会工作服务项目运行存在双重治理逻辑：行政治理逻辑与专业治理逻辑。这两者之间的失衡在一定程度上造成了项目治理效果的不显著，并衍生了一些矛盾，亟待引起关注。中国人民大学陈劲松、仲婧然则探索了灵性照顾评估工具及其开发进展研究。他们认为，对国外灵性照顾评估工具研究进展的跟踪研究，将有助于推进本土化灵性照顾的临床实践和拓展应用。

（六）社会治理

社会治理是当前中国现代化建设中的重大现实问题，迫切需要一个简约而有统摄性的理论阐述。清华大学李强指出，“社区治理”是颇具中国特色的新概念和新领域。从基层社区治理角度看，中国共产党和新中国对于变革中国基层社会、基层社区治理有极其重要的创造。为此必须了解旧中国的社会治理、社区治理体制机制。

中国社会科学院肖林、陶孟萍指出，全国各地在社区治理方面积极探索，从主导力量的角度可以归纳为政府主导、市场主导、社会自治和专家参与四种模式，其各有特点及优劣势。中国社会科学院刘亚秋通过对成都市社区治理实践的研究，发现在由基层政府推动的社区治理中，构建有机的社会性联结是一个重要内容，具体表现为通过自上而下的方式对基层社会力量进行激发和引导，二者构成一股合力，呈现出一种共治的特征。“有机性”指人与人之间的联结不再是松散的，而是可以围绕某个任务凝聚成一股合力，助推社会的良性运转。社会治理研究有如下特征：

1.深入探索社会治理的中国化理论

冯仕政指出，社会治理是当前中国现代化建设中的重大现实问题，迫切需要一个简约而有统摄性的理论阐述。他试图以解析“社会”概念为基础，逻辑地、整体地把握当前中国社会治理的核心内容和中心任务。当前中国的社会治理仍应以小治理为中心，从远期来说，则需要更加重视小治理与大治理的衔接和过渡。

2.强调实地研究对于推动社会治理研究的意义

社会学的社会治理一直和社区研究有着密切关系。中国人民大学李丁指出，居民参与不足是当前城市社区治理面临的重要问题。他提出居民的浅层参与可增进居民对社区信息的了解，提高社区信任，强化社区认同，扩大社区社会资本积累。

（七）社会政策

社会政策的核心旨趣是解决市场经济下民众的社会风险。从社会政策的产生及发展演变看，它更直接同市场经济相联系，可以说是与市场经济相伴而生的。中国人民大学李迎生指出，以人民为中心的发展思想是中国特色社会政策的灵魂。在我国，社会政策作为国家解决民生问题的制度化举措自中国共产党成立以来一直受到关注和重视，但在中国革命、建设和改革等不同历史时期党对社会政策角色的运用会根据时代的特点、具体国情的变化、解决民生方针策略的需要做出调整和改变。

北京大学王思斌提出了“政策共同体”概念。[41]他指出，乡镇社工站看起来是由民政部门推动建立的，实际上它可以承担更多功能，在民生服务和基层社会治理方面能做更多事。这就需要综合相关部门以建立“政策共同体”。对于具有综合功能的乡镇社工站的建设和运行来说，建立部门联席会、多部门共同出台政策并认真实施也是建立“政策共同体”的举措。

对生育政策的研究是2021年的社会热点和学术前沿。中国人民大学房莉杰、陈慧玲的研究发现，我国在近几年放开生育政策的情况下生育率仍不断下降，这与我国家庭生育支持政策的不足不无关系。支持女性平衡工作与家庭的家庭生育支持政策工具包括经济、服务、时间三类，不同国家对三类工具的使用带来了不同的效果。她们指出，女性就业趋势不可避免，生育支持政策有效性的关键是看它在多大程度上促进了有子女的女性就业以及在多大程度上促进了劳动力市场的性别平等。社会政策研究在2021年具有如下特点：

1.积极回应社会发展的重点和难点

张翼指出，在社会转型带动人口转型的大背景下，当前中国的政策生育率已大大高于实际生育率。当前的制度配置，可能会改善生育环境，但却很难迅速提升生育水平。正因为如此，需要设计制度红利的释放目标：第一，短期防止生育率继续下滑；第二，中期维持并波动提升生育率；第三，长期旨在建构生育友好型社会。[42]

除对生育政策的研究外，另一个重要领域是对养老政策的研究。中国人民大学陶涛等认为，家庭养老是家庭关系和家庭功能的具体体现。在多子女家庭内部，同胞之间的养老责任分工是在外部环境制约下，家庭内部个体之间出于不同的身份认同、利益需求和情感关系进行协商的结果。多子女家庭中个体间利益、情感、责任的冲突碰撞表现得更为复杂，呈现出传统性与现代性并存的代际关系伦理与代际团结模式。[43]

2.社会政策研究在构建中国式现代化知识体系中的作用

北京大学王思斌指出，社会政策和社会工作在促进共同富裕中可发挥积极作用。虽然富裕并不完全是经济问题，但它是首要要素。在市场竞争更加激烈、资本力量不断加强的情况下，低收入群体生活状态的改善，既要靠自己的拼搏，又要靠经济—社会政策的支持。[44]中国人民大学冯仕政、房莉杰指出，社会政策主要偏向于实践应用学科范畴，一方面，作为社会科学的一个领域，它有其自身的理论基础，也遵循“科学”的研究方法；另一方面，作为干预社会的工具，它的研究具有较强的问题导向，且深深嵌入所处的经济社会环境之中。[45]

二、学科发展的问题思考与未来展望

对于北京地区社会学学科的未来发展，要遵循习近平总书记讲话精神的指引：一是从国情出发，把论文写在祖国大地上；二是深入调研，使理论和政策创新有根有据；三是把握规律，坚持马克思主义立场、观点、方法，透过现象看本质；四是树立国际视野，从中国和世界的联系互动中探讨人类面临的共同课题。具体而言有以下两个问题值得关注：

（一）构建中国式现代化社会学理论体系

构建中国式现代化社会学知识体系是2021年北京地区社会学研究的热点和重点。这不仅包括上述理论探索，即探讨中国现代化征程与社会学的理论生产。还包括对方法论的讨论。北京大学刘世定回顾了北京大学社会学系早期苏南乡镇企业田野调查过程，并与周飞舟一起对方法论做了深入讨论。通过调查中的蛛丝马迹的发现，去寻找现实关切的入手点。[46] 调查是社会学学科对其他学科的相对优势，社会学必须要深入发挥这一优势。刘世定指出，现在有一个误导，就是过分强调程序决定结论，这对田野调查也有影响。他们认为，田野其实是一个产生直觉和洞察的地方，但也需要程序去论证它。

（二）为构建社会治理共同体贡献社会学智慧

社会治理共同体在实践中是在党建引领下，多元主体互相协调的问题。多元主体大体包括国家、市场、社会，社会学研究视野下的社会治理研究对“社会”给予了更多关注。在基层社区治理中，它不仅指各种社会组织、不同居民主体，还包括中国社会文化的隐秘作用。例如家庭在基层社区治理共同体中的作用就不容忽视，这也是社会学独特视野可以深入阐发的内容。例如周飞舟通过对扶贫实践的研究，发现家在其中起的关键作用[47]。但对于家国关系在构建社会治理共同体中的深层作用机制，还需要进一步的理论探索。

注：

［1］李培林:《社会学视角下的中国现代化新征程》,《社会学研究》，2021年第2期。

［2］李培林:《中国式现代化和新发展社会学》,《中国社会科学》，2021年第12期。

［3］张翼:《中国现代化中长期发展趋势》,《中国社会科学报》，2021年10月18日。

［4］洪大用:《实践自觉与中国式现代化的社会学研究》,《中国社会科学》，2021年第12期。

［5］周飞舟:《一本与一体：中国社会理论的基础》,《社会》，2021年第4期。

［6］王建民:《社会学作为总体性社会科学——重识瞿秋白的唯物史观社会学》,《社会学评论》，2021年第3期。

［7］王楠:《探求伦理人格与生活之道的社会学——论韦伯后期思想的发展方向》,《社会学评论》，2021年第3期。

［8］田耕:《“政治作为天职”的两分——韦伯支配学说与国家概念的两个关联》,《社会学研究》，2021年第5期。

［9］毕向阳:《社会形态学—人文生态学的知识谱系与“社会学中国化”的路径选择》,《社会》，2021年第5期。

［10］闻翔:《“东方经济”与中国乡村工业化的社会学机制——重访史国衡的个旧矿城研究》,《学术月刊》，2021年第4期。

［11］傅春晖:《早期燕京社会学的人文区位学研究——以杨庆堃的〈邹平市集之研究〉为例》,《社会学评论》，2021年第5期。

［12］马学军:《民本、有机与演化：严复“群学”思想探究》,《社会学评论》，2021年第2期。

［13］孙飞宇:《自恋与现代性：作为一个起点的“冯小青研究”》,《社会学评论》，2021年第2期。

［14］王春光:《迈向共同富裕——农业农村现代化实践行动和路径的社会学思考》,《社会学研究》，2021年第2期。

［15］陆益龙:《百年中国农村发展的社会学回眸》,《中国社会科学》，2021第7期。

［16］罗婧、张书琬:《从“志同”到“道合”——从一个泥玩具的价值变迁探微乡村的内生发展》,《社会学评论》，2021年第5期。

［17］徐宗阳:《机手与麦客——一个公司型农场机械化的社会学研究》,《社会学研究》，2021年第2期。

［18］叶敬忠:《〈江村经济〉：中国的农政问题与农政转型》,《社会》，2021年第3期。

［19］韩保庆、王胜今、张敬霞:《父母外出与子女发展———童年留守经历如何影响成年工资收入？》,《社会发展研究》，2021年第4期。

［20］刘凌:《政企关系对农村小微企业环境行为的影响机制研究》,《社会学评论》，2021年第5期。

［21］刘少杰、林傲耸:《中国乡村建设行动的路径演化与经验总结》,《社会发展研究》，2021年第2期。

［22］王天夫:《数字时代的社会变迁与社会研究》,《中国社会科学》，2021年第12期。

［23］邱泽奇、乔天宇:《组织退出：生命周期还是企业家自主选择——淘宝平台上小型电商创业组织的研究》,《社会学评论》，2021年第5期。

［24］陈华珊:《数字时代的政务微博创新扩散及治理——基于效率机制和合法性机制的比较分析》,《学术论坛》，2021年第5期。

［25］常多粉、孟天广:《动之以情还是晓之以理？——环境治理中网络问政的政府回应话语模式》,《社会发展研究》，2021年第3期。

［26］何祎金:《解锁技术嵌入的社会性与数字麻烦——大数据时代的社会学想象力》,《社会学评论》，2021年第6期。

［27］张樹沁、户雅琦:《技术机会获取与控制权

交换过程——对网约车平台技术的互构视角分析》,《社会学评论》,2021年第4期。

[28] 张小军:《让“社会”有“文化”》,《清华社会学评论》,2021年第15辑。

[29] 林红:《寻找他者:中国社会人类学百年》,《学习与探索》,2021年第12期。

[30] 王铭铭、阿兰·乐比雄、王博华:《目光与面容的相遇——与法国人类学家阿兰·乐比雄教授的对话》,《学术月刊》,2021年第1期。

[31] 朱晓阳:《中国的人类学本体论转向及本体政治指向》,《社会学研究》,2021年第1期。

[32] 王娟:《重建“多民族中国”的历史叙事:20世纪中国民族史观的形成、演变与竞争》,《社会》,2021年第1期。

[33] 赵旭东:《构建一体多元的中华民族共同体意识》,《贵州大学学报(社会科学版)》,2021年第6期。

[34] 周星:《民俗语汇·地方性知识·本土人类学》,《社会学评论》,2021年第3期。

[35] 萧放、王辉:《非物质文化遗产融入当代生活的路径研究》,《广西民族大学学报(哲学社会科学版)》,2021年第1期。

[36] 鞠熙:《大禹神话与地震自救——四川省绵竹市清平乡的神话、行动与宇宙观》,《社会学评论》,2021年第3期。

[37] 施爱东:《民间文学的共时研究》,《民俗研究》,2021年第1期。

[38] 岳永逸:《社会学的民俗学——黄石20世纪30年代的民俗学研究》,《社会学评论》,2021年第3期。

[39] 鞠熙、许茜:《美国民俗学的实践理论——兼论西蒙·布朗纳的有关阐释》,《民俗研究》,2021年第1期。

[40] 王思斌:《在新阶段新格局下积极推进社会工作事业发展》,《中国社会工作》,2021年第1期。

[41] 王思斌:《乡镇社工站建设中的“政策共同体”》,《中国社会工作》,2021年第16期。

[42] 张翼:《“三孩生育”政策与未来生育率变化趋势》,《中国特色社会主义研究》,2021第4期。

[43] 陶涛、刘雯莉、李婷:《长幼有序,男女有别——个体化进程中的中国家庭养老支持分工》,《社会学研究》,2021年第5期。

[44] 王思斌:《发挥社会政策和社会工作在促进共同富裕中的作用》,《中国社会工作》,2021年第28期。

[45] 冯仕政、房莉杰:《专业性与本土化:社会政策学科建设的类型学》,《社会建设》,2021年第5期。

[46] 刘世定、周飞舟:《田野调查的洞察力和想象力》,《清华社会科学》,2021年3月出版(2020年第2期)。

[47] 周飞舟:《从脱贫攻坚到乡村振兴:迈向“家国一体”的国家与农民关系》,《社会学研究》,2021年第6期。

(北京市社会学学会供稿;主要执笔人:张翼、刘亚秋)

人 口 学

摘 要

2021年是“十四五”规划和落实2035年远景目标的开局之年。中国人口发展正在发生新的重大变化,面临“百年未有之大变局”。本年度有关“一老”(新时代老龄工作)“一小”(优化生育政策、加强生育支持配套措施)的两个重要纲领性文件颁布。在新的生育政策框架、积极应对人口老龄化国家战略新内涵以及继续发展、演变的人口“新常态”背景下,北京人口学界、人口学者及跨学科学者共同努力,继续围绕狭义人口学和广义人口研究,在开展科学研究、学术交流、学术共同体建设、人才培养以及发挥“智库”作用、提供社会服务等方面全面推进。密切关注和追随学术前沿,聚焦国家、首都重大人口理论与现实问题，形成了一批有较大学术影响和社会影响的优秀科研成果、咨询报告，并承担了多个国家重大科研项目和省部级项目，学科建设和人才培养稳步推进，很好地发挥了国内人口学研究学术高地和生力军的作用。北京市人口学会作为专业学术团体，不仅积极参与学术研究、学科建设和决策咨询等活动，而且在学术机构和学者间发挥了重要的桥梁纽带和凝聚作用。

一、学术研究状况

2021年，人口学学术研究备受瞩目且成果最多的三大主题是“人口老龄化与老龄研究”、“生育与生育支持”和“人口健康”。

有关人口老龄化、老龄问题、老年人口问题的研究，沿着学科建设、基础理论和现实问题三条路径展开，内容既包括老年学学科建设与发展议题，也涉及人口老龄化和老年人口状况，还涵盖对养老服务及社会保障体系的研究。在庆祝中国共产党建党百年之际，总结、回顾党的老龄工作思想与政策演变具有重要意义，也成为本年度老龄研究的一个理论重点。与前一年相比，本年度有关人口老龄化和老龄问题的研究中，理论研究的“重头”是人口老龄化对国家经济社会发展影响的研究。其中，又以人口老龄化对经济发展影响的宏观分析为主流。

养老服务和养老社会保障始终是我国老龄研究的核心话题。2021年这一领域的研究成果数量可观、内容丰富、视角多样。通过对相关文献的梳理可以看到，养老服务涉及的内容包括医养结合、老年照护、居家养老、健康服务、长期照护、家庭支持、失能照料、社会适老化转型、智慧养老、数字化服务等众多方面，成果源自人口学、社会学、公共管理、社会工作等多学科领域和多种视角，从不同侧面对我国社会养老服务体系的构建与完善进行了多层次的分析及研究，其中老年人的照护需求、特别是长期照护问题受到特别的关注。养老社会保障方面开展的研究主要涉及基本养老金政策、失能照护筹资、长期护理保险、农村养老保障、税收政策、第三支柱养老保险、个人养老金制度、商业养老保险改革等等，来自经济学、管理学和金融领域的专家学者对这一领域的研究做出了重要贡献。

对生育与生育支持的研究集中体现在三个方面：一是低生育率及其影响因素；二是生育政策与配套支持措施；三是普惠性婴幼儿托育服务体系构建。

对低生育率及其影响因素的研究，学者们分别基于国内、国际两个视角，从生育转变、低生育率、生育政策与生育率变化以及生育率影响因素等多个角度展开。在生育政策及其配套支持措施的研究中，特别值得关注的是伴随“三孩”生育政策提出的崭新概念——生育政策的“包容性”和“生育友好型”社会。如何理解和诠释新的概念，成为本年度学术研究的关切之一。

生育政策及生育支持研究的具体内容丰富多样。众多学者分别从生育政策及其配套支持措施、降低家庭生育养育教育成本、平衡工作与家庭（特别是女性）、家庭变迁与生育的关系等多个角度展开研究。

2019年政府相关文件的发布使3岁以下婴幼儿托育服务成为新的社会关切，也成为本年度人口学界的一个热点话题。来自不同学科的学者在不同视域下开展了对婴幼儿托育服务的研究。其中既包括从家庭需求和机构供给两个侧面展开的实证分析，也包括从“适度普惠”到“部分普惠”的政策构想，还有对托育服务供给模式及其普惠成效的国际比较，等等。

从社会科学视角研究人口健康或者公共健康，是人口研究近些年显现交叉学科特色的一个重要学科成长点，也是研究成果迅速增多的一个领域。2021年，北京人口学术研究中有关人口健康的文献之多令人注目。一方面是源于中国实施“健康中国2030”国家重大战略的大背景，政府、社会和学界对人口健康有了空前的关注与重视，研究得以拓展及深化。另一方面，在人口转变、社会发展和经济转型的剧烈社会变迁新阶段，群体健康，特别是弱势群体的健康问题作为一个公共问题和社会问题越来越多地进入公共视野。综观2021年有关人口健康的研究，除了少量对人口健康的理论探讨外，大量研究成果集中于对“一老一小”两个群体健康问题的阐述，这些研究既包括身体健康，也涵盖心理健康。

在人口健康理论研究方面，对基于重大社会环境事件与人口健康关系实证分析的“事件人口学”新范式的探讨，“家庭健康生产”和“家庭健康循环”等新视角的提出以及跨学科老年健康研究主要框架和核心议题的阐述，都体现了创新性和前沿性。

据不完全统计，2021年北京学者共出版人口学学术著作14部。这些著作聚焦人口生育与生育政策、人口老龄化及养老研究、人口健康等主题；同时，以中国家庭发展、北京人口发展、北京养老服务以及人口健康为专题的年度发展报告也是本年度人口学研究著作类成果的一大特色。本年度出版的学术著作主要表现出三大特点：一是在国际视野和“中国情境”下，聚焦新时代人口发展的重大理论与现实问题，依托学科特点和优势开展的前沿性研究，如：人口低生育率问题、快速人口老龄化及老龄问题、多学科视角下对人口健康的认识与理解等。二是围绕现时期重要的现实人口社会问题开展政策分析，为决策提供依据，如：生育政策效应评价、社区工作与健康管理、城市群和中心城市高质量发展与政府规划、养老服务与养老保障的工作举措与政策建议，以及生殖健康促进等。三是通过年度蓝皮书的形式，紧扣北京城市人口发展、养老等重大全局性问题，直接服务于京津冀协同发展和首都发展与建设大局，通过全面、系统的实证分析，为循证决策提供依据，如《北京人口蓝皮书：北京人口发展研究报告（2021）》和《北京养老服务蓝皮书：北京养老服务发展报告（2020—2021）居家养老》。上述特点不仅凸显了北京人口学界学术研究的“学科高地”特色，而且表现出北京学者对首都建设与发展的责任担当。

2021 年，北京人口学者在发挥学术研究和学科建设领军作用、为政府重大决策提供智力支持方面继续表现出色。据不完全统计，北京市人口学会各会员单位承担各级各类科学研究和技术服务项目近 70 项，其中国家级或省部级项目 17 项（包括国家社会科学基金项目 9 项、北京市社会科学基金项目 6 项、科技部项目 2 项）。在承接的北京项目中，人口学和跨学科学者承担了北京市社会科学基金重大项目 1 项、重点项目 1 项、决策咨询重点项目 1 项和首都高端智库重大项目 1 项。

除上述国家级或省部级项目外，中国人民大学、北京大学、中国社会科学院、首都经济贸易大学、中国人口与发展研究中心、中国老龄科学研究中心、北京市委党校、中央财经大学等高校和科研机构还承担了数10 项中央和地方政府部门、国际组织等委托的各类项目，这些项目涵盖优化生育政策促进人口长期均衡发展、生育支持政策体系、女性平衡家庭和工作的政策支持、“十四五”人口规划编制、人口调查设计、少数民族人口、京津冀人口发展、人口与家庭发展、长期护理保险、老年人微信和互联网使用、“生育、养育、教育”成本、流动人口、边境人口、县域人口发展、人口老龄化的经济影响、人口竞争力等议题，覆盖主题广泛，研究领域宽阔，既有人口增长变动、人口迁移流动和生育等狭义人口学（Demography）议题，也有更宽泛的探讨人口与经济社会变量关系的人口研究（Population Studies）内容；既包括理论探讨，也涵盖众多应用性研究。在各项目中，北京市的人口发展受到特别关注，涵盖对北京市中长期人口发展趋势预测、北京市普惠型托育体系构建、北京市老年人互联网使用与养老、北京常住外来人口发展特征及变动趋势等直接服务于首都城市发展与政府决策的多项研究项目。除人口学研究外，北京学者还发挥专业特长，积极承接了有关公共危机下社会心理干预、城乡居民大病保险、新冠疫情视角下的卫生安全与全球卫生战略、慢性疾病经济负担及生命质量等跨领域的研究课题。

2021 年是第七次全国人口普查数据开发的高峰年份。国务院人口普查办公室通过国家统计局组织开展了“七普”数据的深入开发和专项研究活动。从国家统计局公布的 44 个国家级中标课题中，来自北京各科研机构和高校共中标 22 项，占到全部研究项目的 50%，其中重大课题中标 5 项。

二、学术共同体建设

虽然因为新冠疫情防控的影响，本年度线下学术交流活动受到限制，但北京人口学学术交流活动依旧非常活跃，特别是学术论坛、讲座等丰富多彩，继续发挥着国内外重要学术交流“窗口”和研究成果共建、共享的凝聚作用。据不完全统计，本年度学会各主要成员单位共召开了各级各类学术研讨会 40 场，举办专题学术讲座 35 场。学术会议、专题研讨会以及学科前沿性学术论坛不仅聚集了众多北京人口学、社会学、经济学、管理学等学科学者的积极参与，而且吸引了来自国内外的学者线上参会，不断扩大着北京人口学研究的学术影响力。

走出“象牙塔”、对接社会关切，利用新媒体在学术交流与科普方面积极开拓创新，也是北京人口学学术研究和学科建设的一大“亮点”。由中国人民大学年轻学者团队积极建设的人口学科普性公众号“严肃的人口学八卦”，在一定范围内起到宣传国家方针政策、促进学科知识传播和提升学科及学校社会影响力的作用。其所发挥的积极作用和达到的效果非常规学术活动、常规宣传和科普做法所能及，为专业性很强的社会科学学科进一步走入社会大众生活、纳入公共服务视野、满足更广泛社会需求提供了先行探索和范例。

北京市人口学会及其各成员单位和北京的学者们在学科共同体建设方面显现如下鲜明特点：一是紧扣时代脉搏、紧密结合国家重大战略决策和发展目标，理论与实践相结合。二是积极创新和拓展学术交流活动形式。三是在学科共同体建设中，青年学者不但十分活跃，而且他们正在成为学科延续、传承和发扬光大的中坚力量。

三、社会服务效能

2021 年，北京市人口学会及其所属各会员单位继续发挥为党和国家重大决策提供智力支持和开展社会服务的“龙头”作用，表现出色。根据学会收集到的信息，2021 年，各会员单位共提供政策咨询报告、政协提案、内部调研报告或专项研究报告等共 73 份，其中 45 份获得国家级、省部级采纳或领导批示，其余报告绝大多数也都得到政府相关部门的采纳并得到肯定和较高评价。这些咨询报告或内部研究报告的内容主要涉及生育政策及其配套支持体系、家庭发展、健康中国、计划生育服务、人口形势、县域人口发展、人口城镇化、老龄产业、老年人力资源开发、北京城市建设与发展、流动人口服务、性别平等促进、民族人口发展、长期护理保险制度、居家和社区养老服务、新冠疫情下居民心理健康等众多方面。

四、问题思考与研究建议

我国和北京的人口发展都处于新的历史时期，新的人口现象和人口问题不断涌现，未来数年国家将不仅迎来人口负增长的关键性转折，而且会面临进入深度老龄化的历史新阶段，人口学学术研究承担着新的历史使命和时代责任，人口学学科建设任重道远。在新的人口形势、新的社会背景与政策环境下，北京的人口学学术研究和学科建设仍需要关注以下问题：一是对首都人口问题关注不够，政产学研融合不足。二是充分开发、利用人口数据资源的问题。三是进一步推动理论创新的问题。四是科研形式和内容如何贴近社会、服务社会的问题。

未来数年，仍是围绕第七次全国人口普查数据的研发和深入挖掘开展人口学多维度、全方位、跨学科研究的“黄金时期”。根据预测，数年后中国可能迎来人口总量达到峰值并转增为减、进入负增长时代的历史转折点；未来数年也是创建生育友好型社会、建立并完善生育支持政策体系的关键阶段；与之相伴随，我们也将迎来历史空前的老年人口数量高峰、人口渐趋深度老龄化的特定历史时期。这都赋予了人口学责无旁贷的历史使命和时代责任。以往任何时期从没有像今天这样呼唤人口学及时回应新的人口变化，也从没有像今天这样需要人口学者和跨学科学者共同努力为国家高质量发展提供智力支持、发挥“智库”作用。这些也为人口学学术研究和学科发展创造出新的契机与动力。需要继续关注和研究人口的结构性问题，包括人口老龄化和劳动力人口、婚姻家庭等的结构性变化，也包括规模仍在继续扩大的迁移流动人口及其表现出的新趋势、新特点；继续关注和研究生育、健康、社会保障等重大民生问题；继续关注和研究人口与经济发展、资源环境等宏观战略性人口与发展问题；继续关注和加强研究首都人口发展和人口问题。对此，北京人口学界和人口学者更应站在时代前列，有更大的担当。

年度推荐论文和著作

论　文

1. 郑真真:《生育转变的多重推动力：从亚洲看中国》,《中国社会科学》，2021 年第 3 期。

2. 陶涛、金光照、郭亚隆:《两种人口负增长的比较：内涵界定、人口学意义和经济影响》,《人口研究》，2021 年第 6 期。

3. 杜鹏、谢立黎、王煜霏:《中国共产党老龄工作的思想与政策演变——百年历程的回顾与思考》,《人口与经济》，2021 年第 5 期。

4. 宋健、张晓倩:《从人口转变到家庭转变：一种理论分析思路》,《社会》，2021 年第 1 期。

5. 王广州:《中国人口机会窗口与人口红利再认识》,《中国人口科学》，2021 年第 3 期。

6. 孙鹃娟:《健康老龄化视域下的老年照护服务体系：理论探讨与制度构想》,《华中科技大学学报（社会科学版）》，2021 年第 5 期。

7. 郑晓瑛、何平、郭超、罗雅楠、叶欣、张弛:《重大社会环境事件与人口健康的实证分析和思考——“事件人口学”在我国的创建和完善发展》,《人口与发展》，2021 年第 1 期。

8. 童玉芬、阳圆、张欣欣:《我国特大城市人口调控政策的量化研究——以北京市为例》,《人口与经济》，2021 年第 1 期。

9. 陆杰华、韦晓丹:《跨学科视角下老龄健康研究的主要框架、核心议题及其展望》,《河北大学学报(哲学社会科学版)》, 2021 年第 3 期。

10. 段成荣、黄凡、毕忠鹏、巫锡炜:《中国大陆 1982—2010 年各民族人口转变研究》,《民族研究》, 2021 年第 2 期。

著 作

1. 陈卫:《中国的低生育率与两孩政策效应》(清华汇智文库), 清华大学出版社, 2021 年。

2. 和红、杜本峰、齐亚强、张有春、张会平:《多学科视角下中国健康发展前沿》, 社会科学文献出版社, 2021 年。

3. 尹德挺、史毅、张锋等:《从区划到圈层: 国际视野下的京津冀人口发展》, 中国社会科学出版社, 2021 年。

4. 林宝主编:《积极应对人口老龄化: 内涵、举措和建议》, 中国社会科学出版社, 2021 年。

5. 尹德挺、胡玉萍、吴军主编:《北京人口蓝皮书: 北京人口发展研究报告(2021)》, 社会科学文献出版社, 2021 年。

6. 王永梅、江华、张立龙、张航空:《北京养老服务蓝皮书: 北京养老服务发展报告(2020—2021)居家养老》, 社会科学文献出版社, 2021 年。

7. 顾宝昌、茅倬彦、胡梦芸:《深刻的变革 未竟的事业——国际人口与发展大会 25 周年中国报告》, 中国人口出版社, 2021 年。

8. 党俊武、王莉莉、杨晓奇、魏彦彦:《中国老龄产业发展及指标体系研究》, 社会科学文献出版社, 2021 年。

9. 唐丹:《中国人老年社会网络与心理健康》, 中国人口出版社, 2021 年。

10. 赵梦晗:《政策变化与家庭变迁下中国女性初育行为》, 中国人口出版社, 2021 年。

人 口 学

2021年是“十四五”规划及落实2035年远景目标的开局之年，全国正在迈入建设社会主义现代化强国、经济高质量发展、社会“富强民主文明和谐”水平不断提升的重要历史时期。对国家社会经济发展具有基础性、战略性和长期性影响的人口发展，也正面临着数量与结构“百年未有之大变局”。本年度，有关“一老”(新时代老龄工作)“一小”(优化生育政策、加强生育支持配套措施)的两个重要纲领性文件颁布，以适应人口新变化并契合高质量发展的时代要求。

正是在这样的人口国情、政策及发展背景下，北京人口学界继续围绕人口学学术研究和学科发展主题，在开展科学研究、学术交流、学术共同体建设、人才培养以及发挥“智库”作用、提供社会服务等方面全面推进。其中，特别克服了新冠疫情带来的研讨、交流障碍，积极发挥互联网的跨时空优势开展学术交流活动、举办专业讲座。本年度，人口学及跨学科学者密切关注和追随学术前沿，聚焦国家、首都重大人口理论与现实问题，形成了一批有学术影响和社会影响的优秀科研成果、咨询报告，并承担了多个国家重大科研项目和省部级项目，学科建设和人才培养也稳步推进，很好地发挥了国内人口学研究学术高地和生力军的作用。北京市人口学会作为专业学术团体，不仅积极参与学术研究、学科建设和决策咨询等活动，而且在学术机构和学者间发挥了重要的纽带、桥梁和品牌作用。

一、学术研究概况

(一)学术论文

2021年，通过资料收集和文献梳理，北京市人口学者和相关学科学者，共在各类学术期刊上发表人口研究论文近700篇，与前一年的成果数量大体持平。这些学术研究成果依旧涉及主题广泛、内容丰富，继续涵盖了人口学理论与方法、人口老龄化、人口迁移流动、人口健康、婚姻与家庭、人口城镇化、生育及其配套支持服务、人口与经济、人口与资源环境、民族人口、首都人口研究以及基于性别视角的人口学研究等众多专门领域。其中既包含人口学重大理论与现实问题，也涉及社会和大众关注的热点与焦点。与2020年相比，本年度学术论文中有三大主题备受瞩目，成果尤为丰富。一是“人口老龄化与老龄问题”研究，二是“生育及生育支持”研究，三是“人口健康”研究。

1. 人口老龄化与老龄问题研究

人口老龄化作为本世纪我国面临的最大人口挑战，本年度仍是人口学研究最热门话题，研究成果数量最多，大体占到全年人口学学术论文总量的四分之一强。2020年第七次全国人口普查提供的最新数据，则为更客观、深入地开展人口老龄化及老年人口研究提供了重要助力。

整体来看，本年度有关人口老龄化和老龄问题、包括老年人口问题的研究，可以概括为两个层面和三个视角，即：一是宏观层面，即从老年人口总体规模和老年人口占比两个角度，认识和阐释人口老龄化对国家或地区社会经济发展的宏观影响，包括中长期影响；二是“微观”层面，即基于个体微观数据、立足老年人口群体或老龄问题的研究，这类研究涉及面非常广泛，涵盖养老服务、社会保障、老年人口的社会参与、老年人力资源开发、老年人健康状况、长期照护和家庭代际关系等等。三个视角分别为理论视角、实证视角和政策视角。当然，无论是两个层面还是三个视角，在很多研究中都是彼此交融、相互关联的。其中特别值得指出的是，在庆祝中国共产党建党百年之际，回顾、总结党的老龄工作思想与政策演变具有特殊重要的意义，也成为本年度老龄研究的一个理论重点。此外，关注人口老龄化对国家经济社会发展的影响是本年度该领域研究的另一重头。

（1）人口老龄化的社会经济影响研究

在庆祝中国共产党建党百年之际，来自中国人民大学人口与发展研究中心、老年研究所和北京社会建设研究院的杜鹏、谢立黎和王煜霏三位学者以“中国共产党老龄工作的思想与政策演变——百年历程的回顾与思考”为题，进行了跨度时间长、贯穿多个历史时期的纵深研究。他们认为，目前提出积极应对人口老龄化的国家战略是“中国共产党一百年来老龄工作思想的结晶”。经过长期的理论探索与实践尝试，已“形成了一套科学有效的老龄政策体系，为新时代积极应对人口老龄化国家战略的确立积累了宝贵经验”。回顾百年党史，“‘积极老龄观’始终是贯穿党的老龄工作的基本理念和精神内核。在‘积极老龄观’引导下，中国共产党对老龄工作的定位经历了从‘老人问题’向‘发展问题’再向‘全局性问题’的认识转变，老龄政策经历了从特惠到普惠、从保基本到高质量发展的过程”。

清华大学公共管理学院杨燕绥系统梳理和阐述了“中国共产党对国家养老金制度的探索与实践”。指出“中国在从农业大国进入工业化的过程中，借鉴了国际经验，基于中国国情与时俱进的发展，经历了公有制、社会化、全国统筹与多层次三个发展阶段，建设了世界最大的基本养老金制度”。到目前为止，中国的养老金制度已经“基本做到全覆盖、保基本”。

从经济学视角、基于宏观层面探讨人口老龄化和老龄问题，是本专题成果突出的部分，学科交叉、融合特点鲜明。这中间既包括中国社科院人口与劳动经济研究所都阳和封永刚两位学者利用122个国家、跨越25年的面板数据，做出不同人口老龄化速度对经济增长影响的实证分析和机制探讨；也包括北京大学经济学院苏剑教授从总供给与总需求的分析视角，对“人口老龄化如何影响经济增长”的研究；还包括经济学学者陈小亮、王兆瑞和郭俊杰对“老龄化是否削弱了中国货币政策的‘稳增长’效果?”的专门讨论以及中国社会科学院蔡昉研究员从理论视角，即基于不同时代的经济理论模型阐释的人口与经济之间的关系。来自中国人民大学公共管理学院的董克用、孙博和张栋等学者则以“从养老金到养老金融：中国特色的概念体系与逻辑框架”为题，创新性地界定了养老金融及其涵盖的养老金金融、养老服务金融、养老产业金融等。王广州和王军两位学者利用人口学特有的间接估计和预测方法，从人口学视角对“中国人口老龄化趋势的经济社会影响及公共政策应对”的探讨同样见解独到。

此外，有关人口老龄化与消费需求的关系、对产业结构服务化的影响和作用路径、与技术创新的关系、对人力资本投资的影响、财政的可持续性建设、社会养老保险基金投资运营、社会保障改革、养老产业等重大发展问题的众多研究成果也值得关注。

除上述经济和金融视角外，也有学者从社会发展视角分析人口老龄化及其影响，包括对社会治理格局创新视域下作为互助养老和志愿服务模式的时间银行的可行路径分析；也包括对老龄社会新形态下城市老年群体社会治理模式的变革探讨等①。

（2）养老服务与社会保障研究

养老服务和养老社会保障始终是我国老龄研究领域的核心话题之一。2021年这一领域的研究成果数量可观、内容丰富、视角多样。

2021年是“十四五”时期的开局之年，五年规划期中国社会养老服务体系如何建设，是学者们关注的焦点之一。陈功、赵新阳和索浩宇在高质量发展目标下，对“十四五”时期我国养老服务发展面临的机遇与挑战进行了具体分析；黄石松和伍小兰则对“十四五”时期中国老年健康服务体系建设的路径优化展开讨论；杨燕绥、秦晨和李超凡进一步聚焦到对“十四五”时期提升老龄人口的医养服务做出思考。

在人口平均预期寿命不断延长、人口日趋“高龄化”趋势下，养老照护服务，包括长期照护问题成为越来越重要的话题，受到特别关注。北京大学乔晓春基于对需要照护的老年人口规模与结构的推算，结合需要照护老年人的收入状况，对中国未来的养老照护需求进行了专门估计；孙鹃娟教授则在健康老龄化视域下对如何构建我国的老年照护服务体系做出理论探讨和制度构想，并从制度保障、资金保障、服务保障、环境营造和家庭支持五个维度提出了政策建议；唐钧、冯凌则从国际视野探讨了长期照护的全球共识及其概念框架。

除上述成果外，通过对相关文献的梳理可以看到，养老服务涉及的内容非常丰富，包括医养结合、老年照护、居家养老、健康服务、长期照护、家庭支持、失能照料、社会适老化转型、智慧养老、数字化服务等众多方面，成果源自人口学、社会学、公共管理、社会工作等多学科领域和多种视角，构成了对我国社会养老服务体系构建与完善的多层次分析及研究。养老社会保障方面开展的研究主要涉及基本养老金政策、失能照护筹资、长期护理保险、农村养老保障、税收政策、第三支柱养老保险、个人养老金制度、商业养老保险改革等等，来自经济学、管理学和金融领域的专家、学者对这一领域的研究做出了重要贡献。

2.生育及生育支持研究

在生育水平持续低迷、生育政策连续调整的大背景下，对生育及生育支持的研究成为近几年人口学研究的重点和热点领域。2021年，北京人口学界对该专题的研究主要集中在三个方面：一是低生育率及其影响因素；二是生育政策与配套支持措施；三是婴幼儿托育服务体系构建。

（1）低生育率及其影响因素分析

中国人民大学陈卫教授认为中国人口正在经历“重大转折”。他利用“七普”数据估计得出，“过去10年来（中国妇女）总和生育率在1.5~1.8之间波动”。“近期中国生育率变化受到女性婚姻推迟的持续压低作用，而两孩政策使二孩生育率得到明显提升”。“三孩”政策为“实现适度生育率、调整区域人口发展和满足不同人群多样化的生育需求提供了空间”。陈卫与刘金菊在对近年来中国出生人数下降的影响因素分析中发现，各种人口学因素都在促使年度出生人数缩减，其中育龄妇女规模下降是出生人数减少的“主导因素”，而婚育年龄的加速推迟进一步强化了出生人数的缩减。他们认为“中国的出生人数（已）进入了更迅速的下降通道”。

中国社科院社会发展战略研究院张翼认为，近些年生育政策的密集调整“基本解决了绝大多数夫妇的生育需求。但在社会转型带动人口转型的大背景下，当前中国的政策生育率已大大高于实际生育率”。提出应通过“短期防止生育率继续下滑”“中期维持并波动提升生育率”“长期构建生育友好型社会”来设计并释放“制度红利”。

郑真真将中国人口生育转变置于亚洲背景下，探讨生育转变的多重推动力。她认为，中国的生育转变和亚洲诸多国家/地区相似，“社会经济发展和政府主导的计划生育都起到了重要作用”。中国的生育率下降虽然起步相对较晚，但速度超过多数亚洲国家。已持续多年的低生育现象表现出“生育意愿低、生育二孩比例低、婚育年龄不断推迟”等主要特点。另一位学者陈佳鞠则在收集了世界上处于后生育转变阶段国家的总和生育率数据并做出分析后发现，“当前的经济社会发展水平无法完全解释后生育转变阶段的生育水平差异，需要从更长远的社会变迁历程中找寻答案”。

对于近10年来中国有关低生育率的研究，有学者通过梳理，总结、概括为三个主要方面：“（1）刻画我国生育意愿与生育行为之间的内在逻辑，以及从生育计划调整、女性生命周期、生育观念和性别偏好等方面剖析二者存在错位的深层次原因；（2）从经济、社会、家庭、制度和文化规范五个方面分别诠释我国

① 因篇幅所限，不一一列出具体成果，请查阅相关文献。下面各部分中未列出具体参考文献的均同此注。

生育率下降的决定因素及动力机制；（3）以‘单独’二孩和‘全面两孩’政策为核心，探讨我国旨在提高社会生育水平的举措及政策实施效果”（张孝栋、张雅璐、贾国平等）。

（2）生育政策及其配套支持措施研究

在生育政策及其配套支持措施的专门研究中，特别值得关注的是伴随“三孩”生育政策提出的崭新概念——生育政策的“包容性”和“生育友好型”社会。如何理解和诠释这些新概念，成为本年度该领域学术研究的关切之一。

中国人口与发展研究中心刘中一提出增强生育政策的包容性包括要“保持政策主线的延续性”“尊重政策内容的差异性”“维护政策过程的民主性”“增加政策规定的冗余性”“允许政策运作灵活性”。宋健教授则认为，迄今生育政策已完成第一次转型，“即从以控制人口过快增长为目标的数量约束性策略，转向以统筹解决人口问题为目标的结构优化性策略”。目前正在进行第二次转型。这一转型是“转向以实现适度生育水平为目标的包容性策略，其中生育政策的包容性可从政策的延续性、方式的灵活性和措施的多样性三个方面加以理解。第二次转型是政策内容和方向的重要改革”。

周云和彭书婷以低生育率的荷兰为参照，尝试突破生育政策本身的狭义局限，回答为什么需要担心人口发展、政府对人口发展的立场和态度以及现有与人口相关政策的特点等问题。穆光宗、林进龙则从“内生性低生育阶段的风险与治理”角度，尝试诠释“生育友好型社会”的文化基础、社会基础、信任基础、制度基础及人文基础。

在生育政策研究中，从经济学视角展开的分析较少。首都经贸大学劳动经济学院的童玉芬、周文等学者特别评估了“生育政策调整对我国劳动力供给规模的影响”。他们的研究结果表明，“无论生育政策是否调整，我国未来劳动力供给都将呈现出2030 年前缓慢下降、2030年后快速下降的趋势。全面二孩政策的实施在一定程度上增加了2030 年后劳动力的供给规模，对减缓劳动力快速下滑的势头起到了积极的作用，但总趋势无法扭转”。

除上述研究外，众多学者还分别从生育政策及其具体配套支持措施、降低家庭生育—养育—教育成本、平衡工作与家庭（特别是女性）、家庭变迁与生育的关系等多个角度展开了各有侧重的研究。宋健和郑航两位学者将2016—2021年我国的生育研究概括为是围绕“中国的生育水平、低生育水平的影响机制、如何提升中国的生育水平”这三个核心问题展开的。

（3）托育服务体系构建研究

2019年国务院办公厅印发的《关于促进3岁以下婴幼儿照护服务发展的指导意见》及一系列相关政策文件，使托育服务、特别是普惠性托育服务成为新的社会关切和研究热点。来自不同学科的学者在不同视域下开展了对婴幼儿托育服务的研究。其中既包括从家庭需求和机构供给两个侧面展开的实证分析，也包括从“适度普惠”到“部分普惠”的政策构想，还有对托育服务供给模式及其普惠成效的国际比较，等等。但总体来看，现时期由于针对3岁以下婴幼儿的现代化、普惠性、制度化的托育服务在我国刚刚起步，现有的研究成果仍相对有限，研究的广度和深度也有待进一步拓展和深化。

3. 人口健康研究

从社会科学视角研究人口健康或者公共健康，是人口研究近些年显现交叉学科特色的一个重要学科成长点，也是研究成果迅速增多的分支领域。2021年，北京人口学研究中有关人口健康的文献之多令人注目。这一方面是源于我国实施“健康中国2030”国家重大战略的大背景，推动政府、社会和学界对人口健康有了空前的关注与重视，研究得以拓展及深化。另一方面，在人口转变、社会发展和经济转型的社会变迁新阶段，群体健康、特别是弱势群体的健康问题作为一个社会问题越来越多地进入公共视野。综观2021年北京人口学界有关人口健康的研究，除了少量对人口健康的理论探讨外，大量研究成果集中于对“一老”“一小”两个群体健康问题的关注。这些研究既包括身体健康，也涵盖心理健康。

在人口健康理论研究方面，北京大学郑晓瑛、何平、郭超等组成的跨学科研究团队，对“重大社会环境事件与人口健康”开展了实证分析和理论思考。他们通过对重大环境事件的界定和现有相关研究的梳理，提出“重大社会环境事件作为一种外生冲击和自然实验，为开展人口与健康的因果关系和相关关系等提供了独特的研究机会和范式”，帮助我们“更加理性（地）看待重大社会环境事件对人口与健康影响的‘双面效应’”。陆杰华和韦晓丹则在跨学科视角下对老龄健康研究的主要框架、核心议题进行了阐述并做出展望，提出了跨学科老龄健康研究的“社会—行为—心理—环境—遗传”综合分析框架。

和红和谈甜围绕崭新的"家庭健康生产"和"家庭健康循环"概念开展的对儿童健康的影响与贡献度以及健康的代际传递等专题研究，体现了人口健康研究领域的创新特点和前沿性。

除上述外，一些学者还分别从健康投资对健康水平的影响、"健康中国"背景下构建高质量健康管理体系、政府卫生支出对我国居民预期寿命的影响等不同侧面进行了较深入的分析。

在人口健康研究领域，对老年人群体生理、心理健康的研究内容丰富、视角多样，涵盖孤寡老人的抑郁问题、互联网使用对老年人孤独感的影响、老年人居住安排对自评健康的影响、失能对老年人主观福利的影响以及对老年人心理健康的社会学干预等等，这些研究是人口学、社会学、心理学、公共卫生、公共管理等多个学科学者的共同贡献。对另一个重要社会群体少年儿童健康问题的研究，与老年人口健康问题研究有所不同，更多是与家庭环境及其影响紧密相连。其中包括：家庭结构对青少年健康影响的探讨、困境家庭与儿童健康问题的分析、家庭教育中的"父母倦怠"以及儿童健康与教育表现的研究等等。

除上述三大专题外，北京人口学者继续关注首都和京津冀地区的人口发展。其中，前者主要涉及人口就业和城市的人口演变与调控，包括人口规模预测、未来劳动力的供需变动趋势、城市外来人口与"人口红利"和"人才红利"以及人口调控政策的演变规律与特点等；后者则更多关注京津冀协同发展前提下的区域人口与经济关系、都市圈发展以及重要环境问题等。

（二）学术著作与科研项目

2021年，据不完全统计，北京学者共出版人口学学术著作14部。这些著作聚焦人口生育与生育政策、人口老龄化及养老研究、人口健康等主题；同时，以中国家庭发展、北京人口发展、北京养老服务以及人口健康为专题的年度发展报告也是本年度人口学研究著作类成果的一大特色。

本年度出版的学术著作主要表现出三大特点：一是在国际视野和"中国情境"下，聚焦新时代人口发展的重大理论与现实问题，依托学科特点和优势开展前沿性研究，如人口低生育率问题、快速人口老龄化及老龄问题、多学科视角下对人口健康的认识与理解等。二是围绕现时期的重要人口社会问题开展政策分析，为政府决策提供依据，如生育政策评价、社区工作与健康管理、城市群和中心城市高质量发展与政府规划、养老服务与养老保障的工作举措与政策建议以及生殖健康促进等。三是通过年度蓝皮书的形式，紧扣北京城市人口发展、养老等重大全局性问题，直接服务于首都发展与建设大局和京津冀协同发展，为循证决策奠定基础，如《北京人口蓝皮书：北京人口发展研究报告（2021）》和《北京养老服务蓝皮书：北京养老服务发展报告（2020—2021）居家养老》。上述特点不仅凸显了北京人口学界科学研究的"学术高地"特色，而且表现出北京学者对首都建设与发展的责任担当。

2021年，北京人口学者在发挥学术研究和学科建设领军作用、为政府重大决策提供智力支持方面继续表现出色。据不完全统计，学会各会员单位承担了各级、各类科学研究和技术服务项目近70项，其中国家级或省部级项目17项，包括国家社会科学基金项目9项、北京市社会科学基金项目6项、科技部项目2项。在承接的北京项目中，人口学和跨学科学者承担了北京市社会科学基金重大项目1项、重点项目1项、决策咨询重点项目1项和首都高端智库重大项目1项。这些纵向项目或课题不光事关重大理论和现实问题，而且具有学科前沿性。

除上述国家级或省部级项目外，中国人民大学、北京大学、中国社会科学院、首都经济贸易大学、中国人口与发展研究中心、中国老龄科学研究中心、北京市委党校、中央财经大学等高校和科研机构还承担了数十项中央和地方政府（部门）、国际组织等委托的各类项目，这些项目涵盖优化生育政策促进人口长期均衡发展、生育支持政策体系、女性平衡家庭和工作的政策支持、"十四五"人口规划编制、人口调查设计、少数民族人口、京津冀地区人口发展、人口与家庭发展、长期护理保险、老年人微信和互联网使用、"生育、养育、教育"成本、流动人口、边境人口、人口老龄化的经济影响、人口竞争力等议题，覆盖的主题非常广泛、研究领域宽阔，既有人口增长变动、人口迁移流动和生育等狭义人口学（Demography）议题，也有更宽泛的探讨人口与经济社会变量关系的人口研究（Population Studies）内容；既包括理论探讨，也涵盖众多应用性研究。在各级、各类项目中，北京市的人口与发展备受关注。其中既涵盖对北京市中长期人口发展趋势预测、北京市普惠性托育服务体系构建、北京市老年人互联网使用与养老、北京常住外来人口发展特征及变动趋势等直接服务于首都城市发展与政府人口决策的研究项目，也包括北京人口学者发挥专业特长，积极承接的公共危机下社会心理干预、城乡居民大病保险、新冠疫情视角下的卫生安全与全球卫生战略、慢性疾病经济负担及生命质量等跨领域的研究课题。

2021年是第七次全国人口普查数据开发的高峰年份。国务院人口普查办公室通过国家统计局组织开展了“七普”数据的深入开发和专项研究活动。从国家统计局公布的44个国家级中标课题中，来自北京的各科研机构和高校共中标22项，占到全部研究项目的50%，其中重大课题中标5项，彰显出北京人口学界和人口学者的“骨干”作用和较高的学术造诣水平。

（三）社会服务效能

2021年，北京市人口学会及其所属各会员单位继续发挥为党和国家重大决策提供智力支持和开展社会服务的“龙头”作用，表现出色。根据学会收集到的信息，本年度各会员单位共提供政策咨询报告、政协提案、内部调研报告或专项研究报告等共73份，其中45份获得了国家级、省部级采纳或领导批示，其余报告绝大多数也都得到了政府相关部门的采纳并获得肯定和较高评价。这些咨询报告或内部研究报告的内容主要涉及生育政策及其配套支持体系、家庭发展、健康中国、计划生育服务、人口形势、人口城镇化、老龄产业、老年人力资源开发、北京城市建设与发展、流动人口服务、性别平等促进、民族人口发展、长期护理保险制度、居家和社区养老服务、新冠疫情下居民心理健康等众多方面。

二、未来展望

2021年，无论是从政府规划还是政策环境，都是承上启下、继往开来的重要时间节点，全国的人口发展继续处在重要的转折、变化时期。特别是未来数年后国家将不仅迎来人口负增长的“里程碑”式转折，而且将面临逐步进入深度老龄化的崭新历史阶段，人口婚姻、家庭、生育、迁移流动等也都将继续嬗变，人口学学术研究和学科建设肩负着新的历史使命和时代责任。未来数年，仍是围绕第七次全国人口普查数据的陆续开放和可及，开展人口学多维度、全方位、跨学科研究的“黄金时期”。同时，面对即将到来的崭新人口负增长时代，未来数年也是做出积极回应、建立并完善生育支持政策体系、创建生育友好型社会的关键阶段；与之相伴随，我们还将迎来历史空前的老年人口数量高峰、人口渐趋深度老龄化的新局面。时代从没有像今天这样呼唤人口学及时和积极回应这些极具中国特色的重要变化，也从没有像今天这样需要人口学者和跨学科学者的共同努力，为国家发展提供智力支持、发挥“智库”作用，为人口学学科发展创造新的契机和动力。继续关注和研究人口的结构性问题，包括人口老龄化和劳动力人口走向、婚姻家庭等人口社会特征的结构性变化以及迁移流动人口的新趋势、新特点等等；继续关注和研究生育、健康、社会保障等重大民生问题；继续关注和研究人口与经济发展、资源环境等宏观战略性发展问题；继续关注和加强对首都人口发展和人口问题的研究；北京人口学界和人口学者责无旁贷，负有时代使命和社会责任。

注：

［1］杜鹏、谢立黎、王煜霏：《中国共产党老龄工作的思想与政策演变——百年历程的回顾与思考》，《人口与经济》，2021年第5期。

［2］杨燕绥：《中国共产党对国家养老金制度的探索与实践》，《人民论坛·学术前沿》，2021年第19期。

［3］都阳、封永刚：《人口快速老龄化对经济增长的冲击》，《经济研究》，2021年第2期。

［4］苏剑：《人口老龄化如何影响经济增长——基于总供给与总需求的分析视角》，《北京工商大学学报（社会科学版）》，2021年第5期。

［5］陈小亮、王兆瑞、郭俊杰：《老龄化是否削弱了中国货币政策的“稳增长”效果?》，《经济学动态》，2021年第5期。

［6］蔡昉：《中国老龄化挑战的供给侧和需求侧视角》，《经济学动态》，2021年第1期。

［7］董克用、孙博、张栋：《从养老金到养老金融：中国特色的概念体系与逻辑框架》，《公共管理与政策评论》，2021年第6期。

［8］王广州、王军：《中国人口老龄化趋势的经济社会影响及公共政策应对》，*China Economist*，2021年第1期。

［9］陈功、索浩宇、张承蒙：《共建共治共享的社会治理格局创新——时间银行的可行路径分析》，《人口与发展》，2021年第1期。

［10］陆杰华、韦晓丹：《老龄社会新形态下城市老年群体社会治理模式的变革》，《江苏行政学院学报》，2021年第2期。

［11］陈功、赵新阳、索浩宇：《“十四五”时期养老服务高质量发展的机遇和挑战》，《行政管理改革》，2021年第3期。

［12］黄石松、伍小兰:《“十四五”时期中国老年健康服务体系建设的路径优化》,《新疆师范大学学报（哲学社会科学版）》，2021年第5期。

［13］杨燕绥、秦晨、李超凡:《“十四五”时期提升老龄人口医养服务路径的思考》,《行政管理改革》，2021年第1期。

［14］乔晓春:《对未来中国养老照护需求的估计》,《人口与发展》，2021年第1期。

［15］孙鹃娟:《健康老龄化视域下的老年照护服务体系：理论探讨与制度构想》,《华中科技大学学报（社会科学版）》，2021年第5期。

［16］唐钧、冯凌:《长期照护的全球共识和概念框架》,《社会政策研究》，2021年第1期。

［17］陈卫:《中国的低生育率与三孩政策——基于第七次全国人口普查数据的分析》,《人口与经济》，2021年第5期。

［18］陈卫、刘金菊:《近年来中国出生人数下降及其影响因素》,《人口研究》，2021年第3期。

［19］张翼:《“三孩生育”政策与未来生育率变化趋势》,《中国特色社会主义研究》，2021年第4期。

［20］郑真真:《生育转变的多重推动力：从亚洲看中国》,《中国社会科学》，2021年第3期。

［21］陈佳鞠:《后生育转变阶段的生育水平差异及其原因》,《人口研究》，2021年第6期。

［22］王广州:《中国走出低生育率陷阱的难点与策略》,《学术探索》，2021年第10期。

［23］张孝栋、张雅璐、贾国平、汤梦君、陈功、张蕾:《中国低生育率研究进展：一个文献综述》,《人口与发展》，2021年第6期。

［24］刘中一:《“十四五”时期增强生育政策包容性的要义、路径与机制研究》,《行政管理改革》，2021年第9期。

［25］宋健:《从约束走向包容：中国生育政策转型研究》,《华中科技大学学报（社会科学版）》，2021年第3期。

［26］周云、彭书婷:《低生育率危机下的荷兰生育激励政策》,《人口学刊》，2021年第2期。

［27］穆光宗、林进龙:《论生育友好型社会——内生性低生育阶段的风险与治理》,《探索与争鸣》，2021年第7期。

［28］童玉芬、周文、陈乐鸣、宫倩楠:《生育政策调整对我国劳动力供给规模的影响评估》,《中国劳动关系学院学报》，2021年第2期。

［29］宋健、郑航:《中国生育研究现状与问题——基于方法视角的观察》,《中国人口科学》，2021年第5期。

［30］郑晓瑛、何平、郭超、罗雅楠、叶欣、张弛:《重大社会环境事件与人口健康的实证分析和思考——“事件人口学”在我国的创建和完善发展》,《人口与发展》，2021年第1期。

［31］陆杰华、韦晓丹:《跨学科视角下老龄健康研究的主要框架、核心议题及其展望》,《河北大学学报（哲学社会科学版）》，2021年第3期。

［32］和红、谈甜:《家庭健康生产视角下儿童健康的影响因素及其相对贡献度研究》,《中国卫生政策研究》，2021年第9期。

［33］谈甜、和红:《家庭健康循环视角下的健康代际传递研究——基于CHNS2015的实证分析》,《中国卫生政策研究》，2021年第1期。

［34］俞国良:《家庭教育中的“父母倦怠”：心理健康视角》,《清华大学教育研究》，2021年第6期。

［35］尹德挺、胡玉萍、吴军主编:《北京人口蓝皮书：北京人口发展研究报告（2021）》，社会科学文献出版社，2021年。

［36］王永梅、江华、张立龙、张航空著:《北京养老服务蓝皮书：北京养老服务发展报告2020—2021居家养老》，社会科学文献出版社，2021年版。

（北京市人口学会供稿；执笔人：宋健、段成荣、陆杰华、童玉芬、王广州、刘鸿雁、尹德挺、刘爽、苑雅玲）

教 育 学

摘 要

2021年是建党百年，基于宏大历史视域回应新时代的教育改革需要，北京地区各高校和研究机构的教育学研究者积极拓展教育研究的理论视域。随着我国多项教育举措出台或落地实施，从落实“双减”到细化“民促法”，从推进“幼小衔接”到成立“基础教育”综合改革实验区，从深化“高考改革”到推动“职业教育”高质量发展，从“未成年人保护规定”到“家庭教育促进法”，从“教育惩戒权”到“教师法修订”征求意见……每一项改革创新都是万千学者努力耕耘、不断探索的结果，都为贯彻教育新发展理念、推动教育高质量发展提供新思路。

一、回顾建党百年教育历程，坚持和加强党对教育工作的全面领导

在这一年里，教育学者基于特定的理论研究视域，全方位多维度地回顾中国教育事业的发展历程，总结教育发展经验，展望未来教育图景。2021年北京地区的教育研究平台与教育学者具有较强的政治觉悟，教育学科主流杂志开辟专门栏目发表系列回顾建党百年教育历程文章，教育学者将中国共产党百年教育历程作为关注重点，通过实际研究行动坚持和加强党对教育工作的全面领导，发出自己的学术声音和学术舆论引导。宏观层面，学者聚焦百年来教育性质、教育价值观、教育方针和政策、教育事业发展的历程和经验。微观层面，学者们关注百年来人格教育、教育公平、中国传统文化教育、思想政治教育发展等主题，并聚焦教育哲学、教师教育等具体学科系统梳理其发展历程和逻辑。

二、全面落实立德树人根本任务，办人民满意的教育

“培养什么人、怎样培养人、为谁培养人”，这是我国教育改革目前面临的重大问题和时代命题。落实立德树人根本任务，培养德智体美劳全面发展的社会主义事业建设者和接班人，办人民满意的教育，这是十八大以来党和国家在教育领域的基本理念。为此，北京地区的教育学者主要围绕三个方面开展研究与实践。

首先，针对落实“双减”任务开展教育研究与活动。2021年是“双减”元年，北京地区教育学研究者纷纷就“双减”建言献策，学者们聚焦“双减”政策的价值意义、内在机制、政策落实与执行、实践路径等主题广泛进行探究。主要从“双减”的目的和意义、如何缓解家长焦虑、校外机构如何贩卖教育焦虑、课外补习等角度论述。还有研究涉及如何减轻青少年学业负担与提升教育质量、维持教育公平等深层次教育问题。

其次，“双减”需学校、家庭、社会协同育人机制的构建，对于家校社协同育人机制的关注逐渐登上舞台中心。政策层面，《中华人民共和国家庭教育促进法》公布，家庭教育从“私事”变为“公事”，如何规范引导家庭教育，形成学校家庭社会育人合力，成为北京教育学者关注的焦点问题。平台建设方面，教育部关工委家庭教育中心正式落户首都师范大学。学术层面，研究者们关注的具体主题包括家校合作历程、家校合作的制度设计、家校合作的内在动力、行动逻辑、实践路径、家校共同体建设、教师家校合作胜任力等。

最后，综合课程与劳动教育的改革实施也是诸多学者关注的重点。学者们普遍关注劳动教育课程与综合活动课程的关系厘清以及实施路径研究。一方面，综合实践活动课程从目标、活动方式和内容以及资源与开发的利用方面均对劳动教育的实施起支持作用；另一方面，劳动课程在学生动手能力培养、创造性劳动开展、体系化课程建设、“家校社”合作等方面仍有待完善。

三、围绕“十四五”发展规划，构建中国特色世界一流教育学科体系

2021年是“十四五”开局之年，也是奔向2035年远景目标的新起点。“十四五”规划围绕未来五年和更长时期建设高质量教育体系做出重要部署。宏观教育政策主要聚焦在五个层面，即推进基本公共教育均等化、增强职业技术教育适应性、提高高等教育质量、建设高素质专业化教师队伍、深化教育改革。2021年北京地区教育学学科重点对普及化阶段的高质量教育体系构建、质量评价以及扩招背景下的研究生质量、创新人才培养、后疫情时代的国际化等议题进行了研究。

四、在国际合作中讲好中国故事，构建中国本土的教育学术话语体系

构建人类命运共同体是新时代以来习近平总书记倡导的国际合作基本理念。在这个理念指导下，教育研究领域的国际合作也在不断加强。北京城市建设的目标是打造国际一流的和谐宜居之都。作为国家文化中心，北京教育学学术共同体与国际同行的合作非常频繁，在讲好中国的教育故事方面扮演重要角色。

一方面，北京地区的教育学者需要立足中国国情，借鉴中国哲学等理论的滋养，提炼生成关照中国教育实践，扎根中国大地研究教育问题，体现中国气象的教育学理论，生成具有中国原创性学术话语的研究成果，在此基础上向国际同行学术界讲好中国教育故事，并且逐渐构建中国本土的教育学术话语体系。另一方面，北京地区的教育学者需要基于中国真问题，继承和发扬中国优秀传统文化。同时，以开放的心态学习借鉴人类优秀的文明成果，在与其他国家的合作交流中加深对中国教育的理解，构建能够走向世界的教育学术话语体系，向世界展示中国智慧、讲好中国故事。

五、深化新时代教育评价改革，构建健康可持续的教育生态系统

“教育评价事关教育发展方向。有什么样的评价指挥棒，就有什么样的办学导向。”2021年，北京地区学者以及教育研究院扎实推进新时代教育评价改革、深化考试招生制度改革。构建健康可持续的教育生态系统，需各方形成合力，深化教育评价改革探索。

其一，扭转不科学的评价导向，发挥教学评价的育人功能。各级各类学校要坚持把立德树人之成效作为根本标准，克服重智育轻德育、重分数轻素质等片面办学行为。完善结果评价，强化过程性评价，探索增值性评价，健全综合性评价，坚决改变用分数给学生“贴标签”的做法，教育评价需从“唯分数”“唯升学”向德智体美劳全面发展的方向调整，构建全面立体的学生综合评价体系。

其二，改革教师评价方式，建设高质量教师队伍。坚持把师德师风作为第一标准，将教师教育教学实绩放在突出位置，教师科研评价突出质量导向，人才称号回归学术性、荣誉性，克服人才评价中“唯论文”“唯帽子”问题。

其三，形成良好的社会教育环境。各级各类学校要尊重学生身心发展规律，树立正确的教育质量观，加快完善评价标准，并将正确的教育教学观念传递给家长和学生；全社会要树立正确用人导向，破除“唯文凭”弊端，建立以品德和能力为导向、以岗位需求为目标的人才使用机制。综合评价、多元参与，深化新时代教育评价改革，从而构建健康可持续的教育生态系统。

六、反思与展望

回顾2021年度北京地区教育学科的研究现状，有几点反思与展望。

1.进一步加快理论创新，加快构建中国特殊的教育学科理论体系

2021年教育领域出现一些突出的新问题，包括“双减”政策的实施、破“五唯”、教育评价方式改革、家校社协同育人、高中教育变革等，与教育实践领域研究的突飞猛进相比，教育理论的增长相对乏力。这不仅反映北京地区教育学者的关注倾向，也在一定程度上反映出教育理论发展的现状。教育学者需以强烈的理论勇气推进实践创新，用中国理论解决中国问题，为中国教育改革提供更加有力的理论指导，为政府部门提供科学精准的决策支持，为一线的教授、学生及高校治理者创新发展提供新视野、新思路和新举措。

2.进一步根植时代，服务首都重大政策和现实问题

2021年度恰逢建党百年这一伟大历史节点，教育研究领域掀起回顾、反思、总结百年建党历程中的教育经验与教训。这也是北京地区教育学者的关注话题。提升教育质量、维护教育公平、办人民满意的教育是未来北京地区教育学者需面临的挑战，北京地区的教育学者需积极回应党和国家对于教育的重大关切，发挥战略研究、政策建言、社会服务和舆论引导功能，为党和人民发挥好建言者作用。

3.进一步在国际合作对话中讲好中国故事，发挥“高架桥”作用

全球进入后疫情时代，通过ZOOM、腾讯会议等方式的国际交流合作较为频繁，已成为2021年度北京地区教育学者国际合作的显著特征。在国际发表方面，北京地区的教育学者国际发表SSCI和SCI呈现快速增加趋势，特别是北京师范大学、北京大学在国际

发表方面表现尤为突出。这些发表的作者群体主要以青年教师为主，特别是在海外获得博士学位的青年学者在国际发表方面具有明显优势，未来应鼓励这些青年学者扎根中国大地研究教育问题，生成具有中国原创性学术话语的研究成果，在与其他国家的合作交流中加深对中国教育的理解，向世界展示中国智慧、讲好中国故事。

4.进一步优化教育学者研究者队伍，建构结构合理的学术梯队

随着六零后教育学者逐渐进入退休高峰期，北京地区的教育学研究队伍可能面临断层现象。如何建设结构合理的学术梯队，保持北京地区教育学者引领中国教育学术前沿、产生高质量的原创新学术成果，这将成为未来一段时期北京地区乃至全国教育学学术共同体面临的挑战。

5.进一步制定交叉学科群发展规划，建设北京地区教育研究发展数据库

多学科交叉会聚与多技术跨界融合将成为常态，并不断催生新学科前沿、新科技领域和新创新形态。大数据和人工智能的发展，使得海量的数据信息与机器学习所具有的分析各类型数据（例如文本、音频和图像）的能力，将为学术研究者们提供更加全面的研究概况。北京地区需有前瞻性视野，建设北京地区教育学科与学术研究发展数据库，为北京地区乃至全国教育科学研究、管理决策及其他相关人员提供准确、完整、可靠的数据服务。

2021年是中国共产党成立100周年，是“十四五”规划开局之年，也是全面建成小康社会、开启全面建设社会主义现代化国家新征程的关键之年。北京地区各高校和研究机构的教育学研究团队以习近平新时代中国特色社会主义思想为指导，贯彻落实习近平总书记关于教育的重要论述和全国教育大会精神，立足新发展阶段，贯彻新发展理念，构建新发展格局，在各自的教育学研究领域努力耕耘，涌现出许多成就卓然的探索性研究成果，显示出不俗的发展劲头与潜力。

教　育　学

一、教育学原理：以原理立场回应建党百年来重大教育问题

（一）教育学原理学科概况

北京地区目前共有6所高校设立教育学原理二级学科，分别是北京师范大学、首都师范大学、北京大学、清华大学、北京理工大学和中央民族大学，其中5所高校设有相应硕士点，6所高校设有博士点，5所高校设有教育学博士后流动站。2021年度北京市教育学原理方向的学者共申请课题立项35项，其中国家社会科学基金24项，北京市社会科学基金11项。课题申请者所属单位主要分布在北京师范大学（9项）、首都师范大学（3项）、中央民族大学（3项）、中国教育科学研究院（3项）、北京大学（2项）、北京教育科学研究院（2项）等。2021年度，北京地区的教育学学者在国际发表方面也取得新的突破，北京师范大学、北京大学、清华大学的国际发表位居前三名。从北京地区教育学学者的成果内容来看，这些研究成果主要以量化研究或者质性研究方法为主，在教育学原理或者说教育学基本理论方面的学术成果还比较少。

（二）教育学原理前沿热点问题研究

1.中国共产党百年坐标下的教育历程及经验研究

宏观层面，石中英系统回顾百年来党对教育性质问题的认识历程，指出人民性始终构成党的教育事业的价值轴心。顾明远梳理共产党百年的教育价值观，认为中国共产党始终坚持马克思主义教育价值观，坚持党对教育工作的全面领导，坚持“以人民为中心”，以建设社会主义为教育目的，逐步树立起全面发展的人才观，弘扬优秀传统文化的文化观，“四有”好教师的教师观，改革创新的科学发展观等系列思想。微观层面，部分学者关注百年来人格教育、教育公平、中国传统文化教育、思想政治教育发展等主题，并聚焦教育哲学、教师教育等具体学科系统梳理其发展历程和逻辑。

2.聚焦实践取向的教育学理论研究

张羽等批判性地审视实证主义、解释主义和批判理论三种当前主流的研究范式，认为其危机在于研究无法系统指导实践改进，主流范式缺少中国本土文化的贡献。余清臣通过教育实践的哲学咨询畅通教育理论和实践的关系。朱晓宏等基于杜威的经验理论

深刻省思现行教师教育的实习类课程，并汲取当代实践哲学的理论重新理解教师教育理论与实践的统一关系，在此基础上重构实践取向的教师教育课程，以期基于大学专业教育立场，真正发挥教师教育学科对于教师专业成长的理论支持力。

3.“双减”组合拳助推全面修复和塑造教育生态

桑锦龙认为深化“教考招”一体化改革是落实“双减”政策的必由之路。周序关注课堂教学视域，指出“应教尽教”的方案为减负工作指明了方向。杨清等从作业设计的视角指出，落实“双减”要有效发挥作业育人功能，在作业改进实践中坚持全面育人的基本导向，处理好作业“质”与“量”的平衡，加强作业促进学生基础发展与满足个性需求之间的协调，把握作业改进与学校教育其他要素之间的内在关联。此外，研究者指出“双减”落实需要“双增”，因此完善和深化体育、美育改革等研究也扩展了问题的研究视域。课外补习问题与“双减”密切相关，薛海平带领的研究团队长期进行我国基础教育课外补习问题研究，并出版《我国基础教育课外补习研究》。

4.学校家庭社会协同育人机制研究

2021年研究者们关注的具体主题包括：家校合作历程、家校合作的制度设计、家校合作的内在动力、行动逻辑、实践路径、家校共同体建设、教师家校合作胜任力等。在家校合作的内在动力方面，吴重涵、张俊指出家校合作的内在动力和矛盾性，根植于社会发展中家庭教育作用的代际迅速增强、学校作为教育制度的不断强化，这样一对“效用”和“制度”出现主体分离的悖论；家校合作冲突方面，边玉芳等认为，家庭和学校在家校合作的权责上划分不明确、家校互动相关的制度不够健全、家庭与学校对利益共同体的认识不足、家庭与学校在教育理念上存在分歧和家庭与学校在情感上没有相互信任等物质性和非物质性因素都是造成家校冲突的原因；在家校协同育人的路径方面，毕诚从文化的角度，认为中华家文化是家校社协同育人的宝贵财富，主张将中国优秀传统的家文化融入家校社协同育人的过程。

5.回应新时代的德育理论和实践研究

一是德育理论视域的拓展。檀传宝剖析鲁洁的生活德育理论，认为其生活德育论立足于对“人”的整体把握，实现对“功利主义—道德主义”二元德育观的超越，也实现对“德性论—规范论”这一德育脉络的超越。裴淼等提出具身师德学习概念，强调教师身体的能动参与在师德学习中的回归，即教师通过身体与情境的互动，引发师德知、情、意、行的改变，最终形成教师美德。

二是指向新时代教育实践问题的伦理反思。李建文、檀传宝等对“公民同招”政策进行了伦理审视，指出追求正义是教育政策的首要价值追求，义务教育民办学校实行“公民同招”，符合制度正义的普遍原则，对促进我国义务教育持续健康发展具有重要的意义。

三是师德建设与立德树人研究。孟繁华等立足于系统论的视角反思当前师德建设单一化、零散化的困境，提出“培育—治理—评价”师德建设三维模型，并依此形成构筑新时代师德建设的外部生态、树立师德建设的高阶理想和推进师德建设分层一体化的落实机制。靳伟从政策文本出发，结合道德学习、道德形成的脑机制和伦理学等相关研究提出并建构师德学习的内涵。

6.教师专业发展与教师教育研究的新取向与新路径

第一，教师教育范式转型研究。教师教育范式需要兼顾到师范大学双重身份定位，孟繁华认为师范大学联结高等教育和基础教育，是教育生态体系中典型的“双肩挑”。因此要以评价改革为突破口变革教师教育范式；基于循证或者证据的教师教育范式转型。循证实践源于循证医学并不断向人文社会科学的实践领域延伸。

第二，教师教育课程体系重构。朱晓宏等以教师教育原理为课程设计的逻辑起点，提出“理论—实验—实习”三维一体的课程框架，并指出其中的关键环节是实验课程的研制与开发。魏戈从培养师范生的实践性知识的角度反思教师教育课程改革，提出不仅要在课程中加大实践比例并变革教学方法，促使师范教育聚焦教育实践，还应逐步培养师范生的跨学科意识并引导其选择兼教课程，进一步落实教师教育课程改革的实践导向。

第三，教师教育者的研究。康晓伟等基于中国古代哲学思想探究教师教育者的专业发展，认为教师教育者通过将“道法术器势”融会贯通，真正身体力行，最终才会成为理想的教师教育者。廖伟等还探讨了学术教师教育者的身份建构以及如何培养教师教育者的理论问题。

第四，教师情感的研究。张华军指出教师道德情感的发展需要培养教师的感通力，教师在日常教学生活中的情感表达可以理解为一种“礼”的持续实践，从而实现指向身心和谐的教师发展。田国秀等聚焦教师情感劳动的主题，通过对福柯权力技术和自我技术观点的梳理，探寻教师情感劳动自主性的动因、表现与方式，证明教师情感劳动中富含能动性和生产性。王松丽等关注教师的情感素养，从情感品质和情感识别、表达、调适等方面，编制了情境判断测验对教师情感素养水平进行评估。

7.教育法治建设研究

教育学原理研究主要从以下两个方面关注到教育法治研究。一方面是从教育学知识谱系角度论述教育法学的知识生产。余雅风基于学术史的视角，指出未来应将教育法学学术史作为教育法学研究的基础，形成教育法学的学术传统与学术规范；着眼提高教育法学研究的学术性，建立教育法学的学术根基和理论体系；注重教育法学研究的本土化，形成中国教育法学的性格和思想领地；强化教育法学内含学科的融合与联系，探索教育法学研究的生长点和理论突破。另一方面是关注学校教育法制现实问题，注重受教育权、教育惩戒权以及家庭教育立法。劳凯声指出受教育权不再局限于生存权和受益权，而是强调教育的自主、自决、自治，教育选择成为新的权利主张。管华等从教育惩戒和行政处罚的辩证角度论证了教育惩戒权是专业权力，是学校和教师教育教学自由的范畴，教育惩戒行为应限于事实行为。周文娟等认为需厘清我国教育权体系中家庭教育权的地位和相关法律关系，以及国家干预家庭教育的权力起源。余雅风基于国外立法的角度，论述了家庭教育立法的宗旨及规范重点。

（三）教育学原理问题反思与展望

1.原创新理论成果不足，未来需要加强原创新理论研究

教育研究需要面向教育学的三个话语世界，即理论话语、实践话语和政策话语世界。整体而言，北京地区的教育学者研究范式更偏重实践和政策，而对教育问题的原理性研究成果产出较少，特别是缺乏原创性的教育学基本理论问题学术成果。造成这样的原因可能是多方面的，既包括外在的原因，比如教育学术研究的应用导向、学术科研的计量化评价等，也包括个人原因，比如学者个人的学术浮躁问题、急功近利等。教育学原理学科或者教育基本理论的研究需要研究者摒弃浮躁的、功利化的、短平快的学术追求，沉下心来思考教育问题的本质与本源问题。

2.教育学原理研究需要借鉴其他学科前沿研究方法，促进研究范式创新

随着跨学科、交叉学科的不断推进，以及前沿技术的不断创新，知识不断走向融合，不同学科领域出现了新的研究方法与研究范式。教育学原理作为教育学的基础学科，既要发挥传统重思辨的学术研究传统，同时需要借鉴新的研究范式，甚至将前沿技术融入教育学原理的问题域之中，从而寻找教育学原理新的理论生长点。特别是借鉴哲学、历史学、文学等基础学科的最前沿方法及方法论。当然，教育学原理研究方法的创新只是途径和手段，最终还要回应重大的真问题。

3.教育学原理本体话语权弱，未来需要致力于构建中国特色的教育学原理话语体系

长期以来，教育学原理的研究偏重借鉴西方的理论思想框架来解释中国的教育问题，以及跟随西方教育学学术话语开展研究。随着党和国家对讲好中国教育故事的重视，立足中国大地做教育、把论文写在大地上等理念的不断深入，北京教育学术界已经逐渐回应党和国家重大现实问题。因此，扎根于中国的本土教育实践，借鉴中国哲学等理论的滋养，提炼生成关照中国教育实践，具有中国特色，体现中国气象的教育学基本理论，生成具有中国原创性学术话语的研究成果，这是当前以及今后教育学原理学术共同体的学术使命。

4.原理意识缺乏及成果少，未来需要提升国际发表的原理意识

随着国际化的不断推进，教育学基本理论研究也逐渐呈现国际化发展趋势，国际发表、国际合作越来越频繁。教育学原理方向的国际化趋势有下几个特征：从研究者的个人特征来说，研究者大多获得国外博士学位，经过系统的学术训练，并且与国际学术界保持频繁学术交往；从学术成果的领域来看，研究成果多集中在教育领域中的重大现实教育问题，比如教师教育问题、教育信息技术以及与前沿心理学与人工智能相关的认知学习领域。然而，这些成果大多以实证量化研究为主，具有原理性质的高质量成果还比较少。因此，教育学国际合作与发表中要增强中国学术话语权，向国际教育研究领域讲好中国的教育学原理、原创性成果与思想。

二、课程与教学论：推动高质量课程教材体系建设

（一）课程与教学论学科概况

课程与教学论学科在首都高校的地位日益突出，

高校课程与教学论学科建制获得进一步发展。拥有课程与教学论研究生学位点的高校，如北京师范大学、首都师范大学、北京外国语大学、北京语言大学、北京体育大学等，对课程与教学论学科团队不断进行优化整合，强化了课程与教学论学科在高等师范院校的地位。

1.高校与研究机构学科建设情况

（1）高校学科设置基本情况

北京师范大学课程与教学研究院现有专任教师18人，其中教授7人、副教授10人、讲师1人。该研究团队重视基本理论建设和应用研究，提出教学认识论、主体教育论、教学改革论等一系列原创性理论，在基础教育课程与教学改革、教研室建设与发展、校本研究与学校改进等诸多领域开展了积极探索，产生重要影响。

首都师范大学课程与教学论研究所现有专任教师8人，其中教授5人、副教授1人、讲师2人。该团队主要从事中小学教科书、课程与教学、基础教育课程改革、教育基本理论、教师教育与教师专业发展等方面的研究。在过去数年中，首都师范大学不断推进海峡两岸及港澳地区教科书研究者的沟通交流，持续举办“海峡两岸暨港澳台地区教科书学术论坛”，到2021年已连续举办九届。该团队还率先在全国高校中成立了第一个专门的教材研究机构——“中国基础教育教材研究院”，于2015年组建中国基础教育教科书研究与评价中心，并筹建、开放教科书博物馆，为教科书研究者搭建了教科书学习、研究和交流的重要平台，形成了特色鲜明的研究方向。

除上述高校外，北京语言大学、北京外国语大学、中央民族大学、北京理工大学、北京体育大学等在京高校也开设了课程与教学论专业，从事该领域研究和人才培养。

（2）主要研究机构基本情况

课程教材研究所是教育部直属事业单位，其前身是1990年组建的国家教委基础教育课程教材研究中心。2021年将原有的课程教材研究所和教育部基础教育课程教材研究中心进行整合，组建课程教材研究所。该所内设中小学课程研究中心、中小学教材研究中心、中小学教学研究中心等11个研究中心。主要承担组织课程教材研究、开发、评估及其他相关业务工作，是国家级高水平课程教材专业研究平台。该所围绕着课程教材的决策咨询、理论研究和培训调研工作展开，为社会提供公益服务、完成教育部党组交办的工作、为机关提供课程与教材方面的支持保障。目前正在进行的重大研究项目包括：中华优秀传统文化传承研究、大中小学国家课程教材研究、初中学业水平考试命题质量研究、高中学业水平考试命题质量研究、中小学课程实施工作推进研究、基于课程标准、指向核心素养的教学实践研究。

中国教育学会每年开展系列学术活动、评审项目和服务项目助推中小学课程与教学发展，包括组织中国基础教育论坛、进行基础教育国家级教学成果奖的评审与推广、中小学教学名师评选、实施普通高中新课程“领航计划”、中小学教育质量综合评价改革实验区建设、研制相关教育教学专业标准等。此外，中国教育学会下设小学教育专业委员会、历史教学专业委员会、外语教学专业委员会等60个分支机构，并编辑出版《中国基础教育》《中国教育学刊》《中小学数学》等教育专业期刊，服务于省市教育学会、教育类企业、学校和幼儿园、其他教育团体和机构。

中国教育科学研究院课程教学研究中心以义务教育为重点，涵盖整个基础教育课程教学的改革与发展，涉及课程改革方案和学科课程标准的研制、教材编写、课程教学整体改革实验、课程教学论学科建设、中小学教学课堂模式和方法改革等多个层面。现有研究人员18名，其中研究员3人，副研究员10人，助理研究员5人。

北京教育科学研究院设有基础教育课程教材发展中心，以义务教育课程发展研究、高中阶段课程发展研究、国际基础教育课程发展研究、基础教育教材为研究方向。基础教育课程教材发展中心主要承担组织基础教育课程教材的研究、开发、评估工作及其他相关业务工作。

人民教育出版社课程教材研究所下设教材研究开发中心、课程与评价研究中心等36个研究中心，重点从事基础教育课程、教材、教学和评价的研究发展工作。先后承担30余项国家级课题，其中“十四五”课题中小学数字教科书标准建设的关键问题及其解决路径、香港中学历史教科书编写理论与实践研究正在执行中，2021年获批的课题83项，着重围绕各科新教材培训需求和有效教学进行研究。

（3）期刊论文发表情况

2021年北京地区高校、研究机构与学术团队共发表课程与教学论研究相关的中文学术论文605篇。其中课程论研究193篇，教学论研究321篇，教科书研究91篇。英文学术论文82篇，其中涉及课程论研究42篇，教学论研究28篇，教科书研究12篇。作者单位主要集中在北京师范大学、首都师范大学、北京大学、清华大学、中国人民大学、中央民族大学、北京理工大学等高校以及教育部基础教育课程教材发展中心、中国教育科学研究院、中国社会科学院、中国教育学会、北京教育科学研究院、人民教育出版社等研究机构。其中，北京师范大学、首都师范大学、人民教育出版社、中国教育科学研究院、北京教育科学研究院发文数量与其他高校及学术团体相比有明显优势。

从北京地区主办的期刊来看，主办单位位于北京的核心期刊及CSSCI的有二十多种，主要覆盖《课程·教材·教法》《中国教育学刊》《教育科学研究》《教育研究》《人民教育》《中小学管理》《清华大学教育研究》《语文建设》等刊物。其中,《课程·教材·教法》《中国教育学刊》《中小学管理》发表的课程论研究相关的学术论文数量与其他刊物相比较多。

（4）出版图书情况

2021年北京地区高校和研究机构共出版代表性学术著作22部，教科书相关著作12部。

2.项目研究情况

2021年北京地区高校与研究机构主持国家社科基金项目12项，省部级科研项目179项。研究单位集中在北京师范大学、人民教育出版社、课程教材研究所等。

项目研究主题主要涉及以下方面：

一是课程建设与开发的相关研究。如以美育人导向下中小学博物馆课程构建研究、世界主要国家中小学全球胜任力课程比较研究、我国中小学课程设置的中国化路径研究。

二是课程实施和评价的相关研究。如信息技术支持下的分层教学系统设计研究、建构高质量小学语文单元整体教学体系的研究、信息化思维教学的理论构建与实证研究、基于知识管理和认知科学的教学知识可视化技术及测度方法研究等。

三是教科书的理论问题和编写的研究。如世界主要国家中小学外语教材文化呈现比较研究、中小学数字教科书标准建设的关键问题及其解决路径、香港中学历史教科书编写理论与实践研究等。

此外，还有对在线课程、翻转课堂、劳动教育等热点问题的研究。如适应性在线课程的构建及应用研究、基于口译教学语料库的视译“翻转课堂”口译质量评估研究、家庭教育对中小学生劳动素养发展影响的实践研究、劳动价值观教育的现实挑战与理论回应。

（二）课程与教学论研究现状分析

1.课程论研究：为课程政策的形成提供理论依据

（1）聚焦核心素养的课程改革

运用核心素养理论来指导中国的教育改革实践，有助于提升受教育者每个阶段的必备品格和关键能力。关于聚焦核心素养的课程改革研究主要集中在学科核心素养在课程改革中的落实和国际比较两方面。邹紫微等[1]通过课标分析，基于学科能力模型明确了学科核心素养的核心知识与活动经验、认识方式、研究对象及问题情境、学科能力活动等多个维度的具体内涵与实施活动，有效指导学科教学实践。高益民[2]、张馨尹[3]、胡昳昀[4]等援引外国课程改革经验，指出课程改革应重视跨学科融合、强化学校层面课程管理、充分尊重主体多样性、建立面向社会的课程体系。刘晶等[5]从政策环境、课程目标、课程内容三个方面对中国、英国、美国、日本的课程标准进行比较分析，希望为后续信息技术教育课程改革研究提供思路。

（2）深化课程思政改革创新

课程思政是学校落实立德树人根本任务的重要环节，推进课程思政建设需要把握正确方向，方能落到实处。北京地区关于课程思政与思政课程的研究主要围绕内涵价值、一体化建设的问题及策略等方面。李蕉等[6]以抗战时期的雅礼中学为例，指出新时代推进课程思政建设，不仅要建设优质教师队伍、打通育人环节场域，更要深刻理解课程思政本身内在于时代需要的逻辑理路。刘书林[7]针对习近平总书记提出的思政课建设的四个突出问题，从意识形态、党的领导、课程实效、教师队伍四个方面提出了相应的解决策略。张大良[8]认为课程思政建设的基础在课堂，应结合课程特点，更新课程内容，创新教学形态，积极引入现代信息技术，充分调动学生的学习积极性。倪慧[9]构建了课程思政一体化建设的横纵维度，横向从教材、课程、师资、人才培养四个方面统筹构建思政课一体化的内涵体系；纵向在课程统筹衔接、资源统筹利用、交流机制化和日常化三个方面重点发力。并指出一体化不是同质化，一体化的内部既包含共性，也体现个性和差异。

（3）探索劳动教育课程改革

破解课程难题，是劳动教育落地的关键。劳动教育课程改革主要关注劳动教育课程与综合活动课程的关系厘清以及劳动教育的实施路径研究。一方面，冯新瑞[10]认为，综合实践活动课程从目标、活动方式和内容以及资源与开发的利用方面均对劳动教育的实施起支持作用；另一方面，李群、魏雅平等[11]指出劳动课程在学生动手能力培养、创造性劳动开展、体系化课程建设、"家校社"合作等方面仍有待完善。北京市中小学应以"一体化建构中小学劳动教育课程体系"为突破口，探索劳动教育课程创新性实施策略。郝志军[12]则认为在学科课程中有机渗透和融入劳动教育不仅是在学校教育教学层面全面落实新时代劳动教育的现实需求，也是促进学校劳动教育常态化、科学化和制度化的主要举措。

2.教学论研究：为智能时代课堂教学改革提供科学指导

（1）迈向混合教育新形态

后疫情时代，线上线下混合式教学、在线教学成为教学的新常态。一是关于混合式教学的研究。一方面，李敏辉等[13]、朱永海等[14][15]探索了不同理论指导下混合教学系统化设计与体系化模式构建。李敏辉从场域视角重点分析了其北京和深圳两个校区采取的混合式教学模式的影响因素与优缺点，发现混合式教学模式可分为五类混合式教学模式，其教学效果受授课教师的教学场域、学生的学习场域和其他教学参与者的辅助教学场域的影响。朱永海则分析当前混合教学研究中存在的"六个表象问题""四个基本问题"，演绎出体系化混合教学模式：在线辅助型、递进型、进阶/翻转型、螺旋型、强化型、在线主导型和交替/并列型等，完善混合教学课堂生态。另一方面，冯晓英等[16][17]等构建了教师混合式教学改革发展框架，分别从教师教育层面和机构支持层面提出了促进混合式教学改革、提升教师混合式教学准备度的策略建议。二是关于在线教学的研究。唐雪萍等[18]、吴怡君等[19]从教学交互的视角切入构建了在线教学案例的分析框架，归纳了中小学在线教学的五种典型模式，挖掘提炼出中小学在线教学实践中涌现的四方面的创新特征，并从教学空间、教学理念、教学关系三方面探讨了互联网推动基础教育领域的变革方向。

（2）为深度学习而教

促进深度学习理念融入课堂教学是实践探索的必然选择。关于深度学习视角下的教学研究主要从内涵特征、教学过程、实施路径三个方面进行研究。一是关于深度学习的内涵特征。学者从高认知的学习活动、学习观、信息加工、社会文化—活动理论四个角度理解深度学习。从不同角度对深度学习进行理解，提醒在概念中要注意消除与浅层学习的二元对立。二是关于深度学习的教学过程。张春莉等[20]总结出了高层次、整体性、意义关联以及社会性这四个基本特征，指出深度学习的课堂教学过程主要包含学习阶段和教学事件两个维度，其中学习阶段主要分为经验调取、概念失稳、概念解构、意义建构、重构概念网络五个环节。三是关于深度学习的实施路径。周序[21]认为深度学习的开展需要提升教师知识讲授的水平，充分调动学生对知识进行深加工动机；同时精心设计教学环节，促进意义生成。郭华[22]就深度学习的教学实践给出了具体范例，指出深度学习要消解二元对立，建立知识与经验的联系。罗滨等[23]以海淀区作为深度学习区域实践的实验区，形成了区级层面的项目实践模式及工作机制。

（3）开展"大概念"教学

大概念是指反映学科本质，具有抽象性、概括性、统摄性和广泛迁移价值的学科思想和观念。有关"大概念"教学研究不断扩宽路径，由"大概念"教学策略研究逐步拓展到其他基于核心素养的创新教学模式。在"大概念"教学策略上，基本覆盖化学[24]、地理[25]等各个学科，胡玉华[26]提出了整体审视单元内容、构建知识层级结构、设计基于情境的评价这三个基于大概念的教学策略。王春[27]则在学科大概念的指导下构建实施单元整体教学的基本路径，形成与单元整体教学相匹配的评价机制。刘艳萍[28]以北京市十一学校一分校为例，探索在大概念统领下推进单元整体教学落实核心素养的可行路径和基本实施策略。

在其他基于核心素养的创新教学模式方面，张晓东运用实证研究的方法，探究了戏剧教学法在指导论文写作[29]、发展学生信息素养[30]、指导教师教学实践策略[31]方面的功用。李新等[32]构建了双师型STEM教学模式，强调线上教师的"知识块"角色、线下教师的"知识串"角色和学生的知识建构过程。此外，编程教学模式[33]、项目式教学[34][35]研究均有涉及。

3.教科书研究：为推进教材建设高质量发展提供智力支持

（1）回顾中国共产党百年课程教材建设

百年教材建设中，党创造性地探索出一条有中国特色的教材发展的实践路径，凸显了党的教材建设的实践智慧——坚持党对教材事业的领导[36]，探索出以编写为重心的编审结合、以审促编的研发机制，构建了出版印刷供应一体化的教材产供销模式，创建了以充分实现教材效用为目标的保障机制[37]。陈文新等[38]提出了教科书百年发展的适切性论断，认为教科书应充分吸纳乡村元素，融入职业教育内容，更加注重儿童的发展需求，建立一种自我完善的评价机制，推动适切性向更深层次发展，为创新编辑形式和内容注入新的活力。同时，我国在推进改革开放的过程中围绕着教科书建设的价值之维、内容之维和权力之维形成了一套具有中国特色的教科书政策话语体系。实现了从政治话语到经济话语再向促进人的全面发展的话语演变，推进了我国教材治理现代化进程。[39]可以说，坚持党管教材、领袖推动的政治传统，发挥动员人民、图存图强的宣教功能，践行为党育人、为国育才的初心使命，打造德才兼备、大家云集的人才队伍，探寻政治规导、科学适切的张力平衡，健全统分相宜、精准施策的制度体系，构成了党领导教材建设的基本经验，为新时代教材建设守正创新、行稳致远提供了思想坐标和行动指南。[40]以史为鉴，面向未来，实现中国教材的高质量发展，要把握教材建设的根本方向，把牢党对教材建设的领导权，打造人民满意的优质教材，落实教材建设的国家事权，全面推进中国特色的教科书学的建设。

（2）丰富重大主题进课程教材研究

2021年2月26日，教育部教材局印发《2021年工作要点》，其中第一项是“深入推进教材建设‘培元工程’”，强调要“深化系列重大主题教育”。强化重大主题教育进教材的整体设计，是培养担当民族复兴大任时代新人的重要举措，落实立德树人根本任务。当前关于重大主题教育进教材的研究刚刚起步，多体现在相关政策解读和教材资源的挖掘利用中，主要围绕重大主题在课程教材中的实践性问题展开探讨。一是关于相关政策价值与意义研究。姜涛[41]从宏观视角出发，指出学科教学应当以指南为政策导向，充分发挥各学科的学科特性，将重大主题有机融入学科课程教材的教学过程中，开发基于重大主题的各类课程，把育人的要求落到实处，提升育人效果。韩震[42]围绕《习近平新时代中国特色社会主义思想进课程教材指南》的要求提出相应的实践策略，即加强整体设计，做到学段、学科、类型全覆盖，做到纵向贯穿，学段衔接，全面提升课程教材的铸魂育人功能。张智[43]提出学习“四史”的价值和必要性，加强历史教育是爱国主义教育应对历史虚无主义挑战的必然要求。学习“四史”是深刻认识和理解中国共产党为什么能、社会主义为什么好、改革开放为什么灵、马克思主义为什么行的坚实根基，对深刻理解和把握爱国和爱党、爱社会主义相统一的爱国主义本质至关重要。二是关于教材资源的转化利用研究。曹小文[44]认为统编高中历史教材的编写始终将党史的内容作为中国近现代史的主题和主线，将树立正确党史观融入历史学科核心素养的培育中，为学生学习党史提供了最基础、最重要的载体，在引导他们树立正确党史观、历史观方面发挥着不可替代的作用。

（3）聚焦数字教科书的发展及其限度

随着中国步入信息社会，中小学的数字化教学环境逐步普及，教材的数字化发展也成为一种必然趋势。2021年，学者们关于数字教科书的研究主要集中在内涵价值、开发应用、标准建构以及潜在风险等方面。

一是厘清数字教科书的内涵价值。信息时代使数字教科书成为未来教材发展的方向，厘清数字教材的内涵价值是促进数字教科书发展的首要任务。王润总结了数字教材与纸质教材关系演进的四大阶段，因应技术介入的深浅程度、回应与彰显教育教学需求、映射教材认识论转向构成了数字教材与纸质教材关系演进的逻辑主线。

二是关注数字教科书的开发应用和标准建构。石娟等[45]分析了数字教科书开发当前所面临的适用性、资源质量、标准短缺等现实困境，并从政策逻辑、分类逻辑、系统逻辑、专业逻辑和实践逻辑五个维度提出新时代数字教科书建设的推进路径。王润[46]立足数字教科书的应用场域，建构为了教学变革的数字教材应用的未来路向，即建立相关标准，规范与保障数字教材内容资源质量；夯实教学法探究，指导与引领数字教材的有效应用；立足教学需求，优化与提升数字教材的功能性服务。梳理数字教科书演进的基本历程，探究教育攸关者与数字教科书的角色博弈，展望数字教科书的未来路向、呼应时代的“人性彰显”根本价值诉求，是数字教科书研究应有之义。张增田等[47]、王志刚等[48]、钟岑岑等[49]、张美静等[50]等系统梳理了数字教科书的演进历程，探讨了其发展的未来走向。即确立人是数字教科书开发的出发点和追求，注重研用一体促进理论成果积极转化，形成多元联动的数字教材研究共同体，强化评审标准体系建构，深化技术赋能，开拓数字教材研究的创新方向。

三是探讨数字教科书的潜在风险。伴随数字教科书的推广使用，其负担的风险也显著加强。王润[51]从学生学习、教育教学以及学校管理三个层面归纳了数字教科书生成的风险，并提出规避策略：设置科学的数字教科书使用模式，引导学生养成良好的数字化学习新习惯；加强培训，提升教师风险评估与防控能力并形成基于数字教科书的教学新方式；推进数字校园建设与发展，构筑支撑数字教科书应用的学校文化新生态。陈文新[52]综合考虑数字教科书的社会价值诉求对数字教科书教学风险进行分析，结合数字教科书教学风险的识别和评估，认为需要制定详细的教学风险防范对策，以此减少数字教科书对教学带来的可能的伤害。

（三）课程与教学论研究未来发展趋势

1.兼具本土特色和国际视野，促进课程理论与实践相互转化

课程理论研究既要立足本土特色，积极发挥地缘与制度优势，又要开拓国际视野，借鉴吸收国外理论与实践长处。在理论融合共生的实践过程中不断扩展契合点，创生新的实践生长点，涵养本土的特色，形成本土的课程理论体系架构、话语系统、阐释方法和研究范式。此外，对于研究过程中理论与实践的剥离现象，要系统地论述每一个子学科的相关理论与实践研究，深入观察每个子学科的教育现象，探索教育规律，构成理论与实践相联结的共同体。

2.加强实证研究，促进核心素养导向的教学评一体化发展

学生核心素养的培育过程中，教学评要发挥出良好的一致性，即共同指向核心素养，这样才能真正促成核心素养朝着实效化的方向发展。从学习的本质来讲教与学之间并无直接关系，学习唯有当学习活动产生之时，才有可能成为学习者的一种经验得以发展。但当前关于教学评价的相关研究多集中于理论机制的探讨，缺乏三位一体的数据实证支撑。因此，进一步加强实证研究，从课堂实践的真实反馈中深入探寻学习、发展、教学的内在机理，推动有意义的学习实践来发展个体与复杂情境互动的综合能力，实现素养的落地生根，促进教学评一体化建构和发展。

3.完善教材治理各环节，构建高质量的教材体系

高质量教材体系建设是落实教材建设国家事权的重大之需，新时代教材体系建设面临着“速度变化、结构优化、动力转换”的新常态。教材建设新理念引领教材体系高质量发展，为学生德智体美劳全面发展提供基础性、战略性支撑。必须坚持强化教材意识形态正确导向，自上而下健全教材治理的各个环节，进一步厘清教材治理主体意识与责任，分类制定教材质量评价指标体系，建立教材质量督查和责任追究制度，重点优化教材编写和审查环节，健全教材向教学转化的工作机制。

三、教育史研究：在鉴往知来中向史而新，在中西共进中多元兼行

（一）教育史学科概况

1.研究机构设置及学科队伍构成情况

北京师范大学教育历史与文化研究院是北京地区唯一一所专门的教育史研究机构，在职教师总计12人。在首都师范大学教育学院、初等教育学院和历史学院，也有多人研究教育史。此外，在中央教育科学研究院、人民教育出版社、中国人民大学和北京大学等单位，也有一些学者研究教育史。

2.学科领域内的项目申报情况

2021年，北京地区教育史学科发表文章数共（约）计38篇，专著数10册，相关领域申请课题8项，其中，国家社科基金1项，北京市社会科学基金2项，北京市教育科学“十三五”规划5项。

（二）教育史研究现状分析

1.中国教育史研究：以传统教育回应时代主题

2021年，北京地区的中国教育史研究主题主要分布于对教育基本理论问题的历史追问与回应、对本土教育历史经验的体认与阐释、中国教育人物思想及理论研究、中国传统教化哲学的方法论探索等。研究热点及新动态则集中体现于两个方面，一是在建党百年背景下对中国教育史学术发展历程及关键成果所进行的回顾梳理；二是聚焦中国传统教育理论智慧与当代教育情境及具体实践需求的深入融合。综合看来，这些研究成果总体呈现出以下趋势与特点：

（1）合奏时代强音，回应建党百年

在百年这个富有纪念意义的时间节点上，以长时段的视野回顾和总结中国教育史学术发展历程、学科重大成就和教育历史经验，具有重要学术价值和鲜明现实意义，这是2021年北京地区中国教育史研究的热点和亮点之一。

北京师范大学施克灿、刘文佳在“百年党史”的宏大时代背景下重新审视“百年教育”，提出中国共产党百年教育史的发展与党的发展历史是一致的，每一个时代的教育理念和教育实践都是党对时代的政治、经济、文化综合考量后作出的选择[53]。此外，施克灿也通过《历史的先声：中国共产党革命根据地

的小学教育》一文，对革命根据地的小学教育在普及小学义务教育、课程建设、教学管理等方面所展开的艰难探索进行了梳理与阐释[54]。

还有学者着眼于某一专门教育的百年发展历史，如刘向兵通过对建党一百年来中国共产党劳动教育的开展情况进行回溯考察，提出要进一步提高对新时代加强高校劳动教育重大现实意义和长远战略意义的思想认识、完善理论体系和实施体系等研究结论[55]。张晓京等围绕“中国共产党妇女教育”这一新的研究领域，对现有相关研究进行了系统梳理，探析中国共产党妇女教育是什么、为什么，以及研究的重难点[56]。此外，2021年11月，在首都师范大学举行的第九届海峡两岸暨港澳地区教科书学术论坛上，课程教材研究所研究员、期刊编辑室主任余宏亮向大会提交了《中国共产党教材思想的百年演进与基本经验》的学术论文。

（2）深拓历史视域，凸显思辨意识

2021年北京地区的中国教育史研究在牢牢把握历史维度、尽可能客观还原研究对象真实历史样貌的同时，也着重提升思辨意识，系统探索并洞察教育史经典问题中的“变与不变”，充分关注并准确利用“有史料的思想”和“有思想的史料”，已经成为广大教育史研究者的共识。

部分学者对教育基本含义及形态在学术史发展历程中的变迁沿革予以关注。刘幸、施克灿以“‘Education’何以译为‘教育’——以日本有关学术史料为基础的讨论”为题，着眼于“教育”这一对应于英文“education”的译词，考察其创始之源及指向现代教育体制的重要特征[57]。另外，俞启定也就“晚清中国近代教育形成动因和线索”展开探索[58]。还有部分研究以中国近代教育教学活动中的核心要素为研究对象。其中，胡莉芳围绕“清末官办高等教育课程体系的转型与失范（1862—1911）”进行考察，认为中体西用理念指导下的清末官办高等教育课程，经历了从古典人文教育向现代学科体系的转型[59]。此外，教育管理体制的历史沿革与发展历程，也成为2021年北京地区的中国教育史研究的重点主题之一。如周慧梅即以1920年“北高改并北大之议”为考察中心，对“高师改良与大学体制之争”作出回应[60]。

（3）回溯教育经验，探寻当代路径

回归教育史“姓教”本质，以研究连通教育之古今，发现教育历史意义，实现教育当代价值，是2021年北京地区的中国教育史研究所呈现出的重要特点。因此，在中国教育人物思想与中国经典教育观点中发掘本土教育经验，洞见传统教育智慧，观照当代教育诉求，寻求教育实践新径，探索并实现中国教育史在古代与现代、理论与实践之间的贯通与合一，这也成为2021年北京地区的中国教育史研究的基本价值取向。

部分研究着眼于中国教育思想家在中国教育学术史中的位置、成就、贡献等，围绕其教育思想脉络展开综合性、系统性的回顾与阐释。如于超、于建福即以“黄济的学养造诣及理论建树”为研究对象，指出：黄济为中国特色社会主义教育学开新篇，构建新中国教育哲学理论体系，为弘扬中华优秀传统文化殚精竭虑，是将马克思主义基本原理与中华优秀传统文化在教育领域融合的典范。[61]魏晓东、吴霓则关注“韩达对当代中国教育史学事业的贡献”，着重考察其在中央教育科学研究所（现中国教育科学研究院）工作期间以及离休后的教育理论研究和实践工作[62]。

还有部分研究将重点置于中国教育思想家在某一教育研究领域内的具体观点与探索成果，通过洞察其教育理论与实践的内涵特点，为当下教育改革与探索提供学理依据。如刘巧利对梁启超家庭教育的实践特点进行探析，提出中华优秀传统文化与西方先进文化的融合是梁启超家庭教育实践最鲜明的特点，而这一特点则主要体现在齐家、培养有趣味的人和充分地表达爱三个方面[63]。蔡磊砢则详细阐述了蔡元培的中西文化观[64]。郭戈着眼于陈伯吹的教材思想，从其在北新书局、儿童书局、国立编译馆和人教社的工作入手，通过对其所编写的教科书及其教学参考，如《北新国语读本》（1932）、《复兴国语课本》（1934）、国定本《初级小学国语常识课本》（1943）等进行考察，深入阐述陈伯吹的教材观及其对小学语文教材的重要贡献[65]。尤值一提的是，赵忠心教授从1980年就开始研究家庭教育，四十年间，孜孜矻矻，毫不旁骛，专心于斯，是我国当代家庭教育研究的开拓者。2021年9月，先生在耄耋之年推出了《中外家庭教育思想简史》。借助长期积累，该书在人物选择、材料组织、观点表述上，都新颖独到，富有洞见，给人以启发[66]。

此外，由中国教科院研究院储朝晖主编、西南大学出版社出版的国家出版基金资助项目（2019年度）成果“中国现代教育社团史”已有9册于2021年问世，分别为《中国社会教育社史》《生活教育社史》《中华儿童教育社史》《中国数学会史》《少年中国学会史》《全国教育会联合会史》《通俗教育研究会史》《中华职业教育社史》《中华教育改进社史》。本书系计划出版30册，拟于2023年年底全部出齐。

（4）持守本土立场，坚定文化自信

首都师范大学刘峻杉对中国传统教育哲学的研究方法论进行反思。他认为，跨越古今思维方式的差异，实现理解与诠释过程中“意义场”的联通性，是这个领域内关键的研究难点。优化基本范畴和理论框架以作为公共知识背景和基本前提，深刻诠释关键观念或概念以作为基本话语工具，在故事情境中开显“精神”以焕发生机和活力，是当前阶段需要重视和优先解决的研究课题[67]。此外，刘峻杉等学者还着眼于先秦“化”的思想，并对其之于当代“文化”的教育意涵进行考察探索[68]。

以儒家典籍为资料，通过经学诠释等途径重回中国儒家传统教育历史之中，以中国传统教育哲学的视角审视本土教育所特有的精神本质与人文情怀，是2021年北京地区的中国教育史研究的热点主题之一。其中，韩星梳理了儒家对尧舜之道的理论建构，指出后儒把尧舜之道作为修身的最高境界和治道的最高理想，经孔子及历代儒者的不断诠释和发挥，尧舜成为后世帝王效法的典范，尧舜之道成为儒家恒常之道，对儒学与中国历史文化的传承发展影响深远。[69]李记芬则基于成人与成己成物关系的辨析，对荀子“成人”思想予以关注[70]。

2.外国教育史研究：以美国教育史研究为主

（1）专注教育史学，多元动态探究

教育思想史研究方法反思。有学者从教育思想史与教育制度史的关系入手，梳理已有研究中普遍存在的教育思想史和教育制度史相互脱节的现象，分析问题的多方面成因，提出解决问题的思路[71]。

教育史研究的跨国史视野。有学者通过将跨国史置于“国别史—国际史—跨国史”的发展脉络中，考察不同史学框架下教育史书写的特征，并据此探讨教育跨国史的研究潜力。[72]还有学者运用跨国史视野，聚焦于某一概念的起源、传播、式微与泛化，从动态的视角深入理解其词义的内涵变化。以时间为经度、各个国家的跨文化交流为纬度来探析“师范”一词的深刻含义[73]。

美国教育史学。有学者将美国教育路径划分为两条进行重新审视[74]。还有学者围绕殖民地社会生活中的教育观念展开研究[75]，通过梳理殖民地家庭生活和宗教生活，呈现影响殖民地时期教育活动的思想观念，以此拓展殖民地时期美国的教育史研究。还有学者则是对美国公共教育史研究中历史分期进行了再讨论，历史分期看似仅仅是对不同的时间的选择，实质上代表着作者在写作之前设计的研究问题，以及为此所拟定的逻辑框架和写作时所流行的史学思潮，这提示我们关注在历史叙事背后的“历史的解释”问题[76]。

（2）聚焦美国教育，接续深入探索

1）美国教育家研究：杜威研究仍为主线

2021年北京地区学者对教育家思想的关注点，以对杜威教育学科思想和杜威与进步主义教育运动的关系为主体，探讨了杜威访华期间，杜威在中国的授课演讲对中国教育学的影响，以及教育学在中国大学中成为一门独立设置学科的发端[77]。关于杜威与进步主义教育的关系，也是学者一直以来谈论的重点和充满争议的焦点，有学者基于史实，从动态和多样性的角度重新考察二者之间的关系，发现杜威教育思想是进步主义教育思潮的重要来源和组成部分，而非其理论基础或指导思想；杜威对进步主义教育运动的批评则源于对运动方向的调整，而非对运动所倡导原则的否定[78]。

还有学者研究温思罗普与英属北美殖民地教育事业[79]、金斯利与美国综合中学模式的创立[80]。温思罗普与卡拉伦斯·达尔文·金斯利都是美国教育史研究中甚少涉及的人物，国内学界的研究基础较为薄弱，对他们进行研究，可以看出2021年国内外国教育史学界所显露出来的新尝试。

2）美国学校教育研究：以高等教育和教师教育研究为重点

研究生教育研究。对于研究生教育、教师特征和权利、城市督学的创设以及美国中学综合课程的研究，也是2021年度学者关注的重点。对研究生教育的研究，学者分别从起源和改革理念两个角度来进行专题梳理[81]。还有学者则是接续探讨19世纪中后期美国传统学院开始向现代大学转型后，哈佛大学校长艾略特对于研究生教育的一系列改革举措，论述哈佛大学研究生教育发展规模化、专业化和规范化的过程。[82]

大学教师研究。对于教师特征和权利的研究，有学者通过对美国大学非终身教职教师权益保障进行研究，分析美国大学教授协会在保障非终身教职教师的权益及维护高等教育质量方面起到的重要作用[83]。还有学者针对女教师的职业特征和现存问题进行探析[84]。

进步教育运动研究。对于美国城市督学的研究[85]和美国中学综合课程早期模式的形成[86]，学者给予的关注度虽不多，但对于进步主义的研究仍在继续，2021年有学者对儿童年龄分期与进步主义教育内在联系进行探索[87]。

3）对美国家校合作关系的探索：结合热点多角度展开新探

有学者将目光放置于19世纪末的美国家长教师协会研究[88]。也有学者将目光放置于由美国热心公共教育的相关组织和个人发起的访家教师运动上，通过梳理时代变迁下访家教师运动的发展历路以及被逐渐窄化的具体过程[89]。

（三）教育史研究问题反思与展望

第一，如何把党的十八大以来党的教育理论和实践创新成果进一步学理化、系统化，为中国全面迈向教育现代化进程提供"更为生动的精神力量"，是教育史学界面临的一项重大课题。

第二，推动中华优秀传统教育智慧的创造性转化与创新性发展的动能有待进一步提升，尤其是在展现新时代教育史学科理论和方法资源、在文明交融互鉴视域中展现教育史学科竞争力方面，还需研究者主动融入中国教育现代化进程，着力使研究与那些源于传统但已萌发现代意蕴的思想精神相结合。

第三，对教育史基本概念、基本范畴、基本命题的再反思，是构建教育史学科体系、学术体系、话语体系的重要环节。其中，如何在中国教育史方法论探索、外国古代教育史、西方以外地区的教育史等一些整体仍较薄弱的研究方向与主题上有所突破，是教育史学科研究者们所面临的共同挑战。

第四，在北京地区乃至国家重大战略与社会重大需求的教育史研究方面，应在实践交叉学科研究的基础上，借由知识体系与认知进路的延展而进行理论创新，从而构建真正意义上兼具中国特色与普遍性价值的教育史学术体系。

未来教育史研究需要做到以下几点：

第一，加强基础研究，着力突破重点。教育史融"教""史"为一，更需要持之以恒加强教育基本理论、基本问题、基本概念的研究，尤其需要在重大理论问题上重点突破，实现"宏观研究"和"微观研究"双线互补，并运用多视角、多理论对既有研究主题进行创新性探索，使北京地区的教育史研究成果具有前瞻性、引领性、辐射性。

第二，打破学科壁垒，推进融会贯通。面对时代对教育史研究的现实召唤，不仅要贯通中国教育史与外国教育史之间这一教育史学科内部的对话桥梁，还要消除教育史与其他教育学二级学科之间的学术隔膜，进而从其他学科那里引入"支援意识"，在一种既坚守又开放的研究态度与学术格局中，寻求理论高度与思想深度的新突破。

第三，笃行守正创新，锻造学术精品。北京地区的教育史研究应充分发挥首都地域优势，不忘本来，吸收外来，面向未来，善于提炼标识性概念，勇于主动设置议题，用具有中国特色和世界视野的学术话语解读中外教育史思想，提炼教育经验；

第四，胸怀"国之大者"，回应时代召唤。北京地区的教育史学科研究应从时代的脉搏中感悟思想脉动，使中国教育史研究根植本土教育实际诉求，使外国教育史研究深入融合"外国研究"同"中国问题"，从而使教育史学科研究全面汇入中国教育现代化道路与人类命运共同体的构建进程中。

四、学前教育研究：深拓"大学前"视域，构建中国特色学前教育体系

（一）学前教育学科发展情况

1.学科分布情况

北京地区设有学前教育本科专业的高校中，北京师范大学和首都师范大学为同时培养本科生和研究生的两所综合性大学。其中，北京师范大学学前教育研究所设立学前教育专业，招收本科生和研究生，具有学前教育硕士点和博士点。首都师范大学学前教育学院设立学前教育专业，招收专科生、本科生和研究生，具有学前教育硕士点。此外，同时设有学前教育本科和专科的院校有：中华女子学院、北京联合大学、北京城市学院。另有两所独立学院设有学前教育本科专业，分别是首都师范大学科德学院、吉利学院。

北京地区仅设有学前教育专科的高等院校有：北京青年政治学院、北京商业学校、北京幼儿师范高等专科学校、北京汇佳职业学院、北京京北职业技术学院。另有开设学前教育专业的中等专科学校，如求实职业教育学院、北京财贸职业学院、北京北大方正软件职业技术学院、北京经贸职业学院、北京经济技术职业学院、北京科技职业学院、北京培黎职业学院、北京经济管理职业学院、北京劳动保障职业学院、北京社会管理职业学院等。

2.师资团队与人才培养

在师资团队方面，北京地区高校现有学前教育领域教学及科研人员中，正高级职称学者18人，副

高级职称学者49人，其余职称116人，其中大多具有博士学位和国外留学经历。虽然从高校学前教育专业毕业的博士生数量较少，但有大量如心理学、社会学等与学前教育学相关学科领域的博士、教授等进入学前教育领域，弥补了教师资源的空缺，北京地区学前教育学科具有一支高学历、高职称的师资队伍。

在学前教育人才培养方面，北京地区有两所高校设有学前教育硕士点，分别为北京师范大学和首都师范大学，其中北京师范大学还设有博士点。2021年硕士招生数量达到112人（包括专业硕士），博士招生人数为3人。学前教育专业的毕业生大多投身于教育一线，服务于北京学前教育行业，有力支撑了北京学前教育水平的提高。此外，学前教育学专业的硕士、博士毕业生投入培养学前教育专业教师的工作中，成为具有研究生学历的本科教师、专科教师。

3.研究机构及成果情况

（1）研究机构类别

北京地区涉及学前教育领域研究的机构，主要包括三类：第一类为设有学前教育专业的高校，如北京师范大学、首都师范大学。第二类为设有学前教育研究部门的科研院所，如中国教育科学研究院，其基础教育研究中心内设学前教育研究室。还有北京教育科学研究院，设有早期教育研究所；中国教育报刊社培训中心（人民教育家研究院），设有学前教育研究中心等。第三类为教育学院系统，如北京教育学院及下设的学前教研室，还有各区教师进修学校等。第四类为非营利性社会团体和学会团体，如北京市教育学会学前教育专业委员会、北京市学前教育研究会、北京学前教育协会、北京市电化教育研究会学前教育技术专业委员会、北京市职业技术教育学会学前教育专业委员等等。

（2）成果发表情况

2021年，北京地区学者有关学前教育领域的研究课题在国内外学术期刊中发表中文论文共181篇、英文论文12篇，出版著作27本（包括译著）。研究主题涉及学前教育政策、幼儿教师教育、0~3岁婴幼儿照护、幼儿园管理、幼儿学习与发展、幼儿园课程与教学、幼儿园保育等方面。

4.科研立项情况

2021年，北京地区学前教育研究领域，在社会科学基金项目中申请立项课题共18项。其中国家社会科学基金项目1项；全国教育科学规划课题1项；北京社会科学基金项目6项；北京市教育科学规划课题10项。获得立项的课题主要聚焦于0~3岁婴幼儿托育服务、幼儿教师专业发展、家园共育、高质量学前教育等方面。

（二）学前教育学科研究热点综述

2021年，北京地区学者有关学前教育领域研究发表的中文学术论文共181篇，研究热点集中在学前教育政策与管理研究、学前教育基本理论研究、幼儿园课程与教学研究等主题，研究课题涵盖课程、幼儿心理、游戏、家庭教育、发展评价学前教育改革、0~3岁婴幼儿养育等方面。2021年北京地区研究人员有关学前教育领域研究发表的英文论文共12篇，涉及幼儿教师工作状况、疫情背景下教学方式转变、幼儿心理发展、儿童早期教育环境测量等主题，主要以国际比较和跨学科视角，挖掘中国数据进行实证研究。

1.主题分布与研究热点

关键词共现网络分析，发现出现次数最高的关键词为“普惠性”，共13次。其次为“幼儿园课程”“教育指导纲要”“学前儿童”（10次）；“儿童发展”“入学准备”“幼儿教育”（9次）；“教育质量”“融合教育”“学前教育机构”“师幼互动”“公办幼儿园”（8次）；“学前教育发展”“幼儿健康”（7次）。

研究主题方面，普惠性与学前教育发展、公办幼儿园的关注最多，幼儿园课程和园本课程次之。此外，幼小衔接与入学准备、融合教育与特殊教育也颇受关注。

围绕研究主题和研究热点，进一步挖掘较具影响力学者的关注点和学术观点所在。被引量排名前十的论文分别讨论：普惠性婴幼儿托育教育服务体系、学前教师离职现状、儿童家庭教育的社会支持、普惠性民办幼儿园、幼儿STEM教育活动。

婴幼儿托育教育服务体系是2021年北京地区学者最为关注的研究点。有学者研究指出，发展普惠性婴幼儿托育教育服务体系是破解人口老龄少子化的重要举措，需突破以下“四个关键”：着力发展0～3岁普惠性婴幼儿托育体系；着力建立面向广大农民工和城镇中低收入家庭的普惠性托育服务体系；创新思维，改革体制机制，着力做大做强学前教育资源体系；尽快制定出台《学前教育法》，着力为快速有效发展学前教育资源体系提供法律保障[90]。

幼儿教师的研究也是学前教育领域重点关注的问题。有学者对1014名幼儿教师进行调查，讨论中国幼儿教师总报酬感知、组织认同和工作投入之间的关系，认为组织认同部分中介了幼儿教师总报酬感知与工作投入[91]。还有学者聚焦新冠疫情背景下，女性幼儿教师在平衡教师和母亲的双重角色时可能引发的工作—家庭冲突，对女性幼儿教师居家办公期间的工作负荷、父母压力、工作—家庭冲突和工作满意度之间的关系进行研究，致力于寻求女性教师减缓工作和家庭冲突、提高工作满意度的有效途径[92]。另有学者通过对北京市、辽宁省、山东省、贵州省、四川省、广东省共六省市幼儿园教师进行调研，发现薪酬待遇低、工作压力大、社会支持不足是加大其离职倾向的主要原因。由此提出破解幼儿园教师流失困局，要做好“守护者”，重视教师隐性流失，关照高离职倾向教师群体；当好“助推器”，切实提升教师薪酬待遇，增强教师获得感；配好“减压阀”，强化社会支持，多渠道缓解教师工作压力[93]。

2. 研究趋势与研究特点

第一，在研究定位上，服务国家重大学前教育类政策出台是北京地区学前教育研究者的职责所在。

相较于其他省市，北京地区的学术研究更为关注社会现实问题，担当着国家重大学前教育政策出台的“智囊团”“思想库”“宣传口”。主要包括：针对当前社会热议的婴幼儿照护问题，通过对全国18省市相关政策的发展理念、现状特点、相关问题进行分析，最终提出了可行性建议；[94]针对我国普惠性民办园薄弱的现状，在对筛选认定政策、财税支持政策、教师支持政策、监管评估政策、动态退出政策分析的基础上，指出了当前省级普惠性民办园支持政策存在的问题，并提出了较为具体的优化路径[95]。

第二，在研究方法上，大型调查的应用较为广泛和成熟，为解决现实问题提供了有力的数据支撑。

学前教育研究运用大数据支持，以问题导向展开课题研究，为解决现实问题提供科学依据。《幼儿园教师情绪劳动类型及其对工作满意度的影响——基于六省市幼儿园教师的潜在剖面分析》以北京市、山东省、河南省、山西省、四川省、贵州省六省市的10621名幼儿园教师为调查对象[96]；《新冠疫情期间幼儿教师对教育技术的接受：一种适应型接受模式》利用新冠疫情期间1568名幼儿教师的调查数据对模型进行了实证验证，以适应TAM及其决定因素来考察幼儿教师对教育技术的接受[97]。《学前儿童正规照料是否有助于缓解青年农民工工作贫困——来自50个大中城市的经验证据》在2016年全国流动人口动态监测数据的基础上，以农业户籍、年龄在40周岁及以下、初婚、家中至少有一名0 ~ 6周岁儿童为限制条件，最终选择了举家迁移的15034个农民工样本进行学术研究。[98]《我国城镇幼儿园教育质量：基于4省6区县433个幼儿园班级的微观透视》采用目的取样法，在全国范围内选取4个省6个区（县）433所幼儿园（包括教办园、公办性质园、普惠性民办幼儿园、非普惠性民办幼儿园），并随机选取1个班级，共计433个班级进行研究[99]。

（三）学前教育学科发展问题及挑战

1. 学前教育学科体系亟待完善

随着“二孩”“三孩”政策的全面开放，婴幼儿数量增加，婴幼儿照护、幼小衔接、家园社协同共育成为社会关注的热点问题，这些因素激发了学前教育内部的诸多矛盾，促使学前教育学科需要进一步明晰学科的性质、任务、研究对象、研究方法等方面。当前学者们对热点问题的研究中，对理论的抽象概括性程度低，关注与反映中国国情的创造性研究较少，缺少对学科建设有深度的理论研究。学前教育领域亟待完善一套意义明确、逻辑关系严密的概念体系和理论框架。北京市集聚了全国学前教育学科的优势资源，学科体系建设走在全国前列，对学科自身元研究的迫切性更为突显。北京地区学者们已经发出对强化学科意识的共同诉求，力图进一步明确学前教育学的学科地位和作用，确认学前教育学在教育科学群中的恰当形象。

2. 对现实问题的研究有待深入

在传统有关学前儿童心理与教育、学前教师教育与专业发展、幼儿园课程与游戏、学前教育基本理论、学前教育政策与管理等被普遍提及的重点研究与建设方向之外，对童年研究、儿童哲学、儿童脑科学与认知发展、0~3岁早期教育、学前融合教育、幼儿园领域教学知识（PCK）、学前教育信息化、学前儿童家庭教育与支持、幼小/小幼衔接等新兴的研究与学科建设方向更有待于深入探讨。

3. 高水平学科人才培养亟须提升

一方面，学前教育专业人才培养需求大、要求高，高校专业教师的数量和质量还未能满足学前专业人才培养的需要；另一方面，学前教育学科与专业发展首先要依靠高水平的师资队伍，对具备科研潜力或能力的高级人才具有高诉求。虽然北京会聚了学前教育高水平学者和专业人才，市内师范类大学的学前教育专任教师数量较多，但专业人才队伍梯队建设仍然不足。就硕博研究生培养上看，北京地区学前教育学科硕士点、博士点较少，仅北京师范大学设立博士点。从整体上看，研究团队还未形成合力，一定程度上造成学术研究多重复和低效的现状，存在着理论建树少、学术争鸣不足等问题。

（四）学前教育学科未来发展趋势

1.以构建中国特色学前教育学科体系为目标的本土研究

学前教育研究者应处理好学科建设与实践问题研究之间的关系，对关乎学科发展的重大理论问题需要进一步提炼和深入分析。不仅包含对研究对象问题的研究，还要包括对学科本身的元研究。在中国话语背景中确定学前教育学科的逻辑起点，梳理学前教育基本概念及其关系，从学前教育学科的性质、任务、研究对象、研究方法等方面出发，建构具有中国特色的学前教育理论体系。不断加强对学前教育内在发展规律的探究和认识，并立足于我国文化特点和实践需要，根据我国儿童发展需要，进行理论研究和实践探索，使其更好地服务于我国的学前教育实践和儿童发展。

2.以现实问题为导向的多元知识生产构建模式

在“学科导向”的知识生产模式基础上，学前教育学科的研究课题将更多源于解决实际情景中的具体问题，实时关注社会热点，聚焦社会需求。基于跨学科的、灵活的性质，趋向采用更为综合、多维度的评价方式。此外，高校研究人员联合科研单位、幼儿园、期刊社、出版社等机构，对学前教育热点难点问题进行研究的多样化研究团队正在形成，既促进了高校理论研究和一线实践研究的融合，也有助于解决学前教育实际情景中的具体问题。除了高校之外，还有教育科研院所、企事业单位、学术团体等主体，都可能为学前教育学科的发展带来生机与活力，为进一步促进学前教育学科科学健康发展起到积极作用。

3.以信息技术为助力的科学研究范式

以互联网、大数据、云计算、人工智能为代表的现代信息技术与学前教育进一步融合。一方面，“互联网+”时代及疫情时期的特殊需要，加快了学科知识传播由传统单向向多维互动的转变，突破了时空局限，改变了教师教学的方式和学生学习方式。由此，需要进一步思考信息技术对学前教育学科带来的深刻变革。另一方面，运用大数据技术挖掘和利用海量数据，能够助力学前教育更精细地分析事物之间的关系，深入揭示数据背后的规律，为探索学前教育研究开辟新的途径，带来发展的新思路。

五、教育经济与管理研究：以经济发展和教育改革为学术责任

（一）教育经济与管理学科基本概况

作为教育学类的二级学科，教育经济与管理分为管理学和教育学两个门类，开设教育经济与管理专业的北京地区高校接近20所，且均有各自的研究团队。在公共管理一级学科下，共有11所高校设置教育经济与管理二级学科，分别是北京大学、中国人民大学、北京航空航天大学、北京化工大学、中国农业大学、北京师范大学、首都师范大学、中央财经大学、对外经贸大学、首都经贸大学、中央民族大学，另有4所高校（包括北京交通大学、北京科技大学、北京邮电大学、华北电力大学）是设置在公共管理一级学科（120400）下，代码自行设定。在教育学门类里，如清华大学和北京师范大学有自设二级学科的权利，分别是教育经济与管理（学科代码为040103、047101）和教育管理专业（学科代码为045101）。北京大学和北京师范大学的教育经济与管理学科是国家重点学科，中国人民大学和清华大学在公共管理一级学科上获得“双一流”的项目支持。

在师资团队方面，教育经济与管理学现有专业技术人员212人，其中，教授/研究员为95人、副教授/副研究员为94人、讲师/助理教授/助理研究员为23人。几乎所有的学者均具有博士学位，大部分学者拥有海外留学或科研交流经历，尤其是年轻学者85%以上均具有海外交流经历，是一支高质量、相对稳定、团结协作和充满活力的具有国际化视野和业务能力较高的师资队伍。在教育经济与管理专业硕博士点的设置上，18所高校设有教育经济与管理二级学科硕士点，10所高校设有博士点。2021年硕士招生数量达到368人，博士招生人数为53人。

2021年，北京市教育经济与管理研究领域共申请立项课题7项，国家自然科学基金项目2项（清华大学和北京大学）；全国教育科学规划立项课题2项（北京航空航天大学和中国人民大学）；教育部人文社会科学研究规划青年基金项目2项（北京大学和北京航空航天大学）；北京市社会科学基金项目1项（北京师范大学）。获得立项的课题主要聚焦于研究生教育质量、交叉学科研究生培养、博士生职业选择、大学在线教育效果、学生课堂参与程度、家庭教育和家庭投入等方面。

2021年，北京市教育经济与管理学学者发表421篇论文（包括报纸、书评），发表国际期刊文章40

篇，其中较大部分的学者来自北京大学、清华大学和北京师范大学。

在第六届全国教育科学优秀成果奖评选中，北京地区教育经济与管理学科专业硕果累累，共计3项成果获得一等奖、5项成果获得二等奖，10项成果获得三等奖。其中包括，北京大学闵维方著作《教育经济学》、北京师范大学杜育红论文《教育对经济增长的贡献——理论与方法的演变及其启示》、中国人民大学李国立教授论文《什么是好的大学治理》获得一等奖；北京师范大学毛亚庆著作《社会情感学习与学校管理改进》、北京大学岳昌君著作《全国高校毕业生就业调查报告2019》等获得二等奖；首都师范大学薛海平著作《新高考背景下高中生学业生涯规划》、首都师范大学张爽著作《超越边界：学校组织场域变革的理论与实践》等获得三等奖。

由于疫情因素，2021年教育经济与管理学科的学术交流活动仍然是以线上和线上相结合的方式。教育经济学领域共开展了4项学术活动，主要有教育经济学分会学术年会、京师教育经济微观调查与实证研究论坛、中国教育发展战略学会教育财政专业委员会年会、北京大学教育经济研究所《教育经济学》新书发布会等。教育管理学领域开展了7项学术活动，包括中国教育学会教育管理分会、中国高等教育学会高等教育管理分会、中国教育改革发展论坛、北大基础教育论坛、联合国教科文组织国际工程教育中心理事会暨顾问委员会、"面向未来的亚洲教育"国际研讨会、首都教育论坛探讨"双减"政策背景下学校高质量发展等。这些学术交流活动始终聚焦教育发展的前沿与热点问题，是汇集了众多智慧的学科发展重要阵地。

（二）教育经济与管理学科的热点问题

1.教育经济学方向

教育与经济发展关系的讨论是教育经济学的经典问题，也是我国教育经济学研究首先遇到的一个理论问题。闵维方、余继和吴嘉琦认为教育能够增强消费能力、优化消费结构、提升消费意愿，进而促进经济增长，且不同阶段教育促进消费，拉动经济增长的机制存在差异。张心悦和闵维方认为实现经济可持续高质量增长的关键途径是提高全要素生产率，教育作为人力资本的重要投资方式之一，对全要素生产率的提高起着至关重要的作用。李锋亮和王瑜琪发现研究生教育能够以多路径促进经济增长，其中通过提升创新能力间接促进经济增长是一条重要的路径。薛海平、高翔和杨路波发现留学归国促进了经济增长，来华外国留学生、国际合作研究、国际学术会议均促进了经济增长。

教育经费问题的研究包括合理使用，资源配置等仍是对教育经济学经典问题的探究。金田和陈晓宇认为对高校经费投入应该更加重视要素替代对教学、科研生产过程的作用，合理安排支出结构、提高教学科研生产效率是高校走内涵式发展道路面临的重要议题。胡咏梅和元静提出"十四五"期间完善义务教育经费保障机制的改革路径。梁文艳、何茜和胡咏梅认为在"十四五"时期，立足多样化、综合化和特色化的高质量发展目标，普通高中教育经费保障还面临需求压力持续增大、保障渠道相对单一以及经费配置不均衡等挑战。孙志军和郑磊提出学校是教育资源分配过程中不可忽视的利益相关方，"撤点并校"形成规模更大的学校，会对增加地方政府的教育资源投入起到积极的作用。

此外，探究学生学业成绩的影响因素也一直是教育经济学方向的经典研究问题。李佳哲和胡咏梅发现家庭教育对于中小学生的学业成绩具有重要影响。周金燕和徐妮娜发现寄宿式上学有助于集中相对弱势群体，帮助其提升学校考试成绩，但由于需要放弃必要的家庭生活，也阻碍了初中学生的社会情感发展。马莉萍和黄依梵发现同伴对学生的学业成绩有显著的影响。成刚、孙志军和杜思慧发现学生自我期望和自我管理能力以及母亲的受教育程度和职业都显著影响学业成绩。成刚、陈瑾和姚政发现体质健康水平对语文、数学成绩的作用方向及程度相近。

对于近年来我国出现的"补习热"，国家于2021年实施"双减"政策，这关乎着高质量教育体系的建设以及基础教育改革发展全局的重大战略决策。薛海平和刁龙从问题源流、政策源流、政治源流以及政策之窗的开启等角度展开分析课外补习治理政策的由来与发展，强调政府制定课外补习治理政策时应注重全方位把握问题，及时回应民众和专家学者的要求，将课外补习治理政策关注的中心从促进"减负"转向促进社会公平。薛海平和左舒艺建议政府要形成科学、多样的人才选拔体系，尽量满足家长和学生个性化的教育需求；对家庭经济背景较差且成绩落后的学生提供课外补习费用补贴，建立免费的课外补习平台，利用课外补习缩小不同阶层家庭学生的成绩差距，促进教育公平。薛海平和高翔发现不同家庭的教养方式存在差异，参与课外补习的可能性也存在差异。金红昊、谢心怡和杨钋发现教育投资逐渐从学校场域内延伸至学校场域外，愈来愈多的家庭购买课外补习，以期帮助子女在升学选拔中取得相对竞争优势。徐玲、戴红利和胡夏提出注重操作性强的政策文本的生成与调整使政策更贴近地方实际，注重政策文本的本地化创新以寻求政策的地方定制。

大学毕业生就业是教育经济学领域学者关注的热点问题，尤其是疫情期间大学生就业形势较为严峻。岳昌君认为2021年高校毕业生规模达909万人，虽然我国新冠疫情得到了有效控制，但全球经济和就业的复苏与发展，要实现“稳就业”和“保就业”目标十分必要。邓峰和岳昌君发现在政府政策干预、新经济兴起以及求职方式转变的影响下，大学生就业景气程度短期受负面影响严重，但就业率并未出现断崖式下降。

大学教育机会获得也是2021年教育经济学学术研究的热点话题。郭丛斌和夏宇锋发现超级中学造成的教育垄断不利于农村学生获取精英大学入学机会。崔海丽、马莉萍和朱红发现某“强基计划”选拔了一些对专业更了解且具有某些能力优势的学生。郭丛斌、徐柱柱和张首登发现近年来我国超级中学造成的教育垄断现象较为严重，超级中学教育垄断的提高会显著降低各省普通高中的教育质量。

2.教育管理学方向

有关教育集团化办学的探讨仍是教育管理学关注的热点问题。张爽认为基础教育集团化办学评估应遵循“焦点化—标准化—社会化—常识化”的评估路径。陈丹和孟繁华认为应该从制度和资源两条路径推进北京市城乡学校一体化管理，即从单一制度主导走向多元制度协同，从强调资源供给走向加强资源转化。李孔珍和高向杰认为集团化办学致力于把教育公平的政策价值转化为具体行动，其师资资源共享模式就是这种具体行动的体现。李威璎、徐玲和王寰安发现基础教育集团化办学机制的政策工具的运用受限于既有集团化办学组建模式。

同时，学者着眼于强调有关教育治理的多元内涵，褚宏启指出教育治理需要拓展为纵向多层面、横向多维度的立体化网络。苏君阳认为教育治理体系现代化的本质表现为保障与促进在教育治理过程中共同意志合理性的形成；保障与提升教育系统中的个体与集体的权利、自由的顺利实现；赋予非行政权力和行政权力在同位决策中以相应的合法性与合理性。赵德成、曹宗清和张颖怡提出一个综合性框架，从自主办学、多元共治、依法治校、监督问责、效率公平与可持续发展等五个维度分析中小学治理现代化的程度。

部分学者深入探讨有关高校双一流建设的问题，包海芹和方伊凝主要从问题流、政策流和政治流三个方面对“双一流”建设政策议程设置过程进行分析。王亮和郭丛斌认为中国高校应在理性认识世界大学学科排名的基础上，建立科学合理的分类评价体系，实现不同学科的多元化发展，促进中国特色的世界一流学科建设。王战军和李明磊阐述了高水平研究生院评价的思想和指标设计原则，构建了包含卓越度、贡献度、支撑度、影响度等全新的评价指标体系，通过数据采集和方法处理，评选出109所高水平研究生院。李立国、冯鹏达和张海生发现规制合法性、模拟合法性和规范合法性三种组织合法性机制在“双一流”建设中起着重要作用，并在大学和学院追求合法性的过程中，促使二级学院由竞争趋同演化为制度趋同。苏君阳、白卉和李一平认为推进高等学校分类评价是新时期加强“双一流”建设的重要需求，是深化教育评价改革“破五唯”的重要路径，同时也是我国建设高等学校分类制度体系的必然要求。

3.以教育经济与管理学科为分析框架，呈现出交叉学科的研究趋势

部分学者以教育经济与管理学科视角，分析更加宏观多元的教育问题，如高等教育与区域经济发展，高等院校治理等问题。

高等教育发展与国家经济发展有着密切的关系，苏丽锋和张倩倩认为，目前高等教育担负着服务经济社会发展的重要使命，在构建新发展格局背景下要重塑发展理念、提升服务能力、重构评价机制和重视教育发展规律。更有学者对高等教育的区域发展进行分析，周光礼认为区域经济和社会发展越来越依靠知识创新，高等教育日益成为区域发展的关键因素。21世纪以来，随着京津冀、长三角、粤港澳地区产业形态由劳动密集型、技能密集型向科技密集型、创新密集型转变，经济增长逐步依靠知识创新，要求高等教育资源的集聚，以形成区域知识创新中心。

有学者探究高等教育中的教育治理问题，李立国和张海生则从知识生产视角分析，认为大学治理模式是由学者为主的学术治理到学术与行政合作的学校治理再到大学与政府、社会、市场等多主体合作的跨界治理的变迁。王战军、蓝文婷和布莱恩·麦考尔从大学经费运行机制出发，发现经费运行科学高效是提高世界一流大学建设成效的重要因素。在经费运行影响因素中，大学治理模式与资源依赖关系会影响经费

运行能力和效益。胡娟认为研究型大学的治理从学者治理发展为学校治理再发展到学术治理。管培俊、阎凤桥和曹晓婕探讨了我国一流大学的内部治理结构、特色、环境、动力、趋势等问题，发现表现出一些诸如功利化、过度竞争、价值理性缺失等现代病的征兆，这是中国式大学治理在实现一流大学目标时要面对的现实问题，也是中国大学治理体系现代化的方向性问题。刘凯和傅树京认为非营利性民办高职教育发展面临产权制度不完善、信息公开不到位、治理机制不健全和扶持政策不清晰等困境。为保障非营利性民办高职教育健康发展，需要落实法人制度、健全信息公开机制、完善治理架构和健全扶持机制。

（三）教育经济与管理学科发展的问题与挑战

1.教育经济学方向

首先，教育经济学发展势头较好，关注现实学科经典话题和热点话题。呈现出多样化的主题和涉及更为广泛的学科领域。但目前对少部分具有实践意义和学科发展价值的问题的探究仍然有限，例如后疫情背景下的教育经济学的研究取向，双减背景下民办学校的地位和作用，如何使用教育经济学理论分析课后服务领域，以及疫情背景下的高校毕业生的就业问题。

其次，在研究范式上，教育经济学研究具有较强的实践色彩和实证取向，绝大部分教育经济学相关研究使用量化研究方法。目前，大部分研究的研究方法较为规范，但对如田野调查、个案分析、制度分析等质性研究方法以及混合研究方法的使用仍然有限。

2.教育管理学

首先，教育治理为教育管理方向近年来的热点问题，这是当前教育管理方向发展中的大趋势。目前，已经形成了包括学校内部治理结构、治理与评价，以及高等院校治理等主题的研究热点。但目前对于教育治理的研究，大多研究停留在理论层面，思考如何将相关研究结果实践化还需要很长的路要走。

其次，教育管理学研究中对教育实践过程的微观理论探究的深度，以及长期以来的学科难点问题的研究还有进一步发展的空间。教育管理学以实践需求为导向，对中小学教师待遇与人事制度、教育评价和教育脱贫等长期难点问题上需要深入构建理论体系同时要注重实践应用，以及需要提出较为完善可行的制度办法。

（四）教育经济与管理学科未来发展的趋势

首先，进一步加强教育经济与管理专业的基础理论研究，“扎根中国大地”思考问题，总结中国经验，逐步建立具有中国特色的学科理论体系，促进教育经济与管理的学科发展内驱力。

其次，继续打破学科壁垒，发挥教育经济与管理学科的优势，逐步形成与其他相关学科的交叉和融合的视角，攻坚克难，共同解决教育学科的发展障碍和难题，促进北京地区教育学的整体发展。

再次，拓展北京地区教育经济与管理研究与实践的国际化水平，加强有关国际学术共同体的建立，促进国际化跨学科合作，增强学科研究成果的国际影响力。

最后，重视研究范式的多样化，由于教育经济与管理问题充满着复杂性和丰富性，需要进一步推进质性与量化相结合的方法的应用，这有利于保证研究成果的深度和有效性，为开展扎根于中国实践的教育经济与管理研究做技术保障。

六、教育技术学：关注在线教育，开展跨学科前沿性研究

（一）教育技术学基本概况

1.学科分布情况

北京市目前共有10所高校设立了教育技术学二级学科，分别是北京师范大学、首都师范大学、北京大学、清华大学、北京邮电大学、北京航空航天大学、北京理工大学、北京联合大学、中央民族大学和北京工业大学。其中教育技术学本科专业数量为2个，分别由北京师范大学和首都师范大学两所师范类大学设立；硕士学位点数量为10个，覆盖了2所师范类大学、4所综合性大学和4所理工类大学；博士学位点数量为5个，分别由2所师范类大学、2所国家级综合性大学（北京大学和清华大学）和1所理工类大学（北京理工大学）设立。

北京市高校中共有4所高校建设了校级及以上学科平台，分别是：北京师范大学建设了国家级学科平台1个，省部级学科平台2个，市级学科平台2个，校级学科平台1个；首都师范大学建设了省部级学科平台1个，市级学科平台1个，校级学科平台2个；北京大学建设了校级学科平台4个；中央民族大学建设了市级学科平台1个，校级学科平台1个。

2.学科队伍建设

在北京市高校教育技术学学科队伍规模和结构上，师范类大学的教育技术学学科队伍规模更大，北京师范大学教育技术学领域专任教师45人，首都师范大学有教育技术学专任教师25人，其他综合性大学、理工类大学的教育技术学专任教师人数均少于

10人。北京师范大学和首都师范大学的教育技术学专任教师队伍结构更合理，教授、副教授、讲师等不同职称的教师占比更均衡。

3.学科研究方向

北京市高校教育技术学学科研究方向包括教育技术学、远程教育、计算机科学与技术、科学与技术教育四个大方向。其中，教育技术学方向涵盖的范围包括教育技术基本理论、教学设计与绩效技术、知识科学与工程、教育信息工程、教育与科技战略、学习发展与智慧教育评价、智能学习支持环境、教育传播理论与技术、信息技术教育、人工智能教育、技术环境下的教学与管理、现代远程教育技术、教育信息技术。远程教育方向涵盖的范围包括远程教育基本理论、学习分析与智能化学习支持、远程教育发展战略与质量监测。计算机科学与技术方向包括智能科学与知识系统、知识工程与智能教学系统、计算机网络与信息安全、智能信息处理、人机交互技术。科学与技术教育方向包括科技场馆、STEM教育、国际教育。

4.课题立项成果

北京市高校教育技术学领域学者2021年共申请立项16项课题，其中包括2项国家自然科学基金项目、3项全国教育科学规划基金项目、1项国家社会科学基金项目、2项北京市社会科学基金项目、8项北京市教育科学规划基金项目。其中，北京师范大学获批立项7项课题，首都师范大学获批立项5项课题，清华大学获批立项1项课题，北京大学获批立项1项课题，北京理工大学获批立项1项课题，北京联合大学获批立项1项课题。获得基金资助的课题主要聚焦于STEM教育、在线课程、信息化思维教学、教师专业发展、混合式教学、分层教学、人工智能教育、学习科学等方面。

（二）教育技术学研究热点综述

1.整体状况与研究进展

（1）学者影响力分析

H指数和G指数被广泛用于评估研究人员的学术产出数量与学术产出水平，北京市高校教育技术学领域的学者H指数排名前10位的学者是余胜泉、黄荣怀、陈丽、王陆、张伟远、刘美凤、杨开城、韩锡斌、李芒、汪琼；G指数排名前10位的学者是余胜泉、黄荣怀、陈丽、王陆、马宁、杨开城、韩锡斌、赵国栋、张伟远、刘美凤。北京市高校教育技术学领域学者平均H指数位于前3位的高校分别为北京师范大学、北京大学、清华大学、北京航空航天大学、北京邮电大学（后三位并列），平均G指数位于前3位的高校分别为北京大学、北京师范大学、北京航空航天大学。

（2）文献计量分析

在中文文献发表方面，2021年北京市高校教育技术学领域学者共发表核心期刊论文145篇，其中发表文献数量最多的10位学者是陈丽、黄荣怀、郑永和、余胜泉、汪琼、韩锡斌、郑勤华、冯晓英、赵宏、王一岩。在英文文献发表方面，2021年北京市高校教育技术学领域学者共发表83篇论文（64篇期刊论文和19篇会议论文），其中发表英文文献数量最多的10位学者是黄荣怀、郑兰琴、卢宇、王辞晓、张婧婧、王晶莹、李艳燕、余胜泉、蔡苏、董艳、傅骞、李葆萍（后三位并列），均来自北京师范大学。

2.主题分布与研究热点

对北京市高校教育技术学领域学者2021年发表的145篇核心期刊文章的关键词进行的词云图分析表明，2021年北京市教育技术学领域学者关注的研究关键词有在线学习、人工智能、互联网、教师专业发展、教师培训等。对北京市高校教育技术学领域学者收录在Web of Science Core Collection数据库的83篇英文文章的关键词进行的词云图分析表明，2021年北京市高校教育技术学领域学者关注的研究关键词有学习分析、协作学习、移动学习、在线学习、滞后序列分析等。综合来看，北京市高校教育技术学领域学者的研究热点包括以下三个主题，分别是在线教育、人工智能教育、技术支持教师专业发展。

（1）在线教育

在线教育的宏观政策研究层面，陈丽团队梳理了“互联网+教育”研究的十大学术新命题[100]，黄荣怀等人从超大规模在线教育的实践中梳理在线教育的七个事实[101]，郑勤华等梳理互联网背景下教育服务供给在供给主体、供给形态、供给决策、供给模式、供给监管五个方面的转型[102]，谢浩构建由政府主导、学校自治以及行业企业和社会第三方等多元主体参与的新时期高校网络教育治理的基本结构，且从业务质量实施、内部质量控制和外部质量评估、组织架构以及层级安排四个维度构建高校网络教育质量保证分析框架[103]，赵宏等人梳理自1999年以来现代远程教育政策的发展脉络，分析了现代远程教育政策发展阶段的划分与各阶段特征[104]。

在线教育的公众认识层面，李爽团队基于知乎社区2011—2021年公众问答数据考察了公众对高校网络教育的认识、需求与态度[105]，陈丽团队分析新冠疫情期间包括教师、家长、其他主体在内的公众对中小学在线教学的认识情况[106]，赵宏调查发现疫情期间城市和乡村中小学生在线学习条件、自主学习能力以及对在线学习认同度三个方面存在显著差异，其中网络条件是引发差异的基本因素，自主学习能力是关键因素，对在线学习的认同度是核心因素[107]。

在线教育的微观教学层面上，针对学习者学习分析，陈丽团队考察以生生交互为主的在线学习复杂性规律[108]，尚俊杰团队识别学习者参与在线学习的典型方式并开展学习者学习效率的自动评测[109][110]，李爽团队考察不同在线学习模式的学生的注意力投入基本特征、分配特征与转移模式以及分析在线学习注意力投入特征与学习完成度的关系[111]，同时李爽团队基于学习投入相关理论与研究成果构建出直播课学习行为投入评价框架[112]，郑兰琴团队考察了基于学习分析的实时反馈方法对知识精化、知识融合和交互关系的影响[113]，余胜泉团队对以学生为中心的在线一对一辅导系统进行评估[114]，李葆萍团队对支持编程新手分布式实践的实践系统进行评估[115]。针对在线环境中的教学者教学，陈玲分析在线辅导中师生高质量对话的内在机理[116]，韩锡斌团队提出一种依据学生在线学习行为聚类特征对混合课程进行分类的方法[117]，李爽等人构建在线学习服务师职业标准框架，包括13个职业功能、3个职业方向、5个职业等级[118]，陈丽团队从教学交互的视角归纳中小学在线教学的典型模式，挖掘提炼出中小学在线教学实践中涌现的创新特征[119]。

（2）人工智能教育

在人工智能教育的宏观政策层面，余胜泉提出构建智慧教育服务生态体系的思路[120]，黄荣怀团队分析教育现代化过程中人工智能的价值[121]，并提出"科技与教育双向赋能命题"和未来技术变革教育的六项议题[122]，卢宇团队界定智能时代中小学人工智能教育的总体定位，并提出六个核心内容领域，阐述基于内容领域的课程设计基本原则[123]。

在人工智能教育教学实践层面，黄荣怀团队分析智能时代对创造型人才的技能要求，并结合已有的创新能力构成研究，梳理出面向人机协同的创新能力构成要素和培养路径[124]，郑勤华团队基于加涅的学习结果分类理论提出智能素养的定位，从智能知识、智能能力、智能思维、智能应用、智能态度五个维度阐述智能素养的构成，构建由十六个二级维度构成的智能素养理论模型[125]，同时郑勤华团队还构建了人机协同的敏捷教育模型并在实践中开展了应用案例研究[126]，汪琼团队梳理人工智能助力因材施教的实践误区与对策[127]。

在人工智能教育产品研发层面上，郑永和团队探讨智能教育产品的研发和应用，以重构智能时代的教育服务供给模式[128]，构建基于"人—机—物—环境—活动"的智慧课堂情境感知特征模型，对智慧课堂的学生和教师情境、设备和服务情境、内容和资源情境、时空和社会情境、活动和交互情境进行精准刻画[129]，汪琼团队分析在智能教育产品的研发过程中，潜在的设计偏见、数据偏见和算法偏见及其所导致的多重风险并提出治理建议[130]，黄荣怀团队开发学习分析支持的英语词汇教学智能协作教育游戏[131]，贾积有团队考察了智能教学系统中的用户自主度[132]。

（3）技术支持教师专业发展

在技术支持教师专业发展的宏观政策层面，冯晓英以"国培"项目的31省市参训教师为调查对象，分析教师培训项目要素对于培训成效的影响机制[133]，基于年度比较研究分析国培项目助力教师专业发展是否提质增效以及教师的信息化教学能力是否提升[134][135]。朱京曦团队从教师个体的信息技术应用能力结构出发，分析欠发达地区中小学教师信息技术应用能力提升的目标与对策[136]。

在技术支持教师专业发展的微观实践层面上，王陆团队基于经验学习圈理论，探究新手教师、胜任教师和成熟教师三类群体的教学行为改进特征[137]，并揭示这三类教师群体的教师实践性知识的发展特征及变化规律[138]，冯晓英团队构建教师混合式教学改革发展框架和教师混合式教学准备度框架，调查全国共25个省市自治区的教师准备度现状[139]，马宁团队采用准实验研究法，分析群体知识图谱建构对教师在线学习与交互的影响[140]，陈玲等人基于大规模在线社区考察教师的育人知识的发展[141]。

（三）教育技术学科发展未来展望

1.师范大学保持本硕博贯通式培养体系，其他大学进一步明确自身发展定位

以北京师范大学和首都师范大学为代表的高水平师范大学应继续保持本、硕、博贯通式培养体系，首都师范大学应进一步深化将教育技术学人才培养和

科学研究结合，通过贯通式的人才培养助力科学研究实力的提升。其他设置教育技术学学科的综合类和理工类高校应进一步探索和明确自身学科建设和学生培养的定位，力图在小规模、精细化组织的基础上培养高质量的专门性学科人才。

2.建立跨团队合作关系，开展跨学科前沿性研究

北京市已设置教育技术学学科的各高校应努力拓展研究合作渠道，一方面，建立校内多团队之间的合作，提升学校学科整体实力；另一方面，拓展合作对象的多样性，与其他高校、政府机构、中小学、企业建立联系，与国内外高校教育技术学、计算机科学、心理学、脑科学、教育学等领域的学者建立联系，通过跨校、跨学科的研究合作，提高研究的创新性、前沿性。

3.融入国际研究话语体系，提高研究规范性实证性

北京大学、清华大学、首都师范大学、北京理工大学、北京邮电大学、北京航空航天大学等高水平综合类、师范类和理工类高校应进一步努力提升国际发表的研究成果数量，积极主动融入国际研究话语体系，为提高中国在国际教育技术学领域的话语地位贡献北京地区学者的力量；另外，国内发表应进一步提高研究范式的规范性和实证性，提倡基于证据的教育技术学研究。

七、高等教育学：聚焦高质量发展和改革热点

（一）高等教育学科建设概况

北京地区的高等教育学科机构主要包括北京师范大学高等教育研究院、北京大学高等教育科学研究所、清华大学高等教育研究所、北京航空航天大学高等教育研究所、北京理工大学高等教育研究室、北京科技大学高等教育研究所[146]、中国人民大学高等教育研究室、北京工业大学高等教育研究院、北京外国语国际教育学院等。

（二）高等教育学科研究热点综述

1.高质量教育体系构建

第一，高质量发展阶段的新特征。周海涛认为高等教育面对两个大局新特征、社会主要矛盾发展新变化以及国内循环为主的双循环新格局。为此，需承载起时代赋予的历史重任，把握所处的历史方位，理性选择高质量发展的发力点[147]。王定华认为高校应充分发挥党的领导核心作用，全面贯彻党的教育方针，坚定正确办学方向，深化改革创新，激励干事创业，打造坚强堡垒，为建设高质量教育体系提供坚强政治保证[148]。崔亚楠等通过对比分析普及化阶段中美高等教育结构，提出要继续优化高等教育内部结构，提高高层次人才培养规模，处理好文理学科的比重和关系；要着力增强高等教育与外部社会结构的协调性和适应性，提高高等教育经费投入，加快建设终身学习教育体系[149]。第二，高等教育发展改革战略。钟秉林认为我国高等教育发展与改革必须抓住关键问题，深化综合改革，主动应对新的挑战。明确战略性人才培养方向，构建多元化人才培养体系，探索多样化人才培养模式，构建科学的教育评价体系，完善有效的质量保障体系[150]。第三，京津冀地区高等教育改革发展实践研究。北京教育科学研究院高等教育科学研究所团队启动《北京高等教育发展研究报告》项目，聚焦高校分类发展、“后疫情时代”的北京市高等教育改革发展的难点和热点问题，探讨北京高等教育高水平现代化的建设路径[151]。罗启轩等认为在国家新发展格局背景下，京津冀区域高等教育协同发展要强化全局意识、协同意识、改革意识和质量意识，主动服务国家区域发展战略部署，加速推进区域内部高等教育均衡发展和内涵式发展[152]。

2.高等教育质量评价

在“破五唯”背景下，高等教育质量评价成为重要议题。钟秉林认为高等教育高质量发展的核心是构建高质量的高等教育体系，包括人才培养和质量保障体系，区域布局、层次类型、学科专业结构体系，高等教育治理体系等[153]。需要明确普及化阶段高质量高等教育体系的评价导向，要强调分类发展的高等学校评价、师德优先的高校教师评价、综合发展的高校学生评价、贡献增值的学科评价和效率优先的高校内部质量评价[154]。周作宇认为高等教育评价必须纠正将评价的技术化要求和高教的人性化特质相对立的错误偏向[155]。史静寰等比较分析了四大主流世界大学排名，提出大学评价视角转换的新思路：在评价标准上由“相对单一的学术维度”向“综合的促进社会发展维度”转换；在评价内容上由“给定性”向“给定性与可选择性相结合”转换；在评价方法上由“注重定量”向“定性与定量相结合”转换；在评价结果的呈现上由“求同”向“求同与求异相结合”的方向转换；在评价导向方面引导大学由“民族国家的大学”向“世界的大学”转换[156]。杜瑞军认为开展高等教育评价、分析高等教育质量，首先要分析高等教育质量标准，但高等教育质量标准面临着市场化、数字化、权力化的反思和批判[157]。关于研究生质量评价，吴春林等提出要依据“需求导向”分类确定培养

目标、建立"1+X"导师制度和指导模式、强化"研究型"和"实践型"两类不同导向的人才培养机制等建议[158]。

3. 新时期研究生教育强国建设

王战军等认为进入新阶段，研究生教育创新发展要深刻识辨五大变化：国际形势复杂多变，世界格局大调整；国内发展战略转型，全面跨入高质量发展阶段；研究生教育发展目标由大到强，追求卓越成为主线；研究生教育发展模式战略转型，呈现差异化、结构性、内涵式、高质量的特点；深化研究生教育评价改革，注重本真思维[159]。张传剑等提出我国研究生培养成功转型的三大标志：以研究生层次类型结构为主要依据的规模扩张；以专业型培养模式差异化为行动推进的质量提升；以研究生"2+4"修业年限为基本参照的学制调整。岳昌君等对2021—2035年我国高等教育发展的规模、结构和教育经费进行预测。建议我国高等教育学历结构中研究生占比的适宜目标为：2025年为16%；2030年为18%；2035年为20%[160]。马永红等认为依据在学研本比的变化可将研究生教育发展划分为3个阶段：精英化阶段，在学研本比低于15%；大众化阶段，在学研本比介于15%~50%，其中15%~30%为大众化初级阶段，30%~50%为后大众化阶段；普及化阶段，在学研本比应超过50%[161]。

4. 普及化阶段的大学生就业问题研究

罗燕等立足中国社会和高等教育情境，构建中国大学生职业发展的理论概念模型，并编制作为过程的课程与教学、学生投入、大学治理环境，以及作为结果的学生职业发展的调查问卷[162]。岳昌君团队分析往年大学生就业景气指数的变动趋势和影响机制，研究发现近年来大学生就业景气又进入新的下降通道，特别是2020年全球经济萎靡、国内经济下行压力和新型冠状病毒肺炎疫情叠加影响使得高等学校毕业生就业形势更加严峻，但在政府政策干预、新经济兴起以及求职方式转变的影响下，大学生就业景气程度短期受负面影响严重，但就业率并未出现断崖式下降[163]。

5. 新阶段高等教育公平的研究

施晓光从理论上阐释高等教育公平的内涵与外延、价值属性和形式内容；然后从经济发展、制度安排和文化观念三个维度分析影响高等教育公平的主客观因素；最后从理念重塑和行动策略选择两个方面提出保障高等教育公平的基本原则和发展思路[164]。周文杰认为要关注的高等教育入学机会和培养结果的公平，培养过程的公平同样值得重视。在高等教育改革中更应以人的发展为中心，以促进培养过程的公平[165]。叶赋桂揭示高等教育公平中长期被忽视的知识平等问题。认为要实现高等教育中人的平等，就必须先实现知识的平等[166]。洪成文等认为高等教育公平问题涉及面广，牵涉主体多元，问题越来越复杂，很难依靠单方面解决，但是只要把每一个主体的责任落实好，那么高等教育公平问题就迎刃而解了[167]。

（三）重点关注改革实践领域的新问题

1. 拔尖创新人才培养研究

如何加快创新人才特别是拔尖创新人才培养成为重要研究课题。曹宇新基于"强基计划"36所试点高校的政策文本分析我国基础学科拔尖创新人才培养的政策目标[168]。郭哲等人以清华大学"学堂计划"为例，分析了"强基计划"背景下拔尖创新人才培养的时代内涵与建构路径[169]。郑泉水等人以清华大学钱学森力学班为例，探讨了拔尖创新人才培养的新范式[170]。刘一凝等人以中国石油大学（北京）为例探讨行业特色高校的拔尖创新人才培养体系，提出本研一体化贯通培养模式[171]。苑洁等人也以北京邮电大学为例探讨拔尖创新人才的培养模式，提出"教师指导、学生主导"的拔尖创新人才培养模式[172]。陈惠等人以北京林业大学的"梁希"实验班为例，分析北京高校拔尖创新人才培养存在的问题：教学制度改革滞后于拔尖创新人才的培养、课程教学形式单一、缺少对导师工作的监督和评价、实践教学环节薄弱等[173]。

2. 专业学位研究生改革发展研究

陈燕等人基于文献计量分析的视角分析我国专业学位研究生教育的研究现状和趋势，提出今后专业学位研究生教育研究的相关建议[174]。马永红等人提出中国专业学位研究生教育未来可持续发展应扩大专业学位研究生教育规模，促进认证文化推动质量保障体系建设，试点以"现代学徒制"为代表的深度产教融合培养模式[175]。徐学和王战军通过建构耦合模型，分析2009—2019年间全国范围专业硕士学位与产业结构的耦合协调情况，发现我国专业硕士学位与产业结构耦合协调发展呈现出"前期基础薄弱，当前水平偏低；总体发展向好，协调阶段上升；基本完成量变，即将迎来质变"的发展特征。建议践行区域协调发展战略、完善产教融合育人机制、健全教育质量保障体系，促进专业硕士学位与产业结构耦合协调发展[176]。

在推进产教融合协同育人战略背景下，马永霞等人基于情境学习理论的分析，以373名工科研究生为调查对象，考察校企合作培养对工科研究生胜任力的影响机制，指出校企合作培养应通过创设工程情境，激发工科研究生参与实践、建构职业认同两个机制从而促进胜任力发展[177]。于苗苗等人分析行业企业参与专业学位研究生教育改革发展的十年变迁，认为行业企业参与专业学位研究生教育的积极性得以提升，而且优化了教育过程，取得了明显的培养成效[178]。马永红等研究我国产教融合培养专业学位研究生的内涵、类型和发展状况，认为随着我国产业结构优化升级，产教融合培养专业学位研究生显现出较强的必要性和适用性[179]。刘润泽等分析产教融合对专业学位研究生实践能力的影响路径，倡导教师实践学术制度，打造多源的导师队伍。强化专业学位研究生“催化剂”作用，塑造参与意识。推行实践基地联盟制度，构建专业学位研究生教育实践共同体。[180]

3.后疫情时代的国际化问题

刘进等人通过对菲利普·阿特巴赫等21位学者的深度访谈，描摹了后疫情时代高等教育国际化的新常态。认为新常态下，中国提出的人类命运共同体理念，应成为引导全球高等教育国际化发展的中心理念，中国应积极推动构建新的高等教育国际化秩序体系、话语体系和工作体系。[181]俞凌云等分析新冠疫情冲击下高等教育全球竞争格局的演化：全球高等教育在长期发展过程中形成了由中心向边缘辐射的稳定的金字塔结构，这一格局在新冠疫情暴发前已开始松动[182]。韩亚菲等人分析新形势下高等教育国际化的挑战与应对，提出我国需调整高等教育国际化战略布局，加强区域教育合作；发展“在线国际化”，完善在线教育治理体系；推动“在地国际化”，扩展国际化人才培养途径；融入“双循环”发展格局，加快和扩大教育对外开放[183]。

4.大学内部治理问题研究

内部治理成为高校改革实践中的重点。周作宇分析大学治理的文化基础和伦理基础[184][185]。朱贺玲等对大学治理的经典模式和特征进行了解析[186]。刘益东等人从理性、自然和开放系统视角系统地解读大学的组织与治理，将其嵌套进权力三角理论，提出中国大学治理的协调机制模型[187]。管培俊等对中国一流大学治理体系现代化进行了研究[188]。楚江亭等人基于对6所高校42位中层以上干部的结构化访谈的分析，发现不少高校存在治理理念滞后、党政二元结构难以耦合、校院两级权责失衡、配套制度缺失、监督保障难以发挥实效等问题[189]。孙成梦雪对中美学生参与大学内部治理实践进行比较研究，指出我国应坚持和发展学术自由理念，推进大学信息化和法制化建设，加强学生领导力和治理能力培训[190]。包万平则建议大学拓展学生参与的内容，探索和实践学生参与学校重大决策、制定规章制度，扩展学生对大学具体治理事务的参与[191]。

5.高等教育数字化转型研究

张春华等人认为应通过人、机构、技术的融合，促进教育理念创新、人才培养目标创新、数字团队创新、管理模式创新、学习文化生态系统创新、融资模式创新，从而驱动我国高等教育数字化顺利转型[192]。黄孝章等对目前中国高等教育信息化建设存在的缺乏顶层设计和整体规划、数字化应用水平低、“信息孤岛”现象严重等问题进行具体分析，从高等教育数字化建设的顶层设计和整体规划、统一的数据管理和分析平台建设、提升教育技术装备水平、推进教育教学管理改革和教育教学模式改革等五个方面提出加快高等教育数字化转型，促进教育教学改革的具体措施[193]。刘震等以清华大学为例分析以云课堂形式开展的在线教学实践，提出未来云课堂教学系统“一个中心、三个着力点”的构建思路[194]。

（四）高等教育学科的问题反思与展望

第一，在“一级学科改革”背景下，高等教育学成为教育学的一个方向，对高等教育学科建设冲击明显。一批高教研究机构或并入学院或并入行政部门，使高教研究机构失去了独立的建制，在一定程度上稀释了原有高教研究的力量，并带来了高等教育学科实力被削弱以及人才培养特色丧失的风险。

第二，进入新时代，落实习近平总书记关于建设中国特色世界一流大学的系列重要指示，北京地区高等教育学科需要率先加快理论创新，加快构建中国特色的高等教育学科理论体系，为中国高等教育改革提供更加有力的理论指导。

第三，面对百年未有之大变局和我国高等教育高质量发展阶段面临的新环境、新要求，高等教育学领域应积极研究我国高等教育改革发展实践中的新问题、真问题，为政府部门提供科学精准的决策支持，为一线的教授、学生及高校治理者创新发展提供新视野、新思路和新举措。

八、比较教育学：关注全球化语境下的教育治理

（一）北京地区比较教育学学科概况

北京地区比较教育研究的机构主要有北京师范大学的国际与比较教育研究院、首都师范大学教育学院的国际与比较教育研究所、北京外国语大学的国际教育学院、中央民族大学教育学院、北京大学教育学院的高等教育科学研究所、中国教育科学研究院的国际与比较教育研究所、北京教育科学研究院教育发展中心下的国际比较室等7家单位。此外，在清华大学教育研究院、中国人民大学教育学院、中国农业大学高等教育研究中心、北京理工大学人文与社会科学学院、北京航空航天大学人文社会科学高等教育研究院、北京化工大学文法学院中也有一些学者进行比较教育研究，成为北京市比较教育学学科建设的有力补充。

2021年，北京市高校、中小学及科研机构在国家社科基金、北京市社科基金等项目中获得的比较教育领域科研立项一共有19项，相比于2020年略有减少。从科研项目的层次来看，国家级课题有2项，省部级课题有11项，企事业单位课题有6项。从研究主题来看，涉及中小学办学理念和课程、教师职业生涯和教师教育、线上线下混合教学、创新人才培养模式、海外公民子女学校、PISA和新冠疫情下国际教育思潮动向、中国减贫经验等，体现出比较教育研究的时代性、跨学科特点。

（二）北京地区比较教育学科学者研究现状分析

1.中文期刊科研成果的研究现状分析

2021年，北京地区比较教育领域共发表中文期刊论文185篇，涉及66位作者，66位作者中共有22位核心作者。其中，选取发文量为5篇及以上的作者为本年度高产作者，共计10人，主要包括北京师范大学的顾明远、刘宝存、林杰、高益民，首都师范大学的丁邦平，以及北京大学的陈洪捷等学者。

2021年北京地区的比较教育研究共有7个热点主题，分别是：联邦干预、教育公平、人才培养、高等教育、教师教育、中小学教育、日本教育。

联邦干预。如陈露茜就美国公共教育联邦干预的历史演进进行了探讨[195]，后续又与夏青对19世纪后期联邦政府引导、干预、成就美国工业化过程中所扮演的领导角色在教育系统的体现进行了深挖[196]。

教育公平。如刘宝存与商润泽对时任美国总统的拜登的教育政策主张进行了述评，提及了美国教育公平问题[197]。又如张一鸣等在探讨美国科学教师培养标准的变革时，也谈及了教育公平[198]。

人才培养。如刘宝存与庄腾腾对美国高等教育教学模式与方法改革的动因、策略、启示进行了探讨[199]。又如王雪双与王璐共同对美国匹兹堡大学教育学院的博士生人才培养新模式进行了解析[200]。

高等教育。如公钦正基于新加坡经验，提出了海南岛要提高国际化水平，通过提高国际教育市场声誉以打造世界级品牌，通过推进治理现代化以激发学术活力，通过构建与产业的良性互动以促进成果产业化[201]，彭婵娟研究了全球留学生教育的现实图景与发展趋势[202]。

教师教育。如许芳杰探讨了美国教师教育专业认证评估的证据文化及其对我国的启示[203]。又如冯雅静与王雁在融合教育背景下对美国普通教师职前培养的变革历程和特征进行了分析[204]。

中小学教育。如巫锐探讨了德国中小学教育惩戒制度及其启示[205]，丁邦平则探讨了美国、英国、新西兰和日本等国家学校技术教育在改革与发展过程中，国家教育政策制定对技术教育学科转型的促进作用及其经验[206]。

日本教育。如姜英敏等基于对“相互依赖性”与“组织身份”的考察，对日本政府与国际教育援助合作机制进行了分析[207]，又如刘幸等对日本战后人口变迁与教育变革的关系进行了研究[208]。

2.英文期刊科研成果的研究现状分析

2021年北京地区共计85位学者参与发表英文论文213篇，共有174家北京地区的高校与科研院所参与了英文期刊论文的发表。其中，北京师范大学的发文数量最多，共产出99篇英文论文。除此之外，英文发文量较高的单位分别是北京大学（16篇）、清华大学（14篇）、北京外国语大学（10篇），以及首都师范大学（8篇）。高产学者主要有北京师范大学教育学部的Zhang Yi、Li Jian和Xue Eryong。英文发表得到4个热点主题，分别是教育技术、创造力学习、环境教育和职业发展教育。

教育技术。如北京师范大学的Jiang Lianjiang等人从动机、投入、态度和支持的相互关系角度，探讨了英语学习者对于在线翻转的学习准备[209]。又如北京师范大学的Bai Yunqi与Xiao Jianjun探讨了学习者的在线互动是否影响以及如何影响课程内容的生产[210]。

创造力学习。如北京师范大学与首都师范大学的Liu Jun等人探讨了中国编程教育中，教师的教学

特征、学习者特征以及学习者的家庭社会经济地位和性别对学习者创造能力的影响[211]。又如北京师范大学的Wang Chonggao与清华大学等机构的合作者们分析了我国绘本教学对聋哑、重听学生创造力的影响[212]。

环境教育。如北京师范大学的Misiaszek以如何批判性地解读新冠肺炎相关的环境问题政策为视角，探讨了大规模传染病相关的生态素养培养问题[213]。又如北京大学的Crain与北京师范大学等机构的学者探讨了在快速数字化变革的时代，如何超越知识经济中主导的新自由主义趋势，构建通向新可能性的桥梁和创新方式[214]。

职业发展教育。如北京大学的Li Liping等人从制度惯习、职业生涯选择和留学决策角度分析了中国精英大学的学生追求获得国外博士学位的原因[215]。又如北京大学的Deng Jiahui等分析探讨了新冠对中国医学生职业和专业选择的影响[216]。

3.学术专著的研究现状分析

2021年，北京市各高校和科研院所出版了多部关于比较教育研究的著作和译著，学者关注的领域呈现出多样化、专业化的特点，主要涵盖如下几个主题：一带一路国家教育专题研究、教育政策与管理研究、基础教育治理与改革研究、高等教育治理与改革研究、教育国际化、教育思想与理论研究、全球教育治理、教师教育等。

在教育思想与理论研究方面，顾明远等学者撰有《对话中国教育：未来教育创新的建议》，王英杰在其新作《当代教育思潮评析》中介绍并分析了存在主义教育思潮、结构主义教育思潮、分析哲学教育思潮，以及新自由主义、新马克思主义等多种教育思潮。马健生在《比较教育研究》一书中对国内在比较教育学术领域40年的发展历程进行了较为全面、充分且客观的回顾与总结，并指出了中国比较教育研究的可能转向。

在基础教育治理与改革研究方面，首先是关于学校治理模式的研究，《基础教育治理模式创新与学校变革》（顾明远、鲍东明编著）一书梳理了《比较教育研究》近五年刊发的相关优秀研究成果，分析了公平取向下的教育创新治理、多样态学校发展模式、学校改进的多元审视、信息时代智慧学校建设，以及校外培训发展治理等学校改革内容。其次是关于课程与教学的研究，《21世纪核心素养与课程教学改革》（顾明远、鲍东明编）阐释了世界范围内21世纪课程教学改革总趋势、核心素养下世界课程改革样本、课程设计与项目范例，以及课程教学理论新视野等内容；《学校课程建设与综合化实施——基于北京市中小学的实践与探索》（杨明全著）结合北京近十所项目学校的实践探索，全面梳理中小学课程建设的原理与实践策略，为中小学的课程创新提供可以操作的模式和路径。此外，《中国基础教育：观察与研究（修订版）》（王定华著）则对原书进行了部分订正或修订，重点论述了立德树人研究、心理健康教育、学校品质提升等九个方面内容。

在高等教育治理与改革研究方面，《大学教师发展的理论与实践——以美国、日本为例》（林杰等著）就美国、日本等先发国家大学教师发展的概念、理论模型、内容构成、组织建设进行系统阐释，并就世界范围内大学教师发展的趋势进行研判。《美国高等教育：观察与研究（修订版）》（王定华著）则系统且重点阐释美国高等教育的历史传统、现状与未来趋势。《拉美和欧盟区域间高等教育合作机制研究》（胡昳昀著）则基于区域间主义理论，深入探究拉美和欧盟之间高等教育合作的成效与问题，并分析双方合作对欧拉集体认同产生的影响。

在教育国际化方面，王英杰、刘宝存等学者就留学生教育进行专门研究，出版了《国际视野下的留学生教育政策研究》与《来华留学生教育政策研究》两本专著。《基础教育国际化政策与实践：比较研究的视角》（杨明全著）则对主要国家的基础教育国际化发展状况进行了深入分析，指出了我国基础教育国际化发展的本质和实践路径。

在教育政策与管理研究方面，《教育宏观决策比较研究》（顾明远著）系统梳理了教育宏观决策的含义与核心因素，分别阐释美、英、日、澳、东南亚等地区的教育宏观决策的模式与特点，并提出对我国教育宏观决策的建议。《创建世界一流大学政策的国际比较研究》（刘宝存、张梦琪著）则对中国、日本、韩国、德国、法国等国家创建世界一流大学政策产生的背景、政策环境、政策主体、政策目标、政策内容、政策实施、政策评估进行了系统分析。《世界主要国家教育政策形成、实施与评价机制研究》（肖甦等著）则对英、法、德、美、日、俄罗斯等九个国家的教育政策形成、实施及评价机制等进行了系统梳理。《新加坡教育制度与政策研究》（丁瑞常、康云菲著）则对新加坡的教育传统、基本教育制度、现行教育政策等问题进行了系统梳理。

在一带一路国家教育专题研究方面，刘宝存在《“一带一路”沿线八国国际教育合作与交流政策研究》一书中选取了俄罗斯、波兰、埃及等八个国家，探讨了其国际教育合作与交流政策以及我国与这些国家开展国际教育合作与交流的空间。王定华作为总主编出版了《一带一路国家文化教育大系》（以下简称“大系”）系列丛书，包括《乌克兰文化教育研究》（张弘、陈春侠著）、《塞内加尔文化教育研究》（李洪峰、崔璨著）、《莫桑比克文化教育研究》（朱睿智、杨傲然著）、《北马其顿文化教育研究》（杨鲁新、王乐凡著）、《安哥拉文化教育研究》（张方方、李丛著），以及《蒙古国文化教育研究》（刘迪南、黄莹著）等一带一路沿线国家文化教育研究丛书。“大系”每册专著均包括对象国国情概览、文化传统、教育历史、学前教育、基础教育、高等教育、职业教育，以及与我国的教育交流等内容。

全球教育治理与教师教育主题也引发了多位比较教育学者的关注。在全球教育治理方面，《全球教育治理：国际组织、民族国家与非国家行为体的互动》（孙进著）从民族国家、国际组织，以及非国家行为体等三个主体的视角分别分析了各主体参与全球治理的实践。《全球治理中的中国与联合国教科文组织》（谢喆平著）则从中国与联合国教科文组织互动的视角重点探讨了1945年以来中国对口机构、公约谈判参与、教育治理参与等方面的发展。在教师教育方面，《美国教师教育：观察与研究》（王定华著）系统论述了美国教师教育的主要问题与美国教师队伍建设的改革动向；《比较教育文库：教师教育伙伴合作模式国际比较》（顾明远著）则从国际比较的视角，就教师教育培养模式的相关理论与先发国家的实践模式进行了深入分析。

此外，还有一些教育热点引发了比较教育学者的关注。在教育评价方面，《考试招生制度与教育评价新趋势》（顾明远主编）就《比较教育研究》近五年刊发的相关研究成果做了系统梳理，涉及世界各国的高考招生制度与考试评价问题。在传统文化研究方面，《读懂经典·乱世中的坚守：孔子与〈论语〉》（高益民著）则就孔子以及承载了其思想的《论语》进行挖掘与分析，在教育公平方面，《义务教育均衡发展国际比较研究》（王璐著，刘宝存编）则系统研究了美国、英国、法国、德国等八个国家的义务教育均衡发展经验与问题，并在国别和地区研究基础上进行深入的比较分析。此外，还有关于创业教育的《创业型大学的创业教育研究》（张超、钟周、王孙禺著）、关于数字化教育的《新科技革命：全球数字化教育在行动》（王素著）、关于发展的《世界慕课发展报告》（王定华主编，贾文键执行主编），以及关于学校管理的《幼儿园的50个安全管理问题》（顾明远等著）等多个主题的专著出版。

（三）北京地区比较教育学科发展存在的问题

第一，从已有研究成果的内容来看，热点研究主题主要集中在联邦干预、教育公平、人才培养、高等教育、教师教育、中小学教育、教育技术、创造力学习等方面，与教育学下属的各个二级学科联系密切，而比较教育学科发展自身的理论体系和话语建构存在着薄弱和不足。

第二，在比较教育研究人员的学术合作方面，北京师范大学国际与比较教育研究院等专门组织机构更多倾向于校内以及京内高校兄弟单位之间的学术合作，与其他学校的跨地区、跨区域、跨国合作较为缺乏。已有的合作形式更多倾向于期刊论文、学术专著等基于学术产出的合作，共同申请课题、研究项目，合作完成英文学术成果等深层次合作有待进一步加强。

第三，已有的比较教育研究成果较多倾向于政策报告的文本内容分析，以及国别案例的比较研究，研究方法较为单一；基于定量数据的实证研究较为缺失。就方法论而言，在构建人类命运共同体的大背景下，具有中国特色的比较教育研究方法论体系建构和具有中国特色的比较教育学科话语体系建构也是学科发展的基本任务。

第四，从已有研究成果的社会价值来看，比较教育学科服务社会和国家战略的职能有待进一步加强。比较教育学科的研究问题和研究内容需立足于本土，回应国家、社会及首都教育发展的现实需求，为重要教育决策和政策方针提供咨询和建议。

（四）北京地区比较教育学科发展的未来展望

第一，从比较教育学科的机构发展和学术共同体建设来看，应加强教育研究学术共同体与教育实践共同体的联动，大学和研究机构与中小学合作，推动中小学国际友好学校间实质性的交流合作，“走出去”与“引进来”相结合，加强北京地区教师、管理者、研究者等不同层面的国际人员的信息交流，与海外学校和学者建立战略性合作关系，尤其应注重拓展与一带一路沿线国家的合作研究与实践交流。

第二，从比较教育的研究主题来看，在更为密切的人员交流和机构战略合作的基础上，比较研究的主题可逐渐从宏观走向微观、从文本走向经验、从单向介绍走向双向互动，深入儿童成长、课堂教学、学校生活、社区生活等方方面面，在教育和文化的多样性中更好地理解自身、定位自身，也从教育这个切入点更深刻地理解他国人民的生活，增进国际理解。

第三，从比较教育的研究方法来看，应注重加强跨国界、跨文化实证研究方法的开发和运用，通过专题培训提升研究者开展海外田野研究的能力，鼓励研究者积极利用国际教育测评数据库进行定量比较研究，提高比较教育研究的科学性与规范性。可考虑以北京地区比较教育学者为主力，打造一带一路国际教育调查项目，建设长期持续的教育科学研究合作平台。

第四，从比较教育的话语体系来看，研究者应注重学术话语、大众话语、国际话语的结合，针对中外教育中的真问题，建立起既能体现中国特色又有助于国际传播，并且能够引发广泛讨论的话语体系，形成有解释力、传播力的新概念、新命题，积极在国际教育学术界展示我们在教育理论与实践方面的优质成果，在比较视野下共同探讨制约教育发展的痼疾，形成有意义的话语互动和思想交流。

九、职业教育学：聚焦技术技能型人才培养，服务制造业强国

（一）北京地区职业技术教育学的概况

1.研究机构分布

（1）高校研究机构分布

北京地区目前只有北京师范大学设立职业技术教育学二级学科并实际招生，隶属于北京师范大学教育学部职业与成人教育研究所，是中国高校中最早开展职业教育学教学和科研的机构之一，是职业技术教育学学科形成与发展的重要策源地，也是我国职业技术教育学科领域的高水平科研，具有职业技术教育学硕士和博士学位授予权。现有专职教师7人，其中高级职称3人、副高级职称3人、中级职称1人，均具有博士学位。主要研究方向为职业教育理论、产教融合、职业教育教师专业发展、职业教育教学与课程、职业教育质量保障、比较职业教育、职业教育经济、职业教育心理学等，每年招收博士3名左右，硕士8名左右（其中3人为成人教育方向），职业教育方向主要研究职业教育基本理论、职业教育教学与课程、职业教育教师专业发展等。

此外，北京联合大学应用科技学院招收职业技术教育专业硕士。首都师范大学和北京外国语大学均设立职业技术教育学二级学科，但未实际招生。除此之外，其他大学比如北京大学、清华大学等也有个别学者研究职业教育，但没有设立专门二级学科。

（2）中、高职研究机构分布

北京地区中、高职中仅有少量学校设置了高职研究所或职业教育研究所（室），主要围绕学校（院）建设与规划、人才培养、课程、教学、师资队伍建设等中课题开展相关研究。2021年，北京地区有高职院校25所，其中公办院校16所、民办院校9所[217]；其中国家级“双高校”（“中国特色高水平高职学校和专业建设计划”）7所（占北京高职院校总数的28%）、北京市“特高院校”（北京市特色高水平职业院校建设计划）8所（占北京高职院校总数的32%），其中有4个高职院校设立高职（职业教育）研究所。2021年，北京市有中等职业学校109所，其中普通中专29所、成人中专10所、职业高中44所、技工学校26所[218]，其中有5个设立了职业教育研究所。

（3）其他事业单位研究机构分布

除高校和中、高职外，北京地区目前有4个研究机构专门研究职业教育，即教育部职业教育发展中心、中国教育科学研究院职业教育与继续教育研究所、北京教育科学研究院职业教育研究所、北京师范大学国家职业教育研究院（虚拟研究机构）。

2.学科建设投入

北京职业技术教育领域2021年共申请立项课题27项，其中全国教育科学“十四五”规划2021年度课题4项，分别为国家一般、国家青年和教育部重点课题；2021年度教育部人文社会科学研究规划基金项目1项。北京市教育科学“十四五”规划2021年度课题22项，其中优先关注课题1项、重点课题1项、一般课题20项。获得立项的课题主要聚焦于职业教育数字化教材、混合式教学模式、应用型人才培养模式、职业教育助力脱贫攻坚成果的机制、职业教育增值评估、学徒制人才培养模式、“1+X”证书制度经费投入、实践教学体系、课程资源开发、师资队伍建设、评价体系等。

（二）北京地区职业技术教育学科学者研究现状

1.外文期刊论文和著作

2021年北京地区职业技术教育学科学者发表相关的英文期刊论文2篇，主题为高等教育过度教育、工艺传承人新手阶段的任务分析和绩效评价。

2. 中文期刊论文和著作

2021年度北京市职业技术教育领域的学者们共发表133篇文章，其中核心期刊（包括CSSCI索引、北大核心索引）94篇，占总发表数的70.68%；非核心期刊39篇，占总发表数的29.32%。对所有文章的主题做词云分析，结果表明，职教师资队伍建设、职业教育高质量发展、职业教育评价、本科职业教育、"1+X"证书制度、人才培养模式、在线教学、思政教育、产业学院、虚拟现实技术、教学改革、双高建设、双师型、职业启蒙教育、双创教育、德国双元制是本年度学者们关注的热点，特别是本科职业教育。由主题分析可知，北京职业技术教育学界的学者们关注的主题非常丰富，涉及职业教育的方方面面。

3. 图书文献成果分析

通过中国图书网进行检索发现，2021年度北京职业教育界出版有关职业教育学科发展的著作18本，其中专著类图书8本，编著类图书10本，涉及主题包括职业教育学习、现代职业教育治理、国家资历框架、职业院校实习管理、职业教育质量、英国职教师资改革、产教融合型企业认证制度、教育信息化、职业教育科研发展、学习型社会等。

4. 职业技术教育学学科发展特点

从当前北京地区职业技术教育学科学者研究现状可以看出，职业技术教育领域的学者不仅关注职业教育宏观发展，例如职业教育高质量发展、院校治理与发展等；而且也非常重视职业教育微观方面的研究，例如课程和教学改革、职教师资建设等。此外，职业教育领域的学者非常关注国家政策动态，围绕2021年国家最新政策开展一系列研究，例如开展职业教育新版专业目录、本科职业教育、职业教育适应性等相关研究，为助力国家政策实施与发展提供理论和实践支持。

（三）北京地区职业技术教育学科发展遇到的问题

当前，北京地区职业技术教育学科发展面临学科体系建设较薄弱、缺少专门的职教师资培养机构、学术平台建设存在短板等问题。

首先，在学科体系建设方面较弱。北京高校设置职业技术教育学科点的数量非常少，研究职业教育的学者数量少，即将面临青黄不接的问题，大部分的高校都还未建立职业教育学科发展平台。北京地区尚且没有职业技术教育学本科专业，实际招生的硕士和博士点均设立在北京师范大学，培养的学生数量非常有限。

其次，缺少专门的职教师资培养机构。北京有100多所中职和20多所高职，对高水平职教师资的需求量大，况且职教师资学历提升需求强烈。但目前除了北京师范大学有硕士和博士点、北京联合大学应用科技学院招收少量的专业硕士、北京联合大学师范学院为中职学校培养学前教育专业（本科层次）师资外，缺乏专门的职教师资培养培训和学历提升机构。在全国4个直辖市中就有3个成立了专门的职业技术师范大学或学院来培养职教师资，例如天津1979年成立天津职业技术师范大学，上海2021年也成立上海市职业技术教师教育学院助力上海高水平职教师资培养和现代职业教育高质量发展，重庆2022年在重庆师范大学成立职业技术师范学院旨在培养职业性、专业性、师范性"三性一体"的职业教育师资。

最后，学术平台建设存在短板。目前北京地区有4个专门研究职业教育的研究机构（事业单位），同时有中华职业教育社、中国职业教育学会两个学术组织/团体，两个职业技术教育领域的期刊，为职业技术教育学科发展提供了重要的学术研究和发展平台。但是，目前职业教育领域还没有专门的CSSCI期刊，很多职业教育文章都需要发表在其他学科期刊上，这对于职业技术教育学科的发展非常不利。

（四）北京地区职业技术教育学科未来发展的趋势

为促进北京地区职业技术教育学科的发展，未来首先应在北京地区高校，尤其师范类高校中设立职业技术教育学二级学科点，增加硕士、博士点，扩大招生规模，尤其是专业硕士和在职教育博士招生人数，助力北京中高职院校师资队伍质量的提升，为北京地区职业教育研究机构输送人才，增强北京地区职业技术教育学科研究力量及后备力量。其次，职业教育的发展，离不开高水平的师资队伍，建议成立专门的职业技术师范大学或师范学院，为中高职、职业教育本科、职业教育研究机构提供充足的后备研究型人才和专业人才。再次，当前北京在养老服务、婴幼儿护理、学前教育等领域缺乏专业人才，建议加强养老服务、婴幼儿护理、学前教育等领域紧缺人才培养和相关理论与实践研究，助力北京社会发展。最后，建议建立职业技术教育学科的专门CSSCI期刊，为高质量、高水平的职业教育学科发展研究成果的发表提供更高的学术平台。

十、特殊教育学：聚焦残疾人教育与干预，推进内涵式特殊教育发展

（一）北京市特殊教育学科发展概况

北京地区目前仅有北京师范大学和北京联合大

学设立了特殊教育学二级学科。北京师范大学教育学部特殊教育学院目前拥有特殊教育学专业本、硕、博在校生113人。有教授、副教授9人，涉及各类特殊需要儿童的生理、心理、教育、康复等学科领域，在特殊教育理论、融合教育、特殊教育教师教育、感官障碍儿童教育、发展障碍儿童教育、超常儿童教育、特殊教育课程与教学研究、早期干预等领域均处于全国领先地位，并在国际特殊教育领域具有一定的影响力。

北京联合大学特殊教育学院有专任教师55人，其中教授6人、副教授20人、讲师23人、助教6人。教师中博士后2人、博士17人、硕士35人。

除两个高等教育机构外，中国教育科学研究院心理与特殊教育研究所和北京教育科学研究院特殊教育研究指导中心也承担特殊教育领域学术研究工作。

2021年各单位省部级及以上立项课题中，北京师范大学的立项课题达8项，其中《汉语自闭症人群社会融合的路径研究》《融合教育质量提升背景下普通教师与特殊教育教师合作教学研究》《学龄孤独症儿童教育评估指南》为国家级课题；北京联合大学为3项，《中国手语新手势构词理据及其认知神经机制研究》《国家通用盲文分词连写规则与词库建设研究》为国家级课题；北京大学的《中国特殊教育通史》为国家级课题；中国教育科学研究院和北京教育科学研究院各有1项省部级课题。

北京师范大学在2021年的发文量为73篇（中文期刊49篇、英文期刊24篇），发表于国内外核心期刊的文章达49篇，占比67.1%；中国教育科学研究院的中文期刊发文量为9篇（英文期刊1篇），核心期刊文章占比77.8%；北京教育科学研究院的发文量为4篇（中文期刊），核心期刊文章占比50%；北京联合大学的发文量为9篇（中文期刊），核心期刊文章占比44.4%。2021年北京市特殊教育学科的发文总量为95篇，其中62篇发表于国内外核心期刊，英文文章25篇。从专著来看，2021年北京师范大学出版《中华手语大系（视听版）》《0~6岁视障儿童康复训练家庭指导》《特殊教育导论》《行为生理学（译著）》4本学术著作，中国教育科学研究院出版《普通师范专业融合教育课程研究》。

（二）北京地区特殊教育学科学术研究现状分析

北京地区特殊教育领域研究者关注特殊教育与融合教育基本理论、政策和实践、残疾人教育与干预、师资队伍、残疾儿童家长等主题。

1.基本理论、政策与实践研究

（1）特殊教育理论与本地实践

强调“学史明理”，注重特殊教育历史和学科建设。朴永馨结合党史、新中国史、改革开放史、社会主义史回顾了中国特殊教育的发展[219]。北京大学和南京特殊教育师范学院联合申报的《中国特殊教育通史》项目位列国家社科基金支持的重大课题，郭志云等基于系统论的视角，回顾特殊教育专业40年发展的基本历程[220]。

立足本地特殊教育实践，探索北京市特殊教育内涵式发展路径。王善峰和孙颖指出，步入“十四五”，在特殊教育进入内涵式发展新阶段，北京市积极应对教育对象的不断扩大及教育需求的日益多样化，以师资队伍多类型、专业化发展为根本，以教育科研为引领，以特殊教育学校联盟建设为依托，力促全市特殊教育内涵式发展，努力把“办好特殊教育”落到实处[221]。北京市社会科学基金《北京市特殊教育高质量发展指数研究》关注北京市高质量特殊教育指标体系的建设。赵小红在京津冀教育协同发展的背景下，以残疾儿童义务教育和高中阶段教育为切入点发现，京津冀特殊教育协同发展面临如下挑战：一是京津冀特殊教育普及状况不均衡；二是师资、经费、办学条件等特殊教育质量保障状况不均衡；三是京津冀特殊教育发展协同乏力[222]。

（2）融合教育理论与本土政策

基于公平正义的视角关注融合教育理论。侯雨佳等沿着可行能力理论的平等分析路径，重新建构融合教育中“平等”理念的分析框架，即将特殊儿童教育功能的发挥作为特殊儿童平等受教育权的实现，将能力平等作为融合教育过程平等的核心保障，将自我实现作为融合教育结果平等的最终目标[223]。邓猛和赵勇帅指出融合教育是“人皆有潜能”“人皆有权平等接受高质量教育”等基于公平的价值理念的直接体现，我国“随班就读”应向公平优质融合方向发展、构建专业支持体系、逐步走向“中国味”的融合教育[224]。徐冉、傅王倩等从社会排斥理论视角审视我国随班就读所存在的问题，从社会构建的客观排斥和个体生成的主观排斥两种路径来分析问题产生的机理，并从装备育人的角度提出应对措施，希冀能对随班就读工作的顺利开展有所裨益[225]。特殊教育是实现教育现代化必不可少的一环，要实现公平且优质的现代特殊教育，在不断扩大残疾儿童入学范围的同时提高融合教育质量是必然措施。陈慧星和邓猛指出，构建现代化背景下本土融合教育质量评估框架需要以形成教育质量标准体系为目标，以不同学段和层次的教育体系内部各要素之间是否协调一致，与教育体系是否适应社会需要为标准，形成微观—中观—宏观三位一体的本土融合教育质量评估框架，并且以评估主体多元化和评估方式综合化为发展方向[226]。

解读融合教育本土政策。郭志云和邓猛对教育部最新印发的《关于加强残疾儿童少年义务教育阶段随班就读工作的指导意见》进行分析与反思，认为该文件的出台标志着本土融合教育模式的正式形成[227]。顾定倩指出师范类专业认证标准是师范生教师职业能力标准制定的主要依据之一，融合教育理念在教师培养文件中实现全覆盖是教师教育政策的历史性进步，特殊教育师范专业培养和专业认证要破解新问题、加快专业认证并扩大职业能力标准的使用范围[228]。范文静等从史密斯政策执行分析模型发现我国职前教师融合教育素养培养的政策执行效果不佳，其原因包括：政策文本概念与目标模糊、可操作性不足以及政策体系不完整，地方教育行政部门执行职前教师融合教育素养培养政策的积极性不高，普通师范院校和综合性院校对政策缺乏认同且缺少专业师资，教育缺少政策宣导及制度保障[229]。

2. 残疾人教育与干预研究

（1）智力、视力及听力障碍

智力障碍研究。傅王倩等分析了历来不同版本智力障碍定义关注的焦点，探讨智力障碍定义演变中取得的进步，以及定义对智力障碍者有关政策和教育的影响[230]。郝传萍等基于《国际功能、残疾和健康分类》（ICF）建架构和方法分析智力与发展性障碍学生功能状态和体质特点以及影响因素，参照世界卫生组织（WHO）《关于身体活动和久坐行为的指南》和ICF架构构建了适用于智力与发展性障碍儿童的针对体质健康的身体活动方案，以及实施方案的适应性和支持性教学与训练方法[231]。朱涵从智障儿童身心发展的多样需要出发，论述了游戏对智障儿童健康成长的作用，并探讨如何组织游戏教学来助力智障儿童开发自身潜能和实现自我价值[232]。钱志亮等对比普通儿童与智障儿童入学成熟水平的状况。结果显示智力障碍儿童的入学成熟水平整体落后于普通儿童，在视知觉、语言沟通、社会适应和学习品质上与普通儿童的差距更为悬殊[233]。

视障障碍及盲文研究。教育部人文社会科学研究一般项目《内地与港澳台视障学生音乐教育比较研究》（张爱名主持）关注视障学生的音乐教育，国家社科基金重大项目《国家通用盲文分词连写规则与词库建设研究》（钟经华主持）。张悦歆等对10所盲校（部）170名视障学生施测编制《盲校创造性课堂环境评估量表（视障学生版）》，该量表具有良好信度和效度，包含了教师领导力、学生交流、教师支持、学生参与、学生关系五个维度[234]。邹红霞等采用行动研究范式，通过分析视障学生的特点，借鉴国外盲校学生能力培养的内容，在国内首次提出适合视障学生认知、语言、社会交往、补偿技能、自助、精细动作、粗大动作、视觉八大能力培养，并界定了其内涵[235]。

听力障碍与手语研究。2021年，北京联合大学主持的国家社会科学基金《中国手语新手势构词理据及其认知神经机制研究》（主持人姚登峰）关注手语研究。付平等基于听障学生的语文教育现状，首先厘清了汉语成语的手语表达的内涵，然后以分类法为基点探究汉语成语的手语表达的方法与技巧，将汉语成语的手语表达分为组合性成语—相同策略、综合性成语—相似策略、融合性成语—相符策略三大策略[236]。赵莉和郑璇以某所已形成稳定学生兼职手语翻译机制的高校为例，通过对师生用户的半结构化访谈考察他们对手语译员的角色期望。研究发现：该校师生都倾向于译员主动参与沟通过程，师生对译员的角色期望相同之处在于都期望译员成为沟通促进者、帮助者和助教，不同的是聋人大学生还期望译员成为文化协调者和盟友[237]。郑璇等通过分析《欧洲语言共同参考框架：学习、教学、评估》扩展版对手语能力的描述，提出我国通用手语等级标准的总体框架[238]。王崇高等采用准实验研究设计以B市和T市三、六年级聋哑和听力障碍学生为研究对象，基于潜在创造力评估测试工具的结果表明：聋哑和听力障碍学生在图形发散上的表现优于语言发散；实验组学生在创造力发散维度上的表现显著高于对照组；两组学生在整合思维上的后测差异无统计学意义[239]。

（2）孤独症与超常儿童

孤独症儿童的干预研究。2021年，以北京师范大学胡晓毅和贺荟中为代表的研究团队聚焦于孤独症群体循证实践及社会融合。国家社会科学基金的立项课题中两项与孤独症有关，分别是由北京师范大学贺荟中主持的重大课题《汉语自闭症人群社会融合的路径研究》及胡晓毅主持的《学龄孤独症儿童教育评估指南》[240]。Zeng和胡晓毅等通过元分析发现多种干预措施可用于改善学龄期孤独症学生的各种结果[241]。双向命名是儿童通过接触相关的词—物关联而获得倾听者和说话者行为的一种重要能力，Lee与胡晓毅等评估计算机辅助多范例教学对双向命名的促进作用，结果表明，三个孩子的命名表现从测试前到测试后都有所提高，这支持了教学系统在应用环境中使用的潜在实用性[242]。胡晓毅等还研究视觉支持和动机对中国学龄孤独症儿童MABC-2运动表现的影响，结果显示孤独症儿童的MABC-2得分低于典型发育儿童，在运动技能上发育迟缓。然而，在运动评估中加入视觉支持可能会改善他们的表现[243]。

超常儿童的教育研究。我国超常儿童教育目前还处在探索发展阶段，在实践中存在着“有类无教”“教非所需”“教非其类”等突出问题。景晓娟和程黎建议通过给予基础保障、落实融合教育、推动科学普筛、教育全域参与、启动专业建设、强化科学研究等措施来促进超常儿童教育的规范化、科学化和专业化发展，进而促进超常儿童教育高质量公平发展[244]。方中雄等指出，面对超常儿童教育在运行中面临的诸多困难，只有突破现有体制束缚，将超常儿童回归“特殊儿童群体”，并将超常儿童纳入特殊教育体系[245]。温慧卿和张春莉关注我国超常儿童教育的政策、法律法规现状，借鉴国外立法经验，以《中华人民共和国宪法》的受教育权和《中华人民共和国未成年人保护法》的“最有利于未成年人”原则为法理依据提出将超常儿童教育纳入特殊教育体系，尽快建立健全超常儿童教育法律制度[246]。

（3）学习障碍及注意力缺陷多动障碍

学习障碍儿童的认知机制及干预研究。北京市教育科学“十四五”规划课题《“三重编码模型”视角下数学学习困难儿童的数字加工缺陷及干预研究》聚焦于学习困难儿童的数字加工能力。为探讨数学学习障碍的内在机制，张树东等以小学一至四年级视听觉学习障碍儿童为研究对象，发现视觉数学学习障碍（VMLD）和听觉数学学习障碍（AMLD）儿童在视觉和听觉感知上都存在问题。VMLD儿童的视觉感知问题比听觉感知问题更严重，而AMLD儿童则相反[247]。王梅等以CAS认知评估系统对北京市4所普通小学的60名书写困难儿童和60名普通儿童进行测试，探讨其认知过程的特点。结果发现书写困难儿童的认知总分及计划、注意、继时性加工得分均非常显著地低于普通儿童；书写困难女生的同时性加工得分低于男生，认知总分和其他3个过程得分皆高于男生，但不存在显著差异；书写困难儿童在完成任务时使用的认知策略与普通儿童不同[248]。分数对小学生来说是一个重要的数学概念，张树东等调查了CRA（concrete-representational-abstract）教学是否能支持中国学习困难学习者理解分数，采用单个案多探测设计，将CRA指令应用于4名四年级数学学习障碍学生。结果表明，CRA教学提高了学生的分数熟练度[249]。张文秀等以正字法缺陷亚型和整体缺陷亚型中国儿童为被试，通过经颅直流电刺激（transcranial direct current stimulation，tDCS）联合行为训练的综合干预方法，运用功能性磁共振成像（fMRI）技术来测量视觉语音识别任务中大脑的激活水平。结果表明：（1）语源素养教学在提高正字法缺陷儿童的正字法意识和阅读流畅性方面效果不明显，但能显著提高整体缺陷儿童的正字法意识和阅读流畅性。（2）语源素养教学与tDCS相结合，不仅提高了两个阅读障碍儿童的正字法意识和阅读流畅性，而且提高了与阅读相关的关键大脑区域的激活水平[250]。

注意力缺陷多动障碍的干预研究。在中国，注意力缺陷多动障碍（ADHD）儿童的数量正在增加，他们的注意力不集中、组织混乱、多动障碍给他们的学习和教师课堂教学活动带来挑战。胡晓毅等对两名在小学学习的多动症儿童进行自我监控干预以改善其问题行为。研究发现自我监控干预很可能会减少ADHD儿童的任务外行为，甚至对孤独症学生也是如此[251]。韧性是一个人适应逆境的能力，对所有人来说都是成功和幸福的关键，对注意力缺陷多动障碍儿童尤其重要。程黎等采用单一被试跨行为多探测技术检验情境特定干预项目对一名多动症学生心理弹性的影响，该干预方案结合对话阅读和指导阅读原则，结果表明，在干预过程中参与者弹性的行为结果均有所增加，且在干预结束后效果持续[252]。

（4）残疾人非义务教育阶段教育

残疾儿童学前及高中教育。钱志亮等从全国幼儿园大班儿童入学成熟水平标准化测量数据库随机抽取100名健听儿童，再选取30名同龄的听障儿童，对比二者入学成熟水平的状况。发现学前听障儿童与健听儿童在入学成熟水平总分和听知觉、语言沟通、社会适应和学习品质四个维度上存在极其显著差异，健听儿童显著高于听障儿童[253]。冯丹丹和张树东探讨了适用于学前特殊儿童随班就读的有效教学模式，嵌入式教学与通用教学设计是学前融合教育的两种重要实践模式，二者虽然在内涵、特点、应用以及具体实施等四个方面存在着差异，但也可以有机结合、优势互补，共促学前特殊儿童随班就读质量的提高[254]。宋国语等采用政策文献计量法对我国残疾儿童学前教育相关政策进行分析，发现相关政策发展历程体现出从缺陷补偿到全面发展的教育观变迁、从单一主体到多元主体的管理观变迁以及从即时补缺向制度性普惠的支持观变迁[255]。杨希洁对当前特殊教育学校中普通高中发展的教育规模、区域分布、办学条件、课程和教材选择、考试命题以及教师队伍建设等若干重要问题进行剖析和思考，并且提出了相应的发展建议[256]。

残疾人高等及继续教育。汪甜甜等基于教育现象学的“教育体验”视角，采取质性研究的扎根理论研究路径，以“双一流”建设高校的残障大学生群体为研究对象，构建了我国本土文化情境下残障大学生高等融合教育体验的内容维度与逻辑解释的理论框架[257]。孙岩等关注残疾大学生就业率和就业质量，提出残疾人高等教育院校应主动寻求合作机会，做好已有合作运营常规化，并在学生就业辅导、学生创业支持、企业培训支持、企业宣传支持、企业社会责任支持等方面与企业进行深度合作[258]。白然等关注成年残疾人群体终身学习和继续教育，以北京市794名残疾人为样本采用问卷调查法发现残疾人群体对终身学习的认可度较高，但认识程度有待提升，终身学习动机以身心发展为主，终身学习方式和内容趋于多样化，但仍以传统的学习形式为主，应用信息技术工具的熟练程度相对较低等[259]。

3.师资队伍研究

2021年北京市特殊教育领域围绕特殊教育学校教师和普通学校承担随班就读工作的教师、巡回指导教师、资源教师、专业助手展开，聚焦于融合教育素养、教师心理健康、专业标准及资格制度等内容。

（1）特殊教育学校教师

教师专业标准与资格制度。王雁和冯雅静分析了美国CEC特殊教育教师专业标准的演进、特征与启示，提出促进专业标准动态发展、加强操作性，提升特殊教育教师循证实践能力、学科知识技能及强调特殊教育教师专业成长自觉性和深刻性等建议[260]。袁丽等关注特殊教育教师资格制度建设的问题与应对，建议特殊教育教师资格制度注意区分特殊教育教师资格类型级别，实行定期注册制度；采取灵活处理、循序渐进的处理方式，鼓励普通教师通过参与替代性项目申请特殊教育教师资格；在普通教师资格制度中增加特殊教育内容，以体现融合教育理念[261]。

教师心理健康。特殊教育教师的身心健康是特殊教育教师心理健康的关键，同时也影响着特殊教育学生的发展。王崇高等通过问卷调查遵义市305名特殊教育教师发现学校支持氛围显著正向影响教师的积极心理品质与职业幸福感；积极心理品质在学校支持氛围与职业幸福感之间表现出部分显著的中介效应[262]。傅王倩等探讨中国特殊教育教师情绪智力和工作投入对教师幸福感的影响，发现心理素质、工作投入与特殊教育教师幸福感正相关，工作投入对特殊教育教师情商和幸福感起到中介作用[263]。张悦歆等通过质性研究的方法对四所特殊教育学校的四名新入职教师进行深入访谈，发现新入职特教教师存在入职适应问题，包括工作压力较大、与学校领导的沟通和交往存在困难、从学生到教师的角色转换适应困难三个方面[264]。唐佳益和王雁以文献计量和内容分析相结合的方法对国际上近五年SSCI核心期刊收录的436篇特教教师相关研究进行综合分析也发现特教教师心理变量是国际特教教师研究热点[265]。

（2）普通学校教师

普通教师融合教育素养。普通教师作为融合教育的实施者和主导者，其融合教育素养是残疾儿童在普通班级能否获得合适、有效的教育教学活动的关键因素。从职前培养阶段来看，中国教育科学研究院冯雅静的专著《普通师范专业融合教育课程研究》关注教师教育系统内普通师范生融合教育课程的设置。佘丽等采用内容分析法对国外2010—2020年职前教师融合教育素养培养的实证研究文献分析发现：近十年研究成果量起伏较大，研究主体彰显合作属性，但跨领域、跨国际合作单薄，研究方法多元性不足，且偏重量化研究，研究主题集中在职前教师融合教育素养发展现状、培养方向、培养途径、培养效果方面[266]。燕学敏测查了普通学校教师对随班就读教育形式的态度，结果显示普通学校教师对随班就读的教育形式持中立态度，教师的性别、教育经历、是否受过特殊教育培训以及任教班级内特殊教育学生人数对教师的态度影响没有显著性差异[267]。

在职后阶段，王雁将质性研究与量化研究相结合，系统建构了教师融合教育素养一阶四因子结构模型，包括专业态度、专业知识、专业技能和获取支持能力。选取能动性、学校融合氛围和工作压力三个因素，并形成影响教师融合教育素养的作用机制模型。研究发现学校融合氛围、教师能动性和教师工作压力显著影响了教师融合教育素养，教师工作压力、教师能动性在自变量学校融合氛围和因变量教师融合教育素养间具有链式中介作用[268]。王雁和张文秀以中国的融合教育“普通课堂学习”为背景，探讨校长支持、学校融合教育实践、教师能动性与教师专业技能之间的关系。数据收集自1676名中国中小学教师。结构方程建模结果表明，校长支持对教师专业技能有显著影响；学校包容性实践和教师能动性在校长支持与教师专业技能关系中的链式中介作用也显著[269]。傅王倩等调查了266名中国普通教师发现教师对融合教育的态度总体上是积极的，尤其是在情感维度上。此外，学校气氛、教师效能感和教师态度显著相关，教师效能感在学校气氛和教师态度之间存在中介作用[270]。

资源教师、巡回指导教师及专业助手。融合教育目前已成为国际上教育发展的重要趋势。高质量的融合教育需要多方人员的参与和支持。纪晔和王红霞等基于创客教育的理念提出学校资源教室的建设中教师队伍需由兼职教师向专职教研员转变[271]。汪甜甜等基于教师情绪的理论视角，采用叙事探究方法，以融合教育背景下新任资源教师为研究对象，发现新任资源教师的工作历程充斥着复杂情绪，并影响其作为“融合教育先锋”“透明的边缘人”“孩子们的好朋友”“逃兵”的专业身份建构，最终遭遇身份危机并选择“回流”至特殊教育学校工作[272]。张洁等用访谈法对后疫情时代四个地区特殊教育指导中心工作情况进行了调查，发现特殊教育指导中心通过灵活调整指导方式、指导家长居家教学等途径开展巡回指导，同时着力推进教研教改、加强资源平台和师资队伍建设，但面临专业巡回指导教师资源缺乏等困境[273]。北京市教育委员会委托课题《向基础教育倾斜—融合教育巡回指导师培育项目延续》致力于开展北京市全体巡回指导教师的专业培训以提升其专业素养。曹溶萍等还梳理美国融合教育中教师助手的角色演变历程和具体职责，介绍其资质认证标准和知识技能要求、培训路径和监督管理模式，对我国培养教师助手具有一定的启示与借鉴意义[274]。

4.残疾儿童家长研究

父母是孩子的第一任老师，家庭是孩子的第一所学校。养育残疾孩子对父母的特殊教育素养和心理健康提出了巨大的挑战。北京市特殊教育领域研究者从残疾儿童家长视角关注特殊教育素养和心理健康。

残疾儿童家长特殊教育素养。刘全礼等对全国32所培智学校的1510名智力障碍儿童父母进行调查发现，大多数父母对孩子的教育态度与具体教育方法的认知是正确的[275]，但大多数父母不能正确认知孤独症儿童行为、认知、言语等身心特点，且有性别、学历和收入层次的差异特点[276]，大多数智障儿童的父母有教育支持的需求，且对教育支持的要求很高[277]。

残疾儿童家长心理健康。赵梅菊和傅王倩等调查了中国486名残疾儿童父母，以了解社会支持在父母养育压力与父母韧性之间的作用。结果表明，中国残疾儿童父母的心理弹性处于较高水平。此外，父母教养压力、社会支持和心理韧性显著相关，并通过中介分析证明社会支持在父母教养压力和心理韧性之间具有中介作用[278]。胡晓毅等探讨了孤独症儿童父母正念特质通过正念教养和父母教养压力对其焦虑抑郁症状和家庭生活质量的间接影响。结果表明，正念特质与正念养育正相关，与养育压力负相关[279]。程黎和傅王倩等探讨融合学校质量与残障儿童父母幸福感的关系，以及弹性在这一关系中的中介作用，以310名中国残疾儿童家长为样本，发现家长对融合学校质量的感知与其主观幸福感呈显著正相关，而心理弹性在这一关系中起部分中介作用[280]。

（三）北京市特殊教育学科学术发展特点与问题

1.研究视域纵观古今、横贯中外，但中国特色特殊教育理论与实践研究不足

从研究视域来看，2021年北京市特殊教育领域研究“纵观古今、横贯中外”。既强调“学史明理”、关注特殊教育历史，又关照当下特殊教育现实情境，坚持历史和现实相结合，从特殊教育历史中汲取前进的智慧和力量。既强调总结、借鉴西方特殊教育先进经验和做法，又立足中国本土实践，在与国际接轨的同时开始构建中国特殊教育的话语体系。但总体来看，当前北京市特殊教育领域研究的“中国味”还不够浓厚，中国特色特殊教育理论与实践研究数量还不足。

2.研究对象范围扩大、遍地开花，但非义务教育阶段仍是短板

从研究对象的障碍类型来看，2021年北京市特殊教育领域研究者在继续关注特殊教育学校中智力障碍、听力障碍及视力障碍等传统特殊教育服务对象的基础上，加大了对孤独症、超常儿童、学习障碍及注

意力缺陷多动障碍儿童的研究，研究场域逐渐由传统的盲校、聋校和培智学校扩大到承担融合教育工作的普通学校，且感官性障碍（听障和视障）以手语和盲文研究为主。

从研究对象的学段来看，2021年北京市特殊教育领域的研究既继续巩固义务教育阶段残疾学生的教育与干预研究成果，又开始延伸到残疾人学前教育、高中教育、高等教育及继续教育等非义务教育阶段。当前我国义务教育阶段的特殊教育发展相对比较成熟，在构建中国残疾人终身教育体系过程中，残疾人非义务教育阶段教育还是短板。2021年北京市特殊教育领域仅有7篇文章关注残疾人学前教育、高中教育、高等教育及继续教育等非义务教育阶段。

3.研究内容突显循证干预理念，但"轻课堂、轻教育"

2021年，北京市特殊教育领域研究者对孤独症、学习障碍、注意力缺陷多动障碍儿童的研究重在关注其认知、语言、社会交往、行为等领域的障碍特征，并采用单一被试的方法进行干预，呈现出"重干预、轻课堂、轻教育"的特点，除国家级课题《融合教育质量提升背景下普通教师与特殊教育教师合作教学研究》将视野聚焦在融合课堂之中不同专业背景教师之间的合作教学外，现有研究较少关注特殊教育及融合教育课堂中特殊儿童的课程与教学。

（四）北京市特殊教育学科学术发展的未来趋势

1.丰富、完善中国特色特殊教育研究体系

在新时代中国特色社会主义时代背景下，未来研究领域还需继续深入思考的中国特殊教育的特色在哪里？如何将西方特殊教育经验"中国化"？未来既要博采众长，又要继承、总结和创新中国自己的经验，立足于中国特殊教育实践，解决中国特殊教育问题，以形成完善的中国特色特殊教育研究体系，使中国特殊教育事业发展真正具备"中国味道"[281]。

2.继续拓宽服务面，由义务教育阶段向两头延伸

"十四五"期间，北京市特殊教育正进入内涵式发展新阶段，面对特殊教育发展格局不断开拓、教育对象不断扩大及教育需求的日益多样化，未来研究需要继续扩宽服务面、扩大研究对象的覆盖范围，为所有特殊需要学生的教育提供坚实的研究基础。此外，2021年12月31日，国务院办公厅转发教育部等部门《"十四五"特殊教育发展提升行动计划》，该计划明确提出加大力度发展学前特殊教育、高中阶段特殊教育和高等特殊教育[282]。未来研究需要从义务教育全面向两端延伸，在促进以义务教育阶段残疾儿童为重心的基础上快速向学前和高中及以上残疾人扩展，关注学前残疾儿童的融合教育及康复、高中阶段残疾学生的职业教育、残疾人高等融合教育、残疾人继续教育，形成残疾人终身教育研究体系。

3.聚焦课堂，扎根课程与教学研究

高质量特殊教育必须立足课堂教学主阵地，破解特殊教育及融合教育课堂教学普遍存在的低质低效的突出问题[283]。《"十四五"特殊教育发展提升行动计划》构建了高质量特殊教育宏伟蓝图，还结合孤独症儿童教育基础相对薄弱的实际对合理布局孤独症儿童特殊教育学校做出了部署和要求。孤独症儿童的教育作为《"十四五"特殊教育发展提升行动计划》重点关注对象，学习障碍、注意力缺陷多动障碍儿童作为普通学校的高发群体，其教育教学质量直接关系特殊教育的高质量发展。未来研究需要聚焦于特殊教育学校及融合学校的课程与教学，积极寻找提高孤独症、学习障碍、注意力缺陷多动障碍儿童教学质量的有效路径。

十一、成人教育学：聚焦成人教育学习模式，探寻终身教育体系建设发展

（一）北京地区成人教育学科概况

1.主要研究机构和人员

北京地区专门开展成人教育研究的机构主要有北京教育科学研究院终身学习与可持续发展教育研究所、北京师范大学教育学部、北京邮电大学、中国气象局气象干部培训学院、首都医科大学全科医学与继续教育学院、北京市石景山业余大学等6家单位。此外，在北京市朝阳区职工大学、中央民族大学教育学院、首都医科大学党委宣传部、北京开放大学、中国人民大学继续教育学院中也有一些学者进行成人教育研究，成为北京市成人教育学学科建设的有力补充。

从研究人员来看，北京地区成人教育研究人员高校教师居多，其中北京师范大学职业与成人教育研究所师资队伍实力较强。此外，部分专科院校、医学院校、企业作为北京地区从事成人教育研究的机构，其研究人员成为高校之外一支重要的成人教育研究力量。

2.相关成人教育领域的科研立项

2021年北京市高校、企业及科研机构在国家级、省部级等课题项目中与成人教育领域相关的立项课题一共有28项。其中，3项得到国家自然科学基金的支持，5项为教育部人文社科及相关基金支持项目；3

项得到相关行业省部级基金或国家级学会的课题支持；北京市教育科学规划“十二五”和“十三五”课题3项，北京市教育科学规划优先关注课题1项，北京社科基金支持2项，北京相关经费支持4项；各类校内科研基金支持7项。

（二）北京地区成人教育学科学者研究现状分析

2021年，北京地区成人教育学科学者发表中文论文69篇，英文论文2篇，表现突出者有徐卓宇、江凤娟、夏仕武。研究主要聚焦于成人教育学习模式研究、政策引领下继续教育发展、终身学习教育体系建设研究等三个方面。

1.北京市成人教育学科学术研究热点

（1）成人教育学习模式研究

成人学历教育是我国高等教育的重要组成部分。谢晓在其研究中提到相对于传统面授教学，混合式学习模式的教学设计有意为学员创造一个弹性的学习空间，允许学员在线学习时自主选择时间、进度、知识路径，学员可以访问更多的学习资源，可以更充分地交流，有更多机会对所学知识进行反思。教学设计时还考虑了学习者能否获得线上线下整合式的学习体验，换言之，在线和面对面学习这两个部分共同构成一个整合性的课程[284]。李刚在其研究中提到应用混合式教学需要在现代教学理论和教育技术指导下，遵循课程教学的内在逻辑体系和学生的认知规律，积极探索教学改革实践，这样才能全面提高课程教学质量，培养学生独立思考和解决问题的能力[285]。

（2）政策引领下继续教育发展方面

谢俐在其研究中指出在新时代用好坚持党的领导这一法宝和不断与改革具体实践相结合产生的不竭动力，从统一继续教育基本标准同时兼顾成人学习特点破题，构建新时代高等学历继续教育体系[286]。高文兵在其研究中指出2021年将迎来中国成人教育协会成立40周年，我们要认真总结经验，展示成果，站在历史发展新起点，谋划好协会发展新思路、新举措[287]。

（3）终身学习教育体系建设研究方面

李毅在其研究中认为成人继续教育是终身学习的重要阵地之一。在新的教育发展时代，成人教育进入转型发展期。为尽快满足学生对终身学习日渐提高的需求，在开展系统化专业知识教学的同时，培养学生素养、提升其终身学习能力也同样重要[288]。谢青松在其研究中认为推动终身学习已经成为知识经济社会背景下全球教育治理的核心理念与发展趋势，而构建服务全民的终身学习体系也已上升为我国新时代重要的国家发展战略[289]。

2.北京市成人教育学科学术发展特点

2021年教育理念由“成人教育”向“终身教育”转变，成人教育研究内容更加聚焦成人教育学科实践，紧密结合后疫情时代与中国共产党建党百年的时事，成人教育充分利用信息技术推进成人教育教学手段的变革，探索设计以学生为本的线上线下一体化课程以及加强成人教育高水平教师队伍建设等。

（1）成人教育研究理念终身化

在以习近平总书记为核心的党中央正确领导下，“完善终身学习体系，建设学习型社会”的新发展理念正在逐步深入人心，已经形成了终身教育管理体制，构建了终身教育与学习的服务体系，终身教育理念逐渐指导成人教育发展。不少研究者从终身教育的理念出发构建新型培训方式。此外，也有学者对终身教育立法的必要性、路径等进行研究。医学、技术、建筑等多行业均将终身学习理念纳入继续教育培训的内容之中，开始探索终身学习品牌的建设。

（2）成人教育研究内容聚焦学科实践

后疫情时代，北京地区的研究者们重点关注了信息技术与成人教育的整合引发教学模式的创新和变革，通过融合技术重构课程体系的相关研究以及成人教育教师队伍的建设。

智能技术助力成人教育“教与学”的变革。随着互联网技术、VR技术、人工智能技术的发展，技术与成人教育的深度融合推动了成人教育教学模式构建、管理机制改革、教学资源和平台建设、学习过程及行为分析和教育实践等方面的变革，后疫情时期，学者们提出了成人教育线下课堂教学与在线网络教学相结合的“线上+线下”混合式教学模式[290]，重构了课程内容、课程评价体系，优化了课程结构，为学生提供多元化的探究学习模式，消解疫情对成人教育的影响，有助于提升成人教育的质量。北京开放大学周莹等学者通过MSLQ-B-DL问卷调查结果评估了中国成人远程教育学习策略方面的效度和信度，得出远程教育中非常有必要强调学生的自主学习并制定个性化的学习目标[291]。

聚焦成人教育高水平教师队伍建设。高质量师资队伍是确保高质量成人教育的重要条件，针对成人学历教育专任师资不足的问题，学者们提出要提升教师队伍的学历，通过网络平台共享优质师资资源。多位学者提到中国人民大学继续教育学院的师资队伍建设，通过建立学院外聘师资库，建立与外聘教师长期的合作关系等。

（3）成人教育研究方向多元化

一方面，部分学者将目光投向国外研究，通过对欧盟高校的终身学习战略、美国的继续教育发展模式、当代美国联邦成人教育政策新发展、日本的继续教育培训经验等国外的研究进展进行深入分析，得到的结论及启示对我国成人教育发展有着深刻的借鉴价值。

另一方面，"社区教育、老年教育"成为研究者关注的新方向，老年教育已成为构建学习型社会的重要载体和推动社会和谐稳定的重要力量，社区也逐渐成为终身学习发展的共同体，通过社区聚焦老年人生命教育，在不同年龄段人群中开展生命教育实践，已逐渐成为老年人"老有所为、老有所学、老有所乐"的精神家园。但杨华磊及北京地区学者对老年人使用互联网技术进行探究分析结果表明，互联网使用与中国老年人的生活满意度显著负相关[292]。因此，未来成人学校也会将老年人高层次、专业化的学习需求与成人院校学历继续教育、互联网远程教育相结合，探寻新的老年人学历教育模式。[293]

（三）北京市成人教育学科学术发展反思与展望

未来北京市要积极推动开展成人教育的科研工作，以理论成果服务实际工作。持续探究如何更好、更高质量地开展成人继续教育，通过聚焦社会热点问题、难点问题进行科研攻关，开展学术研究。一方面，成人教育学科要积极建立自己的研究范式，在发掘自身研究特点的基础上，不断汲取其他学科的方法，廓清学科边界、构建均衡的学科理论体系，以期形成自身独特、科学、合理的研究特色。另外，成人教育研究应关注国外的发展理念和趋势，进行比较研究，也要加强国际学术交流，积极参与国际合作项目来丰富研究视野。另一方面，注重质性与量化研究相结合的方式来拓展学科研究的方法和内容，充分利用信息技术等软件辅助科学研究，建立跨学科研究思想，不断加强北京地区成人教育学科研究力量，提升成人教育学科的研究水平和长远发展。

注：

［1］邹紫微，王全，王磊. 高中化学必修课程"变化观念与平衡思想"学科核心素养的系统构成研究［J］. 化学教育（中英文）.2021，42（21）.

［2］高益民，王希彤，李宗宸. 面向核心素养的安倍课程改革［J］. 外国教育研究，2021，48（02）：18—32.

［3］张馨尹，高益民. 苏格兰高中阶段卓越课程改革：理念、实施与成效［J］. 外国教育研究，2021，48（09）：3—15.

［4］胡昳昀，秦毛毛. 巴西基于学生核心素养的课程改革研究［J］. 比较教育研究，2021，43（06）：74—80+88.

［5］Liu J，Li XY and Han J A Comparative Study of Information Technology Curriculum Standards in Primary and Secondary Schools in China and the United States，Japan and Britain 2021 | 2021 10TH INTERNATIONAL CONFERENCE ON EDUCATIONAL AND INFORMATION TECHNOLOGY（ICEIT 2021）(J)，pp.96—100.

［6］李蕉，王博伟. 历史视角下的课程思政与价值引领——以抗战时期的湖南雅礼中学为例［J］. 社会主义核心价值观研究，2021，7（04）：65—73.

［7］刘书林. 高质量思政课建设的四个突出问题［J］. 马克思主义与现实，2021,（03）：182—187.

［8］张大良. 课程思政：新时期立德树人的根本遵循［J］. 中国高教研究［J］.2021（01）：5—9.

［9］倪慧. 大中小学思政课一体化建设的内涵体系与思维创新［J］. 中学政治教学参考，2021（19）：43—46.

［10］冯新瑞. 综合实践活动课程在落实劳动教育中的独特优势［J］. 教育科学研究，2021（02）：64—67+96.

［11］李群，魏雅平，韩玉彬，张庆民. 劳动教育课程的创新性实施策略探索［J］. 中小学管理，2021（11）：30—33.

［12］郝志军. 学科课程渗透劳动教育：理据与路径［J］. 中国教育学刊，2021（05）：75—79.

［13］李敏辉，李琼. 场域视角下"融合交互"混合式教学模式的探索［J］. 现代教育技术，2021，31（09）：120—126.

［14］朱永海，朱莎，王亚军. 培养创造性思维的阶梯式加深混合教学研究——以"信息化教学资源设计与制作"课程为例［J］. 现代教育技术，2021，31（11）：46—54.

［15］朱永海. 深度学习视角下混合教学系统化设计与体系化模式构建［J］. 中国电化教育,2021（11）：77—87.

［16］冯晓英，吴怡君，庞晓阳，曹洁婷. 混合式教学改革：教师准备好了吗——教师混合式教学改革发展框架及准备度研究［J］. 中国电化教育，2021（01）：110—117.

［17］冯晓英，郭婉瑢，宋佳欣.教师混合式教学能力发展模型：原则、准备与策略［J］.开放教育研究，2021，27（05）：53—62.

［18］唐雪萍，陈丽.新冠肺炎疫情期间公众对中小学在线教学的认识情况分析［J］.中国远程教育，2021（12）：53—62.

［19］吴怡君，陈丽.疫情期间我国中小学在线教学模式与创新特征研究——基于教学交互视角的挖掘与分析［J］.中国远程教育，2021（02）：17—26+76—77.

［20］张春莉，王艳芝.深度学习视域下的课堂教学过程研究［J］.课程教材教法2021，41（08）：63—69.

［21］周序.深度学习需从形式走向实质［J］.中小学校长，2021（11）：18—20.

［22］郭华.深度学习：消解二元对立，建立普遍联系［J］.中国教师，2021（09）.

［23］罗滨，陈颖.一体化教学与教研："深度学习"教学改进的区域实践［J］.中小学管理，2021（07）：10—13.

［24］王晓军，刘子沐，郑华，刘伟利，陈立军.化学学科核心素养引领下的水溶液大单元教学设计与实践［J］.化学教育（中英文），2021（17）.

［25］李春艳，刘金玲.中学地理"概念为本"教学的内涵与策略［J］.基础教育课程，2021（10）.

［26］胡玉华.基于核心素养的学科大概念及其教学策略［J］.基础教育课程，2021（12）：13—21.

［27］王春.基于学科大概念实施单元整体教学的基本路径［J］.中小学管理，2021（07）：32—34.

［28］刘艳萍，章巍.学科大概念统领下的单元整体教学之整校探索［J］.中小学管理，2021（07）：27—31.

［29］Zhang，Xiaodong，Exploring L2 students' perceptions of their writing anxiety with drama-based pedagogy and linguistic support［J］.INTERNATIONAL MULTILINGUAL RESEARCH JOURNAL，DEC 2021.

［30］Zhang，Xiaodong，Using drama-based pedagogy to support college students' information literacy development：how do the students feel about it？［J］.RIDE-THE JOURNAL OF APPLIED THEATRE AND PERFORMANCE，OCT 2021.

［31］Zhang，Xiaodong.Understanding reading teachers' self-directed use of drama-based pedagogy in an under-resourced educational setting：A case study in China［J］.LANGUAGE TEACHING RESEARCH，MAY 2021.

［32］李新，李艳燕，李巧英.双师型STEM教学模式的构建与实践［J］.现代教育技术，2021，31（05）：119—126.

［33］傅骞，唐文静，王雯，郑娅峰.面向高中编程教学的编程模式自动挖掘及教育应用研究［J］.中国电化教育，2021（02）：61—67.

［34］罗莹，谢晓雨，韩思思，郭玉英.中学物理教学新模式：基于项目的教学［J］.课程·教材·教法，2021，41（06）：103—109.

［35］邢瑞斌，刘翠，陈颖，王磊.高中化学"乙醛性质"的项目式教学——解酒药的研制［J］.化学教育（中英文），2021，42（23）：36—43.

［36］黄强，张廷凯，任长松，贾彦琪.中国共产党领导教材建设事业的百年历程与基本经验［J］.课程·教材·教法，2021，41（06）：4—12.

［37］石鸥，刘艳琳.中国共产党百年中小学教材建设的中国智慧［J］.教育学报，2021，17（05）：73—86.

［38］陈文新，李彦群.现代教科书百年发展的适切性论析［J］.课程·教材·教法，2021，41（11）：56—63.

［39］王攀峰.改革开放以来我国教科书政策话语体系的回顾与反思［J］.课程.教材.教法，2021，41（09）：55—62.

［40］余宏亮.中国共产党教材思想的百年演进与基本经验［J］.课程·教材·教法，2021，41（09）：44—54+116.

［41］姜涛.对重大主题进课程教材的思考［J］.出版参考，2021（10）.

［42］韩震.如何贯彻落实好《习近平新时代中国特色社会主义思想进课程教材指南》的要求［J］.课程·教材·教法，2021，41（10）：4—10.

［43］张智."四史"教育：新时代爱国主义教育的必修课［J］.社会主义核心价值观研究，2021，7（03）：69—77.

［44］曹小文.统编历史教材对党史资源的发掘与利用［J］.课程·教材·教法，2021，41（11）：21—26.

［45］石娟，石鸥.数字教科书研制的适用性困境与进路思考［J］.课程·教材·教法，2021，41（08）：

51—55.

［46］王润.数字教材何以推动教学变革：逻辑与路径［J］.湖南师范大学教育科学学报，2021，20（05）：44—51+68.

［47］张增田，陈国秀.论数字教科书开发的未来走向［J］.课程·教材·教法，2021，41（02）：37—42.

［48］王志刚，王润.中小学数字教材研究20年：本土进展与域外考察［J］.中国教育科学（中英文），2021，4（05）：128—143.

［49］钟岑岑，余宏亮.中小学数字教材研究20年：历程、特点与展望［J］.教育科学，2021，37（06）：54—61.

［50］张美静，周美云.新世纪20年数字教科书研究：焦点透视与未来走向［J］.教育理论与实践，2021，41（16）：60—64.

［51］王润.论数字教科书风险的生成及其规避［J］.全球教育展望，2021，50（05）：45—57.

［52］陈文新.数字教科书的教学风险分析［J］.首都师范大学学报（社会科学版），2021（06）：171—177.

［53］施克灿，刘文佳.百年党史 百年教育［J］.基础教育论坛.2021（17）：1.

［54］施克灿.历史的先声：中国共产党革命根据地的小学教育［J］.中小学管理.2021（06）：14—19.

［55］刘向兵.回归、贯通与升华：中国共产党百年劳动教育史的现实启迪［J］.中国高等教育.2021（24）：10—11.

［56］张晓京，郑佳，王涛.妇女解放视域下的妇女教育：中国共产党妇女教育研究述评［J］.中国人民大学教育学刊.2021（04）：138—150.

［57］刘幸，施克灿."Education"何以译为"教育"——以日本有关学术史料为基础的讨论［J］.教育研究.2021，42（11）：86—95.

［58］俞启定.晚清中国近代教育形成动因和线索［J］.教育研究.2021，42（06）：62—69.

［59］胡莉芳.清末官办高等教育课程体系的转型与失范（1862—1911）［J］.复旦教育论坛.2021，19（02）；63—69.

［60］周慧梅.高师改良与大学体制之争——以1920年"北高改并北大之议"为考察中心［J］.清华大学教育研究.2021，42（01）：132—138.

［61］于超，于建福.黄济的学养造诣及理论建树［J］.教育学报.2021，17（06）：3—13.

［62］魏晓东，吴霓.韩达对当代中国教育史学事业的贡献［J］.教育史研究.2021，3（04）：48—55+116.

［63］刘巧利.中西融合：梁启超家庭教育的实践特点探析［J］.教育史研究.2021，3（04）：80—85.

［64］蔡磊砢.蔡元培的中西文化观：对法国文化的认识与引荐［J］.中山大学学报（社会科学版）.2021，61（05）：133—143.

［65］郭戈.论陈伯吹的教材思想［J］.华东师范大学学报（教育科学版）.2021，39（12）：116—125.

［66］徐梓.面向未来的历史探究——读赵忠心著《中外家庭教育思想简史》想到的［J］.中华家教.2022（02）：90—94.

［67］刘峻杉.中国传统教育哲学的研究方法论探讨［J］.教育学报.2021，17（06）：25—37.

［68］刘峻杉，张敏，武枫智，先秦"化"的思想之于当代"文化"的教育意涵［J］.教育研究.2021，42（10）：83—92.

［69］韩星.尧舜之道的理论构建［J］.孔子研究.2021（05）：86—98+159.

［70］李记芬.荀子"成人"思想研究——基于成人与成己成物关系的辨析［J］.中国哲学史.2021（02）：19—26.

［71］张斌贤.教育思想史与教育制度史的关系：脱节与重构［J］.教育史研究，2021，3（04）：41—47.

［72］罗炜，王晨.纠缠中发现历史——教育史中的文化转移与跨国互动［J］.清华大学教育研究，2021，42（02）：130—138.

［73］孙益，杨希，王言.跨国史视野下"师范"概念的起源、传播、式微与泛化［J］.教师教育研究，2021，33（04）：107—114.

［74］陈露茜.对美国教育史学早期发展的再审视［J］.浙江大学学报（人文社会科学版），2021，51（03）：182—195.

［75］张斌贤，李昂.英属北美殖民地社会生活中的教育观念［J］.清华大学教育研究，2021，42（06）：129—139+148.

［76］陈露茜，苏艺晴.对美国公共教育研究中历史分期问题的讨论［J］.教育学报，2021，17（05）：184—195.

［77］刘幸，李泽微.杜威来华讲学与中国教育学学科的奠基［J］.教育史研究，2021，3（01）：

125—132.

［78］张斌贤，钱晓菲．杜威与进步主义教育的关系：一桩悬而未决的“公案”［J］．教育研究，2021，42（06）：70—81.

［79］张斌贤，何灿时．温思罗普与英属北美殖民地教育事业的肇端［J］．现代大学教育，2021，37（03）：37—43.

［80］杜光强，张斌贤．金斯利与美国综合中学模式的创立［J］．清华大学教育研究，2021，42（01）：121—131.

［81］李子江，王丽．美国研究生教育起源探析［J］．现代大学教育，2021，37（02）：59—65+112.

［82］李子江，鲁婵．哈佛大学校长艾略特的研究生教育改革探索［J］．学位与研究生教育，2021（03）：86—93.

［83］李子江，杨雪芬．美国大学非终身教职教师权益保障研究——基于美国大学教授协会的经验与反思［J］．中国高教研究，2021（01）：77—82.

［84］李子江，姜玉杰．美国公共学校女教师的职业特征研究（1830—1860）［J］．教育学报，2021，17（02）：166—178.

［85］石佳丽．美国城市督学的创设及其早期发展——基于专业监管与外行监管之间角力的视角［J］．外国教育研究，2021，48（12）：54—69.

［86］杜光强．九人委员会报告与美国中学综合课程早期模式的形成［J］．苏州大学学报（教育科学版），2021，9（01）：108—116.

［87］张斌贤，季楚潇．儿童年龄分期探索与进步主义时期美国教育变革［J］．高等教育研究，2021，42（11）：89—99.

［88］李子江，王飞飞，王丽．家校合作桥梁的搭建：美国家长教师协会研究（1897—1924年）［J］．教育科学研究，2021（02）：13—20.

［89］王晨，李明姝．美国访家教师运动的兴起及其影响［J］．教育科学研究，2021（02）：21—29.

［90］庞丽娟．发展普惠性婴幼儿托育教育服务体系［J］．教育研究，2021，42（03）：16—19.

［91］Ji Dongying，Cui Li.Relationship Between Total Rewards Perceptions and Work Engagement Among Chinese Kindergarten Teachers：Organizational Identification as a Mediator［J］.Frontiers in Psychology，2021，12.

［92］Hong Xiumin，Liu Qianqian，Zhang Mingzhu.Dual Stressors and Female Pre-school Teachers' Job Satisfaction During the COVID-19：The Mediation of Work-Family Conflict［J］.Frontiers in Psychology，2021，12.

［93］洪秀敏，赵思婕，张明珠．如何破解幼儿园流“师”之困——六省市教师离职倾向的调查与审思［J］．现代教育管理，2021（01）：69—75.

［94］郭绒，左志宏．发展婴幼儿照护服务政策措施研究——基于18省（区、市）“婴幼儿照护服务的实施意见”的分析［J］．湖南社会科学，2021（04）：139—145.

［95］杨大伟，王红蕾．我国普惠性民办园支持政策的现状、问题及其完善建议——基于对34份相关政策文本的分析［J］．学前教育研究，2021（12）：1—12.

［96］洪秀敏，张明珠．幼儿园教师情绪劳动类型及其对工作满意度的影响——基于六省市幼儿园教师的潜在剖面分析［J］．教师教育研究，2021，33（01）：68—74.

［97］Hong Xiumin，Zhang Mingzhu，Liu Qianqian.Preschool Teachers' Technology Acceptance During the COVID-19：An Adapted Technology Acceptance Model［J］.Frontiers in Psychology，2021，12.

［98］李振刚，张建宝，黄璜．学前儿童正规照料是否有助于缓解青年农民工工作贫困——来自50个大中城市的经验证据［J］．中国青年研究，2021（12）：72—80.

［99］刘焱，武欣，郑孝玲，宋丽芹．我国城镇幼儿园教育质量：基于4省6区县433个幼儿园班级的微观透视［J］．学前教育研究，2021（09）：68—78.

［100］陈丽，徐亚倩．“互联网+教育”研究的十大学术新命题［J］．电化教育研究，2021，42（11）：5—12.

［101］黄荣怀，虎莹，刘梦彧，王欢欢，吐尔逊艾力·巴孜力江．在线学习的七个事实——基于超大规模在线教育的启示［J］．现代远程教育研究，2021，33（03）：3—11.

［102］郭利明，郑勤华．互联网推动教育服务供给变革：需求变化、转型方向与发展路径［J］．中国远程教育，2021（12）：21—27+62+76—77.

［103］谢浩，许玲，李炜．新时期高校网络教育治理体系的结构与关键制度［J］．中国远程教育，2021（11）：22—28+57+76—77.

［104］赵宏，陈丽，王小凯，林世员，张文梅，李爽．现代远程教育政策发展脉络及问题分析［J］．

中国远程教育，2021（08）：12—20+76.

［105］李爽，唐雪萍，张文梅，陈丽，赵宏.高校网络教育公众认知和态度分析［J］.中国远程教育，2021（08）：21—30+76—77.

［106］唐雪萍，陈丽.新冠肺炎疫情期间公众对中小学在线教学的认识情况分析［J］.中国远程教育，2021（12）：53—62.

［107］赵宏，蒋菲，汤学黎，甄志平.在线教育：数字鸿沟还是数字机遇？——基于疫情期间在线学习城乡差异分析［J］.开放教育研究，2021，27（02）：62—68.

［108］徐亚倩，陈丽.生生交互为主的在线学习复杂性规律探究［J］.中国远程教育，2021（10）：12—18+38.

［109］肖睿，刘千慧，尚俊杰，黄文彬.在线教学平台学习者参与方式研究［J］.中国远程教育，2021（07）：67—75.

［110］肖睿，刘千慧，尚俊杰，黄文彬.学习者的学习效率评测研究——以“课工场”平台学习者的课程学习为例［J］.现代教育技术，2021，31（01）：62—68.

［111］李爽，郑勤华，杜君磊，王双.在线学习注意力投入特征与学习完成度的关系——基于点击流数据的分析［J］.中国电化教育，2021（02）：105—112.

［112］刘司卓，李爽，黄嘉靖.直播课学习行为投入评价的实证研究［J］.中国远程教育，2021（02）：36—45+58.

［113］Zheng L，Niu J，Zhong L.Effects of a learning analytics-based real-time feedback approach on knowledge elaboration，knowledge convergence，interactive relationships and group performance in CSCL［J］. British Journal of Educational Technology，2022，53（1）：130—149.

［114］Zhang L，Pan M，Yu S，et al.Evaluation of a student-centered online one-to-one tutoring system［J］. Interactive Learning Environments.2021.https：//doi.org/10.1080/10494820.2021.1958234

［115］Li B，Ning F，Zhang L，Yang B，Zhang L.Evaluation of a Practice System Supporting Distributed Practice for Novice Programming Students［J］. Journal of Pacific RIM Psychology.2021.http：//dx.doi.org/10.1177/18344909211008264

［116］陈玲，杨重阳，余胜泉.在线辅导中师生高质量对话的内在机理研究［J］.远程教育杂志，2021，39（05）：76—86.

［117］罗杨洋，韩锡斌.基于学生在线学习行为特征的混合课程分类研究［J］.中国电化教育，2021（06）：23—30+48.

［118］李爽，王海荣，崔华楠，郑勤华.在线学习服务师职业标准框架探索［J］.中国远程教育，2021（03）：12—23+76.

［119］吴怡君，陈丽.疫情期间我国中小学在线教学模式与创新特征研究——基于教学交互视角的挖掘与分析［J］.中国远程教育，2021（02）：17—26+76—77.

［120］余胜泉，陈璠.智慧教育服务生态体系构建［J］.电化教育研究，2021，42（06）：5—13+19.

［121］黄荣怀，李敏，刘嘉豪.教育现代化的人工智能价值分析［J］.国家教育行政学院学报，2021（09）：8—15+66.

［122］黄荣怀，王运武，焦艳丽.面向智能时代的教育变革——关于科技与教育双向赋能的命题［J］.中国电化教育，2021（07）：22—29.

［123］卢宇，汤筱玙，宋佳宸，余胜泉.智能时代的中小学人工智能教育：总体定位与核心内容领域［J］.中国远程教育，2021（05）：22—31+77.

［124］李冀红，庄榕霞，年智英，刘德建，黄荣怀.面向人机协同的创新能力培养——兼论面向智能时代的创造性人才诉求［J］.中国电化教育，2021（07）：36—42+61.

［125］郑勤华，覃梦媛，李爽.人机协同时代智能素养的理论模型研究［J］.复旦教育论坛，2021，19（01）：52—59.

［126］郑勤华，郭利明.人机协同的敏捷教育建模及实践应用［J］.现代远程教育研究，2021，33（04）：43—50.

［127］汪琼，李文超.人工智能助力因材施教：实践误区与对策［J］.现代远程教育研究，2021，33（03）：12—17+43.

［128］王一岩，郑永和.智能教育产品：构筑基于AIoT的智慧教育新生态［J］.开放教育研究，2021，27（06）：15—23.

［129］王一岩，郑永和.面向智慧课堂的教育情境感知：价值定位、特征模型与实践框架［J］.电化教育研究，2021，42（11）：84—91.

［130］沈苑，汪琼.人工智能教育应用的偏见风

险分析与治理［J］.电化教育研究，2021，42（08）：12—18.

［131］Tlili A，Hattab S，Essalmi F，Chen N，Huang R，Chang M，Burgos D.A Smart Collaborative Educational Game with Learning Analytics to Support English Vocabulary Teaching［J］.International Journal of Interactive Multimedia And Artificial Intelligence.2021，6（6）：215—224.

［132］乐惠骁，贾积有.智能的边界——智能教学系统中的用户自主度研究［J］.中国远程教育，2021（09）：49—58.

［133］郭婉瑢，冯晓英.教师培训项目要素对培训成效的影响研究［J］.中国电化教育，2021（12）：87—94.

［134］冯晓英，林世员，骆舒寒，王冬冬.教师培训助力教师专业成长提质增效——基于国培项目的年度比较研究［J］.中国电化教育，2021（07）：128—135.

［135］骆舒寒，林世员，冯晓英，王冬冬，马小强.教师培训助力教师信息化教学能力提升——基于培训成效的年度比较研究［J］.中国电化教育，2021（06）：128—134.

［136］朱京曦，陈书琴.欠发达地区中小学教师信息技术应用能力提升的目标与对策［J］.中国电化教育，2021（03）：125—130.

［137］王陆，马如霞，彭玏.基于经验学习圈的不同教师群体教学行为改进特征［J］.华东师范大学学报（教育科学版），2021，39（02）：61—74.

［138］张敏霞，王陆.基于大数据的知识发现：不同教师群体实践性知识的发展特征［J］.电化教育研究，2021，42（02）：106—111+128.

［139］冯晓英，吴怡君，庞晓阳，曹洁婷.混合式教学改革：教师准备好了吗——教师混合式教学改革发展框架及准备度研究［J］.中国电化教育，2021（01）：110—117.

［140］马宁，杜蕾，张燕玲，崔志军，郭佳惠.群体知识图谱建构对教师在线学习与交互的影响研究［J］.电化教育研究，2021，42（02）：55—62.

［141］陈玲，汤筱玙，余胜泉.基于大规模在线社区的教师育人知识发展：路径、模式及效果研究［J］.中国电化教育，2021（08）：70—77.

［142］清华大学.教育研究院历史沿革［EB/OL］.https：//www.ioe.tsinghua.edu.cn/gk/lsyg.htm.

［143］北航人文社会科学研究机构 高等教育研究所［J］.北京航空航天大学学报（社会科学版），2013，26（05）：2.

［144］北京航空大学.人文与社会科学高等研究院学院简介 http：//gyy.buaa.edu.cn/xygk/xyjj.htm.

［145］北京理工大学.教育研究院简介 https：//www.bit.edu.cn/gbxxgk/gbxysz2/jyyjy/99195.htm.

［146］毛祖桓.北京科技大学高等教育研究所［J］.北京科技大学学报（社会科学版），2002（04）：2.

［147］周海涛.高等教育高质量发展的优先选择［J］.教育发展研究，2021，41（11）：3.

［148］王定华.为“十四五”高等教育高质量发展提供根本保证［J］.中国高教研究，2021（04）：1—3+27.

［149］崔亚楠，文雯，刘惠琴.普及化阶段中美高等教育结构的对比分析［J］.中国高教研究，2021（07）：55—62.

［150］钟秉林.建设高质量高等教育人才培养体系［J］.教育家，2021（13）：1.

［151］杨振军，王怀宇.北京高等教育发展研究报告（2021）［M］.北京：知识产权出版社，2022.3.

［152］罗启轩，钟秉林.京津冀区域高等教育协同发展态势及推进策略研究［J］.清华大学教育研究，2021，42（01）：13—24.

［153］钟秉林.构建高质量高等教育体系［N］.中国民族报，2021—11—02（006）.

［154］钟秉林.新时代高质量高等教育体系的评价导向［J］.中国高等教育，2021（01）：1.

［155］周作宇.论高等教育评价的交互性［J］.上海教育评估研究，2021，10（05）：1—7.

［156］史静寰，刘璐璐.大学评价值得关注的视角转换［J］.河北师范大学学报（教育科学版），2021，23（04）：1—9.

［157］杜瑞军.标准之思——对高等教育质量内涵的审视［J］.上海教育评估研究，2021，10（01）：12—16.

［158］吴春林，刘扬，秦中峰.学术型与专业型经管类硕士生培养质量多元评价体系构建［J］.黑龙江高教研究，2021，39（10）：104—112.

［159］王战军，于妍，王晴.研究生教育创新发展要深刻识辨五大变化［J］.学位与研究生教育，2021（02）：1—7.

［160］岳昌君，邱文琪.面向2035的我国高等教

育规模、结构与教育经费预测［J］.华东师范大学学报（教育科学版），2021，39（06）：1—16.

［161］马永红，马万里.高等教育普及化背景下研究生教育发展阶段划分与走向思考——基于国际比较视角［J］.中国高教研究，2021（08）：26—33.

［162］罗燕，刘栋，曲艺.中国大学生职业发展的理论建构与问卷编制——基于普及化高等教育质量的审视［J］.清华大学教育研究，2021，42（04）：91—98.

［163］邓峰，岳昌君.大学生就业市场景气指数的建构与分析［J］.教育研究，2021，42（02）：112—122.

［164］施晓光.从祛魅到赋权：寻找高等教育的公平世界［J］.北京教育（高教），2021（01）：9—15.

［165］周文杰.学业文化差异下的高等教育过程公平问题探析［J］.北京教育（高教），2021（01）：28—32.

［166］叶赋桂.高等教育公平：人的平等和知识的平等［J］.北京教育（高教），2021（01）：16—22.

［167］洪成文，韩少秀，王佳明.学者如何为促进高等教育公平发展提供更好服务［J］.北京教育（高教），2021（01）：23—27.

［168］曹宇新.我国基础学科拔尖创新人才培养的政策目标研究——基于“强基计划”36所试点高校的政策文本分析［J］.煤炭高等教育，2021，39（05）：1—8.

［169］郭哲，王孙禺.“强基计划”背景下拔尖创新人才培养的时代内涵与建构路径［J］.中国高等教育，2020（20）：53—55.

［170］郑泉水，徐芦平，白峰杉，张林，王民盛.从星星之火到燎原之势——拔尖创新人才培养的范式探索［J］.中国科学院院刊，2021，36（05）：580—588.

［171］刘一凝，詹亚力，金衍，牛花朋.行业特色高校“本研一体”拔尖创新人才培养体系探索与实践［J］.北京教育（高教），2021（09）：78—80.

［172］苑洁，汪洪苗，刘世一.拔尖创新人才培养模式探索与构建［J］.工业和信息化教育，2021（09）：1—5.

［173］陈惠，高强，周文瑞，李建章.“梁希”实验班拔尖创新人才培养的探讨——以北京林业大学为例［J］.中国林业教育，2020，38（04）：21—24.

［174］陈燕，铁晓锐.我国专业学位研究生教育的研究现状及趋势——基于文献计量分析视角（2000—2020年）［J］.研究生教育研究，2021（02）：61—67.

［175］马永红，张飞龙.专业学位研究生教育发展国际趋势及启示［J］.北京航空航天大学学报（社会科学版），2021，34（03）：142—150.

［176］徐学，王战军.专业硕士学位与产业结构耦合协调的实证研究［J］.研究生教育研究，2021（06）：68—76.

［177］马永霞，张雪，曹宇驰.校企合作培养如何影响工科研究生胜任力？——基于情境学习理论的分析［J］.学位与研究生教育，2021（01）：61—67.

［178］于苗苗，马永红，张乐.行业企业参与专业学位研究生教育改革发展十年变迁［J］.中国高教研究，2021（04）：69—74.

［179］马永红，刘润泽，于苗苗.我国产教融合培养专业学位研究生：内涵、类型及发展状况［J］.学位与研究生教育，2021（07）：12—18.

［180］刘润泽，马万里，樊文强.产教融合对专业学位研究生实践能力影响的路径分析［J］.中国高教研究，2021（03）：89—94.

［181］刘进，林松月，高媛.后疫情时期高等教育国际化新常态——基于对菲利普·阿特巴赫等21位学者的深度访谈［J］.教育研究，2021，42（10）：112—121.

［182］俞凌云，林杰.新冠肺炎疫情冲击下高等教育全球竞争格局的演化［J］.高等教育研究，2021，42（10）：9—21.

［183］韩亚菲，秦琳，蒋凯.变局与破局：新形势下高等教育国际化的挑战与应对［J］.大学与学科，2021，2（03）：80—90.

［184］周作宇.大学治理的文化基础：价值坐标与行动选择［J］.清华大学教育研究，2021，42（06）：1—20.DOI：10.14138/j.1001—4519.2021.06.000120.

［185］周作宇.大学治理的伦理基础：从善治到至善［J］.高等教育研究，2021，42（08）：1—19.

［186］朱贺玲，梁雪琴.大学治理的经典模式与特征解析［J］.高教探索，2021（07）：19—26.

［187］刘益东，杜瑞军，周作宇，赵聪环.现代大学治理的协调机制：权力三角的视角［J］.复旦教育论坛，2021，19（02）：12—19+41.DOI：10.13397/j.cnki.fef.2021.02.003.

［188］管培俊，阎凤桥，曹晓婕.中国一流大学治理体系现代化研究［J］.中国高教研究,2021（09）：1—9.

［189］楚江亭，李彦青.通盘剖析、系统实施：高校治理现代化的策略抉择——基于对6所高校42位中层以上干部结构化访谈的分析［J］.武汉科技大学学报（社会科学版），2021，23（05）：580—584.

［190］孙成梦雪.中美学生参与大学内部治理实践的比较研究［J］.高等理科教育，2021（06）：108—115.

［191］包万平.大学内部治理中学生参与的内容研究——以教育部直属大学为例［J］.北京社会科学，2021（08）：87—97.

［192］张春华，谭璐，彭海蕾.高等教育数字化转型：人、机构、技术的融合创新发展［C］//中国计算机用户协会网络应用分会2021年第二十五届网络新技术与应用年会论文集.，2021：375—379.

［193］黄孝章，代曼宁.高等教育数字化转型与教育教学模式改革研究［J］.教育教学论坛，2021（42）：65—68.

［194］刘震，张敏，周峰.继续教育的新形式：清华终身学习云课堂［J］.现代教育技术，2021，31（01）：83—89.

［195］陈露茜.美国公共教育联邦干预的历史演进［J］.教育研究，2021，42（01）：66—74.

［196］陈露茜，夏青.美国联邦政府干预公共教育起点问题的再讨论［J］.比较教育研究，2021，43（07）：89—96.

［197］刘宝存，商润泽.拜登时代美国高等教育将去向何方——新任总统拜登教育政策主张述评［J］.比较教育研究，2021，43（06）：3—10.

［198］张一鸣，王健，白欣，和渊.美国NSTA科学教师培养标准变革及启示［J］.课程·教材·教法，2021，41（12）：130—136.

［199］刘宝存，庄腾腾.美国高等STEM教育教学模式与方法改革：动因·策略·启示［J］.清华大学教育研究，2021，42（05）：30—39.

［200］王雪双，王璐.美国博士生人才培养模式革新——以匹兹堡大学教育学院为个案［J］.高教探索，2021（01）：77—82.

［201］公钦正.新加坡高等教育与自由贸易港协同发展研究［J］.中国人民大学教育学刊,2021（03）：116—133.

［202］彭婵娟.全球留学生教育现实图景与发展趋势研究［J］.比较教育研究，2021，43（10）：104—112.

［203］许芳杰.美国教师教育专业认证评估的证据文化及其对我国的启示［J］.教师教育研究，2021，33（04）：19—25.

［204］冯雅静，王雁.融合教育背景下美国普通教师职前培养的变革历程和特征［J］.中国特殊教育，2021（01）：3—9.

［205］巫锐，王世岳.德国中小学教育惩戒制度及其启示［J］.全球教育展望，2021，50（03）：118—128.

［206］丁邦平.学校技术教育学科转型与发展的政策支持：国际经验与中国探索［J］.首都师范大学学报（社会科学版），2021（04）：176—188.

［207］姜英敏，王文静，杨岚.日本政府与NGO国际教育援助合作机制分析——基于对“相互依赖性”与“组织身份”的考察［J］.清华大学教育研究，2022，43（01）：116—125.

［208］刘幸，姜星海，钟秉林.日本战后人口变迁与教育变革的关系研究［J］.教育科学研究，2021（12）：68—73.

［209］Jiang J，Meng H R，Zhou N.English learners’ readiness for online flipped learning：Interrelationships with motivation and engagement，attitude，and support［J］.LANGUAGE TEACHING RESEARCH，2021，8.

［210］Bai Y Q，Xiao J J.The impact of cMOOC learners’ interaction on content production［J］.NTERACTIVE LEARNING ENVIRONMENTS，2021，8.

［211］Liu J，Sun X，Sun M，Zhou Y，Li X Y，Cao J B，Liu Z L，Xu F.Factors Influencing the Creativity of Chinese Upper-Secondary-School Students Participating in Programming Education［J］.FRONTIERS IN PSYCHOLOGY，2021，12.

［212］Wang C G，Fu W Q，Cheng L，Wang Y，Duan S F.Teaching With Picture Books on Deaf and Hard-of-Hearing Students’ Creativity［J］.JOURNAL OF DEAF STUDIES AND DEAF EDUCATION，2021，4.

［213］Misiaszek G W.Ecopedagogical literacy of a pandemic：Teaching to critically read the politics of COVID-19 with environmental issues［J］.JOURNAL OF ENVIRONMENTAL EDUCATION，2021，11.

［214］Crain D E，Hollings S，Kayode H M，Ogunniran M O，Worapot Y，Guanuna P，Yasmeen T，Riaz A，Samilo A，Jiang Y H，Bolanle O F，Jackson L，Sturm S.Knowledge socialism in the COVID-19 era：a collective exploration of needs，forms，and possibilities［J］. EDUCATIONAL PHILOSOPHY AND THEORY，2021.

［215］Li L P，Shen W Q，Xie A L.Why students leave Chinese elite universities for doctoral studies abroad：Institutional habitus，career script and college graduates' decision to study abroad［J］.INTERNATIONAL JOURNAL OF EDUCATIONAL DEVELOPMENT，2021，4.

［216］Deng J H，Que J Y，Wu S Y，Zhang Y J，Liu J J，Chen S J，Wu Y X，Gong Y M，Sun S W，uan K，Bao Y P，Ran M S，Shi J，Wing Y K，Shi L，Lu L.Effects of COVID-19 on career and specialty choices among Chinese medical students［J］.MEDICAL EDUCATION ONLINE，2021，1.

［217］北京市教委.北京市2022质量年度报告［EB/OL］.https：//www.tech.net.cn/column_rcpy/art.aspx？ sf=北京市&nd=2022&type=1，2022—07—04.

［218］北京市教委.北京市中等职业教育质量年度报告［EB/OL］.http：//jw.beijing.gov.cn/bjzj/gdzyreport/zdreport/202201/P020220120467246248334.pdf，2022—07—04.

［219］朴永馨.庆党百年 回顾中国特殊教育发展［J］.中国特殊教育，2021（07）：6—7.

［220］郭志云，邓猛，赵勇帅.我国特殊教育专业40年发展回顾与展望［J］.中国特殊教育，2021（06）：7—13.

［221］王善峰，孙颖.积极探索特殊教育内涵式发展路径——以北京市为例［J］.现代特殊教育，2021（09）：66—68.

［222］赵小红.京津冀特殊教育协同发展面临的挑战及对策［J］.中国特殊教育，2021（08）：23—29+37.

［223］侯雨佳，颜廷睿.可行能力理论视阈下融合教育平等内涵的深化与扩展［J］.现代特殊教育，2021（03）：34—40.

［224］邓猛，赵勇帅.从“随班就读”走向“中国味”的融合教育［J］.教育家，2021（06）：20—21.

［225］徐冉，傅王倩，肖非.装备育人 消除排斥——基于对随班就读儿童面临的现实问题的分析［J］.中国现代教育装备，2021（24）：1—5.

［226］陈慧星，邓猛.教育现代化背景下融合教育质量评估框架与发展策略［J］.绥化学院学报，2021，41（01）：18—24.

［227］郭志云，邓猛.融合教育模式的中国话语及实践路径——基于教育部随班就读《指导意见》的分析与反思［J］.中国特殊教育，2021（12）：3—9.

［228］顾定倩.融合教育：师范生培养和师范教育专业认证的新内容［J］.现代特殊教育，2021（16）：16—17.

［229］范文静，张文秀，王雁.职前教师融合教育素养培养政策执行要素及对策研究［J］.中国特殊教育，2021（12）：16—20.

［230］傅王倩，郭媛媛.论智力障碍定义演变及其实践影响［J］.中国特殊教育，2021（12）：35—40.

［231］郝传萍，郑尉，邱卓英，李安巧，王少璞，朱婷，王梅，毛荣建，李悦，韩霄.基于ICF智力与发展性障碍儿童体质健康研究［J］.中国康复理论与实践，2021，27（12）：1393—1401.

［232］朱涵.游戏教学：满足生命多样需要的有效途径［J］.现代特殊教育，2021（17）：27—30.

［233］钱志亮，沈玉，黄佳欣，宋瑞.智力障碍儿童与普通儿童入学成熟水平的比较——智力障碍儿童随班就读的循证支持［J］.邯郸学院学报，2021，31（03）：64—72.

［234］张悦歆，肖书恒，陈梅浩，邓羽洋.视障学生对盲校创造性课堂环境的感知研究——《盲校创造性课堂环境量表》的修订与测量分析［J］.现代特殊教育，2021（14）：19—27.

［235］邹红霞，张悦歆，赵逸寒，徐东升.盲校学生八大非学科能力培养与评估的行动研究［J］.中国特殊教育，2021（06）：37—44.

［236］付平，胡可，吕会华.汉语成语的手语表达研究及对手语教育的启示［J］.中国特殊教育，2021（07）：40—45.

［237］赵莉，郑璇.高校聋人课堂师生对手语译员的角色期望——基于C校的质性研究［J］.现代特殊教育，2021（24）：53—60.

［238］崔亚冲，罗少茜，郑璇.《欧洲语言共同参考框架》扩展版对我国通用手语等级标准研制的启示［J］.中国考试，2021（04）：78—85.

［239］Wang C，Fu W，Cheng L，et al.Teaching with picture books on deaf and hard-of-hearing students' creativity［J］.The Journal of Deaf Studies and Deaf Education，2021，26（2）：278—295.

［240］胡晓毅，翟钰欣，孙蕴轩，王雁.孤独症儿童循证实践研究发展及其对特教教师教育的启示［J］.教师教育研究，2021，33（04）：7—13.

［241］Zeng S，Zhao H，Hu X，et al.Systematic review of single case design meta - analyses for school - age students with autism spectrum disorders：Current trend and future direction［J］.Psychology in the Schools，2022，59（5）：980—1000.

［242］Lee G T，Hu X，Jin N.Brief Report：Using Computer-Assisted Multiple Exemplar Instruction to Facilitate the Development of Bidirectional Naming for Children with Autism Spectrum Disorder［J］.Journal of Autism and Developmental Disorders，2021，51（12）：4717—4722.

［243］Hu X，Wang H，Han Z R，et al.The influence of visual supports and motivation on motor performance of the MABC-2 for Chinese school-aged children with autism spectrum disorder［J］.Scientific Reports，2021，11（1）：1—8.

［244］景晓娟，程黎.超常儿童也需要教育公平［J］.中国特殊教育，2021（09）：60—65.

［245］方中雄，张瑞海，黄晓玲.破解超常教育的制度重构——将超常儿童纳入特殊教育体系［J］.教育研究，2021，42（05）：101—107.

［246］温慧卿，张春莉.我国超常儿童教育的政策、法律法规现状及思考［J］.中国特殊教育，2021（09）：66—72.

［247］Zhang S，Xia X，Li F，et al.Study on visual and auditory perception characteristics of children with different type of mathematics learning disability［J］.International Journal of Disability，Development and Education，2021，68（1）：78—94.

［248］王梅，张海丛，毛荣建，刘颂，祝平，尤思凡.PASS视角下书写困难儿童认知特点研究——来自北京4城区学校的调查［J］.北京联合大学学报，2021，35（01）：81—87.

［249］Zhang S，Yu S，Xiao J，et al.The Effects of Concrete-Representational-Abstract Sequence Instruction on Fractions for Chinese Elementary Students with Mathematics Learning Disabilities［J］.International Journal of Science and Mathematics Education，2021：1—18.

［250］Zhang W，Zhang L，Liu L，et al.Improving orthographic awareness and reading fluency in Chinese children with dyslexia：A case study［J］.Reading & Writing Quarterly，2021，37（1）：1—16.

［251］Yin C，Xiao Y，Fu W.Self-monitoring Intervention of Problem Behavior of Students with ADHD Learning in Regular Classroom in China［J］.International Journal of Contemporary Education，2022，5（1）：10—15.

［252］Niu W，Cheng L，Xu W，et al.Improving Resilience of a Child with ADHD：A Context Specific Intervention Program through Dialogic and Guided Reading［J］.International Journal of Disability，Development and Education，2021，68（6）：788—805.

［253］钱志亮，惠琳琳.听障儿童与健听儿童入学成熟水平比较——是否适宜随班就读的循证支持［J］.邯郸学院学报，2021，31（04）：52—59.

［254］冯丹丹，张树东.学前特殊儿童随班就读的教学模式探讨——嵌入式教学与通用教学设计的结合［J］.绥化学院学报，2021，41（01）：13—17

［255］宋国语，王雁，张琪瑶.我国残疾儿童学前教育相关政策分析［J］.残疾人研究，2021（01）：70—78.

［256］杨希洁.关于特殊教育学校普通高中发展若干问题的思考［J］.中国特殊教育，2021（06）：14—18.

［257］汪甜甜，邓猛."双一流"大学里的"少数派"——融合教育背景下残障大学生高等教育体验探究［J］.教育学报，2021，17（05）：170—183. DOI：10.14082/j.cnki.1673—1298.2021.05.015.

［258］孙岩，任伟宁，李晗静，刘志丽，李妍.残疾大学生就业环节校企合作的探索和实践［J］.绥化学院学报，2021，41（07）：128—132.

［259］白然，谢浩，胡雨森.残疾人群体终身学习现状的实证研究［J］.中国远程教育，2021（04）：65—75+77.

［260］王雁，冯雅静.美国特殊教育教师专业标准的演进、特征与启示——基于CEC专业标准的分析［J］.教育学报，2021，17（02）：83—97.DOI：10.14082/j.cnki.1673—1298.2021.02.009.

［261］袁丽，胡艺曦.特殊教育教师资格制度建设：问题与应对［J］.天津市教科院学报，2021（06）：33—38+45.

［262］王崇高，张金波，王雁.学校支持氛围与

特殊教育教师职业幸福感：积极心理品质的中介作用［J］.现代特殊教育，2021（12）：9—17.

［263］Fu W，Wang C，Tang W，et al.Emotional Intelligence and Well-Being of Special Education Teachers in China：The Mediating Role of Work-Engagement［J］.Frontiers in Psychology，2021：3595.

［264］张悦歆，金涵，沈玉.特教新教师入职适应的质性研究［J］.现代特殊教育，2021（06）：21—27.

［265］唐佳益，王雁.近五年国际特殊教育教师研究热点及内容分析［J］.中国特殊教育，2021（09）：73—81.

［266］佘丽，冯灵，黄灿灿，黄珊.国外职前教师融合教育素养培养实证研究新进展［J］.中国特殊教育，2021（12）：21—27.

［267］燕学敏.融合教育学校教师对随班就读学生的态度调查［J］.绥化学院学报，2021，41（10）：105—111.

［268］王雁.随班就读教师融合教育素养及提升模式研究［J］.教育科学研究，2021（08）：91—96.

［269］Wang Y，Zhang W.The Effects of Principal Support on Teachers' Professional Skills：The Mediating Role of School-Wide Inclusive Practices and Teacher Agency［J］.International Journal of Disability，Development and Education，2021，68（6）：773—787.

［270］Fu W，He X，Sun Y，et al.The relationship between school climate and general teachers' attitude toward inclusion in China：the mediation effect of teachers' efficacy［J］.International Journal of Developmental Disabilities，2021：1—9.

［271］纪晔，王红霞，邓猛.创客教育视域下资源教室的建设［J］.现代特殊教育，2021（22）：58—62.

［272］汪甜甜，邓猛.融合教育背景下新任资源教师的身份建构研究——基于教师情绪的视角［J］.中国特殊教育，2021（04）：20—26.

［273］张洁，张悦歆，王琪.疫情时代随班就读工作：举措、成效与挑战［J］.绥化学院学报，2021，41（10）：5—9.

［274］曹溶萍，赖元元，孙玉梅.融合教育背景下美国教师助手的发展及启示［J］.中国特殊教育，2021（02）：9—17.

［275］刘全礼，王琦，葛康美，周旭，讷蕾蕾.智力障碍儿童父母的特殊教育素养研究［J］.中国特殊教育，2021（08）：38—43.

［276］彭华军，刘全礼，李健，讷蕾蕾，韩冰.父母对孤独症儿童的态度和身心特点的认知研究［J］.绥化学院学报，2021，41（07）：77—83.

［277］刘全礼，杨中枢，王发兰.智力障碍儿童父母教育支持的需求研究［J］.教育科学，2021，37（06）：45—53.

［278］Zhao M，Fu W，Ai J.The mediating role of social support in the relationship between parenting stress and resilience among Chinese parents of children with disability［J］.Journal of Autism and Developmental Disorders，2021，51（10）：3412—3422.

［279］Wang H，Wang Q，Hu X，et al.Mindfulness and Stress Among Parents of Children with Autism Spectrum Disorder in China［J］.Journal of Autism and Developmental Disorders，2022，52（5）：2035—2045.

［280］Cheng L，Chen X，Fu W，et al.Perceptions of Inclusive School Quality and Well-Being Among Parents of Children with Disabilities in China：The Mediation Role of Resilience［J］.International Journal of Disability，Development and Education，2021，68（6）：806—821.

［281］张悦歆，王雁."十四五"期间特殊教育规划和重大问题在线专家研讨会综述［J］.现代特殊教育，2020（12）：77—80.

［282］李天顺."十四五"特殊教育高质量发展的宏伟蓝图［J］.现代特殊教育，2022（03）：8—11.

［283］丁勇."十四五"时期我国特殊教育高质量发展的思考与建议［J］.现代特殊教育，2021（07）：8—15.

［284］谢晓.基于混合式学习的Office类教师继续教育课程设计实践［J］.中小学信息技术教育，2021（12）：3.

［285］李刚.成人学历教育混合教学模式探索［J］.中国教育技术装备，2021（06）：3.

［286］谢俐.中国共产党领导下的继续教育改革发展百年探索与经验启示［J］.中国职业技术教育，2021（16）：5—10.DOI：10.3969/j.issn.1004—9290.2021.16.001.

［287］高文兵.以新发展理念引领构建成人继续教育高质量发展新格局［J］.中国成人教育，2021（01）：5.

［288］李毅.终身学习视域下职业核心素养课程

教学设计与实践研究［J］.北京宣武红旗业余大学学报，2021（04）：6.

［289］谢青松，沈欣忆.基于国际组织视域探究全球终身学习发展——《国际组织与终身学习发展》述评［J］.北京宣武红旗业余大学学报，2021（03）：6.

［290］李刚.成人学历教育混合教学模式探索［J］.中国教育技术装备，2021（06）：6—8.

［291］Zhou Y and Wang J. Psychometric Properties of the MSLQ-B for adult distance education in China. Front.Psychol. 12：441.doi：10.3389/fpsyg.2021.620564.

［292］Yang H L，Wu Y Y，Lin X Y，Xie L，Zhang S，Zhang S Q，et al. Internet use，life satisfaction，and subjective well-being among the elderly：evidence from 2017 China general social survey. Front.Public Health 9：677643.doi：10.3389/fpubh.2021.67764.

［293］向左霞，奚旭菲.老龄化背景下老年非学历教育向学历教育生源转化策略研究［J］.北京宣武红旗业余大学学报，2021（03）：54—58.

（教育学特约课题组供稿）

年度推荐论文和著作

论　文

1. 顾明远，《中国共产党百年的教育价值观》，《北京师范大学学报（社会科学版）》，2021年第5期。

2. 余宏亮，《通向根脉与面向未来：建构教材学的基础、逻辑与方略》，《华东师范大学学报（教育科学版）》，2021年第2期。

3. 刘幸、施克灿，《“Education”何以译为“教育”——以日本有关学术史料为基础的讨论》，《教育研究》，2021年第11期。

4. 庞丽娟，《发展普惠性婴幼儿托育教育服务体系》，《教育研究》，2021年第3期。

5. 孟繁华，《构建指向欠发达地区教师培养的教师教育共同体》，《教育研究》，2021年第6期。

6. 黄荣怀、虎莹、刘梦彧、王欢欢、吐尔逊艾力·巴孜力江，《在线学习的七个事实——基于超大规模在线教育的启示》，《现代远程教育研究》，2021年第3期。

7. 钟秉林、南晓鹏，《后疫情时代我国高等教育发展的宏观思考》，《教育研究》，2021年第5期。

8. 赵志群，《职业教育学业评价方法刍议》，《中国职业技术教育》，2021年第10期。

9. 王雁、冯雅静，《美国特殊教育教师专业标准的演进、特征与启示——基于CEC专业标准的分析》，《教育学报》，2021年第2期。

10. 周慧梅，《文化翻身与翻身文化——中国共产党领导下的成人教育百年省思》，《河北师范大学学报（教育科学版》，2021年第3期。

著　作

1. 薛海平，《我国基础教育课外补习研究》，科学出版社，2021年。

2. 赵占良、谭永平，《中国百年教科书专题研究》，人民教育出版社，2021年。

3. 赵忠心，《中外家庭教育思想简史》，中国妇女出版社，2021年。

4. 程杰等，《中国0—3岁托育服务需求与政策体系研究》，中国社会科学出版社，2021年。

5. 陈丽，《在线教育原理》，北京师范大学出版社，2021年。

6. 周海涛等，《教育学学术型研究生课程建设报告》，科学出版社，2021年。

7. 顾明远，《比较教育文库：教师教育伙伴合作模式国际比较》，人民教育出版社，2021年。

8. 赵志群，《职业教育学习新概念（第2版）》，北京师范大学出版社，2021年。

9. 肖非、傅王倩，《特殊教育导论》，北京师范大学出版社，2021年。

心　理　学

摘　要

2021年，北京地区心理学界致力于心理学理论与应用研究，在各个领域研究成果颇丰。年度内，北京地区心理学者在国内外优秀期刊上共计发表学术论文481篇，含SCI或SSCI索引的重要学术期刊（期刊影响因子排名前25%）中发表英文学术论文373篇，在国内主要心理学和部分其他学科学术期刊（限CSCD索引）发表中文学术论文108篇。其中人格和社会心理学领域、情绪、认知心理学和神经科学领域为研究重点，二者合计约占总论文数的一半。这些研究既有对传统经典理论或研究主题的探讨，对新热点领域的关注，也包涵了基于本土概念的研究。北京地区心理学界的这一年度研究进展，不仅在引导学术热点和重点等领域起到了领头羊作用，也在一定程度上反映了当前中国心理学界的研究现状和未来可能发展趋势。

2021年，北京地区心理学界的另一关键主题是全面开展了社会心理服务工作，切实落实社会心理服务体系建设的社会治理功能。北京地区心理学者在全国各地开展了各种主题和特色的社会心理服务培训和指导；同时，积极开展社会心态研究，用科研成果支撑社会心理服务体系建设，重视社会心态的引导，为政府决策提供建设性建议。这些工作充分展现了北京心理学工作者丰硕的思想结晶，推广建设心理学科并回馈社会的不懈努力。

一、人格与社会心理学

人格与社会心理学探讨人格与社会及其交互作用对心理与行为的影响。在2021年该领域发表144篇相关优秀论文。主要涉及人格心理、社会认知、社会情绪、文化心理、网络心理、人际心理和群际心理7个方面。人格心理关注个体差异，主要涉及了大五人格、诚实谦逊、贪婪、社会善念、孝、君子人格等特质。社会认知包括自我、态度以及价值观等，涉及了自我建构、自我参照效应、自我客体化、自我控制感、态度的形成与改变、影响价值观的因素等。社会情绪相关的研究重点关注了敬畏、怀旧、错失焦虑、社交焦虑以及孤独感等。文化心理研究通过跨地域（或国家）的比较和跨时间比较两个视角，涉及了文化差异和社会变迁两个方面。作为前沿热点领域，与网络心理相关的研究主要涉及网络信息传播、社交媒体使用、人机互动以及网络欺凌。人际心理相关的研究主要涉及人际吸引、亲密关系、社会比较、社会排斥、社会公平、攻击性行为、亲社会行为以及合作与信任。群际心理关注群体与群体之间的关系，主要研究主题包括群体冲突与歧视等。

总之，2021年该领域相关研究既有对传统经典理论或研究主题（如大五人格）的探讨，也有对新的热点领域（如网络心理）的关注，还有不少基于本土概念（如君子人格）的研究，不仅反映了北京地区人格与社会心理学的最新研究进展（如内隐社会认知），也在一定程度上反映了当前中国人格与社会心理学的现状和未来可能趋势。

二、健康与临床心理学

2021年，健康、临床与咨询心理学领域的研究主要集中于各群体心理健康的影响因素（特别是疫情下各群体心理健康的影响因素），心理治疗的疗效研究，疫情中的心理咨询开展情况，心理咨询师队伍建设与职业伦理，以及心理咨询与心理治疗的本土化方案等5个方面。其中研究热点是各群体的心理健康的影响因素，研究重点是心理治疗的疗效以及心理咨询师队伍建设与职业伦理。

影响普通民众、老年人和家庭暴力受害者等群体心理健康的因素方面有了新进展。这些研究关注了新冠疫情影响下民众的情绪痛苦以及焦虑情绪受疫情影响的地理分布、影响和保护因素，一线工作人员、新冠肺炎患者和孕产妇的心理健康，以及由新冠疫情导致的污名化和歧视。并总结了疫情中我国心理危机干预工作的特定经验。

正念干预在竞技体育领域、精神科护理人员和创业者群体中广泛应用，探索了对正念干预起效机制。研究也关注了基于认知行为和表达性艺术治疗的团体干预的作用，及接纳承诺疗法、外卖骑手的EAP方案设计和孤独症患者观点采择训练的BHP新方法的作用，和新冠疫情下的心理咨询开展情况，如心理热线服务、焦点解决短程治疗和基于正念的mHealth干预。

在心理咨询师队伍建设与职业伦理方面，主要研究了心理热线和团体辅导中咨询师的胜任力的影响因素以及团体咨询师胜任力的量表。研究发现知情同意中咨询师个人信息数量与来访者求助意愿无关，关注了高校心理咨询的伦理决策和法律风险、心理咨询网络广告的伦理问题。中国心理学会临床心理学注册工作委员会进一步发布了多项伦理细则。

关于心理咨询与心理治疗的本土化方案，研究探讨了清明节传统实践对哀伤的疗愈作用，心理咨询治疗中的替代性道歉、中国传统音乐在音乐治疗中的作用、符合儒家价值观的第二代正念干预的效果以及太极拳练习对正念水平的改善。

三、发展与教育心理学

发展心理学方面，北京心理学者考察了包含幼儿期、学龄儿童期、青少年期、成年早期以及老年期等生命各阶段的发展状况，研究多样，成果丰硕。从幼儿期到学龄儿童期，研究者发现了认知风格和视知觉发展的关键期，分析了环境因素对儿童问题解决、内外化问题等的影响；关于青少年期和成年早期的发展，父母因素与个体发展之间、网络使用与个体适应之间的关系受到关注；关于老年期的发展，研究主要考察了影响老年人身心健康各方面的因素。这些研究为全面了解生命各阶段的发展以及如何促进各阶段健康发展提供了新的参考。

教育心理学方面，当前研究主要关注了如何帮助孩子或学生形成良好的人际关系、思维信念和学习品质。一些研究提出了培养孩子厌恶不公平、形成仁慈和公正品格、促进公平分配行为的潜在教育方法。此外，研究还探索了如何能够更好地理解他人、减少社交焦虑或退缩、减少受到同伴侵害以及促进人际关系的可能教育途径。不仅如此，研究者还从社会适应教育的角度出发，发现了促成亲社会行为和社会适应能力的可能方法。在减少攻击行为方面，一些研究提示需要关注不受欢迎的、经历自然灾害的、被排斥的和自恋水平高的学生群体。最后，研究者关注了培养审美思维的教育方式，以及家长参与子女学习和日常生活以及给子女带来的学业压力对孩子形成良好学习品质或习惯的积极或消极作用。

四、管理心理学与组织行为

管理心理学与工程心理学领域的研究者，除了关注人格、情绪、领导行为、人力资源管理实务等经典的研究话题之外，紧紧围绕国家“十四五”规划纲要提出的“加快数字化发展”这一战略目标，重点探讨了企业或组织数字化、智能化转型背景下人的心理与行为的特点，以及相互作用过程，具体表现在：一方面关注组织数字化、智能化转型过程中的人的心理与行为过程这一前沿课题，从社会—技术系统的视角来探讨数字化、智能化对人们工作与生活方法的影响，以便让人们在享受信息技术带来高效便捷的同时，如何避免其带来的负性影响（或称技术的阴暗面）；另一方面重视转型过程中的创新行为研究，尤其是团队层面的创新，彰显集体攻关或“有组织”的创新在当今时代的重要性和紧迫性。同时，本领域的研究者还结合现实需要，考察了新冠疫情引发的高度不确定性而导致员工产生了负性情绪与行为，从而为个体、组织和社会层面的应对与管理提供科学的指导性建议，并强调激发员工职责之外的积极行为的重要意义。

五、情绪和认知心理学与神经科学

情绪和认知心理学与神经科学是主要研究高级认知功能的神经机制的领域，以脑机制与心理活动的关系为研究重点。北京地区学者在2021年度发表的该领域主要论文共118篇，其中英文文章82篇、中文文章36篇。这些研究中，不仅有对错综复杂科学前沿问题的探讨，如自我控制与执行功能、双语的机制、记忆及其神经机制、大脑结构和功能、脑机接口等，也有对社会大众对普遍相关问题的关注，如新冠疫情下的情绪疏导、双语学习、创造力等，还建立了基于中国特有心理概念的基础数据库，如中国概念语义特征数据集、北京句子语料库等。

本综述将情绪、认知心理学与神经科学研究分为：情绪、神经科学和认知三个部分，并且将研究热点集中的认知细分，分别进行了讨论，包括语言、知觉、记忆、思维、注意、自我控制、思维、表征、创造力、信息加工和问题解决等部分。总之，情绪、认知心理学与神经科学的研究将脑科学的最新技术与认知和情绪进行了精妙结合，在多个交叉领域从不同的角度入手解决了多个往年的研究难点，为未来研究提供了数据和技术双重支撑，扩展了心理学研究的切入点和思路。

六、心理统计与测量学

2021年，北京地区研究者共发表心理测量与统计学科主题的中英文论文27篇，研究主题涉及量表工具研究与测量统计方法研究两个方面。

量表研究主要是量表检验、修订与编制，测验涉及的人群有儿童、青少年与父母、成人，涉及的主题有情绪调节、自我效能、情绪智力、孤独感、同胞关系、解释偏差、人格、心理健康等。其中，修订编制完成的中文版儿童量表包括《中国留守儿童情绪调节量表》(ERQ)、《中小学生一般自我效能感量表》(GSES-C)。青少年量表有《青少年情绪智力测验》(A-EIT)、《短式孤独感量表》(ULS-8)、《同胞关系质量问卷（学生版）》《青少年解释偏差问卷》(C-AIBQ)。用于父母的问卷有《中文版幼儿父母养育综合问卷》(CECPAQ-CV)、《多元父母教养方式评估量表》《中国失独父母创伤后成长问卷》(PTGI-CS)、《中国自闭症谱系量表(父母版)》。人格类工具有《大五人格量表（第2版）》(BFI-2)、《DSM-5人格量表》(PID-5)、《价值评估问卷》。心理健康测查工具主要有《成人无组织依恋量表》(ADAS)、《多伦多正念量表（中文版）》(Ch-TMS)、《多元心理健康素养量表》、《物质使用风险量表》(SURPS)。这些测验的测量学指标都达到了相应的测量工具标准。

测量技术主要以测量和统计方法的创新运用为主。包含顺序响应模型、方差非齐性的中介调节模型、两级调节中介模型、随机截距潜在转变分析模型、广义线性混合模型、Rasch模型等。也有研究对多维计算机化分类测验的终止规则、问卷测量法的数据收集方法进行了研究。

综合来看，心理测量研究主要以测验工具在中国文化及中国不同人群中的使用为主，多是对国外测验的修订，缺少从更深层次上对测验工具的深入研究，也缺少本土测验工具的建构和编制类研究。相反，统计方法类的研究更具创造性和探索性。

七、社会服务效能

2021年，北京地区社会心理服务工作全面开展，切实落实社会心理服务体系建设的社会治理功能，利用心理学规律积极完善社会治理，促进社会治理现代化。在全国各地开展社会心理服务培训和指导，中国科学院心理研究所联合西南科技大学在四川省绵阳市主办“第二届北川国际心理论坛”，中国科学院心理研究所联合多家机构在安徽省宿州市举办首届全国社会心理服务周暨应用交流会；积极开展心理健康服务和培训活动，中国科学院心理研究所、北京师范大学心理学部、首都师范大学心理学院等单位开展了各种主题的服务和培训；

开展有特色的政策咨询和教育培训，中国人民大学心理学系等单位开展民族心理、财经素养方面的科学调研、政策咨询、人才培训工作；积极开展社会心态研究，用科研成果支撑社会心理服务体系建设，中国社会科学院社会学研究所等单位重视社会心态的引导，持续动态监测社会心态的变化，及时发现社会心态风险，为政府决策提供建设性建议。

八、总结

2021年，北京心理学学术研究既高度关注国际心理学前沿问题，同时也聚焦中国重大社会现实问题，在人格和社会心理学、临床与咨询心理学、发展与教育心理学、管理心理学与组织行为、认知心理学和神经科学以及心理统计与测量学等六大科学领域取得了重要进展。2021年仍然是新冠疫情肆虐的一年，北京的心理学者针对疫情进行了大量研究并集中产出了一批有影响力的论文，而且，开展心理咨询和社会心理服务也是心理学界对抗击新冠疫情所做出的独特贡献。

（北京市社会心理学会供稿；主要执笔人：刘力、谢晓非、蔡华俭、张慧、周明洁、穆蔚琦、郭薇、雷雳、王静、魏新益、陆昌勤、郑婧菲、李呈锦、李永娟、杨波、肖怡、娜仁满都拉、刘新辉、祝捷、梁竹苑、方平、徐建平、朱梓萌、黎娅、王俊秀、辛自强、李纾）

年度推荐论文及著作

论　文

1. B.Zhang，Y.M.Li，J.Li，J.Luo，Y.Ye，L.Yin，Z.Chen，C.J.Soto，O.P.John：The Big Five Inventory - 2 in China：A Comprehensive Psychometric Evaluation in Four Diverse Samples，Assessment，2021，10731911211008245。

2. H.Cai，Y.L.L.Luo，J.Chen，X.Li，Y.Xie：Is implicit social cognition developmentally stable ？ A

longitudinal study，Developmental Psychology，2021，57（12）：2220—2233。

3. H.-M.Dong，S.Margulies Daniel，X.-N.Zuo，J.Holmes Avram：Shifting gradients of macroscale cortical organization mark the transition from childhood to adolescence，Proceedings of the National Academy of Sciences，2021，118（28）：e2024448118。

4. L.Yan，Y.Gan，X.Ding，J.Wu，H.Duan：The relationship between perceived stress and emotional distress during the COVID-19 outbreak：Effects of boredom proneness and coping style，Journal of Anxiety Disorders，2021，77（102328）。

5. Q.Xu，S.Tao，S.Li，W.Wang，B.Li，R.M.Joshi：Who are the nonresponders to intervention among Chinese children learning English as a second language？，Journal of Educational Psychology，2021，113（2）：213—229。

6. T.Jiang，C.Sedikides：Awe motivates authentic-self pursuit via self-transcendence：Implications for prosociality，Journal of Personality and Social Psychology，2021。

7. Y.Bai，J.Ocampo，G.Jin，S.Chen，V.Benet-Martinez，M.Monroy，C.Anderson，D.Keltner：Awe，daily stress，and elevated life satisfaction，Journal of Personality and Social Psychology，2021，120（4）：837—860。

8. 葛枭语、李小明、侯玉波：《孔子思想中的君子人格：心理学测量的探索》，《心理学报》，2021，53（12）：1321—1334。

9. 刘红云、袁克海、甘凯宇：《有中介的调节模型的拓展及其效应量》，《心理学报》，2021，53（3）：322—338。

10. 任赫、陈平：《两种新的多维计算机化分类测验终止规则》，《心理学报》，2021，53（9）：1044—1061。

著　作

1. 傅小兰、张侃：《中国国民心理健康发展报告（2019—2020）》，社会科学文献出版社，2021年。

2. 王俊秀：《中国社会心态研究报告（2020）》，社会科学文献出版社，2021年。

3. 雷雳：《发展心理学（第4版）》，中国人民大学出版社，2021年。

4. 路琦、雷雳、马晓辉、张国华、刘珂、耿靖宇：《专门学校学生社会性发展研究——基于专门学校学生与普通学生的比较》，社会科学文献出版社，2021年。

5. 丹尼尔·卡尼曼、奥利维耶·西博尼：《噪声：人类判断的缺陷》，李纾、汪祚、魏子晗译，浙江教育出版社，2021年。

6. 霍华德·弗里德曼、米利亚姆·舒斯塔克：《人格心理学：经典理论和当代研究》，王芳等译，机械工业出版社，2021年。

7. 迈克尔·弗：《心理测量学》，李英武、董妍译，北京师范大学出版社，2021年。

8. 奥姆罗德、布雷特：《教育心理学——指导有效教学的主要理念（第5版）》，雷雳、伍亚娜、柳铭心、王艳、聂佳译，中国人民大学出版社出版，2021年。

心　理　学

2021年，北京地区心理学界致力于心理学理论与应用研究，在各个领域研究成果颇丰。在服务社会抗击新冠疫情的同时，北京地区心理学界致力于心理学理论和应用研究，关注理论和社会热点问题，用心理学的方法解决现实问题，推动了心理学的实践服务。

一、学科发展基本情况

北京地区是全国心理学科第一重镇，其学术研究机构主要有：北京师范大学心理学部、北京大学心理与认知科学学院、北京师范大学和北京大学IDG麦戈文脑科学研究所、中国科学院心理研究所、中国人民大学心理学系、清华大学心理学系、首都师范大学心理学院、中国社会科学院社会学研究所社会心理学研究室等。全国仅有的两个心理学国家“双一流”建设学科分别由北京大学心理与认知科学学院和北京师范大学心理学部主建。中国主要的中文心理学期刊《心理学报》和《心理科学进展》由中国科学院心理研究所主办,《心理发展与教育》由北京师范大学心理学部主办。中国仅有的三份英文心理学期刊*PsyCh Journal*、*Journal of Pacific Rim Psychology*以及*Culture and Brain*分别由中国科学院心理研究所、北京师范大学心理学部和北京大学心理与认知科学学院主办。这些由中国主办的英文心理学期刊，为掌握国际学术话语权和向世界传播中国声音发挥了重要作用。

2021年，北京心理学学术研究既高度关注国际心理学前沿问题，同时也聚焦中国重大社会现实问题，在人格和社会心理学、临床与咨询心理学、发展与教育心理学、管理心理学与组织行为、认知心理学和神经科学以及心理统计与测量学六大科学领域取得了重要进展。2021年仍然是新冠疫情肆虐的一年，北京的心理学者针对疫情进行了大量研究并集中产出了一批有影响力的论文，开展心理咨询和社会心理服务也是心理学界对抗击新冠疫情所做出的独特贡献。

二、学术研究概况

心理学领域的主要学术语言是英语，主要学术期刊因而集中在SCI或SSCI索引的英文期刊中。截至2021年，国内共出版心理学专业期刊20本，其中CSCD索引期刊仅4本（《心理学报》《心理科学进展》《心理科学》《中国临床心理学杂志》）。

作为国内心理学研究高地，北京地区心理学者的大部分学术研究论文集中在这些国际领域内重要期刊中。据本项目统计，2021年，北京地区心理学学者以主要作者身份（第一或通讯作者），在SCI或SSCI索引的重要学术期刊（期刊影响因子排名前25%）中发表心理学相关的英文学术论文373篇，在国内主要心理学和部分其他学科学术期刊（限CSCD索引）发表中文学术论文108篇。这些论文主要集中在6个领域：人格与社会心理学、健康与临床心理学、发展与教育心理学、管理心理学与组织行为、情绪和认知心理学与神经科学、心理统计与测量。

（一）人格与社会心理学

2021年，北京地区学者们发表的与心理学相关的文章中有144篇来自人格与社会心理学研究领域，其中17篇为综述性研究，127篇为实证性研究。在所有的研究中，有33篇发表在中国期刊上，11篇发表在国外期刊。对其中的实证性研究进一步整理发现，这些研究主要涉及以下7个方面：人格心理、社会认知、社会情绪、文化心理、网络心理、人际心理和群际心理。

1.人格心理

广义地讲，人格包括一切具有一定稳定性的个体差异。在2021年发表的文章中，有16篇文章是以人格心理为主题的。主要发现有：大五人格中除外向性外的其他四个维度都和教师的工作投入和工作满意度有关[1]；外向性和游戏玩家的游戏行为有关[2]；主动性人格与工作满意度有关[3]；诚实谦逊与网络欺凌行为有关[4]；贪婪倾向与同理心负相关[5]；贪婪与腐败之间存在因果关系[6]；孝包含尊敬安乐父母、服从父母、和颜对待父母、守身不辱父母、陪伴父母、扬名以显父母、思慕父母、不干涉父母、劝谏父母9个因素[7]；君子人格水平较高的人，更易自我控制，具有更积极的心理状态[8]；社会善念是一种具有二阶四因素结构的人际特质，其中二阶为宜人特质和外倾特质，四因素为善良尊重、谦和恭逊、包容理解和积极开放[9]；孔子思想中的君子人格包含了智仁勇、恭而有礼、喻义怀德、有所不为、持己无争5个因素[10]等等。

2.社会认知

2021年，有21篇文章与社会认知相关。主要发现有：大学生在独立和互依构念启动情境下会分别倚重能力自尊和价值自尊来预测生活满意度[11]；人脸知觉中存在积极自我知觉偏差[12]；自拍编辑会促进自我客体化[13]；自我客体化在正念与饮食问题之间的纵向动态关系中起中介作用[14]；处于控制感剥夺状态的个体更有可能在个人道德困境中做出功利主义判断[15]；网络受害可以负向预测个体的自我控制感[16]。此外，研究还涉及了诸多其他问题，比如：基本心理需求（即自主性、能力和相关性）的满足程度和个体的积极情感及自尊之间的关系[17]，学科和性别差异在高中生自我调节学习中的相互作用[18]，遭受职场排斥的个体如何获得更高的绩效评价[19]，不同文化背景下的个体对人工智能机器人的矛盾态度[20]以及综合性教育的干预对个体性态度的影响[21]，3种主要类型的内隐社会认知（自尊、性别科学刻板印象和种族态度）的稳定性与可塑性[22]，个体的职业价值观以及父母对个体价值观的影响等[23][24]。

3.社会情绪

社会交往过程中往往伴随着社会情绪的产生，在2021年发表的人格与社会心理学的文章中，有9篇文章重点关注社会情绪这一主题，涉及敬畏、怀旧、错失焦虑、社交焦虑以及孤独感等情绪。主要发现有：敬畏体验可以降低日常压力水平[25]，抑制炫耀性消费倾向[26]，唤醒自我超越，激发对真实自我的追求[27]；频繁使用智能手机会降低人们的控制感，进而引发怀旧情绪[28]；社交网站成瘾和社交媒体使用与错失焦虑正相关[29][30]；高社会焦虑可以增强对自我相关刺激的关注[31]。

4.文化心理

文化心理研究主要有两个视角：跨地域（或国家）的比较和跨时间的比较。前者旨在揭示不同地域的群体在心理与行为上的静态差异，后者旨在揭示个体或群体的心理与行为如何随着社会文化的变迁而变化。在2021年发表的人格与社会心理学的文章中，有9篇文章关注了文化心理这一主题。主要发现有：澳大利亚墨尔本和中国北京的老年人有着类似水平痴呆症知识，但与知识水平相关的具体因素不同[32]；中国人的乐观偏差水平高于以色列和美国人；与美国相比，中国、印度和俄罗斯的学生在大学四年内批判性思维能力的提高不明显[33]；与关于亲密他人的笑话相比，中国人更喜欢并打算分享一个关于远距离他人的笑话，而美国人几乎没有社会距离效应[34]；年长的中国人对COVID-19的风险感知低于其他国家[35]；风险感知可以激发美国人对COVID-19早期的预防行为，但是对中国却没有效果[36]；城市化程度增加10%，痴呆症概率会降低73%[37]；中国过去几十年来，个体主义在上升、同时许多传统集体主义价值在日渐式微[38]。

5.网络心理

随着信息时代的到来，社交媒体成为社会互动最大的媒介，它的出现极大地改变了当代人们的生活方式。与此相应，网络心理成了近年来人格与社会心理学研究的前沿热点。在2021年发表的人格与社会心理学的文章中，有22篇文章重点关注网络心理这一主题，主要涉及网络信息传播、社交媒体使用、人机互动以及网络欺凌。主要发现有：负性偏向不仅产生于网络突发事件的源头语篇中，还产生于个体信息加工和人际信息传递过程[39]；依恋焦虑程度较高的青少年使用即时信息的强度更高[40]；社交媒体信息搜索与COVID-19中信息误解呈正相关，而认知需求与之呈负相关[41]；偶然的新闻曝光和COVID-19中信息误解之间的关系受到一般误解的中介，且这种关系被自我感知的媒体素养进一步调节[42]；怀旧、孤独、无聊、自尊等都和手机使用相关[28][43][44][45][46]；人际互动存在性别和个体差异，且和责任归因相关[47][48]；父母接纳、家庭不文明行为、社会支持、社会比较、压力性生活事件等都和网络欺凌行为有关[49]—[55]。

6.人际心理

在2021年发表的人格与社会心理学的文章中，有47篇文章关注了人际心理这一主题。主要发现有：对面孔吸引力的过度关注会导致个体对自己面部的不满意，进而考虑整容[56]；主动型人格会通过影响相对领导—成员交换和相对工作表现，进一步影响同事嫉妒，并最终影响从同事那里所获得的帮助[57]；内在美的理想、身体监控以及整容观念之间存在相关[58]；人际关系与婚姻满意度相关[59]；领导者对工具性伤害的认可会降低参与者的信任，而对公正善行的认可会增加参与者的信任[60]。其他探讨的问题有：亲密伴侣凶杀案的产生原因[61]；伴侣的争吵和关系满意度的关系[62]；向上社会比较在智能手机问题使用与青少年自尊的关系中的调节作用[45]；社会距离对结果处理的时间过程的影响[63]；社会排斥与抑郁的关系[64]；同伴疏离与青少年的网络越轨行为间的关系[65]；对性别不平等的看法[66]；暴力暴露、相对剥夺和自恋人格等因素之间的关系[67][68][69]；敬畏、音乐的协调性、自我同情和亲社会行为的关系[27][70][71]；共同经历相同负性情绪事件对合作行为的促进作用[72]；双人合作类电子游戏与传统游戏干预对幼儿社会化的影响[73]；中文名字的可识别性对温暖和能力感知的不对称影响[74]等。

7.群际心理

群际心理关注的是群体与群体之间的关系，包括群体冲突与歧视。2021年有9篇相关文章发表，主要发现有：群体冲突过程中的决策涉及两种心理倾向，即伤害偏好和伤害回避，二者分别涉及外群战斗员和外群非战斗员惩罚决策[75]；疫情期间，居住在湖北（受灾最严重的省份）的人和与湖北有社会联系的人被污名化，COVID-19的患者则明显感知被歧视[76]。还有一些研究探讨了感知歧视在正念和幸福感的关系中的作用[77]，以及自尊在感知歧视与主观幸福感之间的关系中的中介作用[78]。

8.总结

通过对2021年北京地区人格与社会心理学研究的回顾，可以看出几个突出的特点：

1）英文文章远比中文文章多，国际合作频繁，说明北京地区学者国际化程度非常高，非常具有国际视野，这不仅反映学术的要求，更体现了北京的国际地位。

2）研究涉及的领域越来越多，说明北京地区学者的眼界越来越开阔，兴趣越来越多样化。

3）不乏用实证方法探讨本土人格与社会心理的研究，展示了北京地区心理学家的本土情怀和本土心理学的勃勃生机，同时也预示着中国本土心理学未来的一个新取向。

4）对疫情时代的社会心理开展了不少研究，表明北京地区学者不仅关注学术前沿，还非常观照社会现实和国家需求。

5）跨学科、跨领域研究不少见，预示着交叉与合作正在成为人格与社会心理学的新模式。

6）文章作者群体整体非常年轻，预示北京新一代人格与社会心理学家正在全面成长。

7）一批文章发表在领域顶刊，标志着北京地区人格与社会心理学正在逐步迈入世界一流。

鉴于北京地区聚集了中国相当部分的心理学研究者，特别是高水平的研究者，上述特征应该也在一定程度上反映了中国人格与社会心理学的最新特点。所有这些特点表明，北京地区乃至中国人格与社会心理学家正在国际学术舞台快速崛起。

（二）健康与临床心理学

2021年，该领域的研究主要集中于各群体心理健康的影响因素（特别是疫情下各群体心理健康的影响因素）、心理治疗的疗效研究、疫情中的心理咨询开展情况、心理咨询师队伍建设与职业伦理，以及心理咨询与心理治疗的本土化方案等5个方面。其中，研究热点是各群体的心理健康的影响因素，研究重点是心理治疗的疗效以及心理咨询师队伍建设与职业伦理。

1.各群体心理健康的影响因素

在普通民众、老年人和家庭暴力受害者的心理健康的影响因素方面的研究有了新进展[79]-[81]。美好生活体验在通勤时间与心理健康间起中介作用，美好生活需要对中介路径前半段和后半段均起调节作用；不同消极交往的类型、来源和强度对老年人心理健康的程度各有不同，采取“原谅”或“认知疏远”的应对策略能有效缓解消极交往的负面影响；家庭暴力受害者群体的心理健康受到了家庭暴力的影响，表现为抑郁症状增加、自杀风险上升、家庭暴力后生活满意度下降。

新型疫情是影响范围广、影响程度大的重大突发公共卫生事件，对公众、一线工作人员、新冠感染者、孕产妇等人群产生了较大的心理影响[82]-[89]。在全国疫情突发时期，民众感知到的压力和情绪痛苦呈正相关，且民众的焦虑情绪并不完全符合心理台风眼效应，而是呈现出倒“U”形的中间地带效应；在新冠疫情的高峰期（T1）、下降期（T2）和低谷期（T3）人们的主观幸福感和新冠焦虑呈因果关系；各年龄段人群存在5种相似的社会支持模式，且均与心理健康水平存在显著差异，并能缓冲低心理韧性对心理健康的负面影响；疫情期间居住在湖北省的人以及那些与湖北有社会联系的人都被污名化，被污名化的群体报告了更大的感知歧视和更高的心理痛苦。有研究对比了三次冠状病毒疫情（SARS、MERS和COVID-19）下医务人员心理问题发生率，COVID-19疫情下的医务人员心理问题发生率更高，重灾区和疫源地医务人员心理问题发生率和严重程度不同；心理干预、家人的支持、自身和单位采取的调节措施等有助于促进医务人员心理健康恢复。武汉地区新冠肺炎患者的焦虑和抑郁的患病率以及相关风险因素已被探究。新冠疫情还对不同国家的孕产妇的心理健康造成了影响，其中与新冠疫情相关的压力和家庭冲突都是孕产妇心理健康的风险因素，而心理韧性是保护性因素。此外对于不同国家的孕产妇，还有其他独特的影响因素。

还有研究总结了突发传染病疫情对社会和个体心理健康的影响，探索本次疫情中我国心理危机干预工作的特定经验，分析相关经验并提出了建议[90]。

2.心理治疗的疗效研究

正念干预在竞技体育领域、精神科护理人员和创业者群体中广泛应用[91]-[93]。研究者们还对正念干预起效的机制进行了深入探索[94]。

团体干预的作用也受到了研究者们的关注[95]-[98]。团体干预能有效提升大学生的自尊，改善抑郁与心理健康；表达性艺术团体干预治疗能显著缓解大学生的焦虑抑郁情绪，唤醒自尊和积极的态度，改善个体与社会联系的质量；团体辅导课程可以有效提升高中生的心理韧性水平、生活满意度及学业成绩；心理灵活性模型（DNA-V）的心理课程训练对初二学生的心理灵活性和生涯适应力的提升都具有至少2个月的长时程效果保持。

有研究者关注到了外卖骑手群体的员工帮助计划（EAP）的方案设计，结果显示在骑手接受EAP项目干预后在工作表现、行为表现、心理表现层面上的压力均显著降低[99]。

有研究介绍了基于关系框架理论的直证关系反应评估训练方案（BHP）及其相关研究，用BHP训练孤独症儿童能有效提升被试的观点采择能力，并有较好的维持和泛化效果，为孤独症儿童的社交能力发展奠定基础[100]。另有研究概述了焦点解决短期治疗在心理治疗、家庭、学校、社区和医疗机构等领域的广泛应用以及在不同人群中取得的效果[101]。

3.疫情中的心理咨询开展情况

有研究对不同平台的心理热线进行调查，探索了衡量热线是否优秀的重要因素[102]。有学者介绍了在新冠疫情背景下个体面对很多不确定性情况和负面信息时，运用焦点解决短程治疗进行自我心态调节的详细过程[103]。还有学者检验了在新冠疫情期间一项基于正念的移动健康（mHealth）干预的效果[104]。

4.心理咨询师队伍建设与职业伦理

心理咨询中知情同意一直以来都是重要的设置，有研究指出咨询师在知情同意中谈及个人信息的数量与来访者对咨询师的评价和求助意愿无关[105]。

心理咨询师的胜任力是评估咨询师的能力和职业伦理的重要指标。有研究显示咨询师受训经历、所在机构的督导制度及管理制度均影响新冠疫情心理援助热线咨询师伦理胜任力水平[106]。特别是在高校进行心理咨询时，无论是在伦理决策还是法律风险规避上均不完善[107][108]。因此促进高校心理咨询的规范化发展仍是重要方向。团体心理辅导中，团体成员的共情力和咨询师的胜任力也受到了研究者的关注[109][110]。

在新冠疫情的特殊环境下，民众对于网络心理咨询的需求越来越大，伦理细则的完善有效提升了心理救援工作[111]。

5.心理咨询与心理治疗的本土化方案

有研究通过质性研究方法发现，清明节通过持续性联结的方式疗愈哀伤并消解了孤独感哀伤，可促使丧亲者积极地应对哀伤[112]。有研究对心理咨询与治疗中的替代性道歉进行了理论探讨和文化思考[113]。

有研究总结了中国音乐治疗实践应用传统音乐的四个类型，认为音乐治疗活动应用中国传统音乐的特点，体现在按中医五行学说逻辑使用民族调式音乐[114]。有学者开发了一项名为“正念积极心理”的符合儒家价值观的第二代正念干预，这也是第二代正念干预在中国的首次应用[115]。另有一项研究探讨了以内感受性注意为重点的太极拳练习改善健康成人的正念水平的情况[116]。

总的来说，北京地区心理学领域学者2021年发表的关于临床与咨询心理学的研究，一方面体现了北京心理学领域的学者放眼全球、聚焦学科前沿的人文关怀与科学素养，另一方面立足本土，基于新冠疫情的背景和中国的社会情境提出了诸多本土化的方案，凸显了北京心理学领域学者深耕本土的创新精神和充分的文化自信。

（三）发展与教育心理学

发展心理学方面，北京心理学者考察了儿童认知发展的关键时间点，环境对儿童青少年认知、情感、行为的影响，发现家庭是影响儿童青少年发展的重要因素。老年期的心理健康发展也备受关注。

教育心理学方面，当前研究关注了社会公平认知、社会情绪、社会关系、社会适应、思维信念发展和青少年学习的促进因素，以及攻击行为的风险因素。

1.幼儿期到学龄儿童期

4~8岁儿童总体表现为整体型认知风格，分析型认知风格随年龄增长逐渐发展；儿童越偏整体型认知风格越多使用主体参照策略，越少使用线索推断策略和局部定位策略[117]。6~8岁儿童对中央刺激显示出拓扑属性优势效应，边缘视觉中的拓扑属性优势效应10岁才出现[118]。小学中高年级，词语结构意识在阅读理解中的作用开始显现[119]。家庭内外部环境风险导致儿童较低的抽象问题解决能力进而影响儿童社会情感功能[120]。男孩抑制控制水平越高，一年后父亲体罚越少；孩子抑制控制水平越高，一年后父母心理攻击和母亲体罚越少[121]。母子互动质量越好幼儿认知灵活性越高[122]。

2.青少年期到成年早期

父母卷入越多，青少年学业成绩越高；反之亦然[123]。父母对同胞的比较增加青少年外化问题；青少年外化问题增加又促进父母比较行为[124]。网络欺凌损害青少年身体健康，也易使其出现抑郁症状、创伤后应激障碍、吸烟、酗酒、赌博等问题行为[125]，甚至产生自杀意念[126]。自尊预测大学生的生活满意度，大学生在独立和互依构念启动情境下会分别倚重能力自尊、价值自尊来预测生活满意度[11]。有适恰自尊的青少年会放大来自父母的适恰自尊从而有较高的主观幸福感[127]。值得注意的是青少年和成年早期的内隐自尊平均水平在两年内有所下降[128]。

3.老年期的发展

微信使用对老年人认知功能有利[129]。童年期不良经历是老年期受害的风险因素[130]，老年期生活负性事件则影响老年人身心健康。社会排斥是各年龄段都可能存在的负性生活事件，农村老年人的社会排斥体验越高其负性情绪越多，健康状况越差；但人际信任越高、经济状况越好的老年人，社会排斥体验与负性情绪间的关系越弱；经济状况越好的老年人，负性情绪和健康状况间关系越弱[131]。丧偶是老年人生活中的重大负性事件，丧偶老人更易产生抑郁；男丧偶老人的朋友网络显著低于男性在婚老人；相对于在婚老人，家庭网络对男丧偶老人抑郁水平的缓解作用更大[132]。

4.促进社会公平认知发展的因素

强调节俭会让孩子更厌恶不公平地对待他人[133]。儿童的友伴越仁慈和公正，儿童也会变得仁慈和公正[134]。接受者贡献度和内群体偏爱（即个体更容易偏爱来自同一群体的成员）会影响儿童的分配公平性。此外，对他人心理状态感知能力越强的儿童，越会基于贡献（而不是内群体偏爱）分配[135]。

5.促进社会情绪发展的因素

对母亲依恋程度越高的个体越可能体会他人情感[136]。对自我的注意力增强、难以注意正面反馈与演讲时的高社交焦虑有关[31]。阅读严肃文学小说增强了个体对他人脸部情绪的识别能力[137]。

6.促进人际关系发展的因素

母亲抑郁水平越高，幼儿社交退缩表现越强。此外，母亲对孩子心理需要的敏感性和反应性越高，幼儿社交退缩表现越弱[138]。早期亲子分离使得青少年（特别是女性青少年）未来遭受同伴侵害的可能性增加[139]。中学生越缺乏对自身情绪体验的识别和描述能力，其人际关系越差，社交焦虑水平越高。而为这些学生提供社会支持，则有助于其改善人际关系[140]。

7.促成社会适应的因素

自我同情越高的人越可能对他人感激，其亲社会行为也越多[71]。儿童更愿意在高度合作任务中帮助伙伴完成任务，并且更慷慨地与陌生儿童共享贴纸[141]。母亲的敏感性较高，儿童对母亲也越亲密，其情绪也越稳定，社会适应能力也越强[142]。

8.与攻击行为相关的风险因素

受欢迎程度越高和学习成绩越高的学生，其未来的攻击行为也越少[143]。经历地震和创伤后应激障碍的青少年的未来暴力行为更多[144]。学生感知的老师排斥感越强或学生的基本心理需要满足水平越低，其攻击性越强[145]。个体越自恋，越可能有高水平的被威胁感和负性情绪，也越可能攻击别人[146]。

9.思维信念教育

相比观看静态的简笔画，观看动态的简笔画让人体验到了更多美感[147]。

10.促进学习的研究

父母对孩子学业的参与度越高，孩子越可能专注于掌握和理解知识、提高自身能力，也越可能增加学业投入；然而，父母施加给孩子的学业压力越大，孩子越害怕暴露自身能力不足或者显得比别人差，也越可能减少学业投入[148]。家长参与孩子的学习和日常生活的程度越高，孩子的学习品质（包括学习兴趣、学习自信心、学习策略、自主学习能力、学习习惯）越好[149]。

（四）管理心理学与组织行为

管理心理学与工程心理学领域的研究者，一方面关注工作场所智能化、数字化过程中的人的心理与行为过程这一前沿课题，从社会—技术系统的视角来探讨智能化对人们工作与生活方法的影响，以便让人们在享受信息技术带来高效便捷的同时，避免受到其带来的负性影响；另一方面重视创新行为研究，尤其是团队层面的创新。同时，研究者们还关注了领导行为、人力资源管理实务等领域内的重点话题；考察了新冠疫情引发的不确定情境下的员工负性情绪与行为，从而为个体、组织和社会层面的应对与管理提供科学的指导，并激发员工职责之外的积极行为。

1.人工智能—信息技术

信息技术的飞速发展与广泛应用，使得人工智能技术高度浸入工作与组织管理，以及当下的社会生活，深刻地影响着人们的心理与行为，这势必要求人们从心理学视角来对其进行深入的理解与认识。

信息技术、人工智能技术的应用，对人们来说是一把双刃剑。这些技术应用在提供工作效率的同时，也会带来潜在的不良影响：一方面，信息技术压力（techno-stressor）会导致员工产生情绪耗竭，进而对工作—生活平衡产生负面影响[150]；另一方面，信息技术丰富了人们的休闲方式，而晚间的网络休闲活动会通过睡前拖延症和心理脱离，分别从负向和正向两个方面影响个体的睡眠，进而对员工的工作绩效和活力产生不同的影响[151]。随着智能化程度的不断提升，机器人正在逐渐成为工作场景中重要的类人（humanoid）“工作伙伴”。在人机交互的背景下，人对机器人的态度以及机器人对员工行为的影响。以往的研究发现，人们对机器人往往持有矛盾的态度。而新近的研究发现，机器人的心智水平和被试的文化背景均能够改变这一态度，人们面对智力水平高的机器人时，矛盾态度更为明显；而美国被试对机器人的矛盾态度则比中国被试更多[152]。在具体的工作场景中，类人机器人与员工之间的相对地位会影响员工的责任归因，且权力距离越高的员工，相对地位与责任归因之间的关系越强[153]。此外，研究者从技术接受的视角，提出了一个整合的技术接受模型，并通过实证研究发现，除了态度和感知有用性外，导航应用的亲和力和分心感知也显著影响司机使用移动导航应用的意愿。研究结果为导航信息的优化提供了重要的参考[154]。

2.团队与创新行为、创造力

针对团队合作的研究结果表明，团队内部个体责任心的差异化与团队内部信任呈负相关，而团队内部信任与团队凝聚力呈正相关[155]。有关团队专注力与团队关系冲突的研究发现，团队正念能够显著缓解团队关系冲突，表现为合作冲突增加，竞争冲突减少[156]。

在如何提升团队创新绩效方面，研究通常会从员工和领导两个视角切入。在员工视角，可通过平衡创新的“探索与利用”双元特征的悖论关系来提升团队创新绩效。具体通过以下两个路径来解决团队创新悖论：一是通过成员认知风格组型与团队领导行为之间的互补效应；二是在合理的成员认知风格—工作角色要求构型基础上，营造良好的团队协作氛围[157]。在领导视角，团队领导者的情感特征（感恩特质）会对团队创新产生影响[158]。此外，有关团队协同的研究发现，新鲜度（团队成员之间之前是否有过合作）更高的团队，其撰写的论文具有更强的原创性和更大的跨学科影响力，且这一效应在规模更大的团队中更强；与团队成员之间新的合作相比，文章作者中加入新的团队成员，是该文原创性和跨学科影响力的更有效指标[159]。

3.领导行为

领导行为研究一直是管理心理学领域的热点之一。本年度的研究包括领导授权行为、辱虐管理、工作狂领导等。

领导成员交换理论、信任理论、社会认知理论与授权风险视角是解释领导授权行为的重要理论[160]。当用于证明员工能力的信息不足时，员工的网络关系可以作为信号供领导者作出声誉判断，进而进行授权决策[161]。此外，一些学者试图从员工视角探讨领导行为的有效性，系统梳理了员工授权期望方面的研究[162]。

一项元分析的结果显示，辱虐管理与员工的工作投入呈负相关关系[163]。在一项还发现，主管公开谈论辱虐管理行为会增强主管对受虐下属的敌意，进而增加主管随后对受虐下属的辱虐管理行为[164]。但在两个经验抽样研究中却发现，当员工将辱虐管理归因于绩效提升动机时，可能会产生短期的积极性结果，从而促进员工任务绩效，但这种短期效果依然也要付出巨大的代价[165]。与此同时，不同领导—成员交换水平的团队成员在观察到团队导向的辱虐管理时，会产生不同的情绪和行为反应。交换水平较高的成员观察到时，更有可能将此类辱骂合理化，而不太可能同情受害者[166]。

一项跨文化的元分析研究发现，不同的领导风格（如服务型、授权型、道德型和魅力型领导）与下属工作投入均呈正相关关系，民族与文化的某些维度（如性别平等主义、未来导向和权力距离等）能够改变上述关系的强度。然而，服务型领导、伦理型领导和交易型领导的作用效果却没有明显的文化差异性[163]。此外，研究发现了工作狂领导对团队绩效的双刃剑效应[167]；领导支持工具性伤害（功利主义）会降低员工对领导的信任，而领导支持公正的慈善（非功利主义）会增加员工对领导的信任[60]；员工的感知义务能够中介变革型领导与员工建言之间的关系，尤其是那些具有低权力距离的员工[168]。

4.人格等个体因素的作用

学者们探讨了在中国情境下主动性人格与工作满意度之间的关系，发现了主动性人格不仅能够显著预测员工的工作满意度，还会通过社会支持和希望的链式中介间接影响员工的工作满意度[166]。但另一方面，主动性人格也有潜在的负面效应，即主动性人格的员工更易获得较高的相对地位，更易成为同事嫉妒的目标，导致获得的帮助减少[169]。而另一项大五人格研究结果显示，青年教师人格特质对工作投入和工作满意度有显著影响；教师的教学风格在其中起到中介作用［1］。

5.职场负性行为与负性情绪

工作场所的不确定性程度在加剧，加之新冠疫情的影响，因而职场中的负性情绪与行为受到重点关注。

一项以年轻男性移民员工为研究对象的研究发现[69]，移民员工在与当地员工进行社会比较时，更容易知觉到相对剥夺，导致自我评价和低自尊的降低，进而诱发攻击性行为。从组织公平变化的动态视角出发的研究发现，公平感的降低会导致更多退缩行为[170]。

关于职场排斥的影响后果，有研究发现，职场排斥会通过降低员工活力水平，进而降低员工的反馈寻求行为，而外在资源（上级支持、配偶支持）和个体资源能够有效缓解职场排斥的负面效应[171]。为获得更高的绩效评价，受到职场排斥的员工会表现出表面顺从[172]。对于工作场所性骚扰这一热点问题，研究发现女性在面临性骚扰时，只有性别平等意识较高和性别相关法律知识较为丰富者会选择反抗，但当骚扰者是上司时，反抗尤为艰难[66]。因此，该研究提出，应加强性别平等相关的教育，以及对工作场所性骚扰相关法律法规的认识，培养反抗工作场所性骚扰的组织文化和环境。一项来自全国代表性样本的调查发现，工作场所的歧视对男性和女性员工均有消极影响[173]。此外，消极情绪也可能有积极作用。当员工因主管的负面反馈而感到羞耻时，虽然会产生一定程度的情绪耗竭，但也会"知耻而后勇"，进而提升绩效[174]。

6.角色外行为

研究发现，对组织关切的动机和印象管理动机均能激发员工的促进与抑制性建言行为[175]。当主管认真倾听员工想法时，建言机会能够促进员工参与创新过程，进而提高其创新绩效[176]。两项基于社会交换理论的研究探索了角色外顾客服务行为（extra-role customer service）的促进因素。当员工体验到工作自主性时，会提供更多角色外顾客服务[177]。当员工知觉到组织公平时，员工会体验到工作旺盛感，进而增加其角色外顾客服务[178]。

7.人力资源管理实务

新员工的社会适应是人力资源管理实务关注的主题之一。关于新员工社会适应的研究主要集中于导师（mentors）、直接领导的作用。一项基于相似吸引理论的研究发现，当新员工与导师建立关系时，如果导师知觉到新员工与自己高度相似，就会进行更多的信息分享行为；而当新员工知觉到自己与导师高度相似时，能够更好地接收导师分享的信息，从而帮助其提高角色清晰度和工作绩效[179]。

资质过剩通常会带来消极影响。而最新研究发现了员工资质过剩的积极效应。感知到资质过剩的员工能够积极调整实际和理想工作之间的差异，通过优势导向的工作重塑和兴趣导向的工作重塑来提高活力与任务绩效[180]。此外，高承诺工作系统有助于培养工作场所的友谊，进而增加员工幸福感[181]。

（五）情绪和认知心理学与神经科学

情绪和认知心理学与神经科学是基础心理学的主要领地，该领域的研究主要集中于思维、语言、注意、情绪和神经科学等。2022年北京地区学者发表的心理学重要论文中，117篇属于情绪、认知心理学与神经科学研究领域，其中情绪相关研究14篇，神经科学研究24篇，认知相关研究79篇。其中认知相关研究主要涉及注意、自我控制、语言、思维、记忆、知觉、表征和问题解决等方面。

1.情绪

2021年，研究者们主要探讨了情绪的发展、情绪障碍、敬畏情绪等主题。儿童与青少年社会情绪的发展受多种因素的影响。而父母在儿童的社会情绪发展中发挥着重要作用[182]。母亲的情绪表达与青少年的情绪调节也有联系，母亲正性情绪的表达能显著增加青少年的情绪表达和自尊，降低城市青少年的抑郁风险[183]。另一项前瞻性研究发现，青少年的基本心理需求能正向影响积极情感，并在积极情感和积极结果的联系中发挥独特作用[184]。

敬畏是近年来情绪研究领域的一个热点。特质敬畏与状态敬畏都能唤起自我超越，并激励个体对真实自我的追求，助推亲社会行为[27]。特质敬畏以及体验到的积极情绪还可以降低我们的日常压力，提高生活满意度[185]。

在情绪障碍方面，皮质—纹状体回路的异常改变可能在亚临床社交快感缺失患者的预期性快感缺失中起作用[186]。社交焦虑是一种常见的情绪问题，高社交焦虑个体因受到社会威胁会增加其自我聚焦注意，但负性情绪偏向并没有增加[187]。

在新冠疫情肆虐的背景下，怎样缓解人们的负性情绪是心理学服务社会的当然选择。有研究证明了冥想练习对降低个体焦虑与负性情绪的有效性[188]，基于性格力量的团体干预（CSBGI）同样可以降低焦虑[189]。

2.语言

语言是认知能力的一种体现，也是探索人类心理活动的密码。在2021年发表的文章中，20篇文章以语言为主题。

在言语的理解方面，有研究发现，汉字和词语的阅读可能反映了中文识字的不同过程，强调整合中文独特特征阅读模型的重要性[190]。短时加工条件下，汉族大学生的语境促进效应显著大于维吾尔族大学生，但随着加工时间增加，维吾尔族大学生的语境促进效应和对无关信息的抑制均可以达到与汉族大学生相近的水平[191]。解码和词汇是阅读理解的两种基本能力。一项追踪研究发现，解码技能对早期学习阅读的年级的阅读理解很重要，但在更高的年级中，词汇对阅读理解变得更加关键。较大的口语词汇量会促进解码技能的发展，反之亦然[192]。另一项fMRI研究则发现，腹侧后部区域的共激活增加以及印刷品—语言衔接区域的任务特殊化增加，对于成功的阅读至关重要[193]。

在言语的识别方面，有研究发现温暖和能力感知都有助于信任判断，但只有温暖感知在名称可识别性对信任判断的影响中起着中介作用[194]。在书写方面，研究者探究了书写过程中词频效应的时间过程，发现词频在98~160ms和283~360ms的时间窗口内产生影响，并调节了相近时间的θ波，这反映了正字形式的概念性准备和检索过程[195]。

在语言与情绪方面，神经重用假说认为，对词的情绪效应可以不经语义形成而先行产生，这更有助于人类适应环境。在情绪词汇的语义分析之前就出现了情绪效应，支持了神经重用假说[196]。

双语一直以来都是语言心理学研究关注的重点和热点。有研究探究了翻译过程中口语词汇产生过程的音韵激活，发现汉语口语词汇产生遵循了独立两阶段模式[197]。在第二语言的学习中，多种因素可能导致第二语言阅读困难。如中国英语学习者在英语阅读过程中存在语音加工和正字法加工的困难。无反应者在英语语音意识、RAN、字母名称和声音知识方面，均与英语母语阅读困难者表现出相似的缺陷[198]。第二语言普通话中非系统性语气错误引发了更强的重音等级[199]。眼动追踪实验发现，名词短语的合理性在中文在线处理增量语义整合过程起着直接作用，并且对第二语言为中文的高熟练度者也表现有相同的重要性[200]。

语义特征数据集和语料库对于语言研究具有重要的意义。在西方学者已经建立了各种英文概念语义特征数据集的大环境下，中国学者也填补了中国概念语义特征数据集（CCFD）的空缺。CCFD包含1410个概念，分为28个从属类别和7个高级类别[201]。为了研究汉语阅读的预测过程，研究者们建立了一种中文的眼动追踪数据句子语料库，即北京句子语料库（BSC），这对于汉语眼跳目标选择的理论具有重要的指导意义[202]。

3.注意和自我控制

注意是对特定事物的指向和集中，在视觉加工中发挥着重要作用。有研究采用眼动技术发现，预测性重映射可能是实现连续眼跳之间注意更新的神经机制，帮助大脑维持稳定的空间感知[203]。阅读障碍组儿童在视觉同时性加工过程中表现出非典型的注意资源右侧化的分布模式[204]。

奖赏对个体注意的分配有重要影响。奖赏预期能够通过整合注意与动机价值有效调节局部注意干扰效应，将注意资源集中于目标刺激的加工[205]。奖赏预期还能够加强系统对干扰刺激的早期加工的抑制，从而弱化对干扰刺激的注意定向[206]。此外，意识上无法分辨的奖赏刺激也能够在个体中产生学习效应，但这一过程仍需消耗注意资源[207]。

执行功能反映了个体对自身的认知过程和行为方式进行调节和控制的能力。青少年个体内部的执行功能短时内会因受到情绪与学习经历的影响而波动[208]。一项EEG研究发现，在双语语言学习的最初阶段，语言之间的切换会激活与执行功能中的冲突监控与抑制控制相关的脑区[209]。

自我控制是执行功能的成分之一，在协调互相冲突的行为倾向中发挥着重要作用。当奖赏刺激—反应之间发生冲突时，系统通过整体性的运动抑制来将更多资源分配给奖赏导向的反应手，使反应行为能够迅速发生[210]。自我控制能力的缺陷可能与青少年冒险行为有关，同伴在场对青少年的冒险行为具有助长作用[211]。

4.思维和记忆

思维是用头脑进行逻辑推导的属性、能力和过程。

在对个体实时思维流的研究中，通过检测自我产生的思想内容和悲伤表达的分歧，可以区分反思和沉思[212]。在总体—局部任务中，整体思维的人在总体和局部任务上的反应都比较快，整体思维者比分析思维者可能更好地处理分心任务[213]。

研究者运用行为和fMRI技术发现，动态性影响了对简笔画动物的审美，动态简笔画动物比静态简笔画动物被判断为更加美观[147]。研究者将语义网络的行为调查与磁共振成像结合起来，发现语义网络的不同拓扑特性有关的灰质体积（GMV）与创造性思维正相关[214]。

关于记忆的编码、提取和遗忘过程及其神经机制始终是认知研究关注的重点之一。研究者发现，认知性的抑制记忆会对相关记忆造成遗忘过程对时间上相近的无关记忆造成损害[215]。在记忆的编码和提取方面，颜色一致性促进知觉水平的记忆编码，而阻碍语义水平的记忆编码，并且颜色一致促进物体图片提取（知觉水平）中的熟悉性和回想过程[216]。在工作记忆方面，研究者通过整体报告任务研究视觉工作记忆（VWM）发现，自由召回的所有项目的整体精度都高于强制召回[217]。在长期记忆方面，主观新颖性可以有利于长期记忆的形成[218]。

5.感知觉和表征和问题解决

知觉是一系列组织并解释外界客体和事件的产生的感觉信息的加工过程。

运动知觉作为人类最基本的知觉形式之一，对生存和适应环境具有重要意义。注意促进运动知觉判断的时间进程，表面注意加快了有深度线索的知觉判断[219]。

视觉是人类最重要的感觉。将自我面部作为一个独特参照刺激物，可以对其他物体的视觉尺寸感知产生进一步的背景影响[12]。当视觉闪烁的亮相与一阵音调周期性地同步呈现时，瞳孔大小振荡会被削弱，说明交感和副交感神经通路独立通过多感觉通道调节瞳孔大小[220]。

听觉也是一种重要的感觉。研究者发现西蒙效应不仅令手附近的视觉刺激得到加强，也令听觉刺激得到增强[221]。

表征是信息在头脑中记载或表达的方式。对比儿童晚期与成人对人脸刺激的脑区激活模式可见，对物体表征的发展可能是一个同质化的过程[222]。

在问题解决过程中，人们的认知风格会对其思考方式产生影响，并随年龄增长而变化。越是偏向整体型认知风格的儿童，其越多地使用主题参照策略，越少地使用线索推断策略和局部定位策略[223]。

6.神经科学

神经科学是近年来心理学研究的一大热点和发展趋势。

其中，儿童与青少年脑发育与健康是该领域的前沿问题。通过静息态功能磁共振扫描，研究者发现童年到青春期的过渡反映在皮层组织上的逐渐成熟[224]。生活事件较多、社会支持较低的儿童，表现出应激后最低的皮质醇峰值水平和最平缓的皮质醇恢复斜率。生活压力大、社会支持多的孩子表现出的皮质醇反应与生活压力小的孩子更相似[225]。

脑机接口（brain-computer interface，BCI）是该领域的热点问题，有研究综述了各种BCI范式，并提出了一个包括界面、交互和智能三个阶段的广义BCI技术的演化模型[226]。

在精神病理机制方面，自闭症谱系障碍（ASD）个体的脑功能是一个热点。有研究者采用静息态功能磁共振发现，皮质—纹状体的脑功能连接在其和对照组个体中表现出相反的发展轨迹，该功能连接异常与自闭症症状相关[227]；当两组患者在完成前瞻性任务时，与对照组相比，自闭症个体的前扣带回和额回激活减少，而分裂型个体在处理积极情绪时尾状核表现出过度激活[228]。

7.总结

2021年北京地区情绪、认知与神经科学领域研究有以下特点：①发表于英文期刊的研究占据了绝大多数，代表着国际同行的认可，也表明北京地区学者的研究思路契合全球心理学的发展趋势；②丰富多样的研究主题，反映出北京地区学者的眼界愈加开阔；③众多研究中既有对行为现象的积极探索，也有对神经机制的清晰刻画，这表明北京地区学者的研究体系更加完善，能够在深挖现有问题的同时，不断地发掘新的议题；④文章作者中不乏学术新秀，年轻的心理学家正在全面成长；⑤许多文章发表在顶级期刊，标志着北京地区情绪、认知和神经科学领域的学者们逐步迈入世界一流。北京地区是中国心理学研究重镇，在人数和水平上都居全国前列，因此上述特点也在一定程度上反映了中国情绪、认知与神经科学领域学者的最新特点，也表明在这一领域我国的研究者们正在向着国际顶尖水平冲锋。

（六）心理统计与测量学

2021年，该领域发表的27篇论文主要分为量表工具研究、测量技术研究两方面。

1.量表工具研究

（1）测查对象为儿童的量表

《中国留守儿童情绪调节量表》(ERQ)。研究者检验了ERQ的心理测量属性和测量的稳定性[229]，发现内部一致性系数均可接受，具有良好的收敛效度、判别效度。

《中小学生一般自我效能感量表》(GSES-C)。研究者探讨了GSES-C的心理测量特性[230]、检测了测验的维度，分析了项目参数、项目功能差异（DIF）以及项目信息。研究证实了GSES-C的单维性和局部独立性，表明具有可接受的心理测量属性。

（2）测查对象为青少年的量表

《青少年情绪智力测验》(A-EIT)。研究者开发验证了A-EIT[231]。研究证实了情绪智力的情绪知觉、情绪理解和情绪调节三因子结构，确定了每个子测验的合格题目，验证了其性别和年龄组中的测量不变性，证明A-EIT是评价青少年情绪智力的有效、可靠的工具。

《短式孤独感量表》(ULS-8)。研究者检验了ULS-8在中学生中的效度和信度，探讨了条目表述效应以及跨性别和跨时间的等值性。发现ULS-8测评中学生的孤独感具有良好信度和效度[232]。

《同胞关系质量问卷（学生版）》。研究者在中国文化背景下，修订了学生版同胞关系质量问卷[233]。该问卷共36个条目，分为温暖亲密、冲突和争宠3个因子，经过验证3个因子信效度良好。

《青少年解释偏差问卷》(C-AIBQ)。AIBQ[234]是一种广泛使用的青少年解释偏差自我报告工具，主要用于测量青少年对社会环境的理解偏差。中国研究者以中国青少年为被试修订了AIBQ，形成了C-AIBQ。研究发现，该测量工具的内部一致性、重测信度、结构效度、收敛效度和鉴别效度均达很满意，能够用于测量中国青少年的解释偏差。

（3）测查对象为父母的问卷

《幼儿父母养育综合问卷》(CECPAQ-CV)。国内外研究者一起研究了CECPAQ的因素结构、信度和效度，考察了该问卷在中国父母中的效用[235]，确认了中文版CECPAQ的五因素结构模型，并证明CECPAQ-CV具有良好的心理测量特性，具有较高的信度和效度。

《多元父母教养方式评估量表》。研究者验证了中文版的多元父母教养方式评估量表[236]，结合中国文化因素，评估了量表的内部一致性和重测信度，发现心理测量特性良好，是一种全面的汉语人群育儿评估工具。

《中国失独父母创伤后成长问卷》(PTGI-CS)。研究者改编并验证了PTGI-CS，并编制了它的简版[237]。17道题的PTGI-CS具有良好的聚合效度和鉴别效度、内部一致性和重测信度。9道题的简式PTGI-CS量表，也被证明是评估中国失独父母创伤后成长的可靠工具。

《中国自闭症谱系量表（父母版）》。研究者修订了自闭症谱系量表的父母版，形成中国版。中国版量表包括3个子量表59项题目，量表信效度良好[238]，在中国使用可靠有效。

（4）人格类量表

《大五人格问卷（第二版）》(BFI-2)。研究者翻译修订了BFI-2，评估了中国版的心理测量属性[239]。研究表明，中文BFI-2有较好的信度、结构效度、收敛效度、判别效度和准则关联效度。

《DSM-5人格量表》(PID-5)。研究者评估了PID-5在中国非临床青少年中的六因子结构、信度和效度[240]。初步证明PID-5是一种可靠有效的测量中国大陆青少年适应不良人格特征的方法。

《价值评估问卷》。研究者在大学生中施测了价值评估问卷中文版，验证分析表明，该问卷在大学生中效度和信度检验均良好，可以作为测量工具推广使用[241]。

（5）心理健康类量表

《成人无组织依恋量表》(ADAS)。该测验用于测查无组织依恋对预防相关心理障碍的作用。研究者探讨了中文版ADAS的信效度[242]。研究表明，ADAS的单因素模型拟合良好，效标关联效度良好，内部一致性信度和重测信度均较好。

《多伦多正念量表》中文版（Ch-TMS）。研究者通过非临床样本，验证和评估了中文版TMS的内部一致性和构建效度[243]，发现Ch-TMS具有可接受的心理测量特性，是中国文化背景下评估正念状态的可靠、有效的工具。

《多元心理健康素养量表》中文版。研究者研究了中文版多元心理健康素养量表，评价了这一工具在男性军人群体中的信效度[244]。通过修订原量表，最终得出了一个信效度良好的评估工具。

《物质使用风险量表》(SURPS)。研究者探讨了28道题的中文版SURPS的效度和信度[245]，结果表明该测验的结构适合中国青少年，信效度良好，是一种有效、可靠的与物质使用有关的中国青少年和年轻成年人的个性测量工具。

2.测量技术研究

测量技术的研究主要以测量方法的创新为主。包含顺序响应模型、方差非齐性的中介调节模型、两级调节中介模型、随机截距潜在转变分析模型、广义线性混合模型、Rasch模型等。也有研究对问卷测量法的数据收集方法展开了探索和讨论。

有研究者基于技术解决问题任务过程数据分析的顺序响应模型，发现该模型可用于分析计算机动态问题解决任务中学生的整个反应序列，从而使分析更加全面、诊断、深入[246]。模拟研究和实际研究结果证明，该模型设置的基本原理、参数估计的准确性、模型参数的可解释性以及对学生反应过程的额外理解可靠有效。可适用于具有明确的问题解决路径的任务，能够节省评分成本。

有研究者借助两层建模思想，对单层数据提出了一种可用于处理方差非齐性的两层有中介的调节（2meMO）模型[247]，给出了用于测量meMO分析中总调节效应、直接调节效应和有中介调节效应大小的效应量。通过Monte Carlo模拟研究，比较了meMO和2meMO模型在参数和效应量估计上的表现，通过实际案例解释了2meMO模型的应用以及效应量的计算和解释。

有研究者引入一个贝叶斯推断模型的元记忆（BIM），提供了一个理论和计算元记忆监督进程的框架[248]。结果表明BIM可以用于回忆或识别任务，无论是连续的还是离散的规模，可以成功生成并说明BIM中的参数与前面的参数之间的系统关系的元认知计算模型。

有研究者针对已有多维计算机分类测验（MCCT）终止规则的不足，提出两种新的MCCT终止规则，即基于马氏距离的多维序贯似然比规则（Mahalanobis-SPRT）和随机缩减的多维广义似然比规则（M-SCGLR），并在不同实验条件下用模拟研究考查了它们的表现[249]。结果表明，Mahalanobis-SPRT规则具有较高的分类精度；M-SCGLR规则的测验精度优于已有的多维随机缩减规则，而且测验长度较短。

有研究者介绍了随机截距潜在转变分析模型，使个案的自我转变和个案间的初始差异分离，避免了高估保留在初始类别的概率[250]。

有研究者首次使用广义线性混合模型（GLMM），对概化理论（GT）和项目反应理论（IRT）进行统合，即在一次统计中就能同时获得GT和IRT所需要的估计结果[251]。模拟研究结果显示，GLMM可以获得更准确的方差分量、G系数和Φ系数、题目难度参数估计值。用实际心理测量数据，研究了GLMM的实际应用。

有研究者指出，增加参数可以提升模型拟合度和解释度，Rasch模型强调“理论驱动研究”和“数据符合模型”，推崇单参数单维度测量模型，能最大限度地减少额外因素对真实测量目的的影响和干扰，从而保证测量的客观性和准确性[252]。这一特性有助于研究者更准确地评估和解释被测目标与测量工具间的适配性，且在将非线性数据转化为等距数据时具有天然优势。

有研究者回顾了已有研究发现和成果后指出，今后的研究应基于问卷作答机制的研究优化与开发控制方法，检验问卷调查作答识别方法的跨情境适用性，并开发新方法，对局部不认真作答的识别与处理进行更深入的探讨[253]。

3.小结

本年度的心理测量研究，主要以测验工具在中国文化及中国不同人群中的使用为主，对国外测验的修订比较多，一方面解决了国外测量工具在中国人群中的使用问题，也利于国际间的合作研究，用同一工具收集不同国家的样本数据，但缺少从跨文化角度对这些测验工具的等值性等从更深层次角度所开展的深入研究，也缺少本土测验工具的建构和编制类研究。主要是由于绝大多数研究者的研究领域关注和涉及的是测验工具测量的心理属性，而非研究测验本身。相反，统计方法类的研究更具创造性和探索性，一些研究尝试探索了新的统计测量方法。

三、问题思考与未来展望

从2021年度北京地区心理学科学术研究情况看，北京市心理学研究的发表论文数量和质量均居全国前列。

其中值得注意的几个趋势是：①学术研究涉及的领域越来越广泛。这代表了北京地区心理学界的学科发展，已充分完成基础性建设，伴随着我国社会发展进程，已进入了学科领域的专业分化细化的阶段；②学术研究国际化程度较高。年度内大部分高质量学术论文主要发表在国际期刊上，且在领域内或综合性顶级期刊上发表论文的记录，不断出现新突破，如*Nature Human Behavior*，*American Psychologist*，*Journal of Personality and Social Psychology*，*Trends in Cognitive Sciences*等，这标志着北京地区心理学领域正在逐步迈入世界一流；3）出现了一批跨学科、跨领域的交叉性学术研究。计算建模、大数据、神经科学技术、遗传、分子等其他学科主流的技术，越来越普遍应用于心理学研究，这预示着学科和领域的交叉融合，可能是北京地区心理学领域未来发展的一个新模式。

但这些学术研究也暴露了北京地区心理学面临的挑战和问题。①受限于国内心理学学术期刊数量较少，高质量期刊（如CSCD索引期刊）数量更少，在北京地区心理学学科发展进入爆发的同时，有限的心理学学术期刊容量，在充分容纳并主导国内心理学研究的方向、热点和重点上，显得被动且力不从心。②在研究方向上，跟踪式研究多于原创的、具有中国社会文化发展鲜明特色的研究，如探索本土人格与社会心理的研究更为稀少。③不同领域的学科发展水平依然有欠均衡。在年度重要学术论文中，情绪、认知心理学和神经科学与人格、社会心理学两个基础心理学分支，占据了总论文的近一半数量。但其他领域，如工业与管理心理学、心理测量与统计等应用心理学分支，发表高水平学术论文的数量和期刊分布，远不及前二者。这代表着应用心理学领域如何平衡学术研究与指导实践间的双重目标，谋求更好发展，尚存在探索的空间。

四、社会服务效能

党的“十九大”报告提出“加强社会心理服务体系建设，培育自尊自信、理性平和、积极向上的社会心态”，近年来北京地区社会心理学界努力响应社会心理服务体系建设的号召，深入开展社会心理服务体系建设的研究和实践，2021年社会心理服务工作全面开展。

（一）为全国多地开展社会心理服务培训和指导

2021年，根据北京市《社会心理服务体系建设三年行动计划》总体目标，北京地区社会心理工作联合会开展了社会心理指导师培训工作，北京市社会心理学会辛自强等多位专家承担了部分培训授课任务。

2021年5月6—9日，中国科学院心理研究所联合西南科技大学在四川省绵阳市主办“第二届北川国际心理论坛”，大会主题是“后疫情时代的危机干预和社会心理服务”。

2021年4月，中国科学院心理研究所在安徽省宿州市启动“社会心理服务工作者基础技能培训”，此次培训历时2个月。同年12月16—18日，中国科学院心理研究所联合多家机构，在安徽省宿州市举办首届全国社会心理服务周暨应用交流会。

2021年，中科院心理研究所持续在内蒙古自治区库伦旗调研、推动心身健康促进工作，加快当地乡村社会心理服务体系建设。

（二）开展心理健康服务和培训活动

2021年5月10—11日，中国科学院心理研究所祝卓宏一行在武汉市汉阳区为100余名心理健康教师开展专业胜任力培训。

2019年10月至2021年7月，中科院心理研究所刘晓倩负责主持连续两期的射击射箭运动管理中心心理服务项目工作，完成国家步枪射击队东京奥运会备战心理服务工作。

2021年12月3日，北京师范大学心理学部承办“2021年精神卫生和心理健康专业人才培养工作研讨会”，累计有超过6000人次参与。

2021年4月24—25日，由北京市教育委员会主办，北京市性健康教育基地和首都师范大学心理学院承办的北京高校性健康教育实施培训暨工作交流会召开。

2021年6月24—25日，首都师范大学心理学院和北京市性健康教育基地共同承办了以心理健康教育为核心基础，以性价值观教育为核心目标的“核心—基础—全方位”三位一体的“性健康教育”培训。

（三）围绕财经素养、民族工作开展有特色的政策咨询和教育培训

2021年11月27日，中国人民大学心理学系、中央财经大学社会与心理学院举办“提升财经素养，促进共同富裕：中国公民财经素养指数发布会”。中国人民大学教授辛自强担任首席专家的国家社科重大项目发布了基于全国万人调查得到的中国公民财经素养指数，相关政策咨询报告同时提交中国人民银行、教育部等部门。辛自强还为宁波、上海、广东等地大中小学教师提供了多次培训。

2021年7月17—20日，中央财经大学社会与心理学院副教授孙铃等为甘肃省宕昌县的哈达铺中学学生组织了“未来理事长”财经和科学素养夏令营活动，组织中学生进行了模拟中药材经营的项目学习活动，培养学生财经素养，助力乡村振兴。

2021年，中国人民大学心理学系作为民族心理

与教育重点研究基地继续开展科学调研、政策咨询、人才培训工作。2021年4月24日，该系联合中国心理学会民族心理学专业委员会举办“纪念建党100周年学科发展成就与展望专题研讨会”，推动民族心理学和民族教育研究。

（四）开展社会心理服务体系建设和社会心态研究

2021年，北京地区社会心理学界社会心理服务体系建设研究成果丰硕，一些国家重点项目立项或完成。2021年中，中国社会科学院社会学研究所研究员王俊秀主持的国家社科基金重大项目“社会心理建设：社会治理的心理学”（项目批准号16ZDA231）以优秀等级结项。该课题在中期获得国家社科基金滚动支持，产出了大量研究成果，产生了较大的学术影响和社会影响。2021年底，王俊秀为首席研究员的教育部哲学社会科学研究重大课题攻关项目“新冠肺炎疫情对国民社会心态影响研究”（21JZD038）获批立项。

2021年3月，王俊秀主编的社会心态蓝皮书《中国社会心态研究报告（2020）》由社会科学文献出版社出版。这本蓝皮书的主题是新冠疫情初期的社会心态，撰写者主要来自中国社会科学院社会学研究所社会心理学研究中心。全书从风险感知与未来预期、社会情绪和社会心态、抗疫信心与社会态度三个方面，力图还原从国内疫情初期到疫情防控常态期民众社会心态的特点、变化历程，展望了疫情对未来社会心态的影响。全书由11篇研究报告组成，包括王俊秀撰写的总报告“2020年新冠肺炎疫情下的社会心态及其影响”等。同年，中国社会科学院社会学研究所社会心理学研究中心完成的“关于提升基层干部心理健康水平的建议”“构建成熟、理性国民心态的两条路径”“关于提升基层干部心理健康水平的建议”等系列决策咨询报告被决策机构采用。

此外，社会心理服务相关研究成果发表在国内一些核心期刊上，这些研究关注社会心理服务体系的理论建构，如王俊秀等提出基于共同内群体认同理论，铸牢中华民族共同体意识[254]，回顾总结了社会心理服务研究的发展态势[255]，探讨治理现代化视角下我国社会心理服务体系建设的路径创新[256]等，并着重探索了社会心理服务在不同应用领域的实践活动，如突发公共卫生事件、重大疫情应对[257][258]，部队心理服务体系[259]、易地扶贫搬迁[260]、获得感与美好生活需要[261][262]，创新精神和工匠精神等[263]。

2021年社会心理服务体系建设研究和实践取得了长足进步，尤其是在社会心理服务上进行了可贵的探索，改变了以往心理学界重视理论研究忽视社会实践的局面，把心理学知识体系与社会治理实践相结合，为社会治理现代化做出了突出成绩，开创了新的局面，可以预期未来的社会心理服务研究和实践将不断创新，不断迈上新的台阶。

注：

[1] J.Li，M.Yao，H.Liu，L.Zhang：*Influence of personality on work engagement and job satisfaction among young teachers：Mediating role of teaching style*，*Current Psychology*，2021年。

[2] M.Denden，A.Tlili，F.Essalmi，M.Jemni，N.-S. Chen，D.Burgos：*Effects of gender and personality differences on students' perception of game design elements in educational gamification*，*International Journal of Human-Computer Studies*，2021年。

[3] H.Wang，L.Lei：*Proactive personality and job satisfaction：Social support and Hope as mediators*，*Current Psychology*，2021年。

[4] J.Geng，P.Wang，P.Zeng，K.Liu，L.Lei：*Relationship between Honesty-Humility and Cyberbullying Perpetration：A Moderated Mediation Model*，*Journal of Interpersonal Violence*，2021年。

[5] H.Wang，X.Xie：*The bright side of dispositional greed：empathy for pain*，*Current Psychology*，2021年。

[6] X.Li，J.Dang，L.Liu，Y.Liang，C.Wei，Z.Gu：*Are greedy individuals more corrupt？*，*Current Psychology*，2021年。

[7] 葛枭语：《孝的多维心理结构：取向之异与古今之变》，《心理学报》，2021年第3期。

[8] 葛枭语、侯玉波：《君子不忧不惧：君子人格与心理健康——自我控制与真实性的链式中介》，《心理学报》，2021年第4期。

[9] 田一、王莉、许燕、焦丽颖：《中国人社会善念的心理结构》，《心理学报》，2021年第9期。

[10] 葛枭语、李小明、侯玉波：《孔子思想中的君子人格：心理学测量的探索》，《心理学报》，2021年第12期。

[11] 乔玉玲、吴任钢：《自我构念启动效应下大学生自尊与生活满意度的关系》，《中国心理卫生杂志》，2021年第2期。

[12] Y.Zhang, L.Wang, Y.Jiang: *My own face looks larger than yours: A self-induced illusory size perception*, *Cognition*, 2021年。

[13] L.Xiao, D.Chu, F.Wang, Y.Yang: *Editing the self in pictures: Selfie editing promotes self-objectification among Chinese*, *Current Psychology*, 2021年。

[14] R.Sheng, X.Wen, W.Xu: *Ambulatory and longitudinal relationships between mindfulness and eating problems: The mediating role of self-objectification*, *Current Psychology*, 2021年。

[15] T.Li, F.Zhao, G.Yu: *Who is more utilitarian? Negative affect mediates the relation between control deprivation and moral judgment*, *Current Psychology*, 2021年第8期。

[16] H.Wang, L.Zhou, L.Lei: *Using shattered assumption theory to understand how cyberbullying victimization is linked with perceived control among Chinese college students*, *Journal of interpersonal violence*, 2021年。

[17] J.Xu, E.C.Chang, C.J.Novak, J.Shen, S.Zheng, Y.Wang, N.Zhou, L.Liu, A.E.Gregory, M.R.Schaffer: *Differential psychological needs fulfillment mediate positive emotions and distinctive positive outcomes among Chinese adolescents*, *Current Psychology*, 2021年。

[18] W.Guo, K.L.Lau, J.Wei, B.Bai: *Academic subject and gender differences in high school students' self-regulated learning of language and mathematics*, *Current Psychology*, 2021年。

[19] 姜平、张丽华:《委屈可以求全吗?自我表现视角下职场排斥对个体绩效的影响机制》,《心理学报》, 2021年第4期。

[20] J.Dang, L.Liu: *Robots are friends as well as foes: Ambivalent attitudes toward mindful and mindless AI robots in the United States and China*, *Computers in Human Behavior*, 2021年。

[21] Z.Sa, L.Tian, X.Wang: *Evidence for a comprehensive sexuality education intervention that enhances Chinese adolescents' sexual knowledge and gender awareness and empowers young women*, *Sex Roles*, 2021年第5期。

[22] H.Cai, Y.L.Luo, J.Chen, X.Li, Y.Xie: *Is implicit social cognition developmentally stable? A longitudinal study*, *Developmental Psychology*, 2021年第12期。

[23] Y.Xu, S.Liu, R.Li, Y.Guan, W.Zhou: *Self-consistency and self-determination perspectives of career value changes: A cross-lagged panel study among Chinese university students*, *Journal of Vocational Behavior*, 2021年。

[24] S.Yu, Y.Deng, H.Yu, X.Liu: *Attachment avoidance moderates the effects of parenting on Chinese adolescents' having an inner compass*, *Current Psychology*, 2021年第2期。

[25] Y.Bai, J.Ocampo, G.Jin, S.Chen, V.Benet-Martinez, M.Monroy, C.Anderson, D.Keltner: *Awe, daily stress, and elevated life satisfaction*, *Journal of Personality and Social Psychology*, 2021年第4期。

[26] 辛志勇、杜晓鹏、李冰月:《敬则不逐物——敬畏对炫耀性消费倾向的抑制:小我的中介作用》,《心理科学》, 2021年第3期。

[27] T.Jiang, C.Sedikides: *Awe motivates authentic-self pursuit via self-transcendence: Implications for prosociality*, *Journal of Personality and Social Psychology*, 2021年。

[28] N.Huang, S.Zuo, F.Wang, Y.Li, P.Cai, S.Wang: *New Technology Evokes Old Memories: Frequent Smartphone Use Increases Feeling of Nostalgia*, *Personality and Social Psychology Bulletin*, 2021年。

[29] L.Yin, P.Wang, J.Nie, J.Guo, J.Feng, L.Lei: *Social networking sites addiction and FoMO: The mediating role of envy and the moderating role of need to belong*, *Current Psychology*, 2021年第8期。

[30] 张亚利、李森、俞国良:《社交媒体使用与错失焦虑的关系:一项元分析》,《心理学报》, 2021年第3期。

[31] M.Lin, X.Wen, M.Qian, D.He, A.Zlomuzica: *Self-focused attention vs.negative attentional bias during public speech task in socially anxious individuals*, *Behaviour Research and Therapy*, 2021年。

[32] M.Zhao, X.Lv, X.Lin, E.You, H.Zhang, K.A.Ellis, X.Yu, H.Wang, N.T.Lautenschlager: *Dementia knowledge and associated factors among older Chinese adults: A cross-national comparison between Melbourne and Beijing*, *International Psychogeriatrics*,

2021年第10期。

［33］P.Loyalka，O.L.Liu，G.Li，E.Kardanova，I.Chirikov，S.Hu，N.Yu，L.Ma，F.Guo，T.Beteille：*Skill levels and gains in university STEM education in China*，*India*，*Russia and the United States*，*Nature human behaviour*，2021年第7期。

［34］Y.Cao，Y.Hou，Z.Dong，L.-J.Ji：*The Impact of Culture and Social Distance on Humor Appreciation*，*Sharing*，*and Production*，*Social Psychological and Personality Science*，2021年。

［35］H.Lin，Y.Chang，C.Chen，Y.W.Ho，W.Xi，X.Zhang，H.H.Fung，L.Ayalon：*Are older adults more optimistic？ Evidence from China*，*Israel and the US*，*The Journals of Gerontology Series B*：*Psychological Sciences and Social Sciences*，2021年。

［36］Y.Li，S.Luan，Y.Li，J.Wu，W.Li，R.Hertwig：*Does risk perception motivate preventive behavior during a pandemic？ A longitudinal study in the United States and China*，*American Psychologist*，2021年。

［37］Y.Luo，Y.Zhao，L.Pang，C.Guo，R.Liang，X.Zheng：*Association between urbanicity and dementia in China*：*A population-based study*，*The Journals of Gerontology*：*Series B*，2021年第8期。

［38］黄梓航、王俊秀、苏展、敬一鸣、蔡华俭：《中国社会转型过程中的心理变化：社会学视角的研究及其对心理学家的启示》，《心理科学进展》，2021年第12期。

［39］张梅、丁书恒、刘国芳、徐亚珍、傅鑫媛、张巍、辛自强：《网络突发事件中的负性偏向：产生与表现》，《心理学报》，2021年第12期。

［40］B.Feng，X.Li，L.Lin：*Valenced social identities and the digital divide in online health communities*，*Computers in Human Behavior*，2021年。

［41］Y.Su，D.K.L.Lee，X.Xiao：*"I enjoy thinking critically*，*and I'm in control"*：*Examining the influences of media literacy factors on misperceptions amidst the COVID-19 infodemic*，*Computers in Human Behavior*，2021年。

［42］P.Borah，Y.Su，X.Xiao，D.K.L.Lee：*Incidental news exposure and COVID-19 misperceptions*：*A moderated-mediation model*，*Computers in Human Behavior*，2021年。

［43］Y.Chen，R.Li，X.Liu：*Problematic smartphone usage among Chinese adolescents*：*Role of social/non-social loneliness*，*use motivations*，*and grade difference*，*Current Psychology*，2021年。

［44］W.Hong，R.-D.Liu，Y.Ding，J.Wang，R.Jiang，S.Jiang：*Self-esteem level and smartphone use in Chinese adolescents*：*The role of self-esteem stability*，*Current Psychology*，2021年。

［45］P.Wang，L.Lei：*How does problematic smartphone use impair adolescent self-esteem？ A moderated mediation analysis*，*Current Psychology*，2021年第6期。

［46］Y.Zhang，S.Li，G.Yu：*The longitudinal relationship between boredom proneness and mobile phone addiction*：*evidence from a cross-lagged model*，*Current Psychology*，2021年。

［47］Y.Huang，S.S.Sundar，Z.Ye，A.C.Johnson：*Do women and extroverts perceive interactivity differently than men and introverts？ Role of individual differences in responses to HCI vs.CMC interactivity*，*Computers in Human Behavior*，2021年。

［48］X.Lei，P.-L.P.Rau：*Effect of relative status on responsibility attributions in human–robot collaboration*：*Mediating role of sense of responsibility and moderating role of power distance orientation*，*Computers in Human Behavior*，2021年。

［49］J.Geng，L.Lei，W.Wang，B.Li，J.Nie，X.Xie，X.Wang，P.Wang：*Perceived parental acceptance and cyberbullying perpetration among Chinese adolescents*：*moderated mediation models of materialism and insecure attachment*，*Journal of interpersonal violence*，2021年。

［50］S.Jin，M.Miao：*Family incivility and cyberbullying perpetration among college students*：*negative affect as a mediator and dispositional mindfulness as a moderator*，*Journal of interpersonal violence*，2021年。

［51］J.Geng，Y.Wang，P.Wang，P.Zeng，L.Lei：*Gender differences between cyberbullying victimization and meaning in life*：*roles of fatalism and self-concept clarity*，*Journal of interpersonal violence*，2021年。

［52］X.Chu，Y.Li，P.Wang，P.Zeng，L.Lei：*Social support and cyberbullying for university students*：*The mediating role of internet addiction and the moderating role of stress*，*Current Psychology*，2021年。

［53］M.-C.Zhang，L.-X.Wang，K.Dou，Y.Liang：*Why victimized by peer promotes cyberbullying in college students？ Testing a moderated mediation model in a three-wave longitudinal study*，*Current Psychology*，2021年。

［54］J.Geng，Y.Wang，H.Wang，P.Wang，L.Lei：*Social Comparison Orientation and Cyberbullying Perpetration and Victimization：Roles of Envy on Social Networking Sites and Body Satisfaction*，*Journal of Interpersonal Violence*，2021年。

［55］J.Geng，L.Lei：*Relationship between stressful life events and cyberbullying perpetration：Roles of fatalism and self-compassion*，*Child Abuse & Neglect*，2021年。

［56］Y.Wang，X.Chu，J.Nie，X.Gu，L.Lei：*Selfie-editing，facial dissatisfaction，and cosmetic surgery consideration among Chinese adolescents：A longitudinal study*，*Current psychology*，2021年。

［57］J.Sun，W.-D.Li，Y.Li，R.C.Liden，S.Li，X.Zhang：*Unintended consequences of being proactive？ Linking proactive personality to coworker envy，helping，and undermining，and the moderating role of prosocial motivation*，*Journal of Applied Psychology*，2021年第2期。

［58］B.Li，L.Xiao：*Influence of objectification belief and consumerism culture on Chinese women's views of cosmetic surgery*，*Current Psychology*，2021年。

［59］W.Tong，J.Jia，Q.He，J.Lan，X.Fang：*The trajectory of marital satisfaction among Chinese newlyweds：Intrapersonal，interpersonal，and stress predictors*，*Developmental Psychology*，2021年第4期。

［60］J.A.Everett，C.Colombatto，E.Awad，P.Boggio，B.Bos，W.J.Brady，M.Chawla，V.Chituc，D.Chung，M.A.Drupp：*Moral dilemmas and trust in leaders during a global health crisis*，*Nature human behaviour*，2021年第8期。

［61］S.Zhao：*The perpetrator-victim relationship：an important clue in understanding intimate partner homicide in China*，*Journal of interpersonal violence*，2021年。

［62］X.Wang，F.Zhao，L.Lei：*Partner phubbing and relationship satisfaction：Self-esteem and marital status as moderators*，*Current Psychology*，2021年第7期。

［63］S.Liu，X.Hu，X.Mai：*Social distance modulates outcome processing when comparing abilities with others*，*Psychophysiology*，2021年第5期。

［64］S.Li，F.Zhao，G.Yu：*Social exclusion and depression among college students：A moderated mediation model of psychological capital and implicit theories*，*Current Psychology*，2021年第3期。

［65］H.Wang，X.Wang，J.Geng，P.Zeng，X.Gu，L.Lei：*Does peer alienation accelerate cyber deviant behaviors of adolescents？ The mediating role of core self-evaluation and the moderating role of parent-child relationship and gender*，*Current Psychology*，2021年。

［66］X.Wang，W.H.Chui，Y.Wang：*Perception of gender equality matters：Targets' responses to workplace sexual harassment in Chinese metropolises*，*Journal of interpersonal violence*，2021年。

［67］Y.Liu，X.Guo，B.Yang：*Age at onset of drug use and aggressive behavior：The role of internal and environmental factors*，*Current Psychology*，2021年第12期。

［68］Y.Liu，S.Li，Y.He，D.Wang，B.Yang：*Eliminating threat or venting rage？ The relationship between narcissism and aggression in violent offenders*，*Acta Psychologica Sinica*，2021年第3期。

［69］J.Peng，J.Zhang，Z.Xia，X.Wang，Z.Dan，S.Zheng，J.Lv：*How does relative deprivation relate to aggression in young male migrant workers？ The mediator of self-esteem*，*Current Psychology*，2021年。

［70］Y.Wan，L.Zhu：*Effects of rhythmic turn-taking coordination on five-year-old children's prosocial behaviors*，*Developmental Psychology*，2021年第11期。

［71］Y.Yang，X.Kong，Z.Guo，Y.Kou：*Can self-compassion promote gratitude and prosocial behavior in adolescents？ A 3-year longitudinal study from China*，*Mindfulness*，2021年第6期。

［72］苗晓燕、孙欣、匡仪、汪祚军：《共患难，更同盟：共同经历相同负性情绪事件促进合作行为》，《心理学报》，2021年第1期。

［73］刘肖岑、何祺、窦东徽：《双人合作类电子/传统游戏对幼儿同伴交往与亲社会行为的影响》，《心理科学》，2021年第3期。

［74］X.Du，D.Gu，M.Dong，J.Jiang，W.Jiang：*Pictographic name，warmth perception，and trust：Easy Chinese name holders are seen as warmer and more trustworthy*，*Current Psychology*，2021年。

［75］X.Han，S.Zhou，N.Fahoum，T.Wu，T.Gao，S.Shamay-Tsoory，M.J.Gelfand，X.Wu，S.Han：*Cognitive and neural bases of decision-making causing civilian casualties during intergroup conflict*，*Nature Human Behaviour*，2021年第9期。

［76］W.Fan，Y.Qian，Y.Jin：*Stigma，Perceived Discrimination，and Mental Health during China's COVID-19 Outbreak：A Mixed-Methods Investigation*，*Journal of health and social behavior*，2021年第4期。

［77］J.Wu，Q.Li，P.Chi，J.Zhao，J.Zhao：*Mindfulness and well-being among socioeconomically disadvantaged college students：Roles of resilience and perceived discrimination*，*Current Psychology*，2021年。

［78］X.Liu，T.Xie，W.Li，Y.Tao，P.Liang，Q.Zhao，J.Wang：*The relationship between perceived discrimination and wellbeing in impoverished college students：a moderated mediation model of self-esteem and belief in a just world*，*Current Psychology*，2021年。

［79］苗瑞凯、王俊秀：《通勤时间对心理健康的影响：基于美好生活的视角》，《心理科学》，2021年第3期。

［80］徐潞杰、张镇：《老年人的消极交往与心理健康》，《心理科学进展》，2021年第8期。

［81］M.Liu，J.Xue，N.Zhao，X.Wang，D.Jiao，T.Zhu：*Using social media to explore the consequences of domestic violence on mental health*，*Journal of interpersonal violence*，2021年第3、4期。

［82］L.Yan，Y.Gan，X.Ding，J.Wu，H.Duan：*The relationship between perceived stress and emotional distress during the COVID-19 outbreak：Effects of boredom proneness and coping style*，*Journal of anxiety disorders*，2021年。

［83］郑芳、白晓宇、祝卓宏、陈玥、王淑娟、李新影：《新型冠状病毒肺炎疫情期间民众的焦虑情绪分析：对心理台风眼效应的检验》，《临床精神医学杂志》，2021年第3期。

［84］Z.Wang，S.Luo，J.Xu，Y.Wang，H.Yun，Z.Zhao，H.Zhan，Y.Wang：*Well-being reduces COVID-19 anxiety：A three-wave longitudinal study in China*，*Journal of happiness studies*，2021年第8期。

［85］F.Li，S.Luo，W.Mu，Y.Li，L.Ye，X.Zheng，B.Xu，Y.Ding，P.Ling，M.Zhou：*Effects of sources of social support and resilience on the mental health of different age groups during the COVID-19 pandemic*，*BMC psychiatry*，2021年第1期。

［86］钱英、华文轩、张南、温雯、娄思佳、李娜、孙洪强：《冠状病毒疫情对医务人员心理健康的影响与干预（综述）》，《中国心理卫生杂志》，2021年。

［87］齐涵、冯媛、肖乐、陈旭、周晶晶、西英俊、李玉青、闫芳、王刚：《新冠肺炎疫情期间北京市疾控人员情绪状态的定性研究》，《中国心理卫生杂志》，2021年第11期。

［88］T.Li，S.Sun，B.Liu，J.Wang，Y.Zhang，C.Gong，J.Duan：*Prevalence and risk factors for anxiety and depression in patients with COVID-19 in Wuhan，China*，*Psychosomatic Medicine*，2021年第4期。

［89］J.Guo，P.De Carli，P.Lodder，M.J.Bakermans-Kranenburg，M.M.E.Riem：*Maternal mental health during the COVID-19 lockdown in China，Italy，and the Netherlands：a cross-validation study*，*Psychological medicine*，2021年。

［90］安静、刘肇瑞、梁红、童永胜、黄悦勤：《突发传染病公共卫生事件心理危机干预工作的探讨》，《中国心理卫生杂志》，2021年。

［91］吴尽、王骏昇、贾坤、郭丞、尹军：《正念训练对优秀射箭运动员比赛期焦虑的影响：来自HRV的证据》，《首都体育学院学报》，2021年。

［92］武雅学、周婷、方玮联、黄峥：《正念压力管理短训课程改善精神科护理人员职业倦怠的效果》，2021年。

［93］金子璐、樊富珉、徐卓、陈涛、刘冠民、陈依苓：《高强度干预对创业者正念与心率和皮电的影响》，《中国临床心理学杂志》，2021年第2期。

［94］邹颖敏、张楠、王楠、王婷洁，刘兴华：《正念干预起效机制的系统综述：基于多时间点测量的证据》，《中国临床心理学杂志》，2021年第3期。

［95］张雅文、张琪、庞芳芳、官锐园：《认知行为团体与自助干预模式对大学生自尊及心理健康的干预》，《中国临床心理学杂志》，2021年第5期。

［96］刘硕、宋莉莉、王詠：《运用认知行为团体心理辅导提升高中生的心理韧性》，《中国临床心理学杂志》，2021年第2期。

[97] 陈嘉婕、宋文莉、李红菊、薛羽佳:《表达性艺术治疗对大学生抑郁焦虑情绪干预探讨——以北京师范大学为例》,《艺术教育》,2021年第12期。

[98] 刘子荻、白晓宇、张烨、吴梦雪、刘颖慧、祝卓宏、李梅、李新影:《心理灵活性训练对提高初中生生涯适应力效果评价》,《中国学校卫生》,2021年第3期。

[99] 李凯、田文静、赵然:《外卖骑手群体的EAP方案设计及其干预有效性》,《心理技术与应用》,2021年第4期。

[100] 刘园芳、白晓宇、林凡裕、祝卓宏、李新影:《BHP:孤独症患者观点采择训练新方法》,《中国特殊教育》,2021年第1期。

[101] 郁傲晨、赵然、李泓漩、张哲涵、陈嘉曦:《焦点解决短期治疗(SFBT)的概述、现状与展望》,《心理月刊》,2021年第14期。

[102] 李丹阳、程寅、梁红、任志洪、安芹、林秀彬、汪杨盛、罗星宇、皮隽松、樊燕飞、贾晓明、江光荣、钱铭怡:《对新冠疫情期间我国427条心理热线服务现状的调查》,《中国临床心理学杂志》,2021年第3期。

[103] 张红梅:《新冠肺炎疫情背景下基于焦点解决短程治疗的个人心态调节》,《社区心理学研究》,2021年第1期。

[104] S.Sun, D.Lin, S.Goldberg, Z.Shen, P.Chen, S.Qiao, J.Brewer, E.Loucks, D.Operario: *A mindfulness-based mobile health (mHealth) intervention among psychologically distressed university students in quarantine during the COVID-19 pandemic: A randomized controlled trial*, *Journal of counseling psychology*, 2021年。

[105] 黄佳雨、张君睿、李尧、黄甜、马丽萍、钱铭怡:《心理咨询知情同意呈现内容与求助意愿关系的实验研究》,《中国心理卫生杂志》,2021年第11期。

[106] 安芹、游琳玉、贾晓明、丁亚平、李波:《突发公共卫生事件心理援助热线咨询员伦理胜任力影响因素调查》,《中国临床心理学杂志》,2021年第6期。

[107] 谢悦、贾晓明:《高校心理咨询师多重关系情境与决策类型的研究》,《心理科学》,2021年第4期。

[108] 贾晓明、游琳玉:《我国高校心理咨询中的法律困境》,《心理学通讯》,2021年第2期。

[109] 邵瑾、樊富珉:《团体成员共情的影响因素及作用模型——基于扎根理论》,《心理科学》,2021年第4期。

[110] 郭颖、樊富珉、张英俊、刘宇:《团体咨询师胜任力量表的编制》,《心理与行为研究》,2021年第6期。

[111] 贾晓明:《迎接心理咨询与治疗发展的新阶段、新理念、新格局——加强心理咨询和治疗专业人员的伦理规范》,《心理学通讯》,2021年第2期。

[112] 周蜜、贾晓明:《清明节哀伤的心理意义及特点的探索性研究》,《心理学通讯》,2021年第4期。

[113] 李芳、贾晓明:《道歉、原谅与替代性道歉的疗愈作用及文化思考》,《医学与哲学》,2021年第17期。

[114] 宋博媛、陈蒽静:《音乐治疗学的中国在地化发展:以传统音乐为主线的研究》,《影剧新作》,2021年第3期。

[115] J.Zhou, Y.Zheng, X.Zeng, M.Jiang, T.P.S.Oei: *A randomized controlled trial examining a second-generation mindfulness-based intervention that is compatible with confucian values: mindfulness-based positive psychology*, *Mindfulness*, 2021年第6期。

[116] L.-Z.Chen, A.-Y.Dai, Y.Yao, R.Si, Z.Hu, L.Ge, X.Du, A.Li, G.-X.Wei: *Effects of 8-Week Tai Chi chuan practice on mindfulness level*, *Mindfulness*, 2021年第6期。

[117] 李秀妍、伍珍:《4~8岁儿童认知风格的发展及其对问题解决的影响》,《心理科学》,2021年第2期。

[118] H.Tang, R.Song, Y.Hu, Y.Tian, Z.Lu, L.Chen, Y.Huang: *Late Development of Early Visual Perception: No Topology-Priority in Peripheral Vision Until Age 10*, *Child Development*, 2021年第5期。

[119] 左婷婷、胡清芬:《儿童空间观点采择的自动性及其发展》,《心理发展与教育》,2021年第3期。

[120] Z.Li, M.L.Sturge-Apple, P.T.Davies: *Contextual risks, child problem-solving profiles, and socioemotional functioning: Testing the specialization hypothesis*, *Development and Psychopathology*, 2021年。

[121] X.Xing, L.Zhang, Y.Wei, Z.Wang:

Parental Harsh Discipline and Preschooler's Inhibitory Control in China: Bidirectional Relations and Gender Differences, *Journal of Interpersonal Violence*, 2021年第17、18期。

［122］王兴华、洪慧芳、朱瑞玲:《2~3岁幼儿执行功能与母子互动的关系：幼儿气质的调节作用》,《心理发展与教育》, 2021年第6期。

［123］Y.Xiong, X.Qin, Q.Wang, P.Ren: *Parental Involvement in Adolescents' Learning and Academic Achievement: Cross-lagged Effect and Mediation of Academic Engagement*, *Journal of Youth and Adolescence*, 2021年第9期。

［124］B.-B.Chen, Y.Qu, X.Chen: *Chinese parents' comparisons of siblings and adolescents' internalizing and externalizing problems*, *Development and Psychopathology*, 2021年第3期。

［125］Y.Zhu, W.Li, J.E.O' Brien, T.Liu: *Parent–Child Attachment Moderates the Associations Between Cyberbullying Victimization and Adolescents' Health/Mental Health Problems: An Exploration of Cyberbullying Victimization Among Chinese Adolescents*, *Journal of Interpersonal Violence*, 2021年第17、18期。

［126］Q.Bai, S.Huang, F.-H.Hsueh, T.Zhang: *Cyberbullying victimization and suicide ideation: A crumbled belief in a just world*, *Computers in Human Behavior*, 2021年。

［127］王轶楠、刘嘉:《让小我融入大我：适恰自尊的积极心理学意义》,《心理发展与教育》, 2021年第4期。

［128］H.Cai, Y.L.L.Luo, J.Chen, X.Li, Y.Xie: *Is implicit social cognition developmentally stable? A longitudinal study*, *Developmental Psychology*, 2021年第12期。

［129］闫洁、马卓娅、李娟:《北京市社区老年人认知功能状况与微信使用》,《中国心理卫生杂志》, 2021年第7期。

［130］M.Chen, Y.Fu: *Adverse Childhood Experiences: Are They Associated With Greater Risk of Elder Abuse Victimization?*, *Journal of Interpersonal Violence*, 2021年。

［131］刘聪慧、董妍、王鸿飞、张登浩:《农村老年人的社会排斥体验与健康状况：有调节的中介作用》,《心理发展与教育》, 2021年第5期。

［132］唐丹、乔欣、邓雨萌:《鳏与寡对老年人抑郁水平的影响：社会网络的调节作用》,《心理发展与教育》, 2021年第6期。

［133］Z.Zhang, A.Benozio: *Waste Aversion Reduces Inequity Aversion Among Chinese Children*, *Child Development*, 2021年第6期。

［134］刘丽莎、吴玉婷、李超群、徐良苑、李燕芳:《友伴人际品格对儿童人际品格的影响：友伴数量的调节作用及儿童群体差异》,《心理发展与教育》, 2021年第5期。

［135］肖雪、刘璐、刘丽莎、徐良苑、张旭然、李燕芳:《内群体偏爱与儿童基于贡献的分配公平性：心理理论的调节作用》,《心理发展与教育》, 2021年第4期。

［136］H.Chen, J.I.Meza, Y.Yan, Q.Wu, X.Lin: *Parental attachment and depression in adolescents: Moderation mediation model of empathy and gender*, *Current Psychology*, 2021年。

［137］杨思琴、张骁晨、江铭虎:《阅读严肃文学小说对脸部情绪识别的影响——ERP证据》,《中文信息学报》, 2021年第9期。

［138］马爽、孔祥蕾、王义卿、屈智勇、王晓华:《西北农村地区母亲抑郁与幼儿社交退缩：母亲回应性的中介作用》,《心理发展与教育》, 2021年第2期。

［139］陈子循、冯映雪、宋文莉、刘霞:《亲子分离与青少年同伴侵害和抑郁的关系：一项追踪研究》,《心理发展与教育》, 2021年第3期。

［140］薛璐璐、姜媛、方平:《述情障碍与中学生人际关系：有调节的中介模型》,《心理发展与教育》, 2021年第1期。

［141］Y.Wan, L.Zhu: *Effects of rhythmic turn-taking coordination on five-year-old children's prosocial behaviors*, *Developmental Psychology*, 2021年第11期。

［142］梁熙、王争艳、俞劼:《家庭社会经济地位对流动和城市学步儿社会适应的影响：母亲敏感性和依恋安全感的链式中介作用》,《心理发展与教育》, 2021年第6期。

［143］任萍、宋子婧、孟晓哲、秦幸娜、张云运:《青少年学业成绩、攻击行为与受欢迎程度的关系：一项交叉滞后研究》,《心理发展与教育》, 2021

年第5期。

［144］余青云、王文超、伍新春、田雨馨:《创伤暴露对青少年暴力行为和自杀意念的影响：创伤后应激障碍和抑郁的中介作用》,《心理发展与教育》,2021年第1期。

［145］周莉、耿靖宇、王兴超、雷雳:《基本需要在导师排斥感知与研究生心理健康的关系中的作用》,《心理发展与教育》,2021年第2期。

［146］刘宇平、李姗姗、何赟、王豆豆、杨波:《消除威胁或无能狂怒？自恋对暴力犯攻击的影响机制》,《心理学报》,2021年第3期。

［147］赵雪汝、李婷、李金惠、何先友、张维、陈广耀:《动态性对简笔画动物审美的影响及其神经机制》,《心理学报》,2021年第6期。

［148］张云运、陈嘉仪、杨妙、任萍、刘思辰:《父母学业参与、父母学业压力与青少年早期的学业投入：有调节的中介模型》,《心理发展与教育》,2021年第2期。

［149］罗海风、刘坚、周达:《家长参与在家庭社会经济地位和高中生学习品质之间的中介作用——师生关系的调节作用》,《心理发展与教育》,2021年第2期。

［150］J.Ma，A.Ollier-Malaterre，C.Q.Lu：*The Impact of Techno-stressors on Work–Life Balance：The Moderation of Job Self-efficacy and the Mediation of Emotional Exhaustion*，*Computers in Human Behavior*，2021年第4期。

［151］H.Liu，Y.Ji，S.B.Dust：*"Fully recharged" evenings？ The effect of evening cyber leisure on next-day vitality and performance through sleep quantity and quality，bedtime procrastination，and psychological detachment，and the moderating role of mindfulness*，*Journal of Applied Psychology*，2021年第7期。

［152］J.Dang，L.Liu：*Robots are friends as well as foes：Ambivalent attitudes toward mindful and mindless ai robots in the United States and China*，*Computers in Human Behavior*，2021年。

［153］X.Lei，P.Rau：*Effect of relative status on responsibility attributions in human–robot collaboration：mediating role of sense of responsibility and moderating role of power distance orientation*，*Computers in Human Behavior*，2021年第6期。

［154］L.Yang，Y.Bian，X.Zhao，X.Liu，X.Yao：*Drivers' acceptance of mobile navigation applications：An extended technology acceptance model considering drivers' sense of direction，navigation application affinity and distraction perception*，*International Journal of Human-Computer Studies*，2021年第2期。

［155］Q.Zheng，L.Wang：*Teammate conscientiousness diversity depletes team cohesion：the mediating effect of intra-team trust and the moderating effect of team coaching*，*Current Psychology*，2021年。

［156］D.Ni，X.Zheng，L.H.Liang：*Rethinking the Role of Team Mindfulness in Team Relationship Conflict：A Conflict Management Perspective*，*Journal of Organizational Behavior*，2021年。

［157］赵锴、向姝婷:《如何解决团队创新悖论？基于成员认知风格“组型”与“构型”视角的探究》,《心理科学进展》,2021年第1期。

［158］C.Li，Y.Dong，C.H.Wu，M.E.Brown，L.Y.Sun：*Appreciation that inspires：the impact of leader trait gratitude on team innovation*，*Journal of Organizational Behavior*，2021年第13期。

［159］A.Zeng，Y.Fan，Z.Di，Y.Wang，S.Havlin：*Fresh teams are associated with original and multidisciplinary research*，*Nature Human Behaviour*，2021年第10期。

［160］尹奎、赵景、李璨、王宏蕾、王崇锋:《领导授权行为的形成机制》,《心理科学进展》,2021年第6期。

［161］V.Venkataramani，K.M.Bartol，X.Zheng，S.Lu，X.Liu：*Not very competent but connected：Leaders' use of employee social networks as prisms to make delegation decisions*，*Journal of Applied Psychology*，2021年第3期。

［162］尹奎、张凯丽、赵景、巩振兴:《员工授权期望的效应及其理论机制》,《心理科学进展》,2021年第2期。

［163］A.Pl，B.Jms，A.Twt，X.B.Lu，C.Mcwpa：*Country differences in the relationship between leadership and employee engagement：A meta-analysis - ScienceDirect*，*The Leadership Quarterly*，2021年第1期。

［164］C.Chen，Q.Xin，R.E.Johnson，M.Huang，M.Yang，S.Liu：*Entering an upward spiral：investigating how and when supervisors' talking about abuse leads to subsequent abusive supervision*，*Journal of Organizational Behavior*，2021年。

［165］Z.Liao，H.W.Lee，R.E.Johnson，Z.Song，Y.Liu：*Seeing from a short-term perspective*：*When and why daily abusive supervisor behavior yields functional and dysfunctional consequences*，*Journal of Applied Psychology*，2021年第3期。

［166］J.J.Hu，X.Zheng，B.J.Tepper，N.Li，X.Liu，J.Yu：*The dark side of leader–member exchange*：*Observers' reactions when leaders target their teammates for abuse*，*Human Resource Management*，2021年。

［167］佘卓霖、李全、杨百寅、杨斌：《工作狂领导对团队绩效的双刃剑作用机制》，《心理学报》，2021年第9期。

［168］J.Duan，X.H.F.Wang，O.Janssen，J.L.Farh：*Transformational leadership and voice*：*When does felt obligation to the leader matter*？，*Journal of Business and Psychology*，2021年。

［169］J.Sun，W.D.Li，Y.Li，R.C.Liden，S.Li，X.Zhang：*Unintended consequences of being proactive*？ *Linking proactive personality to coworker envy*，*helping*，*and undermining*，*and the moderating role of prosocial motivation*，*Journal of Applied Psychology*，2021年第2期。

［170］X.M.Xu，D.Du，R.E.Johnson，C.Q.Lu：*Justice change matters*：*Approach and avoidance mechanisms underlying the regulation of justice over time*，*Journal of Applied Psychology*，2022年第7期。

［171］B.Wang，M.Chen，J.Qian，X.Teng，W.Zhang：*Workplace ostracism and feedback-seeking behavior*：*a resource-based perspective*，*Current Psychology*，2021年。

［172］姜平、张丽华：《委屈可以求全吗？自我表现视角下职场排斥对个体绩效的影响机制》，《心理学报》，2021年第4期。

［173］H.Zhang：*Workplace victimization and discrimination in China*：*A nationwide survey*，*Journal of interpersonal violence*，2021年第1、2期。

［174］L.Xing，J.J.Sun，D.Jepsen：*Feeling Shame in the Workplace*：*Examining Negative Feedback as an Antecedent and Performance and Well-being as Consequences*，*Journal of Organizational Behavior*，2021年第9期。

［175］Q.Zhou，J.Y.Mao，X.Liu，X.Ning：*The Impacts of Distinct Motives on Promotive and Prohibitive Voice*：*The Differential Moderating Role of Perceived Voice Level*，*Journal of Business and Psychology*，2021年第3期。

［176］J.Yang，H.W.Lee，X.Zheng，R.E.Johnson：*What Does it Take for Voice Opportunity to Lead to Creative Performance*？ *Supervisor Listening as a Boundary Condition*，*Journal of Business and Psychology*，2021年第6期。

［177］H.Farid，J.Raza，H.Gul，N.Hanif：*Investigating how job autonomy fuel extra-role customer service behavior*：*mediating role of cognitive and affective trust*，*Current Psychology*，2021年。

［178］H.Farid，N.Xiongying，J.Raza，H.Gul，N.Hanif：*How and when organizational justice impact extra-role customer service*：*A social exchange perspective of thriving at work*，*Current Psychology*，2021年。

［179］A.Yz，B.Xjz，C.Chw，Y.D.Xiang，W.E.Yi：*Newcomers' relationship-building behavior*，*mentor information sharing and newcomer adjustment*：*The moderating effects of perceived mentor and newcomer deep similarity*，*Journal of Vocational Behavior*，2021年。

［180］F.Zhang，B.Wang，J.Qian，S.K.Parker：*Job crafting towards strengths and job crafting towards interests in overqualified employees*：*Different outcomes and boundary effects*，*Journal of Organizational Behavior*，2021年。

［181］Y.Zhang，J.M.J.Sun，M.A.Shaffer，C.H.V.Lin：*High commitment work systems and employee well-being*：*The roles of workplace friendship and task interdependence*，*Human Resource Management*，2021年第4期。

［182］王雪思、李静雅、王美芳：《父母婚姻冲突对儿童发展的影响及其机制》，《心理科学进展》，2021年第5期。

［183］R.Ding，S.Bi，Y.Luo，T.Liu，P.Wang，W.He，S.Ni：*Mothers' emotional expressivity in urban and rural societies*：*Salience and links with young adolescents' emotional wellbeing and expressivity*，*Development and Psychopathology*，2021年。

［184］J.Xu，E.C.Chang，C.J.Novak，J.Shen，S.Zheng，

Y.Wang, N.Zhou, L.Liu, A.E.Gregory, M.R.Schaffer, D.B.Ablow, M.Kwon, A.G.Lucas, O.D.Chang: *Differential psychological needs fulfillment mediate positive emotions and distinctive positive outcomes among Chinese adolescents*, *Current Psychology*, 2021年。

[185] Y.Bai, J.Ocampo, G.Jin, S.Chen, V.Benet-Martinez, M.Monroy, C.Anderson, D.Keltner: *Awe, Daily Stress, and Elevated Life Satisfaction*, *Journal of Personality and Social Psychology*, 2021年第4期。

[186] Z.Yang, R.Zhang, Y.Wang, J.Huang, H.Zhou, E.F.C.Cheung, R.C.K: *Altered activation and functional connectivity in individuals with social anhedonia when envisioning positive future episodes*, *Psychological Medicine*, 2021年。

[187] M.Lin, XuWen, M.Qian, D.He, A.Zlomuzica: *Self-focused attention vs.negative attentional bias during public speech task in socially anxious individuals*, *Behaviour Research and Therapy*, 2021年。

[188] F.Guan, Y.Wu, W.Ren, P.Zhang, B.Jing, Z.Xu, S.-t.Wu, K.-p.Peng, J.-b.He: *Self-compassion and the mitigation of negative affect in the era of social distancing*, *Mindfulness*, 2021年第9期。

[189] R.Zhao, X.Ding, X.Lin, S.Si, Q.Zhang, C.Li, L.Cui: *The efficacy of character strengths-based group intervention on reducing anxiety among adolescents and mediating role of self-efficacy*, *Current Psychology*, 2021年。

[190] D.Pan, X.Yang, K.Lui, J.Lo, C.McBride, C.Ho: *Character and word reading in Chinese: Why and how they should be considered uniquely vis-à-vis literacy development*, *Contemporary Educational Psychology*, 2021年。

[191] 杨群、张积家、范丛慧:《维吾尔族与汉族的大学生在汉语歧义词消解中的语境促进效应及反应抑制效应》,《心理学报》, 2021年第7期。

[192] M.Yan, Y.Li, X.Sun, X.Zhou, Y.Hui, H.Li: *The roles of decoding and vocabulary in Chinese reading development: Evidence from a 3-year longitudinal study*, *British Journal of Educational Psychology*, 2021年第1期。

[193] Y.He, X.Liu, J.Hu, E.Nichols, C.Lu, L.Liu: *Difference Between Children and Adults in the Print-speech Coactivated Network*, *Scientific Studies of Reading*, 2021年。

[194] X.Du, D.Gu, M.Dong, J.Jiang, W.Jiang: *Pictographic name, warmth perception, and trust: Easy Chinese name holders are seen as warmer and more trustworthy*, *Current Psychology*, 2021年。

[195] C.Wang, Q.Zhang: *Word frequency effect in written production: Evidence from ERPs and neural oscillations*, *Psychophysiology*, 2021年第5期。

[196] 孙天义、郝晓晓、何安明、王财玉、许远理、郭春彦、周蔚:《神经重用假说的汉语情绪词汇加工证据》,《心理学报》, 2021年第9期。

[197] 张清芳、钱宗愉、朱雪冰:《汉语口语词汇产生中的多重音韵激活: 单词翻译任务的ERP研究》,《心理学报》, 2021年第1期。

[198] Q.Xu, S.Tao, S.Li, W.Wang, B.Li, R.Joshi: *Who are the nonresponders to intervention among Chinese children learning English as a second language?*, *Journal of Educational Psychology*, 2021年第2期。

[199] E.Pelzl, M.Carlson, T.Guo, C.Jackson, J.van Hell: *Tuning out tone errors? Native listeners do not down-weight tones when hearing unsystematic tone errors in foreign-accented Mandarin*, *Bilingualism-Language and Cognition*, 2021年第1期。

[200] P.Yao, R.Alkhammash, X.Li: *Plausibility and syntactic reanalysis in processing novel noun-noun combinations during Chinese reading: Evidence from native and non-native speakers*, *Scientific Studies of Reading*, 2021年。

[201] Y.Deng, Y.Wang, C.Qiu, Z.Hu, W.Sun, Y.Gong, X.Zhao, W.He, L.Cao: *A Chinese Conceptual Semantic Feature Dataset (CCFD)*, *Behavior Research Methods*, 2021年第4期。

[202] J.Pan, M.Yan, E.Richter, H.Shu, R.Kliegl: *The Beijing Sentence Corpus: A Chinese sentence corpus with eye movement data and predictability norms*, *Behavior Research Methods*, 2021年。

[203] C.Yan, T.He, Z.Wang: *Predictive remapping leaves a behaviorally measurable attentional trace on eye-centered brain maps*, *Psychonomic Bulletin & Review*, 2021年第4期。

［204］J.Zhao，J.Li，Y.Yang：*Reduced perceptual processing speed and atypical attentional weight at the cores of visual simultaneous processing deficits in Chinese children with developmental dyslexia：a parameter-based assessment of visual attention*，*Current Psychology*，2021年。

［205］P.Wei，L.Ji：*Reward expectation modulates N2pc for target selection：Electrophysiological evidence*，*Psychophysiology*，2021年第8期。

［206］X.He，W.Liu，N.Qin，L.Lyu，X.Dong，M.Bao：*Performance-dependent reward hurts performance：The non-monotonic attentional load modulation on task-irrelevant distractor processing*，*Psychophysiology*，2021年第12期。

［207］X.Dong，M.Zhang，B.Dong，Y.Jiang，M.Bao：*Reward produces learning of a consciously inaccessible feature*，*British Journal of Psychology*，2021年第1期。

［208］Y.Wang，Y.Zhang，M.Chen，Y.Chen：*Adolescents' Daily Executive Function：Methodological Considerations，Daily Variation，and Associations With Daily Experiences*，*Psychological Assessment*，2021年10期。

［209］L.Jiao，C.Liu，J.Schwieter，B.Chen：*The switching between newly learned languages impacts executive control*，*Psychophysiology*，2021年10期。

［210］L.Wang，X.Luo，T.Yuan，X.Zhou：*Reward facilitates response conflict resolution via global motor inhibition：Electromyography evidence*，*Psychophysiology*，2021年第10期。

［211］胡春梅、王蕾、曹荣誉：《同伴对青少年冒险行为的影响及其作用机制》，《心理科学进展》，2021年第8期。

［212］柯晓晓、齐惠紫、梁家辉、金欣园、高婕、张明霞、汪亚珉：《中国人整体性思维特征的情境评估法及其应用》，《心理学报》，2021年第12期。

［213］L.Lee，T.Talhelm，X.Zhang，B.Hu，X.Lv：*Holistic thinkers process divided-attention tasks faster：from the global/local perspective*，*Current Psychology*，2021年。

［214］T.Yan，K.Zhuang，L.He，C.Liu，R.Zeng，J.Qiu：*Left temporal pole contributes to creative thinking via an individual semantic network*，*Psychophysiology*，2021年。

［215］Z.J.Zhu，Y.Y.Wang：*Forgetting Unrelated Episodic Memories Through Suppression-Induced Amnesia*，*Journal of Experimental Psychology：General*，2021年第3期。

［216］周文洁、邓丽群、丁锦红：《物体颜色对情景记忆的影响》，《心理学报》，2021年第3期。

［217］Y.Hao，X.L.Li，Xiang，H.Zhang，Y.Ku：*Free-recall benefit，inhomogeneity and between-item interference in working memory*，*Cognition*，2021年。

［218］K.Ding，Q.Chen，W.Yang，X.Wang，D.Yang，C.Ding，J.Qiu：*Recognizing ideas generated in a creative thinking task：Effect of the subjective novelty*，*Current Psychology*，2021年。

［219］丁锦红、汪亚珉、姜扬：《注意促进运动知觉判断的时间进程》，《心理学报》，2021年第4期。

［220］X.Yuan，Y.Cheng，Y.Jiang：*Multisensory signals inhibit pupillary light reflex：Evidence from pupil oscillation*，*Psychophysiology*，2021年。

［221］X.Wang，S.Du，K.Zhang，F.Du：*An auditory hand-proximity effect：The auditory Simon effect is enhanced near the hands*，*Psychonomic Bulletin & Review*，2021年第3期。

［222］X.Tian，X.Hao，Y.Y.Song，J.Liu：*Homogenization of face neural representation during development*，*Developmental Cognitive Neuroscience*，2021年。

［223］李秀妍、伍珍：《4~8岁儿童认知风格的发展及其对问题解决的影响》，《心理科学》，2021年第2期。

［224］H.Dong，D.Margulies，X.Zuo，A.Holmes：*Shifting gradients of macroscale cortical organization mark the transition from childhood to adolescence*，*Proceedings of The National Academy of Sciences of The United States of America*，2021年第28期。

［225］L.Chen，S.Zilioli，Y.Jiang，X.Wang，D.Lin：*Perceived Social Support and Children's Physiological Responses to Stress：An Examination of the Stress-Buffering Hypothesis*，*Psychosomatic Medicine*，2021年第1期。

［226］X.Gao，Y.Wang，X.Chen，S.Gao：*Interface，interaction，and intelligence in generalized brain-computer interfaces*，*Trends in Cognitive*

Sciences，2021年第8期。

［227］Z.Ma，B.Lu，X.Li，T.Mei，Y.Guo，L.Yang，H.Wang，X.Tang，Z.Ji，J.Liu，L.Xu，Y.Yang，Q.Cao，C.Yan，J.Liu：*Atypicalities in the developmental trajectory of cortico-striatal functional connectivity in autism spectrum disorder*，*Autism*，2021年。

［228］R.Zhang，Z.Yang，J.Huang，Y.Wang，H.Zhou，Y.Wang，S.Lui，E.Cheung，R.Chan：*Neural mechanisms of prospection in individuals with schizotypal traits，autistic traits，or depressive symptoms*，*Journal of Abnormal Psychology*，2021年第8期。

［229］W.Chen，G.Zhang，X.Tian，L.Wang：*Psychometric properties and measurement invariance of the emotion regulation questionnaire in Chinese left-behind children*，*Current Psychology*，2021年。

［230］X.Sun，F.Zhong，T.Xin，C.Kang：*Item response theory analysis of general self-efficacy scale for senior elementary school students in China*，*Current Psychology*，2021年第2期。

［231］J.Wang，X.Shi，H.Zou，F.Pons，Q.Xu，Y.Wang，Y.Tang，S.Jiang：*Development and validation of the Emotional Intelligence Test for Adolescents in a Chinese sample*，*Psychol Assess*，2021年第12期。

［232］陈维、蒙秋芬、田雪、张谷吟、王力：《短式孤独感量表测评中学生的效度和信度》，《中国心理卫生杂志》，2021年第7期。

［233］戴隽文、曹慧、王彦华、郑芳、白晓宇、祝卓宏、李凌、李新影：《中文学生版同胞关系问卷的效度和信度》，《中国心理卫生杂志》，2021年第7期。

［234］M.Yu，P.M.Westenberg，Y.Wang，J.Wang，A.C.Miers：*Psychometric properties of the adolescents' interpretation and belief questionnaire（AIBQ）for measuring interpretation Bias in Chinese adolescents*，*Current Psychology*，2021年。

［235］S.Dong，J.S.Dubas，M.Deković，Z.Wang：*Chinese version of comprehensive early childhood parenting questionnaire（CECPAQ-CV）：Factor structure，reliability，and validity*，*Current Psychology*，2021年。

［236］N.Ahemaitijiang，Z.R.Han，C.Dale，K.DiMarzio，J.Parent：*Psychometric properties of the chinese version of the multidimensional assessment of parenting scale*，*Psychological Assessment*，2021年第3期。

［237］X.Xu，J.Wen，N.Zhou，G.Shi，J.Wang，N.A.Skritskaya：*Psychometric properties of a revised posttraumatic growth inventory and its short form in Chinese Shidu parents*，*Current Psychology*，2021年。

［238］W.Yan，R.J.Siegert，H.Zhou，X.Zou，L.Wu，X.Luo，T.Li，Y.Huang，H.Guan，X.Chen，M.Mao，K.Xia，L.Zhang，E.Li，C.Li，X.Zhang，Y.Zhou，A.Shih，E.Fombonne，Y.Zheng，J.Han，Z.Sun，Y.H.Jiang，Y.Wang：*Psychometric properties of the Chinese Parent Version of the Autism Spectrum Rating Scale：Rasch analysis*，*Autism*，2021年第7期。

［239］B.Zhang，Y.M.Li，J.Li，J.Luo，Y.Ye，L.Yin，Z.Chen，C.J.Soto，O.P.John：*The big five inventory-2 in China：A comprehensive psychometric evaluation in four diverse samples*，*Assessment*，2021年。

［240］W.Zhang，M.Wang，M.Yu，J.Wang：*The hierarchical structure and predictive validity of the personality inventory for DSM-5 in Chinese nonclinical adolescents*，*Assessment*，2021年。

［241］毕丹丹、丁晴雯、张家萌、陈杰、李新影：《价值评估问卷中文版在大学生中的效度和信度检验》，《中国心理卫生杂志》，2021年第5期。

［242］A.Li，S.Wang，R.L.Paetzold，X.Liu：*Validity and reliability of the Chinese version of adult disorganized attachment scale in Chinese adults*，*Current Psychology*，2021年。

［243］S.Yu，M.A.Rodriguez，Y.Deng，L.Xiao，X.Liu：*The Toronto Mindfulness Scale：Psychometric properties of the Chinese version*，*Mindfulness*，2021年第8期。

［244］明志君、陈祉妍、王雅芯、江兰、郭菲：《中文版多元心理健康素养量表在男性军人中信效度评价》，《中国公共卫生》，2021年第1期。

［245］C.Wang，D.Wang：*Validity and reliability of Chinese version of 28-item Substance Use Risk Profile Scale in Chinese adolescents and young adults*，*Current Psychology*，2021年第9期。

［246］Y.Han，H.Liu，F.Ji：*A sequential response model for analyzing process data on technology-based problem-solving tasks*，*Multivariate Behavioral*

Research，2021年。

［247］刘红云、袁克海、甘凯宇:《有中介的调节模型的拓展及其效应量》,《心理学报》，2021年第3期。

［248］X.Hu, J.Zheng, N.Su, T.Fan, C.Yang, Y.Yin, S.M.Fleming，L.Luo：*A Bayesian inference model for metamemory*，*Psychological Review*，2021年第5期。

［249］任赫、陈平:《两种新的多维计算机化分类测验终止规则》,《心理学报》，2021年第9期。

［250］温聪聪、朱红:《随机截距潜在转变分析（RI–LTA）——个案自我转变与个案间差异的分离》,《心理科学进展》，2021年第10期。

［251］薛明锋、陈平、刘拓、甄锋泉:《在GLMM框架下统一GT与IRT》,《心理科学》，2021年第2期。

［252］杨慊、贺文洁、王海龙:《单参数单维度Rasch模型的优势与意义》,《心理科学》，2021年第6期。

［253］钟晓钰、李铭尧、李凌艳:《问卷调查中被试不认真作答的控制与识别》,《心理科学进展》，2021年第2期。

［254］王俊秀、周迎楠、裴福华:《社会心理服务体系建设视角下铸牢中华民族共同体意识的路径——基于共同内群体认同理论》,《民族学刊》，2021年第5期。

［255］王玮、陈雪峰:《社会心理服务研究的发展态势及启示》,《心理学通讯》，2021年第3期。

［256］苗芃:《治理现代化视角下我国社会心理服务体系建设的路径创新》,《山东大学学报（哲学社会科学版）》，2021年第6期。

［257］张世贵:《重大疫情应对中社会心理服务的实践探索及经验启示》,《思想政治教育研究》，2021年第1期。

［258］张滨熠:《突发公共卫生事件中的社会心理引导》,《城市与减灾》，2021年第1期。

［259］张衍，罗淦:《建设多重整合的部队心理服务体系》,《政工学刊》，2021年第8期。

［260］陈宣霓、陈涛、彭凯平:《构建“心态协同”下后易地扶贫搬迁时代共同富裕大格局》,《宏观经济管理》，2021年第10期。

［261］谭旭运:《获得感与美好生活需要的关系研究》,《江苏社会科学》，2021年第3期。

［262］王俊秀、刘晓柳:《美好生活需要满足的个体路径和社会路径》,《江苏社会科学》，2021年第3期。

［263］应小萍、罗劲:《社会心态视角下创新精神，工匠精神及其相互关系研究》,《哈尔滨工业大学学报（社会科学版）》，2021年。

（北京市社会心理学会供稿，主要执笔人：刘力、谢晓非、蔡华俭、张慧、周明洁、穆蔚琦、郭薇、雷雳、王静、魏新益、陆昌勤、郑婧菲、李呈锦、李永娟、杨波、肖怡、娜仁满都拉、刘新辉、祝捷、梁竹苑、方平、徐建平、朱梓萌、黎娅、王俊秀、辛自强、李纾）

文　学

文 艺 学

2021年的文艺学学科发展在马克思主义文论、文学基础理论、中国古代文论、西方文论、媒介文化等方面均有创获。专家学者以百年视野回顾和总结文艺学发展的历史经验，深化马克思主义文艺理论内涵；对基本理论、基本问题、基本概念进行反思性和创新性阐释，丰富文学基础理论研究的理论深度和历史厚度；融通中西理论资源阐发中国古代文论经典议题，为中国文论建构注入源头活水；探索西方文论的方法与路径，增进与国际学界的交流与对话；关注新文学文化现象，开拓媒介文化研究的边界与视野，体现出学人们对文艺学学科发展的致思方向和探索成果。

一、百年视野中的文论反思

2021年是中国共产党成立100周年,《中国社会科学》《文学评论》《文艺研究》等学术刊物围绕“中国共产党100年的理论与实践”“庆祝中国共产党成立100周年”“党的领导与百年文艺”等主题，对党领导下中国马克思主义文艺理论的历史嬗变进行梳理、反思和阐释。在历史的重要交汇点，以百年视野回顾和总结文艺学学科发展历程成为研究的热点和亮点。本年度北京地区学者立足百年根基，在长时段视野中总结和反思文艺学学科研究中的重要议题，既体现出对文艺理论研究的现象、本质和潮流的整体性定位和评价，又能在继承与发展的学术传统中寻求新变。

马克思主义文艺理论在中国的发展，必须与中国文艺发展的实践相结合，进行中国化，并逐渐形成马克思主义文论的“中国形态”，凸显“中国性”。李金花在《马克思主义文论中国化进程中的“中国性”》考察了这一主题，提出在中国作家开始探索中国马克思主义文论的发展道路初期（1919—1925），在苏俄、日本的无产阶级运动的文艺经验中提炼出保护“文化遗产”、发展“民众艺术”、倡导“无产阶级文化”、宣传“主义”/“革命”、争论“文艺自由”等理论问题，并立足中国文艺现实、结合经典马克思主义，赋予这些问题“中国性”，形成一种在传承中发展、创新中国马克思主义文论的内在精神。[1]

张永清对马克思主义文学反映论在新中国求新求变的探索历程展开讨论。张永清将马克思主义文学反映论自1949年中华人民共和国成立以来的发展划分为“确立与巩固（1949—1978）”“反思与突破（1979—1999）”“综合与超越（2000—2020）”三大历史时期。在“确立与巩固”阶段，马克思主义文学反映论在中国的发展主要呈现出苏联化渐趋弱化、中国化逐步强化的发展态势，这表明它在新中国话语体系构建中的理论自觉、文化自觉、民族自觉。[2]而到“反思与突破”阶段，马克思主义文学反映论从学理上完成了对形象认识论、形象反映论、特殊意识形态论等的批判性反思，完成了在文学观念领域“解放思想”的理论任务。“审美特性”“情感特质”等在文学反映论相关理论问题中的孕育、萌生、凸显充分表明：由“确立与巩固期”所形成的“文学的形象反映论”“文学的特殊意识形态论”向“反思与突破阶段”所形成的“文学的审美反映论”“文学的审美意识形态论”的理论转向过程中，“恢复与反思阶段”的文学反映论在其中真正起到了“纽结点”的功能与作用，为“发展与深化阶段”对文学的“审美反映论”“审美意识形态论”的正式提出、系统论证奠定了坚实的知识基础。[3]

高建平关注百年中国马克思主义美学发展历程，在其《他律、介入、为民——百年中国马克思主义美学历程》中肯定了中国美学在过去百年中的巨大发展，并指出其中属于马克思主义美学线索的三个概念，即“他律”“介入”“为民”，对推动这种发展起到了很大的作用。“他律”与“自律”相对，“他律”带动“自律”，两个概念在美学史上循环出现；“介入”与“静观”相对，用实践、生产和活动来克服“静观”；“为民”有一个变化过程，从“国民”“庶民”“平民”，发展到“人民”，不同时代的“人民”内涵有所不同。当代美学的建设要传承和弘扬传统，建立新时代的中华美学精神，还要展开多方位的学术交流，在中外对话中借鉴包括国外马克思主义美学研究在内的外国美学成果，从而更好地发展自身。更重要的是坚持面向当下中国的现实，为繁荣文艺服务，并通过美育改变民族的精神面貌。[4]

这些文章关注百年来文艺学学科发展变迁所形成的各种传统，对其中的一些根本问题展开深入探讨，一方面总结了百年文论发展的历史经验，另一方面落脚于未来文艺学学科发展态势，整体性地描摹出中国文论走过的独特道路。

二、文学基础理论研究的深化与拓展

对文学理论的基础性命题展开反思和阐释一直都是文艺学学科学术研究的重要内容，深化和拓展文学理论基础命题的研究充实和丰富文艺学学术研究的理论深度，还能推进中国特色的文艺理论话语体系的构建。2021年度北京学者在文学基础理论研究围绕着一些基本概念、基本问题、基本方法展开反思性和创新性的论述。

文艺理论从形式上看是对于文艺创作经验的阐释，因此，阐释学理论对于文艺理论的建构具有方法论的价值和意义。近年来在张江教授的倡导和推动下，阐释学研究成为学界热点，尤其是围绕“强制阐释”的讨论如火如荼。2021年，张江发表《再论强制阐释》进一步阐述“强制阐释”。文章中，他将“强制阐释论”扩展为一种更为普遍性的阐释理论，从而提出了建构当代中国文论的方法和路径：“阐释是理性行为。理性的阐释，应该对阐释冲动中的非理性因素有所警惕并自觉加以理性规约。正当合法的阐释，坚持对自证与动机以理性反思，不为盲目的自证与动机所驱使，坚持从确定的对象本身出发，坚持阐释学意义上的整体性追求，坚持阐释主体与现实语境及历史传统的多重多向交叉循环，少一点理论放纵，多一点田野入微，少一点心理冲动，多一点知性反思，服从事实，服从真相，服从规则约束，赋予阐释以更纯正的阐释力量。”[5]

赵勇则关注文化诗学，在其《走向一种批判诗学——从法兰克福学派的视角看中国当代文化诗学》中，他从经典马克思主义的“诗意的裁判”、法兰克福的批判理论、否定的辩证法引领下的文学批评和大众文化批判中汲取理论资源，对“文化诗学”的理论困境进行反思，提出一种批判诗学。赵勇认为，“批判诗学”是对“文化诗学”的继承与拓展，它在保持文学理论审美品格的同时，试图增加批判这一动力系统，意在让文论与现实保持一种鲜活的关系，从而强化理论的及物性、实践性和解决实际问题的有效性。其理论预设和操作方案很可能在萨特的“文学介入”与阿多诺的“艺术自主”之间，即在对其二者的双重借用和批判中保持一种张力和平衡，实际上就是在作家（学者）与知识分子的角色扮演之间保持一种平衡关系，在形式创新与通俗表达之间寻找一种磨合空间，在“内在批评”和“外部批判”之间追求一种张力结构。[6]

在文艺理论基础研究中，学者也非常关注基本方法的探索。比如刘方喜在《以大历史观塑造文学史学的大格局——从历史虚无主义批判说起》中反思古代文学史学的研究，指出中国古代文学史学属于“历史学”与“文艺学”的交叉研究，其中的文学史观既关乎历史观也关乎文学观，以往的研究往往存在片面性，缺乏历史性、辩证性眼光，而习近平大历史观、大文化观对此有纠偏之用。尤其是在当今面对当今百年未有之大变局，只有与中国共产党、中华民族、中国人民休戚与共而“站在历史正确的一边”，以大历史观塑造文学史学大格局，古代文学研究才能更充分实现自身的价值。[7]

法国理论也是文艺学学科研究的热点议题，汪民安的《什么是法国理论?》全面阐述了诞生于20世纪60年代以来的法国理论思潮，在思维方式、表达方式、关切问题和对当下的介入等方面都与传统哲学迥异的法国理论脱胎于传统哲学，尤其受尼采哲学等德国哲学的深刻影响，同时，它又是欧洲哲学传统最新的演化形式，以福柯、拉康、德勒兹和德里达为代表，展现出一种与传统哲学不同的新的理论写作，深刻地改变了 20 世纪下半叶人文科学的基础和特质。[8]

三、古代文论研究的返本与开新

对于人文学科来说，学术的进步不在于对旧的学术的代替，而在于不断赋予传统以新意。2021年度北京学者对古代文论的研究既有进入历史语境，细致分析、比较文本，反思和阐释古代文论中的重要范畴和诗学论说，力图准确揭示其理论内涵与价值意义，又有吸纳中西理论资源重新阐释古代文论中的重要命题，赋予传统理论概念以永恒的生命力。

袁济喜的《文学论辩与“兼解以俱通”》反身回到先秦百家争鸣时期，探究中国文学批评的起源。在该文中，作者指出中国文学批评起于诸子百家的论辩，诸子在论辩中通过批评与反批评，获得相对正确的认识。这种以奇正互补、兼解俱通为目的的论辩也带来文学的批评与反批评，文艺创作与批评的内在规律和理论内涵被反复讨论深化，中国文学批评的演变和发展机制得以形成。通过奇正互补、兼解俱通达到文学繁荣，推动着理论的创新与观念的更替，既是值得重视的历史经验，也对当下文学批评的发展极具启迪价值。[9]

钱志熙则关注“吟咏情性”诗学的发展历程。在他看来，“吟咏情性”以情性哲学为基本的发生条件，在中国古典诗学的抒情理论系列中具有主轴性的地位。在魏晋南北朝时期确立“情性”本体诗学，言志缘情之外，时人多以“吟咏情性”称作诗之事；唐代继承发展此诗学传统，自觉实践情志为本，又重视个性、崇尚自然的诗歌观念；宋代则将情性论与个体伦理本质相结合，实现从情到理的转变；明清诗家仍沿传统的情性之说，以情性为诗歌之本，其中又有强调个性自然抒发、重视灵感与创新的性灵派之说。“吟咏情性”是大序作者对变风变雅的创作行为一种概括，是以孔门发生的诗歌情感论及哲学上的情性论为背景而发生的，建构了一种由“志”“情”“心”“性”等概念构成的抒情诗学传统，对后世文人诗的创作影响深远。[10]

张晶以中国古代文艺理论为资源，通过研究范式的转换，使当代的文艺美学突破时下的僵局，成为具有鲜明时代色彩的文艺美学话语体系。作者从文艺美学的视角来看中国古代文艺理论研究的发展与提升，认为在中国古代文艺理论以往的研究中，范畴研究已有非常丰富的成果，要将研究向前推进，命题研究应该进入自觉的阶段。命题具有客观性和价值取向性的双重属性，可以将中国古代文艺理论作整合性的建构，这既有助于文艺美学的突破，也会使中国古代文艺理论更为顺畅、更为自如地进入当代文艺批评，成为中国特色哲学社会科学学术体系和话语体系的有机部分。[11]

在对中国古代文论展开研究时，除了以上从中国语境分析和阐述外，有学者还另辟蹊径，借鉴西方文论，转换视角，以西方文论的理论视野来观照中国古代文论的重要命题，为阐释古代文论提供了另一种图景。李建盛的《作为一个诗学命题的“知人论世”说及其诠释学问题》梳理分析了从汉代到当代关于孟子“知人论世”说若干不同解读，指出以往的阐释有其合理性，但也存在诸多可以深入探讨的问题，诸如未能充分意识到“知人论世”说作为一个诗学命题的诠释学限度，未能充分考虑理解者的历史性和时间性在阐释中的作用，更重要的是认为理解的目标在于客观地“逆古人之志”或把握作者的意图，忽视了对作品本身的理解和阐释。在此基础上，作者从“阐释学循环”角度进行了新的阐发，认为在“我”（读者）、“古人”（作者）、“世”（古今）、“诗书”（作品）四个要素的“知人论世”诠释学循环中的“作品”成为理解和阐释的重心。[12]

除了“知人论世”的新解，李建盛还对中国古代重要的阐释学命题“《诗》无达诂”开展全面而深入的讨论。在《从“〈诗〉无达诂”到“诗无达诂”：一个诠释学问题的探讨》中，李建盛指出，不能单纯从经学转变的历史考察“《诗》无达诂”的应用性经学阐释向“诗无达诂”的审美性诗学阐释的转变，而必须重视“文学的自觉时代”的文本自觉和本体诗学的发展在这个转变中具有的举足轻重的作用。从“《诗》无达诂”到“诗无达诂”体现了从实践应用性经学阐释向文学审美性诗学阐释的转变，从而形成了具有中国传统特色的阐释方法和思考问题的方式，与西方现代诠释学确有某些“暗合之处”，也有诸多显著的差异。在进行相互比较和阐释时，我们既要深入理解“《诗》无达诂”的中国阐释传统，也应较为完整地把握西方诠释学的问题和逻辑，以避免盲目的对应比较、简单的优劣评价、随心所欲的挪用以及缺乏学理的判断，从而在差异性的中西比较阐释中实现某种诠释学的“视域融合”。[13]

四、西方文论研究的反思与融通

西方文论是建构中国文论话语体系的重要参照，尤其是西方现当代文论，与我们共享同样的问题场域和社会情境，对中国文论的创构更具启发意义。2021年度北京学者的西方文论研究立足中国实际，以问题意识为导向，围绕一些重要的诗学观念、理论家、批评方法展开研究，取得了不少新成果，展现出我们学者面向国际的学术视野和参与国际对话的学术自觉。

首先是对经典西方文论的反思性考察。陈剑澜对德国观念论美学中的直观理论进行梳理与概念考辩，图绘其知识谱系，指出直观是德国观念论美学中的一个重要而复杂的概念，围绕这个概念展开的各种论述关系到现代美学的合理性、意义及限度等基本问题。康德从批判主义立场把直观限于感性的范围，同时将更高级的直观排除在审美活动之外，从而止步于审美内在价值的原则主张。康德之后的观念论者持续拓展这一论题，并逐渐转向审美、艺术与真理的问题，由此形成一种影响深远的审美主义思潮。在此过程中，费希特代表从批判观念论到主观观念论的转变，而荷尔德林、诺瓦利斯、F. 施勒格尔和谢林则开辟了绝对观念论或客观唯心主义的方向。谢林的审美直观论把艺术当作真理唯一的、最高的显现方式，把艺术哲学看作整个体系的枢纽，赋予早期德国浪漫派的艺术宗教信念以系统哲学的形式，因此成为后启蒙时代审美主义持续扩张的动力。[14]

再者是聚焦重要理论家的建设性阐释。钱中文以“行为构建”勾连起巴赫金哲学中人的构形及存在形式，阐述巴赫金的理论现实关怀和构建路径，并在此基础上评价其诗学理论的理论价值和现实意义。面对现代文化危机，巴赫金提出以责任为中心，从现实的人的生活出发，把人的行为作为人的基本活动与相互之间的关系而形成所谓“行为即事件”的伦理哲学。钱中文认为，这里的行为指的是“选择”和“责任”，在行为的发生过程中，选择和责任必然伴随价值判断的产生，而“应分”作为一个特定的判断，是某种自我意识的态度取向，最终在行为世界构建出“人”并对他人负有责任，以此建立起一种具有高度人文精神的、广泛意义上的对话哲学，提出人类生活按其本性是对话性的，要求对人和人类的命运持有对话立场。这种具有深刻的现代性的对话哲学对当今文科学界和社会生活依旧具有吸引力和指导意义。[15]

王杰文在《普罗普与巴赫金——试论20世纪民间文艺学的两种范式》中比较研究了以普罗普和巴赫金为代表的民间文艺学的两种范式：普罗普在科学主义思想的指导下开展幻想故事的形态学与历史学研究，巴赫金则在现象学的原则下探讨言语体裁与社会交往的复杂关系。普罗普试图在幻想故事文本中寻找稳定不变的要素，从而建构故事类型的“基本形式”与“派生形式”，并为其历史起源研究奠定基础；巴赫金则把文本还原为言语交流活动，着眼于人类言语行为的整体，努力探索的是人类“派生的言语体裁”中所隐藏的社会学诗学问题。作者指出，当前民间文艺学家对“民间文学”的反思与批评以及对“口头艺术”的文本化问题的关注，显然是对巴赫金思想的继承与发展。[16] 陈奇佳在将主体境况与悲剧精神同构化的悲剧理论思潮视域中阐释齐泽克的悲剧理论，认为其悲剧理论拉康与他对主体被“杠”掉、认识客体之不可能性以及主客体关系之不可能性（与超我预定的受虐型关系）的独到阐释相关。因此，在齐泽克看来，悲剧及相关文化现象即这种既定命运的隐喻与象征。齐泽克的悲剧理论建构，夯实了主体—悲剧同构论的学理基础，对现代主体特殊的精神际遇也有深刻揭示。[17]

最后是关于批评方法的批判性讨论。中国学者对西方文论的借鉴，主要立足于其方法论，这些方法提供了一种视角，可以激活中国文论研究。赵勇在《作为方法的文学批评——阿多诺“内在批评”试解读》中考察了阿多诺“内在批评”阐述的历史背景及学术内涵，指出诞生于战后重建和“文化失败”的历史语境中的“内在批评”，强调内在性，拒绝把社会的种种概念从外部运用于作品，其致思路径和操作方案是从作品的形式入手并对形式进行内在分析，进而破解社会密码，由表而入里，因内而观外。“内在批评”内在于阿多诺的哲学思想，显示出其“改变世界”和“改变世界”的愿景和努力，并通过自己的批评时间将其落到实处。[18] 这种批评路径对当下的文学和文化研究仍有启示意义。

汪尧翀的《走向“一种批判的工艺学史”：论本雅明〈爱德华·福克斯〉中的技术批判》聚焦于本雅明的“福克斯论文”，考察其独具特色的技术批判。作者指出，本雅明的技术批判无论从主题还是方法上都直接受到马克思有关“工艺学”（Technologie）的批判思想启发，经创造性的吸收，形成同时对抗实证主义与历史主义这两种权威性的意识形态的“批判的工艺学史”。[19]

五、与时俱进的媒介文化研究

随着互联网和传播媒介的不断革新，文学和文学理论的生产和传播方式也发生了变化，如何应对世界范围内技术革命对文学艺术的冲击，未来的文学艺术理论如何发展，新时代的变革为文艺学学科研究带来新的语境和新的问题。在这场新思维的挑战中，本年度北京学者围绕数字人文、媒介文化、技术美学等前沿话题展开了自己的思考，进一步拓展了文艺学学科研究的视野和疆界。

赵薇的《数字时代人文学研究的变革与超越——数字人文在中国》以快速发展的中国数字人文研究为问题域，思索中国数字人文研究的变革与超越。在她看来，数字人文的推进触发中国人文学科在知识基础、方法论和评价体系等多方面的思考，学科大碰撞、大融通的时代来临。未来数字人文的问题意识、规范意识、评价体系等都有待进一步完善提升。面对如此发展，人文学者应克服自身学科局限，打破偏见，共同致力于建构一种作为阐释和批评手段的反思性的数字人文。[20] 陈众议关注文学在数字技术时代陷入由资本与技术操纵的“网格化”“扁平化”现象。他指出，数字技术正在将文学引向“新口传时代”，理想与利益之间的适当让渡是数字化时代的重要课题。但同时，作者也认为文学的个性化创作和个人化阅读（阐释）依然有其强大的惯性和逆袭性，这种特质是数字化时代文学艺术不被取代的重要基础，也是让文学回归传统的可能条件。[21]

李静的《互联网世代的文学生活——以弹幕版四大名著的接受为个案》则考察B站四大名著央视老版电视剧的弹幕文化景观，从弹幕这一互联网技术与民族文化传统的创生互融机制入手，揭示背后更具普遍性的变迁趋势。在对弹幕的文化特征、语言美学的认真审视中，延展出对于弹幕使用者，即当代青年主体状态的描摹，进而揭示和批判性反思被高度媒介化、信息化、景观化的信息时代文学文化生活。这些研究切入互联网时代文学创作与接受的变化状况，透视当下纷繁复杂的文化景观，对互联网时代的文学动态进行审慎观察和深刻解剖。[22]

刘方喜则关注技术与美学、技术与文化的问题。他在《机不尽言·言不尽意：人工智能“意义”生产工艺学批判》中指出，人脑神经元系统是人身性的意义生产工具，而作为人类文化创造的产物，文字语言系统、人工智能机器系统则是非人身性的意义生产工具。书不尽言、言不尽意，非人身性的文字系统不足以充分表达人身性的人脑和口语系统之意义，体现了人的存在的有限性，而人又通过不断改进和发展这种生产工具的无限过程来超越这种有限性。机不尽言，非人身性的人工智能机器系统不足以充分表达文字系统进而人脑和口语系统之意义，这同样体现了人的有限性，而人同样可以通过不断改进和发展这种生产工具的无限过程来超越这种有限性。只有超越文学隐喻和资本主义主流意识形态叙事，才能充分揭示人工智能划时代的社会文化意义，而马克思生产工艺学批判对此有重要理论启示。[23]刘方喜的另一篇文章中从工艺学角度重构人工智能时代的艺术生产，不同于古典形式的现代资本主义艺术生产，当今人工智能则正在引发艺术机器生产第二次工艺革命即机器自动化“生产”革命，人使用艺术等精神劳动工具的技巧的平等化、大众化程度得到进一步提升。动能自动化机器解放了人的物质生产力，当今人工智能机器则正在解放人的精神生产力，并将逐步消除分工，扬弃资本之后，每个人的物质和精神创造力将得到全面自由发展。[24]此外，作者还从物质性工艺史视角定义人类社会的文化三级跳跃：一是人脑神经的进化发展，以“劳动”为关键要素将人类的物质生产与精神生产统一于自然，这种作为智能生产工具的人脑神经元系统和口头语言系统，乃是自然工艺史不断进化的产物，实现了人类文化的第一跳；二是文字系统的进化发展，人在自身生物性身体之外创造出的书面文字系统标志着人类文化的第二跳；三是人工智能机器系统，这是人脑、文字系统与现代机器系统交汇发展的产物，将人从非自由劳动中解放出来，启动人类迈向自由王国三级跳的最后一跃。物质性工艺史研究克服了有关人类文化史研究的孤立的精神性观念史倾向，有助于科学揭示人工智能发展未来大势及其对人类社会文化的影响。[25]

六、专著出版与课题立项

2021年，北京地区文艺学专业学者专著出版情况如下：方维规的《历史的概念向量》是其关于概念史论文的结集，分为三部分，第一部分理论篇，系统撰述概念史的理论，第二部分为实证研究，考察“民主”“知识分子”“共同体”“世界文学”“跨文化”“光晕”等概念的流变与内涵，第三部分是与概念史有关的书评、序言等论说文字，从中可窥见汉语学界近年来在概念史或相近领域的研究状况。[26]王一川的《艺术学理论要略》系统介绍了艺术学理论学科的缘起、问题意识、总体构架和焦点话题，在中外艺术理论互通基础上梳理艺术理论、艺术史、艺术批评、艺术管理、艺术教育、艺术遗产等学科分支间相互关系，全面展现出艺术学理论学科成长为成熟学科的整体图景，还通过学科分支个案例释讲述了艺术学研习之法。[27]马云龙的《欲望的变奏：精神分析的文学反射镜》以具体的问题研究为导向，聚焦于拉康思想中与文学批评具有密切关系的几个基本概念，比如无意识、欲望、凝视和升华，以及拉康为了发展精神分析学理论而从事的文学批评实践，深入探讨拉康借精神分析批评展开的理论建设成果。[28]

2021年，北京地区文艺学专业学者获国家社科基金立项多项：“中国古代美学命题整理与研究”（张晶，中国传媒大学，重大项目）、“中国网络文学的文化传承与海外传播研究”（陈定家，中国社会科学院，重大项目）、“美国族裔文学中的文化共同体思想研究”（生安锋，清华大学；郭英剑，中国人民大学，重大项目）；“现代中国文学的发生与演化研究”（王风，北京大学，一般项目）、“中国文论话语建构语境中的《红楼梦》话语体系阐释研究”（张洪波，北京外国语大学，一般项目）、“日本城市化进程中的文学书写研究”（张文颖，北京第二外国语学院，一般项目）、“柏林现代派与维也纳现代派城市书写研究”（王彦会，北京理工大学，一般项目）、“约翰·阿什伯利的诗画诗学研究”（张慧馨，北方工业大学，一般项目）；“制度史视野下的唐代诗歌教育研究”（韩达，中国政法大学，青年项目）、“清末民初审美启蒙论研究”（冯庆，中国人民大学，青年项目）、“文话与清代文学生态研究”（诸雨辰，北京师范大学，青年项目）、“日本现代诗学‘实在论’及其当代意义研究”（柏奕旻，中国社会科学院，青年项目）、“瓦尔特·本雅明的思想图像写作研究”（姜雪，中国社会科学院，青年项目）、“德国表现主义疾病书写研究”（刘冬瑶，北京科技大学，青年项目）。

结语

本年度北京地区文艺学学科学术研究呈现出宏观性、长时段、整体性与微观性、短时期、局部性研究互补融合的格局逐步形成，在深化基础理论研究，丰富问题视角，创新理论构建等方面做出巨大努力，取得不俗的成绩，这将为把握文艺学学科发展的内在规律和未来趋势，合理规划文艺学学科发展，完善学科体系架构，推进中国特色文艺学话语体系建构提供经验与指导。但同时，我们也应看到北京地区2021年文艺学学科学术发展前进与深化中仍可继续加强和推进的方面。比如，继续推进基础理论的创新阐释，2021年北京地区文艺学研究对“强制阐释”“文化诗学”等理论进行再阐释，但尚缺少对诸理论在理论深度与历史厚度更深入的挖掘，及其与其他基础理论的互动关系研究；另外，还可加强对新时期以来的文学理论与文学实践关系的反思，现如今网络文学、科幻文艺、媒介文化、后理论、后人类不断拓展文学研究的边界和视野，文艺学学科的学术发展也要与时俱进，与文学文化新形态同频共振，积极参与讨论与反思，将有利于推动文艺学的创新发展，助力中国特色文学研究“三大体系”的建构。

注：

［1］李金花：《马克思主义文论中国化进程中的“中国性”》，《文学评论》，2021年第3期。

［2］张永清：《马克思主义文学反映论在新中国的确立与巩固》，《文艺研究》，2021年第9期。

［3］张永清：《“审美特性”的凸显——“恢复与反思阶段”的马克思主义文学反映论》，《清华大学学报（哲学社会科学版）》，2021年第5期。

［4］高建平：《他律、介入、为民——百年中国马克思主义美学历程》，《文艺研究》，2021年第7期。

［5］张江：《再论强制阐释》，《中国社会科学》，2021年第2期。

［6］赵勇：《走向一种批判诗学——从法兰克福学派的视角看中国当代文化诗学》，《清华大学学报（哲学社会科学版）》，2021年第5期。

［7］刘方喜：《以大历史观塑造文学史学的大格局——从历史虚无主义批判说起》，《文学遗产》，2021年第4期。

［8］汪民安：《什么是法国理论?》，《马克思主义与现实》，2021年第4期。

［9］袁济喜：《文学论辩与“兼解以俱通”》，《中国文学批评》，2021年第1期。

［10］钱志熙：《论“吟咏情性”作为古典抒情诗学主轴的地位》，《北京大学学报（哲学社会科学版）》，2021年第2期。

［11］张晶：《从范畴到命题——从文艺美学回望中国古代文艺理论》，《文化遗产》，2021年第2期。

［12］李建盛：《作为一个诗学命题的“知人论世”说及其诠释学问题》，《江淮论坛》，2021年第4期。

［13］李建盛：《从“〈诗〉无达诂”到“诗无达诂”：一个诠释学问题的探讨》，《清华大学学报（哲学社会科学版）》，2021年第6期。

［14］陈剑澜：《德国观念论美学中的直观理论》，《北京大学学报（哲学社会科学版）》，2021年第6期。

［15］钱中文：《行为构建、人的构形及其存在形式——在巴赫金的诗学与哲学之间》，《文学评论》，2021年第1期。

［16］王杰文：《普罗普与巴赫金——试论20世纪民间文艺学的两种范式》，《文学评论》，2021年第5期。

［17］陈奇佳：《主体的倾覆与人的命运——齐泽克论悲剧》，《戏剧》（中央戏剧学院学报），2021年第3期。

［18］赵勇：《作为方法的文学批评——阿多诺“内在批评”试解读》，《中国文学批评》，2021年第1期。

［19］汪尧翀：《走向“一种批判的工艺学史”：论本雅明〈爱德华·福克斯〉中的技术批判》，《文艺争鸣》，2021年第11期。

［20］赵薇：《数字时代人文学研究的变革与超越——数字人文在中国》，《探索与争鸣》，2021年第6期。

［21］陈众议：《数字人文与技术让渡》，《外国文学动态研究》，2021年第1期。

［22］李静：《互联网世代的文学生活——以弹幕版四大名著的接受为个案》，《中国当代文学研究》，2021年第4期。

［23］刘方喜：《机不尽言·言不尽意：人工智能“意义”生产工艺学批判》，《江西师范大学学报（哲学社会科学版）》，2021年第5期。

［24］刘方喜：《人工智能时代艺术生产论的工艺学重构》，《甘肃社会科学》，2021年第5期。

［25］刘方喜：《文化三级跳：人工智能的工艺史定位》，《西南民族大学学报（人文社会科学版）》，2021年第2期。

［26］方维规：《历史的概念向量》，生活·读书·新知三联书店，2021年。

［27］王一川：《艺术学理论要略》，北京大学出版社，2021年。

［28］马元龙：《欲望的变奏：精神分析的文学反射镜》，北京大学出版社，2021年。

（北京市文艺学会供稿，主要执笔人：黄兰花）

中国古典文献学

2021年度北京地区中国古典文献学研究成果主要集中在以下方面：目录学、版本学、校勘学研究；辨伪、辑佚相关研究；专科文献研究；专书、专人研究；其他重要研究；其他工作。

一、目录学、版本学、校勘学研究

目录学、版本学、校勘学是文献学的核心内容。北京地区文献学界对相关领域历来重视，耕耘深厚。2021年在相关方面持续深入展开研究，均取得了重要成果，其中版本学的研究尤显突出。具体情况如下。

在目录学方面，主要为对重点目录学著作的深入研究。特别值得重视的是对《郡斋读书志》成书问题的重新讨论。王天然经深入的梳理辨析，指明了该书的成书情况和成书时间，并在此基础上进一步讨论了相关的书籍史问题。[1]此外,《四库》学也一直是备受关注的研究领域。如张升考察了王际华与于敏中关于《四库》修书的通信，揭示了王于二人在四库馆中的密切合作关系，并据而进一步探讨了《于文襄手札》考释的有关疑难问题。[2]在校勘学方面，既有对校勘学史关键问题的细致考辨，也有具体的校勘实践。如马楠分析了“一人持本”之“本”的意义，认为当指底本，与整理定本称“新书”相对；并在此基础上进一步梳理了其他重要概念。[3]刘兆轩考察了《周易·小畜》“舆说辐”的异文，结合前人考证并利用了出土文献及考古学成果，确证“辐”系“輹”字之误，讹误时间约在唐代。[4]

在版本学方面，主要为对重要古籍版本源流的梳理，以及对重要版本的细致考辨。值得注意的是，学者们一方面在梳理辨析上力求全面精深，拓展研究对象并加以深入，纠正先前认识中的不足之处。如顾永新细致调查了日系古钞本、古活字本《周易》的具体情况，并将之与敦煌唐写本和宋元刻本《周易》对校，探讨了其文本来源，指出古钞本可追溯至唐写本，但与宋刻本也有关联；而古活字本的主要文本来源是宋元刻本，并非古钞本。[5]王岚详尽调查了《元丰类稿》的元明刻本，为经眼目验的元刻孤本和重刻重印频繁而关系错综杂的明刻本，共计14种，细致梳理了各本的版本特征和流传渊源，绘制了版本源流图，补充、纠正了先前认识上的不足和错误。[6]李宗焜补正了三处原先对宋本《文苑英华》认识的不足。[7]吴娟全面考察了李刘文集在历代的编刻流传情况，对前人认识的疏误进行了订补。[8]另一方面，学者们还注重发掘版本价值，重视揭示其在文献、历史、文化、思想等多方面的意义。董婧宸进一步考察了南宋浙刻监本《大宋重修广韵》的版本情况，细致比对异文，并在此基础上梳理了版本源流，指出其对研究宋元书籍的刊刻及流通的借鉴意义。[9]南江涛全面考察了北京师范大学图书馆所藏许玉瑑批校本《文选》，讨论了批校内容来源、该批校本的独特价值。[10]蔡丹君从书法史角度入手，考察了所谓“北宋写刻苏东坡手书《陶渊明集》”诸版本，分析了其刊刻流传、多样书风、版本异文价值等相关问题。[11]此外，学者们还考察了《文公先生小学大全》《学约古文》《唐大诏令集》《蛟峰文集》等的重要版本和版本源流。[12]除具体古籍版本的研究外，版本学史也为学者们所关注。如白悦波梳理了清代学者及学者型藏书家对“善本”含义的理解和阐发，在此基础上对其加以分类，从而细致探究了清代学者的不同的善本观念和这些观念间的相互关系。[13]

二、辨伪、辑佚相关研究

在辨伪学方面，学者们的研究持续走向深入。或结合多方证据断定作伪，注重揭示作伪手法；或对于材料本身加以细致辨析和剥离，以挖掘其中的作伪痕迹。总之摆脱了早期研究中轻言伪书的不足，对于文本的复杂性有了充分的认识，在证据选取和论证上也更加全面、科学、合理。如陈晓兰详细考察了《宋锁碎录》的版本和内容，发现系离析、改造宋叶廷珪《海录碎事》残卷而成，继而从抄写纸张角度入手揭露作伪手法，再从藏书印、书名等角度进一步发掘作伪之迹，可谓证据确凿、定谳无疑。[14]又如邱靖嘉讨论了《建炎以来系年要录》所引王大观《行程录》的真伪问题，其文在辑录佚文的基础上结合史实材料加以分析，指出王大观《行程录》其人和其书内容基本可信，但流传于南宋的《行程录》已混入了某些来自伪书的内容，并非原貌，从中可见一丝作伪的痕迹。文中特别强调了辨析、剥离文本材料的重要性。[15]张鸿鸣考察了北京大学图书馆所藏的长期被著录为毛氏汲古阁影宋钞本的《九僧诗》，将之与国图藏本相比较并结合相关材料细致分析，从递藏、藏书印、李盛铎的态度、李滂卖书的过程等角度加以考辨，认定国图藏本为真毛钞《九僧诗》，而北大藏本则为伪毛钞。[16]

在辑佚学方面，重点在于从《永乐大典》中进行辑佚和在此基础上的深入研究，包括对于佚文本身的考察和对《永乐大典》相关问题的探讨。如张良从《永乐大典》中两篇不见于诸本《元史》的传记出发，讨论了《永乐大典》的抄录诸史体例、文本情况、佚传来源等相关问题。[17]此外，李更在比勘过云楼旧藏本、国图宋本两种宋刊《锦绣万花谷后集》的基础上，辑录了《全宋诗》未收作品85首（句），涉作者38家，并梳理了其他可资考证的信息。[18]

三、专科文献研究

专科文献学所涉门类非常广泛，与普通文献学关系密切。在2021年的研究中，学者们对于经学文献、文学文献、史学文献的研究尤显突出，具体如下。

在经学文献方面，学者们的研究重点在于对《十三经注疏》的研究，包括文本、编纂、注释、学术传统等，涉及角度全面，探究层面深入。在具体的考察中，学者们还广泛利用出土文献、石刻文献、域外汉籍、名家批校等材料，或以之为重要论证资料，或直接对其展开研究，此点尤为值得关注。如顾永新据宋刻本对开成石经《周易》进行了通校，系统、全面地揭示了石经的文本样貌，并在此基础上探究了《周易》文本从写本时代进入刻本时代的演变规律。[19]郜同麟通过考察日本东洋文库所藏《礼记正义》残抄本，将之与八行本、十行本《礼记正义》对比，总结了《礼记正义》在演变过程中的多条规律。[20]冯先思考察了国家图书馆所藏清佚名过录的卢文弨校《周易兼义》和清佚名过录的惠栋等批校《周易兼义》，研究了其中所录存的钱求赤抄本《周易注疏》的面貌，并进而探讨了钱本《周易注疏》的相关问题。[21]另外值得关注的一点是研究对于文本的分析的愈加深入，对于文本层次的辨析愈加细密。如赵培对《金縢》篇进行了细致考察，分析了《金縢》的成篇历程，在此基础上深入辨析了《金縢》篇的文本层次，指出了在研读上古典籍时从文本中发掘典籍生成流传过程中的潜在文本的重要性。[22]吴天宇经过细密的文本分析，指出《古文孝经孔传》中包含三种性质各异的组成部分，并进而探讨了其文本性质和制作意图。[23]郜同麟考察了《礼记正义》中所存的皇侃、熊安生旧疏的情况，对文本进行了细致的分析，总结了从中辨别《礼记》旧疏的通例计27则。[24]李林芳考察了《毛传》《郑笺》对于“逑”“仇”的训释，认为毛郑异解可能是由于所据《诗经》文本不同所致，文中也对《毛诗》的层次进行了辨析。[25]关于注释及理解，华喆具体分析了《仪礼·士昏礼》中郑玄“馔要方”的注释及后世学者的不同理解，并在此基础上讨论了礼图对于《仪礼》学研究的影响。[26]除下专经专题的研究外，学者们的视野也逐渐扩展至对经学整体发展脉络及变化线索的细致考索。如吴丽娱考察了《礼论》类著作在中古前期的形成发展经过，论述了此类著作在经学史的地位、影响、社会意义及在相关经学思想方面的启发，借此讨论了中古前期经学发展和经学史的相关问题。[27]顾永新细致梳理了唐宋时期学者们对于《周易》文本的考较情况，分析了其前后变化，探究了其背后的学术传统。[28]

在文学文献方面，学者们的研究集中在对重要文学作品的成书、编纂、版本研究和相关文学价值的阐发上。在早期文学文献的研究上，近些年来，学者们对于重点文学作品的流传和定型多有关注。如常森考察了《庄子》的早期流传和定型问题，指出刘安编订的五十二篇本《庄子》是一重要节点，为早期《庄子》文本的源文本，汉代还有一种二十三篇本流传。传世三十三篇本乃郭象据古本删订而成，郭象完成了对《庄子》的重新塑造，对后世影响深远。[29]学者们还注重发掘重要文学作品的重要版本。如张廷银、于晓川考察了国家图书馆藏周星诒校跋天启刻本《曹子建集》，这是曹植集的重要版本，指出了其中所展现的重要版本信息，并分析了其文学价值。[30]曾祥波考察了《东坡外集》中的收录词四卷，指出其为现存最早的东坡词集，其明刊本保存了南宋旧貌，并与其他三种东坡词早期版本比勘，说明了其作为源头文献的重要价值。[31]曾祥波还考察了宋元时期的“集注批点杜集”，从被误读的“梦弼曰”注文入手，讨论了高本、罗本、徐本的成书过程和内在关系，指出了不同本子的问题和价值所在。[32]另外是对文集编纂的研究，视野不仅局限于文集本身，而且扩展至其他相关领域。如李法然重新梳理了《宋文鉴》的编纂过程，进而讨论了其背后涉及的学术纷争，展示了吕祖谦面对纷争的态度和处理方法。[33]陈斐考察了北宋西湖莲社社集的编纂情况，从而全面呈现了其文学活动和弘法的盛况。[34]

在史学文献方面，学者们或结合更多材料或从新角度对重要问题予以更加深入的论证剖析，或对新材料加以考辨。针对《续资治通鉴长编》相关记载纷纭而多歧异的状况，张良重新梳理了《续资治通鉴长编》的进呈、存藏、著录情况，厘清了南宋官藏本的传存谱系，揭示了其早期流传面貌。[35]针对《大唐西域记》中的“阙文”问题，王邦维经细致比对辨析，指出前人所判断的皆非真正阙文。[36]对于重新发现的百衲本《北齐书》《周书》《北史》校勘记，聂溦萌考察了其基本情况，讨论了其中提及的《举疑》，梳理了校勘的整体过程。[37]此外，对于早期的文献，学者们也愈加注重离析其内在组成部分，从而推断其形成经过。章宁对《逸周书·尝麦》的文本进行了细致的分析，将其文本分为四组，探究了各组文本的时代及性质，讨论了其编纂形成经过。[38]

四、专书、专人研究

在专书研究方面，特别值得重视的是对于名家稿本、批校本的发现和研究。由于相关内容多属新材料，且系原始样貌，价值很高，故对于学者和学术史研究都有莫大的助益。如南江涛考察了湖北省图书馆所藏纪昀手批《史通训故补》，通过对比互勘研究了从批校本《史通训故补》到批校本《史通通释》，再到《史通削繁》的完整过程。[39]刘晓丽考察了中国科学院图书馆所藏李慈铭稿本《越缦堂杂著》十五种，指出了其在收未刊之稿本、存李慈铭之佚文、订文集之阙讹、补编年之缺漏等方面的重要价值。[40]周昕晖研究了国家图书馆藏朱筠文章稿本《椒花吟舫文稿》，考察了《文稿》的形态、来源、性质，并讨论了其与朱筠文集刻本《笥河文钞》的关系。[41]对于重要典籍，学者们也进行了全面的考察研究。如刘瑛考察了南朝梁陶弘景所撰《古今刀剑录》，探究了其成书过程。[42]陈晓兰考察了明商濬编刻的《博闻类纂》，指出此书实出于宋《琐碎录》，并进而探讨了宋元时期《琐碎录》的不同面貌。[43]此外，对于域外汉籍的发现也值得重视。如林嵩考察了东京大学东洋文化研究所藏元刻《增修陆状元集百家注资治通鉴节》(残六卷)，探考了作者生平，考辨了书中内容，讨论了流传、递藏等情况。[44]

在专人研究方面，首先值得关注的是对于重要学者的集中考察。熊少聪、周浩贤和高树伟都对张守节重新进行了研究。熊少聪通过对相关材料的细致爬梳比对，指出《册府元龟》卷813的一处材料中“李守节”应为“张守节”，并在此基础上对于张守节的生平、仕宦、学术等问题予以了深入考索。周浩贤通过梳理比对材料，也指出《册府元龟》中的“李守节”应作“张守节”，此外还对司马贞的生平进行了补正，从史记学脉络对陆善经《史记决疑》进行了考察。高树伟同意熊、周认为“李守节”乃“张守节”之误，并进一步考察了张守节的师承、仕宦、交游，讨论了《史记正义》的成书、进呈、早期流传。三位学者也都附带论及了《史记正义》与《史记索隐》的关系问题。[45]此外，胡艳杰考察了清代学者温忠翰的著述及刊刻图书情况。[46]还有研究者关注学者、文人的相互交游。如徐诚考察了朱文藻所编《日下题襟集》所载与洪大容的书信往来，并兼考察了洪大容《乾净笔谭》中所见笔谈内容，借此探讨了清中叶中韩学人交游和书籍传播的学术意义。[47]许红霞深入考辨了宋代诗僧道潜的生平事迹，展现了其生平与苏轼的密切关系。[48]

五、其他重要研究

从文献载体的角度来看，对于碑铭石刻文献的研究也非常值得重视。学者们或从物质性角度入手，考索相关文献样态的成因；或据以为重要材料，分析相关历史、文献问题。如侯金满研究了唐石经碑式中的“分层横刻”与“跨书”现象，结合中古书册制度讨论了其与唐石经碑式的相互关联，论述了唐石经碑式对大历“五经壁本”的继承关系，特别指出唐石经中的相关现象保留了所据唐代经籍写卷底本的特征，受到了中古时期书册制度的深刻影响，而其“跨书”则是随着书写载体的变化一步步自然衍生的现象。[49]宛盈利用较少被关注的玄奘、窥基二塔铭为基础史料，梳理了玄奘、窥基二塔塔铭建立的艰难过程，分析了开成前后长安僧团的面貌，推测了《窥基塔铭》的文本流传经过。[50]

在禁毁书研究领域，也有学者进行了深入的探讨。如黄晓丹、周少川考察了清朝前期岭南僧人著述的禁毁问题，梳理了禁毁书相关案件，细致分析了禁毁原因，讨论了禁书的价值及后世的流传情况。[51]

六、其他工作

本年度出版了许多重要的研究专著，包括《有为言之：先秦“书”类文献的源与流》[52]《文献考古：关于〈左传〉〈史记〉关系的研究》[53]《〈永乐大典〉流传与辑佚研究》[54]《汉魏六朝别集研究》[55]《明清叙事文学插图的图像学研究》[56]《哈佛燕京学社汉学引得丛刊研究》[57]《妙无余——中国藏书印的历史与文化》[58]等。

本年度也有许多重要的论文集、目录提要及其他相关著作出版，包括《古籍整理与文献学学科建设》[59]《近代史研究所藏稿钞本日记丛刊提要》[60]《燕行录千种解题》[61]《国家图书馆藏法帖修复与保护》[62]等。

结语

2021年，北京地区中国古典文献学研究成果丰硕。各领域的研究都愈加深广，在问题意识、材料发掘、文本解析、学科间相互联系等方面都可圈可点。与此同时，我们还注意到某些可以进一步增强的方面，比如一些研究的同质化情况较为明显；某些研究的细节考证较多，整体论述稍弱；具体研究丰富，抽象归纳稍嫌不足。今后可以在整体关照、理论提升等方面进一步增强，从而深入推进本学科的持续发展。

注：

[1] 王天然：《〈郡斋读书志〉成书重理》，《文史》，2021年第4辑。

[2] 张升：《王际华与于敏中关于〈四库〉修书之通信——兼谈〈于文襄手札〉的考释》，《古典文献研究》第24辑下，2021年。

[3] 马楠：《刘向〈别录〉"一人持本"考述》，《文史哲》，2021年第1期。

[4] 刘兆轩：《"舆说辐"小议》，《中国典籍与文化》，2021年第2期。

[5] 顾永新：《日系古钞、古活字〈周易〉经注本研究》，《国学研究》第46卷，2021年。

[6] 王岚：《〈元丰类稿〉元明刻本经眼录》，《北京大学中国古文献研究中心集刊》第22辑，2021年。

[7] 李宗焜：《"宋本〈文苑英华〉"补正三则》，《北京大学中国古文献研究中心集刊》第22辑，2021年。

[8] 吴娟：《李刘〈四六标准〉〈梅亭先生四六〉编刻流传考》，《版本目录学研究》第12辑，2021年。

[9] 董婧宸：《南宋浙刻监本〈大宋重修广韵〉版本补考——兼述宋元详本〈广韵〉的版本源流》，《历史文献研究》第46辑，2021年。

[10] 南江涛：《许玉瑑批校本〈文选〉考》，《古典文献研究》第24辑上。

[11] 蔡丹君：《书法史视域下的〈陶渊明集〉苏写本版本考察》，《中国典籍与文化》，2021年第4期。

[12] 董晨：《北京大学图书馆藏〈文公先生小学大全〉版本考》，《中国典籍与文化》，2021年第2期。高虹飞：《何景明〈学约〉原本与〈学约古文〉考》，《中国典籍与文化》，2021年第2期。马俊杰：《国家图书馆藏明抄本〈唐大诏令集〉版本考辨》，《中国典籍与文化》，2021年第4期。陈光祖：《〈蛟峰文集〉版本考》，《北京大学中国古文献研究中心集刊》第23辑，2021年。

[13] 白悦波：《文物还是文本？——再论清代学者的善本观念》，《北京大学中国古文献研究中心集刊》第22辑，2021年。

[14] 陈晓兰：《〈宋锁碎录〉辨伪》，《文献》，2021年第3期。

[15] 邱靖嘉：《王大观〈行程录〉真伪暨金熙宗朝征蒙史事考》，《文献》，2021年第6期。

[16] 张鸿鸣：《汲古阁影宋钞本〈九僧诗〉真伪考辨》，《北京大学中国古文献研究中心集刊》第23辑，2021年。

[17] 张良：《〈永乐大典〉所见"元史"佚文考——兼论〈永乐大典〉之纂修体例》，《经学文献研究集刊》第26辑，2021年。

[18] 李更：《〈锦绣万花谷后集〉宋刊本所存宋人佚诗辑补》，《北京大学中国古文献研究中心集刊》第23辑，2021年。

[19] 顾永新：《开成石经〈周易〉校理》，《经学文献研究集刊》第25辑，2021年。

[20] 郜同麟：《从单疏残抄本看〈礼记正义〉的演变》，《文史》第1辑，2021年。

[21] 冯先思：《卢文弨与钱求赤钞本〈周易注疏〉》，《中国典籍与文化》，2021年第3期。

[22] 赵培：《〈金縢〉篇的文本层次及〈尚书〉研究相关问题》，《清华大学学报（哲学社会科学版）》，2021年第2期。

[23] 吴天宇：《再论〈古文孝经孔传〉的文本构成与历史语境》，《文史》第4辑，2021年。

[24] 郜同麟：《礼记旧疏考证》，《国学研究》第46卷，2021年。

[25] 李林芳：《〈毛传〉〈郑笺〉的训释差异与〈诗经〉的文本异同——以〈诗经〉"逑""仇"为例》，《中山大学学报（社会科学版）》，2021年第1期。

[26] 华喆：《〈仪礼·士昏礼〉郑注"馔要方"后案——兼论礼图对于〈仪礼〉学之影响》，《文史》第4辑，2021年。

[27] 吴丽娱：《〈礼论〉的兴起与经学变异——关于中古前期经学发展的思考》，《文史》第1辑，2021年。

[28] 顾永新:《论唐宋时期考较〈周易〉文本的学术传统》,《古典文献研究》第24辑下，2021年。

[29] 常森:《〈庄子〉一书的早期流传和定型》,《中国典籍与文化》，2021年第1期。

[30] 张廷银、于晓川:《周星诒校跋天启刻本〈曹子建集〉的文献意义及文学价值》,《中国典籍与文化》，2021年第3期。

[31] 曾祥波:《被忽略的现存最早东坡词集“〈东坡外集〉收录词”考论》,《中华文史论丛》，2021年第1期。

[32] 曾祥波:《宋元“集注批点杜集”成书及其价值发微》,《文献》，2021年第2期。

[33] 李法然:《“周旋调护”:〈宋文鉴〉的编纂与元祐学术》,《中国典籍与文化》，2021年第1期。

[34] 陈斐:《北宋西湖莲社社集编纂考》,《文献》，2021年第2期。

[35] 张良:《南宋官藏本〈续资治通鉴长编〉传续考》,《文史》第2辑，2021年。

[36] 王邦维:《也谈〈大唐西域记〉的“阙文”问题》,《文史》第2辑，2021年。

[37] 聂溦萌:《重新发现的百衲本〈北齐书〉〈周书〉〈北史〉校勘记述论》,《文史》第2辑，2021年。

[38] 章宁:《〈尝麦〉编纂考》,《经学文献研究集刊》第26辑，2021年。

[39] 南江涛:《纪昀批校〈史通训故补〉略考》,《历史文献研究》第46辑，2021年。

[40] 刘晓丽:《李慈铭稿本〈越缦堂杂著〉十五种述论》,《历史文献研究》第46辑，2021年。

[41] 周昕晖:《朱筠〈椒花吟舫文稿〉之性质及与〈笥河文钞〉之关系》,《中国典籍与文化》，2021年第2期。

[42] 刘瑛:《陶弘景〈古今刀剑录〉撰著渊源探微》,《北京大学中国古文献研究中心集刊》第23辑，2021年。

[43] 陈晓兰:《明〈博闻类纂〉实出于〈琐碎录〉考——兼探宋元时期〈琐碎录〉的不同面貌》,《北京大学中国古文献研究中心集刊》第23辑，2021年。

[44] 林嵩:《东京大学东洋文化研究所藏〈陆状元通鉴〉残本丛札》,《北京大学中国古文献研究中心集刊》第23辑，2021年。

[45] 熊少聪:《张守节行实考》,《历史文献研究》第47辑，2021年。周浩贤:《唐代吴郡“史记学”研究三题》,《历史文献研究》第47辑,2021年。高树伟:《〈史记正义〉作者张守节新考》,《历史文献研究》第47辑，2021年。

[46] 胡艳杰:《温忠翰著述及刊刻图书考略》,《版本目录学研究》第12辑，2021年。

[47] 徐诚:《清中叶中韩学人交游与书籍传播的学术意义——以洪大容为中心的考察》,《中国典籍与文化》，2021年第1期。

[48] 许红霞:《宋代诗僧道潜生平事迹考述》,《北京大学中国古文献研究中心集刊》第22辑，2021年。

[49] 侯金满:《唐石经碑式与中古书册制度关系探微》,《文献》，2021年第4期。

[50] 宛盈:《玄奘、窥基二塔铭的建立与文本流传——兼论开成间长安僧团之面貌》,《中华文史论丛》，2021年第4期。

[51] 黄晓丹、周少川:《清前期岭南佛门著述禁毁考论》,《历史文献研究》第47辑，2021年。

[52] 程浩:《有为言之：先秦“书”类文献的源与流》，中华书局，2021年。

[53] 徐建委:《文献考古：关于〈左传〉〈史记〉关系的研究》，商务印书馆，2021年。

[54] 张升:《〈永乐大典〉流传与辑佚研究》，北京师范大学出版社，2021年。

[55] 刘明:《汉魏六朝别集研究》，国家图书馆出版社，2021年。

[56] 颜彦:《明清叙事文学插图的图像学研究》，浙江古籍出版社，2021年。

[57] 马学良:《哈佛燕京学社汉学引得丛刊研究》，北京联合出版公司，2021年。

[58] 王玥琳:《妙无余——中国藏书印的历史与文化》，国家图书馆出版社，2021年。

[59] 安平秋、舒大刚主编:《古籍整理与文献学学科建设》，中国社会科学出版社，2021年。

[60] 王建朗、马忠文主编:《近代史研究所藏稿钞本日记丛刊提要》，国家图书馆出版社，2021年。

[61] 漆永祥:《燕行录千种解题》，北京大学出版社，2021年。

[62] 国家图书馆古籍馆编:《国家图书馆藏法帖修复与保护》，国家图书馆出版社，2021年。

（北京市文艺学会供稿，主要执笔人：李林芳）

中国古代文学

2021年北京地区学者中国古代文学研究的热点是《诗经》、唐诗、宋诗及以《红楼梦》为代表的明清小说，重点有汉赋、都城文学、志怪小说、《文心雕龙》、《文选》、韩柳文、宋词、宋文、明清诗歌、明清八股文。与2020年相比，《山海经》、陶渊明诗、杜甫诗、科举文学、元明戏曲等方向的研究热度有所降低，而明清小说及八股文研究有较明显的上升趋势。

从研究进路来看，本年度作品辨析、理论探讨、文献辑考均有创获，但仍以偏重具体时段、具体作家作品、具体专题的个案研究为主，带有综合性的研究成果较少，仅刘跃进《西汉文学叙说》[1]、廖可斌《俗文学研究的百年回顾与前瞻》[2]、程苏东《"天籁"与"作者"：两种文本生成观念的形成》[3]等数篇论文跨度较大、综合性较强。此外，本年度文学文献研究成果的产出亦不如以往，高质量的文学文献成果仅有人民文学出版社董岑仕点校《王安石诗笺注》、张燕婴校点《俞樾诗文集》等数种。但从科研立项情况看，北京地区学者在综合研究、文献研究方面亦已蓄势待发，如侧重综合研究的北京外国语大学张洪波"中国文论话语构建语境中的《红楼梦》话语体系阐释研究"、北京师范大学方韬《知识史视域下的汉晋〈左传〉学研究》、首都师范大学郭丽"宋元乐府学典籍研究"、中国政法大学崔蕴华《明代公案小说海内外文献整理及其与法律文本互动关系研究》获国家社科基金"一般项目"，侧重文献辑考的北京大学廖可斌"《全清笔记》整理研究"获教育部哲学社会科学研究重大课题攻关项目、北京语言大学王培友"元代理学诗文献集成与研究"获国家社科基金重点项目。

从研究成果形式来看，学术论文为主要成果形式，其发表阵地主要是《文学遗产》《文学评论》《中国典籍与文化》等核心期刊。而就科研成果的贡献度来看，北京大学、中国社会科学院文学所、清华大学、中国人民大学、北京师范大学、首都师范大学、中央民族大学、北京外国语大学等知名高校院所仍是主力。

整体而论，2021年北京地区学者古代文学研究成果研究方法多样、成果数量丰硕，与前几年研究相比稳中有进。以下分先秦两汉文学、魏晋隋唐文学、宋元文学、明清文学、通代文学五个部分，对北京地区学者古代文学研究的研究热点、重要成果进行梳理。

一、先秦两汉文学

先秦两汉文学是中国古代文学的总源，在中国文学史上具有特殊地位。2021年北京地区学者的研究热点是《诗经》，其次是汉赋与汉代文学。

《诗经》最初只是民间诗歌的总集，但孔子用以教化弟子，使得《诗经》逐渐成为儒家经典。它是中国历史上最早兼具文学、经学双重属性的典籍，也是先秦两汉文学乃至整个古代文学影响最深远的经典。2021年北京学者《诗经》研究主要从毛郑异同、简帛文献、《诗经》诗旨及其与儒家关系等方面展开。

《诗经》的权威注释是《毛诗故训传》、郑玄《毛诗笺》，但毛传、郑笺内部多有龃龉，唐孔颖达撰作《毛诗正义》时对弥合毛、郑分歧就已经作出了很大努力，后代学者跟进孔颖达，亦对这一问题展开了充分探讨。李林芳《〈毛传〉〈郑笺〉的训释差异与〈诗经〉的文本异同——以〈诗经〉"逑""仇"为例》[4]《〈毛传〉〈郑笺〉对文训释的一致性差异——兼及二家的经学传统》[5]两篇专论，对毛、郑解释的差异进行了全面梳理，认为毛传内部矛盾较多，而这些矛盾存在的原因是毛传产生于先秦至汉这一经学传承较为严格的时代，经师一般不擅改师说，郑笺中这些矛盾大多消弭，则是因为郑玄处于东汉末今古文合流的时代，对家法的讲求减弱，为修正前代经说提供了可能。

近年来出土文献的整理研究是学界重点，《诗经》有多种文本出土，更是出土文献研究的重中之重。李辉综合熹平石经《鲁诗》、阜阳汉简、清华简、安大简、海昏侯墓《诗经》等出土文献材料，发现了36处《诗经》章次差异，而其中大多是"重章异次"。这种现象无疑反映了早期《诗经》文本流传多样复杂的样态，同时折射了《诗经》灵活多变的音乐属性[6]。李林芳则认为毛传作为严守师法的经说，保存了不少古本文字面貌，较安大简《诗经》面貌更为原始[7]。

《诗经》的诗旨是先秦文学研究的重要课题，刘全志以《豳风·鸱鸮》为例，梳理了古今社会对《豳风·鸱鸮》诗旨认识持久复杂的变化过程，将其归纳为先秦至西汉、东汉至唐、五代至两宋、南宋至今四个阶段，并借此窥见诗旨认识的流变史[8]。

《诗经》作为经书，与儒家存在天然的联系，对二者关系的探讨历来是学界重点关注的问题。过常宝强调孟子提出的“以意逆志”本质上是一种新兴的儒家话语方式，在一定程度上就是“六经注我”[9]，这种阐释理论对中国文学史有着十分重要的影响。

两汉文学研究则延续了前几年汉赋研究的热潮。孙少华《“皇权”与“不死”——汉赋早期两大文本主题与“梁园文学”之兴起》[10]一文，认为梁孝王“梁园文学”具有正统皇权与追求神仙不死的双重色彩，而后来“梁园文学”等地方辞赋与汉武帝的宫廷辞赋相结合才产生了真正意义的汉赋，因此“梁园文学”在汉赋生成过程中具有不可忽视的作用。于迎春通过考察汉赋名家的创作主张和政教实践，发现扬雄、班固、张衡等人曾相继进行过一系列以大赋讽谏皇帝和社会政治的努力，并借以兑现他们的政教责任。他们的赋作主张及政教实践的失败，对于确立、认识文学的边界、特性、功能是十分有意义的尝试。[11]

汉赋之外，都城文学、汉乐府亦有北京学者关注。康震重点探讨都城与文学的交互关系[12]，吴沂澐则关注到建安二十二年（217）的疫病使邺城“都城文学”面临中辍危机，因此编纂文集遂成为一种延续都城文学的迫切需要[13]。冷卫国、董方伯《汉乐府〈薤露〉本事及演变考论》[14]一文，考证了《薤露》篇本事问题，有助于深化古代社会各阶层文学之间互动关系的研究。除了上述论作外，2021年10月15—18日由北京师范大学文学院和湖南大学中国文学学院联合主办的“中国古代都城文化与古代文学学术研讨会”在湖南长沙召开，中国人民大学蔡丹君、北京师范大学周剑之等20余位北京地区学者参会并进行论文汇报，围绕中国古代都城文学与文化议题展开了热烈讨论，推动了都城文学研究领域的发展。

此外，还有两篇重要的综合研究论文值得特别关注，其一是刘跃进的《西汉文学叙说》[15]，此文从全局角度梳理了西汉文学之大要，认为西汉文学的主要业绩表现在辞赋、文章、诗歌三个方面。辞赋作为一代文学的代表，源于先秦，具有“体国经野，义尚光大”的时代特色。汉代文章积极关注现实，对后代影响巨大。汉代诗歌古朴典雅，体被文质，其中乐府诗的影响尤其久远。其二是程苏东《“天籁”与“作者”：两种文本生成观念的形成》[16]，他认为诗、乐、《易》、《春秋》等先秦经典文本的生成机制有“天籁说”“作者说”两种，这两种文本生成观念呈现出文本不同的价值和审美趋向，对于中国文学史的发展具有源头性影响，二者之间的竞争与交融也构成文学史发展的动力之一。

二、魏晋隋唐文学

魏晋隋唐文学是古代文学承上启下的阶段，是重要的文学转型期，又可分为魏晋南北朝文学与隋唐文学两个分支。2021年北京地区学者魏晋隋唐文学研究热点是诗歌，其次是志怪小说、《文心雕龙》、《文选》、韩柳文。

魏晋隋唐时期是中国古代诗歌由质朴走向成熟的关键转型期，产生了一大批著名的诗人诗作，是古代诗歌研究的重点领域。有的学者研究热门诗人诗作，如范子烨《田园诗人的狂欢——陶渊明〈蜡日〉诗反映的魏晋节俗及其文学史意义》[17]《佳节里的商山之思——陶渊明〈蜡日〉诗发微》[18]二文，对《蜡日》诗中蕴含的诗人性格和人生态度、咏物艺术手段及其对文学史的深远影响进行了详细分析；钱志熙《论李白诗歌的武侠主题——从陇西将略之家与乐府武侠主题传统两方面来考虑》[19]着重分析李白武侠形象的系列构成及其前后变化，着力阐发李白诗歌武侠主题的审美价值；葛晓音《韩愈古诗中的“性情面目”与人物百态》《从尚古到求奇：韩愈险怪诗风形成的内在逻辑》《韩、孟探索古诗句调的意义和得失》三篇论文，则对韩愈诗歌中人物百态及其背后的韩愈性情面目、韩愈险怪诗风形成的内在逻辑、唐代诗人在自觉探索古诗声调的过程中的成就与疏失进行了深入分析，是立足于一个基点的多维度综合研究，在本年度诗歌研究中具有示范意义。有的学者研究诗歌的地域性特点，如钱志熙发现东晋时期士族在钱塘江地域的聚居与宦游使该地区成为诗歌活动的中心，谢灵运是钱塘江诗路的开创者，其诗歌创作传统被其后的沈约、任昉、丘迟、刘孝绰等人不同程度地复制[20]。还有的学者从文本流变的角度展开研究，如陈君《汉魏六朝诗文文本的流动与变异》[21]一文，归纳了汉魏六朝诗文文本流传存在的异文、乱篇、歧说三个问题。

诗歌研究之外，志怪小说亦是魏晋隋唐文学研究的重点。本年度北京学者在该领域成果丰硕，有的学者侧重于个案的深度解读，如潘建国《〈传奇·崔炜〉：一篇唐人“有意为小说”的特殊文本》[22]、李鹏飞《从“志怪”到“纪闻”——对牛肃〈纪闻〉的重新审视》[23]，对不受重视的两部唐人志怪小说进行了深入辨析。有的学者则对一个时期的小说特点进行综合讨论，如张庆民、常世荣关注到魏晋南北朝志怪小说与现实政治的联系，强调阴阳五行、天人感应学说对魏晋南北朝志怪小说产生了直接影响[24]；刘勇强则以《酉阳杂俎》为例，对整个唐代神怪小说的特点进行了综合分析[25]。还有的学者从小说与正史的关系入手展开讨论，李少雍即从《南史》《北史》广采小说家言入手，探讨小说家与史家的相通之处[26]。

魏晋时期产生了《文心雕龙》《文选》两部文学巨著，是文学理论发源并迅速发展的时期，围绕《文心雕龙》《文选》的文艺理论探讨是魏晋文学的传统热点。本年度北京学者在这一方向仍有不少新见，如周兴陆对《文心雕龙》曹魏乐府“宰割辞调”理论的含义重新进行解读[27]；张晶、韦丽斯以现代美学“审美主体性”概念剖析《文心雕龙》中包含的审美主客体关系、艺术构思、艺术风格等重要理论问题[28]；郝若辰则厘清了“杂拟”概念的界定及其用意，认为“杂拟”是始自南朝的诗学总结与典范意识确立节点[29]。

韩愈、柳宗元及其背后的古文运动亦颇受学者关注，本年度北京地区学者的研究偏重韩柳古文，刘宁认为韩愈排斥佛教、树立“中国之法”的夷夏观令韩愈走出唐代古文前辈宗经复古的传统格局，形成文道并重、“三代”与“两汉”兼取的独特古文思想[30]；谢琰《新〈春秋〉学与柳宗元古文的论辩艺术》[31]一文则探讨了唐代《春秋》学新变对柳宗元古文论辩艺术的影响。

三、宋元文学

2021年北京地区学者宋元文学研究热点是宋诗，其次是宋词、宋文。宋诗研究多是超越具体诗人诗作的专题研究，显示出较强的综合性，如钱志熙《周行己、许景衡、刘安上三家诗论——以温州地域文化与两宋之际学术及文学流变为背景》[32]一文，以周行己、许景衡、刘安上诗论为切入点探讨两宋之际温州地区的诗学源流；王子今《宋诗的“止酒”主题》[33]揭示了宋代诗人通过“止酒”透露的文化个性与人生态度；王萧依《宋代诗人的“观物化”书写及其自然观》[34]对宋诗中物我关系的表达进行了系统梳理；谢文君《从颜回饮、渊明酒与扬雄茶管窥“宋调的生成”》[35]探讨以黄庭坚为代表的宋代诗人如何调和水、酒、茶所代表的贫者、隐者、学者形象；梁海燕《宋人别集“乐府”卷与宋人乐府观——从文同“乐府杂咏”说起》[36]一文则通过宋人别集中“乐府”专卷的设置，探讨宋人对乐府的新认识。

宋词研究一向是宋代文学研究的重点，但2021年度北京地区学者宋词研究成果有限，比较有代表性的成果是宋华《论宋代宰辅词人群及其与主流词坛的关系》[37]及陶文鹏《论辛弃疾词锤炼字句与对仗排比的艺术》[38]，前者论述了宋代宰辅词人群与主流词坛一致或疏离，后者则对辛弃疾词锤炼字句与对仗排比的艺术手法进行了深入剖析。

诗词之外，宋文亦是宋代文学研究长期关注的问题，但本年度北京地区学者宋文研究成果亦不如以往丰富，代表性论文有裴云龙《重构记忆：论宋元时期韩柳散文典范性的生成》[39]以及陈莹、马自力《宋代理学家的铭文书写与文体自觉》[40]，前者论述在儒学转型的文化语境中，韩愈、柳宗元散文的典范性价值在知识精英的群体中得到普遍认可的过程，后者则对宋代铭文这一特别文体的文风、价值取向等问题进行了详细梳理。

此外，宋代文学尚有多个方向取得了新进展，马自力《朱熹辞赋与楚辞关系探微》一文[41]，发现朱熹辞赋固然体现其理学思想，但同时也与楚辞存在一定的内在联系；周剑之《士人宴饮与南宋致语书写方式的生成》[42]一文讨论了士人宴饮对南宋致语书写方式生成产生的深远影响；叶楚炎则围绕宋元话本小说中的韵文展开研究，并就其知识特性、小说功能展开讨论，认为我们可以将“集句”视为宋元话本小说中韵文的一个普遍特征[43]。

元代文学在宋元文学研究中并非显学，但本年度北京学者亦有关注，且集中于元诗研究。左东岭《诗教精神与自我抒写：元明易代之际的诗学指向——王袆诗学思想研究》[44]《论元明易代之际的“顽石诗学”》[45]二文，集中讨论了元明易代之际的浙东诗学。冷卫国、赵丽媛合作撰写的《元代奉祀诗歌及其文化内涵》一文[46]，认为元代奉祀诗歌不仅真实反映了国家祭祀活动的整体面貌，也反映了在蒙、汉文化交融中所形成的多元文化建构，以及在海运发达的历史背景下所形成的海神信仰崇拜。

四、明清文学

2021年北京地区学者明清文学研究成果丰硕，研究热点是明清小说，其次是明清诗歌、八股文。

明清小说是整个古代文学研究中长期受人关注的领域，其中又以《红楼梦》研究为最。2021年北京学者《红楼梦》研究取得了一大批新成果，有些是针对《红楼梦》具体情节或人物的研究，如郭中华《〈红楼梦〉“好了”视角下的幻灭书写》，张庆民、田雨《〈红楼梦〉中所涉王昭君诗刍议》、李玫《“群芳夜宴”芳官唱【山花子】【赏花时】众人一拒一迎辨因》、刘紫云《“痴病”与“情痴”：晚明情感话语在〈红楼梦〉中的回响》、杨子彦《林黛玉因何经典：草木之人、性灵之诗、清虚之美》，张洪波、郭晨《论邢岫烟之风骨》、陈熙中《是凤姐还是入画“黄了脸”？——读红零札》；有些是针对小说结构的研究，如张国风《〈红楼梦〉的结构》，曹立波、吴蕴泽《〈红楼梦〉立体式网状结构细密化研究》；有些是对版本、文本问题的研究，如朱萍《从戏曲语词异文看〈红楼梦〉程乙本对程甲本的修订》、武迪《论清末〈红楼梦〉铅石印本流变及其研究价值》；还有些是专题研究，如王乙珈《清与浊：〈红楼梦〉中的“水喻”与理学意蕴》、夏薇《曹寅的两个影子：宝玉和黛玉——〈楝亭集〉与〈红楼梦〉》、叶楚炎《副册情史：〈红楼梦〉中婢女的婚姻途径及其婚姻叙事》、裴云龙《理学视域下的〈红楼梦〉意义阐释》、朱姗《新见冯春晖〈和红楼梦菊花诗用元韵〉考证——兼论〈椿影集〉的文学史料价值》。这一批研究成果从微观和宏观层面推动了《红楼梦》的研究水平。此外，2021年7月30日由中国红楼梦学会、天津师范大学联合主办“纪念新红学100周年、中国红楼梦学会成立40周年暨2021年学术年会”在北京香山饭店举行，以中国传媒大学朱萍教授、首都师范大学詹颂教授为代表的北京地区学者积极参与，围绕新时期红学40年经验与成就、新红学百年与红学史、《红楼梦》作者家世生平研究、《红楼梦》文本与人物思想主题研究等议题展开了富有成效的探讨，并对红学未来的发展积极建言献策。

《红楼梦》之外的《金瓶梅》《儒林外史》等明清小说也有创获，《金瓶梅》方面，叶楚炎《论〈金瓶梅〉词话本中韵文的体制功能及其研究意义》[47]对韵文出现在小说中的机制及文学意义进行了全面讨论，这不仅可以更为清晰地探讨词话本中韵文所发挥的作用及其文学意义，也能对词话本的来源以及章回小说分回体制的建构有更为透彻的审视；周兴陆通过比勘《金瓶梅》的词话本与崇祯本，发现明崇祯本《金瓶梅》是在词话本的基础上修改而成的[48]。《儒林外史》方面，刘勇强《后金圣叹时代的小说认知与阐释——〈儒林外史〉的文本特点及其评点的特殊意义》[49]、叶楚炎《〈儒林外史〉原型人物研究的方法、路径及其意义》[50]，对《儒林外史》进行了细致全面的解析，大大推进了该领域研究的进步。其他小说研究亦有创见，如左怡兵就《晋春秋传奇》的版本与作者问题进行细致分析[51]，同时又关注到《真经宝卷》与《西游记》之间的联系，其《论“番邦十八国”版取经故事与〈西游记〉之关系——以〈真经宝卷〉〈长生卷〉〈取经宝卷〉为例》[52]及《〈真经宝卷〉取经故事探考》，深入阐发了北京大学古籍馆藏《真经宝卷》[53]的文学史价值；李永祜《试论熊过〈故相国石斋杨公墓表〉中“等”字的理解及〈水浒传〉成书年代》[54]一文，认为《水浒传》在正德年间甚至更早即出现于社会。

明清诗歌研究亦有很多新成果，明诗研究领域，马昕《明前期台阁诗学与〈诗经〉传统》[55]对明永乐至弘治近百年间占据诗坛主导地位的台阁诗学进行了全面分析；陈光《对“明一代台阁之体，胚胎于吴伯宗”的反思》[56]对四库馆臣认为台阁之体源于吴伯宗的观点进行了辩驳；刘洋《从性情说看明代理学家诗法论的多重向度》[57]对明代理学家诗论进行了多维度综合考察。清诗研究领域的重要成果则有黄鹏程《清初博学鸿儒科与性情诗论的转向》[58]、陆胤《清末新教育中的古诗歌》[59]、程景牧《清代诗学的脱化意识》[60]，三文分别讨论了清初设立博学鸿儒科、清末改创学制对清诗的影响，以及清诗的“脱化”问题。

明清文学研究还有一个新兴的研究方向值得关注，那就是以八股文为重点的文体研究。郑雄《八股文为“明代之胜”说的多维建构与瓦解》、刘尊举《从观念到文本：唐顺之古文与八股文的文体互动》、崔振鹏《论景泰时期太学教育的文风转向——以吴节“以古文为时文”之倡导为中心》对明代八股文的特点、评价及其与太学教育、古文传统的关系进行了全新解读，对人们的一些固有认识提出了挑战。

本年度的明清文学研究还体现出了重视文学家的特色，不少学者关注作家生平、心理与文学的关系，如郭英德《“弃诸生”与“习古文辞”——魏禧的人生选择与身份认同》[61]、张剑《一位晚清书启师爷的风雅生活——以徐敦仁〈日损斋日记〉为中心》[62]、都轶伦《矛盾、空间与解脱：论明中期吴中文人的仕隐困境》[63]。

2021年北京地区学者对近代文学的关注度较低，研究成果较少，较有代表性的研究成果有讨论林纾翻译文学的《论林纾译介小说对西方文化的改写与接受——以〈李迫大梦〉为例》[64]、《晚清民初文学翻译的高峰——百年林译小说研究评述》[65]，以及讨论桐城派交游的《学人游幕与晚期北方桐城派之维系——以贺葆真与徐世昌交谊为中心》[66]。

五、通代文学研究

本年度古代文学的研究亮点之一，是在小说、诗歌等领域出现了不少分量较重的通代专题研究成果。小说方面，竺青《古代小说研究主流范式的呈现——〈文学遗产〉创刊六十五年揭载小说论文解析》[67]通过对《文学遗产》创刊以来的小说论文登载统计，探讨新中国古代小说学术史的脉络；傅承洲《关于章回小说成熟的几个问题》[68]梳理了章回小说从产生到成熟的历史进程；李萌昀《"具体"的语言——论中国古代小说中的身体修辞》[69]则阐发了古代小说中身体修辞的发生、原理和功能。诗歌方面，郭丽《论古乐府的经典化过程》[70]一文从经学化、学理化、高格化、楷式化四个方面揭示了古乐府的经典化过程；张哲俊《论诗歌文本与音乐节奏、时值的关系》[71]则梳理了诗歌文本的音乐性问题。其他方面亦有零散的通代佳作问世，如廖可斌《俗文学研究的百年回顾与前瞻》[2]对俗文学研究进行了回顾与展望，潘静如《论历代海赋的海洋书写及其知识、观念图景》[72]对历代以海为题材的赋体文学进行了系统梳理。

结语

2021年北京地区古代文学研究以经典作品、作家的研究为主，以文学理论探究为辅，重视文本精度、宏观总结，研究精度、广度均达到了一定高度，古代文学各时期研究均取得了丰硕成果，在全国居于领先地位。但本年度古代文学研究也存在一些尚可提高的方面，比较突出的问题：一是在文学文献的发掘考证力度有所降低，二是对作品有见地的文学赏析较为欠缺，三是各领域方向的研究成果产出不平衡的情况加剧。且仍以个案和细节研究为主，专题性、综合性研究仍须加强。从研究方向来看，古代文学研究仍倾向于热门时段及热点论题，对于新材料、新增长点的探索略显不足。在今后的研究中，应注重推进新学科增长点的探索及综合研究的展开，若能坚持成功经验，有针对性地克服研究中存在的薄弱点，北京地区古代文学研究一定可以迎来更大的繁荣。

注：

［1］刘跃进:《西汉文学叙说》,《文艺研究》，2021年第9期。

［2］廖可斌:《俗文学研究的百年回顾与前瞻》,《武汉大学学报（哲学社会科学版）》，2021年第1期。

［3］程苏东:《"天籁"与"作者"：两种文本生成观念的形成》,《河北大学学报（哲学社会科学版）》，2021年第4期。

［4］李林芳:《〈毛传〉〈郑笺〉的训释差异与〈诗经〉的文本异同——以〈诗经〉"逑""仇"为例》,《中山大学学报（社会科学版）》，2021年第1期。

［5］李林芳:《〈毛传〉〈郑笺〉对文训释的一致性差异——兼及二家的经学传统》,《中国典籍与文化》，2021年第3期。

［6］李辉:《〈诗经〉章次异次考论》,《文学遗产》，2021年第6期。

［7］李林芳:《〈毛传〉较安大简〈诗经〉文本的存古之处——句式整齐性的视角》,《文史》，2021年第1辑。

［8］刘全志:《论〈豳风·鸱鸮〉的阐释与主旨流变》,《文学评论》，2021年第4期。

［9］过常宝:《"以意逆志"：先秦儒家话语方式的创变》,《文学遗产》，2021年第4期。

［10］孙少华:《"皇权"与"不死"——汉赋早期两大文本主题与"梁园文学"之兴起》,《文史哲》，2021年第1期。

［11］于迎春:《汉大赋的观念与写作：一场文学政教实践的考察》,《中国典籍与文化》，2021年第4期。

［12］康震:《交互中的意义生成——都城与文学的双向建构及其文学史价值》,《文学遗产》，2021年第2期。

［13］吴沂澐:《神圣地景的兴代：东汉末年疫病下都城文学的发展与文集编纂》,《清华大学学报（哲学社会科学版）》，2021年第6期。

［14］冷卫国、董方伯:《汉乐府〈薤露〉本事及演变考论》,《文艺研究》，2021年第9期。

［15］刘跃进:《西汉文学叙说》,《文艺研究》，2021年第9期。

［16］程苏东:《"天籁"与"作者"：两种文本生成观念的形成》,《河北大学学报（哲学社会科学版）》，2021年第4期。

［17］范子烨:《田园诗人的狂欢——陶渊明〈蜡

日〉诗反映的魏晋节俗及其文学史意义》,《青海社会科学》,2021年第1期。

[18]范子烨:《佳节里的商山之思——陶渊明〈蜡日〉诗发微》,《文学遗产》,2021年第4期。

[19]钱志熙:《论李白诗歌的武侠主题——从陇西将略之家与乐府武侠主题传统两方面来考虑》,《齐鲁学刊》,2021年第4期。

[20]钱志熙:《东晋南朝时代钱塘江诗路的形成》,《浙江学刊》,2021年第5期。

[21]陈君:《汉魏六朝诗文文本的流动与变异》,《文学评论》,2021年第1期。

[22]潘建国:《〈传奇·崔炜〉:一篇唐人"有意为小说"的特殊文本》,《中国高校社会科学》,2021年第2期。

[23]李鹏飞:《从"志怪"到"纪闻"——对牛肃〈纪闻〉的重新审视》,《中国高校社会科学》,2021年第2期。

[24]张庆民、常世荣:《魏晋南北朝志怪小说与现实政治探析》,《首都师范大学学报(社会科学版)》,2021年第4期。

[25]刘勇强:《〈酉阳杂俎〉折射的唐代神怪小说发展特点与路径》,《中国高校社会科学》,2021年第2期。

[26]李少雍:《〈南史〉〈北史〉与小说》,《文学遗产》,2021年第4期。

[27]周兴陆:《〈文心雕龙·乐府〉"宰割辞调"重释》,《文艺争鸣》,2021年第12期。

[28]张晶、韦丽斯:《〈文心雕龙〉创作论中的审美主体性及其现代启示》,《河北学刊》,2021年第3期。

[29]郝若辰:《从古诗时代到拟古时代——〈文选·杂拟〉中的文学史观》,《烟台大学学报(哲学社会科学版)》,2021年第1期。

[30]刘宁:《韩愈的夷夏观及其对古文思想的形塑》,《文史哲》,2021年第2期。

[31]谢琰:《新〈春秋〉学与柳宗元古文的论辩艺术》,《文学遗产》,2021年第2期。

[32]钱志熙:《周行己、许景衡、刘安上三家诗论——以温州地域文化与两宋之际学术及文学流变为背景》,《四川大学学报(哲学社会科学版)》,2021年第1期。

[33]王子今:《宋诗的"止酒"主题》,《四川大学学报(哲学社会科学版)》,2021年第1期。

[34]王萧依:《宋代诗人的"观物化"书写及其自然观》,《中南大学学报(社会科学版)》,2021年第6期。

[35]谢文君:《从颜回饮、渊明酒与扬雄茶管窥"宋调的生成"》,《北京社会科学》,2021年第11期。

[36]梁海燕:《宋人别集"乐府"卷与宋人乐府观——从文同"乐府杂咏"说起》,《文艺理论研究》,2021年第4期。

[37]宋华:《论宋代宰辅词人群及其与主流词坛的关系》,《北京社会科学》,2021年第2期。

[38]陶文鹏:《论辛弃疾词锤炼字句与对仗排比的艺术》,《北京师范大学学报》,2021年第2期。

[39]裴云龙:《重构记忆:论宋元时期韩柳散文典范性的生成》,《中国社会科学院研究生院学报》,2021年第6期。

[40]陈莹、马自力:《宋代理学家的铭文书写与文体自觉》,《深圳大学学报(人文社会科学版)》,2021年第3期。

[41]马自力:《朱熹辞赋与楚辞关系探微》,《学术交流》,2021年第1期。

[42]周剑之:《士人宴饮与南宋致语书写方式的生成》,《江海学刊》,2021年第4期。

[43]叶楚炎:《集句:宋元话本小说中韵文的知识特性及其小说功能》,《文艺理论研究》,2021年第1期。

[44]左东岭:《诗教精神与自我抒写:元明易代之际的诗学指向——王袆诗学思想研究》,《北方论丛》,2021年第3期。

[45]左东岭:《论元明易代之际的"顽石诗学"》,《求是学刊》,2021年第6期。

[46]冷卫国、赵丽媛:《元代奉祀诗歌及其文化内涵》,《民族文学研究》,2021年第5期。

[47]叶楚炎:《论〈金瓶梅〉词话本中韵文的体制功能及其研究意义》,《文学评论》,2021年第3期。

[48]周兴陆:《〈金瓶梅〉词话本与崇祯本关系之内证》,《文学遗产》,2021年第5期。

[49]刘勇强:《后金圣叹时代的小说认知与阐释——〈儒林外史〉的文本特点及其评点的特殊意义》,《红楼梦学刊》,2021年第2期。

[50]叶楚炎:《〈儒林外史〉原型人物研究的方法、路径及其意义》,《文学遗产》,2021年第6期。

[51]左怡兵:《〈晋春秋传奇〉的版本与作者探考——兼论周大榜及其剧作的戏曲史意义》,《文学遗

产》，2021年第2期。

［52］左怡兵：《论“番邦十八国”版取经故事与〈西游记〉之关系——以〈真经宝卷〉〈长生卷〉〈取经宝卷〉为例》，《中国文化研究》，2021年第1期。

［53］左怡兵：《〈真经宝卷〉取经故事探考》，《民族文学研究》，2021年第2期。

［54］李永祜：《试论熊过〈故相国石斋杨公墓表〉中“等”字的理解及〈水浒传〉成书年代》，《明清小说研究》，2021年第1期。

［55］马昕：《明前期台阁诗学与〈诗经〉传统》，《清华大学学报（哲学社会科学版）》，2021年第4期。

［56］陈光：《对“明一代台阁之体，胚胎于吴伯宗”的反思》，《安徽大学学报（哲学社会科学版）》，2021年第3期。

［57］刘洋：《从性情说看明代理学家诗法论的多重向度》，《文学遗产》，2021年第2期。

［58］黄鹏程：《清初博学鸿儒科与性情诗论的转向》，《江西社会科学》，2021年第11期。

［59］陆胤：《清末新教育中的古诗歌》，《文学遗产》，2021年第5期。

［60］程景牧：《清代诗学的脱化意识》，《中国文学批评》，2021年第2期。

［61］郭英德：《“弃诸生”与“习古文辞”——魏禧的人生选择与身份认同》，《中国文学研究》，2021年第3期。

［62］张剑：《一位晚清书启师爷的风雅生活——以徐敦仁〈日损斋日记〉为中心》，《华南师范大学学报（社会科学版）》，2021年第2期。

［63］都轶伦：《矛盾、空间与解脱：论明中期吴中文人的仕隐困境》，《新疆大学学报（哲学·人文社会科学版）》，2021年第1期。

［64］胡珂：《论林纾译介小说对西方文化的改写与接受——以〈李迫大梦〉为例》，《文化学刊》，2021年第1期。

［65］陈晓月：《晚清民初文学翻译的高峰——百年林译小说研究评述》，《温州大学学报（社会科学版）》，2021年第4期。

［66］朱曦林：《学人游幕与晚期北方桐城派之维系——以贺葆真与徐世昌交谊为中心》，《安徽史学》，2021年第3期。

［67］竺青：《古代小说研究主流范式的呈现——〈文学遗产〉创刊六十五年揭载小说论文解析》，《中国文化研究》，2021年第1期。

［68］傅承洲：《关于章回小说成熟的几个问题》，《河北学刊》，2021年第4期。

［69］李萌昀：《“具体”的语言——论中国古代小说中的身体修辞》，《中国人民大学学报》，2021年第4期。

［70］郭丽：《论古乐府的经典化过程》，《浙江大学学报（人文社会科学版）》，2021年第4期。

［71］张哲俊：《论诗歌文本与音乐节奏、时值的关系》，《浙江学刊》，2021年第1期。

［72］潘静如：《论历代海赋的海洋书写及其知识、观念图景》，《文学评论》，2021年第5期。

（北京市文艺学会供稿，主要执笔人：吴娟）

中国现当代文学

2021年是中国共产党成立100周年，也是“两个一百年”奋斗目标历史交汇节点，在这伟大的变革和历史进程中，中国现当代文学始终是以“在场”的方式见证、记录、书写着时代的丰富与阔大。从总体上看，本年度北京学者一方面立足百年视野，对这期间文学发展动向和文学研究范式进行了反观与反思，特别在建构民族话语和中国文学风格上给予了高度重视，这也使得2021年现当代文学研究在整体上呈现出一种“向史而新”的面貌；另一方面学者们也以当代性的视角介入文学现场，形塑文学潮流，在文学与时代的对话中积极进行理论和方法的创新，探索着学科未来的发展方向。

一、向史而新：学术研究概况

1.学科建设

作为一个并不年轻的学科，现当代文学很多领军前辈都步入了耄耋之年，2021年吴福辉、王信等前辈的溘然长逝更是让我们警醒，对前辈学者的研究方法、学术贡献进行传承和发展，对学术传统进行总结整理，已经越来越成为紧迫的课题。因此，《中国现代文学研究丛刊》（第5期）、《文艺争鸣》（第12

期)、《现代中文学刊》(第2期)等刊物推出了两位先生的纪念专栏，钱理群、温儒敏、解志熙、李今、孟庆澍等学者对两位先生的学术贡献、文学史观进行了细致的评述与研究，以期向两位学者寄予深沉的怀念与纪念。老一辈的学者们依然保持着研究的活力，已经89岁高龄的严家炎先生在2021年推出了自己的全集[1]。这套全集不仅是严家炎先生个人学术精粹的结集，也是中国现当代文学史和学术史的重要构成部分，为此北京大学举办了“严家炎学术思想暨中国现当代文学研究学科建设研讨会”，温儒敏、陈平原、贺桂梅、李敬泽、解志熙、刘勇、孙郁、赵希方、李今、杨联芬等学者对严家炎先生的学术特点、学术风格以及现代文学学科发展方向等方面进行了讨论，相关讨论成果相继发表在《文艺争鸣》《中国现代文学研究丛刊》等刊物上。与此相呼应的还有温儒敏先生推出的自己的学术自选集[2]，并以“现代文学研究与教学的现状与前瞻”为主题举办了研读会，来自北京大学、清华大学、北京师范大学、中国作家协会、中国社会科学院文学研究所的多位学者与会，相关研讨成果发表在《文艺争鸣》第9期专栏[3]。

中生代学者也开始有意识地对自己的研究方法、成果进行反思。陈平原2020—2021年连续在《文艺争鸣》杂志主持“随笔体”专栏，既有对赵园、黄子平等同辈学者的研究进行“研究之研究”[4]，也有对自己20世纪90年代以来不懈的理论探索和学术变化，进行了一次真诚的检视反思与补充[5]，可以说实现了与前代、后代学者的学术研究的对话与连接，也从一个特殊的角度折射出了中国现当代学术史的演进脉络。

2.热点透视

第一，在纪念百年建党的历史节点上，探寻现当代文学红色基因与建构民族话语成为学术热点关注话题。自中国共产党成立始，现当代文学就是中国共产党政治文化生态的重要组成部分。因此在建党100年之际，回望百年党史与百年新文学史关系成为了2021年诸多作家、研究者热烈讨论的重要话题。北京作协特约梁晓声、刘庆邦等一批文学名家对百年党史进行深入书写和深情表达，多篇作品在《人民日报》《光明日报》《文艺报》等媒体发表，反响强烈。各类文学期刊也相继开设了建党百年与文艺发展的相关专栏，比如《文学评论》开设“马克思主义文艺理论专栏”和“庆祝中国共产党成立100周年专栏”，结合中国文学特别是现当代文学发展的实际历史情况，探讨马克思主义在中国文学发展过程中所起到的重要指导作用;《文艺争鸣》2021年第5期至第9期，相继刊发了陈晓明的五篇系列文章“百年中国文学开创的现代面向思考”从传统性、世界性、大众性、伦理性、民间性、新媒体等方面梳理百年中国文学建构的精神价值。崔柯对革命文艺的指导思想、独特建制、历史作用，特别是理论体系建设、文艺体制建设、文艺形式建设、文艺功能建设等方面的经验进行了总结，为中国特色社会主义新时代文艺发展提供了借鉴。[6]马建辉则在百年文艺的历史线索中，宏观地梳理了文艺发展与党的建设事业同构的历程。[7]

第二，在建构民族话语浪潮中，抗战文学与文化研究再次升温。抗战文学的地位和价值进一步得到了重估，比如刘勇[8]提出延安文艺进入中国现代文学的版图，从空间和时间上都有着主要的意义，延安文艺运动的民族形式建构赋予了抗战文艺民族品格和中国气派，实现了对马克思主义民族形式问题创造性地继承和发展。李杨[9]以《黄河大合唱》为对象，对“大合唱”这一类文艺实践的知识考古与谱系学追踪，辨析“民族形式”这一现代性范畴的历史与现实意义，为重新认识“延安文艺”提供了新的视域。在重新肯定抗战文学价值的基础上，抗战文学的研究进一步走向历史化和经典化。秦雅萌[10]关注的是无名氏散文对“重庆大轰炸”所带来的战争创痛与文化反思，为20世纪40年代“暴露与讽刺”的文学根由提供了一种根植于战争现实的解读。何浩[11]认为周立波对《讲话》的接受角度，造就了《暴风骤雨》的以文学感知现实和叙述现实的诸多特征，也影响了周立波建国后“文学以政治为中介，以社会的搅动和调治为平台”的创作理念。唐小林[12]通过对《讲话》前后姚雪垠对《牛全德与红萝卜》的“改写”，认为主人公以“改造”代替“成长”的主体塑造，实际上带出的是作家自我改造以及战时小说的内在构造等问题。

第三，纪念鲁迅诞辰140周年，作为现代文学研究高地的鲁迅研究进一步得到了重视和热议。从世界政治思想史的角度解读鲁迅的重要意义，是2021年北京学界研究者鲁迅研究的一个重要突破。比如说高华鑫[13]以“丸山昇鲁迅”为中介点，梳理了鲁迅在日本思想史上的重要意义，在中外比较视野的政治学中剖析了鲁迅与马克思主义的关系。赵京华[14]结合战后日本30年间思想论坛上竹内好、中野重治、竹内芳郎、花田清辉等的鲁迅论，讨论了在日本战后国家与社会重建过程中鲁迅是如何逐步占领日本思想史的核心地位，进而提出“鲁迅的世界意义首先体现在东亚”这一命题。董炳月[15]着眼于鲁迅1926年撰写的12篇杂文“马上日记”，关注到了鲁迅与安冈的对话包含着多种视角之间的冲突。殷鹏飞[16]通过1931年初“鲁迅被捕”谣言这一历史事件，剖析了鲁迅在左联内部不同政治路线中“横站”的姿态，并在此基础上探讨了鲁迅的政治学思想。对经典作品的重读作为鲁迅研究的重头戏，北京学者们也提供了一批颇具分量的研究成果。张梦阳[17]认为虽然《阿Q正传》已经发表100周年，但学界对鲁迅这部重要作品的本意仍处于探索中。驱散迷雾、理解本意成为鲁迅研究的核心难题。袁先欣[18]认为《狂人日记》的语言层次和机制同时质疑了文言和白话，这样的语言观和声音观构成了鲁迅从早期的文言复古转向白话乃至大众语背后一以贯之的逻辑。张丽华[19]从空间诗学的角度重新解析《在酒楼上》的形式和主旨。李国华[20]以《且介亭杂文》为中心，对鲁迅杂文中地缘政治话语、阶级话语、国民性话语等多重话语形态的博弈进行了论析，并以此认为鲁迅通过杂文写作重建了“中国”的历史面相和未来面相。

3.前沿问题

在我国社会经济实现不断发展的新阶段，文学领域也随之出现了结构性的变迁与转型。一方面，如何以“世界视野”体察“中国主体性”成为学者们积极拓展的新领域。近些年来，“文明的冲突与世界秩序的重建”已经越来越成为世界发展的主题，在此背景下，如何以中国现当代文学为切片，探究“世界视野”与“中国主体”的辩证关系，北京学者充分展示了这种探寻新路的自觉。比如季剑青[21]认为休斯的苏联与中国之行影响了20世纪30年代中国文坛对休斯的接受。费冬梅[22]认为泰戈尔访华作为一个文化“事件”，一定程度上促成了现代文学史上重要文学流派新月社的集聚、命名和在文坛的闪亮登场，并间接促进了中国现代戏剧人才的联合。洪子诚[23]把视角定位在1964年莎士比亚诞辰400周年，通过对比不同国家、政治、文化背景的批评家对莎士比亚截然不同的阐释，认为这一世界性文化行为与国际国内时局、不同政治意识形态之间有着密切的关联。吴丹鸿[24]认为鲁迅与殷夫在1929年因翻译裴多菲而结缘，裴多菲既成为他们了解彼此的中介，也为后人读解两代革命青年的异同提供了参照。另一方面，如何以“地方资源”重绘“文学版图”是学者们在方法论上努力探索的新方向。文学地理学作为近些年来的新兴学科，越来越深入影响着现当代文学的研究，《南方文坛》开设“批评论坛 · 新南方写作”专栏，《小说评论》开设“文学地理”等专栏，《当代文坛》的“地方路径与文学中国”等，都体现了对这一问题的关注。刘勇[25]以京津冀文脉谱系建构“大京派”文学构想，在挖掘京津冀三地既有各自地域个性的文学魅力之外，又探寻了京津冀大京派文学在继承传统、融汇西方的文学品格上也有着共通的追求。杨庆祥[26]从主体、版图与汉语书写的主权三个方面，分析了近年涌现的“新南方写作”的小说现象，并试图在世界文学坐标系中为其赋名和确定位置。不同于以上学者，程帅[27]则是在“中央—地方”的组织关系中重新赋予了“地方”的全新意义，认为应该在革命建设实践体系中理解1950—1960年山西文艺的价值。以上成果都显示了各位学者强烈的问题意识与研究新视野，我们同时也期待着后续能有更多理论和作品实绩的呈现和回答。

二、多元迸发：学科各领域的核心议题

1.文学史研究

从外部看，文学史研究逐渐向“大文学史”“大文化史”转型，与社会学、心理学、传播学等多学科进行跨界联动。比如说姚丹[28]对《北京人》的研究就超脱于文本本身，从生活史、演出史、批评史等多维度重新审思曹禺的剧作。袁一丹[29]认为在20世纪上半叶关于汉字问题的种种争论中，心理学家与汉字问题的密切关联尚未得到充分重视，而这反映的是百年来科学与主义的缝隙，及与惯习之间的张力。程光炜[30]指出不仅要把当代文学看作文学内部研究，还应该是它与中国当代史发生密切关联的“社会史研究”，它应该包含作家年谱、家世、文学地理学、文人交游等内容，以及对“逸事”“逸文”的调查、发掘、考订等诸多方面。李静[31]聚焦在了B站四大名著央视老版电视剧的弹幕文化景观上，分析了弹幕的文化特征、语言美学，从中延展出对于弹幕使用者即当代青年主体状态的描摹，反思被高度媒介化、信息化、景观化的信息时代的文学文化生活。

从内部看，如何拓展文学史研究框架，重建文学史内部的价值秩序，是北京学者们重点关注的一项议题。文学史框架的拟定一直是现当代文学研究的一个重点，这在某种程度上也反映出了学者们对于学科拥挤的一种焦虑。从2021年的研究来看，显然这种焦虑已经从“现代”转移到了“当代”。近些年来随

着现代文学越来越向“大文学”寻求出路，当代文学的历史化进程已经变得越来越紧迫，当代文学的文学史框架应该从哪里开始，到哪里结束，如何分期，怎么命名的讨论也越来越激烈。《文艺争鸣》2021年第2期刊发“‘中国当代文学：发展与变化’笔谈”专栏，程光炜、王秀涛等学者就当代文学的新变与分期进行了深入而广泛的讨论，讨论问题包括当代性的外延和内涵、当代文学史的上下限和具体的分期及命名、文学作品如何经典化等。《当代文坛》2021年第2期的《作为“当代事件”的文学史书写》一文，整合了洪子诚、贺桂梅、姚丹、王秀涛的4篇评述，通过1958年北大中文系55级学生集体编写《中国文学史》这一具体历史事件，来切入考量文学史写作。

2.作家作品研究

作为现当代文学研究的重头戏，作家作品研究在本年度依然大致体现出“经典重读”和“新作追踪”两种研究路径。在众多现代经典作家作品的再阐释里，鲁迅研究占有明显的比重，这里面虽然有鲁迅诞辰140年纪念的助推，但鲁迅本身思想之深远、身份之复杂、文本之丰富是鲁迅研究始终能保持活力的重要原因。相关成果在上述段落已经呈现，在此不再赘言。除了鲁迅之外，张爱玲[32]、萧红[33]、沈从文[34]等经典作家也被置于更为广阔的历史视野中，与新时期之后的时代和文本展开多重对话，形成了阐释经典的“作品网络群”。值得注意的是，一些经典作家的冷门作品也受到了关注，比如刘祎家[35]关注到了沈从文的佚作《〈七色魇〉题记》，并以此为切入点探索了沈从文20世纪40年代遭遇的主体性困境和危机。另外在“建党百年”热潮的带动下，红色经典作品的再阐释也集中出了一批成果。梁帆[36]以《暴风骤雨》为例，把红色经典重新放置在作品生成的历史实践条件与社会土壤中具体把握，认为这种“在运动中写运动”的写作路径对作家感知、结构现实的能力都形成了特定要求，并最终造成了小说的“图解政策”形态。刘卓[37]的文章则以柳青的《种谷记》为例，认为柳青三年的下乡经验给他提供了与从方言、传统故事结构来书写社会变革中农民之“新”的不同的形式，而对此形式的理解则需回到延安文艺的“深入群众”的脉络。

对新作和新作家的评点则是当代文学批评的重点方向，2021年余华暌违8年带来新作《文城》，因此受到了评论家和研究者较多的讨论。李春雨[38]认为《文城》再一次体现出余华创作一以贯之的根本追求：对人的思考，对命运的追寻，对人性光芒及盲点的探索。张翔[39]则认为《文城》在叙述上是余华对自我的一次超越，也是对30余年来常见的20世纪中国历史叙述方式和问题意识的超越。丛治辰[40]解读了《文城》出版后引发的争议，认为这是余华以一种复古的姿态完成了先锋的行动，虽有瑕疵但也具有特殊的价值和意义。除了余华之外，李洱的《应物兄》在2021年也受到了比较多的关注，这本出版于2018年的小说虽然在2019年就获得了茅盾文学奖，但是这部90多万字的“大部头”到2021年依然有着较大的影响。计文君[41]从叙事学的角度对《应物兄》的“现实性”进行了分析，以“现实”为方法使得小说中的世界获得了如同现实一样的逼真效果，与阅读者的经验和期待产生耦合，不断生成意义的增殖，能够有效地与时代对话。孙郁[42]从叙述语态上分析了《应物兄》“碎言碎语”的特点，以荒诞的方式重组了京派审美意识，强化了怀疑主义的文本内力，但也抑制了初始生命体验的本真之气的表达。陈思[43]分析了《应物兄》的环状美学结构，反讽与抒情的背反与衔接，形成了一种奇特的莫比乌斯环状美学构造。这一美学构造的背后则是小说知识分子主体建构循环往复、不断经历背反的历史进程。张洁宇[44]认为李洱的长篇小说《花腔》在某种程度上继承了鲁迅《故事新编》“油滑”的美学特色，以“杂”为特色，对应了20世纪中国复杂的社会生活，展现出一种书写“全景式的中国史”的文学理想。

3.文学社团与思潮研究

2021年是文学研究会与创造社成立100周年，两个文学社团的成立，与中国共产党的诞生发生在同一年，有着重要的历史意义。刘勇[45]提出需要把创造社放在中国现代文化的发展进程中来考察，具有高度的历史价值和深刻的现实意义，并且认为要在一种“对视”的视野下重新审视创造社和文研会的关系。商金林[46]则从史料的角度考证了郭沫若及创造社同人与闻一多的交谊往事，同样是史料研究，泉涌[47]关注的是创造社阵地《创造周刊》的创办，通过史料考据对其创办的过程进行历史还原，侧面展现了创造社“异军突起”的历程。

在文学思潮研究方面，非虚构写作是近十年中国当代写作最重要的潮流之一，以在场的方式勾连起文学与社会的有机关联，一度成为关注的焦点。杨庆祥[48]认为“非虚构写作”还缺乏足够支撑这一文类概念的作品和理论，提议建构“非虚构写作”的理论体系和文学形象学。刘亚秋[49]站在社会学的角度，提出非虚构写作与社会学的田野书写之间具有某种相似性，并以此展开了文学与社会学两个不同学科关于“真实”的尺度与讨论。另外对传统文化与现代文学关联的辨析，也是学者们关注的重要问题。比如李浴洋[50]认为朱自清定义“新文学”的方式与他致力于建构一种平视古今的“新国学”的思路直接相关，通过这一个案，“整理国故”之于“文学革命”的辩证关系也能够得到一种新的理解。曲楠[51]则以《聊斋》论争为空间，试图进入创立新知与转化传统交迭、同调与喧哗并存的历史现场，厘清各人复杂的言说姿态与动机，及其背后依凭的思想资源，还原了古今新旧、传统/现代等议题在文学革命论争中更为丰富、切实的行进面貌。

三、互动相生：学术共同体的建构

1.身份“破圈”，作家、学者、翻译者多重身份的重合

近些年来，随着“作家驻校”制度的推行，莫言、余华、苏童、贾平凹等著名作家都先后入职高校，一线作家不仅栖身学院讲授课程，讲授创意写作、指导写作实践，而且也转型开展文学批评与研究活动。这一点在梁鸿身上体现得更加明显，既是非虚构写作作家也是研究者的身份，让她能及时站在学理角度对写作进行反思与校正，《非虚构文学的审美特征和主体间性》[52]一文她提出不仅要重视非虚构写作的“社会性”和“公共性”，也要注意还原现实场景中的“个人性”和“情感性”，最终形成一种更加宽阔的、融会贯通的认知体系和文学审美特征。另一方面，张清华、张柠等学院派的评论家、学者也纷纷开始跨越学术研究与职业批评的疆界，从事小说或者诗歌的创作，2021年3月，北京师范大学教授张柠推出小说《春山谣》[53]，这是其长篇小说三部曲创作计划的第二部，也是他作为学者选择以文学写作介入现实、社会之间的重要尝试。而以“90后”为代表的新生代作家，他们大多都出生于学院派，不少人甚至都是硕博研究生，这使得他们也不可能再像老一辈作家那样依靠社会经验和人生体验进行创作。因此，这种多重身份的融合也使作家在代际更迭中体现出新的群体性特点。

2.平台联动，高校、学会与期刊创建合作机制

2021年5月25日，中国文艺评论家协会、中国文联文艺评论中心在京召开“建党百年与文艺评论”专题研讨会。学者们提出应重视恩格斯对马克思主义文艺学说构建的巨大贡献，而对钱锺书等的学术纪念活动，则引发文学研究具有范式意义的问题探讨。为纪念鲁迅诞辰140周年，各大高校、研究机构召开相关研讨会议，2021年4月18日，北京师范大学举行了“鲁迅研究与现代文学史书写”研讨会；7月3日，由首都师范大学主办的“鲁迅研究的代际承传学术座谈会”举行，来自北京大学、清华大学、中国社会科学院、中国现代文学馆等高校及科研机构的60余名专家学者参与了此次活动。9月，人民文学出版社分别邀请鲁迅研究专家温儒敏、高远东、黄乔生为广大读者讲解鲁迅其人其文，为读者打开一扇阅读鲁迅、了解鲁迅的大门。这些活动的举办和组织大多都得到了期刊、出版社的支持与协作，会议研讨的相关成果也会呈现在报刊和论文集上，如《文学评论》第1期推出的“纪念鲁迅诞辰140周年暨《阿Q正传》发表100周年”专栏，《文艺理论与批评》第2期推出的“21世纪以来鲁迅研究的回顾与反思”栏目，这些都很好地反映了机构之间的良性协作，也进一步刺激了学术成果的产出与推广。

3.价值互融，网文作家与茅盾文学奖作家首度对话

“2021探照灯年度书单发布暨阅文名家系列研讨启动会”已经正式落地中国现代文学馆，在此次会议的一个重要内容就是“茅盾文学奖”得主徐则臣与网文作家“爱潜水的乌贼”首度面对面交流，双方围绕自身的创作经历、创作与互动、创作与时代关联、创作领域未来展望等多个层面话题展开了深入的探讨。无论网络文学还是传统文学，都承担着时代赋予的重要任务，此次通俗文学与严肃文学的对话，也进一步促进了多种文学价值的碰撞与联合。就像会议主持人杨早总结的那样：“文学就是一棵大树，只是不同的枝丫在上面生长出来，在我们这个时代得到不同的滋养，开出不同的花朵，但是花朵之间又有相似的地方和相通的地方。”

结语

首先，本年度现当代文学研究总体呈现出一种回顾性和历史性，稳健有余，创新活力不足。从表面上看，这或许是受到了各大历史纪念活动的影响，回顾、纪念、反思成为2021年学术研究的主要潮流，但从根本上看，这实际上是现当代文学已经逐渐走向“饱和”的一种必然反映。现当代文学的研究已经进入一个比较充分和成熟的阶段，呈现出完整化、系统化并逐步走向深化的发展态势。但学术研究越是成

熟，也越是呈现出举步维艰的局面，创新性变得越来越困难和薄弱，选题的相似性和重复性较为突出，研究的方式也很难走出固定的思维定式。当下文学研究应该如何摆脱自身弊端、完成自生的更新和开拓？这实际上对研究者提出了更高的要求，如何在学科走向历史化的进程中，表现出理解和把握现实的能力，这需要强大的逻辑思辨能力和思想介入能力，在持续动荡的时代里，保持对新兴学术领域的发现和探索，避免创新浮于表面公式。

其次，随着社会史、思想史等理论进入文学研究领域，如何坚守文学的主体性需要引起重视。现当代文学史虽然与20世纪乃至当下的社会、政治有着不可分割的关系，近些年来文学与思想史、政治学、社会学的跨学科研究更是促进了文学的知识化与历史化，这一方面扩展了文学研究的边界，但也使得文学史研究中本应具有的审美性、感受性和情感性逐渐走向式微，文学学科的独立性和主体性也相应受到了消磨与损耗。这已经体现在近几年来诗歌研究、散文研究与热门的小说研究、文学史研究的比例逐渐失衡，对语言、修辞、文体等形式层面的重视也愈发减少等方面，这一倾向需要引起研究者的重视。文学研究要获得创新性，既要吸取以往各种理论的精华，又要突破既成理论的局限，更要跳出已往理论的框架模式，进入一个更加开放、自由、自主的境地，这就需要研究者充分发挥主体性，在探索创新中走出一条新路。

最后，在社会服务效能方面，现当代文学的空间还有待挖掘。这主要体现在以下几个方面：

（1）充分发挥“精神抗疫”的社会功用。疫情常态化的背景下，我们不仅要关注身体的康健，而且还需要重建人的心理健康，重建人的精神信念。它不仅能促使人的思想成熟、精神健全，让人理智、全面地理解问题，从容、豁达地面对命运的波澜和生活的苦难；另外也会引导和启发我们更好地摆正人类与宇宙之间的关系，促使人类进行反思、内省，而这也是建构人类命运共同体理念的重要环节。

（2）京津冀文学资源的开掘与建构。在“京津冀协同发展”战略背景下，从京津冀文化母体衍生出的“京派文学”“京味文学”“京畿文学”“白洋淀文学”如何凝结着更加紧密的精神纽带，进而促进京津冀一体化的推进？北京师范大学教授刘勇近几年来倡导以“大京派”文学作为盘活京津冀文化资源的先导动力，就是对该问题的实践与探索，然而与京津冀协同发展一样，京津冀文学的建构也必然是一个长期的过程。我们期待有更多的学者从文学、经济、政治、历史、生态、科技等多种维度加入“京津冀大文学”的建构中来，进一步激活京津冀文学与文化资源，打通京津冀文化圈。

（3）盘活多元社会主体的资源网络。北京作为全国文化中心，文化机构和研究机构数量众多，怎么整合和吸纳这些资源，让这些资源真正走入广大市民的日常生活当中是很重要的。2021年度北京市文联等组织的“北京十月文学月”举办了“十月作家西城主题采风”“南北运河诗会”等活动，不仅吸引了邱华栋、刘庆邦、祝勇等作家前往西城区经济新发展、文化新生活和老工业区新变化的金融街、北京坊、天宁1号文化园区进行文学采风，而且通过诗人雅集、名家论坛、诗歌朗诵等方式，把“南北运河诗会”打造成了文旅结合、深度关注大运河历史文化的创意文化品牌。中间美术馆作为民营公益美术馆，与多个人文学科、特别是文学领域主动建立联系，举办的“新文化的射程”“作为‘当代事件’的文学史书写”等学术沙龙都获得了良好的学术影响和社会效应。在构建现代公共文化服务体系过程中，我们期待更多元的社会主体进入，与学院机构形成良好的对话机制，最大程度盘活现有公共文化资源。

注：

[1] 严家炎:《严家炎全集》，新星出版社，2021年。

[2] 温儒敏:《为精神界之战士者安在：现代文学研究自选集》，人民文学出版社，2021年。

[3] 吴晓东、贺桂梅等:《温儒敏评论小辑》,《文艺争鸣》，2021年第9期。

[4] 陈平原:《文本、灰阑与意识形态——关于〈灰阑中的叙述〉及其他》,《文艺争鸣》，2021年第3期。

[5] 陈平原:《叙事模式与文学进程——关于〈中国小说叙事模式的转变〉及其他》,《文艺争鸣》，2021年第1期。

[6] 崔柯等:《百年党史与革命文艺》,《艺术学研究》，2021年第3期。

[7] 马建辉:《为人民立心　为民族铸魂——中国共产党领导百年文艺的崇高价值追求》,《汉文学研究》，2021年第12期。

[8] 刘勇、汤晶:《延安文艺运动与马克思主义中国化》,《北京师范大学学报》，2021年第4期。

[9] 李杨:《圣咏中国——〈黄河大合唱〉与延

安文艺的“民族形式”问题》,《文艺理论与批评》,2021年第2期。

［10］秦雅萌:《战争与反讽:无名氏散文中的“重庆大轰炸”》,《中国现代文学研究丛刊》,2021年第8期。

［11］何浩:《“搅动”—“调治”:〈暴风骤雨〉的观念前提和展开路径》,《中国现代文学研究丛刊》,2021年第7期。

［12］唐小林:《“成长”与战时主体塑造——以姚雪垠的〈牛全德与红萝卜〉为中心》,《文学评论》,2021年第2期。

［13］高华鑫:《“革命”的多义性——思想史中的“丸山鲁迅”》,《中国现代文学研究丛刊》,2021年第10期。

［14］赵京华:《日本战后思想史语境中的鲁迅论》,《文学评论》,2021年第1期。

［15］董炳月:《1926年:鲁迅国民性话语的展开——以“马上日记”为中心》,《文艺研究》,2021年第3期。

［16］殷鹏飞:《1931年被捕谣言与鲁迅“横站”的政治》,《中国现代文学研究丛刊》,2021年第10期。

［17］张梦阳:《驱散迷雾　理解本意——写在〈阿Q正传〉发表100周年之际》,《山东师范大学学报》,2021年第3期。

［18］袁先欣:《“声”的类型学:〈狂人日记〉与鲁迅的语言观》,《中国现代文学研究丛刊》,2021年第10期。

［19］张丽华:《如何安顿自己的“过去”——〈在酒楼上〉的空间诗学与记忆书写》,《中国现代文学研究丛刊》,2021年第7期。

［20］李国华:《鲁迅言说“中国”的话语形态论析——以〈且介亭杂文〉为中心》,《中国现代文学研究丛刊》,2021年第1期。

［21］季剑青:《“休斯在中国”与1930年代的左翼国际主义及其限度》,《文艺理论与批判》,2021年第1期。

［22］费冬梅:《泰戈尔访华与新月社的戏剧实践》,《现代中文学刊》,2021年第2期。

［23］洪子诚:《1964:“我们知道的比莎士比亚少?”——中国当代文学中的世界文学》,《文艺研究》,2021年第11期。

［24］吴丹鸿:《从鲁迅到殷夫:两代革命青年精神史中的裴多菲》,《文艺研究》,2021年第12期。

［25］刘勇:《京津冀文脉的历史涵养与“大京派”文学的时代建构》,《当代文坛》,2021年第1期。

［26］杨庆祥:《新南方写作:主体、版图与汉语书写的主权》,《南方文坛》,2021年第3期。

［27］程帅:《当代文学研究中的“地方”——1950—60年代山西文艺研究的另一种可能》,《文学理论与批评》,2021年第4期。

［28］姚丹:《五十年间:“炼钢熔铁”化成“绕指柔”——由生活史、演出与批评史谈〈北京人〉的修改》,《中国现代文学研究丛刊》,2021年第6期。

［29］袁一丹:《心理实验室中的汉字问题(1918—1949)》,《中国现代文学研究丛刊》,2021年第5期。

［30］程光炜:《当代文学“历史化”琐谈》,《浙江社会科学》,2021年第5期。

［31］李静:《互联网世代的文学生活——以弹幕版四大名著的接受为个案》,《中国当代文学研究》,2021年第7期。

［32］吴晓东:《经典化与流行化:重估“张爱玲神话”》,《文艺争鸣》,2021年第7期。

［33］姚丹:《“民族”书写中的性别身份——从女性人物的互文性与成长史看〈生死场〉》,《文艺争鸣》,2021年第7期。

［34］张莉:《重读〈萧萧〉:“女学生过身”与乡下人逻辑》,《小说评论》,2021年第3期。

［35］刘祎家:《“魇”的“错综”——沈从文〈七色魇〉中的形式与政治》,《中国文学研究》,2021年第4期。

［36］梁帆:《重审“红色经典”的生成过程——解读〈暴风骤雨〉的一种路径》,《文艺理论与批评》,2021年第4期。

［37］刘卓:《重新思考“深入群众”——以柳青〈种谷记〉的创作为例》,《文艺理论与批评》,2021年第6期。

［38］李春雨:《〈文城〉:余华对“人”的又一次叩问》,《文艺争鸣》,2021年第12期。

［39］张翔:《叙事“迷局”中的共同体与团结——余华〈文城〉的叙事留白及其意涵》,《文艺理论与批评》,2021年第6期。

［40］丛治辰:《余华的异变或回归——论〈文城〉的历史思考与文学价值》,《中国当代文学研究》,2021年第5期。

［41］计文君:《现实:作为目的和方法——〈应

物兄〉叙事动力分析》,《当代文坛》,2021年第2期。

［42］孙郁:《知识碎片里的叙述语态——〈应物兄〉片议》,《中国文学批评》,2021年第2期。

［43］陈思:《反讽与抒情的莫比乌斯环——〈应物兄〉的美学构造》,《中国文学批评》,2021年第2期。

［44］张洁宇:《花腔写历史　故事又新编——读李洱〈花腔〉,兼谈鲁迅与瞿秋白》,《当代文坛》,2021年第3期。

［45］刘勇、汤晶:《创造社是浪漫主义的吗?——写在创造社成立一百周年之际的反思》,《现代中文学刊》,2021年第3期。

［46］商金林:《郭沫若及创造社同人与闻一多的交谊》,《新文学史料》,2021年第8期。

［47］泉涌:《在〈创造周报〉的背后》,《博览群书》,2021年第4期。

［48］杨庆祥:《"非虚构写作"的历史、当下与可能》,《中国现代文学研究丛刊》,2021年第7期。

［49］刘亚秋:《非虚构写作中的"情感真实"及其对社会学的意义》,《探索与争鸣》,2021年第8期。

［50］李浴洋:《"新文学"与"新国学"的互缘——"整理国故"运动与朱自清"新文学"思想的生成》,《中国现代文学研究丛刊》,2021年第11期。

［51］曲楠:《同人"志异":〈聊斋志异〉与文学革命时期的新旧之争》,《中国现代文学研究丛刊》,2021年第11期。

［52］梁鸿:《非虚构文学的审美特征和主体间性》,《中国现代文学研究丛刊》,2021年第7期。

［53］张柠:《春山谣》,人民文学出版社,2021年。

（北京市文艺学会供稿,主要执笔人:张悦）

比较文学与世界文学

2021年的比较文学与世界文学学科学术发展在学科建设及方法论研究、本土文学的经典化译介研究、不同文化视域下的比较与影响研究、中外文学经典的跨文化阐释研究等方面得到进一步推进。方法论创新与基础理论研究不仅从学科规范性、方法有效性、学理严谨性上极大地稳固了比较文学与世界文学学科纵深发展的根基,文化视野与跨文化阐释的引入同时极大地开阔了比较文学与世界文学的研究广度,疫情时期的文学反思更是学人们现实使命和责任担当的理论呈现。

一、学科建设及方法论研究

在2021年比较文学与世界文学学科建设及方法论探讨中,既有对作为一门学科和作为一门方法论的比较文学的基本内在规律和要求的梳理与总结,为清晰比较文学学科定位,夯实比较文学学科发展根基奠定基础;又有对比较文学未来发展新方向的集中讨论,尤其是借用侨易学的概念来扩展比较文学学科学术视角成为2021年比较文学方法论探讨上的亮点。

张沛在《如何进入和开展比较文学?》中指出,比较文学的基本规则包括语言、文本、问题和方法四项:掌握一门外语是比较文学研究的基本要求;要学会阅读经典文本与核心文本、"副文学文本"以及话语—权力关系交织而成的"超文本";要有问题意识和学科意识;掌握比较文学基本方法,回答"谁在何种情形下、出于什么原因、以何种方式向哪些人说了什么话/做了什么事并产生了怎样的效果和反应"的具体问题。[1]王洪涛探讨了从"翻译诗学"向"比较诗学"与"世界诗学"的转变中如何建构中国文论国际话语体系的理论路径与具体指归。作者指出,中国古典文论是中国本土诗学思想的结晶,其不仅拥有自身独立且完整的诗学话语体系,并且其对外翻译与传播已经成为构建中国文论国际话语体系的关键。充分考虑到当前的中国古典文论基本上还囿于本土范围,国际文化场域又主要以西方文化为中心的现实困境,中国文论话语体系的建构就尤其应该注意中国古典文论的对外译介与传播,在中西文化比较场域中推动中国古典文本从本土化到世界化的转变,实现"本土诗学"到"翻译诗学",再到"比较诗学"和"世界诗学"的跨越,从而为中国古典文论进而为整个中国文论赢得国际话语权。[2]彭吉象的《比较艺术学:一门正在兴起的新兴学科》讨论了比较文学与比较艺术学的学科交叉,正是比较文学的迅速发展刺激和影响了我国学者正式提出比较艺术学的概念。同比较文学一样,比较艺术学关注跨国家、跨民族、跨文化的艺术比较,跨学科、跨门类、跨视域的艺术比较,跨艺术种类、跨艺术样式、跨艺术体裁的艺术比较等研究内容，并从比较文学学科借用影响研究、平行研究、跨文化研究、艺术样式比较研究等研究方法。[3]

杨俊杰、李川等学者对比较文学侨易学的理论路径及其作为一种新兴的研究方法和研究视域在文本分析中的具体应用进行了深入讨论。杨俊杰的《谈谈一种可能的比较文学侨易学》首先对“侨易学”概念进行解释，认为它不是一个狭义的文学概念，而是关注人的精神成长和提升的概念。其次梳理了侨易学概念与国内比较文学既有的对话和沟通，并认为侨易学视野中的“文化区结构差”与“第三种比较文学关系”所谈的物质输入有共通之处，但“第三种比较文学关系”并没有把人的成长和人的精神发展放在突出位置，而人的成长和人的精神发展一直以来都是比较文学关注的重点，将“第三种比较文学关系”视野中的物质输入，“比较文学变异学”视野中的变异性，以及国内比较文学学界其他探索中的有益之处与侨易学视野中人的精神的提升有机结合起来，将会形成一幅更具有生气和活力的比较文学未来发展可能性图景。[4]李川的论文《侨易学的古典路径：通观立场与侨易学述思转向的可能性》以现代问学方式的危机为现实考量，将侨易学作为“切入这个已被分科割裂得过于破碎的世界”的可操作方式来讨论。文章认为，侨易学能够将当下的碎片世界整合为一个纲举目张的系统，侨易学关注的是东西、古今的知识融通，而这种知识论体系之所以能够成立源自侨易学本身对前赋系统论的、百科全书式的问学方式和知识论诉求的摒弃。文章指出，要克服现代问学方式危机，实现知识融通和侨易通观就需要实现侨易学的两个转向：第一是从外烁的知识论向内省的德性论的转向；第二是从对东西文化的通观转向对古典文化的重勘。[5]李川的《“观象”“系词”与“神道设教”——问学侨易学视域下的〈焦氏易林〉之占验与文学问题》认为文学侨易学视野包含两个层次，一是空间上的，即中国文学立足世界文学的全球视野，二是时间上的，即重视古今之争对于当下文学观念的反思意义。论文就在这两个层次的侨易学视野下分析《焦氏易林》的占验和文学问题，认为《焦氏易林》植根于《周易》“立象以尽意”等五项原则基础之上，《焦氏易林》占验体系中的“观象”为《易经》传统，“系词”为《诗经》传统，其表达特质为诗性的、直观的而非逻辑的、理性的。对《焦氏易林》占验系统的重新审视对于我们应对现代科学主义的危机，重新调整生活方式，重新思考现代人在宇宙中的位置具有重要的现实启迪性。[6]

二、本土文学的经典化译介研究

本土文学的经典化译介与传播一直都是比较文学学科学术研究中的重要内容，推进本土文学的经典化译介不仅能够充实和丰富比较文学学术研究内容的深度和广度，而且还能为有效提升中国文化国际影响力，促进中外文化的相互交流和理解提供支持。在以往研究基础上，2021年度北京学者的本土文学经典化译介研究取得了新成果，展现出我国学者面向国际的学术视野和建构以世界文化为导向的研究体系的学术担当。

张西平的《从译入到译出：谢天振的译介学与海外汉学研究》对谢天振先生的学术贡献及其在翻译学上从“译入研究”向“译出研究”的转变进行梳理。作为《中国比较文学》学术刊物的创始人之一，谢天振的译介学从跨文化角度展开翻译研究，为比较文学开辟了新的空间，其《译介学》也是中国比较文学研究中最为重要的原创性成果之一。文章认为谢天振学术道路的转变与海外汉学研究有着直接关系，并进一步在海外汉学研究的广阔学术领域中挖掘谢天振的重要学术遗产。[7]车琳、叶莎的《汉魏六朝诗在法国的译介与研究》以桀溺对汉代及建安时期诗歌的翻译与研究和侯思孟对阮籍、嵇康诗歌的翻译与研究为重点，梳理和总结了汉魏六朝诗歌进入了法国学界中国文学史书写以及法译中国诗歌选集逐渐得到系统译介和研究的过程。[8]高茜、王晓辉通过数据调查和统计系统梳理了中国科幻小说2000年到2020年在英语世界中的译介情况，根据不同时期的译著及其出版特征将中国科幻小说的英译大致划分为零星出现期（2000—2010年）、初步探索期（2011—2014年）、稳定发展期（2015—2020年）三个阶段，并在此基础上深入分析了译介热潮背后的影响因素。[9]

张源的《英国早期中国文学史纂与英语世界“中国文学”观念之演进》以英国早期中国文学译介及文学史纂原典为切入点，探讨英语世界“中国文学”观念的演进及英国早期中国文学史纂的生成历程。论文将19世纪英国汉学近百年发展历程划分为起步与发展阶段（1810s—1860s）和转折与繁荣的新时期（1870s—1910s）两个阶段。在起步与发展阶段，传教士侧重于对中国儒家经典（包括蒙学经典）的译介与传播，同时开始了对中国文学的整体介绍。转折与繁荣新时期的汉学家译介工作呈现出与上一时期完全不同的特点，即传教士与外交官携手共进，将工作重心放在对中国佛学、道家经典的译介与传播上，同时进一步加强中国文学的译介工作，并开始对中国文学史进行梳理与编纂，出现了英语世界第一部中国文学史。[10]钱梦涵、张威的《中国现代文学在英语世界的经典化译介》以张爱玲为个案，分“1952—1995：自我介入”“1996至今：集中译介”梳理张爱玲在英语世界的经典化之路，并讨论中国现代文学在英语世界经典化的过程、原因及宏观制约因素。文章指出，张爱玲在英语世界的经典化是本质主义与建构主义合力的结果。从本质主义视角来看，张爱玲的经典化离不开其作品自身的美学风貌，从建构主义视角来看，张爱玲的经典化与译入地区政治意识形态密不可分，同时，译入地区社会文化心理影响所产生的对中国文化的偏见和误识，以及世界文学权力结构与入籍制度等也制约着中国文学的经典化译介之路。[11]张重岗的论文《海外华人诗学的诸种面向》对华人文学思想的生成、播散和影响展开讨论，从内在连带层面呈现出华人诗学的结构性内涵。文章指出，现代性视野下的华人诗学表现出多层次交叉展开的特征，并由中西对话诗学、华族离散诗学和第三世界诗学三条脉络支撑起其内在结构。[12]蔡翔宇在《试论“网文出海”中的文化内涵损失——以泛修仙类作品概念的译介和理解为例》中提出，作为当代中国网络文学海外传播中的主流类型之一，“泛修仙类”作品中特有的中国宗教与传说元素因其对于海外读者的新奇性与陌生性而极易在传播过程中损失其丰富的文化内涵。针对这一问题，论文以《凡人修仙传》等被译介的泛修仙类作品为例，对“仙”“妖”“飞剑”三个常见概念在译介和理解中遭遇的文化内涵损失进行细致剖析，并提出相应的解决之道。[13]

经典作家的海外传播仍然是本土文学经典化译介研究中的重要内容。顾钧的《鲁迅小说在英语世界，1926—1954》指出，除了《白光》《兔和猫》《长明灯》《兄弟》，鲁迅的大部分短篇小说都是在20世纪上半叶被译成英文的，其中《孔乙己》《风波》《故乡》多达四个英文译本。论文关注鲁迅作品的早期英文译本，从文本选择、译文语言和译本接受情况等方面比较鲁迅作品不同译本之间的区别。[14]熊鹰讨论了冰心1946年11月至1951年8月暂居日本期间的文学活动：冰心的《寄小读者》以及收录于《中国新文学大系》中的作品通过日译被日本大众广泛阅读；在东京大学做的题为“怎样欣赏中国文学”的连续演讲中总结了中国的“国民性”特征等。论文指出，正是包括文学在内的广义“文化”连接起了冰心五四时期的文学创作及战后在日本的文学创作，其中蕴含着20世纪中国抵抗霸权过程中力图在广阔底层世界寻找连接的一贯政治逻辑。[15]

三、不同文化视域下的比较与影响研究

不同文化视域下的比较与影响研究同样是2021年比较文学与世界文学学科学术研究的重点，在本年度的相关学术论文中，既有不同文学文化背景中以文学文本为核心对象进行的共时性横向比较研究，也有历史层面上的纵向影响研究，多维度、多层次地促进了比较文学学科的稳健发展，扩展了比较文学学术研究的研究广度和研究视角。2021年度比较文学与世界文学不同文化视域下的比较与影响研究大致又可以分为中外文化视域下的比较与影响研究和域外文化视域下的比较与影响研究两部分。

首先是中外文化视域下的比较与影响研究。曾艳兵认为歌德对世界文学的研究，尤其是“世界文学”观念的提出与他对中国文学的阅读、理解和研究密切相关。歌德提出“世界文学”观念时正在构思和创作《中国作品》,《中国作品》中描写的中国才女成为歌德世界文学观念的重要灵感来源。[16]石小军的《中西视角下的乔叟诗歌〈禽鸟议会〉精校精注本之生成》借助陈垣总结的三种古籍点校法和电子数据化技术，以乔叟诗歌《禽鸟议会》三部最早的中古写本与四部现代广泛使用的点校本集校为新一体的《禽鸟议会》“七对一”精校精注本为研究对象，揭示出几个刊本的一致性和共容性，并对其中的原因进行了探讨。[17]洪子诚梳理了1964年莎士比亚诞辰四百周年莎士比亚作品在中国的翻译和译介情况，并大致比较了不同文化传统、学术传统和意识形态背景下，包括中国在内的不同国家研究者在莎士比亚研究中关注点和阐释方向上的差异与分歧。[18]杨俊杰与夏可君围绕“本雅明与中国”的主题展开讨论，杨俊杰的论文《卡夫卡的中国皇帝和本雅明》从比较文学的角度，运用经典的研究范式，对本雅明与卡夫卡小说《中国长城建造时》中的皇帝传说的关系进行研究。[19]夏可君在《本雅明与卡夫卡为什么需要道家这面镜子?》中提出，为了克服自身命运的分裂感以及整个现代性而来的分裂感，卡夫卡需要将一种经过创造性转换的东方道家作为中介，这也是本雅明在1934年的卡夫卡论文的大量手稿中所提到的面对现代性悖论时需要的“借力”。论文同时指出，对于“本雅明与中国”的研究是一次中国学者重新面对本雅明，是中国思想

进入世界思想的一次机会，是本雅明、卡夫卡与中国的真正对话，对于促进中国思想走向世界舞台具有重要的学术贡献。[20]张哲俊的《从元曲到能乐：日本五山诗文作为津梁》关注能乐何以能从准戏剧走向戏剧，论文认为，能乐完全产生于日本本土的可能性是存在的，但能乐与宋元杂剧存在太多的相似因素。除此之外的两个巧合（一是在东亚古代文学中早于能乐的戏剧形式只有宋元杂剧，二是日本五山文学与元曲、能乐都有接触）为能乐传递元曲戏剧形式提供了线索，正是因为与元曲通过五山文学产生过交流，能乐才得以从准戏剧走向戏剧。[21]

其次是域外文化视域下的比较与影响研究。卢心然的《〈列王纪〉与〈埃涅阿斯纪〉中女性形象之比较》从女性外貌、女性性格、女性社会地位等方面对《列王纪》和《埃涅阿斯纪》两部史诗中的女性描写进行比较，文章为了解东西方妇女地位差异提供了新视角。[22]王立业认为，布宁和屠格涅夫之间的文学关系是一个具有理论价值的学术命题，可以为我们研究俄罗斯文学19—20世纪之交新现实主义与19世纪传统现实主义的关系提供重要的理论参考。他的论文《屠格涅夫〈猎人笔记〉与布宁乡村小说比较》从屠格涅夫《猎人笔记》和布宁的乡村小说相似的主题表达、相近的社会情绪的艺术呈现、屠格涅夫的“农民”与布宁小说“庄稼汉”的形象塑造、俄罗斯中部平原大自然的诗性描绘等方面揭示出屠格涅夫的《猎人笔记》与布宁的乡村小说在思想内涵与创作历程上的近似性以及二者在艺术手法上的传承与创新关系。[23]曾艳兵比较了卡夫卡与卡尔维诺的寓言小说，认为卡夫卡的现代经典寓言小说呈现了西方资本主义社会下普通民众的困境及异化现象，卡尔维诺的寓言小说则让我们体味到置身其中的现实生活原态，二者的寓言小说虽分属于不同的时代，但彼此却有着深切的联系。[24]张菁洲探讨了叶芝的布莱克阐释对解读《奥辛的漫游》的可能意义，即叶芝对布莱克的阐释伴随着《奥辛的漫游》创作过程始终，尤其是叶芝对布莱克“对立”观念的关注，以及他在克莱克阐释中所表现出的自我意识都对《奥辛的漫游》中凯尔特—爱尔兰神话的讲述方式和讲述效果产生了影响。叶芝对布莱克神智学观点的注解及《奥辛的漫游》的创作实践同时又逐渐塑造着叶芝的文化观念：来自个体或群体心灵状态最深处的文化象征—形象的连续性构成了个人、民族或国家获得一种“统一”身份和认同的关键。[25]

四、中外文学经典的跨文化阐释研究

通过文化研究重塑和更新比较文学，将跨文化作为新的研究方法和研究视野应用于比较文学与世界文学学术研究中一直都是学者们重点关注的问题，相关的学术论文更是不在少数，本年度比较文学与世界文学在中外文学经典的跨文化阐释研究方面于以下研究内容和主题上取得了新成果：

1.对跨文化基本原则的理论阐释。程正民认为，人类文明发展的历史就是跨文化对话的历史，民族文化之间的对话、古今文化的对话，下层文化和上层文化之间的对话，不同地域文化的对话，不同学科之间和不同艺术门类之间的对话已经渗透到人类生活的各个领域，成为人类生活重要方式之一。要实现文化创新的目的，跨文化对话需要承认和坚持文化的主体性、相异性和多样性，保持文化的开放、交流与互动。[26]

2.文学经典的跨文化特征研究。钟志清的《多语种、跨文化的以色列文学——新世纪第二个十年回顾》从主流文学、阿拉伯作家和俄罗斯移民作家的创作审视以色列民族在文学创作上表现出的强烈的多语种属性与跨文化特征。[27]范方俊以中外戏剧经典的跨文化阐释与传播为关注点，在《莎剧表演美国化的时代语境与历史贡献——以布斯家族为例》中提出，布斯家族的莎剧表演打破了美国早期戏剧发展阶段由英国剧团和演员主导戏剧舞台的局面，并在莎剧表演中有意识地融入美国本土元素，形成了具有美国本土特征的演剧风格[28]；在《尤金·奥尼尔的早期戏剧创作及其对美国现代戏剧的先驱作用》中以尤金·奥尼尔1918年的戏剧创作为时间界限梳理奥尼尔与美国现代主义戏剧历史发展之间的关联性，并着重阐释奥尼尔早期戏剧创作对于开启美国现代主义戏剧“黄金时代”所具有的重要先驱作用。[29]

3.文化视野中的文学文本研究。王浪的《遗音重寻：论20世纪初法国与中国的一种女性主义》对发表于《无政府主义者》《自由思想》《无政府状态》《新世纪》《天义》等期刊上的文章进行细致的文本分析，并结合历史材料重构无政府女权主义者在性、女性教育和妇女劳动三个方面的理论贡献，展示早期无政府女性主义所遗留的丰富理论遗产，探讨其对当前女性主义讨论和实践的重要影响和启示意义。[30]代乌日瀚、周阅对新旧两版的《蒙古土产》进行细致的文本分析，并在结合其他史料的基础上，试图还原真实的贡桑诺尔布，揭示河原操子的书写意图，从另

一视角挖掘了日本对华政策和近代中日关系的发展变化[31]。刘胤逵的《论俄罗斯后现代主义文学成因中的俄苏本土文化因素》提出，俄罗斯后现代主义是本土传统文化、西方同类现象以及20世纪俄苏文化进程综合作用下的产物，并由此形成了新巴洛克和莫斯科概念主义两大主要思潮，以俄苏当代文化进程为切入点分析俄罗斯后现代主义文学成因中的俄苏本土文化因素能够为两大主要思潮的成因提供一个全新的思路。[32]张源的《〈巴门尼德〉：关于"一"的"神圣喜剧"》分"开场　来自凯法劳斯的报道""入场　苏格拉底挑战芝诺—巴门尼德""旁白　皮索多鲁的担忧""对驳论'相'——巴门尼德对苏格拉底六连击""插曲　芝诺的笑""终曲　论'一'——巴门尼德的八个/九个论证""结语　回到开场，三重转述中的帝国命运"等部分讨论了柏拉图最精纯的哲学对话《巴门尼德》中关于"一"的论证，作者认为巴门尼德关于"一"的思想，为帝国深陷"一"与"多"之间的思想纷争埋下了伏笔，"一"是开端，也是结局，它既在自身当中，又在一切事物当中。[33]杨俊杰的《论吉拉尔的俄狄浦斯阐述》围绕吉拉尔的参会报告，揭示吉拉尔从索福克勒斯的俄狄浦斯悲剧当中读解出"内介绍"和"替罪羊"机制，逐渐发展出与解构主义迥然不同的旨趣。[34]张哲俊讨论了诗歌文本与音乐节奏、时值的关系，认为音符的时值、节奏主要取决于歌辞文本，歌辞文本的句读、句式、字数、韵字等因素是判断节奏、速度的依据。[35]

五、凸显现实观照

2021年北京地区比较文学与世界文学研究者持续关注疫情下的文学书写与人类命运，其研究成果表现出极强的现实观照性。苏永怡在《异常与平常：疫情下的世界文学书写》中分"疾病的书写和隐喻""种族与女性问题探究""虚实交错的历史与现实"等主题板块介绍了从世界11个主要语种的众多作品中精心遴选的15位外国文学专家的15部年度佳作。[36]姜雪的译文《化数字为人：疫情期间话文学》(*Die Zahlen in Menschen verwandeln: Literatur in Zeiten von Corona*)原文载于2020年4月16日德国之声"欧洲"栏目，记录的是原作者格奥尔基·戈斯波季诺夫(Georgi Gospodinov，1968—)在疫情期间的文学反思，即文学的真正使命是关注冰冷的数字和图表背后的人性，是将数字转化为人，为数字赋予一副生动的面容。[37]

六、专著出版与课题立项

2021年北京地区比较文学与世界文学专业学者专著出版情况如下：张沛的《莎士比亚、乌托邦与革命》多维地展现了英国现代早期人文思想，该书按照古典戏剧的形式编组，分序曲、进场、第一歌、第二歌、第三歌、终曲等部分分别讨论彼特拉克的历史意识和身份觉醒，英国现代文学观念的发生和文艺复兴诗学精神的自觉，爱欲、城邦、乌托邦、王权等话题，以散点透视和重点聚焦的方式讲述了现代乌托邦神话"道成肉身"的文学历程。[38]顾钧的《汉学与跨文化研究》分美国汉学史研究、跨文化翻译研究、中外文学关系研究三部分，第一部分详细讨论19世纪美国业余汉学的发展历程以及20世纪美国专业汉学的兴起；第二部分围绕《诗经》《论语》《聊斋志异》等在英语世界的翻译和传播，以及鲁迅通过译介外国文学对中国思想文化的影响和改造等问题展开讨论；第三部分重点以诺贝尔文学奖得主赛珍珠的中国形象塑造为关注点，探讨中外文学关系的契合之处，在事实联系的基础上寻找彼此共通的诗心与文心。[39]

2021年北京地区比较文学与世界文学专业学者获国家社科基金立项多项："儿岛献吉郎'中国文学史'纂述及影响研究"(段江丽，北京语言大学，一般项目)、"百年中日文艺作品中的'鲁迅形象'研究"(于小植，北京语言大学，一般项目)、"明清传奇在英语国家的译介与接受研究"(苏凤，北京师范大学，一般项目)、"20世纪以来英美汉学家的中国神话研究"(黄悦，北京语言大学，一般项目)、"中国当代先锋文学的西班牙语译介、影响力与接受机制研究"(郑柳依，中国传媒大学，一般项目)；获北京市社科基金立项多项："《大唐西域记》在日本的传播与影响研究"(高阳，清华大学，重点项目)、"翻译符号学视阈下中国当代小说多模态译介模式研究"(潘琳琳，首都师范大学，一般项目)。

七、学术会议与学术活动

2021年北京地区学会与高校、专家与学者举办和参与的学术会议与学术活动有效促进了学术交流的方式创新与学术共同体的有机建设。由北京外国语大学中华文化国际传播研究院协办的"中国比较文学学会海外汉学研究分会2021年会暨国际汉学高级研修班"于10月30—31日以线上线下相结合的方式举行，来自全国45所高校的60多位专家学者与会交流，中国比较文学学会海外汉学研究分会会长、北外中华文化国家传播研究院首席专家张西平、北外《国际汉学》编辑等北京学者参与了互动讨论。7月23—26日，由中国比较文学学会主办的"时代变革与文化转型中的比较文学——第十三届中国比较文学年会暨国际研讨会”在广西大学举行，中国人民大学杨慧林教授、北京大学张辉教授等分别作题为《“是一是二”与“两只烟斗”的隐喻》和《莱辛如何思考文明冲突问题——〈智者达旦〉中的指环寓言再释》的主旨发言，在与其他与会者的思想碰撞中将此次研讨会推向一个积极发挥比较文学在“一带一路”与“人类命运共同体”建设中的重要作用的新高度。以“科技人文时代的跨学科研究”为主题的“中国比较文学学会跨学科研究分会成立暨首届学术研讨会”于11月27日举办，来自北京大学、清华大学、北京师范大学、北京语言大学、北京第二外国语大学等30多所高校及研究机构的近100名专家学者参与会议，并就应该以“不同而和，迈向学术通识的共同体”为比较文学学科发展目标，推进比较文学跨学科研究的迅猛发展这一问题达成了共识。

结语

本年度北京地区比较文学与世界文学学科学术发展在学术论文发表、学术著作出版、课题立项等方面都取得了可喜的成果，及时对比较文学与世界文学学科学术研究、建设和发展动态进行全面的回顾和梳理，将有助于从宏观上把握该学科的发展规律和未来趋势，为科学地制订学科未来发展规划，推进学科理论创新，完善学科体系架构提供可供参考的成功经验。同时，辩证地看待北京地区2021年比较文学与世界文学学科学术发展新成果，正视其中仍然存在着的有待加强的方面，如可以继续推进方法论创新，2021年北京地区比较文学与世界文学虽然出现了关于比较文学侨易学的讨论，但尚缺少概念界定、方法属性等方面的具体阐释，以及比较文学侨易学与其他方法论在理论建构和具体应用上的交叉与互动关系研究；进一步扩展比较文学与世界文学的研究广度，在一种跨学科、跨艺术门类的综合视野中进行讨论，将有利于更好地促进比较文学与世界文学的深化研究。

注：

［1］张沛：《如何进入和开展比较文学？——与青年研究生一席谈》，《中国比较文学》，2021年第4期。

［2］王洪涛：《从“翻译诗学”到“比较诗学”与“世界诗学”——建构中国文论国际话语体系的路径与指归》，《中国比较文学》，2021年第3期。

［3］彭吉象：《比较艺术学：一门正在兴起的新兴学科》，《艺术管理（中英文）》，2021年第4期。

［4］杨俊杰：《谈谈一种可能的比较文学侨易学》，《社会科学论坛》，2021年第5期。

［5］李川：《侨易学的古典路径：通观立场与侨易学述思转向的可能性》，《社会科学论坛》，2021年第4期。

［6］李川：《“观象”“系词”与“神道设教”——文学侨易学视域下的〈焦氏易林〉之占验与文学问题》，《国际比较文学（中英文）》，2021年第3期。

［7］张西平：《从译入到译出：谢天振的译介学与海外汉学研究》，《中国比较文学》，2021年第2期。

［8］车琳、叶莎：《汉魏六朝诗在法国的译介与研究》，《国际汉学》，2021年第2期。

［9］高茜、王晓辉：《中国科幻小说英译发展述评：2000—2020年》，《中国翻译》，2021年第5期。

［10］张源：《英国早期中国文学史纂与英语世界“中国文学”观念之演进》，《河北学刊》，2021年第5期。

［11］钱梦涵、张威：《中国现代文学在英语世界的经典化译介——张爱玲个案研究》，《外语研究》，2021年第6期。

［12］张重岗：《海外华人诗学的诸种面向》，《中国文化研究》，2021年第4期。

［13］蔡翔宇：《试论“网文出海”中的文化内涵损失——以泛修仙类作品概念的译介和理解为例》，《外国文学动态研究》，2021年第1期。

［14］顾钧：《鲁迅小说在英语世界，1926—1954（英文）》，《国际比较文学（中英文）》，2021年第2期。

［15］熊鹰：《文化的政治逻辑——论冰心在日期间的文学活动》，《文学评论》，2021年第5期。

［16］曾艳兵：《歌德的“世界文学”：来自“中国才女”的灵感》，《中国图书评论》，2021年第8期。

［17］石小军：《中西视角下的乔叟诗歌〈禽鸟议会〉精校精注本之生成》，《复旦学报（社会科学版）》，2021年第4期。

［18］洪子诚：《1964：“我们知道的比莎士比亚少？”——中国当代文学中的世界文学》，《文艺研究》，2021年第11期。

［19］杨俊杰：《卡夫卡的中国皇帝与本雅明》，《广州大学学报（社会科学版）》，2021年第3期。

［20］夏可君：《本雅明与卡夫卡为什么需要道家这面镜子？》，《广州大学学报（社会科学版）》，2021年第3期。

［21］张哲俊：《从元曲到能乐：日本五山诗文作

为津梁》,《外国文学评论》，2021年第2期。

［22］卢心然:《〈列王纪〉与〈埃涅阿斯纪〉中女性形象之比较》,《东南大学学报（哲学社会科学版）》，2021年第2期。

［23］王立业:《屠格涅夫〈猎人笔记〉与布宁乡村小说比较》,《中国俄语教学》，2021年第2期。

［24］罗文彦、曾艳兵:《“二卡”的世界：卡夫卡与卡尔维诺寓言小说之比较》,《四川师范大学学报（社会科学版）》，2021年第2期。

［25］张菁洲:《论叶芝的布莱克阐释与〈奥辛的漫游〉中的“凯尔特—爱尔兰”神话》,《国际比较文学（中英文）》，2021年第3期。

［26］程正民:《跨文化对话论》,《中国政法大学学报》，2021年第3期。

［27］钟志清:《多语种、跨文化的以色列文学——新世纪第二个十年回顾》,《外国文学动态研究》，2021年第3期。

［28］范方俊:《莎剧表演美国化的时代语境与历史贡献——以布斯家族为例》,《江西社会科学》，2021年第11期。

［29］范方俊:《尤金·奥尼尔的早期戏剧创作及其对美国现代戏剧的先驱作用》,《山东社会科学》，2021年第10期。

［30］王浪:《遗音重寻：论20世纪初法国与中国的一种女性主义》,《国际比较文学（中英文）》，2021年第4期。

［31］代乌日瀚、周阅:《被叙述的贡桑诺尔布——新旧版本〈蒙古土产〉研究及其当代意义》,《国际比较文学（中英文）》，2021年第1期。

［32］刘胤逵:《论俄罗斯后现代主义文学成因中的俄苏本土文化因素》,《俄罗斯文艺》，2021年第1期。

［33］张源:《〈巴门尼德〉：关于“一”的“神圣喜剧”》,《国际比较文学（中英文）》，2021年第2期。

［34］杨俊杰:《论吉拉尔的俄狄浦斯阐述》,《外国文学动态研究》，2021年第2期。

［35］张哲俊:《论诗歌文本与音乐节奏、时值的关系》,《浙江学刊》，2021年第1期。

［36］苏永怡:《异常与平常：疫情下的世界文学书写》,《中国社会科学报》，2021年9月16日。

［37］格奥尔基·戈斯波季诺夫:《化数字为人：疫情期间话文学》，姜雪译,《世界文学》，2021年第5期。

［38］张沛:《莎士比亚、乌托邦与革命》，华东师范大学出版社，2021年。

［39］顾钧:《汉学与跨文化研究》，人民出版社，2021年。

（北京市文艺学会供稿，主要执笔人：王淑娇）

外国文学

2021年度北京地区外国文学研究收获丰硕成果，北京学者获得多项国家社科基金立项，出版多种外国文学研究类专著和译著，中国社科院以及在京知名高校外语学系举办了多场大型学术研讨会议。在具体研究推进方面，英、法、德、俄等语种成果累累，异彩纷呈。本报告通过对2021年度北京地区外国文学研究情况的记录，回顾北京学者外国文学研究工作的新成就，分析不同语种文学研究的新趋势，打破不同语种学者之间的藩篱，统观2021年度外国文学研究的总体趋势、国际文坛普遍的热点和转向，总结分析2021年度北京地区外国文学学科发展与推进情况。

一、英语文学

2021年度北京学者在英语文学方面的研究取得了显著成绩，英语文学的研究占外国文学研究中的最大比重，远超其他语种的研究数量。2021年北京地区英语文学研究成果大量发表在国内外国文学类核心刊物上，此类研究总体来看呈现出两个突出特征，从体裁来看，小说类研究仍最为丰富；从时间段来看，20世纪以后的当代文学备受关注。

2021年度英国文学研究时间跨度较广，从16世纪到当代均有涉及。陈雷[1]聚焦16世纪末英国诗人斯宾塞的作品中关于帝国殖民合理性的政治道德话语展开研究，指出斯宾塞在古典道德政治哲学和现代殖民话语之间起到了重要的连接作用，认为在现代殖民文学作品如《黑暗的心》中便能够清楚地看到斯宾塞留下的思想印痕，并具体分析了其对康拉德的影响。胡玉明[2]探讨了18世纪末英国诗人骚塞的史诗《毁灭者撒拉巴》对东方神话的吸收以及对西藏的想象，认为在亚诺丁乐园这一部分中，骚塞一方面试图通过黄河河源确定亚诺丁乐园与中国边疆的位置关系，另一方面又通过地理错位展现英国殖民者的帝国在场意识，曲笔反映的正是18世纪英国对中国，尤其是中国边疆西藏的窥探和觊觎。陈智颖[3]通过分析19世纪初英国流行读物时尚小说，指出在中产阶级与土地贵族于经济、政治与社会领域展开较量且双方斗争集中外显于政治领域的1832年前后，文化正上升为双方博弈的新场域，时尚小说则在这一隐蔽的新场域中充当了土地贵族的意识形态工具。此后当中产阶级的政治与经济实力发生逆转的态势逐渐成形，文化领导权随之更迭，时尚小说的衰落与适应新时代精神的小说的兴起便成为历史的潮流。罗灿[4]通过狄更斯《荒凉山庄》的分析探讨19世纪城市卫生的生活环境、市民健康与道德之间的交错关系，认为狄更斯在《荒凉山庄》中对伦敦贫民恶劣生活环境的描写与当时很有影响的“疠气致病说”有密切关联，这一学说将污浊的空气当作流行病的来源，从而推动了维多利亚时代城市卫生系统的改革。《荒凉山庄》里弥散的“疠气”切实提醒着人们亟待解决的城市清洁问题。王丽亚[5]探讨了康拉德《黑暗之心》的目标读者问题，该书出版后一部分评论家认为作品为精英读者而创作，也有不少评论家指出作品的目标读者恰恰是当时英国文学市场上的普通读者，作者认为该作品以通俗题材吸引普通读者，但诸多叙述手段反映了作者更期待契合自己审美意趣的目标读者。许小凡[6]持续关注20世纪英国诗人艾略特，在T. S. 艾略特的晚期诗剧《鸡尾酒会》中，聪慧又天性敏感的戏剧人物西莉亚·科普尔斯通被三位基督教护教者送往名为金肯贾的印度小岛后被当地土著钉上十字架而丧生，作者将这一离奇死亡的转述及背后的诸多细节放置在艾略特早年的神话方法及其潜藏的殖民话语中加以考量，指出西莉亚的死亡折射出了殖民文化霸权在现代主义潮流晚期遭遇到的现实地理困境。霍甜甜[7]分析了英国当代作家帕特·巴克《女孩们的沉默》，通过分析布里塞伊斯的女性主体性和阿喀琉斯的双性同体，深入探讨父权社会女性的悲苦命运，并指出小说刻画沉默的女性通过自身的方式来打破男性话语，呼吁建构男性与女性的交互主体性关系，让边缘的他者发声。李昆鹏[8]结合酷儿理论及修辞性叙事学等方法，探讨了麦克尤恩《爱无可忍》主人公乔的叙述特征，认为在男性气质焦虑的困扰下，乔的思维带有恐同色彩，他的叙述充满了将同性恋人物杰德“他者化”和“常规化”的特点，是一种发生在价值/判断轴上的不可靠叙述。萧莎回顾2020年英语文论领域动态，指出由于疫情冲击文论热点也落在重访人类流行病史以诊断当下处境以及反思和批判种族主义上。本年度英国文学研究体裁覆盖了诗歌和小说，较为广泛全面，仍以个案研究为主要特点。

2021年度美国研究以19世纪至今为主。于雷[9]专注于19世纪美国作家爱伦·坡研究，探索坡的小说中听觉认知对视觉认知的消解或改造，重点考察了女性气质与听觉空间在坡的笔下所产生的耦合效应，着重分析女性（乃至于某些情形下的象征性动物）如何挑战权力化的视觉认知空间，悄然将传统视觉思维的线性逻辑反转为以“去中心化”“去等级化”的听觉模式为认知内核的非线性逻辑。金烁峰[10]分析了19世纪美国作家华盛顿·欧文小说《瑞普·凡·温克尔》，指出瑞普的沉睡反映出当时美利坚意欲摆脱英国影响的国民心态以及由此而催生的建构民族史的需求，而瑞普借助沉睡得以保留并增强的“荷兰记忆”恰恰成了民族史赖以书写的来源，同时藉由瑞普苏醒的契机，欧文又勾连起“红胡子大帝”传说，以此内嵌了美利坚民族神话及其隐藏的政治焦虑，此外瑞普的沉睡也在某种意义上暗示了欧洲定居者对印第安人的规训，揭示了围绕美洲所有权而产生的挥之不去的历史阴霾，并投射出作者在民族利益和种族正义之间的矛盾心态。王元陆[11]对福克纳“约克纳帕塔法世系”故事中的毯包客形象展开分析，通过梳理毯包客在美国历史叙事中的形象变迁及约克纳帕塔法世系故事中的毯包客形象，分析福克纳在南北冲突、种族矛盾、传统与变革、农业文明与工业文明之间的紧张关系等重大议题上所持的立场，指出约克纳帕塔法世系故事中的毯包客书写即体现了福克纳在上述问题上鲜明的南方立场。修立梅[12]聚焦亨利·詹姆斯早期代表作《一位女士的画像》中对艺术与道德关系所做的思考，认为女主人公伊莎贝尔的“如画”审美，尤其是其变化过程体现了彼时的詹姆斯对艺术与道德关系所做的思考，主人公的审美实现了从“低等”到“高贵”的转变，体现出艺术与道德和谐统一、相互提升的关系。

本年度美国当代文学受到的关注度增加，研究关注现当代，其中民族国家、身份建构相关议题尤为突出。高尔聪、田俊武[13]分析了乔纳森·萨弗兰·福厄小说中谢尔家祖孙三代人在德累斯顿大轰炸与9·11恐袭事件中的创伤记忆及其代际影响，从语言、图像及历史观三个维度探讨文中的后记忆建构方式，认为小说的证言叙事再现了后记忆的意义层次及传播方式，其视觉化叙事架构了承载后记忆并连接过去、当下与未来的记忆点，而小说通过后现代式的历史叙事探讨战争与大屠杀后记忆建构中的元历史问题揭示改变人类历史的杀戮与暴力事件对当代人持续不断的影响，构建属于当代人的后记忆。陈红薇、杨健林[14]分析了当代美国剧作家山姆·谢泼德的科幻戏剧《响尾蛇行动》中对后人类时代主体危机的哲学思考，认为该剧揭示了美国智能技术革命背后的双重技术越界：透过失控的“赛博格”，剧作家从道德属性的角度揭示了人工智能极端化对人类主体性的越界，通过印第安霍皮族的霍皮预言及灭族之灾，展现了技术文明对“陆地伊甸园”和人类原初文明的毁灭。周铭[15]从薇拉·凯瑟小说《我们中的一员》引发的争议说起，指出小说通过男主人公参战参与了美国建构跨国身份的议题，而女性传教则是男性参战的变体和镜像，李思[16]围绕唐·德里罗的小说《K氏零度》中后人类主体性的问题展开分析，指出主人公是一个既维护自主性同时又自我削弱的特殊主体。

本年度英语世界其他国家的文学研究亦略有涉及，但成果不多。徐怀静[17]分析了加拿大当代作家翁达杰长篇小说《安妮儿的鬼魂》中的佛教理论与身份认同的寻求过程，指出作品通过构建骷髅的身份，微妙、深入地揭示了人物身份问题中佛教“缘起”理论的“我”与“无我”，是一项跨文化研究的重要研究成果。陈丽[18]回顾了2020年爱尔兰文坛动态，指出近年来爱尔兰文坛从宏大叙事向日常话题转变，对于家庭关系、亲密感情的探讨成为突出主题。总体来看，本年度北京地区英语文学研究强度不减，仍是外国文学研究占比最大的语种，其中，英国文学和美国文学研究并驾齐驱，研究多聚焦当代，研究模式多为聚焦单个作家的作品展开个案分析，主要涉及身份认同、性别、道德与历史等议题。

二、法语文学

2021年度北京地区对法国文学的研究总体成果略少，研究范围以现当代为主，古典文学研究有所缺乏。2021年是波德莱尔诞辰200周年，树才[19]追述了波德莱尔的文学生涯，重读《恶之花》并结合中国诗坛状况展开分析；季浩旸[20]分析了萨德的小说《朱斯蒂娜或美德的不幸》，认为首先萨德在对欲望的狂热追逐中保持着一种无动于衷的冷漠态度，他尝试构筑一个欲望乌托邦的努力和现代文学“反话语”的尝试有一定的相通之处，且在萨德的小说中，书写同时展现出了古典和现代话语的特质，整部小说的叙述结构也有了现代文学空间的雏形，正是沉默的中断打开了女主人公原本无始无终的叙述。李诺[21]对20世纪法国戏剧家让·科克托的戏剧观与独白展开分析，针对其实验独角戏《人声》展开研究，戏剧的主角由人物简化为单一的声音，借助电话这一道具，作品在虚与实的摇摆中完成了一场单调的合奏、一段复声的独白，作者指出这种兼具力量感与脆弱感的声音，既描绘了诗人朝向死亡与自由的奔赴之旅，也展现了个人面对苍茫历史的孤独自白。陈静[22]对波伏瓦的自传展开研究，探索其自我身份建构的路径，作者认为其自传叙事及其自我身份的建构之间的关系可从马克·弗里曼提出的历史的、文化的、修辞的和体验的等四个维度出发进行考察，人的存在的短暂性是波伏瓦书写自我以寻找生命意义的根本性动机，对转折点事件的描述使得波伏瓦的自我独特而富有魅力，在叙述过程中重视交流互动使得波伏瓦的自我身份得以完整建构，生平书写是波伏瓦构建新的自我的必由之路。王秀慧[23]围绕图尼埃小说《维罗尼克的裹尸布》分析作者对摄影及其表征问题的思考，指出图尼埃借小说的形式具象化了表征内部“再现对象”的及物力量和“呈现自身”的自反力量之间的拉锯运动，并戏剧化了表征覆盖、篡夺现实的过程，从而提出表征虽不能还原对象，但它也不模仿对象而是优先考虑取而代之，这种取代对象以呈现自身的倾向，实则是一种渴望代替上帝成为造物主的自恋欲望，但正是“人胜于神”的野心才使艺术创造成为可能。赵丹霞回顾了2020年度法国文坛动态，指出对社会现实的反映和思考在新书主题中占有最大比重。本年度法国文学研究论文成果不算丰富，但研究对象的体裁分布较为均衡，涵盖诗歌、小说、戏剧、传记等不同文学形式。

相较上一年度，2021年北京学者对比利时、瑞士、非洲等法语区文学的研究数量呈现下降趋势。段维珊[24]对20世纪作家奥斯曼·桑宾的小说和电影作品展开研究，分析其作品中的非洲法语区面貌与话语，指出创作时桑宾擅长将文学的写作手法与电影技巧相结合，在奥斯曼·桑宾看来无论外部枷锁如何沉重，非洲人的自我意识都未曾泯灭，他们始终秉持开放心态，渴望得见非洲蓬勃发展并融入世界。侯楠[25]分析了比利时作家让·雷的小说中的世界建构方法，通过超自然世界的端倪、超自然世界的逼近和超自然世界的胜利这三个循序渐进的过程对小说中超自然世界的构建进行分析，展现让·雷书写奇幻的逻辑与思路，深入探究了奇幻文学的内在张力。2020年适逢非洲独立六十周年，李征[26]回顾了2020年非洲法语区文坛动向，分析了后殖民时期非洲法语区特有的文学景象。比利时法语文学在上一年度引发研究热潮，但在2021年度热度下降，同时北京地区非洲法语文学的研究略显不足。

三、德语文学

2021年度北京地区德语文学研究以当代文学为主，古典文学涉及较少，研究对象的体裁集中在小说，其他文体研究较少。

从研究关注的主题来看，本年度北京地区德语文学研究对战争反思议题格外关注，重视文学作品与德国当代社会相互映射等主题，相关文学研究数量增多。武琳[27]聚焦巴耶尔长篇小说《卡尔腾堡》中的战争书写，分析由对个体的书写进入宏大历史的过程，并通过对该小说的研究[28]，分析小说人物与德意志民族性格、战后反思之间的象征关系。张培[29]对费迪南德·冯·席拉赫2011年的小说《科里尼案件》展开分析，对作品中涉及的战争创伤、历史记忆与法律罪行进行研究，指出对于席拉赫而言，从法律的视角以文学的方式书写创伤、记忆和罪责，是回望过去、直视现在、面对未来的重要途径。徐畅[30]通过2020年德国文坛的莫妮卡·马龙事件，剖析当代德国知识界左翼主流话语的压制性地位，以及新右翼话语的反击与纷争，作者认为莫妮卡·马龙事件是一个极好的窗口，可以帮助人们更深入地观察和了解包括新右翼话语在内的德国当代舆论话语纷争，同时也促使人们反思文学在这种纷争中的角色和处境。阳凌艺[31]围绕前南斯拉夫裔德语作家萨沙·斯坦·尼西奇2019年获奖的自传体小说《起源》展开研究，揭示小说中移民身份书写的维度及其对身份起源的追溯，借助伊瑟尔的文学虚构理论重构《起源》的虚构叙事策略，再借由霍米·巴巴的身份混杂性理论揭示小说中移民身份书写的维度以及身份起源追溯的内涵，深入分析了文学创作手法与文学文本内涵的交互关系问题。何宁[32]回顾了2020年度德国文坛动态，指出“新冠文学”与“转折文学”是两个关键符码，对于新冠疫情给人类社会方方面面带来的影响以及德国统一给原东西德带来的冲击，德语文学都做出了审视和反思。同时，2020年德语文学的重要奖项皆被女性作家斩获，2020年也因此成为女性作家的丰收之年。

2021年度北京德语文学研究，还明显扩充了跨文化及中西比较文学研究的研究视野。吴晓樵[33]分析小说《王伦三跃志》中围绕北京所展开的人文地理、文学和民俗三方面的想象，稽考了小说文本中多处尚未被学界破解的“北京知识”的来源，指出该小说实际上更是一部加工“北京知识”的现代小说。周海霞[34]对德国影视中的华人影像及在德华人演员身份认同问题展开探索，指出对20世纪90年代以来涉及华人角色的德国影视作品的分析显示，德国华人影像呈现类型化、负面化、边缘化特征，而由于德国影视文化缺乏多样性、现实世界与虚拟世界相角逐等原因，在德华人演员作为少数族裔居于双重甚至多重“第三空间”，面临多重他者困境，亦具有多重杂糅身份特征。王慧敏[35]对伯恩哈德作品中“画中画”与“框中框”的叙事手法展开深入跨文化的理论分析。与上一年度相比，2021年诺奖得主彼得·汉德克的研究热度有所下降。刘冬瑶[36]持续关注汉德克的“重复”主题，分析《去往第九王国》中的重复结构。总体来看本年度北京地区德语文学研究较上一年度而言，研究关注的焦点略显分散，关注当下，小说研究受到集中关注。

四、俄语文学

2021年度北京地区俄语文学研究取得了可观成绩，文学作品研究对象的体裁主要为小说，本年度俄苏文艺理论研究也出现热度。总体研究呈现出以下特点。

陀思妥耶夫斯基研究再掀热潮。万海松[37]探究陀思妥耶夫斯基的成长小说《少年》，分析其中关于“宗教与人生”书写的思想史意义与俄国东正教精神的影响。张变革、任晓舜[38]指出陀思妥耶夫斯基的小说《永远的丈夫》中存在着显现情节和两条隐性叙事进程，多线并行的叙事运动共同揭示出小说的多重主题，指向不同读者，显示出小说文本丰富多层的内涵。王可欣[39]分析了陀思妥耶夫斯基《双重人格》中的“多声部对话”，指出其中蕴含“凝视”的结构，共同主导着揭示主人公主体性的叙述逻辑。李筱逸[40]指出19世纪评论家康·列昂季耶夫曾运用东正教的宗教思想体系，对陀思妥耶夫斯基的宗教观进行了尖锐的驳斥，这场讨论成为俄国19世纪末20世纪初“新宗教意识”的形成与宗教哲学的复兴过程中不可忽视的重要事件，围绕该事件作者对双方的哲学与宗教观展开分析。

苏俄文艺观念、文艺理论也受到广泛关注。刘雅悦[41]围绕19世纪60年代俄国文艺评论家皮萨列夫的理论，指出其提出的“皮靴好于普希金”可被视作将俄罗斯文学的功利主义伦理传统推向极致的表达。梁世超[42]围绕托尔斯泰《什么是艺术?》中的内容与形式议题展开分析，重新审视托尔斯泰的文艺观。文导微[43]围绕纳博科夫研究者多利宁的著作《符拉基米尔·纳博科夫长篇小说〈天赋〉注解》展开分析，指出该著作将历史语境作为阐释时重点考虑的因素，对小说进行了细致考证，对纳博科夫研究发挥了重要价值。夏忠宪[44]围绕帕斯捷尔纳克的自传体随笔展开深入分析，将其作为一个独立的研究对象从叙述方式等角度加以剖析，还以此为个案阐释了俄罗斯现代作家传记写作观念和形态的演变。刘胤逵[45]指出俄罗斯后现代主义文学形成过程是本土传统文化、西方同类现象以及20世纪俄苏文化进程综合作用下的产物，并对其中的俄苏本土文化因素展开深入分析。

历史主题及女性书写等当下热门话题受到重视。陈方[46]分析了当代俄罗斯女性创作从主张与男性抗争的“女权”立场到表达女性欲望的“女性”书写、再到跨越性别政治的“超性别”叙事的发展过程。林精华[47]指出，白银时代涌现出的女性解放小说蕴含着布尔什维克革命的话语，这种背离东正教传统的新潮流成为期间文学热衷的话题，也使小说家更考虑大众关切，促成大批女性投身其中，使女性小说成为最流行的文学景观之一，而其意义远超出畅销书范畴，成为推动后来苏俄女性事业发展的重要力量。孔霞蔚[48]回顾2020年俄罗斯文坛动态时指出，俄罗斯作家在历史主题创作方面重新爆发出强大活力。

总体来看，2021年度北京俄语文学研究层次丰富，成果丰硕，从作品研究到文论研究都有涉及，小说研究成果突出，诗歌等其他体裁研究稍弱。

五、欧洲其他国家的文学研究

2021年度北京地区学者对欧洲其他语种及国别文学研究也占据一定比重，但总体数量不多，研究方法、关注的文体、时间段和主题等分布均较为零散。

1.意大利文学

陈绮[49]回顾了2020年的意大利文坛的动态，指出在新冠疫情冲击下，疫情的破坏性所引发的悲观情绪激发了暮色文学论调的出现，其他小说多以消遣性、回归性为特征，且文化爱国主义得以有意识地张扬。意大利侦探小说是意大利当代文学的重要体裁之一，自19世纪末才真正开始，文铮[50]回顾了意大利侦探小说的发展及近三十年的转型，重点分析了侦探小说家卡米雷利的现象级影响，卡米雷利于2019年去世，他将意大利侦探小说的影响力提升至前所未有的高度。本年度北京地区意大利文学研究总体成果较少，以当代作品研究为主，聚焦当代尤其是围绕近年最前沿热门的议题展开。

2.西葡语文学

杨玲[51]回顾了2020年西班牙语文学情况，主题主要涉及关注文学和语言本身，探究其治愈功能、疾病和死亡书写，从中寻找精神上的新生、暗含对和解期待的爱恨情仇故事等，女性文学依然是不可忽视的亮点。王渊[52]回顾2020年葡语文坛动态，指出葡萄牙及葡语非洲的文学生活围绕对确定性的追求展开，写作的目的与对象多由“介入”转为个体自身，对经典文学的阅读和评论增多。闵雪飞[53]结合新冠疫情当下形式，重审葡萄牙作家萨拉马戈《失明症漫记》中的隐喻，判断《失明症漫记》为一个批判新自由主义全球化的文本，对经典文学展开了具有当下性的阐释和重读。2021年度对西葡语研究聚焦当代，关注体裁以小说为主。

3.古希腊古罗马文学

本年度古典文学研究的数量比上一年度下降，以聚焦具体作品的个案研究为主。颜荻[54]考察了索福克勒斯的《僭主俄狄浦斯》，指出该剧展示了新兴哲学对传统诗学的冲击，并重新审视其中蕴含的哲学与诗学的关系问题。杨红芹[55]聚焦古罗马诗人维吉尔诗歌中的先知诗人形象，诗人自比“卡昂尼的鸽子”暗示自己与王者同根同源，这种自我建构反映了对屋大维暴力统治的警示。

六、亚非拉国家文学研究

2021年度，在北京学者对亚非拉地区的文学研究中，中东地区文学研究受到格外突出的关注，众多学者聚焦中东当代文学作品，展开充分的研究讨论。东亚及东南亚文学研究与往年热度持平，拉美文学研究仍稍显薄弱。

1.日本文学

2021年度北京学者对日本文学的研究覆盖领域广泛，古代文学和现当代均有涉猎。在日本古典文学研究法方面，罗宇[56]分析了苏轼诗中的“卧游”概念在日本五山文学之中的融入与发展。赵季玉[57]通过研究室町时代的谣曲《白乐天》中，分析作品对中华文化的贬抑以及对“华夷秩序”的挪移，标志着当时日本民族国家意识的萌兴以及日本知识分子试图摆脱中国文化影响、争取本民族文化和政治独立性的诉求。张哲俊[58]探析了日本传统能乐的发展，指出基于种种历史巧合可以认为能乐曾与元曲通过五山文学而产生过交流，能乐或许因此从准戏剧走向戏剧。

在近代和当代研究方面，秘秋桐[59]分析了白根治夫的“第二自然”的理论，指出白根在塑造该理论的过程中，对中国古代文化在东亚地区的影响、辐射情况存在认识不足的缺陷。秦刚[60]聚焦当代作家多和田叶子的反乌托邦小说《献灯使》，将其纳入日本“后3・11文学”书写的整体视野中展开分析。周阅[61]将叶真中显的长篇推理小说《死亡护理师》置于自19世纪末以来直至当下的日本推理小说发展的整体脉络之中，指出该作品并不局限于揭示犯罪的过程，而是尖锐地反映了日本严峻的老龄化问题以及社会护理保险制度存在的漏洞。苏永怡[62]分析了日本当代小说《一个人的好天气》中主人公“偷窃”行为的隐含意义，以此管窥日本当代年轻人生存现状。

2.印度文学

尹晶、刘鑫[63]研究了印度作家阿兰达蒂・洛伊的小说《极乐之邦》，认为其反映了以印度为代表的一种新现实主义，即超越经典现实主义的“边缘现实主义”，深入追问资本主义席卷全球后的当代印度社会现实，在形式层面探索了展现这一社会现实的方式。贾宏涛[64]分析了萨尔曼・拉什迪的新作《吉诃德》，从该小说中爱的追寻入手，从异化危机、爱的追寻以及文学之用三个方面展开讨论，试图说明拉什迪对面临生存危机的现代人命运的深切关怀。本年度北京地区学者对东南亚地区文学的关注，集中在印度，关注前沿作品，注重分析解读作品中反映的印度社会现实，具有强烈的当下性与人文关怀。

3.阿拉伯及以色列文学

2021年度阿拉伯文学研究异彩纷呈。薛庆国[65]针对“阿拉伯之春”爆发十年以来阿拉伯世界文坛的动态展开研究，指出阿拉伯作家与“革命”有过复杂的互动，并对文学与大众、权力、“革命”之间的关系有过深入反思，早期带有浪漫的乌托邦特征，随后逐渐呈现出严峻乃至悲观的反乌托邦色彩。余玉萍[66]聚焦阿拉伯布克奖获奖小说《意大利人》没从国家、城市与个人三个层次入手，阐释小说对突尼斯社会转型与政治发展的表现。袁明辉[67]围绕埃及当代作家阿拉・阿斯瓦尼的小说《亚库比恩公寓》分析其对近半个多世纪以来埃及的政治腐败与权力横行、阶级与性别剥削、宗教激进主义蔓延等社会问题的揭露。钟志清[68]对二十年来以色列文坛的发展做出回顾，指出由于以色列是个多民族国家，在文学创作上也表现出强烈的多语种属性与跨文化特征，作者从主流文学、阿拉伯作家和俄罗斯移民作家的创作等角度出发来审视这些特征。尤梅[69]回顾了2020年度阿拉伯文坛动态，指出历史书写依旧是这一年阿拉伯文学创作的一大主题，并聚焦埃及青年作家艾哈迈德・欧尼的首部长篇小说《给英雄的奖牌》[70]，分析其对父权制、社会威权主义的批判与反抗，对埃及的社会剧变进行冷静反思。本年度北京地区对中东文学的关注十分突出，尤其关注文坛新趋势，介绍并研究了中东青年新锐作家的作品，深入反思中东当代文学作品与社会现实之间的关系。

4.拉美文学

樊星[71]回顾2020年巴西文坛动态，认为延续了前两年的变革趋势，严肃文学与娱乐文学的壁垒被进一步打破，对现实困境的观照依然是文学创作的核心。由于疫情引起的社交隔离与网络“曝光”运动兴起，巴西社会越来越习惯于从个人视角出发参与公共讨论。楼宇[72]聚焦墨西哥作家埃尔梅尔・门多萨和阿根廷作家克劳迪娅・皮涅伊罗的作品，探索当代拉美小说呈现的新特征及创作特色。本年度拉美文学热度低，学者关注较少，重点聚焦当代近年来的文坛趋势动向展开研究。

七、跨文化研究

2021年度，北京学者聚焦外国文学文艺，引入跨文化研究视角展开研究，成为本年度北京外国文学研究的一个突出亮点。武静[73]指出西方“科学戏剧”的源头可以追溯至克里斯托弗・马洛的《浮士德博士的悲剧》，伴随着三次科学革命经历了三次创作高峰，并在这个过程中形成了以反思科学伦理为重点的创作传统。林品[74]对《2001太空漫游》和《索拉里斯》这两部太空电影展开分析，认为作品弃用或反用了“缝合体系”所标示的古典叙事电影的成规惯例，创造出一种有别于人类中心主义的主体幻觉的后人类主义视觉。王玉玨[75]提出当代中国网络文艺发展过程中出现了可称为“格叙事”的特征，格叙事的基本逻辑从文艺领域经由饭圈文化进入网络社交空间，形成了网络空间中的“故事社会”。汤俏[76]围绕日本流行文化产业及日本轻小说展开梳理，从青年亚文化视角切入勾勒了御宅族文化与轻小说核心属性之间的关联，以及二次元文化对轻小说产生的深刻影响。陈众议[77]围绕数字人文与技术让渡展开论述，主要讨论对象为网络文学及其批评范式的建立问题。蔡翔宇[78]对中国网络文学中“泛修仙类”作品的海外传播展开研究，指出其中包含的中国宗教与传说元素在海外颇受欢迎，但在传播过程中，这些文化内涵难免产生损失。

八、学术著作及立项情况

本年度北京地区外国文学相关学术著作出版成果颇丰，北京大学申丹出版了专著《双重叙事进程研究》（北京大学出版社），不仅对叙事学和相关文学理论进行了“双重性”拓展和重构，而且也对文体学和翻译学进行了“双重性”拓展和重构；北京大学外国语学院副教授张嘉妹主编的《犍陀罗的微笑：巴基斯坦古迹文物巡礼》（上海三联书店出版）介绍了原犍陀罗地区部分古迹文物中蕴含的历史背景和佛教文化；中国人民大学英语系杨敏教授出版专著《露丝·沃达克政治话语分析的学术思想研究》，通过文本细读结合自建数据库的方式，探索沃达克的研究思想、研究规律和研究方法，从而总结出她的学术思想。外国文学研究类译著成果同样丰富，北京市社会科学院文化所陈玲玲研究员（笔名陈言）的译著《定本　柄谷行人文学论集》（柄谷行人著）于2021年9月由中央编译出版社出版，该作品是柄谷行人自选作品汇编，堪称了解柄谷行人思想起源的最权威的版本，译著出版后在业内备受好评。北京大学西葡语系教授王军与首都师范大学西班牙语系副教授蔡潇洁翻译的《堂吉诃德沉思录》由商务印书馆出版，该书是西班牙哲学家、文艺评论家奥尔特加·加塞特出版的第一部作品，也是总结奥氏早期哲学思想的扛鼎之作和理解他后来作品的引领之作。

2021年度北京外国文学学者在国家社科基金项目中立项丰富，其中，亚洲文学研究5项，分别为古代日本绘卷作品中的中国元素研究（丁莉，北京大学，一般项目）、日本城市化进程中的文学书写研究（张文颖，北京第二外国语学院，一般项目）、泰国文学经典《三界论》译注与研究（熊燃，北京大学，一般项目）、印度进步主义文学思潮中的“中国动因”研究（贾岩，北京大学，青年项目）、皇家亚洲学会与丝绸之路研究（李伟华，北京外国语大学，青年项目）；英语文学研究4项，分别为奥登诗学与神话研究（赵元，清华大学，一般项目）、美国边疆哥特小说的空间政治研究（陈榕，北京外国语大学，一般项目）、约翰·阿什伯利的诗画诗学研究（张慧馨，北方工业大学，一般项目）、维多利亚小说中的疾病书写研究（牟童，对外经济贸易大学，青年项目）；德语文学研究3项，分别为柏林现代派与维也纳现代派城市书写研究（王彦会，北京理工大学，一般项目）、瓦尔特·本雅明的思想图像写作研究（姜雪，中国社科院外文所，青年项目）、德国表现主义疾病书写研究（刘冬瑶，北京科技大学，青年项目）；俄语文学研究2项，为俄国女性写作中的性别意识及其演进研究（陈方，中国人民大学，重点项目），19世纪俄国经典作家的西伯利亚书写研究（徐乐，中国社会科学院外国文学研究所，一般项目）；法语文学及文论研究1项，德勒兹与加塔利生命诗学研究（董树宝，北方工业大学，一般项目），以及“异域”的书写与迁移：从梅特林克到谢阁兰（邵南，北京外国语大学，后期资助项目）。从本年度基金立项情况来看，英语、俄语、德语研究北京学者占据一定优势地位，立项成果突出，亚洲研究以及立足比较文学视野的外国文学、跨文化研究是未来发展的重要趋势。

九、学术会议举办情况

2021年度受新冠疫情影响，北京地区外国文学相关学术研讨会多为线上举办，但并未影响本年度学术交流与研讨的盛况。中国社科院文学所、中国人民大学“美国与亚裔文学研究”课题组与西北师范大学外国语学院联合举办首届“华裔/华文文学”学术研讨会，通过学者同台交流对话深入探讨文学研究新发展，推进华裔文学和华文文学的跨界融通；北京科技大学与《当代外国文学》编辑部联合举办“文学奖与经典化：当代外国文学发展前沿”学术研讨会，围绕诺贝尔文学奖、布克奖、龚古尔奖等具有国际影响力的文学奖项，深入探讨当代外国文学热点的生产机制及文学经典化等问题；北京外国语大学外国文学研究所《外国文学》编辑部与湖南中南大学外国语学院联合举办“声音与文学”全国学术研讨会，与会学者深入探讨声音对文学话语的影响；由中国社科院外文所下辖的中国外国文学学会主办了第十六届双年会暨“新时代外国文学研究”学术研讨会，北京大学、清华大学、中国人民大学等众多北京高校学者齐聚杭州参会，围绕在新时代外国文学研究中应持的中国立场与建构具有中国特色的学科体系、学术体系和话语体系等问题展开别开生面的研讨；中国社科院《外国文学评论》编辑部与陕西师大文学院联合举办“文学与共同生活”主题学术研讨会，大会设置四个主题发言，从抽象理论、具体历史、类型小说和跨文化交流等各种角度对人类共同体和世界的共同生活做出了反思。本年度北京高校及科研机构不仅举办众多外国文学主题重大学术研讨会，也推出了丰富的青年论坛、学术讲座、沙龙等文学文化交流活动，并受到广泛关注，提升了北京地区外国文学研究的关注度，促进外国文学研究动态与成果交流，推进北京地区外国文学学科发展。

结语

2021年度北京地区外国文学学科发展稳步，并呈现出与时俱进的新特点，此类研究成果丰富，覆盖议题广泛，研究较为深入。从研究分布来看，本年度外国文学研究仍以英语作品为主，其中美国文学和英国文学占绝大比例，加拿大、澳洲及其他英语地区国别文学研究略少，法国现代及当代文学得到更多关注，德语文学研究扎实，稳中有进，意大利语、西葡语及东欧北欧小语种文学研究今年呈下降态势。非洲文学研究队伍略显单薄，主要集中于非洲英语区左翼作家研究，斩获诺奖的非裔作家古尔纳在北京地区的研究略少。

本年度的亮点有二。一是阿拉伯及其他中东地区文学研究，尤其是埃及文学研究的比例得到提高，学者们试图从阿拉伯当代文学中挖掘其背后的文化及社会现实关切，将当代阿拉伯语世界的文学及文化动向引入研究视野。从研究对象的体裁来看，长篇小说研究的数量和深度仍遥遥领先，短篇小说、诗歌、戏剧以及文艺理论等也有所涉及。二是本年度北京地区跨学科、跨文化的外国文学文艺研究呈现出良好发展态势，涉及科技与文学交叉学科、数字人文、国内外网络文艺等前沿热点话题的研究层出不穷，这些议题过去更集中于文艺学、当代文学、新闻传播学等研究领域内，本年度则在外国文学相关领域涌现出可观的成果。北京地区外国文学研究机构也围绕外国文学相关主题举办大量主题会议及专题讲座。西方国家对于跨学科尤其是与数字相关的文学研究已走在前沿，北京外国文学研究者在未来应持续发挥示范作用，引领学科发展，与世界前沿研究接轨。

目前北京的外国文学研究者中，英美文学研究占比最大，成果突出，德语、俄语文学研究在国内学界也具有明显实力，法语研究及亚非拉地区文学的研究也应扩充研究团队、提升研究规模。从研究对象来看，目前北京外国文学界对小说，尤其是长篇小说的研究高度偏重，在未来的研究中应适当加强对诸如诗歌、戏剧等其他文学体裁的关注，同时研究更多聚焦现当代文学，侧重于对文本展开文化性阐释，对古典文学研究关注较弱。最后，北京外国文学研究的突出特征是以个案分析为主，专注于个别作家作品的研究占较大比重，对文学流派、思潮、文学史等相关的研究相对匮乏，在未来的学科发展中有待重视，进一步平衡优化研究结构。

注：

［1］陈雷:《殖民主义与节制的美德——斯宾塞笔下的爱尔兰，兼及〈黑暗的心〉》,《外国文学评论》，2021年第1期。

［2］胡玉明:《亚诺丁乐园——骚塞〈毁灭者撒拉巴〉中的西藏想象》,《外国文学评论》，2021年第2期。

［3］陈智颖:《中产阶级的教科书：英国时尚小说与文化领导权的争夺》,《外国文学评论》，2021年第4期。

［4］罗灿:《卫生改革、流行病和〈荒凉山庄〉》,《外国文学研究》，2021年第3期。

［5］王丽亚:《〈黑暗之心〉的目标读者与康拉德的“理想读者”》,《外国文学研究》，2021年第3期。

［6］许小凡:《为什么必须杀死西莉亚·科普尔斯通：T. S. 艾略特的神话方法及其地理困境》,《外国文学评论》，2021年第2期。

［7］霍甜甜:《女性视角下的经典重述——评帕特·巴克的小说〈女孩们的沉默〉》,《当代外国文学》，2021年第3期。

［8］李昆鹏:《“恐同”叙述的背后:〈爱无可忍〉中的另一种批判声音》,《当代外国文学》，2021年第2期。

［9］于雷:《泄密的声音：爱伦·坡小说中的视听之争》,《外国文学研究》，2021年第4期。

［10］金烁锋:《瑞普为何沉睡:〈瑞普·凡·温克尔〉中的政治焦虑》,《外国文学评论》，2021年第4期。

［11］王元陆:《约克纳帕塔法世系故事中的毯包客》,《外国文学评论》，2021年第1期。

［12］修立梅:《艺术与道德——〈一位女士的画像〉中的“如画”审美》,《外国文学研究》，2021年第2期。

［13］高尔聪、田俊武:《乔纳森·萨弗兰·福厄小说〈特别响，非常近〉中的后记忆建构》,《当代外

国文学》，2021年第2期。

［14］陈红薇、杨健林：《技术时代人类主体性危机的预言——论〈响尾蛇行动〉中的双重技术越界》，《当代外国文学》，2021年第1期。

［15］周铭：《“愿西部之鹰飞向……”：〈我们中的一员〉战争书写中的“跨国美利坚”》，《外国文学评论》，2021年第1期。

［16］李思：《“大脑中的幽灵生命”——论〈K氏零度〉的超人类主体及其限度》，《当代外国文学》，2021年第1期。

［17］徐怀静：《〈安妮儿的鬼魂〉中的身份认同与佛教“缘起”论》，《外国文学研究》，2021年第3期。

［18］陈丽：《危机时刻的情感表达——2020年爱尔兰文学综述》，《外国文学动态研究》，2021年第3期。

［19］树才：《波德莱尔：“忧郁”作为一种诗学》，《外国文学动态研究》，2021年第5期。

［20］季浩旸：《〈朱斯蒂娜或美德的不幸〉——论萨德的界限书写》，《法语国家与地区研究》，2021年第2期。

［21］李诺：《让·科克托的戏剧之诗与独白之声》，《法语国家与地区研究》，2021年第4期。

［22］陈静：《西蒙娜·德·波伏瓦的自传叙事及其自我身份建构》，《法语国家与地区研究》，2021年第2期。

［23］王秀慧：《米歇尔·图尼埃的摄影主题小说中的表征问题》，《法语国家与地区研究》，2021年第2期。

［24］段维珊：《从文学到电影：奥斯曼·桑宾笔下自主与开放的非洲》，《法语国家与地区研究》，2021年第4期。

［25］侯楠：《让·雷奇幻小说〈大夜色〉中超自然世界的构建》，《法语国家与地区研究》，2021年第3期。

［26］李征：《“以虚构挑战真实”——2020年非洲法语文学综论》，《外国文学动态研究》，2021年第3期。

［27］武琳：《“哎，不就是只小鸟吗”——〈卡尔腾堡〉中的历史书写与创伤书写》，《当代外国文学》，2021年第3期。

［28］武琳：《骑士、忧思者与寒鸦：〈卡尔腾堡〉中的德意志民族性格与国家认同建构》，《外国文学评论》，2021年第3期。

［29］张培：《创伤、记忆与罪责——评席拉赫小说〈科里尼案件〉》，《外国文学动态研究》，2021年第5期。

［30］徐畅：《推移的边界：德国新右翼话语背景下的莫妮卡·马龙事件》，《外国文学动态研究》，2021年第5期。

［31］阳凌艺：《虚构叙事与身份书写——评2019年德国图书奖获奖小说〈起源〉》，《外国文学动态研究》，2021年第2期。

［32］何宁：《“新冠文学”与“转折文学”——2020年德语文学回顾》，《外国文学动态研究》，2021年第3期。

［33］吴晓樵：《德布林〈王伦三跃志〉中的北京书写及其知识来源新考》，《德语人文研究》，2021年第2期。

［34］周海霞：《德国影视中的华人影像及在德华人演员身份认同探析》，《德语人文研究》，2021年第2期。

［35］王慧敏：《大师的颠覆与瓦解：析〈历代大师〉中的“画中画”和“框中框”》，《德语人文研究》，2021年第2期。

［36］刘冬瑶：《汉德克的重复诗学》，《德语人文研究》，2021年第2期。

［37］万海松：《〈少年〉中“宗教与人生”书写的思想史意义》，《外国文学研究》，2021年第6期。

［38］张变革、任晓舜：《对抗沉沦：陀思妥耶夫斯基小说〈永远的丈夫〉中的隐性叙事进程》，《俄罗斯文艺》，2021年第2期。

［39］王可欣：《论〈双重人格〉中作为叙述策略的“凝视”》，《俄罗斯文艺》，2021年第2期。

［40］李筱逸：《“一场伟大的争论”：从康·列昂季耶夫论“普希金演说”谈起》，《俄罗斯文艺》，2021年第2期。

［41］刘雅悦：《“皮靴好于普希金”——皮萨列夫文艺观的伦理学渊源》，《外国文学评论》，2021年第2期。

［42］梁世超：《重思〈什么是艺术?〉中“内容”与“形式”的疑题》，《俄罗斯文艺》，2021年第2期。

［43］文导微：《走近俄语作家纳博科夫—西林——〈符拉基米尔·纳博科夫长篇小说〈天赋〉注解〉评介》，《外国文学动态研究》，2021年第5期。

［44］夏忠宪：《变异与创新：帕斯捷尔纳克自传体随笔研究》，《俄罗斯文艺》，2021年第3期。

[45] 刘胤逵：《论俄罗斯后现代主义文学成因中的俄苏本土文化因素》，《俄罗斯文艺》，2021年第1期。

[46] 陈方：《当代俄罗斯女性作家创作的三个维度》，《外国文学研究》，2021年第3期。

[47] 林精华：《女性解放小说在俄国的黄金时代：白银时代文学的又一种景观》，《外国文学研究》，2021年第6期。

[48] 孔霞蔚：《2020年度俄罗斯文学的历史书写》，《外国文学动态研究》，2021年第4期。

[49] 陈绮：《以新冠为时代背景的文学——2020年意大利文学综论》，《外国文学动态研究》，2021年第4期。

[50] 文铮：《卡米雷利现象与意大利侦探小说的勃兴》，《外国文学动态研究》，2021年第4期。

[51] 杨玲：《治愈与新生——2020年西班牙语文学概述》，《外国文学动态研究》，2021年第4期。

[52] 王渊：《经典的回响与写作的内转——2020年葡萄牙及葡语非洲文学研究》，《外国文学动态研究》，2021年第3期。

[53] 闵雪飞：《作为新自由主义全球化批判的"白色眼疾"——重审〈失明症漫记〉中的政治隐喻》，《外国文学动态研究》，2021年第2期。

[54] 颜荻：《〈僭主俄狄浦斯〉中的诗歌与哲学之争》，《外国文学评论》，2021年第3期。

[55] 杨宏芹：《"卡昂尼的鸽子"——试论维吉尔的先知诗人形象》，《外国文学评论》，2021年第4期。

[56] 罗宇：《盆石卧游：日本五山禅僧对苏轼诗的接受》，《外国文学评论》，2021年第2期。

[57] 赵季玉：《汉诗、和歌与神风：论谣曲〈白乐天〉的白居易叙事》，《外国文学评论》，2021年第4期。

[58] 张哲俊：《从元曲到能乐：日本五山诗文作为津梁》，《外国文学评论》，2021年第2期。

[59] 秘秋桐：《"第二自然"：古典文学研究的新方法》，《外国文学动态研究》，2021年第2期。

[60] 秦刚：《日本"后3·11"反乌托邦小说〈献灯使〉》，《外国文学动态研究》，2021年第2期。

[61] 周阅：《犯罪动机——〈死亡护理师〉与"社会派"推理小说》，《外国文学动态研究》，2021年第4期。

[62] 苏永怡：《〈一个人的好天气〉中的"恋物"及其治愈——兼谈日本当代年轻人生存现状》，《当代外国文学》，2021年第2期。

[63] 尹晶、刘鑫：《阿兰达蒂·洛伊的〈极乐之邦〉与边缘现实主义》，《当代外国文学》，2021年第4期。

[64] 贾宏涛：《爱的追寻——论拉什迪的新作〈吉诃德〉》，《外国文学动态研究》，2021年第5期。

[65] 薛庆国：《"阿拉伯之春"十年：以文学献祭》，《外国文学动态研究》，2021年第1期。

[66] 余玉萍：《"惊雷"之后的沉思——〈意大利人〉的社会批判主题》，《外国文学动态研究》，2021年第1期。

[67] 袁明辉：《"炭坑边的金丝雀"——〈亚库比恩公寓〉的空间批评视角解读》，《外国文学动态研究》，2021年第1期。

[68] 钟志清：《多语种、跨文化的以色列文学——新世纪第二个十年回顾》，《外国文学动态研究》，2021年第3期。

[69] 尤梅：《历史书写中的身份追寻与建构——2020年阿拉伯文学动态评述》，《外国文学动态研究》，2021年第4期。

[70] 尤梅：《英雄的奖牌抑或败将的勋章？——评埃及小说〈给英雄的奖牌〉》，《外国文学动态研究》，2021年第1期。

[71] 樊星：《从见证者到亲历者——2020年巴西文学叙事转向研究》，《外国文学动态研究》，2021年第3期。

[72] 楼宇：《"文学之用"：当代拉美侦探小说创作管窥》，《外国文学动态研究》，2021年第4期。

[73] 武静：《科学伦理反思——〈浮士德博士〉以来的西方"科学戏剧"传统》，《外国文学研究》，2021年第4期。

[74] 林品：《太空电影中的后人类主义视觉——以〈2001太空漫游〉与〈索拉里斯〉为例》，《外国文学动态研究》，2021年第4期。

[75] 王玉王：《"故事社会"与后现代的散布——从网络文艺的新叙事形态说起》，《外国文学动态研究》，2021年第1期。

[76] 汤俏：《"动物化"的消费与清高主义的日本——御宅族文化影响下的轻小说研究》，《外国文学动态研究》，2021年第1期。

[77] 陈众议：《数字人文与技术让渡》，《外国文学动态研究》，2021年第1期。

[78] 蔡翔宇:《试论“网文出海”中的文化内涵损失——以泛修仙类作品概念的译介和理解为例》,《外国文学动态研究》,2021年第1期。

(北京市文艺学会供稿,主要执笔人:张洪亮)

年度推荐论文和著作

论文

1.钱志熙:《论“吟咏情性”作为古典抒情诗学主轴的地位》,《北京大学学报(哲学社会科学版)》,2021年第2期。

2.陈剑澜:《德国观念论美学中的直观理论》,《北京大学学报(哲学社会科学版)》,2021年第6期。

3.马楠:《刘向〈别录〉“一人持本”考述》,《文史哲》,2021年第1期。

4.侯金满:《唐石经碑式与中古书册制度关系探微》,《文献》,2021年第4期。

5.刘跃进:《西汉文学叙说》,《文艺研究》,2021年第9期。

6.过常宝:《“以意逆志”:先秦儒家话语方式的创变》,《文学遗产》,2021年第4期。

7.陈平原:《叙事模式与文学进程——关于〈中国小说叙事模式的转变〉及其他》,《文艺争鸣》,2021年第1期。

8.曾艳兵:《歌德的“世界文学”:来自“中国才女”的灵感》,《中国图书评论》,2021年第8期。

9.钟志清:《多语种、跨文化的以色列文学——新世纪第二个十年回顾》,《外国文学动态研究》,2021年第3期。

10.陈智颖:《中产阶级的教科书:英国时尚小说与文化领导权的争夺》,《外国文学评论》,2021年第4期。

著作

1.方维规:《历史的概念向量》,生活·读书·新知三联书店,2021年。

2.马元龙:《欲望的变奏:精神分析的文学反射镜》,北京大学出版社,2021年。

3.程浩:《有为言之:先秦“书”类文献的源与流》,中华书局,2021年。

4.徐建委:《文献考古:关于〈左传〉〈史记〉关系的研究》,商务印书馆,2021年。

5.刘明:《汉魏六朝别集研究》,国家图书馆出版社,2021年。

6.马学良:《哈佛燕京学社汉学引得丛刊研究》,北京联合出版公司,2021年。

7.张沛:《莎士比亚、乌托邦与革命》,华东师范大学出版社,2021年。

8.顾钧:《汉学与跨文化研究》,人民出版社,2021年。

9.申丹:《双重叙事进程研究》,北京大学出版社,2021年。

10.杨敏:《露丝·沃达克政治话语分析的学术思想研究》,中国人民出版社,2021年。

历史学

摘要

2021年,北京地区的历史工作者坚持“立德树人”,密切关注国家重大战略需求,立足教书育人和学术研究,在学科建设、人才培养、学术研究和服务社会等方面都作出了突出贡献,综合实力稳居全国首位,继续引领国内历史学科的发展。

一、学科发展基本情况

历史学科发展势头良好。北京地区历史学科拥有全国最多的一级学科博士点授权单位、“双一流”

学科建设单位，其中“双一流”学科完成情况较好，全部顺利进入第二期。北京师范大学、中国人民大学等学校被列为教育部非物质文化遗产硕士研究生培养试点单位。武寅、孟庆龙、梁占军、杨共乐等编写世界史学科“十三五”概况调研报告，为“十四五”学科建设规划提供重要参考。北京大学、中国人民大学、首都师范大学等积极落实国家指示精神，加快建区域国别学科建设。

据不完全统计，2021年，北京地区历史学科共发表论文2200多篇，出版学术著作240多种，获国家及省部级等项目160多项，承担多项国家重大文化工程建设项目，出版各种学术刊物近50种。其中考古学发表论文约1060篇，学术著作约60部，获国家及省部级等项目30余项，参与的2021年十大考古发现项目3个；中国史发表学术论文1000多篇，出版学术著作140多种，获国家及省部级等各类项目100多项；世界史发表学术文章近200篇，出版学术著作40余种，获国家及省部级等项目30多项。学术研究的各类指标居全国之首。

二、学术研究状况

本年度北京地区的历史学研究密切关注现实，积极服务国家重大战略和社会建设需求，成果十分丰富。其中问题讨论比较集中、意义比较重大、成果比较突出的有以下几个：

第一，学科发展史回顾与总结成就突出。2021年是中国现代考古学诞生100周年。10月，习近平总书记致信祝贺仰韶文化发现暨中国现代考古学诞生100周年，强调“希望广大考古工作者增强历史使命感和责任感，发扬严谨求实、艰苦奋斗、敬业奉献的优良传统，继续探索未知、揭示本源，努力建设中国特色、中国风格、中国气派的考古学，更好展示中华文明风采，弘扬中华优秀传统文化，为实现中华民族伟大复兴的中国梦作出新的更大贡献”！中国社会科学院牵头组织编写了大型图书《中国考古学百年史（1921—2021）》。这套图书总计900余万字，由200多位权威考古专家共同撰写完成。全书以时间为经，以研究方向和研究课题为纬，综合中国现代考古学诞生百年来的重大发现与重要研究，从整体上描绘了中国考古学的百年发展历程、发展方向和辉煌成就，全面回顾中国考古学各方向的百年发展史，厘清中国考古学的发展脉络与自身特色。中国考古学会和中国文物报社牵头组织评选“百年百大考古发现”，展示中国考古学百年的辉煌成就。于沛的《近代中国世界历史编纂（1840—1949）》则是世界史学科发展史的代表性成果。该书在实证研究的基础上，系统论述了鸦片战争前后至中华人民共和国成立前夜中国世界历史编纂的丰富内容和发展过程，并揭示了这一过程所表现出来的某些规律性内容的历史意义，展示时代发展与中国世界史编纂之间的内在逻辑关系。

第二，学科体系建设备受关注。学者们以历史学“三大体系”建设为中心，对一些学科理论问题进行探讨。朱凤瀚、陈胜前、徐良高等对考古学的“中国特色”等问题提出了自己的看法。卜宪群提出，建设中国特色、中国风格、中国气派的历史学离不开考古学的坚强支撑，要从话语体系上推进历史学与考古学的融合，形成一种交互模式、辩证关系，共同促进和培育新的学科生长点，为更好地认识源远流长博大精深的中华文明做出贡献。李细珠论述了历史学“三大体系”建设与台湾史研究的关系：学科体系是基本框架，学术体系是核心内容，话语体系是表现形式，三者构成一个完整的有机统一的台湾史研究体系。借助“三大体系”有利于在唯物史观的指导下推进台湾史研究的进展，台湾史研究亦可为完成祖国统一大业贡献智慧。中国历史研究院世界历史研究所召开纪念世界史成为一级学科学术研讨会，邀请国内专家讨论世界史学科建设问题。刘新成提出要在现有的“发展”和“分合”基础上，增加“起伏”新维度，以推动中国世界史学科发展。俞金尧等也就百年未有之大变局与世界历史研究的关系等有不少论述，强调宏大叙述对于世界史专业的重要性。董欣洁提出中国马克思主义史学的世界史话语应该在特色三大体系建设研究中发挥更大作用。

第三，马克思主义史学研究非常活跃。相关研究主要集中于唯物史观与中国历史研究、马克思主义史学发展史以及马克思主义史家的研究等领域，其中包括古史分期及社会性质等重要话题。谢辉元系统研究了20世纪上半叶唯物史观的传播、中国实践以及中国马克思主义史学的发展情况，分析了唯物史观对中国马克思主义史学的影响及中国马克思主义史学对唯物史观发展的贡献。张越以20世纪二三十年代之交的社会史论战为切入点，论述马克思主义唯物史观逐步进入中国史学研究视野的历史进程，同时分析了马克思主义史学在现代史学学科分科体系中的主导地位确立和话语体系演变的过程，指出其对当前体系建设的重要指导意义。杨艳秋回顾了马克思主义社会形态理论在不同阶段用于中国历史研究时生成的问题意识和研究热点，指出马克思主义社会形态理论中国认知和运用的时代性，学界应辩证地看待针对马克思主义社会形态理论的分歧、坚持唯物史观、加强对世界历史和中国社会的分析，从而推动马克思主义社会形态理论探讨继续深入。

第四，中共党史研究成为关注热点。2021年是中国共产党建党100周年并有许多庆祝活动。以党史学习和学习习近平总书记在庆祝中国共产党成立100周年大会讲话为契机，史学界的中共党史研究迎来一个新的高潮。学者们在党史学科建设、研究方法与研究原则以及重大历史问题等各方面展开了一系列探讨，出版了《中国共产党简史》《中华人民共和国史》《改革开放史》《社会主义发展简史》等一系列重大成果，显示出史学自觉响应社会发展需求的能力不断提升。石仲泉的《建党初心与革命救国》将党的百年历程概括为救国、建国、兴国、强国的伟大斗争。金冲及以国共第一次合作破裂的1927年为题，生动揭示了革命背后的政治、经济、社会因素及各派力量的此消彼长，既写出了动态的历史进程，又呈现出其背后的历史规律。张海鹏用历史事实雄辩地证明了只有中国共产党才是推动中国历史发展的正确的、积极的力量。张皓分析了1918年至1921年毛泽东成为一名坚定马克思主义者的过程。此外，研究视角也由中国而世界，如苏联关于中国共产党历史的一些问题受到关注，苏联所藏的中国共产党历史档案整理和研究作为重大项目立项等。《世界历史》发表了系列特稿和笔谈，探讨世界历史视域下的中国共产党，如中国共产党早期领导人的世界历史观、中共的创立及早期发展、抗战中的中共和日共关系等具体历史问题。

第五，中华文明史成为研究重点。中华文明起源及早期发展、铸牢中华民族共同体意识等依旧是关注热点。张海的《中原核心区文明起源研究》分析了中原地区自仰韶文化以来的三次波动，强调中原核心区在中国多元文化融合中的关键作用，文化的多元一体化过程是促成中原地区文明和早期国家起源的最核心要素，同时也是中原地区文明化进程的独特模式。李新伟、张弛、韩建业、袁广阔、陈星灿等也对早期中国文明发展的重要问题进行了探讨。《中华民族交往交流交融史》《（新编）中国通史》编纂等重大文化工程进展顺利，《四库全书》复原整理研究等一批重大项目立项。北京大学、中央民族大学、北京师范大学、清华大学等“筑牢中华民族共同体意识研究基地”或培育基地发表了一批研究成果，杨共乐从人类文明的视角对中华文明进行分析，瞿林东从正史编修角度阐述了史学在中华民族交融中的作用，郑师渠以国共合作为切入点对现代中华民族意识的觉醒问题进行研究。

三、问题思考与研究建议

1. 考古学

思考主要问题有：第一，人类演化。古DNA技术为旧石器时代考古带来新的增长点，也推动了人类演化课题的巨大进展。付巧妹等对东亚人群的演化过程以及东亚人群演化过程中与全球其他地区人群的关系的研究，受到国内外学术界的广泛关注。随着古DNA提取技术的不断发展，或能从历史的角度回应“人类从何而来”这一命题。第二，文明探源。对中华文明多元一体的发展理路认识也日益清晰。中原核心区仍然受到特别关注，但重点日益转向区域文明化进程及其关系，探讨关键区域文明发展状况对中华文明格局形成的重大影响，对不同地域文明间的关系展开探讨。“网络”“路线”成为研究中的高频概念。第三，文明发展。中华文明的延续性特征和演化过程，是历史时期考古关注的重点课题。城址、陵墓、手工业、建筑等是探索的着力点，秦大树、彭明浩等在陶瓷考古、石窟寺考古方面的研究是典型代表。第四，文明互鉴。对丝路文明研究延伸到丝路沿线各文明大区的考古工作，提出了高原丝路、北方草原之路、西南茶马古道等概念，引导人们重视中外交流道路网络形成的巨大影响和中华文明发展过程中的融汇特征。

研究建议：新的形势要求考古学科加强与其他学科的合作，也加强考古各单位彼此之间的沟通。优势互补，交叉共赢，将成为未来的发展趋势。鉴于考古工作的合作属性，各单位或应当在成果计量方面，充分考虑考古学科的学科属性，根据实际情况，对成果作者的排序问题、科研量计算做出相应的补充，以激励考古工作者积极加强合作，取得具有国际影响力的成果。

2. 中国史

思考主要问题有：第一，铸牢中华民族共同体意识，实现中华民族伟大复兴的中国梦等相关研究，成为新时代北京历史学研究的重点和新热点。北京大学、北京师范大学、清华大学、中央民族大学的“筑牢中华民族共同体意识研究基地”或培育基地发表了一批研究成果。《中华民族交往交流交融史》《（新编）中国通史》编纂工作正在进行，“十四五”重大规划项目《永乐大典》复原整理研究立项。第二，国家治理体系与治理能力现代化的历史借鉴研究受到持续关注。发表了一批防疫、救灾等成果，并有多项相关的科研项目立项。第三，学科交叉为史学史研究注入新的问题意识。引入学科交叉的视野，从他者的知识结构与问题意识出发，从习见史料中洞察出新的问题，拓宽了原有认识视角。第四，概念史研究拓宽了历史认识的新视野。如概念史的研究视角引入马克思主义史学史研究，为马克思主义史学史带来新的学术增长点。

研究建议：第一，学科体系等理论研究有待进一步强化。有关历史学学科体系、学术体系、话语体系建设研究成果数量偏少。应密切关注现实，进一步加强理论研究，加快推进中国现代史尤其是中共党史的研究与学科建设，注重提升理论水平。第二，提炼有传统史学依托、富于民族特色与阐释力度的史学话语有待提升。建设有中国特色的历史学话语体系与解构西方欧洲中心主义的话语霸权是同一问题的两面。在中国已自信地重新踏上世界舞台的当下，急需符合中国历史前途与文化传统的话语体系，要重新审视传统文化、传统史学，以助益三大体系建设。第三，应继续推进新兴交叉学科特别是历史时期的灾害应急与管理、生态环境、医疗卫生、技术治理等方面的研究，为中国治理体系与治理能力现代化建设提供宝贵的历史资鉴。第四，打通断代，进行历史融通研究还有待加强。要加强各断代研究之间的对话，加强中外制度运行之间的对比。第五，北京历史研究有待进一步加强。各高校和科研单位，在挖掘首都历史文化内涵，服务首都功能定位方向，应进一步发挥更大的作用。应充分整合北京历史文化研究的各单位，结合时代需要，开拓更多的研究领域，加强研究合作，推出一批优质研究成果。

3. 世界史

思考主要问题：第一，专题研究成果丰富且覆盖面广，传统议题与新兴主题交相辉映。在传统研究重点之外，区域史、环境史、海洋史、疾病史等研究不断壮大。第二，关注现实，重大历史事件的史鉴作用日益受到重视。如世界史视角的对中国共产党百年发展史等研究。第三，多学科交叉研究方法广泛应用。环境史研究普遍采用自然科学研究方法，语言文字学、考古学研究方法在"一带一路"史研究中被应用，基因科学、科技考古等广泛应用于全球史和文化交流史研究。第四，重视比较。更加重视中外文明比较和交往研究，从不同角度和方法深入研究中外文化交往的历史脉络、物质文化和精神文化的交流融合、外交和政治经济关系等问题。

研究建议：第一，对中小国家和发展中国家的历史关注不够，对发达国家中的非英语国家的研究以及与中国地理位置关系密切的国家研究也不够。应加大对中小国家和发展中国家历史研究项目的支持和资助，通过培育和支持重大和重点研究项目，推动世界史的发展。第二，宏观研究不够，碎片化现象比较明显。应进一步开阔视野、强化现实关怀，加强通史意识，宏观微观相结合，推动世界史学科的更好发展。第三，资料建设有待加强。

（北京市历史学会供稿；执笔人：刘林海、杨共乐）

考 古 学

2021年北京地区考古研究成果数量较2020年显著增长。相较于各研究方向的稳步推进，在这一特殊年份，学术史回顾与理论建设方面的研究表现得较为突出。考古学界的研究者们从不同的理路出发，对考古学科的建设展开了集体性的反思。这在北京地区表现得尤为突出。

一、学术研究状况

1. 学术史研究

本年度最重要的大型著作为《中国考古学百年史（1921—2021）》[1]。这套图书总计900余万字，由200多位权威考古专家共同撰写完成。此套图书以时间为经，以研究方向和研究课题为纬，综合中国现代考古学诞生百年来的重大发现与重要研究，从整体上描绘了中国考古学的百年发展历程、发展方向和辉煌成就。此套图书以体量宏大、内容丰富为特色，堪称对百年中国考古史的全面总结。如编者在后记所说，此类作者众多的大型著作编写，不可避免地存在"不够统一，甚至有所抵牾的情况"。但就各研究方向而言，此套百科全书式的著作出版，无疑为研究者了解中国百年来考古研究的进展提供了极大便利。

中国百年考古发展过程中的一些关键问题，塑造了中国考古学发展的方向。张弛尝试从中国史前考古的研究取向入手，推动对中国考古学理论与方法的理解。张弛指出，中国考古学自诞生起，便存在文化历史和社会历史两大研究取向。追溯这两种研究取向产生的社会背景可以发现，文化历史的研究视角试图解决中华文化与中华民族的来源问题，可归纳为“民族”问题；社会历史的研究视角受苏联社会发展史观影响，为中国社会的走向寻找理据，是中国近现代话语体系下的“革命”问题。这种双重追求，正是中国考古学的特色所在。[2] 张弛将考古学术史置于更宏观的社会背景之下，启发学界以历史的观点审视中国考古学发展特色。

夏鼐和苏秉琦是中国考古学发展进程中的重要人物，对于中华文明起源这一问题，两人均曾做出重要贡献。陈伟驹观察到，20世纪70—80年代，中华文明起源由“中原中心论”转化为“多元说”，对于这一转变，学界多强调苏秉琦的贡献。陈伟驹综合史料认为，夏鼐在20世纪60—70年代也已跳出“中原中心论”的框架，为“多元说”的兴起做出了独特贡献。[3] 这一研究梳理了中国考古史中关键理论与问题的发展变化，丰富并扩展了观察这一问题的视野，厘清了学术发展的脉络。

20世纪张光直访华并在北京大学开展系列讲座，是中国考古史上的具有影响力的事件。孙庆伟指出，张光直在20世纪80年代演讲，重新强调了考古学科中的关键概念和基本方法，以期中国同行走出新的道路。张光直强调中国古代文明的独特价值和其对于世界的意义。张光直的深远影响至今仍未完全释放。[4] 在当下的情境下重读张光直，有助于思考考古工作的发展方向。

在党和国家领导人对考古学的关怀下，在中国考古学百年之际，不少考古学者展开了对于中国考古学学科史与学科建设的反思。关于如何建设中国特色、中国风格、中国气派的考古学，朱凤瀚认为，中国考古学的“中国特色”可归纳为三方面：“中国考古学在学科归属与研究目标上展现出自身特色”“考古学家基于考古实践，对考古学理论与方法的发展做出新的共吸纳”“中国考古学始终与文献史学（狭义的历史学）、人类学乃至自然科学相关学科相联系，努力实现多学科交叉融通，多元发展”。朱凤瀚以新石器时代和夏商周研究中的一些研究为例指出，这些特色中的一些部分仍有待进一步澄清，如考古学与文献史学、人类学的关系。朱凤瀚强调，建设“中国特色”的考古学，并不意味着中国考古学家可以不考虑与国际学术界的沟通与交流。中国考古学应该以更加开放的姿态，加强对其他文明的研究，加强与国际学界的合作。[5] 陈胜前认为，建设中国特色的考古学，必须拓宽理论基础，进而揭示考古遗存蕴藏的文化意义。中国存在多种思想、理论来源，这为建设中国特色的考古学理论提供了可能性。构建理论体系应存在多层次多维的方法路径。[6] 徐良高认为，随着中国考古学自身学科体系的日渐成熟和研究成果的快速积累，应当树立考古本位，摆脱“证经补史”的思维方式，结合多学科成果，开辟“考古写史”的道路。[7] 刘未在观察西方学术环境中历史学和考古学的关系后指出，20世纪90年代以来，西方各类讨论将考古学和历史学关系指向新的趋向，即“性质相异的多样性互动”。[8]

从众多研究者的回顾与展望来看，中国考古学的百年发展与中华民族的命运紧密相关；对于其未来的发展，为更好地完成学科使命，研究者在倡导考古学的独立性同时，亦重视其与多元学科的有机交叉结合；在研究视野上，研究者均认为当以开放胸怀，建立国际视野。

2.旧石器时代考古

高星系统介绍了旧石器时代考古在探索华夏民族和中华文明远古根系方面的作用。他指出，中国是学界关注的早期人类演化中心之一，中国境内的古老型人类向现代人演化是一个连续、无缝衔接的过程。在中国存在着“旧石器时代东方行为模式”，这一模式有别于西方，构成了华夏文明的根系。[9] 中国人民大学副教授仪明洁回顾了周口店遗址考古工作的历史，着重关注了周口店遗址研究中的方法、“范式”问题[10]。

石器工业的变化与发展与人类社会的演进密切关联。王幼平从砾石工业切入，对华南地区旧石器时代晚期文化进行了分期研究。王幼平指出，华南旧石器时代晚期文化的发展至少可分为三期：第一期距今约4万年至距今约3万年，第二期为距今约3万年至距今约2万年，第三期为距今约2万年至旧石器时代结束。在这三个期段，石器工业经过了由砾石石器主导到石片石占多数，再到砾石石器主导的起伏过程。尽管如此，砾石石器技术系统始终保持显著影响，与其他地区明显不同。[11] 砾石工业的变化对理解华南地区旧石器时代向新石器时代过渡、社会转型等问题意义重大。

何嘉宁回顾了近10年来全新世古代人骨材料的

体质人类学研究，指出近10年来相关研究发展迅猛，研究内容的广度和深度已经拓展到人群演化、古代疾病与健康、古人口学及其与文化习俗的关联等。[12] 付巧妹及其团队是利用古DNA进行古人类研究的代表。在2021年，付巧妹团队除刊布10余篇古DNA相关论文继续以亚洲人群为核心探究人群演化和人群关联等问题外[13]，还受邀在Science刊发综述文章，对过去10余年来古人类基因组学研究的发展进行了回溯。自2010年，以人类全基因组为参考序列，分子古生物学家发表了三个古人类的基因组草图，由此开启古基因组研究的新纪元。迄今为止，古基因组学在揭示古老型人类、早期现代人格局、末次盛冰期给人类造成的挑战、近万年来人类演化史等方面进展迅猛，未来，随着数据的进一步完善，其在探索更大时间尺度演化历史方面或有更好的作为[14]。宁超团队在Nature发表文章，综合运用历史语言学、考古学和古基因组学，探讨欧亚语系使用者的起源和早期扩散。这一研究挑战“牧民假说”，认为欧亚语系使用者的早期扩散是由农业驱动的。[15]

四川稻城皮洛遗址入选2021年度全国十大考古新发现。北京大学考古文博学院参与了此项考古工作，何嘉宁副教授担任领队。皮洛遗址所发现的手斧、薄刃斧、手镐等工具组合是目前世界上所发现的海拔最高的阿舍利技术遗存，也是目前东亚地区技术最为典型、形态最为成熟的阿舍利组合，为探讨东亚地区阿舍利技术体系的起源、分布、传播及相关远古人类的文化交流提供了重要新证据。

3.新石器时代考古

中原地区是探讨中华文明起源的重要区域，长期以来，考古学界对这一地区进行了深耕。张海2021年出版的论著《中原核心区文明起源研究》是以这一区域探讨早期社会复杂化和相关文明、国家起源问题的力作。这一研究注重中原核心区内部小区域的不同角色，重视环境因素在文明发展过程中的作用，着力分析了中原地区自仰韶文化以来的三次波动。在充分展开宏观与微观分析的基础之上，张海指出，“中原核心区无论是社会的变革还是技术的进步，多元文化的融合都起到了关键的作用，文化的多元一体化过程是促成中原地区文明和早期国家起源的最核心要素，同时也是中原地区文明化进程的独特模式”[16]。围绕中原地区文明起源这一议题，李新伟围绕仰韶文化、陶寺文化等考古学文化中出现的关键纹饰，探讨了史前文化图案中隐藏的观念信息及其与其他考古学文化的交流情况。[17] 张弛等对八里岗出土仰韶时期动物遗存的分析分别反映了仰韶时期的动物生业模式和当时动物的社会意义或文化意义。[18] 韩建业着眼于新石器时代中期，提出“裴李岗时代”的概念，认为这一时期，黄河、长江和西辽河流域聚落与人口增多，物质文化思想观念、知识系统和社会形态显著发展，迈出了中国文明起源的第一步。[19] 与此同时，袁广阔等发表系列论文，探讨裴李岗文化在中华文明起源中的角色[20]。陈星灿等主编出版大型图书《中国出土彩陶全集》[21]，为研究彩陶提供重要标尺。

在生业经济研究方面，邓振华等对河南郝家台遗址的早期农业结构进行了分析。这一分析立足于出土植物大遗存，揭示了当地从龙山时期至新寨期的作物结构以粟为主、黍为次，兼有稻和大豆的结构。研究指出，这一情况与古环境研究结果存在反差，进而提出农业传统和饮食偏好等文化因素在农业结构形成过程中具有重要作用。[22] 李志鹏利用已有动物考古资料及研究成果数据，展开定量研究，重新探讨了中原腹地龙山文化至二里头文化时期人群的肉食消费情况。[23] 蔡大伟、张乃凡与赵欣利用古代动物DNA技术，追溯了中国古代山羊的起源和扩散过程，为探讨史前时期的人群交流开启了新的思路[24]。

在文化交流方面，李水城在广泛收集海内外权杖及相关遗物的基础之上，详细分析了权杖的功能演化与意涵层次，以这一特殊的物质载体，探讨了新石器时代以来，欧亚大陆的族群迁徙、不同文化的交融历史和随之而来的社会发展变化。[25] 韩建业着眼于以黄河、长江为中心的东方文化圈与以两河流域为中心的西方文化圈，将两大文化圈的早期交流分为铜石并用时代、青铜时代、早期铁器时代三个阶段，并对不同阶段的交流特点进行了总结，进而审视了东西交流给彼此文化、社会带来的影响。[26]

4.夏商周考古

夏商周时期都邑遗址的相关研究是夏商周考古研究者关注的重点之一。赵海涛综合二里头都邑出土的众多手工业遗存，对二里头都邑的手工业生产地点、生产技术以及生产组织进行了分析，展示了二里头都邑手工业体系的特点与重要地位。[27] 何毓灵立足于发掘资料，对洹北商城、殷墟的水系、排水措施、生活用水等问题进行了考察。何毓灵指出，“洹北商城和殷墟时期，生产、生活用水的主要来源还是水井，除了基于防御目的的城壕，主动为一般性生产、生活用水修筑大型沟渠的可能不是很大”。[28] 2020—2021年，北京大学、陕西省考古研究院、中国社会科学院等单位组成周原考古队，在周原遗址发现周原大、小两重城垣，揭露先周和战国大型夯土建筑各一处，取得突破性进展。

曹大志出版《贸易网络中的黄土丘陵》。这一研究以黄土丘陵地区出土的几百件晚商时期青铜器为线索，以一手考古资料剖析了黄土丘陵的本地社会。其将黄土丘陵置于贸易网络之中，分析了这一地区与中原商王朝、关中盆地、北方草原等地区的互动关系。曹大志指出，凭借有利的地理位置，黄土丘陵地区充当了跨地区联系的枢纽。[29]

袁广阔综合运用考古资料与历史文献，对历史上的黄河河道变迁进行了分析。袁广阔指出，先秦时期黄河并未发生大规模改道，其走势与《汉志》河道相同。对多个遗址群的文化层堆积剖面分析表明，其大规模改道应始于汉代。黄河改道造成了相关地区文明化进程的中断、大量丘类遗址淹没、湖泽消失。黄河改道对中华文明的发展变化影响重大。[30]

青铜器是夏商周时期具有标志性的文物，也是冶金考古工作的一大重点研究对象。2021年，北京大学陈建立教授团队、北京科技大学李延祥教授团队、陈坤龙教授团队等科技考古团队继续对山东、河南、湖北、安徽等地的青铜器及相关铸铜作坊展开科技分析，探究生产工艺技术、铜矿来源等问题。[31]

三星堆发掘重启后受到社会各界广泛关注，其荣获2021年全国十大考古新发现。在京单位中，北京大学考古文博学院参与了三星堆发掘工作，负责8号坑发掘。8号坑面积近20平方米，已提取编号文物超过5000余件，包括象牙、玉器、金器等。[32]吴小红团队对三星堆4号坑进行了测年研究，研究结果显示“其埋藏年代有95.4%的概率落在距今3148—2966年的时间范围之内，属商代晚期”[33]。陈坤龙、刘思然等对三星堆出土青铜器的铸造工艺进行了进一步分析。研究表明分铸和各类连接工艺在三星堆青铜器上得到了广泛应用。后铸铜扣连接、榫接结构是颇具特点的工艺措施。桐树树枝内的芯骨以竹木质为主，部分容器的兽头装饰采用了内置盲芯的复合范技术。[34]

徐天进等主编出版大型图书《宝鸡青铜器博物馆藏商周青铜器》[35]。宝鸡是青铜器之乡，多年来出土了大量具有重要意义的青铜器。这些青铜器是探讨商周文明变迁的重要材料。此项成果的出版，为商周青铜器研究的进一步发展奠定了基础。

5.历史时期考古

城市考古是历史时期考古的重点内容之一，城市考古工作本身也是一项长期的工作。中国社会科学院考古研究所承担的古代都城考古2021年度仍有序开展。徐龙国、何岁利、石自社分别对汉长安城的手工业遗存[36]、唐长安西市[37]、隋唐东都武周天堂遗址[38]进行了研究。在城市考古工作中，安徽凤阳明中都遗址，获评2021年度全国十大考古新发现，在京单位中，故宫博物院参加了此项工作。考古工作者在明中都清理了城门、宫殿等遗迹，为古代都城发展史填补了重要缺环[39]。此外，北京大学考古文博学院联合宁夏文物考古研究所在盐池张家场遗址设立实习基地与工作站，开启对秦汉时期的边疆县城遗址的考古工作。中国社会科学院考古研究所等单位在泉州召开“泉州城考古学术研讨会”会议论文集出版。所刊论文从泉州城的建城历史、城市景观、城市设施、空间形态、港口功能、管理机构、城市考古方法等多个方面对泉州城进行了研究[40]。相关会议及论文集启迪了泉州城的价值发掘，为7月份泉州申遗成功提供了学术助力。

陵墓是最受历史时期考古研究者关注的研究对象之一。李梅田在对魏晋南北朝墓葬展开分区研究的基础之上，对各区域墓葬文化的形成和彼此互动进行了深入探讨，继而以丧葬模式、丧葬图像、随葬品为切入点，对礼仪空间、文化变迁、礼俗变迁等问题展开了分析。[41]这一研究将宏观归纳与个案分析紧密结合，并尝试切换多个角度，拓宽以物释人的边界。帝陵研究在陵墓研究中具有提纲挈领的地位。沈睿文综合运用历史学与考古学方法，对唐代帝陵的布局进行了详尽分析，由此切入唐陵制度研究，并将唐陵制度与帝国统治秩序相联，沈睿文指出，唐陵布局的核心精神为“斟酌汉魏，以为规矩”。[42]布局问题系陵墓研究中的核心问题之一，是观念、组织、空间等诸多要素的汇聚点。以此问题撬动对唐代礼制乃至政治的观察，探究帝陵的前代渊源与后世传承，是此论著的精彩之处。徐怡涛其团队近年来与浙江文物部门展开合作，对宋六陵地表建筑进行复原研究，2021年度刊布了一号陵园的复原结果。[43]刘未考辨赵居信及其所作《族葬图》，借以探讨家族墓地布局的理念及相关传播介质。[44]丁雨通过梳理启门题材的解读层次，检讨了墓葬图像的研究方法。[45]

在历史时期手工业考古研究中，以陶瓷考古和冶金考古最受关注。余雯晶以其博士论文为基础，发表汉代彩绘陶研究的系列文章，其以形制分析为基础，分别对江汉地区、湘赣地区、岭南地区的彩绘陶进行了分期研究，对各自的地域特色进行了分析，较为充分地展示了汉代不同区域彩绘陶的文化面貌和相关变化。[46]秦大树及其团队在刊布2009年定窑北镇区发掘简报[47]的基础之上，对早期定窑的生产情况和产品文化面貌进行了分期研究[48]。在冶金考古方面，北京大学冶金考古团队为支持泉州申遗，刊布出版了安溪青阳下草埔冶铁遗址2019—2020年度发掘的考古报告[49]。陈建立团队联合中国科学院自然科学史研究所周文丽团队，对清代铅铜矿冶炼技术进行了探讨，以期探索清代铸钱对铜料的需求[50]。

宗教考古方面，石窟寺和佛教美术研究受到较多重视。在石窟寺研究方面，彭明浩延续其以工程营造为基点的研究方法，关注龙门宾阳三洞的遗痕细节，探讨宾阳三洞的开凿过程。其以石窟细节为线索，反推洞窟从涉及至造像施彩、裰工补凿的全过程。[51]佛教传入之后，形成了规模庞大、跨越阶层的美术作品集群。罗世平出版论文集，勾勒出汉唐各时段佛教美术图像的变化脉络，并以此为契机，探究佛教美术中的文化交流与融合。[52]

中外交流考古可分陆路与海路两方面予以观察。陆路方面，林梅村以考古资料为基础，以波斯帝国为中心，回望张骞通西域之前的丝绸之路，为观察丝绸之路提供了新的视角。陈凌常年领衔新疆地区的城址发掘工作，经过多年调查钻探，其确认卓尔库特古城为汉晋时期塔里木盆地北沿最高等级城址[53]。陈凌认为，卓尔库特古城可能是乌垒城；应存在“西域都护府遗址群”[54]。仝涛在西藏进行考古工作多年，其综合运用文献与一手考古资料，纵横拓展，勾勒出青藏高原西部、北部两大重要区域中展现的交流线索。为青藏高原历史时期考古的进一步展开提供了重要资料。[55]海上丝路方面，张茂林、秦大树、翁彦俊主编的《东亚、东南亚制瓷工艺技术的发展与交流——第21届IPPA大会专题论坛论文集》所收论文多从制瓷技术出发，对东亚、东南亚地区的手工业交流展开研究，这较以往从文化面貌出发或立意于商品传播的研究更具深意。[56]秦大树等对越南“巴地市沉船”出水的陶瓷产品进行了介绍，为研究9世纪前半叶的陶瓷外销提供了新的材料。他全面收集海外出土元代龙泉青瓷材料，不同于以往止于点明陶瓷出土地点的做法，采用定量方法，对元代龙泉青瓷的外销情况进行了详尽分析。数据基础使元代中国陶瓷的外销图景更显清晰。[57]中国社会科学院考古研究所出版的澳门圣保禄遗址发掘报告，刊布了众多明晚期出土瓷片[58]，为研究16—17世纪的海上丝路提供了重要材料。

6.外国考古

在面向遗址、遗迹类研究方面，朱延平审视了印度克里希纳河下游纳格尔久那孔达峡谷的3处巨石文化遗址，对巨石遗址的布局和排布规则进行了探究，认为其同时与自然地势和人群信仰相关。王鹏回顾了南西伯利亚早期青铜时代考古学文化中奥库涅夫文化的研究历史和最新成果。[59]王飞峰利用考古材料，对扶余、高句丽和百济在起源上的关系进行了探索。[60]

在面向文物的研究方面，颜海英对中国收藏的古埃及文物进行了搜集和研究。她追溯了这些文物的收藏历史，详细刊布、描述和翻译了石碑等文物上的文字与信息，进行了具有图像志性质的工作；进一步研究了这些文物蕴藏的文化内涵，揭示了古埃及丧葬相关观念、习俗、文学、仪式等多方面的特征。[61]贾妍从大英博物馆收藏的著名埃及青铜神猫像入手，探索了神猫形象的艺术特征和其中蕴藏的精神内涵，以此探索了法老时代晚期的文化风貌。[62]

7.文化遗产保护、管理与利用

在文物保护技术方面，北京大学、故宫博物院等单位相关科研团队表现突出。胡东波团队、胡钢团队、王恺团队等分别对南海I号、海昏侯墓、故宫等重要遗址出土的金属质、木质、石质、纸质文物保护技术进行了探索，研究内容包括而不限于诊断病害、评估状态、新型文保材料使用、保护修复处理等诸多方面[63]。故宫博物院文保团队的保护对象以故宫博物院所涉文物为主，相关技术探索包括对纺织品、纸质、漆木质、金属质等文物的预防性保护、加固修复处理等方面，并在保护修复基础之上对保护对象的制作工艺有一定探索。[64]

文化遗产管理和利用日益受到关注。罗德尼·哈里森的《文化和自然遗产——批判性思路》由范佳翎等翻译并出版，此书借助于社会科学理论，对文化与自然遗产的概念、定义、保护管理理念进行了批判性反思[65]，对于国内文化遗产的研究理路和发展方向具有借鉴价值。孙华对国家文化公园的概念、类型、特征与建设进行了探讨，他指出，“国家文化公园是国家一级政府基于保护和展现国家重要文化遗产，延续和传承具有代表性的传统文化，体现国家意志和人民需求，依托重要的文化遗产资源，由国家划定、国家拥有、国家管理、全民共享并全部或部分向公众开放的公园形式的公共文化事业机构、场所和文化产品。国家文化公园有多种类型，除了本身就服务于某个明确功能的线性遗产（包括文化线路）类型外，还有串联代表性物质文化遗产和纪念性遗产以表达某一价值主题的系列遗产类型的国家文化公园。国家文化公园具有主题公园的属性，主要有历史性和纪念性两大类，此外还可有民俗性主题的国家文化公园，以体现文化的多样性”[66]。这些概念的厘定，对于建设国家文化公园无疑具有重要参考价值。新技术对文化遗产的管理、利用的作用，是业界关心的问题。张杰团队以景德镇陶溪川工业遗产片区为例，探讨了大数据辅助决策技术在文化遗产项目中的应用面向与场景。[67]传统村落保护着眼于聚落变迁，又往往是文化与自然遗产复合之处，是遗产保护利用中的核心议题之一。王思渝等分析了黄果树屯堡布依族村落遗产现状，指出布依族村落存在着遗产价值的相互交叉与渗透。[68]

8.博物馆学与公众考古

我国的博物馆发展历史是厘清我国博物馆特征和未来发展方向的重要参考，郑欣淼钩沉史料，追溯了1932—1949年故宫博物院理事会在博物馆领导决策过程中的功能和作用，并分析了理事会及相关档案的价值。[69]黎婉欣回顾了法国耶稣会桑志华筹建北疆博物馆时在藏品建立、博物馆教育、学术科研三方面表现出的办馆理念[70]。公众参与是博物馆运行活力的源泉，西方博物馆在此方面有相对丰富的经验。李颖翀以美国克拉克艺术中心为核心案例，探讨了参与式博物馆的核心开发理念和对应策略，指出“博物馆要开发参与式公众项目应通过深度开发资源，降低观众参与门槛，馆内外力量联动，创造有利于这类项目开展的环境资源条件和专业力量条件，并在项目设计中注意以观众需求为导向，设置参与限制条件，创造共享型学习空间，提供高质量的学习成果”[71]。邓晨钰围绕故宫博物院近年来展开的“出馆进校”、在学校展开博物馆必修课的实践经验，指出在进行博物馆教育活动中存在课堂设计、课堂管理等诸多挑战，并对解决策略进行了分析[72]。王思渝回顾了新博物馆学相关概念在中国的发展脉络，并展望了其未来走向。[73]

二、热点问题及思考

通过总结2021年考古学科各方向的研究情况，大体可以观察到学界对学科发展方向的展望。各单位也根据国家的需求及学科自身的发展规律，采取相应举措。在规划和建设学科的过程中，各单位表现出一些共性：即重大课题带动，如国家文物局主持开展的“考古中国”项目；单位优势互补，交叉学科赋能，共同推动学科进步，如国家文物考古研究中心联合各单位推动成立考古学联合实验室，推动科技手段与考古学的进一步交叉互动。学者们关注的重点大体在以下四个方面：

第一，人类演化。古DNA技术为旧石器时代考古带来新的增长点，也推动了人类演化课题的巨大进展。付巧妹等对东亚人群的演化过程以及东亚人群演化过程中与全球其他地区人群的关系的研究，受到国内外学术界的广泛关注。古DNA技术引入中国，打通了中国有关数据与世界其他地区数据的通道，使中国有机会利用国际古人类DNA数据理解东亚早期人类的演化过程，也使得世界古人类演化的图谱更加完善。随着古DNA提取技术的不断发展，或能从历史的角度回应“人类从何而来”这一命题。

第二，文明探源。文明探源是新石器夏商周考古时段的重点课题。近年来，随着各地考古新发现频出、技术进步和研究理论的发展，对中华文明多元一体的发展理路认识也日益清晰。中原核心区仍然受到学界特别的关注，但重点日益转向区域文明化进程方面，探讨一些关键区域文明发展状况对中华文明格局形成的重大影响。与此同时，研究者常以重点遗物如彩陶、青铜、玉石、绿松石等为切入点，对不同地域文明间的关系展开探讨。“网络”“路线”成为研究中的高频概念。此外，将中华文明与其他古文明地区进行比较研究，也成为近年来文明探源课题中的一个新的方向与目标。

第三，文明发展。中华文明的延续性特征和演化过程，是历史时期考古关注的重点课题。历史学界从文献角度对中华文明的这一特征多有探索。城址、陵墓、手工业、建筑等，是考古学界探索这一课题的着力点。近年来，历史时期考古研究者日渐关注到材料特性与材料优势，并不一味追逐文献史学生发的热点研究，而是以物质材料本身的性质为出发点，发掘物质材料本身的议题优势。这一趋势也是在新史学思潮的影响之下产生的。比如，相较于文献史学在发掘思想史方面的优势，物质材料本身对于技术史的发掘或更具潜力。秦大树、彭明浩等在陶瓷考古、石窟寺考古方面的研究思路，便是此类研究的绝佳例证。

第四，文明互鉴。文明互鉴课题受到考古学科各方向的重视。在国家“一带一路”的倡议的带动下，考古学界对丝路文明研究进一步延伸，开始进入丝路沿线各文明大区，开展考古工作，以期更加深入地理解文明之间的互动。除陆上丝路、海上丝路外，还提出了高原丝路、北方草原之路、西南茶马古道等概念，引导人们重视中外交流道路网络形成的巨大影响和中华文明发展过程中的融汇特征。除继续关注文明互动的边界地带，继续探究中外互动的历史进程之外，对海外各类文明的独立探索，成为广受关注的趋势。

新的形势，要求考古学科加强与其他学科的合作，也加强考古各单位彼此之间的沟通。优势互补，交叉共赢，将成为未来的发展趋势。鉴于考古工作的合作属性，各单位或应当在成果计量方面，充分考虑考古学科的学科属性，根据实际情况，对成果作者的排序问题、科研量计算做出相应的补充，以激励考古工作者积极加强合作，取得具有国际影响力的成果。

注：

［1］王巍主编:《中国考古学百年史（1921—2021）》，中国社会科学出版社，2021年。

［2］张弛:《民族与革命——百年中国考古学的研究取向》,《文物》，2021年第6期。

［3］陈伟驹:《殊途同归——夏鼐和苏秉琦中国文化起源多元说形成之比较》,《考古学报》，2021年第2期。

［4］孙庆伟:《追寻中华文明的价值——重读张光直〈考古学专题六讲〉》,《北京大学学报（哲学社会科学版）》，2021年第2期。

［5］朱凤瀚:《关于中国特色考古学的几点思考》,《历史研究》，2021年第1期。

［6］陈胜前:《建设新时代中国考古学理论体系》,《历史研究》，2021年第1期。

［7］徐良高:《以考古学构建中国上古史》,《中国社会科学》，2021年第9期。

［8］刘未:《考古学与历史学的整合——从同质互补到异质互动》,《中国史研究》，2021年第3期。

［9］高星:《探索华夏民族与中华文明的远古根系》,《历史研究》，2021年第1期。

［10］仪明洁、樊鑫、王傲:《范式推动的革新：周口店第一地点发掘方法回顾》,《考古》，2021年第5期；仪明洁、樊鑫:《百年周口店：中国旧石器时代考古学发展历程的见证》,《北方文物》，2021年第6期。

［11］王幼平:《砾石工业传统与华南旧石器晚期文化》,《南方文物》，2021年第1期。

［12］何嘉宁:《中国古代人骨体质人类学的研究进展与展望》,《人类学学报》，2021年第2期。

［13］相关文章包括：对冰河时代东亚人群遗传图谱和适应性基因演化的研究，参见Xiaowei Mao，Hucai Zhang，Shiyu Qiao，Yichen Liu，Fengqin Chang，Ping Xie，Ming Zhang，Tianyi Wang，Mian Li，Peng Cao，Ruowei Yang，Feng Liu，Qingyan Dai，Xiaotian Feng，Wanjing Ping，Chuzhao Lei，John W.Olsen，E.Andrew Bennett，Qiaomei Fu，“The deep population history of northern East Asia from the Late Pleistocene to the Holocene”，*Cell*，Volume 184，Issue 12，2021，pp.3256—3266；对仰韶文化古代人群母系遗传结构的研究，参见Bo Miao，Yichen Liu，Wanfa Gu，Qingli Wei，Qian Wu，Wenjun Wang，Ming Zhang，Manyu Ding，Tianyi Wang，Juncen Liu，Feng Liu，Peng Cao，Qingyan Dai，Ruowei Yang，Xiaotian Feng，Wanjing Ping，Weihong Hou，Haibing Yuan，Qiaomei Fu，“Maternal genetic structure of a neolithic population of the Yangshao culture”，*Journal of Genetics and Genomics*，Volume 48，Issue 8，2021，pp.746—750；对1.1万年以来东亚与东南亚交汇处人群遗传历史的研究，参见Tianyi Wang，Wei Wang，Guangmao Xie，Zhen Li，Xuechun Fan，Qingping Yang，Xichao Wu，Peng Cao，YichenLiu，Ruowei Yang，Feng Liu，Qingyan Dai，Xiaotian Feng，Xiaohong Wu，Ling Qin，Fajun Li，Wanjing Ping，Lizhao Zhang，Ming Zhang，Yalin Liu，Xiaoshan Chen，Dongju Zhang，Zhenyu Zhou，YunWu，Hassan Shafiey，Xing Gao，Darren Curnoe，Xiaowei Mao，Andrew Bennett，Xueping Ji1，Melinda A.Yang，Qiaomei Fu，“Human population history at the crossroads of East and Southeast Asia since 11，000 years ago”，*Cell*，Volume 184，Issue 14，2021，pp.3829—3841。

［14］Yichen Liu，Xiaowei Mao，Johannes Krause，Qiaomei Fu，“Insights into human history from the first decade of ancient human genomics”，Science，Volume 373，Issue 6562，2021，pp.1479—1484.

［15］Robbeets M.*，Bouckaert R.，Conte M.，Savelyev A，Li T.，Deog A.，Shinoda K.，Kim J.，Cui Y.Q.，Kawashima T.，Kim G.，Uchiyama J.，Oskolskaya S.，Dolinska J.，Deng B.C.，Bjørn R.，Yamano K.Y.，Seguchi N.，Tomita H.，Takamiya H.，Kanzawa H.，Oota H.，Ishida H.，Kimura R.，Sato T.，Rhee S.，Ahn K.D.，Gruntov I.，Bentley J.，Fernandes R.，Roberts P.，

Bausch I., Gilaizeau L., Yoneda M., Kugai M., Bianco R., Zhang F., Burri M., Himmel M., Hudson M.*, Ning C.*, "Triangulation supports agricultural spread of the Transeurasian languages", *Nature*, 2021, doi: 10.1038/s41586-021-04108-8.

[16] 张海:《中原核心区文明起源研究》,上海古籍出版社,2021年。

[17] 李新伟:《仰韶文化庙底沟类型彩陶的鱼鸟组合图像》,《考古》,2021年第8期;《仰韶文化庙底沟类型彩陶的"对鸟"主题》,《中原文物》,2021年第5期;《陶寺墓地彩绘陶器上的鸟纹》,《考古与文物》,2021年第4期。

[18] 王华、张弛:《河南邓州八里岗遗址出土仰韶时期动物遗存研究》,《考古学报》,2021年第2期。

[19] 韩建业:《裴李岗时代与中国文明起源》,《江汉考古》,2021年第1期。

[20] 参见《南方文物》,2021年第2期。

[21] 陈星灿等主编:《中国出土彩陶全集》,科学出版社、龙门书局,2021年。

[22] 邓振华、张海、李唯、梁法伟、曹艳朋:《河南漯河郝家台遗址早期农业结构研究》,《中国科学·地球科学》,2021年第3期。

[23] 李志鹏:《中原腹地龙山文化到二里头文化时期先民的肉食消费再研究》,《南方文物》,2021年第5期。

[24] 蔡大伟、张乃凡、赵欣:《中国山羊的起源与扩散研究》,《南方文物》,2021年第1期。

[25] 李水城:《耀武扬威:权杖源流考》,上海古籍出版社,2021年。

[26] 韩建业:《早期东西文化交流的三个阶段》,《考古学报》,2021年第3期。

[27] 赵海涛、张飞:《二里头都邑的手工业考古》,《南方文物》,2021年第2期。

[28] 何毓灵:《洹北商城与殷墟的水系及相关问题》,《考古》,2021年第9期。

[29] 曹大志:《贸易网络中的黄土丘陵(BC1300—1050)》,北京大学出版社,2021年。

[30] 袁广阔:《考古学视野下的黄河改道与文明变迁》,《中国社会科学》,2021年第2期。

[31] 郝导华、张吉、杜晓军、黄宝玲、陈建立:《山东昌乐都北墓地出土东周青铜器的分析研究》,《中国国家博物馆馆刊》,2021年第6期;张吉、郜向平、丁思聪、赵昊、陈建立:《河南荥阳官庄遗址铸铜技术与金属资源变迁初步研究》,《南方文物》,2021年第3期;张吉、凡国栋、蔺诗芮、刘延常、帅旭东、陈建立:《湖北黄梅刘岳墓地M1出土青铜器的科学分析研究》,《江汉考古》,2021年第4期;崔春鹏、李延祥、李辰元、谭宇辰、宫希成:《皖南地区的早期矿冶遗址以及三种合金技术》,《有色金属(冶炼部分)》,2021年第2期;崔春鹏、李延祥、李辰元、谭宇辰、宫希成:《安徽安庆地区早期采矿与冶金遗址考察研究》,《有色金属(冶炼部分)》,2021年第1期。

[32] 北京大学考古文博学院:《"2021年度全国十大考古新发现"揭晓北大两个项目入选》,北京大学新闻网,2022年4月1日,https://news.pku.edu.cn/xwzh/b3250bac402a480cb9737bccc9b9ee75.htm。

[33] 四川省文物考古研究院、国家文物局考古研究中心与北京大学考古文博学院考古年代学联合实验室:《四川广汉三星堆遗址四号祭祀坑的碳十四年代研究》,《四川文物》,2021年第2期。

[34] 郭建波、田灏、余健、谢振斌、曲亮、刘思然、陈坤龙:《三星堆出土青铜器铸造工艺补议》,《南方文物》,2021年第3期。

[35] 徐天进、段德新主编:《宝鸡青铜器博物馆藏商周青铜器》,上海古籍出版社,2021年。

[36] 徐龙国:《汉长安城手工业遗存的发现与研究》,《南方文物》,2021年第2期。

[37] 何岁利:《唐长安城西市考古新发现与相关研究》,《南方文物》,2021年第3期。

[38] 石自社:《隋唐东都武周天堂遗址试析》,《南方文物》,2021年第3期。

[39]《安徽凤阳明中都遗址入选"2021年度全国十大考古县发现"》,故宫博物院官网,2022年4月18日,https://www.dpm.org.cn/classify_detail/257543.html。

[40] 中国社会科学院考古研究所等:《泉州城考古学术研讨会论文集》,科学出版社,2021年。

[41] 李梅田:《葬之以礼——魏晋南北朝丧葬礼俗与文化变迁》,上海古籍出版社,2021年。

[42] 沈睿文:《唐陵的布局》,文物出版社,2021年。

[43] 李松阳、马力、徐怡涛、李晖达:《宋六陵一号陵园遗址建筑复原研究》,《考古与文物》,2021年第1期。

[44] 刘未:《赵居信〈族葬图〉考》,《古代文明(第15卷)》,上海古籍出版社,2021年,第320—336页。

［45］丁雨:《启门的诱惑：宋金墓葬启门题材研究反思》,《故宫博物院院刊》，2021年第3期。

［46］余雯晶:《岭南地区汉代彩绘陶器初探》,《中国国家博物馆馆刊》，2021年第11期;《湘赣地区汉代彩绘陶器初探》,《南方文物》，2021年第5期;《江汉地区汉代彩绘陶器初步研究》,《江汉考古》，2021年第5期。

［47］北京大学考古文博学院、河北省文物考古研究院、曲阳县定窑遗址文物保管所:《河北曲阳北镇定窑遗址发掘简报》,《文物》，2021年第1期。

［48］秦大树、吴闻达、李鑫:《早期定窑研究》,《文物》，2021年第1期。

［49］北京大学考古文博学院等:《安溪下草埔遗址2019—2020年度考古发掘报告》，文物出版社，2021年。

［50］周文丽、罗胜强、莫林恒、陈建立:《铅渣炼铜：清代郴桂矿厂铅铜共生矿冶炼技术》,《自然科学史研究》，2021年第2期。

［51］彭明浩:《龙门宾阳三洞开凿过程研究》,《中国中古史研究》，第八卷，中西书局，第309—346页，2021年。

［52］罗世平:《图像与样式：汉唐佛教美术研究》，文物出版社，2021年。

［53］北京大学考古文博学院、新疆文物考古研究所:《新疆轮台卓尔库特古城考古收获》,《西域研究》，2021年第2期。

［54］陈凌:《汉西域都护府遗址探索》,《文物天地》，2021年第7期。

［55］仝涛:《青藏高原丝绸之路的考古学研究》，文物出版社，2021年。

［56］张茂林、秦大树、翁彦俊主编:《东亚、东南亚制瓷工艺技术的发展与交流——第21届IPPA大会专题论坛论文集》，江西美术出版社，2021年。

［57］秦大树:《从海外出土元代瓷器看龙泉窑外销的地位及相关问题讨论》，故宫博物院等编:《天下龙泉——龙泉青瓷与全球化国际学术研讨会论文集》，文物出版社，2021年。

［58］中国社会科学院考古研究所、澳门特别行政区政府文化局:《澳门圣保禄学院遗址发掘报告（2010—2012）》，科学出版社，2021年。

［59］王鹏:《奥库涅夫文化的考古发现与研究》,《三代考古》，第九辑，科学出版社，2021年。

［60］王飞峰:《关于扶余、高句丽和百济早期研究的几个问题》,《东亚文明》，第二辑，社会科学文献出版社，2021年。

［61］颜海英:《中国收藏的古埃及文物》，中国社会科学出版社，2021年。

［62］贾妍:《神猫：古埃及艺术与信仰中的贝斯尔形象探析》,《美术大观》，2021年第7期。

［63］北京大学考古文博学院、北京大学中国考古学研究中心编:《考古学研究（十二）》，科学出版社，2021年。

［64］周倩、方小济、张蕊、巨建伟、康葆强、屈雅洁:《探析纺织品补配材料的预处理方法——以《吉祥天母画像轴》唐卡镶边为例》,《中国文物科学研究》，2021年第4期；王陆伊、闵俊嵘、张彤:《填漆戗金夔龙纹长桌工艺分析与修复》,《中国国家博物馆馆刊》，2021年第12期；张蕊、方小济、周倩、王猷:《从〈智行佛母〉窥见古建筑中唐卡的预防性保护》,《中国文物科学研究》，2021年第2期；张英蓉、曲亮:《故宫室外铁质文物封护剂评价方法研究》,《文物保护与考古科学》，2021年第4期。

［65］罗德尼·哈里森:《文化和自然遗产》，范佳翎等译，上海古籍出版社，2021年。

［66］孙华:《国家文化公园初论——概念、类型、特征与建设》,《中国文化遗产》，2021年第5期。

［67］解扬、刘岩、张杰《文化遗产项目中大数据辅助决策技术应用——以景德镇大陶溪川工业遗产片区活化利用为例》,《新建筑》，2021年第3期。

［68］王思渝、陈时羽:《贵州安顺布依族村落的现状与特性——兼论村落遗产保护中的价值问题研究》,《自然与文化遗产研究》，2021年第4期。

［69］郑欣淼:《故宫博物院理事会与故宫文物南迁研究》,《故宫博物院院刊》，2021年第11期。

［70］黎婉欣:《近代中国学术视野下的北疆博物院——兼论桑志华的博物馆经营理念》,《中国国家博物馆馆刊》，2021年第8期。

［71］李颖翀:《博物馆参与式公众项目开发理念与策略——基于美国克拉克艺术中心相关实践的思考》,《博物院》，2021年第3期。

［72］邓晨钰:《博物馆教育部门进校园的挑战与对策——以故宫博物院为例》,《博物院》，2021年第4期。

［73］王思渝:《新博物馆学的引入、发展与未来》,《博物院》，2021年第4期。

（北京市历史学会供稿；执笔人：丁雨）

史学理论与中国史学史

2021年北京地区史学理论与中国史学史研究有了新的进展，在马克思主义史学、基本史学理论问题、学科建设、学术研究方法以及研究领域的拓展等，均在平稳发展中有所推进，可谓稳中有进、稳中有为。

一、学术研究状况

1.马克思主义史学研究

第一，唯物史观与中国历史研究。有学者研究了20世纪前半叶唯物史观传播形式、趋势以及主体的变化演进，进而分析了唯物史观中国化过程中的理论探讨及各阶段的研究实践，诠释了唯物史观传播是如何形塑了马克思主义史学的学术形态，马克思主义史学的发展又是如何丰富了唯物史观研究。[1]有学者认为，太平天国史研究经历了民族史观指导、民族史观和唯物史观并存以及唯物史观指导三次转型；唯物史观指导下的太平天国史研究所以在初期引发争议，不仅是因为马克思主义史学内部对唯物史观理解不同，也反映了唯物史观在传播过程中与其他社会思潮论战的事实。[2]针对近来种种污名化太平天国的乱象，有学者认为对太平天国史的研究要坚持唯物史观，以科学、严肃的态度看待太平天国，摆脱神化或者妖魔化的简单模式。[3]学者认为，中国土地制度史研究的发展与20世纪上半叶中国史学的两次根本性变革联系紧密：胡汉民、廖仲恺作为唯物史观的早期传播者论及井田制度的存在，却受到重视科学方法的胡适等人的否定和批评，这次争论并未触及井田制度本身的性质；20世纪30年代的社会史论战，马克思主义史学家不但肯定了井田制存在，而且用以说明中国古代社会性质，由此，土地制度史研究迎来唯物史观转向，并成为社会经济史的重要研究内容之一。[4]

第二，马克思主义史学发展史研究。有学者认为，主动自觉地将中国历史与马克思主义唯物史观结合起来研究和讨论，才称得上是中国马克思主义史学，由此看中国马克思主义史学始于20世纪20年代末郭沫若等人从史料出发，利用唯物史观对中国历史做出整体分析；随后《读书杂志》开展的中国社会史大论战，主动自觉地利用唯物史观以讨论和研究中国历史的发展及社会性质变化，扩大了马克思主义史学的影响，二者标志着中国马克思主义史学初步形成。然而社会史论战的论战者将史事嵌入理论的论说模式，与从史料出发的学院派史学存在疏离，未得到当时主流史学界的认同。[5]有学者将中国马克思主义史学理论的发展划分为六个阶段：1924年李大钊出版的《史学要论》，奠定了中国马克思主义史学的理论基石；1938年翦伯赞出版的《历史哲学教程》，是中国马克思主义史学初步形成的标志；毛泽东对历史与史学工作的论述，成为此后中国马克思主义史学理论发展的重要指针；新中国成立后前17年，中国马克思主义史学理论研究取得扩展和深化；改革开放后，马克思主义史学在史学理论和学科建设上都取得进展；21世纪迄今，中国马克思主义史学理论进入了构建中国特色的马克思主义史学理论学科体系新阶段。[6]有学者回顾了马克思主义社会形态理论在不同阶段用于中国历史研究时生成的问题意识和研究热点，认为马克思主义社会形态理论在中国的认知和运用极具时代性，学界应辩证地看待针对马克思主义社会形态理论的分歧、坚持唯物史观、加强对世界历史和中国社会的分析，从而推动马克思主义社会形态理论的继续发展。[7]有学者对近40年来中国古史分期问题的讨论进行了回顾，认为改革开放后“无奴论”的再度崛起与对“封建”名实的检讨引导着此期古史分期的探讨方向；尽管学界因意见分歧而难以达成一致意见，但这样的讨论无疑推动着学界更深入地思考五种社会形态理论运用于中国古代史分期问题时的诸类问题，也激发着学者在唯物史观的指导下用新的方法划定历史发展阶段的尝试。[8]

第三，马克思主义史家与史著研究。有学者认为，侯外庐在《中国古代社会史论》中，将亚细亚生产方式与中国古代社会历史变迁相结合，在中国古代城市国家、政治制度、意识形态及社会阶级的形成与发展等方面取得重大突破，揭示了中国文明社会的起源及其特殊性，是中国马克思主义史学发展进程中的重要实践，今天仍具有重大的学术与现实意义。[9]有学者认为白寿彝所著《中国史学史》第一册集中展现了他“建设有中国民族特点的马克思主义史学”的学术追求；白寿彝不仅在理论上积极阐发中国史学独具特色的理论、特点和方法，并在唯物史观的指导下，系统阐明中国史学史的范围和任务，为中国史学史的发展指明了方向、提出了实践路径，更在实践上证明了该研究体系的可行性，做出了堪称典范的研究成果。[10] 有学者从学术交谊的角度考察吕振羽与翦伯赞的学术渊源，认为社会史论战期间，两人在诸如西周封建论、中国奴隶制等重大问题上达成了一致，结成了战友与伙伴关系；新中国成立后，在民族问题研究上，吕振羽主张融合说，翦伯赞则坚持同化论，两人观点构成了马克思主义史学内部的分歧；文革时期两人均因参与了刘少奇指导的国共停止内战谈判而遭受冲击，但都展现出了史学家不畏暴力、尊重历史真实的知识分子品格。[11] 有学者对林甘泉的治史特点与学术贡献进行了回顾，认为他坚持用马克思主义社会形态理论研究中国历史发展的路径与规律；古史研究中注重将传世文献与地下考古材料结合的研究方法；以坚持真理、实事求是的态度参与学界重要问题的讨论。此外，他主张科学总结20世纪中国史学的发展，为史学史研究做出了贡献。[12]

2. 中国古代史学研究

第一，中国古代历史编纂研究。有学者从史书编纂体裁出发，通观中国传统历史编纂学的发展路径与呈现特点：中国古代史书除占主导的史书三体外，还有众多其他重要的体裁形式，展现了中国传统史书体裁的多样性；各类体裁并不固守成例，而是根据需要主动吸收其他体裁的优点，呈现出综合性特点，同时各类体裁本身也是不断变化、调整和趋于完善的，反映了史书编纂体裁的变化性；最后，中国古代史家主动对编纂体裁进行理论总结、批评与研究，以推进和指导历史编纂学的实践，体现了中国传统历史编纂学的理论自觉。[13] 有学者将中古时期渐趋形成的一套资料收集、整理、编纂机制及相关职官设置命为“官修史体制”，并从横截面上考察在修史体制运转中，政务文书如何成为稳定的史源，进而影响史学体例的设置，衍生出一套修史流程；并纵向考察了各朝代如何完善修史体制，将日常政务运作固定下来，最终形成官修正史的过程。[14] 有学者探讨陈寿以“志”命名史书的意图，认为先秦的“志”类文献文体形态应与《尚书》中的“训典”一类最为近似，班固将之引入《汉书》，使其成为总结某类事物的文体，为“志”体参与历史叙事提供了可能；陈寿生活的年代，以局部区域为叙述主体的总结性地理书常以“志”命名，陈寿借之命名史书，无疑反映出三国分立的前提下尽可能完整地叙述各国历史这一史学意图。[15] 元末熊梦祥编纂的《析金志》是迄今最早的一部北京方志，但在明万历后渐趋散佚。有学者回顾了历代学者依据《永乐大典》等文献对其进行的辑佚和整理工作，并根据志文内容和作者行年推断该志成于元末，且体例严谨、结构完整；该志记载元代驿传的“天下站名”以及“风俗”“岁记”部分对交通史以及民俗史研究具有极高的价值。[16]

第二，中国古代史学思想研究。经世致用与史学求真是中国古代史学思想的精髓。有学者认为，中国传统史学中经世致用理念主要表现在六个方面：一是宣扬“神器有命”，对王权的合法性作出神意解说；二是彰善瘅恶，宣扬和维护纲常名教；三是以史为鉴，重视对历史教训的汲取；四是以史资政，重视对历史经验的总结；五是颂扬功德，确定皇朝的历史地位；六是正统之辨，旨在维护本朝的正统地位。[17] 学者认为求真理念不仅贯穿中国古代史学发展始终，且不断发展与变化：中国古代史学求真理念产生于先秦，直书是当时史官记事和史家修史所普遍尊奉的原则；《汉书》首次明确提出的“实录”思想，是两汉史学普遍推崇的史学精神；魏晋南北朝隋唐史学在史料搜集与考辨、史文表述、史书笔法等方面发展出一套较为成熟的求真理论和方法；宋元明清史学在继承和发展传统史学求真理念的同时，重视史实考证的学术风气蔚然成风。[18] 正统论亦是足以彰显中国史学特色与文明特质的重要观念。学者梳理正统思想发展的三个重要关节，认为西汉董仲舒阐发的“大一统”“三统”以及刘向父子以五德相生为基础的正闰说，形成一整套文化统合原理：唯有落实“道”，传承“统”的政权，才有正当地位；宋代新的正统论兴起，原本贯通天下及其历史的“道”变为“道统”与“正统”的双线；20世纪初兴起的新史学批判旧史学时将正统论作为靶心，将之视为统治者为维护专制权力而发明的封建迷信，由此正统论失去神圣光环。[19] 学者从中国古代“六经皆史”的观念出发，认为这是某种历史哲学的显现，标明中国古代史学与哲学并非截然两分；相反，价值与知识并重，在历史撰述中贯彻哲学思想才是中国史学的优良传统；而王夫之在《读通鉴论》中所阐明的不言正统、因理事而论得失以及对“通”“鉴”“论”的发挥，则是展现此种历史哲学的典范，展现出不同于西方的思想特色。[20]

3. 中国近现代史学研究

第一，多民族史学研究。有学者从晚清以来中国的内外局势出发，提炼出三种“多民族中国”的历史叙事：新史学发轫的晚清民族叙事多出现在国家史书写中，此时中国与汉族高度重合，汉族与其他民族被视为此消彼长的竞争关系；20世纪二三十年代，民族史专著出现，学界接受民族平等的观念并对各民族分别撰述，重视民族融合的“混合”“同化”等概念用于描述民族关系的发展；40年代开始马克思主义史学将各民族的历史更加平等地置于人类社会形态发展的框架中，而在经济基础上肯定汉民族在中国史上的主导作用，肯定民族融合的必然；学者认为这三种叙述框架背后都反映了汉族在中国的主导地位与民族平等的政治原则之间难以化解的紧张关系，而这一问题的解决仍有待于学界探索。[21]

第二，史家、史著研究。有学者认为陈垣名著《通鉴胡注表微》不能被片面地视为抗战史学的典范。事实上经过材料的搜集与誊写两个阶段后，1944年7月正式开始动笔写作，1945年写成大部分，1946年12月出版完成，写作历程结束；该书近半篇幅实际写作时间在抗战胜利到国共内战全面开启之间，其篇目设置正反映了不同的心境：完成于抗战期间的《本朝》等篇或反映其爱国思想，而写于国共和谈前的《货利》等篇无疑表达了陈垣对和平的期待。[22]有学者认为顾颉刚提出的古史“层累说”早期存在没有追溯古史传说源头与空间因素影响的缺憾；随后通过追溯孟姜女故事的流变，明确意识到“故事跨地域流布”的问题，开始有了追溯古史传说源头的意识；但直到1949年到1950年间在对昆仑传说的研究中，才正式考定昆仑神话西来于羌戎，继续贯彻空间视角，从而完善了古史层累说的叙述体系。[23]有学者认为抗战时期钱穆带有保守色彩的文化复兴主张尽管有利于建设民族自信，但也夸大了民族文化的特殊性与优越性，带有文化民族主义色彩。[24]

第三，中共党史学研究。时值中国共产党成立一百周年，如何从史学的角度回顾以往的党史研究就成了重要课题。有学者认为《关于若干历史问题的决议》集中反映了中国共产党对待自己历史的科学态度，其中蕴含着诸如“实事求是、一分为二”“把握主流、看清本质”以及“以史为鉴、继往开来”等观念，通过对这些重要观念的把握，无疑有助于今天树立正确的党史观。[25]有学者强调党史在近代史研究中的重要地位，认为中国近代史尤其是民国史研究，要与中共党史和新民主主义革命史研究结合，必须树立正确的党史观；在百年党史的研究中坚持唯物史观为指导，抓住实现中华民族伟大复兴这一主题，独立自主走自己的路的主线以及始终引领发展进步的主流，这样才能为中国近代史作出生动、具有说服力的诠释。[26]

4.历史学学科建设研究

有学者对历史学学科建设进行了反思与前瞻：近代“新史学”思潮以及新文化运动期间“整理国故”运动，使得旧史学逐渐完成了传统学术到近代史学的转换，呈现出中国史学学科化的新面貌；新中国成立确立了马克思主义史学在现代史学学科分科体系中的主导地位和话语体系，是近现代中国史学又一次重要转型；而国学复兴与历史学门类中三个一级学科的确立无疑反映了当代中国史学在全新语境中的变动与及时调整；当前新文科视野下史学学科建设应注意在强化现有三个一级学科的沟通、构建中国特色的历史学三大体系、探索新文科人才培养模式三个方面发力，求新求变。[27]有学者专就历史学本科人才培养提出了见解。认为历史学本科生人才培养面临三个突出的挑战：专业化的学科意识与史学要求的综合素养明显冲突、农耕文明催生的历史知识与学生城镇生活经验出现隔膜、知识接收多但自主的知识产出能力不足。由实践经验来看，通过打造“通专结合”的课堂教学体系、构建层次丰富的历史现场教学体系和循序渐进的课外指导体系，是或可有效应对上述挑战而成为新文科视野下历史学类本科人才培养可供借鉴的新模式。[28]有学者从历史学“三大体系”建设的角度，对台湾史研究提出了理论设想。一是从台湾史研究全局看，学科体系是基本框架，学术体系是核心内容，话语体系是表现形式，三者构成一个完整的有机统一的台湾史研究体系；二是从学术研究上看，借助“三大体系”有利于在唯物史观的指导下推进台湾史研究的进展；三是从研究意义上看，认为台湾史研究亦可为完成祖国统一大业贡献智慧而具有政治意义。[29]

二、热点问题及思考

第一，学科交叉为史学史研究注入新的问题意识。如法学领域的学者介入《晋书·刑法志》的研究，将其法学的问题意识嵌入中国古代史学的话语体系中，收到较好的效果。学者通过考察《晋书·刑法志》的历史叙事，发现从叙事目的上看，唐初所修《刑法志》上承《汉书·刑法志》余绪，历叙东汉以降至魏晋时期的法制变迁，目的是追溯唐代法典的渊源脉络，正本清源，彰显唐朝正统地位；从叙事模式上看，在遵循儒家价值导向的同时兼顾律学发展史事，从而形成礼、刑相须的法律史叙事；最后，借助对重大法律事件的记载凸显了儒、法在交流碰撞中走向合流的发展趋势。[30] 又如政治学领域的学者跨入钱穆研究，阐释钱穆对中国政治体制的独特认识，极具启发性。钱穆认为中国历史上的大一统政治传统，应是现代政治变革的理论与实践源点，而非否定的对象；区分秦汉前和秦汉以来两个历史时期的大一统政治为封建大一统和郡县大一统两个形态，这就开放了大一统政治向上追溯与向后演进的两个向度；在大一统政治中，国族共同体的稳定与传承，政府组织多适应变动的形势，保证了大一统政治传统的生成；以大一统为基点，衍生出一套关于政治秩序的历史宪政论述。[31] 说明引入学科交叉的视野，从他者的知识结构与问题意识出发，往往能从习见史料中洞察出新的问题。

第二，引入概念史的研究视野，可能成为未来重要的学术增长点。兴起于西方的概念史研究，近年来被引入国内学界。其研究取径大致分为两种，一是从概念整体和修辞技艺的角度入手考察，一是从社会变迁和概念流变的角度入手考察。无论哪种方式，实际都跨越了某一学科的限制。通过考察概念的建构及其演变，揭示其背后复杂的社会与思想变动，这一研究范式值得史学史研究借鉴。如有学者认为将概念史的研究视角引入马克思主义史学史研究，有助于打破以单个史家史著为中心的史学史研究范式，从而为马克思主义史学史带来新的学术增长点；认为可以从马克思主义史学的一些关键概念切入，聚焦于史家对这些概念的认知、接受以及历史研究实践中的运用，以揭示其历史认知与史学思想；而关键概念梳理还有助于构建马克思主义史学体系的当下需求。[32] 有学者对“中国睡狮说”概念作了细致的考察，认为早在1896年日人尾崎行雄刊于梁启超较为熟悉的《太阳报》上的《东洋的危机》一文，便提出了中国是睡狮的意象；甲午战争前后，用睡与醒以及狮子意象描述中国的话语，在日本较为常见；大泽龙1898年发表的《支那论》一文引述了曾纪泽的话称中国为眠狮。因此，认为梁启超建构了此概念与史实不符。[33]

主要研究建议有：

第一，提炼有传统史学依托、富于民族特色与阐释力度的史学话语。建设历史学话语体系是当前历史学研究的重点工作，而史学史研究在其间可以发挥重要作用。建设有民族特色的历史学话语体系与解构西方欧洲中心主义的话语霸权是同一问题的两面，事实上，以往被我们简单视为文化保守主义者的钱穆等近代学人，实际在阐发中国文化特色与史学传统方面做了相当工作，有待于我们在新的视域中加以清理和研究。晚清以来的落后，使得人们陷入了这样一种吊诡的逻辑链条：西方的就是新的。于是，坚持认同中国传统文化者，往往会被斥为保守、落后分子，这就使其话语中有价值的内容被遮蔽了。今天，我们已经可以自信地重新踏上世界舞台时，急需符合中国历史前途与文化传统的话语体系，这就要求我们必须对传统文化、传统史学重新审视。因此，在这个意义上，晚清民国以来，深受旧学浸染并曾阐发过传统文化独特价值以对抗当时越来越猛烈西学潮流的史家，便有重新认识的必要：研究他们从旧史学中提炼出的史学概念、话语体系，以助益今天历史学话语体系的建设。在解构西方霸权话语以及建立中国历史学学术话语的高度，抛弃进步与保守的划分方法，重新分析和阐释其思想并加以扬弃，必然有助于历史学话语体系的建设。

第二，积极引入阅读史、书籍史等相关领域的研究视角与研究成果，提升史学史研究的深度和广度。近年来，以书籍的生成、传播与阅读为主要研究对象的阅读史与书籍史被引入国内，为丰富史学史的研究维度提供了可能的方向。传统偏重文本的史学史研究，通过文本细读固然可以对史家的知识生产活动与史学思想做出学术上的评价和分析，并将之平等地放入史学的天平上衡量其价值的高低。但这就忽略了一个重要的问题，即某一时代之史家精致的史学知识构建与有创新性的史学思想未必能在其所属的时代广泛传播，因而，这就容易导致今人对其价值与影响的衡量与时人认知之间存在偏差。史学知识与史学思想发挥影响离不开传播，传播离不开包括人、书籍之类的物质载体，离不开阅读活动，而正是这一环节的缺失，却极易作出放大或缩小某一类史家与史书历史影响的误判。如作为汉代重要的思想家，王充的历史思想往往受到研究者重视，从而成为汉代史学叙述中的重要环节。然而，王充其人一生大部分时间身处乡曲，他的著作与思想在很长一段时间隐而不彰，直到蔡邕机缘之下读到《论衡》，并将之带返回京师，方使王充其人其书得到较为广泛的阅读与传播。这一事例说明，对史书阅读与传播的考察，可以补足以往史学史研究的某些不足，从而形成历史书写—史书传播—史书阅读—历史评论/再书写的完整链条，进而让我们阐释史学社会影响时更有底气。换言之，我们仍将目光收拢于史书、史家，但关注的不再只是文本内容，而是史书的传播、阅读、阅读群体这样的问题，从而上接以往文本分析的成果，下启史学史研究的新局面，而历史上的私人目录与史学评论也能以史学阅读的资料而被重新吸纳进史学史研究而焕发新的生命力。[34]

注：

［1］谢辉元:《唯物史观与中国马克思主义史学(1919—1949)》，福建教育出版社，2021年。

［2］顾建娣:《唯物史观在中国的早期传播与太平天国史研究的理论转型》,《史学理论研究》，2021年第1期。

［3］夏春涛:《太平天国再评价——金田起义170周年之反思》,《中国社会科学》，2021年第7期。

［4］徐歆毅:《唯物史观与20世纪上半叶中国古代土地制度史研究》,《中国史研究》，2021年第2期。

［5］张越:《中国马克思主义史学的形成与社会史论战》,《近代史研究》，2021年第5期。

［6］周文玖:《略论中国马克思主义史学理论发展的阶段性》,《史学理论与史学史学刊》，2021年第1期。

［7］杨艳秋:《马克思主义社会形态理论与中国史学》,《史学集刊》，2021年第4期。

［8］张越:《近40年来中国古史分期问题研究述论》,《思想战线》，2021年第4期。

［9］侯且岸:《侯外庐与〈中国古代社会史论〉》,《社会科学论坛》，2021年第5期。

［10］靳宝:《“建设有中国民族特点的马克思主义史学”——以白寿彝〈中国史学史〉第一册为中心的考察》,《四川师范大学学报(社会科学版)》，2021年第5期。

［11］周文玖:《吕振羽翦伯赞的学术交谊》,《史学史研究》，2021年第4期。

［12］邹兆辰:《一位马克思主义史学家的学术追求——林甘泉先生治史的基本特点》,《淮阴师范学院学报(哲学社会科学版)》，2021年第4期。

［13］汪高鑫:《中国传统历史编纂学的发展路径——以史书编纂体裁为中心的考察》,《河北学刊》，2021年第5期。

［14］聂溦萌:《中古官修史体制的运作与演进》，上海古籍出版社，2021年。

［15］曲柄睿:《〈三国志〉以“志”为名缘由及史学意图》,《史学理论与史学史学刊》，2021年第1期。

［16］张涛:《略论〈永乐大典〉本〈析津志〉及其史学价值》,《史学史研究》，2021年第4期。

［17］汪高鑫:《论中国传统史学的经世致用理念》,《福建论坛(人文社会科学版)》，2021年第4期。

［18］汪高鑫、汪增相:《中国古代史学求真理念的演变》,《求是学刊》，2021年第3期。

［19］江湄:《正统论：中国文明的一个关键概念》,《开放时代》，2021年第1期。

［20］张学智:《中国哲学与史学——兼论王夫之〈读通鉴论〉的历史哲学》,《船山学刊》，2021年第5期。

［21］王娟:《重建“多民族中国”的历史叙事20世纪中国民族史观的形成、演变与竞争》,《社会》，2021年第1期。

［22］黄江军:《陈垣〈通鉴胡注表微〉创作历程考论》,《中国文化》，2021年第2期。

［23］李政君:《故事的跨地域流布与古史的“层累”造成——试论20世纪前半期顾颉刚古史考辨路径之推进》,《南开学报(哲学社会科学版)》，2021年第2期。

［24］左玉河:《特殊性和优越性：钱穆的战时文化民族主义情结》,《福建论坛(人文社会科学版)》，2021年第10期。

［25］左玉河:《如何树立正确党史观？——重读〈关于若干历史问题的决议〉》,《历史评论》，2021年第5期。

［26］夏春涛:《从中国近代史看百年党史的主题主线、主流本质》,《近代史研究》，2021年第4期。

［27］张越:《由史学转型看新文科视野下的学科建设》,《探索与争鸣》，2021年第10期。

［28］姜萌:《新文科视野下史学本科人才培养的挑战与应对》,《中国大学教学》，2021年第5期。

［29］李细珠:《台湾史“三大体系”建设论略》,《台湾历史研究》，2021年第1期。

［30］李德嘉:《传统历史叙事中的法理观念——以〈晋书·刑法志〉为中心》,《政法论坛》，2021年第6期。

［31］任锋:《大一统与政治秩序的基源性问题：钱穆历史思维的理论启示》,《人文杂志》，2021年第8期。

［32］赵庆云:《马克思主义史学史视域下的概念研究》,《史学集刊》，2021年第4期。

［33］张昭军:《“中国睡狮说”是梁启超的发明吗?》,《史学理论研究》，2021年第6期。

（北京市历史学会供稿；执笔人：汪高鑫、王松）

中国古代史

一、学术研究状况

1.先秦秦汉史

理论研究方面。2021年恰逢仰韶文化发现暨中国现代考古学诞生100周年，习近平主席代表党中央向考古工作者致贺信。《文史哲》杂志与中华读书报、光明日报、澳门大学、河南大学等单位评选的2021年度历史学研究、人文学术热点中，均有考古学与历史研究的相关讨论，《中国史研究》亦设有“学科前沿·历史学与考古学的融会”专栏刊载相关论文。卜宪群提出，建设中国特色、中国风格、中国气派的历史学离不开考古学的坚强支撑。要从话语体系上推进历史学与考古学的融合。二者的融合发展，不是合二为一，而是一种交互模式、辩证关系，共同促进和培育新的学科生长点，为更好地认识源远流长博大精深的中华文明做出贡献。[1]刘未对中、外学者关于考古学和历史学关系的观点做了详尽的梳理的阐释，并指出不能单纯强调历史文献和考古资料的同质性或者差异性，当提倡取向的多样性，既需要对考古材料进行文本分析，也需要注重文献材料的物质性，两者都需要置身于特定的语境之中予以理解。[2]杨博提出在中国早期文明探索中虽然考古学和历史学已经形成了研究取向、方法和学术理念上的分流，但二者的融合是符合中国国情的自然选择，其融合的首要任务是“探索未知、揭示本源”。不过二者的融合的具体方式还需要继续探索。[3]

政治史、制度史方面。罗新慧提出“支子不祭”是战国礼学家抽绎的祭祀规则，勘诸两周社会，可见“支子不祭”确为通常情况下的祭祀原则。但在社会流动加大、宗法家族既衍生又分化、支庶实力超越嫡长等情况下，支子完全可以独立祭祀，且祭祀范围远超礼书所谓“庶子不祭祖”“庶子不祭祢”的限定，也非“大夫三庙”“士二庙”所能概括。对“支子不祭”历史实践的考察，不仅展现了两周时期家族祭祀制度的变迁过程，也加深了对宗法制内部“尊尊”和“亲亲”之间张力的认识。[4]晁福林指出，战国时期是整个古史的转折期，是由氏族时代向编户齐民时代转变的过渡期，秦汉以降的中国古代社会两千余年的发展实肇端于此期。这一时期，各族的融合和相互促进，而其所创造的辉煌文化对于周边国家和地区产生了重大影响。[5]孙家洲认为战国时期的秦国，奉行“尊君卑臣”的法家政治理念，从制度设计层面可有效防止“权臣”秉国。一度大权在握的重臣貌似拥有的治国之权，也仅是来自秦王的“授权”，一旦秦王决策废黜其职位，他们都没有与秦王抗衡的实力。秦昭王处理范雎“公报私仇”的特殊方式，集中体现出秦国君主在处理君相关系时高明的御臣之术。秦国内政的君臣等级森然有序、管理制度的务实高效，对于支撑秦国的崛起和发展，发挥过重要作用。[6]

俞鹿年对中国早期国家的产生、转型直至成为领土国家（即单一制国家）的过程加以考察。涉及中国古代王权与国家的起源、夏商西周时期中国早期国家的形态、春秋时期由早期国家向领土国家的转型、战国时期以官僚制度为特征的分国领土国家的建立以及《周礼》所蕴含的先秦官制及其对后世国家机关设置的影响等方面的内容。[7]杨坤主要利用传世文献和出土材料，结合历史学、社会学、人类学的基本研究方法对周代各个时期不同（贵族）层级的宗法制度作尽可能细致的考察，厘清宗法制度的基本内涵和主要内容，归纳每一时期的主要特点，探讨宗法制度演变的表现与内在原因，以及与政治的相互关系，进而对周代宗法制度的演变历程及规律有较为明晰的认识。[8]

社会史方面。任会斌对上世纪初社会史论战开始至于当下的殷商社会性质的研究史进行了批判性的梳理，并认为暂时难以对殷商社会性质下定论。目前看来，更需要在客观史实基础上的扎实实证研究，避开程式化、概念化的影响，利用文献、考古材料，不拘泥于定量定性，以多学科综合性的研究和国际化视野，客观全面审视殷商文明究竟建立于怎样的经济基础和社会结构之上，将这一问题纳入科学理性的轨道上来。同时亦须充分重视考古学的参与。[9]徐义华对奴隶、奴隶制和奴隶社会三者进行了区分。并指出形成和维持奴隶社会的四个基本条件：持续稳定的奴隶来源、畜养奴隶的产业、容纳奴隶的社会空间、与奴隶社会运行相适应的制度与思想。古希腊罗马的奴隶社会正具备这四个条件，中国古代则不具备，因此中国并不属于奴隶社会。[10]陈民镇对西方学界从芬利开始的奴隶制与奴隶社会研究进行了清晰的梳理，并指出西方学界大多未将中国纳入奴隶社会，这与中国学界形成强烈反差。马恩著作中关于社会形态的“antike”一词当指古希腊罗马时代，而非现在多译作的宽泛意义上的“古代”。我国三代社会从目前掌握的材料看，很难认为是奴隶社会。[11]

具体史实考证方面。杨坤认为亳鼎铭文是西周早期的授土记录，并对铭文涉及“杞”等地名、“公侯”的身份进行了考辨，最后指出西周早期鲁侯控制的地域并不限于曲阜一带，而是有更广的势力范围。[12]杨博据清华简《系年》《郑武夫人规孺子》等篇的记载重拟了两周之际（公元前771—前750年）的历史变局。[13]魏栋将《系年》“鸡父之洍”与《水经注》相关记载结合，揭示出《水经注》鸡水水系与“鸡父之洍”的渊源关系，进而给春秋时吴楚之战战地鸡父的地望位于凤台县西北古辑水、鸡陂一带的说法以全新的论证。[14]

思想、文化史的研究方面。晁福林认为史墙盘铭文旨在强调文王得上帝眷顾，膺受大命，堪当完成大命的重任。铭文还提出治理国家要像武王那样刚毅雷厉，要有危机意识。中国传统政治文化中的“文武之道”，即肇端于史墙盘铭文出现之时，这一治国理念中的智慧结晶是古代中国一项宝贵的政治文化遗产。[15]晁天义力图打破人文学科与社会科学之间的畛域，从多个维度分析和阐释先秦时期中国的历史道路、文化特质。作者认为，研究者的立场、目的很大程度上决定了史家所应采取的方法、角度，历史研究是一个相对开放的场域，研究者的主体性在这个场域中应得到足够重视。[16]曲柄睿对先秦时期先后形成的天命观、天道观、道论观的出现年代和含义进行了分析，并指出三者并存于先秦的思想环境中，互相影响又互相补充，既成为史论产生的思想土壤，又作为史论的论证对象。[17]刘子珍、陈民镇指出“天—礼”模式与“道—法”模式构成了中国古代政治思想的两大传统，前者由儒家继承，后者由道家开创。二者实际上是儒家和黄老道家面对社会转型所作出的不同回应，两者的冲突与融合对当下“德治”与“法治”的建设亦有启示意义。[18]晁天义认为中国古代的亲属称谓不仅标示特定的血缘与姻亲关系，同时以多种途径泛化并用于政治及社会领域。泛化的亲属称谓加强了非亲属成员或组织之间的联系，同时在非亲属成员或组织之间构建了等差有序的责权规范和行为准则。中国古代国家产生的独特方式所导致的文明“早熟”，决定了亲属称谓泛化现象在国家时代具有普遍性和典型性。[19]

甲骨铭文研究。王泽文简要梳理了2000年后新遗址的发掘、新金文的出现、甲骨分期断代与测年等在断代上的贡献，并介绍了《夏商周断代工程报告》的分工和执笔情况，指出《报告》既是《简本》的延续，也是其进一步的丰富和深入。此外该文还列举了“夏商周断代工程丛书”的出版情况。[20]方稚松对甲骨文五种记事刻辞外的祭祀类、铭功旌纪类记事刻辞及干支表刻辞等相关研究成果的系统总结。书中重点对祭祀类记事刻辞中的“宜于义京”类、“升岁”类等词义和文字进行了探讨；将铭功旌纪类记事刻辞分为小臣墙骨版刻辞、人头骨刻辞、兽头骨刻辞及骨柶类骨器刻辞几个部分，讨论了其中的疑难字词如“比”“蒿”等的含义及用法；全面梳理了干支表刻辞，指出这类刻辞的性质是刻写练习之用，可看作习刻中的一种类型。[21]郅晓娜对德国柏林民族学博物馆藏殷墟甲骨的情况进行了梳理。[22]孙亚冰利用安阳两版未公布的民间甲骨分别与《辑佚》626+627+630、《两片新见甲骨卜辞考释》中的一版缀合。[23]郜丽梅对《甲骨文捃》中马衡所藏甲骨的摹本的著录情况进行了梳理。[24]朱凤瀚对士山盘等多件器物的铭文及涉及的史实进行了考辨。[25]

出土文献整理与研究。蔡万进、邬文玲主编的《简帛学理论与实践（第一辑）》收录文章34篇，涉及简帛学理论的总结与创新、国际简帛学体系的构建、出土简帛整理的理论与实践、简帛学史的理论总结与研究、新出简帛研究、名家与简帛学、会议综述等七个方面，集中展示和反映了当前简帛学界有关简帛学理论研究与探索的新成果、新进展和新成就。[26]

由清华大学出土文献研究与保护中心编、黄德宽主编的《清华大学藏战国竹简（十一）》出版。此辑内容为《五纪》，全篇内容基本完整，总字数近4500字，是前所未见的先秦佚籍。《五纪》借托后帝之口，以五纪（日、月、星、辰、岁）、五算为中心，确立了天地万物的常规、法度。《五纪》将星辰历象与礼、义、爱、仁、忠五种德行，天神地祇所司所掌一一相配，而更大篇幅则集中于与之对应的人事行用，涉及树设邦国、礼仪祭祀、人伦德行、土工百物、兵戎战事、生育繁衍、人体疾祟等各个方面。全篇构建了宏大而复杂的天人体系，是先秦时期对天人关系认识的综合与总结。[27]马楠、石小力、贾连翔、程浩对2021年公布的清华大学藏战国竹简《五纪》

进行了多方面的介绍与初步研究。[28]

程浩以先秦“书”类文献的流传情况为研究主题，探讨了清华简中的“书”以及传世本《尚书》《逸周书》的性质，“书”类文献在流传过程中篇目、文本的变化及其原因、背景等问题。[29]他还立足于清华简以及青铜器金文中新见的郑国史料，结合《左传》《史记》等传世史书的记载，力求还原郑国发展的几个重要阶段、若干重大事件，并尝试将郑国历史的发展纳入春秋战国社会变迁的全局进行思考。[30]

2.秦汉魏晋南北北朝史研究

第一，学科基础理论问题。黄正建负责的国家社科基金重大项目“中国古文书学研究”结项。[31]郭伟涛指出要结合层位、伴出物、简牍状态、简牍内容来综合研究古井简的弃置过程与性质，对于揭剥图的有效性和必要性，需要保持清醒的认识。[32]杨博以“主位分类”为基础，考察出土简册的分卷区位及其体现出的文献分类与典籍聚合，认为区位关系代表着时人或墓主对文献类别和性质的第一手认识，区位关系与简册形制均应结合具体情形分别讨论。[33]汪桂海利用考古发现的与简帛书籍有关的竹笥、漆奁和书帙等材料，以实物验证简帛时代书籍装具的使用情况，弥补了传世文献记载的不足。[34]

第二，新出土资料整理研究。2021年度新出土资料整理研究成果丰富。新刊资料多以协同合作方式展开，北京地区成果有中国文化遗产研究院参与整理的《银雀山汉墓简牍集成（贰）（叁）》[35]，清华大学出土文献研究与保护中心参与整理的《悬泉汉简（贰）》[36]。朱凤瀚、何晋修订了《北京大学藏西汉竹书（壹）》[37]《北京大学藏西汉竹书（肆）》[38]。新出的荆州胡家草场西汉简牍、益阳兔子山遗址七号井出土简牍、海昏侯刘贺墓出土简牍、长沙五一广场简牍均受学界关注，《简帛》《文物》《秦汉研究论丛》分别有相关专题组稿。张忠炜介绍了兔子山遗址七号井出土简牍的大致情况，考释木牍反映的汉初人口买卖问题和郡国并行的政治体制，揭示汉廷与王国间的特殊关系。[39]他还以益阳兔子山遗址七号井所出汉律律名木牍为起点，揭示汉律体系内部存在狱律、旁律两分的结构特征，反思了九章律与汉代律学的关系，提示默证法的使用限度。[40]朱凤瀚、柯中华主编的《海昏简牍初论》为学界提供了海昏侯刘贺墓所出《论语》《孝经》等各类文献的初步整理和研究成果。[41]杨博指出海昏简牍所见各类典籍流传的复杂情况，远非《汉书·艺文志》的概略归结所能概括，[42]复原了墓主椁室所出《海昏侯国除诏书》的结构和内容，认为该诏书的发现对研究刘贺家族与海昏侯国的历史、汉代官文书制度与汉代诸王列侯制度等具有重要价值。[43]

第三，国家治理、制度文明与历史书写。秦朝是中国历史上第一个高度集权的大一统王朝，其运行机制始终得到学界的热切关注。孙闻博聚焦“周秦变革”背景下与秦君关系密切的统治政策、政治口号、政治名号、政治信物四个层面，探讨主要从政治文化角度研究秦统一历史进程中君主权力的巩固与发展，并对“初并天下”的实现提出新的历史解释。[44]

以出土资料为主要材料，秦汉史事考证、地方行政和基层治理等方面成果蔚然。孙家洲依据岳麓秦简新出秦始皇二十六年《秦始皇禁伐湘山树木诏》，确认了秦始皇完成统一当年即出巡荆楚故地这一重要政治举措，增补了《史记》的漏载。[45]杨振红依据新出岳麓秦简与张家山汉简，指出民爵上限移至公乘应发生在汉文帝六年左右，官民爵分界自此稳定，直至三国，修正了学界将五大夫作为官爵与民爵之分的观点。[46]孙闻博指出秦及汉初县廷与乡之间的政务运行可称作“廷—官”模式，西汉前期发展为乡有秩、乡啬夫二分格局；武帝时掾史出现，乡务处理渐由“官”向“掾”演变，这一变化本质上乃因事差遣的发展。两汉官府不断加强集权，力图更直接地对基层实行统治，然而集权措施的推行，反而在一定程度上削弱了其对乡里的控制力。[47]徐畅注意到简牍材料的地域性，依据新出长沙地区简牍梳理乡吏研究的既有结论，认为县以下吏职名目的乡、部两种类型，代表着汉代国家开展乡级治理的两种不同模式，在西汉后期至东汉的乡级治理中，二者始终并行，互为配合。[48]凌文超认为秦汉碑简文献透露出乡里编户民长期“多姓均势杂居”，这是秦汉王朝规划乡里编户齐民族姓的结果。东汉以后乡里制离散聚落和族姓越来越形式化，乡里族姓只在户口登记时才以书面形式呈现离散状态，事实上却存在族姓聚居在丘落邑聚的状态，以豪强为代表的宗族势力迅速发展，成为地方社会的主导力量。[49]

以传世文献为主要材料，官僚制度研究路径亦有突破。阎步克介绍了中国古代官阶制度以及服饰等级与官僚等级的关系问题，从常被忽略的细节方面，论述了中国古代的政治体制，既有宏观的全局性把握，也有缜密的分析与论述，体现了作者从结构、功能视角解析研究对象，发掘、揭示各种类型的“原理”的尝试。[50] 楼劲认为汉、唐正史《百官志》官制记载体例分别具有“以官存司”和“以司存官”的显著不同，其体例变迁的根本原因在于规范官制的法令及行政体制的演化。南北朝后期是变化的转折点，由此达成的机构行政一体化，是汉唐间强化集权秩序和防止长官大权独揽的结果。[51] 吴晓丰指出执法、上相与房、斗二宿是汉唐星占实践中常用来标识宰相身份的星象符号，其星象意义及事应对象在各朝的变化，揭示了星官理论与职官制度间的互动关系，通过观察古人建构、描述制度的知识史，可为官制史研究另辟新路。[52]

史料批判和历史书写，以及由此展开的国家治理、礼制等讨论，是魏晋南北朝为代表的“新政治史”的研究特色。聂溦萌提出“官修史体制”的概念，指一套由制度保障的资料收集、整理、编纂机制及相关职官设置。汉魏南北朝时期，中央机构的官修史体制逐渐将政务运作、文书与历史编纂的关联性变得制度化、惯常化，本书借此横向探讨纪传体的体裁模板与史源如何相互适应，并考察纵向的史料加工编纂过程的发展。[53] 苗润博从文本来源和叙述策略的角度检讨《魏书·契丹传》，认为该传的文本来源是孝文帝时期李彪所撰《国史》四夷传的东夷部分，其开首与库莫奚相关的一系列记事不能贸然看作真实存在过的契丹初期发展史，而很可能只是史官对东夷加以群类化描写的产物，是为凸显北魏王朝的华夏正统身份而有意建构的历史叙述，并指出历代正史所设周边“异族”传记中蕴藏着强烈的华夏自我中心倾向以及由此产生的各种单方面的知识建构。[54] 王尔认为东汉前期出现“汉当自制礼”的呼吁及相关实践，是源自认定西汉承秦礼阙、没能接续中断的先王之道这一特殊的逻辑理路，唯有制作“汉”礼，方能验证儒学意义上的王朝受命，这一使命须由“新汉”来完成。借助制“汉”礼，东汉谋求实现比肩三代的政制教化，但操之过急的章帝与曹褒改变了光武帝注重协商的制礼路线，其创制是否为真正之汉礼遭到普遍质疑，随着章帝离世，制礼之事也烟消云散。一度兴盛的“汉当自制礼”理念展示了东汉伊始的人们不愿作为西汉附庸的雄心，和他们求新求变的自我梳理、规划展望以及由之带来的困境。[55]

第四，丝绸之路、中西交通与经边战略。王子今指出张骞出使西域后，河西成为丝绸之路重要路段通过的地方，汉简资料的大量发现和深入研究提供了河西交往史的重要信息，汉代社会形成了“宜西北万里”为典型标志的文化倾向，该地区活跃的社会交往活动考察在民族关系史上亦有典型历史文化意义。[56] 他还尝试说明秦汉时期海洋文化的风貌与特色，为考察中国古代海洋开发史进程及海洋学的历史发展提供学术基础，亦可与海上丝绸之路研究衔接，是该研究方向的有益探索。[57] 石云涛从交通路线变迁、物质文化交流、丝绸之路与唐诗等方面展现了丝路文明研究的多样进路。[58] 张瀚墨从《史记》《汉书》对西域描述的不同入手，指出《汉书·西域传》对汉武帝拓边政策的批评和对东汉政府边疆羁縻政策的赞扬所反映的，是东周以来发展起来的理想王朝地理政治空间构想对汉代边疆经营政策的影响，这一构想以九州五服的政治地理观念为核心，最理想的中央与边疆关系，即是中央的羁縻怀柔与边疆政权的主动归附相结合。[59]

第五，民族观念与国家认同。中国统一多民族国家与中华民族的形成过程，是“铸牢中华民族共同体意识”重要的历史经验来源，“以史为鉴”有助于反思国家发展现有的理论问题。该方向的研究呈现历史学与民族学、人类学、边疆学等多学科相互交融的特征。苏航指出北朝文化与民族的互动过程显示，民族与文化并不存在一一对应的关系，中古史研究中长期盛行的“民族文化决定论”并无事实与理论依据。所谓“汉化主流”最终结果并非总是文化和民族的同化，而往往是多样化人群和文化在高阶价值形态趋同基础上的凝聚。[60] 侯旭东以刘渊起兵为案例，尝试跳脱学界长期关注的族属与血统问题，回到历史现场，从刘渊复杂而矛盾的心态理解其起兵反晋的原因，认为刘宣等推举刘渊是看重其才干与声望，而非其血统和出身，这是向匈奴旧有的推举首领传统的回归。[61] 彭丰文认为，北魏统治者积极融入中原文化，又尊重和珍视北疆各族对祖先旧俗的历史记忆与情感认同，通过系列文化整合举措，增强了华夷各族对北魏政权的政治认同、民族身份认同和文化认同，为建构北魏的国家认同、巩固其统治奠定了重要基础，客观上推动了中华民族共同体的形成。[62]

第六，日常生活中的身体与观念。“新文化史”推动历史研究视角不断向下，民众的日常生活列入社会史和文化史的考察范围。本年度身、心二端均有相关成果，身体史与以孝行为代表的“家哲学”成为值得关注的话题。

王子今与黄海分别从礼、法两方面分析人体的“足”如何成为展示社会秩序的对象。王子今认为汉晋时期关于“履”的规格设定，成为体现社会地位的表现之一，“跣足”作为礼制规定的谢罪动作，与身份低下者的行走方式一致，政治制度对社会人生的全面规范，成为中国文化的传统范式，[63]行走方式确定了社会地位的等级传统，执政阶层对“足”的基本行走功能予以摧残和破坏的刑罚，实现对损害社会秩序者的严厉惩处。[64]黄海梳理了斩趾刑在秦及汉初形态体系中的具体样态，认为以肉刑为辅的复合刑罚制度源自先秦，但肉刑在秦人刑罚系统中地位有所降低，故受刑者身份均会降为刑徒，肉刑地位的下降原因应该是秦统治者为了维持耕战国策，有意识地减少了肉刑的使用，同时徒刑地位上升，这一发展趋势为汉朝所继承。[65]孙晓辨析了自汉至宋女性体态审美文化的流变及其原因，指出汉代的“瘦娇小”与唐代的“白胖妖”是宋代文人的臆造，宋人以“瘦娇小”为美，以宋律汉，为自己的审美品位找出历史源流，同时强调考察古代女性体态审美形象的演变，要注意南北地域差异、审美的个性化、古代人身材变化等因素。[66]施尔乐从图像资料详细考察了北朝着装形象的式样和演变，认为鲜卑文化中的袒裸习俗，成为北朝乃至隋唐袒露着装形象得以发展的重要心理基础和动因；佛教在南北朝盛行，其袒露的服饰形制恰好提供了表达自身民族性的可借用的最直接的外在形式，两者共同成为袒装发展的最重要的推动力。[67]

孝行与童蒙教育是塑造儿童家内与社会形象的重要手段，需结合文献学、考古学、图像学、社会学、心理学等多学科知识进行综合考察。金滢坤指出魏晋南北朝儿童儒家经典的启蒙教育以《孝经》《论语》为基本内容，“五经”为辅，南朝兼及《老子》《庄子》。这种变化与察举制的变迁紧密相关，魏晋政权开创者无以言“忠”，只好言“孝”，在外和谐君臣之间的隔阂，居家适应世家大族治家需求，崇重《孝经》是世代发展的需要，也是察举制重孝廉和经术的反映。[68]赵洋考察中古编修正史、唐初当朝以及敦煌地方社会的“孝子传”，认为不同时代的史家对孝子入传标准有差异，唐初当朝更倾向儒家的孝道伦理，同时注重“移孝为忠”的政治伦理；敦煌文书中与孝子传关系密切的是通俗化类书与散韵合体化变文，便于地方社会塑造孝子形象和宣传孝的观念。[69]王子今指出汉代女童教育包括文化知识传授、道德修养引导、生活技能训练等方面，女童教育既经由“母师”影响了妇女生活的品质，也因知识女性对子女的教育，实现了文化的世代传递，明显有助于社会精神生活层次的提升；《女诫》作为儒学道德信条在女童教育中受到重视，对女性强制性的道德约束从童年时代开始。[70]叶灿阳从作为文本的“词”与作为图像的“物”两种建构逻辑分析中国古代“孝行”观的构建，提示通过图像遗存来重构观念史依然有很长的路要走，需要对古人观念形成过程更深刻的理解，和对物质遗存“原境”更高层次的重构。[71]孙闻博认为采取“图史互证”的研究方法，通过丰富的图像使用，说明历史问题、证成历史认识，从而激活图像的史料意义，此种研究取径可称“历史本位”。[72]

3.隋唐五代宋元明清史

第一，政治史和制度史研究仍然是古代史研究的重中之重。

政治史和制度史研究是史学研究的最重要议题之一，不同时期又呈现出不同的特点，政治事件、政治人物、政治制度、政治局势、政治现象等是传统国家运行的重要影响，甚至是决定性因素，而传统制度史是研究传统社会的重要抓手，近年学者对各断代重大、基本或缺漏的制度又重新审视，学者们在研究制度的基本属性的同时，较多关注制度运作、制度流变、人与制度、制度关系、制度文化等内容，不断探索制度史研究的新路径。

依托中国古代史中后期深厚的研究基础，借助丰富的史料、方法的更新，在宏观政治、微观事件和政治人物的研究方面都有不俗的成果。政治史研究表现是对现有史料的精耕细作，借助在整体史观和文书解读两方面的发力，对政治运作进行了新解释，对政治事件和人物有了新认识，为更精细地解读历史变迁储备了基础。

隋唐五代时期。张天虹在传统藩镇研究中引入“社会流动”的角度，将传世文献与新刊碑志充分结合起来，比较系统地阐释了可改变的关系和不固定的身份使得河朔藩镇形成人才优势，并由此呈现了这一时期河朔区域经济、社会与文化的面貌及其变迁。[73]孟宪实的《武则天研究》集当今武则天研究之大成，是作者多年成果的结集；他认为册书是册礼的一部分，从高宗开始，唐朝对册礼进行多次改革，最终使册礼主要适用对象限定于皇室成员。他还认为龙朔二年的两件诏书展示了皇帝意志遭遇挫折的过程，试图揭示皇帝制度的另一个面向，丰富了对皇帝制度的认识。[74]方诚峰提出唐宋宰相概念以“枢机”为基础要素。唐与北宋君主的枢机不限于宰相，还包括学士、宦官、佞幸等，他们共同构成君主支配天下的关键设置。[75]黄承炳研究了皇帝在科举考试之外特赐进士及第现象，指出该现象发生在唐后期，经过五代宋初的发展逐渐制度化，标志着所有科举出身者都成为皇帝“文柄自决”的产物。[76]李金操指出，因唐代的漳州曾在归属闽中、归属岭南间反复变动，闽中地区也在南选实施区与非南选实施区之间不断切换。[77]孟宪实认为册书是唐代册礼的一部分，从高宗开始，唐朝对册礼进行多次改革，最终使册礼主要适用对象限定于皇室成员。[78]

辽宋夏金元时期。宋代职官制度颇为复杂，李全德对王安石、苏轼二人关系乃至元祐更化之初政治变化的重要文献进行了再思考。[79]黄光辉认为在南宋官员的神道碑、墓志铭撰写历史中，最引人注目的是众多政治人物在死后数年、十几年或数十年之后才有亲属为其求写碑文。[80]邱靖嘉指出女真建国前后存在着一个“元谋叛辽十弟兄”群体，这对充分理解金朝建国前后的君位继承方式、女真叛辽的早期酝酿过程及金初勃极烈制产生与演变的奥秘有很大帮助。[81]关树东论述了辽朝乌隗乌古部与倒塌岭统军司发展的历史脉络。[82]李鸣系统阐述了辽、西夏、金、元四朝司法文明的来龙去脉，同时对蕴含于制度背后的价值内涵和运行机制进行了法理学剖析。[83]周思成以蒙金战争期间重要的“围城战”为主线，还原了几场关键大型战役中双方军事布局和交战历程，揭示了金国内部发生的一系列重大政变、兵变及权力更迭。[84]

明清时期。彭勇认为明末外戚家族与皇权、国家命运之间存在着密切关系，皇权时代的“家国一体”特征在明末有更为清晰的呈现。[85]陈时龙指出明代最重大的政务与礼仪通常以诏书形式向全国宣布。[86]张金奎认为校尉制度的历史久远。[87]秦博认为，天顺初年复杂的政局变化影响到了朝廷对武将的任用和对勋爵的册封。[88]郭成康对从康熙帝晚年，经雍正朝直到乾隆帝去世三代皇帝的统治政治格局进行研究。他认为18世纪中国政治体制最大限度发挥国家权力集中、治理高效的强大优势，对实现大一统伟业、强化多民族国家意识认同做出了历史性贡献，但不受任何权力制约的皇帝很难始终如一地保持政治开明的作风，君主专制政体禁锢思想、钳制舆论、消磨人才、败坏吏治等黑暗面日益弥漫，盛清也未能摆脱纠缠古代中国政治的历史宿命。[89]张闶指出，“‘剃发易服’在清代并不是一个严格的限制性法令”，在史料运用、逻辑论证都存在较大瑕疵。[90]杜望认为内阁与议政处在顺、康之际权力地位的变化，反映了清帝对中枢权力机构的调适和探索，这是皇权加强的必然选择。[91]常越男指出康雍乾时期，清帝对“治人”与“治法”多有提及，并体现在用人行政等方面。[92]毛立平对清代宫廷制进行了研究，分别探究了帝后和选秀女等问题。[93]朱浒根据“从实践出发的历史社会学”视角，重新思考嘉道变局中所认定的“变”的标准，以整合性思维认识其中“变”的线索，以综合性眼光看待此种“变”的格局，认为嘉庆、道光两朝向来被视为清代由盛转衰的转折期。[94]

第二，经济史研究持续发力。

包伟民指出，催征赋税是帝制时期乡村基层管理的主要内容，从宋初的乡管制到熙丰年间开始形成的乡都制，是帝制国家重组乡村基层社会的一大环节。经元代的承续，到明初再次重组乡村社会，形成结合两种制度要素的里甲制，终于对自唐末以来基层催税制度的演变做出总结。[95]王申研究了南宋地方财政的运行，以及政策运行对淮交独特的性质与功能的影响。[96]李鸣飞认为，宋金两朝曾依靠纸币分界、定额发行和出钱收钞等称提手段稳定币值，控制流通量；而元代纸币并不分界，长期有效，发行不定额，又因为元朝改变了宋金时期钱钞并行、以钱为主的做法，建立全面使用纸币的单一货币体系，所以必须采用新方法控制纸币发行量和流通量。[97]乌云高娃探讨了元代对高丽的赈灾问题，分析了灾荒时期元丽互相赈济粮食的现象。[98]

除上述文章外，相关的研讨会就宋元时期的经济问题也有集中的交流。如中国社会科学院古代史研究所宋辽西夏金史研究室、元史研究室主办的“王安石研究青年学术沙龙”，第一场即为“北宋熙丰变法中的财政与货币问题”。可见王安石变法在当时和之后的千年历史中，一直存在十分激烈的争议，其中重要的问题之一就是变法中经济政策的利弊问题。双方论争的关键矛盾是如何理解这场改革中的财政体系与货币制度。

明代经济领域研究主要集中于赋税制度与国家财政方面。赵中男注意到明弘治时期对藩王赏赐数量很大，导致了国家财政收入被大量侵夺；作者认为这是明代国家财政状况恶化的重要转折点，从这个意义上说“弘治中兴”很难成立。[99]高寿仙认为明代北京和北方边镇所需马草，从起初的赋役系统征或两平交易的市场行，演变成为沉重的变相徭役，这对当地社会经济造成很大危害。[100]阿风认为明末以契税补辽饷、定额坐派地方之后，巡按税票、户部契纸等先后登场，税契银开始成为明朝国家财政的重要补充。[101]万明指出，17世纪早期在全球市场上可以观察到一般性经济下滑现象，而中国的衰退自1596年左右已经开始，并持续到1644年明朝覆没，其衰退的爆发是明神宗财政治理新形态——内官税收体制的出台，这一体制以君主专制强力干预市场，使得国家与市场、社会博弈白炽化，造成市场严重破坏，成为阻滞国家与社会转型的主要原因。[102]

清代经济史的重点在财政与国家命运。刘凤云在国家政治的视野下，以康雍乾嘉道五个朝代为纵向背景，通过对钱粮亏空案的梳理和考察，力求将钱粮亏空的实态、清查的手段与方案，以及赔补亏空的银两等史事的政治过程客观呈现，分析清朝国家在解决国家财政、致力于反腐等重大问题上的成败得失。[103]李光伟提出蠲赋减租是国家惠政，在传统帝制时期，唯有清康熙、乾隆两朝屡次普免全国田赋。[104]倪玉平从"大分流"的视野思考，他认为有关中西方"大分流"的讨论和制度经济学相结合，极大地推动了清朝国家能力的研究。清朝前中期，财政治理模式是在继承中国历代王朝统治经验的基础上，进行了全新的融会、贯通、创新和发展，较好地解决了当时的社会问题和民生问题。晚清财政体制仍然保持了顽强的自我调适能力，并直接推动了近代中国的走向，西方的影响反而在其次。[105]栾成显将遗存的休宁二十七都五图顺治丈量鱼鳞册与该图万历清丈鱼鳞册进行了比较，发现二者所载的丈量弓步、计税数额及田土总数多有不同。[106]邱源媛围绕拨补地形成、分布与八旗圈占旗地的紧密联系，思考八旗制度对直隶的非八旗人群、非八旗区域的辐射性影响。[107]

第三，边疆史、民族史和国家治理史研究成果丰富。

"幽州学"概念提出后，隋唐北京地域政治研究蔚然成风。蒋爱花详细整理了目前所能辑录的与幽州相关的隋唐墓志，探讨了墓志所能揭示的官员入仕、特殊群体、迁葬改葬、安史政权、藩镇割据等问题，是幽州学研究的重要成果，也是唐代政治史的基础成果。[108]廖靖靖认为唐朝结束了360余年的动荡分裂和南北对峙，这反映出中华民族共同体的持续发展，也预示着各民族间的交往交流交融进入新阶段。[109]张萍将研究深入到中亚，指出该地区是连接丝绸之路最主要的交通线，是各方势力争夺的焦点。[110]

刘后滨、贺钢认为，安西四镇的设置使安西地区成为唐朝军政体制内的疆域，随着安史之乱、河陇陷蕃，安西、北庭通过河西走廊与唐廷的直接联系被切断。[111]刘子凡认为"天可汗"称号是考察唐代国家建构的重要出发点，唐朝皇帝兼有"天可汗"称号，围绕这一称号产生了"二元政治体""胡汉二重体制""双联王权体制"及"唐型天下秩序"等关于唐代国家结构的判断，虽然各家表述有所不同，但大都将唐王朝理解为具有二元性质的国家。[112]钟焓则认为"唐朝属于'拓跋国家论'"的观点背后，直接指涉唐朝的"内亚性"命题。[113]关树东指出，辽宋金元是中国历史上又一个民族大迁徙大融合、从分裂到建构更加巩固的统一多民族国家的时期。[114]

元明清时期北京作为首都，在统一多民族国家的稳定、边疆治理方面用力尤多。蔡亚龙、万明、彭勇等就元明清时期对边疆治理、民族交流及其理念的传承和变迁等问题进行探讨。[115]如赵现海认为中国古代中原王朝为加强防御，在北部边疆长期建立了长城防御体系；明代在海洋空间面临实质性挑战后，在东部近海地区也开始构建了长城防御体系。[116]

在清代的民族史和民族关系史研究中，使用满、蒙、藏等民族文献是元史、清史研究的一大特色，本今年乌云毕力格[117]、赵令志[118]、哈斯巴根[119]、吴元丰[120]等学者的研究成果，均充分利用了多语种文献、非汉多语种合璧文献等。

第四，社会生活、思想文化史研究活跃。

徐畅将唐代都城长安与周边乡村作为整体的"大长安"，从区域史的视角，展现了国家与社会力量的互动、融合及矛盾、冲突，各阶层民众生产生活、安守流动、思想信仰之全景。[121]宁欣围绕唐宋时期城市社会变化进程中的各个阶层和群体进行研究，力求对此前研究的薄弱领域有所推进。[122]陈涛《唐宋城市史研究再思考》总结了唐宋城市史研究的成就，分析了不足之处，提出了推进研究的新建议。[123]

思想文化史研究方面，姜海军认为北宋时期经学从注疏之学转向义理之学，而南宋是二程洛学后传诸派经学发展的历史，也是性理经学范式奠定的时期。宋代经学具有范式的意义，对中国近世乃至东亚的经学、儒学与文化都产生了深远的影响。[124]马学良以明代内府刻书作为研究对象，分析内府刻书的动因、流程、数量、用途；并结合对存世明代内府刻本的考察，准确揭示其版本特征，深度揭示内府刻书的政治、文化功能及价值。[125]

社会生活史方面，赵世瑜通过观察水上人上岸成为定居人群的过程，对在这一过程中人们的能动行为，以及由此造成的社会结构变化及其内在逻辑进行研究，有助于认识江南社会呈现出已知面貌的“所以然”。他指出，历史上的水上人如何与为何上岸，是江南研究以及所有水乡社会史研究无法回避的问题。[126]

这一时段研究，还包括文学、艺术、书法、绘画、文化、科技、物质、生活等领域，史料的厚度、方法的灵活，决定了中古后期研究大有可为。

第五，文献整理、史料分析和数据库建设稳定前进。

史料是史学研究的基础，也是史学的重要组成，史料整理是系统、复杂而艰难的工程。近年的国家重大课题在持续支持史料的整理研究和数字化工作。中古以后，尤其是明清史研究材料极其丰富，学者对史料的发掘、整理和研究很重视。

周峰收集出版了大量散佚于民间的辽宋金元四代墓志，其中大部分是未曾著录发表过的。王晓欣等出版的《元代湖州路户籍文书——元公文纸印本〈增修互注礼部韵略〉纸背公文资料（全4册）》[127]也是重要的文献资料。荣新江、党宝海编著的《马可·波罗研究论文选粹（中文编）》[128]一书所选资料涉及多个专题领域，从历史学、语言学等多种学科的角度出发，全方位解析马可·波罗及其《行纪》的历史与意义。在多语种文献的使用上，民族史研究特色突出，求芝蓉《马可·波罗回程经波斯行踪考》和《13世纪蒙古大中军的雪泥部研究》两篇文章均基于多语种、非汉文献进行的考辨性研究；[129]《究竟是yārghū还是“钩考”？——阿蓝答儿钩考的制度渊源探微》[130]《伊利汗国法儿思总督万家奴史事探赜》[131]等文章，也都是利用多语种文献进行了扎实的研究，类似的成果还有不少。

二、热点问题及思考

第一，铸牢中华民族共同体意识，实现中华民族伟大复兴的中国梦等相关研究，成为新时代北京历史学研究的重点和新热点。北京大学、中央民族大学、北京师范大学、清华大学等成为中共中央统战部、宣传部，中国教育部、国家民族事务委员会四部委共同建设的“筑牢中华民族共同体意识研究基地”或培育基地，担负起了包括历史学研究在内的科研和社会服务工作，发表了一批研究成果。[132]2021年，列入国家“十四五”重大文化工程和2035年发展纲要的《中华民族交往交流交融史》编纂工程，包括“三交”史[133]的编纂以及史料汇编工程已着手开始；由中宣部组织的多卷本《（新编）中国通史》的编纂工程也已在紧张有序地开展，“十四五”重大规划项目《永乐大典》复原整理研究立项。北京作为历史学研究的最重要地区，参与的学者总量在全国也是最多的，是这些重大文化工程的最重要的建设力量。北京市社会科学基金重大项目和一般项目均设置有北京地区各民族交往交流交融历史文献的整理与研究类成果。跨学科的研究也积极参与其中，建议组织相关的研讨、交流，联合攻关，探索新的学术评价机制，避免因为学术评价体制的影响，投入与产出不成比例。

第二，国家治理体系与治理能力现代化的历史借鉴研究受到持续关注。近三年由于“新冠”疫情的影响，对中国古代防疫、救灾的研究成果也在陆续呈现。本年度发表的论文有《清代仓储救灾成效与国家能力研究》[134]《南宋孝宗、光宗时期瘟疫的流行与防治》[135]《宋代士大夫灾异论再认识——以苏轼为切入点》[136]等，此外还有多项相关的科研项目获批立项。可以预见，未来几年的相关成果还将涌现出来。

第三，学科交叉为史学史研究注入新的问题意识。引入学科交叉的视野，从他者的知识结构与问题意识出发，往往能从习见史料中洞察出新的问题。如法学领域的学者介入《晋书·刑法志》的研究，将其法学的问题意识嵌入中国古代史学的话语体系中，收到较好的效果。[137]又如政治学领域的学者跨入钱穆研究，阐释钱穆对中国政治体制的独特认识，极具启发性。[138]

也有一些有待加强之处，如：学科体系等理论研究有待进一步强化，资料整理汇编与大型史学数据库建设稍显滞后，交叉学科研究空间广阔，打通断代，进行历史融通研究还有待加强，古代北京历史研究有待进一步加强。

注：

［1］卜宪群：《推进历史学与考古学融合发展》，《人民日报》，2021年11月7日。

［2］刘未：《考古学与历史学的整合——从同质互补到异质互动》，《中国史研究》，2021年第3期。

［3］杨博：《探索未知、揭示本源——历史学与考古学研究的融合发展》，《中国史研究》，2021年第3期。

［4］罗新慧：《周代宗法家族支庶祭祀再认识》，《历史研究》，2021年第2期。

［5］晁福林：《战国：大转折时代的辉煌篇章》，

《中国史研究动态》，2021年第5期。

［6］孙家洲：《秦国内政再探析：有“重臣”而无“权臣”》，《西部史学》，2021年第2期。

［7］俞鹿年：《先秦时期国家机关的演进》，社会科学文献出版社，2021年。

［8］杨坤：《两周宗法制度的演变》，上海古籍出版社，2021年。

［9］任会斌：《殷商社会性质问题讨论的回顾与反思》，《史学理论研究》，2021年第2期。

［10］徐义华：《从奴隶社会的运行机制看中国奴隶社会问题》，《中国史研究动态》，2021年第3期。

［11］陈民镇：《文明比较视野中的奴隶制与奴隶社会》，《中国史研究动态》，2021年第3期。

［12］杨坤：《从亳鼎铭文看西周早期鲁国的经略》，《青铜器与金文》（第六辑），上海古籍出版社，2021年。

［13］杨博：《由清华简郑国史料重拟两周之际编年》，《学术月刊》，2021年第8期。

［14］魏栋：《清华简〈系年〉鸡父之战战地探赜》，《文史》，2021年第1辑。

［15］晁福林：《从史墙盘铭文看周人的治国理念》，《中国社会科学》，2021年第1期。

［16］晁天义：《先秦历史与文化的多维度思考》，社会科学文献出版社，2021年。

［17］曲柄睿：《天命、天道与道论：先秦天人关系理论的形成与发展》，《史学理论研究》，2021年第4期。

［18］刘子珍、陈民镇：《“天—礼”与“道—法”——儒家与黄老道家政治理想的比较及启示》，《政治思想史》，2021年第4期。

［19］晁天义：《文明“早熟”与中国古代亲属称谓的泛化》，《史学集刊》，2021年第2期。

［20］王泽文：《“夏商周断代工程”2000年结题后的工作进展和〈夏商周断代工程报告〉的编写》，《黄河　黄土　黄种人》，2021年第7期。

［21］方稚松：《殷墟甲骨文五种外记事刻辞研究》，上海古籍出版社，2021年。

［22］郅晓娜：《德国柏林民族学博物馆藏殷墟甲骨的著录情况》，《甲骨文与殷商史》（新第十一辑），上海古籍出版社，2021年。

［23］孙亚冰：《安阳民间收藏甲骨缀合两则》，《甲骨文与殷商史》（新第十一辑），上海古籍出版社，2021年。

［24］郜丽梅：《读〈甲骨文捃〉（二）》，《殷都学刊》，2012年第3期。

［25］朱凤瀚：《中国国家博物馆近年来征集的西周有铭青铜器续考》，《中国书法》，2021年第2期。

［26］蔡万进、邬文玲主编：《简帛学理论与实践》（第一辑），广西师范大学出版社，2021年。

［27］清华大学出土文献研究与保护中心编，黄德宽主编：《清华大学藏战国竹简（十一）》，中西书局，2021年。

［28］马楠：《清华简〈五纪〉篇初识》，石小力：《清华简〈五纪〉中的二十八宿初探》，贾连翔：《清华简〈五纪〉中的“行象”之则与“天人”关系》，程浩：《清华简〈五纪〉中的黄帝故事》，《文物》，2021年第9期。

［29］程浩：《有为言之：先秦“书”类文献的源与流》，中华书局，2021年。

［30］程浩：《出土文献与郑国史新探》，上海古籍出版社，2021年。

［31］黄正建：《“中国古文书学”的研究与展望》，《中国社会科学报》，2021年7月16日。

［32］郭伟涛：《论古井简的弃置与性质》，《文史》，2021年第2期。

［33］杨博：《由篇及卷：区位关系、简册形制与出土简帛的史料认知》，《史学月刊》，2021年第4期。

［34］汪桂海：《考古资料所见简帛时代书籍装具》，《文献》，2021年第1期。

［35］山东博物馆、中国文化遗产研究院编：《银雀山汉墓简牍集成（贰）（叁）》，文物出版社，2021年。

［36］甘肃简牍博物馆、甘肃省文物考古研究所、陕西师范大学人文社会科学高等研究院、清华大学出土文献研究与保护中心编：《悬泉汉简（贰）》，中西书局，2021年。

［37］北京大学出土文献研究所编：《北京大学藏西汉竹书（壹）》，上海古籍出版社，2021年。

［38］北京大学出土文献研究所编：《北京大学藏西汉竹书（肆）》，上海古籍出版社，2021年。

［39］张春龙、张忠炜：《湖南益阳兔子山遗址七号井出土简牍述略》，《文物》，2021年第6期；张忠炜：《湖南益阳兔子山遗址J7⑦：3木牍考释——兼论“徐偃矫制”》，《文物》，2021年第6期。

［40］张忠炜：《秦汉律令法系研究续编》，中西书局，2021年。

［41］朱凤瀚主编，柯中华副主编：《海昏简牍初

论》，北京大学出版社，2021年。

［42］杨博：《海昏侯墓出土简牍与儒家“六艺”典籍》，《江西社会科学》，2021年第3期。

［43］杨博：《西汉海昏侯刘贺墓出土〈海昏侯国除诏书〉》，《文物》，2021年第12期。

［44］孙闻博：《初并天下：秦君主集权研究》，西北大学出版社，2021年。

［45］孙家洲：《史籍失载的秦始皇荆楚故地的一次出巡及其诏书析证——岳麓书院藏秦简〈秦始皇禁伐湘山树木诏〉新解》，《中国史研究》，2021年第4期。

［46］杨振红：《从新出简牍看二十等爵制的起源、分层发展及其原理——中国古代官僚政治社会构造研究之三》，《史学月刊》，2021年第1期。

［47］孙闻博：《从乡啬夫到劝农掾：秦汉乡制的历史变迁》，《历史研究》，2021年第2期。

［48］徐畅：《出土简牍与汉代乡吏性质再思——兼谈汉代乡级治理的两种模式》，《中国史研究动态》，2021年第2期。

［49］凌文超：《秦汉王朝对乡里族姓的规划与管理》，《中国人民大学学报》，2021年第6期。

［50］阎步克：《秩级与服等》，陕西人民出版社，2021年。

［51］楼劲：《从“以官存司”到“以司存官”——〈百官志〉体例与汉唐行政体制变迁研究》，《历史研究》，2021年第1期。

［52］吴晓丰：《星象中的官制史：执法、上相与汉唐间的宰相制度变迁》，《文史》，2021年第3期。

［53］聂溦萌：《中古官修史体制的运作与演进》，上海古籍出版社，2021年。

［54］苗润博：《塑造东夷：〈魏书·契丹传〉的文本来源与叙述策略》，《中国中古史研究》第8卷，中西书局，2020年。

［55］王尔：《“汉当自制礼”：东汉前期“制礼”的逻辑理路及失败原因》，《中国文化研究》，2021年第3期。

［56］王子今：《汉简与河西社会交往史新识》，《中国社会科学》，2021年第1期。

［57］王子今：《秦汉海洋文化研究》，北京师范大学出版社，2021年。

［58］石云涛：《汉唐丝绸之路历史文化论丛》，人民出版社，2021年。

［59］张瀚墨：《延长中心，羁縻边疆：早期政治地理模式影响下汉帝国对西域的经营与书写》，《中国人民大学学报》，2021年第6期。

［60］苏航：《从价值同构看北朝的文化变迁和民族凝聚》，《历史研究》，2021年第4期。

［61］侯旭东：《天下秩序、八王之乱与刘渊起兵：一个“边缘人”的成长史》，《史学月刊》，2021年第8期。

［62］彭丰文：《北魏的历史记忆整合与国家认同建构——铸牢中华民族共同体意识的历史经验探究》，《西南民族大学学报（人文社会科学版）》，2021年第6期。

［63］王子今：《履与礼：汉晋等级秩序的立足点》，《江苏师范大学学报（哲学社会科学版）》，2021年第2期。

［64］王子今：《足与秦汉礼、法规范的基点》，《武汉大学学报（哲学社会科学版）》，2021年第6期。

［65］黄海：《由“屦贱踊贵”至“斩为城旦”——秦及汉初斩趾刑源流研究》，《四川大学学报（哲学社会科学版）》，2021年第2期。

［66］孙晓：《从“瘦娇小”到“白胖妖”》，《形象史学》，2021年第2期。

［67］施尔乐：《遮蔽与袒露之间——图像资料中的北朝着装形象探析》，《形象史学》，2021年第2期。

［68］金滢坤、常荩心：《汉魏两晋南北朝儒家经典与童蒙教育》，《学术月刊》，2021年第2期。

［69］赵洋：《中古时期孝子形象的历史书写与传播——从正史到敦煌写本》，《中国典籍与文化》，2021年第4期。

［70］王子今：《汉代女童教育的形式和影响》，《中华文化论坛》，2021年第1期。

［71］叶灿阳：《中国古代“孝行”观念塑造的物质性阐释——一个“词”与“物”关联的视角》，《形象史学》，2021年第4期。

［72］孙闻博：《从图史互证诠释秦汉“童”“小”》，《中国社会科学报》，2021年3月29日。

［73］张天虹：《中晚唐五代的河朔藩镇与社会流动》，社会科学文献出版社，2021年。

［74］孟宪实：《武则天研究》，四川人民出版社，2021年；《唐代册礼及其改革》，《历史研究》，2021年第3期；《皇帝制度的另一面——以高宗龙朔二年的两道制敕为中心》，《北京大学学报》，2021年第1期。

［75］方诚峰《从唐宋宰相概念论君主支配模式》，《史学月刊》，2021年第3期。

［76］黄承炳：《文炳自决：唐宋间“赐进士”考论》，《中国史研究》，2021年第1期。

［77］李金操：《唐代闽中南选实施问题考析》，《北京师范大学学报》，2021年第1期。

［78］孟宪实：《唐代册礼及其改革》，《历史研究》，2021年第3期。

［79］李全德：《释苏轼〈王安石赠太傅制〉中的“微意”》，《北京大学学报》，2021年第5期。

［80］黄光辉：《碑志书写与南宋朝政关系初探》，《中国国家博物馆馆刊》，2021年第12期。

［81］邱靖嘉：《“元谋叛辽十弟兄”与金初皇位继承——兼论勃极烈辅政群体之构成》，《学术研究》，2021年第11期。

［82］关树东：《辽朝乌隗乌古部与倒塌岭统军司考述》，《中国边疆史地研究》，2021年第4期。

［83］李鸣：《从习惯断事到以法判案：辽西夏金元司法文明的历史考察》，民族出版社，2021年。

［84］周思成：《隳三都：蒙古灭金围城史》，山西人民出版社，2021年。

［85］彭勇：《家国一体：明末外戚刘氏家族的命运》，《史学月刊》，2021年第4期。

［86］陈时龙：《明代诏敕的赍送与传播》，《中国史研究》，2021年第3期。

［87］张金奎：《明代锦衣校尉制度略论》，《史学月刊》，2021年第10期。

［88］秦博：《天顺初政局与石彪、杨能、李文、杨信四臣的封任》，《晋阳学刊》，2021年第5期。

［89］郭成康：《十八世纪的中国政治》，中国人民大学出版社，2021年。

［90］张闶：《清代剃发政策再论——兼与鱼宏亮先生商榷》，《清华大学学报（哲学社会科学版）》，2021年第3期。

［91］杜望：《论顺康时期内阁与议政处的关系——以大学士兼议政大臣为中心》，《清史论丛》，2021年第1期。

［92］常越男：《论康雍乾时期清帝的治官理念——以官员选任、考核为中心》，《北京社会科学》，2021年第3期。

［93］毛立平：《君权与后权：论清帝对皇后权威的控制与打压》，《清史研究》，2021年第4期；《清代选秀女制度对旗人女性的意义与影响——以清宫选秀档案为中心》，《浙江大学学报》，2021年第5期。

［94］朱浒：《盛衰之理：关于清朝嘉道变局性质的不同阐释及其反思》，《史学理论研究》，2021年第2期。

［95］包伟民：《近古乡村基层催税单位演变的历史逻辑》，《北京大学学报》，2021年第1期。

［96］王申：《淮南交子与南宋两淮地区的财政运作——兼与东南会子比较》，《安徽史学》，2021年第1期。

［97］李鸣飞：《元中后期纸币控制政策及影响》，《历史研究》，2021年第5期。

［98］乌云高娃：《元朝与高丽粮食赈济及元代赈灾特点》，《江海学刊》，2021年第1期。

［99］赵中男：《明弘治时期的藩王赏赐与国家财政》，《安徽师范大学》，2021年第2期。

［100］高寿仙：《明代京边马草的课征与召买》，《故宫学刊》第22辑，2021年。

［101］阿风：《明末清初田宅交易税契制度的演变——以徽州文书为中心》，《江海学刊》，2021年第4期。

［102］万明：《全球视野下的明朝覆没——基于白银货币化的分析》，《河北学刊》，2021年第5期。

［103］刘凤云：《钱粮亏空：清朝盛世的隐忧》，中国社会科学出版社，2021年。

［104］李光伟：《清代普免制度的形成及其得失》，《历史研究》，2021年第4期。

［105］倪玉平：《“大分流”视野下清朝财政治理能力再思考》，《中国经济史研究》，2021年第1期。

［106］栾成显：《顺治丈量与万历清丈比较研究——以休宁二十七都五图鱼鳞册为例》，《安徽师范大学学报》，2021年第3期。

［107］邱源媛：《八旗圈地制度的辐射：清初拨补地考实》，《清史研究》，2021年第3期。

［108］蒋爱花：《身份、记忆、反事实书写——隋唐时期幽州墓志研究》，中国社会科学出版社，2021年。

［109］廖靖靖：《兼容并包：中华民族伟大精神在唐代的孕育生长》，《中国民族教育》，2021年第12期。

［110］张萍：《唐王朝对楚河、塔拉斯谷地的经营与中亚文化遗产》，《社会科学战线》，2021年第2期。

［111］刘后滨、贺钢：《从凉州到泾州：唐诗“安西”意象的边塞依托》，《社会科学战线》，2021年第2期。

[112] 刘子凡:《"天可汗"称号与唐代国家建构》,《历史研究》,2021年第6期。

[113] 钟焓:《"唐朝系拓跋国家论"命题辨析——以中古民族史上"阴山贵种"问题的检讨为切入点》,《史学月刊》,2021年第7期。

[114] 关树东:《辽金元国家建构中的民族认同和国家认同——以渤海人、契丹人为例》,《隋唐辽金宋元史论丛》第11辑,2021年。

[115] 蔡亚龙:《元明边疆治理的传承与变迁——以明初军民府沿革为中心》,万明:《明代海疆治理与危机应对——以两部〈闽海纪事〉为线索》,彭勇:《文明共生与族群秩序:清代对长城的废弃与坚守》,《中央民族大学学报》,2021年第3期。

[116] 赵现海:《中国古代长城的历史角色》,《史学集刊》,2021年第1期。

[117] 乌云毕力格:《蒙古语文在清代西藏——以西藏自治区档案馆所藏清代蒙古文公牍为例》,《中央民族大学学报》,2021年第6期;《西藏所藏蒙古文书信档案研究》,《中国藏学》,2021年第1期。

[118] 赵令志:《乾隆二十一年土尔扈特赴藏熬茶使团探析》,《民族研究》,2021年第3期。

[119] 哈斯巴根:《一个清代军功贵族世家——蒙古兀鲁特部明安家族碑文释读》,《中央民族大学学报》,2021年第3期。

[120] 吴元丰:《伊犁将军及其满文奏折》,《西域研究》,2021年第3期。

[121] 徐畅:《长安未远:唐代京畿的乡村社会》,生活·读书·新知三联书店,2021年。

[122] 宁欣:《唐五代宋初都市社会中下阶层研究》,人民出版社,2021年。

[123] 陈涛:《唐宋城市史研究再思考》,《史学理论与史学史学刊》,2021年第1期。

[124] 姜海军:《宋代经学思想发展史》(上下卷),人民出版社,2021年。

[125] 马学良:《明代内府刻书考》,上海古籍出版社,2021年。

[126] 赵世瑜:《新江南史:从离散社会到整合社会——以洞庭东山为中心》,《清华大学学报》,2021年第2期;《东山赘婿:元明时期江南的合伙制社会与明清宗族》,《北京大学学报》,2021年第5期。

[127] 王晓欣、郑旭东、魏亦乐编著:《元代湖州路户籍文书——元公文纸印本〈增修互注礼部韵略〉纸背公文资料(全4册)》,中华书局,2021年。

[128] 荣新江、党宝海编:《马可·波罗研究论文选粹(中文编)》,中西书局,2021年。

[129] 求芝蓉:《马可·波罗回程经波斯行踪考》,《历史研究》,2021年第1期;《13世纪蒙古大中军的雪泥部研究》,《民族研究》,2021年第5期。

[130] 周思成:《究竟是yārghū还是"钩考"?——阿蓝答儿钩考的制度渊源探微》,《北京师范大学学报(社会科学版)》,2021年第1期。

[131] 陈春晓:《伊利汗国法儿思总督万家奴史事探赜》,《民族研究》,2021年第2期。

[132] 郑师渠:《近代中华民族意识的自觉——以国共合作为中心的考察》,《北京师范大学学报(社会科学版)》,2021年第5期;瞿林东:《从正史修撰看民族交融的历史进程——谈唐修八史和元修三史》,《光明日报》,2021年8月23日;杨共乐:《人类文明进程中的中华文明》,《光明日报》,2021年12月31日。

[133]"三交"史料汇编,即为《中华民族交往交流交融史料汇编》。

[134] 吴四伍:《清代仓储救灾成效与国家能力研究》,《江海学刊》,2021年第1期。

[135] 韩毅:《南宋孝宗、光宗时期瘟疫的流行与防治》,《求索》,2021年第2期。

[136] 刘力耘:《宋代士大夫灾异论再认识——以苏轼为切入点》,《史学理论研究》,2021年第6期。

[137] 李德嘉:《传统历史叙事中的法理观念——以〈晋书·刑法志〉为中心》,《政法论坛》,2021年第6期。

[138] 任锋:《大一统与政治秩序的基源性问题:钱穆历史思维的理论启示》,《人文杂志》,2021年第8期。

(北京历史学会供稿;执笔人:刘国忠、彭勇)

中国近现代史

一、学术研究状况

1.政治史

晚清政治史研究取得新进展。2021年是太平天国起义爆发170周年，夏春涛提出要以科学态度研究太平天国历史，摆脱神化或“妖魔化”的简单化模式。[1]崔志海发掘各类历史文献，重新审视鸦片战争、清末新政、五四运动等重要历史事件，重新探讨梁启超、蔡元培等重要历史人物，史料丰赡，论证有力，叙事清晰，有助于理解近代中国的政情与世态。[2]马忠文以中国社会科学院近代史所档案馆所藏的丰富稿本文献为基础，通过仔细研究，以所藏日记、书信为核心史料进行研究，所选都是极其珍贵（多数未刊）且有重大历史价值的史料，给出全新学术关照，做出科学论断。[3]项旋以现藏于美国普林斯顿大学东亚图书馆的“预备立宪筹备清单底稿”为基础，重新梳理、考证清末“预备立宪”政策出台的艰难过程。[4]韩策将“督抚”这一群体作为研究对象，探讨封疆大吏在清末政坛所产生的巨大影响。[5]

王建朗、马忠文将《近代史研究所藏稿钞本日记丛刊》80册中的31种日记的提要汇集刊行。[6]中国社会科学院近代史研究所整理出版《中国现代史档案资料汇编》，该丛书共四辑九十册，系统汇集了从五四运动到第三次国内革命战争时期的档案文献，大多数史料为首次公开出版，具有极高的史料价值。李志毓指出，国民党改组派反对阶级斗争，由其组织的工农运动仅是其反蒋斗争的手段而已。[7]赵妍杰通过《穆光政事件与九一八事变后山西政局变动》一文展现出南京国民政府时期地方权力结构中党政关系的复杂性。[8]

2021年是“九一八”事变爆发90周年、太平洋战争爆发80周年，抗日战争研究热度依旧不减。王建朗指出，蓬勃发展的抗战史研究已成为中国近代史学科中的“显学”。[9]黄道炫呼吁加强对抗战时期默默无闻的民众个体的研究。[10]高士华强调在抗战大后方研究中应注意各区域内外的彼此联系，以及抗战前后历史的连续性等问题。[11]

学界对于中共及中共领导下的抗日武装与敌后抗日根据地的研究继续深化。金以林认为，互联网平台的发展与民间史料的不断挖掘为中共抗战研究的不断深化提供了保障。[12]吴敏超通过分析捉放韩德勤事件，揭示出新四军在战略上日臻成熟的历史过程。[13]盛差偲以豫湘桂战役爆发后新四军第五师在敌后的发展与调适为例，全面呈现出新四军在战略的制定与实施过程中所经历的曲折。[14]赵诺通过考察1940年中共晋冀豫根据地的“整党”，指出晋冀豫根据地在整党过程中既沿袭“自上而下”“关门整党”的思路，又在具体办法上有所创新。[15]郝昭荔考察抗战时期中共与国民党赵保原部在胶东的合作与博弈，认为中共在胶东的胜利实际是国共综合能力全方位交锋的结果。[16]齐小林梳理了中共在全面抗战时期获取无线通信设备器材、培训专业技术人才并开展实战应用的史实，特色鲜明。[17]

制度史研究呈现出新面貌。李在全通过研究1927年前后的政权鼎革与司法人事延续，厘清了北伐之后国民党政权在承续北京政府司法基础过程中所面临的制度性问题。[18]张燚明、李俊杰等制度史新作使学界对中国近现代一系列制度的形成与演进有了进一步的认识。[19]

近代中国重要外交事件为学者所密切关注。崔志海、张俊义、侯中军、张乐等都深化了过往的研究。[20]战争史研究回暖。薛刚以宏大视野和多方面因素，重新构建了近代中国的战争历史格局。[21]

政治人物的研究同样取得新突破。朱浒以盛宣怀为例，以洋务与赈务交织而成的史事图谱重新勾勒晚清历史的图景。他还深刻剖析以康有为所代表的新型知识群体与以经元善所关联的新兴绅商群体之间相互接近的趋势走向。[22]张海荣以经历晚清五朝的满族官员文悌为突破口，展现了晚清时满族中下层官员的政治心态以及深刻的满汉畛域观念。[23]张建斌梳理、考析了两江总督端方在“丁未政潮”中联手袁世凯驱逐岑春煊的史实。[24]刘文楠以杨永泰遇刺案为核心，剖析南京国民政府各派系人物之间的互动关系。[25]

2.经济史

晚清民国的经济、财政、金融、贸易、税收、借贷、市场等议题依然是中国近现代经济史研究领域的重点和学术推进之处。

朱浒通过系统揭示洋务与赈务之间的交织与互

动，既描绘了盛宣怀在晚清四十余年中的奋斗与挣扎，也展现了其无法脱离的特定局势和条件，从而凸显了历史人物及其时代的耦合性，并提出对晚清中国社会新陈代谢进程的再认识。[26]

周建波等指出，清代江南农村生产性借贷利率的提高大幅减少了农民兼营手工业的收入，致使手工业生产仅能维持家庭兼营方式，而无法形成工业化所需的大规模劳动力转移。同时，高利率导致投入工业化生产的资本相对不足，由此使得经济倾向于停留在早期工业化阶段而非向近代工业化转型。[27]道咸年间蔚泰厚票号苏州分号的代办捐纳案例显示，票号的代办捐纳业务对于提高捐纳制度的运行效率、扩大捐纳融资来源和促进票号经营发展皆起到了重要功用。[28]林展基于清代刑科题本中近5000件债务命案和民国满铁调查中5000多笔借贷交易，对解释高利贷成因的不同假说进行了检验，发现从市场供给和需求、风险和交易成本的角度，能够有效解释民间借贷中的高利率。[29]许晨认为，福州钱庄发行的台伏票为中心的货币市场具备了现代票据交换的基本要素，形成了一种带有紧缩特征的区域性货币制度，社会网络的强大自组织力使得该制度的运行较为高效和流畅。[30]

李一苇、龙登高剖析了上海道契的属性，指出其最初是晚清道台衙门与外国领事共同签发给外国人的土地契证，其在继承和发展中国传统土地产权制度的同时，吸纳了西方法律思想和原则，是连接传统和近代土地制度的重要环节，是进而获得治外法权下租界法律和制度的保障，也推动了租界的城市化进程。[31]王强认为，堆栈业在货物存储、交易流通以及抵押借款等功能不断完善的同时，还在降低交易成本、调节市场供需、安定物价、提高货物流通速度与资金周转率等方面发挥着积极作用，但未能像西方一样成功地成长为独立的信用机关。[32]

晚清政府的赋税汲取能力与市场控制力等问题取得新进展。倪玉平通过探究太平天国运动后贵州隔省捐输情况，认为从中可以看出作为传统财政收入的捐输在晚清财政体系中仍占重要的地位，同时可以透视清廷调剂省际财政的努力及其实际运行。[33]池翔认为，鸭绿江制材的开发和利用是日本对华资本输出和资源掠夺的体现，其结果是拓宽了东北木材在中国北方市场的销路，同时也压缩了日本北海道木材和美洲木材在中国北方的市场份额。[34]

南京国民政府、日本侵华势力、中国共产党领导的抗日根据地围绕货币、金融、贸易等问题展开侵略与反侵略的角力也为学界所关注。

赵毛晨探讨了1924年华商抗议日本实行增加奢侈品进口税案，认为这一行动最终促使日本做出让步，对税案进行了部分修正。华商运用民间经济外交手段，以舆论和民气作为政府与外交当局对外交涉的后援力量，有效弥补了政府外交的不足。[35]徐雪晴的研究表明，1929年初，以奉票为本位的金融体系难以为继。战事走向、人事布局与内外政治形势的演变均对张学良的改革进程产生了不可低估的影响，他根据局势变化不断调适政策，终借中原大战之机，促南京方面兑现承诺，从而基本达成币制改革目标。[36]彭鹏探讨了七七事变后日本政府组织成立兴亚院之举，认为兴亚院在北京、上海分别设立联络部，利用伪政权来完成调查和统制棉花的目的。兴亚院是日本对华经济侵略的证据。[37]

有些研究关注了山东抗日根据地的财政问题。周祖文指出，1940年山东根据地发布《公平负担暂行办法》，对各阶层以累进的方式征收救国公粮，此后不断进行修正。与华北其他抗日根据地相比，山东根据地救国公粮征收的区域差异较大，胶东、滨海、清河、鲁中、鲁南等地区各有特点。[38]张燚明指出，太平洋战争爆发后，中共在各根据地发行的多种边币有力地排挤了法币，并使国民党对中共边币的遏制破产，最终在1942年赢得了这场货币斗争的胜利。[39]闫茂旭指出：解放战争时期统一财经的战略步骤和组织方式多次变更，而货币和物价方面的政策原则保持连续性和前瞻性，为新中国成立完成财经统一建构了制度框架和政策基础。[40]

3.思想文化史

2021年度北京市高校研究机构的学者在中国近现代思想文化史领域佳作频出，取得一系列新进展。

欧阳哲生指出，逐步走上共产主义道路的知识分子经历了“新文化运动洗礼—倾向社会主义—认同俄罗斯的无产阶级专政和共产主义”这三次演变，这是理解第一代共产主义知识分子思想世界的一把钥匙。[41]周良书等以国民革命时期中共刊物中“寸铁”专栏为研究对象，从历史记忆和话语传统的维度勾勒中共早期宣传动员工作的面貌。[42]项旋考证确认“蜀魂”即践行“教育救国”理念的早期社会主义者、四川人胡锡璋。[43]张皓以1918年至1921年为历史的横截面，探究毛泽东成为一名坚定马克思主义者的历史脉络。[44]

马克思主义史学研究的发展历程与现实关怀，

亦为学界所关注。赵庆云认为，马克思主义史学的一些关键概念至今仍保持相当强的解释力与活力，对于受到质疑的研究概念，则需力求了解之同情。[45]张越从20世纪二三十年代之交的社会史论战为切入点，论述马克思主义唯物史观逐步进入中国史学研究视野的历史进程。[46]宋洪兵指出，郭沫若的“人民本位”史观在马克思主义史学阵营内具有“自由主义”倾向，导致他与其他学者间产生学术分歧。[47]

学界对于在思想文化方面产生重要影响的历史人物研究热度经久不衰。随着大量新史料的整理与利用，一批优秀的人物研究作品问世。彭春凌对章太炎翻译的《斯宾塞尔文集》进行汇校，并重新翻译。[48]她还认为，章太炎经过旅日及与日本学者相交流后，对“明治汉学”的感受经历了由美好走向嫌恶的过程。[49]黄兴涛等以新发现的杨深秀佚文为切入点，探究其在金石考证、方志编纂、诗歌创作的特色，实现了对杨深秀这一政治人物在思想维度上的再认识。[50]郭双林分析了欧事研究会成员对第一次世界大战的观察与分析，进而展现了以黄兴为核心的一批国民党人的政治思想谱系。[51]王康指出，流亡日本的梁启超受到“少年日本”的鼓舞，形成思想意识层面的“少年”价值和国家观念，进而表达出对“少年中国”的无限期待。[52]袁一丹认为，从长时段看，新文化运动作为“起点”的标志性意义体现在语言文字的变革上，“五四”文学革命亦可视作一场漫长的读写革命。[53]

近代学术思想研究是中国近代思想史的重要组成部分，一直以来备受学界关注。戴东阳通过考察黄遵宪《日本国志序》，认为汇集《日本国志》31篇“外史氏曰”的单行本《日本国志序》反映了黄遵宪对日本明治维新以来政治沿革、制度损益的见识，为后世所持续关注。[54]何思源、程学峰从贵胄学堂、编订名词馆两个新政机构入手，观察清末新政和社会文化。面对大量外来新思想涌入中国，清朝统治者一方面通过兴办新式教育，因势利导，使新思想、新文化为己所用，帮助其推进新政、稳固统治；另一方面，又警惕新思想、新名词的流行，为此通过统一翻译，以加强思想控制。[55]陆胤探讨清末民初的文史与政教变迁。[56]罗俭秋等通过探讨夏曾佑、刘师培编纂历史教科书的学源，深入剖析了经学传统对晚清历史教科书编纂所起到的深层影响，进而论述清末经、史之学的复杂关系。[57]湛晓白指出，清末新政中的学制改革将汉语定为“国语”“国文”，预示着现代中国政治文化构建的均质化趋势。[58]

概念话语研究依然备受学界关注。张蒙围绕近代中国西医医学用语的选择与争议，窥探留日学生试图保存国族认同的努力。[59]葛静波指出，反排外思想是近代中国民族主义思想体系中的重要组成部分，彰显出近代民族主义思想的多元性与先进性。[60]

报刊书籍是近代思想文化的载体，也是窥探近代社会思想演变的重要窗口。王东杰认为，史学家在为近代报刊的叙述去伪存真之外，还要探究报刊等媒体调度各类社会资源、推动历史变化的路径与逻辑。[61]贾立元以晚清科幻小说为研究对象，考察晚清的知识精英们如何努力学习现代的历史观、科技观、时空观，这一融合中西的努力将他们引向对大同世界的描绘，亦揭示了他们在中与西、新与旧之间的挣扎与困境。[62]马克锋等以中华书局出版的《新中华》杂志为切入点，反映出杂志的宣传和引导在抗战时期中华民族共同体意识形成与巩固的重要作用。[63]张昭军以《国史大纲》为中心分析钱穆经世史学的学术理路，认为他一反“专制论”“封建论”等说法，展示了中国重统一、尚和平等传统，坚定了国人抗战必胜的信念。[64]王娟以平民的视野关注社会总体想象，以奇闻、新知、女性为帆，借乘《点石斋画报》之船驶向异域，探寻中国文化在想象他者时所遵循的规律、法则和模式。[65]李珊围绕《字林西报》美国记者甘露德及其著作所引发的争议，论述了五卅运动之后西方对华观感的复杂光谱以及国民性话语与国人高涨的民族主义的正面碰撞。[66]

4.社会史

本年度社会史领域的论文主要围绕近现代日常生活、交通转型、中外社团、劳工问题、宗教信仰、个人生活体验、乡村控制、大众娱乐等方面，简述如下。

李长莉考察了晚清至民初民众生活世界发生的变化及观念演变，揭示其对社会转型发挥的作用及机制，民众生活世界蕴藏的中华文明潜在生命力和再生力，以及对中华民族生存延续与复兴所起的作用。[67]李章鹏对1897年到1937年的社会调查报告的地域、内容、时间上的分布进行了统计分析，展示了中国现代社会调查从产生到初兴再到活跃的情状。[68]周慧梅探讨了近代中国社会教育的“国家话语”等，分析了政府、社会教育机构实现国民塑造和社会建设目标的方式，揭示政策与社会变革的因应关系。[69]

王含梅通过考察晚清山东邮政路网的时空演变，

指出山东烟台、胶州、济南三大新式邮区在建立过程中，最大程度地利用了传统驿站路网的优势，不断开辟新邮路。随铁路等新式交通线的建设，新式邮政网点迅速推进。这种空间关系是制度关系的地理呈现，体现了当时新旧交通形式、社会意识和行政思维的变化。[70]

王慧颖指出，“门户开放”政策出台前夕，居华美侨在美商的主导下联合组建美国中华协会，积极致力于推动美国政府干涉中国事务。该协会在庚子事变、庚辛和谈、中美商约谈判和抵制美货运动等重大事件中积极参与，并对上述事件的发展和结果产生了不同程度的影响。[71]

李国芳探讨了1920年初上海厚生纱厂到湖南长沙招募女工引发的社会争议，指出湘、沪两地知识人高擎劳动主义大旗，资方穆藕初等坚信实业救国之道，认为对方所提要求根本不具有现实可行性，湖南女工对知识分子们“偏向”己方的言论并不理会，从而揭示论争的深层次原因。[72]李志毓指出，在南京政府实施压制左翼思想与民众运动政策时，改组派提出恢复国民党的民众运动，却又反对阶级斗争，无意改变社会结构，无视工农作为“阶级”在国家战争动员与经济建设中的根本意义。[73]

赵晓阳指出，宋美龄将基督教会作为自己跻身政坛的切入口，用基督教应对共产主义的发展，在江西黎川建立的“基督教超越共产主义”实验区成为新生活运动中“具独立性”的特殊个案。基督教的社会服务与国民政府政治社会活动的渗透叠合，也助力基督教在中国社会正面形象的提升和传教领域的拓展。[74]

项浩男以《黄体润日记》为主要材料，探究一个国民党基层干部参加1937年庐山暑期训练班的体验和感悟。黄体润受训期间正值全面抗战爆发，在学习中愈加坚定抗战意志，明确自身的责任和使命。该案例呈现了国家意志自高层传递至基层的脉络，也为考察国民党的抗战动员模式提供了线索。[75]

齐小林通过研究全面抗日战争时期中国共产党与华北乡村，指出抗日战争时期中共重塑村庄的政权结构和权力结构，深入村庄内部，对农民进行革命文化启蒙。在中共领导下，根据地的村庄成为抗战的最基本单位，农民成为抗战的主体。这是中共在敌后坚持抗战的关键因素。[76]

任昳霏、郭磊将冰嬉盛典的兴废作为观察清王朝文化衰落、政治衰败的独特视角，指出光绪朝冰嬉盛典的短暂恢复，是清廷为重现“王道之隆”做出的巨大努力，但随着中日甲午战争的爆发彻底消失。[77]杨宇菲、张小军指出，中国近代冰雪大众文化的特点是在社会秩序转型的文化阈限中弱化了传统的等级、性别、精英与百姓、国家与社会、中国与西方等之间的社会界限，同时强化和促进了社会大众共同向现代社会的转型。[78]杨剑利把性别观念的变迁与政治、经济和文化的变动联系起来考察，揭示了新旧观念冲突、叠合与转化的复杂性。[79]

5.交叉学科

夏明方指出，对当前疫情的反思涉及人文与自然两大学科各个领域，触及人类历史时期的疫病、灾害与社会、文化的相互关系以及人类灾害响应的经验和教训，已经而且势必继续推进中国乃至全球灾害治理的嬗变，推动灾害研究进入新的历史阶段。[80]张蒙考察了近代“伍氏口罩”的由来，认为它本由哈尔滨的中国医师集体发明，却被西方医师作为他们的最新成果，被重新命名为“奉天口罩”。伍连德通过实验验证“奉天口罩”的防疫能力，提出“奉天口罩”为他的发明，“伍氏口罩”的说法由此诞生；他还以抗战胜利后北京大学对伪北大医学院的接收与改造为例，梳理了中国引入美国医学体制的经过及其影响。[81]

郭宇昕认为，晚清以来各州县普设积谷仓，倡导绅民量力捐谷、就近存储，其中以四川省规模最大、成效最显著。但这场运动存在根本机制问题，未能革除三仓的积弊，又陷入管理的旧模式，最终难以维系。[82]

齐小林指出，抗日战争时期，无线通信技术在中共军队的信息传输中居重要地位。初期能基本满足远程信息传输的需求。随着通信需求的增加和外在压力的增强，通信安全和效率面临严峻挑战。中共中央采取一系列调整措施。到抗日战争后期，随着外在压力的降低，无线通信系统再次扩张。[83]

二、热点问题及思考

百年党史研究是热点。2021年是中国共产党建党百年的伟大时刻，党史学习教育活动在党中央的号召下全面开展，具有重大意义的党的第三个历史决议也顺利通过，这都使得中共党史研究备受社会各界关注。由中共中央宣传部组织各有关单位编写的《中国共产党简史》《中华人民共和国简史》《改革开放简史》《社会主义发展简史》相继出版发行，成为党史研究领域的标志性事件。中共中央党史和文献研究院石仲泉研究员《建党初心与革命救国》将党的百年历程概括为救国、建国、兴国、强国的伟大斗争。[84]金冲及以国共第一次合作的破裂为题，紧扣转捩点，生动揭示了革命背后的政治、经济、社会因素及各派力量的此消彼长。该书史料选取精当、准确、以一当十，既写出了动态的历史进程，又呈现出其背后的历史规律。[85]张海鹏用历史事实雄辩地证明了只有中国共产党才是推动中国历史发展的正确的、积极的力量。[86]

海外新史料的不断发掘与探究成为推动中共党史研究进一步深化的重要推动力。得益于俄罗斯国家社会政治历史档案馆等档案管理机构的开放，大批有关中共与共产国际、苏共关系的档案文献得以重见天日并惠及学林。孙会修深入探究了中共旅莫支部成员入党和党的早期组织与文化问题。[87]叶帆指出，托尔马乔夫军政学院对中共学员的培养具有规格高、专业性强、课程内容广泛且具有针对性等特点。[88]徐志民利用日本外务省外交史料馆的档案，书写了中国共产党早期一段鲜为人知的历史。[89]

概念史研究拓宽了历史认识的新视野。近年来被引入国内学界，研究路径大致有两种，一是从概念整体和修辞技艺的角度入手考察，一是从社会变迁和概念流变的角度入手考察。通过考察概念的建构及其演变，揭示其背后复杂的社会与思想变动。如有学者认为将概念史的研究视角引入马克思主义史学史研究，有助于打破以单个史家史著为中心的史学史研究范式，从而为马克思主义史学史带来新的学术增长点。对关键的概念梳理还有助于构建马克思主义史学体系。有学者对"中国睡狮说"概念作了细致的考察，认为梁启超建构了此概念的说法于史实不符，是借鉴了日本知识界的用法。[90]

需要进一步关注的有：加快推进中国现代史尤其是中共党史的研究与学科建设，继续推进新兴交叉学科特别是历史时期的灾害应急与管理、生态环境、医疗卫生、技术治理等方面的研究，加强中国治理体系与治理能力现代化建设。

注：

［1］夏春涛:《太平天国再评价——金田起义170周年之反思》,《中国社会科学》，2021年第7期。

［2］崔志海:《近代中国的多元审视》，北京师范大学出版社，2021年。

［3］马忠文:《晚清日记书信考释》，凤凰出版社，2021年。

［4］项旋:《再论清末立宪中的国会年限问题——以预备立宪筹备清单底稿为中心》,《近代史研究》，2021年第4期。

［5］韩策:《满人封疆大吏崧蕃与庚子西巡前后的陕甘政情》,《北京大学学报（哲学社会科学版）》，2021年第1期;《清季江督之争与丁未政潮的一个新解释》,《近代史研究》，2021年第4期;《清季"湘人江督格局"的终结与"北洋下南洋"的形成》,《史学月刊》，2021年第8期。

［6］王建朗、马忠文主编:《近代史研究所藏稿钞本日记丛刊提要》，国家图书馆出版社，2021年。

［7］李志毓:《论国民党改组派领导的工农运动》,《安徽史学》，2021年第3期。

［8］赵妍杰:《穆光政事件与九一八事变后山西政局变动》,《抗日战争研究》，2021年第1期。

［9］王建朗:《回顾与前瞻：抗日战争研究三十年》,《抗日战争研究》，2021年第3期。

［10］黄道炫:《倾听静默的声音》,《中共党史研究》，2021年第5期。

［11］高士华:《抗战大后方研究中的时空问题》,《史学月刊》，2021年第8期。

［12］金以林:《游击战略与抗日根据地史研究的再思考》,《近代史研究》，2021年第3期。

［13］吴敏超:《捉放韩德勤：新四军的战略与策略》,《抗日战争研究》，2021年第3期。

［14］盛差偲:《豫湘桂战役爆发后新四军第五师在敌后的发展与调适》,《抗日战争研究》，2021年第1期。

［15］赵诺:《中共晋冀豫根据地的"1940年整党"》,《抗日战争研究》，2021年第3期。

［16］郝昭荔:《抗战时期中共与国民党赵保原部在胶东的合作与博弈》,《史学月刊》，2021年第10期。

［17］齐小林:《抗日战争时期中共军队无线通信技术的应用》,《近代史研究》，2021年第3期。

［18］李在全:《"革命军北伐，司法官南伐"——1927年前后的政权鼎革与司法人事延续》,《近代史研究》，2021年第6期。

［19］张燚明:《组建国防最高委员会秘书厅：蒋介石对汪精卫叛逃的制度因应》,《清华大学学报（哲学社会科学版）》，2021年第4期；李俊杰:《全面抗战时期的中央设计局——对设计制度、国防建设和工业建设的考察》,《抗日战争研究》，2021年第1期。

［20］崔志海:《美国政府与义和团运动再考察》,《清史研究》，2021年第2期；张俊义:《济南事件后

英国的应对与中国的困境》,《抗日战争研究》,2021年第4期;侯中军:《论英国对二战后中英商约的筹议》,《近代史研究》,2021年第3期;张乐:《第一次世界大战期间中国与罗马教廷通使问题再考察》,《近代史研究》,2021年第2期。

[21]薛刚:《山川分布、区域性集体暴力与军事动员:从地理时间理解近代中国的战争与历史格局》,《南京大学学报(哲学·人文科学·社会科学)》,2021年第3期。

[22]朱浒:《洋务与赈务——盛宣怀的晚清四十年》,中国人民大学出版社,2021年;《康有为的“投名状”:〈书余莲珊“尊小学斋集”后〉的政治意涵》,《历史研究》,2021年第6期。

[23]张海荣:《“好名立异非中庸”:文悌与晚清变局》,《近代史研究》,2021年第6期。

[24]张建斌:《端方与“丁未政潮”》,《近代史研究》,2021年第3期。

[25]刘文楠:《谁杀了杨永泰?》,《近代史研究》,2021年第2期。]

[26]朱浒:《洋务与赈务:盛宣怀的晚清四十年》,中国人民大学出版社,2021年。

[27]周建波、曾江、周子超:《清代江南农村手工业生产性借贷的高利率影响探析——兼谈早期工业化走向近代工业化的金融条件》,《清史研究》,2021年第6期。

[28]周建波、李婧、曾江:《票号代办捐纳的业务特征及其财政作用探析——以道咸年间蔚泰厚苏州分号代捐业务为例》,《清华大学学报(哲学社会科学版)》,2021年第5期。

[29]林展:《高利贷的逻辑:清代民国民间借贷中的市场机制》,科学出版社,2021年。

[30]许晨:《虚银与虚钱:近代福州台伏票制度及其变革》,《清华大学学报(哲学社会科学版)》,2021年第5期。

[31]李一苇、龙登高:《近代上海道契土地产权属性研究》,《历史研究》,2021年第5期。

[32]王强:《存储、流通与信用:贸易周转中的民国上海堆栈业发展(1912—1937)》,《安徽史学》,2021年第2期。

[33]倪玉平:《清朝同光时期贵州隔省捐输研究》,《近代史研究》,2021年第4期。

[34]池翔:《晚清时期东北林木与中国北方市场的木材贸易竞争》,《清史研究》,2021年第6期。

[35]赵毛晨:《贸易争端中的商人外交——以华商抗争日本奢侈品增税案为中心(1924—1925)》,《史学月刊》,2021年第1期。

[36]徐雪晴:《张学良执掌东北期间币制改革的举措与困境》,《安徽史学》,2021年第3期。

[37]彭鹏:《日本兴亚院对华棉花调查及对其生产流通的统制(1938—1942)》,《抗日战争研究》,2021年第4期。

[38]周祖文:《山东抗日根据地的救国公粮征收研究——兼与华北其他根据地比较》,《近代史研究》,2021年第5期。

[39]张燚明:《一九四〇年至一九四二年的国共货币斗争》,《中共党史研究》,2021年第2期。

[40]闫茂旭:《中国共产党统一财经的缘起与初步实施》,《中共党史研究》,2021年第3期。

[41]欧阳哲生:《从五四时期的“主义”建构到中共初创的行动纲领——一条思想史线索的考察》,《中共党史研究》,2021年第6期。

[42]周良书、袁超乘:《“寸铁”专栏为对象,从历史记忆和话语传统的角度研究中共国民革命时期的宣传动员》,《历史研究》,2021年第3期。

[43]项旋:《〈共产党宣言〉早期中译者“蜀魂”考实》,《历史研究》,2021年第6期。

[44]张皓:《从主张“民众的大联合”到成为“一个共产党员”:1918至1921年毛泽东的思想变化》,《北京师范大学学报(哲学社会科学版)》,2021年第3期。

[45]赵庆云:《马克思主义史学史视域下的概念研究》,《史学集刊》,2021年第4期。

[46]张越:《中国马克思主义史学的形成与社会史论战》,《近代史研究》,2021年第5期。

[47]宋洪兵:《郭沫若的法家观及马克思主义史家法家观的内部分歧》,《史学月刊》,2021年第2期。

[48]彭春凌:《章太炎译〈斯宾塞尔文集〉研究、重译及校注》,社会科学文献出版社,2021年。

[49]彭春凌:《章太炎与明治汉学》,《近代史研究》,2021年第4期。

[50]黄兴涛、荆宇航:《戊戌维新志士杨深秀再认识》,《清史研究》,2021年第1期。

[51]郭双林:《欧事研究会成员对一战的观察、分析与预测》,《近代史研究》,2021年第1期。

[52]王康:《梁启超流亡日本与“少年中国”意象的生成》,《史学月刊》,2021年第7期。

[53] 袁一丹:《另起的新文化运动》，生活·读书·新知三联书店，2021年。

[54] 戴东阳:《黄遵宪〈日本国志序〉考》,《近代史研究》，2021年第1期。

[55] 何思源、程学峰:《新政、新制、新文化：编订名词馆与贵胄学堂》，华夏出版社，2021年。

[56] 陆胤:《变风变雅：清季民初的诗文、学术与政教》，上海人民出版社，2021年。

[57] 罗俭秋、徐凤:《经学潜流：夏曾佑、刘师培编纂历史教科书的学源探析》,《安徽史学》，2021年第3期。

[58] 湛晓白:《清末国家语文统一与满汉族群关系变化》,《历史研究》，2021年第5期。

[59] 张蒙:《医学拉丁文在近代中国：传教士的帝国话语与留日学生的在地反抗》,《史林》，2021年第4期。

[60] 葛静波:《近代中国反排外思想的形成与影响》,《安徽史学》，2021年第4期。

[61] 王东杰:《作为近代中国“基础设施”的报刊》,《史林》，2021年第5期。

[62] 贾立元:《“现代”与“未知”：晚清科幻小说研究》，北京大学出版社，2021年。

[63] 王玉玲、马克锋:《抗战初期报刊界对中华民族复兴思想的“公共话语”建构——以〈新中华〉杂志为中心》,《安徽史学》，2021年第5期。

[64] 张昭军:《钱穆经世史学的学术理路——以〈国史大纲〉为中心的讨论》,《北京师范大学学报（社会科学版）》，2021年第2期。

[65] 王娟:《晚清民间视野中的西方形象——〈点石斋画报〉研究》，高等教育出版社，2021年。

[66] 李珊:《论“死硬派”记者甘露德〈中国之病〉及其反响》,《史学月刊》，2021年第11期。

[67] 李长莉:《微历史：近代中国人的生活世界》，社会科学文献出版社，2021年。

[68] 李章鹏:《现代社会调查在中国的兴起：1897—1937》，西苑出版社，2021年。

[69] 周慧梅:《国民塑造与社会建设：1896—1949年中国社会教育研究》，社会科学文献出版社，2021年。

[70] 王含梅:《晚清山东邮政路网的时空演变》,《史学月刊》，2021年第1期。

[71] 王慧颖:《晚清时期居华美侨的联合：美国中华协会述论（1898—1913）》,《史学月刊》，2021年第10期。

[72] 李国芳:《一九二〇年初上海厚生纱厂招募湖南女工争议》,《中共党史研究》，2021年第5期。

[73] 李志毓:《论国民党改组派领导的工农运动》,《安徽史学》，2021年第3期。

[74] 赵晓阳:《宗教和政治的叠合互利：基督教与新生活运动》,《史林》，2021年第2期。

[75] 项浩男:《庐山训练的个体经验与基层回响——以黄体润为中心》,《抗日战争研究》，2021年第1期。

[76] 齐小林:《村庄里的抗战：全面抗日战争时期的中国共产党与华北乡村》,《抗日战争研究》，2021年第3期。

[77] 任昳霏、郭磊:《飞驰的冰刀与停滞的帝国——冰嬉盛典与清代文化命运兴衰》,《清华大学学报（哲学社会科学版）》，2021年第6期。

[78] 杨宇菲、张小军:《文化共融：中国近代冰雪大众文化与社会转型》,《清华大学学报（哲学社会科学版）》，2021年第6期。

[79] 杨剑利:《闺门的退隐：近代中国性别观念的变迁（1860—1925）》，人民出版社，2021年。

[80] 夏明方:《继往开来：新时代中国灾害叙事的范式转换刍议》,《史学集刊》，2021年第2期。

[81] 张蒙:《“伍氏口罩”的由来》,《近代史研究》，2021年第2期;《导入美国医学：抗战胜利后北京大学对伪北大医学院的接收与改造》,《抗日战争研究》，2021年第1期。

[82] 郭宇昕:《晚清积谷运动的兴废——以四川省为中心》,《安徽史学》，2021年第2期。

[83] 齐小林:《抗日战争时期中共军队无线通信技术的应用》,《近代史研究》，2021年第3期;《抗日战争时期中共军队无线通信系统的危机与应对》,《史林》，2021年第4期。

[84] 石仲泉:《建党初心与革命救国》,《近代史研究》，2021年第3期。

[85] 金冲及:《1927：生死转折》，社会科学文献出版社，2021年。

[86] 张海鹏:《中国共产党与中国历史道路的选择》,《近代史研究》，2021年第3期。

[87] 孙会修:《旅莫支部成员的入党之路与中共早期组织建设》,《历史研究》，2021年第4期;《“发表力”的养成：中国共产党早期留苏学生的谈话训练》,《近代史研究》，2021年第3期。

[88] 叶帆:《20世纪20年代末苏联托尔马乔夫军政学院对中共高级军政干部的培养》,《安徽史学》,2021年第1期。

[89] 徐志民:《中共与日共早期关系考(1921—1931)》,《史学月刊》,2021年第7期。

[90] 张昭军:《"中国睡狮说"是梁启超的发明吗?》,《史学理论研究》,2021年第6期。

(北京历史学会供稿;执笔人:朱浒)

史学理论与外国史学史

2021年,在史学理论与外国史学史研究领域,学者们在延续以往论题的同时,也发展出一些新的研究领域,取得了诸多重要的研究成果。在学术交流层面,京内学者积极参加各大全国性的学术会议[1];在成果产出层面,亦不乏优秀的著作、论文和译著面世。具体来说,北京地区学者在以下五个方面推进了相关研究的深入与发展。

一、学术研究状况

1.唯物史观及其他重要的历史理论、史学理论问题研究

具体的历史研究实践离不开唯物史观的指导,加深对唯物史观的理论认识,是历史学界乃至整个哲学社会科学领域的重要工作。王峰明总结和梳理了围绕马克思"历史决定论"问题展开的争论,认为马克思的"历史决定论"是一种"趋势决定"而非"起源决定",应将之置于具体问题中,通过吸收不同学科的研究成果,打通马克思主义理论的整体联系和总体框架来加以认识。[2]李彬彬以《神圣家族》为中心,考察了恩格斯在唯物史观创立过程中作出的思想贡献。[3]沈江平系统评价了当代西方马克思主义对历史唯物主义的诸种"重建""重构""重释"工作,强调任何"重建"和"重释",都必须以承认历史唯物主义的科学性和价值性为前提,以恪守理论的基本要义和核心观点为基础;要批判地借鉴和吸收西方学者的历史唯物主义重建思潮。[4]

在唯物史观包含其中的更广的历史理论领域,一些学者探讨了历史理论本身的价值问题。张旭鹏翻译了阿兰·梅吉尔的《理论在历史实践中的作用》和佐尔坦·西蒙的《前所未有之变革时代的历史理论》中。前者致力于说明,作为一门具有内在一致性的专门学科,历史学需要一种理论维度;理论发挥着认识论的、批评的和思辨的作用,它为史学家提供主题与方法的来源,帮助史学家关注到自己在撰述中持有的前提假设和认识过程;历史与理论相互联系,相互贡献。后者则针对当前世界前所未有的变化,提出了一种准实质的历史哲学,它试图将历史重新置于运动之中,并将未来引入历史思维之内,进而承担起某种将人类事务随时间的变化概念化的工作。[5]董立河则以西蒙和马雷克·塔姆组织的"历史性未来"集体讨论为研究对象,这种讨论以历史性、实证性和跨学科性为特征,关注于"人类世"、科技未来等话题,试图探寻"对过去的理解和预期的未来之间的多元过渡关系",并与西方思想界有关时间问题的争论密不可分。[6]

此外,在各具体的史学理论流派及重要论题方面,北京学界亦有所推进。金嵌雯追溯了自启蒙时期以来至20世纪末西方的历史想象观念。在历史理解活动中,历史想象发挥着连接、综合或预构史料的作用;历史想象作为其中构成的史家主体观念与历史之真并不排斥。[7]夏玉丽注意到西方史学理论研究面对叙事主义困境取得的最新进展,探讨了芬兰史学理论家库卡宁"后叙事主义"史学理论的主要观点。[8]在文献方面,刘小枫选编文集《克服历史主义》以历史主义思潮及其对人类文明造成的普遍危及为主题,收入了德国重要学者特洛尔奇、兰克、侯斯和施密特等人的论文,为学界研究历史主义思潮提供了重要文献。何兆武主编《历史理论与史学理论——近现代西方史学著作选》和韩震主编《历史的观点》再版发行,这既为学界研究提供了便利,亦有助于扩大学科对外的影响力。

2.西方史学传统下史学研究

在西方史学史、史家思想及重要的史学议题方面,京内学者研究成果颇多。王晴佳从全球视角出发,全面追溯了西方史学的发展历程,并据此预测了史学史研究未来可能的发展方向:尝试运用全球和跨文化的视角;将研究范围扩大到史家作品之外;注重科学技术新进展对人们认识和表述历史的影响。[9]吕厚量根据公共演说词《泛雅典娜节集会辞》和《罗马颂》,论述了遭受学界冷遇的埃利乌斯·阿里斯泰德

这位演说家历史记忆中的叙述模式、宗教色彩和“普世史”特征。他还以“他者”为切入点，探讨了公元前5世纪至公元5世纪近千年时间中古希腊史学传统对波斯帝国、罗马帝国认识的变迁，为连接史学史研究和历史研究提供了范例。[10]郑鹏讨论了英国中世纪早期史家比德史书中的神迹记载问题。作者认为，不同于奇迹、神话的神迹书写与历史书写具有统一性，它具有一定的史料价值，且具备鉴戒史学的特点。[11]

李任之主要关注于20世纪英法史学思想。一篇以英国哲学家以赛亚·柏林的思想史写作为中心，深入挖掘了历史观念在柏林整体思想发展过程中起到的关键作用。一篇聚焦于20世纪30—60年代英国史学界的“宗教复兴”现象，分别剖析了汤因比、道森和巴特菲尔德三位史家思想中的宗教印迹及其整体特征，包括对于世俗进步的否定，对传统的肯定，对理性的怀疑，对于人性的悲观态度以及对历史神意的体认。一篇围绕罗杰·夏蒂埃的文化史研究展开，实证层面和理论层面深入阐发了他试图用“社会的文化史”恢复文化自主性的研究理路。[12]

另有学者挖掘了西方“语言学转向”和后现代主义理论下不曾被详细评说的重要人物与思想。王晴佳深入总结了英国史学家昆廷·斯金纳由政治思想史介入史学理论与方法讨论的思考路径。斯金纳有关语言和观念“言外之意”的探讨有助于推广一种区别于后结构主义与后现代主义的“语言学转向”。[13]柏奕旻评介了大众史家伊恩·布鲁玛的作品及其在后现代理论影响下形成的独特的历史书写风格。布鲁玛写作中蕴含的“后见”观具有批判、对话的伦理性质，由此赋予历史研究以新的文化政治动能。[14]

除上述论文外，学界还出版了两部重要译著，分别是，由周莽翻译的雅克·勒高夫著作《炼狱的诞生》(商务印书馆)和董树宝全新翻译的米歇尔·福柯著作《知识考古学》(生活·读书·新知三联书店)。它们的出版将有助于推动史学史学者加深对法国史学的理解与认识。

3.西方史学发展的新方向

北京史学理论与西方史学史研究还密切关注于西方史学发展的新动向，介绍和评析了包括全球史、性别史、动物史等内在的新近研究主题和研究方法。其中，对于全球史的讨论，无疑是热点之一，学者们从不同角度，为如何书写全球史这一议题贡献了诸多建议。张文涛指出了当前建设中国全球史学科的深刻意义。[15]刘文明著的《全球史研究概论》较全面地梳理和总结了中国的全球史研究概况以及存在一些问题与不足；他还提出中国的全球史研究需处理好两个重要问题：具有国民身份的历史学者如何书写全球史和如何构建具有中国特色的全球史。[16]曹小文指出，建设具有中国特点的全球史，应当在致力于突破西方话语藩篱的同时，发掘中国之所以为中国、世界之所以为世界的历史演进和现实呈现。[17]另有学者讨论了西方全球史研究的最新成果。尹灿注意到近年发展起来的全球微观史研究，这类研究将全球史与微观史的视角互相融合，它将有助于学者深入认识全球化的微观动力，并突破同质化的研究模式。[18]施诚和马忠玲考察了英国史学家菲利普·费尔南德兹-阿迈斯托的全球史书写。阿迈斯托以欧亚大陆两端的巨型帝国为切入点，构建起一个东西方文明大规模交流的框架，进而向读者展示了一幅全球视野下帝国兴衰与文明变迁的历史画卷。[19]张旭鹏则在“全球转向”之下，探讨了观念流动和观念内涵在进入不同空间时产生变化的现象，观念在迁移与挪用过程中具有复杂性、变化可能性及潜在的创造性。[20]此外，刘文明认为，西方帝国史研究在去殖民化浪潮中曾一度衰落，随着全球化的深入而出现了复兴和发展，受多种史学理论影响的“新帝国史”呈多维度发展，一定程度上解构了以宗主国为中心的传统帝国史叙事。[21]

在性别史领域，林漫梳理了男性史研究视角，这类研究萌发于20世纪70年代末，在女权运动的影响下，其逐渐与性别史合流，成为后者的一个独特分支，并影响到后者的学术生态。[22]在动物史领域，陆伊骊以动物园和水族馆的研究文献为中心，向学界介绍了英文科学史学界近20年中的研究状况，并将之与东亚地区的环境史、科学史和动物史研究相比较。[23]在历史记忆方面，刘颖洁通过考察莫里斯·哈布瓦赫和皮埃尔·诺拉的集体记忆研究，论述了集体记忆对当前历史—记忆关系认识的推动和型塑作用。[24]针对量化历史这类新的研究方法，林展和陈志武以《新教伦理与资本主义精神》为例，详细说明了量化历史的研究步骤，并分析了这种新方法在应对历史大数据的挑战、识别历史的长期影响、促进历史学与其他社会科学的交流与对话等方面可能发挥的作用。[25]

4.中国的世界历史研究成就与反思

史学理论与外国史学史研究领域新近展开的一项重要工作，是总结和反思我国世界历史研究的成果和问题。于沛在实证研究的基础上，系统论述了起讫鸦片战争前后至中华人民共和国成立前夜中国世界历史编纂的丰富内容和发展过程，并揭示了这一过程所表现出来的某些规律性内容的历史意义和现代价值。作者认为，正是近代中外的历史大变局，催生并发展了与时代同行的中国世界史编纂，这些过往的历史思考和总结构成了中国世界史学科的宝贵遗产，值得后人加以认真考察。[26]董欣洁探讨了中国马克思主义史学的世界史话语，即中国马克思主义史学研究者在世界史领域作出的阐释和论断：它以中国社会面临的现实问题为立足点，从人类社会的生产和交往两种基本动力出发，阐明了资本主义的历史阶段性，说明了人类社会的进步趋势蕴含在世界历史的阶段性和连续性、特殊性和一般性的双重辩证统一之中。这类话语将在新时代构建中国特色历史学学科体系、学术体系、话语体系的具体研究中发挥更大的作用。[27]

5.中西史学思想的交流与比较研究

除探讨中国历史学的世界史建设外，在中西史学思想交流与比较层面，学界亦持续有所研究。廉敏、黄畅挖掘了“历史理论”一词从古希腊起源，到文艺复兴成型，再到近代传入我国，并在马克思主义、与史学理论相区分、与中国传统历史思想相结合等方面拓展内涵的过程。[28]邹兆辰评析了张广智主编的《近代以来中外史学交流史》(复旦大学出版社，2020)，他指出，史学交流史的出现是我国学者在西方史学史研究基础上由“影响研究”拓展出来的一个课题，它透露出一种研究视角的转换；而张广智主编是书则表明了这种研究正在变成一个新兴领域，成为史学史学科建设的一项重要内容，一门介于中国史学史和西方史学史两个学科之间的交叉学科。在这一领域，中国学者还面临着很多重要问题，如尚需拓展至同东南亚、拉丁美洲等地区的交流研究。[29]刘家和的《愚庵续论》一书出版。该书是刘先生近年来的学术随笔与学术信札合集，全书共分六辑，分别以“世界与中国”“中西古史比较”“怀念师友”“书前书后”“信札”“口述史”为题，收录了刘先生中西比较研究方面的重要成果，以及与林志纯先生等跨越20余年的交流信札和自身的口述历史，是学术随笔中完好的一部示范型作品，具有重要学术价值。[30]刘林海梳理了刘家和先生的学术研究生涯，分析了其学术品格。刘家和先生治学发乎中而绎乎西，明于西而贯于中；本于中而用于西，中西互用而会通；虚怀若谷善反省，主一无适自砥砺。他通古今，贯中西，思想穿透力强，宽阔的心胸、崇高的理想、坚韧的毅力、科学的方法和高超的效率使他成为史学工作者的典范。[31]

二、思考问题

综上，在上述各领域，北京史学界皆获得了一定成果。对于史学理论与外国史学史未来的发展方向，一方面，我们仍需密切关注、探讨和反思西方史学界的发展动向，历史地、辨证地剖析和研究西方学界出现的种种“新思潮”和以往研究中的重要问题；另一方面，我们需大力推进中西史学的交流和比较研究，在厘清中西史学传统各自特点及其异同的基础上，坚持不懈地探索中国史学的可能发展方向，为构建具有中国特色的历史学学科体系、学术体系和话语体系贡献力量。

注：

[1]参见冯强《第24届全国史学理论研讨会综述》,《史学理论研究》，2022年第1期；金嵌雯《2021年史学理论与史学史学术研讨会综述》,《史学史研究》，2022年第1期。

[2]王峰明：《马克思的“历史决定论”刍议》,《山西师大学报(社会科学版)》，2021年第1期。

[3]李彬彬：《恩格斯在唯物史观创立中的思想贡献——以〈神圣家族〉为中心》,《山东社会科学》，2021年第7期。

[4]沈江平：《历史唯物主义“重建”思潮的评判与展望》,《山西师大学报(社会科学版)》，2021年第3期。

[5]阿兰·梅吉尔：《理论在历史实践中的作用》，张旭鹏译，《史学理论研究》，2021年第6期；佐尔坦·西蒙：《前所未有之变革时代的历史理论》，张旭鹏译，《史学理论研究》，2021年第6期。

[6]董立河：《思辨的历史哲学的复兴——当代西方历史理论的最新进展》,《史学理论研究》，2021年第6期。

[7]金嵌雯：《西方史学思想中的历史想象观念探析》,《史学月刊》，2021年第6期。

[8]夏玉丽：《库卡宁的“后叙事主义”探求》,《史学理论研究》，2021年第5期。

[9]王晴佳：《史学史研究的性质、演变和未来：一个全球的视角》,《河北学刊》，2021年第5期。

[10]吕厚量：《埃利乌斯·阿里斯泰德与2世纪希腊知识精英的历史观》,《历史研究》，2021年第5期；《古希腊史学中帝国形象的演变研究》，中国社会

科学出版社，2021年。

［11］郑鹏：《论比德的神迹书写》，《学术研究》，2021年第6期。

［12］李任之：《反“科学理性”的潮流：“历史感”与以赛亚·柏林的思想史写作（1930—1970）》，《史学月刊》，2021年第7期；《“理性—进步主义”的困境：“历史”与英国思想界的“宗教复兴”》，《清华大学学报（哲学社会科学版）》，2021年第5期；《从“文化的社会史”到“社会的文化史”：罗杰·夏蒂埃的文化史研究》，《史林》，2021年第5期。

［13］王晴佳：《历史哲学和历史中的哲学——简论昆廷·斯金纳对史学理论的贡献》，《华东师范大学学报（哲学社会科学版）》，2021年第5期。

［14］柏奕旻：《“后见”的阐释伦理：伊恩·布鲁玛的历史书写及其文化政治》，《世界历史评论》，2021年第2期。

［15］张文涛：《全球史的兴起与当代中国全球史学科建设》，《甘肃社会科学》，2021年第4期。

［16］刘文明：《全球史概论》，北京大学出版社，2021年；《中国全球史研究的回顾与思考》，《史学理论研究》，2021年第6期。

［17］曹小文：《全球史研究：对民族—国家话语的反思与构建》，《史学理论研究》，2021年第4期。

［18］尹灿：《微观史视角下全球史学术内涵的拓展》，《重庆科技学院学报（社会科学版）》，2021年第3期。

［19］施诚、马忠玲：《帝国与文明：菲利普·费尔南德兹—阿迈斯托的全球史书写》，《全球史评论》第21辑，中国社会科学出版社，2021年。

［20］张旭鹏：《观念与空间：跨国视阈下观念的流动与变迁》，《中国社会科学院研究生院学报》，2021年第5期。

［21］刘文明：《“新帝国史”：西方帝国史研究的新趋势》，《社会科学战线》，2021年第9期。

［22］林漫：《男性史：当代美国性别史的新视角》，《史学月刊》，2021年第5期。

［23］陆伊骊：《动物园与水族馆的历史：环境史、科学史与动物史在东亚的联系与比较》，《世界历史评论》，2021年第3期。

［24］刘颖洁：《从哈布瓦赫到诺拉：历史书写中的集体记忆》，《史学月刊》，2021年第3期。

［25］林展、陈志武：《量化历史与新史学——量化历史研究的步骤和作为新史学的价值》，《史学理论研究》，2021年第1期。

［26］于沛：《近代中国世界历史编纂（1840—1949）》，中国社会科学出版社，2021年。

［27］董欣洁：《中国马克思主义史学的世界史话语》，《江海学刊》，2021年第4期。

［28］廉敏、黄畅：《“历史理论”一词源流考——对中西历史思想交流中一个关键概念的考索》，《晋阳学刊》，2021年第5期。

［29］邹兆辰：《史学史学科体系的重大突破——评张广智主编〈近代以来中外史学交流史〉》，《史学理论研究》，2021年第5期。

［30］刘家和：《愚庵续论》，商务印书馆，2021年。

［31］刘林海：《刘家和先生学术研究的实践、特点及品格》，《学术研究》，2021年第1期。

（北京市历史学会供稿；执笔人：董立河、金嵌雯）

世界上古中古史

据不完全统计，2021年北京地区各高校及研究机构的历史学工作者在世界上古中古史领域发表论文、出版专著数70余种。

一、学术研究状况

1.世界上古史

第一，近东文明研究。

颜海英认为，研究古代埃及的“秘传知识”需要结合两种文献，一是古埃及人自己对神秘知识的记载，一是后世对秘传知识传统的演绎，要从内容诠释两个角度进行解读；太阳神与冥神的合一是古埃及人信仰体系的核心特点，出现于古王国时期，到托勒密时期达到极致，其中神庙和陵墓建筑结构和功能的逐渐趋同是重要体现。[1]马智博认为，埃及人的“洁净”仪式既包括对国王、祭司等生者的清洁，也包括对死者的清洁。洁净观念和仪式集中体现在《金字塔铭文》中。神话理念在秘仪中展现，死者得到复活与转化，生者尤其是维持宇宙的国王得以更新，而使神圣宇宙的秩序得以再次确认。“洁净”与埃及人独有的来生观念密不可分。应从与“洁净”相关的古埃及人常用的仪式文本入手，分析洁净仪式的内容、功能与象征，及其在古埃及宗教体系之中的地位。作为来生信仰的一部分，“洁净”观念也在不断扩充，呈现出了丰富的宗教内涵。[2] 温静认为，从早王朝到古王国时期，古埃及的太阳神信仰从萌芽到成熟，太阳神、王权与以奥赛里斯为主的来世信仰这三大要素成为了后世埃及神学体系的基础。[3] 郝仁娜认为，新王国朝圣之旅场景远多于中王国时期是一种表达和展现需求的增强，阿拜多斯朝圣的举行与朝圣之旅场景在墓中的使用是并行不悖的，朝圣之旅数量增加则可能是源自人们表现和展示与神互动场景的需求。[4] 刘璠认为，阿拜多斯的奥塞里斯秘仪是中王国时期埃及最重大的宗教盛事。通过同时代的其他材料，阿拜多斯“祈愿碑”以及棺木铭文中的咒语等同时带材料，可以尝试还原仪式的步骤和内容，探索其宗教内涵。[5] 薛江和颜海英认为，古埃及史前唯一有彩绘壁画的墓—赫拉康波利斯 100 号墓从侧面反映了当时的社会阶级及物质文明状况，表明其在绘画创作和社会发展方面取得了很高的成就；埃及出土的木乃伊肖像画是埃及墓葬习俗与希腊罗马艺术风格相结合的产物，保存了在希腊罗马本土已经失传的古代绘画传统，有助于进一步探讨古代晚期地中海地区的文化交融与身份认同等问题。[6]

国洪更认为，公元前8世纪后期，亚述帝国的管理方式发生变化，行政权力干预诉讼是司法审判变革的突出特点，审判的主体、方式行政化，上诉为国王所垄断，受到官员的阻挠，变成了少数人享有的特权。这种变化是国家管理方式变革的重要体现，与中央集权的强化密切相关；古代两河流域统治者的头衔反映了其与神灵的关系或者国王的权势，权势往往是控制的疆域面积的体现。国家版图的扩大引起国家结构的变化和国家形态的演变，国王头衔的变化则是体现之一。[7] 陈飞认为，《亚述王表》诸版本成书从公元前10世纪30年代到公元前8世纪末，依次为《纳索伊王表》《豪尔萨巴德王表》《SDAS王表》，其中《纳索伊王表》可能是已知最早的版本。[8] 颜海英认为，《吉尔伽美什史诗》完成于城邦形成初期，记载的是遥远过去的文化记忆，而非历史现实。史诗是回忆，对回忆的建构是出于对现实的不满，对同一文化身份群体的寻找和认同；这种英雄事迹包括了高贵的出身、尚武的特质、勇敢的性格，对荣誉的追求贯穿英雄的历险故事，也包括了与命运抗争到底的精神。[9]

李政认为，赫梯的国王广泛运用监视和监察进行统治。国王不仅亲自监管，还要求官员相互监督，并且派遣官员到各地监视监察管理。[10] 蒋瑞霞认为，《贝希斯敦铭文》是大流士平叛功绩的文字记录，也是对国王伟大胜利的图像表现，充分体现了波斯帝国王权艺术的特征。对战争场面的选择性展示则体现了阿契美尼德王朝追求“和谐帝国”的愿景。[11]

第二，古代希腊罗马史研究。

晏绍祥认为，作为雅典官方意识形态的葬礼演说，其赞颂的对象在公元前4世纪末之前一直是城邦公民集体，之后将军则成为主要的赞颂对象，表明城邦公民集体面对强势个人逐渐退居幕后，以公民为基础的城邦制度在一定程度上走向衰落。[12] 贾瑞霞以色诺芬的《长征记》记载为例，分析了食物对军队及相关文化交流的作用。[13] 刘玮认为，古希腊的“德性”概念与政治密切联系，它的发展主线有两条，一是强调勇敢和战争，一是强调理智和智慧。用理智和智慧驯化勇敢，把勇敢纳入智慧的轨道，是演化过程中的共同关注。[14] 杨光明认为，源于个人或家庭友谊关系的外交代理人制度是希腊邦际交流的中介。随着雅典霸权的建立，它开始任命外交代理人并将其制度化。这项基本对外政策成为雅典对外扩张和控制盟邦的重要手段。[15] 于少龙认为，瘟疫被视为直接或间接导致雅典在伯罗奔尼撒战争中战败的一个因素，但瘟疫对战争走势的影响并不显著，主要因素是双方在综合实力基础上持久意志力的较量。[16] 颜荻分析了“巴黎学派”的开创者韦尔南与其老师热尔奈的相互影响。[17]

何立波认为，罗马共和以来形成了厌恶王权的历史记忆和拥护共和的民族心态，但罗马没有将政治人物和神联系起来的先例。恺撒开统治者被神化的先河，奥古斯都继其后成为“阿波罗之子”。奥古斯都崇拜兼具宗教和政治内涵，实现了王权和祭坛的有机结合，是元首制的鲜明特点。[18] 安凤仙认为，狄奥尼修斯关于罗马人与希腊人同源的描绘是希腊知识分子希望建立希腊人和罗马人同源认同的纽带，是希腊人融入罗马社会的现实需求。屋大维以利用神话人物为媒介，获取权力的合法性和权威性，达到稳固统治和复兴国家的目的。[19] 倪滕达分析了《尤里乌斯法》《帕披乌斯·波派乌斯法》的婚育条款，指出奥古斯都此举意在提高罗马人口数量，但并未达到预期目的。人口普查范围的扩大、释奴的增加和行省居民公民权的授予是人口统计增加的主要原因。[20]

2.世界中古史

第一，中古政治与法律研究。

包倩怡认为，福卡斯篡位事件是自基督教合法化之后，教宗第一次面临皇位合法化问题。格里高利称颂帝位易主。这种君主观不关注皇位合法性和心帝王政绩。格里高利的选择为教宗结盟加洛林王朝埋下伏笔，也成为教会打造基督教世界的理论依据。[21]李文丹的《〈格里高利九世传〉考辩：罗马教廷的正史书写》出版。这本德文专著以佛罗伦萨里卡迪图书馆228号手稿为主，考订文本的生成过程，细致比对了《格里高利九世传》与同时代文献，考察了其史源、结构、记述风格和逻辑，并分析其历史和史学价值。作者认为，它的书写特征与成书过程表明，这部传记在司法、财政、政治乃至礼仪方面，对教廷具有长远的内参价值，也是唯一一部能高度还原教廷真实思想与规划的文献。本书的撰写和保存均在教廷职能核心的财政处，得以从制度史的角度重构教廷中层结构的运作。此外，本书写于罗马教会与皇帝腓特烈二世冲突的顶点。它的前半部分承袭教廷正史的编年框架，后半部分则是传记作者对腓特烈所造舆论的直接回应。教廷的正史书写展示了它自身关切的重大议题：继承方济各衣钵的同时消解新兴修会的革命性，以怀柔政策推进教宗国领土化、政治冲突神学化、教宗职位神圣化。它们体现了被主流史料遮蔽的、全新的问题空间。格里高利九世是中世纪盛期教会史中承上启下的关键人物，本书为理解充满冲突与革新的十三世纪提供了重要线索，对深化政教关系、领土主权、宗教思潮等重大问题的认识意义重大。[22]

孟广林认为，中世纪英国议会君主制与“法自君出”“君临天下”的东方君主专制体制不同，国王在议定税收、立法国家大政时须与议会商讨，受到议会的限制。当时的英国议会是“国王的议会”，并非建构起了“议会主权”。议会是王权的一个统治机构，没有国王就没有议会。[23]侯兴隆认为，在1066年诺曼征服后的英格兰社会变革中，郡长受职于王权，扎根于地方，这决定其身份具有多重性。对王权而言，郡长是国王在地方的代理人、令状的执行人，是王权稳固的基础，也是王权下的叛逆者，具有离心倾向；对地方而言，郡长既是地方权益的掠夺者，又是地方秩序的维护者。郡长对于王权和地方的多重角色扮演体现其本身的复杂性、矛盾性，这使得诺曼征服后的英格兰社会发生一系列变革。[24]

苏泽明认为，欧洲君主制国家建构神授世袭王权的加冕礼随着十字军东征输入耶路撒冷王国。在这过程中，王权的合法性来源建构为上帝神授和血统世袭，完成了由“选举治权”到“神授世袭王权”的建构。[25]孙思萌认为，铸币在拜占庭帝国的政治文化中扮演着重要角色。皇室女性出现在各类铸币上，见证了其在政治生活的角色和作用，是观察拜占庭帝国皇权运作的实物证据。[26]

朱孝远认为，德意志农民战争的纲领里有着建立人民国家的丰富内容，体现在一系列政治、经济和社会等体制改革主张中，其目的在于人民的国家执政为民，充分保障人民的政治、经济、社会权益，反映出早期人民国家的真正特性。[27]付家慧认为，参加1524—1526年的德意志农民战争不仅有农民、市民，而且有近代产业工人前身的矿工，其利益诉求与农民结合在了一起。作为新兴产业和阶层的代表，他们还有自身独特的诉求，即反对封建权贵和以大商人为代表的资本家的压迫和垄断。托马斯·闵采尔的共有思想包含财产共有与权力共有，本质上都是民有。其经济政治主张影响了此时期的其他主要建国纲领，但与当时领地国家形成的趋势相悖。[28]

第二，中古经济与社会研究。

徐浩认为，中世纪英国工资问题研究主要出现过工资购买力、工资劳动和工资劳动者三种问题意识，每种问题意识的产生都极大地推动了中世纪英国工资问题研究的进展，显著提升了对该问题的认识深度和广度。[29]王超华认为，中世纪英格兰乡村的节庆活动主要有经济和社会两个功能，既可确保农业生产的正常进行，又可以缓和日常生活中的紧张和恐惧情绪，维护村庄共同体的内在关系。从仲夏节庆活动中可以发现“快乐的英格兰”的若干表象，将中世纪视为“黑暗时代”的传统看法是以偏概全。[30]黄春高以玛杰里·帕斯顿的婚姻个案为切入点，对15世纪英国帕斯顿等三大乡绅家族的书信进行研究。他指出，对15世纪英国乡绅婚姻观念与实践中的同意原则等不宜做过分现代解读，土地财产和身份地位等传统要素仍然在日常婚姻中发挥重要作用。[31]

刘城认为，“宗教社会”传统在16世纪宗教改革期间得到强化。它以统一的宗教信仰作为核心价值，构建并且维持社会共同体的秩序。英格兰女王伊丽莎白一世沿用“宗教社会”传统，以信仰统一的原则来规训社会，不允许宗教异见者获得生存空间，加剧了天主教徒的身份认同困境。无论是将多数人的信仰强加于少数人，还是将少数人的信仰强加给多数人，都有可能招致社会的不满和反抗。[32]

吕昭认为，14—15世纪，兄弟会在法国城市中普遍兴起是法国市民社会的形成标志。其基础在于非精英群体自发自主应对危机的需求，其运转的基本方式是自治。兄弟会激发了社会活力并确保社会有效运转，弥补了政治和社会制度的缺位，增强了基层社会应对危机的能力。[33]

第三，中古思想与文化研究。

孙中华认为，爱尔兰裔美国史家彼得·布朗的“晚期古代”理论拓宽了罗马帝国和古典文明命运认识。他解构了关于基督教化的传统叙事，提出了新观点。基督教化是缓慢、不彻底的，具有多样性的特征。布朗的基督教化理论在对过程的把握中探讨文化的冲突与融合、历史的连续与断裂。[34]

彭小瑜认为，如果将李约瑟的科技史与勒高夫对欧洲文明的长时段观察结合起来，可以发现近代欧洲诞生的关键节点在11—13世纪而非一般所说的十四五世纪甚至以后。按照勒高夫的逻辑，任何对欧洲文明和中国文明不同发展路径的讨论都不可能忽略11—13世纪的欧洲，都需要解释为何近代欧洲的特征在这个时期已经开始成型并稳定发展起来。[35]徐浩认为，中世纪欧洲文明包括成熟的封建文明和转型文明，后者超越了前者。封建文明的主要特征是等级制度，其故乡主要在加洛林帝国分裂出来的国家。转型文明的核心内容则是法治，主要诞生于以英国为主导的西北欧，后者在欧洲文明形成中发挥了核心作用。[36]扬·卢滕·范赞登的“小分流”与加州学派的“大分流”有明显分歧，后者宣称工业革命导致欧洲脱颖而出，仅限工业革命发祥地的西北欧，并非整个欧洲。“小分流”强调了二者的差异。实际上，“小分流”不仅是欧洲内部的分流，也是欧亚之间的分流。这种新理论单独分析西北欧的特殊历史进程，无疑将为中西文明发展进程的比较提供新思路。[37]

王珞认为，中世纪欧洲的大学既是学术共同体，也是宗教慈善组织。思想史的内在发展逻辑不能完全解释大学制度的出现。大学承继了传统宗教社团的部分社会功能。[38]

彭小瑜认为，在欧洲历史上占有独特地位的十一二世纪人文主义为西方文化提供了一些最基本的元素，影响到了现代婚姻和家庭观念。它的出现意味着西方思想文化发生了重大变化。圣维克多修院的于格和格兰西对爱情和婚姻问题的看法具有鲜明的人文主义特色。他们赞美夫妻之间的合意、柔情和忠诚，鼓吹男女平等和社会平等理想。[39]周施廷认为，《神曲》的经典地位是在意大利人文主义者对它的接受过程中确立的，其途径是物质形态和语义形态建构的交相呼应，前者的演变路径为“散本—抄本—印刷本”，后者则是对正文的评注和传记。人文主义者对《神曲》的接受路径多元，对其研究有助于深化对但丁作品内容和文体特征的认识。[40]崔瑾认为，英国学者彼得·伯克弥补了布克哈特的意大利文艺复兴文化史研究之不足，从研究理念、研究方法等方面实现了新突破，深化了学界对意大利文艺复兴史学的理解。[41]

吴愁认为，从1949年至今，中国史学界对于宗教改革的研究始终在平稳发展，同时也逐渐生发出自身的特色。中国学术界并非独立于国际学界的孤岛，相反，它一直与国际学术生态系统紧密相连，并受到国际政治和意识形态环境的影响，当然也有自己的特色。中国学者的中国视角可以规避西方学术界固有的范式和成见，以一种“他者”的立场对宗教改革进行新的阐述，为人类的多元历史书写做出贡献。自19世纪上半叶路德为中国学者所知以来，作为中国历史文化语境中的“他者”，对他的接受从来不是简单地复制，而是经历了主流价值观的评判，因历史需要被夸大、被贬低等系列塑造过程，直至今日的多元立体的形象。进一步总结了中国学界路德研究的最新动态，大力肯定了中国学界的路德研究的贡献，并预判《路德著作全集》的翻译将会带动新一轮路德研究的热潮，对于提升国际学界对中国学界的路德研究的认识，乃至丰富路德研究本身具有重要贡献意义。传教士和中国传统知识分子均对路德的思想进行了宣传，尽管双方的立足点和方式方法均有所区别。[42]

二、热点问题及思考

疫病及环境史是关注重点问题。英国学者安格斯·高岚德关于抑郁症研究的两篇学术论文分别由张珊和赵秀荣译成中文。高岚德认为，文艺复兴时期的人对于忧郁症的认识普遍来源于盖伦的体液学说，往往将其归结为谵妄，而这其中又要分为病理性和非病理性的忧郁。在这一时期，忧郁症更像是一种发于身体，而作用于灵魂的病症。对其诊疗过程可以被认为是对灵魂与身体之间关系认知的佐证；宗教改革爆发后，英格兰乃至欧洲其他地区忧郁症患者增加，与当时的人对身体和灵魂之关系的认识有关。问题的根源可能在于某些积郁已久的情绪在当时的社会思想浪潮下爆发出来，并且形成了一种社会风气。[43] 赵秀荣认为，在英国历史上的抑郁症（depression）概念由忧郁症（melancholia）演化而来。在这个过程中，人们对其认知也经历了转变，从体液说、恶魔说、土星影响说到化学解释和机械解释，最后发展到医学上的情感解释和认知解释；17 世纪前，由于歇斯底里症状被认为与子宫相关，所以一直被认为是女性特有的疾病。近代早期的英国，歇斯底里与巫术交织在一起。彼时的医生试图将歇斯底里的解释医学化，把它从超自然主义中剥离出来。[44]

世界史与中国史融合发展，文明比较和交往成果显著。受到全球范围内新冠疫情、经济形式以及政治格局等因素的影响，中国在外交领域也面临着诸多新的机遇和挑战。在这样的国际关系背景下，加强对其他国家、地区、文明的了解，以促进多方的合作、理解与互信是时代赋予历史学工作者们的新使命。"一带一路"倡议下，学界更加重视中外文明比较和交往研究，从不同角度和方法深入研究中外文化交往的历史脉络、物质文化和精神文化的交流融合、外交和政治经济关系等问题。对不同区域、不同时段、不同类型的文明进行比较，尤其是与中华文明的比较研究体现了我国国家实力不断强盛和国际地位不断提高的事实。如晏绍祥对波斯帝国、古罗马、古希腊以及秦汉帝国一些重要历史和史学问题的研究。全书兼顾中国和西方，不仅有对古代东西方帝国的比较研究，而且从多个切口梳理了中外的古典学研究。

虽然成绩客观，但也有待改进之处，如需要结合中国哲学社会科学三大体系建设等需求，进一步从比较的角度就中外历史上的一些重大问题进行深入的研究，需要对中国的世界古代史学科发展史做深入探讨，需要克服研究的碎片化等问题，进一步加大学科资料建设等。

注：

［1］颜海英：《古埃及神庙中的"秘传"知识》，《杭州师范大学学报（社会科学版）》，2021 年第 1 期；《文本、图像与仪式——古埃及神庙中的"冥世之书"》，《古代文明》，2021 年第 1 期。

［2］马智博：《〈金字塔铭文〉与古埃及人的"洁净"观和"洁净"仪式》，《古代文明（辑刊）》，2021 年第 15 辑；《神圣、复活与秩序——古埃及宗教仪式中的"洁净"及其相关观念》，《外国问题研究》，2021 年第 2 期。

［3］温静：《埃及古王国时期太阳神信仰的嬗变》，《大众考古》，2021 年第 3 期。

［4］郝仁娜：《阿拜多斯的朝圣》，《古代文明（辑刊）》，2021 年第 15 辑。

［5］刘璠：《古埃及圣城阿拜多斯的奥塞里斯秘仪》，《丝路文化研究》，2021 年。

［6］薛江、颜海英：《古埃及前王朝时期的王权表达》，《美术大观》，2021 年第 11 期；《寂静之中的超越——木乃伊肖像画解读》，《美术大观》，2021 年第 10 期。

［7］国洪更：《亚述帝国诉讼的行政化》，《世界历史》，2021 年第 5 期；《古代两河流域早期王衔的沿革与国家形态的演变》，《史学集刊》，2021 年第 3 期。

［8］陈飞：《〈亚述王表〉版本断代》，《中国社会科学报》，2021 年 11 月 19 日。

［9］颜海英：《经典的传承与再造——〈吉尔伽美什史诗〉最新中文版》，《史学理论与史学史学刊》，2021 年第 1 期；《英雄时代的文化"永生"》，《北京日报》，2021 年 10 月 12 日。

［10］李政：《浅析赫梯国王维护王权统治的监管措施》，《历史教学问题》，2021 年第 4 期。

［11］蒋瑞霞：《现实与想象的融合：从〈贝希斯敦铭文〉解读古代波斯王权图像的本质》，《美术》，2021 年第 4 期。

［12］晏绍祥：《古典时代雅典国葬典礼演说与城邦形象建构》，《社会科学战线》，2021 年第 5 期。

［13］贾瑞霞：《〈长征记〉中万人军队的食物考察》，《吕梁学院学报》，2021 年第 3 期。

［14］刘玮：《用智慧驯化勇敢：古希腊德性政治的演进》，《道德与文明》，2021 年第 1 期。

［15］杨光明：《外交代理人与雅典帝国的兴衰》，《历史教学（下半月刊）》，2021 年第 12 期。

［16］于少龙：《瘟疫对伯罗奔尼撒战争的影响探析》，《保定学院学报》，2021 年第 2 期。

［17］颜荻：《热尔奈的"古希腊的人类学"》，《南方文物》，2021 年第 1 期。

［18］何立波：《从"第一公民"到"圣奥古斯都"——论罗马帝国元首的神化》，《宗教信仰与民族文化》，2021 年第 1 期；《圣化与神化：论早期罗马帝国奥古斯都崇拜的形成和传播》，《外国问题研究》，2021 年第 4 期。

［19］安凤仙：《狄奥尼修斯对罗马人希腊起源的构建》，《史林》，2021 年第 2 期；《屋大维的形象和权威——基于对古罗马神话人物的考察》，《政治思想

史》，2021年第1期。

［20］倪滕达：《从〈尤里乌斯法〉和〈帕披乌斯·波派乌斯法〉看奥古斯都的婚育政策》，《世界历史》，2021年第2期。

［21］包倩怡：《格里高利一世时期的政教关系》，《世界历史》，2021年第1期。

［22］LI Wendan，*Die Vita Papst Gregors IX.（1227—1241）：Papst und päpstliches Amt in kurialer Sicht*，Köln e.a.：Böhlau，2021.

［23］孟广林：《中世纪英国王权对议会的操控》，《世界近现代史研究》，2021年辑。

［24］侯兴隆：《诺曼征服后的英格兰郡长角色研究（1066—1216）》，《苏州科技大学学报（社会科学版）》，2021年第2期。

［25］苏泽明：《加冕礼与耶路撒冷王国神授王权的建构》，《经济社会史评论》，2021年第1期。

［26］孙思萌：《拜占庭皇室女性的政治角色刍议——基于铸币的历史考察》，《殷都学刊》，2021年第3期。

［27］朱孝远：《德意志农民战争纲领中的国家制度改革》，《历史教学（下半月刊）》，2021年第2期。

［28］付家慧：《德意志农民战争中矿工的诉求和作用》，《史学月刊》，2021年第12期；《闵采尔的共有思想与德意志农民战争》，《历史教学（下半月刊）》，2021年第2期。

［29］徐浩：《中世纪英国工资研究的问题意识》，《经济社会史评论》，2021年第2期。

［30］王超华：《中世纪英格兰乡村的节日庆祝及其功能》，《首都师范大学学报（社会科学版）》2021年第6期；《中世纪晚期英格兰农民的仲夏节娱乐》，《经济社会史评论》，2021年第2期。

［31］黄春高：《同意原则的表里：15世纪英国乡绅书信中的日常婚姻》，《历史研究》，2021年第1期。

［32］刘城：《伊丽莎白一世时代天主教徒的身份认同困境》，《历史研究》，2021年第4期。

［33］吕昭：《阿维尼翁兄弟会与中世纪晚期法国基层互助》，《历史研究》，2021年第6期。

［34］孙中华：《彼得·布朗对基督教化问题的新认识》，《史学史研究》，2021年第1期。

［35］彭小瑜：《炼狱的诞生与欧洲社会转型》，《读书》，2021年第8期。

［36］徐浩：《西北欧在欧洲文明形成中的核心作用》，《史学月刊》，2021年第10期。

［37］徐浩：《从“小分流”看欧亚历史转型》，《中国社会科学报》，2021年12月6日。

［38］王珞：《养生丧死与中世纪欧洲大学的起源》，《世界历史评论》，2021年第2期。

［39］彭小瑜：《“理性不能辨识的，爱心可以体验”——于格的〈论童贞玛利亚〉与〈教会法汇要〉案例第29》，《世界历史评论》，2021年第1期。

［40］周施廷：《永恒的在场——但丁〈神曲〉在文艺复兴时期的多元接受路径》，《文艺研究》，2021年第11期。

［41］崔瑾：《从雅各布·布克哈特到彼得·伯克——意大利文艺复兴文化史研究新突破》，《内蒙古大学学报（哲学社会科学版）》，2021年第1期。

［42］Chou Wu，Reformation Studies in China over Seventy Years，*The Sixteenth Century Journal*，vol.51（2021）：4；Luther’s Reception in China and the Evolution of His Image（1840—2020），*Reformation and Renaissance Review*，Vol.23（2021）：2.

［43］安格斯·高岚德：《文艺复兴时期的忧郁、激情与认同》，张珊译，《国际社会科学杂志（中文版）》，2021年第2期；《近代早期宗教、政治与社会语境中的忧郁的问题》，赵秀荣译，《国际社会科学杂志（中文版）》，2021年第3期。

［44］赵秀荣：《近代英国对抑郁症的认知——从忧郁症到抑郁症》，《安徽史学》，2021年第1期；《近代早期英国社会对“歇斯底里”的认知》，《经济社会史评论》，2021年第3期。

（北京历史学会供稿；执笔人：郑佳明、刘林海）

世界近现代史

2021年北京地区学者的世界近现代史研究成果在数量和质量两个方面都有所提升，研究内容覆盖面广且多样。下面分别从国别区域史研究、国际关系史、全球史、环境史、移民史等专题分别择要加以介绍，研究成果侧重学术文章和专著。

一、学术研究状况

1.国别史

在国别史方面，依然是以英、德、俄、美、日等大国成果为主。钱乘旦主编的《英国社会转型研究丛书》(9卷）出版，其中包括他自己的《工业革命与英国工人阶级》。这部9卷本大型丛书是我国英国史研究领域的又一大成果，重点对英国工业革命以来英国社会方面的各种变化进行深入的专题探讨，希望能给予中国现代化有益的启迪。[1]王超重点探讨了民主德国和联邦德国在德国统一问题上的政策变化，认为联邦德国对民主德国的经济政策在促进德国统一的过程中发挥了十分重要且独特的作用。[2]徐健指出18世纪末至19世纪30年代浪漫主义运动实质上是一场构建民族精神特质的思想塑造运动。以亚当·米勒和斯泰因为代表的浪漫派在实践中尝试对君主制和等级制做出顺应时代的改变，他们的思想和实践对普鲁士的改革进程产生了重要影响。[3]贾珺对英国信鸽在“一战”中的角色问题进行了研究，认为战时信鸽传递信息的军事价值使之成为被管控与保护的对象，这有助于公众理解信鸽保护条例和动物福利理念。[4]张炜、崔璨以马尔维纳斯（福克兰）群岛和直布罗陀为例，阐述了“二战”后英帝国渐趋解体的过程中维护海外战略据点的策略。[5]信美利探讨了20世纪30年代初意大利与中国的经济合作计划，认为意中经济合作计划的本质仍是法西斯意大利在华进行的帝国主义扩张。[6]王晓菊则结合苏联解体30周年和《中俄睦邻友好合作条约》签署20周年，从苏共兴衰的历史出发思考并阐释了中国共产党百年奋斗的重大成就和历史经验。[7]张丹则利用已公布的苏联历史解密档案，重点考察了1929—1933年经济危机时期苏联为实施第一、第二个五年计划，从西方引进大批先进技术和设备，还高薪聘请外国专家和技工的历史。[8]张跃斌探讨了“二战”后初期日本的选举政治，日本政治遇到的各种难题的深层次原因是日本社会过于迷信选举。[9]张艳茹认为，20世纪初的《日英协约》认可日本在朝鲜的优势地位及在朝鲜和中国东北采取一定军事手段的“合理性”，为日本预留了解释空间，体现了日英同盟的军事色彩。[10]文春美认为寺内正毅内阁时期由朝鲜银行主导的西原借款是20世纪30年代所谓“日满支经济一体化”政策的雏形。[11]

2.区域史

非洲史研究方面，毕健康就埃以和谈过程中埃、以、美三国围绕巴基斯坦问题的博弈及其内外部因素进行了考察，认为埃以和谈是无奈之举的策略而非背叛。[12]他还考察了21世纪一些非洲国家存在的殖民记忆发生的颠覆性变化，指出非洲“思想的非殖民化”任重道远。[13]杭聪以撒哈拉以南非洲经济、社会变化作为切入点反思殖民统治历史，探讨殖民地与殖民统治终结之间的关系。[14]他同时还考察了南非种族资本主义的形成历史及其在后种族隔离时期南非如何形成民族认同，走出发展困境等。[15]

在亚洲史研究方面，成果数量不多且主要集中在日本、韩国和南亚国家。宋丽萍重点梳理了印度独立后中央地方关系的历史发展进程及印度人民党与联邦制的关系，指出发达国家与发展中国家在现代化道路选择上存在差异，印度的资本主义发展先天不足，种姓、宗教、部落等传统要素以现代政治包装进入民族国家导致现代化进程问题丛生。[16]孟庆龙通过解读印度军方两份秘密调查报告以及英国的相关解密档案梳理了印度官方对1962年战败的总结和反思[17]，指出印度对1962年战争的认知错误及其对领土问题的偏执加剧了中印边界争端的复杂性、解决问题的长期性和中印关系发展的曲折性。[18]

此外，太平洋与太平洋国家史研究在传统研究领域继续深化。吕桂霞梳理了太平洋与太平洋国家史研究的相关概念，指出了当前研究现状，并就未来的方向给出了建议。她认为太平洋国家既应包括太平洋（包括边缘海）沿岸国家，也应包括太平洋中已独立的国家，认为目前该领域还存在研究基础薄弱、研究队伍尚不成熟、发表成果较为困难等问题，建议加紧太平洋国家史的编纂，加大自然科学和社会科学的融合研究，并高度重视大国与太平洋地区的关系史研究。她还探讨了斐济的印度移民的历史演变及影响，认为印度移民给斐济带来的变化为发展中斐关系提出新的课题，在处理中斐关系时应充分重视印度移民的影响力。[19]

3.国际关系史

在国际关系史方面，大国关系依然是学者关注的重点，特别是冷战期间的国际关系成果较多。侯艾君从中—俄—美战略三角关系及其演变的角度来考察国际政治问题。他认为，在美国霸权持续衰落的情况下，应该致力于重塑以中—俄—美战略平衡为基础的多边合作，复兴联合国等国际组织，建立更加公正的国际政治、经济新秩序。[20]吴迪、王晓菊指出1917—1944年苏日萨哈林石油之争是一场地缘因素影响远大于经济价值的博弈，对苏日关系乃至当今俄日关系产生了深远影响。[21]邢媛媛则认为日俄外交史上的漂流事件是两国早期关系的基本交往形式，日本漂流民可以被视为两国间的“特殊使节”，从国际政治、文化认同、情报搜集传递三个视角在一定程度上推动着日俄关系的发生与发展。[22]

在冷战国际关系史研究方面，王栋、殷晴飞指出近十年来国内冷战史研究受全球史研究的影响，其研究范式出现了以史料多元化与视角多样化为主要特征和动力的新趋势。当代研究者需要将冷战放入现代化与全球化的长程历史中加以审视。[23]而其他冷战方面的成果则以专题研究为主。如姚百慧重点考察了美国在法国政府1958年4月陷入危机后的政策选择，指出美国从保持冷战优势、顺应非殖民化浪潮、法国自身政治变动等多角度考虑，最终认定戴高乐执政是对其最有利的结果。[24]王秋怡对菲律宾参加朝鲜战争的原因进行了分析，指出菲律宾出于意识形态的认同及其对朝鲜战争和东南亚局势的认识，率先响应美国号召并第一个向朝鲜战场派遣军队，其参战促成了美菲结盟，不仅使菲律宾得到美国援助，而且令美菲关系进入“蜜月期”。[25]时伟通指出1956—1965年中国对老挝援助旨在与美国和苏联争夺影响力，以证明中国反帝反修主张的正确性，宣示中国在亚非拉世界的领导地位，但实际上并未取得预期效果。[26]张瑾利用解密的美国情报档案，分析了1958—1966年美国情报机构针对印度核计划的情报搜集和评估，以及对1962年中印边界战争的评估和预测，指出情报分析是美国外交决策的重要依据和信息来源，其情报带有强烈的反共意识形态色彩和冷战思维，体现了美国在南亚政策上的利益考量。[27]邓超重新审视了“英美霸权和平转移论”，认为该理论带有明显的美国中心论和文化霸权等意识形态色彩，隐含着对非西方国家的敌视情绪。[28]

4.医疗疾病史研究

受新冠疫情影响，医疗疾病史在2021年度的受关注度依然很高。其成果主要集中在近代瘟疫的个案研究以及瘟疫的防控和影响等几个方面。顾年茂探查了1892年德国汉堡大瘟疫暴发的原因以及政府应对的历史，指出舆论的参与是导致政府采取有效措施的主要推力，促进了德意志帝国医疗卫生体系和预防体系的建立。[29]张丹对1770年莫斯科暴发的鼠疫及其防控工作进行了分析，为防止疫情反弹，善后工作一直持续到1775年，其积极影响是当时的中央政府改善了莫斯科市的公共卫生状况，这次鼠疫大战对当下抗击瘟疫具有一定的借鉴意义。[30]冯燚重点对1889—1892年伊朗暴发的全国性的传染病疫情引发社会抗议运动的原因进行了考察，指出其主要在于伊朗民族主义者将殖民者和宗教少数派污名为瘟疫传播者，进而为其发动抗议运动制造了机会。抗议运动强化了反对恺加王朝和外国殖民势力的民族意识觉醒，从而为1906年宪政革命的爆发奠定了基础。[31]

5.环境史

环境史的研究也有一些进展。詹姆斯·毕以迪与仇振武认为，获取殖民地进而控制环境乃是英帝国主义的重要经济支撑，也带来生态和环境问题，英帝国环境史书写包罗万象，其发展大大拓展了英帝国史研究。[32]包茂红指出冷战结束后，随着东亚的崛起，东亚和东南亚的东南亚研究异军突起。这种格局变化反映了知识生产动力机制的演化。从这个视角出发，环境史的新思维可为东南亚研究提供新的概念基础和分析工具，有助于形成新型的东南亚研究范式。[33]姚朋介绍和分析了当代加拿大海洋经济管理和海洋治理现状、加拿大海洋环境保护的主要措施及其考虑，以及分析加拿大海洋治理的两难之境和挑战。[34]

6.移民史

移民、华侨华人等领域仍是研究热点。杜娟考察了近代日本和巴西东亚移民政策的转变，认为日本明治中后期开始鼓励向外移民并且将海外移民视作其殖民扩张战略和民族国家构建中的重要一环；19世纪末20世纪初中日两国国力对比及国际地位变化是推动近代巴西东亚移民政策发生“弃中取日”转变的深层次原因；这一时期日本向巴西的移民活动遵循的是“大公司、小政府”的运行模式。[35]张瑾考察了“二战”后三十年间澳大利亚技术移民结构与成因，认为技术移民来源的结构变化与英澳之间的特殊关系、以法案和协议形式确定下来的移民关系、技术移民的职业技能、澳大利亚的人才需求和移民策略的调整、来源国的人才供给以及国内外人才环境的变化等存在紧密联系。[36]

7.巴尔干研究

马细谱的专著《巴尔干近现代史》是本年度巴尔干研究的最重大进展。该书讲述了巴尔干在拜占庭帝国统治时期、奥斯曼帝国统治时期、“一战”时期、“二战”时期、冷战时期以及东欧剧变以来的历史，深入分析巴尔干地区和国家发展中的特性和共性。[37]这是国内第一部巴尔干近现代史，对于巴尔干学来说具有奠基的作用。李建军从概念史对“巴尔干”与“东南欧”进行了分析，指出前者“巴尔干”是分裂的欧洲的一个缩影和象征，折射的是奥斯曼帝国与之前历史的断裂，强调的是历史变异，以及种族混合和离散因素造成的巨大异质性；而后者“东南欧”则反映了该地区历史演化的有机统一观念，追求的是文化共性，强调的是跨越时空的亲缘关系和渗透性。此外，她还以《卡内基报告》为中心就“巴尔干战争”的他者叙事与巴尔干主义话语进行了历史考察，指出卡内基国际和平基金会的调查是一种新的国际干预行为。该报告充满偏见，沦为帝国主义干预巴尔干的工具，也为后来美国干预巴尔干的行动提供了文本支持。[38]

二、热点问题及思考

第一，专题研究成果丰富且覆盖面广，传统议题与新兴主题交相辉映。政治史、经济史、社会史、外交史、中外关系史等专题研究成果仍然是世界史学界关注的研究重点。一些专题领域如环境史、海洋史、疾病史逐渐形成固定的史学研究专题；全球史视角不断拓展和深入，其方法和理论均有创新；其他领域如北太平洋国家、南太平洋、太平洋岛国、太平洋华人华侨史、日常生活史等领域都有成果产出。相比古代中世纪史研究更加侧重文献整理、考古发掘和研究以及微观考证研究，近现代区域国别研究更加强调中观和宏观研究。

第二，关注现实，对重大历史事件的史鉴作用日益重视。2021年是众多重大事件的历史纪念年份。中国共产党成立100周年之际，学界从世界现代史视域对这一重大事件进行了深入研究。《世界历史》发表了系列特稿和笔谈探讨世界历史视域下的中国共产党，如中国共产党早期领导人的世界历史观、中共的创立及早期发展、抗战中的中共和日共关系等具历史性话题。2021年也是苏联解体30年，学界对苏联解体也进行了全方位、多视角的研究。

第三，多学科交叉研究方法广泛应用。人文科学各学科、人文科学与社会科学、人文科学与自然科学的融合日益深入。环境史研究普遍采用自然科学研究方法、计量史学方法得到学界的广泛认可，语言文字学、考古学研究方法在“一带一路”史研究中被应用，基因科学、科技考古等广泛应用于全球史和文化交流史研究。

与此同时，也有一些问题需要认真思考。

第一，研究对象国上，对美、俄、英、法、德、日等大国历史的研究较多，研究力量过于集中，而对中小国家和发展中国家历史关注不够，同时对发达国家中的非英语国家的研究也不够，如西班牙、葡萄牙、意大利、挪威、瑞典、丹麦等，存在“重大国、轻小国”的现象。另外，对与中国地理位置关系密切的国家研究也不够。比如，作为中国的重要邻国的印度，学界对其历史文化、社会政治发展情况缺乏深度认知，由此而来的历史基础研究很难为现实政治和外交提供有价值的参考。加强有组织的科研应对百年未有之大变局带来的挑战。

第二，具体选题上，宏观把握的研究不够，碎片化现象比较明显。研究对象断裂切割，琐细、选题较窄、表达文本化、轻理论阐释等都是其具体表现。这样的研究远离了历史研究主题，无法体现历史研究的功能性和价值，失去了对作为整体的世界的宏观关怀。应对世界史研究的“碎片化”问题，必须进一步开阔视野、强化现实关注，明确史学研究的济世功能，将学术研究服务社会的新理念融入史学实践，重视理论和方法创新，加强通史意识，尽可能地选择具有历史意义和价值的中观或微观问题研究，从而推动世界史研究宏观整合和发展。

第三，史料运用上，在新冠疫情的持续影响下，国内外世界史各学科领域的对外交流仍然受到严重影响。世界史的研究一定程度上受到难以到研究对象国查找一手档案资料的限制，所以挖掘相关国家原始档案的力度不够，充分运用一手史料的研究成果仍然较少。要强调多元一手史料的利用。史料是认识历史和研究历史的基础。一手史料作为时代记忆的遗更是跨越时空、触及过往、无限接近历史真相的历史研究基础资料。世界史研究的一手资料非常丰富，英语之外的非通用语种资料的收集和使用目前还有很大提升空间。应鼓励和支持年轻学者强化对对象国语言的学习，加强对互联网资料收集手段的利用，扩充图片、影像等文字以外的一手资料的收集和整理，以为更为全面地为阐释研究对象服务。

注：

［1］包括《工业革命与英国工人阶级》《英国治安防控与警察发展》《近代英国人口、婚姻与家》《英国城镇社会转型与发展》《近代英国劳资冲突与化解》《工业革命与英国儿童教育》《英国邮政改革与社会变迁》《近代英国的贫富差距问题》《维多利亚时代的道德建设》，南京师范大学出版社，2021年。

［2］王超：《民主德国在德国统一问题上的政策

变化》，周弘主编:《德国统一的外交》，社会科学文献出版社2021年版。王超:《联邦德国的德国统一政策研究现状——以联邦德国对民主德国的经济政策为考察核心》,《上海师范大学学报（哲学社会科学版）》，2021年第4期。

［3］徐健:《普鲁士改革时期的浪漫主义：思想与行动》,《史学集刊》，2021年3月。

［4］贾珺:《英国信鸽在“一战”中的角色转换与形象变迁》,《世界历史》，2021年第1期。

［5］张炜、崔璨:《主权争议与英国维护海外战略据点的策略——以马尔维纳斯（福克兰）群岛和直布罗陀为中心》,《北方论丛》，2021年第1期。

［6］信美利:《20世纪30年代初意大利与中国的经济合作计划》,《世界历史》，2021年第4期。

［7］王晓菊:《从苏共兴衰看中国共产党百年奋斗的重大成就和历史经验》,《人民论坛·学术前沿》，2021年第24期。

［8］张丹:《大萧条时期援苏外国技工的住房条件》,《文史天地》，2021年第5期。

［9］张跃斌:《浅析二战战后初期日本的选举政治》,《晋阳学刊》，2021年第6期。

［10］张艳茹:《日英同盟形成过程中日本的积极外交活动》,《日本文论》，2021年第2期。

［11］文春美:《寺内内阁的“区域经济一体化”政策与西原借款》,《华中师范大学学报（人文社会科学版）》，2021年第3期。

［12］毕健康:《背叛抑或弃守？——埃以和谈中埃、以、美围绕巴勒斯坦问题的三方博弈》,《安徽史学》，2021年第4期。

［13］毕健康:《殖民史学在非洲卷土重来》,《历史评论》，2021年第6期。

［14］杭聪:《战后英国英属撒哈拉以南非洲政策研究（1945—1980）》，中国社会科学出版社，2021年。

［15］杭聪:《20世纪南非种族资本主义发展简述》,《学术探索》，2021年第7期。

［16］宋丽萍:《印度政治现代化进程中的中央—地方关系》,《世界历史》，2021年第6期。

［17］孟庆龙:《印度官方对1962年战争的总结与反思》,《边界与海洋研究》，2021年第3期。

［18］孟庆龙:《印度对1962年战争的认知与对华政策走势》,《中国社会科学院研究生院学报》，2021年第6期。

［19］吕桂霞:《我国太平洋与太平洋国家史研究：现状、问题与愿景》,《历史教学问题》，2021年第5期;《斐济的印度移民：历史演变及影响》,《世界民族》，2021年第5期。

［20］侯艾君:《中—俄—美战略三角与世界秩序》,《深圳大学学报（人文社会科学版）》，2021年第2期。

［21］吴迪、王晓菊:《1917年—1944年苏日萨哈林石油之争探析》,《东北亚学刊》，2021年第6期。

［22］邢媛媛:《日俄早期关系中的日本漂流民研究》,《日本学刊》，2021年第3期。

［23］王栋、殷晴飞:《从冷战国际史到冷战全球史：国内冷战史研究范式的多样化趋势》,《华东师范大学学报（哲学社会科学版）》，2021年第3期。

［24］姚百慧:《美国与1958年法国政府危机》,《世界历史》，2021年第1期。

［25］王秋怡:《菲律宾为何积极参加朝鲜战争》,《经济社会史评论》，2021年第2期。

［26］时伟通:《中国对老挝援助政策的演变及其动因（1956—1965）》,《世界历史》，2021年第6期。

［27］张瑾:《美国情报视阈下的印度核问题（1958—1966）》,《首都师范大学学报（社会科学版）》，2021年第2期;《美国情报视野中的1962年中印边界战争》,《中国社会科学院研究生院学报》，2021年第1期。

［28］邓超:《“英美霸权和平转移论”的底层逻辑》,《太平洋学报》，2021年第8期。

［29］顾年茂:《1892年德国汉堡大瘟疫探析》,《历史教学问题》，2021年第2期。

［30］张丹:《1770—1775年莫斯科的鼠疫大战及其启示》（俄文）,《俄中公共卫生与健康生活》（俄文论文集），圣彼得堡，2021年。

［31］冯燚:《论1889—1892年瘟疫大流行与伊朗社会抗议运动》,《史学集刊》，2021年第4期。

［32］詹姆斯·毕以迪、仇振武:《帝国叙事与英国环境史研究主题》,《江海学刊》，2021年第1期。

［33］包茂红:《国际东南亚研究的演变——以东南亚史研究为重点》,《陕西师范大学学报（哲学社会科学版）》，2021年第2期。

［34］姚朋:《加拿大当代海洋经济管理、海洋治理及其挑战》,《晋阳学刊》，2021年第6期。

［35］杜娟:《近代日本移民政策的转变》,《北方论丛》2021年第3期;《弃中取日：近代巴西东亚移

民政策的转变》,《世界历史》，2021年第4期;《日本人移民巴西初期的历程和特征》,《拉丁美洲研究》，2021年第5期。

[36]张瑾:《二战后三十年间澳大利亚技术移民结构与成因探析》,《世界历史》，2021年第1期。

[37]马细谱:《巴尔干近现代史》(上下卷)，中国社会科学出版社，2021年。

[38]李建军:《概念史视阈下的“巴尔干”与“东南欧”》,《光明日报》，2021年8月16日;《“巴尔干战争”的他者叙事与巴尔干主义话语——以〈卡内基报告〉为中心的考察》,《全球史评论》，2021年第2期。

（北京市历史学会供稿，执笔人：梁占军、张瑾、张北晨）

工商管理学

工商管理学

2021年是“十三五”收官之年，也是“十四五”开局之年。面对世界百年未有之大变局和中华民族伟大复兴战略全局，置身“两个一百年”奋斗目标历史交汇期前夕，北京工商管理学界学术活力依旧。虽然受到新冠疫情全球流行的严重冲击，但北京工商管理学界克服各种困难，深入开展学术研究取得一系列富有特色的高质量研究成果，在若干前沿热点问题研究上取得进展，关注企业现实管理问题的趋势明显。

一、热点问题和发展态势

2021年北京工商管理学者关注的前沿热点问题体现出较强的时代特征，所关注的话题都是当下或未来将要发生的前沿问题。其中许多议题都与我国未来经济发展及企业战略制定息息相关。

1.新时代背景下的工商管理创新。绿色创新与可持续管理以及数字经济时代的工商管理创新转型是各学科关注的热点，2021年多个学科会议的主题与此相关。这些主题不仅代表着工商管理领域的前沿发展方向，同样与我国实现高速可持续发展的目标高度统一。

2.中国特色管理学研究。近年来，工商管理学界一直呼吁和鼓励学者扎根中国土壤，做有中国特色的案例研究，建立中国管理哲学及管理理念，从而增强理论研究对实践的指导性。

3.对企业现实管理问题的重视程度增长。响应习近平总书记“把论文写在祖国的大地上”的要求，工商管理学界对企业现实管理问题的重视程度增长，发表的基于案例研究的成果越来越多研究聚焦中国重大工程管理中的“真问题”，针对实际问题创新性地提出解决办法，经科学论证及实践检验后，提炼出相对成熟、有指导性的管理学理论。

二、工商管理学科2021年度学术研究进展

（一）会计学

1.期刊

2021年北京高校会计学者在UTD 24期刊国际顶级期刊发表论文7篇，主要涉及The Accounting Review（1篇）、Journal of Accounting Research（1篇）、Management Science（3篇）、Academy of Management Journal（2篇）;话题分别涉及高管团队（2篇）、公司避税行为（1篇）、信息披露（1篇）、并购（1篇）、慈善捐赠（1篇）、客户集中度（1篇）；涉及北京大学（2篇）、对外经济贸易大学（2篇）、清华大学（1篇）、中央财经大学（1篇）、北京工商大学（1篇）。这7篇文章中以中国背景为研究话题的有3篇，分别是北京工商大学毛新述团队发表在*Management Science*的*Top Management Team Power in China：Measurement and Validation*、对外经济贸易大学杨道广团队发表在*The Accounting Review*的*The Political Dynamics of Corporate Tax Avoidance：The Chinese Experience*、北京大学姬俊抗团队发表在*Academy of Management Journal*的*Guilt and Corporate Philanthropy：The Case of the Privatization in China*，预示着中国故事走上世界学术舞台，越来越多的中国话题被学术界所认可。

2021年北京高校会计学者在《经济研究》《管理世界》两本国内顶级经济学和管理学期刊发表论文4篇，无学者在《中国社会科学》期刊发表论文。其

中,《经济研究》2篇、《管理世界》2篇，话题分别涉及国企改革（1篇）、资本市场监管（1篇）、企业创新（2篇）；主要涉及清华大学（1篇）、对外经济贸易大学（1篇）、中央财经大学（1篇）、北京邮电大学（1篇）。

2.课题

2021年北京高校会计学者主持国家自然科学基金项目、国家社会科学基金项目共计21项，资助金额共计504万元。其中，国家自科基金12项，包括面上项目4项、青年项目8项；话题涉及资本市场改革（4项）、公司治理（4项）、国资国企（2项）、审计（2项）；主要分布于中国人民大学（2项）、首都经济贸易大学（3项）、北京工商大学（2项）、清华大学（1项）、北京工业大学（1项）、华北电力大学（1项）、北京外国语大学（1项）、北京石油化工学院（1项）。

国家社科基金9项，包括重大项目1项（中央财经大学）、一般项目4项、后期资助项目4项；话题涉及会计制度改革（2项）、管理会计（2项）、公司治理（2项）、企业创新（3项）；主要分布于中央财经大学（3项）、北京科技大学（2项）、北京工商大学（1项）、首都经济贸易大学（1项）、北京交通大学（1项）、中国矿业大学（1项）。

3.专著

2021年北京高校会计学者出版学术专著17部，涉及在京11所高校。主要话题为国企改革（1部）、公司治理（2部）、公司并购（1部）、资本市场（2部）、高质量发展（3部）、公司投融资（2部）、会计与审计（4部）、其他（2部），主要分布于清华大学（1部）、首都经济贸易大学（5部）、北京交通大学（2部）、北京外国语大学（2部）、北京服装学院（1部）、中国政法大学（1部）、北京联合大学（1部）、北京石油化工学院（1部）、华北电力大学（2部）、北方工业大学（1部）。

（二）财务管理

1.期刊

2021年北京地区高校任职的财务管理学者，共计在UTD 24期刊国际顶级期刊发表论文8篇，对其期刊分别主要涉及*Management Science*（3篇）、*Journal of Financial Economics*（2篇）、*The Journal of Finance*（1篇）、*Production and Operations Management*（1篇）、*Strategic Management Journal*（1篇）；话题分别涉及公司财务（4篇）、公司治理（1篇），资本市场、企业社会责任等（3篇）；涉及清华大学（4篇）、北京大学（2篇）、北京理工大学（1篇）、中国人民大学（1篇）。8篇文章中以中国背景为研究话题的有4篇，分别是北京大学的Jake Zhao发表在*The Journal of Finance* 的*The Misallocation of Finance*、中国人民大学Nianhang Xu发表在*Journal of Financial Economics*的*Air pollution, affect, and forecasting bias: Evidence from Chinese financial analysts*、清华大学Han Jiang发表 在*Strategic Management Journal*的*Cleaning house before hosting new guests: A political path dependence model of political connection adaptation in the aftermath of anticorruption shocks*、北京理工大学Guo Li和Na Li发表在*Production and Operations Management* 的*Does CSR Reduce Idiosyncratic Risk？ Roles of Operational Efficiency and AI Innovation*。

2021年北京地区高校财务管理学者以第一作者或通讯作者身份，在《经济研究》《管理世界》两本国内顶级管理学和经济学期刊发表成果13篇，无学者在《中国社会科学》期刊发表论文。其中,《经济研究》10篇、《管理世界》3篇，话题分别涉及公司财务（5篇）、公司治理（5篇）、资本市场等（5篇）；主要涉及中央财经大学（3篇）、中国人民大学（3篇）、清华大学（2篇）、北京师范大学（2篇）、北京大学（1篇）、中国科学院大学（2篇）、对外经济贸易大学（1篇）、北京工商大学（1篇）。

2.课题

北京高校财务管理学者作为项目负责人，共获批2021年国家自然科学基金项目、国家社会科学基金项目各类项目共计30项，资助金额约共计850万元。其中，国家自科基金21项，包括青年项目14项、面上项目6项、专项项目1项；话题涉及公司财务（12项）、公司治理（7项）、其他财务管理问题（2项）；主要分布于对外经济贸易大学（4项）、首都经济贸易大学（3项）、中国人民大学（3项）、中央财经大学（4项）、北京工商大学（1项）、中国社会科学院大学（2项）、北京外国语大学（1项）、北京大学（2项）、中国科学院大学（1项）。

国家社科基金9项，包括重点项目1项、一般项目4项、后期资助项目2项、青年项目1项、中华学术外译项目1项；话题涉及公司财务（8项）、公司治理（6项）、资本市场关系等（2项）；主要分布于北京工商大学（3项）、首都经济贸易大学（1项）、北京师范大学（1项）、北京信息科技大学（1项）、中国人民大学（1项）、中国社会科学院大学（1项）。

3. 专著

2021年北京高校财务学者出版学术专著9部，涉及在京6所高校。主要话题为公司财务（4部）、公司治理（3部）和其他财务管理问题（2部），主要分布于清华大学（2部）、中国人民大学（1部）、对外经济贸易大学（1部）、北京师范大学（1部）、北京工商大学（3部）、首都经济贸易大学（1部）。

（三）企业管理

1. 战略与创新管理

（1）期刊

2021年北京高校工商管理学科战略与创新研究领域在UTD 24学术期刊发表论文9篇，北京大学在*Management Science*中发表2篇；中国人民大学在*Operations Research*、*Journal of International Business Studies*、*Production and Operations Management*各发表1篇；北京理工大学在*Management Science*发表2篇，在*Production and Operations Management*发表1篇；北京交通大学在*Operations Research*发表1篇。

2021年北京高校工商管理学科战略与创新研究领域中国内顶级期刊发表论文情况如下：16篇发表在《管理世界》期刊，1篇发表在《中国社会科学》期刊。发表期刊论文最多的高校依次为清华大学、北京大学、中国人民大学、北京师范大学、对外经济贸易大学。

（2）课题

国家自然科学基金项目方面，2021年北京高校本学科共获批15项，总经费960万元。其中，中央财经大学4项，中国人民大学获批3项，对外经济贸易大学2项，北京师范大学2项，北京第二外国语学院2项，北京交通大学1项，首都经济贸易大学1项。国家自科基金的分布情况，共包含创新、创业、管理决策、组织行为、数字化转型5个研究方向。其中，创新方向获批4项，创业方向获批1项，管理决策方向获批3项，组织行为方向获批5项，数字化转型获批2项。

国家社会科学基金项目方面，2021年北京高校本学科共获批5项。其中，北京工商大学获批2项，北京物资学院获批2项，北京联合大学获批1项。国家社科基金的分布情况，共包含创新、管理决策、组织行为、数字化转型4个研究方向。其中，创新方向获批2项，管理决策方向获批2项，数字化转型获批1项。

（3）著作

对选出的26位北京高校本学科有重要影响的学者查询其2021年出版的学术著作（含译著），共6本。包括谢绚丽、杨锋、陈凯华、毛基业、黄群慧6位学者的著作。分别来自北京大学、清华大学、中国科学技术大学、中国科学院科技战略咨询研究院、中国人民大学和中国社会科学院。其中，创新方向包括《协同创新：理论、模式与系统》（谢绚丽、陈春花、汪浩、石涌江等）；《中国大学生创业报告2019》（杜鹏、毛基业）；科技政策方向包括《科技政策研究之技术预见方法》（穆荣平、陈凯华等）、《面向制造强国的中国产业政策》（黄群慧、贺俊等）、《2019国家科技竞争力报告》（穆荣平、陈凯华）；决策模型方向为《数据、模型与决策：管理科学的数学基础（第2版）》（梁樑、杨锋、苟清龙）。

2. 市场营销

（1）期刊

2021年度北京高校市场营销学科取得的顶级中外文期刊学术成果共计11项，其中UTD 24期刊成果8项，中文期刊顶级成果3项。UTD 24期刊的发表主要集中在*Journal of Consumer Research*、*Journal of Marketing*、*Journal of Marketing Research*、*Management Science*四本期刊上，涉及的高校有北京大学（6篇）和首都经济贸易大学（2篇），研究问题主要集中在营销模型和消费者行为领域，其中教授成果5篇，副教授成果2篇，助理教授成果1篇。中文期刊顶级的发表主要集中在《管理世界》上（2篇），作者所在的单位分别为北京交通大学（1篇）、北京邮电大学（1篇）两所学校，研究问题主要集中在营销战略领域，其中教授成果2篇，副教授成果2篇。北京大学光华管理学院的张影教授、沈俏蔚教授、徐菁教授，首都经济贸易大学的晏丽副教授成果丰富。

（2）课题

2021年度市场营销学科学者主持国家自然科学基金项目、国家社会科学基金项目、社科基金项目共计15项，资助金额总计601万元。其中国家自然科学基金项目13项，包含面上项目7项、青年项目6项。高校方面主要分布于清华大学（1项）、北京大学（1项）、中国人民大学（1项）、中国科学院大学（1项）、北京航空航天大学（2项）、对外经济贸易大学（1项）、北京交通大学（2项）、中国农业大学（1项）、北京工商大学（1项）、首都经济贸易大学（2项）。

国家社会科学基金一般项目2项，经费总额为40万元，其中北京航空航天大学1项，中国农业大学1项。

（3）专著

2021年度市场营销学科共出版专著16本，涉及在京11所高校，其中清华大学出版4本，北京大学出版1本，中国人民大学出版1本，北京理工大学出版1本，北京第二外国语学院出版2本，北京物资学院出版1本，中国政法大学出版1本，北京航空航天大学出本1本，首都经济贸易大学出版3本，北京工商大学出版1本。

3.人力资源管理

（1）期刊

2021年度北京高校企业管理学科的人力资源管理方向尚无学者在UTD 24期刊和国内顶级期刊发表论文。

（2）课题

2021年北京高校人力资源管理方向国家自然科学基金项目共计23项，资助资金957万元，主要分布在北京航空航天大学、北方工业大学、北京邮电大学、中国科学院大学、北京大学、中国人民大学、清华大学、北京交通大学、北京科技大学、北京师范大学、对外经济贸易大学和中央财经大学。

国家社科基金项目共计4项，资助资金80万元，主要分布在中国人民大学、北京工商大学、北京师范大学、对外经济贸易大学、首都经济贸易大学。

（3）专著

2021年度北京高校企业管理学科的人力资源管理方向知名学者出版学术专著1部，为北京大学王辉的《辩证领导行为：基于中国传统文化的领导理论与实践》(北京大学出版社)。

（四）旅游管理

1.期刊

在知网文献分类中选择“经济与管理科学”中的“旅游”，年份2021，同时以作者单位（北京高校）及期刊类别（SCI/EI/SSCI/CSCD）进行文章搜索；同时，在web of science中以年份2021、关键词进行搜索，并进一步对期刊类别进行筛选，最终得到Q1区的旅游相关文章194篇，涉及期刊85种，其中外文期刊15种、中文期刊70种。2021年发表论文数量4篇以上的高校为中国科学院大学（38），北京第二外国语学院（34），北京大学（27），北京林业大学（16），中国社会科学院大学（14），中央民族大学（10），北京交通大学（10），北京师范大学（9），北京工商大学（4），中国人民大学（4），北京联合大学（4）。

在英文代表期刊*TOURISM MANAGEMENT*发表11篇，*JOURNAL OF TRAVEL RESEARCH*发 表3篇，*CURRENT ISSUES IN TOURISM*发表3篇，话题主要涉及游客空间流动与溢出效应（3篇）、旅游需求预测（3篇）、旅游活动及公共健康（3篇）等；主要涉及院校包括中国科学院大学（3篇）、北京第二外国语学院（3篇）、北京交通大学（2篇）等。

在中文代表期刊《旅游学刊》发表论文40篇、《经济地理》发表论文5篇、《旅游科学》发表论文4篇。话题主要涉及生态旅游与可持续旅游（7篇）、旅游对行业企业的影响（7篇）、乡村旅游与旅游扶贫（4篇）等；主要涉及北京联合大学（17篇）、北京第二外国语学院（6篇）、北京大学（5篇）、中央民族大学（4篇）、北京交通大学（4篇）等。

2.课题

2021年获批的旅游管理学科相关国家自然科学基金项目、国家社科基金项目、北京市社会科学基金立项项目、北京社科基金专项项目以及AEPC项目等共计62项。其中国家自然科学基金15项，资助额度共计649万元，包括向上项目9项，青年科学基金6项；话题主要涉及自然保护地与国家公园（7项）、文化遗产（3项）等；主要分布在中国科学院大学（3项）、北京第二外国语学院（2项）、中国人民大学（2项）、北京建筑大学（2项）、北京大学（2项）、中国林业科学研究院、中国环境科学研究院、首都师范大学；

3.专著

2021年，旅游学科专业教师出版专著（含译著）共计44部，涉及北京高校及单位共计14家。其中，北京第二外国语大学参与或主编11部，中国旅游研究院参与或主编7部，北京联合大学参与或主编6部，中国社科院参与或主编6部，北京交通大学参与或主编4部，文化旅游部参与或主编3部。出版的专著（含译著）涵盖内容广泛，包括教材的编写与再版，旅游行业发展报告，旅游学科典型案例研究，以及旅游行业发展展望等。

（五）技术经济及管理

1.期刊

2021年北京高校技术经济及管理学者在UTD 24期刊国际顶级期刊发表论文1篇，是中国人民大学张瑾团队发表在informs *Journal on Computing*的*A Review Selection Method for Finding an Informative Subset from Online Reviews*。

2021年北京技术经济及管理学者在《管理世界》《管理科学学报》《中国管理科学》3本国内顶级经济学和管理学期刊发表论文7篇。其中,《管理世界》2篇、《管理科学学报》1篇、《中国管理科学》3篇，话题分别涉及管理策略（3篇）、管理方法（3篇）、管理技术（1篇）；主要涉及中国人民大学（3篇）、北京科技大学（2篇）、对外经济贸易大学（2篇）。

2.课题

2021年北京高校技术经济及管理学者主持国家自然科学基金项目共计3项，资助金额共计158万元。话题涉及管理技术（2项）、企业数字化转型（1项）；主要分布于中国人民大学（1项）、中央财经大学（1项）、对外经济贸易大学（1项）。

3.专著

2021年北京高校技术经济及管理学者出版学术专著5部，涉及在京3所高校。主要话题为商业数据分析（1部）、创新创业（1部）、中国低碳经济发展（1部）、中国油气产业发展（1部）、计量经济学（1部），主要分布于中国人民大学（1部）、北京科技大学（1部）、对外经济贸易大学（3部）。

三、工商管理学科代表性学者和文献核心观点

代表性学者和文献核心观点主要包括工商管理领域国家高层次人才在权威刊物上发表的核心观点，以及国家青年高层次人才在UTD 24期刊、《中国社会科学》《经济研究》《管理世界》上发表的核心观点。

（一）会计学

1.吴联生（北京大学），领域：审计质量与公司财务

主要观点：界定关系型社会背景下审计师与投资银行重复合作形成的业务关联关系，研究结果表明为了获得更多的收费可能是注册会计师与投资银行进行合谋而配合IPO盈余管理的重要原因[1]。

2.姜国华（北京大学），领域：会计信息、宏观经济政策与微观企业行为

主要观点：提出汇率不确定性对企业重要涉外经济行为（跨境并购）影响的实物期权与风险对冲效应。[2]。

3.毛新述（北京工商大学），领域：会计准则、国企改革与公司治理

主要观点：提出以中国公司高管团队中“高管排序”作为高管权力的综合测度的观点，认为排名次序是衡量中国公司高管团队成员相对权力的有效测度[3]。

4.陈德球（对外经济贸易大学），领域：会计信息、制度与公司财务

主要观点：从关系网络这一非正式制度出发，发现联合投资的各创投机构间过往合作经历、共同求学和工作经历建立起的关系网络充当了缓解代理冲突的非正式制度，有效补偿了正式制度缺失时创投可能的短视行为，提升了它们对创业企业的失败容忍度，进而促进了企业创新绩效[4]。

5.陈运森（中央财经大学），领域：会计信息与资本市场监管

主要观点：作为中国特色的半公共—半私人实施机制创新，以投服中心为代表的监管型小股东具有较好的监管效果，其倾向于选择曾受到监管机构处罚和问询、收到非标准审计意见、较少发放股利及大股东掏空动机较强的企业进行行权，且行权事件具有信息含量[5]。

（二）财务管理

1.陆正飞（北京大学），领域：公司财务、资本结构

主要观点：发现与未有控股股东股权质押的高杠杆公司相比，具有控股股东股权质押的高杠杆公司进行杠杆操纵的可能性更大，且控股股东股权质押比例越高，高杠杆公司杠杆操纵程度越大[6]。

2.田轩（清华大学），领域：公司财务、企业创新和风险投资

主要观点：发现经济体在自由化后表现出更高水平的创新产出，并且这种效应在更具创新性的行业中更为明显。因此，技术创新是股票市场自由化影响生产力增长进而影响经济增长的一种机制。[7]

3.叶康涛（中国人民大学），领域：公司财务、财务会计等

主要观点：借助我国上市公司强制披露的销售量、生产量、库存量等非财务信息，发现非财务信息有助于识别企业的财务舞弊行为。[8]

4.许年行（中国人民大学），领域：公司财务、公司外部治理等

主要观点：讨论了投资分析师参观企业现场时的空气污染与随后的盈余预测之间的关系。发现空气质量从“良好/优秀”恶化为“严重污染”后，分析师对公司利润预测会下降。但空气污染只影响分析师到访问后几周内宣布的预测，表明分析师情绪可能起了作用[9]。

5.祝继高（对外经济贸易大学），领域：公司治理、银企关系、公司财务等

主要观点：非控股股东董事的监督对独立董事履行监督职能具有溢出效应，且这一效应在经营风险较高的公司中以及当独立董事和非控股股东董事的职业背景相似时更显著[10]。

6.梁上坤（中央财经大学），领域：公司治理、公司财务等

主要观点：国有企业混合所有制程度越高，金融资产配置越多；在融资约束程度较强的企业中，混合所有制程度对金融资产配置的促进作用更显著，而企业的逐利动机强弱则对上述关系不产生显著影响。支持了混合所有制对于金融资产配置影响的“蓄水池”动机[11]。

（三）企业管理

1.路江涌（北京大学），领域：战略管理

主要观点：提出了“高可靠性组织”“危机指挥系统”“危机领导力”“危机学习”这四个相关概念。企业在危机之前应该强调组织建设，着重打造高可靠性组织；在危机早期应该强调组织的执行效率，采用危机指挥系统削弱危机的冲击；在危机中期应该积极重塑使命、愿景、价值观，鼓励危机管理者展现危机领导力以专心应对危机；而在危机后期则应该强调战略调整，在组织内部针对危机的经验教训开展反思学习[12]。

2.毛基业（中国人民大学），领域：技术管理

主要观点：通过采用“内部创业战略、组织内的数字化业务战略、跨组织的外部协同战略”的战略路径，企业最终在组织结构、业务流程、产品以及商业模式上陆续实现了转变，在行业内重新构建了优势地位。[13]。

3.王永贵（首都经济贸易大学），领域：服务营销、顾客关系、创新管理

主要观点：信息（情感）的诉求对消费者（投资）支持者比投资（消费者）支持者产生了更积极的说服力。因此，在设计诉求重点时，企业家必须做出权衡，同时还要考虑决策控制、社会导向和奖励的切身性等偶然因素[14]。

4.陈煜波（清华大学），领域：数字经济、大数据、气候变化与可持续发展战略

主要观点：倡导环境友好型消费的社会规范在媒体报道如何影响消费者购买方面起着重要作用[15]。

5.张影（北京大学），领域：企业数字竞争战略，品牌数字化增长和消费者体验

主要观点：当消费者在两个关键的产品属性（如食品的美味和健康）之间进行权衡决定时，当保持实际的选择方案不变时，消费者更有可能做出更极端的最终选择，当他们遵循两步选择过程而不是一步选择过程时，他们会优先考虑一个单一的属性而不是妥协[16]。

6.沈俏蔚（北京大学），领域：企业与消费者决策的量化模型，社交与新媒体以及营销策略

主要观点：利用共同基金的合并作为所有权结构的外生冲击，由同一机构大股东拥有的竞争公司的广告支出会大幅减少。在存在较高的协调收益或较低的协调成本时，广告支出的减少更有可能发生。说明所有权结构对公司的广告支出存在影响。[17]。

7.徐菁（北京大学），领域：消费者行为

主要观点：在经历了被排斥之后，消费者可能会根据他们对排斥情况的评价，战略性地选择产品，使自己与其他大多数人区别开来。[18]。

8.陈国权（清华大学），领域：组织行为学

主要观点：要加强对组织数字化转型中的数字化动员、数字化培训、考评和反馈等阶段的重视，这些阶段对组织数字化转型的成功实施都起到了重要的作用[19]。

9.张志学（北京大学），领域：领导行为与企业文化、冲突处理、谈判过程与结果、团队过程、跨文化管理

主要观点：呼吁学者探讨数字化、智能化时代的自我管理和自我领导，扎根于数字经济中的企业新兴实践现象，探索其理论内涵、表现形式和作用机理[20]。

10.王辉（北京大学），领域：中国组织环境下领导行为、人力资源管理

主要观点：辩证领导行为对企业的绩效，高管团队的工作结果具有积极的影响作用，对处在不确定环境下的创业者的成功也有促进作用[21]。

11.刘军（中国人民大学），领域：领导力、雇佣关系、人力资源管理

主要观点：中国情境下的职场排斥存在“四宗罪”，即施害者的职场排斥对受害者的工作态度、职场行为、工作绩效和创新这四类影响结果均有负面影响，且影响强度依次减弱[22]。

（四）旅游管理

1.吴必虎（北京大学），领域：旅游规划与开发

主要观点：认为自然保护地不应该绝对保护，而是需要开展游憩和旅游活动。游憩供给是自然保护地生态系统服务的一种，也是保护地部门的法定义务和社会责任的实现手段[23]。

2.邹统钎（北京第二外国语学院），领域：旅游目的地管理、文化遗产管理

主要观点：提出了旅游开发的地格理论，乡村旅游社区主导发展（CBD）模式、大型节事旅游效应模

型与大都市城郊旅游圈层结构模型等[24]。

3.厉新建（北京第二外国语学院），领域：旅游经济发展战略

主要观点：虚拟旅游体验、知觉行为控制、主观效应可以显著影响虚拟旅游者的态度，但只有虚拟旅游体验和虚拟旅游者的态度可以直接正向影响实地旅游意向[25]。

（五）技术经济及管理

1.余乐安（北京化工大学），领域：大数据挖掘、商务智能、经济预测与金融管理

学术观点：数据—预测—决策是当前管理科学领域进行科学决策的主要模式，而人工智能的出现使数据处理效率更加完善、决策场景预测更加精准、决策结果优化更加智能，其核心优势在于实现了数据—预测—决策的高效转化。[26]。

2.龚六堂（北京工商大学），领域：宏观经济政策、公共财政、经济增长和动态经济学等

学术观点：我国以国内经济为主体，国内和国际双循环的格局现在正在初步形成。"十四五"开局之年，我们还有很多问题需要面对：第一，疫情防控的问题；第二，欧美通货膨胀的影响；第三，国内市场的恢复；第四，消费的恢复等。[27]。

四、工商管理学科学术共同体的建设

（一）会计学

会计学科的学术平台主要通过中国会计学会、中国实证会计研讨会、中国会计学者论坛等组织开展，主要关注新时代背景下会计制度创新与高质量发展，如会计与国家治理、会计与资本市场高质量发展、环境变革与会计创新、信息技术发展对会计的影响、会计准则变革与发展、资本市场会计信息披露。各个会议话题涵盖资本市场信息披露、审计创新、国资国企改革、法与监管、公司治理、环境与社会责任、人工智能与大数据等主题，体现了新时代环境技术变革对会计学研究的客观要求，反映了会计领域学者对国家高质量增长、产业发展、监管制度和微观企业健康成长的深度关切，具有鲜明的时代特色和高度的使命感。

各学术研讨会坚持立足中国实践，讲好中国会计故事，为全球会计发展贡献中国智慧，通过为搭建高水准、高规格的会计学术交流平台，为构建中国特色会计学术体系，提升中国会计学术的话语权和影响力起到了积极作用。

（二）财务管理

中国会计学会财务管理专业委员会2021年学术年会主题是服务高质量发展的财务管理理论与实践创新研究，会议分别聚焦于"数字化转型与财务创新""高质量发展与财务管理""资本市场与公司金融"进行了汇报和研讨。

第五届中国财务与会计学术年会的会议主题是新形势下中国资本市场会计、审计与财务问题研究，与会学者对资本市场发展中的财务问题提出很多见解，具有鲜明的时代特色和高度的使命感。

（三）企业管理

1.战略与创新

整体而言，战略及创新领域学术界重点关注的话题为新时代背景下的工商管理创新，例如数字经济时代下的管理、碳达峰碳中和背景下的管理、数智时代的管理、双循环背景下的管理以及面向2035的创新管理等议题。相关学术会议表现出较强的时代特征，所关注的话题都是当下或未来将要发生的前沿问题。其中许多议题都与我国未来经济发展及企业战略制定息息相关。

现有的会议对绿色创新与可持续管理以及数字经济时代的创新转型最为关注。相关的议题不仅代表着国际战略与创新学科领域的前沿发展方向，同样与我国实现高速可持续发展的目标高度统一。在学术研究方面，相关的会议和论坛等更鼓励扎根中国土壤，做有中国特色的案例研究，建立中国管理哲学及管理理念，从而增强理论研究对实践的指导性。

2.市场营销

市场营销学科主要的学术会议有以下两个：中国营销科学学术年会和中国高等院校市场学研究会。2021中国营销科学学术年会暨博士生论坛主题聚焦于"新技术、新市场、新消费"，投稿论文的专题包括消费者心理与行为，新市场、新消费现象与营销创新，数字化转型与数字营销，广告传播与社交网络营销，营销科学与数量营销，营销技术与市场（研究）洞察，产品与创新营销，营销战略与市场增长，品牌管理，服务营销，全球营销，营销渠道管理，新冠疫情与营销变革，非市场营销战略，案例研究及其他定性研究。2021年中国高等院校市场学研究会学术年会暨博士生论坛的主题为"高质量发展与营销创新"，会议邀请营销学界的知名学者及业内精英，共同交流探讨高质量发展与营销创新研究的新形势与新趋势，分享高质量发展与营销创新的现实挑战和解决相关营销实践问题。

3.人力资源管理

在组织行为与人力资源管理领域，2021年国内

学术组织开展的重要学术会议及论坛等重点关注的话题为新时代背景下的人力资源管理创新，重点聚焦在中国人力资源管理的数智化转型方向、新时代面向高质量发展的可续人力资源管理、数字经济时代大数据应用对组织管理的影响、远程办公情景下的个体和组织行为变化、数字领导力对组织和个体的影响。相关学术会议表现出较强的时代特征，议题关注和探讨新时代人力资源管理的理论与实践前沿，为我国未来企业人力资源管理创新提供指导。

（四）旅游管理

旅游管理学科的学术平台主要通过北京市文化和旅游局、中国旅游研究院及各高等院校等机构组织开展。包括制度化的旅游科学年度学术会议、论坛以及学会与高校、研究机构开展的学术活动和学术交流等。整体而言，2021年旅游管理领域的会议交流关注的核心议题为“新发展格局下旅游业与旅游研究的发展”。面对旅游业的加速复苏、科技的加成、“十四五”规划对旅游业高质量发展的高要求等新背景下，旅游业和旅游研究正经历关键阶段，因此会议交流多围绕旅游地理研究传统与转向、旅游大数据预测与决策、旅游创新与新业态等主题。

（五）技术经济及管理

2021年，技术经济及管理领域的主要会议主题围绕“高质量发展和大数据背景下的技术创新管理”进行。中国技术管理学术年会的会议主题是《面向高质量发展的技术与创新管理》，围绕面向高质量发展的技术创新模式与特点、强化国家战略科技力量的有效手段、面向未来制造的知识产权管理等议题，共同探讨如何从现象中凝练理论，丰富和发展中国本土技术与创新管理模式。中国技术经济论坛的会议主题是《新发展格局中的创新与高质量发展》，包括“强化支撑长期发展的科技创新基础能力”“创新创业：新使命、新机遇、新思路”“中国城市营商环境评价”“基于科学的创新：亟待明确关注的两个方向”“中国强化国家战略科技力量的思考与策略”等主题报告。

五、工商管理学科发展的问题思考与未来展望

（一）从服务国家发展战略的高度，加强立足中国企业管理实践的研究

改革开放40年来，伴随着社会主义市场经济建设和改革深入，企业成为市场主体的程度明显增强。国家市场监管总局公布的数字显示，截至2021年底，全国登记在册的市场主体达到1.54亿户，其中，企业4842.3万户，个体工商户1.03亿户。亿万市场主体的磅礴力量推动了我国经济总量迈上百万亿元大关、国家财力和社会财富稳定增长，承载7亿多人的就业基本盘。其中，一些企业和工厂的技术现代化程度不亚于美国等发达国家的企业，平台企业、数字技术应用可以和国外同步甚至领先，且有越来越多的中国企业进行全球布局，企业整体发展水平得到明显提升。企业的进步推动了工商管理学科的发展，工商管理学科的学术研究如何在服务和解决企业实际问题方面做出贡献，而不是坐享企业发展成果，是摆在学者面前的重要任务。工商管理学科要开展面向国家重大需求的工商管理研究，更好地服务国家战略需求和企业发展需要，让工商管理成为负责任的科学，依据科学的力量服务社会。

习近平总书记2020年9月11日在科学家座谈会上的讲话中提到“希望广大科学家和科技工作者肩负起历史责任，坚持面向世界科技前沿、面向经济主战场、面向国家重大需求、面向人民生命健康，不断向科学技术广度和深度进军”，对工商管理学科的学术研究工作具有非常重要的指导意义。工商管理学者应该发挥在微观实证研究的优势，围绕民生大力开展实验研究，凭科学证据检验政策，用科学研究成果支持政策建议。衡量面向国家需求的研究成果应该是民生改善、政策有效性以及学术贡献。

（二）建立中国特色的工商管理理论体系

西方理论在发展过程中，一直基于市场制度下的企业运营逻辑进行探讨，而中国自改革开放以来，其经济体制与西方经济体制有共同特征的同时，更保留其独特“历史印记”——计划经济、强有力政府干预，与既有的西方管理理论存在差异（池太岚，2019[28]）。因此，从中国传统文化和企业管理实践汲取灵感，借鉴国外管理理论和实践的有益思想、方法，产生具有辨识度的本土构念，并依据理论构建的一般过程发展出普适的理论推导是十分有必要的工作（张玉利等，2021）。目前而言，中国的企业实践远远走到理论的前面，本土管理理论在世界范围的影响力远不及企业（张玉利和吴刚，2019[29]）。当前，我国学者应当立足中国特色社会主义制度，发展出情境化的组织理论和管理模式，最终在中国情境和普适理论之间进行反复迭代，不断提升工商管理学科的国际影响力。

具体来说，第一，从研究对象上看，应聚焦中国管理实践，重点研究本土组织的管理和发展问题。从研究选题上看，应正确处理世界管理问题与中国本土管理问题的关系，突出具有中国现实意义和前沿性

的核心问题，在服务中国本土的同时为世界管理科学的发展贡献中国智慧。从研究内容看，应该重点关注中国企业管理实践中的特殊元素，探索建构中国特色管理学的概念体系，阐释这些概念之间的逻辑关系。从研究情境上看，应基于中国管理实践的特定情境或视角，对中国的独特管理现象进行剖析和诠释（王永贵和李霞，2019）。第二，让管理研究扎根于中国的管理实践、解决中国的管理难题。同时，要保持科学严谨的学术精神，辩证地看待中国传统文化，让更多的中国优秀传统文化跟现代管理理论有机地融合起来，并在中国的管理实践中持续加以拓展与创新，为中国特色管理学贡献新的智慧、新的理论、新的工具。第三，从情境依赖性的角度看，应科学理解加快构建中国特色管理学所面临的关键情境。以中国数据和世界现象构建的情境（基于中国的证据来检验世界普遍的现象），以及以中国数据和中国现象构建的情境（基于中国的证据来探索中国特有的现象），都是中国学者需要重点关注的，是构建中国特色工商管理理论的核心所在（王永贵，2021）。

（三）加强工商管理学科与其他学科的交叉融合研究

新技术、新经济发展涌现出不少颠覆性技术（如人工智能、区块链等）和新商业模式（如平台经济、共享经济等），加上环境的快速变化及不确定性可能导致“灰犀牛”和“黑天鹅”现象成为常态，这些都凸显出管理学研究和实践面临的复杂性挑战。工商管理学科发展过程中，需要注重多领域多学科的交叉和多研究方法的融合。学科交叉不仅需要管理学科内不同领域的跨专业交叉与融合，更需要跨学科的交叉与协同。进一步突出大数据、机器学习等方法和工具在工商管理学科研究中的应用。利用多学科交叉与多方法融合，推动工商管理学科研究范式的改进，拓宽理论基础，综合地研究工商管理问题。

研究内容方面，21世纪以来，互联网信息技术和经济全球化对战略管理产生重要影响，企业面临的环境日益复杂多变。新技术与战略管理的融合成为战略管理学科发展的新方向，如何在新时代背景下，把握中国独特的网络化、市场空间、制度转型和技术体制情境，研究平台、生态创新和数字创新等必然成为未来的研究热点。

“大智移云物区”等颠覆性的科技革命正在加速开启崭新的智能时代，财务会计学科的发展在时代背景下迎来了新的机遇和挑战。智能会计、智能财务是财务会计发展的主要趋势。随着智能财务、共享财务等“新管理模式”发展，社群模式、平台思维、网络效应、智慧供应等互联网商业模式要素频繁互动、相互影响，催生出以“互联网+”为核心的多种新型业态，财务会计研究学者应采用大数据、机器学习等方法和工具聚焦互联网时代的公司财务会计行为和决策研究、互联网时代的资本市场行为研究等。

（四）推进工商管理学术共同体建设

受新冠疫情的影响，工商管理各学术共同体的交流活动明显减少，国际交流活动几乎中断。尽管线上方式为学术交流提供了便利，但交流的深度和广度还是一定受到了程度的影响。更重要的是，尽管我们在管理学，以及工商管理各二级学科方面，拥有多个学术共同体，甚至包括国家一级学会（协会）和研究会。但截至目前，尚未有工商管理一级学科的学术共同体，这对推动工商管理学科和学术发展十分不利。我们建议在国家层面尽快成立工商管理一级学科方面的学会或研究会。通过工商管理学术共同体的共商共建，解决不同地区、不同学校工商管理学科发展不平衡逐步扩大的趋势，推动工商管理的学科和学术建设的可持续发展。同时，考虑到北京具有工商管理硕士点和博士点的高校与科研院较多，有必要尽快建立北京工商管理学术共同体；在期刊创办上，特别是英文期刊创办等加大力度；研究制定工商管理人才培养标准，特别是博士生的培养标准，以提升工商管理学科研究的国际影响力和工商管理人才的竞争力。

注：

［1］龚启辉、李辰、吴联生：《投资银行——审计师业务关联与IPO盈余管理》，《会计研究》，2021年第9期。

［2］孟为、姜国华、张永冀：《汇率不确定性与企业跨境并购》，《金融研究》，2021年第5期。

［3］Ke，B.，Mao，X.，Wang，B.and Zuo，L.Top Management Team Power in China：Measurement and Validation.Management Science，2021，67（10），5969—6627.

［4］陈德球、孙颖、王丹：《关系网络嵌入、联合创业投资与企业创新效率》，《经济研究》，2021年第11期。

［5］陈运森、袁薇、李哲：《监管型小股东行权的有效性研究：基于投服中心的经验证据》，《管理世界》，2021年第6期。

［6］许晓芳、汤泰劼、陆正飞：《控股股东股权质押与高杠杆公司杠杆操纵——基于我国A股上市公

司的经验证据》,《金融研究》,2021年第10期。

[7] 黄兆君、田轩:《互联网技术普及下的金融市场与创新:基于全球视角下的检验》,《计量经济学报》,2021年第3期。

[8] 叶康涛、刘金洋:《非财务信息与企业财务舞弊行为识别》,《会计研究》,2021年第9期。

[9] Dong, R., Fisman, R., Wang, Y.and Xu, X.Air Pollution, Effect, and Forecasting Bias: Evidence from Chinese Financial Analysts.Journal of Financial Economics, 2021, 139 (3), 971—984.

[10] 祝继高、李天时、YANG Tianxia:《董事会中的不同声音:非控股股东董事的监督动机与监督效果》,《经济研究》,2021年第5期。

[11] 梁上坤、徐灿宇:《混合所有制程度和国有企业金融资产配置》,《经济管理》,2021年第7期。

[12] 路江涌、相佩蓉:《危机过程管理:如何提升组织韧性?》,《外国经济与管理》,2021年第3期。

[13] 王冰、毛基业:《传统企业如何通过内部创业实现数字化转型?——基于资源匹配的战略演化视角》,《管理评论》,2021年第11期。

[14] 王永贵、焦冠哲、洪傲然:《服务营销研究在中国:过去、现在和未来》,《营销科学学报》,2021年第1期。

[15] 陈煜波:《陈煜波:大力发展数字经济》,《中国外资》,2021年第2期。

[16] Lei, J.and Zhang, Y.The Impact of a Two-Step Choice Process on Trade-Off Decisions.Journal of Consumer Research, 2021, 48 (3), 415—427.

[17] 沈俏蔚、李季、孙亚程、邹鹏:《万物互联时代的大数据营销创新专栏介绍》,《管理科学》,2021年第5期。

[18] Jiang, Z., Xu, J., Gorlin, M.and Dhar, R.Beautiful and Confident: How Boosting Self-Perceived Attractiveness Reduces Preference Uncertainty in Context-Dependent Choices.Journal of Marketing Research, 2021, 58 (5), 908—924.

[19] 陈国权、王婧懿、林燕玲:《组织数字化转型的过程模型及企业案例研究》,《管理评论》,2021年第11期。

[20] 张志学、赵曙明、连汇文、谢小云:《数智时代的自我管理和自我领导:现状与未来》,《外国经济与管理》,2021年第11期。

[21] 王辉:《辩证领导行为:基于中国传统文化的领导理论与实践》,北京大学出版社,2021年。

[22] 苏涛、陈春花、陈冰玲、刘军、马文聪:《职场排斥的“四宗罪”:中国情境下的一项元分析》,《南开管理评论》,2021年第6期。

[23] 吴必虎、谢冶凤、张玉钧:《自然保护地游憩和旅游:生态系统服务、法定义务与社会责任》,《旅游科学》,2021年第5期。

[24] 邹统钎:《走向市场驱动的文旅融合》,《人民论坛·学术前沿》,2021年第Z1期。

[25] 厉新建、李兆睿、宋昌耀、陆文励、张琪:《基于计划行为理论的虚拟旅游行为影响机制研究》,《旅游学刊》,2021年第8期。

[26] 余乐安:《基于人工智能的预测与决策优化理论和方法研究》,《管理科学》,2021年第1期。

[27] 龚六堂:《以扩大内需助力形成新发展格局》,《人民论坛》,2021年第35期。

[28] 池太岚:《中国的改革开放与管理学研究——再看吸收西方理论和本地创新的关系》,《管理学季刊》,2019年第4期。

[29] 张玉利、吴刚:《新中国70年工商管理学科科学化历程回顾与展望》,《管理世界》,2019年第11期。

(工商管理学特约课题组供稿;主要执笔人:龚六堂、毛新述、张伟华、张晨宇、邓春平)

艺术学理论

艺术学理论

2021年,正值中国共产党成立100周年,也是“十四五”规划的开局之年,艺术活动发展和艺术学理论学科发展迎来新的契机。在艺术学升级为学科门类十周年并开启下一个新里程之际,北京地区艺术学理论学科以习近平新时代中国特色社会主义思想为指导，学习贯彻习近平总书记在中国文联十一大、中国作协十大开幕式上的重要讲话，在学位授权点发展、人才培养、学术研究、学术共同体建设、社会服务等方面积极开拓，取得了丰硕成果。

2021年8月，中央宣传部等五部门联合印发了《关于加强新时代文艺评论工作的指导意见》，指出要"建设具有中国特色的文艺理论与评论学科体系、学术体系和话语体系"。如何将马克思主义文艺理论与我国当前文艺实践结合起来、将中华美学精神与当代审美精神结合起来，成为2021年北京艺术学理论界的学术热点。本年度适逢文艺典型理论由鲁迅率先引进中国100周年，王一川的《"典型"在现代中国的百年旅行——外来理论本土化的范例》深入探讨了典型理论的百年理论旅行；郭必恒的《艺术文化学视野下的艺术典型二重性》立足艺术文化学的视野，指出艺术典型二重性应为具体性与普遍性；唐宏峰的《从典型图像到图像典型——论典型与图像对于典型理论的探讨》突破了文学领域，聚焦于典型图像或图像典型。此外，本年度学界还展开对"气韵""文艺高峰"等议题的热烈研讨，体现出当下学界对于构建具有中国特色的学科体系、学术体系、话语体系的热情与决心。

北京艺术学理论界持续探索着学科的体系、边界与潜力。王一川的《艺术学理论的学科进路》一文从文化高度观照门类艺术，指出了艺术跨门类研究的必要性。彭锋的《交叉学科视野下的艺术学理论》从现代学科体制发展规律入手探讨了艺术学理论学科的交叉研究议题。王廷信的《对当下艺术学理论学科的几个判断》则在详细梳理艺术学理论学科自古希腊与中国先秦以来的学科发展历史、学科方法与现有成就、学科存在的挑战与问题的基础上，探讨艺术学理论的学科进路。同时，北京艺术学理论界不仅致力于勾勒艺术研究之融通性的学科范式，而且更将之落实到具体的理论建构与学术研究之中。陈岸瑛的《传统与现代：经典艺术形象的生成机制与"统一场"理论的可能》在图像史脉络之中考察经典艺术形象的生成机制与"统一场"理论的可能。李宁的《增殖的美学：论文艺高峰的文本世界》则从当代"增殖美学"的理论视角，深入探讨"文艺高峰"中各门类艺术的文本联动与媒介转化。

北京学界对艺术学的中国传统与西方脉络也有精彩的散点论析。李心峰的《日本四大美学家》对日本近现代成就最大、影响深巨的四大美学家大西克礼、植田寿藏、竹内敏雄、今道友信的美学与艺术理论成果进行了概括性研究。其他有代表性的著述还有孙晓霞在《文艺复兴时期的人文学科与艺术知识体系的革新》、吴琼的《作为文化史的艺术史——"文艺复兴"的发明与布克哈特的现代观念》等。朱良志在《说中国艺术中的"古意"》中探讨了中国古代的两种不同的"古意"。余开亮在《魏晋人物品藻的观看之道与传统视觉艺术精神》一文中指出，魏晋时期的人物品藻以审美性的观看经验，形成一种极具中国传统特色的视觉美学。吴键的《西潮却自东瀛来：明治日本与近代"艺术"的概念革命》一文从艺术体制论的视角考察了西方语词观念"fine arts"随着明治日本的民族国家建构，被确立为中日同形词"艺术"与"美术"，并波及近代中国思想界的过程。

文艺评论在价值引导、精神引领、审美启迪和推动社会主义文艺健康繁荣发展方面的作用不可替代。互联网时代，在数字化和交互化等技术的加持之下，不仅文艺作品的生态起了根本性的变化，连带着文艺评论也在发生根本性的变革。文艺评论的当代新变引起了学界的关注，也引发了人们关于文艺评论的再认识。王一川在《周星、王一川对谈：艺术审美、艺术批评与艺术理论阐释的独特创造》中提出文艺评论的角色之一是"使者"，即沟通文艺创作与受众之间的"信使"。彭锋则在《走出艺术批评的危机》中指出国际学界在新世纪所面临的艺术批评危机，艺术家们生产了大量不可读也没人读的文本。有代表性的著述还有周星的《五大观念认知：一种文艺评论的新方向》、胡疆锋的《作为事件的网络文艺与新文艺评论的再出发》等。

艺术学理论学科是超越门类艺术的一般艺术学研究，本身具有强烈的跨学科特性、综合性、宏观性。本年度，交叉学科或跨学科研究仍是热门议题，其中对于艺术媒介的研究引人瞩目。在当下互联网带来的全媒体、媒介融合时代，中国当代文艺，如何在文化传承之中显现当代气质，又如何在新全球化语境之中赓续中国精神，是学界热议话题。陈旭光在《数字技术下新媒体艺术的美学变革与理论扩容》深入探讨了"新媒体艺术"的美学变革。郭春宁的《元宇宙的艺术生成：追溯NFT艺术的源头》一文，从比较视野当中梳理考察NFT艺术这一当代文化艺术现象。同时也有学者对科技与艺术二者结合所引发的艺术危机加以思考，例如刘永谋在《新科技与当代艺术危机》一文中指出当代的艺术危机同样有明显的新科技背景。

诸多北京学人还对美育与艺术教育展开学理研究与实践反思。刘成纪的《礼乐美学与传统中国》指出礼乐可以界定中国文明、文化、政治、制度的性质。汪晖的《诗教与美育——从唐弢先生的一道试题说起》深入阐发了处于中国古典美育核心位置的“诗教”传统。王德胜的《蔡元培美育方法的“实验美学”因素探析》考察了蔡元培美育方法之于“实验美学”的吸收和借鉴。叶朗、顾春芳的《“互联网+教育”时代的美育观念及媒介形式探索》结合“艺术与审美”系列慕课，探讨了互联网时代的美育观念和课程建设。北京师范大学艺术学理论学科共同推出“2020年中国艺术教育年度报告”，全方位地对中国学校艺术教育加以梳理与阐释。向勇的《新发展阶段乡村文创的价值逻辑、行动框架和路径选择》一文深入研讨了新发展阶段乡村文创的价值逻辑、行动框架和路径选择。

一、学术研究概况

北京市艺术学理论学科科研产出能力突出、争鸣活跃，积淀下丰厚的学术成果，开拓了学术研究新境。2021年岁尾，国务院学位委员会最新出台的《关于对〈博士、硕士学位授予和人才培养学科专业目录〉及其管理办法征求意见的函》，引起学术界广泛关注。其中，艺术学学科专业目录修订稿变化较大，引发学界热议。经风历雨逾十载的“艺术学理论”一级学科，时至今日其发展路径、学科范式、科研成果等已经积累并开掘至何种境界？如果新目录得以实施，它又将以何种姿态开启新的“艺术学一级学科”？在这个当代艺术学科史上的重大转折关头，聚焦于领衔全国艺术学理论学科的北京学界，对北京市艺术学理论的科研发展作一总览，以史为鉴照亮前路，无疑十分紧要而迫切。

（一）聚焦艺术研究融通性，探索理论学科新进路

北京艺术学理论界持续探索着学科的体系、边界与潜力。王一川的专著《艺术学理论要略》（北京大学出版社2021年版）基于对现代学科制度的了解，系统地介绍了艺术学理论学科的缘起、问题意识、总体构架和焦点话题，在中外艺术理论互通基础上梳理了艺术理论、艺术史、艺术批评、艺术管理、艺术教育、艺术遗产等学科分支间相互关系，全面地展现出艺术学理论学科成长为成熟学科的整体图景，澄清了有关该学科的一些关切与疑虑，还通过学科分支个案例释而有针对性地给青年学人讲述了艺术学研习之法，是一本不可多得的学科指南。王廷信则在详细梳理艺术学理论学科自古希腊与中国先秦以来的学科发展历史、学科方法与现有成就、学科存在的挑战与问题的基础上，探讨艺术学理论学科进路这一问题，指出学科发展的广阔前景：艺术史和艺术理论深入研究的空间广阔、应用研究仍待继续探索、时代赋予艺术学理论发展良机、学科平台需要共建等。[1]

艺术表征着一个时代的文化，而不是一个时代的文化表征着艺术，只有融入整体文化之中，门类艺术才彰显出它的无穷魅力和广阔影响力。艺术的学术研究正打开了门类艺术通向文化的那扇大门，在此过程中，为使各门类艺术得以升华和拓展，采用艺术理论的融通视角加以学术研究也是必要的前提。艺术的学术研究之融通性，不局限于跨度巨大的多门类艺术研究之间的宏观互融，也包括了跨度较小的相邻艺术门类研究之间的微观互融，而且凭借后者这种积硅步以致千里的化学反应，才能构建出基础扎实的有机体系。胡智锋与刘俊对以各类传媒艺术形式为研究对象的“传媒艺术学”的内涵外延及学理逻辑作出了有力论述，指出“传媒艺术学建设的开展和不断成熟，更是依托国家新文科建设的宏阔进程；其建设高度遵循并体现了新文科建设中对于服务国家战略、回归本土原创、鼓励学科融合、夯实基础理论的要求和目标”[2]。而祝帅则深入探讨了跨越“美术学”与“设计学”的“造型艺术”的学理逻辑与发展历史，“以其他学科的‘中层理论’建设为参照，在现有艺术学理论学科内部进行‘艺术家族’式的中层划分，从艺术学理论学科建设中的中层理论及其命名、跨越‘美术学’与‘设计学’的学科藩篱、消解‘艺术’‘实用艺术’的二元对立、超越‘视觉艺术’与‘视觉文化’的感官局限四个方面分析论述，在此基础上对作为艺术学学科中的‘造型艺术’概念及其应用展开论证”[3]。并在对北京大学造型美术研究会相关史料加以全面考察的基础上，对“造型艺术”一词在中国的观念普及及其在专业领域中的应用进行初步梳理。[4]

同时，北京艺术学理论界不仅致力于勾勒艺术研究之融通性的学科范式，而且更将之落实到具体的理论建构与学术研究之中。陈岸瑛在图像史脉络之中考察经典艺术形象的生成机制与“统一场”理论的可能，认为“传统艺术类型与现代艺术类型在题材处理和形象生成机制上有极大不同。建立在现代艺术类型基础上的艺术理论，对传统艺术存在认知偏差。当前传统艺术传承创新过程中存在着造型难题，通过对

造成这一困境的认知偏差进行理论反思，尝试建立一种既能解释和评价传统艺术，也能解释和评价现代艺术的‘统一场’艺术理论。是要把‘作品如何反映世界’这个老问题转换为‘世界如何进入作品’这个新问题”[5]。李宁则从当代“增殖美学”的理论视角，深入探讨“文艺高峰”中各门类艺术的文本联动与媒介转化。[6]而顾亚奇与曾宝苇将“书写史学”与“影视史学”相结合来考察徐悲鸿媒介形象建构，“书写史学”主要通过年表、传记、学术研究以徐悲鸿写艺术史，是学术领域身份指认建构的“徐悲鸿记忆”。在“影视史学”视域中，视听文本对于徐悲鸿媒介形象建构具有同等重要的史料价值。学术场与媒介场的“习性”不同，决定了二者在行动者、信息、载体、受众、效果上存在显著差异。影视文本的生成过程和复杂动因呈现出元场域、学术场、大众文化场、媒介场的交织与僭越。[7]

（二）深化批评观念认知，加强当代文艺评论

文艺评论在价值引导、精神引领、审美启迪和推动社会主义文艺健康繁荣发展方面的作用不可替代。2021年，中央宣传部等五部门联合印发《关于加强新时代文艺评论工作的指导意见》（以下简称《意见》）。《意见》在注重加强传统文艺评论的同时，着重强调了网络文艺评论的重要性，明确指出：要“用好网络新媒体评论平台，推出更多文艺微评、短评、快评和全媒体评论产品，推动专业评论和大众评论有效互动。加强文艺评论阵地管理，健全完善基于大数据的评价方式，加强网络算法研究和引导，开展网络算法推荐综合治理，不给错误内容提供传播渠道”[8]。文艺评论的当代新变引起了学界的关注，也引发了人们关于文艺评论的再认识。

王一川提出文艺评论的角色之一是“使者”，即沟通文艺创作与受众之间的“信使”。文艺作品需要观众的深入理解才能进入文化进程之中，特别是文艺经典，缺乏精辟深刻的文艺批评，流芳百世是不可想象的。他进一步详加阐述，提出：“文艺批评的产生是要满足两方面的相互融合需要：一方面，文艺作品在社会生活中的感性的和精神的作用不可忽视，是在潜移默化且深刻地形塑人们的感性机体和精神品格，从而被要求提升到文化高度去认识；另一方面，观众又不满足于仅鉴赏艺术门类作品以及相关现象（如艺术家创作过程、艺术形象的魅力、明星逸闻趣事等），还有将活生生、灵动而不确定、兴味蕴藉的艺术形象加以理性化、形成相对明确的理性思考的需要，甚至还想到要将优秀的艺术作品与古今中外艺术杰作相比拟、比较或媲美，以及进一步通过艺术史编撰和教育途径等传递给下一代。”他这里从感性与理性两个层面分析文艺批评存在的必要性，反驳了一种较为流行观点——“艺术家们会质疑说不懂或不搞艺术创作，凭什么对文艺作品指手画脚?”[9]

彭锋指出国际学界在新世纪所面临的艺术批评危机，艺术家们生产了大量不可读也没人读的文本。“这一危机从艺术批评的内部来说，源于艺术研究与艺术实践的双重挤压，其结果是艺术批评要么成为艺术理论，要么成为艺术实践。要走出艺术批评的危机，需要回到它的常态发挥它的对话和纽带功能，在作者、作品、读者之间建立起联系，进一步在艺术、社会、自然之间建立起联系。”对于这一危机，彭锋教授提倡“实效主义批评”或“对话式批评”，并在中国艺术评论传统中寻找丰富资源。无论是在中国传统小说评点中，还是在书画的题跋、古琴谱的解题、旁注和后记当中，都可以看到这种实效主义批评，借鉴其中的精华，对于走出当代艺术批评的危机正具有重要意义。[10]

同时，从互联网时代文艺评论的总体特色来观察，文艺评论“酷”化特征非常引人瞩目，这不仅体现在文艺评论的主题上，也显现于文艺评论的话语、文风、体裁、形式等多个层面。互联网时代文艺评论的“酷”化风貌，实质上显示出来的是对传统文艺评论中感性特色的放大化处理，贯穿着“以象立意”“感悟抒情”的风格特点，不仅运用理性思维探索艺术品的内涵，而且在全部感觉里把握艺术品。文艺评论的新变就要求文艺评论者须确立与之适应的观念。对此，周星在《五大观念认知：一种文艺评论的新方向》一文中提出“评论者应该具备的五种观念”，做到“坚守价值观、强化时代观、追求审美观、辨析文体观、建设评论观”。[11]胡疆锋教授同样探讨了互联网时代中的新文艺篇评论样态，他从当代“事件”理论的视角出发，指出“作为艺术事件，网络文艺值得关注的不仅包括审美形式、创作主体、受众数量和影响力的变化，还包括其创作方式、传播路径和评价体系等领域的系统性转换。文艺评论家要善于发现网络文艺的事件性，研究网络文艺的断裂性、生成性、创作的过程性、艺术的媒介性和未知的潜能，适应平台化、圈层化的评论趋势，也要敏锐地发现事件的可撤销性和非事件化的可能，充分发挥文艺评论的引领功能”[12]。

（三）把脉媒介变革趋势，透视当代文艺状况

艺术学理论学科是超越门类艺术的一般艺术学研究，本身具有强烈的跨学科特性、综合性、宏观性。交叉学科或跨学科研究仍是热门议题，其中对于艺术媒介的研究引人瞩目。在当下互联网带来的全媒体、媒介融合时代，中国当代文艺，如何在文化传承之中显现当代气质，又如何在新全球化语境之中赓续中国精神，是学界热议话题。

就创新性艺术类型而言，新媒体艺术或传媒艺术是学界关注的热点。陈旭光教授在《数字技术下新媒体艺术的美学变革与理论扩容》一文中指出“新媒体艺术”的茁壮成长，已成为一种不容忽视的新艺术形式，认为：“广义的新媒体艺术以数字技术为基础、以数字影像为媒介，包括被艺术系统接纳作为‘第七艺术’的电影、作为‘第八艺术’的电视和作为‘第九艺术’的游戏，以及诸多与影视艺术相关的艺术形式，如3D影像、VR影像、影游融合影像等。新媒体艺术为我们提供了新的审美体验模式。”[13]这里提出的“新媒体艺术”包容了影视、游戏和虚拟现实艺术等，倾向于广义上将其理解为数字技术加持下的影像艺术。新媒体艺术在互动、信息传输和图像处理方面倡导不同艺术类型的交流，衍生出众多形态各异的艺术形式，通过重整人的感官系统的接受过程，深化人类对于感知能力与感性体验的理解。

在科技与艺术的互融领域之中，当下NFT（“非同质化代币”）成为近来艺术界热议的话题，加密艺术也在区块链等新技术和新系统的加持下登上崭新的舞台。2019年至2021年，NFT艺术呈现出爆发式的增长态势，诸多代表性案例更新了关于艺术来源、版权、介质的传统界定，也引发了更广泛的受众的参与和互动。郭春宁《元宇宙的艺术生成：追溯NFT艺术的源头》一文，从比较视野当中梳理考察这一当代文化艺术现象，指出“从更广泛的意义上而言，NFT艺术与近十年来由科幻文本进入现实建构的‘元宇宙’概念形成了富有深意的互文关系”。并通过对数字身份、公平交易和游戏性的讨论，将NFT艺术视为一种指向未来的元宇宙，并从艺术世界的革命性来探讨NFT这一数字机制的生成与流变。[14]而刘双舟、郭志伟则撰文提示NFT在数字艺术品市场中的应用风险与防范，指出NFT的应用在为数字艺术品市场发展提供多元可能的同时，也给数字艺术品市场带来了诸多风险，具体表现为著作权侵权风险、存储标准与认证方式风险和交易监管风险。对这些风险可以依靠数字艺术市场监管理念的塑造，通过分类制定市场准入标准、构建NFT艺术品数据库和界定NFT交易平台义务等措施进行防范。[15]

在上述对于当代艺术与科技结合相对乐观的学界声音之外，也有学者对二者结合所引发的艺术危机加以思考。刘永谋在《新科技与当代艺术危机》一文中指出，“当代艺术危机与新科技的发展关系密切。一方面，当代艺术的兴起离不开新科技。当代艺术运用大量新科技手段，借助新科技来组织和传播，从新科技批判性反思中寻找灵感。另一方面，当代的艺术危机同样有明显的新科技背景。斯蒂格勒所谓‘象征的苦难’，离不开新科技对艺术商业化、政治化和社会化的支撑。应对当代艺术危机，必须借助于新科技的力量。应对当代技术危机，也必须强调新科技的作用”[16]。

除了从当代科技发展的视角观照文艺现状，更有学者通过深入探析“当代性”或“同时代性”（contemporaneity）理论，来对包括中国在内的“当代艺术”国际潮流加以分析与定位。这一“当代性”概念在欧美学界争议不断，是不折不扣的前沿理论热点。董丽慧通过对这一理论热点的梳理，指出虽然诸种“当代性”理论各有不同，但均以“当代”一词的拉丁词源“时间”为基点，展开了试图挣脱现代时间叙事的当代“时间转向”。其中尤以阿甘本、格罗伊斯、奥斯本的“当代性”理论为代表，或主张与时间断裂和脱节，或化身为时间流本身，或从诸种时间并置中提取虚拟性，构成了西语中探讨时间转向的三种典型路径。[17]同时，董丽慧更将这一理论潮流与相应的艺术实践加以相互观照，指出行动主义艺术、实在论唯物主义艺术、当代性理论架构是欧美近年来探讨“后当代艺术”的三种主要路径，均试图回到三者所认定的不同真实：或直接介入社会活动的现实，或提出介于现实主义和传统唯实论之间的基础实在论，或以多元架构图绘一个多重现实共存的、作为同时代真实现状的全球图景。无论是“后当代”还是“当代性”的理论尝试，都是对从20世纪后半叶至21世纪第一个十年间建构起来的市场化、体制化、后网络时代作为全球化新自由主义表征的“当代艺术”概念的反抗，是对真正在世界范围内活跃的当代艺术实践的再思考。[18]

如果说国际学界对于“当代性”理论的热烈探讨，是将更具在地性的、更真实的当代艺术现象凝结为新艺术理论的尝试，那么就不得不继续叩问：在

地性的中国当代艺术实践及其研究，应该在其中占据怎样的位置、产生怎样的贡献？对此，彭锋旗帜鲜明地呼唤“当代艺术的中国转向”，指出当代艺术就是各种理论和实践相互竞争的领域，不同的理论和实践不仅不应遭到排斥，而且应该得到鼓励。在这种情况下，中国当代艺术界急需有一次中国转向。期待早日形成一种基于中国文化传统和社会现实的当代艺术这种中国转向，不仅有助于中国当代艺术找到自己的根基，而且有助于世界当代艺术的大繁荣。[19]时胜勋也在系列论文中探讨中国当代艺术的本土化问题，并指出中国当代艺术本土化有四个方面的体现：在意识形态的本土化上呈现价值光谱的热与冷，在社会生活的本土化上呈现从宏观到微观的转型，在自然的本土化上呈现景观、政治、文化的并置，在符号的本土化上呈现从策略化到精神化的深入。四者的经验在于，现实方向的中国当代艺术本土化不是一种对现实的被动反映，而是一种积极的文化建构，以思想性促进社会进步、以精神性铭刻历史真实、以文化性构建中国新文明，从而使中国当代艺术达到更高的文化境界。[20]

在对于当代艺术的研究讨论之中，还可以惊喜地看到对于这一论题的跨学科研究。方李莉围绕“后现代艺术界”这一核心概念，从人类学的视角探讨了当代艺术状况。指出“后现代艺术界”不仅是一个包罗艺术家、经纪人、画廊、媒体等的完整的体系，还包括了被膨胀的国际化艺术市场牵扯进来的土著艺术家，人类学家也被卷入其中，结成了一个社会网络中的想象“共同体”，也使其原生文化受到挑战。在全球化的背景下，中国的当代艺术无疑也受到了这种思潮的影响，但中西方的后现代艺术界最大的不同是：西方是从遥远的“异文化”寻找差异来重构自己的主体文化和主体艺术，而中国是从关注自身的文化历史，尤其是对民间艺术的重新认识实现自身的艺术自觉，并创作出具有本土原创性的当代艺术来与世界对话，同时推动民族文化复兴的进一步发展。[21]闻翔则从经济学的视角，对当代中国艺术市场加以分析，为我们理解当下文艺状况提供了独特而实证的视角，他指出，21世纪以来，中国艺术市场成为全球增长速度最快、规模最大的艺术市场之一。中国艺术市场的崛起不仅是一种经济现象，更是一个在市场化转型背景下的复杂社会过程。国家的文化治理转型、资本的金融化运作以及地方政府的“创意竞争”构成了中国艺术市场崛起的三重动力学机制。三重机制的交互作用共同塑造了中国艺术市场的面貌和格局。在当前建成“文化强国”的战略背景下，探索中国艺术市场健康有序的可持续发展道路，已成为一个具有“实践的紧迫性”的重要议题。[22]

（四）汇通中西艺术学理，开辟当代理论新境

习近平总书记在2021年12月中国文联十一大、中国作协十大开幕式上的重要讲话催人奋进。如何将马克思主义文艺理论与我国当前文艺实践结合起来，如何将中华美学精神与当代审美精神结合起来，如何将中华文化的可辨识性与世界人民对美好生活的追求结合起来，创造出属于新时代的文艺理论，这项任务历史性地落在当今文艺理论工作者的肩上。众所周知，现代中国文艺理论主要有三个思想来源：马克思主义理论家的重要论述、中国传统文艺思想、西方现代文艺思想。回顾2021年北京艺术学理论界的学术热词——“典型”“气韵”“文艺高峰”等，都显示出力图融通中西艺术理论而出新意的勇气，呈现出当下学界对于构建艺术学中国学派的决心与努力。

现代西方文论的“典型”观念从“五四”时期起逐渐传入中国，到2021年正好经历了百年历程，已成为中国主流文艺理论和批评体系的核心范畴之一。王一川教授敏锐地把握到这一关键节点，在《“典型”在现代中国的百年旅行——外来理论本土化的范例》一文中，细致梳理了这一百年理论旅行所经历的转型期、构型期、定型期、变型期及再构型期等五个时段，指出典型在现代中国兴盛的原因，一是出于把握以鲁迅为代表的新形象创作的迫切需要；二是典型这一富有理论威力的西方理论的及时输入；三是中国古代小说评点中的“性格”等相关理论传统。认为对典型理论在我国文论界的百年旅行进行反思，有助于对当代中国文论及其对古典传统的传承作新的建设。[23]金永兵也强调对于中国文艺场域而言，马克思主义的典型理论不仅是一种思想资源，还是一种参与本国意识形态建构与思想文化建设的话语实践，从而使典型的“理论旅行”极具本国特色，应该在此基础上激活典型理论的历史意义与当代价值。[24]郭必恒指出传统典型理论聚焦的对象是形象，多数情况下专指人物形象，而非更为普广的艺术感性形式符号，但这在一定程度上与当代创作实践脱了节。立足艺术文化学的视野，艺术典型二重性应为具体性与普遍性，其中，具体性包含感性形式、艺术形象、艺术经验等；普遍性则包含社会命题、意义内涵、观念精神等，二者的辩证统一范式可能更适合当代艺术典型的观照、认识和阐释。[25]唐宏峰对于典型理论的探讨突破了文学

领域，聚焦于典型图像或图像典型：图像形象本身基于视觉性语言可以内在地表现出表象与本质、特殊与一般的辩证统一的典型性。并尝试通过近代中国的镜像图像来论证图像典型的可能性，将这种图像典型的本质定位为一种内涵了社会结构的图式结构。[26]

从中西思想比较与交流视角，对中国古典美学范畴“气韵”的现代阐释也很亮眼。陈阳颇具新意地将中国“气韵说”与爱森斯坦的蒙太奇理论加以比较，认为爱森斯坦对梅兰芳京剧艺术的赞誉以及他试图将京剧表演引入电影体系的理论考量，尤其值得从艺术和美学的深层观念展开思考。爱森斯坦蒙太奇理论内含着“压缩—爆破”这一重要的动力原理，与中国传统美学的“气韵”说的“凝缩—释放”的内在肌理，有着思维同构性。这在费穆和王家卫等著名导演的作品中均有精彩呈现，由此正体现出中国传统美学观念对电影形式与风格的重要实践意义。[27]李雷则对20世纪上半期“气韵生动”在中西之间的两次“跨语际实践”加以考察。先是汉学家立足西方文化语境对该概念的翻译与介绍，将“气韵”与“节奏”对等，并最终形成rhythmic vitality这一主流译法，后有中国学者对相关译法的回译与解读，两次“跨语际实践”共同参与了“气韵生动”概念的现代转化，影响了中国艺术史的现代书写。[28]同时李雷还撰文探讨了“气韵生动”与“感情移入”在近代美学中的交流与互动。[29]

对于文艺发展史中的“文艺高峰”研究依然热度不减。王一川在《中国文艺高峰传统的品格》一文中考察了中国自古至今出现的有关文艺高峰的生成与“立言不朽”、“诗言志”、“有为而作”、“感兴”、品评及兴味蕴藉、多元汇通等相关的理念，将其分别与西方相关理论做了简要的比较分析，由此探讨中国文艺高峰传统的品格。认为中国文艺高峰传统可以同西方文艺高峰传统形成对话关系，在对话中体现出“和而不同”的民族性价值和世界性价值。[30]陈琳琳在《创新与自立：论宋代文艺高峰生成的主体因素》一文中指出，在中国历史上，从未有一个朝代像宋代那样在诸多文艺领域取得了创造性的成就，形成了群峰耸峙的壮阔景观。以苏轼为代表的宋代士大夫重视主体修养的提升，展开对主体性的发掘与张扬，正是为了确立独树一帜的宋型艺术理想，实现对“影响的焦虑”的全面超越。因此，宋代文艺高峰的意义不独承前，更在启后。[31]李宁在《场域的力量：作为集体成果的文艺高峰》一文中，从场域理论分析文艺高峰的生成，指出文艺高峰场域具有结构的二重性，具体体现在内部与外部的辩证统一、观念与实践的辩证统一以及稳固与开放的辩证统一三个方面。文艺高峰场域是文本与语境相融合的场域，文艺高峰的生成有赖于内部美学要素与外部权力要素的交互作用。[32]

上述对于“典型”“气韵”“文艺高峰”等核心概念的热烈研讨，以及汇通中西艺术学理的视野与气魄，正体现出当下学界对于构建具有中国特色、中国风格、中国气派的学科体系、学术体系、话语体系的热情与决心。对此，彭锋教授在《艺术学中国学派的反思和展望》一文中，清晰勾勒了这一理论自觉。他对比了当下所言的艺术学“中国学派”与一百年前所提出“中国学派”，指出后者的主要目的，是如何在西方艺术的冲击中保全中国艺术的身份。而今天提出“中国学派”的主要目的，是如何在构建人类命运共同体中发挥中国艺术的影响。从另一个角度说，一百年前是如何让西方艺术在中国“本土化”的问题，一百年后是如何让中国艺术在世界“国际化”的问题。今天的艺术学中国学派建设的目标，是将中华美学精神和人类命运共同体意识结合起来，创造出属于这个时代的艺术作品和艺术理论。[33]

除了上述对热门专题的聚焦研讨之外，北京学界对艺术学的中国传统与西方脉络也有精彩的散点论析。在对艺术学的中国传统根脉研究方面，朱良志在《说中国艺术中的“古意”》一文中，指出中国古代有两种不同的“古意”：一是时间性的，古是与今相对的概念，由权威话语所形成的古法，成为当下创造的范式；一是非时间性的，古不是与今相对的过去，而是超越古今所彰显的人的真实生命感觉。中国艺术强调，这非时间的“古意”打通人与人、人与物之间沟通的桥梁，归复人的生命真性，“怀古一何深”的传统艺术精神就是其体现。[34]余开亮在《魏晋人物品藻的观看之道与传统视觉艺术精神》一文中指出，魏晋时期的人物品藻以审美性的观看经验，形成一种极具中国传统特色的视觉美学。这一视觉美学蕴含三大要素：在视觉方式上，魏晋人物品藻受中国文化形神生命观的影响，采用“以形观神”与“遗形取神”这两种基本观看方式；在视觉趣味上，魏晋人物品藻旨在体会观看对象生命本性之神；在视觉意义上，魏晋人物品藻是对观看对象生命本性的探询。魏晋人物品藻的观看之道促使中国美学由哲学美学向艺术美学转换，成为以古典绘画为代表的传统视觉艺术坚守的一种美学精神。[35]张红扬以钱锺书《中国诗与中国画》初稿版的发现为契机，开展其版本之比较研究。

指出自初稿至终稿，打通新旧中西的初衷一以贯之，融汇学科门类的意识递次增进，议论分析愈见注重事物相反相成之关系。版本的递次修改，彰显个人学术之精进，也受时代风气和思想潮流的影响。[36]

在对艺术学西方脉络或者中西交融脉络的研究中，李心峰的《日本四大美学家》(中国文联出版社2021年版）一书对日本近现代成就最大、影响深巨的四大美学家大西克礼、植田寿藏、竹内敏雄、今道友信的美学与艺术理论成果进行了概括性研究，同时也对发足于明治时代、直至平成时代结束的日本近现代美学艺术学择其要者做了概观式描述，清晰地勾勒出社会转型进程中近现代日本美学研究的变化路径，对中国近现代美学发展历程具有参照意义。孙晓霞的《西方艺术学科史 · 从古希腊到18世纪》(文化艺术出版社2021年版）一书基于学科视域的艺术学史研究，清理并深描艺术知识结构嬗变的历史脉络，研究目的是通过对艺术学科史的考察，从学术史的层面认识并理解西方古代艺术，以及作为其结果的现代艺术的本质，力图证实艺术概念是不断生发和变化的，艺术知识体系是不断更新与丰富的，各文明中、各历史时期中的艺术概念都有其独特的理论结构方式，并不存在一个绝对正确的、固定的、牢不可破的艺术定义或学科体系。吴琼对“文艺复兴”的发明与布克哈特的现代观念加以考察，指出雅各布 · 布克哈特是将“文艺复兴”作为一个历史对象的“发明者”，他对文艺复兴的“现代”界定因为“现代性”的目光内置而显示出打开和遮蔽的辩证法的历史重影；而他对文艺复兴艺术的研究也因为实证研究和文化阐释的内在张力而暴露出艺术史有关“艺术事实”的信仰在历史的内在慧眼前的局促不安。[37] 常培杰对格林伯格的艺术媒介观加以辨析，指出其现代主义艺术理论在20世纪艺术理论的发展中占据了关键地位，是现代主义艺术发展逻辑的系统总结。[38] 吴键从艺术体制论的视角，考察西方语词观念“fine arts”随着明治日本的民族国家建构，被确立为中日同形词“艺术”与“美术”，并波及近代中国思想界的过程。其时明治日本的现代博览会与视觉炫示、民族主义话语与国家政体建构、学院美学言说与知识体系确立等体制驱力，共同推动着这一场影响既深且广的“概念革命”。[39]

（五）深入开掘艺教理论，多维拓展美育实践

2020年，中办、国办印发《关于全面加强和改进新时代学校美育工作的意见》，提出弘扬“以美育人、以美化人、以美培元”的美育精神，体现出国家层面对美育事业的空前重视。[40] 而对美育与艺术教育的学理研究与实践反思，一直都是艺术学理论学科的热议话题与热门领域。而在本年度这一领域正涌现出一批高质量的科研成果，既有对美育与艺术教育的中国理论资源的开掘，也有对西方理论资源的博取，既有对其现代形态的考察，也有对其古典根脉的审视，既有对精深学理的阐释，也有对鲜活实践的参与等。

在中国古典美育理论资源研究脉络中，刘成纪教授撰文探讨了对中国历史影响既深且巨的传统“礼乐”，指出礼乐甚至可以界定中国文明、文化、政治、制度的性质。但从本质上看，礼乐正奠基于美和艺术：礼主要指人行为的雅化、典礼艺术和礼仪美术，乐指涉诗、乐、舞。礼乐概念是对两种美和艺术形式的综合。以礼乐为标识的美学传统是中华民族最具奠基性的传统，以尚文为宗旨的礼乐精神构成了民族精神的灵魂。[41] 汪晖则深入阐发了处于中国古典美育核心位置的“诗教”传统，指出在孔门儒学之中，孔子以无言之教激发人们投身于宇宙自然之运行，从涓滴之中发现天地和人生的奥秘，从而实现美与善之境界的达成。审美不但内在于孔子对宇宙、自然、生命的观照与理解，也成为表达道德理想的方式与途径。这一过程的实现有赖于观者的目光与境界，而以物观的独特方式实现物我两忘的“认知—审美—道德”境界则为观者提供了路径。美育的范围也因此渗入所有领域与日常生活的实践之中。[42]

在中国现代美育理论资源研究脉络中，王德胜教授考察了蔡元培美育方法之于“实验美学”的吸收和借鉴，指出这是现代中国美学家具体应用西方理论来张扬和阐发美育育人规律、强化和规范美育实施过程的一个范例。蔡元培基于以“美感体验”为起点、陶养感情为目的的美育特性，依据当时实验美学的方法和成果，积极寻求美育的客观性基础，从明晰“美的对象”入手，确立了从教育和环境美化两方面施行美育的实践方向，并以科学态度详尽规划了美育的实施方法，体现了一种严谨求真的方法论立场。[43] 而冯庆对近代美育史的两位关键人物——王国维和朱光潜的审美启蒙思想的内在理路加以重新审视。他认为，由“古雅”走向“美丽之心”的审美启蒙方案，呈现出王国维关于学术自由和文明自信的双重旨趣。[44] 而朱光潜的审美启蒙设想以“人生艺术化”为核心，但这一设想存在逻辑上的张力。朱光潜承认在审美活动中存在着客观的“性分深浅”，亦即常人和天才在情性状态和审美追求方面的显著差异。为解

决这一矛盾，朱光潜把通达理想审美状态的“天才”解释为长期学识和艺术创作经验积累所致，从而使得审美启蒙的着力点不再是情感的鼓动，而成了知识启蒙。最终，这种“社会化”的知识启蒙必然和朱光潜心向往之的“超社会”纯粹审美境界发生对接上的困难与矛盾。[45]这些研究无疑都是中国现代美育思想史研究的新突破。

在艺术教育的西方理论资源研究脉络之中，贺询的《歌德在魏玛的美育理论与实践》一文值得注意，文中考察了歌德在魏玛宫廷任职期间，与艺术家海因里希·迈耶、诗人弗里德里希·席勒等人组成了“魏玛艺术之友”的美育实践与思考。其理念和行动引领了独特的古典主义艺术之风，既承接自康德、莱辛、温克尔曼以来弘扬理性智慧的艺术理想，挖掘出与法国的新古典主义或意大利文艺复兴相异的民族特色；又与现实中流行于德意志土地上的浪漫主义艺术形成对峙。更重要的意义是，这段历史对“五四”以来的中国知识分子产生直接影响，启发了蔡元培“以美育代宗教”的教育理念，因此具有极高的理论价值。[46]文章显示出对于德语学界相关史料文献的谙熟与思考。

北京的艺术学理论学界，除了上述对于艺术教育理论学理方面的深入思考，也有对于美育教学、美育应用、美育效能等实践指向的研究。其中可以分为三个方面，分别是对学校美育教学体系的建构与反思，作为美育新面向的艺术治疗实践，以及艺术乡建与乡村文创中的美育应用。

首先在学校美育教学体系的建构与反思方面，叶朗教授、顾春芳教授结合自2015年北京大学着手建设的“艺术与审美”系列慕课，探讨了互联网时代，在MOOC的新媒介条件下的美育观念和课程建设。[47]北京师范大学艺术学理论学科郭必恒、张璐、李红菊、李宁、吴键等共同推出了“2020年中国艺术教育年度报告”，全方位地对中国学校艺术教育加以细致梳理与阐释。[48]史红、徐春生对北京中小学美育发展状况加以分析研究，指出北京中小学美育领先全国，具有整体思维、基本原则、独特理念，形成了学校美育模式。但也存在一些问题需要进一步发展，应继续彰显首都特色。[49]

其次在作为美育新面向的艺术治疗实践方面，北京师范大学艺术治疗研究中心本年度在这一领域科研成果突出。李红菊和曹新笛在《舞动治疗的前提与目的：身心整合》一文中，将现代舞的艺术实践与艺术治疗结合起来，指出现代舞对身心关系的艺术性探索为舞动治疗的身心整合提供了动作语汇与艺术思维；身心关系的心理研究为身心整合提供了科学解释。[50]唐怡和李红菊结合在北京市盲人学校针对盲童的拉班动作教育课，以及对自闭症、少年犯等特殊人群的身心干预的实践经验，探索了拉班舞蹈教育在艺术治疗方面的途径与功效。[51]曹晓乔以当代神经科学发展前沿为背景，以三个强迫症临床病案为线索，通过动作评估、干预方法、过程分析、结果反思，探讨了重塑脑图的强迫症舞动治疗新途径。[52]此外相关主题论文还有陈嘉婕等《表达性艺术治疗对大学生抑郁焦虑情绪干预探讨》，[53]曹晓乔《镜像干预的拉班动作分析导向——谈自闭症谱系障碍的舞动治疗》等。[54]

最后，在艺术乡建与乡村文创中的美育应用方面。陈炯探讨了艺术振兴乡村的策略与方法，指出艺术介入乡村建设，需深度探讨艺术的社会价值与乡建策略，以激发村民的内生动力，提升乡风文明，总体上实现乡村有效治理。[55]向勇结合四川宣汉白马花田等地的艺术乡建的实践调研，深入研讨了新发展阶段乡村文创的价值逻辑、行动框架和路径选择，指出乡村振兴的内在动力和精神引领是文化振兴，文化创意是实现乡村文化振兴的重要手段，艺术介入乡村文创的行动框架包括故事驱动、IP授权、创新协同和价值共生等创意营造的综合手段，其价值基石在于乡村命运共同体的认同共建，建设“乡村更加乡村”的乡土自信。[56]黄际影和杜鹏则从舞蹈生态学理论的视角，探讨了非遗舞蹈在乡村美育之中的重要作用，通过分析课间操、社团活动、校本课程三类非遗舞蹈进入乡村美育的案例，探讨乡村美育与非遗舞蹈生态位与生态幅的相互影响，从而探索表演性非遗的校园美育助力艺术乡建、提振乡村文明的路径。[57]

二、学科发展问题与趋势

从上述总结和梳理可见，2021年北京地区的艺术学理论学科在学位授权点发展、人才培养、学术研究、学术共同体建设等方面都取得了丰硕成果，同全国其他省份艺术学理论学科相比，属于博士和硕士学位授权点数量最多、学术人才汇聚最集中、学术成果最丰硕的重镇，其中，博士点数量为全国的约三分之一、硕士点数量接近全国的四分之一。但与其他人文学科和社会科学学位授权点相比，艺术学理论学科毕竟是独立发展刚满十年的带有筚路蓝缕特点的新生学科，发展过程中不免存在着许多亟待正视、亟须完善的不足之处。其中，学科目录调整带来的机遇与调整、如何构建中国特色艺术学学科话语体系是目前北京地区乃至全国艺术学理论学科发展所必须应对的难题。

（一）学科目录调整带来新一轮发展机遇与挑战

2021年年底，国务院学位委员会最新出台的《关于对〈博士、硕士学位授予和人才培养学科专业目录〉及其管理办法征求意见的函》，引起学术界广泛关注。其中，艺术学学科门类及其一级学科体系的修订将作为门类学科的“艺术学”改成“艺术”，其所属的一级学科由原来的5个增加到了7个，但在这7个一级学科中，仅“1301 艺术学”属于学术学位，从1352到1357这6个一级学科均属于实践型的专业学位，这一变化不可谓不剧烈。与2011年目录相比，新目录将专业学位类别与一级学科并重，这种统筹设置模式体现出国家对高层次艺术人才培养的战略思考——加快加强对专业学位研究生教育的发展，着重培养高素质、应用型、技术技能型艺术人才。这种调整体现了学科当前与未来发展的趋势，但也存在值得论证反思的问题。尤其是，新的学科目录调整为成长刚满十周年的艺术学理论学科带来了全新的机遇与挑战。

面对新一轮学科目录调整，艺术学理论学科要进一步探讨自身学科定位与学科性质，明确学科观念与意识，在研究方法、人才培养等方面要进一步形成共识。实际上，艺术学理论学科升格为一级学科以来，伴随着对学科合法性质疑的同时，学科内部主体性的匮乏始终也是一大不容忽视的发展症结。艺术学理论学科中的成员绝大多数是携带其他不同的学科背景加入这一学科共同体的，既有来自哲学、文艺学、美学等外部学科，也有艺术学内部的美术学、戏剧与影视学、音乐与舞蹈学、设计学等学科。加之艺术学理论学科的综合性较强，这就导致来自原有学科的人士对艺术学理论这一新生学科的学科内涵、学科边界、学科任务、学科层次等都缺乏充分的认识，因而在教学实践和学术研究中仍然固守原有的学科路径。与此同时，各大院校的艺术学理论学科建设往往要服从或适应于该院校的主流学科专业。尤其是对于专业性艺术院校来说，艺术学理论学科建设起到的更多是对其艺术专业的一种保障性、服务性功能。

从上文对北京各大院校艺术学理论学科的师资队伍、专业设置、人才培养等方面的梳理不难发现，相比其他综合性高校、师范类高校或研究机构的艺术学理论学科建设，北京电影学院、中央美术学院、中央戏剧学院、北京舞蹈学院、中国戏曲学院等几所专业艺术类院校的艺术学理论学科都带有明显的门类艺术倾向。当然，其他院校的艺术学理论学科同样也或多或少地存在服从该院校发展定位与主流学科定位而忽视艺术学理论学科自身学科性质与学科规律的现象。由此导致的一个现象是，不同院校的艺术学理论学科之间尚且缺乏较为充分自由的对话交流，尚未形成一个有强烈身份认同感、价值认同感的学术共同体。

未来新学科目录正式公布后，艺术学理论学科又将迎来一轮关于学科性质、学科定位等方面的讨论。因此，北京地区艺术学理论学科的下一步发展尤其需要进一步提升学科主体性，在课程设置、人才培养、学术研究等方面进一步强化沟通交流，推动学术共同体凝聚力的提升，以此应对学科发展的新形势。

（二）构建中国特色艺术学学科体系迫在眉睫

近年来，建构具有中国特色的艺术学学科体系和话语体系已经成了整个学科面对的重要议题。习近平总书记在2016年哲学社会科学工作座谈会上的重要讲话中指出，“只有以我国实际为研究起点，提出具有主体性、原创性的理论观点，构建具有自身特质的学科体系、学术体系、话语体系，我国哲学社会科学才能形成自己的特色和优势”[58]。2021年12月14日，在中国文联十一大、中国作协十大开幕式上的讲话中他进一步指出，“要加强马克思主义文艺理论和评论建设，增强朝气锐气，发挥引导创作、推出精品、提高审美、引领风尚的作用。要坚持教育引导和综合治理并重，立破并举、综合施策，建设山清水秀的文艺生态”[59]。构建中国特色艺术学学科体系，要在课程建设、学术研究、人才队伍建设等方面多方发力。

例如在课程建设方面，北京各院校艺术学理论学科目前的显著特征在于自主性很强，不同院校往往会根据人才培养目标、院校定位、师资情况等自主设置核心课程，但因此也容易流于自发性或散漫性。个别院校还存在以一套课程体系适应本科生、硕士研究生、博士研究生不同层次人才培养的做法，缺乏层次性。目前，艺术学理论学科的核心课程体系虽已编制，但尚待实施和检验，更有待于逐步调整和完善。未来，北京地区艺术学理论学科要在根据所在院校不同发展定位保持一定自主性的基础上，积极有效地贯彻实施教育部发布的学科核心课程体系，既要满足艺术学理论学科的学科内涵、学科定位等方面的基本要求，也要适应不同院校人才培养层面的特色与需求。

在学术研究方面，原创性、突破性、本土化的研究成果的数量与质量是衡量学科体系建设的重要指标。艺术学理论学科作为一门综合性、理论性学科，尤其需要在艺术理论、艺术史、艺术批评等领域形成一定数量的原创性成果，以此为学科发展奠定厚实的根基。但就目前来看，北京地区乃至全国的艺术学理论学科虽然在学术论文、学术著作的数量上稳步快速发展，但仍然缺乏重量级的富有突破意义的理论成果。从上文梳理的学术研究成果来看，由于学科成员的学术研究旨趣、学术研究精力等方面的限制，跨门类、跨媒介的艺术史研究还较为匮乏。未来，北京地区艺术学理论学科的发展需要在艺术理论、艺术史与艺术批评等核心领域取得有影响力的研究成果，需要进一步到传统艺术理论中寻找可资借鉴与转换的资源，创作出兼具本土问题关怀和全球学术视野的原创性成果。唯其如此，才能有效地推进中国特色的艺术学理论学科体系的构建。

三、学科社会服务效能

北京地区的艺术学理论学科在2021年不仅聚焦于学科自身建设，更针对北京地区的社会文化发展，积极发挥社会组织人才和智力优势，把握首都社科优势和特色，通过理论研究阐释、决策咨询和社科普及等工作提供相关的学术资政和社会服务。

（一）积极介入文艺评论，引导首都文艺生态建设

2021年度，北京地区艺术学理论学科积极投入文艺评论工作，围绕热点文艺现象、文艺作品、文艺思潮，开展各类理论研讨活动，发挥文艺评论引导创作、推出精品、提高审美、引领风尚的重要作用，对推动首都社会主义文艺健康繁荣发展起到了积极良好的示范作用。

北京地区艺术学理论学科学者在中国文联和中国文艺评论家协会中发挥积极作用。王一川教授当选为中国文联第十一届主席团成员，除连任中国文艺评论家协会第二届副主席外，还兼任其第二届理论专委会主任，彭锋教授担任理论专委会副主任，张金尧教授、郭必恒教授、吴冠平教授、张颖教授、李修建教授任委员，唐宏峰研究员任秘书长。与此同时，北京文艺评论家协会和北京高校文艺评论联盟相继成立，为首都地区艺术学理论学科队伍介入首都文艺创作实践和文艺评论实践提供了富于活力的学术平台和话语机制。

2021年度，中央网信办协同有关部门、集聚社会力量，集中开展了“清朗”系列专项行动，取得的成效有目共睹。北京艺术学理论学科的学人们在其中也主动建言，积极撰写文艺评论、参与研讨活动，对推动当前网络文艺生态健康发展起到了重要作用。例如2021年8月26日，在中国文艺评论家协会、中国文联评论中心主办的“饭圈文化治理”专家研讨会上，彭锋等来自北京艺术学理论学科等领域的专家学者，用跨学科的多维视角对“饭圈文化”的产生机理、发展乱象及有效治理进行了理性分析和探讨。《中国艺术报》推出的“塑造新时代审美风尚”专栏，约请仲呈祥、王一川、毛时安、胡智锋、刘悦笛、陆绍阳、张晶等学者撰写《坚持价值导向，着意审美引领》《传统人生境界论与当代审美风尚》《走出“饭圈”畸形审美误区》等系列评论，大力倡导正确的时代价值观和健康的时代审美风尚。

再例如，新时代以来，尤其是在建国70周年、建党100周年等重要历史语境下，首都地区的重大主题文艺创作迎来了繁荣发展的契机，涌现出电影《长津湖》《长津湖之水门桥》《革命者》《悬崖之上》《狙击手》，电视剧《觉醒年代》《香山叶正红》《我们的新时代》，舞剧《五星出东方》，话剧《香山之夜》，歌剧《青春之歌》等一大批脍炙人口、兼具社会效益与市场效益的作品，形成了颇为引人瞩目的“北京现象”或“北京经验”。面对北京文艺创作的新发展，诸多艺术学理论学科学人积极开展理论研讨活动，并通过艺术批评与学术论文积极展开探讨，引领创作风尚，涌现出戴清的《观念突破与美学拓展——重大主题影视创作的多维思考》、陶庆梅的《史观重建：从“主旋律”到“新主流”》、尹鸿与杨慧的《历史与美学的统一：重大历史题材创作方法论探索——以〈觉醒年代〉为例》、王一川的《〈长津湖〉：中式大片民族美学范式的定型之作》、张卫的《主流价值与情感表达:〈长津湖之水门桥〉的叙事策略评析》、牛梦笛的《〈悬崖之上〉：谍战片的主流叙事与美学表达》、陈旭光的《〈狙击手〉：叙事自觉、类型加强与新主流电影的“可持续发展”》等一大批文艺评论与学术研究文章[60]。北京市文联于本年度还主办“中国式现代化与百年新文艺”——2021北京文艺论坛。上述举措在积极引导观众树立正确历史观和审美观的同时，也为建党百年营造良好的文化氛围。

（二）发挥人才智力优势，推动首都文化产业发展

北京艺术学理论学科的社会服务效能不仅体现

在以艺术史论、艺术管理等方向的本科生、研究生培养与输出为首都乃至全国文化艺术行业发展提供人才资源，同时还体现在主动发挥学科优势，积极以各种项目课题、咨询报告等为首都社会文化发展提供必要的决策咨询与智力支持。

例如，2021年的北京社科基金项目中，艺术学理论学科的学人们充分发挥各自研究专长，聚焦北京地区各个领域的文化艺术发展，涌现出北京舞蹈学院赵菲的《基于艺术核心素养下中等职业舞校音乐课程的改革研究》、中国传媒大学储钰琦的《新时代党史题材影视高质量发展研究》、北京印刷学院杜宜浩的《北京历史文化题材纪录片创作研究》、北京交通大学凌绮的《网络影视跨文化传播研究》、北京舞蹈学院王柯月的《文旅融合背景下红色旅游演艺创新发展研究》、北京电影学院侯杰耀的《"全球本土化"视域下新时代北京影视文化研究》、北京市文联赵立诺的《XR科技与北京文化创意产业融合发展研究》、北京林业大学辛贝妮的《新媒体艺术在北京城市公共空间中的应用研究》以及北京电影学院张愉的《动画创作中北京文化与首都形象构建研究》等一批项目，可望对当前及未来北京地区的影视、动画、新媒体、演艺、网络文艺等产业提供较为切实深入的行业发展咨询建议。

注：

［1］王廷信.对当下艺术学理论学科的几个判断［J］.艺术学研究，2021（01）：56—71.

［2］胡智锋，刘俊.新文科建设背景下传媒艺术学建构的意义与价值［J］.山东大学学报（哲学社会科学版），2021（04）：163—169.

［3］祝帅.作为艺术学门类中层理论的"造型艺术"观念辨析［J］.艺术百家，2021，37（02）：28—34.

［4］祝帅."造型艺术"在中国的形成与传播——对北京大学造型美术研究会（1923—1931）的初步考察［J］.美术，2021（03）：84—91.

［5］陈岸瑛.传统与现代：经典艺术形象的生成机制与"统一场"理论的可能［J］.艺术学研究，2021（06）：34—44.

［6］李宁.增殖的美学：论文艺高峰的文本世界［J］.中国文艺评论，2021（10）：50—58.

［7］顾亚奇，曾宝苇."影视史学"视域下徐悲鸿媒介形象的建构［J］.美术研究，2021（02）：75—79.

［8］中央宣传部等五部门联合印发.关于加强新时代文艺评论工作的指导意见［EB/OL］.（2021—08—02）.http：//www.gov.cn/xinwen/2021—08/02/content_5629062.htm.

［9］周星，王一川.周星、王一川对谈：艺术审美、艺术批评与艺术理论阐释的独特创造［J］.艺术教育，2021（12）：6—11.

［10］彭锋.走出艺术批评的危机［J］.文艺研究，2021（06）：5—17.

［11］周星，任晟姝.五大观念认知：一种文艺评论的新方向［J］.艺术评论，2021（09）：7—19.

［12］胡疆锋.作为事件的网络文艺与新文艺评论的再出发［J］.中国文艺评论，2021（06）：41—51.

［13］陈旭光.数字技术下新媒体艺术的美学变革与理论扩容［J］.社会科学战线，2021（04）：180—188.

［14］郭春宁.元宇宙的艺术生成：追溯NFT艺术的源头［J］.中国美术，2021（04）：14—19.

［15］刘双舟，郭志伟.NFT在数字艺术品市场中的应用风险与防范［J］.艺术管理（中英文），2022（01）：113—119.

［16］刘永谋.新科技与当代艺术危机［J］.天津社会科学，2021（06）：131—134.

［17］董丽慧."时间转向"的三重维度：西方当代艺术的"当代性"理论及其问题［J］.文艺理论研究，2021，41（04）：206—218.

［18］董丽慧."后当代艺术"：重回真实的三种理论路径及其问题［J］.文艺研究，2021（05）：34—45.

［19］彭锋.当代艺术的中国转向［J］.中国文艺评论，2021（09）：4—14.

［20］时胜勋.穿越现实：中国当代艺术本土化问题透视之二［J］.新疆艺术学院学报，2021，19（01）：1—8.

［21］方李莉.人类学与艺术在后现代艺术界语境中的相遇［J］.广西民族大学学报（哲学社会科学版），2021，43（02）：53—66.

［22］闻翔.中国艺术市场崛起的动力学机制——一个社会学的视角［J］.江海学刊，2021（06）：107—115+254.

［23］王一川."典型"在现代中国的百年旅行——外来理论本土化的范例［J］.中国文学批评，2021（04）：4—14+155.

［24］金永兵.思想表征与话语实践："典型"概

念的理论史述评［J］.中国文学批评，2021（04）：15—25+155.

［25］郭必恒.艺术文化学视野下的艺术典型二重性［J］.中国文艺评论，2021（07）：18—29.

［26］唐宏峰.从典型图像到图像典型——论典型与图像［J］.中国文艺评论，2021（08）：35—46.

［27］陈阳."气韵"与"活塞"——对中国"气韵说"与蒙太奇思维同构性的考察［J］.电影艺术，2021（03）：51—58.

［28］李雷.20世纪上半期"气韵生动"概念的跨语际实践［J］.文艺研究，2021（02）：134—144.

［29］李雷."气韵生动"与"感情移入"［J］.首都师范大学学报（社会科学版），2021（05）：82—89.

［30］王一川.中国文艺高峰传统的品格［J］.文艺争鸣，2021（07）：48—57.

［31］陈琳琳.创新与自立：论宋代文艺高峰生成的主体因素［J］.文艺争鸣，2021（07）：77—85.

［32］李宁.场域的力量：作为集体成果的文艺高峰［J］.文艺论坛，2021（04）：82—88.

［33］彭锋.艺术学中国学派的反思和展望［J］.北京大学学报（哲学社会科学版），2021，58（04）：104—111.

［34］朱良志.说中国艺术中的"古意"［J］.北京大学学报（哲学社会科学版），2021，58（06）：47—57.

［35］余开亮.魏晋人物品藻的观看之道与传统视觉艺术精神［J］.文艺研究，2021（10）：19—30.

［36］张红扬.钱钟书《中国诗与中国画》初稿版的发现与版本研究［J］.大学图书馆学报，2021，39（05）：113—121.

［37］吴琼.作为文化史的艺术史——"文艺复兴"的发明与布克哈特的现代观念［J］.艺术学研究，2021（06）：4—18.

［38］常培杰.自我批判与知识迷误：格林伯格艺术媒介观辨析［J］.美术研究，2021（01）：110—114.

［39］吴键.西潮却自东瀛来：明治日本与近代"艺术"的概念革命［J］.南京艺术学院学报（美术与设计），2021（02）：15—20.

［40］中共中央办公厅　国务院办公厅印发《关于全面加强和改进新时代学校体育工作的意见》和《关于全面加强和改进新时代学校美育工作的意见》［EB/OL］.（2020—10—15）.http://www.moe.gov.cn/jyb_xxgk/moe_1777/moe_1778/202010/t20201015_494794.html.

［41］刘成纪.礼乐美学与传统中国［J］.学术月刊，2021，53（06）：171—182.

［42］汪晖.诗教与美育——从唐弢先生的一道试题说起［J］.文史哲，2021（03）：62—69+253.

［43］王德胜，杨国龙.蔡元培美育方法的"实验美学"因素探析［J］.美术研究，2021（04）：9—14.

［44］冯庆.从"古雅"到"美丽之心"——王国维学术转向的审美启蒙旨趣［J］.文艺研究，2021（01）：32—44.

［45］冯庆."超社会"的挫折——朱光潜审美启蒙观的内在困难［J］.文学评论，2021（06）：14—22.

［46］贺询.歌德在魏玛的美育理论与实践［J］.美育学刊，2021，12（02）：32—37.

［47］叶朗，顾春芳."互联网+教育"时代的美育观念及媒介形式探索［J］.中国文化研究，2021（02）：2—11.

［48］郭必恒.2020年中国艺术教育年度报告——高校篇［J］.艺术评论，2021（06）：120—126；张璐，孟竹.2020年中国艺术教育年度报告——小学篇［J］.艺术评论，2021（06）：132—136；李红菊，刘绮璇.2020年中国艺术教育年度报告——学前篇［J］.艺术论，2021（06）：137—142；李宁.2020年中国艺术教育年度报告——成人篇［J］.艺术评论，2021（06）：143—148；吴键.2020年中国艺术教育年度报告——中学篇［J］.艺术评论，2021（06）：127—131.

［49］史红，徐春生.北京中小学美育发展状况研究［J］.湖南师范大学教育科学学报，2021，20（03）：30—38.

［50］李红菊，曹新笛.舞动治疗的前提与目的：身心整合［J］.艺术教育，2021（3）：35—39.

［51］唐怡，李红菊.拉班动作教育对视力残障人群的身心干预研究［J］.北京舞蹈学院学报，2021（1）：128—135.

［52］曹晓乔.解锁、换挡、重塑——强迫症的舞动治疗探讨［J］.北京舞蹈学院学报，2021（01）：121—127.

［53］陈嘉婕，李红菊，薛羽佳.表达性艺术治疗对大学生抑郁焦虑情绪干预探讨——以北京师范大学

为例［J］.艺术教育，2021（12）：38—41.

［54］曹晓乔.镜像干预的拉班动作分析导向——谈自闭症谱系障碍的舞动治疗［J］.艺术教育，2021（03）：40—43.

［55］陈炯.艺术振兴乡村的策略与方法研究［J］.中国人民大学学报，2021，35（02）：163—172.

［56］向勇.新发展阶段乡村文创的价值逻辑、行动框架和路径选择［J］.北京舞蹈学院学报，2021（04）：83—88.

［57］黄际影，杜鹏.乡村美育与非遗舞蹈：艺术乡建的“校园美育”路径［J］.北京舞蹈学院学报，2021（04）：103—113.

［58］习近平.在哲学社会科学工作座谈会上的讲话［M］.北京：人民出版社，2016：19.

［59］习近平：在中国文联十一大、中国作协十大开幕式上的讲话［EB/OL］.（2021—12—14）.http://www.gov.cn/xinwen/2021—12/14/content_5660780.htm.

［60］分别载于:《中国文艺评论》2021年第12期、《文化纵横》2022年第3期、《中国电视》2021年第6期、《电影艺术》2022年第1期、《新剧本》2021年第4期、《当代电影》2022年第3期、《当代电影》2021年第6期、《电影艺术》2022年第2期。

（艺术学理论特约课题组供稿；主要执笔人：王一川、郭必恒、唐宏峰、吴键、李宁、周轶凡）

附：

2021年度中国十大学术热点

光明日报理论部　学术月刊编辑部　中国人民大学书报资料中心

热点1　习近平法治思想研究

入选理由：2020年11月召开的中央全面依法治国工作会议总结并阐述了习近平法治思想。习近平法治思想是习近平新时代中国特色社会主义思想的重要组成部分，深刻回答了新时代为什么实行全面依法治国、怎样实行全面依法治国等一系列重大问题。2021年度，学术理论界围绕习近平法治思想的研究持续推进，取得诸多高质量成果。1.习近平法治思想的理论来源和重大意义。阐明了习近平法治思想是马克思主义法治理论中国化最新成果，是顺应实现中华民族伟大复兴时代要求应运而生的重大理论创新成果，是全面依法治国的根本遵循和行动指南，具有重大政治意义、理论意义、实践意义和世界意义。2.习近平法治思想的学理阐释。深入阐释习近平法治思想各组成部分的主要内容，并围绕依法治国与依规治党的关系、改革与法治的关系、人民立场、对中华优秀传统法律文化继承和创新、推动全球治理体系变革等重大理论命题，阐明习近平法治思想的鲜明特征、核心要义和科学方法。3.习近平法治思想的实践探索。聚焦法治政府、法治社会建设，监察法治，立法工作，生态文明法治，法治人才培养等实践问题，在习近平法治思想指导下从各领域、各部门法进行多层次、多视角系统研究。

专家点评：2021年度，学术理论界掀起学习研究宣传贯彻习近平法治思想的热潮。在既有研究成果基础上，当前和未来一个时期，关于这一主题的研究将主要面向以下方面：1.加强习近平法治思想的实践研究，以吃透基本精神、把握核心要义、明确实践要求，推进习近平法治思想落地生根、走深走实，进而在全面依法治国中释放出新的实践伟力。2.加强习近平法治思想的学理阐释和体系构建，特别是系统分析习近平法治思想中原创性、独创性、集成性理论创新，彰显其真理力量和话语魅力。3.加强习近平法治思想的融通性研究。习近平法治思想是对中华优秀法律文化的创造性转化、创新性发展，是对人类法治文明成果的批判性继承、择善性借鉴，与中华优秀传统法律文化和人类法治文明思想精华具有内在融通性。要通过深入研究，展示这一思想蕴涵的博大精深的中国精神和中国文化，展示其海纳百川、博采众长的全人类共同价值。4.加强以习近平法治思想为指导的重大专题性研究。习近平法治思想涵盖经济、政治、文化、社会、生态文明和党的建设各领域，运用于改革发展稳定、内政外交国防、治党治国治军各方面，在政治与法治、民主与专政、权利与权力、自由与秩序、安全与发展、法治与德治、依法治国与依规治党、改革与法治等辩证关系中都有习近平法治思想的政理、法理、哲理，这就需要我们以习近平法治思想为指导开展一系列专题研究。

（点评人：中国法学会党组成员、学术委员会主任张文显）

热点2　中国共产党百年奋斗伟大历程、重大成就和历史经验

入选理由：在中国共产党成立一百周年的重要历史时刻，在“两个一百年”奋斗目标的历史交汇期，全面总结党的百年奋斗伟大历程、重大成就和历史经验，具有重要学术价值、鲜明现实意义和深远历史影响。2021年度，学术理论界围绕中国共产党成立一百周年这一重大主题，形成了丰硕研究成果。1.从历史与现实相结合的角度，回顾中国共产党百年奋斗历程，全面梳理中国共产党为实现中华民族伟大复兴，团结带领人民在经济、政治、文化、社会、生态文明、国防和军队建设、国家安全、外交等领域取得的历史性成就，彰显了中国共产党百年历史的主题主线、主流本质。2.从历史发展规律的角度，深刻阐释中国共产党百年奋斗创造辉煌历史、取得重大成就的历史逻辑、理论逻辑和实践逻辑，全面总结了中国共产党百年奋斗的历史经验，为诠释中国共产党过去为什么能够成功、未来怎样才能继续成功提供了深厚的学理支撑。3.运用多学科理论和方法，从不同维度系统总结中国共产党百年奋斗的重大成就、历史意义和宝贵经验，形成了学科交叉研究态势，既拓宽了人文社会科学研究领域，也进一步深化了党史研究。

专家点评：学术热点的形成往往与现实密切相关。2021年是中国共产党成立一百周年，学术理论界关注的焦点主要有：中国共产党为实现中华民族伟大复兴而进行的不懈奋斗史、不怕牺牲史、理论探索史、为民造福史、自身建设史；习近平总书记“七一”重要讲话精神；党的十九届六中全会通过的《中共中央关于党的百年奋斗重大成就和历史经验的决议》，等等。总体而言，学术理论界对中国共产党百年历史的研究具有以下特点：1.用大历史观审视和评价百年党史，既有分领域、分阶段的研究，又有整体性研究，将某一问题的研究以百年为考察周期、研究时空，并将中国共产党百年历史置于中华民族发展史、中国近现代史、马克思主义发展史、世界社会主义发展史、人类文明发展史的高度来评价和定位，充分彰显中国共产党百年奋斗的历史意义，拓宽了中共党史研究的视野。2.马克思主义理论、哲学、历史学、政治学、经济学、文艺学、教育学等学科，立足本学科视域、基本理论、研究方法开展中国共产党百年历史的研究，凸显了多学科交叉研究的优势，特别是在新民主主义革命时期的中共党史研究方面取得不少突破进展。3.将历史、现实、未来有机结合起来，着眼中国共产党百年奋斗历史经验的总结，注意阐发历史经验的当代价值，体现了中国学术理论界的历史自觉、历史自信和历史担当。中国共产党百年历史波澜壮阔、厚重宏大，对这一课题的研究是一项重大的系统性工程，面向未来，学术理论界还需立足现有成果，充分挖掘和利用史料，进行更为具体的探讨、更为深入的分析思考。

（点评人：华南师范大学教授陈金龙）

热点3　中国现代考古学的理论与实践

入选理由：百年前仰韶遗址的发掘，拉开了中国现代考古学的序幕，经过几代考古学人的艰苦努力，中国现代考古学有了长足发展，业已成为世界考古学界不可忽视的重要一脉。值此中国现代考古学开创百年的历史节点，学术理论界回顾了中国现代考古学百年探索之路，并在总结成绩的同时展望未来。中国现代考古学是在社会与学术多方因素作用下形成的，百年间走出了一条独具特色的学科发展之路，取得了一系列重大考古发现，展示了中华文明起源与发展的历史脉络、灿烂成就及对世界文明的重大贡献。2021年度，学术理论界聚焦中国现代考古学的理论与实践，在以下方面开展了深入研究：1.探讨了中国现代考古学理论范式的变迁和理论体系的演进，分析了中国现代考古学的话语类型和叙事模式，在与西方考古学的比较中辨析其中国特色。2.探讨中国现代考古学对探索中华文明起源、构建中国上古史、铸牢中华民族共同体意识所起的作用和贡献。3.探讨中国现代考古学的学科归属，辨析考古学与历史学、人类学的关系。4.总结中国现代考古学过去百年的本土实践经验，谋划建设中国特色、中国风格、中国气派的考古学。

专家点评：中国现代考古学具有历史学的学科属性，并自始至终承担着强烈的历史学使命。百年来，中国现代考古学取得了一系列重大考古发现，展示了中华文明起源和发展的历史脉络，实证了我国百万年的人类史、一万年的文化史、五千多年的文明史，展

现了中华文明的灿烂成就和对世界文明的重大贡献。在百年发展过程中，中国现代考古学坚持以马克思主义为指导，吸收借鉴西方考古学理论和研究方法，逐渐摸索出具有中国特色的考古类型学、考古地层学、聚落考古学和考古学文化谱系研究方法，形成了具有中国特色的考古学文化区系理论、文明起源和国家演进理论。可以预期，未来的中国现代考古学必将有更多重大考古发现，会更强化多学科合作，会有更广阔的国际视野，会产生更大的国际影响力。今后一段时间，建立具有中国特色的考古学理论、方法和技术体系，建设中国特色、中国风格、中国气派的考古学，更好认识源远流长、博大精深的中华文明，是中国现代考古学的重要任务和时代使命。

（点评人：中国人民大学历史学院教授韩建业）

热点4　数字时代劳动的哲学审视

入选理由：数字时代，随着信息科技的广泛应用和数字经济的快速发展，劳动和劳动关系正在发生深刻变革，劳动形态、劳动保障和劳动权利等问题引起社会各界关注，对数字时代劳动及其本质和形式的探究成为哲学研究的一个重要议题。2021年度，哲学界对数字时代劳动的探讨主要集中于劳动方式、劳动价值、劳动正义、劳动自由等话题：1.分析数字时代劳动的过程，指出数字技术的介入使得劳动过程开始无缝镶嵌和全面浸润在人的生活中，改变着人与人的交往和存在方式，推进了劳动过程的社会化，加深了劳动者对社会的依赖。2.运用马克思主义政治经济学剖析“数字劳动”的含义，对比传统劳动，辨析数字劳动与物质劳动、生产劳动的关系。3.聚焦数字时代“数字生产过劳”现象、智能生产中人与其类本质的对立、人机关系背后的劳资关系等话题。4.对数字生产要素的公平配置模式、数字生产结构的均衡性、数字生产的多元共治、数字劳动中人的主体性安置、劳动者的数字技能、劳动时间等具体议题展开讨论，探求数字时代的劳动正义和劳动幸福。

专家点评：劳动作为人的存在方式和本质性活动，是社会发展和人的美好生活的基础。迈入数字时代，劳动内容、劳动方式、劳动价值、劳动关系等正在发生巨变，学者们敏锐地捕捉到这些新变化，围绕数字劳动问题进行了广泛而深入的探讨。这些讨论既具有强烈的高科技色彩，又表现出深切的人文关怀：1.特别关注劳动内容和方式的变化，数字劳动的本质和基本特征成为讨论的焦点。2.特别关注机器替换人可能造成的技术性失业，以及数字时代的劳动机会和劳动权利问题。3.特别关注“资本的逻辑”和“技术的逻辑”宰制下劳动的新形态、新变化，以及如何实现劳动正义和劳动幸福的问题。当然，由于数字劳动兴起的时间不长，目前的讨论仍然是初步的，诸如智能系统承担、完成任务的活动是否可以称为“劳动”，智能系统能否成为“劳动主体”、是否应该享有“劳动权利”，以及如何保障全体人民拥有平等的劳动机会和劳动权利等，这些新兴理论和实践难题，需要哲学研究者拓宽视野，开展更加深入的研究。

（点评人：上海大学伟长学者特聘教授孙伟平）

热点5　平台经济领域的反垄断规制

入选理由：数字经济蓬勃发展，新业态、新模式不断涌现。同时，数字经济的市场集中度越来越高，平台作为新的市场主体聚集了大量资本和资源，易产生滥用市场支配地位等垄断问题。传统反垄断理论产生于工业文明时代，其规则及执法在数字经济时代面临巨大挑战。近年来，全球范围内很多国家都在不断强化数字经济方面的反垄断，并主要集中于平台经济领域。2020年末以来，中央层面召开多次会议，明确要求强化反垄断和防止资本无序扩张，重点聚焦于平台经济领域，强调要坚持发展和规范并重，把握平台经济发展规律，建立健全平台经济治理体系。如何合理规制平台经济领域的垄断，为防止资本无序扩张提供更加明确的法律依据和更加有力的制度保障，成为学术理论界研究的重要议题。2021年度，学术理论界围绕平台经济领域的反垄断规制作了大量研究，主要集中在：1.数字经济时代垄断协议、滥用市场支配地位等问题的重新认识与界定。2.平台经济监管规则的构建与治理思路。3.算法与消费者权益保护。4.平台公用事业性质的探讨。5.反垄断法修改的思路及建议。6.国内外平台经济的反垄断规制比较研究。

专家点评：反垄断既是市场经济的内在要求，也是各国的普遍做法。近年来，在全球范围内呈现出反垄断不断强化的趋势，并且主要集中在平台经济领域。随着我国强化反垄断的政策法规密集出台，反垄断执法力度不断加大并呈现常态化。2021年度，学术理论界掀起了反垄断尤其是平台经济领域反垄断研究的热潮，各种学术活动非常活跃，学术成果不断涌现。这些成果既涉及传统反垄断分析框架在平台经济领域的适用，也涉及用新的理论和方法来看待和处理平台垄断问题，及时回应了现实需求，有力促进了平台反垄断工作的开展。在国家持续强化反垄断和防止资本无序扩张的背景下，国家反垄断局新近成立，反垄断法修订工作即将完成，如何在平台经济领域有效适用反垄断法，还会是未来一段时期的研究热点。同时，也应密切关注我国和欧美国家在平台经济领域反垄断规制方面的差异，不断推进反垄断的理论与实践创新，以促进发展和规范并重、竞争和创新兼顾目标的实现。

（点评人：上海交通大学特聘教授王先林）

热点6 新型举国体制下重大科技创新管理研究

入选理由：创新在我国现代化建设全局中居于核心地位，科技自立自强是国家发展的重要战略支撑。在我国现代化建设实践中孕育形成的新型举国体制，面向世界科技前沿、面向经济主战场、面向国家重大需求，在加强科技创新和技术攻关方面发挥了巨大优势，对于推动我国经济高质量发展、保障国家安全，强化关键环节、关键领域、关键产品保障能力具有十分重要的意义。围绕新型举国体制下重大科技创新管理这一议题，2021年度，学术理论界从多个层面和维度进行了深入研究。1.探讨新型举国体制的发展脉络，辨析其与传统计划经济下的举国体制的区别，并讨论在社会主义市场经济体制下新型举国体制的重要价值及作用机制。2.探讨新型举国体制如何将国家作为重大科技创新组织者的优势作用充分发挥出来，研究有利于新型举国体制价值发挥的组织机制与实施方法。3.在世界百年变局和世纪疫情交织背景下，有针对性地研究不同国家的战略选择和战略实践，探讨如何发挥新型举国体制优势，对科技创新事业进行战略性、全局性谋划。4.围绕发挥新型举国体制优势获得重大科技突破的项目，开展案例研究。

专家点评：新型举国体制是我国争取重大突破、实现重大发展的重要手段，是在世界面临百年未有之大变局、中华民族伟大复兴进入关键阶段的战略性举措。对这一问题的探索，要求研究者扎根中国大地，深入研究阐释解决国家重大需求中的组织动员和政府与市场之间的协同机制；要求我们发展战略性科技力量，以重大任务为导向撬动产学研有效衔接，攻克科技与工业技术发展中的重大难题；等等。2021年度，学术理论界成功破题，通过分析中国及世界其他主要国家在科技与创新中实现重大突破的历史经验，突显了新型举国体制的关键逻辑；通过对全球经济体系与国际竞争的历史与现状分析，指出了理论研究和对策研究的探索方向；通过对若干战略性产业和关键部门的实证分析，为本土理论创新打下了基础。展望未来，应从两个方面深化研究：一方面，夯实中观层面的研究，立足于世界主要国家的历史经验，深入挖掘新型举国体制的具体机制，辨析有为政府与有效市场互相协作互相促进的关系；另一方面，深耕实践，通过深入的案例研究和比较研究，及时总结和归纳在新领域、新实践中的机制创新，在学习、参与和推动关键突破的历史进程中，发展出理解社会经济重大变化的理论框架。

（点评人：北京大学政府管理学院副教授封凯栋）

热点7 多学科视域下的总体国家安全观

入选理由：国家安全是关乎国家生存与发展的首要问题。2014年，习近平总书记从全球视野和战略高度创造性地提出了坚持总体国家安全观；2020年12月，国务院学位委员会、教育部印发通知，设置“国家安全学”一级学科。2021年度，学术理论界聚焦总体国家安全观展开多学科、跨学科研究，展现了学术理论界积极回应国家重大发展战略、协同解决经济社会发展重要问题的担当与努力。例如，政治学界梳理和阐释了中国共产党百年国家安全思想发展、总体国家安全观的全面落实、总体国家安全观视野下国际关系及竞争等科学议题；管理学界紧扣总体国家安全观视野下的国家治理体系与治理能力现代化这一问题展开学术讨论；法学界围绕总体国家安全观的要义阐释与法治宣传、国家安全法治体系构建、数据安全法文本解读等进行学术交流；军事学界从国家安全与军事安全关系、总体国家安全观与军民融合、学科发展等角度展开探索；图书情报学界就国家安全学科建设、国家安全情报理论、国家安全情报工作等展开学术研究；等等。

专家点评：国家安全是安邦定国的重要基石。党的十九届六中全会通过的《中共中央关于党的百年奋斗重大成就和历史经验的决议》，将维护国家安全作为新时代中国特色社会主义伟大成就的一个重要方面。2021年度，以习近平总书记关于总体国家安全观的重要讲话精神为指导、结合数据安全法施行等背景，政治学、公共管理、法学、公安学、军事学、图书情报与档案管理、计算机科学与技术等学科从自身视角对国家安全问题予以深刻思考与回应，针对大变局下的国家安全与治理、国家安全战略与政策、国家安全数据管理、领域国家安全、国家安全学学科建设、国家安全人才培养等主题展开了大量深入研究与跨界对话，从多学科视域丰富了新时代总体国家安全观的理论内容，为推进国家安全治理体系与治理能力现代化提供重要参考。国家安全研究的多学科参与以及学科交叉，有利于从多元化、特色化等方面综合把握国家安全的创新发展，国家安全也需要置于多学科视域下进行思维的碰撞与宽领域知识的融合。可以预期，未来国家安全领域将有更多的跨学科对话、交流与合作。

（点评人：南京大学信息管理学院院长、教授孙建军）

热点8　深化新时代教育评价改革研究

入选理由：2020年10月，中共中央、国务院印发《深化新时代教育评价改革总体方案》（以下简称《总体方案》），这是新中国第一个关于教育评价系统性改革的文件。此次改革关联面广，涉及各级各类教育以及教育系统内外。教育评价改革关系整个教育事业健康发展，对教育改革发展具有导向性作用。2021年度，围绕这一主题，学术理论界主要集中研究了以下几个方面：1.对《总体方案》的政策内涵解读，分层分类研制配套的各分领域评价改革方案。2.在推进教育治理体系和治理能力现代化的框架下，对教育评价的治理功能进行研究探索，从宏观总体视角审视当前我国教育评价理念、范式等方面存在的问题，并提出改进建议。3.开展不同学段和不同教育主体的评价制度研究，特别是义务教育质量监测研究、招生考试改革研究、高等教育教学质量评估研究、高等教育学术评价制度研究、教师评价改革研究，对具体领域的评价改革进行理论深耕和成效数据论证。4.探索行之有效的教育评价改革实施方案，制定不同领域的教育评价指标体系，以科学方法支撑深化教育评价改革的推进工作。5.通过历史和比较的研究方法，借鉴国际教育评价理念和实践经验，对标中国实际情况，探索中国特色的教育评价体系构建。

专家点评：习近平总书记在全国教育大会上明确提出，"扭转不科学的教育评价导向"，"从根本上解决教育评价指挥棒问题"。近年来，国家连续出台高规格文件，把教育评价改革作为各级各类教育改革与发展的重要任务，特别是2020年10月印发的《总体方案》，对未来5至10年教育评价改革作出了系统部署。2021年度，学术理论界从教育评价改革的不同层面进行了研究探讨，表现出以下特点：1.政策解读与理论探讨并重，研究者既有对《总体方案》的解读和理论思考，又有对新时代教育评价的理论、功能、范式等的深入探讨。2.围绕"改进结果评价，强化过程评价，探索增值评价，健全综合评价"，重视对评价技术方法的探讨，例如增值评价的原理与可实现性问题、信息技术对评价技术手段的延伸等。3.关注教育评价的实践应用，既有对评价改革实践落地的途径与模式的探讨，又有对评价落地可能带来的问题的反思。也应该看到，这一领域研究内容主要集中在理论研究、制度研究和实践反思层面，研究方法以思辨为主，期望未来的研究中出现越来越多基于数据和证据的实证研究。

（点评人：北京师范大学中国基础教育质量监测协同创新中心常务副主任、教授辛涛）

热点9　全面现代化与中国特色社会主义社会学

入选理由：社会学自创建之始就将解释现代化带来的巨大社会变革作为学科使命。中国式现代化道路迥异于西方的现代化进程，具有自身鲜明的特色，创造了人类文明新形态。2021年度，中国社会学界以习近平总书记在经济社会领域专家座谈会上提出的不断发展中国特色社会主义社会学为引领，在系统总结学科发展成就经验、挖掘历史资源、进行中西文明比较的基础上，进一步凝聚共识，阐发中国式现代化实践自身的逻辑，推进中国特色社会主义社会学构建，进而服务于社会主义现代化建设。相关研究成果主要体现在以下三个层面：1.从理论层面建构和梳理"中国特色社会主义社会学""新发展社会学"等标识性概念的研究框架、方法体系及发展脉络。2.通过纵向的历史镜鉴和横向的文明互鉴，以社会学视角总结中国式现代化的特有要素和实践逻辑。3.基于经验研究，以中国特色社会主义社会学的知识体系回应中国社会面临的重大现实问题，如城乡基层治理、脱贫攻坚与乡村振兴、网络安全等。

专家点评：一个现代化的社会，是既充满活力又拥有良好秩序的社会，呈现出活力和秩序有机统一。社会学作为一门学科，中心使命是揭示社会良性运行和协调发展的条件和机制。2021年度，中国社会学界按照发展中国特色社会主义社会学的要求，围绕全面建设社会主义现代化国家新征程中的重大战略需求和现实问题，不断加强文化自觉、理论自觉和实践自觉，不断加强理论和政策创新，加快构建中国特色社会主义社会学理论体系，取得了丰硕成果。中国现代化事业的全面推进，必将为中国特色社会主义社会学的发展提出更强烈的需求、提供更丰富的素材，中国特色社会主义社会学学科体系学术体系话语体系、全面现代化的推进方略、共同富裕的实现路径与社会机制、社会老龄化与中国人口发展战略、美好生活与社会政策、科技革命与数字社会治理等内容，将成为中国特色社会主义社会学研究的重要课题。

（点评人：中国人民大学社会与人口学院教授冯仕政）

热点10　碳达峰碳中和与绿色转型

入选理由：2021年3月，中央财经委员会第九次会议强调：实现碳达峰、碳中和是一场广泛而深刻的经济社会系统性变革，要把碳达峰、碳中和纳入生态文明建设整体布局，拿出抓铁有痕的劲头，如期实现2030年前碳达峰、2060年前碳中和的目标。为实现“双碳”目标，我国加快建立健全绿色低碳循环发展经济体系，彰显了以人民为中心的发展理念，体现了构建人类命运共同体的责任担当。2021年度，学术理论界围绕“双碳”目标从以下几个方面展开讨论：1.围绕“生态兴则文明兴”“人与自然是生命共同体”等重大命题，系统阐释习近平生态文明思想指引下的“双碳”概念、目标以及相关理论与实践。2.围绕“双碳”目标，从碳核算、减碳措施、碳捕获利用与封存、碳经济等角度，开展有关节能减排、产能治理、绿色经济、能源安全、能源革命、油气资源开发与利用、清洁能源发展、电力市场发展、储能与氢能发展、垃圾焚烧治理、生物能源和地热能开发与利用等研究。3.围绕中国碳排放权交易市场，开展碳汇、碳配额、碳金融等问题的研究。4.中外“双碳”进程的比较研究，如各国在碳达峰碳中和进程中的实践探索、目标定位、政策工具，以及中国作为发展中国家在应对全球气候变化中的担当作为。

专家点评：绿色转型要求经济发展摆脱对高消耗、高排放和环境损害的依赖，实现碳达峰碳中和是推动高质量发展的内在要求，是实现绿色转型的题中应有之义。碳达峰碳中和是绿色转型的抓手、测度和推力，绿色转型则为碳达峰碳中和提供了技术选项和实现路径。在现实中，能源工业、制造业、农牧业、金融服务业以及森林湿地海洋的保护与利用，都需要考虑“双碳”目标。碳达峰碳中和是一个具有目标导向、时间刚性的进程。我国作为经济体量位居世界第二的发展中国家，未来对能源需求还将持续增加；与此同时，我国面临以高碳的煤炭为主导的能源消费结构，减排的选项有限，碳达峰碳中和在时间进程上比发达国家更为压缩。2021年12月，中央经济工作会议再次强调“要正确认识和把握碳达峰碳中和”，要坚定不移推进，狠抓绿色低碳技术攻关，创造条件尽早实现能耗“双控”向碳排放总量和强度“双控”转变，加快形成减污降碳的激励约束机制。未来，关于碳达峰碳中和与绿色转型的研究还将随着实践的推进不断得以深化。

（点评人：中国社会科学院生态文明研究所研究员潘家华）

《光明日报》（2021年12月31日第11版）

2021年理论学术研究观点要览

马克思主义哲学篇

关于“马克思主义中国化新的飞跃”

马克思主义中国化是马克思主义哲学研究中的一个重点，学者围绕党的十九届六中全会审议通过的《中共中央关于党的百年奋斗重大成就和历史经验的决议》（以下简称《决议》）进行了深入研究。《决议》指出，“习近平新时代中国特色社会主义思想是当代中国马克思主义、二十一世纪马克思主义，是中华文化和中国精神的时代精华，实现了马克思主义中国化新的飞跃”。有学者认为，新的飞跃是从马克思主义中国化维度对这一思想历史地位的定位，突出了这一思想对中国化马克思主义的新贡献及实践意义。这种历史定位，对于我们提高对习近平新时代中国特色社会主义思想的认识，增强贯彻这一思想的政治自觉、理论自觉、行动自觉，具有重大的理论和现实意义。

有学者指出，习近平新时代中国特色社会主义思想是马克思主义中国化的最新成果，是经受了实践检验的强大思想武器，贯穿着唯物史观的基本立场和基本方法，体现了对唯物史观基本观点的创新阐释，也是唯物史观中国化的最新飞跃。

还有学者指出，《决议》在党的十九大报告的基础上，用“十个明确”对习近平新时代中国特色社会主义思想的核心内容作了进一步概括。从“八个明确”到“十个明确”，一脉相承又与时俱进，反映出党的理论是连续性与创新性的统一。

对“两个结合”理解，从三个维度深化

在庆祝中国共产党成立100周年大会上，习近平总书记明确提出：“坚持把马克思主义基本原理同中国具体实际相结合、同中华优秀传统文化相结合。”有学者指出，从“一个结合”到“两个结合”，是马克思主义基本原理同中国具体实际相结合的新阶段、新高度、新深度、新领域，是中国化马克思主义、21世纪马克思主义的新发展，深刻反映了新时代中国共产党人对中华优秀传统文化地位和作用的全新认识，极大拓展了马克思主义中国化的新方向、新内涵、新空间。

有学者指出，可以从理论、文化和文明三个维度理解“两个结合”：理论维度上，就是要不断推进马克思主义中国化，把坚持和发展马克思主义统一起来；文化维度上，就是要坚定中华文化立场，坚定文化自信，繁荣发展中国特色社会主义文化，不断创造中华文化新辉煌；文明维度上，就是要开创并坚持和发展中国特色社会主义，创造中国式现代化新道路。

在马克思主义和中华传统文化关系问题上，有学者强调指出，马克思主义与以儒学为主干的中华传统文化的“对接”和融通已是完成之现实，这为伟大实践成果所证明。中华传统文化中蕴含朴素唯物主义、朴素辩证法、朴素进步历史观、“家国天下”意识、大同世界追求等优秀思想精髓，儒家文化所倡导的讲仁爱、重民本、守诚信、崇正义、尚和合、求大同等思想理念，与马克思主义高度契合。中华优秀传统文化在社会主义核心价值观中得以传承和升华。还有学者认为，马克思主义在哲学思维、经济理念和社会理想上与中华优秀传统文化的契合，奠定了马克思主义在中国传播发展的文化基础。

中国式现代化新道路创造了人类文明新形态

习近平总书记在庆祝中国共产党成立100周年大会上的重要讲话中提出，“我们坚持和发展中国特色社会主义，推动物质文明、政治文明、精神文明、社会文明、生态文明协调发展，创造了中国式现代化新道路，创造了人类文明新形态”。这一重大论断引发学界关注和广泛讨论。有学者指出，这一重大论断鲜明揭示了我们党带领人民为实现中华民族伟大复兴顽强奋斗所具有的文明意义，揭示了日趋成熟的中国特色社会主义文明在人类文明发展史上所具有的开创性、先进性，意蕴深远、意义非凡。

有学者提出，“人类文明新形态”是个新概念、新提法，这是中国共产党的创新性贡献，与历史上和当今在世界上存在的文明形态都有本质区别。有学者强调，与西方资本主义文明形态相比较，中国特色社会主义创造的人类文明新形态，既体现全人类共同的历史方向和时代呼唤，又展现独立自主的发展道路；既超越西方资本主义文明形态，也超越传统社会主义文明形态，是中国特色社会主义的文明创造，为人类文明发展提供了新样态、新模式，真正站在了人类真理和道义的制高点，在社会形态的关系结构、构成要素、组织形式等方面都体现了对马克思主义社会发展形态论的原创性贡献。而从人与自然关系看，人类文明新形态是整体推进、全面发展的文明形态，社会主义为人类生态问题的解决提供了制度保障。

还有学者指出，“人类文明新形态”是社会主义和中华文明的统一体。中国特色社会主义创造的人类文明新形态，把原先关于中国在新的历史时期发展目标的表述，即全面实现现代化、实现中华民族的伟大复兴、实现共产主义的远大理想，有机统一起来，既是社会主义的，又是中华民族的，是社会主义和中华文明的统一体，具有社会主义性质和鲜明中国特色。中国特色社会主义创造的人类文明新形态，使历史悠久的中华文明进入了中国特色社会主义新时代，发展成为社会主义的中华文明。这在社会主义发展史和中华文明史上都具有极其重要的地位，必将载入中华民族发展史册、人类文明发展史册。有学者指出，人类文明新形态，在基础和结构上具现实性，在理念和方向上具未来性，是在历史现实中孕育着的未来文明形态。中国的文明道路与世界其他文明仍处于同一个时空体系中，中国创造的中国特色社会主义道路、理论、制度、文化，已经内在地孕育着未来文明形态，是未来文明形态的萌芽和某种历史雏形。

正如学者所言，中国人民创造“人类文明新形态”不是“完成时”，而是“进行时”，任重道远。这一具有重大世界历史意义的论断，一方面阐明了我们坚持和发展中国特色社会主义是人类文明发展的正途大道，另一方面宣布我们在人类文明发展上迈向了新的历史起点。

（作者孙寿涛为南开大学马克思主义学院副院长、教授）

经济学篇

百年经济理论创新，形成四个基本特征

2021年是中国共产党成立100周年。党领导中国实现了翻天覆地的变化，形成了特色鲜明、符合国情、行之有效的经济思想。有学者从政治经济学的角度提炼中国共产党的经济理论创新，认为在马克思主义政治经济学中国化过程中，中国共产党创造了新民主主义政治经济学、中国特色社会主义政治经济学和当代国际政治经济学。这些理论创新具有四个基本特征：人民性、实践性、民族性和时代性。有学者进一步指出，党的十八大以来，习近平总书记关于中国特色社会主义经济建设的一系列论述是中国共产党百年经济思想的集大成。有学者建议，从站起来、富起来和强起来以及主要矛盾、发展理念、目标、路径、方向和格局等6个维度，来概括党的经济发展思想的演进。此外，还有一些学者在建党百年视野下，梳理了中国共产党的“国强民富”思想以及中国特色社会主义财政理论等具体理论。

扶贫经验弥足珍贵，脱贫成就举世瞩目

2021年，中国宣布消除了绝对贫困现象，这是举世瞩目的伟大成就。学者们从不同角度，以严谨的数据分析，总结了中国的扶贫经验。有学者认为，就业扶贫是最直接最有效并能激活贫困人口内生动力的脱贫方式。还有学者认为，精准扶贫政策发挥出“对症下药、靶向治疗”的作用。例如，对老年贫困家庭，通过直接转移支付提高消费水平；对因病致贫家庭，通过低保降低医疗支出；对因学致贫家庭，通过教育帮扶方式缓解教育负担。也有学者认为，放松管制还权赋权、强化农民行为能力、保持社会流动性、未来均等机会的开放以及推进人居环境的可持续发展，均有助于相对贫困的治理进而提升农民的幸福感。此外，学者们认为，要考虑多维贫困现象，要针对不同阶段动态调整托底政策。

阶层收入差距有增有减，数字赋能致富有弱有强

消灭绝对贫困之后，实现共同富裕成为新时代的新目标。学者们在借鉴国内理论和实践经验的基础上，深入讨论了共同富裕的内涵、实现路径与测度方法。利用中国综合社会调查数据，学者们发现，虽然不同收入阶层间的货币收入增长差异扩大了社会的财富不平等，但是非货币福利在低收入群体中的快速增长却缩小了阶层间的福利差距；另一方面，虽然城乡收入增长差距缩小，但城乡内部收入增长差距扩大。这为共同富裕的推进提供了观察和关注的方向。有多位学者研究了数字经济与共同富裕的关系，发现在人口红利下降背景下，数字经济发展削弱了低技能劳动者的权益，但通过数字化治理模式能改善中低技能劳动者的相对福利效应。在广大农村地区，数字金融通过促进农业向非农业的就业结构转型，提升工资性收入和农业经营性收入，进而抑制了数字鸿沟的扩大，促进了共同富裕。

新发展格局重在体系建设，双循环需要增强动力

充分发挥中国超大规模市场优势和内需潜力，形成以国内大循环为主体、国内国际双循环相互促进的新发展格局，成为2021年的热点经济话题。学者们分析了“双循环”新发展格局的深刻内涵、时代背景，提出要从四个方面构建新发展格局：现代化市场体系、现代化产业体系、收入分配体系和新型消费体系。有学者分析了双循环的决定因素、中国经验和国际趋势，强调要从全球价值链下国际分工形态演变、我国要素禀赋改变以及外部竞争与合作关系调整等基础条件出发，研究中国经济发展中内循环与外循环的地位变化及其相互关系。此外，有学者认为，要抓住数字经济发展带来的战略机遇，通过数字经济赋能中国“双循环”战略。

有学者认为，需要采取多维政策举措协调推进全面开放，加快形成一个要素市场化配置、国内国际双循环相互促进和竞争有序统一的大市场。还有学者认为，消费是经济增长的持久动力，国内消费扩容升级既能为国内大循环提供动力源，又能促进外循环，协调双循环良性发展。也有学者认为，新时代中国应从“内外兼修联动、供需两端发力、改革畅通双循环”的视角和思路构建国内外双循环互动发展模式。

（作者方明月为中国农业大学经管学院副教授，聂辉华为中国人民大学经济学院教授）

政治学篇

“中国之治”的独特性广受关注

2021年政治学学者系统梳理了“党的领导”百年成就和历史经验，着重阐发了中国共产党与中国特色的政治发展、国家治理间的关系。有学者认为，当代中国政党领导体制是在长期革命的历史中形成的，它从根本上解决了近代中国面临的生存危机。改革开放以后，尤其是党的十八大以来，中国政党领导体制改革的重点是坚决维护党中央权威和集中统一领导，推进领导科学化、民主化和法治化。中国共产党领导的新型现代国家治理体系具有内生性、创新性、有效性、正当性和可持续性，形成了坚持实事求是、统一领导、包容多样、以变求通、和平发展等基本经验。这就使得竞争型政党理论无法解释中国共产党，通过比较世界上有百年历史的政党，有研究者认为中国共产党的政党性质、功能与使命是以人民为本位的，是

肩负使命责任的使命型政党。因此，要不断推进党员、党的干部、党的组织和党的中央领导集团的建设，进而推动基于人民利益的“使命、制度、行动”复合的现代化发展新路。

“中国之治”的制度优势如何转化为治理效能？有学者指出，作为综合体的中国特色社会主义制度，优势体现在集中性、协调性、持续性、高效性，通过党的集中统一领导、五年规划、试点—扩散等机制，有效地解决了发展和治理的双重任务。在“全面建成小康社会”和开启“全面建设社会主义现代化强国”之年，涌现出大量总结中国减贫治理中制度优势转化为治理效能的研究。

提炼“中国之理”，构建“中国学派”

面对百年未有之大变局和治理难题，中国政治学在学术和方法上呈现出更加自觉的主体性构建。这突出表现为，在关注科学方法和数据分析的基础上，更加重视由中国政治和社会百年来的变化而产生的“问题”。中国政治学研究已经在很大程度上走出了“西方理论实验场”的困境，但在国家治理现代化的时代命题下，如何从“中国之治”中提炼出“中国之理”，政治学研究仍面临超越文本阐释等挑战。有研究者指出，专业素养和价值观决定研究者问题意识的质量，历史感、洞察力和现代价值观是中国政治研究者应具备的职业素质。在此基础上直面世界各国的政治现实变局，去确定范畴、提炼疑问、收集证据、做出回答、参与争论，中国的政治学研究才能真正实现“自觉”。

构建政治学“中国学派”。积极寻找中国国家构建的本土资源，从领土空间建设、“中华文明”与“国家形式”互构等极具中国特性的角度，提出大量有助于“铸牢中华民族共同体意识”的理论和现实成果。田野政治学则着力从概念构建走向体系构建，提升研究体系构建。研究者从基层田野经验出发，通过对中国政治实践经验的研究，以基层治理的国家视角将基层治理找回到国家体系中，围绕“国家建构社会”命题形成大量与既有理论对话的研究，成为政治学重要的知识增长点，形成了鲜明的基于“民众生活”的田野场域、依靠“现场调查”的田野方法、通过“以事实为依据”的田野思维去研究的路径。历史政治学的研究者则初步构建了从本体史观、研究方法到研究议程的研究体系。通过基于中国历史文明的方法论和史观，更客观、更科学地观察中国政治。在政治合法性、国家论、治体论、政党论和干部制等问题上提供了概念更新与新表述，也尝试为建立中国政治学的知识体系、学科体系提供一定资源。

跟踪基层治理进展，深化精益治理研究

基层治理是学界研究的一个重要领域。学者普遍认为，基层治理是国家治理的基石。在统筹疫情防控和经济社会发展过程中，地方特别是基层治理发挥了重要的作用。但传统上迅速决策和集中力量的治理方式，在面对量多面广、复杂性高、投入大、产出少且具有普遍性、弥散性和基础性作用的事务领域，常常遭遇困难。疫情防控和精准复工复产，要求基层政府以精细化为标尺，而保护性的“反向运动”要求将基层治理拉回“以人民为中心”的视野。面对“数据利维坦”产生的可能，需要牢筑信息安全“防火墙”，通过立法确保信息安全监管高效化。在用户端，确保能够做到追根溯源；在管理端，注重保护公民隐私。一言以蔽之，推动基层社会治理精细化既要注重引入和使用新兴技术，提高社会治理技术支撑；同时也要不断强化风险意识，完善信息安全监管机制，努力实现信息安全法治保障。总体上通过技术促使基层治理逐渐从增强回应性发展到增强治理性，并出现向增强问责性发展的趋向。

学者认为，推进社会治理精细化不能“单兵突进”，要打造共建共治共享的社会治理格局，增强纵向维度与横向维度上的协同意识与合作机制。有学者认为，纵向维度上，应坚持“重心下移”与“减负增能”原则，整合现有的各类管理资源与管理力量，畅通执行链条，确保社会问题的及时发现、向上传递与有效解决。横向维度上，构建组织之间的合作平台，完善小组会议、联席会议、合作协议、志愿激励等多样化的正式或非正式合作机制，促成政府、群团组织、公众、企业等参与主体的有效沟通、相互配合，共同应对跨领域的复杂性和动态化的社会问题，推动基层社会事务的治理朝着精细化、精准化和高效化的方向迈进，全面推进基层治理的整体现代化。

［作者赵洲洋为中共中央党校（国家行政学院）政法部讲师，张长东为北京大学政府管理学院副教授］

伦理学篇

反思道德哲学概念，拓展伦理研究维度

当前，汉语学界的伦理学研究者已经敏锐地意识到，在伦理学研究中，要发出中国声音，要让伦理学说汉语，必须深化对于伦理学基础概念的反思，必须结合中国文化和思想资源，立足中国现实。有学者认为，伦理道德研究应当从“伦理学”向“伦理”回归，即，实现从“伦理理论”到“伦理生活”的实践哲学复兴。要做到这一点，首先要求研究者厘清“德性生活”“实践智慧”“伦理主体”等伦理概念。有学者指出，必须重新思考伦理这一中国文化中最具标识性的话语，“伦理”话语及其体系，携带特殊的中国文化密码，体现中国文化的特殊精神气质，也具有特殊的文明史地位。通过伦理（居“伦”由“理”），中国文化将为伦理学赋予一种崭新的样貌。

有学者认为，当代中国伦理学研究面临广度拓展和深度挖掘的两大理论任务，前者是问题域的开显，后者则是伦理学自身的深化。当代中国伦理学研究有着“成果多、质量低”的窘境，必须在“不再是”“正在是”“尚未是”三个维度上拓展和深化。伦理学研究者要在实际生活的体验和沉思中，培养判断力，以推动中国伦理学研究的进一步发展。

进一步推进马克思主义伦理思想研究

马克思主义伦理学研究是近年来伦理学研究中出现的新的理论增长点与问题域。随着研究的深入，学者们已然形成了一个共识：伦理学是马克思主义研究中重要的一环，马克思主义对当代伦理学研究的启发意义无可取代。有学者认为，在马克思主义发展史上，马克思主义与伦理学的关系表现为“相互排斥”“相互补充”“相互包含”三种样态。而建构马克思伦理学的合理路径是，以马克思主义包含伦理学，始终把唯物史观与辩证法作为最根本方法论遵循，同时避免把马克思主义实证化抑或伦理化，处理好马克思主义伦理学对思想传统的传承与发展关系。当代马克思主义伦理学思想的研究者要思考马克思主义伦理学的基本价值，发挥好马克思主义伦理学在社会治理中的引领作用。有学者认为，伦理学中经典的“事实—价值”关系问题需要借助马克思主义辩证法才能解决。因为这一辩证法把事实和作为事实应然状态的价值理解为同一历史过程中的不同环节，而将事实与价值的对立理解为历史活动的内在动力。

回应重大危机，关注人类健康

新冠疫情给世界和人类历史都带来了重大影响。在疫情带来的时代危机中，健康成为普通人的核心关切，团结成为国际社会的普遍呼吁。对此，伦理学研究者也进行了深刻的反思。有的学者认为，在稀缺医疗资源的分配上，新冠疫情给我们带来的一个重大启发是，公正原则要求我们对同等者应同等对待，保证所有的社会成员都能够平等地获得满足其生命健康基本需求的医疗保障。同时，公正原则也要求我们能够审时度势，对不同等者不同对待。如果发生“紧迫性”和“效果预期”上的两难困境，紧迫性的因素要让位于效果预期。有学者指出，新冠疫情下出现的人与自然、人与人、人与自我的异化是工具理性主义思维的后果，需要用价值理性和伦理关怀加以克服和纠正，并最终实现“以爱为归依的行为表达”和人与人之间的共鸣、共情、共生。

有学者从关怀伦理出发，强调常态化疫情防控工作中加强伦理关怀，积极构建良好的关怀关系的重要性。有学者将疫情时代整个人类世界看作一个“人类卫生健康共同体”，认为其本质上是一种有着伦理意涵、伦理精神和伦理价值的伦理共同体。这个共同体的价值主旨就是要将全部人类的生命健康放在第一位、尊重世界各国人民的平等生命健康权利。有学者着眼于分析重大公共卫生危机中作为常见伦理困境的社会排斥问题，认为要有效规避社会排斥产生的伦理危害，必须在危机中深化人们的道德认知、培育公共精神，厚植人道关怀。

聚焦人类命运共同体伦理价值，探讨全球正义基本原则

事实证明，人类命运共同体方案，乃是全球化时代应对各种全球范围内危机的最优方案。随着研究的深入，伦理学研究者正尝试着从各个不同的角度证明其对人类未来的重大意义与突出价值。有学者认为，推动建构人类命运共同体，是实现全球空间正义的“中国方案”和“中国智慧”，它以人类社会的本真存在为出发点，致力于破解资本的空间化和空间的资本化导致的全球空间物化秩序以及由此产生的伦理困境。

有学者提出，人类命运共同体需要奠基于全球正义的基础之上，而承认差异、兼容并蓄，尊重多元化是构建全球正义的基本原则。同时，尊重国家主权、根本利益和平等权利乃是全球正义的立足点和出发点。有学者对当代的共同体中的团结问题进行了伦理反思，认为现代社会的结构和性质发生了根本变化，由此也带来了社会团结的危机。要解决危机，需要树立以道德的集体主义为内容的道德共识，用友谊来拯救社会冷漠，重塑社会的情感纽带。

（作者林建武为南开大学哲学院副教授）

党史学篇

伟大建党精神引热议

习近平总书记在“七一”重要讲话中首次提出伟大建党精神并作了科学总结和理论概括，引发学界热议和深入研究。有学者指出，伟大建党精神的提出是

坚持马克思主义理论的逻辑使然，是总结党的百年奋斗光辉历程的必然结论，是构筑全党为实现第二个百年目标而奋斗强大精神砥柱的时代需要。伟大建党精神与党的其他精神系列的关系，从横向看是“源”与“流”的关系，从纵向看是“主干”与“枝干”的关系，从统属关系看是“纲”与“目”的关系，从历史文脉看是民族精神的集中体现与特殊形态的关系，这些精神系列共同构成中国共产党人的精神谱系。有学者认为，由“建党精神”概念形成的重大理论命题，从定位、特征、功能和价值四个视角进行研究，有助于呈现伟大建党精神的历史承载和思想沉淀。建党精神是历史概念但贯穿于党的全部实践，体现了中国共产党人的思想遵循、人民情怀、使命担当、实践品性和党性立场等特征，具有锤炼政治品格、塑造先进形象、形成激励动能、存储红色记忆的功能。

以“正确党史观”观党史

在党史学习教育动员大会上，习近平总书记首次公开提出“树立正确党史观”，为学习和研究党史提供了根本遵循。有学者认为，树立正确党史观是党史学习教育正本清源、固本培元的根本问题。坚持正确的党史观，必须坚持用马克思主义的立场观点方法来学习研究党史，准确把握党的历史发展的主题主线、主流本质，旗帜鲜明反对历史虚无主义等错误思潮。有学者指出，习近平总书记关于党史的系列重要论述坚持马克思主义唯物史观，以马克思主义中国化的历史发展为根本依据和思想基础，深刻揭示党的历史发展的主题主线、主流本质，彰显出推进党史学习研究、宣传教育的丰富意义和价值，是树立正确党史观的根本遵循。有学者认为，党史观是一系列有关党史、党史学观念的集合，其在本体论意义上包括党史是什么、党史学是什么，这些问题的答案决定了学习党史的意义；在方法论意义上则包括如何学习、研究党史，这反映、影响着对党史本体论的理解。更好地发挥党史学习教育的积极意义，必须树立正确的党史观，坚持本体论和方法论两个维度，坚持实事求是的认识方法，把握好党史学政治性与科学性的辩证关系。

如何铸牢中华民族共同体意识成为研究热点

党的十九大在全面部署中华民族伟大复兴的中国梦的同时，提出铸牢中华民族共同体意识的民族工作任务。习近平总书记在2021年的中央民族工作会议上重申铸牢中华民族共同体意识，推动该命题在学界进一步掀起研究热潮。有学者表示，新时代党高度重视铸牢中华民族共同体意识，其逻辑缘起在于社会主要矛盾发生了转变，而党在新时代的历史使命、国家治理的现代化及当前民族工作的阶段性特征等都对民族工作提出了新的要求。从价值意蕴的角度来讲，铸牢中华民族共同体意识是对马克思主义民族理论的创新和发展，能够凝聚当代中国的民族国家认同，提升中华民族的文化自信，丰富中国民族理论的话语体系。有学者指出，铸牢中华民族共同体意识是全球化背景下加强国家建设的一项重要举措，实质是不断加强和巩固各民族对国家的认同，为实现中华民族伟大复兴的中国梦奠定思想基础。

将中国特色社会主义新时代独立作为一个时期来把握

在党史学领域，分期问题是一个重要的理论和实践问题。以往学界在阐释党的历史时，要么按照建党和大革命时期、土地革命战争时期、抗日战争时期、解放战争时期、国民经济恢复和社会主义改造时期、开始全面建设社会主义时期、“文化大革命”时期、改革开放和社会主义现代化建设新时期来呈现，要么依据新民主主义革命时期、社会主义革命和建设时期、改革开放和社会主义现代化建设新时期来叙述。“七一”重要讲话依据实现中华民族伟大复兴的主题分四个时期（即新民主主义革命时期、社会主义革命和建设时期、改革开放和社会主义现代化建设时期、新时代中国特色社会主义时期）对党的百年历史进行了总结，阐明了每个历史时期为实现中华民族伟大复兴取得的历史成就和在实现中华民族伟大复兴进程中的历史地位。有学者指出，这一勾勒党的百年历史的话语方式表明，划分党的历史时期，要将中国特色社会主义新时代独立作为一个时期来把握，以彰显新时代在中国共产党百年历史进程中的地位。新时代是党实现第一个百年奋斗目标、开启全面建设社会主义现代化国家新征程的时代，是更为接近中华民族伟大复兴目标的时代，在党的百年历史上具有独特地位。有学者认为，不管中共百年史划分为几个阶段，中共百年史都可以解读为为建立社会主义、实现共产主义而接续奋斗的历史。中共百年奋斗史可划分为不同历史阶段，但它们之间是前后相继、不可分割的。

（作者宋月红为当代中国研究所副所长、孙钦梅为当代中国研究所副研究员）

文化学篇

归纳百年文化建设经验，审视文化强国建设逻辑

党的十九届五中全会将“建成文化强国”纳入

"2035年基本实现社会主义现代化远景目标"中，以党和国家事业发展全局的高度对文化建设提出更高要求。有学者指出，在百年历程之中，中国共产党始终坚持以马克思主义作为文化建设的指导思想，坚持把"以人民为中心"作为价值旨归，注重把握时代发展脉搏和文化发展规律，保持党的使命意识和危机意识，这既是党在实践中总结出的宝贵经验，也为开展新时代文化建设提供了重要启示。回顾党百年来文化建设的基本经验，有学者总结提出了四个"始终"，即始终高度重视文化建设的战略地位、始终坚持马克思主义在文化建设中的指导地位、始终传承中华优秀传统文化根脉、始终贯彻以人民为中心的文化建设思想。

文化是历史的积淀，中华民族的优秀文化在党的百年历史进程中不断得到锤炼，并凝结成革命文化以及社会主义先进文化等新的文化样态。有学者认为，包含传统文化在内的三种文化样态在新时代下需要以历史逻辑与时代逻辑结合、文化心理与文化实践统一的视角进行审视，需要弘扬伟大建党精神、涵养初心使命、建构新时代中国特色社会主义先进文化，从而促进三者的融合贯通发展。

文化自信引领国风国潮，文博跨界实现守正创新

国风国潮正当时，传统文化在与新潮流的碰撞融合中焕发全新的生命力，其背后也反映出大众对于"中国制造"的认可以及对传统文化价值的认同。有学者指出，国潮消费的兴起与盛行来源于政府媒体对文化主导权的掌握，同时也体现了民族企业家通过品牌对"中国品味体系"的打造所唤起的民族认同与文化自信。

在文博领域，博物馆文创作为国货浪潮的重要"一员"，也为文化自信写下了生动的注脚。同时，在创新呈现与跨界结合的过程中，文博文化供给侧也实现了革新。首先，博物馆的数字化、智慧化建设以科技手段创新了文物文化的管理与传播方式。其次，文博类节目使文物能够"开口说话"，有学者指出《国家宝藏》作为文化类综艺节目的影像标杆，在文博与综艺的巧妙结合中实现了古老文物的创新叙事，使观众在观赏器物之美的同时，也形成了对中华传统文化的记忆与认同，从而进一步增强文化自信。

数字技术赋能文旅产业，增强地方文化生命力

《2020年—2021年元宇宙发展研究报告》将元宇宙定义为"整合多种新型技术构建出的虚实相融的互联网应用和社会形态"。虽然"元宇宙"这一新的形态尚未成为现实，但不断更迭的技术以及数字化的趋势对各行业都进行了重新定义，文化旅游行业也在这一科技趋势下展开新的探索。有学者指出，人工智能、虚拟现实以及5G等技术为文旅产业带来了更加多元的场景体验，同时也拓展了文化的呈现形式、促进文化旅游品牌的建构。基于此，我国文化旅游产业应该从开发、经营、体验、推广等多维度进行创新转型。

在此基础上，一些城市开始尝试打造文旅消费新场景，以长沙"超级文和友"为例，有学者指出"超级文和友"作为新时代的文旅消费场景，将各类舒适物综合成一个文化社区，集中体现了浓厚的本地生活气息以及凝练的文化符号，成为长沙夜间文旅消费的重要载体，可以作为政策观察窗口以及文旅消费模式创新"试验田"，为目前文旅产业发展提供了有益借鉴。此外，"电竞+文旅"也是文旅消费场景的一次创新尝试，旅游城市应当深入挖掘各地的旅游资源，利用数字化技术活化场景消费，不断注入新元素，增强地方文化的生命力。有学者认为"沉浸城市"正在成为未来城市的一种发展目标。

（作者卜希霆为中国传媒大学文化发展研究院副院长、国家文化和旅游公共服务研究基地主任，苏颖悦为中国传媒大学硕士研究生）

法学篇

结合马克思主义法治理论发展，把握习近平法治思想内涵

2021年，法学界围绕习近平法治思想的理论体系、基本精神、核心要义等，结合民法典制定、法治中国战略实施、生态文明法治建设、公共卫生应急法治等具体问题，展开了深入的学习和研讨，形成了一系列成果。学者们充分认识到，2020年11月召开的中央全面依法治国工作会议确立了习近平法治思想在全面依法治国中的指导地位，这在马克思主义法治理论发展史和中国社会主义法治建设史上具有里程碑意义。习近平法治思想是顺应实现中华民族伟大复兴时代要求应运而生的重要理论创新成果，是马克思主义法治理论中国化的最新成果，是习近平新时代中国特色社会主义思想的重要组成部分，是新时代全面依法治国的根本遵循和行动指南。习近平法治思想的主要内容和理论精髓，集中体现为习近平总书记在中央全面依法治国工作会议上提出的"十一个坚持"。

热议数字社会治理，解读《个人信息保护法》

2021年11月1日，《个人信息保护法》正式实施，法学界围绕个人信息的权益构造、保护机制、义务设定、企业的合规控制等问题，展开了热烈而深入的分析和讨论。当前，全球范围数字经济的发展速度、辐射范围和影响程度都前所未有，已经成为重组全球要素资源、重塑全球经济结构、改变全球竞争格局的关键力量。发展数字经济为中国经济在第四次工业革命中实现“换道超车”提供了机会，对实现高质量发展和中华民族伟大复兴具有非常重要的战略意义。同时，信息技术也对个人信息的安全、个人的隐私保护等问题带来了巨大的挑战。有学者指出,《个人信息保护法》的制定和颁布，不仅奠定了我国个人信息保护的新法基础，而且也成为数字化背景下的一部基础性立法。有学者认为，该法是一部“领域法”，具有公法和私法的混合的特点。该法的出台，体现了以人民为中心的发展思想，满足了人民群众新时代的新需要、新愿望，为国际数字法治贡献了“中国方案”。

《民法典》研究热度未消，各部门法法典化问题出现

《民法典》于 2020年颁布以后，学界围绕民法典的各种研究和热议并未消退。学者们将民法典的编撰和颁布放到中西法律传统的大历史视野中观察和理解，从“法典学”的高度，对民法典制定过程中的得失进行了检讨。有学者指出，民法典的制定，不只是民法规范完成集中编纂，而是一种思维方式被进一步确认和强化，反映的其实就是追求体系化的法文化。如何通过民法典体系化技术的创新，维持民法典的基础地位，同时又能够因应数字社会和信息技术所导致的社会变迁，就成了反思和讨论民法典颁布的一个基础理论问题。有学者进一步指出，确保民法典体系化功能的实现，是未来民法典适用中最值得关注的问题之一，也直接关系到民法典贯彻实施的质量。民法典体系化的特征和功能，也进一步激发了刑法、行政法、刑事诉讼法、环境法等其他部门法领域学者关于刑法典、行政法典、刑事诉讼法典、环境法典的编撰和颁布的条件、可能性与必要性等问题的思考和讨论。此外，也有大量学者围绕民法典适用中的重要问题展开分析和讨论，持续促进民法典的适用和民法教义学的本土化建构。

跟踪立法成果，回应法治挑战

2021年，全面依法治国不断推进，持续深化，取得了重要的成果。立法方面，制定了《个人信息保护法》《数据安全法》等新兴领域的法律，修改了《刑法》《国防法》等重点领域的法律。同时出台法治中国建设规划、法治社会建设实施纲要和法治政府建设实施纲要。在司法方面，出台关于加强新时代检察机关法律监督工作的意见，加快推进执法司法制约监督和责任体系改革建设，优化四级法院审级职能定位。但同时也应该看到我国全面依法治国任务的艰巨性和复杂性。有学者认为，建设中国特色社会主义法治体系需要在五个体系上下功夫：完备的法律规范体系、高效的法治实施体系、严密的法治监督体系、有力的法治保障体系、完善的党内法规体系。除此之外，还应当突出重点，坚持抓住领导干部这个“关键少数”，处理好改革与法治的关系，加强对法律实施的监督。另外，以信息技术、大数据为基础的新科技的发展，带来了社会形态的深刻变化，同时也对全面依法治国的各个方面，既带来了发展完善的机遇，同时也带来了深刻的冲击和挑战。如何在新的信息社会和数字经济的背景下，深化全面依法治国的内涵，化解科技带来的挑战，处理法律与科技之间的关系就成了大量研究和讨论的主题。

（作者泮伟江为北京航空航天大学法学院副院长、教授）

新闻传播学篇

总结党的新闻事业奋斗历程，分析新闻事业发展启示

从党的新闻事业的百年奋斗历程出发，总结经验、关照当下、启迪未来，是此类研究的总体思路。一些研究聚焦于“纵贯线”，即选择一个侧面，如新闻理论、新闻政策、新闻评论的社会功能等，对百年变迁进行历时性研究并获得启示。有学者认为，党的百年新闻理论发展可以分为思想启蒙传播、新闻实践探索、理论曲折发展、体系创新突破等四个阶段。有学者从媒介技术变迁角度分析百年新闻政策史，认为党对不断发展的媒介形态始终保持开放的态度，坚持管好、用好。有学者从社会功能的视角剖析了党报新闻评论的百年发展，认为其历经了革命宣传的报刊武器、政治动员的话语建构、执政主张的言论阐释、真理探讨的言说回归、市场经济的舆论助推、政党观点的多维表达等发展阶段。

还有一些研究着眼于“横切面”，即选择一个时间断面或重大事件，对其历史经验与当代启示进行深刻分析。有学者关注建党初期的办报活动，认为“办报建党”奠定了中国无产阶级新闻事业和中国共产党新闻事业的基础。有学者关注了《新青年》创办及改组、延安《解放日报》改版、改革开放时期新闻事业

全面改革、新时代新闻事业全面创新和推动媒体融合发展等重大新闻改革，并从中提炼出坚持党管新闻媒体、坚持人民中心理念、坚持正确舆论导向等八项历史经验。

关注马克思主义新闻观新发展，直面意识形态复杂形势

与党在新闻工作理念与实践上的不断创新相呼应，学界关于马克思主义新闻观研究的热度不减，主要围绕马克思主义新闻观的特点、发展及其与实践的关系展开。有学者认为，马克思主义新闻观具有继承性、民族性、时代性、创新性等主要特点。学者们普遍认为，马克思主义新闻观的创新发展与马克思主义中国化的历史是同步的，形成于中国革命、建设、改革的实践，是根植于中国实践的中国化的理论，习近平总书记关于新闻舆论工作的重要论述是马克思主义新闻观中国化的最新成果。有学者强调，当前新闻传播实践面临着复杂的意识形态领域形势、技术带来的媒体格局变化等，坚持马克思主义新闻观就是坚持马克思主义在新闻舆论工作中的指导地位。

重视国际传播能力建设，倡导效果为导向的精准传播

2021年5月31日，习近平总书记就加强我国国际传播能力建设发表重要讲话，引发业界和学界的热烈反响。有关国际传播的研究主要围绕两方面展开：一是围绕复杂变化的国际国内传播生态，从整体上分析我国国际传播面临的机遇与挑战、存在的问题与对策。有学者认为，我国国际传播在战略规划、理论框架、话语体系和人才培养等方面存在一定的短板,与我国的综合国力及国际地位极不匹配。有学者认为，应从观念更新、体制保障、实践创新、话语建设、人才培养等方面发力，切实加强和改进国际传播工作，大力增强和提升我国国际话语权和影响力。有学者强调，国际传播宜实施以效果为导向的精准传播，通过对各种传播资源和手段的精心选择，实现对不同对象的传播效果最大化。

二是围绕国际传播领域的具体议题，探讨如何展示真实、立体、全面的中国。有学者认为，通过重大事件主动设置议题，取得传播话语权，以提升中国的国际声望，是塑造国家形象的新策略。有学者认为，要发挥出版在中华文化对外传播中的作用，通过中国出版“走出去”讲好中国故事。有学者认为，奥运会是提升国家软实力和展示国家形象的重要契机，但我国媒体在北京冬奥会对外传播上尚存在议题设置能力弱、传播内容单一、叙事视角局限、传播渠道闭塞等问题，要遵循国际传播规律，做好冬奥会对外传播。

立足传媒生态重构，反思技术“裹挟”传播现象

技术变革对传媒的影响成为学者研究的关注点，主要可以从两个方面来认识。

一方面，持续探讨新技术带来的内容生产转向和传媒生态重构。有学者认为，人工智能、大数据、区块链、云计算等新技术全方位重塑新闻业，技术嵌入新闻采集、生产、分发和核查等媒体场景中，使新闻传播由传统型向智能化转向。对于社会热议的智能链接虚拟与现实世界的“元宇宙”，学界则多持审慎乐观的态度，学者们既认为其将催生新的传播业态、社会形态，也要警惕其背后的资本操纵、治理风险。

另一方面，深刻反思技术“裹挟”下的算法偏见、虚假新闻、伦理失范等问题。有学者认为，新闻生产流程和逻辑被技术改写，新闻生产表现为职业记者和公众共同参与的动态实践，新闻业正呈现“液化”状态，多元化新闻观念和新闻生产重塑传播生态。有学者认为，技术驱动下新闻业面临多重伦理困境，主要表现在数据管理与用户隐私安全、算法风险与算法权力化、把关权的位移与让渡、社会责任缺位与人文价值缺失等。面对技术带来的一系列问题，学者们普遍认为，应挖掘技术的深层次内涵，加强对信息传播的规制。

构建中国特色新闻学，促进新闻传播学科现代化

学科建设和人才培养是传媒业可持续发展的基础。有学者认为，要提升中国特色新闻学的“三大体系”(学术体系、学科体系和话语体系)建设水平，构建真正对哲学社会科学体系发挥支撑作用的中国特色新闻学。有学者指出，从新文科维度来说，应实现新闻传播学科的现代化、中国化。有学者认为，中国特色新闻学的学科体系应该以新闻学基本知识和理论体系作为核心和基础，以传播学知识理论作为补充，以边缘学科和交叉学科的知识理论作为辅助，进行学科设置和课程设计。还有学者以我国出版硕士教育已走过十年历程为契机，探讨在文化强国战略背景下，出版硕士人才培养如何紧密围绕出版业的转型升级，树立协同融合的培养理念，探索创新培养模式，为文化强国赋能助力。

(作者李舒为中国传媒大学传播研究院院长、教授)

《北京日报》(2021年12月27日第14、15版)

2021年理论视野中的重大时政热点

2021年，是“党和国家历史上具有里程碑意义的一年”。这一年，我们隆重庆祝中国共产党成立100周年，实现第一个百年奋斗目标；十九届六中全会审议通过中国共产党历史上第三个历史决议；第七次全国人口普查结果公布，三孩生育政策实施；中国空间站首批航天员进驻天和核心舱，并首次出舱作业；中国境内第三家证券交易所落户北京……

与党庆密切相关的3件大事　党史学习教育，庆祝中国共产党成立100周年大会，十九届六中全会

今年是中国共产党成立100周年，与党的百年大庆密切相关的有3件大事，备受关注：2月，开始在全党开展党史学习教育。7月1日，隆重召开庆祝中国共产党成立100周年大会，习近平总书记发表重要讲话（以下简称“七一”重要讲话）。11月，党的十九届六中全会审议通过了《中共中央关于党的百年奋斗重大成就和历史经验的决议》（以下简称《决议》）。

学者认为，开展党史学习教育，在学史明理、学史增信、学史崇德、学史力行这四个目标中，明理是基础；明理的内涵是丰富的，中国共产党为什么“能”、马克思主义为什么“行”、中国特色社会主义为什么“好”是最基本的三个方面。学史增信就是要不断增强中国特色社会主义道路自信、理论自信、制度自信、文化自信，进一步坚定理想信念。学史崇德是一种精神动力，就是要崇尚对党忠诚的大德、为民造福的公德、严于律己的私德。学史力行是明理、增信、崇德的归宿与落脚点，是开展党史学习教育的关键环节。学史力行，要行之有力、行之有效，达到“力行而后知之真”，以破解知行“两张皮”难题。

学者认为，习近平总书记“七一”重要讲话，立足中国共产党百年华诞的重大时刻和“两个一百年”历史交汇的关键节点，回望光辉历史、擘画光明未来，提出“伟大建党精神”“坚持把马克思主义基本原理同中国具体实际相结合、同中华优秀传统文化相结合”“中国共产党为什么能，中国特色社会主义为什么好，归根到底是因为马克思主义行”等一系列原创性思想和重大理论概括。这一重要讲话的核心要义，可以归纳为一个“宣告”标定历史方位、一个“主题”贯穿百年征程、一个“概括”揭秘精神之源、九个“必须”指引前进方向。

学者提出，十九届六中全会通过的《决议》，是党的历史上第三个历史决议，是一篇马克思主义纲领性文献。对习近平新时代中国特色社会主义思想的概括和阐述，是《决议》的一个突出亮点，也是一个重大贡献。《决议》有利于推动全党增长智慧、增进团结、增加信心、增强斗志，有助于破除一些人头脑里的新型教条主义，更进一步理解新时代的深刻本质，也必将为召开党的二十大奠定重要政治基础和思想理论基础。

庄严宣告全面建成小康社会　人类历史上空前的壮举

2021年2月25日，全国脱贫攻坚总结表彰大会在京隆重举行。7月1日，习近平总书记在“七一”重要讲话中庄严宣告，我们实现了第一个百年奋斗目标，在中华大地上全面建成了小康社会，历史性地解决了绝对贫困问题。9月28日，国务院新闻办公室发表《中国的全面小康》白皮书。

学者指出，中国全面建成小康社会是人类历史上空前的壮举，其意义极为深远。作为世界上人口最多，也是最大的发展中国家，中国的巨大成功对广大发展中国家来说无疑是极大的鼓舞，也为这些国家摆脱贫困、实现现代化提供了榜样和启示。中国全面建成小康社会超越了西方国家鼓吹的“文明冲突”“文明优越”等陈词滥调，向世界传递着文明平等、交流、互鉴的恒久价值。

学者认为，全面小康是全面发展的小康，体现发展的平衡性、协调性和可持续性，是物质文明、政治文明、精神文明、社会文明、生态文明协调发展的小康，是不断满足人民日益增长的多样化多层次多方面需求，不断促进人的全面发展的小康，是国家富强、民族振兴、人民幸福，多维度、全方位的小康。全面小康是全体人民的小康，是全体人民实现共同富裕的小康，是全体人民共同享有发展成果的小康。全面建成小康社会不是终点，而是新生活、新奋斗的起点。

第七次全国人口普查结果公布　实施三孩生育政策有利于改善人口年龄结构

2021年5月，中国发生了两件人口大事：一是国家统计局发布第七次全国人口普查主要数据结果，二是中央政治局召开会议，提出进一步优化生育政策，实施一对夫妻可以生育三个子女的政策及配套支持措施。

专家指出，第七次全国人口普查结果有六个方面的特点：从人口总量上看，虽然我国人口总量增速是放缓的，但仍然保持了平稳增长，仍然是世界第一人口大国。从人口质量上看，我国人口受教育水平明显提高，人口的素质不断提升。从性别构成上看，出生人口性别比稳步下降，性别结构得到改善。从年龄构成上看，少儿人口数量增加，比重上升。从人口迁徙流动情况看，人口流动依然活跃，居住地与户籍所在地不一致的现象已相当普遍，人口的集聚效应进一步显现。从人口的城乡结构看，我国城镇常住人口持续增加，十年间增加了2.36亿人，常住人口的城镇化率进一步提高。

学者表示，推出三孩生育政策一方面是为了促进落实中国积极应对人口老龄化国家战略，同时也是为了促进“十四五”规划纲要中提出的“推动实现适度生育水平”。实施一对夫妻可以生育三个子女政策及配套支持措施，长期看有利于改善人口年龄结构，扩大新增劳动力供给，减轻老年人口抚养比，缓和代际之间矛盾，增加社会整体活力，降低老龄化峰值水平。

中国航天员首次进驻自己的空间站　中国载人航天事业新的里程碑

2021年6月17日，航天员聂海胜、刘伯明、汤洪波乘神舟十二号载人飞船成功飞天，成为中国空间站天和核心舱的首批入驻人员，开启了中国载人航天工程空间站阶段的首次载人飞行任务。

学者指出，中国人首次进入自己的空间站，这是我们航天事业发展新的里程碑。建造空间站、建成国家太空实验室，是实现中国载人航天工程“三步走”战略的重要目标，是建设科技强国、航天强国的重要引领性工程。神舟十二号载人飞行任务是空间站关键技术验证阶段的第四次飞行任务。中国人首次进入自己的空间站，并在太空驻留，表明中国载人航天事业已全面进入空间站阶段，正向着既定的探索目标稳步前行。这一成就，充分展示了伟大的中国力量，更加坚定了我们夺取全面建设社会主义现代化国家新胜利的决心和信心。

教育“双减”规范校外教育培训，明确教育治理的边界

2021年7月，中共中央办公厅、国务院办公厅印发《关于进一步减轻义务教育阶段学生作业负担和校外培训负担的意见》。减轻义务教育阶段学生作业负担和校外培训负担（以下简称“双减”），针对的问题是中小学生负担太重，“校内减负、校外增负”现象突出，广大青少年的身心健康受到了严重影响。“双减”意见发布后，效果震撼。

学者表示，落实“双减”工作，就是要以促进学生全面发展为导向，提升校内教育质量，规范校外教育培训，明确教育治理的边界，以系统观念推进教育领域综合改革。“双减”不但强化了学校教育的主阵地作用，有效遏制了校外教育机构的无序发展，而且也让社会各界，尤其是学生家长重新思考探索更加科学的教育理念和方式。

学者认为，落实课程标准、实施课程方案、深化课程改革、保障学校教育的基本学业标准不降低，这些是落实“双减”工作的基础。否则，盲目减负会以降低学生学业质量为代价，与改革的目标也不相符。加强公共教育供给是减负的重要保障。学校开展课后服务，可以有效解决家长接送难、孩子没地方去的问题；可以充分利用课后时间，提供丰富多彩的服务内容，为学生提供学习和发展空间；还有助于更好地满足学生个性化发展需求，促进学生全面健康成长。规范治理校外培训机构是减负的重要环节。校外培训机构应该成为学校教育的补充，为学生在某些方面的兴趣特长提供服务，如提供体育、音乐、舞蹈、美术、科技等个性化资源，丰富学生的校外生活。校外培训机构在规范的范围内开展非学科课程，有利于满足学生的爱好、培养学生的特长，会成为学校教育的有益补充。

“扎实促进共同富裕”成为议题　突出地、实质性地解决共同富裕问题的时机已成熟

2021年8月召开的中央财经委员会第十次会议，议题之一是研究扎实促进共同富裕，引发学界热议。

学者指出，“三多”“两靠”是正确理解共同富裕的重点所在。“三多”：一是人数多，是全体人民的富裕，不是少数人的富裕；二是内容多，物质生活要富裕，精神生活也要富裕；三是步骤多，共同富裕不是整齐划一的平均主义，要分阶段逐步实现。“两靠”：实现共同富裕就像做蛋糕，既要做大，还要分好。“做大”要靠高质量发展，用好创新和教育两大“原料”，不断探索新的“制作方法”，给更多人创造致富的机会；而“分好”则要靠制度性安排，调整致富的节奏，实现“先富带动后富”。

学者指出，“人人向上”才是共同富裕，或者说，共同富裕代表着“人人都要向上”，而不是一些人向上流动，另一些人保持在原来的位置不变，甚至还有人的情况发生恶化。发展社会主义市场经济需要竞争和优胜劣汰，但是从人的发展机会、基本权利和基本生计角度来说，只能有“赢家”，不能有“输家”。

学者认为，当前，中国已全面建成小康社会，突出地、实质性地解决共同富裕问题的时机已成熟。正是在这样的历史背景下，党中央坚定地承担起了“突出地提出和解决”这一“中心课题”的历史任务，主动扛起了“扎实推进共同富裕”的历史责任。共同富裕没有捷径，不是变戏法，必须靠14亿多中国人民艰苦奋斗来实现。

北交所成立　彰显中国坚定发展资本市场的态度和决心

2021年9月，北京证券交易所（以下简称“北交所”）成立，11月15日正式开市。这是中国资本市场的一件大事，引起广泛关注。

学者认为，北交所的成立彰显了中国坚定发展资本市场的态度和决心，对于更好发挥资本市场功能作用、促进科技与资本融合、支持中小企业创新发展具有重要意义，是中国资本市场30多年历史当中的重要里程碑事件，有助于改变中国金融发展格局，助力我国成为金融强国。

学者指出，中国第三家证券交易所正式落户北京，这不仅意味着中国股市已经形成了上海、深圳、北京“三足鼎立”的格局，更意味着中国政府一直推进的多层次资本市场的建设初步完成。北交所聚焦于“专精特新”中小企业，将在拓宽中小企业融资渠道、深化新三板改革、完善多层次资本市场方面发挥重要作用。长三角、珠三角、京津冀，都有证券交易所，可以降低南北资本市场发展的差距。基于北交所与沪深市场存在的定位以及制度差异，投资逻辑也需要相应转变。

“元宇宙”可能成为互联网发展的新方向、数字经济发展的下一形态

2021年10月，一家国际知名的网络公司更名为“元宇宙”，在世界范围内引起广泛关注。

学者指出，元宇宙是一个由数据组成的世界，分布式数据存储成为维持元宇宙持久运转的基本方式。元宇宙可能会成为互联网发展的新方向，也可能是数字经济发展的下一形态。元宇宙的探索将推动实体经济与数字经济深度融合，推动数字经济走向新的阶段。元宇宙不能简单等同于电子游戏，也不能等同于虚拟世界。它是创造性游玩、开放式探索，与现实连通。算力和数据是元宇宙和数字经济发展的基础，而元宇宙和数字经济的发展需要5G基础上的人工智能、区块链、云计算、大数据。这几大技术创新融合发展，共同促进数字经济的发展，从而将数字经济应用到全社会的各类运行场景中。

学者表示，元宇宙有两大可见趋势，即创作升级和计算升级；在应用侧，也体现为三大可见趋势，即体验升级、决策升级和商业不断升级。元宇宙作为虚拟世界和现实世界融合的载体，蕴含社交、游戏、办公等场景变革的巨大机遇。基于元宇宙而生发出的一系列构想，背后是人类生活方式的重大变革。

贯穿着多个产业的元宇宙，现在也存在一些炒作的迹象。很多会议、公司都往元宇宙概念上靠，而一些实在沾不上边的公司，就公告有相关研发、投资意向。专家表示，元宇宙目前还处在初期发展阶段，尤其是作为产业，仍存在诸多不确定性，无论是产业发展还是市场投资，都亟须回归理性。

四大经贸盛会　释放扩大开放的鲜明信号

2021年4月的广交会，5月的消博会，9月的服贸会，11月的进博会，四大经贸盛会轮番登台，以中国市场的开放为全球经贸合作注入动力。

学者认为，广交会主要聚焦货物出口，进博会侧重货物和部分服务的进口，服贸会侧重服务业扩大开放，消博会则定位于国际消费精品的全球展示和交易平台，四大经贸盛会共同构成了国家级商务会展体系，形成中国国际化大市场的“四轮驱动”，释放扩大开放的鲜明信号、搭建互利共赢的合作平台，勾勒出新发展格局下中国经济的活力与魅力、信心和底气。从广交会、服贸会到进博会、消博会，从“世界工厂”到“世界市场”，中国经济的发展之路，就是不断融入世界经济大循环，并以自身发展促进共同发展的历程。

学者指出，在当前情况下，中国克服困难接连举办四场经贸盛会，展现出同各方分享发展机遇的开放姿态，为各国企业搭建了合作平台，也以实际行动成为维护全球产业链供应链稳定的重要力量。从“汇全球”“买全球”，到足不出户“逛全球”“卖全球”，世界在共享中国14亿多人口、超4亿中等收入群体的超大市场机遇的同时，更通过四大经贸盛会，直观感受到了中国创新、协调、绿色、开放、共享的新发展理念。

联合国生物多样性大会 《昆明宣言》为全球环境治理注入新动力

2021年10月，联合国生物多样性大会高级别会议在云南昆明举行，会议通过了《昆明宣言》。

学者指出,《昆明宣言》是此次大会的主要成果。宣言承诺，确保制定、通过和实施一个有效的“2020年后全球生物多样性框架”，以扭转当前生物多样性丧失趋势并确保最迟在2030年使生物多样性走上恢复之路，进而全面实现人与自然和谐共生的2050年愿景。宣言的通过体现了各国为全球生物多样性保护作出切实贡献、采取有效行动的决心和意愿，将为全球环境治理注入新动力。

学者认为，生物多样性的保护、恢复和可持续利用是《2030年可持续发展》议程的支柱。如何应对生物多样性危机决定着人类的未来。

学者表示，中国提出的生态文明理念也是此次会议的主题，这一理念蕴含着深刻变革。从采取行动减少污染、恢复退化的土地、保护物种和生态系统，到解决贫困问题和追求更广泛的人类发展目标，中国推动所有政府部门参与保护生物多样性的努力，以及在农业、林业和渔业等相关领域推广生物多样性发展所取得的综合成果，都“令人感到鼓舞”。

RCEP正式生效 为多边贸易和投资自由化树立样板

2021年11月2日,《区域全面经济伙伴关系协定》（RCEP）保管机构东盟秘书处发布通知，宣布文莱、柬埔寨、老挝、新加坡、泰国、越南等6个东盟成员国和中国、日本、新西兰、澳大利亚等4个非东盟成员国已向东盟秘书长正式提交核准书，达到协定生效门槛。根据协定规定，RCEP于2022年1月1日正式生效。

学者认为，RCEP协定的生命在于实施。当前，受大国博弈和疫情等因素影响，我国外贸形势复杂严峻，不确定性陡增。RCEP的正式生效，为这种不确定性带来一定的确定性，对于引导市场预期、提振供应链信心，意义重大。RCEP的生效与实施，将极大地推动亚太区域经济一体化，弥合疫情对东亚产业链的冲击，也将为多边贸易和投资自由化树立样板，为疫后的全球经济复苏注入新的动力，树立东亚区域经济一体化新的里程碑。

学者表示，这一世界上最大的自贸区将充分释放区域发展潜力，进一步促进区域内贸易和投资，进一步优化RCEP区域各国的外贸结构和投资布局，为区域经济增长注入新的活力。相对于货物贸易自由便利，RCEP生效更大的增值空间在于服务贸易，尤其是数字经济和数字贸易合作上。下一步，各国还要继续加强在制度、政策等多方面、多层次的交流对接，确保成员间合作潜力在RCEP的撬动下，得到更充分的挖掘和释放。

学者指出，RCEP与我国民众生活紧密相关。从消费者的角度看，RCEP的签署将促使区域内产业链可供能力提高，消费者将能买到更多物美价廉的域内国家产品，消费成本更低，商家让利也有更多可行性，这将极大丰富国内消费者消费市场选择。而且，RCEP生效将让我国居民出国旅行更便利、花费也更低。同时，RCEP的达成还会降低我国劳工出国就业的门槛，促进区域内劳动力流动。从生产者角度看，关税水平的降低、准入门槛的下降，将大幅减少企业的生产和投资成本，从而扩大企业的获利空间。

中央经济工作会议 用“七大政策+五大认识”勾勒2022年经济工作重点

2021年12月，中央经济工作会议举行。会议对于统一认识、坚定信心、凝聚力量，巩固和延续“十四五”开局良好势头，意义十分重大。

学者认为，在不到5000字的消息稿中，“稳”字出现25次。“稳”成为中央经济工作会议最突出的关键词。内有需求收缩、供给冲击、预期转弱三重压力，外部面临更趋复杂严峻和不确定的国际环境，坚持“稳字当头、稳中求进”是决策层对前期宝贵经验的总结，更是综合分析当下形势形成的方针。我国经济韧性强，长期向好的基本面不会改变，只要坚持稳字当头、稳中求进，继续用好政策工具，就能进一步增强经济发展的后劲和动能，巩固“稳中向好”的良好态势。

学者指出，中央经济工作会议用“七大政策+五大认识”来勾勒2022年经济工作重点。其中，宏观政策是短期稳定经济的手段，微观政策和结构政策分别是激发微观主体活力与提高经济发展质量的中长期政策工具。而要让宏观、微观、结构性政策发挥足够的效率，则要靠改革开放。要正确认识和把握实现共同富裕的战略目标和实践途径，要正确认识和把握资本的特性和行为规律，要正确认识和把握初级产品供给保障，要正确认识和把握防范化解重大风险，要正确认识和把握碳达峰碳中和，这五大认识，既具有长期重要性，也呈现出短期紧迫性。正确认识和把握这些重大理论和实践问题，对于推动经济高质量发展具有基础性意义。

（撰稿人：张记合）

《北京日报》(2021年12月27日第13版）

·科研课题·

概述

本栏目记述2021年度5个国家级社会科学研究项目（北京地区）立项结果、3个教育部社会科学研究项目（北京地区/在京高校）立项结果、9个北京市级单位在哲学社会科学研究领域通过评审获准立项的课题，内容涉及20多个学科及众多研究领域，包括重大项目、重点项目、一般项目、青年项目、后期资助项目等，这些信息反映了北京社会科学研究的概貌及2021年度社会科学研究的重点和特点。

2021年度国家社会科学基金项目立项名单（北京地区）

一、马列·科社

1. 重点项目

项目名称	负责人	工作单位	预期成果	完成时间
面向中国社会现实的马克思主义公平正义论的当代建构研究	陈培永	北京大学	专著	2024.12.31
全球抗疫背景下中国制度优势的国际叙事研究	张晓萌	中国人民大学	论文集，研究报告	2024.7.30
百年未有之大变局下的拉美共产党研究	贺　钦	中国社会科学院马克思主义研究院	专著	2025.12.31
新时代中国特色社会主义政治经济学创新发展研究	张占斌	中共中央党校（国家行政学院）	专著	2024.6.1
马克思主义国家职能理论及其当代价值研究	牛先锋	中共中央党校（国家行政学院）	专著	2024.12.31

2. 一般项目

项目名称	负责人	工作单位	预期成果	完成时间
习近平新时代中国特色社会主义思想对科学社会主义理论的新发展研究	郇　雷	中共中央党校（国家行政学院）	研究报告	2025.6.30

续表

项目名称	负责人	工作单位	预期成果	完成时间
新时期马克思主义中国化若干问题研究	高正礼	北京交通大学	专著	2024.12.30
习近平总书记关于学校思想政治理论课建设重要论述研究	韩振峰	北京交通大学	论文集，研究报告	2024.12.30
习近平总书记关于社会治理的重要论述研究	向春玲	中共中央党校（国家行政学院）	专著	2023.12.30
“战疫元素”全方位融入新时代“课程思政”的实现路径研究	王　欢	北京邮电大学	专著，研究报告	2024.12.31
统筹中华民族伟大复兴战略全局和世界百年未有之大变局研究	陈远章	中共中央党校（国家行政学院）	专著	2023.7.30
马克思政治经济学研究与历史唯物主义的关系	李怀涛	首都师范大学	专著	2024.7.1
新发展阶段实现共同富裕实践路径研究	孙　爽	中共北京市委党校	研究报告	2023.12.31
社会主义协商民主的理论与实践研究	杨守涛	中共北京市委党校	专著	2025.6.30
新中国生态文明制度建设史研究	李　娟	北京师范大学	专著	2024.10.1
新时代党牢牢掌握历史主动理论与实践研究	孙存良	教育部高等学校社会科学发展研究中心	专著	2024.12.31
当代欧洲左翼政党对资本主义的批判研究	吴韵曦	中国政法大学	专著	2024.9.30
智媒时代社会思潮的传播与治理	李　洁	北京理工大学	专著	2025.6.1
我国疫情防控的制度优势与治理体系优化研究	骆小平	华北电力大学	专著	2024.8.31
中国人权建设成就的国际传播研究	韩克芳	中央民族大学	研究报告	2024.6.30
当代西方右翼民粹主义政党执政逻辑及发展趋势研究	张　莉	中国社会科学院马克思主义研究院	专著	2024.6.30
构建人类命运共同体理念的原创性贡献研究	乔茂林	中国社会科学院哲学研究所	研究报告	2024.3.20

3. 青年项目

项目名称	负责人	工作单位	预期成果	完成时间
中国共产党组织体系建设的百年历程与基本经验研究	陈艳飞	北京工业大学	专著	2024.6.30
MEGA2视域中的《资本论》法文版“独立科学价值”研究	宋珊珊	北京理工大学	专著	2024.12.31
历史唯物主义视域中未来共同体的生成问题及其现实进路研究	王丽丽	对外经济贸易大学	论文集	2025.3.15
马克思对资本主义起源的解释范式转换及其当代价值研究	兰　洋	中国人民大学	专著	2025.12.30

续表

项目名称	负责人	工作单位	预期成果	完成时间
中国共产党“社会矛盾”话语的历史演进及其启示研究	张廷广	北京理工大学	专著	2024.12.31
中国特色社会主义社会治理的共同体优势研究	李　戈	清华大学	论文集	2024.12.31
新时代中国对外话语体系建构研究	陈明琨	中国人民大学	研究报告	2024.12.31
中华优秀传统文化时代化研究	安丽梅	中国人民大学	专著，论文集	2024.12.31
马克思主义早期传播对中国哲学社会科学的影响和作用研究	裴　植	北京大学	专著	2024.12.31
辩证唯物主义视域下习近平生态文明思想整体性研究	周　杨	中国矿业大学（北京）	专著	2024.7.1
新时代党的政治规范基本问题研究	刘进伟	中国人民大学	专著	2023.12.31
新时代马克思主义无神论宣传教育的理论创新与实践经验研究	张　戈	中国社会科学院马克思主义研究院	论文集	2024.6.30
马克思主义民主观视域下的全过程民主运行机制研究	李笑宇	中共中央党校（国家行政学院）	论文集，研究报告	2024.12.30
习近平总书记大历史观的丰富内涵与现实意蕴研究	金　梦	北京师范大学	论文集	2025.12.31

二、党史·党建

1. 重点项目

项目名称	负责人	工作单位	预期成果	完成时间
中国共产党党内政治生态建设的百年历程与基本经验研究	王春玺	北京航空航天大学	专著	2023.12.31
新时代加强党的意识形态工作能力建设研究	王　慧	中共中央党校（国家行政学院）	专著	2023.6.30
国外中共党史研究史述论（1921—2021）	梁　怡	北京联合大学	专著，工具书	2024.12.30
中国共产党社会治理史研究	吴　超	中国社会科学院当代中国研究所	研究报告	2024.9.1
中国共产党革命精神谱系研究	朱喜坤	教育部高等学校社会科学发展研究中心	专著	2026.7.1

2. 一般项目

项目名称	负责人	工作单位	预期成果	完成时间
习近平总书记关于斗争精神重要论述研究	高　超	北京师范大学	专著	2026.6.30
中国共产党的政治优势研究	邓纯东	中国社会科学院马克思主义研究院	专著	2024.6.30

续表

项目名称	负责人	工作单位	预期成果	完成时间
新中国成立以来中共国际战略思想与实践研究	王巧荣	中国社会科学院当代中国研究所	专著	2025.12.31
新时代农村基层党建高质量发展研究	李　明	中国农业大学	专著，研究报告	2023.6.30
中国共产党人党性修养的百年发展历程与经验研究	岳凤兰	中央民族大学	研究报告	2024.6.30
中国共产党百年纪律建设史研究	石　伟	中共中央党校（国家行政学院）	专著	2025.12.31
新发展阶段领导干部网络素养提升路径及效能研究	邱　锐	中共北京市委党校	研究报告	2023.12.30
中国共产党林草政策史研究	樊宝敏	中国林业科学研究院	专著，论文集	2023.12.31
新时代中国共产党自我革命精神研究	赵绪生	中共中央党校（国家行政学院）	专著	2023.12.30
中国共产党反贫困斗争的实践演进与理论创新研究	郭　云	北京联合大学	专著	2024.6.30
人类命运共同体视域下反腐败国际合作研究	田　坤	中国社会科学院马克思主义研究院	专著，研究报告	2023.12.31
中国共产党领导工业体系建设的历程与经验研究（1949—2021）	肖　翔	中央财经大学	专著	2026.7.1
中国共产党公共卫生治理研究	刘春梅	首都医科大学	专著	2025.12.31

3. 青年项目

项目名称	负责人	工作单位	预期成果	完成时间
习近平中共党史观与新时代中共党史学创新发展研究	吴起民	清华大学	专著	2024.6.30
党政联合发文制度研究	张海涛	中共中央党校（国家行政学院）	研究报告	2024.5.30
新中国成立后党领导新疆人口工作与边疆长治久安研究（1949—1965）	易海涛	中国社会科学院当代中国研究所	专著	2026.6.30
新中国成立初期中国共产党领导生产救灾的理论与实践研究（1949—1957）	曹佐燕	中国农业大学	专著	2024.12.31
中国共产党百年青年思想政治工作史研究	杨　巧	中国共产主义青年团中央团校	论文集，研究报告	2024.7.31
新民主主义革命时期中国共产党对美国华侨华人统战工作研究	石　瑶	中共中央党校（国家行政学院）	研究报告	2024.6.30

三、哲学

1. 重点项目

项目名称	负责人	工作单位	预期成果	完成时间
马克思财产权批判与社会正义理念研究	张文喜	中国人民大学	专著	2024.12.31

续表

项目名称	负责人	工作单位	预期成果	完成时间
郭湛波遗著手稿整理和研究	杨学功	北京大学	数据库	2023.12.31
技术治理理论研究	刘永谋	中国人民大学	专著	2024.6.30
中国近代道德观念发展史研究	郭清香	中国人民大学	专著	2025.12.31
样式主义美学与图像现代性研究	吴　琼	中国人民大学	专著	2025.2.15

2. 一般项目

项目名称	负责人	工作单位	预期成果	完成时间
进化论中进步思想的理论难题及其解决方案研究	李建会	北京师范大学	专著	2025.12.31
社会科学方法论前沿问题研究	王　巍	清华大学	专著，论文集	2025.12.31
尼采哲学、现象学与后形而上学语境中的主体性问题研究	吴增定	北京大学	专著	2026.12.31
18世纪西方思想中三条思路的交汇与美学的逻辑建构问题研究	卢春红	中国社会科学院哲学研究所	专著	2024.3.1
后真相时代的事实与价值问题研究	孙美堂	中国政法大学	专著	2023.7.31
生态文明视野中的气候正义问题研究	滕　菲	中国人民大学	专著	2026.6.30
预测心智框架下4E认知的核心论题研究	夏永红	北京师范大学	专著	2025.11.30
绿色技术创新与生态文明转型的协同演化研究	邬晓燕	北京交通大学	专著	2025.12.31
方以智“均”的哲学方法论研究	周勤勤	中国社会科学院大学	专著	2025.12.30
儒家思想的超越性与历史性研究	盛　珂	首都师范大学	专著	2024.6.30
近现代中国哲学方法论研究	高海波	清华大学	研究报告	2025.4.30
亚里士多德论动物运动的哲学研究	程　炜	北京大学	专著	2025.3.9
康德的非形而上的政治哲学研究	方　博	北京大学	专著	2025.12.31

3. 青年项目

项目名称	负责人	工作单位	预期成果	完成时间
阿尔都塞的政治哲学思想及其当代价值研究	董键铭	中国社会科学院哲学研究所	专著	2024.12.31
青年马克思政治哲学中的“黑格尔因素”研究	梁燕晓	中共中央党校（国家行政学院）	专著	2024.12.30
算法治理的技术哲学研究	兰立山	中共中央党校（国家行政学院）	专著	2024.6.30
人类纪视域下的生物赛博格问题探究	李　曈	首都医科大学	研究报告	2024.12.30
当代生物学中的基因及其因果性研究	陆俏颖	北京大学	专著	2024.12.31

续表

项目名称	负责人	工作单位	预期成果	完成时间
春秋史官哲学的多元通和传统研究	吴宝麟	中央民族大学	专著	2025.7.31
先秦两汉儒学视域中的“制器”观念研究	吕明烜	中国政法大学	专著	2026.6.30
列维纳斯家哲学研究	刘　晓	北京体育大学	研究报告	2024.6.30
“泛神论之争”的核心文本翻译与研究	童群霖	北京外国语大学	专著，译著	2026.9.9
胡塞尔现象学哲学体系视角下的“世界构造”问题研究	韩　骁	中国社会科学院哲学研究所	专著	2025.12.31
身心关系与因果性的哲学研究	董　心	中央民族大学	专著	2024.9.30

四、理论经济

1. 重点项目

项目名称	负责人	工作单位	预期成果	完成时间
数字产业化与产业数字化规模测算与路径优化	宋旭光	北京师范大学	论文集，研究报告	2024.6.30
中国资本市场韧性的影响因素、测度与提升路径研究	胡海峰	北京师范大学	研究报告	2023.12.30
数字可供性视角下电商直播赋能中小微企业数字化转型研究	华　迎	对外经济贸易大学	论文集，研究报告	2023.12.31
农村低保对儿童人力资本及其成年早期劳动表现的影响和政策优化研究	方向明	中国农业大学	论文集，研究报告	2026.12.31

2. 一般项目

项目名称	负责人	工作单位	预期成果	完成时间
区际利益补偿与区域协调发展机制研究	张贵祥	首都经济贸易大学	研究报告，论文集	2024.6.30
碳达峰背景下环境政策不确定性影响中国工业企业减排的机制与政策提升研究	俞　剑	中央财经大学	研究报告	2024.12.31
公平导向的差别化收入再分配机制研究	王少国	首都经济贸易大学	研究报告	2025.6.30
央行数字货币对货币政策实施和传导的影响机制研究	宋　鹭	中国人民大学	研究报告	2024.6.30
适应高质量发展的地方政府竞争机制优化研究	杨　振	中共中央党校（国家行政学院）	研究报告	2024.8.30
老龄化背景下兼顾经济增长与代际公平目标的养老金制度研究	张　苏	中央财经大学	研究报告	2024.6.30
新发展格局下要素市场化配置的理论逻辑与经验证据研究	范　欣	中国人民大学	论文集	2023.6.30

续表

项目名称	负责人	工作单位	预期成果	完成时间
数字经济对我国参与国际分工及产业安全的影响研究	王燕梅	中国社会科学院工业经济研究所	研究报告	2024.6.30
数字经济和实体经济深度融合机制的政治经济学研究	沈梓鑫	中国社会科学院数量经济与技术经济研究所	研究报告	2024.12.30
数字赋能下金融普惠性的比较测评与增强机理多维度研究	宋晓玲	北京语言大学	论文集，研究报告	2024.12.31
促进人口流动与城乡要素一体化协调的户籍制度改革研究	邓仲良	中国社会科学院人口与劳动经济研究所	研究报告	2023.12.31
数字技术对中国制造业出口贸易高质量发展的影响、机制与对策研究	李瑞琴	中央财经大学	研究报告	2024.6.30
国有企业协同创新的驱动机制与效率提升研究	许晨曦	首都经济贸易大学	研究报告	2024.6.30
基础研究人才向企业集聚的影响因素和促进政策研究	张慧慧	中国社会科学院数量经济与技术经济研究所	专著，研究报告	2024.12.30
新时代人才强国战略背景下我国制造业外贸高质量发展研究	李　静	对外经济贸易大学	论文集，研究报告	2024.5.1
全球价值链重构对出口贸易高质量发展的影响机制研究	刘会政	北京工业大学	研究报告	2024.6.30
国际人才流入对中国区域与企业创新绩效的影响机制研究	韩丽丽	北京师范大学	研究报告	2023.12.30

3. 青年项目

项目名称	负责人	工作单位	预期成果	完成时间
数字资本主义生产方式新变化的政治经济学研究	王金秋	北京工商大学	研究报告	2024.7.1
数字经济时代兼顾个人信息保护和数据要素市场培育的治理机制设计	续　继	中国社会科学院经济研究所	研究报告	2023.12.30
要素禀赋结构、政府短期干预与长期经济发展研究：以我国早期工业建设为例	王　歆	北京大学	研究报告	2024.12.31
明清时期灾害治理机制的经济学研究	禹思恬	首都经济贸易大学	专著	2025.12.31
发展数字经济与缩小收入差距的矛盾和化解路径研究	姜　伟	中央民族大学	研究报告	2024.7.31

五、应用经济

1. 重点项目

项目名称	负责人	工作单位	预期成果	完成时间
新发展阶段健全社会保障再分配机制研究	杨　穗	中国社会科学院农村发展研究所	论文集，研究报告	2023.12.31

续表

项目名称	负责人	工作单位	预期成果	完成时间
乡村振兴背景下加快数字乡村发展问题研究	韩保江	中共中央党校（国家行政学院）	论文集	2023.12.30
“一带一路”沿线国家营商环境建设国际合作的理论逻辑与实施路径研究	崔鑫生	对外经济贸易大学	论文集	2024.12.30

2. 一般项目

项目名称	负责人	工作单位	预期成果	完成时间
基于大数据和社会学习的城市居民低碳消费行为研究	陈　浩	北京师范大学	论文集，研究报告	2024.8.31
新发展格局下国家审计促进完善中小银行治理体系研究	秦博勇	审计署审计科研所	研究报告	2024.8.30
城市群协同发展目标下地方政府间财政合作机制与实现路径研究	刘　翔	首都经济贸易大学	研究报告	2024.6.30
功能财政与国家治理现代化研究	付敏杰	中国社会科学院经济研究所	专著，研究报告	2024.7.1
数字经济发展对农民工就业质量的影响与作用机制研究	汪　雯	北京林业大学	论文集，研究报告	2024.7.30
疫情冲击下企业社保减费政策对缓解劳动者收入损失的影响及助推机制研究	徐凤辉	首都经济贸易大学	研究报告	2024.6.30
“双循环”新格局下我国制造业要素配置效率与产业升级研究	苏　立	中国人民大学	专著	2025.12.31
中国服务业扩大开放、效率与产业安全协调发展政策研究	张　艳	中央财经大学	研究报告	2024.6.30
村域社会组织与农户融资可得性研究	王剑锋	对外经济贸易大学	论文集	2024.5.31
数智化驱动下城市社区绿色再生资源循环网络优化研究	吕　波	北京物资学院	研究报告	2024.12.31
粮食安全省长责任制下的地方政府粮食生产保障行为及机制研究	钟　钰	中国农业科学院农业经济与发展研究所	专著，研究报告	2023.12.31
我国粮食生产潜力空间识别及保障提升策略研究	李婷婷	中国社会科学院农村发展研究所	研究报告	2024.12.31
“双循环”新发展格局下我国现代流通业高质量发展路径研究	梁　鹏	北京工商大学	专著	2024.6.30
“双循环”新格局下我国木质林产品高质量发展研究	田明华	北京林业大学	研究报告	2023.9.30
平台企业无序扩张中数字排斥行为的监管与治理研究	范合君	首都经济贸易大学	研究报告	2024.6.30
中国农产品期货套期保值效果评价及优化研究	鞠荣华	中国农业大学	研究报告	2024.12.31
饲料粮供给安全的联动效应与风险治理能力提升研究	周海川	国家信息中心	论文集，研究报告	2024.6.30

续表

项目名称	负责人	工作单位	预期成果	完成时间
产业利益联结阻断“两类户”返贫致贫风险的机制优化研究	郭君平	中国农业科学院农业经济与发展研究所	论文集	2024.6.30
“双循环”新格局下我国企业对外直接投资嵌入全球创新网络质量研究	刘　宏	首都经济贸易大学	专著，论文集	2024.6.30
企业数字化转型对创新资源配置效率的作用机制与影响效应研究	程　悦	北京工商大学	研究报告	2024.6.30
农村生物质能源产业市场化路径：政府—企业—农户关系重构研究	王斯一	中国环境科学研究院	专著	2024.12.31
畜牧业高质量发展指标评价、实现路径与政策建议研究	辛翔飞	中国农业科学院农业经济与发展研究所	专著，研究报告	2023.12.31

3. 青年项目

项目名称	负责人	工作单位	预期成果	完成时间
货币创造视角下中国影子银行的宏观效应及政策调控影响研究	李伯尧	中国政法大学	论文集，研究报告	2024.12.31
数字经济驱动更加充分更高质量就业的影响机理与政策研究	丁述磊	首都经济贸易大学	研究报告	2024.6.30
数字乡村背景下互联网赋能缓解农村多维相对贫困的长效机制研究	冷晨昕	清华大学	论文集，研究报告	2023.12.30
混合经营对农村集体经济发展的作用机理及其政策体系研究	周　振	国家发展和改革委员会产业经济与技术经济研究所	研究报告	2024.6.30
银行数字化转型与货币政策传导有效性研究	汪　勇	中国社会科学院金融研究所	研究报告	2023.12.31
数字金融发展背景下家庭负债结构性不平衡的测度与优化研究	张旭阳	北京工商大学	研究报告	2024.6.1

六、统计学

1. 重点项目

项目名称	负责人	工作单位	预期成果	完成时间
大数据背景下新时代超大城市治理体系与治理能力现代化的统计研究	唐晓彬	对外经济贸易大学	论文集，研究报告	2023.12.31
休闲消费对扩大内需的贡献度及政策研究	王琪延	中国人民大学	论文集，研究报告	2024.5.30
新时代通货波动的延展态势、结构成因及对策研究	李朝鲜	北京工商大学	专著，研究报告	2024.7.1

2. 一般项目

项目名称	负责人	工作单位	预期成果	完成时间
自然资源资产负债核算估价方法及应用研究	张卫民	北京林业大学	专著，研究报告	2024.12.31
复杂半参数空间自回归模型的理论研究及其在我国区域人口流动分析中的应用	魏传华	中央民族大学	专著，论文集	2024.12.31
民国时期近代抽样调查的引进、传播发展与实践研究	唐丽娜	中国人民大学	专著	2024.9.30
空间自回归模型的模型检验及其应用研究	谢田法	北京工业大学	论文集，研究报告	2024.12.31
高质量发展目标下创新创业的统计测度、驱动效应与机制优化研究	侯　鹏	北京林业大学	研究报告	2024.6.30
高质量发展视域下绿色技术创新的统计监测研究	刘思明	对外经济贸易大学	研究报告	2024.6.30
经济发展质量测度的理论逻辑、方法与国际比较研究	杨耀武	中国社会科学院经济研究所	专著	2024.6.30

3. 青年项目

项目名称	负责人	工作单位	预期成果	完成时间
高维矩阵型数据下我国系统性金融风险传导及防控研究	刘程程	首都经济贸易大学	专著，论文集	2024.6.30
时空数据建模下收入分布函数的动态演变规律及预测研究	秦　磊	对外经济贸易大学	论文集	2023.12.31
产业链安全视角下区域产业分工调整与实现路径研究	郑腾飞	国家发展和改革委员会产业经济与技术经济研究所	研究报告	2024.6.30
中国居民线上消费碳中和路径研究	陈广武	北京师范大学	研究报告	2023.12.1

七、政治学

1. 重点项目

项目名称	负责人	工作单位	预期成果	完成时间
当代西方国家政治极化的源起与影响研究	庞金友	中国政法大学	专著	2024.6.1

2. 一般项目

项目名称	负责人	工作单位	预期成果	完成时间
公共建筑的政治文化研究	郑　红	中国政法大学	专著，研究报告	2026.10.1
对口支援在我国国家治理中的制度和功能优势研究	汪　波	北京师范大学	专著	2024.9.10

续表

项目名称	负责人	工作单位	预期成果	完成时间
新信息技术革命与国家治理体系变革研究	何　哲	中共中央党校（国家行政学院）	专著	2024.6.30
政策注意力视域下我国领导体制优势向治理效能转化研究	杨竺松	清华大学	论文集，研究报告	2024.6.30
深度不确定条件下重大决策的影响因素及完善路径研究	黄振威	中共中央党校（国家行政学院）	专著	2024.6.30
共同富裕视域下农民工市民化研究	张善柱	中国劳动关系学院	研究报告	2024.12.31
中国公民的政治价值观及其对国家稳定的影响机制研究	郑建君	中国社会科学院政治学研究所	专著	2023.12.31
数据驱动下地方政府的民意回应机制创新及政策支持研究	孔祥利	中共北京市委党校	研究报告	2024.6.30
重大突发公共卫生事件中网民情感状态演变规律及引导策略研究	于　鹏	中央财经大学	研究报告	2024.12.31

3. 青年项目

项目名称	负责人	工作单位	预期成果	完成时间
新时代中国特色社会主义政治正义理论研究	陈绍辉	北京大学	专著	2024.6.30
近年来欧美主要国家政党制度的结构性问题研究	孙润南	北京航空航天大学	论文集，研究报告	2024.12.31
新冠肺炎疫情防控中科学—政府—大众关系的社会治理研究	郭凤林	北京外国语大学	专著	2024.6.30
乡村振兴战略下基层行政区划调整治理效能研究	韦　欣	北京大学	论文集，专著	2024.6.30
市域社会治理中一线治理的运作和提升机制研究	赵洲洋	中共中央党校（国家行政学院）	论文集	2023.12.31
我国基层政府绩效评估机制优化研究	李　倩	中国政法大学	研究报告	2023.12.31
中国援助对非洲国家经济发展政策选择的影响研究	黄振乾	中国农业大学	研究报告	2024.12.31
高度警惕和坚决遏制“柔性台独”分裂活动的对策研究	张遂新	清华大学	论文集，研究报告	2024.6.30
中国地方政府廉政治理激励机制研究	许天翔	中国社会科学院社会学研究所	论文集	2024.3.30

八、法学

1. 重点项目

项目名称	负责人	工作单位	预期成果	完成时间
自动化行政中算法决策的法律控制	齐延平	北京理工大学	论文集，研究报告	2024.3.31

续表

项目名称	负责人	工作单位	预期成果	完成时间
民法典多人债之关系及其诉讼构造研究	朱　虎	中国人民大学	研究报告	2024.7.10
公司法修订中的重大问题研究——基于私人自治与公共规制之间的平衡	蒋大兴	北京大学	专著	2025.12.31

2. 一般项目

项目名称	负责人	工作单位	预期成果	完成时间
《资治通鉴》中的政法理论与实践研究	李启成	北京大学	专著	2026.12.31
中国古代国家治理中的土地法经验研究	柴　荣	北京师范大学	专著	2024.7.1
政府职能转变的组织法保障研究	李　昕	首都师范大学	专著	2024.7.1
形式理性与实质理性的关系在刑法学中的展开	王志祥	北京师范大学	论文集	2025.12.1
认罪认罚从宽的理论反思与制度重构研究	魏晓娜	中国人民大学	专著	2024.6.30
刑事诉讼中财产辩护的理论与实践研究	陈学权	对外经济贸易大学	论文集	2025.7.30
优化营商环境视角下动产与权利担保制度现代化研究	纪海龙	北京大学	论文集，研究报告	2024.6.30
民法典网络侵权制度在知识产权领域实施的疑难问题研究	万　勇	中国人民大学	论文集	2024.6.30
传统中国无主物法律制度及其现代意义研究	顾　元	中国政法大学	专著	2024.12.31
基本权利限制的合宪性审查方法研究	柳建龙	中国社会科学院大学	专著	2025.6.30
紧急状态下克减人权的标准与实践研究	孙　萌	中国政法大学	专著	2024.12.31
事中事后监管与行政许可改革研究	卢　超	中国社会科学院法学研究所	研究报告	2023.6.30
行政法上第三人的权利保护研究	赵　宏	中国政法大学	论文集	2025.6.1
风险刑法的基本谱系研究	焦旭鹏	中国社会科学院法学研究所	专著	2024.12.31
生态环境犯罪责任归属研究	张志钢	中国社会科学院法学研究所	专著，论文集	2023.12.31
以危险方法危害公共安全罪认定规则实证研究	江　溯	北京大学	专著	2024.12.31
涉诉未成年人发表意见权保障机制研究	俞　亮	北京工商大学	专著	2024.12.31
中国轻罪治理模式研究	吴宏耀	中国政法大学	专著	2025.6.30
刑事诉讼质证规则研究	郭志媛	中国政法大学	专著	2024.6.30
中国律师刑事辩护权利保障机制问题研究	程　滔	中国政法大学	专著	2024.8.31
农村宅基地制度改革问题与对策研究	陈文学	中国社会科学院语言研究所	论文集	2024.6.30

续表

项目名称	负责人	工作单位	预期成果	完成时间
公私法交融视域下个人信息保护的法律责任体系	姚　佳	中国社会科学院法学研究所	论文集，研究报告	2024.6.30
新发展格局下我国商事调解制度研究	张　艳	北京工商大学	研究报告	2023.12.31
我国中小企业重整制度重构研究	贺　丹	北京师范大学	研究报告	2024.12.31
卫生安全视域下我国医疗服务市场扩大开放的风险点与应对机制研究	孟彦辰	首都医科大学	研究报告	2024.12.31
《产品质量法》修订视角下产品质量安全的法律实现机制研究	肖江平	北京大学	专著	2022.12.31
职业打假的社会效应与司法政策研究	熊丙万	中国人民大学	论文集，研究报告	2023.11.10
我国粮食安全保障法治化的困境与克服研究	李　蕊	中国政法大学	研究报告	2024.12.31
数字经济时代平台企业滥用数据优势的反垄断法规制研究	马其家	对外经济贸易大学	论文集	2024.6.30
平台反垄断理论问题研究	孟雁北	中国人民大学	专著，数据库	2024.7.30
中美金融竞争——大国博弈与规则革新研究	范晓波	中国政法大学	专著	2024.12.31
工商业与人权条约起草中的争议问题与中国方案研究	李　滨	北京师范大学	研究报告	2024.6.30
数据治理公私合作的法律规制研究	徐玖玖	中国社会科学院法学研究所	研究报告	2023.3.1
公私法同频保护背景下健康权的实施问题研究	李广德	中国社会科学院法学研究所	专著	2024.12.31
政府信息不公开为例外研究	戴建华	中共中央党校（国家行政学院）	专著	2024.6.30
数字化犯罪参与的归责模式研究	秦雪娜	北京理工大学	研究报告	2024.6.30
多元化纠纷解决机制结构研究	彭小龙	中国人民大学	专著	2025.9.30
非犯罪化视角下的认罪认罚从宽制度研究	史立梅	北京师范大学	专著	2025.6.1
刑民交叉案件的实体判断与诉讼处理机制研究	简　爱	中央财经大学	专著	2024.12.31
非常规突发公共卫生事件的个人信息保护机制研究	沈伟伟	中国政法大学	研究报告	2023.12.31
新发展格局下我国著作权集体管理领域的反垄断规制研究	李　陶	中央财经大学	研究报告	2023.12.31
回应型法治中的金融法动态适应性问题研究	陈敏光	北京市社会科学院	专著，研究报告	2024.3.31

3. 青年项目

项目名称	负责人	工作单位	预期成果	完成时间
财产犯罪的财产损失之研究	王　琦	中共中央党校（国家行政学院）	论文集	2024.12.31
民法典实施背景下多数人之债的共同诉讼类型研究	袁　琳	北京交通大学	专著	2024.12.31
刑事案件网上审判方式实证研究	杜　磊	中国人民大学	研究报告	2024.6.30
民法典适用中返还法规则的体系联动与解释论建构研究	刘亚东	首都经济贸易大学	专著	2024.6.1
环境健康权保护的公私法协动进路研究	朱炳成	中国政法大学	研究报告	2024.6.30
国有企业国际经贸规则中的中国方案构建研究	丁　如	中国政法大学	专著，研究报告	2023.10.30
国家公园体制中的保护地役权制度研究	马　允	中国政法大学	论文集，研究报告	2024.12.31
行政诉讼起诉期限类型化构建研究	范　伟	中国政法大学	研究报告	2024.6.30
轻微犯罪出罪机制研究	孙本雄	北京理工大学	研究报告	2024.12.31
我国刑事证明标准的实践样态与认知模式研究	谢　澍	中国政法大学	专著	2024.12.30
数字时代下格式条款的强制性内容管制体系研究	王俣璇	北京交通大学	专著	2024.7.15
以基本公共服务均等化消除相对贫困的法治路径研究	李若兰	中共中央党校（国家行政学院）	研究报告	2024.12.31
离婚冷静期实施效果实证研究	葛向孜	中华女子学院	研究报告	2026.3.1
国际投资仲裁涉及中国的裁决执行问题研究	连俊雅	北京理工大学	研究报告	2023.12.31

九、社会学

1. 重点项目

项目名称	负责人	工作单位	预期成果	完成时间
新时代身体社会学理论体系研究	李　康	北京大学	论文集	2025.12.31
戍边退役士兵地位获得及政策仿真研究	曹　渝	清华大学	研究报告	2024.12.30
积极应对人口老龄化国家战略中的家庭养老功能支持体系研究	孙鹃娟	中国人民大学	研究报告	2024.12.31
特大城市场景中的精神障碍研究	林　红	中国社会科学院社会学研究所	专著	2024.6.30

2. 一般项目

项目名称	负责人	工作单位	预期成果	完成时间
潘光旦社会学思想研究	刘亚秋	中国社会科学院社会发展战略研究院	专著	2024.12.31

续表

项目名称	负责人	工作单位	预期成果	完成时间
对中国大学生群体社会心态的精神分析维度研究	孙飞宇	北京大学	专著	2024.9.30
家庭再生产视角下农民工城镇购房的驱动力及结构效应研究	李君甫	北京工业大学	研究报告	2024.6.30
中国家庭结构变迁与社会流动研究	谢桂华	中国人民大学	研究报告	2023.12.31
公众对人工智能的风险感知及其治理研究	朱依娜	中国传媒大学	论文集	2024.10.1
“情绪感染—社会认同”耦合下网络集体行动的形成、演化及引导机制	朱晓霞	北京师范大学	论文集，研究报告	2023.12.31
网络社会的结构巨变与社会韧性问题研究	魏钦恭	中国人民大学	研究报告	2024.6.30
农业多功能性视角下小农户参与乡村振兴机制研究	高雪莲	中国农业大学	研究报告	2024.6.30
新发展阶段的场景营城模式与动力机制研究	吴　军	中共北京市委党校	专著	2024.6.30
当代中国善终问题的社会根源及治理研究	徐　静	首都经济贸易大学	研究报告	2024.12.31
当代中国社会转型期的不稳定工作与性别观念重塑	刘爱玉	北京大学	研究报告	2024.3.31
社会金融化的特征、动力和影响研究	李国武	中央财经大学	论文集	2024.6.30
健康中国视域下未成年人自杀预警和防范机制研究	侯金芹	中国教育科学研究院	论文集，研究报告	2024.7.1
我国学生欺凌的分级分类识别与学校干预模式研究	张云运	北京师范大学	论文集，研究报告	2024.12.31
数字化时代工作压力的来源、动态效应与干预机制研究	毛畅果	首都经济贸易大学	专著	2026.6.30
适老科技的社会性与文化意义研究	陈　昭	北京协和医学院	研究报告	2024.6.30
儿童友好社区建设的模式比较和政策支持机制研究	南　方	北京市社会科学院	专著	2024.9.30
老年健康服务中的社会工作者角色与功能研究	隋玉杰	中国人民大学	论文集，研究报告	2024.12.31
后疫情时代社区治理精细化转型与能力建设研究	徐　明	中国社会科学院大学	研究报告	2024.12.30
乡村振兴和健康中国战略背景下的环境公正与健康公平研究	方黎明	对外经济贸易大学	论文集	2025.6.30
以“中国少数民族社会历史科学纪录影片”为基础的中国影视人类学研究	何贝莉	中央美术学院	论文集	2024.12.31
职业教育校企合作的区域化实现机制研究	王雅静	中国社会科学院中国社会科学评价研究院	研究报告	2024.9.30

续表

项目名称	负责人	工作单位	预期成果	完成时间
我国县域债务风险与治理的经济社会学研究	艾　云	中央财经大学	研究报告	2024.6.30
抗逆力视角下传染病患者的心理健康及干预研究	周广玉	北京大学	论文集	2024.12.31
基于情感视角提升失独老人生活质量的社会工作介入研究	张宇迪	北京科技大学	论文集，研究报告	2024.6.30

3. 青年项目

项目名称	负责人	工作单位	预期成果	完成时间
德国古典社会学中的共同体思想研究	张巍卓	中国人民大学	专著	2026.6.1
基于多源时空数据的犯罪风险预警模式研究	石　拓	北京警察学院	论文集，研究报告	2023.7.1
县域视角下乡村振兴与新型城镇化融合发展研究	安永军	北京工业大学	研究报告	2024.7.31
金融化视角下我国收入分配差距变迁与共同富裕研究	朱　斌	中国人民大学	研究报告	2026.12.31
新冠疫情防控下中英两国不同类型城市社区治理模式研究	刘思遥	中央民族大学	专著	2024.6.30
留守儿童和流动儿童健康及其社会影响研究	沈　纪	首都师范大学	研究报告	2024.6.30
“技术控制”视角下新职业群体就业支持政策研究	昌　硕	中共北京市委党校	研究报告	2024.6.30
乡村振兴背景下治理低效的生成逻辑与破解路径研究	张红阳	清华大学	论文集	2024.12.31
城镇化进程中社会心态的隧道效应研究	张　衍	中国社会科学院社会学研究所	研究报告	2024.6.30
3~6岁儿童电子媒体使用对道德行为的影响研究	王　佳	北京联合大学	研究报告	2024.12.31
二代流动儿童回流的发生机制、社会后果与干预政策研究	朱志胜	北京第二外国语学院	论文集	2024.6.30
长期护理保险对失能老人家庭照护的影响及健康效应研究	史　薇	北京理工大学	研究报告	2023.12.31
文化社会学视角下中国农村基础教育政策的非预期性后果	折　曦	中国社会科学院社会学研究所	研究报告	2023.3.1
草场承包制改革下的新型游牧形式研究	阿妮尔	中国政法大学	研究报告	2023.12.30
平台企业参与社会治理的模式和机制研究	刘　学	中国社会科学院社会发展战略研究院	论文集	2023.12.31

十、人口学

1. 重点项目

项目名称	负责人	工作单位	预期成果	完成时间
积极应对人口老龄化视域下低龄老年人就业问题研究	宋月萍	中国人民大学	研究报告	2024.6.30

2. 一般项目

项目名称	负责人	工作单位	预期成果	完成时间
大数据背景下生育水平与意愿追踪研究	齐嘉楠	中国人口与发展研究中心	论文集，研究报告	2024.5.1
少数民族流动人口社会融入研究	杨菊华	中央民族大学	研究报告	2024.6.30
流动老人的社会融入特征、影响因素与干预研究	唐　丹	中国人民大学	论文集	2024.6.30
新时代不同队列农业转移人口市民化测量及差异化路径研究	杨胜慧	中国人口与发展研究中心	研究报告	2023.9.30
“三交”视角下民族地区人口流动的变迁及影响因素研究	马胜春	中央民族大学	研究报告	2024.6.30
我国失智老人家庭照护模式及其对照护者心理健康的影响研究	张　莉	中国政法大学	论文集，研究报告	2024.8.31

3. 青年项目

项目名称	负责人	工作单位	预期成果	完成时间
中国第二次人口转变的空间分布及产生机制研究	王东晖	中国人民大学	论文集	2024.9.30
数字鸿沟中的“新型失能”老人问题及社会支持研究	山　娜	北京服装学院	论文集，研究报告	2023.12.30
家庭养育成本对生育的影响及生育支持政策构建研究	周宇香	中国青少年研究中心	研究报告	2024.12.31
超大城市流动人口的精神健康风险评估与应对策略研究	罗雅楠	北京大学	论文集，研究报告	2024.12.31

十一、民族学

1. 重点项目

项目名称	负责人	工作单位	预期成果	完成时间
边疆思想史视野下的中华民族共同体研究	袁　剑	中央民族大学	专著，数据库	2025.7.26

2. 一般项目

项目名称	负责人	工作单位	预期成果	完成时间
中华民族共同体的历史图像表征:《皇清职贡图》研究	黄金东	中央民族大学	专著	2024.12.31
铸牢中华民族共同体意识视角下归侨群体的"五个认同"研究	张　姗	中国社会科学院民族学与人类学研究所	研究报告	2025.12.30
各民族共享的中华文化符号互联网传播体系建构研究	陈思勤	中国传媒大学	论文集，研究报告	2023.12.31
黄河中游民族地区生态修复中的多元共治和可持续发展机制研究	杜静元	北京师范大学	研究报告	2024.12.1
民族叙事与博物馆文化展示：讲好中国故事的关键路径研究	雷虹霁	中央民族大学	研究报告，数据库	2024.12.30
新时代民族团结进步的法治保障体系研究	陆平辉	中央民族大学	专著	2025.12.31
八思巴笺注《喜金刚本续》藏汉本对勘与研究	安海燕	中国人民大学	专著	2026.9.30
少数民族地区计划经济时期工业发展遗产和中华民族共同体叙事研究	张　帆	北京大学	专著	2024.6.30
新冠病毒大流疫与美国民众日常生活的重构研究	陈俊杰	中央民族大学	论文集，研究报告	2025.12.31

3. 青年项目

项目名称	负责人	工作单位	预期成果	完成时间
晚清边疆语言文字新政与中华民族共同体建构研究	赫佳妮	北京大学	研究报告，数据库	2024.6.30
行动者视角下太行山区传统村落和乡村风貌保护的典型调查研究	罗士泂	北京体育大学	专著	2024.12.31
乡村集市与武陵走廊多民族交往交流交融研究	谭　萌	北京大学	专著	2024.12.31
多元一体格局中的中华民族共同体形象研究	徐欣顺	中央民族大学	论文集，研究报告	2024.10.1
清代满文舆地志文献整理与研究	张　闶	中国人民大学	专著	2026.9.30
汉字记录侗语文献书写系统研究	龙润田	首都师范大学	专著	2025.7.31

十二、国际问题研究

1. 重点项目

项目名称	负责人	工作单位	预期成果	完成时间
中国共产党百年对外交往的经验总结与时代创新研究	罗建波	中共中央党校（国家行政学院）	专著	2024.6.30

续表

项目名称	负责人	工作单位	预期成果	完成时间
新冠疫情冲击下美欧资本主义的现状、制度困境及发展趋势研究	赵俊杰	中国社会科学院欧洲研究所	专著	2024.12.31
人类命运共同体视域下全球公域治理路径研究	卢　静	外交学院	专著，数据库	2024.12.31
国际发展共同体视域下中国产业链安全保障机制构建研究	郝宇彪	首都经济贸易大学	专著	2024.12.30
新发展格局下中国参与全球矿业治理变革的路径与策略研究	李　丽	对外经济贸易大学	研究报告	2024.12.31
中欧贸易与投资关系的跨学科研究	贾文华	中国政法大学	专著	2024.8.31
双循环新格局下中国与拉丁美洲经贸关系的发展与挑战研究	岳云霞	中国社会科学院拉丁美洲研究所	专著	2023.12.31

2. 一般项目

项目名称	负责人	工作单位	预期成果	完成时间
基于数据挖掘的“人类命运共同体”理念海外传播话语特征及策略研究	曾蕊蕊	中国石油大学（北京）	专著	2024.12.31
中美竞合战略第三方因素的影响机制、未来趋势及对策研究	曹　玮	国际关系学院	论文集	2023.12.31
国际视野下新兴宗教与中国社会安全实证研究	张纯琍	中国人民公安大学	研究报告	2024.12.31
OFDI的双重技术效应与“一带一路”高质量发展研究	马相东	中共北京市委党校	专著	2024.12.30
对外援助促进中非共建“一带一路”的理论与实践研究	宋　微	北京外国语大学	专著，研究报告	2023.12.1
“双循环”新格局下“一带一路”高质量发展的长效机制与实现路径研究	张晓静	对外经济贸易大学	研究报告	2024.8.30
“双循环”新格局下中国OFDI动态优化布局的影响机制及实现路径研究	付韶军	外交学院	研究报告	2024.7.1
新时期中美关系调整与台海形势走向研究	张仕荣	中共中央党校（国家行政学院）	研究报告	2023.10.10
美国对阿富汗政策演变与中国对策研究	李青燕	中国国际问题研究院	专著，研究报告	2023.12.31
战后日本经济内外循环关系的历史、理论与政策研究	田　正	中国社会科学院日本研究所	专著	2024.6.30
后疫情时代的多边主义与世界秩序研究	李晓燕	中国政法大学	专著，研究报告	2024.12.31
百年大变局下中国外交能力建设研究	凌胜利	外交学院	研究报告	2024.7.30
货币回流的经济安全与国债市场渐进式开放策略研究	郭　栋	国家开发银行研究院	专著，论文集	2024.6.30
美国对华战略竞争的财经运筹和动员研究	刘建伟	中央财经大学	研究报告	2024.12.31

续表

项目名称	负责人	工作单位	预期成果	完成时间
《中欧投资协定》对中欧经贸关系的影响研究	李　锋	外交学院	专著	2024.6.30

3. 青年项目

项目名称	负责人	工作单位	预期成果	完成时间
大国经济竞争的策略选择研究	肖　河	中国社会科学院世界经济与政治研究所	研究报告	2023.6.20
中国崛起与国际发展秩序的变革	陈沐阳	北京大学	论文集，专著	2026.6.30
后疫情时代中美竞争的战略叙事建构与变迁机制研究	曹德军	中国人民大学	论文集	2025.12.30
后疫情时代全球气候治理体系变革与中国气候外交对策研究	关孔文	北京航空航天大学	论文集，研究报告	2024.6.30
人工智能的国际安全挑战与规范演进研究	朱荣生	清华大学	论文集，研究报告	2023.6.30
区块链共识机制对全球治理规则制定的启示研究	杨　昊	中国政法大学	研究报告	2024.6.30
国际数字鸿沟治理与中国战略选择研究	邸玉娜	北京工商大学	研究报告	2024.6.30
“一带一路”背景下中国对非投资与构建中非命运共同体路径研究	陈兆源	中国社会科学院世界经济与政治研究所	专著	2024.6.30
制度型开放背景下中国加入CPTPP的路径研究	孙　忆	中共中央党校（国家行政学院）	论文集，研究报告	2024.6.30
全球价值链结构性变化影响中国经济安全的机制与对策研究	管传靖	对外经济贸易大学	研究报告	2024.5.1
组织与制度互动视角下的中东欧政党政治与“民主倒退”研究	马骏驰	中国社会科学院欧洲研究所	研究报告	2024.6.30
百年大变局下中国与欧盟产业链协同发展研究	寇　蔻	北京外国语大学	专著	2024.6.30
新冠肺炎疫情下基于大数据的欧洲右翼民粹主义发展新趋势及中国应对研究	何晴倩	中国政法大学	专著，论文集	2024.6.30
日本国内关于钓鱼岛归属问题的观点解析与考证研究	房　迪	北京外国语大学	专著	2023.12.31
巴基斯坦语言运动及其对中巴经济走廊影响研究	袁雨航	北京外国语大学	专著	2024.6.30
我国基于RCEP构建“亚太命运共同体”战略与路径研究	嵇先白	中国人民大学	论文集	2024.9.30
中非命运共同体视域下的华人企业家与非洲社会的双向互动研究	刘少楠	北京师范大学	专著	2024.12.31
新世纪以来国际移民对拉美政治变迁的影响研究	金晓文	中国人民大学	专著	2025.12.31

续表

项目名称	负责人	工作单位	预期成果	完成时间
注意力经济视域下中俄贸易模式创新与实现路径研究	胡　明	对外经济贸易大学	研究报告	2024.8.30
“美国—湄公河伙伴关系”新态势对澜湄合作的影响及我国对策研究	邓　涵	中共中央党校（国家行政学院）	论文集，研究报告	2023.12.30
恰亚诺夫小农发展理论的解构与重塑研究	胡　冰	中国社会科学院俄罗斯东欧中亚研究所	专著	2023.12.1

十三、中国历史

1. 重点项目

项目名称	负责人	工作单位	预期成果	完成时间
中国马克思主义历史理论发展史研究	左玉河	中国社会科学院历史理论研究所	专著，数据库	2024.12.30
美国对台政策及蒋美互动的历史考察（1949—1979）	冯　琳	中国社会科学院近代史研究所	专著	2026.6.6

2. 一般项目

项目名称	负责人	工作单位	预期成果	完成时间
长沙走马楼三国吴简未刊竹木牍文书分类整理与综合研究	徐　畅	北京师范大学	专著	2023.3.8
中华民族文化交流视野下的回鹘文《阿毗达磨俱舍论》研究	米热古丽·黑力力	中国社会科学院民族学与人类学研究所	专著	2025.12.1
中古佛教造像碑铭整理与研究	陈志远	中国社会科学院古代史研究所	专著	2024.12.31
北族王朝历史书写视野下的金朝开国史研究	邱靖嘉	中国人民大学	专著	2024.12.31
明清科举社会落第士人出路研究	贺晓燕	中国社会科学院古代史研究所	专著	2025.12.31
清代中期法律变革与国家治理研究	姜金顺	中国政法大学	专著	2024.10.1
清至民国华北的旗地拨补与乡村社会研究	邓庆平	中国政法大学	专著	2024.12.31
近代中国平民主义研究	郭双林	中国人民大学	专著	2026.12.30
理学与晚清国家治理研究	张晨怡	中央民族大学	专著	2025.12.31
清代重大自然灾害的财政应急机制研究（1644—1850）	刘文远	中国人民大学	专著	2026.7.31
北魏太庙礼制与政治关系研究	王　铭	首都师范大学	专著	2026.6.30
中国大学数学系及其数学传播活动史料整理与研究（1937—1966）	郭金海	中国科学院自然科学史研究所	专著	2024.12.31
中共早期党员的组织伦理与家庭伦理建构（1921—1949）	张　永	北京大学	专著	2025.12.31

3. 青年项目

项目名称	负责人	工作单位	预期成果	完成时间
旅日学人对中国现代史学奠基和发展的贡献研究	周励恒	中共中央党校（国家行政学院）	专著	2024.7.31
商周农业及其生产组织形式研究	王　祁	中国社会科学院历史理论研究所	专著	2024.12.31
西周土地铭文考释与土地制度研究	杨　坤	北京大学	数据库	2024.6.30
“国野制”新研	谢能宗	中国人民大学	专著	2024.12.30
出土律令与秦代官吏管理制度研究	齐继伟	中国社会科学院古代史研究所	专著	2024.12.31
历史记忆与族群认同：蒙古开国史新诠	张晓慧	中国社会科学院古代史研究所	专著	2024.12.31
清帝北巡与国家治理研究	项　旋	北京师范大学	专著	2024.12.30
清代造办处与皇室财政研究	王嘉乐	中国社会科学院经济研究所	专著	2024.12.30
美国商人与甲午后的晚清政局研究（1898—1912）	王慧颖	中国社会科学院历史理论研究所	专著	2024.12.30
近代中国与梵蒂冈通使问题研究	张　乐	北京师范大学	专著	2024.12.31
国民党军事派系视角下的基层军官人事与士兵征募研究（1931—1937）	姜　涛	中国社会科学院近代史研究所	专著	2024.12.31
抗战时期朱家骅与国民党人事制度研究	梁馨蕾	中国社会科学院近代史研究所	专著	2024.12.31
国民党统治时期的清史认知、书写与阅读文化研究（1928—1949）	周海建	中央民族大学	专著	2024.6.30
英式社会主义在近代中国的传播（1919—1949）	赵旭铎	北京大学	专著	2025.12.31
晚清西方地质学在华引介、传播与影响研究（1853—1911）	杨丽娟	中国科学院自然科学史研究所	专著，论文集	2025.6.30
隋唐五代环南海区域民族关系与治理经验研究	廖靖靖	中央民族大学	专著，论文集	2024.12.30
清代多民族语文合璧书写与边疆治理研究	强光美	北京科技大学	专著	2025.7.1
近代日本涉南海文献资料的整理与研究	冯军南	中国社会科学院中国边疆研究所	专著	2024.12.31
汉唐毒药问题研究	吕　壮	中国人民公安大学	专著	2024.12.31

十四、世界历史

1. 重点项目

项目名称	负责人	工作单位	预期成果	完成时间
古代罗马共和政治研究	晏绍祥	首都师范大学	专著	2025.12.31
亚述帝国土地制度研究	国洪更	中国社会科学院世界历史研究所	专著	2025.12.31
现代天主教社会思想史研究	彭小瑜	北京大学	专著	2025.12.31

2. 一般项目

项目名称	负责人	工作单位	预期成果	完成时间
早期希腊国家形态演变研究	李永斌	首都师范大学	专著	2025.12.31
中国世界史话语体系构建研究	董欣洁	中国社会科学院历史理论研究所	专著	2025.12.31
美国区域和国际研究的历史演进研究	牛　可	北京大学	专著，数据库	2026.12.1
美国城市化进程中的种族暴力研究	魏　涛	中国社会科学院世界历史研究所	专著	2024.12.31
日本应对1918—1920年世界性流感的历史考察	李文明	中国社会科学院世界历史研究所	专著	2024.12.31
罗马帝国东部行省总督政令中的地方自治与帝国治理研究	吴靖远	北京大学	专著	2025.7.31
历史学“全球转向”的史学史研究	岳秀坤	首都师范大学	专著	2025.6.30

3. 青年项目

项目名称	负责人	工作单位	预期成果	完成时间
1952年以来巴西天主教的政治参与和政治文化研究	高　然	北京外国语大学	专著	2026.3.1
近代法国对中国南海的认知与政策研究（1898—1947）	任雯婧	中国社会科学院近代史研究所	专著，数据库	2024.6.30
日本近代转型期乡村组织化机制研究（1889—1918）	高　燎	北京大学	专著	2025.6.30
韩国独立运动时期“联中抗日”思潮研究	郑立菲	中国社会科学院世界历史研究所	专著	2025.12.31
欧洲中世纪博物学文献研究与译注	蒋　澈	清华大学	专著，译著	2025.6.30
埃及军政关系研究（1798—2013）	段九州	清华大学	专著	2025.6.30
西北闪米特语国王铭文的译注与研究	梅华龙	北京大学	专著	2024.12.31

十五、考古学

1. 重点项目

项目名称	负责人	工作单位	预期成果	完成时间
福建南山遗址发掘资料综合研究	周振宇	中国社会科学院考古研究所	专著，数据库	2025.12.31
青铜时代中国北方与欧亚草原东部地区的文化交流研究	王　鹏	中国社会科学院考古研究所	论文集	2026.3.16

2. 一般项目

项目名称	负责人	工作单位	预期成果	完成时间
河北灵寿青廉墓地考古发掘资料整理和研究	王晓琨	中国人民大学	研究报告	2024.12.31

续表

项目名称	负责人	工作单位	预期成果	完成时间
偃师商城一期遗存研究	陈国梁	中国社会科学院考古研究所	研究报告	2025.12.31
二里头与偃师商城遗址出土动物遗存的分析与比较研究	李志鹏	中国社会科学院考古研究所	研究报告	2023.12.31
晋南地区商代聚落考古研究	田　伟	中国国家博物馆	研究报告	2025.9.30
景德镇落马桥窑址考古发掘报告整理与相关问题研究	丁　雨	北京大学	研究报告	2024.10.31
海外遗址出土宋元贸易陶瓷研究	刘　未	北京大学	专著	2025.12.31
泥河湾盆地东沟遗址现代人演化的环境背景研究	李潇丽	北京自然博物馆	研究报告	2024.12.31
养心殿西暖阁佛堂唐卡画心的保护修复方法研究	方小济	故宫博物院	专著，研究报告，数据库	2024.6.30
关中盆地荞麦作物演化与环境适应的植物考古研究	尚　雪	中国科学院大学	研究报告	2023.12.31
郑州地区仰韶文化中晚期畜牧业的动物考古学研究	吕　鹏	中国社会科学院考古研究所	研究报告	2026.7.1

3. 青年项目

项目名称	负责人	工作单位	预期成果	完成时间
唐朝墩古城遗址考古资料的整理与研究	任　冠	中国人民大学	专著	2025.12.31
内蒙古中部金元城址的考古资料整理与调查研究	周雪乔	北京师范大学	专著	2024.12.31
美术考古视角下的汉代怪兽图像研究	李重蓉	中国国家博物馆	专著	2024.7.31

十六、宗教学

1. 重点项目

项目名称	负责人	工作单位	预期成果	完成时间
景教基础文献集成及思想通论	朱东华	清华大学	专著，译著	2025.12.30

2. 一般项目

项目名称	负责人	工作单位	预期成果	完成时间
宗教中国化与铸牢中华民族共同体意识研究	韩思艺	中央民族大学	专著，论文集	2024.12.30
中国佛教图像与思想研究	李静杰	清华大学	论文集	2024.12.31
我国伊斯兰教爱国主义思想与实践研究	马　景	中国社会科学院世界宗教研究所	专著	2024.6.30

续表

项目名称	负责人	工作单位	预期成果	完成时间
净明道与赣中地区民间信仰及文化融合研究	焦玉琴	中央民族大学	专著	2024.12.30
达斡尔族萨满神歌译注与研究	萨敏娜	中央民族大学	专著	2024.12.30
中国传统社会民庙研究	杨　君	中央统战部宗教研究中心	专著	2025.6.30

3. 青年项目

项目名称	负责人	工作单位	预期成果	完成时间
中国化佛教寺院空间研究	刘懿凤	北京外国语大学	专著，数据库	2025.12.31
中国化佛教宗法观念研究	王　洁	清华大学	专著，数据库	2025.12.30
土观·洛桑却吉尼玛及其藏文文集综合研究	吕其俊	中国社会科学院世界宗教研究所	专著	2025.2.28
唐宋之际的佛教藏经与经录研究	张　旭	中国社会科学院世界宗教研究所	专著	2024.12.30
伊斯兰教在欧洲地区的发展及其社会影响研究	朱剑虹	中央统战部宗教研究中心	专著	2024.12.31

十七、中国文学

1. 重点项目

项目名称	负责人	工作单位	预期成果	完成时间
元代理学诗文献集成与研究	王培友	北京语言大学	专著	2026.6.30
陈三立《散原精舍诗》笺注	陈　斐	中国艺术研究院	专著	2026.7.1

2. 一般项目

项目名称	负责人	工作单位	预期成果	完成时间
现代中国文学的发生与演化研究	王　风	北京大学	专著	2026.12.31
中国文论话语建构语境中的《红楼梦》话语体系阐释研究	张洪波	北京外国语大学	专著	2026.3.1
贺复征《文章辨体汇选》研究	肖　锋	中国传媒大学	专著	2023.12.30
知识史视域下的汉晋《左传》学研究	方　韬	北京师范大学	专著	2025.12.30
宋元乐府学典籍研究	郭　丽	首都师范大学	专著	2025.12.31
明代公案小说海内外文献整理及其与法律文本互动关系研究	崔蕴华	中国政法大学	专著	2026.7.1
区域地理社群文献整理与明末清初文学派别思潮图谱构建研究	张　涛	北京外国语大学	专著	2025.6.30
儿岛献吉郎“中国文学史”纂述及影响研究	段江丽	北京语言大学	专著	2025.12.31

续表

项目名称	负责人	工作单位	预期成果	完成时间
百年中日文艺作品中的“鲁迅形象”研究	于小植	北京语言大学	专著	2025.12.30
百年民族神话传说故事绘本研究	毕　海	中央民族大学	专著	2024.6.30
百年东北话剧史研究	逄增玉	中国传媒大学	专著，论文集	2026.6.20

3. 青年项目

项目名称	负责人	工作单位	预期成果	完成时间
日本后现代左翼“间”理论研究	韩尚蓉	中国社会科学院社会科学文献出版社	专著	2024.12.31
日本现代诗学“实在论”及其当代意义研究	柏奕旻	中国社会科学院文学研究所	专著	2024.12.31
清末民初审美启蒙论研究	冯　庆	中国人民大学	专著	2026.12.30
北朝后期的高门重建与文学复兴研究	庄　芸	中国人民大学	专著	2026.8.30
制度史视野下的唐代诗歌教育研究	韩　达	中国政法大学	专著	2025.12.30
晚清民国《红楼梦》铅石印本研究	武　迪	中国社会科学院文学研究所	专著	2026.6.30
中国现代学术与现代文学的互动关系研究（1917—1937）	李浴洋	北京师范大学	专著	2026.6.30
20世纪中国新诗语象变迁研究（1917—2000）	张凯成	首都师范大学	专著	2024.6.30
图像视域下的《山海经》民间传承与知识生产研究	程梦稷	北京大学	专著	2025.12.31
格萨尔史诗叙事传统关键词研究	央吉卓玛	中国社会科学院民族文学研究所	专著	2025.5.30
基于多民族神话大数据的中华民族共同体意识研究	王　京	中国科学院计算机网络信息中心	专著，数据库	2024.12.31
文话与清代文学生态研究	诸雨辰	北京师范大学	专著	2025.12.31

十八、外国文学

1. 重点项目

项目名称	负责人	工作单位	预期成果	完成时间
俄国女性写作中的性别意识及其演进研究	陈　方	中国人民大学	专著	2024.8.31

2. 一般项目

项目名称	负责人	工作单位	预期成果	完成时间
德勒兹与加塔利生命诗学研究	董树宝	北方工业大学	专著	2025.9.1

续表

项目名称	负责人	工作单位	预期成果	完成时间
明清传奇在英语国家的译介与接受研究	苏　凤	北京师范大学	专著	2024.12.31
20世纪以来英美汉学家的中国神话研究	黄　悦	北京语言大学	专著，研究报告	2024.3.1
古代日本绘卷作品中的中国元素研究	丁　莉	北京大学	专著	2024.12.31
日本城市化进程中的文学书写研究	张文颖	北京第二外国语学院	研究报告	2024.12.31
泰国文学经典《三界论》译注与研究	熊　燃	北京大学	专著	2025.12.31
19世纪俄国经典作家的西伯利亚书写研究	徐　乐	中国社会科学院外国文学研究所	专著	2025.12.31
奥登诗学与神话研究	赵　元	清华大学	专著	2024.12.31
柏林现代派与维也纳现代派城市书写研究	王彦会	北京理工大学	专著	2025.6.30
中国当代先锋文学的西班牙语译介、影响力与接受机制研究	郑柳依	中国传媒大学	研究报告，数据库	2024.12.31
土耳其民间文学研究	阿不力奇木	中央民族大学	专著	2024.7.30
美国边疆哥特小说的空间政治研究	陈　榕	北京外国语大学	专著	2025.5.1
约翰·阿什伯利的诗画诗学研究	张慧馨	北方工业大学	专著	2024.6.30

3. 青年项目

项目名称	负责人	工作单位	预期成果	完成时间
瓦尔特·本雅明的思想图像写作研究	姜　雪	中国社会科学院外国文学研究所	专著	2025.12.31
印度进步主义文学思潮中的“中国动因”研究	贾　岩	北京大学	专著	2026.6.30
皇家亚洲学会与丝绸之路研究	李伟华	北京外国语大学	专著	2024.6.1
德国表现主义疾病书写研究	刘冬瑶	北京科技大学	专著	2025.6.30
维多利亚小说中的疾病书写研究	牟　童	对外经济贸易大学	专著，论文集	2025.3.15

十九、语言学

1. 重点项目

项目名称	负责人	工作单位	预期成果	完成时间
最简界面视域下限定性的跨语言对比研究	李京廉	北京理工大学	专著	2026.7.15
赣中方言语音、词汇、语法的深度调查与研究	谢留文	中国社会科学院语言研究所	专著	2026.7.1

续表

项目名称	负责人	工作单位	预期成果	完成时间
中国外语教育“云教研共同体”理论构建和实践研究	文秋芳	北京外国语大学	研究报告，数据库	2024.12.31
汉语将来时表达的区域类型研究	陈前瑞	中国人民大学	论文集	2025.12.31

2. 一般项目

项目名称	负责人	工作单位	预期成果	完成时间
中国文论英译的社会翻译学研究	王洪涛	北京外国语大学	专著，研究报告	2024.12.31
区域方言学视角下湘鄂赣边界方言的接触与演变研究	夏俐萍	中国社会科学院语言研究所	专著	2026.7.1
不同背景母语者汉语WH疑问句二语加工的眼动研究	周长银	北京第二外国语学院	专著，论文集	2025.7.31
婴幼儿句法发展的感知与理解加工实验研究	杨小璐	清华大学	论文集	2025.12.31
概率语境共选视角下的多语外汉词典数据库建设与研究	许家金	北京外国语大学	研究报告，数据库	2025.12.31
中国外语语种需求调查与多元化外语人才培养模式研究	刘永厚	北京师范大学	专著，研究报告	2025.8.31
汉语句式分析的形式方法和功能方法比较研究	刘探宙	中国社会科学院语言研究所	专著	2025.12.31
海外本土中文教师专业发展追踪研究及数据库建设	王添淼	北京大学	专著，研究报告	2024.12.31
孟高棉语同源语素语音研究	陈国庆	中国社会科学院民族学与人类学研究所	专著，工具书，电脑软件	2026.6.30
傣文贝叶经《长阿含经》文献语言学研究	戴红亮	中央民族大学	专著，电脑软件	2025.12.31
《汉日法律词典》编纂研究	陶　芸	中央民族大学	研究报告，工具书	2023.12.31
汉语动补结构的宏事件历时语言类型学研究	李福印	北京航空航天大学	专著	2024.6.30
汉英名词与动词互转的生成语法研究	熊仲儒	北京语言大学	专著	2025.12.30
明代物质文化典籍英译研究	王　琰	北京科技大学	专著	2024.7.31
中国全球语言治理面临的问题和对策建议	张耀军	北京第二外国语学院	专著	2024.6.30
国家应急语言服务需求框架体系研究	刘晓海	北京语言大学	研究报告	2023.6.30
中国对外经济话语能力提升策略研究	李　琳	对外经济贸易大学	专著	2024.7.1
中国手语新手势构词理据及其认知神经机制研究	姚登峰	北京联合大学	专著，论文集	2024.12.31
阅读成分模型在汉语单语儿童中的检验研究	尹　莉	清华大学	专著	2025.12.31
面向人工智能的言语行为博弈机制研究	向明友	对外经济贸易大学	专著	2025.6.30

续表

项目名称	负责人	工作单位	预期成果	完成时间
语言规划视域下的粤港澳大湾区多语语音数据库建设与研究	黄　行	北京师范大学	专著，电脑软件	2024.6.30
世界主要国家中小学外语教材文化呈现比较研究	张　虹	北京外国语大学	专著，研究报告	2024.8.30
外语考试价值导向质量标准的构建与应用研究	江进林	对外经济贸易大学	论文集，研究报告	2024.6.30
物类视角下《说文解字》语素传承研究	卜师霞	北京师范大学	专著	2025.12.31
宫内厅藏“福州藏”随函音义研究	谭　翠	中华女子学院	专著	2025.12.31
语体视域下的中古汉语虚词研究	高育花	北京外国语大学	专著	2025.8.31
互动语言学视角下负面情理立场表达研究	李先银	北京语言大学	专著	2025.12.30
近40年现代汉语词汇发展史研究	孙银新	北京师范大学	专著	2024.10.31
基于跨语言视角的汉语亲涉性语义范畴研究	崔延燕	中央民族大学	专著	2024.12.31
代际对比视角下印尼华裔新生代祖语保持及中华文化认同研究	张江丽	北京华文学院	研究报告	2024.12.31
低龄汉语第二语言学习者汉语习得规律研究	郝美玲	北京语言大学	专著，论文集	2024.7.1
羌语支语音类型研究	王保锋	中央民族大学	专著	2024.12.31
《共产党宣言》百年多语汉译与传播研究	方　红	首都师范大学	专著	2024.12.30
新时代民族地区国家通用语言文字推广的理论与实践研究	陈丽湘	教育部语言文字应用研究所	研究报告	2023.12.30
基于人工智能的短语结构句法关系判定方法研究	杨　泉	北京师范大学	论文集，研究报告，电脑软件	2024.12.31

3. 青年项目

项目名称	负责人	工作单位	预期成果	完成时间
句法—语用界面视域下英汉语轻动词构式演化路径对比研究	曹笃鑫	中国科学院大学	专著	2025.12.30
清华大学藏战国竹简（1~10）“书”类文献词汇与形成时代研究	冯　聪	清华大学	专著	2024.1.31
功能—类型学视野下的上古汉语补足小句及补足关系研究	赵绿原	中国社会科学院语言研究所	专著	2024.7.1
句法—语义—语用接口下汉语准定语句的历时演变研究	张　磊	中国人民大学	专著，论文集	2026.12.31
汉语儿童事件结构的习得与认知研究	纪　悦	北京理工大学	论文集，研究报告	2025.6.30
俄罗斯早期语法文献的多维研究	尹　旭	北京大学	专著	2024.12.31

二十、新闻学与传播学

1. 重点项目

项目名称	负责人	工作单位	预期成果	完成时间
新时代中国特色新闻学理论建构的实践取向研究	张　垒	中央民族大学	专著	2024.12.31
大数据背景下个人生物识别信息的法律保护研究	宋素红	北京师范大学	专著	2024.12.31
百年大变局下中国共产党形象全球传播研究	高金萍	北京外国语大学	专著	2025.12.31

2. 一般项目

项目名称	负责人	工作单位	预期成果	完成时间
全球数字治理下的国际互联网规则形成机制研究	崔保国	清华大学	论文集，研究报告	2024.12.30
新时代榜样人物跨媒介形象建构策略研究	冯丙奇	中国传媒大学	专著	2024.12.30
世界历史理论视野下中国共产党百年新闻事业的实践逻辑研究	李杰琼	北京工商大学	专著	2025.12.31
手机媒体对游牧民族文化传承的影响研究	岳广鹏	中央民族大学	专著	2024.12.30
基于联盟区块链的自媒体侵权监管和版权引导机制研究	王　亮	北京印刷学院	研究报告，数据库	2024.7.30
人工智能生成内容的著作权立法研究	陶　乾	中国政法大学	研究报告	2024.12.31
重大突发公共卫生事件中国际话语权博弈研究	符绍强	中国传媒大学	专著	2024.6.30
基于国际法的突发公共事件国际传播及国际话语权提升策略研究	聂书江	中国政法大学	研究报告	2023.8.31
“健康中国”视域下的人工智能与健康传播研究	张　迪	中国人民大学	研究报告，数据库	2024.12.31
社交平台虚假信息治理模式比较研究	闫文捷	北京师范大学	论文集，研究报告	2024.7.31
国家安全视域下计算宣传的信息操纵及风险治理机制研究	韩　娜	中国人民公安大学	研究报告	2023.12.31
“大三线建设”宣传动员与精神传承研究	宋　晖	中国劳动关系学院	专著	2024.6.30
中国共产党百年出版思想史研究	高杨文	北京印刷学院	专著	2024.6.30
数字游戏活化文化遗产的机制研究	张炳杰	中国艺术科技研究所	专著，论文集	2025.6.30
数据资产价值视角下“网红”影响力及其行为规范研究	张　莉	对外经济贸易大学	论文集，研究报告	2024.6.30

3. 青年项目

项目名称	负责人	工作单位	预期成果	完成时间
突发公共事件中媒体坚守新闻真实性的路径、机制与方法研究	虞　鑫	清华大学	专著，研究报告	2024.12.31
智能推荐中算法感知对网络舆论的影响及治理机制研究	晏齐宏	北京交通大学	论文集，研究报告	2024.7.15
数字反哺视域下我国农村家庭接触和使用智能媒体的代际互动机制研究	汤　璇	中国传媒大学	论文集，研究报告	2023.6.30
红色文化对社会主义核心价值观影响力研究	伊丽媛	中国传媒大学	专著	2024.5.15
智能技术对平台劳动的影响与对策研究	孙　萍	中国社会科学院新闻与传播研究所	专著	2023.12.31
社交媒体时代重大疫情公众网络舆情卷入特征、机制及引导策略研究	刘嘉琪	中国社会科学院新闻与传播研究所	专著	2024.3.15
我国农村地区移动短视频的生产、呈现与社会影响研究	刘瑞一	光明日报社	专著	2024.12.31

二十一、图书馆·情报与文献学

1. 重点项目

项目名称	负责人	工作单位	预期成果	完成时间
新时期产业技术情报分析方法体系研究	卢小宾	中国人民大学	论文集，研究报告	2024.12.31
新时代我国档案服务能力建设研究	黄霄羽	中国人民大学	专著，研究报告	2024.7.31

2. 一般项目

项目名称	负责人	工作单位	预期成果	完成时间
开放科学环境中数据馆员服务模式研究	顾立平	中国科学院文献情报中心	专著，论文集，研究报告	2023.6.30
数据驱动的学术评价范式研究	索传军	中国人民大学	论文集，研究报告	2025.8.30
情报刻画的理论与实践研究	王延飞	北京大学	专著	2025.9.30
数字资源知识共享与知识再利用模式与方法研究	刘　耀	中国科学技术信息研究所	论文集，研究报告，电脑软件	2024.12.31
北京大学图书馆藏洪业未刊书信整理与研究	邹新明	北京大学	专著，数据库	2024.12.31
基于图文语料库的宋校医书方剂文献异文研究	曾　凤	北京中医药大学	研究报告，电脑软件	2024.12.31
阅读推广人专业化职业化培育模式研究	霍瑞娟	国家图书馆	研究报告	2024.8.31
知识服务升级情景下学术出版业与研究型图书馆融合发展研究	孙慧娟	中国社会科学院社会科学文献出版社	专著	2025.3.1

续表

项目名称	负责人	工作单位	预期成果	完成时间
面向科研人员定量评价的多维学术专长识别及属性度量研究	陈　翀	北京师范大学	论文集，研究报告	2024.9.30
基于知识组织的量表资源语义互联研究	孙海霞	北京协和医学院	研究报告，电脑软件	2024.6.30
新时期产业技术竞争情报服务理论方法体系研究	陈　峰	中国科学技术信息研究所	研究报告	2024.12.31
区块链中用户数据的合规利用与隐私风险研究	康海燕	北京信息科技大学	论文集，研究报告	2023.12.31
民国时期古籍影印与流通研究	刘净净	北京师范大学	专著，研究报告	2023.12.31
公共图书馆婴幼儿阅读推广研究	孙　蕊	国家图书馆	研究报告	2024.12.31
面向循证医学的领域文献实体关系识别方法研究	常志军	中国科学院文献情报中心	论文集，研究报告，电脑软件	2023.12.31

3. 青年项目

项目名称	负责人	工作单位	预期成果	完成时间
故宫博物院藏藏文古籍整理研究	李若愚	故宫博物院	工具书	2024.12.31
突发公共卫生事件网络信息资源的知识图谱构建研究	胡佳慧	北京协和医学院	研究报告，电脑软件，数据库	2023.12.31
开放科学数据的经济价值及其测度研究	涂志芳	中国科学院文献情报中心	论文集，研究报告	2024.6.30
情报视角下大国竞争中的信息迷雾成因与识别研究	王冰琪	北京市科学技术研究院	研究报告	2023.12.31
文化大数据背景下古村落多源异构档案的知识融合研究	祁天娇	中国人民大学	研究报告	2024.8.31
新《档案法》背景下档案开放体系构建研究	张　臻	北京电子科技学院	论文集，研究报告	2023.6.30
基于人工智能的分层多粒度档案开放鉴定研究	杨建梁	中国人民大学	研究报告	2023.8.1
基于多源数据的新兴技术识别方法与演化路径研究	高　楠	中国科学技术信息研究所	研究报告	2024.8.30
基于多源知识网络的颠覆性技术分类识别方法研究	邢晓昭	中国科学技术信息研究所	研究报告	2024.3.1

二十二、体育学

1. 重点项目

项目名称	负责人	工作单位	预期成果	完成时间
新时代北京2022年冬奥会和冬残奥会国家认同建构的效应与路径研究	蒋依依	北京体育大学	专著，论文集，研究报告	2023.12.31

续表

项目名称	负责人	工作单位	预期成果	完成时间
滑雪产业高质量发展的多重循环驱动机制及路径创新研究	张瑞林	北京师范大学	研究报告	2024.3.30

2. 一般项目

项目名称	负责人	工作单位	预期成果	完成时间
新时代我国体育产业创新创业教育体系研究	肖林鹏	北京体育大学	专著	2024.10.31
中国体育文化符号的全球化传播研究	魏　伟	北京外国语大学	专著	2026.3.31
新时代我国学生体质健康标准体系研究	甄志平	北京师范大学	专著，论文集，研究报告，电脑软件	2024.6.30
面向慢性病的科学健身知识图谱系统构建与应用研究	刘新华	国家体育总局体育科学研究所	专著，研究报告，电脑软件	2024.9.30
我国学校体育制度变迁与深化改革研究	高晓峰	中国教育科学研究院	研究报告	2025.6.30
新发展阶段金融支持我国体育产业高质量发展的体制机制研究	李艳丽	北京体育大学	研究报告	2024.5.31
2022年北京冬奥会背景下体育与生态文明协同发展研究	郭　振	清华大学	研究报告	2024.5.30
体育强国背景下冰雪创业人才画像与评价研究	孟庆军	北京体育大学	研究报告	2024.6.30

3. 青年项目

项目名称	负责人	工作单位	预期成果	完成时间
体育发展驱动下的闲置工业空间资源再利用研究	冯晓露	清华大学	研究报告	2023.12.31
“双循环”新格局下体旅融合的形成机制、测度评价与路径创新研究	陈　希	北京体育大学	专著	2023.12.31

二十三、管理学

1. 重点项目

项目名称	负责人	工作单位	预期成果	完成时间
新发展格局下国有企业“走出去”构建竞争新优势的目标、机制及路径研究	徐丹丹	北京工商大学	研究报告	2024.6.30
农村集体经营性建设用地入市的制度设计和政策保障研究	王德起	首都经济贸易大学	专著，研究报告	2024.6.30
重大突发事件社会动员视角下提升我国供应链应急物资保障能力策略研究	王宏伟	中国人民大学	研究报告	2023.6.30
新文创平台生态圈的价值共创机制和治理对策研究	王　千	北京建筑大学	研究报告	2023.6.30

2. 一般项目

项目名称	负责人	工作单位	预期成果	完成时间
数字化转型下中国管理会计创新与应用研究	刘俊勇	中央财经大学	研究报告	2024.7.1
社交商务情境下大数据驱动的用户资源测度及价值共创机制研究	张明立	北京航空航天大学	论文集，研究报告	2024.12.30
城市生活垃圾分类模式优选及扩散机制研究	吕维霞	对外经济贸易大学	研究报告	2024.12.30
数字经济驱动的企业社会创新商业模式构建与协同治理研究	王　楠	北京工商大学	研究报告	2024.6.30
银行竞争、卖空机制与企业融资约束研究	徐　枫	中国社会科学院金融研究所	研究报告	2024.6.30
重大突发公共事件对企业持续经营能力冲击的评价与应对研究	栾甫贵	首都经济贸易大学	研究报告	2024.6.30
商业智能对企业管理控制系统的影响机理研究	孙　健	中央财经大学	研究报告	2024.7.1
注册制下机构投资者促进企业持续创新的模式、机制及制度设计	张宏亮	北京工商大学	研究报告	2024.6.30
大型建设工程项目冲突事件的发生发展和分布规律及其管控机制研究	侯学良	华北电力大学	论文集，研究报告	2023.12.30
人工智能时代企业员工社会资本和人力资本的互动机制及其对职业成功的影响研究	周文霞	中国人民大学	研究报告	2024.2.29
游客不文明行为的社会传染机理与引导策略研究	张　超	北京第二外国语学院	论文集，研究报告	2024.6.30
“双循环”背景下农业企业走出去的国别选择机制及路径优化研究	张学彪	中国农业科学院农业信息研究所	专著，研究报告	2023.12.31
野生动物栖息地保护体系和经济—生态—社会系统相互影响机理研究	方　良	北京林业大学	论文集，研究报告	2023.12.31
治理体系现代化背景下我国湿地资源确权效果评估与优化路径研究	王　会	北京林业大学	专著	2023.12.31
促进城乡融合与“扩权强县”改革路径选择	吕　捷	中国人民大学	研究报告	2024.6.30
长期照护保险保障边界及制度衔接问题研究	陈诚诚	北京信息科技大学	专著	2024.6.30
乡村振兴中扶贫资产经营模式转换研究	于乐荣	中国农业大学	研究报告	2024.12.31
基于“平疫结合”的突发公共卫生事件医疗物资储备体系构建研究	王　晶	北京工商大学	研究报告	2025.12.31
老龄化进程中的认知健康促进技术研究	吴　超	北京大学	论文集，数据库	2024.6.30
组织变革视角下中小企业数字化转型悖论的产生机理与破解路径研究	李立威	北京联合大学	研究报告	2023.12.31

续表

项目名称	负责人	工作单位	预期成果	完成时间
国家治理视域下数据要素运行机理与治理体系创新研究	翟　云	中共中央党校（国家行政学院）	论文集，研究报告	2024.12.31
生鲜电商农产品质量安全管控机制研究	陈红华	中国农业大学	研究报告	2024.12.31
基于同群效应的关键审计事项趋同研究	庄飞鹏	北京信息科技大学	研究报告	2024.6.30
平战结合情境下极端社会情绪的发酵机理与疏导策略研究	刘铁忠	北京理工大学	研究报告	2023.12.20

3. 青年项目

项目名称	负责人	工作单位	预期成果	完成时间
公司债券违约解决机制选择与投资者利益保护关系研究	王　欣	北京工商大学	论文集，研究报告	2024.6.30
反垄断背景下互联网平台生态共益治理模式研究	宋立丰	北京物资学院	论文集，研究报告	2023.12.30
新员工资质过剩正向引导与创造性绩效提升研究	武晓宇	北京工商大学	研究报告	2024.6.30
企业双元创新的影响因素、演化过程和策略选择研究	戴一鸣	中国人事科学研究院	专著，研究报告	2024.4.1
基于产业链的农业面源污染政企农协同治理策略研究	邓　磊	北京物资学院	研究报告	2024.6.30
“三权分置”下农户宅基地流转行为、福利影响与权益保护研究	李荣耀	农业农村部管理干部学院	研究报告	2023.12.31
目标治理视域下我国绿色金融政策评估与创新路径研究	陈超凡	北京师范大学	论文集，研究报告	2023.12.31
重大疫情公众风险感知的动态监测与干预机制研究	谢起慧	中国矿业大学（北京）	专著，研究报告	2024.7.30
智慧医疗可及性的框架构建、指标测度与影响因素研究	杨园争	中国社会科学院农村发展研究所	研究报告	2024.5.31

（全国哲学社会科学工作办公室供稿）

2021年度国家社会科学基金重大项目立项名单（在京部属高校）

序号	批准号	项目名称	负责人	责任单位	备注
1	21ZDA130	构建人类卫生健康共同体研究与数据库建设	孟庆跃	北京大学	五中全会重大
2	21ZDA035	协同推进强大国内市场和贸易强国建设研究	杨汝岱	北京大学	五中全会重大
3	21ZDA107	以健康中国战略为基础实施积极应对人口老龄化国家战略	郑晓瑛	北京大学	五中全会重大

续表

序号	批准号	项目名称	负责人	责任单位	备注
4	21ZDA012	企业创新主体地位强化及技术创新能力提升研究	欧阳桃花	北京航空航天大学	五中全会重大
5	21ZDA090	构建以国家公园为主体的自然保护地体系研究	温亚利	北京林业大学	五中全会重大
6	21ZDA005	到2035年共同富裕取得实质性进展远景目标研究	万海远	北京师范大学	五中全会重大
7	21ZDA076	拓展新时代文明实践中心建设研究	萧　放	北京师范大学	五中全会重大
8	21ZDA100	新时代高质量教育体系研究	毛亚庆	北京师范大学	五中全会重大
9	21ZDA051	优化营商环境的法治建构	王敬波	对外经济贸易大学	五中全会重大
10	21ZDA111	新发展理念下中国城乡社区治理与服务体系研究	郑　路	清华大学	五中全会重大
11	21ZDA017	深入推进科技体制改革与完善国家科技治理体系研究	李正风	清华大学	五中全会重大
12	21ZDA029	加快建设交通强国研究	陆化普	清华大学	五中全会重大
13	21ZDA079	文化强国进程中中国影视高质量创新发展研究	张国涛	中国传媒大学	五中全会重大
14	21ZDA016	以创新能力、质量、实效、贡献为导向的科技人才评价体系研究	刘　云	中国科学院大学	五中全会重大
15	21ZDA058	实施乡村建设行动研究	何慧丽	中国农业大学	五中全会重大
16	21ZDA025	在法治轨道上促进平台经济、共享经济健康发展研究	杨　东	中国人民大学	五中全会重大
17	21ZDA022	加快发展现代产业体系、推动经济体系优化升级研究	张　杰	中国人民大学	五中全会重大
18	21ZDA044	中国建设现代中央银行调控制度研究	马　勇	中国人民大学	五中全会重大
19	21ZDA050	民法在建设职责明确、依法行政的政府治理体系中的作用研究	张新宝	中国人民大学	五中全会重大
20	21ZDA106	实施积极应对人口老龄化国家战略	杜　鹏	中国人民大学	五中全会重大
21	21ZDA088	完善中央生态环境保护督察制度研究	竺　效	中国人民大学	五中全会重大
22	21ZDA083	绿色金融推动绿色发展促进人与自然和谐共生研究	蓝　虹	中国人民大学	五中全会重大
23	21ZDA070	建设现代化都市圈研究	姚永玲	中国人民大学	五中全会重大
24	21ZDA059	健全城乡融合发展的体制机制研究	郑风田	中国人民大学	五中全会重大
25	21ZDA098	强化就业优先政策、稳定和扩大就业研究	罗楚亮	中国人民大学	五中全会重大
26	21ZDA030	面向碳中和的能源革命推进路径与策略研究	张　奇	中国石油大学（北京）	五中全会重大
27	21ZDA019	新时代科学精神与工匠精神融合及实践创新研究	张秀华	中国政法大学	五中全会重大
28	21ZDA032	数字经济与实体经济深度融合的机制与对策研究	史宇鹏	中央财经大学	五中全会重大
29	21ZDA043	深化预算管理制度改革研究	肖　鹏	中央财经大学	五中全会重大
30	21ZDA034	实施扩大内需战略同深化供给侧结构性改革有机结合研究	陈斌开	中央财经大学	五中全会重大
31	21ZDA116	全面提高边疆民族地区公共安全保障能力研究	李俊清	中央民族大学	五中全会重大

续表

序号	批准号	项目名称	负责人	责任单位	备注
32	21ZDA078	当代中国戏剧影视“高峰”作品创作建设研究	郝　戎	中央戏剧学院	五中全会重大
33	21&ZD199	社会信用体系的法律保障机制研究	王锡锌	北京大学	
34	21&ZD172	百年变局下全球化进路与人类命运共同体构建研究	王　栋	北京大学	
35	21&ZD187	人口老龄化背景下的残疾预防策略与应用研究	何　平	北京大学	
36	21&ZD097	促进高质量发展的中国税制结构优化与改革研究	刘　怡	北京大学	
37	21&ZD221	中国特殊教育通史	郭卫东	北京大学	
38	21&ZD251	域外藏多语种民国佛教文献群的发掘、整理与研究	王　颂	北京大学	
39	21&ZD156	新发展阶段军工企业高质量发展统计测度与实现路径研究	李慧云	北京理工大学	
40	21&ZD018	中国共产党百年对马克思主义的整体性原创贡献研究	刘新刚	北京理工大学	
41	21&ZD195	互联网平台的社会影响及治理路径研究	齐延平	北京理工大学	
42	21&ZD004	习近平总书记关于中国精神重要论述研究	吴向东	北京师范大学	
43	21&ZD049	规范性哲学研究	李　红	北京师范大学	
44	21&ZD031	俄罗斯西伯利亚远东地区藏1950年前中国共产党档案文献的整理与研究	张建华	北京师范大学	
45	21&ZD293	汉语自闭症人群的社会融合路径研究	贺荟中	北京师范大学	
46	21&ZD024	伟大建党精神及其同中国共产党精神谱系关系研究	王炳林	北京师范大学	
47	21&ZD014	全人类共同价值研究	沈湘平	北京师范大学	
48	21&ZD086	开放经济安全监测预警和综合评估研究	蔡宏波	北京师范大学	
49	21&ZD111	新发展格局下提高直接融资比重优化金融结构与经济高质量发展研究	胡海峰	北京师范大学	
50	21&ZD139	高质量发展情境下中国企业的高端化战略变革理论研究	焦　豪	北京师范大学	
51	21&ZD342	体育成为中华民族伟大复兴标志性事业的理论内涵与时代推进研究	黄亚玲	北京体育大学	
52	21&ZD290	围绕汉语的超大型多语汉外平行语料库集群研制与应用研究	王克非	北京外国语大学	
53	21&ZD294	我国老年人语言能力的常模、评估及干预体系研究	顾曰国	北京外国语大学	
54	21&ZD314	百年未有之大变局下中国共产党形象全球传播与认同研究	高金萍	北京外国语大学	
55	21&ZD158	中国核心术语国际影响力研究	袁　军	北京外国语大学	
56	21&ZD098	新发展格局下中国产业链供应链安全稳定战略研究	吕　越	对外经济贸易大学	
57	21&ZD289	“两个一百年”背景下的语言国情调查与语言规划研究	王　敏	教育部语言文字应用研究所	教育部直属单位，非高校系统

续表

序号	批准号	项目名称	负责人	责任单位	备注
58	21&ZD057	构建人类卫生健康共同体的伦理路径研究	肖　巍	清华大学	
59	21&ZD104	自然资源高效利用与经济安全和高质量发展机制研究	朱俊明	清华大学	
60	21&ZD196	互联网平台的社会影响与治理路径研究	王　勇	清华大学	
61	21&ZD306	以定县简为代表的极端性状竹书的整理及其方法研究	贾连翔	清华大学	
62	21&ZD281	美国族裔文学中的文化共同体思想研究	生安锋	清华大学	
63	21&ZD167	新时代下国际领导力研究	阎学通	清华大学	
64	21&ZD068	中国古代美学命题整理与研究	张　晶	中国传媒大学	
65	21&ZD323	日本馆藏中国共产党新闻宣传史料整理与研究（1921—1945）	赵新利	中国传媒大学	
66	21&ZD164	新形势下我国参与知识产权全球治理的战略研究	马一德	中国科学院大学	
67	21&ZD177	建立和完善农村低收入人口常态化帮扶机制研究	左　停	中国农业大学	
68	21&ZD180	中国与一带一路国家有效分享减贫经验的模式与策略研究	徐秀丽	中国农业大学	
69	21&ZD001	习近平新时代中国特色社会主义思想对科学社会主义的理论贡献研究	陶文昭	中国人民大学	
70	21&ZD279	《西格蒙德·弗洛伊德全集》德译汉与研究	赵蕾莲	中国人民大学	
71	21&ZD040	党的建设理论体系研究	杨德山	中国人民大学	
72	21&ZD282	美国族裔文学中的文化共同体思想研究	郭英剑	中国人民大学	
73	21&ZD136	中国企业裂变式发展重大问题研究	王凤彬	中国人民大学	
74	21&ZD070	中国特色社会主义政治经济学理论体系研究	谢富胜	中国人民大学	
75	21&ZD116	依托中非命运共同体建设推动数字人民币国际化研究	王　芳	中国人民大学	
76	21&ZD076	劳动力流动视角下健全城乡融合发展机制研究	乔　雪	中国人民大学	
77	21&ZD095	现代财政——金融结合框架下的地方政府债务管理研究	马光荣	中国人民大学	
78	21&ZD335	文化遗产智慧数据资源建设与服务研究	周晓英	中国人民大学	
79	21&ZD315	百年未有之大变局下中国共产党形象全球传播与认同研究	刘小燕	中国人民大学	
80	21&ZD064	现代技术治理理论问题研究	刘永谋	中国人民大学	
81	21&ZD060	文化强国背景下公民道德建设工程研究	李　萍	中国人民大学	
82	21&ZD039	中共党史学学科体系、学术体系、话语体系建设研究	宋学勤	中国人民大学	
83	21&ZD121	国土空间规划体系下土地要素市场化改革研究	严金明	中国人民大学	
84	21&ZD026	中国共产党百年历程主题研究	杨凤城	中国人民大学	
85	21&ZD234	新时代中国特色考古学理论体系研究	陈胜前	中国人民大学	

续表

序号	批准号	项目名称	负责人	责任单位	备注
86	21&ZD193	网络信息安全监管法治体系构建研究	曹诗权	中国人民公安大学	
87	21&ZD201	完善医疗保障基金监管法律制度研究	张　卿	中国政法大学	
88	21&ZD159	当代西方国家政治极化的现状与趋势研究	庞金友	中国政法大学	
89	21&ZD173	百年变局下全球化进路与人类命运共同体构建研究	刘贞晔	中国政法大学	
90	21&ZD192	基于法治、国家治理和全球治理的技术法规研究	柳经纬	中国政法大学	
91	21&ZD191	行政法总则制定的理论与实践问题研究	王青斌	中国政法大学	
92	21&ZD209	数字经济的刑事安全风险防范体系建构研究	刘艳红	中国政法大学	
93	21&ZD085	城乡融合与新发展格局战略联动的内在机理与实现路径研究	郭冬梅	中央财经大学	
94	21&ZD145	新时代中国特色管制会计制度体系与智能化实践研究	王彦超	中央财经大学	
95	21&ZD047	中国马克思主义哲学史资料整理及研究	王海锋	中央民族大学	
96	21&ZD044	中国共产党推进中华民族共同体建设的理论与实践研究	青　觉	中央民族大学	
97	21&ZD268	欧美戏剧剧场资料翻译与研究	孙大庆	中央戏剧学院	

（高校社科管理中心供稿）

2021年度国家社会科学基金艺术学重大项目立项名单（北京地区）

序号	项目名称	责任单位	首席专家
1	当代中国话剧作品评价体系与质量提升研究	中央戏剧学院	刘立滨
2	百年戏曲演出史及其发展高峰研究	中国人民大学	谷曙光
3	音乐与人工智能协同创新发展理论研究	中央音乐学院	李小兵
4	中国共产党百年重大题材展示设计研究	清华大学	吴诗中
5	中国文艺评论的理论基础和前沿问题研究	中国传媒大学	张金尧
6	文化和旅游融合视野下黄河文化保护传承弘扬研究	中共中央党校	祁述裕
7	中国艺术市场运行机制与制度创新研究	中央财经大学	刘双舟
8	新时代对外文化交流和旅游推广体系创新研究	首都师范大学	刘晓天

（全国艺术科学规划领导小组办公室供稿）

2021年度国家社会科学基金艺术学项目（北京地区）

序号	项目编号	项目类别	批准号	项目名称	负责人	省份	责任单位
1	2021BB00898	重点	21AB001	中国现当代女性戏剧史	宋宝珍	北京	中国艺术研究院
2	2021AD00165	重点	21AD005	大唐乐舞研究	傅暮蓉	北京	中央音乐学院
3	2021AD05025	重点	21AD006	声音生态与当代社会音乐文化建设	刘　嵘	北京	中国音乐学院
4	2021AE05939	重点	21AE007	美学视野下舞蹈素养的构成体系与实践路径研究	杨　敏	北京	中央民族大学
5	2021AG02428	重点	21AG012	新中国设计史研究	周　博	北京	中央美术学院
6	2021AH05085	重点	21AH017	黄河国家文化公园基础理论研究	韩子勇	北京	中国艺术研究院
7	2021BA00422	一般	21BA019	自媒体时代“学院批评”的话语困境与转型策略研究	李　雷	北京	首都师范大学
8	2021BA02831	一般	21BA023	中华美育精神与马克思主义美育观中国化问题研究	宋修见	北京	中央美术学院
9	2021BA05145	一般	21BA025	西方影像哲学研究	李　洋	北京	北京大学
10	2021AB03824	一般	21BB030	契诃夫戏剧与中国话剧的现代性追求	彭　涛	北京	中央戏剧学院
11	2021AC00582	一般	21BC039	媒介融合时代现实题材电视剧高质量发展研究	程　樯	北京	北京电影学院
12	2021BC00498	一般	21BC044	中国电影的空间生产与文化表征研究（1978—2020）	叶　航	北京	北京电影学院
13	2021BC00810	一般	21BC045	移动短视频现状、问题与创新发展研究	赵　晖	北京	中国传媒大学
14	2021BC04159	一般	21BC051	中国播音主持艺术的功能特质及历史演进研究	喻　梅	北京	中国传媒大学
15	2021BD00466	一般	21BD062	中国民间器乐曲曲式形态研究	汪静渊	北京	中国传媒大学
16	2021BD05838	一般	21BD074	新时代中国舞剧音乐特色语汇研究	郭　懿	北京	中央音乐学院
17	2021AE04263	一般	21BE075	中国古典舞蹈文化的美育价值与实践研究	韩　瑾	北京	中国舞蹈家协会
18	2021AF01157	一般	21BF081	中国现当代美术批评史	尹成君	北京	北京语言大学
19	2021AF02406	一般	21BF084	中国革命历史题材美术创作研究	于　洋	北京	中央美术学院
20	2021AF05086	一般	21BF086	中国书法学学科发展史（1918—2021）	祝　帅	北京	北京大学
21	2021BF00029	一般	21BF088	新中国革命历史画的图像叙事与形象建构研究（1949—2020）	陈　明	北京	中国国家画院

续表

序号	项目编号	项目类别	批准号	项目名称	负责人	省份	责任单位
22	2021BF02509	一般	21BF098	长城图像研究	吴雪杉	北京	中央美术学院
23	2021BG00302	一般	21BG114	中国古代服饰制度流变研究——以历代帝王陵寝石像生为中心	赵连赏	北京	北京服装学院
24	2021BG00313	一般	21BG115	明代军戎服饰研究	陈　芳	北京	北京服装学院
25	2021BG00607	一般	21BG116	中国传统园林空间复杂性及其感知规律研究	金秋野	北京	北京建筑大学
26	2021BG02566	一般	21BG126	社会治理视角下的老旧社区公共空间微更新设计研究	侯晓蕾	北京	中央美术学院
27	2021BG03029	一般	21BG129	中国传统宗教建筑历史光环境的文化形态研究	杜　异	北京	清华大学
28	2021BG03129	一般	21BG130	大运河国家文化公园文化空间景观体系构建研究	黄　艳	北京	清华大学
29	2021AH02798	一般	21BH145	新时代我国红色旅游发展与红色文化传承的融合机制研究	韩元军	北京	中国旅游研究院（文化和旅游部数据中心）
30	2021BH03695	一般	21BH157	国家文化公园遗产保护与旅游利用的协调机制研究	吴丽云	北京	北京第二外国语学院
31	2021BH05477	一般	21BH165	文化产业数字化战略背景下的文旅融合商业模式研究	刘　兵	北京	中关村中恒文化科技融合创新中心
32	2021BH05551	一般	21BH168	对外文化交流项目绩效评估研究	许立勇	北京	文化和旅游部海外文化设施建设管理中心
33	2021CC03475	青年	21CC177	中国电影的诗意叙事机制研究	黄　今	北京	北京信息科技大学
34	2021CC03640	青年	21CC178	中国艺术电影市场现状与推广路径研究	武建勋	北京	中国电影艺术研究中心
35	2021CH01045	青年	21CF188	中国历代地方志版刻插图整理与研究	彭　志	北京	中国艺术研究院
36	2021CG05516	青年	21CG192	基于个人健康大数据的智能防疫产品设计研究	任熹培	北京	北京理工大学
37	2021CB05179	青年	21CH194	戏剧作品网络演播研究	马　洋	北京	国家艺术基金管理中心

（全国艺术科学规划领导小组办公室供稿）

全国教育科学“十四五”规划2021年度立项课题名单（北京地区）

课题批准号	课题类别	课题名称	负责人姓名	工作单位
VAA210001	国家重大	中国共产党百年教育方针研究	朱旭东	北京师范大学
VFA210004	国家重大	学校家庭社会协同育人机制研究	康丽颖	首都师范大学
VFA210007	国家重大	“三区三州”返贫防控教育措施实效的追踪研究（2021—2025年）	吴　霓	中国教育科学研究院

续表

课题批准号	课题类别	课题名称	负责人姓名	工作单位
AIA210011	国家重点	新发展阶段高等医学教育改革研究	郭建如	北京大学
AIA210012	国家重点	新时代研究生教育高质量发展研究	马永红	北京航空航天大学
AGA210014	国家重点	新时代教育公平的重点问题与政策体系研究	褚宏启	北京开放大学
BAA210026	国家一般	我国中小学课程设置的中国化路径研究	李泽林	课程教材研究所
BBA210040	国家一般	家园共育影响学前儿童情绪能力发展效果的追踪研究	王异芳	首都师范大学
BBA210042	国家一般	基于虚拟现实的严肃游戏学习对流动青少年心理韧性的促进研究	倪士光	清华大学
BCA210083	国家一般	信息技术支持下的分层教学系统设计研究	刘美凤	北京师范大学
BCA210092	国家一般	信息化思维教学的理论构建与实证研究	赵国庆	北京师范大学
BDA210078	国家一般	世界主要国家中小学全球胜任力课程比较研究	滕　珺	北京师范大学
BEA210107	国家一般	教师道德情感的发生机制与培育模式研究	傅淳华	中央民族大学
BFA210073	国家一般	家庭教育投入视角下的中小学生减负政策效果研究	魏　易	北京大学
BGA210053	国家一般	县级区域教育公共服务均等化的治理机制研究	吴景松	中国教育科学研究院
BGA210058	国家一般	我国学前教育资源配置现状及“十四五”需求预测研究	高丙成	中国教育科学研究院
BGA210061	国家一般	“十四五”期间深度贫困县学校空间布局研究	司洪昌	国家教育行政学院
BHA210123	国家一般	中小学生生态文明素养的内涵、标准与培养策略研究	刘永福	课程教材研究所
BHA210127	国家一般	乡村教师结构性缺员现状及政策支持体系研究	高慧斌	中国教育科学研究院
BHA210128	国家一般	建党以来中国特色教研制度变迁逻辑及教研员循证发展路径研究	卢立涛	北京师范大学
BHA210147	国家一般	大数据时代教科书对中华优秀传统文化的记忆和书写研究	张增田	首都师范大学
BHA210151	国家一般	融合教育质量提升背景下普通教育教师与特殊教育教师合作教学研究	王　雁	北京师范大学
BIA210158	国家一般	“破五唯”背景下高校教师科研评价制度创新研究	金志峰	北京师范大学
BIA210173	国家一般	“双一流”建设政策实施中的学科治理研究	许　杰	国家教育行政学院
BIA210177	国家一般	新科技革命下交叉学科研究生培养模式研究	胡莉芳	中国人民大学
BJA210095	国家一般	类型教育视野下职业教育数字教材开发研究	刘义国	教育部职业技术教育中心研究所
BLA210212	国家一般	混合虚拟模拟技术在急危重症临床思维培训中的效果研究	刘继海	北京协和医学院
BMA210043	国家一般	中国共产党民族教育政策百年成就、经验与意义研究	吴明海	中央民族大学
BMA210045	国家一般	西藏地区加强国家通用语言文字教育的效果及影响因素研究	吴瑞林	北京航空航天大学
BMA210047	国家一般	后扶贫时代民族地区控辍保学政策运行机制与效果研究——以云南省和四川省为个案	敖俊梅	中央民族大学

续表

课题批准号	课题类别	课题名称	负责人姓名	工作单位
CCA210253	国家青年	支撑教育高质量发展的国家教育管理信息化体系研究	杨伟平	教育部教育管理信息中心
CCA210254	国家青年	职业院校“理实一体化”混合教学模式研究	杨成明	清华大学
CEA210259	国家青年	劳动价值观教育的现实挑战与理论回应	曾　妮	北京理工大学
CFA210244	国家青年	我国教师地位指数的构建与应用研究	姜金秋	首都经济贸易大学
CFA210246	国家青年	家庭第一代大学生在校表现及其对就业质量的影响研究	杨中超	国家教育行政学院
CFA210250	国家青年	我国区域基础教育发展水平测度及区域城乡差异变化趋势研究	段鹏阳	北京教育科学研究院
CGA210243	国家青年	“强基计划”政策执行过程监测与效果评估研究	崔海丽	北京大学
CHA210262	国家青年	中小学数字教科书标准建设的关键问题及其解决路径	王　润	人民教育出版社
CIA210268	国家青年	产教融合背景下企业深度参与应用型本科院校人才培养的影响因素及体系优化研究	庄腾腾	北京师范大学
CJA210258	国家青年	人工智能时代高等职业教育人才培养效率及其影响因素研究	袁玉芝	中国人民大学
CLA210281	国家青年	以应对突发重大公共卫生事件能力为目标的医学生客观结构化临床能力测试体系的研究	费昱达	北京协和医学院
DCA210314	教育部重点	大数据循证的教师改变提质增效研究	王　陆	首都师范大学
DCA210316	教育部重点	终身教育视域下混合教学改革的系统推进研究	白晓晶	北京开放大学
DDA210312	教育部重点	研究型大学本科专业教育模式的国际比较研究	莫玉婉	北京师范大学
DDZ210448	教育部专项	立德树人背景下义务教育阶段香港与内地学生价值素养培育路径比较研究	李海鹏	国家教育行政学院
DFA210306	教育部重点	高校跨学科研究团队协同创新：运行机制、影响因素与组织激励	陈霞玲	国家教育行政学院
DFA210309	教育部重点	我国面向创新人才培养的本科教育组织模式变革研究	屈潇潇	国家教育行政学院
DGA210303	教育部重点	家庭教育对中小学生劳动素养发展影响的实践研究	吴艳玲	课程教材研究所
DGA210305	教育部重点	全面效益观视域下教育规划课题管理模式构建研究	姜丽萍	北京教育科学研究院
DHA210334	教育部重点	中西部地区“县中”发展内生力提升策略与支持体系研究	李建民	中国教育科学研究院
DHA210335	教育部重点	网络游戏依赖儿童的社会能量变化与教育应对	高　崇	北京邮电大学
DHA210387	教育部重点	新时代城市中学劳动教育的实践研究	蒋炎富	北京市第十二中学
DHZ210444	教育部专项	与“一国两制”相适应的香港中小学课程教材建设体系研究	李正福	课程教材研究所
DHZ210450	教育部专项	香港中学历史教科书编写理论与实践研究	李　卿	人民教育出版社
DHZ210451	教育部专项	教科书在香港教师课堂课程开发中的作用机制及其影响因素研究	闫国瑞	课程教材研究所
DIA210350	教育部重点	职业高原与组织支持：高校教师职业生涯中后期发展研究	林　杰	北京师范大学

续表

课题批准号	课题类别	课题名称	负责人姓名	工作单位
DIA210354	教育部重点	医学人文教育中的师生互动及影响机制研究	李腾子	北京大学
DIZ210443	教育部专项	粤港澳高校创新创业教育协同发展研究	秦　琳	中国教育科学研究院
DJA210320	教育部重点	衔接过渡期内职业教育持续巩固拓展脱贫攻坚成果的机制研究	房风文	教育部职业技术教育中心研究所
EAA210395	教育部青年	民办教育投融资法律制度研究	安丽娜	首都师范大学
EEA210414	教育部青年	青少年数字公民素养的多主体共育模式研究	林　可	北京师范大学
EEA210416	教育部青年	我国特殊教育学校德育的现状、问题及对策研究	吴　扬	中国教育科学研究院
EHA210437	教育部青年	城乡中小学一体化发展对乡村学生发展质量提升的影响研究	张思梦	北京市第一六一中学回龙观学校
EHA210440	教育部青年	实现综合育人价值的中学劳动教育课程体系研究	吕　璐	北京亦庄实验中学
EIA210430	教育部青年	“双一流”大学经费配置的比较优势及优化研究	蓝文婷	中国教育科学研究院
EIA210433	教育部青年	中外高等教育学历学位互认协议研究	马梦菼	教育部学位与研究生教育发展中心
EJA210412	教育部青年	本科职业教育专业教学标准研制规范与框架体系研究	苗林波	国家开放大学
EMA210399	教育部青年	我国中小学少数民族语言文字教材管理问题研究	何文君	课程教材研究所

（全国教育科学规划领导小组办公室供稿）

2021年度教育部人文社会科学研究一般项目立项名单（在京高校）

序号	项目批准号	项目名称	学校名称	申请人	项目类别	学科门类
1	21YJC720002	当代航天技术与太空伦理的协同建构研究	北方工业大学	陈首珠	青年基金项目	哲学
2	21YJCZH043	基于机械臂增量编织技术的传统竹编工艺保护与发展研究	北方工业大学	黄普希	青年基金项目	交叉学科/综合研究
3	21YJA740052	基于深度学习的汉语文本自动校对方法研究	北方工业大学	张　梅	规划基金项目	语言学
4	21YJAZH098	交通一体化服务Maas对共享汽车出行场景的重塑研究	北方工业大学	许　研	规划基金项目	交叉学科/综合研究
5	21YJCZH176	水资源刚性约束下流域初始水权与产业结构优化适配研究	北方工业大学	吴　丹	青年基金项目	交叉学科/综合研究
6	21YJC740081	系统功能语言学视角下的汉英日致使结构语义系统网络构建与句法实现研究	北方工业大学	赵宏伟	青年基金项目	语言学
7	21YJCZH174	以老年人行为感知为导向的城市老旧小区适老化光环境优化策略研究	北方工业大学	温　芳	青年基金项目	交叉学科/综合研究
8	21YJC630129	在线品牌社区用户知识共创的前因及结果效应：基于社会影响和网站特征视角	北方工业大学	涂剑波	青年基金项目	管理学

续表

序号	项目批准号	项目名称	学校名称	申请人	项目类别	学科门类
9	21YJCZH228	中国传统人居环境的时空图式及其当代价值	北方工业大学	张一梦	青年基金项目	交叉学科/综合研究
10	21YJA740047	中国英语学习者语用能力的个体差异研究	北方工业大学	袁凤识	规划基金项目	语言学
11	21YJC760103	近代西学东渐背景下的康有为晚年书学研究	北京城市学院	张红军	青年基金项目	艺术学
12	21YJC752008	21世纪美国灾难文学研究	北京大学	黄　蓉	青年基金项目	外国文学
13	21YJC740067	《玉篇》残卷校理与研究	北京大学	闫翠科	青年基金项目	语言学
14	21YJE890001	东方传统体育“以体育心”功能的理论与实践研究	北京大学	亓　昕	自筹经费项目	体育科学
15	21YJC740062	二语语用中的观点采择机制研究	北京大学	魏一璞	青年基金项目	语言学
16	21YJC870001	复杂网络视角下科学文献的知识融合与知识扩散对比研究	北京大学	步　一	青年基金项目	图书馆、情报与文献学
17	21YJC840034	基于有益健康模型的老年自我忽视干预方案的构建与可行性研究	北京大学	于明明	青年基金项目	社会学
18	21YJA190009	基于主观支持的认知行为疗法对社区衰弱老年人抑郁的干预效果及机制研究	北京大学	王翠丽	规划基金项目	心理学
19	21YJC770033	近代中国的口罩防疫史研究（1912—1949）	北京大学	张　蒙	青年基金项目	历史学
20	21YJCZH057	我国草地生态系统旅游服务价值评价及价值实现机制研究	北京大学	亢楠楠	青年基金项目	交叉学科/综合研究
21	21YJC720005	先秦诸子心论研究	北京大学	李　毅	青年基金项目	哲学
22	21YJC770032	现代化与民族主义视域交织下的20世纪中国软饮料史研究	北京大学	姚　靓	青年基金项目	历史学
23	21YJC790031	县域医共体建设对医疗费用和健康结果的影响及其作用机制研究	北京大学	傅虹桥	青年基金项目	经济学
24	21YJC790100	乡村治理数字化转型的驱动机制研究：农民数字素养与乡村精英身份的交互作用	北京大学	苏岚岚	青年基金项目	经济学
25	21YJC710087	新时代发展壮大中国农村集体经济的理论与实践研究	北京大学	张　凯	青年基金项目	马克思主义/思想政治教育
26	21YJC880055	一流大学博士生学术职业选择及变化趋势：学术劳动力市场变迁的视角	北京大学	马莉萍	青年基金项目	教育学
27	21YJC630128	印象管理抑或技术协同？绿色经济转型情境中的企业绿色并购问题研究	北京大学	童　立	青年基金项目	管理学
28	21YJAZH124	本色化自觉与跨文化书写：谢颂羔的翻译与创作研究	北京第二外国语学院	赵晓晖	规划基金项目	交叉学科/综合研究

续表

序号	项目批准号	项目名称	学校名称	申请人	项目类别	学科门类
29	21YJC752010	当代美国华裔女性小说中的物质书写研究	北京第二外国语学院	刘齐平	青年基金项目	外国文学
30	21YJCZH141	高质量共建“一带一路”进程中对外投资结构优化升级研究	北京第二外国语学院	孙乾坤	青年基金项目	交叉学科/综合研究
31	21YJC790146	突发公共卫生事件下跨境电商物流韧性的测度及影响机制研究	北京第二外国语学院	余金艳	青年基金项目	经济学
32	21YJC710036	习近平关于劳动观重要论述研究	北京第二外国语学院	李岁月	青年基金项目	马克思主义/思想政治教育
33	21YJC740039	英汉并列结构句法语义比较研究	北京第二外国语学院	孟凡军	青年基金项目	语言学
34	21YJC630065	职场负面八卦氛围的量表开发及其多层次影响机制研究	北京第二外国语学院	李朋波	青年基金项目	管理学
35	21YJC760051	西洋镜对明清视觉艺术的影响研究	北京电影学院	陆　骐	青年基金项目	艺术学
36	21YJC760097	中国雕塑教育口述史研究及数据库建设	北京电影学院	尹　冰	青年基金项目	艺术学
37	21YJA760054	17—19世纪东方外销纺织品上的“中国风”与海上丝路跨文化交流研究	北京服装学院	宋　炀	规划基金项目	艺术学
38	21YJA760020	基于UE的民族服饰保护与传承方法研究	北京服装学院	耿增民	规划基金项目	艺术学
39	21YJC760088	智能配饰创新发展路径及应用研究	北京服装学院	吴青蔓	青年基金项目	艺术学
40	21YJCZH216	基于拉班动作理论的交互技术对昆剧表演的传承与发展研究	北京工商大学	张沐宸	青年基金项目	交叉学科/综合研究
41	21YJAZH107	基于视觉—声音—语义多模态融合的濒危语言自动识别应用研究	北京工商大学	于重重	规划基金项目	交叉学科/综合研究
42	21YJCZH117	面向构音障碍患者的康复训练虚拟现实技术研究	北京工商大学	钱兆鹏	青年基金项目	交叉学科/综合研究
43	21YJCZH186	突发事件中融合多视角短视频的异常创造行为感知研究	北京工商大学	熊海涛	青年基金项目	交叉学科/综合研究
44	21YJA790009	“30·60”双碳目标下绿色电力证书交易机制研究	北京工业大学	迟远英	规划基金项目	经济学
45	21YJCZH060	后疫情时代大城市通勤型迁居行为模式及引导机制研究	北京工业大学	赖见辉	青年基金项目	交叉学科/综合研究
46	21YJA630043	场景因素对移动端消费行为的影响：情境认知视角	北京航空航天大学	李晨溪	规划基金项目	管理学
47	21YJC630156	顾客互动的双刃剑效应：医疗服务情境中顾客互动对未来自我连续性和幸福感的影响机制	北京航空航天大学	姚　唐	青年基金项目	管理学
48	21YJC880020	基于生态位理论的研究型大学教师聘任类型和职业发展研究	北京航空航天大学	高文娟	青年基金项目	教育学

续表

序号	项目批准号	项目名称	学校名称	申请人	项目类别	学科门类
49	21YJC790044	什么是最优的互联网信贷模式？基于不对称信息的机制设计理论和实证研究	北京航空航天大学	洪洁瑛	青年基金项目	经济学
50	21YJC820032	数字税立法路径选择与制度构建研究	北京航空航天大学	乔博娟	青年基金项目	法学
51	21YJC710088	右翼政治生态下印度共产党（马克思主义）的适应性变革研究	北京航空航天大学	张树焕	青年基金项目	马克思主义/思想政治教育
52	21YJC710050	百年来中国共产党党内政治文化话语演进研究	北京化工大学	马玉婕	青年基金项目	马克思主义/思想政治教育
53	21YJC760110	博物馆文创产品开发评价体系构建研究	北京化工大学	张　扬	青年基金项目	艺术学
54	21YJAZH040	基于大数据的生物技术风险分析和工程伦理研究	北京化工大学	李　辉	规划基金项目	交叉学科/综合研究
55	21YJC710077	马克思《法兰西内战》国家制度批判理论的文本分析与当代价值研究	北京化工大学	许文星	青年基金项目	马克思主义/思想政治教育
56	21YJC880004	美国的“新工科”建设研究	北京化工大学	曾开富	青年基金项目	教育学
57	21YJA790028	双循环背景下数字经济赋能实体经济高质量发展的微观机理与实证检验	北京化工大学	李　宾	规划基金项目	经济学
58	21YJC630178	新发展阶段下企业数字化转型对员工工作绩效的“双刃剑”影响研究	北京化工大学	周琦玮	青年基金项目	管理学
59	21YJC710011	新时代社会主义核心价值观对外传播的效果及策略研究	北京化工大学	陈顺伟	青年基金项目	马克思主义/思想政治教育
60	21YJC630094	基于多源数据的综合交通枢纽出行调度与信息服务研究	北京建筑大学	罗　薇	青年基金项目	管理学
61	21YJC850001	基于家族谱系的明代蒙古族藏传佛教建筑遗产的“基因性”研究	北京建筑大学	陈　未	青年基金项目	民族学与文化学
62	21YJA760018	基于图像学方法的《园冶》造园理法研究	北京建筑大学	傅　凡	规划基金项目	艺术学
63	21YJA740023	报刊媒介下晚清翻译的近代特征与转型研究	北京交通大学	卢明玉	规划基金项目	语言学
64	21YJCZH101	基于空间叙事理论模型探索研究建筑内涵	北京交通大学	吕芳青	青年基金项目	交叉学科/综合研究
65	21YJA630002	基于内生决定机制的我国县级政府规模优化研究	北京交通大学	蔡　芸	规划基金项目	管理学
66	21YJA630131	价值共创视角下数字化教育服务生态系统构建及协同机制研究	北京交通大学	左　莉	规划基金项目	管理学
67	21YJA630051	减税降费抑制企业“脱实向虚”的作用机理与治理效果研究	北京交通大学	李远慧	规划基金项目	管理学
68	21YJAZH027	山西传统村落人居环境中的水生态智慧解读	北京交通大学	郭华瞻	规划基金项目	交叉学科/综合研究

续表

序号	项目批准号	项目名称	学校名称	申请人	项目类别	学科门类
69	21YJC860013	社交媒体女性主义话语形态与形塑机制研究	北京交通大学	凌　绮	青年基金项目	新闻学与传播学
70	21YJC820010	数据要素下超级平台数据垄断的法律规制研究	北京交通大学	付新华	青年基金项目	法学
71	21YJA630029	应急物资供应商选择决策与分层储备框架协议优化研究	北京交通大学	侯汉平	规划基金项目	管理学
72	21YJCZH025	有限理性投资行为与股价泡沫的动态关系研究	北京交通大学	方　雯	青年基金项目	交叉学科/综合研究
73	21YJA760071	中国网络综艺节目的文化生产和价值导向研究	北京交通大学	文卫华	规划基金项目	艺术学
74	21YJCZH234	政府公共休闲服务供给对城市居民幸福感的影响机理及路径研究	北京经济管理职业学院	赵慧娟	青年基金项目	交叉学科/综合研究
75	21YJC820047	智慧警务时代生物识别信息应用与保护研究	北京警察学院	姚永贤	青年基金项目	法学
76	21YJCZH104	3D打印驱动的供应链关联优化机理与方法研究	北京科技大学	马　爽	青年基金项目	交叉学科/综合研究
77	21YJC740024	大学英语学习者课堂反馈寻求形成机制研究	北京科技大学	李斑斑	青年基金项目	语言学
78	21YJA752004	乔治·艾略特非小说类作品研究	北京科技大学	李　涛	规划基金项目	外国文学
79	21YJC820046	清代图赖行为与社会治理研究	北京科技大学	杨　扬	青年基金项目	法学
80	21YJC820035	政府数据开放利用机制研究	北京科技大学	宋　烁	青年基金项目	法学
81	21YJC710039	中国共产党领导网络意识形态工作的历史与逻辑研究	北京科技大学	李艳艳	青年基金项目	马克思主义/思想政治教育
82	21YJA752014	当代德语文学中的灾难书写研究	北京理工大学	张　培	规划基金项目	外国文学
83	21YJA630059	风险投资社会网络对科创板企业创新的影响效果和作用机制研究	北京理工大学	刘宁悦	规划基金项目	管理学
84	21YJC710024	建党百年以来高校学生党支部建设历程和发展创新研究	北京理工大学	苟曼莉	青年基金项目	马克思主义/思想政治教育
85	21YJAGJW006	全球价值链分工对金砖国家贸易收益与环境成本失衡的影响机制与路径研究	北京理工大学	余晓泓	规划基金项目	国际问题研究
86	21YJE820001	数据要素市场化配置机制法律问题研究	北京理工大学	王　磊	自筹经费项目	法学
87	21YJC710064	数字经济时代马克思劳动价值论的当代性研究	北京理工大学	田　曦	青年基金项目	马克思主义/思想政治教育

续表

序号	项目批准号	项目名称	学校名称	申请人	项目类别	学科门类
88	21YJC630176	地方政府策略性环境规制对重污染企业环境治理投资影响机制研究	北京联合大学	周　行	青年基金项目	管理学
89	21YJA790052	基于地方意义的废弃矿区游憩化利用：资源评价、模式选择与驱动机制	北京联合大学	汪秋菊	规划基金项目	经济学
90	21YJC880105	基于中国特色现代学徒制的职业教育本科人才培养研究	北京联合大学	赵　玮	青年基金项目	教育学
91	21YJA880033	教师责任的泛化与重构研究	北京联合大学	刘继萍	规划基金项目	教育学
92	21YJCZH063	面向绿色智能制造的多项目调度分布式决策方法研究	北京联合大学	李飞飞	青年基金项目	交叉学科/综合研究
93	21YJE760002	内地与港澳台视障学生音乐教育比较研究	北京联合大学	张爱民	自筹经费项目	艺术学
94	21YJC630127	碳中和目标下中国碳排放预测、减排路径及行业责任分配研究	北京联合大学	田　园	青年基金项目	管理学
95	21YJC880060	新时代应用型高校大学生劳动素养的理论模型、生成逻辑与培育路径研究	北京联合大学	任永灿	青年基金项目	教育学
96	21YJC710007	建党百年来高校思想政治理论课程的历史演进与时代创新研究	北京林业大学	陈　晨	青年基金项目	马克思主义/思想政治教育
97	21YJA630012	紧急订单扰动下具有学习效应的钢结构件制造车间智能调度研究	北京林业大学	樊　坤	规划基金项目	管理学
98	21YJA752007	美国浪漫主义诗歌中的通体性书写研究	北京林业大学	南宫梅芳	规划基金项目	外国文学
99	21YJA790061	全面森林认证的森林资源保护效应及出口企业倒逼效应研究	北京林业大学	吴红梅	规划基金项目	经济学
100	21YJA760052	未来学视域下的生态雕塑研究	北京林业大学	史钟颖	规划基金项目	艺术学
101	21YJA840007	农村互助性养老实践困境及化解策略研究	北京社会管理职业学院	韩振秋	规划基金项目	社会学
102	21YJA760001	“健康中国”视野下的广场舞创作与发展引领研究	北京师范大学	白雪静	规划基金项目	艺术学
103	21YJA880028	阿德勒家庭教育理论及应用模式研究	北京师范大学	李兴洲	规划基金项目	教育学
104	21YJC770008	北洋政府时期县公署制度及其运作研究	北京师范大学	杜佩红	青年基金项目	历史学
105	21YJC880095	沉浸式虚拟现实环境中认知负荷的多维测评与干预策略研究	北京师范大学	张慕华	青年基金项目	教育学
106	21YJC770011	法国在东亚海上扩张的相关法文文献整理与研究（1844—1914）	北京师范大学	江天岳	青年基金项目	历史学
107	21YJC190003	回避还是趋近？人类心智内隐论影响对人工智能机器人的态度和行为反应	北京师范大学	党健宁	青年基金项目	心理学

续表

序号	项目批准号	项目名称	学校名称	申请人	项目类别	学科门类
108	21YJA890025	健康中国视域下注意缺陷多动障碍学童生态化运动处方开发与应用研究	北京师范大学	任园春	规划基金项目	体育科学
109	21YJC760114	交互式多媒体环境中声音的艺术表现研究	北京师范大学	赵晓雨	青年基金项目	艺术学
110	21YJC790077	空间视角下地方政府债务与房价风险的联动机制研究	北京师范大学	刘清杰	青年基金项目	经济学
111	21YJA760092	跨文化视域下伊文思涉华纪录片研究	北京师范大学	张同道	规划基金项目	艺术学
112	21YJA880064	儒家经典学习促进教师幸福感的干预模式构建与验证研究	北京师范大学	王文静	规划基金项目	教育学
113	21YJC880091	托育服务从业人员专业素质研究	北京师范大学	张　丽	青年基金项目	教育学
114	21YJC880005	未来幼儿教师师德养成及相关因素的纵向追踪研究	北京师范大学	陈　晨	青年基金项目	教育学
115	21YJC770028	西周金文地名体系研究	北京师范大学	武　刚	青年基金项目	历史学
116	21YJC751012	稀见明清小说评点文献整理与研究	北京师范大学	蓝　青	青年基金项目	中国文学
117	21YJA760030	以美育人导向下中小学博物馆课程构建研究	北京师范大学	黎加多	规划基金项目	艺术学
118	21YJA880040	职业教育投入要素对学生非认知技能的影响研究——基于增值评估的实证研究	北京师范大学	刘云波	规划基金项目	教育学
119	21YJA760023	中国民间美术在新民主主义革命时期美术中的语言转换研究	北京师范大学	韩慧荣	规划基金项目	艺术学
120	21YJAZH090	中国特色社会主义政治发展道路的比较政治学意义	北京师范大学	王新松	规划基金项目	交叉学科/综合研究
121	21YJA890031	足球特色学校管理与评价研究	北京师范大学	王长权	规划基金项目	体育科学
122	21YJC630059	国企混合所有制改革中非国有股东治理与并购效率提升研究	北京石油化工学院	李济含	青年基金项目	管理学
123	21YJA710041	建党百年来中国共产党坚持人民立场的逻辑经验和创新研究	北京石油化工学院	吴爱萍	规划基金项目	马克思主义/思想政治教育
124	21YJCZH120	跨地区协同处置重大突发事件的物资保障机制研究	北京石油化工学院	邱　莹	青年基金项目	交叉学科/综合研究
125	21YJC860019	20世纪80年代图书出版场域及其影响研究	北京体育大学	宋　扬	青年基金项目	新闻学与传播学
126	21YJA770005	18世纪欧洲中国史书写的范式及影响研究	北京外国语大学	孙　健	规划基金项目	历史学
127	21YJCZH177	促进民心相通，构建人文共同体路径研究	北京外国语大学	吴　浩	青年基金项目	交叉学科/综合研究

续表

序号	项目批准号	项目名称	学校名称	申请人	项目类别	学科门类
128	21YJC810012	大数据视角下的国际组织人才选拔和推送机制研究	北京外国语大学	赵　源	青年基金项目	政治学
129	21YJC860014	后疫情时代德语国家的“中国叙事”话语研究	北京外国语大学	陆娇娇	青年基金项目	新闻学与传播学
130	21YJC790075	机器人替代、劳动力异质性与收入差距：理论机制与中国实证	北京外国语大学	刘　骏	青年基金项目	经济学
131	21YJC880074	欧盟研究生跨境合作培养机制研究	北京外国语大学	王小栋	青年基金项目	教育学
132	21YJA820001	数字货币法律监管制度的体系构建	北京外国语大学	安柯颖	规划基金项目	法学
133	21YJC740065	现代汉语篇章回指的统计建模及交叉验证研究	北京外国语大学	徐秀玲	青年基金项目	语言学
134	21YJA751011	新世纪美国非虚构作家的中国叙事研究	北京外国语大学	李　蕾	规划基金项目	中国文学
135	21YJA770013	梵蒂冈图书馆藏中国传统古籍善本整理与研究	北京外国语大学	谢　辉	规划基金项目	历史学
136	21YJC870016	基于科学创造力测量的论文代表作识别方法研究	北京协和医学院	王军辉	青年基金项目	图书馆、情报与文献学
137	21YJC720017	基于负责任创新的人工智能伦理治理机制研究	北京印刷学院	杨利利	青年基金项目	哲学
138	21YJA860005	技术标准与知识产权协同推进数字出版产业创新的机理与路径研究	北京印刷学院	何志勇	规划基金项目	新闻学与传播学
139	21YJEZH003	面向青少年的国家图书馆藏甲骨文“数字化创作+云科普”模式研究	北京印刷学院	刘　玲	自筹经费项目	交叉学科/综合研究
140	21YJA760005	人—人工智能协同山水画创作的智能美学研究	北京印刷学院	畅　榕	规划基金项目	艺术学
141	21YJC760085	文化自信视域下老字号品牌视觉创新设计研究	北京印刷学院	王　喆	青年基金项目	艺术学
142	21YJC860010	中国共产党百年新闻出版政策变迁与研究范式创新	北京印刷学院	侯欣洁	青年基金项目	新闻学与传播学
143	21YJC710019	国外学者对新时代中国共产党理论创新的认知与评价研究	北京邮电大学	付　正	青年基金项目	马克思主义/思想政治教育
144	21YJAZH010	活动理论视域下基于自动批改系统的写作过程研究	北京邮电大学	陈真真	规划基金项目	交叉学科/综合研究
145	21YJC790026	平台经济、数据垄断与我国收入分配不平等：理论机制、实证检验与对策研究	北京邮电大学	冯　璐	青年基金项目	经济学
146	21YJC820014	人工智能视域下数字隐私权的法律问题研究	北京邮电大学	何　帅	青年基金项目	法学
147	21YJC630170	殊途同归：领导双向愿景沟通对员工变革导向行为影响的整合研究	北京邮电大学	赵　晨	青年基金项目	管理学

续表

序号	项目批准号	项目名称	学校名称	申请人	项目类别	学科门类
148	21YJCZH015	新型互联网时代群众工作的模式创新与实践路径研究	北京邮电大学	仇泸毅	青年基金项目	交叉学科/综合研究
149	21YJC880065	基于北京高校青年教学名师奖评选数据的教师发展困境及路径研究	北京语言大学	孙　琪	青年基金项目	教育学
150	21YJC740078	基于数字墨水的留学生汉字书写行为智能分析与教学研究	北京语言大学	张　军	青年基金项目	语言学
151	21YJA870006	基于学科生态系统的高校图书馆学科联络与协同支持体系构建研究	北京语言大学	陆晓曦	规划基金项目	图书馆、情报与文献学
152	21YJC820003	刑罚执行视域下新矫治刑罚理论的内在理路与实现机制研究	北京中医药大学	曹兴华	青年基金项目	法学
153	21YJC820020	医疗人工智能临床应用的法律规制研究	北京中医药大学	李润生	青年基金项目	法学
154	21YJC790009	出口优化与劳动力市场效率提升的互动机制与政策相容性研究	对外经济贸易大学	陈　昊	青年基金项目	经济学
155	21YJC820005	犯罪记录封存制度的体系化建构研究	对外经济贸易大学	曾新华	青年基金项目	法学
156	21YJA790020	费率市场化、监管约束与保险公司的风险承担	对外经济贸易大学	何小伟	规划基金项目	经济学
157	21YJC740014	基于通用依存树库的英汉互译计量研究	对外经济贸易大学	宫明玉	青年基金项目	语言学
158	21YJC790141	审计委员会透明度改革：国际进展与中国借鉴	对外经济贸易大学	杨道广	青年基金项目	经济学
159	21YJC790114	我国教育错配的成因、后果与政策优化研究	对外经济贸易大学	王坤宇	青年基金项目	经济学
160	21YJA810008	我国人口老龄化与多层次养老保险体系研究	对外经济贸易大学	孙　洁	规划基金项目	政治学
161	21YJA790056	新发展格局下产业结构转型升级拉动内需的机理研究：基于供需结构错配的视角	对外经济贸易大学	王　韡	规划基金项目	经济学
162	21YJC790125	隐性担保、土地融资与系统性金融风险防范	对外经济贸易大学	温兴春	青年基金项目	经济学
163	21YJC860016	中国环境传播的官方话语体系构建研究	对外经济贸易大学	秦　汉	青年基金项目	新闻学与传播学
164	21YJA740035	中外企业社交媒体意义建构的多维研究：基于“话语—认知—亲和”框架	对外经济贸易大学	孙　亚	规划基金项目	语言学
165	21YJC710054	新时代中国共产党奋斗精神的实践样态及赓续路径研究	华北电力大学	齐秀强	青年基金项目	马克思主义/思想政治教育
166	21YJA760086	“工艺振兴”视域下中国珠绣的发展文脉与创新路径研究	清华大学	张红娟	规划基金项目	艺术学

续表

序号	项目批准号	项目名称	学校名称	申请人	项目类别	学科门类
167	21YJC630009	不同商业模式下碳捕集、利用和埋存技术的政策激励机制研究	清华大学	陈文会	青年基金项目	管理学
168	21YJC630026	独立董事实业投资经历的公司治理效应及影响机制研究	清华大学	高　皓	青年基金项目	管理学
169	21YJC751001	后冷战时期北美中国现当代文学研究范式转型考察	清华大学	陈湘静	青年基金项目	中国文学
170	21YJC860022	马克思主义媒介技术观研究	清华大学	吴璟薇	青年基金项目	新闻学与传播学
171	21YJCZH240	三江源国家公园自然圣境识别、制图与治理研究	清华大学	赵智聪	青年基金项目	交叉学科/综合研究
172	21YJC880025	新工业革命背景下我国工程师资历国际互认的变革逻辑与制度设计	清华大学	郭　哲	青年基金项目	教育学
173	21YJC630004	新时代中国生态环境政策工具的选择与优化：基于大数据研究方法	清华大学	常多粉	青年基金项目	管理学
174	21YJC820029	行政诉讼管辖体制改革的实证研究——基于220万裁判文书的大数据分析	清华大学	马　超	青年基金项目	法学
175	21YJC190013	延长哀伤障碍人群的认知回避：特征、机制及干预研究	清华大学	史光远	青年基金项目	心理学
176	21YJC751007	宗朱类《诗经》著述整理与研究	清华大学	付　佳	青年基金项目	中国文学
177	21YJA630018	高质量发展背景下工匠精神导向人力资源管理实践及其多层次影响机制研究	首都经济贸易大学	高中华	规划基金项目	管理学
178	21YJC790068	互联网使用对农村地区儿童人力资本的影响及对策研究	首都经济贸易大学	李雅楠	青年基金项目	经济学
179	21YJC790078	基于区块链技术的数字加密货币资产定价与风险管理研究	首都经济贸易大学	刘威仪	青年基金项目	经济学
180	21YJC752018	美国反文化运动时期小说中的暴力书写研究	首都经济贸易大学	席　楠	青年基金项目	外国文学
181	21YJCZH080	非物质劳动理论视域下的当代文艺接受研究	首都师范大学	林　品	青年基金项目	交叉学科/综合研究
182	21YJC760099	明清《西游记》图像资料的整理与研究	首都师范大学	于　硕	青年基金项目	艺术学
183	21YJA870008	移动社交媒体中疾病类健康信息特点分析及评价指标体系研究	首都医科大学	田　瑞	规划基金项目	图书馆、情报与文献学
184	21YJCGJW009	“一带一路”国际合作高峰论坛机制化问题研究	外交学院	赵晨光	青年基金项目	国际问题研究
185	21YJA760049	双循环格局下推进国家文化治理体系和治理能力现代化研究	中国传媒大学	齐　骥	规划基金项目	艺术学

续表

序号	项目批准号	项目名称	学校名称	申请人	项目类别	学科门类
186	21YJC860006	县级媒体融合与新时代基层社会治理研究	中国传媒大学	付晓光	青年基金项目	新闻学与传播学
187	21YJA760047	移动短视频影像伦理研究	中国传媒大学	潘可武	规划基金项目	艺术学
188	21YJC710022	中国大学生价值取向现状调查及引导研究	中国传媒大学	高　宇	青年基金项目	马克思主义/思想政治教育
189	21YJAZH119	中国当代音乐文化产业形成与转型研究	中国传媒大学	张　谦	规划基金项目	交叉学科/综合研究
190	21YJA751028	中国现代文学视域中的早期国产电影—现存文本实证研究	中国传媒大学	袁庆丰	规划基金项目	中国文学
191	21YJA630121	粮食安全语境下耕地弹性空间识别与管控研究	中国地质大学（北京）	赵华甫	规划基金项目	管理学
192	21YJC820007	土地发展权视域下集体经营性建设用地入市法律制度研究	中国地质大学（北京）	陈　雪	青年基金项目	法学
193	21YJC710045	中国共产党对社会主义与资本主义关系认识的百年演进研究	中国地质大学（北京）	刘　晶	青年基金项目	马克思主义/思想政治教育
194	21YJC740063	话语分析视域下中国企业外宣身份建构与海外声誉提升路径研究	中国科学院大学	乌　楠	青年基金项目	语言学
195	21YJA790023	审计合伙人选聘机制的扭曲效应研究	中国矿业大学（北京）	胡南薇	规划基金项目	经济学
196	21YJA840012	工会在新就业形态劳动者权益保障制度构建中的角色和功能研究	中国劳动关系学院	潘泰萍	规划基金项目	社会学
197	21YJC710061	马克思美好生活观的内在逻辑演进及其当代意义研究	中国农业大学	孙碧云	青年基金项目	马克思主义/思想政治教育
198	21YJCZH231	西方现代中国民俗研究史论（1872—1949）	中国农业大学	张志娟	青年基金项目	交叉学科/综合研究
199	21YJC710084	中国共产党党内教育的发生、演进与机理研究（1921—1949）	中国农业大学	袁超乘	青年基金项目	马克思主义/思想政治教育
200	21YJC840007	中国农业走出去的生产民族志研究	中国农业大学	雷　雯	青年基金项目	社会学
201	21YJA710025	中国特色社会主义制度的国际视野研究	中国农业大学	刘武根	规划基金项目	马克思主义/思想政治教育
202	21YJC710029	“一带一路”视角下中国对外减贫援助的基本经验与国际共享研究	中国青年政治学院	黄陈晨	青年基金项目	马克思主义/思想政治教育

续表

序号	项目批准号	项目名称	学校名称	申请人	项目类别	学科门类
203	21YJA880091	“民法典时代”民办学校公益性保障及依法监管研究	中国人民大学	周　详	规划基金项目	教育学
204	21YJC790050	房产与养老：中国老年人健康与家庭资产配置研究	中国人民大学	胡羽珊	青年基金项目	经济学
205	21YJA190011	感觉运动表征影响汉语名词和动词口语词汇产生过程的认知神经机制	中国人民大学	张清芳	规划基金项目	心理学
206	21YJC790157	高龄群体出行获得感研究——以构建一种新型响应型公交服务模式为方案	中国人民大学	张大鹏	青年基金项目	经济学
207	21YJC630010	基于多源数据多方法的组织悖论认知及其对行为绩效的影响机制研究	中国人民大学	陈　雯	青年基金项目	管理学
208	21YJC790016	基于审慎监管视角的保险负债市场一致性评估方法研究	中国人民大学	陈　泽	青年基金项目	经济学
209	21YJA790059	搜寻成本、信息与在线工作搜寻：基于自然实地实验的研究	中国人民大学	翁　茜	规划基金项目	经济学
210	21YJAZH069	形式化视域下的实际因果研究	中国人民大学	裘江杰	规划基金项目	交叉学科/综合研究
211	21YJA630014	中国农村土地制度与配套制度协同演进机制研究——基于制度互补视角	中国人民大学	丰　雷	规划基金项目	管理学
212	21YJA790075	中美贸易摩擦、关税不确定性与企业绩效：理论、实证与政策研究	中国人民大学	余　智	规划基金项目	经济学
213	21YJC790035	禀赋条件、路径依赖与地区差距——基于地方政府激励的视角	中国人民大学	葛　晶	青年基金项目	经济学
214	21YJCGJW005	难民全球治理体制改革研究	中国人民公安大学	李　晶	青年基金项目	国际问题研究
215	21YJAGJW007	外国人分类管理与涉外警务现代化	中国人民公安大学	张　杰	规划基金项目	国际问题研究
216	21YJA820012	刑法免责事由研究	中国人民公安大学	郝英兵	规划基金项目	法学
217	21YJC820038	刑事涉案财物处置的抗辩问题研究	中国人民公安大学	田力男	青年基金项目	法学
218	21YJC760095	“后电影”视野下数字虚拟电影与观众（用户）的共同演化研究	中国社会科学院大学	薛　亮	青年基金项目	艺术学
219	21YJA740055	多模态能源舆情话语的认知批评研究	中国石油大学（北京）	赵秀凤	规划基金项目	语言学
220	21YJCZH070	基于多模态问答知识图谱的在线问答社区中的知识推荐研究	中国石油大学（北京）	李　明	青年基金项目	交叉学科/综合研究
221	21YJA760083	20世纪80年代以来的戏曲音乐创新模式研究	中国戏曲学院	于祥国	规划基金项目	艺术学
222	21YJA760099	戏曲改编西方经典剧作法研究	中国戏曲学院	钟　鸣	规划基金项目	艺术学

续表

序号	项目批准号	项目名称	学校名称	申请人	项目类别	学科门类
223	21YJC820011	“法法衔接”视阈下恶势力犯罪案件特别没收的适用机制研究	中国政法大学	耿佳宁	青年基金项目	法学
224	21YJC820018	《公司法》修改背景下公司决议效力规则研究	中国政法大学	柯勇敏	青年基金项目	法学
225	21YJCGJW003	大变局下美国干涉我国西部边疆事务的手段与趋势研究	中国政法大学	杜哲元	青年基金项目	国际问题研究
226	21YJA740005	法庭立场表达与身份构建的互动研究	中国政法大学	崔玉珍	规划基金项目	语言学
227	21YJA820026	海南自由贸易港与内地税制之间的衔接与协调	中国政法大学	徐　妍	规划基金项目	法学
228	21YJC770022	秦汉简牍中民事诉讼史料集释与研究	中国政法大学	王安宇	青年基金项目	历史学
229	21YJC790047	权能安排对农户闲置宅基地及农房处置行为的影响研究	中国政法大学	胡历芳	青年基金项目	经济学
230	21YJA790004	人工智能发展、劳动替代与分配制度的变化	中国政法大学	陈明生	规划基金项目	经济学
231	21YJAZH058	人工智能视域下社区矫正对象再犯风险的动态评估体系研究	中国政法大学	马　皑	规划基金项目	交叉学科/综合研究
232	21YJC820036	数字经济时代反垄断法必需设施理论的类型化适用研究	中国政法大学	孙瑜晨	青年基金项目	法学
233	21YJC770002	以筹设科研机构为中心的民国政府科学决策之研究	中国政法大学	白天鹏	青年基金项目	历史学
234	21YJC820016	运用高校申诉制度有效解决校内纠纷研究	中国政法大学	胡梦瑶	青年基金项目	法学
235	21YJC790169	银行结构性竞争、信贷资源配置与企业全要素生产率	中华女子学院	周　凡	青年基金项目	经济学
236	21YJC790087	对农业保险中道德风险进行预测的实验研究	中央财经大学	毛　磊	青年基金项目	经济学
237	21YJC630031	管理者信任对企业创新的影响机制研究——基于经济不确定性的视角	中央财经大学	顾雷雷	青年基金项目	管理学
238	21YJAZH104	基于新发展理念的国家城市光荣榜时空演化机理、效应和提升策略研究	中央财经大学	易成栋	规划基金项目	交叉学科/综合研究
239	21YJC190008	青少年情感决策缺陷的认知神经机制及干预研究：决策过程的视角	中央财经大学	李丹枫	青年基金项目	心理学
240	21YJC820054	实际控制人的识别标准及其规则革新研究	中央财经大学	周　游	青年基金项目	法学
241	21YJA630124	双循环视角的基础设施REITs项目可持续治理体系研究：SCG构建与应用	中央财经大学	周　君	规划基金项目	管理学
242	21YJA630083	折扣框架对消费者态度及购买意愿的影响：解释水平理论的视角	中央财经大学	汪　波	规划基金项目	管理学

续表

序号	项目批准号	项目名称	学校名称	申请人	项目类别	学科门类
243	21YJA710053	中国共产党的自然灾害防治思想及其现代化研究	中央财经大学	张建伟	规划基金项目	马克思主义/思想政治教育
244	21YJC630105	“地区税负差异之谜”与企业投资：基于开发区准自然实验的研究	中央民族大学	彭　凯	青年基金项目	管理学
245	21YJA740026	传统藏戏在英语世界的翻译与传播研究	中央民族大学	马士奎	规划基金项目	语言学
246	21YJC880011	德国高校在线教学联盟的制度构建及运行机制研究	中央民族大学	陈志伟	青年基金项目	教育学
247	21YJC752017	美国华裔文学中的北京形象研究	中央民族大学	王　凯	青年基金项目	外国文学
248	21YJEZH004	雅克·拉康主体空间思想研究	中央民族大学	杨春强	自筹经费项目	交叉学科/综合研究
249	21YJA760085	中国乐种曲谱辑览与研究	中央音乐学院	袁静芳	规划基金项目	艺术学

（高校社科管理中心供稿）

2021年度教育部哲学社会科学研究重大课题攻关项目立项名单（在京高校）

序号	项目批准号	项目名称	单位	首席专家
1	21JZD009	中国共产党领导法治工作历史进程与经验研究	中国政法大学	李树忠
2	21JZD012	百年来中国共产党开展爱国主义教育回顾与经验研究	北京师范大学	温　静
3	21JZD017	中国特色社会主义宗教理论与实践问题研究	中央民族大学	刘成有
4	21JZD023	全球经贸规则重构背景下的WTO改革研究	对外经济贸易大学	刘　斌
5	21JZD027	实现2060“碳中和”的低成本减煤路径研究	北京理工大学	王兆华
6	21JZD032	人类辅助生殖技术的法律规制研究	北京大学	刘银良
7	21JZD035	促进我国多层次养老保险体系发展研究	清华大学	董克用
8	21JZD047	《全清笔记》整理研究	北京大学	廖可斌
9	21JZD060	加快培养理工农医类专业紧缺人才研究	北京理工大学	王顶明

（高校社科管理中心供稿）

2021年度教育部哲学社会科学研究后期资助项目立项名单（在京高校）

序号	项目批准号	学校	项目负责人	项目名称	学科门类	项目类别
1	21JHQ001	北京科技大学	张　梅	新时代中国特色社会主义侨务理论研究	马克思主义/思想政治教育	重大项目
2	21JHQ002	北京大学	李彬彬	恩斯特·卡西尔《符号形式哲学》翻译研究	哲学	重大项目
3	21JHQ003	北京语言大学	冯胜利	理论训诂学研究	语言学	重大项目
4	21JHQ005	北京师范大学	周　星	建党百年中国共产党价值观与中国电影发展路径研究	艺术学	重大项目
5	21JHQ009	中国人民大学	张成思	宏观经济波动的金融化逻辑：理论基础与中国实践研究	经济学	重大项目
6	21JHQ012	中国政法大学	雷　磊	时代镜像中的法理学研究	法学	重大项目
7	21JHQ028	中国人民大学	李若晖	《论六家要旨》研究	哲学	一般项目
8	21JHQ041	北京师范大学	过常宝	《左传》文化建构与文本形态研究	中国文学	一般项目
9	21JHQ045	北京外国语大学	唐　萌	安史之乱前后文学地域分布与诗风演变研究	中国文学	一般项目
10	21JHQ057	中国政法大学	郑云艳	走出“佚流”：明清法家著述考	历史学	一般项目
11	21JHQ062	北京大学	刘　冲	交通基础设施、国内市场一体化与经济高质量发展研究	经济学	一般项目
12	21JHQ067	北京邮电大学	曾雪云	区块链簿记理论与应用研究	经济学	一般项目
13	21JHQ073	中央民族大学	郑　毅	规范视野下的中国纵向治理法治体系研究	法学	一般项目
14	21JHQ075	中国社会科学院大学	程　捷	刑事诉讼原理与当代变迁——《德国刑事诉讼法学》（2020年第15版）的翻译与评释	法学	一般项目
15	21JHQ077	中国农业大学	饶　静	乡村振兴背景下耕地抛荒“社会生态治理路径”研究——以河南省Y市为例	社会学	一般项目
16	21JHQ078	华北电力大学	陈　静	国民善爱举措的实施：“家—国”视野下的困境儿童助力关爱研究	社会学	一般项目
17	21JHQ080	北京体育大学	路　鹃	基本原理与法律实践：新媒体语境下个人信息安全的协同规制研究	新闻学与传播学	一般项目
18	21JHQ081	北京语言大学	刘忠宝	大数据环境下数字人文理论、方法与应用研究	图书馆、情报与文献学	一般项目
19	21JHQ087	北京理工大学	马宝龙	数字时代下的顾客关系管理体系研究	管理学	一般项目

续表

序号	项目批准号	学校	项目负责人	项目名称	学科门类	项目类别
20	21JHQ099	北京服装学院	白 静	东亚刺绣史比较研究	交叉学科/综合研究	一般项目
21	21JHQ100	中国科学院大学	LUO CUICUI	传染病传播模型构建及防控策略与经济决策研究	交叉学科/综合研究	一般项目

（高校社科管理中心供稿）

2021年北京市社会科学基金规划项目立项名单

序号	项目编号	项目名称	项目级别	申报学科	项目负责人	科研信誉保证单位
1	21ZDA01	长城国家文化公园北京段建设保护实施路径研究	重大项目	社会·人口学	汤羽扬	北京建筑大学
2	21ZDA02	首都优质演艺资源整合创新与国家文化中心建设关系研究	重大项目	艺术·体育学	郭 磊	北京舞蹈学院
3	21ZDA03	北京琉璃河西周燕都遗址核心价值研究	重大项目	历史学	钱益汇	首都师范大学
4	21ZDA04	北京大运河文化带与大运河国家文化公园建设研究	重大项目	历史学	郗志群	首都师范大学
5	21ZDA05	北京历史文化资源的数字化传播与创新研究	重大项目	新闻·传播学	冯惠玲	中国人民大学
6	21ZDA06	北京地区各民族交往交流交融历史文献的整理与研究	重大项目	历史学	彭 勇	中央民族大学
7	21ZDA07	数字经济与北京文博文创提质增效模式研究	重大项目	艺术·体育学	魏鹏举	中央财经大学
8	21ZDA08	面向首都的网络安全和信息化发展趋势前瞻研究	重大项目	管理学	杨子真	中国信息通信研究院
9	21ZDA09	习近平总书记关于中华民族共同体意识重要思想的阐释研究	重大项目	社会·人口学	马 戎	北京大学
10	21ZDA10	新时代铸牢中华民族共同体意识实践路径研究	重大项目	社会·人口学	麻国庆	中央民族大学
11	21FXA001	域外检察制度现代化研究	重点项目	法学	施鹏鹏	中国政法大学
12	21FXA002	大流行条约国际立法及相关国际卫生法问题研究	重点项目	法学	刘 洋	中国人民大学
13	21FXA003	京郊农村宅基地盘活利用机制与法律制度保障研究	重点项目	法学	巩前文	北京林业大学
14	21FXA004	民法典实施中的疑难问题研究	重点项目	法学	杨立新	中国人民大学
15	21FXB005	北京应对突发公共卫生事件中数字化防控的法律问题研究	一般项目	法学	乔 宁	首都医科大学

续表

序号	项目编号	项目名称	项目级别	申报学科	项目负责人	科研信誉保证单位
16	21FXB006	我国跨境破产立法难点与对策研究	一般项目	法学	张　玲	中国政法大学
17	21FXB007	央行数字货币的金融效应与法律监管问题研究	一般项目	法学	陈燕红	华北电力大学
18	21FXB008	《民法典》背景下法定数字货币权益保护研究	一般项目	法学	鲁春雅	北京化工大学
19	21FXB009	资本市场新型违法行为的刑法规制路径研究	一般项目	法学	王志远	中国政法大学
20	21FXC010	基于府际关系的应急财政协同治理法律机制研究	青年项目	法学	李楠楠	北京物资学院
21	21FXC011	北京市乡镇、街道综合执法改革法治化研究	青年项目	法学	胡　斌	中国政法大学
22	21FXC012	北京法院民事在线诉讼契约适用研究	青年项目	法学	赵小军	北京邮电大学
23	21FXC013	国际民商事条约的司法适用问题研究	青年项目	法学	尚　妍	中国人民公安大学
24	21FXC014	北京“两区”建设下境外仲裁机构准入的法治保障研究	青年项目	法学	张　建	首都经济贸易大学
25	21FXC015	数字经济营商环境优化的法治保障研究	青年项目	法学	刘　权	中央财经大学
26	21FXC016	《民法典》保理合同章实施中的疑难问题研究	青年项目	法学	何颖来	外交学院
27	21FXC017	《民法典》实施背景下诉的主观合并制度研究	青年项目	法学	刘君博	中国政法大学
28	21FXC018	无因管理本土化阐释研究	青年项目	法学	蒋　言	首都师范大学
29	21FXC019	北京市医药企业刑事合规治理实证研究	青年项目	法学	陈　冉	北京理工大学
30	21FXC020	网络犯罪的司法证明研究	青年项目	法学	吉冠浩	北京航空航天大学
31	21FXB021	网络直播营销文化的私法治理研究	一般项目	法学	冀　放	中国政法大学
32	21GLA001	首都餐饮文化资源内涵挖掘及传承创新途径研究	重点项目	管理学	严旭阳	北京联合大学
33	21GLA002	北京建设博物馆之城与提升城市旅游竞争力研究	重点项目	管理学	宋　瑞	中国社会科学院财经战略研究院
34	21GLB003	把党的巡视巡察制度优势更好地转化为基层治理效能——北京市巡察工作促进基层治理研究	一般项目	管理学	宋贵伦	北京师范大学

续表

序号	项目编号	项目名称	项目级别	申报学科	项目负责人	科研信誉保证单位
35	21GLA004	北京市突发事件应急治理能力提升研究	重点项目	管理学	庞　宇	中共北京市委党校
36	21GLA005	北京地区平台型企业劳动关系生态治理研究	重点项目	管理学	魏　巍	北京物资学院
37	21GLA006	习近平总书记关于超大型城市治理精细化论述的基本逻辑与实践路径研究	重点项目	管理学	杨　旎	中共北京市委党校
38	21GLA007	审计过程数字化路径与方法研究	重点项目	管理学	张仰森	北京信息科技大学
39	21GLA008	构建多元参与的首都基层治理体系研究	重点项目	管理学	杨立华	北京大学
40	21GLA009	北京市横向生态补偿机制建构与政策创新研究	重点项目	管理学	徐广才	北京农学院
41	21GLA010	交通强国建设中北京市世界一流交通服务标准与实现途径研究	重点项目	管理学	焦朋朋	北京建筑大学
42	21GLA011	基于创新创业生态系统的北京绿色循环低碳发展研究	重点项目	管理学	李华晶	北京林业大学
43	21GLA012	集中统一、权威高效的审计监督体系构建研究	重点项目	管理学	陈宋生	北京理工大学
44	21GLA013	新时代大数据背景下超大型城市运行与治理规律研究	重点项目	管理学	臧雷振	中国农业大学
45	21GLA014	网络平台企业横向集中的市场势力及其反竞争行为治理	重点项目	管理学	孟　昌	北京工商大学
46	21GLB015	大数据审计模式下财务报表审计线索发现研究	一般项目	管理学	徐　静	北京联合大学
47	21GLB016	韧性城市视角下北京市公共巨灾保险制度构建研究	一般项目	管理学	何小伟	对外经济贸易大学
48	21GLB017	数字治理视域下北京市食品安全监管绩效评估与提升策略研究	一般项目	管理学	王　蕾	首都经济贸易大学
49	21GLB018	助推理论视角下北京居民生活垃圾分类回收长效机制研究	一般项目	管理学	张　越	中国农业大学
50	21GLB019	北京国际机场垃圾分类模式研究	一般项目	管理学	顾一帆	北京工业大学
51	21GLB020	患者视域下护理服务质量指标体系构建及质量提升策略研究	一般项目	管理学	马瑞英	首都医科大学
52	21GLB021	区域贸易协定与中国（北京）自由贸易试验区高质量建设的内外战略对接研究	一般项目	管理学	孙　瑾	中央财经大学
53	21GLB022	北京市企业数字能力的测评与提升机制研究	一般项目	管理学	孙忠娟	首都经济贸易大学

续表

序号	项目编号	项目名称	项目级别	申报学科	项目负责人	科研信誉保证单位
54	21GLB023	京津冀养老服务人力资源协同配置研究	一般项目	管理学	张　娜	北京信息科技大学
55	21GLB024	京津冀区域数字化转型与产业联动升级协同推进机制研究	一般项目	管理学	常金平	北京联合大学
56	21GLB025	北京市重点火车站及站区文化建设路径研究	一般项目	管理学	王文勋	中国传媒大学
57	21GLB026	大运河国家文化公园（北京段）游憩利用与国家文化身份建构研究	一般项目	管理学	苏明明	中国人民大学
58	21GLB027	基于传媒大数据的北京古都文化IP价值评价与开发策略研究	一般项目	管理学	倪　渊	北京信息科技大学
59	21GLB028	北京农业节庆活动助推乡村文化传承与创新机制研究	一般项目	管理学	徐莉莉	北京农学院
60	21GLB029	基于区域协同的北京市应急资源布局及调度优化研究	一般项目	管理学	马向国	北京物资学院
61	21GLB030	大数据驱动的北京社区治理创新研究	一般项目	管理学	涂晓芳	北京航空航天大学
62	21GLB031	“接诉即办”背景下首都公安机关警民沟通机制重塑	一般项目	管理学	佟志伟	北京警察学院
63	21GLB032	北京市乡村数字公共服务建设研究	一般项目	管理学	高　原	中国人民大学
64	21GLB033	基于个体异质性行为选择的交通政策组合效应分析研究	一般项目	管理学	周辉宇	北京交通大学
65	21GLB034	特大城市停车精细治理规律研究	一般项目	管理学	林建新	北京建筑大学
66	21GLB035	双碳目标下京津冀电力低碳转型与协同优化研究	一般项目	管理学	魏咏梅	华北电力大学
67	21GLB036	京津冀地区森林康养产品价值实现机制及路径研究	一般项目	管理学	马　宁	北京林业大学
68	21GLC037	数字化转型下内部审计创新推动北京市国有企业高质量发展研究	青年项目	管理学	闫丽娟	北京联合大学
69	21GLC038	文旅深度融合导向下北京大运河国家文化公园建设研究	青年项目	管理学	王　婷	北京建筑大学
70	21GLC039	基于多模态数据协同的北京冬奥主题城市形象个性化传播研究	青年项目	管理学	段　锐	北京第二外国语学院
71	21GLC040	非常规突发事件下应急物资预储模式及分配策略研究	青年项目	管理学	邵舒羽	北京物资学院
72	21GLC041	嵌入式协同决策情报在非常规突发事件中的服务机制	青年项目	管理学	魏　晨	北京市科学技术研究院

续表

序号	项目编号	项目名称	项目级别	申报学科	项目负责人	科研信誉保证单位
73	21GLC042	基于机器学习的北京网络舆情特征分析与监控	青年项目	管理学	张　琦	对外经济贸易大学
74	21GLC043	“十四五”时期北京工业互联网供应链安全发展研究	青年项目	管理学	马潇宇	北京外国语大学
75	21GLC044	疫情防控常态化背景下大型赛事医学应急保障研究	青年项目	管理学	张汉坤	北京工商大学
76	21GLC045	数字时代首都城市安全风险治理的公众参与研究	青年项目	管理学	孙　典	北京交通大学
77	21GLC046	基于出行大数据的北京城市副中心公共交通线网韧性提升策略研究	青年项目	管理学	李雪岩	北京联合大学
78	21GLC047	高质量发展导向的北京市政府数据治理绩效评估与提升研究	青年项目	管理学	张怡梦	首都经济贸易大学
79	21GLC048	大数据背景下京津冀跨区域环境污染协同治理机制研究	青年项目	管理学	肖翠翠	北京科技大学
80	21GLC049	在京企业数字化转型对员工工作绩效的双刃剑影响研究	青年项目	管理学	周琦玮	北京化工大学
81	21GLC050	碳中和目标下北京物流运输行业绿色发展路径及政策研究	青年项目	管理学	周宏丽	北京物资学院
82	21GLC051	数字化引领北京市企业高质量创新机制研究	青年项目	管理学	徐　展	首都经济贸易大学
83	21GLC052	京郊民宿“管家大姐”潜能转化路径与驱动机制	青年项目	管理学	朱　莎	北京财贸职业学院
84	21GLC053	北京市社区治理共同体的助推机制与实践路径研究	青年项目	管理学	许文文	中国矿业大学（北京）
85	21GLC054	北京市经济高质量发展的科技创新驱动效应评估研究	青年项目	管理学	田雪姣	北京联合大学
86	21GLC055	平台经济的治理秩序和政府监管研究	青年项目	管理学	孟凡新	北京市社会科学院
87	21GLC056	北京市公益基金会机会主义行为预警及其防范研究	青年项目	管理学	周婷婷	北京第二外国语学院
88	21GLC057	北京市新能源汽车智慧充电服务体系建设研究	青年项目	管理学	王　博	北京理工大学
89	21GLC058	北京老旧小区更新改造驱动演化规律及适宜策略研究	青年项目	管理学	邬　樱	北京建筑大学
90	21GLC059	北京市家庭医生签约服务质量核心评价指标的构建和实证研究	青年项目	管理学	金光辉	首都医科大学
91	21GLC060	大运河国家文化公园建设中的京津冀协同机制研究	青年项目	管理学	孙　静	北京物资学院

续表

序号	项目编号	项目名称	项目级别	申报学科	项目负责人	科研信誉保证单位
92	21GLC061	北京服务贸易发展背景下海外华商参与机制合法性的构建机制研究	青年项目	管理学	王赐之	首都经济贸易大学
93	21GLC062	北京市碳排放与大气污染协同治理的环境规制及优化策略研究	青年项目	管理学	翁智雄	北京工业大学
94	21GLC063	北京国际消费中心城市数字消费生态创新模式与政策研究	青年项目	管理学	郑明赋	北京工商大学
95	21GLC064	大数据背景下北京反恐风险特征识别及应急防范机制研究	青年项目	管理学	李勇男	中国人民公安大学
96	21GLC065	基于多层次竞争的平台企业发展与治理路径研究	青年项目	管理学	康　俊	北京邮电大学
97	21GLC066	北京市数智化转型的非均衡博弈与创新模式研究	青年项目	管理学	姜李丹	北京邮电大学
98	21JYA001	北京高质量教育评价指标体系建构研究	重点项目	教育学	郭秀晶	北京教育科学研究院
99	21JYA002	北京市人工智能在教育领域应用的法律规范研究	重点项目	教育学	余雅风	北京师范大学
100	21JYA003	北京市学龄儿童心理健康的现状及风险因素预警	重点项目	教育学	邢淑芬	首都师范大学
101	21JYB004	基于中美教育公平比较的全球教育治理的中国方案	一般项目	教育学	王景枝	中国传媒大学
102	21JYB005	北京线上线下校外培训治理研究	一般项目	教育学	曲一帆	对外经济贸易大学
103	21JYB006	北京市特殊教育高质量发展指数研究	一般项目	教育学	杜　媛	北京教育科学研究院
104	21JYB007	建构高质量小学语文单元整体教学体系的研究	一般项目	教育学	李怀源	北京教育学院
105	21JYB008	中小学推进五育并举的服务性学习实施策略研究	一般项目	教育学	王淑娟	北京教育学院
106	21JYB009	北京市中考体育制度近十年演变及对未来体育课程导向的影响分析	一般项目	教育学	李文超	首都体育学院
107	21JYB010	首都青少年法律意识的形成、作用与培育机制研究	一般项目	教育学	马　皑	中国政法大学
108	21JYB011	教育机器人支持的人机协同新型“双师课堂”研究	一般项目	教育学	方海光	首都师范大学
109	21JYB012	“一带一路”下中国高校英语教育文化维度多元化政策研究	一般项目	教育学	赵海燕	首都经济贸易大学
110	21JYB013	积极心理学视野下的幼儿教师心理健康促进研究	一般项目	教育学	傅　纳	北京师范大学
111	21JYC014	国际大都市教育软实力的比较研究	青年项目	教育学	胡昳昀	北京师范大学

续表

序号	项目编号	项目名称	项目级别	申报学科	项目负责人	科研信誉保证单位
112	21JYC015	疫情对北京高校国际化的影响评估及在地国际化的政策创新研究	青年项目	教育学	李　健	北京师范大学
113	21JYC016	双循环战略背景下北京中外合作办学发展策略研究	青年项目	教育学	韩亚菲	北京教育科学研究院
114	21JYC017	“三孩政策”下北京市婴幼儿托育服务需求与质量提升研究	青年项目	教育学	罗　丽	首都师范大学
115	21JYC018	适应性在线课程的构建及应用研究	青年项目	教育学	万海鹏	首都师范大学
116	21JYC019	基于艺术核心素养下中等职业舞校音乐课程的改革研究	青年项目	教育学	赵　菲	北京舞蹈学院
117	21JYC020	学科核心素养视域下全科教师教学觉察力的国际比较与本土实践路径研究	青年项目	教育学	何　璇	北京联合大学
118	21JYC021	中法芭蕾舞教育教学比较研究	青年项目	教育学	张乐雁	北京舞蹈学院
119	21JYC022	基于不同思维能力及情绪状态的日常创造力研究	青年项目	教育学	郑　雯	首都医科大学
120	21JYC023	北京市幼儿教师情绪调节倾向和能力研究——基于情绪意识的视角	青年项目	教育学	曲方炳	首都师范大学
121	21JJA001	双循环新发展格局下北京绿色低碳循环发展体系构建与水平测度研究	重点项目	经济学	李艳梅	北京工业大学
122	21JJA002	缓解相对贫困的长效机制及其北京应用研究	重点项目	经济学	吴本健	中央民族大学经济学院
123	21JJA003	新时期北京市乡村产业振兴的有效路径研究	重点项目	经济学	张　强	首都经济贸易大学
124	21JJA004	碳达峰碳中和目标下京津冀绿色低碳发展研究	重点项目	经济学	段玉婉	中央财经大学
125	21JJA005	山水林田湖草生命共同体理念下的永定河流域生态产品价值实现研究	重点项目	经济学	王　玲	中国地质大学（北京）
126	21JJB006	“十四五”期间北京金融风险及防范对策研究	一般项目	经济学	张品一	北京信息科技大学
127	21JJB007	数字经济驱动北京制造业高端化的提升策略与发展路径研究	一般项目	经济学	卢彬彬	北京建筑大学
128	21JJB008	新时期北京市高端服务业创新发展研究	一般项目	经济学	刘丽艳	北京石油化工学院
129	21JJB009	京津冀协同背景下交通可达性对人口迁移区位选择的影响研究	一般项目	经济学	焦敬娟	北京交通大学
130	21JJB010	“双碳”目标下北京都市有机农业生态价值评估及多元补偿机制研究	一般项目	经济学	钱静斐	中国农业科学院农业经济与发展研究所

续表

序号	项目编号	项目名称	项目级别	申报学科	项目负责人	科研信誉保证单位
131	21JJB011	碳中和目标下北京市土地利用结构优化研究	一般项目	经济学	杨　博	北京联合大学
132	21JJB012	“碳达峰碳中和”目标下京津冀地区新能源发展战略研究	一般项目	经济学	董福贵	华北电力大学
133	21JJB013	建党百年来中国共产党区域经济思想研究	一般项目	经济学	杨维凤	北京市社会科学院
134	21JJB014	京郊有机农业生态补偿标准与机制研究	一般项目	经济学	乔玉辉	中国农业大学
135	21JJB015	数字化赋能北京市制造业企业价值链攀升	一般项目	经济学	张国峰	对外经济贸易大学
136	21JJB016	乡村振兴背景下京津冀普惠金融可持续发展与协同效应研究	一般项目	经济学	李雅宁	北京联合大学
137	21JJB017	北京提升金融服务实体经济能力研究	一般项目	经济学	席　丹	对外经济贸易大学
138	21JJB018	超大城市老年人健康风险管理与保险安排	一般项目	经济学	郑　敏	中央财经大学
139	21JJB019	基于“时间银行”的北京社区居家互助养老模式创新研究	一般项目	经济学	李金娟	北京市社会科学院
140	21JJC020	支持北京高精尖产业发展的政策评估及优化方案研究	青年项目	经济学	李　艳	清华大学
141	21JJC021	北京市产业结构优化与生态环境保护协同发展研究	青年项目	经济学	王昕宇	北方工业大学
142	21JJC022	北京产业智能化对就业结构的影响及优化路径研究	青年项目	经济学	毛宇飞	首都经济贸易大学
143	21JJC023	北京市建设国际科技创新中心的理论逻辑与实践路径研究	青年项目	经济学	张　璐	北京工商大学
144	21JJC024	北京市经济韧性测度、影响因素及其提升路径研究	青年项目	经济学	李丽君	北京联合大学
145	21JJC025	双碳目标下北京市政府—企业—居民协同共治的绿色低碳机制设计	青年项目	经济学	李小燕	北京物资学院
146	21JJC026	碳中和碳达峰目标下京津冀绿色发展研究	青年项目	经济学	尹洁婷	北京物资学院
147	21JJC027	通勤与人口迁移：基于北京及周边地区的实证研究	青年项目	经济学	刘淑利	北京交通大学
148	21JJC028	协同发展背景下基于流动人口调控的京津冀城市体系优化研究	青年项目	经济学	劳　昕	中国地质大学（北京）
149	21JJC029	北京市生态涵养区生态产品价值实现机制研究	青年项目	经济学	薄　凡	中共北京市委党校
150	21JJC030	京津冀城市群轨道交通促进劳动力要素流动研究	青年项目	经济学	张亦然	首都经济贸易大学

续表

序号	项目编号	项目名称	项目级别	申报学科	项目负责人	科研信誉保证单位
151	21JJC031	制度型开放视角下北京对外贸易高质量发展研究	青年项目	经济学	张　静	北京物资学院
152	21JJC032	数字化视域下北京优化财政支出结构的路径研究	青年项目	经济学	周世愚	中央财经大学
153	21JJC033	人口老龄化对京津冀政府债务风险的冲击、测评及对策研究	青年项目	经济学	杜永潇	首都经济贸易大学
154	21JJC034	人口老龄化背景下北京市长期护理保险的政策效果研究	青年项目	经济学	吴　敏	对外经济贸易大学
155	21JJC035	金融科技防范化解北京市金融不良资产风险的对策研究	青年项目	经济学	王海军	北京物资学院
156	21JJC036	北京市高技术产业链韧性提升与金融支持研究	青年项目	经济学	谢博婕	北京联合大学
157	21JJC037	北京市数据资产规模统计核算理论方法研究	青年项目	经济学	关会娟	首都经济贸易大学
158	21JJC038	人口迁移、交通设施与京津冀产业协同发展研究	青年项目	经济学	刘　冲	北京大学
159	21JJC039	碳中和目标下基于减排成本最小化的京津冀地区碳补偿机制研究	青年项目	经济学	张倩倩	北京建筑大学
160	21JJA040	数字经济赋能首都高质量发展研究	重点项目	经济学	林　晨	中国人民大学
161	21JJA041	网络娱乐行业资本乱象及其治理研究	重点项目	经济学	孙宝文	中央财经大学
162	21LSA001	北京医学博物馆历史文化和传播创新研究	重点项目	历史学	甄　橙	北京大学
163	21LSA002	北京传统手工技艺文化资源价值挖掘与传播创新研究	重点项目	历史学	章梅芳	北京科技大学
164	21LSA003	元大都齐政楼、万宁桥与中轴线历史文化价值研究	重点项目	历史学	王　军	故宫博物院
165	21LSA004	北京中轴线历史文献整理研究（1267—1912）	重点项目	历史学	顾　军	北京联合大学
166	21LSA005	《永乐大典》北京方志辑注	重点项目	历史学	张　涛	北京师范大学
167	21LSB006	北京音乐史	一般项目	历史学	赵春婷	北京市社会科学院
168	21LSB007	清代北京地区各民族族谱文献整理与文化交融研究	一般项目	历史学	丁慧倩	中央民族大学
169	21LSC008	近代北京博物馆与社会变迁研究	青年项目	历史学	赵国香	国家图书馆
170	21LSC009	民国时期北京（北平）基层政制变迁研究	青年项目	历史学	张印举	北京工商大学
171	21LSC010	京津冀地区古旧地图专题研究	青年项目	历史学	李　诚	北京市社会科学院

续表

序号	项目编号	项目名称	项目级别	申报学科	项目负责人	科研信誉保证单位
172	21LSC011	城市历史景观视域下北京中轴线核心遗产价值挖掘与利用研究	青年项目	历史学	张　妍	北京联合大学
173	21LSC012	中国共产党领导的北平抗日根据地研究	青年项目	历史学	任　超	北京市社会科学院
174	21KDB001	新时代深化具有首都特点的政治巡视研究——基于北京市委巡视工作实践的调查与思考	一般项目	马列・科社・党建	石德才	中国人民大学
175	21KDA002	习近平总书记关于爱国主义重要论述的思想逻辑与原创性贡献研究	重点项目	马列・科社・党建	温　静	北京师范大学
176	21KDA003	新时代党的建设理论体系研究	重点项目	马列・科社・党建	张世飞	对外经济贸易大学
177	21KDA004	新发展阶段首都社会文明程度提升研究	重点项目	马列・科社・党建	张毅翔	北京理工大学
178	21KDB005	习近平总书记关于网络意识形态工作重要论述研究	一般项目	马列・科社・党建	孙夕龙	北京交通大学
179	21KDB006	脱贫攻坚与乡村振兴有机衔接研究	一般项目	马列・科社・党建	管前程	北京交通大学
180	21KDB007	城市社区治理共同体建构的北京经验与优化路径研究	一般项目	马列・科社・党建	车　峰	中央民族大学
181	21KDB008	基于“四个中心”战略定位的北京意识形态安全研究	一般项目	马列・科社・党建	赵春丽	北京工商大学
182	21KDB009	基于微博大数据的社会主义核心价值观网络传播研究	一般项目	马列・科社・党建	张　瑜	清华大学
183	21KDC010	全球视域下的习近平新时代观研究	青年项目	马列・科社・党建	杨鸿柳	北京市社会科学院
184	21KDC011	马克思法哲学与现代西方法学主要流派比较研究	青年项目	马列・科社・党建	刘恩至	清华大学
185	21KDC012	当代资本主义的数字劳动及其分配正义研究	青年项目	马列・科社・党建	巩永丹	北京航空航天大学
186	21KDC013	中国共产党领导科技现代化的历史进程与基本经验研究	青年项目	马列・科社・党建	雷小苗	北京航空航天大学
187	21KDC014	中国共产党思想建设的百年历程与基本经验研究	青年项目	马列・科社・党建	段　蕾	中国农业大学
188	21KDC015	百年来党的建设话语演进的历史逻辑研究	青年项目	马列・科社・党建	马玉婕	北京化工大学
189	21KDC016	中国共产党构建新民主主义话语体系的内在理路和经验启示研究	青年项目	马列・科社・党建	孔　娜	北京邮电大学
190	21KDC017	互联网时代群众工作机制创新研究	青年项目	马列・科社・党建	余　茜	中共北京市委党校

续表

序号	项目编号	项目名称	项目级别	申报学科	项目负责人	科研信誉保证单位
191	21KDC018	话语体系与教学叙事：全媒体语境下高校思想政治理论课提质增效研究	青年项目	马列·科社·党建	杨　洋	中国传媒大学
192	21KDC019	北京高校加强“四史”教育机制创新与路径优化研究	青年项目	马列·科社·党建	耿　品	中国农业大学
193	21KDC020	以国家重大活动为载体提升北京高校思想政治理论课效果研究	青年项目	马列·科社·党建	邓　喆	清华大学
194	21KDC021	新发展阶段党的基层组织建设质量提升研究	青年项目	马列·科社·党建	刘　锋	北京工业大学
195	21KDC022	新时代国有企业党组织组织力提升路径研究	青年项目	马列·科社·党建	胡柳娟	中共北京市委党校
196	21KDC023	课程整合视域下高校党史教育资源开发应用研究	青年项目	马列·科社·党建	周伟婷	北方工业大学
197	21KDB024	中华民族伟大复兴视域下铸牢中华民族共同体意识研究	一般项目	马列·科社·党建	欧阳奇	中国人民大学
198	21SRA001	新发展阶段城市相对贫困问题研究	重点项目	社会·人口学	严　飞	清华大学
199	21SRA002	扩大北京市普惠性托育服务的路径选择和治理模式研究	重点项目	社会·人口学	胡玉萍	中共北京市委党校
200	21SRA003	健康公平视角下北京居家照护服务整合模式研究	重点项目	社会·人口学	景丽伟	首都医科大学
201	21SRB004	平台算法管理与劳动强化效应的互构机制与平衡治理策略	一般项目	社会·人口学	詹　婧	首都经济贸易大学
202	21SRB005	新就业形态从业者高质量就业问题研究	一般项目	社会·人口学	姜鹏飞	北京联合大学
203	21SRB006	北京市网络社会治理创新中的突发事件舆情引导机制研究	一般项目	社会·人口学	宋辰婷	北京工业大学
204	21SRB007	影响社区精神康复的社会性因素研究——以北京为例	一般项目	社会·人口学	吴　莹	中央民族大学
205	21SRB008	低生育率背景下北京市0~3岁儿童托育服务体系研究	一般项目	社会·人口学	白　钰	中央民族大学
206	21SRB009	跨学科视角下北京老年友好示范社区研究	一般项目	社会·人口学	康　越	北京化工大学
207	21SRC010	卫生公平对多层次社会保障体系转型的影响机制研究	青年项目	社会·人口学	马　征	北京交通大学
208	21SRC011	双循环背景下京津冀消费升级与生活方式研究	青年项目	社会·人口学	李　扬	北京第二外国语学院
209	21SRC012	疫情防控常态化背景下北京市非正规就业不稳定性研究	青年项目	社会·人口学	邢朝国	北京科技大学

续表

序号	项目编号	项目名称	项目级别	申报学科	项目负责人	科研信誉保证单位
210	21SRC013	多源数据信息融合视角下北京老城宗教建筑文化遗产保护利用研究	青年项目	社会·人口学	郭　岩	北京建筑大学
211	21SRC014	两岸命运共同体建设：在京台湾青年的城市认同与融合发展研究	青年项目	社会·人口学	区　缵	中央民族大学
212	21SRC015	面向智慧城市的社交媒体大数据挖掘研究	青年项目	社会·人口学	李　晓	首都师范大学
213	21SRC016	数字治理视域下北京城乡基层治理能力现代化路径研究	青年项目	社会·人口学	冯　献	北京市农林科学院
214	21SRC017	后疫情时代通勤型迁居行为机理分析及发展趋势研判	青年项目	社会·人口学	赖见辉	北京工业大学
215	21SRC018	共建共治共享理念下垃圾分类的多元主体参与机制研究	青年项目	社会·人口学	李　阳	北京工业大学
216	21SRC019	中国社会治理体系的礼治传统及其现代转化研究	青年项目	社会·人口学	吴柳财	北京工业大学
217	21SRC020	生育成本视角下首都青年夫妻生育行为与意愿研究	青年项目	社会·人口学	范新光	北京大学
218	21SRC021	疫情防控常态化背景下京津冀区域流动人口回流意愿变化研究	青年项目	社会·人口学	王　露	北京第二外国语学院
219	21SRC022	北京市普惠型托育体系构建的理论与实践研究	青年项目	社会·人口学	史　毅	中国人口与发展研究中心
220	21SRC023	失能老人整合性照护社区共同体构建的本土路径研究	青年项目	社会·人口学	刘溢思	首都医科大学
221	21SRC024	北京社区养老服务设施功能量化及方法研究	青年项目	社会·人口学	温　芳	北方工业大学
222	21SRC025	全生命周期下首都老年人口健康素养的形成机制及其积极老龄化效应研究	青年项目	社会·人口学	刘一伟	中央财经大学
223	21SRC026	数字时代老年人网络使用与心理健康：现状、影响与干预研究	青年项目	社会·人口学	王玉慧	北京工业大学
224	21SRC027	北京市随迁老人多维健康风险评估与化解机制研究	青年项目	社会·人口学	张　栋	中国农业大学
225	21SRA028	习近平总书记关于共同富裕重要思想的阐释研究	重点项目	社会·人口学	周飞舟	北京大学
226	21WXA001	曲体与金元古都文化研究	重点项目	文学	李　简	北京大学
227	21WXA002	北京历史文化题材文艺作品创作研究	重点项目	文学	张　莉	北京师范大学
228	21WXA003	《大唐西域记》在日本的传播与影响研究	重点项目	文学	高　阳	清华大学
229	21WXA004	北京段大运河民间风物传说与运河文脉资源挖掘运用研究	重点项目	文学	王卫华	中央民族大学

续表

序号	项目编号	项目名称	项目级别	申报学科	项目负责人	科研信誉保证单位
230	21WXB005	革命与治理双重逻辑下的北京红色文学研究	一般项目	文学	张　欢	北京科技大学
231	21WXB006	智利女性作家“家国叙事”研究	一般项目	文学	郑　楠	北京大学
232	21WXC007	后五四时期北京新文学出版文化研究（1920—1936）	青年项目	文学	何　旻	首都师范大学
233	21WXC008	朦胧诗的批评与接受研究	青年项目	文学	白晨阳	国家开放大学
234	21WXC009	1920年代语文教育变革与五四新文学的互动研究	青年项目	文学	韩卫娟	北京联合大学
235	21WXC010	“文学乡村”与原型村关系研究（1942—1966）	青年项目	文学	闫作雷	中央民族大学
236	21WXC011	法国中世纪城市社团戏剧研究	青年项目	文学	吕珊珊	北京外国语大学
237	21WXC012	近代在华日侨文人的北京书写与文化认同研究	青年项目	文学	彭雨新	北京第二外国语学院
238	21WXA013	新时代线上线下文艺评论价值引导作用研究	重点项目	文学	王德领	北京联合大学
239	21YYB001	基于英汉双向翻译认知研究数据库的译者心理加工过程研究	一般项目	语言学	冯　佳	中国人民大学
240	21YYB002	基于多模态语料库的同声传译停顿特征研究	一般项目	语言学	齐涛云	北京第二外国语学院
241	21YYB003	翻译符号学视阈下中国当代小说多模态译介模式研究	一般项目	语言学	潘琳琳	首都师范大学
242	21YYB004	外语学习者语音感知的大脑听觉区域的fNIRS研究	一般项目	语言学	王红斌	北京第二外国语学院
243	21YYB005	跨文化传播与中国话语的全球建构研究——以中医外译为例	一般项目	语言学	徐　珺	中国政法大学
244	21YYB006	多模态视域下中西能源话语比较研究	一般项目	语言学	赵秀凤	中国石油大学（北京）
245	21YYB007	北京政务与企业微博传播习近平总书记治国理政生态文明话语的研究	一般项目	语言学	孙　亚	对外经济贸易大学
246	21YYC008	京剧代表剧目西译规范研究	青年项目	语言学	宋　扬	北京大学
247	21YYC009	基于人工智能的学生译文质量自动评估体系构建及应用研究	青年项目	语言学	王　敬	北京第二外国语学院
248	21YYC010	汉语学习者语言层级结构的神经机制研究	青年项目	语言学	陆灵犀	北京语言大学
249	21YYC011	面向汉语国际教育的学术汉语资源库建设研究	青年项目	语言学	吴继峰	首都师范大学
250	21YYC012	现代汉语述题的结构与功能研究	青年项目	语言学	邓川林	北京外国语大学

续表

序号	项目编号	项目名称	项目级别	申报学科	项目负责人	科研信誉保证单位
251	21YYC013	北京奥运外宣话语的文化互文计量研究	青年项目	语言学	钱玉彬	中国科学院大学
252	21XCA001	北京数字出版企业社会责任实证研究与指标体系构建研究	重点项目	新闻·传播学	陈　丹	北京印刷学院
253	21XCA002	后疫情时代公共卫生话语体系与大国形象建构研究	重点项目	新闻·传播学	任孟山	中国传媒大学
254	21XCA003	“十四五”期间北京重大行政决策中的网络社会风险及其治理研究	重点项目	新闻·传播学	祝兴平	中央财经大学
255	21XCA004	北京网络舆情认知—表达特征与治理研究	重点项目	新闻·传播学	丁汉青	北京师范大学
256	21XCB005	供给侧结构性改革背景下北京市图书出版业精准出版研究	一般项目	新闻·传播学	张海军	北京物资学院
257	21XCB006	北京市老年人数字鸿沟和媒介素养研究	一般项目	新闻·传播学	潘曙雅	中国人民大学
258	21XCB007	北京市老年人新媒体使用态度与行为研究	一般项目	新闻·传播学	孙昕霙	北京大学
259	21XCB008	北京革命文物保护与红色文化叙事传播研究	一般项目	新闻·传播学	王　蕾	中国传媒大学
260	21XCB009	公共卫生话语体系与国家形象建构研究	一般项目	新闻·传播学	雷跃捷	中国传媒大学
261	21XCC010	媒介学视域下北京红色文化的融媒体传承研究	青年项目	新闻·传播学	祖　昊	中国政法大学
262	21XCC011	北京地铁空间的城市文化传播模式创新研究	青年项目	新闻·传播学	周　婷	北京印刷学院
263	21XCC012	北京文化遗产的视听传播创新研究	青年项目	新闻·传播学	吴占勇	中央民族大学
264	21XCC013	AI赋能北京社交媒体平台的舆情分析与谣言检测研究	青年项目	新闻·传播学	郭　颖	北方工业大学
265	21XCC014	北京冬奥会、冬残奥会多语种媒体影响力及舆论监测算法研究	青年项目	新闻·传播学	朱毅诚	北京师范大学
266	21YTA001	传统服饰“京绣”纹样艺术谱系构建与应用研究	重点项目	艺术·体育学	宁　俊	北京服装学院
267	21YTA002	北京历史文化在当代艺术创作中的价值传承与创新发展研究	重点项目	艺术·体育学	邹　锋	北京工业大学
268	21YTA003	首都地区大运河与南水北调沿线文旅融合发展研究	重点项目	艺术·体育学	武廷海	清华大学
269	21YTA004	大运河北京段优秀文化与艺术资源的发掘与数字化保护研究	重点项目	艺术·体育学	黄心渊	中国传媒大学

续表

序号	项目编号	项目名称	项目级别	申报学科	项目负责人	科研信誉保证单位
270	21YTA005	传统音乐资源与北京历史文化声音景观的建构	重点项目	艺术·体育学	刘　嵘	中国音乐学院
271	21YTA006	北京传统优秀艺术资源发掘与保护研究	重点项目	艺术·体育学	郝凝辉	中央美术学院
272	21YTA007	生态文明视野中的类型电影研究	重点项目	艺术·体育学	路春艳	北京师范大学
273	21YTA008	京剧音韵在视唱教学中的创新研究	重点项目	艺术·体育学	孙晓洁	中国戏曲学院
274	21YTA009	建成环境对老年人身体活动行为影响研究	重点项目	艺术·体育学	于洪军	清华大学
275	21YTA010	京津冀体育产业高质量协同发展的困境与路径研究	重点项目	艺术·体育学	张春萍	北京体育大学
276	21YTB011	延安鲁艺精神与新中国话剧院团建设思想研究（1938—1965）	一般项目	艺术·体育学	马臻郴	中央戏剧学院
277	21YTB012	北京小剧场演剧艺术的文化传承策略研究	一般项目	艺术·体育学	刘宏伟	北京电影学院
278	21YTB013	京剧“四大名旦”历史音响唱腔审美研究	一般项目	艺术·体育学	段　蕾	中央音乐学院
279	21YTB014	北京故宫博物院藏人物画中的儿童图像研究	一般项目	艺术·体育学	陈　蕾	北京服装学院
280	21YTB015	京派绘画的传统性继承与现代性发展	一般项目	艺术·体育学	倪　葭	清华大学
281	21YTB016	北京蒙镶技艺资料补遗与价值再生研究	一般项目	艺术·体育学	朱荔丽	北方工业大学
282	21YTB017	首都文化产业高质量发展监测与评价机制研究	一般项目	艺术·体育学	王锦慧	中国传媒大学
283	21YTB018	北京民间手工艺在乡村旅游中的作用机制研究	一般项目	艺术·体育学	朱利峰	北京联合大学
284	21YTB019	北京市智慧公共文化服务适老化设计研究	一般项目	艺术·体育学	窦金花	北京科技大学
285	21YTB020	北京古都艺术空间因子挖掘与遗产保护	一般项目	艺术·体育学	张祖群	北京理工大学
286	21YTB021	北京市老年人健康多维评价指标体系的构建与实证研究	一般项目	艺术·体育学	张　洋	首都体育学院
287	21YTB022	北京2022年冬季奥运会与京津冀协同融合发展的探索研究	一般项目	艺术·体育学	陈金堂	北京联合大学
288	21YTB023	疫情防控常态化背景下北京冬奥会大众体育遗产治理研究	一般项目	艺术·体育学	胡孝乾	清华大学
289	21YTB024	北京天桥传统体育文化挖掘整理与传承发展研究	一般项目	艺术·体育学	张长念	首都体育学院

续表

序号	项目编号	项目名称	项目级别	申报学科	项目负责人	科研信誉保证单位
290	21YTB025	“全警实战大练兵”背景下民警健康素养提升工程研究	一般项目	艺术·体育学	李伟才	北京警察学院
291	21YTB026	长城国家文化公园京津冀沿线体育旅游空间布局研究	一般项目	艺术·体育学	杨洪志	北京联合大学
292	21YTC027	网络影视跨文化传播研究	青年项目	艺术·体育学	凌　绮	北京交通大学
293	21YTC028	学术、视野与路径：中国共产党京剧政策史料整理创作研究	青年项目	艺术·体育学	戴谨忆	中央戏剧学院
294	21YTC029	“全球本土化”视域下新时代北京影视文化研究	青年项目	艺术·体育学	侯杰耀	北京电影学院
295	21YTC030	晚清民国报刊戏剧批评形态研究	青年项目	艺术·体育学	李　菁	中国戏曲学院
296	21YTC031	北京历史文化题材纪录片创作研究	青年项目	艺术·体育学	杜宜浩	北京印刷学院
297	21YTC032	新时代党史题材影视高质量发展研究	青年项目	艺术·体育学	储钰琦	中国传媒大学
298	21YTC033	城市民族音乐学视域下的北京少数民族音乐打工者现状调查研究	青年项目	艺术·体育学	楚高娃	中央民族大学
299	21YTC034	文旅融合背景下红色旅游演艺创新发展研究	青年项目	艺术·体育学	王柯月	北京舞蹈学院
300	21YTC035	京剧旦角传承人舞蹈身段表演口述史研究	青年项目	艺术·体育学	王　熙	北京师范大学
301	21YTC036	中国民族民间舞观念流变文献整理与理论研究（1942—2012）	青年项目	艺术·体育学	李　卿	北京舞蹈学院
302	21YTC037	基于线上线下混合资源的北京文化遗产儿童交互绘本设计研究	青年项目	艺术·体育学	李　萌	北京邮电大学
303	21YTC038	敦煌隋代服饰图案研究	青年项目	艺术·体育学	崔　岩	北京服装学院
304	21YTC039	XR科技与北京文化创意产业融合发展研究	青年项目	艺术·体育学	赵立诺	北京市文学艺术界联合会
305	21YTC040	基于行为特征的北京市共享汽车系统交互设计实施路径	青年项目	艺术·体育学	杨　浩	北方工业大学
306	21YTC041	“一刻钟生活圈”视角下适老化公共服务的空间优化设计研究	青年项目	艺术·体育学	李方正	北京林业大学
307	21YTC042	新媒体艺术在北京城市公共空间中的应用研究	青年项目	艺术·体育学	辛贝妮	北京林业大学
308	21YTC043	“十四五”时期北京市老龄人口健身和健康研究	青年项目	艺术·体育学	魏婉怡	首都体育学院
309	21YTC044	新时代首都体育产业高质量发展研究	青年项目	艺术·体育学	范松梅	北京体育大学

续表

序号	项目编号	项目名称	项目级别	申报学科	项目负责人	科研信誉保证单位
310	21YTA045	互联网美育与粉丝文化治理研究	重点项目	艺术·体育学	郭必恒	北京师范大学
311	21YTA046	网络综艺创作及舆情风控研究	重点项目	艺术·体育学	付　龙	中国传媒大学
312	21YTB047	数字媒介时代的电影评论及其价值体系建构研究	一般项目	艺术·体育学	刘　睿	中国传媒大学
313	21ZXA001	“道德物化”技术伦理思想研究	重点项目	哲学	王小伟	中国人民大学
314	21ZXA002	公共决策科学化的哲学研究	重点项目	哲学	尚智丛	中国科学院大学
315	21ZXB003	王阳明北京时期诗文、交游与思想发展研究	一般项目	哲学	王德岩	北方工业大学
316	21ZXB004	信息时代科学知识生产方式的特征研究	一般项目	哲学	王　娜	北京航空航天大学
317	21ZXC005	历史唯物主义视域中所有制的历史建构和当代建构	青年项目	哲学	陈广思	中国人民大学
318	21ZXC006	“素王”观念史研究	青年项目	哲学	王文军	北京市社会科学院
319	21ZXC007	现象学运动中的马里翁充溢现象理论研究	青年项目	哲学	陈　辉	中国人民大学
320	21ZXC008	具身现象学视域下人工智能范式转型研究	青年项目	哲学	刘　伟	北京工业大学
321	21ZXC009	论此在的事实性	青年项目	哲学	孙铁根	外交学院
322	21ZGA001	美国与土耳其“模糊盟友”关系及其区域和全球影响研究	重点项目	政治学·国际问题研究	寿慧生	北京语言大学
323	21ZGB002	北京市社会组织参与老龄社会治理的模式创新与政策保障	一般项目	政治学·国际问题研究	李杏果	中国劳动关系学院
324	21ZGB003	北京市警务数据开放的现状评估、安全风险与拓展路径研究	一般项目	政治学·国际问题研究	张　宁	中国人民公安大学
325	21ZGB004	中国与周边国家警务合作关系体系的重塑	一般项目	政治学·国际问题研究	张　杰	中国人民公安大学
326	21ZGC005	城市空间分异与党建引领社区治理创新研究	青年项目	政治学·国际问题研究	刘颜俊	北京大学
327	21ZGC006	后疫情时代的中俄关系及国际格局演变趋向	青年项目	政治学·国际问题研究	张　建	外交学院
328	21ZGC007	构建周边命运共同体视角下中国参与区域安全公共产品供给研究	青年项目	政治学·国际问题研究	陈　翔	对外经济贸易大学

（北京市社科联、北京市社科规划办供稿）

2021年北京市社会科学基金决策咨询项目立项名单

序号	项目编号	项目名称	项目级别	项目负责人	项目承担单位
1	21JCA001	中国共产党北京革命文物及纪念地的保护传承利用体系研究	重大项目	林绪武	北京大学
2	21JCA002	北京红色文化资源挖掘与价值阐释研究	重大项目	程美东	北京大学
3	21JCA003	北京古都文化资源挖掘与价值阐释研究	重大项目	王　岗	北京市社会科学院
4	21JCA004	北京老城文物保护、腾退开放及合理利用机制创新研究	重大项目	张　杰	北京建筑大学
5	21JCA005	北京博物馆之城建设研究	重大项目	黄　隽	中国人民大学
6	21JCB008	“人文北京”内涵与外延深化研究	重点项目	徐尚昆	中国人民大学
7	21JCA006	北京中轴线文化内涵与遗产价值研究	重大项目	张　勃	北京联合大学
8	21JCB007	北京文化节庆活动提升研究	重点项目	周玉基	北京联合大学
9	21JCB009	京味文化的资源发掘、价值阐释及其转化研究	重点项目	康　丽	北京师范大学
10	21JCB010	文化生产力推动文化强国建设的战略研究——以北京为例	重点项目	张明玉	北京交通大学
11	21JCB013	新时代北京老字号价值功能的挖掘、传承与创新研究	重点项目	李洪波	北京第二外国语学院
12	21JCB014	北京创新文化资源挖掘与价值阐释研究	重点项目	何　群	中央财经大学
13	21JCB015	“三山五园”国家文物保护利用示范区建设研究	重点项目	陈悦新	北京联合大学
14	21JCB016	北京物质文化遗产活化利用对策研究	重点项目	于小植	北京语言大学
15	21JCC017	北京市博物馆文创产业发展对策研究	一般项目	张　娜	北京交通大学
16	21JCC018	北京历代方志所见古都景观文献整理研究	一般项目	张　鹤	北京语言大学
17	21JCB019	大运河国家文化公园（北京段）青少年实践教育线路调查与政策建议	重点项目	华学诚	北京语言大学
18	21JCC020	北京核心区文化资源数字化挖掘利用研究	一般项目	宋　凯	中国传媒大学
19	21JCC021	中国共产党北京历史融入首都大学生“四史”教育策略研究	一般项目	李营辉	北京交通大学
20	21JCC022	长城国家文化公园（北京段）建设管理机制研究	一般项目	刘一涛	北京石油化工学院
21	21JCB023	北京老城保护利用中的政社合作机制研究	重点项目	刘　伟	中国人民大学
22	21JCB024	北京古都文化活化及城市人文形象提升研究	重点项目	常书红	北京师范大学
23	21JCC025	北京非物质文化遗产的动漫化提升策略研究	一般项目	刘　佳	北京师范大学
24	21JCC026	全域视野下的北京博物馆之城建设研究	一般项目	田　率	北京师范大学
25	21JCB027	北京香山红色文化资源的深度挖掘与价值阐释研究	重点项目	张守连	北京建筑大学

续表

序号	项目编号	项目名称	项目级别	项目负责人	项目承担单位
26	21JCC028	京剧核心术语翻译研究	一般项目	阙艳华	中国戏曲学院
27	21JCB029	国际化视野下北京文创产品文化传承创新及消费价值提升研究	重点项目	马凤宝	北京服装学院
28	21JCC030	京味文化资源多语种短视频的创新性发展研究	一般项目	张　欣	北京第二外国语学院
29	21JCC031	北京市公共文化设施运行效率提升研究	一般项目	程相宾	北京第二外国语学院
30	21JCB032	首都文化贸易发展报告（2022）	重点项目	李嘉珊	北京第二外国语学院
31	21JCC033	新媒体时代北京非物质文化遗产传承与利用研究	一般项目	刘　春	北京第二外国语学院
32	21JCB034	北京文化和旅游融合市场主体能力体系建设研究	重点项目	吕　宁	北京第二外国语学院
33	21JCC035	北京公共数字文化设施运行效率提升研究	一般项目	王彦妍	中国人民大学
34	21JCC036	动画创作中北京文化与首都形象构建研究	一般项目	张　愉	北京电影学院
35	21JCB037	中关村科创金融试验区建设研究	重点项目	林光彬	中央财经大学
36	21JCB038	在京高校推进企业导师制研究	重点项目	郑　娟	北京工业大学
37	21JCC039	中关村科学城支撑北京国际科技创新中心建设对策研究	一般项目	何昭瑾	中共海淀区委党校
38	21JCC040	北京建设国际科技创新中心人才支撑保障政策研究	一般项目	杨道广	对外经济贸易大学
39	21JCB041	北京市创新基础设施建设与运营的机制创新研究	重点项目	雷丙寅	北京信息科技大学
40	21JCA042	基于旅游传播的北京国际形象提升路径与策略研究	重大项目	钟栎娜	北京第二外国语学院
41	21JCC043	“两区”建设中北京企业海外形象传播提升路径研究	一般项目	杜明明	北京第二外国语学院
42	21JCB044	基于国际社交媒体的北京城市国际形象研究	重点项目	牛华勇	北京外国语大学
43	21JCB045	国际一流音乐赛事品牌的北京模式探索	重点项目	牟笑飞	中国音乐学院
44	21JCC046	北京时尚文化类国际知名活动品牌培育提升研究	一般项目	李　莉	北京服装学院
45	21JCC047	创新驱动下京津冀产业链供应链协同发展研究	一般项目	马风才	北京科技大学
46	21JCC048	北京市扩大数字消费推动区域协同发展对策研究	一般项目	张文韬	中央财经大学
47	21JCC049	京津冀协同发展视角下京张体育文化旅游带产业集群融合发展研究	一般项目	宋昌耀	北京第二外国语学院
48	21JCB050	京雄保协同发展背景下深化北京非首都功能疏解研究	重点项目	刘建国	北京联合大学
49	21JCC051	京津冀智慧物流产业创新生态系统评价及治理研究	一般项目	王燕妮	北京物资学院
50	21JCB052	京津冀城市群与长三角城市群、粤港澳大湾区城市群经济高质量发展路径比较与政策研究	重点项目	卜　伟	北京交通大学
51	21JCB053	多视角下北京冬奥遗产开发利用综合研究	重点项目	亓　昕	北京大学
52	21JCC054	北京城市副中心建设国家绿色发展示范区指标体系研究	一般项目	翟　文	北京城市学院
53	21JCB055	平安京津冀建设发展报告（2022）	重点项目	王建新	中国人民公安大学

续表

序号	项目编号	项目名称	项目级别	项目负责人	项目承担单位
54	21JCB056	京津冀发展报告（2022）——数字经济助推区域协同发展	重点项目	叶堂林	首都经济贸易大学
55	21JCB057	延庆建设国际滑雪度假旅游胜地研究	重点项目	骆秉全	首都体育学院
56	21JCC058	协同治理视域下北京市营商环境优化对策研究	一般项目	杨　宜	北京财贸职业学院
57	21JCB059	北京市农产品流通体系现代化升级模式与路径研究	重点项目	张　浩	北京工商大学
58	21JCC060	北京市建设全球数字经济标杆城市的有效路径研究	一般项目	邸玉娜	北京工商大学
59	21JCC061	国际消费中心城市比较及对北京的启示	一般项目	赵　文	首都经济贸易大学
60	21JCC062	北京建设全球数字经济标杆城市有效路径研究	一般项目	张　灵	首都经济贸易大学
61	21JCC063	保障首都“五子”联动新发展格局的税源结构研究	一般项目	何　晴	首都经济贸易大学
62	21JCC064	北京“两区”建设中促进数字经济发展的税收支持政策研究	一般项目	王婉如	首都经济贸易大学
63	21JCB065	中央商务区产业发展报告（2022）——高端服务引领城市更新	重点项目	张　杰	首都经济贸易大学
64	21JCB066	北京建立以信用为基础的分级分类市场监管机制研究	重点项目	李　军	中央财经大学
65	21JCB067	基于北京财政可持续发展的重大政策绩效评估机制研究	重点项目	童　伟	中央财经大学
66	21JCC068	北京市“十四五”时期经济发展韧性与政府培育策略研究	一般项目	李　强	中央财经大学
67	21JCB069	“十四五”时期北京面临的国际经贸风险研判与应对研究	重点项目	吕文栋	对外经济贸易大学
68	21JCB070	中国企业海外发展报告（2022）	重点项目	张新民	对外经济贸易大学
69	21JCC071	“十四五”时期北京金融产品创新发展与北京金融法院协同治理研究	一般项目	李　游	北京航空航天大学
70	21JCC072	北京数据跨境流动安全管理机制研究	一般项目	王天凡	北京航空航天大学
71	21JCB073	完善北京地方金融监管协调和风险预警防范机制研究	重点项目	李诗洋	中共北京市委党校
72	21JCB074	乡村振兴战略下北京休闲农业和乡村旅游高质量发展研究	重点项目	何忠伟	北京农学院
73	21JCB075	北京新型农民合作社嵌入乡村治理现代化路径研究	重点项目	李瑞芬	北京农学院
74	21JCC076	北京市休闲农业助推乡村振兴的路径优化与政策选择	一般项目	江　晶	北京农学院
75	21JCA077	北京乡村治理现代化:现实困境、关键问题及推进策略	重大项目	何仁伟	北京市社会科学院
76	21JCA078	促进大兴国际机场临空经济区高质量发展的政策创新研究	重大项目	唐　鑫	北京市社会科学院
77	21JCC079	构建“全链条+全流程”北京市农产品冷链物流体系的策略研究	一般项目	李晓丽	北京物资学院

续表

序号	项目编号	项目名称	项目级别	项目负责人	项目承担单位
78	21JCB080	促进北京数字经济发展的税收支持政策研究	重点项目	杜振华	北京邮电大学
79	21JCB081	北京产业发展报告（2022）	重点项目	李孟刚	北京交通大学
80	21JCC082	北京市宏观金融系统性风险多层次监控体系研究	一般项目	王　熙	北京大学
81	21JCC083	双循环战略背景下北京建设海外中国国际学校的策略研究	一般项目	王　俊	北京外国语大学
82	21JCB084	深化“主动治理，未诉先办”研究	重点项目	杨积堂	北京联合大学
83	21JCB085	全球传播视域下重大突发事件的中国国际话语力提升策略研究	重点项目	冯春海	北京联合大学
84	21JCC086	人民政协参与立法协商的北京实践研究	一般项目	章　林	北京联合大学
85	21JCA087	能源与水资源安全约束下“十四五”北京消费侧碳达峰路径研究	重大项目	王　鹏	华北电力大学
86	21JCC088	京津冀能源绿色低碳转型的多市场耦合交易体系及政策协同研究	一般项目	鞠立伟	华北电力大学
87	21JCC089	“双碳”目标下北京市场化碳减排工具优化及实施对策研究	一般项目	朱晓宁	北京科技大学
88	21JCB090	北京首都圈轨道交通四网融合发展模式研究	重点项目	武剑红	北京交通大学
89	21JCB091	重大突发事件下北京应急物流配送体系快速响应研究	重点项目	傅少川	北京交通大学
90	21JCC092	北京市地下综合管廊风险预警体系研究	一般项目	马翼萱	北京交通大学
91	21JCB093	基于智慧管理的北京城市韧性指标体系与提升方案研究	重点项目	张兴华	北京交通大学
92	21JCC094	城市更新背景下北京市口袋公园体系功能与布局优化研究	一般项目	戈晓宇	北京林业大学
93	21JCB095	“十四五”时期北京市法治政府建设研究	重点项目	杨伟东	中国政法大学
94	21JCB096	中国法治政府发展报告（2022）	重点项目	赵　鹏	中国政法大学
95	21JCB097	北京城市更新立法研究	重点项目	马　允	中国政法大学
96	21JCC098	“碳达峰、碳中和”背景下北京市居民食品消费低碳化问题研究	一般项目	杨　树	中国农业大学
97	21JCC099	食用农产品质量安全传言下消费者信任受损及修复机制研究	一般项目	郑小平	中国农业大学
98	21JCC100	食品安全视角下京郊设施农业投入品减量升级：农户行为与管控激励研究	一般项目	孟　婷	中国农业大学
99	21JCC101	完善首都应急处置与救援团队领导力研究	一般项目	张　欢	清华大学
100	21JCC102	提升首都公众公共安全意识和自救互救能力的有效途径研究	一般项目	崔立新	北京理工大学
101	21JCC103	完善首都公安多警种融合执法机制研究	一般项目	张　明	北京警察学院

续表

序号	项目编号	项目名称	项目级别	项目负责人	项目承担单位
102	21JCB104	中国城市管理报告（2022）	重点项目	刘承水	北京城市学院
103	21JCC105	“双碳”目标下北京市氢能源发展模式及消纳利用策略研究	一般项目	许晓敏	华北电力大学
104	21JCB106	碳中和目标对北京产业结构转型升级的影响研究	重点项目	迟远英	北京工业大学
105	21JCC107	群团组织参与首都基层社会治理的协同机制研究	一般项目	刘　佳	北京航空航天大学
106	21JCC108	面向风险防范的首都基层社会应急响应能力提升研究	一般项目	贾　楠	中国人民公安大学
107	21JCC109	首都超大城市基层治理改革的传播创新研究	一般项目	马　宁	中国传媒大学
108	21JCC110	提高北京市“疏整促”与城市更新行动协同度的路径研究	一般项目	刘李红	中共北京市委党校
109	21JCC111	公转铁背景下北京市绿色物流发展策略研究	一般项目	常祎妹	北京物资学院
110	21JCB112	北京促进中医药传承创新发展的法治保障研究	重点项目	邓　勇	北京中医药大学
111	21JCB113	北京市中西医结合公共卫生服务模式研究	重点项目	谷晓红	北京中医药大学
112	21JCB114	“十四五”时期北京医疗保障高质量发展路径研究	重点项目	孙力光	首都医科大学
113	21JCC115	新冠疫情防控视角下国际大都市公共卫生应急管理体系比较研究	一般项目	李　颖	首都医科大学
114	21JCC116	北京市新医疗技术服务项目价格动态调整机制研究	一般项目	李　军	首都医科大学
115	21JCB117	北京校外培训机构规范化治理的政策工具选择	重点项目	刘昌乾	中国人民大学
116	21JCC118	积极老龄化视角下北京市老年人互联网使用与养老研究	一般项目	靳永爱	中国人民大学
117	21JCC119	人口老龄化背景下北京市社区老年人健康素养提升对策研究	一般项目	陈柏霖	北京工业大学
118	21JCC120	北京市应对人口老龄化的教育政策研究	一般项目	李亚男	北京师范大学
119	21JCC121	三孩政策背景下北京义务教育阶段的家庭教育投入及家校协同育人机制研究	一般项目	梁文艳	北京师范大学
120	21JCC122	北京市普惠性社区婴幼儿托育服务供给模式的构建与政府责任研究	一般项目	李平原	北京大学
121	21JCC123	重大突发公共卫生事件背景下北京市疫苗资源时空需求预测及分配策略研究	一般项目	杨添安	北京理工大学
122	21JCB124	北京人口发展研究报告（2022）	重点项目	洪小良	中共北京市委党校
123	21JCB125	北京健康城市建设研究报告（2022）	重点项目	王鸿春	北京健康城市建设促进会
124	21JCC126	北京推动养老事业和养老产业协同发展研究	一般项目	朱妮娜	北京工业大学
125	21JCC127	北京社区医养结合养老服务供应链构建研究	一般项目	张栩凡	北京物资学院

（北京市社科联、北京市社科规划办供稿）

北京市教育委员会2022年度社科计划重点项目批准立项项目

项目编号	项目名称	负责人	承担单位	项目类别	预期成果形式	计划完成时间
SZ202210005001	北京“双奥之城”与新时代青年精神塑造研究	董　静	北京工业大学	基础研究	研究报告，论文	2024.8
SZ202210005002	大数据驱动的北京传统建筑装饰创新生态体系建构研究	张爱莉	北京工业大学	应用研究	研究报告，论文	2024.12
SZ202210005003	北京市数字文化产业良性发展的版权保障研究	孙玉荣	北京工业大学	综合研究	研究报告，论文	2024.12
SZ202210005004	京津冀协同推进低碳排放与绿色发展研究	谢启伟	北京工业大学	综合研究	研究报告，论文	2024.12
SZ202210009005	计划生育政策变化视角下北京市居民收入流动性研究	陈　云	北方工业大学	应用研究	论文	2024.12
SZ202210009006	北京佛塔景观美学研究	王鸿博	北方工业大学	基础研究	专著，论文，其他	2024.12
SZ202210011007	可供性视角下北京红色文化的融媒体传播研究	李杰琼	北京工商大学	综合研究	研究报告	2024.12
SZ202210011008	“两区”建设背景下北京市数字贸易发展的问题与策略研究	杨宏恩	北京工商大学	综合研究	研究报告，论文，其他	2024.12
SZ202210025009	抗疫精神融入医学生思想政治教育研究	杨淑敏	首都医科大学	综合研究	论文	2024.12
SZ202210025010	公立医院互联网诊疗混合服务质量的结构、评价及对患者持续使用意愿的影响研究：线上与线下的视角	郭　蕊	首都医科大学	应用研究	研究报告，论文	2024.12
SZ202210025011	公平与效率视角下北京市农村基层医疗卫生资源空间优化与发展策略研究	马骋宇	首都医科大学	应用研究	研究报告，论文	2024.12
SZ202210028012	短时正念冥想对中学生考试焦虑干预及其起效机制	崔丽霞	首都师范大学	应用研究	论文	2024.12
SZ202210028013	现实题材转向中的北京网络文学研究	许苗苗	首都师范大学	综合研究	论文	2024.12
SZ202210028014	“一带一路”视角下中国珐琅工艺研究	宋　丹	首都师范大学	基础研究	论文	2024.12
SZ202210028015	中国传统的齐家之道与家国共同体研究	孔德立	首都师范大学	综合研究	研究报告	2024.12
SZ202210028016	北京高校研究生创新能力发展现状及其与心理健康的关系研究	师保国	首都师范大学	综合研究	论文	2024.12

续表

项目编号	项目名称	负责人	承担单位	项目类别	预期成果形式	计划完成时间
SZ202210028017	核心素养背景下北京市小学教师“教研胜任力”提升的行动研究	岳欣云	首都师范大学	综合研究	研究报告，论文	2024.9
SZ202210037018	大数据背景下以“接诉即办”推进首都基层社会治理创新研究	解进强	北京物资学院	应用研究	研究报告，论文，其他	2024.12
SZ202210038019	基于多模态语料库的北京城市国际形象历时研究	李腾龙	首都经济贸易大学	基础研究	研究报告，论文	2024.12
SZ202210038020	北京市劳动人事争议调解体系的效能提升研究	宋　湛	首都经济贸易大学	应用研究	专著，论文	2024.12
SZ202210038021	政党制度优势转化为北京市国有企业高质量发展的机制、路径与对策研究	王元芳	首都经济贸易大学	应用研究	研究报告	2024.12
SZ202210049022	新时代中华优秀传统文化艺术教育的目标与体系建设	郑　唯	中国戏曲学院	基础研究	研究报告，论文	2024.12
SZ202210858023	技能型社会背景下首都高职产业学院“共享中心”模式研究	周红利	北京电子科技职业学院	应用研究	研究报告	2023.12
SZ202211232024	数字重塑背景下职业冲击事件对年长员工“工作内卷”影响机制研究	廉串德	北京信息科技大学	应用研究	研究报告，论文	2024.12
SZ202211232025	意义创新视角下北京文化消费新兴族群及设计策略研究	李洪海	北京信息科技大学	应用研究	论文	2024.12
SZ202211417026	数字经济赋能北京市服务业高质量发展研究	修媛媛	北京联合大学	应用研究	研究报告，论文	2024.12
SZ202211417027	乡村振兴战略下北京市农村宅基地有效利用法律问题研究	刘婧娟	北京联合大学	应用研究	研究报告，论文，其他	2024.12
SZ202211626028	明清笔记中的北京市井文化研究	李建英	北京青年政治学院	应用研究	研究报告	2024.12
SZ202214019029	首都教育类涉访问题的现状及防范机制研究	邱志勇	北京警察学院	应用研究	研究报告，其他	2024.12
SZ202250061030	北京乡村教师“概念为本”课堂教学转型研究	李春艳	北京教育学院	应用研究	研究报告	2024.12

（北京市教育委员会供稿）

北京市教育委员会2022年度社科计划一般项目批准立项项目

项目编号	项目名称	负责人	承担单位	项目类别	预期成果形式	计划完成时间
SM202210005001	以科技为主题的留学生体验型国情教育路径研究	孙　妍	北京工业大学	应用研究	论文	2024.12

续表

项目编号	项目名称	负责人	承担单位	项目类别	预期成果形式	计划完成时间
SM202210005002	从神经美学角度探讨北京高校美育理念创新	吕　鑫	北京工业大学	基础研究	论文	2024.12
SM202210005003	北京市初中生班级网络对心理健康的影响机制及干预研究	付　琳	北京工业大学	基础应用研究	研究报告，论文	2024.12
SM202210005004	社会经济组织助力京郊农村集体经济发展的机制研究	关珊珊	北京工业大学	应用研究	研究报告，论文	2024.12
SM202210005005	“课程思政”建设背景下高校外语教师的教师能动性探究	张　蕾	北京工业大学	基础应用研究	研究报告，工具书，论文	2024.12
SM202210005006	北京市国有企业党组织治理有效性研究	王振宇	北京工业大学	应用研究	研究报告，论文，其他	2024.12
SM202210005007	ESG理念下机构投资者对企业履行社会责任的影响机理研究	张　丹	北京工业大学	基础应用研究	论文	2024.12
SM202210005008	监管问询对北京高端制造企业跨界技术并购的影响研究	陈　硕	北京工业大学	应用研究	研究报告，论文	2024.12
SM202210005009	延迟退休对老年人生活状态的影响和内在机制研究	王希茜	北京工业大学	基础应用研究	研究报告，论文	2024.12
SM202210009001	“大思政”背景下高校思想政治教育供给侧改革研究	刘以沛	北方工业大学	基础研究	研究报告，论文	2024.12
SM202210009002	金融风险的多源数据的分析和预测方法研究	高　波	北方工业大学	基础应用研究	研究报告，论文	2024.12
SM202210009003	平台经济犯罪治理与罪名适用研究	郭　玮	北方工业大学	基础应用研究	研究报告，论文	2024.12
SM202210009004	影响非英语专业大学生语用能力因素及应对策略研究	胡欣悦	北方工业大学	基础研究	论文	2024.12
SM202210009005	北京农村互助型社会养老服务体系建设研究	宁美军	北方工业大学	基础应用研究	研究报告，论文	2024.12
SM202210009006	北京市非营利文化组织绩效导向成本核算研究	王　放	北方工业大学	应用研究	研究报告，论文	2024.12
SM202210009007	北京市环境、资源与经济高质量协同发展研究	王昕宇	北方工业大学	应用研究	研究报告，论文	2024.12
SM202210011001	成就动机对普通大学生运动员竞赛焦虑的影响：心理弹性的中介作用	铁春元	北京工商大学	基础应用研究	研究报告，论文	2024.1
SM202210011002	全球新冠肺炎疫情下西方社会思潮传播逻辑与高校思政课应对策略	马　静	北京工商大学	应用研究	研究报告，论文	2024.12
SM202210011003	居家健康智能监测医学应急保障动态资源调度优化研究	张汉坤	北京工商大学	应用研究	研究报告，论文	2024.12
SM202210011004	自媒体环境下易逝食品全渠道供应链质量安全多主体博弈	赵　川	北京工商大学	应用研究	研究报告，论文	2023.12

续表

项目编号	项目名称	负责人	承担单位	项目类别	预期成果形式	计划完成时间
SM202210011005	基于深度神经网络的信用风险评估方法及评估结果可解释性研究	刘佳明	北京工商大学	应用研究	论文	2024.12
SM202210011006	全球创新网络视角下北京市建设国际科技创新中心路径研究	张　璐	北京工商大学	基础应用研究	研究报告，论文	2024.12
SM202210011007	意向性视阈下的内容与对象理论研究	刘　好	北京工商大学	基础研究	研究报告，论文	2024.12
SM202210011008	国民政府时期北平基层行政与社会治理研究	张印举	北京工商大学	基础研究	论文	2024.12
SM202210011009	基于拉班动作理论的交互技术对京剧表演的传承与发展研究	张沐辰	北京工商大学	应用研究	研究报告，论文	2024.12
SM202210011010	全英语教学模式下学生英语水平提升的探索研究	王梦琳	北京工商大学	基础应用研究	研究报告，论文	2024.12
SM202210011011	经济高质量发展视角下北京市价值链升级的支持路径及经济后果研究	刘　欢	北京工商大学	应用研究	论文	2024.12
SM202210011012	信息干预视角下北京社区居民生活垃圾分类行为研究	李　乾	北京工商大学	应用研究	研究报告，论文	2024.12
SM202210011013	数字经济下建设现代化经济体系的理论逻辑和实践路径研究	王金秋	北京工商大学	基础应用研究	论文	2024.12
SM202210012001	民族服饰的编目整理与服饰文化研究	翟文峰	北京服装学院	基础应用研究	研究报告，论文	2024.12
SM202210012002	多维视角下清末民初鞋文化的比较研究	杨思容	北京服装学院	基础应用研究	研究报告，论文，其他	2024.12
SM202210012003	明代应景纹样在当代服装中的传承与创新	赵晓曦	北京服装学院	基础应用研究	专著，其他	2024.12
SM202210015001	红色出版文化的思想政治教育功能与实现研究	杨利利	北京印刷学院	应用研究	研究报告，论文	2024.12
SM202210015002	新媒体语境下北京中轴线文化记忆建构要素研究	闫　晗	北京印刷学院	基础应用研究	研究报告，论文	2024.12
SM202210015003	文化传承视域下北京老字号品牌展示策略研究	王　喆	北京印刷学院	应用研究	研究报告，论文	2024.12
SM202210015004	北京工业遗产的游憩利用设计研究	余文婷	北京印刷学院	基础应用研究	论文	2024.12
SM202210015005	中国共产党百年文艺思想指导下的“人民美术”出版研究	周　卓	北京印刷学院	基础研究	论文	2024.12
SM202210017001	北京市高技术产业知识溢出与创新绩效研究	杨大飞	北京石油化工学院	应用研究	论文	2024.12
SM202210017002	基于重大节事活动的首都形象建构与传播研究	陶　丽	北京石油化工学院	基础应用研究	论文	2024.12

续表

项目编号	项目名称	负责人	承担单位	项目类别	预期成果形式	计划完成时间
SM202210025001	“健康中国”背景下中老年膝关节炎水中健身康复策略研究	孟小琛	首都医科大学	基础应用研究	研究报告，论文	2024.12
SM202210025002	后疫情时代基层医疗卫生机构妇幼保健服务优化研究	鲍成臻	首都医科大学	应用研究	研究报告	2024.12
SM202210025003	北京公共政策过程中民主党派政治参与的效能研究	李墨洋	首都医科大学	基础应用研究	研究报告	2024.12
SM202210025004	基于系统动力学的智慧健康养老慢性病管理服务利用现状及优化策略研究	孟朝琳	首都医科大学	基础应用研究	研究报告，论文	2024.12
SM202210025005	基于语料库的医学研究生学术英语写作能力发展研究	陶　鑫	首都医科大学	基础应用研究	论文	2024.12
SM202210025006	基于决策树模型的稳定性冠心病诊断策略卫生经济学评价研究	徐婷婷	首都医科大学	应用研究	研究报告，论文	2024.12
SM202210028001	基于情感路径的北京市中小学教师幸福感影响因素研究	朱小爽	首都师范大学	基础研究	研究报告，论文	2024.12
SM202210028002	贵师而重傅：实践导师专业素养模型构建与影响机制研究	贺文洁	首都师范大学	应用研究	研究报告，论文	2024.12
SM202210028003	认知科学视阈下人工智能与思想政治教育融合创新研究	孟青泉	首都师范大学	基础应用研究	研究报告，论文	2024.12
SM202210028004	基于课程标准的北京市普通高中学业水平考试命题研究	贾　瑜	首都师范大学	基础研究	研究报告，论文	2024.12
SM202210028005	面向首都青少年开展网上理论宣传的现状与对策研究	翟秀凤	首都师范大学	应用研究	研究报告	2024.12
SM202210028006	简·奥斯丁在当代中国的接受研究	刘雅琼	首都师范大学	基础研究	论文	2024.12
SM202210028007	改革开放以来首都居民语言生活变迁研究	郝　锐	首都师范大学	基础研究	研究报告	2024.12
SM202210028008	中国古代洞窟壁画“现状模写”	王云曲	首都师范大学	基础应用研究	研究报告，其他	2024.12
SM202210028009	文化普及展览中的视觉原理分析及其设计应用模式研究	付　阳	首都师范大学	应用研究	研究报告，论文	2024.12
SM202210028010	清代中后期“以砖入画”现象研究	刘　昕	首都师范大学	基础研究	论文，其他	2024.12
SM202210028011	中国传统音乐教育与文化认同研究	骆静禾	首都师范大学	基础研究	研究报告，论文	2024.12
SM202210028012	孔子音乐思想的当代阐释	司冰琳	首都师范大学	基础研究	研究报告，论文	2024.12
SM202210028013	政治宽恕在奥斯维辛之后的位置	孙晓静	首都师范大学	基础研究	论文	2024.12

续表

项目编号	项目名称	负责人	承担单位	项目类别	预期成果形式	计划完成时间
SM202210028014	北京数字经济发展中的数据流通法律支持	袁　泉	首都师范大学	应用研究	论文	2024.12
SM202210028015	《诗经》“风”类诗目的早期形态研究	姚苏杰	首都师范大学	基础研究	论文	2024.12
SM202210028016	民国时期北京新文学出版文化研究（1920—1949）	何　旻	首都师范大学	基础研究	论文	2024.12
SM202210029001	中华优秀传统文化融入素质教育舞蹈课的应用研究	王　锦	首都体育学院	应用研究	研究报告，论文，其他	2024.12
SM202210031001	疫情时代的“数字丝路”与全球网络空间治理良性变革	王瑞平	北京第二外国语学院	基础研究	论文	2024.12
SM202210031002	协同发展视角下京津冀城市群的网络联系及发展效率研究	张　帅	北京第二外国语学院	应用研究	研究报告，论文	2024.12
SM202210031003	北京市住宿业智能化无接触服务模式创新与政策研究	刘　春	北京第二外国语学院	基础应用研究	研究报告，论文，其他	2024.12
SM202210031004	京味文化符号在海外社交媒体的传播力及策略研究	张　欣	北京第二外国语学院	应用研究	研究报告，论文	2024.12
SM202210037001	社会认知对有非自杀性自伤经历大学生抑郁情绪的影响及干预研究	刘晓倩	北京物资学院	基础应用研究	论文	2024.12
SM202210037002	健全地方税体系的范式转型与路径优化研究	李楠楠	北京物资学院	应用研究	论文	2024.12
SM202210037003	重大灾害风险与京津冀保险业发展：影响与机制	冯丽宇	北京物资学院	应用研究	研究报告，论文	2024.12
SM202210037004	京津冀农村居民生活用能转型及其社会经济效益研究	侯冰栋	北京物资学院	应用研究	研究报告，论文	2024.12
SM202210037005	京津冀区域人才一体化发展体制机制创新研究	辛　灵	北京物资学院	应用研究	研究报告，论文	2024.12
SM202210037006	区块链技术背景下北京中小物流企业信用信息多级流转机制研究	刘若阳	北京物资学院	基础应用研究	研究报告，论文	2024.12
SM202210037007	数字化情景下企业创新网络用户主体协作行为研究	周宏丽	北京物资学院	应用研究	论文	2024.12
SM202210037008	北京市物流业高质量发展评价及碳排放权分配效率研究	王建建	北京物资学院	应用研究	研究报告，论文	2024.12
SM202210037009	双循环视角下京津冀地区居民消费结构的差异性探究	陶　丽	北京物资学院	应用研究	研究报告，论文	2024.12
SM202210038001	新时代首都法治文化的内涵、价值及建设路径探究	常婧超	首都经济贸易大学	基础研究	研究报告，论文	2024.12
SM202210038002	重大灾害情景下大规模伤员的救治与转运模式研究	褚宏睿	首都经济贸易大学	应用研究	研究报告，论文	2024.12

续表

项目编号	项目名称	负责人	承担单位	项目类别	预期成果形式	计划完成时间
SM202210038003	北京话（市区）鼻音韵尾的变异社会语言学研究	刘晓曦	首都经济贸易大学	基础应用研究	研究报告，论文	2024.12
SM202210038004	习近平新时代中国特色社会主义经济思想对公司治理理论的原创性贡献	韩　丰	首都经济贸易大学	基础应用研究	专著，研究报告	2024.12
SM202210038005	北京金融租赁行业中的非标信息资产定价机制	沙叶舟	首都经济贸易大学	应用研究	研究报告，论文	2024.12
SM202210038006	宪法实施保障机制体系化研究	孙如意	首都经济贸易大学	基础研究	研究报告	2024.12
SM202210038007	优化北京营商环境背景下专利制度异化问题研究	季冬梅	首都经济贸易大学	应用研究	研究报告，论文	2024.12
SM202210038008	智能手机对大学生课堂行为的影响研究	汪雅倩	首都经济贸易大学	应用研究	研究报告，论文	2024.12
SM202210038009	北京市互联网企业员工过度劳动问题与对策研究	王　欣	首都经济贸易大学	基础应用研究	研究报告	2024.12
SM202210038010	混合所有制改革与民营企业高质量发展	许晨曦	首都经济贸易大学	应用研究	论文	2024.12
SM202210038011	首都经济圈跨地域集团内部产业链协同机制的构建及经济后果研究	鄢　翔	首都经济贸易大学	应用研究	研究报告，论文	2024.12
SM202210038012	人口结构变动对京津冀政府债务可持续发展的影响机制研究	杜永潇	首都经济贸易大学	应用研究	研究报告	2024.12
SM202210038013	数字反哺视角下老年数字鸿沟的成因、机制及对策研究	崔　颖	首都经济贸易大学	应用研究	研究报告，论文	2024.12
SM202210038014	智能化对北京高精尖产业全要素生产率的影响与机制研究	王启超	首都经济贸易大学	基础应用研究	研究报告，论文	2024.12
SM202210038015	延迟退休背景下职业生涯晚期员工的职场成功老龄化及管理策略研究	贾汇源	首都经济贸易大学	基础研究	译著，研究报告，论文	2024.12
SM202210038016	城市居住用地出让方式的适用性评价研究	徐　虹	首都经济贸易大学	应用研究	研究报告，论文	2024.12
SM202210046001	19世纪德国歌剧演出体系研究	牟笑飞	中国音乐学院	基础研究	论文	2024.12
SM202210049001	京剧表演在中国电影的跨媒介转化研究	张　阳	中国戏曲学院	基础研究	研究报告，论文	2024.12
SM202210050001	光学媒介视角下的明清美术研究	陆　骐	北京电影学院	基础研究	论文	2024.12
SM202210050002	中国电影放映业高质量发展研究	黄立玮	北京电影学院	应用研究	专著，论文	2024.12
SM202210051001	跨媒介视域下的数据库艺术研究	王柯月	北京舞蹈学院	基础研究	研究报告，论文	2024.12
SM202210051002	融媒介视域下以本土文化开发为导向的高校美育创新路径探究	刘祎祎	北京舞蹈学院	基础应用研究	研究报告，论文	2024.12

续表

项目编号	项目名称	负责人	承担单位	项目类别	预期成果形式	计划完成时间
SM202210051003	功能性训练在中国民族民间舞基本功训练中的实践运用与价值研究	高　岩	北京舞蹈学院	基础应用研究	论文，其他	2023.12
SM202210051004	中国汉唐古典舞袖舞教材研究	张　杏	北京舞蹈学院	基础应用研究	研究报告，其他	2024.12
SM202210051005	探索中国古典舞中的君子人格	夏维家	北京舞蹈学院	基础应用研究	研究报告，论文	2024.12
SM202210853001	语言国情视野下的地理语言学理论与实践研究	葛东雷	北京工业职业技术学院	基础研究	论文	2024.12
SM202211232001	北京市高校学术不端行为的合规治理策略研究	贾明慧	北京信息科技大学	应用研究	研究报告，论文	2024.12
SM202211232002	清洁能源产业价值链多元主体协同运行机制与优化策略研究	徐方秋	北京信息科技大学	基础应用研究	论文	2024.12
SM202211232003	“30·60目标”下碳税的设计及政策效果研究	吕晓敏	北京信息科技大学	应用研究	研究报告，论文	2024.12
SM202211232004	后疫情时代首都大学生新媒体参与与政治信任研究	张　丽	北京信息科技大学	基础应用研究	研究报告，论文	2024.12
SM202211417001	北京市“接诉即办”治理效能提升研究	曹媛媛	北京联合大学	基础应用研究	研究报告，论文	2024.12
SM202211417002	特殊儿童动作发展评价量表的编制与应用	李　悦	北京联合大学	基础应用研究	研究报告，论文	2024.12
SM202211417003	北京市平台型灵活就业者过度劳动状况、健康影响及应对研究	温　煦	北京联合大学	基础研究	论文，其他	2024.12
SM202211417004	影响中学生数字化阅读素养的教学因素、阅读参与因素及其作用机制研究	谷屹欣	北京联合大学	基础应用研究	研究报告，论文	2024.12
SM202211417005	北京市青少年同伴互动与共情关系的纵向跨水平研究	陈雨露	北京联合大学	基础应用研究	论文	2024.12
SM202211417006	北京市可再生能源发展的政策实施方案研究	赵玉荣	北京联合大学	基础应用研究	研究报告，论文	2024.12
SM202211417007	基于文本挖掘技术的北京市科创企业财务违规行为研究	吴冬晓	北京联合大学	基础研究	论文	2024.12
SM202211417008	数字平台生态系统驱动金融支持北京智慧养老机理研究	王冬妮	北京联合大学	应用研究	研究报告，论文	2024.12
SM202211417009	中俄跨文化交际背景下表年龄语汇多维对比研究	牛安娜	北京联合大学	基础研究	研究报告，论文	2024.12
SM202211417010	北京老城非遗特色声像档案资源库建设方案研究	范冠艳	北京联合大学	基础应用研究	论文	2024.12
SM202211417011	清代琉球人的北京观察与记载研究	龚　卉	北京联合大学	基础研究	研究报告，论文	2024.12
SM202211626001	新时代首都大学生家国情怀精神培育路径研究	冯德安	北京青年政治学院	应用研究	研究报告，论文	2024.12

续表

项目编号	项目名称	负责人	承担单位	项目类别	预期成果形式	计划完成时间
SM202211626002	“十四五”时期首都社会工作与养老服务嵌合性发展研究	王春晖	北京青年政治学院	应用研究	研究报告，论文	2024.12
SM202211626003	体育核心素养培育背景下北京市高职院校学生运动技能的培养现状与对策研究	杨　斌	北京青年政治学院	基础应用研究	专著，论文	2024.12
SM202211626004	RCEP框架下北京“两区”建设中的经贸合作机制研究	周金凯	北京青年政治学院	应用研究	研究报告，论文	2024.12
SM202214073001	高职院校传承和创新非遗技艺的路径和方法研究	贾　茹	北京经济管理职业学院	应用研究	研究报告，论文，其他	2024.12
SM202214075001	基于中医传统医学道德理论挖掘整理的养老护理专业人才职业道德培养模式研究	杨佳敏	北京劳动保障职业学院	基础研究	研究报告，论文	2024.12

（北京市教育委员会供稿）

2021年北京市人大常委会调查研究课题

市人大常委会主任、副主任主持的市级重点调研课题

序号	题目	主持人	责任部门	负责人
1	健全完善代表工作机制，切实发挥代表主体作用	李　伟	研究室	崔新建
2	★北京市公共文化服务保障条例立法研究	杜飞进	教科文卫办公室	刘玉芳
3	推动“接诉即办”立法的实践与思考	魏小东	市委组织部	
4	关于改革完善中小学集团化办学体制机制和政策制度的研究与建议	庞丽娟	民进北京市委	
5	北京智能化供热技术路径与政策研究	闫傲霜	致公党北京市委	
6	北京医药产业创新发展相关问题研究	闫傲霜	北京市欧美同学会	
7	北京市新型基础设施建设和应用情况调研	李颖津	财政经济办公室	张伯旭
8	市人大代表履职学习工作研究	张　清	代表联络室	马曙光
9	《北京市突发公共卫生事件应急条例》实施情况的调研报告	侯君舒	社会委工作机构	从骆骆

注：带★号题目为法规立项论证项目。

市人大常委会机关调研课题

序号	题目	责任部门	负责人
1	北京市疏解整治促提升有关信访问题的调研报告	信访办公室	董立柱

续表

序号	题目	责任部门	负责人
2	新兴领域地方立法系统性研究	法制办公室	王荣梅
3	北京禁毒形势分析与立法对策	监察司法办公室	陈　永
4	北京市财政补贴管理与改革的调查研究	预算工作委员会	陈京朴
5	★《北京市土壤污染防治条例》立法可行性研究	城建环保办公室	冶　冰
6	修订《北京市森林资源保护管理条例》的调研论证	农村办公室	杨武林
7	北京市“类海外”环境建设情况的调研报告	民宗侨外办公室	孙　杰
8	★北京市未成年人保护暨预防未成年人犯罪立法研究	社会委工作机构	丛骆骆
9	关于市人大常委会机关纪检工作的调研报告	机关党委	栾淑彬

注：带★号题目为法规立项论证项目。

（北京市人大常委会供稿）

2021年北京市调查研究重点课题

序号	题目	主持人	承担部门
一、市级领导研究课题（36个）			
1	扩大中等收入群体、推进共同富裕研究	蔡　奇	市委研究室
2	智慧城市建设问题研究	陈吉宁	市政府研究室
3	健全完善代表工作机制，切实发挥代表主体作用	李　伟	市人大常委会研究室
4	推动“接诉即办”立法的实践与思考	魏小东	市政务服务局、市委组织部
5	以建党一百周年为契机深化全市党的政治建设的路径研究	张延昆	市委党建工作领导小组办公室
6	北京市率先基本实现农业农村现代化研究	张延昆	市委农工委市农业农村局
7	进一步强化政治监督，服务保障首都新发展		市纪委市监委
8	以京郊铁路带动微中心建设研究	崔述强	市发展改革委、市政府研究室
9	建立健全管党治警长效机制，全力锻造忠诚纯洁可靠首都政法铁军研究	齐　静	市委政法委
10	促进知识产权创造、保护、运用的研究	殷　勇	市知识产权局
11	统筹经济建设和国防建设，推动首都军民融合深度发展	张凡迪	北京卫戍区
12	促进北京隐形冠军企业高质量发展问题研究	孙梅君	市委统战部、市工商联
13	楼宇园区新的社会阶层人士统战工作研究	孙梅君	市委统战部
14	更好发挥改革在构建新发展格局中的关键作用研究	张家明	市委改革办
15	从百年党史中汲取宝贵经验，推进新时代宣传思想工作守正创新的若干思考	莫高义	市委宣传部

续表

序号	题目	主持人	承担部门
16	关于北京市深化中考改革和治理校外培训机构，推动“减轻义务教育阶段学生作业负担和校外培训负担”的实践研究	夏林茂	市委教工委、市教委
17	北京市公共文化服务保障条例立法研究	杜飞进	市人大常委会教科文卫办公室
18	北京市新型基础设施建设和应用情况研究	李颖津	市人大常委会财经办公室
19	市人大代表履职学习工作研究	张　清	市人大常委会代表联络室
20	《北京市突发公共卫生事件应急条例》实施情况的调研报告	侯君舒	市人大常委会社会委工作机构
21	北京市健身设施建设补短板五年行动计划研究	张建东	市体育局
22	城市控制性详细规划编制与实施保障机制研究	隋振江	市规划和自然资源委
23	农村地区便民服务现状与需求调查研究	卢　彦	市农业农村局
24	以首善标准推进率先实现碳中和的时间表、路线图研究	杨　斌	市生态环境局
25	进一步规范涉企行政检查，提高事中事后监管效能，助力营造国际一流营商环境	王　红	市市场监管局、市政务服务局
26	回天地区“七有”“五性”监测评价机制研究	杨晋柏	市委社会工委市民政局
27	深化融合执法提升现代警务效能的实践探索	亓延军	市公安局
28	加强城市运行感知　把握体征脉搏研究	卢映川	市城市管理委
29	促进科技成果转化堵点、难点问题研究	靳　伟	市科委、中关村管委会
30	关于努力克服新冠肺炎疫情影响，成功举办2022年北京冬奥会冬残奥会的调研	王　宁	市政协教文卫体委员会
31	关于中医药海外发展与文化传播的调研	杨艺文	市政协港澳台侨和外事委员会
32	关于推进提案办理全过程协商的调研	程　红	市政协提案委员会
33	关于加大政策引导支持力度，推进城市有机更新的调研	牛青山	市政协人口资源环境和建设委员会
34	关于打造“新场景”建设项目，抢占新经济发展制高点的调研	林抚生	市政协科技委员会
35	关于推进北京金融审判领域体制机制改革创新的调研报告	寇　昉	市高级法院
36	强化执法司法制约监督体系改革和建设问题研究	朱雅频	市人民检察院
二、民主党派研究课题（9个）			
1	深化供给侧结构性改革，大力建设国际消费中心城市	王　红	民革北京市委
2	立足北京服务业特色优势，全面推进“两区”建设	司马红	民建北京市委
3	首都高质量建设“博物馆之城”的问题及对策研究	程　红	民盟北京市委
4	关于改革完善中小学集团化办学体制机制和政策制度的研究与建议	庞丽娟	民进北京市委
5	关于践行“两山”理论，推进绿色北京建设的调查研究	于鲁明	农工党北京市委
6	北京智能化供热技术路径与政策技术研究	闫傲霜	致公党北京市委、北京市供热协会

续表

序号	题目	主持人	承担部门
7	北京市医药产业创新发展相关问题研究	闫傲霜	致公党北京市委、北京市欧美同学会
8	深化体制机制改革，提高企业基础研究和原始创新能力	刘忠范	九三学社北京市委
9	构建高水平数据管理体系，服务北京“两区”建设	陈　军	台盟北京市委
三、部委办局、各区研究课题（77个）			
1	关于全力推进“两区”建设，助力首都经济高质量发展的调研	柯文进	市政协经济委员会
2	关于完善城乡要素融合机制政策，推动农业农村高质量发展的调研	高　华	市政协农业和农村委员会
3	首都教育系统意识形态工作责任制落实情况调研	郑吉春	市委教育工委
4	北京市“互联网+基础教育”实践与思考	刘宇辉	市教委
5	基于大数据平台构建政府部门履职情况和机构编制使用效益评估指标体系与运用研究	李世新	市委编办
6	加强政治机关建设，提高政治判断力、政治领悟力、政治执行力	吕和顺	市直机关工委
7	率先探索形成具有首都特点新发展格局有效途径的研究	谈绪祥	市发展改革委
8	以京韵满乡民族团结文旅精品示范带建设为示范，深入开展民族乡村团结创建工作	钟百利	市民宗委
9	首都功能核心区平房四合院建筑整治实施导则	张　维	市规划和自然资源委
10	闲置土地使用权收回研究报告	张　维	市规划和自然资源委
11	北京居住领域城市更新政策与机制创新研究	王　飞	市住房和城乡建设委
12	深化城市管理综合统筹机制研究	邹劲松	市城市管理委
13	北京市轨道交通“四网融合”发展策略研究	谢正光	市交通委
14	“十四五”时期北京医疗卫生资源优化配置研究	于鲁明	市卫生健康委
15	构建新阶段首都卫生健康新发展格局路径研究	钟东波	市卫生健康委
16	北京构建全球数字经济标杆城市背景下市管企业数字化转型的路径措施研究	张贵林	市国资委
17	加快构建市场化选人用人机制的比较分析研究	张贵林	市国资委
18	改革人民防空体制机制，完善本市国防动员体系	刘宝杰	市人防办
19	统筹发展和安全，以服务经济社会高质量发展和提高城市战时安全保障能力为目标，谈新时期北京人防能力提升	刘宝杰	市人防办
20	首都信访积案化解机制研究	肖志刚	市信访办、市信访矛盾分析研究中心
21	党建引领首都老干部工作高质量发展的实践与探索	张彤军	市老干部局
22	利用大数据提升北京市城市治理能力研究	杨秀玲	市经济和信息化局
23	基层社会治理中基础建设难点问题研究	李万钧	市民政局

续表

序号	题目	主持人	承担部门
24	行政复议体制改革后北京市行政复议配套制度研究	李富莹	市司法局
25	“十四五”期间北京市财源建设研究	吴素芳	市财政局
26	人力资源市场在就业创业体系中发挥作用的研究	徐　熙	市人力社保局
27	北京市健全完善碳中和体制机制研究	陈　添	市生态环保局
28	推进新时期水务创新发展行动研究	潘安君	市水务局
29	种业“卡脖子”问题现状及对策研究	付兆庚	市农业农村局
30	进一步深化“两区”改革开放方案预研	闫立刚	市商务局
31	助力国际消费中心城市建设，北京市入境旅游消费提升策略研究	陈　冬	市文化和旅游局
32	退役军人保障地方立法调研	苗立峰	市退役军人事务局
33	北京市自然灾害防治能力问题研究	张树森	市应急管理局
34	顺应新形势推进智慧监管新发展	冀　岩	市市场监管局
35	北京审计在率先构建新发展格局中的作用	马兰霞	市审计局
36	北京市5G+8K超高清产业发展现状调研及产业发展规划研究	杨　烁	市广电局
37	“北京新视听”传播矩阵模式创新与效能提升	杨　烁	市广电局
38	文物腾退政策研究	陈名杰	市文物局
39	北京市全民健身场地设施建设政策问题研究	赵　文	市体育局
40	北京现代化经济体系检测指标体系研究	孟景伟	市统计局
41	落实首都城市功能定位下北京制造业支撑作用及发展路径研究	吴万标	市统计局
42	关于建立林长制体系的研究	邓乃平	市园林绿化局
43	北京市机关事务运行机制研究	赵根武	市机关事务管理局
44	数字贸易知识产权研究	杨东起	市知识产权局
45	转型发展下北京经济税收协调发展研究	张有乾	市税务局
46	打造亦庄新城党建协同发展先锋区的实践与思考	王少峰	开发区工委
47	新就业形态劳动者权益保护问题研究	郑默杰	市总工会
48	新时代共青团参与首都社会治理创新机制研究——以北京共青团开展“未诉先办”工作为例	李军会	团市委
49	基于儿童友好城市建设的北京市儿童现状与需求调查	张雅君	市妇联
50	“三老”改造，推动街区更新和民生改善取得新突破的研究	孙新军	东城区委研究室
51	推进“接诉即办”改革，深化“热线+网络”服务模式，推动即时办理向深度治理转变	金　晖	东城区政府研究室、区网格中心
52	关于高标准做好服务保障首都功能的思考	孙军民	西城区委区政府研究室
53	西城区数字经济发展的着力点研究	孙　硕	西城区委区政府研究室

续表

序号	题目	主持人	承担部门
54	高标准推进第四使馆区建设，打造国际交往中心新亮点	王　灏	朝阳区委区政府研究室
55	朝阳区发展时尚消费打造国际消费中心城市主承载区路径研究	文　献	朝阳区委区政府研究室
56	中关村科学城先行先试政策体系建设研究	于　军	海淀区委区政府研究室
57	石景山区城市更新问题研究	常　卫	石景山区委区政府研究室
58	关于加快推进石景山区产业转型升级的研究	李　新	石景山区委区政府研究室
59	关于以“红色门头沟”党建为引领，推动创建全国文明城区工作的实践与思考	张力兵	门头沟区委研究室
60	关于门头沟区践行“两山”理论　推动绿色高质量发展的实践与研究	喻华锋	门头沟区政府办
61	关于立足新发展阶段　贯彻新发展理念　构建新发展格局　全力推进“一区一城”新房山高质量发展的思考	陈　清	房山区委区政府研究室
62	关于坚持项目带动创新引领发展　加快建设科技金融创新新城的实践与思考	郭延红	房山区委区政府研究室
63	推动副中心国家绿色发展示范区建设的思考与实践	赵　磊	通州区委区政府研究室
64	顺义区高端制造开放发展路径研究	高　朋	顺义区委区政府研究室
65	围绕“两区”建设，加快顺义区创新驱动产业转型升级	龚宗元	顺义区委区政府研究室
66	深化体制机制改革创新，完善网格化管理	周立云	大兴区委研究室
67	关于重大环保设施建设与乡村振兴相结合的实践与探索——以安定镇村庄异地迁建项目为例	王有国	大兴区人民政府办公室
68	进一步搞活未来科学城、服务国际科技创新中心建设的策略研究	于长辉	昌平区委研究室、未来科学城管委会
69	昌平区存量产业用地盘活利用路径研究	甘靖中	昌平规自分局
70	全力建设综合性国家科学中心，加快形成国家战略科技力量的探索与思考	戴彬彬	怀柔区委研究室
71	深化以科学城为统领的“1+3”融合发展新格局战略研究	于庆丰	怀柔区政府办公室
72	关于探索生态涵养区高质量发展有效路径的实践与思考	唐海龙	平谷区委研究室
73	关于平谷区农业现代化生产组织方式分析与对策	吴小杰	平谷区政府办
74	关于学习贯彻落实习近平总书记重要回信精神　进一步保水保生态的研究	潘临珠	密云区委研究室
75	关于践行“两山”理论打造乡村振兴“密云样板”的调查与思考	马新明	密云区农业农村局、区政府办
76	关于建设最美冬奥城的实践与思考	穆　鹏	延庆区委研究室
77	关于加快建设国际滑雪度假旅游胜地的对策研究	于　波	延庆区政府发展研究中心

（北京市委研究室供稿）

2021年度北京市习近平新时代中国特色社会主义思想研究中心立项课题

序号	项目名称	项目批次	项目级别	项目负责人	项目承担单位	最终成果形式	项目编号
1	到2035年建成社会主义文化强国研究	2021年度五中专项	重大项目	邹广文	清华大学	系列论文	21LLMLA001
2	强化国家战略科技力量研究	2021年度五中专项	重大项目	陈　劲	清华大学	研究报告	21LLGLA002
3	发展数字经济、打造具有国际竞争力的数字产业集群研究	2021年度五中专项	重大项目	杨　东	中国人民大学	系列论文	21LLFXA003
4	推动有效市场和有为政府更好结合的长效机制研究	2021年度五中专项	重大项目	常庆欣	中国人民大学	研究报告	21LLLJA004
5	坚持系统观念研究	2021年度五中专项	重大项目	夏文斌	对外经济贸易大学	研究报告	21LLMLA005
6	构建以国内大循环为主体、国内国际双循环相互促进的新发展格局研究	2021年度五中专项	重大项目	祝合良	北京工业大学	研究报告	21LLYJA006
7	统筹发展和安全研究	2021年度五中专项	重大项目	杨　奎	北京市社会科学院	专著	21LLMLA007
8	2035年建成社会主义文化强国的目标和路径研究	2021年度五中专项	重大项目	林　坚	前线杂志社	研究报告	21LLMLA008
9	统筹发展和安全研究	2021年度五中专项	重大项目	徐　明	中国社会科学院大学	专著	21LLMLA009
10	到2035年建成社会主义文化强国研究	2021年度五中专项	重点项目	王建华	中国人民大学	专著	21LLMLB010
11	实施积极应对人口老龄化国家战略研究	2021年度五中专项	重点项目	黄石松	中国人民大学	研究报告	21LLSMB011
12	积极参与全球经济治理体系改革研究	2021年度五中专项	重点项目	曲如晓	北京师范大学	研究报告	21LLLJB012
13	推动有效市场与有为政府更好结合的长效机制研究	2021年度五中专项	重点项目	朱晓娟	中国政法大学	研究报告	21LLLJB013
14	新发展阶段提高社会文明程度研究	2021年度五中专项	重点项目	王宇航	对外经济贸易大学	研究报告	21LLMLB014
15	新发展阶段促进全体人民共同富裕研究	2021年度五中专项	重点项目	张春敏	中央民族大学	研究报告	21LLLJB015
16	到2035年建成社会主义文化强国研究	2021年度五中专项	重点项目	师英杰	中央民族大学	研究报告	21LLMLB016
17	新发展阶段促进全体人民共同富裕研究	2021年度五中专项	重点项目	童　萍	北京市委党校	研究报告	21LLMLB017

续表

序号	项目名称	项目批次	项目级别	项目负责人	项目承担单位	最终成果形式	项目编号
18	巩固拓展脱贫攻坚成果与乡村振兴有效衔接研究	2021年度五中专项	重点项目	赵小平	北京市社会科学院	研究报告	21LLYJB018
19	到2035年建成社会主义文化强国研究	2021年度五中专项	重点项目	王海文	北京第二外国语学院	系列论文	21LLMLB019
20	健全完善宏观经济治理体系研究	2021年度五中专项	重点项目	周人杰	人民日报社	系列论文	21LLYJB020
21	北京建设国际科技创新中心研究	2021年度五中专项	重点项目	唐方成	北京化工大学	研究报告	21LLGLB021
22	基于传媒生态变革的异构社交媒体建设与治理研究	2021年度五中专项	一般项目	唐　铮	中国人民大学	研究报告	21LLWXC022
23	新发展阶段加强党的领导制度体系建设研究	2021年度五中专项	一般项目	吴林龙	北京师范大学	研究报告	21LLMLC023
24	“双循环”背景下北京产业链战略布局优化及结构升级路径研究	2021年度五中专项	一般项目	郭雪萌	北京交通大学	研究报告	21LLYJC024
25	全球生产网络视角的新发展格局：理论基础与实践经验	2021年度五中专项	一般项目	何召鹏	中央财经大学	研究报告	21LLLJC025
26	北京建设国际科技创新中心研究：科学技术新兴方向的挖掘与资助视角	2021年度五中专项	一般项目	郭　颖	中国政法大学	研究报告	21LLGLC026
27	习近平关于网络法治的重要论述研究	2021年度五中专项	一般项目	李怀胜	中国政法大学	研究报告	21LLFXC027
28	新发展阶段推动能源产业高质量发展研究	2021年度五中专项	一般项目	董康银	对外经济贸易大学	研究报告	21LLLJC028
29	以社会公德建设为重点提高新发展阶段社会文明程度研究	2021年度五中专项	一般项目	姚郁卉	北京工业大学	研究报告	21LLMLC029
30	习近平法治思想中的依宪治国依宪执政重要论述研究	2021年度五中专项	一般项目	马宇飞	首都师范大学	研究报告	21LLFXC030
31	发展数字经济、打造具有国际竞争力的数字产业集群研究	2021年度五中专项	一般项目	王　琨	首都经济贸易大学	专著	21LLLJC031
32	新发展阶段促进全体人民共同富裕的实现路径研究	2021年度五中专项	一般项目	孙　爽	北京市委党校	研究报告	21LLZZC032
33	首都实施城市更新行动研究	2021年度五中专项	一般项目	李晓壮	北京市社会科学院	研究报告	21LLSMC033
34	首都新发展阶段中“一城三带”的文脉传承与时代文化价值研究	2021年度五中专项	一般项目	王林生	北京市社会科学院	研究报告	21LLWCC034
35	脱贫攻坚的伟大成就和宝贵经验研究	2021年度五中专项	一般项目	史志乐	中国农业大学	研究报告	21LLMLC035
36	新时代中国战略机遇期的新内涵和新特征研究	2021年度五中专项	一般项目	宋文龙	北京第二外国语学院	研究报告	21LLZZC036
37	文艺批评在文化强国建设中的重要作用研究	2021年度五中专项	一般项目	李小贝	北京联合大学	研究报告	21LLWCC037

续表

序号	项目名称	项目批次	项目级别	项目负责人	项目承担单位	最终成果形式	项目编号
38	京津冀碳排放的关键驱动机制及协同减排政策设计研究	2021年度五中专项	一般项目	田　园	北京联合大学	研究报告	21LLGLC038
39	“新基建”背景下北京市创新驱动发展路径研究	2021年度五中专项	一般项目	宋立丰	北京物资学院	研究报告	21LLSMC039
40	巩固拓展脱贫攻坚成果与乡村振兴有效衔接研究	2021年度五中专项	一般项目	周林洁	中国社会科学院大学	研究报告	21LLYJC040
41	推进多边主义基础上的全球治理体系改革研究	2021年度五中专项	一般项目	丑则静	国际关系学院	研究报告	21LLZZC041
42	构建新发展格局与京津冀协同发展有机衔接研究	2021年度五中专项	一般项目	魏丽华	北京科技大学	研究报告	21LLMLC042
43	习近平新时代中国特色社会主义思想的哲学体系研究	2021年度项目	重大项目	韩　震	北京师范大学	研究报告	21LLZXA043
44	习近平新时代中国特色社会主义经济思想的科学体系研究	2021年度项目	重大项目	黄泰岩	中央民族大学	研究报告	21LLLJA044
45	习近平法治思想的科学体系研究	2021年度项目	重大项目	黄文艺	中国人民大学	研究报告	21LLFXA045
46	习近平生态文明思想的科学体系研究	2021年度项目	重大项目	郇庆治	北京大学	研究报告	21LLMLA046
47	习近平外交思想的科学体系研究	2021年度项目	重大项目	张历历	外交学院	研究报告	21LLZZA047
48	习近平总书记关于国家治理现代化的重要论述研究	2021年度项目	重大项目	杨雪冬	清华大学	研究报告	21LLZZA048
49	习近平总书记关于中国共产党历史的重要论述研究	2021年度项目	重大项目	肖贵清	清华大学	系列论文	21LLZZA049
50	习近平总书记关于加强基层社会治理的重要论述研究	2021年度项目	重大项目	谭日辉	北京市社会科学院	研究报告	21LLSMA050
51	习近平总书记关于人权的重要论述研究	2021年度项目	重大项目	齐延平	北京理工大学	专著	21LLFXA051
52	中国共产党应对风险挑战的历史经验研究	2021年度项目	重大项目	沈永福	首都师范大学	研究报告	21LLMLA052
53	人类命运共同体视域下中国特色国际关系理论构建研究	2021年度项目	重大项目	徐　坚	外交学院	专著	21LLZZA053
54	提高金融服务构建新发展格局质效路径研究	2021年度项目	重大项目	邱兆祥	对外经济贸易大学	系列论文	21LLYJA054
55	习近平总书记关于新发展阶段的重要论述研究	2021年度项目	重点项目	魏志奇	中国地质大学（北京）	研究报告	21LLMLB055
56	习近平总书记关于新发展理念的重要论述研究	2021年度项目	重点项目	刘金程	中国矿业大学（北京）	专著	21LLMLB056
57	习近平总书记关于科技创新重要论述的科学体系研究	2021年度项目	重点项目	李东松	北京工业大学	研究报告	21LLMLB057

续表

序号	项目名称	项目批次	项目级别	项目负责人	项目承担单位	最终成果形式	项目编号
58	习近平总书记关于脱贫攻坚与乡村振兴有效衔接的重要论述研究	2021年度项目	重点项目	李怀瑞	中国政法大学	研究报告	21LLSMB058
59	中国特色反贫困理论研究	2021年度项目	重点项目	王　琳	中国农业大学	专著	21LLMLB059
60	中国共产党领导宣传思想工作规律研究	2021年度项目	重点项目	吴　琼	北京交通大学	研究报告	21LLMLB060
61	国际传播背景下中国共产党对外宣传工作规律研究	2021年度项目	重点项目	刘东建	中国传媒大学	研究报告	21LLWXB061
62	新时代影视艺术高质量发展研究	2021年度项目	重点项目	杨洪涛	中国传媒大学	系列论文	21LLWXB062
63	数字经济促进乡村振兴的理论阐释与经验研究	2021年度项目	重点项目	刘艳红	中国社会科学院大学	研究报告	21LLYJB063
64	北京市国家战略科技力量协同创新机制研究	2021年度项目	重点项目	李军凯	北京市科学技术研究院	研究报告	21LLGLB064
65	马克思主义基本原理与中华优秀传统文化相结合的历史考察	2021年度七一专项	重大项目	刘书林	清华大学	专著	21LLMLA065
66	中国百年科学社会主义理论与实践研究	2021年度七一专项	重大项目	陶文昭	中国人民大学	系列论文	21LLMLA066
67	新发展阶段实现全体人民共同富裕的理论内涵和实践创新研究	2021年度七一专项	重大项目	郑功成	中国人民大学	系列论文	21LLGLA067
68	中华民族伟大复兴历程的政治经济学分析	2021年度七一专项	重大项目	李　涛	中央财经大学	研究报告	21LLLJA068
69	全过程人民民主的理论创新和制度优势研究	2021年度七一专项	重大项目	胡　明	中国政法大学	研究报告	21LLZZA069
70	中国式现代化的基本范畴和研究范式构建研究	2021年度七一专项	重大项目	杨志成	首都师范大学	系列论文	21LLMLA070
71	21世纪马克思主义发展创新的时代特征和生长点研究	2021年度七一专项	重大项目	韩庆祥	前线杂志社	专著	21LLMLA071
72	伟大建党精神的时代价值与现实进路研究	2021年度七一专项	重大项目	蔡礼强	前线杂志社	专著	21LLZZA072
73	唯物史观视域下的中国共产党百年历史研究	2021年度七一专项	重大项目	房　宁	前线杂志社	系列论文	21LLZZA073
74	人类文明形态演进历程与新时代中国文明形态研究	2021年度七一专项	重大项目	李艳艳	北京科技大学	研究报告	21LLMLA074
75	以全人类共同价值引领构建人类命运共同体研究	2021年度七一专项	重大项目	郭　毅	北京工商大学	专著	21LLLJA075
76	习近平总书记关于全人类共同价值的重要论述研究	2021年度七一专项	重点项目	陈文旭	北京大学	系列论文	21LLMLB076

续表

序号	项目名称	项目批次	项目级别	项目负责人	项目承担单位	最终成果形式	项目编号
77	全面推进共同富裕对实现人自由全面发展的意义研究	2021年度七一专项	重点项目	张进财	北京大学	系列论文	21LLMLB077
78	以美育人、以文化城：推进全国文化中心建设、打造首都城市建设中的美育景观	2021年度七一专项	重点项目	张　璐	北京师范大学	系列论文	21LLWXB078
79	中国式现代化范式下的社会治理现代化	2021年度七一专项	重点项目	郭　晔	北京师范大学	系列论文	21LLFXB079
80	中国共产党百年奋斗史的伟大主题与辉煌成就的影视国际传播	2021年度七一专项	重点项目	赵艳明	北京交通大学	系列论文	21LLWXB080
81	创新传统文化表达形式，增强做中国人的志气、骨气、底气	2021年度七一专项	重点项目	王靖雨	北京交通大学	系列论文	21LLWXB081
82	青年是实现中华民族伟大复兴的先锋力量	2021年度七一专项	重点项目	叶红云	北京交通大学	系列论文	21LLMLB082
83	新时代建党题材影视创作以创新表达宣传阐释伟大建党精神研究	2021年度七一专项	重点项目	戴　清	中国传媒大学	系列论文	21LLWXB083
84	新时代中国青年要传承好中国共产党的青春气质	2021年度七一专项	重点项目	徐红梅	中国传媒大学	系列论文	21LLZZB084
85	数字时代乡村振兴促进共同富裕的逻辑阐释与创新路径	2021年度七一专项	重点项目	刘　楠	中国传媒大学	系列论文	21LLWXB085
86	和：中华民族的文化基因	2021年度七一专项	重点项目	刁生虎	中国传媒大学	系列论文	21LLZXB086
87	用马克思主义观察时代、把握时代、引领时代	2021年度七一专项	重点项目	陈文娟	中央财经大学	系列论文	21LLMLB087
88	协同推进人民富裕、国家强盛、中国美丽的内在逻辑与现实路径研究	2021年度七一专项	重点项目	李　扬	中央财经大学	系列论文	21LLLJB088
89	“接诉即办”法治化研究	2021年度七一专项	重点项目	李　晓	中国政法大学	系列论文	21LLFXB089
90	人类命运共同体理念下的全球金融治理变化趋势及应对研究	2021年度七一专项	重点项目	刘子平	中国政法大学	系列论文	21LLFXB090
91	优化北京数字营商环境，引领“全球数字首都圈”建设	2021年度七一专项	重点项目	赵永升	对外经济贸易大学	系列论文	21LLYJB091
92	传承互助精神促进中华儿女大团结	2021年度七一专项	重点项目	沈　澈	中央民族大学	系列论文	21LLSMB092
93	中国特色社会主义乡村振兴之路与中华民族伟大复兴	2021年度七一专项	重点项目	黄　锐	中央民族大学	系列论文	21LLGLB093
94	铸牢中华民族共同体意识视角下各民族交往交流交融研究	2021年度七一专项	重点项目	马胜春	中央民族大学	系列论文	21LLSMB094
95	习近平总书记关于建设体育强国的重要论述在学校体育改革中的实施路径研究	2021年度七一专项	重点项目	冯　峰	首都师范大学	系列论文	21LLJTB095

续表

序号	项目名称	项目批次	项目级别	项目负责人	项目承担单位	最终成果形式	项目编号
96	青年是实现中华民族伟大复兴的先锋力量	2021年度七一专项	重点项目	王　颖	首都经济贸易大学	系列论文	21LLMLB096
97	数字经济高质量发展的“双轮驱动”——技术创新与制度创新	2021年度七一专项	重点项目	张宸妍	首都经济贸易大学	系列论文	21LLYJB097
98	中国青年银幕形象流变研究与当代启示	2021年度七一专项	重点项目	杨歆迪	北京电影学院	系列论文	21LLWXB098
99	推进国际科技创新中心建设　在推进科技自立自强中彰显北京担当	2021年度七一专项	重点项目	汪霜傲	北京市科学技术研究院	系列论文	21LLMLB099
100	新时代推进党风廉政建设和反腐败斗争研究	2021年度七一专项	重点项目	罗　星	中国纪检监察学院	系列论文	21LLZZB100
101	中国共产党优良传统的生成理路、内涵体系与践行机制研究	2021年度七一专项	重点项目	周东娜	中国农业大学	系列论文	21LLMLB101
102	坚守和弘扬全人类共同价值	2021年度七一专项	重点项目	张梅艳	中国农业大学	系列论文	21LLMLB102
103	中国新型城镇化发展的丰富内涵和世界意义	2021年度七一专项	重点项目	孙祥栋	北京化工大学	系列论文	21LLYJB103
104	以伟大建党精神引领中华民族伟大复兴研究	2021年度七一专项	重点项目	张传泉	北京邮电大学	系列论文	21LLMLB104
105	高校弘扬革命传统赓续红色血脉路径研究	2021年度七一专项	重点项目	陶　晶	北京邮电大学	系列论文	21LLJTB105
106	中国特色社会主义制度“人民至上”基础价值研究	2021年度七一专项	重点项目	杨润聪	中国地质大学（北京）	系列论文	21LLMLB106
107	人类文明新形态的内涵与特征研究	2021年度七一专项	重点项目	孙　利	北京理工大学	系列论文	21LLMLB107
108	协同推进人民富裕、国家强盛、中国美丽	2021年度七一专项	重点项目	贾　鼎	中国人民公安大学	系列论文	21LLGLB108
109	新时代乡村生态文明建设的内涵与时代价值研究	2021年度七一专项	重点项目	刘志博	中国林业科学研究院	系列论文	21LLZXB109
110	伟大建党精神是中国共产党的精神之源	2021年度七一专项	重点项目	吴国斌	北京体育大学	系列论文	21LLZZB110
111	中国共产党开创的人类文明新形态研究	2021年度七一专项	重点项目	陈首珠	北方工业大学	系列论文	21LLZXB111
112	在党的百年辉煌中深化对全面从严治党的科学认识	2021年度七一专项	重点项目	庄文城	北京第二外国语学院	系列论文	21LLZZB112
113	把青春奋斗融入党和人民事业	2021年度七一专项	重点项目	周雪梅	北京联合大学	系列论文	21LLMLB113

（北京市社科联、北京市社科规划办供稿）

北京市社会科学基金年度学科学术发展报告项目立项名单（2021）

序号	项目编号	项目名称	承担单位	研究类别	负责人	成果形式	完成时间
1	21XXB01	哲学2020年度（北京）学科学术发展报告（一）	北京市哲学会	基础研究	杨学功	研究报告	2021.9.30
2	21XXB02	哲学2020年度（北京）学科学术发展报告（二）	北京市哲学会	基础研究	杨学功	研究报告	2021.9.30
3	21XXB03	理论经济学2020年度（北京）学科学术发展报告（一）	北京市经济学总会	基础研究	刘元春	研究报告	2021.9.30
4	21XXB04	理论经济学2020年度（北京）学科学术发展报告（二）	北京市经济学总会	基础研究	邱海平	研究报告	2021.9.30
5	21XXB05	中国特色经济学2020年度（北京）学科学术发展总报告	北京外国经济学说研究会	基础研究	苏　剑	研究报告	2021.9.30
6	21XXB06	西方经济学（理论与应用）、经济思想史、经济史2020年度（北京）学科学术发展报告	北京外国经济学说研究会	基础研究	苏　剑	研究报告	2021.9.30
7	21XXB07	法学2020年度（北京）学科学术发展报告（一）	北京市法学会	基础研究	朱大旗	研究报告	2021.9.30
8	21XXB08	法学2020年度（北京）学科学术发展报告（二）	北京市法学会	基础研究	张远煌	研究报告	2021.9.30
9	21XXB09	政治学2020年度（北京）学科学术发展报告	北京市政治学行政学学会	基础研究	范　文	研究报告	2021.9.30
10	21XXB10	行政学2020年度（北京）学科学术发展报告	北京市政治学行政学学会	基础研究	赵新峰	研究报告	2021.9.30
11	21XXB11	马克思主义理论2020年度（北京）学科学术发展报告	北京市科学社会主义学会	基础研究	秦　宣	研究报告	2021.9.30
12	21XXB12	社会学2020年度（北京）学科学术发展报告	北京市社会学学会	基础研究	张　翼	研究报告	2021.9.30
13	21XXB13	社会学2020年度（北京）学科学术发展报告子报告	北京市社会学学会	基础研究	张　翼	研究报告	2021.9.30
14	21XXB14	教育学2020年度（北京）学科学术发展报告	首都师范大学	基础研究	孟繁华	研究报告	2021.9.30
15	21XXB15	语言文学2020年度（北京）学科学术发展报告	北京市文艺学会	基础研究	李建盛	研究报告	2021.9.30
16	21XXB16	中外语言学2020年度（北京）学科学术发展报告	北京市语言学会	基础研究	张旺喜	研究报告	2021.9.30
17	21XXB17	历史学2020年度（北京）学科学术发展报告（一）	北京市历史学会	基础研究	杨共乐	研究报告	2021.9.30
18	21XXB18	历史学2020年度（北京）学科学术发展报告（二）	北京市历史学会	基础研究	刘林海	研究报告	2021.9.30

续表

序号	项目编号	项目名称	承担单位	研究类别	负责人	成果形式	完成时间
19	21XXB19	艺术学2020年度（北京）学科学术发展报告	北京师范大学	基础研究	王一川	研究报告	2021.9.30
20	21XXB20	工商管理学2020年度（北京）学科学术发展报告	北京大学	基础研究	王　辉	研究报告	2021.9.30
21	21XXB21	逻辑学2020年度（北京）学科学术发展报告	北京市逻辑学会	基础研究	刘奋荣	研究报告	2021.9.30
22	21XXB22	中共党史2020年度（北京）学科学术发展报告	北京市中共党史学会	基础研究	杨凤城	研究报告	2021.9.30
23	21XXB23	国际共产主义运动2020年度（北京）学科学术发展报告	北京市国际共运史学会	基础研究	郭春生	研究报告	2021.9.30
24	21XXB24	人口学2020年度（北京）学科学术发展报告	北京市人口学会	基础研究	段成荣	研究报告	2021.9.30
25	21XXB25	心理学2020年度（北京）学科学术发展报告	北京市社会心理学会	基础研究	李　纾	研究报告	2021.9.30

（北京市社科联、北京市社科规划办供稿）

北京市社会科学基金青年学术带头人项目立项名单（2021）

序号	项目编号	项目名称	课题承担人	研究类别	成果形式	完成时间
1	21DTR001	孟子：现实的理想主义者	赵金刚	基础研究	专著	2024.7.1
2	21DTR002	默言：跨文化视野下的中国修辞逻辑	袁　艾	基础研究	系列论文	2024.7.1
3	21DTR003	马克思发展道路理论的哲学意蕴研究	张　梧	基础研究	研究报告	2024.7.1
4	21DTR004	主体性的现象学构成研究	赵　猛	基础研究	专著	2024.7.1
5	21DTR005	情感儒学与孟子性善论	李春颖	基础研究	研究报告	2024.7.1
6	21DTR006	中西文化交流视阈下的北京正福寺墓地研究	陈欣雨	基础研究	专著	2024.7.1
7	21DTR007	个人及家庭决策质量研究	苗　彬	基础研究	系列论文	2024.7.1
8	21DTR008	最优税收理论视角下的健全再分配调节机制研究	翁　翕	基础研究	系列论文	2024.7.1
9	21DTR009	大规模减税降费的效应评估与政策优化研究	刘勇政	基础研究	系列论文	2024.7.1
10	21DTR010	中国区位导向性产业政策的社会效应分析	孙伟增	基础研究	系列论文	2024.7.1
11	21DTR011	多源贸易摩擦下中国嵌入区域价值链的内在机理、路径选择与政策设计	乔小勇	基础研究	研究报告	2024.7.1
12	21DTR012	我国财政支出结构演变与展望研究	李　明	基础研究	专著	2024.7.1
13	21DTR013	数字经济时代北京文化产业扩大开放的国际经验、影响因素和北京策略研究	孙俊新	基础研究	研究报告	2024.7.1

续表

序号	项目编号	项目名称	课题承担人	研究类别	成果形式	完成时间
14	21DTR014	渎职犯罪的结果归责研究	陈　璇	基础研究	专著	2024.7.1
15	21DTR015	历史社会理论法学方法研究	王若磊	基础研究	系列论文	2024.7.1
16	21DTR016	刑事诉讼数字合规困境成因及其化解	裴　炜	基础研究	研究报告	2024.7.1
17	21DTR017	宪法学研究方法的理论脉络与适用实践	王　蔚	基础研究	专著	2024.7.1
18	21DTR018	政府政策过程与区域协同发展	马　啸	基础研究	系列论文	2024.7.1
19	21DTR019	全球数字治理的中国视角与实践	曲鹏飞	基础研究	系列论文	2024.7.1
20	21DTR020	秩序转换与中国的亚洲区域合作新战略研究	吴　琳	基础研究	研究报告	2024.7.1
21	21DTR021	国家安全治理的理论模型与实证研究——基于“情境—意识—行动”的分析框架	杨华锋	基础研究	系列论文	2024.7.1
22	21DTR022	中国的婚姻模式变迁及其社会人口学后果	李　婷	基础研究	研究报告	2024.7.1
23	21DTR023	多元建筑文化遗产与中华民族身份认同研究	潘　曦	基础研究	研究报告	2024.7.1
24	21DTR024	中国民营企业的企业成长与社会反哺研究	朱　斌	基础研究	专著	2024.7.1
25	21DTR025	新型农村集体经济发展与小农户的组织化	潘　璐	基础研究	系列论文	2024.7.1
26	21DTR026	习近平总书记关于新时代党的建设重要论述研究	赵淑梅	基础研究	系列论文	2024.7.1
27	21DTR027	马克思《人类学笔记》的整体性研究	袁　雷	基础研究	专著	2024.7.1
28	21DTR028	习近平关于马克思主义发展史重要论述研究	刘娜娜	基础研究	专著	2024.7.1
29	21DTR029	新民主主义革命时期中国共产党领导意识形态工作研究	夏　清	基础研究	系列论文	2024.7.1
30	21DTR030	中国学龄前儿童家庭的情绪和正念干预研究	韩　卓	基础研究	系列论文	2024.7.1
31	21DTR031	传染病威胁影响信任的心理机制研究	敬一鸣	基础研究	研究报告	2024.7.1
32	21DTR032	高等教育质量评价与创新能力培养研究	荣利颖	基础研究	专著	2024.7.1
33	21DTR033	近代文章学研究	陆　胤	基础研究	研究报告	2024.7.1
34	21DTR034	计算文学刍论	李飞跃	基础研究	专著	2024.7.1
35	21DTR035	出土《诗》类文献研究	陈民镇	基础研究	系列论文	2024.7.1
36	21DTR036	现代汉语的预期范畴	范晓蕾	基础研究	研究报告	2024.7.1
37	21DTR037	古典文献的智能化分析与关联技术研究	胡韧奋	基础研究	系列论文	2024.7.1
38	21DTR038	语言接触视角下的甘青地区蒙古语族语言语音演变规律研究	韩国君	基础研究	研究报告	2024.7.1

续表

序号	项目编号	项目名称	课题承担人	研究类别	成果形式	完成时间
39	21DTR039	基于人工智能技术的甲骨文校重系统	莫伯峰	基础研究	研究报告	2024.7.1
40	21DTR040	全球语境下信息流行病学的理论方法和应用研究	吴　晔	基础研究	系列论文	2024.7.1
41	21DTR041	可沟通性视野下的北京城市国际传播能力建设研究	姬德强	基础研究	专著	2024.7.1
42	21DTR042	汉唐散佚乐书解题笺证	金　溪	基础研究	研究报告	2024.7.1
43	21DTR043	数字人文视野下的清代地方官员群体研究	胡　恒	基础研究	系列论文	2024.7.1
44	21DTR044	文物溯源视野下的明代晚期白银流通研究	刘思然	基础研究	研究报告	2024.7.1
45	21DTR045	美国革命的多样面孔	魏　涛	基础研究	专著	2024.7.1
46	21DTR046	“半月形文化传播带”铜冶金生产组织、技术交流与文明演进研究	罗武干	基础研究	系列论文	2024.7.1
47	21DTR047	“中医药文告”传播视域下中国古代医疗社会发展研究	马　捷	基础研究	专著	2024.7.1
48	21DTR048	北京石窟寺与摩崖造像研究	张　雯	基础研究	专著	2024.7.1
49	21DTR049	北京老城地名文化遗产价值挖掘与保护应用研究	王洪波	基础研究	系列论文	2024.7.1
50	21DTR050	绿色消费行为影响机制研究：基于利益诉求和稀缺感视角	孙　瑾	基础研究	系列论文	2024.7.1
51	21DTR051	数字经济下创新生态系统的治理机制	戎　珂	基础研究	系列论文	2024.7.1
52	21DTR052	科创中心背景下领先用户创新机制研究	王　楠	基础研究	研究报告	2024.7.1
53	21DTR053	工匠精神导向人力资源管理实践与员工创新行为：基于工作激情视角的研究	高中华	基础研究	研究报告	2024.7.1
54	21DTR054	数字技术推动北京市产业升级的机制与政策优化研究	叶选挺	基础研究	研究报告	2024.7.1
55	21DTR055	首都圈现代化交通体系发展与管理模式研究	马　路	基础研究	研究报告	2024.7.1
56	21DTR056	数字经济时代会计变革与资本市场高质量发展研究	方　芳	基础研究	研究报告	2024.7.1
57	21DTR057	北京国际科技创新中心建设的路径与措施研究	陆园园	基础研究	系列论文	2024.7.1
58	21DTR058	“接诉即办”、政府绩效管理与城市治理创新	马　亮	基础研究	系列论文	2024.7.1
59	21DTR059	资源型城市环境生态风险识别与防控管理研究	葛建平	基础研究	系列论文	2024.7.1
60	21DTR060	数字化转型视角下的智慧北京与“两区”建设融合发展策略研究	王　鹏	基础研究	研究报告	2024.7.1

（北京市社科联、北京市社科规划办供稿）

·获奖成果·

概　述

本栏目记述北京市第十六届哲学社会科学优秀成果奖获奖成果名单和第十九届孙冶方经济科学奖获奖名单。获奖成果的记述，包括成果名称、申报者、申报单位、成果形式、获奖等级等内容。这些信息反映出北京地区社会科学研究领域的最新成果和理论贡献。

北京市第十六届哲学社会科学优秀成果奖获奖成果名单

特等奖

序号	成果名称	成果形式	申报单位	申报者	获奖等级
1	钟敬文全集	著作	北京师范大学	董晓萍	特等奖
2	顾明远文集	著作	北京师范大学	顾明远	特等奖

一等奖

序号	成果名称	成果形式	申报单位	申报者	获奖等级
1	中国扶贫	著作	北京大学	雷　明	一等奖
2	中国特色社会主义政治经济学史纲	著作	北京市习近平新时代中国特色社会主义思想研究中心	顾海良	一等奖
3	新时代中国特色社会主义经济思想研究	著作	北京市习近平新时代中国特色社会主义思想研究中心	白暴力	一等奖
4	中国特色社会主义重大问题研究	著作	中国人民大学	秦　宣	一等奖
5	马克思主义时代化基本问题	著作	北京市习近平新时代中国特色社会主义思想研究中心中国人民大学研究基地	陶文昭	一等奖

续表

序号	成果名称	成果形式	申报单位	申报者	获奖等级
6	中国的经验：改革开放四十年的经济学总结	著作	清华大学	李稻葵	一等奖
7	新中国对外开放70年：赋能增长与改革	论文	北京市习近平新时代中国特色社会主义思想研究中心清华大学研究基地	江小涓	一等奖
8	当代青年与社会主义核心价值观	著作	清华大学	刘书林	一等奖
9	2019京津冀协同发展报告	著作	北京大学	李国平	一等奖
10	社会再生产中的流通职能与劳动价值论	论文	中国人民大学	王晓东	一等奖
11	基于小农户生产的扶贫实践与理论探索——以“巢状市场小农扶贫试验”为例	论文	中国农业大学	叶敬忠	一等奖
12	重读马克思：文本及其思想（12卷本）	著作	北京大学	聂锦芳	一等奖
13	重建中的反思：重新理解历史唯物主义	著作	北京师范大学	杨　耕	一等奖
14	儒学美德论	著作	清华大学	陈　来	一等奖
15	马克思主义中国化进程中经典著作编译与传播研究（1919—1949）	著作	中国人民大学	王海军	一等奖
16	古印度哲学经典文献思想研究	著作	北京大学	姚卫群	一等奖
17	文化人类学与非物质文化遗产	著作	中央民族大学	麻国庆	一等奖
18	乡村民间纠纷的异化及其治理路径	论文	中国人民大学	陆益龙	一等奖
19	减税降费的潜在财政影响与风险防范	论文	中国人民大学	郭庆旺	一等奖
20	中国传统地权制度及其变迁	著作	清华大学	龙登高	一等奖
21	平台经济全球化的政治经济学分析	论文	中国人民大学	谢富胜	一等奖
22	高维因子模型的极大似然分析：理论与方法	著作	首都经济贸易大学	李鲲鹏	一等奖
23	健康传播：中国人的接触、认知与认同——基于HINTS模型的实证研究与分析	著作	北京师范大学	喻国明	一等奖
24	群体传播时代：信息生产方式的变革与影响	论文	中国传媒大学	隋　岩	一等奖
25	当代中国治理的党政结构与功能机制分析	论文	北京大学	王浦劬	一等奖
26	创造性心理学	著作	北京师范大学	林崇德	一等奖
27	中国监察法制史	著作	中国政法大学	张晋藩	一等奖
28	区块链+监管=法链	著作	中国人民大学	杨　东	一等奖
29	戴逸文集	著作	中国人民大学	戴　逸	一等奖
30	秦始皇直道考察与研究	著作	中国人民大学	王子今	一等奖
31	英美军事战略同盟关系的形成与发展（1919—1945）	著作	首都师范大学	徐　蓝	一等奖
32	Low-carbon innovation induced by emissions trading in China（中国排放权交易引发的低碳创新）	论文	清华大学	朱俊明	一等奖
33	气候工程管理：碳捕集与封存技术管理	著作	北京理工大学	魏一鸣	一等奖
34	智慧供应链金融	著作	中国人民大学	宋　华	一等奖

续表

序号	成果名称	成果形式	申报单位	申报者	获奖等级
35	中国现代文论史（四卷本）	著作	北京师范大学	王一川	一等奖
36	简帛文献字词研究	著作	中国人民大学	王贵元	一等奖
37	形式和意义互动的句式系统研究——互动构式语法探索	著作	北京语言大学	施春宏	一等奖
38	通变之途：新世纪以来的中国电影产业	著作	清华大学	尹　红	一等奖
39	从“国家安全”的高度重视生物安全　推动首都生物安全治理体系和治理能力现代化	调研报告	清华大学	曹　峰	一等奖
40	北京市垃圾分类的现状及《条例》(修正案）正式实施的舆论风险评估的对策建议	调研报告	中共北京市委党校（北京行政学院）	庞　宇	一等奖
41	北京市住宅小区物业管理问题及对策研究	调研报告	北京市委研究室	王文水	一等奖
42	坚定不移推进社会治理现代化——新中国70年社会治理现代化历程、进展与启示	调研报告	北京师范大学	魏礼群	一等奖
43	立国思想家与治体代兴	著作	中国人民大学	任　锋	一等奖

二等奖

序号	成果名称	成果形式	申报单位	申报者	获奖等级
1	论加强党的长期执政能力建设	论文	北京联合大学	韩　强	二等奖
2	深化国有企业改革的战略设计	著作	北京师范大学	戚聿东	二等奖
3	正确理解和引导人民的美好生活需要	论文	北京师范大学	沈湘平	二等奖
4	中国特色社会主义制度的人学意蕴	著作	北京市习近平新时代中国特色社会主义思想研究中心北京师范大学研究基地	徐　斌	二等奖
5	提高宏观调控的前瞻性针对性有效性	论文	北京市习近平新时代中国特色社会主义思想研究中心	郑新立	二等奖
6	改革开放关键词——中国改革开放历史通览	著作	北京市习近平新时代中国特色社会主义思想研究中心	李忠杰	二等奖
7	习近平新时代中国特色社会主义思想的理论特色	论文	北京市习近平新时代中国特色社会主义思想研究中心	黄一兵	二等奖
8	“一带一路”倡议下中央企业履行社会责任研究——基于战略性社会责任和反应性社会责任的视角	论文	北京市习近平新时代中国特色社会主义思想研究中心对外经济贸易大学研究基地	祝继高	二等奖
9	新媒体环境下中国新闻管理与舆论引导问题、趋势分析	论文	北京市习近平新时代中国特色社会主义思想研究中心清华大学研究基地	柳斌杰	二等奖

续表

序号	成果名称	成果形式	申报单位	申报者	获奖等级
10	中关村创新发展四十年	著作	海淀区委党校	中共海淀区委党校课题组	二等奖
11	创新植入增长：基于科学的产业的技术赶超与自主创新	著作	清华大学	雷家骕	二等奖
12	论社会主义核心价值观建设的原则	论文	首都师范大学	王淑芹	二等奖
13	中国文化产业40年回顾与展望（1978—2018）	著作	中国传媒大学	范　周	二等奖
14	仪式与教育——以中国共产党思想政治教育史为中心的考察	著作	中国青年政治学院	杨　巧	二等奖
15	作为国家机构原则的民主集中制	论文	中国人民大学	王　旭	二等奖
16	经济增长及发展潜能——理论演变与中国经验	著作	中国人民大学	刘　伟	二等奖
17	新中国在这里诞生	著作	中国人民公安大学	曹　英	二等奖
18	新时代政府治理现代化的伦理路径论析	论文	中国社会科学院大学	王维国	二等奖
19	马克思恩格斯列宁民族理论文献在中国的百年传播	著作	中央民族大学	杨须爱	二等奖
20	“红墙意识”——理论与实践	著作	西城区委宣传部	李　萌	二等奖
21	低碳发展宏观经济理论框架研究	著作	北京大学	厉以宁	二等奖
22	论“人类命运共同体”与马克思共同体思想的关系	论文	北京大学	孙来斌	二等奖
23	全球治理困境与“人类命运共同体”思想的时代价值	论文	北京航空航天大学	赵义良	二等奖
24	Understanding Chinese GDP（看懂中国GDP）	著作	北京师范大学	宋旭光	二等奖
25	改革开放以来高校思想政治教育发展史	著作	北京师范大学	冯　刚	二等奖
26	中国共产党爱国主义思想史略	著作	北京市习近平新时代中国特色社会主义思想研究中心北京师范大学研究基地	温　静	二等奖
27	中国协商民主体系及其运行机制研究	著作	北京市社会科学院	孙照红	二等奖
28	生态文化论	著作	北京市习近平新时代中国特色社会主义思想研究中心北京交通大学研究基地	路日亮	二等奖
29	十八大以来中国特色社会主义理论创新研究	著作	北京市习近平新时代中国特色社会主义思想研究中心清华大学研究基地	肖贵清	二等奖
30	保险政策与中国式减贫：经验、困局与路径优化	论文	对外经济贸易大学	黄　薇	二等奖
31	党性的诠释——党性是怎样淬炼的（第三版）	社科普及读物	前线杂志社	魏晔玲	二等奖

续表

序号	成果名称	成果形式	申报单位	申报者	获奖等级
32	民法典编纂视野下的个人信息保护	论文	清华大学	程　啸	二等奖
33	创新的资本逻辑——用资本视角思考创新的未来	著作	清华大学	田　轩	二等奖
34	中国改革开放全景录·北京卷	著作	北京市委党史研究室、北京市地方志办	李　良	二等奖
35	新中国成立以来中国共产党价值观建设研究	著作	首都师范大学	韩　华	二等奖
36	中国特色社会主义宗教理论专题研究	著作	中国人民大学	何虎生	二等奖
37	中国之治的制度密码	著作	中国人民大学	靳　诺	二等奖
38	中国行政体制改革的价值显现	论文	中国人民大学	何艳玲	二等奖
39	习近平新时代治国理政的历史观	著作	中国社会科学院大学	卜宪群	二等奖
40	司法改革问题研究	著作	中国政法大学	陈光中	二等奖
41	产业转移对民族地区贫困治理的作用研究	论文	中央民族大学	张秀萍	二等奖
42	财产与风险：马克思财产理论的逻辑与方法论自觉	著作	北京市社会科学院	刘长军	二等奖
43	重读马克思:《1844年经济学哲学手稿》前沿问题新探	著作	北京大学	林　锋	二等奖
44	实践·历史·自由——马克思哲学本真精神的当代追寻	著作	清华大学	李成旺	二等奖
45	政德论：心理结构与伦理行动的二重维度	著作	中共北京市委党校（北京行政学院）	鄯爱红	二等奖
46	马克思的三大批判：法哲学、政治经济学和形而上学	著作	首都师范大学	程广云	二等奖
47	分析哲学——批评与建构	著作	北京大学	陈　波	二等奖
48	诠释学的中国化：一种普遍性的经典诠释学构想	论文	北京市社会科学院	洪汉鼎	二等奖
49	先秦儒墨关系研究	著作	北京交通大学	孔德立	二等奖
50	质的量化与运动的量化：14世纪经院自然哲学的运动学初探	著作	清华大学	张卜天	二等奖
51	《大方等大集经》研究	著作	北京大学	萨尔吉	二等奖
52	A History of Chinese Buddhist Faith and Life（中国佛教信仰与生活史）	著作	清华大学	圣　凯	二等奖
53	儒道佛三教关系简明通史	著作	中央民族大学	牟钟鉴	二等奖
54	从批判到抗争：西方马克思主义的嬗变及其当代形态	著作	清华大学	夏　莹	二等奖
55	女性的政治地位与出生人口性别比——基于1950—2000年县级数据的实证研究	论文	中央财经大学	游五岳	二等奖
56	拿起针筒的国家——20世纪中国性病控制社会史	著作	中共北京市委党校（北京行政学院）	杜　鹃	二等奖

续表

序号	成果名称	成果形式	申报单位	申报者	获奖等级
57	中国流动人口的城市逐梦	著作	中央民族大学	杨菊华	二等奖
58	文化舒适物：地方质量如何影响城市发展	著作	中共北京市委党校（北京行政学院）	吴　军	二等奖
59	乡土社会中的面子观与乡村治理	论文	北京师范大学	董磊明	二等奖
60	智慧养老：内涵与模式	著作	中国人民大学	左美云	二等奖
61	舞龙习俗研究	著作	北京师范大学	吕韶钧	二等奖
62	尚武精神的消逝——社会变迁下的民族传统体育文化记忆与传承	著作	中国人民大学	王智慧	二等奖
63	地方财政治理：授人以鱼还是授人以渔——基于省直管县财政体制改革的研究	论文	中国人民大学	刘勇政	二等奖
64	地方公共债务增长的制度基础——兼顾财政和金融的视角	论文	对外经济贸易大学	毛　捷	二等奖
65	解读世界经济发展	著作	北京大学	林毅夫	二等奖
66	随机实地实验：理论、方法和在中国的运用	著作	中国人民大学	陆方文	二等奖
67	国家产业安全理论与预警机制	著作	北京交通大学	李孟刚	二等奖
68	经济平稳较快发展、调整经济结构与管理通货膨胀预期的关系研究	著作	首都经济贸易大学	张连城	二等奖
69	现代金融体系导论	著作	中国人民大学	吴晓求	二等奖
70	全球量化宽松：十年演进	著作	中国社会科学院大学	胡　滨	二等奖
71	中国在世界经济中相对地位的演变（公元1000—2017年）——对麦迪逊估算的修正	论文	中央财经大学	金星晔	二等奖
72	收入分配与劳动力市场研究	著作	中国人民大学	罗楚亮	二等奖
73	对外贸易影响我国劳动力要素流动的经济效应研究	著作	北京师范大学	赵春明	二等奖
74	中国开放型经济的“共轭环流论”：理论与证据	论文	对外经济贸易大学	洪俊杰	二等奖
75	社会偏好理论与社会合作机制研究：基于公共品博弈实验的视角	著作	中国人民大学	周业安	二等奖
76	经济结构变动与未来中国能源需求走势	论文	中国人民大学	郑新业	二等奖
77	中国国民经济核算体系修订问题研究	著作	清华大学	许宪春	二等奖
78	媒介化生存：沉浸传播的理论与实践	著作	中国人民大学	李　沁	二等奖
79	中国青少年的网络沉迷研究：特征表现、风险因素与干预策略	著作	清华大学	蒋俏蕾	二等奖
80	中国品牌四十年（1979—2019）	著作	中国传媒大学	黄升民	二等奖
81	从媒体融合到融合媒体：电视人的抉择与进路	论文	中国传媒大学	廖祥忠	二等奖
82	新闻规律论	著作	中国人民大学	杨保军	二等奖

续表

序号	成果名称	成果形式	申报单位	申报者	获奖等级
83	北京红色出版	著作	北京印刷学院	高杨文	二等奖
84	普什图社会的政治生活	著作	北京大学	钱雪梅	二等奖
85	大数据安全态势感知与冲突预测	论文	对外经济贸易大学	董青岭	二等奖
86	责任转移视域下的全球化转型与中国战略选择	论文	外交学院	王　帆	二等奖
87	主场外交	著作	北京市社会科学院	张　丽	二等奖
88	以中国为方法的政治学	论文	中国人民大学	杨光斌	二等奖
89	当代中国治理能力现代化的历史审视——以社会事件治理为视角	著作	北京大学	程美东	二等奖
90	效率与公平：高等教育资源区域分布与协调发展研究	著作	清华大学	谢维和	二等奖
91	中国教育改革开放40年：课程与教学卷	著作	北京师范大学	王本陆	二等奖
92	教科书概论	著作	首都师范大学	石　鸥	二等奖
93	教学相"涨":高校学生成绩和评教分数双重膨胀研究	论文	北京大学	哈　巍	二等奖
94	美国高等教育史（上中下）	著作	北京师范大学	张斌贤	二等奖
95	教师的哲学诉求——兼论教师教育的路径问题	论文	首都师范大学	蔡　春	二等奖
96	聋生汉语言学习问题及各学科汉语言能力培养	著作	西城区教委	王玉玲	二等奖
97	The Relation Between Family Socioeconomic Status and Academic Achievement in China: A Meta-analysis（中国家庭社会经济地位与学业成绩关系元分析研究）	论文	北京师范大学	罗　良	二等奖
98	共情对灾后青少年亲社会行为的影响：感恩、社会支持和创伤后成长的中介作用	论文	北京师范大学	伍新春	二等奖
99	个人信息民法保护的模式选择	论文	北京大学	王　成	二等奖
100	大数据侦查的法律控制	论文	中国人民大学	程　雷	二等奖
101	刑法的基本立场（修订版）	著作	清华大学	张明楷	二等奖
102	证据科学论纲	著作	中国政法大学	张保生	二等奖
103	返还原物请求权研究——一种失当物权关系矫正技术的阐释	著作	北京市第一中级法院	丁宇翔	二等奖
104	国际电子商务法通论	著作	北京师范大学	薛　虹	二等奖
105	大数据时代政府数据开放及法治政府建设	著作	中共北京市委党校（北京行政学院）	吕廷君	二等奖
106	中国历史编纂学史（全五卷）	著作	北京师范大学	陈其泰	二等奖
107	《辽史》探源	著作	北京大学	苗润博	二等奖

续表

序号	成果名称	成果形式	申报单位	申报者	获奖等级
108	汉唐礼制因革谱	著作	清华大学	顾　涛	二等奖
109	汉唐外交制度史（增订本）	著作	北京师范大学	黎　虎	二等奖
110	中西文化关系通史	著作	清华大学	张国刚	二等奖
111	20世纪中国古代文化经典在域外的传播与影响研究导论	著作	北京语言大学	张西平	二等奖
112	森林帝国	著作	北京市社会科学院	阎崇年	二等奖
113	“一带一路”古文明书系（六卷）	著作	北京师范大学	杨共乐	二等奖
114	清代考据学	著作	北京大学	孙钦善	二等奖
115	健全应急管理体系探析——从制度优势到治理效能	著作	中国人民大学	王宏伟	二等奖
116	战略性新兴产业：政策与治理创新研究	著作	清华大学	薛　澜	二等奖
117	战略性新兴产业创新驱动发展研究——以北京市生物医药产业为例	著作	中国科学院大学	乔　晗	二等奖
118	DARE TO BE DIFFERENT？ CONFORMITY VERSUS DIFFERENTIATION IN CORPORATE SOCIAL ACTIVITIES OF CHINESE FIRMS AND MARKET RESPONSES（敢于不同？中国企业社会责任行为的趋同与创新及其市场影响）	论文	北京大学	张闫龙	二等奖
119	Motivation of User-Generated Content: Social Connectedness Moderates the Effects of Monetary Rewards（用户生成内容的动机研究:社交关系强度调节货币奖励的有效性）	论文	清华大学	孙亚程	二等奖
120	政策不确定性、资源配置效率与企业高质量发展	著作	对外经济贸易大学	陈德球	二等奖
121	逆向创新有助于提升子公司权力和跨国公司的当地公民行为吗？——基于大型跨国公司在华子公司的实证研究	论文	首都经济贸易大学	王永贵	二等奖
122	犯罪空间分析模式与方法	著作	北京警察学院	石　拓	二等奖
123	隐私经济——个人数据的多维权衡	著作	北京市社会科学院	王　忠	二等奖
124	汉文佛经文体影响下的日本上古文学（全三卷）	著作	北京第二外国语学院	马　骏	二等奖
125	陶渊明经纬	著作	北京大学	钱志熙	二等奖
126	简帛《诗论》《五行》疏证	著作	北京大学	常　森	二等奖
127	中国文学思想史研究的文体意识	论文	首都师范大学	左东岭	二等奖
128	有“文体”之前：中国文体的生成与早期发展	著作	北京语言大学	陈民镇	二等奖
129	秦汉印章封泥文字编	著作	清华大学	赵平安	二等奖
130	早期北京话语法演变专题研究	著作	对外经济贸易大学	刘　云	二等奖

续表

序号	成果名称	成果形式	申报单位	申报者	获奖等级
131	英语帝国：从部落到全球1600年	著作	国际关系学院	李亚丽	二等奖
132	梵汉本根本说一切　有部律典词语研究	著作	北京大学	陈　明	二等奖
133	彝族史诗《勒俄特依》译注及语言学研究	著作	中央民族大学	胡素华	二等奖
134	学术知行——从影视民族化到“第三极文化”	著作	北京师范大学	黄会林	二等奖
135	中国电视文艺发展论略	著作	中国传媒大学	周建新	二等奖
136	汉唐美术空间表现研究——以敦煌壁画为中心	著作	中国人民大学	张建宇	二等奖
137	中国古典舞美学原理求索	著作	北京舞蹈学院	吕艺生	二等奖
138	唐诗镜像中的丝绸之路	著作	北京外国语大学	石云涛	二等奖
139	《突发事件应对法》全面修改建议	调研报告	中国政法大学	林鸿潮	二等奖
140	北京红色遗存	著作	北京市委党史研究室、北京市地方志办	宋传信	二等奖
141	关于借税务部门全责征缴社保费契机及时降费并调整养老保险缴费结构的政策建议	调研报告	对外经济贸易大学	孙　洁	二等奖
142	培育物业社会企业破解老旧小区长效治理难题的对策建议	调研报告	中共北京市委党校（北京行政学院）	杨　旎	二等奖
143	关于改革“五险一金”的若干建议	调研报告	中国人民大学	李　珍	二等奖
144	2020年后农村减贫战略框架研究报告	调研报告	中国农业大学	李小云	二等奖
145	完善北京市公共卫生应急管理体系建设的若干思考与对策建议	调研报告	首都医科大学	管仲军	二等奖
146	打通服务群众“最后一公里”的重大创举——北京市“接诉即办”工作创新经验	调研报告	北京市政研会	张瑞芬	二等奖
147	重构平衡的简约高效基层治理体系：以基层治理的首都经验为例	调研报告	中国人民大学首都发展与战略研究院	李文钊	二等奖
148	以疫情为鉴，对首都城市空间规划建设重要标准的优化建议	调研报告	北京市城市规划设计研究院	石晓冬	二等奖
149	北京市深化科技体制改革重点问题调研报告	调研报告	北京市科委	许　强	二等奖
150	新型城镇化下农产品物流发展的路径演进、体系创新与对策建议	调研报告	北京交通大学	张明玉	二等奖
151	北京科技创新中心建设：“三线一平衡”	调研报告	清华大学	戎　珂	二等奖
152	基于流域与区域生态关联的北京水生态补偿机制研究与实践	调研报告	北京市水务局	马东春	二等奖
153	大国首都比较研究	调研报告	首都经济贸易大学特大城市经济社会发展研究院	仇保兴	二等奖
154	以限制炒房、不伤及中低收入群体为原则的房地产税立法研究	调研报告	首都经济贸易大学	郝如玉	二等奖

续表

序号	成果名称	成果形式	申报单位	申报者	获奖等级
155	首都减量发展的途径与对策研究——从实施疏解整治促提升到推动高精尖产业体系发展	调研报告	中国人民大学首都发展与战略研究院	张　杰	二等奖
156	关于培育壮大本市数据要素市场建设全球数据枢纽城市的有关建议	调研报告	北京市经济与社会发展研究所	常　艳	二等奖
157	积极应对疫情加速的全球产业链重构，加快布局数字化新兴产业链集群	调研报告	清华大学	朱　岩	二等奖
158	北京市地面公交发展保障机制与政策	调研报告	北京交通大学	欧国立	二等奖
159	以轨道交通TOD推动北京土地集约化利用	调研报告	北京交通大学北京综合交通发展研究院	荣朝和	二等奖
160	新冠肺炎疫情的国内外经济影响和应对建议	调研报告	北京大学	韩　晗	二等奖
161	国际贸易规则变化及我应对之策：中国加入CPTPP的可行性研判	调研报告	对外经济贸易大学	刘　斌	二等奖
162	北京党的建设研究报告（北京党建蓝皮书）（2019）	著作	北京市委组织部	梁朱红	二等奖
163	《关于加强老年人照顾服务完善养老体系的实施意见》落实情况与实施效果评估报告	调研报告	中国人民大学	黄石松	二等奖
164	中美经济脱钩的挑战及其应对	调研报告	中国人民大学	李　巍	二等奖
165	北京市“接诉即办”超大城市治理创新机制系列研究报告	调研报告	清华大学	张小劲	二等奖

（北京市哲学社会科学优秀成果奖评奖委员会办公室供稿）

第十九届（2020年度）孙冶方经济科学奖获奖名单

序号	成果名称	主要作者	颁奖单位	成果形式
1	中国经济增长展望：从人口红利到改革红利（China’s Economic Growth Prospects: From Demographic Dividend to Reform Dividend）	蔡　昉	孙冶方经济科学基金会	著作
2	经济发展与制度选择：对制度的经济分析	张宇燕	孙冶方经济科学基金会	著作
3	土地制度与中国发展	刘守英	孙冶方经济科学基金会	著作
4	政府与法治	钱颖一	孙冶方经济科学基金会	论文
5	中国和印度的资源错配与制造业全要素生产率（Misallocation and Manufacturing TFP in China and India）	谢长泰、Peter J. Klenow	孙冶方经济科学基金会	论文
6	总贸易核算法：官方贸易统计与全球价值链的度量	王　直、魏尚进、祝坤福	孙冶方经济科学基金会	论文
7	国家的资本结构（The Capital Structure of Nations）	Patrick Bolton、黄海洲	孙冶方经济科学基金会	论文

（中国社会科学院供稿）

·学术活动·

概　述

本栏目记述2021年度北京地区哲学社会科学各大学科的重要学术活动简况。内容包括国内和国际理论研讨会、纪念座谈会、学术年会、学术论坛、学术报告会、学术讲座以及调查研究、社科普及活动等。简况包括活动主题、主协办单位、参与单位、主要出席人员、主要观点、主要成果等内容。

马克思主义

庆祝中国共产党成立100周年暨首届党建高层论坛 1月8日，由中国社会科学院主办的庆祝中国共产党成立100周年暨首届党建高层论坛在北京举行。论坛主题为“百年大党与中国巨变”。中国社会科学院院长、党组书记谢伏瞻出席论坛并致辞，副院长、党组副书记、新时代党建研究中心理事长王京清主持会议。中共中央党校（国家行政学院）副校（院）长谢春涛，军事科学院副院长曲爱国，中国社会科学院党组成员、当代中国研究所所长姜辉，中共中央党史和文献研究院院务委员会委员徐永军，北京大学国际关系学院教授潘维，中国人民大学习近平新时代中国特色社会主义思想研究院院长秦宣，中国社会科学院马克思主义研究院党委书记辛向阳出席会议并作主旨发言。论坛由中国社会科学院直属机关党委、新时代党建研究中心承办。来自中国社会科学院、中共中央党校（国家行政学院）、军事科学院、中共中央党史和文献研究院、北京大学、中国人民大学等单位的专家学者共60余人参加论坛。

（中国社会科学院供稿）

中共党史学科建设高层论坛 5月7日，在教育部有关司局指导下，中国人民大学主办的中共党史学科建设高层论坛举办。主题为“中国共产党百年历程与中共党史学科建设”。与会专家学者围绕习近平总书记关于加强党史研究和党史学科建设的重要论述研究，中共党史学科的布局和师资队伍建设，中共党史研究的前沿问题和重要成果，中共党史的学科体系、学术体系和话语体系建设等进行研讨。来自国内高校、党校、社科院的专家学者以及新闻媒体人员等与会。

（中国人民大学供稿）

习近平总书记在哲学社会科学工作座谈会上的讲话发表五周年研讨会 5月17日，中国社会科学院在北京召开“习近平总书记在哲学社会科学工作座谈会上的讲话”发表五周年研讨会。中国社会科学院院长、党组书记、学部主席团主席谢伏瞻出席会议并发表讲话，强调要持续深入贯彻习近平总书记重要讲话精神，以学习研究阐释习近平新时代中国特色社会主义思想为首要任务，以深入研究新时代新发展阶段重大理论和现实问题为主攻方向，以加快构建中国特色哲学社会科学为中心工作，不断强化责任意识，履职尽责，推动学科体系、学术体系、话语体系建设取得新突破、达到新高度。副院长、党组副书记高翔主持会议并作总结发言。副院长、党组成员高培勇，中央纪委国家监委驻中国社会科学院纪检监察组组长、党组成员杨笑山，副院长、党组成员王灵桂，秘书长、党组成员赵奇出席会议。座谈会上，王灵桂作了主题发言，辛向阳、张志强、李国强、张晓晶、陈甦、张宇燕、杨典、唐晓峰8位专家代表先后发言，他们结合各单位工作实际和自身研究领域，深入交流学习贯彻落实习近平总书记重要讲话精神的心得体会。中国社会科学院副秘书长，在职学部委员，院属各单位主要负责人100余人参加研讨会。

（中国社会科学院供稿）

中国共产党百年与新发展阶段学术研讨会暨《2020—2021世界社会主义黄皮书》发布会　5月22日，由中国社会科学院世界社会主义研究中心、马克思主义研究院、习近平新时代中国特色社会主义思想研究中心等单位主办的中国共产党百年与新发展阶段学术研讨会暨《2020—2021世界社会主义黄皮书》发布会在北京举行。中国社会科学院副院长、中国历史研究院院长高翔，中国社会科学院党组成员、当代中国研究所所长、马克思主义研究院院长姜辉，中国社会科学院原副院长、世界社会主义研究中心主任李慎明，中央文献研究室原副主任陈晋，全国哲学社会科学工作办公室副主任、一级巡视员赵川东，教育部高等学校社会科学发展研究中心原主任田心铭等参加会议并发言。参加会议的还有来自中共中央对外联络部、中央党校（国家行政学院）、北京大学、清华大学、中国人民大学以及中国社会科学院有关部门、当代中国研究所、中国社会科学院大学（研究生院）的负责同志、专家和学者。此次会议还开通了网络直播。会议研讨的主要议题有“中国共产党百年奋斗历程、伟大贡献及历史经验”“‘两个一百年’历史交汇点与新发展阶段”“世界百年未有之大变局与中华民族伟大复兴战略全局”“学好党史、新中国史、改革开放史、社会主义发展史”。会议同时发布了世界社会主义黄皮书:《世界社会主义跟踪研究报告（2020—2021）——且听低谷新潮声》，由李慎明和姜辉主编，当代中国出版社出版。

（中国社会科学院供稿）

马克思主义国际化翻译传播与建党百年学术论坛　6月5日，马克思主义国际化翻译传播与建党百年学术论坛在中国人民大学举办。本次论坛由中国外文局当代中国与世界研究院、国际文化交流学术联盟、中国人民大学当代政党研究平台和外国语学院联合主办,《中国翻译》编辑部协办。论坛开始前，中国人民大学党委书记靳诺会见中国外文局副局长兼总编辑高岸明一行。中国人民大学党委副书记、纪委书记吴付来出席会议并在开幕式致辞，来自中国外文局当代中国与世界研究院、外文出版社、北京大学、清华大学和中国人民大学的中外专家学者作主旨发言。校内外100余位师生现场聆听研讨，线上近4900人同步观看论坛直播。

（中国人民大学供稿）

国际视野中的百年中国共产党学术研讨会　6月5日，北京联合大学马克思主义学院、海外中国学研究中心和中国社会科学院国际中国学研究中心联合主办了国际视野中的百年中国共产党学术研讨会。与会专家学者围绕中心议题“国际视野中的百年中国共产党”进行了广泛深入的交流。专家学者们认为，新时代海外中国学研究要把中国精神、中国价值、中国方案阐释好，讲好中国故事和传播好中国声音；坚守中国立场、拓宽世界视野、坚持守正创新，力争多出自主性、独创性、集成性和原创性的学术成果，为人民做好学问，为社会奉献时代精品，为中国话语权争夺一席之地。共有100余人参会。

（北京联合大学供稿）

纪念中国共产党成立100周年暨中共党史专题研讨会　6月6日，为进一步加强北京高校在中共党史教学与研究领域的交流与合作，由首都师范大学马克思主义学院主办的纪念中国共产党成立100周年暨中共党史专题研讨会在北京召开。首都师范大学党委书记郑萼出席开幕式并致辞，首都师范大学马克思主义学院副院长王洪波主持会议。来自中共中央党史和文献研究院、中国社会科学院、清华大学、北京大学等数10家高校和科研院所以及《中共党史研究》《中国社会科学报》等期刊媒体的80余位专家学者参会。

在主题发言环节，中国人民大学教授耿化敏以《党史研究和教学的历史沿革与现状》为题，回顾了党史教学的发展历程，从党史学科定位、党史教学重难点等方面总结了党史教学的现状，并对党史教学的前景进行了展望。首都师范大学马克思主义学院党委书记方敏以《中共党史教学实施的若干思考》为题，从党史课程的学科支持、专业性质等问题入手，就如何建设中共党史课程进行发言。在沙龙环节，中共中央党史和文献研究院副编审吴志军、北京大学马克思主义学院助理教授赵诺、北京师范大学马克思主义学院副教授王峰等专家先后对党史研究、教学工作进行了经验分享和交流。

（首都师范大学供稿）

庆祝中国共产党成立100周年暨党史学习教育高端论坛 6月16日，北京市社会科学院在院会议中心举办庆祝中国共产党成立100周年暨党史学习教育高端论坛。全国政协文史与学习委员会副主任、中央社会主义学院原党组书记、第一副院长叶小文，中央党校原副校长李君如，中央马克思主义工程咨询委员会委员、中央党史研究室原副主任李忠杰，中国社科院马克思主义研究院党委书记、副院长辛向阳，清华大学首批文科资深教授吴潜涛，中国人民大学中共党史党建研究院执行院长、教育部长江学者特聘教授杨凤城等专家学者围绕“深入学习宣传贯彻习近平新时代中国特色社会主义思想，深入总结中国共产党百年奋斗历程与经验，深入推进社会主义现代化建设新征程”作了主旨发言。北京市社会科学界联合会党组书记、常务副主席，北京市社科规划办主任张淼，北京市社会科学院党组书记唐立军分别在论坛上致辞。会议由北京市社会科学院党组成员、副院长鲁亚主持。来自人民日报社、光明日报社、新华文摘杂志社、北京日报社、前线杂志社等中央和北京市媒体的领导专家、北京市社会科学院党员干部和科研人员代表共120余人参加会议。

（北京市社会科学院供稿）

党的建设百年历程与国家治理现代化学术研讨会 6月19日，党的建设百年历程与国家治理现代化学术研讨会在北京理工大学举行。工业和信息化部直属机关党委一级巡视员冯海沧，中国铝业集团有限公司党组副书记敖宏，中国葛洲坝集团有限公司党委书记、董事长陈晓华，延安大学党委书记张金锁，北京理工大学党委书记赵长禄、党委副书记包丽颖，清华大学马克思主义学院教授邹广文，北京师范大学马克思主义学院教授赵朝峰，《中国特色社会主义研究》编辑部主任赵英臣，中核战略规划总院党建研究中心主任刘敏等领导嘉宾出席研讨会，全国各地高校、企业领导、专家学者以及北京理工大学马克思主义学院全体师生共300余人参加研讨会。包丽颖主持会议。冯海沧致辞，敖宏、陈晓华、张金锁、赵长禄、邹广文、赵朝峰分别作主旨发言。下午的分论坛采用线上线下相结合的方式，围绕中国共产党党的建设进程与基本经验、新时代高校党的建设、新时代企业党的建设、新时代党的建设创新研究开展了交流研讨。

（北京理工大学供稿）

高校社科界庆祝中国共产党成立100周年系列座谈会——北京大学专场 6月21日，由教育部社会科学司指导，高校社科界庆祝中国共产党成立100周年系列座谈会——北京大学专场召开。教育部社科司司长徐青森，北京大学校领导邱水平、郝平、王博出席座谈会。本次座谈会以“百年辉煌：中国共产党思想历程”为主题，结合北京大学教授顾海良牵头的教育部哲学社会科学研究重大专项课题“中国共产党百年思想进程与马克思主义中国化历史性飞跃”及其成果《百年辉煌：中国共产党思想历程》五卷本，围绕中国共产党百年思想的实践逻辑、理论逻辑和历史逻辑，以及马克思主义中国化的思想内涵、理论境界和时代意蕴等进行座谈和理论研讨。《百年辉煌：中国共产党思想历程》五卷本由顾海良任总主编，20多所高校马克思主义学院教师撰稿。全书以百年来马克思主义中国化为主轴，呈现了马克思主义中国化的世纪历程，彰显了中国共产党百年思想中理论创新和理论创造的辉煌乐章。

（北京大学供稿）

学习习近平总书记“七一”重要讲话座谈会 7月1日，由清华大学习近平新时代中国特色社会主义思想研究院、清华大学马克思主义学院举办的学习习近平总书记“七一”重要讲话座谈会召开。校党委副书记、马克思主义学院党委书记、清华大学习近平新时代中国特色社会主义思想研究院管委会副主任向波涛出席并讲话。马克思主义学院院长、清华大学习近平新时代中国特色社会主义思想研究院院长艾四林主持，申卫星、陈昌凤、赵可金、高丝敏等校重要文科院系的专家教授出席会议。向波涛表示，习近平总书记的讲话是我们党的一个新的重大理论成果，是对马克思主义在当代中国的丰富和发展，是对我们党顺利推进中国特色社会主义伟大事业的指引。他指出，习近平新时代中国特色社会主义思想研究院和马克思主义学院要走在学习前列，特别是要充分发挥研究院的平台聚合优势，做好对讲话的宣传研究阐释工作；要发挥好学校的学科优势、人才优势，对讲话提出的新思想新观点新论断，组织开展好不同角度的研究工作；要结合讲话内容做好针对性解读、开展体系化研究，及时推出一批有分量的研究成果。与会专家从马克思主义的传播与中国化、中国共产党的历史使命、习近平法治思想等不同角度进行了发言交流。

（清华大学供稿）

学习习近平总书记在庆祝中国共产党成立100周年大会上的重要讲话座谈会　7月4日，中华人民共和国国史学会在北京召开学习习近平总书记在庆祝中国共产党成立100周年大会上的重要讲话座谈会。国史学会会长、中国社会科学院原副院长朱佳木，国史学会第一副会长、中国社会科学院党组成员、当代中国研究所所长姜辉，国史学会副会长、原中央文献研究室常务副主任杨胜群，国史学会原副会长、国防大学原副政委李殿仁，国史学会副会长、教育部高等学校社会科学发展研究中心主任王炳林，国史学会秘书长、当代中国研究所原副所长张星星，国史学会常务理事、中国社会科学院马克思主义研究院党委书记、副院长辛向阳，国史学会理事、北京大学中国经济研究中心教授李玲等8位专家在会上发言。座谈会由朱佳木主持。国史学会在京部分理事和各分会领导、当代中国研究所部分干部职工、中国社会科学院大学国史系部分研究生，以及媒体记者共50余人参加座谈会。

（中国社会科学院供稿）

首都理论界学习习近平总书记“七一”重要讲话座谈会　7月6日，首都理论界学习习近平总书记“七一”重要讲话座谈会在北京召开。会议由市委宣传部，市习近平新时代中国特色社会主义思想研究中心，市社科联、市社科规划办共同举办。市委常委、宣传部部长、市习近平新时代中国特色社会主义思想研究中心主任莫高义出席并讲话，市委宣传部常务副部长赵卫东主持。陈晋、顾海良、韩庆祥、杨金海、夏文斌、李良、王民忠等先后发言，畅谈学习“七一”重要讲话的心得体会。市属社科理论单位、新闻单位代表，各区委、市委各工委宣传部门代表，市习近平新时代中国特色社会主义思想研究中心研究基地代表等近百人参加会议。

（北京市社科联、北京市社科规划办供稿）

首都社科青年学者学习习近平总书记“七一”重要讲话座谈会　7月9日，北京市社会科学界联合会、北京市哲学社会科学规划办公室召开首都社科青年学者学习习近平总书记“七一”重要讲话座谈会。会议由北京市社科联党组书记、常务副主席、北京市社科规划办主任张淼主持。北京市社科联主席牛青山出席会议并讲话。来自中央党校（国家行政学院）、北京大学、人民大学、中国政法大学、中国农业大学、北京第二外国语学院等单位的社科青年学者进行了交流发言。学者们一致认为习近平总书记“七一”重要讲话让大家倍受鼓舞、倍感振奋，要以讲话精神为指引，发挥好青年学者的优势与专长，认真开展学理研究与创新，努力形成一批高质量的学研成果。“北京市社会科学基金青年学术带头人项目”首批入选的60名青年学者参加会议。

（北京市社科联、北京市社科规划办供稿）

学习习近平总书记在庆祝中国共产党成立100周年大会上的重要讲话精神理论研讨会　7月10日，由中央团校、共青团中央中国特色社会主义理论体系研究中心、共青团与青年工作高端智库主办的“学习习近平总书记在庆祝中国共产党成立100周年大会上的重要讲话精神”理论研讨会在中央团校举行。

研讨会旨在深入学习贯彻习近平总书记“七一”重要讲话精神，大力发扬红色传统、传承红色基因，赓续共产党人精神血脉，团结动员广大团员青年为全面建设社会主义现代化国家开好局、起好步贡献青春力量。中央党史和文献研究院原院务委员冯俊教授，中国国际共产主义运动史学会会长、经济日报社副总编辑季正聚研究员做主旨报告。来自全国各地的科研机构、高校、团属院校的专家学者围绕学习习近平总书记“七一”重要讲话精神，从不同视角进行了交流研讨。中央团校党委书记、共青团中央中国特色社会主义理论体系研究中心执委会主任倪邦文教授主持开幕式和主旨报告环节。团中央宣传部副部长汤杰，福建农林大学马克思主义学院院长刘新玲教授，中央团校党委常委、副校长、共青团中央中国特色社会主义理论体系研究中心执委会副主任林江教授分别主持发言环节。

研讨会由中央团校科研部、马克思主义学院、《中国青年社会科学》编辑部承办。《人民日报》《经济日报》《中国教育报》《中国青年报》等媒体代表，中央团校教师和来自全国各地的团干部学员代表共计

130余人参加。研讨会还开通了线上直播，来自全国各地相关领域的专家学者、向研讨会提交征文的作者、中国青年工作院校协会成员单位代表共计200余人观看直播。

（中央团校供稿）

第三届世界马克思主义大会 7月17日，第三届世界马克思主义大会在北京大学开幕。此次大会是世界马克思主义者、马克思主义研究者的一次全球学术盛会，来自世界五大洲的60多位国际学者和200多位中国学者与会。大会以“马克思主义与现代化”为主题，会期2天，下设14个分论坛和4个高端对话专场，会议以线上和线下相结合的方式进行。与会学者围绕“马克思主义现代化理论”“中国共产党与中国现代化”“习近平关于全面建设社会主义现代化国家重要论述”“现代化的中国经验”“贫困治理与发展中国家现代化”“北京大学与中国共产党”“《马藏》与马克思主义在中国的传播”“纪念巴黎公社150周年”“生态马克思主义”“民营企业”等议题展开研讨。大会特别安排了四个高端专场，由知名学者就“习近平新时代中国特色社会主义思想的世界意义”“学习习近平总书记‘七一’重要讲话精神”“世界现代化的历史和理论”“百年中国共产党与中华民族伟大复兴”等进行高峰对话。此外，学者们还分别围绕“新时代与21世纪马克思主义哲学”“新时代与21世纪马克思主义经济学”“新时代与21世纪马克思主义政治学”等主题，对新时代马克思主义的新发展进行了讨论。

（北京大学供稿）

学习习近平总书记“七一”重要讲话精神暨百年大党与中国特色社会主义现代化道路研究学术研讨会 7月17日，为深入学习贯彻习近平总书记“七一”重要讲话精神，庆祝中国共产党成立100周年，由北京市习近平新时代中国特色社会主义思想研究中心主办，北京高校中国特色社会主义理论研究协同创新中心（北京工业大学）和北京工业大学马克思主义学院承办的学习习总书记“七一”重要讲话精神暨百年大党与中国特色社会主义现代化道路研究学术研讨会通过线上和线下相结合的方式举行。

北京工业大学党委副书记、北京高校中国特色社会主义理论研究协同创新中心（北京工业大学）主任李四平在开幕式上致辞。李四平提出，学习宣传贯彻习近平总书记“七一”重要讲话是当前和今后一个时期的首要政治任务，中心和学院要持续扎实开展学习研讨，要将学习成果深入融入思政课建设之中，要充分依托基地和中心等研究平台加强理论研究阐释，推出一批有深度有影响的研究成果。国家教育行政学院原常务副院长、党委书记、教授黄百炼，全国党建研究会特约研究员、北京市委党校教授姚桓做主题报告。本次研讨会由北京工业大学马克思主义学院党委书记党杰主持。来自北京理工大学、北京市委党校、湘潭大学、华东理工大学等单位的专家学者参加会议。

（北京工业大学供稿）

国外马克思主义研究新进展系列讲座 10月14—15日，北京大学马克思主义学院、国外马克思主义研究所主办国外马克思主义研究新进展系列讲座。在“当代资本主义生态批判的新视野”圆桌论坛中，韩秋红、王凤才、王雨辰围绕生态学马克思主义的当代发展问题，进行了各具理论视域与话语特质的学术对谈。韩秋红由生态危机的双重本质谈起，从自然与人文两个意义出发，阐发了生态危机理论研究在当代需要回应的主要问题，揭示出重新理解人的异化及其复归对于资本主义生态批判的重要意义，并对哈特穆特·罗萨等人的生态批判思想作了理论辨析。王凤才立足于对德国法兰克福学派的资本主义生态批判文本的系统梳理，围绕《启蒙辩证法》等核心著作，明晰了资本主义生态批判在社会批判理论中的总体定位，提出了以“和谐论自然观”超越“征服论自然观”的绿色发展积极路径。王雨辰从总体上对生态学马克思主义当代发展的亮点、特点、难点作了理论分析，指出了生态学马克思主义与人类中心主义、生态中心主义的张力关系，明确了中国特色社会主义生态文明建设与西方生态文明建设的本质区别。郇庆治总结指出，在当代中国的现实语境之下，要把生态学马克思主义放在更广义的语境中来理解，生态学马克思主义具有特定的意涵、意旨，其所涉及的诸多理论问题都具有深刻的复杂性与挑战性，如自然价值问题、生态道德问题等，如何用生态学马克思主义的理论资源来回馈中国现实，是学界未来研究需要重点关注的问题。

（北京大学供稿）

第十六届全国国外马克思主义论坛 10月15—17日，第十六届全国国外马克思主义论坛在北京大学举行，主题为“当代国外马克思主义研究：反思与拓展”。郝立新认为，当代国外马克思主义研究首先需要借鉴国外成果，不仅要把握国外理论研究成果的最新动向，更要把握国外社会现实的历史变化，既要面向中国，又要面向世界。其次应从世界历史的高度把握人类文明的走向，需要借鉴国外马克思主义对于现代西方文明的批判，以比较性视野把握人类文明演进逻辑，深入推进社会现代化问题研究。最后应当立足中国现实，关注马克思主义与世界各国实际相结合的本土化进程，结合中国具体实际，结合中国优秀传统文化，为探索中国式现代化新道路与人类文明新形态做出贡献。陈学明回顾中国国外马克思主义研究的发展历程和整体状况，高度肯定国外马克思主义研究对于推动21世纪马克思主义构建和当代中国马克思主义构建的积极意义。认为国外马克思主义研究者长期以来致力于对西方现代化道路的研究，由西方现代性批判理论领会中国特色社会主义道路的历史意义，高度关注当代国外资本主义文明状态，积极探索超越西方工业文明、建构中国生态文明的理论道路。丰子义指出当代国外马克思主义研究有待反思与拓展。体现在不仅需要反思国外学者的相关研究，汲取国外研究的有益启示，也要反思中国学界的理论研究，推动中国当代马克思主义健康发展。不仅要拓展研究对象，关注国外前沿的理论问题与现实问题，也要拓展理论视野，加强马克思主义哲学基础理论研究，保持国内外研究的双向对话。

（北京大学供稿）

学习贯彻党的十九届六中全会精神研讨会　11月16日，中国社会科学院习近平新时代中国特色社会主义思想研究中心在北京召开学习贯彻党的十九届六中全会精神研讨会。中国社会科学院副院长、党组成员，当代中国研究所所长，习近平新时代中国特色社会主义思想研究中心执行主任姜辉出席会议并讲话。中国社会科学院马克思主义研究院党委书记辛向阳主持会议。

来自中共中央党校（国家行政学院）、中国社会科学院、北京大学、清华大学、中国人民大学等机构的专家学者参加会议。会议研讨的主要议题有“中国共产党百年奋斗的辉煌历程、重大成就、历史意义、宝贵经验”“马克思主义中国化新的飞跃”“习近平新时代中国特色社会主义思想的重要历史地位”“‘两个确立’的决定性意义”“三个历史决议的地位和意义”等。

（中国社会科学院供稿）

首都理论界学习贯彻党的十九届六中全会精神座谈会　11月19日，首都理论界学习贯彻党的十九届六中全会精神座谈会在北京召开。会议由市委党史学习教育领导小组办公室，市委宣传部，市习近平新时代中国特色社会主义思想研究中心，市社科联、市社科规划办共同主办。北京市委常委、宣传部部长、市习近平新时代中国特色社会主义思想研究中心主任莫高义出席并讲话，市政协副主席、党组成员、市社科联主席牛青山主持。李君如、顾海良、徐坚、艾四林、秦宣、赵靖云、李明圣等先后发言，畅谈学习贯彻党的十九届六中全会精神的心得体会。市属社科理论单位、新闻单位代表，各区委、市委，各工委宣传部门代表，市习近平新时代中国特色社会主义思想研究中心研究基地代表等近百人参加会议。

（北京市社科联、北京市社科规划办供稿）

中国共产党百年奋斗与中华民族伟大复兴——学习十九届六中全会精神高端论坛　11月21日，由北京大学马克思主义学院、北京大学中共党史研究中心、中国青年报社联合举办的“中国共产党百年奋斗与中华民族伟大复兴——学习十九届六中全会精神高端论坛”举行。北京大学党委书记邱水平，中国中共文献研究会副会长、毛泽东思想生平研究会会长、中央党史和文献研究院原院务委员陈晋，中国青年报社党委书记张坤分别在开幕式上致辞。原中央党史研究室主任、中国中共党史学会原会长欧阳淞，教育部社会科学委员会副主任、北京大学博雅讲席教授顾海良分别在开幕式上作主旨发言。国内中共党史党建研究领域的有关专家学者就深入学习贯彻落实党的十九届六中全会精神，以史为鉴、开创未来展开交流和研讨。

（北京大学供稿）

中俄马克思主义学术研讨会　11月26日，中国青年政治学院与俄罗斯国立师范大学共同举办庆祝中国共产党成立100周年中俄马克思主义学术研讨会，会议主题为“中国共产党百年历史的重大意义、基本经验和世界影响”。中国青年政治学院党委副书记、常务副校长陆玉林，俄罗斯国立师范大学校长谢尔盖·瓦连京诺维奇·塔拉索夫出席并致辞，《经济日报》社副总编辑季正聚、俄罗斯国立师范大学东方学院院长安德烈·列奥尼多维奇·瓦索维奇参加会议并做主旨报告，来自中国与俄罗斯的10多位学者及50多名学生参加本次会议。会上，陆玉林与谢尔盖·瓦连京诺维奇·塔拉索夫分别代表两校签订合作协议。季正聚与安德烈·列奥尼多维奇·瓦索维奇分别做题为《中国共产党领导经济工作的若干重要经验》与《对斯大林关于中国革命和共产党活动前景评价的研究》的主旨报告。两校教师围绕中国共产党百年意识形态的历史演进和基本经验、中国共产党对世界发展趋势和格局的影响、当代世界政治思潮与青年思想引领等作主旨发言。

（中央团校供稿）

学习党的十九届六中全会精神座谈会 11月27日，由当代中国研究所和中华人民共和国国史学会联合举办的学习党的十九届六中全会精神座谈会在京召开。国史学会第一副会长、中国社会科学院副院长、当代中国研究所所长姜辉，国史学会副会长、原中央文献研究室常务副主任杨胜群，国史学会原副会长、国防大学原副政委李殿仁，国史学会副会长、军事科学院副院长曲爱国，国史学会副会长、教育部高等学校社会科学发展研究中心主任王炳林，国史学会秘书长、当代中国研究所原副所长张星星，以及国史学会常务理事、当代中国研究所原副所长武力，当代中国研究所副所长李正华、宋月红等出席会议并发言。座谈会由国史学会会长、中国社会科学院原副院长朱佳木主持。与会嘉宾畅谈了学习党的十九届六中全会精神的心得体会。国史学会在京部分理事和各分会领导、当代中国研究所部分干部职工、中国社会科学院大学国史系部分研究生，以及媒体记者参加座谈会。

（中国社会科学院供稿）

学习贯彻党的十九届六中全会精神理论研讨会 12月3日，由共青团中央中国特色社会主义理论体系研究中心、共青团与青年工作高端智库主办，中央团校承办的学习贯彻党的十九届六中全会精神理论研讨会在中央团校举行。资深党史研究专家、原中共中央党史研究室副主任石仲泉教授，以及来自中央党校（国家行政学院）、中央团校、团中央办公厅、组织部、宣传部、中国青少年研究中心、对外经济贸易大学等单位的党史研究、青年研究、青少年和共青团工作领域的领导、学者会聚一堂，围绕“深刻理解总结党的百年奋斗的重大成就和历史经验的必要性”“马克思主义中国化三次飞跃的理论创新”“党领导青年运动的百年历史经验”“推进党的自我革命与推进全面从严治团”“面对新的赶考之路共青团如何全面深化改革”等主题做交流发言。来自《人民日报》《光明日报》《经济日报》《中国青年报》的媒体代表、中国青年工作院校协会会员代表、中央团校师生等通过线上线下相结合的形式参会。

（中央团校供稿）

社会思潮的新变化及对青年的影响学术研讨会 12月5日，由中央团校青少年思想政治教育教研部主办的社会思潮的新变化及对青年的影响学术研讨会采用线上线下相结合的形式举办。来自中国人民大学马克思主义学院、北京师范大学马克思主义学院、首都师范大学马克思主义学院、北京工商大学马克思主义学院以及中央团校思想政治教育教研部专家学者，围绕“社会思潮的新变化及对青年的影响”进行了交流研讨。中央团校青少年思想政治教育教研部主任吴鲁平主持会议。

会议分为主题发言阶段和专家点评阶段，专家们充分肯定了研究具有重要的理论意义和现实价值，凸显了中央团校（中国青年政治学院）的办学和研究特色。同时，也从研究的价值引领、核心概念的界定、研究对象和研究方法的契合性、研究对象群体的细分、各种社会思潮之间的内在关联等角度，对研究的进一步完善与深化提出了具有针对性和建设性的指导意见。吴鲁平对研讨会进行了总结，并从概念界定、趋势研究、原因分析、研判评估、价值引领、研究方法6个方面提出了下一步的研究思路。本次学术研讨会的研究成果作为《青年思想动态年度报告：2021年》的主要内容，报告拟于2022年上半年正式出版。

（中央团校供稿）

建党100周年与中国特色社会主义道路学术研讨会 12月5日，建党100周年与中国特色社会主义道路学术研讨会在北京工业大学举行。会议由北京市习近平新时代中国特色社会主义思想研究中心主办、北京工业大学马克思主义学院和北京高校中国特色社会主义理论研究协同创新中心（北京工业大学）承办。受疫情影响，研讨会采用线上和线下相结合的方式进行，共104人参会。

北京工业大学党委书记、北京高校中国特色社会主义理论研究协同创新中心（北京工业大学）理事长、北京市习近平新时代中国特色社会主义思想研究中心北京工业大学研究基地主任谢辉指出，学习贯彻十九届六中全会精神是当前和今后一段时间高校的首要政治任务，马克思主义理论方向的专家和学者肩负着研究和宣传党的指导思想和路线方针政策的重要责任和使命，要进一步聚焦落实立德树人的根本任务，为党育人、为国育才。教育部高校社会科学研究中心主任王炳林，中国社会科学院马克思主义研究院党委书记、副院长辛向阳，中国人民大学马克思主义学院教授、教育部长江学者特聘教授刘建军等知名专家做学术报告。

（北京工业大学供稿）

首都当代中国马克思主义论坛·2021　12月7日，“首都当代中国马克思主义论坛·2021”在清华大学召开。论坛由北京市委宣传部，市习近平新时代中国特色社会主义思想研究中心，市中国特色社会主义理论体系研究中心，市社科联、市社科规划办等单位共同举办，主题为“马克思主义中国化的百年探索与展望”。市委宣传部副部长张际、清华大学党委副书记向波涛在论坛开幕式上致辞，市社科联党组书记、常务副主席，市社科规划办主任张淼主持论坛开幕式。顾海良、冯俊、郭湛、王炳林、郭建宁等做主旨报告，从不同角度梳理总结马克思主义中国化百年发展历程、伟大成就和宝贵经验，共同展望马克思主义中国化的光辉前景。论坛以线下线上相结合的方式举办，各主办单位有关负责同志、市习近平新时代中国特色社会主义思想研究中心研究基地代表，清华大学、北京大学、中国人民大学、北京师范大学等高校师生代表约2000人参加。

（北京市社科联、北京市社科规划办供稿）

“中国共产党与人类文明新形态”——十九届六中全会精神研讨会　12月10日，“中国共产党与人类文明新形态”——十九届六中全会精神研讨会在中国人民大学举办。中共中央对外联络部副部长郭业洲、中国人民大学党委书记张东刚出席开幕式并致辞。中国人民大学党委副书记、纪委书记、当代政党研究平台首席专家吴付来主持开幕式并作主旨演讲。中共中央对外联络部研究室主任、世界政党研究所所长金鑫作会议总结。本次会议由中共中央对外联络部与中国人民大学联合主办，中共中央对外联络部世界政党研究所、中国人民大学当代政党研究平台承办，以“中国共产党与人类文明新形态”为主题展开研讨，包括主旨演讲和“结合之道”“弘扬之道”“创新之道”专题演讲单元。来自北京大学、清华大学、国家创新与发展战略研究会、中国文明和中国道路研究会、中国艺术研究院、当代中国与世界研究院、全球化智库（CCG）及中国人民大学的专家学者参加会议。

（中国人民大学供稿）

“中共百年与中国特色社会主义”——学习贯彻党的十九届六中全会精神前沿论坛　12月11日，由北京市社会科学界联合会、北京市哲学社会科学规划办公室主办，北京市科学社会主义学会承办的2021学术前沿论坛专场“中共百年与中国特色社会主义——学习贯彻党的十九届六中全会精神”在中国人民大学举行。中国人民大学习近平新时代中国特色社会主义思想研究院院长、北京市科学社会主义学会会长秦宣主持会议，北京大学教授闫志民、中国社会科学院中国边疆研究所所长邢广程、北京大学教授孙代尧、北京市社会科学院副院长杨奎等8位学者出席会议并作发言。来自北京大学、中国人民大学、中国社会科学院、北京市社会科学院、中共北京市委党校、北京理工大学等高校和研究机构的40余名学者参会，结合学习贯彻党的十九届六中全会精神，围绕中国共产党百年奋斗的重大成就与经验启示，从中国特色社会主义与人类文明新形态、马克思主义中国化创新发展、中国共产党百年历史进程中的俄国和苏联因素、中国社会主义和国外社会主义互动、马克思主义中国化成果对外传播等角度进行了研讨。秦宣教授作总结发言。

（北京市科学社会主义学会供稿）

中国共产党百年农村基层党建高端论坛　12月12日，由中国农业大学马克思主义学院、农村基层党建研究中心主办的中国共产党百年农村基层党建高端论坛在京举行。中国农业大学党委副书记李培景出席论坛，农村基层党建研究中心执行主任宁秋娅致辞。中央组织部原副部长、原中央党史研究室主任、中国中共党史学会原会长、中国农业大学农村基层党建研究中心名誉主任欧阳淞同志作主题报告。他指出：要以提升组织力为重点，推动从严治党向基层组织体系延伸；要增强政治功能，充分发挥党的基层组织战斗堡垒作用；要以作合格共产党员为抓手，切实加强基层党员队伍建设。在论坛主旨发言中，来自中共中央党校、北京大学、天津大学、西北农林科技大学、北京外国语大学、南京农业大学、中南民族大学、中国农业大学的10位专家学者，紧紧围绕中国共产党百年农村基层党建的重大成就、成功经验和新时代农村基层党建高质量发展研究、农村基层党建引领乡村振兴等，从理论与实践等方面展开研讨。论坛由中国农业大学马克思主义学院院长张晖主持，学院党总支书记卢兆彤作总结发言。论坛以线上和线下方式同时举行，近百所高校的专家学者参加会议。

（中国农业大学供稿）

全国马克思主义院长论坛专题研讨会　12月12日，全国马克思主义院长论坛专题研讨会在北京和福州召开。论坛由中国社会科学院马克思主义研究院和福建师范大学主办，中国社会科学院大学马克思主义学院、福建师范大学马克思主义学院承办，《马克思主义研究》《世界社会主义研究》《理论与评论》协办，会议采用线上线下相结合的方式举行。论坛主题为"中国共产党百年辉煌与中国现代化"，研讨的主要议题有什么是中国共产党理论创新的动力源、新发展格局与中国式现代化的辩证关系、实现中华民族伟大复兴走什么样的正确道路、如何书写新时代重大课题的完美答卷等。中国社会科学院副院长、党组成员，当代中国研究所所长、马克思主义研究院院长姜辉研究员，福建省委宣传部副部长刘伟泽，福建省社会科学界联合会党组书记、副主席林蔚芬，福建师范大学党委书记潘玉腾教授，福建省社会科学院副院长刘小新研究员等出席开幕式，姜辉、潘玉腾、刘伟泽分别致辞。开幕式由中国社会科学院马克思主义研究院党委书记、副院长，中国社会科学院大学马克思主义学院院长辛向阳主持。

辛向阳、北京大学马克思主义学院党委书记孙蚌珠，清华大学习近平新时代中国特色社会主义思想研究院常务副院长肖贵清，中国人民大学马克思主义学院副院长陶文昭作主旨报告；刘同舫、罗永宽、王淑芹、刘凤义等14位全国重点马克思主义学院的主要负责人作主题发言。来自北京大学、清华大学、中国社会科学院、中国人民大学、武汉大学、南开大学等全国近100所高校及科研院所的200多位专家学者，《马克思主义研究》《世界社会主义研究》《东南学术》《福建论坛》《福建师范大学学报》等重要学术期刊代表参加论坛。

（中国社会科学院供稿）

全国高校马克思主义学院学习贯彻党的十九届六中全会精神研讨会　12月12日，由清华大学马克思主义学院、《中国教育报》共同主办的全国高校马克思主义学院学习贯彻党的十九届六中全会精神研讨会在清华大学举办。教育部社科司副司长宋凌云，清华大学党委副书记向波涛，中国教育报刊社党委书记、社长翟博出席会议并致辞，开幕式由清华大学马克思主义学院院长艾四林主持。北京大学教授顾海良、中国人民大学教授靳诺、南开大学教授逄锦聚、清华大学教授吴潜涛、北京师范大学教授王炳林、武汉大学教授骆郁廷、东北师范大学教授杨晓慧、西南大学教授黄蓉生等8位专家学者围绕马克思主义中国化的新飞跃、中国共产党的百年奋斗和《中共中央关于党的百年奋斗重大成就和历史经验的决议》等主题进行主旨发言，共同研讨党的十九届六中全会精神。来自清华大学、北京大学、中国人民大学等高校的26位全国重点高校马克思主义学院院长围绕中国共产党的百年奋斗历史经验和历史意义、习近平新时代中国特色社会主义思想等展开研讨。本次会议以线上方式举办，清华大学、北京大学、中国人民大学等高校师生代表约3000人线上参会，上万人在线观看会议。

（清华大学供稿）

第二届李大钊研究北京论坛暨社会主义现代化国家新征程学术研讨会　12月17日，由中国李大钊研究会、北京市委党校（北京行政学院）、北京市习近平新时代中国特色社会主义思想研究中心北京市委党校研究基地、北京大钊学社主办的第二届李大钊研究北京论坛暨社会主义现代化国家新征程学术研讨会在北京市委党校举办。研讨会围绕"学习李大钊，奋进新征程"的主题展开研讨交流。中国李大钊研究会会员代表、北京大钊学社代表及京津冀党校系统教师代表、研究生代表300余人通过线上和线下的形式参加会议。

会议第一阶段由中国李大钊研究会会长、北京大学原党委书记朱善璐，北京市委党校（北京行政学院）常务副校（院）长王民忠，以及天津市委党校（天津行政学院）副校（院）长、天津市委党史研究室主任王永立，河北省委党校（河北行政学院）副校（院）

长孟庆云等致辞。会议第二阶段由中国李大钊研究会副会长、北京市委党校教授侯且岸，清华大学马克思主义学院教授王宪明，中国李大钊研究会常务理事杨琥，以及北京市委党校党史党建教研部副主任韦磊等，分别从李大钊与中国共产党理论形态的起源，重读李大钊《我的马克思主义观》下篇的几点认识，"南陈北李相约建党"再考察，李大钊的建党贡献等角度作了主题发言。会议第三阶段由来自中国李大钊研究会、京津冀党校系统、北京大钊学社的11位优秀论文作者代表，围绕李大钊的初心和使命、李大钊的思想、李大钊在马克思主义中国化历史进程中的先驱作用等方面进行主题发言。

（北京大钊学社供稿）

第三届全国高校课程思政高端论坛 12月18日，第三届全国高校课程思政高端论坛在北京航空航天大学举办。来自清华大学、哈尔滨工业大学、上海交通大学等高校近100位知名专家线上参会。北京市委教育工委副书记李军锋、工业和信息化部人事教育司教育处处长于鹰宇、北京航空航天大学党委副书记程波出席活动并致辞。李军锋强调，学校站在培养社会主义建设者和接班人的战略高度，加强课程思政内容体系和课程体系建设，从教师要往高处走、课程要往深里挖、要素要往巧里融、党组织要往前沿站4个层面强化改革创新。于鹰宇立足大国重器、国防底色和思政特色，强调学校要心怀国之大者、坚持系统观念、突出守正创新、做到融会贯通，深入探索课程思政与思政课程有机融合的最优解。程波介绍了"专业课讲出思政味，思政课讲出专业情"的北航课程特色，强调以习近平新时代中国特色社会主义思想为指导，深入研究课程思政的重点和难点，搭建交流平台，推动课程思政高质量建设。与会专家围绕深化新时代高校课程思政改革，依次进行了主题发言，提出了一系列新观点、新思路和新举措。

（北京航空航天大学供稿）

第八届社会主义国际论坛 12月20日，由中国社会科学院、老挝社会经济科学院和越南社会科学翰林院联合主办的第八届社会主义国际论坛以视频会议方式在北京、万象与河内同期举行。论坛主题是"新时代社会主义建设中的经济社会协调发展"。中国社会科学院副院长姜辉出席论坛并致辞。老挝社会经济科学院院长宋塔努·塔马旺、越南社会科学翰林院副院长邓春青分别致辞。中国社会科学院马克思主义研究院党委书记辛向阳，中国社会科学院政治学研究所党委书记樊建新等发言。会议研讨的主要议题有"经济发展和文化发展""经济增长和改善人民生活""经济增长与社会和谐"。来自中国、老挝、越南的百余位专家学者参加会议。

（中国社会科学院供稿）

第十二届世界社会主义论坛 12月21日，由中国社会科学院主办，中国社会科学院世界社会主义研究中心、马克思主义研究院、习近平新时代中国特色社会主义思想研究中心、国际合作局承办的第十二届世界社会主义论坛在北京举办。论坛以"21世纪马克思主义的守正与创新"为主题。中国社会科学院副院长、党组副书记高翔，中国社会科学院副院长、党组成员姜辉，中共中央对外联络部副部长郭业洲，古巴驻华大使卡洛斯·米格尔·佩雷拉等出席论坛开幕式。中国社会科学院原副院长、世界社会主义研究中心主任李慎明，中共中央党校（国家行政学院）校委委员、文史教研部主任李文堂，前民主德国统一社会党总书记埃贡·克伦茨分别在会上发言。

中共中央组织部原部长、全国党建研究会原会长、世界社会主义研究中心顾问张全景向论坛发来书面贺词。中共中央党史和文献研究院学术和编审委员会主任陈理作书面发言。中国社会科学院马克思主义研究院党委书记辛向阳主持论坛。与会中外嘉宾以线上线下相结合的方式，围绕中国共产党百年奋斗的重大成就与经验启示、中国特色社会主义政治发展道路对人类政治文明的贡献、苏共亡党及苏联解体30年的教训与启示、坚持与发展21世纪马克思主义等议题进行了深入探讨。

（中国社会科学院供稿）

"贯彻党的十九届六中全会精神，推动习近平新时代中国特色社会主义思想在京华大地的生动实践"研讨会 12月22日，"贯彻党的十九届六中全会精神，推动习近平新时代中国特色社会主义思想在京华大地的生动实践"研讨会在首都经济贸易大学召开。会议由北京市习近平新时代中国特色社会主义思想研究中心首都经济贸易大学研究基地主办，首都经济贸易大学马克思主义学院承办。北京市政协副主席、党组成员、市社科联主席牛青山，首都经济贸易大学党委书记韩宪洲在研讨会开幕式上致辞。北京市社科联党组书记、市社科规划办主任张淼，市社科联党组成员、副主席、规划办副主任梁家峰出席，李明圣、柳学信、周宇宏、杜磊、赵家章等作主旨演讲，从不同视角深入研讨习近平新时代中国特色社会主义思想在京华大地的生动实践。全国各高校、市属社科理论单位、新闻单位代表等100余人参加会议。

（北京市社科联、北京市社科规划办供稿）

学习贯彻党的十九届六中全会精神暨习近平总书记在庆祝中国共产党成立100周年大会上的重要讲话精神理论研讨会　12月25日，学习贯彻党的十九届六中全会精神暨习近平总书记在庆祝中国共产党成立100周年大会上的重要讲话精神理论研讨会在北京和江西南昌同步召开。会议由中国社会科学院马克思主义研究院、江西师范大学和中国社会科学院习近平新时代中国特色社会主义思想研究中心主办，江西师范大学马克思主义学院、中国社会科学院马克思主义研究院习近平新时代中国特色社会主义思想研究部承办，会议采用线上线下相结合的方式举行。中国社会科学院副院长、党组成员、当代中国研究所所长、马克思主义研究院院长姜辉和江西师范大学副校长周利生分别致辞。开幕式由中国社会科学院马克思主义研究院党委书记、副院长辛向阳主持。

辛向阳、江西师范大学马克思主义研究院院长祝黄河、广西大学马克思主义学院教授吴家庆、西安交通大学马克思主义学院院长燕连福作了主旨报告。龚云、杨雪冬、林建华、陈培永等专家学者作主题发言。

（中国社会科学院供稿）

百年高校党建理论与实践研讨会暨首都高校党建研究基地理事会成立会　12月26日，百年高校党建理论与实践研讨会暨首都高校党建研究基地理事会成立会在北京航空航天大学召开。来自清华大学、中国人民大学、首都师范大学、中央团校等单位的30余名专家学者参加会议。北航副校长王云鹏向新一届基地理事会、学术委员会成员代表颁发聘书并致辞。首都高校党建研究基地学术委员会主任李钢教授从基地概况、发展思路和主要任务3个方面汇报了基地2022—2026年度建设规划，发布了2022年度首都高校党建研究基地公开招标课题。中国人民大学马克思主义学院教授杨凤城、清华大学马克思主义学院教授王传利、中国人民大学马克思主义学院教授杨德山、共青团中央青运史档案馆研究员胡献忠、首都师范大学马克思主义学院教授黄延敏以及北航马克思主义学院教授王春玺、谢惠媛等基地学术委员会委员围绕高校党建研究的对象特点与研究思路、工作机制与智库功能、人才培养与学科建设等内容发言，对完善基地建设规划、加强基地品牌建设、扩大基地社会影响等提出工作建议。

（北京航空航天大学供稿）

哲　学

马克思与异化学术研讨会　3月13日，中国政法大学马克思主义学院与人文学院、清华大学马克思恩格斯文献研究中心联合举办的“马克思与异化”学术研讨会在清华大学召开。来自中国政法大学、清华大学、中共中央党校、北京师范大学、北京理工大学、对外经济贸易大学、北京科技大学、北京林业大学、首都师范大学的20余位学者围绕“马克思与异化”相关问题展开讨论。中国政法大学马克思主义学院教授张秀华、孙美堂分别以“从实践人学到工程人学——异化劳动框架下的技术与工程异化批判”“马克思扬弃异化的现实路径——兼与韩立新教授商榷”为题作主题报告。清华大学马克思主义学院王代月副教授作题为“黑格尔理性国家观中的自然及马克思的双重批判”的报告，清华大学哲学系陈浩与中国政法大学哲学系吴照玉作题为“从劳动异化论到劳动价值论——再论异化概念在马克思思想中的理论嬗变”的报告。

（北京市哲学会供稿）

纪念周礼全先生诞辰100周年学术研讨会　4月10日，中国社会科学院哲学研究所逻辑学研究室在京举办纪念周礼全先生诞辰100周年学术研讨会，来自清华大学、中国人民大学、北京师范大学、中国政法大学、中央财经大学、北京科技大学、河北大学、南开大学、中国矿业大学（徐州）、华东政法大学、中山大学、中国社会科学院等高校和科研院所的20余位专家学者和学生参加会议。周礼全是中国著名的逻辑学家和哲学家，是中国传播现代逻辑的主要代表人物之一，主要著作有《论概念发展的两个主要阶段》《黑格尔的辩证逻辑》《模态逻辑引论》《逻辑——正确思维和成功交际的理论》等，文集《周礼全集》由“中国社会科学院学者文库”于2000年出版。

张家龙在致辞中回顾了周礼全的生活琐事和道德文章，勉励后学努力继承和发扬金岳霖先生、周礼全先生等逻辑学前辈所开创的优秀学术传统。学术报告阶段，中山大学熊明辉、王一然报告了“论周礼全先生的学术人生路”，南开大学翟锦程报告了“对西方逻辑传入背景下中国逻辑思想研究的再反思”，北京师范大学琚凤魁报告了“后件为真式条件句的语义”，中国社科院唐芳芳报告了“周礼全先生论矛盾”，中国政法大学孔红报告了“化所与为事实——金岳霖论事实”，清华大学刘奋荣报告了“主体社会性的逻辑研究”，中国社科院贾青报告了“活动类连续行动的逻辑刻画”。

（北京市逻辑学会供稿）

第三届法哲学与政治哲学论坛暨第六届自然法青年论坛　4月24日，由中国社会科学院大学和商务印书馆主办的第三届法哲学与政治哲学论坛暨第六届自然法青年论坛在京举行。来自国内外的60多位学者围绕“马克思与法”“德国唯心论法哲学”“马克思与法哲学传统”“现当代法哲学”“经典法哲学”“康德法哲学”6个议题展开发言和研讨。

（中国社会科学院大学供稿）

第三届“对话马克思”青年学术研讨会　5月15—16日，中央民族大学哲学与宗教学学院在京举办了主题为“马克思哲学与中国道路”的第三届“对话马克思”青年学术研讨会。来自中国社会科学院、北京大学、中共中央党校（国家行政学院）、中国人民大学、复旦大学、中山大学、山东大学、华东师范大学、武汉大学、南开大学、华南师范大学、黑龙江大学、东南大学、厦门大学、西南大学、上海财经大学、首都师范大学、西安电子科技大学、中国政法大学、北京化工大学等高校和科研机构的专家学者，以及中国社会科学杂志社、《哲学研究》杂志社、《教学与研究》编辑部、《哲学动态》编辑部、中国社会科学出版社、中国社会科学网等期刊和出版界的编辑记者等共计近50人出席会议。与会学者围绕“中国共产党百年与马克思主义哲学中国化”“马克思哲学与经典作家的哲学思想”“马克思哲学与当代中国马克思主义哲学”“马克思哲学与国外马克思主义哲学”“《资本论》与新发展理念”等议题展开了讨论。

“对话马克思”青年学术研讨会旨在倡导当代中国中青年学者围绕学术研究者与马克思哲学、马克思哲学与中西方哲学流派、马克思哲学与时代问题等展开深入对话，每两年举办一届，2021年是第三届。

（中央民族大学供稿）

策勒《古希腊哲学史》汉译多卷本出版发布暨学术研讨会　5月23日，由中国人民大学哲学院、人民出版社和中华全国外国哲学史学会共同主办的“策勒《古希腊哲学史》汉译多卷本出版发布暨学术研讨会”在中国人民大学举办。中国人民大学党委副书记、纪委书记吴付来，人民出版社总编辑辛广伟出席会议，人民出版社、中共中央党校（国家行政学院）、中国社会科学院、中国人民大学、北京大学、清华大学、复旦大学、北京师范大学、商务印书馆等单位的40多名专家学者参加会议。与会专家学者们一致认为，由聂敏里担任主编的翻译团队，以10年的坚守和精益求精的学术态度，最终将这部巨著以六卷八册三百余万字的篇幅呈现出来，不仅实现了国内几代学者的夙愿，而且对于促进中西文明的互鉴、深化国内古希腊哲学的研究也将产生积极的影响。

（中国人民大学供稿）

“机器人伦理1.0”学术研讨会暨平台年度规划启动仪式　5月28日，中国人民大学哲学与认知科学跨学科交叉平台主办“机器人伦理1.0”学术研讨会暨平台年度规划启动仪式。人工智能界、计算机科学界、认知科学界、哲学界和艺术界的近百名专家学者参加了本次会议。会议采取特邀报告和圆桌对话相结合的形式，聚焦于机器人的伦理问题进行深入研讨。

薛少华着重分析了机器人学的生态路径、机器人交互设计的生态路径和机器人伦理的生态路径三种机器人伦理的研究路径。陈小平指出，机器人伦理问题存在如何理解人工智能和机器伦理的终极使命和情感上人机交互的重大挑战。曾毅总结了三种人工智能发展模式，主张人工智能的发展要从构造自我、构造生命本源的最基本要素开始，考虑人类的情感与认知共情以及人的脆弱性。段伟文关注人机共生问题，指出人机共生时代的一个特点在于人类智能与机器人智能之间的转换，这个过程实际上是不断地把人的智能转换为机器的智能，人类可以在生活中主动建立一种新的社会契约去应对人机共生的现状。邱仁宗直指机器人伦理研究的根本原则问题，强调对于机器人伦理的讨论必须确立这样一条原则：是人，而非机器人是负有责任的行动者。由人来承担责任可以看作一项道德至上律令。

（北京市哲学会供稿）

第21届《哲学分析》论坛——王路教授荣休纪念暨学术思想研讨会 6月12—13日，由清华大学哲学系、逻辑学联合研究中心和《哲学分析》杂志社联合举办的第21届《哲学分析》论坛——王路教授荣休纪念暨学术思想研讨会在清华大学举办。来自全国各地高校和研究机构的学者和学生围绕王路的学术观点、逻辑与哲学的前沿问题展开研讨。论坛分“逻辑、哲学与历史”“逻辑、语言与哲学”“逻辑与哲学问题研究”3个主题展开研讨。王路以“亚里士多德和弗雷格给我们的启示”为题阐述了自己的逻辑观，强调树立正确逻辑观对于学术研究的重要性。

（北京市哲学会供稿）

中国佛教道教国际传播的历史与未来学术研讨会 6月18—21日，中央社会主义学院统一战线高端智库、清华大学道德与宗教研究院、中国佛教文化研究所等机构联合主办了“中国佛教道教国际传播的历史与未来”学术研讨会。60多位佛教、道教界代表人士及专家学者参加了本次会议。会议全面总结了中国历史上佛教道教理论及国际传播的经验，对进一步推动中国佛教道教“走出去”进行了理论探索。

（北京市哲学会供稿）

“奋斗百年路、启航新征程——民族哲学的问题意识与使命担当”全国学术研讨会暨中国少数民族哲学及社会思想史学会2021年年会 7月24日，“奋斗百年路 启航新征程——民族哲学的问题意识与使命担当”全国学术研讨会暨中国少数民族哲学及社会思想史学会2021年年会开幕式在中央民族大学举行。本次会议由中国少数民族哲学及社会思想史学会和中央民族大学主办，中央民族大学哲学与宗教学学院、《中央民族大学学报》编辑部承办。中央民族大学党委副书记、校长郭广生，中国社科院世界宗教研究所所长郑筱筠，国家民委协调推进司二级巡视员张世宝，教育部直属高校特聘党建联络员唐建荣，云南民族大学党委副书记刘荣，国际儒学联合会副会长张践出席开幕式。开幕式后，来自中国社会科学院马克思主义学院、云南师范大学、中国人民大学、中国社会科学院哲学研究所、中共中央党校和中央民族大学的9位专家学者分别作主旨发言。

在为期4天的年会上，来自中国社会科学院哲学研究所、世界宗教研究所、马克思主义研究院，北京大学、中国人民大学等全国部分高校和科研机构的专家学者及中央民族大学师生代表百余人以大会主旨发言、专场学术研讨会等形式进行学术研讨与交流。

（中央民族大学供稿）

马克思主义宗教学研讨会（2021） 8月16日，马克思主义宗教学研讨会（2021）在京召开。会议由中国社会科学院世界宗教研究所、中国宗教学会联合主办，以线上线下相结合的方式举行。中国社会科学院副院长、党组成员，当代中国研究所所长姜辉出席会议并致辞。中国社会科学院世界宗教研究所党委书记王兵主持会议开幕式。会议对中国共产党百年来的宗教理论与宗教工作实践进行梳理和总结，对在全面建成社会主义现代化强国过程中宗教学科的定位和发展进行研讨规划。围绕加强中国化的马克思主义宗教观研究和加快构建中国特色宗教学“三大体系”的主题，中国社会科学院世界宗教研究所所长、中国宗教学会会长郑筱筠，中国社会科学院世界宗教研究所原副所长张新鹰，中国社会科学院学部委员、世界宗教研究所原所长卓新平，中央统战部宗教研究中心副主任加润国分别发言。

来自中央统战部、中共中央党校（国家行政学院）、中国社会科学院、上海社会科学院、中国藏学研究中心、中国人民大学、复旦大学、中央民族大学等科研机构和高校的专家学者围绕“中国特色社会主义宗教理论研究”“马克思主义无神论、科学世界观与宗教学研究”“宗教中国化与宗教治理研究”的议题进行交流。

（中国社会科学院供稿）

中国社会科学论坛（2021·宗教学）——“传承与发展：世界文明交流与互鉴”国际会议 9月25—26日，中国社会科学论坛（2021·宗教学）——“传承与发展：世界文明交流与互鉴”国际会议在京举行。会议以“传承与发展：世界文明交流与互鉴”为主题，采取线上线下相结合的方式进行。中国社会科学院副院长、党组成员、当代中国研究所所长姜辉出席开幕式并通过视频致辞。

会议由中国社会科学院学部主席团主办，中国社会科学院世界宗教研究所、中国宗教学会承办。中国社会科学院世界宗教研究所党委书记王兵主持会议开幕式，世界宗教研究所所长、中国宗教学会会长郑筱筠致开幕辞并作主旨发言。来自多个国家和地区的近百位学者参加会议。会议研讨的主要议题有“宗教间交往交流交融”“中外宗教学研究”“全球化视域下的宗教与社会”“丝绸之路上的古代宗教文化交流”等。

（中国社会科学院供稿）

两宋易学与理学的开展学术研讨会　10月9—10日，清华大学哲学系、清华大学国学研究院联合主办“两宋易学与理学的开展”学术研讨会。30多名学者参加本次会议。会议围绕宋代的象数学、理学家的易学、易学与哲学的关系等方面展开，共收到29篇论文。会议深化了学界关于宋代易学的认识，推动宋代图书学、卦变说及朱子《周易本义》的研究。

（北京市哲学会供稿）

“圆融共生：铸牢中华民族共同体意识与藏传佛教中国化”学术研讨会　10月14日，清华大学铸牢中华民族共同体意识研究培育基地举办“圆融共生：铸牢中华民族共同体意识与藏传佛教中国化”学术研讨会，邀请了来自清华大学、中国社会科学院、中国藏学研究中心、中国人民大学、西北民族大学、四川大学、陕西师范大学的10多位专家学者以及宗教界代表共同就汉藏佛教的“交往、交流、交融”历史、藏传佛教中国化理论和现实问题、宗教工作在铸牢中华民族共同体意识中的实践进行了探讨，吸引了线上线下上百位听众参与。会议由清华大学人文与社会科学高等研究所教授、基地专家沈卫荣主持。

会议上半场主要围绕藏传佛教中国化的历史与现状问题讨论展开。清华大学国际传播研究中心主任、铸牢中华民族共同体意识研究基地专家李希光，西北民族大学铸牢中华民族共同体意识研究院院长才让，中国藏学出版社洪涛社长等做主题发言。会议下半场围绕翻译历史、藏传佛教经典阐释、全球化视野下的藏传佛教研究发展等议题展开。与会人员一致认为，铸牢中华民族共同体意识是实现中华民族伟大复兴的必然要求，而藏传佛教中国化正是与此紧密相关的重要举措，我们应该以铸牢中国佛教共同体意识推动中华民族走向包容性更强、凝聚力更大的命运共同体。坚持藏传佛教中国化，就是要在铸牢中华民族共同体意识的前提下，把藏传佛教的传承和发展作为构筑中华民族共有精神家园的重要内容，将各民族具有民族特色的优秀文化遗产作为中华民族优秀文化的组成部分来保护和传承。

（清华大学供稿）

第二届实践哲学论坛　10月16—17日，由中国社会科学院大学和天津社会科学院伦理学研究所暨《道德与文明》杂志社联合主办的“第二届实践哲学论坛暨实践哲学与美好生活学术研讨会”在京召开。论坛报告分为8场，50多位与会专家学者围绕实践哲学的基本问题、不同时代的实践哲学等主题进行交流讨论。

（中国社会科学院大学供稿）

“价值与文明：中国共产党100年”学术研讨会　10月16日，由北京师范大学哲学学院、北京师范大学价值与文化研究中心、北京师范大学社会主义核心价值观协同创新中心主办，北京师范大学哲学国际中心（珠海）承办的“价值与文明：中国共产党100年”学术研讨会在北京师范大学珠海校区举行。本次会议的主旨是深入学习贯彻习近平总书记“七一”重要讲话精神，全面总结中华民族伟大复兴进程的价值意蕴，推动哲学社会科学研究在新时代的发展。来自中国社会科学院、北京大学、中国人民大学、北京师范大学、中央民族大学、首都师范大学等高校和科研机构的专家学者，以及《哲学研究》杂志社、《当代中国价值观研究》杂志社、中国社会科学网等新闻媒体和出版界的编辑记者近百人与会。北京师范大学哲学院院长吴向东教授代表主办方致辞。中国人民大学哲学院教授刘大椿以“智能时代人类文明的交流与互鉴”为题，中国社会科学院哲学所研究员冯颜利以“习近平新时代中国特色社会主义思想的哲学贡献”为题，北京大学哲学系教授杨学功以“论‘中国式现代化’作为‘人类文明新形态’”为题进行主题报告。北京师范大学哲学院教授沈湘平、首都师范大学政法学院哲学系教授杨生平、中国人民大学哲学院教授张立波等也在研讨会上作主题发言。本次学术研讨会为期两天，其间举办了“青年圆桌论坛”，来自首都和外地高校的近30名博士与硕士研究生围绕会议主题展开研讨。

（北京市哲学会供稿）

全面建设社会主义现代化国家的人学展望研讨会暨中国人学学会第23届年会 10月30日，中国人学学会、北京大学中国特色社会主义理论体系研究中心、佳木斯大学马克思主义学院联合主办的“全面建设社会主义现代化国家的人学展望”研讨会以线上线下结合的方式举行。中国人学学会会长、北京大学中国特色社会主义理论体系研究中心主任丰子义就会议主题和讨论议题作了全面阐释。以此为基础，与会专家学者深入探讨了中国式现代化新道路的人学意蕴。通过研讨，与会学者达成共识，全面建设社会主义现代化国家具有深刻的人学内涵。站在实现第二个百年奋斗目标的新起点，面对社会主义现代化对人的发展提出的新要求，哲学社会科学工作者责任重大、使命光荣。当代中国人学研究要以马克思主义哲学为指导，以建构中国式现代化新道路为旨趣，构建具有主体性、时代性、原创性的人学学科体系、学术体系和话语体系，为实现中华民族伟大复兴的中国梦提供思想智慧，为全面建设社会主义现代化国家的第二个百年目标贡献人学力量。

（北京市哲学会供稿）

中华美学学会第九届全国美学大会暨新时代中国特色美学基本问题研究国际学术研讨会 11月13—14日，中华美学学会第九届全国美学大会暨“新时代中国特色美学基本问题研究”国际学术研讨会在北京和深圳两地同步召开。会议通过腾讯会议网络直播。与会专家学者围绕美学与艺术学基本问题、生态美学与生态批评、美育理论、美育实践问题研究、意象美学、李泽厚与中国当代美学、礼乐文化与儒家美学、20世纪以来的中国美学、表演艺术与视觉美学、西方美学的观念与方法、身体美学与艺术、乡村与都市的审美实践、中国古典美学研究、中国古典美学的现代性问题、新时代、新媒介与新文艺、中国古典书画艺术、美学与艺术学的交叉研究、人工智能时代的艺术景观、音乐美学与乐教观念等20大议题分4个分会场进行了讨论。

（北京市哲学会供稿）

湛甘泉与明代儒学——纪念湛甘泉先生诞辰555周年学术研讨会 11月20—21日，由清华大学国学研究院、清华大学哲学系、中国哲学史学会联合主办的“湛甘泉与明代儒学——纪念湛甘泉先生诞辰555周年学术研讨会”在线上、线下同步举行，30多位学者参加了本次会议。会议围绕湛甘泉思想诠释、甘泉学与朱子学、湛甘泉与明代儒学的关系等问题展开，推进了甘泉学的研究进展。

（北京市哲学会供稿）

北京市逻辑学会2021学术前沿论坛 11月20日，由北京市社科联主办、北京市逻辑学会承办的2021年学术前沿论坛逻辑学会专场在北京师范大学举行。论坛以线上视频会议的形式进行，主题为“逻辑、哲学与智能——京津冀地区的逻辑学发展”，来自南开大学、河北大学、中国社会科学院、北京大学、清华大学、中国人民大学等三地10余所高校和科研机构近百位逻辑学专家学者、学生参加了会议，共同探讨交流京津冀地区的逻辑学学科发展以及逻辑学相关领域的前沿研究情况。

论坛分5场，邀请13位专家和5位博士生做专题报告。南开大学翟锦程报告题为“对西方逻辑传入背景下中国逻辑思想研究的再反思”。河北大学张燕京报告题为“达米特与戴维森真理观的分歧”。清华大学余珺华和高晗报告题为“Exclusively Instantial Neighborhood Logic”。中国社会科学院刘新文报告题为“文恩图的表达力”。中央财经大学张立英报告题为“《弘明集》中的论证元理论研究”。中国社会科学院贾青报告题为“完成类连续行动的逻辑刻画”。清华大学刘奋荣和中国科学院大学李大柱报告题为“On the Subtle Nature of a Simple Logic of the Hide and Seek Game”。中国科学院大学范杰报告题为“Axiomatizing Ignorance”。北京大学丁一峰报告题为“比较概率判断的非概率语义”。北京师范大学琚凤魁报告题为“From Norms to Normative Properties of Actions”。中国政法大学付小轩报告题为“博弈中的偏好提升”。

（北京市逻辑学会供稿）

中国人民大学哲学学科建设65周年展暨马克思主义哲学中国化与新时代哲学创新学术高端论坛 11月27日，由中国人民大学哲学院、博物馆主办的“爱智求是 共谱华章”中国人民大学哲学学科建设65

周年展暨“马克思主义哲学中国化与新时代哲学创新”学术高端论坛举办。第十届全国人大常委会副委员长、中国关心下一代工作委员会主任顾秀莲，中国人民大学党委书记张东刚出席开幕式并致辞。中国人民大学党委副书记、纪委书记吴付来主持开幕式。论坛分六个单元，与会专家学者深情回顾了人大哲学学科发展65年来的历程，并围绕马克思主义哲学中国化、中国哲学创造性转化与创新性发展、比较哲学与文明交流互鉴、哲学跨学科研究的可能性和方法论探索、新时代哲学创新的基本要素和路径、哲学的危机与哲学的未来等方面展开讨论。

（中国人民大学供稿）

“面对现实+走向未来”美学年会　12月11日，由北京市哲学会美学专业委员会主办的“面对现实+走向未来”美学年会在线上展开。本次会议的主题为“面对现实，走向未来”，与会专家学者针对美学界当下的学术热点、新时代发展带给美学新的变化，以及美学如何面对现实、走向未来，进行了交流研讨。会议内容涉及音乐美学、当代中国美学、具身美育、漫画、审美感知、大运河美学、阐释学、朱光潜美学、在地美学、戏曲美学、品牌形象设计、身体美学、群众艺术学、绘画美学、书法美学、舞蹈美学、元宇宙时代创意策划、艺术符号学、未来美学热点等。

（北京市哲学会供稿）

北京市哲学会2021学术前沿论坛　12月25日，北京市社科联主办、北京市哲学会承办的2021哲学学术前沿论坛举办，论坛主题为“当代中国哲学的历史使命”。中国人民大学哲学院张志伟、北京大学哲学系杨学功、清华大学哲学系丁四新、中国政法大学哲学系费多益、首都师范大学哲学系史红、北京市社科院哲学所王玉峰6位专家分别以“视域融合：在历史与未来之间——当代哲学的历史使命”“当代中国哲学如何贡献普遍性思想——从‘金岳霖命题’谈起”“中国哲学的主体性建构和当代面向”“快变时代的哲学作为”“当代中国美学的景观与问题”“古希腊哲学对未来中国哲学发展的一种启示——从柏拉图哲学中一种认识论上的飞跃来看”为题进行主题报告。

（北京市哲学会供稿）

中国科学院大学人文学院“科学与人文讲座”全年举办24期　中国科学院大学人文学院的“科学与人文讲座”2021年度共举办24期，主题分别为“科学史与科学哲学联合研究——路在何方”“近期数学史研究进展管窥”“当代数学哲学问题及一种回答”“中国科学院与两弹一星”“机械计算机发展史”“工程职业与道德力”“哲学与认知科学的双重挑战”“布什报告75载：从历史到现实”“公元前3千纪的物种全球化”“人工智能时代的智能折叠与伦理重构”“‘自然’在中国——从罗界、伊懋可、杨儒宾的不同观点谈起”“有壳机动，明德何用——赛博格时代的机器人伦理困境”“从汉代天文学看中国古代科学的思维特点”“文明危机与第二开端的哲学”“语境、对比与知识归属”“图像与指称”“技术谱系与技术基因”“从古代泥版到近代印本：西方早期科学史文献学说略”“宏微之间——冶金考古三例”“社会科学中的个人主义与整体主义”“世界气象科学的历史与哲学反思”“大变革时代科学与伦理的‘碰撞’”“人类胚胎研究‘14天规则’的挑战与出路”“人类心灵起源问题研究的回顾与思考”等。

（北京市哲学会供稿）

经　济　学

新兴市场研究的挑战和机遇学术研讨会　1月10日，首都经济贸易大学和《国际经济与金融评论》杂志联合主办主题为“新兴市场研究的挑战和机遇”的学术会议在北京召开。首都经济贸易大学教授王永贵，首都经济贸易大学讲座教授、美国罗德岛大学教授林秉旋，戴顿大学教授Carl Chen、张霆等出席会议。来自北京大学、中国人民大学、武汉大学、厦门大学、上海财经大学、上海交通大学、中央财经大学、中南财经政法大学、香港理工大学、中山大学、重庆大学、同济大学、中南大学、西南财经大学、华南师范大学、浙江工商大学、苏州大学、南京审计大学、南京农业大学等高校学者参加会议。

戴顿大学金融系主任、《国际经济与金融评论》主编Carl Chen作了有关高质量英文期刊发表的主旨报告，对文章投稿的质量要求与审核过程进行了讲解。会议评审交流论文涵盖了资本市场中会计、财务、内部控制、审计、创新、社会责任、银行业竞争、产业政策、供应链等国家“十四五”规划期间的重点领域研究主题。

（首都经济贸易大学供稿）

第九届中国工业发展论坛暨面向“十四五”的中国工业学术研讨会 1月12日，由中国社会科学院工业经济研究所主办的第九届中国工业发展论坛暨面向“十四五”的中国工业学术研讨会在北京召开。

此次论坛上，中国社会科学院工业经济研究所所长史丹发布《中国工业发展报告（2020）》。为支撑国家“十四五”规划的研究制订，本年度报告主题确定为“面向‘十四五’的中国工业”。《中国工业发展报告（2020）》是工业经济研究所集体撰写完成的第25部《中国工业发展报告》，由史丹任主编，经济管理出版社出版。《中国工业发展报告（2020）》由总论、综合篇、产业篇、区域篇和企业篇五大部分构成。全书共66章，旨在全面剖析百年未有之大变局下中国工业发展面临的重大挑战，探寻中国工业高质量发展的破局之道，报告分别从宏观、中观和微观方面、从理论和实证不同视角系统总结概括了“十三五”以来中国工业、区域和企业发展现状，洞察研判“十四五”时期中国工业发展的新形势、新趋势、新特点、新问题，提出“十四五”及未来更长时期我国工业发展的战略方向和政策思路。

中国社会科学院副院长蔡昉致辞并作主旨演讲。十三届全国政协经济委员会副主任、工业和信息化部原副部长苏波，国务院发展研究中心副主任隆国强研究员，中国工程院院士、南京航空航天大学校长单忠德研究员，中国人民大学一级教授杨瑞龙，国家发展和改革委员会国土开发与地区经济研究所所长高国力分别作线上线下主旨演讲。

（中国社会科学院供稿）

第二十五届中国资本市场论坛 1月16日，第二十五届（2021年度）中国资本市场论坛举办，本次论坛由中国人民大学中国资本市场研究院、国融证券股份有限公司共同主办，中国人民大学财政金融学院、中国人民大学重阳金融研究院、鑫苑（中国）置业有限公司特别支持。在“十四五”规划胜利启幕的关键时点，资本市场30年重大历史性改革发展的主导者、参与者和亲历者、沪深交易所的创设者、中国上市公司代表、资本市场研究的金融学家和市场专家、资本市场论坛的创设者和监管者，共同回顾中国资本市场30年的改革岁月、风云际会和激荡发展，研讨在把我国建设成为中等发达国家的过程中，如何通过金融供给侧改革支持经济双循环发展，凝心聚力将中国资本市场建设成新的21世纪的国际金融中心。

（中国人民大学供稿）

中国金融安全研讨会 3月21日，中央财经大学主办了新冠疫情冲击下的中国金融安全研讨会暨北京高校高精尖学科“金融安全工程”2020年应急项目评审会。中央财经大学副校长史建平、金融学院院长李建军、中国社会科学院世界经济与政治研究所副所长张斌、清华大学社会科学学院经济学研究所教授汤珂等20余人参加会议，与会专家聚焦新冠疫情冲击下的国家经济金融安全问题研究进行了深入的交流和讨论。

（中央财经大学供稿）

中国发展高层论坛2021年年会 3月21日，中国发展高层论坛2021年年会在北京开幕。中共中央政治局常委、国务院副总理韩正出席开幕式并致辞。

韩正说，在中国现代化建设进程中，“十三五”时期是全面建成小康社会决胜阶段。以习近平同志为核心的中共中央团结带领全国各族人民砥砺前行、开拓创新，胜利完成“十三五”规划主要目标任务，中国经济实力、科技实力、综合国力和人民生活水平跃上新的大台阶。“十四五”时期，中国将开启全面建设社会主义现代化国家新征程。我们将立足新发展阶段，贯彻新发展理念，构建新发展格局，推动高质量发展，为全面建设社会主义现代化国家开好局起好步。

韩正指出，中国要建设的现代化，是人与自然和谐共生的现代化，必须坚定不移走生态优先、绿色低碳的高质量发展道路。习近平主席已向全世界作出庄严承诺，中国力争于2030年前二氧化碳排放达到峰值、2060年前实现碳中和。中国应对气候变化、保护地球家园，态度是坚决的、行动是有力的。我们坚持绿色发展理念，持续改善环境质量，提升生态系统质量和稳定性，积极参与和引领应对气候变化国际合作。在气候变化挑战面前，人类命运与共，各国应遵循共同但有区别的责任原则。实现碳达峰、碳中和目标，中国需要付出极其艰巨的努力。尽管这是一场硬仗，但中国一定会践行承诺，采取有力举措，优化产业结构和能源结构，深化能源和相关领域改革，转变用能方式，提升生态碳汇能力，确保如期实现碳达峰、碳中和目标。

韩正强调，中国开放的大门不会关闭，只会越开越大。我们将继续同各国加强宏观政策协调，维护全球产业链供应链顺畅稳定，推动世界经济早日走出危机阴影。继续推进高质量共建“一带一路”，深化与沿线国家务实合作，实现互利共赢。继续优化贸易和投资环境，增加优质产品和服务进口，进一步缩减外资准入负面清单，维护外资企业合法权益，持续打造市场化、法治化、国际化营商环境。继续积极参与国际抗疫合作，合力应对这场突发重大公共卫生事件，推动构建人类卫生健康共同体。中国将把科技自立自强作为国家发展的战略支撑，也将以更加开放的思维和举措推进国际科技交流合作，促进科技成果更好造福全人类。

本届中国发展高层论坛由国务院发展研究中心主办，主题是“迈上现代化新征程的中国”。国内外专家学者、企业家、政府官员和国际组织代表通过线上线下结合方式参加开幕式。

（《人民日报》2021年3月23日 第1版）

新时代中国农业现代化与乡村振兴研讨会　3月27日，对外经济贸易大学国家对外开放研究院、教育部战略研究（培育）基地——对外经济贸易大学中国开放经济与国际科技合作战略研究中心在京举办了新时代中国农业现代化与乡村振兴研讨会，会议由中国开放经济与国际科技合作战略研究中心执行主任夏友富教授主持。会议围绕当前我国脱贫攻坚取得的成果、农业发展的现状、农业现代化的内涵、关键问题和主攻方向及实施途径、农业发展全球战略及乡村振兴模式等问题展开讨论。

国务院发展研究中心农村经济研究部部长叶兴庆、中央党校（国家行政学院）经济学教研部副主任，国家乡村振兴局开发指导司司长左常升，广西钦州市人大主任覃天卫，黑龙江农业厅二级巡视员顾毅，原中国大豆产业协会常务副会长、原农业部市场司巡视员刘登高以及来自各高校、科研机构、政府部门和企业的专家学者共40余人出席了会议。

（对外经济贸易大学供稿）

2021新年经济高峰论坛　3月31日，以“重构增长——数字经济与独角兽”为主题的2021新年经济高峰论坛在北京召开。本次论坛由北京市工商联、北京市科学技术研究院与北京政和民营经济发展研究中心共同主办，振兴国际智库、北京科技战略决策咨询中心（北科智库）、《科技智囊》杂志社承办。国家部委和北京市有关领导出席，市和区工商联代表、商协会代表、企业界代表、高校院所代表及媒体代表近500人参会。

本次论坛聚焦经济增长，吸引了经济界、科技界的众多专家学者以及高校院所的研究人员。北京市政协委员、市工商联副主席、北京政和民营经济发展研究中心理事长李志起作题为“重构增长：未来产业2035”主旨演讲。原国务院参事、科技部原副部长刘燕华，独立经济学家、民建中央经济委员会副主任、中央电视台财经频道评论员马光远，全国工商联智库委员、中国民生银行研究院院长黄剑辉，分别作“数字经济时代”“未来产业”“打造数字化金融‘十四五’民营经济数字化转型战略”演讲，中商惠民、拉卡拉、蓝调庄园、每日优鲜等优秀民营企业代表，围绕当前宏观经济发展趋势、数字经济发展前景、首都民营经济高质量发展等发表了主题演讲。北京市政协常委、经济委副主任屈庆超，水滴公司创始人兼CEO沈鹏，好大夫在线创始人兼CEO王航，北京中关村科技服务有限公司董事长郑宏等，以“未来论坛：想象2035”为题展开讨论。

论坛发布了《2020北京独角兽企业发展报告》。报告对北京市独角兽企业的发展情况进行了全面研究，提出了北京促进独角兽企业发展的主要举措，并对北京独角兽企业发展趋势进行了展望。

（北京市科学技术研究院供稿）

平台经济领域监管问题研讨会　4月1日，中国社会科学院世界经济与政治研究所《国际经济评论》编辑部、中国世界经济学会联合组织召开了平台经济领域监管问题研讨会。来自北京师范大学、中国人民大学、中国社会科学院、中央财经大学、阿里研究院等机构的专家学者参加会议。会议研讨的主要议题有“平台经济领域中的反垄断、公平竞争、平台责任”等。

中国社会科学院世界经济与政治研究所所长、学部委员、中国世界经济学会会长张宇燕，代表会议主办方致辞。北京师范大学经济与工商管理学院院长戚聿东教授作题为“数字经济时代的监管转型”的发言；中国人民大学区块链研究院执行院长、竞争法研究所执行所长杨东教授作题为“进一步加强对平台经济领域的监管”的发言；中国社会科学院财经战略研究院李勇坚研究员作题为“数据要素视角的平台并购行为”的发言；《比较》研究部主管陈永伟研究员作题为“从国际竞争的角度看待平台经济领域监管问题”的发言；阿里研究院行业研究中心主任崔书锋作题为“审慎精准监管平台经济领域”的发言；中国社会科学院世界经济与政治研究所国家安全研究室主任郎平研究员作题为“对平台私权力的监管”的发言。

（中国社会科学院供稿）

中美农业圆桌会议——智库对话会 4月9日，由中国社会科学院农村发展研究所、国际合作局、美国腹地美中协会共同主办的中美农业圆桌会议——智库对话会线上线下同步召开。会议的主题为“中美农业全球合作新领域”，研讨的主要议题有“农业发展规划”“粮食安全与可持续农业”“农业国际合作”“气候变化与绿色发展”。会议由中国社会科学院国际合作局局长王镭主持。中国社会科学院农村发展研究所所长魏后凯作学术报告。来自中国社会科学院农村发展研究所、中国社会科学院大学、中国社会科学院生态文明研究所、中国宏观经济研究院、中国农业科学研究院农业经济与发展研究所、美国博洛格国际农业研究所、弗吉尼亚大学、俄亥俄州立大学、伊利诺伊大学等机构近100人出席会议。

（中国社会科学院供稿）

中国脱贫攻坚，乡村振兴共创新时代国际研讨会 4月14日，对外经济贸易大学国家对外开放研究院、教育部战略研究（培育）基地——对外经济贸易大学中国开放经济与国际科技合作战略研究中心、对外经济贸易大学国际经济伦理研究中心、挪威奥斯陆大学环境与发展研究中心共同举办“中国脱贫攻坚，乡村振兴共创新时代”线上研讨会。会议由挪威奥斯陆大学环境与发展研究中心主任、挪威芬兰世界银行基金首席专家丹·班尼克教授主持。挪威奥斯陆大学环境与发展研究中心英格丽·赫格研究员、对外经济贸易大学国际经济伦理研究中心李霄松研究员、中国开放经济与国际科技合作战略研究中心包卡伦博士等100多人参加了这次线上国际研讨会。

会议围绕中国在扶贫过程中的政策与实践、脱贫攻坚成果评价、经验推广价值、乡村振兴前景预期等内容进行了深入探讨。此次论坛为对外经济贸易大学国家对外开放研究院与挪威奥斯陆大学环境与发展研究中心联合举办的“联合国可持续发展目标：中国方案与实践”系列线上论坛之一，系列论坛将持续关注中国在推动可持续发展方面的政策、实践与成效，邀请国内外知名专家学者与业内人士，相互交流、共同探讨，解读中国最佳实践、分享中国经验、推进多边互通互信，营造良好的学术科研与国际合作氛围。

（对外经济贸易大学供稿）

新时期中国资本市场发展战略研讨会暨《中国资本市场的理论逻辑》出版座谈会 4月15日，由中国金融出版社、中国人民大学财政金融学院、中国人民大学中国资本市场研究院和中国人民大学重阳金融研究院联合主办的新时期中国资本市场发展战略研讨会暨《中国资本市场的理论逻辑》出版座谈会在北京举办。中国人民大学原副校长、中国资本市场研究院院长吴晓求文集《中国资本市场的理论逻辑》六卷本正式发布。来自业界、学界和政府的多位专家围绕中国资本市场的发展进行了深入研讨。论坛开幕式上，中国人民大学校长刘伟、中国金融出版社总编辑郭建伟分别致辞。论坛开幕式由中国人民大学副校长刘元春主持。

（中国人民大学供稿）

中国社会科学院国家高端智库论坛暨2021年经济形势座谈会 4月20—22日，中国社会科学院国家高端智库论坛暨2021年经济形势座谈会在北京举行。中国社会科学院院长、党组书记、学部主席团主席谢伏瞻，副院长、党组成员高培勇，中央纪委国家监委驻中国社会科学院纪检监察组组长、党组成员杨笑山，副院长、党组成员王灵桂，秘书长、党组成员赵奇，国家高端智库首席专家、学部主席团秘书长蔡昉，经济学部主任、国家金融与发展实验室理事长李扬出席会议。

来自中国社会科学院经济学部的专家学者参加会议。会议的主要议题有“‘十四五’与中国变局”“迈向‘碳中和’”“财政与金融”“经济发展新动能”。

会议由中国社会科学院经济学部、科研局、智库建设协调办公室主办，中国社会科学院金融研究所、国家金融与发展实验室承办，中国社会科学出版社、社会科学文献出版社、经济管理出版社支持。会上还举行了2020中国社会科学院青年经济学优秀论文评选颁奖仪式。

（中国社会科学院供稿）

第十届中国区域金融年会　4月23—24日，由中国区域金融年会理事会与中国区域经济学会区域金融专业委员会联合主办的第十届中国区域金融年会在北京工商大学召开。与会嘉宾围绕"不确定环境下的区域金融创新"主题展开研讨交流。

本届年会吸引了来自产学研领域的嘉宾300余人。同时，线上近27万人观看了本次年会的图片直播。会上，北京工商大学党委书记黄先开、河北金融学院副校长韩景旺以及中国县域经济报社社长刘彦广分别致辞。国家金融与发展实验室理事长李扬、亚洲金融合作协会创始秘书长杨再平、教育部金融教指委副主任吴晓求、中国人民银行金融研究所所长周诚君、对外经济贸易大学副校长吴卫星以及中国进出口银行副行长李钧作为特邀嘉宾出席会议并发言。

中国区域金融年会于2011年由北京工商大学经济学院发起，是全国金融科研与教学机构、政府部门、金融实业部门和工商企业界举办的以金融、投资学术和实务交流为中心的专业化、常设性论坛。中国区域金融年会致力于推动金融学界与政府部门之间政策沟通、金融学界与企事业单位之间理论与实践交流、金融教研机构之间的信息和经验分享，努力打造成为全国金融研究中心、区域金融合作与建设引领中心和高校金融教学改革试验中心。自成立以来，先后举办过10届年会，参会高校达100多所。

（北京工商大学供稿）

政府债券项目绩效评价研讨会　4月24日，中央财经大学、中财—中证鹏元地方财政投融资研究所共同举办了政府债券项目绩效评价研讨会。中央财经大学副校长马海涛、中证鹏元资信评估股份有限公司北京分公司总经理张宝一分别致辞。来自中央有关部门、中国财政科学研究院、中央财经大学、对外经济贸易大学、中证鹏元资信评估股份有限公司、中国光大银行的专家学者参加了本次研讨会。

与会专家结合4月13日国务院印发的《关于进一步深化预算管理制度改革的意见》，提出了未来地方政府债券项目绩效评价的研究方向和重点，指出政府债券项目绩效评价应注重投入评价和结果评价相结合，短期评价和长期评价相结合，同时分享了在制度建设和指标体系方面的研究成果。

（中央财经大学供稿）

中国农村经济形势分析与预测研讨会暨《农村绿皮书（2020—2021）》发布会　5月6日，中国社会科学院农村发展研究所、社科文献出版社与中国社会科学院城乡发展一体化智库共同在北京举办了中国农村经济形势分析与预测研讨会暨《农村绿皮书（2020—2021）》发布会，研讨会的主题是"中国农村经济形势分析与预测"。

中国社会科学院副院长高培勇，农业农村部政策与改革司司长赵鲲，国务院研究室农村司司长张顺喜，国务院发展研究中心农村经济研究部部长叶兴庆，国家统计局农村社会经济调查司原司长黄秉信，国家发展改革委产业经济与技术经济研究所副所长姜长云，中国人民大学农业与农村发展学院教授孔祥智，中国社会科学院农村发展研究所所长魏后凯、党委书记杜志雄等出席会议，绿皮书编撰人员、农发所和社科文献出版社部分工作人员、媒体记者等约50人参加会议。发布会由魏后凯主持。

李国祥研究员代表课题组对《农村绿皮书：中国农村经济形势分析与预测（2020—2021）》一书从农业农村发展及其经济运行总体形势、粮食供给及其价格运行形势、猪肉供给及其价格运行形势、农民收入和消费支出较快增长四个方面进行了简要介绍。

研讨会由农村发展研究所党委书记杜志雄主持。与会专家围绕"乡村振兴与农业农村现代化"的主题，对"十四五"时期值得深入研究的重大问题进行了研讨，特别是对如何激发农村内生发展动力、如何立足国情走中国特色农业农村现代化道路、如何缩小城乡差距等问题进行了深入讨论。

（中国社会科学院供稿）

第四届金融风险与监管学术研讨会　5月9日，中央财经大学金融学院、国家金融安全教育部工程中心主办了第四届金融风险与监管学术研讨会（2021）。来自中国社会科学院、中国银行研究院、中国人民大学、南开大学、北京师范大学、武汉大学、中山大学等22个单位60多位专家学者参加会议。

中央财经大学金融学院院长李建军、暨南大学经济学院蒋海、广东外语外贸大学金融学院战明华、北京师范大学统计学院陈梦根、南开大学经济学院郝项超等分享了各自在金融风险与监管领域的最新研究成果。与会专家提出了很多有价值的意见和建议，并进行了讨论。

（中央财经大学供稿）

国际贸易统计研究传承与发展学术报告 5月15日，由中国对外经济贸易统计学会主办、对外经济贸易大学统计学院承办的国际贸易统计研究传承与发展学术报告会举行。会议分为两阶段，分别由对外经济贸易大学统计学院院长刘立新教授、对外经济贸易大学国际商学院贾怀勤教授主持，来自各高校、科研院所、政府部门的30余位专家学者参加了会议。

各位专家就贸易数字化的研究宣传和促进工作、构建新的国际贸易统计框架和方法、国际贸易统计基础工作对服务国家经贸发展的重要性等方面作主旨演讲。

（对外经济贸易大学供稿）

首届中国金融前沿学术论坛 5月22—23日，由北京大学光华管理学院主办的首届中国金融前沿学术论坛在北京大学举行。中国人民大学原副校长、中国人民大学学术委员会副主席、中国资本市场研究院院长吴晓求教授围绕“现代金融的本质：创造资产流动性”主题发表了主旨演讲，对当前金融前沿的数字货币、科技金融、金融开放、证券化与资本市场四个领域分别展开了论述。分会场涵盖金融风险、固定收益、创新、企业投融资、资产定价、银行与风险、金融中介与公司金融八大主题。论坛共计收到258篇有效论文，选出24篇优秀论文参与汇报。80余位来自国内各重点高校从事金融前沿研究的著名学者与青年师生们就最新的研究成果进行了深入的交流与探讨。

（北京大学供稿）

2021年中德物流论坛 5月29日，北京物资学院物流学院主办了2021年中德物流论坛。此次论坛采用线上（腾讯会议）演讲加线下参会（听讲、提问）的模式。特别邀请了EMC风险投资公司创始人施耐德鲍尔（Dieter Schneiderbauer）、德国巴登符腾堡合作州立大学教授阿明（Armin F. Schwolgin）、德国维尔茨堡—施维因福特应用科技大学教授布莱默（Perk Bremer）、德国维尔茨堡—施维因福特应用科技大学教授卡森（Karsen Machholz）以及德国克莱默建筑机械公司物流部负责人奥利弗（Kohler Oliver）先生担任线上演讲嘉宾。北京物资学院副校长何明珂、国际处处长韩星线上参会。物流学院院长姜旭、物流学院党委书记王红、物流学院副院长芮嘉明及近百名师生线下参会。

施耐德鲍尔演讲的主题是“全球供应链处在蓬勃恢复期——以选定行业示例”；阿明以“供应链的重新调整”为主题进行演讲；布莱默的演讲主题是“GS1物流识别——供应链可视化基础”；卡森的演讲主题为“后疫情世界的风险管理”；德国克莱默建筑机械公司物流部负责人奥利弗带来了以“COVID-19大流行对欧洲一家建筑机械制造商供应链的影响”为主题的演讲。

本次论坛有针对性地对后疫情时代物流及供应链课题进行了探讨，为国内国际物流和供应链的发展新动向及如何畅通国内国际双循环提供了新的视角和思路。

（北京物资学院供稿）

后疫情时代的新国家理财专题研讨会 6月5日，中央财经大学举办后疫情时代的新国家理财专题研讨会，就后疫情时代中国共产党治国理财的理念、战略、方针和政策，探索形成中国的新国家理财体系进行了深入梳理与探讨。来自北京市教委、北京大学、中国人民大学、对外经济贸易大学、北京联合大学等单位和高校的专家学者参加研讨会。

中央财经大学财经研究院院长林光彬、北京大学经济学院院长董志勇、对外经贸大学副校长洪俊杰、中国人民大学应用经济学院院长郑新业、中国人民大学商学院院长毛基业等进行了主题发言。

（中央财经大学供稿）

双循环格局下中国经济高质量发展研讨会 6月5日，由对外经济贸易大学国际经济贸易学院主办了双循环格局下中国经济高质量发展研讨会。

中国人民大学“杰出学者”谷克鉴，中央党校（国家行政学院）产业经济与经济学说史教研室副主任杨振，清华大学中国现代国有企业研究院副院长、《政治经济学季刊》执行主编、社会科学学院副教授李帮喜等专家出席了研讨会并发言。来自清华大学、中国人民大学、中央财经大学、中央党校（国家行政学院）、中国社会科学院、南开大学、首都经济贸易大学、北京工商大学、四川农业大学、青岛理工大学、河北经贸大学等10余所高校和研究机构的100余名师生通过腾讯会议参与研讨会。

研讨会聚焦现实问题，以中国的实践经验讲述中国故事。与会各专家学者从多角度深入分析了如何助力形成以国内大循环为主体、国内国际双循环相互促进的新发展格局，探讨了如何妥善解决中长期经济社会发展重大问题，进一步促进双循环格局下中国经济高质量发展。

（对外经济贸易大学供稿）

国有企业改革与创新论坛　6月5日，清华大学中国现代国有企业研究院、清华大学经管学院高管教育中心、北京水木国有企业研究院联合举办国有企业改革与创新论坛。第十三届全国政协常委、中国长江三峡集团原党组书记、董事长卢纯，上市公司协会会长、中国企业改革与发展研究会会长宋志平，清华大学经管学院院长、清华大学中国现代国有企业研究院院长白重恩，经管学院党委书记兼副院长陈煜波、副院长李纪珍、高管教育中心主任李静，以及北京市管企业经营管理项目学员共200余人参加论坛。清华大学中国现代国有企业研究院副院长、经管学院院长助理薛健主持论坛。

主旨演讲环节，卢纯和宋志平分别结合各自的企业管理实践分享了对于发展国有经济与国企改革的经验与思考。卢纯表示，强国须重企，重企必强国，培育世界一流企业是国务院作出的重大决策部署，是推动中国崛起强大的战略举措和现实路径。宋志平表示，国有企业和资本市场息息相关，资本市场支持了国企的发展，促进了国企的改革，同时国有控股上市公司也支持了资本市场发展。

圆桌论坛环节，与会嘉宾和学者分别就“国有企业数字化转型与创新”“碳中和目标下国有企业的责任与担当”两个主题进行讨论。两场圆桌论坛分别由陈煜波和李纪珍主持。参加论坛的国企管理者围绕企业数字化转型的初心、困惑、痛点、经验以及双碳目标下企业的生产和管理经验进行了分享与交流。

（清华大学供稿）

中国共产党百年经济思想研讨会暨北京市经济学总会2021年年会　6月6日，由北京市经济学总会主办，中国人民大学全国中国特色社会主义政治经济学研究中心、中国人民大学经济学院承办的中国共产党百年经济思想研讨会暨北京市经济学总会2021年年会在北京举行。中国人民大学校长刘伟，中国社会科学院党委书记高培勇作主旨演讲；山西大学党委副书记、校长黄桂田，首都经济贸易大学原校长文魁，北京大学校长助理、经济学院院长董志勇教授，清华大学社会科学学院政治经济学研究中心主任蔡继明等作主旨发言。

会议设“中国共产党百年经济思想”“中国共产党领导下的现代化建设”“党建引领与企业发展”“数字技术与经济风险”“政治经济学与‘双循环’新发展格局”5个分论坛，近百名专家学者围绕议题展开研讨。

会议为经济学界同人搭建了一个系统梳理中国共产党百年经济思想、推进中国特色社会主义政治经济学发展建设的良好平台，会议综述在《经济理论与经济管理》期刊发表。

（北京市经济学总会供稿）

“坚定跟党走　奋进新征程：新时代工业和信息化事业发展”理论研讨会　6月20日，由北京航空航天大学（工业和信息化部党的政治建设研究中心秘书处）主办的“坚定跟党走　奋进新征程：新时代工业和信息化事业发展”理论研讨会在京举行。

工业和信息化部原部长、中国工业经济联合会会长李毅中，北京航空航天大学党委书记曹淑敏，北京市委教育工委副书记李军锋，工业和信息化部直属机关党委常务副书记李勇，北京航空航天大学党委副书记程波，以及来自工业和信息化部机关部门及直属单位，中国社会科学院、中共中央党校（国家行政学院）、北京大学、北京师范大学、北京航空航天大学、北京理工大学、南京航空航天大学、南京理工大学等高校院所，中国工业经济联合会、赛迪集团、全国党建研究会等智库平台专家，媒体代表等近百人参加会议。

李毅中以“党的领导是我国工业化的根本保证”为题作主旨报告。与会专家围绕如何突破“卡脖子”技术瓶颈、探索构建工业和信息化领域的政治经济学理论、工业高质量发展、以政治建设统领老干部党建工作等问题展开研讨。

（北京航空航天大学供稿）

中国共产党百年金融思想研讨会　6月25日，中央财经大学金融学院主办中国共产党百年金融思想研讨会。会议围绕“中国共产党百年金融思想研究”这一主题，共同研讨中国共产党领导的金融实践成就，客观展示中国共产党百年金融思想对马克思主义金融思想和中国传统金融思想的继承、发展与创新过程，探讨中国共产党的百年金融思想体系，为建党100周年献礼。

中央财经大学原副校长、著名金融史和金融思想史专家姚遂、人民日报经济社会部商贸采访室副主编欧阳洁、光明日报理论部经济学版编辑陈恒、经济日报理论部理论版主编欧阳优、中国人民大学国际货币研究所所长张杰、天津财经大学原副校长王爱俭、武汉大学经济与管理学院教授黄宪、西南财经大学中国金融研究中心名誉主任刘锡良、中南财经政法大学湖北金融研究中心主任朱新蓉等担任评论专家。来自国内30多所院校130余人通过线上或线下方式参与本次研讨会。

（中央财经大学供稿）

双循环新发展学术研讨会　6月26日，由财政税务学院、中国出版集团中译出版社及华夏新供给经济学研究院联合主办的《双循环新发展格局》新书发布会暨“双循环”研讨会在北京举行。原财政部财政科学研究所所长贾康，国务院发展研究中心宏观经济研究部原巡视员、研究员魏加宁，中国出版集团有限公司党组成员、中国出版传媒股份有限公司总经理李岩，中译出版社有限公司执行董事（社长）、总编辑乔卫兵，首都经济贸易大学校长付志峰，东北财经大学中国战略与政策研究中心主任、中央党校（国家行政学院）国际战略研究院原副院长周天勇，中国民生银行研究院院长、华夏新供给经济学研究院首席经济学家黄剑辉等出席会议。首都经济贸易大学校长付志峰出席会议并致辞。会议由华夏新供给经济学研究院执行副院长许磊主持。

与会专家对双循环发展展开深入研讨，指出构建“双循环”新发展格局，是推动我国改革开放中向更高层次实现高质量发展的重大战略部署，是重塑我国国际合作和竞争新优势的战略抉择，是发挥中国超大规模经济体优势的内在要求。

（首都经济贸易大学供稿）

第十五届中国经济增长与周期高峰论坛　6月26—27日，中国社会科学院经济研究所、首都经济贸易大学、云南财经大学联合主办的第十五届中国经济增长与周期高峰论坛在云南财经大学召开。清华大学、中国人民大学、上海财经大学等高校的18位学者进行主题报告，共有2000余名知名高校的师生通过线上线下的方式观看此次论坛。

此次论坛以“‘十四五’时期新发展格局构建与经济持续自主增长”为主题展开。云南财经大学党委副书记、校长伏润民，中国社会科学院经济研究所所长黄群慧和首都经济贸易大学副校长王永贵分别致辞。复旦大学经济学院院长张军、中国人民大学经济学院杨瑞龙、清华大学中国经济社会数据研究中心主任许宪春、南京大学经济增长研究院院长沈坤荣等就“十四五”时期新发展格局构建与经济持续自主增长的相关问题进行了分析、交流和探讨。来自复旦大学、中央财经大学、上海财经大学、中南财经政法大学等15所国内知名院校的17位作者汇报入选论文，内容涉及双循环与高质量发展、数字经济与生产效率、企业创新与城市经济等内容。最后，浙江大学文科资深教授、长江学者李实作题为“实现共同富裕：从理念到行动”的闭幕演讲。

中国经济增长与周期高峰论坛由中国社会科学院经济研究所与首都经济贸易大学于2006年发起，旨在为中国经济增长与周期研究搭建高水平的学术交流平台。此次论坛就如何构建新发展格局推动实现经济高质量发展、如何更好统筹发展和安全、如何继续保持宏观经济的稳定运行、如何寻求社会和经济协调发展等问题进行研讨，为中国“十四五”发展和现代化建设提供重要思路和发展建议。

（首都经济贸易大学供稿）

第四届龙马会计与财务研讨会　6月27日，中央财经大学会计学院主办第四届龙马会计与财务研讨会。中央财经大学会计学院院长吴溪、香港中文大学商学院教授吴东辉、康奈尔大学约翰逊管理学院副教授左罗作主题报告。

来自中国大陆、香港地区、澳门地区，美国，英国，澳大利亚，新加坡，荷兰等162所高校的400余位学者通过线上与线下相结合的方式参加研讨会。

龙马会计与财务研讨会是一项国际化、常态化、品牌化学术活动，对推动会计与财务学科的发展产生重大而深远的影响，深受海内外学者的支持。

（中央财经大学供稿）

科研范式与学科前沿论坛　6月29日，中央财经大学国际经济与贸易学院举办科研范式与学科前沿论坛。论坛邀请了《世界经济》编辑部主任毛日昇、《中国工业经济》副主编张其仔、《经济研究》编辑部副主任谢谦、北京大学经济学院教授杨汝岱、对外经济贸易大学国际经济贸易学院教授吕越、北京师范大学经济与工商管理学院教授魏浩、夏威夷大学马诺阿分校经济系副教授王亮进行演讲。

来自中国社科院、北京大学、对外经济贸易大学、北京师范大学、夏威夷大学马诺阿分校等特邀嘉宾及校内外师生近300人通过线上方式参与本次论坛。

会议认为，近期关于科研范式和研究方法存在较大争论，但这些争论的背后存在共识：运用规范严谨、科学理性的研究方法去研究和论证问题，做规范的学术研究。

（中央财经大学供稿）

第一届中国经济学思想与理论研讨会　7月11日，首届中国经济学思想与理论研讨会在北京工商大学举办。本届研讨会由经济研究杂志社、北京工商大学国际经管学院、中国人民大学国家经济学教材建设重点研究基地和香樟经济学术平台共同发起。40余家单位近200名师生代表出席了本届研讨会。会议开幕式由北京工商大学国际经管学院执行院长徐丹丹教授主持。首届中国经济学思想与理论研讨会8个分会场上，分主题平行开展论文汇报与讨论。经过专家学者们的认真评选，116篇征文中的33篇入选本届研讨会，并在分会场汇报与讨论。分会场主题涵盖建党百年思想与理论、中国特色社会主义政治经济学、经济高质量发展理论与政策、开放型经济、中国经济发展典型事实等。各分会场上，报告人、点评人、主持人及参会学者就论文展开了深入讨论，各位专家学者从边际贡献、前提假设、实证方法、行文逻辑、研究意义等不同角度进行了充分的思想交流。

（北京工商大学供稿）

全球通胀向何处去研讨会　7月15日，由《国际经济评论》编辑部、中国世界经济学会联合主办的全球通胀向何处去研讨会在北京召开。

会议研讨的主要议题有“全球大宗商品”“美国和中国的物价走势及其背后的逻辑和支撑因素”。

中金公司董事总经理黄海洲，中银国际证券总裁助理、首席经济学家徐高，安信证券首席经济学家高善文，中国金融四十人论坛成员缪延亮，中国社会科学院世界经济与政治研究所研究员张斌，中国社会科学院世界经济与政治研究所研究员王永中，中国社会科学院世界经济与政治研究所副研究员肖立晟分别发言。

（中国社会科学院供稿）

后疫情时代大数据赋能社区商业发展学术研讨会　7月16日，首都经济贸易大学中国消费大数据研究院第三期学术研讨会在首都经济贸易大学召开。蚂蚁商业联盟董事长/理事长、中国消费大数据研究院理事长吴金宏，中国连锁经营协会秘书长彭建真，北京大学光华管理学院符国群教授，中国商业经济学会副会长王成荣，郑州大学新闻与传播学院贾士秋教授，深圳市美宜多运营管理有限公司总经理司俊垚，日本TRIAL集团中国区总经理李萌，工商管理学院邱琪副教授做主题分享。工商管理学院教授、中国消费大数据研究院执行院长、中国连锁经营协会专家委员会委员陈立平，蚂蚁商业联盟董事、濮阳市绿城商贸发展有限公司董事长田建忠，江苏创纪云网络科技有限公司董事长叶为民，北京码上赢网络科技有限公司董事长王杰祺就社区商业的数字化转型开展圆桌论坛。首都经济贸易大学校长付志峰，首都经济贸易大学工商管理学院院长、中国消费大数据研究院院长柳学信参加会议。

会议以“后疫情时代大数据赋能社区商业发展”为主题展开学术讨论，指出数字经济时代，依靠数字化转型，化解互联网平台对实体经济的冲击，充分挖掘数据价值，助力行业和企业的发展至关重要。中国消费大数据研究院一直致力于促进零供合作以实现成本优化，为消费者提供更好的价值，最终提升整个产品供应系统的效率，为零售业的供应链经营转型、商业变革做出重要贡献。

（首都经济贸易大学供稿）

智能经济高峰论坛　7月29日，主题为“智能引领发展　创新驱动变革”的智能经济高峰论坛在北京举行。与会嘉宾围绕我国智能经济发展现状及未来前景展开交流，共同探讨智能经济高质量发展之路。

人民日报社副总编辑赵嘉鸣，中国国际经济交流中心副理事长王一鸣，贵州省政协副主席、贵阳市市长、贵安新区管委会主任陈晏，科学技术部副秘书长贺德方，工业和信息化部信息技术发展司司长谢少锋，百度董事长兼首席执行官李彦宏，中国信息通信研究院院长余晓晖及各界嘉宾400余人出席论坛。

与会嘉宾认为，要深刻认识我国发展智能经济的重要性必要性，并坚持自主创新、开放创新。智能经济正在成为经济发展的新引擎，要以提升新一代人工智能科技创新能力为主攻方向，发展智能经济，建设智能社会。

来自济南、贵阳、丽江等地方政府部门的嘉宾与中国交通建设集团、中国电力建设集团等企业嘉宾在论坛上分享了在工业、能源、金融等领域的产业智能化落地应用案例，以及对智能经济未来发展的思考。

（《人民日报》2021年7月30日第5版）

《中国农村发展报告（2021）》发布会暨面向2035年的农业农村现代化学术研讨会　7月30日，由中国社会科学院农村发展研究所、中国社会科学出版社和中国社会科学院城乡发展一体化智库共同主办的《中国农村发展报告（2021）》发布会暨面向2035年的农业农村现代化学术研讨会在北京召开。中国社会科学院副院长、党组成员王灵桂，中国农业大学原校长柯炳生，国务院发展研究中心农村经济研究部原部长徐小青，农业农村部原农村经济体制与经营管理司司长、清华大学中国农村研究院副院长张红宇，中国社会科学院社会发展战略研究院院长张翼，中国社会科学出版社社长赵剑英，农村发展研究所所长魏后凯，农村发展研究所原所长李周等领导专家出席会议并作发言。会议分别由中国社会科学院农村发展研究所书记杜志雄和副所长苑鹏主持。

会议研讨的主要议题有“当前‘三农’形势”“深化制度改革”“农业农村优先发展”等。来自“三农”领域的专家以及中国社会科学院农村发展研究所、中国社会科学出版社部分工作人员，海内外媒体记者等70余人参加会议。

（中国社会科学院供稿）

跨国公司视角下的服务贸易便利化高峰论坛　9月3日，由国务院发展研究中心和北京市人民政府联合主办的2021年中国国际服务贸易交易会跨国公司视角下的服务贸易便利化高峰论坛在北京召开。论坛以“开放合作　互利共赢”为主题，设置致辞暨主旨演讲、主题演讲、发布与研讨、战略对话四个环节，围绕加快服务贸易便利化等相关话题，开展深入解读与对话。国务院发展研究中心党组成员、副主任张军扩，北京市人民政府副市长隋振江，世界银行集团亚太区高级副行长维多利亚·克瓦，中国社会科学院副院长高培勇等发表致辞暨主旨演讲，国务院发展研究中心党组成员余斌主持致辞暨主旨演讲环节。论坛重点发布了《国际消费中心城市：理论、政策与实践》研究成果。

（国务院发展研究中心供稿）

服务贸易开放发展新趋势高峰论坛　9月3日，由国务院发展研究中心和北京市人民政府联合主办的2021年中国国际服务贸易交易会——服务贸易开放发展新趋势高峰论坛在北京召开。论坛以“开启服务贸易高质量发展新征程”为主题，设置致辞暨主旨演讲、主题演讲、发布与研讨、战略对话四个环节，围绕服务贸易高质量发展及新趋势等相关话题，紧扣数字化、绿色化、便利化等发展方向，开展系统深入的解读与对话。国务院发展研究中心党组书记马建堂，商务部党组副书记、国际贸易谈判代表兼副部长俞建华，北京市政协党组书记魏小东，新开发银行行长马可，世界贸易组织前副总干事易小准发表致辞暨主旨演讲。国务院发展研究中心党组成员、副主任王安顺主持致辞暨主旨演讲环节。论坛重点发布《中国服务贸易发展报告2020》《数字贸易发展与合作报告（2021年）》等研究成果。

（国务院发展研究中心供稿）

首届金融与发展学术论坛　9月4—5日，清华大学经管学院金融系主办了首届“金融与发展”学术论坛。经管学院弗里曼讲席教授、院长白重恩，教育部金融类教指委主任委员、中央财经大学原校长王广谦出席开幕式并致辞，并表示：论坛创办旨在探讨如何从金融与资本市场的角度助力实体经济发展，且未来将持续举办，要努力将其打造成“顶天立地”的国内外高端学术交流平台，一方面把国际前沿的学术成果带进中国的学术界，另一方面让本土高水平的学术研究在这里交流分享，并帮助国内外前沿的研究成果扎根中国，实现国内、国外学术“双循环”。

论坛上，《金融期刊》（*Journal of Finance*）现任主编阿密特·瑟鲁（Amit Seru）发表了主题演讲。哈佛大学谢·本杰明·伯恩斯坦（Shai Benjamin Bernstein）教授、美国西北大学的大卫·麦莎（David A. Matsa）教授和艾弗莱姆·本米莱克（Efraim Benmelech）教授分享了各自的学术成果。此外，来自新疆、青海、甘肃、西藏等地18所高校的教授分享论文成果；来自浙江大学、南开大学、厦门大学、中央财经大学等15所高校的学术带头人作为点评嘉宾参加论坛。

论坛还举办了金融学科发展研讨会，清华经管学院金融系主任何平、金融系杨之曙、包迈高（Michael R. Powers）、李稻葵出席并发言。何平在发言中介绍了金融系历史、特色以及人才培养的目标及现状。其他参会嘉宾围绕金融学科发展的经验思路和理念、西南地区高校金融学科发展的现状和趋势等话题进行了分享。

（清华大学供稿）

中国国际服务贸易交易会·第十五届国际服务贸易论坛　9月5日，北京第二外国语学院与中国国际贸易学会共同主办中国国际服务贸易交易会·第十五届国际服务贸易论坛。首都国际交往中心研究院名誉院长、中国奥委会名誉主席刘鹏，中国国际贸易学会会长金旭，商务部服贸司副司级巡视员王志华，中宣部对外推广局副局长陈晓建出席论坛并致辞。中国服务贸易研究院总顾问、商务部原副部长陈健发表“大力推动服务贸易对外投资　促进我国服务贸易全面发展”主旨演讲。

论坛以“新发展格局下中国服务贸易改革创新与开放”为主题，设置服务贸易与经济发展、数字贸易与改革创新、文化贸易与创意经济、服务贸易与文化贸易青年论坛等四项专题。来自匈牙利、英国、美国、德国、法国、西班牙、比利时、巴西、波兰、黑山、北马其顿、印度等12个国家的150余位政府嘉宾、业界专家、学界学者演讲并互动。

论坛首发服务贸易蓝皮书、文化贸易蓝皮书、北京国际友好城市研究、“一带一路”沿线主要国家文化市场研究4个系列共12部研究成果，社会科学文献出版社社长王利民为成果发布致辞。

（北京第二外国语学院供稿）

促进实体经济发展、助力共同富裕研讨会　9月9日，由中国社会科学院财经战略研究院主办的促进实体经济发展、助力共同富裕研讨会在北京召开。中国社会科学院副院长、党组成员高培勇致辞并发表演讲。中国社会科学院财经战略研究院院长何德旭、副院长夏杰长分别主持会议并致辞。

会议研讨的主要议题有“数字经济促进实体经济发展”“实现共同富裕的具体路径、机制、政策和实践”等。

中国信息通信研究院政策与经济研究所所长辛勇飞，中国人民大学国家经济学教材建设重点研究基地执行主任陈彦斌，中国宏观经济研究院产业经济与技术经济研究所副所长姜长云，中国社会科学院财经战略研究院研究员李勇坚，京东集团副总裁、京东科技首席经济学家沈建光，中国国际电子商务研究中心研究院院长李鸣涛等先后发言。

来自中国社会科学院、中国宏观经济研究院、中国国际电子商务中心研究院、中国信息通信研究院、北京大学等机构以及京东、腾讯等企业的专家学者参加会议。

（中国社会科学院供稿）

中国煤炭产业经济研讨会暨中国煤炭经济30人论坛（CCEF-30）　9月11日，北京绿能煤炭经济研究基金会以视频会议形式召开了中国煤炭产业经济研讨会暨中国煤炭经济30人论坛（CCEF-30）第二十六次内部研讨会。

会议由北京绿能煤炭经济研究基金会主办，《中国煤炭》杂志社协办，主题为“中国煤炭：新形势、新格局、新任务、新策略”。CCEF-30成员、《中国煤炭》杂志及编委、理事和学术委员代表、北京绿能煤炭经济研究基金会及理事单位代表等近50人出席会议。

参会代表对煤炭产业当前的新形势、新格局、新任务和新策略进行了充分研讨，为产业高质量发展提供了诸多借鉴。

（北京绿能煤炭经济研究基金会供稿）

中国银行与公司金融青年论坛（2021）　9月25日，由中央财经大学主办，华东师范大学经济与管理学部、南开大学金融科技研究中心、武汉大学金融大数据研究中心、中国人民大学国际货币研究所协办，中财—蒂尔堡金融学博士项目赞助支持的中国“银行与公司金融”青年论坛（2021）在北京召开。中央财经大学副校长史建平，中南财经政法大学校长助理李志生，西南财经大学中国金融研究中心主任王擎，北京大学光华管理学院金融系主任刘晓蕾，浙江工商大学金融学院院长柯孔林等到会发言。

来自澳大利亚莫纳什大学（Monash University）、清华大学、北京大学、中国人民大学等国内外知名高校50多位青年学者参与了研讨。

（中央财经大学供稿）

2021中关村论坛全球科技创新高端智库论坛 9月25日，2021中关村论坛全球科技创新高端智库论坛（简称“2021中关村智库论坛”）在北京召开。2021中关村智库论坛作为中关村论坛平行论坛中唯一科技智库论坛，由北京市科学技术研究院、中国科学技术发展战略研究院、中国科学院科技战略咨询研究院、中国科协创新战略研究院共同主办，中关村全球高端智库联盟承办，北京银行股份有限公司、“一带一路”国际科技合作培训中心、中国互联网新闻中心、千龙智库提供支持。

论坛以“开放科学的理念与实践：全球高端智库之声”为主题，邀请了来自中国、英国、美国、德国、加拿大、奥地利等10个国家的顶级科学家、国际组织代表、卓越企业家。其中，2位诺贝尔奖获得者，3位中国科学院院士、欧洲科学院院士，3位国际组织负责人，以及40多家国内外高端智库的知名专家。专家们通过主旨报告、高端对话等形式启发智慧，为全球高端智库单位之间搭建交流共享平台，发出促进开放科学发展的倡议。110余名国内外专家学者、政府代表和媒体记者现场参加论坛，论坛同时在加拿大、澳大利亚、奥地利、日本、韩国、新加坡、泰国等国家以及中国香港地区设立多个全球分会场，面向全球同步直播。

（北京市科学技术研究院供稿）

2021年北京洪堡论坛 9月25—26日，2021年北京洪堡论坛视频会议举行。本次论坛以“文化传承 绿色经济 双碳减排”为主题，由对外经济贸易大学主办，德国欧洲经济研究院、德国哈勒马丁—路德—维滕堡大学、德国弗劳恩霍夫协会等单位联合承办。

本次论坛下设9场主题论坛，主题分别为：双碳目标下能源与低碳经济发展新格局；绿色经济、文化传承与青年教育；新冠疫情影响下的国际秩序与全球治理；面向新时代的翻译专业教学改革与发展高峰论坛；时尚·科技与城市发展；“语言现代性的侨易路径”学术研讨会暨《构序与取象——侨易学的方法》首发式；全球史与中国：近代知识迁移与中外关系史；数字平台经济分论坛；感知、决策和实践：中欧美三边关系及其前景。

来自中国、德国、奥地利、日本、法国、意大利、美国等国的各方专家学者就论坛主题作报告，并对相关热点话题进行了多领域、多角度、全方位的探讨，近两千名各界人士以及对外经济贸易大学师生参加了论坛。

（对外经济贸易大学供稿）

2021年中美物流教育与研究论坛 10月16日，北京物资学院采取线上会议的形式举办中美物流教育与研究论坛暨国际供应链课堂讲座。论坛特邀中美物流联合会、全球供应链课堂联盟执行董事谭润忠，美国德克萨斯大学达拉斯分校教授Ramanathan Kannan，中美物流联合会会长Richard Gluck，DSLV德国运输和物流协会创新与数字政策部主任Tim Schneider，美国马里兰大学教授，物流、商业与公共政策专业主席Martin Dresner，法国物流高等研究院研究员Mohamad-Fadl Haraké，普罗格科技董事长周志刚，北京物资学院物流学院供应链管理专业副主任张栩凡担任演讲嘉宾，近百名师生参加论坛。

演讲题目有：“GSCC全球供应链课堂中法教育试点项目——法国物流高等研究院与北京物资学院联合项目的经验与总结”“填补人才缺口——新兴经济体的供应链教育”“政府政策与物流业发展阶段应保持一致——美国经验”“政府政策与物流业发展阶段应保持一致——欧洲经验”“不确定世界的零售业务”“物流是一个生态问题——为什么它很重要”等。各位演讲嘉宾围绕后疫情时代供应链管理体制、物流人才培养、物流可持续发展、物流基础设施建设等问题进行了探讨，为国内国际物流的发展新动向及如何畅通国内国际双循环提供了新的视角和思路。

（北京物资学院供稿）

第十届全球能源安全智库论坛 10月18日，由中国社会科学院主办、中国社会科学院数量经济与技术经济研究所承办的第十届全球能源安全智库论坛在北京举办。论坛的主题是“碳中和目标下的能源转型”。

论坛邀请国内外能源领域的资深专家，采取线上线下相结合的方式，参加论坛的还有来自国内外智库机构专家、各国代表、驻华机构、国内外能源企业和媒体代表等线上线下参会人员100余人。中国社科院数技经所所长李雪松主持了论坛开幕式。中国社会科学院副院长、党组成员、学部委员高培勇，国际能源宪章组织秘书长乌尔班·鲁斯纳克，欧盟中国城市发展委员会主席张毅分别在开幕式上致辞。

国际氢能协会副主席、清华大学核能与新能源技术研究院教授毛宗强作主题演讲。金之钧院士作题为《碳中和实现路径的思考》的报告。随后举行了碳中和之路暨《油气与新能源蓝皮书》发布会。

在“2030碳达峰与2060碳中和的能源转型：路径与技术”环节，来自国内外研究机构以及相关企业的学者、企业家围绕“中国碳中和前景下的能源转型与投资”“一带一路倡议与国际能源地缘政治的新变化”“国际油气市场”“能源安全”“双碳目标与技术路径”“氢能发展”等进行了研讨。

（中国社会科学院供稿）

二〇二一金融街论坛年会 10月20日，2021金融街论坛年会在北京开幕。中共中央政治局委员、国务院副总理刘鹤作书面致辞。中共中央政治局委员、北京市委书记蔡奇出席开幕式并致辞。

刘鹤表示，今年以来，面对多重风险冲击，在以习近平同志为核心的党中央坚强领导下，我们有效实施宏观政策，国民经济稳定复苏，金融系统发挥着关键作用，取得了积极成效。

刘鹤指出，中国是具有强劲韧性的超大型经济体。在党中央、国务院的坚强领导下，这种韧性来自市场主体竞争力，来自经济结构的完整性，来自改革开放的正确政策，更来自超大规模的国内市场和亿万人民通过艰苦奋斗实现美好生活的不懈追求。

刘鹤强调，金融系统要进一步主动担当作为。更好服务实体经济，做好货币政策调节，加大对民营经济、小微企业等的融资支持。支持绿色低碳发展，支持煤的清洁高效利用与新能源的开发利用，保障能源安全，推动实现“双碳”目标。推进高水平对外开放，创造公平市场环境，保护在华外资机构合法权益。更加重视金融科技，提升金融服务质效，加强科技监管能力建设。统筹做好金融风险防控，实现防风险和稳发展的动态平衡。目前房地产市场出现了个别问题，但风险总体可控，合理的资金需求正在得到满足，房地产市场健康发展的整体态势不会改变。

（摘自《人民日报》2021年10月21日第3版）

脱贫和可持续发展知识和优秀实践分享南南合作研讨会 10月21日，由中国社会科学院和联合国南南合作办公室主办，科研局、国际合作局、中国非洲研究院、社会科学文献出版社承办的“脱贫和可持续发展知识和优秀实践分享”南南合作研讨会在线上线下同步召开。联合国大会主席阿卜杜拉·沙希德（Abdulla Shahid）在开幕式致辞，谢伏瞻院长作主旨演讲，并与联合国南南办主任爱迪尔·阿布杜拉提夫（Adel Abdellatif）共同签署《中国社会科学院和联合国南南合作办公室谅解备忘录》，王灵桂副院长主持签署仪式，并宣布“脱贫和可持续发展智库网络”建立，由中国社会科学院农村发展研究所主管的中国社会科学院贫困问题研究中心加入了该智库网络。

（中国社会科学院供稿）

2021年度经济研究·高层论坛暨经济学动态·大型研讨会 10月22—23日，由中国社会科学院经济研究所主办的2021年度经济研究·高层论坛暨经济学动态·大型研讨会在北京举行。论坛由经济研究杂志社和经济学动态杂志社联合承办，由中国社会科学出版社、《中国经济史研究》编辑部、《经济思想史学刊》编辑部、中国社会科学院大学经济学院协办。会议的主题为“新阶段、新理念、新格局——迈向新征程的中国经济”。

开幕式上，中国社会科学院经济研究所所长、《经济研究》和《经济学动态》主编、中国社会科学院大学经济学院院长黄群慧主持并致辞。中国社会科学院党组成员、副院长、学部委员、中国社会科学院大学党委书记高培勇致辞并演讲。

开幕式后，举行了《中国经济报告（2021）——迈向现代化新征程》发布式。该报告聚焦2021年中国经济发展，围绕现代化新征程，就把握新发展阶段、贯彻新发展理念、加快构建新发展格局进行了深入的理论分析和政策研究。全书共70多万字，是一部全面系统分析新发展阶段、新发展理念、新发展格局的研究报告。

主题演讲环节，由中国社会科学院经济研究所党委副书记、副所长朱恒鹏主持。十三届全国政协常委、经济委员会副主任林毅夫，十三届全国政协经济委员会副主任刘世锦，国务院发展研究中心党组成员、副主任隆国强，国务院国有资产监督管理委员会党委委员、秘书长彭华岗分别发表演讲。

随后举办了两场圆桌会议及10个主题的分论坛，与会专家分别就“习近平新时代中国特色社会主义经济思想”“完善宏观经济治理与健全现代化经济体系”“构建新发展格局与全面深化改革”“建立现代财税体制”“共同富裕、乡村振兴与社会保障”“金融服务实体经济与风险处置”“新型城镇化与区域协调发展”“高水平对外开放与合作共赢”“创新驱动发展与数字中国建设”“学术期刊与学术评价体系建设”等议题展开研讨交流。

（中国社会科学院供稿）

首届北京产业数字经济与数字化转型论坛 10月23日，由北京交通大学经济管理学院主办的2021年首届北京产业数字经济与数字化转型论坛在北京举办。论坛共包含数字经济发展与数字化转型关键理论与技术、产业发展、案例研究方法和行业协会“产学研”工作与科技奖介绍4个部分。来自北京理工大学、中央财经大学、北京邮电大学、山东财经大学、中央财经大学、北京联合大学、北京信息科技大学、中国铁道科学研究院、国家电网能源研究院、国家信息中心等10个院校、企事业单位的40余位参会嘉宾，与学校师生共近百人参加了本次论坛，共同交流探讨产业数字经济与数字化转型的发展情况及面临问题的解决方案。

（北京交通大学供稿）

数字经济圆桌论坛 10月27日，北京工商大学数字经济研究院首场数字经济圆桌论坛在线上举行。论坛以“学习习总书记关于数字经济重要讲话精神，把握数字经济发展趋势和规律”为主题，来自工信部、科技部、中国互联网信息中心、中国信息通信研究院、新华社、《光明日报》、人民网强国论坛、北京教育新闻中心等单位的知名专家学者和北京工商大学部分师生参加了本次论坛。本次圆桌论坛以学习习近平总书记重要讲话精神为核心，聚焦数字经济发展趋势和规律，探讨了数字经济发展过程中的理论和实践问题，专家们的发言既有对数字经济发展趋势研判，也有对数字经济发展规律的理论思考，既有对数字经济体系重构的深度思考，也有对推动我国数字经济健康发展的政策建议，形成了兼具理论探索性、实践指导性、政策参考性的系列观点、建议。

（北京工商大学供稿）

第十八届构建二十一世纪金融体系中美研讨会 10月27—28日，中国发展研究基金会和美国哈佛大学法学院国际金融体系中心合作主办第十八届“构建二十一世纪金融体系”中美研讨会。会议采用线上线下结合的方式展开研讨，从ESG投资、数字货币与技术创新以及中美经济关系与金融业等角度深入探讨了当前中美两国经济和金融市场的变化及热点。

国务院发展研究中心副主任隆国强，全国政协委员、中国证券监督管理委员会原主席肖钢，交通银行行长刘珺等出席会议并演讲。中国银行保险监督管理委员会首席风险官刘福寿，中国证券监督管理委员会首席律师兼法律部主任焦津洪，中国人民银行金融研究所所长周诚君等金融监管部门的代表参与研讨。

（国务院发展研究中心供稿）

政府财务报告审计学术研讨会 10月29日，由中国社会科学院财经战略研究院、中国成本研究会共同主办，《财贸经济》编辑部、《审计研究》编辑部、《财经智库》编辑部共同协办的政府财务报告审计学术研讨会采用线上线下相结合的方式在北京召开。来自国家部委、部分院校、部分省市审计厅（局）的专家学者，参加征文活动经评选入选论文（或报告）的作者，以及中国社会科学院财经战略研究院科研人员参加研讨会。

第一单元由中国社会科学院财经战略研究院副院长杨志勇主持，中国社会科学院财经战略研究院何德旭院长、国家审计署财政审计司周岩副司长、审计署审计科研所陈基湘副所长先后致辞。

第二单元会议为平行分论坛，分为政府财务报告审计的理论与政策、相关案例与实证、国际与历史经验3个平行主题。来自审计署审计科研所、安徽省审计厅、青海省审计厅、上海市审计局、审计署宣传审计局、审计署农业水利审计局、审计署卫生体育审计局、中国矿业大学（北京）、浙江财经大学、南京审计大学等机构的学者和专家围绕“如何为政府‘算好账’的问题”“政府财务报告审计的功能及目标定位”“对政府财务报告审计报告的构架设想”“政府财务报告审计应当重点关注的问题”“政府财务报告审计如何推动国家治理”等进行发言。

（中国社会科学院供稿）

新征程民族地区巩固拓展脱贫攻坚成果与乡村振兴主题研讨会 10月30—31日，新征程民族地区巩固拓展脱贫攻坚成果与乡村振兴主题研讨会暨2021年中国少数民族经济研究会年会以线上方式举办。该会议由中国少数民族经济研究会主办，中央民族大学经济学院和中国兴边富民战略研究院承办，《民族研究》协办。

国家民委办公厅原巡视员、中国少数民族经济研究会会长普永生，国家民委教育科技司原司长、教育部全国民族教育专家委员会副主任田联刚，中央民族大学党委常委、总会计师张艳丽，中国社会科学院民族学与人类学研究所所长王延中，中国人民大学人口与发展研究中心教授段成荣，中国社会科学院经济研究所研究员胡家勇，陕西师范大学教育实验经济研究所所长史耀疆，首都经济贸易大学教授杨春学，中国兴边富民战略研究院院长黄泰岩等领导和专家学者出席会议。

本次研讨会会期2天，段成荣、胡家勇、史耀疆、王延中、杨春学、黄泰岩6位专家学者就民族地区巩固拓展脱贫攻坚成果与乡村振兴进行主旨报告，从不同角度进行了阐释分析。同时，会议设有16场"平行论坛"以及"学术期刊圆桌论坛"，既有对共同富裕理论、乡村振兴理论探讨，也包括了对民族地区产业发展的评价、固边兴边富民、公共服务治理与财政金融人力发展的实际思考，又有对民族经济的学术思考和计量可视化研究。

会议期间还召开了第十六届全国民族（地区）高校经济学院联席会，来自全国近30所院校近50名院长和学科负责人参会，围绕民族经济学学科发展进行深入研讨。

（中央民族大学供稿）

中美农业圆桌论坛：农村发展深度交流研讨会　11月2—3日，由中国社会科学院农村发展研究所、国际合作局、美国腹地美中协会主办的"中美农业圆桌论坛：农村发展深度交流研讨会"于线上线下同步召开。会议主题为"中美两国乡村振兴（发展）的战略、举措、发展成效与经验"，研讨的主要议题有"乡村振兴""城乡关系和小城镇""产业融合和职业农民""农业数字化转型与现代农业"。会议由国际合作局副局长叶海林主持，中国社会科学院农村发展研究所所长魏后凯致开幕词并作学术报告。中国社会科学院农村发展研究所党委书记杜志雄作会议总结。

来自中国社会科学院农村发展研究所、中国社会科学院大学、农业农村部、中国人民大学、北京林业大学、美国科罗拉多州立大学、俄亥俄州立大学、马里兰大学、康奈尔大学等机构近百人出席会议。

（中国社会科学院供稿）

2021年中日物流论坛　11月3日，北京物资学院举办了2021年中日物流论坛，论坛采取线上方式进行。日通国际物流（中国）有限公司网络事业本部本部长兼陆运事业开发部长Fukushima Tatsuo、日本流通经济大学物流系统及选址专业教授Etsuo Masuda、日本流通经济大学流通与物流系统专业教授Yuji Yano、日本流通经济大学流通与物流系统专业教授Kosuke Miyatake以及北京物资学院物流学院物流管理专业教师柳雨彤受邀作为线上嘉宾。

Fukushima就中欧班列的发展现状以及存在的问题进行了详细讲解；Etsuo Masuda讲解了智慧技术在物流领域中的应用，并形象地描述了数字化平台为智慧物流带来的诸多益处。Yuji Yano重申了创新技术对于物流行业的重要性，并对于数字化技术、区块链技术等物流领域新技术进行了讲解。Kosuke Miyatake首先介绍了疫情对于日本快递行业的影响，并介绍了日本快递的配送与签收在疫情环境下采取的种种措施。柳雨彤老师认为零工经济已经成为未来用工的大势所趋，众包物流作为"互联网+"下的产物，对于最后一公里配送有着技术基础以及天然优势。本次论坛对后疫情时代物流需求、物流企业、消费者物流、铁路物流、航空物流等物流问题进行了探讨。

（北京物资学院供稿）

第九届中国投资学年会　11月5—6日，由中国投资协会投资学科建设委员会、中国投资学专业委员会、对外经济贸易大学主办的2021年"第九届中国投资学年会"举行。本次会议以"数字经济时代的投资：新机遇、新挑战"为主题，关注当前快速发展的数字经济时代背景下，金融投资的变革走向和创新趋势。如何在挑战之中寻找新机遇、新契机，并探寻解决中国现实问题的途径，是亟待探讨的重要焦点。

会议期间同步举行中国投资学年会第六届研究生论坛，业界专家学者及在校博士和硕士研究生共同就投资领域的热点问题、投资学科建设与人才培养问题展开探讨。对外经济贸易大学校长夏文斌、中央财经大学校长王瑶琪等出席活动。中国人民大学教授吴晓求、美国俄亥俄州立大学教授侯恪惟等作主旨演讲及特邀报告。

（对外经济贸易大学供稿）

中国财政投融资2021年年会　11月13日，由中央财经大学、中国财政学会投融资研究专业委员会主办,《经济研究参考》杂志社协办的中国财政投融资2021年年会在线上召开。本次年会主题为"绿色政府债券研究"。

来自国家发改委，国务院发展研究中心，中国社会科学院，财政部中国财政科学研究院，中国财政学会投融资研究专业委员会，北京大学、中央财经大学，中证鹏元资信评估股份有限公司、中国国际经济咨询有限公司、深圳鹏元绿融科技有限公司、中国财经报社的近30位专家学者进行了会议致辞和发言，来自全国各地的专家学者及学生300余人参加会议。

（中央财经大学供稿）

第五届三农论坛 11月13日，《中国农村经济》《中国农村观察》第五届三农论坛召开。论坛由中国社会科学院农村发展研究所《中国农村经济》《中国农村观察》编辑部主办，西北农林科技大学经济管理学院、陕西省乡村振兴软科学研究基地、陕西省乡村振兴发展智库、黄河中上游生态保护与农业农村高质量发展研究基地、西部农村发展研究中心共同承办。来自中国社会科学院、国务院发展研究中心、中国农业科学院、北京大学、中国人民大学、中国农业大学、西北农林科技大学、浙江大学、西南大学、上海财经大学等单位的领导和专家，以及全国各高校、科研院所的作者和读者1500多人，通过线上和线下的方式参加会议。

开幕式上，西北农林科技大学副校长赵敏娟教授和中国社会科学院农村发展研究所所长魏后凯研究员分别致辞。西北农林科技大学经济管理学院院长夏显力主持开幕式。

主论坛上，魏后凯研究员、国务院发展研究中心农村经济研究部部长叶兴庆、中国农业大学经济管理学院樊胜根、华南农业大学国家农业制度与发展研究院院长罗必良、中国人民大学农业与农村发展学院院长仇焕广等分别作主旨报告。《中国农村经济》副主编陈劲松、西北农林科技大学经济管理学院教授委员会主任陆迁主持主论坛。

分论坛根据研究主题，分为“农民增收与共同富裕”“农业农村高质量发展”“城乡融合与区域协调发展”“数字乡村建设与农村人力资本”“农村土地制度改革”“粮食安全与农业现代化”“农村金融与数字农业”“乡村振兴理论与实践”“新发展格局与农业转型”“生态治理与农业绿色发展”“脱贫攻坚与乡村振兴有效衔接”“中国特色乡村治理体系”12个平行论坛，来自全国各地的72位青年学者通过线上的方式展示了近期研究成果，来自国内知名高校和研究所的36位“三农”领域专家对青年学者的报告进行了点评。

（中国社会科学院供稿）

第二届中国百家经济学重要期刊主编论坛 11月13日，北京大学经济学院和《经济科学》编辑部联合举办的第二届中国百家经济学重要期刊主编论坛召开。论坛旨在共同探讨新时代如何凝聚中国经济学界共识和力量，推动中国经济学期刊高质量发展，促进理论创新、引领学科发展、强化学术交流、支撑人才培养，从而为全面建设社会主义现代化强国贡献力量，同时为经济学期刊主编和专家学者搭建更为平等开放的交流平台。

新中国首家高校文科学报《文史哲》主编王学典，以及《人民日报》《求是》《光明日报》《经济日报》《中国社会科学》《经济研究》《管理世界》《中国工业经济》等122家重点期刊的136名主编、社长和编辑部负责人出席论坛。会上发布《为祖国在新时代新征程中开创新辉煌协同努力奋斗》倡议书。

（北京大学供稿）

第十二届哈博·高校（经管）博士学术论坛 11月17—18日，第十二届哈博·高校（经管）博士学术论坛在首都经济贸易大学召开，论坛采取线上线下相结合的方式，来自国内高校、科研机构的专家学者和博士生共计400余人参加论坛。副校长孙昊哲参加开幕式并致辞，研究生院院长周明生主持开幕式。

中国人民大学教授杨瑞龙、北京大学副教授王锐、中国人民大学教授李三希在主论坛作主题发言。随后，来自全国35所高校的64名博士生分别在区域经济学、企业管理、产业经济、国际经济、国民经济、会计学、劳动经济、财政税务、金融学、统计与数量经济、管理科学与工程、法律经济等12个分论坛宣讲了论文成果。闭幕式上，《管理世界》杂志社社长李志军研究员、《经济理论与经济管理》张雨潇编辑作主题报告。本届论坛的12个分论坛共产生12位最佳论文获得者及9位优秀论文获得者。

（首都经济贸易大学供稿）

第五届区域金融与金融科技发展论坛 11月27日，由北京工商大学经济学院金融系主办、区域金融工程研究中心和数学金融研究中心协办的第五届区域金融与金融科技发展论坛召开，本次论坛将区域金融与金融科技发展和金融专业人才培养模式研讨相融合，邀请了国内著名专家学者、北京工商大学金融系师生共计150余人参加。

论坛以“区域金融与金融科技融合发展”为主

题。北京工商大学经济学院党委书记吕素香、院长倪国华，中国进出口银行副行长李钧，华章投资控股有限公司董事长金维虹在会上致辞。河北省金融工作办公室副巡视员王锦安、北京万通新发展集团股份有限公司执行副总裁李洋、元通控股集团董事长陈美兴、北京工商大学金融学科带头人杨德勇、京东科技集团研究院副院长朱太辉、西南财经大学金融学院数字经济研究中心主任陈文等专家学者围绕中小微企业高质量发展、央行数字货币发行创新、乡村振兴等主题分享观点。

（北京工商大学供稿）

北京物资学院第十五届期货论坛　11月27日，北京物资学院举办北京物资学院第十五届期货论坛·新格局下期货及衍生品发展高端对话。探讨和交流在“双循环”相互促进的新发展格局下期货及衍生品发展的新途径，为深化期货产教融合创新及高端人才培养模式创新提供新思路。本次论坛的合作单位共26家，涉及院校、协会、企业、媒体等。来自全国高校、行业协会、业界企业等12名专家学者受邀发表主题演讲，1万多人次线上参加会议。

本次会议共有两场主题演讲：上半场主题为“衍生品产学研生态”，下半场主题是“期货产教融合创新”，分别就金融专业教育、实验室建设、期货学术研究动态和期货产学研人才培养模式进行了探讨。本次论坛通过腾讯会议在线举办，在《期货日报》、中国知网、微赞等多家平台进行了同步直播。

（北京物资学院供稿）

第九届运输与时空经济论坛国际会议（TSTE 2021）之“与世界相交，与时代相通”：交通理论创新与发展政策高端智库论坛　11月28日，第九届运输与时空经济论坛国际会议（TSTE 2021）之“与世界相交，与时代相通”：交通理论创新与发展政策高端智库论坛在北京交通大学召开。本届高端智库论坛由北京交通大学经济管理学院、北京交通大学人文社会科学处、首都高端智库“北京交通大学北京综合交通发展研究院”、国家经济安全研究院主办，中国铁道学会、中国技术经济学会、重庆交通大学合办。论坛以“交通理论创新与发展政策”为主题，热议碳达峰碳减排问题，研辩运输经济学理论创新。会议参会人数共计700余人。

联安研究院常务副院长、北京交通大学经济管理学院兼职教授、亚洲博鳌论坛全球经济发展与安全论坛智库单位负责人孙勇，北京交通大学科研院副院长宋国华，北京交通大学经济管理学院教授冯华，同济大学建筑与城市规划学院教授潘海啸，交通运输部规划研究院副院长徐洪磊，重庆交通大学副校长黄承锋等13位特邀嘉宾依次作主题演讲。

（北京交通大学供稿）

第二届大数据与产业创新国际会议　11月28日，由中国政法大学商学院和科研处共同主办的第二届大数据与产业创新国际学术会议在京举行。会议采用线上和线下相结合的方式，来自美国、意大利、以色列、新加坡和日本的7名国外学者与来自北京大学、清华大学、北京理工大学、江西财经大学、国家发改委宏观经济研究院、人民网舆情数据中心等单位20余位国内专家学者齐聚云端，围绕“大数据与产业创新”主题，共同交流大数据在不同领域中的研究与应用，探索未来大数据发展前景。

中国政法大学副校长时建中为大会致辞。中国政法大学商学院副院长刘志雄主持。新加坡国立大学商学院院长讲席教授Junhong Chu，美国雷赫曼大学教授Yair Tauman，美国查普曼大学教授Sougata Poddar，原日本银行国际局局长、大阪经济大学教授Tomoyuki FUKUMO，日本冈山大学副教授Xiaojing Cai，美国纽约州立大学石溪分校博士David Wiczer和意大利圣心天主教大学博士Stefano Colombo依次围绕出行大数据、创新技术的专利许可、数字货币与创新、数字经济时代金融创新、大数据与劳动力市场、大数据与合谋等主题分享了最新研究成果。大会下半场为中国学者主旨发言。中国政法大学商学院产业经济系学术主任魏加宁、北京大学国民经济研究中心主任苏剑、清华大学公共管理学院副院长邓国胜、京东科技集团研究院副院长朱太辉分别就创新型增长、产业创新与高质量发展、社会企业与乡村产业发展、数字经济与数字政府等内容进行了全面阐述。

会议另设2个分会场，主题分别为“数字经济与产业创新发展”“大数据发展前沿”。本次会议的研究内容与党的十九届六中全会通过的《中共中央关于党的百年奋斗重大成就和历史经验的决议》紧密结合，聚焦社会经济发展热点问题，涉及经济高质量发展、创新型增长、加快发展现代产业体系、数字经济、共同富裕等基础理论和应用研究各方面，为大数据与产业创新领域提供了一个展示研究成果、研讨前沿问题的广阔平台。

（中国政法大学供稿）

2021中国品牌论坛 11月30日，由人民日报社主办的2021中国品牌论坛在北京举行，政府主管部门代表、企业负责人、专家学者共聚一堂，以“加强品牌建设推动高质量发展”为主题，开展多领域、深层次、高水平对话交流，解读政策机遇，共绘品牌发展蓝图。

国家发改委秘书长赵辰昕、科技部副部长邵新宇、工信部副部长辛国斌、国家乡村振兴局局长刘焕鑫、商务部副部长任鸿斌、国务院国有资产监督管理委员会秘书长彭华岗、国家市场监管总局副局长田世宏、全国工商联副主席李兆前、国家开发银行行长欧阳卫民等出席论坛并致辞。中国城镇化促进会常务副主席郑新立、中国社会科学院农村发展研究所所长魏后凯作主旨发言。中国核工业集团有限公司董事长余剑锋、国家电力投资集团有限公司总经理江毅、中国移动通信集团有限公司董事长杨杰、中国通用技术（集团）控股有限责任公司总经理陆益民、中国建筑集团有限公司董事长郑学选、中国农业银行行长张青松、中国保利集团有限公司董事长刘化龙等40多家企业的代表和来自重庆、山东、安徽、河南等地相关负责同志出席论坛并作主旨发言。人民日报社副总编辑王一彪主持开幕式，副总编辑方江山主持主旨发言环节，副总编辑赵嘉鸣出席论坛并致辞。

《人民日报》积极履行党中央机关报职责使命，努力当好品牌强国建设的宣传者、参与者、推动者，开辟专版专栏、推出系列融媒体产品，加大宣传力度，加强舆论引导。为进一步加强交流、凝聚共识，自2015年起《人民日报》已连续举办7届中国品牌论坛。

（《人民日报》2021年12月1日第4版）

中国共产党百年财经思想与实践研讨会 12月4日，中国共产党百年财经思想与实践研讨会在中央财经大学召开。会议由北京市习近平新时代中国特色社会主义思想研究中心、中央财经大学共同主办。市社科联党组书记、常务副主席，市社科规划办主任张淼，中央财经大学党委书记何秀超在研讨会开幕式上致辞。季正聚、陈争平等作主旨演讲，从不同视角深入研讨党的百年财经思想与实践。全国各高校、市属社科理论单位、新闻单位代表等100余人参加会议。

（北京市社科联、北京市社科规划办供稿）

数字经济发展与国际税收变革研讨会暨《2020—2021中国税收发展报告》发布会 12月4日，中央财经大学召开数字经济发展与国际税收变革研讨会暨《2020—2021中国税收发展报告》发布会。国家税务总局科研所所长谭珩、国务院发展研究中心宏观部副部长冯俏彬、中国财政科学研究院邢丽、北京大学经济学院财政系主任刘怡、中国人民大学财政金融学院朱青、复旦大学经济学院杜莉、国务院发展研究中心段炳德等进行发言。本次发布会共240余人线上参会，央广网等媒体同步报道。

《2020—2021中国税收发展报告——数字经济发展与国际税收变革》分析了全球主要国家的数字经济发展状况、税收挑战的主要表现以及国际上应对数字经济的单边和多边税收方案，并探讨了中国未来税收优化的方向。

（中央财经大学供稿）

中国环境经济学论坛（2021） 12月4—5日，由首都经济贸易大学经济学院主办，中国环境科学学会环境经济学分会协办的中国环境经济学论坛（2021）在首都经济贸易大学举行。论坛主题为“双碳目标与高质量发展”，《管理世界》《经济与管理研究》《学习与探索》《环境经济研究》《技术经济》等期刊提供学术支持。副校长王传生出席论坛并致辞。

来自中国科学院、中国社会科学院、清华大学、北京大学、中国人民大学、复旦大学、北京师范大学、对外经济贸易大学、中央财经大学、北京航空航天大学、北京理工大学、剑桥大学等国内外多所高校、研究机构的百余名专家学者和高校师生通过线上、线下的形式参加会议，与会专家围绕如何推动绿色低碳发展，持续改善环境质量，全面提高资源利用效率，构建生态文明体系，促进经济社会发展全面绿色转型，建设人与自然和谐共生的现代化等现阶段重要环境经济与政策问题展开深入讨论。

“中国环境经济学论坛”是首都经济贸易大学与《管理世界》杂志社的战略性合作，旨在为中国环境经济学领域的学者搭建起高水平、高规格的学术交流平台，切实推动中国环境经济学研究发展。服务于国家和北京市高质量发展与生态文明建设的需求，经济学院整合多个学科方向的优势资源，将低碳与环境经济学确定为特色研究方向之一。

（首都经济贸易大学供稿）

中国企业全球形象高峰论坛　12月6日，2021·中国企业全球形象高峰论坛在北京举行。本届论坛以“推进可持续发展　共建美好世界”为主题，相关部门领导、国内知名企业代表、智库专家、媒体记者近100人参与论坛活动。

中宣部副部长张建春表示，中国企业走向海外，既是对外经济合作、实现开放共赢的市场主体，也是中华文化的生动载体。要进一步树立中国企业全球形象，展示可信、可爱、可敬的中国形象，扩大中华文化影响力和感召力，以实际行动为构建人类命运共同体做出更大贡献。

国务院国资委副主任谭作钧认为，要讲好中国企业开拓创新、协调发展、绿色发展、开放发展、共享发展的故事，展现充满活力、和谐文明、清洁美丽、互利共赢、和合共生的中国形象，为推进可持续发展，共建美好世界做出新的更大贡献。

全国工商联副主席李兆前提出，要把提升产品质量作为打造可持续品牌的根本，把承担社会责任作为打造可持续品牌的必要任务，把讲好中国故事作为打造可持续品牌的重要举措。

中国外文局局长杜占元表示，围绕落实全球发展倡议和可持续发展目标，加强中国企业全球形象建设，要坚持以人为本，关注和增进各国人民福祉，主动适应变化，提升发展质量和全球竞争力，重视文化浸润，积极传递全人类共同价值。

论坛发布了由中国外文局国际传播发展中心联合当代中国与世界研究院、凯度集团共同完成的《中国企业形象全球调查报告2021》。本次调查覆盖了美国、意大利、肯尼亚、泰国等12个国家。调查结果显示，18~35岁的青年受访者对中国经济发展为全球带来积极影响的评价最高。

论坛期间，由中国外文局国际传播发展中心联合国务院国资委新闻中心、中国外文局文化传播中心等共同发起的“2021（第四届）中国企业国际形象建设案例征集活动”各奖项揭晓。在中央企业、地方国企及民营企业报送的162个有效案例中，有36个案例获评优秀案例，并在此基础上评选出“2021中国企业国际形象建设十大优秀案例”。

（《人民日报》2021年12月7日第11版）

第五届中国新三板年度论坛　12月8日，由北京工商大学商学院联合主办的第五届中国新三板年度论坛——风云际会北交所活动在北京举办。中国中小企业协会会长、国家发展和改革委员会原副主任、深圳市原市长李子彬，北京工商大学原副校长、中国商业会计学会会长谢志华，中国投资协会副会长沈志群，工信部中小企业局原副巡视员陈滨，中国证监会北京证监局原副局长姚万义等领导参加了本次线下论坛或线上致辞。

央视网、《证券时报》《红周刊》等六大平台同时在线直播，北上广三地监管部门、股转公司、投资机构、服务机构、挂牌企业、行业协会、科研院所等机构到场嘉宾以及观看人数超过20万人次。

本次论坛举办了主题为“北交所时代下的机遇和挑战”和“备战北交所创新型中小企业主阵地”两场圆桌论坛，中邮证券、开源证券、银泰证券、中信建设证券、民生证券、华夏基金的投资行部专家以及华财会计、丰电科技、国源科技、金长川资本的董事长，北京工商大学商学院教授张宏亮和王力军参与了圆桌论坛。会议最后由新三板投资者保护指数评选出若干重量级奖项并进行颁奖。

本次论坛由商学院联合中国中小企业协会、《聚焦新三板》企业服务平台共同主办，商学院投资者保护研究中心、中国新三板研究院协办，中国中小企业协会创业服务工作委员会、北京华财会计股份有限公司承办。

（北京工商大学供稿）

京津冀金融研究联盟2021年会暨第八届中国金融风险高层论坛　12月10日，由京津冀金融研究联盟、首都经济贸易大学金融学院主办的京津冀金融研究联盟2021年会暨第八届中国金融风险高层论坛在北京召开。年会采用线上线下结合的方式举办，京津冀金融研究发展论坛主会场设在首都经济贸易大学，校内领导、教师、学生及少数媒体记者70余人到场参会，180余校外人员进行线上会议。中国人民大学、中央财经大学、中国石油大学、北京师范大学、北京联合大学、北京物资学院、北京工商大学、北京石油化工学院、北京财贸职业学院、天津财经大学、河北大学、河北经贸大学、河北金融学院等单位专家学者共同参加本次会议。

首都经济贸易大学副校长王永贵出席会议并致辞。金融学院院长尹志超发布了《中国家庭普惠金融发展研究》报告。作为京津冀金融研究联盟的年度学术交流平台，本次会议旨在聚焦京津冀金融研究热点问题，深入探索京津冀金融领域协同发展之道，以此促进京津冀地区高校之间的交流与合作，服务国家智库建设。

（首都经济贸易大学供稿）

第四届中国百所大学经济学院院长论坛暨百所经院人才招聘会 12月11日，第四届中国百所大学经济学院院长论坛暨百所经院人才招聘会在北京大学举行。本次论坛采用了线上线下相结合的方式，邀请来自全国190所高校的25位校长、211位院长共同出席。论坛围绕“解读中国经济实践，构建中国特色经济学理论体系”主题，深度理解中国共产党成立百年以来领导人民进行经济建设的伟大实践，探讨分析经济发展“中国奇迹”背后的理论规律，为推动中国经济学学科建设和人才培养实现高质量发展贡献智慧和力量。百所经院人才招聘平台是专门为海内外经济学博士毕业生打造的、服务于国内各大高校和科研机构的就业信息平台，由北京大学经济学院发起和管理，依托于“中国百所大学经济学院院长论坛”，邀请国内各高校和科研机构定期发布学术职位招聘信息，为海内外经济学博士毕业生提供求职服务。

（北京大学供稿）

第十二届中国风险管理与精算论坛 12月11—12日，中央财经大学保险学院、中国精算研究院、中国现场统计研究会风险管理与精算分会、中国精算师协会联合主办第十二届中国风险管理与精算论坛。本次论坛线上线下同步召开，中央财经大学校长王瑶琪、保监会原副主席魏迎宁、中国现场统计研究会风险管理与精算分会理事长孟生旺、中国人寿财产保险股份有限公司副总裁傅天明到会致辞，来自国内外400多名风险管理与精算界的专家、学者及高校学生参加。

论坛主题为“新时代背景下风险管理与精算的前沿理论、方法与应用”。中国人寿保险股份有限公司利明光，中国农业科学院农业风险管理研究中心张峭，中国人民大学统计学院孟生旺，北京大学经济学院风险管理与保险学系郑伟，中央财经大学保险学院、中国精算研究院李晓林等作主题报告。

此次论坛还包含本科生和研究生案例竞赛，以及16个不同主题的平行论坛。

（中央财经大学供稿）

第四届中国金融科技前沿论坛 12月12日，中央财经大学主办第四届中国金融科技前沿论坛。本次论坛在线召开，主题为“金融科技赋能中国经济数字化转型”。

中央财经大学副校长史建平，中国建设银行首席信息官金磐石，京东科技集团研究院副院长朱太辉，中国社会科学院金融研究所研究员、《金融评论》编辑部主任程炼，浙江大学经济学院副院长王义中等进行主题发言。来自中国建设银行、京东科技集团、阿里巴巴集团、清华大学、浙江大学等专家学者近200人出席了本次论坛。

本届论坛将金融科技领域的实践前沿和学术前沿很好地融合在了一起，为未来金融科技领域的学术研究、学科建设和人才培养提供了新的启示和方向指引。

（中央财经大学供稿）

第九届全球能源安全智库论坛 12月14日，由中国社会科学院学部主席团、中国社会科学院数量经济与技术经济研究所联合主办的第九届全球能源安全智库论坛在北京召开。

来自国际能源宪章、美国能源安全理事会、全球安全研究所、伦敦能源俱乐部等国际国内智库和能源行业的专家参加会议。会议研讨的主要议题有“我国碳中和目标下的能源系统设计与路径选择”“国际能源地缘政治的新变化”。会议线上线下同步进行。

机械工业部原部长何光远，中国科学院副院长、中国科学院院士张涛，中国能源研究会副理事长吴吟，中国科学院院士、中国科学院大连化学物理研究所研究员李灿，中国社科院数量经济与技术经济研究所能源安全与新能源研究室主任刘强等分别就自己的研究成果发言。

论坛期间，中国社科院数量经济与技术经济研究所发布报告《碳中和前景下的能源转型：选择与路径——2030年碳达峰与2060年碳中和目标的未来能源系统》。

（中国社会科学院供稿）

新商经学术年会（2021）暨第七届贸易强国论坛 12月18日，由北京工商大学经济学院主办、新商经研究院和贸易经济系承办的新商经学术年会（2021）暨第七届贸易强国论坛通过线上线下相结合的方式举办。来自中国社科院、清华大学、北京市商务局等研究机构、政府部门、高校，以及阿里巴巴、益普索中国、中国百货商业协会、《商业经济与管理》杂志等企事业的15位嘉宾作主题发言。

北京工商大学党委书记黄先开教授致开幕词。中国社科院社会科学评价研究院院长荆林波、北京市商务局电子商务处处长佟广军作主旨报告。清华大学中国经济社会数据研究中心主任许宪春、中国人民大学首都发展与战略研究院副院长张杰、俄亥俄州立大学教授胡武阳、中国农业大学经济管理学院教授陈红华、益普索中国董事长刘立丰围绕首都经济、消费行为、数字经济、新品牌等问题作主题演讲。北京工商大学副校长龚六堂对专家报告进行点评和总结。

"数字经济时代贸易经济国家级一流专业人才培养模式创新"主题论坛上，河北经贸大学原校长纪良纲，南京审计大学党委书记晏维龙，江西财经大学副校长袁红林，重庆工商大学科研处处长曾庆均，全国高校贸易经济教学研究会会长、中国人民大学商学院教授王晓东，中国商业经济学会副会长、北京工业大学经济与管理学院教授祝合良，阿里巴巴集团副总裁、阿里云研究院院长肖利华，中国百货商业协会秘书长杨青松,《商业经济与管理》编辑部副主任游旭平，北京工商大学贸易经济国家级一流专业负责人郭馨梅等围绕主题展开讨论。

（北京工商大学供稿）

"全球战略对话（2021）：开放型世界经济"国际研讨会　12月20日，"全球战略对话（2021）：开放型世界经济"国际研讨会以线上线下相结合的方式举行。中国社会科学院院长、学部主席团主席谢伏瞻，中国日报社社长兼总编辑周树春出席开幕式并致辞。

俄罗斯科学院院士、世界经济与国际关系研究所科学与创新部主任娜塔莉娅·伊万诺娃，中国社会科学院学部委员余永定，全球未来研究所创始人兼首席执行官程子俊，中国社会科学院学部委员潘家华，印度尼西亚东盟与东亚经济研究所战略与创新研究主任维克塔车拉姆·安布莫治先后发言。

来自中国、日本、俄罗斯、美国以及欧洲、东盟等国家和地区的专家学者参加会议。会议的主要议题有"新冠肺炎疫情与全球经济复苏：加强全球经济政策协调""新时期气候变化的全球治理：'双碳'目标与全球合作"。

中国社会科学院世界经济与政治研究所所长张宇燕、生态文明研究所所长张永生等分别主持会议各环节。会议由中国社会科学院、中国日报社共同主办，中国社会科学院世界经济与政治研究所、国际合作局、国家全球战略智库以及中国日报社"新时代斯诺工作室""中国观察"智库承办。

（中国社会科学院供稿）

中国农村发展高层论坛（2021）——聚焦农民农村共同富裕　12月20日，中国农村发展学会与中国社会科学院农村发展研究所在北京共同主办中国农村发展高层论坛（2021）——聚焦农民农村共同富裕。中国社会科学院副院长高培勇、国务院参事室特约研究员尹成杰、国家发展和改革委员会杜鹰和中国农村发展研究领域的多位学者出席会议。

论坛的主题是"聚焦农民农村共同富裕"。论坛设置了主论坛和六个分论坛。在主论坛的开幕式上，中国社会科学院副院长高培勇研究员致辞并作演讲。中国社会科学院农村发展研究所所长、中国农村发展学会会长魏后凯研究员致辞。尹成杰、杜鹰分别就《农民农村共富是实现共同富裕目标的关键》《从我国食物自给率的变化看构建农业新发展格局》发表了主旨演讲。在主题演讲环节，各位演讲嘉宾从不同角度分析了推动农民农村共同富裕所面临的问题。

分论坛分别研讨了6个专题：反贫困战略转型、乡村治理、乡村产业振兴、城乡融合发展、乡村建设与发展、乡村规划与建设。此外，本次论坛还举办了农经学科院长论坛和高质量期刊论坛，分别探讨了农村发展学科的建设问题和打造农村发展研究的精品学术平台，服务学科体系、学术体系和话语体系的建设和创新问题。

（中国社会科学院供稿）

实现高质量发展暨学习贯彻党的十九届六中全会精神学术研讨会　12月21日，由中国社会科学院经济研究所、中国社会科学院国有经济研究智库、《经济研究》《经济学动态》编辑部举办的"实现高质量发展暨学习贯彻党的十九届六中全会精神学术研讨会"在中国社会科学院举行，中共中央党校（国家行政学院）马克思主义学院院长张占斌、中国财政科学研究院院长刘尚希、中央民族大学原校长黄泰岩、中国人民大学经济学院院长刘守英、国务院国资委研究中心党委书记麻健、中国社会科学院经济研究所所长黄群慧等6位专家作主题发言。

国务院国资委研究局副局长王少飞，国务院国资委研究局、研究中心，中国社会科学院经济研究所，中国社会科学院大学经济学院，中国社会科学院国有经济研究智库等单位的专家学者40余人参加研讨会。

（中国社会科学院供稿）

后疫情时代的金融风险和国际货币体系国际会议 12月22日，“后疫情时代的金融风险和国际货币体系”国际会议在北京召开。中国社会科学院世界经济与政治研究所所长张宇燕、日本明治大学校长大六野耕作出席会议并致辞。来自中国社会科学院、中央财经大学、蚂蚁集团研究院、明治大学和日本多家研究机构的20余位专家学者参加会议。会议研讨的主要议题有“全球政策正常化和区域金融风险”“后疫情时代的国际货币体系”“数字金融和数字经济”。

（中国社会科学院供稿）

第十一届中国商贸流通企业发展论坛暨数字化运营高峰会 12月24日，北京物资学院举办的第十一届中国商贸流通企业发展论坛暨数字化运营高峰会在北京召开，探讨和交流新一轮科技革命背景下数字化运营的深层价值与管理创新，探究数字化运营模式、路径与方法。来自全国高校、行业协会、企业的4名业界权威专家学者受邀发表主题演讲，北京物资学院商学院3位学者分享了主题报告，3000多人次线上参加会议。

论坛主体报告为：《数字经济时代的企业适应性变革》《传统企业数字化转型：类型识别与模式选择》《数字化与大宗商品供应链》《供应链与商业模式创新》；主题报告为：《数字化运营模式下食品追溯平台建设研究》《数字化时代的税费征管改革展望》《大数据背景下上市公司高管职业风险研究》。嘉宾从不同的角度就数字化运营作学术和实践交流。

（北京物资学院供稿）

第四届中国金融安全论坛暨第六届中国国际金融30人论坛 12月25—26日，由西南财经大学、中国国际金融30人论坛和中国社会科学院国际研究学部主办，西南财经大学中国金融研究中心、金融安全协同创新中心、中国社科院世经政所国际金融中心承办，小平故里书院协办的第四届中国金融安全论坛暨第六届中国国际金融30人论坛在北京举行。论坛的主题为“国家金融安全和全球金融竞争力”，研讨的主要议题有“国家总体安全观和国家金融安全”“全球金融竞争力”“迈向2035的中美关系与国际金融变局”“跨境金融、跨境数据治理与国家安全”等。

全国政协经济委员会主任、十三届全国政协常委、中国国际金融30人论坛顾问委员会主席尚福林，亚洲基础设施投资银行行长金立群分别发表主旨演讲。

在报告发布环节，中国金融研究中心主任、教育部长江学者特聘教授王擎发布了《2021年中国金融安全报告》，西南财经大学全球战略实验室主任、研究员方明发布了《2021—2022年全球系统性风险趋势报告》，中国社会科学院世经政所国际金融室主任刘东民发布了《2021全球金融竞争力报告》。

中国社会科学院学部委员、中国社科院世界经济与政治研究所所长、国家全球战略智库理事长、国际金融30人论坛学术委员会委员张宇燕，上海发展研究基金会副会长兼秘书长、中国国际金融30人论坛执行理事乔依德，西南财经大学党委副书记、纪委书记范卫宏，以及来自高校和业界的40余位嘉宾参加论坛。

（中国社会科学院供稿）

2021能源商品国际研讨会 12月26日，由北京工商大学经济学院与亚太应用经济学会（APAEA）主办的2021能源商品国际研讨会（The Energy Commodity Workshop）线上举办。来自美国密歇根大学，澳大利亚莫纳什大学，中国农业大学、西安交通大学、同济大学、台湾实践大学等20余所高校的嘉宾、学者及北京工商大学师生200余人参加会议。

北京工商大学副校长龚六堂出席开幕式并致辞。美国密歇根大学教授，SCI/SSCI/EI期刊*Resources, Conservation & Recycling*主编徐明，亚太应用经济学会主席、*Emerging Markets Finance and Trade*期刊主编、澳大利亚莫纳什大学Narayan Kumar Paresh，中国农业大学教授白军飞分别作主旨报告。

分论坛分别围绕气候变化、碳中和、能源金融等7个主题展开研讨，来自海内外高校40位作者汇报相关研究进展，同时由相关领域的专家进行评述与建议。

（北京工商大学供稿）

第二届林业经济与政策高峰论坛暨乡村振兴背景下的绿色发展学术论坛 12月26日，由北京林业大学主办，北京林业大学承办，北京林业大学和国际竹藤组织、亚太森林恢复与可持续管理组织、中国林业经济学会、国家林草局发展研究中心、中国林业科学研究院林业科技信息研究所共同发起的第二届林业经济与政策高峰论坛召开。论坛旨在推动林业发展模式和政策讨论，分享世界、区域和国家层面的理念与实践，特别是对森林与气候变化、森林与生物多样性（保护地）、森林与治理、森林与市场等热点问题的深入探讨，适应全球生态治理格局变动的需求，以加快我国林业的发展，促进中国经济、环境和社会的可持续发展。

中国林业科学研究院分党组成员陈绍志、国家林草局发展研究中心副主任刘璨、亚太森林恢复与可持续管理组织助理罗熙、北京林业大学教授张颖分别做“双碳目标下的中国森林碳汇价值实现研究”“中国集体产权制度变迁的政治经济学分析”“亚太地区2020年森林覆盖目标实现”“中国森林碳汇价值核算及其生态价值实现”的主旨报告。

来自世界自然基金会中国办事处、世界自然保护联盟中国办事处、森林施政、市场与气候中国项目、保护国际基金会中国办事处的代表，以及来自西北农林科技大学、北京林业大学、福建农林大学、南京林业大学、北京理工大学、复旦大学、中国林科院等45个单位的代表近150人参加论坛。

论坛开幕式上公布了2021年度中国“绿都”评价研究结果。福建省三明市、南平市，浙江省丽水市等20个城市获评2021年度中国“绿都”。

（北京林业大学供稿）

第十届中国工业发展论坛　12月26日，由中国社会科学院工业经济研究所主办的第十届中国工业发展论坛在北京召开。中国工业发展论坛汇聚国内主要智库、高校和经济管理部门专家学者，旨在探讨中国工业发展的全局性、战略性、前瞻性问题。本届论坛的主题为“建党百年与中国工业发展”。

论坛开幕式由中国社会科学院工业经济研究所所长史丹研究员主持，中国社会科学院秘书长、党组成员赵奇出席论坛并致辞。主旨演讲环节，经济日报社副总编辑季正聚研究员、中央民族大学原校长黄泰岩教授分别讲话；生态环境部应对气候变化司李高司长、国务院国有资产监督管理委员会研究中心党委书记麻健研究员、工业和信息化部运行局何海林副局长作主题发言。

中国社会科学院工业经济研究所党委书记、副所长曲永义研究员主持了《中国工业发展报告2021》发布环节，中国社会科学院科研局局长崔建民与会讲话。中国社会科学院工业经济研究所所长史丹发布了《中国工业发展报告2021》和2021中国工业十件大事。

来自工业和信息化部、生态环境部、国务院国有资产监督管理委员会、中国社会科学院、北京大学、中国人民大学、北京师范大学等部委、研究机构和高校的专家学者参加研讨会。

（中国社会科学院供稿）

财经战略年会2021暨庆祝中国社会科学院财经战略研究院成立十周年大会　12月29日，财经战略年会2021暨庆祝中国社会科学院财经战略研究院成立十周年大会在北京举行。会议主题为“中国共产党领导经济建设的成就和经验”。全国政协副主席、经济学家辜胜阻出席会议并作特邀演讲。中国社会科学院院长、党组书记、学部主席团主席谢伏瞻作书面致辞。中国社会科学院副院长、党组成员、学部委员高培勇，中国社会科学院学部委员张卓元，全国人大社会建设委员会副主任委员、清华大学公共管理学院院长江小涓，中国社会科学院学部委员、经济学部主任、国家金融与发展实验室理事长李扬，中国人民大学校长刘伟等分别作主旨演讲。

中国社会科学院财经战略研究院院长何德旭主持开幕式，并介绍了财经战略研究院的发展历程。来自中国社会科学院、国务院发展研究中心、中国国际经济交流中心、中国财政科学研究院、北京大学、中央财经大学等研究机构和高校的专家学者参加会议，围绕新发展格局下的财政政策与宏观调控、贸易经济高质量发展、服务业创新发展等议题展开研讨。

（中国社会科学院供稿）

法　学

2020年度中国十大传媒法与文娱法事例发布会暨研讨会　1月9日，由中国传媒大学文化产业管理学院文化法治研究中心、北京市律师协会传媒与新闻出版法律事务专业委员会、北京市律师协会影视与娱乐法律事务专业委员会联合主办的2020年度中国十大传媒法与文娱法事例发布会暨研讨会在线举办。来自中国政法大学、中国传媒大学、中国社科院、中央广播电视总台、北京高院、北京知识产权法院、北京互联网法院、北京律师协会的近40位专家参会研讨，上万人在线参会。

专家学者围绕2020年度中国十大传媒法事例和2020年度十大文娱法事例进行了精彩点评和充分研讨，深入揭示了事例的典型意义和由此带来的启发，加强了学界和实务界的交流互动。

（中国传媒大学供稿）

平台经济领域反垄断问题学术研讨会　2月5日，中国政法大学国际法学院国际经济法研究所在线举办平台经济领域反垄断问题学术研讨会，来自全国各地高校近30余名知名法学、经济学专家以及实务界人士参加讨论，在线参会人员500余人。会议开幕式由国际经济法研究所副所长戴龙主持，中国政法大学副校长时建中和中国经济体制改革研究会副会长李青分别致辞。

研讨会第一单元议题是“平台经济领域反垄断政策的最新变化”，第二单元主题为“平台经济领域反垄断政策的经济学思考”，第三单元主题为“平台经济领域反垄断指南和反垄断法修改”，第四单元主题为“域外反垄断理论和实践的最新发展”。国际法学院国际经济法研究所所长范晓波主持闭幕式。

（中国政法大学供稿）

新冠肺炎疫情的财税法应对国际研讨会　3月12—13日，由中国政法大学民商经济法学院财税金融法研究所、意大利费拉拉大学法学院与中国政法大学财税法研究中心联合主办的新冠肺炎疫情的财税法应对国际研讨会举办。此次研讨会采取线下线上相结合的形式，来自意大利费拉拉大学、俄罗斯高等经济研究大学、法国里昂大学以及中国政法大学、首都经济贸易大学等国内外高校和国家税务总局中国税务杂志社的专家学者参加此次会议。

开幕式由中国政法大学民商经济法学院财税金融法研究所所长翁武耀副主持，中国政法大学民商经济法学院院长于飞、意大利博洛尼亚大学欧洲税收高等研究院主任Adriano Di Pietro、中国政法大学财税法中心主任施正文、意大利费拉拉大学法学院Marco Greggi发表会议致辞。

来自8个不同国家的中外专家学者就新冠疫情下各国采取的财税法应对措施分享了各自国家的经验，同时对财税法律制度在疫情下受到怎样的影响，以及如何改进相关制度展开了深入的阐释与探讨。

闭幕式上，中国政法大学民商经济法学院副书记朱晓娟以及Marco Greggi、施正文作总结发言。

（中国政法大学供稿）

第二届平台经济领域反垄断问题学术研讨会　3月22日，中国政法大学竞争法研究中心和国际法学院国际经济法研究所召开“平台经济领域反垄断问题学术研讨会系列之二：平台经济反垄断执法的创新考量——法学与经济学的对话”，来自全国各地高校知名法学、经济学专家和实务界人士参与讨论。参会人员共60余人。

会议开幕式由中国政法大学国际法学院教授戴龙主持，副校长时建中致辞。

研讨会第一单元主题为“平台经济领域反垄断执法的创新考量”。中国信息通信研究院政经所教授级高工何霞、中国政法大学民商经济法学院教授李扬、郑州大学法学院教授吕明瑜、中国社会科学院大学副教授韩伟、四川大学法学院副教授袁嘉、阿里研究院专家方燕分别发言。

会议第二单元主题为“如何在反垄断法修订和法律实施中落实创新分析”，由戴龙主持。中国人民大学法学院教授孟雁北、国家知识产权局发展研究中心发展处副处长王淇、北京强国知识产权研究院院长杨旭日、腾讯研究院首席经济学顾问吴绪亮、北京工商大学经济学院副教授易芳、北京工商大学法学院刺森、中国社科院法学所郝俊淇、上海交通大学凯原法学院博士方翔等参与了讨论。

（中国政法大学供稿）

全媒体传播格局下广播电视立法研讨会　3月27日，为全面推进依法治国和广播电视法治建设，中国传媒大学文化产业管理学院文化法治研究中心联合中山大学互联网与治理研究中心、北京师范大学中国社会管理研究院和华东政法大学传播法研究中心四家单位共同主办的全媒体传播格局下的广播电视法立法研讨会召开。来自全国高校、科研机构、广播电视台和互联网平台等领域近60位嘉宾出席会议。与会代表紧密围绕国家广播电视总局公布的《中华人民共和国广播电视法（征求意见稿）》，从立法目标、媒介融合、业务准入、传统广播电视和网络视听节目的分类规范、与相关法律的衔接、法律责任等多个层面展开讨论并提出建议。

（中国传媒大学供稿）

十四五规划与文化法治建设研讨会　4月11日，由中国传媒大学文化产业管理学院文化法治研究中心主办的十四五规划与文化法治建设研讨会在京召开，来自高校、科研机构、法院、文化传媒单位的30余位专家以线下和线上会议的形式进行交流和探讨。

研讨会开幕式由中国传媒大学文化产业管理学院文化法治研究中心主任郑宁主持，中国传媒大学文化产业管理学院资深教授、院长熊澄宇致辞。

会议就“十四五规划与文化法治理论与立法的发展”和“十四五规划与文化法治实践发展”两个议题展开交流研讨。

与谈环节由中国传媒大学文化产业管理学院文化法治研究中心学术委员会执行主任何勇主持。深圳市南山区人民法院知识产权庭庭长黄娟敏、哔哩哔哩公司法务总监刘楠、爱奇艺公司高级经理朱媛、知产宝网络科技公司董事长张璇、北京中视瑞德文化传媒股份有限公司总经理王旗结合司法及行业实践，深入分析了涉游戏案件审理情况、非法内容识别技术措施、存量经济背景下网络视听节目发展、新《著作权法》时代数据产品保护以及版权密集型单位如何保障权利不受侵害等问题。

（中国传媒大学供稿）

社会法与突发公共卫生事件治理体系与治理能力现代化专题研讨会　4月17日，由中国社会法学研究会主办，中国劳动关系学院法学院和中央财经大学法学院联合承办的社会法与突发公共卫生事件治理体系与治理能力现代化专题研讨会在京举行。中国法学会副会长兼秘书长、中国社会法学会会长张鸣起，中国经济社会理事会副主席郭军，全国总工会书记处书记、党组成员许山松，中国劳动关系学院校长傅德印等学会领导、专家出席会议。来自北京大学、清华大学、中国社会科学院等近50所高校及全国总工会、人力资源和社会保障部等150余名专家学者与会。

本次研讨会包括主旨报告、分论坛、高峰对话和青年学者六人谈四个环节。围绕疫情下的劳动法和社会保障法的适用、挑战、发展和应对等问题展开了深入的探讨和交流。大会主旨发言和闭幕式由中国劳动关系学院党委常委、教务处处长、法学学科带头人姜颖主持，法学院院长沈建峰代表会议主办方发言，法学院副院长肖竹主持了高峰对话环节，法学院教师向春华、丁皖婧、张冬梅、李娜分别参与了大会发言和与谈。

（中国劳动关系学院供稿）

平台封禁行为的法律规制学术研讨会　4月24日，平台封禁行为的法律规制学术研讨会在京举行。会议由中国政法大学法律硕士学院、北京互联网法院、中国政法大学互联网治理研究中心联合主办。来自北京互联网法院、上海交通大学、武汉大学、浙江理工大学、南开大学、中国社科院大学、《比较》杂志社、中国信息通信研究院等单位的20余名专家参会。国务院反垄断委员会专家组咨询专家、中国政法大学副校长时建中出席会议。

中国政法大学法律硕士学院院长许身健在研讨会开幕式上致辞。北京互联网法院副院长赵瑞罡代表共同主办方致辞，对北京互联网法院的设立和运行情况进行了介绍。

（中国政法大学供稿）

网络游戏领域商标法律问题学术研讨会　5月15日，网络游戏领域商标法律问题学术研讨会在中国政法大学召开。本次会议由中国政法大学法律硕士学院、知识产权创新与竞争研究中心主办。广东外语外贸大学教授王太平、中央财经大学教授杜颖、西北政法大学教授焦和平、中国政法大学教授李扬、中国政法大学副教授陶乾、北京石景山区人民法院易珍春、海淀区人民法院郭振华和王栖鸾以及其他有关地市的法院代表，围绕游戏领域注册商标的保护、近似混淆判断方面的疑难困惑进行了研讨。

会议围绕网络游戏领域的商标法律问题展开研讨，旨在为规范游戏行业的商标使用、解决司法实务中的疑难热点问题贡献智慧。会议加强了学术科研机构与司法实务部门之间就知识产权审判中的疑难问题的沟通与交流，既体现了司法实务为知识产权理论研究提供素材，也体现出理论研究对法律实践的借鉴与参考价值。

（中国政法大学供稿）

《证据法哲学》、《欧洲法庭科学评价报告指南》及《证据科学译丛》发布会暨国际研讨会　5月20日，由中国政法大学证据科学研究院、司法文明协同创新中心，中国人民大学出版社,《证据科学》杂志共同主办的《证据法哲学》、《欧洲法庭科学评价报告指南》及《证据科学译丛》(11册套书）发布会暨研讨会在中国政法大学举行。

大会开幕式由中国政法大学证据科学研究院院长王旭主持。中国政法大学校长马怀德致辞。

证据科学研究院名誉院长、证据科学教育部重点实验室主任张保生发表“《证据科学译丛》两部新书传来的信息”主题致辞，对两部新书进行了推介。

研讨会分为“作者和译者”互动专场、新书发布、中文译者专场三个环节。参会的专家学者围绕证据科学的一般理论和方法论、证据法的哲学基础、法庭科学中的统计学、法庭科学、司法鉴定报告评价方法以及《证据科学译丛》(11册套书）有关问题进行了广泛而深入的交流。张保生在闭幕式上致辞。

（中国政法大学供稿）

法律职业伦理教育国际研讨会　5月22—23日，法律职业伦理教育国际研讨会在京举办。研讨会以线上线下相结合的方式进行，来自国内外知名高校的专家学者和实务部门代表共80余人参加研讨会。中国政法大学副校长时建中在开幕式上致辞。

研讨会设有“法律职业伦理教育的理论与方法”“法律职业伦理基础理论”“各类法律职业人员的职业伦理问题”三个主题论坛，还专设“法律职业伦理教育学生论坛”，展示法律职业伦理教育教学成果。与会嘉宾围绕法律职业伦理相关理论、教育改革与创新，分享了自己的观点和见解。

中国政法大学法律硕士学院院长许身健在闭幕式上作总结发言。

国际法律伦理协会主席、日本名古屋大学教授森际康友，美国波士顿学院法学院副院长朱迪·麦克马罗，中国人民大学法学院教授丁相顺，复旦大学法学院教授孙笑侠，北京大学法学院副院长杨晓雷等参加会议。

（中国政法大学供稿）

中欧法学院2021年国际学术会议　5月28日，中国政法大学中欧法学院以“新时代背景下的涉外法学教育发展与涉外法治人才培养”为主题在线举办国际学术会议。

会议由中欧法学院中方联席院长刘飞、中欧法学院欧方执行院长Monty Silley主持，中国政法大学副校长时建中致开幕辞。本次研讨会聚焦法学教育这一宏大的命题，会集国内外相关领域的专家、学者，就“法律教育中的科技：经验以及面向未来的技能”“法学教育的方向：下一代法律职业人的技能”“法学教育的国际化”等话题展开深入讨论。中国法学会副会长、中国国际法学会会长黄进教授，对外经济贸易大学副校长王敬波，中国政法大学比较法学研究院院长解志勇，北京师范大学法学院副院长袁治杰，清华大学法学院副院长高丝敏，中欧法学院联合管理委员会欧方联席主席、德国汉堡大学尤翰林教授（Hinrich Julius）等来自中国和欧洲的十余位专家、学者应邀参加会议并发表主题报告。中国政法大学教授郑永流，荷兰马斯特里赫特大学教授、中欧法学院前欧方联席院长Aalt Willem Heringa作主题发言。

（中国政法大学供稿）

网络空间国际治理论坛——后疫情时代的网络空间国际治理展望　6月6日，由北京航空航天大学网络空间国际治理研究基地、中国科协—北航科技组织与公共政策研究院、工信部工业和信息化法治战略与管理重点实验室主办，北京航空航天大学法学院承办，中国人民公安大学网络空间国际治理研究基地协办的“网络空间国际治理论坛——后疫情时代的网络空间国际治理展望”在北京航空航天大学召开。来自国家网信办、外交部、公安部、中国社会科学院、清华大学、北京航空航天大学等国内九所大学网络空间国际治理研究基地的30余位专家学者出席会议。网络空间国际治理既涉及国际关系、法律、技术、传播、管理等多学科问题，也涉及政府、企业、学者、民间团体等多利益相关方协同的问题，各方应进一步相互沟通、凝聚共识，共同推进构建网络空间命运共同体。

（北京市法学会供稿）

“复杂时代国际人道法：经典问题与新前沿”学术研讨会　6月19日，由红十字国际委员会和中国政法大学国际法学院共同主办的“复杂时代国际人道法：经典问题与新前沿”学术研讨会在中国政法大学举行。共有来自全国人大、外交部、国防大学、中国社会科学院、日内瓦国际关系与发展研究高等学院以及红十字国际委员会、中国政法大学等理论与实务界的专家学者60余人参会。本次研讨会也吸引了红十字国际委员会日内瓦总部和其他单位的学者在线参与。

中国政法大学国际法学院孔庆江院长与红十字国际委员会东亚地区代表处副主任葛慈代表主办方致欢迎词。

研讨会第一单元由红十字国际委员会斯诺伊·林特恩主持。红十字国际委员会艾比·齐思、彼得·埃文斯、国防大学邢广梅等围绕“海上武装冲突法：新挑战中的既有概念”主题先后发言，分享了该领域的最新动向。

研讨会第二单元由红十字国际委员会龚乐陶先生主持。日内瓦国际关系与发展研究高等学院梁卓、外交部申钦民、红十字国际委员会特里斯坦·费拉罗、国防大学副教授朱雁新等围绕“战时法与诉诸战争权的区分”主题发言，展现了这一传统二分原则的不同效果。

研讨会第三单元由上海政法学院盛红生主持。中国社会科学院孙世彦、红十字国际委员会托马·阿利耶、中国政法大学朱利江等围绕“加强对人道法的尊重”主题先后发言，探讨主权国家和国际组织如何通过各种举措促进国际人道法的实施。

（中国政法大学供稿）

纪念佟柔教授百年诞辰学术研讨会　6月20日，由中国法学会民法学研究会、中国人民大学法学院、中国人民大学习近平法治思想研究中心、中国人民大学民商事法律科学研究中心联合主办，北京市天元律师事务所协办的“佟柔与中国民法——纪念佟柔教授百年诞辰学术研讨会”在中国人民大学举办。来自最高人民法院、北京大学、清华大学、中国人民大学、中国政法大学、北京航空航天大学、对外经济贸易大学、中央财经大学、北京市天元律师事务所的专家学者以及佟柔教授的家人应邀出席了会议。

（中国人民大学供稿）

健康中国与健康立法研讨会　6月23日，健康中国与健康立法研讨会在首都医科大学学术交流中心举办。本次会议由中国卫生法学会和首都医科大学卫生法学研究中心联合举办，来自清华大学、中国政法大学、北京协和医学院、首都医科大学、中国医学科学院医学信息研究所、国家卫生健康委员会卫生发展研究中心、中国社会科学院法学研究所等多所高校和科研机构的学者，以及来自北京市华卫律师事务所、北京大学口腔医院、北京医院等实务部门的专家参与了研讨。会议围绕《医疗保障法（征求意见稿）》和《医师法（草案二次审议稿）》进行了深入的研讨。

研讨会由首都医科大学卫生法学研究中心主任刘兰秋教授主持。中国卫生法学会副会长、清华大学王晨光教授，首都医科大学医学人文学院院长卢凤香致开幕词。

（首都医科大学供稿）

民法典合同编司法解释专家研讨会　7月2日，由最高人民法院研究室、民二庭主办，清华大学法学院承办的民法典合同编司法解释专家研讨会在清华大学召开。来自最高人民法院研究室和民二庭的司法解释起草小组成员，全国人大常委会法工委的代表，清华大学、北京大学、中国社会科学院、中国政法大学等高校的学者，共45人参会。清华大学法学院院长申卫星主持会议开幕式。清华大学文科资深教授、中国法学会民法学研究会副会长崔建远，中国人民大学一级教授、中国法学会民法学研究会会长王利明，最高人民法院研究室副主任、一级巡视员郭峰分别在开幕式上致辞。崔建远认为，民法典编撰变化最大也最难理解的就是合同编，期待最高人民法院可以陆续出台合同编系列司法解释，更好地帮助合同编的理解适用。王利明在致辞中指出，如何配合民法典实施，针对民法典中遇到的重大问题进行解释，是司法解释应当承担的责任。并且，司法解释要更加注重案例实务经验。郭峰在致辞中指出，司法解释就是要以问题为导向，以准确理解适用民法典的规定为原则。本次研讨会共分为五个单元，主题分别为“一般规定、合同的订立”“合同的效力、合同的履行”“合同的保全、合同的变更和转让”“合同的终止”“违约责任、准合同及其他会议主题”。

（清华大学供稿）

惠园“一带一路”法治论坛 7月3日，首届惠园“一带一路”法治论坛在对外经济贸易大学举办。作为对外经济贸易大学70周年校庆系列学术活动，本次论坛由中国法学会法治研究基地对外经济贸易大学“一带一路”法治研究中心和法学院主办。WTO上诉机构前主席张月姣、中国国际法学会会长黄进等实务专家出席论坛。本次论坛聚焦“一带一路”法治问题，以问题为导向，形成了丰硕的成果。北京大学、清华大学等40多所高校和研究机构的专家教授作专题发言。

（对外经济贸易大学供稿）

法治文化的中国话语与学科发展高端论坛 7月13日，由中国政法大学人文学院主办、法治文化研究所承办的法治文化的中国话语与学科发展高端论坛在该校举办。全国人大监察和司法委员会副主任委员徐显明、中国政法大学校长马怀德、中国法学会法治文化研究会副会长周占华、司法部普法与依法治理局法治文化处处长许海建出席论坛。中国政法大学法治文化专业导师及硕博生代表参加活动。人文学院院长俞学明主持会议。

中国政法大学校长马怀德致辞。中国政法大学人文学院法治文化研究所所长崔蕴华向各位与会嘉宾介绍了该校法治文化学科的发展状况。徐显明和李德顺分别作主题发言。徐显明讲述了法治文化的价值基础与历史语境，阐发了当代中国法治文化的基本内涵和时代特征，并点明了法治文化未来的发展方向。李德顺分享了对法治文化理论内涵和学科发展的深刻理解。

专题研讨阶段，由中国政法大学人文学院副院长张浩军主持。司法部普法与依法治理局法治文化处处长许海建、中国法学会法治文化研究会副会长周占华、清华大学法学院教授苏亦工、北京大学法学院教授徐爱国、西北政法大学教授李其瑞等专家围绕法治文化的历史经验、话语体系、阵地建设、学科发展等专题展开研讨。中国政法大学法治与文化研究中心主任文兵作总结发言。

（中国政法大学供稿）

民法典总则编司法解释专家研讨会 7月30日，由最高人民法院研究室主办，中国政法大学民商经济法学院承办的民法典总则编司法解释专家研讨会在京举行。会议开幕式由中国政法大学民商经济法学院院长于飞主持。中国政法大学校长马怀德致开幕词。来自全国人大常委会法制工作委员会、最高人民法院研究室的领导和参会代表，以及来自北京大学、清华大学、中国人民大学、中国社会科学院、中国政法大学的专家学者共40余人参加会议。与会人员就“民法总则编司法解释”的条文内容进行了深入的研讨和交流。

（中国政法大学供稿）

中德人工智能与劳动法论坛 8月30—31日，由中国政法大学民商经济法学院与德国弗里德里希·艾伯特基金会（FES）联合主办，民商经济法学院社会法研究所与艾伯特基金会北京办事处共同承办的中德人工智能与劳动法论坛举办。此次论坛采取线下线上相结合的形式，来自境内外多所高校和研究机构约50名专家学者参加论坛。

论坛开幕式由民商经济法学院社会法研究所所长娄宇教授主持。德国艾伯特基金会北京代表处首席代表康怀德（Alexander Kallweit）和北京大学党委副书记、中国社会法学研究会副会长兼秘书长叶静漪先后致辞。

本次论坛分为四个单元，分别是“人工智能对劳动法的挑战”“人工智能在人事决策领域的应用与法律规制”“人工智能使用的劳资共决”“人工智能使用中的数据保护”。

论坛上，中外专家学者就人工智能、算法对劳动法领域带来的挑战和机遇展开研讨，分享了各自国家和地区的立法、执法现状与经验，并对解决相关问题的具体方案提供了意见。

闭幕式上，中国政法大学副校长时建中和德国艾伯特基金会北京代表处首席代表康怀德致闭幕词。

（中国政法大学供稿）

第二届中国矿业法治高峰论坛 9月19日，第二届中国矿业法治高峰论坛在中国地质大学（北京）举行。论坛以“聚焦双碳目标法治建设，助力矿产能源转型升级”为主题，围绕矿政改革、矿法修改、“双碳”目标背景下的矿业法治建设、涉矿服务一体化等热点难点问题，邀请矿业法治领域具有重要影响力的专家学者进行主题演讲。近200名专家学者以及学生通过线上或线下的方式参加了论坛。

与会专家就中国矿政改革、矿法修改、“双碳”法治建设、涉矿服务一体化、矿业权退出、矿业走出去、矿业仲裁、绿色矿山建设、生态修复、矿业智库建设、矿业文化传播等重点、难点、热点问题，分别从战略、法治等角度进行了深入的交流和研讨。

本届论坛由中国地质大学（北京）自然资源战略发展研究院和天津大学中国绿色发展研究院联合主办，中安智库、北京京师律师事务所、北京市雨仁律师事务所等机构联合承办，中国地质科学院矿产资源研究所、中国地质大学（北京）自然资源战略发展研究院自然资源法治研究中心、生态修复中心、碳中和研究中心、中国矿产资源与材料应用协同平台等机构协办。

［中国地质大学（北京）供稿］

习近平法治思想论坛 9月26日，由中国法学会、人民日报社联合举办的习近平法治思想论坛在京开幕。本次论坛以“坚定不移走中国特色社会主义法治道路，为全面建成社会主义现代化强国而努力奋斗”为主题，旨在推动社会各界特别是法学法律界认真学习、深入研究、大力宣传习近平法治思想，自觉用习近平法治思想武装头脑、指导实践、推动工作，谱写新时代全面依法治国新篇章。

论坛采用线上线下相结合的形式举行，在北京设主会场，在各省级和副省级城市法学会设分会场。8位知名专家围绕“坚持以人民为中心的根本立场”“中国特色社会主义法治道路的历史方位”“发挥全媒体传播优势宣传阐释好习近平法治思想”等作了发言；各省级和副省级城市法学会以及中国法学会部分研究会的代表进行了分组讨论和交流。

与会专家学者认为，习近平法治思想是马克思主义法治理论中国化的最新成果，是全面依法治国的根本遵循和行动指南。

中国法学会党组书记、常务副会长陈训秋主持开幕式，人民日报社社长、总编辑庹震出席论坛并讲话。中国法学会及其各研究会负责人，人民日报社有关负责人，中国法学会部分常务理事、学术委员会委员，第九届“全国杰出青年法学家”代表以及各省区市2000余名法学法律工作者参加论坛。

（摘自《人民日报》2021年9月27日第3版）

2021中国律师数字化论坛 10月9日，北京律师法学研究会成立大会暨2021中国律师数字化论坛举办。中国法学会律师法学研究会副会长王进喜，北京市法学会党组书记、专职副会长萧有茂，北京市律师协会副会长赵曾海，中国政法大学法学院院长焦洪昌，中国人民大学律师学院院长刘瑞起，北京律师法学研究会会长徐家力等出席论坛并致辞，来自相关高校的专家学者、律师行业的代表参加了活动。

中国社会科学院法学研究所所长莫纪宏，清华大学法学院院长申卫星，北京航空航天大学法学院院长龙卫球，瀛和律师机构创始合伙人李磊，百度法律业务负责人金进，知名法律博主@小议国事分别从“数字中的权利缺陷”“数据权属分配的基本逻辑和思维”“个保法对于数字法律业务的意义和期待”“法律服务行业数字化转型的三大趋势”“从内容到服务，百度在法律服务领域的探索”“新时代数字化法律品牌打造的规律+方法”等主题分享关于律师行业数字化发展见解。

（北京市法学会供稿）

中国法学会国际经济法学研究会2021年年会 10月16日，中国法学会国际经济法学研究会2021年年会通过“线上+线下”的方式举办，线下会场分设于北京和河北正定。年会主题为“习近平法治思想与中国国际经济法的新发展”。研讨会由对外经济贸易大学法学院和河北经贸大学法学院联合承办。参会的专家学者就当前国际经贸法律政策新发展、国际金融法、国际经贸争端解决、双碳目标的法治保障等国际经济法前沿问题和热点话题进行了探讨和交流。全国高校和科研院所的专家学者、实务界人士以及对外经济贸易大学和河北经贸大学法学院师生百余人参加会议，另有近7000人次的观众通过直播参与本次年会。

（对外经济贸易大学供稿）

中国共产党对民事权利保护的百年法治探索与创新学术研讨会 10月22日，由首都经济贸易大学法学院、北京市法学会首都城市治理法治研究中心、《法学杂志》社、首经贸商法研究中心联合举办的中国共产党对民事权利保护的百年法治探索与创新学术研讨会在京举行。来自清华大学、北京师范大学、中国政法大学、对外经济贸易大学、北京市法学会、中国社会科学院法学研究所等高校和研究机构的专家学者和师生参与了本次研讨会。会议由首都经贸大学法学院党委书记米新丽主持。

本次会议旨在建党百年以及贯彻实施民法典的双重背景下，系统总结百年来党对于人民民事权利保护的经验以及取得的成就。

（首都经济贸易大学供稿）

第十四届中国上市公司法律风险与合规管理高峰论坛 10月24日，第十四届中国上市公司法律风险与合规管理高峰论坛（北京场）在京举办。本次活动由中国政法大学法学院企业法务研究中心主办，金诚同达律师事务所、天元律师事务所等单位承办，来自国务院发展研究中心、国务院国资委政策法规局、中国贸促会法律事务部、北京国际仲裁中心等政府部门、监管机构、研究机构的领导、专家出席论坛，共同探讨促进企业健康可持续成长的关键。论坛由中国政法大学法学院王文英副书记主持。中国政法大学副校长常保国致开幕词。国务院发展研究中心党组成员余斌作了《促进社会公平正义，更加积极有为推动共同富裕》的主题演讲。

论坛环节由中国民主法制出版社法宣在线总编审刘桂明主持。来自国企、世界500强顶级企业的法总与中国顶尖律所的律师们围绕资本市场、企业合规、投资并购、网络与数据安全等主题展开讨论，共同探讨公司治理中的法律问题。

（中国政法大学供稿）

首届环球国际税法论坛 11月5—6日，由首都经济贸易大学法学院、财税法研究中心与意大利费拉拉大学法学院联合主办的首届环球国际税法论坛在线举办。来自意大利费拉拉大学、美国纽约大学、澳大利亚墨尔本大学、加拿大约克大学等9所国外院校，以及武汉大学、厦门大学、中国政法大学、中央财经大学等国内多所高校和中国税务杂志社的专家学者们，通过线上线下相结合的形式参加论坛。

此次论坛以“国际税收规则改革包容性框架及其应对”为主题，围绕全球最低税与国际税收竞争及合作、BEPS包容性框架下新国际税收治理、促进碳中和的财税政策和国际税收协调等国际重大问题进行了深入探讨。

（首都经济贸易大学供稿）

中国法治国际论坛（2021） 11月12日，中国法治国际论坛（2021）在京举办。来自20个国家和国际组织的法学、法律界人士出席论坛，围绕“‘一带一路’国际经贸规则创新与完善”的主题进行了探讨。中国全国人大常委会副委员长、中国法学会会长王晨出席论坛并发表题为“积极开展国际法治合作　推动共建‘一带一路’高质量发展”的主旨演讲。

（摘自《人民日报》2021年11月13日第5版）

“深入学习贯彻习近平法治思想，坚持在法治轨道上推进国家治理体系和治理能力现代化”研讨会 11月13日，“深入学习贯彻习近平法治思想，坚持在法治轨道上推进国家治理体系和治理能力现代化”研讨会在中国政法大学举办。来自全国人大常委会法工委、全国政协社法委、最高人民法院、教育部、中国法学会、中央党校（国家行政学院）、中国社会科学院、清华大学、中国人民大学等法律实务界和学术界的专家学者应邀出席座谈会。

中国政法大学党委书记胡明表示，要深刻认识在法治轨道上推进国家治理体系和治理能力现代化的重大意义，推动将社会主义法治优势转化为国家治理效能，努力打造一支德才兼备的高素质法治工作队伍。

教育部社会科学司司长徐青森表示，高校要在深入学习领会习近平法治思想的基础上，推进法学知识体系更新，加快构建中国特色法学学科体系、学术体系、话语体系，为全面依法治国提供理论支撑。充分发挥法治人才培养主阵地的作用，将习近平法治思想融入法治人才培养的全过程，引导学生坚定中国特色社会主义法治的道路自信、理论自信、制度自信、文化自信。

中国人民大学副校长王轶表示，党的领导为民法典编纂提供了坚强有力的政治保障，这也体现了坚持中国特色社会主义法治道路的重要性与必要性。清华大学法学院院长申卫星围绕“学习贯彻习近平法治思想与新时代中国特色社会主义法治人才的培养”谈了思考和建议。

中国政法大学校长马怀德作总结发言。

（中国政法大学供稿）

算法治理与版权保护问题研讨会 11月14日，由对外经济贸易大学法学院主办的算法治理与版权保护问题研讨会召开。研讨会以在线形式举办，来自对外经济贸易大学、中南财经政法大学、中国社会科学院、最高人民法院知识产权司法保护研究中心、上海市高级人民法院等10余所高校、法院和实务机构的

20余位专家参加了此次研讨会。中南财经政法大学原校长、文澜资深教授吴汉东，对外经济贸易大学法学院院长梅夏英教授参会并致辞。与会专家围绕“算法推荐和技术中立的关系”“算法推送内容的法律属性”“新技术应用在版权保护中的重要价值”“通知删除规则的现代化改革”等议题进行深入探讨。

（对外经济贸易大学供稿）

第五届法庭科学/司法鉴定标准建设研讨会　11月27日，由中国政法大学证据科学研究院、北京司法鉴定业协会，司法文明协同创新中心共同主办的第五届法庭科学/司法鉴定标准建设研讨会在线举办。来自公安、检察、法院、科研高校、司法鉴定、医疗卫生、保险、律师等部门或行业，共计300余家单位、1.67万余人次在线参加研讨会。

研讨会由中国政法大学证据科学研究院院长王旭教授主持。本届研讨会邀请了多位不同领域的专家，共商“法庭科学标准化与法律”主题。中国政法大学副校长时建中致开幕词。

王旭在闭幕式上表示，本次会议多位专家学者从多重视角、深层次探讨了法庭科学标准化问题与建设设想。一方面，需要优化现有标准的框架体系；另一方面，也需要外部监督机制，来逐步实现法庭科学/司法鉴定标准化法治。

（中国政法大学供稿）

第三届金融税法高峰论坛　11月28日，由北京工商大学法学院和北京大学财经法研究中心联合主办、北京工商大学财税法研究中心和海南华宜财经研究院承办，国富浩华（北京）税务师事务所有限公司和北京明税律师事务所协办的第三届金融税法高峰论坛在京举行。西北政法大学副校长张荣刚、北京工商大学副校长龚六堂、中国法学会财税法学研究会会长刘剑文、中国法学会财税法学研究会副会长贾绍华等出席论坛。

本次论坛围绕“资本交易的税法规制”“自贸港（区）的金融税收治理创新”两个主题，对中国资本市场的税法治理提出了建设性意见。来自国家税务总局、中国法学会财税法学研究会等有关部门的领导与专家，中国人民大学、中国政法大学等多所大学的师生、学者以及实务部门人员参与论坛。

（北京工商大学供稿）

首届数字正义论坛　12月4日，由北京航空航天大学法学院主办，北京市人民检察院网络检察办公室、北京互联网法院、北京航空航天大学数字发展法治研究院、工信部工业和信息化法治战略与管理重点实验室协办，北航法学院数字正义研究中心、北京航空航天大学学报（社会科学版）承办的首届数字正义论坛“司法数字化的制度探索与发展”研讨会暨颁奖典礼在线举办。

北京航空航天大学法学院院长龙卫球致开幕词。随后，北京航空航天大学法学院党委书记周友军教授宣布青年征文获奖名单。中国法学会民事诉讼法学研究会副会长、中国人民大学法学院刘品新教授，中国社会科学院法学研究所胡昌明研究员等十几位专家分别作报告。

青年圆桌派环节由北航法学院数字正义研究中心主任助理、法学院博士生张桂贤主持，特邀六位青年才俊和两位对话嘉宾分别从不同的角度与大家分享数字时代数字司法的挑战和应对。

（北京航空航天大学供稿）

北京市法学会宪法学研究会和立法学研究会2021年年会　12月4日，在第八个国家宪法日到来之际，北京市法学会宪法学研究会和立法学研究会以线上方式联合举办2021年年会，年会主题分别为“十八大以来党领导宪法实施的实践与经验”和“十八大以来党领导立法工作的实践与经验”。学术研讨围绕四个议题具体展开，分别为：“维护宪法权威，推动宪法实施”“立法的备案审查与宪法实施”“党领导立法的实践与经验”“宪法原则与精神”。

（北京市法学会供稿）

北京市法学会中国法律文化研究会2021年学术年会　12月4日，北京市法学会中国法律文化研究会在线举办了主题为“中华优秀传统法律文化的创新性发展”的2021年学术年会，共有20余位来自相关高校的法律文化研究学者参加会议。中国政法大学教授沈厚铎和西北大学法学院教授武树臣分别以“从《历代刑法考》看中华法制在变革中发展”和“仁的起源及其价值”为题进行了主旨演讲。沈厚铎认为，中华法系是中华法制在变革中发展形成的，中华法系自上古时期延续发展，在每个阶段均有其特点。武树臣教授则从“仁”的历史轨迹出发，对甲骨文中“仁”的八个原型字做出详尽的解析，并分析了其法律文化的意义。

他认为“仁”在当今世界亦具有重要地位并做出了卓越的贡献。

（北京市法学会供稿）

纪念中国加入世界贸易组织20周年法治研讨会 12月9—10日，北京大学举办“中国法治发展与世界贸易组织——纪念中国加入世界贸易组织20周年法治研讨会”。世界贸易组织研究会名誉会长、商务部原部长陈德铭，中国常驻世界贸易组织代表、特命全权大使李成钢，北京大学党委书记邱水平出席会议并致辞。世界贸易组织前副总干事、商务部原副部长、中国常驻世界贸易组织前大使易小准，世界贸易组织上诉机构前主席张月姣，世界贸易组织副总干事张向晨，世界贸易组织首席经济学家、统计经济分析司司长Robert Koopman，关税及贸易总协定首任法律顾问、欧洲大学学院教授Ernst Ulrich Petersmann，世强律师事务所合伙人Matthew Yeo，佛罗里达州立大学法学院教授Frederick Abbott，商务部贸易救济局调查副专员吕江，中国人民大学副校长王轶，北京大学法学院教授姜明安、党委书记郭雳等30余位中外嘉宾和专家学者出席研讨会。与会中外嘉宾和专家学者围绕“中国加入世贸组织的影响”“世贸组织多边贸易谈判的最新进展及未来规则展望”“中国入世20年法治发展成就：回顾与前瞻”“世贸组织贸易救济规则改革探索”等议题展开研讨交流。

专家普遍认为，2001年加入世界贸易组织是中国深度参与经济全球化的里程碑，标志着中国改革开放进入历史新阶段。加入世贸组织以来，中国积极践行自由贸易理念，全面履行承诺，大幅开放市场，实现更广互利共赢，展现了大国担当。站在新的历史起点上，中国也面临着新的时代境况与挑战。未来中国将与其他世贸组织成员一道，加强对外法治交流合作，积极运用法治思维和法治方式坚定捍卫多边贸易体制，共同推动构建高质量发展的开放型世界经济。

（北京大学供稿）

短视频版权争议的化解路径学术研讨会 12月10日，由中国政法大学互联网治理研究中心、知识产权创新与竞争研究中心主办的短视频版权争议的化解路径学术研讨会在线举行。来自中国政法大学、西南政法大学、华东政法大学、中国社会科学院大学、中国传媒大学的8名专家学者发言，数十位听众参加线上会议。

中国政法大学法律硕士学院院长许身健为本次会议致辞。

研讨环节由中国政法大学知识产权创新与竞争研究中心副教授陶乾主持。与会专家分别探讨了“短视频版权争议的本质”和“短视频版权争议的化解路径”等两个主题。

西南政法大学民商法学院副教授曹伟的演讲主题是“互联网视频平台的注意义务与版权规制”。中国政法大学知识产权法博士后郝明英从基础概念出发，对短视频进行了类型化区分。陶乾分析了短视频平台版权侵权争议的四个特点，即利益相关主体具有多样性、涉及的著作权项具有交叉性、侵权性质的判定上具有很强的个案性、用户行为的性质具有模糊性。华东政法大学知识产权学院副教授陈绍玲指出，在短视频平台上的内容有合理使用他人作品的可能性，这意味着权利人、网站、使用者对视频的定性很有可能有分歧，所以，红旗标准下的三方共识难以存在，这使得红旗标准无法适用于短视频。中国社会科学院大学互联网法治研究中心执行主任刘晓春演讲的主题是“关于短视频平台版权过滤责任的司法梳理和反思”。中国传媒大学法律系主任、文化法治研究中心主任郑宁的演讲主题是“短视频版权监管的思路和建议”。中国政法大学法律硕士学院讲师张宪认为短视频版权合规存在传统的行政治理与司法治理上的困境。许身健作总结发言。

（中国政法大学供稿）

诉讼法学高端论坛（2021）暨新时代高质量司法与诉讼法制发展研讨会 12月11—12日，由教育部人文社科重点研究基地·中国政法大学诉讼法学研究院、最高人民检察院与中国政法大学共建检察基础理论研究基地共同主办的诉讼法学高端论坛（2021）暨新时代高质量司法与诉讼法制发展研讨会在线举办。来自全国政协、全国人大等国家机关的领导，以及来自中国法学会、北京大学、中国人民大学、中国社会科学院、中国政法大学等学术团体、高校和科研机构的专家学者，北京市第四中级人民法院、北京互联网法院、律师界等实务界代表，共计60余人参加了本次会议，线上旁听人数近5000人次。

会议开幕式由中国政法大学诉讼法学研究院院长、检察基础理论研究基地主任熊秋红主持，中国政法大学终身教授、诉讼法学研究院名誉院长陈光中，中共第十九届中央委员、全国政协常委、社会和法制委员会主任、最高人民法院原党组副书记、常务副院长、一级大法官、中国政法大学特聘讲座教授、博士生导师沈德咏，最高人民检察院检委会副部级专职委员、中国犯罪学学会会长万春，中国政法大学校长马怀德分别致辞。

本届高端论坛暨研讨会共分为三个单元，与会学者和实务专家分别围绕“我国诉讼法制建设的成就、经验与特色”“数字技术与诉讼法制发展”“涉外争议多元纠纷解决机制完善”三大主题展开研讨。

（中国政法大学供稿）

北京市法学会民商法学研究会2021年年会　12月12日，北京市法学会民商法学研究会联合中国人民大学法学院共同举办了北京市法学会民商法学研究会2021年年会。学术讨论环节分为两个单元。第一单元由研究会副会长、中国政法大学教授姚新华主持，龙翼飞、李仁玉、李俊晔、江学平、王毅纯以及蒋言等专家学者围绕《民法典》的相关规定与适用问题，展开了精彩的研讨交流，陈霞和刘凯进行了点评。第二单元分为两部分，第一部分由黄涛主持，林艳、曹思捷以及冯宇雷就《民法典》婚姻家庭编的相关问题开展了具有针对性的研讨发言，李超副教授进行了点评；第二部分由叶林、邢海宝及马更新围绕独立董事的相关问题进行了极具专业性的研讨发言，吴高臣教授作点评发言。

（北京市法学会供稿）

中国在网络空间国际法领域的立场和主张研讨会
12月18日，中国政法大学国际法学院与人权研究院（国家高端智库培育单位）在线举办中国在网络空间国际法领域的立场和主张研讨会。研讨会聚焦国际法上的网络空间相关热点问题，探讨网络问题可能涉及的国际法规则与中国立场。

在第一个议题“网络空间国际法战略之战略总纲”中，浙江大学光华法学院马光副教授、上海政法学院国际法学院盛红生教授等分别阐述了第六届UNGGE报告、适用于网络空间的国际法原则、国际安全视角下参与网络空间国际法建构的路径、网络国际规则专门立场文件以及规则制定等内容，并从这些方面出发，提出中国立场和主张。

在第二个“战略专题”议题中，北京航空航天大学法学院周学峰、国际关系学院法学院王孔祥等分别从管辖权、负责任国家行为、审慎义务、国家责任、网络空间国际法地位和传播权等不同角度对中国在网络空间国际法问题作出分析，并对中国如何参与网络空间领域的规制提出建议。

在第三个议题“网络攻击与网络犯罪”中，南京大学法学院张华副教授、红十字国际委员会东亚地区代表处法律官员晁译等分别从网络空间自卫权、武装冲突期间的网络行动、网络反恐的全球规则、跨国网络犯罪国际追责、网络间谍等方面对网络空间所涉攻击与犯罪展开讨论。

在第四个议题“网络空间数据治理”中，中国信息通信研究院互联网法律研究中心主任工程师何波、西北政法大学国际法学院教授孙尚鸿等分别讨论了数字贸易规则、跨境数据流动法律规制、跨境电子数据流通的管辖权以及网络空间国家安全例外等主题。

（中国政法大学供稿）

北京市法学会国际经济法学研究会2021年年会
12月18日，北京市法学会国际经济法学研究会2021年年会暨学术研讨会在中国政法大学举办。本次会议以“变革中的国际经济法与中国方案构建”为主题，由北京市法学会国际经济法学研究会主办，中国政法大学国际法学院承办，中国政法大学国际法学院国际经济法研究所、中国政法大学全球化法律问题研究中心等单位协办，北京市法学会国际经济法学研究会会员200余人参会。

大会开幕式由北京市法学会国际经济法学研究会常务副会长武长海主持。中国法学会副会长、中国社会法学研究会会长张鸣起，国际奥委会副主席于再清，北京市法学会机关党总支副书记李连旺和北京市法学会国际经济法学研究会会长赵威分别致辞。研究会副会长张西峰宣读了关于增选中央财经大学法学院沈健为副会长的集体决议。研究会副会长丁如宣布了会议优秀论文名单。

会议主题演讲阶段由北京市法学会国际经济法学研究会副会长范晓波主持，中国世界贸易组织研究会顾问、商务部世界贸易组织司原司长洪晓东，商务部条法司副处长孙昭，清华大学教授、中国法学会WTO研究会副会长杨国华和瑞士篥科中心执行主任、中国前常驻WTO参赞卢先堃等四位嘉宾作主题发言。

北京市法学会国际经济法学研究会副会长董京波作总结发言。

（中国政法大学供稿）

第十一届首都金融与财税法论坛　12月19日，北京市法学会金融与财税法学研究会2021年年会暨第十一届首都金融财税法论坛在北京联合大学举办。论坛采用线上线下结合的方式举办，主题为“房地产税改革及其立法热点问题研讨”，与会专家学者围绕论坛主题，从不同侧面开展研讨。来自北京工业大学、中国政法大学、中国人民大学、首都经济贸易大学、上海立信会计金融学院法学院、清华大学、北京工商大学、司法部、德恒律师事务所、北京华税律师事务所和北京联合大学等本会成员和各界人士参加论坛。

（北京联合大学供稿）

民法典与社会治理学术论坛　12月25日，由中国法学会民法学研究会、北京理工大学法学院联合主办，北京社会治理法治研究会、北京理工大学法学院民法典研究中心等单位联合协办的“民法典与社会治理”学术论坛在京召开，来自北京大学、清华大学、北京理工大学、全国政协、住房与城乡建设部等高校和机关的40余名专家学者参会。

北京理工大学党委常委、副校长庞思平致辞，中国人民大学一级教授、中国法学会副会长、中国法学会民法学研究会会长王利明，中国法学会环境资源法学研究会会长吕忠梅，中国人民大学副校长王轶，西北政法大学副校长张荣刚，住建部房地产市场监管司副司长王策，中国人民大学经济学院党委书记兼院长刘守英，中国人民大学法学院副院长高圣平，中国社会科学院法学所民法室主任谢鸿飞，清华大学法学院副院长程啸，中国政法大学民商经济法学院院长于飞，中央财经大学法学院院长尹飞等20余位嘉宾分别作主题报告。

各位参会学者就《民法典》实施中涉及社会治理的各方面问题展开深入研讨。北京理工大学法学院民商法专业30余名研究生现场旁听本次会议，在线参会人数5000余人。

（北京理工大学供稿）

政治学　国际关系

中欧投资协定、CPTPP与中国高水平开放论坛　1月12日，中国社会科学院世界经济与政治研究所、国家全球战略智库与南京大学以线上形式联合举办“中欧投资协定、CPTPP与中国高水平开放论坛”。论坛由世界经济与政治研究所国际贸易研究室、南京大学自贸区综合研究院以及南京大学华智全球治理研究院共同承办，由国家社科基金重大项目“构建面向全球的高标准自由贸易区网络与治理规则研究”（20ZDA100）和“推动‘一带一路’贸易和投资自由化便利化研究：量化评价与推进战略”（18VDL014）课题支持。世界经济与政治研究所党委书记姚枝仲和南京大学自贸区综合研究院院长于津平出席开幕式并致辞。会议主要议题有“中欧投资协定、CPTPP与高水平开放”“中欧投资协定、CPTPP与新发展格局”。来自中国社会科学院、北京大学、清华大学、南开大学、中国人民大学、复旦大学、中国农业大学以及南京大学等10余位专家学者参加会议。众多国内外院校师生以在线方式参与讨论交流，参会和观看直播人数3560余人。南京大学长江三角洲经济社会发展研究中心张二震和世界经济与政治研究所倪月菊分别主持会议。南开大学盛斌、北京大学余淼杰、清华大学陆毅、南京大学谢建国、中国人民大学王孝松、复旦大学沈国兵、中国农业大学李春顶、南京大学韩剑，以及中国社会科学院的东艳、苏庆义、《国际经济评论》编辑部主任王碧珺分别作发言。

（中国社会科学院供稿）

中美长期对话在线会议　1月27日，中国社会科学院美国研究所举办“中美长期对话”在线会议。来自中国社会科学院、北京大学、中国现代国际关系研究院、清华大学，以及美国布鲁金斯学会、约翰斯·霍普金斯大学、凯特林基金会等机构的20多位专家学者与会。会议研讨的主要议题有“中美两国国内经济社会发展”“当前中美关系面临的机遇与挑战”等。中国社会科学院副院长、学部委员蔡昉出席会议并做主旨发言。

（中国社会科学院供稿）

全球粮食危机与中国粮食安全研讨会　1月27日，中国社会科学院《国际经济评论》编辑部、中国世界经济学会以线上的形式联合召开了“全球粮食危机与中国粮食安全”研讨会。来自中国社会科学院、南京财经大学、中国人民大学、中国农业大学等机构的专家学者参加会议。会议主要议题有全球粮食状况、治理机制和中国粮食安全等。中国社会科学院世界经济与政治研究所副所长、中国世界经济学会副秘书长张斌研究员代表会议主办方致辞。南京财经大学粮食经济研究院曹宝明教授、中国农业大学“一带一路”农业合作学院唐丽霞教授、中国人民大学农业与农村发展学院周立教授、中国社会科学院农村发展研究所胡冰川、南京财经大学粮食经济研究院赵霞分别发言。

（中国社会科学院供稿）

中国社会科学院国际研究学部2021年度国际问题研讨会暨《中国社会科学院国际形势报告（2021）》发布会　2月24日，“中国社会科学院国际研究学部2021年度国际问题研讨会”暨《中国社会科学院国际形势报告（2021）》发布会在北京举行。会议由中国社会科学院科研局、国际研究学部、国家全球战略智库理事会共同主办，世界经济与政治研究所承办，社会科学文献出版社协办。中国社会科学院院长谢伏瞻出席发布会并致辞。发布仪式由中国社会科学院国际研究学部主任周弘主持。中国社会科学院学部委员、世界经济与政治研究所所长、国家全球战略智库理事长张宇燕，俄罗斯东欧中亚研究所所长孙壮志，西亚非洲研究所所长李新烽，拉丁美洲研究所所长柴瑜，亚太与全球战略研究院院长李向阳，日本研究所所长杨伯江等作为作者代表分别发言。中国社会科学院国际学部各研究所，中国社会科学院职能部门、直属单位等相关领导和专家学者出席会议。

《中国社会科学院国际形势报告（2021）》是有关2020—2021年全球形势分析与展望的年度报告。全书除总报告外，以国家和地区为单位，对2020年世界主要大国（俄罗斯、美国、日本）及各地区（欧洲、非洲、中东、拉美、亚太）的经济、政治、社会、外交领域形势及重大热点问题进行了综合分析，并对其在2021年的发展趋势进行了展望与预判。

（中国社会科学院供稿）

第七届大使讲坛：非洲驻华大使眼中的新疆　3月15日，中国非洲研究院、中国社会科学院新疆智库和中国社会科学院中国边疆研究所共同举办“第七届大使讲坛：非洲驻华大使眼中的新疆”。布基纳法索驻华大使阿达马·孔波雷、刚果共和国驻华大使达尼埃尔·奥瓦萨和苏丹共和国驻华大使加法尔·卡拉尔受邀出席并发表演讲。中国社会科学院副院长、中国非洲研究院院长王灵桂出席讲坛并致辞。中国非洲研究院执行院长李新烽主持讲坛，中国社会科学院中国边疆研究所所长、新疆智库办公室主任邢广程作总结，来自中非的80余位学者参加了讲坛。

在三位大使与中方学者互动交流的环节中，来自中国非洲研究院、中国社会科学院新疆智库、中国人权理事会的多位专家学者出席活动。会议主要议题有“中非治国理政交流”“反对国际单边主义”“消除贫困”等。

（中国社会科学院供稿）

拉美左翼与社会主义论坛　3月16日，第一次拉美左翼与社会主义论坛由中国社会科学院拉丁美洲研究所马克思主义理论与拉美政治研究室、拉美政治学科、政治创新项目组联合举办。论坛邀请荣誉学部委员徐世澄研究员做关于“拉美左翼政党和共产党的现状与研究方法”专题学术报告。杨建民研究员主持会议，袁东振副所长作总结发言，来自拉美所的30多名科研人员参加了会议。

5月18日，第二次拉美左翼与社会主义论坛由中国社会科学院拉丁美洲研究所古巴研究中心与马克思主义理论与拉美政治研究室联合举办。论坛主题是迪亚斯-卡内尔执政以来的古巴模式“更新”。会议邀请外交部、中联部、现代国际关系研究院等机构的官员与学者与会。研讨的主要议题有“古巴经济发展模式‘更新’面临的新挑战”。

（中国社会科学院供稿）

欧亚与亚太区域国际安全面临的机遇与挑战国际学术研讨会　3月30日，由外交学院、俄罗斯外交学院共同举办的“欧亚与亚太区域国际安全面临的机遇与挑战”国际学术研讨会在线上举办。会议聚焦欧亚区域与亚太区域面临的机遇与挑战等议题。外交学院副院长高飞、俄罗斯外交学院副院长奥列格·伊万诺夫出席会议并做主旨发言。来自外交学院、俄罗斯外交学院学者及两校学生100余人参加研讨会。中俄双方学者一致认为中俄两国找到了正确的相处之道。强有力的中俄关系不仅符合两国之间的利益，也是维护世界和平稳定的重要力量。

（外交学院供稿）

国际形势及中美、中欧关系研讨会　4月3日，教育部战略研究（培育）基地——对外经济贸易大学中国开放经济与国际科技合作战略研究中心举办了“国际形势及中美、中欧关系研讨会”。会议围绕当前国际形势及欧盟、美国对中国态度与看法，探讨当前中国对外战略目标及未来推进与欧美关系的方向等内容。会议由中国开放经济与国际科技合作战略研究中心执行主任夏友富教授主持。中国WTO研究会副会长霍建国，原商务部欧洲司司长孙永福，国家发改委对外经济研究所所长叶辅靖，中国进出口银行研究部原总经理刘云清，国务院发展研究中心国际技术经济研究所研究员滕飞，对外经济贸易大学国际经济伦理研究中心主任刘保成，法国液化空气中国公司主席路跃兵，美国戴尔中国公司副总裁周兵等来自高校和研究机构的专家学者及研究中心博士生、硕士生近30人出席会议。

（对外经济贸易大学供稿）

携手促进中非文明互鉴——学习贯彻习近平主席致中国非洲研究院成立贺信两周年国际研讨会　4月9日，“携手促进中非文明互鉴——学习贯彻习近平主席致中国非洲研究院成立贺信两周年国际研讨会”在北京举行。中国社会科学院副院长、中国非洲研究院院长王灵桂出席并致辞，中国非洲研究院执行院长、西亚非洲研究所所长李新烽主持研讨会，中国非洲研究院副院长、西亚非洲研究所副所长王林聪作总结发言。国际合作局、西亚非洲研究所以及来自中非双方高等院校和研究机构的约70位专家学者出席研讨会。中国非洲研究院《中国非洲学刊》常务副主编、副研究员吴传华，南非国家行政学院院长布萨尼·恩卡韦尼，中国社会科学院大学副校长、中国社会科学院研究生院副院长张波，肯尼亚政府学院外联处主任普利斯卡·奥卢奇，武汉大学非洲研究中心主任王战，塞拉利昂马可尼大学中非研究院院长阿尔法·穆罕默德·贾洛，联合国教科文组织高等教育创新中心副主任王国宾，中国非洲研究院张永蓬，西安外国语大学副校长王启龙等中非专家代表就如何学习贯彻习近平主席贺信精神，携手促进中非文明互鉴发表了主题演讲。

（中国社会科学院供稿）

第二届中国特色政党外交创新研究论坛　4月10日，北京第二外国语学院主办，思想教育研究院、政党外交学院、科研处、研究生院、政党政治与政党外交研究院联合承办的第二届中国特色政党外交创新研究论坛——“中国共产党百年对外交往的成就、经验与启示”研讨会举办。研讨会以线下线上相结合的方式召开，来自中联部研究室与当代世界研究中心、中国社会科学院以及国内数所知名大学、《党政研究》杂志社、《当代世界》杂志社等20家单位的近30位专家学者参会。中国国际交流协会副会长、中联部原副部长艾平指出，要努力把握中国特色政党外交的发展趋势，努力整合校内外资源，努力形成国内政党外交交流和研究平台，不断提升“二外”的学术影响力。与会专家学者围绕“百年国外共产党发展”“中国共产党百年对外交往的成就”“中国共产党百年对外交往的经验与启示”等主题分别进行了研讨交流。会议认为，中国特色政党外交创新研究需要充分把握理论与实践、继承与创新、时空与环境等重大关系，进而把成就梳理到位、把经验总结充分、把启示提炼科学。

（北京第二外国语学院供稿）

新形势下南亚地区的“一带一路”建设研讨会　4月15日，中国社会科学院世界经济与政治研究所国家安全研究室、外交政策研究室联合召开了新形势下南亚地区的“一带一路”建设研讨会。来自清华大学、北京大学、中国社会科学院、中国现代国际关系研究院、中国国际问题研究院、《南亚研究》编辑部、《中国发展观察》杂志社等机构的10余位专家学者参加会议。会议主要议题有“中巴经济走廊建设、中巴阿合作进展及面临的挑战”“南亚地区形势走向与‘一带一路’拓展的可能性”。

会议由《中国发展观察》杂志社总编辑杨良敏和《南亚研究》编辑部副主任毛悦分别主持。中国现代国际关系研究院王世达、中国国际问题研究院李青燕、北京大学国际关系学院钱雪梅以及中国社会科学院郎平、唐志超、薛力、赵海等分别发言。

（中国社会科学院供稿）

中欧经济暨数字合作研讨会　4月16日，中国社会科学院欧洲研究所《欧洲研究》编辑部和欧洲经济研究室联合举办的“中欧经济暨数字合作”研讨会在北京召开。来自中国社会科学院、中国国际问题研究院、复旦大学、同济大学、上海国际问题研究院、上海对外经贸大学、西南政法大学等国内高校和智库的30余位专家学者参加会议。会议主要议题有“欧洲数字革命及中欧数字合作”“欧洲营商环境及中欧经济合作”“中美欧三角关系变化”“未来中欧关系走向”“中欧投资协定签署前景”“欧盟数字战略和数字主权”“中欧数字合作”等。

（中国社会科学院供稿）

“创新发展：新冠疫情下的中国与海湾国家合作”国际研讨会　4月27日，“创新发展：新冠疫情下的中国与海湾国家合作”国际研讨会以线上和线下方式举办。研讨会由中国社会科学院—阿联酋大学中国研究中心、中国社会科学院西亚非洲研究所、国际合作局共同主办，中国社会科学院西亚非洲研究所承办，海湾研究中心协办。研讨会特别邀请中阿合作论坛事务大使李成文作主旨演讲。阿联酋大学人文社科学院院长哈桑·阿勒纳布达教授在会上致辞。国内外10多家大学和智库机构的40多名学者参加研讨会。会议主要议题有“创新发展与经济合作”“创新发展与数字科技”“创新发展与文化合作”。上海外国语大学中东研究所丁隆，阿布扎比安瓦尔达尔加什外交学院贾纳尔丹，西亚非洲研究所仝菲、阿联酋大学经济与工商管理学院申宁，复旦大学中东研究中心孙德刚，西亚非洲研究所刘冬，沙迦大学国际关系系汪昱廷，北京外国语大学阿拉伯学院薛庆国，西亚非洲研究所王金岩等学者发言。阿联酋大学媒体和创业产业系蒋淑君作总结发言。

（中国社会科学院供稿）

习近平外交思想与中国特色大国外交实践系列讲座　4月28日和5月7日，外交学院先后举办了两场“习近平外交思想与中国特色大国外交实践”系列讲座。第一场邀请中国国际法学会会长黄进教授作题为“中国特色大国外交中的国际法与国际法治”学术讲座。黄进围绕中国特色大国外交需要法治思维、国际法的作用、中美两国对国际法的态度、习近平国际法治观与法治思维、我国应该坚持的国际法立场等五方面展开讲解。认为党的十八大以来国际形势风云变幻，中国要开创性地推进大国外交，外交与国际法存在着天然联系，需要树立国际法治思维，重视国际法的作用，加强涉外法治体系建设。

第二场邀请北京大学社会科学部副部长、教育部北京大学中外人文交流研究基地执行主任王栋作题为“有关人类命运共同体与人文交流”的专题讲座。王栋首先详细阐述了人类命运共同体的主要内容，从五大内涵、四个维度以及四点意义等方面解读人类命运共同体思想。从实践和理论两个方面重点介绍了十大高层人文交流机制和北京大学中外人文交流研究基地的建设发展过程，并就人文交流的战略意义、概念区分、学科建设以及构建共同体的重要路径做了系统性阐释。最后从人文交流的战略性、推进方式、破解话语攻势和后疫情时代的话语权等几方面阐述了关于做好新时代人文交流的思考和体会。

（外交学院供稿）

“上合组织20年：迈向绿色健康共同发展的命运共同体”国际研讨会　5月13日，“上合组织20年：迈向绿色健康共同发展的命运共同体”国际研讨会在中国人民大学召开。研讨会是以上海合作组织成立20周年为主题的首场国际学术研讨会，也是2021年在中国昆明举办的《生物多样性公约》第十五次缔约方大会（COP15）的系列预热活动之一。中国人民大学党委书记靳诺，中国社会科学院俄罗斯东欧中亚研究所所长、中国上海合作组织研究中心执行主任孙壮志，中华人民共和国外交部欧亚司参赞张洪建，中国人民大学副校长杜鹏，上海合作组织副秘书长卓农·舍拉利·萨伊达米尔，吉尔吉斯斯坦前总理卓奥马尔特·奥托尔巴耶夫，俄罗斯驻华使馆一等秘书Elena Rumyantseva，塔吉克斯坦国家科学院水问题、水能与生态研究所生态与稳定发展实验室主任卡里耶娃·法兰吉斯等来自中外40余家机构的60多位政府、学界代表和驻华使节与会。

（中国人民大学供稿）

第四届中国政治传播研究学术论坛　5月15日，由中国传媒大学主办，中国传媒大学政府与公共事务学院、中国传媒大学政治传播研究所承办的第四届中国政治传播研究学术论坛在北京举办，主题为“先机与新局：面向未来的国家治理与政治传播”。

北京大学、清华大学、中国社科院大学、中国人民大学、中国政法大学、北京师范大学、复旦大学、上海交通大学等50所高校和科研院所的100多位专家学者和青年学子与会，围绕政治传播与国家治理现代化、世界大变局与全球政治传播新进展、中国政治传播研究的理论基础与历史向度、中国政治传播研究的前沿方法等议题，开展学术交流。论坛还首设了“博士生分论坛”。论坛成果已经集结为《中国政治传播研究》（第4辑）。该论坛是“中国政治传播研究学术论坛”系列会议之一，两年一届，由中国传媒大学政治传播研究所在2015年最早发起并连续承办，至今已连续举办四届。论坛成果以集刊形式出版，由中国知网收录。

（中国传媒大学供稿）

钱俊瑞—浦山讲座 5月20日，由中国社会科学院世界经济与政治研究所、国家全球战略智库、国际合作局共同举办的2021年度“钱俊瑞—浦山讲座”在北京举行。诺贝尔经济学奖获得者、哥伦比亚大学教授约瑟夫·斯蒂格利茨作为主讲嘉宾，发表了“应对新冠疫情的经验教训”主题演讲。中国社会科学院学部委员余永定担任主持人和讨论嘉宾。斯蒂格利茨从疫情的经济学原理、疫情对经济的影响、国别对比和未来展望四个方面就新冠疫情所引发的国际经验教训进行了交流。中国社会科学院世界经济与政治研究所所长、国家全球战略智库首席专家张宇燕致欢迎词。与会专家与斯蒂格利茨进行了问答互动。约300位听众线上参加会议。

（中国社会科学院供稿）

中国周边安全形势研讨会 5月21日，外交学院亚洲研究所和复旦大学国际问题研究院南亚研究中心共同主办、《外交评论》编辑部协办的中国周边安全形势研讨会举行。来自中国人民外交学会、国家边海防委员会办公室、中共中央党校、清华大学、中国人民大学、复旦大学、中国社科院、中国现代国际关系研究院、军事科学院、中国改革开放论坛、国家发改委国际合作中心、《世界知识》杂志社等国内知名机构的专家学者共约30人参与研讨。外交学院院长徐坚与复旦大学国际问题研究院中国与周边国家关系研究中心主任、前驻文莱大使杨健致开幕词。

研讨会共分为周边大国关系、东南亚地区形势和南亚地区形势三个议题。在发言环节，前驻印度大使魏苇对中美、中日、中印、中澳等与周边大国关系的态势进行了梳理，并指出所有的周边大国对中国都具有两面性，中国应因势利导。外交学院研究员郭延军剖析了《东盟印太展望》的内涵和诉求，认为中国应做出务实选择。国家边海防委员会办公室原副局长汪竞提出要高度关注印度新冠疫情冲击，加强中印关系新定位的研究，对后对峙时期中印关系加强有效把控。

（外交学院供稿）

当前非洲恐怖主义形势及应对学术研讨会 5月21日，“当前非洲恐怖主义形势及应对”学术研讨会在北京举行。研讨会由中国非洲研究院政治研究室主办，中国—非洲总商会协办，来自中国现代国际关系研究院、中国国际问题研究院、国家反恐怖主义办公室、公安部情报指挥中心、中国—非洲总商会和中国非洲研究院的近20位专家学者参加研讨会。中国—非洲总商会副秘书长刘鑫洋出席研讨会。中国非洲研究院唐志超、李文刚、刘乃亚、袁武、王琼，中国现代国际关系研究院李伟、黎文涛、严帅，中国国际问题研究院曾爱平等相继发言，《西亚非洲》编辑部主任詹世明作总结发言。

（中国社会科学院供稿）

东亚—拉美地区研究伙伴对话国际会议 5月26—27日，由中国社会科学院拉丁美洲研究所、澳门城市大学和西南科技大学联合举办的“东亚—拉美地区研究伙伴对话”国际会议在北京召开。中国社会科学院拉丁美洲研究所所长柴瑜、阿根廷驻华大使牛望道（Sabino Vaca Narvaja）、中国外交部拉美司司长蔡伟和拉丁美洲社会科学理事会（CLACSO）秘书长卡琳娜·巴蒂亚尼（Karina Batthyány）出席会议，并在开幕式上致辞。会议的主题是“大变局中的东亚和拉美地区发展与合作”，主要议题有“东亚和拉美地区发展面临的机遇与挑战”“创新发展与亚拉经验互鉴”“国际可持续发展合作”“‘东亚—拉美地区研究伙伴对话’机制与亚拉跨地区智库合作构建”。会议采取线上线下相结合的方式举行。来自日本、韩国、新加坡、俄罗斯、阿根廷、巴西、智利、哥伦比亚、墨西哥、秘鲁、乌拉圭等国家以及国内各省市、地区拉美研究机构120多位专家学者、新闻媒体代表、听众出席会议。

（中国社会科学院供稿）

“管控分歧　促进合作：纪念‘中美长期对话’35周年”国际学术研讨会 5月27日，中国社会科学院美国研究所、国家全球战略智库共同主办“管控分歧　促进合作：纪念‘中美长期对话’35周年”国际学术研讨会，会议以线上线下相结合的方式举行。中国社会科学院副院长王灵桂出席会议并致辞。来自中国社会科学院、北京大学、中国现代国际关系研究院以及美国约翰斯·霍普金斯大学、布鲁金斯学会、凯特林基金会等机构的20多位专家学者及美国前政要与会。会议主要议题有“当前中美关系面临的机遇和挑战”“中美两国如何携手共同应对气候变化”等。“中美长期对话”始于1986年，首次会议于该年11月在美国威斯康星州举办。对话至今已持续35年。来自中国社会科学院、北京大学、中国现代国际关系研究院以及美国约翰斯·霍普金斯大学、布鲁金斯学会、美国凯特林基金会等机构的20多位专家学者及美国前政要与会。

（中国社会科学院供稿）

习近平外交思想与新时代中国特色大国外交学术研讨会　5月28日，外交学院科研处和《外交评论》编辑部共同主办“习近平外交思想与新时代中国特色大国外交”学术研讨会。来自北京大学、清华大学、中共中央党校（国家行政学院）、中国人民大学、中国社会科学院、对外经贸大学、北京外国语大学、中国国际问题研究院、中国现代国际关系研究院、中国社会科学杂志社等国内相关高校和科研机构的专家学者共约30人参加了研讨。外交学院院长徐坚致开幕词并做了题为“习近平外交思想与中国外交新征程”的主旨演讲，外交学院副院长孙吉胜主持开幕式。

会议共分为四个议题，“习近平外交思想与中国国关理论新视野”“习近平外交思想与中国多边外交新思路”“习近平外交思想与中国大国外交新格局”“习近平外交思想与中国区域外交新态势”。会上，张清敏提出，马克思主义与中华优秀传统文化是习近平外交思想的两个重要思想渊源，我们需要理解把握二者之间的辩证关系。孙吉胜指出，各国围绕疫情展开了一场叙事之战，为做好战略叙事，我们需要加强对中国传统文化、中国政治制度及价值观以及中国实践的研究和宣传。刘斌提出，全球价值链的重组带来结构性权力的变迁，中国需要通过加强对公共产品的供给，推动亚洲命运共同体建设以破解外部压力。

（外交学院供稿）

新时代的外事管理与人才培养研讨会　6月1日，外交学院外交学与外事管理系举办的新时代的外事管理与人才培养研讨会召开。来自外交部外事管理司、中国外交培训学院、中联部研究室、海关总署国际合作司、北京市外办等部门的专家学者近三十人参加了研讨。本次研讨会旨在探讨新时代外事管理的新趋势和新特点，总结各部门、各地区、各领域外事管理实践经验，为学术研究和人才培养提供坚实基础。

研讨会共分为四个单元，上午的两个单元分别由外交学院外交学系教授唐晓和中国外交培训学院二部副主任徐贝宁主持，与会者的发言范围及主题大多涉及各自的实践领域：外事管理机制、海关外事管理及人才培养、外事项目管理、政党外交人才培养、领事人才培养、因公出国、外事干部素质等。下午的两个单元由外交学院外交学系副教授牛仲君、雷建锋主持，与会者的发言范围及主题大多涉及各自的教学科研及培训领域：外事管理教学、城市国际交往、外事管理人才素质、外交外事培训工作等。

（外交学院供稿）

中俄智库高端论坛（2021）——中国与俄罗斯：新时代合作暨庆祝《中俄睦邻友好合作条约》签署20周年　6月1日，由中国社会科学院和俄罗斯国际事务委员会主办，中国社会科学院俄罗斯东欧中亚研究所承办的中俄智库高端论坛（2021）以线上线下相结合的方式在北京、莫斯科两地同时举行。论坛主题为“中国与俄罗斯：新时代合作暨庆祝《中俄睦邻友好合作条约》签署20周年”。中国国务委员兼外长王毅和俄罗斯外长拉夫罗夫分别向论坛作视频致辞。中国社会科学院院长谢伏瞻、俄罗斯国际事务委员会主席伊万诺夫等出席论坛开幕式并致辞。中国社会科学院副院长王灵桂主持开幕式。会议主要议题有“中国与俄罗斯：新型大国关系的典范”“后疫情时代中俄合作的优先方向：贸易、科技与金融”“思想库交流合作：中俄关系发展新动力”。来自中俄智库、文化界、企业界、政府部门及相关机构的百余名代表与会。中国驻俄罗斯大使张汉晖、中国政府欧亚事务特别代表李辉、中国人民对外友好协会会长林松添、中共中央对外联络部原副部长周力、俄罗斯国家杜马第一副主席梅尔尼科夫、俄罗斯联邦委员会副主席科萨乔夫、俄罗斯外交部副部长莫尔古洛夫、俄罗斯驻华大使杰尼索夫等出席论坛。

论坛期间发布了《庆祝〈中俄睦邻友好合作条约〉签署20周年文集》。该文集由中国社会科学院与俄罗斯国际事务委员会共同组织编撰，邀请中俄高级别外交官和知名学者联合撰写，分别以中文、俄文在中国和俄罗斯出版。文集深入阐释了条约的历史背景、时代价值，全面总结了中俄关系发展的经验，为推动中俄新时代全面战略协作伙伴关系向更高水平发展建言献策，是中俄智库为庆祝条约签署20周年共同推出的重要合作成果。文集中文版由中国社会科学出版社出版。

（中国社会科学院供稿）

“中欧关系：现状与展望”国际研讨会 6月3日，中国社会科学院国家全球战略智库、世界经济与政治研究所和挪威国际事务研究所（NUPI）共同举办“中欧关系：现状与展望”国际研讨会。国家全球战略智库首席专家、中国社会科学院世界经济与政治研究所所长张宇燕，欧洲研究所所长冯仲平，挪威国际事务研究所所长Ulf Sverdrup，以及来自中国社会科学院相关各研究所、挪威国际事务研究所、挪威卑尔根大学、挪威科技大学、奥斯陆和平研究所、奥斯陆大学、挪威商学院、挪威北极大学等机构的学者出席了会议。会议主要议题有“中欧双边关系”“欧盟对外政策”“中欧之间的北极合作、学术合作和经贸合作”等。

（中国社会科学院供稿）

大变局时代的政治发展和理论前沿学术研讨会 6月5日，由中国政治学会青年工作专业委员会（简称中国政治学会青委会）与中国政法大学政治与公共管理学院共同主办的“大变局时代的政治发展和理论前沿”学术研讨会在京召开。来自北京大学、清华大学、中国人民大学、中国社科院大学、中国政法大学、复旦大学、吉林大学、南京大学、东北大学、厦门大学、云南大学、天津师范大学、郑州大学、华北电力大学、中南财经政法大学、西南政法大学、西北政法大学、天津外国语大学等18所高校和科研院所的30余名中青年学者以及《中国社会科学》等6家杂志社的编辑代表出席本次研讨会。

会议开幕式由中国政治学会青委会副会长、中国政法大学政治与公共管理学院副院长庞金友主持。中国政治学会常务理事、教育部政治学教指委副主任委员、中国政法大学政治与公共管理学院院长杨阳代表主办方对与会学者表示热烈欢迎，鼓励与会青年学者扩大交流，积极进取，守正创新，勇担中国政治学学科发展之重任。中国政治学会青委会副会长兼秘书长樊鹏代表中国政治学会青委会会长王炳权研究员致辞，对中国政治学会青委会前期开展工作情况以及下一步工作规划进行了简要报告。研讨会立足世界形势与中国现实，围绕“中国特色社会主义政治发展道路的历程和经验”“当代中国国家治理现代化的路径与策略”“当代西方民主困境与治理危机”“新技术革命与现代国家治理”“当代政治思潮与政治学理论前沿问题”等五个主题展开了学术碰撞与思想交锋，共话大变局时代党和国家改革发展大方向，研判政治新动向，探讨理论新发展。在会议闭幕环节，中国政治学会副会长、天津师范大学政治与行政学院院长佟德志代表中国政治学会作发言。

（中国政法大学供稿）

“辉煌百年与崭新征程：中国共产党对外工作100年”研讨会 6月8日，由中共中央对外联络部、《人民日报》、北京大学共同主办，北京大学社会科学部和国际关系学院承办的“辉煌百年与崭新征程：中国共产党对外工作100年”研讨会在北京大学举行。中共中央对外联络部部长宋涛，人民日报社副总编辑方江山，中国侨联党组成员、副主席程学源，中国社会科学院副院长王灵桂，中共中央党史研究室原副主任章百家，北京大学党委书记邱水平，北京大学校长郝平，北京大学校长助理、秘书长孙庆伟和来自中央及地方单位的专家学者、外事工作者共150余人出席研讨会。本次研讨会是深入学习贯彻习近平总书记关于党的对外工作的重要论述精神，继承发扬北大服务党的对外工作的优良传统，携手推进党的对外工作开辟新局面的重要契机，也是庆祝建党百年、深入开展党史学习教育的重要举措。与会专家通过分享交流，共同为推动党的对外工作、思想理论建设和哲学社会科学发展贡献智慧。

（北京大学供稿）

“辉煌与使命：百年交汇点上的中国共产党与世界”国际学术会议 6月11—12日，“辉煌与使命：百年交汇点上的中国共产党与世界”国际学术会议在中国人民大学召开。本次会议由中国人民大学马克思主义学院、中国人民大学当代政党研究平台、国际文化交流学术联盟等单位共同主办。会议围绕政党政治、现代化道路、国际关系、全球治理等领域展开对话研讨，总结中国共产党管党治党、治国理政的百年历程、成就与经验，展望21世纪马克思主义理论与实践的发展前景。南非、古巴、越南、尼泊尔、津巴布韦、巴西、阿根廷等多国政要和学者，以及来自中国30多所高校的300多名专家学者与会。

（中国人民大学供稿）

新形势下日本与中日关系分析学术研讨会　6月15日，中国社会科学院日本研究所召开了“新形势下日本与中日关系分析”学术研讨会。来自南开大学、自然资源部海洋发展战略研究所、中国现代国际关系研究院、北京大学国际关系学院、《现代国际关系》杂志和中国社科院日本所等相关机构的40多位专家学者出席了会议。日本研究所所长杨伯江主持会议。南开大学日本研究院院长刘岳兵，自然资源部海洋发展战略研究所党委书记贾宇，中国现代国际关系研究院全球化研究中心主任刘军红，北京大学国际关系学院党委书记初晓波等分别作了报告。《现代国际关系》杂志主编何桂全研究员，日本研究所研究员高洪（全国政协委员）、张伯玉、胡澎、张建立等分别就自己的研究领域发言。杨伯江所长做会议总结。

（中国社会科学院供稿）

新发展格局下的世界与中国学术研讨会　6月22日，为迎接中国共产党建党100周年和对外经济贸易大学70周年校庆，对外经济贸易大学国际经济研究院主办的“新发展格局下的世界与中国”研讨会在线上举行。中国社会科学院研究员、学部委员张蕴岭，南开大学哲学社会科学部部长、经济学院院长盛斌等10余位专家出席论坛并围绕主题进行主旨演讲。会议邀请各位专家学者共同研讨双循环新发展格局、“十四五”期间高质量开放、中国面临百年未有之大变局等问题。

（对外经济贸易大学供稿）

以中国减贫实践助推非盟实现2063年议程国际研讨会　6月22日，中国非洲研究院与中国驻非盟使团、联合国非洲经济委员会以线下线上结合方式共同主办“以中国减贫实践助推非盟实现2063年议程”国际研讨会，会场分别设在中国首都北京和埃塞俄比亚首都亚的斯亚贝巴。中国驻非盟使团团长刘豫锡，联合国非洲经济委员会性别、减贫和社会司司长鲁兹瓦多和中国非洲研究院副院长周云帆分别致辞。会议由中国非洲研究院副院长王晓明主持。

非盟委员会经济发展、贸易、工业与矿业委员穆昌加，中国非洲研究院经济研究室主任杨宝荣，刚果（金）常驻非盟和非经委大使伊伦加，中国非洲研究院社会文化研究室主任刘乃亚，非盟驻华大使奥斯曼，肯尼亚智库南南对话执行主任姆旺吉，中国农业大学国际发展与全球农业学院副院长唐丽霞，南非大学塔博·姆贝基非洲领导力学院代院长法斯瓦那等专家围绕中国的减贫成就、非洲的减贫措施与非盟2063年议程、中非减贫合作、减贫与社会发展和环境保护等议题发言。世界旅游联盟服务管理部主任赵珂，浙江师范大学非洲研究院、田家炳教育研究院教授、浙江师范大学高等教育研究所所长鲍嵘，埃塞智库CDRC执行主任Abdeta Beyene对大会发言进行了评论。联合国非洲经济委员会代表玛穆萨，中国非洲研究院副院长王林聪，中国驻非盟使团陈绪峰公使先后作总结发言。

（中国社会科学院供稿）

中国共产党国际战略思想与实践学术研讨会　6月23日，中国社会科学院日本研究所召开了“中国共产党国际战略思想与实践”学术研讨会。来自中央党校、北京大学、外交学院和中国社会科学院日本研究所等相关机构的40多位专家学者出席了会议。日本研究所副所长王晓峰主持会议，所党委书记刘玉宏致辞。

会议主题报告环节，中央党校国际战略研究院中国外交研究所所长罗建波，北京大学国际关系学院党委书记初晓波，外交学院亚洲研究所所长郭延军，中国社会科学院日本研究所所长杨伯江、副所长吕耀东分别作了报告。副所长吴怀中研究员作了会议总结。

（中国社会科学院供稿）

“中国—南非减贫与治理合作”线上研讨会　7月2日，由中国非洲研究院、南非国家行政学院、中国社会科学院大学合办的“中国—南非减贫与治理合作”线上研讨会举行。中国非洲研究院副院长周云帆教授主持研讨会并致辞。南非国家行政学院财务负责人芬迪勒·姆克瓦纳兹发表致辞。来自中国非洲研究院、南非国家行政学院、南非政府部门近50位学者和官员参加研讨会。研讨会主会场设在北京。

中国非洲研究院刘中伟副研究员、南非豪登省长办公厅政策负责人姆杜杜兹·姆巴达等专家学者作主讲发言。会议主要议题有“南非处理抗疫与经济发展的经验”“改革开放前中国国内建设”“中国治理体系统一与建设”“政党面临的治理挑战以及廉政建设”等。南非议员、公共服务与行政事务专门委员会党鞭雷吉娜·莱索马发言。

（中国社会科学院供稿）

第九届大使讲坛 7月6日，由中国非洲研究院和中国社会科学院新疆智库共同主办、全国政协中非友好小组支持协办的第九届“大使讲坛”在中国非洲研究院举行。讲坛的主题为“非洲驻华大使眼中的新疆脱贫成就”。几内亚比绍驻华大使安东尼奥·恩巴洛（Ant ó nio Embaló）和津巴布韦驻华大使马丁·切东多（Martin Chedondo）发表主旨演讲。全国政协副秘书长、全国政协中非友好小组副组长郭军，中国社会科学院副院长、中国非洲研究院院长王灵桂出席讲坛并致辞。中国非洲研究院执行院长李新烽主持讲坛，中国非洲研究院副院长王林聪作总结发言。中国非洲研究院副院长周云帆、王晓明出席讲坛。来自中国非洲研究院、中国社会科学院新疆智库等研究机构的90余位学者参加讲坛。非盟驻华代表处常驻代表拉赫曼塔拉·奥斯曼（Rahamtalla Osman）、纳米比亚驻华使馆一等秘书西蒙·尹东格（Simon Indongo）和中国社会科学院中国边疆研究所新疆研究室主任、新疆智库办公室副主任许建英对主旨演讲进行评论。

（中国社会科学院供稿）

中国—东盟公共卫生合作30年与公私伙伴关系研讨会 7月9日，“中国—东盟公共卫生合作30年与公私伙伴关系”研讨会以线上形式召开。会议由外交学院亚洲研究所和印度尼西亚卡查玛达大学联合主办。来自中国和东盟国家相关领域专家20余人出席会议。本次会议也是中国—东盟思想库网络（NACT）“中国—东盟可持续发展合作年”系列工作组会议之一。外交学院亚洲研究所韩志立副研究员主持会议，李福建博士做会议总结。

与会专家系统梳理了中国与东盟建立对话伙伴关系30年来在公共卫生合作领域取得的成就，分享了各自国家的抗疫经验，尤其是如何调动全社会资源，加强政府、企业和民间组织之间的良性互动，筑牢疫情防控安全防线。东盟国家学者高度评价了中方在本地区抗疫合作中发挥的领导作用，感谢中国政府和人民在新冠疫苗、防护装备等方面给予东盟的无私援助。中国医学科学院乔友林教授、云南省寄生虫病防治所周兴武副研究员分别就“宫颈癌筛查技术的最新进展及中国—东盟公共卫生人才培养”和“中国消除疟疾经验”等问题介绍了中国的最佳实践，对本地区各国合作应对健康领域挑战提供了有益思路。中国—东盟思想库网络（NACT）是中国和东盟国家共同成立的第二轨道外交机制，每年围绕双边关系中的重点和难点问题开展工作组研究，相关研究成果递交中国—东盟领导人会议参考。

（外交学院供稿）

亚太地区形势与中日美三边关系学术研讨会 7月16日，由中国社会科学院日本研究所和国防科技大学国际关系学院战略与安全研究所主办、中国社会科学院日本研究所中日关系研究中心和国防科技大学国际关系学院战略与安全研究所国别区域研究中心承办的“亚太地区形势与中日美三边关系”学术研讨会在北京召开。国防科技大学国际关系学院、中国人民大学国际关系学院、清华大学国家战略研究院、中国社会科学院亚太与全球战略研究院、中国社会科学院美国研究所、中国社会科学院日本研究所等相关机构的40多位专家学者出席会议。会议主要议题有“亚太地区形势与当前中国周边战略环境”“大变局下的中日美三边关系”。中国人民大学国际关系学院教授、美国研究中心主任时殷弘，国防科技大学国际关系学院战略与安全研究所执行所长、教授宋德星，中国社会科学院日本研究所副所长、研究员吴怀中分别做主旨发言。

（中国社会科学院供稿）

拜登政府价值观外交及其影响研讨会 7月20日，“拜登政府价值观外交及其影响”研讨会在中国社会科学院举行。来自中国社会科学院西亚非洲研究所、亚太与全球战略研究院、美国研究所、俄罗斯东欧中亚研究所、拉丁美洲研究所以及中国现代国际关系研究院、中国国际问题研究院、中共中央党校、清华大学、国际关系学院、北京外国语大学的30余位专家学者出席研讨会。会议主要议题有“美国拜登政府的价值观外交”“拜登政府在东南亚、中亚、东欧等地区的价值观外交”“拜登政府在中东、非洲和拉美的价值观外交”。

美国研究所副所长袁征、中共中央党校国际战略研究院樊吉社、中国现代国际关系研究院信息安全所所长唐岚、亚太与全球战略研究院周边安全研究室主任张洁、北京外国语大学亚洲学院宋清润、国际关系学院国际政治系副教授李春霞、中国现代国际关系研究院王郦久、俄罗斯东欧中亚研究所乌克兰研究室主任赵会荣、中国现代国际关系研究院中东所副所长廖百智、拉丁美洲研究所巴西研究中心执行主任周志伟、西亚非洲研究所陆瑾和王金岩等先后发言。西亚非洲研究所《西亚非洲》编辑部主任詹世明和西亚非洲研究所政治研究室主任唐志超做总结发言。研讨会由西亚非洲所的政治研究室和中东发展与治理研究中心、中国社会科学院登峰战略重点学科“大国与中东关系”项目组联合举办。

（中国社会科学院供稿）

美国撤军后阿富汗形势变化及影响研讨会　7月21日，“美国撤军后阿富汗形势变化及影响”研讨会在中国社会科学院举行。来自中国社会科学院西亚非洲研究所、美国研究所、俄罗斯东欧中亚研究所，以及现代国际关系研究院、中国人民大学、西北大学的30余位专家学者出席了研讨会。会议主要议题有“美国撤军与阿富汗局势的新变化”“地区国家对阿富汗政策的调整”。现代国际关系研究院中东所所长牛新春、西亚非洲研究所殷罡研究员、美国研究所张帆、西北大学中东研究所副所长闫伟、中国人民大学重阳研究院高级研究员周戎、西亚非洲研究所国际关系室主任王凤、俄罗斯东欧中亚所乌克兰研究室主任赵会荣、西亚非洲研究所政治室主任唐志超、中国非洲研究院特约研究员王南、西亚非洲研究所魏敏和陆瑾等先后发言。与会专家围绕阿富汗局势对“中巴经济走廊”的影响、阿富汗塔利班的组织结构、美国在阿富汗的未来影响等问题进行了讨论。研讨会由中国社会科学院登峰战略优势学科“当代中东研究”项目组、西亚非洲所“中东热点问题研究”创新项目组、中国社会科学院海湾研究中心联合举办。

（中国社会科学院供稿）

中国—中东欧国家合作全国主要智库研讨会　7月21日，“中国—中东欧国家合作全国主要智库研讨会”在北京召开。会议由中宣部、中国—中东欧国家合作秘书处、教育部指导，中国社会科学院主办，中国社会科学院欧洲研究所、中国—中东欧国家智库交流与合作网络承办。中国社会科学院副院长王灵桂，外交部中国—中东欧国家合作事务特别代表霍玉珍，中宣部社科工作办副主任操晓理，商务部欧洲司副司长索鹏，教育部国别和区域研究工作秘书处主任罗林等出席开幕式并作主旨发言。中国社会科学院欧洲研究所所长冯仲平主持开幕式。在主题发言环节，冯仲平、中国社会科学院俄罗斯东欧中亚研究所所长孙壮志以及欧洲研究所原所长、香港中国学术研究院常务副院长黄平分别就中欧关系的韧性、新时代中国特色多国外交的形成与发展、中国—中东欧智库发展方向等内容进行交流。

会议还举行了中国—中东欧国家智库交流与合作网络学术委员会会议暨学术研讨会。来自国家部委、国内高校、研究机构及企业的近百位学者与会。会议主要议题有“如何深化中国—中东欧国家合作”“如何通过中国—中东欧国家合作为中东欧研究提供新机遇、新思路”“如何做好中国—中东欧国家合作下的智库外宣和舆论引导工作”等。会议期间同时召开了中国—中东欧国家智库交流与合作网络理事大会。中国社会科学院欧洲研究所副所长、中国—中东欧国家智库交流与合作网络秘书长刘作奎作报告，总结了智库网络成立六年来取得的各项成果，并宣布新一届理事会成员名单。新一届理事会理事共72人，理事长为冯仲平。

（中国社会科学院供稿）

第二届中柬智库高端论坛　7月28日，以“迈向双边关系发展新阶段”为主题的第二届中柬智库高端论坛在北京开幕。论坛由中国社会科学院和柬埔寨皇家科学院联合主办。中共中央政治局委员、中宣部部长黄坤明，柬埔寨常务副首相宾成通过视频方式出席开幕式，并发表主旨演讲。中国社会科学院院长、中国社会科学院国家高端智库理事会理事长谢伏瞻，柬埔寨皇家科学院院长宋独作视频致辞。中国社会科学院副院长、中国社会科学院国家高端智库理事会副理事长王灵桂主持会议开幕式。中柬双方共150多位代表以线上线下相结合的方式围绕相关议题展开深入研讨。

（中国社会科学院供稿）

第二届中国与中东合作论坛：深化友谊与创新发展　8月17日，“第二届中国与中东合作论坛：深化友谊与创新发展”以线上和线下结合方式举办，主会场设在北京。论坛由中国社会科学院国际合作局、西亚非洲研究所、国家高端智库、阿联酋沙迦大学、沙特费萨尔国王伊斯兰研究中心共同主办，北京语言大学和上海外国语大学协办。中国社会科学院院长、中国社会科学院学部主席团主席、中国社会科学院国家高端智库理事长谢伏瞻，沙特阿拉伯费萨尔国王伊斯兰研究中心主席图尔基·费萨尔亲王，中国政府中东问题特使、中国外交部前副部长翟隽，阿联酋驻华大使阿里·扎希里，前中国中东问题特使吴思科，中国外交部中阿合作论坛事务大使李成文先后发表主旨演讲。中国社会科学院副院长、中国非洲研究院院长王灵桂和阿拉伯联合酋长国沙迦大学校长哈米德·纳米伊在开幕式上致辞。西亚非洲研究所所长、中国非洲研究院执行院长李新烽主持开幕式。会议主要议题有"中国与中东国家抗疫合作新进展""中国与中东国家科技创新合作与人文交流""中国与中东国家的安全合作"。

（中国社会科学院供稿）

百年变局下的中国与欧洲学术研讨会暨庆祝中国社会科学院欧洲研究所成立40周年会议 8月23—24日，"百年变局下的中国与欧洲"学术研讨会暨庆祝中国社会科学院欧洲研究所成立40周年会议在北京举行。会议由中国社会科学院欧洲研究所、中国欧洲学会联合主办。中国社会科学院院长谢伏瞻、全国政协外事委员会副主任孔泉、中国社会科学院副院长王灵桂、中国前驻英国大使马振岗、中国前驻欧盟使团团长杨燕怡等出席会议。会议主要议题有"中欧关系将向何处去?""如何正确看待相互差异，理性处理彼此分歧？如何排除来自第三方的干扰?"欧洲研究所所长冯仲平、北京外国语大学国际关系学院教授王朔、中国人民大学欧盟研究中心主任王义桅、中国社会科学院学部委员周弘、中国前驻德国大使史明德先后发言。来自中国社会科学院、中国现代国际关系研究院、国务院发展研究中心、中国国际问题研究院、北京大学、清华大学、南开大学等研究机构与高校的近百位专家学者参会研讨。

（中国社会科学院供稿）

中国社会科学论坛（2021）——"努力构建契合新时代要求的中日关系"暨日本研究所成立40周年国际学术研讨会 8月28日，由中国社会科学院主办、中国社会科学院日本研究所承办的中国社会科学论坛（2021）——"努力构建契合新时代要求的中日关系"暨日本研究所成立40周年国际学术研讨会在北京召开。来自中国、日本、美国的专家学者及媒体代表70多人通过线上、线下相结合的方式参加了会议。全国人大常委会前副委员长顾秀莲，日本前首相福田康夫，中国社会科学院院长谢伏瞻，日本驻华大使垂秀夫，中日友好协会常务副会长、中国前驻日大使程永华，中国社会科学院日本研究所所长杨伯江出席开幕式并分别致辞。会议的主题是"当代中国日本研究四十年"，主要议题有"政治·经济学科研讨会"、"社会·文化学科研讨会"和"外交·战略学科研讨会"。中国社会科学院世界经济与政治研究所所长张宇燕，日本综合研究所国际战略研究所理事长田中均，美国加州大学伯克利分校政治学系教授史蒂文·沃格尔，全国政协委员、中华日本学会会长高洪，美国乔治·华盛顿大学政治学系教授迈克·望月，复旦大学日本研究中心主任、教授胡令远，日本京都大学教授、日本国际政治学会前理事长中西宽，日本法政大学名誉教授、国际儒学联合会副理事长王敏，日本驻华大使馆政务公使野村恒成，北京大学历史学系教授、中国中日关系史学会会长王新生等中日美专家分别做了学术基调报告。日本研究所副所长吴怀中主持。

（中国社会科学院供稿）

《中国与世界经济》领域副主编第一次工作会 9月1日，《中国与世界经济》（*China & World Economy*，CWE）"领域副主编第一次工作会"于线上召开。来自清华大学、北京大学、中国人民大学、复旦大学、上海交通大学、上海财经大学、浙江大学、厦门大学、南开大学、北京师范大学、香港中文大学、美国康涅狄格大学和悉尼科技大学等国内外知名高校的20余位专家学者以CWE副主编、领域副主编身份出席了会议。CWE主编、中国社会科学院学部委员张宇燕研究员致开幕词。CWE执行主编冯晓明介绍了期刊的办刊宗旨，回顾了CWE的发展历程、期刊特色，并通过详细的数据分析了刊物的读者分布、审稿流程和国内外影响力情况。Wiley高级期刊出版经理高艳利从出版角度对杂志的下载引用、市场推广和期刊的学术影响力进行了详细介绍。CWE副主编林曙、陆毅和王勇教授先后介绍了各领域的审稿情况，并从稿件质量、文章选题和期刊宣传等方面建议了工作方向。18位领域副主编分别介绍了各自的研究领域和研究特点，并根据各自与期刊相关的工作经验为CWE办刊提出了意见和建议。编辑部主任宋锦最后介绍了CWE近几年来的稿源情况、审稿流程以及副主编、领域副主编的职责范围和工作要求。

领域副主编制度的建立，是CWE继3年前引进4位来自高校的副主编之后的又一次开放办刊的尝试，由学科专家推荐，经过严格的评估和遴选，任期两年。他们的加盟将助力CWE今后以更高的专业水准服务学界、持续提高国内学术期刊的国际影响力。

（中国社会科学院供稿）

阿富汗命运转折与国际格局展望研讨会　9月16日，由《国际经济评论》编辑部、中国世界经济学会联合主办的“阿富汗命运转折与国际格局展望”研讨会在北京召开。来自宁夏大学、中国国际问题研究院、中国现代国际关系研究院、复旦大学、中国社会科学院等机构的专家学者参加会议。会议主要议题有“阿富汗变局”“国际格局发展趋势”。中国社会科学院世界经济与政治研究所邹治波研究员致辞。宁夏大学中国阿拉伯研究院院长李绍先研究员、中国国际问题研究院美国研究所滕建群研究员、中国现代国际关系研究院中东研究所所长牛新春研究员、中国国际问题研究院欧洲研究所所长崔洪建研究员、中国社会科学院西亚非洲研究所王凤副研究员、复旦大学美国研究中心赵明昊研究员、中国社会科学院国家全球战略智库赵海、中国社会科学院世界经济与政治研究所肖河先后作发言。

（中国社会科学院供稿）

《日本经济蓝皮书（2021）》新闻发布会暨日本经济形势国际学术研讨会　9月17日，中国社会科学院日本研究所、全国日本经济学会与社会科学文献出版社共同主办的“《日本经济蓝皮书（2021）》新闻发布会暨日本经济形势国际学术研讨会”在北京举行。会议研讨的主要议题有“日本经济”和“中日经贸关系的重点问题”。

《日本经济蓝皮书》由中国社会科学院日本研究所和全国日本经济学会组织编写，作为国内唯一一部分析日本经济与中日经贸关系的“皮书”，自2008年问世以来，已连续出版14册。《日本经济蓝皮书（2021）》以“新冠肺炎疫情下的日本经济与中日经贸关系”为专题，设有“总报告”“分报告”“中日经贸关系篇”“地区产业链构筑与区域合作篇”“热点追踪”五个栏目。全书以总报告为基础，对日本政府的疫情应对措施，疫情对日本经济以及中日经贸关系的影响、带来的难题等进行深入分析，对疫情暴发后凸显的地区产业链问题，RCEP签署后的东亚区域合作以及日本发展数字经济、数字货币等热点问题进行探讨，特别是对疫情之下日本经济以及中日经贸关系走势等备受关注的问题进行全方位的分析。

日本研究所党委书记、副所长闫坤，科研局副局长王子豪，社会科学文献出版社总编辑杨群出席发布会并致辞。全国日本经济学会常务副会长、《日本经济蓝皮书》主编张季风和商务部亚洲司原司长、全国日本经济学会副会长吕克俭作主题报告。张季风进行会议总结。

（中国社会科学院供稿）

“全球化时代的全球治理——纪念中国恢复联合国合法席位50周年”研讨会　9月23日，由中国社会科学院主办，中国社会科学院世界经济与政治研究所、中国社会科学院国家全球战略智库承办的中国社会科学论坛（2021年·国际问题）“全球化时代的全球治理——纪念中国恢复联合国合法席位50周年”研讨会在北京召开。来自中国、德国、法国、意大利、挪威等国的20余位专家学者以线上和线下的形式参加了会议。中国社会科学院学部委员高培勇，第67届联合国大会主席武克·耶雷米奇（Vuk Jeremić）在开幕式上致辞。联合国社会科学研究理事会项目主任塔蒂阿娜·卡拉扬尼斯（Tatiana Carayannis）、中国联合国协会副会长兼总干事胡文丽、挪威国际事务研究所高级研究员塞德里克·德·康宁（Cedric de Coning）、柏林“全球解决方案倡议”创始人兼主席丹尼斯·斯诺尔（Dennis Snower）、意大利国际事务研究所主席费迪南多·内利·费洛奇（Ferdinando Nelli Feroci）、上海国际问题研究院院长陈东晓、欧洲大学研究所托马索·帕多亚·斯基奥帕主席皮萨尼－费里（Jean Pisani-Ferry）、外交学院院长徐坚等中外学者参加会议。会议主要议题有“联合国的角色和地位”“变动世界中的全球治理秩序”。

与会学者认为，随着经济全球化的发展，气候变化、网络安全、金融危机等越来越多的全球性问题出现。解决这些全球性的问题，必须靠多边协议，尤其联合国在其中发挥着重要作用。应该牢记建立联合国的初衷，选择团结合作之路，自觉超越制度、文化、意识形态的藩篱，共同抵制分裂言行和政治操弄，同心协力应对全球挑战，以实际行动支持联合国在全球治理中发挥核心作用。

与会学者主张，当前全球治理秩序正处于破旧立新的转折点，面临着治理分歧日益扩大、主要治理机制和平台的能力日益弱化的风险和挑战。重塑全球治理秩序，需要国际社会共同努力，重建对全球治理规则制度的共识，尤其要倡导共商共建共享的全球治理观；完善全球治理架构，并不断为其重要机制赋能。

中国社会科学院学部委员、世界经济与政治研究所所长张宇燕做总结发言。

（中国社会科学院供稿）

亚太公共卫生安全与预防性外交研讨会 9月24日，“亚太公共卫生安全与预防性外交”研讨会在外交学院召开。来自外交部、北京协和医学院、北京大学、中国社会科学院大学、对外经济贸易大学、中国疾控中心、国家卫健委卫生发展研究中心及外交学院专家二十余人参加会议。外交学院亚洲研究所杨悦副所长致开幕词。与会代表围绕疫情背景下的地区公共卫生合作及疾病预防与冲突预防的区别与联系等问题展开交流讨论。自2021年3月以来，在外交学院—北京协和医学院全球卫生外交协同创新中心工作框架下，亚洲研究所开展了一系列交叉研究与交流对话，取得良好效果，为推进中国特色卫生外交献计献策。

（外交学院供稿）

《意大利发展报告（2020—2021）：新冠肺炎疫情冲击下的意大利》发布会暨疫后复苏与中意合作双边研讨会 9月24日，由中国社会科学院欧洲研究所、中国社会科学院国际合作局、中国欧洲学会意大利研究分会与社会科学文献出版社共同主办的《意大利发展报告（2020—2021）：新冠肺炎疫情冲击下的意大利》发布会暨“疫后复苏与中意合作”双边研讨会在北京以线上线下结合方式举行。《意大利发展报告（2020—2021）》是意大利蓝皮书系列年度报告的第二本。意大利蓝皮书由中国社会科学院欧洲研究所、国际合作局，中国欧洲学会意大利研究分会共同组织编写，逐年对意大利政治、经济、社会文化、法律、外交、中意关系等方面的形势与重大进展进行介绍与分析。发布会开幕式由欧洲研究所副所长陈新主持，所长冯仲平、国际合作局副局长廖凡，意大利政治经济与社会研究所所长姜·玛利亚·法拉（Gian Maria Fara），中国欧洲学会意大利研究分会会长、意大利蓝皮书顾问罗红波等分别致辞。蓝皮书主编、欧洲研究所研究员孙彦红专门介绍了蓝皮书项目启动的情况和《意大利发展报告（2020—2021）》的主要内容。

在“疫后复苏与中意合作”研讨会环节，欧洲研究所研究员、意大利蓝皮书主编孙彦红，伦敦政治经济学院欧洲研究所访问学者、意大利经济与财政部前首席经济学家洛伦佐·科多尼奥（Lorenzo Codogno），中国政法大学中意法与罗马法研究所所长费安玲，宁波诺丁汉大学金融学教授、意大利经济发展部前副部长米凯莱·杰拉奇（Michele Geraci），意大利教育中心协会（Uni-Italia）中国区主任邢建军，意大利罗马“智慧”远程教育大学法律与经济学教授阿祖拉·利纳尔迪（Azzurra Rinaldi）6位专家学者发言。最后，罗红波做总结。来自中国社会科学院、中国政法大学、北京外国语大学、南开大学、兰州大学、北京大学、意大利教育中心、意大利政治经济与社会研究所（EURISPES）、意大利罗马智慧大学等科研机构和智库的专家学者以及来自中央广播电视总台、新华社、《人民日报》、《光明日报》、《经济日报》、《中国社会科学报》、人民网、中国网、中新网、环球网、中国社会科学网、人民日报海外网等媒体记者共约60人通过线下线上方式参加会议。

（中国社会科学院供稿）

第三届全国金砖国家政党、外交与合作研究论坛 9月25日，“第三届全国金砖国家政党、外交与合作研究论坛”在线举办。来自中国社会科学院、当代世界杂志社、北京第二外国语学院、巴西圣保罗州立大学、巴西ABC联邦大学等单位的30余位专家学者参会。五位中外学者作主旨发言。中国社科院俄罗斯东欧中亚研究所副所长庞大鹏指出，中俄政党合作在中俄双边关系发展中发挥了独特作用和价值，相信在中俄政党战略合作的推动下中俄关系必将迈上新台阶。巴西圣保罗州立大学教授Marcos Cordeiro Pires提出了巴西外交政策转变等因素对金砖国家可持续发展与深化合作的影响，以及金砖国家在当前国际形势下所面临的挑战。巴西ABC联邦大学教授Ana Tereza L. M. de Sousa回答了巴西外交、多边主义与金砖国家发展间的关系问题。巴西圣保罗州立大学教授Luís Antonio Paulino总结了新冠疫情大流行对世界、拉美国家及巴西政治、经济等领域的深刻影响，分析了近年来中巴关系的微妙变化，并展望了后疫情时代巴西未来的发展前景。中国前驻俄罗斯叶卡捷琳堡总领事分析了疫情冲击之下金砖国家合作的现状与存在的问题，提出金砖五国继续加强政党交往力度，促进金砖国家的合作。

（北京第二外国语学院供稿）

第六届京台学者共研会 9月26日，由北京联合大学主办、北京联合大学台湾研究院承办的第六届京台学者共研会在北京举行。海峡两岸关系协会副会长孙亚夫，国台办研究局局长仇开明，北京市台办副主任刘先传，民革市委秘书长蒋耘晨，台湾丝路文化协会理事长赖来焜，北京联合大学党委书记楚国清、副书记赵锋等领导和嘉宾出席开幕式。楚国清在开幕式上致辞。台湾研究院院长李维一主持。会议邀集了中华全国台湾同胞联谊会、中国社会科学院台湾研究所、全国台湾研究会、现代国际关系研究院、清华大学、中国人民大学、中国政法大学、中央民族大学、国际关系学院和台湾淡江大学、中国文化大学、成功大学、义守大学等京台两地十余所高校和研究机构50多位学者参加会议。会议议题包括两岸关系内外环境的变化及其影响、中美战略竞争背景下台湾的选择、未来台海形势主要风险评估、后疫情时代两岸关系面临的困境及解决路径等。海协会副会长孙亚夫、台湾中国文化大学社会科学院院长赵建民、中国社会科学院台湾研究所所长杨明杰、台湾淡江大学副校长王高成做主旨发言。

《人民日报》、中央电视台、中新社、中国台湾网、香港中评社、台湾中时等多家媒体对会议活动进行了采访报道。

（北京联合大学供稿）

大变局下的南亚与中东关系学术研讨会　9月29日，由中国社会科学院西亚非洲研究所和北京大学中东研究中心联合举办的“大变局下的南亚与中东关系”学术研讨会在中国社会科学院举行。西亚非洲研究所副所长王林聪和北京大学中东研究中心主任吴冰冰分别致辞。研讨会围绕“阿富汗局势的走势”“塔利班的性质”“中东国家在阿富汗变局中的角色”“中东在阿富汗跨国恐怖主义中心形成中的作用”“阿富汗变局对中东安全以及对中美关系的影响”“西南亚地缘政治板块与安全因素”“土耳其的南亚政策”“印度与中东的能源依赖关系”“美国从伊拉克和阿富汗撤军的关联性”等主要议题展开研讨。中国国际问题研究院前副院长董漫远、中国人民大学重阳研究院周戎、清华大学国际关系研究院副院长李莉、北京大学国际关系学院钱雪梅、北京大学南亚研究中心常务副主任王旭、中国国际问题研究院李青燕、中国现代国际关系研究院中东所廖百智和秦天等先后发言。来自西亚非洲研究所、北京大学、中国现代国际关系研究院、中国国际问题研究院、清华大学、亚太与全球战略研究院、世界经济与政治研究所、中国人民大学重阳研究院、对外经济贸易大学和中国人民对外友好协会等单位的30余位学者出席研讨会。

（中国社会科学院供稿）

第二届中国—拉共体高级别学术论坛暨第六届中国—拉美和加勒比智库论坛　10月12—13日，由中国社会科学院拉丁美洲研究所、中国社会科学院国际合作局、中国人民外交学会、中国国际问题研究院、中国国际问题研究基金会及联合国拉美和加勒比经济委员会联合主办的第二届中国—拉共体高级别学术论坛暨第六届中国—拉美和加勒比智库论坛在北京召开。中国社会科学院副院长王灵桂，中国政府拉美事务特别代表、中国公共外交协会副会长邱小琪，智利前总统爱德华多·弗雷（Eduardo Frei Ruiz-Tagle），牙买加前总理布鲁斯·戈尔丁（Bruce Golding），联合国拉美经委会秘书长阿莉西亚·巴尔塞纳（Alicia Bárcena），墨西哥外交部美洲机制与组织司司长、拉共体国家协调员埃弗兰·瓜达拉马（Efraín Guadarrama），拉丁美洲和加勒比大学联盟秘书长罗伯托·埃斯卡兰特·塞梅雷纳（Roberto Escalante Semerena）出席论坛开幕式并作开幕致辞。国务院发展研究中心副主任隆国强、中国社会科学院金融研究所所长张晓晶、北京师范大学“一带一路”学院执行院长胡必亮在会议单元环节作主题发言。

论坛主题是“中拉合作：共迎挑战，共创未来”，主要议题有“中拉发展互鉴”“全球挑战下的中拉‘一带一路’和‘健康丝绸之路’”“中拉新兴合作领域：数字经济与能源转型”“面向未来的中拉合作：国际新格局下的新方向”。论坛采取线上线下相结合的方式举行，来自中国、巴西、智利、阿根廷、秘鲁、墨西哥、古巴、牙买加、玻利维亚、哥伦比亚等国的官员、学者、外交使节、企业家代表以及新闻媒体记者等各界人士近百人参加论坛。闭幕式上发布了“第二届中国—拉共体高级别学术论坛暨第六届中国—拉美和加勒比智库论坛成果文件”。论坛是中国—拉共体论坛2021年活动计划的重要组成部分，旨在为2021年中国—拉共体论坛第三届部长会议提供可持续的智力支持。

（中国社会科学院供稿）

新闻出版视野下的国际问题研究研讨会　10月19日，“新闻出版视野下的国际问题研究”研讨会在中国社会科学院举行。研讨会由中国社会科学院西亚非洲研究所国际关系研究室主办。来自中国日报社中国观察智库、光明日报社理论部、社会科学文献出版社、《世界历史》编辑部、《世界宗教文化》编辑部、《西亚非洲》编辑部、《中国非洲学刊》编辑部等国内新闻出版平台与重要学术期刊的专家和西亚非洲研究所学者等40余人出席研讨会。会议从新闻、出版、学术期刊的视野，阐述了新形势下党和国家对于高质量学术成果和理论成果的需求。中国日报社中国观察智库译审刘毅，光明日报社理论部编辑周晓菲,《世界历史》副主编、编辑部主任徐再荣,《世界宗教文化》编辑部主任周广荣,《西亚非洲》编辑部主任詹世明等分别发言。

（中国社会科学院供稿）

脱贫和可持续发展知识和优秀实践分享南南合作研讨会 10月21日,“脱贫和可持续发展知识和优秀实践分享南南合作研讨会”以线上线下相结合的方式举行。会议由中国社会科学院、联合国南南合作办公室共同举办。中国社会科学院院长谢伏瞻、第76届联合国大会主席阿卜杜拉·沙希德、中国社会科学院副院长王灵桂出席会议开幕式。联合国南南合作办公室代主任爱迪尔·阿卜杜拉提夫主持开幕式。会议期间，中国社会科学院与联合国南南合作办公室签署双方谅解备忘录，正式确立合作伙伴关系，并将推动落实“全球发展倡议”作为正式条款写入备忘录。会议还成立了“脱贫和可持续发展智库网络”，王灵桂当选智库网络主席。

会上，来自联合国开发计划署人类发展报告办公室、南方中心等国际机构的代表分享了国际组织与政府间机构在国际脱贫和可持续发展进程中的有益探索，来自亚洲、非洲、拉丁美洲等地区发展中国家的近10家国家级智库代表从本国减贫经验出发，介绍了脱贫工作中的优秀实践和研究发现。中国社会科学院农村发展研究所所长魏后凯分享了中国农村减贫的成效与经验。

（中国社会科学院供稿）

第四届中拉文明对话论坛 10月22—23日，由中国社科院拉丁美洲研究所、当代中国与世界研究院、江苏省人民政府外事办公室、朝华出版社联合拉丁美洲社会科学院、拉丁美洲社会科学理事会、阿根廷祖国研究所、智利天主教大学等机构共同主办的第四届中拉文明对话论坛在北京举办。第十二届全国政协副主席马培华、中国外文局局长杜占元、中国社会科学院副院长王灵桂、中国政府拉美事务特别代表邱小琪、中国外交部前副部长李金章，智利前总统爱德华多·弗雷、哥伦比亚驻华大使路易斯·蒙萨尔韦和巴西驻华大使保罗·瓦莱出席开幕式并致辞。会议主题是“发展互鉴：构建中拉新型交流合作关系”，主要议题有“发展道路和发展模式的经验分享”“卫生健康和社会治理”“生态文明和绿色发展”“数字经济和智慧城市”等。主旨演讲环节，中外嘉宾围绕中拉关系发展、地方友好交往以及经贸、人文、科技、抗疫、减贫等领域的交流合作进行探讨。闭幕式上由当代中国与世界研究院党委书记杨平代表论坛主办方宣读了《中拉文明对话论坛北京宣言》。来自中国、阿根廷、巴西、墨西哥、智利、哥伦比亚、委内瑞拉、秘鲁、乌拉圭、哥斯达黎加、厄瓜多尔等11个国家的政要、外交官、专家学者、媒体代表、国际组织负责人等近200人以线上或线下方式参会。

（中国社会科学院供稿）

拜登政府外交政策与中国外交战略学术研讨会 10月26日，中国社会科学院亚太与全球战略研究院举办“拜登政府外交政策与中国外交战略”学术研讨会。研讨会由研究院的中国周边与全球战略研究室承办。来自中国社会科学院美国研究所、日本研究所、俄罗斯东欧中亚研究所，以及中国国际问题研究院、北京语言大学、对外经济贸易大学、华侨大学、中国外交部的学者和官员参加了会议。会议主题是“拜登政府外交政策与中国外交战略”，主要议题有“朝鲜半岛相关议题”“美国印太战略”“中美印互动”。中国社会科学院美国研究所刘卫东研究员、俄罗斯东欧中亚研究所李勇慧研究员、日本研究所张勇研究员，以及北京外国语大学李永成教授、对外经贸大学李志永教授、中国国际问题研究院吴晶晶研究员先后发言。

（中国社会科学院供稿）

美国“印太”战略与中国周边外交学术研讨会 10月26日，中国社会科学院亚太与全球战略研究院举办“美国‘印太’战略与中国周边外交”学术研讨会。研讨会由研究院的中国周边与全球战略研究室承办。来自中国社会科学院美国研究所、西亚非洲研究所，以及中国网络空间研究院、对外经济贸易大学、北京语言大学、中国日报社、参考消息报社的专家学者和媒体社评人员参加了会议。会议主要议题有“美国‘印太’战略的一些新维度、新特点及其对中国周边外交不同板块可能产生的影响”“话语权缺失”“债务问题”“软权力问题”等。亚太与全球战略研究院党委书记张国春出席会议。中国日报社评论副主任朱萍、对外经贸大学国际关系学院冯峰副教授、中国网络空间研究院网安所所长姜伟、参考消息前驻印尼记者梁辉、北京语言大学国际关系学院副院长马方方，以及中国社科院美国研究所王玮副研究员、西亚非洲研究所姜英梅副研究员等发言。

（中国社会科学院供稿）

第七届中国—中东欧国家高级别智库研讨会　10月26日，第7届中国—中东欧国家高级别智库研讨会以线上线下相结合的方式举行，会议主题为“在全球大变局下引航中国—中东欧国家合作”。研讨会由中国社会科学院、中国—中东欧国家合作秘书处和中国国际问题研究基金会联合主办，中国社会科学院欧洲研究所、中国—中东欧国家智库交流与合作网络、保加利亚外交部外交研究所承办。中国社会科学院副院长王灵桂、中国外交部中国—中东欧国家合作秘书处参赞崔志民、中国国际问题研究基金会理事长兰立俊、保加利亚外交部全球事务司司长乌利亚娜·博格丹斯卡出席论坛并讲话。斯洛文尼亚外交部国务秘书斯坦尼斯拉夫·拉什昌向大会发来视频致辞。中国驻保加利亚大使董晓军以及冯仲平、保加利亚外交部外交研究所所长坦尼娅·米哈伊洛娃等发表主旨演讲。

来自中国、保加利亚及其他中东欧国家的政府官员、知名智库负责人、专家学者100余人参加会议。

（中国社会科学院供稿）

“中国与世界的对话——新时代中国特色社会主义”国际论坛　10月27日，“中国与世界的对话——新时代中国特色社会主义”国际论坛在中国人民大学举办。论坛由中国人民大学习近平新时代中国特色社会主义思想研究院、教育部人文社科重点研究基地——中国人民大学中国特色社会主义理论体系研究中心主办。来自美国、英国、意大利、俄罗斯、南非、尼日利亚、印度、马来西亚、阿根廷、中国等全球十多个国家的专家学者通过线上线下方式参会，围绕中国共产党与世界社会主义、中国共产党与人类反贫困、中国共产党与生态文明、中国共产党与人权事业进步、中国共产党与全球治理等主题展开对话研讨。中国人民大学党委书记、习近平新时代中国特色社会主义思想研究院理事长靳诺，中国社会科学院副院长姜辉出席论坛并致辞。中国人民大学副校长、习近平新时代中国特色社会主义思想研究院副理事长刘元春主持开幕式。

（中国人民大学供稿）

世界视阈中的拉美社会主义思想实践研讨会暨《拉美21世纪社会主义研究》发布会　10月27日，“世界视阈中的拉美社会主义思想实践”研讨会暨《拉美21世纪社会主义研究》发布会在中国社会科学院举行。会议由“拉美发展的重大理论和现实问题研究”创新项目组和国家社科基金“拉美21世纪社会主义研究”项目组共同举办。会议主题是“拉美和世界社会主义发展问题”，主要议题有“世界和拉美社会主义的研究方法和研究方向”“世界和拉美社会主义思想理论和实践的发展趋势”“国外社会主义研究文献”“世界社会主义的比较研究”等。中国社会科学院荣誉学部委员徐世澄、中国现代国际关系研究院院长特别助理吴洪英、中国现代国际关系研究院拉美所所长杨首国、中国社会科学院马克思主义研究院当代世界社会主义研究室主任贺钦、中央党史和文献研究院比较政治与经济研究中心刘承礼等应邀与会。

（中国社会科学院供稿）

“中国与吉尔吉斯斯坦：吉尔吉斯斯坦独立三十年与中吉全面战略伙伴”研讨会　10月27日，“中国与吉尔吉斯斯坦：吉尔吉斯斯坦独立三十年与中吉全面战略伙伴”研讨会以线上线下相结合的方式在北京、比什凯克两地同时举行。研讨会由中国社会科学院俄罗斯东欧中亚研究所和吉尔吉斯共和国驻华大使馆共同主办，中国社会科学院副院长王灵桂、中国政府欧亚事务特别代表李辉、吉尔吉斯斯坦外交部副部长马德马罗夫、吉尔吉斯斯坦科学院院长穆拉特·朱马塔耶夫出席开幕式并致辞。吉尔吉斯共和国驻华大使卡纳伊姆·巴克特古洛娃、俄罗斯东欧中亚研究所所长孙壮志、古代史研究所所长卜宪群、西北大学丝绸之路研究院院长卢山冰等参加研讨会并发言。来自中吉智库、企业界、政府部门代表出席会议。

（中国社会科学院供稿）

“印太战略”背景下的中俄战略协作线上国际研讨会　10月28日，中国社会科学院—俄罗斯远东联邦大学中国俄罗斯研究中心、中国社科院亚太与全球战略研究院共同举办“‘印太战略’背景下的中俄战略协作”线上国际研讨会。来自俄罗斯远东联邦大学、俄罗斯国际事务委员会、美国美利坚大学以及国内相关科研机构和高校的知名专家学者、相关媒体代表出席会议。会议主要议题有“当前美国‘印太战略’的内涵、机制、战略定位和目标”“‘印太战略’背景下中俄加强双边战略协作以及与美国、印度、东盟等国家与地区组织加强多边战略协调的必要性和可行性”。中国社科院经济所原所长裴长洪、清华大学国际关系学系教授吴大辉、商务部国际贸易经济合作研究院欧亚研究所所长刘华芹、中国社科院亚太与全球战略研究院亚太安全与外交研究室主任张洁、上海国际问题研究院俄罗斯中亚研究中心主任强晓云、中国现代国际关系研究院南亚研究所副所长楼春豪、广东外语外贸大学法学院教授王树春、俄罗斯远东联邦大学副校长助理弗拉索夫、俄罗斯国际事务委员会执行主席科尔图诺夫、美国美利坚大学国际关系学院教授赵全胜、俄罗斯远东联邦大学区域与国际研究学院东方系副主任卢金、莫斯科国立国际关系学院东方学教研室基里耶娃、俄罗斯科学院世界经济和国际关系研究所南亚和印度洋地区研究组组长库普里亚诺夫、莫斯科国立国际关系学院东方学教研室副教授和东盟中心执行主任科尔杜诺娃、俄罗斯高等经济学院世界经济与国际事务学院副教授科罗廖夫等参加研讨会。

（中国社会科学院供稿）

中国社会发展和国家治理现代化的经验与智慧国际研讨会　11月3日，中国社会发展和国家治理现代化的经验与智慧国际研讨会在北京举行。会议由中国社会科学院社会发展战略研究院、国际合作局主办，中国社会科学院—上海市人民政府上海研究院协办，中国社会科学院与乌克兰、白俄罗斯、格鲁吉亚等国学术机构共同成立的系列海外中国研究中心承办。

中国社会科学院副院长王灵桂，中国社会科学院社会政法学部主任、中国社会科学院—上海市人民政府上海研究院院长李培林，乌克兰国立敖德萨海事大学校长谢尔盖·鲁德恩科，白俄罗斯国家科学院哲学研究所所长安那托利·拉扎列维奇，格鲁吉亚理工大学中国研究中心主任泽马尔·普特卡拉泽等出席并致辞。

研讨会上，王灵桂、李培林以及社会发展战略研究院院长张翼、中国社会科学出版社副总编辑王茵为中外合作研究成果《中国与格鲁吉亚：“一带一路”建设与发展》《现代化与治理创新：中国与白俄罗斯的经验》揭幕。张翼、安那托利·拉扎列维奇以及中国社会科学院俄罗斯东欧中亚研究所所长孙壮志、哲学研究所所长张志强，分别从中国现代化中长期发展趋势、人际信息沟通与治理现代化机制、“一带一路”建设与地区治理、中国共产党创造人类文明新形态的伟大意义等视角，进行主旨发言。

（中国社会科学院供稿）

第八届北阁对话年会　11月3—4日，北京大学国际战略研究院举办第八届“北阁对话”年会，议题为“新冠肺炎危机后的全球趋势和政策建议”。会议通过视频方式举办，13位国外嘉宾和16位中国专家学者应邀出席，中国原国务委员戴秉国全程出席会议并做主旨发言。与会者一致认为，新冠疫情给世界经济和政治带来了新的动荡和风险，各国必须同心协力，更有效地应对疫情和恢复经济。当前中美关系面临困难，但不会陷入“新冷战”，两国之间存在重要的共同利益与合作机会。面对日益紧迫的气候危机，国际合作取得了新的进展，但仍面临国内政治和地缘政治上的障碍，亟须各国采取更多实际行动，有效推进多边协调。与会者围绕如何冷静、务实地应对上述挑战提出了许多有益的政策建议。“北阁对话”由北京大学国际战略研究院主办，得到北京大学校领导和北京大学国际关系学院的大力支持。“北阁对话”每年邀请具有丰富政治经验、深厚学术修养和广阔战略视野的国内外前政要及知名专家参会，共同探讨国际形势和世界政治的前景。

（北京大学供稿）

德国联邦议院大选后的德国与世界线上国际研讨会　11月12日，中国社会科学院欧洲研究所、阿登纳基金会（德国）北京代表处、中国欧洲学会德国研究分会、中国社会科学院中德合作中心共同主办了“德国联邦议院大选后的德国与世界”线上国际研讨会。欧洲研究所所长冯仲平及基金会北京代表处首席代表傅佑晗致开幕词。会议研讨的主要议题有“2021年德国联邦议院选举”“新政府组阁谈判”“社民党与基民盟所面临的机遇与挑战”“德国政治生态的变化”“未来德国新政府外交政策的发展方向及财政政策走向”“德国与重要大国的关系以及中德合作的现状与未来”等。基金会选举与社会研究部主任Viola Neu，北京外国语大学德语学院吴江，基金会国际政党顾问Marcel Schepp，慕尼黑大学政治学与政策分析讲席教授Paul W. Thurner，海德堡大学国际关系与外交政策讲席教授Sebastian Harnisch，同济大学德国研究中心主任郑春荣，德国汉堡国防军大学国际关系理论和实证研究讲席教授Michael Staack，欧洲研究所国际关系研究室主任赵晨，中国国际问题研究所所长崔洪建，慕尼黑大学政治体制与欧洲一体化讲席教授Klaus H. Goetz，外交学院区域与国别比较外交研究中心主任熊炜，复旦大学欧洲研究中心主任丁纯等专家学者先后发言。来自中国高校与研究机构的40多名专家学者线上参会。由中国欧洲学会德国研究分会顾俊礼会长致闭幕词。

（中国社会科学院供稿）

“中国与希腊：从古至今的交流、影响和印象”线上研讨会　11月13日，中国社会科学院欧洲研究所、希腊拉斯卡瑞德斯基金会中国研究中心共同举办“中国与希腊：从古至今的交流、影响和印象”线上研讨会。中国驻希腊大使肖军正，欧洲研究所所长冯仲平、国际合作局副局长叶海林，希腊拉斯卡瑞德斯基金会主席帕诺斯·拉斯卡瑞德斯等出席开幕式并致辞。希腊驻华大使伊利奥普洛斯发表视频致辞。会上，来自中国社会科学院、清华大学、北京外国语大学，雅典大学、帕特农大学、希腊欧洲与外交政策基金会（ELIAMEP）等研究机构和大学的专家学者分别围绕中希人文交流、历史交往、未来合作前景等进行了研讨。

（中国社会科学院供稿）

2021中国中东学会年会暨构建中国中东研究的知识体系学术研讨会　11月13日，2021中国中东学会年会暨“构建中国中东研究的知识体系”学术研讨会以线下线上方式举行。会议由中国中东学会和陕西师范大学历史文化学院联合主办。来自全国研究机构和高校的中东问题专家、学者以及研究生300多人线上参加会议。中国政府中东问题特使翟隽应邀出席会议并作报告。陕西师范大学党委常委罗永辉，中国中东学会副会长兼秘书长、中国社会科学院西亚非洲研究所副所长王林聪先后在开幕式上致辞。陕西师范大学历史文化学院院长李秉忠主持开幕式。前中国中东问题特使、中国驻沙特阿拉伯和埃及原大使吴思科，中国中东学会副会长、北京第二外国语学院原校长、浙江外国语学院国别和区域研究中心主任周烈，中国中东学会副会长、云南大学国际关系学院教授肖宪，中国中东学会副会长、西北大学中东所教授黄民兴，中国中东学会副会长、上海国际问题研究院研究员李伟建等5位专家作主旨演讲。陕西师范大学“一带一路”文化研究院执行院长何志龙主持。研讨会共设5个分议题论坛：“中国中东研究的学科体系和话语体系建设”“中东民族国家构建与发展道路”“中东经济发展和‘一带一路’共建”“当代中东社会思潮和社会问题”“中东秩序、地区治理及前景”。王林聪主持研讨会闭幕式。周烈教授作大会总结讲话。

（中国社会科学院供稿）

第十四届中国—拉美企业家高峰会“中拉智库合作论坛”　11月16日，由中国社会科学院拉丁美洲研究所、西南财经大学承办，四川外国语大学协办的第十四届中国—拉美企业家高峰会“中拉智库合作论坛”在北京举办。论坛的主题是“助力中拉合作，智库肩负使命”，主要议题有“智库助力中拉经贸合作”“全球经济治理与中拉合作”等。论坛采用线上与线下相结合的方式举行，来自中国、巴西、墨西哥、阿根廷等国的官员、学者和媒体代表等近50人参加会议，中国社会科学院副院长王灵桂作主旨演讲。中国社会科学院、西南财经大学、四川外国语大学、清华大学、墨西哥国立自治大学、中国外文局等机构的学者作主题发言。巴西前旅游部部长、清华大学教授亚历山德罗·戈隆别夫斯基·特谢拉、中国社会科学院拉丁美洲研究所所长柴瑜研究员、西南财经大学副校长彭龙教授、墨西哥国立自治大学北京代表处主任吉列尔莫·普利多·冈萨雷斯教授、西南科技大学副校长尚丽平教授、四川外国语大学副校长祝朝伟教授和浙江外国语学院副校长张环宙教授参与话题讨论。

（中国社会科学院供稿）

“共建中老命运共同体：愿景与行动国际学术研讨会”　11月16日，由中国社会科学院亚太与全球战略研究院与老挝社会与经济科学院联合举办的“共建中老命运共同体：愿景与行动国际学术研讨会”在北京举行。会议主题是“中老关系60周年回顾”和“后疫情时代的中老合作”。来自老挝社会与经济科学院、老挝人民革命党中央对外联络部、老挝外交部、老挝驻华使馆、老中合作委员会、中国社会科学院亚太与全球战略研究院、国际合作局，以及中国现代国际关系研究院等学术机构的专家学者、政府部门代表及媒体记者以线上及线下结合方式参加会议。

（中国社会科学院供稿）

第十一届亚洲研究论坛：亚欧大陆与“一带一路”国际学术研讨会 11月16日，“第十一届亚洲研究论坛：亚欧大陆与‘一带一路’”国际学术研讨会在中国社会科学院举行。会议由中国社会科学院亚洲研究中心主办，世界经济与政治研究所、国家全球战略智库、中国世界经济学会、新兴经济体研究会承办。中国社会科学院学部委员高培勇，韩国崔钟贤学术院院长朴仁国分别致辞。来自日本、韩国、新加坡、俄罗斯、巴基斯坦、英国、德国等国的代表以及中国社会科学院、上海国际问题研究院、中国国际问题研究院、北京大学的20余位专家学者参加会议。会议的主题是“大变局中‘一带一路’倡议框架下中国与东北亚、东南亚、南亚、中亚和欧洲的合作交往”，研讨的主要议题有中国与亚欧各国在“一带一路”倡议框架下的合作历史、现状和前景，“一带一路”倡议在欧亚国家共同发展中的丰富潜力。

（中国社会科学院供稿）

第五届群医学及公共卫生论坛——全球健康可持续性发展和全球卫生外交 11月18日，由中国医学科学院北京协和医学院群医学及公共卫生学院主办、外交学院协办的“第五届群医学及公共卫生论坛——全球健康可持续性发展和全球卫生外交”在京召开。线上线下共有近3000名来自全国各地高校、医院、科研院所等单位的专家与会。论坛为落实习近平主席同美国总统拜登视频会晤共识，聚焦全球健康可持续性发展和全球卫生外交，邀请世界卫生组织、联合国艾滋病规划署等国际组织以及美国中华医学基金会、比尔及梅琳达·盖茨基金会等机构代表与中方专家进行深入交流。外交学院徐坚院长和中国医学科学院北京协和医学院院校长王辰院士分别致开幕词。

会上，外交学院孙吉胜副院长着重论述了疫情背景下中国国际话语权建设问题。她认为，中国在防控国内疫情和开展国际援助等方面取得了重大成就，与此同时也面临着少数对中国行动污名化、标签化的偏见和误解。如何提升国际传播能力与培养跨学科治理人才是我国教育界亟须解决的课题。中国医学科学院北京协和医学院全球健康中心主任乔友林教授详细介绍了北京协和医学院全球卫生外交人才培养模式并强调协和与国际顶尖高校开展国际合作的重要性。联合国艾滋病规划署驻华办事处周凯博士对全球艾滋病感染现状进行了介绍，提出应施行艾滋病与宫颈癌整合防治的全球战略。

（外交学院供稿）

2021年“一带一路”与中国周边安全形势研讨会 11月19日，中国社会科学院亚太与全球战略研究院举行“2021年‘一带一路’与中国周边安全形势”研讨会。会议由中国社会科学院世界经济与政治研究所外交政策研究室和亚太与全球战略研究院亚太安全与外交研究室共同举办，亚太与全球战略研究院党委书记张国春、外交部亚洲司参赞张志新出席会议并致辞。来自中国社会科学院、中共中央党校、北京大学、清华大学、中国人民大学、中国国际问题研究院等机构的20余位学者和北京大学第一医院的医学专家参加会议。会议主要议题有“新冠疫情后‘一带一路’倡议框架下的大国关系”“地区形势和卫生安全”。清华大学战略与安全研究中心研究员安刚、中国现代院南亚所副所长楼春豪、中央党校研究员樊吉社、北京大学教授翟崑、中国人民大学教授王义桅、北京大学第一医院呼吸与重症治疗科主任医师王广发，以及中国社科院俄罗斯东欧中亚研究所李勇慧、日本研究所吕耀东、美国研究所李枏、世界经济与政治研究所薛力等发言。

（中国社会科学院供稿）

第14届中韩人文交流政策论坛 11月19日，主题为“文化软实力、文化多样性与人文学”的第14届中韩人文交流政策论坛以线上线下相结合的方式举行。论坛由中国社会科学院与韩国经济人文社会研究会主办，中国社会科学院信息情报研究院承办。中国社会科学院秘书长、党组成员赵奇，韩国经济人文社会研究会理事长丁海龟出席开幕式并致辞。中国社会科学院信息情报研究院院长张冠梓主持论坛。韩国文化遗产厅原厅长郑在淑和中国社会科学院学部委员魏道儒分别作基调演说。

郑在淑以白南准作品为例，对“动态人文学”进行了深入解读。魏道儒介绍了中国贵和思想及其文化价值。来自中韩两国的50多位专家学者参加会议，并从“文化软实力与国家竞争力：人文学的价值”“人文学在文化交流中的作用”“中韩构建文化软实力的实践与经验”三个分议题展开深入交流与讨论，系统阐述了文化软实力与国际竞争力之间的关系，强调了人文学建设、文化软实力建设对于中韩人文交流及两国经济社会发展所起到的重要推动作用。

（中国社会科学院供稿）

中国欧洲学会欧洲政治研究分会2021年学术研讨会 11月24日，中国欧洲学会欧洲政治研究分会2021年学术研讨会举办，年会的主题为“欧洲政治变化与中欧关系”。中国社会科学院欧洲所所长冯仲平致欢迎词。来自香港中文大学（深圳）教授宋新宁、中国国际问题研究院研究员崔洪建、中国政法大学教授贾文华、清华大学教授史志钦、山东大学教授王学玉、四川外国语大学教授李大雪、中国社科院欧洲研究所研究员李靖堃、北京外国语大学教授王朔、中国国际问题研究院研究员金玲就欧洲政治研究现状、欧洲政治生态和格局、欧洲政治走向以及中欧关系等问题进行了研讨。会议还举行了中国欧洲学会欧洲政治研究分会换届选举工作。与会会员表决通过了分会新一届理事会及秘书处成员。田德文任分会会长，李大雪、李靖堃、贾文华、史志钦、王朔、王学玉、赵晨和郑春荣任副会长，赵晨兼任秘书长，贺之杲任副秘书长。

（中国社会科学院供稿）

第十届中国讲坛：中国共产党的百年奋斗重大成就和历史经验 11月25日，中国非洲研究院主办的“第十届中国讲坛：中国共产党的百年奋斗重大成就和历史经验”以线上线下相结合的方式在北京举行。中国社会科学院马克思主义研究院党委书记辛向阳研究员和副院长林建华研究员应邀发表演讲。中国非洲研究院执行院长李新烽研究员主持论坛。马里、毛里塔尼亚、纳米比亚、津巴布韦驻华大使和非洲联盟驻华代表等21个非洲国家和组织的驻华使节及中非双方学者共计90余人出席论坛。加纳驻华大使温弗雷德·哈蒙德（Winfred N. O. Hammond）、纳米比亚驻华大使伊莱亚·乔治·凯亚莫（Elia George Kaiyamo）和津巴布韦驻华大使马丁·切东多（Martin Chedondo）发表评论。

（中国社会科学院供稿）

“中国与世界贸易组织：回顾与展望”研讨会 11月25日，值此中国加入世界贸易组织20周年之际，中国社会科学院世界经济与政治研究所《国际经济评论》编辑部、国际贸易研究室联合召开“中国与世界贸易组织：回顾与展望”研讨会。来自商务部、国际经济交流中心、宏观经济研究院、清华大学、中国社会科学院等机构的专家学者参加会议。会议的主题是“中国加入世界贸易组织后取得的成绩以及未来世贸组织面临的挑战”。中国社会科学院学部委员张宇燕研究员作致辞。中国国际经济交流中心首席研究员张燕生，中国社会科学院经济研究所裴长洪，中国宏观经济研究院毕吉耀，中国世界贸易组织研究会洪晓东，清华大学法学院教授、WTO临时上诉仲裁机构仲裁员杨国华，中国社会科学院美国研究所宋泓研究员，中国社会科学院世界经济与政治研究所东艳及高凌云研究员分别发言。

（中国社会科学院供稿）

首届公共外交与国际传播惠园论坛 11月27日，首届公共外交与国际传播惠园论坛暨“‘中国之治’及其国际传播”工作室启动学术研讨会在线上举办。论坛由对外经济贸易大学国际关系学院主办，对外经济贸易大学公共外交与国际传播研究中心承办。来自中国人民大学、中国社会科学院西亚非洲所（中国非洲研究院）、中央广播电视总台CGTN等国内知名高校、科研院所、新闻媒体的25名专家学者在线研讨，近60名学者、研究者、学生、媒体记者与会。论坛围绕“‘中国之治’的国际传播”从传播学视域下“中国之治”的国际传播、区域国别研究视域下“中国之治”的国际传播、外交学视域下“中国之治”的国际传播进行了研讨。

（对外经济贸易大学供稿）

第六届“一带一路”中巴科技与经济合作论坛 11月27日，在中国科学技术协会国际合作部、北京市科协、中国驻巴基斯坦大使馆、巴基斯坦驻华大使馆的大力支持下，北京工商大学联合巴基斯坦科学基金会、经济合作组织科学基金会以“传承中巴友谊，携手共创未来”为主题共同举办了第六届“一带一路”中巴科技与经济合作论坛。北京工商大学党委书记黄先开，中国科协国际合作部副部长王庆林，巴基斯坦驻华大使馆大使莫因·哈克，中国驻巴基斯坦大使馆公使衔参赞谢国祥，经济合作组织科学基金会主席曼佐尔·侯赛因·索洛，巴基斯坦科学基金会主席沙希德·拜格，伊斯兰堡战略研究所中国巴基斯坦研究中心主任达拉·沙比尔，北京科技国际交流中心副主任芦晓鹏，巴基斯坦中国商会会长王子海，巴基斯坦华侨华人协会秘书长马斌，上合国家青年平台亲善大使明竺等出席了论坛。论坛以线上线下的方式进行，200多名中巴专家和学者参加了会议。北京工商大学副校长徐丹丹主持开幕式。北京工商大学巴基斯坦科技与经济研究中心和伊斯兰堡战略研究所中国—巴基斯坦研究中心签约了学术合作备忘录。

（北京工商大学供稿）

中国社会科学院东海问题研究中心成立大会暨亚太国际关系与海上形势学术研讨会　11月27日，中国社会科学院东海问题研究中心、中国社会科学院日本研究所共同主办的中国社会科学院东海问题研究中心成立大会暨“亚太国际关系与海上形势”学术研讨会在北京举行。会议采用线上线下相结合形式举行。来自中国社会科学院、中央外办、外交部、自然资源部海洋发展战略研究所、国防大学、中国南海研究院、南京大学、海军指挥学院等单位的专家们与会并研讨。

会议开幕式由日本研究所党委书记闫坤主持。院秘书长、党组成员赵奇，空军原副司令员、中央外办原副主任陈小工，科研局局长崔建民，外交部边界与海洋事务代表杨仁火发表致辞。日本研究所所长、东海问题研究中心主任杨伯江代表主办方致辞。日本研究所副所长王晓峰主持学术报告环节。国防大学国家安全学院副院长唐永胜，自然资源部海洋发展战略研究所所长张海文，中国南海研究院创始院长吴士存，全国政协委员、中国社会科学院日本研究所研究员高洪，南京大学中国南海研究协同创新中心执行主任朱峰教授，海军指挥学院教授冯梁分别作了学术报告。杨伯江进行总结。

（中国社会科学院供稿）

尼日利亚国别研究学术研讨会　11月28日，由中国社会科学院西亚非洲研究所民族宗教研究室主办、《列国志·尼日利亚》项目承办的“尼日利亚国别研究学术研讨会”以视频方式在北京举行。来自西亚非洲研究所、历史理论研究所、北京大学、清华大学、中土研究院、非洲艺博馆、浙江大学、北京师范大学、北京外国语大学、苏州大学、南京师范大学、云南国土资源职业学院和中国社会科学院大学等科研机构和高校的17位专家学者与会并发言。会议主要议题有“尼日利亚与国别区域研究”“尼日利亚文化艺术”“尼日利亚社会发展”“中尼合作与交流”。北京大学国际关系学院教授李安山、西亚非洲研究所副研究员詹世明、非洲艺博馆馆长王少波、传媒与国际文化学院教授张勇、北京外国语大学教授孙晓萌、中土研究院院长郑军、苏州大学副教授郑宪等先后发言。

（中国社会科学院供稿）

首届中国社会科学院东海研究论坛东海问题与中日关系国际学术研讨会　11月29日，由中国社会科学院东海问题研究中心、国家全球战略智库、日本研究所共同主办的首届中国社会科学院东海研究论坛“东海问题与中日关系”国际学术研讨会在中国历史研究院举行。来自中国社会科学院、外交部、军事科学院、中国国际问题研究院、中国现代国际关系研究院、中国国际战略研究基金会、北京大学、清华大学、中国人民大学、中国海洋大学、上海外国语大学、吉林大学，以及日本东京大学、庆应义塾大学、明治大学、明海大学、笹川和平财团海洋政策研究所的专家学者70多人出席会议并参与研讨。会议采用线上线下相结合形式，部分中方专家与全部日方专家在线上参与研讨。

研讨会开幕式由日本研究所所长、东海问题研究中心主任杨伯江主持。院副院长、中国历史研究院院长高翔，中日友好协会常务副会长、中国前驻日大使程永华发表致辞。会议主题是“东海问题与中日关系”，主要议题有“亚太海上形势与海洋问题”“国际变局下的中日关系”“中日关系与海洋对话”。杨伯江作总结。

（中国社会科学院供稿）

东海问题与中日关系国际学术研讨会　11月29日，中国社会科学院东海研究论坛（2021）“东海问题与中日关系”国际学术研讨会在北京举行。论坛由中国社会科学院东海问题研究中心、国家全球战略智库、日本研究所共同主办。中国社会科学院副院长、中国历史研究院院长高翔，中日友好协会常务副会长程永华出席开幕式并致辞。日本研究所所长、东海问题研究中心主任杨伯江主持开幕式。来自中国社会科学院、北京大学、清华大学等机构的中方学者，以及日本东京大学、庆应大学、笹川和平财团海洋政策研究所等机构的日方学者，围绕“亚太海上形势与海洋问题”“国际变局下的中日关系”“中日关系与海洋对话”等议题，以线上线下相结合形式参与研讨。

（中国社会科学院供稿）

《日本蓝皮书（2021）》发布会暨日本形势研讨会　11月30日，中华日本学会、中国社会科学院日本研究所和社会科学文献出版社共同主办的《日本蓝皮书（2021）》发布会暨日本形势研讨会在北京举行。会议研讨的主要议题有“新冠肺炎疫情对日本各方面的影响”“中日两国关系未来发展”。

日本研究所所长、蓝皮书主编杨伯江对2020—2021年日本形势进行了回顾与展望，重点分析了新冠肺炎疫情对日本的冲击与影响，以及日本的选择与应对。日本研究所副所长、蓝皮书副主编吕耀东对蓝皮书内容结构进行了介绍。蓝皮书由总报告、分报告、疫情观察、专题研究、热点分析、附录六部分组成。“总报告”概述并分析了新冠肺炎疫情冲击下日本政府采取的抗疫措施及其效果、日本外交方面的新进展以及2020年中日关系面临的问题与挑战；“分报告”阐述了2020年日本政治、经济、外交、社会、文化、中日关系方面的新形势和新动向；“疫情观察”关注日本“应对疫情特措法”的出台及其效果和影响、疫情对日本产业链的影响，以及疫情下的中日民间交流等问题；“专题研究”聚焦公明党党首选举与“新山口体制”、日本《综合创新战略2020》、日欧关系等内容；“热点分析”深入分析了“经济安全”被纳入日本国家安保战略的意图及影响、中美日三边关系动向及日本的战略应对、RCEP框架下日本对华经济外交走势等问题。日本研究所党委书记闫坤主持发布会环节。近50名学者参会。

（中国社会科学院供稿）

第十届国际问题青年论坛　11月30日，由中国社会科学院科研局、国际研究学部、国家全球战略智库和世界经济与政治研究所主办，新兴经济体研究会协办的第十届国际问题青年论坛在北京举行。论坛主题是“大国博弈与未来世界格局”。中国社会科学院科研局局长崔建民，国家全球战略智库首席专家张宇燕，世界经济与政治研究所党委书记姚枝仲以及来自中国社会科学院相关研究所、北京大学、清华大学和中国人民大学的20余位专家学者参加会议。会议主要议题有“后疫情时代的大国博弈”“未来世界格局演进趋势”。美国研究所王玮以“重返、重启与重塑：后疫情时代美国的全球领导议程”为题发言。欧洲研究所贺之杲以“欧洲战略自主与欧美关系四重图景”为题发言。俄罗斯东欧中亚研究所王晨星以“俄罗斯的多极格局观及其对中俄关系的影响”为题发言。日本研究所卢昊以“日本对当前中美博弈的战略评估与应对”为题发言。世界经济与政治研究所赵海以“美国国际盟伴关系演进的动因与特点”为题发言。亚太与全球战略研究院李志斐以“中美博弈与澜湄地区非传统安全治理”为题发言。拉美所王飞以“美国介入中拉经济合作的动因及影响”为题作发言。

（中国社会科学院供稿）

2021年欧洲形势年终研讨会　12月1日，中国社会科学院欧洲研究所和中国欧洲学会共同举办的“2021年欧洲形势年终研讨会”在北京举行。欧洲研究所所长冯仲平出席并致辞。社会科学文献出版社当代世界出版分社社长祝得彬代表蓝皮书出版方发言。欧洲研究所副所长田德文、刘作奎分别主持会议相关环节。欧洲研究所各研究室科研人员分别就2021年欧洲的政治形势、经济形势、社会形势，欧洲对外关系、欧盟法治建设、中欧关系等问题发言。中国政法大学林德山教授、中国社会科学院世界经济与政治研究所东艳研究员、北京外国语大学国际关系学院王朔教授、中国政法大学兰花、中国国际问题研究院欧洲研究所金玲等发言。来自中国社会科学院、社会科学文献出版社、北京高校和科研机构专家、学者以及学生代表共50余人参加会议。

（中国社会科学院供稿）

日本社会研究专题讲座暨2021年日本社会热点问题研讨会　12月2日，中国社会科学院日本研究所中日社会文化研究中心与日本社会研究室采取线上线下结合的方式联合召开了日本社会研究专题讲座暨2021年日本社会热点问题研讨会。来自日本长崎大学、中国人民大学、北京外国语大学、中央民族大学、中日关系史学会、首都经济贸易大学、中国人事科学研究院、天津社科院日本研究所、天津社科院东北亚研究所、上海大学、上海外国语大学以及中国社会科学院日本所等单位的30多位专家学者出席了会议，中国社会科学院大学和北京外国语大学的博士生、研究生旁听了会议。会议研讨的主要议题是“日本社会的前沿问题”，包括乡村振兴、老龄化、医疗、社会治理、青年问题等。

（中国社会科学院供稿）

“新时代中非合作：机遇和挑战”国际研讨会　12月2日，中国非洲研究院主办的“新时代中非合作：

机遇和挑战”国际研讨会以线上线下相结合的方式举行。会议主要议题有：“迎接新机遇：中非高质量共建‘一带一路’”和“应对新挑战：气候变化与抗疫合作”。中国非洲研究院执行院长李新烽主持研讨会，佛得角共和国驻华大使塔尼亚·罗穆阿尔多发表致辞，中国非洲研究院副院长周云帆、王林聪出席研讨会，中国非洲研究院张永蓬研究员作总结发言。中非双方专家学者共150多人参加研讨会。研讨会主会场设在北京，南非约翰内斯堡大学非洲—中国研究中心、乌干达麦克雷雷大学孔子学院和中国地质大学（武汉）为支持单位。埃及外交学会会长、中国非洲研究院国际顾问委员会非方委员埃扎特·萨德，中国非洲研究院经济研究室主任杨宝荣，南非约翰内斯堡大学非洲—中国研究中心主任、约翰内斯堡大学孔子学院非方院长大卫·莫尼耶，尼日利亚中国研究中心主任、中国非洲研究院国际顾问委员会非方委员查尔斯·奥努居，清华大学国际关系学系教授唐晓阳，津巴布韦前退伍军人事务部部长、前外交部副部长、前驻华大使克里斯托弗·穆茨万瓦，肯尼亚非洲政策研究所所长、中国非洲研究院国际顾问委员会非方委员彼得·卡格万加，中国传媒大学人类命运共同体研究院副院长、非洲传媒研究中心主任张艳秋，乌干达麦克雷雷大学孔子学院非方院长格尔伯特·古慕塔比，中国非洲研究院副研究员、《中国非洲学刊》常务副主编吴传华等在会上发言。

（中国社会科学院供稿）

“2021澜湄未来外交官培育计划”开幕式暨建设可持续发展的澜湄地区高端论坛 12月6日，外交学院“2021澜湄未来外交官培育计划”开幕式暨建设可持续发展的澜湄地区高端论坛在北京召开。活动由外交学院亚洲研究所主办，柬埔寨合作与和平研究所，老挝人民民主共和国外交学会，泰国高等教育科学、研究和创新部，越南外交学院协办，来自澜湄六国致力于未来从事外交事业的优秀在校大学生踊跃报名。经过主办方遴选，100余名正式学员以线上和线下形式参加为期5天的培训和研讨活动，内容包括专家高端论坛、工作组会议、专家圆桌会议以及模拟澜湄领导人会议等。

“2021澜湄未来外交官培育计划”开幕式暨高端论坛由外交学院亚洲研究所所长郭延军主持，外交学院院长徐坚、外交部亚洲司参赞左文星、缅甸驻华大使馆公参Daw Zin Mar Htwe、泰国驻华大使馆公参Natthira Krasaesarn分别致开幕词。与会专家认为澜湄合作是中国周边外交的前沿和样板，是中国外交贯彻落实习近平外交思想、开拓创新、锐意进取的生动缩影。中国同湄公河国家的相处之道要坚持习近平主席提出的中国周边外交的基本方针——坚持与邻为善、以邻为伴，坚持睦邻、安邻、富邻，突出亲、诚、惠、容的理念。此外，各位专家就澜湄地区实现可持续发展发表看法和建议，认为澜湄合作应把谋合作、促发展作为第一要务，努力让合作成果惠及各国普通民众；全球新冠肺炎疫情暴发以来，在次区域经济社会发展面临巨大冲击和严峻挑战时，中国和湄公河五国彼此互施援手，以实际行动诠释了唇齿相依的兄弟之情和守望相助的邻里之义；未来澜湄国家必定能继续坚持疫情联防联控不放松，着力加强公共卫生领域合作，夺取抗疫斗争和恢复生产的双胜利。

会议期间，“2021澜湄未来外交官培育计划”开展系列活动，包括“国际发展与澜湄农业减贫合作”“国际陆海贸易新通道与澜湄流域经济发展”“全球卫生外交与澜湄卫生合作”等圆桌会议。

（外交学院供稿）

中国欧洲学会中东欧研究分会2021年年会 12月6日，中国欧洲学会中东欧研究分会2021年年会在线举办。年会的主题为“国际变局下的中东欧”。来自中国社会科学院、中国国际问题研究院、北京外国语大学、北京大学、复旦大学等高校和研究院所的专家学者参加会议。会议主要议题有“大国博弈下的中东欧”“中东欧区域国别发展形势”“中国—中东欧国家合作的前景与挑战”。中国欧洲学会副会长、中国社会科学院欧洲研究所副所长陈新，北京外国语大学副校长赵刚，北京大学教授孔凡君，中国社会科学院俄罗斯东欧中亚研究所研究员朱晓中，中国欧洲学会副会长、中国国际问题研究院欧洲研究所所长崔洪建分别发言。会上举行了中国欧洲学会中东欧研究分会换届选举工作，产生了分会新一届理事会及秘书处成员。孔田平任分会会长，陈新、高歌、孔凡君、刘作奎、赵刚任副会长，鞠维伟、马骏驰分别担任秘书长及副秘书长。

（中国社会科学院供稿）

巴基斯坦在阿富汗问题中的角色和作用国际学术研讨会 12月7日，由中国社会科学院亚太与全球战略研究院和巴基斯坦中巴学会举办的“巴基斯坦在阿富汗问题中的角色和作用国际学术研讨会”以线上线下相结合方式在北京召开。来自清华大学、中国国际问题研究院、中国人民争取和平与裁军协会和巴基斯坦方面的多位专家学者参加了研讨会。研讨会由亚太与全球战略研究院副院长刘历彬主持，中巴学会执行院长穆斯塔法·赛义德作开幕致辞，巴基斯坦总理国家安全顾问莫埃德·优素福博士作主旨发言。会议主要议题有“阿富汗邻国应如何稳定阿富汗局势”“国际社会对阿富汗塔利班临时政府的反应”“中巴对阿富汗局势的相关政策”“中巴关系的深化与发展”。

（中国社会科学院供稿）

第八届中国边疆学论坛暨中国社会科学院边疆安全与发展研究中心揭牌仪式　12月8日，第八届中国边疆学论坛暨中国社会科学院边疆安全与发展研究中心揭牌仪式在北京举行。会议由中国社会科学院中国边疆研究所主办。中国社会科学院副院长、中国历史研究院院长高翔出席会议并致辞。与会专家学者围绕中国边疆学“三大体系”建设以及中国边疆学的守正与创新、历代边疆治理体系与治理能力建设等话题展开研讨。中国社会科学院亚太与全球战略研究院院长李向阳、中国社会科学院民族学与人类学研究所所长王延中、中国社会科学院世界宗教研究所所长郑筱筠、中国社会科学院中国边疆研究所所长邢广程先后在会上发言。

（中国社会科学院供稿）

“斯洛文尼亚与中国：中斯关系30年回顾与前景”研讨会　12月8日，由中国社会科学院欧洲研究所和卢布尔雅那大学东亚研究图书馆共同举办的“斯洛文尼亚与中国：中斯关系30年回顾与前景”研讨会以线上方式召开。来自中国社会科学院欧洲研究所、数量经济与技术经济研究所以及卢布尔雅那大学东亚研究图书馆、艺术学院、社会学院的学者进行了圆桌论坛研讨。会议是为庆祝2022年中斯建交30周年举办，得到斯洛文尼亚驻华大使馆大力支持。会议研讨的主题有“中斯建交30年来双边关系发展情况”“斯洛文尼亚担任欧盟轮值主席国背景下的中欧关系”“如何共同应对新冠疫情给全球带来的不利影响”“中斯之间如何开展数字经济领域的合作”等。欧洲研究所所长冯仲平、副所长陈新和刘作奎，以及图书馆馆长兹拉特科·沙比奇、艺术学院院长谢兰博格尔·布雷扎、社会学院院长伊兹托克·普雷泽利等人出席会议并发言。

（中国社会科学院供稿）

非传统安全与人类命运共同体建设学术研讨会　12月9日，由中国社会科学院世界经济与政治研究所、国家全球战略智库主办，世界经济与政治研究所外交政策研究室承办的“非传统安全与人类命运共同体建设”学术研讨会在北京召开。来自中国社会科学院、浙江大学、北京语言大学、四川大学等机构的十余位专家学者参会并研讨。会议主要议题有“非传统安全与‘一带一路’建设”“非传统安全与中国周边区域合作”“非传统安全与中国—东盟命运共同体建设”。中国社会科学院邹治波出席会议并致辞。浙江大学余潇枫和李佳、四川大学王卓、北京语言大学寿慧生，以及中国社会科学院的白如纯、倪月菊、卢国学分别就自己的研究成果作发言。薛力研究员作总结。

（中国社会科学院供稿）

2021中东形势回顾与展望学术研讨会　12月10日，中国社会科学院西亚非洲研究所、社会科学文献出版社、中国社会科学院海湾研究中心共同主办了“2021中东形势回顾与展望”学术研讨会。会议采用线上线下方式，主会场设在中国社会科学院。来自外交部、现代国际关系研究院、中国人民大学、北京语言大学、上海外国语大学、复旦大学、上海社会科学院、上海国际问题研究院、西北大学、西亚非洲研究所（中国非洲研究院）等单位的近50位专家学者出席会议。研讨会分为学术报告和研讨两部分。

学术报告会由西亚非洲研究所副所长、海湾研究中心副主任王林聪研究员主持。中国中东问题前特使宫小生作学术报告。专题研讨共有中国中东问题前特使吴思科、北京第二外国语学院原校长周烈、中国社会科学院西亚非洲研究所殷罡、中国现代国际关系研究院中东所所长牛新春、上海外国语大学中东研究所刘中民、中国人民大学国际关系学院田文林、中国现代国际关系研究院中东所副所长廖百智、上海社会科学院国际关系研究所余建华、北京语言大学中东学院院长罗林、复旦大学中东研究中心主任孙德刚、上海外国语大学中东研究所丁隆、中国非洲研究院特约研究员王南、上海国际问题研究院金良祥，以及西亚非洲研究所的魏敏、王凤、刘冬等18位专家发言。王林聪在研讨会上作发言。

（中国社会科学院供稿）

“国际关系理论与区域国别研究：对话与互促”研讨会 12月11日，由中国社会科学院世界经济与政治研究所、国家全球战略智库和中国社会科学院大学国际关系学院主办，国际政治理论研究室承办的“国际关系理论与区域国别研究：对话与互促”研讨会在线上举行。来自中国社会科学院、中国社会科学院大学、清华大学、中国人民大学、北京大学、北京外国语大学、外交学院、国际关系学院、对外经济贸易大学、复旦大学、上海社会科学院、暨南大学和广东外语外贸大学的20余位专家学者参加会议。世界经济与政治研究所党委书记姚枝仲出席会议并致辞。会议主要议题有“地方知识与全球理论”“区域国别研究再审视”“对象国内外政策的具体分析路径”“区域事实与理论建构”“理论研究与国别研究的互促与融合”等。800多位相关专业的学者和学生受邀线上听会并在自由讨论环节与参会学者互动。来自北京外国语大学谢韬、复旦大学孙德刚、上海社会科学院顾炜、广东外语外贸大学陈寒溪、国际关系学院曹玮、中国人民大学宋伟和左希、外交学院凌胜利、北京大学节大磊、清华大学周建仁、对外经济贸易大学张伟玉，以及中国社会科学院袁正清、李隽旸、周颖昕分别发言。

（中国社会科学院供稿）

“践行真正的多边主义，构建中欧（西班牙）社会经济发展共同体”专题研讨会 12月14日，中国社会科学院欧洲研究所、西班牙研究中心举行线上专题研讨会：“践行真正的多边主义，构建中欧（西班牙）社会经济发展共同体”。会议研讨的主要议题有“中欧对真正的多边主义的认识”“从格拉斯哥气候变化大会看中欧绿色发展合作”“中欧（西班牙）关系前景展望”。中国国际问题研究院崔洪建、北京外国语大学王展鹏、同济大学郑春荣、清华大学史志钦、商务部合作院欧洲所所长姚铃、中国社会科学院生态文明研究所陈迎、发改委能源所刘小丽、湖北经济学院孙永平、国家气候战略中心战略规划部主任柴麒敏、中国政法大学潘灯等分别发言。来自中国社会科学院、中国国际问题研究院、商务部国际贸易经济合作研究院、清华大学、同济大学、北京外国语大学等国内高校和智库专家学者40余人参加会议。

（中国社会科学院供稿）

中国社会科学论坛（2021年·国际问题研究） 12月15日，中国社会科学论坛（2021年·国际问题研究）——“高质量的开放合作”以线上线下相结合的方式举行。论坛由中国社会科学院亚太与全球战略研究院、广西社会科学院共同举办。会上发布了《中国—东盟对话关系30周年：树立典范　引领未来》报告。会议主要议题有“高质量的开放合作”“RCEP背景下的中国—东盟合作新机遇、新未来”“围绕‘双循环’新发展格局下中国—东盟合作的机遇与未来”“后疫情时代中国—东盟合作的机遇与挑战”“中国—东盟绿色经济与可持续发展合作”“深化中国—东盟数字经济合作”。

（中国社会科学院供稿）

大国竞争和新冠疫情叠加背景下的非洲形势和中非关系学术研讨会 12月16日，中国亚非学会、中国非洲研究院、中国国际问题研究基金会非洲研究中心和欧亚系统科学研究会以线上线下结合方式举办“大国竞争和新冠疫情叠加背景下的非洲形势和中非关系”学术研讨会。商务部西亚非洲司、人事司前司长周亚滨和西亚非洲司副司长贺松，中国国际问题研究基金会非洲研究中心主任舒展，外交部非洲司公使衔参赞贺红燕，中国亚非学会会长、中国非洲研究院研究员张宏明和欧亚系统科学研究会会长陈烨，以及来自中国非洲研究院、中国国际问题研究基金会非洲研究中心、欧亚系统科学研究会、中国现代国际关系研究院、商务部研究院、中国国际问题研究院、上海国际问题研究院、云南大学、北京师范大学和非程创新等研究机构共30多名专家学者参加了会议。研讨会主会场设在北京。

会议主要议题有“非洲政治和安全现状与走势”“非洲经济现状与走势”“非洲国际关系现状与走势”。周亚滨主持并致辞，贺红燕和贺松分别作专题报告。

中国现代国际关系研究院非洲研究所副所长黎文涛、云南大学国际关系研究院张春、中非基金研究部总经理郝睿、上海国际问题研究院研究员周玉渊、非程创新联合创始人武长坤、中国国际问题研究院发展中国家研究所副所长曾爱平和中国国际问题研究基金会研究员、中国前驻利比里亚大使付吉军分别作主题发言。舒展进行会议总结。

（中国社会科学院供稿）

北京市高等教育学会国际政治研究分会2021年会暨两个一百年背景下的世界变局与中国外交学术研讨会　12月18日，由北京市高等教育学会国际政治研究分会主办、中国政法大学政治与公共管理学院承办的北京市高等教育学会国际政治研究分会2021年会暨“两个一百年背景下的世界变局与中国外交”学术研讨会在中国政法大学举行。年会暨研讨会会集了来自清华大学、中国人民大学、北京师范大学、外交学院、北京外国语大学、对外经贸大学、国际关系学院、北京语言大学、北京传媒大学、北京第二外国语学院、市高等教育学会、市人民政府外事办公室、市社会科学院国际问题研究所、中国知网社科本部、中国艺术研究院等20多所高校和研究机构的30余名学者和专家。本研讨会旨在为探讨“两个一百年背景下的世界变局与中国外交”，就国际政治、国际关系、“当代世界经济与政治”、“形势与政策”等课程的学科建设和教学方法进行广泛的学术交流。会议在线下线上同时进行，共分为主题报告会、学术研讨会、教学教改研讨会、颁奖环节以及总结发言五个部分进行。

大会报告环节，市人民政府外事办公室副主任于海永和《外交评论》执行主编陈志瑞分别作《新时代北京对外交往工作与国际交往中心功能建设》《在理论与政策之间：当前国际政治研究的方向和路径》的主题报告。学术讨论环节，王志民、陈宗海、庞昌伟等9位与会专家深入探讨了两个一百年背景下的世界变局与中国外交，既从宏观角度对中国不断面临的新问题、新挑战、新机遇进行深入探讨，又从微观角度对中国文化传播、气候合作等多领域深入研究。教学教改环节，庞金友分享了国家级课程思政示范课程及国家级一流本科课程《政治学原理》的课程设计方法与经验；张梅、王一喆、莫盛凯介绍了北京高校国际政治研究分会第三届教学比赛的经验。会上为学会做出突出贡献的老同志、优秀理事及优秀工作者、教学比赛获奖者、优秀论文获奖者颁发荣誉证书。中国政法大学政治与公共管理学院李群英作总结讲话。北京市高教学会国际政治研究分会理事、中国政法大学政治与公共管理学院国际政治系的教师以及部分研究生参加线上研讨会。

（中国政法大学供稿）

“全球战略对话（2021）：开放型世界经济”国际会议　12月20日，由中国社会科学院与中国日报社共同主办，中国社会科学院世界经济与政治研究所、中国社会科学院国际合作局、中国日报新时代斯诺工作室、中国社会科学院国家全球战略智库、中国日报社中国观察智库共同承办的“全球战略对话（2021）：开放型世界经济”国际会议在北京召开。中国社会科学院院长谢伏瞻、中国日报社社长兼总编辑周树春出席会议并致辞。来自中国、美国、欧洲、俄罗斯、日本和东盟等国家和地区的专家出席会议。会议主要议题有“新冠疫情与世界经济复苏：加强全球经济政策协调”和“新时期气候变化的全球治理：‘双碳’目标与全球合作”。

（中国社会科学院供稿）

“日本与中日关系：形势回顾与展望”学术研讨会　12月21日，由中国社会科学院日本研究所主办，日本政治研究中心、中日关系研究中心与中日经济研究中心共同承办的“日本与中日关系：形势回顾与展望”学术研讨会在北京召开。日本研究所领导、各研究室负责人、学科带头人和所内相关科研人员参加会议。中国社会科学院近代史研究所、天津社会科学院、自然资源部海洋发展战略研究所、中国国际问题研究院、上海国际问题研究院、世界知识出版社，以及北京大学、复旦大学、南开大学、信息工程大学、中国海洋大学等单位的专家学者，以线下和线上方式参会。

日本研究所所长杨伯江出席会议并致辞。研讨会分为日本政治、经济、社会文化、日本外交与对外战略、中日关系5个单元。全国政协委员高洪研究员、北京大学国际关系学院李寒梅教授、上海外国语大学日本文化经济学院廉德瑰教授、日本研究所徐梅研究员、南开大学日本研究院副院长张玉来、中国国际问题研究院姜跃春、北京外国语大学北京日本学研究中心周维宏教授、天津社会科学院日本研究所所长田香兰研究员、中国海洋大学国际事务与公共管理学院金永明教授、国家海洋局海洋发展战略研究所党委书记贾宇研究员、北京大学国际战略研究院副院长于铁军教授、复旦大学日本研究中心主任胡令远教授、上海国际问题研究院蔡亮研究员等先后发言。杨伯江进行总结。

（中国社会科学院供稿）

新文科建设背景下区域国别研究的新使命研讨会　12月23日，由对外经济贸易大学区域国别研究院主办的“新文科建设背景下区域国别研究的新使命”研讨会召开。研讨会重点聚焦新文科建设内涵，解读研判区域国别研究的新趋势和新使命。会议邀请到中国政府中东问题特使、外交部原副部长、中华人民共和国前驻法国大使翟隽，教育部国别和区域研究工作秘书处主任、北京语言大学国别和区域研究院院长罗林，北京大学党委组织部部长、北京大学外国语学院院长宁琦，《光明日报》国际版主编郭林等知名专家学者。专家们就区域国别研究的发展方向、学科建设路径、人才培养模式和战略意义与使命进行了讨论和交流。研讨加强了区域国别研究领域专家学者的交流沟通，加深了对新文科建设理念的深度剖析和解读，为准确把握区域国别研究新变化和新趋势提供了思路引导和模式借鉴。

（对外经济贸易大学供稿）

新形势下中日经贸研讨会线上学术会议 12月26日，由中国社会科学院日本研究所、北京大学日本研究中心、复旦大学日本研究中心、商务部研究院亚洲所、广西大学中国边疆经济研究院等联合主办，日本研究所中日经济研究中心、综合战略研究室共同承办的“新形势下中日经贸研讨会”线上学术会议召开。杨伯江所长、徐梅研究员、刘瑞研究员、卢昊副研究员、田正副研究员和所内相关科研人员参加本次会议。此外，北京大学、复旦大学、商务部研究院、广西大学等单位的专家学者，以线上线下结合的方式参加会议。会议研讨的主要议题有“日本经济安全论”和“RCEP生效后对中日经贸关系的影响”。北京大学国际关系学院于铁军教授、复旦大学发展研究院江天骄副研究员、北京大学经济学院陶涛教授、复旦大学经济学院袁堂军教授、商务部研究院亚洲所张雪妍助理研究员、广西大学中国边疆经济研究院李光辉院长、日本研究所研究员徐梅和刘瑞等分别发言。杨伯江进行会议总结。

（中国社会科学院供稿）

新时代高校党风廉政建设研究暨学习贯彻党的十九届六中全会精神学术研讨会 12月29日，北京信息科技大学高校廉政建设研究中心和马克思主义学院共同举办“新时代高校党风廉政建设研究暨学习贯彻党的十九届六中全会精神”学术研讨会。研讨会由高校廉政建设研究中心主任、马克思主义学院教授胡飒主持。高校廉政建设研究中心成员和马克思主义学院研究生等30余人参会。中国矿业大学（北京）廉政研究中心执行主任刘金程以“中国的腐败与反腐败：从数据到结论”为题，从关于腐败、中国的廉洁水平以及中国的反腐败努力三个方面进行了讲解，并就中国矿业大学（北京）廉政研究中心的基本情况以及工作开展情况进行了交流。

（北京信息科技大学供稿）

社会学 民族学

第七期“回天”治理论坛 3月21日，第七期“回天”治理论坛在北京联合大学举行。论坛主题为“数字中国与数字社会：提升社区治理数字化智能化水平”。来自政府、高校、科研院所、社区、社会组织的专家学者60余人，聚焦提升超大城市社区治理的数字化智能化水平，探索数字中国背景下的数字治理，共同把脉“回天地区”基层治理，研究探讨回龙观、天通苑地区的社会治理现代化和美丽幸福“回天”社区建设。

（北京联合大学供稿）

首届中国乡村人文论坛 4月20日，由人民日报社《国家人文历史》杂志社主办、乡伴文旅集团协办、人民文旅和人民三农承办的首届中国乡村人文论坛在人民日报社举办。农业农村部党组成员、副部长刘焕鑫，人民日报社副总编辑王一彪出席论坛。

文化振兴是乡村振兴的灵魂。首届中国乡村人文论坛以“人文乡村 理想中国”为主题，邀请乡村振兴领域的专家学者、基层干部、企业及媒体代表近百人，围绕发展文化经济、建设人文乡村的路径和机制展开研讨，旨在通过农业、文化、旅游、科技、传媒等行业的交流分享凝心聚力，更好促进乡村人文事业的共建、共创、共享。

（摘自《人民日报》2021年4月21日第8版）

养老金改革的前景、挑战与对策研讨会 5月13日，由《国际经济评论》编辑部、中国世界经济学会联合主办的养老金改革的前景、挑战与对策研讨会在北京召开。

研讨会主要议题有“中国养老金制度可持续性改革”“老龄化对现收现付制的挑战”“扩大第二、三支柱的迫切性”“养老金制度的碎片化”“全国统筹面临的问题”“政府与市场的关系”“灵活就业人员参保”“全国统筹目标”“现收现付制与积累制”“养老金与资本市场关系”等。

（中国社会科学院供稿）

首届铸牢中华民族共同体意识研究论坛　5月14日，由中央统战部、中央宣传部、教育部、国家民委有关业务部门主办，中国社会科学院民族学与人类学研究所承办的首届铸牢中华民族共同体意识研究论坛在北京举行。全国政协民族和宗教委员会主任王伟光、全国人大民族委员会副主任委员丹珠昂奔、国家民委副主任赵勇出席开幕式并作主题演讲，中国社会科学院副院长王灵桂在开幕式上致辞。与会领导和专家学者围绕“铸牢中华民族共同体意识，实现中华民族伟大复兴”进行了深入研讨，达成了广泛共识。

教育部民族教育司司长朱小杰、中国社会科学院学部委员赵汀阳、中国社会科学院民族学与人类学研究所所长王延中、清华大学教授汪晖、中国人民大学教授金灿荣、北京师范大学教授瞿林东作主旨发言。国家民委协调推进司司长马国华主持开幕式，中央统战部二局一级巡视员路晓峰在闭幕式上作总结讲话。会议研讨的主要议题有“铸牢中华民族共同体意识的概念与理论”“历史的逻辑实践与经验”“繁荣与发展”“教育与文化”“建设共有精神家园”等。

来自国家相关部委、有关科研机构和高校、中央四部委铸牢中华民族共同体意识研究基地、国家民委中华民族共同体研究基地、地方民族工作部门的有关领导、专家学者130余人参加论坛。

（中国社会科学院供稿）

百年中国社会发展与社会变迁暨习近平总书记“5·17”重要讲话发表五周年学术研讨会　5月15日，百年中国社会发展与社会变迁暨习近平总书记“5·17”重要讲话发表五周年学术研讨会在北京举行。中国社会科学院院长、党组书记、学部主席团主席谢伏瞻，副院长、党组成员王灵桂，全国人大社会建设委员会副主任委员、中国社会科学院社会政法学部主任李培林出席开幕式并致辞。中国社会科学院社会发展战略研究院院长张翼主持开幕式。

会议研讨的主要议题有“中国社会学研究的主体性问题”“中国社会发展和社会变迁”“推进国家治理体系和治理能力现代化”“新发展阶段中国社会发展的特点和趋势”等。中国社会科学院学部委员景天魁，中国社会科学院—上海市人民政府上海研究院第一副院长李友梅，中国人民大学社会与人口学院教授洪大用，南京大学社会学院教授周晓虹，北京大学社会学系教授王思斌，南开大学社会建设与管理研究院院长关信平分别在会上发言。

会议举行了《社会发展与中国现代化新征程》新书发布式。会议由中国社会科学院社会发展战略研究院主办，来自中央党校（国家行政学院）、中国社会科学院、北京大学、清华大学、复旦大学、中山大学等科研机构及高校的专家学者共300余人参加。

（中国社会科学院供稿）

第五届西藏智库国际论坛　5月16日，由中国社会科学院西藏智库、中国社会科学院民族学与人类学研究所主办的第五届西藏智库国际论坛在北京举行。今年是西藏和平解放70周年，本届论坛以“和平与发展”为主题，围绕70年来西藏社会发展取得的伟大成就等议题展开深入研讨，共话合作共赢。

中国社会科学院副院长王灵桂表示，在党中央的关心和全国人民的大力支援下，西藏历史性告别了绝对贫困，开启了社会主义现代化建设新征程。中国社会科学院民族学与人类学研究所副研究员于明潇阐释了西藏和平解放70年来，西藏教育事业发展取得的历史性成就。与会专家学者围绕“西藏社会发展与伟大成就”“青藏高原生态保护”“西藏历史与语言”等议题展开深入讨论。

（摘自《人民日报》2021年5月18日第6版）

中国共产党百年人口思想座谈会暨文献展　5月22日，中国共产党百年人口思想座谈会暨文献展为系列活动拉开帷幕，主题为“百年宏图，千秋伟业”。与会嘉宾围绕党的人口思想与人口发展实践进行了讨论与交流。

展览内容涵盖1949年前，李大钊、陈独秀等中国共产主义运动先驱及优秀代表，以及《新青年》《觉悟》等阵地关于人口的相关论述及文献；中国共产党人口思想的重要来源，包括严复、蔡元培、蒋梦麟、胡适、马寅初等学者代表关于人口的相关论述及文献；1949年后公开出版或发表的党的主要领导人关于人口的相关论述，党中央关于人口的相关重大决定等。

活动将百年人口思想发展过程融于建党百年历程的回顾，展示了“人口救国，人口强国”曲折艰辛的探索和辉煌成就，为探讨化解人口资源环境与可持续发展中不确定性和社会风险的路径提供思想理论依据。

（北京大学供稿）

2021年中国社会发展高层论坛 5月23日，中国人民大学社会学理论与方法研究中心举办2021年中国社会发展高层论坛：中国社会高质量发展与中国特色社会学。来自60余所知名高校及科研院所、10余家知名核心期刊的200余位专家学者参加论坛。大会分论坛围绕主题设置了“十四五”时期追求高质量社会发展的社会建设、以实现高质量社会发展为目标的社会治理创新、优化区域高质量发展社会基础的任务与途径等八个核心议题。

（中国人民大学供稿）

首都文化论坛：北京如何建设博物馆之城高峰论坛 6月11日，北京博物馆学会与中国人民大学首都发展规划研究院共同主办首都文化论坛：北京如何建设博物馆之城高峰论坛。中国人民大学党委书记靳诺，故宫博物院原院长、现故宫学院院长、中国文物学会会长单霁翔，北京市文物局党组书记、局长陈名杰，北京市社会科学界联合会党组书记张淼，中国人民大学副校长刘元春，中国博物馆协会副理事长、北京博物馆学会理事长刘超英等领导出席论坛。

论坛特别邀请单霁翔等8位专家做了主旨报告。在访谈互动环节，邀请了中国世界和平基金会主席、北京和苑博物馆馆长李若弘，北京市政协原副秘书长、民盟北京市委原专职副主委、一级巡视员宋慰祖，中国铁道博物馆党委书记、馆长李春冀，中国传媒大学博物馆、图书馆及校史馆馆长潘力，首都博物馆副馆长黄雪寅，中国考古博物馆馆长巩文等接受了访谈。大家围绕“建设一个什么样的首都，怎样建设首都”的时代之问，就如何全力打造全国文化中心，全面提升市民文明素质和城市文明程度，共谋博物馆事业新发展进行了深入探讨。

（北京博物馆学会供稿）

弘扬脱贫攻坚精神、全面推进乡村振兴理论与实践研讨会 7月30日，弘扬脱贫攻坚精神、全面推进乡村振兴理论与实践研讨会在北京召开。中国社会科学院院长、党组书记、院定点帮扶工作领导小组组长谢伏瞻出席会议并讲话。中国社会科学院党组成员、当代中国研究所所长、院定点帮扶工作领导小组副组长姜辉主持会议开幕式。

会议由中国社会科学院主办，中国社会科学院定点帮扶工作领导小组办公室、直属机关党委、农村发展研究所承办。围绕会议主题，来自相关高校和研究机构的理论研究者同来自基层一线的实际工作者进行了交流研讨。

中国社会科学院农村发展研究所党委书记杜志雄主持大会发言阶段。中国社会科学院农村发展研究所所长魏后凯、中国农业大学副校长林万龙就“脱贫攻坚精神引领乡村振兴”作报告；中国农业大学副校长林万龙、中国人民大学中国扶贫研究院院长汪三贵就“巩固拓展脱贫攻坚成果与乡村振兴有效衔接”作报告；国家乡村振兴局中国扶贫发展中心主任黄承伟、中国社会科学院当代中国研究所原副所长武力就“为全面推进乡村振兴提供智力支持”作报告。

（中国社会科学院供稿）

中国共产党百年社会治理：历史、理论与实践学术研讨会 8月21日，由北京信息科技大学马克思主义学院、北京联合大学马克思主义学院、北方工业大学马克思主义学院共同主办的中国共产党百年社会治理：历史、理论与实践学术研讨会在线上召开，来自多个高校的200余人参加研讨会。

北京信息科技大学党委副书记周志成、科技处处长张健、研究生院常务副院长王兴芬出席了会议，会议由马克思主义学院院长张健主持。中央财经大学社会与心理学院教授杨敏、北京科技大学马克思主义学院教授陆俊、中国政法大学马克思主义学院教授李志强、北方工业大学马克思主义学院教授袁本文、北京联合大学马克思主义学院常务副院长仲计水、北京信息科技大学马克思主义学院教授张云等分别围绕会议主题做了大会报告。

此次研讨会还设置了“马克思主义社会治理理论研究”“新时代社会治理的实践与探索”“交叉学科视域下社会治理的策略与运用”3个分论坛，20余名师生在分论坛参与研讨，北京信息科技大学教授胡飒、北京联合大学教授张泽一、北方工业大学副教授王润稼点评。

（北京信息科技大学供稿）

第十八届组织社会学实证研究工作坊　9月25—26日，第十八届组织社会学实证研究工作坊在中央民族大学海淀校区举办。本届工作坊由中央民族大学民族学与社会学学院主办，北京大学社会学系、中国人民大学社会与人口学院、中国社会科学院社会发展战略研究院等单位协办，以“变革、秩序与组织”为主题，分设1个主会场和3个分会场。中央民族大学党委常委、副校长、民族学与社会学学院院长、教授麻国庆和中国人民大学教授、教育部社会学类专业本科教学指导委员会主任委员李路路分别致辞。北京大学社会学系教授刘世定、清华大学社会学系教授沈原和中国人民大学社会与人口学院教授冯仕政作为特邀嘉宾，先后发表了“利益—规范双重博弈：一个基础性探讨”“卡车司机组织化的几个问题”“从开放到收敛：组织的生成”的主旨演讲。来自全国30多家高校、科研院所的70多位学者在工作坊主会场以及分会场围绕38篇组织社会学实证研究论文，开展“国家治理与政府组织变革”“技术、制度变迁与组织回应”“组织制度、文化及战略生成”“劳动与工作群体”“金融与经济组织运作”“科层制与组织创新”“社会组织与社区治理”“政府行为与国家治理”“组织控制与组织实践”等主题的报告与讨论。

（中央民族大学供稿）

社会学视野下的共同富裕理论与战略学术研讨会　10月17日，社会学视野下的共同富裕理论与战略暨中国社会科学院大学社会学院成立周年学术研讨会在北京举行。研讨会由中国社会科学院大学社会学院、中国社会科学院社会学研究所主办。与会学者以社会学视野探讨共同富裕理论与战略，并围绕“非均衡社会发展与共同富裕”“新时期推进共同富裕面临的难题与解决路径”“发挥社会政策和社会工作在促进共同富裕中的作用”“扩大中等收入群体比重是实现全体人民共同富裕的关键条件”4个议题进行了深入交流。

（中国社会科学院大学供稿）

2021乡村发展高层论坛　10月19日，2021乡村发展高层论坛在北京召开。中共中央政治局委员、国务院副总理胡春华出席论坛开幕式并致辞。

胡春华指出，减贫与乡村发展是广大发展中国家面临的重大任务，是全球可持续发展的重要课题。在以习近平同志为核心的党中央坚强领导下，中国脱贫攻坚战取得了全面胜利，提前10年实现了联合国2030年可持续发展议程的减贫目标，创造了减贫治理的中国样本，形成了中国特色反贫困理论，为全球贫困治理贡献了中国智慧和中国方案。随着脱贫攻坚任务全面完成，“三农”工作重心历史性转向全面推进乡村振兴。中国将坚持和发展脱贫攻坚宝贵经验，大力弘扬脱贫攻坚精神，巩固拓展脱贫攻坚成果，全面推进乡村振兴落地见效，加快农业农村现代化步伐，促进农业高质高效、乡村宜居宜业、农民富裕富足。

胡春华强调，中国始终是国际减贫与乡村发展事业的积极倡导者、有力推动者和重要贡献者。中方欢迎各国加入全球发展倡议，愿同国际社会一道，积极推进减贫治理和乡村发展领域交流合作，为促进联合国2030年可持续发展议程不懈努力。

论坛以线上线下结合方式举行，乌兹别克斯坦副总理贾姆希德·库奇卡罗夫、联合国粮农组织总干事屈冬玉、东盟秘书长林玉辉等应邀作视频致辞。

（摘自《人民日报》2021年10月20日第2版）

推动《北京市接诉即办工作条例》贯彻实施研讨会　10月23日，北京联合大学首都法治研究中心、城乡基层社会治理研究院、北京全国文化中心建设研究院、北京学研究所等跨学科研究机构与北京市党建研究所共同成功举办了以“基层治理与立法创新的‘北京样本’——推动《北京市接诉即办工作条例》贯彻实施”为主题的研讨会。本次研讨会是《接诉即办工作条例》公布实施以来，首都法学界和社会治理领域，就“接诉即办工作条例”贯彻实施召开的第一次学术界和实务界跨界交流的研讨会，既有来自立法部门领导的立法解读，又有参与立法的学者的阐释，还有来自不同院校学者的研究分享，更有来自社区、街道层面的实践交流。

（北京联合大学供稿）

第六届“一带一路”与西部发展研讨会　10月30日，第六届“一带一路”与西部发展研讨会在北京大学举行。研讨会由北京大学中国社会与发展研究中心、北京大学铸牢中华民族共同体意识研究基地和新疆师范大学历史与社会学院主办，中央民族大学民族学与社会学学院、聂耳音乐学院协办。研讨会围绕“历史与认同”“边疆经济”“交流与发展”“艺术与社会”四个专题进行交流，涉及新疆及西部地区的历史与文化、经贸科技与乡村振兴、历史与今天的民族交往、民间艺术与社会发展等多方面的内容。

（北京大学供稿）

社会分层与流动研究冬季论坛（2021） 11月13—14日，2021年社会分层与流动研究冬季论坛在中央民族大学召开。论坛由中国社会学会社会分层与流动研究专业委员会、中央民族大学民族学与社会学学院、中国社会科学院社会学研究所联合主办，中央民族大学民族学与社会学学院承办，议题涵盖“阶层分化”“性别分层”“教育分层”“主观心态”“婚姻与家庭”“地位获得”“健康分层”“财富与住房”等多个方面。来自中国社会科学院、上海社会科学院、北京大学、清华大学、中国人民大学、复旦大学等海内外30余所高校及研究机构的100余名研究人员参与了研讨。

（中央民族大学供稿）

新冠疫情下的社会治理和全球治理国际学术研讨会 11月26日，由北京航空航天大学马克思主义学院主办的新冠疫情下的社会治理和全球治理国际学术研讨会在北京航空航天大学举办。来自中国、英国、德国、巴西、克罗地亚等13个国家、45所高校和科研院所的80余位专家学者参加会议。

在主旨发言环节，中国社会科学院欧洲研究所副所长陈新研究员以《中欧全面投资协定》作为案例，深入探讨了新冠疫情背景下中国发展同国际社会其他主要行为体之间经济、贸易合作的机遇与困境，并从全球产业链发展与重塑的角度，就机制设置、法律框架等层面的困境和障碍进行了细致分析。

在主论坛环节，6位发言人分别围绕新冠疫情对全球治理、国际关系、人文交流以及“一带一路”倡议的影响进行了深入交流。会议设立4个分论坛，每个分论坛有8名青年学者发言，2名资深学者进行评论。与会青年学者分别就新冠疫情下当前国内外社会治理和全球治理转型路径进行了深入挖掘，从政治、经济、社会、外交、国家安全、生态保护、气候治理等维度阐释了新冠疫情带来的挑战与机遇。

（北京航空航天大学供稿）

北京市社会学学会学术前沿论坛暨学会成立40周年纪念大会 12月3日，由北京市社会科学界联合会、北京市哲学社会科学规划办公室主办，北京市社会学学会、北京工业大学承办，北京工业大学文法学部、北京社会管理研究基地协办的2021年学术前沿论坛北京市社会学学会专场暨学会成立40周年纪念大会在线上成功举办。全国人大常委、社会建设委员会副主任委员、中国社会科学院学部委员、社会政法学部主任李培林，北京市政协副主席、北京市社科联主席牛青山，北京工业大学校长、中国工程院院士聂祚仁，北京市社会学学会会长张翼等在线出席大会。

本次会议主题为“中国式现代化与中国社会学的新发展”，来自中国社会科学院、北京大学、清华大学、中国人民大学、中央民族大学、中国农业大学、北京市社科院、北京市委党校等高等院校和科研院所的100多名学者围绕共同富裕、中国式现代化、社会学中国化、城乡基层治理等多个议题进行发言。“社会分化、空间身份权利”“早期城市化研究理论”“城乡迁移中的母职协商”“技术治理”“社会稳定”“仪式与社会团结”“家庭本位的村庄治理”“三孩政策下的社区支持体系建构”“5G时代的技术性和社会性变革”等一系列热点话题引发了与会者的热烈讨论。

本次会议在全国网络同步直播，吸引全国近500名观众实时观看，总观看次数接近1700次。

（北京社会学学会供稿）

2021年第四届学校与青少年社会工作理论与实践研讨会及青少年与创伤疗愈主题工作坊 12月18—19日，第四届学校与青少年社会工作理论与实践研讨会及“青少年与创伤疗愈”主题工作坊在中国青年政治学院举行。活动由中国青年政治学院与中国社会工作教育协会学校与青少年社会工作专业委员会、中国社会工作学会学校与家庭社会工作专业委员会共同举办。

开幕式由中国社会工作教育协会副会长、中国青年政治学院社会工作系主任陈树强主持。中国青年政治学院党委副书记、常务副校长陆玉林，中国社会工作教育协会名誉会长、中国社会工作学会会长、北京大学教授王思斌，中国社会工作教育协会副会长兼秘书长、北京大学教授马凤芝，中国社会工作学会秘书长、北京社会管理职业学院教授邹学银，中国社会工作教育协会学校与青少年专业委员会主任、中国青年政治学院社会工作系副教授许莉娅出席开幕式并致辞。

本次会议举行了9场平行分论坛，主要围绕学校社会工作理论与实务、青少年社会工作理论与实务、学校与青少年社会工作实务研究和教学研究、共青团与青少年事务社会工作发展等9个主题展开讨论，82名参会代表在分论坛进行了分享。会议设置了主题为“学校社会工作发展的经验、挑战和建议”的圆桌会议环节，邀请5名来自高校、社会工作机构和中学等单位的嘉宾展开热烈讨论，探讨当前学校社会工作服务经验和面临的挑战，展望学校社会工作发展的未来。

北京地区高校社会工作教师、社会工作机构代表和中国青年政治学院社会工作硕士研究生100余人在线下参加开幕式和主旨演讲环节，全国各地5000余人通过网络观看研讨会直播，累计点击1.5万多人次。“青少年与创伤疗愈”工作坊吸引了1000多名社会工作教师、社会工作者和教育工作者线上学习。

（中央团校供稿）

中国农村发展高层论坛（2021）　12月20日，主题为“聚焦农民农村共同富裕”的中国农村发展高层论坛（2021）在京召开。中国社会科学院副院长、党组成员高培勇致辞并发表演讲。原农业部副部长尹成杰、国家发展和改革委员会原副主任杜鹰出席会议并作主旨演讲。

中国社会科学院农村发展研究所所长、中国农村发展学会会长魏后凯，国务院发展研究中心农村经济研究部部长叶兴庆等先后在会上发言。

会议设立了“反贫困战略转型与共同富裕”“乡村治理与共同富裕”“乡村产业振兴与共同富裕”“城乡融合发展与共同富裕”“乡村建设与发展”“乡村规划与建设”6个分论坛，并举办了农经学科院长论坛和期刊论坛。

中国社会科学院农村发展研究所党委书记杜志雄主持开幕式和主旨演讲环节。会议以线上线下相结合的方式举行，由中国农村发展学会、中国社会科学院农村发展研究所主办。

（中国社会科学院供稿）

2021年中国经济社会论坛　12月25日，2021年中国经济社会论坛在北京举行，主题是“推进脱贫地区乡村振兴”。全国政协副主席、中国经济社会理事会主席张庆黎出席论坛并讲话。

张庆黎强调，巩固拓展脱贫攻坚成果全面推进乡村振兴、加快农业农村现代化，是全面建设社会主义现代化国家的一项重大任务。中国经济社会理事会要坚持以习近平新时代中国特色社会主义思想为指导，深入学习贯彻党的十九届六中全会、中央经济工作会议精神，紧扣实施乡村振兴战略持续发力，围绕实施乡村建设行动、因地制宜加快发展乡村产业、推动人才振兴、走好城乡融合发展之路等问题深入研究，为保持平稳健康的经济环境、国泰民安的社会环境、风清气正的政治环境贡献智慧和力量，以优异成绩迎接党的二十大胜利召开。

（摘自《人民日报》2021年12月26日第2版）

教育学　体育学

“新文科视角下的通识教育：理念、精髓和趋势”教学研讨会　1月23日，“新文科视角下的通识教育：理念、精髓和趋势”教学研讨会在对外经济贸易大学举行。会议采取线上线下相结合的方式，来自北京大学、复旦大学、中国人民大学、中山大学、对外经济贸易大学等高校的10余位专家学者围绕“通识教育与大学精神”“通识教育与通识课程”两大主题进行深入讨论和交流。全国各地多所高校的100余名教师参加了会议。

（对外经济贸易大学供稿）

新时代高校劳动教育实施推进研讨会暨《2020中国劳动教育发展报告》发布会　3月20日，在中共中央、国务院《关于全面加强新时代大中小学劳动教育的意见》发布一周年之际，中国劳动关系学院举办新时代高校劳动教育实施推进研讨会暨《2020中国劳动教育发展报告》发布会。

教育部高教司人文社科教育处处长张庆国、教育部评估中心院校处副处长董垌希、清华大学党委常委王岩、池州学院校长柳友荣、兰州财经大学校长蔡文浩、佛山科学技术学院校长郝志峰、中国人民大学评价研究中心执行主任周光礼、北京师范大学公民与道德教育研究中心主任檀传宝、北京大学教育学院教授卢晓东、厦门大学马克思主义学院常务副院长张有奎、西南大学劳动教育研究院院长孙振东、重庆师范大学教育学院教授廖辉等受邀参加研讨会并作主题发言。中国劳动关系学院刘向兵、校长傅德印出席会议，专家学者共40余人参加会议。会议由傅德印主持。与会专家学者围绕高校劳动教育中存在的问题、需配套的制度建设、需加强的理论研究等问题进行了深度讨论。中国劳动关系学院劳动教育中心主任李珂研究员发布《2020中国劳动教育发展报告》。该报告全面呈现了2020年中国劳动教育发展的整体面貌，并基于对发展现状的理性分析，对劳动教育下一步发展做出展望。

（中国劳动关系学院供稿）

首届“雄安杯”教育改革创新发展论坛 3月26日，首都师范大学教师教育学院联合雄安新区安新县教育局，主办“雄安杯”教育改革创新发展论坛暨全国首届“雄安杯”课堂教学改革研讨会，以深化教育改革，开展精准的教育对口支援。论坛在北京八十中学雄安校区举行，来自全国10余个省市的60余名优秀教师、教师教育学院专家团队参加活动。

论坛开幕式上，雄安新区管委会公共服务局副局长夏韶华、雄安新区安新县副县长郝顺清、首都师范大学教师教育学院党委书记张琪先后致辞。学校改革实践分享环节，全国模范教师、北京市第八十中学雄安校区校长胡友永作专题分享。教育教学研究成果展示环节，雄安新区优秀教师、优秀班主任代表李景斋、王立彬结合教育教学实践成果进行展示，北京市朝阳区骨干教师石丰作远程互动教学现场课展示。北京市特级校长、北京市第八十中学校长田树林作学术报告。

课堂教学研讨会环节，54名教师现场对18个初高中学科课程内容进行“同课异构”讲授。首都师范大学20余名专家教授现场点评交流。校长论坛环节，围绕“学校文化建设与高质量发展”，河北联邦国际学校校长宋素金、浙江省温州市第八高级中学校长陈发明等分别发言。首都师范大学教师教育学院院长田国秀作总结发言。

（首都师范大学供稿）

教育如何应对技术巨变的时代——《镜子的寓意——网络社会与教育变革》出版座谈会 4月23日，由清华大学教育研究院、教育科学出版社举办的“教育如何应对技术巨变的时代——《镜子的寓意——网络社会与教育变革》出版座谈会”在清华大学举行。中国教育学会秘书处秘书长杨银付，北京师范大学副校长周作宇教授，山西大学王成兵教授，北京大学刘云杉教授，北京师范大学黄荣怀教授、康永久教授，首都师范大学蔡春教授，北京外国语大学刘生全研究员，教育科学出版社郑豪杰总编辑，清华大学谢维和教授、石中英教授、韩锡斌教授、叶富贵教授、李曼丽教授、罗燕副教授、文雯副教授、谢喆平副研究员等参加了会议。学术研讨活动由清华大学教育研究院院长石中英主持。会议认为，数字化、智能化、网络化是当今和未来社会的主要趋势。《镜子的寓意》一书提出了教育信息化时代人如何认识和整合自我的问题。该书有助于大家思考和理解当今教育与社会形态的新变化，在教育哲学和教育社会学层面重新唤起读者对人的社会认同、自我认同和身份认同的思考。

（清华大学供稿）

首届中国数字经济教育发展研讨会（2021） 4月25日，中央财经大学主办的首届中国数字经济教育发展研讨会（2021）在北京召开。中央财经大学副校长孙国辉、经济学院院长陈斌开和高等教育出版社经管法事业部副主任童宁分别致辞。来自中央财经大学、中国人民大学、北京师范大学、湖南大学、哈尔滨工业大学以及高等教育出版社等单位的60余位学者参加会议。与会专家学者围绕数字经济教育教学展开了热烈讨论，指出数字经济教育应该紧追时代的脚步。数字经济不是简单的“数字+经济”，而是如何将二者有框架、有逻辑地深度融合的问题。高等教育应加强理论研究、课程体系、教材体系等方面的建设，培养实际操作能力较强，同时熟练掌握经济学理论知识以及熟悉互联网大数据技术的应用型人才。

（中央财经大学供稿）

21世纪中国和巴西教育中巴学术对话会 5月10—13日，在中共中央对外联络部、中华人民共和国驻巴西联邦共和国大使馆的支持下，中国人民大学马克思主义学院、中国人民大学当代政党研究平台、巴西南大河州联邦大学等联合主办的“21世纪中国和巴西教育”中巴学术对话会以线上线下相结合的形式召开。会议设“中国和巴西的基础教育结构体系”“中国和巴西基础教育体系的教学法、教育目标、理念和评估”“中国和巴西高等教育体系的结构”“中国和巴西高等教育体系使用的教学法、教育目标、理念及课程建设”4个分论坛。中巴近20名专家学者与会发言。

（中国人民大学供稿）

新时代加强教师队伍师德师风建设学术研讨会　5月15日，北京德育论坛“新时代加强教师队伍师德师风建设”学术研讨会召开，探索师德师风建设的理论创新与实践范式转型，支持“立德树人”的学校德育路径变革。教育部教师工作司巡视员赵建军，首都师范大学校长孟繁华、副校长雷兴山以及其他高校专家学者参加本次研讨会。

会议设置了特邀演讲、专题报告、主题发言与圆桌对话等环节。北京师范大学教育学部教授顾明远作为特邀嘉宾作演讲，强调新时代师德师风问题重在建设。专题报告中，孟繁华分析并建构了新时代培育—治理—评价（CGE）师德建设三维模型；冯建军提出了人格化是教师教育的本真追求。主题发言环节，首都师范大学朱晓宏、岳欣云等，南京师范大学教授叶飞、闫旭蕾，曲阜实验学校党委书记宫振新分别作报告。南京师范大学教授汪凤炎，首都师范大学教授王攀峰、副教授王东等进行点评。圆桌对话环节，南京师范大学道德教育研究所副所长齐学红、北京教育科学研究院班主任研究中心主任赵福江等专家围绕新时代教师队伍师德师风建设的理论反思与实践策略进行交流。

（首都师范大学供稿）

第十届清华大学教育研究院博士生论坛　5月22日，由清华大学教育研究院主办的第十届清华大学教育研究院博士生论坛暨第640期清华大学博士生学术论坛在清华大学开幕。论坛以“探索新时代教育变革：理念与行动”为主题，设置特邀报告、“青年学者面对面”、口头报告、海报展示等环节。论坛首次采用线上线下相结合的方式举办，来自国内外高校的110余名师生线下参与论坛，9188人次观看了线上直播。论坛收到来自国内外45所高校的100余篇稿件，同时邀请到海内外37位专家学者进行匿名评议，经过严格的评审，选取了28篇口头报告和21篇海报张贴论文。论坛设有四个特邀报告、一场“青年学者面对面”沙龙、六个分论坛和一场海报展示环节。在特邀报告环节，北京大学阎凤桥、亚利桑那大学李珍妮（Jenny J LEE）、浙江大学教育学院张应强、清华大学寇海明（Hamish Coates）四位专家分别就“从人与技术角度审视教学媒介的演变”“美国高等教育国际化研究与实践前沿”“全球化时代大学的文化使命”“融合式高等教育：全球化时代背景下的设计”等主题作报告。“青年学者面对面”圆桌讨论由清华大学郭菲主持，北京师范大学薛二勇、南京大学吕林海、北京大学沈文钦、清华大学文雯分享其作为青年学者的研究和成长心得。六个分论坛的主题分别为“教育治理体系变革”“比较高等教育”“新时代教育评价改革”“学生学习发展与评估”“研究生教育改革与内涵式发展”“人工智能对教育发展的影响”。论坛评选出优秀论文一等奖1项、二等奖2项、三等奖3项以及优秀奖6项。

（清华大学供稿）

第二届全国高师院校美育高峰论坛　5月28—30日，由首都师范大学美育研究中心、北京市学校美育研究中心和《首都师范大学学报（社科版）》编辑部联合主办的第二届全国高师院校美育高峰论坛在京举行。来自北京师范大学、东北师范大学等50余所高校的100多位专家学者参会。首都师范大学党委书记郑萼出席论坛开幕式。论坛期间，共举办四场大会主旨发言、四组平行会议。与会学者围绕美育理论的前沿性问题以及美育经验的复杂性与时代性、“新工科、新医科、新农科、新文科”建设与学校美育任务、高师院校美育实践与方法的理论思考等相关问题，进行了研讨与交流。与会专家学者还就高校美育与多学科协同教学路径的探索与实践、面向基础教育的美育教材编写理念等，进行了全方位、多视角的深入探讨。

（首都师范大学供稿）

医学人文高峰论坛　5月30日，首都医科大学举办“医学人文与医学人才培养——新时期医学人文教育思考和展望”医学人文高峰论坛，论坛以线上形式举办。

论坛由首都医科大学医学人文学院、首都医科大学医学人文研究中心、首都医科大学卫生法学研究中心和《医学教育管理》编辑部联合举办。上午主论坛环节，首都医科大学党委副书记刘芳、北京大学医学人文学院郭丽萍、首都医科大学特聘校长助理廖新生及中国医学科学院医学信息研究所钱庆聚焦医学人文与医学人才培养进行主题报告。下午，卫生法学分论坛、医学心理学分论坛、医学伦理学分论坛、医学史学分论坛、外语教育分论坛、体育教育分论坛同步举办。

（首都医科大学供稿）

2021全国中小学美育建设校长论坛　6月19—20日，由清华大学美术学院社会美育研究所主办的“美育让教育更美好——2021全国中小学美育建设校长论坛”在清华大学举行。论坛研讨主要聚焦“什么是审美素养”“审美素养评价有何现实意义”“审美素养评价应遵循哪些基本原则”等问题。论坛的举办加强了高校与中小学美育的交流，为中小学深入开展美育提供了理论层面的指导与依据，也帮助许多中小学美育管理者、教学骨干解决了许多观念与实践问题。

（清华大学供稿）

外语教育改革高端学术论坛　6月27日，北京林业大学外语学院在京召开外语教育改革高端学术论坛。旨在推进外语教育“提质量、上水平、强特色”，实现外语学院内涵发展、特色发展、创新发展。

北京第二外国语学院副校长程维，教育部高等学校大学外语教学指导委员会主任委员、浙江大学副校长何莲珍，首都医科大学医学人文学院院长卢凤香，教育部大学外语教学指导委员会委员、北京科技大学外国语学院张敬源，北京市高教学会研究生英语分会理事长、中国科学院大学外语系主任高原，教育部大学外语教学指导委员会委员、北京大学外国语学院党委书记李淑静，教育部大学外语教学指导委员会副主任委员、北京市高教学会大学英语研究会理事长、清华大学外语系张文霞，北京外国语大学研究生院常务副院长、外国语言研究所副所长韩宝成等聚焦新时代外语教育改革议题研讨了外语教育人才培养的新使命，探索了外语教育改革发展的新路径。

（北京林业大学供稿）

第十届中国休闲体育·北京论坛　7月10日，第十届中国休闲体育·北京论坛在首都体育学院召开，论坛以“休闲·冬奥”为主题，分为大会报告和圆桌分论坛两个环节。由于疫情原因，来自全国的150余名专家学者线上参会。首都体育学院党委副书记、校长张霞，副校长谢军出席会议。

大会报告环节邀请四位专家学者围绕“休闲·冬奥”展开学术分享。圆桌分论坛环节由首都体育学院休闲体育教研室主任刘平江主持，北京体育大学教授邱招义、中国人民大学教授张建会、金雪花滑雪产业联盟发起人鲍永林和北京广众体育文化有限公司创始人祖培广4位专家学者和业界人士，围绕冰雪人才培养的方式方法、冰雪人才多样化需求等话题展开探讨。“中国休闲体育·北京论坛”是首都体育学院自主创立的具有重要价值的学术会议。从2012年起，至今已经举办10届，旨在为休闲体育领域的专家学者提供交流平台，全方位探索休闲体育研究的新动态、新观点和新理念，以有效推动我国高校休闲体育专业建设及发展，推进“全民健身”和“健康中国”战略的实施，为创建休闲体育一流专业、培养一流人才提供智力支持和人才支撑。

（首都体育学院供稿）

首届中国体教融合政策高层论坛　7月13日，首届中国体教融合政策高层论坛在京召开。论坛由首都体育学院和北京师范大学主办，北京师范大学中国教育政策研究院、体育与运动学院和首都体育学院期刊部联合承办。首都体育学院副校长谢军和北京师范大学体育与运动学院副院长李笋南主持论坛。围绕“体教融合的内涵与战略取向”和“冬奥背景下体教融合的理论与实践探索”，与会专家学者就体教融合的背景与原因、壁垒与途径，基层体教部门面临的现实难题和家校社遇到的新问题，青少年健康促进的政策与对策，体育教师培养模式创新，学校健康教育体系建设，以及从冬奥科普视角的以体育人、冬奥教育育人模式实践研究等方面展开了研讨交流。

（首都体育学院供稿）

中外大学校长论坛　9月17—18日，作为对外经济贸易大学建校70周年重要学术活动之一的中外大学校长论坛举办。线上国际论坛环节，来自14个国家近50所大学的校长、专家线上齐聚一堂，围绕“全球高等教育治理与合作”这一主题展开了热烈的探讨，交流经验，分享成果；线下论坛环节，围绕“教育成就未来：开放、合作、创新、发展”的主题，第十三届全国人民代表大会外事委员会副主任委员、北京大学原校长林建华，北京大学博雅讲席教授顾海良，中国工程院院士、北京理工大学校长张军以及英国利兹大学校长西蒙妮·布伊滕迪克进行主旨演讲。来自国内近30所高校的校长、校领导代表、教师代表共商教育大计，同绘发展蓝图。

（对外经济贸易大学供稿）

首届联心论坛学术会议　9月25日，北京联合大学首届联心论坛学术会议召开。此次论坛由北京联合大学师范学院心理学系主办，北京联合大学儿童和青少年学习与心理发展研究所拒学研究与服务中心承办。论坛主题为“拒学与儿童青少年心理健康”。北京大学心理与认知科学学院教授、长江学者、教育部高等学校心理学教学指导委员会主任委员周晓林、秘书长苏彦捷，国家一流专业负责人汪艳丽以及来自北京大学、中国人民大学、首都师范大学、北京科技大学、北京联合大学的学者以及好心情等多学科多领域的学者、行业专家带来的12场精彩报告，对拒学及儿童青少年心理健康问题，从理论基础探究到干预方法验证展开跨学科跨界讨论。

（北京联合大学供稿）

新时代少数民族预科人才培养暨铸牢中华民族共同体意识教育高层论坛　10月10日，由中央民族大学预科教育学院主办的新时代少数民族预科人才培养暨铸牢中华民族共同体意识教育高层论坛在中央民族大学举办。来自全国近20所少数民族预科培养高校的60多位预科教育专家学者、一线教师和管理人员共同探讨新时代中国少数民族预科教育发展及铸牢中华民族共同体意识教育的实践经验。

宁夏大学马亦兵、厦门大学于正伟、中国传媒大学王克家、中央民族大学闫建敏从不同侧面分享了新时代少数民族预科人才培养工作经验。大连民族大学梁建华、西南民族大学文雯、云南民族大学王硕硕、中央民族大学曹红梅和施娜等5位中青骨干教师分别开展了大学语文、高等数学、大学英语精彩课堂教学展示。公开课之后，参会人员分组研讨，交流分享新时代少数民族预科教育发展过程中形成的好的经验和做法，共同总结分析实践中遇到的困难、问题及解决思路。

（中央民族大学供稿）

首届全国舞蹈艺术教育高峰论坛　10月16日，由北京师范大学艺术与传媒学院与魏公村艺术综合体联合发起主办的首届全国舞蹈艺术教育高峰论坛在北京师范大学举办。北京师范大学孙宇、肖向荣、张荪、叶波、苏鹏，中国舞蹈家协会夏小虎，中国艺术研究院茅慧，北京舞蹈学院许锐、刘岩，中央民族大学杨敏，首都师范大学田培培，中央戏剧学院沈培艺，中国艺术职业教育学会韩瑾，北京舞蹈家协会陈杨萍等30余位来自京内外舞蹈教育相关院校校（院）长、学科负责人、知名专家、学者及青年教师代表等共同出席了本次高峰论坛。论坛围绕舞蹈教育中的学科交叉与文化融合、身心教育与文化传承、舞剧教育中的转型与创新、学科建设与人才培养等议题展开深入对话与交流。

（北京师范大学供稿）

“文明交流互鉴：高等教育的国际对话会——‘民大七十载’”国际会议　10月17日，由中央民族大学主办，中央民族大学教育学院承办，中央民族大学国际合作处、《民族教育研究》杂志协办的“文明交流互鉴：高等教育的国际对话——‘民大七十载’”国际会议在京举办。教育部和国家民委相关部门负责人以及国内外高等教育研究领域的知名专家、学者共计200多位共同探讨推进构建全方位、多层次、宽领域的高等教育对外开放新格局。开幕式上，中国教育学会名誉会长、北京师范大学资深教授、著名教育家顾明远先生，教育部民族教育发展中心主任郭岩，中央民族大学党委副书记、校长郭广生，澳大利亚格里菲斯大学荣誉教授Colin Mackerras，英国教育学会主席、伦敦大学学院教育学院著名教授Gary McCulloch，芬兰赫尔辛基大学教科院院长Johanna Makela等领导和嘉宾先后致辞发言。主题报告阶段，北京大学博雅学者、教授陈洪捷，厦门大学教育研究院党委书记刘振天，芬兰赫尔辛基大学教授Fred Dervin，浙江大学资深教授刘海峰分别主持四个阶段的主题讨论发言。与会专家学者围绕高等教育领域的热点焦点，大学人才培养、学术研究、学科建设、科研成果、国际化、跨文化交流、校地合作、民族高等教育国际化的发展等议题进行了线上、线下交流探讨。

（中央民族大学供稿）

第二届教师教育国际学术研讨会　10月21日，首都师范大学举办第二届教师教育国际学术研讨会。来自中国人民大学、香港中文大学、澳门大学等国内高校，以及美国、英国等国外高校的专家学者在线上线下会聚一堂，深度研讨交流国际化背景下师范教育转型升级的理论与实践问题。

中国教育国际交流协会秘书长王永利，分会理事长、首都师范大学党委书记孟繁华，教育部教师工作司副司长宋磊，华东师范大学教师教育学院院长周彬，深圳大学教育学部主任靳玉乐等领导和嘉宾作开幕式致辞。分论坛环节，海南师范大学副校长李森、香港中文大学教育学院院长范息涛、北京师范大学教育学部部长朱旭东、澳门大学教育学院院长王闯、美国德州农工大学教育与人类发展学院教授谢丽尔·克雷格（Cheryl Craig）等学者作主旨演讲。

研讨会设置了三个平行分论坛，分论坛主题为“国际化背景下的师范教育转型升级”“教师教育学科体系建设的实践探索”“跨文化教师教育”。研讨会期间，同步召开了教师教育国际交流分会理事会一届二次会议。

（首都师范大学供稿）

第八届（2021年）全国中小学校长论坛 10月22—23日，第八届（2021年）全国中小学校长论坛在北京举办。本次论坛由北京圣陶教育发展与创新研究院、中国教育技术协会中学教育信息化专委会主办，北京大学附属中学、北京市海淀区万泉小学承办，主题为“激发中小学办学活力，建设高质量的基础教育体系”。第十一届全国人大常委会副委员长陈至立，全国政协常务委员兼副秘书长、民进中央副主席朱永新，国务院参事、全国政协常委林毅夫，教育部基础教育课程教材发展中心副主任陈云龙，北京圣陶教育发展与创新研究院院长王本中，民进中央教育委员会副主任、北京圣陶教育发展与创新研究院执行院长姚炜等教育专家及1200余位全国名校校长、专家、教育工作者出席论坛。论坛结合“双减”背景，探讨了如何构建高质量教育体系、均衡区域资源配置、释放孩子活力等话题。与会专家认为，基础教育课程改革，要立足中国大地办教育，走自己的道路，按照我国的特点和实际来办；要不断使教育同党和国家事业发展要求相适应；要以核心素养为纲，让学生通过相应学段的学习，培养适应个人终身发展和社会发展需要的品德。

（北京圣陶教育发展与创新研究院供稿）

跨文化人才培养与特色课程建设暨中国政法大学第二届国际中文教育学术研讨会 10月30—31日，中国政法大学国际教育学院线上举办跨文化人才培养与特色课程建设暨中国政法大学第二届国际中文教育学术研讨会。来自北京、安徽、福建、广州、贵州、河南、黑龙江、天津和澳门共九个省市（区）18所高等院校的60余名专家学者和师生代表在线参会，共同就国际中文教育与中文教师发展研究、国际中文教育与教育教学方法研究、国际中文教育与特色课程建设研究、国际中文教育与国际人才培养研究、国际中文教育与中国文化传播研究、国际中文教育与专门用途中文研究等学术问题进行研讨交流。

中国政法大学国际教育学院副院长曾涛主持开幕式。中国政法大学国际教育学院院长许兰教授致开幕词。研讨会共分主旨报告和三场分论坛。主旨报告环节，来自北京语言大学的吴应辉教授、北京大学的赵杨教授、北京语言大学的姜丽萍教授、厦门大学的郑通涛教授、哈尔滨师范大学的张晓涛教授、天津大学的马知遥教授、中央民族大学的刘玉屏教授、中国传媒大学的乐琦教授、中外语言交流与合作中心的袁礼研究员和中国政法大学的宋春香副教授作主旨报告。分论坛主题分别为“法律中文教学与实践研究”“专项课程设计与中文教学”“中国语言文化与汉外翻译研究”。

（中国政法大学供稿）

里仁为美，共育未来——2021北京师范大学美术教育价值重构国际学术论坛 11月13—14日，由北京师范大学艺术与传媒学院主办的“里仁为美，共育未来——2021北京师范大学美术教育价值重构国际学术论坛”于线上举办。论坛议题覆盖学校美育、乡村美育、家庭美育、校外美育、全球素养教育、美育评价、公共美术教育、儿童能力与智力拓展教育、中小学艺术素养教育、大学生审美与德育教育、美术教师职业发展、西部美育发展、民间艺术及特色美术教育等。以全球化视野反思美术教育的内涵与价值，以构筑新型艺术人才培养模式为目标，50多位来自北京大学、清华大学、中央美术学院、中国美术学院、西安美术学院、首都师范大学、中国艺术研究院、中国美术家协会、哈佛大学、哥伦比亚大学等众多国内外高校及美术教育机构的专家学者组成了跨领域、跨地域的美育共同体，就当下美术教育的发展提出了自己的见解。论坛有助于促进美术教育的国际交流与合作，凝练并传播美术教育的中国智慧与经验。

（北京师范大学供稿）

第九届海峡两岸暨港澳地区教科书学术论坛 11月20—21日，由首都师范大学教育学部、中国基础教育教材研究院主办的第九届海峡两岸暨港澳地区教科书学术论坛在线上举办。首都师范大学党委书记孟繁华在开幕式上致辞。

围绕“赓续初心，担当使命：教科书建设的机遇与挑战”的论坛主题，与会专家学者从不同层次、不同角度，围绕教科书研究的诸多前沿和热点问题进行了探讨。本届论坛共设置“重大主题进入教科书研究”“教科书的政策与制度研究”“教科书的编写与使用研究”“教科书学的建构探索”4个分会场和2个研究生专场，400余人线上参会。来自新加坡、日本、中国港澳台地区学者，以及北京师范大学、华东师范大学等60余所院校的120多位专家学者和研究生提交了会议论文，参加会议的还有中国教育科学研究院、教育部基础教育课程教材发展中心、人民教育出版社等教材研究与出版机构的专家学者。

（首都师范大学供稿）

第六届首都学前教育论坛　12月3日，由首都师范大学主办，科技部创新方法研究会创新能力专委会与教育科学出版社协办，首都师范大学学前教育学院承办的第六届首都学前教育论坛“家园社协同与智慧教育”在线上举办。来自首都师范大学、复旦大学、哈佛大学等高校和研究机构的专家学者与师生线上参会。

开幕式上，首都师范大学副校长杨志成、教育科学出版社总编辑郑豪杰致辞。首都师范大学副校长马力耕，学前教育学院党委书记李雪松、院长康丽颖、副院长刘昊参加了“协同智慧教育研究基地”揭牌仪式。康丽颖进行了协同智慧教育平台预发布，介绍了平台建设的基本构想、使命、任务和愿景，并演示了平台的部分架构与功能。

在主论坛上，江西师范大学教授吴重涵、陕西师范大学现代教学技术教育部重点实验室主任胡卫平、北京师范大学学前教育研究所所长洪秀敏和首都师范大学学前教育学院院长康丽颖分别进行了主旨报告。在三个分论坛上，与会专家学者分别围绕“信息化时代协同教育的理论建构与实践探索”“家园社协同视野下的幼小衔接”“0~3岁婴幼儿的协同养育”主题进行理论和实践层面的探讨。

（首都师范大学供稿）

2021年首都教育论坛　12月3日，2021年首都教育论坛“‘双减’政策背景下学校高质量发展”在线上举办。本次论坛由首都师范大学主办，首都师范大学教育学部、北京基础教育研究基地、省部共建首都教育发展协同创新中心承办。开幕式由首都师范大学副校长杨志成主持，校党委书记孟繁华致欢迎词。来自北京师范大学、中国教育科学研究院、教育部教育发展研究中心等兄弟院校的13位专家学者进行了主旨报告，随后，论坛围绕“双减政策的阐释与分析”“双减政策实施的关键难点”“双减背景下的教育生态系统”“双减政策下的提质增效与多元供给”四个模块展开。共5.3万人次在线全程观看论坛直播。

（首都师范大学供稿）

第四届中斯冰雪论坛　12月14日，由首都体育学院、斯洛文尼亚卢布尔雅那大学共同承办的第四届中斯冰雪论坛在中斯两国采用录播形式举办。中斯冰雪论坛源于2018年首都体育学院与卢布尔雅那大学签署的《中国首都体育学院与斯洛文尼亚卢布尔雅那大学学术与科学合作总协议》。该协议纳入第七次中国—中东欧国家领导人会晤成果清单，是2018年中东欧16+1峰会的中斯两国教育领域重要成果。

首都体育学院校长张霞、卢布尔雅那大学校长Gregor Majdič、卢布尔雅那大学体育学院院长Damir Karpljuk、斯洛文尼亚奥委会主席Bogdan Gabrovec、中国驻斯洛文尼亚大使王顺卿、斯洛文尼亚驻华大使苏岚、国家体育总局副局长李颖川、斯洛文尼亚教育科学体育部部长Simona Kustec分别致辞。

围绕“迎北京冬奥、享冰雪未来”的论坛主题，与会专家分别以“跳台滑雪世界纪录的发展”“冬季运动的营养策略与应用”“高山滑雪竞赛中的空气动力学研究”“后冬奥时代冰雪产业发展”“高山滑雪项目的神经肌肉训练”“交叉学科背景下的我国冰雪人才培养体系探讨”“2023年普兰尼卡世界杯的筹备与组织”“体育科技与体育科研人员在激发竞技运动员潜力方面的合作”“使命：从特里格拉夫冰川到北京”为题进行了报告交流。

（首都体育学院供稿）

世界人文社会科学高校联盟年会暨“共享、教育与未来：2021奥林匹克教育”国际论坛　12月16日，世界人文社会科学高校联盟年会暨“共享、教育与未来：2021奥林匹克教育”国际论坛在中国人民大学以线上线下结合形式举办。论坛由中国人民大学、意大利路易斯大学、世界人文社会科学高校联盟主办，中国人民大学人文北京（人文奥运）研究中心承办，中国人民大学国际交流处、体育部协办，共设“奥林匹克文化共享与教育”“奥林匹克愿景与未来”两个分论坛。国际奥委会奥林匹克研究中心主任玛丽亚·伯格内（Maria Bogner）、中国人民大学校长刘伟、意大利路易斯大学校长安德里亚·普伦奇佩（Andrea Prencipe）等嘉宾出席开幕式并致辞，中国人民大学原常务副校长、人文北京（人文奥运）研究中心主任冯惠玲作题为“大学在奥林匹克运动中的使命”的主旨报告。中国人民大学副校长杜鹏主持论坛开幕式。来自清华大学、中国人民大学、北京体育大学、首都体育学院以及世界人文社会科学高校联盟的专家学者、学生近200人参加会议。

（中国人民大学供稿）

首届北京市基础教育发展论坛暨北京市教育学会2021年年会　12月19日，北京市教育学会主办的首届北京市基础教育发展论坛暨北京市教育学会2021年年会在北京四中举行，主题为“在‘双减’背景下，实现北京基础教育高质量发展”。教育部基础教育司司长吕玉刚，中国教育学会秘书长杨银付，中国教育学会副会长、北京市教育学会会长罗洁，北京市教育学会常务副会长唐亦勤，北京市教委副主任丁大伟，首都师范大学党委书记孟繁华，北京教育科学研究院院长方中雄，北京市西城区人民政府副区长桑硼飞，西城区人大常委会副主任、西城区教育工委书记赵蓬欣，北京市教育学会副会长、北京四中校长马景林等出席会议。

论坛以线上线下相结合的方式进行。来自市区教育行政部门、在京高校和科研机构及北京市中小学和幼儿园干部教师等80位专家学者围绕“双减背景下高质量教育的学校管理改进”“中小幼教育高质量发展新思路”“《专业标准》引领教师成长”等专题，以会议研讨、沙龙等形式进行了交流。全国约15万人在线观看论坛直播。线上观众覆盖北京、陕西、吉林、河北、天津、四川、黑龙江、广东、河南等十几个省份。中国教研网为本次论坛提供了面向全国的现场直播。

（北京市教育学会供稿）

第二届首都未来教育论坛　12月25日，由首都师范大学和教育部学校规划建设发展中心主办，首师大儿童与未来教育创新研究院和首师大未来实验学校承办，北京市房山区教委协办的第二届首都未来教育论坛举办。首都师范大学副校长杨志成，教育部学校规划建设发展中心副主任邬国强、研究与数据处副处长张智，教育部科学技术与信息化司教育信息化与网络安全处处长任昌山等出席线下会议。

本次论坛以“从概念到实践”为主题，杨志成、人民教育出版社期刊编辑室余宏亮、北京师范大学教授刘坚等分别作了主题报告。论坛还设立了“未来学校先行实践”“未来教育体系设计”“未来教育技术赋能”3个专题论坛，来自中央电教馆、南京师范大学等单位10余名专家分别作了专题发言。首师大未来实验学校、首师大附属育新学校等学校被授予“首都师范大学儿童与未来教育创新研究院实践研究基地”称号。

（首都师范大学供稿）

语言学　文学　艺术学

“文学奖与经典化：当代外国文学发展前沿”学术研讨会　3月27—28日，由北京科技大学和《当代外国文学》杂志社联合举办的“文学奖与经典化：当代外国文学发展前沿”学术研讨会在线举办。200余位专家学者相聚云端，就当代外国文学热点的生产机制及文学的经典化等问题，特别是新世纪外国文学发展的新趋势展开了深入的学术交流和研讨。北京科技大学近7000名师生在线参加会议。

本次论坛设有12场专家主旨报告和16场师生分组研讨。中国社会科学院陈众议、北京大学赵白生、北京科技大学陈红薇等12位专家发言，各位专家围绕外国文学趋势、诺贝尔奖和布克奖作家作品、文学奖运作机制、经典化研究与疫情书写等主题，对当代外国文学研究趋势和热点展开了广泛讨论，深刻反思了世界范围内文学奖对世界文学发展和世界文学经典化进程的重要意义，文学奖与新世纪西方当代文学、文化热点的重要关联，以及文学奖与当代外国文学创新发展的关系等重要议题。

南京大学王守仁、中国人民大学曾艳兵、南京大学何宁以及北京科技大学梁晓晖分别主持主旨报告并点评。

（北京科技大学供稿）

2021中国公共政策翻译论坛　3月30日，由中国翻译研究院、北京第二外国语学院共同主办，北京第二外国语学院中国公共政策翻译研究院、中国翻译协会对外话语体系研究委员会、当代中国与世界研究院对外话语创新研究中心共同承办的2021中国公共政策翻译论坛在线举办。论坛主题为"持续践行'翻译中国'，助力首都国际交往"。中国翻译协会会长周明伟、北京第二外国语学院副校长程维、中国翻译协会常务副会长黄友义、北京第二外国语学院中国公共政策翻译研究院执行院长张颖等出席论坛。

各位专家分别就论坛发展、语言服务、国际传播、公共政策翻译、党政文献翻译等主题展开讨论。随后，来自北京冬奥组委、北京市和浙江省外事部门的翻译专家以及北京外国语大学、北京第二外国语学院、华东理工大学和海南师范大学的学者结合工作实践，分别就北京冬奥、十九大报告、地方两会政府工作报告、抗疫外宣、公示语翻译等话题进行了深入的研讨。

（北京第二外国语学院供稿）

汲古铸今——顾森、苏士澍汉画题跋求教展学术研讨会　4月1日，"汲古铸今——顾森、苏士澍汉画题跋求教展学术研讨会"在清华大学美术学院举行。清华美术学院党委书记马赛出席会议并致辞。清华大学文科资深教授、美院书法研究所所长杜大恺主持座谈会。美术学院理论研究所所长、学术委员会主任张敢，美术学院教授陈池瑜等参加本次活动。中国艺术研究院研究员、博士生导师顾森和第十一届、十二届全国政协常委、中国书法家协会名誉主席、全国政协书画室副主任苏士澍，从汉代画像石精品中遴选50余幅汉画题跋作品参加本次展览并研讨会。与会专家学者就我国当代的艺术创作实践与理论研究中如何把握和聚汇当代书法的学术思想进行了分享。参加展览及座谈会的校外嘉宾有中国艺术研究院中国篆刻艺术院院长骆芃芃，北京大学教授张辛，北京师范大学艺术与传媒学院教授、中国书协理事邓宝剑，中国国家画院书法篆刻所所长魏广君等。

（清华大学供稿）

第四届互动语言学与汉语研究国际学术讨论会　4月17—18日，由中国社会科学院语言研究所与首都师范大学联合主办，《中国语文》编辑部、首都师范大学文学院承办的第四届互动语言学与汉语研究国际学术讨论会在线举办。来自海内外的90多名专家学者参加了会议。会议共设10场大会报告，4个小组的分组报告。分组报告论文60余篇，涉及在线产出及其理解机制、话轮敏感位置与话语功能解读、言语互动中的立场表达以及言语交际中的韵律及多模态等互动语言学的热点问题。

（中国社会科学院供稿）

许渊冲先生翻译思想与成就研讨会　4月18日，中国翻译界泰斗、外国语学院教授许渊冲先生迎来百岁寿辰，北京大学举办许渊冲先生翻译思想与成就研讨会，庆祝先生百岁眉寿。北京大学党委书记邱水平，校长郝平，校长助理、秘书长、党办校办主任孙庆伟出席研讨会。会议由副校长王博主持。与会人员高度肯定了许渊冲先生的翻译成就，对先生一生投身翻译事业，期颐之年仍坚持工作、笔耕不辍的精神表示钦佩，还就人类命运共同体建设中的中外文化交流、中国文化的国际传播等问题进行了深入研讨。

（北京大学供稿）

2021中国电视剧艺术评论高峰论坛　4月28日，由北京市广播电视局、光明日报社文艺部、中国传媒大学主办，中国传媒大学戏剧影视学院承办的2021中国电视剧艺术评论高峰论坛在北京会议中心举办。本次论坛是第28届北京电视节目交易会的系列论坛之一，论坛以"新风尚·新生态·新方阵"为主题，聚焦网络化、数字化、智能化趋势下电视剧艺术评论的新挑战和新变化，共同探讨新时代中国特色电视剧艺术评论的价值功用、评价标准、队伍建设等议题，探索电视剧艺术评论新标准，引领电视剧艺术评论新风范，凝聚电视剧艺术评论新共识。

（中国传媒大学供稿）

"铸牢中华民族共同体意识：民族文学研究再启航"学术研讨会　5月25日，由中国社会科学院民族文学研究所主办的"铸牢中华民族共同体意识：民族文学研究再启航"学术研讨会在京召开。来自北京大学、中央民族大学、西北民族大学、大连民族大学、内蒙古大学以及中国民间文艺家协会、新疆维吾尔自治区民间文艺家协会、中国社会科学院文学研究所等高校和机构的40余位专家学者参加会议。

会议研讨的主要议题有“中华民族文学学术史”“新时代民族文学研究”等。中国社会科学院民族文学研究所所长、学部委员朝戈金，中国民间文艺家协会分党组书记邱运华，中国社会科学院民族文学研究所副所长斯钦巴图先后发言。

（中国社会科学院供稿）

第四届认知语义学研讨会 5月28日，由北京航空航天大学外国语学院、中国认知语言学国际论坛组委会主办，四川外国语大学语言哲学研究中心、外国语文研究中心承办的第四届认知语义学研讨会［The Fourth Cognitive Semantics Conference（SISU）］在线召开。四川外国语大学校长祝朝伟致辞。北京航空航天大学李福印、广西大学君武严辰松、四川外国语大学王寅、河南省牛保义、北京外国语大学林正军、四川外国语大学李洪儒、上海外国语大学语言研究院廖巧云等十多位专家学者作主旨发言。北京航空航天大学、四川外国语大学、北京外国语大学等高校约150位专家学者围绕认知语义学的各个研究方向展开了研讨。会议秉持“思想原创、方法创新、团队合作、国际发展”之理念，集中研讨了Talmy认知语义学理论新前沿、共时与历时研究新视角、跨语言研究新发现、语料库与实验研究新方法，推动了认知语义学思想在中国的发展及本土化研究。

（北京航空航天大学供稿）

第六届中国生态语言学战略发展研讨会 6月5日，第六届中国生态语言学战略发展研讨会召开。本次会议由中国英汉语比较研究会生态语言学专业委员会、北京外国语大学国家语言能力发展研究中心、中国外语与教育研究中心主办，《北京第二外国语学院学报》编辑部承办，《中国外语》、*Journal of World Languages*（De Gruyter）协办。会议采用网络直播形式，来自全国各院校、科研机构的350多位专家学者、硕博研究生参加会议，线上参会人数7000余人。

本次会议包括学术报告会及常务理事研讨会两个环节。黄国文（华南农业大学）、原一川（云南师范大学）、王晋军（广州大学）、刘承宇（西南大学）、何伟（北京外国语大学）、徐珺（中国政法大学）、张天伟（北京外国语大学）、薛亚红（吉林大学）、Prof. Arran Stibbe（University of Gloucestershire）在学术报告会中作主旨发言。

（北京第二外国语学院供稿）

首都文化论坛 6月11日，中国人民大学首都发展与战略研究院与北京博物馆学会共同举办首都文化论坛“北京：如何建设博物馆之城”。中国人民大学党委书记靳诺，故宫博物院原院长、故宫学院院长、中国文物学会会长单霁翔，北京市文物局党组书记、局长陈名杰，北京市社会科学界联合会党组书记、常务副主席张淼，中国人民大学副校长刘元春等出席论坛。

在访谈互动环节，中国世界和平基金会主席、北京和苑博物馆馆长李若弘，北京市政协原副秘书长、民盟北京市委原专职副主委、一级巡视员宋慰祖，中国铁道博物馆馆长李春冀，中国传媒大学博物馆、图书馆及校史馆馆长潘力，首都博物馆副馆长黄雪寅，中国考古博物馆馆长巩文，北京汽车博物馆馆长、丰台区文旅集团董事长杨蕊，《设计》杂志社社长、清华大学美术学院客座教授、北京英杰硬石艺术博物馆馆长李英杰受邀参加研讨。访谈互动环节由首都发展与战略研究院副院长郭英剑主持。

（中国人民大学供稿）

典型理论百年学术研讨会 6月27日，典型理论百年学术研讨会暨中国文艺评论家协会第二届理论委员会成立仪式暨学术研讨会在北京大学举行。徐粤春、王一川、丁亚平、彭锋、李震、郭必恒、周志强、李健等20位专家学者，对“典型”历史及其内涵、“典型”理论在中国的演变、“典型”概念与批评实践、不同艺术门类中的典型人物、经典形象等问题展开探讨和交流。

（摘自2021年艺术学学科发展报告）

2021音乐与声音学术周 7月9—13日，由中国高校影视学会、中国传媒大学科学研究处支持，传媒大学音乐与录音艺术学院主办的2021音乐与声音学术周在京开幕。本次学术周共举办10场活动，涵盖中国高校影视学会音乐与声音专委会成立大会暨第二届音乐与声音高峰论坛主题论坛、第十七届录音艺术大师班、5场高峰论坛分论坛和3场研究生论坛，近300位国内外学界、业界和研究机构的相关专家学者参加活动。论坛期间，来自北京大学、中国人民大学、北京师范大学、中国传媒大学、中央音乐学院、中国音乐学院、澳门大学、香港城市大学、辅仁大学等国内、港澳台地区几十所高校的学者，以及中央广播电视总台、中国音像与数字出版协会、中国唱片集团、腾讯音乐娱乐集团、中国演出院线发展有限公司和中国网络视听节目服务协会音频工作委员会等单位的几十位业界专家，就声音科学与艺术、音乐与声音产业、听觉文化、剧院管理运营与创新发展以及网络音频产业等论题进行了讨论。

（中国传媒大学供稿）

第17届汉语国际教育学术研讨会　7月10—11日，由教育部人文社科重点研究基地北京语言大学汉语国际教育研究院、华文教育研究院和新西兰梅西大学人文学院联合主办的第17届汉语国际教育学术研讨会在京举办，主题为“国际中文教育的创新与发展”。北京语言大学校长刘利、中外语言合作交流中心发展规划处处长王甬、中国国际教育基金会政策与发展部副主任张扬等出席开幕式并致辞，会议由北京语言大学汉语国际教育研究院院长吴应辉主持。来自全国80多所高校和研究机构的370多位专家学者及高校师生参加了会议。专家学者们就“国际中文教育理论与方法研究”“面向国际中文教育的语言本体研究”“国际中文教育低龄化转型与本地化转型”“国际中文教育技术应用与远程教育研究”“语言学习与认知研究”“国际中文教育资源建设、集成与服务研究”“国际中文教育发展与评价研究”“孔子学院及世界主要语言传播机构发展研究”“中文国际传播的区域与国别研究”“疫情背景下的中文国际传播”“国际中文教育规范、标准”等议题展开研讨。

（北京语言大学供稿）

纪念季羡林教授诞辰110周年学术研讨会　8月6日，由北京大学东方学研究院、北京大学东方文学研究中心、北京大学外国语学院主办，国家社科基金重大项目“中国‘东方学’学术史研究”课题组承办的“中国东方学学科发展的回顾与展望——纪念季羡林教授诞辰110周年学术研讨会”在北京大学召开。学术研讨会梳理了北京大学东方学学科发展的脉络，中国东方学的发展涉及社会历史、政治发展甚至自然科学的发展等多个位面，相关新材料的挖掘与整理对于中国东方学学术史发展具有重要意义。与会人员与陈嘉厚、张殿英、卢蔚秋、李谋、唐孟生等曾经与季羡林先生长期共事、学习的北京大学东语系老教授们举行圆桌讨论，表达了对季羡林先生的深切缅怀之情。

（北京大学供稿）

艺术学国际博士生学术论坛　9月2—4日，北京大学举办艺术学国际博士生学术论坛。本次论坛以“思想与方法”为主题，主论坛下设4个分论坛。艺术理论分论坛题为“道技之辩”；美术史分论坛主题为“固本与开新：美术史的‘底线’与‘变线’”；电影史分论坛主题为“中国电影的艺术传统与理论资源”；文化产业分论坛为“现代性与中国性：艺术创意与文化多样性表达”。论坛收到来自世界各地的论文摘要共281份。

（艺术学理论课题组供稿）

第五届城市文学论坛　9月25日，由北京作家协会、北京联合大学师范学院中文系与青年文学杂志社联合主办的第五届城市文学论坛在京举办。北京联合大学副校长常红梅，北京联合大学师范学院副院长林强，北京市文联一级巡视员田鹏，北京作家协会副秘书长王虓，中国青年出版总社党委副书记、总经理、青年文学杂志社社长李师东，青年文学杂志社主编张菁，人民文学杂志社主编、评论家施战军，中国传媒大学研究生院院长张鸿声，北京师范大学文学院教授沈庆利，首都师范大学文学院教授陶礼天出席开幕式，活动由北京联合大学师范学院中文系主任王德领主持，副校长常红梅致辞。张鸿声、施战军、陶礼天、沈庆利、王德领分别做主题演讲。之后与会者又围绕“新时代城市文学研究”“古代文学中的城市文学景观”“空间美学与城市文化研究”“当代作家与城市”“历史题材城市文学书写”“城市语言研究”等议题展开讨论。来自北京大学、北京师范大学、南开大学、中国社会科学院等全国各地高校和科研院所的专家学者80余人参会。

（北京联合大学供稿）

中国民族语言学会第十四次全国学术研讨会　9月25—26日，中国民族语言学会第十四次全国学术研讨会在中央民族大学召开。会议由中央民族大学中国少数民族语言研究院和中国民族语言学会联合主办，来自中国社会科学院、北京大学、北京师范大学、中国社会科学院大学和中央民族大学等国内50多所大学和科研机构的200余位专家学者参加会议，168位专家学者作会议发言。

本次会议关注民族语言研究的前沿问题，积极探讨新时代民族语言文字事业发展的新形势、新问题和新要求，兼顾民族语言研究的重点问题。大会组委会邀请戴庆厦、黄行、曲木铁西、江荻、李大勤、吕嵩崧、范俊军、李锦芳等8位民族语言学界知名专家作大会主旨发言。来自全国20多个省、市、自治区，50多所高校和科研机构的其余160位学者分别在线下和线上分会场就历史比较、描写研究、语言类型学、民族文字文献、语言资源保护、社会语言学、文化语言学、计算语言学和实验语音学等专题展开了26个场次的学术报告和专业研讨。

（中央民族大学供稿）

纪念鲁迅诞辰140周年座谈会 9月26日，纪念鲁迅诞辰140周年座谈会在京举行，中共中央政治局委员、中宣部部长黄坤明出席并讲话，强调要学习鲁迅先生的高尚品格、发扬他的精神风范，始终坚定文化自信，坚持社会主义先进文化前进方向，以昂扬的民族精神、活跃的文化创造激励亿万人民奋进新征程、奋斗新时代。

黄坤明指出，鲁迅先生是近代以来文化艺术界最有影响力的代表性人物，是我国思想文化战线上一面光辉的旗帜。他一生研习不辍，在多个领域都有开拓性贡献。他追求真理、追求进步，始终与中国共产党同向同行，是我们党最忠诚、最可信任的同志和战友。

黄坤明强调，在新的征程上，要学习和弘扬鲁迅先生关切民族命运、担当时代使命的爱国精神，“横眉冷对千夫指，俯首甘为孺子牛”的人民情怀，坚持理想、敢于斗争的战斗品格，坚守民族立场、放眼世界潮流的文化胸怀，不断攀登新时代的文化高峰。要坚持马克思主义文艺观，把人民置于心中最高位置，创作更多无愧于时代、无愧于人民的优秀作品，引导人们增强做中国人的志气、骨气、底气。

座谈会由中国作协主办，鲁迅先生亲属和来自全国各地的作家、学者及社会各界代表100余人参加。中国文联主席、中国作协主席铁凝致辞，中国作协党组书记、副主席张宏森主持会议。

（摘自《人民日报》2021年9月27日第4版）

语言学期刊主编论坛 9月26日，北京语言大学《世界汉语教学》编辑部在北京举办语言学期刊主编论坛。北京语言大学校长刘利在开幕式上致辞，中国社会科学院语言研究所所长、《中国语文》主编张伯江,《语言战略研究》主编李宇明，人大报刊复印资料《语言文字学》主编王贵元,《当代修辞学》编委会主任胡范铸,《语文研究》主编李小平,《古汉语研究》主编唐贤清,《语言科学》主编杨亦鸣,《外语教学与研究》主编王克非,《当代语言学》主编胡建华,《语言教学与研究》主编施春宏,《语言文字应用》执行主编王敏,《国际汉语教学研究》主编郭风岚,《中国语言学报》联合主编冯胜利,《语言研究》主编程邦雄,《汉语学习》主编金奉民,《汉语学报》副主编姚双云,《解放军外国语学院学报》主编陈勇,《华文教学与研究》执行主编李军等18位语言学期刊主编围绕“语言学期刊如何坚守初心、引领创新”“期刊支持优秀学术人才的职责与举措”“期刊的专业定位与特色化发展路径”3个议题进行了深入讨论，线上线下9000余人参与论坛，并与主编进行互动。该论坛为不同期刊之间，期刊与作者、读者之间的深度交流搭建了交流平台。

（北京语言大学供稿）

中国少数民族双语教学研究会第26次学术研讨会 10月10日，由中国少数民族双语教学研究会与中央民族大学联合主办、中央民族大学中国少数民族语言文学学院承办的中国少数民族双语教学研究会第26次学术研讨会在中央民族大学召开。论坛主题是“开局‘十四五’开启民族教育新征程”。来自全国各地26个民族的243名代表通过线上和线下方式参加会议。

研讨会第一单元由中央民族大学教授、中国少数民族双语教学研究会顾问丁文楼主持，人民教育出版社编审、中国少数民族双语教学研究会副会长郑旺全，中国社科院研究员、中国少数民族双语教学研究会副会长周庆生，中国人民大学教授、中国少数民族双语教学研究会常务理事陈立鹏作主旨报告。研讨会第二单元为专家圆桌讨论会，由中央民族大学教授、中国少数民族双语教学顾问胡振华主持，7位副会长分别在线上线下发言，共同探讨新时代中国少数民族双语教学研究会的使命与担当。

本次会议共收到58篇论文，分4个分论坛线上线下共同展开，内容涉及提升国家通用语教学与科研能力理论与实践研究、国家通用语教学与铸牢中华民族共同体意识教育融合研究、推广普及国家通用语实践路径研究等研究方向。在小组讨论中，会议代表们就报告议题进行了深入的探讨和交流。

（中央民族大学供稿）

纪念陈寅恪先生——西域和佛教语文学国际研讨会　10月15—17日，清华大学中文系和人文与社会科学高等研究所举办“纪念陈寅恪先生——西域和佛教语文学国际研讨会”。会议采用线上线下相结合的形式，全球40余位西域历史语言文字、佛教研究领域的专家学者参会，数百名国内外相关专业高校师生在线收听会议。开幕式由中文系系主任沈卫荣教授主持，清华大学副校长杨斌致辞。人文学院党委书记孙明君发言，他从陈寅恪的研究方法、史学理论、隋唐史研究中的阶级关注等方面，简明论述了陈寅恪以传播继承中华文化作为使命的崇高的学术理想和精神。

会议分为“西域历史语言研究”“汉藏佛教语文学与古代西藏历史研究”“印藏佛教语文学”三大主题。在“西域历史语言研究”议题中，著名西域语文学家、柏林勃兰登堡科学与人文学院研究员Peter Zieme展示了柏林藏吐鲁番文书回鹘文《法华经》残片的认定与相关研究；藏学家才让探讨了收入藏文大藏经中的《北斗七星经》疑伪问题；中国人民大学国学院教授黄维忠通过对敦煌藏文文献的解读，重探吐蕃时期的巡守制度；俄罗斯籍西夏学家Kirill Solonin展示了西夏文《心部五类》佛教文本的初探；北京大学东方文学研究中心主任陈明从多语种的流变中考证了医学名词“阿魏”的来历；更有多位敦煌学中青年学者从敦煌汉、藏文献出发，对吐蕃时期古代西藏的历史与佛教的传播进行了探析。在“汉藏佛教语文学与古代西藏历史研究”主题中，美国哈佛大学教授Leonard van der Kuijp展示了对清代蒙古学者阿旺丹达的汉、藏语法论述的研究，蒙元史学者、浙江大学教授刘迎胜全面论述了陈寅恪与现代中国蒙元史研究，清华大学哲学系教授圣凯从经典、文本与写本的三个层次阐述了对佛教文献研究的理论与方法，布拉格查理大学教授Daniel Berunsky与兰州大学历史系教授阿旺嘉措通过对敦煌藏文文献、民间收集文本的研究让我们对西藏本土的宗教与仪轨有了更深层次的认识，参与此组发言的青年学者更是从汉文、藏文、蒙文、西夏文等多语种材料的解读中展现了有关藏传佛教哲学、历史、艺术的最新成果。第三场“印藏佛教语文学”的主题中，著名印度学家、慕尼黑大学印度学教授Jens-Uwe Hartmann考证了梵、藏佛教文本中有关马鸣的著作，澳大利亚悉尼大学佛教学研究教授Mark Allon，美国乔治城大学宗教学系教授Brandon Dotson，北京大学外国语学院副教授萨尔吉，日本驹泽大学副教授加纳和雄，清华大学中文系副教授吴娟，均围绕具体的梵、藏佛经经典文本做了语文学式的剖析，揭示了经典译介、形成和本土化接受的历史。最后，汉堡大学佛教学家Dorji Wangchuk、都柏林圣三一学院孔子学院院长Nathan Hill，对语文学作为一种人文学术研究方法作出了思考和回应，并结合数字人文，展现了未来学科领域的发展。在最后的圆桌讨论中，来自欧洲、澳大利亚、日本和中国的西域和佛教语文学者，围绕“东西方的语文学”这一主题就专门知识、方法论、人文学术的未来等话题进行了探讨。

（清华大学供稿）

第十届文学伦理学批评国际学术研讨会　10月16—17日，庆祝建校70周年系列国际高端学术会议之第十届文学伦理学批评国际学术研讨会在北京科技大学召开。会议旨在探讨人工智能时代面临的重大伦理问题，为新时代建构文学伦理学批评理论提供新思想与新方法。本次会议由国际文学伦理学批评研究会、北京科技大学、浙江大学世界文学跨学科研究中心和《外国文学研究》编辑部共同主办。来自世界100余所高校的近500位专家学者齐聚一堂，线上直播参会者逾万人。

北京科技大学党委副书记于成文，美国艺术与科学院院士、国际文学伦理学批评研究会会长、耶鲁大学教授克劳德·罗森，欧洲科学院外籍院士、国际文学伦理学批评研究会副会长、浙江大学聂珍钊教授和北京科技大学外国语学院院长陈红薇出席开幕式并致辞。

会议涵盖了5场主旨发言与24组分论坛讨论，来自美国哈佛大学、英国伦敦大学、浙江大学、北京科技大学等国内外著名高校的16名专家学者作专题报告，近500位专家学者就相关议题展开学术探讨与交流。

（北京科技大学供稿）

第二届译者行为研究高层论坛　10月16—17日，由《北京第二外国语学院学报》编辑部主办、曲阜师范大学外国语学院承办、《翻译界》协办的第二届译者行为研究高层论坛举办。本次论坛由专家论坛、青年论坛及7个分论坛组成，来自北京外国语大学、浙江大学、北京第二外国语学院等高校的十余名专家学者相聚曲阜，5000余名学者通过线上方式参会，共同探讨译者行为研究新路径。

与会专家学者分别以“译者伦理视域下许渊冲的译者行为研究”“‘务实’为上的汉学家京剧英译比较研究”“翻译行为的一般特征及核心范畴”“译者修改行为研究”“中国文化对外传播中的文化主权意识”“我国古代佛经翻译家的翻译理论及其模式演进”“试析机构译者变译方法选择背后的社会认知动因”“当下翻译研究的前沿问题与未来趋势”“译家与译作”“作为系统的译者行为批评逻辑”“翻译研究的创新与求真——以许钧《关于翻译的新思考》为中心”“译有所为，亦有所思——对‘译/论家’概念的思考”“译者行为研究的创新发展”等题目发言，围绕翻译行为关涉的核心议题、中国文学外译的困难与对策、译者行为的制约与作用等进行了深入探讨。

（北京第二外国语学院供稿）

第十二届中古汉语国际学术研讨会　10月16—17日，由中国社会科学院语言研究所历史语言学研究二室与中国人民大学文学院主办，中国人民大学文学院承办的第十二届中古汉语国际学术研讨会在中国人民大学召开。会议采用线上线下相结合的方式举办，来自法国、日本、新加坡以及中国内地、香港和台湾等地的109位专家学者出席会议。会议共报告学术论文105篇，其中大会报告22篇、小组报告83篇。10余位语言学界德高望重的老一辈专家、20余位影响广泛的中年专家以及一大批青年学者宣读了自己的最新研究成果。专家们就中古汉语音韵、文字、词汇、语法等领域进行了探讨。

（中国社会科学院供稿）

中国语言文学国际学术研讨会　10月23日，中国语言文学国际学术研讨会在中央民族大学召开，本次会议由中央民族大学中国语言文学学部主办，中国少数民族语言文学学院、中国少数民族语言研究院、文学院和国际教育学院联合承办。来自中国和蒙古国、法国、美国、哈萨克斯坦、荷兰、韩国的多位专家学者与中央民族大学师生共聚一堂，分享国际化视野下的中国语言文学学科发展成果。

蒙古国乌兰巴托大学校长白嘎勒赛汗，上海交通大学人文学院院长王宁，北京师范大学文学院院长王立军，法国东方语言学院教授白乐桑，中国社会科学院民族文学研究所研究员阿地里·居玛吐尔地，中央民族大学中国少数民族语言研究院教授汪立珍等6位专家学者先后进行主旨报告。之后，大会分5组进行专题研讨，主题分别为“中国语言文学与‘一带一路’沿线国家语言文学交流与研究”“新时代民族语言与民族古籍研究的内涵与方法”“中国语言文学的创新性发展与国际化视野研究”“后疫情时代的国际中文教育”。

（中央民族大学供稿）

咏红叶诗暨中日诗歌对话交流研讨会　10月23日，首都师范大学文学院和广岛大学森户国际高等教育学院以线上线下相结合的形式，共同举办了咏红叶诗暨中日诗歌对话交流研讨会。广岛大学常务副校长佐藤利行、首都师范大学文学院院长马自力、首都师范大学教授赵敏俐、首都师范大学广岛大学联合研究生院教授李均洋、中国李白研究会前会长薛天纬等30余人出席会议。

汉诗是中日两国人民共同的文化财富，是中日两国人民民意相通的纽带，是向世界昭示东方哲学智慧的文化瑰宝。与会者大谷博国先生在发言中讲道，汉诗不仅是日本文化发展的主干，也是沉浸于我们灵魂根底的教养。会议围绕咏红叶诗及中日环境自然观进行了深入的探讨和交流。

（首都师范大学供稿）

第十一届汉语语法化问题国际学术讨论会暨第二届汉语历史词汇语法研究国际学术研讨会　10月23—24日，第十一届汉语语法化问题国际学术讨论会暨第二届汉语历史词汇语法研究国际学术研讨会在京召开。会议由中国社会科学院语言研究所、北京大学、北京语言大学和首都师范大学联合主办，首都师范大学文学院承办，商务印书馆协办。来自海内外的100多位语言学者通过线上与线下的方式出席会议。

首都师范大学副校长雷兴山、中国社会科学院语言研究所所长张伯江、北京语言大学语言科学院院长曹文、北京大学中文系副主任宋亚云分别致开幕词。

第一场大会报告，蒋绍愚、梅广（代读）、沈家煊、孙朝奋四位著名语言学家从词汇和语法两个方面作了报告。小组报告环节，五个小组近百位学者报告了各自的研究成果。

第二场大会报告，法国科学院东亚语言研究所的教授（代读）Alain Peyraube、德国科隆大学非洲语言研究所教授Bernd Heine、德国美因茨大学英语及语言学系教授Walter Bisang、韩国外国语大学英语系教授Lseongha Rhee四位著名海外语言学家作报告。

本次大会围绕语法化和历史词汇语法两个方面，研究对象涵盖词汇、结构式等多个层级，内容既有对语法化、词汇化等个案的研究，也有对相关语言学理论的探讨，创见颇多。会议论文会后遴选收入《语法化与语法研究》（第十一辑），并由商务印书馆出版。

（首都师范大学供稿）

中华文明与早期书写学术研讨会　10月23—24日，由首都师范大学中国诗歌研究中心、文学院与北京大学中文系、古典学研究中心共同举办的中华文明与早期书写学术研讨会在京召开。

首都师范大学副校长杨志成、北京大学中文系主任杜晓勤以及首都师范大学中国诗歌研究中心主任左东岭分别致开幕词。会议举行了两场主题发言及八场小组讨论。本次会议共收到了45篇论文，论文主要就经典的形成与中华文明的早期建构、中国早期书写制度与书写文化、中国早期书写与文体、出土文献与传世文献的考证释读，以及《诗经》《尚书》的早期书写与传承等议题展开了深入的探讨。论文所涉文献和议题广泛，内容丰富，角度多样，很好地呼应了本次会议的主题“中华文明与早期书写”。赵敏俐教授致闭幕词。

（首都师范大学供稿）

北京中轴线文化内涵研讨会　10月28日，北京学研究基地组织召开北京市社科基金决策咨询重大项目北京中轴线文化内涵研讨会，会议由课题负责人张勃研究员主持。北京工业大学城市建设学部副教授李华东，北京联合大学特聘教授、北京学研究基地学术委员会主任、研究员李建平，《光明日报》高级编辑李韵，曲阜师范大学优秀传统文化教育中心副主任、中华礼乐文明研究所所长宋立林，北京联合大学应用文理学院党委副书记、院长、北京学研究基地主任、教授张宝秀，北京联合大学原校长、北京学研究基地首席专家张妙弟，北京师范大学地理与遥感学院教授、城市与区域规划研究所所长周尚意等专家受邀参会。会议围绕什么是文化内涵，应该从哪些角度挖掘一项遗产的文化内涵，应该如何挖掘北京中轴线的文化内涵，北京中轴线的文化内涵是什么，如何向市民普及北京中轴线的文化内涵，应该形成什么样的共识等问题进行了研讨。

（北京联合大学供稿）

北京十月学术论坛　10月30日，2021北京十月学术论坛·“中西人文主义与新文科范式”在线举办。本届十月论坛为北京第二外国语学院科研处、北京第二外国语学院研究生院（学科办）、文化与传播学院、哲学研究中心、希腊研究中心联合主办。来自全国各地的120位中外专家学者相聚云端，分享学术成果。

分组论坛上，50余位专家学者与在读博士分别在“哲学、文学视野下古今人文主义”“中外古典学视野下人文主义”“现代文化与新文科”“媒介新人文主义”四个分会场进行了深入的研讨。在研究生分会场，设置了“文学、媒介与新文科”“古典人文主义与现代性”两个组别，呈现多维的思学路径。

（北京第二外国语学院供稿）

BDA舞蹈论坛（2021）　11月1—3日，由北京舞蹈学院主办的BDA舞蹈论坛（2021）通过线上与线下结合的方式举办，论坛围绕“为人民而舞——中国舞蹈艺术发展之路”这一主题，来自全国各地250余位专家学者出席论坛，观看开幕式及主论坛者达233.7万人次。

开幕式上，北京舞蹈学院党委书记巴图、中国舞蹈家协会主席冯双白，中国文艺评论家协会主席夏潮，中国演出行业协会会长朱克宁，中央美术学院院长范迪安，北京舞蹈学院原院长李正一教授分别致辞。主论坛上，北京舞蹈学院党委副书记、院长郭磊，北京舞蹈学院原院长吕艺生，原副院长熊家泰，原学术委员会委员肖苏华，中国舞蹈协会原主席赵汝蘅，原文化部艺术司、科技司司长于平，北京舞蹈学院原学术委员会委员袁禾，中国东方演艺集团党委书记、董事长景小勇，北京舞蹈学院原学术委员潘志涛，解放军文化艺术中心编剧赵大鸣，广东舞蹈学校原校长杨美琦，中国艺术研究院舞蹈研究所原副所长江东，河南卫视副总监姚玮共十三位专家学者作精彩发言。

（北京舞蹈学院供稿）

第九届京剧学国际学术研讨会　11月5—7日，由中国戏曲学院举办的“京剧与现代教育——第九届京剧学国际学术研讨会”召开。来自中国以及美国、法国、丹麦等海内外的戏曲专家学者、表演艺术家、院团管理者及社会各界京剧爱好者近150人在线上线下参会，提交论文110多篇，开展了广泛深入的研讨。

大会发言中，15位学者发表了自己的见解。有学者梳理了张君秋的教育理念，有学者注意到演员进行基本功训练时的运动原理以及防止损伤的训练方法；也有学者探讨了中国戏曲学院著名教育家王诗英教授在现代教育体系下如何吸收其他艺术门类的优势、如何创造性地改造人才培养模式等。

在小组讨论中，数十位学者围绕“理论与政策”“科班与剧场”“教学与实践”“域外视野及其他”四个主题进行了分组讨论，交流了京剧与现代教育的诸多理论问题。

（中国戏曲学院供稿）

2021年北京师范大学艺术学青年学者论坛 11月6日，2021年北京师范大学艺术学青年学者论坛在线举行。本次论坛由北京师范大学艺术与传媒学院主办，分为中国近现代美术史分论坛、西方艺术理论分论坛、美术教育与创作分论坛3个板块。围绕分论题，来自中央美术学院、清华美术学院、北京大学等20余所高校与美育研究机构的优秀青年学者、艺术家、美育工作者分享了最新学术成果与创作心得，进行了广泛而深入的学术交流，展示了学科研究的新进展、新走向、新趋势。

（艺术学理论课题组供稿）

第七届世界汉学大会 11月6—7日，由教育部中外语言交流合作中心和中国人民大学共同主办的第七届世界汉学大会在线举办。来自34个国家的近百名汉学家与中国研究学者相聚云端，围绕“理解中国：汉学之新义（Understanding China：The New Relevance of Sinologies）”主题展开对话。中外语言交流合作中心主任马箭飞、副主任静炜等出席开幕式；中国人民大学校长刘伟发表视频致辞，中国人民大学副校长、世界汉学大会理事会主席杜鹏主持开幕式。这是自2007年首届世界汉学大会举办以来首次以线上形式召开。

（中国人民大学供稿）

第六届北京电影学院艺术学论坛 11月6—7日，第六届北京电影学院艺术学论坛在线举办。本届论坛设置核心议题“世纪影像：媒介艺术的理论、历史与批评”。来自北京大学、北京师范大学、中国社会科学院、中国人民大学等高校以及研究机构的近70位专家学者参会，与会专家学者围绕“媒介的艺术”“意义的生产”“文化唯物主义”三个分议题分享最新研究成果，并展开深入交流与探讨。本届论坛聚焦于以影像为主要对象的媒介艺术，在文化史与媒介史中展开多元化的理论叙事，以开放性的学术话题串联起散落在艺术与艺术研究中众多活跃的思想。

（艺术学理论课题组供稿）

信息结构研究的最新进展及中国语言的信息结构研究国际学术研讨会 11月20日，由中央民族大学中国少数民族语言研究院、中国少数民族语言信息结构创新引智基地主办的信息结构研究的最新进展及中国语言的信息结构研究国际学术研讨会在中央民族大学召开。来自中国社会科学院、南开大学、北京语言大学、北京信息科技大学、云南大学、中央民族大学和韩国、澳大利亚、奥地利、哈萨克斯坦等国家的多位专家学者以线上线下结合的方式共聚一堂，分享了国际视野下语言信息结构研究的最新成果。

研讨会分为主旨发言和小组发言两部分。在主旨发言中，刘丹青、石锋、全永铁、黄成龙、曹文、阿不都热西提·亚库甫以及大卫·布拉德利等7位国内外知名专家紧密围绕语言信息结构研究这一主题作了发言。小组发言部分，来自国内外的19位专家和语言学专业博士研究生分享了多种语言的信息结构研究成果，分别从语句焦点、韵律、话题、论元焦点、语气词的话题和焦点功能以及语义焦点等方面对所涉语言的信息结构进行了系统深入的探讨。

（中央民族大学供稿）

第三届当代英语文学前沿问题研究高端论坛 11月20日，由中国人民大学外国语学院主办，北京工商大学外国语学院协办的第三届当代英语文学前沿问题研究高端论坛举办。来自全国各地高校和研究院所的476位学者以线上线下方式参加了本次论坛。各位学者聚焦当代英语文学前沿问题，以多元的理论视角，深入探讨了文学世界和现实世界中的诸多问题。

（北京工商大学供稿）

第八届现代汉语句法语义前沿研讨会 11月20—22日，由中国社会科学院语言研究所、北京大学、香港理工大学、香港中文大学、澳门大学、台湾“清华大学”、广东外语外贸大学共同发起，中国社会科学院语言研究所主办的第八届现代汉语句法语义前沿研讨会在线举行。来自中国内地及中国香港、澳门、台湾地区的29位学者出席会议并作报告，线上主会场、香港中文大学分会场和广东外语外贸大学分会场的数十名师生旁听了会议。29位演讲者从多种角度对普通话和一些汉语方言的句法语义问题进行了讨论，涉及汉语句法成分和语法关系、问句的语义解读、指称与照应、话题和焦点、汉语虚词以及特定句式和结构的汉英比较等问题。

（中国社会科学院供稿）

绿色可持续设计国际学术论坛　11月26—27日，“共生·引领”（2021）绿色可持续设计国际学术论坛在京举办。本次论坛由北京林业大学艺术设计学院联合农业农村部经济研究中心、中国农林高校设计艺术联盟、北京设计学会主办。

本次国际学术论坛邀请到来自意大利米兰理工大学、英国布鲁奈尔大学、韩国延世大学、香港理工大学、北京大学、清华大学美术学院、中央美术学院、北京林业大学、天津大学、湖南大学、农业农村部农村经济研究中心、中国古动物馆等国内外知名院校及科研机构的18位专家学者，共聚云端，围绕“绿色可持续”等议题，梳理了绿色可持续设计的理论与实践脉络，显示不同学科专业的探索与思考对设计学科的启迪，并探寻中国语境下的绿色可持续设计教育教学与科学研究的学科路径。

论坛采用线上直播形式，同时在线观看人数近万人。

（北京林业大学供稿）

中国比较文学学会跨学科研究分会成立暨首届学术研讨会　以“科技人文时代的跨学科研究”为主题的中国比较文学学会跨学科研究分会成立暨首届学术研讨会于11月27日举办，来自北京大学、清华大学、北京师范大学、北京语言大学、北京第二外国语大学等30多所高校及研究机构的近100名专家学者参与会议，并就以“不同而和，迈向学术通识的共同体”为比较文学学科发展目标，推进比较文学跨学科研究的迅猛发展这一问题达成了共识。

（北京市文艺学会供稿）

马克思主义文艺美学学术体系创新研讨会　11月27—28日，由中国社会科学院文学研究所马克思主义文学理论与文学批评研究室主办的马克思主义文艺美学学术体系创新研讨会在京召开。与会专家围绕马克思主义文艺美学学术体系创新路径及其与学科体系、话语体系的关系，中华优秀传统文化与马克思主义文艺美学的创新发展等议题进行了广泛而深入的研讨。

（北京市文艺学会供稿）

“语言·认知科学·脑机接口”高端论坛　11月28日，“语言·认知科学·脑机接口”高端论坛在北京第二外国语学院举行。

来自北京大学、清华大学、北京师范大学、中国科学院、北京航空航天大学、中山大学、荷兰莱顿大学的八位国内外专家，围绕“脑机接口/交叉学科视野下的语言科学研究”的主题，进行了学术分享和前沿报告。

论坛聚焦语言、心理学、认知科学、医学生物工程、模式识别等前沿科学问题与最新技术进展，从语言认知、脑机接口、认知科学与心理、医学工程、社会文化加工、语言认知等角度，探讨了如何借助功能磁共振（fMRI）、经颅直流电刺激系统（tDCS）、脑机接口技术、近红外（fNIRS）、机器学习等技术完成交叉学科研究以及语言研究等问题。

论坛采用线上线下结合的形式，共有300余人参加此次论坛，直播平台共有13000余人观看了论坛。

（北京第二外国语学院供稿）

鲁迅文化论坛暨《阿Q正传》百周年国际学术研讨会　12月2日，北京语言大学鲁迅与世界文化研究院、鲁迅文化基金会共同主办的鲁迅文化论坛暨《阿Q正传》百周年国际学术研讨会在京举办。全国政协副主席刘新成，北京语言大学校长刘利，鲁迅长孙、鲁迅文化基金会会长、北京语言大学鲁迅与世界文化研究院院长周令飞，中国作协副主席阎晶明，教育部原副部长王湛，鲁迅美术学院院长李象群，中国鲁迅研究会会长董炳月，北京语言大学教授徐宝锋、黄悦等出席会议。专家学者们围绕《阿Q正传》的作品研究、《阿Q正传》的经典改编、《阿Q正传》的当代价值与国际影响等议题，分别从学术发展、艺术创新、文化交流和国际传播及青年成长等方面展开研讨，畅谈了鲁迅文化研究的时代意义，探讨了鲁迅精神对中国与世界交流对话的重要价值。

（北京语言大学供稿）

第三届美学与艺术哲学工作坊 12月4日，由北京大学、复旦大学承办的第三届“美学与艺术哲学”工作坊以线上线下结合的方式举行。该工作坊以“审美经验与艺术经验”为题，10余位学者展开报告与研讨，探讨了中西美学与艺术中的诸多重要议题。其中，朱良志的报告《中国传统艺术哲学的“古雅”问题》集中讨论了中国艺术中超越时间的“古雅”观；沈语冰的报告《塞尚的浴者图——兼论艺术创造力》则以塞尚的绘画为中心展开对艺术创造力的深入探讨；以《观念艺术的感性表达》为题，彭锋阐发了“观念艺术的感性表达”；以《何为“美在关系”——狄德罗论美文本细读》为题，张颖重审了狄德罗的“美在关系”说；以《技术资本、艺术动物与积极野蛮——重识“当代”》为题，鲁明军反思了当代技术环境及其相关艺术；李溪在《陈洪绶绘画的“举示”之意》的报告中探究了陈洪绶的人生际遇、绘画观念与禅门思想之间的关系。

（艺术学理论课题组供稿）

当代艺术人类学论坛 全年，中国艺术研究院的艺术人类学品牌学术活动“当代艺术人类学论坛”陆续举办了第17期至26期。本年度的活动会集了王杰、程莹、田兆元、王美钦、杨正文、曾辉、方李莉、王晓葵、周彦华、岳永逸等专家学者，以“审美人类学与艺术人类学：问题与方法”“物的能动性与非洲当代艺术——从一只中国编织袋说起”“仪式美学：概念建立与非遗保护”“艺动主义：社会参与式艺术进行时”“民族艺术的美学内涵与传承创新”“中国艺术人类学的理论与实践”“从‘文物保护’到‘遗产化’时代——废墟、景观与记忆艺术”“罗伯特·莱顿的《艺术人类学》：学术价值与理论拓展”“艺术介入社会：从国际主义到跨际主义”“文化转场、标准化与非遗化——表演类非遗的批判性诠释”等为主题展开了诸多有意义的探讨，丰富了当前中国艺术人类学的学术交流。

（艺术学理论课题组供稿）

历史学

中国社会科学院考古学论坛 4月7日，中国社会科学院考古学论坛在北京召开，论坛发布6项2020年中国考古新发现，分别是浙江余姚市井头山新石器时代遗址、河南巩义市双槐树新石器时代遗址、湖北武汉市郭元咀商周遗址、宁夏彭阳县姚河塬西周遗址、新疆尉犁县克亚克库都克唐代烽燧、青海都兰县热水墓群2018血渭一号墓。埃及卡尔纳克孟图神庙遗址当选国外考古新发现。论坛由中国社会科学院主办，考古研究所、考古杂志社承办，中国社会科学出版社协办。中国社会科学院副院长、党组成员高翔出席会议并讲话。

（中国社会科学院供稿）

陶瓷考古与艺术京师论坛 4月10—11日，由北京师范大学历史学院陶瓷考古与艺术研究中心、中国考古学会宋辽金元明清考古专业委员会、北京大学陶瓷考古与艺术研究所、故宫研究院中外文化交流研究所联合主办的陶瓷考古与艺术京师论坛在北京师范大学召开。全国近20家高校和科研单位的50余位专家学者参与本次论坛。北京师范大学历史学院院长张皓、国家文物局考古中心书记兼副主任宋建忠、云岗研究院院长杭侃以及北京大学陶瓷考古与艺术研究所所长秦大树参会并发言。会议集中探讨了中国古陶瓷的生产、传播与流布等议题，分享了学科研究新动向、科技检测新成果和考古发掘新资料，并探讨中国古陶瓷在当代艺术创作中的应用、陶瓷考古与艺术学科发展道路及教学科研体系等问题。

（北京师范大学供稿）

中国中共党史学会中国工人历史与现状研究会庆祝中国共产党成立100周年学术研讨会暨2021年年会 4月24—25日，由中国工人历史与现状研究会主办、中国劳动关系学院马克思主义学院协办的中国中共党史学会中国工人历史与现状研究会庆祝中国共产党成立100周年学术研讨会暨2021年年会在中国劳动关系学院举行。本届年会的主题是“中国工人运动、工会与中国共产党——庆祝中国共产党成立100周年”。全国总工会中国工运研究所所长闫宇平，中国劳动关系学院校党委书记刘向兵、校长傅德印、副校长刘玉方，中国工人出版社副总编辑吕静，中国李大钊研究会秘书长胡俊等出席会议。来自全国总工会、中国李大钊研究会、中共中央党校（国家行政学院）、中国社会科学院等单位的领导、专家学者、媒体记者等110余人参加会议。

（中国劳动关系学院供稿）

助力北京博物馆之城建设高层研讨会　5月16日，由北京市文物局指导、北京博物馆学会主办，北京博物馆学会行业博物馆专委会承办的助力北京博物馆之城建设高层研讨会在中国邮政邮票博物馆举行。30多家行业博物馆近80人参加会议。中国邮政邮票博物馆、中国电影博物馆、中国电信博物馆、中国铁道博物馆、中国农业博物馆、中国化工博物馆、中国园林博物馆、中国航天博物馆、中国地质博物馆、中国印刷博物馆、中国海关博物馆、北京汽车博物馆等代表作主旨发言。中国博物馆协会理事长刘曙光，北京文物局党组书记、局长陈名杰，中国博物馆协会副理事长、北京博物馆学会理事长刘超英，北京博物馆学会秘书长哈骏出席会议并讲话。

（北京博物馆学会）

孙中山与第一次国共合作学术研讨会　5月17日，中国历史研究院与民革中央、全国政协文化文史和学习委员会联合主办的孙中山与第一次国共合作学术研讨会在北京召开。会议研讨的主要议题有“孙中山思想与第一次国共合作的当代启示”“实现中华民族伟大复兴是第一次国共合作时期国共两党共同追求”等。全国政协副主席、民革中央常务副主席郑建邦在开幕式上致辞。中国历史研究院副院长杨艳秋，统一联盟党首任主席、台湾《观察》杂志社社长纪欣，北京大学历史学系主任王奇生，中国历史研究院近代史研究所研究员郑大华，台湾中华青年发展联合会理事长王正分别作了主旨演讲。

（中国社会科学院供稿）

民族复兴的百年旗帜——中国历史研究院征集海外中共珍稀文献展　5月21日，民族复兴的百年旗帜——中国历史研究院征集海外中共珍稀文献展在中国历史研究院开幕。中央党史和文献研究院副院长王志民，中国社会科学院副院长、党组副书记兼中国历史研究院院长、党委书记高翔，中央纪委国家监委驻中国社会科学院纪检监察组组长、党组成员杨笑山，中国社会科学院党组成员、当代中国研究所所长姜辉，中国社会科学院副院长、党组成员王灵桂，中国社会科学院秘书长、党组成员赵奇，中央广播电视总台编务会议成员、总编室主任王晓真，国家档案局副局长、中央档案馆副馆长付华，全国哲学社会科学工作办公室主任姜培茂，以及原中央文献研究室常务副主任金冲及、原中央文献研究室副主任陈晋、原中央党史研究室副主任章百家等出席开幕仪式。高翔、王志民先后致辞。

此次展览是中国历史研究院向党的百年华诞献礼，向党的百年奋斗历程致敬的系列活动之一。展览从海量档案中精选出近500张文献图片，以时间为脉络，设立“中国共产党的成立”“第一次国共合作”“土地革命”“抗日战争”“解放战争”5个板块，汇集了从俄罗斯、美国、荷兰、日本等国家和地区收集、复制的珍贵资料。绝大部分档案、照片是首次公开展出，具有重要史料价值、学术价值和现实价值。

（中国社会科学院供稿）

环境考古主题研讨沙龙　5月22日，北京联合大学应用文理学院举办环境考古主题研讨沙龙（第五期），与会专家学者围绕“考古遗址的埋藏学研究”主题进行了深入研讨。来自北京大学、复旦大学、中国社会科学院考古研究所、中国科学院地质与地球物理研究所、中国科学院青藏高原研究所、中国科学院古脊椎动物与古人类研究所、中国科学院植物研究所、国家博物馆、《第四纪研究》编辑部等高校和科研院所的50多名专家学者参加沙龙。曲彤丽、王辉、李春霞、饶宗岳、柏哲人等5位学者进行了专题报告，参会学者就埋藏学理论、古环境DNA、土壤微形态分析等相关问题展开讨论。

（北京联合大学供稿）

纪念西藏和平解放70周年学术报告会　5月23日，中华人民共和国国史学会在北京举办纪念西藏和平解放70周年学术报告会，邀请中国藏学研究中心原党组书记朱晓明，党组成员、副总干事、国史学会常务理事廉湘民，中央党校（国家行政学院）民族与宗教研究室教授王小彬作报告。国史学会会长、中国社会科学院原副院长朱佳木主持报告会。

国史学会副会长、中央档案馆副馆长、国家档案局副局长魏洪涛，国史学会秘书长、中国社会科学院当代中国研究所原副所长张星星，当代中国研究所副所长宋月红，中国边疆研究所副所长孙宏年，以及国史学会在京部分理事和各分会的领导，在京党政部门、科研机构、高等院校的干部、学者、研究生和媒体记者等70余人出席报告会。

（中国社会科学院供稿）

历史学实践教学与新文科建设研讨会 5月29日，中国人民大学举办历史学实践教学与新文科建设研讨会。来自北京大学、复旦大学、北京师范大学、武汉大学、南开大学、中山大学、清华大学、华东师范大学、中央民族大学、东北师范大学、首都师范大学、中国人民大学等高校从事历史学实践教学的一线教师、主管教学负责人，以及来自国家文物局、河北省文物局等20余家教学实践部门的负责人，共同围绕新时代历史学实践教学的开展与新文科背景下历史学人才培养等问题展开跨界对话。

（中国人民大学供稿）

第九届北京数字博物馆研讨会 6月10日，北京博物馆学会、北京数字科普协会、中国博物馆协会博物馆数字化专业委员会和北京企业文博协会等单位在首都博物馆联合举办了第九届北京数字博物馆研讨会。研讨会主题为“数字技术拓展博物馆服务和红色文化传播”，会议展示了数字博物馆（科技馆）、有关企业在此领域的新技术、新成果、新案例，组织了数字博物馆数字化创新产品的评价活动，评选出了优秀的数字博物馆数字化创新产品。来自北京地区博物馆（科技馆）、高校博物馆、科普基地、高等院校、科研院所、中关村科技创新企业及全国部分地区博物馆和有关互联网、计算机信息技术等行业的专家、学者和专业技术人员共100多人参加了研讨会。

（北京博物馆学会供稿）

第23次北京学学术年会 6月19日，由北京市文物局指导，北京学研究基地主办，首都博物馆、《北京联合大学学报》编辑部、北京史研究会、北京地理学会、江西科技师范大学《地方文化研究》编辑部协办的北京文化特征与文脉传承——第23次北京学学术年会在北京联合大学应用文理学院举行。来自50多个单位的150多位领导和专家学者参加会议。北京市文物局党组书记、局长陈名杰，北京联合大学校长李学伟出席会议开幕式并致辞。大会开幕式由北京联合大学应用文理学院院长、北京学研究基地主任张宝秀主持。这是北京学高精尖学科服务北京历史文化名城保护和全国文化中心建设宗旨的又一次践行，也体现了学校紧紧围绕北京城市战略定位，聚焦北京发展需求进行人才培养、科学研究、社会服务和文化传承的办学特色。

（北京联合大学供稿）

学习习近平总书记在庆祝中国共产党成立100周年大会上重要讲话座谈会 7月4日，中华人民共和国国史学会在北京召开学习习近平总书记在庆祝中国共产党成立100周年大会上重要讲话座谈会。国史学会会长、中国社会科学院原副院长朱佳木，国史学会第一副会长、中国社会科学院党组成员、当代中国研究所所长姜辉，国史学会副会长、原中央文献研究室常务副主任杨胜群，国史学会原副会长、国防大学原副政委李殿仁，国史学会副会长、教育部高等学校社会科学发展研究中心主任王炳林，国史学会秘书长、当代中国研究所原副所长张星星，国史学会常务理事、中国社会科学院马克思主义研究院党委书记辛向阳，国史学会理事、北京大学中国经济研究中心教授李玲等在会上发言。座谈会由朱佳木主持。

与会人员以“用习近平总书记‘七一’重要讲话精神指引新中国史编研事业的进一步发展”“准确深刻掌握习近平总书记‘七一’重要讲话的新思想新观点新论断”“全面建成小康社会的辉煌历程和重大意义”“永远把伟大建党精神传承下去并发扬光大”“伟大建党精神的基本特征”“加强中华儿女大团结　汇聚民族复兴的磅礴力量”“科学理解马克思主义与中华优秀传统文化相结合”“中国共产党创造了人类文明新形态”为题，交流学习习近平总书记重要讲话精神的心得体会。

国史学会在北京的部分理事和各分会负责人、当代中国研究所部分干部职工、中国社会科学院大学国史系部分研究生及媒体记者50余人参加座谈会。

（中国社会科学院供稿）

清代国家统一历史学术研讨会 9月23—24日，清代国家统一历史学术研讨会在北京举行。会议由中国社会科学院中国历史研究院中国边疆研究所主办。中国社会科学院副院长、党组副书记兼中国历史研究院院长、党委书记高翔出席会议开幕式并作主旨演讲。

中国社会科学院学部委员、中国边疆研究所所长邢广程主持会议开幕式。来自中国社会科学院、国家清史编纂委员会、中国藏学研究中心、中国人民大学等研究机构和高校的专家学者以及“清代国家统一史”课题组成员共计60余人参加会议。与会学者就清代中国疆域的变迁、清代边疆治理、“大一统”观念与清代多民族国家形成、清代疆域地图绘制等问题展开广泛讨论，一致肯定清代国家统一史研究的学术价值和现实意义。

“清代国家统一史”为中国历史研究院首批立项的重大项目之一，后经全国哲学社会科学工作领导小组批准，该项目立项为2020年度“国家社科基金·中国历史研究院重大研究专项（兰台学术计划）重大委托项目”。

（中国社会科学院供稿）

新时代背景下的清学研究暨第六届中国四库学高层论坛　10月15—16日，新时代背景下的清学研究暨第六届中国四库学高层论坛在中国历史研究院举行。论坛由中国历史研究院古代史研究所、湖南大学联合主办，古代史研究所清史研究室、湖南大学岳麓书院、全国高等院校古籍整理研究工作委员会《中国典籍与文化》编辑部承办。

中国社会科学院副院长、中国历史研究院院长高翔，中国历史研究院副院长李国强，中国历史研究院副院长杨艳秋，中国历史研究院古代史研究所副所长邬文玲，湖南大学副校长谢赤等出席开幕式。中国人民大学清史研究所教授黄爱平、华中师范大学历史文献学研究所教授董恩林、北京师范大学历史学院教授张升、上海社会科学院历史研究所研究员司马朝军、北京大学中国语言文学系副教授吴国武、湖南大学岳麓书院教授邓洪波先后发表自己的研究成果。

会议就“四库学研究”和“清学研究”进行了分组讨论。“四库学研究”主题分为“《四库全书》阁本滥补阙文”“四库本《读四书丛说》”“四库馆臣”“《四库全书》纂修经费来源”“《四库全书》与文献传承”“日本学者的‘四库学’研究”等；“清学研究”主题分为“清乾隆年间宫廷修史”“乾隆文化政策调整与儒学修身模式”“清初的儒学净化运动与考据学的兴起”“文溯阁藏书流变考”“清人相关著作研究”。

（中国社会科学院供稿）

敦煌文献整理与研究的新视野学术研讨会　10月16—17日，由中国社会科学院古代史研究所、中国政法大学主办，中国社会科学院敦煌学研究中心、古代史研究所隋唐五代十国史研究室、中国社会科学院简帛研究中心、中国社会科学院徽学研究中心、中国政法大学法律古籍整理研究所承办的敦煌文献整理与研究的新视野学术研讨会在北京召开。会议研讨的议题有“礼仪制度与国家治理”“文献整理与文书行政”“丝路交通与宗教文化”“敦煌学史与近代资料”等。

（中国社会科学院供稿）

学习习近平总书记致仰韶文化发现和中国现代考古学诞生100周年贺信精神座谈会　10月19日，中国历史研究院学习习近平总书记致仰韶文化发现和中国现代考古学诞生100周年贺信精神座谈会在北京召开。中国社会科学院副院长、党组副书记，中国历史研究院院长、党委书记高翔出席并讲话。中国历史研究院副院长李国强主持会议。此次座谈会是中国历史研究院贯彻落实习近平总书记致中国历史研究院成立贺信精神、“9·28”重要讲话精神、致仰韶文化发现和中国现代考古学诞生100周年贺信精神的重要举措，与会学者共同探讨建设新时代中国特色、中国风格、中国气派考古学的新思路，共同谋划更好展示中华文明风采、弘扬中华优秀传统文化的新路径。

会上，中国社会科学院中国历史研究院古代史研究所所长卜宪群，考古研究所研究员王亚蓉，中国人民大学教授韩建业，山东大学教授姜波，中央民族大学讲师陈伟驹，中国历史研究院党委副书记余新华、副院长万建武、纪委书记兼副院长路育松等交流了学习体会。

来自中国社会科学院中国历史研究院院部和院属研究所、中国人民大学、中央民族大学、山东大学的专家代表20余人参加会议。

（中国社会科学院供稿）

东亚史研究前沿论坛　10月29日，中国社会科学院世界历史研究所日本历史与文化研究中心和日本与东亚史研究室在北京共同举办东亚史研究前沿论坛，主题是“东亚史研究前沿”，研讨的主要问题有“东亚中的观念和概念史”“日本、朝鲜研究动态”“长时段历史视野下的东亚国际关系”“东亚视野下的中日关系”。

论坛由日本与东亚史研究室主任张跃斌主持，来自中国社会科学院世界历史研究所、历史理论研究所、中国边疆研究所、日本研究所、中国社会科学院大学以及北京大学、清华大学、首都师范大学、中央民族大学、南开大学的10余位青年学者作报告。日本历史与文化研究中心名誉主任汤重南研究员致开幕词。世界历史研究所张经纬研究员致闭幕词。

（中国社会科学院供稿）

博物馆蓝皮书《中国博物馆发展报告（2019—2020）》发布会暨博物馆学科发展论坛 11月4日，由首都师范大学与社科文献出版社主办，首都师范大学历史学院、博物馆发展研究中心承办的博物馆蓝皮书《中国博物馆发展报告（2019—2020）》发布会暨博物馆学科发展论坛在北京举行。来自国家文物局、北京大学等研究机构和高校及新闻媒体代表共计50余人以线上线下方式参与会议。博物馆蓝皮书《中国博物馆发展报告（2019—2020）》由首都师范大学教授钱益汇任主编，是中国博物馆行业第一本综合性蓝皮书。首都师范大学副校长雷兴山、社科文献出版社首席编辑周丽致开幕词。中国博物馆协会理事长刘曙光、中国文物交流中心副主任赵古山、北京市文物局副局长白杰、北京市博物馆协会理事长刘超英、首都师范大学副校长雷兴山共同发布了博物馆蓝皮书。会上，高校和行业专家围绕蓝皮书编纂的体例、内容、数据、对策研究和多方合作等领域，从人才培养和学科建设角度，在青年学者专项支持、馆校合作等方面献计献策。

（首都师范大学社科处供稿）

全球史视野下拉丁美洲与世界的互动学术研讨会 11月6—7日，由中国拉丁美洲史研究会主办，中国社会科学院世界历史研究所承办的中国拉丁美洲史研究会第20届年会暨全球史视野下拉丁美洲与世界的互动学术研讨会举行。研讨会的主题为“全球史视野下拉丁美洲与世界的互动”。中国社会科学院世界历史研究所副所长刘健研究员，中国拉丁美洲史研究会理事长、南开大学拉丁美洲研究中心韩琦教授致辞。与会代表从全球史角度出发，围绕“地理大发现时期新旧大陆之间的互动”“域外大国在拉美的博弈”“西班牙与拉美国家之间的互动”“英国与拉美国家之间的互动”“美国与拉美国家之间的互动”“东亚与拉美之间的互动”“中拉关系的历史与现实”“中美拉三边关系互动”等问题进行交流。来自中国社会科学院、中国现代国际关系研究院、北京大学、南开大学、东北师范大学、福建师范大学等科研机构和高校的90余名师生以线上形式参会。

（中国社会科学院供稿）

殖民地时期非洲史研究与编纂学术研讨会 11月10日，由中国社会科学院世界历史研究所主办，非洲史研究室承办的殖民地时期非洲史研究与编纂学术研讨会在北京举行。来自中国社会科学院、北京大学、复旦大学、华东师范大学、湖南师范大学、内蒙古民族大学、苏州大学、浙江师范大学等高校和科研机构的15位专家学者发言。会议研讨的主要议题有“殖民主义与埃及”“殖民主义与南非”“殖民主义与尼日利亚”“殖民主义与肯尼亚”“殖民主义与东非”“殖民主义与非洲发展”等。

（中国社会科学院供稿）

第八届中国边疆研究青年学者论坛 11月19—20日，中国社会科学院中国历史研究院中国边疆研究所主办第八届中国边疆研究青年学者论坛。主要议题有“传统时期的边疆治理得失”“古今边疆的安全与稳定”“边疆地区经济发展”“边疆与周边关系”等。论坛会聚了全国数十所高校、研究机构的80余位青年学者，共设2个平行会场14个报告小组，发表会议论文80余篇。中国边疆研究所副所长、研究员范恩实主持论坛开幕式。中国边疆研究所《中国边疆史地研究》主编、国家与疆域理论研究室主任李大龙研究员，中国边疆研究所新疆研究室主任许建英研究员，中国边疆研究所北疆历史研究基地负责人、北部边疆研究室阿拉腾奥其尔研究员依次作主旨演讲。闭幕式由中国边疆研究所副所长范恩实研究员主持。中国社会科学院学部委员、中国边疆研究所所长邢广程研究员作学术指导。

（中国社会科学院供稿）

纪念何兹全先生诞辰110周年暨中国传统经济及其转型学术研讨会 11月20日，由北京师范大学历史学院中国古代史研究中心主办的纪念何兹全先生诞辰110周年暨中国传统经济及其转型学术研讨会举行。来自北京师范大学、北京大学、清华大学、中国人民大学、中央民族大学、首都师范大学、中国社会科学院、故宫博物院、中国先秦史学会、中国魏晋南北朝史学会、中国社会科学杂志社、《光明日报》等多所高校、研究机构和媒体的近90位专家学者齐聚云端，缅怀何兹全先生的道德文章，并就中国传统经济及其转型的问题进行了深入讨论。

开幕式由北京师范大学历史学院院长张皓主持，历史学院党委书记耿向东，中国先秦史学会会长宫长为，中国魏晋南北朝史学会会长楼劲，中国社会科学杂志社副总编辑、研究员李红岩，北京师范大学铸牢中华民族共同体意识研究培育基地主任郑师渠，首都师范大学历史学院院长刘屹，《光明日报》史学版主编户华为，北京师范大学历史学院中国古代史研究中心副主任、何先生弟子代表宁欣等先后致辞。本次会议中，学者从不同角度对何兹全先生的史学思想、中国传统经济及其转型等问题进行了广泛深入的讨论。

（北京师范大学供稿）

第二届中国世界史高端论坛　11月25—26日，由中国社会科学院（中国历史研究院）世界历史研究所主办的第二届中国世界史高端论坛在中国历史研究院举行。来自北京大学等全国30多所高校和中国社会科学院世界历史研究所等科研机构的近70位专家学者参加会议。会议研讨的主要议题有“世界史视阈中的人类文明新形态”“世界史视阈中的现代化新道路”“新时代世界史学科体系、学术体系、话语体系建设”等。中国社会科学院副院长兼中国历史研究院院长高翔出席论坛并讲话。

（中国社会科学院供稿）

国际自然历史博物馆的发展趋势与挑战线上研讨会　11月26日，北京自然博物馆主办国际自然历史博物馆的发展趋势及挑战线上研讨会。会议邀请了来自国内外自然博物馆的负责人，集众智、聚众力，成良策、谱新篇，共话新时代博物馆创新发展。澳大利亚博物馆馆长兼CEO金姆·麦凯（Kim McKay）、上海科技馆馆长王小明、俄罗斯达尔文博物馆馆长安娜·克柳金娜（Anna Klyukina）、中国古动物馆馆长王原、以色列斯坦哈特自然博物馆理事会主席塔玛尔·达扬（Tamar Dayan）、浙江自然博物院院长严洪明和北京自然博物馆馆长孟庆金共7位专家做主题发言，以国际视角展现了自然历史博物馆的行业发展现状和未来面临的机遇与挑战，从宏观形势研判到微观数据分析，从学术理论研讨到实践经验分享，对推动自然历史博物馆创新发展具有切实的指导意义。

（北京市科学技术研究院供稿）

庆祝中国共产党百年华诞暨中国海疆百年变迁学术研讨会　11月26日，中国社会科学院中国边疆研究所中国海洋史研究室、海南热带海洋学院马克思主义学院、海南大学法学院联合主办庆祝中国共产党百年华诞暨中国海疆百年变迁学术研讨会。来自中国社会科学院、自然资源部海洋战略发展研究所、中国海洋大学等高校、科研院所的近30位专家学者参加会议。中国社会科学院学部委员、中国社会科学院中国边疆研究所所长邢广程，海南热带海洋学院副校长廖民生，海南大学法学院党委书记叶英萍代表主办单位致辞。

会议研讨的主要议题有“中国共产党成立百年来维护海疆权益的实践成就”“新中国成立后我国海疆治理制度建设与实践经验”“改革开放后我国沿海地区开放开发”等，内容涉及海洋法、南海问题、海洋经济、海洋治理、海洋安全等领域。

中国边疆研究所副所长范恩实研究员、海南热带海洋学院马克思主义学院院长宁波教授、海南大学法学院教授、海南省南海政策与法律研究中心主任张良福在会议闭幕式上作总结发言。

（中国社会科学院供稿）

第八届两岸智库学术论坛　11月26日，以“弘扬辛亥精神，共创复兴伟业”为主题的第八届两岸智库学术论坛在北京举行。论坛由中国社会科学院台湾研究所、中华全国台湾同胞联谊会、全国台湾研究会、厦门大学台湾研究院、台湾二十一世纪基金会、台湾中国文化大学社会科学院共同举办。90余位两岸专家学者和台商台青等通过视频连线共同参与。

中共中央台办、国务院台办主任刘结一，中国社会科学院副院长、中国历史研究院院长高翔，中华全国台湾同胞联谊会会长黄志贤，台湾二十一世纪基金会董事长高育仁，台湾中国文化大学社会科学院院长赵建民分别在论坛上致辞。

论坛首次采用融媒体方式，在中国社会科学院设主会场，同步连线北京、武汉和广州三个分会场，并与台北连线互动，全景立体展现三座城市与辛亥革命的历史关联及110年来取得的伟大成就。与会者还就当前台海形势和两岸关系发展等议题展开研讨。

（中国社会科学院供稿）

构建和书写中非命运共同体——通史编纂与中非历史比较研究国际学术研讨会　12月8日，由中国社会科学院中国历史研究院、中国非洲研究院主办的构建和书写中非命运共同体——通史编纂与中非历史比较研究国际学术研讨会举行。中国社会科学院副院长、中国历史研究院院长高翔，非盟驻华代表处常驻代表拉赫曼塔拉·奥斯曼出席研讨会并致辞。

《新编中国通史》已列入国家“十四五”规划，新编多卷本《非洲通史》已立项为国家社科基金重大项目和中国社会科学院“十四五”重大科研项目。预计《新编中国通史》含30卷2000余万字，新编多卷本《非洲通史》含6卷300余万字。

中国社会科学院中国历史研究院副院长李国强主持会议，中国非洲研究院执行院长李新烽作总结讲话。来自中国、博茨瓦纳、喀麦隆、美国、奥地利等国学者参加研讨会。会议研讨的主要议题有“通史编纂与社会形态理论”“‘丝绸之路’与古代中非经济文化交流”“文明互鉴视野下中非历史起源与发展比较研究”“近代中非历史与‘中非命运共同体’的历史构建”“殖民主义对中国和非洲的历史影响比较研究”等。

（中国社会科学院供稿）

第二届李大钊研究北京论坛暨社会主义现代化国家新征程学术研讨会　12月17日，由中国李大钊研究会、北京市委党校（北京行政学院）、北京市习近平新时代中国特色社会主义思想研究中心北京市委党校研究基地、北京大钊学社主办的第二届李大钊研究北京论坛暨社会主义现代化国家新征程学术研讨会在北京市委党校举办，主题为“学习李大钊，奋进新征程”。中国李大钊研究会会长、北京大学原党委书记朱善璐，时任北京市委党校（北京行政学院）常务副校（院）长王民忠，中国李大钊研究会特邀副会长、天津市委党校（天津行政学院）副校（院）长、天津市委党史研究室主任王永立，河北省委党校（河北行政学院）副校（院）长孟庆云，北京市委党校（北京行政学院）副校（院）长袁吉富，北京市委党校（北京行政学院）校委委员刘红雷出席会议。中国李大钊研究会，天津、河北等地的会员代表及北京市委党校（北京行政学院）系统教师代表、研究生代表300余人参加交流研讨。

（北京市委党校科研处供稿）

大变局与世界史研究：世界史成为一级学科十周年学术研讨会　12月24日，由中国历史研究院主办、中国社会科学院世界历史研究所和中国社会科学院“登峰战略”欧美近现代史优势学科承办的“大变局与世界史研究：世界史成为一级学科十周年”学术研讨会在北京举行。会议研讨的主要议题为“机遇与挑战：迎接中国世界史研究的大繁荣大发展”“开放的世界史”“中国的世界史学科需要融合发展”等。

中国社会科学院副院长、党组副书记，中国历史研究院院长、党委书记高翔研究员提出“建设新时代中国史学”的倡议，指出世界史学者要旗帜鲜明地亮明立场，以习近平新时代中国特色社会主义思想为指导，站在新时代的高度，从今日中国与世界的关系出发看待世界历史进程；要具备大历史观，作为思想者努力构建具有自身特色的学科体系、学术体系和话语体系；要继承中国史学的优良传统，积极关注现实，服务现实，以形成新的学术生长点；要注重多学科融合发展，加强世界史学科建设，团结全国世界史学者，努力打造新时代世界通史和全球史著作。

会议开幕式由中国历史研究院党委副书记余新华主持。首都师范大学教授刘新成致辞。来自中国社会科学院、北京大学、清华大学、中国人民大学、北京师范大学、首都师范大学、光明日报社等在北京科研机构的专家学者参加会议。

（中国社会科学院供稿）

中西文明比较研究学术研讨会　12月25日，由北京师范大学历史学院中西文明比较研究中心主办的中西文明比较研究学术研讨会在北京师范大学召开。来自中国历史研究院世界历史研究所、中国人民大学、复旦大学、武汉大学、陕西师范大学、中国出版集团公司、商务印书馆等国内高校、研究机构和出版单位的近30位专家学者及10多位研究生参加了会议。开幕式由北京师范大学历史学院中西文明比较研究中心执行主任蒋重跃主持。历史学院党委书记耿向东、院长张皓代表院党政班子讲话。北京师范大学资深教授、中西文明比较研究中心主任刘家和等先后致辞。

与会专家学者围绕中西语文与思维方式、中西史学与思想的特点、古代中西帝国的地方治理以及中西文明比较研究的理论与方法等重要学术问题展开研讨。

（北京师范大学供稿）

管 理 学

新时代公共管理知识体系反思与重建学术研讨会暨《公共管理与政策评论》年度论坛　1月8—9日，由中国人民大学主办、公共管理学院承办的新时代公共管理知识体系反思与重建学术研讨会暨《公共管理与政策评论》年度论坛以线上线下相结合的方式召开，研讨会由开幕式、主旨发言、圆桌对话、前沿论坛、年度会议和闭幕式组成，来自国内外的专家学者共计100余人参加会议。开幕式后，与会专家作大会主旨演讲，并对京外会议参加者进行了定向直播。会上，专家们分别从学科建设框架、学科成熟度、管理科学基金规划、中国问题与中国故事、本土实践与国际比较、知识体系构建等方面出发，围绕新时代公共管理知识体系反思与重建进行了深入交流与探讨。

（中国人民大学供稿）

第七届首都治理论坛　3月28日，由中国人民大学首都发展与战略研究院、中国人民大学智能时代中国特色超大城市治理创新研究跨学科平台主办的第七届首都治理论坛——超大城市治理的新理念以线上直播的形式举办。中国人民大学副校长刘元春致辞，浙江工商大学校长、浙江大学社会治理研究院院长郁建兴，中国人民大学公共管理学院执行院长、循证治理与公共绩效研究中心主任杨开峰，四川大学公共管理学院党委书记姜晓萍，上海交通大学中国城市治理研究院执行院长吴建南，首都发展与战略研究院副院长、中国人民大学公共管理学院教授李文钊等来自中国人民大学、清华大学、北京大学、浙江大学、中共中央党校（国家行政学院）、复旦大学、上海交通大学、中山大学、四川大学等高校的18位专家学者参加会议。

（中国人民大学供稿）

建设数字中国背景下大数据、区块链与经济社会融合创新发展研讨会　4月17日，由北京工业大学经济与管理学院主办，中国工业与应用数学学会区块链专委会协办，北京工业大学区块链研究中心承办的建设数字中国背景下大数据、区块链与经济社会融合创新发展研讨会在北京举行。科技部基础研究司、中国科学院、中央财经大学、中国地质大学、国防科技大学、香港城市大学、南开大学、华中师范大学、华南理工大学、北京理工大学、北京化工大学、湖南省区块链协会、链方达科技有限公司等单位100余位高校师生和业内人士围绕“比特币与碳排放政策评估”“区块链中信誉的作用”“区块链系统中云计算资源的定价”“氢能领域的区块链创新”“区块链技术助力碳中和”“基于大数据的中小企业供应链金融风险”“基于数据分析的关键商品贸易及中断风险”等议题展开研讨。

（北京工业大学供稿）

北京邮电大学第三届强邮论坛　4月17日，由国家邮政局指导、北京邮电大学主办，现代邮政学院（自动化学院）承办的第三届强邮论坛暨现代流通体系创新发展及邮政快递业高层次人才培养峰会在北京举行。国家邮政局副局长杨春光、人事司司长刘良一，中国邮政集团有限公司副总经理温少祺，中国快递协会副秘书长杨骏，北京邮电大学校长乔建永等出席论坛。来自国家邮政局、商务部、中国邮政集团有限公司、相关高校、行业知名企业及媒体的200余名代表参加论坛。

国家邮政局副局长杨春光、北京邮电大学校长乔建永分别发表致辞。论坛设置主论坛和四个分论坛，来自中国邮政集团有限公司、菜鸟网络科技有限公司、苏州金峰物流设备有限公司、申通快递有限公司、商务部、国家邮政局发展研究中心、中国电信集团等企业，以及北京交通大学、南京邮电大学、重庆邮电大学、西安邮电大学等院校的20名嘉宾和专家学者围绕“双循环”下的现代流通体系建设、后疫情时代的物流创新发展、邮政快递业高层次人才需求和培养、学科建设与专业发展进行主题分享与交流研讨。

（北京邮电大学供稿）

新文科背景下的低碳治理前沿研究高端论坛　4月24日，新文科背景下的低碳治理前沿研究高端论坛在北京航空航天大学举办。论坛由经济管理学院副院长吴俊杰主持，国务院发展研究中心研究员李善同、经管学院院长范英分别任论坛主席和副主席。论坛由范英致辞，她表示，经管学院筹划建设的低碳治理与政策智能实验室，瞄准国家低碳高质量发展重大战略需求，着力解决低碳治理重大科学问题和政策问题。对内，实验室将整合融合北京航空航天大学的优势学科资源，将管理科学、计算机、人工智能、应用经济、公共管理、外语等优势学科深度融合，创新低碳政策研究的理论方法体系；对外，实验室将坚持共享开放，打造国际一流的研究平台。

来自国务院发展中心、中国科学院、华东理工大学、北京航空航天大学、南京航空航天大学等单位的60余名专家围绕“碳排放效率”“碳中和背景下的低碳治理”“大气污染防治”等议题展开讨论。

（北京航空航天大学供稿）

防灾减灾：中国经验与国际合作论坛　5月9日，在第十三个全国防灾减灾日即将到来之际，由中国公共关系协会与中国应急管理学会联合主办，中国人民大学新闻学院和公共管理学院联合承办，武汉大学新闻与传播学院、四川大学研究生实践服务团、中俄新闻教育高校联盟等单位协办的“防灾减灾：中国经验与国际合作论坛”在中国人民大学举办。中央相关部委领导、地方政府新闻发言人、全球五大洲七个国家的国际国内知名专家学者、国际新闻媒体人等参与分享和交流。

（中国人民大学供稿）

数字化赋能中小企业高质量发展与融通创新线上研讨会　5月22日，北京邮电大学经济管理学院与金蝶软件（中国）有限公司联合举办数字化赋能中小企业高质量发展与融通创新在线研讨会。本次研讨会邀请了数十位专家、学者与企业代表，旨在探讨在信息技术变革成为企业转型核心驱动力的背景下，如何通过数字化转型促进中小企业高质量发展。

会议开幕式由张晓航主持，上午场的主题演讲中，吕廷杰从数字经济的本质是智能经济角度阐述了数字化转型催生企业成长新动能、新业态的观点。下午场的主题演讲由华侨大学工商管理学院刘闲月主持。中国社会科学院工业经济研究所黄速建发表主题演讲，认为新的工业革命是信息化与智能化的工业化，数字化是新工业革命的核心内容。

本次研讨会设置了两场圆桌论坛。第一场圆桌论坛的主题为“数字化时代——中小企业面临的机遇与挑战”，主持人为吴俊副教授。第二场圆桌论坛的主题为“中小企业创新发展——金融支持与数字化”，主持人为贾怀京副教授。嘉宾们先后展开讨论，曾雪云教授建议企业只做一套账，进行阳光工程，规范经营和健康成长。京东仙游数字化园区书记何鲁杰从垂直化、创新化、数字化、平台化角度强调数字园区的管理需要政府和企业的共同努力。

（北京邮电大学供稿）

数字政府建设与权力监督创新理论与实践研讨会暨第四届清华—法大“数据治理”论坛　7月6日，由中国政法大学政治与公共管理学院、清华大学政治学系、清华大学数据治理研究中心主办，中国政法大学政治与公共管理学院政治学系、“大数据与政府治理研究”创新团队、国家监察研究院承办的数字政府建设与权力监督创新理论与实践研讨会暨第四届清华—法大“数据治理”论坛在中国政法大学举行。来自北京大学、清华大学、广州大学、湖南大学、北京化工大学、中纪委新闻传播中心理论部、福州市大数据委、河南省林州市纪委监委、内蒙古鄂尔多斯市达拉特旗纪委监委、甘肃省定西市临洮县纪委监委、北京植德律师事务所、科大讯飞等单位20余位政府代表、专家学者和业界人士出席会议。

会议由清华大学政治学系主任张小劲致辞，共分为两个主题单元。第一单元集中探讨了数字政府建设。北京大学习近平新时代中国特色社会主义思想研究院研究员陈佳从技术与机构的视角探讨了金融监管数字治理；中国政法大学政治与公共管理学院副院长庞金友教授提出了当前数据治理的迷思与困境；北京化工大学文法学院副教授赵娟基于31个省级行政单位和101个大中城市的定量研究考察了数字政府发展的理论框架与评估体系；北京植德律师事务所合伙人李斌主要探讨司法公开对社会治理的影响；中国政法大学网络法学研究所郭旨龙对警用人脸识别的治理与监督发表了见解；中国政法大学仲裁研究院周蔚讨论了法律人工智能对法律职业影响。

第二单元则聚焦于数据治理驱动下的权力监督创新。广州大学公共管理学院教授董石桃、湖南大学马克思主义学院副教授邬彬线上与会发言，分别探讨了整体性治理视域下的大数据反腐以及大数据技术如何治理小微权力腐败。随后，甘肃省临洮县纪委监委、河南省林州市纪委监委、内蒙古鄂尔多斯市达拉特旗纪委监委等实务部门的工作者对本地区如何运用大数据进行权力监督创新进行了介绍。

（中国政法大学供稿）

智能决策与大数据应用国际会议　7月17日，由北京信息科技大学、北京科技人才研究会主办的2021智能决策与大数据应用国际会议（The 2021 International Conference on Intelligent Decision-making and Big Data Application，IDBDA2021）在北京召开。

会议邀请中国工程院院士杨善林和北京信息科技大学教授张健担任大会主席，北京信息科技大学副校长陈昕出席大会并致辞，经济管理学院书记李相豸、院长曲立、副院长尹洁林出席大会，会议由学校科技处处长张健主持。来自中国、美国、英国、法国、加拿大等多个国家和地区的200余位代表参加会议。会议聚焦智能决策与大数据应用，围绕文化大数据与文化科技融合、中小微企业综合质量智能服务、绿色发展大数据与智能决策、媒介大数据与智能评价等议题进行研讨，旨在促进该领域的学术交流和深度发展。

杨善林作题为《互联网与工业互联网》的主题报告。北京理工大学教授王兆华作题为《数据驱动的居民低碳消费行为决策研究进展》的主题报告。来自普渡大学、温莎大学、朴次茅斯大学、里昂商学院的学者分别就智能决策与大数据应用领域的前沿问题作报告。

会议举行了国家重点研发计划项目“服务价值与文化传播评估理论与技术”研究成果——“文化创作科技服务集成平台”发布仪式。

（北京信息科技大学供稿）

清华大学公共管理学院全球学术顾问委员会2021年会议　9月24日，清华大学公共管理学院全球学术顾问委员会（简称“学术顾问委员会”）2021年会议在清华大学举行，主题为“迈向现代化的高等教育、科技发展与公共治理”。十三届全国人大常委会副委员长、民盟中央主席丁仲礼，十三届全国政协副主席、致公党中央主席、中国科学技术协会主席万钢，十三届全国政协副主席辜胜阻，学术顾问委员会中方主席，十二届全国政协副主席、博鳌亚洲论坛副理事长周小川，清华大学校长邱勇，清华大学党委书记、校务委员会主任陈旭，清华大学副校长杨斌等15位学术委员及嘉宾现场参会；学术顾问委员会年度外方主席、新加坡国立大学李光耀公共政策学院院长柯成兴（Danny Quah）等8位顾问委员和嘉宾在线参会。

开幕式由清华大学公管学院院长江小涓教授主持。万钢、辜胜阻分别以“迈向现代化全球化的科技创新”“实现碳中和愿景要发挥政府主导和引领作用”为题作主旨发言。

中国社会科学院院长谢伏瞻，国际货币基金组织副总裁、中国人民银行前副行长李波；马里兰大学公共政策学院院长，全球公共政策、事务与管理院校联盟前主席，联合国前助理秘书长，气候变化问题特使欧伦波（Robert Orr）；商务部原部长、海峡两岸关系协会原会长、清华大学台湾研究院院长陈德铭；中国国际金融股份有限公司首席执行官黄朝晖等委员和嘉宾分别发言，并展开交流讨论。

（清华大学供稿）

第十一届中国技术未来分析论坛　9月25日，由中国企业管理研究会新兴技术未来分析与管理专业委员会主办，中国科学学与科技政策研究会技术预见专业委员会协办，北京工业大学经济与管理学院承办的第十一届中国技术未来分析论坛在北京召开。论坛以“数字转型与双碳环境下的技术未来分析、创新政策工程与健康创新”为主题，来自清华大学、中国社会科学院大学、同济大学等40多所高校，来自中国科学技术信息研究所等10多家研究机构，以及来自海尔、浪潮、中国五矿等企业界的专家学者200余人参与论坛交流。

（北京工业大学供稿）

第二届首都高端智库北京交通发展论坛暨北京交通蓝皮书发布会　9月25日，第二届首都高端智库北京交通发展论坛暨北京交通蓝皮书发布会在北京交通大学召开，本届论坛以“京津冀协同发展背景下的北京交通”为主题。论坛由首都高端智库北京交通大学北京综合交通发展研究院和北京交通大学国家交通发展研究院联合主办。

北京交通大学校长王稼琼，北京市社科联党组书记、常务副主席、北京市社科规划办主任、首都高端智库理事会副理事长张淼，北京市交通委员会党组成员、副主任容军，北京市社科联党组成员、副主席、北京市社科规划办副主任崔占辉，北京交通大学副校长余祖俊出席论坛。北京交通发展研究院院长、全国政协委员郭继孚，中国国际发展知识中心副主任魏际刚，北京交通大学教授毛保华、欧国立等专家莅临大会并作主旨报告。

北京交通大学校长、党委副书记王稼琼表示，北京交通大学北京综合交通发展研究院作为首批首都高端智库建设的试点单位圆满完成第一个三年周期建设任务，对聚焦首都城市战略地位、京津冀协同发展、有序疏解非首都功能等重大交通问题积极建言献策，提供了高质量咨政服务。

（北京交通大学供稿）

第十一届中国交通高层论坛　9月25日，由北京交通大学、交通运输新型智库联盟共同主办的第十一届中国交通高层论坛在北京交通大学举办。本届论坛以“新阶段　新理念　新格局加快推进交通强国建设”为主题，会聚交通运输新型智库联盟、财政部经建司、国家发改委综合运输研究所、国家铁路集团、国家能源投资集团等40余名专家学者共同探讨综合立体交通网与交通强国建设纲要、交通强国目标下的碳达峰与碳中和发展路径、科技创新赋能交通强国建设、现代交通运输服务业发展策略等国家交通发展的前沿问题。

中国工程院院士、铁路工程技术和管理专家卢春房，交通运输部科学研究院副院长兼总工程师、全国政协委员王先进，国家发展和改革委员会综合运输研究所所长汪鸣，国家能源投资集团有限责任公司科技部主任李全生，北京交通大学党委书记黄泰岩、副校长余祖俊，以及论坛创始人之一、北京交通大学教授张国伍等出席论坛。

中国交通高层论坛是北京交通大学在综合交通领域打造的一个重要学术交流平台，自2005年创办以来，已连续举办11届，已发展成中国综合交通领域最有影响的“交融思想、开拓创新、引领前沿”的高水平学术交流平台。

（北京交通大学供稿）

北京城市治理现代化高端论坛　9月26日，由北京市城市管理委员会发起，北京城市管理学会主办，北京邮电大学经济管理学院承办，北京邮电大学电子政务云计算应用技术国家工程实验室、北京邮电大学灾备技术国家工程实验室以及《城市管理与科技》杂志社协办的北京城市治理现代化高端论坛在北京邮电大学举办。大会聚焦北京城市治理，对标城市现代化治理发展新要求，围绕双碳战略、韧性城市、智慧城市、城市美学等主题展开讨论，为促进城市治理体系和治理能力现代化做出了积极贡献。

北京邮电大学党委副书记王同奇、北京市城市管理委员会相关负责人，以及北京城市管理学会会长和副会长，全国MPA教指委委员、《公共管理学报》主编、哈尔滨工业大学经济与管理学院教授米加宁，北京邮电大学电子政务云计算应用技术国家工程实验室、国家智慧城市专家委员会委员宋俊德，中国人民大学环境学院靳敏等多位专家出席论坛并作相关演讲和讨论。北京邮电大学经济管理学院院长王欢主持会议。

（北京邮电大学供稿）

2021中国管理会计论坛　10月22日，由中央财经大学会计学院、中国管理会计研究与发展中心主办，正保远程教育集团、正保远见、厦门网中网承办的业财变革、数智赋能——2021中国管理会计论坛在北京举办。论坛通过网络进行公开直播，线上观看量超过9000人次。

与会嘉宾40余位，分别来自行政事业单位、金融、机械、建材、汽车、工程检测、数据通信、软件系统等各个行业，共同探讨新技术背景下管理会计发展的前沿问题，传播管理会计的魅力和业财融合的大趋势。本次论坛上颁发了2021年度中国管理会计实践奖和管理会计实践专家奖项。

（中央财经大学供稿）

首届新时代中国人力资源管理创新与发展高端学术论坛　10月23日，由中国社会科学院大学、中国社会科学院财经战略研究院和中国人事科学研究院共同举办的首届新时代中国人力资源管理创新与发展高端学术论坛在北京召开。与会专家和学者围绕“新时代人力资源理论创新与发展”和“新时代人力资源管理的挑战与变革”两个议题进行主题发言和研讨交流。

（中国社会科学院大学供稿）

第四届安全与应急高端论坛暨全国应急技术与管理本科专业高校联盟成立大会　10月23—24日，第四届安全与应急高端论坛暨全国应急技术与管理本科专业高校联盟成立大会以线上线下相结合的形式在中国劳动关系学院举办。国家减灾委专家委员会副主任、国务院应急管理专家组原组长闪淳昌，全总劳动和经济工作部副部长侯波，教育部高等学校安全科学与工程类专业教学指导委员会委员、全国工程教育专业认证专家、中国矿业大学（北京）教授傅贵，中国地质大学（北京）教授程五一，中国劳动关系学院校长傅德印、副校长刘玉方出席大会。安全工程学院师生近50人在线下参加大会，21所获批应急技术与管理本科专业高校代表、应急技术与管理领域的相关企业代表、相关高校的师生近140人在线上参加大会。

开幕式上，傅德印致辞并宣读成立全国应急技术与管理本科专业高校联盟组织机构的决定，并为代表颁发聘书。

主题报告阶段，闪淳昌、傅贵、程五一分别以"增强忧患意识，防范化解重大风险挑战""安全与应急科学的共性基础理论""'应急技术与管理'专业课程标准的思考"为主题作报告。

中国劳动关系学院以及河南理工大学、中国矿业大学（北京）、辽宁工程技术大学、太原理工大学等19所高校代表与相关企业代表在线上进行了应急技术与管理专业建设方面的报告与交流。

（中国劳动关系学院供稿）

第三届中国青年管理学者论坛·工商管理论坛　10月29日，由首都经济贸易大学主办、首都经济贸易大学工商管理学院和会计学院共同承办，《管理世界》《经济与管理研究》《技术经济》等期刊支持的第三届中国青年管理学者论坛·工商管理论坛在首都经济贸易大学召开。此次会议采取线上线下相结合的方式，来自北京大学、清华大学、武汉大学、厦门大学、复旦大学、山东大学、中山大学等国内高校和科研机构的专家学者共计300余人参加会议。校长付志峰出席开幕式并致辞。

《管理世界》杂志社社长李志军、中国社会科学院经济研究所所长黄群慧、中国人民大学商学院王化成受邀出席开幕式。会议有多位专家作主旨报告，并开设9个分论坛进行研讨。

中国青年管理学者论坛·工商管理论坛是首经贸与《管理世界》杂志社的战略性合作，旨在为中国青年管理学者搭建起氛围浓厚的高水准、高规格学术交流平台，切实推动中国工商管理研究发展，推动工商管理学为中国企业实践服务。

（首都经济贸易大学供稿）

第八届科学监管与监管科学论坛暨行政管理专业创建40周年学术研讨会　10月30日，由首都经济贸易大学主办，中国行政管理杂志社、经济与管理研究杂志社、中国市场监管报社、中国市场监管研究编辑部协办，首经贸城市经济与公共管理学院、工商行政与市场监管研究所、公共治理与公共政策研究中心承办的第八届科学监管与监管科学论坛暨行政管理专业创建40周年学术研讨会在北京召开。来自国家市场监管总局、国家信息中心、中央党校、清华大学、中央财经大学、对外经济贸易大学、厦门大学、上海食品药品安全研究中心等政府部门、高校、科研机构的80多位专家学者和研究生参加了会议。本次论坛采用线上线下相结合的形式举办。副校长孙昊哲出席论坛开幕式并致辞。

本届论坛和研讨会以"新发展阶段市场监管的新形势与新课题"为主题，围绕新时代市场监管和学科建设的重大问题进行了深入交流。本届论坛设立"优秀论文奖"和"学术新苗奖"。专家代表向优秀论文奖获得者颁发证书。

（首都经济贸易大学供稿）

数字管理与数字营销国际学术研讨会　11月13日，北京工商大学商学院举办数字管理与数字营销国际学术研讨会。香港中文大学沈浩、北京师范大学戚聿东、中山大学谢康、温莎大学奥德特商学院的马振中、北京师范大学经济与工商管理学院焦豪、新加坡国立大学商学院 Thompson Teo、南京大学商学院杨雪、对外经济贸易大学国际商学院陈胜军、美国加州州立理工大学尹冰清、中央财经大学商学院王毅、对外经贸大学国际商学院谢毅和北京大学光华管理学院任菲等海内外学者参会并发表主题报告，点评海内外年轻教师、博士报告最新研究成果。北京工商大学原副校长谢志华致辞，商学院党委书记张春萍、副院长孙永波、副院长王楠以及部分教师参加会议。

此次学术研讨会线上线下同步召开。200余位学者共同探讨数字管理与营销的先进理念、前沿技术和未来发展，分享交流了学术体验，为中国企业数字化发展在今后的研究提供思路。

（北京工商大学供稿）

中国会计学会对外学术交流专业委员会学术年会暨CJAS 2021年第二次学术研讨会　11月20日，中国会计学会对外学术交流专业委员会、中国会计学会《会计研究》（英文版）编辑部主办，首都经济贸易大学会计学院承办的中国会计学会对外学术交流专业委员会学术年会暨《会计研究》（英文版）2021年第二次学术研讨会在北京召开。财政部会计司副司长、中国会计学会秘书长吴祥云，中国会计学会对外学术交流专业委员会主任委员张新民,《会计研究》(英文版)期刊联合主编陈汉文，美国德克萨斯大学达拉斯分校教授张洁莹，不列颠哥伦比亚大学教授李凯等致辞或发表主题演讲。副校长王永贵出席会议并致辞。

本次会议主题为“会计与现代化经济体系发展”。会议共收到来自北京大学、清华大学、中国人民大学、不列颠哥伦比亚大学、德克萨斯大学等国内外高校134篇参会论文，专家组以匿名审稿方式进行打分，遴选出25篇论文在5个分会场进行汇报。参会论文主要围绕“产业政策”“数字经济”“内部资本市场及新股发行”“审计师及独立董事职能”“家族企业”等主题进行汇报研讨。

（首都经济贸易大学供稿）

第二届全国工商管理学博士后论坛 11月20日，由中国社会科学院、全国博士后管理委员会、中国博士后科学基金会主办，中国社会科学院博士后管理委员会、中国社会科学院工业经济研究所、西北大学承办,《经济管理》编辑部、西北大学经济管理学院协办的第二届全国工商管理学博士后论坛——新时代·新使命·新管理召开。论坛以线上线下相结合的形式进行，共吸引1000余名国内专家学者和高校师生参会。论坛由开幕式暨主旨报告和6场平行分论坛组成。

开幕式由中国社会科学院工业经济研究所所长史丹研究员主持，中国社会科学院人事教育局局长赵芮、西北大学校长教授郭立宏分别致辞。中国社会科学院工业经济研究所研究员、《经济管理》副主编、编辑部主任刘建丽宣布优秀论文获奖名单。

论坛主旨演讲部分由西北大学副校长、经济管理学院院长吴振磊教授主持。南开大学商学院许晖教授、暨南大学管理学院院长黎文靖教授、北京师范大学经济与工商管理学院焦豪教授、安徽大学商学院副院长周泽将教授、西北大学经济管理学院李纯青教授分别作主旨发言。

学术交流论坛分为6组，入选的39篇论文分别就“数字经济与战略管理”“新时代的产业与区域发展”“新时代的创新创业管理”“新时代的人力资源管理创新”“新时代的会计与财务管理”“新时代的市场营销与旅游管理”展开深入交流与探讨。

（中国社会科学院供稿）

北京工业大学第五届区块链技术与应用研讨会 11月24日，由北京工业大学主办，北京工业大学经济与管理学院、北京工业大学区块链研究中心承办的北京工业大学第五届区块链技术与应用研讨会在北京举行，研讨会的主题为“百年征程，数字追梦——区块链在数字经济与管理领域中创新与应用”。中国科学院、北京大学、中央财经大学、南方科技大学、北京邮电大学、北京工业大学、徐州工程学院、小犀智能等单位80余位高校师生和业内人士围绕“区块链技术与保险、医疗健康行业”“隐私计算与信任机器”“区块链在垂直行业的应用”“区块链助力机场群数据服务与共享”“区块链在行政执法方面的创新应用”等议题展开研讨。

（北京工业大学供稿）

“提升基层应急能力　夯实韧性城市基础”决策咨询沙龙 12月4日，北京市科学技术协会主办，北京石油化工学院承办的“提升基层应急能力　夯实韧性城市基础”决策咨询沙龙在北京现代产业新区发展研究基地举办，主题为“基层防灾减灾与应急救援能力”。北京市科学技术协会、科学技术研究院、防灾科技学院、应急管理局、安全生产工程技术研究院、应急管理科学技术研究院、东城区消防救援支队和北京石油化工学院等单位的相关人员出席会议。与会专家和学者从社区韧性城市建设的理论研究出发，结合实际对基层应急能力提升与韧性城市建设路径进行了专题报告，围绕社区应急的第一响应、基层消防、基层应急预案、应急能力标准、社区演练等不同角度结合实践需求和突出问题做了深入分析和探讨，提出了推动风险源头管控、加强公共安全风险管理等方面的意见和建议。

（北京石油化工学院供稿）

第四届医药卫生体制改革与公共管理创新论坛 12月5日，第四届医药卫生体制改革与公共管理创新论坛在北京召开，论坛主题为“卫生健康治理能力现代化与医院高质量发展”。本届论坛采取线上线下相结合的方式，在线参会者达19.4万人次。此次论坛为京津冀三地首次联手打造，由首都卫生管理与政策研究基地、首都医科大学国家医疗保障研究院、首都医科大学医院管理研究所、天津市卫生健康发展研究中心、河北新型智库河北省健康发展研究中心共同主办，由《中华医院管理杂志》《中国医疗管理科学》

《医学教育管理》杂志协办，旨在通过搭建学术交流的平台，汇聚京津冀地区专家资源，促进形成京津冀卫生健康管理政策创新共同体，为京津冀协同发展提供智力支持。

首都医科大学党委书记呼文亮，天津市卫生健康发展研究中心书记、主任陈东旭，河北医科大学党委书记翟海魂分别为论坛致辞。首都医科大学党委常委、副校长孙力光主持论坛。国家卫健委体制改革司司长许树强，国家卫健委规划与信息司副司长、一级巡视员刘文先，北京市卫健委党委书记钟东波，清华大学公共卫生与健康学院常务副院长、首都卫生管理与政策研究基地首席专家梁万年，国家卫生健康委卫生发展研究中心研究员、医疗保障研究室主任顾雪非分别从推进医院高质量发展、基层健康治理现代化、健康医疗大数据应用、多层次医保等角度作主题报告。

论坛另设“医保与医院高质量发展”和“医院高质量发展”两个平行专场。首都医科大学国家医疗保障研究院副院长应亚珍、北京大学医学部公共卫生学院研究员杨莉、国家卫健委卫生发展研究中心副主任付强、北京市医院管理中心改革发展处处长樊世民、中日友好医院副院长彭明强等专家学者围绕“医保支付方式改革”“卫生技术评估与医保准入”“国家组织人工关节集中带量采购工作”“医院管理创新”“北京市属医院构建现代医院管理体系”等议题进行深入探讨。

（首都医科大学供稿）

第四届“一带一路”旅游论坛　12月9日，由北京第二外国语学院主办，乌兹别克斯坦丝绸之路国际旅游与文化遗产大学支持，北京第二外国语学院中国文化和旅游产业研究院、中国—乌兹别克斯坦中亚文化和旅游研究中心承办的第四届“一带一路”旅游论坛在北京第二外国语学院以线上线下的方式举办。

论坛以“新冠肺炎疫情下的旅游振兴”为主题，共同探讨了疫情下旅游产业振兴的策略。北京第二外国语学院党委副书记、校长计金标，教育部旅游管理类专业教学指导委员会主任田卫民，丝绸之路国际旅游与文化遗产大学第一副校长朱利博伊·埃尔塔扎洛夫为论坛致辞。来自中山大学、南开大学、浙江大学、中国社会科学院、复旦大学和乌兹别克斯坦著名旅游院校的25位专家学者发表主题演讲。论坛聚焦“一带一路”旅游的区域开发与合作，以及后疫情时代旅游产业发展，努力为“一带一路”旅游发展中亟待解决的重大问题提出建设性意见和建议，推进“一带一路”沿线国家和地区之间的互动交流，促进中亚和世界各地旅游业的深度融合与发展，共同建设政治互信、经济互利的“一带一路”利益共同体。

（北京第二外国语学院供稿）

“中国公司治理50人论坛”第二届主题论坛暨第十五届中国公司治理论坛　12月11日，“中国公司治理50人论坛”第二届主题论坛暨第十五届中国公司治理论坛——中国上市公司高质量发展研讨会在北京举办。本届论坛由中国公司治理50人论坛、中国企业改革与发展研究会、中信改革发展研究基金会、北京师范大学公司治理与企业发展研究中心、北京师范大学经济与工商管理学院主办，北京师范大学公司治理与企业发展研究中心承办，并得到中国上市公司协会的指导。

本届论坛发布《中国上市公司质量指数报告No.1（2021）》《中国上市公司治理分类指数报告No.20（2021）》《中国金融业上市公司治理指数报告No.2（2021）》。其中《中国上市公司质量指数报告No.1（2021）》是国内首部以指数形式、针对上市公司质量的评价报告，而《中国上市公司治理分类指数报告No.20（2021）》已连续出版20部，同时已建成国内最大规模的中国上市公司治理分类指数数据库。与会的50余位中国公司治理论坛专家和企业家通过线上线下相结合的形式，围绕“公司治理与中国上市公司高质量发展”“社会责任与中国上市公司高质量发展”等议题展开讨论。

（北京师范大学供稿）

2022（第十八届）中国人力资源管理新年报告会暨中国人才发展高峰论坛　12月17日，2022（第十八届）中国人力资源管理新年报告会暨中国人才发展高峰论坛在中国人民大学举办，北京市委人才工作领导小组成员单位及各区人才工作领导小组办公室设分会场。会议由北京市委组织部人力资源研究中心和中国人民大学劳动人事学院组织举办，以“激发人才创新活力　推进北京高水平人才高地建设”为主题，邀请了各界专家学者交流研讨，聚焦首都人才发展大计，探讨北京高水平人才高地建设。北京市委组织部副部长、市人才工作局局长、市委人才工作领导小组办公室副主任桂生和中国人民大学党委副书记齐鹏飞出席开幕式并致辞，开幕式由中国人民大学党委宣传部部长、劳动人事学院院长杨伟国主持。

（中国人民大学供稿）

国有企业数字化转型高峰论坛 12月18日，北京工商大学商学院举办国有企业数字化转型高峰论坛。本次论坛通过线上和线下结合的方式举行，中国社会科学院经济所所长黄群慧，中国企业管理研究会会长黄速建，北京工商大学原副校长谢志华，中国人民大学商学院院长叶康涛，中国国新控股有限责任公司金融事业部副总经理薛贵，中国唱片集团有限公司总会计师孙彦永，京东方科技集团股份有限公司副总裁张羽，北京元年科技股份有限公司总裁、元年研究院院长韩向东等共百余人参加论坛。论坛由商学院院长毛新述主持，北京工商大学副校长龚六堂致辞，北京工商大学原副校长谢志华出席会议并发言。

中国社会科学院经济所所长黄群慧、中国企业管理研究会会长黄速建等8位专业学者和业界人士作主题发言，对国有企业数字转型提出各自的见解。共同讨论交流了行业企业在推进国有企业数字化转型和研究方面的举措和成果，明确了国有经济数字化转型的方向和重要性，并提出具体路径和相关建议。论坛最后发布《国有企业数字化转型蓝皮书（2021）》。

（北京工商大学供稿）

新闻传播学

后疫情时期国际涉华舆情及应对策略研讨会 4月22日，由外交学院和北京第二外国语学院主办、北京对外交流与外事管理研究基地和北京对外文化传播研究基地承办的后疫情时期国际涉华舆情及应对策略研讨会在外交学院召开。来自北京大学、北京师范大学、北京外国语大学、南开大学等高校和科研机构的学者以及相关政府部门代表参加了会议。

主旨发言阶段，外交学院副院长、北京对外交流与外事管理研究基地首席专家孙吉胜，分析了当前的国际舆论特点，就如何更好地应对涉华舆论形势提出了思考。北京师范大学新闻传播学院、长江学者、北京对外交流与外事管理研究基地学术委员喻国明分析了当前中国国际传播应该注意的重要问题。随后，与会专家就“后疫情时期国际涉华舆论的‘变’与‘不变’”“国际舆情研判与应对的新思路与新方法”“后疫情时期中国国际话语权的提升路径”等议题进行了深入交流与讨论，为后疫情时期国际涉华舆论应对提供了更多新的视角。

（外交学院供稿）

中国共产党百年新闻事业学术研讨会 5月8日，由中国人民大学新闻学院、中国人民大学新闻与社会发展研究中心、中国新闻史学会、中国高等教育学会新闻学与传播学专业委员会、中国人民大学马克思主义新闻观研究中心等主办的中国共产党百年新闻事业学术研讨会在中国人民大学召开，百余位专家学者线上线下与会。研讨会将新闻事业放在党史、新中国史乃至中国史之中考察，深入挖掘中国共产党百年新闻事业积累的宝贵经验与现实启示，为加强与改进党的新闻舆论工作提供智慧与力量。中国人民大学副校长胡百精出席开幕式并致辞，教育部高等学校新闻传播学类专业教学指导委员会主任委员高晓虹，国务院学位委员会第八届学科评议组成员、新闻传播学学科评议召集人唐绪军分别致辞。

（中国人民大学供稿）

全国高校第二届网络与新媒体专业建设研讨会 5月15日，全国高校第二届网络与新媒体专业建设研讨会暨新媒体C9联盟新书发布会在北京师范大学举行，会议主题为“新文科、新模式、新媒体”。会议由人民邮电出版社、北京师范大学新闻传播学院主办，中国新闻史学会网络传播史研究委员会、中国新闻史学会传媒经济与管理专业委员会、中国传媒大学广告学院、清华大学新闻传播学院、上海交通大学媒体与传播学院、复旦大学新闻学院、华中科技大学新闻与信息传播学院、华南理工大学新闻与传播学院、西安交通大学新闻与新媒体学院、重庆大学新闻学院协办，《人民日报》《光明日报》《中国教育报》《中国新闻出版广电报》支持。来自全国高校新闻传播类专业的百余位院长、专业负责人和骨干教师参加会议。

会议发布了高等院校“十三五”网络与新媒体系列教材的第一本著作《网络新媒体导论（微课版）》。网络新媒体专业是基于互联网等新兴媒介形态对新闻传播行业及整个社会的巨大推动，顺应数字信息时代发展需要，顺应媒介融合趋势要求而产生的新闻传播类新专业。

（北京师范大学供稿）

第六届中国传媒公信力论坛　5月16日，由北京师范大学新媒体传播研究中心、清华大学新闻与传播学院新媒体研究中心和《国际新闻界》共同发起的第六届中国传媒公信力论坛在北京师范大学举办。本届论坛的主题为“传播与社会信任”，分4场会议进行。与会嘉宾立足于新闻传播学、社会学、经济学、系统科学等领域，探讨了互联网时代公信力传播带来的社会影响。与会人员围绕算法价值观的反思、主流媒体的竞底效应、意见极化等方面的问题交换看法、展开探讨。

（北京师范大学供稿）

第二届2050学子论坛　5月22日，第二届2050学子论坛于线上召开。论坛以“面向传媒未来，培养学术新苗”为宗旨，由中国政法大学光明新闻传播学院轮值主办，由光明新闻传播学院分团委承办，聚焦“媒介技术、日常生活与社会变迁”这一主题，设置了主题演讲与分论坛论文宣讲等环节，论坛入围论文45篇，其中32篇入围等级奖的论文作者进行了线上展示。

中国人民大学新闻学院教授、《国际新闻界》主编刘海龙，复旦大学新闻学院教授白红义两位嘉宾作主题演讲。刘海龙以“传播研究的现实感”为主题向大家分享在学术研究中的经验和体会。白红义以“新闻学研究中的隐喻”为主题向大家分享了在研究过程中的思考。

此外，在“政治、话语与传播”“文化、情感与伦理”“叙事、媒介与生产”“技术、生活与社会”4场平行分论坛中，学子们围绕互联网媒介使用行为、类人媒介、人工智能技术、短视频新闻生产、“网络祈祷”行为等学科前沿问题和现实问题展开思想碰撞，联合主办方四校的12位教师担任分论坛主持人和评议人，从选题、方法到论证过程进行评议。

（中国政法大学供稿）

平台经济治理与健康发展理论研讨会　6月5日，由中国社会治理研究会数字治理分会指导，北京师范大学中国教育与社会发展研究院主办，北京师范大学互联网发展研究院、北京师范大学新闻传播学院承办的平台经济治理与健康发展理论研讨会在北京召开。国务院发展研究中心发展战略和区域经济研究部部长、研究员侯永志，中央党校（国家行政学院）教授汪玉凯，北京师范大学新闻传播学院学术委员会主任、教授喻国明，中国传媒大学人类命运共同体研究院副院长、教授王四新，中国信息安全研究院副院长左晓栋，中国社会科学院法学所研究员支振锋，北京师范大学互联网发展研究院院长、新闻传播学院教授、中国社会治理研究会数字治理分会会长李韬，以及来自国家发改委、国家市场监管总局、北京互联网法院等相关部委、单位和高校、科研机构专家学者参加会议。会议由北京师范大学互联网发展研究院院长、中国社会治理研究会数字治理分会会长李韬主持。

（北京师范大学供稿）

第三届“全球化时代的传播、媒介与政府治理”国际学术论坛双年会　6月18—20日，由中国传媒大学与美国全美传播学会（NCA）联合举办的第三届“全球化时代的传播、媒介与政府治理”国际学术论坛双年会以线上会议的方式举行，来自中国、美国、俄罗斯、墨西哥、巴基斯坦、孟加拉国等地的50余名海内外高校学者和业界人士与会。

会议设置了“纪录片与社会正义”“‘一带一路’发展机遇与挑战”“后殖民主义与全球南方”3个分论坛。中外传播学学者讨论了中国近年来在减贫和卫生领域所做的突出贡献，“一带一路”倡议对沿线国家基础设施建设和社会发展的作用等议题。

（中国传媒大学供稿）

首届中葡翻译与传播高端论坛　7月10日，由中国传媒大学外国语言文化学院主办的首届中葡翻译与传播高端论坛在北京召开。与会嘉宾共同研讨国际传播新形势下葡语翻译与传播的新机遇、新问题与新挑战，并就建立中译葡研讨机制的必要性和可行性进行探讨。

中国外文局当代中国与世界研究院副院长、中国翻译协会副秘书长杨平，中国社会科学院拉丁美洲研究所巴西研究中心主任、中国国际问题研究基金会研究员陈笃庆，商务部援外司前副司长、中国—葡语国家经贸合作论坛（澳门）前秘书长、中国传媒大学讲座教授王成安，全国翻译资格考试葡萄牙语专家委员会委员、澳门理工学院教授、中国传媒大学讲座教授李长森，前中国国际广播电台葡萄牙语部主任、中国传媒大学讲座教授喻慧娟，以及葡语国际传播业界代表，葡语翻译教学领域知名学者出席论坛并发言。来自20余所葡语高校的师生代表在线参加会议。

（中国传媒大学供稿）

“搜集与甄别：百年中国共产党新闻工作史料”研讨会 7月12日，由中国社会科学院新闻与传播研究所主办的“搜集与甄别：百年中国共产党新闻工作史料”研讨会在北京举行。中国社会科学院新闻与传播研究所党委书记方勇主持开幕式，所长唐绪军作开场致辞并主持主旨发言，副所长季为民主持主题发言。15位国家社科基金相关重大项目的首席专家应邀参会。

广西大学新闻传播学院特聘君武荣誉教授郑保卫、四川大学文学与新闻学院讲席教授陈力丹、厦门大学新闻传播学院教授余清楚、中国人民大学新闻学院教授王润泽、中国社会科学院当代中国研究所研究员宋月红、北京大学马克思主义学院教授林绪武等分别围绕研讨会的主题作主旨发言。

在“百年中国共产党新闻工作史料汇编与理论研究”主题发言环节中，南昌大学新闻与传播学院教授陈信凌、安徽大学新闻传播学院教授王天根、中国人民大学新闻学院教授邓绍根、西北大学新闻传播学院教授王春泉、华东师范大学传播学院教授武志勇分别对史料搜集与研究发表了各自观点。

在“史料整理、研究与数据库建设”主题发言环节，辽宁大学新闻与传播学院教授程丽红、南京师范大学新闻与传播学院教授张晓锋、中国社会科学院近代史研究所研究员侯中军、湖北大学新闻传播学院教授廖声武分享了他们的学术观点和实践经验。

（中国社会科学院供稿）

“加强国际传播能力建设 培养卓越国际传播人才”主题论坛 7月18日，“加强国际传播能力建设 培养卓越国际传播人才”主题论坛在中国传媒大学举办，论坛旨在为国际传播领域的业界专家与高校学者搭建对话交流平台，以共同探讨国际传播能力提升新路径与卓越国际传播人才培养新模式。

中国传媒大学副校长王晖出席论坛并致辞。论坛上，与会专家从不同视角探讨了加强国际传播能力建设和培养卓越国际传播人才的重要议题。中国外文局副局长、总编辑高岸明，新华通讯社高级编辑、参考消息报社前社长王朝文，新华通讯社对外新闻编辑部副主任、高级记者王敬中，中央广播电视总台英语环球节目中心新媒体编辑部副主任、高级编辑张施磊，中国日报新媒体中心海外媒体部总监、主任编辑张少伟，中央民族大学新闻与传播学院院长、教授赵丽芳，人民日报社国际部部务委员、高级记者刘仲华，中国人民大学新闻学院教授、国际新闻与传播硕士项目创始负责人钟新，新华通讯社高级编辑、前伦敦分社社长何大隆，中国传媒大学电视学院党委书记、教授曾祥敏出席论坛并发言。

（中国传媒大学供稿）

高校媒体深度融合研讨会暨北京高校新闻与文化传播研究会会员大会 7月19日，高校媒体深度融合研讨会暨北京高校新闻与文化传播研究会会员大会在北京举行。研讨会由北京市委教育工委宣教处指导、北京高校新闻与文化传播研究会和百度百家号联合主办，主题为“推动党史学习教育走深走实，答好新时代新闻宣传答卷”。北京市委教育工委宣教处四级调研员赵国伟，中国社会科学院大学副校长、北京高校新闻与文化传播研究会理事长张树辉，中国青年网融媒体中心副主任杨月，百度集团公共事务部执行总经理刘敏出席会议。百度百家号相关业务负责人，北京高校新闻与文化传播研究会理事、监事、会员单位党委宣传部负责人以及部分高校学生记者团代表80余人参会。大会由北京高校新闻与文化传播研究会秘书长、对外经济贸易大学党委常委、宣传部部长张小锋主持。

（中国社会科学院供稿）

新形势下学术出版助力国际传播座谈会 9月14日，在第28届北京国际书展开幕之际，由中国社会科学出版社主办的新形势下学术出版助力国际传播座谈会在北京举行。中国社会科学院副院长、党组成员王灵桂，中国社会科学院原副院长蔡昉、李培林等出席会议，并获颁中国社会科学出版社“走出去”卓越贡献奖。

中国社会科学出版社总编辑魏长宝介绍，中国社会科学出版社国际合作与出版部于2012年成立。经近十年发展，在推动中国学术“走出去”方面，不仅实现了一定的规模，更形成了一系列知名出版品牌。如策划的“理解中国”“中国制度”“简明中国”“当代中国学术思想史”“中社智库”等系列丛书，不仅致力于讲好中国道路、中国理论、中国制度，也致力于阐释好中国历史、中国文化的故事，在国内外产生了较大影响力。

中国社会科学出版社已与施普林格·自然集团、剑桥大学出版社、罗德里奇学术出版社、德古意特出版社等30余家国际知名出版社建立版权贸易和图书合作出版关系，签约图书800余种，出版外文图书200余种，涵盖英文、法文、德文、西班牙文、俄文等20余个语种文字。近期，中国社会科学出版社按照出版种类、语种数量、海外传播效果，包括下载量、转译率、获奖情况等指标，设立卓越贡献奖和突出贡献奖。蔡昉、李培林、王灵桂、房宁、卜宪群获中国社会科学出版社“走出去”卓越贡献奖，卓新平、潘家华、张宇燕、韩震等19位作者获中国社会科学出版社“走出去”工作突出贡献奖。

（中国社会科学院供稿）

2021年度清华大学第二期科技传播跨界沙龙　9月15日，2021年度清华大学第二期科技传播跨界沙龙在清华大学举行。沙龙围绕“国家科技传播品牌建设”议题，邀请中国科协科学技术传播中心副主任陈锐、新闻与传播学院党委书记胡钰等嘉宾进行主题分享。新闻与传播学院教授金兼斌主持。

伏羲智库创始人，清华大学互联网治理研究中心主任，中科院计算所研究员李晓东分享了他对国家科技传播中心品牌建设的建议。果壳网创始人兼CEO嵇晓华指出国际形势的变化和中国国家实力的增长，让科学家和产品经理、传播工作者一起向公众提供不同层次、不同形式的更加立体化的科技传播内容。《北京科技报》总编辑，北京科技记协秘书长童庆安以“发挥主流传媒作用，助力国家科技传播品牌建设”为主题分享了主流传媒的作用。浙江省科学传播中心副研究员，浙江省科技馆原馆长季良纲认为当前中国科技传播可以在理论指导的实践、生动实践的研究等方面加大攻关，强调中国科学传播迫切需要完善科普政策法规、建设科学传播平台、培养科学传播人才、创新实践科学传播理念，实现科学传播的新突破。

（清华大学供稿）

第十届新闻学与传播学博士生国际学术研讨会　9月18日，由中国传媒大学传播研究院联合苏州大学传媒学院共同举办了第十届新闻学与传播学博士生国际学术研讨会，来自30余所高校的百余名博士生参会，近百名青年学子作会议专场发言。

本届研讨会在北京和苏州2个分会场同时举行，共设7个分论坛（含1个英文专场），主题分别为：中国共产党新闻传播理论与实践、传播理论与多元应用、国际传播与文化强国、数字传播与智能社会、危机传播与社会治理、信息传播理论与实践和Social Media Practice and Communication Studies。中国传媒大学李智、姬德强、王锐、黄典林和龚伟亮以及苏州大学杜志红和张健受邀担任分论坛的点评嘉宾。

（中国传媒大学供稿）

上合组织国家媒体智库论坛　9月23日，为纪念上海合作组织成立20周年，落实上海合作组织成员国元首理事会第二十一次会议精神，“树立合作典范 谋求共同发展”上合组织国家媒体智库论坛在北京举行。

中国政府欧亚事务特别代表、中国前驻俄罗斯大使李辉，中国外文局局长杜占元，上合组织副秘书长张海舟出席论坛并致开幕词。

李辉认为，站在新的历史起点上，上合组织国家媒体和智库应充分发挥自身优势，广泛传播“上海精神”，及时报道合作重大进展，全面讲好民间友好故事，为各领域合作提供媒体力量和智力支持，推动构建更加紧密的上合组织命运共同体。

杜占元表示，在上合组织发展的新征程上，文化交流在加强沟通、增进互信方面的作用将更加突出，发展前景更加广阔，媒体和智库需要发挥更大担当、实现更大作为。

张海舟代表上合组织秘书长弗拉基米尔·诺罗夫在论坛上致辞表示，上合组织成员国领导人签署的《上海合作组织二十周年杜尚别宣言》反映了上合组织20年发展的重要成果，体现了成员国在地区和全球政治关键问题上的共同立场，为上合组织未来发展指明新的方向。

（摘自《人民日报》2021年9月26日第2版）

与世界对话的中国（西藏）——第二届涉藏国际传播学术论坛　9月24日，由中国传媒大学、中国民族影视艺术发展促进会主办，西藏民族大学协办的“与世界对话的中国（西藏）——第二届涉藏国际传播学术论坛”在线上举办。来自中国、韩国、意大利、英国、美国、加拿大的学者与传媒从业者，从传播学理、媒体实践、传播内容、传播技术技巧等层面，围绕如何更好地抓住全媒体时代的机遇，讲好中国西藏的发展故事展开了深入交流。

在新增的青年论坛上，来自中国、乌克兰、也门、马来西亚、埃及、尼日利亚、蒙古国、美国、加拿大等国的中国传媒大学影像行动力训练营西藏采风团营员代表围绕他们暑假期间在西藏的采风调研，分享了他们关于脱贫工作及教育、医疗、科技等发展情况以及当地宗教和谐和民族特色文化传承情况的见闻。

（中国传媒大学供稿）

第四期四校合作新闻传播研究方法创新工作坊 10月9—11日，由北京印刷学院承办，中国人民大学、中国社会科学院大学、河北大学和北京印刷学院合办的第四期四校合作新闻传播研究方法创新工作坊在北京印刷学院举办。中国人民大学新闻学院执行院长周勇、副书记闫岩，河北大学新闻传播学院院长韩立新、副院长商建辉、编辑出版系主任杨金花和田建平教授，中国社会科学院大学新闻传播学院副院长杜智涛，北京印刷学院副校长王关义，新闻出版学院领导班子全体成员等参加开幕式，其他师生线上参加工作坊学习。本期工作坊沿袭四校合作的创办初衷，重点基于跨学科、多元化的视角，聚焦数字时代的出版研究，旨在为青年学子建构一个清晰的新闻出版学研究路径和系统的研究方法体系。开幕式由北京印刷学院新闻出版学院院长陈丹主持。

（北京印刷学院供稿）

首届学术中国国际高峰论坛 10月14日，以“中国式现代化新道路”为主题的首届“学术中国”国际高峰论坛在北京开幕。中共中央政治局委员、中宣部部长黄坤明出席开幕式并发表主旨演讲。

黄坤明指出，今年是中国共产党成立100周年。100年来，在世界现代化潮流中，中国共产党领导人民把握历史大势、掌握历史主动，不懈探索、接力奋斗，创造了中国式现代化新道路，创造了人类文明新形态。中国式现代化新道路彰显着自立自强、创新创造的鲜明特质，映照着人民至上、为民造福的价值底色，蕴含着全面发展、全面进步的方向目标，昭示着和平发展、包容互鉴的理念追求。新征程上，我们将坚定不移走自己的路，加强交流互鉴，赋予中国式现代化更加鲜明的实践特色、理论特色、民族特色、时代特色，努力以现代化建设新成果为世界做出更大贡献。

黄坤明表示，“学术中国”国际高峰论坛是推动中外哲学社会科学交流的重要平台。希望各位专家学者持续关注中国发展、研究中国问题，以论坛为契机深入研讨沟通，碰撞思想火花、提出真知灼见，为中国和世界的发展继续建言献策、贡献力量。

全国政协副主席、民进中央常务副主席刘新成出席并发言。

本次论坛由中国社科院主办，以线上线下结合方式举行，来自20余个国家的100多名学者参加。

（摘自《人民日报》2021年10月15日第4版）

第十一届中国数字出版博览会数字出版人才论坛 10月27日，由北京印刷学院主办、全国高校数字出版联盟和北京地区出版社人力资源管理负责人联谊会协办的第十一届中国数字出版博览会数字出版人才论坛在北京召开。中国新闻出版研究院党委书记黄晓新、中宣部出版局科技与标准管理处处长安乐、北京印刷学院党委副书记赵盛伟等出席论坛。来自中国人民大学、中国传媒大学、武汉大学、南京大学、北京师范大学等十余所院校的专家学者和社会科学文献出版社、人民教育出版社、科学出版社等行业代表共百余人以线上线下方式参加本次论坛。北京印刷学院新闻出版学院院长陈丹主持论坛。

中国出版协会副理事长谢寿光、北京师范大学新闻传播学院教授万安伦、中国人民大学新闻学院教授周蔚华、中国音像与数字出版协会副秘书长李弘、北京印刷学院数字出版专业负责人张新华、北京（山东）斯麦尔数字出版技术有限公司总经理郑铁男和南京大学出版研究院副院长杨海平7位嘉宾作主旨演讲。

南京大学、中国人民大学、浙江大学、中国传媒大学、北京师范大学等12家高校成为“全国高校数字出版联盟”新增的成员单位。北京印刷学院作为理事长单位于2018年牵头成立“全国高校数字出版联盟”，经过3年的发展阵容不断强大。联盟“人才供需平台”在论坛当日正式上线，该平台旨在精确对接行业需求，打通数字出版人才培养服务产业发展的供需链条。

（北京印刷学院供稿）

第八届政治传播与社会发展论坛　10月30日，由中国社会科学院大学主办的第八届政治传播与社会发展论坛线上召开。本次会议主题为“以史为鉴、开创未来：面向新征程的中国政治传播研究”，来自主办单位及30余所科研院校的50余位专家学者和博士、硕士研究生参加。论坛围绕马克思主义与中国特色政治传播、政治传播史论、政治传播与政治参与、政治传播与国家治理、政治传播与国家形象、中国的对外政治传播、媒介技术与政治传播等议题展开了纵深的探讨。会上为研究生论坛的获奖者颁奖。

（中国社会科学院大学供稿）

第一届政务品牌论坛暨政务品牌研究中心揭牌仪式　11月15日，由北京对外文化传播研究基地、北京第二外国语学院文化与传播学院、中华文化研究院联合主办的第一届政务品牌论坛暨政务品牌研究中心揭牌仪式在北京第二外国语学院召开。论坛以“融合向深　跨界向远”为主题，设置3个分议题，来自学界、业界、媒体界共10位嘉宾齐聚“云端”，就政务品牌建设进行深入探讨。论坛由文化与传播学院院长助理李星儒、政务品牌研究中心主任宫月晴主持。

论坛分为“学界：政务品牌理论与创新”“业界：政务品牌建设与管理”“媒界：政务品牌传播与发展”3个板块进行。BBI商务品牌战略研究所副所长孔清溪，贵州财经大学副教授廖慧，北京服装学院时尚传播学院时尚传播系主任董妍，首都经济贸易大学广告学系副主任王水，艾利艾智库副总裁廖政军，上海蜜度信息技术有限公司铀媒事业部总经理张晓娟，咪咕文化高级公共关系经理冯晓凯，中国日报社总编室副主任、国际传播研究室兼新媒体实验室主任沈斌，延庆融媒体中心副主任冯亚玲等嘉宾分别从各自领域分享了经验与见解。

（北京第二外国语学院供稿）

首届中国网络文明大会网上内容建设论坛　11月19日，首届中国网络文明大会网上内容建设论坛在北京举行。与会嘉宾围绕“讲好中国故事助力网络文明”这一主题进行交流对话。

结合中国叙事的“破”与“立”、中国故事的“根”与“魂”和中国发展的“时”与“势”3个议题，与会嘉宾深入探讨了新形势下讲好中国故事的方略、重点和路径，着力提高中国国际传播影响力、中华文化感召力、中国形象亲和力、中国话语说服力、国际舆论引导力。

中央网信办副主任、国家网信办副主任牛一兵表示，要抢占“制高点”，大力宣介中国价值；要围绕“兴趣点”，积极讲好中国故事；要打造“共情点”，对外推广中国文化；要探索“创新点”，助力构建中国话语。

首届中国网络文明大会19日在京举办。作为大会的主要内容，网上内容建设论坛、数据与算法论坛、网络生态治理的挑战与应对论坛、网络法治论坛、青少年网络文明素养论坛、网络公益慈善发展与挑战应对论坛、平台经济诚信建设论坛等7个分论坛也于当日举行。

（摘自《人民日报》2021年11月20日第5版）

第九届全国经济新闻改革与发展研讨会暨第七届全国大学生经济新闻作品大赛颁奖会　11月20日，由北京工商大学承办的第九届全国经济新闻改革与发展研讨会暨第七届全国大学生经济新闻作品大赛颁奖会以线上线下结合的方式召开。北京工商大学校长孙宝国院士、教务处处长曹显兵教授、科学研究院人文社科处处长高丽华教授出席会议。清华大学、人民大学、中国传媒大学、中山大学、上海财经大学、中国外文局、国务院发展研究中心等单位的学者，新华社、中央广播电视总台、南方财经全媒体集团、《经济观察报》《北京商报》等新闻媒体的专家学者共聚云端，围绕“新格局・新理念・新话语——人类命运共同体视野下的中国经济故事”主题进行研讨。传媒与设计学院院长王擎主持开幕式。

第七届大学生经济新闻作品大赛由中国经济传媒协会、中国新闻史学会应用新闻传播学研究委员会和北京工商大学共同主办，北京工商大学传媒与设计学院承办。经过严格公正的评选，来自21所高校的30篇作品获奖，其中新闻报道类获奖作品27件、评论类获奖作品3件。颁奖会上，评委会主席、中国经济传媒协会会长赵健，北京工商大学教务处处长曹显兵作为大赛主办方代表发言。北京工商大学传媒与设计学院新闻系副教授许莉主持颁奖式。

（北京工商大学供稿）

首届外交话语与国际传播论坛　11月20日，由北京第二外国语学院首都对外文化传播研究院、大连外国语大学东北亚研究中心、北京第二外国语学院北京形象与对外文化传播研究中心和北京第二外国语学院《阿拉伯研究论丛》（CSSCI）编辑部四家联手打造的首届外交话语与国际传播论坛在云端举办。

外交学院副校长、中国国际关系学会秘书长孙吉胜教授，清华大学新闻与传播学院副院长、中宣部全国“四个一批”人才、教育部首批青年长江学者史安斌作主旨发言。论坛分为“中国问题与外交话语”“外交话语建构与国际传播”两个部分，分别由首都对外文化传播研究院院长曲茹、北京形象与对外文化传播研究中心主任王磊主持。

在加强国际传播能力建设的大背景下，外交话语作为话语体系的重要组成部分，是国际传播能力提升的重要一环。提高外交话语能力与国际传播能力，跨学科、跨专业、跨领域、多校联动的学术交流非常关键，高校智库与政府机构、媒体行业的对话交流至关重要，首届外交话语与国际传播论坛将致力拓展更多对话合作的机会和领域。

（北京第二外国语学院供稿）

第四届世界媒体峰会　11月22日，第四届世界媒体峰会在北京举行。中共中央政治局委员、中宣部部长黄坤明出席全体会议，宣读习近平主席贺信并发表主旨演讲。

黄坤明指出，习近平主席的贺信充分肯定峰会取得的成果，对全球媒体更好肩负社会责任、凝聚世界共识、推动构建人类命运共同体寄予殷切期望，为办好本次峰会、深化媒体交流合作提供了重要指引。

黄坤明指出，当前百年变局和世纪疫情相互交织，发挥好媒体凝聚共识的作用尤为重要。希望媒体坚持客观真实，科学理性判断，反对谣言偏见，做负责任的公共信息传播者；推动真诚互信，求同存异、聚同化异，着眼增进各国人民福祉做好报道，为推动构建全球发展命运共同体汇聚共识；顺应移动传播发展趋势，深化双多边合作，夯实各国友好交往的民心民意基础。

黄坤明强调，刚刚胜利闭幕的中共十九届六中全会全面总结了党的百年奋斗重大成就和历史经验。中共十八大以来，在以习近平同志为核心的党中央坚强领导下，党和国家事业取得历史性成就、发生历史性变革，为世界和平发展做出重要贡献。面向未来，我们将继续弘扬全人类共同价值，以中国新发展为世界提供新机遇。

本届峰会由新华社承办，来自近100个国家和地区260多家媒体和机构的近400名中外嘉宾线上线下参会。

（摘自《人民日报》2021年11月23日第4版）

人民共和国党报论坛第十八届（2021）年会　11月28日，“人民共和国党报论坛”第十八届（2021）年会在北京举办。来自人民日报社、求是杂志社等19家中央及地方党报党刊主流媒体，16所高校、科研机构以及地方党委宣传部门80多名嘉宾，围绕党报党刊发展、党的新闻理论与新闻思想、新时代党报党刊创新实践以及媒体深度融合发展等议题，在线上展开交流研讨。

“人民共和国党报论坛”是中国传媒大学着力打造的“学习党报、研究党报、服务党报”学术交流平台，自2004年以来已连续举办18届年会。历届年会主题始终与党中央重大决策和中国主流新闻媒体发展的重大议题紧密相连，担负着党报党刊高水平科研和高水平人才培养的双重使命。本届年会由中国传媒大学党报党刊研究中心、中国传媒大学新闻学院与河北大学新闻传播学院联合主办。

（摘自《人民日报》2021年11月29日第6版）

2021丝绸之路电视共同体高峰论坛　12月13日，由中央广播电视总台主办的2021丝绸之路电视共同体高峰论坛在北京举行。本届论坛以“团结创新融合文明交流互鉴”为主题，来自40多个国家和地区的约80家主流媒体机构的150余位代表通过线上线下相结合的方式参会。

《智造美好生活》《依然站着》《寻脉》等7部作品获评“金丝带”优秀节目。由总台华语环球节目中心与中国广播电影电视节目交易中心联合制作的《国家公园：野生动物王国》获得本届“金丝带”特别大奖。本次论坛上，亚洲—太平洋广播联盟、国际广播电视联盟、今日俄罗斯等10余位海外媒体机构的负责人通过视频致辞。来自非洲、澳大利亚、奥地利、韩国等16家国际成员机构的负责人通过视频连线参会。他们表示，丝绸之路电视共同体在推动媒体融合发展与国际合作等方面发挥了桥梁和纽带作用。

（摘自《人民日报》2021年12月14日第11版）

2021清华国家形象论坛　12月22日，以“塑造可信、可爱、可敬的中国形象”为主题的2021清华国家形象论坛在清华大学举行。与会专家共同探讨了抗击疫情背景下中国国家形象建设、提升中国国际传播能力等话题。清华大学国家形象研究系列丛书之七《国家形象：人类命运共同体与疫情时代的国家形象》和《国家品牌》同时发布。

清华大学国家形象传播研究中心顾问、清华大学新闻与传播学院院长柳斌杰发表主旨演讲。人民日报社副总编辑崔士鑫，清华大学党委副书记、清华大学国家形象传播研究中心管委会主任向波涛，清华大学新闻与传播学院常务副院长陈昌凤出席开幕式并致辞。

清华大学国家形象传播研究中心自2014年成立以来，利用跨学科优势，搭建研究国家形象的智库平台。中心围绕加强国际传播能力建设、构建对外话语体系，为国家战略、城市形象、企业品牌等领域提供理论支持和传播策略。

（摘自《人民日报》2021年12月24日第6版）

2021新媒体高峰论坛　12月29日，2021新媒体高峰论坛在北京举行。人民日报新媒体乡村振兴传播计划同时启动。

中央宣传部副部长、国务院新闻办公室主任徐麟，中央网信办副主任、国家网信办副主任盛荣华，中国记协党组书记刘正荣，内蒙古自治区党委常委、宣传部部长郑宏范出席论坛并致辞。党的十八大以来，习近平总书记和党中央洞察大势，放眼全局，准确把握信息化发展趋势，坚定不移推进媒体融合发展，作出一系列重大部署，为媒体融合发展提供了根本遵循，注入了强劲动力。要进一步落实党中央要求，加快推进媒体融合向纵深发展。要坚守正确方向，做大做强主流舆论；构建良性生态，扩大优质内容供给；拓展服务功能，参与创新社会治理；讲好中国故事，传播好中国声音。

人民日报社副总编辑赵嘉鸣主持论坛开幕式。

论坛上启动了人民日报新媒体乡村振兴传播计划。江苏淮安市淮阴区、江苏东台市、安徽阜南县、福建闽侯县、河南临颍县、贵州惠水县等县市区参加论坛并签约加入乡村振兴传播计划。

本次论坛以“融合汇聚，共创美好”为主题，由中央网信办、人民日报社指导，人民日报社新媒体中心、人民日报智慧媒体研究院承办。参加论坛的还有文化和旅游部、国家乡村振兴局相关负责同志，部分中央新闻单位新媒体部门、中央新闻网站、互联网企业负责人，以及专家学者代表。

（摘自《人民日报》2021年12月30日第4版）

综　合

构建人类卫生健康共同体交流沙龙　3月11日，中国国际发展知识中心第三期交流沙龙在京举行，本次沙龙以“构建人类卫生健康共同体”为主题，聚焦中国推动构建人类卫生健康共同体的理念和实践，重点围绕构建人类卫生健康共同体的客观需要、现实障碍和实现途径进行探讨。联合国驻华系统协调员常启德，世界银行中国、韩国和蒙古局局长芮泽，经合组织发展中心主任佩兹尼，国家卫生健康委员会卫生发展研究中心主任傅卫作主题发言。中国国际发展知识中心常务副主任贡森主持并作开场发言。世界卫生组织驻华代表处卫生系统和卫生安全协调员乔建荣代表世界卫生组织驻华代表高力作主题发言并主持专题讨论环节。乌拉圭驻华大使费尔南多·卢格里斯等来自14个驻华使领馆代表以及来自9个国际机构，多家跨国企业、智库与研究机构的60余名代表参会交流。

（国务院发展研究中心供稿）

中国发展高层论坛2021年会　3月20—22日，由国务院发展研究中心主办，中国发展研究基金会承办的中国发展高层论坛2021年会在北京钓鱼台国宾馆线上线下同步举行。论坛开幕式上，国务院副总理韩正代表中国政府，介绍中国“十三五”取得的卓越成就，阐释了中国应对气候变化和推动生态文明建设的重要举措，阐述了中国不断推进对外开放和国际合作的主要主张。论坛结束后，李克强总理以视频方式会见了论坛境外主要嘉宾，并深入交流。

本次年会共举行了63场正式讨论，参会代表广泛深入探讨中国“十四五”时期的宏观政策取向、高水平对外开放、经济社会全面绿色转型等议题，围绕中国和世界发展面临的重要课题，进行了深入和富有价值的交流。参加年会的境外代表165人，中方主要参会代表190人，参会人数再创新高。

（国务院发展研究中心供稿）

深化推动“北京社科”新型高端智库建设研讨会 3月27日，北京市社会科学院举办“深化推动‘北京社科’新型高端智库建设”研讨会。北京市社会科学界联合会党组书记、常务副主席，北京市哲学社会科学规划办公室主任张淼出席会议并致辞。北京市社会科学院党组书记唐立军作主旨发言。来自国务院发展研究中心、新华社世界问题研究中心、中共北京市委党校和北京市社会科学院等首都多家智库单位的专家学者共140余人参加会议。参会专家学者围绕论坛主题，以“如何开展政策对策研究”“新时代如何推进高端智库建设”“在新型智库建设中的探索发展”“基础学科在智库建设中大有可为”“智库要注重多学科联合研究”“强化三大理念健全三大平台完善三个机制共同推动智库高质量发展”为题作主题发言。通过研讨，会议对深化推动首都新型高端智库建设取得广泛共识，凝聚了共同力量，发挥了积极推动作用。

（北京市社会科学院供稿）

第十六届世界休闲大会 4月16日，由北京市人民政府主办，北京市文化和旅游局、北京市平谷区人民政府承办，北京第二外国语学院协办的第十六届世界休闲大会在北京平谷金海湖举办。会议主题是“休闲提升生活品质”。中共中央政治局委员、北京市委书记蔡奇，中央宣传部副部长、文化和旅游部部长胡和平，北京市市长陈吉宁，副市长王红，世界休闲组织主席乔安妮·施罗德，世界旅游组织执行干事祝善忠以及来自故宫博物院、北京大学、中国人民大学、澳大利亚昆士兰大学、丝绸之路国际旅游与文化遗产大学等国内外政产学研的专家学者参加会议。

会议由1场休闲学术主论坛和14场平行分论坛以及系列配套活动组成，展现休闲多样性，传播全民休闲理念。会议征集论文摘要374篇，其中国内237篇，国外137篇。国外论文主要来自美国、加拿大、南非、澳大利亚、瑞士、巴西等23个国家和地区。共有87位作者会上宣读论文，其中包括51位国际学者、36位国内学者。会上成立世界休闲论坛·金海湖智库。

（北京第二外国语学院供稿）

垃圾分类与社会文明论坛 4月16日，由中国人民大学首都发展与战略研究院和北京市城市管理委员会联合主办的“垃圾分类与社会文明”论坛以线下线上结合的形式举办。北京市政府副秘书长韩耕，北京市城市管理委员会主任孙新军，北京市社会科学界联合会党组书记、常务副主席，北京市哲学社会科学规划办公室主任张淼，中国人民大学副校长刘元春出席论坛。论坛分为开幕致辞、报告发布和主旨演讲三个环节，参会领导和专家以“分类新时代、发展新未来”为主题，围绕北京市垃圾分类与减量这一“关键小事”进行专题研讨，涵盖首都社区生活垃圾治理、垃圾分类法治体系、垃圾分类政策工具、社会公民角色、社会组织作用等多个议题。

（中国人民大学供稿）

中国社会科学院国家哲学社会科学文献中心建设成果发布会 5月17日，中国社会科学院国家哲学社会科学文献中心建设成果发布会在京举办。中国社会科学院院长、党组书记谢伏瞻，副院长、党组副书记高翔出席会议并分别为2016—2020年最佳机构用户代表、最受欢迎期刊代表颁发证书。全国哲学社会科学工作办公室主任姜培茂出席发布会并致辞。

会上发布《国家哲学社会科学文献中心建设成果报告（2016—2021年）》。报告显示，国家哲学社会科学文献中心数据量超过2000万条，国内机构用户近8万家，海外机构用户1000多家，用户分布于183个国家和地区，访问量超过8亿次，成为最大的中文社会科学开放获取平台。统计分析出5年来最受欢迎期刊200种、国内外最佳机构用户各50家。

会议还发布了《国家哲学社会科学文献中心学术期刊数据库用户关注度报告（2020年）》。报告从期刊关注度、学科关注度、检索热度、关注度地域分布、机构用户使用情况等方面入手，基于国家哲学社会科学文献中心学术期刊数据库2020年的用户使用数据，以在线阅读量与下载量作为基础设计“关注度指数”，重点对2020年1月1日以前上线且有阅读量与下载量的1908种学术期刊进行了关注度统计分析。

（中国社会科学院供稿）

首都社科理论界纪念哲学社会科学工作座谈会召开五周年暨学习贯彻习近平总书记给《文史哲》编辑部全体编辑人员重要回信精神座谈会 5月19日，中共北京市委宣传部、北京市社会科学界联合会召开首都社科理论界专家学者座谈会，进一步深入学习贯彻习近平总书记5月17日重要讲话精神和给《文史哲》编辑部全体编辑人员回信精神。北京市政协原副主席、北京市社会科学界联合会主席牛青山，中共北京市委宣传部常务副部长赵卫东出席会议并讲话。北京市社会科学界联合会党组书记、常务副主席，北京市哲学社会科学规划办公室主任张淼主持会议。座谈会上，原中央党史研究室第二研究部副主任齐彪、中央社会主义学院原副院长张峰、中纪委研究室原副局级检查员邵景均、中国人民大学副校长刘元春、中国国际发展知识中心主任赵昌文、首都师范大学校长孟繁华、北京大学哲学系教授杨学功、中央党校（国家行政学院）教授范文、中国社科院中国战略发展研究院院长张翼、北京师范大学历史学院院长杨共乐等10位专家代表，结合各自研究领域和工作实际，就进一步学习贯彻落实习近平总书记"5·17"重要讲话精神和回信精神、推动首都哲学社会科学繁荣发展等内容，进行了深入交流研讨。

（北京市社科联、北京市社科规划办供稿）

"制定完善中国哲学社会科学评价标准　推动中国哲学社会科学评价体系建设"研讨会　6月25日，由中国社会科学评价研究院主办的"制定完善中国哲学社会科学评价标准　推动中国哲学社会科学评价体系建设"研讨会在北京召开。会上发布了《人文社会科学期刊评价（GB/T 40108–2021）》和《人文社会科学智库评价指标体系（GB/T 40106–2021）》两项国家标准。中国社会科学院副院长、党组副书记高翔出席会议并致辞。

中国社会科学评价研究院党委书记、院长荆林波作主题汇报。全国哲学社会科学工作办公室主任姜培茂，中国国际经济交流中心副理事长、商务部原副部长姜增伟，国家教育咨询委员会委员、北京师范大学原校长钟秉林，教育部社会科学司副司长谭方正，国家市场监督管理总局标准技术管理司副司长徐长兴，中共中央党校（国家行政学院）科研部副主任吴泽群，中国财政科学研究院副院长邢丽在会上发言。

中宣部、教育部、科技部、国家市场监督管理总局、中国社会科学院、军事科学院、清华大学、北京大学、中国人民大学等机构与高校的领导与专家学者代表近百人参加会议。中国社会科学评价研究院副院长蒋颖主持会议。

（中国社会科学院供稿）

第三届中国兴边富民论坛　7月6日，由中国兴边富民战略研究院组织编写的《中国兴边富民发展报告（2021）——兴边富民行动20年》新书发布会暨第三届中国兴边富民论坛在中央民族大学举行。本书从经济发展、基础设施建设等8个方面评估了140个陆地边境县（市、区、旗）的发展成效，提出边境地区应发挥资源优势融入国内大循环、发挥区位优势联通国内国际双循环、发挥组合优势嵌入国内国际产业链供应链，推进边境地区同步实现现代化。

（中央民族大学供稿）

学术期刊发展建设座谈会　7月9日，中宣部在京召开学术期刊发展建设座谈会，认真学习贯彻习近平总书记在庆祝中国共产党成立100周年大会上的重要讲话精神和关于学术期刊工作的系列重要指示精神，围绕落实中宣部、教育部、科技部联合印发的《关于推动学术期刊繁荣发展的意见》，研究做好学术期刊建设和管理工作。

会议强调，学术期刊要深入学习领会习近平总书记"七一"重要讲话的核心要义、精神实质，深入研究阐释讲话提出的一系列标志性、引领性的新思想新观点新论断，推出一批有学理深度和学术厚度的高质量成果。要坚持高质量发展，紧密服务党和国家中心工作和战略任务，着力打造内容精品，优化资源配置，严格规范出版秩序，落实各项引导扶持措施，加快推进学术期刊融合发展和国际传播能力建设。

教育部、科技部、中国科学院、中国社科院、中国科协、全国社科工作办等有关部门和期刊主管单位、部分地方党委宣传部、学术期刊负责同志等约120人参加会议。

（摘自《人民日报》2021年7月17日第4版）

第七届反贫困与儿童发展国际研讨会　7月24日，由国务院发展研究中心指导，中国发展研究基金会主办的第七届反贫困与儿童发展国际研讨会在北京召开，会议主题为"投资儿童　实现可持续繁荣发展"。全国政协副主席兼秘书长李斌出席开幕式并作主旨演讲。国务院发展研究中心党组书记马建堂，全国政协人口资源环境委员会主任、中国发展研究基金会理事长李伟，联合国副秘书长刘振民致辞。中国教育部党组成员、副部长孙尧，中国人民对外友好协会副会长姜江，柬埔寨教育青年体育部大臣韩春那洛，孟加拉国妇女和儿童事务国务大臣费兹拉图内萨·英迪拉，老挝教育与体育部副部长西苏·冯维希思作主题发言。

本次研讨会系纪念中国恢复联合国合法席位50

周年系列活动之一，来自教育部、中国人民对外友好协会等相关部门的领导出席会议并发言。柬埔寨、老挝、孟加拉国等国政府官员，诺贝尔经济学奖获得者，国际组织代表等国际嘉宾，通过连线或录制的方式参与会议。

（国务院发展研究中心供稿）

“北京社科”智库2021系列皮书、集刊、论丛发布暨学术研讨会 9月16日，北京市社会科学院与社会科学文献出版社共同主办的“北京社科”智库2021系列皮书、集刊、论丛发布暨学术研讨会在京举行。北京市社会科学院党组书记唐立军、社会科学文献出版社社长王利民、北京市社会科学院副院长杨奎等出席会议。北京市社会科学院副院长鲁亚主持会议。北京师范大学、中共北京市委党校、中央民族大学、北京外国语大学、首都师范大学、中国人民大学、中华女子学院、国家发改委宏观经济研究院等单位专家，北京市社会科学院和社会科学文献出版社有关部门负责人、中央和北京市媒体记者共100余人参加会议。“北京社科”智库系列皮书、集刊、论丛是以介绍分析国家和首都经济、社会和文化整体形势及发展趋势为主要内容，以服务中央及市委市政府决策、服务经济社会发展为宗旨，集结骨干科研力量精心打造的系列智库成果，是“北京社科”新型高端智库建设和推进转型发展、建设地方一流社科院的重要体现。

（北京市社会科学院供稿）

2021学术前沿论坛 9月18日，由北京市社会科学界联合会、北京市哲学社会科学规划办公室主办的2021学术前沿论坛在京举办。北京市政协原副主席、北京市社会科学界联合会主席牛青山，全国哲学社会科学工作办公室副主任操晓理致辞。北京市社会科学界联合会党组书记、常务副主席，北京市哲学社会科学规划办公室主任张淼主持开幕式环节。北京市社会科学界联合会党组成员、副主席兼秘书长，北京市哲学社会科学规划办公室副主任崔占辉主持前沿发布环节。论坛以“首都哲学社会科学学科学术发展报告”为主题，由北京市哲学会、北京市经济学总会、北京市历史学会等15家社科学术社团和3个课题组进行《2020年度（北京）哲学社会科学学科学术发展报告》的前沿发布，为首都地区哲学社会科学各学科的发展提供方向引领。首都哲学社会科学界专家学者及新闻媒体约100人参加论坛。

（北京市社科联、北京市社科规划办供稿）

2021中关村论坛 9月24日，2021中关村论坛开幕式在北京举行。国家主席习近平在开幕式上发表视频致辞。中共中央政治局委员、国务院副总理刘鹤出席开幕式并宣布论坛开幕。中共中央政治局委员、北京市委书记蔡奇主持开幕式。塞尔维亚总统亚历山大·武契奇、古巴总理曼努埃尔·马雷罗、世界知识产权组织总干事邓鸿森、上海合作组织秘书长弗拉基米尔·诺罗夫、国际科学理事会主席达亚·瑞迪先后通过视频方式致辞。

国家主席习近平向2021中关村论坛视频致贺。习近平指出，当前，世界百年未有之大变局加速演进，新冠肺炎疫情影响广泛深远，世界经济复苏面临严峻挑战，世界各国更加需要加强科技开放合作，通过科技创新共同探索解决重要全球性问题的途径和方法，共同应对时代挑战，共同促进人类和平与发展的崇高事业。

习近平强调，当今世界，发展科学技术必须具有全球视野，把握时代脉搏，紧扣人类生产生活提出的新要求。中国高度重视科技创新，致力于推动全球科技创新协作，将以更加开放的态度加强国际科技交流，积极参与全球创新网络，共同推进基础研究，推动科技成果转化，培育经济发展新动能，加强知识产权保护，营造一流创新生态，塑造科技向善理念，完善全球科技治理，更好增进人类福祉。

习近平强调，中关村是中国第一个国家自主创新示范区，中关村论坛是面向全球科技创新交流合作的国家级平台。中国支持中关村开展新一轮先行先试改革，加快建设世界领先的科技园区，为促进全球科技创新交流合作做出新的贡献。

2021中关村论坛主题为“智慧·健康·碳中和”，由科学技术部、中国科学院、中国科学技术协会、北京市人民政府共同主办，重点围绕论坛会议、展览展示、成果发布、前沿大赛、技术交易、配套活动六大板块，设置60余场活动，同时举办贯穿全年的常态化系列活动。

（摘自《人民日报》2021年9月25日第1版、9月26日第2版）

第十五届北京中青年社科理论人才“百人工程”学者论坛 9月25日，由中共北京市委宣传部，北京市社会科学界联合会、北京市哲学社会科学规划办公室主办的第十五届北京中青年社科理论人才“百人工程”学者论坛在京举办。北京市政协原副主席、北京市社会科学界联合会主席牛青山、中共北京市委宣传部副部长张际致辞。北京市社会科学界联合会党组书记、常务副主席，北京市哲学社会科学规划办公室主任张淼主持开幕式环节。北京市社会科学界联合会党组成员、副主席兼秘书长，北京市哲学社会科学规划办公室副主任崔占辉主持论坛研讨环节。围绕“新阶段、新理念、新格局与首都发展”的论坛主题，北京航空航天大学副教授刘娜娜、清华大学教授戎珂等六位“北京社科基金青年学术带头人项目”课题承担人作为青年学者代表进行论坛发言交流。中国人民大学首都发展与战略研究院常务副院长张杰和首都师范大学研究生院常务副院长梁占军进行学术点评。《教学与研究》副主编侯衍社、《中国特色社会主义研究》副主编赵英臣分别从办刊视角分享治学之道。北京地区近50家高校、科研院所的青年学者代表及部分媒体共130余人参加论坛。

（北京市社科联、北京市社科规划办供稿）

2021年可持续发展论坛　9月26日，由中国国务院发展研究中心、联合国经济与社会事务部、联合国亚洲及太平洋经济社会委员会、联合国南南合作办公室、北京市人民政府联合主办的第二届可持续发展论坛在北京开幕，主题为“以人为中心的可持续发展”。国务委员兼外交部长王毅以视频方式出席论坛开幕式并发表主旨演讲。联合国秘书长古特雷斯发表书面致辞。国务院发展研究中心党组书记、论坛联合主席马建堂主持开幕式并致辞。联合国副秘书长、论坛联合主席刘振民，北京市人民政府常务副市长崔述强，联合国副秘书长兼联合国亚洲及太平洋经济社会委员会执行秘书阿里沙赫巴纳，联合国南南合作办公室代理主任埃德尔致辞。

本届论坛为期两天，是纪念中国恢复联合国合法席位50周年的系列活动，来自31个国家和地区、26个国际组织的近500名嘉宾通过线上线下方式参加了以“消除贫困与共同富裕”“新冠疫情应对与全球卫生治理”“绿色转型与碳达峰碳中和”“数字技术与新工业革命”“‘一带一路’与全球可持续发展”为主题的五场分论坛。论坛发布了《中国落实2030年可持续发展议程进展报告（2021）》，正式启动“碳达峰碳中和的中国战略与全球展望”旗舰研究交流项目。

（国务院发展研究中心供稿）

第四届中国智库建设与评价高峰论坛　9月28日，第四届中国智库建设与评价高峰论坛在京举办。中国社会科学院副院长、党组成员、当代中国研究所所长姜辉，全国人民代表大会常务委员会委员、清华大学公共管理学院院长、中国行政管理学会会长江小涓，全国哲学社会科学工作办公室主任姜培茂出席会议开幕式并致辞。

会议发布《中国智库AMI综合评价研究报告（2021）》。中国智库综合评价研究项目（2021）课题主持人、中国社会科学评价研究院党委书记、院长荆林波指出，该报告是中国社会科学评价研究院多年来在智库评价与研究领域的最新成果，充分体现了定性评价与定量评价相结合、问卷调查与专家评价相结合、成果评价与过程评价相结合的特点。报告基于AMI指标体系的基础数据分析，总结“十三五”时期中国智库建设成果，展望“十四五”时期中国智库发展方向，为推进中国特色新型智库高质量发展提供了重要参考。

会议颁发了“2021年中国智库特色案例”证书和“2021年中国智库综合评价研究项目组织参与奖”证书。中信改革发展研究基金会理事长孔丹、北京大学国家发展研究院院长姚洋、商务部国际经济贸易合作研究院院长顾学明作为入选特色案例的智库代表发言，分享智库建设方面的成绩和经验。会议由中国社会科学评价研究院主办，来自全国多个智库单位的专家学者以及智库主管单位代表围绕智库功能、智库内部治理等议题展开深入交流。

（中国社会科学院供稿）

2021年期刊建设与期刊评价研讨会　10月15日，由中国社会科学评价研究院主办的2021年期刊建设与期刊评价研讨会在线上举办。南京大学中国社会科学研究评价中心副主任沈固朝、北京大学《中文核心期刊要目总览》负责人张俊娥、中国科教评价研究院《中国学术期刊评价研究报告》执行负责人胡小洋、人民出版社《新华文摘》总编喻阳、中国人民大学书报资料中心党委书记李红宇、上海师范大学《高等学校文科学术文摘》总编何云峰、上海社会科学院《社会科学文摘》总编胡键、中国科学技术信息研究所副所长刘琦岩、中国知网社科本部副总经理王玮、中国知网中国科学文献计量评价研究中心副主任张义川等国内十大期刊评价机构、二次文献转载机构及期刊数据库建设机构的20余名负责人，围绕学习《关于推动学术期刊繁荣发展的意见》文件精神进行了开诚布公的工作交流。大家分享信息、加强合作、共话发展，为中国学术期刊繁荣发展、中国学术评价标准国际化、中国学术走向世界贡献自己的力量。

（中国社会科学院供稿）

2021年北京自然科学界和社会科学界联席会议高峰论坛　10月25日，由北京市科学技术协会、北京市社会科学界联合会主办，北京市学习科学学会、北京土木建筑学会承办的2021年北京两界联席会议高峰论坛在北京科学中心召开。北京市社会科学界联合会党组书记、常务副主席，北京市哲学社会科学规划办公室主任张淼，北京市科学技术协会党组书记沈洁出席论坛并致辞。北京市科学技术协会党组成员、副主席孟凡兴主持论坛。论坛以“冬奥：科技、人文与可持续发展”为主题，设主题报告环节和圆桌高端对话环节。主题报告环节，清华大学建筑学院院长、《世界建筑》主编张利，中国长城学会副会长董耀会，首都体育学院副院长谢军，北京冬奥组委总体策划部遗产处处长刘兴华作主题发言。高端对话环节，两界专家学者充分发挥协同优势，就冬奥会、冬残奥会对“人文北京·科技北京·绿色北京”建设及京津冀协同发展的牵引作用、京张体育文化旅游带建设、冬奥会场馆的赛后利用等方面进行交流研讨，建言献策。两界顾问、专家学者，两界所属社会组织、基地代表及部分媒体共80余人参加论坛。

（北京市社科联、北京市社科规划办供稿）

第十三届CAER–IFPRI国际学术研讨会　10月29日，第十三届CAER–IFPRI国际学术研讨会在中国农业大学开幕。会议主题为“构建健康、可持续的中国食物系统”。中国农业大学校长孙其信教授和国际食物政策研究所所长Johan Swinnen教授出席会议并致辞。强调会议主题与IFPRI《2021全球食物政策报告》倡议的建设健康、包容、可持续、高效率和有韧性的食物系统的目标相契合。疫情对于新的技术和制度创新来说既是挑战，也是实现转型的机遇，需要各方协作，即刻行动。会议开幕式环节由CAER总主编、中国农业大学副校长辛贤教授主持。

会议主旨报告环节由中国农业大学经济管理学院院长司伟教授和CAER联合主编、国际食物政策研究所中国项目主管、浙江大学中国农村发展研究院国际院长陈志钢教授先后主持。全国人大常委、全国人大农业与农村委员会主任委员、中国农业大学国家农业农村发展研究院首席专家陈锡文就“确保国家粮食供给安全”，中国农业大学讲席教授、全球粮食经济与政策研究院院长樊胜根教授就“粮食体系转型的国际前沿”做主旨发言。国际食物研究所所长Johan Swinnen教授、澳大利亚阿德莱德大学名誉教授Kym Anderson和美国塔夫斯大学William A. Masters教授分别做了“更健康、包容、可持续的粮食体系转型”、“中国处于更加不确定的全球食品贸易环境”和“中国和世界范围内的食品价格和饮食成本：指导食品系统的营养和健康”的报告。

会议共设食物系统与营养健康，自然资源、环境和气候变化，农业生产效率，劳动力供给与可持续发展，农产品市场与贸易，农业与新结构经济学等12个专题分会场；在圆桌论坛环节，来自中国、美国、澳大利亚以及加拿大的5位知名专家围绕“食物系统与农商业发展”进行深入讨论。

（中国农业大学供稿）

全国工会学研究会2021年年会暨第37次全国工会理论教学讨论会　11月6日，全国工会学研究会2021年年会暨第37次全国工会理论教学讨论会以线上线下相结合的形式，在中国劳动关系学院召开。中国科学社会主义学会副会长、中共中央党校（国家行政学院）倪德刚教授，全国工会学研究会会长、中国劳动关系学院党委书记刘向兵，中国李大钊研究会执行秘书长胡俊，北京长辛店“二·七”纪念馆馆长刘德华等出席会议。中国劳动关系学院师生代表70余人到现场参会。全国各省总工会干校、全国工会学研究会理事单位代表及参会论文作者近150余人在线参加会议。

刘向兵做“深入学习贯彻习近平总书记关于工人阶级和工会工作的重要论述，努力开创新时代工会理论研究新局面”的主旨报告。江西省总工会井冈山职工教育培训中心主任欧阳锋就加强工会干部教育培训、创新党史学习教育进行经验分享。倪德刚、中国井冈山干部学院教学科研部党史教研中心主任陈胜华、中国劳动关系学院赵健杰分别作了题为“科学社会主义若干前沿问题”“中国共产党精神谱系中的井冈山精神”“努力开创中国特色工会学理论学科建设的新局面”的报告。研讨环节，与会人员围绕“马克思主义理论中国化与深入学习贯彻习近平总书记关于工人阶级和工会工作的重要论述”、“科学社会主义理论发展与中国特色社会主义工会学理论学科建设”以及“中国共产党领导下的中国工人运动史”3个主题进行分组讨论。

本届年会共有35篇优秀论文分获一、二、三等奖。会议还发布了《2022年度全国工会学研究会理论研究重点课题指南》。

（中国劳动关系学院供稿）

第三届“一带一路”国际科普交流研讨会　12月16日，第三届“一带一路”国际科普交流研讨会以线上线下相结合的形式举办。该研讨会由中国科学技术交流中心主办，北京市科学技术研究院合办，北京市科学技术研究院科学传播中心、北京国际科技服务中心有限公司承办，北京天文馆支持。在科技部科技人才与科学普及司和科技部国际合作司的指导下，主办方邀请来自哥斯达黎加、葡萄牙、英国、南非、巴基斯坦、哈萨克斯坦等4大洲18个国家的科技管理部门、科技传播机构以及大学科研机构的21位专家代表，同来自国家发改委、国家体育总局、中科院、中国科协、北京大学、中国科学技术大学、中国矿业大学、首都医科大学宣武医院等的20余位专家一起，围绕“科研及教育机构的科学传播使命”主题开展了深入研讨。

科技部科技人才与科学普及司副司长李勇、科技部国际合作司一级巡视员阮湘平、中国科学技术交流中心主任高翔、北京市科学技术研究院党组书记方力在开幕式上致辞。大会邀请了巴基斯坦科学基金会主席沙希德·马哈茂德·拜格（Shahid Mahmood Baig）作主题演讲。

本届研讨会议程共设置两个平行会议，每个平行会议分三个阶段进行，每阶段设置中方或外方独立主持人，各国专家围绕开展科学传播的经验、科学家从事科普、科普国际交流、科普与创新生态的关系、科普在全球性挑战问题中发挥的作用等进行交流研讨。大家融汇新观点、新视野，分享最佳实践经验，热烈交流研讨。

“一带一路”国际科普交流研讨会的举办，是落实“一带一路”科技创新合作行动计划的具体举措和有力实践，实现了促成广聚资源、融汇观点、寻找合作、推动传播的目的。本届研讨会不仅会聚多国行业专家，共同持续推动国际科普事业发展，促进国际科普机构间的合作与交流，更进一步为建立国际科普交流互鉴的长效机制和打造国际化、综合型、高层次的科技人文交流平台做出积极贡献。

（北京市科学技术研究院供稿）

第二届北京市情论坛（2021）　12月21日，北京市委党校举办“第二届北京市情论坛（2021）”，北京市委党校副校长袁吉富等出席会议。论坛以“新阶段·新理念·新格局：北京率先基本实现社会主义现代化研究”为主题，北京市统计局、北京市民政局、北京市委前线杂志社、中共北京市委党史研究室、北京市社会科学研究院、北京史研究会、北京大学、中国人民大学、北京工业大学、中共北京市委党校（北京行政学院）和北京市党校系统的40余位相关政府部门负责人与专家学者参加了线下会议。近300位参会者在顺义、延庆两区党校视频分会场和腾讯会议室参加论坛。

（北京市委党校供稿）

中国社会科学院创新工程2021年度重大科研成果发布会　12月28日，中国社会科学院在京召开创新工程2021年度重大科研成果发布会，发布23项重大科研成果。中国社会科学院副院长、党组成员高培勇出席会议并致辞。中国社会科学院科研局局长崔建民主持会议。

2021年，中国社会科学院学者共完成专著近400部，学术论文5000多篇，研究报告近2000份，学术资料、古籍整理、译著、普及读物、教材等百余种，对深化中国特色社会主义理论建设、推进国家经济文化发展起到了重要作用。此次发布的23项重大科研成果为其中的代表性作品，充分体现了中国社会科学院的学术水平和研究实力。

围绕习近平新时代中国特色社会主义思想以及党的百年奋斗重大成就和历史经验，中国社会科学院学者坚持把马克思主义基本原理同中国具体实际相结合、同中华优秀传统文化相结合，深入研究阐释习近平新时代中国特色社会主义思想，总结党的百年奋斗重大成就和历史经验，推出了《中华人民共和国简史》、《改革开放简史》、《中国改革开放：实践历程与理论探索》、《马克思主义发展史》（第一至第三卷）和《马克思思想年编》等成果，进一步发挥了中国社会科学院作为马克思主义坚强阵地和党的意识形态重镇作用，以坚定之决心与不变之初心，致敬党的百年华诞。

围绕传统文化与人文基础学科研究，中国社会科学院学者坚持立足中国、放眼世界，积极同国外学术界开展交流合作，与丹麦哥本哈根大学“克尔凯郭尔研究中心”合作推出《克尔凯郭尔文集》(十卷本)；努力建设具有中国特色、中国风格、中国气派的考古学，推出《中国考古学百年史（1921—2021)》、《青藏高原丝绸之路的考古学研究》(上、下编）和《澳门圣保禄学院遗址发掘报告(2010—2012)》等成果，为弘扬中华优秀传统文化、增强文化自信提供坚强支撑；不惧艰难、不计得失，“一剑甘作十年磨”，推出《古本戏曲丛刊十集》、《白居易资料新编》和《今注本二十四史》(第二批《史记》等六种）等具有重要学术价值和历史传承意义的学术经典。

围绕经济社会发展中的重大理论与实践问题，中国社会科学院始终以服务党和国家发展大局为己任，践行国家高端智库的使命担当，注重基础理论研究与应用对策研究融合发展，坚持问题导向，推出《经济蓝皮书：2022年中国经济形势分析与预测》《成长的烦恼：中国迈向现代化进程中的挑战及应对》《面向制造强国的中国产业政策》《债法总则：历史、体系与功能》等成果，为新阶段我国经济社会高质量发展贡献智慧；积极回应当代国际关系变动中的重大问题，推出*China's Major Country Diplomacy — Chinese Characteristics, Connotations, and Paths*(《中国特色大国外交：内涵与路径》英文版)、《国际形势黄皮书：全球政治与安全报告(2022)》和《拉美21世纪社会主义研究》等成果，为推动建设新型国际关系奠定理论基础；深入总结国家治理经验，提炼我国改革开放、全面建成小康社会等一系列在人类社会发展历史上具有重要里程碑意义的伟大实践，产出了《推进国家治理现代化研究》《中国减贫成就、经验和国际合作》等成果，为世界其他国家可持续发展提供启迪和借鉴，为构建人类命运共同体贡献中国方案。

在学术评价方面，中国社会科学院研究制定了《人文社会科学期刊评价（GB/T 40108-2021)》《人文社会科学智库评价指标体系（GB/T 40106-2021)》，为中国特色哲学社会科学发展及智库建设提供了重要制度保障；在科研服务方面，建设国家哲学社会科学文献中心数据库，面向社会提供方便快捷、资源共享的公益性学术信息服务。

会议由中国社会科学院主办，中国社会科学院科研局承办。

（中国社会科学院供稿）

·大 事 记·

2021年

1月

3日　北京师范大学新媒体传播研究中心及教育新闻与传媒研究中心、中国日报网、光明网联合发布《2020中国大学、央企、城市海外网络传播力建设系列报告》。

（北京师范大学供稿）

5日　由首都经济贸易大学、北京市社会科学界联合会、北京市哲学社会科学规划办公室、社会科学文献出版社共同主办的《中央商务区蓝皮书：中央商务区产业发展报告（2020）》新书发布暨CBD创新转型发展论坛在社会科学文献出版社举办。蓝皮书对CBD抗击疫情的支撑产业、促进经济可持续发展、CBD新动能转换，以及CBD对外竞争力提升等方面进行重点研究。

（首都经济贸易大学供稿）

6日　首都经济贸易大学特大城市经济社会发展研究省部共建协同创新中心揭牌仪式暨2020首都圈发展高层论坛在首都经济贸易大学举办。作为全国首个“特大城市经济社会发展研究省部共建协同创新中心”，中心将聚焦京津冀协同发展、特大城市及城市群治理、特大城市消费与金融及旅游大数据等五个重点研究领域，持续进行协同创新研究。

（首都经济贸易大学供稿）

7日　中国社会科学院人口与劳动经济研究所和社会科学文献出版社共同举办的“2020年《人口与劳动绿皮书》发布会”在北京举行。该绿皮书1999年首次出版，2021年为第21辑。本期围绕“十四五”时期人力资本提升与经济高质量发展主题，对“十四五”时期中国人力资本提升面临的突出问题和挑战进行了深入分析，指出加快人力资本积累是减缓潜在增长率放缓、提升经济发展效益、改善民生福祉的重要举措。

（中国社会科学院供稿）

16日　由光明日报社、中国政法大学联合主办的“学习习近平法治思想，贯彻落实习近平总书记考察法大重要讲话精神”座谈会在中国政法大学召开。中国政法大学习近平法治思想研究院正式揭牌。张文显、徐显明、胡明、马怀德一同为中国政法大学习近平法治思想研究院揭牌，并为研究院理事会成员、学术委员会主任及委员、首席专家及特聘专家颁发聘书。

（中国政法大学供稿）

20—22日　北京大学中国教育财政科学研究所举办“教育财政：中国的问题体系与理论构建——北京大学中国教育财政科学研究所成立15周年庆典暨第六届中国教育财政学术研讨会主旨学术论坛”，与会专家围绕中国教育财政的问题体系与理论构建进行了讨论。

（北京大学供稿）

29日　北京博物馆学会理事长刘超英在中国知网教学平台线上开展“北京文博学术大讲堂之北京博物馆知多少”系列讲座第一讲。这是北京市文物局与中国知网为进一步提升北京市公共文化服务供给水平，满足新时期社会公众的多元化需求，打造优秀的文博品牌活动，促进博物馆行业发展，培育和服务关注博物馆事业发展的观众群体，传承和发扬中华优秀传统文化而设的系列活动。

（北京博物馆学会供稿）

2月

3日　国家新闻出版署印发《关于发布出版业科技与标准重点实验室名单的通知》，中国传媒大学申报的“融合出版与文化传播重点实验室”入选。“融合出版与文化传播重点实验室”是由国家新闻出版署正式批准建设，以中国传媒大学为主体，联合高等教育出版社、北京掌阅科技股份有限公司和北京歌华有线电视网络股份有限公司三家单位共建的省部级重点实验室。实验室重点聚焦主题出版与数字出版创新机制、智能化融合出版与知识服务、中华优秀传统文化创造性转化和创新性传播三个研究方向，开展融合出版知识生产、社会服务、文化价值观引导的创新和传播。

（中国传媒大学供稿）

5日　北京市科学技术研究院首都高端智库研究专著《首都高质量发展研究》由经济管理出版社出版。该书从明确高质量发展要求出发，分析了高质量发展要义，建构了由经济高质量发展、社会高质量发展、环境高质量发展三个维度支撑的区域高质量发展评价指标体系，分析了北京环境高质量发展，研究提出了面向“十四五”规划的中国高质量发展建议对策。

（北京市科学技术研究院供稿）

24日　中国社会科学院国际研究学部2021年度国际问题研讨会暨《中国社会科学院国际形势报告（2021）》发布会在北京举行。《中国社会科学院国际形势报告（2021）》对2020年俄罗斯、美国、日本等大国和世界主要地区的经济、政治、社会、安全形势以及重大热点问题进行综合分析，并在此基础上对2021年全球形势和世界格局主要发展趋势进行预判。

（中国社会科学院供稿）

26日　由中国社会科学院国家金融与发展实验室、金融研究所以及中国社会科学出版社联合举办的《中国国家资产负债表2020》新书发布暨高层研讨会在北京举行。《中国国家资产负债表2020》编制了2000—2019年共20年的中国国家资产负债表数据，系统勾勒了21世纪头20年中国国家资产负债表的全貌，为全面把握中国发展、进行国际比较提供了详细的数据样本。

（中国社会科学院供稿）

是月　“中国金融学科终身成就奖”评选结果公布，清华大学经管学院宋逢明教授获得2020—2021年度“中国金融学科终身成就奖”。“中国金融学科终身成就奖”由鸿儒金融教育基金会设立，旨在促进中国金融学科建设，弘扬优秀学科带头人在金融学科建设中的贡献，推动高校、科研机构金融研究和金融教育的进步，为中国金融改革、创新和发展培养优秀人才。

（清华大学供稿）

是月　全球财富管理论坛（GAMF）在京召开2021年第一次理事会。经理事会讨论通过，清华大学经管学院受邀成为全球财富管理论坛发起单位，经管学院院长、弗里曼讲席教授白重恩受邀担任理事会创始理事与论坛执委会主席。论坛共有三家发起单位，分别是清华大学经济管理学院、孙冶方经济科学基金会、中国财富管理50人论坛。

（清华大学供稿）

3月

4日　“北京韧性城市建设研究中心”揭牌仪式在北京市委党校举行。研究中心由北京市委党校和北京建筑大学合作建立，中心将充分利用北京市委党校公共管理制度研究和理论研究的优势与北京建筑大学城市建设的实践优势，通过研究、整合、重构，完成韧性城市更新、未来韧性城市等重点研究课题选题，形成相关理论，出版相关著作，举办韧性城市发展论坛，打造构建韧性城市大数据库，服务北京韧性城市建设。

（北京市委党校供稿）

5日《中国反贫困的媒体行动——以中央广播电视总台的实践为例》在京出版发行。中宣部、中央广播电视总台、中国传媒大学有关领导出席并启动出版发行。该书由总台与中国传媒大学合作撰写，从实践层面分析了总台广告扶贫的经验与启示，从理论层面阐释了公益广告创新理念与发展目标，系统总结了主流媒体精准扶贫的共同体模式。

（中国传媒大学供稿）

10日　世界贸易组织（WTO）评选出“Women Pioneers at the WTO”17位杰出女性，向过去25年里在WTO和多边贸易体制的活动中发挥先锋作用的女性们致敬。清华大学法学院兼职教授、清华大学国际争端解决研究院院长张月姣获此殊荣。

（清华大学供稿）

是日　北京印刷学院与北京市国有文化资产管理中心签署战略合作协议，共建北京文化产业发展研究院。北京印刷学院将在文资中心的帮助下，整合资源，以北京文化产业发展研究院为载体，把出版、印刷、文化创意领域的学科人才优势转化为服务优势，推进文化强国建设。

（北京印刷学院供稿）

16日　中国共产党百年经济思想与实践系列讲座在孙冶方大讲堂首讲，讲座于中国社会科学院经济研究所孙冶方报告厅举行，此期主讲题目为“改革开放与外汇体制”，李剑阁主讲，黄群慧担任主持人并致辞。近百位经济研究所研究人员和经济学院的在读本科、研究生到场聆听。讲座结束后在现场举行了“孙冶方经济科学奖学金”签约仪式，由孙冶方经济科学基金会在中国社会科学院大学经济学院设立“孙冶方经济科学奖学金”。

（中国社会科学院供稿）

19日　故宫博物院与中国社会科学院大学在故宫博物院续签战略合作框架协议。双方承诺未来在平等互利、优势互补的基础上，开展人才培养、科学研究、学术交流等合作。文化和旅游部党组成员、故宫博物院院长王旭东，中国社会科学院大学校长张政文出席仪式并致辞。

（中国社会科学院供稿）

是日　2021年全国省级地方志机构主任工作会议暨中国地方志学会第七次会员代表大会在京召开。经大会选举，中国社会科学院副院长高翔当选为中国地方志学会第七届理事会会长。会议审议通过《第六届理事会工作报告》和新修订的《中国地方志学会章程（草案）》等文件，选举产生第七届理事会常务理事和领导机构。

（中国社会科学院供稿）

是日　北京印刷学院召开党史学习教育动员大会，会上“庆祝中国共产党百年华诞百版红色报纸”专题展览揭幕，“永远跟党走”主题教育活动启动。百版红色报纸展共分为“建党篇”“建军篇”“抗战篇”“解放篇”“建国篇”“成就篇”六个篇章，系统展示了全国各族人民在中国共产党的领导下，赢得民族独立、人民解放的奋斗历程，以及社会主义建设和改革开放所取得的辉煌成就。

（北京印刷学院供稿）

20日　由中国社会科学院工业经济研究所、申能集团共同举办，中国社会科学院能源经济研究中心承办，主题为“能源蓝皮书——中国能源发展前沿报告”的能源智库联盟论坛在北京召开。能源智库联盟单位的领导、专家及学者共30余人参加会议。会议由中国社会科学院工业经济研究所所长、能源智库联盟轮值主席史丹主持。“蓝皮书”分为总论、行业篇及热点问题三个部分。

（中国社会科学院供稿）

是日　“考古中国”重大项目工作进展会通报，考古工作者在三星堆遗址新发现6座三星堆文化“祭祀坑”，现已出土许多重要文物。北京大学考古文博学院全程参与了此次对三星堆遗址的调查、勘探与发掘工作。

（北京大学供稿）

24日　北京师范大学中国文化国际传播研究院（AICCC）发布《中国文化认知对观看中国电影期望与行为的影响研究——2020年度中国电影东南亚地区传播调研报告》。

（北京师范大学供稿）

25日　北京印刷学院与北京出版集团签署战略合作协议。双方将充分发挥学校的人才优势和科研优势以及文化集团的产业优势和市场优势，推动校企文化资源、行业资源和产学研深度融合，携手探索市场的高度和学科的深度，共同推进创新链、产业链、资金链、政策链相互交织、相互支撑，构建以研发为根基，以市场为导向，以产业为主体，政、产、学、研相结合的创新发展体系。

（北京印刷学院供稿）

26日　哲学社会科学科研诚信联席会议第三次会议在北京举行。中宣部、教育部、科技部、中共中央党校（国家行政学院）、国务院发展研究中心、中央军委科学技术委员会等联席会议成员单位有关代表出席会议并发言。会议还举行了“哲学社会科学科研诚信网”网站启动仪式。

（中国社会科学院供稿）

31日　全国人大常委、中国社会科学院学部委员、世界宗教研究所卓新平著《宗教学新论》文丛出版座谈会在北京召开。来自中共中央统战部、全国政协、中国社会科学院、北京大学、中国人民大学、中央民族大学、中国社会科学出版社、中国宗教学会等单位的领导和专家出席了座谈会。

（中国社会科学院供稿）

是日　《文化科技蓝皮书：北京文化科技融合发展报告（2019—2020）》发布会在北京召开。本次发布会由北京市科学技术研究院、社会科学文献出版社联合主办，北京科学学研究中心、北京科技政策与管理研究会承办。蓝皮书报告以推动北京文化科技融合、实现高质量发展为目标，从全球视角观察文化科技融合相关产业发展动态，跟踪研究了大量国内外成功商业发展案例，构建了文化科技融合发展评价指标体系，综合测算北京文化科技融合发展指数，探索研究北京文化科技融合发展的成效、最新趋势与有效路径。

（北京市科学技术研究院供稿）

是月　教育部办公厅发布《教育部办公厅关于公布2020年度国家级和省级一流本科专业建设点名单的通知》(教高厅函〔2021〕7号)，北京印刷学院机械工程、数字出版、动画3个专业入选国家级一流本科专业建设点，财务管理、绘画、计算机科学与技术3个专业入选省级一流本科专业建设点。自教育部2019年启动一流本科建设“双万计划”以来，北京印刷学院共有国家级和省级一流专业建设点13个(其中有2个专业获批北京高校重点建设一流本科专业)。

(北京印刷学院供稿)

4月

1日　由中国教育学会和人民教育出版社共同主办的学习习近平总书记家庭教育重要论述暨“家庭教育指导手册”丛书出版座谈会在北京举行。“家庭教育指导手册”丛书是在教育部领导下，由中国教育学会组织编写。该丛书坚持以习近平总书记关于新时代家庭教育的重要论述为指导，全面论述了开展家庭教育指导工作的基本理论和实践问题，其中《家庭教育指导手册　学校卷》由首都师范大学党委书记孟繁华担任主编，历时两年完成。

(首都师范大学供稿)

2日　中国社会科学院大学爱国主义教育基地和中国社会科学院大学历史学院教学实践基地在中国历史研究院挂牌。中国社会科学院副院长、党组成员，中国历史研究院院长、党委书记高翔，中国社会科学院大学校长张政文为“中国社会科学院大学爱国主义教育基地”“中国社会科学院大学历史学院教学实践基地”揭牌。

(中国社会科学院供稿)

是日　中国历史研究院“兰台讲堂”第一讲在北京举办。中国社会科学院历史学部主任、学部委员、中国历史研究院考古研究所研究员王巍以“考古学家眼中的中华文明起源”为题做了演讲。

(中国社会科学院供稿)

7日　中国人民大学国家经济学教材建设重点研究基地学术委员会委员聘任仪式暨中国经济学教材建设研讨会在中国人民大学召开。国家经济学教材建设重点研究基地学术委员会由经济学领域的15位国内知名专家组成，包括1位主任委员和14位委员。

(中国人民大学供稿)

是日　由北京联合大学和社会科学文献出版社联合主办的《中国城市休闲和旅游竞争力报告》(2020)新闻发布会在北京联合大学举行，会上发布了《中国城市休闲和旅游竞争力报告》(2020)总报告，以及城市基本要素竞争力、效率增强竞争力、创新与成熟度竞争力三个分报告。

(北京联合大学供稿)

8日　中国社会科学院党组决定由中国社会科学院副院长、党组成员高培勇兼任中国社会科学院大学党委书记。

(中国社会科学院大学供稿)

9日　由中国社会科学院中国历史研究院中国边疆研究所、社会科学文献出版社共同主办的《中国与周边国家关系发展报告(2021)》发布会暨“中国与周边关系”学术研讨会在北京举行。该书是由谢伏瞻主编的中国周边关系蓝皮书的第一部作品，也是“中国与周边关系研究”专项第一部公开出版的成果。报告按照总报告、区域篇、双边篇和专题篇四个层面设计研究框架，重点分析了中俄关系、中印关系、中日关系、中韩关系四对双边关系。

(中国社会科学院供稿)

10日　北京师范大学郎平体育文化与政策研究中心召开“中国女排精神与当代价值学术研讨会”，中国女排总教练郎平参会。

(北京师范大学供稿)

是日　由北京绿能煤炭经济研究基金会主办的煤炭产业经济形势分析与应对策略研讨暨中国煤炭经济30人论坛(CCEF-30)第二十五次内部研讨会以视频会议形式召开。基金会理事单位代表、CCEF-30成员、特邀嘉宾等20余人出席会议。会议围绕煤炭产业经济形势，尤其是长远发展问题谈对策。

(北京绿能煤炭经济研究基金会供稿)

14日　北京印刷学院艺术与科技研究中心揭牌仪式举行。该中心挂靠在中国自然辩证法研究会科学与艺术专业委员会下，以北京印刷学院印刷文化与设计创新团队为科研主体，聚焦科技美学、艺术与科技、艺术设计历史与理论等主要研究方向，致力于艺术与科技的跨学科基础理论研究和高水平的应用研究平台搭建，是一个集研究、教学、实践应用于一体的跨学科学术平台和研究机构。

(北京印刷学院供稿)

15日　由中国社会科学院经济研究所与社会科学文献出版社联合主办的《经济思想史学刊》创刊发布会在北京召开。《经济思想史学刊》是经国家新闻出版署批准，由中国社会科学院主管，中国社会科学院经济研究所与社会科学文献出版社主办的国内外公开发行的专业性学术期刊。该刊刊号为CN10–1720/F，季刊，主要刊发马克思主义经济思想史、中国经济思想史、外国经济思想史、经济政策史和当代经济理论流派等研究领域中外学者的原创性学术论文。

（中国社会科学院供稿）

是日 中国社会科学院大学计算社会科学实验室成立。实验室是中国社会科学院大学落实教育部《教育部办公厅关于推荐新文科研究与改革实践项目的通知》而设立的校级实验室。该实验室由副校长林维担任主任，聚焦于人文社会科学与计算机等自然科学相交叉、渗透而形成的新的学科领域，以期在新文科建设中探索出一条切实可行的学科建设、人才培养路径。

（中国社会科学院大学供稿）

16日 北京语言大学华文教育研究院揭牌仪式暨华文教育研究院发展座谈会在北京语言大学举行。华文教育研究院致力于大力整合社会优质资源、搭建学科建设平台、产出高质量学术和智库成果、把更多的科研成果转化为实践项目，同时也为不同层次的海外华裔学生提供一个专业学习的场所。

（北京语言大学供稿）

18日 由北京大学中国语言文学系和山东人民出版社联合主办的“《袁行霈文集》出版暨北京大学中国古典学学科发展座谈会”在北京举行。《袁行霈文集》（十卷本）共收录袁行霈著作10种：《中国诗歌艺术研究》《中国文学概论》《陶渊明研究》《陶渊明集笺注》《陶渊明影像》《愈庐论诗》《魏晋南北朝隋唐五代文学史纲》《蠡测集》《碎叶集》《诗词与小品》，全部为袁行霈独立撰写的学术著作和诗词、随笔、小品文。

（北京大学供稿）

21日 “北京市委办公厅法治研究基地”签约仪式举行。基地由中共北京市委办公厅与北京市社会科学院联合成立。该基地在市委办公厅统筹协调指导下，参与北京市重要立法项目、市委常委会年度工作要点和议题计划、市委重大决策部署等，重点研究市委领导立法工作的体制机制和全市性立法规划计划、本市党内法规制度建设和执行情况、本市地方立法体系、市委重要规范性文件及重大决策事项中的涉法问题、本市法治重点问题及市委交办的其他任务。

（北京市社会科学院供稿）

22日 北京市法学会依托首都经济贸易大学法学院建立首都城市治理法治研究基地。基地启动仪式在首经贸举办。该基地作为北京市法学会第一家市级研究基地，致力于推动首都城市治理法治问题研究、聚焦并服务首都高质量发展和“两区”建设。

（首都经济贸易大学供稿）

23日 北京市文物研究所与北京联合大学签署全面合作框架协议，签约仪式在通州考古工作站举行。协议指出，结合双方资源优势与考古事业发展需求，积极搭建社会科学领域的合作平台，聚焦北京市重大需求，探索未知，揭示本源，联合开张相关领域合作研究，产出高质量学术成果。

（北京联合大学供稿）

24日 在清华大学建校110周年、清华经管学院建院37周年之际，清华大学经管学院新楼落成仪式举行。

（清华大学供稿）

是日 清华大学经管学院举办新时代经济管理学科建设论坛。论坛围绕新时代经济管理学科建设多维度剖析经济学在中国的历史与未来，以期推动经济管理学科建设和教育教学的改革发展。

（清华大学供稿）

26日 中国政法大学智慧治理研究中心成立，研究中心致力于智慧治理现代化、法治化的相关理论研究和学科建设，系统推进电子政务、智慧政务、政府安全信息化的行业调研和理论研究，建设信息化建设培训体系，组织行业论坛，搭建科研人员发布研究成果、企业展示落地案例、政企互动合作的平台，并促进法大重点学院学科与企业社会的互动和人才交流，开创校企合作的新模式。

（中国政法大学供稿）

是月 在国家出版基金项目资助下，北京大学法学院教授陈兴良所著的13卷本系列文集《刑法研究》（第一卷至第十三卷）出版发行。13卷文集《刑法研究》根据刑法学体系的逻辑关系进行排列，分为刑法绪论、刑法理论、刑法总论和刑法各论四编，收录了陈兴良从1984年到2020年长达36年期间所发表的全部论文。

（北京大学供稿）

是月 北京大学历史学系教授李伯重、董经胜担任主编的“海上丝绸之路”论文集《海上丝绸之路：全球史视野下的考察》正式出版，该论文集涉及海外贸易、地缘政治等多个主题，展现了全球史的研究视角，为“海上丝绸之路”这一新的研究领域提供了重要示范。“‘海上丝绸之路与郑和下西洋’及其沿线地区的历史和文化研究”是北京大学打造和推出的服务

"一带一路"倡议重大项目之一，由北京大学历史学系牵头。

（北京大学供稿）

是月　首都经济贸易大学教授刘冠军的新著《马克思"科技—经济"思想及其发展研究》由人民出版社出版发行。该专著既是首都经济贸易大学首部入选"国家哲学社会科学成果文库"的著作，也是该校首部入选《国家社会科学基金项目优秀成果选介汇编》的优秀成果，并在全国哲学社会科学工作办公室网站暨中国共产党新闻网作为"最新成果集萃"进行了推介。

（首都经济贸易大学供稿）

5月

4日　北京大学中共党史研究中心成立仪式暨中共党史研究与党史教育理论研讨会举行。北京大学中共党史研究中心是北京大学校内第一个中共党史专门研究机构，中心将整合校内相关学科、学术资源，凝聚、涵养中共党史研究学科人才，努力将其建设成具有国际一流水平和鲜明北大特色的学术研究重镇、党史教育基地、国情政策智库、数据史料宝库。

（北京大学供稿）

6日　中国社会科学院农村发展研究所、社会科学文献出版社、中国社会科学院城乡发展一体化智库在北京共同发布了《农村绿皮书：中国农村经济形势分析与预测（2020—2021）》。指出，农业是国民经济的基础，"双循环"战略离不开农业的参与。作为"双循环"新发展格局的起点和基础，中国农业面临自然资源不足、增产潜力有限、供求结构错位等现实问题，统筹利用产品、资金、技术三个层面的内外循环，才有助于实现保障国家粮食安全、支持食物消费升级和保证资源可持续的三重目标。

（中国社会科学院供稿）

7日　首都经济贸易大学思想政治教育影视基地正式揭牌。该基地将为首经贸深入贯彻落实习近平总书记在全国高校思想政治工作会议上的重要讲话精神，打造思想政治教育工作新阵地，进一步推动校园文化繁荣发展提供平台。

（首都经济贸易大学供稿）

8日　由工业和信息化部、中国人民大学和中国邮政储蓄银行三方共建的中国人民大学国家中小企业研究院正式揭牌成立。研究院旨在通过整合高等院校、金融机构等智力资源，建立一支稳定、专业的研究队伍，加强对中小企业的研究，为国家建言献策，促进中小企业高质量发展，成为"新平台、大网络，跨学科、重交叉，促创新、高产出"的高端智库。

（中国人民大学供稿）

9日　北京师范大学经济与工商管理学院、北京市地方金融监督管理局、清华大学五道口金融学院三方主办的金融科技专业合作备忘录签约仪式暨首届金融科技与数字经济发展高层论坛在北京师范大学举行。北京师范大学党委书记程建平出席，2800余人在线观看会议直播。

（北京师范大学供稿）

是日　"雯辉法学教育基金"发起仪式在首都经济贸易大学举行。这是为传承名师精神，助力学校发展，继日新奖励基金、晓航基金、董久昌基金后，首经贸又一名师教育基金正式发起。原经济法系主任沈雯辉，校党委书记韩宪洲等出席仪式。

（首都经济贸易大学供稿）

11日　由中国辩证唯物主义研究会、中国社会科学院哲学研究所、社会科学文献出版社主办的中国辩证唯物主义研究会会刊《马克思主义哲学》创刊发布会暨中国辩证唯物主义研究会高层论坛在北京召开。《马克思主义哲学》由中国社会科学院主管，中国社会科学院哲学研究所和社会科学文献出版社共同主办，编辑部设在哲学研究所。

（中国社会科学院供稿）

12日　北京信息科技大学高校廉政建设研究中心成立大会在北京信息科技大学召开。中心将充分发挥学校信息特色优势，通过对中国共产党廉政建设、国内外与其他境外地区高校廉政建设发展历史的梳理研究，结合新时代高校纪检监察工作的实践经验，对高校廉政治理体系的建立和完善开展理论与应用研究，为党风廉政以及师德师风建设提供智力支持，开展学术交流、教育与培训。

（北京信息科技大学供稿）

是日　中央团校与香山革命纪念馆共建实践教学基地签订合作协议暨揭牌仪式在香山革命纪念馆举行。中央团校党委书记倪邦文与北京市委宣传部副部长、香山革命纪念馆馆长张爱军出席并共同为"中央团校实践教学基地"揭牌。

（中央团校供稿）

13日　首都体育学院举行冰雪运动学院成立仪式。学院将以本科教学为主、逐步发展研究生培养，突出冰雪专业教学、训练、竞赛、科研与社会服务五位一体办学定位，完善冰雪相关的课程体系，逐步拓宽专业方向，建成中国冰雪教学科研、训练、竞赛、理论科技研究中心。

（首都体育学院供稿）

14日　由北京市文物局、北京博物馆学会、北京市西城区委宣传部主办的“8+”名人故居纪念馆联盟“5·18国际博物馆日”系列文化活动在郭沫若纪念馆启动。同时“8+”名人故居纪念馆联盟推出两个展览：“追求与探索——文化名人的历史印记图片展”“传承文化名人之精神、点亮博物馆未来之光——‘8+’名人故居纪念馆联展”。

（北京博物馆学会供稿）

15日　中国社会科学院铸牢中华民族共同体意识研究基地揭牌暨中华民族共同体网上线仪式在中国社会科学院举行。国家民族事务委员会副主任、党组成员赵勇，中国社会科学院副院长、党组成员王灵桂，中央四部委基地建设业务指导单位的领导同志以及北京大学、四川大学、中央民族大学等15家基地出席第二届基地工作联席会议的专家、领导出席了揭牌和网站上线仪式。

（中国社会科学院供稿）

是日　北京大学文学讲习所成立大会在北京举行。北京大学校长郝平，中国作协副主席李敬泽，诺贝尔文学奖获得者莫言，中国出版传媒股份有限公司董事、总经理李岩，北京文联党组书记、常务副主席陈宁，北京大学副校长王博等出席成立大会。北京大学文学讲习所由北京大学博雅讲席教授、著名作家、国际安徒生奖获得者曹文轩担任所长，中文系教授邵燕君担任副所长，聘请诺贝尔文学奖获得者莫言、中文系教授谢冕为顾问。

（北京大学供稿）

是日　“第四届中国政治传播研究学术论坛”在中国传媒大学举行。论坛围绕在建党100周年之际和大变局时代政治传播面临的先机、新的信息技术环境下政治传播的新局面、与国家治理现代化相契合的政治传播未来面向等议题展开了探讨。

（中国传媒大学供稿）

16日　北京市文物局指导、北京博物馆学会主办，行业博物馆专委会承办的“助力博物馆之城”高层研讨会在中国邮政邮票博物馆举办。中国博物馆协会理事长刘曙光、北京文物局局长陈名杰、北京博物馆学会理事长刘超英、秘书长哈骏出席会议并讲话。全市30多家行业博物馆近80位博物馆业界人士共同为北京“博物馆之城”建设献计献策。

（北京博物馆学会供稿）

18日　北京大学召开纪念哲学社会科学工作座谈会召开五周年暨学习贯彻习近平总书记给《文史哲》编辑部全体编辑人员重要回信精神座谈会，就深入学习贯彻习近平总书记重要回信精神、落实教育部工作部署，加强哲学社会科学期刊和学科建设进行研讨交流。

（北京大学供稿）

是日　在国家文物局发布了2020年度第十八届全国博物馆十大陈列展览精品终评名单中，清华大学美术学院展示艺术研究所所长洪麦恩主持的在军事博物馆举办的“铭记伟大胜利　捍卫和平正义——纪念中国人民志愿军抗美援朝出国作战70周年主题展览”获评2020年度全国博物馆十大展览“精品特别奖”榜首。

（清华大学供稿）

是日　北京师范大学历史学院单月英为和田地区博物馆主持策划的“五星出东方利中国——和田历史文化陈列”，入围第十八届（2020年度）“全国博物馆十大陈列展览精品”获奖名单。

（北京师范大学供稿）

是日　百年中国共产党生态文明建设历程和经验学术研讨会暨中国社会科学院习近平生态文明思想研究中心成立座谈会召开。中国社会科学院院长、党组书记谢伏瞻在会上讲话。会议同时举行了中国社会科学院习近平生态文明思想研究中心延安基地和山东基地授牌仪式。

（中国社会科学院供稿）

是日　北京博物馆学会在“5·18博物馆之夜”活动上发布了与社会科学文献出版社联合出版的《北京地区博物馆发展报告（2019—2020）》。这是国内第一部记录博物馆发展情况的蓝皮书，由北京博物馆学会学术委员会组织编写。

（北京博物馆学会供稿）

20日　中国地质大学（北京）与延庆区人民政府战略合作签约仪式暨中国地质大学自然文化研究院延庆分院揭牌仪式在延庆区举行。中国地质大学（北京）党委书记、自然文化研究院院长马俊杰与延庆区委副书记、区长于波共同为中国地质大学自然文化研究院延庆分院揭牌。

［中国地质大学（北京）供稿］

21日　中国传媒大学无障碍信息传播研究院获

批成立，为校级科研战略机构。中国传媒大学无障碍信息传播研究院按照党和国家关于推进无障碍事业发展的指示精神，研究无障碍政策、无障碍文化、无障碍传播等议题，继续开展无障碍影视的制作与推广，力争以多元化、高水平的成果，填补无障碍信息传播领域的研究与实践空白，服务学校事业发展和“双一流”学科建设。

（中国传媒大学供稿）

22日　由中国社会科学院世界社会主义研究中心、马克思主义研究院、习近平新时代中国特色社会主义思想研究中心共同主办的中国共产党百年与新发展阶段学术研讨会暨《2020—2021世界社会主义黄皮书》发布会在北京举行。与会学者围绕“中国共产党百年与新发展阶段”这一主题展开探讨。会上发布了世界社会主义黄皮书《世界社会主义跟踪研究报告（2020—2021）——且听低谷新潮声》，由李慎明和姜辉主编，当代中国出版社出版。

（中国社会科学院供稿）

24日　商务印书馆和北京大学人文社会科学研究院共同主办了“马克思主义三个来源经典著作译丛”新书发布会。中国社科院学部委员汝信，北京大学经济学院教授晏智杰、马克思主义学院院长仰海峰、社会学系教授渠敬东，清华大学马克思主义学院院长艾四林等学者参与发布座谈。这是中国目前唯一一套系统译介马克思主义来源的经典译丛。

（北京大学供稿）

是日　北京师范大学新闻传播学院与北京师范大学出版集团全面合作启动仪式在北京举行。仪式上，学院执行院长张洪忠与集团党委书记、董事长吕建生签署合作备忘录；学院通过出版科学研究院，聘请马朝阳等6名专家为业界导师；“智能出版传播创新人才培养实践基地”和“智能传播创新创意工作室”先后揭牌。

（北京师范大学供稿）

26日　最高人民法院与中国人民大学合作共建的人民法院纠纷解决研究基地揭牌仪式暨在线多元调解研讨会在中国人民大学举办。基地旨在发挥合作双方在司法实践和学术研究方面的优势，在多元纠纷解决机制建设与创新研究、多元纠纷解决案例库建设、教学资源共享和人才培养等领域开展合作，进一步深化理论与实践对接，共同推进中国多元化纠纷解决体系建设和能力提升，完善多元化纠纷解决机制。

（中国人民大学供稿）

是日　北京博物馆学会在孔庙和国子监博物馆召开《博物馆蓝皮书：北京地区博物馆发展报告（2019—2020）》暨北京“建设博物馆之城”论坛。博物馆及出版行业的专家30余人参加论坛活动。与会者集体学习了中央九部委联合印发的《关于推进博物馆改革发展的指导意见》，并围绕北京“建设博物馆之城”展开讨论。

（北京博物馆学会供稿）

27日　清华大学经管学院与联合国训练研究所、日内瓦大学经济管理学院三方合作备忘录签署仪式在线上举行。经管学院院长白重恩，副院长李纪珍，联合国助理秘书长、联合国训练研究所执行主任尼基尔·塞斯（Nikhil Seth），日内瓦大学经管学院院长马塞洛·奥拉雷加（Dr. Marcelo Olarreaga），清华x-lab原主任毛东辉等参加签约仪式。

（清华大学供稿）

28日　北京大学新闻与传播学院建院20周年庆祝大会暨新闻传播学科发展的新阶段、新理念、新格局论坛开幕式在北京举行。中华全国新闻工作者协会名誉主席、人民日报社原社长、新闻与传播学院首任院长邵华泽，北京大学校长郝平，新华社副社长刘思扬等出席大会。

（北京大学供稿）

29日　中国伦理学会法律伦理专业委员会在北京师范大学成立，首届法律伦理论坛同期举行。会上选举产生委员会领导机构，学校刑事法律科学研究院院长张远煌为委员会主任，法学院党委书记梁迎修、刑科院副院长刘志伟为副主任委员，刑科院印波为秘书长、苏明月为常务副秘书长；大会还产生了学术委员会成员，梁迎修当选为主任。

（北京师范大学供稿）

是日　北京市犯罪学研究会成立大会暨第一次会员代表大会在北京召开。北京市犯罪学研究会由北京大学犯罪问题研究中心、金杜律师事务所等单位发起，经市法学会批准，市民政局同意并下发《成立工作告知单》。市法学会党组书记、专职副会长萧有茂，联络部副主任、二级调研员周远清，金杜律师事务所党委副书记姜俊禄等出席并为研究会揭牌。

（北京市法学会供稿）

30日　北京师范大学新闻传播学院和腾讯公司社会研究中心举办未成年人网络素养高峰论坛，资深教授黄会林出席。会上成立新闻传播学院未成年人网络素养研究中心并发布《未成年人网络素养2020年度报告》；同时发布中心首批专家委员名单，学院喻国明教授任委员会主任，学校互联网发展研究院李韬教授、教育学部曾晓东教授入选；公布首批研究课题。

（北京师范大学供稿）

是月　教育部办公厅下发《关于第一批入选“古文字与中华文明传承发展工程”协同攻关创新平台的通知》，首都师范大学入选由中宣部、教育部、国家语委、文化和旅游部、科技部等八部门共同实施“古文字与中华文明传承发展工程”第一批创新单位。该工程是为深入贯彻落实习近平总书记致甲骨文发现和研究120周年贺信精神要求实施的新时代文化强国建设的一项重大文化工程。

（首都师范大学供稿）

6月

2日　中国政法大学港澳台法研究中心成立。研究中心着力于为全国从事港澳台法研究的学者提供研究平台，大力开展横向学术交流和学术研究，加强与港澳台地区及内地高校有关专家联系，以将港澳台法研究推向深入。

（中国政法大学供稿）

是日　北京第二外国语学院《阿拉伯研究论丛》入选CSSCI（2021—2022）收录集刊。这是北京第二外国语学院刊物首次进入CSSCI来源期刊（集刊）目录，实现了学校办刊历史上的重大突破。

（北京第二外国语学院供稿）

是日　北京信息科技大学与北京市文物局举办共建协议签署暨重点科研基地揭牌仪式。北京信息科技大学成为第一批获批的北京市文物局重点科研基地。学校将发挥信息领域科研优势，在申遗大数据系统、申遗监测系统等信息化建设和信息平台运营管理等方面，以合作项目和重点科研基地建设为依托，开展共享科技平台建设和科研成果转化、推广等工作。

（北京信息科技大学供稿）

5日　中国人民大学中国乡村振兴研究院揭牌仪式暨学术委员会第一次会议举行。研究院是进一步推动中国人民大学服务国家“三农”工作的重大举措，充分发挥中国人民大学深厚的“三农”研究和教学底蕴，为我国乡村振兴的实施提供重要的决策咨询，为解决人类发展问题贡献中国智慧和中国方案。

（中国人民大学供稿）

6日　中国人民大学生态文明研究院成立仪式暨“生态文明建设的新使命”高峰论坛举办。研究院是中国人民大学全面贯彻落实习近平生态文明思想，全力推动生态环境重大问题多学科协同科研攻关，切实服务国家生态文明建设与环境治理现代化的综合性跨学科研究机构。

（中国人民大学供稿）

9日　对外经济贸易大学涉外法治研究院和中国法学交流基金会共同举办“涉外法治大讲堂”启动仪式暨首场讲座。

（对外经济贸易大学供稿）

10日　北京大学考古文博学院与四川广汉三星堆博物馆、四川省文物考古研究院签订《三星堆博物馆科研与业务提升项目合作协议书》。根据合作协议，双方将联合实施三星堆遗址八号祭祀坑考古发掘及出土文物保护修复项目，在科学研究、博物馆展陈、馆藏文物保护、文化遗产管理、公众考古等领域展开全面合作。

（北京大学供稿）

是日　北京语言大学大学形象与文化研究中心成立，该研究中心旨在提升学校舆情治理能力，有效进行网络舆情管理与引导，在融媒体时代掌握舆论主动权和主导权。研究中心为虚体研究机构，依托新闻传播学院建设。

（北京语言大学供稿）

15日　对外经济贸易大学国际发展合作学院举办中国对外援助研究中心揭牌仪式暨援外监督评估机制建设研讨会。

（对外经济贸易大学供稿）

17日　中国地质大学（北京）和外语教学与研究出版社有限责任公司在国际会议中心举办合作签约仪式。双方签订《国际人才培养合作备忘录》与《国才考试考点协议》，共同为“国际人才培养基地”和“国才考试考点单位”揭牌。

［中国地质大学（北京）供稿］

18日　“‘不忘初心、牢记使命’中国共产党历史展览”开幕式在中国共产党历史展览馆举行。中共中央政治局常委、中央书记处书记王沪宁发表讲话并宣布展览开幕。黄坤明主持开幕式。杨洁篪、张又侠、陈希、蔡奇、张春贤、赵克志、张庆黎出席开幕式。

（摘自《人民日报》2021年6月19日第1版）

是日　庆祝中国共产党成立一百周年暨《中国脱贫攻坚精神》出版座谈会在中国社会科学院举行。《中国脱贫攻坚精神》由华中科技大学出版社出版，分为上、下两编，呈现新中国扶贫工作，特别是党的十八大以来脱贫攻坚的光辉历程和伟大成就，总结其间凝聚的精神财富。

（中国社会科学院供稿）

19日　北京师范大学与中国日报网联合主办的国际传播能力建设暨《中国海外网络传播力报告》研讨会在北京师范大学召开。新闻传播学院学术委员会主任喻国明与中国日报网总编辑韩蕾为“国际传播策略与效果评估研究中心”揭牌；学院党委书记方增泉、执行院长张洪忠为中国石化、中国交通建设集团、中国电力建设集团、华为集团、清华大学、北京大学、上海交通大学等单位颁发“2020中国海外网络传播力建设优秀案例”证书。

（北京师范大学供稿）

是日　北京市文物局和北京联合大学签署《全面战略合作协议》，进一步整合双方资源和力量，共同搭建北京历史考古高水平学术平台，创新合作机制，开展多学科综合研究和交叉研究，产出高质量学术成果，促进优秀人才培养。双方共建“北京辽金元历史考古研究中心”。

（北京联合大学供稿）

20日　中国老区建设促进会在京举行“全国革命老区县发展史”丛书出版座谈会，首批隆重推出938个老区县的丛书，最终将形成1300多册的丛书，以填补革命老区红色家谱的空白。丛书以老区县为单位独立成册，全国统一编纂，主要记述革命老区的百年发展史。

（摘自《人民日报》2021年6月21日第6版）

24日　由中国史学会、中国社会科学出版社主办的“庆祝中国共产党成立100周年暨《奋斗与梦想：近代以来中国人的百年追梦历程》出版研讨会”在北京举行。

（中国社会科学院供稿）

25日　中国政法大学数据法治研究院成立。同年11月，获批成为首批教育部哲学社会科学实验室，其主要任务是聚焦数字中国建设的重点领域，解决国家和北京市数据法治实践中面临的突出难题，为实现数据强国提供法治保障，并积极参与全球数据治理，增强中国在数据治理领域的话语权和影响力。

（中国政法大学供稿）

26日　为进一步把学习研究宣传习近平新时代中国特色社会主义思想引向深入，经党中央批准，在国家发展改革委、生态环境部、中国法学会和江苏省、浙江省、福建省、山东省成立习近平新时代中国特色社会主义思想研究中心。

（摘自《人民日报》2021年6月27日第1版）

是日　中国法学会习近平法治思想研究中心在北京成立。中共中央政治局委员、中国法学会会长王晨出席成立大会并讲话。

（摘自《人民日报》2021年6月27日第2版）

28日　由中国社会科学院主办的“中国共产党百年光辉历程和伟大成就——庆祝建党100周年中国社会科学院党史党建成果展示暨发布会”在北京举行。会上发布了2021年出版的“新时代新思想标识性概念丛书”、《中国改革开放：实践历程与理论探索》、《中国共产党伟大精神丛书》、《百年风华：中国共产党百年故事新编》、《共同见证百年大党——百位国外共产党人的述说》5种党史党建类优秀研究成果，并遴选出50种党的十八大以来推出的党史党建领域优秀学术著作和文章进行集中展示。

（中国社会科学院供稿）

是日，由中央民族大学经济学院编写的《中国共产党消除民族地区贫困百年奋战》新书发布会在京举行。该书对中国共产党在民族地区减贫的扶贫阶段、扶贫政策、扶贫方式的发展历程等方面进行系统性的追溯，以科学方式建构起百年来民族地区反贫困的演化脉络，从理论逻辑和实践演进两个角度梳理了中国共产党百年减贫的伟大历程，分析了未来反贫困工作主要面临的挑战。

（中央民族大学供稿）

29日　北京师范大学“一带一路”学院与亚洲理工学院（泰国曼谷）在线签署关于成立“一带一路”联合研究中心的合作协议，并举办“作为区域发展新引擎的‘一带一路’：机遇与挑战”专题研讨会。学校副校长兼“一带一路”学院院长王守军和亚洲理工学院校长翁以登（Dr. Eden Woon）代表双方签署协议。

（北京师范大学供稿）

是月　由北京第二外国语学院邓宁副教授申报的研究项目“亚太地区旅游业在新冠肺炎疫情恢复期的状况、发展趋势和挑战”经亚太经济合作组织预算管理委员会批准为APEC项目，实现了我国在APEC旅游领域项目申请零的突破。

（北京第二外国语学院供稿）

是月　北京市社会科学界联合会、北京市哲学社会科学规划办公室创新机制、整合资源，策划推出了“北京社会科学基金学科学术发展报告”项目和

"北京市社会科学基金青年学术带头人培养"项目，进一步增强基础学科学学会的权威性、吸引力、团结力和话语权，有效推动学科建设，推动首都社科学术领军人才培养。

（北京市社科联、北京市社科规划办供稿）

7月

2日　北京师范大学历史学院与洛阳考古研究院就考古与文博合作签订战略合作协议。

（北京师范大学供稿）

3日　学习习近平总书记"七一"重要讲话精神座谈会暨中共党史党建研究院成立仪式在北京师范大学举行。中共党史党建研究院是学校整合中共党史研究传统和力量，依托马克思主义学院，联合校内相关学科建立的专门研究机构。

（北京师范大学供稿）

是日　中国政法大学城市发展与治理研究院揭牌仪式暨"新阶段新理念新格局：城市高质量发展与高效能治理"学术研讨会在北京举行。来自国家发改委、住建部、国务院发展研究中心、中国城市规划学会、清华大学、北京大学、中国人民大学、中央财经大学等单位的领导、专家共40多人出席仪式。

（中国政法大学供稿）

5日　国家发展改革委党组召开习近平经济思想研究中心成立大会暨理事会第一次全体会议。会议审议通过了研究中心建设规划、理事会工作规则等文件。

（摘自《人民日报》2021年7月7日第4版）

9日　中国高校影视学会音乐与声音专业委员会成立大会暨第二届音乐与声音高峰论坛在中国传媒大学召开。会上成立了中国高校影视学会音乐与声音专业委员会并聘任了专委会领导成员和理事成员。

（中国传媒大学供稿）

10日　中国共产党巡视理论研究中心成立大会暨第一届巡视理论与实践研讨会在北京召开。会上举行了中国共产党巡视理论研究中心揭牌仪式，并就"政治巡视的经验与成效""政治巡视的发展方向"等议题进行研讨。

（中国社会科学院供稿）

是日　北京师范大学中共党史党建研究院、马克思主义学院举办学习习近平总书记"七一"重要讲话精神座谈会暨首届党史党建学科建设研讨会。

（北京师范大学供稿）

是日　由北京师范大学教育学部主办、特殊教育学院和中国教育政策研究院承办的"高校特殊教育专业服务于国家特殊教育发展重大决策研讨会暨北京师范大学特殊教育专业建立三十五周年庆典"在北京师范大学召开。资深教授顾明远出席，"特殊教育学院"在会上揭牌。

（北京师范大学供稿）

是日　中华预防医学会体育运动与健康分会第一届委员会成立大会暨2021年学术会议召开，分会挂靠于首都体育学院体医融合创新中心。

（首都体育学院供稿）

23日　中国高等教育学会劳动教育专业委员会成立大会在中国劳动关系学院召开。会上审议通过了《中国高等教育学会劳动教育专业委员会工作规则》《中国高等教育学会劳动教育专业委员会表决与选举办法》，选举产生劳动教育专业委员会理事137名、监事1名、常务理事48名。

（中国劳动关系学院供稿）

25日　首都卫生管理与政策研究基地理事会成立大会在首都医科大学召开。北京市社科联党组成员、副主席，市社科规划办副主任崔占辉以及研究基地理事会理事成员出席会议。学校党委书记呼文亮代表学校向聘任的理事颁发聘书。

（首都医科大学供稿）

是日　北京印刷学院与甘肃读者出版集团签署战略合作协议，成立"北京印刷学院研究生联合培养实践基地"。

（北京印刷学院供稿）

26日　中国地质大学（北京）与英国伦敦艺术大学举行合作框架协议线上签署仪式，校长孙友宏与英国伦敦艺术大学校长詹姆斯·珀内尔签署合作框架协议。签署仪式后，两校相关单位代表就中外合作办学项目进行会谈。

［中国地质大学（北京）供稿］

29日《无锡、保定农村调查资料（1929—1957）》在北京发布。该书由中国社会科学院经济研究所、江苏省统计局、河北省统计局与社会科学文献出版社合作整理出版。《无锡、保定农村调查资料（1929—1957）》，是1929—1930年第一次调查和1958年第二次调查所涵盖的两地22村数千农户生产、生活各方面情况的资料汇集，包括农户家庭状况、生产资料、农产品、家庭副业、收入、消费支出等方面的汇总数据。

（中国社会科学院供稿）

是日 北京大学哲学系博雅讲席教授赵敦华所著《马克思哲学要义》获第五届中国出版政府奖图书奖提名奖。该书以文本研究为基础，结合国内外研究成果，对马克思的启蒙哲学、批判哲学、政治哲学、实践哲学和唯物史观、辩证哲学和《资本论》的逻辑结构等马克思主义哲学的重要课题，作了深入浅出的研究和分析。中国出版政府奖是我国新闻出版领域的最高奖，每三年评选一次，旨在表彰和奖励国内新闻出版业优秀出版物、出版单位和个人。

（北京大学供稿）

是日 第五届中国出版政府奖表彰会在北京举办，中国人民大学出版社第三次获得中国新闻出版领域最高奖项“先进出版单位”奖，出版社出版的《中国民法典释评》（十卷本）获图书奖，《梁启超全集》（全二十集）获图书奖提名奖。

（中国人民大学供稿）

是月 首都经济贸易大学经济学院院长王军主持申报的“新文科背景下经济学专业改造提升改革与实践研究”项目，入选国家教育部首批新文科研究与改革实践项目。该项目的成功获批是经济学院国家级一流专业建设取得的重要突破。

（首都经济贸易大学供稿）

8月

7日 中国政法大学医疗保障法律与政策研究中心启动仪式暨医疗保障法律与政策高峰论坛在北京举办。会上举行了中心揭牌仪式。

（中国政法大学供稿）

11日 全球公共管理院校联盟（Network of Schools of Public Policy，Affairs，and Administration，NASPAA）公布2021年度公共管理硕士项目国际认证结果，北京师范大学政府管理学院公共管理硕士专业学位（MPA教育项目）一次性通过七年免检（2021—2028年）认证。

（北京师范大学供稿）

12日 北京工商大学国际经管学院获批加入联合国责任管理原则倡议组织，成为继清华大学经济管理学院、同济大学经济与管理学院、浙江大学管理学院、厦门大学管理学院等之后第17所加入联合国责任管理教育原则倡议组织的中国大陆高等教育院校经济管理类学院。

（北京工商大学供稿）

19日 北京第二外国语学院中国文化和旅游产业研究院入选首批文化和旅游行业智库建设试点单位。该智库三个重点研究方向为：文化和旅游市场监管研究；文化和旅游产业发展研究；文化遗产保护和旅游利用研究。该智库将服务中国文化和旅游行业的市场监管、产业发展与遗产保护利用，并为中国文化和旅游行业发展提供智力支持。

（北京第二外国语学院供稿）

21日 《营销科学学报》创刊号首发仪式暨学术研讨会在清华大学经管学院和线上同步举行。国家自然科学基金委员会、人民邮电出版社、清华大学经管学院、北京大学光华管理学院、中国高校市场学研究会等单位有关负责同志参加创刊号揭幕仪式，《营销科学学报》正式创刊。

（清华大学供稿）

23日—9月3日，国际法研究院（Institut de Droit International）于线上举行第80届双年会。中国国际法学会常务理事、清华大学法学院国际法教授贾兵兵当选为研究院联系院士（Associate Member）。国际法研究院成立于1873年，1904年获得诺贝尔和平奖，是国际法领域里公认的权威学术组织，研究院的院士与联系院士总数不超过132人。中国组现有6人。

（清华大学供稿）

27日 由北京市科学技术研究院、社科文献出版社主办的《北京高质量发展报告（2021）》蓝皮书发布会暨研讨会在北科院举行。《北京高质量发展报告（2021）》蓝皮书作为首部聚焦北京高质量发展的研究成果，从经济、社会、环境三个维度，构建了包含68个三级指标的评价体系，对北京高质量发展进行评价，分析了2020年北京高质量发展现状及成效。

（北京市科学技术研究院供稿）

是月 对外经济贸易大学编撰出版《初心传承之路：为中国参与国际经济贡献智慧》和《对外经济贸易大学优秀学术研究成果集萃（2011—2020年）》。书中总结回顾对外经济贸易大学科研的发展历程，展现学校学术的初心和使命，推动学校教师在对外开放领域继续耕耘和奉献。

（对外经济贸易大学供稿）

是月 由中国传媒大学隋岩教授负责的“数字智能时代计算传播专业群创新建设探索与实践”首次获批教育部新文科研究与改革实践项目。

（中国传媒大学供稿）

9月

1日　清华大学法学院与北京金融法院在北京金融法院举行合作备忘录签署仪式。

（清华大学供稿）

3日　根据团中央对中央团校内设机构和职能调整方案的《批复》(团组干字〔2021〕22号)，中央团校设立党的青年运动史教研部、重新组建共青团中央青运史档案馆。

（中央团校供稿）

7日　纪念“一带一路”倡议提出8周年国际学术研讨会暨《“一带一路”手册（2020）》新书发布会在北京举行。《“一带一路”手册（2020）》由中国社会科学出版社出版，从“一带一路”理论和实践的角度，对其初衷与原则、历史与现状、基本知识及相关研究成果进行集中展示。手册共设置155个条目，比2018年版增加了38个条目，反映了“一带一路”理论发展、实践探索、经验总结的最新进展。会上，中国社会科学出版社与罗德里奇学术出版社就《“一带一路”手册（2018修订版）》英文版的出版发行正式签约。

（中国社会科学院供稿）

14日　北京大学出土文献与古代文明研究所成立，这是对接国家战略，聚焦国家重大科技任务，承接中央八部委“古文字与中华文明传承发展工程”的一项重要举措。该所在原虚体中心的基础上，形成了由北大教授朱凤瀚领衔，何晋、陈侃理、韩巍为骨干的学术梯队。北京大学出土文献研究所创办的《青铜器与金文》是学术界目前唯一一本以青铜器、金文为主要研究对象兼及青铜时代、青铜文明研究的专业学术集刊。

（北京大学供稿）

是日　全国哲学社会科学工作办公室公布了2021年度国家社科基金高校思政课研究专项立项名单。首都经济贸易大学党委书记韩宪洲申报的“新时代高校课程思政的理论研究与实践探索”获得重点项目立项。这是首都经济贸易大学首次获得高校思政课研究专项重点项目立项。

（首都经济贸易大学供稿）

15日　北京大学汉语哲学研究中心正式成立，中心以北京大学哲学系、教育部人文社会科学重点研究基地北京大学外国哲学研究所为依托，聚焦汉语哲学这一论域的基本问题和方法，联合国内外有志于推动汉语哲学研究的学者专家，展开全面的理论探索。

（北京大学供稿）

是日　《北京市冰雪运动与文化旅游产业融合发展研究》结题评阅会暨中国冰雪旅游研究中心成立仪式在北京第二外国语学院举行。中心将抓住北京冬奥机遇，做好冰雪旅游推动工作。

（北京第二外国语学院供稿）

16日　京津冀印刷业协同发展北京创新示范园区开园仪式在北京印刷学院举行。京津冀印刷业协同发展北京创新示范园区是在中宣部印刷发行局的指导下，由北京市委宣传部主导，北京印刷学院具体实施，北京印刷协会参与的合作共建示范园区。园区旨在深入贯彻落实习近平总书记关于推动京津冀协同发展和对北京工作的重要指示，落实国家新闻出版署等五部委《关于推进印刷业绿色化发展的意见》，立足首都定位，坚持问题导向，深化改革创新，探索先行先试，推动产业升级，因地制宜推进京津冀印刷业协同发展先行区建设。

（北京印刷学院供稿）

19日　对外经济贸易大学全球贸易治理论坛暨建校70周年庆祝大会举行。

（对外经济贸易大学供稿）

20日　北京大学人文社会科学研究院围绕“文明：中华与世界”的核心关怀，举办成立五周年纪念活动及两场主题报告。报告主题分别为“‘五十而后爵’与‘五十养于乡’新释——‘父老体制’视角”和“世界政治：核心问题与研究方法探索”。

（北京大学供稿）

22日　由中国红十字基金会和北京大学人口研究所联合举办的《中国时间银行发展研究报告》发布会在京举行。报告对美国、英国、澳大利亚及中国台湾地区的时间银行案例进行了介绍，对我国时间银行的引进、概念及发展历程做了回顾；认为时间银行是中国积极应对人口老龄化的第三条道路，也是打造共建共治共享的社会治理格局的重要平台和工具。

（北京大学供稿）

24日　北京市科学技术研究院揭牌仪式暨改革创新工作会在北科大厦举行。按照《关于北京市科学技术研究院及所属事业单位改革有关事项的批复》，院本部为市政府直属公益一类综合性科研事业单位，包括内设机构25个，所属独立法人事业单位6个，并介绍了院属企业改制重组的进展情况，12家院属企业已经完成了公司制改革。

（北京市科学技术研究院供稿）

是日　由首都经济贸易大学京津冀研究团队编撰的《京津冀发展报告（2020）——区域治理研究》在第二十二次全国皮书年会（2021）上获第十二届“优秀皮书奖”一等奖,《京津冀产业协同治理研究》获第十二届“优秀皮书报告奖”二等奖。

（首都经济贸易大学供稿）

24—12月9日　北京联合大学参与琉璃河遗址发掘工作，北京联合大学考古研究院作为2021年新启动的琉璃河发掘项目的八家单位之一，承担了房址遗址的发掘工作。此次发掘的其他的合作单位有北京大学考古文博学院、中国社科院考古研究所、首都师范大学、厦门大学等。

（北京联合大学供稿）

25日　中国人民大学共同富裕研究院、双碳研究院、国有经济研究院成立大会举办。这三家跨学科交叉研究协同创新平台将在习近平新时代中国特色社会主义思想指导下，整合各方优质资源，借鉴学校国家发展与战略研究院国家高端智库建设的经验，以更深入、更扎实、更高质量的研究向党和国家献计献策。

（中国人民大学供稿）

是日　北京漫画学会成立大会在北京第二外国语学院举行。该学会是首都第一家也是目前唯一一家以漫画研究为使命的社团组织，学会努力为漫画产业研究、高端人才培养搭建更广阔的舞台，为首都文化发展和对外传播做出积极贡献。

（北京第二外国语学院供稿）

25—26日　首都师范大学政法学院哲学系主办了陈嘉映教授哲学五十年暨文集出版研讨会，会议围绕伦理学、心灵哲学等方向展开。首都师范大学党委书记孟繁华、哲学界同人、商务印书馆代表、在校师生等参加会议。

（首都师范大学供稿）

28日　全国退役军人事务研究基地（中国社会科学院大学退役军人思想政治和权益维护研究中心）成立。基地是退役军人事务部依托高校设立的首个智库，将会聚多学科、多领域的专家学者，紧扣退役军人思想政治和权益维护工作的形势任务，聚焦赓续军队优良传统、发挥退役军人作用，通过专项调查研究、思想政治引导、政策法规解读等方式，为退役军人事务政策制度制定和相关工作开展提供智力支持。

（中国社会科学院大学供稿）

29日　中国社会科学院美学研究中心成立大会暨学术座谈会在北京举行。来自中国社会科学院、清华大学、北京大学、中央美术学院等机构的40余位专家学者参会。会议研讨的主要议题有“创立美学研究中心的初步设想”“《美学现象》办刊方向”“中心未来开展课题”等。

（中国社会科学院供稿）

是日　北京市社会科学院决策咨询专家委员会成立大会暨第一次会议在北京市社会科学院召开。北京市社会科学院第一届决策咨询专家委员会集聚了李忠杰、卢春房、房爱卿、林毅夫、张洪涛、王辉耀、夏斌、连玉明、康震、阎崇年、洪汉鼎、马一德等共19位专家委员，共同致力于深化推进“北京社科”新型高端智库建设，服务首都各项事业发展。

（北京市社会科学院供稿）

30日　中国政府友谊奖颁奖仪式在北京举行。国务院总理李克强在人民大会堂会见2020年度和2021年度中国政府友谊奖获奖外国专家。北京大学哲学系人文讲席教授、美籍汉学家安乐哲（Roger Thomas Ames）荣获2020年度中国政府友谊奖并参加颁奖仪式和会见活动。

（北京大学供稿）

是月　北京联合大学考古研究院参与圆明园遗址的发掘工作。通过本次发掘，搞清楚了从圆明园始建时期就一直存在的澹泊宁静这组建筑群的大致格局，对研究圆明园的布局和建筑规制演变有意义，也对以后圆明园遗址整体的保护利用的深化和细化有参考价值。

（北京联合大学供稿）

10月

9日　中国社会科学院大学21世纪马克思主义研究中心成立。该中心以21世纪马克思主义的理论创新、咨政建言、阐释传播、社会服务为主要任务，下设马克思主义中国化研究、马克思主义法治建设研究、马克思主义经济建设研究、马克思主义阐释与传播研究、习近平新时代中国特色社会主义思想北京实践研究、新时代计算社会科学、马克思主义理论教育研究等七个创新平台。

（中国社科院大学供稿）

12日　中国政法大学金融科技法治研究中心成立，研究中心主要开展对以区块链技术等前沿科技为代表的数字金融的学术实务研究，向社会提供权威的科研成果，为政府决策提供参考，服务于金融行业的发展和监管。

（中国政法大学供稿）

16日　严家炎学术思想暨中国现当代文学学科建设研讨会在北京大学举行。严家炎先生是中国现代文学学科奠基者，是现代文学研究者中的第二代“领军人物”。《严家炎全集》十卷本已由新星出版社出版。全集汇总了严家炎有代表性的文章或书籍，是其一生的学术思想精华汇总，也是文学史研究和文学批评的重要文献。

（北京大学供稿）

是日　中央财经大学北京财经研究基地举办《北京财经发展报告（2019—2020）》发布会暨北京高质量发展学术研讨会。国家发改委、北京市发改委、北京大学、中国人民大学、中国社会科学院、北京环境交易所、中国社会科学文献出版社等单位相关人员参加研讨会。会上对《北京财经发展报告》的进一步完善提出意见，围绕北京高质量发展的议题展开讨论。

（中央财经大学供稿）

是日　庆祝中央民族大学建校70周年大会在丰台校区召开。全体师生员工、海内外校友和关心中央民族大学发展建设的各界人士通过线下、线上相结合的方式参加大会。

（中央民族大学供稿）

是日　外交学院中国国际法研究院成立暨学术研讨会举行。研究院以外交学院国际法系现有教学研究人员为依托，按需要聘请客座或项目研究人员以及特邀专家，致力于研究重要国际法问题，发表和出版相关著作，向相关部门或国际组织提供咨询服务和报告，以及与国内外学术机构和学者进行交流。

（外交学院供稿）

21日　中国社科院经济研究所与社会科学文献出版社共同发布《宏观经济蓝皮书：中国经济增长报告（2020—2021）》。“蓝皮书”分为两个部分，总报告回顾了2020—2021年中国宏观经济的经验事实，区域经济发展前景报告对中国各省区市可持续发展情况和发展前景进行分析，得出了中国30个省区市的发展前景和各一级指标经济增长、增长潜力、政府效率、人民生活和环境质量的指数、分级和排名情况，并进行影响因素、雷达图等相关分析。

（中国社会科学院供稿）

22日　北京历史文化研究基地成立大会在北京市社会科学院召开。研究基地是经北京市社会科学界联合会批复认定的北京市哲学社会科学决策咨询研究基地，主要任务是立足首都新型智库职能定位，聚焦“建设一个什么样的首都，怎样建设首都”这一重大时代课题，充分发挥北京市社科院在北京历史文化研究方面的学科学术优势，积极服务市委市政府决策需求，为北京建设全国文化中心提供智力支持。

（北京市社会科学院供稿）

26日　国务院学位委员会同意北京大学增列“国家安全学”一级学科博士学位授权点。为贯彻和落实习近平总书记关于“坚持总体国家安全观，走出一条中国特色国家安全道路”的指示精神，国务院学位委员会于2020年12月30日新设置“国家安全学”一级学科，北京大学成为第一批设立国家安全学的试点单位，并于2021年6月明确国际关系学院为北大国家安全学一级学科牵头单位。

（北京大学供稿）

27日　2021年中国新闻传播大讲堂启动仪式在中国传媒大学举行。大讲堂以“践行四力，与时代同行”为主题，邀请了来自18家新闻单位的32名优秀新闻工作者担任主讲人录制课程视频，并于秋季学期在全国新闻传播院校以线上视频教学的形式推出。

（中国传媒大学供稿）

是日　中国社会科学院社会主义民主研究中心成立大会暨“发展全过程人民民主”学术研讨会在北京举行。会议的主题是“全过程人民民主的理论与实践”。来自中央党校（国家行政学院）、中国社会科学院、国务院发展研究中心、中国人民大学、南开大学等单位的近百位学者参会。

（中国社会科学院供稿）

27—28日　第二届“21世纪马克思主义国际论坛”暨第九届“日本马克思主义研究论坛”在北京、上海同步召开。论坛由中国社会科学院马克思主义理论学科建设与理论研究工程领导小组、日本研究所，中国社会科学院—上海市人民政府上海研究院，中国社会科学院大学21世纪当代中国马克思主义高等研究院联合主办。会议议题为“百年未有之大变局与21世纪马克思主义”“中国共产党建党百年与日本”。

（中国社会科学院供稿）

29—31日　由中国社会科学院大学和故宫博物院共同主办的“2021故宫学年会：明清国家治理与

物质文明”在北京举行。80余名专家学者围绕“明代国家治理”“清前中期国家治理”“清后期国家治理”等主题进行研讨。

（中国社会科学院大学供稿）

是月　教育部公布首批国家级新文科研究与改革实践项目立项名单，北京交通大学推荐申报的5个项目（《行业特色高校经管专业新文科建设的探索和实践》《基于智能信息技术的外语教学改革与实践》《交通强国背景下新闻传播复合型人才培养的创新与实践》《艺术科技融合的设计类专业新文科建设实践》《“一带一路”国际治理下涉外建设工程法律人才培养创新与实践研究》）全部获批，涵盖了课程和教材体系建设、高素质涉外人才培养、融合现代信息技术的教师教学方法等多个新文科建设领域的改革与实践。

（北京交通大学供稿）

11月

1日　中国人民大学举行全校教师干部大会。中共中央组织部副部长李小新宣布中共中央关于中国人民大学党委书记调整的决定：张东刚任中国人民大学党委书记（副部长级）。

（中国人民大学供稿）

3日　第四届全国哲学社会科学道德和学风建设论坛以线上线下相结合的方式举行。论坛主题为“科学道德、学风建设与科研诚信”。论坛由中国社会科学院直属机关党委、科研局、中国社会科学评价研究院以及四川省社会科学院共同举办。来自全国各社科院、科研院所和高校等机构的相关负责人和专家学者参加会议。

（中国社会科学院供稿）

是日　中国社会科学院习近平新时代中国特色社会主义思想文库数据库上线仪式在京举行。

（中国社会科学院供稿）

10日　第九届中日教师教育研讨会在线上举行。会议由北京师范大学教育学部主办，日本上越教育大学、鸣门教育大学和兵库教育大学协办，以“Teacher Education Reform in and after the Pandemic Era”为主题，设“后疫情时代的课堂教学”“如何用新概念和新技术来加强教学专业”“为未来的学习培养教师”3个分论坛。

（北京师范大学供稿）

是日　中共北京市委干部理论教育讲师团转隶大会在北京市社会科学院召开。北京市委宣传部副部长张际出席会议讲话。北京市社会科学院党组书记唐立军部署相关工作，院长朱柏成主持会议，市社科院、市委讲师团全体同志参加会议。

（北京市社会科学院供稿）

是日　北京物资学院双碳研究院成立仪式在北京举行。双碳研究院成立是学校立足自身科研特色与优势，聚集服务国家和区域重大战略以及城市副中心发展的重要举措。新组建的研究院将对标市级高端智库标准，建设成为服务区域发展的重要决策支持平台和产业服务基地。

（北京物资学院供稿）

15日　对外经济贸易大学中国世界贸易组织研究院，成功入选世界贸易组织第三期教席项目。世界贸易组织教席项目是2010年由世界贸易组织秘书处发起的全球性项目，旨在通过在全球范围内选拔WTO学术机构并与之长期合作，对机构在教席项目下开展的学术研究、课程建设和活动举办提供资金和技术支持，从而来推动国际贸易和贸易合作领域的教育、研究和信息传播，提高发展中国家学界、公众和政策制定者对多边贸易体制的认识。

（对外经济贸易大学供稿）

16日　由中国社会科学院法学研究所和国际法研究所主办的“习近平法治思想研讨会暨中国社会科学院全面依法治国智库成立大会”在京召开。中国社会科学院全面依法治国智库旨在依托中国社会科学院法学研究所和国际法研究所力量，以提交要报和立法建议、发表理论宣传文章、出版系列研究报告和论著、主办论坛、承接课题、共建实践基地等形式，深入学习宣传研究阐释习近平法治思想，研究推进全面依法治国进程中的重大理论和实践问题，不断提高服务党和国家法治决策的能力和水平。

（中国社会科学院供稿）

是日　中国政法大学绿色产业政策法律标准研究中心成立，中心着力开展绿色产业政策法律标准研究，提供相关立法和法律咨询服务。针对国家和地方层面的绿色产业、环境资源能源产业发展需求，组建以专家顾问团队为核心力量的绿色产业政策法律标准咨询团队，开展科学研究与社会服务。

（中国政法大学供稿）

22日　北京大学习近平新时代中国特色社会主义思想研究院习近平经济思想研究中心、习近平法治思想研究中心、习近平外交思想研究中心、习近平生态文明思想研究中心成立仪式在北京大学举行。四个研究中心的成立是北大进一步学习贯彻习近平新时代中国特色社会主义思想、继续推进马克思主义中国化、服务党的理论创新工作的重要举措。

（北京大学供稿）

27日　中国社会科学院东海问题研究中心成立大会暨“亚太国际关系与海上形势”学术研讨会在北京以线上线下相结合方式举行。会议由中国社会科学院东海问题研究中心和日本研究所共同主办。

（中国社会科学院供稿）

29日　北京博物馆学会品牌工作项目《北京博物馆年鉴（2013—2018年卷）》正式出版发行。

（北京博物馆学会供稿）

是月　北京八路军山东抗日根据地研究会编辑的《山东抗日根据地历史图片集》由中央文献出版社出版。该书是“山东抗日根据地历史资料丛书”的一部分，收录山东抗战历史图片近1700幅，以图文并茂的方式介绍了山东抗日根据地创建发展的艰难历程和做出的历史贡献。

（北京八路军山东抗日根据地研究会供稿）

是月　清华大学新闻与传播学院长聘副教授张莉获评欧盟“让·莫内讲席教授”（Jean Monnet Chair Professor）。“让·莫内讲席教授”是欧盟对全球范围内从事欧洲一体化教学与研究学者的最高学术承认。张莉老师是我国新闻与传播学界第一位欧盟“让·莫内讲席教授”，也是国内唯一一位以副教授身份获评“让·莫内讲席教授”的学者。

（清华大学供稿）

12月

4日　北京市翻译协会成立大会在北京第二外国语学院举行，选举产生了第一届理事会、监事会。北京市翻译协会于2021年11月获民政局正式批复，由北京第二外国语学院主办，北京市社科联主管，是北京市目前唯一翻译领域的学术性非营利性社会团体，旨在团结和组织北京市翻译工作者开展翻译及语言研究和学术交流，改进翻译服务、提高翻译质量，促进翻译人才培养和翻译队伍建设。

（北京第二外国语学院供稿）

6日　中国社会科学院在北京举行2022年《经济蓝皮书》发布会暨中国经济形势报告会。《经济蓝皮书：2022年中国经济形势分析与预测》是中国社会科学院2021年度创新工程重大科研成果。蓝皮书分析指出，未来一段时期，全球经济将延续复苏走势，但复苏面临不确定性。

（中国社会科学院供稿）

是日　清华大学与国家文物局战略合作协议签署仪式在清华大学举行。校党委书记陈旭，文化和旅游部副部长、国家文物局局长李群等出席签署仪式并座谈。

（清华大学供稿）

是日　“最高人民法院刑二庭职务犯罪规制与反腐败追逃追赃研究基地”揭牌活动暨京师司法智库论坛（第1期）在北京师范大学召开。会议由最高人民法院刑二庭、北师大法学院主办。

（北京师范大学供稿）

7日　中国社会科学院大学与中国人民大学战略合作框架协议签约仪式在北京举行。中国社会科学院大学、中国人民大学相关部门负责同志参加签约仪式。

（中国社会科学院供稿）

是日　对外经济贸易大学修订并发布《对外经济贸易大学高水平科研成果奖励办法（2021年修订）》。此次修订首次设置科研创新贡献奖，从奖励论文转向综合评价科研人员的学术贡献和社会贡献，并引入学部评议机制，充分发挥同行专家在评价中的作用。

（对外经济贸易大学供稿）

8日　由中国社会科学院中国边疆研究所主办的第八届“中国边疆学论坛”暨“中国社会科学院边疆安全与发展研究中心”揭牌仪式在中国历史研究院举行。中国社会科学院副院长、党组副书记，中国历史研究院院长、党委书记高翔，中国社会科学院学部委员、中国边疆研究所所长邢广程等为“中国社会科学院边疆安全与发展研究中心”揭牌。会议围绕“中国边疆学学科体系、学术体系和话语体系三大体系建设”“中国边疆学的守正与创新”“历代边疆治理体系与治理能力建设”等议题进行研讨。

（中国社会科学院供稿）

10日　中国入世二十周年与法治建设国际研讨会以线上线下相结合的方式举行。研讨会作为“中国社科论坛（2021）”系列活动之一，由中国社会科学院学部主席团主办，中国社会科学院国际法研究所、中国法学会世界贸易组织法研究会、中国国际贸易促进委员会法律事务部、国际商事争端预防与解决组织秘书处、上海对外经贸大学共同举办。

（中国社会科学院供稿）

10—11日　由教育部中国教育发展战略学会、科技部科技人才交流开发服务中心指导，全国高校人工智能与大数据创新联盟主办的“2021第四届全国高校人工智能大数据区块链创新论坛”在北京召开，北京工业大学李健教授入选“区块链60人”2021赋能中国区块链创新人物。

（北京工业大学供稿）

11日 中央财经大学人力资本与劳动经济研究中心举办2021年中国人力资本指数报告发布会。报告由中央财经大学人力资本与劳动经济研究中心主任李海峥和Jorgenson-Fraumeni人力资本计算法创始人Barbara Fraumeni共同发布。2021年度“一丹”教育研究奖得主、斯坦福大学经济学教授Eric Hanushek在发布会上作主题演讲。这是报告连续第13年发布。

（中央财经大学供稿）

16日 中国社会科学院—中国气象局气候变化经济学模拟联合实验室及社会科学文献出版社联合发布了第13部气候变化绿皮书——《应对气候变化报告2021：碳达峰碳中和专辑》，同时举办碳达峰碳中和高峰论坛。绿皮书分为六个板块，包括总报告、定量指标评价、中国碳达峰碳中和目标的实施路径、碳达峰碳中和目标下的气候变化协同和适应、国际碳中和政策以及附录，从科学基础、核算方法、行业部门、行为主体、国际动态等不同视角，全景式地展现了中国实现碳达峰、碳中和目标面临的挑战机遇、重点难点，政策行动，以及主要国家碳中和政策进展等。

（中国社会科学院供稿）

是日 学习贯彻全国宗教工作会议精神研讨会暨中国社会科学院宗教研究智库揭牌活动在北京举行。会议议题有“宗教学学科建设”“宗教中国化与宗教治理研究”。

（中国社会科学院供稿）

是日 首都经济贸易大学与新华网共建课程思政教学研究中心签约仪式在北京举行。校党委书记韩宪洲、党委副书记徐芳，新华网总裁助理姚予疆，新华网教育事业中心运营总监徐晶，院校合作部总监赵峰出席签约仪式。

（首都经济贸易大学供稿）

是日 教育部语言文字信息管理司、首都师范大学共建中国语言智能研究中心签约仪式举行。语言智能研究涵盖语言学、计算机科学、认知科学等相关内容，研究中心将依照共建协议，进一步整合优势力量，协同国内外顶尖专家，在团队建设、科研创新、人才培养、资政服务方面取得新的成绩。

（首都师范大学供稿）

是日 北京国际奥林匹克学院在首都体育学院正式揭牌。北京国际奥林匹克学院成为世界上第三所由国家政府决定成立的国际奥林匹克学院。

（首都体育学院供稿）

是日 首都干部心理素养与领导力研究中心成立揭牌仪式暨首都干部心理论坛在北京市委党校举行。研究中心依托市委党校领导科学教研部设立，与市卫生健康委合作共建，整合校内相关部门共同开展教学、科研、决策咨询和宣传交流工作，以服务首都、辐射京津冀的干部心理素养提升与实训中心、干部领导力研究与实践中心和干部人文关怀体验中心为建设目标。

（北京市委党校供稿）

18日 习近平经济思想研究征文评选结果正式揭晓。经济日报社自2021年7月起组织开展“习近平经济思想研究征文活动”，历时4个多月，共收到国内外专家学者撰写的征文上千篇。经评审委员会专家评审，《认识理解习近平经济思想的五大鲜明特征》等13篇理论文章获特别奖，《促进中国经济发展的重要因素》等25篇理论文章获优秀奖。

（摘自《经济日报》2021年12月19日第5版）

是日 北京大学政府管理学院建院20周年大会暨第四届治理现代化论坛举行。中国行政管理学会、清华大学、国务院学位办、中国政治学学会、全国MPA教指委、中国人民大学、北京大学、教育部学位与研究生教育发展中心等单位有关负责人参加大会。

（北京大学供稿）

是日 中国人民公安大学首都社会安全研究基地、社会科学文献出版社、中国发展战略学研究会公共安全战略专委会共同主办《平安北京建设发展报告（2021）》发布会暨第四届首都社会安全论坛。会上，首都社会安全研究基地主任宫志刚发布《平安北京建设发展报告（2021）》总报告和分报告。来自中国人民大学，社会科学文献出版社，中国人民公安大学，中国发展战略学研究会，北京市社科联、社科规划办，北京市教委，北京市公安局，国家统计局北京调查总队，美团集团，在京高校和科研院所等单位的50余名相关负责人和专家学者参加会议。

（中国人民公安大学供稿）

是日 北京工商大学成立新商经研究院。研究院依托原北京工商大学商业经济研究所，基于现代商贸经济发展趋势和政策需求设立，挂靠北京工商大学经济学院，服务北京市商业经济发展。研究院加强与商务部、国家发改委、国家市场监管总局的合作，坚持从实践中发现问题、解决问题，服务政府和行业需求。

（北京工商大学供稿）

21日　由首都经济贸易大学、北京市社会科学界联合会、北京市哲学社会科学规划办公室、社会科学文献出版社共同主办的中央商务区产业蓝皮书《中央商务区产业发展报告（2021）——消费升级促进转型发展》新书发布会暨CBD论坛在北京举行。

（首都经济贸易大学供稿）

22日　中央财经大学中国互联网经济研究院和经济学院联合举办英文杂志《互联网与数字经济学》（*Journal of Internet and Digital Economics*）首发仪式。中央财经大学校长王瑶琪、清华大学中国经济思想与实践研究院院长李稻葵分别致辞。杂志作为学科发展的媒介和平台，有助于推动数字经济学及相关学科的建设，促进学术界以国际化的前沿理论研究中国实践，形成中国的理论风格与理论贡献。

（中央财经大学供稿）

23日　经北京市社会科学界联合会、北京市哲学社会科学规划办公室和北京市教育委员会批准，北方工业大学北京城市治理研究基地正式成立。基地将充分发挥以工为主、多学科交融发展的优势，提倡人文社科与新兴工科交叉融合研究，跨领域、跨学科研究，为北京城市治理能力现代化发展、提升北京城市治理精细化水平做出积极贡献。

（北方工业大学供稿）

24日　由北京联合大学承办的中国档案文化专业委员会成立大会召开。经中国档案学会批准，以北京联合大学应用文理学院为挂靠单位，成立中国档案学会档案文化专业委员会。

（北京联合大学供稿）

是日　北京交通大学经济管理学院收到来自英国工商管理硕士协会（Association of MBAs，简称AMBA）和商学院毕业生协会（Business Graduates Association，简称BGA）的通知，宣布学院通过AMBA & BGA联合认证，成为全球第116所、中国大陆第13所、北京第3所通过AACSB、EQUIS和AMBA三大国际认证的商学院。

（北京交通大学供稿）

25日　中国社会科学院社会学研究所与社会科学文献出版社共同发布了《社会蓝皮书：2022年中国社会形势分析与预测》。该报告分析了中国经济社会2021年发展的主要成就、问题以及2022年发展的趋势和任务，提出了应对挑战和难题的若干对策建议。

（中国社会科学院供稿）

27日　中国政法大学专利战略研究中心成立，研究中心面向国家和社会的重大需求，以现实工商企业中存在的专利战略问题为导向，围绕基于技术创新的专利战略理论、专利价值评估技术及其应用、专利网络与新兴产业创新社群三个重点领域进行前沿性探索，为专利战略方向的研究提供教学科研、社会实践、价值服务。

（中国政法大学供稿）

是日　中国政法大学合规与风险防控研究中心成立，研究中心以多学科、多视角、体系化的企业合规问题为研究对象，以刑事合规、行政合规、公司治理合规、知识产权合规、外贸合规、数据合规为研究领域，发挥资料收集、学习研究、对外交流和实践应用等职能，以国家有关企业合规的法律法规、政策为基础，以企业合规前沿问题为指引，开展具有前瞻性、战略性、前沿性的应用研究。聚焦企业合规体系的构建、合规标准的制定开展理论和实务协同研究，推动企业合规整体建设和发展。

（中国政法大学供稿）

是日　中国政法大学经济犯罪研究中心成立，研究中心对经济犯罪及侦查理论，经侦基层基础、经侦工作机制、协作机制理论，经济犯罪侦查工作中出现的疑点、热点问题等多个方面进行研究指导。致力于推动我国经济、法治的建设顺利发展，努力成为全国“打击与预防经济犯罪”权威、专业的“智库”。

（中国政法大学供稿）

28日　北京师范大学新媒体传播研究中心、教育新闻与传媒研究中心、新闻传播学院国际传播策略与效果评估研究中心与中国日报网、光明网联合发布《2021中国大学、央企、城市海外网络传播力建设系列报告》。

（北京师范大学供稿）

29日　由中国传媒大学主办、中国纪录片研究中心承办、电视学院协办的第十一届“光影纪年”——中国纪录片学院奖颁奖典礼在京举行。中央宣传部、国家广电总局负责同志；各级电视、新媒体机构、纪录片行业机构及从业者代表等众多嘉宾出席颁奖典礼。

（中国传媒大学供稿）

31日　由北京交通大学牵头主办的《中国交通舆情研究（2015—2020）》发布会暨中国交通行业宣传及舆情研究论坛举办。《报告》由北京交通大学语言与传播学院交通舆情研究团队编写、通用技术中仪英斯泰克科技有限公司提供数据支持，社会科学文献出版社出版。《报告》是国内首部对中国交通行业舆情现状研究的报告，对中国交通的舆情规律进行了全面盘点，同时对我国交通走出去，所面临的海外舆情问题提出了系统的策略建议。

（北京交通大学供稿）

是月　教育部办公厅公布了首批教育部哲学社会科学实验室名单，研究确定了9个试点建设实验室和21个培育建设实验室。其中，北京大学语言学实验室、清华大学计算社会科学与国家治理实验室、中国传媒大学国家舆情实验室、中国政法大学数据法治实验室等9家入选首批教育部哲学社会科学实验室（试点）名单；中国人民大学数字政府与国家治理实验室、北京师范大学汉字汉语研究与社会应用实验室、北京外国语大学人工智能与人类语言实验室、中央音乐学院音乐人工智能实验室、对外经济贸易大学全球价值链研究院、北京航空航天大学低碳治理与政策智能实验室、中国科学院大学数字经济监测预测预警与政策仿真实验室、中国美术学院文创设计智造实验室等21家入选首批教育部哲学社会科学实验室（培育）名单。

（摘自教育部网站）

是月　中国社会科学评价研究院组织筹建的艺术学期刊评价专委会艺术学理论分委会成立，北京大学彭锋、中国艺术研究院张颖入选主任委员，北京师范大学王一川、清华大学陈岸瑛、北京大学李洋、中国艺术研究院李修建、北京师范大学刘成纪、中国人民大学吴琼、中国艺术研究院孙伟科等入选专家委员。

（艺术学理论课题组供稿）

是月　北京师范大学一带一路学院研究员万喆被全球最大的专业组织IEEE（国际电气电子工程师协会，总部设在美国纽约）SMC（系统、人、控制论属会）授予2021年度最佳副主编奖（2021 Best AE Award），以表彰其对计算社会系统领域国际一流科技期刊IEEE计算社会系统汇刊（IEEE Transactions on Computational Social Systems）的突出贡献。

（北京师范大学供稿）

是月　北京市教委发函同意首都师范大学申报的“中外文明传承与交流研究中心”纳入“北京人文社会科学研究中心”立项建设。该中心由首师大历史学院牵头，结合世界史、中国史、考古学、教育学、外国语言文学、哲学、艺术学等优势学科申报，是首批北京人文社会科学研究中心之一，也是北京市属高校首家。

（首都师范大学供稿）

是月　“气候变化经济学”系列教材发布会召开。系列教材由北京工业大学经济与管理学院教授潘家华担任总主编，全国近50所高校和科研院所的近百位作者参与编写，包括《气候变化经济学导论》《减缓气候变化经济学》《适应气候变化经济学》《全球气候治理》《碳排放核算方法学》《气候金融》《贸易与气候变化》《碳市场经济学》《低碳城市的理论、方法与实践》共9本252万字，致力于在生态文明的发展范式下，构建人与自然和谐的新气候变化经济学。

（北京工业大学供稿）

是月　北京八路军山东抗日根据地研究会编辑的《鲁西冀鲁豫抗日根据地文献》1—4册由中央文献出版社出版。全书280余万字。该书是“山东抗日根据地历史资料丛书”鲁西冀鲁豫卷的一部分，系统地汇集了抗战时期冀鲁豫抗日根据地（含1941年7月由山东转隶的鲁西区）党政军群各方面的文献资料。

（北京八路军山东抗日根据地研究会供稿）

是年　中国人民大学通州新校区全面开工建设，多个项目完成竣工验收或钢结构封顶，获评北京市绿色安全样板工地和北京市结构长城杯金奖。基础设施一期工程完成教育部评审入库及初步设计，成为首批纳入全国试点、首个完成试点规划、首个通过专家评审的全国示范项目。

（中国人民大学供稿）

是年　《北京工业大学学报（社会科学版）》3月入选北京大学《中文核心期刊要目总览》，4月首次进入中文社会科学引文索引（CSSCI）来源期刊目录。10月，根据中国学术期刊（中国知网）、中国科学文献计量评价研究中心、清华大学图书馆共同研制出版的《中国学术期刊影响因子年报（人文社会科学）2021版》，《北京工业大学学报（社会科学版）》2020年综合影响因子为2.344，创历史新高。

（北京工业大学供稿）

是年　《北京联合大学学报（人文社会科学版）》

入选北京大学《中文核心期刊要目总览》2020年版的综合性人文、社会科学类的核心期刊。至此,《北京联合大学学报(人文社会科学版)》已经全部入选了人文社会科学领域的三大核心期刊数据库：中文社会科学引文索引(CSSCI)来源期刊、中国人文社会科学核心期刊和中文核心期刊要目总览。

(北京联合大学供稿)

2020年12月底—2021年　由北京联合大学承担的北京石窟寺专项调查作为全国石窟寺专项调查的北京行动，对全市101处石窟寺及摩崖造像进行全面摸查。全面摸清了北京石窟寺的家底，掌握了北京石窟寺的保存现状和存在问题。5月19日，调查成果顺利通过北京市文物局组织的成果验收；8月19日，调查成果在国家文物局“全国石窟寺专项调查工作”总结会上受到肯定；9月24日，在“2021首届北京公众考古季”开幕式上正式发布。

(北京联合大学供稿)

是年　北京市家庭建设促进会组建红色宣讲团，旨在传承红色基因，宣传红色文化。红色宣讲团成员中有烈士后代、战斗英雄、红二代、劳动模范、三八红旗手、最美家庭代表。截至2021年12月9日，红色宣讲团共宣讲18场，足迹遍布北京市7个区、山东邹城市，涵盖学校、国家机关和企事业单位。

(北京市家庭建设促进会供稿)

是年　北京八路军山东抗日根据地研究会紧紧围绕“不忘初心、牢记使命”组织红色宣讲活动，先后到对外经贸大学、南昌工学院、朝阳区委党校、北京联大管理学院、北京市民政局、山东大学、国能信控集团等单位讲课100余场，参加听课干部群众20000余人。

(北京八路军山东抗日根据地研究会供稿)

·附　　录·

概　述

本栏目记述2021年北京地区37所高等院校、研究机构、党校等哲学社会科学研究基本情况统计，包括研究人员情况、课题研究情况和研究成果情况。

北京大学2021年度哲学社会科学研究基本情况统计表

学科门类	研究人员情况（人）						课题研究情况（项）				研究成果情况（部/篇）		
	合计	教授	副教授	讲师	助教	初级	合计	基础研究	应用研究	其他	出版著作	发表论文	获奖成果（省部级及以上）
合计	1632	632	581	366	53	0	1423	579	844	0	285	2964	33
管理学	108	36	31	38	3	0	351	126	225	0	2	156	3
马克思主义	30	15	10	3	2	0	41	22	19	0	11	188	3
哲学	70	39	18	9	4	0	39	24	15	0	14	129	3
逻辑学	6	3	1	0	2	0	2	2	0	0	1	13	0
宗教学	14	9	2	2	1	0	3	2	1	0	5	39	1
语言学	168	41	82	43	2	0	20	9	11	0	18	93	1
中国文学	73	42	27	4	0	0	46	25	21	0	19	196	2
外国文学	142	34	60	46	2	0	40	27	13	0	30	228	0
艺术学	36	23	7	5	1	0	35	15	20	0	12	178	0
历史学	98	47	24	22	5	0	35	19	16	0	33	85	1
考古学	61	25	23	13	0	0	109	56	53	0	0	86	0
经济学	229	86	75	50	18	0	191	59	132	0	15	554	3
政治学	77	33	29	15	0	0	35	16	19	0	24	139	2
法学	108	62	26	20	0	0	138	46	92	0	79	344	2

续表

学科门类	研究人员情况（人）						课题研究情况（项）				研究成果情况（部/篇）		
	合计	教授	副教授	讲师	助教	初级	合计	基础研究	应用研究	其他	出版著作	发表论文	获奖成果（省部级及以上）
社会学	80	40	23	16	1	0	77	29	48	0	4	167	0
民族学	1	0	1	0	0	0	12	5	7	0	0	0	0
新闻学与传播学	29	13	13	3	0	0	55	17	38	0	4	120	0
图书、情报、文献学	161	37	62	51	11	0	15	9	6	0	7	127	1
教育学	52	19	21	12	0	0	95	31	64	0	2	89	10
统计学	9	4	4	1	0	0	37	17	20	0	0	0	0
心理学	8	3	4	1	0	0	1	0	1	0	0	0	1
体育学	57	10	35	11	1	0	21	15	6	1	5	26	0

（北京大学供稿）

中国人民大学2021年度哲学社会科学研究基本情况统计表

学科门类	研究人员情况（人）						课题研究情况（项）				研究成果情况（部/篇）		
	合计	教授	副教授	讲师	助教	初级	合计	基础研究	应用研究	其他	出版著作	发表论文	获奖成果（省部级及以上）
合计	1721	732	636	345	8	0	7510	2666	4805	39	314	4266	50
管理学	339	134	116	87	2	0	1846	360	1472	14	47	773	4
马克思主义	47	20	18	8	1	0	296	199	97	0	6	157	5
哲学	81	43	24	14	0	0	208	169	39	0	32	241	0
宗教学	14	8	4	2	0	0	38	28	10	0	0	19	0
语言学	66	17	31	18	0	0	69	54	15	0	14	44	1
中国文学	75	30	28	17	0	0	132	113	19	0	17	201	0
外国文学	13	9	2	2	0	0	19	19	0	0	5	25	0
艺术学	48	11	26	10	1	0	48	29	19	0	15	90	1
历史学	83	39	31	13	0	0	199	166	33	0	25	141	2
考古学	15	5	5	5	0	0	251	215	36	0	7	61	0
经济学	370	183	134	52	1	0	1739	407	1318	14	57	1002	15
政治学	73	36	23	14	0	0	202	106	96	0	7	153	4
法学	118	63	41	14	0	0	752	260	487	5	23	481	3

续表

学科门类	研究人员情况（人）						课题研究情况（项）				研究成果情况（部/篇）		
	合计	教授	副教授	讲师	助教	初级	合计	基础研究	应用研究	其他	出版著作	发表论文	获奖成果（省部级及以上）
社会学	83	31	39	13	0	0	606	195	408	3	22	214	4
民族学与文化学	2	0	1	1	0	0	12	5	7	0	0	1	0
新闻学与传播学	64	30	23	11	0	0	270	87	183	0	14	263	2
图书、情报、文献学	76	26	23	27	0	0	219	73	146	0	7	126	3
教育学	50	15	20	15	0	0	216	77	139	0	7	107	5
统计学	64	22	27	12	3	0	274	54	217	3	6	45	0
心理学	13	5	7	1	0	0	32	16	16	0	0	65	0
体育科学	22	3	12	7	0	0	37	16	21	0	3	20	1
其他学科	5	2	1	2	0	0	45	18	27	0	0	37	0

（中国人民大学供稿）

北京交通大学2021年度哲学社会科学研究基本情况统计表

学科门类	研究人员情况（人）							课题研究情况（项）				研究成果情况（部/篇）		
	合计	教授	副教授	讲师	助教	初级	返聘人员	合计	基础研究	应用研究	其他	出版著作	发表论文	获奖成果（省部级及以上）
合计	979	198	343	399	23	16	0	1560	633	927	0	56	224	6
马克思主义	57	16	20	20	1	0	0	77	68	9	0	5	83	2
哲学	4	1	2	0	1	0	0	3	3	0	0	0	0	0
经济学	137	30	52	55	0	0	0	296	112	184	0	28	62	3
法学	47	11	11	21	4	0	0	82	43	39	0	0	0	0
政治学	2	1	1	0	0	0	0	10	4	6	0	0	0	0
社会学	5	2	2	1	0	0	0	83	21	62	0	0	0	0
心理学	12	2	2	8	0	0	0	10	4	6	0	2	0	0
教育学	20	7	7	5	1	0	0	19	9	10	0	0	1	0
体育学	31	0	14	16	0	1	0	4	3	1	0	0	9	0
语言学	120	12	52	56	0	0	0	20	14	6	0	0	0	0
中国文学	6	0	4	2	0	0	0	4	1	3	0	0	0	0
外国文学	12	3	3	6	0	0	0	7	6	1	0	0	0	0

续表

学科门类	研究人员情况（人）							课题研究情况（项）				研究成果情况（部/篇）		
	合计	教授	副教授	讲师	助教	初级	返聘人员	合计	基础研究	应用研究	其他	出版著作	发表论文	获奖成果（省部级及以上）
艺术学	80	11	29	40	0	0	0	115	36	79	0	2	5	0
历史学	3	0	3	0	0	0	0	0	0	0	0	0	0	0
管理学	372	97	121	127	14	13	0	767	277	490	0	19	64	1
新闻学与传播学	24	1	11	12	0	0	0	56	30	26	0	0	0	0
图书、情报、文献学	41	2	8	28	1	2	0	5	1	4	0	0	0	0
统计学	6	2	1	2	1	0	0	2	1	1	0	0	0	0

（北京交通大学供稿）

北京工业大学2021年度哲学社会科学研究基本情况统计表

学科门类	按职称级别划分（人）							课题研究情况（项）			研究成果情况（部/篇）		
	合计	教授	副教授	讲师	助教	初级	返聘人员	基础研究	应用研究	其他	出版著作	发表论文	获奖成果（省部级及以上）
管理学	126	20	47	49	4	6	0	28	111	0	5	171	0
马克思主义	58	9	21	28	0	0	0	17	6	0	2	27	1
哲学	1	0	0	1	0	0	0	2	0	0	0	0	0
语言学	103	0	31	71	1	0	0	4	5	0	1	3	0
中国文学	5	0	3	2	0	0	0	2	3	0	0	0	0
外国文学	0	0	0	0	0	0	0	0	2	0	3	0	0
艺术学	134	14	47	73	0	0	0	10	91	0	5	92	0
历史学	0	0	0	0	0	0	0	1	0	0	0	0	0
经济学	77	14	32	31	0	0	0	10	74	0	11	70	1
政治学	0	0	0	0	0	0	0	0	0	0	0	2	0
法学	28	2	6	18	2	0	0	1	12	0	3	22	0
社会学	44	7	21	15	1	0	0	13	56	0	2	29	0
民族学与文化学	0	0	0	0	0	0	0	0	0	0	0	3	0
新闻学与传播学	9	0	4	5	0	0	0	0	2	0	0	0	0

续表

学科门类	按职称级别划分（人）							课题研究情况（项）			研究成果情况（部/篇）		
	合计	教授	副教授	讲师	助教	初级	返聘人员	基础研究	应用研究	其他	出版著作	发表论文	获奖成果（省部级及以上）
图书馆、情报与文献学	40	2	6	29	3	0	0	1	3	0	0	1	0
教育学	28	6	10	11	0	1	0	14	31	0	1	55	0
统计学	7	2	4	1	0	0	0	1	0	0	1	29	0
心理学	2	1	0	1	0	0	0	1	2	0	0	3	0
体育科学	41	3	18	20	0	0	0	0	2	0	2	7	0
合计	703	80	250	355	11	7	0	105	400	0	36	514	2

（北京工业大学供稿）

北京航空航天大学2021年度哲学社会科学研究基本情况统计表

学科门类	研究人员情况（人）							课题研究情况（项）				研究成果情况（部/篇）		
	合计	教授	副教授	讲师	助教	初级	返聘人员	合计	基础研究	应用研究	其他	出版著作	发表论文	获奖成果（省部级及以上）
合计	372	97	172	94	2	0	7	239	143	91	5	37	638	16
马克思主义	53	8	15	30	0	0	0	39	27	12	0	1	60	1
哲学	13	3	5	3	0	0	2	3	3	0	0	0	18	0
经济学	59	15	32	12	0	0	0	42	24	17	1	2	129	0
法学	49	10	20	12	2	0	5	33	21	10	2	5	57	3
心理学	7	2	2	3	0	0	0	6	3	3	0	0	0	0
教育学	14	5	8	1	0	0	0	11	5	6	0	0	1	1
语言学	23	11	10	2	0	0	0	5	4	1	0	10	39	0
中国文学	2	0	2	0	0	0	0	0	0	0	0	1	1	0
外国文学	23	7	12	4	0	0	0	0	0	0	0	6	38	0
艺术学	28	6	14	8	0	0	0	17	12	5	0	4	43	11
管理学	98	30	52	16	0	0	0	81	42	37	2	8	250	0
新闻学与传播学	3	0	0	3	0	0	0	2	2	0	0	0	2	0

（北京航空航天大学供稿）

北方工业大学2021年度哲学社会科学研究基本情况统计表

学科门类	研究人员情况（人）							课题研究情况（项）				研究成果情况（部/篇）		
	合计	教授	副教授	讲师	助教	初级	返聘人员	合计	基础研究	应用研究	其他	出版著作	发表论文	获奖成果（省部级及以上）
合计	382	54	129	197	2	0	0	264	98	166	0	25	201	0
马克思主义	28	4	7	17	0	0	0	12	9	3	0	0	11	0
哲学	5	0	0	5	0	0	0	3	3	0	0	0	4	0
经济学	31	9	8	14	0	0	0	59	14	45	0	2	22	0
法学	41	8	12	21	0	0	0	16	5	11	0	3	31	0
政治学	1	0	0	1	0	0	0	6	3	3	0	0	0	0
教育学	8	0	3	5	0	0	0	8	3	5	0	2	13	0
体育学	9	0	2	7	0	0	0	1	0	1	0	1	0	0
语言学	54	4	15	35	0	0	0	11	9	2	0	6	9	0
中国文学	11	2	7	2	0	0	0	3	2	1	0	2	8	0
外国文学	12	0	5	7	0	0	0	6	5	1	0	2	1	0
艺术学	73	11	25	36	1	0	0	45	15	30	0	1	23	0
历史学	1	0	0	1	0	0	0	1	1	0	0	0	0	0
管理学	85	13	36	35	1	0	0	76	26	50	0	6	58	0
新闻学与传播学	8	0	3	5	0	0	0	8	2	6	0	0	18	0
图书、情报、文献学	9	1	3	5	0	0	0	0	0	0	0	0	0	0
统计学	6	2	3	1	0	0	0	9	1	8	0	0	3	0

（北方工业大学供稿）

北京化工大学2021年度哲学社会科学研究基本情况统计表

学科门类	研究人员情况（人）							课题研究情况（项）				研究成果情况（部/篇）		
	合计	教授	副教授	讲师	助教	初级	返聘人员	合计	基础研究	应用研究	其他	出版著作	发表论文	获奖成果（省部级及以上）
合计	413	58	143	201	·11	0	3	246	87	159	0	5	122	1
马克思主义	22	7	5	9	1	0	1	17	14	3	0	0	12	0
哲学	19	2	8	9	0	0	0	1	1	0	0	0	0	0
经济学	35	9	7	18	1	0	0	21	6	15	0	0	11	0

续表

学科门类	研究人员情况（人）							课题研究情况（项）				研究成果情况（部/篇）		
	合计	教授	副教授	讲师	助教	初级	返聘人员	合计	基础研究	应用研究	其他	出版著作	发表论文	获奖成果（省部级及以上）
法学	31	5	13	13	0	0	0	9	2	7	0	2	12	0
政治学	3	0	2	1	0	0	0	2	1	1	0	0	4	0
社会学	0	0	0	0	0	0	0	23	17	6	0	0	0	0
心理学	4	1	2	1	0	0	0	0	0	0	0	0	0	0
教育学	50	3	19	26	2	0	0	25	7	18	0	0	1	0
体育学	32	0	15	15	2	0	0	0	0	0	0	1	12	0
语言学	57	0	16	41	0	0	0	3	0	3	0	0	3	0
中国文学	9	1	3	5	0	0	0	0	0	0	0	0	1	0
艺术学	16	1	6	8	1	0	0	6	2	4	0	0	3	0
历史学	0	0	0	0	0	0	0	1	0	1	0	0	0	0
管理学	112	25	44	37	4	0	2	111	25	86	0	2	62	1
图书、情报、文献学	25	4	3	18	0	0	0	6	5	1	0	0	1	0

（北京化工大学供稿）

北京工商大学2021年度哲学社会科学研究基本情况统计表

学科门类	研究人员情况（人）							课题研究情况（项）				研究成果情况（部/篇）		
	合计	教授	副教授	讲师	助教	初级	返聘人员	合计	基础研究	应用研究	其他	出版著作	发表论文	获奖成果（省部级及以上）
合计	591	87	252	239	6	6	1	190	71	79	40	50	616	6
马克思主义	39	5	17	17	0	0	0	16	12	4	0	6	62	0
经济学	147	25	62	60	0	0	0	63	4	19	40	13	200	1
法学	40	6	18	16	0	0	0	19	2	17	0	3	36	0
国际关系	4	1	1	2	0	0	0	3	1	2	0	0	1	0
社会学	0	0	0	0	0	0	0	0	0	0	0	1	0	0
教育学	2	0	0	0	2	0	0	0	0	0	0	0	6	0
体育学	24	0	15	8	1	0	0	1	1	0	0	1	8	1
语言学	49	0	9	38	2	0	0	8	6	2	0	1	34	0
中国文学	0	0	0	0	0	0	0	1	0	1	0	0	1	0
外国文学	9	1	3	5	0	0	0	0	0	0	0	0	16	0

续表

学科门类	研究人员情况（人）							课题研究情况（项）				研究成果情况（部/篇）		
	合计	教授	副教授	讲师	助教	初级	返聘人员	合计	基础研究	应用研究	其他	出版著作	发表论文	获奖成果（省部级及以上）
艺术学	50	2	23	25	0	0	0	2	0	2	0	4	34	0
历史学	0	0	0	0	0	0	0	1	1	0	0	0	0	0
管理学	187	40	82	57	1	6	1	74	44	30	0	18	175	4
新闻学与传播学	38	6	22	10	0	0	0	1	0	1	0	3	42	0
图书、情报、文献学	2	1	0	1	0	0	0	1	0	1	0	0	1	0

（北京工商大学供稿）

北京邮电大学2021年度哲学社会科学研究基本情况统计表

学科门类	研究人员情况（人）						课题研究情况（项）				研究成果情况（部/篇）		
	合计	教授	副教授	讲师	助教	初级	合计	基础研究	应用研究	其他	出版著作	发表论文	获奖成果（省部级及以上）
合计	511	75	195	237	4	0	671	190	481	0	49	103	2
马克思主义	12	2	6	4	0	0	51	24	27	0	1	20	1
哲学	14	3	2	9	0	0	4	3	1	0	0	2	0
经济学	26	3	10	13	0	0	42	11	31		10	5	0
法学	42	3	12	27	0	0	46	5	41	0	0	5	0
政治学	3	0	1	2	0	0	17	5	12	0	0	0	0
社会学	6	1	2	3	0	0	19	2	17	0	0	1	0
民族学	10	0	1	9	0	0	4	3	1	0	0	0	0
心理学	1	0	0	1	0	0	0	0	0	0	0	0	0
教育学	28	4	13	10	1	0	28	8	20	0	1	14	1
体育学	21	0	6	13	2	0	3	0	3	0	0	0	0
语言学	64	11	29	23	1	0	80	22	58	0	10	6	0
中国文学	15	0	1	14	0	0	9	5	4	0	0	4	0
外国文学	9	1	1	7	0	0	1	1	0	0	0	0	0
艺术学	26	1	8	17	0	0	54	9	45	0	3	1	0
历史学	5	1	2	2	0	0	3	3	0	0	0	0	0
管理学	183	39	77	67	0	0	267	78	189	0	23	37	0

续表

学科门类	研究人员情况（人）						课题研究情况（项）				研究成果情况（部/篇）		
	合计	教授	副教授	讲师	助教	初级	合计	基础研究	应用研究	其他	出版著作	发表论文	获奖成果（省部级及以上）
新闻学与传播学	29	5	15	9	0	0	38	9	29	0	0	8	0
图书、情报、文献学	17	1	9	7	0	0	4	2	2	0	0	0	0
统计学	0	0	0	0	0	0	1	0	1	0	1	0	0

（北京邮电大学供稿）

北京印刷学院2021年度哲学社会科学研究基本情况统计表

学科门类	研究人员情况（人）						课题研究情况（项）				研究成果情况（部/篇）		
	合计	教授	副教授	讲师	助教	初级	合计	基础研究	应用研究	其他	出版著作	发表论文	获奖成果（省部级及以上）
合计	391	45	135	195	16	0	277	69	208	0	39	173	1
马克思主义	16	0	5	11	0	0	4	3	1	0	3	6	0
哲学	6	0	5	1	0	0	0	0	0	0	0	0	0
经济学	14	0	4	10	0	0	10	1	9	0	0	5	0
法学	6	1	2	3	0	0	1	0	1	0	0	0	0
政治学	3	0	2	1	0	0	1	0	1	0	0	0	0
社会学	2	0	0	2	0	0	1	1	0	0	0	0	0
教育学	6	0	1	4	1	0	3	2	1	0	1	6	0
体育学	23	1	12	10	0	0	3	0	3	0	1	3	0
语言学	36	2	13	18	3	0	3	2	1	0	1	5	0
中国文学	10	0	4	6	0	0	4	4	0	0	2	2	0
外国文学	10	2	1	7	0	0	114	24	90	0	0	0	0
艺术学	121	13	40	63	5	0	0	0	0	0	10	37	0
历史学	5	1	4	0	0	0	2	2	0	0	0	0	0
管理学	56	9	16	25	6	0	52	5	47	0	7	44	1
新闻学与传播学	59	14	23	21	1	0	77	24	53	0	14	63	0
图书、情报、文献学	15	1	3	11	0	0	2	1	1	0	0	0	0
统计学	3	1	0	2	0	0	0	0	0	0	0	2	0

（北京印刷学院供稿）

北京建筑大学2021年度哲学社会科学研究基本情况统计表

学科门类	研究人员情况（人）							课题研究情况（项）				研究成果情况（部/篇）		
	合计	教授	副教授	讲师	助教	初级	返聘人员	合计	基础研究	应用研究	其他	出版著作	发表论文	获奖成果（省部级及以上）
合计	255	36	94	115	10	0	0	218	74	144	0	13	130	0
马克思主义	17	6	4	6	1	0	0	14	5	9	0	1	9	0
哲学	12	5	2	4	1	1	0	5	1	4	0	0	14	0
经济学	23	5	5	8	5	0	0	14	6	8	0	1	15	0
法学	22	1	8	11	2	0	0	14	6	8	0	1	11	0
政治学	4	0	3	1	0	0	0	0	0	0	0	0	0	0
社会学	9	1	3	5	0	0	0	17	8	9	0	0	9	0
心理学	3	0	1	2	0	0	0	3	3	0	0	0	0	0
教育学	13	0	4	8	1	0	0	8	4	4	0	0	0	0
体育学	18	0	9	9	0	0	0	1	0	1	0	0	11	0
语言学	42	6	13	23	0	0	0	15	0	15	0	2	5	0
中国文学	1	0	0	1	0	0	0	0	0	0	0	0	0	0
外国文学	2	0	1	1	0	0	0	0	0	0	0	0	0	0
艺术学	9	1	5	3	0	0	0	20	12	8	0	0	0	0
历史学	1	0	0	1	0	0	0	1	0	1	0	0	0	0
管理学	68	10	28	30	0	0	0	103	27	76	0	8	55	0
图书、情报、文献学	10	0	8	2	0	0	0	3	2	1	0	0	1	0
统计学	1	1	0	0	0	0	0	0	0	0	0	0	0	0

（北京建筑大学供稿）

北京石油化工学院2021年度哲学社会科学研究基本情况统计表

学科门类	研究人员情况（人）							课题研究情况（项）				研究成果情况（部/篇）		
	合计	教授	副教授	讲师	助教	初级	返聘人员	合计	基础研究	应用研究	其他	出版著作	发表论文	获奖成果（省部级及以上）
合计	148	14	60	74	0	0	2	24	9	14	1	12	69	1
经济学	13	4	3	6	0	0	1	3	2	1	0	2	10	1
管理学	75	7	32	36	0	0	1	15	4	11	0	8	40	0
马克思主义	16	1	6	9	0	0	0	3	1	2	0	1	2	0

续表

学科门类	研究人员情况（人）							课题研究情况（项）				研究成果情况（部/篇）		
	合计	教授	副教授	讲师	助教	初级	返聘人员	合计	基础研究	应用研究	其他	出版著作	发表论文	获奖成果（省部级及以上）
中国文学	7	1	2	4	0	0	0	1	1	0	0	1	5	0
艺术学	9	0	3	6	0	0	0	2	1	0	1	0	2	0
体育学	28	1	14	13	0	0	0	0	0	0	0	0	10	0

（北京石油化工学院供稿）

北京农学院2021年度哲学社会科学研究基本情况统计表

学科门类	研究人员情况（人）							课题研究情况（项）				研究成果情况（部/篇）		
	合计	教授	副教授	讲师	助教	初级	返聘人员	合计	基础研究	应用研究	其他	出版著作	发表论文	获奖成果（省部级及以上）
合计	46	23	22	1	0	0	0	89	0	89	0	11	31	0
管理学	46	23	22	1	0	0	0	89	0	89	0	11	31	0

（北京农学院供稿）

北京林业大学2021年度哲学社会科学研究基本情况统计表

学科门类	研究人员情况（人）							课题研究情况（项）				研究成果情况（部/篇）		
	合计	教授	副教授	讲师	助教	初级	返聘人员	合计	基础研究	应用研究	其他	出版著作	发表论文	获奖成果（省部级及以上）
合计	384	89	198	96	0	0	0	230	22	208	0	0	0	0
马克思主义	52	15	22	15	0	0	0	5	0	5	0	2	18	0
哲学	11	5	5	1	0	0	0	5	2	3	0	1	3	0
经济学	41	15	18	8	0	0	0	78	3	75	0	4	87	0
法学	17	4	10	3	0	0	0	13	4	9	0	2	19	0
心理学	20	6	11	3	0	0	0	10	4	6	0	17	39	0
体育学	31	5	22	4	0	0	0	0	0	0	0	0	21	0
语言学	50	4	34	12	0	0	0	3	0	3	0	3	16	0
外国文学	25	5	9	11	0	0	0	3	2	1	0	2	8	0
艺术学	55	10	29	16	0	0	0	27	2	25	0	0	60	0
管理学	81	20	38	23	0	0	0	86	5	81	0	3	105	0

（北京林业大学供稿）

首都医科大学2021年度哲学社会科学研究基本情况统计表

学科门类	研究人员情况（人）							课题研究情况（项）				研究成果情况（部/篇）		
	合计	教授	副教授	讲师	助教	初级	返聘人员	合计	基础研究	应用研究	其他	出版著作	发表论文	获奖成果（省部级及以上）
合计	230	24	82	99	24	1	0	218	43	175	0	11	93	1
马克思主义	17	4	7	6	0	0	0	20	9	11	0	3	6	0
哲学	12	0	8	4	0	0	0	10	5	5	0	1	9	0
经济学	4	0	2	2	0	0	0	5	1	4	0	0	0	0
法学	17	0	8	9	0	0	0	13	3	10	0	2	26	0
政治学	1	0	0	1	0	0	0	1	0	1	0	0	1	0
社会学	17	2	5	8	2	0	0	23	1	22	0	0	10	0
心理学	5	1	2	2	0	0	0	4	1	3	0	0	11	0
教育学	15	1	5	5	4	0	0	8	1	7	0	1	3	0
体育学	16	0	6	7	3	0	0	1	0	1	0	0	0	0
语言学	41	2	11	24	4	0	0	4	2	2	0	1	3	0
中国文学	2	0	1	1	0	0	0	1	1	0	0	0	1	0
外国文学	0	0	0	0	0	0	0	1	1	0	0	0	0	0
艺术学	3	0	2	1	0	0	0	0	0	0	0	0	1	0
历史学	4	1	2	1	0	0	0	4	4	0	0	2	4	0
管理学	47	11	15	16	4	1	0	114	11	103	0	1	8	1
图书、情报、文献学	27	2	6	12	7	0	0	7	3	4	0	0	7	0
统计学	2	0	2	0	0	0	0	2	0	2	0	0	3	0

（首都医科大学供稿）

北京中医药大学2021年度哲学社会科学研究基本情况统计表

学科门类	研究人员情况（人）							课题研究情况（项）				研究成果情况（部/篇）		
	合计	教授	副教授	讲师	助教	初级	返聘人员	合计	基础研究	应用研究	其他	出版著作	发表论文	获奖成果（省部级及以上）
合计	222	30	85	96	8	0	3	144	71	73	0	4	59	0
马克思主义	17	3	4	8	2	0	0	10	8	2	0	3	0	0
哲学	19	3	9	6	0	0	1	13	10	3	0	1	5	0
经济学	2	0	0	2	0	0	0	0	0	0	0	0	0	0

续表

学科门类	研究人员情况（人）							课题研究情况（项）				研究成果情况（部/篇）		
	合计	教授	副教授	讲师	助教	初级	返聘人员	合计	基础研究	应用研究	其他	出版著作	发表论文	获奖成果（省部级及以上）
法学	16	0	9	7	0	0	0	14	3	11	0	0	6	0
政治学	1	0	0	1	0	0	0	0	0	0	0	0	0	0
国际关系	1	0	0	0	0	0	1	0	0	0	0	0	0	0
社会学	0	0	0	0	0	0	0	0	0	0	0	0	0	0
民族学	1	0	1	0	0	0	0	1	0	1	0	0	0	0
心理学	3	1	0	2	0	0	0	1	0	1	0	0	0	0
教育学	5	0	2	3	0	0	0	5	1	4	0	0	4	0
体育学	23	1	8	13	1	0	0	0	0	0	0	0	0	0
语言学	46	4	15	22	5	0	0	18	9	9	0	0	8	0
中国文学	5	0	1	4	0	0	0	2	1	1	0	0	0	0
艺术学	1	0	1	0	0	0	0	0	0	0	0	0	0	0
历史学	6	0	2	4	0	0	0	20	19	1	0	0	1	0
管理学	40	14	21	5	0	0	0	44	6	38	0	0	32	0
新闻学与传播学	1	0	0	1	0	0	0	2	1	1	0	0	0	0
图书、情报、文献学	35	4	12	18	0	0	1	14	13	1	0	0	3	0

（北京中医药大学供稿）

首都师范大学2021年度哲学社会科学研究基本情况统计表

学科门类	研究人员情况（人）						课题研究情况（项）				研究成果情况（部/篇）		
	合计	教授	副教授	讲师	助教	初级	合计	基础研究	应用研究	其他	出版著作	发表论文	获奖成果（省部级及以上）
合计	1226	209	470	505	25	17	1052	723	329	0	74	805	12
马克思主义	39	4	16	14	5	0	45	37	8	0	1	50	2
哲学	48	20	10	16	0	2	43	37	6	0	2	31	1
逻辑学	1	0	1	0	0	0	0	0	0	0	0	0	0
宗教学	1	0	1	0	0	0	1	0	1	0	0	0	0
经济学	22	2	14	5	0	1	15	8	7	0	0	4	0
法学	34	7	10	17	0	0	35	19	16	0	1	8	0

续表

学科门类	研究人员情况（人）						课题研究情况（项）				研究成果情况（部/篇）		
	合计	教授	副教授	讲师	助教	初级	合计	基础研究	应用研究	其他	出版著作	发表论文	获奖成果（省部级及以上）
政治学	21	3	7	11	0	0	23	15	8	0	0	3	0
国际关系	5	4	1	0	0	0	0	0	0	0	0	1	0
社会学	15	2	9	3	0	1	27	10	17	0	1	5	0
心理学	57	12	24	19	0	2	31	17	14	0	0	65	0
教育学	213	34	94	76	3	6	221	129	92	0	12	216	7
体育学	33	0	9	24	0	0	5	0	5	0	1	12	0
语言学	216	13	80	121	2	0	99	72	27	0	3	57	0
中国文学	86	28	32	26	0	0	121	106	15	0	23	123	1
外国文学	58	11	14	33	0	0	14	12	2	0	0	19	0
艺术学	179	22	79	70	7	1	88	57	31	0	7	70	0
历史学	84	31	24	26	2	1	139	111	28	0	19	89	1
考古学	11	5	2	4	0	0	89	65	24	0	3	15	0
管理学	45	8	19	15	0	3	40	15	25	0	1	25	0
新闻学与传播学	8	1	4	3	0	0	10	7	3	0	0	6	0
图书、情报、文献学	48	2	20	21	5	0	6	6	0	0	0	6	0
统计学	2	0	0	1	1	0	0	0	0	0	0	0	0

（首都师范大学供稿）

北京第二外国语学院2021年度哲学社会科学研究基本情况统计表

学科门类	研究人员情况（人）							课题研究情况（项）				研究成果情况（部/篇）		
	合计	教授	副教授	讲师	助教	初级	返聘人员	合计	基础研究	应用研究	其他	出版著作	发表论文	获奖成果（省部级及以上）
合计	573	73	183	277	40	0	0	795	795	0	0	76	400	6
管理学	74	12	24	37	1	0	0	259	259	0	0	19	89	4
马克思主义	15	2	5	7	1	0	0	16	16	0	0	0	6	0
哲学	7	3	2	2	0	0	0	6	6	0	0	1	21	0
语言学	259	26	96	118	19	0	0	154	154	0	0	20	71	0
中国文学	25	9	4	12	0	0	0	24	24	0	0	2	7	0

续表

学科门类	研究人员情况（人）							课题研究情况（项）				研究成果情况（部/篇）		
	合计	教授	副教授	讲师	助教	初级	返聘人员	合计	基础研究	应用研究	其他	出版著作	发表论文	获奖成果（省部级及以上）
外国文学	54	6	9	30	9	0	0	55	55	0	0	5	23	1
艺术学	4	0	0	3	1	0	0	3	3	0	0	0	9	0
历史学	5	1	2	1	1	0	0	12	12	0	0	0	5	0
经济学	49	8	12	27	2	0	0	156	156	0	0	13	62	0
政治学	21	2	10	8	1	0	0	37	37	0	0	6	38	0
法学	12	3	4	5	0	0	0	34	34	0	0	3	3	1
社会学	1	0	0	0	1	0	0	0	0	0	0	0	5	0
民族学与文化学	0	0	0	0	0	0	0	0	0	0	0	0	1	0
新闻学与传播学	12	1	2	9	0	0	0	19	19	0	0	1	18	0
图书馆、情报与文献学	5	0	3	2	0	0	0	0	0	0	0	0	1	0
教育学	10	0	3	7	0	0	0	13	13	0	0	2	38	0
统计学	3	0	2	1	0	0	0	5	5	0	0	1	0	0
心理学	0	0	0	0	0	0	0	0	0	0	0	0	3	0
体育科学	16	0	5	7	4	0	0	2	2	0	0	3	0	0
其他学科	1	0	0	1	0	0	0	0	0	0	0	0	0	0

（北京第二外国语学院供稿）

北京语言大学2021年度哲学社会科学研究基本情况统计表

学科门类	研究人员情况（人）							课题研究情况（项）				研究成果情况（部/篇）		
	合计	教授	副教授	讲师	助教	初级	返聘人员	合计	基础研究	应用研究	其他	出版著作	发表论文	获奖成果（省部级及以上）
合计	906	168	257	422	57	2	0	873	777	96	0	90	490	3
马克思主义	6	2	2	1	1	0	0	15	15	0	0	3	5	0
哲学	10	6	1	3	0	0	0	3	2	1	0	0	0	0
宗教学	1	0	0	1	0	0	0	0	0	0	0	0	4	0
经济学	44	11	13	14	6	0	0	61	56	5	0	3	28	0
法学	9	1	3	3	2	0	0	0	0	0	0	0	0	0
政治学	20	3	5	11	1	0	0	45	43	2	0	5	14	0

续表

学科门类	研究人员情况（人）							课题研究情况（项）				研究成果情况（部/篇）		
	合计	教授	副教授	讲师	助教	初级	返聘人员	合计	基础研究	应用研究	其他	出版著作	发表论文	获奖成果（省部级及以上）
社会学	4	0	2	2	0	0	0	0	0	0	0	0	0	0
民族学	3	0	1	2	0	0	0	3	2	1	0	0	0	0
心理学	14	2	3	9	0	0	0	0	0	0	0	0	0	0
教育学	44	0	7	33	4	0	0	73	62	11	0	25	84	0
体育学	13	0	6	7	0	0	0	3	3	0	0	0	2	0
语言学	496	95	134	244	22	1	0	420	374	46	0	22	152	1
中国文学	80	24	23	26	6	1	0	116	100	16	0	21	98	2
外国文学	39	10	14	14	1	0	0	37	37	0	0	3	15	0
艺术学	26	4	5	15	2	0	0	17	17	0	0	5	24	0
历史学	7	0	4	3	0	0	0	5	5	0	0	0	0	0
管理学	63	8	20	28	7	0	0	59	47	12	0	2	48	0
新闻学与传播学	8	1	3	3	1	0	0	10	8	2	0	1	8	0
图书、情报、文献学	16	0	10	2	4	0	0	6	6	0	0	0	8	0
统计学	3	1	1	1	0	0	0	0	0	0	0	0	0	0

（北京语言大学供稿）

中国传媒大学2021年度哲学社会科学研究基本情况统计表

学科门类	研究人员情况（人）							课题研究情况（项）				研究成果情况（部/篇）		
	合计	教授	副教授	讲师	助教	初级	返聘人员	合计	基础研究	应用研究	其他	出版著作	发表论文	获奖成果（省部级及以上）
政治学	5	3	1	1	0	0	0	7	2	5	0	1	24	0
语言学	14	5	3	6	0	0	0	16	7	9	0	6	33	0
艺术学	184	82	60	36	4	2	0	212	43	169	10	34	463	1
新闻学与传播学	183	124	44	15	0	0	0	379	116	263	7	20	599	4
文学	17	11	4	2	0	0	0	26	9	17	0	4	71	0
图书馆、情报与文献学	1	0	1	0	0	0	0	3	2	1	0	0	11	0
统计学	1	1	0	0	0	0	0	2	0	2	0	0	2	0

续表

学科门类	研究人员情况（人）							课题研究情况（项）				研究成果情况（部/篇）		
	合计	教授	副教授	讲师	助教	初级	返聘人员	合计	基础研究	应用研究	其他	出版著作	发表论文	获奖成果（省部级及以上）
社会学	5	2	2	1	0	0	0	12	3	9	0	0	3	0
民族学与文化学	1	0	1	0	0	0	0	2	1	1	0	1	8	0
马克思主义	4	2	1	0	0	0	1	14	10	4	0	0	10	0
经济学	5	1	4	0	0	0	0	5	0	5	0	4	14	0
教育学	5	1	1	3	0	0	0	14	6	8	0	1	23	0
管理学	33	15	11	7	0	0	0	67	6	61	3	4	41	0
法学	15	1	12	2	0	0	0	8	2	6	0	1	12	0

（中国传媒大学供稿）

中央财经大学2021年度哲学社会科学研究基本情况统计表

学科门类	研究人员情况（人）							课题研究情况（项）				研究成果情况（部/篇）		
	合计	教授	副教授	讲师	助教	初级	返聘人员	合计	基础研究	应用研究	其他	出版著作	发表论文	获奖成果（省部级及以上）
合计	1204	304	443	445	12	0	0	2436	335	2101	0	81	839	2
马克思主义	27	9	9	9	0	0	0	49	29	20	0	0	0	0
哲学	8	2	2	4	0	0	0	6	3	3	0	1	9	0
逻辑学	4	1	3	0	0	0	0	0	0	0	0	0	0	0
经济学	495	144	175	171	5	0	0	1140	111	1029	0	38	341	2
法学	84	20	37	27	0	0	0	323	72	251	0	10	145	0
政治学	17	0	8	9	0	0	0	0	0	0	0	0	0	0
社会学	27	11	11	5	0	0	0	48	10	38	0	0	0	0
民族学	7	5	1	1	0	0	0	43	6	37	0	0	3	0
心理学	20	2	13	5	0	0	0	18	4	14	0	0	0	0
教育学	42	3	6	33	0	0	0	95	13	82	0	5	86	0
体育学	39	6	25	7	1	0	0	0	0	0	0	0	0	0
语言学	52	7	21	23	1	0	0	9	2	7	0	2	15	0
中国文学	15	5	1	9	0	0	0	7	4	3	0	0	2	0
外国文学	15	2	8	5	0	0	0	1	1	0	0	3	1	0
艺术学	18	1	5	12	0	0	0	11	0	11	0	0	12	0

续表

学科门类	研究人员情况（人）							课题研究情况（项）				研究成果情况（部/篇）		
	合计	教授	副教授	讲师	助教	初级	返聘人员	合计	基础研究	应用研究	其他	出版著作	发表论文	获奖成果（省部级及以上）
历史学	7	2	2	3	0	0	0	5	3	2	0	0	6	0
管理学	265	73	93	95	4	0	0	666	74	592	0	22	206	0
新闻学与传播学	17	3	8	6	0	0	0	15	3	12	0	0	13	0
图书、情报、文献学	14	2	0	12	0	0	0	0	0	0	0	0	0	0
统计学	31	6	15	9	1	0	0	0	0	0	0	0	0	0

（中央财经大学供稿）

对外经济贸易大学2021年度哲学社会科学研究基本情况统计表

学科门类	研究人员情况（人）							课题研究情况（项）				研究成果情况（部/篇）		
	合计	教授	副教授	讲师	助教	初级	返聘人员	合计	基础研究	应用研究	其他	出版著作	发表论文	获奖成果（省部级及以上）
合计	1135	249	351	454	81	0	0	1298	362	936	0	89	1266	9
马克思主义	60	9	11	25	15	0	0	69	42	27	0	4	55	0
经济学	379	115	106	150	8	0	0	532	75	457	0	0	568	5
法学	75	28	18	28	1	0	0	112	33	79	0	11	70	0
政治学	56	12	19	23	2	0	0	59	26	33	0	2	62	1
社会学	2	0	1	0	1	0	0	12	2	10	0	8	34	0
教育学	16	2	3	8	3	0	0	34	7	27	0	2	60	0
体育学	24	0	9	10	5	0	0	9	4	5	0	3	9	0
语言学	155	21	63	62	9	0	0	75	41	34	0	14	63	1
中国文学	27	4	11	11	1	0	0	11	11	0	0	4	46	0
外国文学	43	6	17	16	4	0	0	37	25	12	0	0	13	0
管理学	233	46	64	95	28	0	0	280	70	210	0	8	230	2
新闻学与传播学	10	0	5	3	2	0	0	19	9	10	0	2	7	0
图书、情报、文献学	20	1	5	13	1	0	0	4	2	2	0	0	16	0
统计学	35	5	19	10	1	0	0	45	15	30	0	0	33	0

（对外经济贸易大学供稿）

北京物资学院2021年度哲学社会科学研究基本情况统计表

学科门类	研究人员情况（人）							课题研究情况（项）				研究成果情况（部/篇）		
	合计	教授	副教授	讲师	助教	初级	返聘人员	合计	基础研究	应用研究	其他	出版著作	发表论文	获奖成果（省部级及以上）
合计	408	80	159	154	13	2	0	149	17	132	0	34	251	0
马克思主义	21	5	4	11	1	0	0	9	2	7	0	0	3	0
哲学	4	0	1	3	0	0	0	0	0	0	0	0	3	0
经济学	83	16	36	27	3	1	0	29	5	24	0	5	51	0
法学	24	11	11	2	0	0	0	16	2	14	0	5	20	0
政治学	1	0	0	1	0	0	0	1	0	1	0	0	0	0
社会学	2	0	1	1	0	0	0	0	0	0	0	0	2	0
心理学	2	0	1	1	0	0	0	0	0	0	0	0	0	0
教育学	12	1	4	6	0	1	0	2	0	2	0	0	11	0
体育学	23	3	8	10	2	0	0	0	0	0	0	0	5	0
语言学	48	3	19	24	2	0	0	2	0	2	0	3	7	0
中国文学	9	1	4	4	0	0	0	2	0	2	0	2	4	0
艺术学	2	1	0	1	0	0	0	0	0	0	0	2	0	0
历史学	3	0	1	2	0	0	0	1	0	1	0	0	0	0
管理学	165	37	67	56	5	0	0	84	8	76	0	16	138	0
新闻学与传播学	1	0	0	1	0	0	0	0	0	0	0	0	0	0
图书、情报、文献学	0	0	0	0	0	0	0	0	0	0	0	0	1	0
统计学	8	2	2	4	0	0	0	3	0	3	0	1	6	0

（北京物资学院供稿）

首都经济贸易大学2021年度哲学社会科学研究基本情况统计表

学科门类	研究人员情况（人）							课题研究情况（项）				研究成果情况（部/篇）		
	合计	教授	副教授	讲师	助教	初级	返聘人员	合计	基础研究	应用研究	其他	出版著作	发表论文	获奖成果（省部级及以上）
合计	883	171	325	353	26	6	2	140	32	104	4	121	725	5
马克思主义	36	7	18	11	0	0	0	1	0	1	0	6	14	0
哲学	1	1	0	0	0	0	0	0	0	0	0	0	1	0
经济学	306	61	125	101	18	1	0	55	12	43	0	49	281	3

续表

学科门类	研究人员情况（人）							课题研究情况（项）				研究成果情况（部/篇）		
	合计	教授	副教授	讲师	助教	初级	返聘人员	合计	基础研究	应用研究	其他	出版著作	发表论文	获奖成果（省部级及以上）
法学	54	12	18	23	1	0	0	17	7	10	0	9	39	0
社会学	17	7	5	5	0	0	0	5	0	5	0	1	28	0
教育学	0	0	0	0	0	0	0	0	0	0	0	0	1	0
体育学	27	3	9	15	0	0	0	0	0	0	0	3	6	0
语言学	71	4	22	41	4	0	0	4	1	2	1	3	17	0
中国文学	3	2	1	0	0	0	0	0	0	0	0	0	2	0
外国文学	9	3	1	5	0	0	0	1	1	0	0	1	1	0
艺术学	7	0	3	3	1	0	0	0	0	0	0	0	0	0
管理学	255	55	95	96	2	5	2	44	6	38	0	39	277	2
新闻学与传播学	26	4	10	12	0	0	0	2	0	0	2	1	12	0
统计学	71	12	18	41	0	0	0	11	5	5	1	9	46	0

（首都经济贸易大学供稿）

中国戏曲学院2021年度哲学社会科学研究基本情况统计表

学科门类	研究人员情况（人）							课题研究情况（项）				研究成果情况（部/篇）		
	合计	教授	副教授	讲师	助教	初级	返聘人员	合计	基础研究	应用研究	其他	出版著作	发表论文	获奖成果（省部级及以上）
艺术学	282	57	99	123	1	0	2	32	24	8	0	13	79	5

（中国戏曲学院供稿）

北京舞蹈学院2021年度哲学社会科学研究基本情况统计表

学科门类	研究人员情况（人）							课题研究情况（项）				研究成果情况（部/篇）		
	合计	教授	副教授	讲师	助教	初级	返聘人员	合计	基础研究	应用研究	其他	出版著作	发表论文	获奖成果（省部级及以上）
艺术学	292	60	103	94	2	2	31	96	53	32	11	31	198	2

（北京舞蹈学院供稿）

中央民族大学2021年度哲学社会科学研究基本情况统计表

学科门类	研究人员情况（人）							课题研究情况（项）				研究成果情况（部/篇）		
	合计	教授	副教授	讲师	助教	初级	返聘人员	合计	基础研究	应用研究	其他	出版著作	发表论文	获奖成果（省部级及以上）
合计	922	237	271	377	17	0	20	144	93	50	1	71	869	14
马克思主义	23	6	4	13	0	0	0	4	3	1	0	0	22	0
哲学	29	10	5	14	0	0	0	3	3	0	0	3	16	0
宗教学	12	5	2	5	0	0	0	4	4	0	0	2	8	1
经济学	66	19	26	21	0	0	0	13	3	9	1	5	67	2
法学	62	13	27	22	0	0	0	10	6	4	0	4	94	0
政治学	13	4	2	7	0	0	0	0	0	0	0	1	16	0
社会学	41	12	14	15	0	0	0	9	3	6	0	7	101	1
民族学	50	20	16	14	0	0	0	21	15	6	0	4	100	4
心理学	2	1	0	1	0	0	0	0	0	0	0	0	0	0
教育学	32	10	10	8	0	0	4	8	4	4	0	2	52	2
体育学	36	8	8	16	4	0	0	0	0	0	0	1	0	0
语言学	139	33	39	63	1	0	3	31	26	5	0	18	96	1
中国文学	61	17	14	25	0	0	5	6	5	1	0	10	95	1
外国文学	34	7	11	16	0	0	0	1	1	0	0	0	8	0
艺术学	178	28	53	81	12	0	4	10	3	7	0	9	39	0
历史学	41	15	7	17	0	0	2	11	11	0	0	4	43	0
考古学	10	1	2	7	0	0	0	1	1	0	0	0	9	0
管理学	53	20	16	16	0	0	1	7	2	5	0	0	47	2
新闻学与传播学	26	4	8	13	0	0	1	4	2	2	0	0	39	0
图书、情报、文献学	0	0	0	0	0	0	0	0	0	0	0	1	4	0
统计学	14	4	7	3	0	0	0	1	1	0	0	0	9	0

（中央民族大学供稿）

中国政法大学2021年度哲学社会科学研究基本情况统计表

学科门类	研究人员情况（人）							课题研究情况（项）				研究成果情况（部/篇）		
	合计	教授	副教授	讲师	助教	初级	返聘人员	合计	基础研究	应用研究	其他	出版著作	发表论文	获奖成果（省部级及以上）
合计	1013	309	356	324	9	2	13	4019	484	3535	0	260	1493	4
马克思主义	34	5	11	15	0	0	3	86	18	68	0	2	70	0

续表

学科门类	研究人员情况（人）							课题研究情况（项）				研究成果情况（部/篇）		
	合计	教授	副教授	讲师	助教	初级	返聘人员	合计	基础研究	应用研究	其他	出版著作	发表论文	获奖成果（省部级及以上）
哲学	35	15	12	8	0	0	0	56	33	23	0	7	53	0
宗教学	5	2	1	2	0	0	0	13	7	6	0	0	1	0
经济学	55	17	23	15	0	0	0	119	10	109	0	9	102	0
法学	505	193	173	139	0	0	7	2931	281	2650	0	192	879	4
政治学	58	21	20	17	0	0	0	148	31	117	0	9	71	0
社会学	25	5	10	10	0	0	0	59	17	42	0	6	31	0
民族学	0	0	0	0	0	0	0	0	0	0	0	2	0	0
心理学	0	0	0	0	0	0	0	0	0	0	0	0	16	0
教育学	5	0	3	2	0	0	0	41	2	39	0	2	29	0
体育学	26	3	15	6	1	1	0	4	0	4	0	1	7	0
语言学	100	16	42	40	1	1	0	135	18	117	0	12	60	0
中国文学	15	2	5	8	0	0	0	17	12	5	0	1	28	0
外国文学	7	2	1	3	1	0	0	9	3	6	0	0	0	0
艺术学	11	3	3	5	0	0	0	12	2	10	0	0	1	0
历史学	22	3	10	9	0	0	0	38	24	14	0	5	33	0
考古学	0	0	0	0	0	0	0	1	1	0	0	0	0	0
管理学	45	15	11	19	0	0	1	201	14	187	0	11	80	0
新闻学与传播学	30	6	11	12	1	0	2	138	9	129	0	1	31	0
图书、情报、文献学	25	1	5	14	5	0	0	6	1	5	0	0	0	0
统计学	0	0	0	0	0	0	0	5	1	4	0	0	1	0

（中国政法大学供稿）

北京信息科技大学2021年度哲学社会科学研究基本情况统计表

学科门类	研究人员情况（人）							课题研究情况（项）				研究成果情况（部/篇）		
	合计	教授	副教授	讲师	助教	初级	返聘人员	合计	基础研究	应用研究	其他	出版著作	发表论文	获奖成果（省部级及以上）
合计	423	39	138	213	14	19	0	535	350	185	0	13	160	0
马克思主义	9	0	5	2	1	1	0	13	10	3	0	2	33	0

续表

学科门类	研究人员情况（人）							课题研究情况（项）				研究成果情况（部/篇）		
	合计	教授	副教授	讲师	助教	初级	返聘人员	合计	基础研究	应用研究	其他	出版著作	发表论文	获奖成果（省部级及以上）
哲学	12	3	1	7	0	1	0	1	1	0	0	0	0	0
经济学	37	6	14	16	0	1	0	31	15	16	0	2	7	0
法学	17	0	6	10	1	0	0	3	0	3	0	0	8	0
政治学	12	3	4	5	0	0	0	1	1	0	0	0	1	0
社会学	7	1	2	4	0	0	0	8	5	3	0	0	0	0
民族学	1	0	0	1	0	0	0	0	0	0	0	0	0	0
心理学	1	0	1	0	0	0	0	0	0	0	0	0	0	0
教育学	1	0	0	1	0	0	0	8	1	7	0	0	8	0
体育学	30	1	6	21	0	2	0	2	2	0	0	1	1	0
语言学	65	0	24	40	1	0	0	17	14	3	0	2	10	0
中国文学	8	0	2	4	0	2	0	2	1	1	0	0	4	0
外国文学	25	1	8	11	3	2	0	0	0	0	0	0	0	0
艺术学	11	0	4	6	0	1	0	8	1	7	0	0	13	0
历史学	10	1	5	3	0	1	0	0	0	0	0	0	0	0
管理学	135	21	49	50	8	7	0	426	291	135	0	6	61	0
新闻学与传播学	13	1	3	8	0	1	0	10	4	6	0	0	11	0
图书、情报、文献学	28	1	4	23	0	0	0	4	3	1	0	0	3	0
统计学	1	0	0	1	0	0	0	1	1	0	0	0	0	0

（北京信息科技大学供稿）

北京联合大学2021年度哲学社会科学研究基本情况统计表

学科门类	研究人员情况（人）						课题研究情况（项）			研究成果情况（部/篇）		
	合计	教授	副教授	讲师	助教	初级	合计	基础研究	应用研究	出版著作	发表论文	获奖成果（省部级及以上）
合计	1387	106	338	808	135	0	1917	550	1367	76	829	1
马克思主义	79	5	20	42	12	0	103	46	57	3	67	1
哲学	18	1	3	12	2	0	7	5	2	0	1	0
宗教学	1	0	0	1	0	0	9	1	8	0	0	0

续表

学科门类	研究人员情况（人）						课题研究情况（项）			研究成果情况（部/篇）		
	合计	教授	副教授	讲师	助教	初级	合计	基础研究	应用研究	出版著作	发表论文	获奖成果（省部级及以上）
经济学	121	10	37	67	7	0	167	33	134	8	58	0
法学	48	6	12	23	7	0	29	9	20	1	12	0
政治学	14	3	2	5	4	0	40	7	33	1	23	0
社会学	13	1	2	10	0	0	23	3	20	0	4	0
民族学	1	0	1	0	0	0	3	1	2	0	0	0
心理学	6	0	2	3	1	0	2	2	0	0	0	0
教育学	168	10	32	104	22	0	488	213	275	11	146	0
体育学	56	2	18	28	8	0	11	1	10	2	18	0
语言学	218	8	42	142	26	0	67	19	48	11	100	0
中国文学	28	2	8	17	1	0	21	15	6	0	0	0
外国文学	16	1	3	11	1	0	7	4	3	0	0	0
艺术学	187	14	43	111	19	0	149	39	110	5	65	0
历史学	43	4	13	23	3	0	46	21	25	2	26	0
考古学	19	5	1	12	1	0	231	59	172	0	21	0
管理学	284	32	79	156	17	0	453	66	387	28	194	0
新闻学与传播学	27	1	9	16	1	0	20	4	16	0	20	0
图书、情报、文献学	35	1	10	21	3	0	38	2	36	4	68	0
统计学	5	0	1	4	0	0	3	0	3	0	6	0

（北京联合大学供稿）

中国青年政治学院2021年度哲学社会科学研究基本情况统计表

学科门类	研究人员情况（人）						课题研究情况（项）				研究成果情况（部/篇）		
	合计	教授	副教授	讲师	助教	初级	合计	基础研究	应用研究	其他	出版著作	发表论文	获奖成果（省部级及以上）
合计	99	18	37	40	3	1	302	130	169	3	5	44	2
马克思主义	20	3	11	6	0	0	57	32	25	0	1	18	1
哲学	9	2	2	5	0	0	7	5	2	0	0	1	0
宗教学	1	0	1	0	0	0	0	0	0	0	0	0	0
经济学	3	1	0	2	0	0	7	4	3	0	0	4	1

续表

学科门类	研究人员情况（人）						课题研究情况（项）				研究成果情况（部/篇）		
	合计	教授	副教授	讲师	助教	初级	合计	基础研究	应用研究	其他	出版著作	发表论文	获奖成果（省部级及以上）
法学	7	2	3	2	0	0	12	9	3	0	0	4	0
政治学	7	1	2	4	0	0	31	13	18	0	0	3	0
社会学	26	5	10	11	0	0	98	24	71	3	2	9	0
教育学	5	0	2	3	0	0	21	5	16	0	0	1	0
体育学	1	0	0	1	0	0	0	0	0	0	0	0	0
语言学	1	1	0	0	0	0	5	2	3	0	0	0	0
中国文学	1	1	0	0	0	0	12	11	1	0	0	0	0
外国文学	1	0	1	0	0	0	1	1	0	0	0	0	0
历史学	3	1	1	0	1	0	5	3	2	0	0	0	0
管理学	5	0	2	1	2	0	21	10	11	0	2	4	0
新闻学与传播学	1	0	0	1	0	0	20	10	10	0	0	0	0
图书、情报、文献学	8	1	2	4	0	1	5	1	4	0	0	0	0

（中国青年政治学院供稿）

北京青年政治学院2021年度哲学社会科学研究基本情况统计表

学科门类	研究人员情况（人）							课题研究情况（项）				研究成果情况（部/篇）		
	合计	教授	副教授	讲师	助教	初级	返聘人员	合计	基础研究	应用研究	其他	出版著作	发表论文	获奖成果（省部级及以上）
合计	199	15	78	106	0	0	0	79	14	65	0	29	123	0
马克思主义	7	0	3	4	0	0	0	10	3	7	0	1	8	0
哲学	7	2	3	2	0	0	0	3	2	1	0	2	2	0
经济学	16	0	4	12	0	0	0	0	0	0	0	1	4	0
法学	22	1	10	11	0	0	0	6	2	4	0	2	9	0
政治学	3	0	2	1	0	0	0	5	0	5	0	0	2	0
社会学	11	2	2	7	0	0	0	6	0	6	0	0	12	0
心理学	1	0	1	0	0	0	0	0	0	0	0	1	4	0
教育学	27	1	12	14	0	0	0	21	1	20	0	0	33	0
体育学	2	0	0	2	0	0	0	0	0	0	0	1	0	0
语言学	18	0	7	11	0	0	0	1	0	1	0	9	5	0

续表

学科门类	研究人员情况（人）							课题研究情况（项）				研究成果情况（部/篇）		
	合计	教授	副教授	讲师	助教	初级	返聘人员	合计	基础研究	应用研究	其他	出版著作	发表论文	获奖成果（省部级及以上）
中国文学	12	3	5	4	0	0	0	7	2	5	0	0	4	0
外国文学	2	0	0	2	0	0	0	0	0	0	0	0	0	0
艺术学	23	1	10	12	0	0	0	4	2	2	0	8	11	0
历史学	4	0	2	2	0	0	0	2	2	0	0	1	0	0
管理学	36	4	12	20	0	0	0	12	0	12	0	2	21	0
新闻学与传播学	5	1	3	1	0	0	0	2	0	2	0	1	7	0
图书、情报、文献学	3	0	2	1	0	0	0	0	0	0	0	0	1	0

（北京青年政治学院供稿）

中国劳动关系学院2021年度哲学社会科学研究基本情况统计表

学科门类	研究人员情况（人）						课题研究情况（项）				研究成果情况（部/篇）		
	合计	教授	副教授	讲师	助教	初级	合计	基础研究	应用研究	其他	出版著作	发表论文	获奖成果（省部级及以上）
合计	469	41	93	264	61	10	253	138	115	0	19	281	0
管理学	99	7	16	58	17	1	73	39	34	0	9	128	0
马克思主义	14	1	4	6	3	0	6	6	0	0	0	39	0
哲学	6	4	1	1	0	0	2	2	0	0	0	7	0
宗教学	1	0	0	1	0	0	0	0	0	0	0	0	0
语言学	41	2	5	30	4	0	1	1	0	0	0	0	0
中国文学	14	3	1	8	2	0	1	1	0	0	0	2	0
外国文学	3	1	0	2	0	0	0	0	0	0	0	0	0
艺术学	19	0	3	12	4	0	1	0	1	0	0	3	0
历史学	9	1	3	4	1	0	0	0	0	0	0	0	0
考古学	1	0	0	1	0	0	0	0	0	0	0	0	0
经济学	57	6	16	27	7	1	23	12	11	0	2	3	0
政治学	14	1	2	11	0	0	7	4	3	0	0	1	0
法学	44	7	11	23	2	1	26	12	14	0	1	28	0
社会学	53	5	9	28	9	2	90	43	47	0	6	22	0

续表

学科门类	研究人员情况（人）						课题研究情况（项）				研究成果情况（部/篇）		
	合计	教授	副教授	讲师	助教	初级	合计	基础研究	应用研究	其他	出版著作	发表论文	获奖成果（省部级及以上）
新闻学与传播学	19	0	4	11	1	3	12	11	1	0	1	35	0
图书、情报、文献学	6	0	2	3	1	0	2	2	0	0	0	3	0
教育学	20	0	3	11	5	1	7	3	4	0	0	10	0
统计学	28	3	10	13	2	0	0	0	0	0	0	0	0
心理学	5	0	1	4	0	0	0	0	0	0	0	0	0
体育学	16	0	2	10	3	1	2	2	0	0	0	0	0

（中国劳动关系学院供稿）

北京财贸职业学院2021年度哲学社会科学研究基本情况统计表

学科门类	研究人员情况（人）							课题研究情况（项）				研究成果情况（部/篇）		
	合计	教授	副教授	讲师	助教	初级	返聘人员	合计	基础研究	应用研究	其他	出版著作	发表论文	获奖成果（省部级及以上）
合计	357	15	122	178	40	2	0	177	23	153	1	37	152	0
马克思主义	8	0	2	4	2	0	0	15	6	8	1	0	8	0
哲学	3	2	0	1	0	0	0	1	1	0	0	0	2	0
逻辑学	2	1	1	0	0	0	0	0	0	0	0	0	0	0
经济学	83	4	36	34	9	0	0	36	0	36	0	11	33	0
法学	16	0	4	10	2	0	0	0	0	0	0	2	1	0
政治学	5	0	3	2	0	0	0	0	0	0	0	1	0	0
社会学	1	1	0	0	0	0	0	11	0	11	0	0	1	0
民族学	1	0	0	1	0	0	0	1	0	1	0	0	0	0
心理学	1	0	1	0	0	0	0	0	0	0	0	0	0	0
教育学	39	0	9	23	7	0	0	59	7	52	0	5	46	0
体育学	15	0	5	10	0	0	0	1	1	0	0	0	1	0
语言学	24	0	5	18	1	0	0	4	3	1	0	8	8	0
中国文学	6	0	4	2	0	0	0	1	1	0	0	0	2	0
外国文学	3	0	0	3	0	0	0	0	0	0	0	0	0	0
艺术学	28	0	10	9	9	0	0	2	1	1	0	2	5	0

续表

学科门类	研究人员情况（人）							课题研究情况（项）				研究成果情况（部/篇）		
	合计	教授	副教授	讲师	助教	初级	返聘人员	合计	基础研究	应用研究	其他	出版著作	发表论文	获奖成果（省部级及以上）
历史学	5	2	2	1	0	0	0	0	0	0	0	0	3	0
管理学	99	5	37	45	10	2	0	45	3	42	0	7	37	0
新闻学与传播学	3	0	1	2	0	0	0	1	0	1	0	0	0	0
图书、情报、文献学	7	0	0	7	0	0	0	0	0	0	0	0	0	0
统计学	8	0	2	6	0	0	0	0	0	0	0	1	0	0

（北京财贸职业学院供稿）

中国社会科学院大学2021年度哲学社会科学研究基本情况统计表

学科门类	研究人员情况（人）							课题研究情况（项）				研究成果情况（部/篇）		
	合计	教授	副教授	讲师	助教	初级	返聘人员	合计	基础研究	应用研究	其他	出版著作	发表论文	获奖成果（省部级及以上）
合计	265	49	115	101	0	0	0	368	301	67	0	22	261	3
马克思主义	11	0	7	4	0	0	0	31	31	0	0	0	23	1
哲学	6	2	2	2	0	0	0	6	6	0	0	1	12	0
经济学	33	9	15	9	0	0	0	57	43	14	0	9	41	1
法学	39	12	20	7	0	0	0	67	44	23	0	4	34	0
政治学	12	2	2	8	0	0	0	24	24	0	0	0	20	1
社会学	16	3	8	5	0	0	0	32	18	14	0	1	11	0
民族学	0	0	0	0	0	0	0	2	2	0	0	0	0	0
教育学	3	0	2	1	0	0	0	14	13	1	0	2	4	0
体育学	10	0	4	6	0	0	0	3	3	0	0	0	10	0
语言学	23	4	8	11	0	0	0	5	5	0	0	1	9	0
中国文学	28	4	10	14	0	0	0	18	17	1	0	1	26	0
外国文学	9	1	5	3	0	0	0	2	2	0	0	0	5	0
艺术学	3	0	0	3	0	0	0	0	0	0	0	0	10	0
历史学	6	2	3	1	0	0	0	13	13	0	0	1	15	0
管理学	30	4	15	11	0	0	0	49	39	10	0	1	22	0
新闻学与传播学	28	6	13	9	0	0	0	41	37	4	0	1	18	0

续表

学科门类	研究人员情况（人）							课题研究情况（项）				研究成果情况（部/篇）		
	合计	教授	副教授	讲师	助教	初级	返聘人员	合计	基础研究	应用研究	其他	出版著作	发表论文	获奖成果（省部级及以上）
图书、情报、文献学	8	0	1	7	0	0	0	4	4	0	0	0	1	0

（中国社会科学院大学供稿）

中共北京市委党校（北京行政学院）2021年度哲学社会科学研究基本情况统计表

学科门类	研究人员情况（人）							课题研究情况（项）				研究成果情况（部/篇）		
	合计	教授	副教授	讲师	助教	初级	返聘人员	合计	基础研究	应用研究	其他	出版著作	发表论文	获奖成果（省部级及以上）
马克思主义理论	12	1	4	7	0	0	0	4	2	1	1	5	16	0
哲学	17	4	5	8	0	0	0	2	1	0	1	1	24	0
经济学	21	6	9	6	0	0	0	8	2	5	1	1	55	1
政治学	14	3	6	5	0	0	0	9	4	0	5	1	29	0
中共党史党建	18	4	9	5	0	0	0	4	3	1	0	1	46	0
管理学	31	6	12	13	0	0	0	13	3	7	3	3	27	6
法学	15	5	3	7	0	0	0	2	1	1	0	0	15	1
社会学	21	7	6	8	0	0	0	7	1	5	1	2	58	4
外语	7	1	5	1	0	0	0	1	0	1	0	0	2	0
编辑学	2	0	1	1	0	0	0	0	0	0	0	0	2	0
图书情报	9	0	2	7	0	0	0	1	0	1	0	1	1	0
历史学	1	1	0	0	0	0	0	0	0	0	0	0	5	0

［中共北京市委党校（北京行政学院）供稿］

北京市社会科学院2021年度哲学社会科学研究基本情况统计表

学科门类	研究人员情况（人）							课题研究情况（项）				研究成果情况（部/篇）		
	合计	研究员	副研究员	助理研究员	助教	初级	返聘人员	合计	基础研究	应用研究	其他	出版著作	发表论文	获奖成果（省部级及以上）
合计	169	32	63	74	0	0	0	139	44	95	0	27	471	0
文化所	14	3	7	4	0	0	0	12	4	8	0	5	50	0

续表

学科门类	研究人员情况（人）							课题研究情况（项）				研究成果情况（部/篇）		
	合计	研究员	副研究员	助理研究员	助教	初级	返聘人员	合计	基础研究	应用研究	其他	出版著作	发表论文	获奖成果（省部级及以上）
历史所	17	5	5	7	0	0	0	19	7	12	0	3	47	0
哲学所	11	3	2	6	0	0	0	4	4	0	0	2	15	0
经济所	17	3	8	6	0	0	0	15	2	13	0	2	43	0
马研所	9	2	5	2	0	0	0	8	5	3	0	2	18	0
社会学所	13	2	3	8	0	0	0	10	1	9	0	1	28	0
城市所	13	2	7	4	0	0	0	11	3	8	0	2	57	0
国际所	10	1	3	6	0	0	0	9	4	5	0	1	31	0
满学所	9	1	1	7	0	0	0	6	6	0	0	1	17	0
管理所	14	2	9	3	0	0	0	14	1	13	0	2	64	0
综治所	12	4	4	4	0	0	0	9	2	7	0	2	24	0
市情所	12	2	2	8	0	0	0	13	1	12	0	1	28	0
法治所	13	1	6	6	0	0	0	6	3	3	0	2	37	0
传媒所	5	1	1	3	0	0	0	3	1	2	0	1	12	0

（北京市社会科学院供稿）

·索 引·

1. 本索引为主题词索引，又称内容分析索引。主题词（标目）以《北京社会科学年鉴 2022》正文中出现的文章名称、学科名称、科研课题名称、获奖成果名称、机构名称、会议名称、活动名称等为主。

2. 本索引按汉语拼音音序排列。以汉字打头主题词按首字的音序、音调依次排列，音序相同时，则以第二个字排序。以阿拉伯数字和英文字母开头的排在索引的最前面。

3. 本索引的文字部分为主题词，主题词之后的阿拉伯数字表示所在正文中的页码（地址项）。主题词后有多个页码的，表示该主题词均在这些位置出现。

4. 特载、大事记、附录、正文中的表格、前插图片等内容不在索引范围内。

阿拉伯数字

英文字母

A

B

C

D

E

F

G

H

J

K

L

M

N

P

Q

R

S

T

W

X

Y

Z